BUHLS
NEUES GROSSES
RÄTSEL LEXIKON

BUHLS NEUES GROSSES RÄTSEL LEXIKON

Das ideale Nachschlagewerk
mit über 250.000 Begriffen

MOEWIG

Moewig ist ein Imprint der edel entertainment GmbH

www.moewig.de www.edel.de
Printed in Germany

ISBN 978-3-86803-266-6

Aachener
Gebäck
6 Printe
Reitturnier
4 CHIO
Sehenswürdigkeit
3 Dom
7 Ponttor
9 Kaiserdom
12 Karlsschrein
13 Elisenbrunnen
aalartiger Fisch
6 Suttis
7 Muraene, Wangorz
8 Angurgis,
12 Steinbeisser
Aalfanggerät
5 Reuse
7 Stachel, Stecher
aalförmiger Fischparasit
8 Neunauge
Aalgabel
5 Elger
Aalraupe
5 Rutte
6 Quappe, Ruette, Rufolk
8 Truesche
10 Welsquappe
Aar
5 Adler
Aare-Zuflüsse
2 Aa
3 Sur
4 Emme, Murg, Oenz, Orbe, Suhr, Wina, Zihl
5 Oesch, Reuss, Saane, Simme
6 Kander, Limmat, Thiele, Wigger
8 Duennern
Aasblume
8 Stapelie
11 Ordensstern
Aasfresser
5 Geier
6 Hyaene, Kondor
7 Schakal
12 Laemmergeier
ab und zu
8 manchmal, zuweilen
9 bisweilen
12 gelegentlich
Abänderung
5 Umbau
9 Variation
12 Modifikation
Abart
8 Spielart, Variante
9 Nebenform, Varietaet
10 Wandelform
Abbau
7 Abbruch
9 Demontage, Zerlegung
12 Demontierung
der Körperstoffe
9 Katabolie
12 Katabolismus
von Bodenschätzen
9 Gewinnung

Abbauanlage
4 Mine
5 Grube
8 Bergwerk
abbaubare Gesteinsschicht
5 Floez
Abbauform
7 Tagebau
Abbaugebiet
6 Revier
Abbauprodukt
der Blutfarbstoffe
9 Porphyrin
des Indigos
6 Isatin
Abbaustelle
9 Kiesgrube
Abbaustoff des Eiweißes
6 Pepton
Abbauverfahren
8 Strebbau
9 Kammerbau, Oerterbau
Abbiegung
8 Brechung
Abbild
4 Foto
5 Kopie
6 Abguss
7 Eidolon
8 Ebenbild, Portraet, Portrait
9 Konterfei
10 Wiedergabe
der Erde
6 Globus
9 Landkarte
Abbildung
12 Illustration, Reproduktion
Abbruch
6 Abriss
9 Demontage
Abdichtmaterial (Dammbruch)
8 Sandsack
Abdichtmittel
4 Kitt, Pech, Teer, Werg
5 Gummi
9 Glaswolle
10 Dichtmasse
Abdichtung
9 Isolation
10 Isolierung
Abdruck
4 Spur
5 Kopie, Mater
6 Abguss
7 Faehrte, Moulage, Stempel
8 Praegung
12 Reproduktion
Abels
Bruder
4 Kain, Seth
Mutter
3 Eva
Vater
4 Adam
Abendandacht
6 Vesper

Abendbrot
9 Nachtmahl
Abendessen
6 Dinner, Souper, Supper,
9 Nachtmahl
10 Nachtessen
Abendgebet
7 Komplet
Abendgesellschaft
6 Soirée
Abendkleid
4 Robe
Abendland
8 Okzident
9 Hesperien
abendliche(s)
Gebet(sstunde)
6 Vesper
Veranstaltung
6 Soiree
Abendmahl
9 Kommunion
11 Eucharistie
Abendmahlsbrot
6 Hostie
Abendmusik
8 Serenade
Abendpfauenauge
6 Sphinx
Abendständchen
8 Serenade
Abendstern
5 Venus
Abenteuer
6 Wagnis
8 Erlebnis
11 Robinsonade
Abenteuerlust
7 Wagemut
Abenteurer
6 Vagant
8 Wagehals
9 Desperado
abermals
6 erneut, wieder
7 nochmal
8 nochmals
10 wiederholt
abessinischer Wolf
6 Kaberu
Abfall
4 Hede, Mist, Rest, Span, Werg
5 Abhub, Bafel, Kleie, Muell, Spreu, Unrat
6 Abraum, Lumpen, Schutt
7 Schrott, Strazza
8 Kehricht, Schlacke
9 Ausschuss, Geruempel, Saegemehl
11 Altmaterial
der Südstaaten der USA
9 Sezession
eines Anlauts
9 Aphaerese
vom Glauben
9 Apostasie
von belichtetem Film
7 Amorces

abfallende(s)
Bergseite
9 Steilwand
Gelände
4 Hang
Abfallplatz
5 Grube, Halde
7 Deponie
10 Muellgrube, Muellhalde, Muellkippe
11 Abfallgrube, Abraumhalde, Muellhaufen, Schutthalde, Schuttplatz
12 Abfallhaufen, Autofriedhof, Muelldeponie, Schrottplatz, Schutthaufen
13 Schrotthaufen
15 Schrottgelaende
16 Muellabladeplatz
17 Schuttabladeplatz
Abfallstoff
8 Schlacke
abfeuern
9 schiessen
Abfeuern einer Waffe
6 Schuss
9 Schiessen
abfinden
8 belohnen, bezahlen, ersetzen
9 abspeisen, auszahlen, vergueten
10 nachzahlen
11 vertroesten
13 entschaedigen
Abfindung
7 Abstand, Apanage
9 Abgeltung, Ausgleich
14 Entschaedigung
der Soldaten
8 Wehrsold
Abflug
5 Start
Abflugzeit
9 Departure
Abfluss
5 Gosse, Gully, Kanal, Rinne
6 Kloake
7 Ausguss
9 Rinnstein
Abflussbehinderung
4 Stau
Abflussgraben
8 Kuenette
Abflusskanal
5 Rinne
abflusslose(r, s)
Becken
6 Bolson
Salzpfanne
6 Schott
See
6 Endsee
Abflussöffnung
7 Auslass
Abflussstörung
9 Rueckstau
Abflussvorrichtung
7 Ausguss
Abfolge allen Geschehens
4 Zeit
Abformung
4 Guss
6 Abguss
8 Bleiguss
Abfüllgerät
8 Trichter
Abgabe
4 Maut, Zins, Zoll
6 Obolus, Steuer, Tribut
7 Beitrag, Gebuehr
im Mittelalter
5 Medem
7 Erbzins
8 Leibzins
Abgasentgifter am Kfz
3 Kat
11 Katalysator
Abgasleitung am Kfz
7 Auspuff
abgebrochenes Stück
7 Brocken
abgebrüht
3 roh
4 kalt
7 herzlos
8 gerissen
abgedroschen
3 fad
4 fade
5 banal, platt
7 trivial
8 geistlos
9 stereotyp
abgefallene
Blätter
4 Laub
Früchte
8 Fallobst
abgefeimt
6 listig
8 gerissen
9 tueckisch
10 raffiniert
abgegrenztes Gebiet
4 Bann
abgeholzt
4 kahl
abgeholztes Waldstück
8 Kahlhieb
10 Kahlschlag
abgeklärt
4 cool
5 ruhig
8 gelassen
Abgekochtes
3 Sud
5 Absud
abgekühlt
4 kalt
5 eisig, kuehl
7 frostig
abgelaichter Hering
4 Ihle
Abgeld
7 Disagio
abgelegen
3 jwd, oed
4 fern, oede
6 einsam, fernab
7 abseits
8 abseitig, entlegen
9 verlassen
12 abgeschieden, einschichtig, menschenleer
13 gottverlassen
14 zurueckgezogen
abgelegenes Anwesen
9 Einoedhof
abgeleiert
5 platt
Abgeleitetes
7 Derivat
abgeleitetes Wort
7 Derivat
9 Derivativ, Paronymon
abgelten
10 begleichen
Abgeltung
9 Abfindung
14 Entschaedigung
abgemacht
7 perfekt
abgemessene Menge
4 Dose
5 Dosis
6 Ration
7 Portion
9 Dosierung
abgeneigt
8 unwillig
11 widerwillig
Abgeordnete(r)
8 Mandatar
10 Delegierte, Deputierte
11 Delegierter, Deputierter
14 Parlamentarier, Volksvertreter
16 Parlamentarierin
Abgeordnetengruppe
8 Fraktion
Abgeordnetenhaus
6 Plenum
8 Kongress
9 Parlament
15 Volksvertretung
abgerichtetes Tier des Weidmanns
5 Frett
8 Jagdhund
9 Frettchen
Abgesandte(r)
8 Emissaer, Sendbote
9 Missionar, Sendbotin
10 Delegierte, Emissaerin
11 Delegierter, Missionarin
abgeschliffenes Gestein
9 Geschiebe
abgeschlossen
2 zu
7 perfekt, separat
8 isoliert, komplett
9 vollendet

10 verriegelt, versiegelt
abgeschlossen(e, r)
Entwicklung
9 Vollreife
Klosterteil
5 Cella, Zelle
6 Klause
7 Klausur
abgeschmackt
3 fad
4 fade
5 banal, platt, schal
7 insipid
8 kitschig
Abgeschmacktheit
6 Kitsch
7 Fadaise, Fadheit
9 Platitude
10 Banalitaet
11 Plattituede
abgeschrägt(e, s)
Balkenende
6 Scharf
Kante
4 Fase
Verbindung
7 Gehrung
abgesondert
7 diskret, separat
8 isoliert
11 partikulaer
abgespannt
4 matt
5 muede
7 schlaff, schlapp
10 erschoepft
abgestanden
3 fad
4 fade, flau
5 lasch, schal
7 labbrig
8 labberig
10 langweilig, verbraucht
abgesteckte(s)
Goldgräberfeld
5 Claim
Linie
6 Trasse
Straßenführung
6 Trasse
Strecke
4 Bahn, Kurs
5 Piste, Route, Runde
6 Etappe
8 Rundkurs
9 Abschnitt
abgestorben
3 tot
7 trocken
8 blutleer, verdorrt
10 nekrotisch
11 vertrocknet
abgestreifte(r)
Geweihbast
6 Gefege
Schlangenhaut
6 Exuvie
Abgestumpftheit
9 Lethargie

abgetan
3 aus
5 passé
6 passee
7 beendet
abgeteilter Raum
7 Separee
abgetönt
6 dezent
abgetrennter Raum
9 Verschlag
abgezehrt
5 hager, mager
10 abgemagert, erschoepft, hohlwangig
11 abgemergelt, eingefallen
12 ausgemergelt
abgezogene(s)
Fell
4 Balg
Kopfhaut
5 Skalp
Tierhaut
4 Balg
Abglanz
6 Reflex
10 Spiegelung
11 Widerschein
Abgott
4 Idol
6 Goetze
Abgötterei
9 Idolatrie
11 Idololatrie
Abgottschlange
3 Boa
8 Anakonda
Abgrenzung
4 Rand
5 Kante
11 Demarkation
des Eishockeyfelds
5 Bande
Abgrund
5 Kluft, Leere, Tiefe
6 Hoelle, Krater, Nichts
7 Abyssus, Schlund
8 Schlucht, Tartarus
9 Verderben
abgrundtief
7 abyssal
9 abyssisch
Abgunst
4 Neid
11 Scheelsucht
Abguss
7 Moulage
abhanden
3 weg
4 fort
8 verloren
Abhandenkommen
7 Verlust
Abhandlung
5 Essay
7 Artikel, Aufsatz, Traktat
Abhang
5 Halde
7 Neigung
8 Gefaelle, Schraege
9 Boeschung
abhängig
6 hoerig, unfrei
7 oblique
8 gebunden
Abhängige im Mittelalter
7 Hoerige
Abhängigkeit
9 Dependenz
11 Vasallitaet
14 Subalternitaet
abhärten
8 staehlen
12 immunisieren
abhauen
6 kappen
7 fliehen, tuermen
9 entziehen, fluechten, weglaufen, wegrennen
10 ausbrechen, ausruecken, davongehen, entfliehen, entweichen, retirieren
11 davonlaufen, davonrennen, entspringen
Abhilfe
7 Remedur
9 Aenderung, Besserung
12 Verbesserung
abholzen
7 faellen
Abholzung
7 Abtrieb
8 Kahlhieb
Abhörgerät
5 Wanze
9 Minispion
abirren
9 abweichen
Abirrung
6 Laster
10 Aberration, Abweichung
Abitur
5 Matur
6 Matura
7 Maturum
12 Reifezeugnis
13 Reifepruefung
Abiturklasse
9 Oberprima
Abkapselung
9 Isolation
Abklatsch
5 Abzug, Kopie
6 Abbild
7 Abdruck
8 Klischee, Nachbild
Abklingen einer Bewegung
7 Auslauf
Abknickung
7 Flexion
Abkommen
4 Pakt
7 Entente, Vertrag
8 Buendnis, Kontrakt
9 Abmachung, Agreement
10 Konvention
12 Vereinbarung
13 Uebereinkunft

Abkömmling
10 Deszendent
des Harnstoffes
5 Ureid
des Indols
7 Indoxyl
des Lusus
7 Lusiade
einer chemischen Verbindung
7 Derivat
Abkömmlinge
8 Parentel
des Kronos
8 Kroniden
Abkühlung
9 Erkaltung
Abkühlungsanzeiger
8 Kryophor
Abkunft
5 Stamm
6 Geburt, Stemma
8 Ursprung
9 Herkommen, Stammbaum
10 Abstammung, Geschlecht, Provenienz
Abkürzung
11 Abbreviatur
12 Abbreviation
Abkürzungszeichen
5 Sigel
Ablage
4 Bord
5 Regal
6 Archiv
7 Gestell, Magazin
9 Garderobe
11 Aktenordner, Registratur
13 Aktenstaender
Ablagerung
4 Satz
6 Sinter
8 Sediment
12 Akkumulation, Niederschlag, Pigmentation
in Gefäßen
9 Bodensatz
Ablass
9 Indulgenz
Ablassen von Flüssigkeiten
7 Abstich
Ablassprediger
6 Tetzel
Ablauf
4 Zeit
5 Folge
7 Prozess, Verlauf
9 Geschehen
11 Mechanismus
auf Schiffen
4 Gatt
8 Speigatt
für Grubenwasser
5 Seige
Ablaufmarkierung
9 Startloch
Ablaufställe
8 Carceres
Ablaufventil
8 Fasshahn
Ablaut
8 Apofonie
9 Apophonie
Ableger
6 Senker, Spross
11 Sproessling
Ablegung eines Ordensgelübdes
7 Profess
ablehnen
8 abweisen, negieren, versagen
9 abwimmeln, verachten
10 abfertigen, abschlagen, verweigern
11 ausschlagen, refuesieren
12 missbilligen, verschmaehen
13 zurueckweisen
Ablehnung
3 nie
4 nein
5 nicht
7 niemals
9 Abweisung, Versagung, Weigerung
11 Animositaet
des Klerikalismus
9 Laizismus
eines Heiratsantrags
4 Korb
ableisten
11 absolvieren
ableitend
8 deduktiv
Ableitung
8 Nachweis
9 Deduktion
10 Derivation
von Wundflüssigkeiten
8 Draenage, Drainage
Ablenkung
7 Beugung
8 Brechung
9 Diversion
10 Aberration
Ablesemarke
5 Index
Ablichtung
9 Fotokopie
10 Photokopie
Ablieferung
9 Uebergabe
Ablösung
7 Wechsel
9 Abfindung
10 Revirement
Abmachung
4 Pakt
7 Vertrag
8 Abkommen, Kontrakt
9 Absprache, Agreement
10 Kompromiss
11 Verabredung
12 Vereinbarung
13 Uebereinkunft
über Gewinn oder Nichtgewinn
5 Wette
Abmagerung
8 Atrophie
10 Auszehrung, Emaziation
15 Gewichtsabnahme, Gewichtsverlust
Abmagerungsmaßnahme
5 Diaet
9 Fastenkur, Hungerkur
Abmessung
9 Dimension, Dosierung, Zuteilung
10 Alignement, Begrenzung
Abmessungsbegriff
4 Tief
5 Tiefe_
Abnahme
4 Kauf
6 Erwerb
7 Schwund, Verlust
8 Gradient
9 Dekrement, Rueckgang
10 Dekreszenz
12 Verminderung
abnehmbares Autoverdeck
7 Hardtop
abnehmend
9 degressiv
Abnehmer
5 Kunde
7 Kaeufer
9 Konsument
11 Verbraucher
Abnehmerin
6 Kundin
9 Kaeuferin
11 Konsumentin
13 Verbraucherin
Abneigung
4 Hass
6 Degout, Unlust
7 Abscheu
8 Aversion
10 Antipathie, Widerwille
11 Animositaet
12 Widerstreben
abnorme(r, s)
Angstzustand
9 Panphobie
Gewebsneubildung
9 Neoplasma
Ohrengröße
8 Makrotie
seelisches Verhalten
8 Hysterie
abnutzen
8 abtragen
11 verbrauchen
12 strapazieren
13 verschleissen
Abnutzung
4 Usur
11 Verschleiss
Abodritenfürst
6 Niklot

Abonnement
5 Bezug
7 Anrecht
10 Dauerbezug, Dauerkarte, Dauermiete, Stammmiete
Abonnent
8 Bezieher
13 Dauerbezieher
Abordnung
10 Delegation, Deputation, Vertretung
Abrahams
Frau
4 Sara
5 Sarah
Halbschwester
4 Sara
5 Sarah
Sohn
5 Isaak
Vater
6 Tharah
Abraum
6 Abfall, Schutt
Abraumsalz
6 Sylvin
8 Sylvinit
9 Karnallit
Abrechnung
5 Rache
6 Bilanz
9 Ausgleich
10 Vergeltung
11 Liquidation
12 Rechenschaft
Abrede
5 Luege
7 Dementi
8 Leugnung, Widerruf
Abreibung
5 Keile, Senge
7 Pruegel
abrichten
6 lehren
7 zaehmen
10 dressieren
Abrichter
7 Trainer
8 Dompteur, Dresseur
10 Tierlehrer
13 Tierbaendiger
Abrichterin
9 Dompteuse, Trainerin
12 Tierlehrerin
15 Tierbaendigerin
Abrichtung von Tieren
7 Dressur
Abriss
4 Bild, Plan
6 Auszug, Skizze, Umriss
7 Entwurf
10 Abhandlung, Kompendium
11 Darstellung
12 Beschreibung
Abrücken
13 Disengagement
abrunden
9 ergaenzen
11 arrondieren
abrüsten
14 demobilisieren
Abrüstung
14 Demobilisation
15 Demobilisierung
Absage
4 nein
8 Verzicht
9 Ablehnung, Abweisung
Absatz
5 Markt
6 Passus, Sockel
7 Verkauf
8 Paragraf
9 Abschnitt, Paragraph
des Meisterlieds
7 Stollen
Absatzförderung
7 Werbung
9 Marketing, Promotion
Absatzgestein
8 Sediment
absatzloser Schuh
6 Opanke
Absauggebläse
9 Exhaustor
Abschabung
8 Abrasion
Abschattierung
6 Nuance
9 Schraffur
13 Schraffierung
abschätzen
8 taxieren
9 zensieren
10 bonitieren
Abschätzer
7 Taxator
Abschätzung
7 Waegung
8 Taxation
9 Taxierung
11 Bonitierung
abscheiden
7 filtern
Abscheidung
9 Filterung
12 Durchseihung
Abscheu
4 Ekel
5 Graus
6 Degout, Grauen, Horror
7 Graeuel, Grausen
8 Schauder
9 Abneigung
10 Widerwille
abscheulich
5 uebel
7 affroes
8 ekelhaft, infernal
9 graeulich, widerlich
10 abominabel, detestabel, graesslich
11 entsetzlich, schaendlich, scheusslich, schrecklich
12 widerwaertig
Abschied
7 Weggang
8 Laufpass, Lebewohl, Scheiden, Trennung
9 Lossagung
Abschiedsgruß
3 ade
4 ciao
5 Valet, adieu
6 servus, tschau
7 tschues
8 Lebewohl, tschuess
Abschirmung
9 Isolation
Abschlag
7 Disagio
13 Akontozahlung
Abschlagszahlung
4 Rate
abschleifen (Leder)
8 dolieren
abschließen
7 sperren
9 absperren, isolieren, zusperren
11 absolvieren
abschließend
9 definitiv
Abschluss
4 Ende
5 Reife
6 Bilanz, Finale, Finish, Sperre
7 Stretta
8 Ergebnis, Resultat
12 Vereinbarung
Abschlussgewebe der Wurzel
9 Exodermis
Abschlussrand
5 Kante
Abschmelzung am Gletscher
8 Ablation
abschneiden
6 kappen
8 kupieren
Abschnitt
3 Akt
4 Teil
5 Kupon, Szene
6 Absatz, Coupon, Etappe, Partie, Passus, Pensum, Sektor
7 Kapitel, Stadium
8 Paragraf
9 Paragraph
der Eisenbahnstrecke
5 Block
der Erdgeschichte
9 Formation
der Frühzeit
9 Algonkium
der Tertiärformation
6 Eozaen
des griechischen Dramas
7 Episode
des Rheins
9 Oberrhein
11 Mittelrhein, Niederrhein
des Spätglazials
9 Dryaszeit

einer Bauausführung
6 Rohbau
einer Komposition
4 Satz
abschrägen
9 dossieren
Abschrägung einer Kante
4 Fase
abschreckend
12 exemplarisch
Abschreckung
11 Praevention
abschreiben
8 kopieren
10 plagiieren
16 vervielfaeltigen
Abschreibung einer Schuld
12 Amortisation
Abschrift
5 Kopie
8 Duplikat
12 Zweitschrift
Abschürfung
11 Exkoriation
Abschuss aus mehreren Waffen
5 Salve
Abschwächung
9 Rueckgang
Abschweifung
6 Exkurs
9 Abstecher
10 Digression
abseits
4 fern
8 entlegen
9 abgelegen
10 unberuehrt
absenden
8 schicken
9 versenden
10 expedieren, zuschicken
11 verschicken
Absender
9 Adressant, Expedient
Absenderin
11 Adressantin, Expedientin
Absetzung durch Stimmabgabe
6 Abwahl
Absicht
4 Plan, Ziel
5 Dolus, Telos, Wille, Zweck
6 Taktik
7 Gedanke, Methode, Nahziel, Streben, Tendenz, Vorsatz
8 Begehren, Fernziel, Mutwille, Petulanz, Vorhaben
9 Bestreben, Intention, Verlangen
10 Bestrebung
11 Zielsetzung
Absichten haben
12 reflektieren
absichtlich
7 bewusst, gewollt
9 justament, mutwillig
10 vorbedacht
11 willentlich, wissentlich
12 beabsichtigt, demonstrativ, vorsaetzlich, wohlweislich
13 ausdruecklich
falsche Aussage
5 Luege
Unsinn reden
8 bloedeln
absolut
7 restlos, voellig
8 durchaus
9 gaenzlich, unbedingt
absolute(r, s)
Fitness
8 Bestform
Kaisertum
7 Dominat
Spitzensportler
10 Weltbester
Spitzensportlerin
9 Weltbeste
Zieltreffer
6 Mouche
absonderlich
6 bizarr
7 komisch, seltsam
9 originell
11 exzentrisch
Absonderlichkeit
4 Tick
8 Kuriosum
10 Bizarrerie
14 Exzentrizitaet
absondern
7 trennen
9 isolieren
10 abscheiden, freisetzen, separieren
11 ausscheiden, sekretieren, sezernieren
Absonderungsorgane
5 Leber, Niere
6 Druese
Absonderungsstoff
6 Exkret
absorbierendes Mittel
9 Exsikkans
Abspaltung
8 Haeresie
9 Sezession
Abspannung
9 Ermattung, Ermuedung
10 Muedigkeit
12 Erschoepfung
absperren
10 blockieren, schliessen
12 zuschliessen
Absperrmarkierung
6 Pylone
Absperrung
6 Kordon
8 Blockade, Schranke
Absperrvorrichtung
4 Zaun
5 Kette
6 Gatter, Gitter, Klappe, Riegel, Ventil
7 Schuber
8 Barriere, Schieber
9 Barrikade, Preventer
10 Abzaeunung, Schlagbaum, Umzaeunung
Absprache
8 Abkommen
9 Abmachung, Agreement, Kollusion
11 Verabredung
12 Vereinbarung
13 Uebereinkunft
14 Uebereinkommen
absprechendes Urteil
5 Tadel
7 Verweis
Absprungplatz (Schwimmen)
4 Turm
abstammendes Lebewesen
9 Nachkomme
Abstammung
7 Abkunft, Gebluet
8 Herkunft
9 Filiation
10 Derivation, Deszendenz, Herleitung
Abstammungslehre
11 Darwinismus
17 Evolutionstheorie
Abstammungsnachweis
8 Herdbuch
9 Stammbaum, Zuchtbuch
Abstand
6 Luecke
7 Distanz
10 Entfernung
12 Zwischenraum
beim Fechten
6 Mensur
der Radsätze
9 Achsstand
zum Hintermann
9 Vorsprung
zwischen zwei Tönen
9 Intervall
Abstandssumme
7 Reugeld, Reukauf
Abstandszahlung
7 Apanage
9 Abfindung
Abstecher
4 Trip
7 Ausflug
Absteckpfahl
bei Vermessungen
4 Bake
der Landmesser
5 Jalon
Abstelldauer für Kfz
8 Parkzeit
Abstellen von Fahrzeugen
6 Parken
Abstellraum
6 Garage, Keller, Remise
8 Schuppen
9 Verschlag

12 Rumpelkammer
Abstieg
9 Descensus
10 Niedergang
abstimmen
8 anpassen
10 ausrichten, intonieren
11 ausgleichen
Abstimmender
7 Waehler
Abstimmung
4 Wahl
8 Votation, Wahlgang
9 Anpassung, Befragung, Plebiszit
11 Akklamation
12 Koordination
Abstimmungsart
4 Wahl
6 Ballot, Urwahl
9 Ballotage
11 Akklamation
12 Hammelsprung
Abstimmungsergebnis
9 Beschluss
Abstinenz
6 Askese
10 Enthaltung
14 Enthaltsamkeit
abstoßen
5 ekeln
8 anwidern
Abstoßen der Haut
9 Schaelung
abstoßend
8 ekelhaft, repulsiv
9 haesslich
11 abscheulich
abstoßender Mensch
4 Ekel
6 Unhold
8 Scheusal
Abstoßung
9 Repulsion
abstrahieren
7 folgern
8 ableiten
abstrakt
6 irreal
10 unwirklich
11 begrifflich
14 gegenstandslos
Abstreicher (Drucktechnik)
5 Rakel
abstreiten
7 leugnen
8 negieren
Abstreitender
7 Leugner
Abstreitung
6 Abrede
8 Leugnung
Abstufung
4 Grad
6 Nuance
7 Toenung
9 Gradation, Stafflung
15 Differenzierung
einer Grundfarbe
7 Farbton
Abstützung (Grube)
7 Geviert
Absud
6 Bruehe, Dekokt
7 Extrakt
absurd
7 sinnlos
8 toericht, unsinnig
9 irrsinnig, irrwitzig, naerrisch, ungereimt, unlogisch
10 aberwitzig, hirnrissig, sinnwidrig, wahnsinnig, wahnwitzig
11 bloedsinnig, laecherlich, widersinnig
13 hirnverbrannt, unvernuenftig
15 unverstaendlich
Abszess am Lid
9 Hordeolum
Abt
in Prüm
6 Regino
von Cluny
5 Odilo
von Ebersberg
8 Williram
von Fulda
8 Sturmius
von Heidenheim
8 Wunibald
Abtasten durch den Arzt
9 Palpation
Abtaststift
6 Stylus
Abtauvorrichtung
9 Defroster
Abtei
7 Kloster
in Bregenz
8 Mehrerau
in Latium
9 Fossanova
in Oberbayern
5 Ettal
in Oberfranken
4 Banz
Abteil
5 Coupé, Kupee
Abteilung
3 Zug
4 Fach, Pulk
5 Bande, Harst, Herde, Menge, Rayon, Rotte
6 Gruppe, Haufen, Rubrik, Sparte, Truppe, Vorhut
7 Artikel, Einheit, Gattung, Kolonne, Nachhut, Ressort, Sektion
10 Ansammlung, Mannschaft
15 Vorausabteilung
der Brauerei
9 Maelzerei
der Gliederfüßer
9 Antennata
des Perms
9 Zechstein
des Quartärs
8 Alluvium, Holozaen
des Tertiärs
9 Paleozaen
einer griechischen Phalanx
6 Lochos
Abteilungsleiter
6 Faktor
9 Dezernent, Rayonchef
12 Sektionschef
Abteilungsleiterin
11 Dezernentin, Rayonchefin
14 Sektionschefin
Äbtissin
3 Ada
5 Lioba
8 Aetheria
Abtönung
6 Nuance
9 Schraffur
13 Schraffierung
15 Differenzierung
Abtragung
7 Erosion, Tilgung
12 Amortisation
der Küste
8 Abrasion
Abtransport
6 Abfuhr
11 Beseitigung
abtrennbare Blätterlage
5 Block
abtrennen
8 abmachen
9 entfernen, losmachen
11 segregieren, sezernieren
Abtreter
9 Fussmatte
Abtretung
7 Abandon, Zession
12 Ueberlassung
Abtropfstein
9 Stalaktit
abtrünnig
7 treulos
10 abgefallen, haeretisch
12 wortbruechig
15 fahnenfluechtig
Abtrünnige
8 Ketzerin, Rebellin
9 Apostatin, Renegatin
11 Verraeterin
12 Haeretikerin
14 Schismatikerin
Abtrünniger
6 Ketzer, Rebell
7 Apostat, Renegat
9 Verraeter
10 Haeretiker
12 Schismatiker
Abtstab
5 Pedum
Aburteilung
10 Judikation
abwägen
8 bedenken

10 ueberlegen
abwandelbar
8 variabel
abwandeln
7 aendern
9 variieren
10 veraendern
Abwandlung
5 Abart
7 Beugung
8 Spielart, Variante
9 Aenderung, Variation, Varietaet
10 Abweichung, Modulation
12 Modifikation, Veraenderung
abwartend
9 skeptisch
10 reserviert
abwärts
5 herab, hinab
6 bergab, nieder
8 hinunter
abwaschbare Tapete
9 Linkrusta
Abwässerkanal
4 Siel
12 Kanalisation
Abwasseröffnung
8 Ausfluss, Senkloch
Abwasserprodukt
7 Faulgas
abwechselnd
10 alternativ
11 umschichtig
Abwechslung
7 Wechsel
9 Alternanz, Variation
11 Alternation
Abwechslungslosigkeit
8 Einerlei
abwegig
5 irrig
6 falsch
7 seltsam
8 verfehlt
9 ungereimt
11 merkwuerdig
Abwehr
6 Parade
7 Notwehr
9 Defensive, Gegenwehr
10 Repression, Widerstand
11 Vereitelung
12 Verteidigung
16 Rueckzugsgefecht
Abwehrbewegung des Boxers
8 Abducken
abwehren
7 kontern
8 parieren
Abwehrspieler (Fußball)
6 Libero
9 Ausputzer
11 Verteidiger
15 Defensivspieler
Abwehrstoff im Blut
11 Antikoerper
abweichen
7 abirren
9 variieren
11 differieren
abweichend von der Regel
6 abnorm, anomal
7 anormal, deviant
8 aberrant
9 divergent
10 diskrepant
Name
8 Exonymon
Stimmung der Saiten
9 Skordatur
Abweichler
9 Dissident
15 Andersdenkender
Abweichlerin
11 Dissidentin
14 Andersdenkende
Abweichung
5 Abart, Abweg
6 Nuance
8 Abirrung, Spielart, Variante, Verstoss
9 Aenderung, Deviation
10 Aberration
11 Abnormitaet, Deklination
12 Perturbation
der Chromosomen
8 Trisomie
von der Norm
7 Devianz
von der Regel
8 Anomalie
Abweichungen (Pflanzenzucht)
6 Rogues
abweichungsfrei
5 genau
Abweichungsmaß
7 Varianz
abweisen
8 ablehnen, abwehren
9 abstossen, abwimmeln
10 rejizieren, verweigern
abweisend
6 bruesk, pruede
7 schroff, sproede
Abweisung (Sinnbild)
4 Korb
abwendende Aussage
8 Notluege
Abwendung
6 Abfall, Abkehr
Abwertung
9 Minderung
11 Devalvation
abwesend
3 weg
4 fort
6 absent
12 unaufmerksam
abwesend sein
6 fehlen
Abwesenheit
6 Absenz
7 Absence
Abwesenheitsbeweis
5 Alibi
abwickeln
8 abrollen
9 erledigen, vollenden
11 liquidieren
12 durchfuehren
Abwiegen
7 Waegung
Abwurfgeschoss
5 Bombe
8 Luftmine
abwürgen
8 drosseln
Abzahlung
4 Rate
12 Amortisation
Abzeichen
5 Fahne
6 Devise, Emblem, Symbol, Wappen
7 Insigne, Kokarde, Merkmal
8 Sinnbild
9 Insignien
abzeichnen
11 paraphieren
Abziehbilderherstellung
9 Metadruck
abziehen
7 haeuten, mindern
8 absetzen, kopieren
12 subtrahieren
11 Subtraktion
Abzug
5 Kopie
6 Dekort, Rabatt, Skonto
7 Disagio, Diskont
8 Abschlag, Kuerzung
am Gewehr
4 Hahn
bei Hypothekengewährung
5 Damno
in militärischer Form
9 Ausmarsch
vom Nennwert
6 Damnum
abzüglich
4 ohne
5 minus
7 weniger
Abzugsgraben
4 Dole
5 Draen
6 Rigole
7 Abfluss
8 Kuenette
Abzugskanal
7 Emissar
Abzugsrinne
9 Raygraben
Abzugsrohr
7 Abfluss
abzuziehende Zahl
10 Subtrahend
abzweigender Teil der Gleise
6 Weiche
Abzweigung
3 Ast
8 Gabelung

Accessoires
8 Zubehoer
Acetonmehrbildung im Blut
6 Ketose
Acetylen-Kohlenwasserstoffe
6 Alkine
Acheloos
9 Flussgott
Achse
im gefiederten Blatt
7 Spindel
mit zwei Rädern
7 Radsatz
ohne Antrieb
9 Laufachse
Achsel
8 Schulter
Achselband
7 Traeger
Achselstück
9 Epaulette
Achsenpunkt
3 Pol
Achsenschnittpunkt
5 Origo
Achsnagel
6 Luense
achsrecht
5 axial
Acht
4 Bann
6 Verruf
8 Aechtung
10 Ausschluss, Verdammung
11 Verstossung
12 Proskription
Acht geben
9 aufpassen
achtbar
6 ehrsam
9 ehrenhaft
10 ansehnlich
12 reputierlich
14 respektierlich
achtbarer Mensch
9 Ehrenmann
achte Stufe der Tonleiter
5 Oktav
6 Oktave
Achteck(bau)
7 Oktogon
achteckig
9 oktogonal
Achtelgröße
5 Oktav
Achtelkreis
6 Oktant
achten
5 ehren
6 merken, sorgen
9 achtgeben, aufpassen, wuerdigen
10 anerkennen
12 respektieren
Achtergruppe von Elektronen
6 Oktett
Achtflächner
8 Oktaeder
Achtfüßler
8 Oktopode
achtlos
12 leichtfertig, unaufmerksam
achtsaitiges Instrument
9 Oktachord
achtsam
9 umsichtig
10 vorsichtig
achttägige katholische Feier
6 Oktave
Achtung
4 Ehre
6 Obacht, Wuerde
7 Ansehen, Pietaet, Respekt, Umsicht
8 Vorsicht
9 Attention, Ehrfurcht, Verehrung
10 Ausschluss, Ruecksicht
11 Anerkennung, Bewunderung, Geneigtheit
12 Ehrerbietung, Proskription
14 Wertschaetzung
gebietendes Verhalten
6 Wuerde
Achtungserweis
6 Ehrung
9 Verehrung
Achtzehneck
11 Oktodekagon
Ackerbau
10 Agrikultur
treibender Araber
8 Fellache
Ackerbaugöttin
7 Demeter
Ackerbaukunde
9 Agronomie
Ackerbaukundige
9 Agronomin
Ackerbaukundiger
7 Agronom
Ackerbearbeiter
8 Pflueger
Ackerblume
4 Mohn
9 Kornblume
Ackerboden
4 Feld
Ackergerät
4 Egge
5 Forke, Hacke, Harke, Pflug, Sense
6 Binder, Rechen, Sichel
7 Bulldog, Kombine, Traktor, Trecker
8 Drescher, Heugabel
9 Mistgabel
10 Kultivator
12 Maehdrescher
13 Drillmaschine, Feldhaecksler
Ackergrenzbildung
7 Rainung
Ackergrenze
4 Rain
7 Lisiere
8 Feldrain
Ackerkrume
5 Humus
10 Muttererde
11 Mutterboden
Ackermaß
2 Ar
4 Rute
6 Hektar, Morgen
7 Juchart, Juchert, Tagwerk
8 Tagewerk
Ackerrand
4 Rain
Ackerrinne
6 Furche
Ackerschachtelhalm
5 Duwak
6 Duwock
9 Zinnkraut
Ackerstreifen
6 Gewann
Ackerunkraut
4 Rade
5 Lolch, Segge, Simse, Winde
6 Distel, Quecke, Trespe, Twalch
8 Hederich
9 Gauchheil, Kornblume
11 Ochsenzunge
Adams
Frau
3 Eva
Sohn
4 Abel, Kain
Adaption
9 Anpassung
adäquat
7 passend
8 opportun
Adda-Zuflüsse
5 Bitto, Serio, Serlo
6 Boalzo, Brembo, Frodol, Malero, Masino, Matero, Roasco
7 Tartano
Additionsergebnis
5 Summe
Adel
8 Noblesse
10 Nobilitaet
12 Aristokratie
Adelsgeschlecht
8 Bentinck
Adelskalender
5 Gotha
Adelskaste im alten Peru
4 Inka
Adelsprädikat
3 von
Adelstitel
4 Edle, Graf
5 Baron, Edler, Prinz
6 Freiin, Fuerst, Herzog, Ritter

7 Baronin, Graefin, Komtess
8 Baroness, Burggraf, Freifrau, Freiherr, Fuerstin, Herzogin, Komtesse, Landgraf, Markgraf
9 Kurfuerst, Pfalzgraf
10 Prinzessin
11 Burggraefin, Kurfuerstin, Landgraefin, Markgraefin
12 Pfalzgraefin

Ader
4 Vene
5 Aorta
7 Arterie, Erzgang, Karotis
8 Karotide
9 Blattnerv
11 Blutgefaess

Adergneis
7 Arterit

Aderlassgerät des Veterinärs
6 Fliete

Aderschlag
4 Puls
9 Pulsation

Äderung des Blattes
8 Nervatur

Aderverstopfung
7 Embolie
9 Thrombose

Adjektiv als Beifügung
9 Epitheton

Adjektivversetzung
8 Enallage

Adjustierer
9 Zurichter

Adlatus
7 Famulus, Gehilfe
8 Beistand
9 Assistent, Sekundant

Adler
3 Aar

Adlerstein
5 Aetit

adlig
4 edel
5 nobel

Adlige(r)
8 Edelfrau, Edelmann
9 Patrizier
10 Aristokrat
11 Patrizierin
12 Aristokratin

am Fürstenhof
7 Hofdame

am Hofe
8 Edeldame

Gutsbesitzerstand
9 Junkertum

im alten Peru
4 Inka

im mittelalterlichen Italien
6 Nobili

römischer Reiter
5 Eques

Administration
10 Verwaltung

Admiral

Alexanders des Großen
8 Nearchos

im I. Weltkrieg
6 Scheer

von Flandern
5 Hoorn

Admiralitätsinsel
5 Manus

Admiralitätsinseln
9 Amiranten

Admission
8 Aufnahme

Adonisröschen
9 Feuerauge

Adour-Zufluss
3 Luy

Adressant
8 Absender

Adressat(en) eines Paulusbriefes
5 Titus
6 Roemer
7 Epheser, Galater
8 Kolosser, Philemon
9 Korinther, Philipper, Timotheus

Adressat und Akzeptant
9 Bezogener

Adresse
9 Anschrift

Adria-Zuflüsse
3 Aso
5 Esino
6 Ofanto, Sangro, Tronto
7 Rubikon

Adriabadeort
9 Cattolica

Adriabucht
7 Kvarner

Adriabusen
8 Dringolf

Adriawind
4 Bora

Adsorptionsmittel
9 Adsorbens

Adventivpflanzen
9 Neophyten

Advokat
6 Anwalt
12 Rechtsanwalt

Advokatenbirne
6 Calavo
7 Avocado

Advokatin
9 Anwaeltin
15 Rechtsanwaeltin

Aera
6 Epoche
10 Zeitalter

Affe

bei Wilhelm Busch
5 Fipps

des Rama
7 Hanuman

Affekt
7 Emotion
8 Erregung

affektbedingt
8 kathatym

affektiert
7 geziert
11 gekuenstelt

Affenbrotbaum
6 Baobab

Affenkönig im „Ramayana"
7 Sugriva

Affentanz der Balinesen
6 Ketjak

affig
5 eitel
14 gefallsuechtig

Äffin in der Fabel
9 Rueckenau

Affront
4 Tort
11 Beleidigung

Afghane
7 Pathane
9 Paschtune

Afghanenkönig
5 Habib
6 Rahman
9 Amanullah

Afghanenstamm
6 Durani

Afghanistan

Berg
10 Tirisch Mir

Dynastie
7 Durrani

Flüsse
5 Kabul
7 Herirud, Hilmend
8 Hilmaend

Gebietszipfel
6 Wakhan

Gebirge
10 Hindukusch

Gewichte
2 Ka
3 Sir

Goldmünze
5 Amani

Hauptstadt
5 Kabul

in der Landessprache
3 Roh

König
9 Amanullah

Politiker
4 Daud
6 Karmal, Karsai, Karzai

Sprache
4 Dari
5 Farsi
7 Paschto, Paschtu
8 Persisch

Städte
5 Farah, Herat, Kalat, Tagab
6 Kundus
7 Baghlan
8 Charekar, Faisabad, Kandahar
9 Jalalabad
13 Mesar-i-Scherif

Völker
6 Abdali, Afridi, Durani, Hazara
7 Durrani, Ghilsai
10 Paschtunen, Tadschiken
Währung
3 Pul
7 Afghani

Afrika
Antilopen
4 Topi
5 Tiang
6 Jimela
Baldriangewächs
5 Fedia
Bananengewächs
8 Ravenala
Bastpalme
6 Raphia
Borstenferkel
9 Rohrratte
Buschkatze
6 Serval, Tschui
Charakterpflanze
8 Dumpalme
Commelinenpflanze
6 Elegia
Damagazelle
6 Nanger
Dorkasgazelle
5 Addra
Echsen
8 Kapwaran, Nilwaran
9 Sandgecko
Erdhündchen
8 Surikate
Fische
9 Kongowels, Nilbarsch
Frosch
8 Kurzkopf
Froschlurch
9 Kapkroete
Furnierholz
6 Abachi, Ilomba
7 Bubinga
Gepard
6 Fahhad
Gesellschaftsreise
6 Safari
Grenadillholz
9 Kokusholz
Guttibaumgewächs
5 Oboto
Haftzeher
9 Hausgecko
Halbaffe
5 Potto
Hartholz
6 Makoré
Hauptstädte
4 Lomé
5 Accra, Dakar, Kairo, Lagos, Niame, Rabat, Tunis
6 Algier, Bamako, Bangui, Banjul, Bissau, Dodoma, Harare, Kigali, Luanda, Lusaka, Malabo, Maputo, Maseru
7 Abidjan, Conakry, El Aaiun, Kampala, Khartum, Mbabane, Nairobi, Windhuk, Yaounde
8 Djibouti, Freetown, Gabarone, Kapstadt, Kinshasa, Lilongwe, Monrovia, Ndjamena, Pretoria, Tripolis
9 Abidschan, Bujumburg, Kinschasa, Mogadishu, Porto Novo
10 Addis Abeba, Libreville, Mogadischu, Nouakchott
11 Brazzaville, Ouagadougou
12 Antananarivo
Hirse
4 Dari
6 Dochan
9 Sudangras
Holzgewächse
3 Oba
4 Sipo
5 Iroko, Njabi
6 Euclea
7 Akibaum, Anabaum
8 Djibarra, Dumpalme, Hyphaene
12 Goldteakbaum
Horntiere
4 Zebu
9 Boeckchen, Sangarind
Huftier
9 Bergzebra
Hülsenfrüchtler
9 Nittabaum
Hundsgiftgewächs
7 Kickxia
Insektenfresser
8 Goldmull
Inseln und Halbinseln
4 Mahe
5 Barka, Bioko, Ferro, Mafia, Mwali, Pemba, Sinai
6 Astove, Bolama, Gomera, Mombas, Nzwami, Philae, Platte
7 Aldabra, Annabom, Coetivy, Kanaren, Kerkena, Komoren, La Palma, Madeira, Massaua, Réunion, Sokotra
8 Alphonse, Arohipel, Ascensin, Basaruto, Farqunar, Sansibar
9 Amiranten, Cosmoledo, Kerguelen, Lanzarote, Mauritius, Rodriguez, San Thomas, São Thiago, Teneriffa
10 Fernando Po, Madagaskar, Maskarenen, Seychellen
11 Bouvetinsel, Elephantine, Gran Canaria, Ile de France, Sankt Helena, Sesseinseln
12 Caymaninseln
13 Fuerteventura, Prinzeninseln
14 Bissagosinseln, Ilha do Principe, Tristan da Cunha
16 Kanarische Inseln
Kletterpflanze
9 Langfaden
Kuhantilopen
3 Gnu
5 Konzi
6 Lelwel
Land in ägyptischen Inschriften
4 Punt
Liliengewächse
9 Haworthie, Kniphofia
Löffelfuchs
7 Otozyon
Lurch
9 Nilfrosch
Mahagoniholz
7 Avodire
Meerkatzen
4 Mona
7 Mangabe
9 Dianaaffe
Millionenstädte
4 Gise
5 Dakar, Giseh, Gizeh, Kairo, Lagos
6 Algier
8 Kapstadt, Kinshasa
10 Addis Abeba, Alexandria
11 Alexandrien
12 Johannesburg
Myrtenpflanze
6 Olinia
Nacktmull
9 Kahlratte
Nadelpalme
6 Raphia
Nager
5 Gundi
8 Fettmaus, Grasmaus
9 Kahlratte
10 Kammfinger
Naturschutzgebiete
8 Kalahari
9 Serengeti
11 Kruegerpark
Paarhufer
7 Giraffe
8 Nilpferd
Palmenart
3 Agu
Pappelholz
5 Abura
Portulakgewächs
9 Speckbaum
Ratte
8 Mastomys
Riedgrasknollen
3 Cha
8 Dulcinia

Riesenturako
4 Koko
Rinder
8 Namarind
Rosengewächs
8 Kosobaum
Rosenholz
7 Bubinga
Samentalg
5 Adika
Schimpanse
4 Soko
Schlangen
5 Aspis, Mamba
7 Atheris
8 Erdotter, Erdviper
9 Baumviper, Erdpython, Hornviper, Speikobra
12 Aspischlange
14 Uraeusschlange
Schraubenantilope
5 Nyala
Singvögel
8 Tschagra
9 Viehweber
Staaten
4 Mali, Togo
5 Benin, Gabun, Ghana, Kenia, Kongo, Natal, Niger, Sudan, Volta
6 Angola, Dahome, Gambia, Guinea, Libyen, Malawi, Ruanda, Sambia, Tschad, Uganda
7 Burundi, Dahomey, Eritrea, Kamerun, Lesotho, Liberia, Marokko, Namibia, Nigeria, Senegal, Somalia, São Tomé
8 Aegypten, Algerien, Mosambik, Sansibar, Simbabwe, Tansania, Tunesien, Zimbabwe
9 Mauritius, Obervolta, Swasiland, Transvaal
10 Abessinien, Aethiopien, Madagaskar, Moçambique, Seychellen, Suedafrika, Tanganjika
11 Burkina Faso, Côte d'Ivoire, Mauretanien, Sierra Leone
12 Guinea-Bissau
15 Elfenbeinkueste
Steinfruchtbaum
5 Aramo
Steinzeitkultur
7 Tumbien
Sumpfpflanze
8 Ambatsch
Süßgras
9 Perlhirse
Tanz
7 Bambule
Trommeln
3 Kas
7 Bambule
Trugnatter
9 Boomslang
Viehseuche
6 Nagana
Viruskrankheit
9 Blauzunge
Vögel
4 Koko
5 Widah
7 Amadina, Gaukler
8 Bluthals, Perlhuhn, Sakabula
9 Atlasfink, Bandvogel, Erdspecht, Glanzstar, Kongopfau, Kronadler, Mausvogel, Stahlfink
Vulkane
4 Fako, Meru
Welwitschiapflanze
5 Tumbo
Wildpferde
5 Zebra
8 Foazebra
Windhund
9 Nackthund
Windspielantilope
6 Dikdik
Wüsten
5 Namib
6 Sahara
8 Kalahari
Wüstensandsturm
5 Samum
Zierpflanze
9 Loewenohr
Zupfinstrumente
5 Sansa, Zanza
7 Klimper
Zwergantilope
5 Behra
Zwergvölker
3 Efe
4 Akka
5 Basua
6 Batuti
8 Pygmaeen
Zyperngras
3 Cha

Afrikaforscher
5 Barth
6 Rohlfs
7 Stanley
8 Wissmann
9 Nachtigal
11 Livingstone
12 Schweinfurth

afrikanisch-arabischer Spindelbaum
5 Catha

afrikanisch-asiatische(r, s)
Brettspiel
7 Mankala
8 Mankalla
Buckelrind
4 Zebu
Dagussa
7 Korakan
Gecko
9 Halbzeher
Hirse
7 Korakan
Muschelgeld
5 Kauri
Raubtier
6 Hyaene
9 Sandfuchs, Sandkatze
Schautanz
9 Bauchtanz
Singvogel
8 Buelbuel
Steppenpflanze
6 Oscher
Tropenvogel
9 Hornvogel

afrikanisch-indische(s, r)
Horntier
8 Waldbock
Kaffeegewicht
3 Bag
Kropfstorch
6 Marabu

afrikanisch-orientalisches
Genussmittel
3 Kat
4 Kath

Ägadische Inseln
7 Levanzo
9 Favignana, Marettimo

Ägäische Inseln
3 Ios, Kea, Kos
5 Anafi, Chios, Delos, Imroz, Leros, Milos, Naxos, Paros, Psara, Samos, Syros, Tilos, Timos
6 Andros, Ikaria, Lesbos, Limnos, Patmos, Rhodos, Sykros, Thasos
7 Serifos
8 Kykladen, Santorin, Sporaden, Zykladen
9 Antiparos, Dodekanes, Karpathos
10 Samothraki

Agame Sri Lankas
8 Lyrakopf

Agavefaser
5 Sisal
9 Sisalhanf

Agaveharz
8 Kinabari
11 Drachenblut

Agavenart
8 Henequen

Agavengewächse
5 Agave, Yucca
6 Nalina
8 Dracaena, Tuberose
9 Bogenhanf, Fourcraea, Palmlilie
10 Dasylirien, Doryanthes, Sisalagave
12 Tequilaagave

Agaveschnaps
7 Tepache, Tequila

Agenda
8 Memorial, Merkbuch

Agent
5 Spion
7 Spitzel
9 Reisender
Agentin
7 Spionin
Aggregat einer Druckmaschine
8 Farbwerk
Aggregatzustand
5 Phase
des Wassers
3 Eis
5 Dampf
aggressives Haustier
9 Kampfhund
Agitation
5 Hetze
Aglaia, Euphrosyne, Thalia
8 Chariten
Agon
9 Wettkampf
Ägypten
Aalwels
8 Scharmut
Anachoret
8 Serapion
arabischer Name
4 Misr
Astronom
10 Ptolemaeus
Augenkrankheit
7 Trachom
Bauer
6 Fellah
8 Fellache
Baumwolle
4 Mako
Beamte
5 Mudir
7 Potifar
8 Potiphar
Bezirksleiter
5 Mudir
Bilderschrift
12 Hieroglyphen
Brillenschlange
6 Uraeus
christlicher Nachkomme
5 Kopte
Erntegott
3 Min
Fächerpalme
3 Dum
Feigenbaum
8 Sykomore
Feldmaß
6 Feddan
Felsentempel
9 Abu Simbel
Flächenmaß
6 Feddan
Flöte
9 Ginglarus
Flüsse
3 Nil
6 Atbara
Gebirge
5 Sinai
Geheimbundleiter
6 Kophta
General
5 Nagib
Gestalt der Epik
6 Sinuhe
Getreidemaß
5 Ardeb
Gewand
9 Kalasiris
Gewichte
5 Rattl
6 Dirhem, Kantar, Rothel, Rotolo
Götter
2 Re
3 Bes, Geb, Hor, Min, Nun, Set, Shu
4 Amon, Amun, Apis, Aton, Atum, Hapi, Heka, Ptah, Schu, Seth, Thot
5 Ammon, Chnum, Chons, Horos, Horus, Month, Montu, Nilus, Sobek, Sokar, Thoth
6 Anubis, Mendes, Osiris, Suchos, Typhon
7 Ammon-Re, Imhotep, Kanopus, Serapis
Götterkönig
7 Ammon Re
Göttinnen
3 Mat, Mut, Nut, Uto
4 Buto, Isis, Maát, Neit
5 Athor, Elkab, Neith, Satis
6 Bastet, Hathor, Pachet, Sechee, Selket, Tefent, Tefnut
7 Sachmet
8 Bubastis, Menuthis, Nephthys
Grabbau
7 Mastaba
8 Pyramide
Hafenstädte
4 Sues, Suez
6 Abukir, Kosser
8 Ismailia, Port Said
10 Alexandria
Halbinsel
5 Sinai
Hauptgott
4 Amon, Amun
Hauptstadt
5 Kairo
heiliger Stier
4 Apis
heiliger Vogel
4 Ibis
Herrschergeschlecht
10 Mamelucken, Ptolemaeer
Herrschertitel
6 Pharao
Himmelsgöttin
3 Nut
5 Athor
6 Hathor
Himmelskönigin
4 Isis
Hohlmaß
3 Rub
Kanal
4 Sues, Suez
Katzengöttin
6 Bastet
Kleinmünze
8 Millieme
Könige
3 Ten
4 Fuad, Titi
5 Faruk, Menes, Necho, Onnos, Zoser
6 Amasis, Apries, Cheops, Djoser, Hophra, Kemose, Phiops, Ramses, Sethos, Snofru
7 Harmais, Sabakon, Tirhaka
8 Chephren, Echnaton, Tutmosis
9 Amenemhet, Amenhotep, Amenophis, Merneptah, Sesostris, Thutmosis
10 Menephthes, Psammetich
11 Tutanchamon, Tutenchamun
Königinnen
4 Teje
9 Kleopatra, Nofretete
Königstitel
6 Pharao
Kriegsgott
5 Month
Kriegsgöttin
6 Sechee
7 Sechmet
Krokodilgott
4 Sobk
6 Suchos
Kronengöttin
5 Neith
Krug
6 Kanope
Längenmaße
3 Dra
4 Dhra, Draa
5 Dhraa, Diraa, Kirat, Usbaa
6 Qasaba
Lichtgott
3 Hor
Liebesgöttin
5 Athor
Löwengöttin
7 Sachmet
Luftgott
3 Shu
4 Schu
Mönche
8 Makarius
9 Pachomius
Mondgott
4 Thot
5 Chons, Thoth
6 Chonsu

Nager
9 Dachratte
Name von Heliopolis
2 On
3 Onu
Nilboot
8 Dahabije
Nilfisch
7 Aalwels
Nilgott
4 Hapi
Nobelpreisträger für Literatur
6 Mahfus
Oasen
4 Siwa
6 Dachla, Kargeh, Kargha
8 Baharije, Farafrah
Ortsgottheit
4 Ptah
Pharao
3 Aja
Politiker
5 Nagib, Sadat
6 Nasser
7 Mubarak
Provinzleiter
5 Mudir
Rasselinstrument
7 Sistrum
Ruinenstätte
6 Amarna, Theben
Sagenvogel
4 Benu
7 Phoenix
Schauspieler
6 Sharif
Schlangengöttin
3 Uto
4 Buto
Schöpfergott
5 Phtha
Schöpfwerk für Bewässerungen
6 Sakije
Schriftzeichen
12 Hieroglyphen
Schutzdämon
5 Besas
Schwingbrunnen
7 Schaduf
Siegelstein
10 Skarabaeus
Sonnengott
2 Ra, Re
4 Aton
5 Horos, Horus
6 Amon Re, Chepre
Staatspräsidenten
5 Sadat
6 Nasser
7 Mubarak
Stadt am Golf von Sues
3 Tur
Stadt am Nil
4 Siut, Gise
5 Giseh, Gizeh
Städte und Orte
4 Daba, Edfu, Esna, Gisa, Gise, Kena, Kene, Sues, Suez
5 Asiut, Benha, Fajum, Giseh, Gizeh, Kairo, Kenah, Keneh, Luxor, Menuf, Sohag, Tanta
6 Abukir, Assiut, Assuan, Heluan, Imbaba, Kharga, Kosser, Luksor, Sollum, Theben, el Daba
7 Kosseir, Mansura, Memphis, Rosetta, Sagazig
8 Damanhur, Ismailia, Mansurah, Port Said
10 Alexandria, Heliopolis
Staudamm
6 Assuan
Steinfigur bei Giseh
6 Sphinx
Stiergott
4 Apis
Sultane
5 Kamil
7 Baibars, Saladin
Tempel
8 Serapeum
Tempeltor
5 Pylon
6 Pylone
Totengott
6 Anubis
Totengöttin
6 Hathor
Unterweltsschlange
5 Kethi
Urne
6 Kanope
Verwaltungsbezirk
8 Mudirije
Verwaltungseinheit
8 Mudirije
Vizekönig
4 Said
5 Abbas
6 Ismail, Taufik
7 Khedive
Währungseinheit
5 Pfund
7 Piaster
Wasserschöpfwerk
6 Sakije
Wasserstraße
9 Sueskanal
Weiser
6 Kophta
Weisheitsgott
4 Thot
5 Thoth
Weltmeergott
3 Nun
Wüstenwind
6 Kamsin
7 Chamsin

Ahle
6 Pfriem
Ahn
7 Vorfahr
10 Stammvater
eines griechischen Stammes
3 Ion
5 Doros
6 Aiolos, Hellen, Xuthos
ahnden
7 raechen, strafen
Ahndungsmittel
9 Geldbusse
Ahne
7 Ahnfrau
11 Stammmutter
ahnen
8 vermuten
9 Voreltern
Ahnenforschung
10 Genealogie
Ahnenkult
8 Manismus
Ahnenmütter der Gallier
6 Matres
Ahnentafel
9 Stammbaum
Ahnenverehrung
8 Manismus
ähnlich
6 analog
11 gleichartig
13 gleichgeartet
sehen
8 gleichen
ähnlicher Fall
8 Analogie, Analogon
Ähnlichkeit
8 Analogie
Ahnung
6 Animus
8 Instinkt, Verdacht
9 Vermutung, Vorahnung
10 Divination, Mutmassung, Vorgefuehl
11 Voraussicht
ahnungslos
4 naiv
6 arglos
9 unwissend
12 nichtsahnend
13 unvorbereitet
Ahnungslosigkeit
10 Unkenntnis
11 Nichtwissen
12 Arglosigkeit, Unwissenheit
17 Unvorbereitetsein
Ahr-Zuflüsse
5 Wirft
6 Adenau
Ährenborste
6 Granne
Ährenbündel
5 Garbe
Ährenfisch
7 Grunion
Ährenlilie
9 Beinbrech
10 Narthecium
Ahrrotwein
6 Domley
Ai
8 Faultier

Air
7 Haltung
Airport
9 Flughafen
Aisne-Zuflüsse
4 Aire
5 Vesle
6 Suippe
Akademiker
9 Gelehrter
10 Studierter
Akademikerin
8 Gelehrte
9 Studierte
akademisch ausgebildeter Waldbeamter
9 Forstwirt
akademische(r)
Ehrentitel
9 Professor
Examensnote
4 rite
8 cum laude
13 magna cum laude, summa cum laude
Grad
6 Doktor
8 Magister
12 Bakkalaureus
Grad in Japan
8 Hakuschi
japanischer Titel
8 Gakuschi
Lehrauftrag
8 Dozentur
Titel in England, USA
6 Master
8 Bachelor
Würde
8 Doktorat
Akanthusgattung
8 Fittonia
Akelei
8 Goldwurz
Akkordeonstimmung
7 Musette
Akkordlohn im Bergbau
7 Gedinge
Akkumulator
7 Sammler
akkurat
5 exakt, genau
11 sorgfaeltig
12 gewissenhaft
Akkuratesse
8 Sorgfalt
Akne
6 Pickel
9 Hautfinne
Akribie
8 Sorgfalt
Akrobat
6 Artist
einer Truppe
9 Untermann
akrobatische(r)
Übung
6 Spagat
westindischer Tanz
5 Limbo
Akt
5 Szene
6 Aufzug
7 Vollzug, Vorgang
8 Handlung, Vorgehen
9 Massnahme, Verfahren
Aktant
9 Satzglied
Akte
7 Urkunde
9 Beschluss, Protokoll
13 Schriftstueck
Aktenbündel
8 Faszikel, Konvolut
Aktenheft
7 Dossier
Aktenhefter
6 Ordner
Aktenmappe
6 Missiv
12 Portefeuille
Aktenmensch
9 Buerokrat
11 Buerokratin
Aktenrolle
5 Rodel
Aktensammlung
5 Aktei
11 Registratur
Aktenschrank
11 Registratur
Aktentasche
5 Mappe
Aktienmarkt
6 Boerse
Aktion
3 Tat
4 Werk
7 Vorgang
8 Ereignis, Handlung
9 Geschehen, Verfahren
10 Taetigkeit
12 Unternehmung
der politischen Parteien
9 Wahlkampf
Aktionsbehinderung
8 Laehmung
aktiv
4 rege
6 taetig
7 lebhaft, wirksam
8 lebendig
9 beweglich, energisch
11 tatkraeftig
Aktiva
5 Haben
6 Besitz
8 Guthaben
9 Vermoegen
Aktiva-Passiva-Saldo
8 Realwert
Aktivkonto
5 Haben
aktuell
3 neu
6 jetzig
7 zeitnah
9 dringlich
11 zeitgemaess
aktuelle(r)
Bericht
9 Reportage
Meldung
9 Nachricht
Nachricht
9 Neuigkeit
Sendung der ARD
10 Tagesschau
Sendung im ZDF
5 Heute
TV-Bericht
7 Feature
akustisch
9 klanglich
akustische(r, s)
Begriff
3 Fon, Ton
4 Echo, Phon
5 Klang, Krach
6 Schall
8 Resonanz
9 Geraeusch, Widerhall
Gestalt
8 Lautform
Gestaltung zum Hörbild
7 Feature
Hinweis auf Gefahr
7 Warnruf
Seezeichen
8 Heulboje
akute Fingerentzündung
6 Umlauf
Akzent
3 Ton
7 Gewicht, Tonfall
8 Betonung, Tonfarbe
9 Nachdruck
10 Aussprache, Tonzeichen
Akzentuierung
8 Betonung
Akzept
7 Wechsel
akzeptabel
9 annehmbar
Alandinseln
5 Korpo
7 Eckeroe, Gisslan
Alarm
7 Weckruf
Alarmgeräte
4 Hupe
6 Heuler, Sirene
9 Nebelhorn
11 Feuermelder
Alaunstein
6 Alunit
Albaner
8 Skipetar
im früheren türkischen Heer
6 Arnaut
Albanien
Berge
4 Deja, Guka
8 Valamare
Dichter
4 Rada

6 Fishta
Flüsse
3 Fan, Mat
4 Drin
5 Devol, Drino, Seman, Vjose
6 Devoli, Semeni
7 Vojussa
8 Schkumbi
Fürst
9 Kastriota
Hafenstädte
5 Vlore
6 Durres, Valona
7 Durazzo, Sarande
Hauptstadt
6 Tirana
Insel
5 Sasan
6 Saseno
Könige
4 Zogu
6 Achmed
Nachrichtenbüro
3 ATA
Nationaltracht
10 Fustanella
Politiker
5 Meksi
7 Berisha, Hodscha
See
10 Skutarisee
Städte
4 Fier, Puke
5 Berat, Korca, Korce, Vlona, Vlora
6 Durres, Tirana, Valona
7 Durazzo, Durresi, Elbasan, Sarande, Skutari
Volkshelden
9 Kastriota
10 Skanderbeg
Währung
3 Lek
7 Quintar
Albdruck
5 Angst
7 Inkubus, Sukkuba
9 Nachtmahr
12 Angstgefuehl
albern
4 dumm
8 daemlich, kindisch
9 naerrisch
10 einfaeltig
lachen
6 feixen
alberne(r)
Mensch
4 Narr
6 Kasper
9 Hanswurst
Spaß
8 Kinderei
Späße
5 Faxen
Streich
5 Unfug
Albernheit
7 Fadaise
8 Schnurre
9 Firlefanz
Albernheiten
10 Sperenzien
11 Sperenzchen
Albino
5 Dondo
9 Weissling
Albinoform des Iltis
5 Frett
9 Frettchen
Alchimie im Mittelalter
8 Spagirik
Alchimistenwort für Eisen
4 Mars
Aldan-Zuflüsse
4 Amga, Maja
Alekto, Megäre, Tisiphone
8 Erinnyen
alemannisch:
Fasching
8 Fasnacht
Grünerle
5 Trose
Obstgarten
7 Bangert
Schiffsschnabel
7 Gransen
alemannischer
Schriftsteller
5 Busse
Spruchdichter
5 Boppe
Alepponuss
8 Pistazie
alert
5 mobil, vital
7 lebhaft
Aleutenbewohner
7 Unangan
Aleuteninseln
4 Atka
6 Unimak
8 Amchitka, Unalaska
alexandrischer
Astronom
9 Sosigenes
10 Ptolemaeus
Grammatiker
9 Zenodotus
Philosoph
6 Philon
Priester
5 Arius
Theologe
5 Arius
Alfagras
9 Rebenrohr
Alge, Amöbe, Bakterium, Protozoon
9 Einzeller
Algenart
4 Tang
5 Chara
Algenforscher
8 Algologe
Algenforscherin
9 Algologin
Algenkunde
9 Algologie
10 Phykologie
Algenpilzordnung
9 Oomyzeten
Algenspore
6 Akinet
Algerien
Berberstamm
7 Kabylen
Berge
3 Sab
5 Tahat
Gebirge
5 Atlas
7 Ahaggar
Hafenstädte
4 Oran
6 Algier, Annaba
Hauptstadt
6 Algier
Kap
3 Fer
6 Bengut
Oasengruppe
4 Tuat
Staatsmänner
10 Abdessalam
11 Boumedienne
Städte
4 Kafi, Oran
5 Blida, Setif
6 Abadla, Algier, Annaba, Bejaja, Biskra, Skikda
11 Constantine
Verwaltungseinheit
6 Wilaya
Währung
5 Dinar
7 Centime
Alginsäuresalz
7 Alginat
Algonkinindianer
6 Ojibwa, Piegan
7 Arapaho
8 Cheyenne, Illinois
9 Blackfeet, Mohikaner
Algonkinindianerbund
6 Abnaki
Algonkinindianerstamm
3 Fox, Kri
Alhagi
9 Mannaklee
aliphatischer Alkohol
8 Propanol
Alkalibasalt
7 Tephrit
Alkalimetalle
6 Kalium
7 Caesium, Lithium, Natrium, Zaesium
8 Francium, Rubidium
alkalische(s)
Bad
7 Aescher
Lösung
5 Lauge

Mittel
6 Natron
12 Bullrichsalz
Alkaloide
siehe: Gift
Alkinoos-Tochter
8 Nausikaa
Alkohol
7 Butanol
8 Spiritus
9 Weingeist
alkoholarmes Brauereiprodukt
9 Duennbier
alkoholartige chemische Verbindung
9 Merkaptan
alkoholfreies
Brauereiprodukt
8 Malzbier
Getränk
9 Softdrink
Alkoholgehaltsmesser
9 Oenometer
Alkoholiker
7 Trinker
Alkoholikerin
9 Saeuferin, Trinkerin
alkoholische Getränke
Biere
3 Ale, Alt
4 Bock, Busa, Faro, Gose, Mars, Pils, Piwo
5 Braga, Hules, Kwass, Molle, Mumme, Pombe, Stout
6 Helles, Kofent, Lambic, Panibe, Porter, Weisse
7 Altbier, Duessel, Dunkles, Eisbier, Eisbock, Koelsch, Maerzen, Maibock, Mild Ale, Pale Ale, Pilsner
8 Bockbier, Fassbier, Jungbier, Malzbier, Pilsator, Pilsener
9 Ammenbier, Braunbier, Duennbier, Hirsebier, Jopenbier, Kraftbier, Lagerbier, Maerzbier, Naehrbier, Rauchbier, Starkbier, Suessbier, Weissbier
10 Bierpunsch, Bitterbier, Doppelbock, Exportbier, Roggenbier, Schankbier, Weizenbier, heller Bock
11 Gerstensaft, Klosterbier, Maerzenbier, dunkler Bock
12 Flaschenbier, Nikolausbock
13 Hefeweissbier, Malzkraftbier, Weissbierbock
14 Hefeweizenbier
Branntweine
3 Gin, Rak, Rum
4 Arsa, Cana, Koem, Korn, Marc, Ouzo, Ouzu, Raki, Sake, Wina
5 Arrak, Fusel, Klare, Sprit, Toddy, Wodka
6 Brandy, Cassis, Chicha, Cognac, Dry Gin, Enzian, Grappa, Ingwer, Jenzer, Kirsch, Kognak, Likoer, Mescal, Meskal, Pulque, Taffia, Whisky
7 Absinth, Allasch, Aquavit, Bittere, Genever, Kuemmel, Nalifka, Naliwka, Parfait, Persiko, Samschu, Schnaps, Tepache, Tequila, Whiskey
8 Armagnac, Calvados, Eau de vie, Edelkorn
9 Angostura, Kornbrand, Machandel, Mirabelle, Slibowitz, Sliwowitz
10 Eiskuemmel, Goldkirsch, Goldwasser
11 Feuerwasser, Kornkuemmel, Krambambuli, Magenbitter, Maisschnaps,
12 Agaveschnaps, Apfelschnaps, Himbeergeist, Kirschwasser, Kumysschnaps, Magenschnaps
13 Enzianschnaps, Fruchtschnaps, Ingwerschnaps, Kornwacholder, Kumyssschnaps, Marillenbrand, Wermutschnaps
14 Aprikosengeist, Hefebranntwein, Kornbranntwein, Kuemmelschnaps
15 Apfelbranntwein, Danziger Tropfen, Karmelitergeist, Muensterlaender, Pflaumenschnaps, Trinkbranntwein
16 Kartoffelschnaps, Kirschbranntwein, Korianderschnaps, Wacholderschnaps
17 Kartaeuserschnaps, Kuemmelbranntwein, Tresterbranntwein
Heißgetränke
4 Grog
5 Negus, Toddy
6 Punsch
9 Gluehwein, Teepunsch
10 Bierpunsch, Blue Blazer
11 Krambambuli, Milchpunsch
12 Ananaspunsch, Whiskypunsch
13 Himbeerpunsch, Orangenpunsch
14 Imperialpunsch, Schwedenpunsch
15 Brahminenpunsch, Burgunderpunsch, Schlummerpunsch, Silvesterpunsch
16 Feuerzangenbowle, Maraschinopunsch, Schnapsgluehwein
Liköre
5 Crème, Gilka, Lachs
6 Cassis, Cherry
7 Advokat, Allasch, Anisett, Curaçao, Ettaler, Persiko, Ratafia, Rosolio
8 Anisette, Aperitif, Drambuie, Noisette, Rosoglio
9 Angostura, Pruenelle
10 Anislikoer, Baerenfang, Chartreuse, Eierlikoer, Goldwasser, Knickebein, Maraschino, Nusslikoer
11 Benedictine, Honiglikoer, Kakaolikoer, Krambambuli, Meschkinnis, Mokkalikoer, Nikolaschka, Pfefferminz
12 Ananaslikoer, Benediktiner, Cherry Brandy, Enzianlikoer, Ingwerlikoer, Kaffeelikoer, Kirschlikoer
13 Apricot Brandy, Bananenlikoer, Gewuerzlikoer, Kuemmellikoer
14 Kraeuterlikoer, Pflaumenlikoer
17 Pfefferminzlikoer
Mixgetränke
4 Fizz, Flip, Sour
5 Sling, Smash
6 Crusta
7 Cobbler, Egg-Nogg
8 Cocktail
9 Longdrink
10 Fancydrink, Pousse Café, Shortdrink
13 Knickerbocker
Weine
4 Asti, Boal, Bual, Most, Rosé, Salo
5 Bados, Cully, Dorin, Jeres, Jerez, Lunel, Macon, Medoc, Menes, Pasto, Rioja, Samos, Santo, Tinto, Xeres, Xerez, Yerez, Yquem
6 Barolo, Barsac, Claret, Domtal, Eisler, Graves, Malaga, Merlot, Pontac, Ruster, Saleve, Sauser, Sherry, Verdea, Vugava
7 Ahrwein, Asprino, Auslese, Barbera, Broglio, Chablis, Chianti,

Cincano, Cividin, Clairet, Colares, Dezalay, Eiswein, Erlauer, Faverge, Fendant, Gringet, Jimenes, Kapwein, Kretzer, Kroever, Lafitte, Madeira, Margaux, Marsala, Martini, Moscato, Negotin, Peralta, Picolit, Pommard, Refosco, Ribolla, Rotwein, Tokaier, Tokajer
8 Alicante, Bergerac, Bordeaux, Cantenac, Erbacher, Furlaner, Grenacho, Grumello, Heuriger, Jenerodi, Kabinett, Kraetzer, La Marque, Malvasia, Masslacz, Monachet, Montilla, Nahewein, Pajarete, Portwein, Pouillac, Prosecco, Roséwein, Saarwein, Sandwein, Sassella, Schieler, Schiller, Terlaner, Traminer, Uerziger
9 Alsheimer, Badenwein, Burgunder, Calabrese, Clairette, Durbacher, Eltviller, Feuerberg, Firnewein, Fuchsloch, Hermitage, Malvaglia, Malvasier, Malvoisie, Moselwein, Moslavina, Rebensaft, Rheinwein, Ruwerwein, Samoswein, Sauternes, Seeburger, Spaetlese, Tafelwein, Tarragona, Tischwein, Veltliner, Voeslauer, Weisswein, Xereswein, Zyperwein
10 Affentaler, Beaujolais, Campo Viejo, Chambertin, Cortaillod, Dalmatiner, Frontignac, Gerebelter, Lakodalmas, Magdalener, Manzanares, Manzanilla, Maraschino, Meerspinne, Moscatello, Piesporter, Roussillon, Szamorodny, Taubenberg, Vin de sable
11 Amontillado, Bocksbeutel, Carcavellos, Dessertwein, Drachenblut, Duerkheimer, Edenkobener, Frankenwein, Graefenberg, Kalterer See, Meersburger, Niersteiner, Oppenheimer, Pfaffenberg, Portugieser, Préfontaine, Schlossberg, Sorrentiner, Weissherbst
12 Bernkasteler, Geisenheimer, Hattenheimer, Kabinettwein, Kanarienwein, Markgraefler, Markobrunner, Pfaelzerwein, Sangre de Toro, Schwabenwein
13 Beerenauslese, Klostergarten, Stich den Buben
14 Kaiserstuehler, Kroetenbrunnen
15 Lacrimae Christi, Rheinhessenwein
16 Gumpoldskirchner, Hex von Dasenstein, Klosterneuburger
17 Châteauneuf-du-Pape

Alkoholismus
5 Trunk
10 Trunksucht

Alkoholschmuggler
10 Bootlegger

Alkoholtest
9 Blutprobe

Alkoholverbindung
5 Ester

Alkoholverbot
11 Prohibition

All
4 Welt
5 Natur
6 Kosmos
8 Weltraum
9 Universum
13 Unendlichkeit

All-Eines
3 Tao
5 Atman

allbekannt
6 publik
9 notorisch
11 offenkundig

alle
5 jeder
9 jedermann
12 ohne Ausnahme

Bakterien eines Körperorgans
5 Flora

Firmenfahrzeuge
8 Fuhrpark

fünf Tage wiederkehrend
7 quintan

hundert Jahre
8 saekular

Keime in der Mundhöhle
9 Mundflora

ohne Ausnahme
10 saemtliche

Schäden auf See
7 Average

Stimmen eines Musikwerks
8 Partitur

Verkäufe eines Betriebes
6 Umsatz

zwei Jahre stattfindend
7 biennal

Alle-Zuflüsse
3 Abt, Elm
4 Dost, Ilme, Omet, Piss, Taim, Tain
5 Guber, Oissa, Swine
6 Simser

Allee
6 Avenue
7 Avenida

Allegorie
6 Symbol
8 Sinnbild
9 Gleichnis
15 Personifikation

allein
4 mono, solo
5 ledig
6 einsam
7 einzeln
9 verlassen

Alleinerbe von Landbesitz
6 Anerbe

Alleingang
4 Solo

Alleinherrschaft
8 Diktatur
9 Monarchie
12 Absolutismus

Alleinherrscher
7 Monarch
8 Diktator

Alleinherrscherin
9 Monarchin

alleinig
6 einzig

Alleinnutzung

vom Wald
9 Bannforst

von Jagd
9 Bannforst

Alleinrecht
7 Monopol

Alleinstehender
6 Single

Alleintanz des Gefeierten
9 Ehrentanz

Alleinvortrag
4 Solo

allemal
5 immer

Aller-Zuflüsse
3 Aue, Ise
4 Fuse, Ihma, Ilme, Oker
5 Ecker, Leine, Ruhme, Wiehe
6 Boehme, Lachte, Lehrde, Meisse, Mieste, Oertze, Wietze

allerdings
8 freilich

allergische Erkrankung
9 Heufieber
12 Heuschnupfen, Nesselfieber

allerhand
8 allerlei
9 vielerlei
10 mancherlei, mannigfach
Allerheiligstes
6 Abaton
12 Sanktissimum
allerliebst
7 reizend
11 entzueckend
Allerneuestes
9 Nouveauté
10 Dernier Cri
allerorts
8 ueberall
Allerweltskerl
11 Allroundman
12 Tausendsassa
alles ausschließend, nicht ein
4 kein
alles wegnehmen
9 ausrauben
Allesfresser
8 Omnivore
Alleskönner
12 Tausendsassa
14 Universalgenie
allezeit
4 ewig
5 immer
7 dauernd
9 permanent
13 unaufhoerlich
14 kontinuierlich
allgemein
5 vulgo
8 allseits, generell
9 gemeinsam, umfassend, universal
10 allerseits, universell
11 gewoehnlich, oekumenisch, schlechthin
bekannt
8 beruehmt
9 notorisch
verständlich
8 populaer
10 exoterisch
Allgemeiner Studentenausschuss
4 AStA
Allgemeingültiges
8 Generale
Allgemeinheit
14 Universalitaet
15 Oeffentlichkeit
Allgewalt
10 Omnipotenz
Allgottlehre
11 Pantheismus
Allheilige (Beiname Marias)
8 Panhagia
Allheilmittel
7 Arkanûm, Panazee
Allianz
4 Bund, Liga
8 Buendnis
9 Koalition
11 Vereinigung
15 Zusammenschluss
Allier-Zuflüsse
4 Dore
6 Sioule
Allmacht
10 Omnipotenz
allmählich
6 gemach
7 langsam
8 graduell
9 sukzessiv
eintretend
9 sukzessiv
allmählicher
Abschluss
8 Ausklang
Fieberabfall
5 Lysis
Allod (Mittelalter)
7 Freigut
Allotria
3 Jux
5 Spass, Unfug
6 Scherz
8 Narretei
11 Schabernack
allseitig
7 ringsum
9 universal
allseitige(r)
Ausblick
9 Rundsicht
Aussicht
8 Panorama
9 Rundblick
Allseitigkeit
14 Universalitaet
alltäglich
5 banal
6 profan
7 trivial
9 genrehaft
Alltäglichkeit
9 Plattheit
12 Trivialitaet
Alltagsdarstellung
9 Genrebild
Alltagsgang
5 Trott
allumfassend
9 universal
Alm
9 Bergwiese
Almanach
8 Jahrbuch, Kalender
Almbewohner
4 Senn
5 Almer
6 Senner, Sennin
8 Sennerin
Almenrausch
9 Steinrose
Almhirt
4 Senn
5 Senne
6 Senner
Almhirtin
6 Sennin
8 Sennerin
Almosen
4 Gabe
6 Spende
10 Bakschisch, Liebesgabe
Almrausch
9 Alpenrose
Almwirtschaft
8 Melkerei, Sennerei
Alpaka
8 Argentan
9 Neusilber
Alpenblumen
6 Enzian
8 Goldrose
9 Alpenrose, Edelraute, Edelweiss
10 Feuerlilie, Silberwurz
13 Alpenveilchen
Alpenbockkäfer
7 Rosalia
Alpenflüsse
2 Po
3 Inn, Mur, Sau
4 Aare, Adda, Arve, Drau, Enns, Gail, Isar, Lech, Raab, Save, Sawa
5 Drave, Drôme, Etsch, Isère, Oglio, Piave, Rhein, Rhône, Traun
6 Eisack, Maggia
7 Durance, Salzach
11 Tagliamento
Alpengewässer
6 Eibsee
7 Mondsee
8 Bodensee, Comer See, Gardasee
9 Genfer See
10 Koenigssee, Walchensee, Weissensee
11 Woerther See
Alpengipfel
4 Firn, Midi
6 Ortler
Alpengletscher
5 Roseg
6 Ferner, Gorner
7 Aletsch
8 Pasterze
Alpenhelmpflanze
7 Bartsia
Alpenjäger
6 Alpini
Alpenmurmeltier
4 Munk
Alpenpässe
3 Foo
4 Fern
5 Furka, Gemmi, Loibl, Pyhrn, Tenda
6 Albula, Aravis, Gerlos, Iseran, Jaufen, Julier, Maloja, Mendel, Pordoi, Predil, Susten
7 Arlberg, Brenner, Flueela, Grimsel, Predeal, Reschen, Simplon, Toblach
8 Ploecken, Spluegen

9 Lukmanier, Mont Cenis, Scheidegg, Semmering
10 Bernardino
11 Loetschberg
12 Stilfserjoch
13 Sankt Bernhard, Sankt Gotthard

Alpenpflanzen
5 Speik
6 Enzian
7 Almrose
8 Blaugras
9 Almrausch, Alpenrose, Braunelle, Edelraute, Edelweiss, Gratlinse, Saxifraga
10 Silberwurz, Soldanelle
13 Alpenveilchen

Alpenpflanzenanlage
7 Alpinum

Alpenrandgewässer
8 Comer See

Alpensänger
6 Jodler

Alpensängerin
8 Jodlerin

Alpenschilderer
3 Noe

Alpenseefelchen
5 Kilch

Alpental
beim Comer See
7 Veltlin
im Wallis
4 Saas
6 Bagnes
in den Dolomiten
9 Pustertal
in der Steiermark
8 Gesaeuse
in Graubünden
5 Davos
9 Praetigau
in Nordtirol
6 Stubai
in Südtirol
8 Passeier
in Tirol
9 Zillertal

Alpenveilchen
7 Zyklame

Alpenweiden
3 Alm, Alp
4 Alpe
5 Senne

Alpenwind
5 Foehn

Alpenwirtschaft
8 Sennerei

alphabetisches Inhaltsverzeichnis
8 Register

Alphateilchen vom Atomkern
6 Helion

alpin-mongolide(r, s)
Volk
5 Samen
6 Lappen
Volksangehöriger
4 Same
5 Lappe

alpine Schafgarbe
3 Iva

alpiner Buntsandstein
5 Scyth

alpiner Rettungsdienst
9 Bergwacht

Alpinismus
9 Bergsport

alpinistische Gefahrensituation
7 Bergnot

Älplertanz
8 Plattler

Alraunwurzel
10 Mandragora

als Anlage zugefügt
5 anbei

als Autostopper reisen
7 trampen

als Beweisperson auftreten
8 bezeugen

als Erster
6 voraus

als Erstes
5 zuvor

als Leim verwendete Substanz
8 Chondrin

als ob
5 quasi

als Schuld buchen
8 belasten

als Sieger erlangen
8 erbeuten

als Treibgut befördern
8 floessen

als Trumpf umgeschlagene Karte
6 Tourne

alsbald
6 gleich, sofort

also
4 ergo
8 folglich

alt
5 antik
6 betagt
7 bejahrt
9 gebraucht, vergangen
10 hinfaellig
12 antiquarisch

altägyptische(r, s)
Alchimist
7 Zosimos
Arzt
7 Imhotep
Baumeister
7 Imhotep
Gelehrter
7 Manetho
Gewand
9 Kalasiris
Gott von Memphis
5 Sokar
Grabfigürchen
8 Uschebti
Grabkammer
7 Mastaba
Handschriften
6 Papyri
König
5 Belos, Chufu
6 Amasis, Amosis, Cheops, Ramses, Sethos
7 Tirhaka
8 Echnaton, Haremhab
9 Merneptah, Mykerinos, Sesostris, Thutmosis
Königin
9 Nofretete
Königstitel
6 Pharao
Kriegsgott
4 Mont
Nilort
7 Dandara, Dendera
Nilstadt
7 Busiris
Rassel
7 Sistrum
Stadt
7 Kanopos
8 Bubastis
Stadt im Nildelta
5 Tanis
Tempeltor
6 Pylone
Textsammlung
9 Totenbuch

altaischer Volksstamm
8 Tungusen

Altan
6 Balkon
7 Soeller

altarabische(s)
Reich
4 Saba
Trommel
4 Duff

Altaraufsatz
7 Retabel
8 Messpult
mit Bildern
6 Ancona

Altarbaldachin
8 Ziborium
10 Tabernakel

Altarbild
9 Diptychon
10 Triptychon

Altarbuch
8 Messbuch

Altardecke
8 Parament

altarischer Lichtgott
6 Mithra
7 Mithras

altarmenisches Volk
9 Urartaeer

Altarnische
5 Apsis
6 Apside, Konche

Altarraum
4 Chor
11 Sanktuarium
orthodoxer Kirchen
4 Bema

6 Abaton
Altartisch
5 Mensa
Altartuch
5 Mappa
8 Parament
9 Chrismale
Altarüberbau
8 Ziborium
Altarverkleidung
11 Antependium
altathenische(r)
Bildhauer
7 Phidias
9 Leochares
Wettkämpfe
7 Theseen
Altbekanntes
8 Kamellen
Altbuchhändler
8 Antiquar
Altbuchhändlerin
10 Antiquarin
Altbuchhandlung
11 Antiquariat
altchinesische(r)
Bronzemünze
2 Pu
Philosoph
6 Laotse, Lautan
rituelle Schriftensammlung
4 Liki
altchristliche(r, s)
Kapelle
8 Aedikula
Literaturgeschichte
9 Patristik
Schutzschrift
9 Quadratus
Taufbecken
7 Piscina
Theologe
6 Tatian
Wandermönche
9 Gyrovagen
altdeutsches
Flüssigkeitsmaß
5 Anker
Gedichtfragment
8 Muspilli
Gewicht
4 Mark
alte(r, s)
Antriebswerk
7 Tretrad
Apothekergewicht
4 Gran
7 Skrupel
arabische Stegreifdichtung
6 Makame
arabisches Volk
9 Katabanen
assyrische Stadt am Tigris
6 Kalach
astronomisches Gerät
7 Armille
athenische Münze
5 Glaux
bayerisch-schwäbisches Feldmaß
4 Jute
bayerischer Brauch
9 Fensterln
Beil
5 Barte
9 Streitaxt
berberische Dynastie
9 Meriniden
bergmännisches Längenmaß
7 Lachter
Bezeichnung für Hokkaido
4 Yezo
Biermaß
8 Schoppen
Blasinstrument
9 Krummhorn
brasilianisches Massenmaß
7 Arratel
Brauch der Weihe
9 Haussegen
Buch
9 Scharteke
Buchdruckerbrauch
9 Gautschen
Buchformat
8 Quartant
Burganlage
8 Wehrgang
Büromöbel
8 Stehpult
chinesische Gewicht
2 Ma
chinesische Münze
2 Li, Ma
deutsche Münze
7 Karolin
8 Vierling
deutsche Tanzform
9 Allemande
deutscher Name für Besançon
6 Bisanz
deutscher Tanz
8 Rutscher
deutsches Gewicht
4 Unze
5 Quent
deutsches Kartenspiel
8 Brandeln
englisch-amerikanisches Hohlmaß
7 Quarter
englisch-amerikanisches Längenmaß
3 Ell
englische Goldmünze
9 Rosenobel
englisches Hohlmaß
6 Pottle
Feldmaß
7 Juchart, Juchert
Fellmaß
6 Decher
Festland
9 Laurentia
Flächenmaß
4 Rute
Flüssigkeitsmaß
3 Pot
4 Pott
5 Stauf
6 Oxhoft
7 Noessel
Form der Sonnenuhr
6 Skaphe
Frankfurter Rathaus
6 Roemer
französische Münze
3 Sol
5 Blanc, Livre
7 Turnose
französischer Tanz
7 Bourree, Gavotte
französisches Gewicht
5 Livre
französisches Längenmaß
4 Aune
5 Lieue
fünfsaitige Geige
7 Quinton
Garngebinde
6 Zaspel
Garnmaß
6 Zaspel
Getreidemaß
4 Immi, Last, Sack
6 Malter, Metzen, Simmer, Wispel
7 Sechter
Gewicht
5 Graen
Goldmünze
7 Dublone, Pistole
Grafentitel
8 Erlaucht
grafisches Verfahren
9 Teigdruck
Gruppentanz
9 Quadrille
Handschrift
9 Pergament
Hauptstadt Ägyptens
6 Theben
Hauptstadt Äthiopiens
5 Aksum
Hauptstadt Babyloniens
4 Isin
Hauptstadt der Bulgaren
6 Bolgar
Hauptstadt der Phrygier
7 Gordion
Herdgerät
9 Feuerbock, Feuerhund, Feuerross
hessisches Braunkohlenmaß
4 Zain
Hinrichtungswerkzeug
3 Rad
Hohlmaß
4 Stof
5 Metze
Holzblasinstrument
6 Racket

Holzmaß
9 Festmeter
Holzraummaß
7 Klafter
indisches Gewicht
5 Tanka
iranisches Volk
7 Soghden
italienische Münze
8 Gigliato
italienische Silbermünze
9 Quattrino
italienische Sprache
8 Umbrisch
japanisches Längenmaß
3 Sun
Kämpe
8 Oldtimer
Kampfwaffe
9 Rammsporn
Klavierjazz
3 Rag
7 Ragtime
Kleingewicht
3 Lot
5 Grain
Kloster in Georgien
6 Gelati
Körpermaß
5 Zuber
Kraftmaschine
8 Tretwerk
Kugelspiel
6 Kegeln
Land am Tigris
7 Subartu
Land in Afrika
8 Numidien
Landschaft am Kaspischen Meer
9 Hyrkanien
Landschaft in Grusinien
7 Iberien
Landschaft in Iran
9 Gedrosien
Landschaft Italiens
7 Picenum
Landschaft Vorderasiens
8 Parthien
Längenmaß
4 Elle, Fuss, Rute, Zoll
6 Spanne
7 Klafter
9 Handbreit, Steinwurf
Längenmaß in den USA
4 hand
liturgische Kurzliedform
9 Sticheron
Malaienvolk auf Sumatra
5 Batta
Maß: zwanzig Stück
6 Stiege
mesopotamischer Stadtstaat
5 Larsa
mittelpersische Sprache
7 Pehlewi
Münze
8 Achtling, Dreiling
Münzgewicht
3 Lot
Münzwaage
6 Seiger
Musikinstrument
9 Drehleier
Name der Balkanhalbinsel
8 Thrakien, Thrazien
Name der Krim
6 Tauris
7 Taurien
Name der Pyrenäenhalbinsel
9 Hispanien
Name des Aprils
9 Ostermond
Name des Dezembers
7 Julmond
8 Julmonat
Name des Februars
7 Hornung
Name des Himalaja
5 Imaus
Name des Januars
7 Eismond
8 Eismonat, Hartmond
Name des Julis
6 Heuert
7 Heumond
8 Heumonat
Name des Junis
7 Brachet
9 Brachmond, Rosenmond
Name des März
7 Lenzing
8 Lenzmond
9 Lenzmonat
Name des Monats August
7 Ernting
9 Erntemond
Name des Monats Mai
9 Wonnemond
Name des Novembers
7 Neblung
8 Nebelung
9 Nebelmond
Name des Oktobers
8 Gilbhard, Gilbhart, Weinmond, Windmond
9 Weinmonat, Windmonat
Name des Septembers
9 Scheiding
Name für Gott Jupiter
5 Jovis
Name für Syrien
7 Aramaea
Name Tokios
3 Edo
Name von Bischkek
6 Frunse
Name von Burkina Faso
9 Obervolta
Name von Hokkaido
5 Yesso
Name von Iran
7 Persien
Name von Istanbul
6 Byzanz
7 Stambul
Name von Monemvasia
8 Malvasia
Name von Nischni Nowgorod
5 Gorki
Name von Sankt Petersburg
9 Leningrad
Name von Sri Lanka
6 Ceylon
Name von Varanasi
7 Benares
niederländische Münze
7 Dukaton
niederländisches Flüssigkeitsmaß
3 Kan, Vat
niederländisches Längenmaß
2 El
niederländisches Wegemaß
7 Zeemijl
Notenschrift
9 Tabulatur
Oasenstadt in Syrien
7 Palmyra
orientalisches Längenmaß
3 Pik
orientalisches Reich
6 Urartu
7 Mitanni
österreichisches Feldmaß
4 Joch
österreichisches Längenmaß
5 Faust
ostsemitische Sprache
9 Akkadisch
ostsemitisches Volk
7 Assyrer
Paartanz
9 Quadrille
Pferd
6 Maehre
portugiesische Goldmünze
9 Portuguez
Rauchwarenmaß
6 Decher
Raummaß
5 Eimer
9 Kubikfuss
Reich in Armenien
6 Urartu
Reich in Vorderasien
8 Assyrien
Reihentanz
7 Polacca
9 Polonaise
Reiterpistole
9 Faustrohr
Religionsform
9 Steinkult
Rundholzmaß
4 Palm
Rundtanz
8 Drehrich
russisches Feldmaß
9 Desjatine
russisches Saiteninstrument
5 Domra

Scheidemünze
6 Scherf
Schreibmaterial
7 Papyrus
8 Tontafel
Schreittanz
6 Pavane
9 Polonaese, Polonaise
Schusswaffe
8 Armbrust, Balester
schwedisch-finnisches Längenmaß
3 Aln
schwedischer Volksstamm
5 Svear
schweizerisches Hohlmaß
5 Emine
semitische Sprache
9 Assyrisch
Siedlungsform
8 Runddorf
Silbermünze
8 Pfundner
singhalesische Sprache
3 Elu
Sonderling
7 Krauter
Sonnenuhr
6 Skaphe
9 Heliotrop
spanisch-portugiesisches Längenmaß
4 Vara
spanische Münze
4 Onza
Sprache
9 Illyrisch, Thrakisch
Springtanz
9 Gaillarde
Stadt Babyloniens
4 Umma
6 Sippar
8 Borsippa
Stadt in Pakistan
6 Taxila
Stadtanlage
6 Zingel
8 Wehrgang
9 Ringmauer
Stamm der Polen
7 Polanen
Stoffstück
6 Fetzen, Lumpen
Streichinstrument
5 Fidel
6 Fiedel
Stückmaß
6 Mandel, Schock
südarabische Sonnengöttin
6 Schams
südarabisches Volk
7 Sabaeer
süddeutsches Hohlmaß
3 Imi
Tanz
5 Gigue
6 Abtanz, Reigen, Reihen
Taschengeige
8 Poccetta, Pochette
Tempelstadt im Nildelta
4 Buto
Trinkgefäß
7 Stehauf
8 Passglas
Trockenmaß
5 Meste, Metze
6 Metzen
türkisches Flüssigkeitsmaß
3 Oka
Turkvolk
8 Uighuren
Turngerät
8 Querbaum
unbeglaubigte Erzählung
4 Sage
venezianische Goldmünze
7 Zechine
Verehrungsdienst
8 Tierkult
9 Feuerkult
Volk in Afrika
7 Numider
8 Numidier
Volksbrauch
9 Werbetanz
Volksstamm in Böotien
6 Minyer
Volskerstadt in Latium
6 Antium
vorderasiatisches Volk
9 Subaraeer
Wegemaß
5 Meile
Weinmaß
8 Dreiling, Schoppen
wertloses Buch
8 Schwarte
Winkelmessgerät
9 Jakobstab
Zählmaß
6 Mandel
Zeitmessgerät
9 Sonnenuhr

Alteisen
7 Schrott

Altenburger Bäuerinnenkopfputz
5 Hormt

altenglischer
Matrosentanz
8 Hornpipe

altenglisches
Heldengedicht
7 Beowulf

ältere(r, s)
Ackerbaugerät
9 Grabstock
Adligensohn
6 Childe, Junker
Bezeichnung für „Algebra"
4 Coss
deutsches Recht: symbolisches Pfand
6 Vadium
Einheit der Energie
3 Erg
Flüssigkeitsmaß
6 Barile
Form von: wessen
3 wes
Frau
7 Greisin, Matrone
9 Babuschka
Gelehrter einer Wissenschaft
6 Nestor
griechischer Buchstabe
7 Digamma
Horntier
9 Zeitschaf
Jahrgänge des Heeres
8 Landwehr
männliches Schwarzwild
5 Basse
Schaf
8 Zeitbock
Schiffsmann
7 Seebaer

alteriert
9 aufgeregt
11 echauffiert

alternativ
9 wahlweise

Alternsforschung
12 Gerontologie

Altersbezeichnung
4 jung

Altersgeld
5 Rente
7 Pension
10 Ruhegehalt

Altersheilkunde
9 Geriatrie

Altersheilkundler
8 Geriater

Altersheim
5 Stift
6 Spital
7 Spittel
8 Hospital
12 Seniorenheim
13 Altenwohnheim

altersschwach
5 senil
7 zittrig
8 zitterig

Altersschwäche
8 Marasmus
10 Senilitaet

Altertum
6 Antike

Altertümer
13 Antiquitaeten

altertümlich
5 antik
9 archaisch

altertümliches Nilschiff
8 Dahabije

Altertumsforscher
11 Archaeologe

Altertumsforscherin
12 Archaeologin

Altertumskunde
12 Archaeologie

älteste(r, s)
Adelsstufe
8 Hochadel

bekannter Mensch
8 Urmensch
buddhistischer Tempel Japans
7 Horyuji
Christentum
8 Urkirche
deutsche Steuer
4 Bede
Dramenform
5 Mimus
französische Gedichtform
7 Huitain
Genossin der Menschen
9 Hauskatze
griechische Kolonie in Italien
4 Kyme
5 Cumae
indische Kulturstufe
4 Amri
indische Religionsurkunde
6 Waruna
indische Trommel
8 Mridanga
indischer Sturmgott
5 Rudra
irisches Alphabet
4 Ogam
Kapitän
9 Kommodore
Kloster in Tibet
6 Samyae
König von Athen
7 Kekrops
lamaistisches Kloster
5 Samje
lateinische Bibelübersetzung
5 Itala
Papsturkundenschrift
7 Kuriale
römische Geburtsgöttin
5 Parca
römisches Kaiserreich
9 Prinzipat
Runenalphabet
7 Futhark
Schrift der Germanen
5 Runen
Schriftfassung
8 Archetyp
Skalde Norwegens
5 Bragi
Teile des Holzkörpers
8 Kernholz
Wohnsitz
8 Urheimat
Ältestenrat
5 Senat
Ältestenrecht
7 Majorat
8 Seniorat
Ältestenvorrecht
8 Seniorat
Ältester
6 Nestor, Senior
9 Presbyter
10 Altmeister
altfranzösische(r, s)
Instrumentalstück
3 Lai
Spielmann
9 Menestrel
Versdichtung
3 Dit
Verserzählung
3 Lai
7 Fableau, Fabliau
altgedienter Soldat
7 Veteran
8 Troupier
Altgeige
5 Viola
8 Bratsche
altgermanische(r, s)
Dichtung
9 Preislied
Eisenmesser
3 Sax
Naturgottheit
4 Vane
Schriftzeichen
4 Rune
Stamm
7 Saxonen
Symbol
8 Triskele
Totengott
4 Henn
Waffe
3 Ger
Wassergeist
3 Nix
Wurfspieß
3 Ger
altgriechische(r, s)
Arzt
8 Alkmaeon
9 Demokedes
Astronom
7 Eudoxus, Pytheas
8 Hipparch
9 Aristarch
Baumeister
7 Iktinos
9 Sostratos
Bauweise
7 Dorisch
Beamter
7 Archont
Bildhauer
7 Agasias, Bryaxis, Phidias
8 Damophon, Geneleos, Kanachos, Kresilas, Lysippos, Nesiotes, Paionios, Pheidias, Polyklet
9 Agesander, Archermos, Bathykles, Doidalses, Pasiteles, Polydoros, Timotheos
Brandstifter
9 Herostrat
Bronzebildner
7 Boethos
Bronzegießer
7 Rhoikos
Burg
6 Tyrins
7 Mykenae
Chorleiter
7 Chorege
Chorlied
7 Parodos
8 Stasimon
9 Hyporchem
Chorlyriker
6 Alkman
Danklied
5 Paean
Demosvorsteher
7 Demarch
Dichter
4 Bion
5 Aoede, Arion, Homer
6 Hesiod, Ibykus
7 Alcaeus, Alkaios, Archias, Homeros, Ktesias, Moschos, Rhianos, Simmias, Sophron, Sotades
8 Anakreon, Epicharm, Herondas, Hesiodos, Hipponax, Kallinos, Philemon, Pindaros, Theognis, Theokrit
9 Lykophron, Mimnermos, Panyassis, Semonides, Simonides
Dichterin
7 Korinna
9 Telesilla
Dichtermusiker
5 Lasos
8 Thaletas
Dreifußgestell
6 Tripus
Eherecht
8 Epigamie
Elegiker
8 Tyrtaeus, Tyrtaios
Ependichter
8 Zykliker
Epigrammatiker
9 Philippos
Epiker
9 Choirilos
Epos
7 Thebais
9 Telegonie
Erntefest
8 Thalysia
Erziehungsideal
7 Paideia
Fabeldichter
5 Aesop
7 Aesopus
fahrender Sänger
8 Rhapsode
Feldhauptmann
8 Taxiarch
Feldherr
8 Timoleon
Felsenklöster
7 Meteora

Fest
7 Karneen
9 Dionysien
Festumzug
5 Komos
Flächenmaß
8 Plethron
Flottenführer
8 Nearchos
Frauengewand
7 Peplops
Freudenruf
8 Thalatta
Freundin
7 Hetaere
Fußklapper
9 Krupezion
Fußsoldat
6 Hoplit
Gebiet und Stadt
8 Dardania
Geldeinheit
6 Talent
7 Drachme
Geliebte
7 Hetaere
Geograf
7 Phileas, Skymnos, Strabon
Gewand
6 Exomis
Gewicht
4 Mine
6 Lepton, Talent
Gewichte
8 Halteren
Gewichtseinheit
7 Drachme
Grabsäule
5 Stele
Grammatiker
7 Didymos
9 Hesychios, Stephanos
Grundbesitzer
8 Geomoren
Handklapper
8 Krotalon
Harfe
7 Magadis, Sambuca
Hauptstamm
5 Dorer
6 Dorier, Ionier
7 Aeolier
Herrenschicht
9 Spartaner
Hetäre
8 Rhodopis
Historiker
7 Ephoros, Herodot, Timaios, Zosimus
8 Appianos, Diodoros, Diodorus, Klitarch, Polybios, Xenophon
9 Dionysios, Euhemeros
Hohlmaß
4 Chus
6 Xestes
8 Medimnos, Metretes
Humanist
8 Planudes
Hut
7 Petasos
Hymne
9 Prooemium, Prooimion
Hymnensänger
7 Hymnode
Ingenieur
9 Ktesibios
Jüngling
6 Ephebe
Jünglinge
7 Epheben
Kannentyp
4 Olpe
Klagelied
7 Threnos
Kolonie auf Sizilien
5 Mylae
Komödiendichter
8 Menander
9 Archippos, Menandros
Kultverein
7 Thiasos
Kunsttöpfer
6 Amasis
Landschaft
6 Aeolis
8 Boeotien
Längenmaß
3 Pus
8 Plethron
Leichtbewaffneter
7 Peltast
Leier
4 Lyra
8 Barbiton, Phorminx
Literaturgattung
4 Arai
Logograph
9 Hekataios
Mädchenstandbild
4 Kore
Maler
7 Apelles, Pausias
8 Panainos, Polygnot
9 Pamphilos
Männerhaus
7 Megaron
Marktplatz
5 Agora
Mathematiker
6 Euklid
7 Pytheas
8 Euklides
Münze
4 Mine
6 Lepton, Obolus
7 Oktobol
8 Tetrobol
Musikautor
7 Alypios
Musikhalle
6 Odeion
Musiktheoretiker
5 Damon
Name für Maritza
6 Hebros
Nationalheiligtum
7 Olympia
Nilkolonie
9 Naukratis
Opferschale
6 Phiale
Orakelstätte
6 Delphi, Didyma, Klaros
Ort Siziliens
8 Selinunt
Personenprüfung
9 Dokimasie
Philosophen
5 Plato
6 Platon
7 Eudemos, Eudoxus, Gorgias, Phaedon, Pyrrhon, Stilpon, Straton
8 Alkmaeon, Archytas, Aristipp, Demokrit, Diogenes, Epikuros, Hegesias, Heraklit, Kratylos, Melissos, Menippos, Phaidros, Plotinos, Sokrates, Synesios
9 Archelaos, Ekphantos, Euhemeros, Karneades, Kritolaos, Leukippos, Panaitios, Philolaus
11 Aristoteles
Philosophenschule
4 Stoa
7 Kyniker
Physiker
5 Heron
Preislied
5 Paean
Prozessionslied
9 Prosodion
Ratsbehörde
9 Synedrion
Ratsversammlung
4 Bule
Redner
6 Zoilos
8 Sokrates
9 Aeschines, Andokides
11 Demosthenes
Regierungsmitglied
7 Prytane
Reiterführer
8 Hipparch
Reiterüberwurf
7 Chlamys
Rhapsode
8 Homeride
Rundbau
6 Tholos
Rundtempel
6 Tholos
Saiteninstrument
4 Lyra
7 Kithara
Salbengefäß
8 Lekythos
Salbgefäß
9 Aryballos

Sänger
5 Aoede, Arion
Schalmei
5 Aulos
Schalmeienspieler
5 Aulet
Scherzgedicht
8 Paegnium
Schildbürgerstadt
6 Abdera
Schlaginstrument
8 Kymbalon
Schriftsteller
7 Helidor, Polyaen, Satyros
8 Aristeas, Plutarch, Xenophon
9 Helidorus, Pausanias
Schwerbewaffnete
8 Hopliten
Schwert
6 Xiphos
Sektierer
8 Orphiker
Siegeslied
9 Epinikion
Sophist
6 Zoilos
8 Prodikos
9 Kallikles
Sporttrainer
7 Gymnast
Spottgedichte
6 Sillen
Sprichwort
8 Paroemie
Sprunggewicht
7 Haltere
Staatsmänner
5 Solon
8 Archytas, Perikles
9 Artemidor
Stadt
4 Elea
6 Aktium
7 Eretria, Kyzikos, Mykenae
8 Metapont
9 Chaeronea, Theodosia
Stadtbewohner
8 Thebaner
Stadtburg
9 Akropolis
Städtebund
9 Italioten
Städtebünde
9 Hexapolis
Stadtstaat
5 Polis
Stamm
7 Achaeer, Arkader
8 Aetolier
Stammesverband
5 Phyle
Tanzlied
9 Hyporchem
Tempelbezirk
7 Temenos
Tempelform
8 Dipteros
Tempelsklave
9 Hierodule
Theaterbau
6 Odeion
Tischlied
7 Skolion
Töpfer
9 Andokides
Tragiker
7 Agathon
8 Pratinas
9 Aeschylus, Euripides, Sophokles, Sositheos
Trauergesang
9 Threnodie
Trinkgefäß
9 Kantharos
Trinkschale
5 Kylix
6 Phiale
Trompete
7 Salpinx
Truppenführer
8 Lochagos
Überwurf
8 Himation
Übungsplatz für Ringer
8 Konistra
Umschlagtuch
6 Peplos
Umtrunk
5 Komos
Unterkleid
6 Chiton
Vasenmaler
5 Duris
7 Exekias, Klitias
8 Phintias
Versammlungshaus
6 Lesche
Versart
8 Sotadeus
Versfuß
7 Epitrit
Volk
6 Lokrer
Volksversammlung
5 Agora
Waffentanz
9 Pyrrhiche
Wasserkrug
6 Hydria
Wasseruhr
9 Klepsydra
Weihopfer
6 Agalma
Weinkanne
8 Oinochoe
Weinmischkrug
6 Krater
Wörterzeichen
7 Koronis
Zupfinstrument
8 Barbitos

altindianisches Kulturvolk
4 Maya
5 Inkas
7 Azteken
8 Tolteken

altindische(r, s)
Adelsgeschlecht
5 Sakja
Dichter
5 Amaru
Ehrentitel
4 Muni
Erzählwerk
7 Puranas
Gewittergott
5 Indra
Göttergruppe
5 Asura
König
5 Asoka
7 Aschoka
Königreich
7 Magadha
Kriegsgott
5 Indra
Opfertrank
4 Soma
philosophisches System
7 Samkhja, Sankhja
Religion
9 Jainismus
Rotholz
9 Sapanholz
Sagenkönig
4 Nala
Saiteninstrument
4 Wina
Silbenschrift
6 Brahmi
Versmaß
7 Gajatri
Wassergefäß
4 Lota

altiranischer
Gott
6 Ormuzd

altiranisches
Reitervolk
7 Parther

altirische Kriegerkaste
5 Fiann

altisländischer
Priester
4 Gode

altisländisches
Schrifttum
4 Edda

altisraelitische Gemeinde
9 Nasiraeer

altitalienische(r, s)
Bergvolk
6 Marser
Gott
5 Picus
Jagdlied
6 Caccia
König
7 Latinus
Landschaft
8 Etrurien, Japygien
Morgenlichtgöttin
6 Matuta
Muse
6 Kamene

7 Kamoene
Quellnymphe
6 Kamene
7 Kamoene
Völker
5 Osker
6 Umbrer
8 Etrusker, Falisker, Picenter
9 Paeligner
Weingott
5 Liber
Weingöttin
6 Libera
altjapanische(r, s)
Drama
7 Nospiel
Hochadel
4 Kuge
Maskenspiel
7 Nodrama
Militäradel
4 Buke
Ritter(adel)
7 Samurai
Ritualgebete
6 Norito
altjavanische Sprache
4 Kawi
altjüdische Sekte
7 Essaeer, Essener
altjüngferlich
7 spinoes
altkeltisches Saiteninstrument
5 Crwth
altkirchlicher Lobgesang
6 Tedeum
altklug
7 vorlaut
8 naseweis
altkretische Stadt
7 Knossos
altkretischer Palast
7 Knossos
Altmalaie
6 Igorot
Altmalaie auf Borneo
7 Bukitan
altmalaiische(r)
Stamm
5 Alune
Stämme
9 Toradscha
Völker
5 Batak
6 Bagobo
8 Igoroten
altmärkisches Adelsgeschlecht
8 Bismarck
Altmeister
6 Senior
Altmetall
7 Schrott
altmexikanische(r)
Gemüsebeete
9 Chinampas
Indianer
7 Tolteke
Regengott
6 Tlaloc
Völker
4 Maya
5 Nahua
8 Tolteken
9 Tepaneken, Totonaken
altmodisch
5 passé
6 passee, zopfig
8 unmodern
9 ueberholt
10 antiquiert
Altmühl-Zuflüsse
4 Sulz
5 Laber
7 Rohrach
altnordische(r, s)
Dichter
6 Skalde
Dichtung
4 Edda, Saga
8 Eddalied, Voeluspa
Fürst
4 Jarl
Gedichtform
6 Drapur
Prosawerk
4 Saga
Sänger
6 Skalde
altorientalische
Kopfbedeckung
5 Mitra
Völker
7 Hetiter
8 Elamiten, Hethiter, Kassiten, Kossaeer
9 Churriter
Altpapier
9 Makulatur
altpersische(r, s)
Audienzhalle
7 Apadana
Dynastie
12 Achaemeniden
Feldherr
9 Mardonios
Fürst
9 Hystaspes
Gottheit
6 Zerwan
Kommandeur
9 Chiliarch
König
6 Darius, Xerxes
7 Teispes
Landschaft
8 Baktrien
Magier
9 Hystaspes
Münze
7 Dareike
8 Dareikos
Priester
6 Magier
Religion
9 Parsismus
Statthalter
6 Satrap
Statthalterschaft
8 Satrapie
altperuanische Herrscherschicht
4 Inka
altprovenzalisches Minnelied
4 Alba
altrömische(r, s)
Abteilung
7 Dekurie
Adelsangehöriger
7 Optimat
Adelsgeschlecht
5 Chigi
6 Albani, Orsini
7 Colonna, Laelier
8 Borghese
Adelspartei
9 Optimaten
Adelstitel
8 Magister
Ahnenbilder
8 Imagines
Ältestenrat
5 Senat
Amtsdiener
6 Liktor
8 Liktoren
Bacchusfest
9 Bacchanal
Badeanstalten
7 Thermen
Badezelle
9 Kaldarium
Bauer
7 Colonus
Baumeister
6 Vitruv
9 Vitruvius
Bauwerke
7 Lateran
8 Pantheon
9 Kolosseum
Beamte
8 Zensoren
9 Astonymen
Beamter
6 Zensor
7 Auditor, Duumvir, Praetor
8 Praefekt, Quaestor
Befehlshaber
8 Zenturio
Belagerungsmaschine
6 Widder
Biograf
6 Sueton
Blasinstrument
7 Buccina
Bordell
7 Lupanar
Bronzemünze
6 Follis
Bürger
6 Klient
7 Colonus
Bürgerversammlungen
8 Komitien

Dämon
7 Incubus, Inkubus
Denar
7 Bigatus
Dichter
4 Atta, Ovid
5 Avian, Cinna, Horaz, Lucan, Lukan
6 Accius, Catull, Ennius, Gallus, Katull, Lukrez, Seneca, Terenz, Tibull, Vergil
7 Avienus, Juvenal, Lucanus, Martial, Naevius, Ovidius, Plautus, Properz
8 Ausonius, Catullus, Horatius, Laberius, Lucilius, Lygdamus, Phaedrus, Tibullus, Titinius
9 Lucretius, Lukretius, Vergilius
Dreigespann
5 Triga
Elegiker
6 Tibull
7 Properz
Enzyklopädist
6 Celsus
Epigrammatiker
7 Martial
Erdgottheit
6 Tellus
Erntefest
6 Opalia
Erntegöttin
3 Ops
Erzabbauanlagen
8 Arrugien
Exerzierplatz
8 Marsfeld
Fabeldichter
8 Phaedrus
Fahne
8 Vexillum
Familienanghörige
8 Gentilen
Familienverband
4 Gens
Feiertage
6 Feriae
Feinschmecker
7 Apicius
8 Lucullus
Feldherr
5 Varus
6 Aetius, Caesar, Drusus, Marius, Narses, Scipio
7 Agrippa, Caecina, Corbulo, Regulus
8 Agricola, Camillus, Lucullus, Pompejus, Stilicho
9 Sertorius, Torquatus
Feldlager
6 Castra
Feldzeichen
6 Aquila, Signum
7 Labarum
8 Vexillum
Feldzeichenträger
8 Signifer
Fest
6 Februa
7 Lemuria
8 Vestalia
9 Cerealien
Festspiel
5 Ludus
Festspiele
4 Ludi
Festung
7 Kastell
Finanzbeamter
8 Quaestor
Flächenmaß
8 Centuria
Flöte
5 Tibia
Flügeltruppe
3 Ala
Flusskreuzer
7 Lusoria
Frauengewand
5 Palla
Frauenmantel
5 Palla
Frauenname
6 Porcia
Gartenanlage
6 Xistus, Xystus
Gartenanlagen
5 Xysti
Geburtsadel
9 Patriziat
Gefängnis
9 Tullianum
Gegenkaiser
8 Postumus
Gelehrter
6 Nonius
9 Cassiodor
Gemeinderatsmitglied
7 Dekurio
Geograf
4 Mela
Gerichtshalle
8 Basilika
Gerichtshof
8 Tribunal
Geschichtsschreiber
5 Nepos
6 Eutrop, Livius, Sueton, Victor
7 Sallust, Tacitus
Geschlecht
6 Aelius
7 Acilius, Flavier, Fulvius, Manlius
8 Aurelius, Horatier, Horatius
9 Fabricius, Sulpicius
Gewand
5 Stola
Gewandstreifen
6 Clavus
Gewicht
2 As
5 Libra
7 Libella
Glasgefäß
9 Diatreton
Goldmünze
6 Aureus
7 Solidus
Gott
3 Dis, Sol
4 Amor, Faun, Mars, Mors
5 Cacus, Janus, Jocus, Liber, Orkus, Pales, Pluto, Salus
6 Apollo, Consus, Cupido, Erebus, Faunus, Granus, Kupido, Merkur, Neptun, Quirin, Saturn, Somnus, Tellus, Vulkan
7 Bacchus, Jupiter, Pluvius, Priapus
8 Aeskulap, Favonius, Lupercus, Pilumnus, Quirinus, Saturnus, Silvanus, Terminus, Vulcanus
9 Mercurius, Vertumnus
Götterbote
6 Merkur
Götterkönig
7 Jupiter
Göttervater
7 Jupiter
Götterwagen
5 Tensa
Göttin
3 Dea, Nox, Ops, Pax
4 Cura, Fama, Fata, Juno, Luna, Maia, Maja, Roma, Spes, Upis
5 Ceres, Copia, Diana, Fauna, Fides, Flora, Furie, Parze, Suada, Venus, Vesta
6 Aurora, Egeria, Latona, Levana, Libera, Lucina, Parzen, Pomona, Tellus, Tutela
7 Bellona, Bonadea, Fortuna, Majesta, Minerva, Salacia, Veritas
8 Justitia, Juventas, Libertas, Libitina, Victoria
9 Concordia, Pudicitia
10 Abundantia, Proserpina
Grammatiker
7 Donatus
9 Charisius
Grenzstein
6 Cippus
Grenztruppen
9 Limitanei
Grenzwall
5 Limes
Großgrundbesitz
6 Saltus
Grundstücksverwalter
8 Villicus

Gruß
3 Ave
5 Salve
Hauptmann
8 Centurio, Zenturio
Hausgeister
5 Laren
Hausgötter
5 Laren
7 Penaten
Heeresabteilung
8 Centurie, Zenturie
Heerführer
9 Carausius
Herrschertitel
6 Caesar
9 Imperator
Hilfstruppen
8 Auxilien
Hirtenfest
8 Palilien
Hirtenflöte
5 Tibia
Hirtengedicht
6 Ekloge
Hirtenlied
6 Ekloge
Historiker
6 Florus, Livius
9 Eutropius, Suetonius
höchste Regierungsbehörde
5 Senat
Hohlmaß
9 Sextarius
Hügel
6 Pincio
7 Aventin, Caelius, Coelius, Kapitol, Palatin, Viminal
8 Esquilin, Quirinal
Jahresernte
6 Annona
Jahreszählung
9 Indiktion
Jungkrieger
7 Hastati
Jurist
5 Gajus
6 Ulpian
8 Iulianus, Julianus, Ulpianus
Justizbeamter
7 Praetor
Kaiser
4 Geta, Nero, Otho
5 Carus, Galba, Nerva, Titus, Verus
6 Avitus, Decius, Gallus, Julian, Marius, Probus, Trajan, Valens
7 Carinus, Gratian, Hadrian, Severus
8 Augustus, Aurelian, Caligula, Claudius, Commodus, Constans, Domitian, Elagabal, Eugenius, Galerius, Honorius, Jorianus, Jovianus, Julianus, Licinius, Maximian, Oktavian, Pertinax, Tiberius, Trajanus, Valerian, Valerius
9 Caracalla, Florianus, Gallienus, Gratianus, Hadrianus, Justinian, Mark Aurel, Markaurel, Maxentius, Maximinus, Septimius, Vespasian, Vitellius
10 Diokletian, Konstantin, Theodosius
11 Valentinian
12 Heliogabalus
Kaisergeschlecht
6 Julier
7 Flavier
8 Claudier
Kaiserin
5 Julia, Livia
Kaiserinnentitel
4 Diva
Kaiserreich
8 Imperium
Kaisertitel
8 Princeps, Prinzeps
Kalendertag
4 Iden, Idus
5 Nonen
6 Feriae
8 Kalenden
Kaltwasserbad
11 Frigidarium
Kampfreihe
8 Triarier
Kampfspielbahn
6 Circus, Zirkus
Kapuzenmantel
6 Birrus
Kastell
5 Aliso
8 Altaripa
Klagegesang
6 Naenie
Kleidungsstücke
4 Toga
5 Palla, Sagum, Stola
6 Tunika
Kollegiumsmitglied
8 Dezemvir
Kolonie
6 Mutina
7 Italica, Teurnia
Komödie
6 Togata
8 Palliata
Komödiendichter
4 Atta
6 Terenz
7 Plautus
8 Afranius
Könige
4 Numa
5 Ancus
6 Tullus
7 Romulus, Tullius
Konsul
7 Regulus
9 Torquatus
Kultgefäß
8 Simpulum
Kupfergeld
3 Aes
Kurienbeamter
7 Auditor
Kurzschwert
7 Gladius
Landpfleger
7 Pilatus
Längenmaß
3 Pes
6 Palmus
Langschwert
5 Ensis
Langvers
9 Saturnier
Legionslager
7 Castrum
Legionsteil
7 Kohorte
Legionszeichen
6 Aquila
Lehrer
5 Stilo
Leichtbewaffnete
7 Veliten
Leihverhältnis
9 Prekarium
Liktorenabzeichen
6 Faszes
Lustjacht
7 Lusoria
Lustspiel
8 Trabeata
Lustspieldichter
6 Terenz
Majuskelschrift
9 Capitalis
Maler
8 Pacuvius
Männernamen
6 Manius
7 Quintus
Mantel
7 Paenula
Marktplatz
5 Forum
Märtyrer
7 Romanus
Meilenstein
6 Cippus
Mietshaus
6 Insula
Militärkolonist
5 Laete
Monumentalschrift
9 Kapitalis
Münze
2 As
3 Aes
5 Denar, Semis
6 Aureus, Quinar
7 Sesterz, Sextans
8 Quadrans, Sesterze
9 Dupondius
Münzgewicht
7 Siliqua

Musikinstrument
5 Tibia
Name der Karthager
6 Punier
Name Frankreichs
7 Gallien
Name vieler Heilquellen
5 Aquae
Nationaldrama
9 Praetexta
Nummus
7 Sesterz
Nymphen
6 Egeria, Kamene
7 Kamoene
Obergewand
4 Toga
Oberkleid
8 Dalmatik
9 Dalmatika
Oberpriester
15 Pontifex Maximus
Ochsenwagen
5 Carro
Patrizier
5 Cinna
Patriziergeschlecht
6 Fabier, Livier
8 Aemilier, Claudier, Meteller
9 Cornelier, Quinctius, Scipionen
Personifikation des Hungers
5 Fames
Philologe
5 Stilo
Philosophen
6 Seneca
8 Boethius
Plebejergeschlecht
6 Mucius
8 Domitier, Licinier, Oktavier
Politiker
6 Cicero
Polizeibeamter
5 Aedil
Priester
5 Augur
6 Flamen
8 Haruspex, Novation
Priestergilde
7 Luperci
Priesterin
7 Sibylle
8 Vestalin
Priesterkollegium
6 Salier
8 Fetialen
Priesterkult-Genossenschaft
7 Arvales
Priesterschaft
9 Septemvir
Prokurator
7 Pilatus
Provinz
4 Asia
5 Dacia
6 Arabia, Raetia
7 Assyria, Baetica, Moesien, Raetien
8 Pisidien
9 Illyricum, Lusitania, Lykaonien, Pannonien
Provinzbeamter
5 Comes
Quellnymphe
6 Egeria
Ratsversammlung
9 Consilium
Raummaß
6 Modius
Rechtsgelehrter
5 Gajus
6 Ulpian
Redner
6 Cicero, Fronto
Rednerbühne
6 Rostra
Regenauffangbecken
9 Impluvium
Regierungsbehörde
5 Senat
Reisewagen
9 Carpentum
Reitereinheit
5 Turma
Reiterlanze
6 Contus
Reitertruppe
3 Ala
Richteramt
8 Tribunat
Richtergruppe
7 Dekurie
Ruinenstadt
9 Carnuntum
Rundtempel
8 Pantheon
Rutenbündel
6 Faszes
Sagengestalt
8 Koriolan
Sakralrecht
3 Fas
Satiriker
7 Juvenal, Martial, Persius
9 Juvenalis, Martialis
Schabeisen
9 Strigilis
Schaufechter
9 Gladiator
Schaukämpfer
9 Gladiator
Schauspiel
5 Ludus
Schauspiele
4 Ludi
Schauspieler
9 Histrione
Schmähverse
5 Dirae
Schrein
8 Scrinium
Schriftsteller
4 Ovid
5 Nepos
6 Aelian, Caesar, Cicero, Ennius, Festus, Terenz
7 Atticus, Gellius, Juvenal, Martial, Plinius, Sisenna, Tacitus
8 Apuleius, Apulejus
9 Frontinus, Kassiodor, Petronius
Schutzgeister
5 Laren
Schutzgötter
5 Laren
7 Penaten
Schwimmbad
7 Natabio
Senator
6 Pudens
Senatorengruppe
7 Dekurie
Signaltrompete
6 Bucina, Lituus
Silbermünze
5 Denar
6 Teston
7 Sesterz
8 Sesterze
9 Victoriat
Sklavenpeitsche
9 Flagellum
Soldat
5 Miles
8 Legionar
9 Legionaer
Soldatenmantel
5 Sagum
Soldatenstiefel
6 Caliga
Sophist
8 Aelianus
Sportplatz
9 Palaestra
Staatsgefängnis
6 Karzer
Staatsmänner
5 Cinna, Sulla
6 Caesar, Marius, Pollio
7 Cassius, Crassus, Hirtius, Lepidus
8 Camillus, Pompejus
9 Flaminius
11 Cincinnatus
Staatsschatzkammer
8 Aerarium
Stadt
7 Arelate
8 Valentia
Stammmutter
4 Ilia
9 Rea Silvia
10 Rhea Silvia
Statthalter
5 Varus
6 Verres
7 Frontin
8 Agricola, Syagrius
9 Prokonsul
Statthalter einer Provinz
6 Eparch
Steuer
6 Tribut

Stimmeinheit
8 Centurie
Stirnbinde
5 Infel, Inful
Stoßlanze
5 Hasta
Straße
8 Via Appia
Straßenschuh
7 Calceus
Straßenverzeichnis
8 Itenerar
Sturmbock
5 Aries
6 Widder
Stützpunkt
9 Lambaesis
Sühneopfer
7 Lustrum
Theaterbühne
8 Pulpitum
Titel
6 Konsul, Liktor, Tribun, Zensor
7 Praetor
8 Praefekt
9 Imperator, Prokonsul
Totenfest
8 Feralien
Totengeist
5 Lemur
6 Lemure
Totenklage
6 Naenie
Totenmaske
5 Imago
Totenseelen
5 Manen
Tragiker
8 Pacuvius
Trankopfer
7 Libatio
Trankspende
8 Libation
Trauerlied
6 Naenie
Tribun
6 Drusus, Quirin, Rienzi, Rienzo
7 Cestius, Sextius
8 Gracchus
9 Canulejus
Truppenangehörige
5 Eques, Velit
8 Legionar, Signifer
9 Aquilifer
11 Campidoctor, Clibanarius
Truppeneinheiten
3 Ala
5 Turma
6 Legion
7 Auxilia, Dekurie, Kohorte, Manipel
8 Centurie, Zenturie
9 Limitanei
10 Vexillatio
12 Praetorianer
Truppenoffiziere
5 Legat
6 Tribun
7 Dekurio
8 Centurio, Zenturio
9 Imperator
Überwurf
7 Pallium
Unterkleid
6 Tunika
Unterwelt
5 Orkus
Verschwörer
6 Brutus
8 Catilina
Viergespann
8 Quadriga
Volksangehöriger
8 Plebejer
Volksführer
6 Tribun
Volksparteimitglied
7 Popular
Volksposse
8 Atellane
Volksteile
8 Plebejer, Quiriten
9 Patrizier
Vollbürger
7 Quirite
Waffen
5 Aries, Hasta, Pilum
6 Onager
7 Gladius
8 Balliste, Monankon, Skorpion
Waffenbeute
7 Spolium
Waldgott
4 Faun
Warmwasserbad
9 Caldarium
Wasserleitung
9 Aquaedukt
Weideplatz
6 Saltus
Woche
8 Nundinae
Wohnplatz
6 Insula
Wurfmaschine
6 Onager
Wurfspieß
5 Pilum
Zahlzeichen
1 I
2 II
3 III
4 IV
Zensor
4 Cato
6 Appius
Zweigespann
4 Biga
Zweimannamt
9 Duumvirat

altrussischer
Halsschmuck
6 Griwna
Stamm um Kiew
7 Polanen

altrussisches
Längenmaß
7 Arschin

Altsachse
6 Saxone

altsächsische(r, s)
Donnergott
6 Thuner
Epos
7 Heliand
Volk
8 Ostfalen

Altschnee
4 Firn

altschottisches Dudelsackstück
7 Pibroch

altsibirisches Volk
8 Korjaken

altsprachlich
12 humanistisch

altsprachliches Schulfach
6 Latein
10 Griechisch

Altstadt
4 City
orientalischer Städte
6 Medina
von Amsterdam
3 Dam
von Istanbul
7 Stambul
von Kairo
5 Muski

Altsteinzeit
14 Palaeolithikum

Altsteinzeithöhle
8 Altamira

Altsteinzeitkultur
7 Aterien

altsteinzeitliche Wohnstätte
4 Abri

altsteinzeitlicher Fundort
9 Cromagnon

Altsteinzeitstufe
8 Chelleen, Tayacien
9 Solutreen

Alttertiärzeit
9 Palaeogen

alttestamentliche
Bezeichnung für: Jahwe
6 Elohim
Propheten
6 Nebiim

alttürkischer
Provinzstatthalter
9 Beglerbeg
Trachtenrock
6 Dolman

altväterlich
10 ehrwuerdig
15 patriarchalisch

Altwaren
4 Kram
6 Ramsch
7 Troedel

altweiberhaft
4 anil

Altweltaffen
7 Makaken
altweltlicher Wüstenläufer
9 Rennvogel
Aluminium-Kupfer-Legierung
6 Lautal
Aluminium-Metahydroxid
7 Boehmit
Aluminium-Nickel-Kobaltlegierung
6 Alnico
Aluminium-Nickel-Legierung
4 Alni
Aluminium-Veredelung
6 Eloxal
aluminiumähnliches Metall
6 Indium
Aluminiumerz
6 Bauxit
Aluminiumfolie
8 Stanniol
Aluminiumlegierung
5 Dural
6 Aldrey, Aluman, Alusil
7 Silumin
9 Magnalium
Aluminiumoxid
7 Tonerde
Aluminiumsilikat
8 Kaolinit
9 Andalusit, Skapolith
Aluminiumspinell
6 Gahnit
Aluminiumsulfat
8 Aluminit
Alzette-Zufluss
6 Attert
am Anfang
8 eingangs
am Ende stehend
8 terminal
am Fundort entstanden
8 protogen
am Gaumensegel gebildet
5 velar
am jetzigen Tag
5 heute
am Lager
4 loco
9 vorraetig
am Ort
4 loco
am Rand befindlich
8 peripher
am Stamm ansetzend (Blüte)
9 kauliflor
am Tage vorher
7 gestern
am Tagesanfang
5 frueh
6 zeitig
am vergangenen Tag
7 gestern
Amant
5 Galan
6 Freund
9 Geliebter
Amaryllisgewächse
6 Clivia, Clivie, Crinum, Nerine
7 Lycoris, Tazette, Vallota, Vallote
8 Eucharis, Narzisse
9 Blutblume, Jonquille
10 Brunsvigia
11 Jakobslilie, Knotenblume, Osterglocke, Ritterstern, Zephirblume
12 Pankrazlilie
16 Schneegloeckchen
17 Trompetennarzisse
Amateur
4 Laie
9 Dilettant, Liebhaber
Amateurfliegerei
9 Flugsport
Amazonas-Quellfluss
7 Maranon
Amazonas-Zuflüsse
3 Ica
4 Itui, Jari, Jary, Napo, Paru, Tefe
5 Jurua, Purus, Teffe, Xingu
6 Japura, Javari, Uatuma, Yapura
7 Jamunda, Madeira, Tapajos, Tapajoz, Ucayali, Yamunda
8 Putumayo, Rio Negro
9 Trombetas
Amazonasfische
6 Candru
9 Fadenwels
Amazonaspalme
7 Attalea
Amazonenköniginnen
7 Antiope
9 Hippolyte, Melanippe
11 Penthesilea
Ambition
7 Ehrgeiz
9 Bestreben
Ambo
8 Lesepult
Ambrosianischer Lobgesang
6 Tedeum
ambulant
8 wandernd
ambulante Händlerin
9 Marktfrau
Ameise
4 Emse
Ameisenbär
8 Pangolin
Ameisenbeutler
6 Numbat
Ameisenfresser
8 Tamandua
Ameisengast
8 Symphile
Ameisenkunde
12 Myrmekologie
Ameisensäurerest
6 Formyl
Ameisensäuresalz
7 Formiat
Amerika
siehe auch: Nord-, Mittel-, Südamerika
8 Neue Welt
amerikanische(r, s)
siehe: USA
amerikanisch-asiatischer
Säuger
4 Pika
9 Pfeifhase
Unpaarzeher
5 Tapir
amerikanisch-irischer Branntwein
7 Whiskey
amerikanisch:
Autobahn
7 Highway
Benzin
8 Gasolene, Gasoline
Chef
4 Boss
Dollar
4 Buck
Fußballspiel
6 Soccer
Hauptstraße
7 Highway
Kino
5 Movie
Prozessanwalt
8 Attorney
Unterhaltungsfilm
5 Movie
Unternehmer
4 Boss
Aminosäure
5 Lysin, Valin
6 Alanin, Alliin, Betain, Leuzin, Zystin
7 Arginin, Cystein, Tyrosin, Zystein
8 Histidin
9 Asparagin
Amme
des Odysseus
9 Eurykleia
des Zeus
8 Kynosura
Ammoniakbase
4 Amin
Ammoniakverbindung
7 Salmiak
Ammonitengattung
9 Ceratites
Ammonshorn
7 Ammonit
Amöbe
7 Arcella
12 Uhrglaeschen
amoralisch
7 haltlos
Amoretten
6 Eroten, Putten
13 Liebesgoetter
amorph
7 formlos

9 ungeformt
10 gestaltlos
amortisieren
6 tilgen
8 loeschen
11 abschreiben
Ampel in Gebetsteppichen
8 Siradsch
Amper-Zuflüsse
3 Ach
5 Eyach, Glonn, Wuerm
7 Maisach, Starzel
Amphibie
5 Lurch, Molch
12 Schwanzlurch
Amphitheater in Rom
9 Kolosseum
Amt
4 Rang
6 Charge, Posten
8 Behoerde, Stellung
des Kantors
8 Kantorat
des Papstes
10 Pontifikat
eines Ephoren
7 Ephorat
eines Fakultätsvorstehers
8 Dechanat
eines Geistlichen
8 Diakonat
eines Konsuls
8 Konsulat
eines Kreisarztes
8 Physikat
eines Ordensvorstehers
9 Generalat
eines Papstgesandten
9 Delegatur
eines Priors
7 Priorat
eines Propstes
8 Propstei
eines Rabbis
8 Rabbinat
eines römischen Beamten
7 Praetur
8 Quaestur
eines Theaterleiters
9 Intendanz
eines Urkundsbeamten
8 Notariat
eines Vikars
8 Vikariat
niederlegen
10 quittieren
und Würde des Papstes
5 Papat
Ämterherrschaft
11 Buerokratie
Ämterkauf
7 Simonie
Ämterverteilung
7 Proporz
amtlich
9 offiziell
10 dienstlich, urkundlich
11 behoerdlich
aufbewahrte Sache
8 Asservat
beglaubigt
9 notariell
amtliche(r, s)
Bekanntgabe
8 Bulletin
10 Communiqué
Bekanntmachung
8 Bulletin
12 Proklamation
Erlass
5 Edikt
6 Dekret
9 Anordnung
10 Verfuegung, Verordnung
Fahrplan
8 Kursbuch
Name Indiens
6 Bharat
Name Japans
6 Nippon
Name Lissabons
6 Lisboa
Name von Griechenland
6 Hellas
Name von Mitau
7 Jelgava
Name von Swasiland
6 Ngwana
Prüfung
6 Zensur
Schiffsurkunde
8 Seebrief
Untersuchung
7 Enquete
8 Erhebung
Verzeichnis
8 Register
9 Grundbuch
Zulassung
10 Konzession
Amts- und Ordenstrachten
4 Gala, Robe
5 Cappa, Habit, Haube, Kasel, Kutte, Mitra, Ornat, Stola, Talar
6 Barett, Birett, Kapuze, Quaste, Tonsur, Weihel
7 Kukulle, Manipel, Sandale, Soutane
8 Beffchen, Chorrock, Humerale, Parament, Pelerine, Pluviale, Schleier, Schleife, Schuerze, Zingulum
9 Amtskette, Brusttuch, Pektorale, Skapulier
10 Amtsgewand, Brustkreuz, Halskragen, Halskrause, Lutherrock, Messgewand
12 Fluegelhaube
Amtsabzeichen
der Bischöfe
4 Stab
der Marschälle
4 Stab
Amtsbereich
7 Ressort
Amtsbewerber
8 Kandidat
Amtsbezeichnung
5 Titel
7 Titulus
römischer Kaiser
8 Augustus
Amtsbezirk
eines Bischofs
6 Bistum
8 Dioezese, Sprengel
eines Paschas
9 Paschalik
eines polnischen Landrats
9 Starostei
eines Vogts
6 Vogtei
Amtsbruder
7 Kollege
9 Confrater
amtsbrüderlich
9 kollegial
Amtseinführung
10 Ordination
Amtseinsetzung
9 Ernennung, Immission
Amtsenthebung
10 Suspension
Amtsgebäude
10 Praesidium
in der Türkei
4 Kapu
Amtsgehilfe
7 Adjunkt
9 Koadjutor
Amtsgenosse
7 Kollege
Amtsgewalt
8 Potestas
Amtskleidung
4 Robe
5 Habit, Talar
Amtsleiter
9 Vorsteher
Amtsleiterin
11 Vorsteherin
Amtsniederlegung
9 Demission
Amtsraum
6 Office
Amtssiegel
7 Stempel
8 Sigillum
Amtsstelle
7 Instanz
Amtsstellung
8 Position
Amtsstube
7 Kanzlei
Amtstag
4 Jour
Amtstracht
4 Robe
5 Ornat, Talar
Amtsübernahme
9 Nachfolge

Amtsübertragung (katholische Kirche)
9 Admission
Amtswürde
5 Titel
katholischer Geistlicher
9 Dignitaet
Amtszeichen
6 Siegel
7 Stempel
Amtszeit eines Papstes
10 Pontifikat
Amulett
8 Talisman
9 Anhaenger
12 Zauberschutz
14 Gluecksbringer
mit Götzenbild
4 Gawo
Amundsens Luftschiff
5 Norge
Amur-Quellflüsse
5 Argun
7 Schilka
Amur-Zuflüsse
2 Ui
3 Gan, Kur, Tyr, Una
4 Chor, Kura, Onon, Seja, Unma, Unna
5 Amgun, Argun, Chara, Gorin, Kerin, Oldoi, Panga
6 Bidsch, Bureja, Churpi, Dondon, Hinkan, Kumara, Niumen, Ussuri
7 Bidshan, Gornaja, Schilka, Songari, Sungari
8 Bistraja, Chungari
9 Albaschia, Ischikiri
amüsant
6 lustig
7 spassig
10 kurzweilig
12 unterhaltend, unterhaltsam
amusischer Mensch
7 Banause
an der Spitze
4 oben, vorn
5 vorne
6 voraus
an diesem Tag
5 heute
an dieser Stelle
2 da
4 hier
an einem bestimmten Wochentag
7 montags
8 freitags, samstags, sonntags
9 dienstags, mittwochs
11 donnerstags
an einem hoch gelegenen Ort
4 oben
an einen Platz stellen
10 platzieren
an etwas Geschmack finden
9 goutieren
an Hochschulen lehren
8 dozieren
an jener Stelle
2 da
4 dort
an keine Tonart gebunden
6 atonal
an keinem Ort
8 nirgends
an Kindes Statt annehmen
10 adoptieren
an Land gespülte Sachen
9 Strandgut
an Stelle
5 statt
7 anstatt
anachronistisch
9 ueberholt
analog
7 gemaess
8 aehnlich
11 gleichartig
12 entsprechend
16 uebereinstimmend
Analogie
12 Aehnlichkeit, Entsprechung
16 Uebereinstimmung
Analyse
9 Zerlegung
10 Aufloesung
12 Untersuchung
Ananasgewächs
7 Aechmea, Vriesea
8 Guzmania
13 Lanzenrosette
Ananashanf
8 Silkgras
Anarchie
15 Gesetzlosigkeit
Anarchist
5 Chaot
6 Rebell
10 Aufruehrer
11 Gesetzloser, Umstuerzler
12 Verschwoerer
Anarkardiengewächs
9 Essigbaum
Anästhesiemittel
7 Prokain
anatolische(r)
Stadt im Altertum
7 Kanisch
Volksdichter
7 Aschuge
anatomisch:
Gesäßbacke
5 Natis
Knochen
2 Os
Nasenloch
5 Naris
zerlegen
8 sezieren
anatomisches Gewebsschneidegerät
8 Mikrotom
anbahnen
5 ebnen
11 vorbereiten
anbändeln
7 flirten
10 poussieren
Anbau
5 Annex, Erker
6 Kultur, Vorbau
9 Pflanzung
10 Dependance
anbauen
8 pflanzen
11 kultivieren
Anbaufeld
9 Ackerland
Anbaufläche für Nutzpflanzen
4 Feld
Anbauserienteil
7 Element
anberaumen
9 festlegen
10 festsetzen
Anbetender
7 Adorant
Anbetung
9 Adoration, Verehrung
anbetungswürdig
8 adorabel
anbieten
8 antragen
9 anpreisen, kredenzen
10 offerieren
13 praesentieren
Anbieter
8 Offerent
Anbieterin
10 Offerentin
Anblick
5 Optik, Schau, Sicht, Szene
6 Aspekt
7 Ansicht
11 Augenschein
anbrennen
6 sengen
anbringen
9 montieren
10 befestigen
12 installieren
Andacht
8 Devotion, Inbrunst
12 Gottesdienst
13 Versunkenheit
andächtig
5 fromm, innig
9 ergriffen, feierlich
andächtig zuhören
8 lauschen
Andächtiger
5 Beter
andächtiges Nachdenken
10 Meditation
Andachtsbuch
8 Postille
Andachtsgefühl
8 Erbauung
andalusischer Tanz
4 Polo
8 Cachucha, Flamenco

andauernd
4 stet
6 stetig
7 immerzu
9 permanent
12 fortwaehrend
13 unaufhoerlich
Andengipfel
6 Sajama, Sorata
8 Illimani, Yerupaja
9 Aconcagua, Huascaran
10 Chimborazo
Andenhochbecken
4 Puna
Andenindianer
3 Uro
6 Aimara, Aymara
Andenindianervolk
5 Kolla
Andenken
8 Reliquie, Souvenir
10 Erinnerung
Andentanne
9 Araukarie
Andenvulkane
6 Isluga, Sangay
7 Cayambe, Socompa
9 Antofalla, Pichincha
anderer Name
der Falklandinseln
8 Malwinen
der Rhea Silvia
4 Ilia
des Pfifferlings
8 Eierpilz
für Georgien
7 Grusien
9 Grusinien
anderen Gehörendes
8 Fremdgut
ändern
7 wandeln
8 umbilden, umformen, ummodeln, umsetzen, wechseln
9 abwandeln, umwandeln, variieren
10 revidieren, umarbeiten, umkrempeln
11 korrigieren, umgestalten
12 anders machen, konvertieren, modifizieren
13 ueberarbeiten
14 transformieren
andernfalls
5 sonst
anders
5 alias
9 different, heterogen
11 verschieden
andersartig
5 fremd
9 heterogen, ungewohnt
andersgläubig
9 heterodox
Änderung
6 Wandel
7 Wechsel
10 Revirement
13 Modifizierung
14 Transformation
einer Konstruktion
5 Umbau
im Laufe der Zeit
8 Alterung
Änderungsgesetz
9 Amendment
andeuten
9 markieren
10 skizzieren
11 konturieren
Andeutung
4 Tipp, Wink
6 Schein
andeutungsweise
3 vag
4 vage
10 unbestimmt
andine Höhenstufe
6 Paramo
Andorra
Berg
10 Tossa Plana
Hauptstadt
14 Andorra-la-Vella
Orte
6 Encamp, Ordino, Soldeu
7 Canillo
11 Les Escaldes
Währung
4 Cent, Euro
Andrang
3 Run
5 Sturm
6 Fuelle, Zulauf
7 Zustrom
9 Gedraenge
10 Draengelei
Äneasratte
7 Marmosa
anecken
9 anstossen, auffallen
11 brueskieren
aneignen
6 lernen, nehmen
Aneignung
8 Annexion, Mitnahme
10 Okkupation
13 Inbesitznahme
16 Besitzergreifung
von Fähigkeiten
9 Erlernung
Aneinanderhaften
9 Adhaesion
anerkennen
5 loben
6 achten, danken
7 zugeben
8 billigen
9 wuerdigen
10 honorieren, tolerieren
11 beglaubigen
12 legitimieren, ratifizieren
13 akkreditieren
16 bevollmaechtigen
anerkennenswerte Leistung
9 Verdienst
Anerkennung
3 Lob
4 Dank, Ehre, Lohn
5 Eloge
6 Anwert
7 Achtung, Beifall, Lobrede
9 Belohnung
10 Wuerdigung
11 Bewunderung, Honorierung
12 Ratifikation
14 Wertschaetzung
der Zugehörigkeit
8 Aufnahme
Anerzogenes
5 Habit
anfachen
7 beleben
9 ermuntern
11 verstaerken
anfahren
7 starten
Anfahrt
8 Herreise
Anfall
6 Regung
7 Angriff
Anfälligkeit
10 Labilitaet
11 Morbiditaet
Anfang
5 Start
6 Beginn, Debuet
7 Anbruch, Auftakt
8 Anbeginn, Ausbruch, Eintritt, Ursprung
10 Einleitung, Entstehung, Eroeffnung
11 Startschuss
einer Skala
9 Nullpunkt
Anfänge
7 Initien
anfangen
8 beginnen
Anfänger
4 Laie
5 Neuer
6 Novize
7 Neuling
8 Beginner, Lehrling, Newcomer, Schueler
9 Debuetant, Greenhorn
12 Unerfahrener
13 Gruenschnabel, Kiekindiewelt, Nichtfachmann
anfänglich
6 zuerst
7 erstens, primaer
9 zunaechst
13 urspruenglich
Anfangsbuchstabe
6 Versal
7 Initial, Unziale
8 Initiale
anfertigen
6 machen
7 basteln

8 bereiten
10 herstellen, zubereiten
11 fabrizieren, produzieren
Anfertigung
10 Produktion
11 Fabrikation, Herstellung
anfeuchten
6 netzen
7 naessen
8 benetzen
10 nass machen
11 betraeufeln
Anfeuchtung
9 Benetzung
anfeuern
6 heizen
7 treiben
8 anheizen
9 antreiben
10 aufmuntern, begeistern
Anflug
5 Hauch, Touch
11 Kleinigkeit
anfordern
8 ersuchen
9 bestellen, verlangen
Anforderung
5 Bitte
7 Pflicht
10 Bestellung
12 Obliegenheit
Anfrage
11 Erkundigung
14 Interpellation
Anfressung
9 Korrosion
Anfuhr
9 Lieferung, Transport
11 Antransport
12 Hertransport
anführen
4 uzen
6 aeffen, foppen, leiten, luegen, narren
8 ankohlen, beluegen, zitieren
9 betruegen, erwaehnen, verkohlen
10 befehligen, veraeppeln, vorangehen
11 anschmieren, nassfuehren, voranstehen
12 vergackeiern, vortaeuschen
15 verhohnepiepeln
Anführer
5 Haupt
6 Leader, Leiter
9 Oberhaupt
10 Gangleader, Haeuptling, Kommandeur
12 Befehlshaber
16 Raeuberhauptmann
Anführungsstriche
15 Gaensefuesschen
Angabe
7 Anzeige, Aussage, Hinweis, Loesung, Nennung
8 Auskunft, Nachweis
9 Angeberei, Auslegung, Darlegung, Nachricht, Prahlerei, Protzerei, Snobismus
11 Aufklaerung
13 Uebertreibung
14 Aufschneiderei
Angaben zur Person
11 Personalien
angängig
8 passabel
Angara-Zuflüsse
3 Oka
5 Irkut
Angeber
4 Snob
5 Protz
7 Blender, Prahler
8 Dicktuer, Maulheld
9 Grossmaul, Grosstuer, Prahlhans, Renommist
10 Gernegross, Windbeutel
11 Moechtegern
12 Aufschneider, Muenchhausen
13 Grosssprecher,
15 Schaumschlaeger
Angeberei
9 Snobismus
angebliche(r)
Körperausstrahlung
2 Od
Schneemensch im Himalaja
4 Yeti
Urkontinent
2 Mu
angeboren
6 genuin
10 kongenital
angeborene(r, s)
Eigenschaft
9 Vererbung
Fähigkeit
6 Talent
Fehlen der Gliedmaßen
6 Amelie
Gefühl
8 Instinkt
Hautfleck
6 Angiom
8 Feuermal
Krankheit
9 Erbleiden
Missbildung
8 Dysmelie
9 Polymelie
Organlageveränderung
9 Extrophie
schlechte Anlage
9 Erbfehler
Spaltbildung (Auge)
7 Kolobom
Verhalten
8 Instinkt
Zahnlücke
8 Diastema
Angebot
6 Antrag
7 Offerte
9 Vorschlag
10 Anerbieten, Submission
im Schaufenster
7 Auslage
Angebotspreis (Aktie)
9 Briefkurs
angebracht
8 opportun
angefügter Wortteil
5 Affix
angeführte Schriftstelle
5 Zitat
angeheitert
7 trunken
9 berauscht
10 beschwipst
angehen
9 tangieren
Angehörige
5 Sippe
7 Familie
9 Verwandte
der Oberschicht
8 Notabeln
des römischen Ritterstandes
7 Equites
dunkelhäutiger Rassen
8 Negroide
Angehöriger
der gelben Rasse
9 Mongolide
der Menschenartigen
8 Hominide
der schwarzen Rasse
7 Negride
der Streitkräfte
6 Soldat
des 3. Ordens
7 Terziar
des Kriegeradels im Mittelalter
6 Ritter
einer englischen Arbeiterbewegung
8 Chartist
einer früheren spanischen Partei
9 Falangist
einer gnostischen Sekte
8 Bogomile
einer islamischen Konfession
6 Schiit, Sunnit
einer Kalifendynastie
8 Omaijade
einer katholischen Kongregation
6 Marist
einer islamischen Rechtsschule
8 Schafiit
einer negriden Rasse
8 Sudanide
einer parthischen Dynastie
0 Arsakide
einer Rassengruppe
9 Indianide

einer Sprachvölkergruppe
5 Semit
einer Vogelordnung
8 Watvogel
einer Völkergruppe
9 Suedslawe
einer westgermanischen Kultgemeinschaft
9 Ingwaeone
eines asiatischen Reitervolks
5 Hunne
eines Bantuvolkes
4 Ambo, Luba
5 Luhya, Makua, Songo
6 Damara, Herero, Kaffer
eines bestimmten Standes
7 Adliger
eines deutschen Fürstenhauses
5 Welfe
eines französischen Geschlechts
8 Bourbone
eines Fürstengeschlechts
6 Staufe
eines indischen Volks
6 Tamile, Tamule
eines islamischen Stammes
5 Oulof
eines italienischen Fürstenhauses
7 Farnese
eines Kalifengeschlechts
8 Abbaside
eines katholischen Lehrordens
7 Piarist
eines katholischen Ordens
8 Barnabit
eines niederländischen Geschlechts
7 Oranier
eines nigerianischen Volkes
6 Joruba
eines polnischen Geschlechts
5 Piast
eines römischen Geschlechts
8 Aemilius, Metellus
eines Turkvolks
8 Turkmene
eines Volkes in Benin
3 Edo
eines Volkes in Kamerun
4 Bali
8 Bamileke
eines Volkes in Nigeria
4 Nupe
eines Volkes in Togo
3 Ewe
von Stämmen am oberen Nil
6 Nilote
von Zwergstämmen
7 Negrito

Angeklagter
10 Delinquent
13 Beschuldigter

angekündigte Auktionsposition
3 Los

Angel
5 Haspe
9 Scharnier

Angel-Zufluss
7 Radbusa

Angelegenheit
4 Fall
5 Chose, Sache, Thema
6 Handel
7 Affaere
8 Anliegen

angelegentlich
6 eifrig

Angelgeräte
4 Netz, Rute
5 Reuse
7 Kescher

Angelköder
6 Fliege

angeln
6 locken
7 fischen, greifen
9 einfangen

Angelpunkt
3 Pol
9 Drehpunkt

Angelsachse
5 Brite

Angelsächsin
6 Britin

angelsächsische(r, s)
Benediktinerin
9 Waldburga
Dichter
7 Caedmon
Führer
7 Hengist
Gott
4 Frea
König
4 Offa
6 Eduard, Egbert, Harold
Königin
9 Bretwalda
Königreich
6 Mercia, Wessex
Ratsherr
8 Alderman

Angelstock
4 Rute

angemessen
7 gemaess
8 adaequat, gehoerig
9 geziemend, zustehend
10 angebracht
11 gebuehrlich
12 entsprechend

Angemessenheit
9 Adaequanz

angenehm
4 wohl
6 bequem, kommod
7 anmutig, passend
8 passabel
9 annehmbar, behaglich, gefaellig, wohltuend
10 erfreulich
11 sympathisch
hart gebacken
5 kross
8 knusprig
warm
6 mollig

angenehme Empfindung
6 Genuss

angenommen
6 fiktiv

angenommen, dass
5 falls

angenommene(r, s)
Urdarmtier
8 Gastraea
Wechsel
6 Akzept

angeordnet
10 disponiert

angepasstes Fremdwort
8 Lehnwort

Anger
9 Dorfwiese

Angerapp-Zuflüsse
5 Pissa
7 Goldapp
8 Rossbach

angeregt
6 munter
7 lebhaft
8 animiert

angereichert
12 konzentriert

angeschlagen
6 groggy
8 verletzt
10 erschoepft
11 mitgenommen

angeschossen
8 weidwund

angesehen
6 ehrbar
7 namhaft
8 geachtet
10 geschaetzt, renommiert
11 respektabel

angesehene Personen
8 Notabeln

Angesicht
7 Antlitz

Angestellter im Versand
9 Expedient

angestrebtes Ende
8 Planziel

angestrengtes
Atmen
8 Gekeuche
Lernen
6 Pauken
8 Paukerei
9 Bueffelei

angetriebenes Schiff
4 Feek

angetrunken
10 beschwipst

angewandte Naturwissenschaft
7 Technik

angewehtes Erdreich
8 Flugsand
angewiesen
9 abhaengig
Angewohnheit
6 Brauch, Manier, Spleen
7 Marotte
angezeigt
9 indiziert
Angina
7 Braeune
Angleichung
9 Anpassung
12 Assimilation
Anglergruß
9 Petri Heil
angloamerikanische(r, s)
akademischer Grad
6 Master
8 Bachelor
Flächenmaß
4 Acre
Flüssigkeitsmaß
4 Gill
Geistlichentitel
8 Reverend
Gewicht
6 Bushel
Handelsgewicht
3 Ton
Hochschuldozent
8 Lecturer
Hohlmaß
6 Bushel
Längenmaß
5 Chain
Untersuchungsbeamter
7 Coroner
Verwaltungsbeamter
5 Clerk
Verwaltungseinheit
6 County
angloirische(r)
Dichterin
5 Tynan
Dramatiker
4 Shaw
5 Synge
7 O'Connor
Schriftsteller
5 Banim
7 Durrell
9 O'Flaherty
Angola
Berg
4 Moco
Flüsse
5 Dande, Kasai, Kuito
6 Kuando, Kuanza, Kunene
7 Kubango
Gebirge
6 Elongo
Grashochland
4 Biné
Hauptstadt
6 Luanda
Städte
6 Huambo, Lobito
8 Benguela
9 Mocamedes
10 Nova Lisboa
Stammessprachen
5 Lunda
7 Kikongo, Umbundu
8 Kimbundu
Währung
4 Lwei
6 Kwanza
Angorakatze
6 Perser
Angorawolle
6 Mohaer, Mohair
Angoraziegenhaar
6 Mohaer, Mohair
angreifen
10 vorruecken
11 attackieren, losschlagen, ueberfallen
12 bombardieren, ueberraschen, ueberrumpeln
Angreifer
9 Aggressor
angrenzendes
Land
9 Randstaat
Zimmer
9 Nebenraum
Angrenzer
7 Nachbar
8 Anrainer, Anwohner
Angriff
7 Ansturm, Attacke
8 Anschlag, Invasion, Vorstoss
9 Offensive, Ueberfall
10 Aggression, Anfeindung
11 Beleidigung
angriffslustig
8 offensiv
9 aggressiv
Angriffsspieler (Sport)
8 Stuermer
Angst
5 Scheu, Sorge
6 Bammel, Furcht, Horror, Phobie
10 Beklemmung
Angsthase
8 Bangbuex, Feigling
ängstigen
6 bangen
7 graulen
9 fuerchten
ängstlich
3 zag
4 bang, feig
5 bange, dasig, feige, scheu, timid
6 mutlos
7 besorgt, gehemmt, verzagt, zaghaft
8 befangen, phobisch
9 angstvoll, baenglich, beklommen, furchtsam, verklemmt
11 angstbebend, schreckhaft, schuechtern, verschreckt
13 angsterfuellt
14 verschuechtert
15 zaehneklappernd
16 angstschlotternd, eingeschuechtert
ängstlicher Mensch
5 Memme
8 Feigling
Angsttraum
3 Alb, Alp
4 Mahr
8 Albdruck
Angstüberwindung
3 Mut
11 Beherztheit
anhaften
6 kleben
anhaftend
9 inhaerent
anhaftendes Pflanzenteil
6 Klette
anhalten
6 dauern, mahnen
7 stoppen
10 arretieren, festhalten
anhaltend
9 andauernd, permanent
10 persistent
anhaltende(r, s)
Geballere
9 Knallerei
Geläute
9 Klingelei
Hundekläffen
6 Gebell
Krankheit
6 Leiden
Nachdenken
9 Gruebelei
Schreien
8 Gebruell
Streit
7 Gezanke
8 Zankerei
Anhaltspunkt
7 Zeichen
8 Handhabe, Verdacht
bei einer Fahndung
4 Spur
Anhang
5 Annex
6 Exkurs
7 Familie, Gefolge
8 Nachtrag
10 Ergaenzung
11 Nachschrift
12 Gefolgschaft
Anhänger
3 Fan
6 Tender
7 Amulett, Groupie, Juenger, Trailer
8 Beiwagen, Fussvolk, Gemeinde, Schueler, Verehrer
10 Anhaengsel, Mitlaeufer, Parteimann
12 Gefolgschaft, Sympathisant

13 Parteigaenger, Parteigenosse
der Heilsarmee
8 Salutist
der Idee des Königtums
8 Royalist
10 Monarchist
der Lehre Jesu
6 Christ
8 Christen
der Lehre Laotses
6 Taoist
der Lehre Zarathustras
5 Parse
der Papsthoheit
8 Papalist
der päpstlichen Kuriengewalt
9 Kurialist
des Arius
7 Arianer
des Franz von Assisi
6 Celano
des Islams
6 Moslem, Muslim
8 Muselman
12 Mohammedaner
des Marxismus
7 Marxist
9 Kommunist
des Übersinnlichen
9 Okkultist
des Weltfriedens
8 Pazifist
des Zoroaster
5 Parse
einer Abstammungslehre
9 Darwinist
einer altpersischen Religion
8 Mazdaist
einer anglikanischen Kirche
9 Methodist
einer christlichen Freikirche
7 Baptist
einer esoterischen Gemeinschaft
9 Illuminat
einer griechischen Philosophenschule
6 Eleate
7 Stoiker
9 Epikureer
10 Platoniker
einer islamischen Richtung
6 Schiit, Sunnit
einer jüdischen Bewegung
7 Zionist
9 Chassidim
einer kommunistischen Lehre
6 Maoist
7 Marxist
8 Leninist
9 Stalinist, Trotzkist
einer Philosophie
7 Animist
8 Hedonist, Vitalist
9 Epikureer, Hedoniker, Megariker, Noologist, Pluralist, Skeptiker, Solipsist, Spinozist
einer philosophischen Lehre
7 Dualist, Scotist
8 Akosmist, Empirist
9 Gnostiker
eines Bildungsideals
8 Humanist
eines Reformators
6 Hussit
9 Calvinist
10 Lutheraner
11 Zwinglianer
starrer Grundsätze
8 Rigorist

anhänglich
4 treu
7 ergeben

anhänglicher Mensch
7 Getreue
8 Getreuer

Anhänglichkeit
5 Treue
7 Pietaet
9 Zuneigung
11 Ergebenheit

Anhängsel
5 Annex

Anhangsgebilde
der Haut
4 Haar
von Organen
5 Adnex

anhäufen
6 horten
7 sammeln
8 hamstern
9 speichern
10 aufstapeln, kumulieren
11 aufbewahren
12 akkumulieren, aufschichten

Anhäufer von Vorräten
9 Hamsterer

Anhäufung
4 Pulk
5 Halde
7 Ballung, Hortung
10 Agglomerat, Kumulation
11 Aggregation
13 Agglomeration

Anheftmädchenbild
9 Pin-up-Girl

Anheftungslinie
5 Sutur

anheimelnd
10 gemuetlich

anhimmeln
8 verehren

Anhöhe
4 Berg
5 Kegel, Kuppe
6 Huegel
8 Erhebung

Anilinfarbstoff
7 Magenta, Mauvein

Anilintoluidingemisch
6 Rotoel

animalisch
8 tierisch

animieren
7 anregen
9 ermuntern, verlocken

Anis
6 Badian

Anislakritze
6 Cachou

Anislikör
7 Anisett
8 Anisette

Anisölbestandteil
7 Anethol

Ankauf
6 Erwerb

Ankäufer
8 Erwerber

Ankerplatz
4 Mole, Pier
5 Hafen

Ankerstange (Floß)
7 Schrick

Ankertonne
4 Boje

Ankervorrichtung
6 Muring

Ankerwinde
5 Spill
9 Gangspill

Anklage
13 Inkrimination

Ankläger
12 Staatsanwalt

Anklang
7 Beifall
8 Resonanz
11 Reminiszenz

Ankleideraum
7 Boudoir
9 Garderobe

Ankleidetisch
8 Toilette

anknüpfen
8 anbahnen

ankommen
6 landen
9 erreichen
10 eintreffen

Ankoppelung (Raumfahrt)
7 Docking

ankündigen
6 melden
8 anzeigen
9 avisieren, einleiten
11 vorhersagen

Ankündiger
7 Vorbote

Ankündigung
4 Avis
6 Ansage
8 Prognose, Prospekt
10 Mitteilung
11 Bekanntgabe

Ankündigungsheft
8 Programm

Ankunft
7 Landung
9 Einlaufen

10 Eintreffen, Erscheinen
Ankunftshalle auf Flughäfen
7 Arrival
Anlage
4 Keim, Park
5 Wesen
6 Talent
7 Habitus, Kapital, Neigung
8 Begabung, Struktur
9 Stadtpark
11 Disposition, Investition
12 Installation
13 Anfaelligkeit, Etablissement
16 Empfaenglichkeit
an Gewässern
3 Kai
9 Ufermauer
der Bäckerei
8 Backofen
der Gärtnerei
8 Warmhaus
der Tonregie
9 Mischpult
der Ziegelei
9 Brennofen
des Stahlwerks
9 Haerterei
für Rennfahrten
8 Autodrom
für Tiere
8 Wildpark
im WC
8 Spuelung
zum Zermahlen
6 Muehle
zur Holzkohlengewinnung
6 Meiler
zur Salzgewinnung
6 Saline
Anlage, Begabung
8 Aptitude
Anlass
5 Grund, Motiv
7 Anstoss, Ursache
8 Einstieg, Handhabe
10 Aufhaenger, Beweggrund, Triebfeder
11 Gelegenheit
12 Veranlassung, Verursachung
Anlassen eines abgekühlten Motors
9 Kaltstart
Anlasser
7 Starter
11 Kickstarter
Anlautreim
8 Stabreim
12 Alliteration
anlegen
6 landen
9 errichten
10 festmachen
11 investieren
Anlegeschutzkissen (Schiff)
6 Fender
anlehnen
8 stuetzen
9 nachahmen
Anleihe
4 Borg, Pump
6 Kredit
8 Aushilfe, Darlehen, Hypothek
9 Vorschuss
10 Wertpapier
13 Vorauszahlung
Anleihepapier
4 Bond
10 Obligation, Pfandbrief
anleiten
6 lehren
7 beraten
8 anhalten
11 informieren, instruieren
Anleitung
7 Hinweis
8 Beratung
9 Anweisung, Leitfaden
10 Unterricht, Vorschrift
11 Instruktion
Anliegen
5 Bitte
6 Wunsch
8 Ersuchen
Anlieger
7 Nachbar
8 Anrainer, Anwohner
anmaßend
8 arrogant, insolent
9 vermessen
11 impertinent
12 praetentioes, ueberheblich, unverschaemt
Anmaßung
8 Arroganz
9 Frechheit
11 Impertinenz
Anmeldebüro
7 Vorraum
9 Vorzimmer
anmelden
8 anzeigen
9 avisieren, eintragen, mitteilen
11 deklarieren
12 inskribieren
15 immatrikulieren
Anmeldestelle für Erfindungen
9 Patentamt
Anmerkung
5 Notiz
6 Glosse
8 Fussnote
9 Bemerkung, Kommentar
10 Ergaenzung, Marginalie
12 Erlaeuterung
13 Randbemerkung
Anmut
6 Charme, Grazie
8 Liebreiz
anmutig
4 zart
5 apart
6 grazil
7 huebsch, reizend
8 charmant, grazioes, lieblich, reizvoll
9 anziehend, gefaellig
10 bezaubernd, zauberhaft
11 liebreizend
14 liebenswuerdig
Anmutsgöttinnen
7 Grazien
8 Chariten
annähernd
4 etwa, rund
5 circa, zirka
8 ziemlich
9 ungefaehr
13 einigermassen
16 schaetzungsweise
Annäherungsschlag (Golf)
9 Pitchshot
Annäherungsverfahren
9 Iteration
Annahme
7 Empfang, Fiktion, Meinung
8 Aufnahme
9 Hypothese, Rezeption, Vermutung
11 Praesumtion
12 Praesumption
13 Unterstellung
(Auktion)
8 Zuschlag
an Kindes Statt
8 Adoption
Annahmeerklärung
6 Akzept
annamesisches Längenmaß
2 Li
3 Dam
annehmbar
8 passabel
9 plausibel, tolerabel
10 akzeptabel
annehmen
5 ahnen
8 vermuten
9 mutmassen
11 akzeptieren
Annehmer
8 Akzeptor
10 Empfaenger
Annehmlichkeit
6 Genuss
7 Wohltat
14 Bequemlichkeit, Gemuetlichkeit
Annonce
7 Anzeige, Inserat
Annonengewächs
7 Asimina, Xylopia
Annonengewächsgattung
5 Papau
anonym
8 namenlos
9 ungenannt
Anorak
5 Jacke, Parka
7 Blouson
9 Windbluse, Windjacke

10 Lumberjack
anordnen
8 befehlen
11 disponieren
Anordnung
6 Befehl
9 Regulativ
11 Arrangement
von Dingen
8 Tabletop
von zwei Dipolen
9 Quadrupol
anorganische(r, s)
Benzol
7 Borazol
Pigmentfarbstoff
8 Erdfarbe
Stoff
7 Mineral
Verbindung
6 Dioxid, Dioxyd
8 Hydroxid
Anpassung
8 Adaption
9 Ausgleich
10 Gewoehnung
12 Assimilation
13 Akkommodation
15 Akklimatisation
anpassungsfähig
9 adaptabel
Anpassungsvermögen
10 Adaptation
Anpassungsvorrichtung
7 Adapter
Anpfiff
5 Ruege, Tadel
Anpflanzung
5 Anbau
8 Plantage
Anprall
5 Stoss
Anpreisung
7 Reklame, Werbung
Anrainer
7 Nachbar
Anrainerin
9 Nachbarin
Anrede
für Bischöfe
9 Exzellenz
für Dekane
14 Spektabilitaet
für den Mann
4 Herr
für den Papst
10 Heiligkeit
für Fürsten
11 Durchlaucht
für Geistliche
10 Ehrwuerden
11 Hochwuerden
für Kaiser
9 Majestaet
für Kardinäle
7 Eminenz
für Könige
9 Majestaet
für Prinzen
11 Durchlaucht
für Universitätsrektoren
11 Magnifizenz
im diplomatischen Verkehr
9 Exzellenz
Anredefall
7 Vokativ
anregen
7 beleben
8 anreizen
9 animieren, ermuntern
11 stimulieren, veranlassen
anregende(s)
Getränk
3 Tee
6 Kaffee
Mittel
9 Stimulans
Witterung
9 Reizklima
Anregung
6 Impuls
7 Anstoss, Hinweis, Reizung
10 Initiative
11 Ermunterung, Inspiration, Stimulation
12 Aufmunterung
Anreiz
6 Impuls
7 Ansporn, Antrieb
8 Inzentiv, Zugkraft
Anrichte
7 Buefett, Kredenz
9 Sideboard
Anrichteraum (Schiff)
6 Pantry
Anrichtetisch
7 Kredenz
anrüchig
7 ominoes
11 zweifelhaft
Anrüchigkeit
8 Hautgout
Anruf
9 Telefonat
Anrufung
des göttlichen Namens
9 Invocatio
Gottes
5 Gebet
9 Bittgebet
10 Invokation
Ansager
8 Sprecher
9 Moderator
10 Discjockey, Diskjockey, Showmaster
11 Entertainer, Unterhalter
12 Conférencier
Ansammlung
4 Stau
7 Auflauf, Ballung
8 Haeufung
13 Agglomeration
ansässig
6 hiesig
8 heimisch, sesshaft
11 eingesessen
Ansatz
6 Anfang
13 Verlaengerung
Ansatzrohrstück
5 Muffe
7 Stutzen
anschaffen
6 kaufen
8 erwerben
Anschaffung
4 Kauf
6 Erwerb
7 Einkauf
9 Erwerbung
anschaulich
6 farbig
8 bildhaft, bildlich, deutlich, lebendig
9 drastisch, eidetisch, sprechend
11 bilderreich, einpraegsam, illustrativ, sinnfaellig
12 demonstrativ, eindringlich
13 verstaendlich
16 wirklichkeitsnah
17 veranschaulichend
Anschaulichkeit
7 Drastik
10 Farbigkeit
12 Deutlichkeit, Lebendigkeit, Plastizitaet
14 Bilderreichtum, Bildhaftigkeit
15 Einpraegsamkeit, Sinnfaelligkeit
17 Verstaendlichkeit
Anschauung
6 Glaube
7 Ansicht, Meinung
9 Denkweise, Intuition
11 Betrachtung, Vorstellung
anscheinend
7 denkbar, evident
8 moeglich, offenbar
9 angeblich, scheinbar
10 vermutlich
11 vernehmlich
12 vermeintlich
14 wahrscheinlich
15 voraussichtlich
Anschlag
6 Plakat
7 Affiche, Aushang
8 Attentat, Sabotage
14 Bekanntmachung
Anschlagsäule
13 Litfasssaeule
Anschlagswerbung
9 Plakation
Anschlagzettel
6 Plakat
7 Affiche
Anschluss
7 Kontakt
12 Installation
anschmiegsam
5 weich

9 zaertlich
10 zutraulich
16 anpassungsfaehig
Anschrift
7 Adresse
Anschriftenänderung
9 Ummeldung
anschuldigen
8 anklagen
10 verleumden
12 anschwaerzen, beschuldigen
Anschuldigung
7 Anklage
11 Verleumdung
13 Inkrimination
Ansehen
3 Ruf
4 Ehre
5 Vogue
6 Nimbus, Wuerde
7 Achtung, Geltung
8 Goodwill, Prestige, Renommee
10 Autoritaet
11 Distinktion
ansehnlich
9 stattlich
11 respektabel
12 reputierlich
13 betraechtlich, eindrucksvoll
14 repraesentabel, repraesentativ
Ansicht
6 Aspekt
7 Anblick, Fassade, Meinung
8 Erachten, Prospekt
10 Standpunkt
Ansiedler
8 Kolonist
Ansiedlung
3 Ort
4 Dorf
5 Stadt
6 Kurort
7 Badeort, Kolonie
8 Gemeinde
9 Ortschaft
10 Grossstadt, Kleinstadt
13 Niederlassung
Ansinnen
8 Zumutung
9 Verlangen
anspielen
8 andeuten
Anspielung auf Vergangenes
8 Allusion
anspitzen
9 schaerfen
Ansporn
5 Drang
6 Anreiz
7 Vorbild
8 Auftrieb, Beispiel, Stimulus
10 Triebfeder
Ansprache
4 Rede
5 Eloge
6 Speech
7 Lobrede, Referat, Vortrag
8 Festrede
bei einem Festmahl
9 Tischrede
eines Monarchen
9 Thronrede
ansprechen
7 anreden
8 gefallen
ansprechend
9 attraktiv
11 sympathisch
Anspruch
6 Anteil
7 Monopol
9 Forderung
11 Praetention
anspruchslos
9 genuegsam
10 bescheiden
11 spartanisch
anspruchsloses Buch oder Heft
9 Schmoeker
anspruchsvoll
9 ambitioes, anmassend
12 praetentioes, unbescheiden
Anstalt
4 Heim
5 Stift
6 Schule
8 Institut, Internat
9 Pensionat
11 Heilanstalt
Anstaltszögling
5 Eleve
6 Alumne
7 Alumnus
Anstand
4 Takt
5 Moral, Mores, Sitte, Zucht
6 Dehors, Tugend, Wuerde
7 Bildung, Dekorum, Schliff
8 Benehmen, Betragen
9 Gesittung
Anstand des Jägers
8 Hochsitz, Jagdsitz
anständig
4 fair
5 loyal
6 dezent, honett, solide
7 ehrlich, korrekt, serioes, sittsam
8 gediegen, gehoerig, sittlich
9 dauerhaft
10 manierlich, ordentlich
11 einwandfrei
13 gentlemanlike, rechtschaffen
anständiges Verhalten
8 Fairplay
Anständigkeit
8 Fairness
11 Seriositaet
Anstandsbuch
6 Knigge
Anstandsdame
6 Duenja
anstarren
8 fixieren
Ansteckblume
11 Boutonniere
anstecken
10 infizieren
ansteckend
8 virulent, zuendend
9 fulminant
10 kontagioes
Anstecknadel
7 Brosche
8 Plakette
9 Abzeichen
Ansteckung
6 Infekt
9 Infektion
Ansteckungsfähigkeit
8 Virulenz
Ansteigen der Börsenkurse
6 Hausse
ansteigend
5 steil
anstellig
6 begabt
9 geschickt
Anstellung
3 Job
6 Arbeit
10 Engagement
anstiften
10 verfuehren
11 veranlassen
Anstifter
7 Faiseur, Urheber
9 Initiator
10 Verfuehrer
Anstifterin
9 Urheberin
11 Initiatorin
12 Verfuehrerin
anstimmen
10 intonieren
Anstoß
6 Anlass, Impuls, Signal
7 Ansporn, Ursache
8 Anregung
anstoßen
7 rempeln
8 schubsen
anstößig
8 shocking
10 skandaloes
12 unanstaendig
anstößiger Witz
4 Zote
anstreben
11 intendieren
12 reflektieren
anstreichen
5 malen
7 bemalen

8 tuenchen
9 lackieren
Anstreichmittel
4 Kalk, Lack, Teer
5 Farbe
6 Firnis
7 Oellack, Tuenche
8 Oelfarbe
9 Eisenlack, Kalkfarbe, Lackfarbe
gegen Wildfraß
9 Kalkmilch
anstrengend
7 muehsam
9 muehevoll
11 strapazioes
Anstrengung
5 Muehe
6 Arbeit
8 Strapaze
Anstrengungserfolg
9 Erringung
Ansturm
3 Run
4 Rush
Antarktisforscher
4 Byrd, Cook, Ross
5 Fuchs, Scott
6 Wilkes
7 Hillary, Wilkins
8 Amundsen
10 Shackleton
Antarktisgipfel
7 Markham, Whewell
Anteil
4 Part, Teil
5 Aktie, Claim, Quote
6 Ration
7 Beitrag, Portion, Quantum
8 Teilhabe
9 Interesse
10 Kontingent, Mitgefuehl, Teilbesitz
eines Stoffes in einer Mischung
6 Gehalt
anteilig
8 partiell
Anteilnahme
7 Beileid, Mitleid
9 Interesse
Anteilsberechnung
9 Quotation
Anteilschein
3 Kux, Los
5 Aktie, Share
10 Wertpapier
Antennentyp
5 Dipol
10 Kreuzdipol
11 Stabantenne
14 Parabolantenne
Antialkoholiker
12 Abstinenzler
Antibiotikum
8 Neomycin
9 Kanamycin
10 Penicillin

Antigua und Barbuda
Hauptstadt
9 Saint John
Koralleninsel
7 Redonda
Währung
4 Cent
6 Dollar
antike(r, s)
380-Meter-Lauf
7 Diaulos
athenisches Fest
8 Synoikia
Badeort bei Neapel
5 Bajae
Becher
7 Kyathos, Zyathus
Bergfeste in Messenien
3 Ira
4 Hira
Beuterüstung
6 Spolia
Bewohner Kleinasiens
6 Lykier
8 Isaurier
Brunnenanlage
9 Nymphaeum
Bühnenschuh
7 Kothurn
Doppelreihenboot
5 Diere
Festzug
5 Pompe
Filzmütze
5 Pilos
Frauensportfeste
7 Heraeen
Gebälkfries
8 Zophoros, Zophorus
Gedenkstein
6 Zippus
Gefäß
5 Askos, Lebes
7 Amphora, Amphore
9 Achatglas
Geheimlehre
9 Orphismus
Götterbildraum
5 Cella
Grenzstein
6 Zippus
griechische Kolonie
8 Kallatis
griechische Münze
6 Obolos, Stater
griechische Stadt
7 Stagira, Sybaris
8 Koroneia
9 Apollonia
griechischer Überwurf
7 Chlaena, Chlaina
Hafen Athens
8 Phaleron
Hafen in Argolis
9 Epidauros
Hafen in Makedonien
5 Pydna
Hauptstadt der Cyrenaika
6 Cyrene, Kyrene

Heilpflanze
8 Silphion
Hirtenflöte
7 Calamus
Hohlmaß
6 Kotyle
Inschrift
8 Epigraph
Jünglingsstatue
8 Diskobol
kleinasiatische Landschaft
5 Troas
kleinasiatische Stadt
7 Ikonion
Kolonisationsform
7 Apoekie
Königreich auf Zypern
6 Paphos
Königreich in Arabien
4 Saba
Korb
5 Cista
8 Kalathos
Kriegsschiff
6 Bireme, Triere
7 Galeere, Pentere, Trireme
10 Quadrireme
Krug
7 Amphora, Amphore
Kühlgefäß
7 Psykter
Kulthandlung
5 Orgia
Land in Iran
6 Medien
Land in Kleinasien
8 Phrygien
Landschaft
6 Pontos, Pontus
Landschaft Afghanistans
8 Baktrien
Landschaft am Schwarzen Meer
7 Kolchis
Landschaft Dalmatiens
8 Liburnia
Landschaft des Balkans
8 Illyrien
Landschaft Griechenlands
5 Doris
Landschaft in Arkadien
8 Phigalia
Landschaft in Griechenland
5 Doris
6 Attika, Epirus, Lokris, Phokis
7 Argolis
8 Aetolien, Arkadien, Boeotien
17 Lakonien Messenien
Landschaft in Italien
6 Latium
8 Etrurien
Landschaft in Kleinasien
5 Troas
6 Lydien, Lykien, Mysien
7 Aeolien
8 Kilikien, Phrygien, Pisidien, Zilizien

9 Bithynien
12 Paphlagonien
Landschaft in Palästina
6 Judaea
8 Galilaea
Landschaft in Südarabien
4 Saba
Landschaft in Syrien
10 Phoenizien
Landschaft Kleinasiens
6 Mysien
7 Aeolien
8 Isaurien, Kilikien
9 Bithynien
Landschaft Makedoniens
8 Mygdonia
Landschaft Syriens
8 Seleukis
9 Kommagene
Leuchtturm
6 Pharos
Maltechnik
9 Enkaustik
Münze
8 Chalkion, Quincunx
Münzen
8 Subaerat
Name der Chinesen
5 Serer, Sinai
Name der Donau
5 Ister
6 Istros
Name der Kurden
9 Karduchen
Name des Balkangebirges
6 Haemus
Name des Ostwinds
5 Euros
Name des Po
5 Padus
Name für Somaliland
4 Punt
Name Lissabons
7 Olisipo
Name Lydiens
8 Maeonien
Name spanischer Flüsse
6 Iberus
Name von Deutschland
9 Germanien
Name von Frankreich
7 Gallien
Name von Sofia
7 Serdica
Name von Tripolis
3 Oea
Name von Troja
5 Ilion
Orakelstätte
5 Cumae
6 Delphi, Didyma, Dodona
Ornament
8 Akanthus
Papyrusgerät
9 Umbilicus
philosophische Lehre
7 Hedonik
Priestertitel
8 Antistes
Rassehund
8 Molosser
Rechenbrett
6 Abakus
Rechenstein
8 Calculus
Registraturzeichen
8 Sillybos
Reitervölker
5 Saken
7 Skythen
Ruderschiff
7 Liburne
Ruinenstätte in Argolis
5 Lerna
Saiteninstrument
4 Lyra
5 Leier
7 Testudo
8 Barbiton
Säulenumgang
7 Pteroma
Schauspielerschuh
6 Soccus
Schauspielhaus
5 Odeum
Scherben
7 Ostraka
Schicksalsgöttin
5 Parze
Schlachtort in Apulien
6 Cannae
Schlaginstrument
6 Cymbal
schmückende Hautbinde
6 Taenie
Schmuckfries
9 Anthemion
Schöpfrad
8 Tympanum
Schreibgerät
7 Calamus
Schreibgriffel
6 Stilus
Schreibmaterial
6 Stilus
7 Papyrus
9 Diptychon, Pergament
Schreibtafel
9 Diptychon
Schriftzeichen
4 Rune
11 Hieroglyphe
Seeungeheuer
6 Scylla
9 Charybdis
Siedlung am Vesuv
8 Oplontis
Siegesmal
8 Tropaeum, Tropaion
Speichergefäß
6 Pelike
Spielbrett
6 Abakus
Spielmarken
8 Tesserae
Sportschule
9 Palaestra
Sprache
6 Latein
Stadt am Bosporus
9 Chalcedon
Stadt am Duero
8 Numantia
Stadt am Maeander
8 Magnesia
Stadt am Vesuv
7 Pompeji, Stabiae
11 Herculaneum, Herkulaneum
Stadt auf Chalkidike
6 Olynth
Stadt auf Kreta
6 Gortyn
7 Knossos
Stadt auf Sizilien
6 Himera
7 Segesta, Thermae
8 Selinunt
Stadt auf Zypern
6 Paphos
7 Salamis
Stadt bei Athen
7 Eleusis
Stadt bei Tunis
8 Karthago
Stadt der Taurisker
6 Noreia
Stadt des Peloponnes
6 Sikyon
Stadt im Libanon
5 Sidon
Stadt im östlichen Kreta
6 Gurnia
Stadt in Afrika
7 Thapsus
Stadt in Ägypten
4 Sais
6 Theben
Stadt in Algerien
6 Timgad
Stadt in Apulien
7 Gnathia
Stadt in Arkadien
5 Tegea
8 Mantinea
Stadt in Bithynien
6 Nicaea, Nikaea
Stadt in Böotien
8 Plataeae
Stadt in der Türkei
6 Nicaea
Stadt in Griechenland
5 Argos
6 Abdera, Croton, Olynth, Pherae, Sikyon, Sparta, Theben, Tiryns
7 Chalkis, Eleusis, Mykenae, Stagira, Tanagra
9 Epidaurus
Stadt in Ionien
5 Milet
6 Priene
8 Erythrai, Kolophon
Stadt in Italien
4 Elea

7 Pompeji, Stabiae, Sybaris
8 Tusculum
9 Corfinium
11 Herculaneum, Herkulaneum

Stadt in Kampanien
7 Misenum

Stadt in Karien
7 Ephesos, Ephesus
8 Magnesia, Tralleis

Stadt in Kleinasien
4 Zela
5 Milet, Troja
6 Abydos, Knidos, Nicaea, Nikaea, Sardes
7 Ephesos, Ephesus
8 Magnesia, Pergamon
13 Halikarnassos

Stadt in Latium
8 Tusculum

Stadt in Lydien
8 Kolophon, Magnesia

Stadt in Lykien
7 Xanthos

Stadt in Mazedonien
5 Pydna
8 Philippi

Stadt in Mesopotamien
5 Hatra
6 Edessa
7 Carrhae
8 Seleucia
9 Ktesiphon

Stadt in Mysien
6 Abydos
9 Lampsakos

Stadt in Nordafrika
4 Zama
5 Utica
8 Karthago

Stadt in Numidien
6 Thugga

Stadt in Palästina
5 Gerar, Pella
7 Megiddo

Stadt in Pamphylien
4 Side

Stadt in Persien
4 Susa
8 Ekbatana
10 Persepolis

Stadt in Phönizien
5 Sidon

Stadt in Phrygien
8 Kolossae, Kolossai

Stadt in Spanien
8 Ampurias, Numantia
9 Tartessos

Stadt in Syrien
5 Emesa
7 Palmyra
9 Thapsakos

Stadt in Thessalien
9 Pharsalos

Stadt in Tunesien
8 Karthago

Stadt in Unteritalien
4 Elea
7 Sybaris

Stadt in Venetien
8 Aquileia

Stadt nahe der Pomündung
5 Atria

Stadt Siziliens
6 Egesta
7 Akragas, Segesta, Selinus

Stadt südlich von Sparta
7 Amyklai

Stadt südwestlich von Smyrna
4 Teos

Stadt Zyperns
7 Salamis

Städte in Oberägypten
5 Ombos

Stätte in Kleinasien
8 Labranda

Stierschädel
9 Bukranion

Strophenart
9 Distichon

Sturmbock
5 Aries

Tempel in Athen
8 Theseion

Tempelschläfer
8 Inkubant

theosophische Schriften
9 Hermetica

Tongefäß
7 Skyphos
8 Kalathos

transkaukasische Landschaft
7 Albania

Trinkgefäß
6 Rhyton

Trinkgelage
9 Symposion, Symposium

Tunesien
9 Zeugitana

Urne
5 Zista, Ziste

Vase
7 Amphora, Amphore

Verehrungsdienst
8 Baumkult

Vers
8 Priapeus
9 Lekythion

Verseinheit
7 Dimeter

Versform
6 Skazon

Völker
5 Dorer, Lyder, Meder
6 Dorier, Italer, Lydier
7 Achaeer, Aeolier, Galater, Latiner, Parther, Phryger, Sabiner, Sikuler, Sumerer
8 Bruttier, Etrusker, Hethiter, Phrygier, Samniter
9 Bithynier, Kallaiker, Massylier, Phoeniker
10 Phoenizier

Vorratsbehälter
6 Pithos

wachsüberzogene Schreibtafel
5 Kodex

Wasserleitungsbrücke
9 Aquaedukt

Wasserorgel
9 Hydraulus

Wegemaß
9 Parasange

Weinflasche
7 Lagynos

Weingefäß
7 Stamnos

Weissagerin
6 Pythia
9 Kassandra

Weissagung
6 Orakel

Wettkampf
4 Agon

Wettspiele
7 Pythien
8 Isthmien

Wurfgeschütz
8 Balliste

Zweigespann
4 Biga

„Dreiruderer“
6 Triere
7 Trireme

„Fünfruderer“
7 Pentere

„Zweiruderer“
6 Bireme

Antikörper aktivierender Stoff
9 Aktivator

Antillenbewohner
7 Kubaner
8 Jamaiker
10 Jamaikaner

Antillenbewohnerin
9 Kubanerin
10 Jamaikerin
12 Jamaikanerin

Antilleninseln
4 Cuba, Kuba, Saba
5 Aruba, Haiti
6 Tobago
7 Curacao, Grenada, Jamaika
8 Barbados
9 Margarita
10 Puerto Rico

Antilopen, Gazellen
3 Gnu, Goa
4 Kama, Kudu, Oryx, Pala
5 Beisa, Kaama, Nyala, Oribi, Sassa
6 Dseren, Impala, Passan
7 Adenota, Dibatag, Gerenuk, Kongoni, Rehbock
8 Antilope, Buntbock, Korrigum, Riedbock, Waldbock
9 Blessbock, Buschbock, Chousinga, Gaemsbock,

Onotragus, Sitatunga, Sumpfbock
10 Hartebeest, Pferdebock, Spiessbock, Springbock, Wasserbock, Wildebeest
11 Damagazelle, Edmegazelle, Kuhantilope, Lamagazelle, Streifengnu
12 Addragazelle, Bergriedbock, Damara-Dik-Dik, Grantgazelle, Kropfgazelle, Lodergazelle, Moorantilope, Oryxantilope, Tibetgazelle, Waldantilope, Weissbartgnu
13 Blauboeckchen, Burenantilope, Dorkasgazelle, Duenengazelle, Klippspringer, Leierantilope, Sumpfantilope, Ziegengazelle, Zwergspringer
14 Hirschantilope, Mendesantilope, Pferdeantilope, Rappenantilope, Saebelantilope
15 Bleichboeckchen, Giraffengazelle, Isabellantilope, Maehnenantilope, Tschirrantilope, Weissschwanzgnu
16 Bueschelohrbeisa, Moschusboeckchen, Soemmeringazelle, Vierhornantilope
17 Przewalski-Gazelle, Schwarzschwanzgnu, Senegalwasserbock, Windspielantilope

Antimonglanz
7 Stibnit

Antimonsäuresalz
9 Antimonat

Antipathie
9 Abneigung
11 Animositaet

Antiquadruckschrift
6 Bodoni
7 Candida, Elzevir
8 Garamond
9 Clarendon

Antiseptikum
8 Chinosol, Guajakol, Resorzin

antiseptisches Mittel
9 Borwasser

Antlitz
7 Gesicht
9 Angesicht

Antrag
5 Bitte
6 Gesuch
7 Eingabe, Petitum
8 Petition

im schweizerischen Parlament
6 Motion

Antragsteller
9 Proponent

Antrieb
4 Reiz
5 Drang, Motiv
6 Impuls
7 Ansporn
8 Stimulus

eines Zeitmessgeräts
7 Uhrwerk

Antriebskraft
3 Gas
5 Dampf
6 Wasser
7 Impetus
13 Elektrizitaet

Antriebsmaschine
5 Motor
7 Turbine
9 Flugmotor

Antriebsriemen
4 Pese

Antriebsstörung
9 Dyshormie

Antriebsvorrichtung
6 Goepel
8 Rosswerk, Wellbaum

Antwerpener Maler
6 Massys

Antwort
4 Echo
6 Replik
8 Auskunft, Bescheid
10 Entgegnung, Erwiderung

Erwartender
6 Frager

Antwortstimme (Musik)
8 Risposta

Anwalt
7 Advokat, Berater
8 Beistand, Sprecher
9 Konsulent
13 Rechtsberater
14 Rechtsbeistand

bei englischen Obergerichten
9 Barrister

Anwaltsbüro
7 Kanzlei

Anwaltsrede
9 Plaedoyer

Anwärter
8 Aspirant, Kandidat
9 Volontaer
10 Exspektant

der höheren Beamtenlaufbahn
8 Assessor

des diplomatischen Dienstes
7 Attaché

Anwärterin
10 Aspirantin, Kandidatin
11 Volontaerin
12 Exspektantin

der höheren Beamtenlaufbahn
10 Assessorin

Anweisung
9 Anordnung, Direktive
11 Instruktion

Anwendung
6 Praxis
7 Einsatz, Nutzung, Praktik
8 Gebrauch
9 Benutzung
10 Ausnutzung, Verwertung
11 Applikation

Anwendungstrick
4 Dreh
5 Kniff

anwerben
8 anheuern
9 anmustern

Anwerber
9 Lockvogel

Anwesen
3 Gut, Hof
8 Hofstatt
9 Bauernhof, Besitztum
11 Grundbesitz, Grundstueck

anwesend
4 hier
5 dabei
7 zugegen
8 greifbar, praesent
9 vorhanden
12 gegenwaertig

Anwesenheit
8 Praesenz
9 Teilnahme

anwidern
5 ekeln
7 anekeln
11 degoutieren

Anwohner
7 Nachbar
8 Anlieger, Anrainer

Anwohnerin
9 Nachbarin
10 Anliegerin, Anrainerin

Anzahl
5 Herde, Menge, Rudel, Schar
6 Haufen
7 Quantum

gedruckter Exemplare
7 Auflage

Anzahlfeststellung
8 Zaehlung

Anzahlung
6 Akonto, Vadium
8 Handgeld
9 Draufgabe, Draufgeld

Anzapfung
7 Anstich

Anzeichen
4 Omen
5 Indiz
7 Merkmal, Symptom
10 Indikation

Anzeige
4 Avis
6 Insert
7 Annonce, Inserat
8 Delation
der Uhr
4 Zeit
des Tourenzählers
8 Drehzahl
Anzeigenaufgeber
8 Inserent
Anzeigenaufgeberin
10 Inserentin
anzeigend
13 symptomatisch
Anzeiger
9 Indikator
Anzeigestift im Kompass
5 Nadel
anzetteln
9 anstiften
10 verfuehren
anziehend
7 reizend
8 reizvoll
9 attraktiv
10 magnetisch
11 interessant, sympathisch
Anziehungskraft
4 Reiz
6 Appeal
7 Schwere
8 Zugkraft
10 Attraktion
11 Gravitation, Magnetismus, Schwerkraft
der Moleküle
9 Kohaesion
Anzug
5 Dress
7 Overall
anzüglich
6 pikant
10 zweideutig
Anzugstoff
5 Drapé
6 Drapee
8 Tropical, Whipcord
anzünden
9 anstecken, entfachen
10 entflammen, entzuenden
Anzünder
7 Fidibus
9 Feuerzeug
11 Streichholz
Apachenhäuptling
8 Geronimo
Apachenstamm
9 Jicarilla
apart
7 reizend
8 reizvoll
9 besonders
11 eigenwillig
13 geschmackvoll
apathisch
12 teilnahmslos

Apenninenhalbinsel
7 Italien
Apfelschnaps
8 Calvados
Apfelsine
6 Orange
Apfelsorten
5 Mutsu
6 Boskop, Idared, Rambur
7 Alkmene, Boskoop, Kalvill, Ontario, Renette
8 Delizius, Jonagold, Jonathan, Kalville, Parmaene, Reinette
9 Berlepsch, Bohnapfel, Cox' Orange, Kantapfel, Klarapfel, Taeubling
10 Jakob Lebel, Morgenduft, Rosenapfel, Streifling
11 Goldrenette, Granny Smith, Ingrid Marie, James Grieve, Landsberger, Winterapfel
12 Glockenapfel, Goldparmaene, Martiniapfel, Prinzenapfel
13 Albrechtapfel, Gravensteiner, Winterrambour
15 Golden Delicious
Apfelwein
5 Cider, Zider
aus Frankreich
5 Cidre
Aphrodite
5 Venus
Aplomb
9 Nachdruck
11 Intensitaet
Apollo als Musenführer
7 Musaget
Apollopriester
7 Chryses
Apollopriesterin
6 Pythia
Apollotempel bei Milet
9 Didymaion
Apostel
6 Petrus
7 Juenger
8 Mattaeus, Sendbote
Buddhas
5 Lohan
der Alemannen
6 Pirmin
der Angelsachsen
6 August
10 Augustinus
der Bayern
7 Emmeram
der Belgier
7 Amandus
der Brasilianer
8 Anchieta
der Deutschen
7 Bonifaz
10 Bonifatius

der Franken
6 Kilian
der Friesen
10 Willibrord
der Gallier
6 Martin
der Grönländer
5 Egede
7 Erikson
der Indianer
8 Lascasas
der Iren
7 Patrick
der Nordens
6 Ansgar
der Pommern
4 Otto
der Preußen
4 Brun
5 Bruno
8 Adalbert
der Schotten
8 Columban
der Schweizer
6 Beatus
der Slawen
6 Cyrill, Kyrill
8 Cyrillus
9 Methodios
der Wagrier
9 Vicelinus
des Nordens
6 Ansgar
Jesu
5 Judas, Simon
6 Markus, Paulus, Petrus, Thomas
7 Andreas, Jakobus, Mattias
8 Johannes, Matthias
9 Matthaeus, Philippus, Thaddaeus
13 Bartholomaeus
Apostelamt
9 Apostolat
Apostelbrief
7 Epistel
Apostolische Kirche
9 Una Sancta
Apotheke
7 Offizin
Apothekenarznei
9 Galenikum
Apothekenraum
8 Rezeptur
Apotheker
8 Magister, Provisor
10 Pharmazeut
Apothekergefäß
9 Albarello
Apothekergewicht
4 Gran, Unze
5 Graen
Apothekerin
12 Pharmazeutin
Apothekerkunst
9 Pharmazie
Appalachengebiet
9 Blackbelt

Appalachengipfel
9 Blackdome
Apparat
4 Werk
6 Geraet
7 Automat
10 Instrument
11 Mechanismus, Vorrichtung
apparative Teile der EDV-Anlage
8 Hardware
Apparatur
11 Maschinerie
12 Geraetschaft
15 Instrumentarium
Appell
6 Aufruf
7 Mahnruf, Mahnung, Weckruf
8 Antreten
12 Aufforderung
Appetitanreger
8 Aperitif
10 Aperitivum
Appetithäppchen
7 Bouchée
appetitlich
6 lecker
9 delizioes, koestlich
Appetitlosigkeit
8 Anorexie
Applaus
7 Beifall
11 Akklamation
Appreturmittel
7 Luester
April
9 Ostermond
11 Wandelmonat
apropos
9 uebrigens
Apulien
6 Puglia
7 Iapygia
Aquarienbewohner
9 Zierfisch
Aquarienpflanzen
6 Elodea, Riccia
7 Helodea, Wolffia
8 Haarnixe, Salvinia
10 Sagittaria
Aquariumfisch
7 Helleri
14 Schwerttraeger
Äquatorial-Guinea
Berg
11 Santa Isabel
Bevölkerung (Stammesgruppen)
4 Bubi, Fang
5 Benga, Kombe
6 Pangwe
Fluss
6 Benito
Gebiet des Festlands
5 Mbini
Hauptstadt
6 Malabo
Inseln
5 Bioko
7 Annobon
Politiker
6 Macias
Stadt
4 Bata
Währung
5 Franc
7 Centimo
Ära
6 Epoche
9 Zeitalter
Araberhengst bei Karl May
3 Rih
Araberviertel nordafrikanischer Städte
6 Kasbah
Arabervolk in der Dichtung
4 Asra
Arabervölker
5 Anese
7 Senussi
8 Beduinen
10 Amalekiter
arabisch-türkisches Krummschwert
9 Handschar
arabisch:
Ägypten
4 Misr
behagliche Ruhe
3 Kef
Berg
6 Djebel
8 Dschebel
Berggipfel
3 Ras
5 Boden
böser Geist
4 Jinn
7 Dschinn
Brunnen
3 Bir
Buch
5 Kitab
Dorfschulze
7 Muchtar
Erde
4 Ardh
Felswüste
7 Hammada
Fluss
4 Bahr
Gasthof
6 Imaret
Gebäude
6 Imaret
Gebirge
8 Dschebel
Gemeinde
4 Umma
Geröllwüste
5 Serir
Glaube
4 Iman
Handwerker
7 Mudejar
Häuptling
3 Ras
Haus
3 Dar
Heerführer
3 Ras
Heerlager
7 Mahalla
Herr
4 Said, Sidi
Hügel
3 Tel
Jerusalem
6 El Kuds
Jesus
3 Isa
Kap
3 Ras
Kieswüste
5 Serir
Kloster
4 Deir
Knecht
3 Abd
König
5 Malik, Melik
Koran
5 Kitab
Land
3 Dar
4 Ardh
Markt
3 Suk
4 Souk
Meer
4 Bahr
Meerenge
3 Bab
Nichtmuslim
5 Kafir
Null
4 Sifr
Omen
3 Fal
Paradies
4 Adan
Quelle
3 Bir
Rastplatz
7 Mahalla
Sandwüste
3 Erg
Sohn
3 Ebn, Ibn
Statthalter
3 Ras
Steinwüste
7 Hammada
Tagesanbruch
5 Sabah
Teufel
4 Jinn
7 Dschinn
8 Schaitan
Tor
3 Bab
trocken liegendes Flusstal
4 Wadi

Vater
3 Abu
Verkaufsbude
3 Suk
Volk
4 Umma
Vorbedeutung
3 Fal
Vorgebirge
3 Ras
Wohnung
6 Imaret

arabische(r, s)
Afrikaforscher
6 Batuta
Artikel
2 al, el, il
Arzt
8 Abubacer
Arzt im Mittelalter
5 Mesue
Astronomen
6 Alsufi
7 Battani
Bauer
6 Fellah
8 Fellache
Chronist
8 Djabarti
Derwisch
5 Fakir
Dichter
5 Antar
6 Antara, Hariri, Sohair, Tarafa
8 Buchturi
9 Abu Tamman, Hamadhani, Mutanabbi
Doppelklarinette
6 Arghul
Dorf
4 Duar
Dynastien, Herrschergeschlechter
7 Ibn Saud
8 Omajaden
9 Abbadiden, Fatimiden, Idrisiden, Lachmiden
11 Ghassaniden
Edelmetallgewicht
5 Wakih
Feldherr
5 Tarik
Freischärler
7 Fedajin
Fürstengeschlecht
9 Lachmiden
Fürstentitel
4 Emir
Fürstentum
6 Emirat
Gebetsrufer
7 Muezzin
Gedichtform
5 Gasel
6 Gasele
Gedichtgattung
7 Kasside
Geige
6 Kissar
Geistlichentitel
5 Abuna
Gelehrter
5 Hakim
Geograf
6 Idrisi
Gewand
3 Aba
4 Haik
6 Abajeh, Burnus
10 Dschellaba
Goldmünze
5 Dinar
Grußwörter
5 Salam, Salem, Selam
Grützebreispeise
6 Kuskus
Halbinsel
5 Katar, Qatar
Handelsgewicht
6 Frasil
Herrscherhaus
4 Saud
Klarinette
7 Zummara
Kopfschleier
6 Litham
Kopftuch
6 Kefija
Krummsäbel
4 Seif
Krummschwert
4 Seif
Langflöte
3 Nay
Lastträger
6 Hammal
Laute
2 Ud
7 Tanbura
Männername
3 Ali
4 Omar
5 Ahmed, Selim
6 Achmed, Hassan, Jussuf, Mahmud, Mehmed
7 Ibrahim, Mustafa
8 Mohammed, Muhammed
Mantelumhang
5 Abaya
7 Abbajek
Märchengestalt
4 Muck
Märchenvogel
3 Rok
4 Roch, Rock
Markt
3 Suk
4 Souk
Mathematiker
7 Haitham
Messerwaffe
9 Handschar
Monatsname
4 Rebi
5 Safar
Monumentalschrift
4 Kufi
Muttergöttin
4 Ilat
Name Abrahams
7 Ibrahim
Name für Jerusalem
4 Kuds
6 Elkuds
Name für Jordanien
5 Urdun
Name für Oberägypten
4 Said
Name von Äthiopien
7 Habesch
Nomade
7 Beduine
9 Kababisch
Nomadenvolk
5 Kedar
Ochsenwagen
5 Araba
Ornament
8 Arabeske
Ortsvorsteher
4 Kaid
Philosoph
4 Sina
6 Farabi
8 Abubacer, Averroes
Räuberkarawane
3 Gum
Reiseautor
3 Leo
Reisender
9 Ibnbatuta
Richter
4 Kadi
Sackmantel
3 Aba
Saiteninstrument
2 Ud
Scheichtum und Ort
8 Fudjaira
Schreibschrift
5 Talik
6 Neschi
Schrift
6 Neschi
Schriftsteller
6 Damiri
Schwert
4 Seif
Segelschiff
3 Dau
4 Dhau, Dhaw
7 Baggala
8 Dahabije
sozialistische Partei
5 Baath
Stamm
6 Ateiba
Stammeshäuptling
6 Scheik
7 Scheich
Stammesverband
8 Schammar
Stegreifdichtung
6 Makame

Streichinstrument
5 Rebab
Sultanat
4 Oman
5 Katar, Qatar
Sultanatsbewohner
6 Omaner
Theologe
6 Damiri
Trommel
4 Duff
7 Darbuka
9 Darabukka, Darabukke
Volksliedersammlung
6 Hamasa
Wasserschöpfrad
5 Naura
Weltreisender
9 Ibn Batuta
Windhund
5 Sluki
6 Slughi
Wissenschaftler
5 Hakim
Wurfspieß
8 Dscherid
Wüstendämon
4 Ghul, Jinn
Zeltdorf
4 Duar
Zither
6 Santur
Zupfinstrument
6 Tambur, Tanbur
aragonischer Tanz
4 Jota
Araguaia-Zufluss
5 Manso
Araliengewächse
4 Efeu
5 Panax
6 Fatsia
aramäische(r)
Königsname
9 Hadadeser
Stadt
8 Bitadini
Übersetzung des Alten Testaments
6 Targum
Volksstamm
9 Chaldaeer
Araninsel
8 Inisheer
9 Inishmaan, Inishmore
Aräometer
9 Senkwaage, Volumeter
Arbeit
3 Job
4 Werk
6 Dienst, Erwerb, Pensum
8 Leistung
10 Taetigkeit
14 Beschaeftigung
für den Lehnsherrn
4 Fron
in bestimmter Zeit
6 Pensum
in der Gerberei
8 Krispeln
in der Spinnerei
8 Krempeln
9 Nitscheln
arbeiten
3 tun
5 regen
6 jobben, machen, werken, wirken
7 agieren, leisten, pusseln, ruehren, treiben, werkeln
8 ausueben, barabern, malochen, schaffen
9 betreiben, hantieren
10 anfertigen, anstrengen, betaetigen, herstellen
12 herumpusseln
13 beschaeftigen, funktionieren
Arbeiter
6 Werker
12 Arbeitnehmer, Arbeitskraft, Werktaetiger
an der Vorspinnmaschine
5 Flyer
an einer Maschine
8 Einleger
auf Flusskähnen
8 Schiffer
in der Gießerei
6 Former
Arbeiterin in der Buchbinderei
8 Falzerin
Arbeiterpartei Israels
5 Mapam
Arbeitgeber
11 Unternehmer
Arbeitnehmer
8 Arbeiter
12 Angestellter
Arbeitnehmervereinigung
12 Gewerkschaft
arbeitsam
8 fleissig
Arbeitsantrittsspende
8 Einstand
Arbeitsentgelt
4 Gage, Lohn
5 Heuer
6 Gehalt, Salaer
7 Deputat, Honorar
8 Tagelohn, Zeitlohn
9 Nettolohn
Arbeitsgang
7 Prozess
9 Operation
Arbeitsgebiet
7 Domaene, Ressort
eines Beamten
8 Dezernat
Arbeitsgemeinschaft
4 Team
7 Kolonne, Schicht
8 Teamwork
9 Kollektiv
Arbeitsgerät
8 Werkzeug
Arbeitsgeräteforschung
9 Ergologie
Arbeitsgerüst (Dock)
8 Stelling
Arbeitsgruppe
7 Kolonne
der ehemaligen DDR
7 Brigade
Arbeitshypothese
9 Konstrukt
Arbeitskahn
5 Prahm
Arbeitskamerad
6 Kumpel
7 Kollege
11 Mitarbeiter
Arbeitskleidung
6 Kittel, Montur
7 Overall
Arbeitskunde
9 Ergologie
Arbeitslieder der Afroamerikaner
9 Worksongs
Arbeitsmantel
6 Kittel
Arbeitsmittel
9 Werkstoff
Arbeitsmöbel
9 Werktisch
Arbeitsniederlegung
6 Streik
Arbeitsnorm
6 Akkord
Arbeitspferd
9 Ackergaul
Arbeitsplatz
3 Job
6 Stelle
Arbeitsraum
6 Studio
der Schneiderin
9 Naehstube
Arbeitsstätte
4 Werk
5 Labor
6 Fabrik, Stelle, Studio
7 Betrieb
9 Werkstatt
12 Laboratorium
Arbeitstisch mit Schraubstock
8 Werkbank
arbeitsunlustig
4 faul
6 bequem
7 muessig
8 tatenlos, untaetig
9 stinkfaul
12 arbeitsscheu, phlegmatisch
Arbeitsunterbrechung
4 Rast
5 Pause
6 Streik
Arbeitsverhältnis auflösen
9 kuendigen
Arbeitsweise
7 Technik

Arbeitswissenschaft
9 Ergonomie, Ergonomik
Archäologie
Forscher und Fundorte
2 Ur
3 Ani, Mau
4 Jahn, Ross, Susa, Uhle, Voss
5 Argos, Conze, Ebers, Evans, Koken, Lauth, Marsh, Meyer, Milet, Piper, Rossi, Sarre, Smith, Sybel, Troja
6 Alesia, Boeckh, Carter, Chabas, Delphi, Dhorme, Didyma, Elryns, Gaudry, Helbig, Hrozny, Humann, Koenen, Lassen, Layard, Mykene, Ninive, Perrot, Petrie, Priene, Schulz, Theben
7 Babylon, Brugsch, Creuzer, Curtius, El Amama, Eleusis, Ephesus, Geinitz, Homolle, Lepsius, Maspero, Pompeji, Salinas, Schoene, Welcker, Wiegand, Woolley
8 Baalbeck, Benndorf, Hamilton, Koldewey, Magnesia, Marshall, Overbeck, Pergamon, Petersen, Scaliger, Stephens, Visconti, Winckler
9 Akropolis, Buesching, Delitzsch, Doerpfeld, Duenichen, Epidauros, Grotefend, Hilprecht, Michaelis, Naukratis, Puchstein, Rawlinson, Revillout
10 Catherwood, Hirschfeld, Orchemenos, Persepolis, Schliemann, Steindorff, Studniczka
11 Champollion, Pietschmann, Schafhaeutl, Winckelmann
Archäopteryx
7 Urvogel
Archigonie
9 Urzeugung
Architekten
siehe: betreffendes Land
Architektur
8 Baukunst
Architekturglied
6 Regula
Archivbeamter
8 Archivar
Archivbeamtin
10 Archivarin
Ardennenfluss in Belgien
5 Wiltz
Areal
7 Flaeche, Terrain
Arena
7 Stadion
9 Kampfbahn
arg
5 boese
7 schlimm
Argentinien
Berge
5 Maipo
9 Aconcagua
Dichter
7 Andrade, Arrieta
8 Obligado
Diktator
5 Rosas
Dirigent
7 Panizza
Flüsse
6 Chubut, Paraná, Salado
7 Bermejo, San Juan
8 Colorado, Rio Negro
Gebirge
5 Anden
Halbinsel
6 Valdes
Hauptstadt
11 Buenos Aires
Hülsenfrüchtler
6 Chanar
Indianer
7 Guarani, Puelche
9 Araukaner
Komponisten
5 Kagel
6 Castro
7 Panizza
Landschaften
5 Pampa
6 Pampas
9 Gran Chaco, Santa Cruz
10 Patagonien
Mediziner
7 Houssay
Münze
7 Doblado
Nationalgericht
7 Puchero
Nobelpreisträger für Medizin
8 Milstein
Pampaladen
7 Boliche
Pampaschenke
7 Boliche
Politiker
4 Alem
5 Illia, Menem, Mitre, Ortiz, Peron
7 Lanusse, Ramirez
8 Alfonsin, Belgrano
9 Rivadavia
Provinzen
7 Mendoza, Santa Fé, Tucuman
8 Misiones
9 Entre Rios
11 Buenos Aires
Rinderhirt
6 Gaucho
Schriftsteller
4 Wast
6 Borges, Sabato
7 Quesada
8 Cortazar
9 Sarmiento
Städte
5 Jujuy, Salta
6 Arenas, Paraná, Rawson, Viedma
7 Cordoba, Deseado, La Plata, Mendoza, Neuquen, Posadas, Rosario, San Juan, Santa Fé, Tucuman, Ushuaia
8 Porvenir
9 Pergamino, Rio Cuarto
10 Corrientes
11 Bahia Blanca, Buenos Aires, San Fernando
Sturm
7 Pampero
Tanz
5 Tango
Währung
4 Peso
7 Austral, Centavo
9 Argentino
Wasserfälle
6 Iguazu
argentinisch-chilenisches Gewicht
5 Gramo
argentinisch-französischer Biochemiker
6 Leloir
Ärger
8 Verdruss
11 Verstimmung
ärgerlich
6 zornig
9 missmutig, verstimmt
10 skandaloes, ungehalten
Ärgernis
5 Plage
7 Anstoss, Graeuel, Missmut, Skandal
8 Verdruss
Arglist
5 Dolus
6 Malice, Tuecke
arglos
4 naiv
7 harmlos
10 einfaeltig, zutraulich
Argonauten (Gefährten des Jason)
4 Idas
5 Butes, Hylas, Zetes
6 Areios, Augias, Castor, Idunas, Kalais, Neleus, Oileus, Peleus, Pollux, Talaos, Teleon, Tiphys
7 Admetos, Akastos, Ankaios, Erginos, Kepheus, Klytios, Koronos, Laokoon,

Lynkeus, Orpheus, Telamon, Theseus
8 Euphemos, Herakles, Meleager, Nauplios, Palaimon, Phrontis
9 Meleagros, Menoitios
10 Amphidamas, Polyphemos

Argonautenführer
5 Iason, Jason

Argonautenschiff
4 Argo

Argwohn
7 Ombrage
8 Verdacht
10 Misstrauen

Arienschlussteil
7 Stretta

Aristokrat
7 Adliger
8 Edelmann

Aristokraten
6 Adlige

Aristokratie
4 Adel

aristotelischer Philosophiebegriff
9 Chorismos

Arkade
6 Loggia
9 Bogengang

arkadische Nymphe
6 Syrinx

Arkansas-Zufluss
8 Cimarron

Arkanum
9 Geheimnis, Mysterium

Arktisbewohner
6 Eskimo

arktische(r, s)
Gebilde
7 Packeis
8 Polareis
Gewässer
9 Polarmeer
Inlandeisberg
7 Nunatak
Meeresstraße
9 Smithsund
Naturerscheinung
9 Nordlicht
10 Polarlicht
Plankton
6 Walaas
Raubtier
7 Eisbaer
9 Polarwolf
Schneehütte der Eskimos
4 Iglu
Schwimmvogel
9 Polarente
Seevogel
5 Lumme
7 Tordalk
Sturmvogel
6 Fulmar
Tauchvogel
3 Alk
Volk
6 Lappen
7 Eskimos

Arktisforscher
3 Rae
4 Byrd, Cook
5 Peary
6 Nansen
8 Amundsen
9 Ellsworth, Rasmussen
10 Stefansson
13 Nordenskioeld

Arktisinsel
9 Wajgatsch

arm
4 karg
5 knapp
9 besitzlos, mittellos
10 beduerftig, notleidend

Armbrustabzug
7 Stecher

Armbrustteil
9 Schneller

Armee
4 Heer

Ärmelabschluss an Hemden
10 Manschette

Ärmelaufschlag
5 Patte
6 Stulpe

Ärmeljacke der Frau
6 Caraco

ärmellose(r, s)
Jäckchen
6 Bolero
Jacke
5 Gilet, Weste
Kleid
8 Chasuble
Mantel
6 Poncho
Pullover
9 Pullunder
Umhang
4 Cape
8 Pelerine
Unterjacke
5 Weste
Westenjacke
5 Gilet

Ärmelschnittform
6 Raglan

Ärmelstulpe
10 Manschette

Ärmelteil
8 Umschlag

Armenhaus
6 Spital
8 Hospital

Armenien
Berg
6 Ararat
Dichter
7 Abowjan
Dynastie
9 Rubeniden
Filzmütze
6 Kalpak, Kolpak
Flüsse
4 Aras, Kura
Hauptstadt
6 Erewan, Eriwan
7 Jerewan
Kirchenvater
6 Mesrop
Königsname
8 Tigranes
Mütze
6 Kalpak, Kolpak
Ordensgründer
8 Mechitar
Ruinenstadt
3 Ani
Städte
5 Batum
7 Ardahan, Kumairi
Währung
5 Rubel
6 Kopeke

Armensteuer im Islam
5 Zakat

armer Kerl
9 Schlucker

Armgelenk
8 Ellbogen
10 Ellenbogen

Armknochen
4 Elle
7 Speiche

Armlehne am Chorgestühl
9 Accoudoir

Armlehnsessel
8 Fauteuil

Armleuchter
8 Flambeau
9 Girandola, Girandole
10 Kandelaber

ärmlich
4 karg
8 duerftig, schaebig
11 kuemmerlich

Armmuskel
6 Beuger

armselig
5 trist
9 miserabel

Armseligkeit
3 Not
5 Elend
6 Misere
12 Duerftigkeit

Armteil
4 Hand

Armteil der Kleidung
6 Aermel

Armut
3 Not
5 Elend
6 Dalles, Mangel

Arno-Zuflüsse
3 Era
4 Elsa, Pesa
5 Greve, Sieve
6 Chiana, Ombone, Pescia

Aroma
4 Duft
10 Wohlgeruch

Aromastoff
9 Bourbonal
Kohlenwasserstoff
5 Pyren
7 Terpene
9 Benzpyren
Aronstabgewächs
4 Arum
5 Calla, Kalla
6 Acorus, Pistia
8 Buntwurz, Caladium, Monstera, Zehrwurz
9 Colocasia, Kolokasie, Stinkkohl
Arrangement
9 Anordnung
13 Uebereinkunft
arrangieren
6 ordnen
8 anordnen
12 veranstalten
Arrest
4 Haft
6 Karzer
Arrestant
9 Haeftling
10 Gefangener
11 Knastbruder
Arrestlokal
5 Zelle
6 Karzer
Arroganz
7 Duenkel
8 Insolenz
9 Anmassung
16 Ueberheblichkeit
Arsenal
8 Zeughaus
Arsenerz
7 Realgar
9 Rauschrot
Arsensäuresalz
7 Arsenat
Art
3 Typ
4 Form, Stil
5 Genre, Genus, Marke, Natur, Rasse, Sorte, Typus, Weise, Wesen, Zweig
6 Fasson, Manier, Modell, Schlag
7 Abkunft, Couleur, Gattung, Kaliber, Spezies
8 Exemplar
9 Kategorie
10 Modalitaet
Artemis als Mondgöttin
6 Phoebe
artenreichste Tierklasse
8 Insekten
artfremder Eiweißstoff
7 Antigen
artig
4 brav, lieb
7 folgsam, sittsam
8 gehorsam, gesittet, hoeflich
10 manierlich
11 wohlerzogen
Artigkeit
9 Politesse
10 Kompliment, Nettigkeit
Artikel
4 Ware
7 Aufsatz
10 Abhandlung
Artikelschreiber
9 Kolumnist
Artikelschreiberin
11 Kolumnistin
Artillerieeinheit
8 Batterie, Regiment
9 Abteilung
Artilleriegeschoss
7 Granate
11 Kartaetsche
Artist
5 Clown
6 Magier
7 Akrobat
8 Dompteur, Jongleur
9 Voltigeur
11 Exzentriker, Illusionist, Seiltaenzer
12 Aequilibrist, Messerwerfer
13 Kontorsionist, Kunstschuetze, Ventriloquist
15 Parterreakrobat, Zauberkuenstler
Artistenbühne
6 Zirkus
7 Varieté
8 Varietee
Artistengeräte
6 Perche
8 Hochseil
9 Piedestal, Trampolin
Artistin
9 Akrobatin, Dompteuse
13 Exzentrikerin, Illusionistin, Seiltaenzerin
14 Messerwerferin
17 Parterreakrobatin, Zauberkuenstlerin
artistische
Darbietung
9 Percheakt
Schaubühne
7 Varieté
8 Varietee
Schaustätte
6 Zirkus
artistischer
Sprung
7 Kaskade
Tänzer
7 Stepper
Artusritter
8 Wigalois
artverschieden
8 disparat
9 heterogen
Arzneiauszug
7 Tinktur
Arzneibehälter aus Glas
7 Ampulle
Arzneibuch
13 Pharmakopoele
14 Dispensatorium
Arzneiextrakt
7 Tinktur
Arzneiflasche
6 Vitrum
Arzneigabe
5 Dosis
Arzneikügelchen
8 Granulum
Arzneikundige
11 Apothekerin
12 Pharmazeutin
Arzneikundiger
9 Apotheker
10 Pharmazeut
arzneilich
9 offizinal
arzneiliche Aufbaustoffe
9 Anabolika
Arzneilösung
7 Solutio
8 Solution
Arzneimenge
5 Dosis
Arzneimischung
6 Mixtur
Arzneimittel
5 Pille, Salbe
6 Dragée, Kapsel, Liquor, Mixtur, Pepsin, Pulver
7 Daphnin, Medizin, Tropfen
8 Granulat, Tablette
9 Heilsalbe, Pharmakon, Zaepfchen
10 Heilmittel, Medikament
12 Tranquilizer
15 Psychopharmakon
Arzneimittelform
5 Pille
6 Pulver
8 Tablette
9 Zaepfchen
Arzneimittelhändler
9 Apotheker
Arzneimittelhersteller
10 Pharmazeut
Arzneimittelherstellung
9 Pharmazie
Arzneimittelkunde
9 Pharmazie
13 Pharmakologie
Arzneimittellösung
8 Solution
Arzneimittelserie
6 Charge
Arzneimittelverkäufer
9 Apotheker
Arzneirohstoff
5 Droge
Arzneirohstoffkunde
14 Pharmakognosie
Arzneistäbchen
8 Cereolus

Arzneistift
6 Stylus
Arzneitrank
7 Ptisane
Arzneiverkaufsstelle
8 Apotheke
Arzneivorschrift
6 Rezept
Arzneizäpfchen
13 Suppositorium
Arzneizubereitung
8 Rezeptur
Arzt
am byzantischen Hof
6 Aetios
aus Ephesos
5 Rufus
für Altersheilkunde
8 Geriater
für Augenkrankheiten
13 Ophthalmologe
für Bewegungsorgane
10 Orthopaede
für Blutkrankheiten
11 Haematologe
für ein Heilverfahren
10 Homoeopath
für Frauenkrankheiten
11 Gynaekologe
für Hautkrankheiten
11 Dermatologe
für innere Krankheiten
9 Internist
für Kehlkopf
11 Laryngologe
für Nase
9 Rhinologe
für Naturheilung
9 Physiater
für Nerven
9 Neurologe
für Ohren
7 Otologe
für seelische Störungen
10 Psychiater
für Strahlen
9 Radiologe
13 Roentgenologe
König Ludwigs II.
6 Gudden
Arztarbeitsraum
6 Praxis
ärztliche(r, s)
Anordnung
3 Kur
Anweisung
8 Bettruhe
Ausbildung
8 Klinikum
Behandlungsstelle
8 Ambulanz
Bescheinigung
6 Attest
Betäubung
7 Narkose
Eingriff
9 Operation
Gerät
8 Kymoskop
Heilbehandlung
8 Therapie
Hilfsperson
10 Sanitaeter
Instrument
5 Nadel, Sonde
6 Bougie, Klemme
7 Kanuele, Spritze
8 Endoskop, Hoerrohr, Lanzette, Pinzette, Rektiole, Skalpell
9 Dehnsonde, Kuldoskop, Schnepper
10 Stethoskop
Asbestart
6 Amiant
9 Serpentin
Asbestzementschiefer
7 Eternit
Aschenblume
9 Zineraria, Zinerarie
Aschengefäß
4 Urne
Aschensalz
9 Pottasche
Asenjungfrau
6 Gefion
Asenwohnort
6 Asgard
7 Idafeld
Aserbaidschan
Flüsse
4 Arax, Kura
Gebirge
8 Kaukasus
Hauptstadt
4 Baku
Sprache
5 Aseri
Währung
5 Rubel
6 Kopeke
asiatisch-afrikanische Steppenpflanze
5 Bagel
asiatisch-australischer
Obstbaum
6 Jambul
Seidenwollbaum
5 Semal
asiatisch-türkische Provinz
5 Hatay
Asien
siehe auch: entsprechende Regionen oder Staaten
Bewohner
4 Thai
5 Inder, Laote, Russe, Syrer
6 Araber, Iraker, Iraner, Malaie, Malaye, Omaner, Perser, Usbeke
7 Afghane, Chinese, Israeli, Japaner, Kasache, Kirgise, Kuwaiti, Mongole, Nepaler, Tunguse
8 Filipino, Koreaner, Kuwaiter, Libanese, Nepalese, Samojede, Sibirier, Turkmene
9 Belutsche, Ceylonese, Jordanier, Pakistani, Tadschike
10 Indonesier, Singhalese, Vietnamese
12 Nordkoreaner, Suedkoreaner
13 Kambodschaner
Hauptstädte
4 Baku, Riad, Sana
5 Amman, Beimt, Delhi, Dhaka, Hanoi, Kabul, Seoul, Tokio
6 Ankara, Bagdad, Er-Riad, Eriwan, Manila, Peking, Rangun, Taipeh, Tiflis
7 Bangkok, Colembo, Colombo, Jerewan, Nicosia, Nikosia, Rangoon, Teheran, Tel Aviv
8 Bischkek, Damaskus
9 Duschanbe, Islamabad, Khatmandu, Phnompenh, Taschkent, Ulan Bator
10 Aschchabad, Pjoengiang
11 Kuala Lumpur
Heilpflanze
7 Ginseng
Herrschertitel
3 Mir
4 Chan, Khan
5 Kalif, Mogul, Schah
6 Sultan
7 Radscha
11 Maharadscha
Hirsche
4 Milu, Sika
6 Sambar
7 Muntjak
12 Davidshirsch
Hirse
9 Dekangras
Holzgewächs
6 Ginkgo, Rotang, Saxaul
7 Salbaum
8 Kakibaum
9 Hanfpalme, Sagopalme
12 Faecherpalme
Hülsenfrucht
8 Goabohne
Kaumittel
5 Betel
Kleinpferd
9 Delhipony
Liliengewächs
5 Hosta
Lippenbär
5 Bhalu
Longanpflaume
7 Linkeng
Lorbeergewächs
6 Litsea
Lurch
9 Bandmolch

Marder
9 Amurdachs
Millionenstädte
4 Baku, Xian
5 Delhi, Dhaka, Hanoi, Jilin, Jinan, Kioto, Osaka, Seoul, Taegu, Tokio, Wuhan
6 Almaty, Ankara, Anshan, Bagdad, Bombay, Dalian, Fushun, Harbin, Jaipur, Kanpur, Kanton, Madras, Manila, Mukden, Nagoja, Nagpur, Peking, Rangun, Saigon, Taipeh, Tiflis
7 Alma-Ata, Bangkok, Chengou, Elanjin, Fukuoka, Jerewan, Karachi, Kunming, Lanzhou, Nanking, Quqihar, Rangoon, Teheran, Urumchi
8 Changsha, Damaskus, Djakarta, Elentsin, Gaoxiong, Hongkong, Istanbul, Jokohama, Kalkutta, Shanghai, Shenyang, Tangshan, Tsingtau, Victoria
9 Bangalore, Changchun, Chongqing, Hiroshima, Hyderabad, Karatschi, Schanghai, Schenjang, Taschkent
10 Kitakyushu
11 Tschungking
17 Lueschun-Talienwan
Reliquienbau
6 Pagode
Riesenhörnchen
6 Ratufa
Rind
3 Yak
4 Gaur
5 Serau
9 Waldziege
Rindergämse
5 Takin
Sänfte
8 Palankin
Schaf
5 Arkal
6 Argali, Bharal
Schilfpalmenrohr
6 Rattan
Schlange
5 Krait
6 Bungar, Daboia
7 Bungaru
Schwarznessel
7 Perilla
Seidelbastgewächs
9 Adlerbaum
Sorghum
8 Kauliang
Spitzhörnchen
6 Tupaja
Sprache
6 Nepali
7 Indisch
8 Arabisch, Irakisch, Iranisch, Persisch, Russisch
9 Japanisch, Tibetisch, Tuerkisch
10 Chinesisch, Hebraeisch, Koreanisch, Mongolisch
11 Indonesisch
13 Vietnamesisch
Staaten
4 Irak, Iran, Laos, Oman
5 Birma, Burma, China, Dubai, Japan, Jemen, Katar, Korea, Nepal, Tibet
6 Bhutan, Brunei, Ceylon, Cypern, Indien, Israel, Kuwait, Sikkim, Syrien, Taiwan, Zypern
7 Bahrain, Libanon, Myanmar, Tuerkei, Vietnam
8 Abu Dhabi, Armenien, Georgien, Malaysia, Mongolei, Pakistan, Russland, Sri Lanka, Thailand
9 Jordanien, Malediven, Nordkorea, Suedkorea
10 Bangladesh, Indonesien, Kambodscha, Kasachstan, Usbekistan
11 Afghanistan, Bangladesch, Mandschurei, Philippinen
12 Saudi-Arabien
13 Aserbaidschan, Aserbeidschan, Belutschistan, Tadschikistan
Tagelöhner
4 Kuli
Tempelbau
6 Pagode
Tragsessel
8 Palankin
Völkergruppe
4 Thai
7 Iranier, Malaien
8 Mongolen
Vulkan
4 Taal
6 Merapi, Semuru
8 Krakatau
11 Fudschijama
Waldziege
5 Serau, Serou
Wasserbrotwurzel
4 Kalo
Wolfsmilchgewächs
6 Kroton
Wüste
3 Lut
4 Gobi, Thar
5 Kewir, Nefud, Negeb, Tharr
Zwillingspflaume
7 Litschi

Asienreisender
5 Hedin
6 Rubruk
Asin
3 Var
Askese der Mönche
9 Schweigen
Asket
4 Jogi, Yogi
7 Buesser
asketische Sekte
8 Audianer
9 Stranniki
Aspik
6 Suelze
Aspirant
8 Bewerber
9 Anwaerter
Aspiration
9 Erwartung
Ass im Kartenspiel
4 Daus
Assekuranz
12 Versicherung
Assessor
9 Beisitzer
Assessorin
11 Beisitzerin
Assistent
6 Helfer
7 Gehilfe
9 Beisteher, Mithelfer
10 Hilfskraft
11 Mitarbeiter
Assistenz
5 Hilfe
8 Beistand, Mithilfe
9 Mitarbeit
Assoziation
10 Verbindung
12 Verknuepfung
assyrische(r, s)
Feldherr
10 Holofernes
Götter und Göttinnen
3 Anu
4 Adar, Apsu, Asur
5 Assur, Chiun, Istar, Kingu, Nintu
6 Alluta, Lachmu, Lilith, Namtar, Tiamat
7 Lachamu, Nisroch, Remphan
8 Schulman
11 Schulmanitu
Götzen
4 Adar
7 Nisroch, Sikkuth
Hauptstadt
6 Ninive
König
6 Sargon
8 Sanherib
10 Sardanapal
11 Salmanassar
12 Assurbanipal
Königin
9 Samuramat, Semiramis

Name Ninives
5 Ninua
Stufentempel
8 Zikkurat
Volk
7 Sumerer
Ast
5 Zweig
7 Abzweig
Astknoten
7 Knubben
Astralleib
14 Metaorganismus
Astralreligion
9 Sternkult
astreich
7 knorrig
Astrologe
11 Sterndeuter
Wallensteins
4 Seni
Astrologie
12 Sterndeutung
astrologische(r)
Aspekt
6 Trigon
11 Konjunktion
Schicksalsdeutung
8 Horoskop
Astronautenkleidung
9 Raumanzug
Astronautik
9 Raumfahrt
Astronom
13 Sternkundiger
Astronomen
4 Hale, Hall, Witt, Wolf
5 Adams, Brahe, Brown, Encke, Euler, Galle, Gauss, Havel
6 Bessel, Halley, Hansen, Kepler, Lowell, Newton
7 Barnard, Galilei, Laplace
8 Herschel, Hipparch, Huyghens, Riccioli
10 Kopernikus, Ptolemaeus, Tycho Brahe
Astronomie
10 Sternkunde
12 Himmelskunde
astronomische(s)
Beobachtungsstätte
10 Sternwarte
13 Observatorium
Instrument
6 Oktant
7 Bussole, Sextant
8 Fernrohr, Teleskop
10 Astrograph, Heliometer, Sternkarte, Theodolith
11 Koronograph, Spektroskop
Astwerk
6 Geaest
7 Gezweig
Asyl
4 Heim
6 Bleibe, Obdach
8 Herberge, Zuflucht
9 Freistatt
12 Zufluchtsort
13 Notunterkunft
Atatürk-Anhänger
8 Kemalist
Atbara-Zufluss
7 Angareb
Atelier
6 Studio
Atem
4 Luft, Odem
5 Hauch, Puste
Atemlähmung
5 Apnoe
Atemmesser
10 Spirometer
Atemnot
6 Asthma
Atemorgane der Fische
6 Kiemen
Atemröhre
5 Sipho
8 Schlauch
Atemschutzgerät
8 Gasmaske
Äthansäure
8 Eisessig
Athener Wahrzeichen
9 Akropolis
Athenetempel
9 Athenaeum
athenische(r, s)
Aristokrat
7 Kritias
Aristokratenführer
8 Isagoras
Astronom
5 Meton
Bildhauer
5 Myron
6 Lysipp
7 Antenor, Kritios, Phidias
8 Lysippos
9 Alkamenes
10 Praxiteles
Feldherr
5 Kimon
6 Nikias
9 Aristides, Miltiades
Flächenmaß
5 Aruba
Flottenbefehlshaber
5 Konon
Frühlingsfest
7 Diasien
Gerichtshof
7 Areopag
Geschichtsschreiber
8 Xenophon
Gesetzgeber
5 Drako, Solon
6 Drakon
Hetäre
6 Phryne
Kelterfest
7 Lenaeen
Komödiendichter
12 Aristophanes
König
7 Pandion
Königstöchter
6 Kreusa
9 Philomela
Mathematiker
5 Meton
Menschenfeind
5 Timon
Name der Erinnyen
6 Semnai
Philosoph
5 Plato
Politiker
5 Kleon
7 Kallias
Redner
6 Isaios, Lykurg
7 Demades
8 Himerios
9 Aischines, Isokrates
Säulenhalle
4 Stoa
Söldnertruppe
9 Peltasten
Sonderling
5 Timon
Sophist
8 Himerios
Staatskassenvorsteher
9 Apodekten
Staatsmänner
5 Kimon, Solon, Timon
6 Lykurg, Nikias
7 Phokion
8 Perikles
9 Aristides
10 Alkibiades
12 Themistokles
Tempel
9 Parthenon
11 Erechtheion
Töpfer
6 Sosias
Tyrann
11 Pisistratus
Tyrannenmörder
9 Harmodius
11 Aristogiton
Volksgericht
7 Heliaia
ätherisch
6 astral
9 himmlisch
ätherische(s)
Flüssigkeit
5 Oleum
6 Bayoel
7 Spikoel, Zimtoel
8 Kuminoel, Rosenoel, Thujaoel
Pflanzenfett
9 Zitrusoel
Pflanzenöl
8 Cuminoel
Äthiopien
Berge
5 Dendi, Kollo
10 Ras Daschan

Feldmaß
5 Kalad
Flüsse
3 Nil, Omo
4 Baro, Baua
5 Abbai, Abeba, Ghela, Sagan, Uraga
6 Atbara, Ganali
9 Blauer Nil
Flüssigkeitsmaße
4 Goba, Koba, Kuba
6 Medane
Fürstentitel
3 Ras
Getreidemaße
5 Ardeb
7 Tschaun
Getreidepflanzen
3 Taf, Tef
Hauptstadt
10 Addis Abeba
Herrschertitel
5 Negus
Hochland
6 Amnara
Kaiser
13 Haile Selassie
Kirchensprache
4 Geez
König
7 Menelik
9 Theodorus
Korbblütler
6 Ramtil
Kuhantilope
4 Tora
Landschaft
4 Afar
6 Ogaden
Ölpflanze
6 Ramtil
8 Guizotia
Provinz
5 Boran, Galla, Gojam, Kaffa, Schoa, Tigre
6 Amhara, Harrar, Somali
7 Danakil
Sagenkönig
6 Memmon
Sprachen
6 Amhara
7 Tigrina
9 Amharisch
Städte
3 Imi
4 Adua, Dolo
5 Aksum
6 Aselle, Asmara, Gondar, Harrar, Sokota, Weldia
9 Direh Daua
10 Addis Abeba, Debra Tabor
Volk
4 Afar
5 Galla
6 Amhara
7 Danakil
Vulkan
10 Ras Daschan
Währung
4 Birr, Cent
Wildhund
5 Jengi

Athlet
5 Boxer
6 Ringer, Werfer
7 Laeufer
8 Sportler, Springer, Sprinter
11 Kraftmensch
12 Gewichtheber, Wettkaempfer

athletisch
9 muskuloes

Äthylalkohol
8 Aethanol
9 Weingeist

Atlantikinselgruppen
6 Azoren, Orkney
7 Kanaren
8 Antillen, Bermudas, Hebriden, Malwinen, Shetland
9 Faeroerer
14 Falklandinseln

Atlantikinseln
3 Aix, Yen
4 Fogo
5 Fayal, Meloe
6 Hierro, Irland, Island
7 La Palma, Madeira
8 Bissagos, Graciosa, Jan Mayen, Kap Verde
9 Ascension, Lanzarote, Nantucket, Sankt Paul, Teneriffa
11 Gran Canaria, Sankt Helena
13 Fuerteventura

atlasbindiges Gewebe
5 Satin
7 Liberty, Zanella
9 Fulgurant

Atlasblume
7 Godetie

Atlastochter
7 Alkyone, Elektra, Plejade
8 Asterope

Atmosphäre
5 Flair
6 Umwelt
8 Stimmung
10 Lufthuelle

Atmosphärenüberdruck
4 atue

atmosphärische(r)
Lichterscheinung
5 Blitz
9 Nordlicht
10 Polarlicht, Regenbogen
Niederschlag
7 Griesel
Strahlenbrechung
10 Refraktion

Atmung
11 Respiration

Atmungsgerät
9 Inhalator
10 Respirator

Atmungsorgane
5 Lunge
(Tier)
7 Trachee
(Weichtier)
9 Ktenidium
der Wassertiere
5 Kieme

Atoll
der Gilbertinseln
7 Apaiang, Apamama
der Marschallinseln
6 Bikini, Jaluit, Majuro
8 Eniwetok
9 Kwajalein
der Tuamotuinseln
7 Mururoa

Atollgruppe im Pazifik
8 Caroline

Atom
8 Teilchen
9 Korpuskel

Atom-U-Boot
8 Nautilus

Atomart
6 Nuklid

Atomforschungszentrum bei Paris
6 Saclay

Atomkernbaustein
6 Proton
7 Neutron, Nukleon

Atomkernspaltung
7 Fission

Atomlehre
9 Nukleonik

Atommeiler
4 Pile
7 Reaktor

Atommüll
7 Fallout

Atomreaktor
6 Meiler
8 Uranpile

atoxisch
8 ungiftig

Atrium (Herz)
9 Vorkammer

Attacke
7 Angriff

Attentat
8 Anschlag

Attest
7 Zeugnis
9 Gutachten
13 Bescheinigung

attische(r)
Göttin der Früchte
5 Karpo
Göttin des Blühens
6 Thallo
Göttin des Wachsens
4 Auxo
Hore
4 Auxo
5 Karpo
6 Thallo

Komödiendichter
6 Krates
8 Diphilos, Kratinos
Maler
5 Mikon
Redner
6 Lysias
8 Antiphon, Lykurgos
Töpfer
5 Myson
6 Hieron
7 Meidias
9 Ergotimos
Vasenmaler
5 Myson
Attraktion
3 Hit
4 Clou
8 Schlager
9 Zugnummer, Zugstueck
15 Anziehungskraft
des Praters
9 Riesenrad
attraktiv
7 huebsch, reizend
8 reizvoll
9 anziehend
10 verlockend
11 interessant, zugkraeftig
Attrappe
5 Dummy
Attribut
7 Beigabe, Beiwort, Merkmal
10 Beifuegung
11 Eigenschaft
des Meergotts
8 Dreizack
Ätzalkalienlösung
9 Aetzlauge
ätzen
6 beizen
10 touchieren
ätzend
9 kaustisch
ätzende Flüssigkeit
5 Lauge
6 Saeure
Ätzkunst
7 Kaustik
Ätzkünstler
8 Radierer
Ätzkünstlerin
10 Radiererin
Ätzmittel
9 Kaustikum, Kauterium
12 Hoellenstein
Ätznatron
9 Causticum
auch genannt
5 alias
Audienz
4 Cour
7 Empfang
11 Unterredung
Auerhahnschwanz
8 Schaufel
Auerochse
2 Ur
7 Schelch
Auerwild
6 Urhuhn
auf chirurgischem Wege
8 operativ
auf dem Rand stehend
8 marginal
auf dem Rost braten
7 grillen
auf dem Rücken tragend
9 huckepack
auf dem Weg über
3 via
auf den Mastdarm bezüglich
6 rektal
auf den Mond bezüglich
5 lunar
9 lunarisch
auf der anderen Seite
7 drueben
8 jenseits
auf der Erde wohnend
7 irdisch
auf der Schmalseite stehend
8 hochkant
auf die Zunge bezüglich
7 lingual
auf diese Art
2 so
6 derart
auf eine Gefahr hinweisen
6 warnen
auf einen Fluss bezüglich
9 fluviatil
auf einen Grundton bezogen
5 tonal
auf ewig
8 immerdar
auf frischer Tat
11 in flagranti
auf kleiner Flamme zubereiten
8 koecheln
auf Kosten anderer leben
11 schmarotzen
auf listige Weise entwenden
9 stibitzen
auf mehrere verteilter Betrag
6 Umlage
auf Rechtsirrtum beruhend
7 putativ
auf Reibung beruhend
8 frikativ
auf Umwegen
8 indirekt
auf und davon
5 perdu
auf Unheil Hinweisender
6 Warner
Aufbahrungsgerüst
8 Katafalk
Aufbau
7 Gefuege, Montage
8 Struktur, Tektonik
10 Gliederung
11 Arrangement
12 Konstruktion, Organisation
auf dem Schiffsvordeck
4 Back
auf Handelsschiffen
4 Poop
der dramatischen Dichtung
4 Plot
der epischen Dichtung
4 Plot
des Schiffes
9 Deckshaus
Aufbauchung
5 Wulst
aufbauend
11 konstruktiv
Aufbaustoff der Knochen
4 Kalk
Aufbaustoffwechsel
8 Anabolie
aufbegehren
6 maulen, mucken, murren, wehren
7 erheben, meutern, trotzen
8 empoeren, streiken
9 antworten, auflehnen, aufmucken, straeuben
10 aufbaeumen, aufmucksen, opponieren
11 auftrumpfen, rebellieren, revoltieren, widersetzen
12 protestieren
13 demonstrieren
Aufbesserung (Gehalt)
9 Erhoehung
aufbewahren
6 horten, lagern
7 sammeln
9 verwahren
11 reservieren
Aufbewahrung
8 Lagerung
Aufbewahrungsgefäß für Hostien
8 Ziborium
Aufbewahrungsort
5 Depot, Lager
7 Fundamt
9 Sakristei
für das Allerheiligste
10 Tabernakel
für Wertsachen
4 Safe
6 Tresor
aufbinden
6 loesen
aufblasbares Wasserfahrzeug
9 Gummiboot
12 Schlauchboot
aufbrausend
6 hitzig
7 graetig, reizbar
10 cholerisch, jaehzornig
Aufbrausender
10 Choleriker
Aufbruch
5 Start
7 Abreise
aufdrängen
11 oktroyieren
aufdringlich
6 dreist

7 laestig
9 penetrant
11 zudringlich
Aufdringlichkeit
9 Penetranz
Aufdruck
9 Stemplung
auf einem Druckwerk
9 Buchtitel
Aufeinanderfolge
5 Reihe, Serie
Aufenthalt
4 Rast
5 Pause
7 Station
8 Stockung, Verbleib
11 Anwesenheit
als Gast
6 Besuch
der gefallenen Helden
7 Walhall
8 Walhalla
der gestürzten Titanen
8 Tartarus
der Seligen
7 Elysium
Aufenthaltsnachweis
5 Alibi
Aufenthaltsort
7 Domizil
8 Wohnsitz
Aufenthaltsraum
auf Schiffen
6 Kabine
7 Kajuete
für Reisende
9 Wartesaal
Auferstehungsfeier
6 Ostern
9 Osterfest
auffallend
7 markant
8 deutlich, eklatant, frappant, merklich
auffällig
10 ostensibel
elegant
7 mondaen
auffälliger
Anfangsbuchstabe
7 Initial
8 Initiale
Auffangbecken für Regenwasser
8 Zisterne
Auffanggitter
6 Rechen
Auffassung
6 Lesart
7 Ansicht, Meinung
Auffassungsgabe
5 Grips
Auffassungsweise
11 Mentalitaet
Aufforderung
6 Appell
9 Ultimatum
zum Besuch
9 Einladung
zum Eintreten
6 herein
zum Erscheinen vor Gericht
6 Ladung
aufführen
8 benehmen
9 errichten, erwaehnen
10 aufzaehlen
11 wiedergeben
12 veranstalten
Aufführungsstätte
9 Opernhaus
Aufführungsvorbereitung
5 Probe
Aufgabe
3 Amt
5 Thema
6 Pensum
7 Auftrag, Exempel, Lektion, Pflicht, Problem
8 Funktion, Verzicht
9 Preisgabe
10 Bestimmung
11 Destination
12 Obliegenheit, Schuldigkeit
13 Verpflichtung
16 Aufsichtspflicht
ohne Entgelt
8 Ehrenamt
Aufgabengebiet
7 Ressort
Aufgang
6 Treppe
eines Gestirns
9 Aszendenz
Aufgangspunkt eines Gestirns
9 Aszendent
aufgeblasen
5 eitel
8 blasiert
9 gespreizt
10 affektiert, geckenhaft
11 aufgedunsen, duenkelhaft, eingebildet, prahlerisch
12 ueberheblich
aufgebracht
4 leid
5 boese
6 erbost, erregt, muffig, rabiat, rasend, zornig
7 empoert, fuchtig, fuensch, gereizt, grantig, grimmig, wuetend
8 erzuernt, tuecksch, unwillig, unwirsch
9 erbittert, graemlich, ingrimmig, missmutig, muerrisch
10 aergerlich, entruestet, indigniert, massleidig, misslaunig, ungehalten, veraergert, verdrossen
11 baerbeissig, missgelaunt, uebellaunig
12 missgestimmt, wutentbrannt
13 missvergnuegt, wutschaeumend, wutschnaubend
16 fuchsteufelswild, zaehneknirschend
aufgedruckter Betrag (Aktien)
8 Nennwert
Aufgeld
4 Agio
aufgequollen
8 gedunsen
aufgeräumt
6 heiter, jovial
10 ordentlich
aufgerautes Gewebe
7 Flanell
aufgeregt
6 erregt, wirsch
7 nervoes, reizbar, unruhig
8 zitterig
9 alteriert, exaltiert
10 aergerlich
11 echauffiert
Aufgeregtheit
10 Exaltation
aufgeschichtete(r, s)
Brennmaterial
9 Holzstoss
Haufen
6 Stapel
aufgeschlossen
5 offen
9 weltoffen
12 empfaenglich
Unterbau
4 Damm
aufgeweckt
3 vif
4 hell, klug, wach
5 alert, helle
6 munter
7 lebhaft
12 interessiert
aufgezwungene Verpflichtung
6 Diktat
Aufguss
5 Infus
Aufgussgetränk
3 Tee
6 Kaffee
Aufgusstierchen
10 Infusorium
aufhalten
7 bremsen, hindern
8 anhalten
10 verzoegern
11 retardieren
Aufhänger
5 Haken
6 Buegel
aufheben
9 streichen
10 beseitigen, widerrufen
11 annullieren
Aufhebens
7 Kaleika
9 Umstaende
Aufhebung
7 Dispens

8 Negation
9 Befreiung, Erlassung
10 Streichung
13 Nullifikation
des Gegensätzlichen
8 Synthese
einer Verpflichtung
7 Dispens
eines Urteils
9 Kassation
aufheitern
9 animieren
Aufhellung
8 Klaerung
aufhetzen
8 putschen
9 agitieren
aufhören
5 enden
7 beenden
10 innehalten
aufklären
8 belehren, erhellen
11 informieren
12 unterrichten
Aufklärungsflugzeug
8 Intruder
Aufkleber
7 Etikett, Sticker
Auflage
5 Druck
7 Abdruck, Ausgabe, Edition, Fassung
9 Bedingung, Vorbehalt
10 Bestimmung, Druckmenge
13 Verpflichtung
Auflauf
6 Tumult
7 Soufflé
9 Getuemmel
10 Ansammlung
Auflehnung
5 Trotz
6 Fronde, Putsch
7 Revolte
8 Aufstand, Meuterei
9 Rebellion
10 Revolution, Widerstand
auflösbar
7 solubel
8 solvabel
auflösen
8 aufgeben, zerlegen
9 solvieren
10 abschaffen
11 analysieren, entraetseln, liquidieren
13 dechiffrieren
Auflösungsfläche
9 Stylolith
aufmerksam
4 rege
6 galant
7 achtsam, wachsam
11 sorgfaeltig
12 konzentrisch
Aufmerksamkeit
4 Acht
6 Obacht
7 Achtung
8 Praesent, Sorgfalt
9 Augenmerk, Beachtung, Teilnahme
12 Hoeflichkeit
13 Konzentration
aufmuntern
9 animieren, ermutigen
Aufnahme
7 Empfang
8 Akkolade, Beitritt
9 Erfassung, Rezeption
in die Teilnehmerliste
7 Nennung
in eine Kongregation
9 Admission
und Schutz für Verfolgte
4 Asyl
Aufnahmefähigkeit
10 Kapazitaet
Aufnahmegeräte
6 Kamera
8 Orthikon, Recorder
11 Magnetophon
Aufnahmeraum
6 Studio
7 Atelier
aufnehmen
5 heben
6 filmen, leihen
8 anfangen
10 aufgreifen
aufnehmend
8 rezeptiv
Aufopferung
7 Hingabe
9 Hingebung
aufpassen
9 achtgeben
Aufpasser
5 Wache
6 Hueter, Posten
8 Waechter
Aufprall
5 Stoss
aufputschen
5 dopen
Aufputschung
6 Doping
aufräumen
6 ordnen
Aufrechnung
8 Addition
9 Summation
12 Kompensation
aufrechter Gang
7 Bipedie
Aufrechterhaltung
7 Wahrung
Aufregung
6 Unruhe, Wirbel
7 Emotion, Theater
10 Alteration, Exaltation
Aufreizung
9 Agitation
11 Provokation
aufrichtig
5 offen, reell
6 gerade
7 ehrlich
8 wahrhaft
9 veritabel
10 freimuetig, geradlinig, rundheraus, wahrhaftig
11 offenherzig, unverbluemt, unverhohlen, unverhuellt
12 zuverlaessig
17 vertrauenswuerdig
aufrichtig gemeint
7 serioes
9 ernsthaft
Aufrichtigkeit
7 Freimut
9 Geradheit, Offenheit
10 Lauterkeit
11 Ehrlichkeit
12 Deutlichkeit
14 Freimuetigkeit, Geradlinigkeit, Wahrhaftigkeit
15 Offenherzigkeit, Unverbluemtheit
16 Zuverlaessigkeit
aufrollbares Längenmessgerät
8 Bandmass
aufrücken
10 avancieren
Aufruf
6 Appell
8 Manifest
12 Proklamation
Aufruhr
6 Emeute, Tumult, Unruhe
7 Krawall, Revolte
8 Aufstand, Ketzerei
9 Rebellion
12 Insurrektion
Aufrührer
6 Rebell
9 Insurgent, Putschist
aufrührerisch
8 faktioes
10 rebellisch
aufs Spiel setzen
5 wagen
9 riskieren
aufsagen
9 vortragen
10 rezitieren
11 deklamieren
aufsässig
5 frech
8 renitent
10 abtruennig, rebellisch, ungehorsam
13 revolutionaer
14 aufruehrerisch
Aufsässiger
6 Rebell
8 Meuterer
Aufsässigkeit
15 Insubordination
Aufsatz
5 Essay
7 Artikel, Beitrag, Bericht
10 Abhandlung

des Dampfkessels
3 Dom
Aufsatzbrett am Wagen
6 Bracke
aufsaugen
11 absorbieren, resorbieren
aufsaugender Stoff
9 Absorbens
Aufschichtung
9 Stapelung
aufschieben
8 vertagen
aufschiebend
9 suspensiv
11 dilatorisch
Aufschlag
5 Stoss
8 Aufprall
(Tennis)
7 Service
an Kleidungsstücken
6 Krempe, Revers
8 Dubluere
aufschlussreich
10 instruktiv
11 interessant
aufschneiden
7 prahlen
8 flunkern
Aufschneider
7 Angeber, Prahler
9 Bramarbas, Prahlhans, Renommist
10 Scharlatan, Windmacher
12 Muenchhausen
Aufschneiderei
6 Humbug
9 Flunkerei, Geflunker
12 Jaegerlatein, Seemannsgarn
14 Muenchhausiade, Scharlatanerie
Aufschneiderin
9 Angeberin, Prahlerin
aufschneiderische Reden
6 Getoen
aufschreiben
8 notieren
Aufschrift
5 Titel
8 Epigraph
9 Inschrift
11 Bezeichnung
Aufschub
5 Frist, Pause
6 Respit
8 Dilation, Saeumnis, Stundung
9 Vertagung
10 Aussetzung, Moratorium
11 Prorogation
12 Prolongation, Verzoegerung
Aufschwung
4 Boom
6 Hausse
8 Aufstieg
Aufsehen
5 Eklat, Glanz
6 Furore
7 Skandal
9 Sensation
Aufsehen erregend
7 epochal
8 eklatant
12 sensationell, spektakulaer
Aufsehen erregendes Ereignis
9 Sensation
Aufseher
4 Baas
7 Waerter
8 Waechter
9 Inspektor, Schweizer
10 Inspizient
Aufsicht
5 Wache
9 Kontrolle
10 Inspektion
12 Ueberwachung
Aufsichtsbehörde
7 Bergamt
8 Schulamt
10 Kuratorium
Aufsichtsführender
4 Wart
6 Ordner
8 Aufseher
Aufsichtsperson im Bergbau
7 Steiger
Aufspürer von Verlorenem
6 Sucher
aufstacheln
6 reizen
Aufstand
7 Aufruhr
8 Erhebung, Meuterei
9 Rebellion
13 Verschwoerung
Aufständischer
9 Insurgent
10 Aufruehrer
aufstellen
8 antreten
9 aufbieten, errichten, formieren, postieren
10 statuieren
Aufstellung
5 Liste
7 Tabelle
9 Formation
10 Uebersicht
11 Verzeichnis
aufstocken
8 erhoehen
12 vergroessern
Auftakler von Segelschiffen
6 Rigger
aufteilen
8 dosieren, zumessen
auftischen
9 servieren
Auftrag
5 Order
6 Befehl, Mandat
7 Mission, Sendung, Weisung
Auftragebrett
7 Tablett
auftragen
9 servieren
Auftraggeber
5 Kunde
6 Klient
7 Mandant, Sponsor
8 Abnehmer
9 Besteller
Auftraggeberkreis
8 Klientel
Auftrags-Forschungsinstitut
9 Infratest
Auftragserteilung
8 Zuschlag
auftragsweise
13 kommissarisch
Auftreffen eines Geschosses
9 Aufschlag
Auftreten
6 Aplomb, Debuet
8 Allueren
der Wundmale Jesu
14 Stigmatisation
des Fußes (Fechten)
6 Appell
von Ahnenmerkmalen
9 Atavismus
von zwei Krankheiten
9 Syntropie
zweier Formen
9 Dimorphie
Auftritt
5 Krach, Szene
7 Vorgang
auf fremder Bühne
9 Gastspiel
Auftropfstein in Höhlen
9 Stalagmit
Aufwand
5 Luxus, Staat
6 Kosten, Pracht, Spesen
9 Verbrauch
13 Verschwendung
15 Repraesentation
aufwärts
5 empor
6 bergan
8 steigend
Aufwärtsentwicklung
9 Anagenese
Aufwärtshaken beim Boxkampf
8 Uppercut
Aufwiegelei
5 Hetze
8 Hetzerei
9 Agitation
11 Provokation
Aufwiegler
6 Hetzer
8 Demagoge
11 Provokateur
aufwühlen
7 erregen
aufzeichnen
8 notieren
9 eintragen

12 registrieren
14 protokollieren
Aufzeichnung
5 Notat, Notiz
7 Chronik, Vermerk
8 Biogramm
9 Anmerkung, Echogramm, Fonogramm, Notierung, Protokoll
10 Phonogramm
13 Niederschrift
in Noten
8 Notation
von Tanzbewegungen
12 Choreografie
13 Choreographie
aufziehbares Fach
9 Schublade
Aufziehgerät
9 Federwerk
Aufzug
3 Akt
4 Lift, Warf
5 Szene
8 Elevator
9 Fahrstuhl
11 Paternoster
aufzwingen
9 diktieren
11 oktroyieren
Auge
auf dem Würfel
5 Point
der Wasserwaage
7 Libelle
Augenarzt
7 Okulist
Augenausdruck
5 Blick
Augenblick
2 Nu
6 Moment
augenblicklich
3 nun
5 jetzt
6 sofort
8 momentan
9 instantan
10 ploetzlich
Augenbrauenstift
6 Crayon
Augendiagnostiker
9 Iridologe
augenfällig
8 deutlich, eklatant, offenbar
Augenfehler
8 Schielen
10 Strabismus
Augenflüssigkeitstropfen
6 Traene
Augenglas
7 Binokel, Monokel
13 Kontaktschale
Augenheilkunde
14 Ophthalmologie
Augenhöhle
6 Orbita
Augenhornhaut
6 Cornea
Augenhülle
6 Cornea
8 Hornhaut
Augenkrankheit
4 Star
6 Iritis
7 Glaukom, Trachom
8 Hyalitis
9 Granulose, Keratitis
Augenmerk
9 Beachtung
Augenmuskeltraining
8 Pleoptik
Augenprüfung
7 Sehtest
Augenschein
7 Evidenz
8 Autopsie
augenscheinlich
7 visibel
Augenschließfalte
3 Lid
Augenschutz für Wintersportler
9 Skibrille
Augenspiegel
13 Ophthalmoskop
Augenwassertropfen
6 Traene, Zaehre
Augenwimper bei Infusorien
5 Zilie
Augsburger
Handelshaus
8 Fuggerei
Humanist
9 Peutinger
Konfession
9 Augustana
Kupferstecher
6 Kilian
Maler
7 Holbein
Patrizierfamilie
6 Fugger, Welser
Schutzgöttin
4 Cisa
Siedlung
8 Fuggerei
Auktion
13 Versteigerung
Auktionsteilnehmer
6 Bieter
Aula
8 Festsaal
9 Schulsaal
aus Bindegewebe bestehend
7 fibroes
aus dem Altertum
5 antik
aus der Luft geschlagen (Tennis)
6 volley
aus der Mode
3 out
8 veraltet
10 antiquiert
aus Edelmetall
6 golden
7 silbern
aus Erz
5 ehern
aus gebranntem Ton
5 irden
aus Gesteinen entstanden
8 lithogen
aus Hormonen bestehend
8 hormonal
aus Jade bestehend
5 jaden
aus Knochen
9 knoechern, knoechrig
aus Pflanzen entstanden
8 phytogen
aus Samen gezogener Baum
8 Kernling
aus tiefster Seele
5 innig
7 innigst
9 inniglich
aus Ulmenholz
8 ruestern
aus voller Kehle
8 lauthals
aus wässriger Lösung gebildet
9 hydatogen
aus zwei Einheiten bestehend
6 binaer
Ausarbeitung
6 Skript
8 Elaborat, Machwerk, Skriptum
9 Expertise
10 Manuskript
Ausatmung
10 Exhalation
11 Exspiration
ausbessern
7 flicken
10 reparieren
12 restaurieren
Ausbesserung
9 Reparatur
Ausbesserungsanlage für Schiffe
5 Werft
Ausbesserungsnähmaterial
9 Stopfgarn
Ausbeute
6 Ertrag
7 Strecke
ausbeuten
7 abbauen
9 ausnutzen
10 schroepfen
12 auspluendern
Ausbeuter
8 Wucherer
10 Schroepfer
Ausbeutung
8 Wucherei
ausbilden
6 lehren
8 erziehen
10 trainieren
11 instruieren, kultivieren

Ausbilder
6 Lehrer
7 Meister, Trainer
8 Erzieher
9 Paedagoge
10 Instruktor
Ausbildung
5 Lehre
8 Training
Ausblick
5 Sicht
11 Perspektive
Ausborger
9 Entleiher
Ausbruch
8 Eruption
Ausbrüche solarer Radiowellen
9 Outbursts
Ausbruchsstelle
9 Quelltopf
ausbürgern
12 expatriieren
Ausbürgerung
12 Expatriation
Ausdauer
6 Geduld
9 Beharrung, Resistenz
10 Stetigkeit, Zaehigkeit
11 Perseveranz
13 Stehvermoegen
14 Beharrlichkeit
15 Entschiedenheit, Standhaftigkeit
16 Entschlossenheit, Unermuedlichkeit
ausdehnen
9 schwellen
10 verbreiten
ausdehnend
8 expansiv
Ausdehnung
5 Hoehe, Tiefe, Weite
6 Breite, Kuerze, Laenge
7 Ausmass, Ektasie, Groesse, Weitung
9 Dimension, Expansion, Extension
11 Erweiterung
Ausdehnungsbegriff
4 hoch, kurz, lang, tief, weit
5 Hoehe, breit
6 Breite, Laenge
Ausdruck
4 Form, Stil
6 Formel, Gestus
7 Floskel
9 Bekundung
10 Expression
beim Fechten
4 Gang
6 Ligade
beim Kartenspiel
5 Stich
der Verzückung
8 Ekstatik
ausdrücklich
6 eigens
8 deutlich, explizit
9 explizite
Ausdrucksbewegung
5 Geste
8 Gebaerde
Ausdrucksform
4 Stil
Ausdruckskunst
5 Mimik
ausdruckslos
4 kalt
12 nichts sagend
Ausdruckstanz
8 Groteske
ausdrucksvoll
6 sinnig
9 expressiv
10 pathetisch
Ausdrucksweise
4 Stil
7 Diktion
Auseinandersetzung
4 Zank
5 Krieg, Zwist
6 Rezess, Streit
7 Debatte, Polemik
11 Kontroverse, Liquidation
auserlesen
7 elitaer
Ausfahrt
3 Tor
Ausfall
5 Manko
7 Verlust
8 Versagen
einer Senkung im Vers
7 Synkope
Ausfertigung
6 Unikat
ausfließende Vulkanmasse
9 Lavastrom
Ausflucht
5 Finte
6 Flause
7 Evasion
8 Notluege
Ausflüchte
10 Sperenzien
11 Sperenzchen
12 Fisimatenten
Ausflug
4 Tour, Trip
5 Fahrt, Reise
6 Partie
7 Radtour
9 Abstecher, Exkursion, Kurzreise, Rundreise, Wanderung
10 Kahnpartie, Landpartie
11 Segelpartie, Spaziergang
zu Pferd
4 Ritt
Ausflugswagen
7 Kremser
Ausfluss von Lava
8 Effusion
9 Extrusion
ausforschen
9 sondieren
Ausfragekunst
8 Maeeutik
Ausfuhr von Gütern
6 Export
ausführbar
11 praktikabel
ausführen
9 erledigen
11 exportieren
Ausfuhrhafen
Brasiliens
6 Santos
in Finnland
5 Kotka
Ausfuhrhändler
9 Exporteur
Ausfuhrkaufmann
9 Exporteur
ausführlich
9 eingehend, umfassend
11 detailliert
Ausführung
7 Diegese
9 Taetigung
10 Erledigung
Ausfuhrverbot
7 Embargo
Ausgabe
von Büchern
7 Edition
von Wertpapieren
8 Emission
Ausgaben
6 Kosten
8 Unkosten
für die Gebäudeerrichtung
9 Baukosten
Ausgang
4 Ende, Exit
6 Output, Urlaub
7 Schluss
8 Ergebnis, Oeffnung
Ausgangsleistung
6 Output
Ausgangspunkt
5 Basis
7 Prinzip
8 Abschlag, Ursprung, Zentrale
von Krankheiten
4 Herd
Ausgangsstoff
für Arzneien
7 Acridin
für synthetische Farben
6 Anilin
Ausgeber von Anleihen
8 Emittent
ausgebildeter
Melker
9 Schweizer
Techniker
9 Ingenieur
ausgedehnt
4 lang, weit
5 breit, gross
8 extensiv
ausgedehntes Gastmahl
6 Gelage

ausgediente(r, s)
Schiff im Hafen
4 Holk, Hulk
Soldat
7 Veteran
Ausgedinge
9 Altenteil
ausgeflockter Stoff
8 Koagulat
Ausgeklügeltes
7 Finesse
ausgekocht
8 gerissen
12 durchtrieben
ausgelassen
4 toll
9 turbulent
12 bacchantisch
ausgelassenes Kind
8 Wildfang
Ausgelassenheit
5 Gaudi
7 Gaudium
8 Uebermut
ausgelernte(r)
Handwerker
7 Geselle
Handwerkerin
8 Gesellin
ausgeliehene Summe
6 Kredit
8 Darlehen
ausgelöster Juckreiz
6 Kitzel
ausgenommen
5 exemt
ausgeprägt
7 markant, typisch
ausgeprägte(s)
Eigenart
6 Profil
musikalisches Gebilde
5 Thema
Persönlichkeit
6 Format
ausgestochenes Rasenstück
4 Sode
ausgestorbene(r, s)
Dreilappkrebs
8 Agnostus
Dronte
4 Dodo
Echse
9 Plakodont
Einhufer
9 Waldpferd
Elefant
6 Mammut
8 Mastodon
Feuerlandindianer
3 Ona
6 Yamana
Gürteltier
9 Glyptodon
Huftiergattung
9 Lophiodon
Korallen
9 Tabulaten
Korallentiere
7 Rugosen
Laufvogel
8 Dinornis
Menschenaffe
9 Proconsul
Muschelgattung
9 Megalodon
Nadelbäume
7 Voltzia
Nadelhölzer
7 Walchia
Polynesier
7 Moriori
Pterosaurier
9 Flugechse
Raubkatze
8 Kaploewe
Riesenechse
7 Saurier
10 Dinosaurus
11 Dinosaurier
12 Brontosaurus
Riesenfaultier
7 Mylodon
Riesenhirsch
9 Megaceros
Säbeltiger
8 Smilodon
Seelilie
8 Encrinus
Taube
4 Dodo
Taubenvogel
6 Dronte
Tauchvogel
9 Riesenalk
Urpferd
8 Eohippus
Vogel Neuseelands
3 Moa
Volk Mittelamerikas
6 Mangue
Walart
9 Zeuglodon
Wildpferd
6 Quagga, Tarpan
Wildrind
2 Ur
9 Auerochse
Ausgestoßener
5 Paria
ausgesucht
7 erlesen
8 exquisit
ausgetrocknet
5 duerr
ausgewachsen
4 reif
ausgewalztes Metall
9 Feinblech
Ausgewogenheit
8 Harmonie
ausgezeichnet
5 famos, prima
7 erlesen
8 exquisit
9 exzellent, fulminant, picobello, trefflich
12 hervorragend
Ausgleich
7 Entgelt
8 Handikap
9 Abfindung, Vergleich
10 Kompromiss
11 Aequivalent
12 Kompensation
13 Gleichgewicht
ausgleichen
11 egalisieren, temperieren
Ausgleichsgetriebe
12 Differenzial
Ausguck
3 Lug
5 Warte
6 Auslug
11 Kraehennest
Ausgussröhrchen
6 Tuelle
Ausgussverschluss
4 Trap
Aushalten eines Lautes
7 Dehnung
Aushändigung
9 Uebergabe
Aushang
6 Plakat
7 Affiche
8 Anschlag
Aushebemaschine
6 Bagger
ausheben (Rekruten)
7 mustern
10 einberufen
11 rekrutieren
Aushilfe
8 Notnagel
14 Lueckenbuesser
Aushilfskraft
6 Helfer
Aushorcher
7 Spitzel
9 Kalfaktor
Aushub zur Gebäudeerrichtung
8 Baugrube
Ausklang
4 Ende
6 Epilog
9 Nachspiel
ausklügeln
12 spintisieren
Auskommen
8 Existenz
9 Unterhalt
auskundschaften
6 suchen
8 forschen
9 baldowern
10 spionieren
12 ausbaldowern
14 rekognoszieren
Auskundschafter
5 Spion
7 Spaeher, Spitzel
Auskundschaftung
8 Spionage

Auskunft
11 Information
erteilen
11 informieren
Auskunftsdame
7 Hostess
Auskunftsersuchen
5 Frage
7 Anfrage
Auslage
7 Etalage
Auslagen
6 Kosten, Spesen
Ausländer
4 Exot
7 Fremder
ausländische
Geldwährung
6 Valuta
Münze als Ware
9 Kontanten
Zahlungsmittel
7 Devisen
Auslandsvertreter
6 Konsul
Auslandsvertretung
9 Botschaft
Auslassungszeichen
9 Apostroph
7 Laegern
Auslegung
6 Glosse, Lesart
7 Deutung, Exegese
9 Kommentar
10 Erklaerung
12 Erlaeuterung
14 Interpretation
Ausleiher gegen Geld
9 Vermieter
Auslese
5 Elite
7 Siebung
9 Selektion, Zuchtwahl
und Paarung
9 Zuechtung
Auslieferung
6 Abgabe
7 Versand
9 Preisgabe
Auslöschung
7 Tilgung
12 Amortisation
Ausmaß
6 Format
9 Dimension
Ausnahme
9 Exzeption
auspolstern (Kleidung)
9 wattieren
Auspuffausstoß
5 Abgas
Ausrede
7 Vorwand
8 Notluege
9 Ausflucht
ausreichend
5 genug
8 leidlich
9 genuegend
10 suffizient
11 zulaenglich
ausreichender Lebensunterhalt
9 Auskommen
ausreißen
6 jaeten
7 fliehen, tuermen
9 entfernen
10 entfliehen
Ausruf
der Freude
6 heissa
der Überraschung
2 oh
der Verwunderung
2 ah
des Ansporns
6 heissa
des Archimedes
7 heureka
des Erstaunens
3 ach
9 sapperlot
des Schmerzes
2 au
des Staunens
6 jemine
Ausrufer
6 Herold
Ausrufewort
12 Interjektion
Ausrufung
12 Proklamation
ausruhen
6 rasten
7 erholen
ausrüsten
8 armieren
Ausrüstung
6 Geraet
7 Armatur, Gepaeck
9 Armierung, Ruestzeug
eines Segelschiffes
8 Takelage
Aussage
9 Bekundung
10 Aeusserung, Mitteilung
11 Gestaendnis
gegen den Angeklagten
9 Belastung
Aussagebekräftigung
3 Eid
6 Schwur
Aussagebeurkundung
9 Protokoll
Aussagender vor Gericht
5 Zeuge
9 Kronzeuge
Aussagepartikel
7 Quantor
Aussatz
5 Lepra
Ausschank
3 Bar
5 Lokal, Theke
6 Tresen
7 Buefett
10 Trinkstube
Ausschankapparat
6 Siphon
Ausschankvorrichtung
8 Zapfhahn
ausscheiden
7 sichten
9 absondern, aufhoeren, ausmerzen, kuendigen
10 aussondern
11 eliminieren
13 ausschliessen, zuruektreten
14 demissionieren
16 disqualifizieren
Ausscheidung
4 Harz
6 Exkret, Sekret
7 Auswurf, Schleim
8 Schweiss, Sichtung, Speichel
11 Absonderung
des Pottwals
5 Amber, Ambra
Ausscheidungsorgane
4 Darm
5 Blase, Niere
Ausschlag
4 Akne
5 Ekzem
7 Flechte
8 Exanthem
ausschlagen
7 knospen
8 ablehnen
9 spriessen
Ausschleifung (Gletscher)
9 Detersion
ausschleudern
9 ejizieren
ausschließlich
3 nur
6 ausser, einzig
8 alleinig, exklusiv
9 exklusive, ungeteilt
Ausschließung
9 Exklusion
Ausschluss
aus der Rechtsgemeinschaft
4 Acht, Bann
10 Verbannung
11 Verstossung
eines Nachlassempfängers
9 Enterbung
Ausschlussstück (Druck)
7 Spatium
ausschmücken
9 drapieren, garnieren
10 dekorieren
Ausschmückung
4 Zier
5 Dekor
6 Zierde
7 Zierrat
10 Dekoration, Verzierung
12 Verfeinerung
14 Verschoenerung
ausschneiden
10 dekupieren

Ausschneidewerkzeug
6 Stanze
Ausschneidung
7 Ektomie
8 Exzision
9 Resektion
Ausschnitt
4 Teil
6 Detail, Luecke, Sektor
7 Segment
9 Abschnitt, Dekolleté
16 Rueckendekolleté
Ausschreibung
10 Submission
Ausschreitung
6 Exzess, Pogrom
7 Krawall, Randale
Ausschuss
6 Ramsch
7 Gremium, Komitee
8 Nachraum
10 Deputation, Kommission
bei Kaffeebohnen
6 Triage
Ausschussware
5 Bafel
6 Ramsch, Tinnef
7 Schofel
ausschweifende(r, s)
Gelage
5 Orgie
9 Bacchanal
Mensch
9 Wuestling
Ausschweifung
5 Orgie
6 Exzess, Laster
Ausschwitzung
7 Exsudat
Aussehen
3 Air
4 Look
außen
8 peripher
Außenbordtreppe
8 Fallreep
Außenfestung im Mittelalter
9 Barbakane
Außenhaut
8 Kutikula
Außenlinie
4 Rand
5 Kante
Außenministerium in
Frankreich
10 Quai d'Orsay
Großbritannien
13 Foreign Office
USA
15 State Department
Außenschicht bei Pflanzen
5 Rinde
Außenseite
9 Aeusseres, Exterieur
Außenseiter
4 Kauz
5 Paria
7 Outcast
8 Outsider
9 Verfemter
10 Sonderling
11 Geaechteter
12 Entrechteter
13 Eigenbroetler, Einzelgaenger, Nonkonformist
14 Ausgestossener
Außenstehender
10 Exoteriker
außer
Dienst
7 inaktiv
Fassung
8 verwirrt
9 zerfahren
außeramtlich
6 privat
außerdem
4 auch, dazu, noch
5 extra, sonst, zudem
6 ferner, weiter
7 daneben, weiters
8 nebstdem
9 ansonsten, fernerhin, obendrein, ueberdies, weiterhin
10 im Uebrigen
11 des Weiteren
außerdienstlich
11 inoffiziell
äußere
Begrenzung einer Fläche
4 Rand
Form
7 Gestalt
äußerer Schein
7 Tuenche
Äußeres
4 Bild, Form
6 Huelle, Rahmen, Schale, Schein
7 Fassade, Gestalt
8 Anstrich
9 Exterieur
11 Aussenseite, Erscheinung, Oberflaeche
außergewöhnlich
5 enorm
11 phaenomenal
13 extraordinaer
außerhalb der Regel
8 atypisch
äußerlich
6 extern, formal
7 formell
äußerlicher Eindruck
8 Anschein
Äußerlichkeiten
9 Formalien
außerordentlich
5 enorm
7 eminent
10 gigantisch
11 phaenomenal
außerordentlicher Professor
15 Extraordinarius
außerplanmäßiger Zug
9 Sonderzug
äußerst
6 extrem
7 hoechst
10 hochgradig
äußerste *Sorgfalt*
7 Akribie
Äußerung
4 Wort
7 Aussage
9 Bemerkung
Aussicht
5 Blick
6 Aspekt, Chance
7 Anblick, Zukunft
8 Ausblick, Bellevue, Hoffnung, Prognose
9 Belvedere, Erwartung, Fernblick
10 Vorzeichen
11 Perspektive
Aussichtspunkt
8 Bellevue
9 Belvedere
aussichtsreicher Wettkämpfer
7 Favorit
Aussichtsturm
5 Warte
Ausspannen von Arbeitskräften
9 Abwerbung
Ausspannung
8 Erholung
11 Kraeftigung
Ausspieler (Skat)
7 Vorhand
Ausspielung
7 Tombola
8 Lotterie
Aussprache
6 Akzent
7 Beichte, Debatte, Tonfall
8 Betonung
9 Gespraech
10 Diskussion
11 Eroerterung
12 Artikulation
Aussprachezeichen
5 Hácek, Tilde, Trema
7 Cédille
Aussprechschwierigkeit
9 Mogilalie
Ausspritzmundstück
5 Duese
Ausspruch
4 Wort
5 Gnome, Zitat
6 Apercu, Devise, Diktum, Logion, Losung, Maxime, Orakel, Spruch
7 Sentenz
8 Paroemie
9 Bemerkung
10 Aeusserung, Aphorismus, Denkspruch, Kernspruch, Sprichwort, Wahlspruch

11 Apophthegma, Lebensregel, Philosophem
13 Gedankenblitz
16 Gedankensplitter

Aussprüche Jesu
7 Agrapha

Ausspruchsammlung
3 Ana
13 Zitatenschatz

Ausstand
6 Streik

ausstatten
10 staffieren

Ausstattung
6 Outfit
7 Mitgift
8 Dotation, Staffage
9 Aussteuer
10 Dekoration

eines Innenraumes
9 Interieur

mit Vermögen
8 Dotation

Ausstattungsgut (Theater)
6 Fundus

Ausstattungsstück
4 Show
5 Revue, Schau

ausstechen
7 stanzen

Ausstellung
4 Show
5 Messe, Salon, Schau

Ausstellungsraum
5 Salon
7 Galerie

Ausstellungsstück
7 Exponat

Ausstellungsverwaltung
8 Messeamt

Aussteuer
7 Mitgift
10 Heiratsgut
11 Ausstattung

Ausstopfen von Tierbälgen
12 Praeparation

Ausstoß
6 Output

von Magma
8 Ejektion

ausstoßen
9 elidieren

Ausstrahlung
7 Fluidum
8 Emission
9 Emanation
11 Irradiation

des menschlichen Körpers
2 Od

Ausstreuen der Samen in den Boden
4 Saat

ausströmende Wirkung
3 Air
7 Fluidum

austauschbar
10 kommutabel, permutabel

austauschbare Funktionseinheit
5 Modul

Austauschspielkarte
5 Joker

Austernprodukt
5 Perle

Australien

abhängige Gebiete
11 Kokosinseln
13 Norfolkinseln
15 Weihnachtsinsel

Agame
9 Bartechse

Araukarie
5 Bunya

Bergsteiger
7 Hillary

Beuteltiere
4 Kusu, Tafa
5 Bilby, Koala, Kusku, Kusus
6 Possum, Wombat
8 Kaenguru

Bumerang
8 Wurfholz

Buschvegetation
5 Scrub

Buschwald
5 Mulga, Scrub

Dornteufel
6 Moloch

Echsen
6 Moloch
9 Buntwaran
10 Dornteufel

Eingeborenentanz
9 Korrobori

Fettschwanzgecko
6 Oedura

Flüsse
3 Fly, Ord
4 Avon, Daly, Ramu
5 Namoi, Roper, Sepik
6 Barcoo, Cooper, Dawson, Kikori, Mooney, Murray
7 Balonne, Darling, Lachlan, Mararoa
8 Burdekin, Fly River, Georgina, Wooramel
9 MacIntyre, Murchison, Swan River
10 Strickland
11 Barwon River, Culgoa River, Norman River, Palmer River
12 Alberga River, Darling River, Derwent River, Fitzroy River, Gilbert River, Murrumbidgee
13 Flinders River, Gascoyne River, Mitchell River
14 Ashburton River, Mackenzie River
15 Diamantina River, Hawkeburry River

Forschungsreisende
7 Lindsay
9 MacKinley

Gebirge, Täler, Pässe und Bergzüge
6 Erebus
7 Kap York, Kilauea, Ruapehu, Suedkap
8 Kap Adare, Mauna Kea, Mauna Loa, Musgrave, Peak Hill
9 Kap Arnhem, Kap Wilson, Mount Cook, Tongariro
10 Blaue Berge, Mount Bruce
11 Cradle Mount, Mount Bogong, Mount Egmont, Mount Terror
12 Darlingkette, Mount Lockyer, Mount Sea View, Mount William
13 Flinderskette, Mount Townsend, Musgravekette, Nassaugebirge
14 Kimberlay Range, Mount Kosciusko, Mount Melbourne, Mount Murchison
15 Carstenszspitze, MacDonnell-Berge, Mount Wellington, Wilhelminakette
17 Australische Alpen, Neu-England-Gebirge

Gewässer
7 Eyresee, Sawusee
8 Fromesee, Mooresee, Rossmeer, Timorsee
9 Argylesee, Barleesee, Golden Bai, Mackaysee, Papuagolf, Tasmanbay, Tasmansee, Teanausee, Wanakasee
10 Amadeussee, Everardsee, Torrenssee
11 Carnegiesee, Gairdnersee, Haifischbai, Limmenbucht, Wakatipusee
12 Korallenmeer, MacDonaldsee
14 Encounterbucht
17 Disappointmentsee

Grasart
8 Spinifex

Hauptstadt
8 Canberra

Holzgewächse
5 Hakea
6 Akazie, Wattle
8 Grasbaum
9 Kasuarine
10 Eukalyptus, Keulenbaum, Silberbaum
12 Flaschenbaum
13 Faerberakazie

Kaumittel
6 Pituri

Koralleninselkette
12 Barriereriff
Laufvögel
3 Emu
4 Kiwi
6 Kasuar
Liliengewächs
8 Grasbaum
Mediziner
6 Burnet
Millionenstädte
6 Sydney
8 Brisbane
9 Melbourne
Mistelgewächs
9 Feuerbaum
Nesselgewächs
5 Urera
Nutzholz
9 Blackwood
Physiologe
6 Eccles
Plumpbeutler
6 Wombat
Polarforscher
6 Mawson
7 Wilkins
Politiker
6 Fraser
7 Whitlam
Rauchmittel
6 Pituri
Raumfahrtstation
7 Woomera
Schäferhund
9 Cattledog
Schafzüchter
8 Squatter
Schauspieler(innen)
6 Gibson, Kidman
9 Blanchett
Schlangen
6 Taipan
9 Bandotter
Schriftsteller
4 West
6 Wilmot
Städte
5 Perth
6 Albany, Cairns, Darwin, Gympie, Hobart, Madang, Napier, Nelson, Rabaul, Sydney
7 Ballart, Bendigo, Dunedin, Fanning, Geelong, Honiara, Ipswich, Lithgow, Maytown, Wyndham
8 Adelaide, Auckland, Bathurst, Brisbane, Canberra, Cooktown, Goulborn, Honolulu, Maitland, Port Mila, Somerset
9 Cannarvon, Fremantle, Granville, Melbourne, Newcastle, Normanton, Port Pirie, Toowoomba
10 Broken Hill, Collgardie, Launceston, Parramatta, Port Darwin, Townsville, Wellington, Wollongong
11 New Plymouth, Palmerstown, Port Augusta, Port Moresby, Rockhampton
12 Blue Mountain, Christchurch
Stämme
5 Dieri
6 Aranda
9 Kamilaroi
Tanz der Aborigines
9 Korrobori
Tierwelt
8 Notogaea
9 Notogaeis
Ureinwohner
10 Aborigines
Vögel
3 Emu
4 Kiwi
6 Kakadu, Kasuar, Menura
7 Rosella
9 Buschhuhn, Lachvogel, Zebrafink
10 Leiervogel
11 Laubenvogel
12 Leierschwanz
13 Paradiesvogel, Wellensittich
14 Grossfussvogel
Waffen
8 Bumerang, Wurfholz
Währung
4 Cent
6 Dollar
Wildhunde
5 Dingo
8 Warragal
Wurfbrett
6 Wumera
Wurfholz
8 Bumerang
Wüsten
12 Gibsonwueste, Tanamiwueste
13 Simpsonwueste
14 Victoriawueste
Zierstrauch
9 Clianthus

Australienforscher
8 Flinders, Mitchell
australisch-indisches Schafleder
5 Basil
australisch-indonesisches Beuteltier
6 Kuskus
australisch-neuseeländische Fiederpalme
6 Kentia
australisch-ozeanische Echse
9 Bartagame
austretendes Magma
4 Lava
Austritt
9 Abmeldung, Apostasie
Ausübung
6 Praxis
7 Praktik
Auswahl
5 Elite, Kanon, Probe
6 Digest, Muster
7 Auslese, Siebung
8 Elektion
9 Potpourri, Selektion, Sortiment
10 Anthologie, Kollektion
11 Assortiment, Querschnitt
auswählen
6 koeren
7 klauben, sichten
8 auslesen
9 aussuchen
10 ausersehen, bevorzugen
11 selektieren
12 heraussuchen
13 herausklauben
auswählend
7 elektiv
8 selektiv
auswählender Pflanzenzüchter
9 Selekteur
Auswanderer
8 Emigrant
Auswandererzug
5 Treck
Auswanderung
10 Emigration
auswärtig
6 extern
auswärtige
Besitzung
7 Kolonie
Filiale
9 Expositur
Schulabteilung
9 Expositur
Auswaschung
7 Erosion
auswechseln
8 erneuern, ersetzen, tauschen
Ausweg
7 Loesung
8 Umgehung
Ausweglosigkeit
6 Aporie
ausweichend
6 evasiv
Ausweis
4 Pass
5 Visum
6 Ticket
7 Papiere, Propusk, Urkunde, Voucher
8 Nachweis
9 Fahrkarte, Kennkarte, Passeport, Reisepass
10 Zertifikat
11 Fahrausweis
12 Legitimation
13 Bescheinigung, Fahrerlaubnis, Fuehrerschein, Passierschein

15 Personalausweis
16 Identitaetskarte, Studentenausweis
ausweisen
6 zeigen
8 beweisen
10 vertreiben
11 exmittieren
12 legitimieren
Ausweispflicht
9 Passzwang
Ausweisung
9 Exmission
12 Exmittierung
Auswerfer
7 Ejektor
Auswirkung
9 Tragweite
Auswuchs
7 Knorren
8 Fortsatz
bei Farnblättern
8 Indusium
bei manchen Säugetieren
4 Horn
Auszehrung
8 Atrophie
Auszeichnung
3 Lob
4 Ehre
5 Gunst, Orden, Preis
8 Medaille
9 Filmpreis
11 Distinktion
ausziehbare Kamerahülle
6 Balgen
ausziehen
11 extrahieren
10 Extraktion
Auszubildende
12 Lehrmaedchen
Auszubildender
5 Azubi, Stift
7 Lehrbub
8 Lehrling
9 Lehrjunge
Auszug
5 Infus, Probe, Zitat
6 Digest, Essenz, Exodus
7 Elixier, Extrakt, Exzerpt, Tinktur
8 Ausreise, Raeumung
9 Exmission, Leseprobe
11 Abwanderung
12 Auswanderung
aus einem Buch
7 Epitome
aus Rohstoffen
5 Edukt
authentisch
4 echt
Auto
13 Kraftfahrzeug
Autoanhalter
7 Tramper
Autobahnanschluss
9 Zubringer
Autobahnrestaurant
8 Rasthaus
11 Raststaette
Autobiografie
8 Memoiren
10 Lebenslauf
autobiografischer Autor
7 Egotist
Autofahrerhotel
5 Motel
Autogramm
9 Namenszug
10 Schriftzug
12 Unterschrift
automatische *Bewegung*
6 Reflex
autonome(r, s)
Bezirk in China
7 Hunansi, Kueinan, Nukiang
8 Huangnan
Bezirk in Hunan
7 Hunansi
Gebiet in Serbien
6 Kosmet
Region von China
5 Tibet
7 Ningsia
Republik an der Wolga
4 Mari
Republik in Georgien
9 Abchasien
Republik in Russland
8 Dagestan, Jakutien
Autor
7 Dichter, Urheber
9 Verfasser
14 Schriftsteller
kürzerer Abhandlungen
8 Essayist
spöttischer Bemerkungen
9 Glossator
von Denksprüchen
8 Gnomiker
von Spottschriften
9 Satiriker
Autor(in) des Bühnenwerks
Agnes Bernauer
6 Hebbel
Amphitryon
6 Kleist
7 Molière, Plautus
9 Giraudoux
Arzt am Scheideweg
4 Shaw
Baal
6 Brecht
Besuch der alten Dame
11 Duerrenmatt
Biberpelz
9 Hauptmann
Braut von Messina (Die)
8 Schiller
Candida
4 Shaw
Cid (Der)
9 Corneille
Clavigo
6 Goethe
Dantons Tod
8 Buechner
Don Carlos
8 Schiller
Don Juan
6 Frisch
9 Sternheim
Draußen vor der Tür
8 Borchert
Egmont
6 Goethe
ehrbare Dirne (Die)
6 Sartre
Ehre
9 Sudermann
eingebildete Kranke
7 Molière
Elektra
9 Euripides, Giraudoux, Hauptmann, Sophokles
12 Hofmannsthal
Emilia Galotti
7 Lessing
Endspiel
7 Beckett
Faust
6 Goethe
Friede
12 Aristophanes
fröhliche Weinberg (Der)
9 Zuckmayer
Fuhrmann Henschel
9 Hauptmann
Geizige (Der)
7 Molière
Gerechten (Die)
5 Camus
Glasmenagerie
8 Williams
Götz von Berlichingen
6 Goethe
Griselda
9 Hauptmann
Hamlet
11 Shakespeare
Haus in Montevideo (Das)
5 Goetz
Helden
4 Shaw
Hero und Leander
11 Grillparzer
Hexenjagd
6 Miller
Hokuspokus
5 Goetz
Iphigenie auf Tauris
6 Goethe
Iwanow
9 Tschechow
Jedermann
12 Hofmannsthal
Johannisnacht
5 Ibsen
6 Barrie
Julius Cäsar
11 Shakespeare
Kabale und Liebe
8 Schiller
Kameliendame (Die)
5 Dumas

Käthchen von Heilbronn
6 Kleist
König Lear
11 Shakespeare
Leonce und Lena
8 Buechner
Libussa
11 Grillparzer
Liliom
6 Molnar
Lulu
8 Wedekind
Lumpazivagabundus
7 Nestroy
Macbeth
11 Shakespeare
Macht der Finsternis
7 Tolstoi
Maria Magdalena
6 Hebbel
Maria Stuart
8 Schiller
Medea
9 Corneille, Euripides
11 Grillparzer
Minna von Barnhelm
7 Lessing
Nathan der Weise
7 Lessing
Nora
5 Ibsen
Ödipus
8 Voltaire
9 Corneille
Onkel Wanja
9 Tschechow
Othello
11 Shakespeare
Peer Gynt
5 Ibsen
Penthesilea
6 Kleist
Räuber (Die)
8 Schiller
Romeo und Julia
11 Shakespeare
Soldaten
4 Lenz
Stella
6 Goethe
Stellvertreter (Der)
8 Hochhuth
Thomas Becket
7 Anouilh
Torquato Tasso
6 Goethe
Und Pippa tanzt
9 Hauptmann
Unsere kleine Stadt
6 Wilder
Viel Lärm um nichts
11 Shakespeare
Wallenstein
8 Schiller
Warten auf Godot
7 Beckett
Was ihr wollt
11 Shakespeare
Weber (Die)
9 Hauptmann
Weh dem, der lügt
11 Grillparzer
Wie es euch gefällt
11 Shakespeare
Woyzeck
8 Buechner
zerbrochene Krug (Der)
6 Kleist

Autor(in) des Romans

Abenteuer Tom Sawyers
5 Twain
Alraune
5 Ewers
Amadeus
7 Knittel
Anna Karenina
7 Tolstoi
Ansichten eines Clowns
5 Boell
Ariane
4 Anet
Atlantis
7 Dominik
Auferstehung
7 Tolstoi
Bel Ami
10 Maupassant
Ben Hur
7 Wallace
Berlin-Alexanderplatz
7 Doeblin
Bildnis des Dorian Gray
5 Wilde
Billard um halb zehn
5 Boell
Bis zur bitteren Neige
6 Simmel
Blechtrommel
5 Grass
Bonjour tristesse
5 Sagan
Buddenbrooks (Die)
4 Mann
Butt
5 Grass
Clique (Die)
8 McCarthy
David Copperfield
7 Dickens
Deutschstunde
4 Lenz
Doktor Schiwago
9 Pasternak
Don Quijote
9 Cervantes
Drei Männer im Schnee
8 Kaestner
Effi Briest
7 Fontane
eiserne Gustav (Der)
7 Fallada
El Hakim
7 Knittel
Emil und die Detektive
8 Kaestner
Emile
8 Rousseau
Ende einer Dienstfahrt
5 Boell
Exodus
4 Uris
Fabian
8 Kaestner
Farm der Tiere
6 Orwell
Ferien vom Ich
6 Keller
Feuerzangenbowle (Die)
6 Spoerl
Fiesta
9 Hemingway
Früchte des Zorns
9 Steinbeck
Frühstück bei Tiffany
6 Capote
Germinal
4 Zola
Gigi
7 Colette
Glasperlenspiel (Das)
5 Hesse
Graf von Monte Christo
5 Dumas
grüne Heinrich (Der)
6 Keller
Gruppenbild mit Dame
5 Boell
Gullivers Reisen
5 Swift
Herr der Ringe (Der)
7 Tolkien
Homo Faber
6 Frisch
Hund von Baskerville
5 Doyle
Hundejahre
5 Grass
Hungerpastor (Der)
5 Raabe
Im Westen nichts Neues
8 Remarque
In einem anderen Land
9 Hemingway
Ivanhoe
5 Scott
Jenseits von Eden
9 Steinbeck
Johann Christof
7 Rolland
Josef-Tetralogie
4 Mann
Kautschuk
7 Dominik
Kean
5 Dumas
Kim
7 Kipling
Kleiner Mann, was nun
7 Fallada
Krebsstation
12 Solschenizyn
Krieg und Frieden
7 Tolstoi
Kristin Lavrans Tochter
6 Undset

Lady Chatterley
8 Lawrence
Lieben Sie Brahms
5 Sagan
Lolita
7 Nabokov
Menschen im Hotel
4 Baum
Moby Dick
8 Melville
Momo
4 Ende
Monpti
7 Vaszary
Nana
4 Zola
Narziss und Goldmund
5 Hesse
Oliver Twist
7 Dickens
Parasiten
7 Maurier
Professor Unrat
4 Mann
Quo vadis
11 Sienkiewicz
Robinson Crusoe
5 Defoe
Ruf der Wildnis
6 London
Schloss (Das)
5 Kafka
Schöne neue Welt
6 Huxley
Schuld und Sühne
11 Dostojewski
Sigismund Rüstig
7 Marryat
Soll und Haben
7 Freytag
Uli, der Knecht
8 Gotthelf
Ulysses
5 Joyce
Via mala
7 Knittel
Vom Winde verweht
8 Mitchell
Wem die Stunde schlägt
9 Hemingway
Wendekreis des Krebses
6 Miller
Werthers Leiden
6 Goethe
Winnetou
3 May
Wolfsblut
6 London

Autorennstrecke
8 Speedway

Autorennstrecken
5 Monza
6 Jarama, Le Mans, Zolder
7 Kyalami, Sebring
8 Solitude
9 Montlhéry
10 Hockenheim, Monte Carlo
11 Silverstone
12 Indianapolis, Nuerburgring, Watkins Glenn

Autorenverband
7 Penclub

Autorisation
6 Mandat
9 Vollmacht

Autorität
7 Ansehen, Geltung

Autosignalanlage
9 Lichthupe

Autosternfahrt
6 Rallye

Autostraße (USA)
8 Turnpike

Autotoxin
9 Eigengift

Autounterstellraum
6 Garage

Autoverschrottungsgerät
8 Shredder
9 Schredder

Autoversicherung
5 Kasko
9 Teilkasko, Vollkasko
11 Haftpflicht
17 Kaskoversicherung

Autozubehör
4 Hupe
6 Lenker, Notrad, Reifen
7 Blinker
8 Werkzeug
10 Reserverad, Wagenheber
11 Warndreieck
12 Bordwerkzeug, Scheinwerfer, Winterreifen
13 Reservereifen
14 Verbandskasten

Azoren
Hauptorte
5 Horta
12 Ponta Delgada
Inseln
4 Pico
5 Corvo, Faial, Fayal
6 Flores
7 São Jorg
8 Craciosa, Graciosa, Terceira
9 São Miguel
10 Santa Maria

Aztekenherrscher
9 Montezuma

Aztekenkönig
9 Montezuma
10 Cuauhtemoc

Aztekenstadt in Mexiko
7 Cholula

Aztekentempel in Mexiko
9 Malinalco

aztekische(r)
Göttermutter
9 Coatlicue
Kriegsgott
7 Mexitli
Kultbau
8 Teocalli
Tempelpyramide
8 Tenayuca
Vegetationsgott
4 Xipe

Baby
9 Kleinkind, Saeugling
12 Neugeborenes
Babybett
5 Wiege
Babykost
4 Brei
Babylon
5 Babel
8 Chaldaea
babylonisch-hebräische(s)
Gewicht
7 Schekel
Münze
7 Schekel
babylonische(r, s)
Epos
10 Gilgamesch
Feldherr
10 Holofernes
Gewichtseinheit
5 Sekel
Gott
2 Ea
3 Anu, Bal, Bel, Sin
4 Apsu, Baal, Nabu
5 Belos, Enlil, Etana, Kingu, Samas
6 Marduk, Nimrod, Tammuz
9 Schamasch
Göttin
4 Gula
5 Belta, Istar, Nintu
6 Adagea, Alluta, Nanaea, Omorka, Tiamat
7 Ischtar, Lachamu, Mylitta
Hochtempel
8 Zikkurat
König
10 Gilgamesch
12 Nabopolassar, Nebukadnezar
Münzeinheit
5 Sekel
Stadt
5 Akkad, Babel
7 Babylon
Babyserviette
4 Latz
Babysitter
4 Amme
5 Bonne, Nurse
14 Kindermaedchen
Bacchantenstab
7 Thyrsos, Thyrsus
Bacchusverehrerin
7 Maenade
Backe
5 Wange
Backenbart
6 Fraese, Fraise
10 Koteletten
Backenhörnchen
8 Burunduk, Chipmunk
Backenstreich
7 Schelle
8 Ohrfeige
10 Backpfeife
11 Maulschelle
Backenzahn
5 Molar
Bäckereiutensil
9 Backblech
Backfett
9 Frittuere
Backform
5 Model
Backgewürze
4 Anis
6 Safran
7 Vanille
8 Orangeat, Zitronat
Backmasse
4 Teig
Backmittel
4 Mehl
6 Ziegel
7 Klinker
Backsteinfabrik
8 Ziegelei
Backsteingebäude
9 Ziegelbau
Backsteinwerk
8 Ziegelei
Backtreibmittel
4 Hefe
9 Presshefe, Sauerteig
Backtrog
5 Molle, Mulde
Backwaren
4 Brot, Kipf, Weck, Zopf
5 Bagel, Wecke
6 Brezel, Kipfel, Semmel, Stuten, Wecken
7 Brioche, Kipferl
8 Doughnut, Graubrot, Hefezopf, Knueppel, Maisbrot, Schrippe
9 Broetchen, Hoernchen, Hoernlein, Mischbrot, Sesambrot, Weissbrot
10 Kleberbrot, Rundstueck, Schrotbrot, Weizenbrot
11 Knaeckebrot, Kommissbrot, Rosinenbrot, Schwarzbrot
12 Fruechtebrot, Pumpernickel, Vollkornbrot
14 Milchbroetchen, Sesambroetchen
15 Kaiserbroetchen
Badegelände
6 Strand
Badekleidung
5 Tanga
6 Bikini
8 Badehose, Minikini
9 Badeanzug, Badekappe
Baden-Württemberg
Apfelsorte
6 Luiken
Berge
3 Ipf
6 Blauen, Hohloh, Kandel, Lupfen
7 Belchen, Heuberg, Kniebis, Lemberg
8 Feldberg, Mooskopf, Rossberg
11 Kaiserstuhl, Plettenberg
12 Hohenkarpfen, Hornisgrinde, Schauinsland
Flüsse
3 Alb, Elz, Enz, Oos
4 Aich, Blau, Breg, Erms, Fils, Main, Murg, Murr, Rems, Sulm
5 Argen, Donau, Glatt, Jagst, Laber, Ulfen, Wehra, Zaber
6 Ablach, Elsenz, Kinzig, Kocher, Nagold, Neckar, Wutach
7 Brigach, Wolfach
Gebirge
3 Alb
8 Odenwald
11 Schwarzwald
Hauptstadt
9 Stuttgart
Landschaften
5 Hegau
7 Linzgau, Ortenau
8 Breisgau
Seen
7 Titisee
8 Bodensee, Federsee
9 Illmensee, Mummelsee
10 Schluchsee
Städte und Orte
3 Ulm
4 Calw, Horb, Kehl, Lahr, Owen, Weil
5 Aalen, Buehl, Imnau
6 Achern, Buchau, Buchen, Nagold, Singen, Wangen
7 Ebingen, Ehingen, Lauffen, Mosbach, Rastatt, Saulgau, Wolfach
8 Albstadt, Backnang, Balingen, Biberach, Breisach, Bruchsal, Freiburg, Gaggenau, Konstanz, Leonberg, Loerrach, Mannheim, Neustadt, Rottweil, Sinsheim, Stockach, Tettnang, Waldshut, Wertheim
9 Esslingen, Ettlingen, Hechingen, Heilbronn, Karlsruhe, Meersburg, Muellheim, Oehringen, Offenburg, Pforzheim, Stuttgart, Tuebingen, Vaihingen, Villingen
10 Baden-Baden, Blaubeuren, Boeblingen, Crailsheim, Goeppingen, Heidelberg, Heidenheim, Kuenzelsau,

Muensingen, Nuertingen, Ravensburg, Reutlingen, Saeckingen, Tuttlingen, Waiblingen
11 Emmendingen, Ludwigsburg, Mergentheim, Rheinfelden, Sigmaringen, Ueberlingen
12 Freudenstadt
14 Donaueschingen
15 Friedrichshafen, Schwaebisch Hall
17 Schwaebisch Gmuend

Badeorte

3 Ala, Bex, Ems, Orb, Pau, Spa, Wyk
4 Arco, Babe, Binz, Boll, Burg, Cham, Como, Damp, Daun, Deep, Hain, Hall, Hela, Leba, Lenk, Lido, Linz, Lohr, Nest, Oker, Rain, Riva, Roda, Saig, Sils, Suhl, Sulz, Sylt, Unna, Vals, Werl, Wiek, Zell
5 Amden, Amrum, Arosa, Baden, Berka, Bibra, Bozen, Cranz, Dahme, Davos, Dobel, Egern, Elend, Elmen, Flims, Foehr, Glowe, Graal, Grado, Gries, Grund, Heyst, Horst, Imnau, Ischl, Juist, Kranz, Laboe, Laehn, Lahme, Lienz, Lorch, Mehrn, Melle, Meran, Meura, Miami, Nervi, Nizza, Oelze, Plaue, Ragaz, Soden, Sulza, Thale, Tione, Toelz, Treis, Unkel, Vichy, Vitte, Wanne, Waren, Wieda
6 Aachen, Abbach, Andeer, Artern, Ascona, Aussee, Bansin, Bergen, Beuron, Blexen, Borkum, Breege, Buckow, Buesum, Buochs, Cammin, Cannes, Cochem, Dachau, Dargun, Dieppe, Dueben, Duhnen, Dunbar, Eilsen, Einoed, Eldena, Elster, Erbach, Fuschl, Gribow, Gutach, Heiden, Heluan, Hirsau, Honnef, Ischia, Kampen, Knokke, Kochel, Koenig, Koesel, Koesen, Kreuth, Kudowa, Lauban, Levico, Leysin, Limone, Lindau, Lubmin, Luckau, Lugano, Luzern, Menton, Murnau, Muskau, Nassau, Neuhof, Ording, Passau, Passig, Pillau, Polzin, Prerow, Putbus, Ragusa, Rewahl, Rimini, Saarow, Sachsa, Salzig, Seewen, Seewis, Sellin, Singen, Sooden, Stabio, Steben, Stresa, Suelze, Tabarz, Tarasp, Urfeld, Velden, Vilbel, Wangen, Wartha, Weggis, Wippra, Zingst, Zoppot
7 Abazzia, Ahlbeck, Aibling, Ajaccio, Allrode, Altenau, Antibes, Baltrum, Bamberg, Bexhill, Broesen, Burhave, Dangast, Doberan, Driburg, Durlach, Fiesole, Fischen, Fuessen, Fulpmes, Gardone, Gastein, Gmunden, Goehren, Hofheim, Homburg, Ilmenau, Kappeln, Kolberg, Koserow, Krumbad, La Baule, Landeck, Lausick, Ledesma, Livadia, Locarno, Malchin, Malchow, Mentone, Meurren, Misdroy, Mosbach, Mueritz, Nauheim, Neeheim, Neuhaus, Oberhof, Ostende, Perugia, Portici, Pyrmont, Rapallo, Rehburg, Reinerz, Ristbad, Samaden, Seeheim, Selters, Teinach, Titisee, Toblach, Todtnau, Torbole, Triberg, Tutzing, Wemding, Wiessee, Wildbad, Wimpfen, Wustrow, Zermatt, Zwickau
8 Alt-Gaarz, Altenahr, Althagen, Altheide, Antogast, Arendsee, Bellagio, Bensheim, Bentheim, Bentlage, Bernburg, Bertrich, Biarritz, Boerssum, Brambach, Brighton, Cuxhaven, Dievenow, Dirsdorf, Dobelbad, Eichwald, Eisenach, Garmisch, Gernrode, Goegging, Goldberg, Grenzach, Harzburg, Hassfurt, Hastings, Hersfeld, Hocksiel, Hornberg, Innichen, Kahlberg, Karlsbad, Kiedrich, Kipsdorf, Klosters, Kohlgrub, Langenau, Langeoog, Meinberg, Miesbach, Moedling, Montreux, Muenster, Nenndorf, Neuenahr, Neustadt, Niendorf, Noordwyk, Oberdorf, Oderberg, Oldesloe, Osterode, Ramloesa, Rappenau, Rauschen, Rohrbach, Roisdorf, Rottweil, Sassnitz, Schachen, Schandau, Schierke, Schmilka, Schoenau, Schwarza, Seebruch, Segeberg, Stolberg, Suderode, Sulzbach, Sulzburg, Tharandt, Thiersee, Thiessow, Todtmoos, Toenning, Wienrode, Wilsnack, Wittduen, Wittlich
9 Adelboden, Ahrweiler, Alexisbad, Altefaehr, Altenberg, Altenbrak, Andermatt, Bramstedt, Braunfels, Braunlage, Campiglio, Cellerina, Deauville, Duerkheim, Duerrheim, Eckwarden, Einsiedel, Engelberg, Falsterbo, Faulensee, Flinsberg, Giersdorf, Godesberg, Gottleuba, Grafenort, Griesbach, Heilbronn, Helgoland, Hiddensee, Ilsenburg, Jagstfeld, Jordanbad, Juliusruh, Kissingen, Koestritz, Kreuznach, Landstuhl, Lauchheim, Luebbenau, Lueneburg, Marienbad, Maulbronn, Meersburg, Neuenburg, Neuendorf, Niedernau, Nienhagen, Norddeich, Norderney, Peterstal, Salzbrunn, Salzuflen, Salzungen, Schwangau, Schwartau, Semmering, Starnberg, Steinhude, Stuttgart, Sulzbrunn, Tegernsee, Tennstedt, Treseburg, Ueckeritz, Villingen, Warmbrunn, Wiesbaden, Wiesenbad, Wildungen, Windsheim, Wunsiedel, Zinnowitz
10 Adelholzen, Ahrenshoop, Albersdorf, Altenbruch, Baden-Baden, Beatenberg, Bellinzona, Bergzabern, Bernkastel, Bodenfelde, Bodenhagen, Brotterode, Brueckenau, Carlshafen, Carlshagen, Ditzenbach, Faulenbach, Felixstove, Gelnhausen, Giesshuebl, Glotterbad, Goeggingen, Greifswald, Hahnenklee, Heidebrink, Heidelberg, Hirschberg,

Hoenningen, Hofgastein, Hofgeismar, Hohensalza, Ingelhagen, Interlaken, Karlsbrunn, Kitzbuehel, Koelpinsee, Kuenzelsau, Lauchstedt, Lauenstein, Lautenbach, Lauterberg, Liebenzell, Lindenburg, Lobenstein, Mittenwald, Monte Carlo, Nesselwang, Oberstdorf, Oeynhausen, Oppelsdorf, Petersdorf, Raffelberg, Riessersee, Rilchingen, Rippoldsau, Rothenfels, Ruhpolding, Saeckingen, Salzgitter, Salzhausen, Salzkotten, Sankt Peter, Sassendorf, Schliersee, Schluchsee, Schoemberg, Schwalbach, Sitzendorf, Spiekeroog, Streitberg, Teusserbad, Tiefenbach, Traunstein, Trentschin, Ullersdorf, Vlissingen, Wangerooge, Westerland, Ziegenhals, Zwiefalten

11 Agnetendorf, Altschmecks, Augustusbad, Badenweiler, Baiersbronn, Ballenstedt, Blankenburg, Blankenhain, Blankenheim, Boltenhagen, Brandenburg, Dorfgastein, Duerrenberg, Elbingerode, Franzensbad, Freienwalde, Gandersheim, Gluecksburg, Graefenberg, Grindelwald, Gross-Kuhren, Grosskarben, Henkenhagen, Heringsdorf, Hoehenstadt, Hubertusbad, Johannisbad, Kellenhusen, Klampenborg, Krummhuebel, Langenargen, Liebenstein, Liebenwerda, Lippspringe, Mergentheim, Neuschmecks, Oberschlema, Oberstaufen, Paulinzella, Peissenberg, Poertschach, Reichenbach, Reichenhall, Rothenfelde, Ruestersiel, Ruestringen, Salzschlirf, Sankt Moritz, Schmeckwitz, Schoenebeck, Schoenecken, Schoenheide, Schwarzbach, Schwarzburg, Stolpmuende, Swinemuende, Travemuende, Ueberlingen, Waltersdorf, Warnemuende, Woerishofen, Ziegenrueck

12 Alexanderbad, Bayrischzell, Bergdievenow, Brunshaupten, Eckernfoerde, Finale Ligure, Goerbersdorf, Grossmoellen, Heiligendamm, Lussingrande, Maegdesprung, Noeschenrode, Oberammergau, Salzdetfurth, Sankt Blasien, Scheveningen, Schlangenbad, Schmiedeberg, Schoenfliess, Schreiberhau, Stecklenberg, Stotternheim

13 Berchtesgaden, Carolinensiel, Frankenhausen, Friedrichroda, Heiligenhafen, Koenig-Otto-Bad, Neufahrwasser, Niederbreisig, Ober-Grenzdorf, Oberlahnstein, Partenkirchen, Reiboldsgruen, Salzderhelden, Unterschmecks, Wilhelmshoehe

14 Assmannshausen, Donaueschingen, Friedensweiler, Friedrichshall, Konstantinsbad, Neckarsteinach, Osternothhafen, Salzhemmendorf, Traben-Trarbach

15 Berggiesshuebel, Charlottenbrunn, Friedrichsbrunn, Grossullersdorf, Reinhardsquelle

16 Langenschwalbach, Sankt Andreasberg, Sankt Peter-Ording

Baderaum römischer Thermen

9 Caldarium

Bäderkunde

11 Balneologie

Badestrand

bei Venedig

4 Lido

in Honolulu

7 Waikiki

in Rio de Janeiro

10 Copacabana

Badezubehör

7 Schwamm

badische(r)

Freischarenführer

6 Hecker

humoristischer Autor

8 Eichrodt

Ingenieur

6 Gerwig

Weinbaugebiete

7 Ortenau
8 Breisgau
9 Kraichgau
11 Kaiserstuhl
16 Markgraeflerland

Bagage

4 Pack
5 Bande, Tross
7 Gepaeck
8 Gesindel
9 Gelichter

Bagatelle

8 Lappalie
9 Kleinkram
10 Banalitaet, Nebensache
11 Kleinigkeit

Baggerteil

5 Turas
9 Kettenrad

Bahamas

Hauptstadt

6 Nassau

Inseln

3 Cat, Lee
5 Abaco, Exuma
6 Andros, Inagua
9 Eleuthera, Mariguana, Mayaguana
13 Watlingsinsel

Währung

4 Cent
6 Dollar

Bahn

3 Weg, Zug
4 Spur, Tram
5 Linie, Loipe, Piste, Route
7 Tramway
8 Streifen

der Himmelskörper

5 Orbit

für Galopprennen

4 Turf

für Pferderennen

9 Hippodrom

für Trabrennen

4 Turf

für Wagenrennen

9 Hippodrom

Bahnbrecher
7 Pionier
10 Avantgarde, Wegebahner
11 Protagonist, Vorbereiter, Vorkaempfer, Wegbereiter
12 Avantgardist
13 Schrittmacher
Bahnhof
7 Station
11 Haltestelle
Bahnhofsraum
9 Wartesaal
Bahnschiene
5 Gleis
6 Weiche
Bahnsteig
6 Perron
Bahrain
Hauptstadt
6 Manama
Währung
3 Fil
5 Dinar
Bai
4 Golf
5 Bucht
9 Meerbusen
Baisse
8 Kurstief
Bajadere
15 Tempeltaenzerin
Bajuware
5 Bayer
Bajuwarin
7 Bayerin
Bakterie
4 Coli
5 Kokke
6 Kokkus, Vibrio
7 Sarzine
8 Bazillus
9 Spaltpilz
10 Gonokokkus, Salmonelle
11 Schizomyzet
Bakterienbrutkasten
9 Inkubator
Bakteriengattung
8 Brucella
Bakterientestverfahren
9 Lysotypie
Bakterienzucht
6 Kultur
Balance
13 Gleichgewicht
bald
4 fast
5 frueh
6 beinah, schier, zeitig
7 beinahe, spaeter
8 ehestens, in Kuerze
Baldachin
9 Stoffdach
Baldriangewächs
5 Narde
Baldriansäure
8 Valeriat
Balearen
Inseln
5 Ibiza
7 Cabrera, Menorca
8 Mallorca, Pityusen
10 Formentera
Orte
4 Inca
5 Ibiza, Mahon, Palma
7 Manacor
8 Fornells, La Sabina
9 Ciudadela
Verwaltungssitz
5 Palma
Balg
8 Luftsack
Balge
5 Priel
balgen
6 raufen
8 pruegeln
Balgerei
7 Geraufe
8 Gerangel
balinesischer Tanz
6 Legong
Balkanbewohner
5 Serbe
6 Kroate
7 Albaner, Bulgare, Grieche, Rumaene, Slovene, Slowene
8 Makedone, Mazedone, Skipetar
10 Makedonier, Mazedonier
Balkanfluss
3 Sau
4 Drin, Save
5 Donau, Drina
6 Morawa, Wardar
7 Maritza
Balkangebirge
6 Balkan, Pindus
7 Rhodope
8 Rhodopen
Balkanhauptstadt
5 Sofia
6 Skopje, Tirana, Zagreb
7 Belgrad, Laibach
8 Bukarest, Pristina, Sarajevo
9 Ljubljana, Podgorica
Balkansprache
8 Serbisch
9 Albanisch, Kroatisch
13 Serbokroatisch
Balkanstaat
7 Serbien
8 Albanien, Kroatien
9 Bulgarien, Rumaenien, Slowenien
10 Mazedonien, Montenegro
Balkanvolk
6 Serben
7 Albaner, Bosnier, Kroaten
8 Bulgaren, Rumaenen, Slowenen
10 Mazedonier
13 Montenegriner
Balkenaufbau
7 Gebaelk
Balkon-, Zimmerpflanze
4 Efeu
5 Kaktee, Kaktus
7 Begonie, Geranie
9 Gummibaum, Hortensie
balkonartiger Vorbau
5 Altan, Erker
Ball
beim Billard
6 Zieher
über die Spielfeldgrenze
3 aus
Ballabgabe
7 Zuspiel
Ballade
von Bürger
6 Lenore
von Goethe
9 Erlkoenig
von Schiller
10 Der Taucher
Balladengestalt bei Schiller
6 Ibykus
Ballen
4 Pack
5 Kolli, Kollo
7 Klumpen
Balletteinstudierung
12 Choreografie
13 Choreographie
Ballettfigur
8 Arabeske, Attitude
Ballettmusikwerk von
Adam
7 Giselle
Bayer
9 Puppenfee
Blacher
6 Hamlet
8 Chiarina
9 Quadrille
10 Lysistrata
11 Harlekinade
Chatschaturian
6 Gayane
de Falla
9 Dreispitz
12 Liebeszauber
Delibes
5 Naila
6 Sylvia
8 Coppelia
Dukas
6 La Péri
Egk
7 Abraxas
8 Georgica
12 Ein Sommertag
Hindemith
6 Daemon
8 Antiquar
9 Herodiade
Honegger
9 Semiramis
Krenek
6 Mammon

Milhaud
6 Salade
Prokofieff
10 Cinderella
13 Romeo und Julia
Rameau
4 Zais
Ravel
7 La valse
Rimski-Korsakow
12 Scheherazade
Satie
6 Parade
Strauss Richard
11 Schlagobers
Strawinsky
4 Agon
7 Orpheus
10 Feuervogel, Kuss der Fee, Petruschka, Pulcinella
11 Kartenspiel
12 Reineke Fuchs
14 Bauernhochzeit
15 Apollon musagète, Fruehlingsopfer
Tschaikowsky
11 Nussknacker, Schwanensee
12 Dornroeschen

Balletttänzer
9 Ballerino

Balletttänzerin
4 Girl
9 Ballerina, Ballerine
11 Balletteuse

Ballraum
8 Tanzsaal

Ballspiel zu Pferd
4 Polo

Ballspiele
4 Golf, Polo
5 Rugby
6 Pelota, Soccer, Squash, Tennis
7 Kricket, Krocket, Radball, Radpolo
8 Baseball, Flugball, Football, Fussball, Handball, Korbball, Lacrosse, Minigolf, Pingpong, Pushball, Softball
9 Badminton, Faustball, Federball, Prellball, Stockball
10 Basketball, Schlagball, Volleyball, Wasserball
11 Tischtennis, Voelkerball

Ballvergnügen früherer Fürstenhäuser
7 Hoftanz

Balsam
6 Labsal
9 Linderung
10 Erquickung

Balsambaum
7 Bursera
9 Boswellia

Balsamharz
6 Myrrhe

Balsampflaume
8 Spondias

Balte
4 Este
5 Lette
7 Litauer

Balten
5 Esten, Kuren, Selen
6 Letten
7 Litauer, Pruzzen
9 Semgallen
10 Lettgallen

baltendeutsche(r, s)
Adelsgeschlecht
6 Lieven
Schriftsteller
5 Taube
6 Thiess

Baltenland
7 Estland, Litauen
8 Lettland

Baltenvolk
5 Esten, Kuren, Selen
6 Letten
7 Litauer, Pruzzen
9 Semgallen
10 Lettgallen

Baltikum
siehe: Estland, Lettland, Litauen

Balustrade
9 Bruestung, Gelaender

Balzlaut
der Schnepfe
7 quorren
des Birkhahns
7 kollern
des Haselhahns
7 spissen

Bamberger Scholastiker
4 Ezzo

Bambuskampfer
9 Tabaschir

banal
4 fade
5 flach, platt
11 alltaeglich
12 abgedroschen

Bananenart
4 Musa
6 Pisang
10 Mehlbanane, Obstbanane
11 Faserbanane, Zwergbanane

bananenartige Pflanzen
7 Musales

Bananenfaser
8 Musahanf

Bananenfresser
6 Turako
9 Helmvogel

Bananengewächs
6 Ensete
9 Helikonie

Band
4 Gurt
5 Combo, Faden, Litze
6 Fessel, Gruppe, Kordel, Schnur, Tresse
7 Kapelle, Strippe
8 Borduere, Ligament, Streifen
9 Orchester
10 Rockgruppe
13 Musikergruppe
der Priesterkleidung
7 Manipel
eines Schriftwerks
7 Volumen

Bande
4 Gang, Pack
5 Horde, Meute, Schar
6 Clique
7 Fesseln
8 Gesindel

Banderilla
9 Wurfpfeil

Bandfisch des Atlantiks
6 Espada

bandförmiges Gewinde
8 Girlande

bändigen
7 zaehmen, zuegeln

Banditis
7 Zorilla
8 Maushund

Bandit
5 Bravo
6 Gauner, Schuft
7 Raeuber
8 Gangster, Wilderer
9 Betrueger, Desperado, Spitzbube
10 Einbrecher, Pluenderer, Verbrecher
11 Autoknacker, Safeknacker, Strauchdieb, Wegelagerer
13 Strauchritter, Tresorknacker
15 Strassenraeuber
17 Fassadenkletterer

Bandrosette
7 Kokarde

Bandschleife
6 Masche
7 Rosette
8 Schlinge

Bandschlinge
4 Oese
8 Schleife

Bandwurmlarve
8 Drehwurm
10 Schafquese

Bangladesch
Flüsse
6 Ganges
11 Brahmaputra
Hauptstadt
5 Dacca, Dhaka
Sprache
7 Bengali
Städte
6 Khulna

10 Chittagong
Währung
4 Taka
6 Poisha
Zwischenstromland
4 Doab
Bankansturm
3 Run
Bankbegriffe
3 Run
4 Agio, Avis, Bond, Giro, Kurs, Mise, Zins
5 Aktie, Bonus, Debet, Depot, Kasse, Konto, Saldo, Talon
6 Aktiva, Akzept, Cheque, Coupon, Kredit, Scheck, Storno, Tratte, Valuta, Zinsen
7 Allonge, Anleihe, Debitor, Defizit, Devisen, Disagio, Diskont, Inkasso, Kapital, Kaution, Konkurs, Rendite, Rimesse, Solvenz, Trassat, Wechsel, Zession
8 Agiotage, Banknote, Bankrott, Bonitaet, Clearing, Darlehen, Effekten, Emission, Exchange, Finanzen, Hypothek, Kreditor, Promesse, Trassant, girieren
9 Aktionaer, Akzeptant, Bezogener, Deflation, Depositen, Dividende, Falliment, Inflation, Insolvenz, Notierung, Provision, Vorboerse
10 Obligation
11 Datowechsel, Transaktion, finanzieren, kreditieren
12 Amortisation, Bonifikation, Fallissement, lombardieren
Bankeinrichtung
9 Girokonto
Bänkelsängerlied
7 Moritat
Bankfach
4 Safe
6 Tresor
Bankguthabenbeleg
8 Sparbuch
Bankhalter
8 Croupier, Tailleur
Bankierfamilie
10 Rothschild
Bankkunde
6 Sparer
Bankmann
9 Finanzier, Geldgeber
Bankrott
4 Ruin
6 Pleite, pleite
7 Konkurs
8 ruiniert
banktechnischer Begriff
4 Giro
7 Eckzins
9 Zinsmarge
Bankwesen: zum Nennwert
4 pari
Bankzentrum in New York
10 Wallstreet
Bann
4 Acht
6 Verruf
8 Aechtung
10 Ausschluss
11 Ausstossung
bannen
7 aechten
Banner
5 Fahne
6 Panier
7 Stander
9 Heerfahne, Standarte
11 Feldzeichen
Bantukaffernstamm
4 Zulu
5 Swasi, Swazi
Bantuland
6 Ciskei, Lebowa, Qwaqwa
9 Gazankulu
Bantusprache
6 Nyanja
Bantustadt
6 Soweto
Bantustämme, -völker
3 Asu, Ewe, Fan, Ila, Iru
4 Ambo, Embu, Gogo, Hehe, Zulu
5 Abaha, Bundu, Duala, Konde, Luina, Ngala, Pondo, Sotho, Tonga
6 Bahutu, Baluba, Banyai, Basuto, Boloki, Galloa, Herero, Jaunde, Kikuyu, Owambo, Tsonga, Tswana, Wagogo
7 Amakosa, Balunda, Barotse, Vazimba
11 Betschuanen
Baptisterium
9 Taufstein
bar
5 nackt
7 kontant
10 entbloesst
Barangestellter
5 Mixer
Barbados
Hauptstadt
10 Bridgetown
Währung
4 Cent
6 Dollar
Barbar
7 Rohling
8 Unmensch
Barbarossa
7 Rotbart
Barbier
5 Bader
6 Figaro
7 Friseur
8 Coiffeur
Bärengöttin der Gallier
5 Artio
Bärenname in der Tierfabel
4 Petz
Bärenpavian
8 Tschakma
Bärenrobbenfell
4 Seal
Barett
5 Toque
bargeldlos
5 unbar
Bargerät
6 Shaker
9 Mixbecher
Bargewinn
6 Erloes
Baribalbärenfell
3 Cub
Baritonhorn
9 Euphonium
Bariumfeldspat
9 Hyalophan
Bariumsulfat
5 Baryt
10 Schwerspat
Barkasse
7 Beiboot
9 Schaluppe
Bärlappgewächse
8 Moosfarn
11 Selaginella
Bärlappsporen
9 Hexenmehl
Barmeister
5 Mixer
6 Keeper
barmherzig
6 guetig
7 gnaedig
9 mitleidig
Barmherzigkeit
7 Caritas, Karitas, Pietaet
Barmixgetränk
4 Fizz
barmzherziger Helfer
9 Samariter
Barockornament
7 Rosette
9 Kartusche
Barockverzierung
9 Kartusche
Barometer
7 Aneroid
Baron
8 Freiherr
Baronesse
13 Freifraeulein
Baronin
6 Freiin
8 Freifrau
Barras
7 Kommiss
8 Militaer

Barre
6 Stange
8 Sandbank, Schranke
11 Schlammbank
Barrenquerstange
4 Holm
Barriere
6 Huerde, Sperre
8 Palisade, Schranke
9 Hindernis
10 Schlagbaum
12 Bahnschranke
17 Eisenbahnschranke
Barrow-Zufluss
4 Nore
barsch
4 grob
6 bruesk
barschartiger Fisch
6 Zingel
9 Blaufisch, Seebrasse
Bartabnahme
5 Rasur
Bartaffe
7 Wanderu
Barthaar
7 Stoppel
Bartschergerät
8 Rasierer
13 Rasierapparat
Barttrachten
6 Fliege, Fraese
8 Vollbart
9 Schnauzer, Spitzbart
10 Backenbart, Kaiserbart, Knebelbart, Koteletten
11 Henriquatre, Schnauzbart, Schnurrbart, Zwirbelbart
Barzahlungsnachlass
6 Skonto
Baseballspieler
6 Werfer
7 Faenger
10 Schlagmann
Basidienpilz
8 Hautpilz
9 Bauchpilz, Hoernling, Krausbart
Basis
8 Unterbau
9 Grundlage
basisch reagierende Verbindungen
5 Amine
basische Aminosäure
8 Ornithin
Basisteil von Körperorganen
5 Radix
Basisunterlage einer Säule
7 Plinthe
Baskentrommel
7 Pandero
Basketballbegriff
7 Rebound
8 Korbwurf
9 Druckwurf, Hakenwurf, Halteball, Korbleger

baskische(r)
Erzähler
7 Aguirre
Provinz
5 Alava
7 Biskaya
Tanz
8 Zortzico
Basstrompete
9 Bombardon
Basstuba
8 Sousafon
9 Bombardon, Sousaphon
Bastard
6 Hybrid
7 Hybride
einer Kreuzung
9 Blendling
Bastardindigopflanze
7 Amorpha
Bastardwüchsigkeit
9 Heterosis
Bastelwerkzeug
9 Laubsaege
bastfarben
4 ecru
5 ekrue
Bastfaser
4 Jute
5 Ramie
9 Chinagras, Chinajute
Bastfaserbündel
5 Bimli, Kenaf
Bastfasergewebe
4 Jute
8 Baggings
Bastion
6 Bastei
7 Festung
Batzen
7 Klumpen
Bauabfall
6 Schutt
8 Truemmer
Bauarbeitergerät
8 Sandsieb
Bauart
3 Typ
12 Konstruktion
Baubeaufsichtiger
9 Bauleiter
Bauchfell
10 Peritoneum
Bauchfett
4 Flom
5 Flaum
bauchige(s)
Flasche
7 Karaffe
Gefäß
7 Ampulle
Wasserkanne
7 Iguiere
Bauchmitte
5 Nabel
Bauchpilz
6 Bofist, Bovist
8 Erdstern, Nestling

Bauchredner
9 Gastrilog
13 Ventriloquist
Bauchschmerz
7 Leibweh
Bauchspeicheldrüse
8 Pankreas
Bauchspeicheldrüsenhormon
7 Insulin
Bauchweh
7 Grimmen
Bauer
8 Agrarier, Landwirt
der Reformationszeit
9 Karsthans
im Orient
6 Fellah
8 Fellache
im zaristischen Russland
5 Kulak
7 Muschik
in „Max und Moritz“
5 Mecke
Bäuerin
8 Landfrau
im Vorderen Orient
9 Fellachin
bäuerlich
5 rural
8 rustikal
9 laendlich
bäuerliche Dienerschaft
7 Gesinde
Bauernbühne in Innsbruck
3 Exl
Bauernfänger
6 Gauner
9 Schlepper
Bauernhof
6 Gewese, Weiler
7 Gehoeft
im Mittelalter
7 Zinsgut
Bauernkarpfen
6 Gareis, Giebel
9 Karausche
11 Moorkarpfen
Bauernrose
7 Paeonie
Baufachmann
9 Architekt
baufällig
6 morsch
7 ruinoes
8 bruechig
Bauführer
6 Polier
Bauhandwerker
5 Maler
6 Gipser, Glaser, Maurer
8 Klempner, Zimmerer
9 Schlosser, Schreiner, Steinmetz, Verputzer
10 Dachdecker, Ofensetzer, Stuckateur, Tapezierer, Verschaler, Zimmermann
11 Anstreicher

12 Betongiesser, Fliesenleger, Installateur
Bauholz
5 Bohle, Brett, Diele, Latte, Rauli
6 Balken, Pfette
9 Dachlatte
Baukunst
11 Architektur
bauliche Veränderung
5 Anbau, Umbau
Baum
der Erkenntnis
2 Bo
der Erleuchtung
5 Bodhi
der Hamamelisgewächse
8 Rasamala
der Mittelmeerländer
5 Pinie
8 Zypresse
Baumagamen
7 Calotes
Baumameisenbär
7 Caguare
Baumaschinen
4 Kran
5 Ramme
6 Bagger
7 Mischer
Baumaterial
4 Kalk
8 Dachkies, Kantholz, Nutzholz
9 Akrylglas, Betonglas, Dachpappe, Drahtglas, Glasstein, Holzbeton, Lehmstein, Teerpappe, Weisskalk, Wellblech, Werkstein
Baumbestand
an Flüssen
6 Auwald
vor Gebirgshöhen
8 Kammwald
baumbewohnende Echse
6 Leguan
10 Chamaeleon
Baumeister
siehe: Architekten oder Baumeister in betreffendem Land
7 Erbauer
9 Architekt
Baumfarngattung
9 Alsophila
Baumform
9 Hochstamm
baumförmiges tropisches Gewächs
7 Guazuma
Baumfrucht
5 Ecker
6 Eichel, Marone
8 Kastanie
9 Buchecker
Baumkrankheit
9 Astfaeule
Baumkunde
11 Dendrologie
Baumkundiger
10 Dendrologe
baumlose(r)
Graslandschaft
6 Steppe
Kältesteppe
6 Tundra
Pflanzenregion
6 Steppe, Tundra
Streifen im Wald
8 Schneise, Lichtung
Baummessgerät
11 Dendrometer
Baumnymphe
6 Dryade
Baumpflanzung
9 Arboretum
Baumrinde
4 Kork
5 Borke
Baumrinde zum Gerben
4 Lohe
Baumschule
9 Arboretum
Baumspitze
5 Krone
6 Wipfel
Baumstämme über sechs m Länge
8 Langholz
Baumteile
3 Ast
4 Laub
5 Blatt, Gabel, Krone, Rinde, Stamm, Zweig
6 Wipfel, Wurzel
8 Astgabel
Baumwollbatist
4 Opal
Baumwolle
5 Koton
Baumwollgarn
5 Twist
9 Mediogarn
Baumwollgewebe
3 Boi, Boy
4 Ciré, Mako, Mull, Opal
5 Drell, Drill, Kapok, Linon, Pikee, Twill, Vichy
6 Chintz, Cotton, Croisé, Etamin, Gingan, Kadett, Kaliko, Kattun, Oxford, Perkal, Velvet, Zephir
7 Etamine, Gingham, Kambrai, Kambrik, Mollino, Organdy, Regatta, Swanboy
8 Barchent, Cretonne, Haustuch, Kretonne, Moleskin, Organdin, Organtin, Perkalin, Renforcé, Tarlatan, Zwillich
9 Brokatell, Madapolam, Rohkattun, Schirting
für Federbetten
6 Inlett
für Jeans
5 Denim
Baumwollgewicht
6 Ballen
Baumwollhemd
5 Shirt
Baumwollmusselin
8 Lainette
Baumwollsamenfett
9 Cottonoel, Kottonoel
Baumwollsamt
6 Velvet
8 Velveret
Baumwollzwirn
8 Florgarn
Bauornament
6 Volute
Bauplatz der Schiffswerft
6 Helgen
Baustein
6 Quader, Ziegel
7 Klinker
der Atomkerne
7 Nukleon
der Materie
4 Atom
des Knochengewebes
6 Osteon
Baustoff
4 Gips, Glas, Holz, Kalk, Kies, Sand
5 Beton, Stein
6 Zement
7 Moertel
10 Stahlbeton
Baustoffgewinnungsanlage
9 Kiesgrube, Sandgrube
Baustütze
7 Pfeiler
Bauteil zum Nachbarn
8 Ueberbau
Bauten der Balearenkultur
7 Navetas
Bauverfahren bei Naturvölkern
7 Lehmbau
Bauwerk in
Athen
9 Parthenon
Berlin
8 Funkturm, Zeughaus
9 Reichstag
14 Olympiastadion
16 Brandenburger Tor, Deutschlandhalle
17 Gedaechtniskirche
Bolivien
9 Sonnentor
Brüssel
7 Atomium
Danzig
7 Krantor
8 Artushof
12 Marienkirche
Dresden
7 Zwinger
Frankfurt am Main
6 Roemer
London
5 Tower

Lübeck
10 Holstentor
Moskau
5 Kreml
Paris
6 Louvre
10 Eiffelturm
12 Invalidendom
13 Arc de Triomphe
Peking
9 Kaisertor
Rom
9 Kolosseum
10 Engelsburg, Titusbogen
12 Peterskirche
Trier
8 Basilika
10 Porta Nigra
13 Roemerbruecke
Venedig
9 Markusdom
11 Dogenpalast
12 Markuskirche
13 Rialtobruecke
Washington
7 Capitol, Kapitol
Wien
7 Steffel
11 Stephansdom
Bauwerke
3 Dom, Tor
4 Burg, Haus, Turm
5 Halle, Mauer, Villa
6 Kirche, Palais, Palast
7 Bruecke, Kapelle, Kaserne, Schloss, Stadion, Theater
8 Bungalow, Gebaeude, Hochhaus, Pavillon
10 Kathedrale
13 Wolkenkratzer
bayerisch, österreichisch:
Almhirt
9 Schwaiger
Behälter
5 Grand
Blutwurst
6 Blunze
boshafter Kerl
7 Bosnigl
Brauselimonade
8 Kracherl
Brötchen
6 Semmel
Brotkanten
8 Scherzel
Brotkrume
8 Schmolle
ebenso
5 detto
Felskopf
4 Nock
Fischbehälter
6 Kalter
gebackene Weißbrotschnitte
6 Pafese
Gerümpel
8 Geraffel
Gletscher
4 Kees
Grasland
5 Egart
hässlich
7 schiech
Hefe
4 Germ
Hocker
8 Stockerl
Hügel
4 Nock
Jungvieh
8 Galtvieh
Kneipe
6 Beisel
knusprig
5 resch
Küsschen
7 Busserl
Meerrettich
4 Kren
Mergel
7 Schlier
Postbeamter
7 Postler
Quark
6 Topfen
Röstschnitten
7 Pafesen
Rückentrage
5 Kraxe
Sehne
7 Flachse, Flechse
spitze Tüte
9 Stanitzel
Stoffrand
5 Endel
Straßenbenutzungs-Gebühr
4 Maut
Tauwind
8 Lahnwind
Trödler
7 Tandler
Veilchen
7 Veigerl
Verkaufstisch
5 Budel
Vogelscheuche
7 Manderl
zänkische Frau
8 Bissgurn
bayerisch:
Anhänger für die Uhrkette
9 Charivari
Blutwurst
6 Plunze
Brötchen
7 Weckerl
Buhne
4 Wuhr
dumm
7 deppert
einfältig
7 deppert
Eiterbläschen
7 Wimmerl
Flegel
6 Gfrast
Frikadelle
7 Pfanzel
grob
7 gschert
8 geschert
große Schüssel
8 Weitling
junges Mädchen
6 Dirndl
Kerker
6 Keiche
Kesseltal
6 Gunkel
Kirchweih
5 Kirbe
Kletterei
8 Kraxelei
Kletterer
7 Kraxler
langsam
4 stad
Loch
6 Keiche
Mehlhändler
6 Melber
Moor
4 Moos
mürrisch
7 grantig
nein
2 na
Nichtsnutz
6 Gfrast
Ohrfeige
7 Watsche
8 Watschen
Pickel
7 Wimmerl
Rettich
4 Radi
Schlitten
5 Rodel
Schnaderhüpferl
7 Gstanzl
Sprudelwasser
9 Springerl
still
4 stad
Taugenichts
4 Bazi
unruhig sein
8 zwatzeln
Unwille
5 Grant
Wirtschaftsführer
6 Hauser
Zorn
5 Grant
zu Ende
3 gar
Bayerisches Meer
8 Chiemsee
Bayern
Abtei
5 Ettal
Adelsgeschlecht
9 Montgelas
Alpenschilderer
3 Noe

Architekt
3 Ruf
Baumeister
6 Effner
Baumeisterfamilie
4 Asam
Berge
4 Lyra, Wank
5 Arber, Osser
6 Rachel
8 Kreuzeck, Watzmann
9 Alpspitze, Zugspitze
10 Hochkalter, Hoher Goell
11 Wendelstein
12 Obersalzberg
Bierkrug
4 Mass
Bierrettich
4 Radi
Bildhauer
7 Krumper
8 Guenther
Bodenseestadt
6 Lindau
Dichterin
6 Christ
Dramatiker
5 Lippl
8 Ruederer
Feldmarschall
5 Merci
Flüsse
3 Alz, Ilm, Inn, Ohe
4 Isar, Lech, Main, Naab, Vils
5 Ammer, Amper, Donau, Regen, Traun, Wuerm
6 Laaber, Mindel
7 Loisach, Pegnitz, Rednitz
8 Altmuehl
General
4 Tann
Goldmünze
6 Max d'or
Hauptstadt
8 Muenchen
Heerführer
5 Wrede
Herrschergeschlecht
11 Wittelsbach
13 Wittelsbacher
15 Haus Wittelsbach
Herzöge
5 Odilo
7 Tassilo
Humoristen
8 Valentin
10 Weiss Ferdl
Kabarettist
4 Polt
Karpfenart
9 Perlfisch
Kirchenmusiker
3 Ett
Klosterlikör
7 Ettaler
Könige
6 Ludwig
10 Maximilian
Königsschlösser
9 Linderhof
14 Hohenschwangau, Neuschwanstein
Kriegsgott
3 Eru
Landesbischof
6 Meiser
Landschaft
9 Hallertau
Lederhose
5 Wichs
Liedermacher
6 Wecker
Maler
3 Alt, Hey
5 Sperl
6 Haider
7 Lenbach
8 Spitzweg
Malerfamilie
4 Asam
Ministerpräsidenten
4 Held
5 Ehard
6 Goppel
7 Stoiber, Strauss
8 Streibel
9 Beckstein
Mundartdichter
5 Thoma
Porzellanstädte
4 Selb
6 Weiden
Puppenspieldichter
5 Pocci
Puppenspieler
5 Pocci
Schriftsteller
5 Sperr, Thoma
6 Kroetz
9 Ganghofer
Seen
6 Eibsee
7 Riegsee, Simssee
8 Ammersee, Badersee, Chiemsee, Wuermsee
9 Kochelsee, Tegernsee
10 Forggensee, Koenigssee, Schliersee, Staffelsee, Walchensee
11 Waginger See
14 Starnberger See
Städte
3 Hof
4 Cham, Lauf, Lohr, Selb
5 Bogen, Ebern, Naila, Regen, Rehau, Toelz
6 Aichau, Amberg, Coburg, Dachau, Erding, Fuerth, Landau, Lauten, Lindau, Neu-Ulm, Passau, Roding, Weiden
7 Aibling, Alzenau, Ansbach, Bamberg, Fuessen, Hofheim, Kemnath, Kempten, Kronach, Nabburg, Neuburg, Pegnitz, Simbach, Zwiesel
8 Augsburg, Bayreuth, Erlangen, Freising, Garching, Grafenau, Hassfurt, Kehlheim, Krumbach, Landshut, Mainburg, Miesbach, Muenchen, Neumarkt, Neunburg, Neustadt, Parsberg, Schongau, Steinach, Weilheim, Zirndorf
9 Dillingen, Ebersberg, Forchheim, Friedberg, Gemuenden, Griesbach, Guenzburg, Hersbruck, Karlstadt, Kissingen, Kitzingen, Koetzting, Landsberg, Memmingen, Muehldorf, Nuernberg, Obernburg, Plattling, Rosenberg, Rosenheim, Schwabach, Sonthofen, Starnberg, Straubing, Uffenheim, Vilshofen, Wegscheid, Wertingen, Wolfstein, Wuerzburg, Wunsiedel
10 Alt-Oetting, Beilngries, Brueckenau, Deggendorf, Dingolfing, Eichstaett, Eschenbach, Hammelburg, Hoechstadt, Ingolstadt, Kaufbeuren, Miltenberg, Mindelheim, Muenchberg, Ochsenfurt, Regensburg, Riedenburg, Rothenburg, Scheinfeld, Schwandorf, Traunstein, Vilsbiburg, Wasserburg
11 Donauwoerth, Eggenfelden, Gerolzhofen, Illertissen, Lichtenfels, Mallersdorf, Noerdlingen, Schweinfurt, Taufkirchen, Weissenburg
12 Dinkelsbuehl, Feuchtwangen, Gunzenhausen, Hilpoltstein, Koenigshofen, Marktredwitz, Pfaffenhofen, Pfarrkirchen, Staffelstein, Waldmuenchen
13 Aschaffenburg, Berchtesgaden, Ebermannstadt, Mellrichstadt, Oberviechtach, Tirschenreuth
14 Burglengenfeld
Trachtenschmuck
9 Charivari

Verwaltungsgebiete
8 Schwaben
9 Oberpfalz
10 Oberbayern
11 Oberfranken
12 Niederbayern, Unterfranken
13 Mittelfranken
Volksschriftsteller
4 Lutz
Bayernherzog
8 Garibald
beachte
8 notabene
beachten
8 befolgen
9 erfuellen
beachtlich
9 bedeutend
Beachtung
7 Geltung
9 Augenmerk
14 Aufmerksamkeit, Wertschaetzung
aller Umstände
7 Umsicht
Beamtenanwärter
10 Referendar
Beamtenherrschaft
11 Buerokratie
Beamtenstellung im Alter
9 Ruhestand
Beamtentitel
3 Rat
6 Baurat, Hofrat, Raetin, Rektor
7 Amtmann, Amtsrat, Attaché, Kanzler, Postrat
8 Assessor, Direktor, Foerster, Minister, Rektorin, Schulrat
9 Assistent, Bauraetin, Hofraetin, Inspektor, Kommissar, Konrektor, Professor, Sekretaer
10 Amtsraetin, Assessorin, Direktorin, Foersterin, Gouverneur, Ministerin, Postraetin, Praesident, Referendar, Studienrat
11 Assistentin, Inspektorin, Kommissarin, Konrektorin, Oberamtmann, Professorin, Schulraetin, Sekretaerin
12 Bundesanwalt, Forstmeister, Gouverneurin, Legationsrat, Praesidentin, Referendarin, Staatsanwalt
13 Oberinspektor, Regierungsrat, Studienraetin
14 Forstmeisterin, Ministerialrat
15 Amtsgerichtsrat, Bundesanwaeltin, Legationsraetin, Oberinspektorin, Staatsanwaeltin, Staatssekretaer
16 Regierungsraetin, Senatspraesident
17 Ministerialraetin, Oberregierungsrat, Staatssekretaerin
20 Oberregierungsraetin
Beamter
am Fürstenhof
9 Kaemmerer
eines ungarischen Komitats
6 Gespan
im alten Rom
5 Aedil
6 Konsul, Liktor, Tribun
7 Auditor
im auswärtigen Dienst
8 Diplomat
seit dem Mittelalter
9 Landdrost
beamteter Hochschullehrer
9 Professor
beängstigendes Schlaferlebnis
8 Albtraum
beanspruchen
7 fordern
12 reflektieren, strapazieren
beanstanden
6 tadeln
8 monieren
11 kritisieren, reklamieren
Bearbeiter(in) von Sammlungen
8 Archivar
10 Archivarin
bearbeitete(r)
Naturstein
8 Haustein
Tierhaut
5 Leder
Tierhaut zum Beschreiben
9 Pergament
Bearbeitung eines Films
7 Schnitt
beaufsichtigen
6 hueten, warten
11 inspizieren
Beaufsichtigung
5 Obhut
6 Schutz
Beauftragte(r)
5 Agent
7 Agentin
8 Mandatar
9 Abordnung, Kommissar, Vertreter
10 Delegation
11 Funktionaer, Kommissarin, Vertreterin
13 Funktionaerin
bebaute Gemarkungsfläche
5 Etter
Beben
6 Tremor
7 Tremolo, Zittern
9 Vibration
bebildern
12 illustrieren
Bebilderung
12 Illustration
Becher
5 Kelch, Pokal
Becherflechte
8 Cladonia
11 Rentiermoos
Becherwerk
8 Conveyer
Becken
5 Bidet, Mulde, Senke
6 Bassin, Kessel, Schale, Zimbel
7 Stausee
8 Aquarium, Cinelles
10 Schwimmbad
11 Koerperteil
12 Wasserbecken
13 Schwimmbassin, Schwimmbecken
beckenartiges Wüstengebiet
6 Dschof
Beckengegend
6 Steiss
7 Gesaess
Beckenknochen
9 Kreuzbein
Beckenlandschaft in Bayern
4 Ries
Bedacht
7 Umsicht
8 Sorgfalt, Vorsicht
11 Ueberlegung
Bedarf
6 Fehlen, Mangel
bedauerlich
6 schade
11 betrueblich
bedauerlicher Zustand
3 Not
5 Elend
6 Misere
bedauerlicherweise
6 leider
Bedauern
7 Mitleid
9 Leidwesen
des eigenen Tuns
4 Reue
bedauernswert
10 deplorabel
bedeckt
6 wolkig
8 bewoelkt
bedeckter Abzugsgraben
4 Dole
bedecktsamige Pflanzen
9 Dikotylen
Bedeckung
6 Geleit, Schutz
7 Eskorte
des Messkelchs
5 Palla
des Opfertischs
9 Altartuch

Bedenken
7 Skrupel
bedenkenlos
9 unbesorgt
10 skrupellos
bedenklich
6 dubios, mulmig
7 ominoes, prekaer, suspekt
8 kritisch
Bedenkzeit
5 Frist
bedeuten
6 gelten
7 besagen, heissen
bedeutend
5 gross
7 eminent, epochal, wichtig
8 beruehmt, imposant, wertvoll
9 gewichtig, prominent
12 hervorragend
13 ausgezeichnet, eindruksvoll
bedeutende(r)
Baumeister der Osmanen
5 Sinan
Fachmann
9 Koryphaee
Handlung
8 Grosstat
Persönlichkeiten
9 Prominenz
Sportveranstaltung
5 Derby
bedeutsam
7 triftig, wichtig
8 relevant
bedeutsame(s)
Äußerung
9 Ausspruch
Geschehen
8 Ereignis, Erlebnis
Bedeutung
3 Ruf
4 Sinn, Wert
6 Belang, Gehalt
7 Ansehen, Geltung, Gewicht
9 Interesse
Bedeutungseinheit
7 Morphem
Bedeutungslehre
8 Semantik
9 Semeiotik
12 Semasiologie
bedeutungslos
4 fade
5 banal
6 gering
9 unwichtig
Bedeutungslosigkeit
9 Nullitaet
10 Irrelevanz
Bediener einer Feuerung
6 Heizer
Bedienstete eines Klosters
9 Familiare
Bedienstetentracht
6 Livree
Bedienung
4 Ober
7 Kellner, Service
9 Kellnerin
11 Oberkellner
im Nachtlokal
7 Bardame
Bedienungsknopf
8 Druecker
bedingt
7 relativ
10 konjunktiv
bedingte Bewegungsstörung
7 Apraxie
Bedingtheit
12 Relativitaet
Bedingung
4 Aber
7 Auflage
9 Kondition
bedingunglos
7 absolut
Bedrängen des Gegners
8 Rempelei
Bedrängnis
3 Not
4 Leid
7 Notlage
9 Zeitdruck
10 Bredouille, Zwangslage
11 Schlamassel
bedrängte Lage
3 Not
5 Armut, Elend
6 Misere
bedrohlich die Zähne zeigen
9 fletschen
bedrohliche Unruhe
7 Gaerung
Bedrohung
6 Gefahr
bedrückt
5 elend, trist
6 truebe, unfroh
7 desolat, traurig
8 betruebt, doloroso, elegisch, freudlos, mauserig, wehselig
9 depressiv, freudelos, gedrueckt, wehmuetig
10 bekuemmert, deprimiert, truebselig
11 enttaeuscht, miesepetrig, truebsinnig
12 hintersinnig, nihilistisch, schwermuetig, ungluecklich
13 defaetistisch, melancholisch, pessimistisch
14 hypochondrisch
15 bregenkluetig, todungluecklich
16 schwarzseherisch
17 kreuzungluecklich
bedruckte(r)
Kleiderstoff
5 Laina
Seide
7 Foulard
Textilstoff
7 Imprime
Bedrückung
3 Not
8 Drangsal
Bedschavolk in Ägypten
6 Ababde
Beduinenhäuptling
6 Schech, Scheik
7 Scheich
Beduinenmantel
6 Abbaye, Burnus
Beduinenstamm
6 Aneseh
Bedürfnis
6 Mangel
9 Verlangen
bedürfnislos
10 bescheiden
bedürftig
3 arm
5 elend
9 mittellos
10 notleidend
Bedürftigkeit
3 Not
5 Armut, Elend
6 Mangel, Misere
7 Dilemma, Malaese, Malaise, Notlage
9 Verarmung
10 Bredouille, Geldmangel, Kalamitaet, Zwangslage
11 Bedraengnis, Schlamassel, Verelendung
15 Mittellosigkeit
beeindrucken
10 imponieren
beeindruckender Glanz
6 Pracht
beeinflussbar
11 suggestibel
beeinflussen
6 lenken
7 anregen, steuern
9 einwirken
11 inspirieren, suggerieren
12 hynotisieren
beeinflussend
9 suggestiv
Beeinflussung
7 Hypnose
9 Demagogie
10 Suggestion
11 Inspiration
beeinträchtigen
7 hindern, stoeren
Beendigung
9 Abschluss
Beerenobst
8 Erdbeere, Himbeere
9 Blaubeere, Brombeere
10 Kronsbeere

11 Heidelbeere
12 Preiselbeere, Stachelbeere
13 Johannisbeere
Beerensaft
6 Agrest
Beerentang
9 Golfkraut, Sargassum
Beeteinfassung
7 Rabatte
Beethoven
Geburtsstadt
4 Bonn
Lehrer
5 Neefe
Oper
7 Fidelio
Ouvertüren
6 Egmont
8 Coriolan
Sinfonien
6 Eroica, Eroika
9 Pastorale
befähigt
8 geeignet, imstande
12 qualifiziert
Befähigung
6 Talent
7 Eignung
8 Fakultas
10 Fertigkeit
13 Qualifikation
befallen
9 affiziert, betroffen
befangen
8 verlegen
Befehl
5 Gebot, Order
7 Auftrag, Weisung
8 Kommando
an Hunde
6 apport
an Hunde: leg dich
4 down
Befehlsform
9 Imperativ
Befehlsgewalt
8 Kommando
Befehlshaber
10 Kommandant, Kommandeur
Befehlsüberbringer
9 Ordonnanz
befestigte(r, s)
Abhang
9 Boeschung
Pfad im Moorgebiet
9 Bohlenweg
Platz
7 Festung
Schlossgebäude
7 Kastell
Stadtanlagen der Kelten
6 Oppida
Teil eines Flusses
9 Tosbecken
Befestigung
4 Wehr
7 Fassung
Befestigungsanlage
8 Wallgang
9 Zitadelle
14 Festungsanlage
Befestigungsmittel
3 Tau
4 Band, Clip, Gips, Keil, Kitt, Leim, Niet, Oese
5 Faden, Folie, Haken, Nadel, Nagel, Niete
6 Duebel, Kleber, Klemme, Spange
7 Klammer
8 Holzleim, Kleister, Schlinge, Schraube
9 Klebstoff
10 Heftzwecke, Reissnagel, Stecknadel
12 Schweissnaht, Tischlerleim
14 Loetverbindung, Sekundenkleber
16 Kunststoffkleber, Sicherheitsnadel
Befestigungspflock
6 Duebel, Klampe
Befestigungsvorrichtung
9 Halterung
Befinden
7 Ergehen, Zustand
beflissen
5 emsig
6 eifrig
7 bemueht
8 fleissig
9 gefaellig
Beflissenheit
5 Eifer
beförderbar
13 transportabel
befördern
9 spedieren
14 transportieren
befördert werden
10 avancieren
Beförderung
9 Transport
10 Avancement, Expedition
in ein Fahrzeug
9 Verladung
Beförderungsgebühr
7 Faktage
9 Fahrpreis
Beförderungsgut
6 Fracht
8 Traglast
Beförderungsprämie
8 Primgeld
Befrager
11 Interviewer
Befragung
7 Verhoer
8 Erhebung
9 Interview
12 Konsultation
befreien
6 loesen, retten
8 erloesen
9 entbinden, entlassen, eximieren
12 dispensieren
Befreier
8 Erretter
Roms
6 Brutus
Südamerikas
7 Bolivar
befreites Mitglied
8 Inaktive
Befreiung
6 Indult
7 Dispens, Rettung
8 Exemtion
9 Absetzung, Enthebung, Erloesung
10 Degagement, Liberation
12 Emanzipation
aus Gefahr
7 Rettung
9 Errettung
von Gefrorenem
9 Enteisung
von Gesetz
8 Exemtion
von Sündenstrafen
6 Ablass
Befriedigung eines Bedürfnisses
8 Stillung
befristen
11 terminieren
befruchtete Eizelle
4 Keim
6 Zygote
Befruchtung
12 Insemination
Befruchtungsstoff
6 Gamone
bei Grünalgen
6 Krozin
Befugnis
5 Recht
6 Lizenz, Patent
7 Anrecht
8 Anspruch
9 Erlaubnis, Kompetenz
11 Genehmigung
12 Autorisation, Legitimation
13 Autorisierung
des Gebäudebesitzers
9 Hausrecht
befürworten
9 empfehlen
begabt
4 klug
6 faehig, schlau
8 geeignet, gescheit, versiert
9 befaehigt, geschickt, veranlagt
10 talentiert
11 intelligent
Begabung
6 Talent
8 Ingenium
10 Faehigkeit

begangenes Unrecht
6 Schuld
Begebenheit
7 Affaere, Vorfall
Begeber eines Wechsels
6 Girant
Begegnung
7 Treffen
Begehren
6 Wunsch
8 Begierde, Gelueste
9 Forderung, Verlangen
12 Leidenschaft
begehrlich
6 gierig
Begehungsfläche
9 Fussboden
Begeisterter
3 Fan
10 Enthusiast
begeisterter Anhänger
3 Fan
Begeisterung
5 Eifer, Jubel, Verve
6 Freude, Furore
7 Beifall, Ekstase, Hingabe, Schwung
8 Inbrunst
10 Entzuecken, Exaltation, Fanatismus
12 Enthusiasmus
Begierde
4 Gier, Lust
5 Drang, Trieb
6 Begehr, Libido, Wunsch
8 Begehren
begierig
7 erpicht
9 versessen
Beginn
5 Anhub, Start
6 Anfang
7 Anbruch, Antritt, Einsatz, Take off
8 Eintritt, Ursprung
10 Durchbruch, Eroeffnung
13 Ausgangspunkt
der christlichen Zeitrechnung
9 Zeitwende
der Zahlungsfrist
6 Valuta
beginnen
7 angehen, starten
8 anfangen, anlaufen, anpacken, loslegen
9 anbrechen, anstimmen, einleiten, einsetzen, eroeffnen
10 intonieren
11 vorbereiten
Beglaubiger einer Heirat
9 Trauzeuge
Beglaubigung
6 Attest, Diplom, Testat
8 Sieglung
9 Siegelung
10 Akkreditiv, Vidimation, Zertifikat
12 Legitimation, Verifikation
Beglaubigungsschreiben
10 Akkreditiv
begleichen
6 zahlen
8 abgelten, bezahlen
10 bereinigen
Begleitboot
6 Tender
begleiten
6 folgen
8 mitgehen
11 eskortieren
Begleiter
6 Freund, Kumpan, Sozius
7 Kamerad, Trabant
8 Satellit
9 Gefaehrte
11 Gefolgsmann
der Aphrodite
4 Eros
der Venus
4 Amor
6 Cupido
des Achill
9 Patroklos, Patroklus
des Amor
9 Amoretten
des Apostels Paulus
5 Titus
8 Barnabas
des Bacchus
4 Faun
5 Silen
6 Faunus
8 Bacchant
des Dionysos
4 Faun
5 Satyr, Silen
des Don Giovanni
9 Leporello
des Don Quichotte
11 Sancho Pansa
des Jason
10 Argonauten
des Nikolaus
8 Ruprecht
des Orest
7 Pylades
des Patroklos
6 Achill
8 Achilles
9 Achilleus
des Poseidon
8 Tritonen
des Telemach
6 Mentor
des Thor
7 Thjalfi
Karls des Großen
6 Alkuin, Oliver, Roland
7 Einhard
8 Paladine
Robinsons
7 Freitag
Begleiterscheinung
7 Umstand
Begleitmannschaft
7 Eskorte
Begleitpapier
9 Laufkarte
Begleitschiff
des Kolumbus
4 Nina
5 Pinta
Begleitung
6 Geleit
7 Eskorte, Gefolge
beglücktes Aufnehmen
6 Genuss
beglückwünschen
11 gratulieren
Beglückwünschung
11 Gratulation
Begnadigung
8 Amnestie
Begräbnisstätte
4 Grab
5 Gruft
8 Friedhof
9 Katakombe, Mausoleum
10 Nekropolis
begreifen
8 erkennen, kapieren
9 verstehen
begreiflich
9 plausibel
begrenzen
10 limitieren
12 beschraenken
13 einschraenken
begrenzend
12 determinativ
begrenzt
3 eng
5 finit, knapp
9 limitiert
begrenzte(r)
Menge
7 Quantum
militärische Operation
4 Raid
Unterhalt
9 Zeitrente
Begrenzung
4 Fenz, Rand, Saum, Zaun
6 Grenze
9 Einengung
10 Limitation
12 Schmaelerung
eines Körpers
7 Flaeche
Begrenzungslinie
6 Kontur, Umriss
zwischen Himmel und Erde
8 Horizont
Begriff
8 Terminus
10 Abstraktum
11 Vorstellung
begrifflich
6 formal
8 abstrakt
Begriffsbestimmung
6 Formel
9 Diorismus
10 Definition

Begriffsfanatiker
8 Ideologe
Begriffsform
9 Kategorie
Begriffslehre
9 Ideologie
Begriffsschrift
11 Ideographie
Begriffszeichen
9 Ideogramm
Begriffszerlegung
9 Diaeresis
begründen
9 erklaeren
10 etablieren, motivieren
13 argumentieren
begründend
6 kausal
Begründer
der älteren Völkerkunde
7 Bastian
der Anthroposophie
7 Steiner
der Ausdrucksgymnastik
4 Bode
der Bakteriologie
4 Koch
der Bergbaukunde
8 Agricola
der chinesischen Staatsreligion
9 Konfuzius
der Elektrotechnik
7 Siemens
der französischen Ästhetik
7 Batteux
der Gesteinskunde
8 Agricola
der griechischen Tragödie
7 Thespis
der Härtegradskala
4 Moss
der Hochseefischerei
5 Busse
der Homöopathie
9 Hahnemann
der katholischen Gesellenvereine
7 Kolping
der klassischen Medizin
11 Hippokrates
der Landerziehungsheime
5 Lietz
der Landwirtschaftslehre
5 Thaer
der Lehre vom Sozialismus
4 Marx
der Mengenlehre
6 Cantor
der Methodisten
6 Wesley
der modernen Türkei
8 Atatuerk
der Olympischen Spiele
9 Coubertin
der Psychoanalyse
5 Freud
der Psychologie
8 Lungwitz
der Relativitätstheorie
8 Einstein
der Religion der Perser
9 Zoroaster
11 Zarathustra
der römischen Republik
6 Brutus
des deutschen Postwesens
7 Stephan
des Eisenbahnwesens
10 Stephenson
des ersten Reisebüros
4 Cook
des Jesuitenordens
6 Loyola
des politischen Zionismus
5 Herzl
des Pragmatismus
5 James
des Roten Kreuzes
6 Dunant
des Schulturnens
6 Spiess
des Statistischen Archivs
4 Mayr
des Stoizismus
4 Zeno
des wissenschaftlichen Sozialismus
4 Marx
begründet
8 fundiert
begünstigen
8 foerdern
9 vorziehen
11 erleichtern
12 favorisieren
begünstigender Helfer
9 Foerderer
begütert
5 reich
10 wohlhabend
begütigen
8 troesten
9 beruhigen
10 versoehnen
behaarte(s)
Muttermal
4 Maus
Tierhaut
4 Fell
behaglich
5 traut
6 bequem, kommod, mollig
8 angenehm, wohnlich
10 gemuetlich
11 komfortabel
behagliche(s)
Atmosphäre
9 Trautheit
Befinden
8 Wohlsein
9 Wohlleben
Einrichtung
7 Komfort
behände
4 agil
5 alert, flink
7 gewandt, schnell
behandeln
7 pflegen
8 kurieren
10 traktieren
behandelnder Arzt
9 Therapeut
Behandlung
6 Pflege
7 Wartung
des Schielens
9 Orthoptik
von Textilien
8 Appretur
Behandlungslehre
11 Therapeutik
Behandlungsraum
12 Ambulatorium
Behandlungsweise
7 Methode
8 Prozedur
Behang
8 Draperie
beharrend
11 konservativ
beharrlich
4 fest, stur, zaeh
5 ruhig
6 stetig
8 konstant
9 standhaft, unentwegt
10 bestaendig, konsequent, persistent
11 hartnaeckig
Beharrlichkeit
8 Ausdauer
10 Konsequenz, Persistenz
11 Perseveranz
Beharrungsvermögen
9 Traegheit
Behauptung
5 These
6 Angabe
7 Aussage, Meinung
9 Assertion
Behausung
4 Asyl, Bude, Haus, Heim, Iglu, Kate
5 Baude, Logis, Villa
6 Ansitz, Bleibe, Castle, Chalet, Huette, Obdach, Palais, Palast
7 Baracke, Bauwerk, Chateau, Datscha, Datsche, Domizil, Kaluppe, Keusche, Palazzo, Schloss, Wohnung, Zuhause
8 Absteige, Bungalow, Gebaeude, Herberge, Hochhaus, Landhaus, Quartier, Schuppen, Wohnhaus
9 Apartment, Blockhaus, Mietshaus, Skihuette
10 Ferienhaus, Jagdhuette, Reihenhaus, Unterkunft
11 Appartement, Bretterbude

12 Schlafstelle, Unterschlupf
13 Wochenendhaus, Wolkenkratzer
15 Appartementhaus, Einfamilienhaus
16 Absteigequartier
17 Behelfsunterkunft

beheben
9 abstellen
10 ausbessern, beseitigen, reparieren

Behelf
6 Ausweg, Ersatz
8 Surrogat
10 Notloesung
11 Provisorium

Behelfsdurchgang
6 Notweg

Behelfsunterkunft
5 Lager

Beherbergungsbetrieb
5 Hotel
8 Gasthaus

beherrschend
8 dominant

Beherrscher sprachlicher Formen
7 Stilist

beherrscht
7 gefasst, stoisch
8 massvoll

Beherrschtheit
4 Ruhe
7 Fassung

beherzt
5 kuehn, mutig
6 eifrig, tapfer
7 resolut
10 couragiert
12 entschlossen
13 unerschrocken

Beherztheit
3 Mut
4 Mumm
7 Courage
9 Kuehnheit
10 Tapferkeit
17 Unerschrockenheit

behexen
8 becircen
10 verzaubern

behilflich
9 gefaellig

behindern
7 checken

behindert
11 gehandikapt

Behinderung des Eishockeygegners
5 Check

Behördenangestellte(r)
8 Amtsbote
9 Amtsbotin

Behördenzeitung
9 Amtsblatt

Behördenzimmer
6 Office
8 Amtsraum

Behördenzuständigkeit
9 Kompetenz

behördlich
verfügen
9 verordnen
zugelassen
10 approbiert

behördliche
Aufforderung
9 Vorladung
Baugenehmigung
9 Bauschein
Genehmigung
9 Zulassung
Informationsstelle
9 Presseamt

behutsam
4 fein, lind, zart
5 sacht
7 achtsam, langsam, sorgsam
8 schonend, taktvoll
10 vorsichtig
14 zurueckhaltend
mit etwas umgehen
7 schonen

bei der Polizei melden
8 anzeigen

bei Sicht oder Vorlage zahlbar
6 a vista

bei Tisch gegartes Gericht
6 Fondue

Beiboot
3 Gig
5 Dingi, Jolle
6 Kutter
7 Pinasse
8 Barkasse
9 Schaluppe
eines Schiffes
5 Dingi

beibringen
6 lehren

beichten
8 gestehen
10 offenbaren

Beichtvater
9 Spiritual
12 Poenitentiar

beidäugig
9 binokular

beidlebig
10 amphibisch

Beifahrer(in)
5 Sozia
6 Sozius

Beifall
3 Lob
5 Jubel
6 Furore
7 Anklang, Applaus, Hochruf, Ovation
9 Huldigung
10 Zustimmung
11 Akklamation
12 Begeisterung
klatschen
12 applaudieren

Beifallklatscher
8 Claqueur

Beifallsruf
3 Olé
5 Bravo
6 Dakapo
10 Bravissimo

Beifügung
8 Attribut

Beifuß
6 Wermut
7 Absinth
8 Estragon
9 Artemisia, Eberraute
11 Mutterkraut

Beigeordneter
7 Attaché

beigeordneter Offizier
8 Adjutant

Beil
3 Axt
5 Barte

Beilage
6 Anlage, Zugabe, Zukost
8 Beiblatt
10 Ergaenzung

beiläufig
8 nebenbei
9 en passant

beilegen
10 schlichten

Beileid
9 Kondolenz, Teilnahme
11 Anteilnahme

beim Roulett: eins bis achtzehn
6 Manque

Beimengstoff
8 Zuschlag

Beimischung
9 Einschuss

Bein
der Schmetterlinge
9 Brustfuss
des Hundes
4 Lauf
des Wildes
4 Lauf

Beinabschnitt
8 Schenkel
12 Oberschenkel
13 Unterschenkel

beinahe
4 fast
6 schier

Beiname
9 Ehrenname
der Aphrodite
6 Cypria, Kypris, Urania
10 Anadyomene, Kallipygos
der Artemis
6 Phoebe
der Athene
6 Ergane, Pallas, Polias
9 Promachos
der Demeter
5 Chloe
der Durga
3 Uma

7 Parvati, Parwati
8 Tschandi
der Freya
7 Vanadis
der Heilgötter
5 Paean
der Hekate
6 Trivia
9 Trioditis
der Juno
6 Moneta
der Musen
8 Pieriden
der Persephone
4 Kora
der Ptolemäer
7 Lagiden
der Venus
7 Zythera
8 Cytherea
9 Vulgivaga
des Achill
6 Pelide
des Apoll
7 Musaget, Phoebus
des Apostels Petrus
6 Kephas
des Ares
8 Enyalios
des Buddha
6 Gotama
7 Gautama
9 Sakjamuni, Tathagata
des Dionysos
7 Bromios, Iakchos, Zagreus
des Esau
4 Edom
des Herakles
6 Alkide
des Janus
6 Bizeps
des Jesu
5 Soter
8 Christus, Immanuel, Salvator
9 Galilaeer, Nazaraeer, Nazarener
des Johannes
7 Taeufer
des Judas
9 Ischariot
des Julian
8 Apostata
des Jupiter
6 Caelus
des Kaisers von Äthiopien
12 Loewe von Juda
des Mars
5 Ultor
des Odin
3 Ygg
8 Allvater
des Pluton
7 Eubulos
des Schiwa
8 Mahadewa
des Scipio
9 Africanus
des Wischnu
4 Hari
des Zeus
7 Kronide, Kronion, Lykaeus
für Erlösergestalten
5 Soter
griechischer Götter
8 Olympier
römischer Kaiser
6 Caesar
von Blücher
9 Vorwaerts
von Dante
9 Alighieri
von Friedrich Wilhelm I. von Preußen
14 Soldatenkoenig
von General Franco
8 Caudillo
von Heinrich I.
6 Vogler
von Jahn
9 Turnvater
von Jahwe
7 Zebaoth
8 Schaddai
von Kaiser Friedrich I.
7 Rotbart
10 Barbarossa
von Ludwig Wilhelm I. von Baden
12 Tuerkenlouis
von Ludwig XIV.
12 Sonnenkoenig
von Moltke
9 Schweiger
von Richard I.
10 Loewenherz
von Wallenstein
9 Friedland
von Wilhelm I.
8 Eroberer

Beinbekleidung
5 Socke
7 Strumpf
8 Gamasche

Beinbewegung
7 Schritt
9 Battement

Beingelenk
4 Knie

Beingelenkteil
9 Kniekehle

Beinhaus
8 Ossarium
9 Ossuarium

Beinhaut
7 Periost

Beinkleid
4 Hose
5 Jeans
6 Shorts, Slacks
7 Skihose
8 Bermudas, Breeches, Cordhose, Hotpants, Keilhose, Kniehose, Kordhose, Niethose, Pumphose, Reithose, Schihose, Turnhose
9 Bluejeans, Lederhose, Sporthose
10 Gauchohose, Pluderhose, Seppelhose
12 Krachlederne
13 Bermudashorts, Knickerbocker, Ueberfallhose
14 Hochwasserhose
der Golfspieler
8 Bundhose
mit Bruststück
8 Latzhose

beinlose Unterhose
4 Slip

Beinprothese
9 Stelzbein, Stelzfuss

Beinspreizübung
6 Spagat

Beinteile
3 Zeh
4 Fuss, Knie, Rist, Wade, Zehe
5 Femur, Ferse, Sehne, Spann
6 Gelenk
7 Patella
8 Knoechel, Meniskus, Schenkel
9 Clavicula, Fussnagel, Kniekehle, Kreuzband, Wadenbein
10 Schienbein
11 Kniescheibe
12 Oberschenkel, Sprunggelenk
13 Achillesferse, Achillessehne, Schleimbeutel, Unterschenkel
16 Oberschenkelhals

beipflichten
9 zustimmen

Beisatz
10 Apposition

beiseite Gesprochenes
6 Aparte

Beispeise
5 Salat

Beispiel
4 Fall
6 Muster
7 Exempel
9 Paradigma

beißen
5 kauen, nagen
8 knabbern

beißender Spott
4 Hohn
9 Sarkasmus

Beißschutz für Hunde
8 Maulkorb

Beißwerkzeug
4 Zahn

Beistand
5 Hilfe
6 Anwalt, Helfer

7 Adlatus, Stuetze, Sukkurs
9 Assistenz, Mitarbeit, Mitwirken, Sekundant
14 Unterstuetzung
im Zweikampf
9 Sekundant
unter Behörden
9 Amtshilfe
Beistrich
5 Komma
Beitrag
5 Hilfe
6 Abgabe, Anteil, Obolus, Spende, Umlage
7 Gebuehr, Praemie
8 Zuschuss
10 Kontingent, Scherflein
Beitritt zu einem Staatsvertrag
9 Akzession
Beiwagen
6 Tender
9 Anhaenger
Beiwerk
5 Zutat
8 Staffage
10 Ergaenzung
Beiwort
8 Adjektiv
9 Epitheton
zur Nennform
8 Gerundiv
beizen
6 aetzen
9 tannieren
Beizjäger
9 Falkenier
Beizung
7 Aetzung
Beizvogel
9 Jagdfalke
bejahrt
3 alt
Bejahrtheit
5 Alter
bekannt
6 publik
7 namhaft, ruchbar
8 beruehmt, offenbar, populaer, vertraut
9 angesehen, notorisch, prominent
10 renommiert
Bekanntgabe des Fortzugs
9 Abmeldung
bekanntmachen
10 verbreiten, vorstellen
13 praesentieren
Bekehrung zum Guten
8 Metanoia
bekennen
7 zugeben
8 beichten, gestehen
10 offenbaren, versichern
Bekenntnis
5 Lehre
6 Glaube
7 Glauben
8 Religion
10 Konfession
11 Gestaendnis
Bekleidung
9 Garderobe
aus Tierfell
9 Pelzjacke
für Pferdesportler
9 Reitjacke
Bekleidungshaus
8 Boutique
9 Modesalon
Beklemmung
3 Alb, Alp
5 Angst, Sorge
7 Bangnis
bekömmlich
6 gesund, labend
7 heilsam
8 nahrhaft
9 wohltuend
11 zutraeglich
14 wohlschmeckend
beköstigen
7 naehren, speisen
8 bewirten
Bekräftigung
3 Eid
6 Schwur
10 Handschlag
bekränzen
8 umwinden
10 dekorieren
bekümmert
5 elend, trist
6 truebe, unfroh
7 desolat, traurig
8 betruebt, doloroso, elegisch, freudlos, wehselig
9 bedrueckt, depressiv, freudelos, gedrueckt, wehmuetig
10 deprimiert, truebselig
11 enttaeuscht, truebsinnig
12 nihilistisch, schwermuetig
13 defaetistisch, pessimistisch
15 todunglueckIich
17 kreuzunglueckIich
Bekümmertheit
8 Truebsal
bekunden
8 aussagen, bezeugen
13 dokumentieren, manifestieren
Belag
5 Lasur
6 Patina
7 Schicht
8 Ueberzug
10 Aufschnitt
11 Deckschicht
Belang
9 Bedeutung, Interesse
11 Wichtigkeit
belanglos
9 unwichtig
10 irrelevant
14 nebensaechlich
Belanglosigkeit
8 Lappalie
9 Bagatelle
10 Irrelevanz
belästigen
7 stoeren
10 behelligen
11 molestieren
13 inkommodieren
Belästigung
8 Stoerung
Belastung
5 Debet, Druck
Belastungsfähigkeit
9 Tragkraft
beleben
7 anregen
8 staerken
9 animieren, ermuntern
10 erfrischen
12 vitalisieren
belebt
9 organisch
Belebungsmittel bei Ohnmacht
9 Riechsalz
Beleg
6 Beweis
8 Nachweis
9 Unterlage
belegen
8 beweisen
10 nachweisen
11 reservieren
Belegschaft
4 Crew
7 Schicht
8 Personal
9 Besatzung
10 Mannschaft
belegt
6 heiser
10 reserviert
belegtes
Brot
8 Sandwich
Röstbrot
7 Kanapee
belehrende(s)
Erlebnis
9 Erfahrung
Erzählung
5 Fabel
Belehrung
7 Lektion
8 Schulung, Training
9 Anweisung
10 Unterricht
11 Information, Instruktion
beleibt
4 dick
9 korpulent
Beleibtheit
5 Fette
beleidigt
7 pikiert
9 gekraenkt
Beleidigung
4 Tort

6 Anwurf, Insult
7 Affront, Injurie, Sottise
9 Invektive, Kraenkung
10 Schmaehung

beleuchten
8 erhellen
9 erklaeren
10 anstrahlen
12 illuminieren

beleuchtet
4 hell

Beleuchtungseffekt
8 Schatten
9 Zwielicht

Beleuchtungsstärkeeinheit
3 Lux

Belgien

Architekten
5 Horta
8 Poelaert

Astronom
8 Quetelet

Astrophysiker
8 Lemaitre

Atomforschungszentrum
3 Mol

Badeorte
3 Spa
7 Ostende

Bakteriologe
6 Bordet

Baumeister
4 Suys
6 Bourla
7 Guimard
8 Poelaert, Roelandt

Biere
6 Lambic

Bildhauer
5 Minne, Poels
7 Meunier, Stappen
8 Anthoons, Lambeaux, Tassaert

Biochemiker
4 Duve
6 Claude

Botaniker
5 Kickx

Chemiker
6 Solvay

Chirurg
6 Palfyn

Dichter
9 Verhaeren
11 Maeterlinck

Dirigenten
5 André
8 Cluytens

Festungsstadt
5 Namur

Flüsse
3 Lys
4 Maas, Yser
5 Nethe
6 Sambre
7 Schelde

Gebirge
8 Ardennen
9 Hohes Venn

Geiger
5 Ysaye
6 Beriot
8 Grumiaux

Grafiker
4 Rops

Hafenstädte
4 Gent
7 Bruegge, Ostende
9 Antwerpen

Hauptstadt
8 Bruessel

Holzschneider
8 Masereel

Industriegebiet
8 Borinage

Jesuit
7 Bolland

Komponisten
4 Poot
5 Absil
6 Benoit, Franck, Grétry
8 Alpaerts, Gassmann, Pousseur
10 Schoemaker

Königin
5 Paola
6 Astrid
7 Fabiola

Königsnamen
6 Albert
7 Leopold
8 Baudouin

Königsschloss
6 Laeken

Laienmaler
6 Malpas

Landschaften
5 Fagne
7 Brabant
8 Flandern, Hageland, Hennegau, Marlagne
9 Haspengau
10 Kempenland

Luftfahrtgesellschaft
6 Sabena

Maler
3 Key, Son, Wit
4 Leys, Rops
5 Ensor
6 Biefve, Cantre, Wiertz
7 Delvaux, Gallait, Meunier, Permeke, Wappers, Wouters
8 Courtens, Laermans, Magritte, Masereel
9 Corneille, Evenepoel

Mathematiker
8 Dandelin

Mediziner
7 Heymans

Mikrobiologe
6 Bordet

Nationalhymne
11 Brabanconne

Naturforscher
7 Helmont

obergäriges Bier
4 Faro

Opernsängerin
5 Danco

Pferderasse
9 Brabanter

Physikochemiker
9 Prigogine

Physiologe
7 Heymans

Pianist
8 Askenase

Politiker
3 Rey
5 Spaak
7 Dehaene, Eyskens, Martens
9 Beernaert, Tindemans

Provinzen
5 Namur
7 Brabant, Limburg
8 Hennegau, Luettich
9 Antwerpen, Luxemburg
11 Ostflandern
12 Westflandern

Radrennfahrer
6 Merckx

Reformator
4 Bray

Schlachtenorte
8 Waterloo
13 Belle-Alliance

Schriftsteller
5 Claes, Hocke, Moens
6 Brulez, Coster
7 Eekhoud, Simenon
8 Herreman, Plisnier
9 Rodenbach, Streuvels, Verhaeren
10 Timmermans, Verschaeve
11 Maeterlinck

Schriftstellerin
6 Gevers

Staatsmann
5 Spaak

Städte
3 Ath, Hal, Huy, Mol, Spa
4 Gand, Genk, Gent, Lier, Mons
5 Aalst, Alost, Arlon, Eupen, Liège, Namur, Ypern
6 Bergen, Deurne, Dinant, Loewen
7 Bruegge, Hasselt, Hoboken, Limburg, Lokeren, Ostende, Seraing, Tournai
8 Bruessel, Luettich, Mechelen, Verviers
9 Antwerpen, Charleroi, Roeselare
10 Borgerhout, Maastricht

Volksteile
6 Flamen
8 Wallonen

Währung
4 Cent, Euro

belgisch-französische(r, s)
Gebiet
8 Flandern
Jägertruppe
9 Chasseurs
Komponist
6 Franck
Maler
8 Vlaminck
Schriftsteller
6 Mockel
9 Lemonnier
Belichtungsmesser
8 Luxmeter
beliebt
7 begehrt, gaengig, gefragt
8 populaer
10 geschaetzt, willkommen
beliebte(r, s)
Aquariumtier
9 Goldfisch
Schlager
3 Hit
Beliebtheit
5 Gunst
7 Anklang
8 Zuspruch
Belize
Gebirge
11 Mayagebirge
Hauptstadt
8 Belmopan
Stadt
10 Belize City
Währung
4 Cent
6 Dollar
bellen
8 klaeffen
10 anschlagen
Bellen des Hundes
8 Geklaeff
bellfreudieger Hund
8 Klaeffer
Belohnung
5 Preis
7 Praemie, Primage
8 Primgeld
9 Abfindung
10 Verguetung
11 Anerkennung, Honorierung, Nachzahlung
14 Entschaedigung
15 Erkenntlichkeit
Belt, Sund
8 Meerenge
Belüfter
10 Ventilator
belustigen
9 erheitern
10 vergnuegen
11 delektieren
belustigend
7 komisch
8 amuesant
bemängeln
6 tadeln
7 maekeln, meckern
8 monieren
11 kritisieren
bemänteln
9 verdecken
12 beschoenigen
bemäntelter Spott
6 Ironie
bemerken
10 wahrnehmen
bemerkenswert
7 notabel, wichtig
9 bedeutend
11 interessant
15 aufschlussreich
Bemerkung
4 Wort
5 Notiz
6 Glosse, Kritik
8 Fussnote
9 Ausspruch, Darlegung, Kommentar
10 Aphorismus
11 Wahrnehmung
12 Feststellung
neben dem Text
9 Randnotiz
bemittelt
5 reich
10 vermoegend, wohlhabend
Bemühung
5 Eifer
7 Einsatz
11 Anstrengung
benachbart
7 nebenan
9 umliegend
benachrichtigen
9 mitteilen
11 informieren
12 unterrichten
benedeien
6 segnen
12 seligpreisen
Benediktinerabtei
am Main
4 Banz
an der Donau
4 Melk
bei Höxter
6 Corvey
bei Rom
5 Farfa
bei Sigmaringen
6 Beuron
im Kanton Schwyz
10 Einsiedeln
in der Eifel
10 Maria Laach
in Frankreich
3 Bec
5 Cluny
15 Mont-Saint-Michel
in Italien
6 Bobbio
9 Camaldoli
12 Monte Cassino
in Oberbayern
5 Ettal
10 Wessobrunn
in Prag
5 Emaus
in Prüm
6 Regino
Benediktion
5 Weihe
7 Segnung
Benehmen
3 Art, Pli
5 Getue, Tenue, Zucht
6 Benimm, Brauch, Fehler, Gehabe, Manier, Niveau
7 Alluere, Anstand, Fauxpas, Gebaren, Gehaben, Haltung, Ordnung, Schliff
8 Allueren, Betragen, Eiertanz, Etikette, Fuehrung, Konduite, Manieren, Ziererei
9 Auftreten, Disziplin, Erziehung, Kraenkung, Lebensart, Protokoll, Verhalten, Zeremonie
10 Auffuehren, Courtoisie, Einordnung, Gebaerdung
11 Kinderstube, Lebensweise, Umgangsform, Zeremoniell
12 Hoeflichkeit, Starallueren
13 Umgangsformen, Wohlverhalten
14 Imponiergehabe, Unhoeflichkeit
15 Weltlaeufigkeit
17 Diszipliniertheit
Beneluxstaaten
7 Belgien
9 Luxemburg
11 Niederlande
benennen
10 bezeichnen, nominieren
Benennung
4 Name
10 Nomination
bengalisches Flächenmaß
5 Kauri
Bengel
5 Junge, Range
7 Bursche, Lausbub, Luemmel
8 Wildfang
9 Schlingel
10 Lausejunge
Benin
Fluss
5 Ouémé
Gebirge
7 Atakora
Hauptstadt
9 Porto Novo
Städte
5 Kandi
6 Abomey
7 Cotonou, Parakou

Volksstämme
3 Ewe, Fon
4 Adja
6 Joruba, Yoruba
Währung
5 Franc
benommen
9 somnolent
Benommenheit
5 Amenz, Sopor
6 Taumel
7 Amentia
benoten
9 zensieren
benötigte Mittel
7 Aufwand
benutzbar
11 praktikabel
Benzin von Rohöl trennen
6 toppen
Benzinbehälter
4 Tank
8 Kanister
benzinbetriebene Kraftmaschine
9 Ottomotor
Benzinsorte
5 Super
6 Normal
9 Super Plus
17 Zweitaktergemisch
Benzolabkömmling
7 Pyridin
Benzolalkohol
6 Karbol
Benzolderivat
9 Mesitylen
beobachten
6 peilen
7 schauen, zusehen
8 belauern, bewachen, erkennen, lauschen
9 beluchsen, verfolgen, zuschauen
10 belauschen, beschatten, bespitzeln, betrachten, wahrnehmen
Beobachter
6 Posten
7 Zuseher
8 Waechter, Zaungast
9 Aufpasser
Beobachtung
11 Observation
Beobachtungsgeräte
8 Fernglas, Fernrohr, Teleskop
9 Mikroskop, Orthoskop
Beobachtungsstation
5 Warte
13 Observatorium
bequem
4 faul
5 leger, traeg
6 kommod, traege
7 laessig, passend
8 angenehm, guenstig, heimelig, heimisch, lauschig, muehelos, wohnlich
9 behaglich
10 annehmlich, gemuetlich
11 komfortabel
bequemer Sessel
8 Dormeuse
Bequemlichkeit
7 Komfort
10 Konvenienz
beratend
11 konsultativ
beratende
Körperschaft
6 Beirat
Rede
8 Suasorie
Berater
5 Tutor
6 Mentor
7 Sponsor
8 Anleiter, Ratgeber
9 Ausschuss, Dramaturg, Konsultor
10 Konsultant
11 Instrukteur
12 Fuersprecher
bei Auslandsvertretungen
7 Attaché
der Regie
9 Dramaturg
des japanischen Kaisers
5 Genro
des Kaisers Augustus
8 Maecenas
beratschlagen
11 konferieren
Beratung
6 Konzil, Plenum, Synode
7 Debatte, Konvent, Session, Sitzung
8 Kongress, Konklave, Marathon
9 Anleitung, Konferenz, Konsilium, Symposion
10 Empfehlung
11 Besprechung, Eroerterung, Konventikel, Versammlung
12 Konsistorium, Konsultation
13 Gipfeltreffen, Plenarsitzung
15 Gipfelkonferenz, Marathonsitzung, Vollversammlung
Beratungsraum
8 Kabinett
Beräucherung mit Weihrauch
6 Inzens
Beraun-Quellfluss
6 Uslawa
Beraun-Zufluss
6 Strela
berauschend
10 narkotisch
berauscht
7 trunken
10 euphorisch
Berber
5 Targi
9 Rifkabyle
Berberdialekt
9 Kabylisch
Berberitze
8 Blutdorn
9 Essigdorn, Sauerdorn
Berbermantel
8 Djellaba
Berbersprache
6 Zenaga
Berberstämme
6 Tuareg
7 Kabylen
8 Guanchen
9 Mozabiten
10 Rifkabylen
Berchtesgadener
Alpenberg
5 Goell
Alpenpass
9 Hallthurm
berechnen
8 bewerten
9 schaetzen
11 kalkulieren, kombinieren
Berechnung
7 Kalkuel
11 Kalkulation, Kombination, Spekulation
von Bauwerken
9 Baustatik
Berechnungsgrundlage bei Bauwerken
6 Statik
berechtigen
7 befugen
8 erlauben, zulassen
12 autorisieren, ermaechtigen
berechtigte Forderung
8 Anspruch
beredsam
6 beredt
8 eloquent
Beredsamkeit
5 Suada, Suade
8 Eloquenz, Rhetorik
Bereich
3 Gau
4 Raum, Zone
6 Bezirk, Gebiet, Gegend, Region
7 Sektion, Sphaere, Terrain
8 Distrikt
9 Dimension
der Erdrinde
8 Mesozone
der Technik
6 Bionik
der Zoologie
9 Faunistik
um den Atomkern
7 Orbital
zwischen zwei Punkten
9 Intervall

bereinigen
7 einigen, klaeren
8 beilegen
9 beruhigen, einrenken, hinbiegen
10 ausbuegeln, aussoehnen, eingreifen, schlichten, versoehnen
11 berichtigen, geradebigen
13 zurechtbiegen
14 uebereinkommen, zurechtruecken
15 bewerkstelligen

bereit
3 fit
4 klar
5 artig, parat
6 fertig, willig
7 gefuege, gewillt, willens
8 gefuegig, gesonnen
9 gefaellig, geruestet, gutwillig, startklar
11 willfaehrig

bereiten
6 machen
8 fertigen
9 anrichten, zurichten
10 anfertigen, herstellen
11 fabrizieren

bereits
5 schon
7 laengst

Bereitschaftsdienst
9 Notdienst

Bereitschaftsruf
5 Alarm

bereitwillig
4 gern

Beresina-Zuflüsse
3 Ola, Spa
4 Bobr, Olsa, Ussa
5 Jessa, Klewa, Uscha, Wolka
6 Plisse
9 Olschanka, Sergutsch
10 Swislotsch

Berg
siehe auch: betreffende Länder
5 Hoehe
6 Huegel
7 Anhoehe
8 Erhebung

auf Korsika
5 Cinto
7 Rotondo

auf Madeira
5 Ruivo

auf Menorca
4 Toro

auf Neuseeland
6 Tasman
8 Aspiring

auf Teneriffa
5 Teide

bei Aalen
3 Ipf

bei Bregenz
8 Pfaender

bei Garmisch-Partenkirchen
4 Wank
8 Schachen

bei Lugano
3 Bre

bei Rio de Janeiro
9 Zuckerhut

der Allgäuer Alpen
8 Gruenten

der Bibel
5 Sinai, Tabor
6 Hermon, Karmel
7 Garazim
9 Zion Horeb

der Gesetzgebung
5 Horeb

der Stubaier Alpen
8 Hocheder

im Allgäu
8 Gruenten
9 Nebelhorn

im Ammergebirge
8 Saeuling

im Bayerischen Wald
5 Arber, Lusen, Osser
6 Rachel
12 Grosser Arber

im Bregenzer Wald
8 Hochifen
9 Hoher Ifen

im Harz
4 Asse
7 Brocken
8 Wurmberg
11 Rammelsberg

im Hegau
9 Neuhoewen
10 Hohentwiel

im Himalaja
6 Lhotse
9 Annapurna, Badrinath
11 Nanga Parbat
12 Mount Everest

im Kaukasus
6 Elbrus

im Odenwald
7 Malchen
9 Melibokus

im Taunus
9 Altkoenig

in den Dolomiten
9 Langkofel

mit Hochebene
9 Tafelberg

Bergabhang
5 Leite
7 Talhang

bergabwärts wehender Luftstrom
8 Fallwind

Bergahorn
4 Urle

Bergarbeiter
5 Hauer
6 Knappe, Kumpel
7 Hallore, Steiger
8 Bergmann

Bergbahn
4 Lift
7 Skilift
8 Babylift, Seilbahn
10 Gondellift, Sessellift
11 Kabinenbahn, Schlepplift, Schwebebahn, Zahnradbahn
13 Drahtseilbahn
15 Seilschwebebahn

Bergbauanlage
4 Mine
5 Floez, Grube, Halde, Lutte, Pumpe, Streb, Zeche
7 Querbau, Rutsche, Schacht, Stollen, Tagebau, Versatz
8 Bausohle, Bohrloch, Strebbau, Tuebbing
9 Berghalde, Bremsberg, Tuerstock
10 Querschlag
11 Foerderband, Foerderkorb, Foerderturm, Tiefbohrung
12 Bergschmiede, Grubenausbau, Untertagebau
13 Foerderanlage, Wetterschacht

Bergbauexperte
9 Montanist

Bergbaugebiet in Afrika
4 Kilo
5 Shaba
7 Katanga

Bergbaugeräte
4 Haue
5 Eisen, Picke
6 Bohrer
8 Faeustel, Schlegel
9 Schlaegel
10 Bohrhammer
11 Wetterlampe
12 Pickelhammer
15 Pressluftbohrer, Presslufthammer

bergbaulich
6 montan

Bergbauort
in Gabun
6 Moanda

in Grönland
6 Umanak

in Israel
5 Timna

in Rumänien
4 Brad
5 Anina

in Schweden
9 Dannemora

Bergbesteigung
8 Aufstieg

Bergdurchstich
6 Tunnel

Bergeinschnitt
3 Tal

5 Cañon, Kamin, Klamm, Kluft, Tobel
8 Schlucht

Bergerbse
4 Erve, Orbe

Bergfeste in Messenien
3 Ira

Bergflachs
9 Leinblatt

Bergform
5 Kegel

Bergfried
4 Turm
6 Donjon
8 Belfried, Burgturm, Wehrturm
9 Hauptturm

Berggasthof
5 Baude
6 Huette
10 Schutzhaus

Berggeist
4 Gnom
6 Kobold
9 Ruebezahl

Berggipfel
3 Pic, Pik, Piz, Ras
4 Gupf, Horn, Joch, Mont, Nock, Peak
5 Kegel, Kofel, Kogel, Koppe, Kuppe, Monte, Mount, Pizzo, Spitz, Zinne
6 Spitze, Zacken
7 Schober
8 Schrofen
9 Bergkuppe
10 Bergspitze

Berghang
5 Leite

Berghütte
5 Baude

Bergkammlinie
4 Grat

Bergkiefer
4 Arbe, Arve, Zirm
5 Zirbe
6 Spirke
7 Latsche
8 Knieholz
9 Legfoehre
12 Zirbelkiefer

Bergkristall
6 Morion
10 Rauchquarz

Bergkuppe
4 Kolm, Kulm, Nock
5 Kofel, Kogel, Koppe
6 Gipfel, Huegel

Bergland

bei Plauen
8 Vogtland

im Allgäu
7 Adelegg

in Hessen
6 Knuell
8 Spessart

in Niedersachsen
7 Suentel

zwischen Rhein/Main
8 Odenwald

Berglandbewohner(in)
7 Bergler
9 Berglerin, Gebirgler
11 Gebirglerin

Bergmann
5 Hauer, Muter
6 Haeuer, Knappe, Kumpel
7 Bergrat, Steiger
11 Bergmeister, Fahrsteiger, Foerdermann, Obersteiger
13 Reviersteiger
14 Schiessmeister
17 Oberberghauptmann

bergmännisch:

abgebaute Strecke
6 Altung

Ablotung
9 Seigerung

Abwassergraben
7 Anzucht

Ausbeutungsanspruch
6 Mutung

Blindschacht
8 Aufbruch

Böschungskegel aus Erde
4 Pape

Eimerbügel
7 Quenzel

Einschnitt im Flöz
6 Schram

enge Kluft
5 Liese

Erzhaltigkeit
4 Adel

Erzschicht
9 Lagergang

fest
7 klemmig

Gesteinshohlraum
8 Schlotte

Graben
7 Roesche

Grubenstützung
9 Zimmerung

hartes Gestein
6 Knauer

Hohlraumfüllung
7 Versatz

Karrenschieber
7 Laeufer

kleiner Gang
4 Trum

kleiner Schacht
7 Bremmer

Leiter
6 Fahrte

Querholz der Verkleidung
6 Zwange

Rüttelsieb
7 Raetter

Schacht herstellen
6 teufen

Schachthäuschen
4 Kaue

schlagendes Wetter
5 Ferch

Spießglanz
9 Raedelerz

Spitzhacke
8 Keilhaue

Stützholz
7 Stempel

Tiefe
5 Teufe

Tiefenbohrer
7 Schappe

Umkleideraum
4 Kaue

untere Streckenbegrenzung
5 Sohle

Verbindung zwischen Ausbaurahmen
6 Verzug

verlassene Lagerstätte
8 Wuestung

waagrecht
7 soehlig

Waschraum
4 Kaue

Wasserablaufrinne
8 Gefluder

Wasserleitung
5 Lutte

Wechsel
9 Umschicht

Wetteraustausch
9 Diffusion

Wetterleitung
5 Lutte

bergmännische Begriffe
3 Bau, Gas, Gor, Gur, Gut, Kux, Ort, Tag
4 Ader, Berg, Feld, Gang, Guss, Haue, Hund, Hunt, Kamm, Kaue, Korb, Mine, Nest, Rost, Seil, Trum
5 Abbau, Bruch, Fahrt, Ferch, Floez, Gagat, Grube, Gumpe, Halde, Lutte, Mugel, Picke, Senke, Sohle, Streb, Teufe, Tonne, Zeche
6 Abraum, Gezaeh, Huette, Knappe, Mutung, Schurf, Wetter, vor Ort
7 Anfahrt, Bergrat, Gebrech, Lachter, Meissel, Querbau, Schacht, Schicht, Stempel, Stollen, Strecke, Tagebau, Versatz
8 Geleucht, Scharung, Strebbau
9 Abteufung, Bergeisen, Bergrecht, Drahtseil, Gewinnung, Grubenbau, Grubengas, Pechkohle, Sprengung
10 Querschlag, Schuerfung
11 Bewetterung, Foerderband, Foerderkorb,

Foerderturm, Grubenlampe, Grubenlicht
12 Schlagwetter
13 Bergverwalter, Wetterschacht, taubes Gestein

Bergmannsgruß
9 Glueckauf

Bergmannshammer
8 Faeustel
9 Bergeisen, Schlaegel

Bergmannsmesser
9 Schaerper, Tscherper

Bergmannswerkzeug
7 Gezaehe
9 Spitzhaue

Bergmassiv
in Südtirol
9 Dolomiten
südlich von Luzern
7 Pilatus

Bergmatte im Kanton Uri
6 Ruetli

Bergnymphe
6 Oreade

Bergpfad
5 Steig, Stieg
10 Serpentine

Bergrettungsschlitten
5 Ackja

Bergrücken
4 Grat, Kamm
5 Kegel, Kuppe
6 Buckel, Buehel
bei Bamberg
9 Hassberge

Bergsattel
7 Scharte

Bergschlucht
5 Kamin, Klamm, Runse, Tobel
6 Abhang, Klause, Spalte
7 Abgrund, Couloir, Krachen
9 Bergseite
10 Felsspalte
11 Steilabfall
15 Gletscherspalte

Bergspitze
3 Pik, Piz
4 Horn, Peak, Pena, Pico
5 Hoehe, Kegel, Kofel, Kogel, Kuppe
6 Gipfel

Bergsteiger
7 Kraxler
8 Alpinist
9 Kletterer
11 Bergkraxler, Hochtourist
14 Gipfelstuermer
und Regisseur
7 Trenker

Bergsteigergeräte
4 Seil
6 Pickel
7 Eisbeil
8 Eishaken
9 Biwaksack, Eispickel
10 Steigeisen
13 Kletterhammer

Bergsteigerunterkunft
9 Alphuette

Bergsteigerwettbewerb
9 Alpiniade

Bergstock
am Vierwaldstätter See
8 Axenberg, Axenfels
bei Sankt Moritz
3 Err
der Adula-Alpen
3 Aul
der Albula-Alpen
3 Err
der Berner Alpen
6 Altels
der Pyrenäen
8 Maladeta
9 Maladetta
im Kanton Schwyz
4 Rigi
6 Auberg
in der Provence
7 Ventoux

Bergtataren im Kaukasus
5 Taulu

Bergübergang
3 Col
4 Joch, Pass
5 Toerl
6 Sattel
7 Scharte

Bergung der Früchte
5 Ernte

Bergweg
4 Pfad
5 Steig, Stieg
8 Aufstieg

Bergweide
3 Alm, Alp
4 Alpe, Mahd
5 Matte

Bergwerk
4 Mine
5 Grube, Puett, Zeche
8 Goldmine

Bergwerksanlage
6 Strebe
7 Schacht, Stollen
11 Verstrebung

Bergwerksanteil
3 Kux

Bergwerksgerät
6 Zughub

Bergwerksort auf Zypern
9 Kalavasos

Bergwild
4 Gams
6 Gaemse
9 Steinbock

Bergwind
am Comer See
6 Tivano
am Gardasee
6 Sopero
7 Paesano

Bergzug
im Fichtelgebirge
9 Waldstein
in Niedersachsen
7 Solling
in Rheinland-Pfalz
6 Haardt

Bericht
4 Avis
6 Exposé, Report
7 Artikel, Aussage, Chronik, Exposee, Meldung, Rapport, Referat
8 Bulletin
9 Darlegung, Reportage
10 Erzaehlung, Mitteilung
11 Darstellung, Information, Schilderung
12 Radiosendung
13 Niederschrift
14 Fernsehsendung, Reisereportage, Sportreportage
15 Rundfunksendung, Schauermaerchen, Zeitungsartikel
17 Schauergeschichte

Berichterstatter
8 Referent, Reporter, Sprecher
9 Erzaehler, Kolumnist, Publizist
10 Journalist, Pressemann
11 Kommentator, Korreferent, Schmierfink
12 Bildreporter, Chefreporter, Erzaehlender, Leitartikler, Zeitungsmann
13 Korrespondent, Lokalreporter
17 Zeitungsschreiber

Berichterstattung
6 Report
7 Referat, Vortrag
8 Bulletin
9 Reportage
10 Mitteilung, Sachreport
11 Information

berichtigen
7 aendern, klaeren
9 abklaeren, klarieren, klarlegen
10 abstreiten, ausbessern, bereinigen, emendieren, revidieren, stornieren, verbessern, widerrufen
11 dementieren, klarstellen, korrigieren
14 richtigstellen
15 korrektionieren

berichtigend
9 korrektiv

Berichtigung
6 Storno
7 Dementi
8 Klaerung, Revision, Widerruf

9 Korrektur
10 Klarlegung
11 Bereinigung, Stornierung
12 Klarstellung, Verbesserung
13 Entraetselung
15 Richtigstellung

Berieselungsgerät
6 Regner
9 Sprinkler

berittene(r)
Söldner im Mittelalter
7 Reisige
Stierkämpfer
7 Picador, Pikador
8 Toreador
Truppe
9 Reiterzug
USA-Polizist
6 Ranger

Berlin
Architekt
4 Taut
5 March
Ärzte
4 Bier
7 Virchow
8 Hufeland
10 Sauerbruch
Ausflugsort
7 Gruenau
Ausflugswagen
7 Kremser
Baumeister
5 Engel, Hasak
6 Messel
8 Schinkel
Bauwerke
8 Funkturm, Zeughaus
9 Reichstag
10 Interhotel, Staatsoper
11 Fernsehturm, Weltzeituhr
12 Europa-Center, Siegessaeule
13 Kongresshalle
14 Olympiastadion
16 Brandenburger Tor, Deutschlandhalle
17 Gedaechtniskirche
Bildhauer
7 Schadow
8 Reinhold
9 Schlueter
Brötchen
8 Schrippe
Brötchenform
8 Knueppel
Buchdrucker
7 Litfass
Chemiker
6 Achard
Dirigent
4 Ochs
Eckensteher
5 Nante
Flughäfen
5 Gatow, Tegel
9 Tempelhof
11 Schoenefeld
Flüsse
5 Dahme, Havel, Panke, Spree
früheres Kabarett
9 Insulaner
Glas Bier
5 Molle
Hautarzt
6 Lassar
Kabarett
6 Distel
15 Stachelschweine
Kabarettist
6 Gruner
7 Neumann
Komiker
5 Carow
Komponisten
4 Buda
6 Lincke, Meisel
Maler
4 Held
5 Kolbe
7 Blechen
9 Leistikow
obergäriges Bier
6 Weisse
Operettenkomponisten
5 Kollo
6 Lincke
8 Kuenneke
Prachtstraßen
6 Kudamm
14 Unter den Linden
15 Kurfuerstendamm
Regierende Bürgermeister
4 Suhr
5 Vogel
6 Brandt, Momper, Reuter, Stobbe
7 Albertz, Diepgen, Schuetz
8 Wowereit
9 Schreiber
11 Weizsaecker
Revue-Komponist
6 Nelson
Schlagersänger
6 Buhlan
Schriftsteller
5 Hille
6 Scholz
Seen
7 Wannsee
9 Seddinsee
10 Mueggelsee, Nikolassee, Tegeler See
11 Krumme Lanke, Ploetzensee
12 Grunewaldsee
Sender
3 SFB
Spezialitäten
5 Molle
6 Weisse
7 Bulette, Eisbein
15 Weisse mit Schuss
Spitzname
3 Ede
4 Atze
5 Nante
Stadtteile und Ausflugsziele
4 Buch
5 Britz, Gatow, Karow, Rudow, Tegel
6 Buckow, Dahlem, Kladow, Moabit
7 Frohnau, Gruenau, Luebars, Malchow, Marzahn, Nordend, Rixdorf, Schloss, Staaken, Stralau, Wannsee, Westend
8 Biesdorf, Buchholz, Halensee, Kiekemal, Lankwitz, Ruhleben, Schildow, Schoenow, Suedende, Tegelort, Wittenau
9 Adlershof, Altkoelln, Bohnsdorf, Eichwalde, Friedenau, Glienicke, Grunewald, Hermsdorf, Herzberge, Kaulsdorf, Mahlsdorf, Rahnsdorf, Rosenthal, Witzleben, Wuhlheide, Zitadelle
10 Amalienhof, Falkenberg, Hakenfelde, Haselhorst, Joersfelde, Karlshorst, Mariendorf, Nikolassee, Saatwinkel, Tiefwerder, Uhlenhorst, Wartenberg, Wuhlgarten
11 Blankenburg, Borsigwalde, Falkenhorst, Heerstrasse, Heiligensee, Heinersdorf, Hellersdorf, Lichtenrade, Marienfelde, Pfaueninsel, Pichelsdorf, Ploetzensee, Wilhelmsruh, Wolfsgarten
12 Altglienicke, Blankenfelde, Hirschgarten, Johannisthal, Klosterfelde, Konradshoehe, Lichterfelde, Schmoeckwitz, Schulzendorf, Siemensstadt, Sophienstadt, Wilhelmstadt
13 Gesundbrunnen, Jungfernheide, Pichelswerder, Schlachtensee, Schmargendorf, Schoenerlinde, Spindlersfeld, Waidmannslust
14 Baumschulenweg, Charlottenburg, Dorotheenstadt

15 Friedrichsfelde, Friedrichshagen, Friedrichsstadt
16 Friedrichswerder, Oberschoeneweide
17 Hohenschoenhausen

Symbolfigur
4 Baer
8 Berolina

Verwaltungsbezirke
5 Mitte
6 Pankow
7 Spandau, Treptow, Wedding
8 Steglitz
9 Koepenick, Kreuzberg, Neukoelln, Tempelhof
10 Tiergarten, Weissensee, Zehlendorf
11 Lichtenberg, Schoeneberg, Wilmersdorf
13 Reinickendorf
14 Charlottenburg, Friedrichshain, Prenzlauer Berg

Wahrzeichen
8 Funkturm
16 Brandenburger Tor

Wappentier
4 Baer

Zeichner
5 Zille

berlinerisch:

fein
6 knorke
8 schnieke

Kneipe
6 Stampe

Kneipenwirt
7 Budiker

schick
8 schnieke

tadellos
6 knorke

tanzen
8 schwofen

Tölpel
6 Boofke

Ungebildeter
6 Boofke

Bermudas

Hauptort
8 Hamilton

Inseln
7 Ireland
8 Somerset
11 Saint George

Berner

Alpengipfel
5 Eiger
6 Moench
8 Balmhorn, Faulhorn, Gummfluh, Jungfrau, Wildhorn
10 Wetterhorn
14 Finsteraarhorn

Alpenpass
5 Gemmi

Alpenübergang
9 Rawilpass

Voralpenhöhe
8 Hochgant

Bernina-Alpengipfel
5 Palue

Bernina-Alpengletscher
5 Roseg

bersten
7 brechen, krachen, platzen
8 losgehen
9 krepieren
10 detonieren, zerbrechen, zerknallen
11 explodieren, implodieren, zerspringen

berüchtigt
5 uebel
6 gemein
8 schlecht, verrufen
9 anruechig, notorisch
11 gefaehrlich

Berücksichtigung
9 Beachtung, Erwaegung
10 Anrechnung
12 Einbeziehung

Beruf
3 Job
4 Fach
5 Stand
6 Metier, Praxis
10 Profession, Taetigkeit

Berufe
4 Arzt, Koch, Mime, Ober
5 Autor, Clown, Lotse, Maler, Mimin, Notar, Pilot, Weber
6 Akteur, Anatom, Anwalt, Artist, Beizer, Brauer, Cutter, Dozent, Dreher, Fahrer, Fiaker, Former, Geiger, Gerber, Gipser, Glaser, Jurist, Kantor, Lehrer, Lektor, Lotsin, Magier, Makler, Maurer, Naeher, Nieter, Planer, Polier, Reeder, Setzer, Solist, Walzer, Wirker
7 Advokat, Aerztin, Aktrice, Ansager, Autorin, Baecker, Buegler, Cellist, Chirurg, Chorist, Dentist, Dichter, Diseuse, Drogist, Drucker, Faerber, Fischer, Flieger, Fraeser, Geograf, Geologe, Giesser, Hebamme, Kellner, Koechin, Lederer, Literat, Malerin, Masseur, Metteur, Metzger, Monteur, Mueller, Musiker, Notarin, Oekonom, Pfleger, Pianist, Pilotin, Richter, Saenger, Sattler, Schmied, Seemann, Selcher, Spinner, Statist, Stepper, Steward, Taenzer, Toepfer, Urologe, Weberin, Wickler, Zoologe
8 Allopath, Anatomin, Archivar, Artistin, Assessor, Astronom, Barmixer, Beizerin, Chefarzt, Chemiker, Chordame, Chorherr, Cutterin, Dirigent, Dozentin, Dreherin, Dresseur, Erfinder, Erzieher, Essayist, Facharzt, Fahrerin, Fiakerin, Floesser, Foerster, Formerin, Forscher, Fotograf, Fuhrmann, Geigerin, Geograph, Gerberin, Gipserin, Glaserin, Hausarzt, Humorist, Juristin, Kantorin, Klempner, Komparse, Konditor, Kritiker, Kutscher, Laborant, Layouter, Lehrerin, Lektorin, Maklerin, Masseuse, Naeherin, Nieterin, Oberarzt, Organist, Phiologe, Physiker, Planerin, Polierer, Reporter, Schiffer, Schoeffe, Schuster, Setzerin, Solistin, Spengler, Sprecher, Statiker, Stricker, Syndikus, Theologe, Tierarzt, Tischler, Urologin, Verleger, Wirkerin, Wundarzt, Zahnarzt, Zeichner, Zimmerer, Zoologin
9 Advokatin, Ansagerin, Anwaeltin, Apotheker, Appreteur, Architekt, Arrangeur, Astrologe, Augenarzt, Baeckerin, Bandagist, Bauglaser, Bauleiter, Beisitzer, Bildhauer, Boettcher, Botaniker, Bueglerin, Cellistin, Chauffeur, Chirurgin, Dentistin, Dichterin, Disponent, Dramaturg, Drechsler, Drogistin, Druckerin, Emailleur, Expedient, Faerberin, Fischerin, Fleischer, Fliegerin, Forstwart, Fraeserin, Gastronom, Geografin, Giesserin, Grafologe, Hutmacher, Ingenieur, Intendant, Internist, Irrenarzt, Justierer, Kloeppler, Kolumnist, Komparsin, Komponist,

Korrektor, Lackierer,
Leinweber, Literatin,
Lithograf, Lohgerber,
Mediziner, Metzgerin,
Moderator, Monteurin,
Montierer, Muellerin,
Musikerin, Neurologe,
Operateur, Paedagoge,
Paediater, Pantomime,
Pflegerin, Phiologin,
Pianistin, Produzent,
Prosektor, Redakteur,
Regisseur, Repetitor,
Richterin, Rohrleger,
Romancier, Saengerin,
Schaffner, Schleifer,
Schlosser, Schneider,
Schnitzer, Schoeffin,
Schreiner, Souffleur,
Soziologe, Spediteur,
Spielwart, Spinnerin,
Statistin, Steinmetz,
Stenograf, Stepperin,
Stuckator, Taenzerin,
Taeschner, Theologin,
Toepferin, Uhrmacher,
Verleiher, Wicklerin,
Zurichter
10 Archivarin, Assessorin,
Astrologin, Astronomin,
Ausstatter, Barmixerin,
Baufuehrer, Baumeister,
Beleuchter, Chansonier,
Chauffeuse, Chemikerin,
Choreograf, Dachdecker,
Darsteller, Dienstmann,
Dirigentin, Elektriker,
Erfinderin, Erzieherin,
Essayistin, Fahrlehrer,
Fassbinder, Fernfahrer,
Floesserin, Foersterin,
Forscherin, Fotografin,
Fotomodell, Frauenarzt,
Geographin, Grafologin,
Graphologe, Handsetzer,
Handwerker, Hersteller,
Historiker, Homoeopath,
Humoristin, Impresario,
Inspizient, Journalist,
Kameramann,
Kolporteur, Konditorin,
Kritikerin, Kuerschner,
Kutscherin, Laborantin,
Layouterin, Librettist,
Lithograph, Mineraloge,
Neurologin, Ofensetzer,
Organistin, Orthopaede,
Paedagogin,
Pantomimin,
Pharmazeut, Physikerin,
Poliererin, Psychiater,
Quizmaster, Referendar,
Reporterin, Retuscheur,
Sanitaeter, Schlachter,
Schweisser, Scriptgirl,
Souffleuse, Soziologin,
Sprecherin, Statikerin,
Stenograph,
Stewardess, Strickerin,
Stuckateur, Tapezierer,
Taxifahrer, Tonmeister,
Verlegerin, Veterinaer,
Vorfuehrer, Zeichnerin,
Zimmermann,
Zugfuehrer
11 Akquisiteur, Anstreicher,
Apothekerin,
Archaeologe, Architektin,
Bahnbeamter,
Bahnbeamtin,
Bandagistin, Bauarbeiter,
Bautischler, Beisitzerin,
Bildhauerin, Bildmischer,
Biochemiker,
Bordmonteur,
Botanikerin,
Buchdrucker,
Chansonnier,
Chefaerztin,
Choreograph,
Chorsaenger,
Dermatologe,
Disponentin,
Dramaturgin,
Drechslerin,
Eisenbahner, Emailleurin,
Expedientin, Fachaerztin,
Forstwartin, Galvaniseur,
Garderobier,
Gastronomin,
Ghostwriter,
Graphologin,
Gynaekologe,
Hausaerztin, Holzfaeller,
Hutmacherin, Illustrator,
Ingenieurin, Intendantin,
Internistin, Justiererin,
Kabarettist, Kaminsetzer,
Kloepplerin,
Knopfmacher,
Kolumnistin,
Komponistin, Kontrolleur,
Korrektorin, Kraftfahrer,
Kranfuehrer, Lackiererin,
Leinweberin, Lithografin,
Lohgerberin,
Magnetiseur,
Medizinerin, Mineralogin,
Moderatorin,
Montiererin, Oberaerztin,
Orthopaedin,
Produzentin,
Redakteurin,
Regisseurin, Reiseleiter,
Requisiteur, Schaffnerin,
Schlaechter, Schleiferin,
Schneiderin, Schnitzerin,
Schreinerin,
Schuhmacher,
Solotaenzer, Sortimenter,
Spielleiter, Statistiker,
Steinsetzer, Stellmacher,
Stenografin, Stuckatorin,
Taeschnerin,
Tanzmeister, Tieraerztin,
Treuhaender,
Uhrmacherin,
Wehrfuehrer,
Wundaerztin,
Zahnaerztin,
Zollbeamter,
Zollbeamtin, Zurichterin,
Zuschneider
12 Anaesthesist,
Archaeologin,
Atomphysiker,
Augenaerztin,
Ausstatterin,
Bauschlosser,
Beleuchterin,
Betongiesser,
Bibliothekar, Bildreporter,
Buchhaendler,
Buehnenmaler,
Bundesanwalt,
Choreografin,
Conférencier,
Darstellerin,
Dermatologin,
Elektrikerin, Fahrlehrerin,
Fassbinderin,
Fernfahrerin,
Fleischhauer,
Fliesenleger,
Forstmeister,
Garderobiere,
Geruestbauer,
Gynaekologin,
Handsetzerin,
Handwerkerin,
Herstellerin, Historikerin,
Homoeopathin,
Inspizientin, Installateur,
Irrenaerztin, Journalistin,
Karikaturist,
Konstrukteur,
Korrepetitor,
Kuerschnerin,
Librettistin, Lichtbildner,
Liedermacher,
Lithographin,
Maurerpolier,
Oberfoerster,
Opernsaenger,
Parkaufseher,
Parkettleger,
Parkwaechter,
Patentanwalt,
Pharmakologe,
Pharmazeutin,
Plattenleger,
Privatdozent,
Rechtsanwalt,
Referendarin,
Sanitaeterin,
Schauspieler,
Staatsanwalt,
Stenographin,
Strassenwart,
Stuckateurin,
Tapeziererin,
Taxifahrerin,
Toningenieur,
Tonmeisterin,
Tonschneider,
Tontechniker,
Transporteur,

Trickmeister,
Veterinaerin,
Vorfuehrerin,
Waldarbeiter,
Zimmerpolier,
Zugbegleiter,
Zugfuehrerin
13 Assistenzarzt,
Autoschlosser,
Bildberichter,
Bildmischerin,
Bildregisseur,
Bildschneider,
Bildtechniker,
Biochemikerin,
Buchdruckerin,
Choreographin,
Chorsaengerin,
Drehbuchautor,
Eisenbahnerin,
Feuilletonist,
Filmregisseur,
Frauenaerztin,
Gewandmeister,
Illustratorin,
Kabarettistin,
Kapellmeister,
Knopfmacherin,
Korrespondent,
Kraftfahrerin,
Maskenbildner,
Pharmakologin,
Programmierer,
Radiosprecher,
Reiseleiterin,
Requisiteurin,
Roentgenologe,
Schriftleiter,
Schriftsetzer,
Solotaenzerin,
Spielleiterin, Statistikerin,
Tanzmeisterin,
Treuhaenderin,
Zuschneiderin
14 Anaesthesistin,
Anzeigenleiter,
Atomphysikerin,
Aufnahmeleiter,
Ballettmeister,
Bibliothekarin,
Bildreporterin,
Bordmechaniker,
Buchhaendlerin,
Buehnenbildner,
Buehnenmalerin,
Elektromonteur,
Fliesenlegerin,
Forstmeisterin,
Fremdenfuehrer,
Gepaecktraeger,
Gerichtsdiener,
Hutformenbauer,
Installateurin,
Karikaturistin,
Konzertmeister,
Korrepetitorin,
Krankenpfleger,
Lichtbildnerin,
Liedermacherin,
Lokalredakteur,
Lungenfacharzt,
Notenschreiber,
Oberfoersterin,
Opernsaengerin,
Parkaufseherin,
Parkettlegerin,
Parkwaechterin,
Plattenlegerin,
Privatdozentin,
Regieassistent,
Revierfoerster,
Roentgenologin,
Schauspielerin,
Schriftsteller,
Sportredakteur,
Strassenbahner,
Toningenieurin,
Tonschneiderin,
Tontechnikerin,
Trickmeisterin,
Weichensteller,
Werkzeugmacher,
Zugbegleiterin
15 Bildregisseurin,
Bildschneiderin,
Bildtechnikerin,
Bundesanwaeltin,
Diplomingenieur,
Drehbuchautorin,
Fernsehreporter,
Feuilletonistin,
Filmregisseurin,
Fuhrunternehmer,
Gewandmeisterin,
Glasaugenmacher,
Heizungsmonteur,
Kapellmeisterin,
Korrespondentin,
Kriminalbeamter,
Kriminalbeamtin,
Logenschliesser,
Maschinensetzer,
Maskenbildnerin,
Patentanwaeltin,
Programmiererin,
Psychotherapeut,
Radiosprecherin,
Rechtsanwaeltin,
Schriftleiterin,
Schriftsetzerin,
Staatsanwaeltin,
Verlagskaufmann,
Vertriebsleiter,
Wissenschaftler
16 Anzeigenleiterin,
Assistenzaerztin,
Aufnahmeleiterin,
Ballettmeisterin,
Buehnenbildnerin,
Elektromonteurin,
Fernsehtechniker,
Fremdenfuehrerin,
Gerichtsdienerin,
Hutformenbauerin,
Konzertmeisterin,
Krankenschwester,
Lokalredakteurin,
Notenschreiberin,
Regieassistentin,
Revierfoersterin,
Schriftstellerin,
Sportredakteurin,
Strassenbahnerin,
Verkehrspolizist
17 Diplomingenieurin,
Fernsehreporterin,
Fuhrunternehmerin,
Glasaugenmacherin,
Logenschliesserin,
Lungenfachaerztin,
Maschinensetzerin,
Produktionsleiter,
Psychotherapeutin,
Rundfunktechniker,
Vertriebsleiterin,
Wissenschaftlerin

berufliche Tätigkeit
6 Arbeit

Berufsfahrer
9 Chauffeur

Berufsgenosse
7 Kollege

Berufskleidung
6 Kittel
7 Overall
8 Blaumann

Berufsreiter
6 Jockey

Berufssoldat
8 Soeldner
10 Kapitulant

Berufsspieler
9 Hasardeur

Berufssportler
5 Profi
12 Professional
13 Lizenzspieler

Berufssportveranstalter
8 Promoter

Berufsstand
8 Handwerk

Berufstätigkeit
6 Arbeit, Erwerb

Berufsvereinigung
4 Bund
5 Gilde, Zunft
6 Innung
7 Verband
12 Gewerkschaft
14 Genossenschaft

Berufsvorbereitungsdienst
9 Praktikum

Berufung
6 Rekurs
8 Charisma
9 Ernennung
11 Appellation
in ein Amt
8 Vokation

Berufungskläger
9 Appellant

Beruhigungsmittel
4 Brom
6 Codein, Dauner, Kodein
7 Kalmans, Quietiv, Sedativ

8 Baldrian, Bromural, Laudanum, Mitigans, Morphium
9 Quietivum, Sedativum, Temperans
10 Ataraktium, Kalmativum
12 Temperantium, Tranquilizer, Tranquillans
15 Psychopharmakon

berühmt
7 bekannt, beliebt, namhaft
8 illuster, populaer
9 anerkannt, prominent
10 renommiert
11 weltbekannt

berühmter
antiker Ringer
5 Milon
Brunnen in Rom
5 Trevi
Diamant
5 Orlow
7 Kohinur
8 Cullinan, Kohinoor
9 Excelsior
10 Grossmogul
Rubin
5 Timur
Schlagersänger
7 Popstar

Berühmtheit
4 Star
7 Vedette
9 Koryphaee

Berühmtheiten
8 Notabeln

berührbar
6 taktil

berühren
8 anfassen, betasten
9 tangieren

Berührung
7 Kontakt

Berührungsangst
10 Mysophobie

Berührungsempfinden
8 Tastsinn

Berührungslinie
8 Tangente

Berührungsverbot
4 Tabu

Berylliummineral
9 Bromellit

Besanstagsegel auf Dreimastern
3 Aap

Besatz
4 Bord, Saum
5 Biese, Borte, Endel, Gimpe, Jabot, Litze
6 Falbel, Franse, Galone, Paspel, Quaste, Solant, Tresse, Volant
7 Fransen, Ruesche
8 Borduere, Garnitur, Goscherl, Posament
9 Passepoil
10 Einfassung, Posamenter, Verzierung
14 Froschgoscherl

Besatzschnur
5 Gimpe, Litze
8 Soutache
11 Ansatzborte

Besatzung
4 Crew, Team
8 Einnahme, Garnison, Personal
9 Bemannung, Eroberung
10 Mannschaft, Okkupation
11 Besitznahme
15 Feindherrschaft, Fremdherrschaft
16 Okkupationsmacht

beschädigen
8 abnutzen
9 laedieren, ruinieren, verletzen, versehren
11 ramponieren

beschädigt
6 defekt, kaputt
8 laediert, verletzt, versehrt
9 verwundet
10 ramponiert

beschädigtes Schiff
5 Wrack
8 Havarist

Beschädigung
4 Leck, Loch, Riss
5 Bruch
6 Defekt
7 Einriss, Havarie, Schaden
10 Laedierung, Verletzung
11 Flurschaden, Landschaden
12 Laediertheit
14 Ramponiertheit
15 Schadhaftigkeit

beschaffen
8 besorgen, erwerben

Beschaffenheit
3 Art
5 Guete, Hexis, Weise, Wesen
7 Bildung, Zustand
8 Struktur
9 Qualitaet
10 Modalitaet
11 Eigenschaft, Veranlagung
12 Konstitution

Beschäftigten-Verminderung
5 Abbau

Beschäftigung
3 Job, Tun
6 Arbeit, Erwerb, Metier
8 Handwerk
10 Profession, Taetigkeit
mit Ufos
8 Ufologie

beschämen
9 blamieren
10 demuetigen
11 erniedrigen
12 blossstellen

beschämend
8 blamabel
11 demuetigend, schimpflich
12 erniedrigend

Beschämung
7 Blamage

beschatten
8 belauern
9 verfolgen
10 belauschen, beobachten, bespitzeln
11 ueberwachen

Beschau
4 Test
8 Pruefung, Revision
9 Kontrolle, Musterung
10 Inspektion
12 Besichtigung, Untersuchung

beschaulich
5 ruhig, still
7 muessig
8 erhebend
9 erbaulich, idyllisch, unbesorgt, versunken
10 besinnlich
12 kontemplativ

Beschaulichkeit
5 Musse

Bescheid
4 Avis, News
6 Report
7 Antwort
8 Auskunft, Reskript
9 Nachricht
10 Mitteilung
11 Information

bescheiden
6 gering, modest
7 einfach, maessig, sittsam, sparsam
8 duerftig
9 genuegsam
11 spartanisch
12 anspruchslos
13 beduerfnislos
14 eingeschraenkt

Bescheidenheit
5 Demut
9 Entsagung
11 Einfachheit, Maessigkeit
13 Genuegsamkeit, Zufriedenheit
14 Zurueckhaltung
15 Schuechternheit
17 Selbstbescheidung

bescheinigen
9 signieren
10 quittieren
11 attestieren, beglaubigen, bestaetigen
13 zertifizieren
14 unterschreiben

Bescheinigung
4 Pass
5 Beleg
6 Attest, Diplom, Papier, Schein, Testat, Zensur

7 Ausweis, Papiere, Urkunde, Zeugnis
8 Bollette, Nachweis, Quittung, Rechnung
9 Expertise
10 Erklaerung, Zertifikat
12 Beglaubigung, Bestaetigung
14 Garantieschein

beschichtetes Gewebe
9 Wachstuch

Beschießung
8 Kanonade
10 Kugelhagel, Kugelregen, Sperrfeuer
12 Bombardement, Trommelfeuer
13 Bombardierung

beschimpfen
8 schelten
9 schmaehen
10 beleidigen

Beschimpfung
6 Insult
7 Affront
10 Blasphemie, Schmaehung
11 Beleidigung

Beschlag
8 Hufeisen

beschlagen
4 firm
5 smart
6 kundig
8 versiert

Beschlagnahme
6 Arrest, Kaptur
7 Embargo, Fronung
8 Kaperung
9 Exekution, Pfaendung, Sicherung
10 Einziehung
11 Requisition
12 Konfiskation
13 Konfiszierung, Sequestration
14 Sicherstellung

beschlagnahmen
7 sichern
8 pfaenden
9 einziehen, enteignen, wegnehmen
10 beschaffen, usurpieren
11 annektieren, requirieren
12 konfiszieren
13 sicherstellen

Beschleuniger zur Atomumwandlung
9 Zyklotron

beschleunigt
5 eilig, rasch
7 express, schnell, stretto
8 frequent
11 accelerando

Beschleunigung
4 Eile, Hast
5 Spurt, Tempo
6 Avance
8 Endspurt
12 Tempozunahme
15 Schnellerwerden, Temposteigerung

beschließende Körperschaft
3 Rat

Beschluss
6 Dekret
10 Resolution

beschlussfähige Teilnehmerzahl
6 Quorum

beschmutzt
7 fleckig

beschränken
8 einengen

beschränkend
10 restriktiv

beschränkt
3 eng
4 doof, dumm
5 knapp
6 schmal, stupid
7 stupide
8 borniert
9 limitiert
11 philistroes

Beschränktheit
7 Einfalt
11 Stupiditaet
12 Borniertheit

beschreiben
9 schildern

Beschreibung
6 Report
7 Bericht
11 Deskription

beschuldigen
8 anklagen
9 vorwerfen
11 bezichtigen
13 inkriminieren

Beschuldigende(r)
7 Klaeger
9 Klaegerin

Beschuldigte(r)
10 Angeklagte
11 Angeklagter

Beschuldigung
5 Klage
7 Anklage
9 Belastung
12 Bezichtigung
14 Inkriminierung, Verdaechtigung

Beschützer
6 Patron
9 Protektor
10 Schirmherr, Schutzherr

Beschwerde
5 Klage, Muehe
6 Leiden, Rekurs
7 Muehsal, Querele, Schmerz
9 Einspruch
11 Reklamation

beschwerlich
6 streng
7 laestig, muehsam
9 aufregend, ermuedend, muehevoll, muehselig, schwierig
10 aufreibend
11 anstrengend, kompliziert, strapazioes
16 nervenaufreibend

Beschwerlichkeit
5 Muehe
8 Strapaze
11 Anstrengung, Muehsamkeit
13 Muehseligkeit, Schwierigkeit

beschwören
7 beeiden
9 beeidigen

beseitigen
9 entfernen
10 abschaffen, ausraeumen, vernichten, wegbringen
11 eliminieren, fortbringen, wegschaffen
12 fortschaffen
16 abtransportieren

Besenginster
4 Bram

besessen
6 gierig
7 gebannt, manisch
9 fanatisch, triebhaft, verrueckt, verzueckt

Besessenheit
4 Gier, Tick
5 Manie, Sucht
7 Ekstase, Passion, Raserei
11 Verzueckung
12 Leidenschaft

Besetzer fremden Gebiets
8 Okkupant

Besetzung
8 Einnahme
9 Eroberung
10 Okkupation

besichtigen
7 ansehen, besehen, blicken, mustern
8 angaffen, angucken, beaeugen, begaffen, begucken, fixieren
9 anschauen, anstarren, anstieren, beaeugeln, beglotzen, beschauen, studieren
10 beobachten, betrachten
11 anglubschen, beaugapfeln, begutachten

Besichtigung
7 Beschau
9 Musterung
10 Inspektion

Besichtigungsfahrt
9 Rundreise

Besichtigungsreise
9 Rundfahrt

Besichtigungstour im Luftfahrzeug
8 Rundflug

Besichtigungsweg
8 Rundgang
besiedeln
10 bevoelkern
12 kolonisieren
besinnlich
11 beschaulich
12 kontemplativ, nachdenklich
besinnungslos
11 ohnmaechtig
Besitz
3 Gut
4 Habe
5 Eigen
7 Anwesen
8 Eigentum, Reichtum
9 Sachwerte, Vermoegen
14 Habseligkeiten
15 Gesamtvermoegen, Vermoegenswerte
an verfügbarem Geld
9 Barschaft
Besitzanhäufung
7 Hortung
besitzanzeigend
9 possessiv
besitzanzeigendes Fürwort
3 ihm, ihr, mir
4 dein, euer, mein, sein
5 deine, meine, unser
Besitzer
6 Eigner, Halter, Mieter
7 Inhaber
8 Hausherr, Hauswirt, Paechter
11 Eigentuemer, Nutzniesser
einer Kunsthandlung
8 Galerist
Besitzergreifung
4 Raub
9 Aneignung, Diebstahl
10 Okkupation, Usurpation
besitzlos
3 arm
besitzlose Klasse
11 Proletariat
Besitzlosigkeit
5 Armut
Besitzwerte eines Unternehmens
6 Aktiva
Besoldung
4 Gage, Lohn
6 Gehalt, Salaer
7 Honorar
8 Wehrsold
9 Einkommen, Verdienst
10 Verguetung
besondere(r, s)
Anlage
4 Gabe
6 Talent
11 Befaehigung
Ansehen
6 Nimbus
Art einer Gattung
7 Spezies
Ausstrahlung
8 Charisma
Ausstrahlung eines Menschen
4 Aura
Fähigkeit
8 Begabung
Form der Religiosität
6 Mystik
Merkmal
8 Eigenart
pflanzliches Gewebe
7 Stereom
Ruf
6 Nimbus
Schnelligkeit
8 Eiltempo
Talent
4 Gabe
besonders
5 extra
6 eigens
8 speziell
12 vorzugsweise
14 hauptsaechlich
15 ausschliesslich
besonnen
8 gelassen
9 umsichtig
Besorgnis
5 Angst
7 Bangnis
bespanntes Fahrzeug
8 Fuhrwerk
Bespannung einer Trommel
4 Fell
bespitzeln
8 belauern
11 ueberwachen
besprechen
7 beraten, klaeren
9 eroertern, wuerdigen
10 beurteilen, verhandeln, verreissen
11 diskutieren, kritisieren, rezensieren
Besprechung
6 Kritik
7 Debatte, Referat, Verriss
8 Beratung
9 Gespraech, Konferenz, Rezension
10 Buchkritik, Diskussion, Filmkritik, Wuerdigung
11 Autoreferat, Kunstkritik, Musikkritik, Unterredung, Verhandlung
12 Autorreferat
13 Konzertkritik, Theaterkritik
14 Autorenreferat
15 Literaturkritik
Besprengung mit Weihwasser
9 Aspersion
besser machen
8 veredeln
11 meliorieren
bessere Situation
7 Vorteil
9 Vorsprung
Besserungsmittel
9 Korrektiv
Besserwisser
8 Meckerer, Noergler
10 Rechthaber, Staenkerer
Bestallung
11 Approbation
Bestallungsurkunde
6 Patent
9 Seepatent
Bestand
3 Ist
5 Dauer, Fonds, Masse
6 Fundus, Status, Vorrat
8 Inventar
9 Reservoir
beständig
4 stet, treu
6 stabil, stetig
8 konstant
9 andauernd, dauerhaft
12 zuverlaessig
13 unaufhoerlich
14 gleichbleibend, nicht abnutzbar
Beständigkeit
5 Dauer, Stete, Treue
11 Fortbestand, Haltbarkeit, Stabilitaet
Bestandsaufnahme
8 Inventur
Bestandsmengenbuch
7 Skontro
Bestandteil
5 Glied
6 Inhalt
8 Substanz, Zubehoer
10 Ingrediens, Ingredienz, Komponente
ätherischer Öle
6 Terpen, Zitral
der Ackererde
4 Gein
der Erdatmosphäre
4 Luft, Ozon
7 Edelgas
10 Sauerstoff, Stickstoff
11 Wasserdampf
12 Kohlendioxid, Kohlensaeure
der Erdkruste
7 Mineral
der fetten Öle
5 Olein
des Bienenwachses
5 Zerin
des Biers
4 Malz
des Kamillenöls
6 Azulen
des Meerwassers
4 Salz
vieler Flussnamen
4 Ache
Bestärkung
11 Affirmation
12 Versicherung

bestätigen
7 bejahen
8 festigen
9 besiegeln, zustimmen
10 anerkennen, genehmigen, quittieren
11 affirmieren, beglaubigen
12 bescheinigen, bewahrheiten
Bestätigung
6 Placet, Plazet
8 Sanktion
11 Approbation
12 Ratifikation
Bestätigungswort
5 Roger
beste
Lebensbedingungen
7 Optimum
Schulnote
4 eins
6 Einser
7 sehr gut
Zimtsorte
6 Kaneel
bestechlich
7 korrupt
Bestechung
10 Korruption
Besteckteile
5 Gabel, Kelle
6 Messer
7 Loeffel
10 Obstmesser, Teeloeffel
11 Kaesemesser, Kuchengabel
12 Schoepfkelle
13 Dessertmesser, Kaffeeloeffel, Suppenloeffel, Zuckerloeffel
bestehen
4 sein
6 dasein
7 erheben
8 ertragen, meistern, schaffen
9 behaupten, erzwingen, verlangen
10 existieren
11 bewaeltigen, insistieren
12 persistieren
Besteller(in)
12 Auftraggeber
14 Auftraggeberin
Bestellung
3 Abo
5 Bezug, Order
7 Auftrag, Buchung
10 Abonnement, Kommission
11 Anforderung
12 Reservierung, Subskription
bestens
5 prima
6 superb
7 optimal, sueperb
8 herrlich
9 exzellent, trefflich
10 primissima
11 erstklassig
Besteuerungsform
9 Splitting
Bestfall
7 Optimum
bestialisch
3 roh
6 brutal, gemein
7 grausam
8 viehisch
10 wandalisch
12 unmenschlich
13 fuerchterlich
Bestie
6 Untier
8 Raubtier, Unmensch
9 Ungeheuer
bestimmen
8 anordnen, anweisen, befehlen
10 statuieren
11 veranlassen
13 konstituieren
bestimmend
9 suggestiv
12 determinativ
bestimmende Wirkung
8 Einfluss
bestimmt
6 gewiss, sicher
7 fraglos
8 wahrlich
9 definitiv
10 konsequent
11 entschieden, kategorisch
bestimmte(r)
Artikel
3 das, dem, den, der, des, die
Augenblick
9 Zeitpunkt
Bedeutung
8 Sinnbild
Körperhaltung
7 Positur
Schädelstelle
6 Bregma
Teilchengröße
8 Koernung
Wärmegrad
8 Taupunkt
Wirkung habend
7 operant
Bestimmung
3 Los
4 Ziel
5 Fatum, Regel, Zweck
6 Dekret, Erlass, Kismet
7 Aufgabe, Fuegung, Mission
8 Massgabe
9 Anordnung, Bedingung, Regulativ, Schicksal
10 Definition, Erklaerung, Verordnung, Vorschrift
11 Designation, Destination
15 Reglementierung
Bestleistung
6 Rekord, Spitze
7 Maximum, Optimum
10 Weltrekord
12 Europarekord
bestmöglich
7 optimal
Bestmögliche (das)
7 Optimum
8 Optimale
Bestplatzierte(r)
6 Sieger
8 Siegerin
Bestrafung
7 Ahndung
Bestrahlungsgerät
11 Hoehensonne
bestreiten
7 leugnen
Bestseller
3 Hit
6 Renner
7 Reisser
8 Knueller, Schlager
11 Verkaufshit
14 Verkaufserfolg
16 Verkaufsschlager
bestürzt
7 perplex
9 betroffen
11 fassungslos
12 konsterniert
Bestwert
7 Optimum
Besuch
6 Visite
Besucher(in)
4 Gast
eines Geldinstituts
9 Bankkunde
10 Bankkundin
von Pferderennen
6 Wetter
Besucherschaft
8 Publikum
Besuchervorzimmer
9 Warteraum
betagt
3 alt
betagter Mann
5 Greis
betäuben
10 berauschen
13 narkotisieren
15 chloroformieren
Betäubung
7 Narkose
11 Anaesthesie
Betäubungsmittel
5 Opiat, Opium
6 Aether, Kokain
7 Lachgas, Prokain
8 Morphium
10 Chloroform, Narkotikum
Beteiligter
9 Mittaeter
10 Teilnehmer

Beteiligung
13 Partizipation, Partnerschaft
Beteiligung am Gewinn
8 Tantieme
Betelnusspalme
5 Areca, Areka
6 Pinang
Betelpalmenfrucht
9 Arekanuss
Betende(r) in der Kunst
5 Orans, Orant
Betonbestandteil
4 Kies
Betonbewehrung
9 Armierung
betonen
10 pointieren
11 hervorheben
12 akzentuieren
13 herausstellen
14 unterstreichen
betont
4 sehr
5 extra
6 eigens
8 deutlich
9 besonders, pointiert
10 ostentativ, zugespitzt
13 hervorgehoben
14 nachdruecklich
liebenswürdiger Mensch
8 Charmeur
betonte(r)
Endsilbe
8 Oxytonon
Taktteil
5 Arsis
6 Thesis
Betonung
5 Iktus
6 Akzent, Hebung
7 Emphase, Gewicht, Tonfall
8 Unterton
9 Nachdruck
Betonungszeichen
4 Akut
6 Akzent, Gravis
7 Cédille
10 Zirkumflex
Betonunterstand
6 Bunker
betören
8 becircen, bezirzen, umgarnen
9 beruecken
betörend
7 huebsch, reizend
8 reizvoll
10 bezaubernd
11 entzueckend
14 verfuehrerisch
betörendes Wesen
6 Sirene
Betörung
9 Umgarnung

betrachten
7 ansehen, besehen, blicken, mustern
8 angaffen, angucken, beaeugen, begaffen, begucken, fixieren
9 anglotzen, anschauen, anstarren, anstieren, beaeugeln, beglotzen, beschauen, studieren
10 beobachten
11 anglubschen, beaugapfeln, begutachten, besichtigen
17 beaugenscheinigen
betrachtend
12 kontemplativ
beträchtlich
4 sehr, viel
5 enorm, gross
8 merklich
9 bedeutend, erheblich
11 erklecklich, umfangreich
17 aussergewoehnlich
Betrachtungsweise
7 Theorie
Betrag
5 Preis, Summe
6 Posten, Umlage
7 Quantum
8 Ergebnis
11 Kostenpunkt
über Nennwert
4 Agio
7 Aufgeld
Betragen
3 Pli
6 Benimm, Gehabe
7 Alluere, Gebaren
8 Benehmen, Manieren
Betraum
9 Oratorium
betreiben
8 ausueben
9 nachgehen
Betreibung
9 Ausuebung
Betreten eines Fremdstaates
8 Einreise
betreuen
6 hueten
7 pflegen
Betreuer
5 Coach
6 Helfer, Mentor
7 Goenner, Manager, Pfleger, Steward, Trainer
10 Fuersorger, Impresario
11 Sportlehrer
12 Beauftragter
beim Boxkampf
9 Sekundant
der Athleten
9 Sportwart
von Passagieren
7 Steward
Betreuerin
7 Hostess
9 Managerin, Pflegerin
10 Stewardess
Betreuung
5 Obhut
6 Pflege, Schutz
7 Service, Wartung
9 Fuersorge
10 Versorgung
Betrieb
4 Werk
5 Firma
6 Fabrik, Rummel, Trubel
9 Geschaeft, Sachfirma
11 Unternehmen
des Druckgewerbes
8 Setzerei
zur Lebensmittelherstellung
9 Baeckerei
betriebsam
4 agil, rege
5 aktiv, emsig
6 eifrig
7 ruehrig
8 fleissig
11 geschaeftig
Betriebsamkeit auf Straßen
7 Verkehr
Betriebsangehörige
8 Personal
Betriebsleiter(in)
4 Boss, Chef
6 Chefin
8 Direktor
10 Direktorin
Betriebslokal
7 Kantine
Betriebsmediziner(in)
8 Werkarzt
9 Werksarzt
11 Werkaerztin
12 Werksaerztin
Betriebsprüfer
7 Revisor
Betriebsspeiseraum
7 Kantine
Betriebsstelle im Fernmeldedienst
3 Amt
Betriebszusammenschluss
8 Kombinat
betroffen
5 starr
8 entsetzt, verdutzt, verlegen, verwirrt
9 verstoert
10 verdattert
11 entgeistert, erschrocken, fassungslos, ueberrascht
12 konsterniert
betrogener Ehemann
7 Hahnrei
Betrübnis
6 Trauer
betrübt
5 elend, trist
6 truebe, unfroh
7 desolat, traurig

8 doloroso, elegisch, freudlos, mauserig, wehselig
9 bedrueckt, depressiv, freudelos, gedrueckt, wehmuetig
10 bekuemmert, deprimiert, truebselig
11 enttaeuscht, miese-petrig, truebsinnig
12 hintersinnig, nihilistisch, schwermuetig, ungluecklich
13 defaetistisch, melancholisch, pessimistisch
14 hypochondrisch
15 todungluecklich
17 kreuzungluecklich

Betrug
3 Lug
4 Nepp
5 Luege, Schmu
6 Abriss, Humbug
7 Mogelei
8 Gaunerei
9 Blendwerk, Prellerei, Schiebung, Schwindel
10 Baratterie, Bestechung, Faelschung, Taeuschung
11 Machination
12 Hintergehung, Irrefuehrung, Machenschaft, Manipulation, Steuerflucht
13 Koepenickiade, Zechprellerei

betrügen
6 mogeln, neppen
7 prellen
9 reinlegen, taeuschen
11 hereinlegen, hineinlegen, hintergehen
14 uebervorteilen

Betrüger
6 Ganeff, Ganove, Gauner, Mogler
7 Fallott, Halunke, Preller
8 Puelcher, Schieber, Wucherer
9 Faelscher, Taeuscher
10 Defraudant, Scharlatan, Schwindler
11 Hochstapler, Zechpreller
13 Bauernfaenger, Falschmuenzer, Geldfaelscher, Rosstaeuscher
17 Heiratsschwindler, Urkundenfaelscher

betrügerische(r)
Absprache
9 Kollusion
Nachahmer
9 Faelscher

betrunken
3 dun
4 blau, fett, voll
7 bezecht
8 beduselt, benebelt, besoffen
9 berauscht, betuetert
10 besaeuselt, beschwipst, kopflastig
11 angeheitert, beschickert
12 angesaeuselt
13 alkoholisiert, stinkbesoffen, stockbesoffen
14 sternhagelvoll

Betrunkensein
6 Rausch

Betsäule
7 Marterl
9 Bildstock

Bett der Antike
5 Kline

Bettbezug
6 Zieche
7 Zuechen

Bettelmönch
5 Fakir
6 Servit
8 Derwisch, Gyrovage
9 Mendikant, Terminant

betteln
7 fechten
8 prachern
9 schnorren

Bettelorden
7 Minimen
8 Serviten
9 Minimiten

Bettelordensschwester
8 Servitin

Bettfedernhülle
6 Inlett

Betthimmel
9 Baldachin

Bettlaken
6 Leilak
8 Leintuch

Bettler
9 Lazzarone, Schnorrer

Bettnische
7 Alkoven

Bettpolster
8 Matratze

Bettsofa
5 Couch, Diwan
8 Ottomane

Betttuch
5 Laken

Bettung
7 Oberbau

Bettzeug
5 Bezug, Laken
8 Deckbett
9 Bettbezug, Bettdecke, Bettlaken
10 Kopfkissen

beugbar
8 flexibel

Beugefall
5 Dativ, Kasus
7 Ablativ, Genitiv, Vokativ
9 Akkusativ, Nominativ

Beugemuskel
6 Bizeps, Flexor

beugen
5 knien
6 biegen, ducken, neigen
7 buecken
8 kruemmen
9 abwinkeln, anwinkeln
10 flektieren
11 deklinieren, konjugieren

Beuger
9 Armmuskel

Beugung
5 Knick
7 Biegung, Flexion
11 Deklination, Konjugation

Beugungsform der Nennform
9 Gerundium

Beule
4 Horn
5 Delle
6 Tippel
8 Woelbung
10 Geschwulst, Schwellung

beurkunden
9 testieren
13 dokumentieren
14 protokollieren

Beurkundung
5 Beleg
6 Testat
7 Zeugnis
8 Dokument, Nachweis
9 Protokoll
10 Zertifikat
12 Verifikation
von Wertpapieren
9 Affidavit

beurteilen
6 werten
7 ansehen, folgern
8 auslegen, bewerten, erachten
9 auffassen, empfinden, wuerdigen, zensieren
10 beleuchten
11 abschaetzen, begutachten, kritisieren
12 einschaetzen
15 diagnostizieren

Beurteilende(r)
6 Zensor
8 Kritiker, Zensorin
9 Rezensent
10 Kritikerin

Beurteilung
4 Note
6 Kritik, Zensur
7 Wertung, Zeugnis
8 Diagnose, Ermessen
9 Bewertung, Gutachten, Rezension
10 Auffassung, Einstufung, Judikation
12 Abschaetzung

13 Einschaetzung, Qualifikation
eines Tatbestands
7 Fiktion
Beute
4 Fang, Raub
5 Kaper, Prise, Stock
6 Rapuse
7 Raubgut, Strecke
9 Diebesgut
des großen Raubwildes
4 Riss
Beutel
4 Sack
5 Tuete
6 Boerse, Tasche
7 Saeckel
8 Futteral
9 Portmonee
10 Geldtasche
11 Papiertuete
12 Portemonnaie
14 Einkaufstasche
beutelartige(s) Handtasche
9 Pompadour
Beutelfuchs
4 Kusu
Beuteltiere
4 Kusu, Tafa
5 Koala, Yapok
6 Casaca, Kuskus, Quokka, Teufel, Wombat
7 Beutler, Opossum, Potoruh, Wallaby
8 Bandikut, Kaenguru, Petaurus, Wallaruh
9 Fuchskusu, Hundskusu, Ilangurra, Pademelon, Perameles
10 Beutelbaer, Beutelmaus, Beutelmull, Beuteltier, Beutelwolf, Erdwuehler
11 Aeneasratte, Beutelbilch, Beuteldachs, Beuteliltis, Beutelratte, Handfuesser, Opossummaus, Ratonruncho, Raubbeutler
12 Baumkaenguru, Beutelmarder, Beutelteufel, Irmakaenguru, Krebsbeutler, Nasenbeutler, Opossumratte, Plumpbeutler, Schweinsfuss, Stutzbeutler
13 Buschkaenguru, Fingerbeutler, Fleckenkuskus, Grosskaenguru, Hasenkaenguru, Springbeutler, Tuepfelkuskus, Zwergkaenguru
14 Ameisenbeutler, Baerenkaenguru, Beuteleichhorn, Felsenkaenguru, Kletterbeutler, Krabbenbeutler, Mittelkaenguru, Rattenkaenguru, Riesenkaenguru, Ruesselbeutler, Schwimmbeutler, Zuegelkaenguru
15 Beutelspitzmaus, Naarnasenwombat
Beuteunternehmung
7 Raubzug
Bevölkerungsdichte
8 Abundanz
bevollmächtigt
6 befugt
9 anerkannt
10 beglaubigt
11 autorisiert, ermaechtigt
Bevollmächtigter
7 Delegat
8 Mandatar
9 Prokurist, Vertreter, Verwalter
10 Prokurator
11 Abgesandter
14 Stellvertreter
bevor
3 ehe
bevormunden
8 gaengeln
Bevormundung
9 Gaengelei
bevorrechten
13 privilegieren
bevorstehend
7 drohend
8 imminent
bevorzugen
8 foerdern
9 vorziehen
10 verwoehnen
12 beguenstigen
bewachen
6 hueten
7 sichern
9 aufpassen
10 abschirmen, beobachten
13 kontrollieren
14 beaufsichtigen
Bewacher
der griechischen Unterwelt
8 Zerberus
der Io
5 Argus
des Nibelungenhorts
6 Fafner, Fafnir
Bewachung
7 Huetung
bewaffnen
8 armieren
bewaffnete(r)
Auseinandersetzung
5 Krieg
Gangster
6 Gunman
Bewaffnung
8 Ruestung
9 Armierung
bewahren
6 taugen
7 sichern
8 beweisen, erhalten, erproben
9 schuetzen
12 konservieren
bewahrend
11 konservativ
Bewahrer
6 Hueter
8 Waechter
Bewahrheitung
12 Verifikation
bewährt
6 probat
Bewährung
9 Probation
bewandert
4 firm
6 kundig
8 versiert
10 beschlagen, sattelfest
bewegen
5 regen
7 kreisen, ruehren, treiben
bewegend
10 ergreifend
bewegende Kraft
7 Antrieb
Beweggrund
5 Motiv
6 Anlass
beweglich
4 agil, rege
5 flink, mobil
7 biegsam, gewandt, lebhaft
8 flexibel, lebendig
9 elastisch, geschickt
13 transportabel
bewegliche(r, s)
Balken
8 Wellbaum
Eingabegerät
4 Maus
Eisenbahnzeichen
9 Signalarm
Gewebsorgan
6 Muskel
Güter
8 Mobilien
Verbindung
6 Gelenk
8 Kopplung
Verschluss
6 Klappe
Beweglichkeit
7 Schwung
9 Agilitaet
10 Mobilitaet, Vitalitaet, Wendigkeit
11 Biegsamkeit
12 Elastizitaet
13 Flexibilitaet

bewegte Luft im Raum
8 Durchzug
Bewegung
4 Eile, Gang, Hast, Lauf, Tanz, Trab
5 Fahrt, Hetze, Tempo, Trott
6 Galopp, Regung, Unruhe
7 Betrieb, Gangart, Schwung
8 Bummelei, Rhythmus
10 Schlendern
16 Ortsveraenderung
der Kontinente
5 Drift
der Meeresoberfläche
5 Drift
in dichter Menge
9 Gedraenge
von Pflanzenorganen
6 Nastie
Bewegungsabläufe
7 Motorik
bewegungsbehindert
4 lahm
Bewegungsfreiheit
7 Auslauf
9 Spielraum
Bewegungskrankheit
8 Kinetose
Bewegungslähmung
8 Paralyse
Bewegungslehre
7 Dynamik, Kinetik
8 Mechanik
9 Eukinetik, Hydraulik, Kinematik
Bewegungslosigkeit
4 Ruhe
6 Starre, Steife
7 Akinese
9 Starrheit, Steifheit
12 Unbewegtheit
16 Regungslosigkeit
Bewegungsorgane
4 Band, Bein, Fuss
5 Sehne
6 Flosse, Gelenk, Muskel
Bewegungsreaktion von Organismen
5 Taxie
Bewegungsspiele
6 Fangen
7 Haschen
9 Badminton, Ballspiel, Blindekuh, Federball, Tauziehen
10 Verstecken
11 Sackhuepfen
Bewegungsstörung
6 Ataxie
Bewegungsübungen
9 Gymnastik
Bewegungsverlangsamung im Film
8 Zeitlupe
bewehren
8 armieren

Beweis
5 Beleg, Indiz
7 Zeichen, Zeugnis
8 Argument, Ausdruck, Dokument, Nachweis, Quittung
9 Deduktion, Unterlage
13 Dokumentation
beweisen
7 belegen
9 erhaerten
13 demonstrieren, dokumentieren
Beweisführung
9 Deduktion
13 Argumentation, Demonstration
Beweisgrund
8 Argument
beweiskräftig
11 apodiktisch
Beweislehre
9 Apodiktik
Beweisperson
5 Zeuge
6 Zeugin
Beweisschlusslehre
8 Analytik
Beweisstück
5 Beleg
8 Asservat, Dokument
Bewerber(in)
6 Freier
7 Petitor
8 Aspirant, Kandidat
9 Anwaerter, Postulant
10 Aspirantin, Kandidatin, Reflektant, Submittent
11 Anwaerterin, Interessent, Praetendent
13 Interessentin
Bewerbung
10 Kandidatur
Bewertung
4 Note
6 Kritik, Zensur
9 Praedikat
11 Beurteilung
Bewertungseinheit
5 Punkt
bewilligen
8 erlauben
9 gewaehren
11 konzedieren
Bewilligung
9 Erlaubnis
Bewohner
6 Mieter
7 Buerger, Insasse
9 Einwohner
13 Einheimischer
der Ägäisinseln
7 Nesiote
der anderen Erdseite
8 Antipode
der Arabischen Halbinsel
8 Jemenite
der französischen Hauptstadt
7 Pariser
der griechischen Hauptstadt
7 Athener
der Grünen Insel
3 Ire
der Insel Hydra
9 Hydrioten
der Insel Sardinien
5 Sarde
der italienischen Hauptstadt
6 Roemer
der Molukken
9 Ambonesen
der österreichischen Hauptstadt
6 Wiener
der schweizerischen Hauptstadt
6 Berner
der tschechischen Hauptstadt
6 Prager
der Ukraine
8 Hornjake
9 Krimtatar
des alten Griechenlands
8 Boeotier
des alten Irans
7 Kassite
des alten Mexiko
6 Azteke
des ehemaligen Deutschen Reiches
7 Preusse
8 Preussen
des Jura
9 Jurassier
des Kantons Uri
5 Urner
einer antiken Stadt
8 Trojaner
9 Karthager
einer Antilleninsel
9 Haitianer
einer belgischen Stadt
5 Spaer
einer französischen Insel
5 Korse
einer griechischen Insel
6 Kreter
einer Hansestadt
9 Hamburger
einer hessischen Landschaft
9 Waldecker
einer italienischen Hafenstadt
7 Genuese
einer Landschaft Europas
7 Banater
einer Mittelmeerinsel
6 Zyprer
8 Malteser
einer römischen Provinz
6 Raeter
9 Pannonier

einer Stadt am Rhein
6 Bonner
einer Stadt an der Regnitz
9 Bamberger
einer Stadt in der Toskana
8 Sieneser
eines afrikanischen Inselstaates
9 Mauritier
eines alten Reiches
6 Roemer
eines deutschen Bundeslands
5 Hesse
eines Doppelkontinents
9 Euroasiat
eines früheren Fürstentums
8 Kurhesse
eines Nahoststaates
8 Libanese
von Altitalien
7 Samnite
von Bangladesch
7 Bengale
von Barbados
9 Barbadier
von Belgien
5 Flame
9 Brabanter
von Celebes
9 Makasaren
von Deutschland
9 Oberbayer
von Etrurien
9 Tyrrhener
von Europa
8 Galizier
von Flandern
8 Ostflame
9 Westflame
von Flores
9 Manggarai
von Frankreich
9 Elsaesser
von Griechenland
8 Arkadier, Lakonier
von Haiti
7 Haitier
9 Haitianer
von Java
9 Sundanese
von Jütland
5 Juete
von Kanaan
9 Jebusiter
von Karien
5 Karer
von Laos
5 Laote
von Lydien
5 Lyder
von Medien
5 Meder
von Milet
8 Milesier
von Monaco
9 Monegasse
von Norditalien
8 Lombarde
von Oberösterreich
7 Landler
von Österreich
7 Tiroler
von Ostpreußen
6 Masure
von Samos
6 Samier
von Siena
7 Sienese
von Spanien
8 Katalane, Katalone
9 Aragonese, Aragonier, Navarrese
von Troja
5 Troer
von Tuwa
7 Tuwiner
von Tyrus
6 Tyrier
von Wales
7 Waliser
von Zypern
7 Zypriot
Vorderindiens
7 Drawida
Bewunderer französischen Wesens
9 Gallomane
bewunderungswürdig
9 admirabel
Bewusstlosigkeit
4 Coma, Koma
5 Sopor
8 Ohnmacht
Bewusstsein
5 Geist
8 Verstand
9 Besinnung
Bewusstseinsspaltung
13 Schizophrenie
Bewusstseinstrübung
8 Delirium
14 Daemmerzustand
bezahlen
7 blechen, erlegen, loehnen
8 berappen
9 verbraten, vergueten
10 abstottern, begleichen, entrichten, honorieren
11 hinterlegen
12 hinblaettern, locker machen
bezahlte(r)
arbeitsfreie Zeit
6 Urlaub
Beifallklatscher
8 Claqueur
Bezahlung
4 Gage, Lohn
5 Preis
6 Gehalt, Salaer
7 Entgelt, Honorar, Tilgung
10 Verguetung
11 Begleichung, Entrichtung
der Beförderung
9 Frankatur
der Seeleute
5 Heuer
für Flussüberquerung
9 Faehrgeld
für Verrat
9 Judaslohn
in freien Berufen
7 Honorar
von Importen
8 Rembours
bezaubern
7 behexen, blenden
8 becircen, betoeren, bezirzen, umgarnen, verhexen
9 beruecken
10 begeistern, bestricken, entzuecken
11 faszinieren
bezaubernd
4 chic
5 apart
6 schick
7 huebsch, reizend
8 charmant
10 berueckend
11 entzueckend
12 faszinierend
bezaubernde
Anmut
6 Charme
Schönheit
7 Glamour
Bezauberung
10 Berueckung
11 Faszination
bezeichnen
6 nennen
8 benamsen, benennen, betiteln
9 markieren, signieren
10 nominieren
11 designieren
14 apostrophieren
bezeichnend
7 markant, typisch
13 symptomatisch
16 charakteristisch
Bezeichnung
4 Name, Text, Wort
5 Titel
6 Angabe, Signum
7 Begriff, Hinweis, Vermerk
9 Inschrift
10 Aufschrift
11 Designation
Bezieher
5 Kunde
8 Abnehmer, Abonnent
Beziehung
5 Bezug
7 Betreff
10 Verbindung
11 Verhaeltnis
12 Freundschaft
bei Naturvölkern
8 Nebenehe
zwischen zwei Tierarten
8 Phoresie

Beziehungen einleiten
9 kontakten
beziehungslos
5 fremd
6 einsam
7 absolut
Beziehungspunkt
6 Anhalt
beziehungsweise
10 respektive
beziffern
11 nummerieren
Bezifferung
9 Nummerung
12 Nummerierung
Bezirk
3 Gau
4 Zone
5 Kreis, Rayon
6 Gebiet, Gegend, Kanton, Region, Revier, Sektor
7 Bereich, Provinz, Umkreis
8 Distrikt, Gelaende, Kommende, Ortsteil
9 Stadtteil
11 Departement, Territorium
Bezirkshauptort in Iran
4 Baft
8 Ardistan
Bezirkshauptstadt
in Indien
7 Bankura
9 Anantapur
in Iran
8 Behbehan
in Portugal
5 Viseu
6 Aveiro
in Uruguay
5 Minas
südlich von Jaipur
5 Bundi
Bezirkskommandant
6 Venner
Bezirksstadt
im Kanton Wallis
7 Monthey
in Bulgarien
6 Plewen, Plewna
in Mähren
5 Znaim
in Niederösterreich
5 Tulln
in Rumänien
6 Tecuci
in Spanien
6 Hellin
Bezug
4 Kauf
6 Huelle
7 Betreff
8 Hinsicht
bezüglich
12 hinsichtlich
bezügliches Fürwort
7 wodurch, wogegen
8 worueber, worunter
9 Relativum
Bezüglichkeit
12 Relativitaet
Bezugspunkt
3 Pol
8 Fixpunkt
bezwingbar
9 koerzibel
Bezwinger
8 Eroberer
11 Triumphator
des Mont Blanc
6 Balmat
Bhutan
Berge
10 Chomo Lhari, Kula Kangri
Eigenname Bhutans
7 Druk-Yul
Hauptstadt
7 Thimphu
Sprache
7 Dsongha
Städte und Orte
4 Paro
7 Punakha
Währung
7 Chetrum
8 Ngultrum
Biafraner
3 Ibo
Bibel
Bibelauslegung
7 Exegese
Bibelübersetzungen
5 Itala
7 Vulgata
8 Peschita
11 Septuaginta
Briefe des Paulus an
5 Titus
6 Roemer
7 Epheser, Galater
8 Kolosser, Philemon
9 Korinther, Philipper, Timotheus
Bücher
4 Amos, Esra, Hiob, Joel, Jona, Mose, Ruth
5 Josua, Micha
6 Esther, Exodus, Judith, Samuel
Erz-, Stamm- und Urväter
3 Ham, Sem
4 Adam, Enos, Esau, Noah, Seth
5 Enoch, Isaak, Jakob, Jared, Kenan
6 Henoch, Israel, Japhet, Lamech
7 Abraham, Japheth
10 Mahalaleel, Methusalem
13 Methuschelach
Erzengel
5 Uriel
7 Gabriel, Michael, Raphael
Evangelisten
5 Lukas
6 Markus
8 Johannes
9 Matthaeus
Könige von Israel
3 Ela
4 Ahab, Jehu, Joas, Omri, Saul
5 Achab, Baesa, David, Hosea, Joram, Nadab, Pekah, Simri
6 Ahasja, Joahas, Joasch, Sallum, Salomo
7 Menahem, Pekahja
8 Jerobeam, Sacharja
Könige von Juda
3 Asa
4 Abia, Ahas, Amon, Joas
5 Abiam, Joram, Josia
6 Josias
Lichtengel
6 Seraph
Paradiesengel
6 Cherub
Propheten
4 Amos, Joel, Jona
5 Hosea, Jonas, Micha, Nahum
6 Daniel, Haggai, Isaias, Jesaja, Obadja
7 Habakuk, Jeremia, Zefanja
8 Ezechiel, Hesekiel, Jeremias, Maleachi, Sacharja, Zephanja
9 Malachias
Bibelabschnitt
4 Vers
Bibelerklärung
7 Exegese
Bibelstelle
4 Text
Bibeltext für die Predigt
8 Perikope
Biberbau
4 Burg
Bibergeil
9 Castoreum
Biberratte
6 Nutria
10 Sumpfbiber
Biberrattenpelz
6 Nutria
Bibliothek
9 Buecherei
Bibliotheksraum
8 Lesesaal
biblisch-heidnischer Prophet
6 Balaam
biblische(r, s)
Babylonien
8 Chaldaea
Berge
5 Sinai, Tabor
6 Hermon, Karmel
7 Garazim
9 Zion Horeb
Deckname für Jerusalem
5 Salem

Erzieher Samuels
3 Eli
Fabeltier
8 Behemoth
Fluss
6 Jordan
Gärten
4 Eden
8 Paradies
9 Getsemani
10 Gehtsemane, Gethsemani
Gebiet in Palästina
6 Judaea
Gesetzgeber
5 Moses
Gewicht
3 Sea
Goldland
5 Ophir
Heimat Abrahams
2 Ur
Himmelbrot
5 Manna
Hoher Priester
5 Annas
6 Hyrkan
Hohlmaß
3 Kab, Kor, Log
israelitische Kultstätte
6 Gibeon
Jäger
6 Nimrod
Jordanland
6 Kanaan
König von Magog
3 Gog
Länder
4 Juda, Moab, Saba
6 Israel, Judaea, Kanaan
7 Idumaea, Jesreel, Samaria
8 Galilaea
9 Bethanien
Maße
3 Bat, Hin, Kab, Kor, Log, Sea
4 Epha, Rute
5 Homer, Meile
6 Letech
7 Issaron, Stadion
9 Sabbatweg
Name der Erde
9 Jammertal
Name Gottes
5 Jahve, Jahwe
6 Adonai, Jehova
7 Zebaoth
Orte
4 Kana, Naim, Nain
5 Babel, Endor, Sodom
6 Bethel, Emmaus, Gibeon, Gilgal
7 Babylon, Jericho
8 Bethesda, Chorazin, Gomorrha, Nazareth
9 Bethanien, Bethlehem, Jerusalem, Kapernaum
Patriarch
4 Enos
6 Henoch
Priester
3 Eli
Quelle bei Jerusalem
5 Gihon
Ratgeber Davids
6 Nathan
Riesen
4 Enak
7 Goliath
Stadt
2 Ur
7 Gomorra
Stadt am Toten Meer
5 Sodom
Stammvater
4 Noah
Sündenstadt
8 Gomorrha
Volk
5 Magog
8 Amoriter, Aramaeer, Ituraeer, Moabiter
9 Ammoniter, Galilaeer
Wasserungeheuer
5 Rahab
Zupfinstrument
7 Gittith

bieder
4 brav
5 artig, plump
6 ehrbar, wacker
9 ehrenwert
10 anstaendig, einfaeltig

Biederkeit
8 Bonhomie

Biedermeierbecher
8 Mohrglas

Biegen des Glases im Ofen
7 Bombage

biegsam
7 dehnbar, federnd
8 flexibel, gelenkig
9 beweglich, elastisch

biegsame(r, s)
Rohr
8 Schlauch
Vorrichtung
8 Federung
Zweig
5 Gerte

Biegung
3 Bug
5 Kurve
11 Biegestelle

Biene
4 Imme
6 Drohne, Weisel
8 Koenigin
10 Arbeiterin, Honigbiene
11 Afterweisel, Stockmutter
15 Bienenmaennchen

Bienenarten
6 Hummel
9 Blutbiene, Holzbiene, Mohnbiene, Pelzbiene, Sandbiene, Wollbiene
10 Honigbiene, Hosenbiene, Kegelbiene, Mauerbiene
11 Buckelbiene, Seidenbiene, Trauerbiene, Wespenbiene
12 Furchenbiene, Moertelbiene

Bienenhaus
8 Apiarium

Bienenkönigin
6 Weisel

Bienenkorb
8 Stuelper

Bienenkrankheit
8 Faulbrut, Hartbrut, Kalkbrut
9 Steinbrut

Bienenlaus
6 Braula
8 Kammfuss

Bienenmännchen
5 Drohn
6 Drohne

Bienenmutter
8 Koenigin

Bienenprodukt
5 Honig, Wachs

Bienenwohnung
5 Stock

Bienenzelle
4 Wabe

Bienenzucht
7 Imkerei

Bienenzüchter(in)
5 Imker
7 Imkerin

bierartiges
afrikanisches Getränk
5 Pombe
russisches Getränk
5 Kwass

Biergefäße
4 Fass, Glas, Mass
5 Molle, Tulpe
6 Hirsch, Humpen, Seidel
7 Flasche, Stiefel
8 Bierfass, Glaskrug, Masskrug, Pilsglas
9 Container
10 Keferloher
13 Weissbierglas

Bierhersteller
6 Brauer

Bierherstellungsbetrieb
8 Brauerei

Bierlage
5 Runde

Bierrettich
4 Radi

Bierrunde
4 Lage

Biersorten
3 Ale, Alt
4 Bock, Busa, Faro, Gose, Kwas, Mars, Pils, Piwo

5 Braga, Hules, Kwass, Lager, Molle, Mumme, Pombe, Stout
6 Helles, Kofent, Lambic, Panibe, Porter, Weisse
7 Altbier, Duessel, Dunkles, Eisbier, Eisbock, Koelsch, Maerzen, Maibock, Mild Ale, Pale Ale, Pale ale, Pilsner
8 Bockbier, Fassbier, Jungbier, Malzbier, Pilsener
9 Ammenbier, Braunbier, Duennbier, Hirsebier, Jopenbier, Kraftbier, Lagerbier, Maerzbier, Naehrbier, Rauchbier, Starkbier, Suessbier, Weissbier
10 Bierpunsch, Bitterbier, Doppelbock, Exportbier, Kulmbacher, Kulminator, Roggenbier, Schankbier, Weizenbier, heller Bock
11 Gerstensaft, Klosterbier, Maerzenbier, dunkler Bock
12 Flaschenbier, Nikolausbock
13 Hefeweissbier, Malzkraftbier, Weissbierbock
14 Hefeweizenbier

Biervertrieb
6 Verlag

Bierwürze
6 Hopfen
7 Lupulin

Biese-Zufluss
5 Uchte

Biest
4 Tier, Vieh
6 Bestie, Untier

Bieter
8 Lizitant
9 Steigerer

Bigamie
9 Doppelehe

Bignonengewächs
6 Tecoma

bigotter Mensch
9 Froemmler

Bijou
7 Kleinod

Bijouterien
7 Juwelen

Bilanz
5 Fazit, Stand
8 Ergebnis
9 Abschluss
10 Abrechnung, Rueckblick
12 Soll und Haben

Bilch
9 Haselmaus

Bild
4 Foto
5 Kopie, Photo, Pieta
6 Grafik, Helgen, Skizze, Studie
7 Ansicht, Collage, Graphik
8 Aufnahme, Gemaelde, Portraet, Portrait, Schinken
9 Abklatsch, Apotheose, Interieur, Medaillon, Seestueck, Zeichnung
10 Fotografie, Landschaft, Stillleben
11 Darstellung, Oelgemaelde
12 Blumenstueck, Illustration, Photographie
13 Illustrierung
15 Landschaftsbild

Jesu am Kreuz
8 Kruzifix

ländlichen Friedens
5 Idyll
6 Idylle

zu Schaustellungen
7 Diorama

Bildabzug
9 Fotokopie
10 Ablichtung

Bildaufnahmeröhre
9 Ikonoskop

bilden
6 formen, lehren
8 bedeuten, erziehen
11 kultivieren
14 zusammensetzen

bildende Kunst
6 Grafik
7 Graphik, Malerei, Plastik
8 Skulptur, Zeichnen
11 Architektur, Bildhauerei

bildende(r) Künstler(in)
5 Maler
7 Malerin
8 Grafiker, Radierer, Zeichner
9 Architekt, Bildhauer, Glasmaler, Graphiker
10 Ausstatter, Grafikerin, Kunstmaler, Radiererin, Zeichnerin
11 Architektin, Bildhauerin, Glasmalerin, Graphikerin, Illustrator
12 Ausstatterin, Kunstmalerin
13 Illustratorin, Kupferstecher
14 Buehnenbildner
15 Kupferstecherin
16 Buehnenbildnerin

Bilderanbetung
9 Idolatrie

Bilderfaltbuch
9 Leporello

Bilderrätsel
5 Rebus
10 Vexierbild

Bildersammelbuch
9 Fotoalbum

Bildersammlung
7 Galerie
10 Pinakothek

Bilderschmuck
8 Vignette
12 Illustration

Bilderschriftzeichen
11 Hieroglyphe

Bildersprache
8 Symbolik

Bilderstürmer
10 Ikonoklast

Bilderverehrer
9 Ikonodule

Bildgeschichte mit Sprechblasen
5 Comic

Bildgrößenänderung
7 Scaling

bildhaft
8 ikonisch, lebendig
9 plastisch
11 anschaulich

bildhafte Umschreibung
5 Heiti

Bildhaftigkeit
12 Plastizitaet

Bildhauer
siehe auch: entsprechende Länder
8 Meissler
9 Plastiker, Schnitzer, Skulpteur, Steinmetz
10 Erzgiesser
11 Goldschmied
13 Holzschnitzer

athenischer
5 Myron
6 Lysipp
7 Antenor, Kritios, Phidias
8 Lysippos
9 Alkamenes, Leochares
10 Praxiteles

Berliner
7 Schadow
9 Schlueter

böhmischer
8 Auliczek, Brokhoff

britisch-italienischer
8 Paolozzi

elsässischer
9 Hagenauer

flämischer
5 Colin
8 Grupello

florentinischer
6 Maiano, Majano
7 Fiesole
8 Ghiberti
9 Donatello

griechischer
5 Myron
6 Lysipp, Skopas
7 Agasias, Antenor, Bryaxis, Kritios, Phidias
8 Damophon, Geneleos, Kanachos, Kresilas, Lysippos, Nesiotes,

Paionios, Pheidias, Polyklet
9 Agesander, Alkamenes, Anthemios, Archermos, Bathykles, Doidalses, Leochares, Pasiteles, Philiskos, Polydoros, Timotheos
10 Appolonios, Eutychides, Kephisodot, Praxiteles
11 Agorakritos

hellenistischer
9 Philiskos

Lübecker
4 Berg

Münchener
6 Knappe, Koelle

Nürnberger
5 Kraft, Stoss
6 Krafft

spätgotischer
7 Grasser

süddeutscher
6 Seyfer

Tiroler
7 Strudel

venezianischer
4 Buon

Würzburger
6 Auvera

Bildhauerarbeit
6 Relief

Bildhauergerät
9 Hundszahn

Bildhauerin

amerikanische
7 Callery, Marisol

deutsche
3 Ney
6 Roeder, Steger
8 Sintenis

englische
8 Hepworth

finnische
8 Hiltunen

französische
7 Richier

Bildhauermaterial
3 Erz, Ton
4 Fels, Gips, Gold, Holz, Zink
5 Eisen, Stein, Wachs
6 Bronze, Felsen, Granit, Marmor, Silber
7 Messing
9 Porzellan
10 Kunststoff

Bildhauerwerk
6 Relief, Statue
7 Plastik
8 Skulptur

Bildhauerwerkzeuge
3 Lot
6 Bohrer, Hammer, Raspel, Zirkel
7 Gutsche, Meissel
8 Faeustel, Knueppel
9 Schlaegel
12 Bohrmaschine, Schlagbohrer
13 Modellierstab

Bildkapsel
9 Medaillon

bildlich: entscheidender Moment
9 Markstein

bildliche

Redewendung
5 Trope

Umschreibung
7 Kenning

bildlicher Ausdruck
8 Metapher

Bildloch der Kamera
6 Blende

bildlose Tarockkarte
5 Laton

Bildnis
3 Akt
6 Abbild
8 Gemaelde, Portraet, Portrait
9 Abbildung, Aktstudie, Konterfei
10 Kniestueck
11 Nachbildung
12 Ganzportraet, Ganzportrait, Vollportraet, Vollportrait
14 Portraetstudie

Bildnische im japanischen Haus
8 Tokonoma

Bildschirminformation
9 Videotext

Bildschnitzer in Lübeck
6 Dreyer

Bildspeicherröhre
8 Orthikon

Bildstreifen
4 Film

Bildung
5 Geist
6 Aufbau, Kultur, Niveau, Wissen
9 Erfahrung, Formation
10 Buchwissen, Entstehung, Gestaltung, Urbanitaet
11 Aufstellung, Intelligenz
12 Buchweisheit
13 Gelehrsamkeit

von Begriffen
8 Ideation

Bildungsstand
6 Niveau

Bildungsstätten
6 Kolleg, Lyzeum, Schule
7 College, Seminar, Theater
8 Akademie, Institut, Internat
9 Domschule, Gymnasium, Technikum
10 Dorfschule, Hochschule, Landschule, Oberschule, Realschule
11 Grundschule, Hauptschule, Volksschule
12 Berufsschule, Mittelschule, Universitaet
13 Gewerbeschule, Handelsschule, Klosterschule, Kunstakademie, Polytechnikum, Realgymnasium
14 Fachhochschule
15 Ingenieurschule, Volkshochschule

Bildunterschrift im Mittelalter
7 Titulus

Bildwerfer
7 Diaskop, Episkop
9 Projektor
10 Epidiaskop
14 Vorfuehrgeraet

Bildwerke
6 Mosaik, Relief
8 Aquarell, Gemaelde
11 Holzschnitt, Kupferstich, Lithografie
12 Lithographie

bildwirksam
7 fotogen
8 photogen

Bildzeichen
8 Signatur
9 Ideogramm

Billardausdrücke
5 Bande, Cadre, Effet, Point, Queue, Stoss
6 Dublee
7 Markoer
9 Fehlstoss, Kopfstoss, Mantinell, Quetscher
11 Karambolage

Billiardstel einer Einheit
5 Femto

billig
6 simpel
7 einfach, gerecht
8 guenstig, ordinaer, primitiv, wohlfeil
9 preiswert
12 herabgesetzt, minderwertig, preiswuerdig
13 preisguenstig

billigen
7 bejahen
8 zulassen
10 gutheissen, tolerieren
11 akzeptieren

Billionenfaches einer Einheit
4 Tera

Bimsstein
5 Trass
11 Trachyttuff

Bimssteintuff
5 Trass
8 Puzzolan

binäre Einheit
3 Bit
4 Byte
Binde
4 Band, Tuch
7 Bandage, Verband
8 Streifen
10 Wundschutz
Bindegewebe
4 Tela
9 Unterhaut
bindegewebliche Muskelhülle
6 Faszie
Bindegewebsleim der Wirbeltierknochen
6 Ossein
Bindehautentzündung
14 Konjunktivitis
Bindehauterkrankung
7 Trachom
Bindemittel
3 Oel
4 Gips, Kitt, Lehm, Leim
6 Binder, Zement
7 Moertel, Tragant
8 Holzleim, Kleister
9 Eisenkitt, Klebstoff, Malerleim
12 Tischlerleim
13 Kontaktkleber, Schnellkleber
14 Sekundenkleber
16 Kunststoffkleber
binden
6 heften
7 fesseln, liieren
8 buendeln, knuepfen
9 eindicken, schnueren
10 engagieren
11 broschieren, verknuepfen
14 zusammenknoten
16 zusammenflechten
Binden von Gefangenen
9 Fesselung
bindend
13 obligatorisch
bindender Auftrag
6 Befehl
Bindenhersteller
9 Bandagist
Binder
7 Schlips
8 Krawatte
Bindestrich
5 Divis
6 Hyphen
Bindewort
6 Kopula
8 Satzband
11 Konjunktion
Bindewörter
2 da, ob, so, wo
3 als, bis, ehe, und
4 aber, also, auch, dann, dass, denn, doch, oder, seit, weil, wenn, zwar
5 bevor, daher, damit, darum, somit, sonst, sowie, woher, wohin
6 darauf, ferner, mithin, obwohl, sobald
7 dennoch, deshalb, obschon, solange
8 deswegen, trotzdem, vielmehr
9 ueberdies, uebrigens
10 gleichwohl
Bindfaden
5 Zwirn
6 Kordel, Schnur, Spagat
7 Strippe
8 Baendsel
binnen
9 innerhalb
Binnengewässer bevorzugend
9 limnophil
binokulares Gerät
9 Gemmoskop
Binse
5 Segge, Simse
8 Ziergras
Binsenart
7 Thurnia
8 Gamsgras
Binsenwahrheit
8 Truismus
Biograf
des Ulfilas
9 Auxentius
Goethes
9 Eckermann
Karls des Großen
7 Einhard
biografisches Lexikon
7 Who's who
Birke als Schmuck
7 Maibaum
9 Maienbaum
Birkengewächs
9 Haselnuss
16 Haselnussstrauch
Birkenspinner
8 Endromis
Birma (Myanmar)
Flüsse
6 Saluen
7 Irawadi
8 Chindwin
Gebirge
6 Arakan
Haumesser
3 Dah
Hauptstadt
6 Rangun
7 Rangoon
Nobelpreisträger für Frieden
3 Kyi
Städte und Orte
4 Pegu
5 Mogok, Pagan, Prome
6 Lashio
7 Bassein, Henzada
8 Mandalay
Volksstämme
3 Mon
4 Shan
5 Karen
6 Tschin
8 Katschin
Währung
4 Kyat, Pyas
birnenförmige(s)
Geige des Mittelalter
4 Lira
Glasgefäß
6 Phiole
Birnensorten
5 Lucas
8 Gellerts
9 Alexander, Gute Luise
10 Bergamotte
11 Butterbirne, Christbirne
13 Pastorenbirne, Schinkenbirne
14 Clapps Liebling, Williams Christ
16 Pastorenschenkel
Biscaya-Zuflüsse
3 Lay
6 Seudre
Biscayahafen
6 Aviles
7 Bayonne
Biscayakap
5 Penas
Biscayastadt in Spanien
6 Laredo
Biscayawal
9 Nordkaper
Bischof
der Westgoten
7 Ulfilas, Wulfila
von Augsburg
6 Ulrich
von Edessa
7 Jakobus
von Freising
4 Otto
5 Arbeo
von Karthago
7 Donatus
von Köln
8 Kunibert
von Meißen
5 Benno
von Münster
5 Galen
von Paris
8 Germanus
von Passau
7 Pilgrim
von Reims
8 Remigius
von Sorrent
7 Renatus
von Trier
7 Maximin
9 Amalarius
von Worms
7 Dalberg
bischöfliche(r, s)
Hauptkirche
3 Dom

Insignie
9 Krummstab
Krummstab
5 Pedum
Rundschreiben
11 Hirtenbrief
Bischofsaffe
5 Mbega
Bischofsamt
9 Episkopat
Bischofsbezirk
6 Bistum
8 Dioezese
Bischofskirche
3 Dom
8 Muenster
10 Kathedrale
Bischofsmütze
5 Infel, Inful, Mitra
Bischofssitz bei Granada
6 Elvira
Bischofssprengel
6 Bistum
8 Dioezese
Bischofsstab
5 Pedum
Bischofsversammlung
6 Konzil
Bischofswürde
9 Episkopat
Bismarcks
Geburtsort
12 Schoenhausen
Sterbeort
13 Friedrichsruh
Bissen
6 Happen, Imbiss, Stueck
bissig
6 scharf
7 boshaft, zynisch
9 zaenkisch
14 streitsuechtig
bissig spöttischer Mensch
7 Zyniker
bissige(r, s)
Sinngedicht
5 Xenie
Spott
8 Zynismus
10 Gemeinheit
Bistum und Domkapitel im Mittelalter
9 Hochstift
bisweilen
7 ab und an, ab und zu
8 manchmal, mitunter
12 gelegentlich
Bitte
5 Gebet
6 Gesuch, Wunsch
8 Anliegen, Ansuchen, Ersuchen, Petition
um Antwort
5 Frage
7 Anfrage
bitter
4 hart, herb
5 amaro, azerb
6 scharf
8 beissend
11 schmerzlich
bittere Pomeranze
8 Bigarade
Bittererde
8 Magnesia
Bitteresche
8 Simaruba
Bitterholzgewächs
7 Quassie
8 Irvingia, Picrasma
bitterkalt
5 eisig
Bitterkeit
5 Groll
Bitterlikör
9 Angostura
Bittermandellikör
7 Persiko
Bittermittel
6 Amarum
bittersalzhaltig
9 salinisch
Bitterstoff
7 Lupulin
8 Kalumbin
Bittgang
10 Prozession
Bittgebet
7 Litanei
Bittgesang im Mittelalter
4 Leis
Bittgesuch
7 Supplik
Bittruf
7 Eleison
12 Kyrie Eleison
Bittschreiben an den König
6 Cahier
Bittschrift
6 Gesuch
7 Eingabe, Supplik
8 Petition
Bittsteller
6 Petent
7 Petitor
10 Supplikant
Blähhals
5 Kropf
blamable Niederlage
7 Debakel
blank
5 glatt, nackt
9 glaenzend
reiben
8 polieren
blanko
4 leer
Blankovordruck
8 Formular
Bläschenausschlag
6 Herpes
Blasebalgtreter
7 Kalkant
blasen
5 tuten, wehen
6 dudeln, pusten
Blasenausschlag
9 Pemphigus
Blasenentzündung
8 Zystitis
Blasenspiegel
9 Zystoskop
Blasenstein
7 Urolith
9 Harnstein
Blasenwurm
5 Quese
Bläsergruppe im Orchester
4 Holz
5 Blech
Blashorn für Kinder
4 Tute
blasierter Angeber
4 Snob
Blasinstrumente
Blechblasinstrumente
4 Horn, Tuba, Zink
5 Basso, Bugle, Corno, Zinke
6 Lituus, Piston, Zinken
7 Althorn, Clairon, Clarino, Fanfare, Kornett, Posaune, Salpinx, Serpent
8 Basstuba, Hifthorn, Horntuba, Jagdhorn, Posthorn, Sousafon, Trompete, Waldhorn
9 Bombardon, Euphonium, Krummhorn, Naturhorn, Sousaphon, Tenorhorn, Tenortuba
10 Altposaune, Buegelhorn, Signalhorn, Zugposaune
11 Baritonhorn, Bassposaune, Fluegelhorn, Klappenhorn, Pikkolohorn, Zugtrompete
12 Aidatrompete, Bachtrompete, Basstrompete, Jazztrompete
13 Altzugposaune, Pistonkornett, Ventilkornett
14 Diskantposaune, Kontrabasstuba, Signaltrompete
Holzblasinstrumente
2 Yo
3 Nay, Nei
5 Kawal, Tibia
6 Czakan, Kleddi, Purten, Syrinx
7 Fistula, Matalan, Okarina, Ottavio, Piccolo, Pikkolo
8 Schwegel
9 Panfloete, Schwiegel
10 Flageolett, Querfloete, Querpfeife, Rohrfloete, Terzpfeife
11 Blockfloete, Nasenfloete
12 Bambusfloete, Hirtenfloete

13 Konzertfloete, Pikkolofloete
14 Schnabelfloete
16 Weidenbastfloete

Rohrblattinstrumente
4 Bock, Oboe, Piva
5 Aulos, Hoboe
6 Basson, Fagott, Pommer
7 Altoboe, Bagpipe, Bomhard, Musette, Saxhorn, Saxofon, Walinga
8 Hornpipe, Jagdoboe, Saxophon, Schalmei, Tarogato
9 Cornemuse, Dudelsack, Heckelfon
10 Basspfeife, Bombardino, Heckelphon, Klarinette, Sackpfeife
11 Altsaxophon, Baritonoboe, Bassetthorn, Basssaxofon
12 Basssaxophon, Englischhorn, Kontrafagott, Tenorsaxofon
13 Altklarinette, Sopransaxofon, Tenorsaxophon
14 Baritonsaxofon, Bassklarinette, Sopransaxophon
15 Baritonsaxophon
17 Baritonklarinette

Blasinstrumententeil
8 Stimmzug

blass
4 fahl
6 bleich, livide
7 blutlos, farblos

Blässe
7 Bleiche
8 Fahlheit

Blässente
6 Horbel

blasser Rotwein
9 Bleichert

blassgelb
5 creme
7 vanille
11 cremefarben

Blässhuhn
6 Horbel, Lietze
7 Belchen

blassrot
4 rosa

blassroter Wein
4 Rosé
7 Clairet
8 Roséwein, Schiller

Blatt
5 Bogen, Karte, Seite, Wisch
6 Grafik, Klinge, Papier, Zettel
7 Graphik, Zeitung
9 Zeichnung
10 Spielkarte
12 Illustrierte

eines Tropenbaums
9 Palmwedel

mit zweiunddreißig Karten
9 Skatspiel

Blättchen
5 Folie
7 Lamelle

Blätter binden
9 lumbecken

Blätter um den Spross
5 Quirl
6 Wirtel

Blättererz
8 Nagyagit

Blätterkleid der Bäume
4 Laub

Blättermagen
6 Omasus
7 Psalter

Blätterpilze
7 Parasol, Reizker
8 Dachpilz, Egerling, Helmling, Roetling, Ruebling, Seitling, Tintling
9 Milchling, Roehrling, Taeubling
10 Champignon, Hallimasch, Schirmpilz
11 Pfifferling, Schmierling, Schneckling, Schueppling, Schwindling
12 Schleierling, Schwefelkopf, Traeuschling, Trichterling

Blätterpilzgattung
7 Amanita

Blätterteigpastete
7 Bouchée, Timbale
8 Krustade
9 Vol-au-vent

Blätterwerk
4 Laub

Blattgemüse
4 Kohl
5 Kraut, Salat
6 Spinat
7 Mangold, Rotkohl, Wirsing
9 Braunkohl, Chinakohl, Gruenkohl, Weisskohl

Blattgrün
11 Chlorophyll

Blattholz
7 Furnier

Blatthornkäfer
9 Maikaefer
10 Junikaefer, Mistkaefer, Rosskaefer
11 Brachkaefer, Rosenkaefer
12 Hirschkaefer, Pillendreher
13 Nashornkaefer
16 Sonnenwendkaefer

Blatthühnchen
7 Jassana

Blattkäfer
7 Erdfloh
9 Haehnchen

Blattlaushonig
6 Meltau

blattlose Pflanzen
8 Aphyllen

Blattpfeife
5 Fiepe

Blattpflanze
7 Maranta
9 Pfeilwurz

blättriger Gips
7 Selenit

Blattschneiderameise
4 Atta
5 Sauba

Blattvorderseite
5 Avers, Rekto

Blattzinn
8 Stanniol

Blaubeere
11 Heidelbeere

blaue(r, s)

Farbe
4 Azur, Bleu
6 Indigo, Kobalt
7 Eisblau
10 Marineblau, Ultramarin
11 Koenigsblau

Farbstoff
6 Indigo
9 Indigotin

Farbton
6 Kobalt

Kobaltfarbe
6 Smalte

Mineral
8 Benitoit

Rakenvogel
8 Eisvogel

Seemannsjacke
9 Peajacket

Teerfarbstoff
6 Azurin

Blaueisenerz
8 Vivianit

Blaufelchen
5 Renke
6 Balche
8 Reinanke

blaugrüner Überzug auf Kupfer
9 Gruenspan

Blaukissenblume
8 Aubrieta

bläulich rot
7 purpurn

Blausäure
8 Zyankali

Blausäuregas enthaltendes Pulver
6 Zyklon

Blausäuresalz
6 Cyanid, Zyanid

Blauspecht
7 Kleiber
Blechbehälter
4 Dose
7 Buechse
8 Kanister
Blechblasinstrumententeil
6 Ventil
Blechner
8 Klempner
Blechschaden
5 Beule
Blechschmied
8 Klempner, Spengler
Blechteile ausschneiden
7 nibbeln
Bleibe
4 Asyl, Bude, Haus, Heim, Iglu, Kate
5 Baude, Logis, Villa
6 Ansitz, Castle, Chalet, Obdach, Opette, Palais, Palast
7 Baracke, Bauwerk, Chateau, Datscha, Datsche, Domizil, Kaluppe, Keusche, Palazzo, Schloss, Wohnung, Zuhause
8 Absteige, Bungalow, Gebaeude, Herberge, Hochhaus, Landhaus, Quartier, Schuppen, Wohnhaus
9 Apartment, Blockhaus, Mietshaus, Skihuette
10 Ferienhaus, Jagdhuette, Reihenhaus, Unterkunft
11 Appartement, Bretterbude
12 Schlafstelle, Unterschlupf
13 Wochenendhaus, Wolkenkratzer
15 Appartementhaus, Einfamilienhaus
16 Absteigequartier
17 Behelfsunterkunft
bleibend
4 ewig, fest
7 allzeit, durabel, haltbar, zeitlos
8 alle Zeit, gediegen
9 dauerhaft
10 krisenfest, stationaer, von Bestand, zeitlebens
11 langfristig, unwandelbar
12 unaufloesbar
13 unaufhoerlich, unaufloeslich, unzerstoerbar
14 unvergaenglich, wertbestaendig
bleich
4 fahl
5 blass
7 farblos
8 blutleer
9 waechsern
Bleicherde
6 Podsol
8 Floridin
Bleichheit
7 Blaesse
Bleichmittel
5 Chlor
7 Aktivin, Blankit
9 Chloramin, Chlorkalk, Persulfat
bleiern
4 grau
6 schwer
11 unbeweglich
Bleierz
7 Galenit
8 Zerussit
9 Bleiglanz
Bleiglanz
7 Galenit
bleihaltiges Mineral
9 Phosgenit
Bleioxidpulver
8 Massicot
Bleisäuresalz
7 Plumbat
Bleisetzmaschine
8 Monotype
Bleisiegel
6 Plombe
Bleiwasserstoff
7 Plumban
blenden
9 taeuschen
11 verblueffen
blendend
5 grell
9 strahlend
Blendwerk
4 Trug
6 Humbug, Schein
7 Tarnung
8 Gaukelei, Trugbild
9 Gauklerei
10 Hokuspokus, Taeuschung
Blick
5 Miene, Sicht
8 Ausdruck, Aussicht
9 Fernsicht, Weitsicht
in die Zukunft
8 Vorschau
nach allen Seiten
7 Umschau
Blickbereich
8 Sehweite
blicken
5 lugen, sehen
6 aeugen, gucken, kieken, kucken, linsen, peilen
7 glotzen, luchsen, schauen, spaehen, starren, stieren
8 sperbern
9 glubschen
Blinddarm
7 Typhlon
Blinddarmentzündung
9 Typhlitis
Blinddarmfortsatz
8 Appendix
blinde Leidenschaft
10 Fanatismus
blinde(r)
Ase
6 Hoedur
Eiferer
9 Fanatiker
Seher
7 Phineus
8 Tiresias
Blindenschrifterfinder
7 Braille
Blindfisch
5 Inger
Blindpackung
8 Attrappe
Blindschacht
6 Gesenk
blindwütig
9 fanatisch
Tobender
9 Berserker
Blinkzeichengerät
10 Heliograph
blinzeln
8 zwinkern
Blitzlinie
8 Zickzack
blitzschnelle Bewegung
4 Zuck
Blitzsicherung
7 Erdseil
Block
5 Klotz
6 Kloben
7 Brocken, Klumpen
Blockade
6 Sperre
7 Embargo
10 Belagerung
11 Abriegelung
14 Einschliessung
Blockflöte
6 Flauto
Blocksberg
7 Brocken
Blocksbergfest
14 Walpurgisnacht
Blockschrift
7 Antiqua
Blödsinn
5 Anoia
6 Demenz, Humbug, Unsinn
7 Nonsens, Quatsch
bloß
3 nur
4 kahl
5 nackt
6 allein, einzig
9 lediglich
10 barfuessig, huellenlos
11 barhaeuptig, unbekleidet
15 ausschliesslich
Blöße
8 Nuditaet
9 Nacktheit, Schwaeche

bloße Theorie
5 Ismus
bloßstellen
9 blamieren
12 desavouieren
15 kompromittieren
Bloßstellung
7 Blamage
10 Entlarvung
11 Beschaemung
12 Demaskierung
13 Desavouierung
16 Kompromittierung
Bluff
5 Mache
10 Hokuspokus, Taeuschung
12 Irrefuehrung
bluffen
9 taeuschen
blühen
7 prangen
8 gedeihen
9 florieren
blühend
6 florid
Blumen
4 Iris, Merk, Mohn, Rose, Ysop
5 Aster, Calla, Canna, Erika, Kalla, Lilie, Lotos, Lotus, Nelke, Phlox, Tulpe, Wicke
6 Akelei, Althee, Aralie, Azalee, Azalie, Clivia, Dahlie, Enzian, Jasmin, Klivie, Krokus, Mimose, Orchis, Primel, Reseda, Resede, Zinnia
7 Amarant, Anemone, Aurikel, Begonie, Betonie, Fuchsie, Geranie, Kamelie, Levkoje, Lobelie, Luzerne, Petunie, Robinie, Seerose, Verbene
8 Bergrose, Brunelle, Clematis, Edelrose, Gardenie, Geranium, Gladiole, Klematis, Kuhblume, Magnolie, Maiblume, Masslieb, Narzisse, Orchidee, Ranunkel, Stapelie, Topfrose, Veilchen
9 Almrausch, Alpenrose, Amaryllis, Bartnelke, Blaustern, Blutnelke, Edelraute, Edelweiss, Heiderose, Herzblume, Hortensie, Hyazinthe, Mannstreu, Margerite, Mohnblume, Pechnelke, Samtblume, Sonnentau, Stockrose, Teichrose
10 Adlerblume, Alpenaster, Augentrost, Christrose, Ehrenpreis, Federnelke, Feuerlilie, Feuernelke, Heckenrose, Heidekraut, Herbstrose, Kreuzblume, Kugelblume, Kuhschelle, Leberblume, Lichtnelke, Loewenmaul, Lotosblume, Nachtkerze, Osterblume, Osterluzei, Pelargonie, Sonnenrose, Specklilie, Steinnelke, Sternblume, Talerblume, Trollblume, Venusschuh, Wasserrose
11 Butterblume, Dotterblume, Frauenschuh, Gaenseblume, Gartennelke, Gartentulpe, Jasonsblume, Jerichorose, Kettenblume, Klatschmohn, Maerzbecher, Marienblume, Maskenblume, Pfingstrose, Ringelblume, Sonnenblume, Wasserlilie, Winterblume, Witwenblume, Wucherblume, Wunderblume
12 Alpenanemone, Buschanemone, Chrysantheme, Flammenblume, Fleischblume, Flockenblume, Frauenmantel, Glockenblume, Goldroeschen, Klatschnelke, Koenigskerze, Massliebchen, Muschelblume, Schwertlilie, Silberdistel, Troddelblume, Windroeschen
13 Alpenroeschen, Alpenveilchen, Chrysanthemum, Feuerroeschen, Kuckucksblume, Maigloeckchen, Passionsblume, Rapunzelblume, Schattenblume, Tausendschoen
14 Adonisroeschen, Flammendes Herz, Herbstzeitlose, Kreuzbluemchen, Krustenflechte, Leberbluemchen, Pantoffelblume, Studentenblume, Weidenroeschen, Weihnachtsrose
15 Alpengloeckchen, Gaensebluemchen, Jehovabluemchen, Kapuzinerkresse, Loewenpfoetchen, Marienbluemchen, Schluesselblume
16 Bergmassliebchen, Gartenschierling, Pfaffenroehrchen, Ruehrmichnichtan, Schaarbockskraut, Schneegloeckchen, Stiefmuetterchen, Sumpfdotterblume, Vergissmeinnicht, Wasserschierling, Weidenkreuzkraut, Wiesenknoeterich
17 Himmelsschluessel, Jelaengerjelieber
Blumenarrangement
7 Gesteck
Blumenbetrieb
8 Binderei
Blumenbinder(in)
7 Florist
9 Floristin
Blumenblatt
5 Fahne
blumenblattlos
6 apetal
Blumenfülle
4 Flor
Blumengebinde
4 Bund
5 Kranz
6 Bukett, Feston
7 Bouquet, Strauss
12 Brautstrauss
Blumengefäße
4 Topf, Trog, Vase
5 Ampel
6 Schale
Blumengewinde
5 Kranz
6 Bukett, Feston
8 Girlande
Blumengöttin
7 Chloris
Blumenkohl
7 Karfiol
Blumensteckkunst
7 Ikebana
Blumenstrauß
6 Bukett
7 Bouquet, Gebinde
Blumentier
7 Koralle
9 Anthozoon
Blumenwelt
5 Flora
blusenartige(r, s)
Frauengewand
6 Kasack
Soldatenrock
7 Litewka

Blusenstoff
7 Batavia
Blut saugende(r, s)
Fliege
6 Bremse
Gespenst
6 Vampir
Insekt
5 Zecke
6 Bremse
7 Moskito, Schnake
8 Holzbock
9 Raubwanze, Schaflaus
11 Steckmuecke
12 Rinderbremse, Tsetsefliege
Schnabelkerf
9 Hauswanze
Ungeziefer
4 Floh, Laus
5 Wanze, Zecke
6 Bremse
7 Moskito, Schnake
8 Holzbock
11 Stechmuecke
12 Rinderbremse, Tsetsefliege
Blut stillendes Mittel
5 Alaun
7 Clauden
9 Styptikum
11 Adstringens
Blutarmut
7 Anaemie
Blutbestandteil
6 Plasma
Blutdorn
10 Berberitze
Blüte der Silberakazie
6 Mimose
Blüte vor der Entfaltung
6 Knospe
Blutegelwirkstoff
7 Hirudin
Blüten bildendes Hormon
8 Florigen
Blüten- und Fruchtformen
3 Rad
4 Krug, Nuss
5 Aehre, Beere, Dolde, Fahne, Kelch, Kreuz, Krone, Lippe, Narbe, Polle, Rispe, Zunge
6 Becher, Glocke, Huelse, Kapsel, Klette, Kolben, Nektar, Roehre, Schote, Sichel, Spirre, Teller, Traube, Wickel, Zapfen
7 Achaene, Faechel, Griffel, Stempel
8 Trichter
9 Dichasium, Kaetzchen, Koepfchen, Koerbchen, Schraubel, Trugdolde
10 Kernfrucht, Lochkapsel
11 Bruchfrucht, Doldenrispe, Spaltfrucht, Steinfrucht, Streufrucht
12 Deckelkapsel, Doldentraube, Kapselfrucht, Sammelfrucht, Scheinfrucht, Springfrucht
13 Fluegelfrucht
14 Schliessfrucht
Blütenfleck
7 Saftmal
Blütenhonig
6 Nektar
Blütenknospen zum Würzen
6 Kapern
blütenlose niedere Pflanze
4 Moos
Blütenpflanze
5 Blume
Blütenpracht
4 Flor
Blütensaft
6 Nektar
Blütenspelze der Gräser
5 Palea
Blütenstandsachse
7 Spindel
Blütenstandsformen
5 Aehre, Dolde, Krone, Rispe
6 Glocke, Kolben, Spirre, Traube, Wickel, Zapfen
8 Geschein
9 Kaetzchen, Koepfchen, Koerbchen
12 Infloreszenz
Blütenstaub
6 Pollen
Blütenstrauch
8 Gardenie, Klebsame
11 Pittosporum
Blütenteile
4 Kiel
5 Blatt, Kelch, Krone, Narbe
6 Knospe
7 Pistill, Stempel
9 Kelchsaum, Kronblatt
11 Fruchtblatt, Staubbeutel
12 Bluetenboden, Fruchtknoten
Blutentnahme
8 Aderlass
11 Schroepfung
Bluterguss
8 Haematom, Hyphaema
Blutfarbstoff
11 Haemoglobin
Blutfarbstoffabbau
9 Haemolyse
Blutfaserstoff
6 Fibrin
Blutfink
6 Gimpel
8 Dompfaff
Blutflüssigkeit
5 Serum
6 Plasma
Blutgefäßbild
10 Angiogramm
Blutgefäße
4 Ader, Vene
5 Aorta
7 Arterie, Karotis
10 Schlagader
15 Hauptschlagader
Blutgefäßentzündung
8 Angiitis
Blutgefäßforscher und Arzt
9 Angiologe
Blutgefäßverengung
8 Stenosis
Blutgefäßverstopfung
7 Embolie, Stenose
8 Stenosis
9 Thrombose
Blutgerinnsel
8 Thrombus
Blutgerinnselbildung
9 Thrombose
Blutgerinnungsmittel
9 Koagulans
Blutkanal zwischen den Hirnhäuten
5 Sinus
Blutkörperchen
8 Haemozyt
Blutkrankheit
7 Anaemie, Leukose
9 Leukaemie
11 Haemophilie
Blutkrankheitslehre
12 Haematologie
Blutkraut
11 Wiesenknopf
Blutparasit
8 Haemosit
Blutrache
8 Vendetta
blutreiche Geschwulst
6 Fungus
Blutsauger
4 Egel
6 Vampir
Blutstauung
5 Stase
6 Stasis
Blutstein
8 Haematit
Blutsverwandte(r)
3 Oma, Opa
5 Agnat, Tante, Vater
6 Bruder, Kognat, Mutter, Nepote, Nichte
7 Tochter
9 Schwester
10 Grossvater
11 Grossmutter
13 Urgrossmutter
Blutsverwandtschaft
8 Agnation
9 Kognation
Bluttat
4 Mord
9 Ermordung
Blutübertragung
11 Transfusion
blutunterlaufene Stelle
7 Strieme

Blutvergiftung
6 Sepsis
8 Toxaemie
Blutwasser
5 Serum
6 Lymphe, Plasma
Blutzeuge
9 Maertyrer
Blutzirkulation
9 Kreislauf
Bö
9 Windstoss
Boaschlangen
8 Anakonda
15 Koenigsschlange
Bobakfell
6 Murmel
Bobbahn
8 Eiskanal
Bober-Zuflüsse
5 Queis
6 Zacken, Zieder
7 Kemnitz, Lomnitz, Sprotta, Sprotte
Bobfahrer
7 Bremser
Bobine
9 Garnspule
Bock
6 Fehler, Hammel, Widder
7 Fauxpas, Gestell
9 Fehltritt, Maennchen
12 Untergestell
13 Aktenstaender, Tiermaennchen
Bockkäferart
6 Gerber, Widder
8 Hausbock, Heldbock, Mulmbock
9 Saegebock, Schreiner
10 Eichenbock, Pappelbock, Spiersbock, Zimmerbock
11 Moschusbock
Bode-Zuflüsse
5 Selke, Sohre
8 Goldbach, Holtemme
Boden
4 Erde, Feld
5 Basis, Grund
6 Buehne, Kammer
7 Estrich, Terrain
8 Dachraum, Heuboden, Speicher
9 Fundament, Grundlage
der Pferderennbahn
7 Gelaeuf
einer Senke
8 Talsohle
mit Wachs glätten
7 bohnern
schützendes Material
5 Mulch
Bodenabtragung
7 Erosion
Bodenanreicherung
8 Duengung
Bodenart
3 Ton
4 Erde, Kies, Klei, Lehm, Sand, Torf
5 Acker, Grund, Humus, Loess
6 Mergel, Podsol
9 Ackerland, Felsboden, Lehmboden, Moorboden, Sandboden, Sandstein
Bodenbearbeitungsgeräte
4 Egge, Haue
5 Hacke, Harke, Walze
6 Fraese, Spaten
7 Grubber, Stampfe
8 Kruemmer, Stampfer
10 Spitzhacke
12 Planierraupe
Bodenbelag
3 PVC
5 Matte
7 Bruecke, Estrich, Galerie, Laeufer, Laminat, Parkett, Teppich
8 Linoleum, Stragula
Bodendunst
5 Nebel
Bodenentwässerung
8 Draenage, Draenung, Drainage
11 Draenierung, Drainierung
Bodenerhebung
4 Berg
5 Kegel, Kuppe
6 Huegel, Massiv
7 Anhoehe, Gebirge
8 Schwelle
9 Bergstock
10 Bergmassiv
Bodenerzeugnisse
10 Naturalien
Bodenfisch
6 Gobius
11 Meergrundel
Bodenfläche
5 Areal
bodenlos
4 tief
10 abgruendig
Bodennahrung
4 Dung, Kali, Kalk, Mist
6 Jauche
7 Duenger
8 Salpeter
Bodenorganismen
9 Mesofauna
Bodenpflegegerät
6 Bohner
Bodenplatte
6 Fliese
Bodensatz
5 Depot, Grund
6 Drusen
8 Residuum, Sediment
9 Sinkstoff
10 Ablagerung
12 Niederschlag
Bodenschätze
3 Erz, Gas, Oel
4 Gold
5 Kohle
6 Erdgas, Erdoel, Kupfer, Metall, Platin, Silber
7 Mineral
9 Edelstein
10 Braunkohle, Steinkohle
Bodensee-Zuflüsse
5 Argen, Rhein
8 Schussen
Bodenseefelchen
5 Renke
Bodenseeinseln
6 Lindau, Mainau
9 Reichenau
Bodenseeorte und -städte
4 Hard
5 Arbon
6 Bodman, Hagnau, Lindau, Lochau, Uttwil
7 Bregenz
8 Konstanz
9 Meersburg, Rorschach
10 Immenstaad, Kressbronn, Radolfzell, Romanshorn, Wasserburg
11 Kreuzlingen, Langenargen, Ueberlingen
12 Ludwigshafen
14 Unteruhldingen
15 Friedrichshafen
Bodenseeteile
7 Obersee
8 Untersee
9 Zeller See
14 Ueberlinger See
Bodensenke
3 Tal
bodenständig
8 heimisch
10 autochthon
11 einheimisch, erdgebunden
Bodenturnübungen
3 Rad
5 Rolle, Salto
6 Spagat
8 Schraube
9 Flugrolle, Handstand, Kopfstand
10 Flickflack, Purzelbaum
11 Liegestuetz, Ueberschlag
12 Spreizsprung
Bodenverbesserung
11 Melioration
Bodenvertiefung
4 Loch
5 Mulde, Senke
bodenwärts gerichtete Luft
6 Abwind
Bodenzusatz
4 Mist
7 Duenger, Kompost

Bodrog-Quellfluss
6 Ondava
bogenförmig gewachsenes Holz
9 Krummholz
Bogengang
5 Laube
6 Loggia
7 Arkaden
Bogengeschoss
5 Pfeil
Bogenhalle
6 Loggia
Bogenhanf
10 Sanseveria, Sanseverie
Bogenlinie
5 Kurve
Bogenmacher
6 Bogner
Bogenmaß
5 Arcus, Arkus
Bogenschütze
7 Iphitos
8 Pandaros
9 Philoktet
Bohle
6 Planke
böhmische(r, s)
Adelsgeschlecht
6 Chotek
7 Harrach
9 Lobkowitz
Bildhauer
8 Auliczek, Brokhoff
Elbe-Zufluss
4 Aupa
Flugzeugbauer
9 Zborowski
Geschichtsschreiber
6 Kosmas
Glasschmuck
6 Bissel
König
7 Ottokar
9 Podiebrad
Nationaltanz
7 Furiant
Schriftsteller
8 Mauthner
Schriftstellerin
9 Pausewang
Sopranistin
9 Dvorakova
Ständeführer
5 Thurn
Uradel
6 Kinsky
9 Waldstein
Volkstanz
5 Polka
6 Redowa
7 Redowak
9 Redowazka
Bohnenhülsenstoff
9 Traumatin
Bohnenkäse
4 Tofu
Bohnenkraut
7 Saturei
Bohnenstrauch
7 Cytisus
9 Geissklee
Bohrinsel für Off-Shore-Bohrungen
3 Rig
Bohrlochschlamm
7 Schmant
Bohrstelle
8 Lokation
böiger Wind
in Alaska
6 Boorga
in Südarabien
5 Belat
Bolivien
Baumprodukt
9 Kotorinde
Berge
6 Sajama, Sorata
7 Illampu
8 Illimani
Flüsse
4 Beni
5 Abuna
6 Mamore
Hauptstadt
5 Sucre
Regierungssitz
5 La Paz
Ruinenstätte
10 Tiahuanaco
Seen
8 Poopósee
11 Titicacasee
Städte
5 La Paz, Oruro, Sucre
6 Potosi, Tarija
8 Sicasica
9 Cotagaita, Riberalta, Santa Cruz
10 Cochabamba
Währung
4 Peso
7 Centavo
9 Boliviano
Wirbelsturm
7 Suracon
Bollwerk
4 Pier, Wall, Wand
6 Bastei
7 Bastion
11 Befestigung
Bon
4 Chip
5 Jeton, Kupon, Marke
6 Coupon
8 Quittung
9 Abschnitt, Gutschein, Wertmarke
10 Verguetung
12 Kassenzettel
Bonbon am Stiel
8 Lutscher
Bonmot
6 Pointe
9 Ausspruch
Boote
3 Gig
4 Kahn, Kanu, Prau
5 Barke, Einer, Floss, Jolle, Kajak, Nauen, Umiak, Zille
6 Achter, Gondel, Nachen, Schute, Vierer, Zweier
7 Beiboot, Einbaum
8 Barkasse, Faltboot, Kanadier, Tretboot
9 Barkarole, Katamaran, Motorboot, Ruderboot, Schaluppe, Schinakel, Segelboot
10 Nussschale, Paddelboot
11 Elektroboot
12 Schlauchboot
bootförmiger Lappenschlitten
5 Pulka
böotischer König
7 Athamas
böotisches Gebirge
7 Helikon
Bootsanlegestellen
4 Mole, Pier, Steg
5 Hafen
7 Bruecke
Bootsgerüst
7 Barring
Bootshebelarm
10 Ruderpinne
Bootskapitän
7 Skipper
Bootspartie
9 Kahnfahrt
Bootsplanke
8 Dollbord
Bootssitz
9 Ruderbank
Bootswettfahrt
7 Regatta
Bootszubehör
4 Mast
5 Anker, Dolle, Ducht, Motor, Pinne, Ruder, Segel, Spake, Stake
6 Fender, Klampe, Riemen, Steuer
7 Schwert
8 Dollbord
9 Ruderbank
10 Bootshaken, Ruderblatt, Ruderpinne
Bordeauxweine
5 Médoc, Palus
6 Graves
8 Bazadais
9 Haut-Brion, Sauternes
12 Saint Emilion
Bordüre
6 Besatz
8 Saumband
Borg
4 Pump
7 Anleihe
borgen
6 leihen, pumpen
9 ausleihen

Borkalk
6 Ulexit
Borke
5 Rinde
6 Kruste, Schorf
Borkenkäfer
5 Weber
8 Ruessler
borkige Hautpustel
5 Rupia
Borneoaffe
5 Kahau
Borneoechse
9 Taubwaran
Borretschgewächse
6 Cordia, Onosma
7 Alkanna
8 Beinheil, Beinwell, Wallwurz
9 Krummhals, Steinsame
10 Hundszunge
16 Vergissmeinnicht
borsaures Salz
5 Borat
Börse
9 Portmonee
10 Geldbeutel
12 Portemonnaie
Börsenauftrag
5 Order
Börsenfachmann
7 Analyst
Börsenkaufmann
6 Sensal
Börsenkurs
8 Exchange
Börsenkursausnutzung
9 Arbitrage
Börsenmakler
6 Broker
8 Agioteur
Börsennotieranschlag
9 Kurstafel
Börsennotierungsliste
9 Kursblatt
Börsenpapiere
3 Kux
5 Aktie, Fonds
6 Devise, Valeur
7 Einlage, Wechsel
8 Effekten
10 Obligation, Pfandbrief, Stammaktie, Wertpapier
11 Aktienpaket
12 Inhaberaktie, Konnossement
Börsenpreis
4 Kurs
Börsenspekulant
4 Bull
5 Fixer
6 Jobber
8 Agioteur, Baissier, Haussier
10 Boersianer
Börsenspekulation
8 Agiotage
9 Jobbertum
Börsenstimmung
7 Tendenz
börsentechnische Begriffe
3 Bon, Run
4 Agio, Bond, Kauf, Kurs, Pari, Zins
5 Agent, Bonus, Depot, Konto, Limit, Medio, Saldo, Talon
6 Aktiva, Baisse, Bilanz, Cheque, Coupon, Flaute, Hausse, Jobber, Kredit, Obligo, Profit, Scheck, Skonto, Tratte, Ultimo, Valuta, Zinsen
7 Angebot, Bankier, Begeben, Debitor, Devisen, Disagio, Diskont, Kapital, Lombard, Offerte, Passiva, Rendite, Rimesse, Solvenz, Wechsel
8 Agiotage, Bonitaet, Courtage, Effekten, Emission, Exchange, Hypothek, Kreditor, Nennwert, Prospekt, Tantieme
9 Aktionaer, Arbitrage, Deflation, Dividende, Immobilie, Inflation, Insolvenz, Kaufpreis, Nachfrage, Notierung, Provision, Schuldner
10 Immobilien, Kurszettel, Obligation, Verzinsung
11 Spekulation
12 Bonifikation
borstenartige Spitze an Getreideähren
6 Granne
Borstenbaumstachler
4 Cuiy
Borstenbüschel
5 Quast
Borstengürteltier
8 Tatupoyu
Borstenhirse
7 Setaria
Borstenhörnchen
6 Schilu
Borstenigel Madagaskars
6 Tanrek
Borstenkiefer der Meere
9 Pfeilwurm
Borstentier
7 Schwein
Borstenwurm
4 Pier
6 Palolo, Serpel
7 Alciope, Tubifex
8 Sandwurm
9 Arenicola, Regenwurm
11 Roehrenwurm
Borstenzähner
8 Geissler
Borte
4 Band
5 Litze
6 Besatz, Galone, Schnur, Tresse
8 Borduere, Posament
9 Passement
Borverbindung
5 Borax
Borwasserstoff
5 Boran
bösartig
5 frech, infam, uebel, wuest
6 gemein, haarig, widrig
7 boshaft, garstig, maligne, schlimm
8 ekelhaft
9 milizioes, tueckisch
10 pernizioes, spoettisch, unleidlich
11 abscheulich, beleidigend, bitterboese, gefaehrlich, schadenfroh
12 uebelgesinnt, uebelwollend, unbarmherzig
13 unausstehlich
17 gemeingefaehrlich
Bösartigkeit
8 Schikane
Böschung
4 Hang
5 Berme, Halde, Leite
6 Abhang
böse
3 arg
5 frech, uebel, wuest
6 gemein, haarig, widrig
7 boshaft, garstig, herzlos, ruchlos, schlimm
8 ekelhaft, schlecht
9 malizioes, teuflisch
10 boeswillig, spoettisch, unleidlich
11 abscheulich, beleidigend, gefaehrlich
12 uebelgesinnt, uebelwollend, unbarmherzig
13 unausstehlich
17 gemeingefaehrlich
böse(r)
Absicht
5 Dolus
Blick
8 Malocchi
9 Malocchio
Geist
5 Satan
6 Daemon, Samael, Teufel, Unhold
8 Gespenst, Mephisto
9 Ungeheuer
14 Horrorgespenst
Geist bei den Balinesen
6 Rangda
Geister Ahrimans
3 Dev, Dew, Diw
Geister bei Zarathustra
5 Daiwa

Geister im römischen Glauben
6 Larven
indischer Dämon
3 Ahi
Spott
4 Hohn
boshaft
5 boese, infam, wuest
6 gemein, giftig
7 garstig, schlimm
8 haemisch
9 gehaessig, hoehnisch, malizioes, tueckisch
10 schikanoes
13 heimtueckisch, unausstehlich
boshafte(s)
Auslachen
4 Hohn
5 Spott
Handlung
7 Streich
Neckerei
7 Sottise
9 Stichelei
Spötteln
8 Hechelei
Bosheit
3 Arg, Wut
4 Hohn, List, Zorn
5 Haeme
6 Aerger, Malice, Tuecke
7 Infamie, Unwille
8 Rankuene, Schikane
9 Frechheit, Rachsucht
10 Gemeinheit, Heimtuecke, Hinterlist, Schurkerei
11 Garstigkeit, Uebelwollen
12 Niedertracht
13 Gehaessigkeit, Schadenfreude
16 Unverschaemtheit
Bosnien-Herzegowina
Flüsse
3 Una
4 Save
5 Bosna, Drina, Vrbas
7 Narenta, Neretva
Gebirge
6 Dinara
10 Erzgebirge
Hauptstadt
8 Sarajevo
Städte und Orte
4 Focq
5 Bihac, Doboj, Jajce, Tuzla
6 Mostar, Zenica
7 Zvornik
9 Banja Luka, Jablanica
Währung
6 Fening
Boss
4 Chef
böswillige Zerstörung
8 Sabotage
böswilliger Zerstörer
8 Saboteur
botanisch:
achselständig
7 axillar
Ahorn
4 Acer
Apfel
5 Malus
aufrecht
5 atrop
Blütenstempel
7 Pistill
Ehrenpreis
8 Veronika
einblättrig
8 unipetal
einjährig
7 annuell
Engelwurz
8 Angelica
Fanghaar
8 Tentakel
Feige
5 Ficus
Fingerhut
9 Digitalis
Fleisch fressend
7 zoophag
Flieder
7 Syringe
Fruchtblatt
7 Karpell
9 Karpellum
Fruchtknoten
4 Ovar
Fruchtwand
8 Perikarp
Fruchtwandschicht
7 Exokarp
Fuchsschwanz
7 Amarant
Glanzkraut
7 Liparis
im Innern entstehend
7 endogen
Kiefer
5 Pinus
Klee
9 Trifolium
Lilie
6 Lilium
Liliengewächse
9 Liliazeen
Lippenblütler
7 Labiate
8 Labiatae, Labiaten
Lorbeerbaum
6 Laurus
Pappel
7 Populus
Pfingstrose
7 Paeonie
Pilzfadengeflecht
5 Myzel
Ringelblume
9 Calendula
Rippenfarn
8 Blechnum
Rispelstrauch
9 Myricaria
Roggen
6 Secale
Rosengewächse
8 Rosazeen
Seerose
8 Nymphaea
Sonnentau
7 Drosera
unbefruchtete Vermehrung
8 Apogamie
von außen her stammend
6 exogen
Waldrebe
8 Clematis, Klematis
Wandelröschen
7 Lantana
Wasser ausscheiden
9 guttieren
Wasserausscheidung
9 Guttation
wiederblühend
9 remontant
Wiesensilge
6 Silaum
Zweihäusigkeit
7 Dioezie
Zwiebel
6 Bulbus
7 Zipolle
botanische(r)
Anlage
6 Garten
Garten südwestlich von London
3 Kew
Bote
6 Herold, Kurier, Melder
7 Abholer, Buettel
8 Ausgeher, Besorger, Postbote
9 Ausfahrer, Gesandter, Laufjunge, Zusteller
10 Auslaeufer, Austraeger, Vertraeger
11 Abgesandter
12 Brieftraeger, Gerichtsbote, Ueberbringer
13 Postzusteller
14 Paketzusteller
16 Geldbrieftraeger
des Herakles
6 Lichas
Etzels
9 Schwemmel
Gottes
5 Engel
und Spielmann Etzels
6 Werbel
Botin
der Frigga
3 Gna
des Grals
7 Kundrie
Botschaft
5 Kunde
7 Auftrag, Mission
8 Konsulat
9 Nachricht

10 Kundgebung, Mitteilung
13 Gesandtschaft
14 Handelsmission

Botschafter
5 Legat
7 Nuntius
8 Diplomat
9 Gesandter
11 Abgesandter, Ambassadeur

Botschaftsgebäude
9 Ambassade

Botswana
Fluss
8 Okavango
Hauptstadt
8 Gaborone
Salzpfanne
10 Makarikari
Sprache
8 Setswana
Städte
5 Kanye
6 Serowe
10 Molepolole
Volk
6 Tswana
Währung
4 Pula
5 Thebe
Wüste
8 Kalahari

Böttcher
6 Kuefer
8 Buettner
10 Fassbinder, Schaeffler

Böttcherwerkzeug
5 Beuge
9 Bankhobel, Reifzange

Bottich
5 Zuber
6 Buette, Kuebel
8 Holzfass

Boxgewichtsklassen
12 Federgewicht
13 Bantamgewicht, Leichtgewicht, Mittelgewicht, Schwergewicht, Weltergewicht
14 Fliegengewicht
17 Halbmittelgewicht, Halbschwergewicht, Halbweltergewicht

Boxhieb
3 Jab
5 Haken, Linke, Punch
6 Rechte
7 Auslage
8 Uppercut
9 Kinnhaken, Schwinger

Boxkampferfolg
9 Punktsieg

Boxkämpfertyp
7 Fighter

Boxkampfplatz
4 Ring

boxtechnische Begriffe
2 K.O.
3 Jab
4 Ecke, Foul, Gong, Ring, Seil
5 Break, Fight, Haken, Linke, Match, Punch, Runde
6 Bantam, Clinch, Finish, Gerade, Parade, Rechte, Umpire, groggy
7 Auslage, Bandage, Deckung, Distanz, Fighter, Wirkung, blocken, kontern, stoppen
8 Knockout, Sidestep, Sparring, Uppercut, klammern, parieren
9 Doublette, Kinnhaken, Punktsieg, Schwinger, Sidestepp
10 Leberhaken, Tiefschlag, auszaehlen
11 Ringrichter
12 Guertellinie, Niederschlag
14 Aufwaertshaken, Gewichtsklasse

Boxtraining
8 Sparring
betreiben
7 sparren

Boxtrainingsgerät
9 Maisbirne

Boxweltmeister
4 Baer, Clay, Hart, Tate
5 Burns, Ellis, Louis, Maske, Ottke
6 Corbet, Holmes, Liston, Norton, O'Brien, Schulz, Spinks, Tunney, Weaver
7 Carnera, Charles, Dempsey, Foreman, Frazier, Sharkey, Walcott, Willard
8 Braddock, Jeffries, Johnsohn, Marciano, Sullivan
9 Johansson, Patterson, Schmeling
11 Muhammad Ali

Bozener Wein
7 Kretzer

Brachsenfisch
4 Blei, Zope, Zupe
6 Brasse, Zaerte
7 Zaehrte

Brachvogel
6 Goiser
8 Schnepfe
9 Brachhuhn, Keilhaken
14 Doppelschnepfe, Kronenschnepfe

brahmanischer
Bettelmönch
8 Bhikschu
Gelehrtentitel
6 Pandit
Wallfahrtsort
9 Allahabad

Branche
4 Fach
5 Zweig
6 Gebiet, Sektor
9 Abteilung
11 Berufszweig

Brand
4 Glut, Lohe
5 Feuer

Brandbekämpfer
8 Loescher

brandbekämpferische Einrichtung
9 Feuerwehr

Brandbekämpfungsgerät
7 Patsche

Brandenburg
Adelsgeschlecht
7 Quitzow
brandenburgisches Herrscherhaus
8 Askanier
12 Hohenzollern
Flüsse
4 Elbe, Oder, Rhin
5 Dahme, Dosse, Havel, Nuthe, Plane, Spree
6 Neisse, Randow, Uecker
14 Schwarze Elster
Hauptstadt
7 Potsdam
Höhenzug
8 Flaeming
Kurfürst
7 Joachim
Landschaften
8 Prignitz
9 Havelland, Uckermark
13 Niederlausitz
Seen
9 Plauer See
10 Mueggelsee
11 Grimnitzsee
13 Oberueckersee, Parsteinersee, Schwielochsee
14 Unterueckersee
15 Scharmuetzelsee
Städte und Orte
5 Gartz
7 Cottbus, Schwedt, Templin
8 Prenzlau, Rathenow
9 Frankfurt, Luebbenau, Neuruppin
10 Strausberg
11 Angermuende, Lauchhammer, Luckenwalde, Oranienburg, Senftenberg, Wittenberge
12 Finsterwalde, Fuerstenberg, Henningsdorf, Joachimsthal, Ludwigsfelde

17 Eisenhuettenstadt
Brandrückstand
4 Russ
5 Asche
8 Schlacke
Brandschatzung
12 Kontribution
Brandstifter(in)
8 Pyromane
9 Pyromanin
Brandstiftungstrieb
9 Pyromanie
Brandung
6 Gischt, Schaum
7 Brecher, Gaescht
9 Seeschaum
11 Schaumkrone
vor der Guineaküste
6 Kalema
Brandungsplatte
7 Schorre
Brandungswelle
7 Brecher
Brandwache
9 Feuerwehr
13 Feuerwehrmann
Branntwein
6 Brandy
Branntweinausschank
8 Destille
Branntweinbrenner
12 Destillateur
Branntweine
3 Gin, Rak, Rum
4 Koem, Korn, Marc, Ouzu, Raki, Sake, Wina
5 Arrak, Fusel, Klare, Toddy, Wodka
6 Brandy, Cassis, Chicha, Dry Gin, Enzian, Grappa, Ingwer, Kirsch, Pernod, Whisky
7 Absinth, Aquavit, Bittere, Genever, Kuemmel, Nalifka, Parfait, Persiko, Samschu, Schnaps
8 Calvados
9 Angostura, Doornkaat, Kornbrand, Machandel, Mirabelle, Slibowitz, Sliwowitz
10 Eiskuemmel, Goldkirsch, Goldwasser, Schiedamer
11 Kornkuemmel, Krambambuli, Magenbitter, Steinhaeger
12 Bommerlunder, Himbeergeist, Kirschwasser, Kumysschnaps
13 Enzianschnaps, Ingwerschnaps, Kornwacholder, Kumyssschnaps, Marillenbrand, Wermutschnaps
14 Aprikosengeist, Hefebranntwein, Kornbranntwein
15 Apfelbranntwein, Danziger Tropfen, Karmelitergeist, Muensterlaender, Pflaumenschnaps, Trinkbranntwein
16 Kartoffelschnaps, Kirschbranntwein, Korianderschnaps, Wacholderschnaps
17 Kartaeuserschnaps, Kuemmelbranntwein, Tresterbranntwein
Brasilien
Akanthusgewächs
9 Jakobinie
Architekt
8 Niemeyer
Außenministerium
9 Itamaraty
Bakteriologe
6 Chagas
Berge
7 Roreima
9 Morro Alto
13 Pico da Neblina
14 Pico da Bandeira
Bucht bei Rio de Janeiro
9 Guanabara
Busch
6 Sertão
Dichter
6 Araujo, Castro
7 Alencar, Andrade
8 Bandeira, Oliveira
Elendsviertel
6 Favela
Floßboot
7 Jangada
Flüsse
3 Ica
4 Acre, Poti
5 Irira, Jurua, Manso, Xingu
6 Paraná
8 Amazonas, Rio Negro, Rio Xingu
9 Rio Branco
12 São Francisco
Grassteppe
5 Campo
Hafenstädte
3 Rio
5 Belem
6 Recife
8 Salvador
9 Fortaleza
11 Porto Alegre
12 Rio de Janeiro
Halbpachtform
8 Parceria
Hauptstadt
8 Brasilia
Indianerstämme
4 Pano, Tupi
5 Aruak, Taino
6 Bororo, Tukano
7 Bakairi, Guarani
8 Botokude, Karaiben
9 Botokuden, Guajajara
Inseln
6 Marajo
16 Gouverneursinsel
Kaiser
5 Pedro
Kapuzineraffe
6 Apella
Küstenformation
8 Restinga
Küstenstaat
7 Alagoas
Maler
9 Portinari
Medizinmann eines religiösen Kults
10 Macumbeiro
Mischling
7 Caboclo
Pianisten
6 Freire, Gelber
Politiker
5 Dutra
Präsident
6 Vargas
Raubtier
8 Waldhund
religiöser Kult
7 Macumba
roter Brüllaffe
6 Aluata, Aluate
Rotholz
9 Bahiaholz
Rotholzbestandteil
8 Brasilin
Sängerin
7 Miranda
Savannentyp
6 Campos
8 Caatinga
Savannenzone
7 Catinga
Schriftsteller
5 Amado
7 Azevedo
9 Verissimo
Schriftstellerin
9 Lispector
Schwemmland
6 Varzea
Sprache
13 Portugiesisch
Sprachen der Indianer
4 Tupi
7 Guarami
Sprachgruppe
3 Ges
Staaten
4 Acre, Pará
5 Amapá, Bahia, Geará, Goiás, Piaui
6 Paraná
7 Alagoas, Guaporé, Maranao, Paraiba, Sergipe
8 Amazonas

9 Rio Branco
10 Mato Grosso, Pernambuco
Städte
3 Ipu, Itu, Rio
4 Bage, Para
5 Bahia, Bauru, Belem, Goyaz, Lages, Natal, Preto
6 Campos, Caxias, Cuyaba, Erexim, Macapa, Maceio, Manaos, Obidos, Osasio, Recife, Santos
7 Aracaju, Caruaru, Corumba, Goiania, Niteroi, Pelotas, São Luiz, Uberaba
8 Blumenau, Braganca, Brasilia, Campinas, Curitiba, Londrina, Parahyba, Piranhas, Salvador, Santarem, São Paulo, Teresina, Victoria
9 Cabedello, Caratinga, Fortaleza, Guarabira, Petrolina, Rio Grande
10 Nova Iguacu, Pernambuco, Petropolis, Santo André
11 Campo Grande, Porto Alegre, São Salvador
12 Rio de Janeiro
13 Belo Horizonte, Florianopolis
Strände von Rio de Janeiro
6 Leblon
7 Ipanema
10 Copacabana
Sumpfwald
5 Igapo
Tanz
5 Samba
Theologe
4 Boff
6 Camara
Trockenwald
6 Sertão
Verwaltungseinheit
9 Municipio
Währung
4 Real
7 Centavo
Wahrzeichen von Rio
9 Zuckerhut
Wasserfälle
6 Iguacu
Zierfisch
9 Mondfisch
Brassenfisch
7 Bloeker
11 Gelbstrieme
braten
10 schmurgeln
Braten zerlegen
11 tranchieren
Bratenbeigabe
5 Sauce, Sosse, Tunke
Bratensaft
3 Jus
5 Sosse
Bratensatz
4 Fond
Bratenstück
5 Filet, Steak
8 Kotelett
9 Karbonade, Rumpsteak, Schnitzel
Bratgefäße
5 Reine
6 Pfanne, Reindl, Tiegel
10 Roemertopf, Schmortopf
Bratrost
5 Grill
Bratsche
5 Viola
8 Altgeige
Brauch
3 Uso
4 Form, Mode, Usus
5 Regel, Ritus, Sitte, Unart
6 Ritual, Uebung, Usance
7 Komment, Schwang
8 Etikette, Folklore
9 Herkommen, Protokoll, Tradition, Zeremonie
10 Gewohnheit, Konvention, Vorschrift
11 Zeremoniell
12 Angewohnheit
13 Foermlichkeit, Gepflogenheit
14 Ueberlieferung
16 Althergebrachtes
brauchbar
8 geeignet, tauglich
9 nuetzlich
12 zweckmaessig
Brauchbarkeit
7 Eignung
Brauereianlage
5 Darre
7 Sudhaus
8 Darrhaus
9 Maelzerei
10 Abfuellung, Gaerkeller
11 Lagerkeller
Brauereiarbeiter
7 Maelzer
Braugemisch
7 Maische
Braugerste
4 Malz
Braumalzrückstand
8 Oberteig
Braumittel
4 Germ
8 Bierhefe
Braunalgen
7 Seetang
braune
Farbe
5 Sepia, Umber, Umbra
6 Bister
Hornblende
5 Ophit
14 Eruptivgestein
Tusche
6 Bister
Brauneisen
8 Sumpferz
Brauneisenstein
7 Limonit
Brauner Jura
6 Dogger
braunhaarig
8 bruenett
braunhaarige Frau
9 Bruenette
Braunkohlenart
6 Lignit
Braunkohlenkoks
5 Grude
8 Kaumazit
Braunkohlenteeröl
5 Masut
Braunkohlenzeit
8 Tertiaer
Braunschweiger
Bier
5 Mumme
Burg
13 Dankwarderode
Herrschergeschlecht
6 Welfen
Höhenzug
3 Elm
Schloss
8 Richmond
Braunwurzgewächs
7 Nemesia
8 Kuhtritt, Wulfenie
9 Euphrasia, Helmkraut, Misopates, Rehmannia, Zahntrost
Braurückstand
6 Treber
Brause
6 Dusche
7 Sprudel
8 Limonade
brausen
5 rasen, toben, tosen
6 sausen, wallen, wueten
7 duschen
8 rauschen, sprudeln, sturmen
Braut
8 Verlobte
im Hohenlied
8 Sulamith
von Heinrich von Kleist
5 Zenge
Brautaussteuer
7 Mitgift
Bräutigam
9 Verlobter
Brautkrone
7 Schapel
Brautpreis
5 Kalym
6 Lobola
Brautschau
6 Freite
7 Werbung

Brautschauer
6 Freier
Brautschmuck
5 Kranz, Myrte
8 Schleier
13 Jungfernkranz
Brautwerber
6 Freier
Brautwerbung
6 Freite
brav
5 artig
6 bieder, tapfer, wacker
7 folgsam, fuegsam, sittsam
9 ehrenhaft, ehrenwert
10 manierlich
11 wohlerzogen
13 rechtschaffen
Bravur
3 Mut
4 Elan
7 Courage, Schneid, Schwung
9 Kuehnheit
10 Tapferkeit
17 Meisterhaftigkeit
bravurös
7 glorios
9 glanzvoll
Brechstange
7 Kuhfuss
Brechung
10 Dispersion, Refraktion
Brei
3 Mus
4 Pamp, Papp, Paps
5 Masse, Pampf, Pamps, Stock
6 Mixtur, Pueree
7 Schleim
8 Babykost, Mehlbrei, Mischung, Reisbrei
9 Haferbrei, Hirsebrei, Milchbrei
10 Griessbrei, Griesskoch
11 Pflaumenmus
12 Haferschleim
16 Haferflockenbrei
zur Marmeladenherstellung
6 Puelpe
breiförmige Speise
6 Pueree
Breitblattruder
6 Pagaie
breite(r, s)
Hand
6 Pratze
Kopfkissen
7 Pfulmen
Krawatte
8 Plastron
Schal
5 Stola
Schaufel
6 Worfel
Stoffstreifen
4 Bahn
Straße
6 Avenue
9 Boulevard
Wegstelle
9 Ausweiche
Breitenkreis
8 Aequator, Gleicher
breitkrempiger Hut
8 Sombrero
10 Kalabreser
11 Florentiner
Breitling
7 Sprotte
Breitwandfilm
8 Cinerama
11 Cinemascope
Bremen
Bremer Ortsteile
4 Horn, Lehe, Vahr
7 Hastedt
8 Firndorf, Vegesack
9 Osterholz
10 Blumenthal
Bremer Stadtmusikanten
4 Esel, Hahn, Hund
5 Katze
Bremer Wahrzeichen
6 Roland
Flughafen
9 Neuenland
Fluss durch Bremen
5 Weser
Münze
9 Goldtaler
Patron Bremens
6 Petrus
Volksfest
9 Freimarkt
Bremse
9 Hemmschuh
bremsen
6 hemmen
7 mindern, stoppen
8 anhalten, drosseln
9 aufhalten, maessigen
10 arretieren
12 verlangsamen
13 einschraenken
Bremsenlarve
8 Bieswurm
Bremsklotz
8 Radschuh
Bremsschwung im Skilauf
8 Telemark
Brenngas
5 Butan
6 Propan
Brennmaterial, -stoffe
3 Gas, Oel
4 Holz, Koks, Span, Torf, Tork
5 Butan, Grude, Kohle, Sprit
6 Benzin, Erdgas, Erdoel, Propan
7 Brikett, Heizgas, Heizoel, Kerosin
8 Kienspan, Spiritus
9 Anthrazit, Eierkohle, Heizstoff, Holzkohle, Kleinholz, Nusskohle, Petroleum, Propangas
10 Braunkohle, Presskohle, Steinkohle
13 Brennspiritus
15 Trockenspiritus
Brennnesselgewächs
9 Glaskraut
Brennofen
4 Kiln
Brennpunkt
5 Fokus, Mitte
7 Zentrum
Brennschluss
7 Burnout
Brennstoff aufnehmen
7 bunkern
Brennstoffbehälter
4 Tank
8 Kanister
Brennstoffentzünder
9 Gluehkopf
Brenz-Zufluss
4 Lone
brenzlig
8 sengerig
10 bedenklich
Bresche
4 Loch, Riss
5 Spalt
6 Luecke
9 Durchlass
10 Einschnitt, Mauerbruch
Bretagne-Flüsse
3 Aff
4 Oust
5 Aulne, Elorn, Rance
6 Blavet, Trieux
7 Vilaine
Bretagne-Häfen
5 Brest
9 Saint Malo
bretonische(s)
Blasinstrument
8 Bombarde
Fischertanz
9 Passepied
Lied
3 Lai
Sackpfeife
6 Biniou
Bretterhütte
4 Bude
Brettersitz
4 Bank
Bretterstoß
6 Stapel
Bretterverkleidung
8 Schalung
Brettfuge
3 Nut
Brettspielbegriffe
3 Zug
4 Feld
5 Figur, Stein
Brettspiele
2 Go

3 Igo
4 Dame, Puff
5 Halma, Salta
6 Domino, Gammon, Muehle, Schach
7 Malefix
8 Blockade, Monopoly, Solitaer
9 Damespiel, Fuchsjagd, Tokadille
10 Backgammon, Fang den Hut, Tricktrack
11 Has und Hunde
12 Wolf und Schaf

Brettspielfigur
9 Damestein

Brettspielphase
8 Gegenzug

Brettverkleidung
8 Schalung

Briefbeförderungsanstalt
4 Post

Briefempfänger
8 Adressat

Briefgebühr
5 Porto

Briefgut
4 Post

Briefhülle
6 Kuvert
8 Umschlag

Briefmarken abstempeln
9 entwerten

Briefmarkenkunde
10 Philatelie

Briefmarkensammler
11 Philatelist

Briefmarkensammlerin
13 Philatelistin

Brieftasche
12 Portefeuille

Briefträger(in)
8 Postbote
9 Postbotin

Briefumschlag
6 Kuvert
7 Couvert

Briefverkehr im Krieg
8 Feldpost

Briefwechsel
13 Korrespondenz

Brienzer-See-Zufluss
9 Giessbach

Brille, Brillenform
4 Glas
7 Binokel, Einglas, Klemmer, Kneifer, Lorgnon, Zwicker
8 Haftglas
9 Augenglas, Lorgnette
10 Haftschale

Brillenhersteller(in)
7 Optiker
9 Optikerin

Brillenschlange
4 Naja
5 Aspis, Kobra
9 Speikobra
11 Hutschlange
12 Koenigskobra, Speischlange
14 Uraeusschlange

Brillenteil
4 Glas, Rand, Steg
6 Buegel, Klemme
7 Fassung, Glaeser

brillieren
8 glaenzen

bringen
7 liefern
11 apportieren

Brise
4 Wind
8 Fahrwind
9 Fahrtwind, Lueftchen, Segelwind

zum Genfer See
6 Bornan

Bristol-Kanal-Zufluss
3 Usk

britannische Königin der Ikener
8 Boudicca

britisch-ungarischer Dirigent
5 Solti

Bröckchen auf Gebäck
8 Streusel

bröckelndes Gestein
7 Gebrech
8 Gebraech, Gebreche

brodeln
6 kochen, sieden, wallen
7 dampfen
8 blubbern, gluckern
9 aufkochen, aufwallen

Brokattuch zur Bedeckung der Kaaba
5 Kiswa

brombeerartige Baumfrucht
9 Maulbeere

Bromeliengewächs
9 Luftnelke

Bromverbindung
6 Bromat, Bromit

Bromvergiftung
9 Bromismus

Bronchienspiegel
11 Bronchoskop

Bronzefigur in München
7 Bavaria

bronzenes Schlagbecken
4 Gong

Bronzeposaune
4 Lure

bronzezeitliche(r)

Eimer
6 Situla

Schrein
8 Baumsarg

Siedlung
9 Terramare

Brosame
5 Krume
7 Kruemel

Brosche
4 Clip
5 Nadel
6 Spange
7 Agraffe
10 Busennadel
12 Anstecknadel
13 Schmuckspange, Vorstecknadel

broschiert
8 geheftet

Brot der Ostkirche
9 Prosphora

Brotaufstrich, Brotbelag
3 Jam, Mus
4 Fett
5 Gelee, Honig, Kaese, Sirup, Speck, Wurst
6 Butter, Kreude, Powidl
7 Gesaelz, Schmalz
8 Latwerge, Schinken
9 Margarine, Marmelade
10 Apfelkraut, Aufschnitt, Konfituere, Kunsthonig, Weichkaese, Weisskaese
11 Bienenhonig, Pflaumenmus, Ruebenkraut
12 Streichwurst

Brötchen

mit Frikadelle
9 Hamburger

mit Würstchen
6 Hotdog

Brotendstück
6 Kanten

Brotform
4 Laib

Brotgetreide
4 Korn
6 Dinkel, Gerste, Roggen, Weizen

Brotherr
4 Baas, Boss, Chef

Brothersteller(in)
7 Baecker
9 Baeckerin

Brotkanten
5 Knust

Brotnussbaum
7 Kuhbaum
8 Brosimum
9 Milchbaum

Brotrest
5 Krume

Brotrinde
6 Kruste

Brotröster
7 Toaster

Brotscheibe
5 Bemme
6 Stulle
8 Schnitte

Brotsegnung zu Ehren Marias
7 Panagia

Brotsorten
4 Laib, Weck
5 Wecke
6 Fladen, Semmel, Stuten
7 Kloeben, Knaecke
8 Baguette, Brotlaib, Graubrot, Kornbrot, Landbrot, Langbrot,

Ruchbrot, Rundbrot, Zwieback
9 Broetchen, Mischbrot, Weissbrot
10 Bauernbrot, Brotwecken, Grahambrot, Roggenbrot, Weizenbrot
11 Kletzenbrot, Knaeckebrot, Kommissbrot, Kuemmelbrot, Rosinenbrot, Schwarzbrot
12 Fruechtebrot, Holzofenbrot, Pumpernickel, Semmelwecken, Vintschgauer, Vollkornbrot
13 Leinsamenbrot
14 Weizenkeimbrot
16 Sonnenblumenbrot, Weizenschrotbrot

Brotsuppe
7 Panadel

Bruch
7 Fraktur

brüchig
4 lose
5 kross
6 locker, morsch

Brüchigkeit glühenden Eisens
8 Rotbruch

Bruchrechnungsbegriff
6 Nenner
7 Zaehler

Bruchstück
4 Teil
5 Torso
7 Scherbe
8 Fragment, Rudiment, Splitter, Truemmer

aus Glas oder Ton
7 Scherbe

Bruchteil
6 Achtel, Elftel
7 Drittel, Haelfte, Neuntel, Siebtel, Viertel, Zehntel
8 Fuenftel, Sechstel
9 Zwoelftel

Brücke
4 Steg
7 Teppich, Viadukt
8 Ueberweg, Vorleger
9 Aquaedukt, Uebergang
10 Passerelle, Verbindung, Zahnersatz, Zugbruecke

Brückenechse
7 Tuatera
8 Hatteria

Brückenschiff
6 Ponton

Brückenteil
7 Oberbau
8 Ueberbau

Bruder

der Hyaden
4 Hyas

der Medea
8 Apsyrtos

der Rebekka
5 Laban

des Abraham
5 Haran

des Arminius
6 Flavus

des Atlas
9 Menoitios

des Atreus
8 Thyestes

des Attila
5 Bleda

des Castor
6 Pollux

des Danaos
8 Aigyptos

des Dietrich von Bern
7 Diether

des Egil
7 Voelund

des Ehepartners
8 Schwager

des Ermanrich
7 Diether

des Etzel
7 Bloedel

des Fafner
3 Otr

des Gunther
6 Gernot

des Hagen von Tronje
8 Dankwart

des Hannibal
4 Mago

des Herakles
8 Iphikles

des Kain
4 Abel

des Königs Mobed
5 Ramin

des Nestor
7 Alastor

des Odin
2 We
4 Wili

des Priamos
8 Tithonos

des Remus
7 Romulus

des Romulus
5 Remus

von Maria
7 Lazarus

von Martha
7 Lazarus

Brüderlichkeit
12 Fraternitaet

Brudertochter
6 Nichte

Brühe
5 Absud, Beize, Sauce, Sosse, Suppe
6 Jauche
12 Fluessigkeit

Brühe zum Dämpfen
6 Braise

Brühwurst
8 Cervelat

Brühwürstchen
6 Wiener
8 Wienerle
10 Mortadella, Weisswurst
11 Frankfurter

Brüllaffe Südamerikas
4 Mono

Brunei

Fluss
7 Limbang

Hauptstadt
17 Bandar Seri Begawan

Städte
5 Seria
7 Limbang
11 Kuala Belait

Ureinwohner
4 Iban
5 Dajak, Murut
7 Kedayan

Währung
4 Cent
6 Dollar

Brunft des Rehwilds
9 Blattzeit

Brunftplatz der Hirsche
4 Plan

Brunnen
4 Born
5 Bronn, Quell
6 Quelle
7 Schacht
8 Zisterne
9 Reservoir
10 Heilquelle
11 Ziehbrunnen
12 Wasserstelle

einer Basilika
9 Cantharus

Brunnentempel
9 Nymphaeum

Brunst
6 Brunft
8 Begierde, Rollzeit

brüsk
4 grob, jaeh, rass
5 plump, ruede
6 abrupt, barsch, ruppig
7 schroff, taktlos
8 flegelig, geschert, ruepelig
9 abweisend, baeurisch, stieselig
10 flegelhaft, ruepelhaft, ungehobelt, unhoeflich
11 baerbeissig, luemmelhaft, schnoeselig
12 unbarmherzig, unfreundlich, unkultiviert, unvermittelt
13 ungeschliffen, unverbindlich
14 kurz angebunden, ruecksichtslos
15 grobschlaechtig
16 unliebenswuerdig

Brust des Rindes
3 Bug
Brustbeinkamm
6 Carina
Brustdrüse
6 Thymus
Brustdrüsenentzündung
8 Mastitis
Brustfell
6 Pleura
Brustfellentzündung
9 Pleuritis
Brustharnisch
7 Kuerass
8 Plastron
Brusthöhlenspiegel
11 Thorakoskop
Brustknochen
5 Rippe
9 Brustbein
Brustkorb
6 Thorax
Brustkrause
5 Jabot
Brustkreuz orthodoxer Bischöfe
9 Enkolpion
Brustlatz
8 Plastron
Brustpanzer
7 Kuerass
8 Harnisch
Brustriemen am Pferdegeschirr
5 Siele
Brustschutz des Fechters
8 Plastron
Brusttuch
5 Fichu
der Nonnen
6 Wimpel
Brüstung
6 Reling
9 Gelaender
10 Balustrade
Brustwehr eines Walles
8 Parapett
brutal
3 roh
6 gemein, rabiat
7 grausam, verroht
9 gewaltsam
10 gefuehllos
12 gewalttaetig, unmenschlich
14 ruecksichtslos
Brutalität
6 Roheit
Brutbeutel der Beuteltiere
9 Marsupium
Bruthenne
6 Glucke
Brutkasten
9 Inkubator
Brutkörper niederer Pflanzen
5 Gemme
Brutplatz
4 Nest
9 Vogelnest
Brutschrank
8 Couveuse
Brutstätte
9 Nistplatz
Bruttoerlös
9 Rohertrag
Bub
5 Junge, Knabe
Bube im
deutschen Kartenspiel
5 Unter
6 Wenzel
französischen Kartenspiel
5 Valet
Buch
4 Band, Werk
5 Atlas, Fibel, Roman, Titel
6 Seller
7 Ausgabe, Edition, Foliant, Katalog, Lexikon, Schrift, Waelzer
8 Bildband, Broschur, Lektuere, Schinken, Schwarte
9 Blindband, Druckwerk, Hartcover, Leporello, Paperback, Scharteke, Schmoeker
10 Bestseller, Bilderbuch, Broschuere, Einzelband, Longseller
11 Erfolgsbuch, Gedichtband, Taschenbuch, Woerterbuch
12 Steadyseller
13 Enzyklopaedie, Leporellobuch
14 Druckerzeugnis
der Bibel
3 Rut
4 Esra, Hiob, Ruth
5 Hosea
6 Baruch, Daniel, Esther
7 Genesis, Nehemia, Psalter
8 Ezechiel, Hesekiel, Hohelied, Zephanja
9 Hohes Lied
der jüdischen Mystik
5 Bahir
des Alten Testaments
7 Psalter
mit besonders hoher Auflage
10 Bestseller
über Umgangsformen
6 Knigge
Buchabschnitt
7 Kapitel
Buchaufschrift
5 Titel
Buchausgabe
7 Edition
Buchbindergeräte
6 Presse
8 Falzbein, Heftlade
9 Hefthaken, Heftnadel, Leimwalze
11 Pressbalken
Buchbinderleinen
6 Kaliko
7 Buckram
Buchdrucker
7 Plantin
8 Typograf
9 Typograph
Buchdruckerei
7 Offizin
Buchdruckerkunst
10 Typografie
11 Typographie
Buchdruckerzeichen
6 Signet
Buchdruckverfahren
6 Offset
8 Rotation
9 Handdruck, Hochdruck, Rotaprint, Siebdruck, Tiefdruck, Zinkdruck
10 Flachdruck, Gummidruck, Lichtdruck, Manuldruck, Steindruck
11 Offsetdruck, Tiegeldruck
12 Rollenoffset
15 Kupfertiefdruck
Bucheignerzeichen
8 Exlibris
Buchenfrucht
5 Ecker
6 Buchel
Bücher
herausgeben
7 edieren
über das Militär
9 Militaria
über den größten Erdteil
8 Asiatika
Bücherbrett
4 Bord
5 Regal
Bücherei
10 Bibliothek
Bücherfreund(in)
5 Leser
7 Leserin
Büchergestell
5 Regal
Bücherkunde
12 Bibliografie
13 Bibliographie
Bücherliebhaberei
12 Bibliophilie
Büchernarr
10 Bibliomane
Büchersammlung
9 Buecherei
10 Bibliothek
Bücherschrank im Mittelalter
8 Armarium
Bücherskorpion
8 Chelifer
Bücherverzeichnis
12 Bibliografie

13 Bibliographie
Bücherwurm
9 Leseratte
Bücherzeichen
8 Exlibris
Buchformat
5 Folio, Oktav, Quart, Sedez
6 Duodez
Buchgemeinschaft
8 Lesering
Buchgröße
5 Oktav
buchhalterische Begriffe
4 Etat, Soll, Wert
5 Beleg, Bonus, Debet, Frist, Haben, Konto, Saldo
6 Adrema, Bilanz, Credit, Ertrag, Gewinn, Kredit, Skonto, Storno
7 Ausgabe, Buchung, Verlust
8 Darlehen, Einnahme, Guthaben
9 Abschluss, Belastung, Rohbilanz, Sachkonto, Uebertrag
10 Gutschrift, Kassenbuch, Verbuchung
11 Buchhaltung
12 Bankbewegung
13 Schlussbilanz
Buchhaltungsunterlage
9 Kontobuch
Buchhändler
9 Librarius
in Tübingen
5 Cotta
Buchherausgeber
6 Editor
Buchhülle
7 Einband
Buchmacherkurse
4 Odds
Buchprüfung
8 Revision
Buchsbaumgewächse
8 Buxazeen
Buchschriftform
8 Quadrata
Buchschutz
7 Einband, Schuber
Buchschutzhülle
8 Kassette
Büchse
3 Box
4 Dose
6 Flinte, Gewehr
7 Gefaess, Stutzen
8 Konserve
9 Behaelter, Blechdose, Jagdwaffe
11 Schusswaffe
13 Konservendose
Buchseite
6 Pagina
Büchsenlebensmittel
9 Konserven
Buchspalte
6 Rubrik
7 Kolumne
Buchstabe
6 Letter, Litera, Versal
7 Unziale
8 Initiale, Majuskel, Minuskel
9 Charakter
11 Fliegenkopf
12 Kapitaelchen
14 Schriftzeichen
des Alphabets
3 Jot
Buchstabenauslassung
7 Elision
Buchstabenfolge
3 Abc
8 Alphabet
Buchstabenrätsel
9 Logogriph
Buchstabenrechnen
7 Algebra
Buchstabenreihe
5 Zeile
Buchstabenschlüssel
6 Klavis
Buchstabenverbindung
7 Ligatur
Buchstabenversetzrätsel
8 Anagramm
Bucht
3 Bai
4 Golf, Haff
5 Busen, Fjord
6 Becken, Bodden, Foerde
9 Meerbusen
Buchteile
5 Blatt, Bogen, Photo, Seite, Titel
6 Deckel, Grafik, Inhalt, Pagina, Prolog
7 Einband, Graphik, Ruecken, Titelei, Vorwort
8 Nachwort, Register, Umschlag
9 Impressum
10 Einleitung, Seitenzahl
11 Bebilderung
12 Illustration, Ueberschrift
13 Inhaltsangabe
14 Schutzumschlag
Buchtitelblattverzierung
10 Frontispiz
Buchunternehmen
6 Verlag
Buchweizen
9 Heidekorn
Buckel
7 Hoecker, Ruecken
Buckelrind
4 Zebu
8 Meerochs
Buckelsteinmauer
7 Rustika
Buckelwal
8 Humpback
buddeln
6 graben
Buddhas
Beiname
6 Gotama
7 Gautama
Lieblingsjünger
6 Ananda
buddhistische(r, s)
Asket
9 Schramana
Bauwerk
8 Tschorte
Begriff
5 Karma
7 Nirwana
9 Lamaismus
Bettelmönch
6 Bhikku
Geburtsstätte
8 Bodhgaya
Glückseligkeit
7 Nirwana
Gottheit
7 Kuanjin, Kwannon
Grabmal
4 Tope
Heilige Schrift
8 Tipitaka
Heiligentitel
7 Bosatsu
Heiliger
5 Arhat, Lohan
Heiligtum
9 Borobudur, Tschaitya
Heilsziel
7 Nirwana
Kloster
6 Vihara
Klostertyp
6 Vihara
Kultbau
4 Tope
5 Stupa
Mönch
9 Schramana
Mönchsgemeinde
6 Sangha
Pali-Kanon
9 Tripitaka
Priester
4 Lama
5 Bonze
Reliquienschrein
6 Dagoba
Richtung
8 Hinajana
9 Vajrayana
Schriftsprache
4 Pali
Sekte
3 Zen
Tempel
6 Pagode
Tempelfahnen
5 Tanka
Tempelfiguren
3 Nio
Tempelraum
6 Dagoba

Textbuch
9 Tripitaka
Wallfahrtsberg
3 Omi
9 Omeischan
Wallfahrtsort
5 Prome
Budget
4 Etat
Büfett
5 Theke
8 Anrichte
9 Ausschank, Sideboard
11 Schanktisch
15 Geschirrschrank
büffeln
6 lernen, ochsen, pauken
9 studieren
Bug-Quellfluss
4 Rata
Bug-Zuflüsse
3 Lug
4 Brok, Rata
5 Buhle, Ingul, Lesna, Narew, Navar
6 Bushok, Kodyma
8 Sjnjucha
Bugbalken
6 Steven
bügelfrei
6 no iron
bügeln
8 plaetten
Bugvorbau an Schiffen
6 Galion
buhlen
6 werben
Buhlerin
5 Dirne
7 Hetaere
8 Geliebte
Buhlteufel
7 Inkubus
Buhmann
11 Suendenbock
12 Pruegelknabe
15 Schreckgespenst
Buhne
5 Hoeft, Szene
6 Hoefte, Kribbe, Podium, Stacke
7 Theater
8 Abweiser
Buhne am Fluss
5 Stack
Bühnenausstattungsstück
5 Revue
Bühnenbegriffe
3 Abo, Akt
4 Alte, Arie, Bild, Chor, Diva, Gage, Held, Loge, Mime, Oper, Part, Pose, Rang, Show, Solo, Star
5 Autor, Buffo, Drama, Duett, Eleve, Farce, Foyer, Maske, Mimik, Naive, Posse, Probe, Rampe, Regie, Revue, Rolle, Schau, Szene
6 Akteur, Aufzug, Balkon, Buehne, Charge, Claque, Debuet, Dialog, Elevin, Epilog, Finale, Heldin, Podeum, Prolog, Sketch, Solist, Studio
7 Ballett, Billett, Galerie, Heroine, Komiker, Kothurn, Kulisse, Matinee, Musical, Parkett, Parodie, Partner, Pierrot, Schwank, Statist, Tournee, Varieté, Vorhang, agieren
8 Auftritt, Burleske, Claqueur, Einakter, Ensemble, Figurant, Gracioso, Handlung, Harlekin, Kabarett, Komoedie, Libretto, Operette, Parterre, Premiere, Programm, Prospekt, Requisit, Soffitte, Solistin, Szenerie, Tribuene, Trilogie, Varietee, Vorspiel
9 Dramaturg, Dramolett, Garderobe, Hanswurst, Intendant, Intendanz, Liebhaber, Lustspiel, Melodrama, Mysterium, Opernhaus, Orchester, Pantomime, Partnerin, Pierrette, Regisseur, Rezitator, Singspiel, Soubrette, Souffleur, Sperrsitz, Szenarium, Taktstock, Tragoedie
10 Abonnement, Chansonier, Choreograf, Engagement, Hauptprobe, Hauptrolle, Inspizient, Intermezzo, Komoediant, Nebenrolle, Notausgang, Ouvertuere, Primadonna, Proszenium, Repertoire, Rezitation, Schauspiel, Souffleuse, Vorverkauf
11 Ausstattung, Buehnenhaus, Chansonette, Chansonnier, Choreograph, Chorsaenger, Deklamation, Garderobier, Intendantin, Kammerspiel, Komparserie, Probebuehne, Rampenlicht, Requisiteur, Rollenboden, Schaubuehne, Solotaenzer, Spielleiter, Statisterie, Trauerspiel, Unterbuehne, Volksstueck, Wandelhalle, Zwischenakt, debuetieren, inszenieren, soufflieren
12 Amphitheater, Buehnenmusik, Buehnenprobe, Buehnenwagen, Choreografie, Conférencier, Darstellerin, Garderobiere, Generalprobe, Hinterbuehne, Inszenierung, Introduktion, Jupiterlampe, Korrepetitor, Kulissenhaus, Lampenfieber, Naturtheater, Opernsaenger, Rundhorizont, Schauspieler, Scheinwerfer, Schnuerboden, Theaterkarte, Wanderbuehne, applaudieren, pantomimisch
13 Choreographie, Improvisation, Kapellmeister, Orchesterloge, Passionsspiel, Puppenspieler, Puppentheater, Schattenspiel, Schiebebuehne, Solotaenzerin, Szenenwechsel, Tragikomoedie, Urauffuehrung, Zuschauerraum, extemporieren
14 Ballettmeister, Buehnenbildner, Dramatisierung, Mysterienspiel, Passionsspiele, Primaballerina, Regieassistent, Schauspielerin
15 Besetzungsbuero, Eiserner Vorhang, Erstauffuehrung, Freilichtbuehne, Kasperletheater, Neuinszenierung, Orchestergraben, Proszeniumsloge, Souffleurkasten
16 Requisitenfundus, Requisitenkammer, Zwischenaktmusik
Bühnenbuch
9 Szenarium

Bühnendekoration
7 Kulisse
8 Soffitte
Bühnendichter(in)
10 Dramatiker
12 Dramatikerin
Bühnendichtkunst
8 Dramatik
Bühnenfach
4 Alte
5 Buffo, Naive
6 Charge
9 Bonvivant, Hanswurst
Bühnenkünstler(in)
4 Mime
5 Mimin
7 Taenzer
8 Parodist
9 Revuestar, Taenzerin
10 Parodistin
12 Schauspieler
14 Schauspielerin
bühnenmäßig
8 szenisch
12 theatralisch
Bühnenschau
5 Revue
Bühnenstück von
siehe: Drama von
Bühnenszene
6 Sketch
Bühnentanz
4 Step
7 Ballett
Bühnentänzer
9 Ballerino
Bühnentänzerin
9 Ballerina, Ballerine
Bühnentanzgruppe
7 Ballett
Bühnenwart
10 Inspizient
Bühnenwerke
4 Oper
5 Drama, Posse, Revue
7 Musical
8 Ehedrama, Erotical, Komoedie, Operette
9 Lustspiel, Melodrama, Monodrama, Mysterium, Pantomime, Schuloper, Singspiel
10 Musikdrama, Schauspiel
11 Ruepelspiel, Trauerspiel
Bulgarien
Berge
5 Botev, Botew
6 Vitosa
7 Mus Alla, Perelik
Bevölkerung
7 Pomaken
8 Bulgaren, Gagausen
Bojarenbrüder
5 Assen, Peter
Dichter
5 Vasov, Wasow
6 Jovkov
Dichterin
8 Bagrjana
Ferienorte
6 Albena, Druzba
Flüsse
3 Lom
4 Arda
5 Donau
6 Marica, Struma
7 Maritza
Fürstenname
5 Boris
Gebirge
4 Rila
5 Pirin
6 Vitosa
8 Rhodopen, Witoscha
Gebirgsregionen
5 Aleko
7 Borovec
9 Maljovica, Pamporovo
Hafenstädte
5 Varna, Warna
6 Burgas
Hauptstadt
5 Sofia
6 Sofija
Herrscher
5 Boris
6 Simeon
9 Alexander, Ferdinand
Kaps am Schwarzen Meer
5 Emine
8 Kaliakra
Kloster
4 Rila
Komponisten
8 Stojanow
9 Atanassow
Landschaft
8 Rumelien
Laute
7 Tambura
Maler in Paris
6 Pascin
Ministerpräsident
8 Dimitrow
Münzen
8 Stotinka, Stotinki
Physikochemiker
8 Stranski
Politiker
8 Todoroff
Ruinenstadt
6 Pliska
Städte
3 Lom
4 Ruse
5 Sofia, Stara, Varna, Warna
6 Burgas, Pernik, Pleven, Plewna, Sliven
7 Gabrovo, Plowdiw, Schumen, Tarnovo
8 Nessebar
9 Dimitrovo
11 Stara Sagora
Verwaltungseinheit
5 Okrag
Volksvertretung
8 Sobranje
Währung
3 Lew
8 Stotinka
Zar
6 Simeon
Bullenbeißer
9 Bulldogge
Bummelei
11 Schlendrian
bummeln
9 flanieren
10 schlendern
11 promenieren
14 spazierengehen
Bummler(in)
7 Flaneur, Troeler
8 Troedler
10 Troedlerin
Bündel
4 Pack
6 Packen
politischer Pläne
5 Paket
11 Vorschlaege
von Haaren
8 Bueschel
von Rohstahlstangen
5 Garbe
bündelweise
7 faszial
Bundesanstalt
9 Wasserbau
bundesmäßig
8 foederal
bündig
9 stringent
Bündigkeit
9 Stringenz
Bündnis
9 Koalition
15 Zusammenschluss
Bündnispartner
8 Foederat
Bündnisse
4 Liga, Pakt
5 Union
7 Allianz, Entente
9 Koalition
11 Foederation
bunt
4 satt
5 grell
6 farbig, poppig
7 knallig, lebhaft
8 kraeftig, scheckig
9 koloriert, leuchtend, polychrom
10 farbenfroh, mehrfarbig, vielfarbig
11 vielfaeltig
12 buntscheckig
13 farbenfreudig
15 farbenpraechtig
bedrucktes Gewebe
4 Cire
6 Chintz
bemalen
10 kolorieren

Buntbarsch
6 Cichla, Skalar
bunte(r, s)
Bühne
7 Varieté
8 Varietee
Garn
7 Melange
Mischung
7 Palette
Papierblättchen
8 Konfetti
spanische Fayenceplatten
8 Azulejos
Vorstoß an Uniformen
5 Biese
Buntmetalle
4 Zink, Zinn
6 Bronze, Kupfer
7 Messing
Bürde
4 Last
6 Ladung
7 Ballast
9 Belastung
Burenführer
5 Smuts
7 Krueger
9 Pretorius
Burengeneral
5 Botha, Dewet, Smuts
Burg
4 Fort
7 Festung, Schloss
9 Bergfeste, Zitadelle, Zwingburg
10 Fluchtburg, Hoehenburg, Kaiserburg, Niederburg, Ordensburg, Reichsburg, Ritterburg, Rittersitz, Wasserburg
11 Befestigung, Klosterburg, Koenigsburg, Reichsfeste
12 Festungswerk, Ganerbenburg
14 Abschnittsburg, Festungsanlage
am Rhein
4 Katz
5 Pfalz
7 Lahneck, Nolling, Sooneck
8 Rheineck
9 Gutenfels, Marksburg, Rheinfels
10 Treuenfels
11 Drachenfels
bei Aschersleben
8 Askanien
bei Cochem
9 Winneburg
bei Eisenach
8 Wartburg
bei Kaub
9 Gutenfels
bei Klausen
8 Branzoll
bei Sankt Goarshausen
4 Katz
bei Wellmich
4 Maus
des Nestor bei Homer
5 Pylos
im Aargau
8 Habsburg
im Apennin
7 Canossa
im Grödner Tal
9 Fischburg
im Kanton Aargau
8 Habsburg
in arabischen Städten
5 Kasba
in der Dietrichsage
6 Mauter
in Deutschland
4 Diez, Eltz, Katz, Maus, Saba
5 Alken, Pfalz
6 Cobern, Cochem, Kobern, Kynast, Plesse, Runkel
7 Lahneck, Nolling, Saaleck
8 Habsburg, Nuerburg, Rheineck, Saalburg, Sababurg, Wartburg
9 Gutenfels, Marksburg, Ortenburg, Rheinfels, Trausnitz
10 Hardenberg, Hohentwiel, Marienberg, Marienburg, Miltenberg, Regenstein, Rheinstein, Rudelsburg, Treuenfels
11 Drachenburg, Drachenfels, Wachsenburg
12 Hohenzollern, Lichtenstein
13 Albrechtsburg, Dankwarderode
in Italien
7 Canossa, Capitol, Kapitol
14 Castel del Monte
in Krefeld
4 Linn
in Landshut
9 Traunsitz
in Spanien
7 Alkazar
8 Alhambra
9 Salobrena
in Stolberg
9 Bleibtreu
König Hettels
8 Matelane
nordwestlich von von Brünn
9 Pernstein
südwestlich von Prag
9 Karlstein
von Athen
9 Akropolis
von Belgrad
10 Kalimegdan
von Granada
8 Alhambra
von Korinth
11 Akrokorinth
von Krakau
5 Wawel
von London
5 Tower
von Moskau
5 Kreml
von Paris
8 Bastille
von Prag
9 Hradschin
von Rom
7 Capitol, Kapitol
von Salzburg
13 Hohensalzburg
von Theben
6 Kadmea
7 Kadmeia
von Troja
8 Pergamon, Pergamos
westlich von Spitz
5 Ranna
Burganlage
7 Zwinger
9 Torgraben
in Ostpreußen
9 Lochstedt
Burgeingang von Mykenä
9 Loewentor
bürgen
6 haften
7 sichern
8 gutsagen
9 einstehen
11 garantieren
Bürgeradel
9 Patriziat
Bürgerarmee
5 Miliz
Bürgerin
10 Bewohnerin, Staedterin, Zivilistin
11 Einwohnerin, Patrizierin
bürgerliche(r)
Kleidung
5 Zivil
Leistung an den römischen Staat
6 Munera
Name Mark Twains
7 Clemens
Name Tintorettos
7 Robusti
Name von Anet
8 Schopfer
Name von Ceram
5 Marek
Name von Fallada
6 Ditzen
Name von Salten
8 Salzmann
Bürgermeister
7 Schulze
11 Schultheiss
bei Rembrandt
3 Six

der Slowenen
5 Zupan
in den USA
5 Mayor
in England
5 Mayor
in Frankreich
5 Maire
in Italien
7 Podesta
in Polen
7 Starost
in Spanien
7 Alkalde
Bürgerrechtsloser im Mittelalter
8 Beisasse
Bürgerschaftsvertretung
9 Magistrat
Bürgersteig
6 Gehweg
8 Trottoir
Bürgersteiggrenze
9 Bordkante
Bürgerwehr
5 Miliz
Burggemach
8 Kemenate
Burggraben
7 Zwinger
Burgherr
6 Ritter
Burgherrin
8 Edelfrau
Burgruine
am Rhein
8 Stahleck
an der Thaya
8 Kollmitz
bei Bad Kösen
7 Saaleck
bei Rüdesheim
9 Ehrenfels
bei Sankt Goar
9 Rheinfels
im Südharz
9 Hohnstein
in den Vogesen
6 Nideck
in der Wachau
8 Aggstein
in Rheinland-Pfalz
7 Trifels
Burgsaal
6 Remter
Bürgschaftsbrief
10 Akkreditiv
Bürgschaftsgegenstand
5 Pfand
6 Vadium
Burgunderkönig
6 Gernot
7 Gunther
8 Giselher
Burgunderköniginnen
3 Ute
8 Brunhild
9 Bruenhild, Brunhilde

Burgunderweine
4 Ruly
5 Givry, Mâcon
6 Beaune, Morgon
7 Auxerre, Chablis, Fleurie, Musigny, Pommard
8 Montagny
9 Meursault, Mâconnais
10 Beaujolais, Chambertin, Châlonnais, Richebourg
burgundische Frauenhaube
6 Hennin
burgundischer
König
8 Giselher
Märtyrer
7 Gangolf
burgundisches Königreich
6 Arelat
Burgvogt
9 Kastellan
Burkina Faso
Bevölkerung
9 Burkinais
11 Bourkinabès
Hauptstadt
8 Wagadugu
11 Ouagadougou
Städte und Orte
4 Dori
6 Tambao
9 Kondougou
13 Bobo Dioulasso
Völker
3 Ful
4 Bobo, Lobi
5 Fulbe, Mossi
6 Haussa
7 Gurunsi
Währung
5 Franc
7 Centime
Burleske
5 Farce, Posse
Burma
7 Myanmar
Burmanniagewächs
7 Thismia
Büro
6 Kontor, Office
7 Kanzlei
Geräte und Ausdrücke
3 Tab
4 Akte, Bild, Etui, Fach, Heft, Lade, Leim, Nota, Ofen, Plan, Safe, Sofa
5 Block, Brett, Buero, Elpex, Feder, Folio, Gummi, Karte, Kasse, Kohle, Lampe, Oktav, Pappe, Quart, Regal, Spind, Stift, Stuhl, Tinte, Tisch
6 Adrema, Agenda, Bureau, Cheque, Hefter, Hocker, Kantel, Kartei, Kittel, Kontor, Kreide, Kuvert, Lineal, Locher, Messer, Ordner, Papier, Plakat, Presse, Riegel, Scheck, Schere, Sessel, Signum, Tratte, Tresor, Tusche, Winkel, Zettel, Zirkel
7 Diarium, Drucker, Etikett, Faktura, Fueller, Journal, Kanzlei, Klammer, Klingel, Konzept, Laeufer, Patrone, Schiene, Schrank, Schwamm, Spiegel, Stempel, Strazze, Tabelle, Telefon, Vorhang, Wechsel
8 Alphabet, Bankbuch, Computer, Diktafon, Falzbein, Farbband, Formular, Heftgarn, Kalender, Kassette, Kontrakt, Kopierer, Leimglas, Leimtopf, Loescher, Pinzette, Portiere, Quittung, Rechnung, Register, Stehpult, Tagebuch, Tageheft, Tesafilm, Tischuhr, Toilette, Umschlag
9 Aktengarn, Anhaenger, Bindfaden, Bleistift, Briefkorb, Buerochef, Buntstift, Diktaphon, Drehstift, Drehstuhl, Falzmappe, Farbstift, Hauptbuch, Heftmappe, Heftnadel, Heftzwirn, Holzpappe, Kartothek, Kassabuch, Klebeband, Klebstoff, Kontobuch, Oktavheft, Petschaft, Postkarte, Reisszeug, Schablone, Schubfach, Schublade, Sekretaer, Statistik, Staubtuch, Stehbrett, Tintentod, Unterlage, Untersatz, Vorordner, Wandbrett, Wandkarte, Zahlkarte, Ziehfeder, Zollstock
10 Aktenmappe, Anfeuchter, Blaupapier, Briefbogen, Briefmappe, Briefmarke, Briefwaage, Buchhalter, Farbkasten, Fuellfeder, Fuellstift, Haarpinsel, Haarzirkel, Handpresse, Heftzwecke, Hektograph, Klebpapier, Kopierbuch, Ladeschein, Leimpinsel, Minenstift, Mitteilung, Notizblock, Packpapier, Paketkarte, Papierkorb, Pauspapier, Planimeter, Redisfeder, Reissbrett, Reissfeder, Reissnagel, Sandpapier, Siegellack, Spannfeder,

Stahlfeder, Staubwedel, Streifband, Syndetikon, Teilzirkel, Textmarker, Tintenfass, Tintenkuli
11 Ablegemappe, Abzugpapier, Aktendeckel, Aktentasche, Anmeldebuch, Briefordner, Briefpapier, Brieftasche, Buecherbord, Durchschlag, Federhalter, Federkasten, Federschale, Federzirkel, Frachtbrief, Geldschrank, Handstempel, Heftapparat, Heftklammer, Karteikarte, Kartenbrief, Kaufvertrag, Klemmdeckel, Kohlehalter, Kohlepapier, Kontorhaken, Kopierblatt, Kopierstift, Kopiertinte, Leuchtstift, Linienblatt, Linienbogen, Loeschblatt, Ordnermappe, Paketzettel, Radiergummi, Registratur, Reisszwecke, Schreibheft, Schreibpult, Schreibzeug, Sekretaerin, Sekretariat, Skizzenbuch, Stahllineal, Stechzirkel, Stellwinkel, Stellzirkel, Telefonbuch, Thermometer, Vormerkbuch, Zettelhaken
12 Aktenschrank, Aschenbecher, Briefklammer, Briefklemmer, Briefoeffner, Buchhalterin, Buecherbrett, Bueroklammer, Datumstempel, Eilgutzettel, Federbuechse, Federwischer, Freistempler, Heftmaschine, Heftstreifen, Karteikasten, Kartenreiter, Konnossement, Kopierpapier, Kopierpresse, Kreidehalter, Kurvenlineal, Lieferschein, Loeschpapier, Musterbeutel, Nullenzirkel, Ordnungsheft, Papierschere, Privatkontor, Radienmesser, Schreibblock, Schreibfeder, Schreibmappe, Schreibstube, Schreibtisch, Schuldschein, Seidenpapier, Skizzenblock, Spiegellampe, Spiegelmarke, Stempelfarbe, Telefonblock, Wandkalender, Wasserpapier, Winkelmesser, Zaehltabelle, Zeichenblock, Zeichenfeder, Zeichenkohle, Zeichenstift, Zeichentisch, Zirkelkasten
13 Aktenstaender, Ausziehtusche, Bestellzettel, Bleistiftetui, Briefumschlag, Diktiergeraet, Drehbleistift, Einsatzzirkel, Filzschreiber, Kanzleipapier, Karteifuehrer, Korrespondent, Krankenschein, Ordnungsmappe, Postanweisung, Schnellhefter, Schreibpapier, Stempelkissen, Stenotypistin, Telegrammcode, Vierfarbstift, Zeichenkasten, Zeichenkreide, Zeichenpapier, Zeichenwinkel
14 Addiermaschine, Aufklebezettel, Buecherstuetze, Buerovorsteher, Diktierapparat, Kartenstaender, Kleisterpinsel, Kopiermaschine, Kugelschreiber, Nachnahmekarte, Nummernstempel, Rechenmaschine, Stenogrammheft, Terminkalender, Tintenloescher, Umlegekalender, Umschlagpapier, Zettelstaender
15 Abreisskalender, Anhaengeetikett, Aufklebeadresse, Briefbeschwerer, Diktiermaschine, Dokumentenmappe, Einschlagpapier, Expressgutkarte, Lichtpauspapier, Nachschlagewerk, Pergamentpapier, Rueckenschilder, Schreibmaschine, Stempelstaender, Stenogrammblock, Vormerkkalender
16 Bleistiftschoner, Bleistiftspitzer, Buchungsmaschine, Frankiermaschine, Fuellfederhalter, Kanzleivorsteher, Kontokorrentbuch, Kuvertanfeuchter, Lichtpausapparat, Manuskripthalter, Millimeterpapier, Schreibunterlage, Stenogrammhalter, Vervielfaeltiger
17 Adressenaufkleber, Adressiermaschine, Bleistiftstaender, Durchschlagpapier, Durchschreibebuch, Federhalterschale, Hektographentinte, Kreuzbandstreifen, Sicherheitszahlen, Telegrammvordruck

burschikos
4 kess
5 fesch, flott
6 frisch
7 formlos
10 naturlich
11 ungezwungen

Bürsten des Flors
8 Brossage

Burundi

Flüsse
6 Kagera, Ruvubu

Hauptstadt
9 Bujumbura

Seen
7 Kivusee

13 Tanganjikasee
Sprachen
7 Kirundi
9 Kisuaheli
Städte
6 Kitega, Rutana
7 Muyinga
9 Bujumbura
Völker
3 Twa
4 Hutu
5 Tussi, Tutsi
7 Watussi
Währung
5 Franc
7 Centime
Bürzel
5 Sterz
Buschbock
9 Bergnyala
Büschel
4 Bund
5 Quast, Tolle
6 Schopf
Buschholz
6 Kussel
8 Gebuesch
Buschmesser
7 Machete
Buschwald
3 Loh
7 Sibljak
Buschwindröschen
7 Anemone
Buschzaun
6 Staken
Busenfreund
5 Spezi
7 Intimus
Buße
6 Suehne
7 Auflage
9 Ausgleich, Poenitenz
13 Schadenersatz
16 Wiedergutmachung
Bußempfindung
4 Reue
Büßer
5 Asket
8 Geissler
9 Poenitent
bußfertig
5 reuig
9 reumuetig
Bußpsalm
8 Miserere
Bußsakrament
7 Beichte
Bußübung
5 Aszet
6 Askese, Aszese
7 Einkehr
9 Kasteiung
Büste
5 Brust
Büstenhalterschale
3 Cup
Büstenpfeiler
5 Herme
Bütte
5 Wanne, Zuber
7 Bottich
Büttel
7 Scherge
8 Haescher
Butterfass
4 Karn
Büttner
6 Kuefer
9 Boettcher
byzantinische(r, s)
Chronist
7 Malalas
Feldherren
6 Narses
7 Belisar
Fürbitterdarstellung
6 Deesis
Gelehrter
7 Photios
8 Laskaris
Geschlecht
8 Laskaris
Herrscher
4 Leon
5 Isaak, Peter, Zenon
6 Manuel, Phokas, Robert
7 Alexios, Balduin, Michael, Romanos
8 Arkadios, Heinrich, Johannes, Justinos, Leontios
9 Basileios, Markianos, Maurikios
10 Alexandros, Anastasios, Andronikos, Herakleios, Nikephoros, Theodosios, Theophilos
11 Justinianos, Philippikos
12 Konstantinos
Herrschername
7 Alexios
Historiker
6 Prokop
8 Agathias
9 Prokopius
Humanist
9 Bessarion
Kaisergeschlecht
8 Komnenen
Kaiserhaus
8 Komnenen
Kaiserinnen
3 Zoe
5 Irene
8 Athenais, Theodora
9 Theophanu
Kaisertitel
8 Basileus
Kirchenlied
9 Troparion
Madonnentuch
9 Maphorion
Madonnentypus
9 Platytera
Mönche
9 Akoimeten
Philosoph
7 Psellos
Prinzessin
9 Theophanu
Provinz
8 Eparchie, Exarchat
Reich
6 Ostrom
7 Romania
3 Rum
Reichsbote
8 Mandator
Ruinenstadt
7 Mistras
Schriftsteller
7 Moschos
Statthalter
6 Exarch
Statthalteramt
8 Exarchat
Statthalteramtsbezirk
8 Exarchat
Theologe
9 Bessarion

Caddie
9 Golfjunge
Camp
5 Biwak
9 Feldlager
Camper(in)
6 Zelter
7 Zeltler
8 Zelterin
9 Zeltlerin
Camping
9 Zeltleben
Campingausrüstung
4 Zelt
5 Decke, Kerze
6 Hering, Kessel, Kocher, Messer, Pflock, Spaten
7 Besteck
8 Geschirr, Hauszelt, Kanister, Kochtopf, Zeltstab
9 Blasebalg, Gaskocher, Windlicht, Zeltstock
10 Klappstuhl, Kochplatte, Schlafsack, Sturmleine, Wassersack, Zeltpflock, Zeltstange
12 Luftmatratze, Taschenlampe
14 Spirituskocher, Wasserkanister
Caritas-Gründer
9 Werthmann
Cembalospieler(in)
9 Cembalist
11 Cembalistin
Cer-Eisen-Legierung
8 Pyrophor
Ceylon-Opal
6 Adular
9 Mondstein
Chaco-Indianer Amerikas
6 Abipon
Chalkidike-Halbinsel
5 Athos
8 Sithonia
9 Kassandra
und Berg
5 Athos
Chalzedonabart
6 Plasma
Champignon
8 Egerling
changieren (Reitsport)
8 wechseln
Chaos
4 Wust
6 Gewirr, Wirbel
8 Wirrwarr
9 Konfusion, Unordnung
10 Tohuwabohu, Verwirrung
12 Kuddelmuddel
13 Durcheinander
15 Desorganisation
Chaos-Drache im Alten Testament
8 Leviatan
Charakter
3 Art, Typ
4 Form, Rang
5 Natur, Titel, Typus, Wesen
7 Merkmal
8 Gepraege, Naturell
9 Gesinnung, Sinnesart, Wesensart
10 Stetigkeit
11 Temperament
15 Persoenlichkeit
einer Epoche
9 Zeitgeist
einer geologischen Formation
6 Fazies
Charakterbildungslehre
9 Ethologie
Charakterdeutung
10 Chirologie, Grafologie
11 Graphologie
Charaktereigenschaften
3 Mut
4 Geiz, Neid
5 Treue
6 Anlage, Geduld
7 Ehrgeiz, Neugier
8 Egoismus, Fairness, Feigheit, Toleranz
9 Eigensinn, Traegheit
10 Stetigkeit
11 Duldsamkeit
charakterisieren
12 kennzeichnen
charakterisierende Bezeichnung
7 Beiname
Charakteristik
7 Merkmal
13 Kennzeichnung
Charakteristikum
9 Eigenheit
charakteristisch
7 typisch
9 praegnant
11 bezeichnend
13 kennzeichnend
charakteristische(s)
Eigenschaft
8 Attribut
Kurve
9 Kennlinie
Merkmal
9 Wesenszug
charakterlos
5 infam
6 ehrlos, gemein
9 unehrlich, unredlich
10 schurkisch
12 unaufrichtig
15 niedertraechtig
Charakterpflanze
7 Lorbeer
9 Espeletia
Charente-Zufluss
6 Seugne
Charge
4 Last
6 Ladung
10 Nebenrolle
Chariten
7 Grazien
Charitin
6 Aglaia, Thalia
10 Euphrosyne
Charme
5 Anmut
6 Grazie
8 Liebreiz
Charon (griechische Sage)
9 Faehrmann
Chassis
6 Rahmen
11 Fahrgestell
Chauffeur
6 Fahrer
11 Kraftfahrer
Chef
4 Baas, Boss
6 Leiter
7 Inhaber, Meister
8 Besitzer, Direktor
9 Oberhaupt, Prinzipal, Vorsteher
10 Amtsleiter
12 Vorgesetzter
13 Firmeninhaber
15 Generaldirektor
16 Abteilungsleiter
Chefpilot
8 Kapitaen
Chemie des Mittelalters
8 Alchimie
Chemiefaser
3 Pan
5 Acryl, Cupro, Dolan, Fiber, Nylon, Orlon, Reyon
6 Azetat, Diolen, Dralon, Perlon
7 Helanca, Trevira
9 Zellwolle
10 Kunstfaser
Chemikalienmischung
8 Rezeptur
chemisch:
auflösbar
8 solubile, solvabel
auflösen
9 solvieren
Aufnahme von Stoffen
8 Sorption
Auslaugung
9 Digestion
dreiwertig
9 trivalent
Durchdringung
9 Diffusion
einwertig
9 univalent
Färbung
8 Tinktion
überführbar
8 hylotrop
unlöslich
9 insolubel
Verschmelzungsprodukt
8 Diffusat

Vorprodukt
9 Monomeres
zweiwertig
8 bivalent
Zweiwertigkeit
8 Bivalenz
zwitterhaft
8 amphoter
chemische(r, s)
Analysenmenge
9 Esterzahl
Arbeitsgeräte
5 Tubus
6 Ballon, Filter, Kolben, Mensur, Tiegel
7 Lackmus, Loesung, Pipette, Reagens, Reagenz, Retorte
8 Buerette, Dreifuss, Messglas, Zylinder
9 Exhaustor, Konverter
10 Becherglas
11 Reagenzglas
12 Messzylinder
13 Standzylinder
Grundstoffe
3 Bor, Cer, Jod, Zer
4 Blei, Brom, Gold, Neon, Niob, Thor, Uran, Zink, Zinn
5 Argon, Arsen, Astat, Aurum, Chlor, Chrom, Eisen, Fluor, Radon, Selen, Titan, Xenon
6 Barium, Cerium, Cuprum, Curium, Erbium, Helium, Indium, Kalium, Kobalt, Kupfer, Mangan, Meodym, Osmium, Platin, Radium, Silber, Sulfur, Tantal, Tellur, Wismut
7 Antimon, Astatin, Bohrium, Cadmium, Calzium, Dubnium, Fermium, Gallium, Hafnium, Hahnium, Holmium, Lanthan, Lithium, Natrium, Niobium, Plumbum, Rhenium, Rhodium, Stannum, Stibium, Terbium, Thorium, Thulium, Wolfram, Yttrium, Zaesium
8 Aktinium, Argentum, Bismutum, Cobaltum, Europium, Francium, Lutetium, Phosphor, Polonium, Rubidium, Samarium, Scandium, Schwefel, Silicium, Silizium, Tantalum, Thallium, Vanadium
9 Aluminium, Americium, Berkelium, Beryllium, Germanium, Magnesium, Molybdaen, Neptunium, Oxygenium, Palladium, Plutonium, Praseodym, Ruthenium, Strontium, Ytterbium, Zirkonium
10 Dysprosium, Gadolinium, Lawrencium, Promethium, Sauerstoff, Stickstoff, Technetium
11 Californium, Einsteinium, Hydrogenium, Kohlenstoff, Mendelevium, Nitrogenium, Quecksilber, Wasserstoff
12 Protactinium
13 Rutherfordium
14 Kurtschatovium
Konzentrationsmaß
3 Val
Lösung
9 Fixierbad
Lösungsmittel
6 Aceton
Maßanalyse
9 Titration
Niederschlag
3 Gel
Reagens
7 Lackmus
Reaktion
9 Protolyse
Reaktion anzeigender Stoff
9 Indikator
Reaktions-Beschleunigung
8 Katalyse
Reaktionsprodukt
7 Aldoxim
Tiersignal
9 Duftmarke
Trennungsmethode
7 Dialyse
Umsetzung
8 Reaktion
Untersuchung
7 Analyse
Verbindungen
4 Amid, Amin, Base, Imid, Imin, Oxid, Rost, Salz, Soda, Zyan
5 Alkyl, Borat, Elain, Ester, Fluat, Indol, Jodat, Jodid, Keton, Lauge, Olein, Oleum, Pinen, Purin, Seife
6 Acetat, Aceton, Aethan, Aether, Aethyl, Alkali, Anilin, Azetat, Azeton, Benzol, Chinon, Epoxid, Epoxyd, Glykol, Hydrat, Hydrid, Isomer, Karbid, Kresol, Laktam, Methan, Methyl, Natron, Nitrat, Nitrid, Nitrit, Oxydul, Pektin, Pentan, Phenol, Pyrrol, Saeure, Skatol, Smalte, Sterin, Styrol, Sulfat, Sulfid, Sulfit, Tannin, Terpen, Toluol, Xylole, Xylose
7 Acetate, Aldehyd, Alkohol, Chloral, Chlorat, Chlorid, Chollin, Derivat, Dextrin, Elaidin, Glukose, Isomere, Isopren, Kreosot, Kumaron, Mennige, Nitrose, Nuklein, Peptide, Phosgen, Porphin, Pyridin, Salmiak, Silikat, Staerke, Tartrat, Vitriol, Zeolith
8 Acetylen, Acrolein, Alkaloid, Ammoniak, Ammonium, Anhydrid, Azetylen, Hydroxid, Isobutan, Kalisalz, Karbinol, Karbonat, Kleesalz, Kochsalz, Perborat, Phosphat, Razemate, Salpeter, Zyankali
9 Anthrazen, Asparagin, Bichromat, Borsaeure, Hydrazone, Leukobase, Perborate, Piperidin, Pottasche, Silikagel, Superoxid
10 Bikarbonat, Blausaeure, Gerbsaeure, Kohlenoxid, Naphthalin, Oxalsaeure, Salzsaeure, Sulfonamid, Wasserglas, Weinsaeure
11 Aminosaeure, Essigsaeure, Formaldehyd, Glaubersalz
12 Kohlendioxid, Kohlenhydrat, Kohlensaeure, Pikrinsaeure
Verfahren
8 Flockung
9 Enometrie
Verwandtschaft
10 Affinitaet
Vorgang
9 Oxidation, Oxydation
Waffe
8 Kampfgas
Werkstatt
5 Labor
12 Laboratorium
Zeichen für Actinium
2 Ac
Zeichen für Aluminium
2 Al
Zeichen für Americium
2 Am
Zeichen für Antimon
2 Sb
Zeichen für Argentum
2 Ag
Zeichen für Argon
2 Ar
Zeichen für Arsen
2 As
Zeichen für Astat
2 At

Zeichen für Astatin
2 At
Zeichen für Aurum
2 Au
Zeichen für Barium
2 Ba
Zeichen für Berkelium
2 Bk
Zeichen für Beryllium
2 Be
Zeichen für Bismutum
2 Bi
Zeichen für Blei
2 Pb
Zeichen für Bohrium
2 Ha
Zeichen für Bor
1 B
Zeichen für Brom
2 Br
Zeichen für Cadmium
2 Cd
Zeichen für Californium
2 Cf
Zeichen für Calzium
2 Ca
Zeichen für Cäsium
2 Cs
Zeichen für Cer
2 Ce
Zeichen für Cerium
2 Ce
Zeichen für Chlor
2 Cl
Zeichen für Chrom
2 Cr
Zeichen für Cobaltum
2 Co
Zeichen für Cuprum
2 Cu
Zeichen für Curium
2 Cm
Zeichen für Dubnium
2 Ku
Zeichen für Dysprosium
2 Dy
Zeichen für Einsteinium
1 E
Zeichen für Eisen
2 Fe
Zeichen für Erbium
2 Er
Zeichen für Europium
2 Eu
Zeichen für Fermium
2 Fm
Zeichen für Fluor
1 F
Zeichen für Francium
2 Fr
Zeichen für Gadolinium
2 Gd
Zeichen für Gallium
2 Ga
Zeichen für Germanium
2 Ge
Zeichen für Gold
2 Au
Zeichen für Hafnium
2 Hf
Zeichen für Hahnium
2 Ha
Zeichen für Helium
2 He
Zeichen für Holmium
2 Ho
Zeichen für Hydrogenium
1 H
Zeichen für Indium
2 In
Zeichen für Iridium
2 Ir
Zeichen für Jod
1 J
Zeichen für Kalium
1 K
Zeichen für Kobalt
2 Co
Zeichen für Kohlenstoff
1 C
Zeichen für Krypton
2 Kr
Zeichen für Kupfer
2 Cu
Zeichen für Kurtschatovium
2 Ku
Zeichen für Lanthan
2 La
Zeichen für Lawrencium
2 Lr
Zeichen für Lithium
2 Li
Zeichen für Lutetium
2 Lu
Zeichen für Magnesium
2 Mg
Zeichen für Mangan
2 Mn
Zeichen für Mendelevium
2 Mv
Zeichen für Molybdän
2 Mo
Zeichen für Natrium
2 Na
Zeichen für Neodym
2 Nd
Zeichen für Neon
2 Ne
Zeichen für Neptunium
2 Np
Zeichen für Niob
2 Nb
Zeichen für Niobium
2 Nb
Zeichen für Nitrogenium
1 N
Zeichen für Osmium
2 Os
Zeichen für Oxygenium
1 O
Zeichen für Palladium
2 Pd
Zeichen für Phosphor
1 P
Zeichen für Platin
2 Pt
Zeichen für Plumbum
2 Pb
Zeichen für Plutonium
2 Pu
Zeichen für Polonium
2 Po
Zeichen für Praseodym
2 Pr
Zeichen für Promethium
2 Pm
Zeichen für Protactinium
2 Pa
Zeichen für Quecksilber
2 Hg
Zeichen für Radium
2 Ra
Zeichen für Radon
2 Rn
Zeichen für Rhenium
2 Re
Zeichen für Rhodium
2 Rh
Zeichen für Rubidium
2 Rb
Zeichen für Ruthenium
2 Ru
Zeichen für Rutherfordium
2 Rf
Zeichen für Samarium
2 Sm
Zeichen für Sauerstoff
1 O
Zeichen für Scandium
2 Sc
Zeichen für Schwefel
1 S
Zeichen für Selen
2 Se
Zeichen für Silber
2 Ag
Zeichen für Silicium
2 Si
Zeichen für Silizium
2 Si
Zeichen für Stannum
2 Sn
Zeichen für Stibium
2 Sb
Zeichen für Stickstoff
1 N
Zeichen für Strontium
2 Sr
Zeichen für Sulfur
1 S
Zeichen für Tantal
2 Ta
Zeichen für Tantalum
2 Ta
Zeichen für Technetium
2 Tc
Zeichen für Tellur
2 Te
Zeichen für Terbium
2 Tb
Zeichen für Thallium
2 Tl
Zeichen für Thorium
2 Th

Zeichen für Thulium
2 Tm
Zeichen für Titan
2 Ti
Zeichen für Uran
1 U
Zeichen für Vanadium
1 V
Zeichen für Wasserstoff
1 H
Zeichen für Wismut
2 Bi
Zeichen für Wolfram
1 W
Zeichen für Xenon
1 X
Zeichen für Ytterbium
2 Yb
Zeichen für Yttrium
1 Y
Zeichen für Zaesium
2 Cs
Zeichen für Zer
2 Ce
Zeichen für Zink
2 Zn
Zeichen für Zinn
2 Sn
Zeichen für Zirkonium
2 Zr
Zersetzung durch Licht
9 Photolyse
Zusatz
7 Additiv

Chemisette
9 Hemdbrust

Chemotechniker
8 Laborant

Cheruskerfürsten
5 Armin
7 Hermann, Segimer
8 Arminius, Segestes
9 Inguiomer

Chiemgauer
Alpenberg
8 Hochgern
Alpenhöhe
9 Hochfelln

Chiffre
4 Zahl
6 Ziffer
8 Kennwort

Chile
Berge
6 Osorno
9 Aconcagua, El Calbuco
11 Llullailaco
Bevölkerung
8 Chilenen
Dichter
6 Neruda
Flüsse
3 Loa
4 Lebu
5 Maipo
6 Bio-Bio
Hafenstädte
5 Arica
7 Iquique
8 Valdivia
10 San Antonia, Valparaiso
11 Antofagasta
Halbinsel
6 Taitao
Indianer
6 Aymara, Chonos
7 Mapuche, Quechua
8 Aimaraes
9 Araukaner
10 Alacalufes
12 Feuerlaender
Inseln
6 Chiloé
10 Osterinsel
13 Juan-Fernandez
14 Desaventuradas
Kurort
11 Puerto Varas
Pianist
5 Arrau
Politiker
4 Frei
6 Aylwin
7 Allende
8 Pinochet
Sängerin
7 Serrano
Schriftsteller
4 Gana
6 Neruda
Seebad
10 Viña del Mar
Slums
9 Callampas
Städte
4 Lebu
5 Ancud, Angol, Talca
6 Curicó, Osorno, Temuco
7 Chillan, Copiapó, Iquique, Linares
8 Caquenes, La Serena, Rancagua, Santiago, Valdivia
9 San Felipe
10 Concepción, Los Angeles, Magallanes, Púente Alto, Valparaiso, Viña del Mar
11 Antofagasta, Puerto Aysen, Puerto Montt
15 Santiago de Chile
Währung
4 Peso
7 Centavo
Wüste
7 Atacama

Chiletanne
9 Araukarie

China
autonome Regionen
5 Tibet
6 Xizang
7 Guangxi, Kwangsi, Ningsia, Ningxia
8 Sinkiang, Xinjiang
9 Nei Menggu
14 Innere Mongolei
Beamtenpalast
5 Yamen
Beamter
8 Mandarin
Berge
5 Gambu
6 Tangla
11 Niitakajama
12 Minya Gongkar, Wutschischan
Buch der Wandlungen
5 Iging
Buddhaname
2 Fo
Dichter und Schriftsteller
4 Li Po, Tu Fu
6 Po Kuei
7 Li-Taipo
9 Lin Yutang
Dynastien
3 Han, Hia, Kin, Sin, Sui
4 Ming, Sung, Tang, Tsin
5 Shang
6 Schang
8 Mandschu
Ehrenbezeigung
5 Kotau
Eigenname Chinas
8 Ching-kuo
Flächenmaß
5 Ching
Flüsse
5 Paiho
6 Wusung
7 Hoangho, Huangho, Jangtse, Sikiang, Takiang
9 Perlfluss
10 Jueankiang, Siangkiang
11 Gelber Fluss
12 Jangtsekiang
Geheimorganisation
5 Boxer
Gewichtsmaße
3 Tan
4 Chin, Tael
5 Picul
Gott
4 Tien
Hafenstädte
4 Wusi
6 Ningpo
8 Futschau, Tsingtau
9 Wentschau
10 Hangtschou
Halbinseln
8 Liautung, Shandong
9 Leitschou, Schantung
Hauptgetränk
3 Tee
Hauptstadt
6 Peking
heilige Schrift
9 Taoteking
Heiliger Berg
7 Tai-Shan
Hochchinesisch
8 Mandarin

Hohlmaße
2 Ho, Hu
5 Shing
Inseln
6 Hainan
8 Haiphong
Kunststile
4 Chou
5 Shang
Längenmaße
2 Li
5 Chang
Maler
4 Li Ti
6 Ni Tsan
Musikinstrumente
2 Yo
3 Kin
4 Yung
6 Tamtam
Nationaldenkmal
5 Mauer
Nationalpartei
9 Kuomintan
Philosophen
4 Moti
6 Laotse, Lietse
7 Mengtse
8 Konfutse
9 Konfuzius
11 Tschuangtse
Philosophiebegriff
3 Tao
Politiker
3 Hua, Mao
4 Deng
10 Mao Tse-tung
Priester
6 Taotse
Provinzen
5 Anhui, Gansu, Hebei, Henan, Honan, Hopeh, Hubei, Hunan, Hupeh, Jilin, Kansu, Kirin
6 Anhwei, Fujian, Fukien, Shanxi, Yunnan
7 Guizhou, Jiangsu, Jiangxi, Kiangsi, Kiangsu, Qinghai, Schansi, Schensi, Sichuan, Yuennan
8 Liaoning, Shandong, Tsinghai, Zhejiang
9 Guangdong, Kwangtung, Schantung
10 Kweitschou, Szetschuan, Tschekiang
12 Heilungjiang, Heilungkiang
Regierungsunmittelbare Städte
6 Peking
7 Beijing, Tianjin
8 Shanghai, Tientsin
9 Schanghai
Religion
8 Taoismus
10 Buddhismus
Religionsbegriffe
3 Yin
4 Yang
Schlafbank
4 Kang
Seen
6 Poyang
7 Kuku-Nor
9 Tengri-Nor
Segelschiff
8 Dschunke
Speisespezialität
7 Trepang
Städte
4 Amoy, Sian, Wuhu, Wusi, Xian
5 Aihun, Golmo, Hefei, Hofei, Kirin, Lhasa, Lueta, Pautu, Penki, Wuhan, Wushi
6 Antung, Dairen, Fuzhou, Haikou, Hankau, Hankou, Harbin, Huhhot, Jinnan, Kalgan, Kanton, Ningpo, Pautou, Peking, Pengpu, Schasi, Sining, Swatao, Swatau, Tsinan, Urumgi, Wusung, Xining
7 Anschan, Charbin, Fuschun, Hanyang, Jarkand, Jarkend, Kaifeng, Kunming, Kutscha, Kweilin, Kweisui, Lanzhou, Mengtse, Nanjing, Nanking, Nanning, Nantung, Nanyang, Taijuan, Tschifu, Wanhien
8 Fatschan, Futschou, Hangjang, Hueining, Hutschou, Itschang, Kaschgar, Kweiyang, Ningsien, Pinkiang, Schantou, Shanghai, Shenyang, Siangtan, Sutschou, Taiyuean, Tientsin, Tsingtao, Tsingtau, Wanhsien, Wutschou
9 Lantschou, Schanghai, Schauhing, Schenjang, Suetschau, Tangschan, Tschengte, Tschengtu, Tschiteng, Tsingyuan, Tsitsihar, Tsitsikar, Urumtschi, Weihaiwai, Wentschou, Wutschang
10 Hangtschou, Jangtschou, Kingtschou, Nantschang
11 Niutschwang, Tschangscha, Tschankiang, Tschinkiang, Tschungking
12 Taschangscha
13 Tschangtschou, Tschangtschun
Tempel
6 Pagode
Währung
3 Fen
4 Jiao, Yuan
8 Renminbi
12 Renminbi Yuan
Wahrzeichen Pekings
13 Himmelstempel
Wegemaß
2 Li
Weiser
4 Li-Er
6 Laotse, Lautan
Werk von Laotse
9 Tao-te-king
Wohnboot
6 Sampan

Chinagras
5 Ramie
9 Bastfaser

Chinakunde
9 Sinologie

Chinakundige(r)
8 Sinologe
9 Sinologin

Chinarindenbaum
8 Cinchona

Chinchilla
8 Wollmaus
9 Hasenmaus

Chinese-Indianer-Mischling
8 Zambaigo

Chinesenstadt von Saigon
6 Cholon

chiniert
8 geflammt

chirurgisch
8 operativ

chirurgische(r, s)
Darmfaden
7 Silkgut
Eingriff
9 Operation
Eingriffe
9 Operation
10 Amputation
Instrumente
6 Kauter, Trepan, Trokar
7 Loeffel
8 Dermatom, Lanzette, Lithotom, Skalpell, Trephine
9 Dilatator
Nähmaterial
6 Katgut
8 Silkworm

Chloratsprengstoff
7 Cheddit

chloriges Säuresalz
7 Chlorit

Chlorophyll
10 Blattgruen

chlorsaures Salz
7 Chlorat

Chlorverbindung
7 Chloral, Chlorat, Chlorid
8 Chloruer

Cholera
9 Brechruhr
Chor
6 Empore
7 Saenger
9 Altarraum, Singschar
11 Komposition, Musikstueck, Sanktuarium, Vokalgruppe
13 Gesangsgruppe, Saengergruppe
Chorfrau
9 Kanonisse
Chorgesang der griechischen
Komödie
3 Ode
Tragödie
6 Antode
Chorhemd
4 Albe
7 Rochett
Chorherr
9 Kanoniker, Kanonikus
Chorkomposition
7 Requiem
Chorleiter
8 Dirigent
Chorlied
7 Parodos
8 Madrigal
Chornische
5 Apsis
Chorraum
12 Presbyterium
Chorsänger
7 Chorist
8 Tenorist
Chorschranke (Kirche)
8 Kanzelle
Chortänzer
8 Figurant
Chorwerk
5 Messe
7 Kantate
von Händel
8 Belsazar
Christbaumschmuck
5 Kerze, Kette, Kugel, Licht, Stern
6 Spitze
7 Lametta
9 Glaskugel
10 Engelshaar
12 Tannenzapfen
Christblume
8 Nieswurz
Christdorn
4 Ilex
11 Gleditschie
Christen
im Irak
9 Chaldaeer
im maurischen Spanien
9 Mozaraber
in Syrien
9 Chaldaeer
Christi
Geburtsfest
11 Weihnachten
Himmelfahrt
8 Vatertag
christliche(r, s)
Bekehrung
9 Erweckung
Betreuung
9 Seelsorge
Blutzeuge
8 Martyrer
Dankgottesdienst
6 Tedeum
Dreieinigkeit
9 Trinitaet
Einsiedler
9 Anachoret
Feste
6 Ostern
7 Busstag, Firmung
9 Kommunion, Pfingsten, Weihnacht
10 Christfest, Einsegnung, Karfreitag
11 Allerseelen, Heiligabend, Himmelfahrt, Weihnachten
12 Fronleichnam, Herz-Jesu-Fest, Konfirmation, Totensonntag
13 Allerheiligen, Buss- und Bettag, Heiliger Abend
15 Dreikoenigsfest, Gruendonnerstag
16 Reformationsfest
Gemeinschaft
7 Quaeker
Glaubensheld
9 Maertyrer
Gnostiker
7 Marcion
Heilsbotschaft
10 Evangelium
Herberge
6 Hospiz
Jahresfest
6 Ostern
9 Pfingsten
Kardinaltugend
5 Liebe
6 Glaube
Konfession, Sekte
7 Quaeker
8 Hussiten, Mormonen
9 Baptisten, Maroniten, Orthodoxe, Puritaner, Waldenser
10 Donatisten, Herrnhuter, Hugenotten, Katholiken, Lutheraner, Mennoniten
11 Adventisten, Calvinisten, Herrenhuter, Methodisten, Reformierte, Zwinglianer
12 Protestanten
Laienhandlung
8 Nottaufe
lateinischer Dichter
6 Arator
Mitleid
8 Erbarmen
Nachkomme der Ägypter
5 Kopte
Nachkommen der Ägypter
6 Kopten
Schriftsteller
7 Salvian
Sinnbild
5 Kreuz
7 Phoenix
Symbol im Freien
8 Wegkreuz
Christus
7 Messias
8 Agnus Dei
9 Nazarener
als Weltenrichter
6 Deesis
im Johannisevangelium
5 Logos
Christusakazie
8 Dornbaum
Christusbild
der orthodoxen Kirche
7 Epitaph
in Konstantinopel
9 Mandylion
Christusfigur am Kreuz
8 Kruzifix
Christusmonogramm
3 IHS
7 Labarum
Christussymbol
2 XP
Christwurz
6 Germer
chromatische Handharmonika
9 Akkordeon
Chromeisenstein
7 Chromit
Chromerz
7 Chromit
Chromosom
7 Idiosom
Chromosomenabschnitt
5 Muton
Chromosomendarstellung
9 Idiogramm
Chromosomensatz
einer Zelle
5 Genom
im Zellkern
9 Diploidie
Chromsäuresalz
7 Chromat
Chronik
7 Annalen, Bericht
8 Jahrbuch, Tagebuch
10 Uebersicht
12 Aufzeichnung
13 Jahresbericht
14 Geschichtswerk
chronisch
7 dauernd
8 staendig
9 anhaltend

chronisches Gelenkleiden
8 Arthrose
chronologische Aufzeichnung
8 Tagebuch
Chrysanthemen
9 Goldblume, Margerite
10 Marguerite
11 Gaenseblume, Winteraster
12 Frauenbalsam, Massliebchen
15 Gaensebluemchen
churritscher Gewittergott
7 Teschub
chylös
7 milchig
Chylus (Lymphgefäß)
9 Milchsaft
Ciceros Privatsekretär
4 Tiro
Cinca-Zufluss
5 Esera
circa
4 etwa, rund
6 nahezu
9 ungefaehr
10 annaehernd
14 ueberschlaegig
16 schaetzungsweise
Clique
4 Gang
5 Bande, Rotte
6 Gruppe
8 Kluengel
10 Sippschaft
Clou
9 Kernpunkt
10 Hoehepunkt
11 Glanznummer, Knalleffekt, Quintessenz
12 Paradenummer
13 Glanzleistung
Cocktails
4 Fizz, Flip, Ohio, Sour
5 Bronx, Daisy, Flipp, Julep, Shake, Sling, Smash
6 Cooler, Crusta, Frappé
7 Cobbler, Collins, Egg-Nogg, Florida, Frappee, Ginfizz, Kolibra
8 Blue Lady, Bluebird, Casanova, High Ball, Kir Royal, Napoleon, Sangaree
9 Fanny Hill, Longdrink, Manhattan, Margerita, White Lady
10 Bloody Mary, Caipirinha, Mixed drink, Pina Colada, Pousse-Café, Shortdrink
11 Mixgetraenk, Moulin Rouge, Wondernight
13 Hahnenschwanz, Knickerbocker
14 Tequila Sunrise
Cognacglas
9 Schwenker
Colorado-Zuflüsse
4 Gila
6 Salado, Virgin
Columbia-Zufluss
8 Kootenay
Commelinenpflanze
7 Rapatea
Computer-Anweisung
8 Programm
Computer-Bediener
8 Codierer, Operator
13 Programmierer
Computer-Kontrollgerät
7 Monitor
Computer-Programme
8 Software
Conférence
6 Ansage
Conférencier
7 Ansager
8 Sprecher
Cook-Inseln
4 Atiu
5 Mauke
9 Rarotonga, Tongarewa
Cooks Expeditionsschiff
9 Endeavour
cordähnliches Gewebe
6 Struck
Corner (Boxen)
8 Ringecke
Costa Rica
Berge
5 Irazu
8 Chirripó
Bevölkerung
12 Costaricaner
Flüsse
8 Chirripó
9 San Carlos
Halbinseln
3 Osa
6 Nicoya
Hauptstadt
7 San José
Kap
6 Blanco
Nobelpreisträger für Frieden
7 Sanchez
Orte und Städte
5 Limón
7 Cartago, Golfito, Heredia, Liberia
8 Alajuela
10 Puntarenas
Politiker
7 Sanchez
8 Fournier
Währung
5 Colón
7 Centimo
Côte d'Ivoire
siehe: Elfenbeinküste
Couch
5 Diwan
8 Bettsofa, Ottomane
9 Liegesofa
12 Chaiselongue
Courage
3 Mut
4 Mumm
7 Schneid
9 Kuehnheit
10 Tapferkeit
11 Beherztheit
Cousin
6 Vetter
Cousine
4 Base
6 Kusine
Cowboy
6 Gaucho
7 Vaquero
8 Viehhirt
Cowboyfest
5 Rodeo
Cowboyhut
7 Stetson
Creme
4 Rahm
5 Paste, Salbe
6 Likoer
9 Hautsalbe
12 Schaumspeise
cremefarben
8 mattgelb
9 blassgelb
Creuse-Zufluss
8 Gartempe
Crew
4 Team
9 Besatzung
croisiert (Gewebe)
9 gekoepert
Curling
Kapitän
4 Skip
Kegel
5 Dolly
Cyansäuresalz
6 Cyanat
Cyanverbindung
6 Nitril
Cypern
siehe: Zypern

Dach
der Mundhöhle
6 Gaumen
der Welt
5 Pamir
eines hohen Bauwerks
9 Turmhaube
Dachabschluss
6 Giebel
Dachbalken
7 Sparren
Dachbodenraum
8 Speicher
Dachbrettchen
6 Splitt
8 Schindel
Dachdeckergeräte
7 Haubank
8 Lochband
9 Deckstuhl, Fahrstuhl
Dachdeckergestell
8 Dachbock
Dachdeckermaterial
4 Blei, Glas, Reet, Ried
5 Beton, Stroh
6 Pfanne, Schilf, Ziegel
8 Schiefer, Schindel
9 Teerpappe, Wellblech
Dachfenster
3 Luk
4 Luke
5 Gaube, Gaupe
7 Lukarne
10 Ochsenauge
Dachform
4 Doma
6 Kuppel
8 Walmdach
9 Flachdach, Saegedach, Scheddach
10 Satteldach
Dachgeschoss
8 Mansarde
Dachholz
7 Sparren
Dachlatte
7 Sparren
Dachraum
5 Boden
8 Mansarde, Speicher
Dachrinne
6 Kandel, Traufe
Dachs
7 Erdhund
in der Tierfabel
8 Grimbart
Dachschindel
7 Spliess
Dachshund
6 Dackel, Teckel
Dachsparren
8 Schifter
Dachsparrenpaar
9 Gespaerre
Dachspitze
5 First
Dachteile
4 Walm
5 First, Haube, Raehm, Rinne
6 Kandel, Pfette, Sparre, Strebe, Traufe
Dachterrassenwohnung
8 Penthaus
9 Penthouse
Dachtyp
8 Faltdach, Walmdach
9 Kegeldach
Dachwinkel
3 Oke
Dachwohnung
9 Penthouse
Dachzimmer
8 Mansarde
Dackel
6 Teckel
9 Dachshund
Dafürhalten
7 Meinung
dagegen
4 anti
6 contra
sein
10 opponieren
Daheim
7 Zuhause
daher
4 ergo
dahintrotten
7 zuckeln
Dahlienart
8 Georgine
Dajakstamm in Borneo
5 Dusun
dalli
6 avanti
9 vorwaerts
dalmatische(s)
Hafenstadt
7 Sibenik
Inseln
3 Pag
5 Molat, Susac
6 Bisevo, Melita, Murter
Küstengebiet
6 Kotari
Küstengebirge
7 Biokovo
damals
2 da
5 einst
6 ehedem, einmal, vordem
7 dazumal, derzeit, ehemals, frueher, vormals, weiland
8 einstens
9 dunnemals, einstmals
10 seinerzeit
11 Anno dazumal
Damastgewebe
6 Lampas
Dambock im dritten Jahr
9 Sprossler
Damenhaube
6 Bonnet
Damenhut
5 Toque
6 Schute
7 Kapotte
9 Kapotthut, Samtkappe
11 Florentiner
Damenjäckchen
6 Bolero
7 Canezou
Damenmantel
7 Paletot
9 Redingote
mit Kapuze
8 Capuchon
Damenoberhemd
5 Bluse
6 T-Shirt
Damenreitpferd
6 Zelter
Damenschlafanzug
8 Babydoll
Damenschuhe
5 Pumps
6 Opanke
7 Bottine, Sandale, Slipper
8 Trotteur
9 Sandaline
10 Sandalette
11 Stiefelette
Damenstrickbluse
6 Jumper
Damenstrickweste
8 Cardigan
Damenstrumpf
7 Stretch
Damenunterkleidung
2 BH
4 Hemd, Slip
5 Jupon
6 Mieder
7 Dessous, Korsett
8 Garnitur, Hemdhose, Leibchen
9 Petticoat, Trikotage, Unterrock
10 Schluepfer, Unterkleid
11 Kombination
13 Buestenhalter
Damenzimmer
7 Boudoir
Damhirsch
9 Schaufler
dämlich
4 dumm
5 bloed
6 albern
11 toelpelhaft
Damm
4 Wall
5 Buhne, Deich
Dammbauteil
8 Leitwerk
dämmen
6 stauen
9 abdichten, isolieren
Dämmerung
9 Zwielicht
10 Halbdunkel

Dämmerzustand
9 Somnolenz
Dammkrone
5 Haupt
Dämmplatte
9 Korkstein
Dämmung
9 Isolation
Dämon
5 Geist
6 Teufel, Unhold
(Volksglaube)
9 Berggeist
der nordischen Mythologie
6 Fenrir
10 Fenriswolf
im Alten Testament
6 Asasel
im arabischen Glauben
5 Jinni
Dämonenfürst
9 Beelzebub
Dämonengruppe
8 Perchten
Dämonenriesen
7 Joetunn
Dämonenwesen
5 Thurs
6 Bhutas
bei den Südslawen
4 Vila
Dampf
5 Dunst
6 Brodem, Wrasen
8 Schwaden
Dampfbad
5 Sauna
Dampfdruck
7 Tension
Dampfeinlass
9 Admission
Dämpfer
7 Sordine, Sordino
Dampfer mit unregelmäßiger Route
5 Tramp
Dampfkesselteil
9 Siederohr
Dampfmaschinenteile
6 Kolben, Regler, Ventil
8 Exzenter, Schieber, Zylinder
10 Schwungrad
Dampfschiff
7 Steamer
Dampfstrahlpumpe
7 Ejektor
8 Injektor
Dämpfungsmaß
5 Neper
Dämpfungsmaterial
9 Glaswatte
danach
7 nachher, spaeter
8 folglich
Dänemark
Abgeordnetenhaus
9 Folketing
Ämter
4 Ribe
5 Soroe, Veile
6 Aarhus, Assens, Odense, Presto, Viborg
7 Aalborg, Holbaek, Randers, Thisted
8 Aabenraa, Bornholm
9 Haderslev, Hjoerring, Svendborg
11 Skanderborg, Soenderborg
12 Ringkjoebing
13 Frederiksborg
14 Laaland-Falster
Architekten
5 Nyrop
9 Harsdorff
Arzt
6 Finsen
Astronomen
5 Brahe
6 Roemer
Atomphysiker
4 Bohr
Auszeichnung
13 Danebrogorden
Berg
10 Himmelberg
Bildhauer
6 Bissen
11 Thorwaldsen
Biologe
3 Dam
Botaniker
6 Hansen
9 Johannsen
Bucht
11 Jammerbucht
Chemiker
8 Kjeldahl
Chronist
4 Saxo
Däne (Spitzname)
9 Hannemann
Dichter
4 Munk, Wied
5 Ewald, Wivel
6 Jensen, Sarvig
7 Blicher, Holberg, Paludan, Roerdam
8 Andersen, Baggesen, Claussen, Ingemann, Jacobsen, Petersen
9 Aarestrup, Drachmann, Grundtvig, Michaelis
11 Pontoppidan
Dramatiker
4 Munk
7 Borberg
Erzähler
4 Bang, Dons
5 Wulff
Filmkomiker
3 Pat
8 Patachon
Flagge
8 Danebrog
Flüsse
4 Omme
5 Stora, Varde
6 Gudena
7 Gudenaa
Flüssigkeitsmaß
3 Ahm
Geschichtsforscher
6 Barfod
Grenzwall
8 Danewerk
Halbinsel
8 Juetland
Hauptstadt
10 Kopenhagen
Herrschernamen
4 Abel, Gorm, Knut, Olaf
5 Erich, Niels
6 Harald, Johann, Magnus
7 Godfred
8 Waldemar
9 Christian, Christoph, Friedrich, Margarete, Margrethe
Hohlmaß
3 Ahm
Humanist
8 Pedersen
Inseln
3 Fyn
4 Moen, Roem
5 Aaroe, Alsen, Fanoe, Manoe
6 Amager, Anholt, Fuenen, Laesoe, Roemoe, Samsoe
7 Falster, Lolland, Seeland
8 Bornholm, Faeroeer
9 Groenland, Langeland
Kap
6 Skagen
Komponisten
4 Gade
6 Klenau
7 Bentzon, Nielsen
Könige
8 Goettrik
9 Christian
Könige der Sage
3 Dan
5 Iring, Krake
6 Hawart, Herwig, Hettel
7 Beowulf, Hadding, Hrodgar, Hunding
9 Hildetand
Königin
9 Margarete, Margrethe
Kopenhagener Flughafen
7 Kastrup
Kopenhagener Stadtteile
5 Husum, Valby
6 Emdrup
9 Amagerbro, Vesterbro
Kopenhagener Vergnügungspark
6 Tivoli
Krebsforscher
7 Fibiger

Längenmaß
4 Alen
Maler
4 Jorn, Juel
5 Tuxen
9 Marstrand, Mortensen
Märchendichter
8 Andersen
Meerenge
4 Belt
Meeresbuchten
3 Lim
5 Fakse, Koege
8 Isefjord, Limfjord
Meeresstraßen
8 Kattegat
9 Skagerrak
Münze
4 Hvid
Name der Insel Fünen
3 Fyn
Nobelpreisträger für Frieden
5 Bajer
Nobelpreisträger für Literatur
6 Jensen
9 Gjellerup
11 Pontoppidan
Nobelpreisträger für Medizin
3 Dam
5 Krogh
6 Finsen
7 Fibiger
Nobelpreisträger für Physik
4 Bohr
Parlamente
7 Rigsdag
9 Folketing
Philosophen
6 Tetens
7 Sibbern
9 Hoeffding
11 Kierkegaard
Physiker
4 Bohr
7 Oersted, Poulsen
9 Mottelson
Physiologe
5 Krogh
Polarforscher
4 Koch
9 Mikkelsen, Rasmussen
Politiker
4 Krag
5 Bajen
9 Schlueter, Struensee
Raummaß
3 Ahm
Reformator
6 Tausen
Sagengestalten
4 Ogir, Toko
5 Hagen, Ogier, Tokko
6 Holger
9 Palnatoki
Sagenprinz
6 Hamlet
Sänger
9 Rosvaenge
Schauspielerinnen
7 Nielsen, Smyrner
Schlagersängerin
5 Gitte
Schloss in Kopenhagen
11 Amalienborg
Schriftsteller
4 Munk
5 Abell, Bruun, Nexoe
6 Jensen, Larsen, Rordam
7 Branner, Fleuron, Heiberg, Holberg
8 Andersen, Freuchen, Jacobson, Madelung
9 Bergstedt, Gjellerup, Lindemann, Linnemann
11 Kierkegaard
Schriftstellerinnen
4 Sick
6 Blixen
9 Michaelis
See
7 Arresee
Seefahrer
6 Bering, Brunel
Senat
9 Landsting
Showstar
4 Bach
Sprachforscher
4 Rask
Staatsmann
9 Struensee
Städte
4 Hals, Ribe
5 Arhus, Koege, Skive
6 Aarhus, Alborg, Gedser, Grenza, Nyborg, Odense, Roenne, Skagen, Viborg
7 Aalborg, Esbjerg, Holbaek, Horsens, Kolding, Korsoer, Randers, Tondern
8 Apenrade
9 Nykoebing, Svendborg
10 Helsingoer, Kalundborg, Kopenhagen, Sonderburg
11 Hadersleben
Tenor
9 Rosvaenge
Theologe
9 Grundtvig
Tierarzt
4 Bang
Tierdichter
7 Fleuron
Verwaltungseinheit
3 Amt
Volkskundler
5 Olrik
Währung
4 Oere
5 Krone
Zither
5 Humle

Dänenprinz
6 Hamlet
dänisch-amerikanischer Tenor
8 Melchior
dänisch-deutscher Dichter
9 Staffeldt
dänisch-norwegischer Autor
9 Sandemose
dänisch-norwegisches Längenmaß
3 Fod
dänisch-pommerisch: kleine Insel
3 Oie
dänisch-skandinavische Münze
4 Oere
dänisch:
Mädchen
4 Pige
See
3 Soe
Dankgebet
7 Gratias
11 Eucharistie
Dankgeschenk
9 Belohnung, Gegengabe
Dantes
Beiname
9 Alighieri
Geliebte
8 Beatrice
Hölle
7 Inferno
Jugendliebe
8 Beatrice
Danziger
Astronom
8 Hevelius
Bauwerk
7 Krantor
8 Artushof
12 Marienkirche
Dichter
5 Halbe
Kloster
5 Oliva
Kümmellikör
5 Lachs
Likör
10 Goldwasser
Stadtteil
5 Oliva
Wacholderbranntwein
9 Machandel
daraus schließen
7 folgern
darbieten
9 vortragen
10 vorfuehren
13 praesentieren
Darbietung
4 Show
5 Schau
7 Vortrag
8 Auftritt
9 Darlegung, Lightshow
11 Auffuehrung, Vorstellung

darbringen
6 opfern
Darbringung
5 Opfer
8 Oblation, Opferung
Dardanellen
10 Hellespont
Dargebrachtes
4 Gabe
dargestellte(r)
Humor
5 Komik
Musikwiedergabe
9 Melomimik
darlegen
6 zeigen
9 erklaeren, vortragen
10 darstellen
13 demonstrieren
darlegend
12 demonstrativ
Darlegung
6 Exposé
7 Exposee
9 Bemerkung
10 Aeusserung, Darbietung, Erklaerung
11 Betrachtung, Ueberlegung
12 Illustration
13 Demonstration, Illustrierung, Manifestation
Darlehen
6 Kredit
7 Anleihe
8 Leihgabe
Darling-Zufluss
5 Paroo
Darmeinlauf
6 Klysma
8 Klistier
Darmentzündung
9 Enteritis
Darmerkrankung
9 Lambliose
10 Dysenterie
Darminhalt Neugeborener
9 Kindspech
Darmkanaldrüsen
7 Krypten
Darmkrampf
5 Kolik
10 Enteralgie
Darmkrankheit bei Pferden
5 Kolik
Darmparasiten
8 Bandwurm, Lamblien, Spulwurm
9 Askariden, Madenwurm
Darmstörung
9 Durchfall
Darmteil bei Insekten
8 Vormagen
Darmverschlingung
8 Volvulus
Darmverschluss
5 Ileus

darreichen
5 geben
9 kredenzen, servieren
Darrmalz
7 Maische
Darß-Ort und Halbinsel
6 Zingst
Darsteller(in)
4 Alte, Mime
5 Naive
6 Akteur, Heroin
7 Aktrice, Heroine, Statist
8 Komparse
9 Interpret, Komparsin, Statistin
12 Schauspieler
14 Schauspielerin
Darstellung
4 Bild
7 Version
9 Allegorie
10 Wiedergabe
12 Illustration, Konstruktion
13 Demonstration
(Münze)
8 Gepraege
der Himmelfahrt Mariae
7 Assunta
der Maria
6 Maesta
7 Assunta
9 Assumptio
des duldenden Christus
8 Ecce-Homo
des Gesamtwissens
9 Pansophie
des kleinen Christus
9 Jesuskind
einer chemischen Verbindung
6 Formel
statistischer Größen
9 Perigramm
von Christi Geburt
6 Krippe
Darstellungsweise
4 Stil
darüber
8 oberhalb
darunter
9 unterhalb
Dasein
4 Usia
5 Leben
8 Bestehen, Existenz
9 Gegenwart, Vorkommen
daseinsbejahend
10 lebensfroh
Daseinsphilosophie
16 Existentialismus, Existenzialismus
Dasselfliege
6 Bremse
Date
7 Meeting, Treffen
10 Rendezvous
Datenausgabe
6 Output

Datenbank
8 Speicher
Dateneingabe
5 Input
Datenendstation
8 Terminal
Datenentschlüssler
7 Decoder
Datensichtgerät
7 Display
Datenverarbeitungsanlage
7 Rechner
8 Computer
Dattelpalme
7 Phoenix
Dattelpflaume
9 Persimone
Datumsangabe
9 Datierung
Datumsanzeiger
8 Kalender
Dauer
5 Frist, Weile
6 Laenge, Spanne
7 Bestand
8 Stetheit, Zeitraum
9 Permanenz
10 Ausdehnung, Zeitspanne
11 Fortbestand
des Brütens
8 Brutzeit
eines Versicherungsvertrags
8 Laufzeit
Dauerbezieher(in) einer Zeitschrift
8 Abonnent
10 Abonnentin
Dauerbezug
3 Abo
10 Abonnement
Dauerfleisch
8 Pemmikan
Dauerfrostboden
6 Tjaele
Dauergebäck
4 Keks
8 Zwieback
Dauergussform
7 Kokille
dauerhaft
5 solid
6 solide, stabil
7 durabel
9 langlebig
10 bestaendig
Dauerhaftigkeit
11 Stabilitaet
Dauermiete
10 Abonnement
dauernd
5 immer, stets
6 endlos, stetig
7 allweil, allzeit, alsfort, egalweg, fortweg, immerzu, laufend
8 allezeit, konstant, staendig
9 allerwege, allerweil, anhaltend, immerfort,

pausenlos, permanent, stetsfort, unendlich
10 beharrlich, bestaendig, kursorisch, persistent
11 fortdauernd, fortgesetzt
12 fortwaehrend, unaufhaltsam, unausgesetzt
13 immerwaehrend, unaufhoerlich
14 gleichbleibend, kontinuierlich, ununterbrochen

dauernde(r)
Aufenthalt
8 Standort
Belästigung
9 Storerei

Dauerware
8 Konserve

Dauerwurst
6 Salami
10 Mortadella
13 Zervelatwurst

Dauerzellen der Grünalgen
8 Akineten

Daumenballen
6 Thenar

Daune
9 Bettfeder

dazumal
5 einst
6 damals

Dazwischengefügtes
8 Einschub

dazwischentreten
13 intervenieren

Debakel
4 Pech, Ruin
6 Fiasko, Pleite
7 Konkurs
8 Einbruch, Schlappe, Unglueck
10 Misserfolg, Niederlage
13 Zusammenbruch

Debet
4 Soll
6 Schuld

Debitor
9 Schuldner

Debrecener Heide
9 Hortobagy

Debüt
5 Start
12 Antrittsrede

Debütant
7 Neuling
9 Anfaenger

Decamerone-Gestalt
9 Griseldis

Dechantenwohnung
7 Dekanei

Deck
4 Bord

Deckaufbau auf dem Vorschiff
4 Back

Deckbett
7 Plumeau

Deckblatt
6 Tektur
7 Furnier

Deckelbehälter
4 Dose
5 Kiste
6 Kasten
7 Buechse
8 Kassette
9 Schachtel, Schatulle

Deckelkapsel
8 Pyxidium

deckender Teil
5 Haube, Kappe

Deckenfenster
8 Skylight
9 Oberlicht

Deckenversteifung
7 Stakung

Deckfarbenmalerei
7 Gouache

Deckflügel
7 Elytron

Deckhengst
8 Stallion

Deckname
6 Ananym
9 Aristonym, Pseudonym

Deckoffizier
9 Bootsmann

Deckplatte der dorischen Säule
6 Abakus

Deckschicht
5 Belag
8 Ueberzug
der Torflager
6 Buelte

Deckstreifen
6 Tektur

deckungsgleich
9 kongruent

Deckungsgleichheit
9 Kongruenz

Deckungstruppe
7 Nachhut

Dedikation
8 Geschenk

Deduktion
6 Beweis
9 Ableitung, Folgerung

defekt
6 futsch, kaputt
7 entzwei, kapores
8 laediert
9 havariert, schadhaft, zerrissen
10 fehlerhaft, ramponiert, zerbrochen
11 beschaedigt, futschikato, mitgenommen, wurmstichig
13 durchloechert

Defensive
6 Abwehr
9 Gegenwehr, Resistenz
12 Verteidigung

defensiver Teil eines Sportteams
6 Abwehr

definieren
9 bestimmen

Defizit
5 Manko

Deflationskorrektur
9 Reflation

deformiertes Gestein
8 Tektonit

Defraudant
9 Betrueger
10 Scharlatan

deftig
4 derb
6 saftig
7 obszoen
8 nahrhaft

Degen
6 Espada, Rapier
7 Florett, Fuchtel

degenähnliche Fechtwaffe
5 Spada

degenerieren
8 entarten

Degenquaste
8 Portepee

Degenschutz
8 Handkorb

Degout
7 Abscheu

degradiertes Sportteam
9 Absteiger

dehnbar
6 duktil
7 biegsam
8 flexibel
9 beweglich, dilatabel, elastisch, plastisch

dehnbares Gewebe
7 Elastik

dehnen
7 spannen
8 straffen

Dehnsonde des Arztes
6 Bougie

Dehnung
7 Tension
10 Dilatation
eines Selbstlautes
6 Ektase
7 Ektasis

Dehnungszeichen
10 Zirkumflex

Deichbasis
7 Maifeld

deichgeschütztes Land
6 Polder

Deichschleuse
4 Siel

deichseln
7 managen

Deichvorsteher
9 Deichgraf

Dekade
8 Zehnzahl

Dekadenerster
7 Primidi

dekadent
8 entartet
11 degeneriert
Dekadenz
7 Verfall
9 Entartung
Dekan in der reformierten Kirche
7 Ephorus
Dekanwohnung
7 Dekanei
Deklamator
8 Sprecher
12 Conferéncier
deklamieren
10 rezitieren
Deklaration
10 Erklaerung, Wertangabe
Deklinationsfall
9 Akkusativ
deklinieren
6 beugen
9 abweichen
Dekokt
5 Absud
9 Abkochung
Dekor
4 Zier
5 Motiv
6 Muster, Zierde
7 Schmuck, Zierrat
10 Verzierung, Ziermuster
14 Ausschmueckung
Dekoration
5 Orden
6 Zierde
7 Kulisse
10 Gestaltung
11 Ausstattung
in Fliesen
8 Graffito
Dekorationsart der japanischen Lackkunst
5 Makie
Dekorationsgestalter
9 Displayer
Dekorationsteile
9 Soffitten
Dekorationswand
7 Kulisse
dekorieren
6 zieren
9 verzieren
10 ausstatten, schmuecken
11 auszeichnen
12 ausgestalten
Dekret
9 Anordnung, Regulativ
10 Verfuegung
Delegation
9 Abordnung
10 Deputation
Delegierter
9 Vertreter
11 Abgesandter
12 Abgeordneter
delfinartiger Säuger
8 Grindwal
Delfinname
7 Flipper
Deliberation
9 Erwaegung
Delikatesse
6 Genuss
8 Feinheit, Feinkost
10 Hochgenuss
12 Leckerbissen
Delikt
3 Tat
8 Straftat, Vergehen, Verstoss
10 Verbrechen
Delinquent(in)
10 Angeklagte, Verbrecher
11 Angeklagter, Missetaeter, Uebeltaeter
12 Verbrecherin
13 Missetaeterin, Uebeltaeterin
demaskieren
9 aufdecken, entlarven
10 enthuellen
Dementi
8 Widerruf
12 Berichtigung
15 Richtigstellung
Demer-Zufluss
5 Geete
demnach
8 folglich
demnächst
4 bald
7 alsbald, spaeter
10 naechstens
Demokratische Republik Kongo
siehe: Kongo
demolieren
10 zerstoeren
Demontage
5 Abbau
7 Abbruch
9 Zerlegung
demoskopische Untersuchung
9 Rundfrage
demütig
7 ergeben, submiss
demütigen
11 erniedrigen
Demütigung
9 Kraenkung
11 Humiliation
12 Erniedrigung
demzufolge
4 also
5 somit
den Arzt spielen
7 doktern
den Atomkern betreffend
7 nuklear
den Bergbau betreffend
6 montan
den Brennpunkt betreffend
5 fokal
den Gaumen betreffend
7 palatal
den Geist betreffend
6 mental
den Grad oder Rang betreffend
7 gradual
den Keim betreffend
8 germinal
den Mond betreffend
5 lunar
den Mund betreffend
4 oral
den Tastsinn betreffend
8 haptisch
den Tierkreis betreffend
8 zodiakal
den Wald abholzen
5 roden
den Zenit betreffend
7 zenital
den Zugang verhindern
9 absperren
Denkart
11 Mentalitaet
Denkaufgabe
7 Raetsel
denkbar
8 moeglich
9 plausibel
10 potentiell, potenziell
denken
6 meinen, sinnen
8 urteilen
10 ueberlegen
denkende Seele
3 Nus
Denker
6 Weiser
7 Logiker
9 Philosoph
Denkergebnis
9 Folgerung
Denkfähigkeit
8 Verstand
denkfaul
9 boeotisch
Denkfehler
6 Irrtum
Denklehre
5 Logik
6 Noetik
9 Dianoetik
Denkmal
7 Mahnmal, Plastik
8 Ehrenmal, Memorial, Monolith, Monument
9 Grabstein, Mausoleum
11 Gedenkstein
Denkmälersammlung
10 Lapidarium
Denkmalspfleger
11 Konservator
Denkorgan
6 Gehirn
denkrichtig
7 logisch
Denkschema
6 Modell
7 Pattern

Denkschrift
6 Exposé
7 Exposee, Memoire
9 Weissbuch
10 Kommunikee, Kommuniqué, Memorandum
Denkspiel
4 Quiz
Denksportaufgabe
7 Logical, Raetsel
9 Quizfrage
Denksportler
5 Rater
Denkspruch
5 Gnome, Motto
7 Paroemi, Sentenz
Denkvermögen
5 Ratio
8 Vernunft, Verstand
9 Intellekt
11 Intelligenz
Denkweise
9 Gesinnung, Ideologie, Sinnesart
11 Mentalitaet
im Staatsinteresse
9 Etatismus
Denkwissenschaft
11 Philosophie
denkwürdig
7 epochal
9 memorabel
Denkwürdigkeiten
8 Memoiren
12 Memorabilien
Denkzettel
7 Memento
8 Notabene
Denunziant
9 Zutraeger
Departement
siehe: Frankreich
Depesche
9 Telegramm
depeschieren
6 kabeln
7 drahten
13 telegrafieren
14 telegraphieren
deponieren
6 lagern
9 verwahren
10 hinstellen
11 hinterlegen, niederlegen
Depot
5 Lager
6 Remise
7 Filiale, Magazin
9 Lagerraum
10 Warenlager
13 Niederlassung
als Zollausland
9 Freilager
von militärischem Material
4 Park
Depression
6 Manque
9 Schwermut
deprimiert
5 elend, trist
6 truebe, unfroh
7 desolat, traurig
8 betruebt, doloroso, elegisch, freudlos, mauserig, wehselig
9 bedrueckt, freudelos, gedrueckt, wehmuetig
10 bekuemmert, truebselig
11 enttaeuscht, miesepetrig, truebsinnig
12 hintersinnig, nihilistisch, schwermuetig, ungluecklich
13 defaetistisch, melancholisch, pessimistisch
14 hypochondrisch
15 bregenklueterig, todungluecklich
16 schwarzseherisch
17 kreuzungluecklich
Deputation
9 Ausschuss
10 Kommission
der Aufhebung unterliegend
8 kuendbar
der Blaue Planet
4 Erde
der Erlöser
5 Jesus
der erste Mensch
4 Adam
der Jüngere
6 Junior
der Küste angehörend
7 litoral
der Letzte Wille
9 Testament
der Mitte zu gelegen
6 median
der niederen Kaste angehörender Inder
5 Paria
der Rote Planet
4 Mars
der Witwe zustehendes Erbteil
6 Wittum
derart
2 so
derb
3 rau, roh
4 grob
5 drall, plump, prall, ruede, stark
6 deftig, heftig, kernig, robust, stramm
8 handfest, kraeftig, staemmig
9 drastisch
10 konsistent
13 unempfindlich
derb für:
Essen
5 Frass
derbe(r, s)
Ausdruck
9 Kraftwort
Bindegewebe
9 Faserhaut
Gewebe
5 Drell
8 Drillich
Mensch
7 Grobian
Stock
8 Knueppel
Unhöflichkeit
8 Grobheit
Derbheit
7 Drastik
12 Deutlichkeit
derbkomische(s)
Bühnenstück
5 Posse
7 Schwank
Erzählung
8 Groteske
Lustspiel
5 Farce
Dermatologe, Dermatologin
8 Hautarzt
11 Hautaerztin
Derwent-Zufluss
3 Rye
Derwisch
5 Fakir
Derwischorden
7 Mevlevi, Mewlewi, Rifajga, Senussi
9 Bektaschi, Mewlewija, Mewlewije
Derwischrock
4 Dalk
6 Kaftan
Derwischtanz
4 Sema
derzeit
3 nun
5 jetzt
derzeitig
6 jetzig
des Lesens und Schreibens Unkundiger
10 Analphabet
des Raubes Angeklagter
8 Spoliant
desgleichen
4 dito
deshalb
5 darum
Desinfektion
10 Entkeimung
Desinfektionsmittel
3 Jod
4 Kalk
5 Borax, Chlor, Lysol
6 Karbol, Kresol, Phenol
7 Alkohol, Kreosot
8 Formalin, Lysoform
9 Chloramin, Chlorkalk
11 Formaldehyd
desinfizieren
9 entkeimen

10 entseuchen
13 sterilisieren
Desperado
6 Bandit
7 Raeuber
10 Abenteurer
Despot
6 Tyrann
8 Diktator
15 Gewaltherrscher
Despotie
6 Terror
8 Diktatur, Tyrannei, Willkuer
Dessert
3 Eis
5 Gelee
7 Kompott, Pudding
8 Flammeri
9 Nachtisch, Panaschee, Speiseeis
10 Nachspeise
11 Suessspeise, Wackelpeter
13 Goetterspeise, Wackelpudding
14 Glibberpudding
Dessin
6 Gravur
9 Zeichnung
Destillat für Parfüm
9 Hopfenoel
Destillatanteil
7 Vorlauf
8 Nachlauf
9 Ruecklauf
Destillationsgefäß
7 Retorte
Destillationsprodukt
6 Gasoel, Urteer
8 Solaroel
Destillationsprozess
9 Feinbrand
Detail
4 Teil
6 Stueck
10 Ausschnitt, Einzelheit, Teilstueck
11 Bestandteil
Detektiv
9 Ermittler
Detektivfigur
6 Holmes, Poirot, Studer
7 Marlowe
detektivischer Instinkt
9 Spuersinn
determinieren
9 abgrenzen, bestimmen, festlegen
Detonation
5 Knall, Krach
8 Zerknall
9 Entladung, Explosion
deuten
6 zeigen
8 auslegen
9 erklaeren, hinweisen
14 interpretieren
Deuter
8 Ausleger
9 Erklaerer, Interpret
11 Instrukteur
deuterokanonisches Buch des A.T.
6 Sirach
deutlich
4 klar
5 exakt
6 betont
8 explizit, offenbar, praezise
9 drastisch, eindeutig, plastisch
11 anschaulich, unverbluemt
12 ungeschminkt
13 verstaendlich
14 nachdruecklich
Deutlichkeit
7 Evidenz
8 Klarheit
9 Exaktheit
10 Praezision
11 Genauigkeit
12 Bestimmtheit
13 Eindeutigkeit
15 Unverbluemtheit
16 Ungeschminktheit
deutsch für:
Abandon
9 Abtretung
Ablaktation
9 Abstillen
Adjektiv
7 Artwort, Beiwort
Admission
9 Zulassung
Advantage
7 Vorteil
Akinese
8 Laehmung
Akkusativ
7 Wenfall
Akne
8 Mitesser
Alopezie
8 Kahlheit
amabile
9 zaertlich
Animus
5 Seele
Antitoxin
9 Gegengift
Apanage
8 Jahrgeld
Apogäum
8 Erdferne
Apostasie
8 Austritt
Appellation
8 Berufung
Apposition
7 Beisatz
Aspirata
9 Hauchlaut
Assonanz
8 Halbreim
Asthenie
9 Ermattung
Auskultation
9 Abhorchen
Bakschisch
7 Almosen
Biotypus
8 Erbstamm
Cauda
9 Notenhals, Organende
Cavum
8 Hohlraum
Chalikosa
9 Kalklunge
chéri
8 Liebling
Chroma
9 Hautfarbe
chylös
8 getruebt
Chylus
9 Naehrsaft
Confessio
7 Beichte
Conversio
9 Bekehrung
Coupé
9 Zugabteil
Darling
8 Liebling
Dativ
7 Wemfall
Deduktion
9 Ableitung
Dental
8 Zahnlaut
Diarrhöe
9 Durchfall
Diphthong
9 Mischlaut
Dolus
7 Vorsatz
Dominus
8 Gebieter
Dos
7 Mitgift
Dotation
7 Mitgift
Echinus
7 Seeigel
Edentaten
8 Zahnarme
Edition
7 Ausgabe
Egghead
8 Eierkopf
Ekstrophie
9 Wanderung
Ektopie
9 Wanderung
Emesis
9 Erbrechen
Enterozele
9 Darmbruch
Epidermis
8 Oberhaut
Epiphyten
9 Aufsitzer

Episit
7 Raeuber
Epizoen
9 Aufsitzer
Erotema
9 Fragesatz
España
7 Spanien
Eutopie
9 Organlage
Exit
7 Ausgang
Extraktion
9 Ausziehen
Fading
7 Schwund
Fakir
7 Gaukler
Falsum
8 Falsches
febril
7 fiebrig
fekund
9 fruchtbar
Fermate
9 Ruhepunkt
fertil
9 fruchtbar
festico
9 feierlich
festivo
8 festlich
Finalis
6 Endton
fissil
8 spaltbar
Fissur
8 Hautriss
Flatulenz
8 Blaehung
flexibel
7 beugbar
fungös
9 schwammig
Genitiv
7 Wesfall
Geografie
8 Erdkunde
Geosphäre
9 Erdhuelle
glissando
8 gleitend
Gonagra
9 Kniegicht
grave
9 feierlich
Hämogramm
8 Blutbild
Hämorrhagie
7 Blutung
Harakiri
7 Freitod
Helkose
8 Eiterung
Helvetia
7 Schweiz
Henade
7 Einheit
hereditär
7 erblich
Hiatus
8 Oeffnung
homozygot
9 reinerbig
Hunter
9 Jagdpferd
Hybride
7 Bastard
9 Mischling
ibidem
8 ebendort
Iktus
8 Starkton
impetuoso
9 ungestuem
Infinitiv
8 Nennform
9 Grundform
Inhibitor
9 Hemmstoff
Inkubation
8 Brutzeit
inter
8 zwischen
Ischämie
9 Blutleere
Ischias
8 Hueftweh
Kakemono
8 Rollbild
Karotide
8 Kopfader
Kaverne
8 Hohlraum
Keloid
9 Hautwulst
Kognomen
7 Beiname
Komedo
8 Mitesser
Komparativ
9 Mehrstufe
Konjunktion
9 Bindewort
Kophosis
8 Taubheit
Kortex
9 Hirnrinde
Koryza
9 Schnupfen
Krustazee
9 Krebstier
Laktation
9 Stillzeit
Lanugo
8 Wollhaar
Leader
7 Fuehrer
Liberté
8 Freiheit
Ligula
8 Bandwurm
Limes
9 Grenzwall
Lioderma
9 Glanzhaut
lirico
7 lyrisch
Lokativ
8 Ortsfall
Look
8 Aussehen
Lunatismus
9 Mondsucht
Mademoiselle
9 Fraeulein
Makimono
8 Rollbild
Mako
9 Baumwolle
Mel
5 Honig
Meninx
8 Hirnhaut
meno
7 weniger
mezzoforte
8 halblaut
9 halbstark
mezzopiano
9 halbleise
Migration
9 Wanderung
mille
7 tausend
Misogam
8 Ehefeind
Miss
9 Fraeulein
Modulation
9 Uebergang
Monogamie
6 Einehe
Mortifikation
9 Abtoetung
Mutität
9 Stummheit
Narkotika
17 Betaeubungsmittel
Narkotikum
17 Betaeubungsmittel
Niktation
8 Zwinkern
Nomen
8 Nennwort
Nominativ
7 Werfall
8 Nennfall
Nus
9 Weltgeist
nutritiv
8 nahrhaft
Odontologie
9 Zahnkunde
Oleom
8 Oeltumor
Ombrage
7 Argwohn
Oologie
9 Eierkunde
Oratio
9 Redeweise
Ovarium
9 Eierstock

Ovogenese
9 Eibildung, Eireifung
Ovulation
8 Eisprung
Padding
7 Einlage
Pagina
9 Buchseite
palpabel
8 fuehlbar, greifbar
Paralyse
8 Laehmung
Parese
8 Laehmung
Passiv(um)
9 Leideform
Perigäum
8 Erdnaehe
Periost
8 Beinhaut
Peripatos
9 Promenade
Peristom
8 Mundfeld
Perseveration
8 Beharren
Pia Mater
8 Hirnhaut
piangendo
7 weinend
pizzicato
7 gezupft
Plural
8 Mehrzahl
Pneumothorax
8 Gasbrust
9 Luftbrust
poietisch
7 bildend
Polyphage
9 Vielesser
Polyurie
8 Harnflut
pomposo
8 festlich
Posterität
8 Nachwelt
prämatur
9 vorzeitig
pro
2 je
Prolaps
7 Vorfall
Propusk
7 Ausweis
Psilose
8 Kahlheit
pulpös
9 fleischig
Punch
7 Boxhieb
Punka
7 Faecher
Purgatorium
9 Fegefeuer
purgieren
9 abfuehren
purulent
6 eitrig
Queen
8 Koenigin
Radula
9 Reibzunge
Relaps
9 Rueckfall
Res
5 Sache
Retina
8 Netzhaut
Rezidiv
9 Rueckfall
Rhagade
8 Hautriss
Rhinitis
9 Schnupfen
Rhinophym
9 Pfundnase
Rhus
9 Essigbaum
risoluto
9 energisch
ritardando
8 zoegernd
robusto
9 kraftvoll
Scheng
9 Mundorgel
Seneszenz
9 Altwerden
Sentiment
7 Gefuehl
Seppuku
7 Freitod
Serosiom
8 Grauerde
Serra
9 Bergkette
Sierra
9 Bergkette
Skala
9 Tonleiter
Slancio
7 Schwung
Somnambulismus
9 Mondsucht
Sordine
8 Daempfer
Sordino
8 Daempfer
sostenuto
9 verhalten
Stase
8 Stockung
Stasis
8 Stockung
Stereofonie
9 Raumklang
Stigma
8 Brandmal
Strangurie
9 Harnzwang
Stria
8 Streifen
stringent
7 buendig
Sudor
8 Schweiss
Suisse
7 Schweiz
sukkulent
9 fleischig
Sumach
9 Essigbaum
Superlativ
9 Hochstufe
Suppositorium
9 Zaepfchen
Surditas
8 Taubheit
Tefilla
9 Gebetbuch
Television
9 Fernsehen
Tempo
8 Zeitmass
temporal
8 zeitlich
Tempus
8 Zeitform
Tetrade
8 Vierheit
Topophobie
9 Ortsscheu
Tortikollis
8 Drehhals
Tourniquet
9 Aderbinde
town hall
7 Rathaus
Track
9 Fahrroute
Tramontana
8 Bergwind
Tramontane
8 Bergwind
Triade
8 Dreizahl
Trias
8 Dreizahl
Trichiasis
9 Behaarung
Trifolium
9 Dreiblatt
Tuberkel
9 Knoetchen
Typhlon
9 Blinddarm
Ulnaris
9 Ellennerv
Unisono
8 Einklang
Unitas
7 Einheit
Unität
7 Einheit
Urinal
8 Harnglas
Usur
9 Abnutzung
Valeur
8 Farbwert
Verb
6 Tuwort
vigil
7 wachend

vivace
7 lebhaft
volatil
9 fluechtig
Vomitus
9 Erbrechen
Zaekum
9 Blinddarm
Zäsur
9 Ruhepunkt
Zerebellum
9 Kleinhirn
Zerebrum
9 Grosshirn
zessibel
9 abtretbar
Zession
9 Abtretung
Zoekum
9 Blinddarm
Zölenteraten
9 Hohltiere
Zyanopsie
9 Blausehen
Zykadeen
9 Palmfarne
Zytologie
8 Zellehre

deutsch-englische(r)
Astronom
8 Herschel
Komponisten
5 Brade
7 Haendel, Pepusch
Maler
7 Kneller, Zoffany
8 Herkomer
Schauspielerin
6 Palmer

deutsch-französische(r, s)
Komponist
9 Offenbach
Maler
5 Ernst
Schriftsteller
9 Breitbach
Schulflugzeug
8 Alphajet

deutsch-israelischer
Fotochemiker
8 Goldberg

deutsch-italienischer
Komponist
6 Busoni

deutsch-lettische
Malerin
9 Kerkovius

deutsch-luxemburgischer
Grenzfluss
3 Our
Schauspieler
7 Deltgen

deutsch-mährischer
Philosoph
7 Husserl

deutsch-niederländische(r)
Künstlerfamilie
9 Hogenberg
Maler
7 Memling
8 Netscher

deutsch-österreichische(r)
Alpenübergang
9 Steinpass
Bildhauer
8 Fernkorn, Zumbusch
Dichter
5 Laube
Dramatiker
6 Tagger
Geiger
7 Joachim
Germanist
6 Newald
Geschichtsschreiber
5 Nowak
Heldentenor
6 Slezak
Historiker
5 Klopp
Ingenieur
9 Karmarsch
Komponist
7 Mohaupt
Maler
7 Steinle
Opernkomponist
5 Gluck
Physiker
7 Prechtl
8 Meissner
Raketeningenieur
6 Valier
Schauspieler
6 Barnay
7 Schroth
Schauspielerinnen
6 Berger, Dorsch, Tiller
7 Enghaus, Koerber
Schriftsteller
5 Jacob
7 Meyrink
9 Borchardt
Schriftstellerin
9 Gallmeyer
Schuldramatiker
6 Rebhun
Strafrechtler
5 Liszt
Vitaminforscher
4 Kuhn

deutsch-polnischer
Kinderarzt
6 Cherny

deutsch-römischer
Maler
9 Elsheimer

deutsch-russische(r)
Kulturphilosoph
6 Stepun
Schriftsteller
7 Noetzel
Slawist
6 Vasmer
Tänzerin
7 Gsovsky

deutsch-schwedischer
Schriftsteller
5 Weiss

deutsch-schweizerische(r)
Botaniker
8 Tschirch
Dichter
8 Haringer
Komponisten
4 Raff
7 Fischer
Maler
4 Witz
8 Purrmann
Münze
8 Plappart
Physiker
8 Schottky
Romanist
6 Tobler
Schriftstellerin
7 Tetzner

deutsch-tschechischer
Bildhauer
5 Hajek
Staatsrechtler
4 Laun

deutsch-ungarische(r)
Architekt
8 Kaufmann
Dirigent
7 Nikisch
Kapellmeister
4 Bela
Komponist
5 Keler
Musiker
5 Geczy
Physiker
6 Karman
Regisseur
7 Benedek
Sängerin
5 Roekk
Schriftsteller
9 Kadelburg
Tänzerin
5 Roekk

deutsche Vorsilben
2 be, ge, in, un
3 ent, ver, zer

Deutsches Reich
Admirale
4 Spee
6 Hipper, Raeder, Scheer
7 Doenitz, Tirpitz
Feldhauptmann
10 Frundsberg
Feldherren
4 Leeb, List, Roon
5 Dietl, Goltz, Kluck, Kluge, Tilly, Yorck
6 Buelow, Kleist, Moltke, Paulus, Rommel, Seeckt
7 Wrangel
8 Bluecher, Guderian, Haeseler, Litzmann, Manstein, Seydlitz

9 Gneisenau, Heeringen, Mackensen, Rundstedt, Witzleben
10 Falkenhayn, Frundsberg, Hindenburg, Kesselring, Ludendorff, Manteuffel, Schlieffen
11 Derfflinger, Scharnhorst
13 Lettow-Vorbeck

Flieger
4 Graf, Udet
5 Grade, Hirth, Klemm, Koehl, Rudel
6 Gronau
7 Boelcke, Galland
8 Moelders
9 Huenefeld, Immelmann, Steinhoff
10 Lilienthal, Richthofen

Forschungsreisende
5 Barth
6 Rohlfs
8 Filchner
9 Nachtigal
10 Schomburgk
12 Schweinfurth

Freiheitskämpfer
6 Schill
7 Luetzow

Fürstengeschlechter
4 Wied
6 Welfen
8 Askanier, Wettiner
12 Hohenzollern

Großadmirale
6 Raeder
7 Doenitz, Tirpitz

Kaiser
4 Karl, Otto
5 Franz
6 Joseph, Konrad, Lothar, Ludwig, Rudolf
7 Leopold, Wilhelm
8 Heinrich, Matthias
9 Ferdinand, Friedrich, Sigismund
10 Maximilian

Kaisergeschlechter
6 Salier
10 Habsburger, Karolinger
11 Ludolfinger
12 Hohenstaufen, Hohenzollern

Könige
4 Otto
6 Arnulf, Konrad, Ludwig, Rudolf
7 Philipp, Richard
8 Albrecht, Heinrich, Ruprecht

Länder
5 Baden, Lippe
6 Anhalt, Bayern, Bremen, Hessen
7 Hamburg, Luebeck, Sachsen, Waldeck
8 Preussen, Saarland
9 Oldenburg
10 Thueringen
11 Mecklenburg
12 Braunschweig, Wuerttemberg
15 Schaumburg-Lippe

Münzen
5 Taler
6 Batzen, Heller, Thaler
7 Pistole
8 Groschen

Orden
11 Ritterkreuz
13 Eisernes Kreuz

Politiker
4 Cuno, Kapp
5 Bebel, Ebert, Loebe, Papen, Wirth
7 Caprivi
8 Bismarck, Bruening, Humboldt, Rathenau
9 Erzberger, Eulenburg, Hugenberg
10 Stresemann
11 Scheidemann
15 Bethmann-Hollweg

Preußen (Provinzen)
6 Berlin
7 Pommern, Sachsen
8 Hannover
9 Grenzmark, Westfalen
11 Brandenburg, Ostpreussen
12 Hessen-Nassau, Hohenzollern, Rheinprovinz, Westpreussen
13 Oberschlesien
15 Niederschlesien
17 Schleswig-Holstein

Reichskanzler
4 Cuno, Marx
5 Bauer, Papen, Wirth
6 Buelow, Luther
7 Caprivi, Mueller
8 Bismarck, Bruening, Hertling
9 Hohenlohe, Michaelis
10 Fehrenbach, Schleicher, Stresemann
11 Scheidemann
15 Bethmann-Hollweg

Reichspräsidenten
5 Ebert
10 Hindenburg

Reichstagspräsident
5 Loebe

Volksvertretung
9 Reichstag

Deutschkunde
11 Germanistik

Deutschkundler
9 Germanist

Deutschland

Adelsgeschlechter
7 Dalberg
8 Arenberg
9 Oettingen, Reventlow

Adelskalender
5 Gotha

Adelsprädikat
3 von

Admirale
7 Behncke, Canaris

Afrikaforscher
5 Barth
6 Peters, Rohlfs
7 Heuglin, Meinhof
8 Beurmann, Rueppell, Wissmann
9 Nachtigal
12 Schweinfurth

Afrikareisende
5 Boehm, Vogel
7 Overweg
9 Hornemann

Agrarwissenschaftler
9 Brinkmann

Agrikulturchemiker
7 Soxhlet

Aktionskünstler
5 Brock

Althistoriker
5 Seeck
7 Altheim, Wilcken
8 Bengtson

Altistinnen
5 Klose
7 Hoengen, Leisner

Altphilologen
5 Rohde
6 Bekker
7 Roscher
9 Bernhardy

Anatomen
5 Wolff
7 Burdach

Anthropologen
4 Lenz
5 Ranke
6 Saller
7 Heberer, Weinert
8 Gieseler
9 Eickstedt

Apokalyptiker
8 Kuhlmann

Arabienforscher
6 Glaser

Arbeiterdichter
7 Barthel, Broeger, Engelke

Archäologen
3 Mau
5 Budde, Conze, Lecoq, Noack
6 Bittel, Boeckh, Gerkan, Humann, Kuntze
7 Buschor, Curtius, Schuler, Wiegand, Wilpert
8 Ambrosch, Koldewey, Langlotz, Weickert
9 Doerpfeld, Knackfuss
10 Schliemann
11 Winckelmann

Architekten
3 May
4 Asam
5 Kreis, Laves

6 Hoeger, Pankok, Parler
7 Behrens, Billing, Ebhardt, Gropius, Karcher, Neumann, Olbrich, Poelzig, Riphahn, Schmitz, Schwarz
8 Bartning, Brantzky, Dollmann, Eiermann, Ensinger, Hohlwein, Scharoun, Schinkel, Tessenow, Thiersch
9 Luckhardt, Muthesius, Schlueter

Ärzte
4 Gall, Wolf, Zinn
5 Adler, Baelz, Mayer, Remak, Stahl, Unger
6 Binder, Domagk, Meibom, Mesmer
7 Basedow, Bodamer, Glauber, Jungius, Sennert, Virchow
8 Groddeck, Hufeland, Lenhartz, Libavius, Schleich
9 Liebreich

Asienforscher
5 Erman
8 Trinkler

Assyriologe
9 Delitzsch

Astronomen
4 Wolf
5 Encke, Galle, Gauss, Haber
6 Auwers, Bessel, Bruhns, Kepler, Olbers, Pahlen, Struve
7 Apianus, Brendel, Moebius
8 Guthnick, Herschel, Scheiner, Seeliger
9 Fabricius, Mollweide, Steinheil
10 Kopernikus, Koppernigk
11 Coppernicus

Astrophysiker
6 Kienle
7 Unsoeld
8 Scheiner

Atomforscher
4 Born, Hahn, Laue
5 Bothe
6 Geiger, Jordan, Lenard, Planck
7 Ardenne
8 Einstein
10 Heisenberg

Aufklärungsphilosoph
5 Wolff
7 Adelung

Augenarzt
6 Graefe

Auslandsrundfunkdienst
2 DW
13 Deutsche Welle

Autorennfahrer
4 Lang
8 Frentzen
9 Rosemeyer
10 Schumacher

Autorennfahrerfamilie
5 Stuck

Autorennstrecken
4 Avus
8 Solitude
10 Hockenheim
12 Nuerburgring, Schauinsland
14 Hockenheimring

Badeorte
4 Damp
5 Dahme, Laboe
8 Groemitz, Haffkrug, Hohwacht, Niendorf
10 Scharbeutz, Sierksdorf
11 Kellenhusen, Travemuende
16 Sankt Peter-Ording

Bakteriologen
4 Koch
7 Behring
8 Loeffler, Pfeiffer, Uhlenhut
9 Drigalski, Uhlenhuth

Balladenkomponist
5 Loewe

Balladenritter
7 Ulinger

Bankier
3 Abs

Bankjurist
5 Vocke

Baritone
4 Prey, Uhde
6 Hotter, Kusche
9 Schlusnus

Barockbaumeister
6 Decker
7 Neumann
9 Schlueter

Barockbildhauer
6 Straub

Barockkomponisten
4 Bach
7 Haendel, Schuetz
9 Buxtehude

Barockmaler
8 Rottmayr

Bassbariton
6 Bohnen

Bassisten
4 Rohr
7 Greindl, Rebroff

Bauernführer
6 Hipler
8 Muentzer

Bauingenieure
6 Brandt
7 Baensch
9 Leonhardt

Baumeister
4 Bodt
5 Erwin, Gilly, Krebs
6 Bonatz, Bueren, Hetsch, Nering, Schoch, Semper, Strack, Wallot, Welsch
7 Gontard, Neumann, Persius, Schlaun, Stengel, Stueler, Zwirner
8 Eosander, Langhans, Ridinger, Roritzer, Schinkel, Ziebland
9 Knoblauch, Schlueter

Baumeisterfamilien
4 Beer
6 Parler
8 Ensinger, Schmuzer

Benediktiner
8 Herwegen

Berge
3 Ipf
4 Wank
5 Arber, Hunau, Osser
6 Blauen, Hohloh, Homert, Kalmit, Kandel, Knuell, Lupfen, Rachel
7 Belchen, Brocken, Heuberg, Kniebis, Lemberg
8 Ebschloh, Feldberg, Kammberg, Kreuzeck, Meissner, Mooskopf, Pilsberg, Rossberg, Watzmann
9 Alpspitze, Bruchberg, Bungsberg, Erbeskopf, Melibocus, Taufstein, Wuermberg, Zugspitze
10 Achtermann, Biedenkopf, Fuchskaute, Haardtkopf, Hochkalter, Hoher Goell, Langenberg
11 Donnersberg, Ellersprung, Fuchskauten, Kahler Asten, Kaiserstuhl, Kyffhaeuser, Michelsberg, Plettenberg, Strezerberg, Wasserkuppe, Ziegenhelle
12 Hohenkarpfen, Hornisgrinde, Obersalzberg, Schauinsland
15 Grosser Beerberg
16 Grosser Inselberg

Bergfachmann
7 Heinitz

Bibliothekar
5 Ehrle

Bienenforscher
6 Zander

Bildhauer
4 Asam, Baum, Behn, Boos, Gaul, Hahn, Kiss, Loth, Meit, Nahl
5 Begas, Beyer, David, Egell, Esser, Harth, Kluge, Kolbe, Kraft, Leyen, Notke, Oeser, Petel, Rauch, Seitz, Stoss, Stuck, Syfer, Tieck, Unger

6 Amende, Bandel, Breker, Donner, Geyger, Habich, Herter, Kasper, Klauer, Krafft, Kricke, Marcks, Matare, Mataré, Mettel, Pacher, Parler, Syrlih, Syrlin, Uphues, Wimmer, Wynand
7 Albiker, Barlach, Belling, Bernuth, Bleeker, Brugger, Daucher, Erhardt, Georgii, Haehnel, Hoetger, Kaupert, Klimsch, Klinger, Lederer, Metzner, Ohmacht, Schadow, Scharff, Stadler, Uhlmann, Vischer
8 Danneker, Heiliger, Kampmann, Penzoldt, Permoser, Roritzer, Schiestl, Tuaillon, Wackerle, Wenschow, Wichmann
9 Angermair, Backoffen, Bechteler, Dannecker, Hagenauer, Lehmbruck, Multscher, Rietschel, Rueckriem, Scheurich, Schilling, Schlueter, Wenzinger
10 Hildebrand
12 Schwanthaler
15 Riemenschneider

Bildhauerfamilie
5 Cauer

Bildhauerinnen
3 Ney
6 Roeder, Steger
8 Kollwitz, Sintenis

Bildschnitzer
6 Breuer, Yselin
7 Schwarz

Biologen
6 Demoll, Mendel
7 Spemann
8 Flemming, Melchers

Bischöfe
8 Reinkens
9 Schreiber

Blödelstar
4 Dall, Otto

Bodenreformer
9 Damaschke

Bodenstation für Fernmeldesatelliten
8 Raisting

Botaniker
4 Bary, Baur, Zinn
5 Appel, Klebs, Regel
6 Engler, Gmelin, Goebel, Migula, Prantl, Straub, Stubbe, Weigel
7 Brefeld, Buesgen, Ruhland, Sorauer
8 Kolkwitz, Sprengel, Strugger
9 Gleditsch, Radlkofer, Schleiden

Botschafter in Paris
4 Rath

Boxer
5 Maske, Ottke
6 Neusel, Scholz, Schulz, Weller
7 Mueller
9 Schmeling
12 Mildenberger

Brettldichter
8 Endrikat

Buchdrucker
5 Unger
7 Pfister
8 Koberger

Buchkünstler
6 Ehmcke
7 Tiemann

Bühnenautoren
4 Wolf
5 Fulda
6 Henkel
7 Benedix
8 Muellner

Bühnenbildner
5 Neher

Bühnenleiter
7 Huelsen, Muethel

Bundeskanzler(in)
4 Kohl
6 Brandt, Erhard, Merkel
7 Schmidt
8 Adenauer
9 Kiesinger, Schroeder

Bundesländer
6 Bayern, Berlin, Bremen, Hessen
7 Hamburg, Sachsen
8 Saarland
10 Thueringen
11 Brandenburg
13 Niedersachsen, Sachsen-Anhalt
14 Rheinland-Pfalz
17 Baden-Wuerttemberg, Schleswig-Holstein

Bundespräsidenten
3 Rau
5 Heuss
6 Herzog, Luebke, Scheel
7 Koehler
8 Carstens
9 Heinemann
11 Weizsaecker

Cellist
9 Hoelscher

Chemiker
4 Auer, Berl, Caro, Hahn, Kuhn, Loew, Moor, Munk, Otto
5 Alder, Arndt, Bosch, Bunte, Diels, Eigen, Frank, Gries, Haber, Knorr, Kolbe, Krebs, Lunge, Lynen, Meyer, Reppe, Runge, Stahl
6 Achard, Baeyer, Becher, Bredig, Bunsen, Engler, Fittig, Gmelin, Graebe, Liebig, Loewig, Miethe, Nernst, Rassow, Schott, Werner, Wittig
7 Behring, Bergius, Borsche, Buchner, Classen, Curtius, Fehling, Feulgen, Fischer, Glauber, Hofmann, Kunckel, Martius, Mertens, Nessler, Ostwald, Raschig, Tropsch, Wallach, Wieland, Windaus, Winkler, Woehler, Ziegler
8 Beckmann, Boettger, Duisberg, Hoeflich, Klaproth, Knietsch, Libavius, Marggraf, Mittasch
9 Anmelburg, Bamberger, Butenandt, Fresenius, Ladenburg, Liesegang, Zsigmondy
10 Schoenbein, Staudinger, Strassmann

Chemotherapeut
6 Domagk, Giemsa

Chirurgen
4 Bier
5 Bauer, Bruns, Derra
7 Albinus, Esmarch, Momburg, Toepfer
8 Bergmann, Madelung, Stilling, Thiersch, Volkmann
10 Sauerbruch

Chorkomponist
4 Knab

Dermatologe
4 Unna

Dichter
4 Benn, Brod, Buch, Dach, Eich, Flex, Fock, Holz, Jahn, Paul, Voss, Wipo
5 Arndt, Arnim, Barth, Burte, Ernst, Fleck, Gleim, Goett, Groth, Halbe, Hauff, Hebel, Heine, Hesse, Heyse, Lingg, Loens, Opitz, Prutz, Raabe, Sachs, Storm, Tieck, Vring, Weber
6 Becker, Bernus, Besser, Birken, Brecht, Czepko, Dehmel, Fichte, Fouqué, Geibel, George, Goethe, Grabbe, Grosse, Hebbel, Herder, Hippel, Hoelty, Kasack, Kerner, Kessel, Kleist, Lersch, Loerke, Ludwig, Mackay, Platen, Ramler, Reuter, Schack, Schoch, Scholz, Uhland, Waldis
7 Alberus, Allmers, Barlach, Barthel, Bertram, Binding,

Bonsels, Brockes, Broeger, Buchner, Buerger, Carossa, Doeblin, Fleming, Fontane, Freytag, Fuetrer, Gellert, Herwegh, Klinger, Koerner, Kopisch, Lessing, Moerike, Novalis, Reinick, Scheidt, Schnack, Schulze, Simrock, Stieler, Stifter, Wieland
8 Abschatz, Borchert, Brentano, Buechner, Chamisso, Claudius, Contessa, Daeubler, Flemming, Gerhardt, Gryphius, Hagedorn, Hatzfeld, Hausmann, Hoffmann, Jean Paul, Kotzebue, Naogeorg, Pannwitz, Penzoldt, Rinckart, Ringmann, Roettger, Rueckert, Scheffel, Schiller, Schlegel, Schottel, Schubart, Stolberg
9 Bidermann, Bornemann, Buchholtz, Hauptmann, Immermann, Klopstock, Ringwaldt, Schaeffer, Schneider, Schroeder, Sperontes, Staeudlin, Wagenfeld, Wolfskehl, Zachariae
10 Dauthendey, Hoelderlin, Liliencron
11 Bergengruen, Eichendorff, Freiligrath, Hagelstange, Morgenstern
12 Hildesheimer, Muenchhausen, Schenkendorf
14 Feuchtersleben

Dichterinnen
3 Ava
4 Hahn, Huch, Kurz
6 Kirsch, Miegel, Seidel
8 Bachmann, Fleisser, Roswitha
9 Kaschnitz, Schaumann
15 Droste-Huelshoff

Diplomat
8 Holstein

Dirigenten
4 Kaim, Nick
5 Benda, Blech, Busch, Heger, Kempe, Kraus, Stein, Trunk
6 Carste, Jochum, Kopsch, Ludwig, Mattes, Rieger, Rother, Wagner, Zender, Zillig
7 Balling, Borries, Dessoff, Lehmann, Leitner, Richter, Tietjen, Walberg
8 Hoesslin, Wuellner
9 Abendroth, Hagestedt, Keilberth, Klemperer, Marschner, Matzerath, Reichardt, Scherchen, Schuricht
12 Furtwaengler

Dombaumeister
6 Parler

Dramatiker
4 Apel
5 Erler, Graff, Halbe, Nowak, Sorge, Weiss
6 Ahlsen, Brecht, Goethe, Grabbe, Hebbel, Kaiser, Kleist, Wagner, Werner
7 Forster, Goering, Lessing, Neumann, Raupach, Rehberg
8 Buechner, Hinrichs, Kornfeld, Lauckner, Rehfisch, Schiller, Toerring, Waldmann, Wedekind
9 Altendorf, Hauptmann, Leisewitz, Michelsen, Sternheim, Sudermann, Syberberg, Zuckmayer

Dramatikerin
7 Langner

Dramaturg
9 Kipphardt

Druckschrift
7 Fraktur

Eiskunstläuferin
4 Witt
6 Kilius

Elbe-Zuflüsse
6 Polenz, Rossel, Tanger
8 Mueglitz
9 Stepenitz

Elektrochemiker
5 Haber

Elektroingenieure
6 Hefner, Miller
8 Berliner

Energiewirtschaftler
6 Nedden

Epigrammatiker
5 Logau
8 Wernicke

Erbforscher
4 Baur

Erbrittergeschlecht
6 Andlaw

Erfinder
4 Benz, Eyth, Otto, Reis
5 Drais, Knorr, Krupp, Linde
6 Borsig, Bunsen, Diesel, Halske, Miller, Nipkow, Wankel
7 Daimler, Dornier, Eckener, Heinkel, Henlein, Junkers, Litfass, Maybach, Porsche, Schwarz, Siemens
8 Berliner, Flettner, Guericke, Parseval, Roentgen, Zeppelin
9 Ganswindt, Gutenberg, Steinheil
10 Senefelder

Erzähler
4 Dose
5 Amery, Boree, Erath, Gaudy, Hesse, Kluge
6 Griese, Helwig, Wittek
7 Roesler, Sohnrey
8 Auerbach, Frenssen, Geissler, Meinhold, Schroers

Erzgießer
9 Labenwolf

Erzieher
7 Friesel
9 Gutsmuths

Essayist
6 Werner

Ethnograf
7 Buschan

Ethnologe
8 Baessler

Fabeldichter
3 Hey
7 Gellert
8 Lichtwer

Farbfernsehsystem
3 PAL

Fernsehautoren
6 Asmodi, Flatow, Wuttig
9 Reinecker

Feste gegen die Sorben
6 Ilburg

Festspielorte
8 Bayreuth
11 Bad Hersfeld
12 Oberammergau
14 Bad Gandersheim

Filmartist
4 Dahl

Filmautoren
5 Fanck
7 Rezzori

Filmkomponisten
7 Kreuder
8 Bochmann

Filmpionier
7 Messter

Filmpreis
5 Bambi

Finanzfachmann
3 Abs

Flächenmaße
2 Ar
4 Hufe, Joch
6 Hektar, Morgen
7 Juchert, Tagwerk

Flieger
4 Udet
7 Boelcke
8 Fieseler
9 Huenefeld, Immelmann

Fliegerinnen
7 Reitsch
8 Beinhorn

Fluggesellschaften
3 LTU
6 Condor

9 Aero Lloyd, Lufthansa
10 Hapag Lloyd

Flugkörperwaffe

8 Kormoran

Flugzeugbauer

5 Euler, Focke, Klemm
6 Storch
7 Dornier, Heinkel, Junkers, Rumpler
8 Fieseler, Lippisch
13 Messerschmitt

Flüsse

3 Ahr, Alb, Alz, Elz, Ems, Enz, Ill, Ilm, Ilz, Inn, Ise, Itz, Ohe, Ohm, Oos, Rur
4 Aach, Aich, Albe, Alle, Alme, Blau, Bode, Breg, Dill, Eder, Elbe, Elde, Eltz, Erft, Erms, Fils, Gera, Glan, Ihle, Ihna, Ilse, Isar, Jade, Kyll, Lahn, Lech, Leda, Luhe, Main, Murg, Murr, Naab, Nahe, Obra, Oder, Oker, Oste, Rega, Rems, Rhin, Riss, Rott, Ruhr, Saar, Salm, Selz, Sieg, Sude, Sulm, Urft, Vils, Wied, Wurm
5 Achen, Agger, Aisch, Aland, Aller, Ammer, Amper, Argen, Biela, Bille, Blies, Bober, Dahme, Deime, Donau, Dosse, Drage, Drohn, Eider, Felde, Fulda, Gilge, Glatt, Guenz, Hamme, Haune, Havel, Helbe, Helme, Hunte, Iller, Issel, Jagst, Laber, Leine, Lenne, Lippe, Memel, Mosel, Mulde, Netze, Nidda, Niers, Nogat, Nuthe, Peene, Plane, Prims, Pruem, Regen, Rhein, Ruwer, Saale, Spree, Stoer, Swine, Traun, Trave, Uchte, Ucker, Ulfen, Wehra, Weide, Werra, Werse, Weser, Wiese, Wuerm, Zaber
6 Ablach, Alsenz, Alster, Berkel, Diemel, Elsenz, Elster, Ennepe, Geeste, Gutach, Inster, Kinzig, Kocher, Laaber, Lauter, Mindel, Moehne, Nagold, Neckar, Neisse, Nidder, Nister, Pfrimm, Pregel, Queich, Randow, Schlei, Stolpe, Tauber, Trebel, Uecker, Ulster, Vechte, Warnow, Warthe, Wetter, Wipper, Wuemme, Wupper, Wutach
7 Baunach, Brigach, Dreisam, Emscher, Ilmenau, Isenach, Loisach, Pegnitz, Pleisse, Rednitz, Regnitz, Schwalm, Unstrut, Wolfach
8 Altmuehl, Innerste, Muemling, Recknitz, Tollense, Zschopau
9 Schmutter, Schwartau, Weschnitz, Zwickauer
12 Weisse Elster
13 Schwarzwasser
14 Schwarze Elster, Zwickauer Mulde

Forschungsreisende

6 Ehlers, Pallas
7 Niebuhr, Seetzen

Forschungssatelliten

4 Azur, Dial
5 Aeros

Forschungsschiff

6 Meteor

Fotografen

9 Anschuetz, Hielscher

Frauenärzte

4 Bumm
5 Crede
7 Naegele
8 Stoeckel

Frauenrechtlerinnen

5 Cauer, Lange
7 Baeumer
8 Augspurg
9 Dransfeld

Funkautor

7 Rezzori

Funktechniker

6 Nipkow

Fürstengeschlechter

6 Welfen
8 Askanier, Wettiner

Fußballbundestrainer

5 Vogts
6 Schoen
7 Derwall, Voeller
9 Herberger
11 Beckenbauer

Fußballtrainer

4 Daum, Held
5 Vogts, Zobel
6 Berger, Funkel, Lattek, Lienen, Lorant, Magath, Osieck, Rausch, Roeber, Saftig, Sammer, Schoen
7 Briegel, Derwall, Ribbeck
8 Feldkamp, Heynckes, Hitzfeld, Rehhagel, Schaefer
9 Herberger, Moehlmann, Stielicke
10 Sundermann, Weisweiler
11 Beckenbauer
12 Toppmoeller

Gartenarchitekten

5 Lange
6 Sckell

Gartenkünstler

5 Lenné

Gebirge und Höhenzüge

3 Alb, Elm, Ith, Ohm
4 Egge, Haar, Harz, Hils
5 Eifel, Haard, Rhoen, Tromm, Ville
6 Homert, Taunus
7 Deister, Solling, Suentel
8 Burgwald, Idarwald, Odenwald, Soonwald, Spessart, Voreifel, Westrich
9 Hohe Eifel, Huemmling, Hunsrueck, Schneifel
10 Ahrgebirge, Erzgebirge, Haarstrang, Kellerwald, Moselberge, Ohmgebirge, Vogelsberg, Westerwald, Zitterwald
11 Ebbegebirge, Eggegebirge, Schneeeifel, Schwarzwald
12 Habichtswald, Hintertaunus, Pfaelzer Wald, Wesergebirge
13 Kaufunger Wald, Knuellgebirge, Reinhardswald, Siebengebirge, Weserbergland, Wiehengebirge
14 Arnsberger Wald, Rothaargebirge
15 Rheingaugebirge
17 Fuerstenauer Berge

Geigenbauer

5 Klotz

Geiger

5 Busch, Spohr
7 Romberg
8 Taschner
9 Cannabich, Hoelscher, Zacharias

Geldreformer

6 Gesell

Geldscheine

6 Zehner
7 Fuenfer
9 Hunderter, Tausender, Zwanziger
10 Fuenfziger
13 Zweihunderter
14 Fuenfhunderter

Gelehrte

5 Klotz
6 Hraban, Riemer
7 Conring, Vischer
8 Olearius
9 Gottsched, Pufendorf

Gelehrtenfamilie

7 Siebold

Generalmajor

6 Gehlen

Generalpostmeister

7 Stephan

Genremaler

5 Knaus

Geografen

5 Klute, Krebs, Maull, Penck

6 Behaim, Ratzel, Ritter, Sapper, Waibel
7 Apianus, Hassert, Partsch, Peschel, Pfeifer, Wegener
8 Humboldt, Mercator, Passarge, Varenius, Wilhelmy
9 Meinardus, Petermann

Geologen
4 Nose
5 Oppel
6 Stille
7 Andreae, Baltzer, Bubnoff, Correns
9 Quenstedt

Germanisten
4 Hass
5 Grimm, Hagen, Heyne, Leyen, Wrede
6 Braune, Neckel, Panzer
7 Sievers, Simrock
8 Behaghel, Lassberg
9 Ehrismann

Geschichtsforscher
4 Dove
5 Ehrle, Meyer, Pertz, Waitz
7 Niebuhr

Geschichtsmaler
5 Kampf

Geschichtsphilosoph
8 Spengler

Geschichtsschreiber
7 Lampert
9 Aventinus, Nauclerus

Goldschmied
9 Jamnitzer

Golfprofi
6 Langer

Grafiker
3 Ury
4 Gaab, Loth
5 Grosz, Nagel, Nolde, Weber, Weiss
6 Heckel, Menzel, Renner, Scholz
8 Boehland
10 Hegenbarth

Grafikerin
8 Kollwitz

Grammatiker
8 Albertus

Großadmirale
7 Doenitz, Tirpitz

Großfunkstation
9 Norddeich

Großindustrielle
5 Krupp
7 Stinnes

Großindustrieller
6 Borsig

Gymnasiallehrer
6 Ploetz

Hafenstädte
4 Kiel
5 Emden, Husum
6 Bremen, Wismar
7 Hamburg, Luebeck, Rostock, Stettin
8 Cuxhaven
9 Flensburg, Stralsund
10 Puttgarden
11 Bremerhaven, Swinemuende, Travemuende
12 Brunsbuettel
13 Wilhelmshaven

Halbinseln
5 Darss
6 Angeln, Zingst
7 Jasmund
9 Schwansen
10 Eiderstedt

Hauptstadt
6 Berlin

Heidedichter
5 Loens

Heilkundiger
4 Bilz

Heilkünstler
9 Eisenbart

Heldendichtung
7 Sigenot
8 Virginal
10 Gudrunlied, Nibelungen
14 Nibelungenlied

Herzogshaus
4 Croy

Hirnanatom
5 Nissl

Historienmaler
4 Dahn

Historiker
4 Dahn, Mann, Waas
5 Below, Dehio, Hampe, Luden, Ranke, Sybel, Weech
6 Aretin, Beloch, Besson, Bezold, Brandi, Freyer, Gelzer, Haller, Marcks, Oncken, Pfandl, Pinder, Quidde, Raumer, Ritter, Roerig, Scherr, Sickel, Spiero, Zeumer, Zoepfl
7 Altheim, Aufsess, Boehmer, Droysen, Hartung, Heimpel, Mommsen, Niebuhr, Rotteck, Schoeps, Schramm, Steinen, Stengel, Theiner
8 Baethgen, Bresslau, Dahlmann, Gebhardt, Gervinus, Gisevius, Hagemann, Hubatsch, Meinecke, Rothfels, Schnabel, Spittler, Staehlin
9 Achenwall, Delbrueck, Grundmann, Holtzmann, Lamprecht, Schloezer, Schlosser
10 Treitschke

Holzschneider
4 Stoss
5 Huber
7 Cranach, Holbein
8 Floetner
9 Altdorfer, Burgkmair, Unzelmann
10 Grieshaber
15 Riemenschneider

Homer-Übersetzer
4 Voss

Hormonforscher
9 Butenandt

Hörspielautor
4 Eich
6 Wuttig

Humanisten
3 Eyb, Wyl
4 Wyle
5 Bebel, Brant, Sturm
6 Borner, Celtes, Celtis, Herder, Hutten, Zasius
7 Neander, Schedel
8 Caselius, Reuchlin
9 Caesarius

Humoristen
7 Erhardt, Reutter

Hütehund
8 Hovawart

Hüttentechniker
6 Daelen

Hygieniker
5 Kolle
6 Gaffky
7 Kollath

Ichthyologe
3 Ahl

Imitator
5 Kroll

Indologe
6 Benfey, Kirfel
9 Glasenapp, Oldenberg

Industrielle
5 Krupp
6 Gruson
7 Siemens, Thyssen
9 Schuckert

Ingenieure
4 Arco, Benz, Eyth, Hirn, Lueg, Otto
5 Etzel, Hoyer, Knorr, Linde, Wirth
6 Diesel, Gerber, Imhoff, Langen, Miller
7 Brandau, Daimler, Grashof, Maybach, Schlick
8 Bubenday, Reuleaux, Roebling, Schichau
9 Holzwarth
10 Lilienthal

Inseln
4 List, Sylt
5 Amrum, Foehr, Hooge, Juist
6 Borkum, Kampen, Keitum, Morsum, Rantum, Tinnum
7 Baltrum, Fehmarn, Hoernum, Memmert, Neuwerk, Nieblum, Utersum

8 Halligen, Langeoog, Norddorf, Pellworm, Suedfall, Wittduen
9 Helgoland, Norderney
10 Nordstrand, Spiekeroog, Wangerooge, Westerland
11 Luetjehoern

Intendant
8 Buckwitz

Internisten
4 Hoff
5 Jores
7 Sticker, Treupel, Volhard
8 Hochrein, Ziemssen
9 Schellong

Jazzmusiker
9 Doldinger

Jesuiten
5 Ehrle
7 Leppich

Journalisten
8 Augstein, Springer

Jugendautorin
5 Pages

Jugendbuchautor
6 Prager

Juristen
3 Eyb
6 Hippel, Nagler
7 Molitor, Savigny
8 Radbruch
9 Thomasius

Kabarettisten
4 Polt
5 Beltz, Finck, Neuss
6 Manger
7 Erhardt, Stiefel
8 Richling, Valentin
10 Havenstein, Qualtinger, Ringelnatz
11 Hildebrandt

Kabarettistinnen
4 Geri, Vita
5 Lenya, Noack
6 Hancke, Wieder
7 Herking, Lorentz, Waldoff
9 Karlstadt, Schlueter

Kaiserinnen
5 Agnes
7 Augusta
8 Adelheid, Richenza, Viktoria
9 Theophann

Kaiserstadt
6 Aachen

Kammersänger
3 Erb
5 Hoppe

Kammersängerin
4 Holm

Kanäle
9 Rhinkanal, Ruhr-Kanal
10 Finowkanal
11 Neckar-Kanal
12 Ems-Jade-Kanal, Kuestenkanal, Ludwigskanal
13 Hunte-Ems-Kanal
14 Elbe-Havel-Kanal, Elbe-Trave-Kanal, Oder-Havel-Kanal, Oder-Spree-Kanal
15 Mittellandkanal, Nord-Ostsee-Kanal, Rhein-Donau-Kanal, Rhein-Herne-Kanal

Kantforscher
7 Adickes, Arnoldt

Kap auf Rügen
6 Arkona

Kapellmeister
4 Arlt

Kardinäle
3 Bea
5 Galen
6 Frings, Jaeger
7 Bengsch, Lehmann
8 Doepfner, Hoeffner
9 Faulhaber, Ratzinger

Karikaturisten
5 Busch, Trier, Zille
6 Loriot, Plauen, Simmel

Karnevalssänger
5 Neger

Kartenstecher
6 Homann

Kernphysiker
4 Hahn
6 Jensen
7 Ardenne

Kfz-Pionier
4 Benz

Kinderarzt
7 Heubner

Kinderliederdichter
5 Guell

Kirchenarchitekt
5 Boehm

Kirchenkomponist
3 Ett

Kirchenlieddichter
5 Gerok
7 Neander
8 Gerhardt

Kirchenmusiker
4 Tack
5 Reger
6 Kienle, Proske,
7 Crueger, Scheidt
9 Aiblinger, Berberich

Klassiker
6 Goethe, Herder, Kleist
7 Lessing, Wieland
8 Schiller

Klavierbauer
8 Steinweg
9 Bechstein

Kliniker
6 Naunyn
8 Fraenkel

Kolonisatoren
7 Ehinger
9 Pastorius

Komiker
6 Graetz

Komponisten
3 Abt, Egk, Fux
4 Abel, Ahle, Bach, Gast, Haas, Kaun, Knab, Nick, Orff, Reda, Rein, Wolf
5 Blech, Borck, Bruch, Burck, David, Degen, Finck, Gluck, Goetz, Graun, Grell, Hasse, Heiss, Henze, Kerll, Klebe, Klose, Kollo, Krebs, Loewe, Maasz, Reger, Spohr, Trapp, Trunk, Weber, Weill
6 Ahrens, Bialas, Bodart, Borris, Brahms, Bromme, Bruhns, Buelow, Carste, Dessau, Doelle, Eimert, Eysler, Flotow, Goetze, Grothe, Hartig, Hiller, Jensen, Jessel, Keiser, Kempff, Kopsch, Kuhlau, Kuhnau, Kullak, Lincke, Lothar, Mattes, Mohler, Muffat, Noetel, Quantz, Rixner, Roters, Schmid, Sczuka, Spitta, Theile, Thomas, Vogler, Wagner, Winter, Zelter, Zender, Zillig
7 Bittner, Blacher, Bollius, Bungert, Conradi, Distler, Fortner, Genzmer, Gilbert, Graener, Haendel, Hassler, Hoeffer, Hoeller, Jarnach, Juengst, Krieger, Lachner, Nessler, Nicolai, Niehaus, Niemann, Pepping, Pepusch, Philipp, Raphael, Raymond, Reimann, Reutter, Romberg, Schuetz, Silcher, Stamitz, Strauss, Walberg, Wolfrum, Zilcher
8 Draeseke, Goldmark, Graupner, Hartmann, Honegger, Kaminski, Kreutzer, Kuenneke, Lemacher, Lortzing, Mackeben, Pfitzner, Schnebel, Schobert, Schreker, Schultze, Schumann, Stoelzel, Stoltzer, Telemann, Volkmann, Weismann, Wuellner, Zumsteeg
9 Abendroth, Ambrosius, Beethoven, Buxtehude, Cannabich, Cornelius, Driessler, Engelmann, Froberger, Gieseking, Heinichen, Hindemith, Killmayer, Marschner, Meyerbeer, Offenbach, Pachelbel, Rathgeber,

Reichardt, Scherchen, Schroeder, Stadlmayr, Westerman
10 Praetorius, Rubinstein, Schillings, Schoenberg
11 Humperdinck, Mendelssohn

Kreidefelsen
13 Stubbenkammer

Kritiker
4 Kerr, Luft
12 Reich-Ranicki

Kunsthistoriker
3 Eye
5 Dehio

Kupferstecher
5 Beham, Stoss
9 Altdorfer
11 Chodowiecki

Kurorte
3 Ems, Orb
4 Boll
5 Essen, Grund, Imnau, Oybin, Soden, Stuer, Toelz
6 Abbach, Buchau, Eilsen, Hartha, Honnef, Koenig, Rathen, Sachsa, Salzig, Steben, Vilbel, Wippra
7 Aibling, Berneck, Bocklet, Driburg, Homburg, Muender, Nauheim, Pyrmont, Rehburg, Seiffen, Teinach, Waldsee, Wiessee, Wimpfen, Wurzach
8 Bertrich, Brambach, Goegging, Harzburg, Hersfeld, Jonsdorf, Kipsdorf, Kohlgrub, Meinberg, Muenster, Nenndorf, Neuenahr, Neustadt, Oberdorf, Oldesloe, Rappenau, Segeberg, Stolberg, Suderode
9 Bramstedt, Cannstadt, Duerkheim, Duerrheim, Godesberg, Griesbach, Heilbrunn, Helmstedt, Kissingen, Kreuznach, Krozingen, Peterstal, Rotenfels, Salzuflen, Schwartau, Wildungen, Windsheim
10 Baden-Baden, Baerenburg, Bergzabern, Brueckenau, Ditzenbach, Geesthacht, Hoenningen, Lauterberg, Liebenzell, Oeynhausen, Pappenheim, Rippoldsau, Salzgitter, Salzhausen, Sassendorf, Schwalbach
11 Gandersheim, Hoehenstadt, Lippspringe, Mergentheim, Mingolsheim, Reichenhall, Rothenfelde, Salzschlirf, Ueberkingen, Volkersdorf, Woerishofen, Zwischenahn
12 Hermannsborn, Oberschoenau, Salzdetfurth, Waldliesborn
13 Niederbreisig, Westernkotten
14 Friedrichshall, Oberwiesenthal
15 Berggiesshuebel

Landeshauptstädte
4 Kiel
5 Mainz
6 Berlin, Bremen, Erfurt
7 Dresden, Hamburg, Potsdam
8 Hannover, Muenchen, Schwerin
9 Magdeburg, Stuttgart, Wiesbaden
11 Duesseldorf
12 Saarbruecken

Landschaften
4 Baar, Ries
5 Baden, Finne, Hegau, Pfalz, Senne
6 Angeln, Goerde, Rodgau, Upland
7 Allgaeu, Artland, Franken, Hainich, Linzgau, Ortenau, Schwalm, Wagrien, Waldeck
8 Breisgau, Flaeming, Holstein, Prignitz, Rheingau, Schwaben, Spessart, Stormarn, Vogtland, Wendland, Wetterau
9 Ammerland, Arensberg, Hainleite, Hallertau, Havelland, Jeverland, Kehdingen, Kraichgau, Lauenburg, Oderbruch, Oldenburg, Rheinland, Sauerland, Schwansen, Spreewald, Suedbaden, Uckermark
10 Eiderstedt, Siegerland
11 Brandenburg, Mecklenburg, Oberlausitz, Rheinhessen, Schwarzwald
12 Dithmarschen, Muensterland, Ostfriesland, Wuerttemberg
13 Duebener Heide, Harlinger Land, Niederlausitz, Nordfriesland, Weserbergland
14 Suederbergland, Thueringer Wald
15 Bayerischer Wald
16 Lueneburger Heide

Landsmann
5 Bayer, Hesse
6 Bremer, Franke, Friese, Pommer, Sachse
7 Badener, Maerker, Schwabe
8 Badenser, Bajuware, Berliner, Pfaelzer, Westfale
10 Thueringer
11 Saarlaender
12 Niedersachse, Rheinlaender
13 Mecklenburger

Lehmpastor
5 Felke

Liederkomponisten
4 Wolf
5 Loewe
6 Brahms
7 Silcher
8 Schubert, Schumann

Liedersammler
3 Erk

Literaturhistoriker
7 Goedeke

Lokomotivbauer
6 Borsig

Luftschiffer
7 Eckener
8 Parseval, Zeppelin

Maler
3 Dix, Nay
4 Asam, Fuhr, Klee, Koch, Marc, Maré, Moll, Nahl, Naue, Tamm, Uhde, Veit, Witz, Zick
5 Beham, Busch, Ernst, Graff, Grien, Hofer, Kubin, Leibl, Macke, Moser, Nagel, Nolde, Runge, Solis, Stoss, Thoma, Zille
6 Duerer, Heckel, Menzel, Nadorp, Rethel, Rohlfs
7 Baldung, Blechen, Corinth, Cranach, Hartung, Holbein, Klinger, Lenbach, Lochner, Memling, Richter, Schwind, Slevogt
8 Agricola, Amberger, Beckmann, Boecklin, Carstens, Kaulbach, Kirchner, Kulmbach, Nithardt, Overbeck, Ridinger, Rottmann, Schinkel, Spitzweg, Zeitblom
9 Achenbach, Ackermann, Altdorfer, Burgkmair, Cornelius, Daffinger,

Elsheimer, Feininger, Feuerbach, Friedrich, Kuegelgen, Modersohn, Pechstein, Schlemmer, Tischbein
10 Gruenewald, Hegenbarth, Kalckreuth, Liebermann, Schongauer
11 Chodowiecki, Waldmueller
15 Schmidt-Rottluff

Malerinnen
6 Bachem
7 Muenter
8 Kollwitz

Märchendichter
5 Grimm, Hauff

Märchensammler
5 Grimm
9 Bechstein

Mathematiker
5 Gauss, Klein
6 Cantor
7 Hilbert, Lambert, Leibniz, Riemann
9 Minkowski

Mediziner
3 Erb
4 Bier, Koch
5 Chain, Credé
6 Domagk
7 Agrippa, Basedow, Behring, Bilharz, Ehrlich, Esmarch, Spemann, Virchow, Warburg
8 Bergmann, Billroth, Hufeland, Schleich, Uhlenhut
9 Eisenbart, Forssmann, Hahnemann
10 Langerhans, Paracelsus, Sauerbruch, Schweitzer
11 Leidenfrost, Pettenkofer

Meeresbuchten
4 Haff
6 Bodden, Foerde
7 Dollart
8 Leybucht
9 Jadebusen
11 Kieler Bucht
13 Deutsche Bucht, Wismarer Bucht
14 Luebecker Bucht, Stettiner Bucht
15 Pommersche Bucht
17 Flensburger Foerde

Mittelgebirge
3 Alb
4 Harz, Jura
5 Eifel, Hardt, Rhoen
6 Taunus
8 Odenwald, Spessart
9 Hunsrueck
10 Niederwald, Westerwald
11 Frankenwald, Schwarzwald, Steigerwald

Mundartdichter
5 Groth
6 Holtei, Kobell, Reuter

Mystiker
6 Eckart
7 Eckhart

Nationalökonomen
4 List
5 Weber
7 Sombart

Nationalparks
6 Aukrug
9 Westensee
14 Huettener Berge

Naturforscher
4 Baer
8 Humboldt
9 Helmholtz
10 Paracelsus
11 Senckenberg

Naturheilkundige
6 Kneipp

Naturparks
6 Nassau
9 Nordeifel, Suedeifel
12 Pfaelzer Wald
13 Saar-Hunsrueck

Nobelpreisträger für Chemie
4 Hahn, Kuhn
5 Adler, Bosch, Debye, Diels, Eigen, Haber, Huber
6 Baeyer, , Michel, Nernst, Wittig
7 Bergius, Buchner, Fischer, Ostwald, Wallach, Wieland, Windaus, Ziegler
8 Herzberg
9 Butenandt, Zsigmondy
10 Staudinger
11 Deisenhofer
12 Willstaetter

Nobelpreisträger für Frieden
6 Brandt, Quidde
9 Ossietzky
10 Stresemann

Nobelpreisträger für Literatur
4 Mann
5 Boell, Grass, Hesse, Heyse
6 Eucken
7 Mommsen
9 Hauptmann

Nobelpreisträger für Medizin
4 Koch
5 Bloch, Chain, Krebs, Lynen, Neher
6 Domagk, Kossel
7 Behring, Ehrlich, Koehler, Sakmann, Spemann, Warburg
8 Meyerhof
9 Delbrueck, Forssmann

Nobelpreisträger für Physik
4 Born, Laue, Paul, Wien
5 Bothe, Braun, Hertz, Ruska, Stark
6 Binnig, Franck, Jensen, Planck, Wigner
7 Bednorz
8 Einstein, Klitzing, Roentgen
10 Heisenberg, Moessbauer

Nordsee-Zuflüsse
3 Ems
4 Elbe, Jade, Oste
5 Eider, Weser

Nordseebuchten
7 Dollart

Nordseehäfen
5 Emden
6 Bremen
7 Hamburg
8 Cuxhaven
11 Bremerhaven
13 Wilhelmshaven

Nordseeinseln
4 Sylt
5 Amrum, Foehr, Hooge, Juist
6 Borkum, Hallig
7 Baltrum, Neuwerk
8 Langeoog, Pellworm, Trischen
9 Helgoland, Langeness, Norderney
10 Nordstrand, Scharhoern, Spiekeroog, Wangerooge

Normzeichen
3 DIN

Odermündungsarm
5 Peene

Operettenkomponisten
5 Kollo
6 Bromme, Lincke
7 Gilbert
8 Kuenneke
9 Offenbach, Schroeder

Opernkomponisten
5 Gluck, Hasse, Henze, Weber
6 Flotow, Wagner, Zillig
7 Blacher, Fortner, Haendel, Nicolai, Strauss
8 Lortzing, Pfitzner
9 Cornelius, Hindemith, Marschner, Meyerbeer
11 Humperdinck

Ostseehäfen
4 Kiel
6 Wismar
7 Luebeck, Rostock, Stettin
11 Travemuende

Ostseeinseln
3 Oie
4 Poel, Vilm
5 Ruden
6 Ruegen, Usedom, Wollin
7 Fehmarn

Ostseeorte und -städte
5 Rerik
6 Bansin, Lubmin, Wismar, Zingst
7 Ahlbeck, Wustrow

9 Dierhagen, Nienhagen, Zinnowitz
11 Graal-Muertz, Heringsdorf, Peenemuende, Swinemuende, Warnemuende

Pädagogen
4 Nohl
7 Basedow, Froebel
8 Salzmann

Philologen
4 Diez
5 Duden

Philosophen
4 Kant, Kues, Kuno
5 Bense, Bloch, Drews, Hegel, Lotze, Riehl, Wolff, Wundt
6 Adorno, Boehme, Carnap, Eucken, Fichte, Hamann, Herder, Simmel
7 Agrippa, Deussen, Dilthey, Fechner, Gadamer, Haeckel, Herbart, Jaspers, Leibniz, Ostwald, Stirner, Strauss
8 Dessauer, Habermas, Hartmann, Schlegel
9 Avenarius, Feuerbach, Heidegger, Nietzsche, Schelling, Thomasius
10 Baumgarten, Horkheimer, Keyserling, Paracelsus
12 Schopenhauer
14 Schleiermacher

Physiker
3 Ohm
4 Abbe, Born, Hahn, Laue, Wien
5 Bothe, Braun, Eigen, Gauss, Hertz, Justi, Mayer, Slaby, Stark, Weber
6 Bunsen, Franck, Geiger, Jensen, Jordan, Lenard, Nernst, Planck, Ritter
7 Ardenne, Assmann, Chladni, Hilbert, Hittorf, Karolus, Lorentz, Ostwald, Prandtl
8 Dessauer, Einstein, Guericke, Roentgen
9 Helmholtz, Kirchhoff
10 Fahrenheit, Fraunhofer, Heisenberg, Moessbauer
11 Lichtenberg

Physiologen
6 Kossel
7 Warburg

Pianisten
6 Buelow, Cortot, Kempff
7 Fischer
8 Backhaus
9 Gieseking

Pianistinnen
3 Ney

Polarforscher
7 Wegener

Politiker
3 Rau
4 Baum, Beer, Bohl, Kohl, Weng
5 Bluem, Erler, Fuchs, Heuss, Huber, Kelly, Leber, Ruehe, Solms, Vogel, Wilms
6 Barzel, Brandt, Eggert, Erhard, Hassel, Hintze, Hirsch, Kinkel, Krause, Luebke, Merkel, Ortleb, Renger, Ruehle, Scheel, Schily, Schmid, Selzer, Spaeth, Teufel, Thoben, Volmer, Waigel, Warnke, Wehner, Weiske, Wettig
7 Diepgen, Dregger, Engholm, Fischer, Kanther, Kiechle, Lippelt, Roensch, Schmidt, Schoppe, Seiters, Stoiber, Strauss, Tandler, Thierse, Toepfer, Wiesheu, Woerner
8 Albrecht, Backhaus, Carstens, Ditfurth, Dohnanyi, Dressler, Ebermann, Geissler, Genscher, Gerhardt, Guenther, Heilmann, Mischnik, Schiller, Seehofer, Spranger, Wallmann, Westphal
9 Bangemann, Heinemann, Kiesinger, Mensching, Ruettgers, Schaeuble, Scharping, Schneider, Schoeberl, Schroeder, Suessmuth, Verheugen
10 Cronenberg, Lafontaine, Lambsdorff, Moellemann, Ollenhauer, Schumacher, Schwaetzer, Zimmermann
11 Faltlhauser, Riesenhuber, Stoltenberg, Westerwelle
12 Lieberknecht
13 Wieczorek-Zeul
14 Daeubler-Gmelin
16 Schwarz-Schilling
17 Berghofer-Weichner

Porzellanmanufakturen
4 Selb
6 Berlin
7 Arzberg, Hoechst
9 Krautheim, Rosenthal
11 Frankenthal, Ludwigsburg, Nymphenburg
12 Fuerstenberg

Psychologen
5 Wundt

Publizisten
6 Harden
7 Goerres
8 Augstein

Raketentechniker
5 Braun

Rechenmeister
5 Riese

Rechtschreibbuch
5 Duden

Rechtslehrer
6 Gierke
7 Ihering, Savigny
8 Jellinek
9 Feuerbach

Reformatoren
6 Luther
9 Karlstadt
11 Melanchthon

Regisseure
5 Anton, Braun, Engel, Wicki
6 Berger, Engels, Jugert, Oertel, Oswald
7 Ophuels
8 Eichberg, Froelich, Hoffmann, Kaeutner, Schamoni
9 Syberberg
10 Fassbinder

Reichsritter
6 Hutten

Reitergenerale
6 Zieten
8 Seydlitz
10 Pappenheim

Ritter
6 Hutten
9 Sickingen
12 Berlichingen

Rokokomaler
4 Zick

Rügen-Kap
6 Arkona

Sagengestalten
3 Ute
4 Mime
5 Etzel, Hagen, Iwein
6 Gernot, Gudrun, Laurin, Roland, Volker
7 Gunther, Lorelei, Loreley, Wieland
8 Alberich, Brunhild, Dietrich, Giselher, Ruediger, Siegmund
9 Bruenhild, Brunhilde, Kriemhild, Ruebezahl, Siegfried
10 Hildebrand
13 Rattenfaenger

Sänger
3 Erb
4 Groh, Prey
5 Hoppe, Kollo
6 Schock
7 Greindl, Rebroff
9 Schlusnus
14 Fischer-Dieskau

Sängerinnen
4 Holm, Sack
5 Koeth

6 Berger
12 Rothenberger

Satiriker

8 Fischart
11 Lichtenberg

Schauspieler

4 Abel, Kemp, Piel
5 Lange, Leibl, Veidt
6 Bendow, Giller, Godden, Lingen, Stuewe
7 Fritsch

Schauspielerinnen

4 Baal, Haas
5 Ondra, Wuest
6 Feiler, Porten, Sessak, Sommer, Werner
9 Hielscher

Schrift

7 Fraktur

Schriftsteller

3 Bab, May, Mon, Ott, Tau
4 Bamm, Benn, Bock, Conz, Dahn, Eich, Ende, Eyth, Falk, Fock, Frey, Gurk, Haas, Heym, Hinz, Huch, Jahn, Jens, Katz, Kind, Kuby, Kunz, Leip, Lenz, Luft, Mann, Molo, Pohl, Roth, Voss, Wohl, Wolf
5 Arnau, Arndt, Arnim, Baete, Barth, Bauer, Boell, Bohse, Busch, Ceram, Dexel, Dorst, Ebers, Ernst, Ewers, Finck, Flake, Frahm, Frank, Gleim, Goetz, Goltz, Grass, Grimm, Groth, Gruen, Halbe, Hauff, Heine, Hesse, Heyse, Jatho, Jungk, Kinau, Kirst, Kneip, Knoop, Kraft, Ledig, Loens, Maass, Merck, Meyer, Musil, Nabor, Opitz, Otten, Raabe, Rothe, Sachs, Seume, Sexau, Stehr, Storm, Thoma, Troll, Ulitz, Unruh, Weise, Weiss, Wendt, Wille, Wolde, Wolff, Zesen, Zweig
6 Alexis, Anders, Andres, Becher, Bienek, Blunck, Boerne, Brecht, Bruees, Dehmel, Dreyer, Eberle, Ehrler, Fichte, Fouqué, Franke, Gaiser, Geibel, George, Gmelin, Goethe, Griese, Harden, Harich, Hauffe, Hebbel, Herder, Herwig, Herzog, Heymel, Hoelty, Hohoff, Holtei, Ilberg, Jensen, Keller, Kesten, Kleist, Knigge, Krolow, Lersch, Lettau, Lindau, Mechow, Nebhut, Oliven, Platen, Polenz, Ponten, Reding, Reuter, Schade, Schwab, Seidel, Speyer, Strobl, Thiess, Toller, Tralow, Trenck, Uhland, Vietta, Walser, Werfel, Winnig, Zierer
7 Baltzer, Barthel, Belzner, Bertuch, Bonsels, Doeblin, Dominik, Dwinger, Fallada, Fechter, Freytag, Glaeser, Haensel, Hartung, Hermlin, Hubalek, Huelsen, Johnson, Juenger, Kaergel, Kapherr, Klabund, Koelwel, Koeppen, Kroeger, Krueger, Lessing, Marcuse, Martens, Marwitz, Mehring, Meidner, Musaeus, Neutsch, Nossack, Novalis, Ompteda, Presber, Redwitz, Reimann, Reiners, Richter, Rombach, Salomon, Schaper, Schmidt, Schnack, Schurek, Seewald, Sieburg, Simpson, Sohnrey, Spinnen, Stucken, Vischer, Vollmer, Vulpius, Weigand, Werthes, Wichert, Wieland, Wilhelm, Woedtke, Zaupser, Zwerenz
8 Alverdes, Andersch, Auburtin, Auerbach, Augustin, Baumbach, Bierbaum, Bischoff, Boelsche, Bongartz, Borchert, Brentano, Buechner, Chamisso, Claudius, Ditfurth, Doerfler, Edschmid, Euringer, Foerster, Frenssen, Gartmann, Geissler, Gerhardt, Giordano, Gotthelf, Gryphius, Hagedorn, Hartlaub, Heckmann, Heimeran, Heinrich, Heiseler, Hennecke, Heynicke, Hochhuth, Hoffmann, Jean Paul, Jeanpaul, Kaestner, Kayssler, Kiaulehn, Konsalik, Kotzebue, Langbein, Lasswitz, Laukhard, Lienhard, Meckauer, Muschler, Olearius, Penzoldt, Peterich, Plievier, Reisiger, Rellstab, Remarque, Rideamus, Roquette, Rosegger, Sandrart, Schaefer, Scheffel, Scheffer, Schiller, Schlegel, Schlicht, Schnabel, Schnurre, Scholtis, Schreyer, Schroers, Spindler, Sylvanus, Thorwald, Thuemmel, Volkmann, Waechter, Wallraff, Wedekind, Weinrich, Weyrauch, Wiechert, Wienbarg, Wolzogen, Zoozmann
9 Augustiny, Aurbacher, Avenarius, Bechstein, Bernhardi, Bleibtreu, Bobrowski, Boettcher, Braunfels, Bulthaupt, Engelmann, Ganghofer, Gottsched, Haertling, Hamerling, Hansjakob, Hartleben, Hauptmann, Haushofer, Herburger, Hoellerer, Hollander, Ihlenfeld, Immermann, Kempowski, Kipphardt, Klopstock, Kusenberg, Plenzdorf, Preussler, Retcliffe, Rodenberg, Schneider, Stegemann, Steinbuch, Sternheim, Sudermann, Tucholsky, Vershofen, Wilbrandt, Zerkaulen, Zobeltltz, Zuckmayer
10 Hoelderlin, Kellermann, Liliencron, Ringelnatz, Schnitzler, Weisenborn
11 Anzengruber, Bergengruen, Eichendorff, Freiligrath, Friedenthal, Gerstaecker, Grillparzer, Morgenstern
12 Enzensberger, Fallersleben, Feuchtwanger, Hofmannsthal, Muenchhausen, Schenkendorf
14 Grimmelshausen

Schriftstellerinnen

4 Baum, Dill, Huch, Keun, Knef, Kolb, Kurz, Moog
5 Chezy, Diers, Stach
6 Bachem, Boveri, Elsner, Le Fort, Lewald, Mereau, Miegel, Reinig, Rinser, Seidel, Susman, Viebig
7 Boehlau, La Roche, Laroche, Marlitt, Oelfken, Schoppe, Seghers, Wohmann
8 Guenther, Schaefer
9 Aichinger, Brueckner, Kaschnitz, Kerckhoff, Meysenbug, Nathusius, Reventlow
13 Courths-Mahler

15 Droste-Huelshoff, Ebner-Eschenbach

Schutzverband für musikalische Urheberrechte

4 GEMA

Seebäder

5 Dahme, Laboe
6 Buesum
7 Hoernum
8 Groemitz, Haffkrug, Hohwacht, Niendorf
10 Scharbeutz
11 Kellenhusen, Travemuende
12 Eckernfoerde

Seen

6 Eibsee
7 Langsee, Mueritz, Pohlsee, Postsee, Riegsee, Simssee, Titisee
8 Ammersee, Badersee, Bodensee, Brahmsee, Chiemsee, Federsee, Wuermsee
9 Behler See, Illmensee, Kochelsee, Mummelsee, Plauer See, Tegernsee, Wardersee, Westensee, Wittensee
10 Forggensee, Koenigssee, Mueggelsee, Ploener See, Pulvermaar, Schliersee, Schluchsee, Staffelsee, Walchensee
11 Grimnitzsee, Selenter See, Tollensesee, Waginger See
13 Kummerower See, Oberueckersee, Parsteinersee, Schweriner See, Schwielochsee
14 Starnberger See, Unterueckersee
15 Scharmuetzelsee

Sender

2 BR, DW, HR, RB, SR
3 ARD, DFF, DLF, MDR, NDR, NWR, RTL, SAT, SDR, SFB, SWF, WDR, ZDF
4 Nord, RIAS, Tele, West
8 Premiere
9 Eurosport, PRO Sieben
10 Kabelkanal, Sportkanal

Sozialisten

4 Marx
6 Engels
8 Lassalle
10 Liebknecht, Schumacher

Spionin

8 Mata Hari

Sportorganisatoren

3 Rau
4 Diem, Halt
5 Daume

Staatsrechtler

8 Jellinek

Städte und Orte

3 Aue, Ems, Hof, Orb, Ulm
4 Binz, Bonn, Burg, Calw, Cham, Daun, Diez, Elze, Garz, Gera, Hamm, Hoof, Horb, Jena, Kaub, Kehl, Kiel, Kirn, Konz, Lahr, Lauf, Leer, Lich, Lohr, Marl, Olpe, Owen, Plau, Rees, Selb, Suhl, Syke, Tann, Unna, Weil, Werl, Zell
5 Aalen, Ahaus, Ahlen, Alzey, Baabe, Bebra, Bogen, Borna, Brake, Buehl, Celle, Ebern, Emden, Essen, Eutin, Fulda, Gartz, Gotha, Greiz, Hagen, Halle, Hanau, Heide, Hemer, Herne, Husum, Imnau, Jever, Kamen, Kleve, Koeln, Kusel, Laage, Lemgo, Mainz, Marne, Mayen, Melle, Mirow, Moers, Naila, Neuss, Nidda, Oelde, Peine, Pirna, Ploen, Pruem, Regen, Rehau, Soden, Soest, Stade, Toelz, Trent, Trier, Uslar, Varel, Voehl, Waren, Wedel, Wesel, Wiehl, Worms, Zeitz, Zudar
6 Aachen, Achern, Adenau, Aichau, Alfeld, Altena, Amberg, Anklam, Apolda, Aurich, Bad Ems, Bad Orb, Bassum, Bergen, Biblis, Bingen, Borken, Brilon, Bruehl, Buchau, Buchen, Bueren, Coburg, Cochem, Coswig, Dachau, Dargun, Dassow, Demmin, Dessau, Dueren, Ehrang, Emstal, Erbach, Erding, Fuerth, Goslar, Gronau, Haiger, Hameln, Herten, Hilden, Honnef, Hungen, Jarmen, Kalkar, Kassel, Kempen, Landau, Langen, Lauten, Lehrte, Lindau, Lingen, Loehne, Lollar, Lorsch, Luenen, Menden, Meppen, Merzig, Minden, Moelln, Nagold, Nassau, Neu-Ulm, Norden, Passau, Patzig, Plauen, Preetz, Putbus, Rambin, Rheine, Rheydt, Roding, Seesen, Sellin, Siegen, Singen, Soltau, Sontra, Speyer, Uelzen, Umbach, Vechta, Verden, Wangen, Weiden, Weimar, Werdau, Winsen, Wismar, Witten, Wolfen, Zingst
7 Aibling, Alsfeld, Alzenau, Ansbach, Arolsen, Bamberg, Bautzen, Bendorf, Bocholt, Boppard, Bottrop, Cottbus, Detmold, Dieburg, Doebeln, Duelken, Duelmen, Ebingen, Ehingen, Einbeck, Erkrath, Freital, Fuessen, Geldern, Giessen, Gifhorn, Hadamar, Haltern, Herborn, Herford, Hoexter, Hofheim, Homburg, Idstein, Ilmenau, Itzehoe, Juelich, Kemnath, Kempten, Koblenz, Koethen, Korbach, Krefeld, Kronach, Lauffen, Leipzig, Limbach, Limburg, Luebeck, Malente, Marburg, Meerane, Meissen, Meldorf, Mosbach, Muenden, Muender, Nabburg, Nauheim, Neuburg, Neuwied, Opladen, Parchim, Pegnitz, Rastatt, Remagen, Rinteln, Rostock, Saulgau, Schwaan, Schwedt, Schwelm, Simbach, Simmern, Springe, Steinau, Swantow, Templin, Usingen, Viersen, Villmar, Waldeck, Warburg, Wetzlar, Wolfach, Zwickau, Zwiesel
8 Albstadt, Arnsberg, Arnstadt, Auerbach, Augsburg, Backnang, Bad Soden, Balingen, Baunatal, Bayreuth, Bensheim, Bentheim, Bergheim, Bernburg, Biberach, Breisach, Bruchsal, Burgdorf, Chemnitz, Coesfeld, Cuxhaven, Diepholz, Dortmund, Duisburg, Eisenach, Eisleben, Elmshorn, Eltville, Emmerich, Erkelenz, Erlangen, Eschwege, Freiburg, Freising, Fritzlar, Gaggenau, Garching, Gladbeck, Glauchau, Goerlitz, Grafenau, Guestrow, Guxhagen, Hannover, Harzburg, Hassfurt,

Hersfeld, Herzberg,
Huenfeld, Iserlohn,
Kehlheim, Konstanz,
Krumbach, Landshut,
Leonberg, Loerrach,
Mainburg, Mannheim,
Meschede, Mettmann,
Miesbach, Monschau,
Muenchen, Muenster,
Naumburg, Neuenahr,
Neumarkt, Neunburg,
Neustadt, Niddatal,
Nidderau, Niebuell,
Nienburg, Nordhorn,
Northeim, Oldesloe,
Osterode, Parsberg,
Prenzlau, Rathenow,
Ratingen, Rottweil,
Saalfeld, Saarburg,
Schongau, Segeberg,
Siegburg, Sinsheim,
Solingen, Steinach,
Stockach, Sulzbach,
Tettnang, Thiessow,
Toenning, Uetersen,
Waldshut, Weilburg,
Weilheim, Wertheim,
Wittlage, Wittmund,
Zirndorf

9 Ahrweiler, Altenburg,
Andernach, Bad Salzig,
Berleburg, Bielefeld,
Braunlage, Buxtehude,
Darmstadt, Delitzsch,
Dillingen, Dinslaken,
Duerkheim, Ebersberg,
Edenkoben, Eilenburg,
Esslingen, Ettlingen,
Flensburg, Forchheim,
Frankfurt, Friedberg,
Gemuenden, Griesbach,
Guenzburg, Hattingen,
Hechingen, Heilbronn,
Helmstedt, Hersbruck,
Hettstadt, Ingelheim,
Karlsruhe, Karlstadt,
Kissingen, Kitzingen,
Koetzting, Kreuznach,
Landsberg, Lauenburg,
Lippstadt, Luebbecke,
Luebbenau, Lueneburg,
Meersburg, Meiningen,
Memmingen, Merseburg,
Montabaur, Muehldorf,
Muehlheim, Muellheim,
Neuruppin, Nordenham,
Nuernberg, Obernburg,
Oberursel, Oberwesel,
Oehringen, Offenbach,
Offenburg, Oldenburg,
Oppenheim, Osterholz,
Otterberg, Ottweiler,
Paderborn, Pforzheim,
Pinneberg, Pirmasens,
Plattling, Putgarten,
Ratzeburg, Remscheid,
Rendsburg, Rosenberg,
Rosenheim, Rotenburg,
Saarlouis, Sankt-Goar,
Schleiden, Schleswig,
Schwabach,
Soemmerda, Sonneberg,
Sonthofen, Starnberg,
Sternberg, Stralsund,
Straubing, Stuttgart,
Tuebingen, Uffenheim,
Vaihingen, Viernheim,
Villingen, Vilshofen,
Warendorf, Wegscheid,
Wertingen, Wiesbaden,
Wildungen, Wolfsburg,
Wolfstein, Wuerzburg,
Wunsiedel, Wuppertal

10 Alt-Oetting, Aschendorf,
Bad Homburg, Bad
Nauheim, Baden-Baden,
Battenberg, Baumholder,
Beilngries, Bernkastel,
Biedenkopf, Birkenfeld,
Bitterfeld, Blaubeuren,
Boeblingen, Brueckenau,
Bueckeburg, Crailsheim,
Dannenberg,
Deggendorf,
Deidesheim, Dillenburg,
Dingolfing, Duderstadt,
Eichstaett, Eschenbach,
Euskirchen, Gelnhausen,
Goeppingen, Goettingen,
Greifswald, Gross-
Gerau, Gruenstadt,
Hammelburg,
Heidelberg, Heidenheim,
Heppenheim,
Hildesheim, Hoechstadt,
Hofgeismar, Holzminden,
Ingolstadt, Kaufbeuren,
Kuenzelsau, Lauterberg,
Leverkusen, Miltenberg,
Mindelheim,
Muenchberg,
Muensingen,
Nordhausen, Nuertingen,
Oberhausen, Ochsenfurt,
Osnabrueck, Otterndorf,
Pfungstadt, Ravensburg,
Regensburg, Reutlingen,
Riedenburg, Rothenburg,
Rudolstadt,
Ruedesheim,
Saeckingen, Salzgitter,
Scheinfeld, Schkeuditz,
Schneeberg,
Schwalbach,
Schwandorf,
Sennestadt, Stadthagen,
Strausberg, Traunstein,
Tuttlingen, Vilsbiburg,
Waiblingen, Wasserburg,
Wittenberg

11 Angermuende,
Babenhausen,
Cloppenburg,
Delmenhorst,
Donauwoerth,
Duesseldorf,
Eggenfelden,
Emmendingen,
Frankenberg,
Frankenthal,
Gandersheim,
Germersheim,
Gerolzhofen,
Glueckstadt,
Gummersbach,
Halberstadt, Illertissen,
Koenigstein,
Lampertheim,
Langenhagen,
Lauchhammer,
Lichtenfels,
Luckenwalde,
Ludwigsburg,
Mallersdorf,
Mergentheim,
Middelhagen,
Muehlhausen,
Neu-Isenburg,
Neumuenster,
Neunkirchen,
Neustrelitz,
Noerdlingen,
Norderstedt,
Oranienburg,
Quedlinburg,
Reichenbach,
Rheinfelden,
Sankt Wendel,
Schoenebeck,
Schweinfurt,
Senftenberg,
Sigmaringen,
Taufkirchen,
Tecklenburg,
Ueberlingen,
Voelklingen,
Weissenburg,
Wernigerode,
Wesselburen,
Westerstede,
Wittenberge

12 Aschersleben,
Bad Duerkheim,
Bad Salzungen,
Bad Wildungen,
Beckum-Bochum,
Bersenbrueck,
Bingerbrueck,
Braunschweig,
Bremervoerde,
Dinkelsbuehl,
Eckernfoerde,
Feuchtwangen,
Finsterwalde,
Freudenstadt,
Fuerstenberg,
Grevenbroich,
Gunzenhausen,
Haldensleben,
Henningsdorf,
Hilpoltstein,
Joachimsthal,
Koenigshofen,
Ludwigsfelde,
Ludwigshafen,
Luedenscheid,
Marktredwitz,

Pfaffenhofen,
Pfarrkirchen,
Quakenbrueck,
Rockenhausen,
Saarbruecken,
Sangerhausen,
Sankt Ingbert,
Schlangenbad,
Staffelstein,
Ueckermuende,
Waldmuenchen,
Wiedenbrueck,
Zweibruecken
13 Aschaffenburg,
Berchtesgaden,
Burgsteinfurt,
Castrop-Rauxel,
Ebermannstadt,
Fallingbostel,
Geilenkirchen,
Gelsenkirchen,
Idar-Oberstein,
Luedinghausen,
Mellrichstadt,
Oberviechtach,
Schifferstadt,
Sondershausen,
Tirschenreuth,
Wilhelmshaven,
Wolfenbuettel
14 Assmannshausen,
Burglengenfeld,
Donaueschingen,
Kaiserslautern,
Neubrandenburg,
Recklinghausen,
Traben-Trarbach
15 Friedrichshafen,
Schwaebisch Hall
16 Bergisch-Gladbach,
Moenchengladbach,
Sankt Goarshausen
17 Eisenhuettenstadt,
Schwaebisch Gmuend

Städtebund
5 Hansa, Hanse

Stauseen
7 Edersee
9 Diemelsee
11 Olef-Stausee,
Ruhr-Stausee,
Urft-Stausee
12 Agger-Stausee,
Bever-Stausee,
Bigge-Stausee,
Verse-Stausee
13 Ennepe-Stausee,
Lister-Stausee,
Moehne-Stausee

Strafrechtler
9 Feuerbach

Ströme
4 Elbe
5 Donau, Rhein, Weser

Tanzmusiker
4 Bohn, Ette, Kuhn, Last,
Lehn, Thon
5 Geczy, Glahé, Hause,
Joost, Noris, Wende
6 Greger, Kaiser, Lutter,
Valdor, Warner
7 Berking, Mueller,
Sanders, Widmann
8 Baumgart, Bauschke,
Kermbach, Strasser
9 Boerschel, Edelhagen,
Jankowski, Kaempfert,
Rehmstedt
12 Schoenberger

Tennisspieler
5 Cramm, Stich
6 Becker
7 Bungert

Tennisspielerin
4 Graf

Tenöre
5 Knote

Theaterkritiker
4 Kerr, Luft

Theologen
6 Herder, Rahner
7 Francke, Strauss,
Wichern
8 Dibelius

Volksstämme
6 Bayern, Hessen
7 Franken, Friesen,
Pommern, Sachsen
8 Ostfalen, Schwaben
9 Alemannen, Schlesier,
Westfalen
10 Ostfriesen, Thueringer
11 Nordfriesen,
Ostpreussen
13 Mecklenburger,
Niedersachsen

Währung
4 Cent, Euro

Währung (bis Ende 2001)
4 Mark
7 Pfennig

Weinbaugebiete
3 Ahr
4 Nahe, Saar
5 Baden, Mosel, Pfalz,
Ruwer
7 Franken, Sachsen
8 Bodensee, Rheingau,
Schwaben
10 Rheinpfalz
11 Mainfranken,
Rheinhessen
12 Saale-Unstrut

Wunderdoktor
9 Eisenbart

Zeichner
5 Busch, Grosz, Zille
7 Janssen

Zirkusunternehmen
4 Renz
5 Busch, Krone
6 Barnum
7 Althoff
9 Hagenbeck, Sarrasani

Zoodirektoren
4 Heck
7 Grzimek

Zoologen
5 Brehm
7 Haeckel

zur Römerzeit
9 Germanien

Deutung
9 Auslegung
10 Erklaerung

Deutung der Gestirnstellung
8 Horoskop

Deutung der Körpersprache
7 Kinesik

Devise
5 Motto
8 Exchange

Devisenkurs zwischen zwei Währungen
9 Crossrate

devot
5 fromm
7 ergeben
12 unterwuerfig

Dezember
7 Julmond
10 Christmond, Wintermond

dezent
4 zart
6 modest
7 diskret, sittsam
8 taktvoll
9 gedaempft, verhalten
10 schicklich
12 verschwiegen
14 unaufdringlich,
zurueckhaltend

Dezenz
4 Takt
8 Zartheit
10 Diskretion
11 Grazilitaet, Sittsamkeit,
Taktgefuehl
12 Sittlichkeit
14 Schicklichkeit,
Zurueckhaltung
16 Verschwiegenheit

diabolisch
9 hoellisch, teuflisch
12 infernalisch
16 mephistophelisch

Diadem
9 Stirnreif

Diadochen
8 Seleukos
9 Antigonos, Antipator
10 Lysimachos, Ptolemaeus

Diagnose
6 Befund
10 Bestimmung,
Ektoskopie, Erkenntnis
11 Beurteilung
12 Feststellung

Dialekt
5 Idiom, Slang
7 Mundart

Dialogschluss der attischen Komödie
6 Pnigos

Diamant (geschliffen)
8 Brillant

Diamanten (berühmte)
5 Orlow
8 Cullinan, Kohinoor
10 Grossmogul
diamanten glänzendes Mineral
6 Zirkon
Diamantenart
8 Karbonat
9 Karbonado
Diamantenmuttergestein
9 Blaugrund
Diamantenschleifpulver
5 Boort
Diamantenstadt
in Afrika
9 Kimberley
in Europa
9 Amsterdam
Diamantkitt
8 Galbanum
Diapositivsammlung
7 Diathek
Diarium
4 Buch, Heft
6 Kladde
8 Tagebuch
9 Notizbuch
Diät
9 Schonkost
Diät nach Heisler
8 Apfelkur
Diatomeenerde
9 Kieselgur
Diätvorschrift
6 Regime
dicht
14 undurchlaessig
16 undurchdringlich
anliegend
5 colle
daran
7 nahebei
geknüpfter Orientteppich
4 Baku
gerollter Draht
9 Wickelung
verschlossen
10 hermetisch
Dichte
9 Densitaet
Baumanpflanzung
4 Wald
Furunkelhäufung
9 Karbunkel
Dichtemaß im Fernsprechverkehr
6 Erlang
Dichtemesser
10 Pyknometer
Dichter
4 Poet
5 Autor
6 Epiker
7 Lyriker
8 Elegiker, Traeumer
9 Musensohn
10 Dramatiker
siehe: entsprechendes Land
dichter Baumbestand
4 Wald
Dichterbund
8 Hainbund
Dichterheimat
10 Hippokrene
Dichterin
6 Poetin
9 Lyrikerin
Dichterinnen
siehe: entsprechendes Land
dichterisch
8 poetisch
dichterisch für:
siehe: poetisch für:
dichterischer Widerruf
9 Palinodie
Dichterling
9 Poetaster
Dichterross
7 Pegasus
Dichtersitz
7 Parnass
dichtes Dunstgebilde
9 Nebelbank, Nebelfeld
dichtes Gehölz
7 Boskett
Dichtigkeit
9 Densitaet
10 Konsistenz
Dichtkunst
4 Epik
6 Poesie, Poetik
Dichtung
3 Ode
4 Epik, Epos, Fama, Lied, Poem
5 Drama, Eloge, Essay, Fabel, Lyrik, Posse, Prosa, Roman
6 Elegie, Mythos, Poesie, Satire
7 Bukolik, Legende, Romanze
8 Dramatik, Epigramm, Komoedie, Libretto
9 Literatur, Tierfabel
12 Versdichtung
13 Prosadichtung
14 Bauerndichtung, Hirtendichtung, Kriegsdichtung
15 Buehnendichtung, Dialektdichtung, Mundartdichtung, Tendenzdichtung
16 Arbeiterdichtung, Bildungsdichtung, Epigonendichtung, Erlebnisdichtung
17 Freiheitsdichtung, Kreuzzugsdichtung
des Mittelalters
9 Gralssage
des Vergil
7 Aeneide
8 Bucolica
Dichtungsart
7 Romanze
9 Kunstepos, Lesedrama, Reimprosa
Dichtungsmittel
4 Kitt, Pech, Teer, Werg
5 Gummi, Pappe
7 Packung
9 Gummiring
dick
4 blad, fest, fett, rund
5 breit, drall, feiss, feist, stark
6 massig, mollig, mopsig, ueppig
7 beleibt, fuellig, mollert
8 behaebig, pummelig, rundlich
9 fleischig, knubbelig, korpulent, kugelrund, stattlich
10 fettleibig, voluminoes, wuzerldick
11 aufgedunsen, dickwanstig, pausbaeckig, umfangreich, vollschlank, wohlbeleibt
12 wohlgenaehrt
Dickblattgewächs
7 Aeonium
9 Brutblatt, Dachlauch, Echeveria, Fetthenne, Fettkraut, Kalanchoe, Rosenwurz, Tripmadam
dickbreiige Masse
3 Mus
4 Teig
Dickdarm
5 Kolon
Dickdarmbakterium
4 Koli
Dickdarmentzündung
7 Kolitis
Dickdarmgekröse
9 Mesokolon
dicke(r, s)
Buch
7 Foliant, Waelzer
Honigsaft
4 Seim
Seil
3 Tau
6 Strick, Trosse
Dickemaß bei Monotypeschriften
3 Set
dickfellig
4 stur
Dickfelligkeit
7 Phlegma
dickfleischige Pflanze
6 Kaktee, Kaktus
dickflüssig
4 zaeh
6 breiig, saemig, seimig, teigig, viskos
7 pastoes
10 konsistent

dickflüssige(r)
Masse
4 Brei
Saft
4 Seim
5 Sirup
Dickfuß
5 Triel
Dickhäuter
5 Tapir
7 Elefant, Nashorn
8 Nilpferd
10 Flusspferd, Pachiderme, Rhinozeros
Dickicht
6 Geaest
7 Dickung
8 Gebuesch, Jungholz
9 Buschwerk, Gestruepp, Unterholz
10 Gestraeuch
11 Strauchwerk
aus Sporenpflanzen
8 Farnicht
Dickkopf (Fisch)
6 Doebel
Dickköpfigkeit
8 Sturheit
9 Eigensinn, Starrsinn
Dickleibigkeit
8 Fettheit
9 Fettsucht, Korpulenz
10 Adipositas
dicklich
6 mollig
Didaktik
13 Bildungslehre
16 Unterrichtskunst, Unterrichtslehre
die Alpen betreffend
5 alpin
die Antike betreffend
9 klassisch
die Basis bildend
5 basal
die Belegschaft betreffend
9 personell
die Bronchien betreffend
9 bronchial
die Erkenntnis betreffend
8 kognitiv
die Fixsterne betreffend
7 stellar
die Fußsohle betreffend
7 plantar
die Gemeinde betreffend
8 kommunal
die Gletscher betreffend
7 glazial
die Haut betreffend
6 dermal
die inneren Organe betreffend
6 intern
die Kehle betreffend
8 guttural
die Kernenergie betreffend
6 atomar
die Landwirtschaft betreffend
5 agrar
die Moleküle betreffend
9 molekular
die Nase betreffend
5 nasal
die Nerven betreffend
6 neural
die Sinne betreffend
8 sensuell
die Sonne betreffend
5 solar
die Sterne betreffend
6 astral
7 sideral
die Stimme betreffend
7 fonisch
8 phonisch
die Sterne betreffend
9 siderisch
die Wandelsterne betreffend
8 planetar
die Wärme betreffend
7 thermal
9 thermisch
die Zähne betreffend
6 dental
Dieb geistigen Eigentums
9 Plagiator
Diebesfalle
9 Fussangel
Diebesgut
4 Sore
Diebesgutabnehmer
6 Hehler
Diebesschlüssel
8 Dietrich
10 Sperrhaken
14 Nachschluessel
Diebsinseln im Pazifik
8 Marianen
Diebstahl
geistigen Eigentums
7 Plagiat
mit Gewaltanwendung
4 Raub
Diele
4 Flur, Gang
5 Brett, Foyer, Latte
6 Entree
7 Vorhaus, Vorraum
8 Hausflur, Korridor, Vorhalle, Windfang
9 Fussboden, Tanzboden, Vestibuel, Vorzimmer
14 Fussbodenbrett
Diemel-Zuflüsse
4 Egel, Erpe, Esse, Orpe
5 Wanne, Warme
6 Twiste
7 Twister
dienende indische Kaste
6 Shudra
Diener
3 Boy
4 Page
5 Groom, Lakai
6 Butler, Helfer, Knecht
7 Bursche, Famulus, Trabant
8 Domestik, Faktotum
9 Bueckling, Kalfaktor
10 Dienstbote, Dienstmann, Hausdiener, Lohndiener, Verbeugung
12 Bediensteter
der römischen Beamten
6 Liktor
des Don Juan
9 Leporello
des Don Quichotte
5 Pansa
des Elfenkönigs
4 Puck
des Hephäst
6 Kratos
des Nikolaus
6 Bartel
des Zeuskindes
7 Kureten
in „Don Juan"
9 Leporello
Dienerin
4 Magd, Zofe
des Hephäst
3 Bia
Dienerkleidung
6 Livree
Dienerschaft
8 Personal
10 Domestiken
Dieneruniform
6 Livree
Dienst
3 Amt
4 Kult
5 Beruf, Hilfe
6 Arbeit, Kultus
7 Einsatz, Pflicht, Service
8 Aufsicht, Gefallen, Leistung, Mithilfe
9 Assistenz
12 Kundendienst, Liebesdienst
13 Gefaelligkeit
14 Unterstuetzung
für die Schifffahrt
8 Warnfunk
Dienstanweisung
11 Instruktion
Dienstbarkeit
8 Servitut
Dienstbereich
7 Ressort
Dienstbezeichnung
5 Titel
Dienstbezeigung
9 Erweisung
Dienstbote
8 Domestik
9 Domestike
Dienstenthebung
10 Suspension
Dienstentlassung
9 Kassation
Dienstgebäude
8 Amtshaus
Dienstgrad
4 Rang
5 Stufe

6 Charge
9 Rangstufe
Dienstkleidung
6 Livree, Montur
7 Uniform
Dienstleistung
6 Servis
7 Service
dienstliche Nachricht
7 Meldung, Rapport
Dienstordnung
9 Reglement
Dienstschwur
7 Amtseid
Dienstsiegel
7 Stempel
Dienststellen
siehe: Ämter
Dienststellung
8 Funktion
Dienststempel
6 Siegel
Dienststufe
9 Rangalter
12 Anciennitaet
dienstunfähig
5 krank
7 invalid
8 invalide
Dienstuntauglicher
8 Invalide
Dienstvorschrift
9 Direktive, Reglement
Dienstweg
7 Instanz
diesig
7 dunstig
diesjährig
6 heurig
diesseits der Alpen
8 zisalpin
Dietrich von Bern
10 Theoderich
Differenz
4 Rest
11 Unterschied
zweier Wasserspiegel
9 Fallhoehe
zwischen Angebot/Nachfrage
3 Gap
zwischen Arbeit/Lohn
8 Mehrwert
Differenzialquotient
9 Ableitung
Differenziergerät
9 Derivator
Dijle-Zufluss
5 Demer
Diktat
6 Befehl
7 Weisung
10 Stenogramm
12 Unterwerfung
Diktataufnahmegerät
8 Diktafon
9 Diktaphon
diktierende Person
7 Diktant
Dilemma
10 Zwangslage
Dilettant
4 Laie
8 Stuemper
9 Anfaenger, Liebhaber
13 Nichtfachmann
Dimension
5 Hoehe, Tiefe
6 Breite, Laenge
7 Ausmass
dimorphes Mineral
6 Leucit
Diner
7 Bankett
8 Festmahl
9 Festessen
11 Festbankett, Festschmaus
Ding
5 Sache
10 Gegenstand
Dingwort
5 Nomen
9 Hauptwort
10 Substantiv
dinieren
6 tafeln
Dinosaurier
9 Iguanodon, Trachodon
Dionysos als Sorgenbrecher
6 Lyaios
Dionysos' Enkel
5 Maron
Diözesanbischof
9 Suffragan
10 Metropolit
Diözese
6 Bistum
der Ostkirche
8 Eparchie
Diphtheriegift
5 Toxon
Diphthong
8 Zwielaut
10 Doppellaut
diploider Zellkern
9 Synkaryon
Diplom
7 Urkunde, Zeugnis
8 Dokument
13 Bescheinigung
Diplomat
6 Konsul
7 Attaché, Nuntius
9 Gesandter
11 Botschafter
diplomatische(r, s)
Bote
6 Kurier
Regeln
9 Protokoll
Schriftstück
4 Note
Schritt
8 Demarche
Urkundensammlung
9 Braunbuch
Vertreter
9 Gesandter
Zustimmung
8 Agrément
direkt
8 geradezu
11 unverbluemt
verbunden arbeitend
6 online
Direktion
7 Leitung
8 Richtung
10 Management
Direktive
7 Weisung
9 Massregel
11 Richtschnur
15 Verhaltensregel
Direktor
6 Leiter
9 Vorsitzer
10 Praesident
11 Schulleiter
12 Vorsitzender
Direktorium
8 Vorstand
Direktübertragung
11 Livesendung
Dirigent
7 Maestro
Dirigentenstab
9 Taktstock
Dirigententätigkeit
7 Dirigat
Dirne
7 Kokotte
8 Callgirl, Grisette
13 Prostituierte
Diseur
8 Sprecher
9 Rezitator
Disharmonie
9 Missklang
disharmonische Gefühlsbindung
9 Hassliebe
Diskont
9 Vorzinsen, Wertabzug
Diskurs
9 Gespraech
12 Konversation
Diskussion
6 Disput
7 Debatte, Polemik
9 Darlegung, Gespraech
10 Abhandlung, Aussprache, Behandlung
11 Eroerterung, Verhandlung
Diskussionsleiter
9 Moderator
Diskussionsleiterin
11 Moderatorin
Diskussionstagung
9 Symposion, Symposium
Dispens(ierung)
9 Befreiung

Dissonanz
7 Misston
9 Missklang
Distanz
7 Abstand, Strecke
10 Entfernung
Distanz liebend
8 philobat
distelartige Pflanze
9 Wollkarde
Distelfink
9 Stieglitz
Distelgewächse
5 Karde
8 Eberwurz
11 Alpendistel, Artischocke, Eselsdistel
Disziplin
5 Drill, Moral, Zucht
7 Ordnung
9 Fachzweig
10 Fachgebiet, Wettbewerb
12 Beherrschung
16 Moralbewusstsein
beim Eiskunstlauf
7 Eistanz
beim Gewichtheben
7 Reissen
im Reitsport
7 Dressur
8 Military, Springen
Disziplinarstrafe
7 Verweis, Warnung
divergieren
9 abweichen
divers
11 verschieden
15 unterschiedlich
Dividende
6 Anteil, Gewinn
7 Rendite
12 Gewinnanteil
Dividendenschein
5 Kupon
6 Coupon
dividieren
6 teilen
divinus
9 goettlich, olympisch
Divis
11 Bindestrich
Division
7 Teilung
Divisionsergebnis
8 Quotient
Divisor
6 Nenner, Teiler
kongruenter Zahlen
5 Modul
Diwan
4 Sofa
5 Couch, Liege
Djibouti
Berg
9 Moussa Ali
Hauptstadt
8 Djibouti
10 Dschibouti
Seen
7 Abbésee
8 Assalsee
Städte und Orte
4 Obok
5 Obock
6 Dikhil
7 Daimoli, Madgoul
8 Tadjoura
9 Tadschura
Völker
4 Afar, Issa
7 Danakil
Währung
5 Franc
7 Centime
Dnjepr-Zuflüsse
3 Ros, Soz, Wop
4 Drut, Iput, Orel, Osma, Psel, Ross, Sula, Sura, Udai
5 Desna, Irpen, Irput, Psiol, Supoi
6 Pripet, Prypet, Samara
7 Ingulez, Teterew, Tiasmin, Worskla
8 Beresina, Konskaja, Trubesch
9 Studoniza
Dnjestr-Zuflüsse
3 Byk
4 Ikel, Lipa, Piut, Reut, Stry
5 Bacul, Bodna, Botna, Ichel, Seret, Shwan, Swica
6 Rautul, Sereth, Strypa
7 Podhoce, Russawa, Rybniza, Zebrucz
8 Jagorlik, Markowka, Sbrutsch
Dockarbeiter
6 Docker
Docke
4 Zopf
5 Puppe
7 Buendel
Dodekanes-Insel
3 Kos
4 Lero, Simi, Syme
5 Leros, Saria, Tilos
6 Patmos, Rhodos
8 Kalimnos, Kalymnos
9 Karpathos
Doge
7 Dandolo
Dogenstadt
5 Genua
7 Venedig
Doggenart
7 Mastiff
8 Landseer
Doktor
4 Arzt
9 Mediziner
Doktorarbeit
12 Dissertation
Doktorhut
6 Bonnet
Doktorwürde
8 Doktorat
Doktrin
5 Lehre
8 Lehrsatz
Dokument
4 Akte
5 Beleg
6 Beweis
7 Urkunde
8 Nachweis
13 Schriftstueck
dokumentarische Darstellung
7 Faction
dokumentieren
7 belegen
8 beweisen
10 beurkunden
Dolch
7 Stilett
10 Stichwaffe
der Malaien
4 Kris
Dolchform
8 Linkhand
Dolchmesser der Schotten
4 Dirk
Dolchtanz der Balinesen
6 Barong
Doldengewächse
4 Anis, Dill, Merk, Sium
5 Berle, Silau, Silge, Silgo
6 Aralie, Berula, Cinium, Daucus, Ferula, Kerbel, Moehre, Trinia
7 Fenchel, Kuemmel, Merrich, Sanikel, Selinum
8 Azorella, Baerwurz, Caucalis, Hasenohr, Hohlsame, Opopanax, Pastinak, Sanicula, Straenze
9 Augenwurz, Bibernell, Breitsame, Brustwurz, Drehkraut, Engelwurz, Erdeichel, Erdknolle, Haftdolde, Mannstreu, Pastinake
10 Baerenklau, Pimpinelle, Waldkerbel
12 Kaelberkropf, Liebstoeckel, Stranddistel
Dolle des Ruderboots
7 Rundsel
Dolmetscher im Orient
8 Dragoman
Dolomitengipfel
5 Sella
7 Civetta, Latemar, Schlern, Sorapis
9 Cristallo, Marmolada, Marmolata
11 Rosengarten
13 Geislerspitze
Dolomitensee
8 Karersee

Dolomitental
8 Gadertal
Dolomitenübergang
9 Karerpass
Dolomitkristall
8 Perlspat
Dom
4 Dult
6 Kirmes
8 Muenster
9 Jahrmarkt
10 Kathedrale
Domäne
9 Kammergut, Staatsgut
10 Fachgebiet
13 Spezialgebiet
Domgeistlichenamt
9 Kanonikat
Domherr
6 Propst
9 Kanoniker, Kapitular
Dominica
Berge
5 Trois
9 Diablotin
Bevölkerung
7 Kariben
Hauptstadt
6 Roseau
Städte und Orte
6 Galion, Mahaut, Wesley
7 Dublanc, Marigot, Rosalie
8 Atkinson
10 Portsmouth
Währung
4 Cent
6 Dollar
Dominikanische Republik
Bucht
4 Yuma
Hauptstadt
12 Santo Domingo
indianisches Urvolk
5 Taino
Politiker
8 Balaguer, Trujillo
See
10 Enriquillo
Städte und Orte
7 Higueey
8 La Romana, Santiago
11 Puerto Plata
Währung
4 Peso
7 Centavo
Dominostein mit Doppelzahl
5 Pasch
Domizil
4 Asyl, Bude, Haus, Heim, Iglu, Kate
5 Baude, Logis, Villa
6 Ansitz, Bleibe, Castle, Chalet, Huette, Obdach, Palais, Palast
7 Baracke, Bauwerk, Chateau, Datscha, Datsche, Kaluppe, Keusche, Palazzo, Schloss, Wohnung, Zuhause
8 Absteige, Bungalow, Gebaeude, Herberge, Hochhaus, Landhaus, Quartier, Schuppen, Wohnhaus
9 Apartment, Behausung, Blockhaus, Mietshaus, Skihuette
10 Ferienhaus, Jagdhuette, Reihenhaus, Unterkunft
11 Appartement, Bretterbude
12 Schlafstelle, Unterschlupf
13 Wochenendhaus, Wolkenkratzer
15 Appartementhaus, Einfamilienhaus
16 Absteigequartier
17 Behelfsunterkunft
Dompfaff
6 Gimpel
Dompteur
8 Dresseur
10 Tierlehrer
13 Tierbaendiger
Don Quichottes Pferd
9 Rosinante
Don-Zuflüsse
3 Jug, Sal
5 Aksei, Donez, Hawia, Ilawa, Jelan, Karai, Sosna, Sosno, Usman
6 Bitjug, Choper, Mescha, Tschir
7 Bolanda, Chopior, Ilowlja, Kalitwa, Manesch, Tichaja
8 Manytsch
9 Karamysch, Medwediza, Woronesch
Donau-Mündungsarm
5 Kilia
Donau-Zuflüsse
2 Oh
3 Ach, Alt, Ilm, Ilz, Inn, Ipf, Lom, Nar, Nau, Ohe, Olt, Pek, Sau, Sed, Sil, Vid, Vit
4 Aach, Aist, Asma, Bera, Drau, Egan, Egau, Elta, Enns, Erfa, Gran, Isar, Kamp, Lanz, Lech, Lone, Naab, Nera, Oltu, Osem, Osma, Paar, Raab, Raba, Riss, Rodl, Save, Skit, Vuka, Waag, Wied, Ybbs
5 Abens, Aluta, Arzer, Biber, Bider, Brenz, Cerna, Drann, Drave, Eipel, Erlau, Guenz, Iller, Isker, Isper, Kapos, Krems, Laber, March, Muehl, Naarn, Pruth, Rakos, Ranna, Regen, Schyl, Serul, Shill, Skjet, Temes, Timok, Traun, Tulln, Ussel, Zamma, Zusam
6 Ablach, Aistba, Bakony, Borcea, Gaissa, Jalpug, Jantra, Lauter, Leitha, Mindel, Morava, Morawa, Neutra, Ogosta, Rottum, Sartiz, Sereth, Theiss, Trasen
7 Agostul, Altbach, Argesul, Arschis, Bielach, Brigach, Cibrica, Kamlach, Koeroes, Ostrach, Sarming, Wolfach
8 Altmuehl, Aschbach, Sereskul, Woernitz
Donauarm in Rumänien
6 Sulina
Donaubarsch
7 Streber
Donaulachs
5 Heuch
6 Huchen
Donauland im Altertum
6 Dakien, Dazien
Donauquellflüsse
4 Breg
7 Brigach
Donauschifffahrtsagentur
7 Agentie
Donaustör
9 Glattdick
Donez-Zufluss
5 Oskol
Donnergott
4 Thor
5 Donar
7 Taranis
8 Donnerer, Sucellus
Donnermaschine
9 Bronteion
Doppel
5 Kopie
8 Dublette, Duplikat
9 Abschrift, Doublette
11 Durchschlag
doppelchromsaures Salz
9 Bichromat
Doppelehe
7 Bigamie
Doppelfahrrad
6 Tandem
Doppelgänger
6 Double
8 Stuntman
doppelgeschlechtlich
8 androgyn
doppelgeschlechtliches Wesen
7 Zwitter
Doppelgesicht
9 Januskopf
doppelgesichtiger römischer Gott
5 Janus
doppelgestaltig
6 biform

Doppelgipfel im Bayerischen Wald
5 Osser
Doppelheit
11 Duplizitaet
Doppelherrschaft
8 Biarchie
Doppelhornvogel
6 Homray
Doppeljambus
8 Dijambus
Doppelkegelfangspiel
7 Diabolo
Doppelkonsonanten
9 Geminaten
doppelläufige Flinte
8 Zwilling
Doppellaut
8 Zwielaut
9 Diphthong
Doppelpartie
6 Robber
Doppelpunkt
5 Kolon
Doppelsalz
5 Alaun
Doppelschuss
8 Dublette
Doppelseite des Geschäftsbuches
5 Folio
doppelseitig
9 bilateral
Doppelsinn
10 Amphibolie
doppelsinnig
7 homonym
8 aequivok
9 delphisch
10 zweideutig
Doppelstern
im „Perseus"
5 Algol
im „Schwan"
7 Albireo
Doppelstück
6 Duplum
8 Dublette, Duplikat
9 Doublette
doppelt
8 zweifach
verneinende Redefigur
7 Litotes
doppelte(r, s)
Buchführung
6 Doppik
Pulsschlagen
8 Dikrotie
Trochäus
9 Dichoreus
Vorkommen
11 Duplizitaet
doppeltkohlensaures *Salz*
6 Natron
10 Bikarbonat
Doppeltreffer
8 Dublette
im alten Lotto
4 Ambe
Doppelvierpolröhre
9 Ditetrode
doppelwertig
10 ambivalent
Doppelwertigkeit
10 Ambivalenz
Doppelzweipolröhre
8 Duodiode
Dordogne-Zuflüsse
4 Bave, Ceon, Cere, Isle, Louc
5 Alzon, Diege
6 Doutre, Dronne, Luzege, Sumene, Vézère
7 Maronne
8 Cascande
Dorf
4 Kaff, Kral, Nest
6 Weiler
8 Siedlung
9 Ortschaft
Dorfbarbier
5 Bader
Dorfform in Afrika
4 Boma
Dorfgemeinschaft im alten Russland
3 Mir
dörfliche Gegend
4 Land
Dorfmediziner
8 Landarzt
Dorfschänke
4 Krug
Dorfsiedlung
7 Kampong
der Turkvölker
3 Ail, Aul
Dorfsiedlungsform
8 Rundling
Dorfwiese
5 Anger
dorische(r, s)
Architekturglied
7 Mutulus
Mundart
8 Dorismus
Volksversammlung
7 Heliaia
Vollbürger Spartas
8 Spartiat
Dorneidechse
5 Agame
6 Hardun
dornengekrönter Christus
8 Ecce-Homo
Dornschwanzhörnchen
9 Flugbilch
dörren
6 darren
7 roesten
8 trocknen
Dörrfleisch
8 Pemmikan
Dörrfrüchte
8 Backobst
Dörrgerät
5 Darre
Dörrobst
6 Hutzel
Dörrobstschnitzel
6 Hutzel
dorschartiger Fisch
5 Torsk
Dorschfisch
4 Leng, Lumb
6 Quappe, Rufolk
8 Aalrutte, Blauleng, Laberdan, Seehecht
9 Seequappe, Seewiesel
11 Schellfisch
Dossier
4 Akte
8 Faszikel
10 Aktenstoss
Dotter
6 Eigelb
Douro-Zuflüsse
3 Tua
5 Sabor
6 Tamega, Tavora
Drac-Zufluss
8 Romanche
Drache
5 Ladon
8 Lindwurm, Nidhoegg
9 Leviathan
10 Tatzelwurm
Drachenbaum
8 Drazaene
Drachenechse
5 Waran
Drachenfisch
8 Seeratte
Drachenkopffisch
7 Meersau
8 Meereber
Drahtbügel
6 Krampe
drahten
6 kabeln
12 depeschieren
13 telegrafieren
14 telegraphieren
Drahtgeflecht
6 Rastel
Drahthaube beim Fechten
5 Maske
Drahtherstellungs-maschine
9 Leierbank
drahtlos übermitteltes Foto
8 Funkbild
drahtlose
Telegrafie
4 Funk
Übermittlung von Schall
8 Rundfunk
Drahtnachricht
5 Telex
8 Depesche
9 Telegramm
Drahtschlinge
4 Oese
Drahtseil
6 Trosse

Drahtstift
5 Nagel
Drahtstiftende
9 Nagelkopf
Drahttauwerk
5 Brook
Drahtzaun
4 Fenz
Drahtzieher
7 Urheber
9 Anstifter
10 Hintermann
Drall
5 Effet
7 Drehung, Torsion
Drama (ohne Artikel) von
Aischylos
6 Perser
7 Orestie
Anouilh
5 Medea, Probe, Taube
6 Ardèle, Grotte, Jeanne, Lerche
7 Colombe
8 Antigone, Eurydike, Hermelin, Leocadia
11 Herr Ornifle
16 Romeo und Jeanette, Walzer der Toreros
Anzengruber
12 G'wissenswurm, Meineidbauer
16 Kreuzelschreiber
Aristophanes
6 Friede, Plutos, Ritter, Voegel, Wespen, Wolken
8 Acharner, Froesche
10 Lysistrata
Audiberti
6 Kaiser
8 Jungfrau, Weltoper
Bahr
7 Konzert
Barrie
8 Mary Rose, Peter Pan
13 Johannisnacht
Bauer
6 Change
14 Magic afternoon
Beckett
8 Endspiel
14 Warten auf Godot
Bernhard
11 Heldenplatz
13 Theatermacher
Brecht
4 Baal
9 Massnahme
11 Mann ist Mann
13 Mutter Courage
15 Leben des Galilei
Büchner
7 Woyzeck
10 Dantons Tod
13 Leonce und Lena
Byron
4 Kain
Calderon
10 Dame Kobold
13 Leben ein Traum
17 Richter von Zalamea
Camus
8 Caligula
9 Gerechten
10 Besessenen
16 Missverstaendnis
Claudel
5 Stadt
6 Buerge, Tausch
7 Ruhetag
9 Goldhaupt
12 Mittagswende, seidene Schuh
13 Verkuendigung
Cocteau
7 Bacchus, Orpheus
15 Hoellenmaschine
Corneille
3 Cid
5 Cinna
6 Mélite
7 Luegner, Oedipus
8 Horatius
9 Polyeucte
10 Sophonisbe
Dumas
12 Kameliendame
Dürrenmatt
8 Physiker
Eichendorff
6 Freier
Eliot
9 Mord im Dom, Pygmalion
11 Familientag
13 Cocktail-Party
15 Privatsekretaer
Euripides
5 Medea, Orest
6 Hekabe, Helena, Kyklop
7 Bakchen, Elektra
8 Alkestis
9 Iphigenie
10 Andromache, Hippolytos, Troerinnen
14 Phoenikerinnen
Forster
6 Ariela
Frank
4 Ruth
7 Ursache
9 Hufnaegel
12 Aussenseiter
Frisch
7 Andorra, Don Juan
9 Biografie, Santa Cruz
13 Graf Oederland
17 Liebe zur Geometrie
Fry
12 Venus im Licht
14 Koenig Kurzrock
Genet
5 Neger, Zofen
6 Balkon
13 Unter Aufsicht
Georg Kaiser
3 Gas
Gide
13 Koenig Oedipus
Giraudoux
6 Judith, Undine
7 Elektra
9 Siegfried
10 Intermezzo
15 Irre von Chaillot
16 Sodom und Gomorrha
Goethe
5 Faust, Goetz, Tasso
6 Egmont, Stella
7 Clavigo
9 Iphigenie
11 Geschwister
13 Torquato Tasso
14 Buergergeneral
Goetz
8 Ingeborg
Gogol
6 Heirat
7 Goldoni, Luegner, Revisor, Spieler
10 Kaffeehaus
11 Mirandolina
Goldoni
10 Kaffeehaus
Gorki
8 Barbaren
9 Nachtasyl
12 Kleinbuerger
Gozzi
4 Rabe
8 Turandot
12 Koenig Hirsch
Grabbe
10 Barbarossa
15 Hermannschlacht
Grillparzer
5 Medea
6 Sappho
7 Ahnfrau, Libussa
10 Argonauten, Gastfreund
13 Traum ein Leben
14 Weh dem, der luegt
Gutzkow
6 Acosta
11 Uriel Acosta
Halbe
5 Strom
6 Jugend
Hamsun
5 Armut
10 Abendroete
Hauptmann
4 Elga
5 Weber
6 Ratten, Veland
7 Atriden, Elektra
8 Griselda
9 Biberpelz, Indipohdi, Rose Bernd
11 Magnus Garbe
12 Florian Geyer, Friedensfest
13 Michael Kramer, Schluck und Jau, Und Pippa tanzt, Winterballade

15 Einsame Menschen, Kollege Crampton
16 Fuhrmann Henschel, Vor Sonnenaufgang
17 Dorothea Angermann

Hebbel
5 Gyges, Julia, Rubin
6 Judith, Moloch
7 Diamant
8 Genoveva
9 Demetrius
10 Nibelungen
12 Michelangelo
13 Agnes Bernauer
14 Maria Magdalena
16 Gyges und sein Ring

Hofmannsthal
4 Turm
5 Faust
7 Gestern
9 Jedermann
10 Schwierige
13 Rosenkavalier
14 Unbestechliche

Holberg
8 Rastlose
13 Jeppe vom Berge

Ibsen
4 Nora
5 Brand
8 Peer Gynt, Wildente
10 Gespenster, Huenengrab, Volksfeind
11 Frau vom Meer, Hedda Gabler, Rosmersholm
13 Johannisnacht
14 Fest auf Solhaug, Olaf Liljekrans

Immermann
6 Merlin

Ionesco
5 Jakob
6 Amédée
7 Stuehle
8 Gehorsam, Gemaelde
10 Nashoerner, neue Mieter
14 Automobilsalon

Jarry
9 Koenig Ubu

Jonson
7 Cynthia, Volpone
9 Alchimist

Kaiser
3 Gas
10 Kolportage
12 Soldat Tanaka
13 Nebeneinander

Kleist
10 Amphitryon
11 Penthesilea
15 Prinz von Homburg
16 Hermannsschlacht

Lenz
8 Soldaten
10 Hofmeister

Lessing
13 Emilia Galotti
14 Nathan der Weise
15 Miss Sara Sampson
16 Minna von Barnhelm

Lorca
5 Yerma
12 Bluthochzeit
13 Mariana Pineda
16 Sprache der Blumen

Machiavelli
6 Andria, Clizia
10 Mandragola

Marlowe
4 Dido
8 Tamerlan

Miller
9 Hexenjagd
15 Alle meine Soehne

Molière
7 Geizige
9 Tartueffe
10 Amphitrion, Misanthrop
13 Menschenfeind
15 Schule der Frauen

Molina
10 Liebesarzt
11 Fromme Marta

Molnár
6 Liliom
14 Spiel im Schloss

Nestroy
8 Talisman
17 Lumpazivagabundus

O'Neill
8 O Wildnis
11 Fast ein Poet, Kaiser Jones
12 Anna Christie, Tage ohne Ende

Osborne
11 Entertainer
12 Teufel im Leib

Ostrowski
4 Wald
11 Ziehtochter
16 Schneefloeckchen

Pagnol
5 César, Fanny
6 Marius

Plautus
8 Goldtopf
9 Amphitryo, Aulularia, Menaechmi, Zwillinge

Priestley
14 Seit Adam und Eva
17 Ein Inspektor kommt, Zeit und die Conways

Racine
6 Esther
7 Athalie, Bajazet, Phaedra
8 Bérénice
10 Andromache
11 Britannicus

Raimund
11 Alpenkoenig
12 Verschwender

Rolland
6 Danton

Sachs
6 Florio
8 Lukrezia
11 Kraemerkorb

Sardou
5 Tosca
9 Cyprienne
14 Madame sans Gêne

Sartre
7 Fliegen
12 ehrbare Dirne
17 schmutzigen Haende

Schiller
6 Fiesco, Fiesko
7 Raeuber
9 Demetrius, Don Carlos
11 Maria Stuart, Piccolomini, Wallenstein, Wilhelm Tell
14 Kabale und Liebe
15 Braut von Messina

Schnitzler
6 Anatol, Reigen
8 Freiwild, Liebelei
10 Paracelsus
13 Komtesse Mizzi

Schönherr
4 Erde
11 Weibsteufel

Scribe
10 Glas Wasser

Shakespeare
5 Sturm
6 Hamlet
7 Macbeth, Othello, Richard
8 Coriolan, Heinrich
9 Cymbeline
10 Koenig Lear
11 Was ihr wollt
12 Julius Caesar, Mass fuer Mass
13 Romeo und Julia, Timon von Athen
14 Wintermaerchen
15 Ende gut, alles gut
17 Sommernachtstraum, Viel Laerm um nichts, Wie es euch gefaellt

Shaw
6 Helden
7 Candida
9 Pygmalion
12 Major Barbara
14 Heilige Johanna, Teufelschueler
16 Arzt am Scheideweg

Sophokles
4 Aias
7 Elektra
8 Antigone
13 Koenig Oedipus

Sternheim
4 Hose, Snob
8 Kassette
15 Buerger Schippel

Strindberg
5 Vater
6 Ostern, Rausch
9 Totentanz
10 Traumspiel
13 Schwanenweiss
14 Fraeulein Julie

Sudermann
4 Ehre
6 Heimat
Terenz
6 Eunuch, Hekyra
7 Brueder, Phormio
Thoma
5 Moral
Tschechow
4 Baer
5 Moewe
6 Iwanow
10 Onkel Wanja
12 Kirschgarten
13 Heiratsantrag
14 Drei Schwestern
Wedekind
4 Lulu
5 Musik
7 Hidalla
8 Erdgeist
9 Franziska
11 Liebestrank
13 Kammersaenger
17 Buechse der Pandora
Wilder
10 Alkestiade
17 Unsere kleine Stadt
Williams
10 Camino Real
13 Glasmenagerie
14 steinerne Engel
15 taetowierte Rose
16 Schlacht der Engel
Zuckmayer
10 Kalte Licht
12 Ulla Windblad
13 Katharina Knie
14 Schinderhannes
15 Barbara Blomberg
17 Des Teufels General, Gesang im Feuerofen

dramatisch
8 erregend, spannend
9 aufregend

dramatische(r, s)
Chöre
6 Turbae
Sprechgesang
9 Rezitativ
Tonstück
9 Oratorium
Vortrag
9 Melodrama

dramaturgischer Spieltext
9 Regiebuch

Dramenteil
8 Vorspiel

Drang
5 Druck, Trieb
7 Impetus, Neigung, Streben
9 Verlangen

drängen
6 mahnen
8 druecken, urgieren, zusetzen
10 pressieren

Drangsal
3 Not
4 Pein, Qual
6 Haerte
7 Muehsal

drangsalieren
10 kujonieren

drastische Heilbehandlung
7 Rosskur
9 Gewaltkur

Drau-Zuflüsse
3 Mis, Mur
4 Ache, Dran, Gail, Glan, Gurk, Isel, Miss, Okor, Rina, Sill
5 Miess, Moell
6 Bednya, Genest, Lavant, Lieser
7 Bisztra, Vellach
8 Plicicza
9 Poessnitz
11 Weissenbach

Draufgänger
7 Fighter
8 Haudegen, Kaempfer
11 Malefizkerl, Teufelskerl
12 Tausendsassa

Drautal in Kärnten
8 Rosental

Drawidasprache
7 Kannada, Telinga

Drawidavolk
5 Khond, Oraon, Palli
6 Santal

drawidische Sprache
5 Gondi
6 Tamili

drawidisches Volk in Belutschistan
6 Brahui

Drechslermaterial
8 Edelholz

Drechslerwerkzeug
9 Dreheisen

Dreck
4 Mist
5 Unrat
7 Schlamm, Schmutz
8 Kehricht
13 Schleuderware

Dreh
5 Kniff, Trick

Drehbankteil
9 Reitstock

drehbare(r)
Kuppel einer Sternwarte
3 Dom
Schiffskran
5 Davit

Drehbuch
6 Skript

Drehbuchentwurf
9 Treatment

Drehen der Kamera
7 Schwenk

Drehflügel des Hubschraubers
5 Rotor

Drehgelenk
9 Scharnier

Drehgeschwindigkeits-Messgerät
9 Gyrometer

Drehgriff
6 Kurbel

Drehimpuls
5 Drall
8 Kernspin

Drehkörper
5 Rotor
7 Kreisel

Drehkran
7 Derrick

Drehkraut
6 Zirmet

Drehkreuz
8 Moulinet
10 Tourniguet

Drehleier
6 Viella, Vielle

Drehorgel
11 Leierkasten, Orchestrion

Drehorgelspieler
9 Leiermann

Drehpistole
4 Colt

Drehpunkt
3 Pol

Drehsprung
4 Lutz

Drehstab des Rades
5 Achse

Drehtanz der Derwische
4 Sema

Drehteil in Spieluhren
5 Walze

Drehüberschlag
7 Rondate

Drehung
4 Tour
5 Drall, Volta, Wende
8 Rotation
9 Pirouette, Umwendung
beim Tanz
9 Pirouette
des Flugzeugs
7 Rolling
eines Elektrons im Atom
4 Spin
im Kunstflug
4 Turn

Drehzahlabfall
7 Schlupf

drei
antike Inseln
9 Arginusen
sächsische Kaiser
7 Ottonen
Unzertrennliche
9 Kleeblatt
zusammengehörige Dinge
6 Triset

Drei-Mann-Kielboot
7 Drachen

Dreiblattspiel
6 Tippen
7 Zwicken

dreidimensionale Aufnahme
9 Hologramm

dreieckig
8 trigonal
dreieckige(s)
Dachfläche
4 Walm
Flagge
6 Wimpel
7 Stander
Segel
3 Aap
5 Jager
7 Kluever
9 Gieksegel, Spinnaker, Stabsegel
Dreieckmuschel
5 Donax
Dreieckskrabbe
9 Seespinne
Dreiecksmessung
13 Trigonometrie
Dreiecksseite
7 Kathete
10 Hypotenuse
Dreieinigkeitsbekenner
11 Trinitarier
dreifach
ungesättigter Alkohol
8 Farnesol
ungesättigter Kohlenwasserstoff
5 Butin
dreifacher Erfolg
8 Hattrick
Dreifaltigkeit
9 Trinitaet
Dreifaltigkeitsfest
10 Trinitatis
Dreifaltigkeitsleugner
9 Unitarier
dreifarbig
8 trikolor
Dreifingerfaultier
2 Ai
Dreifuß
6 Tripus
dreifüßiger Vers
8 Trimeter
Dreigespann
5 Triga
6 Troika
dreigestaltig
8 Trimorph
dreigliedrige Zahlengröße
6 Trinom
Dreiheit
6 Triade
Dreiherrschaft
9 Triarchie
dreijährig
8 triennal
dreijährige Veranstaltung
9 Triennale
Dreikäsehoch
6 Knirps
9 Hosenmatz
10 Gernegross
Dreikönigsfest
10 Epiphanias
dreileibiger Riese
6 Geryon
dreimaliges Messelesen
9 Trination
Dreimännerherrschaft
9 Triarchie
10 Triumvirat
Dreimaster
3 Kat
4 Bark
9 Schebecke
Dreiphasenstrom
9 Drehstrom
Dreipolröhre
6 Triode
Dreiruderer
6 Triere
7 Trireme
Dreisatzrechnung
10 Regeldetri
dreiseitige Körperecke
8 Dreikant
dreiseitige Pyramide
9 Tetraeder
dreist
4 kess
5 flott, frech
dreiste(r, s)
Auftreten
6 Aplomb
Bettler
4 Iros
Mensch
9 Frechling
Verhalten
8 Kessheit
Dreistigkeit
6 Aplomb, Chuzpe
7 Sottise, Vorwitz
8 Insolenz, Keckheit
dreistimmige Komposition
4 Trio
7 Terzett
9 Tricinium
dreitägige Andacht
7 Triduum
dreiteilige(s)
Annahme
8 Trilemma
Werk der Literatur
8 Trilogie
Dreitöneakkord
5 Trias
9 Dreiklang
dreitürige Bilderwand
9 Ikonostas
dreiwertige(r, s)
Alkohol
8 Glycerin, Glyzerin, Oelsuess
Eisensalz
9 Ferrisalz
Dreizack
7 Trident
Dreizackgewächs
7 Maundia
Dreizahl
5 Trias
6 Triade
Dreizehenfaultier
2 Ai
4 Unau
Dreizeiler
10 Tristichon
dreizeilige Strophe
7 Terzine
9 Ritornell
drellartiger Baumwollstoff
6 Cadett
Drellgewebe
6 Zwilch
Drempel
9 Kniestock
Dreschabfall
5 Spreu
Dreschboden
5 Tenne
Dresche
4 Haue
5 Keile, Senge
6 Wichse
7 Pruegel
8 Schlaege
9 Abreibung
10 Stockhiebe
dreschen
8 pruegeln, schlagen
Dreschplatz
5 Tenne
Dresdener
Arzt
5 Carus
Barockbau
7 Zwinger
Bauwerk
7 Zwinger
Beiname
10 Elbflorenz
Chormitglied
9 Kruzianer
Hofbildhauer
8 Permoser
Knabensängergruppe
9 Kreuzchor
Philosoph
5 Carus
Schloss
8 Pillnitz
Stadtteil
8 Pillnitz
Dresseur
7 Trainer
9 Abrichter
Drill
7 Drehung, Schliff
Drina-Quellfluss in Montenegro
4 Tara
Drina-Zuflüsse
3 Lim
4 Piva, Tara
5 Draca, Jadar, Praca
dringend
4 akut
5 eilig
6 urgent
8 pressant
9 insistent, notwendig

14 nachdruecklich, unaufschiebbar
dringende Sendung
6 Eilgut
8 Eilbrief
12 Schnellpaket
Dringlichkeit
6 Urgenz
dritte
Ausfertigung
9 Triplikat
Partie beim Bridge
5 Belle
Potenz
5 Kubus
Stufe der Tonleiter
4 Terz
Dritteljahr
9 Trimester
Droge aus Chrysanthemenblüten
9 Pyrethrum
drogenunabhängig
5 clean
drohende(r, s)
Hundelaut
7 Knurren
Mensch
7 Rassler
Unheil
6 Gefahr
Drohung
9 Ultimatum
13 Demonstration
drollig
5 ulkig
6 lustig, putzig
7 komisch, spassig
8 niedlich
9 schnurrig
11 possierlich
drollige(r, s)
Kind
6 Racker, Schalk
Luftsprung
8 Kapriole
Droschke
3 Cab
4 Taxi
7 Kutsche
Drosselgrube
7 Jugulum
drosseln
7 bremsen, laehmen, mindern
9 maessigen
10 verringern
drüben
8 jenseits
Druck
5 Drang, Zwang
6 Stress
8 Pression
9 Noetigung
Druckabsatz
6 Alinea
Druckapparat
8 Autoklav
drückbarer Behälter
4 Tube
Druckberichtiger
9 Korrektor
Druckberichtigung
9 Korrektur
Druckbild spiegeln
7 kontern
Druckbuchstabe
4 Type
6 Letter
Druckeinheit
3 Ata, Bar
4 Atue, Torr
6 Pascal
11 Atmosphaere
drückend warm
7 schwuel
drückende Wärme
8 Schwuele
Druckerlaubnis
10 Imprimatur
Druckerzeichen
6 Signet
9 Passkreuz
Druckfehler
6 Errata
7 Erratum
druckfertig machen
10 redigieren
Druckform für Zeugdruck
5 Model
Druckgitter
6 Raster
Druckgrafik
9 Radierung
Druckhebel
5 Taste
Druckheft
10 Broschuere
Druckkattun
6 Kaliko
12 Buchleinwand
Druckmaschine
6 Presse
Druckmaschinenapparat
8 Falzwerk
Druckmaschinenteil
9 Farbwalze
Druckmessgerät
9 Manometer
Druckmittel
11 Repressalie
Druckplatte
5 Model, Modul
Druckpresse
6 Tiegel
Druckregler
8 Barostat, Manostat
Drucksachenhülle
9 Kreuzband
Drucksatz ordnen
9 umbrechen
Druckschriftgrößen
4 Perl, Text
5 Kanon, Petit
6 Borgis, Cicero, Korpus, Mittel, Tertia
7 Diamant, Garmond, Kolonel, Missale
8 Brillant
11 Nonpareille
12 Doppelcicero, Doppelmittel
Druckschriftgrößenmaß
5 Punkt
Druckspalte
7 Kolonne, Kolumne
Druckstock
8 Klischee
Drucktopfpumpe
8 Montejus
Druckverfahren
6 Offset
9 Buchdruck, Hochdruck, Siebdruck, Tiefdruck
11 Anilindruck
Druckvorlage
10 Manuskript
Druckvorrichtung
9 Gassauger
Druckwerk
4 Buch
8 Tierbuch
10 Bestiarium
mit Fotografien
8 Bildband
mit prächtiger Hülle
9 Lederband
mit Speiserezepten
8 Kochbuch
Drudenfuß
10 Pentagramm
Drüse
7 Glandel
8 Glandula
Drüsenabsonderung
6 Sekret
9 Sekretion
drüsenartiges
Gebilde
6 Thymus
Organ im Bauchraum
4 Milz
Drüsenbläschen
8 Follikel
Drüsengeschwulst
6 Adenom
7 Adenoma
Drüsensekret
6 Saliva, Spucke
8 Hauttalg, Speichel
Drüsenstoff
6 Hormon, Inkret
Drygalskis Südpolarschiff
5 Gauss
Dschainismus-Schriften
9 Siddhanta
Dschungelheld
6 Tarzan
Dublette in der Kunst
6 Replik
Dudelei
7 Geleier
dudeln
6 blasen, leiern

Dudelsackpfeife
6 Bordun
Duell
9 Zweikampf
Duero-Zuflüsse
3 Coa, Ega, Oca, Oja, Roa, Tao, Tua
4 Arba, Arga, Cega, Esla, Nela
5 Aguas, Cinca, Jalon, Jopin, Riaza, Segre, Tiron, Ulron
6 Alhama, Aragon, Guerva, Huecha, Huerva, Iregua, Martin
7 Eidasos, Gallego, Queiles
9 Almonacid, Guadalope, Mataranna, Naxerilla, Nejerilla, Oroncilla
Duft
4 Arom
5 Aroma, Blume, Odeur
6 Bukett, Geruch, Parfum
7 Parfuem
10 Wohlgeruch
des Weines
5 Blume
6 Bukett
7 Bouquet
duftig (Kunst)
7 sfumato
Duftkomponente
9 Nelkenoel, Nerolioel
duftreich
10 aromatisch
Duftstoffe
5 Amber, Ambra, Bisam, Zibet
6 Myrrhe, Parfum, Safrol
7 Borneol, Juchten, Kumarin, Moschus, Parfuem
8 Absolute, Lavendel, Rosenoel, Vanillin
duktil
7 dehnbar
dulden
6 fuegen, leiden, tragen
8 bestehen, billigen, erleiden, ertragen, verdauen, zulassen
9 aushalten, ausstehen, hinnehmen, mitmachen, vertragen
10 einstecken, tolerieren, ueberleben, verkraften
11 durchmachen, durchstehen, ueberstehen, ueberwinden, verarbeiten
12 verschmerzen
duldsam
8 tolerant
Duldsamkeit
8 Toleranz
9 Nachsicht

dumm
6 stupid, unklug
dummdreist
11 impertinent
dumme(r, s)
August
5 Clown
Gerede
10 Geschwaetz
Geschwafel
8 Zinnober
9 Schmonzes
Handlung
7 Torheit
8 Narretei
Spaß
4 Faxe
11 Narrenposse
Streich
8 Narrheit
12 Skurrilitaet
Zeug
6 Tinnef
dummfrecher Mann
9 Schnoesel
Dummheit
6 Betise, Eselei, Unsinn
7 Nonsens, Torheit
Dummkopf
4 Depp, Narr
5 Tropf
6 Dussel, Pinsel, Schote, Simpel
7 Stiesel, Toelpel, Trottel
8 Bloedian, Daemlack, Ignorant
9 Bloedling
14 Einfaltspinsel
Düna-Quellfluss
7 Suchona
Düna-Zuflüsse
3 Wym
4 Lusa, Meha, Obol, Waga
5 Jemza, Witba, Wylet
6 Keltma, Pinega
7 Uftjuga, Uslinga
8 Wyschora
10 Wytschegda
Dünengebiet in SW-Algerien
5 Igidi
Dünengras
9 Sandhafer
11 Strandhafer
Düngemittel
4 Kali, Mist, Urat
5 Guano
6 Apatit, Jauche
7 Kompost
8 Hartsalz, Hornmehl, Salpeter
9 Gruendung
Dünkel
7 Hochmut, Hoffart
8 Arroganz
dunkelblaues Mineral
6 Azurit
dunkelbraun
8 bruenett

dunkelbraune Farbe
5 Umber, Umbra
Dunkelhäutiger
9 Schwarzer
Dunkelheit
5 Nacht
9 Schwaerze
dunkellila
6 pensée
Dunkelnebel
7 Globule
dunkle(r, s)
englisches Bier
5 Stout
6 Porter
Farbstoffe
8 Melanine
Flächen auf Mond und Mars
4 Mare
Hautfarbe
7 Braeune
Kern der Sonnenflecken
5 Umbra
Stelle in der Malerei
4 Loch
Tageszeit
5 Nacht
Tiefengestein
5 Urtit
dünn
5 duerr, mager
7 schlank
gewalztes Metall
5 Blech
Dünndarmteil
8 Leerdarm
dünne(r, s)
Blättchen
7 Lamelle
Blattgold, -silber
9 Edelfolie
Edelmetallschicht
9 Blattgold
Fleischscheibe
8 Escalope
Futtertaft
6 Zindel
Gebäck
6 Waffel
Häutchen
4 Film
Kaffee
5 Lorke
Latte
5 Sente
Leine
4 Liss
Makkaroni
8 Bassotti
Metallblatt
5 Folie
Metallplättchen
6 Lamina
Oberfläche
4 Haut
Pfannkuchen
5 Crêpe
Schicht aus flüssigem Fett
7 Oelfilm

Segeltau
5 Leine
Span
9 Schleisse
Zwischenschicht
8 Schmitze
Dünstgerät für Speisen
8 Daempfer
Dunstglocke über Großstädten
4 Smog
dunstig
6 diesig
(Malerei)
8 vaporoso
Duodezimalsystem
9 Dodekadik
Duplikat
6 Duplum
9 Abschrift
Durance-Zufluss
6 Verdon
durch
3 per
durch Ausbruch entstanden
7 eruptiv
durch den Wolf gedrehtes Fleisch
9 Gehacktes
durch die Haut hindurch
8 perkutan
durch die Nase sprechen
7 naeseln
durch Kälte betäuben
8 vereisen
durch Luft tönendes Musikinstrument
7 Aerofon
8 Aerophon
durch Pilze erzeugte Krankheit
6 Mykose
durch Rädchen verzieren
8 raendeln
durch Reize einwirkend
7 biotrop
durch Revision anfechtbar
9 revisibel
durch Spaltung entstanden
9 schizogen
durch Sport fit halten
7 trimmen
Durchblick
11 Perspektive
durchbohren
6 lochen
11 perforieren
Durchbohrung
11 Perforation
durchdachte Vorbereitung
7 Planung
durchdringbar
9 permeabel
10 penetrabel
durchdringend
5 grell
7 schrill
9 penetrant
Durchdringung
12 Infiltration
Durcheinander
4 Wust
5 Chaos
6 Gewirr
6 Tumult
7 Gemisch
7 Gewuehl
8 Gewimmel, Gewirbel
8 Wirrwarr
9 Charivari
9 Getuemmel
9 Quodlibet, Unordnung
10 Kunterbunt
10 Mischmasch
10 Tohuwabohu
11 Ballawatsch
12 Kuddelmuddel
durcheinander
4 wirr
7 meliert
8 gemischt
8 vermengt
9 promiscue
9 vermischt, verworren
10 kunterbunt
Durchfahrt
7 Passage
Durchfall
9 Diarrhoee
Durchflussbehinderung
9 Verengung
Durchfuhr
7 Transit
Durchführung
7 Vollzug
9 Abhaltung
Durchgang
5 Gasse
7 Passage
9 Durchlass
Durchgangsverkehr
7 Transit
durchgehend
9 permanent
durchgehendes Pferd beim Rennen
6 Puller
durchgeistigt
10 aetherisch
durchgezeichnete Kopie
5 Pause
durchgreifend
7 resolut
Durchhau im Walde
8 Schneise
durchkreuzen
9 vereiteln
10 sabotieren
durchlässig
6 poroes
7 undicht
9 permeabel
durchlaufend
14 kontinuierlich
durchlaufende(s)
Gesims am Haus
4 Gurt
Stoffmenge
9 Durchsatz
durchleuchten
8 roentgen
Durchleuchtung
9 Diaskopie
Durchlöcherung
11 Perforation
Durchlüfter
10 Ventilator
durchnässt
6 feucht
durchpausen
8 kopieren
durchqueren
9 passieren
Durchscheinen
11 Transparenz
durchscheinend
7 diaphan
11 transparent
durchscheinende(r, s)
Gips
9 Alabaster
Papier
8 Pergamin, Pergamyn
Durchschlag
5 Kopie
8 Duplikat
12 Zweitschrift
Durchschlupf
4 Loch
6 Ausweg
Durchschnitt
10 Mittelwert
Durchschnittsmensch
7 Babbitt
Durchschnittswert
6 Mittel
durchschreiben
8 kopieren
durchschreitbare Flussstelle
4 Furt
Durchschrift
5 Kopie
8 Duplikat
durchseihen
9 passieren
Durchsetzung
9 Erwirkung
14 Herbeifuehrung
durchsichtig
4 hell, klar
5 luzid
11 transparent
durchsichtige(r, s)
Farbauftrag
9 Lasierung
Farbe auftragen
8 lasieren
Farbüberzug
5 Lasur
Fasermaterial
9 Fiberglas
Gewebe
4 Flor, Gaze
5 Tuell, Voile
Gipsart
9 Alabaster

Kunststoff
8 Astralon
9 Akrylharz, Plexiglas
Material
4 Glas
Mineral
4 Opal
oberer Hausabschluss
8 Glasdach
Werkstoff
4 Glas
Durchsichtigkeit
11 Transparenz
Durchsuchung
6 Razzia
10 Visitation
durchtrainierter Mensch
8 Sportler
durchtrieben
5 smart
7 gewiegt
9 abgefeimt
10 raffiniert
durchtriebener
Bursche
5 Filou
Halunke
9 Erzgauner
Durchtriebenheit
10 Raffinesse
Durchtritt
von Blutkörperchen
9 Diapedese
von Flüssigkeiten durch Scheidewände
6 Osmose
durchwurzeltes Erdreich
9 Grasnarbe
Durchzeichnung
5 Pause
Dürers Lehrer
9 Wohlgemut
dürftig
3 mau
4 karg
6 gering
8 aermlich, primitiv
dürr
4 arid, karg
5 mager
7 hutzlig, trocken
dürres Zweigwerk
6 Reiser, Reisig
9 Klaubholz
Durst stillende Flüssigkeit
8 Getraenk
Dusche
6 Brause
Düsenflugzeug
3 Jet
8 Jetliner
Düsseldorfer Prachtstraße
3 Koe
12 Koenigsallee
düster
6 dunkel
7 traurig
8 gramvoll, umwoelkt
Dwina-Quellfluss
7 Suchona
Dwina-Zuflüsse
3 Wym
4 Lusa, Meha, Obol, Waga
5 Jemza, Witba, Wylet
6 Keltma, Pinega
7 Uftjuga, Uslinga
8 Wyschora
10 Wytschegda
Dyle-Zufluss
5 Senne
Dynamik
4 Elan
7 Schwung
10 Triebkraft
dynamischer Druck
9 Staudruck
Dynamomaschine
9 Generator
Dynamoteil
5 Anker
Dynast
6 Fuerst
9 Herrscher
Dynastie
in Ägypten
9 Fatimiden
in Jemen
8 Zaiditen
in Mykenä
9 Pelopiden
türkischer Sultane
7 Osmanen
von Pergamon
9 Attaliden
Dynastieangehöriger
in Syrien
9 Seleukide, Seleuzide

eben
4 just, plan
5 flach, glatt, jetzt
6 gerade
Ebenbild
6 Abbild
9 Konterfei
Ebene
8 Tiefland
9 Flachland
bei Augsburg
8 Lechfeld
des Tessins
8 Magadino
im mittleren Kreta
6 Mesara
in Makedonien
8 Kampania
in Österreich
9 Marchfeld
ebene Fläche
6 Planum
ebene(r, s)
Formteil aus Blech
5 Ronde
oberer Hausabschluss
9 Flachdach
ebenfalls
4 auch, dito, item
6 ferner
9 ausserdem
11 desgleichen, gleichfalls
Ebenholzgewächse
9 Ebenazeen
Ebereschenfrucht
9 Mehlbeere
Eberraute
8 Stabwurz
Eberwurz
9 Saudistel
ebnen
6 bahnen
8 glaetten
9 planieren
Ebro-Zuflüsse
3 Cea, Coa, Ega, Oca, Oja, Tua
4 Arba, Cega, Esla
5 Adaja, Duero, Grado, Jalon, Paiwa, Sabio, Sabor, Segre, Ucero
6 Agueda, Aragon, Arvigo, Iregna, Martin, Orbigo, Riazza, Tamega, Tormes, Yeltes
7 Araduey, Arlanza, Cidacos, Duraton, Gallego, Guarena, Linares, Zadorra
8 Arlanzon, Pisuerga, Rituerto
9 Guadalope, Nela Adago, Zapardiel
Echo
7 Anklang
8 Nachhall, Resonanz
9 Widerhall
Echse
4 Teju
5 Agame, Gecko, Skink, Tokee, Waran
6 Ameiva, Anolis, Leguan
8 Basilisk, Eidechse, Krokodil, Wurmteju
9 Schleiche
10 Chamaeleon
14 Blindschleiche
echt
8 original
11 authentisch
13 ungekuenstelt, unverfaelscht, urspruenglich
echter Nelkenwurz
8 Igelauge
9 Hasenauge
Echtheit
9 Authentie
14 Authentizitaet
17 Rechtsgueltigkeit, Urspruenglichkeit
Echtheitserklärung
12 Legitimation
Eckball
6 Corner
Ecke
5 Kante
6 Winkel
Eckenverbindungslinie
9 Diagonale
Eckfeld des Halmabretts
3 Hof
Eckzahn
des Rotwilds
7 Grandel
des Wildebers
5 Hauer
Ecuador
Berge
8 Cotopaxi
10 Chimborazo
11 Chimborasso
Bevölkerung
12 Ecuadorianer
Flüsse
4 Napo
7 Curaray
10 Esmeraldas
Gebirge
5 Anden
11 Kordilleren
Hauptstadt
5 Quito
Indianerstämme
4 Cara
6 Kechua
7 Jivaros, Saparos
8 Ketschua
Inseln
4 Puna
7 Amistad
9 Galapagos
Politiker
6 Ballén, Ibarra
Provinzen
4 Loja
5 Azuay, Canar, El Oro
6 Carchi, Guayas, Manabi
7 Bolivar, Los Rios
8 Cotopaxi, Imbabura
9 Pichincha
10 Chimborazo, Esmeraldas, Tungaruhua
11 Napo-Pastaza
14 Santiago-Zomara
15 Galapagosinseln
Ruinenstätte der Inkas
9 Ingapirci
Schriftsteller
5 Icaza
Sprachen
7 Quechùa
8 Ketschua, Spanisch
Städte
4 Loja
6 Ambato, Cuenca, Talara
7 Machala, Otavalo
8 Riobamba, Santa Ana
9 Guayaquil, Saquisili
10 Portoviejo, Santa Elena
Vulkane
6 Sangay
8 Antisana, Cotopaxi
Währung
5 Sucre
7 Centavo
Eddakönig
6 Gylfis
Eddalied
7 Rigsmal
9 Rigsthula
edel
4 hehr
5 human, nobel
11 grossherzig
Edelfalter
5 Fuchs
6 Apollo, Ritter
7 Admiral
12 Kaisermantel, Trauermantel
13 Tagpfauenauge
Edelfische
4 Orfe, Salm
5 Lachs, Stoer
7 Felchen, Forelle
8 Nerfling
Edelgase
4 Neon
5 Argon, Niton, Radon, Xenon
6 Helium, Thoron
7 Aktinon, Krypton
9 Emanation
Edelholz
4 Teak
6 Acajou
8 Ebenholz, Mahagoni
10 Palisander, Sandelholz
Edelholzblatt
7 Furnier
Edelkastanie
6 Marone
Edelknabe
4 Page
6 Knappe
Edelmann
6 Junker, Ritter

7 Adliger
9 Caballero
11 Gentilhomme
Edelmetalle
4 Gold
6 Osmium, Platin, Silber
7 Iridium, Rhodium
9 Palladium, Ruthenium
Edelmetallgewicht
4 Gran
5 Graen
edelmütig
8 generoes
9 freigebig
Edelpapagei
8 Arakanga, Gelbkopf
Edelpilz
10 Champignon
Edelraute
7 Beifuss
Edelrost
6 Patina
Edelsteine
siehe: Schmucksteine
Edelsteinfassung
6 Montur
Edelsteingewicht
5 Karat
Edelsteinhandel
10 Bijouterie
Edelsteinimitation
6 Simili, Strass
Edelsteinmetropolen
6 London
9 Antwerpen
Edelsteinoberfläche bearbeiten
9 schleifen
Edelsteinprüfer
9 Gemmologe
Edelsteinschleifgerät
8 Lapidaer
Edelsteinschliff
4 Rose
7 Markise, Rosette
Eder-Zuflüsse
3 Aar, Ems
4 Orke
5 Itter, Netze, Nuhne
7 Schwalm
Edikt
6 Dekret, Erlass
7 Weisung
8 Anordung, Reskript
10 Verordnung
des oströmischen Zeno
9 Henotikon
Edition
7 Ausgabe
11 Buchausgabe, Erstausgabe
15 Originalausgabe
edle
Gesinnung
8 Grossmut
12 Generositaet
Handlung
6 Guttat

EDV-Anweisung
8 Programm
EDV-Bediener
8 Codierer, Operator
13 Programmierer
EDV-Betriebsart
8 Openshop
EDV-Kontrollgerät
7 Monitor
EDV-Programme
8 Software
Efeugewächs
5 Panax
9 Kraftwurz
Effekt
6 Erfolg
7 Wirkung
egal
8 einerlei
Eger-Zufluss
4 Tepl
Egerling
10 Champignon
Eggenpflug
7 Grubber
Egoismus
8 Ichsucht
9 Eigennutz
ehe
5 bevor
Eheauflösung
8 Trennung
9 Scheidung
ehedem
5 einst
Ehefrau
6 Gattin
8 Gemahlin
Ehehinderung
8 Zoelibat
ehelichen
8 heiraten
ehelos
5 ledig
11 zoelibataer
Ehelosigkeit
6 Agamie
8 Zoelibat
ehemalige(r, s)
Ackermaß
8 Scheffel
Adliger
8 Edelmann
albanischer Politiker
6 Leschi
amerikanische Tänzerin
6 Powell
amerikanischer Kinderstar
6 Temple
amerikanisches Lohnsystem
7 Peonage
Amt eines japanischen Feldherrn
9 Schogunat
Amtsbote
8 Ausrufer
asiatische Münze
4 Tael

asiatischer Nomade
5 Aware
7 Sarmate
äthiopischer Fürstentitel
3 Ras
äthiopischer Herrschertitel
5 Negus
Auszeichnung
9 Kronorden
Autorennstrecke in Berlin
4 Avus
bayerisch-österreichische Adelsstufe
6 Ritter
bayerisches Feldmaß
8 Jauchert
Beamtentitel
9 Justizrat
Begabtenklasse
7 Selekta
Berliner Ausflugswagen
7 Kremser
Berliner Varietee
5 Scala
Besitzung des Landadels
9 Rittergut
Bezeichnung für Alpenslawen
6 Winden
Bezeichnung für Warenzoll
4 Maut
biologisches Wirksamkeitsmaß
3 Rem
Bistum in Hessen
8 Buraburg
Bojarenrat des Zaren
4 Duma
brasilianische Währung
7 Milreis
brasilianischer Fußballstar
4 Pele
britisches Flüssigkeitsmaß
4 Butt
Bucht des Ijsselmeers
2 Ij
buddhistisches Zentrum Indiens
6 Sanchi
Bundesstaat Brasiliens
9 Guanabara
Burg in Paris
8 Chatelet
Bürger einer Monarchie
8 Untertan
Chef der NASA
5 Paine
chilenische Währung
6 Condor
chinesische Münze
9 Kandarhin
chinesisches Gewicht
4 Tael
9 Kandarhin
christlicher Sektierer
8 Donatist
dänisch-schwedisches Hohlmaß
9 Fjaerding

dänischer Gulden
9 Rigsdaler
Danziger Bier
9 Jopenbier
Deckelpokal
8 Willkomm
Detektor
8 Kohaerer
deutsch-österreichische Münze
5 Krone
6 Heller
deutsch-schweizerisches Getreidemaß
3 Imi
deutsche Botanikerfamilie
8 Schimper
deutsche Grafschaft
8 Sponheim
deutsche Kupfermünze
7 Flitter
deutsche Landesverteidigung
9 Defension
deutsche Münze
8 Schwaren
deutsche Schauspielerin
5 Brink
deutsche Sprachinsel in Venetien
6 Comuni
deutscher Autorennfahrer
5 Kling
deutscher Eiskunstläufer
8 Baeumler
deutscher Flugzeugtyp
2 Ju
deutscher Fürstenbund
9 Rheinbund
deutscher Fußballnationaltrainer
5 Vogts
6 Schoen
7 Derwall
9 Herberger
11 Beckenbauer
deutscher Politiker
6 Hassel
deutscher Schwergewichtsboxer
6 Diener
deutscher Schwimmer
5 Gross
deutscher Städtebund
5 Hansa, Hanse
deutscher Tanzmusiker
7 Rambour
9 Rehmstedt
deutscher Tennisspieler
5 Cramm
6 Becker
7 Bungert
deutscher Tenor
4 Groh
deutsches Flüssigkeitsmaß
5 Quart
deutsches Fürstenhaus
5 Reuss
deutsches Fürstentum
7 Waldeck
8 Waldburg
deutsches Herzogtum
9 Schleswig
deutsches Hohlmaß
5 Kanne, Spint
deutsches Staatsamt
9 Erzschenk
deutsches Trockenmaß
9 Maesschen
Dienstbotenentgelt
7 Lidlohn
Domänenverwaltung
9 Hofkammer
Drehkäfig bei Ehrenstrafen
6 Drille
Dreimaster
6 Fleute, Fluete
Drucktype
8 Logotype
Dynastie in China
6 Tschou
Einheit des Druckes
4 Atue
Einzelschütze
9 Plaenkler
Eisengewinnungsanlage
9 Rennfeuer
Eiskunstlaufmeisterin
5 Baran
Elementareinheit
7 Biophor
englische Goldmünze
5 Broad, Crown, Unite
6 Florin, Laurel
9 Sovereign
englische Münze
6 Guinea, Guinee
englische Münzen
6 Tokens
englische Musikergruppe
7 Beatles
englische Partei
5 Whigs
englische Silbermünze
5 Crown
6 Florin
englischer Name von: Myanmar
5 Burma
englischer Rennfahrer
4 Moss
englischer Tanzmusiker
3 Roy
5 Noble, Payne
7 Ambrose
englisches Gesetz
8 Testakte
englisches Gewicht
6 Firkin
englisches Hohlmaß
6 Firkin
Entlohnungsform
5 Truck
Erzbistum
8 Kurmainz, Kurtrier
europäische Bezeichnung für Pascha
5 Bassa
Fadenstärkemaß
6 Denier
Fahrzeug
7 Hochrad
Fangspiel
7 Barlauf
Feldmaß
8 Tagewerk
Feuerwaffe
7 Muskete
Filmschauspielerin
5 Mauri
Flächenmaß
7 Tagwerk
Flanke einer Festung
8 Streiche
Flüssigkeitsmaß
9 Stuebchen
Formel-1-Fahrer
5 Lauda
fotografischer Entwickler
6 Adurol
Frachtschiff
8 Schnigge
französisch-algerischer Fußsoldat
5 Turko
französisch-algerischer Infanterist
5 Zuave
französisch-schweizerisches Hohlmaß
6 Setier
französische Goldmünze
3 Ecu
8 Louisdor
französische Münze
3 Sou
6 Denier
7 Centime
französische Nationalversammlung
7 Konvent
französische Silbermünze
3 Ecu
französische Steuer
7 Gabelle
französischer Benediktiner
8 Mauriner
französischer Eingeborenenkavallerist
5 Spahi
französischer Thronfolger
7 Dauphin
französisches Fürstentum
6 Orange
französisches Gebiet
9 Indochina
französisches Gefängnis
8 Bastille
französisches Hohlmaß
7 Tiercon
französisches Kartenglücksspiel
6 Brelan

französisches Längenmaß
6 Perche
Frauenkragen
6 Goller
7 Goeller
Frauenumhang
6 Goller
Fritter
8 Kohaerer
Fulbe-Reich am Niger
5 Gando
Fürstentitel
8 Landgraf, Markgraf
Fürstentum
8 Kurpfalz, Patiyala
9 Kurhessen
Fußtruppe
9 Schuetzen
Gedenkmedaille
8 Plakette
Geheimbund in Kenia
6 Maumau
Geheimbund in Neapel
7 Kamorra
Geliebte eines Fürsten
9 Maetresse
Gemeindeanstalt
9 Armenhaus
Gemeindegut
8 Allmende
Geschützvorderwagen
6 Protze
Gesellschaftsschicht
8 Landadel
Getreidemaß
4 Mutt
6 Himpen, Himten, Sester
8 Scheffel
Getreidemühle
8 Mahlgang
Gewicht
6 Laegel
Gewicht in Polen
4 Funt
Gewicht in Russland
4 Funt
Gitarre
9 Quinterne
Goldmünze
7 Dukaten
Gottesurteil
9 Bahrprobe
Grafschaft im Westerwald
4 Sayn
Grafschaft in der Mark
6 Ruppin
Grafschaft in Franken
7 Limpurg
9 Henneberg
Grafschaft in Niederbayern
9 Ortenburg
Grafschaft in Westfalen
4 Mark
Grafschaft in Württemberg
9 Hohenberg
Grenzbefestigung
8 Landwehr
Grenzgebiete Tirols
9 Konfinium

Großherzogtum am Rhein
4 Berg
Güterwagenbegleiter
7 Bremser
Gutspächter
8 Amtsvogt
Halskrause
6 Fraese, Fraise
Halswürgeeisen
7 Garotte
Hammerklavier
7 Orphika
Handelsort auf Wollin
5 Julin
Handwerkervereinigung
5 Zunft
Hauptstadt von Assam
7 Gargaon
Hauptstadt von Bengalen
4 Gaur
Hauptstadt von Malawi
5 Zomba
Hauptstadt von Malta
5 Mdina
Hauptstadt von Nauru
5 Makwa
Hausgerät zum Fadendrehen
8 Spinnrad
Heilmethode
8 Aderlass
Herrschertitel
9 Kurfuerst
hessischer Weißpfennig
5 Albus
Hirtenstamm
7 Keniter
Hofbeamter
9 Kammerrat
höhere Schule für Mädchen
6 Lyzeum
Hohlmaß
8 Scheffel, Schlegel
Hohlmaß in Russland
5 Wedro
Hymnensänger
9 Laudisten
indianische Völkergruppe
9 Chorotega
indische Münze
4 Anna
indischer Eingeborenensoldat
5 Sepoy
indischer Fürstenstaat
7 Gwalior
indischer Geheimbund
4 Thug
indischer Herrschertitel
5 Nisam
Infanterist
9 Musketier
Insel im Rheindelta
9 Rozenburg
Insel Seelands
9 Walcheren
irakische Münze
9 Golddinar

iranische Volksstämme
7 Skythen
iranischer Herrschertitel
5 Schah
irisches Längenmaß
5 Perch
islamischer Geheimbund
8 Karmaten
israelische Währungseinheit
5 Pruta
italienisch-somalische Münze
4 Besa
italienische Kupfermünze
9 Bagattino
italienische Münze
5 Soldo
6 Florin
7 Testone
9 Centesimo
italienische Silbermünze
5 Scudo
italienischer Polizist
6 Sbirre
italienischer Scherge
6 Sbirre
italienisches Bergvolk
6 Aequer
italienisches Gewicht
6 Kantar
Jahrmarktskünstler
7 Gaukler
japanisches Gewicht
3 Rin
jugoslawische Verwaltungseinheit
9 Banschaft
jugoslawischer Verwaltungsbezirk
5 Banat
junges Militärpferd
7 Remonte
Kampfkleidung
8 Ruestung
Karrenschieber
8 Kaerrner
Kaukasier
5 Alane
6 Ossete
Kavallerieeinheit
9 Schwadron
Kfz-Fahrtrichtungsanzeiger
6 Winker
Kinderspielzeug
9 Zinnfigur
kinematographischer Apparat
7 Bioskop
kinematographisches Gerät
9 Daedaleum
Kirchenfürst
9 Reichsabt
Kleinbauer
6 Hufner
kleiner Landwirt
8 Huettner
kleines Sofa
8 Causeuse

Kloster bei Amiens
7 Centula
Kloster bei Schwäbisch Hall
7 Komburg
Kloster im Kanton Thurgau
8 Ittingen
Kloster im Rheingau
8 Eberbach
Kloster im Saaletal
6 Pforte
Kloster in Sachsen-Anhalt
8 Huysburg
Kniehose
8 Eskarpin
Knüpftechnik
4 Okki
kommunistische Vereinigung
9 Komintern
kommunistisches Informationsbüro
9 Kominform
Königswahlort
9 Morawiese
konservative Partei in England
6 Tories
Konsul
9 Prokonsul
Kosakenstaat
9 Saporoger
Krafteinheit
4 Pond
Kriegswaffe
5 Keule
kroatische Bewegung
8 Ustascha
Länder östlich vom Kaspischen Meer
8 Bucharei
Landmaß
8 Feldrute
Längenmaß
4 Pied
5 Linie
Längenmaß für Leinwand
4 Webe
Längenmaß in Frankreich
5 Toise
Längenmaß in Russland
5 Werst
langes orientalisches Gewand
6 Entari
Lanzenreiter
4 Ulan
Läuferkette
6 Relais
Laufspiel
7 Barlauf
Lebensmittel-importsteuer
6 Oktroi
Leuchtdichtemaß
5 Stilb
Lichtwellenmaß
9 Angstroem
Lodenweber
5 Loder
Luftdruckmaß
4 Torr
magnetisches Feldstärkemaß
5 Gauss
7 Oersted
Mahlgerät
9 Reibstein
Malaiischer Archipel
9 Insulinde
Marketender
8 Feldwirt
Marketenderin
10 Feldwirtin
Maß
6 Laegel
Meeresforschungs-anstalt
8 Seewarte
Melderkette
6 Relais
Militärmediziner
8 Feldarzt
9 Feldscher
Modetanz
6 Shimmy
morgenländischer Herrscher
5 Kalif
Münze in Indochina
3 Kip
Münze in Lettland
6 Centas
Münze in Ungarn
6 Pengoe
Münze Indiens
8 Bahagani
Münzeinheit in China
4 Fyng
Münzen
6 Batzen
9 Ortstaler
16 Zehnrappenstueck
Name der Ewenen
7 Lamuten
Name der Holsteiner
6 Holste
Name der mongolischen Hauptstadt
4 Urga
Name der Ukrainer
8 Ruthenen
Name des Starnberger Sees
8 Wuermsee
Name für Haidarabad
5 Nizam
Name für Kirow
6 Wjatka
Name für Tokio
5 Jeddo
Name von Ankara
6 Angora, Ankyra
Name von Benin
6 Dahome
7 Dahomey
Name von Burundi
6 Urundi
Name von Dimitrowgrad
8 Melekess
Name von Djakarta
7 Batavia
Name von Erftstadt
9 Lechenich
Name von Izmir
6 Smyrna
Name von Kalinin
4 Twer
Name von Kumairi
9 Leninakan
Name von Myanmar
5 Birma
Name von Schenjang
6 Mukden
Name von Simbabwe
9 Rhodesien
Name von Thailand
4 Siam
Naturalabgabe an die Kirche
5 Zehnt
neolyrische Bewegung
9 Imagismus
neolyrischer Anhänger
7 Imagist
New Yorker Flughafen
8 Idlewild
niederländische Goldgulden
7 Tientje
niederländische Münze
8 Cavalier, Perdeken
niederländische Silbermünze
7 Daalder
niederländischer Groschen
5 Groot
niederländisches Einmastsegelschiff
5 Bojer
niederländisches Küstenfahrzeug
3 Aak
niederländisches Küstensegelschiff
4 Kuff
niederländisches Längenmaß
4 Vaam, Voet
Nilinsel mit Isistempel
6 Philae
nordafrikanische Nomaden
8 Gaetuler
Nordseebucht
9 Zuidersee
norwegisch-dänisches Gewicht
2 Es
oberrheinischer Grafentitel
7 Raugraf
orientalische Prügelstrafe
9 Bastonade
orientalisches Gewicht
6 Kantar
orientalisches Kurzschwert
8 Akinakes
orientalisches Volk
8 Chalyber
ostafrikanisches Königreich
7 Buganda

ostafrikanisches Reich
7 Kitwara
österreichischer Adelstitel
5 Edler
österreichischer Bundespräsident
8 Waldheim
österreichisches Gewicht
4 Saum
ostindischer Matrose
6 Laskar
ostindischer Soldat
6 Laskar
Palast des Beis von Tunis
5 Bardo
Panzerschiffstyp
7 Monitor
päpstliche Kopfbedeckung
7 Kamauro
Pariser Schlossanlage
8 Bastille
persisch-indische Münze
4 Lari
Pickel der Alpinisten
6 Eisaxt
Polizeihelm
7 Tschako
polnischer Adel
9 Schlachta
polnischer Heeresbefehlshaber
6 Hetman
polnischer Heerführer
7 Woiwode
portugiesische Goldmünze
4 Pega
portugiesische Münze
4 Real
portugiesische Währung
7 Milreis
Postwagen
9 Diligence
Präsident des Bundeskriminalamtes
6 Herold
Präsident des DIHT
9 Amerongen
Präsident des NOK
5 Daume
Präsident von Tansania
7 Nyerere
preußischer Wehrpflichtiger
8 Kruemper
preußisches Gewicht
4 Zent
Provinz Äthiopiens
7 Eritrea
Raucherlokal
7 Tabagie
Rechnungseinheit
8 Goldmark
Rechnungseinheit in Iran
5 Toman
Regierungschef von Malta
4 Mamo
7 Mintoff
Reich im Sudan
5 Wadai
Reich in Korea
5 Bohai
Reich von Indonesien
8 Tschampa
Reichsmünze
7 Kreuzer
Reiseutensil
9 Geldkatze
Reisewagen
7 Berline
Reiter im türkischen Heer
5 Spahi
Reiterrock
6 Koller
Reitersoldat
5 Husar
8 Dragoner
Reitertruppe
7 Husaren
Reitweise der Frau
9 Damensitz
Rekrutenaushebung
5 Levee
rheinisches Grafengeschlecht
4 Sayn
ritterliches Kampfspiel
7 Turnier
rumänischer Großgrundbesitzer
5 Bojar
russische Arbeitergenossenschaft
5 Artel
russische Bluse
7 Sarafan
russische Dorfgemeinschaft
3 Mir
russische Goldmünze
8 Imperial
russische Kirchenbehörde
5 Synod
russische Nachrichtenagentur
4 Tass
russische Parteimitglieder
8 Kadetten
russische Silbermünze
5 Denga
russische Verwaltungsform
7 Semstwo
russischer Adliger
5 Bojar
russischer Herrschertitel
3 Zar
russischer Taler
7 Jefimok
russisches Gewicht
3 Pud
russisches Hohlmaß
8 Tscharka
russisches Längenmaß
5 Stopa
7 Saschen
russisches Parteimitglied
9 Oktobrist
Schallplattenmaterial
9 Schellack
Schiffsfrachtgewicht
9 Liespfund
Schlagwort der Iren
8 Homerule
Schloss in Paris
9 Tuilerien
schneller Tanz
9 Galoppade
Schreibgerät
9 Federkiel
Schularrestlokal
6 Karzer
Schutzwand in Festungen
8 Blindage
schwedische Münze
7 Carolin
9 Riksdaler
schwedische Popgruppe
4 Abba
schwedisches Längenmaß
3 Ref
schweizerische Goldmünze
7 Vreneli
schweizerische Münze
7 Angster
schweizerischer Tanzmusiker
8 Stauffer
schweizerisches Flüssigkeitsmaß
4 Saum
serbischer Geheimbund
8 Omladina
Siedlungsart
7 Hauland
Silbermünze
9 Koertling
skythisch-sarmatisches Volk
6 Alanen
slawische Stämme
8 Liutizen
slawischer Fürstentitel
8 Hospodar
slawischer Gerichtsbeamter
5 Zupan
Sonderpostkutsche
9 Extrapost
Sonderrechte spanischer Städte
6 Fueros
sowjetische Produktionsgenossenschaft
5 Artel
7 Kolchos
8 Kolchose
sowjetische Streitkräfte
9 Rote Armee
sowjetische Touristikgesellschaft
9 Intourist
sowjetischer Jugendbund
8 Komsomol
sowjetischer Politoffizier
8 Politruk
sowjetischer Raumschiffhafen
9 Kosmodrom
sowjetischer Selbstverlag
8 Samisdat

sowjetisches Besatzungsgebiet
7 Ostzone
Sowjetsoldat
9 Rotarmist
spanisch-südamerikanisches Gewicht
5 Carga
spanisch-südamerikanisches Hohlmaß
5 Carga
spanische Goldmünze
7 Dublone
9 Quadrupel
spanische Infanteriemütze
3 Ros
spanische Münze
4 Real
8 Maravedi
spanische Silbermünze
4 Duro
spanische Staatspartei
7 Falange
spanische Westsahara
8 Rio de Oro
spanischer Besitz
7 Rio Muni
spanischer Festungsbau
8 Presidio
spanischer Gerichtsdiener
5 Sieur
spanischer Hochadliger
6 Grande
spanischer Parteigänger
7 Karlist
spanischer Piaster
7 Carolus
Spitzenhalstuch
8 Palatine
Sprengstoff
7 Lignose
Stadtstaat in Turkestan
6 Loulan
Stadtteil Berlins
7 Rixdorf
Stahlgeige
9 Philomela
Steckkalender
9 Parapegma
Steuerliste
9 Heberolle
Stoffzähigkeitsmaß
6 Stokes
Strahlenenergieeinheit
8 Roentgen
Strahlungsstärkemaß
4 Stat
Straßburger Groschen
5 Assis
Strickbeutel
9 Pompadour
sudanischer Staatschef
7 Numeiri
südarabisches Volk
7 Minaeer
südkoreanische Währung
4 Hwan
Teich in Jerusalem
7 Betesda
8 Bethesda
Teil Apuliens
9 Messapien
Teil der Setzmaschine
6 Taster
Telegrafengerät
9 Sensophon
Territorium Französisch-Guayanas
5 Inini
thailändische Münze
5 Tikal
thailändisches Gewicht
5 Tikal
Titel algerischer Herrscher
3 Dei
Titel in Genua
4 Doge
Titel in Venedig
4 Doge
Treuhänder
7 Salmann
Trinkglas
8 Spechter
türkisch-ägyptisches Gewicht
4 Okka
türkisch-mongolisches Nomadenvolk
6 Awaren
türkische Anrede
6 Efendi
türkische Goldmünze
5 Altun
türkische Münze
6 Ikelik
7 Manghir
8 Jirmilik
türkische Regierung
5 Diwan
türkische Verwaltungseinheit
9 Sandschak
türkischer Beamter
7 Muschir
türkischer Derwischangehöriger
9 Bektaschi
türkischer Ehrenwächter
6 Kawass
türkischer Offizier
7 Muschir
türkischer Provinzstatthalter
9 Beglerbeg
türkischer Staatsrat
5 Diwan
türkisches Hoheitszeichen
9 Sandschak
türkisches Hohlmaß
4 Kile
türkisches Längenmaß
3 Rub
turkisierter Iranier
5 Sarte
turkmenisches Volk
7 Kumanen
Turkvolk
8 Chasaren
Turmwächter
7 Tuermer
Turngerät
8 Springel
Unfreier
9 Fronbauer
ungarische Armee
6 Honved, Honwed
ungarische Sängerin
5 Alpar
ungarische Verwaltungseinheit
7 Komitat
ungarischer Infanterist
7 Haiduck
ungarischer Landwehrsoldat
6 Honved, Honwed
Uniformrock
7 Litewka
Verbandmaterial
8 Scharpie
Verbrauchsabgabe
9 Torsteuer
Verbrauchssteuer
6 Akzise
verbreitetes Bergland
8 Restberg
Verdienstauszeichnung
9 Hausorden
Vermögensdelikt
9 Notbetrug
Verurteilung
9 Vorstrafe
Verwaltung der Militärgerichtsbarkeit
6 Profos
Verwaltungsbeamter
4 Vogt
Veterinär im deutschen Heer
8 Rossarzt
vierrädrige Kutsche
5 Broom
vietnamesischer Partisan
8 Vietcong
Volk der Kanarischen Inseln
8 Guanchen
Volk in Frankreich
7 Ligurer
Volk in Kleinasien
7 Leleger, Moscher
Volk in Schweden
6 Geatas, Geaten
vorbildlicher Arbeiter in der DDR
8 Aktivist
vorderasiatisches Volk
8 Assyrier
Vorsitzender des Deutschen Sportbundes
6 Kregel
Wanderhandwerker
7 Stoerer
Wärmemengenmaß
7 Kalorie
weiblicher österreichischer Adelstitel
4 Edle

Weinboot auf dem Rhein
4 Aake
westmongolische Stämme
7 Oiraten
westslawische Sprache
9 Polabisch
westslawischer Stamm
9 Pomoranen
westslawisches Volk
6 Lusici
Winkelmessgerät
9 Kreuzstab
Witwenhaube
8 Schnebbe
Zahlungsmittel
9 Eisengeld
Zehnpfennigstück
6 Nickel
Zeitmessgerät
7 Sackuhr
zionistische Untergrundorganisation
5 Irgun
Zirkusreiterin
4 Renz
Zoll
6 Akzise
Zusammenschlüsse
9 Jagdorden
Zweimaster
8 Trabakel
Ehepartner
4 Frau, Mann
5 Gatte
6 Gattin, Gemahl
7 Ehefrau, Ehemann, Gespons
8 Ehegatte, Gemahlin
9 Ehegattin
10 Angetraute
15 Lebensgefaehrte
16 Lebensgefaehrtin
Ehescheidung
9 Divortium
Eheschließung
6 Heirat
7 Mariage, Trauung
8 Hochzeit
10 Verbindung
11 Ferntrauung, Vermaehlung
12 Ziviltrauung
13 Verehelichung
14 Bund fuers Leben, Doppelhochzeit
Eheschließungsfeier
8 Hochzeit
Ehestifterin
9 Kupplerin
Ehesymbol
8 Trauring
Eheverächter
7 Misogam
Eheversprechen
9 Verlobung
ehrbar
4 brav, fair
5 loyal
6 honett, sauber, wacker
7 achtbar, honorig, sittsam
8 aufrecht
9 ehrenhaft, ehrenwert, honorabel, reputabel, tugendsam
10 ordentlich
11 respektabel
12 reputierlich, ruehmenswert
13 gentlemanlike, rechtschaffen, unbestechlich
14 hochanstaendig
Ehre
3 Lob
4 Ruhm
5 Gunst
6 Gloria, Wuerde
7 Achtung, Ansehen, Respekt
Ehrenband
8 Schaerpe
Ehrenbezeigung
5 Gruss, Kotau, Salut
8 Reverenz
Ehrenbezeigungen
8 Honneurs
Ehrenerweisung
8 Reverenz
Ehrenformation
7 Spalier
Ehrenfriedhof in Schleswig-Holstein
8 Karrberg
Ehrengabe
13 Gratifikation
Ehrengasse
7 Spalier
Ehrengeleit
7 Eskorte
9 Trauerzug
Ehrengrabmal
8 Pantheon
Ehrengruß
5 Salut, Salve
ehrenhaft
6 ehrsam, honett
7 achtbar, honorig
9 freigebig
10 anstaendig
13 rechtschaffen
Ehrenkodex in Japan
8 Buschido
Ehrenmann
9 Gentleman
11 Gentilhomme
Ehrenname
7 Titulus
der römischen Kaiser
6 Caesar
frommer Inder
5 Sadhu
für Heilige
9 Confessor
für Jesus
8 Christus
für Missionare
7 Apostel
römischer Kaiserinnen
7 Augusta
Ehrenpreis
3 Cup
5 Pokal
8 Medaille
Ehrenpreispflanze
8 Veronica
9 Bachbunge, Mannstreu
Ehrenrettung
14 Rehabilitation
Ehrensalve
5 Salut
Ehrentag
9 Jubilaeum
Ehrentempel
8 Pantheon
Ehrentitel
5 Sadhu
7 Eminenz, Panagia
8 Antistes
9 Exzellenz, Kommodore, Patricius
Buddhas
8 Bhagawat
Jesu
5 Soter
ehrenvoll
7 glorios
9 honorabel
Ehrenvorsitzender
9 Protektor
10 Schirmherr
Ehrenvorstellung
7 Benefiz
Ehrenzeichen
5 Orden
8 Medaille
10 Dekoration
Ehrerbietung
5 Kotau
7 Respekt
8 Kniefall, Reverenz
9 Hofknicks
10 Verbeugung
Ehrfurcht
7 Achtung, Respekt
ehrfurchtsvoll
5 devot
10 devotional
Ehrgeiz
5 Eifer
8 Ambition
ehrgeizig
9 ambitioes
Ehrgeizling
7 Streber
ehrlich
4 fair
5 reell
7 redlich
10 aufrichtig
12 zuverlaessig
ehrlos
5 infam
6 gemein
8 schuftig
15 niedertraechtig

ehrlose(r)
Frau
8 Schurkin
Mensch
4 Lump
7 Schurke
Ehrlosigkeit
6 Atimie
7 Infamie, Schande, Schimpf
ehrwürdig
8 erlaucht
15 patriarchalisch
ehrwürdige alte Frau
7 Matrone
Ei
der Laus
4 Niss
5 Nisse
von Wassertieren
9 Laichkorn
Eibe
5 Taxus
Eibengewächs
7 Torreya
Eibisch
5 Gombo, Malve
6 Althee, Athaea, Ibisch
8 Hibiskus
9 Stockrose
10 Samtpappel, Stockmalve
11 Kaesepappel
Eichel
5 Treff
9 Kleeblatt
Eichelwurmlarve
8 Tornaria
Eichelzucker
7 Querzit
eichen
8 visieren
9 ausmessen, justieren
11 adjustieren
Eichenfrucht
5 Ecker
Eichenfruchtbecher
6 Walone
Eicher
9 Justierer, Kalibreur
10 Einrichter
Eichhörnchennest
5 Kobel
Eichhörnchenpelz
3 Feh
7 Fehwerk
Eichmaß
6 Etalon
8 Standard
12 Massstandard
Eid
6 Schwur
8 Geluebde, Homagium
Eidbruch
7 Meineid
9 Falscheid
Eidechse
5 Gecko, Waran
6 Leguan
7 Lazerte
10 Chamaeleon, Flugdrache, Mauergecko
12 Waldeidechse
13 Mauereidechse
14 Blindschleiche
Eider-Zuflüsse
5 Sorge
6 Treene
Eideshelfer
7 Jurator
Eidgenosse
9 Helvetier, Schweizer
Eidgenossenschaft
7 Schweiz
eidliche Versicherung
9 Affidavit
Eier
im Nest
6 Gelege
legendes Haustier
4 Ente, Gans, Huhn
von Wassertieren
5 Laich
Eierauflauf
7 Soufflé
Eierbringer
9 Osterhase
Eierbrütgerät
9 Bruetofen
Eierfrucht
9 Aubergine
Eierfruchtbaumgewächs
9 Hernandia
Eierkuchen
7 Omelett
8 Frittate
12 Palatschinke
13 Palatschinken
Eierstein
6 Oolith
Eierteigware
5 Nudel
Eifelhöhe
8 Hohe Acht
Eifelhöhenzug
9 Schneifel
11 Schneeeifel
Eifelort
4 Kall
Eifelstadt
5 Mayen
9 Schleiden
Eifer
6 Fleiss
9 Emsigkeit, Intension
10 Fanatismus
12 Begeisterung, Strebsamkeit
Eiferer
5 Zelot
7 Fechter
8 Kaempfer, Streiter
9 Fanatiker
10 Verfechter
eiförmig
4 oval
5 ovoid
6 oboval
eifrig
5 emsig
7 bemueht
8 fleissig, strebsam
9 beflissen
10 begeistert
eifriger Sucher
9 Spuerhund
Eigelb
6 Dotter
8 Eidotter
Eigelege bei Insekten
8 Brutsack
Eigenart
3 Typ
4 Note
5 Wesen
6 Manier
7 Merkmal
8 Gepraege, Naturell
9 Charakter
11 Auspraegung, Seltsamkeit
13 Originalitaet
15 Individualitaet
des Hundes
9 handscheu
eigenartig
5 apart
7 seltsam
8 reizvoll
9 originell, sonderbar
11 merkwuerdig
Eigenartiges
9 Seltsames
10 Reizvolles
13 Merkwuerdiges
eigene(r, s)
Gebiet im anderen Staat
7 Exklave
Name der Tscheremissen
4 Mari
eigengesetzlich
7 autonom
Eigengesetzlichkeit
9 Autonomie
Eigengift
9 Autotoxin
eigenhändige Unterschrift
6 Signum
9 Autogramm
Eigenheim
4 Haus
5 Villa
7 Wohnung, Zuhause
8 Bungalow
9 Apartment
11 Appartement
15 Einfamilienhaus
16 Einzimmerwohnung, Zweifamilienhaus
17 Dreizimmerwohnung, Vierzimmerwohnung, Zweizimmerwohnung
Eigenliebe
8 Egoismus, Ichsucht
11 Selbstsucht
eigenmächtig
14 selbstherrlich

Eigennutz
8 Egoismus
11 Selbstsucht
Eigennütziger
6 Egoist
eigens
5 extra
8 speziell
9 besonders
Eigenschaft
8 Attribut
9 Qualitaet
des Kraftstoffs
9 klopffest
eigenschaftsgleich
7 isotrop
Eigenschaftsgleichheit
9 Isotropie
Eigenschaftswort
8 Adjektiv
Eigensinn
5 Trotz
8 Renitenz, Sturheit
9 Starrsinn
10 Bockigkeit, Persistenz
11 Obstination
12 Intransigenz, Rechthaberei, Verbohrtheit
13 Verstocktheit
14 Bockbeinigkeit, Stoerrischkeit
15 Dickkoepfigkeit, Halsstarrigkeit, Starrsinnigkeit, Steifnackigkeit, Unbelehrbarkeit
16 Starrkoepfigkeit, Uneinsichtigkeit, Unnachgiebigkeit
17 Kratzbuerstigkeit
eigensinnig
4 stur
7 trotzig
8 obstinat
9 entetiert
10 kaprizioes
eigensinnige(r, s)
Mensch
8 Dickkopf
9 Starrkopf
Vorgehen
9 Extratour
Eigensucht
8 Egoismus, Ichsucht
eigentlicher
Name von Defoe
3 Foe
Name von Tito
4 Broz
Sinn
8 Endzweck
Eigentum
4 Habe
6 Besitz
9 Vermoegen
Eigentümer
7 Inhaber
8 Besitzer
des Bodens
9 Grundherr
eigentümlich
7 seltsam, typisch
8 speziell
9 besonders, originell, sonderbar
11 merkwuerdig
eigentümlicher Stil
7 Kolorit
Eigentumsbilder
6 Sparer
7 Anleger
9 Bausparer
11 Geldanleger
14 Kapitalanleger
Eigentumsdelikte
4 Raub
6 Betrug
8 Einbruch
9 Diebstahl
Eigentumsübertragung
9 Affatomie
eigenwillig
10 kaprizioes
eigenwilliges Benehmen
7 Alluere
Eignung
13 Qualifikation
14 Qualifizierung
Eignungsprüfung
4 Test
Eignungsuntersuchung
8 Pruefung
Eiklar
7 Eiweiss
Eiland
5 Insel
Eilbote im diplomatischen Dienst
6 Kurier
Eilbotschaft
8 Depesche
9 Telegramm
Eile
4 Hast
7 Zeitnot
14 Ueberstuerzung
Eileiter
4 Tuba
eilen
6 hasten
8 preschen
eilig
6 urgent
8 pressant
9 dringlich
eiligst
7 express
Eilnachricht
8 Depesche
9 Telegramm
Eilpostkutsche
9 Diligence
Eimasse von Wassertieren
5 Laich
eimerähnliches Gefäß
6 Kuebel
ein wenig
4 poco
5 etwas
ein Zehntel Ster
8 Dezister
Ein- und Auslauf
8 Oeffnung
Ein-, Ausflugszone
8 Schneise
Ein-, Ausgabenbuch
9 Kassabuch
Einarbeitungsfrist
9 Probejahr, Probezeit
Einäscherungshalle
11 Krematorium
einatmen
10 inhalieren
Einatmen von Rauschmitteln
8 Sniffing
Einatmung
10 Inhalation
einäugiger Riese
6 Kyklop, Zyklop
einbalsamierter Leichnam
5 Mumie
Einbau
12 Installation
Einbaum
4 Kanu
6 Piroge
einbegriffen
9 implizite, inklusive
Einbildung
4 Bild, Wahn
6 Utopie, Vision
7 Duenkel, Fiktion, Gesicht, Hochmut, Phantom
8 Chimaere, Fantasie, Gaukelei, Illusion, Trugbild
9 Phantasie, Schimaere
10 Auswuechse, Erdichtung, Gaukelwerk, Taeuschung
11 Abstraktion, Fata Morgana, Gaukelspiel, Imagination, Irrealitaet, Seifenblase, Spekulation, Vorstellung, Wunschtraum
12 Hirngespinst
13 Halluzination
14 Phantasmagorie, Unwirklichkeit
16 Sinnestaeuschung
17 Vorstellungskraft
Einbildungskraft
8 Fantasie
9 Phantasie
11 Imagination
einblättrig
8 unipetal
Einbringen der Feldfrüchte
5 Ernte
Einbürgerung
14 Naturalisation, Nostrifikation
15 Naturalisierung

Einbuße
6 Mangel
7 Verlust
eindampfen
11 evaporieren
eindeutig
4 klar
6 univok
8 einnamig
Eindeutigkeit eines Wortes
9 Monosemie
eindicken
8 legieren
eindimensional
6 linear
eindringen
demonstrierender Gruppen
4 Go-in
des Magmas zwischen Gesteine
9 Intrusion
eines Stachels
5 Stich
eindringlich
6 betont
8 intensiv
10 gruendlich, instaendig
14 nachdruecklich
beibringen
9 einimpfen
Eindringlichkeit
11 Intensitaet
Eindringling
7 Invasor
Eindruck
7 Wirkung
10 Impression
machen
10 imponieren
Eindrucksintensität
6 Impact
eindrucksvoll
8 imposant
9 stattlich
10 effektvoll, grossartig
eine Gegenwirkung zeigen
9 reagieren
eine gewisse Menge
6 Anzahl
eine Kernreaktion
9 Stripping
eine Million Billionen
8 Trillion
eine Million Watt
8 Megawatt
eine Reaktion eingehender Stoff
8 Reaktant
eine Rechnung begleichen
8 bezahlen
eine Rolle nur andeuten
9 markieren
eine Skatspielart spielen
8 ramschen
eine Textstelle wörtlich anführen
8 zitieren
eine Ware bestellen
6 ordern
eine Wohnung räumen
9 ausziehen
eine Wunde versorgen
9 verbinden
eine(r, s) der
Argonauten
4 Idas
5 Iason
6 Idunas, Kastor, Neleus, Peleus
7 Admetos, Orpheus, Telamon, Theseus
8 Euphemos, Herakles
9 Mellagros
beiden Wölfe Wodans
4 Geri
Chariten
6 Aglaia, Thalia
10 Euphrosyne
Dreimännerherrschaft
8 Triumvir
Eddalieder
9 Atlakvida
Eisheiligen
6 Servaz
9 Servatius
Erinnyen
6 Alekto
7 Megaere, Megaira
9 Tisiphone
Gezeiten
4 Ebbe, Flut
Gorgonen
6 Medusa, Meduse, Stheno
7 Euryale, Stheino
Göttinger Sieben
5 Ewald, Grimm, Weber
8 Albrecht, Dahlmann, Gervinus
Grazien
6 Aglaia, Thalia
10 Euphrosyne
Haimonskinder
6 Renaud
8 Reinhald
Haupttugenden
4 Spes
5 Fides, Liebe
6 Glaube
7 Caritas, Glauben, Staerke
8 Hoffnung, Justitia, Klugheit, Weisheit
9 Fortitudo, Prudentia
10 Tapferkeit
11 Maessigkeit, Temperentia
12 Besonnenheit
13 Gerechtigkeit
Heiligen Drei Könige
6 Kaspar
8 Melchior
9 Balthasar
Horen
4 Auxo, Dike
5 Karpo
6 Eirene, Thallo
7 Eunomia
Musen
4 Klio
5 Erato
6 Thalia, Urania
7 Euterpe
8 Kalliope
9 Melpomene
10 Polyhymnia
11 Terpsichore
Nornen
3 Urd
5 Skuld
8 Werdandi
Plejaden
4 Maia
7 Sterope
Raben Odins
5 Hugin, Munin
sagenhaften Gründer Roms
5 Remus
7 Romulus
schönen Künste
4 Tanz
5 Musik
7 Malerei
8 Dichtung
Schwiegerväter Esaus
3 Ana
sieben Epigonen
8 Alkmaion, Diomedes, Euryalos
9 Aegialeus, Promachos, Sthenelos
11 Thersandros
Sieben gegen Theben
6 Adrast, Tydeus
sieben Hügel Roms
7 Aventin, Caelius, Capitol, Palatin
8 Esquilin
sieben Weisen
4 Bias
6 Chilon, Thales
7 Kleobul
9 Kleobulos
Sieben Weisen Griechenlands
4 Bias
5 Solon
6 Chilon, Thales
8 Pittakos
9 Kleobulos, Periander
Titanen
5 Atlas, Koios, Krios
6 Adanos, Anytos, Helios, Kronos, Ophion
7 Aigaion, Japetos, Okeanos, Ostasos
8 Hyperion, Olymbros
10 Epimetheus, Prometheus
Todsünden
4 Geiz, Neid, Zorn
7 Hochmut, Wollust
10 Trunksucht
Urväter
5 Enoch
vierzehn Nothelfer
6 Cyriak

8 Achatius, Aegidius, Cyriakus, Dionysus, Zyriakus
9 Dionysius
Vornamen Mozarts
7 Amadeus
8 Wolfgang
Wölfe Odins
4 Geri
5 Freki
zwölf Kleinen Propheten
4 Amos, Joel, Jona
5 Hosea, Micha, Nahum
6 Haggai, Obadja
7 Habakuk
8 Maleachi, Sacharja, Zephanja
einebnen
8 glaetten
9 planieren
Einehe
9 Monogamie
einehig
7 monogam
einem bestimmten Kunststil entsprechend
8 barockal
einem Vorbild entsprechend
9 idealisch
einen Auftrag erteilen
6 ordern
einen Beginn ausdrückend
9 ingressiv
einen Brand ersticken
8 loeschen
einen Eid ablegen
9 schwoeren
einen Fuß nachziehen
6 hinken, lahmen
7 humpeln
einen Motor frisieren
5 tunen
einen neuen Beruf erlernen
9 umschulen
einen politischen Handstreich ausführen
8 putschen
einen Sender genau einstellen
9 abstimmen
einen Siedepunkt besitzend
8 azeotrop
einen Wunsch ausdrückend
7 optativ
einengend
10 restriktiv
einer Axt ähnliches Werkzeug
4 Beil
einer europiden Rasse angehörend
9 dinarisch
einerlei
4 egal
eines Sinnes
5 einig
einfach
6 frugal, simpel
7 farblos, maessig
8 kunstlos, primitiv, schlicht
9 elementar, genuegsam
10 bescheiden, einfaeltig, schmucklos
11 spartanisch, unscheinbar
12 unauffaellig
einfache(r, s)
Antriebsquelle
8 Zugfeder
Eiweißkörper
7 Protein
Fahrzeug
5 Karre
9 Handkarre
flüssige Speise
9 Brotsuppe
Hausabdeckung
9 Strohdach
Olefine
6 Alkene
Seezeichen
6 Pricke
Soldat
7 Landser
Speise
7 Eintopf
8 Maisbrei
Steuersatz
7 Simplum
Wasserfahrzeug
9 Flossboot
Wort
7 Simplex
Wörter
9 Simplizia
Zuckerarten
8 Heptosen
Einfachheit
12 Simplizitaet
Einfachzucker
7 Pentose
Einfahrt
3 Tor
6 Portal
Einfall
3 Gag
4 Idee, Raid
7 Gedanke
8 Invasion
9 Eingebung, Intuition
11 Erleuchtung, Inspiration
12 Geistesblitz
einfallslos
8 ideenarm
einfallsreich
6 findig
7 gewitzt, kreativ
9 ingenioes
13 schoepferisch
Einfalt
8 Bonhomie, Dummheit
9 Naivitaet
12 Simplizitaet
einfältig
4 doof, naiv
6 simpel
reden
6 labern
8 quasseln
Einfamilienhaus
9 Eigenheim
einfarbig
3 uni
9 monochrom
einfassen
9 garnieren
Einfassung
4 Rand, Saum
5 Bande, Kante, Preis, Zarge
6 Rahmen
7 Lisiere
8 Borduere
9 Umrahmung
der Plicht
9 Suellbord, Suellrand
von Bildern
6 Rahmen
einfetten
9 schmieren
Einfluss
8 Influenz
Einflussbereich
8 Ingerenz
9 Bannkreis
Einflussgebiet
7 Bereich
Einflussnahme
8 Eingriff
einflussreiche Highsociety
6 Jetset
einflussreicher Staat
9 Weltmacht
einflussreiches Unternehmen
8 Imperium
einflüstern
8 vorsagen
11 soufflieren
einförmig
7 monoton, uniform
Einförmigkeit
8 Einerlei
9 Monotonie
11 Stereotypie
12 Uniformitaet
Einfriedung
4 Fenz, Zaun
5 Hecke, Knick, Mauer
6 Gatter, Gitter, Pferch
9 Drahtzaun
Einfruchthalberzeugnis
9 Obstpulpe
Einfügsel im Wortstamm
5 Infix
Einfuhr
6 Import
Einfuhrabgabe
9 Warenzoll
Einfuhrkaufmann
9 Importeur
Einführung
9 Leitfaden
10 Initiation, Investitur
12 Introduktion
Einfuhrware
7 Importe
Eingabe
5 Input

6 Gesuch
8 Petition
Eingang
3 Tor
4 Tuer
6 Entree, Pforte, Portal
7 Zutritt
Eingang zur Speiseröhre
7 Schlund
Eingangshalle
7 Vorraum
8 Portikus
9 Vestibuel
Eingangslied
9 Introitus
Eingangspavillon
6 Gopura
Eingangsraum
6 Entree
eingebildet
5 eitel
8 arrogant, blasiert
9 imaginaer
10 hochmuetig
11 duenkelhaft, snobistisch
12 ueberheblich
eingebildete(r, s)
Kranker
8 Nosomane
11 Hypochonder
Kranksein
9 Nosomanie
Eingebildetheit
7 Duenkel, Hochmut
eingeboren
8 heimisch
Eingeborenenreich Afrikas
5 Nkole
Eingeborenentruppe
7 Askaris
Eingeborener
britischer Kolonien
6 Native
der Berberei
5 Mauri
in Guayana
5 Maron
in Indien
5 Hindu
in Südafrika
9 Buschmann
in Westindien
5 Maron
Eingebung
7 Einfall
9 Intuition
11 Inspiration
eingedeichtes Land
3 Kog
4 Koog
6 Polder
eingedickte(r, s)
Fruchtsaft
5 Gelee, Sirup
Obst
9 Fruchtmus
Süßholzsaft
8 Lakritze
eingefleischter Junggeselle
9 Hagestolz
eingeführte Ware
7 Importe
eingekochter Milchsaft
6 Chicle
eingekratzte Inschrift
8 Graffito
eingelegte(r, s)
Arbeiten
9 Intarsien
Fisch
8 Marinade
Frucht
9 Salzgurke, Senfgurke
10 Essiggurke
Knospe
5 Kaper
Sardelle
8 Anchovis
9 Anschovis
Tierprodukt
5 Solei
Eingemachtes
3 Mus
5 Gelee
7 Kompott
8 Konserve
9 Fruchtmus, Marmelade
10 Konfituere
12 Eingekochtes, Eingewecktes
13 Konserviertes
Eingemeindung
13 Inkorporation
eingepflanztes Gewebestück
9 Implantat
eingeräumtes Recht
8 Befugnis
eingerichtet
5 garni
9 moebliert
eingesalzener
Kabeljau
8 Laberdan
Rogen
6 Kaviar
eingesäuertes Viehfutter
6 Silage
eingeschaltet
2 an
eingeschlechtlich
6 diklin
eingeschlossener Teil eines Staates
7 Enklave
Eingeschlossensein
8 Immanenz
eingeschobener Buchstabe
9 Gleitlaut
eingeschossiges Haus
8 Bungalow
eingeschränkt
7 bedingt
9 behindert, limitiert
10 bescheiden
11 gehandikapt
13 vorbehaltlich
eingeschüchtert
6 mutlos
10 aengstlich
eingesetzte(r, s)
Keil
5 Godet
Stoffstück
4 Keil
eingesickerte Flüssigkeit
9 Infiltrat
eingetroffene Sendung
7 Eingang
eingewanderter Stamm
8 Gastvolk
Eingeweide
6 Daerme
7 Gedaerm, Kutteln
8 Gedaerme, Gekroese
9 Innereien, Kaldaunen
Eingeweidebruch
9 Netzbruch, Ueberwurf
Eingeweidewurm
7 Kratzer
9 Helminthe
Eingeweihtengrad in den Eleusinischen Mysterien
5 Epopt
Eingeweihter
5 Adept
7 Hipster, Insider
8 Fachmann, Komplize
9 Mitwisser
10 Esoteriker, Vertrauter
eingeweihter Alchimist
5 Adept
eingezuckerte
Apfelsinenschale
8 Orangeat
Zitronenschale
8 Zitronat
Einglas
7 Kneifer, Monokel
eingliedrig
9 monomisch
eingliedrige Zahlengröße
5 Monom
7 Mononom
Eingraviertes
9 Inschrift
Eingriff
9 Operation
am lebenden Tier
11 Vivisektion
ins Gehirn
9 Lobotomie
Einhakvorrichtung
9 Schliesse
Einhängevorrichtung
8 Zughaken
Einhegung
11 Einfriedung
einheimisch
7 indigen
8 wohnhaft
9 ansaessig, endemisch, entopisch
10 beheimatet, eingeboren
13 eingebuergert, ortsansaessig

14 alteingesessen, niedergelassen
Einheimische
7 Hiesige
11 Inlaenderin
Einheimischer
9 Inlaender
einheimisches Sonderrecht
5 Kanun
Einheimsen aller Stiche
7 Schlemm
Einheit
aus drei Versfüßen
8 Tripodie
aus zehn Gliedern
6 Dekade
der Ausdrucksform
5 Kenem
der Beleuchtungsstärke
3 Lux
der Datenverarbeitung
3 Bit
4 Byte
8 Gigabyte, Kilobyte, Megabyte
der Fluidität
3 Rhe
der Grundstücksgröße
8 Feldmass
der Leuchtdichte
8 Apostilb
der Masse
9 Megagramm
der Radioaktivität
9 Picocurie, Pikocurie
der Stabreimdichtung
8 Langvers
der Stoffmenge
3 Mol
des ebenen Winkels
9 Altminute
des Landsknechtsheeres
6 Haufen
des magnetischen Flusses
7 Maxwell
des Selbstbewusstseins
3 Ich
einer Pflanzengesellschaft
6 Fazies
eins zu zweihundert
6 Mikrat
Übereinstimmung
7 Unitaet
zur Vielheit
6 Henade
Einheitenzeichen
9 Neuminute
einheitlich
6 gleich
7 uniform
9 einmuetig, organisch
16 uebereinstimmend
festsetzen
6 normen
einheitliche
Gestaltung
7 Normung
Menge
7 Cluster
Einheitskleidung
7 Uniform
Einheitslehre
8 Monismus
Einheitsmuster
4 Norm
einhöckeriges Kamel
8 Dromedar
Einhufer
4 Esel, Muli
5 Pferd, Zebra
8 Halbesel, Maultier
9 Wildpferd
einhüllende Kurve
9 Enveloppe
einig
7 konform
16 uebereinstimmend
Einigungsbewegung der Christenheit
8 Oekumene
Einjahresstufe
6 Klasse
einjährig
7 annuell
einjährige(s)
Fohlen
5 Enter
Kalb
5 Enter
Pferd
5 Enter
Pflanze
9 Therophyt
Schaf
5 Enter
Tier
9 Jaehrling
Triebe
8 Bogreben
einkanalig
8 monaural
Einkauf
6 Erwerb
9 Besorgung
11 Anschaffung
Einkaufsbehälter
4 Korb, Netz
6 Beutel, Tasche
Einkaufsbeleg
9 Kassenbon
Einkaufsbummel
8 Shopping
Einkaufswägelchen
8 Karrette
Einkaufswagen im Supermarkt
6 Caddie
einkehren
8 besuchen
9 absteigen
Einkerbung
3 Nut
4 Nute
5 Kehle
7 Inzisur
Einklang
7 Unisono
8 Harmonie
Einkommen
4 Gage, Lohn, Sold, Zins
5 Heuer, Rente
6 Gehalt, Salaer
7 Bezuege, Entgelt, Honorar, Pension, Revenue
8 Pfruende
9 Besoldung, Verdienst
10 Broterwerb
Einkorn
6 Dinkel
Einladender
9 Gastgeber
Einlass
7 Zutritt
Einlasskarte
6 Ticket
7 Billett
Einlauf
8 Klistier
Einlegearbeit
6 Mosaik
8 Intarsia, Intarsie
9 Intarsien
Einleitung
6 Geleit, Prolog
7 Entrata, Intrada, Isagoge, Vorrede, Vorwort
8 Vorspann, Vorspiel
9 Introitus, Praeambel, Preludium, Prooemium, Prooimion, Vorspruch
10 Exposition, Geleitwort, Ouvertuere
11 Einfuehrung
12 Introduktion, Vorbemerkung
14 Praeliminarien
Einleitungslehre
8 Isagogik
Einleitungssatz der Suite
6 Pavane
Einleitungsstück
10 Ouvertuere
einleuchtend
4 klar
7 evident, fassbar, triftig
8 fasslich
9 glaubhaft, plausibel
10 bestechend, verstehbar
11 begreiflich
12 augenfaellig, ueberzeugend
13 verstaendlich
einmachen
12 konservieren
einmal ist . . .
7 keinmal
Einmaligkeit
7 Unitaet
Einmalprämie
4 Mise
Einmannboot
5 Dingi, Skiff
6 Dinghi
Einmannruderboot
5 Skiff

Einmannsegelboot
9 Finndingi
Einmaster
4 Slup
5 Barke, Tjalk
6 Kutter
7 Beiboot
einmastiges
Küstenfahrzeug
4 Kaag
Lastschiff
5 Tjalk
Einmieterinsekt
8 Inquilin
Einmütigkeit
10 Konkordanz
Einnahme
6 Erloes
9 Eroberung
Einöde
7 Wildnis
9 Wuestenei
einordnen
11 rubrizieren
12 registrieren
einpassen
9 justieren
Einpauker
9 Repetitor
Einpflanzung
12 Implantation
einpolig
8 unipolar
einprägsam
7 markant
9 plastisch
einrädriges Schubfahrzeug
5 Karre
einräumen
11 konzedieren
einräumend
9 konzessiv
Einrede
4 Veto
7 Einwand, Einwurf
9 Einspruch
Einreibmittel
5 Salbe
6 Balsam
7 Blister, Kampfer, Tinktur
8 Liniment
9 Muskatoel
Einreibung
7 Unktion
8 Friktion
einreihen
9 rangieren
10 gruppieren
Einreihung
9 Zuordnung
10 Einweisung, Klassement
einreißen
10 demolieren
11 demontieren
einrichten
10 etablieren, moeblieren
12 installieren
Einrichter eines Musikstücks
9 Arrangeur
Einrichtung
6 Moebel
8 Institut, Inventar, Mobiliar
11 Ausstattung, Institution
12 Installation, Konstruktion, Organisation
16 Bewerkstelligung
am Kfz
9 Defroster
der Post
8 Postfach
eines Geldinstituts
9 Bankkonto, Girokonto, Sparkonto
für Autofahrer
7 Drive in
für Bankkunden
5 Konto
zur Selbsttätigkeit
9 Automatik
Einrichtungsgegenstände
6 Moebel
8 Inventar
Einriss
6 Fissur
Einrücken feindlicher Truppen
8 Invasion
Einsager
9 Souffleur
einsalzen
7 poekeln
einsam
3 oed
4 oede
6 allein, fernab
8 entlegen
9 abgelegen, verlassen
10 vereinsamt
einsame(s)
Gegend
4 Oede
9 Wuestenei
Inselleben
11 Robinsonade
Einsamkeit
7 Einoede, Klausur
12 Vereinsamung
13 Abgelegenheit, Verlassenheit
Einsatz
bei Gefahr
8 Nothilfe
beim Pferdesport
9 Rennwette
gegen Luftangriffe
9 Erdabwehr
Einsatzverdoppelung im Pharao
6 Paroli
einsaugen
11 resorbieren
Einsaugung
10 Resorption
Einschätzung
9 Bewertung
Einschienenbahn
9 Alwegbahn
Einschlag im Wald
7 Aushieb
einschließen
9 umzingeln, zernieren
einschließlich
9 implizite, inklusive
Einschließung
9 Inklusion, Okklusion, Umfassung
Einschnitt
3 Nut
4 Nute
5 Bruch, Kerbe, Kimme
6 Luecke, Zaesur
7 Inzisur, Kerbung, Scharte
8 Inzision
10 Aufenthalt
13 Unterbrechung
der Feile
4 Hieb
im Vers
6 Zaesur
8 Diaerese
in Baumrinden
5 Lache
zwischen zwei Dächern
9 Dachkehle
Einschnürung
11 Kontraktion
einschränken
10 reduzieren
einschränkend
10 restriktiv
einschreiben
12 inskribieren
15 immatrikulieren
Einschreibung
15 Immatrikulation
Einschub in der Suite
7 Gavotte
Einschubzeichen
7 Klammer
8 Akkolade
Einschüchterungsversuch
7 Drohung
Einschwärzer der Kupferstecher
6 Tampon
Einsegnung
12 Konfirmation
einseitig
8 partiell
9 subjektiv
10 doktrinaer, unilateral
einseitiger
Kopfschmerz
8 Migraene
9 Hemialgie
Einseitigkeit
14 Subjektivitaet
Einsenkung im Gelände
5 Mulde
einsetzen
13 konstituieren
Einsetzung des Monarchen
8 Kroenung
Einsicht
6 Raeson
7 Synesis

8 Vernunft, Verstand
einsichtsvolle Klugheit
8 Weisheit
Einsickerung
12 Infiltration
Einsiedelei
6 Klause
8 Eremitei, Kartause
9 Eremitage
Einsiedler
6 Eremit
7 Marabut
8 Klausner
9 Anachoret
Einsiedlerkloster
5 Laura, Lawra
Einsiedlerorden
10 Kartaeuser
Einsiedlerspiel
8 Solitaer
Einsitzerrennauto
9 Monoposto
Einspänner
3 Cab, Gig
7 Dogcart
einspännige(r)
englische Droschke
3 Cab
Zweiradwagen
7 Cabcart
Einspannvorrichtung
6 Zwinge
einspritzen
10 injizieren
Einspritzung
9 Injektion
Einspruch
4 Veto
5 Klage
6 Rekurs, Verbot
7 Einrede, Einwand, Protest
8 Demarche
9 Widerrede
10 Beschwerde, Einsprache, Einwendung
11 Gegenstimme, Reklamation
12 Beanstandung, Maengelruege, Verhinderung
14 Interpellation
erheben
9 anfechten
Einspruchsrecht
4 Veto
einst
4 olim
6 damals, ehedem
7 ehemals, frueher, vormals
einstellen
6 dingen, heuern
7 beenden, berufen
8 anheuern, anwerben, betrauen, chartern
9 aufhoeren, aufnehmen, bestallen
10 aberkennen, abschaffen, engagieren, regulieren
11 abgewoehnen, adjustieren
12 verpflichten
13 beschaeftigen
Einstellgerät
6 Regler
Einstellknopf
6 Regler
Einstellraum
6 Garage, Kammer, Remise
8 Schuppen
9 Verschlag
11 Besenkammer
12 Speisekammer
Einstellvorrichtung
9 Drehknopf
einstimmige(r, s)
Fugenthema
3 Dux
Gesang
7 Monodie
einstöckiges Haus
8 Bungalow
Einstudierung
9 Einuebung
einstweilige Amtsenthebung
10 Suspension
eintägig
7 ephemer
Eintagsfieber
8 Ephemera
Eintagsfliege
10 Ephemeride
Eintänzer
6 Gigolo
einteilen
11 disponieren, rationieren
einteilige(r, s)
Arbeitsanzug
6 Montur
Merkmal
7 Gattung
Schutzanzug
7 Overall
Schwimmkleidung
9 Badeanzug
Unterkleidung
8 Bodysuit
Einteilung
an Messgeräten
5 Skala
der Kompassrose
6 Strich
des Kreises
7 Neugrad
von Stegreifkomödien
7 Kanevas
Einteilungsbegriff
3 Art
5 Kreis, Rasse, Reihe, Sorte, Stamm, Typus
6 Klasse
7 Familie, Gattung, Ordnung
9 Kategorie
eintönig
3 fad, oed
5 trist
7 farblos, monoton
8 trostlos
10 langweilig
13 gleichfoermig
spielender Musiker
6 Dudler
eintönige(s)
Gerede
7 Litanei
Leere
7 Oedheit
Musik
7 Dudelei, Gedudel
Eintönigkeit
8 Einerlei
9 Monotonie, Tristesse
Eintopfessen
8 Hochepot, Pot au feu
9 Kohlsuppe
Eintracht
7 Frieden
8 Harmonie
Eintrachtsgöttin)
9 Concordia
eintragen
8 notieren
12 registrieren
einträglich
7 lohnend
8 lukrativ, rentabel
Eintreffen
6 Kommen
7 Ankunft, Landung
eintreten
9 geschehen, passieren
einer erstrebten Wirkung
6 Erfolg
Eintritt
6 Entree, Zugang
als Söldner
8 Reislauf
ins Leben
6 Geburt
Eintrittsarie
7 Sortita
Eintrittsgeld
6 Entree
Eintrittskarte
6 Ticket
7 Billett
eintüriger Schrank
5 Spind
einüben
6 lehren, lernen, pauken
7 drillen
9 studieren
10 exerzieren, trainieren
12 einstudieren
Einüber
9 Einpauker, Repetitor
12 Korrepetitor
Einverständnis
9 Billigung
10 Zustimmung
Einwand
4 Aber

7 Einrede, Protest
8 Bedenken
9 Einspruch, Gegenrede
10 Opposition
11 Widerspruch
15 Hinderungsgrund
Einwanderer
9 Immigrant
einwandfrei
4 fair
6 sauber
7 korrekt, koscher, perfekt
8 makellos, tadellos
10 ordentlich, vollkommen
Einwilligung
7 Konsens
Einwirkung von außen
8 Eingriff
Einwohnerverzeichnis
10 Adressbuch
Einzahl
7 Numerus
8 Singular
einzäunen
9 einfenzen
Einzäunung
4 Fenz
6 Gatter, Pferch
10 Umfriedung
Einzelabdruck
5 Abzug
8 Exemplar
12 Einzelstueck
Einzelanfertigung
8 Prototyp
Einzelbild von Filmaufnahmen
9 Standfoto
Einzeldarsteller
6 Solist
Einzeldarstellung
4 Solo
10 Monografie
11 Monographie
Einzelfall
5 Kasus
Einzelfalldarstellung
9 Kasuistik
Einzelfrachtstück
9 Stueckgut
Einzelgänger
4 Kauz
5 Paria
7 Drop-out, Outcast
8 Original, Outsider
9 Asozialer, Verfemter
10 Sonderling
11 Geaechteter
12 Aussenseiter, Entrechteter, Subjektivist
13 Ausgeflippter, Eigenbroetler, Individualist, Nonkonformist
14 Ausgestossener
15 Aussenstehender
16 Marginalexistenz
Einzelgesang
7 Monodie
Einzelhandelsgeschäft
8 Drogerie
9 Kaufladen
Einzelhändler
10 Detaillist
Einzelheit
6 Detail, Posten
Einzeljagd
6 Pirsch
Einzelkleid
6 Modell
Einzeller
7 Protist
9 Protozoon
einzellige(s)
Lebewesen
6 Amoebe
Pflanze
8 Blutalge
Wasserpflanze
8 Bandalge
einzeln
6 allein
7 separat
8 speziell
9 singulaer
11 partikulaer
gefasster Edelstein
8 Solitaer
lebend
8 solitaer
Einzelraum
7 Separee
Einzelrennen
4 Heat
Einzelseele
8 Puruscha
Einzelspiel
9 Nascoball
Einzelspieler
6 Solist
Einzelstück
6 Unikat
8 Exemplar
Einzelvortrag
4 Solo
8 Solopart
Einzelvorträge
4 Soli
Einzelvortragende(r)
6 Solist
8 Solistin
Einzelwesen
6 Person
10 Individuum
Einzelwesenentwicklung
9 Ontogenie
Einziehen von Geldforderungen
7 Inkasso
Einziehung
12 Konfiskation
einzigartig
8 einmalig, original
9 originell
10 urwuechsig
einzige(r)
Ausfertigung
6 Unikat
Treffer der besiegten Mannschaft
8 Ehrentor
Einzigkeit
7 Unitaet
Einzug
der Stiere
8 Encierro
mit Truppen
9 Einmarsch
Einzuweihender
8 Initiand
eirund
4 oval
Eisack-Zuflüsse
5 Rienz
6 Talfer
Eisbruch oder Gletschersturz
5 Serac
Eisen
am Pferdehuf
8 Beschlag
anziehender Stahl
6 Magnet
anziehendes Metall
6 Magnet
Elektromagnetkern
8 Polschuh
Lattenzaun
6 Staket
Manganabsatz auf Gesteinsflächen
7 Dendrit
Schwefelkies
5 Pyrit
unter Hitze halten
7 tempern
Eisen-Aluminium-Legierung
4 Alit
Eisen-Zinn-Legierung
9 Haertling
Eisenabfälle
7 Schrott
eisenarmer Meteorit
9 Achondrit
Eisenbahn-Sicherheitsanlagen
4 Bake
6 Indusi, Signal
8 Schranke
9 Notbremse, Vorsignal, Warnkreuz
10 Laeutewerk, Signalmast
11 Hauptsignal
Eisenbahnabteil
5 Coupé, Kupee
Eisenbahnanlage
9 Stellwerk
Eisenbahnbediensteter
9 Gleiswart
Eisenbahncoupé
6 Abteil
Eisenbahner
6 Heizer
7 Bremser
9 Rangierer, Schaffner
10 Lokfuehrer, Zugfuehrer
11 Kontrolleur
14 Weichensteller

16 Fahrdienstleiter, Schrankenwaerter

Eisenbahnfahrplan
8 Kursbuch

Eisenbahnfährschiff
7 Trajekt

Eisenbahnfahrzeuge
3 Lok
4 E-Lok, Lore
5 Ellok, Wagon
6 Tender, Waggon
8 Dampflok, Draisine, Rollbock
9 Diesellok, Postwagen
10 Elektrolok, Lokomotive, Triebwagen
11 Schlafwagen, Speisewagen
13 Zugrestaurant
15 Dampflokomotive
16 Diesellokomotive
17 Elektrolokomotive

Eisenbahngüterwagen
4 Lore

Eisenbahnwagen
6 Waggon

Eisenbahnzug
8 Garnitur

Eisenblock
6 Bramme

Eisenerze
5 Pyrit
7 Minette, Siderit
8 Chamosit, Haematit, Magnetit, Markasit, Roteisen
9 Eisenkies, Eisenoxid, Eisenspat, Jacotinga
10 Eisenglanz, Eisenstein
12 Schwefelkies
13 Roteisenstein
15 Brauneisenstein, Raseneisenstein
16 Magneteisenstein

Eisenfraß
4 Rost

Eisengewinnungsanlage
8 Hochofen

Eisenglanz
8 Itabirit

eisenhaltiges
Mineral
3 Erz
Protein
8 Ferritin

Eisenholzbaum der Molukken
4 Nani

Eisenhut
6 Akonit

Eisenhutalkaloid
8 Aconitin

Eisenhüttenprodukt
9 Gussstahl, Walzblech, Walzstahl, Weissguss

Eisenkahn der Pioniere
6 Ponton

Eisenkarbid
8 Zementit

Eisenkies
5 Pyrit

Eisenklumpen
5 Luppe

Eisenkrautgewächs
6 Lippie
7 Losbaum

Eisenkrautgewächse
7 Lantana, Losbaum
8 Teakbaum
9 Avicennia
14 Moenchspfeffer, Wandelroeschen
15 Zitronenstrauch

eisenloser Meteorstein
8 Asiderit

Eisenmeteorit
7 Siderit
9 Hexaedrit

Eisenoxid
4 Rost
6 Zunder
ansetzen
6 rosten

Eisenpecherz
7 Triplit

Eisensalz
6 Ferrit

eisensaures Salz
6 Ferrat

Eisenspat
7 Siderit

Eisenverbindung
6 Ferrit

eisfreie
Stelle in Gewässern
4 Wake
Wasserstelle
4 Wune

Eisfuchs
6 Normik

Eisgetränk
5 Smash
6 Sorbet
9 Scherbett

Eisheilige
6 Servaz
7 Bonifaz, Pankraz
8 Mamertus
9 Servatius
10 Bonifatius, Pankratius

Eishockeyart
5 Bandy

Eishockeybegriffe
5 Bully, Icing
7 Penalty
9 Bodycheck, Kniecheck
11 Bandencheck
12 Forechecking

Eishockeyscheibe
4 Puck

eisiger Überzug
4 Reif

Eisjagdwasserfahrzeug
8 Fellboot

Eiskrautgewächs
9 Fancanria

Eiskunstlauffiguren
4 Mond
5 Bogen, Lasso, Waage, Wende
6 Achter, Dreier, Zirkel
7 Libelle, Salchow
9 Hangwaage, Pirouette
11 Bogenachter
12 Todesspirale
14 Schlangenbogen
15 Spirale Schlinge

Eiskunstlaufsprünge
4 Axel, Flip, Lutz
5 Euler
6 Thoren
7 Paulsen, Salchow, Toe-Loop
10 Rittberger

Eismeerhafen
7 Petsamo

Eisschießen
7 Bosseln, Curling

Eissportanlage
7 Bobbahn

Eissportdisziplin
8 Paarlauf

Eiszeitelefant
6 Mammut

eiszeitlich
7 glazial

eiszeitliches Säugetier
6 Mammut

eitel
4 inan
5 affig
6 kokett
10 affektiert
14 gefallsuechtig

Eiteransammlung
7 Abszess

Eiterausschlag
9 Pyodermie

Eiterbläschen
6 Pickel, Pustel

Eiterflechte
8 Impetigo

Eitergeschwür
7 Abszess
8 Furunkel
9 Karbunkel

Eiterkanal
6 Fistel

eitern
9 schwaeren

eiterndes Geschwür
8 Schwaere

Eiterpustel
6 Ekthym

Eiterung mit Geschwürbildung
6 Ekthym

eitler
Mann
4 Geck, Snob
Selbstbewunderer
7 Narziss

eitrig
8 purulent

Eiweiß
6 Glutin, Kasein
7 Albumin, Antigen, Proteid, Protein

8 Eierklar, Globulin, Lezithin
der Hülsenfrüchte
7 Legumin
des Getreidekorns
9 Prolamine
des Maiskorns
4 Zein
spaltendes Enzym
8 Protease
9 Kathepsin
Eiweißabkömmling
6 Avidin
Eiweißart
7 Serizin
Eiweißbaustein
5 Serin
6 Prolin
Eiweißbestandteil
der Bohnen
6 Phasin
des Blutfarbstoffs
6 Globin
Eiweißkörper
7 Amyloid, Fibroin
8 Globulin, Protamin
9 Ovalbumin
der Gerste
7 Hordein
im Muskelplasma
6 Myogen
Mehrzahl
7 Histone
Eiweißstoff
6 Glutin
7 Albumin, Hirudin
des Blutes
6 Fibrin
Eiweißverbindung
7 Nuklein
Eizelle
9 Gynogamet
Ekel
6 Degout
7 Abscheu, Graeuel, Grausen
8 Scheusal
10 Widerwille
ekelhaft
4 fies
5 aasig
7 garstig
9 degoutant, widerlich
10 abstossend
Eklat
8 Aufsehen
Ektoparasit
8 Blutegel
Ekuador
siehe: Ecuador
Ekzem
6 Herpes, Liches
7 Flechte
El Salvador
Bevölkerung
13 Salvadorianer
Fluss
5 Lempa
Hauptstadt
11 San Salvador
Indianersprache
4 Maya
5 Nahua
Politiker
6 Duarte, Magano
9 Cristiani
Ruinenstätte
7 Tazumal
See
11 Ilopangosee
Städte
7 La Unión
8 Acajutla, Santa Ana, Usulután
9 Chalcuapa, Sonsonaté
10 La Libertad, San Vicente, Santa Tecla
12 Zacatecoluca
Vulkane
6 Izalco
8 Santa Ana
9 San Miguel
10 San Vicente
Währung
5 Colon
7 Centavo
Elan
3 Pep
elastisch
7 dehnbar
elastische(r, s)
Gewebe
7 Stretch
Metallstreifen
5 Feder
Stahldraht
5 Feder
Stange der Artisten
6 Perche
Stoff
5 Gummi
7 Gallert
Elbe-Zuflüsse
3 Aue, Upa
4 Aupa, Eger, Ehle, Elde, Este, Ihle, Iser, Ohra, Ohre, Oste, Sude
5 Adler, Aland, Biela, Bille, Boize, Havel, Luehe, Medem, Mulde, Nuthe, Saale, Stoer, Uchte
6 Alster, Auscha, Elster, Erlitz, Jeetze, Mettau, Moldau, Orlice, Pinnau, Polene, Polenz
7 Cidlina, Ilmenau, Tetrowa
8 Mueglitz, Pantsche, Rossbach, Schwinge, Wessnitz
9 Stepenitz
10 Weisseritz
11 Weisswasser
Elbflorenz
7 Dresden
Elbinsel bei Hamburg
12 Finkenwerder
Elblandschaft nordwestlich von Dresden
9 Loessnitz
Elbniederung und Stadt
6 Teldau
elbslawischer Stamm
9 Abodriten
Elbursgipfel
8 Demawend
Elch
4 Elen
8 Elentier
Elde-Zufluss
9 Loecknitz
Elefant des Tertiärs
8 Mastodon
Elefantenführer
5 Mahut
6 Kornak
Elefantenrobbe
8 Mirounga
Elefantenstoßzahn
9 Elfenbein
elegant
4 chic, fein
6 schick
7 attisch, modisch, vornehm
elegante(s)
Einfamilienhaus
5 Villa
Kutsche
8 Equipage
elegisch
7 klagend
9 wehmuetig
elegisches Versmaß
8 Elegeion
elektrische(r, s)
Anschluss
6 Buchse
7 Kontakt, Stecker
9 Steckdose
Anschlüsse vertauschen
7 umpolen
Anschlussteil
7 Stecker
Betriebsart
9 Heizstrom
Betriebsform
9 Ruhestrom
Blindwiderstand
8 Reaktanz
Energie
5 Strom
Fisch
9 Zitteraal
10 Zitterwels
12 Zitterrochen
Gebilde
7 Vierpol
geladenes Teilchen
3 Ion
Generator
6 Dynamo
Glimmlampe
8 Reduktor
Heizkörper
5 Sonne

Helligkeitsregler
6 Dimmer
Hilfsgerät
8 Ringrohr
Isolator
8 Elektret
Kabel
7 Leitung
Klavier
7 Pianola
Kontaktführer
7 Stecker
Kontaktgerät
9 Schaltuhr
Kraftstation
8 Zentrale
Ladungsart
7 negativ, positiv
Ladungseigenschaft
7 negativ, positiv
Leistungsmaß
9 Hektowatt
leitender Grundstoff
6 Metall
Leitung
5 Kabel
Leitungsschutz
9 Sicherung
Leitungssystem
9 Stromnetz
Leitwert
7 Siemens
Lichterscheinung
9 Elmsfeuer, Nordlicht
Lichtsteuergerät
9 Kerrzelle
Maßeinheiten
3 Ohm
4 Volt, Watt
5 Farad
6 Ampere
8 Kilovolt, Kilowatt
Messgerät
9 Asymmeter
Metallspule
8 Solenoid
Musikinstrumente
9 Polychord
10 Trautonium
12 Hammondorgel
Netzwerk
9 Schaltung
Pol
5 Anode
7 Kathode
Röhrendraht
5 Kuhlo
Schalteinrichtung
6 Relais
Schaltelement
8 Kryotron
Schaltkreis
7 Trigger
Schaltordnung
7 Kaskade
Schutzeinrichtungen
6 Erdung
9 Isolation, Sicherung
10 Isolierung
Signal
7 Summton
Spannungsabbau
9 Entladung
Stromabnehmer
9 Kollektor
Stromerzeuger
6 Dynamo
9 Generator
Strom führender Draht
7 Leitung
Stromsammler
4 Akku
11 Akkumulator
Stromspeicher
4 Akku
8 Batterie
11 Akkumulator
Stromstärkemaß
6 Ampere
Stromwender
9 Kollektor
Versorgungsanlage
9 Unterwerk
Verstärkermaschine
9 Amplidyne
Wärmespender
9 Heizdecke
Wärmestrahler
9 Heizsonne
Wechselrichter
9 Zerhacker
Wellennachweisgerät
7 Fritter
Widerstandsmaß
3 Ohm
Widerstandsmaterial
8 Resistin
Elektrizität aus der Steckdose
9 Netzstrom
Elektrizität erzeugende Anlage
9 Kraftwerk
Elektrizitätslehre
8 Elektrik
Elektrizitätsleiter
9 Konduktor
Elektrizitätsmenge
6 Ladung
Elektrizitätsmengenmaß
7 Coulomb
Elektrizitätsquelle
7 Element
8 Batterie
Elektrizitätsträger
3 Ion
elektro-chemischer Vorgang
11 Elektrolyse
elektro-chemisches Verfahren
13 Galvanisieren
elektroakustische(r, s)
Baustein
9 Entzerrer
Gerät
7 Vocoder
Störgeräusch
8 Rauschen
Elektrode
5 Anode
7 Kathode
Elektrokardiogramm
3 EKG
Elektrolyt
im Anodenraum
6 Anolyt
im Kathodenraum
7 Katolyt
8 Katholyt
elektrolytisches Schleifen
9 Elysieren
elektromagnetische(r)
Schalter
7 Schuetz
Schwingung
5 Welle
Elektronenröhren
5 Diode
6 Audion, Binode, Hexode, Nonode, Oktode, Triode
7 Heptode, Pentode
9 Magnetron
Elektronenschleuder
8 Betatron, Rheotron
Elektronik bei der Luftfahrt
7 Avionik
elektronische(r, s)
Anlage
9 Astrionik
Bauteil
6 Roehre
Bildabtastgerät
7 Scanner
Filter
8 Bandpass, Tiefpass
Musikinstrument
9 Melochord
Rechner
8 Computer
Schalter
6 Gatter
Übungsgerät
9 Simulator
Zählgerät
9 Ratemeter
Zähltechnik
9 Digimatik
Elektrorasiererteil
9 Scherkopf
elektrotechnischer Begriff
5 Erden
6 Erdung
9 Drehstrom
Element
7 Materie, Urstoff
10 Grundstoff, Naturkraft
11 Bestandteil
elementar
5 basal
9 naturhaft
14 grundsaetzlich
Elementarlehrbuch
5 Fibel
Elementarteilchen
5 Boson, Meson, Quant
6 Baryon, Photon, Proton
7 Fermion, Hyperon, Neutron, Nukleon

8 Elektron, Graviton, Mesotron, Negatron, Neutrino, Positron
9 Fermionen, Hyperonen, Tachyonen

Elementarteilchen-Beschleuniger
9 Zyklotron

Elemente
siehe: chemische Grundstoffe

Elementengruppe
9 Actinoide

Elen
4 Elch

Elend
3 Not
4 flau, mies
5 Armut
6 Jammer, Misere
9 Verarmung
10 hinfaellig

Elendsviertel
5 Slums
7 Favelas
9 Barriadas

Eleve
8 Zoegling

Elfeck
10 Hendekagon

elfenbeingrundiger Teppich
5 Abade

Elfenbeinküste
Berge
5 Nimba
Flüsse
5 Comoé
7 Bandama
9 Sassandra
Hauptstadt
12 Yamoussoukro
Nationalparks
3 Tai
5 Bouna
See
9 Kossousee
Sprachen
3 Kwa
5 Diula
12 Franzoesisch
Städte und Orte
2 Sé
3 Man
5 Bouna, Daloa
6 Bouaké, Fresco
7 Abidjan, Korhogo, Odienné
8 Dimbroko, San Pedro
9 Biankouma
11 Grand Bassam
Völker
3 Dan, Kru
4 Akan
6 Senufo
7 Malinke
Währung
5 Franc
7 Centime

Elfenkönig(in)
6 Oberon
7 Titania
9 Erlkoenig

elfisches Wesen
12 Rautendelein

elfter Ton
8 Undezime

Elite
7 Auslese, Auswahl
11 Oberschicht
13 Bestenauslese

Elitetruppe
5 Garde

Elixier
9 Heiltrank

Ellbogenhöcker
9 Olecranon, Olekranon

Ellbogenknochen
4 Ulna

Ellbogenschutz
6 Meusel

Ellice-Insel
3 Nui
6 Tuvalu
8 Funafuti

Eloge
7 Lobrede
8 Laudatio

Elsass
Äbtissin
6 Herrad
Arzt
10 Schweitzer
Berg
14 Grosser Belchen
Bildhauer
3 Arp
9 Hagenauer
Dichter
3 Arp
5 Brant
7 Pfeffel, Stadler, Wickram
8 Altswert
9 Schickele
Flüsse
3 Ill
4 Zorn
5 Moder
7 Breusch
Gebirge
7 Vogesen
Glasmaler
6 Hemmel
Hauptstadt
10 Strassburg
Hefekuchen
7 Savarin
Hügelland
7 Sundgau
Humanisten
5 Brant
6 Murner
10 Wimpfeling
Komponisten
6 Spitta
7 Nessler
Kupferstecher
10 Schongauer
Maler
3 Arp
7 Brentel
10 Schongauer
Mathematiker
7 Lambert
Mennonitenbischof
5 Amans
Mystiker
6 Zauler
Naturforscher
7 Baldner
Pfarrer
7 Oberlin
Physiker
7 Lambert
Politiker
4 Roos
Rhein-Zufluss
3 Ill
Romanist
7 Curtius
Satiriker
5 Brant
6 Murner
8 Fischart
Schriftsteller
7 Stoeber
9 Reinacher
Schweinswurst
9 Andouille
Städte
6 Colmar, Zabern
7 Hagenau
10 Muelhausen, Strassburg
11 Weissenburg
12 Schiltigheim, Schlettstadt
Theologe
6 Spener

elsterartiger Vogel
5 Kitta

elterlich
8 parental

elternlos
8 verwaist

elternloses Kind
5 Waise
9 Vollwaise

Elternteil
5 Elter, Vater
6 Mutter

Elz-Zufluss
7 Dreisam

Email(le)
7 Schmalt

emailartige Farbe
9 Japanlack

Emblem
6 Symbol, Wappen
7 Kokarde
8 Sinnbild
9 Allegorie

Embryoblatt
9 Cotyledon, Keimblatt

Embryofurchung
9 Eiteilung

Embryohülle
8 Keimsack

9 Schafhaut
embryonale(s)
Bindegewebe
9 Mesenchym
Haarkleid
6 Lanugo
Hülle
6 Amnion, Serosa
7 Chorion
Keimblatt
8 Mesoderm
Embryostadium
8 Blastula
9 Keimblase
Emeute
6 Tumult
7 Aufruhr, Revolte
8 Aufstand
9 Rebellion
Emigrant
11 Auswanderer
Emin Pascha
9 Schnitzer
Emirat
am Persischen Golf
5 Dubai
in Arabien
5 Kalba
Emission
7 Ausgabe
11 Ausstroemen
Emissionselektrode
7 Emitter
Emme-Zufluss
5 Ilfis
Emotion
6 Regung
8 Erregung
9 Aufregung
14 Gefuehlsregung
15 Gemuetsbewegung
Empfang
4 Cour
6 Cercle, Erhalt
7 Annahme, Audienz
8 Abholung, Aufnahme
9 Rezeption
11 Begruessung
13 Entgegennahme, Privataudienz
16 Gratulationscour
bei Hofe
6 Cercle
Empfänger
5 Radio
6 Nehmer
7 Kaeufer
8 Adressat, Receiver
9 Fernseher
11 Kofferradio
13 Fernsehgeraet
14 Rundfunkgeraet
am Ort
7 Abholer
von Altersgeld
7 Rentner
9 Rentnerin
empfänglich
7 geneigt
8 rezeptiv
Empfangsanlage
7 Antenne
Empfangsbescheinigung
6 Acquit, Akzept
8 Quittung
Empfangsraum
5 Diwan
8 Selamlik
Empfangsschein
6 Acquit
8 Quittung
9 Akzepisse
Empfangsschwund
6 Fading
Empfangstag
4 Jour
6 Athome
Empfangszimmer
5 Salon
empfehlen
5 raten
7 zuraten
11 vorschlagen
empfehlenswert
6 ratsam
9 indiziert
Empfehlung
3 Rat
4 Tipp
7 Angebot, Zeugnis
8 Referenz
9 Ratschlag
10 Foerderung
empfindlich
7 penibel
8 pingelig, sensibel
11 mimosenhaft
kalt
5 kuehl
empfindliche(s)
Boxerkinn
8 Glaskinn
Zierpflanze
6 Mimose
Empfindlichkeitsmesser
12 Sensitometer
empfindsam
8 sensibel
11 sentimental
Empfindsamkeit
8 Allergie
13 Sensibilitaet
16 Sentimentalitaet
Empfindung
7 Gefuehl, Gespuer
8 Eindruck
9 Sentiment
10 Impression
11 Wahrnehmung
Empfindungsorgan
4 Nerv, Sinn
Empfindungsstrang
4 Nerv
6 Nerven
Empfindungsursache
4 Reiz
Empfindungsvermögen
6 Sensus
9 Aesthesie
12 Sensualitaet
empor
9 aufwaerts
empörend
8 shocking
9 unerhoert
10 skandaloes
empörendes Geschehnis
7 Skandal
Empörer
6 Rebell
8 Meuterer
emporgekommen
9 arriviert
Emporheben
der Hostie, des Kelchs
9 Elevation
Emporkömmling(e)
8 Arrivist, Newcomer, Parvenue
9 Neureiche
Empörung
3 Wut
4 Zorn
6 Aerger
7 Aufruhr, Revolte
8 Aufstand, Meuterei
9 Rebellion
10 Erbostheit
11 Entruestung
12 Erzuerntheit, Veraergerung
13 Verschwoerung
15 Aufgebrachtheit
Ems-Zuflüsse
3 Ahe
4 Hase, Leda
emsig
4 rege
5 aktiv
6 eifrig
7 ruehrig
8 fleissig, strebsam
Ende
3 Aus, Tod
4 Rest
5 Neige
6 Exitus, Finale, Finish, Grenze, Spitze, Zipfel
7 Ausgang, Schluss
8 Ausklang, Ergebnis, Happyend
9 Abschluss
11 Wurstzipfel
12 Schlusspunkt
der Speiseröhre
9 Magenmund
Endergebnis
5 Fazit
11 Quintessenz
endgültig
9 definitiv
12 peremtorisch
13 abschliessend
Endkampf
6 Finish
Endkampfteilnehmer
8 Finalist

endloses
Gerede
7 Palaver
Papier für Zigarettenhülsen
6 Bobine
Endpunkt
der Erdachse
3 Pol
7 Nordpol, Suedpol
einer Nadel
6 Spitze
einer Senkrechten
9 Fusspunkt
Endrunde
6 Finale
Endspiel
6 Finale
Endspielteilnehmer
8 Finalist
Endspurt
6 Finish
Endstellung im Schachspiel
4 matt, patt
5 remis
Endstück
des Brotes
5 Knust
6 Kanten
des Röhrenknochen
8 Epiphyse
eines Körpers
6 Stumpf
eines Tuchs
6 Zipfel
Endzustand des gläubigen Buddhisten
7 Nirwana
Endzweck
11 Destination
Endzwecklehre
10 Teleologie
Energieabbau
9 Erlahmung, Ermattung, Ermuedung
12 Erschoepfung
Energieanlage
7 Gaswerk
Energieausbreitung
6 Strahl
9 Strahlung
Energiedosiseinheit
4 Gray
Energieerzeuger
9 Generator
Energieform
6 Waerme
Energiemenge
5 Quant
Energienbeschleuniger
8 Bevatron
Energiequellen
3 Gas, Oel
4 Holz, Torf, Wind
5 Kohle, Sonne, Strom
6 Benzin, Erdgas, Erdoel, Wasser
9 Kernkraft
11 Wasserkraft
13 Elektrizitaet

Energiestufe eines Atoms
4 Term
Energieteilchen
6 Photon
Energieumsatzmaß
5 Joule
energisch
7 resolut
eng
5 dicht, knapp
6 fipsig, schmal, stramm
8 kompress
9 gedraengt
eng anliegende(s)
Gewebe
6 Trikot
Halskette
6 Choker
Jacke mit Bund
7 Blouson
Mütze
5 Kappe
eng begrenzter Körperschmerz
9 Topoalgie
eng bemessen
5 knapp
8 duerftig
11 beschraenkt
eng vertraut
5 innig, intim
engagierter
Bergsteiger
7 Bergfex
Einsatz
9 Bemuehung
enge(s)
Fügung
7 Bindung
Straße
5 Gasse
Straße zwischen Häusern
5 Gasse
Tal
5 Cañon
Verbindung
8 Liierung
Engel
des Abgrunds
7 Abaddon
im späten Judentum
5 Uriel
von Augsburg
8 Bernauer
von Sibirien
11 Brandstroem
Engelfisch
6 Rochen
Engelkraut
9 Sonnentau
Engellehre
11 Angelologie
Engelsfigur
5 Putte
Engelstrompete
6 Datura
Engelsüß
11 Tuepfelfarn

Engelwurz
7 Theriak
8 Angelika
enger werdendes Rohrstück
5 Duese
engere Abstimmung
9 Stichwahl
England
Adelsgeschlechter
5 Cecil, Essex
6 Howard
8 Beaufort
9 Beauchamp
Adelsprädikat
2 of
Adelstitel
4 Duke, Earl, Lady, Lord, Peer
5 Count
6 Knight
7 Baronet, Duchess, Suffolk
8 Countess, Marquess, Viscount
11 Viscountess
Admirale
6 Nelson
7 Jellico
Afrikaforscher
5 Baker, Bruce, Speke
6 Denham
7 Cameron, Stanley
8 Johnston
11 Livingstone
Ägyptologen
5 Young
6 Petrie
8 Gardiner
9 Carnarvon
Alpinist
7 Whymper
Altistin
7 Ferrier
Anatomen
6 Cowper, Harvey, Hunter
7 Glisson
Anreden
3 Sir
4 Miss
5 Madam
6 Master, Mister, Mylady, Mylord
8 Mistress
Anwälte
9 Barrister, Solicitor
Anwaltskammer
3 Bar
Apfelzüchter
3 Cox
6 Grieve
Archäologen
4 Bent
5 Evans
6 Carter
7 Woolley
8 Hamilton, Lawrence
9 Rawlinson
Architekten
4 Kent, Wren

5 Barry, Jones, Wyatt
6 Paxton
7 Ventris
8 Vanbrugh

Artikel
1 a
2 an
3 the

Ärzte
4 Dale, Ross
5 Prout
6 Fowler, Gowers, Jenner
7 Addison, Gaskell, Hodgkin, Langley, Simpson
8 Barnardo, Leishman, Sydenham
9 Robertson, Withering

Asienforscher
5 Stein

Astronomen
4 Airy, Wren
5 Adams, Hooke
6 Hadley, Halley
7 Bradley, Lassell, Lockyer
8 Copeland
9 Eddington, Flamsteed

Astrophysiker
5 Jeans, Milne

Bakteriologe
5 Bruce

Balladenheld
9 Robin Hood

Baumwollgewebe
6 Beaver

Baustil
5 Tudor

Bejahung
3 yes

Besitzrecht
8 Freehold

Bewacher Napoleons I.
4 Lowe

Biersorten
3 Ale
5 Lager, Stout
6 Bitter, Porter
7 Pale ale

Bildhauer
5 Moore, Watts
6 Butler
7 Dalwood, Epstein, Flaxman, Gibbons, Meadows, Stevens
8 Armitage, Chadwick, Hepworth, Leighton, Richmond

Bildhauerin
8 Hepworth

Biograf
8 Strachey

Biologe
6 Darwin

Bischöfe
5 Percy
6 Becket, Ramsey
8 Suitbert, Wilfried

Botaniker
4 Kerr
5 Aiton
6 Knight
7 Balfour

Brackenhund
6 Beagle

Branntwein
6 Whisky

Brautführer
7 Bestman

Bühnenbildner
5 Craig

Cembalo
8 Virginal

Chemiker
4 Abel, Davy, Todd
5 Aston, Boyle, Dewar, Marsh, Prout, Soddy
6 Dalton, Deacon, Graham, Harden, Howard, Perkin, Ramsay, Roscoe, Talbot
7 Andrews, Crookes, Faraday, Haworth, Hopkins, Kendrew
8 Bessemer, Chadwick, Robinson
9 Cavendish, Frankland, Priestley, Wollaston
10 Rutherford

Chemikerin
7 Hodgkin

Chirurgen
5 Braid
6 Cowper, Hunter, Lister
9 Parkinson

Chorlied
5 Catch

Dekan
4 Dean

Derbystadt
5 Epsom

Dichter
3 Gay, Map
4 Gray, Hood, Nash, Pope, Read
5 Auden, Black, Blake, Byron, Donne, Eliot, Jones, Keats, Keble, Monro, White, Wilde, Wyatt, Young
6 Arnold, Barham, Barnes, Binyon, Brooke, Butler, Caroll, Clough, Cowley, Cowper, Crabbe, Dobson, Dryden, Duncan, Greene, Milton, Morris, Rogers, Savage, Sidney, Surrey, Thomas, Warton
7 Addison, Barclay, Beddoes, Blunden, Bridges, Campion, Carroll, Chapman, Chaucer, Collins, Dickens, Herrick, Hopkins, Lydgate, Marlowe, Nichols, Quarles, Shelley, Southey, Spender, Spenser, Thomson
8 Browning, Fielding, Langland, Meredith, Rossetti, Tennyson, Thompson, Traherne
9 Aldington, Blackmore, Calverley, Coleridge, Gascoigne, Masefield, Southwell, Swinburne
10 Wordsworth
11 Shakespeare

Dichterinnen
7 Berners, Meynell

Diener
6 Butler

Diplomat
5 Bryce

Dirigenten
4 Neel, Wood
5 Boult, Cowen
7 Bantock, Beecham, Sargent
9 Pritchard

Dogge
7 Mastiff

Dramatiker
3 Fry, Kyd
4 Bale, Bolt, Bond, Ford, Rowe
5 Lillo, Milne, Otway, Peele
6 Coward, Dekker, Hughes, Jonson, Pinero, Pinter
7 Marlowe, Marston, Maugham, Medwall, Osborne, Shirley, Webster
8 Beaumont, Congreve, Fletcher, Mortimer, Saunders, Shadwell, Sheridan, Vanbrugh
9 Massinger, Middleton, Priestley
11 Shakespeare

Dramatikerin
7 Delaney

Dramenkönig
4 Lear

Droschke
3 Cab

Dynastie
5 Tudor
7 Windsor

Earlstitel
7 Warwick

Einspänner
5 Buggy
7 Dogcart

Entdecker
4 Cook
5 Davis, Drake, Parry, Scott
6 Baffin, Burton, Hudson
7 Raleigh, Stanley
8 Flinders
11 Livingstone

Erbauungsautor
6 Bunyan
Erfinder, Forscher und Techniker
3 Lee
4 Bell, Cort, Davy, Gray, Watt
5 Braid, Cooke, Darby, Evans, Shore
6 Atwood, Barlow, Bramah, Burton, Cocker, Dalton, Dunlop, Garden, Graham, Halley, Harvey, Hughes, Jenner, Newton, Parker, Perkin, Ramsay, Talbot
7 Crookes, Faraday, Fleming, Johnson, Murdock, Parsons, Perkins, Roberts, Thomson
8 Atkinson, Bessemer, Chadwick, Drummond, Franklin, Rayleigh, Wedgwood
9 Arkwright, Armstrong, Cavendish, Hopkinson, Priestley
10 Cartwright, Rutherford, Stephenson, Wheatstone
11 Braithwaite
Erzähler
4 Amis, Cary, Wain
5 Bates, Green, Milne, Shute
6 Jerome
7 Bennett, Deeping, Maturin
8 Kingsley, Trollope
9 Ainsworth
Eugeniker
7 Pearson
Fahrgastschiff
9 Lusitania
Fass
6 Barrel
Feenkönigin
8 Gloriane
Feldherren
4 Haig
6 Talbot
10 Montgomery, Wellington
11 Marlborough
Feldmarschälle
7 Allenby
8 Campbell
10 Montgomery
Filmkomiker
7 Chaplin
Filmproduzenten
4 Rank
5 Korda
Filmzentrum
7 Elstree
Flächenmaße
4 Acre, Rood
Flugzeugbauer
9 Havilland
Flüsse
3 Cam, Exe, Nar, Nen, Ure
4 Aire, Avon, Nene, Ouse, Tees
5 Clyde, Trent
6 Severn, Themse
Forscher
6 Burton
8 Franklin
9 Priestley
Forschungsreisende
4 Eyre
5 Burke
7 Musters
Frauennamen
3 Ann, Eve, Kay, Liz, Mae
4 Anne, Edna, Enid, Jane, Joan, June, Kate, Mary, Maud
5 Bessy, Betty, Carol, Daisy, Diana, Dolly, Ellen, Emily, Fanny, Grace, Janet, Jenny, Julie, Linda, Moira, Nancy, Nanny, Nelly, Susan
6 Claire, Evelyn, Joanne, Myriam, Vivian
7 Dorothy, Harriet, Shirley, Therese
8 Emmeline
9 Elizabeth, Katherine
Frauenrechtlerin
9 Pankhurst
11 Suffragette
Frühstücksspeck
5 Bacon
Fürwörter
1 I
2 he, it, us, we
3 her, him, his, you
4 them, they
Garnmaße
3 Lea
4 Hank
6 Number, Thread
7 Spindle
Gaststätten
3 Inn, Pub
Gaunersprache
4 Cant
Geistliche
4 Dean
8 Reverend
General
4 Lowe
Geograf
4 Beke
Geologen
5 Lyell
6 Hutton
7 Gregory
Geschäftsabwicklungs-form
9 Reversing
Geschichtsschreiber
6 Eadmer, Gibbon
Getreidemaß
6 Bushel
Gewebe
4 Cord
5 Tweed
7 Bobinet
8 Glenchek
Gewichte
3 Ton, Tub
4 Load
5 Pound, Score, Stone
7 Longton, Quarter
9 Troypound
Goldmünzen
5 Nobel
9 Sovereign
Grafentitel
8 Somerset
9 Clarendon
Gräfinnentitel
8 Countess
Grafschaften
4 Kent
5 Berks, Derby, Devon, Essex, Wilts
6 Dorset, Durham, Oxford, Radnor, Surrey, Sussex
7 Bedford, Denbigh, Heshire, Lincoln, Norfolk, Suffolk, Warwick
8 Anglesey, Cardigan, Cheshire, Cornwall, Hereford, Monmouth, Pembroke, Somerset, Stafford
9 Berkshire, Carnarvon, Glamorgan, Hampshire, Lancaster, Leicester, Middlesex, Worcester, Yorkshire
10 Carmarthen, Cumberland, Gloucester, Huntingdon, Montgomery
11 Northampton
14 Northumberland, Worcestershire
Großbürgertum
6 Gentry
Gutsbesitzer
8 Landlord
Gutsherr
6 Squire
Gynäkologe
7 Simpson
Hafenstädte
4 Bath, Hull
5 Blyth, Dover
7 Bristol, Cardiff, Harwich, Norwich, Swansea
8 Brighton, Plymouth
9 Blackpool, Liverpool
10 Birkenhead, Eastbourne, Portsmouth, Sunderland
12 South Shields
Halbblutpferd
3 Cob
Halbinseln
5 Wales
8 Cornwall

Hauptmahlzeit
6 Dinner
Hauptstadt
6 London
Hausbesitzer
8 Landlord
Haushofmeister
6 Butler
Hausrind
8 Parkrind
Heerführer
6 Talbot
Herrscher
4 Edwi
Herzogsgeschlecht
10 Buckingham
Herzogstitel
4 York
6 Oxford
7 Norfolk
8 Somerset
Herzogswürde
9 Lancaster
Hirschhund
9 Deerhound
Historiker
5 Acton, Bryce
6 Kenyon
7 Bullock, Carlyle, Stenton, Toynbee
8 Macaulay
Hochadliger
4 Peer
Hochruf
5 cheer
Höflichkeitstitel
7 Esquire
Hohlmaße
3 Tun
4 Bult, Pint
5 Quart, Score
6 Barrel
7 Gallone, Quarter
Holzmaß
8 Standard
Holzschnitzer
6 Bewick
Hühnerhund
7 Pointer
Hühnerrasse
7 Minorka
Hymne
6 Anthem
Indologe
6 Davids
Ingenieure
6 Bramah, Brunel, Cowper, Fowler
7 Murdock, Parsons, Smeaton
9 Arkwright, Armstrong
10 Stephenson
Ingwerbier
9 Gingerale
Inseln
3 Man
4 Aran, Sark
5 Lundy, Sercq, Wight
6 Jersey
8 Alderney, Anglesey, Guernsey
Jagdhunde
6 Hunter
8 Bluthund, Foxhound
9 Retriever
Jagdpferd
6 Hunter
Jugendschriftstellerin
6 Blyton
Kaltblutpferd
5 Shire
Kantate
6 Anthem
Kardinäle
6 Newman, Wolsey
7 Wiseman
Karikaturisten
3 Low
5 Leech
Kartenspiel
8 Cribbage
Käsesorten
7 Chester, Stilton
Käsestadt
7 Chester
Kirchenlehrer
4 Beda
6 Anselm
Kleinpferd
9 Welsh Pony
Kolonialpolitiker
6 Rhodes
Kolonisator
8 Winthrop
Komponisten
3 Bax, Gay
4 Arne, Byrd, Wood
5 Bliss, Boyce, Cowen, Elgar, Holst, Jones, Parry, Prout, Scott
6 Bishop, Coates, Delius, Searle, Tallis, Walton, Wilbye
7 Bantock, Barnett, Britten, Dowland, Ireland, Purcell, Tippett
8 Sullivan
9 Addinsell, Dunstable, Holbrooke
11 Lloyd Webber
Könige
4 Karl
5 Georg, Jakob
6 Alfred, Eduard, Johann
7 Richard, Wilhelm
8 Heinrich
Königinnen
4 Anna, Mary
5 Maria
8 Victoria, Viktoria
9 Elisabeth, Elizabeth
Königsgeschlechter
4 York
5 Anjou, Tudor
6 Stuart
7 Windsor
11 Plantagenet
Königshafen
8 Ramsgate
Königshaus
7 Windsor
Konservative
4 Tory
7 Diehard
Körperschaftsmitglied
6 Fellow
Krankenpflegerin
5 Nurse
Kriminalpolizei
12 Scotland Yard
Kriminalschriftsteller
5 Doyle
7 Wallace
9 Durbridge
10 Chesterton
Kriminalschriftstellerin
8 Christie
Kugelspiel
7 Bowling
Kulturhistoriker
6 Buckle
Kunsthandwerker
6 Morris
Kunstschriftsteller
6 Leslie, Ruskin
Kunststil
5 Tudor
Kunsttischler
8 Sheraton
11 Chippendale
Kunsttöpfer
8 Wedgwood
9 Wedgewood
Kupferstecher
6 Earlom
Kutsche
3 Cab
Landadel
6 Gentry
Landhaus
7 Cottage
Landschaftsmaler
9 Constable
Längenmaße
4 Foot, Inch, Line, Link, Mile, Pole, Yard
5 Cubit
6 Fathom
7 Furlong
Lauteninstrument
5 Shore
Liberaler
4 Whig
liberaler Parteigenosse
4 Whig
Lied für Solostimmen
4 Glee
Literaturhistoriker
3 Ker
6 Nicoll
Literaturwissenschaft
9 Anglistik
Liturgiker
6 Bishop
Luxusschiff
7 Titanic

Maler
3 Cox
4 Hunt, Lely, Nash, Opie
5 Blake, Crome, Flint, Moore, Watts
6 Barker, Girtin, Haydon, Leslie, Morris, Romney, Turner
7 Hockney, Hogarth, Holroyd, Horsley, Hoskins, Millais, Morland, Pasmore, Shannon, Sickert, Stevens
8 Armitage, Ashfield, Brangwyn, Calderon, Callcott, Landseer, Lawrence, Leighton, Reynolds, Richmond, Rossetti
9 Bonington, Constable, Greenhill, Nicholson, Thornhill
12 Gainsborough

Malerin
5 Riley

Männerkurznamen
2 Al, Ed
3 Dan, Del, Don, Jim, Joe, Pat, Ray, Ron, Ted, Tim
4 Bill, Carl, John, Mike, Pete, Will
6 Charly

Männernamen
2 Al, Ed
3 Ben, Bob, Gus, Guy, Jim, Joe, Jon, Lee, Nat, Pat, Ray, Sam, Ted, Tim, Tom
4 Adam, Alec, Bill, Dick, Eric, Fred, Hugh, Jack, John, Marc, Mike, Neil, Noel, Tony, Walt, Will
5 Allan, Basil, Billy, Brian, Bruce, Carol, Cecil, Cliff, Danny, Edgar, Elmer, Harry, Henry, Hiram, James, Jimmy, Judge, Louis, Nevil, Paddy, Percy, Ralph, Roger, Teddy, Timmy, Tommy
6 Archer, Arthur, Edward, Ernest, Eugene, George, Harlow, Harold, Horace, Howard, Irving, Johnny, Lester, Norman, Oliver, Philip, Robert, Rupert, Thomas, Wilbur, Willie
7 Andrews, Bernard, Charles, Denholm, Douglas, Gilbert, Kenneth, Orville, Patrick, Raymond, Rudyard, Terence, William
8 Franklin, Frederic, Laurence, Thornton
9 Archibald, Broderick, Frederick
11 Christopher

Mastrind
8 Hereford

Mathematiker
4 Wren
5 Boole
6 Briggs, Cayley, Newton, Napier, Russel, Stokes, Taylor, Wallis
7 Babbage, Russell, Simpson
8 Hamilton
9 Sylvester, Whitehead

Mechaniker
8 Newcomen

Ministerpräsident
9 Gladstone

Möbelstil
11 Chippendale

Modeheld
8 Brummell

Mönch
8 Pelagius

Münzen
5 Groat, Pence, Penny, Pfund, Pound
8 Farthing, Shilling, Sixpence, Sterling
9 Halfcrown, Halfpenny

Musikhistoriker
5 Terry

Name der Themse
6 Thames

Name Deutschlands
7 Germany

Name für Ale
6 Bitter

Nationalfeiertag
9 Empire day

Nationalökonomen
4 Mill, Webb
5 Hicks, Petty, Pigou, Smith
6 Keynes, Senior
7 Bagehot, Malthus, Ricardo
9 Cantillon

Nationalökonomin
4 Webb

Nationalspiele
4 Golf, Polo
7 Kricket

Naturforscher
3 Ray
4 Owen
5 Bacon, Banks, Young
6 Darwin, Galton, Huxley, Newton
7 Daniell, Faraday
9 Carpenter

Nervenarzt
7 Ferrier

Oberhausmitglied
4 Peer

Orden
14 Hosenbandorden

Orgelregister
8 Diapason

Papierzählmaß
4 Ream

Parlamentarier
7 Whipper

Parlamentskammern
8 Oberhaus
9 Unterhaus

Pathologe
6 Florey

Pfadfinderbund
9 Boyscouts

Pferderasse
7 Suffolk

Pferderennplatz
5 Ascot

Philanthropin
8 Hobhouse

Philologe
7 Bentley

Philosophen
4 Mill, More, Ward
5 Bacon, Broad, Locke
6 Dawson, Hobbes, Russel, Taylor, Toland
7 Andrews, Bentham, Carlyle, Crookes, Russell, Spencer
8 Berkeley, Cudworth, Stirling
9 Priestley, Whitehead

Physiker
4 Bell, Dale, Davy, Gray, Kerr
5 Aston, Boyle, Bragg, Clark, Dirac, Gabor, Hales, Hooke, Jeans, Joule, Lodge, Young
6 Atwood, Barkla, Canton, Dalton, Hughes, Kelvin, Larmor, Newton, Powell, Stokes, Talbot, Wilson
7 Blacket, Crookes, Faraday, Lockyer, Maxwell, Moseley, Peierls, Thomson
8 Appleton, Brewster, Chadwick, Poynting, Rayleigh, Reynolds
9 Heaviside
10 Richardson, Rutherford

Physiologen
4 Dale, Hall, Hill
5 Hales
6 Adrian, Huxley
8 Starling

Pianisten
6 Curzon
7 Barnett
9 Holbrooke

Polarforscher
3 Rae
4 Ross
5 Fuchs
6 Baffin
7 Beechey, Markham
8 Franklin, Scoresby
10 Shackleton

Politiker und Staatsmänner
3 Fox, Pym
4 Eden, Grey, More, Pitt

5 Astor, Bacon, Bevan, Bevin, Blair, Brown, Derby, Heath, Hoare, Homes, Major, Simon
6 Attlee, Bodley, Bright, Carson, Cripps, Curzon, Rhodes, Russel, Temple, Wilson, Wolsey
7 Baldwin, Balfour
8 Burghley, Clifford, Cromwell, Disraeli, Hastings
9 Beveridge, Churchill, Gladstone, MacMillan, Strafford

Politikerin
8 Thatcher

Polizist
5 Bobby

Porzellanmanufaktur
8 Wedgwood

Premierminister(in)
5 Blair, Major
7 Balfour
8 Thatcher

Primaballerina
7 Fonteyn

Prinzentitel
8 Highness

Prinzessinnen
4 Anne
5 Diana
8 Margaret

Psalmengesang
5 Chant

Punschgetränk
5 Negus

Quäker
4 Penn

Radierer
5 Crome

Rassehund
9 Otterhund

Rebell
6 Fawkes

Rechtsgelehrter
4 Coke

Reeder
6 Cunard

Reformatoren
6 Wiclif, Wyclif
7 Latimer, Tyndale

Regisseure
4 Lean, Reed, Tree
5 Brook
7 Olivier
8 Goulding, Grierson
9 Hitchcock

Reisende
4 Beke
9 Warburton

Reitpferd
6 Hunter

Religionsphilosoph
6 Dawson

Rennfahrer
4 Moss
5 Clark
8 Campbell

Rinderrassen
8 Longhorn
9 Shorthorn

Rotwelsch
4 Cant

Rundfunkgesellschaft
3 BBC

Sagenheld
4 Hood

Sagenheldin
6 Godiva

Sagenkönige
4 Lear
5 Artus

Sagenprinzessin
6 Oriana

Satellit
5 Ariel

Schafrasse
7 Suffolk

Schauspieler
3 Lee, Lom
4 Kean, Todd, Tree
5 Finch, Grant, Mason, Moore, Niven
6 Burton, Howard
7 Chaplin, Garrick, Granger, Hopkins, Olivier, Sellers, Ustinov
8 Brannagh, Guinness, Laughton

Schauspielerinnen
3 Lee, Roc
4 Kerr
5 Leigh
6 Addams, Harvey, Taylor
7 Hepburn, Simmons

Schimmelkäse
7 Stilton

Schlagballspiel
7 Kricket

Schnaps
6 Brandy, Whisky

Scholastiker
5 Occam
6 Ockham
7 Peckham

Schriftsteller
3 Fry, Map, Mee
4 Amis, Hunt, Lamb, Lyly, Rowe, Shaw
5 Angel, Arlen, Bacon, Burke, Burns, Byron, Caine, Defoe, Doyle, Eliot, Hardy, Joyce, Murry, Paine, Pater, Pepys, Powys, Scott, Shute, Swift, Waugh, Wells, Wilde, Yeats
6 Arnold, Baring, Barker, Baxter, Bellog, Benson, Besant, Borrow, Braine, Brooke, Bulwer, Butler, Conrad, Coward, Cronin, Dryden, Godwin, Graves, Greene, Hilton, Huxley, Jonson, Landor, Malory, Milton, Morgan, Orwell, Ruskin, Smiles, Spring, Steele, Sterne, Storey, Temple, Walton, Warner, Wesker
7 Balchin, Bradley, Burnett, Chaucer, Collins, Deeping, Dickens, Dodgson, Douglas, Forster, Gissing, Haggard, Johnson, Kipling, Malpass, Marryat, Maugham, Peacock, Rastell, Roberts, Sassoon, Shelley, Sitwell, Skelton, Wallace, Walpole
8 Beckford, Beerbohm, Browning, Disraeli, Fielding, Forester, Gascoyne, Gollancz, Lawrence, Marshall, Meredith, Sheridan, Sherriff, Sillitoe, Smollett, Tennyson, Thompson, Zangwill
9 Carpenter, Durbridge, Goldsmith, Jefferies, Mackenzie, Mansfield, Priestley, Stevenson, Swinburne, Thackeray, Wodehouse
10 Chesterton, Galsworthy, Richardson

Schriftstellerinnen
4 Webb
5 Eliot, Paget, Sharp, Waugh, Woolf
6 Austen, Blyton, Bronte, Burney, Godden, Godwin, Sayers
7 Gaskell, Montagu, Rowling, Sitwell
8 Christie, Macaulay, Prescott
9 Broughton, Du Maurier, Mansfield, Radcliffe

Schulorte
4 Eton
6 Oxford
9 Cambridge

Schweinefett
4 Lard

Seebäder
7 Margate, Torquay
8 Brighton, Hastings, Ramsgate
9 Blackpool
10 Eastbourne
11 Bournemouth

Seefahrer
4 Cook
5 Blake, Bligh, Davis, Drake
6 Hudson
7 Belcher, Dampier, Raleigh
8 Carteret
9 Frobisher

Seehelden
5 Blake, Drake
6 Nelson
Shakespearedarsteller
4 Kean
Silbermünze
6 Florin
Sozialpolitiker
9 Beveridge
Spielmann
8 Minstrel
Spinett
8 Virginal
Sprachwissenschaft
9 Anglistik
Staatsrechtler
4 Carr
Städte und Orte
3 Hay, Rye
4 Bath, Eton, Hull, York
5 Crewe, Derby, Dover, Epsom, Grays, Leeds, Luton, Poole, Rugby, Stoke
6 Barrow, Bolton, Exeter, Ilford, London, Oldham, Oxford
7 Bedford, Belfast, Bristol, Cardiff, Chatham, Chelsea, Chester, Gosport, Grimsby, Halifax, Ipswich, Lincoln, Margate, Newport, Norwich, Preston, Reading, Rhondda, Salford, Taunton, Torquay, Walsall, Watford, Windsor
8 Bradford, Brighton, Carlisle, Coventry, Hastings, Kingston, Plymouth, Richmond, Rochdale, Stamford, Stockton, Wallasey, Yarmouth
9 Blackburn, Blackpool, Cambridge, Doncaster, Gateshead, Greenwich, Lancaster, Leicester, Liverpool, Newcastle, Rochester, Rotherham, Salisbury, Sheffield, Smethwick, Southport, Stockport, Stratford, Tynemouth, Wakefield, Willesden
10 Birmingham, Canterbury, Darlington, Eastbourne, Manchester, Nottingham, Portsmouth, Shrewsbury, Sunderland, Twickenham, Warrington
11 Bournemouth, Northampton, Southampton, Walthamstow
12 Huddersfield
13 Middlesbrough, Wolverhampton
Stockballspiel
6 Hockey
Stutzer
5 Dandy
Stützpunkt
9 Gibraltar
Südpolarforscher
5 Scott
Süßspeisen
6 Trifle
7 Custard
Tänzerin
7 Fonteyn
Tanzlieder
3 Jig
5 Carol
Tanzmusiker
3 Fox, Ros, Roy
4 Hall, Loss, Wood
5 Heath, Noble, Payne, Stone
6 Cotton, Hylton, Wilbur
7 Ambrose, Geraldo, Gibbons, Gonella
8 Thompson
9 Mantovani
Taxi
3 Cab
Teegewicht
3 Tub
Theologen
5 Keble, Occam
6 Clarke, Wesley
Theosophin
6 Besant
Thronfolger
7 Charles
Thronfolgertitel
13 Prince of Wales
Tiefenmaß
6 Fathom
Titel
3 Sir
6 Squire
7 Bailiff
Tonsetzer
4 Byrd
TV-Popmusiksender
3 MTV
Umgangssprache
5 Slang
7 Cockney
Unterhausmitglieder
7 Commons
Unterhauspräsident
7 Speaker
Verfassung
11 Magna Charta
Verschwörer
9 Babington
Vizeadmiral
6 Beatty
Volksballadenheld
4 Hood
9 Robin Hood
Volkskundler
6 Frazer
Vollblutpferderennen
5 Derby
Wandtennisspiel
5 Fives
Warmblutpferd
7 Hackney
Wegemaße
4 Link, Mile
6 League
Weihnachtsspeise
11 Plumpudding
Weltumsegler
4 Cook
5 Drake
10 Chichester
Windhund
9 Greyhound
Windspiel
7 Whippet
Wirtschaftler
4 Owen
Wirtschaftshistoriker
6 Tawney
Witzblatt
5 Punch
Wochenblatt
9 Spectator
Wollgewicht
3 Wey
Wollstoff
8 Shetland
Wurfpfeilspiel
5 Darts
Zählmaß
6 Timber
Zahlwörter
3 one, six, ten, two
4 five, four, nine
5 eight, seven, three
Zeichner
3 Low
7 Flaxman, Hogarth
9 Beardsley
Zeitung
5 Times
englandfeindlich
9 anglophob
englandfreundlich
9 anglophil
englisch durchsetztes Französisch
9 Franglais
englisch für:
Abspielen eines Tonbandes
8 playback
Achtung
9 attention
Aktie
5 share
alt
3 old
Alter
3 age
Ananas
9 pineapple
Anlage
4 unit
Ansehen
8 standing
Ansprache
6 speech

Arbeit
6 labour
Armee
4 army
Atomreaktor
4 pile
auf
2 at, up
Aufblitzen
5 flash
Aufmerksamkeit
9 attention
aufwärts
2 up
Auge
3 eye
Außengruppe
8 outgroup
Aussperrung
7 lockout
Auto
3 car
Band
4 tape
Barzahlung
4 cash
Baum
4 tree
Baumwolle
6 cotton
bei
2 at, by
Berg
5 Mount
Bergarbeiter
5 miner
Bett
3 bed
Beutel
3 bag
Bewegung
6 motion
bezahlen
3 pay
Bier
4 beer
bitten
3 beg
Blasinstrumente
5 winds
Blasorchester
8 windband
blau
4 blue
Blitz
5 flash
Börsenschluss
3 lot
Bote
9 messenger
Bräutigam
5 groom
breit
5 broad
Briefpost
4 mail
Buchstabe
6 letter
Bucht
3 bay
Bügeleisen
4 iron
Burg
6 castle
Bursche
9 youngster
busenfrei
7 topless
Chauvinist
5 jingo
Creme
5 cream
Dach
4 roof
Dame
4 lady
Dampfer
7 steamer
Deutscher
6 german
dichter Nebel
3 fog
Dichtung
7 fiction
die oberen Zehntausend
8 upper ten
Ding
5 thing
Drahtpuppe
6 puppet
durch
2 by
Ecke
6 corner
Edelmann
6 knight
Einheit
4 unit
eins
3 one
Eisen
4 iron
Eisenbahn
5 train
Ende
3 end
Entscheidungskampf
8 show-down
Erhöhungskreuz
5 sharp
essen
3 eat
Fabrikant
8 producer
Fahrer
6 driver
Faktotum
8 handyman
Falke
6 falcon
Felsen
4 rock
Fjord
5 firth
Flasche
6 bottle
Fledermaus
3 bat
Flughafen
7 airport
Fluss
5 river
fragen
3 ask
Fräulein
4 miss
frei
4 free
Freimaurer
9 freemason
Frühstück
9 breakfast
Fuchs
3 fox
Führer
6 leader
fünf
4 five
für
3 for
Fußball
8 football
Fußballstürmer
7 forward
Geächteter
7 outcast
Gefängnis
6 prison
geheim
6 secret
gehen
2 go
Geist
6 spirit
Geld
5 money
Gemüsesaft
5 juice
Geschäft
8 business
Geschäftsleben
8 business
Gesellschaftsanzug
9 fulldress
Gesetz
3 law
Gesetzloser
6 outlaw
Gewehr
3 gun
5 rifle
gewinnen
3 win
Gott
3 god
Grafschaft
5 shire
Gras
5 grass
groß
3 big
Großstadt
4 city
grün
5 green

Gummi
6 rubber
gut
4 good
Haken
4 hook
Halbblut
9 halfcaste
Halbstarker
8 teddyboy
Halbzeit
8 halftime
Handel
5 trade
Hauptmann
7 captain
Heer
4 army
Heim
4 home
Heimat
4 home
heiß
3 hot
Hersteller
8 producer
Hilfssheriff
6 deputy
höhere Schule
7 college
Hotelvorsaal
4 hall
Hund
3 dog
Ingwer
6 ginger
Insel
4 isle
Intellektueller
8 highbrow
Irland
7 Ireland
ist
2 is
ja
3 yes
Jäger
6 hunter
Jahreszeit
6 season
Jazzfan
7 hipster
jetzt
3 now
jung
5 young
Junge
3 boy
9 youngster
Kämpfer
7 fighter
Kasse
4 cash
Kasten
3 box
Kater
8 hangover
Katze
3 cat
Katzenjammer
8 hangover
Kirche
6 church
Klagelied
5 dirge
Kloß
8 dumpling
Knödel
8 dumpling
Koch
4 cook
Köchin
4 cook
Konfitüre
3 jam
König
4 king
Königin
5 queen
Kraft
5 power
Krankmeldung
7 sickout
Krebs
6 cancer
Kreuz
5 cross
Krone
5 crown
Kuchen
4 cake
Kuh
3 cow
Kunst
3 art
Kunststoffe
8 plastics
Kuss
4 kiss
Laden
5 store
Ladengeschäft
4 shop
Lager
5 store
Landhaus
7 cottage
Landstraße
4 road
Leiter
6 leader
lesen
4 read
lieb
4 dear
6 tender
Liebling
7 darling
Lied
4 song
Luft
3 air
Luftpirat
9 skyjacker
Luftpost
7 airmail
Macht
5 power
Mädchen für alles
8 handyman
Mann
3 man
Meer
3 sea
mehr
4 more
Meile
4 mile
Militärflughafen
7 airbase
mit beschränkter Haftung
7 limited
Mitglied
6 member
nach
2 to
Nachrichten
4 news
Name
8 standing
Nationalist
5 jingo
nein
2 no
Netz
3 net
neu
3 new
neun
4 nine
Niederländer
8 dutchman
niemand
6 nobody
Norden
5 north
null
4 zero
nun
3 now
Oberbürgermeister
9 lordmayor
Oberhaupt
5 chief
Oberst
7 colonel
Obstsaft
5 juice
oder
2 or
Ohr
3 ear
Öl
3 oil
Onkel
5 uncle
Osten
4 east
Österreich
7 austria
Pfadfinder
8 boyscout
Pferd
5 horse
Plattenspieler
9 turntable

Platz
6 square
Postkutsche
9 mailcoach
Punkt
5 point
Quelle
6 spring
Rampenlicht
9 limelight
Rang
8 standing
Rathaus
8 townhall
9 guildhall
Rede
6 speech
reich
4 rich
Richterschaft
5 bench
Richtersitz
5 bench
Ringkampfrunde
5 round
Ritter
6 knight
Rohr
4 pipe
Roman
7 fiction
rot
3 red
Rundschau
6 review
Sache
5 thing
sagen
3 say
Samt
6 velvet
sauber
5 clean
Schachtel
3 box
scharf
5 sharp
Schau
4 show
Schiff
4 ship
Schlagersänger
7 crooner
Schloss
6 castle
Schluss
3 end
schnell
5 quick
schöne Frau
6 beauty
Schönheit
6 beauty
Schritt
4 step
Schrittmacher
9 pacemaker
schwarz
5 black
schwerer Sturm
7 tempest
Schwindelgeschäft
6 bubble
sechs
3 six
See
4 lake
sehen
3 see
Seide
4 silk
Sekretär
5 clerk
Sekretärin
5 clerk
Sendernetz
7 network
Silber
6 silver
Sitzraum
4 hall
Sitzungsleiter
7 speaker
Sohn
3 son
Sommer
6 summer
Sonne
3 sun
Spaß
3 fun
Spiel
4 play
Spinne
6 spider
Spitze
3 top
Sprecher
7 speaker
Spur
5 track
Stachel
5 spike
Stadt
4 city, town
Stallbursche
5 groom
Staub
4 dust
Stelldichein
6 dating
Stift
5 spike
Straftat
5 crime
Strand
5 beach
Sturm
7 tempest
Süden
5 south
Tag
3 day
Tasche
3 bag
Tee
3 tea
Teestube
7 tearoom
tief
4 deep
Tonband
4 tape
Trauergedicht
5 dirge
Treffen
4 date
7 meeting
Treuhänder
7 trustee
9 custodian
trocken
3 dry
Trommel
4 drum
Trommeln
5 drums
Trommelschlägel
9 drumstick
Trompete
7 trumpet
Turm
5 tower
Überraschungsangriff
4 raid
und
3 and
Unterführung
6 subway
Unteroffizier
8 sergeant
Varietee
4 show
Verabredung
4 date
Verbrechen
5 crime
Vergnügen
3 fun
Vermögensverwalter
7 proctor
Versammlung
7 meeting
Versandhandel
9 mailorder
von
2 of
Vorderansicht
4 face
Vorrat
5 store
Vorsitzender
5 chief
8 chairman
Vorteil
9 advantage
Wagen
3 car
Warenzeichen
9 trademark
Weg
3 way
weich
4 soft

Weihnachten
4 xmas
9 christmas
Weltmeisterschaft
8 worldcup
Werkstatt
8 workshop
wert
4 dear
wiederholen
6 repeat
Wiegenlied
7 lullaby
Woche
4 week
Wochenende
7 weekend
Wolfram
8 tungsten
zahlen
3 pay
zärtlich
6 tender
zehn
3 ten
Zeit
4 time
Zimmermann
9 carpenter
zu
2 to
Zug
5 train
zurück
4 back
zwei
3 two
englisch-französischer Frauenname
6 Muriel
englisch-französischer Männername
5 Roger
englisch-irischer Schriftsteller
5 Swift
englisch-irisches Anglerboot
7 Coracle
englisch-österreichischer Philosoph
6 Popper
Englische Krankheit
8 Rachitis
Englischhorn
7 Altoboe
engmaschig
5 dicht
Engpass der Salzach
4 Lueg
Engpass in Griechenland
11 Thermopylen
engstirnig
8 borniert, spiessig
9 kleinlich
10 pedantisch
engstirniger Mensch
8 Spiesser
13 Spiessbuerger
Engtal der Enns
8 Gesaeuse
Enns-Zufluss
5 Salza
Ennstaler Alpengipfel
7 Hochtor
enorm
8 gewaltig, kolossal
9 ungeheuer
11 erstaunlich
17 aussergewoehnlich
Ensemble von zwei Musikern
3 Duo
entbeerter Traubenkamm
4 Rapp
entbehren
6 darben
12 Mangel leiden
Entbehrung
3 Not
6 Karenz, Mangel
Entbindung
6 Geburt, Partus
10 Degagement
11 Niederkunft
Entbindung von einer Verpflichtung
7 Dispens
entblößt
5 bloss, nackt
Entblößung
10 Exhibition
Entborstermaschine
7 Skraper
Entdecken von etwas Verlorenem
4 Fund
Entdecker
der Antisepsis
6 Lister
der Blutdruckmessung
5 Hales
der Kathodenstrahlen
7 Hittorf
der Kautschukvulkanisation
8 Goodyear
der Kernspaltung
4 Hahn
der Kohleverflüssigung
7 Bergius
der Luftverflüssigung
5 Linde
der Philippinen
8 Magellan
9 Magalhaes
der Protonen
10 Rutherford
der Spektralanalyse
6 Bunsen
9 Kirchhoff
der Sulfonamide
6 Domagk
der Wechselströme
5 Tesla
der X-Strahlen
8 Roentgen
des Anilins
5 Runge
des Antipyrins
5 Knorr
des Aspirins
6 Dreser
des Atommodells
4 Bohr
des Broms
6 Balard
des Choleraerregers
4 Koch
des Diphtheriebazillus
8 Loeffler
des Diphtherieserums
7 Behring
des Gravitationsgesetzes
6 Newton
des Insulins
4 Best
7 Banting
des Lanolins
9 Liebreich
des Laserstrahls
6 Maiman
des Leprabazillus
6 Hansen
des Morphins
10 Sertuerner
des Penicillins
7 Fleming
des Pestbazillus
6 Yersin
8 Kitasato
des Poloniums
5 Curie
des Radiums
5 Curie
des Sauerstoffs
7 Scheele
9 Priestley
des Seewegs nach Indien
4 Gama
des Seewegs um Afrika
4 Diaz
des Stickstoffs
10 Rutherford
des Südpols
8 Amundsen
des Transhimalajas
5 Hedin
des Tuberkelbazillus
4 Koch
des Typhuserregers
4 Koch
5 Ebert
6 Gaffky
des Wundstarrkrampf-erregers
9 Nikolaier
einer verlorenenen Sache
6 Finder
von Amerika
8 Kolumbus
von Brasilien
6 Cabral
von Japan
5 Pinto
von Kolumbien
5 Ojeda
von Labrador
5 Cabot
6 Caboto

von Mexiko
6 Cortez
von Neufundland
5 Cabot
6 Caboto
von Peru
7 Pizarro
Entdeckung
4 Fund
10 Ausgrabung
enteignen
13 depossedieren
Enteignung
8 Ejektion
12 Konfiskation
Entenvogel
6 Mergus, Saeger
8 Rostgans
Enterich
5 Erpel
entfasern
9 entpulpen
entfernen
7 ferggen
8 abmachen
9 entlassen, wegmachen, wegwerfen
10 ausraeumen, beseitigen, vertreiben, wegbringen, wegraeumen
11 eliminieren, fortbringen, fortraeumen, sezernieren, wegschaffen
12 distanzieren, fortschaffen
13 ausschliessen
16 abtransportieren
entfernt
4 weit
6 fernab, weitab
8 entlegen
entfernte blaue Galaxie
6 Quasar
Entfernung
7 Abstand, Distanz
8 Remotion
9 Resektion
10 Entlassung, Extraktion
der Barthaare
5 Rasur
des Inhalts
8 Entnahme
eines Sterns
9 Parallaxe
Entfernungsbegriffe
3 nah
4 fern, weit
5 Ferne, Naehe, Weite
Entfernungsmaß
9 Tagereise
Entfernungsmesser
9 Telemeter
entflohen
9 fluechtig
Entfremdung
10 Alienation
entführen
9 kidnappen
Entführer
9 Kidnapper
der Helena
5 Paris
Entführung
10 Kidnapping
entgegengesetzt
5 wider
6 invers, kontra
7 antisem, antonym
8 kontraer
9 diametral, umgekehrt
Entgegenkommen
6 Kulanz
13 Gefaelligkeit
entgegenkommend
6 kulant
10 konziliant
Entgegennahme
6 Erhalt
8 Abholung
entgegenwirkend
6 widrig
entgegnen
7 kontern
8 erwidern
9 antworten
10 opponieren
Entgegnung
6 Replik
7 Antwort
10 Erwiderung
Entgelt
4 Gage, Lohn, Sold
5 Heuer
6 Gehalt, Salaer
7 Honorar
8 Tantieme
9 Besoldung, Dotierung, Provision
früherer Bauern
9 Grundzins
für Angestellte
6 Gehalt
für Arbeitsleistung
4 Lohn
für Beamte
6 Gehalt
für Überlassenes
5 Miete
für Unterricht
9 Schulgeld
im Tarifvertrag
7 Ecklohn
in der Schifffahrt
9 Bergelohn
enthalten
8 immanent
9 implizite
enthaltsam
6 keusch
7 maessig
8 massvoll
9 abstinent, asketisch, entsagend
10 gemaessigt
14 zurueckhaltend
Lebender
5 Asket
enthaltsame(r)
Lebensweise
6 Askese
8 Zoelibat
Mensch
5 Asket
7 Buesser
Zeit
8 Fasttage
Enthaltsamkeit
6 Askese, Aszese
9 Abstinenz, Kontinenz, Temperenz
entheben
8 absetzen
12 suspendieren
Enthebung eines Amtsträgers
9 Absetzung
enthüllen
9 aufdecken
Enthüllung
10 Revelation
Enthusiast
3 Fan
Entkeimung
12 Desinfektion
13 Sterilisation
Entkeimungsapparat
12 Sterilisator
Entkeimungsmittel
6 Thymol
entkleiden
7 ablegen
8 strippen
9 ausziehen
Entkleidungsvorführung
10 Striptease
entkommen
7 fliehen
6 Flucht
entkräftet
6 marode
8 ermattet
9 enerviert
Entkräftung
8 Marasmus
gegnerischer Behauptung
9 Anaeresis
Entladung
9 Loeschung
an Mastspitzen
9 Elmsfeuer
der Luftelektrizität
8 Gewitter
entlarven
11 demaskieren
Entlarven eines Helden
9 Debunking
Entlassung
4 Fall
5 Sturz
8 Abschied, Rauswurf
9 Abloesung, Absetzung, Demission, Enthebung, Kassation

10 Ausbootung, Entfernung, Entsetzung, Hinauswurf, Kuendigung
11 Abschiebung, Entmachtung, Entthronung, Rausschmiss
12 Abhalfterung, Abservierung, Berurlaubung, Kaltstellung
13 Amtsenthebung, Suspendierung
17 Zwangsbeurlaubung

Entlassungspapier
8 Laufpass

Entlastungsverkehrsmittel
7 Nachzug

Entlastungszug
6 Vorzug

entleihen
6 borgen

Entlüfter
8 Absauger
9 Exhaustor
10 Ventilator

Entlüftungsapparat
8 Pulsator

Entlüftungseinrichtung
5 Abzug

entmannen
10 kastrieren

Entmannter
6 Eunuch
7 Kastrat

Entmischung
9 Seigerung

entmutigen
14 demoralisieren

entmutigt
7 verzagt
10 deprimiert
12 decouragiert

Entnahme
durch Einstich
8 Punktion
einer Absonderung
8 Abstrich
von Flüssigkeiten
9 Abzapfung

Entnebelungsanlage
4 Fido

entnommene Körperflüssigkeit
7 Punktat

enträtseln
6 loesen
9 aufloesen

Enträtselung
7 Loesung

entrechten
13 depossedieren

Entrechteter
5 Paria

Entrückung
6 Trance
7 Ekstase

Entrüstung
9 Empoerung
11 Indignation

entsagen
10 verzichten
11 resignieren

entsagte Geduld
8 ergebung

Entsagung
8 Verzicht
11 Resignation

Entsandte
10 Delegierte

Entschädigung
6 Ersatz
9 Abfindung, Abgeltung, Rekompens
11 Aequivalent
12 Kompensation
13 Gratifikation

Entschädigungsgelder
7 Diaeten

Entschärfung
9 Milderung

Entscheid des Papstes
9 Dekretale

entscheidend
7 dezisiv

entscheidende(r, s)
Krise
8 Diakrise
Rennen
7 Endlauf
Situation
9 Ernstfall
Stelle
9 Kernpunkt
Umstand
6 Moment

Entscheidung
5 Krise, Votum
6 Krisis, Urteil
9 Ausschlag, Beschluss
10 Entschluss, Hoehepunkt, Verfuegung
11 Alternative
13 Entraetselung, Richterspruch
14 Entschliessung

Entscheidungshelfer(in)
7 Berater
9 Beraterin

Entscheidungskampf
8 Ausstich

Entscheidungsrecht
6 Option

entschieden
8 bestimmt
11 kategorisch
12 determinativ
für etwas eintretend
9 engagiert

entschiedene Zurückweisung
6 Abfuhr

Entschließung
9 Beschluss
10 Resolution

entschlossen
5 kuehn
7 beherzt, gewillt, resolut, willens
9 energisch
11 zielstrebig
12 determinativ

Entschluss
5 Wille
6 Willen
7 Vorsatz
10 Resolution

Entschlusskraft
10 Initiative

entschuldigen
8 vergeben
9 verzeihen

Entschuldigung
6 Pardon
7 Abbitte, Ausrede
8 Bedauern
9 Nachsicht, Vergebung
10 Verzeihung
11 Deprekation
14 Rechtfertigung

Entsetzen
5 Angst, Graus
6 Furcht, Grauen, Horror, Schock
7 Abscheu, Grausen, Schreck
8 Schauder
9 Schrecken
11 Bestuerzung

entsetzlich
8 terribel

entseuchen
13 desinfizieren

Entseuchung
12 Desinfektion

Entspannung
4 Ruhe
5 Musse
6 Siesta
7 Oetente
8 Erholung
9 Lockerung
10 Abruestung, Beruhigung
12 Entkrampfung
13 Disengagement
zwischen Staaten
7 Detente

Entspannungsmittel
7 Tenside
8 Relaxans

entsprechend
6 analog
7 homolog
8 adaequat

Entsprechung
8 Analogie

Entstaubungsanlage
6 Zyklon

Entstehung
6 Genese
7 Genesis
8 Ursprung
aus Gleichartigem
9 Homogonie
des Lebens
6 Genese

entstellen
11 deformieren

entstellte Abbildung
8 Zerrbild
Enttäuschender
8 Versager
Enttäuschung
8 Reinfall
9 Versagung
10 Misserfolg
11 Desillusion, Frustration
12 Frustrierung, Katzenjammer
13 Ernuechterung
17 Desillusionierung
Entwässerung
8 Draenage, Draenung
Entwässerungsanlage
9 Deichsiel
Entwässerungsanlagen
4 Siel
5 Draen, Fleet
6 Graben, Rigole
10 Fontanelle
12 Kanalisation
Entwässerungsgraben
5 Draen, Fleet
9 Vorfluter
entweichendes Gasgemisch
6 Abluft
entwenden
6 klauen, rauben
7 stehlen
9 stibitzen
Entwendung
4 Raub
8 Mundraub, Wegnahme
9 Diebstahl
entwerfen
6 planen
7 anlegen
9 ausdenken, erstellen, umreissen
10 erarbeiten, skizzieren
11 ausarbeiten, konzipieren
Entwerfer
6 Planer
8 Designer
entwertetes Wertpapier
9 Nonvaleur
entwickelte Aufnahme
7 Negativ
Entwicklerflüssigkeit
5 Metol
6 Methol
9 Developer
Entwicklung
6 Genese
7 Prozess, Tendenz
8 Gedeihen
9 Evolution
11 Fortschritt
der Eizelle
8 Oogenese
Entwicklungsabschnitt
5 Phase, Stufe
6 Etappe
Entwicklungseinwirkung
9 Erziehung
Entwicklungsgeschichte
8 Biogenie
entwicklungsgeschichtlich
9 genetisch
Entwicklungshemmung
10 Stagnation
Entwicklungsjahre
9 Pubertaet
Entwicklungsprozess
8 Wachstum
Entwicklungsrichtung
5 Trend
Entwicklungsstufe
5 Larve, Phase
7 Stadium
der Pflanzen
4 Keim
Entwicklungstendenz
5 Trend
Entwurf
4 Plan, Riss
5 Sudel, Sujet
6 Abriss, Design, Dessin, Exposé, Kladde, Layout, Modell, Muster, Schema, Skizze, Studie
7 Aufriss, Exposee, Konzept, Projekt, Vorlage
9 Brouillon, Grundriss, Treatment, Visierung
10 Denkmodell, Konzeption
11 Disposition, Organigramm
12 Konstruktion, Schlachtplan
17 Organisationsplan
entziffern
5 lesen
13 dechiffrieren
entzifferter Wortlaut
8 Klartext
Entzifferungsschlüssel
4 Code
Entzücken
5 Wonne
6 Freude
entzückend
5 apart
7 huebsch, reizend
8 charmant, reizvoll
9 scharmant
10 bezaubernd, zauberhaft
11 liebenswert, liebreizend
entzündbar
11 inflammabel
entzündliche Hautrötung
5 Rubor
entzündungshemmendes Hormonpräparat
8 Kortison
entzwei
6 defekt, kaputt
7 kapores
10 zerbrochen
11 zersprungen
Enz-Zuflüsse
5 Eyach, Glems
6 Metter, Nagold
Enziangewächs
6 Tarant
9 Biberklee, Saumnarbe
Enzym
7 Ferment
8 Invertin, Lysozyme
9 Wirkstoff
in Pflanzen
6 Urease
in roher Milch
9 Reduktase
verschiedener Bakterien
9 Cellulase
enzymatischer Abbauweg der Glucose
9 Glykolyse
Enzymgemisch
7 Erepsin
eozäner Laufvogel
8 Diatryma
Epigramm
9 Spottvers
Epik
5 Lyrik, Roman
6 Poesie
7 Novelle
8 Dichtung
Epiker
7 Dichter, Lyriker
9 Erzaehler
Epilog
7 Nachruf
8 Ausklang, Nachwort
Epirusbewohner
6 Epirot
episch-dramatisches Gedicht
7 Ballade
epische(r, s)
Dichtkunst
9 Rhapsodik
Dichtung homerischer Zeit
6 Kypria
Gedicht
4 Epos
7 Ballade
Vers der Sanskritdichtung
5 Sloka
Epistel
9 Sendbrief
Epoche
4 Aera
7 Periode
8 Zeitraum
13 Zeitabschnitt
Epos
über Troja
5 Ilias
von Eschenbach
9 Willehalm
von Firdausi
9 Schahname
von Hartmann von Aue
4 Erek
von Homer
5 Ilias
6 Iliade
7 Odyssee
von Klopstock
7 Messias

von Spitteler
10 Prometheus
von Veldeke
6 Eneide
von Vergil
5 Eneis
6 Aeneis
von Voltaire
8 Henriade
von Platen
9 Abbasiden
von Wolfram von Eschenbach
8 Parsifal, Parsival, Parzival
Eppich
4 Efeu
Erbanlage
3 Gen
9 Erbfaktor, Polymerie
Erbanlagen homologer Chromosomen
6 Allele
Erbanlagen-Vereinigung
8 Kopplung
Erbanlagenmischung
8 Panmixie
Erbanlagenveränderung
8 Mutation
Erbarmen
7 Mitleid
10 Mitgefuehl
erbärmlich
9 klaeglich, miserabel
Bagdads
8 Almansor
der Arche
3 Noe
4 Noah
der ersten Lokomotive
10 Stephenson
der Semmeringbahn
5 Ghega
des Bismarckdenkmals in Hamburg
7 Lederer
des ersten Dampfschiffes
6 Fulton
des ersten Tragschraubers
6 Cierva
des Hermannsdenkmals
6 Bandel
des Labyrinths zu Kreta
8 Daedalus
des Luftschiffes
8 Zeppelin
des Moskauer Kremls
9 Demetrius
des Pantheons
7 Agrippa
des Sankt-Gotthard-Tunnels
5 Favre
des Suezkanals
7 Lesseps
des Trojanischen Pferdes
6 Epeios
des Ulmer Münsters
8 Ensinger

von Nansens „Fram"
6 Archer
erbauliche
Bibelauslegung
7 Homilie
Schriften des Judentums
6 Mussar
Erbausgleichspflicht
9 Kollation
Erbauungsbuch
8 Postille
der Ostkirche
9 Paterikon
Erbauungsschrift
7 Traktat
8 Postille
9 Paraenese
Erbbild
7 Genotyp
9 Genotypus
Erbe
5 Legat
8 Nachlass
9 Nachkomme
10 Nachfolger
12 Vermaechtnis
15 Verlassenschaft
Erbeuten feindlicher Schiffe
6 Kapern
Erbfaktor
3 Gen
Erbfolgebesitztum
8 Stammgut
Erbfolger der Kurfürsten
8 Kurprinz
Erbfolgerecht
7 Majorat, Minorat
Erbgefüge eines Individuums
9 Idiotypus
Erbgefüge-Veränderung
8 Mutation
Erbgesundheitslehre
7 Eugenik
erbgleicher Stamm
4 Klon
Erbgut
8 Juniorat
im Zellkern
9 Chromosom
Erbgutträger
2 Id
Erbland eines Fürstenhauses
8 Kronland
Erblasser
8 Testator
9 Testierer
Erblehre
7 Genetik
erblich bedingt
9 genetisch
erbliche(s)
Grundstücksnutzung
8 Erbpacht
Herrschergeschlecht
8 Dynastie
Missbildung
9 Spaltfuss, Spalthand
erblicken
7 sichten

Erblindung
8 Amaurose
Erbrechtsbegriff
7 Noterbe
Erbschaft
4 Erbe
5 Legat
8 Nachlass
Erbschleicherei
9 Kaptation
Erbsenstein
8 Pisolith
Erbzinsbauer in römischer Zeit
6 Kolone
Erbzinsgut
7 Kolonat
Erdabsatz
8 Terrasse
Erdabtragung
7 Erosion
Erdachtes
7 Fiktion
erdachtes Land
6 Utopia
Erdalkalimetalle
6 Barium, Radium
7 Calcium, Calzium
9 Beryllium, Magnesium, Strontium
Erdaltertum
12 Palaeozoikum
Erdapfel
9 Kartoffel
10 Topinambur
Erdarten
3 Ton
4 Kies, Lehm
5 Loess
9 Lavaboden
Erdaufschüttung
4 Wall
als Wohnplatz
4 Warf
5 Warft
Erdball
6 Globus
Erdbearbeitung
9 Umgrabung
Erdbearbeitungsgerät
5 Hacke, Karst
Erdbebenkunde
7 Seismik
11 Seismologie
Erdbebenmesser
10 Seismograf
11 Seismograph
Erdbebenphase
8 Erdstoss
Erdbebenstärkemaß
9 Magnitude
Erdbeerbaum
7 Arbutus
erdbeerfarbig
6 fraise
Erdbefestigung
9 Schanzbau
Erdbeschreibung
9 Merigarto, Periegese

erdbewohnender Wenigborster
9 Regenwurm
Erdbirne
9 Kartoffel
Erdbodenaushebung
7 Grabung
Erddurchbohrungsprojekt
6 Mohole
Erde in der nordischen Mythologie
7 Midgard
Erdelektrizität
9 Ringstrom
erdenklich
10 imaginabel
Erdentstehungslehre
8 Geogenie
9 Geogenese
Erderschütterung
5 Beben
8 Erdbeben
9 Ortsbeben
Erdfarbe
5 Khaki, Ocker, Umbra
erdfarben
5 khaki
8 lehmgelb
Erdferne
8 Apogaeum
Erdgas
6 Methan
Erdgeist
4 Gnom
5 Zwerg
7 Heiling
Erdgeschichte
8 Geologie
Erdgeschichtsabschnitt
7 Eiszeit, Glazial
11 Glazialzeit
Erdgeschichtskenner
7 Geologe
Erdgeschoss
8 Parterre
Erdgleichgewichtslehre
9 Geostatik
Erdgürtel
4 Zone
Erdhacke
5 Karst
Erdhälfte
9 Halbkugel
11 Hemisphaere
Erdharzart
8 Bergfett
Erdhaus der Navajoindianer
5 Hogan
erdichten
9 fingieren
erdichtet
6 fiktiv
8 mythisch
10 angenommen
erdichtete Erzählung
5 Fabel
Erdichtung
7 Fiktion
Erdkern
4 Nife
Erdkreis
4 Welt
5 Orbis
Erdkugel
6 Globus
Erdkunde
9 Geografie
10 Geographie
Erdkundler
7 Geograf
8 Geograph
Erdlauf um die Sonne
7 Erdbahn
8 Ekliptik
Erdloch
5 Grube, Kuhle
Erdmessung
9 Geodaesie
Erdmetalle
3 Cer
6 Cerium, Erbium, Neodym
7 Holmium, Lanthan, Terbium, Thulium, Yttrium
8 Actinium, Europium, Samarium, Scandium
9 Aluminium, Beryllium, Lutetuium, Praseodym, Zirkonium
10 Dysprosium, Gadolinium, Promethium
11 Cassiopeium
Erdmittelalter
10 Mesozoikum
Erdmond
7 Trabant
Erdnähe
9 Perigaeum
Erdneuzeit
9 Neozoikum
Erdnuss
6 Peanut
7 Arachis
Erdöl
7 Naphtha
9 Petroleum
Erdölchemiker
6 Frasch
Erdölförderanlage
8 Bohrturm
Erdölgebiet Chinas
7 Karamai
Erdölleitung
8 Pipeline
Erdölort auf Ceram
4 Bula
Erdölprodukt
9 Petroleum
Erdölstadt vor Borneo
5 Seria
Erdölzentrum in Saudi-Arabien
5 Daran
Erdorchidee
4 Disa
6 Ophrys
7 Malaxis, Ragwurz
8 Einblatt
Erdorchideengattung
6 Phayus
Erdpech
7 Asphalt, Bitumen
Erdrauch
9 Feldraute
Erdrauchgewächs
7 Fumaria
Erdrindenlehre
8 Tektonik
Erdrinne
6 Graben
Erdrosselung
13 Strangulation
Erdrutsch
4 Rufe
9 Felssturz
11 Steinlawine
Erdscholle
6 Plagge
Erdstrich
4 Zone
6 Gebiet
Erdstufe
8 Terrasse
Erdteil
8 Festland
9 Kontinent, Landmasse
Erdteilbewohner
5 Asiat
9 Europaeer
10 Amerikaner, Australier
14 Nordamerikaner, Suedamerikaner
Erdteile
5 Asien
6 Afrika, Europa
7 Amerika
8 Eurasien
9 Antarktis, Kontinent
10 Australien
Erdtrabant
4 Mond
8 Satellit
Erdtrabanten-Erforschungs-Satellit
9 Mondsonde
Erdtrichter
5 Binge, Pinge
Erdüberflutung
8 Sintflut
erdumfassend
8 weltweit
Erdvermessungsgerät
9 Theodolit
Erdvermessungskunde
9 Geodaesie
Erdwachs
7 Zeresin
8 Paraffin
Erdwall
4 Damm
5 Deich
Erdwissenschaft
8 Geologie
Erdwissenschaftler
7 Geologe

ereifern
12 echauffieren
Ereignis
6 Aktion, Faktum, Unfall, Wirbel, Zufall
7 Episode, Skandal, Vorfall, Vorgang
8 Begebnis, Erlebnis, Kuriosum, Unglueck
9 Abenteuer, Aergernis, Evenement, Geschehen, Phaenomen, Sensation
10 Geschehnis, Intermezzo, Vorkommnis
11 Begebenheit
12 Besonderheit, Einmaligkeit, Nervenkitzel, Zwischenfall
13 Angelegenheit, Zwischenspiel
Eremit
10 Einsiedler
Eremitage
11 Einsiedelei
Eremitenkongregation
8 Pauliner
Eremitensiedlung
5 Laura, Lawra
erfahren
5 weise
6 hoeren, kundig
7 erleben, gelehrt
8 gebildet, versiert
9 bewandert, mitmachen
10 beschlagen, einsichtig, routiniert, wahrnehmen
11 weitsichtig
13 kenntnisreich
erfahrener
Fachmann
6 Kenner
Krieger
6 Kaempe
8 Haudegen
Erfahrung
7 Empirie
8 Kenntnis
Erfahrungsbeweis
10 Experiment
Erfahrungsmensch
9 Empiriker
Erfahrungssatz
11 Aposteriori
Erfahrungstatsache
7 Empirem
Erfahrungswissenschaft
7 Empirie
Erfinder der, des
Addiermaschine
6 Pascal
Akkumulators
6 Planté
Alphabets für Telegrafie
5 Morse
Antenne
5 Popow
Aspirins
6 Dreser
astronomischen Fernrohrs
6 Kepler
Ätzkunst
6 Duerer
Aufzugs
6 Weigel
Augenspiegels
9 Helmholtz
autogenen Schweißens
5 Menna
Automobils
4 Benz
7 Daimler
Autotypie
10 Meisenbach
Bakelits
9 Baekeland
Bandonions
4 Band
Bandsäge
8 Newberry
Barometers
10 Torricelli
Baumwollspinnmaschine
9 Arkwright
Betongussverfahrens
6 Edison
Biers
9 Gambrinus
Bildtelegrafie
4 Korn
7 Karolus
Blasenspiegels
5 Nitze
Blechwalze
5 Paine
Bleistifts
5 Conte, Conté
8 Staedler
Blindenschrift
7 Braille
Blitzableiters
8 Franklin
Bogenlampe
6 Dubocq
Bohrmaschine
6 Maritz
Brennspiegels
10 Archimedes
Briefumschlags
6 Brewer
Brille
5 Spina
7 Salvino
Buchdrucks
4 Fust
9 Gutenberg
Buchdruckschnellpresse
6 Koenig
Daktyloskopie
6 Galton
Dampfbaggers
5 Evans
8 Grimshaw
Dampfheizung
4 Cook
Dampfkochtopfs
5 Papin
Dampflokomotive
10 Stephenson
Dampfmaschine
4 Watt
5 Papin
6 Branca
Dampfpflugs
6 Fowler
Dampfschiffs
5 Papin
6 Fulton
8 Jouffroy
Dampfspritze
5 Shawk
Dampfstrahlgebläses
7 Siemens
Dampfturbine
7 Parsons, de Laval
DDTs
7 Mueller
des Plattenspielers
6 Edison
Dezimalwaage
8 Quintens
Differenzialrechnung
7 Leibniz, Newton
drahtlosen Telegrafie
7 Marconi
Drahtseilbahn
7 Duecker
Drehbank
6 Basson
7 Pittler
8 Maudslay
Drehflügelflugzeugs
8 La Cierva
Drehkolbenmotors
6 Wankel
Drehpistole
4 Colt
Drehstrommotors
5 Tesla
Dreifarbendrucks
5 Vogel
6 Ulrich
7 Le Blond
Dreschmaschine
6 Meikle, Turner
Druckknopfs
5 Bauer
Druckluftbremse
5 Knorr
9 Carpenter
12 Westinghouse
Druckmessers
7 da Vinci
Düngung
6 Liebig
Dynamits
5 Nobel
Dynamomaschine
7 Siemens
Echolots
4 Behm
Eisenbahnkupplung
12 Scharfenberg
Eisenbetonbaus
6 Monier

Eismaschine
5 Linde
elektrischen Orgel
5 Mager
Elektrisiermaschine
8 Guericke
Elektromagnets
8 Sturgeon
Elektromikroskops
7 Faraday
Elektronenmikroskops
5 Knoll, Ruska
7 Brueche
9 Johannsen
Esperanto
8 Zamenhof
Fahrrads
5 Drais
Fahrstuhls
6 Weigel
Farbfotografie
8 Lippmann
Fernrakete
5 Braun
Fernrohrs
7 Galilei
Fernschreibers
5 Morse
Fernsehens
6 Nipkow
Fernsprechers
4 Bell, Reis
8 Strowger
Fesselballons
8 Parseval
Feuchtigkeitsmessers
7 da Vinci
Films
6 Edison
7 Lumière
Flachdruckschnellpresse
6 Koenig
Flachstichstickmaschine
8 Heilmann
Flachwirkmaschine
6 Cotton
Flaschenzugs
10 Archimedes
Flugzeugs
5 Klemm
6 Wright
7 Junkers
10 Lilienthal
flüssigen Luft
5 Linde
Fotografie
6 Niepce, Talbot
8 Daguerre
Füllfederhalters
8 Drescher
Funkalphabets
5 Morse
Funktelegrafs
7 Marconi
Galvanoplastik
6 Jacobi
Gasbeleuchtung
7 Murdock
Gasglühlichts
4 Auer
Gasmotors
4 Otto
6 Lenoir
Gasturbine
9 Holzwarth
Globus
6 Behaim
Glühlampe
6 Bolton, Edison, Goebel
Grammophons
6 Edison
8 Berliner
Grubenlampe
4 Davy
Gussstahls
8 Huntsman
Heißluftballons
11 Montgolfier
Heliographs
5 Gauss
Hinterladers
9 Chaumette
Hobelmaschine
6 Hatton
Hohlspiegels
10 Archimedes
Holzwolle
6 Anthon
Induktionsmotors
5 Tesla
Injektionsspritze
6 Pravaz
Kalorimeters
6 Dulong
Kältemaschine
5 Carré, Linde
7 Perkins
Kaltwasserkur
10 Priessnitz
Katzenauges
4 Shaw
Kehlkopfspiegels
6 Garcia
Kernreaktors
5 Fermi
Kinematographen
7 Lumière
Kohlemikrofons
6 Hughes
Kompasses
5 Gioja
Konservierung
6 Appert
Kopierpresse
4 Watt
Kraftwagens
4 Benz, Otto
7 Daimler
Krans
9 Armstrong
Kreiskolbenmotors
6 Wankel
6 Wankel
Kreissäge
6 Albert
8 Gervinus
Kugellagers
7 Baughan
Kugelschreibers
4 Biro
Kunstleders
7 Hancock
Kunstseide
10 Chardonnet
Kupfertiefdrucks
7 Mertens
Kurzschrift
6 Arends
12 Gabelsberger, Stolze-Schrey
Kuvertmaschine
4 Hill
Lampenzylinders
7 da Vinci
Laterna magica
7 Kircher
Laufmaschine
5 Drais
Leichtbauwand
6 Rabitz
Lichtdrucks
6 Albert
Linoleums
8 Galloway
Lithografie
10 Senefelder
Logs
6 Bourne
Lokomotive
7 Siemens
10 Stephenson
Luftballons
11 Montgolfier
Luftpumpe
8 Guericke
Luftreifens
6 Dunlop
Luftschiffs
8 Zeppelin
Luftthermometers
5 Jolly
Manometers
7 da Vinci
8 Guericke
Margarine
11 Mège-Mouriès
Maschinengewehrs
5 Maxim
Mehrladers
6 Mauser
10 Mannlicher
Metronoms
7 Maelzel
Mikrofons
6 Hughes
7 Luedtge
Mikroskops
6 Jansen
7 Janssen
Motorflugzeugs
6 Wright
Motorrads
7 Daimler

Nähmaschine
4 Howe
12 Madersperger
Naturselbstdrucks
4 Auer
Notenschrift
6 Arezzo
Nylons
9 Carothers
Offsetdrucks
5 Rubel
Orgel
5 Mager
PAL-Systems
5 Bruch
Papiermaschine
6 Brahma
Papiers
7 Tsailun
Pendeluhr
7 Huygens
Perlons
7 Schlack
Petroleumlampe
8 Silliman
Phonographen
6 Edison
Pistole
4 Colt
6 Mauser
8 Browning
10 Mannlicher, Parabellum
Plakatsäule
7 Litfass
Pneumatik
6 Dunlop
Polaroidkamera
4 Land
Porzellans
8 Boettger
Puppenfilms
5 Diehl
Quecksilber-thermometers
10 Fahrenheit
Radiergummis
9 Priestley
Raketenflugzeugs
7 Heinkel
Rasierapparats
7 Gilette
Rechenmaschine
6 Pascal
7 Leibniz
Rechenschiebers
6 Gunter
Revolvers
4 Colt
Rhönrades
5 Feick
Rohrpost
5 Clark
Rollfilms
7 Eastman
Rotationspresse
7 Bullock
Rotorschiffs
8 Flettner
Saxofons
3 Sax
Schallplatte
8 Berliner
Schießpulvers
7 Schwarz
Schiffschronometers
8 Harrison
Schiffskreisels
7 Schlick
Schiffsschraube
6 Ressel
Schnellpresse
6 Koenig
Schreibmaschine
5 Soulé
6 Sholes
7 Gliddon
11 Mitterhofer
Schwefelhölzer
6 Cooper
Selbstladepistole
6 Mauser
8 Browning
10 Mannlicher, Parabellum
Setzmaschine
12 Mergenthaler
Sicherheitslampe
4 Davy
Sicherheitszündhölzer
8 Boettger
Sofortbildkamera
4 Land
Speisewagens
7 Pullman
Spiegelteleskops
6 Newton
Spinnmaschine
9 Arkwright
10 Hargreaves
Spitzenzählers
6 Geiger
Staubsaugers
5 Booth
Steindrucks
10 Senefelder
Steinguts
8 Wedgwood
Stereotypie
3 Ged
Sterilisierung
6 Appert
Storchschnabels
8 Scheiner
Strumpfwirkmaschine
3 Lee
synthetischen Gummis
7 Hofmann
Taschenuhr
7 Henlein
Taucherglocke
7 Smeaton
Taucherhelms
5 Siebe
Telefons
4 Bell, Gray, Reis
8 Strowger
Thermometers
7 Réaumur
10 Fahrenheit
Tonbandgeräts
8 Pflaumer
Tonfilms
4 Engl, Vogt
8 Massolle
U-Bootes
5 Bauer
6 Fulton
Unterseeboots
5 Bauer
6 Fulton
Uranbrenners
5 Fermi
Ventilators
5 Hales
Vergrößerungsglases
7 Alhazen
Vulkanisierens
8 Goodyear
Warmluftballons
11 Montgolfier
Warmwasserheizung
5 Hoyle
7 Perkins
Webmaschine
8 Jacquard
Webstuhls
10 Cartwright
Wechselstrommotors
5 Tesla
Windstärkeskala
8 Beaufort
Wirkmaschine
6 Cotton
Zahnradbahn
10 Riggenbach
Zeigertelegrafen
6 Chappe
Zeitlupe
6 Musger
Zelluloids
5 Hyatt
Zentrifuge
8 Guericke, Penzoldt
Ziehharmonika
9 Buschmann
Zündholzes
5 Jones
Zündhütchens
3 Egg
Zündkerze
6 Lenoir
erfinderisch
9 ingenioes
Erfinderschutz
6 Patent
Erfindung
7 Fiktion
9 Erdachtes
Erfindungskraft
8 Ingenium
Erfindungsschutz
6 Patent
Erfindungsschutzurkunde
6 Patent
Erfolg
3 Hit
4 Sieg
6 Effekt, Gewinn

7 Triumph, Vorteil, Wirkung
8 Ergebnis, Gelingen, Knueller, Resultat
nach einem Urnengang
8 Wahlsieg
erfolglos
9 unwirksam
13 nicht effektiv
erfolgloser Wunsch
9 Fehlbitte
erfolgreich
7 wirksam
beenden
7 kroenen
erfolgreiche(r)
Fußballer
9 Torjaeger
10 Goalgetter
Lebensphase
9 Glanzzeit
Schlager
3 Hit
Erfolgsbuch
7 Reisser
8 Knueller
10 Bestseller
Erfolgsfilm
7 Reisser
8 Knueller
erforderlich
6 noetig
7 obligat
9 notwendig, vonnoeten
erforderliche Menge
6 Bedarf
Erforscher
des Semitischen
8 Semitist
der stehenden Gewässer
9 Limnologe
höherer Luftschichten
8 Aerologe
von Krankheitserregern
8 Virologe
Erforschung
9 Erkundung
11 Exploration
der öffentlichen Meinung
10 Demoskopie
des Arabischen
9 Arabistik
des Übersinnlichen
11 Okkultismus
nordischer Kultur
9 Nordistik
Erforschungskunst
7 Zetetik
erfrischen
5 laben
7 beleben
9 erquicken
erfrischende(s)
Kaumittel
8 Kaugummi
Leckerei
7 Eiskrem
8 Eiscreme
9 Speiseeis
Erfrischung
3 Bad, Eis
4 Labe
5 Trank, Trunk
6 Labsal
Erfrischungsgetränke
4 Cola, Limo, Saft
6 Brause, Eistee, Radler
7 Sprudel
8 Limonade, Sillabub
9 Apfelsaft, Eiskaffee, Orangeade
Erftkreisgemeinde
7 Pulheim
Erftstadt
7 Bedburg
erfundene(s)
Geschichte
5 Fabel
8 Maerchen
Geschöpf
9 Fabeltier
ergänzend
9 kompletiv
ergänzende
Sammlung
8 Nachlese
Stimmabgabe
8 Nachwahl
Urkunde
8 Transfix
Ergänzung
6 Zusatz
7 Pendant
8 Korrelat, Nachtrag
10 Komplement, Supplement
Ergänzungsteile
8 Zubehoer
ergeben
4 treu
5 loyal
7 folgsam
8 bedeuten, untertan
9 eintragen, erbringen
10 resigniert
11 anhaenglich
Ergebenheit
5 Treue
15 Anhaenglichkeit
Ergebnis
5 Fazit, Folge, Summe
6 Effekt, Erfolg
7 Loesung, Produkt
8 Leistung, Quotient, Resultat
ergebnislos
7 negativ
Ergebung
12 Kapitulation
Ergehen
8 Befinden
ergiebig
7 dankbar, fuendig, haeufig
8 lukrativ, rentabel
9 fruchtbar, produktiv
11 erfolgreich, ertragreich
12 eintraeglich
ergo
4 also
5 daher
6 mithin
7 demnach, deshalb
8 folglich
ergötzen
11 delektieren
4 Lust
6 Freude
ergötzend
8 amuesant
ergreifen
6 fassen
ergreifend
8 tragisch
Ergreifung
7 Zugriff
Ergriffenheit zeigend
9 affektuos
Ergriffensein
9 Affektion
ergründen
8 eruieren
Ergussgestein
5 Trapp
6 Pikrit
7 Liparit, Porfido, Porphyr, Trachyt
8 Melaphyr
9 Batholith, Kersantit, Orthophyr, Porphyrit
erhaben
4 edel, hehr
6 konvex, solenn, sublim
7 honorig, vornehm, wuerdig
8 erlaucht, festlich, heroisch
9 ehrenhaft, feierlich, olympisch
10 ehrwuerdig, verfeinert
13 altehrwuerdig, altvaeterlich
15 patriarchalisch
17 achtungsgebietend
geschnittener Stein
5 Kamee
Erhalt
7 Empfang
13 Entgegennahme
erhalten
8 bekommen
12 konservieren
13 praeservieren
erhärtete vulkanische Asche
4 Tuff
Erhebung
5 Nocke
6 Nocken
7 Enquete
8 Aufstand
9 Empoerung
12 Insurrektion
gegen Gewalt
7 Aufruhr
8 Aufstand
in der Lüneburger Heide
3 Ahr

in der Rhön
9 Kreuzberg
in Innsbruck
4 Isel
8 Bergisel
in Unterfranken
8 Bramberg
zur dritten Potenz
7 Kubatur
erheiternd
7 komisch
8 amuesant
erhitzt
11 echauffiert
erhitzte Kernfrucht
9 Bratapfel
Erhitzung von Erzen
6 Roeste
erhöhen
11 potenzieren, sublimieren
erhöhend
9 steigernd
10 progressiv
erhöhte(r, s)
Fensterplatz
7 Estrade
Fußbodenteil
7 Estrade
Körpertemperatur
6 Fieber
offizieller Saal
7 Soeller
Platz
6 Empore
7 Estrade, Galerie
9 Plattform
Pult in christlichen Kirchen
5 Ambon
Rednerpult
6 Podium
Synagogenplatz
7 Almemar, Almemor
Vorbau
9 Beischlag
Wassergehalt im Blut
9 Hydraemie
Erhöhung
8 Erhebung
9 Elevation
Erholung
4 Rast
5 Musse, Pause
6 Ferien, Labsal, Urlaub
9 Atempause
11 Ausspannung
14 Rekonvaleszenz
15 Verschnaufpause
Suchender
6 Kurant
7 Kurgast
Erholungsort
3 Bad
6 Kurort, Seebad
7 Kurpark
9 Ferienort, Reiseziel, Ruheplatz
10 Ferienhaus, Ferienziel, Luftkurort, Urlaubsort
11 Urlaubsziel
13 Ferienwohnung
Erholungsstätte
7 Freibad
Erinnerer an Schulden
6 Mahner
Erinnerung
5 Mneme
7 Denkmal, Memento
8 Andenken, Gedenken, Souvenir
11 Gedaechtnis, Reminiszenz
Erinnerungen
8 Memoiren
Erinnerungsbauwerk
7 Denkmal
Erinnerungsbild
7 Engramm
Erinnerungsbuch
8 Memorial
Erinnerungsgrab
8 Kenotaph
Erinnerungslücke
8 Blackout
Erinnerungsmal für Tote
7 Marterl
8 Kenotaph
Erinnerungsstätte
7 Denkmal, Mahnmal
8 Monument
Erinnerungsstück
8 Andenken, Souvenir
Erinnerungsverlust
7 Amnesie
9 Vergessen
Erinnerungsvorgang
8 Ekphorie
Erinnye
6 Alekto
7 Megaere, Megaira
9 Tisiphone
Erkältungserscheinung
6 Husten, Niesen
9 Schnupfen
Erkältungskrankheit
6 Grippe
9 Influenza, Schnupfen
erkennen
5 sehen
7 ersehen
8 einsehen, gewahren
9 begreifen, entnehmen
11 agnoszieren, feststellen
14 dahinterkommen, identifizieren
15 diagnostizieren, prognostizieren
Erkenntnis
8 Einsicht
Erkenntnislehre
6 Noetik
12 Methodologie
erkenntnistheoretische Haltung
9 Fideismus
Erkenntnisvermögen
8 Verstand
9 Intellekt
11 Intelligenz
Erkennungswort
6 Losung, Parole
Erkennungszeichen
3 Mal
5 Marke
6 Schild
7 Merkmal
Erkentnis
8 Einsicht
erklären
6 deuten
8 aeussern, auslegen
11 deklarieren, explizieren
13 argumentieren
14 interpretieren
Erklärer
6 Deuter
9 Interpret
schwieriger Wörter
9 Glossator
Erklärung
8 Manifest
9 Darlegung
10 Kundgebung, Paraphrase
11 Deklaration, Explikation
14 Interpretation
erkunden
9 sondieren
10 erforschen, vorfuehlen
12 ausbaldowern, nachforschen
15 auskundschaften
Erkundigung
5 Frage
7 Anfrage
9 Nachfrage
Erlass
5 Edikt
6 Dekret
7 Weisung
8 Amnestie, Reskript
9 Anordnung
10 Verordnung
11 Begnadigung
des Papstes
5 Breve, Bulle
9 Chirgraph
des Sultans
5 Irade
6 Ferman
des Zaren
4 Ukas
erlauben
8 billigen
9 gestatten, gewaehren, zustimmen
10 anerkennen, genehmigen
11 bestaetigen, einwilligen
12 bekraeftigen, permittieren
13 sanktionieren
Erlaubnis
6 Lizenz, Option, Permit, Placet, Plazet
7 Konsenz, Permiss
8 Sanktion
9 Billigung

10 Konzession, Permission, Zustimmung
11 Genehmigung
12 Bestaetigung, Einwilligung, Ratifikation
13 Bekraeftigung, Ratifizierung
15 Einverstaendnis
17 Sondergenehmigung

Erlaubnisschein
6 Permit

erlaubt
9 genehmigt, statthaft, zulaessig

erlaucht
4 edel
7 erlesen
8 illuster
10 ehrwuerdig

Erlauf-Zufluss
7 Lassing

erläutender Anhang
6 Epilog
8 Nachwort

Erläuterer
6 Deuter
8 Ausleger
9 Erklaerer

erläutern
8 auslegen
9 erklaeren
12 illustrieren, kommentieren

Erläuterung
9 Kommentar
12 Illustration

Erle
5 Eller

Erlebnis
5 Flirt
8 Eindruck, Ereignis, Liebelei
9 Abenteuer
10 Impression

Erlebnishungriger
10 Abenteurer

erledigen
11 absolvieren

erledigt
6 vakant, vorbei
8 knockout

erlegtes Wild
5 Beute
7 Strecke

erlernte Arbeit
5 Beruf

erlesen
7 elitaer, kostbar
8 exquisit, wertvoll
13 geschmackvoll

erleuchten
11 inspirieren

erleuchtet
8 erlaucht, illuster

Erleuchtung
4 Idee
6 Satori
7 Einfall
11 Inspiration

erlittener Schaden
7 Verlust

Erlogenes
9 Schwindel

Erlös
6 Ertrag, Gewinn

erloschener Vulkan
in Afrika
4 Meru
in der Auvergne
4 Dore
in Ecuador
8 Antisana

Erlöser
4 Gott, Herr
6 Retter
7 Heiland
8 Befreier, Christus, Salvator
aus einer Gefahr
6 Retter
der Muslime
5 Mahdi

Erlösungsbegriff im Buddhismus
7 Nirwana

Ermahnung
7 Monitum
9 Paraenese
10 Admonition

Ermattung
8 Asthenie
9 Erlahmung

ermitteln
8 eruieren
10 erforschen
11 untersuchen
13 recherchieren

Ermittler
8 Detektiv

Ermittlung
6 Survey
9 Anhoerung, Eruierung, Recherche

Ermittlungsbüro
8 Detektei

ermüdet
4 matt
7 schlaff, schlapp
10 abgespannt, erschoepft

ermuntern
5 raten
7 anregen, zuraten
9 animieren

Ernährung
4 Kost
5 Essen
9 Nutrition

Ernährungsflüssigkeit
5 Milch
des Körpers
4 Blut

Ernährungslehre
9 Diaetetik

ernennen
7 berufen
10 nominieren
11 designieren

Ernennung
8 Berufung, Vokation
10 Nomination

Erneuerer
8 Reformer

erneuern
10 renovieren
11 reformieren

Erneuerung
6 Reform
11 Fortschritt, Neubelebung, Reformation, Renovierung
12 Auffrischung, Regeneration, Restauration
13 Restaurierung
14 Modernisierung, Rekonstruktion
17 Wiederherstellung

Erneuerungsschein
5 Talon

Ernte
4 Lese
6 Ertrag
7 Schnitt

Erntegeräte
5 Sense
12 Maehdrescher

Erntegöttin
7 Consiva

Erntemonat
6 August
7 Ernting
8 Messidor
11 Aehrenmonat

ernten männlicher Hanfpflanzen
7 fimmeln

Ernüchterung
11 Desillusion

Eroberer
7 Invasor
12 Konquistador
von Mexiko
6 Cortez
von Peru
7 Pizarro

Eroberung
8 Einnahme

Eröffnungsmusik
6 Entree

Erörterung
7 Debatte, Diskurs
8 Beratung
10 Diskussion

Erosion
9 Abtragung
10 Denudation
11 Destruktion

Erosionsform im Steppenklima
5 Owrag

Erosionstal
7 Trogtal

Erotik
3 Sex
11 Liebeskunst, Liebesleben

erotisch reizbar
6 erogen
erotisch-attraktiv
4 sexy
erotisch-satirische Erzählung
6 Boerde
erotische(s)
Abenteuer Suchender
9 Papagallo
Anziehungskraft
9 Sexappeal
Kinostück
7 Sexfilm
Erpel
8 Enterich
erpicht
6 gierig
8 begierig
9 enragiert, versessen
erproben
6 testen
7 pruefen
erprobt
6 probat
8 bewaehrt
Erprobung
4 Test
7 Versuch
10 Experiment
erquicken
5 laben
7 beleben
10 erfrischen
Erquickung
4 Labe
6 Labsal
8 Belebung
11 Erfrischung
erratischer Gesteinsblock
8 Findling
errechneter Positionsort
7 Besteck
erregbar
9 irritabel
erregbarer Mensch
10 Choleriker
erregen
6 reizen
10 begeistern, exzitieren
11 stimulieren
erregend
8 fesselnd, spannend
10 dramatisch
12 faszinierend
erregende(s)
Ereignis
9 Sensation
Spannung
8 Dramatik
Erreger einer Bienenkrankheit
6 Nosema
erregt
6 bewegt, fahrig, unstet
7 fiebrig, gereizt, nervoes, ruhelos, unruhig, zapplig
8 hektisch, kribblig, zappelig
9 aufgeregt, exaltiert, irritiert, kribbelig, turbulent
10 hysterisch, stimuliert, ueberreizt, ungeduldig
11 aufgebracht, ueberspannt
12 unbeherrscht
13 nervenschwach, tumultuarisch
14 neurasthenisch
Erregung
3 Wut
4 Rage, Zorn
6 Affekt, Fieber
7 Aufruhr, Emotion
8 Hysterie, Spannung
9 Affektion, Induktion
10 Exaltation, Irritation
11 Reisefieber, Stimulation
12 Lampenfieber, Leidenschaft, Stimulierung, Ueberreizung
13 Aufgeregtheit, Ueberspannung
15 Gemuetsbewegung, Ueberspanntheit
Erregungsmittel
8 Weckamin
9 Benzedrin
Erregungszustand
8 Tobsucht
Erreichung
9 Erlangung, Erringung
errichten
12 konstruieren
Errichtung von Straßen
7 Wegebau
Errungenschaft
11 Akquisition
Ersatz
6 Behelf
7 Abstand, Reserve
8 Aushilfe, Notnagel, Surrogat
9 Abfindung, Abgeltung, Ausgleich, Gegenwert, Loesegeld, Rekompens, Rekompenz, Substitut
10 Trostpreis, Verguetung
11 Aequivalent, Gegendienst
12 Substitution, Verstaerkung
13 Gegenleistung, Schadenersatz, Trostpflaster
14 Entschaedigung, Schmerzensgeld
15 Abstandszahlung, Lastenausgleich
16 Beruhigungspille, Wiedergutmachung
17 Ausgleichszahlung
Ersatzanspruch
7 Regress
Ersatzbeißwerkzeug
9 Stiftzahn
Ersatzbeleuchtung
8 Notlicht
Ersatzdarsteller
6 Double
8 Stuntman
Ersatzelektrizität
8 Notstrom
Ersatzglied
8 Prothese
Ersatzmann
9 Aushelfer, Substitut, Suppleant
Ersatzrolle übernehmen
7 doubeln
Ersatzschauspieler
6 Double
Ersatzspieler
9 Reservist
Ersatzstoff
8 Surrogat
Ersatztruppe
7 Reserve
erschaffen
8 kreieren
Erschaffer
9 Schoepfer
Erschaffung
9 Kreierung
Erscheinung
4 Bild, Spuk
5 Geist
6 Vision
7 Gestalt
8 Gespenst
9 Exterieur, Phaenomen
11 Fata Morgana, Spukgestalt
13 Halluzination
14 Luftspiegelung
16 Sinnestaeuschung
Erscheinungsbild
7 Habitus
9 Phaenotyp
Erscheinungsfest
10 Epiphanias
Erscheinungsform
7 Habitus
9 Phaenomen
erschöpft
2 k.o.
4 matt, mued
6 groggy, marode
7 kapputt, schlapp
8 kraftlos
9 abgehetzt, abgezehrt, kreuzlahm, zermuerbt
10 abgespannt, ausgelaugt, ausgepumpt, schachmatt
11 abgeschafft, angegriffen, mitgenommen, urlaubsreif
12 abgearbeitet, abgeschlafft, angeschlagen
14 ueberanstrengt
Erschöpfung
8 Asthenie, Mattheit

erschütternd
8 tragisch
erschütterndes Leid
6 Tragik
Erschütterung
6 Schock, Trauma
9 Vibration
des Erdtrabanten
9 Mondbeben
erschwerend
10 gravierend
Erschwerung
12 Komplikation
ersinnbar
10 imaginabel
Erspartes
9 Ruecklage
erst
5 zuvor
7 primaer
Erstarrung
10 Attonitaet
Erstarrungsgestein
8 Magmatit
Erstauffinder
9 Entdecker
Erstaufführung
8 Premiere
Erstauftretender
9 Debuetant
Erstauftritt
6 Debuet
erstaunlich
5 enorm
7 stupend
8 frappant
9 fabelhaft
10 grossartig
11 phaenomenal
12 verblueffend
14 ausgewoehnlich
erstaunt
4 baff
9 befremdet, sprachlos
11 ueberrascht
Erstausgabe
7 Urdruck
erste(r, s)
Akonto
9 Anzahlung
Anfang
8 Urbeginn
Bartwuchs
5 Flaum
Begegnung
6 Angang
Bezeichnung für die Guillotine
9 Louisette
Deutschschreibende Dichterin
3 Ava
Dynastengeschichte Chinas
6 Schiki
englischer Buchdrucker
6 Caxton
englisches Atomkraftwerk
5 Drigg
Flutwelle
7 Vorflut
Frau (germanische Sage)
5 Embla
Frau Adams (Talmud)
6 Lilith
Frau Etzels
6 Herche
Frau Jakobs
3 Lea
Frau Rembrandts
6 Saskia
Gegenpapst
8 Hippolyt
Geiger
6 Primas
Gemahlin des Zeus
5 Metis
Halswirbel
5 Atlas
israelitischer König
4 Saul
Kanalschwimmerin
6 Ederle
Kuhmilch nach dem Kalben
5 Biest
Laut einer Silbe
6 Anlaut
Laut eines Wortes
6 Anlaut
Losgehen
6 Ansatz
Mann (germanische Sage)
3 Ask
5 Asker
Mensch der indischen Götterlehre
4 Yama
Missionar in China
5 Ricci
Präsident von Bolivien
5 Sucre
Rate
9 Anzahlung
schriftlicher Entwurf
9 Brouillon
Schullesebuch
5 Fibel
Spieler beim Curling
4 Lead
Stephenson-Lokomotive
6 Rocket
Tonstufe
5 Prime
Vergangenheit
9 Imperfekt
Verspaar
4 Beit
Versuch
6 Anhieb
Versuchsreihe
9 Nullserie
zarter Trieb
4 Keim
Zug im Schachspiel
5 Anzug
Erstgeborener
11 Stammhalter
Isaaks
4 Esau
Jakobs
5 Ruben
Erstgebot
5 Anbot
Erstgeburtsrecht
6 Primat
erstklassig
5 prima
12 hervorragend
Erstlingsdrucke
10 Inkunabeln
Erstlingsopfer an Gott
9 Primizien
erstmalig öffentlich Auftretender
9 Debuetant
Erstürmung
eines Schiffes
8 Enterung
mit Leitern
8 Eskalade
Ertrag
4 Zins
5 Ernte
6 Erloes, Gewinn, Profit
7 Produkt, Rendite
8 Ausbeute
ertragen
6 dulden, leiden
8 erdulden, erleiden
9 aushalten, ausstehen, hinnehmen, mitmachen, verwinden
10 einstecken, tolerieren, ueberleben, verkraften
11 durchmachen, durchstehen, standhalten, stillhalten, ueberstehen, ueberwinden, verarbeiten
12 verschmerzen
ertragreich
8 ergiebig
9 nuetzlich, produktiv
Ertragsüberschuss
6 Erloes, Gewinn
Eruptivgestein
6 Basalt
9 Kimberlit, Ophiolith
erwachsen
5 adult
Erwachsenenanrede
4 Frau, Herr
erwachsener
Flussaal
9 Silberaal
Mensch
4 Frau, Mann
erwägen
7 pruefen
8 bedenken
10 ueberlegen
11 ueberdenken, ventilieren
12 reflektieren

erwägenswert
10 diskutabel
Erwägung
8 Betracht
Erwärmung von Räumen
9 Beheizung
erwarten
5 ahnen
8 erhoffen, ersehnen
erwartete(r)
Buddha
8 Maitreja
Erlöser der Muslime
5 Mahdi
Sieger
7 Favorit
Siegerin im Sport
9 Favoritin
Erwartung
8 Hoffnung
10 Zuversicht
erweiterter Muskel
9 Dilatator
Erwerb
4 Kauf
6 Ankauf, Gewinn
9 Akzession, Erbeutung, Ratenkauf, Verdienst
11 Anschaffung
Erwerber
9 Ankaeufer
Erwerbstätigkeit
5 Beruf
6 Arbeit
Erwerbsunfähiger
8 Invalide
Erwerbsunfähigkeit
12 Invaliditaet
Erwiderung
6 Replik
7 Antwort
9 Gegenrede
10 Entgegnung
Erwünschtes
9 Desiderat
Erz aufbereiten
9 flotieren
Erzabt
12 Archimandrit
erzählend
6 episch
erzählende(r, s)
Dichter
6 Epiker
Dichtkunst
4 Epik
Dichtung
4 Epos
5 Roman
7 Ballade, Novelle
Gedicht
3 Ode
9 Rhapsodie
10 Heldenlied
Erzähler
8 Fabulant
9 Plauderer
11 Unterhalter
Erzähltalent
8 Redegabe
Erzählung
4 Maer, Sage
5 Conte, Fabel, Story
6 Apolog, Orphid, Skizze
7 Legende, Novelle
8 Groteske, Haggadah, Maerchen
9 Lehrfabel
10 Geschichte
Erzaufbereitungsverfahren
9 Flotation
Erzbergwerk
4 Mine
Erzbischof
6 Primas
9 Patriarch
10 Metropolit
von Canterbury
6 Fisher
8 Lanfranc
von Genua
4 Siri
von Gnesen
5 Laski
von Köln
5 Hanno
6 Arnold, Frings
8 Heribert
9 Engelbert
von Magdeburg
8 Wichmann
von Mailand
7 Aribert
von Mainz
3 Lul
5 Hatto
6 Lullus
8 Willigis
von Mecheln
7 Mercier
von Salzburg
8 Raitenau
von Sens
7 Wulfram
von Toledo
8 Ildefons
von Uppsala
5 Eidem
von Vienne
3 Ado
von Wien
8 Rauscher
von Yorkshire
6 Egbert
Zyperns
8 Makarios
Erzengel
5 Uriel
7 Gabriel, Michael, Raphael
erzeugen
6 machen
10 generieren, herstellen
11 fabrizieren, produzieren
Erzeuger
5 Vater
9 Fabrikant, Produzent
10 Hersteller
11 Unternehmer
Erzeugnis
7 Produkt
8 Fabrikat
Erzeugung
10 Produktion
11 Fabrikation, Herstellung
14 Hervorbringung
Erzgang
4 Ader
Erzgebirgshöhen
8 Keilberg
9 Auersberg
11 Fichtelberg, Rammelsberg
Erzgebirgsstadt
3 Aue
Erzgemisch mit Zuschlag
7 Moeller
Erzgießer
7 Vischer
Erzherzog von Österreich
6 Johann
Erzieher
5 Vater
6 Eltern, Lehrer, Mentor
7 Pfleger, Vormund
9 Ausbilder, Paedagoge
10 Praezeptor
des Samuel
3 Eli
Erzieherin
5 Bonne, Nurse
6 Duenja
8 Lehrerin
10 Paedagogin
11 Gouvernante
der Haimonskinder
3 Aja
im Kibbuz
9 Metapelet
Erzieherpaar
6 Eltern
Erziehungsheim
7 Alumnat
8 Internat
9 Pensionat
Erziehungslehre
10 Paedagogik
Erziehungswissenschaftler
9 Paedagoge
Erzieler schamloser Gewinne
8 Wucherer
erzittern
5 beben
erzürnt
6 erbost
7 wuetend
10 aergerlich, veraergert
11 aufgebracht
Erzvater
9 Patriarch
erzwingen
9 forcieren
Eselei
7 Sottise
8 Dummheit

Eskimo
4 Juit
5 Inuit
Eskimoboot
5 Kajak, Umiak
Eskimohund
5 Husky
Eskimoschneehütte
4 Iglu
Eskorte
6 Geleit
7 Gefolge
10 Begleitung
Esla-Zuflüsse
4 Tera
6 Orbigo
Espartogräser
6 Atocha
9 Fadengras, Spartgras
Esprit
4 Witz
5 Geist
essbare(s)
Eingeweide
7 Kutteln
9 Kaldaunen
essbare(s)
Naturprodukt
6 Frucht
Pilze
6 Bofist, Bovist, Marone, Reherl
7 Kuhmaul, Kuhpilz, Lorchel, Morchel, Parasol, Rehling, Reizker
8 Drehling, Egerling, Eichhase, Eierpilz, Eselsohr, Gehlchen, Gelbfuss, Gelbling, Hasenohr, Lackpilz, Mehlpilz, Perlpilz, Reifpilz, Rotkappe, Saftling, Tintling, Trueffel
9 Braetling, Ellerling, Eulenauge, Graukappe, Gruenling, Klumpfuss, Krempling, Kroesling, Mousseron, Steinpilz, Suessling, Taeubling
10 Birkenpilz, Butterpilz, Champignon, Dotterpilz, Hallimasch, Hartbovist, Herrenpilz, Kaiserling, Ritterling, Schirmpilz, Schmerling, Ziegenbart
11 Eierschwamm, Maronenpilz, Pfefferling, Pfifferling, Stoppelpilz, Ziegenlippe
12 Habichtspilz
13 Herbstlorchel, Kapuzinerpilz
14 Herbsttrompete
16 Maronenroehrling
Tiereingeweide
7 Innerei
Essbedürfnis
6 Hunger
7 Appetit

Essbesteck
5 Gabel
6 Messer
7 Loeffel
10 Teeloeffel
11 Kuchengabel
Esse
5 Kamin
6 Schlot
9 Rauchfang
11 Schornstein
Essen
4 Kost, Mahl
5 Diner, Jause, Lunch, Menue, Snack
6 Brunch, Dinner, Gelage, Imbiss, Souper, Speise
7 Bankett, Dessert, Gericht, Marende, Nahrung, Schmaus
8 Brotzeit, Festmahl, Mahlzeit, Picknick, Sandwich
9 Abendbrot, Abendmahl, Galadiner, Nachtmahl
10 Abendessen, Mittagmahl, Nachspeise
11 Fruehstueck, Gabelbissen, Hauptspeise, Mittagsmahl
12 Hauptgericht, Lebensmittel, Morgenkaffee
15 Sektfruehstueck
16 Kaffeekraenzchen, Nahrungsaufnahme
17 Nachmittagskaffee
7 speisen
5 Zabig
6 Vesper, Zviere
7 Verzehr, Zmittag
9 Vorspeise
16 Zwischenmahlzeit
Essenabgabe
8 Speisung
Essenwarmhaltegerät
9 Kochkiste
essenziell
7 wichtig
8 relevant
Essenzubereiter
4 Koch
Essgefäße
8 Geschirr
Essgeschirr
4 Napf
5 Satte
6 Platte, Schale, Teller
7 Terrine
8 Sauciere
9 Schuessel
Essigbaum
4 Rhus
6 Sumach
Essiggeist
6 Aceton, Azeton
8 Propanon

Essigsäureamid
8 Azetamid
Essigsäureester
6 Azetin
essigsaures Salz
6 Acetat, Azetat
essigweinsaure Tonerde
5 Alsol
Esskastanie
6 Marone
Esskultur
11 Gastronomie
Esslokal
10 Restaurant
Esslust
6 Gieper, Hunger
7 Appetit
Essschale
4 Napf
Esstisch auf Schiffen
4 Back
Essvorrat
7 Zehrung
Ester der
Caprinsäure
9 Caprinate
Capronsäure
9 Capronate
Karbaminsäure
8 Urethane
Oxykarbonsäuren
7 Laktone
Estland
5 Eesti
Biologe
8 Uexkuell
Dichter
4 Liiw
8 Tammsare
Dichterin
5 Under
Eigenname
5 Eesti
Erzähler
5 Maelk
Flüsse
2 Aa
5 Narwa
6 Embach, Pernau
Gewittergott
6 Aikene
Hafenstädte
5 Reval
6 Pernau
Hauptstadt
5 Reval
6 Tallin
7 Tallinn
Insel
6 Vormsi
Inseln
4 Moon, Muhu
5 Dagoe, Oesel, Runoe, Worms
6 Vormsi
Kirche in Reval
4 Olai
Name von Dorpat
5 Tartu

Name von Reval
7 Tallinn
Nationalepos
10 Kalevipoeg
Pferderasse
7 Klepper
Politiker
3 Rei
Schriftsteller
4 Liiv
5 Suits, Vilde
6 Gailit, Tuglas
9 Tammsaare
Seen
7 Wirzsee
9 Peipussee
Städte
4 Tapa
5 Narva, Narwa, Tartu, Valga, Werro
6 Dorpat, Fellin, Pernau
8 Haapsalu
9 Arensburg
Volksstamm
9 Setukesen
Währung
3 Lat
5 Cents, Krone, Kroon

Estragon
7 Beifuss

etablieren
8 gruenden

Etablissement
7 Betrieb
9 Geschaeft
10 Nachtlokal, Restaurant

Etage
5 Stock
8 Geschoss
9 Stockwerk

Etagere
7 Gestell
8 Stellage
13 Stufengestell

Etalon
8 Eichmass

Etat
6 Budget
7 Bestand, Zustand
8 Haushalt
9 Vermoegen
10 Finanzplan
11 Voranschlag
13 Haushaltsplan
14 Staatshaushalt

ethischer Begriff
3 Ruf
4 Ehre, Reue
5 Ethos, Luege, Moral, Sitte, Treue
6 Schuld, Suehne, Wuerde
7 Anstand, Leumund
8 Gewissen, Wahrheit
9 Gesinnung

Etikett
5 Label
7 Sticker
8 Plakette
9 Abzeichen, Aufkleber
10 Schildchen
11 Preisschild
14 Aufklebezettel
15 Preisschildchen

Etikette
8 Benehmen
11 Umgangsform, Zeremoniell

etravagant
8 versnobt

Etruskerkönig
7 Porsena

Etruskerstadt
7 Clusium
8 Arretium

etruskische(r, s)
Ausgrabungsstätte
7 Corneto
Getreidegöttin
7 Ferohia, Feronia
Gottheit
4 Lusa
5 Tinia
Grabbekrönung
6 Cippus
Heilgöttin
7 Ferohia, Feronia
König
7 Porsena
Stadt
4 Veji
5 Caere, Spina
7 Bononia, Perusia
Stadtkönig
8 Porsenna
Tongefäß
8 Bucchero
Urne
5 Zista, Ziste
6 Kanope
Wahrsager
8 Haruspex

Etsch-Ogliotal-Pass
6 Tonale

Etsch-Zuflüsse
3 Nos
4 Noce
5 Alpon, Fibia, Silla, Solda, Tasso
6 Avisio, Eisack, Fratta, Isarco
7 Valsura

Etui
6 Huelle, Kapsel
8 Futteral, Kassette
9 Behaelter, Kaestchen, Schatulle
16 Brillenbehaelter

etwa
4 rund
5 circa, quasi, zirka
9 ungefaehr
16 schaetzungsweise

etwas
dick
6 mollig
8 rundlich
festlegen
8 fixieren
9 bestimmen
genau ins Auge fassen
8 fixieren
hinter sich her bewegen
6 ziehen
Hörbares
3 Ton
4 Laut
9 Geraeusch
in seinen Maßen festlegen
9 vermessen
in seiner Qualität verbessern
9 vergueten
ins Auge fassen
8 visieren
leiten
7 managen
mager
9 duennlich
nass
6 feucht
7 benetzt
Sensationelles
8 Knueller

etwas, das man nicht ausspricht
8 Tabuwort

etwas, worüber man nicht spricht
4 Tabu

Etymologie
9 Wortlehre

Eukalyptusbaum
5 Karri
7 Wangara

Eulenart
4 Kauz
8 Waldkauz

Eulenfederschmuck
8 Schleier

Eulengattung
4 Bubo, Kauz
5 Strix

Eulenpapagei
6 Kakapo

Eulenvögel
3 Uhu
4 Eule, Kauz
7 Ohreule
8 Fischuhu, Waldkauz
9 Fischeule, Fischkauz, Kaeuzchen, Kircheule, Steinkauz
10 Rauusskauz, Schneeeule
11 Hoehleneule, Praerieeule, Sperbereule, Waldohreule
12 Schleiereule, Sumpfohreule, Zwergohreule
13 Kanincheneule, Sperlingskauz
14 Zwergkaeuzchen

Eure-Zufluss
4 Iton

Europa
Atomgemeinschaft
7 Euratom

Flugzeugtyp
6 Airbus
Freihandelszone
4 EFTA
Fürstentümer
6 Monaco, Monako
13 Liechtenstein
Fußballbund
4 UEFA
Gebirgsbewohner
7 Aelpler
Gemeinschaft für Kohle und Stahl
11 Montanunion
Großwettersituation
8 Westlage
Hauptstädte
3 Rom
4 Bern, Kiew, Oslo, Prag, Riga, Wien
5 Athen, Minsk, Paris, Reval, Sofia, Vaduz, Wilna
6 Berlin, Dublin, London, Madrid, Monaco, Moskau, Skopje, Tirana, Zagreb
7 Andorra, Belgrad, Den Haag, Laibach
8 Bruessel, Budapest, Bukarest, Helsinki, Lissabon, Sarajevo, Warschau
9 Amsterdam, Kischinew, Luxemburg, Podgorica, Pressburg, Reykjavik, San Marino, Stockholm
10 Bratislava
Kleinstaaten
6 Monaco, Monako
7 Andorra
9 San Marino
12 Vatikanstadt
13 Liechtenstein
Königreiche
7 Belgien, Spanien
8 Norwegen, Schweden
9 Daenemark
11 Niederlande
15 Grossbritannien
Millionenstädte
3 Rom
4 Kiew, Prag, Wien
5 Athen, Minsk, Paris, Turin
6 Berlin, Donezk, London, Madrid, Moskau, Neapel, Odessa
7 Glasgow, Hamburg, Mailand
8 Bruessel, Budapest, Bukarest, Muenchen, Warschau
9 Barcelona
10 Birmingham, Kopenhagen, Manchester
15 Sankt Petersburg
Organisation für Weltraumforschung
4 ESRO
Rechnungseinheit
3 Ecu
Sprachen
7 Deutsch
8 Daenisch, Englisch, Estnisch, Finnisch, Lettisch, Polnisch, Russisch, Serbisch, Spanisch
9 Albanisch, Flaemisch, Kroatisch, Litauisch, Ungarisch
10 Griechisch, Norwegisch, Schwedisch, Wallonisch
11 Italienisch
12 Franzoesisch, Hollaendisch
13 Portugiesisch
15 Niederlaendisch
Ströme
2 Po
4 Ebro, Elbe, Maas, Oder
5 Donau, Loire, Rhein, Rhône, Weser, Wolga
6 Themse
8 Weichsel
Trägerrakete
6 Ariane
Vulkane
5 Aetna, Askja, Hekla, Vesuv
9 Stromboli
Währung
4 Euro
Wettersatellit
8 Meteosat
Wildrind
6 Wisent
Europäer
3 Ire
4 Este, Pole
5 Brite, Daene, Finne, Flame, Lette, Russe, Serbe, Ungar
6 Kroate, Magyar
7 Albaner, Belgier, Bulgare, Grieche, Litauer, Rumaene, Schotte, Schwede, Slowake, Slowene, Spanier, Wallone
8 Albanier, Franzose, Norweger, Tscheche, Ukrainer
9 Deutscher, Italiener, Jugoslawe, Moldawier, Schweizer
10 Englaender, Portugiese
europäisch-afrikanische(r, s)
Knochenfisch
9 Lippfisch
Laufhuhn
6 Serkil
europäisch-asiatische(r, s)
Grenzgebirge
4 Ural
Mischling
8 Eurasier
Europidengruppe Asiens
7 Ainuide
Eutererkrankung
5 Gelte
Euterteil
5 Zitze
evakuieren
7 raeumen
9 umsiedeln
10 aussiedeln
Evangelienbuch
10 Evangeliar
evangelisch-reformierende Lehre
9 Fideismus
evangelische(r)
Feiertag
7 Busstag
Geistliche
6 Pastor
7 Pfarrer, Vikarin
8 Stoecker
Gemeindevertreter
9 Presbyter
Glaubenslehre
9 Luthertum
Heimleiter
7 Ephorus
Kantor
6 Besler
Kirchenchor
8 Kantorei, Kurrende
Kirchengeschichts-forscher
4 Bahr
Kirchenkomponist
6 Gesius
Kirchenkreis
8 Dioezese
Kirchenkreis-Angehöriger
9 Dioezesan
Kirchenlehre
9 Baptismus
Kirchenliederdichter
7 Neander
8 Gerhardt
Kirchenmusiker
6 Tunder
7 Straube
9 Bornefeld
Komponist
6 Besler
Laienbewegung
9 Waldenser
Lehre
7 Kenosis
Liederdichter
4 Rist
8 Gerhardt
Missionar
7 Rebmann
8 Schwartz
Pfarrer
4 Rist
7 Oberlin

8 Fliedner
Pfarrhelfer
6 Diakon
Pfarrhelferin
8 Diakonin
Pfleger
6 Diakon
religiöse Bewegung
9 Pietismus
Schriftsteller
5 Gerok
Superintendent
5 Dekan
7 Ephorus
Synodenvorsitzender
7 Praeses
Theologen
4 Dehn, Heim
5 Barth, Gerok, Hauck
6 Bengel, Heiler, Scharf, Spener
7 Grueber, Harnack, Ritschl, Schlink, Tillich, Wichern
8 Dibelius, Dryander, Gesenius, Gogarten, Hyperius, Kliefoth, Moltmann, Overbeck
9 Thielicke, Troeltsch, Wobbermin
10 Bonhoeffer, Niemoeller, Sommerauer

Evangelisten
5 Lukas
6 Markus
8 Johannes
9 Matthaeus

Evangelistenschule
9 Johanneum

Evangelistensymbol für
Johannes
5 Adler
Lukas
5 Stier
Markus
5 Loewe
Matthäus
5 Engel

Evidenz
8 Einsicht

ewig
5 immer, stets
6 endlos
7 allzeit, immerzu, zeitlos
8 allezeit, bleibend, immerdar
10 unbegrenzt
11 unwandelbar
13 unaufhoerlich, unzerstoerbar
14 unvergaenglich

ewige
Lehre Buddhas
6 Dharma, Sharma
Verdammnis
9 Perdition
Weltordnung
4 Rita

Ewige Stadt
3 Rom

ewiges Licht
8 Nertamid

Ewigkeit
4 Aeon

exakt
5 genau
7 penibel, praezis
8 praezise, treffend
10 gruendlich
11 sorgfaeltig

exakte Wissenschaften
6 Chemie, Physik
10 Astronomie, Mathematik

Examensnote
4 rite
8 cum laude

examinieren
7 pruefen
8 abhoeren

Exchange
6 Tausch
7 Wechsel
8 Umtausch
11 Geldwechsel
12 Wechselstube

Exeget
9 Erklaerer

Exempel
6 Muster
8 Beispiel

Exhalation
9 Ausatmung
10 Expiration

Existenz
5 Leben
6 Dasein
9 Auskommen, Unterhalt, Vorkommen
13 Vorhandensein

existieren
4 sein
5 leben
6 dasein
8 bestehen
9 herrschen, vorkommen

Exklusivmeldung
5 Scoop
8 Knueller

Exodus
6 Auszug

exotisch
5 fremd
10 fremdartig

exotische Zierpflanze
8 Orchidee

Expansionskraft
7 Tension

Expeditionsbegleiter
7 Traeger

Experiment
4 Test
5 Probe
7 Versuch

Experte
7 Koenner
8 Fachmann, Kundiger
9 Fachkraft, Koryphaee, Routinier
10 Spezialist

explodieren
7 platzen
9 krepieren
10 detonieren

Explosion
9 Entladung, Sprengung
10 Detonation

Explosionsauslösung
8 Zuendung

Explosionsgeräusch
5 Knall, Krach

explosives Gemenge
8 Knallgas

Explosivstoff
6 Tetryl

Exponent
8 Hochzahl

Export
7 Ausfuhr

Exposition
11 Ausstellung

Expression
8 Ausdruck

exquisit
7 erlesen, kostbar
9 exzellent
10 auserlesen, ausgesucht
11 auserwaehlt
12 vortrefflich

extern
10 ausserhalb

Extrakt
6 Auszug
10 Konzentrat
aus Süßholz
8 Lakritze

extrem
5 krass
6 scharf
7 masslos, radikal
9 aeusserst
11 ausgepraegt
12 uebertrieben
13 uebersteigert
14 radikalistisch, ruecksichtslos
freiheitlich
9 libertaer
genaues Zeitmessgerät
7 Atomuhr

Exzeption
8 Ausnahme

Fabeldichter
8 Fabulist, Willamov
fabelhaft
4 toll
5 super
6 klasse, spitze
8 fabuloes
10 grossartig
11 erstaunlich, fantastisch
12 hervorragend, phantastisch
17 aussergewoehnlich
Fabelland
5 Thule
6 Dorado, Orplid, Utopia
8 Arkadien, Atlantis, Eldorado, Paradies
Fabelname
des Bibers
7 Bockert
des Dachses
8 Grimbart
des Fuchses
7 Reineke
des Hähers
8 Markwart
des Hahns
7 Henning
des Hasen
5 Lampe
des Katers
6 Murner
des Löwen
5 Nobel
des Wolfs
7 Isegrim
Fabeltiere
5 Greif
6 Drache
7 Einhorn, Nasobem, Werwolf, Zentaur
8 Basilisk, Lindwurm
9 Tragelaph
10 Tatzelwurm
Fabelwesen
3 Elf, Fee, Rok
4 Elfe, Nixe, Roch
5 Gorgo, Greif, Hydra, Riese, Zwerg
6 Drache, Meduse, Sirene, Sphinx, Sylphe
7 Centaur, Einhorn, Harpyie, Kentaur, Pegasus, Phoenix, Zentaur
8 Basilisk, Lindwurm, Monstrum, Sylphide
9 Leviathan, Ungeheuer
10 Minotaurus, Tatzelwurm
Fabrik
4 Werk
7 Betrieb
10 Manufaktur
11 Unternehmen, Werkstaette
12 Grossbetrieb, Kleinbetrieb
14 Gewerbebetrieb
Fabrikant
9 Produzent
10 Hersteller
Fabrikat
4 Ware
7 Artikel, Produkt
9 Erzeugnis
Fabrikschornstein
4 Esse
6 Schlot
Fabrikspeiseraum
7 Kantine
Fabrikverkehrsanlage
8 Werkbahn
Fabrikzeichen
9 Trademark
Fachärzte
6 Anatom
7 Chirurg, Dentist, Urologe
8 Allopath, Hautarzt, Serologe, Zahnarzt
9 Augenarzt, Externist, Internist, Neurologe, Paediater, Prosektor
10 Frauenarzt, Homoeopath, Kinderarzt, Orthopaede, Psychiater, Psychologe, Spezialist
11 Anaethesist, Dermatologe, Gynaekologe, Narkosearzt
12 Roentgenarzt
13 Roentgenologe, Serumforscher
15 Psychotherapeut
Fachausdruck
8 Terminus
Fachblatt
5 Organ
fächeln
6 wedeln
fächerartige Flussmündung
5 Delta
7 Aestuar
10 Aestuarium
Fächerfisch
6 Marlin
7 Makaira
Fächerkasten(gestell)
8 Tabulett
Fächermuster (Einband)
8 Eventail
Fächerschüssel
8 Kabarett
Fachhochschulen
8 Akademie
9 Accademia, Technikum
13 Polytechnikum
14 Konservatorium
Fachmann
5 Profi
6 Kanone, Kenner
7 Experte, Groesse, Koenner, Leuchte, Meister
8 Kundiger
9 Koryphaee, Praktiker, Routinier
10 Autoritaet, Kapazitaet, Sachkenner, Spezialist
11 Esotheriker
12 Eingeweihter, Sachkundiger
13 Professionist
17 Sachverstaendiger
Fachwissen
7 Know-how
8 Kenntnis
9 Sachkunde
15 Spezialkenntnis
Fachwort
8 Terminus
Fachzeitschrift
5 Organ
Fackel
8 Flambeau
Fädchen
5 Faser
6 Fussel
fade
5 banal, schal
6 albern
7 insipid, labbrig
8 kraftlos, labberig, waessrig
10 langweilig, ungewuerzt
11 abgestanden
12 geschmacklos
Faden
4 Garn
5 Zwirn
6 Schnur
8 Kettgarn, Naehgarn
9 Naehseide, Stickgarn, Stopfgarn
Faden für Wundnähte
6 Katgut
fadenartiges Fortbewegungsorgan
5 Zilie
Fadenaufwickler
6 Kunkel
7 Spindel
fadenbildender Kunststoff
8 Polyamid
fadenförmiges Organ
7 Geissel
Fadenherstellerin
9 Spinnerin
Fadennudeln
8 Spagetti
9 Spaghetti
Fadenöffner
8 Garnette
Fadenrest
5 Fluse
Fadenrolle
5 Spule
Fadenschleife
4 Oese
Fadenschlinge
6 Franse, Masche
8 Schlaufe
Fadenverschlingung
6 Knoten
Fadenwels des Amazonas
6 Candru

Fadenwurm
6 Loaloa
7 Aelchen, Filaria
8 Spulwurm, Trichine, Wematode
12 Essigaelchen
fader Wortwitz
7 Kalauer
fader Zustand
9 Schalheit
Fähigkeit
4 Gabe
5 Kraft, Macht
6 Gewalt, Potenz, Talent
7 Eignung, Koennen, Routine, Staerke
8 Begabung, Geschick
9 Vermoegen
12 Tauglichkeit, Tuechtigkeit
13 Qualifikation, Zeugungskraft
15 Kunstfertigkeit
Arbeit zu leisten
7 Energie
der akustischen Wahrnehmung
6 Gehoer
der Wahrnehmung
4 Sinn
fahl
5 blass
6 bleich
7 farblos
8 aschgrau
fahles Pferd
5 Falbe
Fähnchen
6 Wimpel
12 Signalflagge
fahnden
6 suchen
9 verfolgen
Fahndung
5 Suche
6 Razzia
9 Recherche
13 Nachforschung
Fahndungsblatt
10 Steckbrief
Fahndungsstreife
6 Razzia
Fahne
6 Banner, Flagge, Geruch, Goesch, Panier, Wimpel
7 Stander
8 Schwaden
9 Standarte
10 Probedruck, Zollflagge
11 Feldzeichen
12 Pulverflagge, Signalflagge, Spaltenabzug, Zahlenwimpel
13 Alkoholgeruch, Olympiaflagge, Seuchenflagge
14 Abfahrtsflagge, Nationalflagge
16 Buchstabenflagge
Fahne am Vorderschiff
9 Bugflagge
Fahnenflucht
9 Desertion
Fahnenflüchtiger
9 Deserteur
Fahnenwagen im Mittelalter
9 Karrasche
Fähnrich
7 Kornett
12 Fahnenjunker
Fahrausweis
9 Zeitkarte
Fahrbahn
4 Damm
5 Piste
7 Schiene, Strasse
Fahrbahn für Fahrräder
6 Radweg
Fahrbahnbelastungsanteil
7 Radlast
fahrbar
5 mobil
13 transportabel
fahrbare Dampfmaschine
10 Lokomobile
fahrbarer Wagen (Kran)
9 Laufkatze
fahrbares Kamerastativ
5 Dolly
Fahrdammgrenze
9 Randstein
fahrender Sänger im Mittelalter
9 Spielmann
fahrender Schüler
6 Vagant
7 Scholar
8 Bacchant
Fahrer
5 Pilot
6 Lenker
7 Fuehrer, Steurer
8 Steuerer
9 Chauffeur, Schoffoer, Zusteller
10 Fuhrwerker
Fahrgast
7 Insasse
9 Beifahrer, Mitfahrer, Passagier
Fahrgastbetreuer
7 Steward
Fahrgastbetreuerin
10 Stewardess
Fahrgastraum
5 Coupé, Kupee
6 Abteil, Gondel, Kabine
Fahrgestell des Kraftwagens
7 Chassis
fahrig
6 unstet
7 nervoes, rastlos, unruhig, zittrig
8 hektisch
9 aufgeregt
10 schusselig
12 ueberstuerzt, unaufmerksam
Fahrigkeit
6 Unrast
Fahrkarte
6 Ticket
7 Billett
9 Fahrkarte, Flugkarte, Netzkarte, Zeitkarte
10 Dauerkarte, Fahrschein, Fehlschuss, Sichtkarte
11 Fahrausweis, Jahreskarte, Monatskarte, Retourkarte, Wochenkarte
12 Sechserkarte
13 Fahrtausweiss
Fährmann in der Unterwelt
6 Charon
Fahrpreisanzeiger
9 Taxameter
Fahrrad
4 Velo
6 Tandem
8 Damenrad, Draisine, Klapprad, Sportrad
9 Drahtesel, Herrenrad, Kinderrad, Stahlross, Tourenrad, Veloziped
10 Hollandrad
Fahrradteile
3 Rad
4 Nabe, Netz, Pneu
5 Felge, Gabel, Kette, Konus, Lampe, Pedal
6 Bremse, Dynamo, Glocke, Lenker, Mantel, Rahmen, Reifen, Sattel, Ventil
7 Klingel, Speiche
8 Freilauf, Schlauch
9 Gabelkopf, Kettenrad, Luftpumpe, Vorderrad, Zahnkranz
10 Handbremse, Lenkstange, Ruecklicht, Ruecktritt, Tachometer
11 Schutzblech
12 Satteltasche, Scheinwerfer
14 Gepaecktraeger, Nabenschaltung
16 Kilometerzaehler, Ruecktrittbremse
17 Dreigangschaltung
Fährschiff
7 Trajekt
Fährseil
7 Traille
Fahrstraße
3 Weg
4 Damm
5 Allee, Piste
6 Avenue
8 Autobahn, Chaussee, Rennbahn, Rundkurs
11 Rennstrecke, Uferstrasse
14 Bundesautobahn, Schnellstrasse

Fahrstuhl
4 Lift
6 Aufzug
9 Rollstuhl
11 Paternoster
Fahrstuhlführer
7 Liftboy
Fahrt
4 Kurs, Tour
5 Reise
6 Rennen
7 Anreise, Ausflug
8 Hinreise, Seereise
9 Autoreise, Bahnreise, Flugreise, Weltreise
11 Ferienreise
12 Urlaubsreise
Fahrtantritt
5 Start
7 Abreise
Fährte
8 Fussspur
Fahrtenbuch für Schiffe
7 Logbuch
Fährtengeruch
9 Witterung
Fahrtrichtung
4 Kurs
Fahrtrichtungsanzeiger
7 Blinker
Fahrtspesen
9 Reisegeld
Fahrtstrecke
5 Route
8 Reiseweg
Fahrwasserkundiger
5 Lotse
Fahrwassermarkierung
9 Betonnung
Fahrwind
5 Brise
Fahrzeuge einer Firma
9 Wagenpark
Fahrzeuge, Verkehrsmittel
3 Bus, Cab, Car, LKW, Lok, PKW, Rad, Zug
4 Auto, Bahn, Boot, Kahn, Krad, Mofa, Obus, Tank, Taxi, Tram
5 Jacht, Kajak, Karre, Moped, Rodel, Sanka, Sulky, U-Bahn, U-Boot, Yacht
6 Ballon, Cabrio, Chaise, Faehre, Fiaker, Gondel, Kabrio, Karren, Laster, Panzer, Roller, Schiff, Tandem, Tender
7 Autobus, Beiboot, Dampfer, Dogcart, Dreirad, Fahrrad, Karosse, Kremser, Kutsche, Lastzug, Omnibus, Traktor, Tramway, Trecker, Vehikel
8 Barkasse, Beiwagen, Bergbahn, Damenrad, Draisine, Droschke, Equipage, Flugzeug, Fuhrwerk, Kalesche, Kraftrad, Landauer, Lastauto, Motorrad, Oldtimer, Roadster, Seilbahn, Sportrad, Trambahn, Zeppelin
9 Automobil, Cabriolet, Handwagen, Herrenrad, Kinderrad, Lastwagen, Limousine, Mietwagen, Motorboot, Rennwagen, Schlepper, Schlitten, Segelboot, Stadtbahn, Tieflader, Wohnwagen
10 Helikopter, Hollandrad, Kabriolett, Kraftwagen, Luftschiff, Ozeanriese, Sessellift, Sportwagen, Trolleybus
11 Bollerwagen, Fischerkahn, Lieferwagen, Luxusschiff, Postkutsche, Schleppkahn, Schlepplift, Schwebebahn, Segelschiff, Seifenkiste, Speisewagen
12 Doppeldecker, Duesenjaeger, Elektrowagen, Fesselballon, Flussdampfer, Hubschrauber, Krankenwagen, Luxusdampfer, Notarztwagen, Ozeandampfer, Rettungsboot, Strassenbahn, Unterseeboot, Vierspaenner, Zweispaenner
13 Drahtseilbahn, Feuerwehrauto, Kraftdroschke, Kraftfahrzeug, Pferdekutsche, Rettungswagen, Sanitaetsauto, Segelflugzeug, Zigeunerwagen
14 Eisenbahnwagen, Feuerwehrwagen, Hospitalschiff, Lastkraftwagen, Lazarettschiff, Luftkissenboot, Personenschiff, Sanitaetswagen, Sportschlitten, Untergrundbahn, Wasserflugzeug
15 Dampflokomotive, Oberdeckomnibus, Oberleitungsbus, Personendampfer, Raupenschlepper, Sattelschlepper, Seilschwebebahn, Ueberseedampfer
16 Diesellokomotive, Krankenfahrstuhl, Segelschulschiff, Seifenkistenauto, Verkehrsflugzeug
17 Elektrolokomotive, Feuerwehrfahrzeug
Fahrzeugeigentümer
6 Halter
Fahrzeugentführung
9 Hijacking
Fahrzeugoberbau
10 Karosserie
Fahrzeugschaden
5 Panne
Fahrzeugversicherung
5 Kasko
Faible
7 Passion
8 Vorliebe
Faktum
8 Tatsache
Faktura
4 Nota
8 Rechnung
Fakultätsverwaltung
7 Dekanat
Fakultätsvorsteher
5 Dekan
Falkenmännchen
6 Terzel
Falklandinseln
8 Malwinen
Fall
5 Kasus, Sache, Sturz
6 Plumps
7 Absturz, Umstand
8 Unglueck
10 Niedergang, Vorkommnis
13 Angelegenheit
Fallbeil
10 Guillotine
Falle
4 Bett, Netz
6 Klinge, Riegel
8 Schlinge
9 Fangeisen, Fanggrube, Fischnetz
10 Hinterhalt
11 Tellereisen
Fallen
der Börsenkurse
6 Baisse
des Meeresspiegels
4 Ebbe
vor dem Feind
9 Heldentod
Fallensteller
7 Trapper
Fallgewicht
9 Rammklotz
Fallhammer
5 Ramme
Fallhöhe
8 Gefaelle

Fallklotz
5 Ramme
8 Rammbaer, Rammbock
Fallwind
4 Bora
5 Foehn
7 Mistral
falsch
6 unecht, unwahr
8 verfehlt, verkehrt, verlogen
9 unehrlich, unredlich, unrichtig
10 fehlerhaft, misslungen
11 misstoenend
12 hinterlistig, unzutreffend
13 grundverkehrt
falsche Handlungsweise
9 Missgriff
falsche Maßnahme
9 Fehlgriff
falsche Richtung
6 Irrweg
falscher Schwur
7 Meineid
falsches Abziehen der Karten
6 Filage
falsches Ideal
4 Idol
6 Abgott
Falschmeldung
4 Ente
Fälschung
6 Falsum
10 Falsifikat
Fälschungen
5 Falsa
Falte
4 Falz
5 Knick, Kniff
6 Furche, Runzel
7 Biegung
8 Knickung
10 Stoffbruch
11 Buegelfalte
12 Einbruchfalz, Parallelfalz, Zickzackfalz
13 Leporellofalz
Faltenbesatz
6 Falbel, Krause
7 Ruesche
9 Gefaeltel
Faltenstoff
7 Plissee
Faltenwurf
8 Draperie
Falter
6 Adonis
7 Vanessa
9 Blaeuling, Weinvogel
10 Schwaermer
11 Eckfluegler
faltig
7 runzlig
Falz
3 Nut
4 Fuge, Nute
5 Falte

Fama
5 Ondit
8 Geruecht, Munkelei
Familie
der Einkeimblättler
5 Xyris
der Hundeartigen
7 Canidae
der Katzen
7 Feliden
der Mäuseartigen
7 Wuehler
der Meisen
7 Pariden
der Steinbrechgewächse
7 Astilbe
Familienältester
6 Senior
Familienangehörige
3 Oma, Opa
4 Base, Mama, Papa, Sohn
5 Enkel, Onkel, Tante, Vater
6 Bruder, Cousin, Kusine, Mutter, Vetter
7 Cousine, Tochter
9 Enkelkind, Enkelsohn, Schwester, Verwandte
10 Grossvater, Verwandter
11 Grossmutter
12 Enkeltochter
Familiendoktor
8 Hausarzt
Familienfeiern
5 Taufe
7 Firmung
8 Hochzeit
9 Kommunion, Namenstag, Verlobung
10 Geburtstag, Kindstaufe
11 Polterabend
12 Hochzeitstag, Konfirmation
13 Erstkommunion
14 Silberhochzeit
15 Goldene Hochzeit
16 Silberne Hochzeit
Familienforschung
10 Genealogie
Familienjüngster
8 Benjamin
12 Nesthaekchen
Familienkunde
10 Genealogie
Familienname
6 Zuname
8 Cognomen
Klabunds
8 Henschke
Lenins
7 Uljanow
Napoleons
9 Bonaparte
Voltaires
6 Arouet
Familienoberhaupt
8 Hausherr

Familienstammbaum
10 Ahnentafel
Familienstand
5 ledig
6 Status
9 verwitwet
10 geschieden
11 verheiratet
Familienurkunde
9 Stammbuch
Familienzweig
5 Linie
famos
5 prima
6 patent
7 sueperb
8 brillant
9 praechtig, sagenhaft
10 grossartig
11 meisterhaft
Famulus
7 Gehilfe
Famulus des Faust
6 Wagner
Fan
9 Anhaenger, Liebhaber
Fanatiker
7 Eiferer
fanatische Anhänger
9 Besessene
fanatische Sekte der Sikhs
5 Akali
fanatischer Nationalist
10 Chauvinist
Fanggeräte
4 Bola, Netz
5 Angel, Falle, Hamen, Lasso, Reuse, Riata
7 Kescher
8 Jagdzeug, Schlinge
9 Fallgrube, Fangeisen, Tierfalle
10 Fuchsfalle, Mausefalle
11 Rattenfalle, Tellereisen
Fanghaare
8 Tentakel
Fangheuschrecke
6 Mantis
Fangnetz
5 Hamen
7 Kescher
Fangspiel
8 Nachlauf
10 Nachlaufen
Fant
4 Beau, Geck, Snob
5 Junge, Laffe, Stenz
6 Fatzke
7 Angeber, Stiesel, Stutzer
8 Dummkopf
Fantasie
7 Fiktion
8 Trugbild
10 Einbildung, Paraphrase, Traeumerei
11 Vorstellung
12 Hirngespinst
14 Erfindungsgabe

fantasiearmer Mensch
9 Prosaiker
Fantasiekomposition
9 Impromptu
Fantast
8 Traeumer
10 Romantiker, Schwaermer
fantastische Erzählung
8 Groteske
Farbe aufhellen
8 bleichen
Farbe beim Roulett
4 Noir
5 Rouge
Färbebad
5 Kuepe
Färbemaschine für Gewebe
6 Jigger
Färbemittel
8 Gelbholz
9 Farbstoff
färben
6 toenen
7 anmalen, klotzen
9 tingieren
10 kolorieren, versilbern
Farben, Farbtöne
4 Azur, Blau, Bleu, Gelb, Gold, Grau, Gris, Lila, Oliv, Pink, Rosa, Rose
5 Beige, Blond, Braun, Creme, Fonce, Gruen, Kakao, Khaki, Malve, Mauve, Ocker, Sepia, Siena, Umber, Umbra, Weiss
6 Bronze, Cerise, Fraise, Golden, Indigo, Karmin, Orange, Purpur, Reseda, Safran, Silber
7 Chamois, Couleur, Eisblau, Hellrot, Rosarot, Schwarz, Silbern, Silbrig, Tuerkis, Violett, Weinrot
8 Azurblau, Bruenett, Eisenrot, Erdfarbe, Flamingo, Fuchsrot, Gelblich, Goldgelb, Graublau, Hellblau, Karmesin, Lehmgelb, Maigruen, Mausgrau, Rehbraun, Rotblond, Rotbraun, Schiefer, Seegruen, Zinnober
9 Anthrazit, Blaugruen, Chromgelb, Elfenbein, Erdfarben, Gelbgruen, Giftgruen, Graubraun, Gruenblau, Hautfarbe, Hechtgrau, Hellblond, Hellbraun, Hellgruen, Karminrot, Kirschrot, Laubgruen, Lichtblau, Meergruen, Ockergelb, Olivbraun, Rostbraun, Scharlach, Stahlblau, Tizianrot, Ziegelrot
10 Amarantrot, Blattgruen, Dunkelblau, Dunkelgrau, Goldbronze, Himmelblau, Kobaltblau, Lachsfarbe, Marineblau, Neapelgelb, Ockerbraun, Quittegelb, Sandelholz, Sandfarben, Silbergrau, Strohblond, Tomatenrot, Ultramarin, Wasserblau
11 Bordeauxrot, Bronzefarbe, Bronzegruen, Dunkelbraun, Dunkelgruen, Flachsblond, Grauschwarz, Indischgelb, Karmesinrot, Koenigsblau, Lachsfarben, Lachssilber, Lasurfarben, Martinsgelb, Orangebraun, Quittengelb, Semmelblond
12 Berliner Blau, Kupferbronze, Nachtschwarz, Rabenschwarz, Scharlachrot, Schiefergrau, Silberbronze, Smaragdgruen, Veilchenblau, Zitronengelb
13 Bismarckbraun, Brillantgruen, Flaschengruen, Fleischfarben, Isabellfarben, Russisch Gruen, Vulkanschwarz
14 Kastanienbraun, Kornblumenblau, Preussisch Blau, Ultramarinblau
15 Anthrazitfarben
16 Schokoladenbraun
Farbenblindheit
13 Achromatopsie
Farbengrundstoff
6 Anilin
Farbenlehre
9 Chromatik
Farbenmischplatte
7 Palette
Farbenpracht
8 Buntheit
farbenreicher Maler
8 Kolorist
Färberbraun
6 Sumach
Farberde
3 Bol
6 Roetel
8 Rotstein
Färberdistel
6 Saflor
7 Scharte
Färbereimaschine
7 Foulard
Färberginster
9 Gilbblume, Gilbkraut
Färberpflanze
3 Wau
Färberschildlaus
6 Kermes
Färberwurzel
5 Krapp
Farbfleck
6 Klecks
Farbfolge
8 Spektrum
Farbgebung
7 Kolorit, Toenung
farbig
4 bunt
8 gefleckt, lebendig
11 anschaulich
farbiger Überzug
8 Anstrich
Farbkörper
7 Pigment
farblich unempfindlich
9 lichtecht
farblos
3 fad
4 fade, fahl, matt
5 banal, blass
6 bleich
8 unbemalt
9 entfaerbt
10 langweilig, ungefaerbt
12 achromatisch, nichts sagend
Farbserie (Kartenspiel)
7 Sequenz
Farbsignal im Verkehr
8 Rotlicht
9 Gelblicht
10 Gruenlicht
Farbspritzgerät
9 Aerograph
Farbstoffe
3 Wau
4 Waid
5 Eosin, Henna, Kohle, Krapp, Ocker, Rouge, Sepia, Umber, Umbra
6 Anilin, Indigo, Karmin, Kobalt, Purpur, Safran, Tusche
7 Auramin, Fuchsin, Mennige, Phloxin, Pigment
8 Alizarin, Karmesin, Korallin, Nigrosin, Zinnober
9 Bleiweiss, Gerberrot, Karthamin, Rosanilin, Saflorrot, Zinkweiss
10 Chrysoidin, Phlobaphen, Plakafarbe, Wachsstift
11 Kopierstift, Koschenille, Plakatfarbe, Wasserfarbe
12 Berliner Blau, Pastellfarbe,

Zeichenkohle, Zeichenstift
13 Aquarellfarbe, Filzschreiber, Pastellkreide
16 Dispersionsfarbe

Farbstoffgrundlage
8 Toluidin

Farbstoffgruppe
8 Thiazine

Farbtonfolge
9 Farbkreis

Farbüberzug
4 Lack
5 Lasur
14 Anstreichfarbe

Farbveränderung bewirkend
9 auxochrom

Farbwalze der Schnellpresse
6 Duktor

Farbwertkorrigiergerät
7 Scanner

Farbwirkung
7 Kolorit

Farce
5 Posse

Farm
3 Gut
5 Ranch
7 Fazenda, Landgut
8 Estanzia, Hazienda

Farmer
5 Bauer
7 Agronom, Oekonom, Siedler
8 Landmann, Landwirt, Paechter, Zuechter
12 Viehzuechter

Farngewächse
8 Adiantum, Baerlapp, Haarfarn, Kleefarn
9 Mooskraut, Venushaar
10 Frauenhaar, Lycopodium, Wasserfarn
11 Selaginella

Färöerinselhauptstadt
8 Torshavn

Färöerinseln
5 Vagar, Vagoe
6 Hestur, Koltur, Nolsoy, Sandoe, Sandoy
7 Osteroe, Syderoe
8 Streymoy, Stroemoe
10 Norderoeer

Fasanengehege
9 Fasanerie

Fasanenvogel
7 Rothuhn
8 Zahnhuhn
9 Steinhuhn

Fasching
6 Fasnet
8 Fasnacht, Karneval
9 Fastnacht

Faschingsbrauch
9 schunkeln

Faschingsfigur
4 Narr

Faschingsgesellschaft
8 Narhalla

Faselei
6 Gerede, Unsinn
7 Quatsch, Rederei, Tratsch
10 Geschwaetz, Geschwafel

Faser
5 Fiber
aus Baumnadeln
9 Waldwolle
der Kokosnuss
4 Coir

Faserbündel
5 Riste

Fasergebilde
5 Faden
6 Strang

Fasergewebe
9 Textilien

faseriges Mineral
7 Bronzit

Faserkiesel
6 Mullit

Faserlänge
6 Stapel

Fasermineral
9 Chrysotil

Faserschicht
5 Vlies

Faserstoff
aus Esparto
4 Alfa
des Blutes
6 Fibrin

Faserstofferzeugnisse
9 Textilien

Fass
5 Tonne
6 Barrel
8 Zisterne
9 Behaelter
10 Regentonne
16 Auffangbehaelter

Fass anzapfen
9 anstechen

Fassadenerneuerung
8 Refacing

Fassbinder
6 Kuefer
9 Boettcher

Fassbrett
5 Daube

Fassmacher
6 Kuefer
9 Boettcher

Fassung
7 Version
10 Kontenance

fassungslos
12 konsterniert

Fassungsvermögen
6 Inhalt
10 Kapazitaet

Fassverschluss
5 Spund

fast
6 nahezu
7 beinahe
8 ziemlich
10 annaehernd

fast ebene Landfläche
9 Peneplain

fast gar nicht
4 kaum
5 wenig
10 schwerlich

fast immer
5 meist
7 zumeist
8 meistens

fast knielange Shorts
8 Bermudas

Fasten der Moslems
4 Saum
5 Sijam

Fastenmonat der Muslime
7 Ramadan, Ramasan

Fastensonntag
6 Judika
9 Invokavit

Fastenzeit von vierzig Tagen
6 Karene

Fastnacht
8 Fasching, Karneval

Fastnacht Feiernder
4 Geck, Jeck

Fastnachtsausschuss
8 Elferrat

Fastnachtsgeck
4 Narr

Fastnachtsprinz(essin)
9 Tollitaet

Fastnachtsruf
5 alaaf, helau

Fatum
9 Providenz, Schicksal, Vorsehung

faul
5 aasig, inert, traeg, uebel
6 bequem, modrig, morsch, traege
7 muessig, verwest
8 bruechig, tatenlos, untaetig
9 schimmlig, verdorben, vermodert, verrottet
10 schimmelig, vergammelt
12 arbeitsscheu, ungeniessbar, verschimmelt

Faulbaum
7 Rhamnus
8 Frangula
9 Kreuzdorn

Faulbaumgewächs
9 Stechdorn

Fäule (vom Wein)
9 Edelreife

faulen
6 modern

Faulendes
5 Moder

Faulenzer
8 Tagedieb
10 Nichtstuer

fauler Witz
7 Kalauer
faules Holz
4 Mulm
Faulgas in Kläranlagen
6 Biogas
Fäulnis
5 Moder
6 Sepsis
Fäulnisgift
6 Neurin
Faultier
2 Ai
4 Unau
Faustfeuerwaffen
4 Colt
7 Pistole
8 Browning, Revolver, Terzerol
10 Parabellum
13 Mauserpistole
15 Trommelrevolver
Faustkampf
5 Boxen
Faustkämpfer
5 Boxer
Fazit
5 Summe
6 Effekt, Erfolg, Ertrag
7 Wirkung
8 Ergebnis, Resuemee, Resultat
11 Endergebnis, Endresultat
16 Schlussfolgerung
Februar
5 Feber
7 Hornung
Fechtbahn
7 Planche
fechten
7 betteln
8 prachern
9 schnorren
Fechten im freien Kampf
6 Assaut
Fechter bei einer Mensur
7 Paukant
Fechtgang
6 Assaut
Fechthandschuhteil
5 Stulp
Fechthieb
4 Filo, Prim, Terz
5 Quart, Quint
6 Parade
7 Riposte
8 Cavation, Hochterz, Kavation, Tagliata
9 Brustterz, Hochquart, Tiefquart
Fechtkampf
6 Mensur
Fechtwaffen
5 Degen, Spada
6 Rapier, Saebel
7 Florett
8 Haudegen
9 Raufdegen, Schlaeger
Federballspiel
7 Indiaca
9 Badminton
Federbettenstoff
6 Inlett
Federbusch
7 Panasch
9 Helmbusch
Federdeckbett
7 Plumeau
Federhalter
7 Fueller
Federkleid
8 Gefieder
Federkraft
12 Elastizitaet
federnd
9 elastisch
11 geschmeidig
Federschmuck
8 Aigrette
Federwechsel
6 Mauser
9 Mauserung
Federweißer
4 Most
8 Weinmost
Federwild
5 Fasan, Ralle
6 Trappe
7 Kiebitz, Kranich, Rebhuhn, Wachtel
8 Auerhahn, Birkhuhn, Feldhuhn, Schnepfe, Waldhuhn, Wildente, Wildgans
9 Blesshuhn, Eiderente, Goldfasan, Sumpfhuhn
10 Blaesshuhn, Rohrdommel, Schneehuhn, Sumpfralle
11 Ringeltaube, Turteltaube
12 Waldschnepfe
13 Sumpfschnepfe
Federwolke
6 Cirrus, Zirrus
Federzange
8 Pinzette
Fee
4 Elfe
der Artussage
7 Viviana
der französischen Sage
7 Morgana
der persischen Sage
4 Peri
in der indischen Sage
6 Putana
feenhafte Wesen
5 Peris
Feenkönigin der Kelten
3 Mab
Fegefeuer
11 Purgatorium
fegen
6 kehren, putzen
8 saeubern
9 auskehren
Fehde
4 Zank
5 Kampf, Krieg, Zwist
6 Streit
8 Unfriede
11 Feindschaft
fehl am Platz
10 deplaciert
11 deplatziert
Fehlbetrag
4 Soll
5 Debet, Manko, Minus
6 Abgang
7 Defizit, Verlust
8 Einbusse, Schulden
9 Differenz
11 Rueckschlag, Unterbilanz
12 Minderertrag
14 Mindereinnahme
Fehldruck
9 Makulatur
Fehler
4 Bock
5 Makel, Manko
6 Defekt, Irrtum, Lapsus, Mangel, Patzer
7 Fauxpas
8 Hochzeit, Versehen, Verstoss
9 Missgriff, Schnitzer
10 Verschrieb
11 Entgleisung, Fliegenkopf, Versprecher
12 Zwiebelfisch
14 Fehlschreibung
16 Falschschreibung, Missverstaendnis
einer Ware
6 Mangel
7 Maengel
im Beweisgang
6 Saltus
fehlerfrei
6 intakt
7 korrekt
fehlerhaft
6 defekt, falsch
7 vitioes
9 inkorrekt, unkorrekt
sprechen
7 lispeln
8 stottern
fehlerhafte Ware
5 Pofel
9 Ausschuss
fehlerlos
6 intakt
7 korrekt, richtig
10 vollkommen
11 einwandfrei
13 unbeschaedigt
Fehlfarbe (Kartenspiel)
5 Fosse
6 Fausse
7 Renonce
Fehlführung
5 Abweg

Fehlgeburt
5 Abort
7 Abortus
fehlgeleiteter Gegenstand
10 Irrlaeufer
Fehllos
5 Niete
Fehlschlag
6 Fiasko
8 Versager
10 Misserfolg
Fehlschluss
6 Irrtum
8 Diallele
Fehltritt
6 Suende
7 Fauxpas
8 Vergehen, Verstoss
11 Ausrutscher
Feier
4 Fest, Fete
5 Party
7 Empfang
8 Begehung, Hausfest
10 Gartenfest, Grillparty
11 Bottleparty, Gartenparty, Kellerparty
15 Geburtstagsfest
Feier beim Hausbau
9 Richtfest
Feierabendsportler
6 Kegler
feierlich
5 ernst
6 solenn
7 erhaben, festivo, wuerdig
8 erhebend, festlich, pastoral
10 pathetisch, wuerdevoll
11 zeremoniell
begehen
11 zelebrieren
feierliche(r, s)
Akt
5 Ritus
9 Zeremonie
Ansprache
8 Festrede
Aufmarsch
9 Festumzug
Bekräftigung eines Versprechens
9 Ehrenwort
Benehmen
9 Grandezza
Empfang
7 Audienz
Geleit
7 Kondukt
Gelübde
5 Votum
Handlung
5 Ritus
6 Ritual
9 Zeremonie
Prozession
8 Flurgang
Veranstaltung
7 Festakt
Versprechen
7 Treueid
8 Geluebde
9 Geloebnis
Zeremonie
5 Weihe
Feierlichkeit
4 Fest
11 Festivitaet
13 Veranstaltung
Feiertag
7 Festtag
Feiertage
5 Purim
6 Bairam, Ostern, Passah, Sabbat
7 Busstag, Maifest, Neujahr, Sonntag
8 Arborday
9 Erster Mai, Pfingsten, Silvester, Totenfest
10 Epiphanias, Karfreitag
11 Allerseelen, Heiligabend, Himmelfahrt, Weihnachten
12 Fronleichnam
13 Allerheiligen, Buss- und Bettag, Erntedankfest
15 Laubhuettenfest, Versoehnungstag
16 Reformationsfest
Feigenbaum
6 Banian
8 Sykomore
Feigenkaktus
7 Opuntie
Feigling
5 Memme
7 Poltron
9 Angsthase, Hasenfuss
Feile
6 Raspel
feilen
7 raspeln
8 glaetten, polieren
Feilmaschine
6 Fraese
feilschen
7 handeln
9 schachern
Feime(n)
9 Heuhaufen
fein
4 nett, zart
5 duenn, dufte, genau
6 duftig, gentil, grazil, knorke, schick, sublim, subtil
7 anmutig, delikat, elegant, huebsch, kostbar, prae-zis, vornehm
8 brillant, grazioes, praezi-se, zierlich
9 trefflich
10 kultiviert, manierlich
11 appetitlich, empfindlich, mimosenhaft
14 wohlschmeckend
abgestuft
9 nuanciert
bearbeiten
7 laeppen
verteilt
9 kolloidal
gehacktes Fleisch
5 Haché
7 Haschee
regnen
7 nieseln
schmeckend
6 lecker
7 delikat
9 delizioes, koestlich
tröpfeln
7 rieseln
verteilt
7 dispers
Feinarbeit
8 Filigran
Feinbäcker
8 Konditor
9 Patissier
Feinbäckerei
10 Patisserie
Feinbearbeitung
8 Abziehen
Feind
6 Gegner
8 Opponent
11 Widersacher
Feind des Messias
10 Antichrist
Feind vor der Festung
9 Belagerer
Feindbeobachter
9 Vorposten
Feindeinmarsch
7 Einfall
8 Invasion
feindlich
6 hostil
9 aggressiv
feindlich Gesinnter
6 Hasser
feindliche Begegnung
9 Renkontre
feindliche Flugzeugbegegnung
9 Luftkampf
feindlicher Einfall
8 Invasion
feindlicher Vorstoß
7 Angriff
Feindschaft
4 Hass
5 Fehde, Odium
6 Streit
8 Rankuene, Unfriede
11 Animositaet
Feindseligkeit
5 Fehde, Krieg, Zwist
6 Streit
11 Animositaet
feine(r, s)
chinesische Teesorte
5 Pekoe
Hautöffnung
4 Pore

Kleidung
8 Toilette
Mineralkörnchen
9 Quarzsand
Sitte
7 Fashion
Töpferware
7 Fayence
Tücher aus Ananashanf
5 Pinas
Wollsorte
9 Kamelhaar
Kies
8 Perlsand
Mann
4 Gent
7 Stutzer
Tafelapfel
7 Kalvill, Kalwill
Gewebe
7 Chiffon
Haar
5 Cilia, Zilie
Pulver
5 Puder
Schmutzpartikel
9 Staubkorn
Seihgerät
8 Haarsieb
Weißbrot
6 Wastel
Wolltuch
5 Serai
feinfädiger *Baumwollstoff*
6 Perkal
7 Linette
feinfaseriger Zinnstein
8 Holzzinn
feinfaseriges Mineral
6 Brucit
feinfühlend
8 sensibel, taktvoll
10 empfindsam
Feingebäck
4 Keks
5 Torte
6 Baiser, Brezel, Eclair, Kuchen, Oblate, Waffel
7 Biskuit, Krapfen, Kringel, Makrone, Pastete
8 Berliner, Marzipan, Mohnzopf, Schnecke
9 Hoernchen, Lebkuchen, Negerkuss, Nusstorte, Obsttorte, Sandtorte, Teekuchen, Tortelett
10 Baumkuchen, Mohrenkopf, Obstkuchen, Sandkuchen, Windbeutel
11 Bienenstich, Honigkuchen, Kaesetasche, Mozartkugel, Quarktasche
12 Apfelstrudel
13 Cremeschnitte, Nusshoernchen, Schillerlocke
14 Streuselkuchen
Feingefühl
4 Takt
6 Dezenz
Feingehalt der Münze
4 Korn
Feingehalt einer Goldmünze
4 Aloi
Feingehaltsstempel
7 Repunze
Feingeist
7 Aesthet
Feinheit
4 Form
5 Guete, Kniff
6 Nuance
7 Eleganz, Finesse
8 Brillanz
10 Praezision, Raffinesse
Feinheitsbestimmer
9 Lanameter
Feinheitsmaß
bei Chemiefasern
5 Titer
bei Strümpfen
5 Gauge
feinkeramische *Erzeugnisse*
6 Fliese, Kachel
8 Majolika, Steingut
9 Porzellan
10 Terrakotta
feinkörniger Dolomit
8 Rauwacke
feinkörniger Gneis
6 Leptit
feinkörniges Erz
7 Schlich
Feinkost
11 Delikatesse
Feinmechaniker
7 Optiker
9 Uhrmacher
Feinmechanikermeißel
9 Drehstahl
Feinmessgeräte
9 Optimeter
10 Mikrometer, Passameter, Schublehre
Feinmesszirkel
6 Taster
feinnervig
8 sensitiv
Feinrips
6 Faille
11 Futterstoff
Feinscharnier ohne Gelenk
6 Brisur
Feinschmecker
7 Gourmet
9 Geniesser, Schlemmer, Schwelger
10 Leckermaul
12 Genussmensch, Genussspecht
feinst verteilter Stoff
7 Kolloid
feinste Gesellschaft
5 Creme
feinste Schmutzteilchen
5 Staub
feinste Schwebestoffe
7 Tripton
feinste Tonware
9 Porzellan
feinster Zinnober
9 Vermillon
feinstes Steingut
9 Wedgewood
Feinwiegegerät
9 Goldwaage
feist
4 dick, fett
7 speckig
9 fleischig, korpulent
10 dickleibig
Felchenart
4 Omul
5 Renke
Feld
4 Erde, Flur, Kamp, Land
5 Acker, Boden, Grund, Platz
6 Gebiet, Sektor
7 Terrain
9 Ackerland
10 Sportplatz
Feldbahnwagen
4 Lore
8 Kipplore
Feldertrag
5 Ernte
Feldgott
3 Pan
4 Faun
6 Faunus
Feldhauptmann Sauls
5 Abner
Feldherr
8 Stratege
Alexanders des Großen
8 Diadoche, Seleukos
10 Lysimachos
Cäsars
8 Labienus
Davids
4 Joab, Uria
5 Urias
des Dreißigjährigen Krieges
5 Tilly
6 Gallas
8 Mansfeld
9 Holzappel
11 Piccolomini, Wallenstein
des Großen Kurfürsten
11 Derfflinger
des Xerxes
9 Artabazos
Franz' I.
7 Bourbon
in „Wallenstein"
7 Isolani
Justinians
7 Belisar

Karls V.
4 Alba
7 Pescara
Maria Theresias
4 Daun
Napoleons
5 Murat
Nebukadnezars
10 Holofernes
Feldherrenkunst
9 Strategie
Feldhuhn
7 Wachtel
Feldlager
4 Camp
5 Biwak
Feldlazarett
8 Ambulanz
Feldmaße, Flächenmaße
2 Ar, ha, qm
3 Are, qkm
4 Hufe, Joch, Rute
5 Acker, Demat
6 Hektar, Morgen
7 Juchart, Juchert, Tagwerk
8 Tagewerk
11 Quadrathufe
12 Quadratmeile, Quadratmeter
16 Quadratdezimeter, Quadratkilometer
Feldmesser
7 Geodaet
8 Geometer
Feldmessgerät
9 Kippregel
Feldrand
4 Rain
7 Lisiere
Feldsalat
8 Rapunzel
9 Schafmaul
Feldspat
6 Adular, Leuzit
9 Orthoklas
Feldstecher
8 Fernglas, Fernrohr, Jagdglas
Feldstreifen zum Nachbarn
9 Angewende
Feldstück
4 Kamp
6 Gewann
7 Gewende
Feldthymian
7 Quendel
Feldunkraut
7 Fumaria
8 Erdrauch
Feldzeichen
5 Fahne
6 Banner, Flagge, Panier
9 Standarte
Feldzug
8 Campagne, Kampagne
Fell
4 Balg, Haut
5 Decke, Vlies
7 Kuhhaut
8 Schwarte
13 Haut des Wildes
eines Horntiers
9 Schafpelz
junger Rentiere
6 Pijiki
junger Robben
9 Whitecoat
scheren
7 Trimmen
vom Bobak
6 Beisky
vom Eichhörnchen
3 Feh
vom Karakulschaf
9 Persianer
vom Marder
5 Zobel
vom Seebären
4 Seal
vom Ziesel
6 Suslik
von der Ziege
3 Kid
Fell verarbeitender Betrieb
8 Gerberei
Fellpflegegerät
8 Striegel
Fellranzen
9 Tornister
Felsen
4 Riff, Wand
5 Kliff
6 Klippe, Massiv
7 Gestein
10 Steinblock
13 Gesteinsblock
am Rhein
7 Lorelei, Loreley
im Harz
10 Rosstrappe
im Zittauer Gebirge
5 Oybin
Felsenburg am Toten Meer
7 Massada
Felsengruppe
des Elbsandsteingebirges
6 Bastei
im Teutoburger Wald
12 Externsteine
Felsenhöhle
6 Grotte
Felseninsel
vor Marseille
2 If
vor Skandinavien
8 Schaeren
Felsenklippe
4 Riff
Felsennelke
6 Tunica
Felsentempel am Nilufer
9 Abu Simbel
Felshöhle
6 Grotte
felsige Steilküste
5 Kliff
Felsinsel
7 Schaere
9 Seeklippe
Felsnische
3 Kar
Felsschlucht
5 Klamm
Felsspalte
5 Kamin
8 Windloch
Felsstück
5 Stein
Felsüberhang
4 Abri
Felsvorsprung
9 Ueberhang
Felswand
4 Fluh
6 Kanzel
Felswüste der Sahara
7 Tassili
Fenster-Beobachtungsspiegel
5 Spion
fensterlose Kammer
6 Kabuff
Fenstermaterial
4 Glas
8 Mondglas
Fensterschutz
5 Rollo
8 Jalousie, Rolladen
11 Springrollo
Fensterteile
4 Glas, Sims
5 Brett, Laden, Sturz, Zarge
6 Rahmen
7 Fluegel, Scheibe, Sprosse
9 Kipphebel, Scharnier
Fensterverschluss
5 Laden, Rollo
6 Riegel
8 Rolladen
9 Einreiber, Transenna, Vorreiber
Fenstervorhang
5 Store
7 Gardine
Ferien
6 Urlaub
8 Erholung
11 Schulurlaub
15 Erholungsurlaub
Ferienlager
4 Camp
9 Zeltplatz
Ferienreisender
8 Urlauber
Ferment
3 Lab
5 Enzym
6 Lipase, Papain, Pepsin, Zimase
7 Emulsin, Laktase, Trypsin
8 Aldolase, Diastase, Invertin, Katalase, Steapsin

9 Bromelain
10 Pankreatin
Fermentation
7 Gaerung
fermentieren
9 vergaeren
fern
3 weg
4 tele, weit
6 fernab, weitab
7 abseits
8 entfernt, entlegen
9 abgelegen
10 himmelweit
Fernbewegung
10 Telekinese
Fernblick
8 Aussicht
Ferne
5 Weite
6 Fremde
Fernfühlender
8 Telepath
Ferngespräch
5 Anruf
9 Telefonat
12 Telefonanruf
Fernglas
11 Feldstecher
Fernrohr
7 Binokel
8 Teleskop
9 Refraktor
10 Perspektiv
Fernrohrteile
5 Tubus
6 Okular
Fernschreiben
5 Telex
9 Telegramm
Fernschreiber
8 Telegraf
9 Telegraph
Fernschreibverbund
9 Telexnetz
Fernsehantenne
5 Dipol
fernsehaufnahmegeeignet
7 telegen
Fernsehaufnahmegerät
8 Orthikon
Fernsehaufnahmeröhre
9 Plumbicon
Fernsehdarbietung
7 Sendung
Fernsehen
10 Television
fernsehgeeignet
7 telegen
Fernsehprüfausstrahlung
8 Testbild
Fernsehsendung
7 Magazin
Fernsehserie
6 Serial
Fernseh-Überwachungsgerät
7 Monitor
Fernsprechgerät
5 Handy
7 Telefon
12 Mobiltelefon
Fernsprechnummer
3 Ruf
Fernsprechverkehrsart
9 Nahdienst
Fernsprechwesen
9 Telefonie
Fernunterrichtsmittel
9 Lehrbrief
Fernverkehrsstraße (USA)
8 Toll road
Fernweh
9 Reiselust
Fernwirkung
10 Telepathie
Ferse
5 Hacke
6 Hacken
Fersenknochen
8 Astragal
Fersenstachel
5 Sporn
6 Sporen
fertig
4 reif
5 parat, quitt
6 bereit, kaputt
7 beendet
8 erledigt, komplett
9 vollendet
10 ausgelaugt, ausgepumpt, erschoepft, verfuegbar
11 ausgefuehrt, startbereit
12 ausgeglichen
13 abgeschlossen
gekocht
3 gar
zur Publikation
9 druckreif
fertiges Foto
7 Positiv
fertiges Insekt
5 Imago
Fertigkeit
6 Uebung
7 Koennen, Routine
8 Geschick
11 Gewandtheit
12 Versiertheit
Fertigkleidung
10 Konfektion
Fertigteile zum Zusammenmontieren
7 Bausatz
fesselnd
8 spannend
10 dramatisch
11 interessant
12 faszinierend
Fest
4 Fete
5 Feier
5 Party
fest
3 fix
4 firm, grob, hart
4 stur, zaeh
5 ehern
5 solid, stark, starr
6 eisern
6 gefeit, massiv
6 robust, sicher, solide, stabil, stramm
7 haltbar, kompakt
7 wuchtig
8 bestimmt
8 konstant
9 standhaft, unbeugsam, unloesbar
10 beharrlich, bestaendig
10 konsistent
11 unbeweglich
Festbeleuchtung
12 Illumination
feste Absicht
5 Wille
6 Willen
7 Vorsatz
16 Entschlossenheit
feste Ausgaben
9 Fixkosten
feste Erdoberfläche
4 Land
feste Knochenverbindung
9 Synostose
feste Markierung
8 Fixpunkt
feste Masse harten Gesteins
4 Fels
feste Meinung
6 Urteil
feste Redewendung
5 Idiom
feste Regel
9 Grundsatz
feste sprachliche Wendung
5 Topos
festen Wohnsitz habend
8 sesshaft
fester Altschnee im Gebirge
7 Firneis
fester Anteil von Rauchgasen
9 Flugasche
fester Entschluss
7 Vorsatz
9 Intention
fester Faden
9 Naehzwirn
fester Gesteinsteil
7 Metasom
fester Katalysator
7 Kontakt
fester Niederschlag
9 Bodensatz
fester Preis
4 Taxe
fester Turm
7 Zwinger
fester Zwirn
9 Eisengarn
festes Einkommen
5 Fixum
festes Ganzes
7 Einheit
festes Gestein
4 Ganz

festes Gewebe
8 Drillich
festes Seezeichen
4 Bake
festes Zueinanderhalten
5 Treue
Festessen
4 Mahl
5 Diner
6 Dinner, Gelage
7 Bankett, Schmaus
8 Gastmahl
9 Ehrenmahl, Galadiner
11 Festbankett
Festgedicht
3 Ode
6 Karmen
Festgesang
5 Hymne
festgesetzter Zeitraum
5 Frist
festgesetztes Arbeitsentgelt
9 Tariflohn
Festigkeit
7 Staerke
8 Ausdauer
10 Soliditaet
Festkleidung
3 Boa, Cut
4 Gala, Robe
5 Frack, Stola
7 Cutaway, Smoking
8 Schleppe
9 Ballkleid, Hoftracht
10 Abendkleid
13 Cocktailkleid
Festland zweier Erdteile
8 Eurasien
Festlandgewässer
9 Binnensee
Festlandmasse
7 Erdteil
9 Kontinent
festlegen
8 anordnen, fixieren
9 bestimmen
10 definieren
festlegend
12 determinativ
Festlegung
8 Notation
9 Fixierung
10 Bestimmung
festlich
6 solenn
7 festivo, pomposo
festlich speisen
8 dinieren
festliche Aufführung
4 Gala
festliche Fahrt
5 Korso
festliche Tanzveranstaltung
7 Balparé
festliche Totenehrung
8 Memorial
festliche Veranstaltung
9 Galaabend
festlicher Abendempfang
6 Soiree
festlicher Einmarsch
6 Einzug
festlicher Herrenanzug
7 Smoking
festlicher Herrenrock
7 Gehrock
festlicher japanischer Hosenrock
6 Hakama
festlicher Tanzabend
7 Balparé
festliches Abendessen
6 Souper
festliches Essen
8 Gastmahl
festliches Frauengewand
9 Ballkleid
festliches Gedicht
3 Ode
Festlichkeit
4 Fete
5 Feier, Party
8 Festival
11 Festivitaet
festmachen
7 haltern
festnehmen
10 arretieren
Festraum
4 Saal
Festsaal
4 Aula
5 Palas
Festschmuck
6 Feston
8 Girlande
festsetzen
8 fixieren
9 einlochen
10 anberaumen, arretieren, einbuchten, einbunkern, einkasteln, einkerkern, einsperren, etablieren, statuieren
11 internieren
13 ausschliessen, konstituieren, stabilisieren
14 gefangenhalten
Festspiel
8 Festival
Festspielorte
in Bayern
8 Bayreuth
12 Oberammergau
in Österreich
3 Erl
7 Bregenz
8 Salzburg
feststehend
8 konstant
9 stereotyp
feststehender Ausdruck
6 Formel
feststehender Maschinenteil
6 Stator
Feststehendes
6 Faktum
8 Tatsache
feststellen
6 finden
8 bemerken, erkennen, fixieren
12 konstatieren, nachforschen
15 diagnostizieren
Feststellung
aus Bekanntem
9 Ableitung
der Person
15 Identifizierung
Festtagsverzeichnis
11 Kalendarium
Festteilnehmer
4 Gast
Festtracht der Studenten
5 Wichs
Festungsanlagen
4 Burg, Fort, Wall, Wehr
5 Feste, Mauer, Sappe
6 Bastei, Bunker
7 Bastion, Erdwall, Eskarpe, Kastell, Schanze, Vorwerk
8 Bastille, Bollwerk, Faschine, Ringwall
9 Kasematte, Zitadelle
10 Laufgraben
Festungsmauer
8 Ringwall
Festungsraum
9 Kasematte
Festungswall
8 Traverse
Festwert
9 Konstante
Festzelt
8 Pavillon
Festzug
5 Korso, Umzug
6 Parade
9 Aufmarsch
10 Prozession
fett
4 dick
5 feist, oelig
6 massig, mollig, tranig
7 wabblig
8 Speckoel, wabbelig
9 korpulent, quabbelig, schmierig
13 vollfleischig
Fett spaltendes Enzym
6 Lipase
8 Esterase
fettähnliche Stoffe
6 Lipide, Lipoid
7 Lipoide
fettähnliches Stoffgemisch
6 Myelin
fettarm
5 mager
fettartig
6 lipoid

fettartige chemische Verbindung
7 Elaidin
Fettausscheidung im Harn
7 Lipurie
Fettbestandteil
7 Stearin
Fettblattpflanze
8 Hauswurz
11 Sempervivum
fette Erdart
9 Kleiboden
fetter Schmutz
7 Schmant
Fettfütterung
4 Mast
7 Saumast
fettig
5 oelig
7 speckig
9 glaenzend, schmierig
Fettkraut
8 Crassula
9 Dickblatt
Fettschicht
5 Speck
Fettschwanzschaf
7 Karakul, Schiras
Fettspaltung
8 Lipolyse
Fettstoffwechselstörung
8 Lipidose
Fettstückchen
6 Griebe
Fetttropfen auf der Suppe
4 Auge
Fettverdauung
8 Lipolyse
Fettvermehrung im Blut
8 Lipaemie
Fettvogel
5 Racke
12 Mandelkraehe
feucht
4 nass
5 humid, klamm
6 betaut, humide, neblig
8 triefend, waessrig
9 waesserig
feuchter Boden
5 Wasen
feuchter Umschlag
9 Kompresse
Feuchtigkeit
6 Naesse
Feuchtigkeit liebend
9 hygrophil, ombrophil
Feuchtigkeitsmesser
9 Hygroskop
10 Hygrometer
feuchtwarme Witterung
8 Schwuele
feudal
5 adlig, nobel
6 ueppig
7 vornehm
8 exklusiv
13 anspruchsvoll
14 herrschaftlich
feudalistische Besitzform
5 Lehen
Feuer
4 Elan, Glut, Lohe
5 Brand
6 Flamme
7 Hingabe, Passion
11 Lichtsignal, Temperament
12 Begeisterung, Leidenschaft
13 Schusswechsel
Feuer (Musik)
4 Brio
Feuer speiender Berg
6 Vulkan
Feuer speiendes Fabeltier
6 Drache
Feuer spendendes Stäbchen
9 Zuendholz
Feueranbeter der Parsen
5 Geber
Feueranzünder
5 Flint
7 Fidibus
9 Brennglas, Feuerzeug, Zuendholz
10 Feuerstein
11 Streichholz
Feuerbestattungsanstalt
11 Krematorium
feuerfester Ton
9 Schamotte
feuerfestes Mineral
6 Asbest
Feuergarbe (Feuerwerk)
9 Girandole
Feuergott
4 Agni, Loki
6 Vulkan
7 Grannus
8 Hephaest, Vulcanus, Vulkanus
10 Hephaestus, Hephaistos
Feuerkröte
4 Unke
Feuerlöschgerät
7 Spritze
feuern
6 heizen, werfen
7 ballern
8 anfachen
9 anstecken, anzuenden, entfachen, entlassen, schiessen
10 entzuenden
14 rausschmeissen
Feuern aus einem Geschütz
8 Abschuss
Feuerreich in der Edda
6 Muspel
feuerroter Granat
9 Karfunkel
Feuersbrunst
5 Brand
Feuerstein
3 Cer
5 Flint, Silex
6 Eolith
Feuerstelle
4 Esse, Herd, Ofen, Rost
5 Darre, Grill, Kamin
6 Kocher
7 Gasherd, Oelofen
9 Gaskocher, Kohleofen
10 Gasheizung, Kochplatte, Kohlenofen, Oelheizung
11 Elektroherd, Kuechenherd
12 Allesbrenner, Schmiedeesse
13 Kohlenheizung
14 Spirituskocher
Feuersymbol
9 Roter Hahn
Feuerungsanlage
4 Ofen
9 Grudeherd, Grudeofen
Feuerungsleitung
9 Flammrohr
Feuerwerkskörper
6 Frosch, Rakete
7 Kracher
8 Feuerrad
10 Schwaermer
11 Knallfrosch
13 Kanonenschlag
15 Silvesterrakete
Fichtenharz
6 Barras
7 Galipot
9 Weisspech
Fichtenkreuzschnabel
7 Krinitz
Fichtenspargel
8 Ohnblatt, Waldwurz
9 Monotropa
fidel
6 heiter, lustig
9 froehlich, vergnuegt
Fidschi, auch: Fiji
Berge
8 Tomanivi, Victoria
Bevölkerung
7 Fidschi, auch: Fiji
11 Fidschi, auch: Fijianer
Fluss
4 Rewa
Hauptstadt
4 Suva
Inseln
4 Koro, Ngau, Waya
5 Rambi
6 Nairai, Naviti
7 Taveuni
8 Viti Levu
9 Vanua Levu
Sprache
6 Fijian
8 Englisch
9 Fidschi, auch: Fijian
Städte
4 Nadi, Sura
11 Lautoka City
Währung
4 Cent
6 Dollar

Fieber
5 Hitze
9 Aufregung
Fieberanfall
6 Krisis
fiebererregend(er Eiweißstoff)
7 Pyrogen
fieberhaft
6 febril
8 hektisch
Fiebermittel
6 Chinin
7 Aspirin, Kuprein, Salicin, Salizin
9 Antipyrin, Cinchonin
Fiebertraum
8 Fantasie, Trugbild
9 Phantasie
Fieberwahn
8 Delirium
Figur
der Hohen Schule
5 Volte
6 Levade, Pesade, Piaffe
7 Lancade
8 Kapriole, Kruppade
9 Courbette, Pirouette
der Quadrille
3 Ete
im Naumburger Dom
3 Uta
Figur von vier Noten
8 Quartole
Figürchen
8 Figurine
Figuren aus Bühnenwerken oder Sagen
siehe: Gestalten
Figurenbewegung
3 Zug
figürlich
9 figurativ
11 darstellend
Filialbetrieb
9 Zweigwerk
Film-Panorama-Verfahren
8 Cinerama
Film: Szenenabschnitt
4 Take
Filmabschluss
9 Nachspann
Filmagent 007
4 Bond
Filmarchiv(raum)
9 Filmothek
Filmatelier
6 Studio
Filmateliergeräte
5 Blimp, Dolly
6 Kamera
9 Aufheller
10 Kamerakran
Filmaufnahmegerät
6 Kamera
Filmauftakt
8 Vorspann
Filmbehälter
8 Kassette
Filmberufe
6 Cutter, Double
9 Dramaturg, Operateur, Regisseur
10 Beleuchter, Inspizient, Kameramann
14 Aufnahmeleiter, Regieassistent
Filmdouble
8 Stuntman
Filmdrehbuch
6 Skript
Filmfachmann
7 Cineast
Filmfestspiele
in Berlin
9 Berlinale
in Venedig
8 Biennale
Filmfestspielstädte
3 Hof
6 Berlin, Cannes
7 Venedig
10 Oberhausen
Filmfreund
7 Cineast, Kinofan
filmische Handlungseinheit
7 Sequenz
filmische Synchronisation
8 Doublage
Filmkomiker
5 Hardy
6 Laurel
Filmmanuskript
6 Skript
8 Drehbuch
Filmmitarbeiterstab
4 Cast
Filmneuaufnahme
6 Remake, Retake
Filmpartner des Pat
8 Patachon
Filmpartner des Patachon
3 Pat
Filmpreis
5 Bambi, Oscar
Filmproduktionsleiter
9 Produzent
Filmproduzent
8 Producer
Filmschnittmeister(in)
6 Cutter
8 Cutterin
filmtechnisches Verfahren
9 Animation
Filmtheater
4 Kino
6 Cinema
7 Kintopp
11 Lichtspiele
14 Lichtspielhaus
Filmtyp
9 Breitwand
Filmvermietungsfirma
7 Verleih
Filmvoranzeige
7 Trailer
Filmvorführer
9 Operateur
Filmwitz
3 Gag
Filmzentrum
bei Rom
9 Cinecitta
der USA
9 Hollywood
Filterhäutchen
7 Membran
8 Membrane
Filterstein
8 Diatomit
Filtertuch
6 Seiher
Filtriergerät
7 Nutsche
Filzmütze
6 Kalpak, Kolpak
Fimmel
4 Tick
Finale des Stierkampfs
8 Estocada
Financier
8 Geldmann
9 Finanzier
Finanzbeamter
9 Steuerrat
Finanzbehörde
9 Schatzamt, Steueramt
Finanzen
6 Gelder
9 Vermoegen
finanziell
8 geldlich, monetaer
9 pekuniaer
fördern
8 sponsern
finanzielle(r, s)
Anspruch
9 Forderung
Aufwand
7 Ausgabe, Zahlung
Betrag
9 Geldsumme
Ertrag
6 Erloes
Schuldbegleichung
9 Bezahlung
Tätigkeit
9 Geschaeft
Unterstützung
9 Beisteuer
Wagnis
6 Risiko
Verbesserung
6 Zulage
Finanzier
7 Sponsor
9 Geldgeber
Finanzierungsform
7 Leasing
Finanzmann
9 Finanzier
Finanzminister des Sultans
9 Defterdar
Findelkind in Nürnberg
6 Hauser

Findezeichen
3 Tab
6 Reiter
Findigkeit
4 Witz
8 Verstand
10 Schlauheit
Fingerabdruck
12 Daktylogramm
Fingerabdruckverfahren
13 Daktyloskopie
Fingerhut
9 Digitalis
Fingerkraut
8 Blutwurz
10 Gaensefuss, Gaenserich, Potentilla, Tormentill
11 Gaensegarbe
Fingermessgerät
9 Ringlehre
Fingernagelhalbmond
6 Lunula
Fingerplatte
5 Nagel
Fingerschmuck
4 Reif, Ring
7 Ehering
8 Trauring
10 Siegelring
11 Diamantring
12 Brillantring
14 Verlobungsring
17 Freundschaftsring
Fingerspiel
4 Mora
Fingerspitzengefühl
4 Takt
Fingerstein
8 Belemnit
10 Donnerkeil
Fingerteil
8 Knoechel
Fingerzeig
4 Tipp, Wink
7 Hinweis
Finkenvogel
6 Gimpel, Zeisig
7 Girlitz
8 Dompfaff
9 Haenfling
Finnland
Architekten
4 Eero
5 Aalto, Eliel, Hoyer
7 Asplund, Taucher
8 Bryggman, Saarinen
9 Frosterus
Bassist
4 Borg
Berg
6 Otsamo
Bergrücken
6 Selkae
Bevölkerung
5 Samen
6 Finnen, Lappen
8 Karelier
Bildhauer
6 Kallio, Nylund, Tappar
7 Halonen, Hartman
8 Aaltonen, Hiltunen, Malmberg, Vallgren
Bildhauerin
8 Hiltunen
Biochemiker
8 Virtanen
Chemiker
8 Virtanen
Dichter
3 Aho
4 Kivi, Meri, Vala
5 Leino, Linna
6 Kailas, Kallas, Kianto, Onerva
7 Rintala, Waltari
8 Manninen, Pekkanen, Runeberg
9 Zilliacus
11 Sillanpaeae
Dichterinnen
6 Onerva, Talvio
Ebene
5 Vaara
7 Tunturi
Eigenname der Lappen
5 Sameh
Eigenname Finnlands
5 Suomi
Flüsse
3 Wyg
4 Kala, Kemi, Kyro, Luga
5 Ivalo, Lappo
6 Vuoksi
8 Kemijoki, Oulujoki
Götterkönig
4 Ukko
Hafenstädte
3 Abo
4 Kemi, Vasa
5 Turku, Vaasa
7 Kokkola
Halbinsel
8 Porkkala
Hauptstadt
8 Helsinki
11 Helsingfors
Hauptstadt von Finnisch-Lappland
9 Rovaniemi
Heißluftbad
5 Sauna
Inseln
8 Hailuoto
11 Alandinseln
Komponisten
5 Krohn, Kuula
7 Kajamus, Kajanus
8 Ingelius, Kilpinen, Palmgren, Sibelius, Wegelius
9 Merikanto
10 Jaernefelt
Kreise
4 Kymi, Oulu
5 Haeme, Lappi, Vaasa
6 Kuopio
7 Mikkeli, Uusimaa
9 Turku-Pori
10 Ahrenanmaa
Landschaften
8 Karelien, Lappland
12 Oesterbotten
Literaturforscher
8 Loennrot
Maler
7 Halonen, Laureus, Lavonen, Simberg
8 Edelfelt, Finnberg, Holmberg, Kaivanto, Rissanen, Sallinen
9 Toppelius
Musikinstrument
7 Kantele
Nationalepos
8 Kalevala, Kalewala
Nobelpreisträger für Chemie
8 Virtanen
Nobelpreisträger für Literatur
11 Sillanpaeae
Pianist
8 Palmgren
Politiker
3 Awo
4 Ryti
6 Tanner
7 Holkeri
8 Kekkonen, Koivisto
9 Fagerholm, Paasikivi, Stahlberg
10 Mannerheim
Prähistoriker
8 Tallgren
Rekordläufer
5 Nurmi
Runenlied
4 Runo
Sänger
4 Borg
Schriftsteller
3 Aho
4 Kivi, Meri
5 Canth, Leino, Linna
7 Lassila, Waltari
8 Haavikko, Kyrklund, Lehtonen, Manninen, Viljanen
Schriftstellerinnen
5 Canth
6 Jotuni, Kallas
Seen
3 Seg, Top
5 Enare, Inari, Saima
6 Orisee, Saimaa, Segsee, Topsee
7 Oulusee
8 Enaresee, Inarisee, Saimasee
9 Saimaasee
Sprachforscher
8 Ahlqvist
Städte und Orte
3 Abo, Eno
4 Akaa, Esbo, Kemi, Oulu, Pori, Salo, Vasa
5 Enare, Espoo, Hanko, Inari, Ivalo, Kotka, Lahti,

Raahe, Rauma, Turku, Vaasa, Vanda
6 Hangoe, Kuopio, Vantaa
7 Karhula, Kokkola, Kouvola, Tampere, Varkaus
8 Uleaborg
9 Rovaniemi
11 Bjoerneborg, Tammersfors
12 Lappeenranta
13 Villmanstrand

Verwaltungseinheit
7 Laeaeni

Volksepos
8 Kalevala, Kalewala

Volkslied
9 Runenlied

Volksstamm
7 Ingrier

Währung
4 Cent, Euro

Wasserfälle
6 Imatra

Zither
7 Kantele

Finnland in der Landessprache
5 Suomi

Finnwal
8 Keporkak

finster
6 dunkel, obskur
7 duester
13 unzugaenglich

finsteres Lokal
8 Spelunke
9 Kaschemme

Finte
4 Dreh, List
5 Falle, Kniff, Trick
7 Vorwand
9 Ausflucht
10 Scheinhieb
11 Scheinstoss
13 Scheinangriff

schlagen (Fechten)
8 kamieren

Firlefanz
4 Kram, Tand
5 Posse, Unfug
6 Unsinn
7 Flitter, Krempel, Torheit

Firmament
6 Himmel
11 Himmelszelt, Sternenzelt
15 Himmelsgewoelbe

Firmenhauptgebäude
9 Stammhaus

Firmeninhaber
4 Boss, Chef
9 Fabrikant, Produzent
11 Unternehmer
13 Industrieller
16 Grossunternehmer

Firmenleiter
4 Chef
7 Manager
8 Direktor
9 Prokurist
12 Vorgesetzter

Firmentafel
6 Schild

Firmenvertretung
7 Agentur

Firmenzusammenschluss
5 Trust
6 Fusion
7 Konzern

First
4 Dach
6 Giebel

Fischbehälter
3 Kar
6 Kalter, Laegel
8 Aquarium

Fischbein
5 Barte

Fischbeinersatz
7 Balenit

Fischblase (Maßwerk)
8 Schneuss

Fischbrut
5 Laich

Fischdampfer
7 Trawler

Fischeier
5 Rogen
6 Kaviar

fischen
6 angeln

Fischerfahrzeuge
4 Boot, Ewer, Kahn
5 Barke, Sloop
6 Dogger, Kutter, Logger
7 Barkane, Barkone, Hukboot, Tartane, Trawler
8 Barkasse

Fischerkahn
8 Weidling

Fischernetz
4 Bell
6 Keitel, Keutel
7 Streuer

Fischersiedlung
4 Kiez

Fischfänger
6 Angler

Fischfanggeräte
4 Netz, Rute
5 Angel, Bunge, Reuse
7 Harpune, Kescher, Zugnetz
8 Dreizack, Legangel, Senknetz
9 Angelrute
10 Grundangel
11 Schleppnetz

Fischfett
4 Tran

Fischgebiet der Nordsee
10 Doggerbank

Fischgrätengewebe
7 Chevron

Fischknochen
6 Graete

Fischkunde
12 Ichthyologie

Fischmaulfäden
7 Barteln

Fischnetz
4 Wate
5 Hamen
9 Handhamen

Fischöl
4 Tran
9 Lebertran

Fischreuse
5 Bunge

Fischspezialitäten
8 Rollmops
9 Bueckling
10 Brathering, Oelsardine, Salzhering
11 Appetitsild, Gabelbissen, Raeucheraal
12 Matjeshering
13 Schillerlocke
14 Bismarckhering

Fischsuppe
4 Ucha
13 Bouillabaisse

Fischzuchtanlage
9 Brutteich

Fiskus
5 Aerar

Fissur
7 Einriss

Fistelstimme
7 Falsett

Fitnesstraining
7 Aerobic

Fittich
7 Fluegel

fix
4 fest
5 eilig, flink, rasch
6 sicher
7 gewandt, schnell

fixe Ideen
4 Tick,
6 Grille, Spleen
7 Marotte
8 Schrulle
11 Trugschluss

Fixiermittel
7 Fixativ
8 Sikkativ
9 Schellack
10 Wasserglas

Fixierungsgemisch für Präparate
5 Bouin

Fixstern
5 Sonne

Fixsterne
4 Nova, Wega
5 Atair, Deneb, Rigel, Sonne
6 Castor, Pollux, Sirius, Taurus
7 Antares, Canopus, Capella
9 Aldebaran
10 Alphatauri

betreffend
7 stellar
Fjord
5 Bucht
auf Island
8 Isafjord
der Küste Chiles
5 Baker
in Island
4 Axar
in Norwegen
4 Ands
5 Molde
9 Saltfjord, Storfjord
in Schottland
3 Tay
4 Alsh
in Spitzbergen
8 Kingsbai
nördlich von Bergen
9 Nordfjord
Spitzbergens
9 Isfjorden
und Distrikt in Schottland
5 Moray
und Ort in Norwegen
5 Forde
9 Glomfjord
von Jütland
6 Nissum
von Norwegen
5 Sogne
6 Bukken
von Schottland
5 Lorne
FKK-Anhänger
6 Nudist
8 Naturist
flach
4 eben, plan
5 banal, breit, platt
6 seicht
7 niedrig, trivial
10 huegelfrei
17 zusammengedrueckt
verlaufend (Flugbahn)
6 rasant
Flachbagger
8 Erdhobel
Flachbildwerke
6 Relief
9 Basrelief
Flachdruckverfahren
6 Offset
9 Algraphie, Zinkdruck
10 Lichtdruck, Steindruck
11 Lithografie
12 Lithographie
Fläche
4 Feld, Raum
5 Areal, Boden, Ebene, Platz
6 Gebiet
7 Terrain
10 Begrenzung
am unteren Teil des Körpers
9 Fusssohle
des Fernsehbildschirms
6 Raster
eines Kugelabschnitts
7 Kalotte
vor manchen Gebäuden
8 Vorplatz
flache(r, s)
Beschaffenheit
8 Ebenheit
Bratgefäß
6 Tiegel
Bucht
9 Strandsee
Kuchen
7 Galette
Kuchen mit Belag
5 Waehe
Meeresbucht
6 Bodden
9 Strandsee
Metallblock
7 Platine
Schmelzgefäß
6 Tiegel
Schüssel
6 Teller
8 Assiette
Senke
9 Sohlental
Sportmütze
6 Blaser
Strandsee
4 Haff
12 Kuestenbucht
Teil des Ijsselmeers
6 Pampus
Flächenbegrenzung
4 Rand
Flächenbeleuchtung
9 Flutlicht
flachgedrückt
5 platt
Flachholz
5 Brett
Flachland
5 Ebene, Senke
9 Niederung, Tiefebene
Flachs
4 Jute, Lein
auskämmen
7 hecheln
rösten
7 roetten
Flachsabfall
4 Hede, Werg
Flachsbündel
5 Riste
Flachserzeugnis
9 Leinsamen
Flachskamm
6 Riffel
Flachspflanze
4 Lein
Flachssamen
8 Leinsaat
Fladenbrot
8 Tortilla
Fladenkuchen
5 Hippe
Flagge
5 Fahne
6 Banner, Goesch, Panier, Wimpel
7 Stander
9 Standarte
Flaggeneinziehung
9 Einholung
Flamingoblume
8 Anthurie
flämisch-belgischer Dichter
6 Giraud
flämisch-französische Malerfamilie
6 Vanloo
flämische(r, s)
Bildhauer
5 Colin
8 Grupello
Dichter
5 Beers, Claes, Moens, Oever
6 Clercq, Coolen, Coster, Lateur, Nijlen, Ridder
7 Willems
8 Boendale, Maerlant, Roelants, Verhulst, Walschap
9 Streuvels, Vermeylen
10 Timmermans
Dichterin
8 Hadewych
Erzähler
6 Buysse
8 Bergmann, Elsschot
Historiker
9 Fredericq
Kaltblutpferd
8 Ardenner
Kupferstecher
7 Pontius, Sadeler
Maler
2 Es
3 Fyt, Hal
4 Bril, Dyck, Hals
5 Coxie, Neefs, Orley
6 Rubens
7 Lombard, Snyders, Teniers, Vermeer, Wildens
8 Blondeel, Francken, Jordaens, Rombouts
11 Timmermanns
Name Belgiens
6 Belgie
Name der Stadt Löwen
6 Leuven
Name für Lüttich
4 Luik
Schriftsteller
3 Bom
4 Aken, Boon, Mont
5 Claes
6 Daisne
7 Gezelle
8 Michiels
9 Rodenbach, Streuvels, Vermeylen
10 Conscience, Timmermans

Universitätsstadt
4 Gand, Gent
Flamme
4 Lohe
5 Feuer
Flammenblume
5 Phlox
Flammenmergel
5 Gault
Flammenwelt in der nordischen Mythologie
10 Muspelheim
Flammenzeichen
5 Fanal
Flanellgewebe
8 Barchent, Swanskin
Flasche
5 Kruke, Niete, Pulle
6 Buddel, Buttel, Flakon
7 Gefaess, Karaffe
8 Versager
9 Bouteille
verschließen
9 verkorken
Flaschenform
11 Bocksbeutel
Flaschenkürbis
9 Kalebasse
Flaschenverschluss
4 Kork
5 Krone
6 Korken
8 Pfropfen, Stoepsel
10 Kronkorken
Flaschenzug
4 Gien
5 Takel, Talje
Flattertier
10 Fledermaus
flau
3 mau
4 matt, mies
5 muede, uebel
7 lustlos
8 schlecht
10 bluemerant
11 abgestanden
Flaumfeder(n)
5 Daune
6 Daunen
Flaumhaar Neugeborener
6 Lanugo
flauschiger
Mantelstoff
6 Ratiné
Wollstoff
5 Fries
Flause
5 Getue, Luege
7 Ausrede, Evasion
8 Notluege
9 Ausflucht
10 Geschwaetz
Flechtenmoos
8 Baumbart
Flechtenpflanzen
5 Usnea
10 Eichenmoos
11 Bartflechte, Laubflechte
12 Fadenflechte, Mannaflechte
13 Becherflechte
14 Faerberflechte, Krustenflechte, Strauchflechte
Flechterei aus Tau
9 Fancywork
Flechtmaterial
4 Bast, Rohr
Flechtwerk
4 Korb
5 Matte, Zaine
7 Gewinde
9 Entrelacs
für Böschungen
5 Hurde
Fleck, Flecken
3 Mal, Ort
5 Flick, Makel, Markt, Platz, Punkt
6 Klecks, Patzen, Stelle, Tupfen
7 Flicken, Schmutz
8 Sprenkel, Spritzer
Flegel
5 Flaez, Flaps, Rekel
6 Bengel, Lackel, Ruepel
7 Luemmel, Stiesel, Stoffel, Strolch
8 Raufbold
9 Schnoesel
fFlegelhaftigkeit
8 Ruepelei
9 Luemmelei
Fleisch
des Wildes
8 Wildbret
einsalzen
7 poekeln
fressende Pflanze
8 Taublatt, Zoophage
9 Fettkraut, Sonnentau
fressender Säuger
8 Raubtier
oder Fisch in Gallert
6 Suelze
vom Bratrost
8 Grillade
von Jagdtier
8 Wildbret
von Sehnen abschaben
8 rapieren
Fleischaufhängeholz
8 Spriegel
Fleischbrühe
8 Bouillon, Consommé
Fleischdelikatesse
7 Biltong
Fleischer
7 Metzger
10 Schlachter
11 Schlaechter
Fleischereiprodukt
5 Wurst
8 Schinken
Fleischergerät
8 Hackbank
Fleischerladen
9 Metzgerei, Wursterei
Fleischerpalme
6 Aukuba
Fleischerware
8 Rotwurst
9 Blutwurst, Bockwurst, Bratwurst
Fleischfresser
9 Karnivore, Kreophage
Fleischfüllung
5 Farce
fleischiger
Pflanzenteil
6 Knolle
Teil am Pferdeschweif
5 Ruebe
Fleischkäse
4 Pain
13 Fleischkuchen
Fleischkloß
5 Braet, Klops
7 Bulette, Pflanzl
8 Pflanzel
Fleischkonserve
8 Pemmikan
10 Cornedbeef
Fleischpastete
3 Pie
Fleischräucherer
7 Selcher
Fleischrolle
7 Roulade
Fleischscheibe
7 Tranche
9 Medaillon
Fleischschnitte
7 Tranche
Fleischton
8 Inkarnat
auf Gemälden
9 Karnation
Fleischvergiftung
10 Botulismus
Fleischwerdung
11 Inkarnation
Fleiß
5 Eifer, Muehe
7 Absicht, Streben
8 Tatkraft
9 Emsigkeit
12 Strebsamkeit
13 Rastlosigkeit
14 Beharrlichkeit, Betriebsamkeit
15 Geschaeftigkeit
16 Unermuedlichkeit
fleißig
4 rege
5 aktiv, emsig
6 eifrig, taetig
7 rastlos
8 schaffig, strebsam, tuechtig
9 arbeitsam, beflissen, ehrgeizig
10 beharrlich, betriebsam, bienenhaft

11 geschaeftig, nimmermuede, zielbewusst
12 ambitioniert, unermuedlich
13 arbeitswillig
14 bienenfleissig

fleißiges
Insekt
4 Imme
5 Biene
6 Ameise
Lieschen
7 Begonie
9 Balsamine

Flexion
7 Beugung, Biegung
11 Deklination, Konjugation

Flexionsmuster
9 Paradigma

Flexur
7 Biegung

Flickenstoff
9 Patchwork

Flickgedicht
5 Cento

Flieder
5 Lilak
7 Syringe
8 Holunder

fliederfarben
4 lila

fliegen
6 segeln
7 flirren, gleiten
8 flattern, schweben
9 schwirren

Fliegenblume
8 Stapelie

fliegende(r, s)
Fisch
8 Flughahn
Hund
6 Kalong
Personal
5 Orter, Pilot
6 Funker
7 Kopilot, Steward
9 Navigator
10 Bordfunker, Stewardess
Säugetier
10 Fledermaus
Untertasse
3 Ufo

Fliegenlarve
4 Made

Fliegenpilzgift
8 Muskarin

Flieger
5 Pilot
6 Segler
8 Aeronaut
15 Flugzeugfuehrer
der griechischen Sage
6 Ikarus
8 Daedalus

fliegerisches Manöver
7 Looping, Trudeln
8 Tiefflug
9 Gleitflug

Fliegertruppe
9 Luftwaffe

fließen
5 wogen
6 fluten, laufen, perlen, pulsen, rinnen, wallen
7 branden, gurgeln, quellen, rieseln, sickern, treiben
8 gluckern, glucksen, sprudeln, stroemen
9 ergiessen, pulsieren, schmelzen, schwimmen
10 versickern
11 ausstroemen, plaetschern
12 heranbrechen, herauslaufen, herausrinnen
13 herausquellen
14 heraussprudeln, herausstroemen
15 herausschiessen

fließend
8 fluessig

fließende(s)
Bewegung
9 Stroemung
Gewässer
4 Bach
5 Fluss, Strom
7 Rinnsal
8 Bergbach, Wildbach

Fließheck
8 Fastback

flink
3 fix
4 agil
5 alert, dalli, eilig, emsig, flott, rasch
6 hurtig, munter
7 behaend, gewandt, ruehrig, schnell
8 behaende
9 beweglich, geschwind

Flirt
8 Liebelei, Poussage
9 Taendelei

flirten
8 taendeln
10 poussieren

Flitter
4 Kram, Tand
5 Talmi
7 Plunder, Troedel, Zierrat
9 Firlefanz
10 Pailletten
14 Kinkerlitzchen

Flitterkram
9 Firlefanz

Flitterwochen
9 Honigmond

Flockenblume
9 Eisenwurz

Flohkrebs
7 Wallaus
9 Wattkrebs

florentinische(r, s)
Adelsgeschlecht
6 Medici
7 Strozzi
Bauwerk
8 Uffizien
Bildhauer
6 Maiano, Majano
7 Fiesole
8 Ghiberti
9 Donatello
Dichter
5 Dante
Gemäldegalerie
5 Pitti
8 Uffizien
Humanistenbund
8 Camerata
Maler
5 Dolci, Lippi, Sarto
6 Cosimo, Giotto
7 Fiesole, Gozzoli, Uccello
8 Masaccio
10 Botticelli
11 Bartolommeo
Palast
5 Pitti
8 Signoria, Uffizien
Politiker
11 Machiavelli
Prediger
10 Savonarola

Florfliege
8 Perlauge

Florgewebe
7 Pluesch

florieren
7 bluehen
8 gedeihen

Floß des Heyerdahl
7 Kontiki

Flossenfüßer
5 Robbe

Flossenstrahlen der Fische
6 Radien

flott
4 chic, keck, kess
5 fesch, flink, smart
6 schick
7 modisch, schnell
9 schneidig
10 burschikos
11 schwungvoll
13 geschmackvoll

Flotte
4 Navy
6 Armada, Marine

Flottenchef
7 Admiral

Flottenwesen
6 Marine

Fluch
7 Unsegen

fluchen
5 toben
6 drohen
7 wettern
8 laestern, schelten

9 schimpfen
12 verwuenschen
Flucht
7 Evasion
9 Entkommen
10 Entweichen
11 Echappement
Fluchtburg
8 Refugium
Fluchthelfer
9 Schlepper
flüchtiger
Augenblick
2 Nu
Brennstoff
6 Erdgas, Methan
7 Heizgas
8 Acetylen, Brenngas
9 Wassergas
Flüchtlingszug
5 Treck
Fluchtweg bei Gefahr
9 Notleiter
Flugberichtsunterlage
8 Bordbuch
Flugblatt
7 Traktat
8 Pamphlet
10 Broschuere
Flügel
5 Anbau, Piano, Seite, Trakt
6 Planke
7 Fittich, Klavier
8 Schwinge
11 Seitentrakt, Tragflaeche
der englischen Konservativen
8 Diehards
Flügelaltar
9 Diptychon
10 Triptychon
Flügelgestalt
6 Genius
Flügelhorn
7 Kornett
flügelloses Kerbtier
9 Federlaus
Flügeltruppe des römischen Heeres
3 Ala
flugfähig
7 fluegge
Flugfuchs
5 Badul
Fluggast
9 Passagier
Fluggastbrücke
6 Jetway
Fluggästebetreuer(in)
7 Steward
10 Stewardess
Fluggästehalle
8 Terminal
Fluggerät
7 Drachen
Flughafen
7 Airport
9 Aerodrome
von Amsterdam
8 Schiphol
von Athen
10 Hellenikon
von Atlanta
10 Hartsfield
von Bangkok
8 Don Maang
von Barcelona
8 Muntadas
von Basel
9 Blotzheim
von Beirut
5 Kalde
7 Khaldeh
von Belgrad
5 Zemun
von Berlin
5 Gatow, Tegel
9 Tempelhof
11 Schoenefeld
von Bern
4 Belp
von Bonn
4 Wahn
von Brüssel
9 Melsbroek
von Budapest
8 Ferihegy
von Buenos Aires
6 Ezeiza
von Bukarest
7 Baneasa
von Chicago
5 O'Hare
von Damaskus
5 Mezze
von Delhi
5 Palam
von Düsseldorf
8 Lohausen
von Florenz
8 Peretola
von Frankfurt/Main
9 Rhein-Main
von Genf
8 Cointrin
von Hamburg
12 Fuhlsbuettel
von Hannover
11 Langenhagen
von Helsinki
5 Malmi
von Honduras
9 Toncontin
von Hongkong
6 Kai Tak
von Irland
7 Shannon
von Istanbul
9 Yesilkoey
von Kairo
6 Al Maza
von Köln
4 Wahn
von Kopenhagen
7 Kastrup
von Lissabon
7 Alverca
von London
7 Gatwick
8 Heathrow
von Madrid
7 Barajas
von Mailand
6 Linate
8 Malpensa
von Marseille
9 Marignane
von Montevideo
8 Carrasco
von Moskau
13 Scheremétjewo
von München
17 Franz-Josef-Strauss
von Neufundland
6 Gander
von New York
6 Newark
9 Laguardia
14 Kennedy Airport
16 Laguardia Airport
von Nizza
5 Le Var
von Oslo
7 Fornebu
10 Gardermoen
von Palma de Mallorca
10 Son San Juan
von Paris
4 Orly
15 Charles-de-Gaulle
von Prag
6 Ruzyne
von Rom
10 Fiumincino
von Saarbrücken
7 Ensheim
von Singapur
6 Changi, Tengah
7 Kallang
von Stockholm
7 Arlanda
von Stuttgart
12 Echterdingen
von Sydney
9 Kingsford
von Teheran
8 Mehrabad
von Tel Aviv
3 Lod
5 Lydda
9 Ben Gurion
von Tokio
6 Haneda, Narita
von Warschau
6 Okecie
von Wien
9 Schwechat
von Zürich
6 Kloten
westlich von Stavanger
4 Sola
Flughafenanlagen
5 Piste
6 Hangar, Runway
8 Rollbahn, Rollfeld

9 Funkfeuer, Landebahn, Startbahn
Flughafenbeleuchtung
9 Randfeuer
Flughafenhotel
7 Aerotel
Flughafenschalter
7 Counter
Flughöhenmesser
9 Statoskop
Flughund
5 Badul
6 Kalong
Flugkörper
6 Ballon, Rakete
7 Drachen
9 Raumsonde
Flugmanöver
7 Landung
8 Aufstieg
9 Platzflug, Tiefstart
Flugpioniere
4 Udet
5 Balbo, Grade, Hirth, Koehl
6 Boelke, Fokker, Gronau, Wright
7 Bertram, Blériot, Dornier, Eckener, Lehmann, Piccard, Rumpler
8 Beinhorn, Fieseler, Parseval, Zeppelin
9 Immelmann, Lindbergh
10 Cunningham, Lilienthal, Richthofen
11 Montgolfier
12 Christiansen, Santos Dumont
13 Messerschmitt
Flugsandhügel
5 Duene
Flugschrift
7 Traktat
8 Pamphlet
10 Broschuere
Flugvorführung
7 Airshow
Flugweg eines Körpers
4 Bahn
Flugwesen
7 Aviatik
9 Luftfahrt
10 Aeronautik
Flugzeug
8 Aeroplan
Flugzeugchefsteward
6 Purser
Flugzeugeinheit
5 Kette
Flugzeugentführer
9 Luftpirat
Flugzeugerprober
9 Testpilot
Flugzeugführer
5 Pilot
7 Flieger
Flugzeugführung
10 Navigation
Flugzeughalle
6 Hangar
Flugzeugkontrolliste
9 Checklist
Flugzeugsteuerklappen
9 Querruder
Flugzeugteile
4 Heck
5 Duese, Rumpf
6 Kabine
7 Cockpit, Fluegel
9 Propeller, Triebwerk
11 Fahrgestell, Hoehenruder, Seitenruder, Tragflaeche
12 Luftschraube
Flugzeugtypen
3 Jet, Mig
5 Arado, Comet, Jumbo, Klemm, Piper, Sabre, Stuka
6 Airbus, Boeing, Bomber, Cessna, Condor, Fokker, Hawker, Jaeger, Segler, Viking
7 Cityjet, Clipper, Comuter, Curtiss, Dornier, Douglas, Gleiter, Heinkel, Junkers, Klipper, Phantom, Rumpler, Vickers
8 Concorde, Fieseler, Jumbojet, Maschine, Noratlas
9 Caravelle, Coleopter, Eindecker, Fokke-Wulf, Skymaster, Turboprop
10 Aufklaerer, Helikopter, Hochdecker, Jagdbomber
11 Starfighter
12 Doppeldecker, Duesenjaeger, Hubschrauber, Jagdflugzeug
13 Constellation, Curtiss-Wright, Messerschmitt, Segelflugzeug, Sportmaschine
14 Duesenflugzeug, Duesenmaschine, Wasserflugzeug
15 Charterflugzeug, Chartermaschine
16 Senkrechtstarter
Flugzeugverband
4 Pulk
7 Staffel
10 Geschwader
Fluidum
2 Od
3 Air
Flunder
4 Butt
7 Elbbutt, Scholle
8 Sandbutt
9 Weserbutt
Flurstück
6 Gewann
7 Gewanne, Gewende
8 Parzelle
13 Ackerstreifen
Fluss
umleiten
8 umbetten
und Odermündungsarm
5 Peene
westlich von Birmingham
3 Rea
zwischen Asien und Europa
4 Ural
Fluss der
griechischen Unterwelt
4 Styx
5 Lethe
7 Acheron
8 Eridanos
Herzegowina
7 Narenta, Neretva
Komi
5 Uchta
Republik Elfenbeinküste
3 Nzi
7 Bandama
Zentralafrikanischen Republik
8 Bamingui
Fluss des
Peloponnes
8 Alpheios
„Fünfstromlands“
8 Dschibam
Fluss durch
Augsburg
4 Lech
7 Wertach
Bern
4 Aare
Béziers
3 Orb
Bremen
5 Weser
Cambridge
3 Cam
Chester
3 Dee
Dresden
4 Elbe
Düsseldorf
5 Rhein
7 Duessel
Florenz
4 Arno
Hamburg
4 Elbe
Idar-Oberstein
4 Nahe
Kempten
5 Iller
Köln
5 Rhein
Magdeburg
4 Elbe
Mailand
5 Olona
Nordhorn
6 Vechte

Nowosibirsk
2 Ob
Paris
5 Seine
Pisa
4 Arno
Rom
5 Tiber
Wilna
5 Neris
Zagreb
4 Save
Fluss im
antiken Thrakien
7 Strymon
Berner Oberland
5 Simme
Departement Landes
5 Leyre
Elsass
3 Ill
4 Zorn
5 Moder
7 Breusch
italienisch-französischen Grenzgebiet
4 Roya
Kanton Tessin
6 Maggia
Kongobecken
7 Salonga
Libanon
6 Jordan, Litani
7 Leontes, Orontes
Norden Australiens
3 Ord
Norden Ostpreußens
6 Timber
nördlichen Kaukasus
5 Sulak
Ostharz
8 Rappbode
Pamir
7 Bartang
Pandschab
6 Chenab
8 Tschinab
Saarland
4 Saar
5 Blies, Prims
Schweizer Jura
6 Areuse
Staat New York
6 Hudson
westlichen Kanada
6 Fraser
Fluss in
siehe: entsprechendes Land
Flussabschnitt
8 Oberlauf
9 Unterlauf
Flussanlage
7 Querbau
Flussarm
des Rheindeltas
5 Linge
des Waal
7 Merwede
Flussbarsch
6 Bersig
Flussboot
5 Gelle, Jolle
Flussbootsführer
8 Schiffer
Flussdelfin
6 Tonina
Flussfisch
7 Raubaal
9 Goldbarbe, Gressling
10 Gruendling
flüssig
5 fluid
6 liquid
7 liquide
9 fliessend
10 verfuegbar
14 zahlungsfaehig
machen
9 schmelzen
flüssige(r, s)
Blutteil (Eizelle)
9 Ovoplasma
Brennstoff
7 Heizoel
Dünger
6 Jauche
Fett
3 Oel
Gesteinsbestandteil
8 Metatekt
Kohlenwasserstoff
6 Benzol
Kosmetikum
6 Lotion
Mittel
5 Fluid
Speise
5 Suppe
9 Pilzsuppe
Speisefett
9 Olivenoel
Stoffgemisch
7 Loesung
Teil des geronnenen Blutes
9 Blutserum
Flüssiggas
5 Butan, Gasol
6 Propan
Flüssigkeit
3 Oel, Sud
4 Nass, Saft, Seim
5 Fluid, Lauge, Sosse, Suppe, Tunke
6 Bruehe, Wasser
7 Tinktur
8 Getraenk
(Spinnerei)
9 Schmaelze
aus Sojabohnen
6 Sojama
Flüssigkeitsansammlung
6 Erguss
in Wunden
5 Serom
Flüssigkeitsbehälter
4 Fass, Glas, Krug, Napf, Tank, Topf
5 Eimer, Kanne, Kruke, Pokal, Wanne
6 Ballon, Becher, Flakon, Kessel
7 Flasche, Gefaess, Karaffe
8 Kanister, Zisterne
Flüssigkeitsfördergerät
9 Handpumpe, Saugheber, Saugpumpe
Flüssigkeitsgemisch
7 Loesung
8 Emulsion
Flüssigkeitsmaße
3 Ahm, Hin, Ohm
4 Bath, Pipe
5 Liter, Quart
6 Seidel
7 Gebinde
8 Schoppen
9 Deziliter, Kiloliter
10 Hektoliter
Flüssigkeitsmessung
11 Hydrometrie
Flüssigkeitsnehmer
7 Pipette
Flüssigkeitsrest
5 Neige
Flüssigkeitstransporter
9 Tankwagen
Flussinsel
4 Kamp
6 Werder
Flusslandestelle
6 Laende
Flusslandschaft
2 Au
3 Aue
9 Wiesenaue
flusslose längliche Bodensenke
6 Talung
Flussmündung
5 Delta, Liman
7 Aestuar
Flussmuschel
4 Unio
6 Najade
Flussneunauge
6 Bricke, Pricke
Flussniederung
2 Au
3 Aue
Flussrand
4 Ufer
Flussregelungsanlage
4 Damm, Wehr
5 Buhne, Deich
7 Uferbau
9 Sperrwerk
Flussrinne
4 Bett
Flussspat
7 Fluorit
Flusstal
4 Wadi
5 Cañon
6 Canyon

Flussteil zwischen Basel/Mainz
9 Oberrhein
Flussübergang
4 Furt, Steg
7 Bruecke
Flusswindung
8 Maeander
flüstern
7 brummen, fispeln, fispern
8 brummeln
8 Gelispel, Gewisper
6 raunen
7 hauchen, lispeln, munkeln, murmeln, pispeln, wispern
8 stottern, tuscheln
9 Zischelei
7 zischen
8 zischeln
Flüsterstimme
7 Aphonie
Flutbrandung
5 Barre
Flutmesser
10 Limnimeter
Flutwelle
an Flussmündungen
8 Mascaret
asiatischer Flussmündungen
4 Bore
der Amazonasmündung
8 Pororoca
Fohlen
5 Enter
7 Fuellen
Föhn in Kärnten
4 Jauk
folgerichtig
7 logisch
10 konsequent
11 konstruktiv, planmaessig
12 systematisch
folgerichtiges Denken
5 Logik
folgern
8 ableiten, auslegen, urteilen
9 herleiten
10 deduzieren, schliessen
14 zurueckfuehren
Folgerung
7 Schluss
10 Konsequenz
Folgewirkung
9 Nachspiel
Folgezeit
7 Zukunft
folglich
4 also, ergo
5 daher, darum, somit
6 mithin
7 demnach, deshalb
8 deswegen, insofern
folgsam
4 brav, zahm
5 artig
7 fuegsam
8 gefuegig, gehorsam
(Hund)
7 fuehrig
sein
9 gehorchen
Folgsamkeit
8 Gehorsam
9 Disziplin
Folie
auf alten Bildern
9 Goldgrund
aus Zinn
8 Stanniol
Follikelhormon
9 Oestrogen
Folter
4 Pein, Qual
5 Plage
6 Marter, Tortur
7 Schmerz
9 Peinigung, Quaelerei
12 Misshandlung
Folterandrohung
9 Territion
foltern
7 martern, quaelen
8 peinigen
folternde Qual
4 Pein
foppen
4 uzen
6 narren, necken
7 prellen
8 haenseln
9 betruegen, duepieren
11 hintergehen, ueberlisten
Fopperei
2 Uz
Förde
5 Bucht
Förderanlage
7 Rutsche
8 Laufband, Rohrpost
9 Gleitbahn
Förderaufzug
8 Elevator, Hebewerk
Förderband
8 Conveyer
Fördermaschine
5 Pumpe
Fördermittel (Grube)
9 Bunkerzug
Forderung
6 Begehr, Wunsch
8 Anspruch, Begehren, Postulat, Zumutung
9 Verlangen
an Dritte abtreten
8 zedieren
der Kernwaffengegner
9 Atomstopp
Forderungsabtretung
7 Zession
Forderungssicherheit
5 Pfand
Förderwagen
4 Hund, Hunt
Förderwerk
8 Elevator
Form
der Briefmarkenausgabe
5 Block
der Eigenliebe
9 Egotismus
der Flachspflanze
9 Klanglein
der klassischen indischen Dichtung
5 Kawja
der Malaria
7 Tropica
der Massage
8 Friktion
der Planwirtschaft
9 Etatismus
der Selbstjustiz
9 Blutrache
der Stimmabgabe
9 Briefwahl
der weißen Blutkörperchen
9 Lymphozyt
der Zellkernteilung
6 Mitose
des Baseballspiels
8 Softball
des Buddhismus
8 Mahajana, Mahayana
9 Lamaismus
des Geldeinzugs
9 Abbuchung
des Mönchtums
9 Konversen
des Rebenmehltaus
6 Oidium
des Sauerstoffs
4 Ozon
des Schleierschwanzes
9 Eierfisch
des Stammelns
9 Prolepsie
einer Verteidigungsstellung
4 Igel
gebende Kleidernaht
6 Cisson
8 Abnaeher
staatlicher Lohnpolitik
9 Lohnstopp
von: sein
3 ist
zum Wölben von Platten
4 Kump
Formation
der Erdneuzeit
8 Quartaer
des Mesozoikums
5 Trias
6 Kreide
des Paläozoikums
5 Devon, Silur
formbare Masse
5 Knete
9 Plastilin
Formbarkeit
12 Plastizitaet
formelhafte Redewendung
7 Floskel

formen
6 bilden
7 praegen
9 gestalten
11 fassonieren, modellieren
Former
7 Bildner
8 Designer
9 Gestalter, Modelleur
10 Dekorateur, Hersteller
11 Modellierer
Formfehler (Pferdehuf)
8 Zwanghuf
Formgebung
7 Styling
8 Praegung
10 Gestaltung
förmliche(s)
Anrede
3 Sie
Bitte
6 Antrag
8 Ansuchen
Versprechen
4 Wort
Förmlichkeit
8 Etikette, Formalie
9 Formalien, Zeremonie
10 Konvention
11 Formalitaet
formlos
5 leger
6 amorph
10 burschikos, nonchalant
formlose Übereinkunft
9 Agreement
Formular
8 Vordruck
forsch
4 keck, kess
5 flott, frech, kuehn
6 munter
9 schneidig
10 burschikos
Forschungsanstalt
8 Institut
Forschungsgerät
im Meer
9 Treibboje
im Weltraum
5 Sonde
Forschungsraum
5 Labor
Forschungsreise
10 Expedition
Forschungsstätte
5 Labor
8 Akademie, Institut
12 Laboratorium
13 Observatorium, Versuchslabor
16 Versuchsgelaende
Forschungsweise
7 Methode
Forst
4 Tann, Wald
7 Waldung
9 Nadelwald
mit verschiedenen Baumarten
9 Mischwald
Forstart in den Subtropen
9 Nebelwald
Forstaufseher
5 Heger
11 Hegemeister
Forstbeamte
7 Adjunkt, Gehilfe
8 Assessor, Aufseher, Foerster, Forstrat
10 Waldhueter
11 Hegemeister
12 Forstgehilfe, Forstmeister, Jagdaufseher, Oberfoerster
14 Revierfoerster
Forstbestand
6 Gehege
8 Dickicht, Hochwald, Jungholz, Kahlhieb, Laubwald, Schonung
9 Gestruepp, Mischwald, Nadelwald, Pflanzung, Unterholz
10 Kahlschlag, Niederwald
Forstbetriebsart
8 Hochwald
Forstbezirk
6 Belauf, Beritt, Revier
Forsteinäscherung
9 Waldbrand
Förstereigebäude
9 Forsthaus
Forstgrenze
8 Waldrand
forstliche
Produktionslehre
7 Waldbau
Sondernutzung
9 Waldweide
Forstpfleger
5 Heger
10 Waldhueter
Forstschaden bei Sturm
8 Windwurf
Forstschädlinge
5 Nonne
7 Spanner, Spinner
12 Borkenkaefer
Forstschutzbezirk
8 Schonung
Fort
am Großen Sklavensee
3 Rae
bei Verdun
9 Douaumont
fortbestehen
6 dauern
12 Bestand haben
Fortbewegungsart
5 Gehen
6 Fahren, Faufen, Hasten, Reiten, Rennen
7 Fliegen, Spurten
8 Springen, Sprinten, Trippeln
9 Schreiten, Schwimmen
11 Marschieren
Fortbewegungsorgan der Fische
6 Flosse
Fortbewegungsweise
7 Gangart
Fortbildungskurs
7 Seminar
Fortdauer
7 Bestand
10 Stetigkeit
12 Kontinuitaet
Fortpflanzung
10 Vermehrung
bei Einzellern
9 Hologamie
durch Eiablage
8 Oviparie
ohne Befruchtung
6 Agamie
Fortpflanzungsakt
7 Zeugung
Fortpflanzungsart
7 Teilung
Fortpflanzungskörper
5 Samen
9 Keimzelle
Fortpflanzungszelle
2 Ei
4 Same
5 Gamet, Spore
niederer Tiere
6 Agamet
Fortsatz des Blinddarms
8 Appendix
Fortschreiten
11 Progression
fortschreitende Entwicklung
9 Evolution
Fortschritt
8 Progress
fortschrittlich
10 progressiv
Fortsetzungsfolge
5 Serie
Fortsetzungsroman
6 Serial
fortwährend
7 immerzu
9 permanent
14 kontinuierlich
Fortzug
7 Weggang
fossile(r, s)
Armfüßer
8 Spirifer
Eiszeiteis
8 Steineis
Form der Urfarne
6 Rhynia
Frucht
9 Karpolith
Harz
7 Simetit
8 Rumaenit
9 Bernstein
Lungenfisch
8 Dipterus

Meteoritenkrater
9 Astroblem
Muschel
8 Hippurit
Muschelgattung
7 Caprina
Muscheln
8 Rudisten
Nacktsamer
9 Cordaiten, Samenfarn
Pferdeform
9 Hipparion
Rüsseltier
8 Stegodon
Schildkröte
8 Archelon
Tier
7 Ammonit, Saurier, Urmolch, Urvogel
10 Ammonshorn
Tintenfischschale
8 Belemnit
Foto vom Flugzeug aus
8 Luftbild
Fotoapparat
3 Box
6 Kamera
9 Boxkamera
Fotografie
9 Lichtbild
kontrastarm
4 flau
fotografische(r, s)
Archivmaterial
9 Mikrofilm
Entwickler
6 Amidol, Glyzin
Farbtonverfahren
6 Tonung
Feinkornentwickler
6 Atomal
Linsensystem
7 Aplanat
Lupenbilder
9 Stanhopes
Objektiv
6 Biotar, Heliar
7 Cyligon
Verfahren
8 Isohelie
9 Holokopie
Fotomodell
5 Model
Fotomontagematerial
9 Stripfilm
Fotoständer
6 Stativ
7 Gestell
Fotovergrößerung
6 Blowup
Fotozubehör
4 Film
6 Platte, Stativ
8 Farbfilm, Kassette, Nahlinse, Rollfilm, UV-Filter
10 Blitzlicht, Farbfilter, Gelbfilter
11 Lichtmesser
15 Elektronenblitz, Selbstausloeser
17 Belichtungsmesser, Entfernungsmesser
Foyer
6 Entree
7 Vorraum
8 Vorhalle
9 Vestibuel
11 Wandelhalle
Fracht
5 Cargo, Kargo
6 Ladung
7 Ladegut, Rollgut
9 Stueckgut
12 Transportgut
entladen
8 loeschen
herausnehmen
8 entladen
Frachtbrief
12 Konnossement
Frachtkahn
5 Prahm, Zille
8 Leichter
Frachtschiffe
4 Ewer, Kahn
5 Prahm, Zille
6 Schute, Tanker
8 Frachter, Lastkahn, Leichter
9 Oeltanker, Schaluppe
11 Grosstanker, Kuehlschiff
13 Frachtdampfer
15 Containerschiff
Frachtstücke
4 Pack
5 Kiste, Kolli, Kollo, Paket
6 Ballen, Ballon, Karton, Kasten
9 Container, Stueckgut
Frachtvertrag
7 Charter
Frachtwagon
9 Packwagen
Frage- und Antwort-Spiel
4 Quiz
Fragewort
2 wo
3 was, wem, wen, wer, wie
4 wann
5 warum, wieso, wohin, woran, worin, worum
6 wofuer
7 welchem, welchen, welcher, welches, weshalb, wodurch
8 weswegen, worueber, worunter
12 Interrogativ
fraglich
6 dubios
8 ungewiss, unsicher
11 zweifelhaft
Fraglichkeit
11 Problematik
Fragment
5 Torso
10 Stueckwerk, Unfertiges
11 Bruchstueck
13 Unvollendetes
16 Unvollstaendiges
fragwürdig
6 dubios, obskur
7 ominoes, suspekt
9 anruechig
10 mysterioes
11 zweifelhaft
Fraktur eines Körperglieds
9 Beinbruch
Frankenkönige
3 Odo
4 Karl, Otto
6 Konrad, Lothar, Ludwig, Pippin, Rudolf
7 Chlodio, Guntram
8 Chlodwig, Chlothar, Dagobert, Heinrich, Karlmann, Sigibert
9 Charibert, Chlodomer
10 Childerich, Chilperich, Theudebald, Theudebert, Theuderich
11 Karl Martell
Frankenweinflasche
11 Bocksbeutel
Frankfurter
Apfelweinkrug
6 Bembel
Sehenswürdigkeiten
6 Roemer
7 Saalhof
8 Alte Oper
9 Kaiserdom
10 Goethehaus, Hauptwache
11 Paulskirche
12 Palmengarten
16 Katharinenkirche
fränkisch: Hausflur
3 Ern
4 Eren
fränkisch: Küfer
8 Buettner
9 Boettcher
fränkische(r, s)
Adelsfamilie
7 Raugraf
Adelsgeschlecht
6 Salier
7 Castell, Raugraf
8 Neipperg
9 Billunger, Hohenlohe
Befehlshaber
8 Arbogast
Bildhauerfamilie
7 Juncker
Bischof
7 Rimbert
Dichter
8 Stricker
Erzbischof
3 Ebo
Gerichtsvorsitzender
8 Zentgraf
Geschichtsschreiber
7 Nithard

Geschlecht
9 Hohenlohe
Grafengeschlecht
5 Solms
Hausflur
3 Ern
4 Eren
Hausmeier
6 Pippin
Heilige
6 Bertha
Herrschergeschlecht
6 Salier
10 Karolinger, Merowinger
Hofbeamter
10 Seneschall
Kirchenfürst
7 Hinkmar
Klosterreformer
3 Ebo
König
8 Merowech
9 Chlodomer
Königin
9 Radegunde
Königsname
8 Chlodwig, Chlothar
Missionsbischof
7 Emmeram
9 Korbinian
Prinzessin
6 Bertha
Reichsritter
8 Grumbach
Reichsstadt
12 Dinkelsbuehl
Ritter
5 Geyer
Teilstamm
9 Ripuarier
„Rebensaft"
9 Steinwein

Frankreich
8 Marianne
Abenteurer
6 Vidoco
Abschiedswort
5 Adieu
Adelsgeschlechter
5 Anjou, Capet
6 Valois
7 Bourbon, Burgund, Captien, Orléans
8 Capetien, Lusignan, Montfort, Polignac
9 Bourbonen
10 Kapetinger
Adelspartei
6 Fronde
Adelsprädikat
2 de
Adelstitel
3 Duc
4 Pair
5 Anjou, Baron, Comte, Guise
6 Prince
7 Baronne, Marquis, Vicomte
8 Comtesse, Duchesse, Marquise
9 Chevalier, Princesse
10 Vicomtesse
Admiral
7 Coligny
Afrikaforscher
6 Brazza
7 Abbadie, Caillie
8 Foucauld
9 Duveyrier
Ägyptologen
8 Mariette
11 Champollion
Amerikaforscher
7 Babelon, Crevaux
Anatomen
5 Broca
6 Cuvier, Littre
Anreden
4 Sire
6 Madame
8 Mesdames, Monsieur
9 Messieurs
12 Mademoiselle
Anthropologe
9 Bertillon
Apfelbranntwein
8 Calvados
Archäologen
5 Beule
6 Caylus, Morgan, Perrot, Robert
7 Charnay, Homelle
8 Bertrand
9 Lenormant
10 Waddington
Architekten
5 Ballu, Cotte, Cotté, Degas, Levan
6 Dutert, Lassus, Lescot, Mathey, Perret
7 Bullant, Delorme, Gabriel, Garnier, Mansart, Percier, Raymond
8 Belanger, Boffrand, Chalgrin, Fontaine, Guepiere, Soufflot, Valadier
9 Beaudouin, Cuvillies, Haussmann, Lemercier
11 Le Corbusier
Artikel
2 du, la, le, un
3 des, les, une
Ärzte
4 Coué, Péan, Roux
5 Budin, Lebon
6 Ampère, Bichat, Carrel, Larrey, Leblac, Richet
7 Cabanis, Laveran, Layeran, Raynaud
8 Calmette, Cournand, Deshayes, Magendie, Rabelais
9 Dutrochet, Trousseau
11 Chassaignac
Asienreisender
8 Bonvalot
Astrologen
4 Biot
11 Nostradamus
Astronomen
4 Biot
5 Arago, Henry
6 Picard
7 Bougner, Laplace, Messier
8 Clairaut, Delambre, Poincaré
9 Leverrier, Tisserant
Astrophysiker
7 Bouguer
Atomforschungszentrum
9 Cadarache
Atomphysiker
6 Joliot
Aussprachezeichen
7 Cédille
10 Accent aigu
11 Accent grave
17 Accent circonflexe
Bakteriologen
5 Widal
7 Nicolle, Pasteur, Vincent
8 Calmette
Ballettmeister
7 Noverre
9 Beauchamp
Balletttänzerin
8 Tumanowa
Ballonfahrer
6 Rozier
9 Blanchard
11 Montgolfier
Bauernaufstand
9 Jacquerie
Benediktinerabtei
5 Cluny
Berge
4 Dore
6 Lozère, Mézenc
7 Belchen, Ventoux
Bergland
6 Morvan
Bevölkerung
6 Basken, Korsen
8 Bretonen
9 Elsaesser
10 Lothringer
Bildhauer
3 Ada, Arp
4 Adam, Doré, Rude
5 Acier, Barye, Dalou, Pajou, Pilon, Puget, Rodin
6 Braque, Cortot, Dubois, Dumont, Goujon, Houdon, Legros, Pompon
7 Aizelin, Anguier, Bernard, Boucher, Cellini, Chaudet, Clodion, Colombe, Despiau, Gauguin, Laurens, Lemoyne, Maillol,

Maillot, Matisse, Pigalle, Richier, Sambiun, Sarazin
8 Bontemps, Desnoyer, Falconet, Girardon
9 Allegrain, Bartholdi, Bartolini, Bourdelle, Gericault
10 Desjardins, Michelozzo
11 Charpentier, Delaplanche

Bildhauerfamilie
7 Coustou

Bildhauerin
7 Claudel, Richier

Biologe
7 Lamarck

Botaniker
5 Biria
6 Buffon, Magnol
7 Adanson, Baillon, Jussieu, Lamarck, Lecluse
9 Brogniard

Branntweine
4 Marc
6 Cassis, Cognac, Kognak
7 Parfait
8 Armagnac, Calvados

Buchdrucker
9 Stephanus

Buchdruckerfamilien
5 Didot
7 Etienne

Bühnentanz
6 Cancan

Bulldogge
5 Bully

Bürgermeister
5 Maire

Bürgermeisterei
6 Mairie

Cellist
8 Fournier

Chansonetten
4 Piaf
5 Baker, Boyer, Gréco
7 Mathieu

Chansonniers
5 Béart, Ferre, Rossi
6 Bécaud, Distel, Pascal
7 Montand
8 Aznavour, Brassens, Guilbert, Reggiani
9 Chevalier

Chemiker
5 Baume, Dumas, Henri, Wurtz
6 Balard, Darcet, Dulong, Perrin, Proust, Raoult
7 Cahours, Chaptal, Heroult, Lamarck, Laurent, Leblanc, Lumière, Moissan, Pasteur, Thénard
8 Caventou, Courtois, Goodyear, Grignard, Regnault, Sabatier
9 Berthelot, Gay-Lussac, Lavoisier, Vauquelin
10 Berthollet, Chardonnet

Chinaforscher
3 Huc

Chirurgen
5 Broca
7 Carrell, Desault, Nelaton
9 Dupuytren

Dachshund
6 Basset

Departements
3 Ain, Lot, Var
4 Aube, Aude, Cher, Eure, Gard, Gers, Jura, Nord, Oise, Orne, Tarn
5 Aisne, Alpes, Corse, Doubs, Drôme, Indre, Isère, Loire, Marne, Meuse, Paris, Rhône, Saône, Somme, Yonne
6 Allier, Ariège, Cantal, Creuse, Landes, Loiret, Lozère, Manche, Nièvre, Sarthe, Savoie, Vendée, Vienne, Vosges
7 Ardèche, Aveyron, Bas-Rhin, Belfort, Corrèze, Côte-dÓr, Essonne, Garonne, Gironde, Hérault, Mayenne, Moselle
8 Ardennes, Calvados, Charente, Dordogne, Haut-Rhin, Morbihan, Pyrénées, Val-dÓise, Vaucluse, Yvelines
9 Finistère, Puy-de-Dôme
10 Deux-Sèvres, Loir-et-Cher, Val-de-Marne
11 Côtes-du-Nord, Eure-et-Loire, Pas-de-Calais
12 Hauts-de-Seine, Indre-et-Loire, Lot-et-Garonne, Maine-et-Loire, Saône-et-Loire, Seine-et-Marne
13 Ille-et-Vilaine, Seine-Maritime, Tarn-et-Garonne
14 Alpes-Maritimes
15 Loire-Atlantique, Seine-Saint-Denis
16 Charente-Maritime, Meurthe-et-Moselle

Dialoglustspiel
8 Proverbe

Dichter
4 Adam, Anet, Benn, Blum, Char, Gide, Hugo, Sade, Sand, Urfé, Zola
5 Beyle, Blanc, Bloch, Bodel, Camus, Cotin, Deval, Guyau, Jacob, Louys, Marot, Peguy, Verne, Vigny
6 Aragon, Arnoux, Bertin, Bruant, Brunet, Coppee, Céline, Daudet, Dereme, Deubel, Dubois, Eluard, Gerson, Guerin, Jammes, Milosz, Moreas, Musset, Pierre, Porche, Racine, Robert, Valery, Valéry, Villon
7 Alibert, Ancelot, Aubigne, Auguste, Bouchor, Bouilly, Cazalis, Chenier, Chénier, Claudel, Cocteau, Frenaud, Heredia, Leblanc, Machaut, Mercier, Merimee, Mistral, Molière, Prevert, Prévert, Regnard, Regnier, Reverdy, Rimbaud, Rolland, Ronsard, Scarron, Scudery, Tardieu, Thibaut
8 Abaelard, Andrieux, Banville, Bertrand, Chartier, Corbière, Fombeure, Gringore, Huysmans, Laforgue, Malherbe, Mallarme, Mallarmé, Marivaux, Peletier, Perrault, Pichette, Rabelais, Rutebeuf, Tailhade, Verlaine, Voltaire
9 Corneille, Dufresnoy, Lamartine
10 Baudelaire, La Fontaine
11 Montherlant
13 Saint-Exupérie

Dichterinnen
4 Labé, Noel
8 Noailles

Dichterkreis
8 Felibres, Pleiades

Dienstgradabzeichen
7 Chevron

Diplomaten
5 Maret, Nicot

diplomatische Akte
8 Gelbbuch

Dirigenten
5 Vidal
6 Boulez, Caplet, Tomasi
7 Fournet, Monteux
8 Bachelet, Martinon, Messager
9 Pasdeloup

Dominikaner
6 Gillet

Dramatiker
5 Camus, Carre, Deval, Gatti, Gheon, Puget
6 Achard, Augier, Becque, Bisson, Brieux, Donnay, Mairet, Marcel, Pagnol, Porche, Racine, Raynal, Rotrou, Sardou, Sartre, Scribe
7 Anouilh, Autreau, Bourdet, Feydeau, Meilhac, Molière,

Rostand, Roussin, Sedaine
8 Descaves, Maulnier, Quinault, Salacrou
9 Corneille, Crebillon

Dudelsack
8 Cabrette

Eigenname Frankreichs
6 France

Emailmaler
7 Limosin

Epos
9 Fierabras

Erfinder
5 Belin
8 Jacquard

Erzähler
4 Adam
7 Prevost
8 Estaunie

Fallschirmjäger
4 Para

Farbfernsehsystem
5 Secam

farbige Soldaten
5 Spahi, Turko, Zuave

Feldherr
6 Bayard

Festungsbaumeister
6 Vauban

Filmpionier
6 Melies

Flächenmaß
3 are

Flaggen
3 Say
6 Turgot
9 Trikolore

Flieger
6 Farman, Voisin
7 Blériot

Fluggesellschaft
9 Air France

Flugzeugbauer
4 Ader
6 Farman
8 Dassault

Flüsse
3 Ain, Arc, Lot, Nom, Orb, Tet, Var
4 Arve, Aube, Cher, Drac, Eure, Gard, Isle, Loir, Maas, Oise, Orne, Tarn, Yser
5 Adour, Aisne, Doubs, Drôme, Isère, Loire, Marne, Meuse, Ognon, Rhône, Saône, Seine, Somme, Sèvre
6 Allier, Ariège, Sambre, Verdon, Vienne
7 Aveyron, Garonne, Gironde, Moselle, Schelde
8 Charente, Dordogne

Form des Banns
7 Aggrave

Fotochemiker
7 Lumière

Fotografen
5 Nadar
8 Daguerre

Fototechniker
6 Niepce

Frauengewand
8 Marlotte

Fürstenhäuser
5 Anjou, Capet
6 Valois
7 Bourbon, Burgund

Fürwörter
2 il, je, tu
3 ils
4 elle, nous, vous
5 elles

Gartenkünstler
7 Lenôtre

Gärtnerfamilie in Berlin
6 Bouche

Gasthaus
3 Bar
4 Café
6 Bistro
7 Auberge
10 Restaurant

Gebirge
4 Jura
5 Alpen, Alpes
6 Vosges
7 Vogesen
8 Ardennen, Ardennes, Cevennen, Cévennes, Pyrénées
9 Pyrenaeen

Gedichtform
7 Virelai

Gefängnis
5 Bagno

Geheimpolizei
6 Sureté

Geheimsekte
10 Albigenser

Geiger
5 Mazas
6 Ferras
7 Marteau, Thibaud
8 Kreutzer

Generäle
4 Rapp
6 Kleber, Moreau

Genetiker
5 Jacob

Geografen
6 Sanson
7 Anville

Geologe
7 Garnier

Gesellschaftsinsel
6 Tahiti

Gewerkschaftsführer
7 Jouhaux

Grafiker
6 Callot
7 Maillol
9 Cassandre

Grafikerin
7 Richier

Hafenstädte
4 Caen, Nice, Sète
5 Brest, Nizza
6 Calais, Cannes, Dieppe, Toulon
7 Le Havre, Lorient
8 Bordeaux, Boulogne, Rochelle
9 Abbéville, Cherbourg, Dunkerque, Marseille, Martigues, Saint Malo
10 Concarneau, Douarnenez, La Rochelle
11 Duenkirchen
12 Saint-Nazaire

Halbinseln
8 Bretagne, Cotentin

Hauptstadt
5 Paris

Hautarzt
7 Alibert

Heerführer
5 Melac

Heilige
7 Germana

Held
9 Fierabras

Herrscheranrede
4 Sire

Historiker
4 Aron
5 Aubry, Blanc, Gidel, Renan, Soret, Taine
6 Aulard, Bedier, Guizot, Masson, Mignet, Mollat, Thiers, Tulard
7 Braudel, Gautier, Gebhart, Halphen, Heinach, Reinach, Thierry, Viehoff
8 Anquetil, Duchesne, Mabillon, Michelet, Mousnier, Renouvin, Voltaire
9 Bainville, Coubertin, Froissart, Gaulthier, Lamartine, Pélissier, Raynouard, Villemain
10 Brunetiere, Brunetière, Gaillardin, Pellissier
13 Leroux de Lincy, Villehardouin

Holzschneider
8 Papillon

Humanisten
4 Budé
5 Amyot, Dolet, Faber, Ramus, Ramée
7 Berquin
8 Lefebvre, Rabelais

Illustrator
4 Doré

Industrieller
7 Citroen

Infanterist
8 Chasseur

Ingenieure
4 Caus
5 Conte, Fabré

6 Bollée, Brunel, Deprez, Eiffel, Rateau
7 Ardenne, Flobert, Lesseps
12 Montalembert

Inseln
2 If, Ré
3 Yeu
5 Groix, Pelée
6 Levant, Oléron
7 Korsika, Mopelia, Réunion
8 Belle-Ile, Ile de San
11 Noirmoutier
12 Porquerolles

Jagdhund
7 Griffon

Jakobiner
8 Mirabeau

Jansenist
7 Quesnel

Jazzgitarrist
9 Reinhardt

Jurist
6 Cassin

Kaisername
8 Napoleon

Kaltblutpferde
7 Comtois
9 Percheron

Kalvinist
8 Cavalier

Kampfflugzeug
6 Mirage

Kanon
6 Chasse

Kaps
4 Agde
5 Hague
7 Antibes

Kardinäle
5 Balue
6 Feltin, Fleury
7 Mazarin
8 Aubusson
9 Richelieu

Karikaturisten
5 Sempé
7 Daumier

Kartenspiele
5 Besik, Enfle
6 Ekarte, Pharao, Pikett
7 Besigue

Käsesorten
4 Brie
7 Gervais, Romadur
8 Romadour
9 Camembert, Roquefort

Kasperlefigur
7 Guignol

Kernforschungszentrum
8 Marcoule

Kirchenhistoriker
6 Baluze

Klappzylinderhut
5 Gibus

Kleriker
7 Goliard

Kolonialtruppen
6 Zuaven
13 Fremdenlegion

Komponisten
3 Amy
4 Adam, Aimé, Eloy, Indy, Lalo, Nigg
5 Auber, Auric, Bizet, Boely, Dukas, Dupre, Eizet, Faure, Fauré, Hervé, Ibert, Lully, Mehul, Méhul, Ravel, Satie, Vidal
6 Albert, Ballif, Berton, Bordes, Boulez, Bériot, Campra, Caplet, Dubois, Franck, Godard, Gounod, Halévy, Hérold, Lecocq, Marais, Mouton, Pierne, Rameau, Thomas, Tomasi
7 Barraud, Berlioz, Bernier, Bertini, Bruneau, Cambert, Compere, Debussy, Delibes, Jolivet, Leclair, Louvier, Luigini, Machaut, Marteau, Mestral, Milhaud, Perotin, Poulenc, Roussel, Schmitt, Tansman
8 Auvergne, Bachelet, Baudrier, Chabrier, Chaplier, Chausson, Couperin, Francaix, Koechlin, Machault, Maillart, Martinet, Massenet, Messiaen, Monsigny
9 Boieldieu, Lamoureux, Leibowitz, Offenbach
10 Saint-Saens
11 Charpentier, Courvoisier

Königsnamen
5 Franz, Henri, Louis
7 Charles
8 Francois, Philippe

Kräuterliköre
8 Anisette
10 Chartreuse
12 Benediktiner

Kritiker
6 Copeau
8 Geoffrey

Kronprinz
7 Dauphin

Kugelspiel
5 Boule

Kunsthistoriker
4 Male

Künstlergruppe
5 Nabis

Kunststil
7 Régence

Kunsttischler
8 Riesener

Kupferstecher
5 Duvet
6 Leblon, Moreau

Kurtisane
7 Lenclos

Küstenwind
6 Sureot

Landschaften
4 Bray, Brie, Foix
5 Anjou, Aunis, Berry, Béarn, Maine, Médoc
6 Artois, Bocage, Elsass, Landes, Marche, Poitou, Quercy, Vandée
7 Burgund, Guyenne, Savoyen
8 Auvergne, Bretagne, Camargue, Dauphiné, Flandern, Gascogne, Limousin, Picardie, Pikardie, Provence, Périgord, Touraine
9 Bordelais, Bourgogne, Champagne, Charentes, Languedoc, Normandie, Saintonge
10 Baskenland, Roussillon

Liederautor
8 Béranger

Liederdichter
6 Dupont

Literaturhistoriker
6 Hazard, Ozanum

Liturgiker
6 Cabrol

Losungswörter der Französischen Revolution
7 Egalité, Liberté
10 Fraternité

Luftschiffer
5 Nadar

Lustspiel
7 Saynete

Lustspielfigur
7 Crispin

Maler
3 Arp
4 Bida, Brea, Dore, Doré, Dufy, Gros, Soto, Troy
5 Balze, Biard, Caron, Cazin, Corot, David, Degas, Denis, Dupré, Dénis, Leger, Léger, Manet, Monet, Oudry, Pesne, Redon, Vouet
6 Baudry, Boilly, Bonnat, Boudin, Braque, Breton, Buffet, Carzou, Clouet, Derain, Dubois, Dérain, Friesz, Gerome, Gigoux, Greuze, Guerin, Henner, Herbin, Ingres, Isabey, Latour, Lebrun, Legros, Lurcat, Masson, Mathey, Millet, Moreau, Poiret, Raffet, Renoir, Rigaud, Seurat, Signac, Sisley, Tanguy, Troyon, Vernet, Villon
7 Angrand, Asselin, Balthus, Bazaine, Bazille, Berlewi, Bernard,

Besnard, Bombois, Bonnard, Boucher, Bourdon, Cabanel, Cezanne, Chardin, Chaudet, Courbet, Couture, Cézanne, Daumier, Decamps, Drouais, Duchamp, Fouquet, Froment, Gauguin, Gleizes, Lafosse, Lancret, Lemoyne, Liotard, Lorrain, Malouel, Manguin, Marquet, Mathieu, Matisse, Mignard, Natoire, Nattier, Picabia, Poussin, Prud'hon, Quarton, Rouault, Sarazin, Soutine, Utrillo, Vautier, Watteau
8 Anquetin, Bauchant, Baudouin, Beaumont, Bellange, Bissiere, Carpeaux, Carriere, Daguerre, Daubigny, Delaunay, Dubuffet, Dufresne, Fautrier, Freminet, Fresnaye, Gravelot, Gromaire, Jouvenet, Morellet, Nanteuil, Ozenfant, Pissarro, Raffaeli, Rousseau, Soulages, Steinlen, Vuillard
9 Allegrain, Bertholle, Blanchard, Boulanger, Bourdelle, Debucourt, Delacroix, Dufresnoy, Fragnoard, Fragonard, Fromentin, Gericault, Géricault, Manessier, Metzinger, Silvestre, Vleughels
11 Apollinaire
12 Fantin-Latour
15 Toulouse-Lautrec

Malerdorf
8 Barbizon

Malerfamilien
6 Lenain, Vernet
8 Parrocel

Malergruppe
6 Fauves

Malerinnen
6 Lebrun
7 Morisot, Valadon
9 Laurencin

Märchenriese
4 Oger

Marschälle
3 Ney
4 Foch, Juin, Niel
5 Murat, Soult
6 Davout, Joffre, Pétain, Vauban
7 Bazaine, Broglie, Masséna, Soubise, Turenne, Villars
8 Berthier, Lefebvre, Macmahon
9 Canrobert

Mastgeflügel
9 Rouenente

Mathematiker
5 Monge, Prony, Ramée, Vieta, Viéta
6 Ampère, Cauchy, Fermat, Galois, Moivre, Oresme, Pascal, Picard
7 Fourier, Laplace, Poisson
8 Lagrange, Laguerre, Legendre, Mersenne, Poincaré
9 Condorcet, Desargues, Descartes

Mechaniker
9 Vaucanson

Meisterkoch
6 Bocuse
7 Ducasse

Ministerpräsidenten
5 Laval, Mayer, Soult
6 Combes

Minnesänger
4 Adam
7 Blondel
8 Trouvère
10 Troubadour
14 Bertrand de Born

Mittelmeergolf
4 Lion

Modeschöpfer
4 Dior, Fath
5 Patou, Ricci
6 Cardin, Carven, Chanel, Lanvin
7 Balmain, Esterel, Laroche, Rabanne
8 Scherrer
9 Courrèges
12 Saint-Laurent

Modeschöpferin
6 Chanel

Molekularbiologe
5 Monod

Münzen
3 Ecu, Sou
5 Livre
6 Bianco
7 Ange d'Or, Centime
8 Louis d'Or
11 Napoleon d'Or

Musikgelehrter
5 Pirro

Mystiker
5 Hello

Nachrichtenagentur
3 AFP

Narrenspiel
5 Sotie
6 Sottie

Nationalheldin
7 Johanna
10 Jeanne d'Arc
14 Heilige Johanna
17 Johanna von Orléans

Nationalhymne
12 Marseillaise

Nationalökonomen
6 Turgot

Naturwissenschaftler
4 Biot
5 Curie, Fabre, Soret
6 Ampére
7 Lamarck, Laplace, Pasteur, Réaumur
8 Coulombe
9 Bachelard

Nautiker
5 Borda

Neurologen
8 Babinski, Duchenne

Nobelpreisträger für Chemie
4 Lehn
5 Curie
6 Joliot
7 Moissan
8 Grignard, Sabatier

Nobelpreisträger für Frieden
5 Passy
6 Briand, Cassin
7 Buisson, Jouhaux, Renault
9 Bourgeois
10 Schweitzer

Nobelpreisträger für Literatur
4 Gard, Gide
5 Bunin, Camus, Perse, Simon
6 France, Sartre
7 Bergson, Mauriac, Mistral, Rolland

Nobelpreisträger für Medizin
6 Richet
7 Dausset, Laveran, Nicolle

Nobelpreisträger für Physik
4 Néel
5 Curie, Dirac
6 Gennes, Perrin
7 Broglie, Kastler
8 Lippmann
9 Bécquérel, Guillaume

Nobelpreisträger für Wirtschafts-Wissenschaften
6 Allais

Nordamerikaforscher
7 Lasalle

Orden
11 Ehrenlegion

Ordensgründer
5 Olier

Orgelprofessor
5 Widor

Pädagogen
7 Buisson, Jacotot

Pantomime
7 Marceau

Pharmazeut
9 Pelletier

Philologen
8 Scaliger
9 Salmasius

Philosophen
4 Nahl
5 Alain, Basch, Bayle, Camus, Comte, Guyau, Leroy, Ramus, Renan, Sorel, Taine, Tracy, Vigny
6 Bonald, Buffon, Cousin, Gilson, Gratry, Leroux, Marcel, Nocole, Pascal, Sartre
7 Bergson, Blondel, Bossuet, Diderot, Lavelle, Mounier, Paulhan
8 Abaelard, Alembert, Boutroux, Gassendi, Maréchal, Rousseau, Voltaire
9 Condillac, Condorcet, Descartes, Helvetius, Helvétius, Lamettrie, Montaigne, Renouvier
11 Malebranche, Montesquieu

Physiker
4 Biot, Neel
5 Arago, Auger, Curie, Papin, Petit
6 Ampère, Branly, Carnot, Dulong, Fizeau, Perrin, Plante, Rozier, Savart, Verdet
7 Babinet, Broglie, Coulomb, Fresnel, Kastler, Poisson, Réaumur
8 Alembert, Amontons, Coriolis, Foucault, Gassendi, Langevin, Mariotte, Poncelet, Regnault
9 Becquerel, Cailletet, Gay-Lussac, Guillaume
11 Joliot-Curie

Physikerehepaar
5 Curie

Physikerfamilie
9 Becquerel

Physikerin
5 Curie

Physiologe
6 Richet
8 Arsonval

Pianisten
9 Casadesus, Entremont

Pianistinnen
4 Haas
6 Loriod

Polarforscher
7 Charcot

Politiker
3 Say
4 Blum
5 Dupuy, Fauré, Ferry, Laval, Mayer, Pinay, Ribot
6 Auriol, Barres, Briand, Carnot, Chirac, Combes, Daunou, Dubois, Fleury, Fouché, Gaulle, Guizot, Jaures, Lebrun, Mollet, Monnet, Necker, Philip, Pineau, Pleven, Pléven, Pétain, Rocard, Sieyes, Thiers, Thorez, Tirard, Turgot
7 Barthou, Bidault, Brisson, Colbert, Comines, Dufaure, Flandin, Herriot, Jouhaux, Louvois, Maginot, Malraus, Malraux, Mazarin, Reynaud, Schuman, Tardieu
8 Caillaux, Daladier, Gambetta, Loucheur, MacMahon, Mirabeau, Poincaré, Pompidou, Queuille, de Gaulle
9 Condorcet, Lafayette, Lamartine, Richelieu
10 Clemenceau, Mitterrand, Paleologue, Talleyrand
12 Mendes-France
14 Francois-Poncet
15 Giscard d'Estaing

Polizeiminister
6 Fouché

Porzellanstädte
6 Sèvres
7 Limoges

Präsidenten
4 Blum, Coty
5 Gouin
6 Auriol, Chirac, Lebrun, Loubet
7 Bidault, Giscard, Sarkosy
8 Pompidou, de Gaulle
9 Fallières
10 Mitterrand
15 Giscard dÉstaing

Präsidentenpalast
6 Elysée

Preisgedicht
6 Blason

Protestant
9 Hugenotte

Prunkmöbelbauer
6 Boulle

Psychologen
5 Binet, Lebon, Ribot

Pyrenäenpass
9 Tourmalet

Radierer
4 Doré
6 Callot, Meryon
8 Lepautre

Radiologe
8 Bergonie

Radsportpionier
9 Desgrange

Raumfahrtzentrum in Guayana
6 Kourou

Rechtsgelehrter
7 Pitaval

Regisseure
5 Carne, Clair, Duval, Malle, Vadim
6 Copeau, Godard, Guitry, Renoir
7 Bresson, Cayatte, Chabrol, Clouzot, Resnais
8 Allegret, Delannoy, Duvivier, Melville, Truffaut
9 Feuillade, Lamorisse

Reitschulgruppe
9 Cadre noir

Religionsforscher
5 Renan

Revolutionäre
5 Marat
6 Babeuf, Barras, Cloots, Danton
7 Tallien
8 Santerre
9 Saint-Just
10 Desmoulins
11 Robespierre

Revolutionsgeneral
5 Hocho

Revolutionslieder
5 Caira
10 Carmagnole
12 Marseillaise

Revolutionsmonate
6 Nivôse
7 Floréal, Ventose
8 Brumaire, Frimaire, Germinal, Messidor, Pluviôse, Prairial
9 Fructidor, Thermidor
11 Vendémiaire

Revolutionspartei
9 Jakobiner

Revuestars
5 Baker
8 Guilbert
9 Jeanmaire

Ringelgedicht
7 Rondeau

Ritter
6 Bayard
9 Chevalier

Riviera
9 Côte d'Azur

Rivierakap
5 Benat

Sagenfee
7 Morgana

Saharaforscher
7 Foureau

Satiriker
8 Rabelais

Schaumwein
10 Champagner

Schauspieler
4 Tati
5 Boyer, Brice, Delon, Duval, Funes, Gabin, Gelin, Talma, Vilar
6 Marais, rachel

7 Molière, Deneuve, Philipe, Piccoli, Ventura
8 Barrault, Belmondo, Brasseur
9 Chevalier, Fernandel
11 Constantine

Schauspielerinnen
5 Carol, Caron, Gréco
6 Adjani,Arnoul, Bardot, Moreau, Morgan
8 Darrieux, Girardot, Signoret
9 Bernhardt

Schlösser
3 Pau
5 Biron, Blois
6 Annecy, Chinon, Loches, Nantes, Saumur
7 Amboise, Avignon, Brissac, Trianon, Vendôme
8 Chambord, Tarascon, Valencay
9 Marseille, Perpignan
10 Châteaudun, Versailles
11 Carcassonne, Chenonceaux, Rambouillet
13 Fontainebleau

Scholar
7 Goliard
8 Goliarde

Scholastiker
7 Buridan

Schriftsteller
3 Cau, Roy, Sue
4 Ajar, Aron, Aymé, Bloy, Deon, Gary, Gide, Goll, Kahn, Kock, Loti, More, Obey, Sade, Vian, Zola
5 Alain, Bazin, Benda, Bloch, Butor, Cabet, Camus, Capus, Carco, Ceard, Druon, Dubos, Dumas, Genet, Giono, Green, Hello, Jarry, Jouvé, Lesar, Merle, Morel, Nizan, Ponge, Simon, Tzara, Verne, Viaud
6 Alexis, Allain, Aragon, Arland, Artaud, Balzac, Barres, Beaume, Beraud, Breton, Cassou, Cayrol, Celine, Clavel, Cyrano, Daumal, Dhotel, Ducamp, Duclos, Estang, Fargue, Favart, France, Guitry, Jaloux, Kessel, Laclos, Lanoux, Lasale, Lesage, Lesort, Massis, Mendes, Morand, Murger, Nerval, Nodier, Proust, Reboux, Renard, Salmon, Sartre, Solier, Suares, Troyat, Vialar
7 Arnault, Bernard, Bornier, Bosquet, Bourget, Cabanis, Cazotte, Daninos, Diderot, Duhamel, Feydeau, Fénelon, Gautier, Jodelle, Joubert, Lamotte, Larbaud, Malraus, Mauriac, Maurois, Mirbeau, Mérimée, Obaldia, Picabia, Prévost, Queneau, Rivarol, Riviere, Rolland, Romains, Rousset, Scarron, Segrais, Tharaud, Therive, Tillier, Vercors, Vildrac, Voiture
8 Aubignac, Barbusse, Bernanos, Brantome, Caillois, Cendrars, Chamfort, Constant, Dujardin, Flaubert, Genevoix, Gobineau, Goncourt, Guehenno, Ozenfant, Perrault, Radiguet, Richepin, Rousseau, Sarraute, Soupault, Stendhal, Vauthier, Voltaire
9 Audiberti, Ballanche, Chardonne, Charriere, Crebillon, Fromentin, Furetiere, Giraudoux, Labruyere, Lavarende, Marmontel, Montaigne, Pailleron, Poulaille, Seilliere, Senancour
10 Maupassant
12 Beaumarchais
13 Chateaubriand

Schriftstellerinnen
4 Sand
5 Duras, Golon, Sagan, Stael
6 Agoult, Audoux
7 Bibesco, Colette, Monnier, Scudery, Sevigne, Triolet
8 Beauvoir, Rachilde, Recamier, Sarraute, Vilmorin
9 Lafayette, Rochefort, Yourcenar

Seebäder
3 Eze
4 Nice
5 Nizza, Royan
6 Bandol, Cannes, Dieppe, Dinard, Fréjus, Fécamp, Menton
7 Antibes, Etretat, La Baule, Mentone, Miramar, Tamaris, Treport
8 Arcachon, Beaulieu, Biarritz, Honfleur
9 Cherbourg, Deauville, Le Touquet, Saint Malo, Trouville
10 Trebeurden
11 Duenkirchen, Juan-les-Pins, Saint-Tropez
12 Villefranche

Seefahrer
7 Cartier
9 Champlain
12 Bougainville

Serologe
5 Lwoff

Sozialapostel
6 Pierre

Sozialisten
5 Blanc
6 Auriol, Jaures
7 Blanqui
8 Lassalle, Proudhon

Sozialreformer
5 Godin

Soziologe
5 Sorel

Sprachgelehrter
8 Vaugelas

Städte und Orte
3 Aix, Ars, Fos, Gap, Pau, Puy
4 Agde, Agen, Albi, Alès, Auch, Caen, Laon, Lens, Lyon, Metz, Nice, Sens, Sète, Toul
5 Arles, Arras, Autun, Brest, Brive, Cluny, Digne, Dijon, Dinan, Douai, Laval, Lille, Melun, Nancy, Niort, Nizza, Paris, Reims, Rouen, Sedan, Tours, Vichy
6 Amiens, Angers, Beaune, Cahors, Calais, Cannes, Cognac, Colmar, Dieppe, Epinal, Fecamp, Le Mans, Lievin, Longwy, Menton, Millau, Nantes, Nevers, Oloron, Orange, Rennes, Roanne, Saumur, Senlis, Tarbes, Toulon, Troyes, Verdun, Vienne
7 Antibes, Avignon, Belfort, Bourges, Béziers, Epernay, Hagenau, Le Havre, Limoges, Lorient, Mentone, Moulins, Orléans, Quimper, Roubaix, Valence
8 Bergerac, Besançon, Biarritz, Bordeaux, Boulogne, Chartres, Grenoble, Libourne, Maubeuge, Narbonne, Poitiers, Rochelle, Soissons, Tarascon, Toulouse
9 Angoulême, Cherbourg, Lunéville, Marseille, Montlucon, Perpignan,

Périgueux, Rochefort, Tourcoing
10 Carcassone, La Rochelle, Strasbourg, Strassburg, Versailles
11 Montpellier, Muehlhausen
12 Saint Etienne, Saint Nazaire, Saint Quentin, Valenciennes
15 Clermont-Ferrand

Stangenweißbrot
5 Flûte
8 Baguette

Suitensätze
5 Louré
6 Cancan
7 Canarie, Gavotte, Menuett
9 Francaise, Polonaise, Quadrille, Sarabande

Tafelapfel
8 Kalville

Tänze
5 Louré
6 Branlé, Cancan
7 Gavotte, Menuett
8 Courante
9 Francaise, Quadrille

Tänzer
6 Bejart

Tanzlied
7 Rondeau

Teppichort
8 Aubusson

Theaterdirektor
7 Antoine

Theologen
5 Renan
6 Gerson, Mollat
8 Abaelard, Danielou
9 Lamennais, Lavigerie, Thomassin

Thronfolger
7 Dauphin

Tibetforscherin
9 David-Neel

Tiefseeforscher
8 Cousteau

Tierarzt
6 Guerin

Tropenarzt
6 Yersin

Troubadoure
7 Blondel
8 Capdueil

Überseegebiete
7 Guayana, Mayotte, Réunion
8 Miquélon
9 Kerguelen
10 Martinique
11 Gouadeloupe, Saint Pierre
12 Crozetinseln
13 Neukaledonien
15 Wallis und Futuna

Urgeschichtsforscher
6 Breuil

Varieteekünstlerin
12 Mistinguette

Völkerrechtslehrer
7 Renault

Volksbücher
8 Magelone, Melusine

Volksmundart
6 Patois

Volksstämme
6 Basken, Korsen
8 Bretonen
9 Normannen

Waffentechniker
7 Flobert

Währung
4 Cent, Euro

Wallfahrtsort
7 Lourdes

Weinsorten
4 Ruly
5 Givry, Médoc, Tavel
6 Beaune, Claret, Graves, Morgon
7 Chablis, Clairet, Côte dÓr, Fleurie, Lafitte, Musigny, Pommard
8 Bordeaux
9 Burgunder, Clairette, Haut-Brion, Hermitage, Mâconnais, Roussilon, Sauternes
10 Beaujolais, Chambertin, Champagner, Châlonnais, Richebourg, Rivesaltes, Vin du Sable
11 Préfontaine
12 Saint-Emilion
17 Chateauneuf-du-Pape

Widerstandskämpfer
9 Maquisard

Wind im Rhônetal
7 Mistral

Wissenschaftler
7 Quesnay
8 Alembert

Zeichner
4 Dore
5 Effel
6 Callot
7 Gavarni

Zoologen
5 Coste, Fabré
6 Buffon, Chenui, Cuvier
7 Audouin, Duméril, Lamarck, Reaumur
9 Latreille

zur Römerzeit
7 Gallien

Fransenbüschel
6 Quaste
7 Troddel

Fransenlipperfisch
5 Labeo

Fransenschildkröte
8 Matamata

Fransenzehenleguan
3 Uma

Franziskaner
7 Minorit

Franziskanerorden
9 Kapuziner, Klarissen, Minoriten
10 Tertiarier
11 Observanten, Spiritualen

franzosenfreundlich
9 gallophil

Franzosengras
7 Raygras
10 Glatthafer

französisch-amerikanischer

Arzt
6 Carrel

Dirigent
6 Muench

französisch-belgische(r)

Komponist
6 Gossec

Schriftsteller
7 Marceau, Michaux
8 Tousseul

französisch-italienischer Alpenpass
9 Mont Cenis

französisch-kanadischer Botaniker
8 Gaultier

französisch-niederländischer Komponist
4 Prez

französisch-provenzalisches Gedicht
7 Descort

französisch-rumänischer Dramatiker
7 Ionesco

französisch-russischer Autor
6 Adamov

französisch-schweizerische(r)

Komponist
8 Honegger

Maler
8 Valloton

Pianist
6 Cortot

Schriftsteller
4 Anet
6 Pinget
8 Borgeaud, Rousseau
9 Pourtales, Rougemont

französisch-spanische(r)
8 Castillo

Tanz
8 Chaconne

Tänzerin
7 Camargo

französisch-ungarischer Maler
8 Vasarely

französisch:

Abend
4 soir

Abendessen
5 diner

Abenteuer
8 aventure

Abfindung
7 apanage

Abhang
4 côte

acht
4 huit
Allee
6 avenue
9 boulevard
Angelegenheit
5 chose
Ausschweifung
8 débauche
äußere Form
5 facon
Bäcker
9 boulanger
Base
7 cousine
Bauer beim Schach
4 pion
Berg
4 mont
Bergspitze
3 pic
8 aiguille
besonders
7 surtout
blau
4 bleu
Blume
5 fleur
Blumenstrauß
7 bouquet
Bogen
3 arc
Bohnen
8 haricots
Branntwein
8 eau de vie
Bratenkoch
9 rôtisseur
Brücke
4 pont
Buchstabe
6 lettre
Bucht
4 baie
Bürger
7 citoyen
Bürgermeister
5 maire
Büro
6 bureau
Dach
4 toit
danke
5 merci
deutsch
8 allemand
Deutschland
9 Allemagne
dich
2 te
dir
2 te
Drehbuch
9 découpage
drei
5 trois
dreißig
6 trente
dreizehn
6 treize
Duft
5 odeur
dumm
4 bête
Dur
6 majeur
durch Luftpost
8 par avion
Einbrenne
4 roux
einfarbig
3 uni
eins
2 un
Eisen
3 fer
elf
4 onze
Emporkömmling
7 parvenu
ergreifend
8 touchant
Erzählung
5 conte
es gilt die Bank
8 vabanque
Fagott
6 basson
Farbe
7 couleur
fein
3 fin
Felsen
3 roc
fidel
8 gaillard
Flugzeug
5 avion
Formschmuck
5 bijou
Freiheit
7 liberté
Freund
3 ami
Friseur
8 coiffeur
Friseuse
9 coiffeuse
fünf
4 cinq
fünfzehn
6 quinze
fünfzig
9 cinquante
Gassenjunge
5 gamin
Gebirgspass
3 col
Geduld
8 patience
Gehabe
6 chichi
geht!
5 allez
gelb
5 jaune
Gesandter
6 envoyé
Geschmack
4 gout
Gesellschaft
9 compagnie
Gesetz
3 loi
Gesicht
6 visage
Getue
6 chichi
Gewächs
3 cru
Gewalt
5 force
Gewichtsverlust
7 coulage
Gleichheit
7 égalité
Gold
2 or
Gott
4 dieu
Grenzbeamter
8 douanier
groß
5 grand
grün
4 vert
Günstling
6 mignon
gut
4 bien
guter Kerl
8 bonhomme
halb
4 demi
Hammel(fleisch)
6 mouton
Haus
6 maison
heilig
5 saint
6 sainte
Heirat
7 mariage
Herr
6 maitre
Herzogin
8 duchesse
Hof
4 cour
Höhenzug
4 côte
höhere Schule
7 college
Holz
4 bois
Huldigung
7 hommage
Hut
7 chapeau
im Einzelnen
8 en detail
in
2 en
4 dans

Insel
3 ile
Jäger
8 chasseur
Junge
6 garçon
Kaiser
8 empereur
Kampf
8 bataille
Kartenspiel
3 jeu
Kette
6 chaine
Kino
6 cinema
klein
5 petit
Kleinod
5 bijou
Knabe
6 garçon
Kompanie
9 compagnie
König
3 roi
Königin
5 reine
königlich
5 royal
Kopf
4 tête
krank
6 malade
Kusine
7 cousine
Kuss
6 baiser
Küste
4 côte
Lagune
5 étang
Landspitze
3 cap
Leben
3 vie
Lehrer
6 maitre
Leichenschauhaus
6 morgue
Licht
7 lumiere
lieb
6 tendre
Liebe
5 amour
Liebhaber
5 amant
Liebling
6 mignon
Liga
5 ligue
Ludwig XIV.
9 roi soleil
Luftspiegelung
6 mirage
man
2 on

Mannschaft
6 équipe
Meer
3 mer
Mehlschwitze
4 roux
Meister
6 maitre
Mittag
4 midi
Mittagessen
8 déjeuner
Moll
6 mineur
munter
8 gaillard
Mutter
4 mère
Neffe
5 neveu
Neuheit
9 nouveauté
Neuigkeit
9 nouveauté
neun
4 neuf
nichts
4 rien
Nord
4 nord
Oboe
8 hautbois
ohne künstlichen Zusatz
9 au naturel
Oktett
6 octuor
Order
5 ordre
Osten
3 est
Palast
6 palais
Pik
5 pique
pizzicato
5 pince
Preis
4 prix
Rammbug
6 éperon
Ratsversammlung
7 conseil
Raucherabteil
6 fumoir
Rauchzimmer
6 fumoir
Reisepass
9 passeport
rot
5 rouge
Rückfahrt
6 retour
Rückflug
6 retour
rührend
8 touchant
Rundbeet
7 rondeau

Sache
5 chose
Saft
3 jus
Salz
3 sel
Schach
5 échec
Schal
7 écharpe
Schärpe
7 écharpe
Schaumwein
8 mousseux
Schildkröte
6 tortue
Schlacht
8 bataille
Schlafwagen
8 wagonlit
Schmetterling
8 papillon
Schneider
8 tailleur
Schönheit
6 beauté
Schrei
3 cri
Schritt
3 pas
schwarz
4 noir
sechs
3 six
sechzehn
5 seize
See
3 lac
Seide
4 soie
Sekt
8 mousseux
sieben
4 sept
Sohn
4 fils
Sommer
3 été
Sonnenkönig
9 roi soleil
Speisenfolge
4 menu
Spiel
3 jeu
Städtepartnerschaft
8 jumelage
Stärke
5 force
Steilküste
7 falaise
Stern
6 étoile
Strandsee
5 étang
Straße
3 rue
Stutzuhr
7 pendule

Süd
3 sud
Suppe
6 pôtage
Tänzer
7 danseur
Tänzerin
8 danseuse
Tischuhr
7 pendule
Töpferkunst
7 pôterie
Töpferware
7 pôterie
trocken
3 sec
üble Nachrede
9 médisance
Ufermauer
4 quai
Uferstraße
4 quai
Unglück
7 malheur
unpässlich
6 malade
unter
4 sous
unter uns
9 entre nous
Vater
4 père
verloren
5 perdu
Versammlung
9 assemblée
vier
6 quatre
vierzehn
8 quatorze
vierzig
8 quarante
von der Seite
8 en profil
von vorne
6 en face
Vorstadt
8 faubourg
Vorteil
8 avantage
Wagen
7 voiture
Wald
4 bois
Wasser
3 eau
Weihnacht
4 noel
Weihnachtsspiel
4 noel
Wein
3 vin
weiß
5 blanc
West
5 ouest
wohl
4 bien
Wohlgeruch
5 odeur
zärtlich
6 tendre
zehn
3 dix
Zimmer
7 chambre
Zimmerdecke
7 plafond
Zoll
6 douane
Zollbeamter
8 douanier
Zollhaus
6 douane
Zucker
5 sucre
Zwang
5 force
zwanglos
8 sans gêne
zwanzig
5 vingt
zwei
4 deux
Zwischengericht
9 entremets
zwölf
5 douze

Fräswerkzeug
9 Krauskopf

Fratze
8 Grimasse, Zerrbild
9 Karikatur

Frau
4 Weib
6 Gattin
8 Gemahlin
am Steuer
8 Fahrerin
aus fernem Land
6 Exotin
des Achilles
9 Deidameia
des Atreus
8 Pelopeia
des Brutus
6 Porcia
des früheren Königs von Belgien
7 Fabiola
des Herakles
9 Deianeira
des Isaak
7 Rebekka
des Jakob
5 Rahel
des Kapaneus
6 Euadne
des Oineus
7 Althaea
des Marc Aurel
8 Faustina
des Mühlenbesitzers
9 Muellerin
des Polybos
8 Periboia
des Punch
4 Judy
des Sokrates
9 Xanthippe
des Telamon
8 Periboia
des Xerxes
6 Esther
eines Staatsvertreters
8 Konsulin
Holle
7 Berchta
mit mehreren Geburten
9 Multipara, Pluripara
mit Verfügungsgewalt
9 Inhaberin
ohne Geburten
9 Nullipara
von Lenin
9 Krupskaja
von nebenan
9 Nachbarin

Frauen-, Knabenstimmlage
3 Alt

Frauenarzt
11 Gynaekologe

Frauenärztin
12 Gynaekologin

Frauenboot der Eskimos
5 Umiak

Frauenfeind
7 Misogyn

Frauengemach
einer Burg
8 Kemenate
in islamischen Wohnhäusern
5 Harem
6 Zenana

Frauengestalt als Sinnbild
Bayerns
7 Bavaria
Berlins
8 Berolina
Deutschlands
8 Germania
Frankreichs
8 Marianne

Frauengewand
5 Kleid
6 Kimono
9 Samtkleid, Wollkleid
auf dem Balkan
6 Dolman
für daheim
9 Hauskleid

Frauenhaube im Mittelalter
8 Kruseler

Frauenheilkunde
12 Gynaekologie

Frauenhelden
7 Don Juan
8 Casanova
10 Verfuehrer

Frauenjacke
7 Baskine
8 Basquine

Frauenkittel
6 Kasack

Frauenkleid
(Rokoko)
8 Adrienne
9 Andrienne

Frauenkleidungsstück
9 Unterrock

Frauenkurznamen
3 Ada, Evi, Ina, Ira, Isa, Lia, Lil, Mia, Ria
4 Anni, Asta, Cili, Elfi, Elli, Elly, Emmi, Erni, Gabi, Gaby, Ilka, Irma, Irmi, Lene, Leni, Lili, Lina, Line, Loni, Mali, Mimi, Mina, Mine, Reni, Resi, Rike, Rita, Rosi, Susi, Thea, Tina, Tine, Tini, Trix, Ulla, Zili
5 Bella, Berti, Cilli, Fanni, Fanny, Gitta, Gitte, Grete, Gundi, Guste, Gusti, Hanna, Hanne, Hanni, Heidi, Helma, Henni, Hilda, Hilde, Jenny, Jette, Jutta, Jutte, Kathi, Liese, Liesl, Lilli, Lissi, Lotte, Magda, Marga, Margo, Milli, Minka, Minna, Minni, Mitzi, Molli, Molly, Nanni, Nelli, Nette, Ploni, Stine, Tilla, Trine, Trude, Ursel, Vicky, Vroni, Walli, Wally, Zenzi, Zilli, Ziska
6 Gretel, Gustel, Kaethe, Lenore, Liesel, Steffi, Thilde, Winnie

Frauenliebling
4 Beau
6 Belami

Frauennamen
3 Ada, Eva, Ida, Ina, Ira, Isa, Kim, Lia, Oda, Pia, Ria, Rut, Uta, Ute
4 Afra, Alma, Anja, Anna, Anne, Asta, Dina, Dora, Edda, Elga, Elke, Ella, Elsa, Else, Emma, Emmi, Erna, Ilka, Ilsa, Ilse, Ines, Inge, Iris, Irma, Kate, Kora, Kyra, Lena, Lene, Lili, Lina, Line, Lisa, Lise, Lola, Lona, Loni, Lore, Lulu, Male, Meta, Mina, Mine, Mona, Nora, Olga, Resi, Rike, Rita, Rosa, Ruth, Sara, Suse, Susi, Thea, Tine, Toni, Ulla, Vera, Wera, Zita
5 Adele, Agnes, Alice, Almut, Anita, Beata, Beate, Bella, Berta, Betti, Betty, Cilli, Conny, Daisy, Doris, Edith, Elisa, Elise, Ellen, Erika, Fanni, Fides, Flora, Gerda, Gerta, Greta, Grete, Hanna, Hanne, Heidi, Heike, Helga, Helma, Henni, Henny, Herta, Hilda, Hilde, Hilma, Holda, Hulda, Ilona, Irene, Jenni, Julia, Julie, Jutta, Jutte, Kaete, Karen, Karia, Karin, Karla, Klara, Laura, Leila, Liane, Liese, Lilli, Linda, Lotte, Lucia, Luise, Luzia, Luzie, Lydia, Magda, Manon, Maren, Maria, Marie, Marta, Minna, Nadja, Nelli, Nette, Norma, Paula, Petra, Pippa, Rosel, Sally, Seffi, Selma, Senta, Silke, Sofie, Sonja, Stine, Tanja, Tilla, Toska, Trude, Viola, Vroni, Walli, Wanda, Wilma, Xenia, Zenzi, Zilli, Ziska
6 Agathe, Alwine, Amalia, Amalie, Amanda, Andrea, Angela, Astrid, Bertha, Blanka, Carmen, Carola, Cosima, Dagmar, Daphne, Editha, Elmira, Elvira, Emilia, Emilie, Ermina, Erwine, Esther, Evelyn, Fatima, Fatime, Franka, Frieda, Gisela, Gritta, Gudrun, Gudula, Hedwig, Helene, Hertha, Ingrid, Isolde, Judith, Kaethe, Karina, Karola, Korona, Kosima, Lenore, Leonie, Lilian, Lolita, Louise, Margit, Margot, Marika, Marina, Marion, Marlis, Martha, Mignon, Monika, Olivia, Ortrud, Ortrun, Pamela, Pamele, Regina, Regine, Regula, Renata, Renate, Sabina, Sabine, Sandra, Sigrid, Sigrun, Silvia, Simone, Sophia, Sophie, Stella, Sylvia, Thekla, Theoda, Thilde, Traude, Traute, Ulrike, Ursula, Verena, Vivian, Yvonne
7 Alberta, Aloisia, Annette, Antonia, Antonie, Augusta, Auguste, Aurelia, Babette, Barbara, Beatrix, Bettina, Bettine, Christa, Claudia, Corinna, Dolores, Dorothy, Eiltrud, Elsbeth, Erdmute, Ernesta, Eugenie, Eulalia, Eulalie, Eveline, Felizia, Geralde, Gerhild, Gertrud, Gundula, Helmine, Hermine, Hilmara, Hiltrud, Irmgard, Johanna, Johanne, Josepha, Juliana, Juliane, Justine, Kamilla, Kirsten, Klaudia, Kordula, Korinna, Lavinia, Leonore, Lisbeth, Lisette, Malwine, Margrit, Marlene, Melanie, Melitta, Natalie, Ottilie, Pauline, Phyllis, Ricarda, Rikchen, Rosalia, Rosalie, Rotraud, Rudolfa, Ruthild, Sibylle, Susanna, Susanne, Therese, Valerie, Vanessa, Waltrud, Waltrun, Xaveria, Zerline
8 Adelaide, Adelgund, Adelheid, Adeltrud, Adolfine, Angelika, Beatrice, Berenike, Bernhild, Brigitte, Brunhild, Caecilia, Caecilie, Christel, Claudine, Cornelia, Diethild, Dietlind, Dorothea, Eberhild, Edeltrud, Eilberta, Eiltraud, Eleonore, Elfriede, Emanuela, Emmeline, Ermelind, Euphemia, Gabriele, Genoveva, Gerharde, Gerhilde, Gerlinde, Gertraud, Gertrude, Gilberta, Gisberta, Gislinde, Gunthild, Helmtrud, Herlinde, Hildburg, Hiltraud, Hiltraut, Ingeborg, Ingeburg, Ingelore, Irmtraud, Isabella, Isabelle, Jakobine, Julienne, Karoline, Klarissa, Klaudine, Kordelia, Kordelie, Kornelia, Kornelie, Kuniburg, Lamberta, Ludmilla, Luitgard, Marianne, Mathilde, Meinhild, Notburga, Preziosa, Radegund, Reingard, Reinhild, Roswitha, Ruthilde, Sieghild, Sieglind, Theodora, Theresia, Veronika, Virginia, Walpurga, Waltraud
9 Adelgunde, Adeltraud, Albertine, Alexandra, Anastasia, Anneliese, Annemarie, Athanasia, Augustine, Benedikta, Bernharda, Berthilde, Brunhilde, Charlotte, Christina, Christine, Diethilde, Eberharda, Eberhilde, Edeltraud, Elisabeth, Ermelinde, Ernestine, Esmeralda,

Euryanthe, Felizitas, Fidelitas, Filiberta, Franziska, Friedgund, Geraldine, Gertraude, Gunthilde, Hannelore, Helmtraud, Helmtraut, Henriette, Hildegard, Hildegund, Hildemara, Hortensia, Josephine, Katharina, Katharine, Klothilde, Konstanze, Kriemhild, Kunigunde, Liselotte, Magdalena, Magdalene, Margareta, Margarete, Mechthild, Philomele, Philomena, Radegunde, Reinhilde, Rosalinde, Rosamunde, Rosemarie, Rudolfine, Sieglinde, Stephanie, Theodosia
10 Christiane, Florentine, Friedegund, Friederike, Gerhardine, Giselberta, Hildegunde, Klementine, Lieselotte, Margarethe, Marguerite, Reinfriede, Wendelgard, Wilhelmine

Frauenrechtlerin
11 Suffragette

Frauenstimmlagen
3 Alt
6 Sopran
8 Mezzoalt
9 Kontraalt
11 Mezzosopran

Frauenunterkleidung
7 Dessous

Frauenunterrock
8 Kotillon

Fräulein (Anrede auf)
englisch
4 Miss
französisch
12 Mademoiselle
italienisch
9 Signorina
spanisch
8 Señorita

frech
4 keck, kess
6 dreist, frivol, kiebig, pampig, patzig
7 flapsig, koddrig, unartig, vorlaut
8 geschert, kodderig, naseweis, schamlos
9 ungezogen, vorwitzig
10 nassforsch, ungesittet
11 impertinent, unverfroren
12 unmanierlich, unverschaemt

freche(r)
Göre
5 Range
Junge
6 Bengel, Lauser
7 Lausbub, Luemmel
Kerl
6 Lauser

Frechheit
8 Keckheit
11 Impertinenz
12 Dreistigkeit
14 Schamlosigkeit
15 Unverfrorenheit
16 Unverschaemtheit

frei
3 los
4 leer
5 frank, ledig, offen
6 franko, gratis, locker, vakant
7 umsonst
8 agogisch, zwanglos
9 degagiert, kostenlos, unbesetzt
11 emanzipiert, individuell, ungezwungen
ab hier
6 franko
9 portofrei
hängendes Ruhenetz
11 Haengematte
herabhängender Faden
6 Franse
lebend
4 wild
5 vagil
12 umherziehend
liegend
9 exponiert
machen
8 befreien
stehender Glockenturm
9 Campanile, Kampanile
von körperlichen Störungen
6 gesund
von Unebenheiten
5 glatt

Freiballongondel
4 Korb

Freibeuter
5 Kaper, Pirat
6 Korsar
10 Flibustier, Seeraeuber

Freibrief
7 Charter
8 Privileg
9 Vollmacht

Freidenker
8 Libertin
9 Dissident, Freigeist

freie(r)
Angriff
5 Coupe
Bauern des Mittelalters
9 Stedinger
Bewohner Spartas
8 Perioeke
Luftraum der Landtiere
6 Aerial
Platz
6 Vakanz
9 Esplanade
Raum im Stadtbild
5 Platz
Stelle
6 Vakanz
Überschlag
5 Salto
9 Luftrolle
Verteidiger
6 Libero
Zeit
5 Musse
12 Untaetigkeit

Freifrau
7 Baronin

Freifräulein
8 Baroness
9 Baronesse

freigebig
5 nobel
6 guetig
7 honorig, liberal
8 generoes, splendid
9 spendabel
11 grosszuegig

freigebiger
Gönner
6 Maezen
Mensch
7 Spender

Freigebühr
6 Franko

Freigehege für Tiere
8 Reservat

Freigeist
8 Libertin

freigelegter Vulkanschlot
4 Neck

Freigepäck
9 Franchise

Freigericht
4 Feme

freigestellt
10 fakultativ

Freigut im Mittelalter
5 Allod

Freigutsbesitzer
9 Freibauer

freiheitlich
7 liberal

Freiheitsgöttin
8 Libertas

Freiheitskämpfer
7 Brigant

Freiherr
5 Baron

Freikaufsumme
9 Loesegeld

Freikörperkultur
8 Nudismus

Freilichtfilmtheater
8 Autokino

Freilichtmalerei
8 Pleinair

freimachen
6 loesen
9 ausziehen, losloesen
10 frankieren
11 entbloessen
12 emanzipieren

Freimachung
9 Frankatur

Freimaurerbund
4 Loge
Freimut
9 Offenheit
11 Ingenuitaet
Freischärler
8 Guerilla, Partisan
11 Franktireur
gegen die Türken
7 Heiduck
freisinnig
7 liberal
13 vorurteilslos
Freisinniger
9 Liberaler
Freisprechung
10 Absolution
von Sünden
9 Vergebung
Freistilringer
7 Catcher
Freistoß
7 Eckball
Freitod
7 Seppuko
8 Harakiri
10 Selbstmord
Freitreppe an Burgen
5 Grede
Freiwilligentruppe
6 Legion
9 Freikorps, Freischar
Freizeit
5 Musse, Pause
6 Ferien, Urlaub
8 Erholung
12 Mussestunden
Freizeitarbeit
7 Basteln
9 Subbotnik
Freizeitberater
9 Animateur
11 Spielleiter
Freizeitbeschäftigung
5 Hobby, Spiel
7 Basteln, Passion, Spielen
11 Liebhaberei
12 Steckenpferd
Freizeitgestaltung
9 Animation
Freizeitsportanlage
9 Kegelbahn
Freizeitsportverein
9 Kegelclub, Kegelklub
Freizeitwerker
7 Bastler
fremd
6 extern, obskur
9 unbekannt
fremdartig
8 exotisch
Fremdbestäubung
9 Allogamie
Fremde
5 Ferne, Weite
7 Ausland
fremde Goldsucher
5 Walen
fremdenfeindlich
8 xenophob
fremdenfreundlich
8 xenophil
Fremdenführer
8 Cicerone, Dragoman
Fremdenverkehr
9 Tourismus, Touristik
Fremdkörper
im Blutgefäß
7 Embolus
im Gelenk
9 Enarthron
im Magma
8 Xenolith
fremdländisch
6 welsch
8 exotisch
fremdländische
Anziehungskraft
6 Exotik
Kunstwerke
7 Exotika
Fremdrassiger
4 Exot
5 Exote
fremdsprachliche(r, s)
Bestandteil
7 Adstrat
Wort
9 Exotismus
fremdstaatliches Gebiet in einem Staat
7 Enklave
Frequenzumsetzer
9 Konverter
fressen
5 aesen
Freude
4 Lust
5 Gaudi, Jubel, Spass, Wonne
6 Genuss
7 Gaudium
8 Frohsinn
9 Ergoetzen, Seligkeit
10 Vergnuegen
12 Wohlgefallen
15 Glueckseligkeit
am Auslachen
7 Mokerie
9 Spottlust
am Quälen
8 Sadismus
an Grausamkeit
8 Sadismus
an Prügeleien
8 Rauflust
Freudenausbruch
5 Jubel
8 Jubelruf
Freudengesang
9 Halleluja
freudig
4 froh
6 heiter
10 begeistert
freudlos
5 elend, trist
6 truebe, unfroh
7 desolat, traurig
8 betruebt, doloroso, elegisch, mauserig, wehselig
9 bedrueckt, depressiv, gedrueckt, wehmuetig
10 bekuemmert, deprimiert, truebselig
11 enttaeuscht, miesepetrig, truebsinnig
12 hintersinnig, nihilistisch, schwermuetig, ungluecklich
13 defaetistisch, melancholisch, pessimistisch
14 hypochondrisch
15 bregenklueterig, todungluecklich
16 schwarzseherisch
17 kreuzungluecklich
Freund
5 Spezi
6 Gespan, Kumpel
7 Haberer, Intimus, Kamerad, Partner
8 Gespiele
9 Begleiter, Gefaehrte, Konfident
10 Vertrauter
13 Herzensbruder
Freundeshalle
7 Wingolf
freundlich
4 lieb, nett
6 guetig, heiter
7 kordial
8 angenehm, charmant, herzlich
9 leutselig
10 unbewoelkt, warmherzig
11 ansprechend, liebenswert, sympathisch, verbindlich
14 liebenswuerdig
15 entgegenkommend
gesinnt
7 zugetan
freundliche(r, s)
Aufnahme
7 Anklang
8 Resonanz
Entgegenkommen
9 beau geste
Förderer
7 Goenner
Gesinnung
5 Guete, Gunst
7 Gutheit
10 Wohlwollen
Hinweis
3 Rat
Kentaur
6 Pholos
Freundlichkeit
5 Anmut
8 Nettheit

Freundschaft
9 Zuneigung
13 Verbundenheit
Freundschaftsdienst
8 Gefallen
Frevel
5 Untat
6 Suende
7 Unrecht
8 Verstoss
10 Laesterung, Verbrechen
13 Versuendigung
Friedensbewegung
10 Pazifismus
Friedensgott
7 Forseti
Friedensgöttin
6 Eirene
Friedenskuss
3 Pax
Friedenslehre
6 Irenik
Friedensliebe
6 Irenik
Friedenspfeife
7 Calumet, Kalumet
Friedenssymbol
8 Oelzweig
Friedhof
11 Gottesacker
Friedhofsanlage
4 Grab
5 Gruft, Stele
7 Grabmal
9 Grabkreuz, Grabstein, Mausoleum, Urnengrab, Urnenhain
10 Grabhuegel, Grabstelle
11 Gottesacker, Grabstaette
Friedhofsgebäude
6 Karner
8 Beinhaus
Friedhofstein
7 Grabmal
friedlich
4 brav, zahm
5 ruhig, still
9 arkadisch, gutmuetig, idyllisch
10 zutraulich
11 reibungslos
12 eintraechtig, vertraeglich
friedliches Nebeneinander
9 Auskommen
10 Koexistenz
Friesenherzog
6 Radbod, Ratbod
Friesfeld
8 Triglyph
9 Triglyphe
Friesiertisch
8 Toilette
friesisch:
Insel
3 Oge
Maria
5 Maike
Sonnabend
8 Satertag
Viehtränke
6 Feding
Friesische Inseln
4 Roem, Sylt
5 Amrum, Fanoe, Foehr, Hooge, Juist, Manoe, Oland, Romoe, Texel
6 Borkum, Griend, Groede, Oeland, Rottum
7 Ameland, Baltrum
8 Halligen, Langeoog, Pellworm, Suedfall, Vlieland
9 Langeness, Norderney
10 Nordstrand, Spiekeroog, Wangerooge
12 Terschelling
15 Schiermonnikoog
friesischer(s)
Beamtentitel
7 Staller
Männerkurzname
3 Jan
Männername
6 Gerrit, Ulfert
Schriftsteller
8 Frenssen
Frikativlaut
7 Spirans, Spirant
frisch
3 neu, vif
4 fest, jung
5 alert
6 gesund, munter, rezent
7 knackig, lebhaft
frischer
Obstsaft
9 Suessmost
Pflanzenpresssaft
4 Ysat
Frischhaltebehälter
8 Kuehlbox
Frischhaltegebäude
9 Kuehlhaus
Frischhaltezimmer
9 Kuehlraum
Frischhaltungsverfahren
13 Konservierung
Frischluftzufuhr im Bergbau
11 Bewetterung
Friseur
6 Figaro
7 Barbier, Barbutz, Stylist
8 Coiffeur
9 Barbutsch, Bartscher
11 Bartscherer, Haarpfleger
13 Haarkuenstler, Haarschneider
Frisierkunst
8 Coiffure
Frisiermittel, -geräte
4 Foen, Kamm
5 Foehn
6 Pomade, Schere, Wickel
7 Buerste, Shampoo
8 Haarnetz
9 Haarnadel, Haarspray, Kaltwelle
10 Brenneisen, Dauerwelle, Haarklemme, Haarspange, Haarwasser, Kopfwasser, Ondulation
11 Brennschere, Brillantine, Kopfmassage, Wasserwelle
12 Haarfestiger, Trockenhaube
13 Lockenwickler
Frisiertisch
8 Toilette
Frist
4 Ziel
6 Spanne, Termin
8 Aufschub, Stichtag, Stundung, Zeitraum
9 Intervall, Zeitpunkt
10 Bedenkzeit, Zeitspanne
14 Zahlungstermin
Frisur
4 Dutt
8 Haarnest
Frisurhalter
8 Haarnetz
9 Haarnadel
Frisurschmuck
9 Haarnadel
froh
6 heiter, lustig, munter
9 froehlich
frohe
Botschaft
10 Evangelium
Erwartung
9 Vorfreude
Frohgefühl
6 Freude
frohgemut
7 freudig
14 heiter gestimmt
fröhlich
6 heiter, lustig
fröhliche
Feier im kleineren Rahmen
4 Fete
Stimmung
10 Heiterkeit
Fröhlichkeit
7 Frohmut
frohlocken
6 jubeln
8 jauchzen
10 jubilieren
12 triumphieren
Frohsinn
10 Heiterkeit
13 Froehlichkeit
fromm
4 zahm
6 bigott
8 glaeubig, orthodox
9 kirchlich, religioes
10 andaechtig
12 gottglaeubig
14 strenggläubig
15 gottesfuerchtig

fromme(s)
Erzählung
7 Legende
Handlung
5 Gebet
7 Andacht
12 Gottesdienst
Versunkensein
7 Andacht
Frömmelei
10 Bigotterie
frömmelnd
5 devot
6 bigott
Frömmigkeit
7 Pietaet
12 Gottesfurcht
13 Gottvertrauen
Fronarbeit, -dienst
4 Joch
5 Robot
Frontgeländeteil
9 Abschnitt
Froschgattung
4 Rana
froschköpfiger ägyptischer Gott
4 Heka
Froschlarve
6 Quappe
10 Kaulquappe
Froschlurche
3 Aga
4 Unke
6 Kroete
8 Bergunke
9 Erdkroete, Taufrosch
10 Grasfrosch, Laubfrosch
11 Teichfrosch
12 Ochsenfrosch, Springfrosch, Wasserfrosch
Frostablagerung
7 Raureif
Frosterscheinung
8 Glatteis
Frostgebilde
8 Eisblock, Eisblume, Eisnadel
9 Eiszapfen
Frotteestoff
8 Frisella
zum Abtrocknen
8 Badetuch
Frucht
4 Kiwi
6 Limone
7 Zitrone
der Buche
5 Ecker
der Eiche
6 Eichel
der Gräser
8 Karyopse
der Heckenrose
9 Hagebutte
der Hülsenfrüchtler
7 Legumen
der wilden Rose
9 Hagebutte
des Hickory-Walnussbaums
9 Pecannuss
des Nadelbaumes
6 Zapfen
einer Palmenart
6 Dattel
im Mutterleib
5 Fetus
6 Embryo, Foetus
verschiedener Gewächse
6 Klause
Fruchtäther
5 Ester
Fruchtauszug
4 Saft
fruchtbar
9 produktiv
fruchtbare(r, s)
Boden
4 Klei
5 Humus, Loess
Bodenablagerung
5 Loess
Ebene
6 Boerde
Ebene im Libanon
4 Bika
Ebene in Algerien
7 Mitidja
Ebene in Österreich
8 Machland
Flussebene
6 Boerde
Gebiet in Indien
4 Doab
Küstenniederung
6 Marsch
Schwarzerde Indiens
5 Regur
Stelle in der Wüste
4 Oase
Fruchtbarkeit
11 Fertilitaet
Fruchtbarkeitsdämon
7 Silenos
Fruchtbarkeitsgeist
9 Kornmuhme
Fruchtbarkeitsgötter
3 Fro
4 Faun, Frey
5 Freyr
6 Faunus, Hermes
7 Priapos, Priapus
8 Dionysos
Fruchtbarkeitsgöttinnen
3 Deo
5 Ceres, Freia, Freya
6 Freyja
7 Artemis, Demeter, Nerthus, Njoerdr
Fruchtbecher
6 Cupula, Kupula
Fruchtbonbons
5 Drops, Rocks
Fruchtbrei
3 Mus
5 Gelee
7 Obstmus
8 Apfelmus
9 Marmelade
10 Konfituere
13 Brotaufstrich
Fruchtdrossel
6 Bulbul
10 Nachtigall
Früchte
in Alkohol
7 Rumtopf
tragendes Holz
8 Tragholz
tragendes Holzgewächs
8 Obstbaum
von Formbäumen
8 Formobst
Früchte und Obst
4 Kaki, Kiwi, Nuss
5 Apfel, Beere, Birne, Etrog, Feige, Gurke, Mango, Olive
6 Ananas, Banane, Calavo, Dattel, Limone, Mandel, Marone, Melone, Orange, Papaya, Quitte, Susine, Tomate
7 Avocado, Erdnuss, Guayave, Kirsche, Kuerbis, Limetta, Limette, Litschi, Pflaume, Satsuma, Walnuss, Zitrone
8 Aprikose, Erdbeere, Himbeere, Maracuja, Paranuss, Pfirsich, Pistazie, Zwetsche
9 Apfelsine, Bickbeere, Blaubeere, Brombeere, Cherimoya, Guanabana, Hagebutte, Haselnuss, Kokosnuss, Mandarine, Mirabelle, Nektarine, Pomeranze, Reneklode, Tangerine, Zwetschge
10 Bergamotte, Grapefruit, Klementine, Pampelmuse, Weintraube
11 Granatapfel, Heidelbeere, Honigmelone, Reineclaude
12 Preiselbeere, Stachelbeere
13 Johannisbeere
14 Advokatenbirne
15 Kapstachelbeere
Früchtebehälter
9 Obstkiste
Fruchteinbringung
9 Obsternte
Fruchtflüssigkeit
4 Saft
Fruchtform
5 Beere
6 Huelse, Kapsel, Schote, Traube

Fruchtgetränke
3 Obi
4 Limo, Most
5 Juice
7 Granito, Limetta, Sorbett, Zitrone
8 Limonade, Obstsaft
9 Apfelmost, Apfelsaft, Gramolata, Orangeade
10 Kirschsaft
11 Traubensaft
12 Apfelsprudel, Kirschensaft
15 Zitronensprudel
Fruchthülle
6 Huelse, Kapsel, Schale, Schote
8 Schlaube
Fruchthülse
6 Schale
7 Schelfe
Fruchtinneres
4 Kern
5 Stein
8 Gehaeuse
12 Kerngehaeuse
Fruchtknoten
7 Pistill, Stempel
Fruchtlager von Pilzen
6 Stroma
fruchtleere Getreidehalme
5 Stroh
Fruchtlikör
7 Ratafia
Fruchtmark
4 Pulp
5 Pulpa, Pulpe
Fruchtmus
3 Jam
8 Latwerge
9 Marmelade
10 Konfituere
Fruchtspeise
9 Obstsalat
Fruchtstandsformen
5 Aehre, Dolde, Rispe
6 Kolben, Spirre, Traube, Wickel, Zapfen
9 Kaetzchen
Fruchtzucker
8 Fructose, Fruktose
Frühchristen
9 Nazaraeer, Nazoraeer
frühchristliche(r, s)
betende Figur
5 Orant
6 Orante
Kirchenbau
8 Basilika
Missionar
7 Apollos
Religionslehre
6 Gnosis
Sekte
7 Doketen
Sektenangehöriger
5 Doket
Symbol
5 Fisch

früher
4 eher
5 einst
6 damals, vorher
7 ehemals, einstig
8 ehemalig, vorherig, zeitiger
9 einstmals, vorzeitig
frühere(r, s)
siehe: ehemalige(r, s)
Frühform
der Fotografie
9 Kalotypie
des Fagotts
7 Dolcian, Dulzian
frühgeschichtliche(r)
Urne
5 Zista, Ziste
Zeitabschnitt
7 Eiszeit
9 Eisenzeit, Steinzeit
10 Bronzezeit
Frühgottesdienst
5 Mette
Frühjahrsgemüse
7 Spargel
frühjapanisches Geschichtswerk
6 Kojiki
Frühling
4 Lenz
9 Maienzeit
Frühlingsblumen
5 Tulpe
6 Krokus, Primel
7 Anemone
8 Narzisse, Veilchen
9 Hyazinthe
10 Osterblume, Osterluzei
11 Osterglocke
13 Maigloeckchen
15 Schluesselblume
16 Schneegloeckchen
Frühlingsfest
6 Ostern
Frühlingsgöttin
6 Ostara
Frühlingsmonate
3 Mai
4 Juni
5 April, Maerz
7 Lenzing
9 Ostermond, Wonnemond
frühreif und vorlaut
7 altklug
Frühzeit menschlicher Kultur
8 Altertum
Fuchs in der Fabel
7 Reineke
8 Reinhart
Fuchsarten
5 Fenek
8 Eisfuchs, Rotfuchs
9 Blaufuchs, Graufuchs, Grisfuchs
10 Brandfuchs, Griesfuchs, Kreuzfuchs, Polarfuchs
11 Silberfuchs
12 Schwarzfuchs, Steppenfuchs, Wuestenfuchs
Fuchsbau in der Fabel
10 Malepartus
Fuchshai
8 Drescher, Seefuchs
Füchsin
5 Faehe
Fuchsschwanz
5 Lunte
6 Stange
9 Standarte
Fuchsschwanzgewächs
7 Iresine
Fuchsschwanzpflanze
7 Amarant
Fuchtel
4 Rute
5 Gerte, Knute, Stock
7 Kuratel
8 Peitsche
Fuder
6 Fracht
7 Ladegut
Fuge
3 Nut
4 Falz, Nute
5 Kanon, Spalt
6 Furche, Runzel
fugenloser Fußboden
7 Estrich
8 Terrazzo
fügsam
6 willig
8 gehorsam
Fühler
5 Palpe
6 Taster
7 Antenne
8 Tentakel
9 Tastorgan
Fuhre
6 Fracht, Ladung
führen
6 leiten, lenken
7 steuern
8 regieren
10 dirigieren
führende politische Stellung
8 Vormacht
Führer
6 Leader, Leiter
der englischen Kelten
9 Caratacus
der Ghibellinen
8 Ezzelino
der Lusitanier
8 Viriatus
der Lykier
8 Sarpedon
der mährischen Protestanten
8 Zierotin
der Makkabäer
5 Judas
der Siebenbürger Sachsen
4 Roth

der Wilden Jagd
4 Wode
des badischen Aufstands
6 Struve
des persischen Aufstands
9 Abu Muslim
des römischen Plebs
9 Popularen
durch unbekanntes Gebiet
5 Lotse
eines Übersetzschiffes
9 Faehrmann
eines Wasserfahrzeugs
8 Floesser
im 1. Kreuzzug
7 Tankred
im Bauernkrieg
7 Metzler
Führerin
der Geister
5 Holda
in einer Ausstellung
7 Hostess
Fuhrmann bei Hauptmann
8 Henschel
Fuhrmannsruf: links
4 Wist
Führung
5 Regie
7 Leitung
8 Benehmen, Betragen
9 Direktion
Führungseinheit
4 Stab
Führungsnachwuchs
7 Trainee
Führungsposition
8 Vormacht
Führungsstimme
4 Lead
Fuhrunternehmer
9 Spediteur
Fuhrwerk
5 Wagen
7 Gespann, Kutsche
Fuhrwerkkolonne
5 Treck
8 Wagenzug
Fuhrwerkslenker
8 Kutscher
Fuhrwerkteil
9 Ortscheit, Schwengel
Fuhse-Zufluss
3 Aue
Fulda-Zuflüsse
3 Ufe
4 Ahne, Aule, Eder, Solz
5 Bauna, Beise, Haune, Jassa, Losse
6 Nieste, Schmer
7 Altfell, Schlitz
Fuldastadt in Hessen
6 Kassel
Fülle
5 Masse, Menge
6 Anzahl
7 Andrang, Ausmass
8 Reichtum
10 Ueberfluss
Füllen
5 Enter
6 Fohlen
9 Jungpferd
einer Batterie
9 Aufladung
Füllgas für Leuchtröhren
4 Neon
5 Argon
7 Krypton
Füllgewebe
9 Parenchym
Füllmasse für Metallzeichnungen
6 Niello
Füllmaterial
5 Kapok
7 Seegras
Füllstück in der Druckform
4 Steg
Fundstätte
einer Venusstatue
4 Milo
in Oberägypten
6 Nagada
in Schleswig-Holstein
9 Krinkberg
nahe dem Toten Meer
6 Kumran, Qumran
von Mineralien
5 Lager
Fünf Bücher Mose
5 Thora
6 Exodus, Numeri
7 Genesis
9 Leviticus
10 Pentateuch
13 Deuteronomium
Fünfeck
8 Pentagon
Fünferzahlensystem
8 Pentadik
Fünfflächner
9 Pentaeder
fünffüßiger Jambus
9 Blankvers
fünfgliedrig
8 pentamer
Fünfmaß
10 Pentameter
Fünfpolröhre
7 Pentode
Fünfruderer
7 Pentere
fünfsprachige Bibel
8 Pentapla
fünfstimmiges Tonstück
8 Quintett
Fünfstromland
9 Pandschab
Fünftageeinheit
7 Pentade
Fünftagefieber
8 Quintana
fünfwertiger Alkohol
6 Arabit
fünfzackiger Stern
10 Drudenfuss, Pentagramm
fungieren
6 wirken
7 agieren
Funkamateur
(Abkürzung: old man)
2 OM
(englische Bezeichnung)
3 Ham
Funkanlage
6 Sender
9 Sendeturm
Funkdarbietung
7 Sendung
Funkfeuer
9 Radiobake
Funkkontaktstörung
8 Blackout
Funkmessverfahren
5 Radar
7 Peilung
Funknotruf
3 CQD, SOS
Funkortung
5 Radar
Funkstation
6 Sender
Funkstreife
10 Peterwagen
12 Polizeiwagen
13 Streifenwagen
15 Polizeifahrzeug
Funkstudio
9 Senderaum
Funktion
3 Amt
5 Zweck
7 Aufgabe
8 Leistung
9 Beziehung
10 Bestimmung, Taetigkeit
11 Verrichtung, Wirksamkeit
12 Obliegenheit
13 Abhaengigkeit
14 Dienstleistung
Funktionseinheit (EDV)
9 Prozessor
Funktionsstörungsfolge
9 Hochwuchs
Funktionsträger
5 Organ
Funkturm
9 Sendemast
Funkzubehör
7 Antenne
Funzel
5 Kerze, Lampe, Licht
für
2 je
3 per, pro
für alle Zeit
4 ewig
für den Turf trainiertes Tier
9 Rennpferd
für den Unterhalt Sorgender
9 Ernaehrer
für die Stadt charakteristisch
5 urban
für eine Aufführung üben
6 proben

für einen Zeitabschnitt geltend
7 epochal
für sich allein
7 einzeln, separat
Für und Wider
9 Antilogie
für vogelfrei erklären
8 verfemen
Fürbitten des römischen Breviers
6 Preces
Fürbittgebete
7 Ektenes, Ektenie, Memento, Synapte
Furche
3 Nut
4 Fuge, Nute
5 Falte, Rille, Rinne
6 Graben, Runzel
9 Querrinne
10 Bodenrinne, Einschnitt, Vertiefung
15 Bodenvertiefung
Furcht
5 Angst, Bange, Scheu
6 Grauen, Phobie
7 Schreck
12 Unsicherheit
erregend
7 gruslig
8 gruselig, schaurig
furchtbar
8 horribel
Furchtgefühl
5 Angst
6 Horror
7 Grausen
9 Besorgnis
furchtlose Offenheit
7 Freimut
8 Freisinn
furchtsam
4 feig
5 feige, timid
6 mutlos
7 zaghaft
10 aengstlich
Furnierholz
5 Limba
9 Mooreiche
Fürsorge
5 Obhut
6 Pflege
7 Obsorge
8 Aufsicht
9 Betreuung, Wohlfahrt
10 Versorgung
11 Altenpflege, Sozialhilfe
14 Aufmerksamkeit, Unterstuetzung
Fürsorger
7 Pfleger
Fürsorgestelle
9 Pflegeamt
Fürsorgeverbände
7 Caritas
10 Rotes Kreuz
13 Innere Mission
fürsorgliche Aufsicht
5 Obhut
Fürsprache
5 Gunst
9 Fuerbitte
Fürsprecher vor Gott
8 Paraklet
Fürst
3 Ras
4 Emir, Khan
5 Prinz
6 Dynast, Herzog, Kaiser, Koenig, Regent
7 Monarch
8 Erbprinz, Potentat, Principe
9 Herrscher, Imperator
10 Landesherr
11 Grossherzog
12 Serenissimus
der Eburonen
8 Ambiorix
der Fürsten
7 Hegemon
der Goldenen Horde
5 Usbek
der Moldau
8 Cantemir
von Antiochia
8 Bohemund
von Monaco
7 Rainier
von Montenegro
6 Danilo
von Moskau
8 Pueckler
von Siebenbürgen
5 Apafi
7 Bocskai, Rakoczi
Fürstenanrede
6 Hoheit
Fürstendoktor
8 Leibarzt
Fürstengeliebte
9 Kurtisane
Fürstenhaus
8 Dynastie
Fürstenhaus von Monaco
8 Grimaldi
Fürstenhaushalt
3 Hof
Fürstenhof
8 Residenz
in Ferrara
4 Este
Fürstenküchenchef
8 Leibkoch
Fürstennamen
6 Konrad, Lothar
7 Leopold, Philipp, Stephan
8 Waldemar
9 Ferdinand, Friedrich
Fürstensitz
5 Thron
8 Residenz
Fürstentitel
3 Duc, Ras, Zar
4 Duke, Emir, Khan
5 Bojar, Kalif, Mogul, Nabob, Negus, Schah, Tenno
6 Mikado, Prince, Sultan
7 Radscha
8 Empereur
9 Erzherzog, Padischah
10 Grossmogul
11 Grossfuerst, Maharadscha
Fürstentum
an der Côte d'Azur
6 Monaco
Großbritanniens
5 Wales
im Himalaja
6 Bhutan
in den Alpen
13 Liechtenstein
Fürstin
von Eboli
7 Mendoza
von Palmyra
7 Zenobia
Fürstin in Indien
8 Maharani
Anrede
6 Hoheit
8 Erlaucht
9 Majestaet
11 Durchlaucht
Emblem
5 Krone
6 Zepter
Fürstinnenname
8 Karoline, Mathilde
9 Katharina, Margarete
fürstliche(s)
Leibtruppe
5 Garde
Mustertruppe
5 Garde
Prachtgewand
6 Purpur
Privatkasse
9 Schatulle
Privileg im Mittelalter
9 Freibrief
fürwitzig
7 vorlaut
8 naseweis
Fürwort
8 Pronomen
Fuß
6 Sockel
der Raubtiere
5 Tatze
Fußabtreter
5 Matte
Fußballbegriffe
2 EM, WM
3 Aus, Cup, DFB, Elf, Tor
4 Ball, Ecke, FIFA, Foul, Goal, Hand, Netz, Pass, Rund, Solo, Team, UEFA
5 Bombe, Coach, Derby, Dress, Elfer, Kerze, Latte, Leder, Match, Mauer,

Pokal, Rasen, remis, Sturm
6 Abgabe, Abwurf, Balken, Corner, Finale, Flanke, Hammer, Kicker, Libero, Roller, Schiri, Sperre, Volley
7 Abpfiff, Abseits, Abstoss, Angriff, Anpfiff, Anspiel, Anstoss, Ausball, Deckung, Eckball, Einwurf, Fluegel, Pfosten, Praemie, Siegtor, Tormann, Tornetz, Torraum, Torwart, Trainer, Treffer, UEFA-Cup, Vorlage, Weltcup
8 Abschlag, Dribbeln, Eckstoss, Eigentor, Elfmeter, Endspiel, Fehlpass, Gehaeuse, Halbzeit, Hattrick, Kapitaen, Kopfball, Querpass, Rempelei, Tackling, Torlinie, Worldcup
9 Abstauber, Aufsetzer, Ausgleich, Ausputzer, Defensive, Dribbling, Flutlicht, Freistoss, Handspiel, Offensive, Pressball, Querlatte, Rote Karte, Rueckgabe, Selbsttor, Spielfeld, Steilpass, Strafraum, Torjaeger, Weltpokal
11 Abwehrmauer, Faustabwehr, Glanzparade, Kombination, Lattenkreuz, Linksaussen, Mauertaktik, Mittelkreis, Mittellinie, Robinsonade, Rueckzieher, Seitenlinie, Spielmacher, Steilschuss, Sturmspitze
12 Abseitsfalle, Abstaubertor, Abwehrparade, Freistosstor, Innenpfosten, Lattenschuss, Platzverweis, Rechtsaussen, Regionalliga, Spielabbruch, Steilvorlage
13 Aussenpfosten, Bilderbuchtor, Elfmeterpunkt, Ersatzspieler, Nachspielzeit, Pfostenschuss, Regelverstoss, Seitenwechsel, Verlaengerung, Wiederanpfiff
14 Angriffsspitze, Reservespieler, Torwarttrainer
15 Abseitsstellung, Angriffsspieler, Fallrueckzieher, Kopfballtreffer
16 Freistosstreffer, Hintermannschaft
17 Auswechselspieler, Elfmeterschiessen

Fußballspieler
6 Keeper, Kicker, Libero
7 Laeufer, Stopper, Tormann, Torwart
8 Stuermer
9 Ausputzer, Torhueter
10 Goalkeeper, Vorstopper
11 Linksaussen, Verteidiger
12 Halbstuermer, Rechtsaussen
13 Mittellaeufer
14 Mittelstuermer

Fußbekleidung
5 Boots, Clogs, Pumps, Schuh, Socke
6 Opanke, Spikes
7 Pantine, Sandale, Slipper, Stiefel, Strumpf
8 Galosche, Latschen, Mokassin
9 Babyschuh, Badeschuh, Bundschuh, Fuessling, Halbschuh, Hausschuh, Holzschuh, Lackschuh, Pantoffel, Pelzschuh, Schlappen, Schuhwerk, Soeckchen, Struempfe, Turnschuh
10 Gummischuh, Lederschuh, Sandalette, Sportschuh, Ueberschuh, hoher Schuh
11 Halbstiefel, Kniestrumpf, Lackstiefel, Stiefelette, Strumpfhose
12 Gummistiefel, Gummistrumpf, Knobelbecher, Schnuerschuh
13 Schaftstiefel, Strassenschuh
14 Schnuerstiefel, Wildlederschuh

Fußbodenbeläge, -arten
3 PVC
5 Diele
6 Fliese, Perser, Platte
7 Balatum, Bruecke, Estrich, Galerie, Laeufer, Parkett, Teppich
8 Linoleum, Stragula, Terrazzo
13 Orientteppich, Perserteppich

Fußbodenbrett
5 Diele

Fußbodenerhöhung
7 Estrade

Fußbodenöffnung
8 Falltuer

Fußbodenplatte
6 Fliese

Fußbodenwischer
4 Mopp

Fußgänger(in)
7 Passant
8 Wanderin
9 Passantin, Wandrerin

über Land
8 Wanderer

Fußgängerpfad
9 Wanderweg

Fußgestell
6 Podium, Sockel
9 Piedestal

Fußgicht
7 Podagra

Fußglied
3 Zeh
4 Zehe
9 Grosszehe

Fußhebel
5 Pedal
10 Tretkurbel

Fußknöchel
5 Enkel

Fußknochen beim Pferd
9 Roehrbein

fußlose(s)

Insektenlarve
4 Made

Kriechtier
8 Schlange

Tier
4 Wurm
9 Regenwurm

Tiergruppen
6 Apoden

Fußmarsch
9 Wanderung

Fußmatte
8 Abtreter

Fußmissbildung
9 Plattfuss

Fußpfad
3 Weg
4 Steg
5 Steig, Stieg

Fußpflege
9 Pedikuere

Fußpflegerin
9 Pedikuere

Fußpunkt
5 Basis, Nadir

Fußsoldaten
9 Fuesilier, Grenadier, Musketier
11 Infanterist

Fußspur
5 Tapfe

6 Stapfe, Tapfen
7 Stapfen

Fußteile
3 Zeh
4 Rist
5 Ferse, Nagel, Sohle, Spann
6 Ballen, Fessel, Gelenk
8 Knoechel
10 Zehennagel
12 Sprunggelenk
13 Achillesferse

bei Insekten
6 Tarsus

von Blättern
7 Scheide

Fußtruppe
10 Infanterie

Fußverformung
8 Senkfuss

Fußwaschung
8 Mandatum

Fußweg
4 Pfad
8 Bergpfad, Gehsteig, Trottoir
10 Wanderpfad
11 Spazierpfad, Trampelpfad
12 Buergersteig

Futteral
4 Dose, Etui
6 Beutel, Huelle, Kapsel
9 Behaelter, Schachtel
16 Brillenbehaelter

Futterbehälter
4 Napf, Trog
5 Raufe
6 Krippe

Futtererbse
9 Sandwicke

Futterergänzung für Tiere
9 Leckstein

Futtergefäß
9 Fressnapf

Futtergestell im Stall
5 Raufe

Futtergras
3 Ray
9 Goldhafer

Futterkrippe
5 Raufe
8 Heuraufe

Futterpflanzen, -mittel
3 Heu
4 Gras, Klee, Korn, Mais
5 Hafer, Kleie, Ruebe, Spark, Spreu, Stroh, Wicke
6 Gerste, Lupine, Mucuna, Schrot, Silage, Wurzel
7 Luzerne, Melasse, Rotklee, Ruebsen, Spergel
8 Gelbklee, Getreide, Haecksel, Markkohl, Mondklee
9 Fischmehl, Juckbohne, Kartoffel, Kohlruebe, Maiskleie, Peluschke, Puffbohne, Reisstroh, Saatwicke, Sanderbse, Schafklee, Steinklee, Weissklee
10 Esparsette, Ewiger Klee, Serradella, Serradelle, Topinambur
11 Runkelruebe

Futterplatz
8 Schuette

Futtersaft der Weisel
8 Apiserum

Futterschwarzwurzel
7 Comfrey

Futterspeicher
4 Silo

Futterstoff
5 Serge, Twill
6 Koeper
7 Viskose
9 Levantine

Futtertrog
6 Krippe

Fütterung
6 Atzung, Greife
9 Kroepfung

Fütterungsverfahren
8 Maestung

Futur(um)
7 Zukunft

Gabe
an den Täufling
9 Patenwein
an eine Gottheit
5 Opfer
beim Gottesdienst
8 Messwein
des Zurechtfindens
8 Ortssinn
sich geistreich zu äußern
4 Witz
Gabeldeichsel
4 Anse
gabelförmige(r, s)
Gaffelende
4 Klau
Zweig
7 Zwiesel
Gabelfrühstück
5 Lunch
6 Imbiss
8 Dejeuner
Gabelhirsch
6 Gabler
Gabelteil
5 Zinke
Gabelweihe
5 Milan
8 Rotmilan
Gabun
Bevölkerung
7 Gabuner
9 Gabonesen
Fluss
6 Ogooué
Hauptstadt
10 Libreville
Kap
5 Lopez
Nationalparks
5 Wonga
11 Petit-Loango
Politiker
3 Mba
5 Bongo
Städte und Orte
5 Booué, Kango
6 Moanda, Ndjolé, Owendo
7 Belinga, Mekambo
8 Kinguélé
9 Lambaréne
10 Port Gentil
11 Franceville
Volksstämme
4 Fang
5 Bantu, Mbete
6 Bakota, Batéké, Omyene, Pangwe
7 Eschira
8 Pygmaeen
Währung
5 Franc
7 Centime
Gaffelsegel
5 Besan
galaktische Erscheinung
8 Gasnebel
Galakutsche
7 Karosse
Galapagosinsel
7 Isabela
8 Floreana
9 Santa Cruz
Galapagosleguan
9 Meerechse
Galeerensklave
6 Galeot
Galerie
4 Gang
6 Empore, Museum
13 Kunstsammlung
in Florenz
8 Uffizien
Galgenvogel
4 Lump
6 Gauner
9 Betrueger
Gallenfarbstoff
8 Urobilin
9 Bilirubin
Gallert
3 Gel, Jus
5 Aspik, Gelee
8 Gelatine
Gallerterzeuger
6 Pektin
8 Agar-Agar
gallischer Volksstamm
5 Bojer
6 Aeduer
8 Arverner, Carnuten
Gambia
Bevölkerung
7 Gambier
Flughafen
6 Jundum, Yundum
Fluss
6 Gambia
Hauptstadt
6 Banjul
Hauptstadt (früher)
8 Bathurst
Insel
10 Jamesinsel
Nationalpark
12 Baboon Island
Politiker
6 Jawara
Volksstämme
3 Aku, Ful
4 Jolá
5 Djola, Fulbe, Wolof
6 Fulani
7 Malinké
8 Mandingo
Währung
5 Butut
6 Dalasi
Gämsbüffel auf Celebes
4 Anoa
Gämsenhorn
6 Krucke
Gämshorngewächs
8 Martynia
Gämsleder
7 Chamois
Gandhis Titel
7 Mahatma
Gang
des Viehs auf die Alm
8 Auftrieb
ins Reich der Toten
9 Katabasis
Gangart
des Islandponys
5 Toelt
des Pferdes
4 Pace, Trab, Zelt
6 Galopp, Kanter, Parade
7 Passage, Schritt
8 Karriere
Ganges-Mündungsarme
5 Hugli
6 Meghna
10 Haringhate
Ganges-Zuflüsse
3 Son
4 Kosi, Kusi
5 Gogra, Gumti
6 Gandak
8 Dschamna, Ramganga
Gangregler der Uhr
5 Unruh
6 Pendel
Gangster
6 Bandit
7 Mobster
9 Erpresser, Racketeer
Gangsterorganisation
8 Syndikat
Ganove
6 Ganeff, Gauner
Gänschen
7 Goessel
Gänseblümchen
8 Masslieb
9 Margerite
10 Gichtkraut
11 Ochsenkraut
12 Massliebchen
13 Tausendschoen
Gänsedistel
7 Sonchus
Gänsefußgewächse
5 Melde, Ruebe
6 Kochia, Kochie, Spinat, Suaeda
8 Radmelde
9 Dornmelde, Reismelde, Salzkraut, Salzmelde, Sodakraut
Gänsekresse
6 Arabis
Gänserich
6 Ganser, Ganter
ganz
3 gar
4 heil, sehr, voll
5 total
6 intakt
7 restlos, voellig, vollauf
8 komplett, pauschal
10 lueckenlos, unverletzt, vollkommen
12 vollstaendig

16 hundertprozentig
dünn
8 haarfein, kapillar
erfüllt
7 manisch
8 besessen
im Stillen
9 insgeheim
sicher
8 wahrlich, wirklich
und gar
7 restlos, voellig
gänzlich
5 total
8 vollends
gar
13 durchgebacken, fertig gekocht
Garant
6 Buerge, Kavent
Garderobe
6 Ablage
8 Ankleide, Kleidung
12 Kleiderhaken, Umkleideraum
13 Kleiderablage
15 Kleiderstaender
Gardesoldat
7 Gardist
Gardine
5 Store
7 Vorhang
Gardinengewebe
5 Tuell, Voile
6 Etamin
7 Estamin
11 Marquisette
gärender Most
5 Sturm
6 Sauser
7 Brauser
8 Kraetzer, Rauscher, Stuermer
12 Federweisser
Gärfutter
6 Silage
8 Ensilage
Gärfutterbehälter
4 Silo
Gärfutterbereitung
6 Silage
8 Ensilage
Gärmittel
4 Hefe
5 Enzym
6 Drusen, Maltin
7 Ferment
8 Weinhefe
Garn
5 Faden, Mungo, Zwirn
6 Bouclé, Buklee
7 Mouliné, Mulinee
8 Gespinst
aus Flachsabfällen
7 Linofil
für Möbelstoffe
4 Weft
herstellender Betrieb
9 Spinnerei
Garnelenart
5 Kroat
6 Granat, Krabbe, Shrimp
7 Schrimp
8 Krevette
Garnfeinheitsgrad
6 Denier
Garnhaspel
5 Weife
Gärniederschlag
4 Trub
8 Gelaeger
garnieren
9 verzieren
10 dekorieren
Garnitur
3 Set
Garnkörper
7 Koetzer
Garnmaß
5 Docke
6 Strang
7 Buendel, Gebinde
in England
4 Slip
Garnrolle
5 Spule
6 Haspel
Garnspule
6 Bobine
Garnsträhne
5 Docke
Garnstrang
5 Docke
Garnwinde
5 Weife
6 Haspel
Garonne-Zuflüsse
3 Lot, Lys
4 Gers, Hers, Noue, Tarn
5 Baise, Ciron, Dropt, Salat
6 Gimone, Seoune, Touche
Gärschaum
7 Kraeuse
Garten am Ölberg
9 Getsemani
10 Gethsemane, Gethsemani
Garten Gottes
4 Eden
6 Himmel
7 Elysium
8 Paradies
Gartenammer
7 Ortolan
Gartenanlage
4 Beet, Park
5 Rasen
7 Rabatte, Rondell
Gartenblumen
4 Lack, Rose
5 Aster, Gilke, Lilie, Malve, Nelke, Phlox, Tulpe
6 Akelei, Dahlie, Funkie, Krokus, Primel, Reseda, Zinnie
7 Althaea, Anemone, Aurikel, Begonie, Fuchsie, Geranie, Paeonie, Petunie, Tagetes
8 Gladiole, Gloxinie, Goldlack, Goldwurz, Moosrose, Narzisse, Taglilie, Veilchen
9 Amaryllis, Bandblume, Edelnelke, Gichtrose, Herzlilie, Hortensie, Hyazinthe, Stockrose
10 Loewenmaul, Strohblume
11 Osterglocke, Pfingstrose, Ringelblume, Rittersporn, Sonnenblume
12 Chrysantheme, Glockenblume, Schwertlilie
13 Maigloeckchen
16 Schneegloeckchen, Stiefmuetterchen, Vergissmeinnicht
Gartenboden
8 Hortisol
Gartenbodenzusatz
8 Torfmull
Gartenerzeugnisse
4 Kohl, Obst
7 Gemuese
8 Kraeuter
9 Kartoffel
Gartenfest mit Spießbraten
8 Barbecue
Gartenfrucht
6 Tomate
7 Kuerbis
9 Cucurbita
13 Paradiesapfel
Gartengeräte
5 Forke, Hacke, Harke, Sense
6 Rechen, Schere, Spaten
8 Schaufel
9 Astschere, Baumsaege, Haecksler
10 Baumschere, Giesskanne, Schubkarre
11 Rasenmaeher
12 Heckenschere
13 Vertikutierer
15 Kantenschneider
16 Haeckselmaschine
Gartenhaus
5 Kiosk, Laube
8 Pavillon
9 Wohnlaube
Gartenpavillon
9 Gloriette
Gartentempel
10 Monopteros
gärtnerische Anlage
8 Mistbeet, Moorbeet, Saatbeet, Warmbeet
9 Blumenuhr, Fruehbeet, Treibhaus
Gärtnermesser
5 Hippe

Gärungsamylalkohol
8 Fuseloel
Gärungslehre
9 Zymologie
Gärungsmittel
4 Hefe
Gas
als Brennstoff
5 Butan
6 Methan, Propan
8 Acetylen, Azetylen
in Stahlflaschen
8 Pressgas
Gasausbruch (Sonne)
8 Eruption
Gasdruck
7 Tension
Gasdruckmessgerät
9 Alphatron, Ringwaage
gasförmige(r)
Arsenwasserstoff
5 Arsin
Grundstoffe
4 Neon, Ozon
5 Argon, Radon, Xenon
6 Helium, Thoron
7 Aktinon, Edelgas, Krypton
10 Sauerstoff, Stickstoff
11 Wasserstoff
Stoff
5 Dampf
8 Acetylen
Verbindung
8 Ammoniak
Zustand
5 Dampf
Gasleitung
8 Pipeline
Gaspedalstellung im Automatikauto
8 Kickdown
Gassammelbehälter
9 Gasometer
Gassenjunge
5 Gamin
Gassenvogel
5 Spatz
8 Sperling
Gast
7 Fremder, Tourist
8 Besucher, Urlauber
bei Vorträgen
8 Zuhoerer
Gäste in Tierbauten
9 Einmieter
Gästebediener
4 Ober
7 Kellner, Steward
11 Oberkellner
Gästebetreuerin
7 Hostess
Gästeversorgung
9 Bewirtung
Gastgeber
4 Wirt
8 Hausherr
Gasthaus
3 Bar
5 Hotel, Lokal, Motel
6 Kneipe
7 Pension, Schenke, Taverne
8 Schaenke
9 Wirtshaus
10 Nachtlokal, Restaurant, Wirtschaft
Gasthausangestellter
4 Ober
7 Kellner, Pikkolo
11 Oberkellner
Gasthausbesuch
7 Einkehr
Gasthörer
9 Hospitant
Gastmahl
5 Diner, Essen
7 Bankett
9 Festessen
Gastmitgliedschaft
9 Hospitanz
Gastparlamentarier
9 Hospitant
Gastpflanze
11 Schmarotzer
Gastronom
4 Wirt
8 Gastwirt, Hotelier
Gastronomie
9 Kochkunst
Gastspielreise
7 Tournee
Gaststätten
3 Bar, Inn, Pub
4 Café
5 Hotel, Logis, Lokal, Motel
6 Bistro, Bodega, Budike, Butike, Casino, Kasino, Kneipe, Posada
7 Albergo, Bierbar, Kantine, Osteria, Rasthof, Schenke, Taberne, Taverne
8 Destille, Dorfkrug, Eisdiele, Herberge, Milchbar, Rasthaus, Schaenke, Schwemme, Spelunke, Tanzcafé, Teestube, Weinhaus
9 Bierstube, Kaschemme, Kretscham, Nachtklub, Ratsstube, Trattoria, Weinlokal, Weinstube, Wirtshaus
10 Bierkeller, Kaffeehaus, Konditorei, Nachtlokal, Ratskeller, Restaurant, Trinkstube, Weinkeller
11 Imbisshalle, Imbissstube, Kaffeestube, Raststaette, Weinschenke, Winzerstube
12 Weinschaenke
13 Stehbierhalle
Gaststättenbesitzer
9 Gastronom
Gaststättengewerbe
10 Hotellerie
11 Gastronomie
Gasttier
7 Epizoon
Gastwirt
7 Budiker
8 Trattore
9 Gastronom, Kneipwirt
12 Restaurateur
Gasuhrkontrolleur
7 Ableser
Gatte
4 Mann
6 Gemahl
7 Ehemann, Gespons
der Abigail
5 David, Nabal
der Aerope
6 Atreus
der Agaue
6 Echion
der Aglaia
4 Abas
der Aischa
8 Mohammed
der Aja
6 Haimon
der Alkeste
7 Admetos
der Alkmene
10 Amphitryon
der Amphitrite
8 Poseidon
der Andromache
6 Hektor
der Andromeda
7 Perseus
der Antiope
7 Theseus
der Aphrodite
8 Hephaest
10 Hephaestus, Hephaistos
der Arete
8 Alkinoos
der Ariadne
8 Dionysos, Dionysus
der Bathseba
4 Uria
5 David, Urias
der Baucis
8 Philemon
der Begum
7 Aga Khan
der Brunhilde
7 Gunther
der Cassiope
7 Kepheus
der Deianira
8 Herakles, Herkules
der Desdemona
7 Othello
der Dido
8 Sychaeus
der Elsa von Brabant
9 Lohengrin
der Embla
3 Ask
4 Askr

5 Asker
der Enite
4 Erec, Erek
der Eurydike
7 Orpheus
der Eva
4 Adam
der Fatima
3 Ali
der Freia
3 Fro
der Frigg
4 Odin
5 Wodan, Wotan
der Gäa
6 Uranos
der Glauke
5 Iason, Jason
der Hagar
7 Abraham
der Hebe
8 Herakles
der heiligen Anna
7 Joachim
der Hekabe
7 Priamos, Priamus
der Helche
5 Etzel
der Helena
5 Paris
8 Menelaos, Menelaus
9 Deiphobos
der Hera
4 Zeus
der Herodias
7 Herodes
der Hippodameia
6 Pelops
der Hippolyta
7 Theseus
der Iduna
5 Bragi
der Ino
7 Athamas
der Iokaste
5 Laios
7 Oedipus
der Isis
6 Osiris
der Isolde
5 Marke
der Josephine
8 Napoleon
der Juno
7 Jupiter
der Kassiopeia
7 Kepheus
der Klytämnestra
9 Agamemnon
der Kreusa
5 Iason, Jason
6 Aeneas
der Kriemhild
5 Etzel
9 Siegfried
der Lavinia
6 Aeneas
der Lea
5 Jakob
der Leda
9 Tyndareos
der Maja
6 Vulkan
der Maria
6 Joseph
der Maria Stuart
5 Franz
7 Darnley
der Mariamne
7 Herodes
der Marie-Louise
8 Napoleon
der Medea
5 Iason, Jason
der Mut
4 Amon, Amun
5 Ammon
der Nanna
5 Baldr
6 Balder, Baldur
der Nephthys
3 Set
4 Seth
der Niobe
7 Amphion
der Nofretete
8 Echnaton
9 Amenophis
der Nott
8 Doegling
9 Naglfarri
der Nut
3 Geb
der Nyx
6 Erebos, Erebus
der Oinone
5 Paris
der Penelope
8 Odysseus
der Persephone
5 Hades, Pluto
der Phädra
7 Theseus
der Prokne
6 Tereus
der Proserpina
5 Orkus
der Rahel
5 Jakob
der Ran
5 Aegir
der Rebekka
5 Isaak
der Rhea
6 Kronos, Uranos
der Rhodope
9 Kandaules
der Ruth
4 Boas, Boaz, Booz
der Sachmet
4 Ptah
der Sara
7 Abraham
der Semiramis
5 Ninus
der Sif
4 Thor
5 Donar
der Sita
4 Rama
der Tefnut
3 Shu
4 Schu
der Tethys
7 Okeanos
der Thetis
6 Peleus
der Thusnelda
5 Armin
7 Hermann
8 Arminius
der Titania
6 Oberon
der Ute
6 Gibich
7 Dankrat
8 Sigeband
der Venus
8 Hephaest
10 Hephaestos, Hephaistos
der Xanthippe
8 Sokrates
Gatter
4 Zaun
6 Gitter
8 Wildzaun
Gatterholz
9 Zaunpfahl
Gattin
4 Frau
7 Ehefrau
8 Gemahlin
ägyptischer Könige
6 Nofret
9 Nofretete
des Abraham
4 Sara
5 Hagar, Sarah
des Adam
3 Eva
des Admetos
7 Alkeste
8 Alkestis
des Aga Khan
5 Begum
des Agamemnon
13 Klytaemnestra
des Ägir
3 Ran
des Ahab
6 Isabel
7 Iezabel
des Ahasver
6 Esther
des Alboin
9 Rosamunde
des Alkinoos
5 Arete
des Amenophis IV.
9 Nofretete
des Amor bei Apuleius
6 Psyche
des Amphion
5 Niobe
des Amphitryon
7 Alkmene

des Äneas
6 Kreusa
7 Lavinia
des Aquila
6 Prisca, Priska
des Arminius
9 Thusnelda
des Artus
7 Ginevra
des Atreus
6 Aerope
des Augustus
5 Livia
des Bacchus
7 Ariadne
des Balder
5 Nanna
des Baldur
5 Nanna
des Borea
9 Oreithyia
des Brahma
9 Saraswati
des Claudius
9 Agrippina
des David
6 Michal, Michol
7 Abigail
8 Bathseba
9 Bethsabee
des Deukalion
6 Pyrrha
des Dionysos
7 Ariadne
des Dogen
9 Dogaressa
des Donar
3 Sif
des Einhard
4 Imma
des Erebus
3 Nyx
des Erek
5 Enite
des Etzel
6 Helche
9 Kriemhild
des Freyr
4 Gerd
des Fro
5 Freia
6 Freyja
des Germanicus
9 Agrippina
des Giselher
9 Dietlinde
des Götzen Baal
5 Baala
des Gunther
8 Brunhild
9 Bruenhild, Brunhilde
10 Bruenhilde
des Hades
10 Persephone
des Haimon
3 Aja
des Hektor
10 Andromache
des Hephästos
9 Aphrodite
des Herakles
4 Hebe
8 Deianira
des Hermann
9 Thusnelda
des Herodes
8 Mariamne
des Herodes Antipas
8 Herodias
des Iapetos
7 Klymene
des Iason
5 Medea
6 Glauke, Kreusa
des Idas
8 Marpessa
des Isaak
7 Rebekka
des Iwein
7 Laudine
des Jakob
3 Lea
5 Rahel
6 Rachel
des Jupiter
4 Juno
des Kadmos
8 Harmonia
des Kandaules
7 Rhodope
des Keleos
9 Metaneira
des Kepheus
8 Cassiope
10 Kasseopeia, Kassiopeia
des Königs Attila
6 Ildico
des Königs Keyx
8 Halkyone
des Königs Lykos
5 Dirke
des Königs Marke
6 Isolde
des Kresphontes
6 Merope
des Kronos
4 Rhea
5 Rheia
des Laios
7 Iokaste
des letzten Schahs
5 Farah
6 Soraya
des Lohengrin
4 Elsa
des Ludwig Bonaparte
8 Hortense
des Marcus Antonius
7 Octavia
des Marke
6 Isolde
des Mausolos
9 Artemisia
des Menelaos
6 Helena
des Minos
8 Pasiphae
des Mohammed
6 Aischa
des Nabal
7 Abigail
des Nero
7 Octavia, Oktavia
des Oberon
7 Titania
des Odin
4 Fria
5 Frigg, Frija
6 Frigga
des Ödipus
7 Iokaste
des Odysseus
8 Penelope
des Okeanos
6 Tethys
des Orest
8 Hermione
des Orkus
10 Proserpina
des Orpheus
8 Eurydike
des Osiris
4 Isis
des Othello
9 Desdemona
des Paris
6 Helena, Oinone
des Peleus
6 Thetis
des Pelops
11 Hippodameia
des Perikles
7 Aspasia
des Perseus
9 Andromeda
des Philemon
6 Baucis
des Phorkys
4 Keto
des Poseidon
10 Amphitrite
des Priamos
6 Hekabe, Hekuba
des Ptah
7 Sechmet
des Rama
4 Sita
des Salomo
5 Salme
des Saturn
6 Tellus
des Schiwa
6 Shakti
des Siegfried
9 Kriemhild
des Sisyphos von Korinth
6 Merope
des Sokrates
9 Xanthippe
des Staatschefs
9 First Lady
des Tarquinius
8 Lucretia
des Theseus
7 Antiope, Phaedra
9 Hippolyta

des Thor
3 Sif
des Uranos
4 Gaea, Gaia
des Urias
7 Batseba
8 Bathseba
des Vulkan
4 Maja
des Xerxes
6 Esther
des Zeus
4 Hera, Here
5 Dione, Metis
eines Peers
7 Peeress
von Alexander dem Großen
6 Roxane
von Amenophis III.
4 Teje
von Artaxerxes II.
8 Stateira
von Darius III.
8 Stateira
von Heinrich VI.
9 Konstanze
von Heinrich VIII.
6 Boleyn
von Herodes dem Großen
8 Mariamne
von Justinian I.
8 Theodora
von König David
8 Bathseba
von Konrad II.
6 Gisela
von Konstantin dem Großen
6 Fausta
von Luther
4 Bora
von Napoleon I.
9 Josephine
11 Marie-Louise
11 Marie-Lousie
von Napoleon III.
7 Eugenie
von Otto I.
8 Adelheid
von Otto II.
9 Theophanu
von Robert Schumann
5 Wieck
von Strindberg
4 Siri
von Mozart
9 Konstanze

Gattung
3 Art, Typ
5 Genre, Genus, Rasse, Sippe, Sorte
6 Gruppe, Klasse
7 Ordnung, Spezies
9 Kategorie
10 Geschlecht
Affenbrotbaum
9 Adansonia
amerikanisch-asiatischer Sträucher
5 Nyssa
amerikanischer Stärlinge
8 Trupiale
Andorn
9 Marrubium
ausgestorbener Muscheln
9 Gervillia
Drachenmaul
8 Horminum
Fingerhirse
9 Digitaria
Germer
8 Veratrum
Gerste
7 Hordeum
Grundnessel
8 Hydrilla
Kreuzblume
8 Polygala
Maulbeerartige
7 Maclura
Mohngewächse
8 Dicentra
Nelke
8 Dianthus
Odermennig
9 Agrimonia
Rosskastanie
8 Aesculus
Rübe
4 Beta
Salvadora im Alten Testament
8 Senfbaum
Schleichkatzen
9 Herpestes
Spargel
9 Asparagus
Ysop
8 Hyssopus

Gau
6 Bezirk, Gebiet
7 Provinz
10 Atomunfall

Gaudium
3 Fez
5 Spass
6 Freude
10 Vergnuegen

Gaukelei
9 Blendwerk
10 Hokuspokus, Taeuschung

Gaukler
5 Fakir
6 Magier
7 Magiker
8 Zauberer
9 Betrueger
11 Illusionist

Gaumenlaut
7 Palatal
8 Guttural

Gaumensegel
5 Velum

Gaumensegellaut
5 Velar

Gaumenzäpfchen
3 Huk
5 Uvula

Gauner
4 Dieb, Lump
6 Diebin, Fallot, Falott, Ganeff, Ganove, Nepper
7 Ganovin, Halunke, Stehler
8 Baldower, Gangster, Nepperin, Tagedieb
9 Betrueger, Erpresser, Ladendieb, Schlepper, Stehlerin
10 Schwindler
11 Betruegerin, Erpresserin, Hochstapler, Schlepperin
12 Schwindlerin
13 Bauernfaenger, Erbschleicher

Gaunerei
6 Betrug, Racket
10 Erpressung
12 Niedertracht

Gaunersprache
4 Cant
5 Argot
9 Rotwelsch

Gaunersprache:
auskundschaften
9 baldowern
ausplündern
8 fleddern
Diebesgut
4 Sore
falscher Geldschein
6 Bluete
Gefängnis
5 Knast
8 Kittchen
Geld
4 Kies, Moos
5 Kohle, Pinke
6 Maeuse, Zaster
Kokain
4 Koks
Münzfälscher
6 Kipper, Wipper
Polizist
5 Bulle, Polyp
Verständigungszeichen
5 Zinke
Wache
8 Schmiere

Gaunerzeichen
5 Zinke

Gazegewebe
6 Etamin
7 Estamin

Gazellen
siehe: Antilopen

Gazette
7 Journal, Zeitung

Geäst eines Baumes
7 Astwerk

geäußerter Wunsch
5 Bitte

Gebäck in Brötchenform
7 Brioche

gebackene(s) *Kartoffelscheibchen*
5 Chips

Speise
7 Auflauf
Weißbrotscheibe
7 Crouton
Gebäckzutat
6 Mandel
Gebälkträger
7 Telamon
in Menschengestalt
6 Atlant
9 Kanephore, Karyatide
geballte Hand
5 Faust
geballte Masse
7 Klumpen
gebändigt
4 zahm
Gebärde
5 Geste
8 Bewegung
9 Attituede
Gebärdenspiel
5 Mimik
9 Pantomime
Gebärdensprache
5 Mimik
13 Gestikulation
Gebaren
7 Habitus
Gebärmutter
6 Uterus
Gebäude
3 Bau
4 Burg, Haus, Kate
5 Kiosk, Laube, Villa
6 Chalet, Huette, Kasino, Museum, Palais, Palast, Tempel
7 Eckhaus, Schloss
8 Bungalow, Landhaus, Pavillon, Schuppen, Wohnheim, Wohnturm
9 Barockbau, Blockhaus
Gebäudeabbruch
6 Abriss
Gebäudeanbau
5 Altan, Erker
6 Altane
7 Fluegel, Veranda
Gebäudeeingang
8 Haustuer
Gebäudeerrichtungsplatz
9 Baustelle
Gebäudeerrichtungsweise
9 Fertigbau
Gebäudeerweiterung
5 Anbau
13 Nebengebaeude
Gebäudestütze
6 Saeule
7 Pfeiler
Gebäudeteile
3 Tor
4 Dach, Esse, Raum, Tuer
5 Anbau, Boden, Diele, Erker, Etage, First, Kamin, Stock, Stube, Trakt
6 Balkon, Giebel, Keller, Kuppel, Pforte, Portal, Saeule, Schlot, Sockel, Traufe, Treppe
7 Fassade, Fenster, Gebaelk, Pfeiler
8 Geschoss, Gewoelbe, Lichthof, Mansarde
9 Dachstuhl, Fundament, Stockwerk
11 Schornstein, Treppenhaus
Gebäudetyp
7 Rundbau, Wohnbau
8 Adobebau, Flachbau, Hochhaus, Holzhaus, Kugelbau, Lagerbau, Landhaus, Langhaus, Lehmhaus, Schedbau, Steinbau, Wohnhaus, Zweckbau
9 Kugelhaus, Kuppelbau, Punkthaus, Quaderbau, Reihenbau, Stahlhaus
13 Wolkenkratzer
Gebäudeveränderung
5 Umbau
Gebäudeverwalter
8 Hauswart
Gebäudevorbau
5 Erker
6 Balkon
Gebäudevorsprung
4 Nase
7 Risalit
gebefreudig
9 spendabel
Gebeine
7 Knochen, Skelett
von Heiligen
8 Reliquie
Gebeinurne
8 Ossarium
geben
7 reichen, stiften
8 anbieten, benehmen, schenken, versehen
9 austeilen, darbieten, servieren, verleihen, versorgen
10 ausruesten, ausstatten, darreichen, offerieren
12 veranstalten
Geber
7 Spender, Stifter
8 Schenker
Gebet
der mohammedanischen Iraner
5 Namas, Namaz
für andere
9 Fuerbitte
Gebetbuch
7 Brevier, Diurnal, Missale, Tefilla
8 Diurnale
Gebetsanrede Gottes
4 Abba
Gebetsaufruf der Liturgen
6 Oremus
Gebetshäuser
6 Tempel
7 Moschee
8 Synagoge
Gebetsmantel
7 Tallith
Gebetsmühle der Lamaisten
5 Korle
Gebetsnische in der Moschee
6 Mihrab
Gebetsordnung
9 Akoluthie
Gebetsrichtung
6 Kiblah
7 Misrach
Gebetsruf
der Christen
8 Hosianna
der Moslems
4 Esan
des Muezzins
5 Adhan
Gebetsrufer
7 Muezzin
Gebetsschluss
4 Amen
Gebetsstunde
3 Non
4 None
7 Andacht
Gebetsteppiche
5 Konya, Ladik
8 Panderma
Gebetstisch im Heim
9 Hausaltar
Gebetstrommel
9 Simandron
Gebiet
3 Gau
4 Fach, Feld, Land, Raum, Zone
6 Arreal, Bezirk, Gegend, Metier, Region, Revier, Sektor, Sparte
7 Bereich, Branche, Flaeche, Komplex, Ressort, Sektion, Terrain
8 Distrikt, Gelaende
9 Erdstrich
10 Landstrich
11 Territorium
am Don
6 Rostow
am Jordan
8 Westbank
am Tobol
6 Kurgan
am Zürichsee
5 March
an der Elbe
8 Wendland
9 Kehdingen
an der Küste Indiens
5 Daman, Damao
an der Malabarküste
4 Mahe

an der Sura
5 Pensa
an der Upa
4 Tula
an der Wolga
6 Rschew
auf Neuguinea
5 Papua
auf Neuseeland
8 Taranaki
auf Rügen
8 Stubnitz
auf Sardinien
7 Goceano
bei Fehrbellin
8 Rhinluch
bei Ingolstadt
9 Donaumoos
der Antarktis
9 Ronneland
der bildenden Kunst
7 Malerei
der Biologie
9 Oekologie
der Cyrenaica
9 Marmarika
der Emilia-Romagna
8 Frignano
der französischen Alpen
9 Gapencais
der Geometrie
9 Topologie
der Gobi
6 Hanhai
der Leibesübungen
6 Turnen
der Linguistik
6 Syntax
der Lüneburger Heide
7 Goehrde
der Mechanik
6 Statik
der Niederlande
8 Delfland
der Sprachwissenschaft
7 Fonemik
8 Phonemik
der Wettiner
9 Osterland
des Bauingenieurwesens
8 Grundbau
eines Abgeordneten
9 Wahlkreis
hohen Luftdruckes
4 Hoch
im alten Ägypten
7 Thebais
im Burgenland
9 Seewinkel
im Departement Gironde
6 Graves
im Harzvorland
8 Ambergau
im Hennegau
5 Fagne
im Kanton Freiburg
9 Uechtland
im SO Indiens
8 Tamilnad
im Tschad
5 Kanem
7 Djourab
in Afrika
8 Namaland
in Argentinien
9 Esperanza
in Arkadien
8 Gortinia
in Australien
8 Swanland
in Baden-Württemberg
8 Enzkreis
9 Elsenzgau
in Bayern
9 Donauried
in Belgien
8 Moresnet
in Böhmen
8 Egerland
in Brandenburg
8 Flaeming
9 Uckermark
in Brasilien
8 Rondonia
in Bulgarien/Türkei
8 Strandza
in Burundi
6 Bururi
7 Bubanza
in Caceres
6 Hurdes
in China
7 Kuangsi
8 Kwantung, Sinkiang
9 Weihaiwei
in der Schweiz
6 Elsgau
in der Slowakei
4 Zips
in der Türkei
3 Van
6 Burdur
in der Ukraine
4 Sumy
7 Charkow, Winniza
8 Tarnopol
in England
9 Middlesex
in Estremadura
6 Serena
in Frankreich
6 Mauges, Valois
9 Garrigues
in Georgien
7 Kolchis
in Griechenland
7 Imathia, Megaris
8 Aetolien
in Groningen
9 Hoogeland
in Hessen
7 Waldeck
9 Dillkreis
in Indien
5 Janam
6 Merath
in Italien
9 Suedtirol
in Jordanien
5 Balka
8 Adschlun
in Jütland
3 Thy
in Kampanien
7 Irpinia
in Kanada (alter Name)
7 Akadien
in Kenia
8 Wituland
in Kolumbien
5 Cauca
in Kroatien
4 Lika
6 Kordun, Zagora
8 Zagorien
9 Slawonien
in Latium
6 Sabina
in Litauen
9 Memelland
in Luxemburg
7 Gutland
in Mähren
5 Iglau
in Marokko
4 Ifni
in Mittelitalien
6 Sannio
in Myanmar
4 Pegu
9 Chinstaat
in Niedersachsen
7 Artland
in Nigeria
6 Biafra
in Nordland
4 Rana
6 Ofoten
in Nordrhein-Westfalen
8 Ruhrpott
9 Erftkreis, Sauerland, Siegkreis
in Norwegen
8 Buskerud
9 Austagder, Helgeland
in Oberbayern
8 Chiemgau
in Oberijssel
6 Twente
in Oldenburg
9 Jeverland
in Ostdeutschland
9 Oderbruch
in Ostholstein
8 Probstei
in Ostpreußen
6 Barten
7 Ermland
8 Oberland
in Polen
9 Ciechanow
in Russland
5 Orlow
9 Wolgograd
in Rwanda
6 Biumba

in Saudi-Arabien
8 Hedschas
in Schottland
8 Lowlands
in Schweden
8 Blekinge
in Sibirien
4 Omsk
8 Kemerowo
in Siebenbürgen
4 Alba
5 Mures
in Slowenien
9 Oberkrain
in Tunesien
7 Biserta
in Uganda
7 Buganda
in Ungarn
6 Sarret
in Unterkrain
9 Gottschee
in Usbekistan
8 Namangan, Syrdarja
9 Andischan
in Venezuela
7 Caqueta
in Vorarlberg
8 Oberlang
jenseits der Grenzen
7 Ausland
mit dauernder Schneebedeckung
5 Nival
niedrigen Luftdrucks
4 Tief
7 Minimum
nördlich von Burgos
4 Lora
nördlich von Charkow
8 Belgorod
Österreichs
8 Innkreis
um Bozen
9 Suedtirol
um den Nordpol
6 Arktis
um den Südpol
9 Antarktis
um Trient
8 Trentino
von Hamburg
9 Vierlande
westlich von Berlin
9 Havelland
westlich von Chartres
6 Perche
zwischen Garonne und Dordogne
6 Quercy
zwischen Maas und Mosel
6 Woevre
zwischen Theiß und Donau
8 Batschka

Gebiete
der Großhirnrinde
9 Sensorien
im Heiligen Römischen Reich
8 Erblande
wechselnde Flugtiere
9 Zugvoegel

gebieten
6 walten
8 anordnen, befehlen, regieren
9 herrschen
11 beherrschen
12 kommandieren

Gebieter
4 Herr
7 Dominus, Padrone
9 Herrscher, Oberhaupt
im Feudalsystem
9 Lehnsherr

Gebieterin
6 Domina, Herrin
7 Padrona
11 Herrscherin

gebieterisch
8 herrisch

gebieterische Forderung
5 Zwang
6 Gewalt

Gebietsräumung
11 Evakuierung

Gebietsstreifen
4 Zone
7 Guertel, Vorland
8 Korridor

Gebietstrennung
10 Separation

gebildet
7 belesen, gelehrt, gewandt
8 studiert
10 geistreich
13 fachmaennisch, kenntnisreich

Gebinde
4 Bund
5 Garbe, Kranz
7 Strauss

Gebirge
am Oberrhein
7 Vogesen
am tibetanischen Hochland
8 Nanschan
an der Côte d'Azur
8 Seealpen
an der Riviera
9 Meeralpen
auf der Halbinsel Kola
7 Chibiny
auf Kreta
3 Ida
8 Idhioros
auf Madagaskar
9 Ankaratra
bei Budapest
5 Matra
der Eifel
3 Ahr
der Karpaten
5 Tatra
der Kreidezeit
7 Alpiden
der Krimhalbinsel
5 Jaila
der Tertiärzeit
7 Alpiden
des afrikanischen Urkontinents
9 Afriziden
des Peloponnes
8 Taygetos
im Dekhan
8 Nilagiri
im Innkreis
8 Hausruck
im Peloponnes
7 Kyllene, Kyllini
im südöstlichen Kleinasien
6 Amanus

Gebirge in
siehe: entsprechendes Land

Gebirge
mit Deckentektonik
6 Orogen
mit Faltentektonik
6 Orogen
nördlich von Athen
6 Parnes
östlich der Weißen Karpaten
4 Ziar
östlich des Altai
8 Tannuola
Pakistans
9 Saltrange
Palästinas
7 Ephraim
zwischen Asien und Europa
4 Ural
Zyperns
7 Troodos

Gebirgsabfall der Anden
6 Yungas

Gebirgsausläufer in Afrika
6 Kikuju

Gebirgsbildung
9 Orogenese

Gebirgsdruckerscheinung
9 Kataklase

Gebirgseinschnitt
3 Tal
4 Klus, Pass
5 Klamm, Kluft, Mulde, Senke
6 Kessel
7 Hochtal
8 Schlucht
9 Haengetal

Gebirgsfluss
3 Ach
4 Ache
in Schottland
4 Spey

Gebirgsgasthaus
5 Baude

Gebirgsgewässer
6 Karsee
8 Torrente, Wildbach

Gebirgsgruppe
in Tirol/Bayern
9 Karwendel
in Montenegro
6 Komovi
Gebirgskette
5 Serra
6 Sierra
Gebirgsland
der Sahara
7 Tibesti
in Afghanistan
8 Nuristan
in Asien
9 Kaukasien
in Äthiopien
5 Kaffa
in Kaukasien
8 Ossetien
in Österreich
9 Tennengau
in Vorderasien
9 Kurdistan
südöstlich vom Toten Meer
4 Moab
westlich des Jordans
8 Galilaea
zwischen Kaspischem und Schwarzem Meer
8 Armenien
Gebirgsmulde
3 Kar
Gebirgsort
8 Bergdorf
Gebirgspfad
5 Steig
7 Kammweg
Gebirgspflanzen
4 Arve
6 Arnika, Enzian, Erinus
7 Aurikel, Latsche
8 Siegwurz, Zyklamen
9 Almrausch, Alpendost, Alpenmohn, Alpenrose, Braunklee, Edelraute, Edelweiss, Legfoehre
10 Alpenlilie, Bergkiefer, Silberwurz, Soldanelle, Steinbrech, Steinnelke, Trollblume
11 Almenrausch, Alpenbalsam, Wohlverleih
12 Zirbelkiefer
13 Alpenveilchen
15 Bergwohlverleih
Gebirgsrücken
4 Grat, Kamm
Gebirgsschlucht
5 Klamm
Gebirgsstock
6 Massiv
der Dolomiten
5 Plose, Sella
6 Tofane
der Glarner Alpen
5 Toedi
der Karpaten
7 Cealauh
der Sahara
7 Ahaggar
im Unterengadin
4 Nuna
in China
5 Gambu
in der Steiermark
8 Grimming
in Griechenland
5 Olymp
in Innerasien
5 Pamir
in Kärnten
9 Dobratsch
in Kongo/Uganda
9 Ruwenzori
in Makedonien
6 Bistra
in Mittelgriechenland
4 Oeta
in Namibia
6 Erongo
in Rumänien
6 Bucegi
in Serbien
6 Golija
in Spanien
7 Moncayo
Gebirgsstrauch
8 Bergerle
Gebirgstiere
4 Gams
6 Gaemse
9 Alpenhase, Steinbock, Steinhuhn
10 Alpendohle, Murmeltier, Schneehuhn, Steinadler
12 Laemmergeier, Schneekraehe
15 Alpensalamander
Gebirgstruppe in Italien
6 Alpini
Gebirgsübergang
4 Pass
8 Bergpass
9 Alpenpass
im Ligurischen Apennin
9 Giovipass
in Bulgarien
9 Kotelpass
in Graubünden
8 Ofenpass
in Oberösterreich
9 Pyhrnpass
zwischen Afghanistan/Pakistan
9 Gomalpass
11 Khaiberpass
Gebirgsübergangsstelle
9 Passhoehe
Gebirgswiese
3 Alm, Alp
4 Alpe
6 Stafel
8 Alpweide
9 Bergmatte, Hochweide
Gebirgszug
auf dem Balkan
8 Belasica
bei Innsbruck
9 Nordkette
der Apenninen
8 Abruzzen
der Karpaten
8 Beskiden
in Algerien
9 Djurdjura
in der Steiermark
9 Gleinalpe
in Irland
5 Galty
in Israel
6 Karmel
in Marokko
9 Antiatlas
in Spanien
7 Cabrera
in Südafrika
9 Langeberg
Gebissablagerung
9 Zahnstein
Gebisspflegemittel
9 Zahnpasta, Zahnpaste
Gebissstange des Pferdes
7 Kandare
Gebissteil
5 Molar
7 Eckzahn
8 Mahlzahn
9 Augenzahn, Beisszahn, Spitzzahn
bei Raubtieren
8 Fangzahn
bei Säugern
9 Hakenzahn
Gebläse
9 Exhaustor
10 Ventilator
gebogen
4 rund
5 krumm
9 gekruemmt
10 abgerundet
11 geschwungen
gebogene
Rahsegelseite
7 Gilling, Gillung
Raumdecke
5 Voute
8 Gewoelbe
gebogene(r, s)
Nagel
6 Kramme, Krampe
Riechorgan
9 Hakennase
Rohrstück
8 Kruemmer
Geborgtes
4 Borg, Pump
5 Leihe
7 Anleihe
10 Geliehenes
Gebot
5 Order, Regel
6 Befehl, Erlass, Gesetz
7 Prinzip, Weisung
9 Anordnung, Anweisung, Grundsatz

10 Verordnung
12 Gotteserlass
Gebotsübertreter(in)
7 Suender
9 Suenderin
Gebotsübertretung
6 Suende
gebrannter
Baustein
6 Ziegel
7 Klinker
Ton
10 Terrakotta
Zucker
8 Karamell
gebratene(r, s)
Fleischkloß
5 Bitki, Bitok
Fleischklößchen
7 Bulette
9 Brisolett
10 Brisolette, Frikadelle
Fleischscheibe
9 Schnitzel
Fleischschnitte
5 Steak
8 Grenadin
Rindslendenscheibe
9 Rumpsteak
Gebrauch
9 Anwendung
10 Verwendung
gebräuchlich
6 usuell
7 gaengig, ueblich
Gebrauchsanweisung
9 Anleitung
gebrauchsfertig
5 parat
6 bereit
Gebrauchsgegenstand
7 Artikel, Utensil
gebraucht
3 alt
12 antiquarisch
gebrauchte Gegenstände
8 Altwaren
gebrechlich
5 marod, siech
6 taprig
7 invalid
8 invalide, klapprig
13 altersschwach, unzulaenglich
gebrühter Rindermagen
8 Kaldaune
Gebrüll
6 Randal
7 Gejohle
Gebühr
4 Maut, Taxe, Zoll
5 Porto, Tarif
6 Abgabe
7 Beitrag, Entgelt, Honorar, Praemie
12 Schuldigkeit
für Ortsgäste
7 Kurtaxe
im Güterverkehr
9 Standgeld
im Mittelalter
7 Sportel
Gebührenliste
5 Tarif
gebundene(r, s)
Heft
10 Broschuere
Schreibblätter
4 Heft
Zustand eines Protons
9 Protonium
Geburtshelferin
7 Hebamme
9 Obstetrix
Geburtshilfe
9 Obstetrik
Geburtshilfelehre
9 Tokologie
Geburtsland
6 Heimat
Geburtsnarbe
5 Nabel
Geburtsort
6 Heimat
Jesu
9 Bethlehem
Geburtsschmerzen
5 Wehen
Geburtsstätte
9 Heimatort
Geburtsvorgang beim Schaf
6 Lammen
Geburtszange
7 Forceps, Forzeps
Gebüsch
7 Boskett
13 Lustwaeldchen
Gebüschformation
5 Hecke
9 Schibliak
Gebüschpflanzung
7 Boskett
Geck
4 Beau, Fant, Gent, Narr, Snob
5 Dandy, Laffe
6 Fatzke, Gigerl, Pinkel
7 Angeber, Elegant, Stutzer
8 Modenarr
10 Zierbengel
13 Faschingsnarr, Karnevalsnarr
Geckenhaftigkeit
8 Dandytum
gedacht
6 fiktiv, ideell
8 abstrakt
gedachte Nord-Südpol-Linie
8 Erdachse
Gedächtnisfeier
9 Jubilaeum
Gedächtnisschwäche
10 Hypomnesie
15 Vergesslichkeit
Gedächtnisschwund
7 Amnesie
Gedächtnisstütze
5 Lemma, Notiz
6 Agenda
7 Vermerk
8 Merkbuch, Merkwort
9 Notizbuch
10 Denkzettel
12 Eselsbruecke
14 Terminkalender
Gedächtnisverlust
7 Amnesie
Gedanke
4 Idee
6 Apercu, Grille
7 Einfall
9 Vorschlag
Gedankenaustausch
7 Debatte
Gedankenblitz
4 Idee
5 Funke
6 Apercu
Gedankensplitter
10 Aphorismus
Gedankenübertragung
10 Telepathie
Gedankenverbindung
11 Assoziation
Gedankenwelt
11 Mentalitaet
gedankliche(r)
Einschnitt
6 Zaesur
Vertiefung
9 Reflexion
Gedeck
3 Set
4 Menu
5 Menue
für eine Person
6 Kuvert
gedeckter Tisch
5 Tafel
Gedenkfeier
8 Ehrentag
9 Jahrestag, Jubilaeum
Gedenkmünze
8 Medaille, Plakette
Gedenkrede
7 Nachruf
8 Nekrolog
Gedenkstätte
7 Denkmal, Mahnmal, Marterl
8 Ehrenmal, Monument
12 Triumphbogen
Gedenkstein
6 Menhir
8 Malstein
10 Bautastein
Gedenkturnier (Sport)
8 Memorial
Gedichtabschnitt
7 Strophe
Gedichtform
3 Lai, Ode
4 Epos, Lied, Poem
5 Epode, Gasel, Hymne, Xenie

6 Ekloge, Elegie, Gasele, Makame, Sonett
7 Ballade, Kanzone, Romanze, Sestine
8 Triolett
9 Distichon, Rhapsodie

Gedichtsammlung
5 Diwan
10 Anthologie

Gedichtsteil
4 Vers
7 Strophe

Gedichtzeile
4 Vers
7 Strophe

gediegen
4 echt, fest, rein
5 reell, solid
6 massiv, sauber, solide
7 serioes
8 bleibend
9 angesehen
10 ordentlich
12 zuverlaessig
14 wertbestaendig

Gediegenheit
10 Soliditaet
11 Seriositaet

gedörrte(r)
Dorsch
10 Stockfisch
Früchte
8 Backobst
Johannisbeere
8 Korriane

Gedränge
4 Enge
7 Andrang, Ballung, Gewuehl
10 Anhaeufung, Ansammlung

gedrängt
3 eng
5 knapp
7 stretto

gedrehte Schnur
5 Litze
6 Kordel
7 Flechte

gedruckte Reihe von Wörtern
5 Zeile

gedrungen
7 kompakt
8 staemmig

Geduld
7 Langmut
8 Ausdauer, Sanftmut
9 Gleichmut, Nachsicht
14 Beharrlichkeit

geduldig
8 gelassen
warten
9 ausharren

Geduldspiel
6 Puzzle
8 Patience

gedunkeltes Edelmetall
9 Altsilber

geebnete Strecke
4 Bahn

geeignet
7 passend

Gefahr
6 Risiko, Wagnis
8 Faehrnis
für Bergleute
9 Grubengas
11 Schlagwetter
für die Schifffahrt
7 Eisberg
8 Treibeis

Gefahrenmeldung
5 Alarm

Gefahrensituation für ein Schiff
6 Seenot

gefährliche(r, s)
Strudel
9 Mahlstrom
Unterfangen
6 Wagnis

Gefährte
6 Kumpan, Sozius
7 Genosse, Kamerad, Kollege, Partner
des Äneas
7 Achates
des Bonifatius
6 Adalar
des Gilgameschs
6 Enkidu

Gefährten des Jason
10 Argonauten

Gefährtin
8 Freundin
9 Kameradin
der Artemis
8 Kallisto

gefahrvoll
7 riskant
8 kritisch, unsicher

Gefallenenort
(Artussage)
6 Avalon, Avalun
der nordischen Sage
7 Walhall

Gefälligkeit
5 Gunst
6 Dienst
8 Gefallen

Gefallsucht
9 Eitelkeit
10 Koketterie

gefallsüchtig
5 eitel
6 kokett

gefälschte Banknote
6 Bluete

Gefälschtes
6 Falsum
10 Falsifikat

gefälteltes Gewebe
7 Plissee

Gefangener
6 Geisel
8 Machulke
9 Arrestant, Haeftling
10 Knastologe, Straefling
11 Knastbruder, Verhafteter
12 Inhaftierter
13 Zuchthaeusler

Gefangenschaft
4 Haft
6 Arrest
9 Gewahrsam

Gefängnis
5 Knast
6 Kerker
7 Anstalt
8 Kittchen
9 Zuchthaus
12 Strafanstalt
15 Vollzugsanstalt
im Staat New York
8 Sing-Sing

Gefängnisgeschirr
9 Blechnapf

Gefängnisinsel von San Francisco
8 Alcatraz

Gefängnisraum
5 Zelle

gefärbte(r, s)
Baumwollstoff
5 Batik
Chalzedon
6 Jaspis
Fell
9 Nerzbisam
Stoff
9 Zeugdruck

Gefasel
7 Rederei
10 Geschwaetz

Gefäßgeflecht
6 Plexus

Gefäßgeschwulst
6 Angiom
8 Feuermal

gefasst
5 ruhig
7 stoisch
8 gelassen
10 beherrscht, resigniert

Gefecht
5 Kampf
6 Assaut
12 Scharmuetzel
13 Kampfhandlung, Schusswechsel

gefeierte(r)
Frau
9 Jubilarin
Künstler
4 Star
8 Filmstar
Künstlerin
4 Diva
Mann
7 Jubilar

gefeit
5 immun
6 sicher
gegen Gewehrschüsse
9 kugelfest

gefiederte(r, s)
Sommergast
8 Zugvogel
Wirbeltier
5 Vogel
Gefiederwechsel
6 Mauser
Gefilde der Seligen
7 Elysium
geflammtes Gewebe
5 Chine
Geflecht
6 Gewebe, Gitter
11 Maschenwerk
gefleckt
7 meliert
8 scheckig
9 gescheckt
geflecktes Pferd oder Rind
6 Scheck
7 Schecke
geflochtene(r, s)
Behälter
4 Korb
Drahtarbeit
8 Filigran
Haar
4 Zopf
7 Flechte
Schnur
6 Kordel
Sitzmöbel
9 Rohrstuhl
Geflügel
4 Ente, Gans, Hahn, Huhn, Pfau, Pute
5 Erpel, Henne, Puter, Taube
6 Ganter, Glucke, Gockel, Kapaun, Tauber
7 Goessel, Kuecken, Taeuber
8 Enterich, Poularde, Truthahn
9 Federvieh, Haehnchen, Truthenne
10 Taeuberich
zerlegen
11 tranchieren
Geflügelkäfig
6 Stiege
Geflügelkrankheiten
4 Pips, Roup, Zips
7 Leukose
9 Kammgrind
Geflügelräuber
5 Fuchs
7 Habicht
Geflügelrumpf
8 Karkasse
Geflügelspeise
9 Haehnchen
geflügelte(r, s)
Dichterross
7 Pegasos, Pegasus
Liebesgott
8 Amorette
Liebesgötter
9 Amoretten
Wort
5 Zitat
9 Ausspruch
Geflügelzuchtbetrieb
4 Farm
Gefolge
5 Suite, Tross
6 Anhang, Geleit
7 Eskorte, Kondukt
eines Fürsten
5 Suite
8 Hofstaat
russischer Fürsten
9 Druschina
Gefolgschaft
9 Anhaenger
Gefolgsmann
3 Fan
5 Comes
6 Satrap, Vasall
7 Paladin, Trabant
8 Bewacher, Getreuer, Satellit
9 Anhaenger, Lehnsmann
11 Statthalter
12 Leibwaechter
des Achill
9 Myrmidone
Karls des Großen
6 Oliver, Roland
Gefoppe
6 Necken, Uzerei
8 Neckerei
9 Stichelei
geforderte(r)
Arbeitsleistung
4 Soll
Messwert
8 Sollmass
gefrierender Niederschlag
8 Eisregen
Gefrierpunkt des Wassers
9 Nullpunkt
Gefrierschutzmittel
6 Glykol
gefrorene(r)
Niederschlag
5 Hagel
6 Schnee
Schicht
8 Eisdecke
Schnee
6 Harsch
Spezialität
8 Eisbombe
Tau
4 Reif
Gefrorenes
3 Eis
7 Parfait
8 Eiscreme, Sahneeis
9 Speiseeis
Gefüge
6 Aufbau
8 Struktur
9 Anordnung
10 Organismus
aus Bausteinen
9 Mauerwerk
Gefügebestandteil
der Kohle
8 Mazerale
der Steinkohle
8 Collinit
des Eisens
6 Perlit
gefügig
5 kirre
8 gehorsam
Gefühl
5 Flair, Organ
6 Ahnung, Animus
7 Gespuer, Riecher
8 Instinkt
9 Empfinden, Sentiment, Spuersinn, Witterung
10 Empfindung
Gefühle verletzen
8 kraenken
gefühllos
3 roh
4 hart
6 brutal
7 asexual, lieblos
8 steinern
10 gemuetsarm
11 abgestumpft
13 gleichgueltig, unempfindlich
Gefühllosigkeit
11 Brutalitaet
gefühlsarm
4 kalt
Gefühlsarmut
6 Kaelte
Gefühlsausbruch
8 Erregung
gefühlskalt
6 frigid
7 frigide
Gefühlskälte
11 Frigiditaet
Gefühlsleben
6 Gemuet
gefühlsmäßig
9 emotional
10 emotionell, instinktiv
Gefühlsmensch
10 Romantiker
Gefühlsroheit
8 Zynismus
Gefühlsschwärmerei
8 Romantik
Gefühlsseligkeit
16 Sentimentalitaet
Gefühlsverletzung
9 Kraenkung
Gefühlswallung
6 Regung
gefühlvoll
7 lyrisch
10 empfindsam, seelenvoll
11 sentimental
gefüllt
4 voll
gefüllte(s)
Blätterteigschnitte
7 Kanapee

Brotschnitte
6 Bofese
Schmalzgebäck
7 Beignet, Krapfen
8 Berliner
11 Pfannkuchen
Teigtaschen
7 Ravioli
gegebenenfalls
9 eventuell
Gegebenheit
4 Fakt, Lage
5 Stand
6 Faktum
7 Umstand
8 Tatsache
9 Realitaet
13 Konstellation
gegen
3 gen, per
4 anti, nahe, rund
5 circa, wider, zirka
6 contra, kontra, nahezu
7 beinahe
15 entgegengesetzt
den Wind segeln
7 kreuzen
Sicht schützende Kleidung
9 Tarnanzug
Strafverfolgung geschützt
5 immun
Gegenansage (Skat)
2 Re
6 Kontra
Gegenbehauptung
9 Antithese
Gegenbewegung
10 Widerstand
Gegend
3 Gau
4 Zone
6 Gebiet, Region
7 Bereich, Gefilde
8 Umgebung
10 Landschaft
in Asien
7 Fernost
über der Erdoberfläche
8 Luftraum
Gegendruck
8 Reaktion
Gegenfüßler
8 Antipode
Gegengift
7 Antidot
9 Antitoxin
Gegenmittel
7 Antidot
Gegenpapst
7 Ursinus
Gegenpartei
10 Opposition
Gegenpol
zur Anode
7 Kathode
zur Kathode
5 Anode
Gegenpunkt zum Zenit
5 Nadir
Gegenrede
6 Replik
7 Antwort
10 Entgegnung
11 Widerspruch
Gegensatz
8 Kontrast
9 Antithese
10 Opposition
11 Unterschied
12 Antagonismus
zur Materie (Aristoteles)
5 Eidos
gegensätzlich
8 kontraer
10 adversativ
13 oppositionell
Gegenschlag
8 Reaktion
(Boxen)
6 Konter
gegenseitig
6 mutual
7 mutuell
8 reziprok
Gegenspieler
8 Antipode
11 Widersacher
des Bankhalters
8 Pointeur
im No-Drama
4 Waki
Gegenstand
4 Ding
5 Motiv, Sache, Stoff, Sujet, Thema
6 Objekt
7 Gebilde, Koerper, Materie
8 Substanz, Thematik
12 Fachrichtung, Streitobjekt
14 Themenstellung
16 Aufgabenstellung
von Heiligen
8 Reliquie
gegenstandslos
8 abstrakt
Gegenstichverbindung (Nähen)
9 Kreuznaht
Gegenstoß (Fechten)
7 Riposte
Gegenströmung
8 Reaktion
9 Ruecklauf
Gegenstück
7 Pendant
10 Ergaenzung
Gegenteil von
Allometrie
9 Isometrie
theoretisch
9 praktisch
gegenteilig
8 kontraer
gegenüber
7 vis-a-vis
9 diametral
Gegenüberstellung
9 Vergleich
13 Konfrontation
Gegenwart
5 Heute
8 Praesens, Praesenz
9 Jetztzeit
11 Anwesenheit
gegenwärtig
6 gerade, jetzig, modern, rezent
7 aktuell
8 anwesend, momentan, praesent
14 augenblicklich
15 zeitgenoessisch
gegenwärtiger Zustand
9 Status quo
Gegenwartsform
8 Praesens
Gegenwehr
9 Defensive
10 Widerstand
12 Verteidigung
Gegenwert
5 Preis
6 Valuta
7 Entgelt
11 Aequivalent
Gegenwirkung
8 Reaktion
gegerbte(r)
Tierbalg
8 Pelzwerk
Tierhaut
5 Leder
geglättete Stelle
7 Politur, Schliff
Gegner
5 Feind
6 Rivale
8 Antipode, Frondeur, Opponent
10 Antagonist, Konkurrent, Kontrahent
11 Widersacher
12 Gegenspieler
Cäsars
4 Cato
der irischen Nationalbewegung
9 Orangemen
Luthers
3 Eck
seit mehreren Generationen
8 Erbfeind
gegorene(r, s)
Agavensaft
6 Pulque
Honigsaft
3 Met
Milch
5 Kefir
6 Jogurt
7 Joghurt
Milchgetränk
5 Kefir

Stutenmilch
5 Kumys
6 Kumyss
südamerikanisches Getränk
6 Chicha
Weißkraut
9 Sauerkohl
Gehabe
5 Getue, Tenue
7 Allure, Gebaren
8 Benehmen, Betragen
9 Verhalten
Gehacktes mit Ei und Gewürzen
5 Tatar
gehacktes Schweinefleisch
4 Mett
Gehalt
4 Gage, Lohn, Sinn, Sold, Wert
5 Fixum, Heuer, Wesen
6 Essenz, Inhalt, Salaer
8 Substanz
9 Bedeutung, Besoldung, Bezahlung
10 Entlohnung
gehalten (Musik)
9 sostenuto
gehaltvoll
9 praegnant
gehandelter Bergwerksanteil
3 Kux
gehärtetes Eisen
5 Stahl
gehaspeltes Garn
5 Grège
8 Rohseide
gehässig
6 odioes
9 malizioes
gehässig-schrill schimpfen
6 keifen
gehäuft
7 en masse
geheftet
10 broschiert
Gehege
für Hühnervögel
9 Fasanerie
für Pferde
7 Paddock
zum Einfangen wilder Tiere
6 Korral
geheiligter Brauch
5 Ritus
geheim
6 anonym, latent, okkult, sekret
8 heimlich
9 verborgen
10 esoterisch
Geheimbund
auf Sizilien
5 Mafia
6 Maffia
der Antike
6 Mysten
7 Kabiren
8 Orphiker
im Kongo
6 Aniota
in China
5 Boxer
in den USA
10 Ku-Klux-Klan
in Italien
9 Karbonari
in Neapel
7 Camorra, Kamorra
in Ostafrika
6 Mau-Mau
Geheimbündler in Italien
7 Mafioso
geheime Abstimmung
6 Ballot
Geheimgericht
4 Feme
Geheimlehre
6 Gnosis
7 Kabbala
8 Esoterik
9 Mysterien, Mysterium
11 Okkultismus
Geheimname Gottes (Gnostik)
7 Abraxas
Geheimnis
4 Hehl
7 Arkanum, Raetsel
9 Mysterium
10 Verbergung
geheimnisvoll
6 okkult
7 magisch, nebulos
8 mystisch, nebuloes, orphisch
9 unfassbar
10 mysterioes, zauberhaft
11 raetselhaft
12 sibyllinisch
14 hintergruendig
geheimnisvolle Naturkraft
2 Od
Geheimpolizei im zaristischen Russland
7 Ochrana
Geheimpolizist
8 Detektiv
Geheimschriftschlüssel
4 Code, Kode
Geheimwissenschaft
11 Okkultismus
Geheimzeichen
7 Chiffre
Geheiß
5 Order
6 Befehl
7 Weisung
9 Anweisung
gehemmt
12 gehaendikapt
gehemmtes Sprechen
8 Stammeln
9 Gestammel, Stammelei, Stotterei
10 Dysarthrie
Gehen vieler Personen
9 Getrappel
Gehilfe
4 Aide
6 Helfer, Kommis
7 Adjunkt, Adjutor, Adlatus, Famulus, Geselle
8 Adjutant, Komplice, Komplize
9 Assistent
11 Mitarbeiter
des Dechanten
9 Definitor
des Jeremias
6 Baruch
des Paulus
5 Titus
9 Timotheus
des wachhabenden Offiziers
9 Bootsmann
eines Steigers
9 Fahrhauer
im Forschungsraum
8 Laborant
Gehirn
betreffend
8 zerebral
des Schlachtviehs
6 Bregen
Gehirnerschütterung
8 Kommotio
Gehirnerweichung
8 Paralyse
Gehirngeschwulst
5 Gliom
Gehirnhautentzündung
10 Meningitis
Gehirnkammer
9 Ventrikel
Gehirnkrankheit (Rind)
3 BSE
9 Drehsucht
Gehirnmasse des Pottwals
6 Walrat
gehoben für:
Asyl
9 Freistatt
Aufpasser
5 Wacht
Bauer
8 Landmann
Besucher
9 Beiwohner
Gast
9 Beiwohner
Gegner
9 Widerpart
Gesicht
7 Antlitz
herzlich
9 liebreich
Ideal
6 Inbild
Kraftlosigkeit
8 Lassheit
Posten
5 Wacht
Schüchternheit
7 Zagheit

Teilnehmer
9 Beiwohner
Unannehmlichkeiten
8 Unbilden
Verwirrung
7 Wirrsal
zärtlich
9 liebreich
zugegen sein
9 beiwohnen
gehobenes Lebensgefühl
6 Freude
8 Euphorie
Gehöft
3 Gut, Hof
7 Anwesen, Landgut
9 Bauernhof
auf einer Puszta
5 Tanya
Gehörknöchelchen
5 Incus
6 Amboss, Hammer
7 Malleus
8 Amphibie
9 Columella
gehörlos
4 taub
und sprechunfähig
9 taubstumm
Gehörlosigkeit
8 Taubheit
gehörnter Waldgeist
4 Faun
Gehörorgan
3 Ohr
Gehörorganteil
4 Tuba
6 Syrinx
8 Ohrkanal
Gehörprüfung
9 Akumetrie
gehorsam
4 brav
5 kirre
7 folgsam
8 gefuegig
9 lammfromm
Gehorsamsverweigerung
8 Meuterei
Gehrock
3 Cut
7 Cutaway
Gehsteig
8 Trottoir
12 Buergersteig
Gehstörung
8 Dysbasie
Gehunfähigkeit
6 Abasie
Gehwegabschluss
9 Kantstein
Gehwegrand
5 Gosse
9 Bordstein, Rinnstein
Geier der Anden
6 Kondor
Geige
5 Gambe, Viola
6 Fiedel
7 Violine
Geigenbauer
5 Amati, Klotz
7 Stainer
8 Guarneri
10 Stradivari
Geigenhalsteil
8 Schnecke
Geigenteile
4 Hals, Steg
5 Boden, Decke, Saite, Zarge
6 Buegel
10 Bassbalken, Griffbrett, Schallloch
Geigenübungsstück
9 Violinata
Geigenvirtuosen
3 Suk
5 Elman, Hubay, Stern
6 Mutter
7 Corelli, Menuhin, Perlman, Tartini, Toselli
8 Oistrach, Paganini, Sarasate
9 Zacharias
11 Kulenkampff
12 Schneiderhan
Geiger
7 Fiedler
9 Violinist
Geißblattgewächse
7 Linnaee
8 Holunder, Lonicera, Weigelie
9 Diervilla, Dierville, Waldwinde
10 Schneeball
11 Schneebeere, Tintenbeere
13 Heckenkirsche
Geißel
5 Knute, Plage
8 Peitsche
Geist
3 Nus
4 Witz
5 Genie, Ratio, Seele, Wesen
6 Daemon, Esprit, Essenz, Genius
7 Phantom
8 Gespenst, Revenant, Spiritus, Verstand
9 Intellekt
der Toten
5 Lemur
6 Lemure
Geister der Toten
5 Manen
Geisterbeschwörer
8 Exorzist
Geisterbeschwörung
10 Exorzismus
11 Nekromantie
Geistererscheinung
4 Spuk
8 Gespenst
Geisterseher
9 Spiritist, Visionaer
Geistesabwesenheit
8 Blackout
Geistesblitz
4 Idee
7 Einfall
9 Eingebung, Intuition
11 Inspiration
Geisteshaltung
7 Habitus
11 Mentalitaet
Geisteskrankheit
5 Manie
7 Irrsinn
8 Paranoia, Psychose
9 Katatonie, Monomanie
13 Schizophrenie
geistesschwach
5 debil
geistesverwandt
9 kongenial
Geisteswissenschaften
4 Jura
5 Ethik, Logik
6 Metrik, Poetik
7 Melodik
8 Didaktik, Dogmatik, Exegetik, Historik
9 Denklehre, Dialektik, Ontologie
10 Ethnologie, Genealogie, Metaphysik, Mythologie, Paedagogik, Philologie, Soziologie
11 Chronologie, Dramaturgie, Philosophie, Psychologie, Rechtskunde, Seelenkunde, Sittenlehre, Sprachkunde, Staatsrecht
12 Archaeologie
13 Psychosomatik
geistig
6 ideell, mental, sublim
9 spiritual, spirituos
10 platonisch, spirituell, spirituoes
11 immateriell
13 intellektuell
anregend
7 bildend
beschränkt
4 dumm
8 borniert
beweglich
4 rege
6 munter
ebenbürtig
9 kongenial
gesund
6 normal
rege
4 klug, wach
7 geweckt
10 aufgeweckt

geistige(r, s)
Belebung
8 Anregung
Erholung
9 Denkpause
Fähigkeit
8 Klugheit
9 Denkkraft
Gehalt
7 Aussage
Impuls
8 Anregung
Realität
8 Noumenon
Richtung
9 Stroemung
Schau
7 Theoria
Tendenz
9 Stroemung
Wahrnehmen
6 Noesis
Wesensart
5 Ethos
9 Gesinnung
Geistlehre
8 Noologie
geistlich
8 klerikal
9 kirchlich
10 spirituell
Geistliche
8 Pastorin
9 Pfarrerin
geistliche(r, s)
Amt
7 Dekanat
8 Pastorat, Vikariat
9 Episkopat
10 Pontifikat
Amtsbereich
6 Bistum
7 Dekanat, Pfarrei
8 Dechanei, Dioezese, Gemeinde, Parochie, Sprengel
10 Kirchspiel
Gericht im Mittelalter
4 Send
Gesang
5 Credo, Kredo, Kyrie, Messe, Missa, Psalm
6 Choral, Tedeum
7 Kantate, Litanei, Motette, Psalter, Requiem
8 Miserere
9 Oratorium
Kleidungsstück
4 Albe
5 Fanon, Infel, Inful, Mitra, Orale, Ornat, Stola, Talar, Tiara
6 Barett, Birett, Sutane
7 Soutane
8 Beffchen, Chorhemd, Messrock
Körperschaft
7 Kapitel
Lied
4 Leis
5 Lauda, Psalm
6 Choral
9 Spiritual
Liederdichter
4 Spee
8 Gerhardt
Oberhaupt der Joruba
3 Oni
Orden
7 Templer
8 Jesuiten, Malteser, Paulaner, Serviten
9 Kapuziner, Theatiner
10 Augustiner, Barfuesser, Barnabiten, Basilianer, Johanniter, Karmeliter, Kartaeuser, Trappisten
11 Dominikaner, Karthaeuser, Trinitarier
12 Benediktiner, Franziskaner
13 Zisterzienser
Ordensmitglied
7 Profess
Übungen
10 Exerzitien
12 Meditationen
Vereinigung
5 Orden
Würdenträger
3 Abt
4 Abbé, Curé, Pope
5 Abate, Dekan, Papst, Pater, Prior, Vikar
6 Abbate, Diakon, Kaplan, Moench, Oberer, Pastor, Probst
7 Bischof, Dechant, Domherr, Eminenz, Nuntius, Pfarrer, Praelat
8 Kardinal, Katechet, Kleriker, Prediger, Priester, Reverend, Superior
9 Kanonikus, Kapitular, Lizentiat, Lizenziat, Missionar, Patriarch, Presbyter
10 Erzbischof, Metropolit
11 Archidiakon, Weihbischof
13 Fuerstbischof
14 Superintendent
15 Konsistorialrat
Geistlichenamtsbereich
9 Dechantei
Geistlichendomizil
9 Pfarrhaus
Geistlichenkollegium
8 Domstift
Geistlichenraum
9 Sakristei
Geistlichenschule in Österreich
7 Alumnat
Geistlichensitz
9 Chorstuhl
Geistlichentitel
9 Erzdiakon
Geistlichenwohnung
7 Dekanat
Geistlicher
4 Pope
6 Liturg, Pastor
7 Liturge, Pfarrer
8 Chorherr, Kleriker, Priester
9 Kanoniker
12 Kanzelredner
Geistlichkeit
6 Klerus
geistreich
4 klug
6 launig, witzig
7 gewitzt
8 gebildet, spritzig
9 spruehend
11 intelligent
12 schlagfertig
geistreicher
Ausspruch
6 Bonmot
Schlusseffekt
6 Pointe
Geiz
7 Habgier
8 Habsucht, Raffgier
9 Knauserei
13 Engherzigkeit
Geizhals
4 Filz
7 Knauser, Knicker, Schofel
10 Geizkragen
Geizhalz
bei Molière
8 Harpagon
geizig
8 knickrig, schoflig
9 engherzig
Gejammer
5 Klage
7 Geklage, Lamento
8 Gewimmer, Gewinsel, Wehklage, Winselei
9 Jeremiade
gekeimte Gerste
4 Malz
geklärte Flüssigkeit
7 Filtrat
geklebtes Bild
7 Collage
geklöppelte(s)
Material
6 Spitze
Spitze
9 Reticella
geknickte Linie
7 Falzung
Gekonntheit
7 Routine
gekörntes Stärkemehl aus Palmenmark
4 Sago
gekränkt
7 pikiert

8 verletzt
9 beleidigt, verstimmt
10 aergerlich, veraergert
11 verschnupft
13 eingeschnappt
schweigen
9 schmollen
gekräuselter Besatz
7 Faelbel
gekrönter Dichter
7 Laureat
gekrümmte(s)
Linie
5 Bogen, Kurve
7 Spirale
Rohrstück
4 Knie
9 Rohrbogen
gekünstelt
10 affektiert, manieriert
gekünstelte Haltung
4 Pose
geladenes Teilchen
3 Ion
5 Anion
Gelage
5 Orgie
8 Zecherei
9 Bacchanal
Gelände
4 Land
6 Gebiet
7 Terrain
amerikanischer Schulen
6 Campus
Geländebeschreibung
10 Topografie
11 Topographie
Geländefahrt für Krafträder
9 Motocross
Geländeform
3 Tal
5 Ebene, Mulde, Senke
6 Huegel
7 Anhoehe, Gebirge
8 Erhebung, Tiefland
9 Flachland, Talkessel
11 Hochgebirge
geländegängiges Auto
5 Buggy
9 Landrover
Geländehöhe
4 Kote
Geländekraftwagen
4 Jeep
Geländeneigung
8 Gefaelle
Geländepunkt
9 Landmarke
Geländer
6 Spalet
9 Bruestung, Brustwehr
10 Balustrade
Geländerstütze
8 Baluster
Geländeskizze
4 Plan
5 Kroki
Geländestufe
8 Terrasse
Gelass
4 Raum
6 Gemach, Kammer, Zimmer
gelassen
7 stoisch
Gelassenheit
8 Ataraxie
9 Gleichmut
gelatineartiges Kolloid
3 Gel
Gelatinemasse
7 Gallert
geläufig
7 gangbar, ueblich
9 habituell
geläufige sprachliche Wendung
9 Redensart
geläutertes Edelmetall
8 Feingold
gelb blühende Ölpflanze
4 Raps
gelb blühender Halbstrauch
4 Ruta
gelb blühender Strauch
7 Genista, Ginster
9 Forsythie
Gelb im Hühnerei
8 Eidotter
gelbbrauner Uniformstoff
5 Khaki
gelbbräunlich
7 chamois
Gelbbrustara
8 Ararauna
gelbe(r, s)
Arsenikglas
8 Operment
Bergkristall
6 Citrin
Enzian
8 Hochwurz
Farbstoff
6 Lutein
7 Auramin
8 Kurkumin
Farbstoff als Indikator
5 Morin
Frühpflaume
7 Ziberli
Haferpflaume
8 Spilling
Hartriegelstrauch
9 Duerlitze
Ingwer
7 Kurkuma
8 Gelbwurz
Knochenmark
8 Fettmark
Malerfarbe
9 Cadmopone
Naturfarbstoffe
7 Flavine
Pflanzenfarbstoff
6 Flavon
Pflaume
9 Mirabelle
Quarz
6 Zitrin
Safranfarbstoff
6 Krozin
Seerose
8 Nixblume
Teichrose
6 Mummel
Gelberde
7 Melinit
gelbgrünes Gas
5 Chlor
Gelbsucht
7 Ikterus
Gelbwurzel
7 Kurkuma
Geld
4 Kies, Moos, Note
5 Noten
6 Mammon, Muenze, Schatz, Zaster
7 Moneten, Penunze
8 Banknote, Penunzen
10 Pinkepinke
Anweisender
9 Assignant
einnehmen
9 kassieren
in ausländischer Währung
6 Valuta
leihen
6 borgen, pumpen
umtauschen
8 wechseln
Geldadel
11 Plutokratie
Geldanlage
10 Investment
11 Investition
Geldaufnahme
4 Borg, Pump
6 Kredit
7 Anleihe
8 Darlehen
Geldbehälter
4 Safe
5 Kasse
6 Boerse, Tresor
8 Kassette, Spardose
9 Geldkatze, Portmonee, Schatulle
10 Geldbeutel, Geldboerse
11 Brieftasche
12 Portemonnaie
Geldbeihilfe
10 Stipendium
14 Unterstuetzung
Geldbeutel
5 Katze
Geldeinnehmer
9 Kassierer
Geldeinziehung
7 Inkasso
Geldeinzug durch die Post
9 Nachnahme
Geldentwertung
9 Inflation

Gelder gegen Verzinsung
9 Depositen
Geldgeber
7 Sponsor
8 Kreditor
9 Darleiher, Financier, Finanzier
10 Glaeubiger
Geldgier
9 Raffsucht
Geldgurt
5 Katze
Geldherrschaft
11 Plutokratie
Geldinstitut
4 Bank
8 Bankhaus, Girobank, Hausbank
9 Grossbank, Notenbank, Sparkasse
13 Darlehnskasse
Geldinvestierer
6 Sparer
7 Anleger
8 Einleger
Geldkästchen
9 Schatulle
geldlich
8 monetaer
9 pekuniaer
10 finanziell
geldloser Handel
6 Tausch
Geldmacht
11 Plutokratie
Geldmarktbegriff
8 Zinsfuss
Geldmittel
5 Fonds
8 Finanzen
9 Werbeetat
Geldnehmer
7 Debitor
9 Schuldner
Geldprägeanstalt
6 Muenze
Geldrollenpaket
5 Grupp
Geldrücklage
9 Ersparnis
Geldsammlung
8 Kollekte
Geldschein
4 Note
6 Zehner
8 Banknote
9 Hunderter, Tausender, Zwanziger
10 Fuenfziger
13 Zweihunderter
14 Fuenfhunderter
Geldschrank
4 Safe
6 Tresor
Geldstück
6 Muenze, Zehner
8 Groschen

Geldsumme
6 Betrag
7 Kapital
Geldumtauscher
8 Wechsler
Geldvorrat
5 Fonds
Geldwechselstelle
8 Exchange
Geldwesen
6 Finanz
8 Finanzen
Gelee
5 Glacé
7 Gallert
9 Panaschee
gelegen
5 recht
6 genehm, zupass
8 guenstig
10 willkommen
Gelegenheit
8 Okkasion
Gelegenheitsarbeiter
6 Jobber
Gelegenheitskauf
8 Okkasion
gelegentlich
8 manchmal
9 bisweilen
10 episodisch
gelehrig
5 dozil
Gelehrsamkeit
6 Wissen
9 Erudition
Gelehrtensprache
6 Latein
Gelehrtentagung
9 Symposium
Gelehrter
8 Forscher
10 Akademiker
15 Wissenschaftler
am Hofe Karls des Großen
6 Alkuin
des Mittelalters
6 Hraban
8 Hrabanus
in Basel
8 Oporinus
von Rotterdam
7 Erasmus
von Sevilla
6 Isidor
gelehrter Erklärer
6 Exeget
Geleit
6 Schutz
7 Eskorte, Gefolge, Komitat, Kondukt
9 Bedeckung, Bewachung, Sicherung
13 Begleitschutz
14 Polizeieskorte
Geleitschiff
8 Fregatte
Geleitschreiben
9 Freibrief

Geleitwort
5 Motto
6 Devise
7 Sentenz
Geleitzug
6 Convoi, Konvoi
Gelenk
5 Angel
9 Scharnier
(Maschine)
9 Kreuzkopf
an Ohrgehängen
6 Brisur
auskugeln
9 Ausrenken
Gelenkgeschwulst
8 Ganglion
9 Ueberbein
Gelenkkrankheit
9 Synovitis
des Pferdes
4 Spat
6 Schale
Gelenkleiden
5 Gicht
6 Rheuma
8 Arthrose
9 Arthritis
12 Rheumatismus
Gelenkteil
5 Kugel
6 Kapsel
Geliebte
5 Buhle, Kalle
6 Flamme, Gspusi, Schatz
7 Liebste
8 Dulzinea, Freundin, Liebchen
9 Favoritin, Konkubine, Kurtisane, Maetresse, Maitresse
10 Angebetete
11 Verhaeltnis
des Abaelard
7 Heloise
des Amadis
6 Ariana, Oriana
des Antonius
9 Kleopatra
des Apollon
7 Koronis
des Ares
6 Pyrene
des Aristoteles
7 Phyllis
9 Herpyllis
des Cäsar
9 Kleopatra
des Catull
6 Lesbia
des Daphnis
4 Nais
5 Chloe
des Don Quixote
8 Dulcinea, Dulzinea
des Eros
6 Psyche
des Hamlet
7 Ophelia

des Helios
6 Klytia
des Leander
4 Hero
des Nala
9 Damajanti
des Odysseus
5 Circe
7 Kalypso
des Orion
3 Eos
des Perikles
7 Aspasia
des Poseidon
7 Demeter
des Pyramus
6 Thisbe
des Radames
4 Aida
des Romeo
5 Julia
des Samson/Simson
6 Dalila, Delila
des Tannhäuser
5 Venus
des Tristan
6 Isolde
des Zeus
2 Io
4 Leda, Leto, Maia
5 Danae
6 Europa, Semele
7 Alkmene, Elektra
von Dante
8 Beatrice
von Friedrich Wilhelm II.
4 Enke
9 Lichtenau
von Hölderlin
7 Diotima
von Karl V.
8 Blomberg
von Karl VII. von Frankreich
5 Sorel
von Ludwig XIV.
9 Maintenon, Montespan
von Ludwig XV.
7 Dubarry
9 Pompadour
von Nelson
8 Hamilton
12 Lady Hamilton
von Petrarca
5 Laura
von Philipp II.
5 Eboli
von Rudolf von Österreich
7 Vetsera
Geliebter
5 Amant, Buhle, Galan
6 Schatz
9 Liebhaber
der Aida
7 Radames
der Aphrodite
6 Adonis
der Circe
8 Odysseus
der Dalila/Delila
6 Samson, Simson
der Demeter
4 Zeus
5 Jason
8 Poseidon
der Hero
7 Leander
der Isolde
7 Tristan
der Julia
5 Romeo
der Kalypso
8 Odysseus
der Kleopatra
6 Caesar
8 Antonius
der Klytemnästra
7 Aegisth
der Nais
7 Daphnis
der Ophelia
6 Hamlet
der Selene
8 Endymion
der Tosca
11 Cavaradossi
der Turandot
5 Kalaf
in der persisch-türkischen Dichtung
4 Saki
von George Sand
6 Chopin, Musset
von Katharina II. von Russland
5 Orlow
8 Potemkin
von Lady Hamilton
6 Nelson
Gelierstoff
6 Pektin
Gelobtes Land
10 Palaestina
gelockt
5 kraus
6 wellig
Geltung
3 Ruf
4 Wert
5 Image
6 Nimbus
7 Ansehen, Leumund
8 Einfluss, Prestige, Renommee
9 Bedeutung
Geltungsdrang
7 Ehrgeiz
Gemach
4 Raum
5 Zelle
8 Kemenate
gemächlich
7 langsam
gemächlich gehen
9 schreiten
Gemahl
4 Mann
5 Gatte
7 Ehemann, Gespons
8 Ehegatte
gemahlene(r, s)
Baumrinde zum Gerben
4 Lohe
Getreide
4 Mehl
Mineral
9 Steinmehl
Schnupftabak
5 Rapee
Gemahlin
4 Frau
6 Gattin
7 Ehefrau, Gespons
10 Angetraute
Gemälde
4 Bild
5 Ikone
6 Fresko
7 Bildnis, Gouache, Oelbild, Pastell, Tableau
8 Aquarell, Portraet, Portrait
9 Konterfei
10 Stillleben
11 Darstellung
auf Holz
9 Tafelbild
Gemälde
von Leonardo da Vinci
8 Mona Lisa
Gemäldeentwurf
6 Skizze, Studie
Gemäldegalerie in Florenz
5 Pitti
Gemäldehalle Altathens
7 Poikile
Gemäldesammlung
7 Galerie
Gemarkung
3 Gau
4 Flur
5 Etter
6 Bezirk, Gebiet, Hotter
8 Feldmark
gemäß
6 analog
gemäßigt
8 moderato
gemästetes Hähnchen
6 Poulet
gemein
5 boese, infam
7 niedrig, ruchlos, vulgaer
8 ordinaer, schoflig
Gemeinde
3 Ort
4 Dorf
5 Sekte, Stadt
7 Kommune
8 Sprengel
10 Grossstadt, Kirchspiel, Kleinstadt, Kreisstadt
14 Genossenschaft
Gemeindebehörde
8 Stadtamt
17 Einwohnermeldeamt

Gemeindeflur
4 Mark
9 Gemarkung
Gemeindegebiet
9 Gemarkung
Gemeindehelfer(in)
6 Diakon
10 Diakonisse
Gemeindekirchenrat
12 Presbyterium
Gemeindeland
8 Allmende
Gemeinderat
5 Senat
9 Magistrat
Gemeindevertreter
7 Senator
8 Ratsherr
Gemeindevertretung
8 Stadtrat
Gemeindevorsteher
7 Schulze, Starost
11 Schultheiss
14 Buergermeister
gemeine(r, s)
Kerl
7 Schofel
Mensch
7 Subjekt
Streich
8 Bueberei
Volk
5 Plebs
6 Poebel
Gemeinheit
7 Infamie
10 Schurkerei
12 Niedertracht
gemeinhin
5 vulgo
gemeinnützig
6 sozial
gemeinsam
8 simultan
9 kollektiv
11 solidarisch
gemeinsame(s)
Gespräch
10 Kolloquium
Sache machen
9 paktieren
Trinkgeldkasse
5 Trunk
Überlegung
8 Beratung
gemeinschaftlich
6 kommun, sozial
9 kollektiv
Gemeinschaftsarbeit
8 Teamwork
Gemeinschaftserziehung
11 Koedukation
gemeinschaftsfremd
7 asozial
Gemeinsinn
12 Solidaritaet
13 Kameradschaft
gemeinsinnig
6 sozial
Gemenge
6 Mixtur
7 Gemisch, Loesung, Melange, Mengsel
8 Emulsion, Mischung
9 Gemengsel
11 Konglomerat
Gemisch
7 Melange
Gemüse
4 Kohl
5 Gurke, Lauch, Melde, Ruebe, Salat
6 Kappes, Melone, Moehre, Porree, Spinat, Tomate, Zeller
7 Endivie, Karfiol, Karotte, Kuerbis, Lattich, Mangold, Paprika, Rotkohl, Spargel, Wirsing, Zwiebel
8 Broccoli, Chicorée, Eissalat, Kohlkopf, Kohlrabi, Pastinak, Portulak, Rotkraut, Sellerie, Zucchino
9 Aubergine, Braunkohl, Chinakohl, Federkohl, Feldkropf, Fitzbohne, Gruenkohl, Kohlruebe, Kopfsalat, Mohrruebe, Rosenkohl, Ruebstiel, Schikoree, Weisskohl
10 Blumenkohl
11 Artischocke, Gartenmelde
13 Schwarzwurzel
in Essig
12 Mixedpickles
Gemüsefüllung
5 Farce
Gemüsesuppe
8 Julienne, Minestra
10 Minestrone
gemustertes Gewebe
5 Batik
6 Frappé
7 Compose
Gemüt
5 Anima, Seele, Wesen
6 Animus, Psyche
7 Gefuehl
9 Innigkeit
10 Empfindung, Innenleben
11 Seelenleben, Temperament
gemütlich
5 intim, traut
6 bequem, kommod, wohlig
8 angenehm, geruhsam, heimelig, lauschig, traulich, wohnlich
9 behaglich, idyllisch, wohltuend
10 anheimelnd
11 komfortabel
13 geniesserisch
unterhalten
9 plauschen
gemütliche Plauderei
7 Plausch
Gemütsart
8 Naturell
9 Charakter
11 Temperament, Veranlagung
Gemütsbewegung
3 Wut
4 Ekel, Rage, Zorn
5 Angst, Grimm, Scham
6 Affekt, Freude, Furcht, Regung, Trauer
7 Emotion, Ingrimm
8 Ruehrung
9 Erhitzung
11 Entruestung
12 Begeisterung, Enthusiasmus, Leidenschaft
Gemütslage
8 Stimmung
Gemütsruhe
9 Gleichmut
10 Kontenance, Stoizismus
Gemütszustand
5 Laune
8 Stimmung
gemütvoll
11 sentimental
genau
5 exakt
6 strikt, subtil
7 akkurat, korrekt, penibel, praezis, richtig
8 praezise
9 minuzioes
10 pedantisch
abmessen
7 zirkeln
bezeichnend
8 treffend
einstellen
9 einpassen, justieren
Genauigkeit
7 Akribie
8 Sorgfalt
9 Exaktheit, Praegnanz
10 Pedanterie, Praezision
11 Akkuratesse, Korrektheit
genealogischer Begriff
3 Ahn
4 Ahne
5 Linie, Sippe, Stamm, Zweig
7 Familie, Vorfahr
9 Stammbaum
10 Abstammung, Ahnenreihe, Hauptlinie, Nebenlinie, Verwandter
11 Seitenlinie
15 Blutsverwandter
Genehmigung
6 Lizenz, Patent, Placet, Plazet
7 Konsens

9 Billigung, Erlaubnis, Zulassung
10 Konzession
geneigt
4 hold
7 zugetan
geneigte Stelle
8 Schraege
Geneigtheit
4 Huld
5 Gnade, Gunst
General
der früheren deutschen Schutztruppe
13 Lettow-Vorbeck
des Großen Kurfürsten
11 Derfflinger
Friedrichs des Großen
6 Zieten
8 Schwerin, Seydlitz
im Burenkrieg
5 Smuts
im nordamerikanischen Sezessionskrieg
3 Lee
5 Grant
Napoleons I.
6 Maison
Wallensteins
4 Illo, Ilow
6 Terzka, Terzky
7 Isolani
11 Piccolomini
Generalsekretäre der UN
3 Ban, Lie
5 Annan, Ghali, Perez
6 U-Thant
8 Waldheim
12 Hammarskoeld
Generalsrang
9 Marschall
13 Feldmarschall
Generator
6 Dynamo
generell
7 weithin
8 durchweg
9 allgemein, durchwegs, gemeinhin, umfassend
10 universell, weitgehend
11 gewoehnlich
12 durchgaengig, gemeiniglich
16 allgemein gueltig
generös
7 honorig
9 freigebig, spendabel
Genesender
14 Rekonvaleszent
Genesung
7 Heilung, Remedur
9 Gesundung
12 Konvaleszenz
14 Rekonvaleszenz
Genesungsaufenthalt
3 Kur
Genesungsheim
10 Sanatorium
genetisch identisch
6 isogen
Genfer
Reformator
6 Calvin
Seewind
5 Rebat
Genick
6 Nacken
geniert
7 gehemmt
8 befangen
Genießer
7 Aesthet, Gourmet, Sybarit
8 Bacchant, Lebemann, Lukullus, Weltkind
9 Epikureer, Schlemmer, Schwelger
10 Leckermaul
13 Feinschmecker
Genitiv
7 Wesfall
Genius
5 Geist
14 Schoepferkraft
Genörgel
8 Meckerei
9 Krittelei
genuesischer
Historiker
7 Caffaro
Seeheld
5 Doria
Titel
4 Doge
Verschwörer
6 Fiesco
genuesisches
Adelshaus
8 Grimaldi
genug
5 basta
7 sattsam
12 hinlaenglich
genügend
10 suffizient
11 ausreichend, erklecklich
(Doktorprüfung)
4 rite
Genuss
4 Labe, Lust
5 Spass, Wonne
6 Freude, Labsal, Nutzen, Profit
7 Verzehr
9 Voellerei
10 Vergnuegen
11 Schwelgerei
Genussgift
7 Alkohol, Koffein, Nikotin
Genussmensch
9 Geniesser
Genussmittel
3 Kat, Tee
4 Coca, Koka, Kola, Mate, Wein
5 Betel, Kakao, Priem, Tabak
6 Kaffee
7 Alkohol
8 Kautabak
geöffnet
3 auf
5 offen
geografisch:
Gießbach
8 Torrente
mittelfeucht
9 semihumid
mitteltrocken
8 semiarid
Regenbach
8 Torrente
trocken
4 arid
geografische(s)
Blatt
9 Weltkarte
Breite
9 Latituede
Breite (Nautik)
5 Hoehe
Hilfsmittel
5 Atlas, Karte
6 Globus
7 Kompass
8 Seekarte
9 Landkarte
10 Planimeter, Projektion
Kartenwerk
5 Atlas
9 Handatlas, Weltatlas
Raumeinheit
6 Geotop
geologisch:
Abschleifung
9 Korrasion
am Fundort entstanden
8 authigen
angeschwemmt
8 alluvial
angeschwemmtes Land
8 Alluvion
Auslaugung
9 Subrosion
auswaschen
9 erodieren
Bodenabtragung
8 Ablation
durch Versickerung gebildet
5 vados
Einseitigkeit
7 Vergenz
Erdfrühzeit
8 Eozoikum
Erdnaht
9 Lineament
fremdgestaltig
9 xenomorph
gebirgsbildend
6 orogen
gekippt
7 vergent
Geröll
8 Detritus
glasig erstarrt
7 porodin

Härtling
9 Monadnock
Kleinstfältelung
9 Runzelung
Mulde
8 Synkline
Strudelloch
8 Evorsion
Verbiegung
6 Flexur
Wallberge
4 Oser
Widerstandsfähigkeit
7 Righeit
Wiederaufschmelzen
8 Anatexis
geologische Formationen
3 Apt, Dan, Nor
4 Dyas, Jura, Kulm, Lias, Malm, Perm, Raet, Roet, Sima
5 Devon, Huron, Rhaet, Senon, Silur, Trias, Turon
6 Danien, Dogger, Eozaen, Karbon, Keuper, Kreide
7 Azoikum, Barrême, Caradoc, Eiszeit, Emscher, Miozaen, Molasse
8 Aalenien, Alluvium, Diluvium, Holozaen, Kambrium, Pliozaen, Quartaer, Tertiaer
9 Algonkium, Archaikum, Oberdevon, Oligozaen, Paleozaen
10 Mesozoikum, Ordovizium
11 Muschelkalk, Paleozoikum, Pleistozaen
geometrische(r, s)
Begriff
7 Triklin
8 Scheitel, Schenkel, Spitzeck
9 Raumkurve
Figuren, Körper
4 Oval
5 Kegel, Kreis, Kubus, Kugel, Raute, Walze
6 Elfeck, Prisma, Saeule, Trapez
7 Achteck, Ankreis, Dreieck, Ellipse, Neuneck, Parabel, Quadrat, Rhombus, Vieleck, Viereck, Wuerfel
8 Beikreis, Fuenfeck, Hyperbel, Pyramide, Rechteck, Rhomboid, Sechseck, Zylinder
9 Achtflach, Ellipsoid, Fuenfseit, Halbkreis, Halbkugel, Leitkreis, Rechtkant, Siebeneck, Vielflach, Vierflach, Zwoelfeck
12 Kegelschnitt
14 Parallelogramm
Gebilde
7 Flaeche
8 Vierseit
9 Kontinuum
Hilfsgröße
9 Parameter
Linie
5 Kurve, Sehne
6 Gerade
9 Binormale, Herzkurve
geordnete(r)
Flucht
8 Rueckzug
Lage
7 Schicht
Schicht
6 Stapel
Stapel
7 Schicht
Georgien
Berge
6 Elbrus
8 Karakaja, Schchara
9 Didi-Abuli
Bevölkerung
6 Swanen
8 Georgier, Pschawen
9 Chewsuren, Kechetier
Biologe
9 Medwedjew
Dichter
9 Abascheli, Robakidse, Zeretheli
Flüsse
4 Kura
5 Rioni
Gebirge
8 Kaukasus
Hafenstädte
4 Poti
6 Batumi
7 Pizunda, Suchumi
Hauptstadt
6 Tiflis
Königinnen
6 Tamara, Thamar
Schachspieler
9 Petrosjan
Sprache
9 Georgisch
Staatsoberhaupt
13 Schewardnadse
Währung
5 Rubel
6 Kopeke
Georgine
6 Dahlie
geotektonische
Aufbauzone
5 Sinia
Kraft
7 Zerrung
Zone Asiens
7 Angaria
Gepäck
6 Bagage, Koffer, Ranzen, Tasche
7 Buendel, Seesack
9 Felleisen, Pakotille, Tornister
Gepäcknische im Zelt
5 Apsis
Gepäckstück
6 Koffer
9 Hutkoffer
gepflegt
9 soigniert
gekleidet
7 elegant
13 geschmackvoll
gepflegte Grünfläche
5 Rasen
Geplänkel
12 Scharmuetzel
Geplauder
7 Plausch, Schwatz
9 Gespraech, Smalltalk
12 Konversation, Unterhaltung
gepökeltes
Fleischgericht
7 Eisbein
8 Kasseler
Rindfleisch
10 Cornedbeef
Gepolter
5 Rumor
9 Spektakel
Gepränge
4 Pomp
5 Luxus, Prunk
6 Pracht
gerade
4 eben, just
6 direkt
7 ehrlich
8 aufrecht, momentan
9 justament
14 augenblicklich
7 Strecke
(Roulett)
4 pair
Aufgekommenes
7 Neuheit
die eine Kurve schneidet
7 Sekante
erst
4 Eben
gerader Haarschnitt
3 Bob
Geradflügler
6 Grille, Schabe
7 Ohrwurm, Termite
8 Heimchen, Heupferd, Kakerlak
11 Heuschrecke
geradlinig
6 direkt, linear
10 aufrichtig
Geranie
10 Pelargonie
Gerät
7 Apparat, Utensil
8 Material, Requisit, Werkzeug
10 Instrument

bei Auszahlungen
9 Zahlbrett
der Schnurhersteller
9 Seilerrad
der Topografen
9 Messtisch
des Geodäten
5 Jalon
9 Messlatte
für Aufzuchten
8 Brutofen
für Gehbehinderte
7 Kruecke
9 Rollstuhl
für Hackarbeiten
8 Hauklotz
für Kinder
9 Spielzeug
für Stickereien
9 Perlnadel
zum Anschärfen
7 Spitzer
zum Anzünden
9 Feuerzeug
zum Betrachten von Dias
5 Gucki
zum Einebnen
8 Rauwalze
zum Feuermachen
9 Anzuender
zum Garen
9 Fritteuse
zum Nachahmen von Wildstimmen
5 Locke
zum Schärfen
9 Anspitzer
zum Wenden
6 Wender
zum Wilderlegen
9 Jagdwaffe
zum Zeichnen von Kreisen
6 Zirkel
zum Ziehen von Linien
6 Lineal
zur Gewichtsmessung
5 Waage
Geräteraum (Schiff)
8 Hellegat
Geräteschuppen
6 Remise
geräucherter Fisch
7 Haddock, Sprotte
8 Buecking
9 Bueckling
11 Raeucheraal
13 Schillerlocke
14 Raeucherhering
Geräusch
eines Wasserfalls
8 Rauschen
kleiner Schritte
9 Getrippel
vieler Schritte
9 Getrappel
von laufenden Pferden
9 Hufschlag
Geräuschbelästigung aus der Luft
9 Fluglaerm
geräuschlos
5 leise, still, stumm
geräuschvoll
4 laut
8 laermend
9 lautstark
geraute(r, s)
Flanell
9 Veloutine
Gewebe
7 Flanell
Wollstoff
7 Kalmuck
Gerbereibottich
6 Haspel
Gerberfett
6 Degras
7 Moellon
Gerbermaterial
9 Kalbsfell
Gerberwerkzeug
9 Haareisen
Gerbmittel
4 Teri
6 Cachou
8 Lohbeize, Lohrinde
Gerbrinde
4 Lohe
Gerbsalz
6 Tannat
Gerbsäure
6 Tannin
Gerbstoff
5 Cutch
6 Gambir
7 Katechu
8 Canaigre
Gerbstoffgrundlage
9 Catechine
Gerechtigkeit
6 Justiz
8 Justitia
Gerede
7 Klatsch, Palaver, Rederei, Tratsch
9 Getratsch
10 Geschwaetz
geregelte(r)
Folge
5 Reihe, Serie
Wechsel
8 Rhythmus
Zustand
7 Ordnung
gereizt
6 animos, erregt
7 graetig, nervoes, pikiert
8 hektisch, kribblig
9 aggressiv, erbittert, kribbelig
10 feindselig
14 angriffslustig
Gericht
4 Mahl
5 Essen
6 Justiz, Speise
8 Tribunal
11 Strafkammer
im Mittelalter
7 Oberhof
in der Speisenfolge
4 Gang
gerichtlich
10 forensisch
eintreiben
9 einklagen
gerichtliche
Entscheidung
6 Urteil
7 Austrag
Rechtfertigung
9 Purgation
Vorladung
9 Sommation
Gerichtsangestellter
9 Aktuarius
Gerichtsbarkeit
12 Jurisdiktion
Gerichtsbeisitzer
8 Assessor, Schoeffe
12 Geschworener
Gerichtsbeschluss
6 Urteil
Gerichtsdiener
7 Buettel, Heiduck, Scherge
8 Fronbote, Haescher
Gerichtshof
4 Rota
5 Forum
7 Areopag
8 Judizium, Tribunal
10 Rota Romana
der römischen Kurie
4 Rota
Gerichtsordnung Karls V.
8 Carolina
Gerichtssaal (Islam)
8 Meschuar
Gerichtsschreiber
6 Aktuar
7 Actuary
Gerichtssitzung
6 Termin
11 Lokaltermin
Gerichtsverfahren
7 Prozess
12 Rechtsstreit, Strafprozess, Zivilprozess
Gerichtsvollzieher
8 Exekutor, Pfaender
gerieben
5 smart
6 clever
geriebene Semmel
7 Broesel
gerillt
10 profiliert
gering
5 klein, wenig
6 winzig
7 minimal
11 unbedeutend

geringe(s)
Anzahl ausdrückender Numerus
6 Paukal
Ausmaß
9 Kleinheit
Dicke
9 Duennheit
Steigen des Meeres
8 Nippflut, Nippzeit
Zeitspanne
6 Kuerze
geringeltes Haar
5 Locke
geringfügig
5 klein, wenig
6 winzig
7 minimal
Geringfügigkeit
9 Bagatelle
geringschätzig
14 despektierlich
geringwertige Münzen
9 Kleingeld
Gerinnungsferment
8 Thrombin
Gerinnungsmittel
3 Lab
Gerippe
6 Schema
7 Skelett
geripptes Gewebe
4 Cord, Kord, Rips
5 Serge
9 Gabardine
gerissen
5 smart
6 clever, listig, schlau
7 gewieft
10 routiniert
12 durchtrieben
Gerissenheit
7 Finesse
10 Cleverness, Raffinesse
Germane
4 Gote
5 Bayer, Daene, Flame, Gaute, Juete, Katte, Quade, Skire, Suebe, Swebe, Ubier, Warne
6 Chatte, Chauke, Cimber, Franke, Friese, Gepide, Harude, Kimber, Marser, Rugier, Sachse, Scione, Zimber
7 Bataver, Chamave, Eburone, Heruler, Irmione, Nemeter, Nervier, Ostgote, Semnone, Silinge, Teutone, Tubante, Tungrer, Vandale, Wandale
8 Alemanne, Ambronen, Mattiake, Normanne, Norweger, Sigamber, Silinger, Treverer, Triboker, Usipeter, Wangione, Westgote
9 Attuarier, Atuatuker, Bastarner, Brukterer, Burgunder, Cherusker, Mattiaker, Sigambrer, Sugambrer, Tenkterer
10 Hermundure, Langobarde, Markomanne, Thueringer
11 Ampsivarier, Angelsachse
Germanenstämme, -völker
5 Goten, Ubier
6 Angeln, Bayern, Daenen, Flamen, Gauten, Jueten, Katten, Marser, Quaden, Rugier, Skiren, Sueben, Sweben, Warnen
7 Bataver, Chatten, Chauken, Cimbern, Franken, Friesen, Gepiden, Haruden, Heruler, Kimbern, Nemeter, Nervier, Sachsen, Scionen, Tungrer, Zimbern
8 Ambronen, Chamaven, Eburonen, Irmionen, Norweger, Ostgoten, Semnonen, Sigamber, Silingen, Teutonen, Treverer, Triboker, Tubanten, Usipeter, Vandalen, Wandalen
9 Attuarier, Atuatuker, Bastarner, Brukterer, Burgunder, Cherusker, Mattiaken, Mattiaker, Normannen, Ostangeln, Sigambrer, Sugambrer, Tenkterer, Wangionen, Westgoten
10 Thueringer
11 Ampsivarier, Hermunduren, Langobarden, Markomannen
12 Angelsachsen
Germanien
Adlige
9 Edelfreie
Adliger
7 Edeling
Angehörige eines Göttergeschlechts
3 Ase
4 Asen, Asin, Wane
5 Wanen
Asenversammlungsraum
7 Idafeld
Asenwohnsitz
6 Asgard
7 Godheim
Baldurs Schloss
7 Glitnir
Begräbnisstätte
10 Huenengrab
Beiname
7 Vanadis, Wanadis
Blasinstrument
4 Lure
Bogenschütze
4 Egil
5 Egill
Bote des Freyr
6 Skinir
Botinnen der Freya
3 Gna
4 Hlyn
Bronzeposaune
4 Lure
Dichtermet
7 Odrerir
Dichtungen
4 Edda, Saga
Dichtungsform
9 Hakenstil
Dienerin
3 Bil
Drache
6 Fafner, Fafnir
10 Fenriswolf
Drache der Hel
7 Nidhogg
Eisenmesser
3 Sax
Eisreifriese
4 Ymir
5 Hymir
Elfenwohnsitz
7 Alfheim
Erbhof
4 Odal
Erdmutter
4 Erda
Feuerreich
6 Muspel
10 Muspelheim
Flammenmeer
9 Waberlohe
Freiawohnsitz
8 Folkwang
Freudenwelt mit Walhall
9 Gladsheim
Freundeshalle in Walhall
7 Wingolf
Friggapalast unter dem Meer
8 Fensalir
gefallene Helden
9 Einherier
Gefallenenhalle
7 Walhall
8 Walhalla
9 Wallhalla
Gott der Bogenschützen
3 Ull
4 Ullr
Gott der Dichtkunst
5 Bragi
Gott der Dunkelheit
3 Hod
4 Hodr
5 Hoedr
6 Hoedur
Gott der Erde
8 Fjoergyn

Gott der Gerechtigkeit
6 Foseti
7 Forseti
Gott der Schifffahrt
5 Noerd
6 Njoerd
Gott der Skiläufer
3 Ull
4 Ullr
Gott der Toten
4 Henn
Gott der Weisheit
6 Kvasir, Kwasir, Quaser
Gott des Donners
4 Thor
5 Donar
Gott des Feuers
2 We
4 Loge, Lohe, Loki
Gott des Friedens
3 Fro
4 Frey
5 Freyr
Gott des Frühlings
3 Ali
4 Wali
Gott des Himmels
6 Baldur
Gott des Krieges
3 Eru, Tiu, Tyr, Ziu
4 Odin
5 Wodan, Wotan
6 Saxnot
Gott des Lichts
3 Fro
6 Baldur
8 Heimdall
Gott des Meers
5 Aegir
Gott des Reichtums
5 Noerd
6 Njoerd
7 Nerthus
Gott des Tages
3 Dag
4 Dagr
Gott des Winters
3 Ull
4 Ullr
Gott, der Sonne und Mond verfolgt
4 Hate, Hati
5 Skoll
Götter
2 Od
3 Ali, Dag, Eru, Fro, Hod, Ing, Rig, Tiu, Tyr, Ull, Ziu
4 Dagr, Frey, Henn, Hodr, Loge, Loki, Odin, Thor, Wali
5 Aegir, Baldr, Bragi, Donar, Freya, Freyr, Hoedr, Noerd, Wodan, Wotan
6 Baldur, Foseti, Hoedur, Kvasir, Njoerd, Saxnot, Tuisto
7 Forseti
Götterbote
6 Hermod
8 Hermodir
Götterdämmerung
9 Ragnaroek
Göttergeschlechter
4 Asen
5 Wanen
Göttin der Arzneikunst
4 Eira
Göttin der Ehe
3 War
4 Lofn
6 Loeffa
Göttin der Erde
4 Gaue, Gerd
5 Joerd, Rinda
Göttin der Ernte
3 Sif
4 Erke
Göttin der Flüsse
4 Laga
Göttin der Fruchtbarkeit
4 Frea, Fria, Idun
5 Frigg, Frija, Iduna
6 Frigga
Göttin der Geschichte
4 Saga
Göttin der Jugend
4 Idun
5 Iduna
Göttin der Klugheit
6 Snotra
Göttin der Liebe
3 Var, War
4 Wara
5 Freia
6 Freyja
Göttin der Nacht
4 Nott
Göttin der Quellen
4 Laga
Göttin der Rechtspflege
3 Syn
4 Sygn
Göttin der Schifffahrt
10 Nehalennia
Göttin der Sonne
7 Berchta
Göttin der Tugend
6 Snotra
Göttin der Unterwelt
3 Hel
Göttin des Frühlings
6 Ostara
Göttin des Gartens
5 Fosta
Göttin des Herdes
4 Frea, Fria
5 Frigg
Göttin des Meers
3 Ran
Göttinnen
3 Hel, Ran, Sif, Syn, Var, War
4 Alyn, Eira, Erke, Frea, Fria, Gaue, Idun, Laga, Lofn, Nott, Saga, Sygn
5 Fosta, Freia, Frigg, Frija, Iduna, Joerd, Rinda
6 Freyja, Loeffa, Ostara, Snotra
7 Berchta
Halbgöttinnen
6 Idisen, Nornen
9 Walkueren
Halsschmuck
8 Breysing
11 Brisingamen
Hammer des Thor
9 Mjoellnir
Hauptstämme
9 Irminonen
10 Herminonen, Ingwaeonen, Istwaeonen
Hauptwaffe
5 Frame
Heerführer
7 Civilis, Odoaker
Heerkönig
8 Radagais
Heiligtum
8 Irminsul
Heimdallpalast
11 Himmelsburg
Hels Reich
7 Helheim
8 Niflheim
9 Nebelheim
Himmelsbrücke
8 Bifroest
Hochzeitsgesang
9 Brautlied
Hofdichter
4 Skop
Hund der Hel
4 Garm
5 Garmr
Hüterin der goldenen Äpfel
4 Idun
5 Iduna
Jotenreich
9 Jotunheim
Kampfjungfrauen
9 Walkueren
Königsgeschlechter
6 Amaler
10 Merowinger
11 Arnulfinger
Langschwert
6 Spatha
Menschenwohnsitz
7 Midgard
Njördwohnsitz
6 Noatun
Norne der Gegenwart
8 Verdandi, Werdandi
Norne der Vergangenheit
3 Urd
4 Wurt, Wyrd
Norne der Zukunft
5 Skuld
Nornenheim
9 Urdarborn
Odins Beinamen
3 Ygg
6 Wotan

7 Grimmer, Harbard
8 Allvater, Boelwerk, Walwater
9 Farmagott, Hangagott, Siegvater
11 Einaeugiger
14 Schimmelreiter

Odins Botinnen
9 Walkueren

Odins Brüder
2 Ve, We
4 Vili, Wili
6 Hoenir

Odins Dienerinnen
5 Mista, Rista

Odins Gattin
4 Frea, Fria
5 Freia, Freya, Frigg, Frija
6 Frigga

Odins Geliebte
4 Grid
5 Joerd, Rinda
8 Hildafur

Odins Gesellschafterin
4 Laga

Odins Mutter
6 Bestla

Odins Opferpriester
4 Diar
7 Drotner

Odins Palast
7 Walhall
8 Walhalla

Odins Raben
5 Hugin, Munin

Odins Ratgeber
4 Mime
5 Mimir

Odins Ross
8 Sleipnir

Odins Söhne
3 Hod, Tyr
4 Hodr
5 Baldr, Bragi
6 Balder, Baldur, Hermod
7 Hermodr

Odins Speer
7 Gungnir

Odins Thron
9 Gladsheim

Odins Töchter
5 Hnoss
7 Gersemi

Odins Vater
4 Boer, Borr

Odins Wohnsitz
7 Walhall
8 Walhalla

Odins Wölfe
4 Geri
5 Freki

Odins Zauberring
8 Draupnir

Opfergebäck
7 Julbrot

Palast
8 Fensalir, Folkwang

Rechtsinstitution
4 Mund, Munt

Reittier der Gna
9 Hufwerfer
10 Hofwarpnir

Reittier des Dag
8 Skinfaxe, Skinfaxi

Reittier des Fro
10 Goldborste

Reittier des Heimdall
8 Goldzopf

Reittier des Hreidmar
5 Grane, Grani

Reittier des Odin
8 Sleipnir

Reittier des Thor
13 Zahnknirscher, Zahnknisterer

Riesengeschlechter
5 Joten
7 Thursen

Riesenheim des Skadi
9 Thyrmheim

Riesenzauberreich
6 Utgard

Sagaheim
9 Sinkebach

schatzhütender Zwerg
7 Andvari, Andwari

Schmuckreif
5 Bauge

Schriftzeichen
4 Rune
8 Siegrune

Schutzverhältnis
7 Mundium

Schwarzalben-zwergenheim
13 Swartalfaheim

Schwert
5 Sachs

Seefahrervolk
8 Wikinger

Seekönige
9 Hetelinge

Seherin
6 Velada, Veleda

Seidfrau
6 Voelva

Speer bei Tacitus
6 Framea

Stämme
9 Hermionen

Stammesverband
7 Ingwier

Stammmutter der Menschen
5 Embla

Stammvater der Menschen
3 Ask
4 Askr
5 Asker

Thors Palast
10 Bilskirner

Totendämon
5 Draug

Ullrwohnsitz
6 Ydalir

Ungeheuer
15 Midgardschlange

Unterwelt
3 Hel
7 Helheim
8 Niflheim

Urgott vor Ankunft der Asen
6 Kalewa
8 Urmutter

Urmutter bei Wagner
4 Erda

Versammlung
4 Ding

Versammlungsort
9 Mahlstatt

Vertraute
5 Fulla, Fylla

Völkergruppe
9 Erminonen

Volksversammlung
4 Ding
5 Thing

Wächter an der Himmelsbrücke
7 Heimdal
8 Heimdall

Waffen
3 Ger, Sax

Wahrsagetechnik
4 Seid

Walhall: Baum
5 Lerad

Walhall: die Ymir nährte
7 Audumla
8 Audhumla

Walhall: Empfangsgötter
5 Bragi
6 Hermod
7 Heimdal
8 Heimdall

Walhall: Freundeshalle
7 Wingolf

Walhall: goldblättriger Hain
6 Glasor

Walhall: Hahn
11 Gueldenkamm

Walhall: Himmelsziege
7 Heidrun

Walhall: Hüterin des Dichtermets
5 Urkuh
8 Gunnloed

Wanenland
8 Wanaheim

Wassergeist
3 Nix
4 Neck, Nixe
5 Noeck
6 Necken

Weissagerin (bei Wagner)
4 Wala

Weltbär
10 Sachrimnir

Weltesche
9 Yggdrasil

Weltuntergang
4 Wolf
9 Ragnaroek

Wintersonnenfest
3 Jul

Wurfspieß
3 Ger

Zaubernorne
6 Widolf
Zweikampf
8 Holmgang

gern
haben
6 lieben, moegen
9 schaetzen
schenkend
9 freigebig

Geröll
4 Kies
6 Schutt
7 Gestein
15 Gesteinsbrocken

Geröllmasse
7 Moraene

gerollte Fleischspeise
7 Roulade

Gerontologie
15 Altersforschung

Gerstensaft
4 Bier

Gerte
4 Rute
5 Zweig
9 Reitstock
10 Stoeckchen

Geruch
4 Arom, Duft
5 Aroma, Blume, Odeur
6 Bukett
7 Gestank
9 Witterung

Geruchsorgan
4 Nase

Geruchsverschluss
4 Trap
6 Siphon

Gerücht
4 Fama, Sage
5 Ondit
6 Gerede
7 Klatsch
8 Munkelei
10 Propaganda
14 Latrinenparole

Gerüchte verbreiten
12 kolportieren

Gerüchtemacher
10 Kolporteur

geruchtilgendes Mittel
3 Deo
8 Deospray
9 Deodorant

Gerümpel
4 Kram
6 Abfall
7 Plunder, Troedel
8 Altwaren
10 Krimskrams

Gerüsteiweißstoff
7 Elastin

gerüstet
5 parat
7 armiert
11 kampfbereit

gesalzener Heringsfisch
8 Sardelle

gesammelte Aufsätze
9 Analekten

gesamt
4 ganz
5 total
6 global
8 komplett, zusammen
9 allgemein, gaenzlich, umfassend, universal
10 universell

Gesamtanlage von Geräten
9 Apparatur

Gesamtanschauung
8 Weltbild

Gesamtansicht
8 Panorama

Gesamtbetrag
5 Latus, Summe

gesamter Bergbau
9 Bergwesen

Gesamtheit
5 Summe
9 Inbegriff
10 Totalitaet
14 Universalitaet
der chemischen Vorgänge
9 Chemismus
der Christen
8 Oekumene
der Erbfaktoren
7 Genotyp
der Fahrzeuge
4 Park
der Gebärden
6 Gestik
der Geldinstitute
9 Bankwesen
der Juden
8 Judentum
der Landesbischöfe
9 Episkopat
der Nebennierenrinden-hormone
6 Cortin
der Pilzfäden
8 Myzelium
der Rennpferde
5 Stall
der Runden (Boxen)
7 Distanz
der Schiffe eines Staates
6 Flotte
der Schiffstaue
7 Tauwerk
der Staatsbürger
4 Volk
der Volkssitten
9 Brauchtum
der Weidmänner
8 Jaegerei
der Zähne
6 Gebiss
des Bienenvolks
4 Bien
einer elektrischen Anlage
8 Elektrik

Gesamtlänge
5 Trakt

Gesamtrecht eines Staates
6 Hoheit

Gesamtvergütung
9 Pauschale

Gesamtwerk eines Künstlers
6 Oeuvre

Gesandter
5 Legat
6 Envoyé
7 Nuntius
11 Ambassadeur, Botschafter

Gesandtschaft
8 Legation
9 Ambassade

Gesang
4 Lied
5 Melos
6 Cantus
der katholischen Messe
7 Traktus
höfisch orientierter Sänger
6 Makame

gesangartig
9 cantabile

gesangartige Melodie
9 Kantilene

gesanglich
5 arios
8 kantabel

Gesangsgruppe
3 Duo
4 Chor, Trio
5 Duett
7 Terzett
8 Ensemble, Quartett, Quintett

Gesangsrolle
6 Partie

Gesangsstil
beim Jazz
4 Scat
der Älpler
6 Jodeln

Gesangsstile
8 Belcanto, Belkanto, Parlando

Gesangsstimme
3 Alt
4 Bass
5 Tenor
6 Sopran
7 Bariton
11 Bassbariton, Mezzosopran

Gesangsstücke
3 Duo
4 Arie, Lied, Solo, Song, Trio
5 Duett
6 Arioso, Choral, Jodler
7 Arietta, Ariette, Chanson, Couplet, Kantate, Kanzone, Terzett
8 Quartett
9 Abendlied, Kantilene, Kunstlied, Psalmodie, Rezitativ, Trinklied, Volkslied

Gesangswerk mit Orchester
7 Kantate
gesättigte(r)
Kohlenwasserstoff
5 Butan, Nonan
8 Isobutan
9 Adamantan
Kohlenwasserstoffe
9 Paraffine
Geschäft
8 Business
11 Transaktion, Unternehmen
für Bekleidung
8 Modehaus
für Presseerzeugnisse
9 Buchladen
geschäftiges Tun
7 Treiben
Geschäftigkeit
9 Emsigkeit
10 Aktivitaet
geschäftlich
9 merkantil
13 kaufmaennisch
Geschäftsbereich
7 Ressort
8 Dezernat
Geschäftsbrauch
3 Uso
Geschäftsbuch
6 Kladde
7 Journal
8 Inventar, Memorial
Geschäftseinlage
4 Mise
Geschäftsführer(in)
4 Boss, Chef
6 Chefin, Gerant
7 Manager
8 Direktor, Sekretar, Syndikus
9 Managerin, Verwalter
10 Direktorin, Direktrice
11 Verwalterin
Geschäftsführung
10 Management
Geschäftsinhaber
4 Chef
9 Prinzipal
Geschäftsleitung
9 Direktion
Geschäftsmann
7 Manager
8 Kaufmann
9 Fabrikant, Negoziant, Produzent
11 Unternehmer
Geschäftsnebenstelle
7 Agentur, Filiale
Geschäftsordnung
6 Statut
7 Satzung
9 Reglement
Geschäftspartner(in)
5 Sozia
6 Sozius
9 Kompagnon, Teilhaber
11 Teilhaberin
Geschäftsreisender
6 Kommis
9 Vertreter
Geschäftsstelle
5 Buero, Depot
6 Kontor
7 Agentur, Filiale, Kanzlei
11 Sekretariat
Geschäftsträger
6 Envoyé
8 Resident
geschäftstüchtig
5 smart
6 clever
Geschäftsunkosten
6 Spesen
Geschäftsvermittler
5 Agent
6 Broker, Makler
Geschäftsviertel einer Großstadt
4 City
Geschäftswerbung
7 Reklame
Geschäftswert
8 Goodwill
Geschäftszentrum
6 Center
Geschäftszimmer
5 Buero
Geschäftszweig
6 Sparte
7 Bereich, Branche
geschältes Getreidekorn
6 Graupe
gescheckt
7 meliert
Geschehen
3 Tat
4 Fall
6 Ablauf
7 Prozess, Vorfall, Vorgang
8 Begebnis, Ereignis, Handlung
11 Begebenheit
Geschehnisfolge
4 Zeit
6 Ablauf
7 Verlauf
gescheit
4 klug
5 weise
6 begabt
11 intelligent, verstaendig
Geschenk
4 Gabe
6 Spende
7 Almosen, Praemie
8 Dotation, Praesent, Stiftung
9 Angebinde, Schenkung, Trinkgeld, Zuwendung
10 Dedikation
13 Gratifikation
an einem Frühlingsfest
7 Osterei
Geschichte
5 Story
7 Bericht, Chronik, Novelle
8 Anekdote, Historie, Historik
9 Geschehen, Werdegang
10 Erzaehlung
11 Entwicklung
13 Angelegenheit, Vergangenheit
geschichteter
Haufen
5 Stoss
6 Stapel
Heuhaufen
7 Heufeim
8 Heufeime
geschichtlich
10 historisch
geschichtliche(r)
Jahrbücher
7 Annalen
Zeitbeginn
9 Fruehzeit
Geschichtsabschnitte
4 Aera
6 Antike, Epoche, Urzeit
7 Neuzeit, Vorzeit
8 Altertum
9 Steinzeit, Zeitalter
11 Mittelalter
12 Mesolithikum
Geschichtsforscher
10 Historiker
Geschichtsquelle
7 Urkunde
Geschichtsschreiber
7 Rahewin
8 Chronist, Jordanes
13 Historiograph
Geschichtswerk
7 Chronik
des Xenophon
8 Anabasis
Geschichtswissenschaft
8 Historik
Geschick
3 Los
6 Kismet
7 Routine
9 Schicksal
10 Faehigkeit, Fertigkeit
Geschicklichkeitskünstler
6 Artist
8 Jongleur
12 Aequilibrist
Geschicklichkeitsspiel
4 Jo-Jo, Yoyo
6 Mikado
7 Diabolo
8 Minigolf
Geschicklichkeitsturnen
9 Akrobatik
geschicktes Vorgehen
6 Taktik
9 Schachzug
Geschirr
für Zugtiere
4 Joch
6 Kummet, Sielen
spülen
9 abwaschen

Geschirraum (Schiff)
6 Pantry
Geschirrschrank
7 Buefett
8 Anrichte
Geschirrteil (Pferd)
7 Kummet
7 Zuggurt
geschlagenes Eiweiß
8 Eischnee
geschlämmter Ton
9 Schlicker
Geschlecht
3 Sex
5 Genus, Sexus, Sippe, Stamm
6 Genera
7 Abkunft, Familie, Gattung, Gebluet
8 Dynastie, Herkunft, Ursprung
10 Abstammung, Generation
der deutschen Sage
10 Nibelungen, Waelsungen
der Harier
9 Hasdingen
Geschlechterfolge
10 Generation
Geschlechterforscher
9 Genealoge
Geschlechterkunde
10 Genealogie
geschlechtlich
6 sexual
7 sexuell
9 generativ
Geschlechtlichkeit
11 Sexualitaet
Geschlechtsbezeichnung
8 weiblich
9 maennlich
Geschlechtsdrüsen
7 Gonaden
Geschlechtshormon
6 Prolan
Geschlechtsleben
6 Erotik
Geschlechtsorgan
der Schlauchpilze
7 Askogon
der Thalluspflanzen
8 Oogonium
Geschlechtsreife
9 Pubertaet
Geschlechtstrieb
6 Libido
beim Wild
6 Brunft, Brunst
Geschlechtsverband
5 Sippe
Geschlechtswort
7 Artikel
Geschlechtszelle
5 Gamet
Geschlechtszellen bildender Abschnitt
6 Gamont

geschliffene(r, s)
Benehmen
3 Pli
Diamant
8 Brillant
Edelstein
8 Cabochon
Fläche
7 Facette
8 Fassette
Fläschchen
6 Flacon, Flakon
Glas
8 Kristall
Glasflasche
7 Karaffe
geschlossen
2 zu
8 komplett
9 einhellig, einmuetig, versperrt
10 abgesperrt, verrammelt, verriegelt, zugesperrt
14 undurchlaessig
geschlossene(s)
Einheit
5 Front
Schlachtreihe
7 Phalanx
System
8 Ganzheit
Teilnehmer
4 Feld
Geschlossenheit
6 Gaenze
10 Gesamtheit
geschmacklos
3 fad
4 fade
6 billig, simpel
7 stillos, taktlos
8 kitschig
10 stilwidrig
Geschmacklosigkeit
6 Kitsch
7 Fadheit
Geschmacksorgan
5 Zunge
Geschmacksrichtung
4 herb
5 sauer, suess
6 bitter, salzig
8 fruchtig
Geschmacksstoff
4 Arom
5 Aroma
9 Amygdalin
geschmackvoll
4 chic, fein
5 apart
6 schoen
7 anmutig, elegant, vornehm
8 gediegen, stilvoll
9 gefaellig
11 aesthetisch
Geschmeide
5 Juwel
7 Juwelen, Schmuck
9 Edelstein, Pretiosen, Preziosen
10 Bijouterie, Kleinodien
13 Schmuckstueck
geschmeidig
4 rank
6 grazil
7 biegsam, schlank
8 flexibel, gelenkig
9 beweglich, elastisch
16 anpassungsfaehig
geschmortes
Obst
9 Bratapfel
Rindfleisch
7 Stufata
geschmückter Aufmarsch
7 Festzug
geschniegelt
8 lackiert
geschnittener Stein
5 Gemme, Kamee
6 Glyphe, Glypte
7 Camaieu
Geschöpf
4 Tier
5 Wesen
6 Mensch
7 Kreatur
9 Lebewesen
geschorene Kopfstelle
6 Tonsur
Geschoss
5 Kugel, Pfeil
6 Bolzen, Rakete
7 Granate, Harpune, Torpedo
9 Projektil
10 Schrapnell
11 Kartaetsche
Geschossbahnlehre
9 Ballistik
Geschossbahnwinkel
9 Elevation, Erhoehung
Geschossdrehung
5 Drall
Geschossdurchmesser
7 Kaliber
Geschosseintrittsstelle
9 Einschuss
Geschosshülse
9 Kartusche
Geschrei
8 Gebruell
Geschütze
3 Pak
4 Flak
6 Kanone, Werfer
7 Moerser
8 Bombarde, Haubitze, Kartaune
11 Minenwerfer
12 Granatwerfer
13 Raketenwerfer
Geschützgestell
7 Lafette
Geschützraum
9 Kasematte

geschützt
6 gefeit
Geschütztruppe
10 Artillerie
Geschwader
7 Eskader
Geschwaderführer
9 Kommodore
Geschwanke
8 Wackelei
Geschwätz
5 Bafel, Bofel
6 Gerede, Schmus, Sermon
7 Flausen, Geseire, Klatsch, Rederei, Tratsch
8 Gebabbel, Larifari, Radotage
9 Gebrabbel, Plapperei
10 Geschwafel
11 Ausfluechte, Galimathias
Geschwindigkeit
4 Eile, Hast
5 Hetze, Speed, Tempo
6 Rasanz
8 Schnelle
9 Fixigkeit
13 Schnelligkeit
Geschwindigkeitsgrad
7 langsam, schnell
Geschwindigkeitsmesser
3 Log
5 Tacho
10 Tachometer
Geschwindigkeitsstufe (Auto)
4 Gang
Geschwisterkind
4 Base
5 Neffe
6 Kusine, Nichte
Geschwulst
4 Myom
5 Beule, Gliom, Krebs, Lipom, Oedem, Phyma, Tumor, Zyste
6 Adenom, Fibrom, Fistel, Fungus, Kystom, Sarkom, Thymom, Zystom
7 Blastom, Sarkoma
8 Gewaechs, Karzinom
9 Ependymon, Wucherung, Zylindrom
Geschwür
5 Ulcus, Ulkus
6 Fistel
8 Furunkel, Schwaere
9 Karbunkel
gesellige Veranstaltung
9 Tanzabend
Gesellschaft
4 Club, Klub
5 Bande, Kreis, Runde, Staat, Union
6 Klasse, Verein
9 Sozietaet
11 Foederation, Gemeinwesen
12 Gemeinschaft
14 Genossenschaft
für Aufführungsrechte
4 GEMA
Gesellschafter(in)
5 Sozia
6 Sozius
7 Partner
8 Hausdame
9 Aktionaer, Kompagnon, Partnerin, Teilhaber
11 Aktionaerin, Teilhaberin
12 Kommanditist
14 Kommanditistin
gesellschaftlich
6 sozial
8 soziabel
Gesellschafts-, Modetänze
3 Fox, Rag
4 Java, Jive, Slop, Walk
5 Baion, Bebop, Blues, Conga, Cueva, Limbo, Lindy, Lipsi, Mambo, Polka, Raspa, Rumba, Samba, Swing, Tango, Twist, Valse, Waltz
6 Boogie, Boston, Shimmy, Stroll, Walzer
7 Calypso, Letkiss, Madison, Onestep, Ragtime, Slowfox, Twostep
8 Cakewalk, Foxtrott, Onestepp, Schieber, Swingfox, Twostepp
9 Bossa-Nova, Cha-Cha-Cha, Jitterbug, Marschfox, Paso doble, Quickstep, Rock'n'Roll
10 Charleston, Hully-Gully, Quickstepp
11 Blackbottom, Lambeth-Walk, Rock and Roll, Turkeytrott
12 Boogie-Woogie, English-Waltz, Rheinlaender
Gesellschaftsanzug
5 Frack
7 Smoking
Gesellschaftsinseln
3 Hao
4 Anaa
5 Marua, Tahaa
6 Moorea, Scilly, Tahiti
7 Maupiti, Raiatea
Gesellschaftskreis
6 Cercle
Gesellschaftskunde
10 Soziologie
Gesellschaftskundler
9 Soziologe
Gesellschaftsraum
4 Saal
5 Salon
gesellschaftsschädlich
7 asozial
Gesellschaftsschicht
4 Adel
5 Kaste
6 Klasse
10 Buergertum
12 Aristokratie
Gesellschaftsspiele
4 Dame, Golf, Poch, Skat
5 Halma, Lotto, Rommé, Salta, Whist
6 Bridge, Domino, Kegeln, Muehle, Pikett, Puzzle, Tarock
7 Billard, Bowling, Diabolo, Knobeln, Krocket, Roulett, Tombola
8 Lotterie, Mahjongg, Monopoly, Quartett, Roulette, Wuerfeln
9 Blindekuh, Mauscheln
10 Brettspiel, Doppelkopf, Federspiel, Kegelspiel, Verstecken
11 Kartenspiel, Sackhuepfen
13 Pfaenderspiel, Versteckspiel
14 Schwarzer Peter
15 Sechsundsechzig, Siebzehnundvier
Gesetz
3 Lex
5 Gebot, Nomos, Regel
7 Weisung
8 Paragraf
9 Paragraph
10 Vorschrift
11 Richtschnur
Gesetz, Lehre, Pflicht (Buddhismus)
6 Dhamma
Gesetzbücher
5 Codex, Kodex, Thora
6 Talmud
10 Pentateuch
12 Code Napoléon
14 Sachsenspiegel
Mosis
5 Thora
Gesetzesabänderung
7 Novelle
Gesetzesabschnitt
7 Artikel
8 Paragraf
9 Paragraph
Gesetzesübertretung
8 Vergehen
gesetzgebende
Gewalt
11 Legislative
Körperschaft
9 Parlament
Gesetzgeber
der Lokrer
8 Zaleukos
im alten Athen
5 Drako, Solon
6 Drakon
im Alten Testament
5 Moses
gesetzlich
5 legal, loyal

7 legitim
8 rechtens
9 rechtlich
12 rechtmaessig

gesetzliche

Abgabenordnung
9 Zollrecht

Nachlassregelung
8 Erbrecht

Zahlungsmittel
8 Waehrung

Gesetzlosigkeit
6 Anomie
8 Anarchie, Athesmie

gesetzmäßig
5 legal
6 normal

gesetzwidrig
7 illegal, illoyal

Gesetzwidrigkeit
9 Paranomie

Gesicht
6 Fratze, Fresse, Visage, Vision
7 Antlitz
8 Grimasse
12 Physiognomie

Gesichtsausdruck
5 Miene
12 Physiognomie

Gesichtsbehaarung
4 Bart
5 Braue

Gesichtsfalte
6 Runzel

Gesichtsfaltenbeseitigung
7 Lifting

Gesichtsfärbung
5 Roete

Gesichtshautfarbe
5 Teint

Gesichtsknochen
6 Kiefer
8 Jochbein, Siebbein
9 Nasenbein, Stirnbein
10 Oberkiefer
11 Unterkiefer
13 Schlaefenbein

Gesichtskreis
4 Kimm
6 Niveau
7 Sphaere
8 Horizont, Sehkreis, Weltbild
9 Blickfeld
12 Gedankenwelt

Gesichtsmaske
5 Larve

Gesichtsnerv
8 Facialis
10 Trigeminus

Gesichtspickel
4 Akne
6 Pustel
8 Mitesser

Gesichtspunkt
6 Aspekt, Moment
11 Blickwinkel

Gesichtsschädelteil
6 Zygoma
9 Jochbogen

Gesichtsschutz am Helm
6 Visier

Gesichtsteile
3 Lid, Ohr
4 Auge, Bart, Kinn, Mund, Nase
5 Backe, Braue, Lippe, Stirn, Wange
6 Kiefer, Wimper
8 Schlaefe
9 Gruebchen, Oberlippe
10 Augenbraue, Unterlippe

Gesichtsverkleidung
5 Larve, Maske

Gesichtsverzerrung
6 Fratze
8 Grimasse

Gesichtszucken
4 Tick

Gesichtszüge
12 Physiognomie

Gesimsstreifen
5 Fries

Gesinde
11 Dienstboten
12 Dienerschaft

Gesindel
3 Mob
4 Pack
5 Plebs
6 Bagage, Gauner, Poebel
7 Gesocks
8 Abschaum, Kanaille
9 Gelichter, Unterwelt
10 Diebespack, Gaunerpack, Lumpenpack

Gesinnung
5 Ethos
7 Denkart
9 Charakter, Denkweise, Ideologie, Sinnesart
11 Mentalitaet

gesinnungsloser Autor
7 Schmock

Gesinnungswandel
9 Bekehrung

gesittet
11 zivilisiert

gesondert
7 separat

aufbewahrte Arzneien
9 Separanda

Gesottenes
3 Sud
9 Gekochtes

Gespann
4 Joch, Paar
5 Wagen
8 Fuhrwerk, Quadriga
9 Viererzug

Gespannkolonne
5 Treck

gespannt
6 straff, stramm

Gespenst
4 Spuk
5 Geist, Troll
6 Daemon, Lemure
7 Phantom
8 Revenant, Trugbild
9 Ephialtes
11 Spukgestalt

Gespenstertreiben
4 Spuk
7 Seespuk

gespenstisches Wesen
3 Alb

Gespinst
4 Garn
5 Faden, Kokon
6 Gewebe
7 Filuere
9 Ramiegarn

Gespräch
4 Rede
6 Dialog, Disput
7 Debatte, Diskurs, Plausch
8 Causerie
9 Geplauder, Interview, Plauderei, Smalltalk, Telefonat, Tête-à-tête
10 Aussprache, Diskussion, Kolloquium
11 Disputation, Eroerterung, Verhandlung
12 Konversation, Unterhaltung
14 Beratschlagung
17 Gedankenaustausch, Meinungsaustausch

gesprächig
8 redselig

Gesprächsstoff
5 Thema

gesprächsweise
6 verbal
9 muendlich

gespreizt
7 geziert
10 manieriert
12 theatralisch

gespreizter Pfauenschwanz
3 Rad

Gespreiztheit
11 Manierismus

gesprenkelt
7 meliert

Gestade
4 Ufer
6 Kueste, Strand

Gestalt
4 Form
5 Figur
6 Format, Morphe, Statur
7 Gebilde, Koerper
8 Struktur

am Hof Karls des Großen
6 Amicus

am Martinstag
6 Maerte

aus „1001 Nacht"
6 Aladin
7 Ali Baba
bei Hölderlin
7 Diotima
bei Karl May
5 Schut
bei Scheffel
8 Ekkehard
bei Thomas Mann
7 Faustus
der ägyptischen Epik
6 Sinuhe
der deutschen Heldensage
6 Eckart
der Erde
5 Geoid
der germanischen Sage
9 Hadubrand
der griechischen Unterwelt
5 Oknos
der jüdischen Mystik
5 Golem
der Thidrekssage
7 Ostacia
des Dreiklangs
9 Quintlage
des Glücks im Mittelalter
6 Saelde
des Horus
9 Harmachis
des Nibelungenliedes
5 Hagen
eines Epos
8 Biterolf
gebendes Werkzeug
4 Form
9 Giessform
im Volksglauben
9 Waldgeist
Gestaltbildung
8 Morphose
gestalten
5 bauen
6 bilden, formen
7 praegen
8 ausbauen
9 entwerfen, errichten, verzieren
10 dekorieren, einrichten, figurieren, schmuecken
11 formulieren, konzipieren
12 konstruieren, organisieren
16 charakterisieren
Gestalten aus Bühnenwerken
Aida
4 Aida
7 Amneris, Radames, Ramphis
8 Amonasro
Bajazzo
5 Beppo, Canio, Nedda, Tonio
6 Silvio
Barbier von Sevilla
6 Figaro, Rosina, Rosine
7 Bartolo, Basilio
8 Almaviva, Ambrosio, Fiorillo
10 Marzelline
Bettelstudent
3 Eva, Jan
5 Laura
7 Bohumil
9 Palmatica
10 Bronislawa
Carmen
4 José
6 Carmen, Zuniga
7 Micaela, Moralès
8 Dancairo, Mercedès
9 Escamillo, Frasquita, Remendado
Cavalleria rusticana
4 Lola
5 Alfio, Lucia
7 Turridu
8 Santuzza
Cosi fan tutte
7 Alfonso, Despina
8 Ferrando
9 Dorabella, Guglielmo
Csàrdàsfürstin
4 Boni, Feri
5 Edwin, Stasi, Sylva
7 Anhilte
Der Widerspenstigen Zähmung
6 Bianca, Gremio, Schlau
8 Baptista, Lucentio
9 Hortensio, Katharina, Petruchio, Vincentio
Der Wildschütz
7 Baculus, Ranette
8 Eberbach, Freimann, Gretchen, Kronthal
10 Pankratius
Der zerbrochene Krug
3 Eve
4 Adam, Rull
5 Licht
6 Marthe, Walter
Des Teufels General
6 Harras
9 Korrianke
Don Carlos
4 Posa
5 Eboli, Feria, Lerma
7 Philipp
Don Giovanni
6 Komtur
7 Masetto, Zerlina
9 Donna Anna, Leporello
10 Don Ottavio
11 Donna Elvira
Don Pasquale
6 Norina
7 Ernesto
9 Malatesta
Dreigroschenoper
3 Ede
4 Lucy
5 Brown, Filch, Jenny, Jimmy, Molly, Polly
6 Kackie
7 Kimball, Peachum
12 Mackie Messer
Egmont
4 Alba
5 Silva
6 Jetter, Vansen
9 Klaerchen
Elektra
5 Orest
7 Aegisth
12 Chrysothemis
13 Klytaemnestra
Entführung aus dem Serail
5 Osmin, Selim
8 Belmonte, Pedrillo
9 Blondchen, Konstanze
Falstaff
4 Ford
5 Alice, Cajus
6 Fenton, Pistol
7 Meg Page
8 Aennchen, Bardolph
Faust
5 Faust
6 Frosch, Marthe, Siebel, Wagner
7 Brander
8 Gretchen, Mephisto, Valentin
9 Margarete
Fidelio
5 Rocco
7 Leonore
9 Florestan
10 Marzelline
Figaros Hochzeit
7 Bartolo, Basilio, Susanne
8 Almaviva
9 Cherubino
10 Marcellina
Fledermaus
5 Adele, Frank
6 Alfred, Frosch
8 Orlowsky
9 Rosalinde
10 Eisenstein
Fliegender Holländer
4 Erik, Mary
5 Senta
6 Daland
Freischütz
3 Max
4 Kuno
6 Agathe, Kaspar, Kilian, Samiel
8 Aennchen
Götterdämmerung
5 Hagen
7 Gunther, Gutrune
8 Alberich
9 Siegfried, Waltraute
11 Bruennhilde
Hamlet
6 Hamlet
7 Gertrud, Horatio, Laertes, Ophelia
8 Claudius
10 Fortinbras

Hauptmann von Köpenick
5 Voigt
8 Hoprecht

Hoffmanns Erzählungen
5 Franz
6 Lutter, Stella
7 Andreas, Antonia, Crespel, Hermann, Lindorf, Mirakel, Niklaus, Olmypia
8 Hoffmann
9 Coppelius, Giulietta, Nathanael, Schlemihl
10 Cochenille, Dapertutto, Spalanzani
13 Pitichinaccio

Kabale und Liebe
4 Kalb, Wurm
5 Luise
6 Miller, Sophie, Walter
9 Ferdinand

Kaufmann von Venedig
5 Gobbo, Tubal
6 Porzio
7 Antonio, Jessica, Lorenzo, Nerissa, Shylock, Solanio

König Lear
4 Kent
5 Edgar, Regan
6 Edmund, Oswald
7 Gloster, Goneril
8 Cordelia, Cornwall

La Bohème
4 Mimi
6 Benoît, Collin, Marcel, Rudolf
7 Bernard, Colline, Musette, Rodolfo
8 Alcindor
9 Parpignol, Schaunard

La Traviata
5 Flora, Georg
6 Alfred, Annina, Gaston
8 Violetta

Lohengrin
4 Elsa
6 Ortrud
8 Heinrich
9 Telramund

Macbeth
6 Banquo, Duncan
7 Fleance, Macduff, Malcolm

Madame Butterfly
4 Goro, Kate
6 Nakodo, Suzuki
9 Pinkerton

Madame Pompadour
7 Belotte, Poulard

Maria Stuart
5 Cecil, Hanna
6 Dudley, Melvil, Paulet, Talbot
8 Mortimer
9 Elisabeth

Martha
5 Nancy
6 Lionel
7 Harriet
8 Plumkett

Meistersinger
3 Eva
4 Zorn
5 David, Foltz, Moser, Ortel, Sachs
6 Evchen, Pogner
7 Kothner, Schwarz
8 Stolzing
9 Magdalena
10 Beckmesser, Eisslinger, Nachtigall
11 Vogelgesang

Minna von Barnhelm
4 Just
5 Minna
6 Werner
7 Riccaut
8 Tellheim
9 Franziska

My fair Lady
5 Eliza
7 Higgins
9 Doolittle, Pickering

Nabucco
4 Amon
5 Rahel
6 Fenena, Ismael
7 Abdallo, Abigail, Nabucco
9 Zacharias

Nathan der Weise
4 Daja
5 Recha
6 Nathan, Sittah
7 Saladin

Othello
4 Jago
6 Bianca, Cassio, Emilia
7 Montano, Othello, Rodrigo
8 Lodovico
9 Brabantio, Desdemona

Porgy and Bess
3 Jim
4 Bess, Lily
5 Annie, Clara, Crown, Maria, Mingo, Porgy
6 Serena
7 Frazier, Robbins
12 Sporting Life

Pygmalion
5 Eliza
7 Higgins
9 Doolittle, Pickering

Rheingold
4 Erda, Froh, Loge, Mime
5 Freia, Wotan
6 Fafner, Fasolt, Fricka
8 Alberich, Woglinde
9 Wellgunde
10 Flosshilde

Rigoletto
5 Borsa, Gilda
7 Marullo
8 Giovanna
9 Maddalena, Rigoletto
11 Sparafucile

Romeo und Julia
6 Marcus, Tybalt
7 Capulet, Lorenzo
8 Benvolio, Gregorio, Montague
9 Balthasar

Siegfried
4 Erda, Mime
6 Fafner
8 Alberich, Wanderer
9 Siegfried
11 Bruennhilde

Sommernachtstraum
4 Puck
5 Egeus, Flaut
6 Helena, Hermia, Oberon, Squenz, Zettel
7 Schnock, Theseus, Titania
8 Lysander
9 Demetrius, Hippolyta

Tannhäuser
5 Venus
7 Hermann, Reinmar, Walther, Wolfram
8 Biterolf, Heinrich
9 Elisabeth

Tausendundeinenacht
5 Ifrit, Leila, Massu, Ormuz
6 Aladin
7 Ali Baba, Sindbad
8 Suleiman
12 Scheherezade

Tosca
5 Mario, Tosca
6 Cesare, Floria
7 Scarpia
8 Spoletta
9 Sciaronne
11 Cavaradossi

Tristan und Isolde
5 Marke, Melot
6 Isolde
7 Tristan
8 Kurwenal
9 Brangaene

Troubadour
4 Inez, Luna, Ruiz
7 Azuzena, Leonore, Manrico
8 Ferrando

Turandot
3 Liu
4 Pang, Ping, Pong
5 Kalaf, Timur
6 Altoum
8 Turandot

Undine
4 Hans, Hugo, Veit
6 Martha, Tobias, Undine
8 Bertalda
10 Kuehleborn
11 Ringstetten

Verkaufte Braut
4 Hans, Muff
5 Agnes, Kezal, Marie, Micha
6 Wenzel

8 Kathinka, Springer
9 Esmeralda, Kruschina
Viel Lärm um Nichts
4 Hero
7 Antonio, Claudio, Don Juan, Leonato
8 Benedikt, Don Pedro
Vogelhändler
4 Adam, Weps
5 Marie
8 Adelaide
10 Stanislaus
Walküre
5 Wotan
6 Fricka
7 Hunding
8 Gerhilde, Helmwige, Ortlinde, Siegmund, Siegrune
9 Grimgerde, Sieglinde, Waltraude
10 Rossweisse
11 Bruennhilde
12 Schwertleite
Wallenstein
3 Max
4 Illo, Seni
6 Gordon, Terzky, Thekla
7 Isolani, Wrangel
11 Piccolomini
Was ihr wollt
5 Curio, Fabio, Maria, Viola
6 Olivia, Orsino, Tobias
7 Antonio
8 Malvolio, Valentin
9 Sebastian
Weh dem, der lügt
4 Léon
6 Atalus, Edrita, Gregor
7 Galomir
8 Kattwald
Wilhelm Tell
4 Kunz
5 Berta, Kuoni, Ruodi, Werni
6 Arnold, Hedwig, Rudolf, Walter
7 Gertrud, Gessler
8 Melchtal
9 Hildegard
10 Attinghaus, Baumgarten
11 Stauffacher
Zar und Zimmermann
5 Marie, Peter
6 Lefort
7 Syndham
Zauberflöte
6 Pamina, Tamino
8 Papagena, Papageno, Sarastro
Zigeunerbaron
5 Saffi
6 Arsena, Kálmán, Sandor

Gestalt der
Artussage
4 Elsa, Erec, Erek
5 Enite, Gawan, Iwein
6 Gawain, Gawein, Merlin, Modree
7 Ginerva, Kundrie, Laudine, Mordred, Morgana, Titurel, Tristan, Viviana, Walwein
8 Amfortas, Feirefiz, Klingsor, Lancelot, Lanzelot, Parzival, Wigalois
9 Klingsohr, Lohengrin
10 Herzeleide, Trevrizent
Beowulfsage
7 Grendel, Hrodgar
britischen Sage
4 Hood, Lear
5 Artus, Horsa, Marke, Tegid
6 Oriana
7 Hengist, Richard
8 Caridwen, Gloriane
9 Brigantia
10 Loewenherz
dänischen Sage
3 Dan
4 Gorm, Ogir, Toko
5 Beowa, Iring, Krake, Ogier
6 Hamlet, Hettel, Holger, Kudrun
7 Beowulf, Grendel, Hadding, Hrodgar, Hunding
9 Hildetand
deutschen Sage
4 Cisa, Ecke, Wate
5 Eigel, Faust, Iring
6 Eckart, Fasolt, Gibeke
7 Werwolf, Wieland
9 Ruebezahl
11 Freischuetz
13 Rattenfaenger
Dietrichsage
5 Zerre
6 Witege
7 Diether, Ebenrot, Nidiger, Seeburg, Wickram
8 Babehild, Eckehart
9 Ermanrich
irischen Sage
4 Badb, Dana, Finn, Ogma
5 Oisin, Umall
6 Brigit, Fingal, Ossian
8 Morrigan, Sigeband
9 Cuchulinn
keltischen Sage
2 Hu
5 Epona
6 Ossian
9 Cernunnus
10 Nehalennia
Kudrunsage
5 Hilde
6 Herwig, Kudrun, Ludwig
7 Hartmut, Kassian
Nibelungensage
3 Ute
4 Gere, Mime
5 Bleda, Etzel, Hagen, Mimir
6 Fafner, Fafnir, Gernot, Gibich, Hunolt, Ortnit, Volker, Werbel
7 Bloedel, Dankrat, Gunther, Kuperan, Ortlieb, Pilgrim
8 Alberich, Brunhild, Eckewart, Giselher, Hadeburg, Hornboge, Irnfried, Luediger, Siegmund
9 Brunhilde, Dietlinde, Kriemhild, Luedegast, Schilbung, Schwemmel, Siegfried, Sieglinde
Rolandsage
4 Alda
5 Berta, Milon
6 Garein, Haimon, Ludwig, Mansur, Oliver, Roland
7 Ganelun, Gerhard, Richard
schwedischen Sage
5 Adils
6 Hoegni, Hother
schweizerischen Sage
4 Tell
8 Melchtal
slawischen Sage
3 Bog, Led, Wit
4 Baba, Krok, Lada, Mita, Vila
5 Ljada, Ludki, Mernt, Miche, Minde, Nijam, Perun, Pizzi, Prons, Prowe, Weles, Wesna, Zosim, Zosin
6 Belbog, Chorsi, Dazbog, Kirnis, Klimba, Kolada, Koleda, Krikko, Kupalo, Marina, Morana, Nehoda, Pogoda, Tawals, Zemina, Zewana
7 Bochuta, Dobruna, Gorinia, Gorinka, Karewit, Korscha, Leschie, Libussa, Makosla, Marowit, Modeina, Porewit, Radamas, Triglaw, Walgino, Zilsbog, Ziwiena
8 Ligitsch, Marzanna, Radegast, Swaixtix, Warpulis, Zemargla, Zuttibur
9 Czernebog, Krasopanj, Swantewit
10 Matergabia

gestalterische Tätigkeit
5 Kunst

Gestaltetes
7 Gebilde

Gestaltung
7 Bildung, Formung
9 Formation
12 Konstruktion

Gestaltungsgrafik
6 Layout

Gestaltungsgrafiker
8 Layouter
gestattet
7 erlaubt
Geste
4 Wink
6 Nicken
8 Gebaerde
10 Fingerzeig, Kopfnicken
12 Achselzucken, Handbewegung
14 Kopfschuetteln
Gestein
4 Fels
5 Akmit
6 Felsen
Gesteinsanordnung
8 Lagerung, Tektonik
Gesteinsarten
6 Flysch, Mergel
7 Greisen, Liparit, Mylonit, Quarzit
8 Epidosit, Rhyolith, Schiefer
9 Granophyr, Leukophyr, Nagelfluh, Paragneis, Verrucano
Gesteinsbildung
10 Lithogenie
11 Petrogenese
Gesteinsbildungsraum
8 Katazone
Gesteinsbrocken
9 Lesestein
Gesteinsbruchstücke
7 Geroell
Gesteinsflüssigkeit
3 Gur
Gesteinsgebilde
4 Fels
6 Felsen
8 Felswand
Gesteinshohlraum
5 Druse
Gesteinskomplex
9 Haertling, Monadnock
Gesteinskunde
10 Lithologie
11 Mineralogie
12 Petrographie
Gesteinskundler
9 Lithologe
10 Mineraloge
Gesteinsschmelzfluss
4 Lava
5 Magma
Gesteinsstruktur
6 Textur
Gesteinstrümmer
4 Kies, Sand
7 Geroell
Gestell
4 Bock, Bord
5 Regal
6 Rahmen, Stativ
7 Chassis, Etagere, Geruest, Lafette
8 Schragen, Staender, Stellage
für Holzarbeiten
9 Saegebock
Gestellbrett
6 Tablar
gestellt
8 situiert
Gestern
6 Vortag
13 Vergangenheit
gesticktes Häubchen
6 Begine
gestiftetes Getränk
8 Freibier
Gestrecktheit der Flugbahn
6 Rasanz
gestreifte(s)
Gewebe
4 Rayé
Glasperlen
4 Ides
Wildpferd
5 Zebra
Gestrüpp
5 Busch, Hecke
8 Dickicht, Gebuesch
9 Buschwerk, Unterholz
Gestütsort bei Triest
7 Lipizza
Gesuch
5 Bitte
6 Antrag
7 Eingabe
8 Ansuchen, Petition
9 Bewerbung
11 Bittschrift
gesund machende
Pflanze
9 Heilkraut
Wirkung
9 Heilkraft
Gesundbrunnen
8 Jungborn
gesunden
7 genesen
gesundheitsgefährdend
6 giftig
Gesundheitsgöttin
7 Hygieia
Gesundheitslehre
7 Hygiene
Gesundheitszustand
6 Status
8 Befinden
Gesundmacher
6 Heiler
Gesundung
7 Heilung
8 Genesung
14 Rekonvaleszenz
gesungene Messe
3 Amt
gesunkenes Luxusschiff
7 Titanic
getäfelter Fußboden
7 Parkett
Getändel
5 Flirt
getarnt
8 maskiert, verkappt
getöntes Fenstermaterial
9 Rauchglas
Getöse
5 Laerm, Radau
7 Krawall
8 Gepolter
Getränkeliste im Lokal
9 Weinkarte
Getränkemischer
5 Mixer
8 Barmixer
Getränkerest
5 Neige
Getränkeschrank
7 Hausbar
Getreide
4 Korn
9 Zerealien
zum Dreschen
7 Spreite
Getreide-Eiweißkörper
6 Gluten, Kleber
7 Gliadin
Getreideacker
8 Kornfeld
Getreideanbaufläche
8 Reisfeld
Getreidearten
3 Tef
4 Dari, Mais, Reis
5 Durra, Emmer, Hafer, Hirse, Spelt, Spelz
6 Dinkel, Durrha, Gerste, Roggen, Sorgho, Weizen
7 Kukuruz, Sorghum
9 Zerealien
10 Buchweizen, Welschkorn
Getreidebündel
5 Docke, Garbe
Getreidefruchtstand
5 Aehre
Getreidehaufen
5 Dieme, Feime
7 Schober
Getreidekornschalen
5 Kleie
Getreidekrankheit
4 Rost
5 Brand
7 Mehltau
8 Gelbrost
9 Braunrost, Flugbrand, Maisbrand
Getreidemahlgut
6 Griess
Getreidemaße
3 Imi
4 Epha, Immi
6 Bushel, Malter, Simmer, Wispel
Getreidereiniger
4 Fege
5 Tarar
6 Trieur
8 Windfege
9 Spitzgang

Getreideschädlinge
9 Blattlaus, Engerling, Kornmotte, Mehlmotte
10 Kornkaefer
Getreidespeicher
4 Silo
7 Scheune
Getreidestängel
4 Halm
Getreideunkraut
4 Rade
6 Quecke
8 Kornrade, Sandmohn
9 Kornblume
getrennt
7 separat
8 disjunkt
Getrennthaltung
9 Isolation
Getriebe
7 Gewuehl
8 Mechanik
9 Apparatur, Triebwerk
10 Raederwerk
11 Maschinerie, Mechanismus
Getriebeflüssigkeit
4 Flud
5 Fluid
Getriebeteile
3 Rad
5 Achse, Hebel, Raste, Welle
6 Gelenk, Kurbel, Riemen, Sperre, Stange
7 Scheibe, Spulrad, Zahnrad
8 Gehaeuse, Kegelrad, Schieber, Stirnrad, Triebrad
9 Keilwelle, Kettenrad, Zahnkranz, Zapfwelle
12 Differential, Differenzial
getrocknete(r, s)
Blüten
6 Flores
Eintagsfliege
9 Weisswurm
Früchte
9 Doerrobst
Hühnerprodukt
8 Eipulver
Klebemittel
9 Leimtafel
Kokosnussfleisch
5 Kopra
Pflanzenprobe
8 Exsikkat
Pflaume
9 Pruenelle
Seegurke
7 Trepang
Störrücken
5 Balyk
Weinbeere
6 Rosine
Zebuhäute
5 Kipse
Zimmerschmuck
7 Seemoos
getroffener Kegel (Bowling)
3 Pin
Getue
5 Faxen
6 Gehabe, Masche
7 Flausen, Gedoens
8 Allueren, Aufheben, Ziererei
9 Aufhebens
11 Affektation
Getümmel
5 Kampf
6 Tumult
7 Auflauf, Aufruhr, Gewuehl
9 Gedraenge
10 Anhaeufung, Ansammlung, Tohuwaboho
geübt
8 versiert
10 routiniert
Geübtheit
7 Routine
9 Erfahrung
12 Versiertheit
Geviert
7 Vierung
aus Mietsgebäuden
9 Wohnblock
Gewächshaus
9 Kaldarium, Orangerie, Treibhaus
10 Tepidarium
gewagt
7 riskant
11 gefaehrlich, risikoreich
gewagtes Geschäft
11 Spekulation
Gewähr
7 Haftung, Kaution
8 Garantie
10 Sicherheit
11 Buergschaft
gewährleisten
11 garantieren
Gewahrsam
4 Haft
5 Obhut
6 Arrest
Gewährsmann
5 Zeuge
6 Buerge, Garant
9 Informant
Gewalt
5 Macht, Zwang
10 Herrschaft
11 Intensitaet
Gewaltherrschaft
6 Terror
8 Despotie, Diktatur, Tyrannei, Tyrannis
Gewaltherrscher
6 Despot, Tyrann
8 Diktator
gewaltig
5 enorm
6 immens, massig, riesig
7 wuchtig
8 imposant, kolossal, maechtig
9 kraftvoll, machtvoll, titanisch
10 exorbitant, gigantisch, monumental
11 titanenhaft
12 unermesslich
gewaltsame
Veränderung
7 Umsturz
Wegnahme
4 Raub
9 Beraubung
Gewalttat
9 Terrorakt
gewalttätig
6 brutal, rabiat
7 radikal, violent
Gewalttätiger
5 Rowdy
7 Rohling
9 Schlaeger
Gewaltverbrechen
4 Mord, Raub
8 Attentat, Bankraub, Raubmord
9 Blutrache, Piraterie, Rebellion, Totschlag, Ueberfall
10 Kidnapping, Kindesraub
11 Entfuehrung, Meuchelmord
12 Menschenraub
14 Vergewaltigung
Gewaltverbrecher
5 Pirat
6 Killer
7 Moerder, Raeuber
8 Meuchler
9 Kidnapper, Meucheler
11 Attentaeter, Bankraeuber, Raubmoerder
13 Vergewaltiger
14 Meuchelmoerder
15 Menschanraeuber
gewalzte(r, s)
Eisen
5 Blech
Flachglas
8 Gussglas
Stahlblock
6 Bramme
der Mekkapilger
5 Ihram
im Mittelalter
3 Roc
6 Blialt, Bliaut
Gewandnadel
5 Fibel
6 Fibula
Gewandspange
5 Fibel
6 Fibula
7 Agraffe, Brosche

Gewandstück katholischer Geistlicher
5 Stola
gewandt
3 fix
4 agil
5 alert, flink, smart, urban
6 clever, patent, sicher, wendig
7 pfiffig
8 behaende, gebildet, gelenkig
9 beweglich, geschickt
10 routiniert
11 geschliffen, weltlaeufig
13 weltmaennisch
Gewandteile
5 Knopf
6 Aermel, Kragen, Spange, Tasche
8 Schnalle
gewandter Praktiker
9 Routinier
Gewandtheit
3 Pli
6 Rutine
7 Eleganz, Routine, Schliff
8 Geschick
9 Fixigkeit
10 Fertigkeit
Gewäsch
6 Gerede
7 Rederei, Tratsch
Gewässer
3 See
4 Bach, Maar, Meer
5 Fluss, Kanal, Ozean, Strom, Teich
6 Weiher
7 Rinnsal, Stausee, Tuempel, Zufluss
8 Randmeer, Wildbach
9 Binnensee, Nebenmeer, Vulkansee
10 Nebenfluss
am Feldberg
7 Feldsee
an der estnisch-russischen Grenze
9 Peipussee
auf Celebes
9 Towutisee
auf Honschu
7 Biwasee
auf Mindanao
8 Lanaosee
auf Rügen
9 Garzer See
auf Sumatra
7 Tobasee
bei Luzern
6 Rotsee
der Hohen Tatra
8 Fischsee
der nordischen Sage
9 Lebermeer
eines Mahlwerks
9 Muehlbach
im Bayerischen Wald
9 Rachelsee
im Burgenland
7 Zicksee
im europäischen Russland
8 Ilmensee
9 Ladogasee, Woschesee
im finnischen Lappland
8 Inarisee
im Kanton Bern
9 Bieler See
im Kanton Freiburg
9 Murtensee
im Kanton Obwalden
9 Sarner See
im Kanton Sankt Gallen
8 Walensee
im Kanton Uri
8 Fulensee
im Kanton Zug
9 Aegerisee
im Salzburgischen
9 Grabensee, Wallersee
im Salzkammergut
8 Traunsee
9 Fuschlsee, Kammersee
im Sankt-Gotthard-Massiv
7 Tomasee
im Schwarzwald
9 Mummelsee
im Staat New York
9 Oneidasee, Senecasee
im Sudan
9 Tschadsee
in Afrika
8 Eyasisee
9 Malawisee
in Armenien
8 Sewansee
in Asien
8 Kaspisee
9 Chankasee
in Äthiopien
7 Swaisee, Tanasee
8 Abayasee, Shalasee
in Baden
7 Titisee
in Bayern
9 Hopfensee, Kochelsee, Tegernsee
in Blaubeuren
8 Blautopf
in Bolivien
8 Pooposee
in Botswana
8 Ngamisee
in China
9 Perlfluss
in der Arktis
7 Eismeer
in der Holsteinischen Schweiz
8 Ukleisee
in der Schweiz
8 Zugersee
9 Thunersee
in der Steiermark
9 Grundlsee
in Estland
7 Wirzsee
in Graubünden
9 Silsersee
in Griechenland
8 Wolwisee
in Guatemala
9 Izabalsee
in Hinterpommern
7 Lebasee, Vilmsee
9 Luebbesee
in Holstein
9 Westensee
in Italien
7 Ortasee
in Kanada
9 Baerensee, Oberersee
in Karelien
8 Onegasee
in Kärnten
9 Faakersee, Woerthsee
in Kasachstan
7 Aralsee
9 Alakolsee, Sajsansee
in Katanga
9 Upembasee
in Kenia
9 Magadisee, Rudolfsee
in Kongo/Uganda
9 Albertsee, Mobutusee
in Masuren
7 Aryssee
8 Roschsee
9 Niedersee
in Mecklenburg-Vorpommern
9 Plauer See
in Minnesota
9 Itascasee
in Münster
5 Aasee
in Nordamerika
7 Eriesee
8 Huronsee
in Oberbayern
7 Barmsee, Simssee
9 Funtensee, Hintersee, Pilsensee, Woerthsee
in Oberitalien
7 Idrosee, Iseosee
8 Comer See, Gardasee
in Oberösterreich
6 Almsee
in Österreich
7 Mattsee
9 Erlaufsee
in Ostpreußen
8 Dadeisee, Mauersee
9 Daddaisee
in Polen
7 Kulmsee
8 Goplosee
in Pommern
8 Maduesee
in Sambia
8 Bembasee
in Schleswig-Holstein
9 Kellersee, Schaalsee, Wittensee

in Schweden
8 Kakirsee, Wenersee
9 Maelarsee, Siljansee, Vaenersee
in Simbabwe
9 Karibasee
in Südtirol
9 Haidersee
in Tansania
8 Rukwasee
9 Natronsee
in Tirol
7 Plansee
8 Achensee
9 Haldensee
in Uganda
8 Georgsee, Kyogasee
in Vorarlberg
9 Luenersee
in Zentralafrika
7 Kivusee, Kiwusee
östlich von Berlin
9 Straussee
südlich von Celebes
8 Sundasee
9 Floressee
südlich von Neuruppin
7 Rhinsee

Gewässerabzweigung
8 Flussarm

Gewässerbefestigung
7 Uferbau

Gewässerrand
4 Ufer
6 Kueste, Strand
7 Gestade
9 Flussufer

Gewässerrinne
9 Flussbett

Gewässerverschmutzung
7 Oelpest

Gewebe
6 Textur
8 Gespinst
der Pflanzenstängel
4 Mark
Glanz geben
7 krappen
glätten
7 krabben

Gewebearten
4 Cord, Flor, Gaze, Jute, Kord, Lama, Lamé, Mako, Moll, Mull, Opal, Rayé, Rips, Samt, Silk, Taft, Tuch, Zitz
5 Arras, Atlas, Cloth, Crêpe, Drapé, Drell, Flaus, Foulé, Fries, Glacé, Japon, Khaki, Koton, Krepp, Linon, Loden, Moiré, Mungo, Natté, Nylon, Ombre, Pikee, Ponge, Rasch, Satin, Seide, Serge, Tibet, Toile, Tuell, Tweed, Twill, Zefir
6 Batist, Bouclé, Brokat, Buklee, Byssus, Chintz, Cotton, Damast, Dralon, Etamin, Felbel, Frotté, Gaufre, Gingan, Gradel, Jersey, Kaliko, Kattun, Koeper, Kreton, Lampas, Lastex, Leinen, Linnen, Madras, Mohaer, Mohair, Molton, Nessel, Ondule, Panama, Pepita, Perkal, Perlon, Ramage, Ratiné, Rupfen, Sammet, Struck, Tartan, Textur, Trikot, Velvet, Zephir
7 Bobinet, Brosche, Cheviot, Chiffon, Dueffel, Elastik, Estamin, Etamine, Faconné, Filuere, Flanell, Flausch, Foulard, Frottee, Gingham, Kalmuck, Kambrik, Kanevas, Krimmer, Lasting, Lavable, Luester, Luisine, Marengo, Mokette, Mollino, Mouliné, Nanking, Organdy, Organza, Orleans, Ottoman, Pluesch, Popelin, Schappe, Stramin, Swanboy, Trevira, Velours, Vigogne, Welliné, Zanella
8 Barchent, Bourette, Buckskin, Cretonne, Drillich, Duchesse, Duvetine, Halbtuch, Homespun, Jacquard, Kamelott, Kammgarn, Kaschmir, Kretonne, Leinwand, Marocain, Moleskin, Musselin, Organsin, Perkalin, Popeline, Renforcé, Rohseide, Schotten, Seeseide, Shantung, Tarlatan, Velveton, Zibeline, Zwillich
9 Baumwolle, Covercoat, Gabardine, Georgette, Glencheck, Goldstoff, Halbseide, Halbwolle, Kamelhaar, Krepeline, Levantine, Madapolam, Matelasse, Netzstoff, Schirting, Steifgaze, Trikoline, Vigoureux, Wachstuch, Wollstoff
10 Beiderwand, Crêpe Satin, Ekrueseide, Grègeseide, Kreppsatin, Kunstseide, Manchester, Mousseline, Rippensamt, Voile Wolle, Zindeltaft
11 Marquisette, Napolitaine, Streichgarn
12 Crêpe de Chine
13 Kraeuselkrepp
14 Crêpe Georgette

Gewebebrand
8 Gangraen
9 Gangraene

Gewebeerneuerung
8 Haeutung

Gewebeflüssigkeit
6 Lymphe

Gewebekante
4 Egge
7 Salband
9 Salleiste

Gewebeknoten
5 Noppe

Gewebelehre
10 Histologie

Gewebemasse
im Zahn
5 Pulpe
in der Milz
5 Pulpe

Geweberand
6 Besatz
8 Borduere

Gewebeschlinge
6 Masche

Gewebeschrumpfung
8 Atrophie

Gewebestreifen
4 Band

Gewebeteil
5 Faden, Faser

Gewebeveredlung
8 Appretur

Gewebeverpflanzung
15 Transplantation

Gewebeverzierung
8 Hohlnaht, Hohlsaum

Gewebewassersucht
5 Oedem

Gewebezerfall
5 Brand

Gewebezurichtung
7 Dekatur
8 Appretur

Gewebsbündel
8 Trabekel

Gewebshormon
8 Histamin

gewebt
6 textil

Gewehrabzug
8 Druecker

Gewehre
2 MG, MP
3 MPi
6 Flinte
7 Buechse, Muskete, Stutzen
8 Arkebuse, Drilling, Tesching
9 Karabiner
10 Jagdflinte, Winchester
11 Hinterlader, Vorderlader
12 Hakenbuechse
15 Maschinengewehr

Gewehrteile
4 Hahn, Korn, Lauf
5 Abzug, Kimme
6 Kolben, Visier
7 Schloss
Geweih
6 Spiess, Stange
7 Gehoern
Geweihansatz
4 Rose
Geweihast
5 Zacke
6 Spiess, Stange, Zacken
7 Sprosse
Geweihäste
5 Enden
Geweihhaut
4 Bast
geweihloser Hirsch
6 Moench
Geweihstange
5 Forke
8 Schaufel
Geweihteile
4 Ende, Rose
5 Krone, Perle
6 Spross
7 Sprosse
Gewerbe
5 Beruf
6 Metier
8 Handwerk
10 Profession, Taetigkeit
12 Einzelhandel, Prostitution
16 Wirtschaftszweig
Gewerbeunternehmen
9 Geschaeft
Gewerbezweig
6 Handel
8 Handwerk
9 Industrie
gewerbliche Tätigkeit
6 Metier
8 Handwerk
Gewicht
4 Last
5 Druck, Kraft, Masse, Wucht
6 Buerde, Ladung
7 Ballast, Schwere
9 Bedeutung, Nachdruck
in Asien
5 Pikul
in Bengalen
4 Tola
in China
4 Chin
in Spanien
5 Libra
romanischer Länder
7 Quintal
Gewichthebeübung
7 Stemmen, Stossen
8 Druecken
Gewichtseinheiten
3 Lot
4 Beka, Gera, Gran, Kilo, Unze
5 Gramm, Karat, Pfund, Tonne
7 Zentner
9 Dezigramm, Dezitonne, Kilogramm
10 Milligramm
13 Doppelzentner
Gewichtsklassen (Schwerathletik)
5 Feder
6 Bantam, Leicht, Mittel, Schwer, Welter
7 Fliegen
10 Halbschwer
11 Halbfliegen
12 Federgewicht
13 Bantamgewicht, Leichtgewicht, Mittelgewicht, Schwergewicht, Weltergewicht
14 Fliegengewicht
17 Halbmittelgewicht, Halbschwergewicht
Gewichtsmaß für Boxhandschuhe
4 Unze
Gewichtsmessgerät
5 Waage
9 Drehwaage
Gewichtsverlust
4 Calo, Kalo
7 Abnahme, Schwund
8 Einwaage
Gewiegtheit
10 Raffinesse
Gewinde
5 Kranz
6 Feston
7 Spirale, Strauss
8 Girlande
Gewindeschneider
6 Kluppe
Gewinn
4 Blus, Lohn, Sieg
5 Preis
6 Ertrag, Nutzen, Profit
7 Praemie, Rebbach, Reibach, Surplus, Vorteil
8 Ausbeute
9 Verdienst
11 Ueberschuss
bringend
8 lukrativ, rentabel
mit Kosten
9 Rohertrag
Gewinnanteile
5 Bonus
7 Praemie
8 Tantieme
9 Dividende
Gewinnanteilschein
3 Los
Gewinnausschüttung
9 Verlosung
Gewinner
6 Erster, Sieger
9 Profiteur
11 Nutzniesser
Gewinnermittlung
9 Auslosung
Gewinnspanne
5 Marge
Gewinnsucht
7 Habgier
gewinnsüchtig
9 habgierig, materiell
Gewinnsüchtiger
6 Raffer
8 Schieber
9 Spekulant
Gewinnung von
Erzen oder Kohle
7 Bergbau
Holzkohle
9 Koehlerei
Gewinnverlosung
8 Lotterie
Gewinnverteilungskartell
4 Pool
gewissenhaft
5 exakt, genau
7 akkurat, penibel, praezis, sorgsam
8 behutsam, peinlich, praezise
9 minuzioes
10 gruendlich, ordentlich, pedantisch, puenktlich
11 sorgfaeltig
gewissenlos
5 infam
7 perfide
10 skrupellos
Gewissensbiss
4 Reue
5 Scham
7 Skrupel
gewissermaßen
5 quasi
9 gleichsam, sozusagen
Gewitterwolke
12 Kumulonimbus
Gewoge
4 Flut, Guss
7 Schwall
Gewogenheit
4 Huld
5 Gnade, Gunst
7 Neigung
9 Sympathie
10 Wohlwollen
11 Geneigtheit
Gewohnheit
3 Uso
4 Usus
5 Sitte
6 Brauch, Manier, Uebung, Usance
9 Tradition
13 Gepflogenheit
gewohnheitsmäßig
9 habituell
10 mechanisch
gewöhnlich
5 banal, vulgo
6 gemein, normal
7 einfach, ueblich, vulgaer

8 generell, ordinaer, primitiv
9 allgemein, anruechig, unflaetig
10 anstoessig, ausfallend, poebelhaft
12 proletenhaft, skatologisch

Gewöhnung
5 Sucht
7 Routine
9 Anpassung

Gewölbe
5 Voute
6 Fornix, Kuppel
7 Rotunde

gewölbeartige Decke
3 Dom

Gewühl
6 Trubel
8 Gewimmel
9 Gedraenge
10 Tohuwabohu

gewundene(r)
Fluss
8 Maeander

gewundene(r)
Gegenstand
8 Schnecke
Straße
10 Serpentine

Gewünschtes
9 Begehrtes, Desiderat

gewürfelt
7 kariert

Gewürz-, Würzpflanzen
4 Anis, Dill, Dost, Kren, Salz, Senf, Ysop, Zimt
5 Asant, Chili, Curry, Essig, Kaper, Lauch, Mazis, Minze, Nelke, Raute, Sesam
6 Dragon, Dragun, Ingwer, Kaneel, Kassia, Kassie, Kerbel, Kresse, Kubebe, Meiran, Muskat, Piment, Safran, Salbei, Wermut
7 Beifuss, Cayenne, Fenchel, Kuemmel, Kurkuma, Lorbeer, Majoran, Melisse, Oregano, Paprika, Pfeffer, Sambals, Sukkade, Thymian, Vanille, Zwiebel
8 Estragon, Kapsikum, Kardamom, Lavendel, Mostrich, Rosenoel, Rosmarin, Sellerie, Zichorie, Zitronat
9 Basilikum, Boldobaum, Knoblauch, Koriander, Tripmadam
10 Muskatnuss, Petersilie
11 Anispfeffer, Bohnenkraut, Gurkenkraut, Krauseminze, Meerrettich, Waldmeister
12 Gewuerznelke, Liebstoeckel, Lorbeerblatt, Schnittlauch

Gewürzinseln
6 Maluku
8 Molukken

Gewürzknospe
5 Kaper, Nelke

Gewürznuss
6 Muskat

Gewürzständer
6 Menage

gewürzter Rotwein
7 Klarett

Gewürztunke
14 Worcestersosse

gezapftes Volksgetränk
8 Fassbier

Gezeiten
4 Ebbe, Flut, Tide

Gezeitendifferenz
8 Tidenhub

gezielt in die Öffentlichkeit bringen
9 lancieren

gezielte Ballabgabe
4 Pass

geziert
6 zickig
8 prezioes
9 etepetete, gespreizt
10 affektiert, manieriert
15 altjuengferlich

gezierte(s)
Benehmen
5 Getue
6 Gehabe
Haltung
4 Pose

Geziertheit
6 Tuerei
7 Unnatur

gezinkte Spielkarten
7 Portees

gezogene(r, s)
Metall
5 Draht
Stoffstück
6 Krause
Wechsel
6 Tratte

gezüchtete Auster
6 Native

gezuckert
8 kandiert

gezuckerte Apfelsinenschalen
8 Orangeat

gezupftes Spiel
9 Pizzicato, Pizzikato

Gezweig der Bäume
5 Krone

gezwirnte
Nähseide
5 Cusir
Rohseide
6 Ouvree

gezwungen
7 geniert
8 forciert

Ghana
Berge
12 Ashantiberge
Bevölkerung
7 Ghanaer
8 Ghanesen
Fluss
5 Volta
Frauenbund der Ashanti
6 Abusua
Hauptstadt
5 Accra
Nationalparks
4 Mole
6 Kujani
Politiker
5 Busia
6 Limann
7 Nkrumah
8 Rawlings
Städte und Orte
4 Tema
6 Kumasi, Tamale
9 Cape Coast
10 Asamankese, Bolgatanga
15 Sekondi-Takoradi
Stausee
3 Bui
Volksstämme
3 Ewe, Ful
4 Akan, Mosi
5 Fanti, Fulbe, Mande, Mossi
7 Ashanti, Dagbani, Dagomba, Dagumbo
8 Aschanti, Mamprusi
Währung
4 Cedi
6 Pesewa

Gibbonaffen
3 Lar
4 Unka
6 Gibbon, Hulock, Wauwau
7 Siamang
12 Silbergibbon
15 Weisshandgibbon

Gier
5 Drang, Sucht
7 Geluest, Habgier
8 Begehren, Begierde, Habsucht
9 Verlangen
11 Heisshunger
12 Leidenschaft

gierig
7 erpicht

Gift
5 Toxin
7 Toxikum
8 Alkaloid
9 Pharmakon

Gift (Alkaloid) de(r, s)
Alpenveilchens
8 Cyclamin

Brechnuss
9 Strychnin
Eibe
5 Taxin
Eisenhutes
8 Akonitin
Fieberrinde
6 Chinin
Fliegenpilzes
8 Muskarin
Goldregens
7 Cytisin
Herbstzeitlose
9 Colchicin
Kaffeebohne
7 Koffein
Kartoffel
7 Solanin
Kokastrauches
6 Kokain
Maiglöckchens
11 Convallarin
Mohnpflanze
7 Morphin
8 Morphium
Mutterkorns
9 Ergotamin, Ergotaxin
Opiums
7 Morphin
Primel
6 Primin
Tabaks
7 Nikotin
Teepflanze
4 Tein
5 Thein
7 Koffein
Tollkirsche
7 Atropin
Gifte erzeugend
7 toxigen, toxogen
giftig
7 toxisch
11 miasmatisch
giftige(r, s)
Bodenausdünstung
6 Miasma
Chemikalie
7 Arsenik
chemisches Element
5 Arsen
Gas
6 Stibin
Glykosid
7 Ouabain
Harz
9 Gummigutt
Hutschlange
4 Naja
Krustenechse
8 Gilatier
Pflanzenstoff
7 Saponin
Saatbeize
7 Uspulun
Salz
8 Zyankali
Samen tropischer Gewächse
9 Brechnuss
Stoffwechselprodukt
9 Ektotoxin
Zwergholunder
6 Attich
Giftkunde
11 Toxikologie
12 Giftpflanzen
Giftpflanzen
8 Aronstab
9 Fingerhut
Giftpilze
7 Lorchel
8 Erdstern, Risspilz
9 Faelbling
10 Panterpilz, Satanspilz, Schirmling, Speiteufel
11 Fliegenpilz, Giftreizker, Pantherpilz
12 Giftegerling
13 Birkenreizker
14 Hexenroehrling, Riesenroetling
15 Kartoffelbovist, Tigerritterling
Giftschlangen
4 Naja
5 Aspis, Elaps, Kobra, Mamba, Otter, Viper
8 Lachesis, Surukuku
9 Hornviper, Puffotter, Sandotter, Sandviper
10 Kreuzotter
11 Grubenotter
12 Buschmeister
13 Aspisschlange, Korallenotter
15 Brillenschlange, Klapperschlange
Giftstoffe
4 Arum, Blei, Kola, Mohn, Tein, Upas, Zink
5 Arsen, Chrom, Noxin, Opiat, Opium, Porst, Taxin, Thein
6 Akonit, Barium, Boldin, Bruzin, Chinin, Codein, Curare, Emetin, Eserin, Germer, Harmin, Heroin, Kodein, Kokain, Koniin, Kupfer, Kurare, Noxine, Phasin, Primin, Sumach
7 Arsenik, Atropin, Cytisin, Gleisse, Koffein, Lobelin, Narcein, Narzein, Nikotin, Phasein, Piperin, Solanin, Thebain, Vitriol, Zytisin
8 Aconitum, Agarizin, Akonitin, Alkaloid, Anabasin, Arecolin, Aronstab, Berberin, Cyclamin, Einbeere, Eisenhut, Hordenin, Kornrade, Meskalin, Mezerein, Morphium, Muskarin, Narkotin, Nieswurz, Phosphor, Sadebaum, Spartein, Sturmhut, Thallium, Veratrin, Yohimbin, Zootoxin, Zyankali
9 Achillein, Brechnuss, Capsaicin, Cinchonin, Colchicin, Delphinin, Digitalis, Ergobasin, Ergotamin, Ergotoxin, Fingerhut, Giftbeere, Haschisch, Kolchizin, Marihuana, Papaverin, Strychnin, Tollbeere, Tollkraut, Toxiferin
10 Belladonna, Blausaeure, Schierling, Skopolamin, Theobromin
11 Bilsenkraut, Convallarin, Tollkirsche
Gimpel
8 Blutfink, Dompfaff
Ginsterkatze
7 Genette
Gipfel
5 Hoehe, Krise, Kuppe, Zenit
6 Spitze, Wipfel
8 Scheitel
10 Hoehepunkt
auf Zypern
7 Olympos
bei Davos
9 Weissfluh
bei Kapstadt
9 Tafelberg
bei Zürich
9 Uetliberg
der Alaskakette
7 Foraker, Gerdine
der Allgäuer Hochalpen
9 Biberkopf
der Bayerischen Alpen
7 Rotwand
der Berninagruppe
8 Pizpalue
der Brentagruppe
4 Tosa
der Cevennen
6 Mezenc
der Glarner Alpen
6 Faulen
7 Sardona
9 Hausstock
der Gotthardgruppe
5 Badus
7 Rotondo
der Gurktaler Alpen
8 Eisenhut
der Hohen Tatra
6 Krivan
der Hohen Tauern
7 Ankogel, Hocharn
8 Kreuzeck
9 Sonnblick
der Julischen Alpen
7 Mangart, Manhart
der Meeralpen
9 Argentera

der Nordtiroler Kalkalpen
8 Hochriss
der Ötztaler Alpen
9 Glockturm
der Pelvouxgruppe
6 Ecrins
der Rätischen Alpen
3 Ela
6 Lagrev
7 Bernina, Riffler
der Rocky Mountains
6 Robson
der Saint-Elias-Mountains
7 Hubbard
der Salzburger Kalkalpen
8 Birnhorn
der Sierra Nevada
6 Veleta
der Silvrettagruppe
6 Linard
7 Piz Buin
der Stubaier Alpen
7 Habicht
der Tuxer Alpen
7 Riffler
der Venedigergruppe
6 Geiger
der Vogesen
5 Donon
der Vorderrhön
8 Gebaberg
der Walliser Alpen
9 Gabelhorn, Weissmies
der Westalpen
9 Breithorn
der Westbeskiden
6 Pilsko
der Zillertaler Alpen
7 Moesele
des Böhmerwalds
6 Kubany
des Bucegi
4 Omul
des Dachsteins
8 Torstein
des Erythräis
6 Serbal
des Eulengebirges
8 Hohe Eule
des Hohen Balkan
5 Botew
des Kamerun-Gebirges
4 Fako
des Kantabrischen Gebirges
5 Amaya
des Kilimandscharo
4 Kibo
des Matragebirges
5 Kekes
des Nilgiri
9 Dodabetta
des Pilatus
4 Esel
8 Eselberg
des Saharaatlas
8 Chahambi
des Schweizer Juras
9 Hasenmatt
des Wiehengebirges
9 Heidbrink
im Äthiopischen Hochland
4 Batu
im Himalaja
6 Trisul
im Hohen Atlas
6 Ayachi
im Kanton Bern
9 Stockhorn
im Kanton Tessin
8 Basodino
im Kaukasus
6 Kasbek
im Oberengadin
8 Languard
im Ostalbanischen Bergland
5 Korab
im türkischen Armenien
6 Ararat
im Ural
8 Ischerim, Jamantau
im Wettersteingebirge
9 Zugspitze
in Alaska
6 Brooks
in den Berner Alpen
5 Eiger
in der Provinz Léon
6 Teleno
in der Schweiz
8 Rigikulm
in der Steiermark
9 Ebenstein
in Iran
9 Saebaelan
in Norwegen
9 Snehaetta
in Südtirol
8 Hochgall
in Tirol
8 Frau Hitt
in Vorarlberg
7 Valluga
nördlich von Flims
6 Segnes
nördlich von Innsbruck
9 Hafelekar
nordwestlich von Chur
7 Calanda
westlich von Sonthofen
8 Hochgrat
Gipfelform
9 Bergkuppe
Gipsart
9 Alabaster
Gipser
10 Stuckateur
Gipsornamentik
5 Stuck
9 Stuckatur
Girant eines Wechsels
7 Begeber
Girlande
6 Feston
Gitter
4 Netz, Rost, Zaun
6 Gatter
in Feuerungsanlagen
4 Rost
Gittergewebe
6 Etamin
7 Estamin, Kanevas, Stramin
Gittersystem
6 Raster
Gitterwand
7 Spalier
glänzen
7 funkeln
8 gleissen, glitzern
9 schillern
10 brillieren
glänzende(r, s)
Fußbekleidung
9 Lackschuh
Futterstoff
9 Satinella
Gewebe
5 Seide
Holzart
9 Satinholz
Mineral
7 Diallag, Diaspor, Hauthit
9 Safflorit
Überzug auf Kuchen
4 Guss
Glanzgewebe
6 Damast
glanzlos
4 matt
machen
9 mattieren
glanzloses Edelmetall
8 Mattgold
Glanzmittel
7 Politur
Glanznummer
9 Zugstueck
10 Attraktion
Glanzpunkt
4 Clou
Glanzschicht der Muscheln
8 Perlmutt
10 Perlmutter
Glanzüberzug
4 Lack
5 Email, Lasur
7 Emaille, Luester, Schmelz
glanzvoll
8 splendid
9 bravuroes
10 bravouroes
glasartige(r)
Porphyr
9 Pechstein
Schmelzmasse
6 Fritte
Überzug
6 Glasur
7 Emaille
Glasbläsergeräte
8 Wallholz
9 Glaszange, Hefteisen
Glasermaterial
4 Blei, Glas, Kitt

Glasflasche
6 Phiole
7 Karaffe
Glasgefäß
7 Flasche
glasierte Tonware
6 Fliese, Kachel
7 Fayence
8 Majolika
glasklare Folie
9 Cellophan
Glaskolben
6 Ballon
7 Retorte
Glasopal
6 Hyalit
Glasplatte mit Liniennetz
6 Raster
Glasröhrchen
7 Ampulle
Glasschrank
7 Etagere, Vitrine
8 Servante
glatt
4 eben
5 flach, plano
7 plattig, spassig
8 muehelos, rutschig
9 glitschig, hoefflich
10 rundheraus
11 reibungslos, schluepfrig
Glätte
7 Politur
glätten
8 polieren
9 planieren
Glatthafer
5 Lolch
7 Raigras, Raygras
Glättholz (Webstuhl)
8 Reibholz
Glättmaschine
8 Kalander
Glatze
6 Platte
Glaubensabtrünnige(r)
7 Renegat
9 Renegatin
Glaubensanhänger(in)
6 Theist
8 Theistin
Glaubensbekenntnis
5 Credo, Kredo
7 Nizaeum
8 Symbolum
10 Konfession
Glaubensbuch
5 Bibel, Koran
6 Talmud
Glaubenseifer
10 Zelotismus
Glaubenseiferer
5 Zelot
glaubenseifrig
9 zelotisch
Glaubensgemeinschaft
5 Sekte
Glaubensheld(in)
9 Maertyrer
9 Maertyrin
11 Maertyrerin
Glaubenslehre
8 Dogmatik
Glaubensloser
7 Atheist
Glaubensrichtschnur
5 Kanon
Glaubenssatz
5 Dogma
7 Artikel
Glaubensvereinigung
12 Kongregation
Glaubenswechsler(in)
9 Konvertit
11 Konvertitin
gläubig
5 fromm
9 religioes
Gläubiger
8 Kreditor
glaubwürdig
8 probabel
11 authentisch
Glazialperiode
7 Eiszeit
8 Diluvium
gleich
bleibend
4 fest
6 stetig
15 unveraenderlich
bleibender Wertansatz
8 Festwert
gerichtet
8 parallel
gesinnt
9 einmuetig
gestimmt
11 sympathisch
klingendes Wort
8 Reimwort
lange dauernd
8 isochron
lautend
7 homolog, homonym
lautendes Wort
7 Homofon, Homonym
8 Homophon
gleich, gleichartig
4 eben, egal, pari
6 aequal, direkt, ebenso, prompt, sofort, straks
7 alsbald, anaolog, homogen, synonym
8 umgehend
9 bruehwarm, identisch, kongruent
10 geradewegs, stante pede
11 einheitlich, postwendend, unmittelbar
13 spornstreichs, unverzueglich
gleichachsig
7 koaxial
8 konaxial
11 gleichartig
gleichartige Jacke und Pullover
7 Twinset
Gleichartigkeit
10 Identitaet
12 Homogenitaet
der Partnerwahl
9 Homogamie
Gleichberechtigung
8 Isonomie, Paritaet
12 Emanzipation
gleiche Höhe
6 Niveau
gleichen Druck habend
6 isobar
gleicher
Punktestand
8 Einstand
Wert
11 Aequivalent
gleicherweise
2 so
4 item
6 ebenso
gleichfalls
4 auch, dito, item
6 ferner
7 genauso
gleichförmig
7 monoton, uniform
8 isomorph
9 eintoenig
10 langweilig
gleichförmige(s)
Blütenhülle
7 Perigon
Einerlei
6 Alltag
Gleichförmigkeit
9 Monotonie
12 Uniformitaet
Gleichgewicht
5 Waage
7 Balance
8 Harmonie
16 Ausgeglichenheit
Gleichgewichtskünstler
11 Equilibrist
12 Aequilibrist
Gleichgewichtslehre
6 Statik
Gleichgewichtsstörung
9 Schwindel
Gleichgewichtszustand
9 Isostasie
gleichgültig
4 egal, faul
7 lustlos
8 indolent
9 apathisch, unachtsam
10 ungeruehrt
11 indifferent, unbeteiligt
12 phlegmatisch, teilnahmslos
15 desinteressiert
Gleichgültigkeit
7 Phlegma
12 Desinteresse

Gleichklang
4 Reim
8 Assonanz
gleichlaufend
8 parallel, synchron
gleichlaufende Gerade
9 Parallele
gleichmachen
11 nivellieren
12 emanzipieren
Gleichmaß
4 Takt
8 Harmonie, Rhythmus
9 Symmetrie
10 Proportion
gleichmäßig
4 eben
6 aequal
7 uniform
10 rhythmisch
11 symmetrisch
gleichmütig
7 stoisch
gleichmütiger Mensch
7 Stoiker
Gleichnis
6 Symbol
7 Parabel
8 Sinnbild
9 Allegorie
gleichnishafte Redewendung
8 Metapher
Gleichrichterröhre
5 Diode
8 Ignitron
gleichsam
5 quasi
9 sozusagen
gleichseitiges Viereck
7 Quadrat
gleichsinnig zusammenwirkendes Organ
9 Synergist
Gleichstellung
8 Paritaet
12 Emanzipation
gleichwertig
11 aequivalent
Gleichwertigkeit
8 Paritaet
9 Homonomie
11 Aequivalenz
gleichzählig (Blüte)
6 isomer
gleichzeitig
8 simultan, synchron
Gleisabschluss
9 Prellbock
Gleisabschnitt
7 Strecke
Gleisanlage
4 Bake
6 Signal, Weiche
7 Schiene
Gleisarbeitergruppe
5 Rotte
Gleisunterbau
8 Bahndamm, Schwelle
Gleitbahn
7 Rutsche, Schiene, Schurre
8 Fuehrung, Schleife
gleitende(s)
Musikstück
9 Glissando
Reibung
8 Gleitung
Gleitmittel
8 Skiwachs
9 Talkpuder
Gleitschiene
4 Kufe
Gleitschritt
8 Glissade
Gletscher
4 Kees
6 Ferner, Firner
7 Eisfeld
8 Eisstrom
Gletscherablagerung
7 Moraene
Gletscherkunde
11 Glaziologie
Gletscherrandzone
6 Toteis
Gletscherspalte
7 Schrund
8 Schrunde
Gletscherzusammenfluss
7 Konflux
9 Konfluenz
Glied
der Hand
6 Daumen, Finger
10 Ringfinger
11 Zeigefinger
12 Mittelfinger
des Fußes
3 Zeh
4 Zehe
einer sprachlichen Einheit
7 Segment
einer Summe
4 Term
Gliederband
5 Kette
Gliederfüßer
4 Kerf
5 Assel, Krebs
6 Insekt, Spinne
7 Kruster
8 Kerbtier
9 Krebstier
11 Arthropoden, Asselspinne, Krustentier
14 Tausendfuesser
Gliederheizkörper
8 Radiator
Gliedermaßstab
9 Zollstock
gliedern
6 ordnen, reihen
10 gruppieren
Gliederpuppe
10 Hampelmann, Marionette
Gliederschmerz
6 Rheuma
7 Reissen
12 Rheumatismus
Gliedmaßen
4 Arme
5 Beine
13 Extremitaeten
Gliedmaßenteil
7 Oberarm
8 Unterarm
glimmen
8 schwelen
glimmendes Feuer
4 Glut
Glimmer
6 Biotit
10 Katzengold
Glimmstängel
7 Zigarre
9 Zigarette
glitzerndes Blättchen
9 Paillette
Glitzerschmuck
7 Flitter
9 Paillette
Glocken erklingen lassen
7 laeuten
Glockenblumen
7 Lobelie
8 Legousia, Rapunzel
9 Kampanula
11 Ballonblume
13 Teufelskralle
Glockenklöppel
9 Schwengel
Glockenlilie
6 Funkie
Glockenschwengel
8 Kloeppel
Glockenspiel
4 Lyra
6 Cymbal
8 Carillon
Glockenturm
8 Belfried
9 Campanile, Kampanile
in Sevilla
7 Giralda
Glosse
8 Fussnote
9 Anmerkung, Kommentar
Glück
wünschen
11 gratulieren
Wünschender
9 Gratulant
glückliche(r)
Ausgang
8 Happyend
Minderheit
8 Happy few
Glücksbringer
7 Amulett
8 Hufeisen, Maskotte, Talisman
9 Kleeblatt
11 Maskottchen

Glücksfall
4 Wurf
6 Chance
7 Treffer
Glücksgöttin
5 Tyche
7 Fortuna
9 Felicitas
Glückspflanze
4 Klee
Glücksritter
10 Abenteurer
Glücksspiele
4 Poch
5 Boule, Lotto, Makao, Poker
6 Hasard, Maumau, Pokern
7 Jackpot, Knobeln, Roulett
8 Baccarat, Bakkarat, Lotterie, Roulette, Wuerfeln
9 Black Jack, Esperance, Vingt-et-un
15 Siebzehnundvier
Glücksspieler
6 Zocker
9 Hasardeur
Glücksspielstadt in Nevada
4 Reno
8 Las Vegas
Glücksspielunternehmen
6 Kasino
9 Spielbank
Glückssymbol
8 Hufeisen
Glückwunsch
5 Vivat
8 Lebehoch
11 Gratulation
Glut
4 Lohe
5 Feuer, Hitze
6 Flamme
9 Waberlohe
glutflüssiges Tiefengestein
5 Magma
Gnade
4 Huld
5 Guete, Gunst, Segen
8 Charisma, Schonung
9 Nachsicht, Vergebung, Verzeihen
13 Strafnachlass
Gnadenbrief des französischen Königs
6 Brevet
Gnadenkraut
8 Gratiola
Gnadenmittel
9 Sakrament
gnädig
8 huldvoll
gnostische(r)
Sekte
6 Sabier
7 Ophiten
8 Mandaeer
9 Sethianer
Sektenangehöriger
6 Kainit
Goalkeeper
7 Tormann, Torwart
9 Torhueter
Goetheforscher
8 Baumgart
Goethes
Freund
9 Tischbein
Freundin
5 Brion, Stein
10 Friederike
Gattin
7 Vulpius
Jugendliebe
5 Brion
Mutter
3 Aja
Gokartsport
7 Karting
Goldammer
8 Kornfink
Goldamsel
5 Pirol
Goldbrassenfisch
5 Orade
6 Dorade
Golddistel
8 Eberwurz
Goldgehalt
8 Feinheit
goldgelb
6 orange
7 orangen
Goldgräber
6 Digger
Goldgräberanteil
5 Claim
Goldhase Südamerikas
5 Aguti
Goldland
5 Ophir
8 Eldorado
Goldmacher
5 Adept
9 Alchimist
Goldmacherkunst
8 Alchimie, Spagirik
Goldmakrele
6 Dorade
Goldmünzen
3 Ecu
4 Onca
5 Altun, Dobla, Eagle, Krone, Toman
6 Aureus, Condor, Escudo, Floren, Florin, Guinee, Gulden, Karlin, Rijder
7 Dublone, Dukaten, Fiorino, Florino, Hidalgo, Pistole, Solidus, Zechine
8 Caroldor, Dareikos, Florenus, Louisdor, Napoleon
9 August d'Or, Goldkrone, Goldtaler, Rosenoble, Sovereign
11 Napoleon d'Or
12 Christian d'Or, Friedrich d'Or
Goldreinheitsgrad
5 Karat
Goldröschen
6 Kerrie
Goldschatzdepot der USA
4 Knox
8 Fort Knox
Goldstange
6 Barren
Goldtrennung
8 Affinage
Golf
3 Bai
5 Bucht
am Ionischen Meer
6 Patras
am Marmarameer
5 Erdek
an der Ostküste von Celebes
4 Tolo
an der Westküste Indiens
6 Cambay
bei Sardinien
7 Asinara
der Toskana
9 Follonica
von Albanien
5 Vlore
von Algerien
6 Bougie
von Neuguinea
4 Huon
von Panama
6 Alanje
von Thessalien
5 Wolos
Golfschlag
ausführen
6 pullen
mit Linksdrall
4 Pull
Golfschläger
5 Eisen, Spoon, Wedge
6 Driver, Mashie, Putter
7 Brassie, Loeffel, Niblick, Treiber
Golfschläger-Transportwagen
6 Caddie
Golfschlägerträger
5 Caddy
6 Caddie
Golfspielbegriffe
3 Ass, Par, Tee
4 Loch
5 Bogey
6 Birdie, Bunker
8 Abschlag
12 Flaggenstock
Gondelführer
10 Gondoliere
Gondellied
9 Barkarole

Gönner
6 Maezen
9 Foerderer, Protektor
gönnerhaft
6 jovial
Gönnerschaft
10 Protektion
Göre
5 Range
Gosse
5 Rinne
9 Rinnstein
Gotenkönig
9 Ostrogota
gotische(r, s)
Altaraufbau
9 Gesprenge
Bibelübersetzer
7 Ulfilas, Wulfila
Königsgeschlecht
6 Amaler
Maßwerk
9 Fuenfpass
Maßwerkfigur
8 Vierpass
9 Sechspass
Ornament
7 Rosette
8 Vierpass
10 Kreuzblume, Spitzbogen
Schmuckform
8 Dreipass, Masswerk
Schrift
7 Fraktur, Textura
Spitzgiebel
7 Wimperg
8 Wimperge
Spitztürmchen
5 Fiale
Gottbekenner(in)
5 Deist
7 Deistin
Götterbote
6 Merkur
9 Mercurius
Götterehrentempel
8 Pantheon
gottergeben
5 devot
Gottergebenheit
8 Devotion
Gotterkenntnis
6 Gnosis
Gotterlebnis
11 Offenbarung
Götterlehre
10 Mythologie
Göttersage
5 Mythe
6 Mythos, Mythus
10 Mythologie
Göttersitz
5 Thron
Götterspeise
8 Ambrosia
Götterspruch
6 Orakel
Göttertrank
6 Nektar
Göttervater der nordischen Sage
4 Odin
Götterwohnsitz
5 Olymp
6 Asgard
Gottes Gunst
5 Segen
Gottes Name
im Alten Testament
5 Eloah, Jahve, Jahwe
6 Adonai, Elohim, Jehova
im Islam
5 Allah
Gottes Sohn
5 Jesus
7 Heiland
8 Christus, Erloeser
Gottesdienst
4 Kult
5 Messe, Mette
7 Andacht, Requiem
8 Liturgie
17 Mitternachtsmette
haltender Geistlicher
6 Liturg
Gottesdienstbesuch
9 Kirchgang
Gottesdienstbrauch
6 Ritual
11 Zeremoniell
Gottesdienstkollekte
9 Kirchgeld
gottesdienstlich
6 sakral
gottesdienstliche(r)
Brauchtum
5 Ritus
6 Ritual
Gesang
7 Eleison
Handlungen
5 Gebet, Opfer, Segen
7 Andacht, Beichte
8 Anbetung
9 Abendmahl, Fuerbitte, Kommunion
10 Absolution, Einsegnung, Prozession
12 Konfirmation
Lesung
7 Epistel
Gottesdienstordnung
6 Agenda, Agende
8 Liturgie
Gottesdienstwissenschaft
8 Liturgik
Gotteserkenntnis
6 Gnosis
gottesfürchtig
5 fromm
8 glaeubig
9 religioes
Gottesgelehrter
8 Theologe
Gotteshäuser
3 Dom
5 Stupa
6 Kirche, Pagode, Tempel
7 Kapelle, Kultbau, Moschee
8 Basilika, Muenster, Pantheon, Synagoge
10 Kathedrale
11 Hauptkirche
Gottesherrschaft
10 Theokratie
Gotteslästerung
6 Frevel
8 Sakrileg
10 Blasphemie
Gotteslehre
9 Theologie
Gottesleugner(in)
7 Atheist
9 Atheistin
Gottesleugnung
9 Atheismus
Gottesmutter
7 Madonna
Gottesraub
8 Sakrileg
Gottesurteil
5 Ordal
Gottesverehrung
6 Kultus, Latrie
7 Hingabe
8 Anbetung, Religion
göttliche(r)
Gesetz
5 Gebot
Planung
9 Vorsehung
Tugend
5 Liebe
6 Glaube
8 Hoffnung
Gottloser
7 Atheist
Gottlosigkeit
6 Asebie
9 Atheismus
Gottseibeiuns
5 Satan
6 Teufel
gottselig
6 heilig
Götze
6 Abgott, Mammon
Götzenbild
4 Idol
6 Abgott
7 Fetisch
Götzendienst
9 Idolatrie
Gouverneur
11 Statthalter
Grabbau
8 Pyramide
9 Mausoleum
Graben
4 Dole, Siel
5 Draen, Fleet, Gosse, Kanal, Rinne
6 Gracht, Rigole
8 Erdrinne
Gräberanlage
8 Friedhof, Kirchhof

11 Gottesacker, Zoemeterium

Gräberfeld

bei Merseburg

7 Roessen

des Altertums

9 Nekropole

10 Nekropolis

Grabgerät

5 Hacke

6 Spaten

7 Schippe

8 Schaufel

10 Spitzhacke

Grabgewölbe

5 Gruft

Grabinschrift

3 R.I.P.

Grabkammer

9 Cubiculum, Katakombe

der Eisenzeit

9 Fossagrab

Grabmal

5 Stele, Tumba

7 Epitaph, Mastaba, Tumulus

8 Pyramide

9 Mausoleum

Grabmalform

5 Kreuz

Grabplatte

5 Stele

7 Epitaph

Grabsäule

5 Stele

Gradierwerk

6 Saline

Graf

aus „Das Land des Lächelns"

5 Gustl

von Flandern

7 Balduin

Grafengeschlecht

6 Nassau

Grafentitel

in England

4 Earl, Lord

8 Viscount

in Frankreich

5 Comte

7 Marquis

in Italien

5 Conte

8 Marchese

Grafik

6 Plakat

8 Diagramm, Gravuere

9 Radierung, Schaubild

10 Stahlstich

11 Holzschnitt, Kupferstich, Lithografie, Xylographie

12 Linolschnitt, Lithographie

eines Künstlers

9 Handdruck

grafische(r, s)

Berufe

6 Aetzer, Faktor, Setzer

7 Drucker, Graveur, Metteur

8 Kolorist, Typograf, Ziseleur

9 Korrektor, Lithograf, Typograph

10 Fotosetzer, Handsetzer, Lithograph

11 Buchdrucker, Galvaniseur, Photosetzer

12 Stereotypeur

13 Kupferstecher

15 Maschinensetzer

Betriebe

6 Verlag

7 Offizin

8 Setzerei

9 Druckerei

12 Buchbinderei

13 Buchdruckerei

Darstellung

5 Graph

9 Farbtafel, Schaubild

Erzeugnisse

4 Band, Buch, Heft, Werk

5 Druck

6 Agenda, Plakat

7 Affiche, Foliant, Journal, Katalog, Magazin, Zeitung

8 Bildband, Kalender

9 Faksimile, Flugblatt

10 Bilderbuch, Broschuere, Sammelband

11 Taschenbuch, Zeitschrift

12 Illustrierte, Reproduktion

13 Enzyklopaedie

Produktionsbetrieb

9 Druckerei

Technik

9 Holzstich

Verfahren

8 Frottage

9 Glasdruck, Kaltnadel, Monotypie, Radierung

11 Kupferstich, Lithografie

12 Lithographie

Grafschaft

in England

4 Kent

5 Berks, Devon, Essex, Salop

6 Dorset, Durham, Oxford, Surrey, Sussex

7 Norfolk, Rutland, Suffolk

8 Cheshire, Cornwall, Hereford, Hertford, Somerset

9 Berkshire, Cambridge, Hampshire, Lancaster, Leicester, Middlesex, Wiltshire, Yorkshire

10 Cumberland, Devonshire

13 Petersborough, Somersetshire

15 Buckinghamshire, Gloucestershire

in Irland

4 Cork, Mayo

5 Cavan, Clare, Kerry, Louth, Meath

6 Carlow, Galway, Offaly

7 Donegal, Kildare, Leitrim, Wexford

8 Corcaigh, Kilkenny, Limerick, Longford, Monaghan, Sligeach

9 Luimneach

in Schottland

7 Berwick, Kinross, Peebles, Wigtown, Zetland

9 Caithness, Dunbarton, Fifeshire

Gralsbotin

6 Kundry

7 Kundrie

Gralskönig

7 Titurel

8 Amfortas, Parzival

Gralsritter

7 Titurel

8 Amfortas, Lanzelot, Parzival

9 Lohengrin, Templeise

Gram

4 Leid

5 Sorge

6 Kummer, Trauer

10 Betruebnis, Depression

13 Seelenschmerz

grammatikalische Begriffe

4 Fall, Form, Laut, Rede, Satz, Verb, Wort, Zahl

5 Aktiv, Casus, Dativ, Futur, Genus, Kolon, Komma, Modus, Punkt, Silbe, Stamm, Trema, Vokal

6 Adverb, Episem, Labial, Objekt, Passiv, Plural, Tempus, Umlaut

7 Ablativ, Artikel, Beugung, Einzahl, Feminin, Formant, Futurum, Genitiv, Grammen, Mitlaut, Neutrum, Perfekt, Subjekt, Tatform, Zukunft

8 Adjektiv, Apokuino, Attribut, Dingwort, Formativ, Fuerwort, Kernsatz, Maskulin, Mehrzahl, Nennform, Numerale, Partizip, Praesens, Pronomen, Singular, Zahlwort, Zeitform, Zeitwort

9 Akkusativ, Bindewort, Diphthong, Doppelung, Femininum, Fremdwort, Gegenwart, Hauptsatz, Hauptwort, Imperativ, Imperfekt, Indikativ, Infinitiv, Konsonant, Leideform, Nebensatz, Nominativ, Praedikat

10 Apposition, Beifuegung, Geschlecht, Komparativ, Konjunktiv, Maskulinum, Mittelwort, Selbstlaut, Substantiv, Superlativ
11 Deklination, Konjugation, Konjunktion
15 Plusquamperfekt, Relativpronomen
16 Substantivierung

Grammmolekül
3 Mol

Granatapfelsirup
9 Grenadine

Grasarten
4 Aira, Alfa, Dort
5 Apera, Halfa, Lolch, Paede, Simse, Spart
6 Arundo, Bromus, Holcus, Lolium, Luzula, Marbel, Meddel, Quecke, Trespe, Twalch, Vulpia, Zwenke
7 Atropis, Esparto, Festuca, Panicum, Triodia
8 Dreizahn, Kammgras, Kopfried, Salzgras, Schmiele, Triticum, Windhalm, Wollried
9 Cynosurus, Hainbinse, Hainsimse, Honiggras, Hundszahn, Pfahlrohr, Quellried, Schwingel, Wildhafer, Windhafer
14 Fuchsschwingel

Grasfläche
5 Rasen, Weide, Wiese

Grasflur mit Bäumen
7 Savanne

Grashüpfer
11 Heuschrecke

Grasland
5 Egart, Weide, Wiese

Graslandschaft
5 Pampa
6 Pampas, Puszta, Steppe
7 Praerie, Savanne

grässlich
9 graeulich, widerlich
10 abstossend
11 abscheulich, schrecklich
12 Ekel erregend
13 unaesthetisch

gratis
4 frei
7 umsonst
9 kostenlos
13 unentgeltlich

Graubär Nordamerikas
6 Grisli
7 Grizzly

Graubündner
Adelsfamilie
5 Salis
Adelsgeschlecht
6 Planta
Alpenpass
6 Julier
Schlucht
7 Via Mala

Grauen
5 Angst, Graus
6 Furcht, Horror
7 Abscheu, Graeuel, Grausen, Schauer
8 Schauder
9 Entsetzen, Schrecken
erregend
8 horribel

graugelb
4 falb

grausam
3 roh
4 wild
6 brutal
7 herzlos, inhuman, ruchlos
8 viehisch
9 gnadenlos
10 barbarisch, mordgierig, sadistisch
11 bestialisch
12 gewalttaetig, mordluestern, unbarmherzig, unmenschlich

grausame(r)
Mensch
6 Barbar, Sadist
9 Ungeheuer

Grausamkeit
8 Sadismus

Grautier
4 Esel

gravitätisch
7 wuerdig
8 gemessen

Grazie
5 Anmut
8 Liebreiz

graziös
4 zart
7 anmutig
8 lieblich

Greiffuß der Krebse
6 Schere

Greiforgan
der Kraken
8 Tentakel
der Polypen
8 Tentakel
des Elefanten
7 Ruessel

Greifvögel
3 Aar
4 Weih
5 Adler, Aguja, Falke, Geier, Milan, Urubu, Weihe
6 Kondor, Merlin
7 Bussard, Gaukler, Habicht, Harpyie, Sperber
8 Aasgeier, Chimango, Gleitaar, Karakara, Seeadler, Stoesser
9 Bartgeier, Baumfalke, Beizfalke, Bergadler, Blauadler, Buntfalke, Edelfalke, Goldadler, Graufalke, Jagdfalke, Kornweihe, Kronadler, Palmgeier, Raubadler, Rohrweihe, Sekretaer, Turmfalke
10 Affenadler, Fischadler, Gabelweihe, Rabengeier, Steinadler, Zwergfalke
11 Gaensegeier, Kaiseradler, Kappengeier, Laggarfalke, Roetelfalke, Schelladler, Schreiadler, Wanderfalke, Wiesenweihe
12 Adlerbussard, Koenigsgeier, Koenigsweihe, Laemmergeier, Moenchsgeier, Schmutzgeier, Sperbergeier, Steppenadler, Steppenweihe
13 Maeusebussard, Schreibussard, Truthahngeier, Wespenbussard
14 Raufussbussard, Schlangenadler

Greifvogelnest
5 Horst

Greifzange
8 Pinzette

greisenhaft
5 senil

grell
4 bunt, laut
7 knallig
8 blendend
9 gleissend
tönend
7 schrill

Grenada
Bevölkerung
8 Grenader
Hauptstadt
12 Saint George's
Orte
8 Grand Bay
9 Grenville
Währung
4 Cent
6 Dollar

Grenadineninsel
9 Carriacou

Grenzabgabe
4 Zoll

Grenzbeamter
8 Zoellner

Grenzbehörde
4 Zoll
6 Douane
7 Zollamt

Grenze
4 Mark, Rand
5 Limes, Limit, March

6 Extrem
7 Scheide
8 Landmark
9 Gemarkung
10 Trennlinie
17 Demarkationslinie
des Norddeutschen Bundes
9 Mainlinie
Grenzlinie
11 Demarkation
Grenzpassierschein
6 Carnet
7 Triptyk
Grenzraum von Niedersachsen
7 Emsland
Grenzstein
3 Mal
5 Terme
Grenzstreifen
4 Rand
Grenzwall
in Asien
11 Grosse Mauer
16 Chinesische Mauer
in Germanien
5 Limes
Grenzwert
5 Limit
Grieche, Griechin
7 Hellene
8 Hellenin
Griechen bei Homer
7 Achaier, Achaeer, Argiver
Griechenland (altes)
siehe: altgriechisch
Griechenland
Anisbranntwein
4 Ouzo
Berge
3 Ida
5 Giona, Olymp
6 Ithome, Ithomi
7 Parnass
8 Smolikas
Dichter
7 Seferis
Dodekanesinseln
3 Kos
4 Syme
5 Kasos, Leros, Telos
6 Chalke, Lipsos, Patmos, Rhodos
7 Nisyros
8 Kalymnos
9 Karpathos
10 Astropalia, Astypaleia
Flüsse
3 Iri
4 Arda, Arta
5 Axios
6 Alpios, Asopos, Louros, Mestra, Nestos
7 Achelos, Enipeus, Peneios, Strymon
8 Alpheios, Megdobas
9 Bouraikos, Salamvria, Vistritsa
Gebirge
3 Ida
4 Oeta, Ossa
5 Olymp
6 Pelion, Pindos
7 Helikon, Liakura, Parnass
8 Hymettos, Taigetos, Taygetos
10 Pentelikon
griechische Buchstaben
2 My, Ny, Pi, Xi
3 Chi, Eta, Phi, Psi, Rho, Tau
4 Beta, Iota, Jota, Zeta
5 Alpha, Delta, Gamma, Kappa, Omega, Sigma, Theta
6 Lambda
7 Epsilon, Omikron, Ypsilon
Hafen von Athen
7 Piraeus
Halbinseln
5 Athos, Morea
6 Attika
7 Argolis
8 Sithonia
9 Kassandra
10 Chalkidike, Peloponnes
Hauptstadt
5 Athen
Inselgruppen
8 Kykladen, Sporaden
9 Dodekanes
Inseln
3 Dia, Ios, Kea, Kos
4 Milo
5 Chios, Delos, Elasa, Korfu, Kreta, Leros, Milos, Naxos, Paros, Psara, Samos, Syros, Telos, Thera, Thira, Tinos
6 Aegina, Andros, Euboea, Gaudos, Ikaria, Ithaka, Kandia, Lemnos, Lesbos, Leukas, Lipsos, Patmos, Rhodos, Skyros, Thasos
7 Amorgos, Kefalos, Kerkyra, Kythera, Mykonos, Nikaria, Pelagos, Salamis
8 Mytilene, Santorin, Skiathos, Skopelos, Skorpios
9 Alonnesos, Karpathos, Zakynthos
10 Samothrake
11 Kephallenia, Samothrakei
Ionische Inseln
5 Korfu, Paxos
6 Ithaka, Leukas
7 Kerkyra, Kythera
9 Zakynthos
11 Kephallenia
Kaps
6 Maleas, Sunion
7 Akritas, Matapan
8 Tainaron
Komponisten
7 Xenakis
8 Lambelet, Manzaros, Petridis
9 Kalomiris, Lavrangas, Poniridis
11 Theodorakis
Königsname
4 Otto, Paul
5 Georg
10 Konstantin
Kykladen
3 Ios, Kea
5 Delos, Milos, Naxos, Paros, Syros, Tinos
7 Mikonos
8 Santorin, Seriphos
9 Andiparos
11 Folegrandos
Landschaften
4 Elis
5 Doris
6 Achaia, Attika, Epirus, Lokris, Phokis
7 Argolis, Laurion
8 Aetolien, Arkadien, Boeotien, Lakonien, Magnesia, Thrakien, Thrazien
9 Messenien
10 Makedonien, Mazedonien, Thessalien
Männerrock
10 Fustanella
Mönchshauptort
6 Kariai
Mönchsrepublik
5 Athos
Nationaltracht
10 Fustanella
Peloponnes-Landschaften
4 Elis
6 Achaia, Sikyon
7 Argolis, Korinth
8 Arkadien, Lakonien
9 Messenien
Peloponnes-Tal
5 Nemea
Politiker
7 Metaxas, Tsatsos
9 Venizelos
10 Damaskinos, Karamanlis, Papandreou
11 Papadopulos
Sängerin
6 Baltsa, Callas
8 Leandros
9 Mouskouri
Sporaden
6 Skyros
8 Skiathos, Skopelos
9 Halonesos
Städte und Orte
4 Arta
5 Argos, Athen, Lamia, Nemea, Volos, Weria, Wolos
6 Aejion, Aigion, Edessa, Janina, Kabala, Patras,

Pyrgos, Sparta, Theben, Xanthi
7 Chalkis, Kalamae, Kalamai, Korinth, Larissa, Lewadia, Nauplia, Piraeus, Prewesa, Trikala
8 Agrinion, Iraklion, Komotini, Mytilini, Polygros, Saloniki, Tripolis
10 Herakleion
11 Argostolion
12 Thessaloniki
14 Alexandrupolis
15 Alexandroupolis
Verwaltungseinheiten
5 Demos, Nomos
Volkstanz
7 Sirtaki
Währung
4 Cent, Euro
Weine
5 Bados, Samos
8 Jenerodi
9 Malvasier, Zyperwein
griechisch:
Aussehen
5 eidos
Form
5 eidos
Geschöpf
4 zoon
Gesetz
5 nomos
Gestalt
5 eidos
ich hab's gefunden
7 heureka
Leben
4 bios
Lebewesen
4 bion
Luft
3 aer
Ordnung
5 nomos
Rede
5 logos
Sitte
5 nomos
Sprache
5 logos
Tier
4 zoon
Volk
4 laos
Wächter
6 phylax
Welt
4 aion
Zeit
7 chronos
Griff
4 Heft
5 Knauf, Stiel
6 Halter, Henkel, Klinke
am Turnpferd
7 Pausche
zum Drücken
5 Knopf
Griffende des Bogens
5 Talon
6 Frosch
Grill
4 Rost
8 Bratrost
Grillgitter
4 Rost
Grillmaterial
9 Holzkohle
Grimasse
6 Fratze
Grimbart
5 Dachs
Grimm
3 Wut
4 Zorn
5 Groll
6 Aerger
7 Unwille
grimmig
11 baerbeissig
grimmiger Wächter
8 Zerberus
Grimmsche Märchenfiguren
4 Else, Hans
5 Holle, Trude
6 Gretel, Knoist, Korbes, Lustig, Maleen, Pfriem
7 Haensel, Jorinde
8 Joringel, Rapunzel, Rosenrot
9 Floehchen, Laeuschen
10 Allwissend, Daumerling, Daumesdick, Gaensemagd, Katrinelje, Marienkind, Spielhansl
11 Allerleirau, Drosselbart, Einaeuglein
12 Aschenputtel, Dornroeschen, Dreiaeuglein, Froschkoenig, Rotkaeppchen, Zweiaeuglein
13 Baerenhaeuter
14 Schneewittchen
15 Rumpelstilzchen, Schneeweisschen
Grippe
9 Influenza
grippeartig
7 grippal
8 grippoes
Grips
8 Verstand
9 Intellekt
11 Intelligenz
13 Denkvermoegen
grob
3 rau, roh
4 derb
5 ruede
6 barsch, massiv, rabiat, ruppig
7 unsanft
8 gewaltig
9 ungefuege
10 ungattlich, unhoeflich
gemahlenes Getreide
6 Schrot
7 Gruetze
zerkleinern
8 schroten
grobe(r, s)
Baumwollgewebe
6 Nessel
Beleidigung
7 Affront
Flanell
3 Boi
Mauerüberzug
7 Rauputz
Möbelstoff
6 Berkan
Nähgerät
9 Sacknadel
Nähmittel
8 Haargarn
Schrot
6 Posten
9 Rehposten
Stoff
4 Sack
Ungezogenheit
8 Flegelei
Wolltuch
5 Loden
Grobheit
7 Sottise
Grobian
6 Flegel, Ruepel
7 Raubein
8 Holzkopf, Raufbold
grogähnliches Getränk
5 Toddy
Groll
3 Pik
5 Grimm
7 Ingrimm
Grönland
Apostel
5 Egede
Bewohner
5 Inuit
6 Eskimo
Insel
5 Disko
Inselgruppe
12 Eggersinseln
Kap
3 Dan
4 York
6 Farvel
8 Farewell
Orte
4 Etah
5 Thule
7 Godhavn
8 Godthaab
großartig
5 famos
6 feudal, patent
7 eminent
8 grandios, imposant, magnifik

9 praechtig
10 monumental
12 phantastisch
15 ueberwaeltigend

Großbauer im zaristischen Russland
5 Kulak

Großbehälter
9 Container

Großbuchstabe
6 Versal
7 Initial, Unziale
8 Majuskel

Großbuchstaben
9 Versalien

Größe
6 Format
8 Grandeur
10 Quantitaet

Alk
5 Lumme
6 Teiste

Ameisenbär
6 Yurumi

amerikanischer Papagei
5 Arara

Anfangsbuchstabe
6 Versal

Ansehen
4 Ruhm

Anstrengung
8 Kraftakt
9 Quaelerei

Anzahl
5 Menge

Becken
5 Wanne

Berühmtheit
7 Weltruf
9 Superstar

Blutgefäß
8 Hohlvene

Brandfläche
9 Feuermeer

Bratsche
8 Violotta

Brillanten
8 Paragons

Buch
7 Foliant

Diamant
8 Solitaer

Eingang
3 Tor
8 Einfahrt

epileptischer Anfall
8 Grandmal

Fabrikraum
9 Werkhalle

Feldstück
6 Blache

Filmproduzent
5 Mogul

Fluss
5 Strom

Gartenerdbeere
9 Brestling

Gefäß
5 Wanne

geografisches Blatt
9 Wandkarte

Gewässer
4 Meer

Gräserart
4 Rohr

Grundbesitz
9 Laenderei

Gruppenbild
7 Tableau

Klavier
7 Fluegel

Korbflasche
6 Ballon

Landschaftsgarten
4 Park

Lärm
7 Getoese, Krawall

Masse
7 Myriade, Unmenge

Meister
7 Maestro

Menge
6 Fuelle, Unzahl
7 Myriade
8 Vielheit, Vielzahl
9 Uebermass
10 Enormitaet

Moschee
7 Dschami

Musiker
7 Maestro

Nachfrage
7 Andrang, Ansturm

Orgelpfeife aus Zinn
9 Praestant

Pazifikwelle
7 Tsunami

Perlen
8 Paragons

Pfütze
5 Pfuhl

Preis
9 Grand prix

Raubfisch
9 Riesenhai

Raum in einem Schloss
9 Prunksaal

Rosine
6 Zibebe

Schale (aus Majolika)
6 Bacile

Steinblock
8 Megalith

Tanzraum
8 Ballsaal

Tanzveranstaltung
4 Ball

Tapferkeit
9 Loewenmut

Terz der Durtonart
8 Maggiore

Tor
8 Einfahrt

Transistor
9 Thyristor

Trockenheit
6 Duerre

Verwandtschaftsgruppe
8 Phratrie

Vogelflügel
8 Schwinge

Vorsegel
9 Spinnaker

Waschung (Islam)
5 Ghusl

Wespe
8 Hornisse

Wetterbeobachtung
8 Synoptik

Zeitmesser
8 Standuhr
7 Turmuhr

Großeinkaufsanlage
6 Center

Großeinkaufsstätte
9 Warenhaus

Größenfestsetzung
7 Normung

Größenordnung
9 Dimension

Größenregelung
7 Normung

Größenverhältnis
6 Format
10 Proportion

Größenvorschrift
4 Norm

Größenwahn
11 Megalomanie

Größenzunahme
8 Wachstum
9 Inkrement

größere(r, s)

Ansiedlung
5 Stadt

Anzahl
8 Mehrheit

Dorf
7 Flecken

Forst
7 Waldung

Gebäude
7 Bauwerk

Gefäß
4 Fass

Gefäß aus Metall
9 Zinkwanne

Gesteinsstück
6 Wacken

Gesteinsstück (Bergwerk)
4 Wand

Häuserviereck
5 Block

Insekt
6 Hummel
9 Aasfliege

Junge
5 Knabe

militärische Übung
8 Manoever

Platte
5 Tafel

Schiffsverband
6 Flotte

Teil einer Menge
8 Mehrzahl

Tragebeutel
9 Matchsack
Truppeneinheit
7 Verband
Wassermasse
4 Flut
Zeitmessgerät
9 Pendeluhr
Großfamilie
5 Sippe
auf dem Balkan
7 Zadruga
im alten Japan
3 Uji
großformatiges Buch
7 Foliant
Großfürst
von Kiew
8 Jaroslaw
von Litauen
7 Olgierd
Großgelände für Wild
8 Tierpark
Großgräser
4 Rohr
6 Bambus
Großgrundbesitz
9 Rittergut
10 Latifundie
11 Latifundium
Großgrundbesitzer
6 Magnat
8 Agrarier
Großhandelsmarkt
5 Messe
Großhändler
8 Grossist
Großherzigkeit
5 Guete
Großherzog von Luxemburg
4 Jean
Großherzogin
der Toskana
5 Elisa
von Luxemburg
9 Charlotte
Großherzogtum in Europa
9 Luxemburg
Großindustrieller
6 Magnat
Großkapitalist
5 Mogul
6 Magnat, Tycoon
Großmacht
3 USA
8 Imperium
9 Weltreich
Großmachtbestrebungen
13 Imperialismus
Großmaul
7 Angeber, Prahler
9 Bramarbas, Prahlhans
Großmeister des Templerordens
5 Molay
Großmutter
3 Oma
5 Omama
Großpflanzung
8 Plantage
Großraumflugzeug
5 Jumbo
Großreinemachen
8 Hausputz
Großrusse
8 Moskowit
Großspeicher
4 Silo
8 Siloturm
Großspiel beim Skat
5 Grand
Großsprecher
8 Maulheld
9 Bramarbas
größte(r, s)
Blutkörperchen
9 Monozyten
Breitenkreis
8 Aequator
estnische Ostseeinsel
5 Oesel
europäische Eule
3 Uhu
Insel Dalmatiens
4 Brac
Insel der Aleuten
6 Unimak
Insel der Erde
9 Groenland
Körperdrüse
5 Leber
Loireschloss
8 Chambord
Raubkatze Amerikas
6 Jaguar
See auf Sumatra
4 Toba
See Tibets
6 Namtso
spanisches Opernhaus
5 Liceo
Sundainsel
6 Borneo
Verkehrsdichte
9 Stosszeit
vorkommender Hirsch
4 Elch
Großtuer
9 Prahlhans
großtuerisch
7 protzig
Großtun
9 Prahlerei
Großvater
3 Opa
5 Opapa
großzügig
5 nobel
6 kulant
7 vornehm
8 generoes
9 spendabel
10 hochherzig
grotesk
6 bizarr
7 komisch, seltsam
10 wunderlich
11 exzentrisch, fantastisch, laecherlich, verschroben
12 phantastisch
grotesk-komisches Gedicht
8 Limerick
groteske(r)
Artistik
9 Exzentrik
Einfall
3 Gag
Filmkomik
9 Slapstick
Grottenmolch
3 Olm
Grube
4 Grab, Kute, Loch, Mine
5 Gruft, Kuhle, Mulde, Zeche
6 Lakune
7 Erdloch
8 Bergwerk, Sandloch
grübeln
9 sinnieren
10 simulieren
Grubenarbeiter
8 Bergmann
Grubenbau
7 Strecke
Grubenbeil
7 Kaukamm
Grubenförderwagen
6 Teckel
Grubengas
6 Methan
9 Methangas, Sumpfluft
Grubenotter
9 Sistrurus
Grünanlage
4 Park
5 Rasen
6 Garten
9 Stadtpark, Vorgarten
Grund
4 Fond, Sinn
5 Boden, Motiv
6 Anlass, Faktor
7 Anstoss, Ursache, Vorwand
8 Argument
9 Hypostase
und Boden im Mittelalter
5 Lehen
Grundbesitz
7 Domaene
10 Immobilien
11 Laendereien
Grundbesitzer
4 Sass
5 Sasse
6 Magnat
8 Agrarier, Gutsherr
Grundbesitzübergabe
4 Sala
Grundbuch
5 Urbar
7 Alpbuch
8 Kataster, Urbarium
9 Primanota

Grundelfisch
6 Groppe
8 Kaulkopf
9 Glotzauge
gründen
9 fundieren
10 etablieren
13 konstituieren
Gründer
der altgriechischen Tragödie
7 Thespis
der chinesischen Religion
9 Konfuzius
der Heilsarmee
5 Booth
der Jakobiterkirche
9 Baradaeus
der Kinderheime
7 Oberlin
der Kolonie Virginia
7 Raleigh
der Mauriner
6 Benard
der Mormonen
5 Smith
der neuzeitlichen Olympischen Spiele
9 Coubertin
der Panthissekte
5 Kabir
der Pfadfinderbewegung
11 Baden-Powell
der Plymouthbrüder
5 Darby
der Quäker
3 Fox
der Salvatorianer
6 Jordan
der Sikhismus
5 Nanak
der Sowjetunion
5 Lenin
der SPD
5 Bebel
10 Liebknecht
der Syndynastie
8 Wangmang
der Trappisten
5 Rance
des ägyptischen Reiches
5 Menes
des assyrischen Reiches
5 Ninus
des Deutschen Reiches
8 Bismarck
des Hamburger Tropeninstituts
5 Nocht
des Hethiterreiches
8 Labarnas
des Jesuitenordens
6 Loyola
des niederländischen Kolonialreiches
4 Coen
des Perserreiches
5 Cyrus
des preußischen Staatsarchivs
6 Aegidi
des Protestantismus
6 Luther
des Roten Kreuzes
6 Dunant
des Russischen Reiches
5 Rurik
des türkischen Reiches
5 Osman
einer französischen Filmgesellschaft
5 Pathe
von Arelat
4 Boso
von Detroit
8 Cadillac
von Ninive
6 Nimrod
von Pennsylvanien
4 Penn
von Rom
7 Romulus
von Troja
4 Ilos
Gründerin
der Christian Science
9 Baker-Eddy
der „Frauen vom heiligen Herzen Jesu“
5 Barat
von Karthago
4 Dido
von Prag
7 Libussa
Grundfarben
3 Rot
4 Blau, Gelb
Grundfläche
5 Areal, Basis
Grundform
3 Typ
5 Typus
6 Muster, Schema, Urbild
7 Prinzip
9 Infinitiv, Urgestalt
(Dichtung)
7 Gattung
des Jazz
5 Blues
des Schrifttums
4 Sage
Grundformen
9 Normalien
Grundformlehre
5 Typik
Grundgedanke
4 Idee
5 Thema
10 Konzeption
Grundgehalt
5 Fixum
Grundgesetz
6 Charta, Statut
10 Verfassung
Grundkapital
5 Stock
Grundlage
4 Fond
5 Basis, Boden
6 Fundus, Quelle, Sockel
7 Prinzip, Vorlage
8 Original, Substrat, Unterbau, Ursprung
9 Bedingung, Fundament, Plattform
13 Voraussetzung
des Rechnens
10 Einmaleins
grundlegend
9 elementar
11 fundamental
gründlich
6 solide
7 profund, radikal
8 gediegen, intensiv
Grundrechnungsarten
6 Teilen
8 Abziehen, Addition, Division
9 Malnehmen, Zuzaehlen
11 Subtraktion
14 Multiplikation
Grundriss
4 Plan
6 Schema
für Bauvorhaben
7 Bauplan
Grundsatz
5 Axiom, Regel
6 Gesetz, Maxime
7 Prinzip
Grundsatzerklärung
8 Manifest
grundsätzlich
11 fundamental, prinzipiell
Grundschleppnetz
5 Kurre, Trawl
Grundschuld
8 Hypothek
Grundschulfach
5 Lesen
7 Rechnen
Grundstoff
7 Element
einer Gruppe
7 Edelgas
einer radioaktiven Gruppe
9 Transuran
für Arzneien
6 Anilin
für Farben
6 Anilin
für Kerzen
7 Stearin
für Papier
9 Cellulose, Zellulose
für Portwein
9 Dourowein
für Puder
4 Talk
für Salben
7 Lanolin
8 Vaseline
für Spitzen
8 Klarwerk

Grundstücke
5 Areal
6 Fundus
7 Anwesen, Bauland, Terrain
8 Parzelle
10 Immobilien
Grundstückseinfriedung
4 Fenz, Zaun
6 Gatter
Grundstücksertrag
6 Guelte
Grundstücksvermittler
6 Makler
Grundstücksverzeichnis
8 Kataster
einer Potenz
6 Wurzel
Grüne Insel
6 Irland
grüne(r, s)
Edelstein
7 Smaragd
Glimmer
9 Seladonit
Mineral
7 Chlorit
Schmuckstein
8 Malachit, Spodumen
Grünebene in Amerika
9 Gran Chaco
Grünfläche
5 Rasen, Wiese
8 Wiesland
mit Gebüsch
9 Laubwiese
Grünfutter
4 Gras, Klee
grüngrau
4 oliv
Grünland
5 Egart, Weide, Wiese
6 Koppel
8 Hutweide
9 Fettwiese
grünliche(r)
Farbe
9 Verdaccio
Farbton
4 Oliv
Granat
9 Demantoid
Schmuckstein
4 Jade
Grünspan
6 Patina
9 Erzbluete
Grunzochse
3 Jak, Yak
Gruppe
4 Chor, Team
5 Block, Herde, Rotte, Rudel, Schar, Serie, Sippe, Zweig
6 Clique, Klasse, Partei, Verein
7 Familie, Gattung, Komplex, Sektion
8 Fraktion
9 Abteilung, Kategorie, Kollektiv
11 Vereinigung
12 Organisation
akademischer Lehrer
9 Mittelbau
altgriechischer Tragiker
6 Pleias
bei Rechtsstreitigkeiten
6 Partei
chemischer Verbindungen
8 Catenane
der Aleuten
9 Foxinseln
der Balearen
8 Pityusen
der einfachen Zucker
7 Aldosen
der Italiker
8 Sabeller
der Madegassen
9 Sakalaven
der Manteltiere
6 Salpen
der Marshallinseln
5 Ralik, Ratak
der Molukken
9 Kaiinseln
der Mordwinen
9 Ostfinnen
der Ostfinnen
7 Permier
der Polen
9 Podlasier
der Pygmäen
9 Bambutide
der Rinder
7 Bueffel
der Rumänen
8 Aromunen
der Schiiten
8 Imamiten
der Unanganeskimo
4 Atka
des vorderindischen Mundavolks
3 Kol
echter Hirsche
4 Rusa
einer Tierrasse
6 Schlag
eines Enzyms
7 Koenzym
9 Koferment
eines Ferments
7 Koenzym
in den Churfirsten
6 Gonzen
indischer Grundbesitzer
8 Zamindar
indogermanischer Völker
8 Italiker
kleiner Planeten
8 Trojaner
russischer Komponisten
9 Novatoren
von Bantustämmen
7 Mashona
8 Maschona
von Beifallsklatschern
6 Claque
von Feuerwehrfahrzeugen
9 Loeschzug
von fünf Tönen
8 Quintole
von Grundstoffen
8 Edelgase
von Himmelskörpern
9 Sternbild
von Kunststoffen
6 Kaurit
9 Polyester
von Lebewesen
6 Isolat
von Legierungen
8 Zircaloy
von Menschen
5 Kreis
von Nahrungsmitteln
8 Backwerk
von Spinnen
8 Erdweber
von Sportarten
8 Eissport
9 Ballspiel
von Wassertieren
8 Strudler
von Ziegen
7 Caprini
Gruppenarbeit
8 Teamwork
Gruselfilm
8 Schocker
gruseliges Theaterstück
7 Chiller
Grusinier
8 Georgier
10 Kartwelier
grusinischer Name von Tiflis
8 Tbilissi
Gruß
3 ave
5 salut, salve
6 servus
7 tschues
8 Reverenz, tschuess
der Angler
9 Petri Heil
der Bergleute
9 Glueck auf
der Flieger
8 Glueck ab
Grußform
6 Diener, Knicks
8 Handkuss, Umarmung
9 Bueckling
10 Handschlag, Verbeugung, Verneigung
11 Hutabnehmen
Guatemala
Bevölkerung
13 Guatemalteken
Halbinsel
7 Yucatán
Hauptstadt
13 Guatemala City
Indianer
3 Mam

4 Maya
Politiker
5 Elias
6 Guzman, Ubicos
7 Arevalo, Barrios
8 Cabreras
Ruinenstätten der Maya
5 Tikal
8 Sayaxche, Uaxactum
Seen
10 Atitlánsee
12 Amatitlánsee
Städte und Orte
5 Coban
6 Jalapa, Zacapa
7 Antigua, Jutiapa, San José
9 Esquintla
10 Chiquimuta
11 Mazatenango
13 Puerto Barrios, Quezaltenango
Ureinwohner
4 Maya
6 Ladino
Vulkane
4 Agua
5 Fuego
6 Tacana
9 Tajumulco
10 Santa Maria
Währung
7 Centavo, Quetzal
Wappentier
7 Quetzal
Guckkasten
7 Diorama
11 Kaleidoskop
Guckloch
5 Spion
Guinea
Berg
5 Nimba
Bergbauzentrum
4 Fria
Bergland
5 Nimba
11 Fouta Djalon
Bevölkerung (Stammesgruppen)
3 Ful
4 Baga, Kono, Nalu, Peul, Toma
5 Fulbe, Kissi, Ngere, Sussu
6 Kpelle
7 Guineer, Landuma, Malinke
Flüsse
6 Bafing, Gambia
7 Senegal
8 Tinkisso
Geheimbund der Baga
4 Simo
Halbinsel
7 Conakry
Hauptstadt
7 Conakry
Insel
5 Tumbo
Politiker
5 Conté, Touré
Schultermaske
5 Nimba
Städte und Orte
4 Boké, Labé
6 Dabola, Kankan, Kindia
7 Seguiri
Währung
5 Franc
7 Centime
Guinea-Bissau
Bevölkerung (Stammesgruppen)
5 Fulbe, Pepel
6 Papeis
7 Balante, Manjaco
8 Mandingo
Feuchtlandzonen
5 Lalas
Flughafen
10 Bissalanca
Flüsse
4 Geba
6 Cacheu
Hauptstadt
6 Bissau
Inselgruppe
8 Bissagos
Politiker
6 Cabral, Vieira
8 Correira
Städte und Orte
3 Abu, Boé
6 Bolama, Cacheu, Empada
7 Bissara
Währung
4 Peso
Gullivers Zwergenland
7 Liliput
Gültigkeit
7 Geltung
Gültigkeitsdauer
8 Laufzeit
gummiartige(r)
Kunststoffe
6 Elaste
Pflanzensaft
11 Guttapercha
Gummibaum Australiens
10 Eukalyptus
Gummiharz
5 Asant
6 Galban, Mastix
8 Olibanum, Opoponax
Gummimilch
5 Latex
Gummirohstoff
9 Kautschuk
Gunst
4 Huld
5 Gnade, Guete, Hilfe
9 Zuneigung
10 Protektion
des Schicksals
6 Glueck
günstig
8 opportun
günstige(s)
Gelegenheit
6 Chance
Urteil
3 Lob
11 Anerkennung
günstigster Bodenzustand
4 Gare
Günstling
7 Favorit, Protege, Protegé
8 Liebkind, Liebling
11 Schuetzling
gurkenähnliches Gemüse
8 Zucchini
9 Zucchetto
Gurkenkraut
4 Dill
8 Boretsch
9 Borretsch
Gürtel
3 Obi
6 Koppel, Riemen
8 Leibgurt
10 Leibriemen
Gürtelrand
4 Bund
Gürtelschnalle
6 Spange
Gürtelweite
6 Taille
GUS-Staaten
7 Ukraine
8 Armenien, Russland
9 Moldawien
10 Kasachstan, Turkmenien, Usbekistan
11 Kirgisistan
13 Tadschikistan, Weissrussland
Gussform
5 Mater
7 Kokille, Matrize
Gusslegierung
8 Spekulum
Gutachten
5 Votum
6 Attest, Parere, Survey
7 Zeugnis
9 Expertise, Konsilium
10 Zertifikat
11 Beurteilung
13 Stellungnahme
Gutachter
7 Experte
8 Referent, Surveyor
gutartig (Tumor)
7 benigne
Güte
4 Wert
5 Gnade, Gunst, Milde
8 Bonitaet, Grossmut, Sanftmut, Toleranz
9 Qualitaet
10 Humanitaet, Wohlwollen
14 Menschlichkeit

gute(r, s)
Arbeit
8 Leistung
Benehmen
9 Lebensart
Eigenschaft
6 Vorzug
7 Vorteil
Geister in der persischen Religion
7 Dewatas
Laune
5 Humor
10 Heiterkeit
Ruf
7 Eudoxie
8 Renommee
Gutenberg-Erfindung
9 Buchdruck
Güteraustausch
6 Handel
Güterbeförderung
9 Transport
Güterfahrzeug der Bahn
9 Tankwagen
Güterfuhrwerk
9 Rollwagen
Güterrechtsbegriff
9 Sondergut
Güterumladung
8 Umschlag
Güterverzeichnis
8 Manifest
Güterwagen
4 Lore
5 Wagon
6 Waggon
Guthabenseite
6 Kredit
gutheißen
8 billigen
13 sanktionieren
gütig
4 mild
5 human, milde, sanft
7 gnaedig, liberal
8 herzlich
9 gefaellig
Gutmütigkeit
8 Bonhomie
Gutschein
3 Bon
5 Kupon, Scrip
9 Wertmarke
Gutschrift
5 Bonus
8 Guthaben
12 Bonifikation
Gutseigentümer
8 Freisass
Gutshof in Frankreich
5 Ferme
Gutspächter
5 Meier
Gutswirtschaft
7 Fronhof
Guyana
Bevölkerung
7 Guyaner
Flüsse
7 Berbice
8 Demerara, Pomeroon
Gebirge
7 Roreima
9 Pakaraima
Hauptstadt
10 Georgetown
Politiker
5 Green, Hoyte
7 Burnham
Städte und Orte
6 Linden
7 Araraka, Bartica, Charity
12 New Amsterdam
Währung
4 Cent
6 Dollar
Gymnasialklassen (früher)
5 Prima, Sexta
6 Quarta, Quinta, Tertia
7 Sekunda
9 Oberprima
10 Obertertia, Unterprima
11 Obersekunda, Untertertia
12 Untersekunda
Gymnasiast (früher)
8 Primaner, Sextaner
9 Quartaner, Quintaner, Tertianer
10 Sekundaner
12 Oberprimaner
13 Obertertianer, Unterprimaner
14 Obersekundaner, Untertertianer
15 Untersekundaner
Gymnastikgeräte
4 Band
5 Keule
7 Spirale
9 Gummiball
10 Sprungseil

Haar
6 Borste, Frisur
am Augenlid
6 Wimper
haarartige Oberfläche
4 Flor
Haarausfall
8 Alopezie
Haarausschnitt bei katholischen Geistlichen
6 Tonsur
Haarbogen über dem Auge
5 Braue
Haarbogenentzündung
8 Furunkel
11 Furunkulose
Haarbusch
7 Panasch
Haarbüschel
6 Schopf, Zottel
8 Straehne
Haare
aufbauschen
9 toupieren
auflockern
9 toupieren
10 effilieren
ordnen
7 kaemmen
schneiden
7 scheren
wellen
10 ondulieren
Haarersatz
6 Toupet
8 Peruecke
Haarfärbemittel
5 Henna
Haarfestiger
7 Fixativ
Haarfett
6 Pomade
11 Brillantine
Haargarnteppich
6 Bouclé, Buklee
Haargebilde (Frisur)
6 Knoten
Haargefäß
9 Kapillare
Haarkleid
4 Balg, Fell, Pelz
5 Vlies, Wolle
6 Zotten
Haarklemmen
5 Clips, Klips
Haarknoten
4 Dutt
7 Chignon
Haarkringel
5 Locke
Haarlocke
5 Tolle, Welle
haarlos
4 kahl
12 glatzkoepfig
haarloser Kopf
6 Glatze
Haarpflegegeräte
4 Kamm
7 Buerste
8 Haarnetz
9 Haarnadel, Staubkamm
10 Haarklemme
11 Brennschere, Haarbuerste, Kopfbuerste
Haarpflegemittel
6 Pomade
7 Shampoo
8 Haarfett, Schampon, Schampun, Shampoon
9 Haarcreme
10 Haarwasser, Kopfwasser
11 Brillantine
Haarpfleger
5 Bader
6 Figaro
7 Balbier, Barbier, Friseur, Frisoer
8 Coiffeur
Haarrobbe
8 Seeloewe
Haarschließe
6 Spange
Haarschmuck
8 Kopfputz
Haarschnitt
6 Fasson
Haarschutz
7 Stucher
8 Kopftuch
Haarspalter
6 Pedant
7 Kasuist
8 Rabulist
11 Dialektiker, Wortklauber
Haarspalterei
9 Dialektik, Kasuistik
10 Pedanterie, Rabulistik
13 Wortklauberei
Haarstern
5 Komet
Haarsterngattung
7 Antedon
Haarstoff
4 Filz
Haartrockner
4 Foen
5 Foehn
Haarwaschmittel
7 Shampoo
8 Schampon, Schampun, Shampoon
Haarwickel
9 Papillote
13 Lockenwickler
Haarwild
3 Reh
4 Elch, Hase
5 Dachs, Fuchs, Iltis
6 Gaemse, Hirsch, Marder
9 Damhirsch, Kaninchen, Rothirsch
11 Schwarzwild, Wildschwein
Haarwuchs im Gesicht
4 Bart
Habe
6 Besitz, Fundus
7 Bestand, Fahrnis
8 Eigentum, Mobilien
9 Vermoegen
10 Immobilien
Habenseite
6 Kredit
Habichtsschwamm
7 Rehpilz
Habsucht
4 Gier
7 Habgier
8 Geldgier, Raffgier
9 Pleonexie
habsüchtig
6 gierig
Hackbeil
4 Haue
7 Dechsel
Hackbrett
6 Cimbal, Cymbal, Zimbal, Zimbel, Zymbal
8 Cimbalom
Hacke
4 Haue
5 Karst
Hacken
5 Ferse
6 Absatz
Hackfleisch
4 Mett
7 Haschee
Hackfleischfüllung in Speisen
5 Farce
Hackfleischklößchen
7 Bulette
9 Brisolett
10 Brisolette, Frikadelle
Hackfleischröllchen (serbokroatisch)
9 Cevapcici
Hackfrüchte
5 Ruebe
6 Moehre, Wrucke
7 Karotte
8 Erdapfel, Erdbirne, Erdruebe
9 Kartoffel, Kohlruebe, Mohrruebe
10 Grundbirne, Steckruebe
11 Wasserruebe, Zuckerruebe
Hackgerät
8 Radehaue
9 Krauthaue
Hackklotz
8 Haublock
Hackwerkzeug
4 Beil, Haue
5 Karst
Hader
4 Zank
5 Fehde, Groll, Zwist
6 Streit
7 Gezaenk
Hades
5 Orkus

Hafenarbeiter
6 Stauer
7 Schauer
11 Schauermann

Hafenboote
5 Prahm
7 Pinasse
8 Barkasse, Leichter
9 Faehrboot, Schlepper
10 Bunkerboot, Frachtkahn, Lotsenboot, Zollkutter, Zollschiff
11 Polizeiboot
13 Polizeischiff

Hafenbrücke
4 Pier

Hafendamm
4 Mole, Pier

Hafengebühr
8 Ufergeld
9 Ankergeld

Hafengott
8 Palaemon, Palaimon, Portunas

Hafeninsel von New York
5 Ellis

Hafenmauer
3 Kai
4 Quai

Hafenpfahl
5 Dalbe
9 Duckdalbe

Hafenstadt
4 Port
8 Seestadt

siehe auch: entsprechende Länder

am Asowschen Meer
8 Taganrog

am Bottnischen Meerbusen
4 Kemi, Oulu, Pori
6 Lovisa, Nystad

am Dollart
8 Delfzijl
9 Eemshaven

am Firth of Forth
6 Boness

am Golf von Aden
5 Zeila

am Golf von Akaba
4 Elat
6 Eilath

am Golf von Triest
6 Muggia

am Golfe du Lion
4 Agde

am Humber
7 Grimsby

am Jangtsekiang
4 Wuhu

am Kanal
5 Poole
6 Calais, Dieppe, Fecamp

am Kaspischen Meer
8 Lenkoran

am Mississippi
6 Biloxi

am Ochotskischen Meer
7 Magadan

am Panamakanal
9 Cristobal

am Persischen Golf
6 Damman

am Roten Meer
6 Suakin

am Skagerrak
8 Grimstad

am Sund
5 Lomma

am Tanganjikasee
6 Kigoma

am Tyne
6 Jarrow

am Vesuv
7 Portici

an der Adria
6 Rijeka

an der Costa Blanca
5 Javea

an der Costa del Sol
5 Nerja

an der Elbmündung
8 Cuxhaven

an der Irischen See
9 Fleetwood

an der Labradorküste
4 Nain

an der Schlei
9 Schleswig

an der Seine
7 Le Havre

an der Themse
9 Gravesend

an der Wolga
7 Rybinsk

auf Borneo
7 Bintulu

auf Butung
6 Baubau

auf Celebes
6 Bongka, Manado

auf den britischen Antillen
9 Kingstown

auf der Bretoninsel
6 Sydney

auf der Krim
5 Jalta

auf Disko
7 Godhavn

auf Euböa
4 Kymi
5 Limni

auf Formosa
6 Kilung

auf Fünen
6 Nyborg

auf Haiti
8 Gonaives

auf Hawaii
11 Pearl Harbor

auf Hokkaido
5 Otaru
7 Muroran
8 Hakodate, Kuschiro

auf Honschu
4 Kobe, Kure
5 Atami, Iwaki, Osaka, Sakai
6 Aomori, Numazu
7 Maizuru
8 Fukuyama, Jokosuka, Schimizu, Yokusuka

auf Island
6 Sandur
7 Akranes, Gjoegur
8 Kopaskar

auf Istrien
4 Pola, Pula
5 Porec

auf Java
8 Semarang, Tjirebon

auf Jersey
5 Gorey

auf Kiuschu
4 Moji, Oita
5 Omuta
7 Nobeoka
8 Nagasaki
9 Kagoshima

auf Kola
8 Murmansk

auf Korsika
6 Bastia

auf Kreta
5 Sitia
6 Chania
8 Iraklion

auf Kuba
7 Cabanas
8 Cardenas, Matanzas

auf Liautung
6 Talien

auf Lolland
6 Nysted
7 Nakskov

auf Luzon
5 Laoag
6 Manila
8 Lingayen

auf Neubritannien
6 Rabaul

auf Réunion
9 Saint-Paul

auf Rügen
8 Sassnitz

auf Sachalin
7 Cholmsk
8 Korsakow

auf Samoa
8 Pagopago

auf Sardinien
7 Alghero

auf Seeland
6 Korsor
7 Korsoer
8 Roskilde

auf Shikoku
5 Kochi

auf Sizilien
6 Cefalu, Licata, Mazara
7 Augusta, Milazzo, Sciacca
8 Acireale

auf Sumatra
8 Dschambi

auf Sylt
7 Hoernum

auf Tahiti
7 Papeete
auf Yucatan
8 Progreso
bei Athen
7 Faleron
des antiken Roms
5 Ostia
im alten Aksum
6 Adulis
im Irak
3 Fao
5 Basra
in Abu Dhabi
9 Port Zayed
in Alabama
6 Mobile
in Alaska
5 Sitka
in Apulien
8 Barletta, Molfetta, Monopoli
9 Bisceglie, Gallipoli
in Asir
8 Qunfidha
in Ätolien
9 Naupaktos
in Bangladesch
6 Chalna
in Böotien
5 Aulis
6 Valthy
in Cork
7 Kinsale, Youghal
in Cornwall
5 Fowey
in Dalmatien
5 Split, Zadar
in der Bretagne
5 Auray
7 Lorient
in der Normandie
9 Cherbourg, Granville
in Ecuador
7 Machala
9 Guayaquil
in El Salvador
7 Launion
in Essex
6 Maldon
in Florida
6 Tulagi
in Gabun
9 Cocobeach
in Georgia
9 Brunswick
in Kalabrien
5 Paola
7 Crotone
in Kalmar
8 Figeholm
in Kamerun
5 Kribi
in Karnataka
9 Mangalore
in Kent
8 Ramsgate
in Kristianstad
5 Kivik
in Lancashire
7 Heysham
in Latina
5 Gaeta
in Ligurien
8 Chiavary
in Massachusetts
6 Quincy
8 Plymouth
in Minnesota
6 Duluth
in Ohio
6 Lorain
in Oman
6 Matrah
in Oregon
7 Astoria
in Ostpreußen
6 Pillau
in Palästina
4 Gaza
in Pennsylvanien
4 Erie
in Sibirien
8 Nachodka
in Slowenien
5 Koper
in Telemark
9 Porsgrunn
in Texas
9 Galveston
in Thailand
8 Songkhla
in Togo
6 Anecho
in Tschekiang
6 Ningpo
7 Yungkia
in Västerbotten
3 Teg

Hafenviertel von Buenos Aires
4 Boca

Haferbrei
6 Muesli
8 Porridge

Haff
4 Noor
5 Bucht, Etang, Liman
6 Bodden, Lagune
9 Strandsee
11 Meeresbucht

Haft
5 Knast
6 Arrest, Kerker
9 Gewahrsam
15 Freiheitsstrafe

Haftanstalt
9 Zuchthaus
10 Gefaengnis

Haftbarmachung
7 Regress
10 Rueckgriff
13 Schadenersatz

haften
6 kleben, sitzen
7 buergen
11 garantieren
12 geradestehen

Häftling
9 Arrestant
10 Gefangener, Straefling
11 Knastbruder
13 Zuchthaeusler
15 Strafgefangener

Haftorgan
8 Saugnapf
9 Rostellum

Haftschildchen
7 Etikett
9 Aufkleber

Haftsumme
7 Kaution
11 Buergschaft

Haftung
6 Obligo
7 Gewaehr
8 Garantie
11 Buergschaft
13 Ersatzpflicht

Haftzeher
5 Gecko
6 Tockee
8 Taggecko
10 Mauergecko

Hagebuttenfleisch
9 Haegemark

Hagelkorn
7 Graupel
8 Schlosse

Hagens Beiname
6 Tronje

hager
5 duenn, duerr, mager
6 schmal
7 schlank
10 abgemagert

Hagestolz
7 Misogam

Häher in der Fabel
7 Markart

Hahn
6 Gockel, Kapaun
7 Henning
8 Kikeriki

Hähnchen zum Grillen
7 Broiler

Hahnenfußgewächse
6 Adonis, Akelei, Akonit
7 Anemone
8 Eisenhut, Eranthis, Feigwurz, Giftheil, Nieswurz, Ranunkel, Sturmhut, Waldrebe
10 Trollblume, Winterling
11 Dotterblume, Rittersporn, Teufelsbart, Wiesenraute
14 Adonisroeschen, Kuechenschelle, Schwarzkuemmel
16 Sumpfdotterblume

Hahnenkopf
9 Hedysarum, Suessklee

Hahnenschrei
7 Kraehen
8 Kikeriki

Haifischarten
6 Rauhai
7 Blauhai, Dornhai, Sandhai
8 Ammenhai, Engelhai, Seefuchs
9 Hammerhai, Katzenhai, Meerengel, Riesenhai
10 Krausenhai
11 Drescherhai, Makrelenhai, Menschenhai
Haimonskinder
6 Allard, Renaud
7 Richard
8 Guiscard
Hainbuche
7 Heister
8 Hornbaum
Hainsalat
8 Aposeris
9 Stinkkohl
Hairückenflosse
5 Finne
Haiti
Berg
10 Pic la Selle
Bevölkerung
7 Haitier
9 Haitianer
Golf
6 Gonâve
Gott
3 Loa
Hauptstadt
12 Port-au-Prince
Insel
6 Gonâve
Politiker
5 Bazin
8 Duvalier
Städte und Orte
7 Jérémie
8 Gonaives, Les Cayes
10 Cap-Haitien
Umgangssprache
6 Créole
Währung
6 Gourde
7 Centime
Häkchen zur Öse
6 Heftel
Haken
4 Haft
6 Krampe
Hakenbüchse
8 Arkebuse
hakenförmig gebogen
9 gekroepft
Hakennatter
9 Heterodon
Hakenschlinge
4 Oese
Halali
7 Jagdruf
halb
freier Gefolgsmann
4 Lite
gefrorene italienische Limonade
9 Gramolate
hoher Schrank
9 Highboard
leise
10 mezzopiano
offene Bogenhalle
6 Loggia
runder Griff
6 Buegel
Halbaffe
4 Lori, Maki, Vari
5 Avahi, Indri, Katta, Komba, Lemur, Potto
6 Ayeaye, Bandro, Galago, Kukang, Lemure, Mongoz, Sifaka, Vareka, Waluwy
7 Endrina, Tarsius, Varikia
8 Babakoto, Bokombul, Faulaffe, Faulmaki, Halbmaki, Mausmaki, Wollmaki
9 Amboanala, Bilchmaki, Buschbaby, Duennleib, Fotsifaka, Fuchsaffe, Fuchsmaki, Glanzlori, Hapalemur, Indrimaki, Ohrenmaki, Plumplori, Vliesmaki, Zwergmaki
10 Baerenmaki, Fingertier, Galagolori, Katzenmaki, Koboldmaki, Kronenmaki, Larvenmaki, Miliusmaki, Mohrenmaki, Rattenmaki, Wieselmaki
11 Angwangtibo, Schlanklori, Zwerggalago
12 Allensgalago, Diademsifaka, Gespensttier, Riesengalago, Rotbauchmaki, Rotstirnmaki
13 Steppengalago, Weisskopfmaki
halbamtlich
9 offizioes
Halbblut
5 Chino, Cubra, Mango, Pferd, Sambo, Zambo
6 Cafuso
7 Bastard, Burgher, Castize, Kastize, Mestize, Mulatte
8 Eurasier, Halfcast, Mameluco, Zambaige, Zambeigo
9 Mischling, Terzerone
10 Quarterone, Quinterone
Halbbogen
5 Folio
Halbdamast
8 Damassin
Halbdunkel
7 Daemmer
9 Zwielicht
10 Daemmerung
12 Daemmerlicht
Halbesel
4 Muli
6 Onager
8 Maulesel, Maultier
Halbfreier
4 Lite
8 Hoeriger
Halbgang (Hohe Schule)
8 Entrepas
Halbgans
7 Kasarka
Halbgefrorenes
6 Sorbet
7 Sorbett
Halbgott
5 Heros
Halbinsel
9 Peninsula
Alaskas
6 Seward
am Kaspischen Meer
9 Apscheron
am Obbusen
5 Gydan, Jamal
an der Adria
7 Istrien
Apuliens
9 Salentina
Asiens
5 Korea
7 Malakka
Australiens
4 York
Chiles
6 Taitao
Chinas
8 Liautung
9 Leitschou
Costa Ricas
3 Osa
6 Nicoya
der Chalkidike
7 Pallene
8 Sithonia
der Danziger Bucht
4 Hela
der Normandie
8 Cotentin
der Türkei
8 Gelibolu
9 Gallipoli
der Ukraine
7 Kertsch
des Bodensees
5 Hoeri
7 Mettnau
des Peloponnes
4 Mani
Dorsetshires
8 Portland
Englands
5 Wales
6 Lizard
Europas
6 Balkan
Finnlands
8 Porkkala

Frankreichs
5 Medoc
8 Bretagne, Quiberon
Fünens
9 Hindsholm
Honschus
3 Izu, Kii
4 Noto
im Persischen Golf
5 Katar
im Schwarzen Meer
4 Krim
5 Taman
Indiens
9 Kathiawar
Irlands
9 Inishowen
Kanadas
8 Labrador
Lancashires
7 Furness
Libyens
9 Cyrenaika
Lollands
6 Albuen
Malakka
6 Malaya
Mexikos
7 Yucatán
Neufundlands
6 Avalon
Neuguineas
8 Bombarai, Vogelkop
Nordamerikas
7 Boothia
nördlich von Wismar
7 Wustrow
Norwegens
8 Stadland
Ostjütlands
9 Djursland
Ostpreußens
7 Samland
Quebecs
5 Gaspe
Rügens
3 Bug
5 Zudar
6 Wittow
7 Jasmund
9 Moenchgut
Russlands
4 Kola
5 Kanin
Schleswig-Holsteins
8 Dieksand
Schleswigs
4 Loit
6 Angeln
9 Sundewitt
Schottlands
7 Kintyre
Seelands
6 Stevns
Sibiriens
6 Taimyr
Spaniens
9 Gibraltar
Südamerikas
7 Guajira
Thessaliens
8 Magnesia
Venezuelas
5 Paria
9 Paraguana
westlich von Oslo
7 Bygdoey
Halbkanton
der Schweiz
8 Obwalden
9 Nidwalden
Halbkugel
11 Hemisphaere
halblang
4 midi
halblanger Damenmantel
8 Mantille
Halbmaki
9 Hapalemur
Halbmesser
6 Radius
halbmetallener Grundstoff
6 Tellur
Halbmond
6 Sichel
der Nagelwurzel
6 Lunula
Halbmondantilope
7 Sassaby
halbmondförmig
7 lunular
9 semilunar
halbpart
10 fifty-fifty, halbe-halbe
Halbperücke
6 Toupet
Halbporzellan
7 Fayence
8 Majolika
Halbschaf
5 Nahur
Halbschmarotzerstrauch
6 Mistel
Halbschuh
5 Pumps
6 Opanke
7 Slipper
8 Mokassin
Halbseidenstoff
9 Bengaline
Halbton
über a
3 ais
über c
3 cis
über d
3 dis
über e
3 eis
über f
3 fis
über g
3 gis
über h
3 his
unter a
1 b
2 as
unter c
3 ces
unter d
3 des
unter e
2 es
unter f
3 fes
unter g
3 ges
Halbwelt
9 Demimonde
Halbweltdame
7 Kokotte
9 Kurtisane
Halbwüchsige
4 Teen
8 Teenager
9 Backfisch
Halfagras
4 Alfa
7 Esparto
halftern
7 zaeumen
Hall
3 Ton
6 Schall
Hallig
5 Habel, Hooge, Oland
6 Groede
8 Suedfall
9 Langeness, Norderoog, Suederoog
10 Nordstrand
Halligblume
9 Meernelke
Hallighügel
4 Wurt
5 Warft, Wurte
Hallimasch
9 Honigpilz
Halmfliege
9 Gruenauge
Halmgewächse
4 Gras
8 Bandgras, Eleusine, Kopfgras, Sesleria
9 Kreuzgras
Halmrest im Boden
7 Stoppel
Halo
3 Hof
8 Lichthof
Halogen
3 Jod
4 Brom
5 Astat, Chlor, Fluor
Halsbinde
6 Kollar
7 Schlips
8 Beffchen, Krawatte
Halsbügel bei Zugtieren
4 Kumt
Halseisen
7 Garotte, Pranger
8 Garrotte
Halsentzündung
6 Angina

Halsfalte des Rindes
5 Wamme
halsförmiger Organteil
6 Cervix
Halsgeschmeide
7 Kollier
Halskrankheit
6 Angina
10 Diphtherie
Halskrause
6 Fraese, Kroese, Krulle
9 Radkragen
Halsschlagader
7 Karotis
Halsschmuck
5 Kette
7 Kollier
der Bronzezeit
6 Lunula
halsstarrig
4 stur
7 trotzig
8 obstinat
Halsteil der Kleidung
6 Kragen
Halsteile
5 Kehle, Kropf
6 Genick, Gurgel, Nacken
7 Schlund
8 Kehlkopf
10 Adamsapfel, Luftroehre, Zungenbein
12 Schilddruese, Speiseroehre
Halstuch
5 Schal
7 Foulard
8 Cachenez, Follette
Halswürgeisen
8 Garrotte
Halt
4 Rast, Stop
5 Hilfe, Pause, Stopp
7 Station, Stuetze
9 Atempause
10 Stillstand
haltbar
5 solid
6 robust, solide, stabil
7 durabel
9 dauerhaft
10 bestaendig, konsistent
17 widerstandsfaehig
machen
12 konservieren
Haltbarkeit
10 Soliditaet
Haltbarmachung
13 Konservierung
Halteband
4 Gurt
Haltegriff
5 Sterz
Halteklotz für Taue und Trossen
6 Poller
Haltepflock (Pferdeabrichtung)
5 Pilar
Haltering (Rohr)
7 Schelle
Haltestelle
7 Station
Haltetau
4 Geer, Stag
Haltevorrichtung
5 Griff
9 Gelaender
Haltezange beim Edelsteinschleifen
5 Doppe
Haltezeichen
7 Fermate
11 Stoppschild
Haltung
3 Air
4 Pose, Stil
5 Tenue
6 Gehabe, Pflege
7 Anstand, Fassung, Gebaren, Habitus, Positur
8 Benehmen, Betragen, Position
9 Attituede, Auftreten
10 Kontenance
Halunke
4 Dieb, Lump
6 Bandit, Ganove, Gauner, Schuft
7 Raeuber, Schurke
9 Betrueger
Hamamelisgewächse
8 Altingia
9 Amberbaum
11 Liquidambar
Hämatit
8 Roteisen
Hamburg
Flüsse
4 Elbe
5 Bille
6 Alster
Promenade
13 Jungfernstieg
Reeder
6 Ballin
8 Woermann
Schriftsteller
4 Leip
Stadtteile
4 Horn
5 Lurup
6 Altona, Eilbek, Rissen, Veddel
7 Barmbek, Farmsen, Harburg
8 Ottensen, Wandsbek
9 Bergedorf
10 Bahrenfeld, Blankenese, Eidelstedt, Stellingen, Uhlenhorst, Winterhude
11 Elmsbuettel
12 Finkenwerder, Fuhlsbuettel, Harvestehude
Tierpark
10 Stellingen
Vergnügungsviertel
10 Reeperbahn, Sankt Pauli
Wahrzeichen
6 Michel
Weihnachtsmarkt
3 Dom
Witzfiguren
6 Hummel
9 Klein Erna
hämisch
9 malizioes
hämische Stichelei
7 Bosheit
Hamitenvölker
3 Pul
4 Gogo, Hima, Nama
5 Fulbe, Galla, Kaffa, Nandi, Omoro, Somal, Tussi
6 Korana, Massai, Somali, Tuareg, Wahuma
7 Watussi
hamitisch: Geröllwüste
3 Reg
hamitische(r, s)
Afar
7 Danakil, Dankali
Bantugruppe
8 Dschagga
Nomade
7 Dankali
Nomadenvolk
7 Danakil
Nomadenvolk der Sahara
5 Tibbu
Stamm in Afrika
8 Beniamer
Stamm in Äthiopien
4 Agau
Stammesgruppe
5 Galla
Volk am oberen Nil
6 Nubier
Völkergruppe Afrikas
7 Watussi
Völkergruppe in Afrika
5 Bedja
Volksstamm in Afrika
5 Fulbe, Somal
Hamito-Niloten
4 Bari
5 Nandi
Hammel
7 Schoeps
Hammelfleischspeise
7 Navarin
Hammelkeulenärmel
5 Gigot
Hammer
der Bergleute
8 Faeustel
des Thor
8 Mjoelnir
Hammerhai
7 Zygaene
hamstern
6 horten
Handarbeit
5 Weben

6 Naehen
7 Haekeln, Spinnen, Sticken, Stopfen
8 Flechten, Knuepfen, Stricken
9 Kloeppeln, Stickerei
handarbeitliches Erzeugnis
8 Manufakt
Handarbeitsgerät
9 Stopfpilz
Handarbeitsgeschäft
10 Tapisserie
Handarbeitsmaterial
9 Stickgarn
Handarbeitsstoff
7 Stramin
Handarbeitstechnik
8 Knuepfen
Handballbegriff
7 Eckwurf
Handbeutel
9 Pompadour
Handbewegung
4 Wink
5 Geste
8 Gebaerde
Handbuch
6 Manual
9 Anleitung, Leitfaden
10 Kompendium
17 Betriebsanleitung
Handdreschgerät
6 Flegel
Handdruckgerät
7 Stempel
Händeklatschen
7 Applaus, Beifall
Handel
5 Trade
7 Gewerbe, Kommerz, Verkehr
8 Schacher
mit Diebesgut
8 Hehlerei
mit Zahlungsmitteln
9 Geldmarkt
treibende indische Kaste
6 Banjan
Treibender
8 Kaufmann
Händel Suchender
7 Haderer
handeln
3 tun
6 machen
7 agieren
8 anpacken, arbeiten, taetigen
9 feilschen, hausieren, schachern, verkaufen
11 spekulieren
handelnd
5 aktiv
6 taetig
Handelnder
6 Akteur
8 Initiant
Handelsagent
9 Vertreter
Handelsbrauch
3 Uso
4 Usus
6 Usance
Handelsgott
6 Hermes, Merkur
Handelsgut
4 Ware
7 Artikel, Produkt
8 Fabrikat
9 Erzeugnis
Handelsmarke
9 Trademark
Handelsname
5 Firma
für Dornhai
6 Seeaal
Handelsniederlassung
5 Depot, Lager, Markt, Messe
6 Kontor
7 Agentur, Filiale
8 Faktorei
Handelsort
in Kamerun
5 Marua
in Nigeria
3 Biu
4 Bama
in Senegal
5 Bakel
6 Cascas
in Tibet
6 Gartok
Handelsplatz
5 Markt
6 Boerse
Handelsreisender
9 Vertreter
Handelsschiffe
6 Tanker
8 Frachter
9 Oeltanker
10 Kauffahrer
11 Kuehlschiff
13 Frachtdampfer
15 Containerschiff
Handelsspanne
5 Marge
Handelsstadt
in Bessarabien
5 Belzy
in Marokko
6 Meknes
Handelsvertreter
5 Agent
6 Broker, Makler
9 Reisender
Handelsvertretung
7 Agentur
Handelsvertriebsform
9 Franchise
Handelsware
7 Artikel
Handelswaren
6 Gueter
Handelszeichen
5 Marke
Handelszweig
6 Export, Import
7 Ausfuhr, Einfuhr
Handfeuerwaffen
4 Colt
6 Flinte, Gewehr, Mauser
7 Buechse, Muskete, Pistole, Stutzen
8 Arkebuse, Browning, Drilling, Revolver, Terzerol, Tesching
9 Karabiner
10 Jagdgewehr, Parabellum
16 Maschinenpistole
Handfischnetz
5 Hamen
7 Kescher
Handgepäck
5 Mappe
6 Beutel, Koffer, Ranzen, Tasche
7 Seesack
8 Rucksack, Tragkorb
11 Aktentasche
12 Hutschachtel
14 Kosmetikkoffer
Handgicht
8 Chiragra
Handglied
6 Finger
handgreiflicher Streit
9 Pruegelei
Handgriff
4 Heft
5 Knauf, Stiel
6 Henkel
9 Tuerknopf
Handhabe
5 Griff, Stiel
6 Henkel
Handhabung
4 Dreh
6 Umgang
7 Praktik, Technik
8 Gebrauch
9 Verfahren
10 Hantierung
12 Manipulation
Handharmonika
9 Akkordeon, Bandoneon, Bandonion
10 Konzertina
Handklapper
11 Kastagnette
Handköfferchen
8 Suitcase
Händler
8 Kaufmann
9 Kaufleute
bei der Feldtruppe
11 Marketender
mit Altertümern
8 Antiquar
mit einem landwirtschaftlichen Produkt
9 Milchmann
Handlesekunst
10 Chirologie
11 Chiromantie

Handleser
9 Chirologe, Chiromant
Handleuchte
9 Stablampe
handlich
5 habil
6 bequem
7 griffig
8 maniabel
9 nuetzlich, praktisch
Handliniendeuter
9 Chiromant
Handlung
3 Akt, Tat
5 Laden, Sujet, Szene, Thema
6 Ablauf, Aktion, Inhalt
7 Vollzug, Vorfall, Vorgang
8 Ereignis, Leistung
9 Geschehen, Massnahme
10 Geschehnis
12 Unternehmung
Handlungsbevollmächtigter
9 Prokurist
Handlungsgehilfe
6 Commis, Kommis
Handlungsvollmacht
7 Prokura
Handlungsweise
3 Tun
9 Verfahren
Handmähgerät
5 Sense
6 Sichel
Handpauke
8 Tympanum
Handpflege
9 Manikuere
Handpflegegeräte
6 Schere
7 Buerste
10 Hautschere, Nagelfeile
11 Nagelschere
Handpflegemittel
3 Oel
4 Fett, Krem
5 Creme, Paste, Salbe, Seife
8 Glyzerin
9 Hautcreme, Hautsalbe, Nagellack
Handramme
5 Hoyer
7 Stampfe
Handreichung
5 Hilfe
7 Service
8 Gefallen
13 Hilfestellung
Handschriftendeuter(in)
9 Grafologe
10 Grafologin, Graphologe
11 Graphologin
Handschriftendeutung
10 Grafologie
11 Graphologie
Handschuh
8 Limerick
10 Faeustling
Handschuhleder
3 Kid
5 Glacé, Nappa
Handstandsalto
8 Flicflac
10 Flickflack
Handstempel
6 Siegel
9 Petschaft
Handstreich
6 Putsch
Handtäschchen
8 Ridikuel
Handteile
4 Rist
6 Ballen, Daumen, Finger
8 Knoechel
10 Ringfinger
11 Fingernagel, Kleinfinger, Zeigefinger
12 Mittelfinger
Handtrommel
5 Conga
8 Tamburin
Handtuchgewebe
7 Frottee
Handturngeräte
4 Stab
5 Keule
6 Hantel, Reifen
8 Expander
handwarm
3 lau
Handwärmer
4 Muff
Handwaschung des Priesters
6 Lavabo
Handwerk
5 Beruf
6 Metier
7 Gewerbe
Handwerkertitel
7 Geselle, Meister
11 Obermeister
12 Zunftmeister
Handwerkervereinigungen
5 Gilde, Zunft
6 Innung
Handwerksbetriebe
8 Glaserei, Schmiede, Seilerei, Siederei, Zimmerei
9 Baeckerei, Sattlerei, Toepferei, Werkstatt
Handwerkszeuge
3 Axt
4 Ahle, Beil
5 Feile, Hobel, Kelle, Nadel, Saege, Zange
6 Bohrer, Hammer, Messer, Pinsel, Raspel, Schere, Spaten
7 Meissel
8 Schaufel, Spachtel
10 Brecheisen, Stemmeisen
15 Schraubenzieher, Schweissbrenner
Handwurzelknochen
8 Kahnbein, Kopfbein, Mondbein
9 Hakenbein
10 Erbsenbein
12 Dreiecksbein
Hanfabfall
4 Werg
hanfähnliche Pflanzenfaser
4 Sunn
Hanffaser
5 Sisal
Hanfgewächs
6 Hopfen
7 Humulus
Hanfprodukt
4 Seil
6 Strick
Hang
5 Halde, Piste
6 Faible, Spleen
7 Neigung, Tendenz
8 Vorliebe
9 Boeschung, Sympathie
11 Schraeglage
Hängelampe
5 Ampel
hängendes kinetisches Kunstwerk
6 Mobile
Hangstufe
8 Terrasse
Hänseln
9 Frotzelei
Hanseschiff
5 Kocke, Kogge
Hansestadtbewohner
7 Hanseat
8 Hanseate
Hansestädte
4 Riga
5 Emden, Halle, Koeln, Memel, Reval, Soest, Thorn
6 Bergen, Berlin, Bremen, Danzig, Dorpat, Elbing, Goslar, Krakau, Wismar, Zwolle
7 Arnheim, Breslau, Bruegge, Hamburg, Kolberg, Luebeck, Pleskau, Rostock, Stettin, Utrecht
8 Deventer, Duisburg, Hannover, Muenster, Nowgorod
9 Amsterdam, Antwerpen, Falsterbo, Frankfurt, Lippstadt, Lueneburg, Magdeburg, Salzwedel, Stralsund
10 Osnabrueck
11 Koenigsberg
12 Braunschweig
Hanswurst
4 Narr
5 Punch
6 Kaspar, Kasper, Pojatz
7 Bajazzo, Hofnarr, Pierrot

8 Harlekin, Kasperle
9 Pulcinell
10 Pulcinella
11 Spassmacher
13 Possenreisser

Harem in Iran und Indien
Iran
6 Zenana

Haremssklavin
8 Odaliske

Haremswächter
6 Eunuch
7 Eunuche

Häretiker
6 Ketzer
9 Irrlehrer

harfenartiges
Instrument
4 Lyra
5 Leier
Klavichord
5 Gusli
Spiel
8 Arpeggio

Harke
6 Rechen

Harm
4 Gram, Leid
6 Kummer
7 Schmerz
12 Verbitterung
13 Enttaeuschung

harmlos
4 naiv

harmlose(r)
Prügelei
7 Gebalge
Streit
8 Kabbelei

Harmonie
8 Einklang

Harmonielehre
8 Harmonik

harmonische(r)
Einigkeit
9 Eintracht
Klang
8 Euphonie, Wohllaut

Harn
4 Urin

Harnausscheidung
8 Diuresis

Harnfarbstoff
8 Urochrom

Harnglas
6 Urinal

Harnisch
6 Panzer
7 Kuerass

Harnischschmied
8 Plattner

Harnleiter
6 Ureter

Harnröhre
7 Urethra

Harnsäureerhöhung
9 Urikaemie

Harnsäuresalz
4 Urat

Harnstein
7 Urolith

Harnsteinauflösung
9 Litholyse

harntreibendes Mittel
7 Holztee
9 Kanadatee

Harpunenwerfer
9 Harpunier

harren
6 warten

hart
4 kalt
6 eisern, streng
7 rigoros
9 altbacken, unbeugsam
10 drakonisch
12 gefuehlskalt, unerbittlich
gefrorener Schnee
6 Harsch
militärisch ausbilden
7 drillen
überzogen
7 krustig

harte(r, s)
Drechslerholz
8 Beinholz
Inkrustierung
9 Dornstein
Legierung
7 Stellit
militärische Ausbildung
5 Drill
Mineral
9 Schmirgel
Substanz der Bäume
4 Holz
Substanz der Hufe
4 Horn
Teil der Vogelfeder
4 Kiel
Tonschiefer
6 Adinol

Hartgeld
6 Muenze

Hartgummi
6 Ebonit

Hartgussform
7 Kokille

Hartholz
7 Moaholz
9 Eisenholz, Kasuarine
für Einlegearbeiten
5 Paduk

Hartlaubmischwald
9 Boscaccio

Hartmanganerz
7 Braunit

Hartmetalle
5 Titan, Widia
7 Vanadin
8 Vanadium

Hartmetallegierung
7 Titanit

hartnäckig
4 stur, zaeh
9 unentwegt, verbissen
10 beharrlich, konsequent
11 eigensinnig, halsstarrig
12 unnachgiebig

hartnäckiges Verhalten
8 Sturheit

Hartnäckigkeit
9 Insistenz

Hartparaffin
7 Ceresin
8 Erdwachs

Hartriegelgewächs
6 Cornus
13 Kornelkirsche

Hartriegelgewächse
9 Kornazeen

hartschalige Früchte
4 Nuss
6 Mandel
7 Walnuss
8 Paranuss
9 Haselnuss, Kokosnuss
12 Lambertsnuss

Hartziegel
7 Klinker

Harz südasiatischer Pflanzen
5 Gutti

Harzabflussrinne am Baum
6 Lachte

Harzarten
5 Asant, Elemi, Gutti, Kopal
6 Benzoe, Dammar, Guajak, Mastix, Myrrhe, Storax, Styrax
7 Galipot, Ladanum
8 Sandarak
9 Bernstein, Gummigutt, Kautschuk, Schellack, Terpentin, Weihrauch

Harzer
Berge
7 Brocken
8 Wurmberg
11 Rammelsberg
Flüsse
5 Grane
8 Resinose
Gipfel
8 Wurmberg
9 Bruchberg
Grafengeschlecht
8 Stolberg
Granitklippe
10 Rosstrappe

Harzhöhe
8 Torfhaus

Harzmasse
7 Ladanum, Talloel
8 Labdanum

Harzöl
9 Terpentin

Harzprodukt
10 Kolofonium
11 Kolophonium

harzreiche(s)
Brennmaterial
8 Kienholz
Gehölzgattung
6 Styrax

Kiefernholz
4 Kien
Harzsäuresalz
7 Resinat
Hasardeur
7 Spieler
Haschen
6 Fangen
9 Blindekuh, Fangspiel
10 Nachlaufen
Häscher
7 Buettel, Scherge
Haschisch
9 Marihuana
Haschischraucher
6 Kiffer
Hase
5 Lampe
11 Muemmelmann
Hase-Zufluss
3 Aue
Haselmaus
5 Bilch, Relle
9 Schlaefer
Hasenampfer
9 Sauerklee
Hasenarten
4 Pika
5 Conie, Lapin
7 Kaphase
8 Eselhase, Feldhase
9 Alpenhase, Kaninchen, Karnickel, Pfeifhase, Polarhase, Stallhase, Tolaihase
10 Schneehase
11 Marokkohase
12 Rotkaninchen
13 Waldkaninchen, Wildkaninchen
14 Alpenpfeifhase, Sumpfkaninchen
15 Alpenschneehase, Wasserkaninchen
Hasenbein
4 Lauf
Hasenbock
7 Rammler
Hasenfell
5 Kanin
Hasenfuß
5 Memme
8 Feigling
Hasenlager
5 Sasse
Hasenmännchen
7 Rammler
Hasenohren
7 Loeffel
Hasenschwanz
5 Blume
Häsin
5 Zibbe, Zippe
8 Satzhase
Hass
5 Groll, Odium
9 Ablehnung, Abneigung
10 Verachtung

hässlich
4 mies
5 lelik
8 ekelhaft, unschoen
9 entstellt, widerlich
10 abstossend
11 abscheulich
Hassstifter
8 Schuerer
Hast
4 Eile
5 Hetze, Tempo
6 Unrast
14 Ueberstuerzung
16 Ueberstuerztheit
hasten
5 eilen, jagen, pesen, rasen
6 hetzen, rennen, wetzen
hastig
5 eilig, rasch
7 schnell
9 eilfertig
hastiges Umhereilen
8 Rennerei
Hatz
8 Hetzjagd
12 Parforcejagd
Haube
3 Hut
4 Helm
5 Kappe
6 Deckel, Hennin, Kapuze
7 Fladuse, Kalotte
9 Krueseler
10 Verschluss
13 Kopfbedeckung
Haubenlerche
8 Galerida
Hauch
4 Atem, Aura, Duft, Odem, Spur
5 Prawa, Puste, Touch
6 Nuance, Pneuma
7 Luftzug
8 Spiritus
hauchen
5 atmen
Haue
5 Hiebe, Keile, Senge
7 Dresche, Pruegel
8 Schlaege
9 Abreibung
Hauer
6 Knappe, Kumpel
8 Bergmann
Haufen
4 Pulk, Wust
5 Masse, Menge, Schar, Stoss
6 Anzahl, Batzen, Gruppe, Stapel
9 Abteilung
Haufenwolke
7 Cumulus, Kumulus
Haufenwolken
6 Kumuli
häufig
3 oft
7 oftmals
8 mehrfach, staendig
10 wiederholt
Haumesser
3 Dah, Dao
4 Bolo
7 Machete
Haupt
4 Boss, Chef, Kopf
6 Leiter, Spitze
7 Fuehrer
8 Gebieter
9 Anfuehrer
12 Vorgesetzter
der christlichen Urgemeinde
7 Jakobus
Hauptast der Luftröhre
8 Bronchus
Hauptbetriebszeit
8 Campagne, Kampagne
Hauptbuch
7 Journal
Hauptdarsteller
11 Protagonist
Hauptdiözese
9 Erzbistum
Hauptgebäude der Ritterburg
5 Palas
Hauptgedanke
5 Thema
11 Quintessenz
Hauptgeschäft
8 Zentrale
Hauptgeschäftsstraße von Tokio
5 Ginza
Hauptgeschoss
8 Beletage
Hauptgestalt einer Dichtung
4 Held
Hauptgott
der Amoriter
6 Amurru
der Kanaaniter
4 Baal
der Philister
5 Dagon
der Urartäer
6 Chaldi
des Hinduismus
6 Schiwa
des japanischen Buddhismus
5 Amida
Hauptgrundsatz
6 Maxime
Haupthafen der Kapverden
7 Mindelo
Haupttheiligtum des Islams
5 Kaaba
Hauptinhalt
7 Extrakt
11 Quintessenz
Hauptinsel
der Philippinen
5 Luzon
der Riauinseln
6 Bintan

der Sulagruppe
7 Taliabu
Japans
6 Honshu
7 Honschu, Kyuschu
8 Hokkaido
Hauptkämpfer im Stierkampf
7 Matador
Hauptkirche
3 Dom
8 Muenster
10 Kathedrale
Häuptling
6 Kazike
7 Scheich
9 Anfuehrer, Oberhaupt
der Apachen
8 Geronimo
Hauptmasse
4 Gros
9 Grossteil
des Körpers
5 Rumpf
Hauptplatz vieler Städte
5 Markt
Hauptraum
des römischen Hauses
6 Atrium
im antiken Tempel
5 Cella
Hauptreisezeit
6 Saison
Hauptsache
4 Clou, Kern
6 Pointe
7 Extrakt
8 Substanz
9 Kernpunkt
hauptsächlich
7 kapital
9 besonders
Hauptschlagader
5 Aorta
Hauptschlüssel
12 Passepartout
Hauptstadt
8 Kapitale, Residenz
9 Metropole
Hauptstraße
10 Magistrale
in Berlin
6 Ku'damm
15 Kurfuerstendamm
in London
10 Piccadilly
in New York
8 Broadway
in Paris
13 Champs-Elysées
Hauptstrom Pakistans
5 Indus
Hauptteil
der katholischen Messe
5 Kanon
einer Kirche
8 Langhaus
Hauptturm einer Burg
6 Donjon
9 Bergfried
Hauptverkehrszeit
8 Rush-hour
9 Stosszeit
Hauptwort
5 Nomen
8 Dingwort
10 Substantiv
aus einer Zeitwort
7 Verbale
Hauptwortform
6 Plural
7 Einzahl
8 Mehrzahl, Singular
Hauptzeit
6 Saison
Haus
3 Bau
4 Heim
5 Firma, Villa
6 Huette
7 Bauwerk, Betrieb
8 Bungalow, Gebaeude
11 Unternehmen
für Geselligkeiten
6 Kasino
Hausanbau
5 Altan
7 Veranda
8 Terrasse
Hausangestellte(r)
4 Koch, Magd
5 Lakai
6 Butler, Diener
7 Bursche, Koechin
8 Dienerin, Maedchen, Personal, Putzfrau
9 Haushilfe
13 Raumpflegerin
14 Haushaltshilfe, Wirtschafterin
Hausbauart
8 Fachwerk
Hausbewohner
6 Mieter
7 Insasse
Hauseingang
3 Tor
4 Tuer
Hausflur
3 Ern
4 Eren, Gang
5 Diele, Flett, Fletz
7 Vorraum
8 Korridor
9 Vestibuel
im bayerischen Bauernhaus
5 Fletz
Hausfront
7 Fassade
Hausgeist
4 Puck
5 Wicht, Zwerg
6 Kobold
7 Wichtel
Hausgewand
7 Negligé
8 Negligee
Haushalt
4 Etat
6 Budget, Menage
9 Hausstand
Führende(r)
8 Hausfrau, Hausmann
haushalten
6 sparen
12 wirtschaften
haushälterisch
9 rationell
Haushaltsgeräte, Geschirr
4 Etui, Foen, Form, Glas, Herd, Krug, Mopp, Napf, Sieb, Topf, Trog, Vase, Wolf
5 Besen, Eimer, Foehn, Gabel, Grill, Kanne, Kelle, Kruke, Mixer, Reibe, Satte, Tasse, Teeei, Wanne
6 Ascher, Becher, Hammer, Kessel, Leiter, Messer, Pfanne, Pforte, Schale, Spuele, Teller, Tiegel
7 Buechse, Flasche, Gasherd, Karaffe, Loeffel, Oeffner, Terrine
8 Backofen, Brotkorb, Kochherd, Kochtopf, Oelkanne, Sauciere, Schaufel, Teekanne, Teetasse, Weckglas
9 Blechdose, Entsafter, Handfeger, Milchtopf, Nudelholz, Porzellan, Putzeimer, Reibeisen, Schrubber, Schuessel, Staubtuch, Teekessel
10 Bratpfanne, Brotteller, Butterdose, Eierbecher, Eisschrank, Kasserolle, Mikrowelle, Milchkanne, Muelleimer, Obstschale, Obstteller, Schmortopf, Untertasse, Zuckerdose
11 Abfalleimer, Buegelbrett, Buegeleisen, Einmachglas, Elektroherd, Kaeseplatte, Kaeseteller, Kaffeekanne, Kaffeetasse, Kohleneimer, Kuchenblech, Muellkasten, Nussknacker, Salzstreuer, Scheuertuch, Staubsauger, Teemaschine, Waffeleisen, Waschbuette, Wassereimer
12 Brotmaschine, Dosenoeffner, Elektrogrill, Kaffeemuehle, Kuehlschrank, Nuedelwalker
13 Pfeffermuehle, Spuelmaschine,

Waschmaschine, Zuckerloeffel
14 Kaffeemaschine, Teppichklopfer, Tiefkuehltruhe
15 Buechsenoeffner, Flaschenoeffner, Kuechenmaschine, Mikrowellenherd, Schnellkochtopf, Waeschetrockner
16 Dampfbuegeleisen
17 Kartoffelschaeler

Haushaltshilfe
9 Zugehfrau

Haushaltskunde
9 Oekonomik

Haushaltsplan
4 Etat
6 Budget

Haushofmeister
6 Butler
9 Marschall
10 Majordomus

Haushuhnrasse
5 Moewe
9 Hamburger, Italiener

Hausierer
6 Pedlar

Hausierhandel
10 Kolportage

Hauskaninchen
9 Stallhase

Hauskapelle
7 Betsaal
9 Oratorium

Hauskatzen
8 Mankatze
9 Siamkatze
10 Abessinier, Birmakatze, Chinakatze
11 Angorakatze, Perserkatze, Zypernkatze
13 Kurzhaarkatze, Langhaarkatze
16 Karthaeuserkatze

Hauskleid
7 Negligé
8 Negligee
10 Morgenrock

Hauslehrerin
11 Gouvernante

Häuslerwohnung
4 Kate

Hausmeister
6 Pedell
7 Portier
9 Concierge, Kalfaktor, Kastellan

Hausrat
6 Moebel
8 Mobiliar

Hausschuh
6 Latsch
7 Latsche
8 Latschen
9 Pantoffel, Schlappen

Haustiere
3 Kuh, Ren, Sau
4 Bock, Eber, Ente, Esel, Gans, Hahn, Huhn, Hund, Kalb, Lama, Lamm, Pfau, Pute, Vieh, Zebu
5 Bulle, Erpel, Geiss, Henne, Kamel, Kater, Katze, Ochse, Pferd, Puter, Ruede, Schaf, Stier, Stute, Taube, Vogel, Welpe, Zicke, Ziege
6 Eselin, Faerse, Ferkel, Fohlen, Ganter, Glucke, Gockel, Hammel, Hengst, Kakadu, Kueken, Tauber, Widder, Zickel
7 Bueffel, Fuellen, Goessel, Hamster, Huendin, Kuecken, Papagei, Rammler, Rentier, Schoeps, Schwein, Wallach
8 Dromedar, Enterich, Maulesel, Maultier, Perlhuhn, Truthahn
9 Goldfisch, Kaninchen, Karnickel, Schafbock, Zierfisch, Zwerghase
11 Goldhamster, Graupapagei
13 Kanarienvogel, Wellensittich

Haustierkrankheit
6 Staupe

Haustierparasit
9 Hundefloh, Hundelaus

Haustyp an Gewässern
8 Pfahlbau

Hausuntergeschoss
6 Keller

Hausvorbau
5 Erker

Hauswirt
7 Lokator
9 Vermieter

Haut
4 Balg, Fell, Lage
5 Decke, Derma, Leder, Pelle
6 Huelle, Schale
7 Schicht
9 Epidermis

am Geweih
4 Bast

bräunende Bestrahlung
9 Sonnenbad

glätten (Chirurgie)
6 liften

Hautabschürfung
8 Schrunde

Hautabsonderung
8 Schweiss

Hautarzt
11 Dermatologe

Hautausschlag
4 Akne
5 Ekzem, Grind
6 Pustel, Schorf
7 Flechte, Friesel, Roseola, Roseole
8 Eruption, Exanthem, Frieseln, Miliaria

Hautauswuchs
5 Warze

Hautbläschen
8 Miliaria

Hautblatt des Herzbeutels
7 Epikard

Hautbräunungsgerät
9 Heimsonne

Häutchen
4 Film
7 Membran
8 Membrane

Hautentzündung
4 Wolf
5 Ekzem
8 Erysipel, Wundrose
10 Dermatitis
11 Juckflechte

Hauterhebung
5 Warze

Hauterkrankung
7 Rotlauf
8 Erbgrind, Erysipel, Exanthem
9 Akariasis, Ausschlag

Hautfalte
6 Runzel

Hautfarbe
5 Teint

Hautfärbemittel
8 Schminke

Hautfarbstoff
7 Pigment

Hautfarbstoffmangel
10 Albinismus

Hautfinne
4 Akne

Hautfleck
6 Naevus
7 Sprosse
9 Muttermal
10 Leberfleck

Hautflügler
4 Emse, Imme
5 Biene, Wespe
6 Ameise, Drohne, Hummel, Weisel
8 Erdbiene, Hornisse, Wegwespe
9 Feldwespe, Gallwespe, Goldwespe, Halmwespe, Holzwespe, Hornbiene, Stechimme

Hautflüglergattung
5 Vespa
8 Apocrita

Hautgeschwulst
5 Oleom

7 Melanom, Xanthom
8 Basaliom, Dermatom
9 Hornkrebs, Spinaliom
10 Gelbknoten

Hautknötchen
5 Papel
7 Blatter

Hautkrankheit
4 Akne, Soor
5 Ekzem, Favus, Finne, Grind, Papel, Warze
6 Herpes, Lichen, Papula, Raeude
7 Flechte, Friesel, Kraetze, Melasma, Rosazea, Skabies
8 Miliaria
9 Dermatose, Xeroderma
10 Dermatitis
11 Furunkulose

Hautlappen
bei Pilzen
6 Anulus
7 Armilla
zur Transplantation
5 Patch

Hautoberschicht
9 Epidermis

Hautöffnung
4 Pore

Hautpflegemittel
5 Creme, Puder, Salbe
9 Handcreme, Sun Lotion
11 Mandelkleie

Hautplättchen
7 Schuppe

Hautpustel
6 Pickel

Hautriss
6 Fissur
7 Rhagade
8 Schrunde

Hautrötung im Sommer
11 Sonnenbrand

Hautschädigung
8 Hautwolf
9 Aufliegen, Dekubitus
10 Intertrigo

Hautschutzmittel
5 Creme
9 Hautcreme, Sonnenoel
11 Sonnencreme, Sonnenmilch
12 Sonnenlotion

Hautunreinheit
6 Pickel
8 Mitesser

Hautverdickung
8 Hornhaut, Schwiele

Hautwucherung
5 Warze
8 Kondylom
9 Feigwarze, Hornwarze

Hautwunde
5 Ulcus
6 Heloma
9 Geschwuer

Hautzellschicht
7 Epithel

Havel-Zuflüsse
4 Rhin
5 Doeln, Dosse, Nuthe, Plane, Plaue, Spree
6 Briese, Buckau, Polzow
7 Stremme, Wublitz
8 Jaeglitz

Havelsee
7 Wannsee
8 Beetzsee

Hawaii
Badestrand
7 Waikiki
Bevölkerung
10 Hawaiianer
Blumenkranz
4 Leif
Gitarre
7 Ukulele
Hafenstadt
11 Pearl Harbor
Hauptstadt
8 Honolulu
Inseln
4 Maui, Oahu
5 Kauai, Kaula, Lanai
6 Hawaii, Niihau
7 Molokai
8 Kahulaui
Städte
4 Hilo, Oahu
8 Honolulu
11 Pearl Harbor
Vulkane
3 Kea, Loa
7 Kikauea
9 Haleakala, Waialeale
Vulkangöttin
4 Pele

Hearing
9 Anhoerung

Hebamme
9 Obstetrix
15 Geburtshelferin

Hebebewegung
3 Hub

Hebegeräte
4 Gien, Kran
5 Spill, Takel, Talje, Winde
6 Aufzug, Haspel, Lifter
8 Elevator
9 Gangspill, Hecklader
10 Ankerspill, Hebeleiter
11 Flaschenzug
12 Gabelstapler

Hebel
5 Griff
8 Schalter, Schwinge

Hebelarm am Steuerruder
5 Pinne

Hebemaschine
7 Wellrad
8 Wippkran

Hebemittel
8 Laufkran

Heber für Flüssigkeiten
7 Pipette
8 Saugrohr
9 Saugheber
10 Stechheber

Hebewerk
8 Elevator
für Schiffe
4 Dock
8 Schleuse

hebräisch:
Enkel
3 Ben
Priester
5 Kohen
7 Kohanim
Sohn
3 Ben
unrein
6 treife
verboten
6 treife

hebräische(r, s)
Buchstaben
2 He, Pe
3 Bet, Jod, Kaf, Kof, Mem, Nun, Sin, Taw, Tet, Waw
4 Ajin, Alef, Chet, Zade
5 Aleph, Dalet, Gimel, Lamed, Resch, Sajin, Schin
6 Samech
Dichter
5 Perez
6 Bialik
Gewicht
4 Mina
5 Sekel
Gott
5 Eloah
6 Adonai
Gruß: Frieden
6 Shalom
Monatsname
4 Adar, Elul, Ijar
5 Sebat, Siwan, Tamus
6 Nissan
Münze
5 Sekel
Name für Gott
6 Adonai
Name Gottes
5 Jahve, Jahwe
6 Jehova
Vokalzeichen: u
6 Kibbuz

Hebrideninseln
2 Hy
3 Rum
4 Coll, Eigg, Jura, Muck, Mull, Nist, Rhum, Rona, Skye, Uist, Ulva
5 Barra, Canna, Lewis, Tiree
6 Harris, Staffa

Hechtbarsch
4 Zant
5 Amaul
6 Schill, Zander
7 Fogasch

Hecke
3 Hag

5 Busch
9 Bullfinch
Heckenpflanze
8 Hagedorn, Weinrose, Zaunrose
Heckenrose
8 Hagedorn
9 Hundsrose
Heckenschütze
8 Guerilla, Partisan
Heckenstrauch
5 Buchs
8 Liguster
9 Feldahorn, Hagebuche, Hainbuche, Sauerdorn, Weissdorn, Zaunweide
Hede
4 Werg
Hedschashafen
5 Jedda
8 Dschidda
Heer
5 Armee
6 Truppe
8 Militaer
11 Streitkraft, Streitmacht
13 Streitkraefte
Heeresabteilungen
4 Polk, Pulk
5 Armee, Korps
7 Brigade
8 Division, Kompanie, Regiment
9 Bataillon
Heeresangehörige
6 Oberst, Rekrut, Soldat
7 General
8 Leutnant, Offizier, Schuetze
9 Feldwebel, Gefreiter
12 Oberleutnant
14 Oberstleutnant
Heeresfuhrwesen
5 Train, Tross
Heeresgerätelager
7 Zeugamt
Heeresspitze
4 Tete
Heeresverband
7 Einheit
Heerfahne
6 Panier
Heerführer
8 Feldherr, Stratege
Alexanders des Großen
9 Antigonos
der Karlisten
7 Cabrera
des syrischen Königs Hazael
6 Naaman
im Dreißigjährigen Krieg
5 Tilly
6 Gallas
8 Mansfeld
Heerkönig der Sweben
8 Ariovist
Heerschar
6 Truppe
7 Einheit, Verband
Heerschau
5 Revue
6 Parade
Heerwesen
8 Militaer
Hefepilz
8 Kahmpilz
9 Mycoderma
Heft
5 Griff, Stiel
6 Kladde
7 Journal, Magazin
10 Broschuere
11 Zeitschrift
heftig
4 akut, fest, wild
5 stark
6 hitzig, scharf, stramm
8 brennend, impulsiv, intensiv, vehement
9 tumultuos, ungestuem
10 stuermisch
11 aufbrausend
umarmen
7 knudeln
8 knuddeln
heftige(r, s)
Auseinandersetzung
8 Auftritt
dalmatischer Küstenwind
8 Boraccia
Fall
5 Sturz
Flügelbewegung
8 Flattern
Gefühlsregung
6 Affekt
Knall
9 Explosion
Krampf
5 Kolik
Landwind in Südkuba
6 Bayamo
Leibschmerz
5 Kolik
Raserei
3 Wut
Regen
8 Unwetter
Samum
9 Sandsturm
Schneetreiben
9 Gestoeber
Stoß
7 Anprall
8 Aufprall
Sturm
8 Unwetter
Unwille
3 Wut
4 Zorn
Windstoß
3 Boe
8 Windboee
Wortwechsel
4 Zank
Wüstenwind
9 Sandsturm
Zwist
4 Zank
Heftigkeit
5 Kraft, Macht, Wucht
6 Gewalt
7 Impetus, Staerke, Violenz
8 Petulanz, Schaerfe, Vehemenz
9 Ungestuem
Hege
6 Pflege, Schutz
8 Schonung
10 Waldpflege, Wildpflege
Hegemonie
13 Vorherrschaft
17 Fuehrungsposition
hegen
6 hueten
7 pflegen, schonen
9 schuetzen
Hehler
8 Komplize
9 Mitwisser
10 Hintermann
13 Helfershelfer
Heide Südfrankreichs
7 Garigue
8 Garrigue
Heidebewohner
7 Heidjer
Heidedichter
5 Loens
heidekrautähnlicher Strauch
7 Epakris
Heidekrautgewächse
5 Ledum, Porst
6 Azalee, Azalie
7 Bruyère, Graenke
8 Erikazee, Teebeere
9 Andromeda, Baumheide, Erikazeen, Moorheide, Vaccinium
10 Besenkraut, Sumpfheide
Heidelandschaft
in Westfalen
5 Senne
westlich von Werder
6 Zauche
Heidelbeere
9 Bickbeere, Blaubeere, Moorbeere, Waldbeere
Heidelberger
Bibliothek
8 Palatina
Bücherei
8 Palatina
Hofnarr
6 Perkeo
Heiden
8 Gottlose
9 Atheisten
Heidenapostel
6 Paulus

Heidenbekehrer
7 Apostel
9 Missionar
Heidenbekehrung
7 Mission
Heidengötter im Alten Testament
6 Elohim
Heidentum
10 Paganismus
Heidepflanzen
5 Erika, Gagel
7 Ginster
9 Kranewitt, Machandel, Wacholder
Heideschaf
8 Schnucke
12 Heidschnucke
Heidestadt in Niedersachsen
9 Lueneburg
heidnisch
5 pagan
heikel
7 delikat, kitzlig, prekaer
8 diffizil, kitzelig
10 bedenklich
Heil-, Pflegeanstalten
3 Bad
4 Asyl, Hort
5 Stift
6 Bleibe, Hospiz, Klinik, Krippe, Kurbad, Kurort, Obdach, Spital
7 Alumnat, Kurhaus, Moorbad, Spittel
8 Badehaus, Herberge, Hospital, Institut, Lazarett
9 Altenheim, Armenhaus, Penisonat, Wohnstatt
10 Altersheim, Findelhaus, Kinderhort, Pflegeheim, Sanatorium, Thermalbad
Heiland
4 Gott
5 Jesus, Soter
6 Retter
7 Heliand, Messias
8 Christus, Erloeser, Erretter, Salvator
Heilbad
6 Kurort
Heilbäderkunde
11 Balneologie
heilbar
7 kurabel
Heilbehandlung
3 Kur
8 Dauerbad, Therapie
9 Immersion, Kneippkur
10 Akupunktur
Heilbutt
7 Scholle
heilen
8 kurieren, sanieren
Heilerde
3 Bol
5 Bolus

Heilgehilfe
4 Sani
7 Masseur, Pfleger
10 Sanitaeter
heilig
3 san, sao
4 hehr
5 Sankt, saint, sankt, santa
6 sakral
10 sakrosankt
sprechen
12 kanonisieren
Heilige Schrift
5 Bibel
Heilige(r)
3 Odo
4 Olga
5 Galla, Titus, Ursus, Xaver
6 Justin, Regina, Ursula
7 Eulalia, Gebhard, Gezelin
8 Albertus, Augustin, Bekenner, Trudpert
11 Patroninnen
der morgenländischen Kirche
5 Sabas
der Ostkirche
7 Romanos
der romanischen Seeleute
4 Elmo
der Schiiten
3 Ali
der Teufelsanbeter
3 Adi
Heilige(r)(. . . von Gaza)
8 Hilarion
heilige(r, s)
Äbtissin
8 Aldegund
ägyptischer Vogel (Phönix)
4 Benu
Berg Chinas
8 Taischan
Berg der Dschaina
6 Girnar
Berg in Honan
9 Sungschan
Berg in Japan
6 Ontake
Bezirk antiker Tempel
9 Peribolos
Bischof
8 Swidbert
Bischof von Köln
7 Agilolf
Bischof von Sitten
6 Amatus
Bischof von Smyrna
8 Polykarp
Brunnen in Mekka
6 Semsem
Buch der Christen
5 Bibel
Buch der Gebern
6 Sadder
Buch der Parsen
6 Avesta, Awesta

Buch des Islam
5 Koran
fränkische Königin
8 Radegund
Ganges-Quellfluss
9 Alaknanda
Gräfin von Aspel
7 Irmgard
Hain des Zeus
5 Altis
Hain in Athen
7 Lykeion
Handlung
5 Gebet, Opfer, Segen, Taufe, Weihe
7 Firmung, Trauung
9 Abendmahl, Kommunion, Sakrament
Jungfrau
3 Pia
Jungfrauen
8 Praxedis
Käfer der Ägypter
10 Skarabaeus
Klosterbischof
8 Remaklus
Krieg des Islams
8 Dschihad
Märtyrer
9 Mauritius, Patroklus
Märtyrerin
8 Dorothea
Märtyrin
3 Pia
Mönch
5 Arhat
7 Reinold
8 Placidus
Mystikerin
7 Chantal
Name
8 Hieronym
Name des Indus
9 Saraswati
Opfergetränk der Parsen
5 Hauma
Opfertrank der Parsen
5 Haoma
Papst
8 Dionysus
9 Deusdedit
Pfarrer von Ars
7 Vianney
Quelle in Delphi
8 Kastalia
Quelle in Mekka
6 Zemzem
Salesianerin
8 Alocoque
Säulensteher
6 Daniel
Schale
4 Gral
Schrein
9 Reliquiar
Schrift der Inder
4 Weda
Schrift der Juden
6 Talmud

Schrift des Lamaismus
9 Kandschur
Sprache der Buddhisten
4 Pali
Sprache der Inder
8 Sanskrit
Stadt der Christen
9 Jerusalem
Stadt der Hindus
7 Benares
8 Varanasi
Stadt der Mohammedaner
5 Mekka
6 Medina
Stadt der Republik Indien
8 Udschain
Stadt im alten Ägypten
6 Abydos
Stadt in Äthiopien
5 Aksum
Stätte
6 Orakel, Tempel
7 Kultort
8 Kultraum
Stein in Delphi
8 Omphalos
Strom in Indien
6 Ganges
Tänzerin
4 Miko
Tier
5 Greif
Tier der Ägypter
5 Katze
Tier der Inder
3 Kuh
4 Affe
Tier der Vesta
4 Esel
Vogel der alten Ägypter
4 Ibis
Vogel der Athene
4 Eule
Vogel der Germanen
4 Rabe
Vogel der Hindus
4 Pfau
Wäldchen
4 Hain

Heiligenbild
5 Ikone

Heiligenerzählung
7 Legende

Heiligenschein
6 Glorie, Korona, Nimbus
7 Aureole
8 Gloriole, Mandorla

Heiligenschrein
9 Reliquiar

Heiligsprechung
12 Kanonisation

Heiligtum im alten Griechenland
6 Delphi
7 Eleusis, Olympia

heilkräftiger vulkanischer Schlamm
5 Fango

Heilkunde
7 Medizin

Heilkundiger
4 Arzt
8 Badearzt, Zahnarzt
9 Mediziner, Naturarzt, Ohrenarzt, Physiater, Therapeut

Heilmittel
3 Bor, Jod, Tee
4 Beng, Brom
5 Droge, Fango, Mazis, Pille, Salbe, Salep, Serum
6 Arznei, Balsam, Chinin, Dragee, Essenz, Galban, Gambir, Natron, Pepsin
7 Aspirin, Elixier, Insulin, Kampfer, Medizin, Menthol, Rizinus, Salizin, Theriak, Veronal
8 Borsalbe, Germanin, Pflaster, Remedium
9 Antitoxin, Impfstoff, Karrageen, Kotorinde, Salvarsan, Strychnin, Wundsalbe, Zinkpuder
10 Aureomyzin, Medikament, Penicillin
11 Sulfonamide
12 Bullrichsalz, Streptomyzin

Heilmittelhersteller(in)
9 Apotheker
10 Pharmazeut
11 Apothekerin
12 Pharmazeutin

Heilmittelherstellung
9 Pharmazie

Heilmittelkunde
13 Pharmakologie

Heilnahrung
5 Diaet
9 Schonkost

Heilpaste
5 Salbe
9 Zinksalbe

Heilpflanzen
4 Aloe, Anis, Koka, Lein, Ysop
5 Alant, Asant, Malve, Minze, Raute, Sesel, Ziest
6 Akonit, Arnika, Dorant, Enzian, Germer, Ingwer, Kalmus, Kassia, Kassie, Mistel, Salbei, Storax, Styrax, Szilla, Wermut
7 Betonie, Bryonie, Eibisch, Fenchel, Ginseng, Gleisse, Guensel, Kamille, Kuemmel, Kurkuma, Majoran, Melisse, Quendel, Rettich, Rizinus, Theriak, Thymian
8 Aconitum, Angelika, Baldrian, Beinwell, Blutwurz, Eberwurz, Eisenhut, Faulbaum, Holunder, Labkraut, Lavendel, Nieswurz, Rosmarin, Sturmhut, Wallwurz, Wegerich, Wundklee, Zichorie
9 Aberraute, Anthyllis, Blutkraut, Digitalis, Engelwurz, Fetthenne, Fingerhut, Gichtrose, Hauhechel, Knoblauch, Kreuzdorn, Leinkraut, Sabadille, Steinwurz
10 Augentrost, Baerenwurz, Belladonna, Bibernelle, Bitterwurz, Christwurz, Eukalyptus, Gundermann, Huflattich, Kellerhals, Koloquinte, Meerettich, Pimpernell, Pimpinelle, Schafgarbe, Taubnessel, Tormentill
11 Bilsenkraut, Brennnessel, Krauseminze, Schwarzwurz
12 Baerentraube, Koenigskerze, Liebstoeckel, Pfefferminze, Strophanthus
14 Herbstzeitlose
15 Benediktenkraut

Heilpraktiker
9 Naturarzt
11 Biochemiker, Magnetiseur

Heilquelle
6 Therme
8 Stahlbad

Heilschlamm
5 Fango
9 Parafango

Heiltrank
7 Elixier
9 Hustentee

Heilung
7 Remedur
8 Genesung
14 Rekonvaleszenz

Heilverfahren
3 Kur
8 Milchkur
9 Wasserkur
10 Akupressur, Akupunktur, Allopathie, Diathermie
11 Magnetismus

Heilwurzel
5 Alant, Salep
7 Galgant, Ginseng

Heilzentrale für Drogensüchtige
7 Release

Heilziest
7 Betonie
8 Teeblatt

Heim
4 Asyl, Hort

6 Krippe
7 Wohnung, Zuhause
8 Herberge
9 Hausstatt
auf Rädern
7 Caravan
9 Wohnwagen
bei Naturvölkern
8 Baumhaus
für gefangene Tiere
6 Kaefig
von Mönchen
7 Kloster
von Nonnen
7 Kloster
Heimatboden
7 Scholle
heimatlos
6 apolid
Heimatloser
7 Apolide
Heimchen
6 Grille
heimelig
8 traulich
10 ruehrselig
Heimfahrt
10 Rueckreise
heimische Schuttpflanzen
9 Apophyten
heimlich
6 mental, okkult
beobachten
10 bespitzeln
erwarten
9 auflauern
flüstern
8 tuscheln
stoßen
7 knuffen
Vorteile aushandeln
9 mauscheln
heimliche(r, s)
Beobachter
5 Spion
7 Kiebitz, Luchser, Spanner, Spitzel
8 Detektiv, Lauscher
10 Schleicher
11 Rechercheur, Schnueffler
Flüstern
7 Geraune
9 Tuschelei
Gerede
6 Raunen
8 Gemunkel
Gericht
4 Feme
11 Freigericht
Groll
3 Pik
Schreiben
8 Kassiber
Heimreise
9 Rueckflug, Rueckkehr
Heimschüler
7 Alumnus
Heimtücke
3 Arg
6 Kabale
7 Arglist, Bosheit, Intrige
8 Perfidie
9 Heuchelei
10 Falschheit, Hinterlist
12 Niedertracht
heimtückisch
6 perfid
9 intrigant
heimtückische(r, s)
Anschlag
8 Attentat
Gegner
8 Kabalist
Mörder
8 Meuchler
Spiel
6 Kabale
7 Intrige
Heirat
7 Mariage, Trauung
8 Hochzeit
11 Vermaehlung
14 Eheschliessung
Heiratsbekanntgabe
8 Aufgebot
Heiratsgut
7 Mitgift
8 Dotation
Heiratssymbol
7 Ehering
8 Trauring
10 Brautkranz
11 Myrtenkranz
12 Brautstrauss
heiser
3 rau
6 belegt
heiß machendes Gerät
8 Erhitzer
heiße(r, s)
ägyptischer Wüstenwind
6 Kamsin
alkoholisches Getränk
4 Grog
6 Punsch
Ausbackfett
9 Frittuere
Jazz
3 Hot
Punkt der Erde
8 Hitzepol
Quelle
6 Geiser, Geysir
Rumgetränk
4 Grog
Springquell
6 Geiser
Südostwind Spaniens
6 Solano
Verlangen
8 Begierde
Wind in Israel
8 Scharaff
Wüstenwind
7 Chamsin
Zone
6 Tropen
heißeste Stelle der Erde
9 Waermepol
Heißhunger
7 Bulimie
9 Kohldampf
Heißluftbad
5 Sauna
Heißluftdusche
4 Foen
5 Foehn
Heißsporn
8 Hitzkopf
9 Desperado, Fanatiker
10 Choleriker
12 Draufgaenger
Heißwasserbereiter
6 Boiler
heiter
4 froh
5 fidel
6 jovial, launig, lustig, munter, sonnig
7 humorig
8 amuesant
9 froehlich, humorvoll, vergnuegt, verspielt, wohlgemut
11 unbeschwert
12 plaesierlich
heitere(r, s)
Bühnenstück
5 Posse
7 Schwank
8 Burleske, Burletta, Komoedie
9 Lustspiel
Gemüt
8 Euthymie, Frohsinn
Gemütsverfassung
7 Eukolie
Mensch
7 Galopin
9 Frohnatur
11 Sanguiniker
Musikstück
9 Humoreske
Satz
9 Scherzoso
Tonstück
7 Scherzo
Heiterkeit
8 Frohsinn
9 Fidelitas
13 Froehlichkeit
Heiterkeitsäußerung
6 Lachen
Heiterkeitserfolg
6 Lacher
Heizgas
5 Butan
6 Propan
Heizgeräteteil
7 Brenner
Heizgitter
4 Rost
Heizkörper
4 Ofen
7 Oelofen

8 Koksofen, Radiator
9 Konvektor

Heizmaterial
3 Gas, Oel
4 Holz, Koks, Torf
5 Butan, Grude, Kohle, Masut
6 Erdgas, Erdoel, Rohoel
7 Brikett, Heizoel, Naphtha
9 Anthrazit, Brennholz, Eierkohle, Holzkohle, Leichtoel, Nusskohle, Petroleum
10 Braunkohle, Steinkohle
11 Eierbrikett

Heizungsanlage
4 Ofen
5 Kamin
7 Gasofen
9 Heizsonne
10 Kachelofen, Oelheizung
11 Elektroofen
13 Etagenheizung
14 Zentralheizung
16 Fussbodenheizung

hektisch
6 erregt
7 gereizt, nervoes

Held
5 Heroe, Heros, Recke
6 Pelide
9 Achilleus

bei Ariost
9 Rodomonte

bei Büchner
7 Woyzeck

bei Cervantes
7 Quijote, Quixote
9 Quichotte

bei Chamisso
9 Schlemihl

bei Defoe
8 Robinson

bei Ibsen
4 Gynt

bei Jules Verne
7 Sandorf

bei Kleist
8 Kohlhaas

bei Seidel
9 Huehnchen

bei Shakespeare
7 Othello

bei Swift
8 Gulliver

der babylonischen Sage
9 Xisuthros

der deutschen Sage
8 Wolfhart

der Dietrichsage
6 Witege
7 Wittich

der germanischen Sage
8 Woelsung

der griechischen Sage
7 Perseus, Theseus
8 Herakles, Herkules

der Ilias
8 Achilles

der Kudrunsage
7 Hartmut

der nordischen Sage
8 Starkadr

der serbokroatischen Dichtung
5 Marko

des indischen Nationalepos
4 Rama

des Nibelungenlieds
6 Volker

einer amerikanischen Sekte
6 Mormon

einer französischen Sage
6 Haimon

einer Hauff-Novelle
8 Jud Suess

einer mittelhochdeutschen Dichtung
4 Wate

einer nordischen Dichtung
7 Hagbard

eines deutschen Volksbuches
5 Ernst, Faust
6 Robert
10 Fortunatus

eines Epos
6 Morolf
7 Orendel, Walther

eines Räuberromans
9 Rinaldini

eines Spruchgedichts
7 Markolf

gegen Theben
8 Kapaneus

im Alten Testament
6 Tobias

im Trojanischen Krieg
8 Agapenor

in der Ilias
7 Stentor

in der nordischen Sage
7 Hunding

in der Odyssee
7 Elpenor

in der Oper „Turandot"
5 Kalaf

in Freytags „Ahnen"
8 Ingraban

in Webers „Dreizehnlinden"
5 Elmar

in „1001 Nacht"
7 Sindbad

mittelalterlicher Ritterromane
6 Amadis

Sohn des Theseus
6 Akamas

vor Troja
6 Akamas

Heldenbriefe (Literatur)
8 Heroiden

Heldendarsteller(in)
7 Heroine
8 Tragoede
9 Tragoedin

Heldenepos der Babylonier
6 Sargon

Heldenerzählung
4 Sage

Heldengedicht
4 Epos
7 Ballade
8 Eckelied

Homers
5 Ilias
6 Iliade
7 Odyssee

Vergils
6 Aeneis
7 Aeneide

heldenhaft
8 heroisch

Heldenhaftigkeit
6 Heroik

Heldenlied
9 Rhapsodie

Heldenmädchen bei Goethe
5 Sebus

heldenmäßig
6 eroico

Heldenmut
9 Heroismus

Heldenparadies
7 Walhall
8 Walhalla

Heldensage
6 Mythos, Mythus

Heldentempel
6 Heroon

Heldentum
9 Heroismus

Heldin
6 Heroin
7 Heroine

bei Schiller
8 Turandot

bei Sophokles
8 Antigone

der deutschen Sage
9 Kriemhild

der Tristansage
6 Isolde

einer nordischen Dichtung
5 Signe

eines deutschen Volksbuches
8 Magelone

im Alten Testament
6 Judith

im Waltharilied
8 Hildgund

in der Argonautensage
5 Medea

in Puccinis „La Bohème"
4 Mimi

in „1001 Nacht"
8 Zumurrad

in „Bonjour tristesse"
6 Cécile

vieler Werke
8 Lucretia

Helenenkraut
5 Alant, Inula

Helfer
4 Aide
5 Adept

6 Maezen, Mentor, Retter
7 Adlatus, Famulus, Gehilfe
8 Adjutant, Befreier, Erloeser, Komplize, Paraklet, Ratgeber
9 Assistent, Sekundant

bei Entscheidungen
7 Berater

beim Tennisspiel
9 Balljunge

der Inneren Mission
6 Diakon

des Bonifatius
9 Willibald

im Labor
9 Chemikant

Mohammeds
6 Anssar

hell

aufleuchtender Stern
9 Supernova

glühendes Gebilde
9 Feuerball

klingend
4 hoch

tönend
4 gell
7 schrill

hellbraun
5 beige

helle(r)

Farbschicht
5 Lasur

Flamme
4 Lohe

Glimmer
7 Serizit
8 Muskovit, Muskowit

hellenistische(r)

Bildhauer
9 Philiskos

Dichter
8 Nikander
9 Philitias

Erzählform
8 Epyllion

Gemeindeärzte
9 Archiater

Hofärzte
9 Archiater

Philosoph
8 Chrysipp

Umgangssprache
5 Koine

Hellerkraut
7 Thlaspi

hellfarbene(r, s)

Pferd
5 Falbe
9 Lehmfuchs

„Rebensaft"
9 Weisswein

hellgrünes

Mineral
9 Andrewsit

hellhaarige

Frau
6 Blonde
8 Blondine

Person
9 Blondkopf

Hellseher
7 Prophet
9 Weissager

hellseherischer Medium
9 Paragnost

Helm

der gotischen Fiale
6 Riesen

im Mittelalter
5 Haube
8 Eisenhut, Topfhelm
9 Schallern

Helmfederbusch
7 Panasch

Helmgitter
6 Visier

Helmriemen
9 Sturmband

Helmschmuck
6 Zimier
9 Haarbusch

Helmtypen
7 Kaskett, Tschako
8 Eisenhut, Topfhelm
9 Schallern, Stahlhelm, Sturzhelm
10 Raupenhelm, Schutzhelm, Sturmhaube, Tropenhelm
11 Pickelhaube, Spangenhelm

Helvetier zur Zeit Cäsars
9 Orgetorix

hemdartiges Kleidungsstück
6 Trikot

Hemdbrust
9 Chemisett

Hemdenstoff
6 Corell

Hemdteil
6 Kragen
10 Manschette

hemmen
7 bremsen, hindern
9 behindern, sistieren
11 okkludieren

Hemmnis
6 Huerde
7 Skrupel
8 Handicap, Stoerung
9 Hindernis

hemmungslos
9 ungeniert
10 skrupellos

Hemmvorrichtung
5 Raste
6 Bremse
8 Gesperre, Sperrrad

Henkelgefäße
4 Krug, Topf
5 Kanne, Pokal, Tasse
7 Karaffe, Terrine

Henker
13 Scharfrichter

Henkergerüst
6 Galgen
8 Schafott

Henkersbeil
8 Richtaxt

Henkerstrick
6 Strang

Henkerwerkzeug
8 Fallbeil
10 Guillotine

Henne
4 Huhn
6 Glucke

herab
6 nieder
8 abwaerts, herunter, hinunter

herabhängende

Hautfalte
5 Wamme, Wampe

Lippe
6 Flappe

herabsetzen
6 senken
10 reduzieren
14 diskriminieren

Herabsetzung
7 Senkung
8 Abstrich
9 Minderung, Reduktion
15 Diskriminierung

herabwürdigen
11 degradieren, erniedrigen
12 deklassieren

heraldische(s)

Darstellung
9 Ehewappen

Farben
7 Tinktur

Muster
8 Schindel

Pelzwerk
9 Wolkenfee

Schildteilung
9 Geschacht

Herantransport
6 Anfuhr

Heranwachsender
4 Teen
8 Teenager
9 Juengling
11 Halbstarker
12 Jugendlicher
14 Halbwuechsiger

Heranzieher
8 Zuechter

Herapriesterin
2 Io

Heraufsetzen
9 Erhoehung

herausfinden
7 erraten
8 eruieren
9 entdecken, ermitteln
11 entraetseln

Herausforderer
11 Provokateur

herausfordern
6 reizen
7 trotzen
11 provozieren
herausfordernd
9 aggressiv, provokant
10 ostentativ
14 provokatorisch
Herausforderung
7 Reizung
11 Provokation
herausgeben
7 edieren
9 editieren
11 publizieren
Herausgeber
6 Editor
8 Verleger
9 Publizist
Herausgebervermerk
9 Impressum
herausgehoben
9 exponiert
herausziehen
11 extrahieren
herb
3 rau
5 sauer
6 bitter, streng
7 sproede
8 extra dry
9 abweisend
10 saeuerlich
herbeibringen
11 apportieren
Herbeischaffen des Wildes
6 Apport
Herbstblumen
5 Aster, Malve
6 Dahlie
8 Eisenhut, Georgine, Zeitlose
9 Goldraute, Stockrose
10 Herbstrose, Stockmalve
12 Chrysantheme
14 Herbstzeitlose
Herbstfeier
9 Erntefest
Herbstfestsymbol
9 Erntebaum
Herbstmonate
7 Oktober
8 Dezember, November
9 September
Herd
4 Ofen, Sitz
5 Grill
6 Kocher, Quelle
8 Bratrost, Ursprung
9 Gaskocher
10 Entstehung, Kochplatte, Kochstelle
11 Kuechenofen
Herde
3 Zug
4 Gros
5 Horde, Kette, Masse, Menge, Rotte, Rudel
6 Gruppe
7 Schwarm
10 Ansammlung, Tiergruppe
Hergabe für Geld
7 Verkauf
Hergang
7 Prozess, Verlauf
Heringe
4 Alse, Ihle, Sild
5 Alose, Finte
6 Aesche, Bunker, Tarpon
7 Mailing, Sprotte
8 Anchovis, Maifisch, Menhaden, Pilchard, Sardelle
9 Breitling, Flugfisch, Schnaepel
12 Silberkoenig
Heringsartige
5 Lachs, Renke
6 Aesche, Hering, Tarpon, Tarpun
7 Forelle
Heringsbrühe
4 Lake
Heringsfangboot
5 Buese
Heringsfangschiff
6 Logger
Heringskönig
6 Spoeke
8 Seekatze
9 Meerkatze, Seedrache, Zeusfisch
Heringsspezialitäten
4 Sild, Sill
6 Matjes
8 Buecking, Rollmops
9 Bueckling
herkömmlich
12 traditionell
13 konventionell
Herkunft
6 Quelle, Wurzel
8 Ursprung
9 Herkommen
10 Abstammung, Deszendenz, Provenienz
edler Weine
8 Kreszenz
Herkunftszeichen einer Ware
5 Marke
herleiten
10 deduzieren, induzieren
12 abstrahieren
Herleitung
des Besonderen
9 Deduktion
von Regeln aus Einzelfällen
9 Induktion
Hermann der Cherusker
5 Armin
8 Arminius
Hermaphrodit
7 Zwitter
Hermelinfell
5 Lasky
hermetisch abgeschlossen
9 luftdicht
Heroik
9 Heldenmut
Heroldstab
8 Kaduzeus
9 Kerykeion
des Merkur
8 Caduceus
Heros
4 Held
8 Halbgott
Herrenanzugteil
7 Jackett
Herrendienst
4 Fron
13 Pflichtarbeit
Herrenhaus (Ritterburg)
5 Palas
Herrenhüte
4 Bibi
6 Glocke, Melone
7 Homburg
8 Zylinder
Herrenkleidungsstücke
3 Cut
4 Hose
5 Anzug, Frack, Sakko, Weste
6 Blazer, Ulster
7 Cutaway, Gehpelz, Paletot, Smoking
8 Havelock
9 Klubjacke, Schwenker
Herrensportmantel
6 Slipon
Herrentiere
8 Primaten
herrisch
6 barsch, bruesk
9 anmassend
10 despotisch, tyrannisch
herrischer Mensch
6 Despot, Tyrann
herrlich
5 famos, prima
7 bestens, glorios
8 magnifik
9 exzellent, glanzvoll, goettlich, koestlich, praechtig, triumphal, wunderbar
10 grossartig
Herrschaft
5 Macht
6 Regime
8 Regiment
9 Regierung
10 Hierarchie
12 Staatsgewalt
der Minderheit
10 Oligarchie
der Reichen
11 Plutokratie
des Papstes
8 Papsttum
herrschaftlich
6 feudal
herrschaftlicher Diener
5 Lakai

Herrschaftslosigkeit
8 Anarchie
herrschen
6 walten
7 fuehren
8 gebieten, regieren
9 bestimmen, verwalten
Herrscher
3 Zar
6 Despot, Dynast, Fuerst, Kaiser, Koenig, Regent, Tyrann
7 Monarch
8 Bannherr, Diktator, Feldherr, Gebieter, Potentat, Verweser
9 Imperator, Oberhaupt, Souveraen
10 Gouverneur, Landesherr, Praesident, Vizekoenig
12 Serenissimus
der Guptadynastie
9 Baladitja
des Aztekenreiches
9 Montezuma
des Kuschanreiches
9 Kanischka
eines Slawenreiches
4 Samo
von Babylon
6 Nimrod
von Korinth
9 Periander
von Phrom
5 Gesar
von Syrakus
6 Hieron
von Uruk
8 Enmerkar
Herrscherabzeichen
9 Insignien
Herrschergeschlecht
8 Dynastie
in Syrien
10 Seleukiden, Seleuziden
Herrscherhaus
8 Dynastie
des Krim-Chans
5 Girai
Herrscherkaste im alten Peru
4 Inka
Herrschersitz
5 Thron
Herrscherstab
6 Zepter
Herrschertitel
3 Zar
4 Khan
5 Mogul, Negus, Schah, Tenno
6 Kaiser, Koenig, Sultan
herrschsüchtiger Mensch
6 Despot, Tyrann
herstellen
5 bauen
6 machen
8 erzeugen, fertigen
10 anfertigen
11 fabrizieren, produzieren
Hersteller
6 Macher
8 Erzeuger
9 Fabrikant, Produzent
Herstellung
9 Bereitung, Erzeugung, Fertigung, Schaffung
10 Produktion, Schoepfung
11 Anfertigung, Fabrikation
von Büchern
9 Werkdruck
von CDs
8 Pressung
von Schallplatten
8 Pressung
Herstellungsverfahren
7 Methode, Technik
Herstellungsweise
6 Bauart
7 Machart
herumstrolchen
8 streunen
13 vagabundieren
Herumtreiber
5 Stenz
7 Flaneur, Gammler, Strolch, Stromer
8 Faulpelz, Streuner, Tagedieb, Vagabund
10 Nichtstuer
13 Landstreicher
14 Stadtstreicher
hervorgehoben (Musik)
7 marcato
hervorheben
7 betonen
10 exponieren
12 akzentuieren
14 unterstreichen
Hervorhebung
8 Betonung
hervorragend
5 prima
7 eminent
8 brillant
9 exzellent, prominent, trefflich
10 grossartig
11 vorzueglich
12 vortrefflich
13 ausgezeichnet
Herz
6 Cardia, Kardia
im Kartenspiel
5 Coeur
Herzattacke
7 Infarkt
Herzblattpflanze
9 Parnassia
Herzeleid
4 Gram
6 Kummer, Trauer
7 Schmerz
12 Liebeskummer
Herzensdame
8 Dulzinea
Herzentzündung
8 Karditis
Herzerweiterung
8 Diastole
Herzinnenhaut
8 Endokard
Herzkammererweiterung
8 Diastole
herzlich
5 innig
7 kordial
herzlos
3 roh
4 hart
5 boese
6 brutal
7 grausam, inhuman, unhuman
10 gefuehllos
12 unmenschlich
Herzmittel
7 Koffein
9 Digitalis
11 Strophantin
Herzog
3 Duc
4 Duca, Duke
der Normannen
5 Rollo
7 Tankred
von Bayern
7 Tassilo
von Böhmen
8 Boleslav
von Bourbon
7 Enghien
von Kurland
5 Biron
von Schwaben
7 Liudolf
von Spoleto
4 Wido
Herzogin
8 Duchesse
von Brabant
8 Genovefa, Genoveva
von Orléans
9 Liselotte
von Schwaben
6 Hadwig
herzogliche Linie der spanischen Bourbonen
5 Parma
Herzogtum in Modena
4 Este
Herzschlag
7 Systole
8 Diastole
Herzschlagstörung
9 Arhythmie
herzstärkende(s) Mittel
8 Kardiaka
9 Kardiakum
Herzvorkammer
6 Atrium, Vorhof
Hessen
Berge
6 Knuell
8 Feldberg, Meissner

9 Melibocus, Taufstein
10 Biedenkopf
11 Wasserkuppe
Dialektdichter
5 Malss
Erbmarschälle
8 Riedesel
Erzähler
7 Stoltze
Flüsse
3 Ahr, Ohm
4 Dill, Eder, Lahn, Main
5 Fulda, Haune, Nidda
6 Diemel, Kinzig, Nidder, Wetter
7 Schwalm
8 Muemling
9 Weschnitz
Gebirge, Höhenzüge
5 Rhoen, Tromm
6 Taunus
8 Burgwald, Odenwald, Spessart
10 Kellerwald, Vogelsberg, Westerwald
12 Habichtswald
13 Kaufunger Wald, Knuellgebirge
14 Rheinhardswald
15 Rheingaugebirge
Hauptstadt
9 Wiesbaden
Kopfputz der Braut
7 Schnatz
Landschaften
6 Rodgau, Upland
7 Schwalm, Waldeck
8 Rheingau, Wetterau
Regierungsbezirke
6 Kassel
7 Giessen
9 Darmstadt
Städte und Orte
3 Orb
4 Hoof, Lich, Tann
5 Bebra, Fulda, Hanau, Nidda, Soden, Voehl
6 Bad Orb, Biblis, Borken, Emstal, Erbach, Haiger, Hungen, Kassel, Langen, Lollar, Lorsch, Nassau, Sontra, Umbach
7 Alsfeld, Arolsen, Dieburg, Giessen, Hadamar, Herborn, Hofheim, Homburg, Idstein, Korbach, Limburg, Marburg, Nauheim, Steinau, Usingen, Villmar, Waldeck, Wetzlar
8 Bad Soden, Baunatal, Bensheim, Eltville, Eschwege, Fritzlar, Guxhagen, Hersfeld, Huenfeld, Niddatal, Nidderau, Weilburg
9 Darmstadt, Frankfurt, Friedberg, Oberursel, Offenbach, Viernheim, Wiesbaden, Wildungen
10 Bad Homburg, Bad Nauheim, Battenberg, Biedenkopf, Dillenburg, Gelnhausen, Gross-Gerau, Heppenheim, Hofgeismar, Pfungstadt, Ruedesheim, Schwalbach
11 Babenhausen, Frankenberg, Koenigstein, Lampertheim, Neu Isenburg
12 Bad Wildungen, Schlangenbad
14 Assmannshausen
Stauseen
7 Edersee
9 Diemelsee
hessisch-pfälzisch: Kirchweih
4 Kerb
hessisch:
Apfelweinkrug
6 Bembel
Nacktschnecke
8 Schnegel
Hetäre aus Athen
5 Thais
6 Phryne
Hethiter
Hauptstadt
7 Hattusa
8 Chattusa
Herrscher
7 Labarna, Mursili
8 Labarnas, Mursilis, Telepinu
9 Murschili, Muwatalli
10 Hattusilis
11 Hattuschili
Hethiterreich
6 Chatti
hethitischer Königsgott
6 Santas
Hetze
4 Hatz
6 Unrast
7 Polemik
9 Agitation, Demagogie
14 Verunglimpfung
hetzen
5 jagen
6 hasten
Hetzer
7 Wuehler
8 Agitator, Demagoge
10 Aufruehrer, Aufwiegler
Hetzjagd
4 Hatz
8 Parforce
Hetzkampagne
13 Kesseltreiben
Heuanhäufung
6 Triste
Heuboden
5 Tenne
Heuchelei
3 Lug
4 Cant, Trug
5 Getue, Luege, Mache
6 Betrug
8 Komoedie, Notluege
9 Muckertum
10 Bigotterie, Falschheit, Gleisnerei, Simulation
16 Scheinheiligkeit
Heuchler
7 Luegner
8 Gleisner, Hypokrit, Simulant, Tartueff, Tartuffe
9 Froemmler
10 Pharisaeer
heuchlerisch
12 pharisaeisch
heuchlerischer Frömmler
6 Mucker
Heugabel
5 Forke
Heuhaufen
5 Dieme
Heuschnitt
4 Mahd
Heuschober
6 Stadel
Heuschreckenart
6 Grille
8 Heimchen, Heupferd
10 Baumgrille, Feldgrille, Heuhuepfer
11 Grashuepfer
15 Gottesanbeterin
heutiger Name des ehemaligen Britisch-Honduras
6 Belize
Heutrockengestell
6 Reiter, Reuter
hexen
7 zaubern
Hexenbesen
6 Mistel
Hexenfest
14 Walpurgisnacht
Hexenschuss
7 Lumbago
Hexer
6 Magier
8 Zauberer
Hexerei
5 Magie
6 Zauber
8 Zauberei
Hibiskus
6 Ibisch
7 Eibisch
Hibiskusart
8 Hanfrose
Hickorynussbaum
5 Carya
Hieb
3 Hau
5 Klaps, Treff
6 Schlag
7 Streich

Hiebe
4 Haue
5 Keile, Senge
7 Dresche, Pruegel
8 Schlaege
10 Bestrafung
Hiebwaffen
5 Gleve
6 Saebel
7 Schwert
9 Streitaxt
10 Hellebarde, Schlagring
Hiebwunde
8 Schmarre
Hierarchie
9 Rangfolge
Hieroglyphen
13 Bilderschrift
14 Schriftzeichen
Hifthorn des Roland
7 Olifant
Hijacker
9 Luftpirat, Skyjacker
Hilfe
5 Zutun
6 Dienst, Schirm, Schutz
7 Dazutun, Rettung, Stuetze, Sukkurs
8 Beistand, Vorschub
9 Assistenz, Errettung, Sekundanz
10 Mitwirkung
12 Handreichung
13 Beguenstigung
14 Unterstuetzung
Hilfsbedürftigkeit
3 Not
5 Elend
6 Misere
7 Notlage
12 Notsituation
hilfsbereit
9 gefaellig, kollegial
10 humanitaer
15 entgegenkommend
Hilfsboote
4 Slup
6 Tender
9 Schaluppe
Hilfsgeistlicher
5 Vikar
6 Kaplan
Hilfsgelder
9 Subsidien
Hilfskraft
6 Helfer
8 Adjutant, Beistand
9 Assistent
11 Mitarbeiter
Hilfsmittel
7 Utensil
8 Gipsform, Induktor, Material, Requisit
9 Ressource
10 Utensilien
Hilfspolizistin
9 Politesse
Hilfstruppe im römischen Heer
7 Auxilia
Hilfswerkzeug (Drehbank)
8 Drehherz
Hilfszeitwörter
4 sein
5 haben
6 moegen, sollen, werden
7 koennen, muessen
Himalajagipfel
3 Api
5 Kamet
6 Lhotse, Makalu
7 Dapsang, Everest, Manaslu
9 Annapurna, Kedarnath
10 Dhaulagiri
11 Gaurisankar, Nanga Parbat
12 Mount Everest
Himalajalandschaft
8 Kaschmir
Himalajapass
4 Nola
9 Zodschila
Himalajastaaten
5 Nepal
6 Bhutan
himbeerfarben
6 fraise
Himmel
6 Aether
7 Elysium, Sphaere
8 Jenseits, Paradies
9 Firmament
11 Sternenzelt
himmelblau
5 azurn
Himmelfahrt Mohammeds
8 Miradsch
Himmelsbläue
4 Azur
Himmelsbote
5 Engel
Himmelsbrot
5 Manna
Himmelserscheinung
9 Nordlicht
10 Polarlicht
Himmelsfärbung
5 Roete
8 Abendrot
9 Morgenrot
Himmelsforscher
8 Astronom
Himmelsgewölbe
7 Sphaere
9 Firmament
Himmelskönigin
5 Maria
7 Madonna
Himmelskörper
4 Luna, Mond, Nova
5 Komet, Sonne, Stern
6 Astrum, Meteor, Planet
7 Gestirn, Trabant
8 Fixstern, Meteorit, Satellit
9 Mirastern, Planetoid
11 Wandelstern
Himmelskunde
10 Astronomie
Himmelspförtner
6 Petrus
Himmelsrichtungen
3 Ost
4 Nord, Sued, West
5 Osten
6 Norden, Sueden, Westen
7 Nordost
8 Nordwest
9 Nordosten
10 Nordwesten
11 Nordnordost, Suedsuedost
12 Nordnordwest, Suedsuedwest
Himmelsschlüsselblume
6 Primel
Himmelsstürmer
10 Prometheus
Himmelswächter
7 Heimdal
8 Heimdall
Himmelszelt
9 Firmament
himmlisch
10 aetherisch, ambrosisch
12 paradiesisch
himmlische Freude
9 Seligkeit
hin und . . .
3 her
hin und wieder
9 zeitweise
hinaufführender Weg
7 Anstieg
hindern
6 hemmen
7 bremsen, stoeren
9 abblocken, lahmlegen, verderben, vereiteln
10 blockieren
12 boykottieren, durchkreuzen
hindernd
9 repressiv
14 unterdrueckend
hindernde
Kraft
7 Reibung
8 Friktion
Hindernis
6 Fessel, Huerde, Sperre
7 Hemmnis, Hemmung
8 Barriere, Sperrung
9 Barrikade, Hemmschuh
beim Pferderennen
4 Oxer, Rick, Wall
5 Hecke, Knick, Mauer
6 Gatter, Graben, Huerde
in der Schiffart
4 Riff
5 Barre, Nebel
7 Eisberg, Untiefe
8 Sandbank, Treibeis
Hindernisbahn
8 Parcours

Hindernislauf
11 Huerdenlauf
Hindernispfahl
8 Palisade
Hinderniswand
8 Eskalade
Hinderung
7 Hemmnis, Hemmung
Hindiname für Indien
6 Bharat
Hindu-Asket
5 Sadhu
Hindu-Wallfahrtsorte
6 Dwarka
7 Benares
8 Varanasi
Hindu-Fest
3 Hul
Hindu-Göttin
8 Lakschmi
Hindu-Heiliger
6 Saddhu
hinduistische(r)
Gott
5 Visnu
6 Vishnu
7 Wischnu
Halbgötter
9 Gandharwa
Religionsanhänger
7 Shaktas
Religionsgemeinschaft
6 Shaiva
7 Shaivas
8 Schaiwas, Schaktas
Schöpfergott
6 Brahma
Sektierer
9 Vaishnava
Wallfahrtsort
8 Gangotri
Hindu-Kaste
4 Ahom
Hindukusch-Stamm
6 Pathan
Hindupilgerstadt
9 Srirangam
Hinduvolk
8 Marathen
Hinfahrt
7 Anreise
hinfällig
5 elend, siech
8 klapprig
Hingabe
4 Kult
5 Eifer, Liebe, Opfer
7 Passion
11 Aufopferung
12 Begeisterung, Bereitschaft, Leidenschaft
17 Opferbereitschaft
hingerissen
9 verzueckt
10 ekstatisch
hinken
7 humpeln
hinkendes Gehen
8 Humpelei
hinlänglich
5 genug
7 sattsam
9 genuegend
10 suffizient
11 ausreichend, zulaenglich
Hinrichtung
9 Exekution
Hinrichtungsgeräte
3 Rad
5 Kreuz
6 Galgen, Strang, Strick
8 Fallbeil, Garrotte, Richtaxt, Schafott
9 Halseisen, Richtbock
10 Guillotine, Richtstuhl
13 Wuergschraube
14 Wuergeschraube
hinschaffen
14 transportieren
Hinsicht
5 Bezug
8 Einblick, Relation
9 Beziehung
hinsichtlich
8 in puncto
hinstreben
8 abzielen
9 tendieren
hinter
4 nach
7 folgend
Hinterbliebene
5 Waise, Witwe
Hinterbliebener
6 Witwer
hinterbringen
8 verraten, zutragen
12 kolportieren
hintere(r, s)
Backenzahn
5 Molar
Fußteil
5 Ferse
Geräteteil
9 Rueckwand
Hacken
5 Ferse
Halsgegend
6 Genick, Nacken
Halsteil
6 Genick, Nacken
Körperende
6 Steiss
Möbelteil
9 Rueckwand
Sitz im Wagen
4 Fond
Zehenseite (Pferd)
5 Koete
Zehenseite (Rind)
5 Koete
Hintergaumenlaut
8 Kehllaut
Hintergedanke
4 List
6 Tuecke
7 Arglist
10 Heimtuecke, Hinterlist
Hintergrund
4 Fond
5 Folie, Tiefe
8 Prospekt
10 Background
Hinterhalt
5 Falle, Lauer
8 Versteck
hinterhältig
6 falsch, gemein, perfid
8 verlogen
9 arglistig, intrigant, tuekkisch, versteckt
10 raenkevoll
13 heimtueckisch
15 niedertraechtig
hinterhältige
Nettigkeit
9 Judaskuss
Machenschaft
6 Raenke
7 Arglist, Intrige
8 Rankuene
hinterindische(r, s)
Halbinsel
7 Malakka
Schlange
8 Feaviper
Sprache
5 Karen
8 Laotisch
Staaten
4 Laos
5 Birma, Burma
7 Vietnam
8 Malaysia, Singapur, Thailand
10 Kambodscha
Strom
6 Mekong
7 Irawadi
Volk
4 Cham, Lahu
5 Karen
7 Palaung, Sinteng
Wildrind
5 Gayal
7 Kouprey
Hinterlassenschaft
4 Erbe
7 Erbteil
8 Nachlass
hinterlegen
10 deponieren
Hinterleger
8 Deponent
hinterlegte Wertsachen
9 Depositen
Hinterlegtes
5 Depot, Pfand
7 Kaution
Hinterleib der Insekten
7 Abdomen
Hinterlist
6 Kabale, Raenke, Tuecke
7 Arglist, Bosheit, Intrige
8 Rankuene

10 Heimtuecke, Taeuschung
12 Machenschaft
13 Verschwoerung
hinterlistiges Verhalten
9 Intriganz
Hinterschiff
4 Back, Heck
12 Achterschiff
Hinterseite
7 Ruecken
9 Kehrseite
10 Rueckseite
hinterste(r, s)
Segelbaum
9 Besanmast
Vorsegel auf Yachten
4 Fock
Hinterteil des Schiffes
4 Heck
5 Stern
12 Achterschiff
Hinterziehung
12 Defraudation
14 Unterschlagung
Hinweg
7 Anfahrt, Anreise
8 Aufstieg
4 fort
5 davon
Hinweis
3 Rat
4 Avis, Spur, Tipp, Wink
5 Aviso, Indiz
8 Argument, Auskunft
9 Andeutung, Ratschlag
10 Anspielung, Empfehlung, Fingerzeig, Geheimtipp
hinweisendes
Fürwort
2 da
4 dies, dort, jene
5 diese, jener, jenes
6 dieser, dieses, selber, selbst, solche
7 solcher, solches
Merkmal
9 Indikator
Wort
5 damit
Hinweistafel
an Abzweigungen
9 Wegweiser
im Verkehr
6 Schild
Hinz und . . .
4 Kunz
hinzufügen
8 addieren
hinzufügend
7 additiv
Hinzufügung
6 Anlage
8 Addition, Nachtrag
10 Ergaenzung
hinzukommend
6 weiter
7 additiv
9 ausserdem
hinzukommende Last
8 Zuladung
hinzuzuzählende Zahl
7 Summand
Hiobsbotschaft
16 Ungluecksmeldung
Hippodrom
9 Reithalle
10 Tattersall
Hirnanhang
9 Hypophyse
Hirngespinst
4 Trug
6 Utopie
7 Phantom
8 Fantasie, Illusion, Tagtraum, Trugbild, Wahnidee
9 Phantasie, Schimaere
10 Einbildung
11 Fantasterei, Fata Morgana, Luftschloss
12 Phantasterei, Schwaermerei
Hirnkammer
9 Ventrikel
Hirnrinde
6 Kortex
Hirsch
7 Dambock, Sechser
9 Wasserreh
11 Moschustier
im zweiten Jahr
8 Spiesser
mit einem bestimmten Geweih
9 Achtender
mit großem Geweih
9 Zehnender
mit schaufelförmigem Geweih
4 Elch
Hirscharten
3 Dam, Elk, Reh, Ren
4 Axis, Deer, Elch, Elen, Milu, Pudu, Rusa, Sika
5 Maral, Moose
6 Guazuy, Hangul, Huemul, Isubra, Karibu, Mazama, Sambar, Thamin, Wapiti
7 Damwild, Meminna, Muntjak, Rentier, Rotwild
8 Edelwild, Elentier, Zwergreh
9 Barasinga, Damhirsch, Kantschil, Moosedeer, Rothirsch, Schaufler, Tundraren, Wasserreh
10 Alaskaelch, Altaimaral, Axishirsch, Bellhirsch, Bergkaribu, Edelhirsch, Kamphirsch, Puduhirsch, Riesenelch, Rusahirsch, Sikahirsch, Trughirsch, Waldkaribu
11 Altaihirsch, Andenhirsch, Brandhirsch, Gabelhirsch, Leierhirsch, Moschustier, Steppenelch, Sumpfhirsch
12 Davidshirsch, Gabelmuntjak, Isubrahirsch, Kronenhirsch, Mazamahirsch, Pampashirsch, Pferdehirsch
Hirschbrunstlaut
7 Roehren
Hirscheber auf Celebes
9 Babirussa
Hirschgeweih
6 Stange
7 Gewicht, Sechser
8 Gefaenge, Gestaeng
Hirschgeweihansatz
4 Rose
10 Rosenstock
Hirschgeweihfell
4 Bast
6 Gefege
Hirschgeweihteile
4 Ende
5 Gabel, Krone, Perle
6 Spiess, Spross
8 Schaufel
9 Augspross
Hirschjunges
4 Kalb
8 Kahlwild, Wildkalb
Hirschkäfer
9 Schroeter
Hirschkuh
5 Hinde
6 Hindin
7 Rottier
8 Gelttier
Hirschschwanz
5 Wedel
Hirschzunge
6 Graser, Lecker
Hirseart
5 Fench
7 Fennich, Sorghum
8 Eleusine
Hirtenflöten
6 Syrinx, Zufolo
7 Fistula
8 Schalmei
9 Panfloete
10 Flageolett
Hirtengedicht
6 Ekloge
Hirtengott
3 Pan
4 Faun
Hirtenlied
6 Ekloge, Idylle
9 Pastorale
10 Bergerette, Villanella
Hirtenspiel
9 Pastorale
Hirtenstab des Bischofs
9 Pastorale
Hirtenvolk Afrikas
6 Damara, Fullah, Herero

Hirtin, Gespielin des Krischna
5 Radha
Histörchen
8 Anekdote
historisch
9 vergangen
14 zurueckliegend
historische(r, s)
Adelstitel
7 Gaugraf
astronomisches Gerät
9 Ringkugel
Balkangebiet
8 Rumelien
Bauwerk
8 Stadttor
Druckverbotsformel
8 Damnatur
Epos der Ukrainer
5 Dumka
Festungsbautyp
7 Redoute
französische Landschaft
8 Dauphiné
Gebiet (Belgien/Frankreich)
8 Hennegau
Gebiet in Nordrhein-Westfalen
4 Vest
Gebiet in Osteuropa
8 Galizien
Gebiet Osteuropas
9 Sarmatien
Gebiet Schwedens
8 Svealand
Gerichtsbarkeit
8 Blutbann
griechische Freischaren
8 Klephten
italienische Landschaft
9 Kampanien
Kernlandschaft Japans
6 Jamato
kleinasiatische Landschaft
8 Galatien
Landschaft (Frankreich)
7 Barrois
Landschaft an der Maas
3 Bar
Landschaft Frankreichs
8 Provence
Landschaft in der Ukraine
8 Podolien
Landschaft in Frankreich
9 Angoumois
Landschaft in Georgien
9 Kachetien
Landschaft in Polen
8 Podlasie
Landschaft Italiens
8 Lukanien
Landschaft Kleinasiens
6 Karien
Landschaft Spaniens
8 Galicien
Materialismus
8 Histomat
mongolischer Titel in Persien
6 Ilchan
Moskauer Russland
9 Moskowien
Münze
8 Artisien
Name Frankens
9 Franconia
niederländisches Küstenfahrzeug
4 Aake
Ostfranzose
9 Savoyarde
ostpreußische Landschaft
8 Nadrauen
ostpreußischer Freibauer
7 Koelmer
päpstliche Behörde
7 Datarie
Papstwahl
6 Akzess
Provinz Frankreichs
4 Foix
5 Aunis, Béarn
7 Picarde, Savoyen
8 Picardie
9 Nivernais, Orléanais
Provinz in Irland
9 Connaught
Provinz in Polen
8 Kujawien
Provinz in Spanien
8 Asturien
9 Aragonien
Provinz Portugals
9 Beiraalta
Provinz Schwedens
7 Schonen
9 Bohuslaen
Rhein-Donau-Gebiet
9 Zehntland
sächsische Grenzfeste
8 Eresburg
Spandauer Altstadt (Berlin)
4 Kolk
spanische Bündnisse
9 Hermandad
spanische Kriegsflotte
6 Armada
Statthalter der Niederlande
4 Alba
Zufluchtsstätte
9 Fliehburg
Hitzebläschen
6 Pustel
Hitzenebel in Spanien
6 Calina
Hitzeperiode im Sommer
9 Hundstage
hitzig
6 feurig, furios
7 fiebrig, wuetend
8 gluehend
13 gluehendheiss
Hitzkopf
9 Desperado, Fanatiker
10 Choleriker, Heisssporn
Hitzschlag
8 Heliosis
Hobbyarbeit
8 Bastelei
Hobbywerkzeug
9 Laubsaege
Hobelabfall
4 Span
Hobelmaschine
6 Fraese
hoch achten
11 aestimieren
hoch angesehen
8 beruehmt
hoch begabt
6 genial
hoch begabter Mensch
5 Genie
hoch betagt
5 senil, uralt
8 steinalt
11 greisenhaft
hoch betagte Frau
7 Greisin, Matrone
hoch empfindliches Kontrollgerät
6 Sensor
hoch explosiv
7 brisant
hoch gebildet
10 kultiviert
hoch gelegener Gasthof
5 Baude
9 Berghotel
hoch gelegener Ortsteil
8 Oberdorf
hoch gelegenes Küstenland
5 Geest
hoch gewachsen
4 lang, rank
7 schlank
hoch liegendes Gebiet
8 Oberland
Hochachtung
6 Tribut
7 Respekt
8 Reverenz
9 Ehrfurcht, Verehrung
hochbeinige(r, s)
Singvogel
6 Stelze
Sitzmöbel
9 Barhocker
Hochbetrieb
3 Run
6 Saison, Trubel
7 Andrang, Ansturm
8 Gewimmel
10 Hochsaison
11 Hauptsaison
Hochburg
7 Zentrum
Hochchinesisch
8 Mandarin
Hochdruckgebiet
11 Antizyklone
Hochebene
4 Puna
6 Meseta

7 Plateau
9 Tafelland
Hochebene Zentralspaniens
6 Meseta
Hochfläche
7 Plateau
am Rigi
9 Scheidegg
bei Bozen
5 Renon
6 Ritten
der algerischen Sahara
4 Mzab
in der Steiermark
6 Ramsau
7 Raxalpe
in Niedersachsen/ Thüringen
9 Eichsfeld
in Rheinland-Pfalz/Saarland
8 Westrich
in Südtirol
9 Seiseralm
skandinavischer Gebirge
6 Fjaell
Hochfrequenzgleichrichter
8 Detektor
Hochgebirge
in Amerika
5 Anden
11 Kordilleren
in Asien
8 Himalaja, Nanschan
9 Karakorum
in Europa
5 Alpen
in Südamerika
5 Anden
in Tibet
6 Dangla
Hochgebirgsnische
3 Kar
Hochgebirgstier
9 Steinbock
Hochgebirgsweide
3 Alm, Alp
4 Alpe
5 Trift
9 Bergtrift, Bergwiese
Hochgebirgswild
9 Gaemsbock, Steinbock
Hochgefühl
5 Stolz, Wonne
7 Ekstase
8 Euphorie
12 Enthusiasmus
Hochglanzgewebe
5 Glacé
hochgradig Begeisterter
3 Fan
Hochhaus
13 Wolkenkratzer
Hochhäuserkontur
7 Skyline
hochheben
7 stemmen
hochheilig
10 sakrosankt
hochherzig
4 edel
7 liberal
9 freigebig, selbstlos
10 edelmuetig
11 grossmuetig
16 verstaendnisvoll
Hochherzigkeit
7 Edelmut
12 Generositaet
hochkant
8 aufrecht
9 senkrecht
Hochkonjunktur
4 Boom
6 Hausse
Hochland
am Toten Meer
4 Edom
im Donau-Quellgebiet
4 Baar
in Asien
4 Iran
5 Dekan, Pamir, Tibet
6 Dekhan
8 Armenien, Mongolei
9 Kurdistan
in Äthiopien
6 Amhara, Semien
in Bolivien
9 Altiplano
in Brasilien
5 Goiás
in der Cyrenaika
5 Barka
in Frankreich
8 Auvergne
in Jordanien
5 Kerak
in Schottland
8 Badenoch
in Spanien
9 Kastilien
in Südafrika
7 Bosveld
in Südfrankreich
8 Auvergne
in Vorderasien
8 Armenien
9 Kurdistan
in Vorderindien
5 Dekan
6 Dekhan
zwischen Schwarzem Meer und Kaspisee
9 Kaukasien
zwischen Werra und Fulda
5 Rhoen
Hochlandgewässer
7 Bergsee
Hochmeister des deutschen Ritterordens
7 Hermann, Winrich
8 Albrecht
Hochmut
6 Hybris
7 Duenkel, Hoffart
8 Arroganz
9 Anmassung
12 Blasiertheit
16 Ueberheblichkeit
hochmütig
5 eitel, stolz
6 hybrid
8 arrogant, blasiert, herrisch
9 anmassend
10 dummdreist, hoffaertig
11 aufgeblasen, duenkelhaft, eingebildet, impertinent
12 ueberheblich
Hochofenprodukt
8 Roheisen
Hochplateau
in Äthiopien
5 Tigre
in Österreich
3 Rax
und Departement
6 Cantal
hochrot
7 ponceau, purpurn, vermeil
hochroter Farbstoff
6 Purpur
Hochruf
5 Eljen, Hurra, Vivat
8 Hosianna
9 Halleluja
Hochschätzung
7 Achtung, Respekt
Hochschlag beim Tennis
3 Lob
Hochschulabsolvent
10 Akademiker
Hochschulbesuch
7 Studium
Hochschule
3 Uni
7 Bauhaus, College
8 Akademie
9 Alma Mater
12 Universitaet
14 Konservatorium
Hochschüler
7 Student
Hochschulgradinhaber
9 Lizentiat, Lizenziat
Hochschulhalbjahr
8 Semester
Hochschulhörsaal
7 Audimax
17 Auditorium maximum
Hochschulinstitut
7 Seminar
Hochschulkasse
8 Quaestur
Hochschullehrer
6 Dozent, Lektor
9 Professor
10 Ordinarius
Hochschulleiter
6 Rektor
Hochschulprofessor im Ruhestand
8 Emeritus

Hochschulviertel in Paris
13 Quartier Latin
Hochseefischerfahrzeug
5 Huker
Hochseefrachtschiff im Mittelalter
4 Hulk
Hochsitz
6 Kanzel
7 Anstand
Hochsprunggerät
4 Stab
10 Sprungstab
Hochsprungtechnik
8 Straddle
11 Fosbury Flop
höchst
4 sehr
6 extrem
7 maximal
8 ueberaus
9 aeusserst
Hochstapler
6 Gauner
7 Blender
9 Betrueger
10 Schwindler
höchstbegabt
6 genial
höchstbegabter Mensch
5 Genie
Höchstbegabung
5 Genie
höchste(r, s)
Alpengipfel
9 Montblanc
Beamter im alten Athen
6 Archon
7 Archont
Begeisterung
7 Ekstase
Berg Amerikas
9 Aconcagua
Berg Asiens
7 Everest
12 Mount Everest
Berg auf Java
6 Semeru
Berg Australiens
15 Mount Kosciuszko
Berg der Erde
7 Everest
12 Mount Everest
Berg der Erde (Mount . . .)
7 Everest
Berg der Ostalpen
7 Bernina
Berg der Pyrenäen
5 Aneto
Berg der Türkei
6 Ararat
Berg des Kaukasus
6 Elbrus
Berg des Schwarzwalds
8 Feldberg
Berg des Tienschan
6 Pobeda
Berg Deutschlands
9 Zugspitze
Berg Europas
9 Montblanc
Berg Großbritanniens
8 Ben Nevis
Berg im Harz
7 Brocken
Berg in Afrika
14 Kilimandscharo
Berg Japans
8 Fujijama
11 Fudschijama
Berg Kanadas
10 Mount Logan
Berg Kretas
3 Ida
Berg Mittelamerikas
9 Tajumulco
Berg Nordamerikas
13 Mount McKinley
Berg Österreichs
13 Grossglockner
Berg Sachsens
11 Fichtelberg
Berg Spaniens
5 Teide
8 Mulhacen, Mulhacén
elektrische Leistung
6 Spitze
englischer Orden
14 Hosenbandorden
Gebirge der Erde
8 Himalaja
Gebirge Europas
5 Alpen
Gebirge Griechenlands
5 Olymp
Genauigkeit
7 Akribie
Gerichtshof im alten Athen
7 Areopag
Gezeitenstand
8 Hochflut
Gipfel in Deutschland
9 Zugspitze
Glückseligkeit im Buddhismus
7 Nirwana
Grad
6 Extrem
islamischer Würdenträger
5 Wesir
militärischer Rang
9 Marschall
päpstliches Gericht
4 Rota
10 Rota Romana
Punkt des Himelsgewölbes
5 Zenit
Saite der Streichinstrumente
7 Cantino
schöpferische Begabung
5 Genie
11 Genialitaet
Sorgsamkeit
7 Akribie
Tonqualität (Abkürzung)
4 HiFi
Vulkan in Costa Rica
5 Irazu
höchstentwickelte Säugetiere
8 Primaten
höchstentwickeltes Lebewesen
6 Mensch
Höchstes
7 Maximum
höchstes mohammedanisches Fest
2 Id
Höchstgeschwindigkeit
9 Full speed
Höchstleistung
6 Rekord
7 Maximum
10 Superlativ
Höchstwert
7 Maximum
Hochtal
der Rätischen Alpen
7 Livigno
im Berner Oberland
11 Grindelwald
im Salzkammergut
5 Gosau
in Graubünden
5 Avers
6 Greina
7 Engadin
in Tirol
9 Stubaital
Hochtourist
8 Alpinist
11 Bergsteiger
Hochwasser an der Küste
9 Sturmflut
10 Springflut
Hochwasserschutz
4 Damm
5 Deich
8 Stauwehr
9 Talsperre
Hochweide
3 Alm, Alp
4 Alpe
hochwertig
5 prima
7 erlesen
8 exquisit
9 exzellent
11 meisterhaft, vorzueglich
12 hervorragend, vortrefflich
13 ausgezeichnet
hochwertige Steinkohle
9 Anthrazit
Hochwildarten
4 Elch
6 Gaemse, Hirsch
7 Mufflon
8 Auerhahn, Auerhuhn
9 Damhirsch, Rothirsch, Steinbock
11 Schwarzwild, Wildschwein

hochwuchten
7 stemmen
Hochzahl
8 Exponent
Hochzeit
6 Heirat
7 Trauung
11 Vermaehlung
14 Eheschliessung
Hochzeiter(in)
5 Braut
10 Braeutigam
hochzeitlich
7 nuptial
Hochzeitsgott
9 Hymenaeus, Hymenaios
Hockdruckkrankheit
10 Hypertonie
hocken
6 kauern
Hocker
6 Buckel, Ekphym
7 Schemel
8 Taburett
höckerloses Kamel
4 Lama
Höckertier
5 Kamel
8 Dromedar
Hockeybegriff
9 Eckschlag, Einrollen
Hof
4 Cour
um eine Lichtquelle
4 Halo
7 Aureole
um Sonne und Mond
7 Aureole
hofähnlicher Platz antiker Häuser
4 Aula
Hofamt der fränkischen Zeit
6 Schenk
Hofamtsinhaber
8 Hoefling
Hofbeamter
6 Herold, Schenk
7 Kanzler
9 Hausmeier, Kaemmerer, Marschall, Truchsess
10 Hofmeister, Kammerherr, Majordomus, Mundschenk, Seneschall
Hofburg des kaiserlichen Hofgerichts
5 Pfalz
Hoffnung
8 Aussicht
9 Erwartung
10 Optimismus, Zuversicht
hoffnungslos
8 desperat
11 enttaeuscht, verzweifelt
hoffnungsvolle Ungeduld
9 Erwartung
hofieren
7 flirten
8 taendeln, umwerben
9 schoentun

höfische(r, s)
Brauchtum
8 Etikette
11 Zeremoniell
Dichtung
9 Minnelied, Minnesang, Versroman
Liebeslyrik
9 Minnesang
Sitte
8 Etikette
Tanz
6 Pavane
7 Menuett
höflich
4 nett
5 artig, urban
6 galant
8 taktvoll
10 aufmerksam, freundlich, kultiviert, manierlich, ritterlich
11 feinfuehlig
12 zuvorkommend
13 gentlemanlike
14 liebenswuerdig
15 ruecksichtsvoll
höfliche(r, s)
Benehmen
3 Pli
7 Anstand, Schliff
Mann
8 Kavalier
Redensart
9 Artigkeit
Höflichkeit
9 Artigkeit
10 Courtoisie, Galanterie, Kompliment, Urbanitaet
Höflichkeitsbezeigung
5 Gruss
6 Knicks
Höflingspartei
9 Kamarilla
Hofmacherei
5 Flirt
8 Poussage
Hofmaler
Friedrichs des Großen
4 Rode
Napoleons I.
6 Gérard
Hofmeister Ludwigs XIV.
8 Béchamel
Hofnarr in Heidelberg
6 Perkeo
Hoforganist in Wien
6 Muffat
Hofritter
7 Paladin
Hofsitte
8 Etikette
Hoftracht
4 Gala
Höhe
4 Berg
6 Gipfel, Niveau
Hohe Schule
9 Reitkunst

Hohe Schule (Figuren)
6 Levade, Pesade
7 Lancade
8 Kapriole, Kurbette
9 Ballotade, Pirouette
hohe(r, s)
Amtsperson
9 Magistrat
Bauwerk
4 Turm
englischer Adelstitel
4 Lord
Erwärmung von Getrieben
9 Heisslauf
Gegenstimme
7 Diskant
Laufgestell
6 Stelze
Lebensstandard
9 Wohlstand
Orgelstimme
9 Siffloete
Pulsfrequenz
9 Herzjagen
Temperatur
5 Hitze
Vergütung
8 Stargage
Hohe-Tauern-Gipfel
7 Ankogel, Eichham
8 Hochnarr, Muntaniz, Schareck
9 Sonnblick
10 Breitkogel
13 Grossglockner
16 Dreiherrenspitze
hoheitliche Entscheidung
9 Staatsakt
Hoheitsgebiet
5 Staat
11 Territorium
Hoheitsrecht
5 Regal
Hoheitszeichen
5 Fahne
6 Emblem, Flagge, Wappen
7 Kokarde
9 Standarte
Höhen
der Nördlichen Kalkalpen
5 Priel
des Karwendelgebirges
8 Solstein
im südlichen England
5 Downs
Höhenlage
6 Niveau
Höhenmesser
9 Altimeter, Ionosonde
10 Hypsometer
Höhenrücken
am Harz
7 Elmwald
an der hessischen Grenze
6 Goburg
des Odenwaldes
5 Tromm

im Hunsrück
8 Hochwald
im Kanton Zürich
6 Irchel
in der Kölner Bucht
5 Ville
in Frankreich
8 Argonnen
in Niederösterreich
9 Jauerling
in Niedersachsen
4 Oder
in Schweden
9 Kolmarden
Höhensonne
7 UV-Lampe
Höhensonnenbaderaum
8 Solarium
Höhenwetterkunde
9 Aerologie
Höhenzug
7 Gebirge
9 Bergkette
am Harz
5 Heber
am Thüringer Becken
9 Schmuecke
bei Braunschweig
3 Elm
bei Hannover
3 Ith
7 Deister
bei Oschersleben
3 Huy
bei Paderborn
4 Egge
der Eifel
9 Schneifel
11 Schneeeifel
der Niederlande
8 Hondsrug
der Westbeskiden
5 Gorce
im Eichsfeld
4 Duen
im Harzvorland
3 Elm
im Hunsrück
4 Idar, Soon
im Kanton Zug
9 Morgarten
im Lennegebirge
6 Homert
im Münsterland
5 Haard
im Sauerland
4 Ebbe, Haar
im Schwäbischen Jura
4 Teck
im Weserbergland
3 Ith
4 Hils
6 Vogler
7 Solling, Suentel
11 Bueckeberge
in Baden-Württemberg
9 Stromberg
in der Mark Brandenburg
8 Flaeming
in der Pfalz
6 Haardt
in der Schweiz
6 Randen
9 Morgarten
in der Steiermark
8 Stubalpe
in Franken
11 Steigerwald
in Liberia
9 Bomihills, Bongrange
in Luxemburg
7 Eisling
in Niedersachsen
3 Elm, Ith
4 Hils
6 Wingst
7 Deister, Solling
8 Oderwald
in Nordostfrankreich
8 Argonnen
in Nordrhein-Westfalen
9 Kalteiche
in Oberschwaben
9 Hoechsten
in Polen
8 Lysagora
in Sachsen-Anhalt
7 Huywald
in Schwaben
3 Alb
4 Jura
in Solothurn
8 Passwang
in Thüringen
5 Finne
8 Schrecke
9 Hainleite
11 Kyffhaeuser
in Westfalen
4 Haar
nördlich vom Harz
3 Huy
südlich des Teutoburger Walds
4 Egge
südöstlich von Braunschweig
3 Elm
südöstlich von Wolfenbüttel
4 Asse
zwischen Fichtelgebirge und Schwarzatal
11 Frankenwald
Höhenzüge in Nordrhein-Westfalen
9 Baumberge
Höhenzunahme
8 Steigung
Höhepunkt
4 Akme, Clou
5 Krise, Zenit
6 Finale, Gipfel, Klimax, Krisis
7 Maximum, Optimum
8 Epitasis
9 Highlight, Katastase, Peripetie, Sensation
10 Glanzpunkt, Wendepunkt
11 Glanznummer, Hoechstmass, Hoechstwert, Knalleffekt, Kulmination
12 Nonplusultra
höhere(r, s)
Beamtentitel
3 Rat
8 Direktor
Beamter
3 Rat
8 Direktor
Geistlichentitel
4 Papa
Gewalt
8 Allmacht
Kochkunst
11 Gastronomie
Laufbahn (Bergbau)
8 Bergfach
Schule
6 Lyzeum
7 College
9 Gymnasium
10 Oberschule, Realschule
13 Realgymnasium
14 Konservatorium
Schüler
8 Primaner, Sextaner
9 Quartaner, Quintaner, Tertianer
10 Gymnasiast, Sekundaner
12 Oberprimaner, Oberschueler
13 Obertertianer, Unterprimaner
14 Obersekundaner, Untertertianer
15 Untersekundaner
türkischer Titel
3 Beg, Bey
Weihe
9 Subdiakon
Wesen
8 Ameretat
Höhle
3 Bau
4 Loch
5 Druse
6 Grotte, Roehre
7 Kaverne
8 Zisterne
10 Vertiefung
am Ötscher
8 Geldloch
am Palatin
8 Lupercal
auf Capri
11 Blaue Grotte
des Fuchses
10 Malepartus
in Organismen
6 Krypta
in Spanien
8 Altamira
Höhlenbewohner
9 Troglodyt
Höhlenbezirk am Toten Meer
6 Qumram

Höhleneingang
7 Schlund
Höhlenkunde
12 Spelaeologie
Höhlenmensch
9 Troglodyt
12 Neandertaler
Hohlform für Gusserzeugnisse
5 Model
Hohlkörper
4 Rohr
5 Blase, Walze
6 Roehre
8 Bleisteg, Zylinder
aus Metall
9 Stahlrohr
in Flüssigkeiten
9 Luftblase
Hohlmaß
5 Liter
9 Dekaliter, Deziliter
10 Hektoliter
auf Batavia
3 Kar
im Alten Testament
5 Gomer, Homer
in China
5 Sheng
in England
4 Pint
in Frankreich
5 Litre
in Indonesien
5 Pikul
in Japan
4 Koku, Shoo
in Spanien
4 Bota
6 Arroba
in Tunesien
4 Ueba, Uiba
Hohlmaße
5 Eimer, Fuder, Liter, Metze
6 Malter
7 Gallone
8 Scheffel
Hohlnadel
6 Trokar
7 Kanuele
Hohlorgan
5 Blase
Hohlraum
5 Cavum, Lumen
6 Lakune
eines Bergwerks
9 Grubenbau
im Schädelknochen
5 Sinus
in Gussstücken
6 Lunker
in Zellen und Organen
5 Lumen
Hohltiere
5 Hydra, Polyp
6 Meduse, Qualle
7 Koralle, Schwamm, Seemoos, Seerose, Zoophyt
8 Seefeder
9 Wachsrose
10 Aknidarier, Blumentier, Nesseltier, Seeanemone
11 Ohrenqualle
12 Leuchtqualle
Hohltierklasse
8 Hydrozoa
9 Hydrozoen
Hohn
5 Spott
6 Ironie
8 Gespoett, Zynismus
9 Sarkasmus
höhnisch
7 zynisch
8 haemisch, ironisch
10 spoettisch
11 sarkastisch, schadenfroh
Hollandmädchen
6 Meisje
Hölle
4 Qual
5 Hades, Orcus, Orkus, Sakar
7 Gehenna, Inferno
8 Gehinnom, Tartaros
9 Totenwelt, Unterwelt
10 Totenreich, Verdammnis
Höllenfürst
4 Arge
5 Boese, Satan, Urian
6 Teufel, Valand, Valant
7 Satanas
8 Mephisto, Scheitan
9 Beelzebub
10 Pferdefuss
11 Fliegengott, Haemmerlein
13 Fliegenfuerst, Gottseibeiuns
Höllenhund
7 Trizeps
8 Kerberos, Zerberus
Höllenmaschine
5 Bombe
9 Zeitbombe
12 Sprengladung
Höllenstein
5 Lapis
Höllensteinstift
9 Aetzstift
höllisch
8 infernal
12 infernalisch
holographische Darstellung
8 Raumbild
holsteinische(r, s)
Adelsfamilie
7 Rantzau
Autor
5 Fehrs
Bauernhäuschen
4 Kate
Maler
4 Olde
Mundartdichter
3 Lau
Holunder
6 Attich, Holder, Holler
7 Flieder
Holunderbeere
9 Schibbeke, Schibbike
Holunderpilz
8 Judasohr
Holz
(Fußballtor, Hochsprung)
5 Latte
am Krickettor
4 Bail
am Pferdewagen
8 Langbaum
der Gabeldeichsel
9 Scherbaum
für Stuhlfüße
6 Kantel
im Taljereep
7 Jungfer
verarbeitender Betrieb
8 Saegerei
zu Kohle brennen
9 verkohlen
Holzader
5 Maser
6 Flader
Holzarten
4 Teak
5 Ahorn, Birke, Buche, Eiche, Esche, Limba, Okumé
6 Fichte, Macoré
7 Hickory, Ruester
8 Ebenholz, Javateak, Kokrodua, Mahagoni, Nussbaum, Siamteak
9 Quebracho
10 Palisander, Sandelholz
Holzbearbeiter
9 Schnitzer
Holzbearbeitungs-Werkzeuge
3 Axt
4 Beil
5 Hobel, Saege
6 Raspel
Holzbecher der Inkas
4 Kero
Holzbehauwerkzeug
8 Rundbeil
Holzbindemittel
8 Kaltleim
Holzblatt
7 Furnier
Holzbrett
5 Bohle, Diele, Latte
6 Leiste
hölzerne(r, s)
Behälter
5 Kiste
6 Kasten
Fensterladen
7 Spalett
Flugzeugrippe
5 Spant
Fußform
7 Leisten
Lagerstätte
8 Pritsche

Paneel
8 Taeflung
9 Taefelung
Schachtausbau
8 Picotage
Schiffsrippe
5 Spant
Schraubstock
9 Stosslade
Wand
8 Taeflung
9 Taefelung
Wandtäfelung
6 Paneel
Zielstück
5 Daube
Holzfällerwerkzeug
3 Axt
5 Saege
Holzfass
4 Kufe
7 Bottich
Holzfeile
6 Raspel
Holzfußboden
7 Parkett
Holzgefäß
4 Fass
5 Tonne, Zuber
7 Bottich
des Küfers
6 Brenke
Holzgehäuse (Streichinstrument)
9 Resonator
Holzgewächse
4 Arbe, Arve, Baum, Eibe, Erle, Espe, Ilex, Iper, Ulme
5 Ahorn, Birke, Buche, Eiche, Eller, Esche, Forle, Linde, Myrte, Palme, Pinie, Tanne, Taxus, Weide, Zeder
6 Akazie, Fichte, Foehre, Forche, Kiefer, Mispel, Pappel, Pisang, Quitte
7 Eibisch, Flieder, Ginster, Heister, Hickory, Laerche, Latsche, Lorbeer, Oelbaum, Platane, Robinie, Rotdorn, Ruester, Schlehe, Syringe
8 Birnbaum, Faulbaum, Feldulme, Holunder, Kastanie, Laubbaum, Magnolie, Nussbaum, Piassave, Rotbuche, Rottanne, Sykomore, Zypresse
9 Apfelbaum, Bergahorn, Blutbuche, Buchsbaum, Eberesche, Edeltanne, Goldregen, Gummibaum, Hagebuche, Hainbuche, Haselnuss, Korkeiche, Machandel, Mangobaum, Sauerdorn, Tamariske, Wacholder, Weissdorn
10 Berberitze, Bergkiefer, Eukalyptus, Feigenbaum, Kirschbaum, Kokospalme, Lebensbaum, Mammutbaum, Mandelbaum, Schlehdorn, Schneeball, Stechpalme
11 Dattelpalme, Trauerweide, Walnussbaum, Weisspappel
12 Faecherpalme, Haselstrauch, Maulbeerbaum, Pfirsichbaum, Pflaumenbaum, Rhododendron, Rosskastanie, Silberpappel, Zirbelkiefer, Zitterpappel
13 Affenbrotbaum, Aprikosenbaum, Vogelbeerbaum, Zwetschenbaum
14 Zwetschgenbaum
Holzgewächsteile
3 Ast
4 Laub
5 Blatt, Borke, Krone, Rinde, Stamm, Zweig
6 Geaest, Wurzel
7 Astwerk, Gezweig
8 Astgabel
9 Baumkrone, Baumstamm, Blattwerk
11 Wurzelstock
Holzgummi
5 Xylan
Holzhaus
6 Chalet
7 Datscha
Holzkeil
6 Doebel, Duebel, Zapfen
Holzkohlenhersteller
7 Koehler
Holzpantoffel
7 Pantine
Holzplatte zum Bemalen
7 Panneau
Holzpuppe beim Ritterturnier
6 Faquin
Holzraummaße
4 Ster
5 Faden
7 Klafter
9 Festmeter, Hektoster, Raummeter
Holzschädlinge
5 Nonne
7 Spanner, Spinner
8 Holzwurm, Totenuhr
10 Holzbohrer
11 Klopfkaefer
12 Borkenkaefer
Holzschneideabfall
9 Saegemehl
Holzschneidebetrieb
9 Saegewerk
Holzschneidekunst
11 Xylographie
Holzschneidergerät
6 Reiber
Holzschuh
7 Pantine
Holzspan
8 Splitter
Holzsplitter
4 Span
8 Schiefer
Holzstäbchen
5 Speil
6 Claves
Holzstoß des Köhlers
6 Meiler
Holzstück
4 Span
5 Brett, Latte, Speil
6 Leiste
Holztafel der Gemälde
6 Paneel
Holztäfelung
6 Paneel
9 Tafelwerk
Holzteeröl
7 Kienoel
Holztransport auf Flüssen
10 Floesserei
Holztrog zum Anteigen
9 Backmulde
Holzverkleidung
6 Paneel
8 Taeflung
9 Taefelung
Holzzeichnung
5 Maser
6 Flader
8 Maserung
Homers Dichtungen
5 Ilias
6 Iliade
7 Odyssee
homosexuelle Frau
5 Lesbe
9 Lesbierin
Homosexueller
8 Schwuler
Honan
9 Bastseide
Honduras
Bevölkerung
10 Honduraner
Flüsse
4 Coco, Ulua
5 Aguan
6 Patuca
9 Choluteca
Gebiet
9 Mosquitia
Gebirge
4 Pija
6 Agalta
Golf
7 Fonseca

Hauptstadt
11 Tegucigalpa
Indianer
5 Payas
7 Jicaque
Inseln
5 Tigre, Utila
6 Roatán
7 Guanaja
Politiker
4 Cruz
6 Garcia, Romero
7 Andinos, Morales
8 Arellano
Ruinenstätte der Maya
5 Copán
See
5 Yojoa
Städte
4 Tela
7 Amapala, La Ceiba
8 Trujillo
9 Comayagua
10 El Progreso
12 San Pedro Sula
Vulkane
6 Izalco
9 Coseguina
Währung
7 Centavo, Lempira
honett
6 ehrbar
7 ehrlich
8 gesittet
10 anstaendig, kultiviert, manierlich
13 rechtschaffen
Honigbiene
4 Imme
Honigdachs
5 Ratel
Honigdrüse (Blüte)
9 Nektarium
Honiggebäck
9 Lebkuchen
Honiglikör
8 Drambuie
10 Baerenfang
11 Meschkinnis
Honigsaft
4 Seim
Honigsauger (Vogel)
9 Nektarine
Honigstein
6 Mellit
Honigwein
3 Met
Hopfenanbaugebiet in Bayern
9 Hallertau
Hopfenmehl
7 Lupulin
Hopfensteckling
7 Fechser
hörbar atmen
7 keuchen
hörbarer
Atemzug
7 Schnauf
Laut
9 Geraeusch
Horbel
9 Blesshuhn
10 Blaesshuhn
horchen
8 lauschen
Horcher
5 Spion
8 Lauscher
Horde
5 Bande, Meute, Rotte, Rudel, Schar, Sippe
6 Gruppe, Haufen
10 Sippschaft
Hörerschaft
8 Publikum
10 Auditorium
Hörgerät
7 Audifon
8 Audiphon
10 Stethoskop
Horizont
4 Kimm
6 Niveau
7 Kimmung
8 Sehkreis, Verstand
9 Intellekt
11 Intelligenz
horizontal
9 waagrecht
10 waagerecht
Hormon
der Nebennierenrinde
6 Kortin
der Schilddrüse
8 Thyroxin
der Zirbeldrüse
9 Melatonin
des Hirnanhangs
9 Prolaktin
des Nebennierenmarks
9 Adrenalin
hormonähnlicher Stoff
9 Serotonin
Hormone
6 Cholin
7 Insulin
8 Androgen, Cortison, Glukagon, Histamin
9 Adrenalin
10 Aldosteron, Angiotonin
11 Progesteron, Testosteron
Hormonpräparat
10 Anabolikum
hornähnlicher Stoff
6 Chitin
Hornblendeasbest
6 Amiant
9 Bergwolle
Hörnchen
6 Kipfel
Horngeschwulst der Haut
7 Keratom
Hornhaut des Auges
6 Cornea, Kornea
Hornhautentzündung
9 Keratitis
Hornhauttrübung
6 Pannus
Hornhautübertragung
13 Keratoplastik
Hornhautverdickung
5 Warze
Hornhautwulst
8 Schwiele
Horninsel im Pazifik
5 Alofi
6 Futuna
Hornklee
5 Lotus
Hornkoralle
8 Gorgonie
Hornplättchen
7 Schuppe
Hornplatte
der Seeschildkröte
10 Schildpatt
im Gaumen der Wale
5 Barte
Hornschuh vieler Säugetiere
3 Huf
Hornsignal
6 Halali
Hornstoff
7 Keratin
Horntiere
3 Gnu, Ren
4 Elch, Rind, Zebu
5 Sassa, Schaf, Ziege
6 Ducker, Gaemse, Hirsch
7 Rentier
8 Antilope, Riedbock, Rindvieh, Waldbock
9 Blauschaf, Boeckchen, Haarschaf, Torfziege, Wildschaf
10 Pferdebock
11 Kuhantilope
12 Wiederkaeuer
13 Klippspringer
Hornvipergattung
8 Cerastes
Hörorgan
3 Ohr
Horrorfilm
8 Thriller
hörunfähig
4 taub
Hose
4 Buex, Buxe
5 Buxen, Jeans
6 Buexen, Shorts, Slacks
8 Breeches
9 Beinkleid, Blue jeans, Pantalons
13 Knickerbocker
Hosensaumverstärkung
9 Stossband
Hospital
4 Heim
6 Klinik, Spital
8 Lazarett
11 Krankenhaus
Hostess
9 Fuehrerin
11 Begleiterin

Hostienbehälter
5 Pyxis
8 Kustodia
9 Monstranz
10 Tabernakel
Hostienkelch
8 Ziborium
Hostienteller
6 Patene
Hotel
für Autofahrer
5 Motel
mit Hausbooten
7 Aquatel
Hotelaufzug
4 Lift
Hotelbesitzer
8 Hotelier
9 Gastronom
Hotelboy
4 Page
Hotelempfangsbüro
9 Rezeption
Hotelgewerbe
10 Hotellerie
Hotelhalle
5 Foyer
6 Lounge
9 Vestibuel
Hottentottenstamm
4 Gona, Nama
6 Griqua, Korana
8 Witbovis
hübsch
4 nett
5 fesch
6 adrett, proper, schoen
Hubschrauber
8 Autogiro
10 Helikopter
Hubschrauber-Flughafen
8 Heliport
Huf (Jagdwild)
6 Schale
Hufentzündung der Pferde
4 Rehe
Hüfte
4 Coxa
5 Lende
Hüftgelenkentzündung
7 Koxitis
Hüftgelenkschmerz
8 Koxalgie
Hüftgelenksverrenkung
8 Luxation
Hüfthalter
6 Mieder
7 Korsett
9 Korselett
Huftiere
3 Ren
4 Esel, Muli
5 Kamel, Pferd, Tapir
6 Hirsch
7 Giraffe, Nashorn, Schwein
8 Antilope, Halbesel, Maulesel
10 Flusspferd
Hüftschmerz
8 Koxalgie
Hüftumfang
6 Taille
Hüftweh
7 Ischias
Hügel
bei Jerusalem
7 Golgota
8 Golgatha, Golgotha
bei Rom
9 Janiculus
der Grundmoräne
7 Drumlin
im Karstgebiet
3 Hum
im Wappen
8 Dreiberg
in Athen
4 Pnyx
in den Marschen
4 Warf
5 Warft, Wurte
in Jerusalem
4 Zion
in Northumberland
7 Flodden
in Rom
7 Aventin, Caelius, Kapitol, Lateran, Palatin, Pincius, Viminal
8 Esquilin, Quirinal, Vaticano
9 Ianiculum, Janiculum, Viminalis
mit Sternwarte bei Rom
5 Mario
über Troja
9 Hissarlik
Hügelgrab
7 Tumulus
Hügelgruppe
in der Altmark
9 Hellberge
in Nordrhein-Westfalen
8 Hohemark
hügelig
6 bergig
Hügelland
im Saarland
6 Warndt
in Burgund
6 Bresse
in den Niederlanden
4 Gooi
in der Lüneburger Heide
7 Drawehn
in Gelderland
6 Veluwe
in Kärnten
8 Sattnitz
in Niedersachsen
9 Huemmling
in Ostpreußen
8 Stablack
in Slowenien
6 Kollos
in Ungarn
6 Sokoro
westlich von Rostock
8 Kuehlung
zwischen Odenwald und Schwarzwald
9 Kraichgau
Hugenottenführer
5 Rohan
7 Coligny
Hühnerkrankheiten
4 Pips
9 Eieressen
Hühnerrassen
6 Brahma, Cochin
7 Leghorn, Minorka
8 Kaempfer, Kaulhuhn
9 Faverolle, Hamburger, Italiener, Orpington, Wyandotte
10 Andalusier, Brahmahuhn, Seidenhuhn, Weisshaube
11 Australorps, Cochinchina
12 New Hampshire, Plymouth Rock, Rhodelaender
Hühnersitzstange
6 Wiemen
Hühnervögel
4 Pfau, Pute
5 Fasan, Hokko
6 Manaul
7 Hoatzin, Rebhuhn, Wachtel
8 Auerhuhn, Baumhuhn, Birkhuhn, Kammhuhn, Perlhuhn, Tragopan, Truthuhn, Waldhuhn, Wollhuhn
9 Blutfasan, Buntfasan, Buschhuhn, Edelfasan, Gabelhuhn, Glanzhuhn, Goldfasan, Haselhuhn, Helmhokko, Hokkohuhn, Hornfasan, Jagdfasan, Kongopfau, Langschan, Pfaufasan, Ringfasan, Satyrhuhn, Steinhuhn
10 Argusfasan, Glanzfasan, Hammerhuhn, Schneehuhn, Schopfhuhn
11 Bankivahuhn, Elliotfasan, Helmwachtel, Mikadofasan, Praeriehuhn, Raufusshuhn, Schakupemba, Schopffasan, Spiegelpfau, Zahnwachtel
12 Amherstfasan, Diamantfasan, Helmperlhuhn, Koenigsfasan, Rheinarthuhn, Zigeunerhuhn
13 Grossfusshuhn, Schopfwachtel, Talegallahuhn
14 Moorschneehuhn

15 Alpenschneehuhn
16 Taubenwallnister

Huld
5 Gnade, Gunst
10 Wohlwollen

huldigen
5 ehren

Huldigung
7 Ovation
9 Adoration

Hülle
4 Etui, Haut
5 Bezug, Decke, Pelle
6 Huelse, Kapsel, Kuvert, Mantel, Schale
8 Futteral, Konvolut, Ueberzug, Umschlag
9 Enveloppe, Kartusche
10 Verpackung

aus Ei und Bröseln
6 Panier

der Chromosomen
6 Matrix

der Insektenpuppen
5 Kokon

der Luftwurzeln
7 Velamen

der Zigarre
9 Deckblatt

junger Blätterpilze
5 Velum

hüllenlos
5 bloss, nackt
11 unbekleidet

Hülsenfrucht
4 Arve, Erve, Soja
5 Bohne, Erbse, Linse, Wicke
6 Lupine
7 Erdnuss
8 Saubohne
9 Perlbohne

Hülsenfrüchtler
4 Apta
6 Cassia, Derris, Galega, Kassia, Mimose
9 Bisamklee, Geissklee, Wicklinse

Humanisten
6 Hutten
7 Erasmus, Grotius
8 Petrarca, Reuchlin
11 Melanchthon

Humbug
6 Unsinn
7 Nonsens, Quatsch
9 Bloedsinn, Flunkerei, Schwindel

hummelähnliches Insekt
9 Holzbiene

humoristisch
5 ulkig
6 heiter, launig, witzig
7 burlesk, drollig, grotesk, komisch, spassig
9 humorvoll

humoristische

Gedichtform
8 Clerihew

Kurzszene
6 Sketch

Zeichnung
8 Bildwitz

humusarmer Boden
7 Roterde

Humuskarbonatboden
8 Rendzina

Humuskohle
5 Humit

humusreich
5 humos

humusreiche

Böden
9 Mollisole

Erde
9 Kalkboden

Hund (abwertend)
5 Toele
6 Koeter

Hund bei Wilhelm Busch
4 Plum
6 Plisch
8 Schnipps

hundeartige Raubtiere
4 Enok, Wolf
5 Adjak, Dingo, Fenek, Fuchs, Guara, Jengi
6 Buansa, Coyote, Fennek, Kaberu, Kolsun, Korsak, Normik
7 Bighana, Maikong, Reineke, Rotwolf, Schakal
8 Eisfuchs, Falbwolf, Goldwolf, Heulwolf, Rohrwolf, Rotfuchs, Tschango, Waldhund, Warragal, Wildhund
9 Alpenwolf, Andenwolf, Birkfuchs, Blaufuchs, Buschhund, Canafuchs, Goldfuchs, Graufuchs, Grisfuchs, Kittfuchs, Kohlfuchs, Moorfuchs, Pariahund, Polarwolf
10 Azarafuchs, Kreuzfuchs, Marderhund, Polarfuchs, Weissfuchs
11 Goldschakal, Hyaenenhund, Loeffelhund, Maehnenhund, Maehnenwolf, Praeriewolf, Silberfuchs, Wechselwolf
12 Loeffelfuchs, Maehnenfuchs, Schakalfuchs, Steppenfuchs, Wolfsschakal, Wuestenfuchs
13 Falklandfuchs, Magellanfuchs, Pyrenaeenwolf
15 Streifenschakal

Hundeasyl
8 Tierheim

Hundedressurkunst
9 Zynegetik

Hundefell
9 Drahthaar

Hundegebell
8 Geklaeff
9 Geklaeffe

Hundejunges
4 Welf
5 Welpe

Hundekrankheit
6 Staupe
7 Tollwut

Hundelehre
9 Kynologie

Hundenamen
4 Fido, Karo
5 Bello, Hasso, Tyras, Waldi
8 Waldmann

Hunderassen
3 Fox
4 Chin, Mops, Puli
5 Boxer, Bully, Dogge, Galgo, Laiki, Pudel, Sluki, Spitz
6 Barbet, Barsoi, Basset, Beagle, Border, Bracke, Buhund, Cocker, Collie, Dackel, Huskie, Kuvasz, Saluki, Scotch, Setter, Slughi, Teckel, Tschin
7 Afghane, Basenji, Bobtail, Dinmont, Erdhund, Griffon, Klumber, Komodor, Mastiff, Pointer, Rattler, Sheltie, Spaniel, Spitzer, Terrier, Whippet
8 Akita Inu, Blenheim, Bluthund, Chow-Chow, Elchhund, Hetzhund, Hovovard, Jagdhund, Komondor, Kurzhaar, Labrador, Lakeland, Landseer, Langhaar, Malteser, Papillon, Pekinese, Pinscher, Samojede, Springer, Windhund
9 Airedaler, Beauceron, Bolognese, Brabancon, Bulldogge, Cattledog, Dachshund, Deerhound, Dobermann, Fuchshund, Greyhound, Happahund, Havaneser, Jaemthund, Lundehund, Nackthund, Otterhund, Pariahund, Polarhund, Retriever, Schnauzer, Tatrahund, Tervueren, Tibethund, Torfspitz, Vogelhund, Windspiel, Wolfshund
10 Australian, Bergamasco, Bologneser, Dalmatiner, Eskimohund, Foxterrier, Grosspudel, Grossspitz, Hirschhund, Huetespitz,

Kleinpudel, Lappenhund, Leonberger, Palasthund, Porcelaine, Rottweiler, Schafpudel, Schipperke, Schosshund, Seidenhund, Sennenhund, Tibetdogge, Toyspaniel, Toyterrier, Weimaraner, Welsh Corgi, Wolfsspitz, Zwergpudel, Zwergspitz
11 Black-And-Tan, Bull-Mastiff, Bullterrier, Dachsbracke, Entlebucher, Finnenspitz, Huehnerhund, Irishsetter, Jagdterrier, King-Charles, Rehpinscher, Rubyspaniel, Seidenpudel, Seidenspitz, Skyeterrier, Steinbracke, Stoeberhund, Vorstehhund, Wachtelhund, Zwergdackel
12 Bernhardiner, Cairnterrier, Doppelbracke, Drahthaarfox, Finnenbracke, Gordonsetter, Irishterrier, Karabatschan, Pudelpointer, Schaeferhund, Schweisshund, Tibetterrier, Welshterrier, Zwerggriffon, Zwergspaniel, Zwergterrier, Zwergwachtel
13 Affenpinscher, Bordeauxdogge, Borderterrier, Bostonterrier, Bullenbeisser, Cockerspaniel, Prince-Charles, Pyrenaeenhund, Rattenfaenger, Rauhaardackel, Schifferspitz, Scotchterrier, Wolfswindhund, Zwergpinscher
14 Langhaardackel, Neufundlaender, Norfolkspaniel, Norfolkterrier, Rattenpinscher, Samojedenspitz, Schnuerenpudel, Shetland-Collie, Zwergschnauzer
15 Airedaleterrier, Alaskan Malamute, Hochlandterrier, Kromfohrlaender, Mittelschnauzer, Muensterlaender, Riesenschnauzer, Sealyhamterrier, Springerspaniel
16 Harlekinpinscher, Kerry-Blue-Terrier, Leitschweisshund, Pekingpalasthund, Yorkshireterrier
17 Bedlingtonterrier, Clydesdaleterrier, Dobermannpinscher, Glatthaarpinscher, Irish-Water-Spaniel, Mastino Napolitano

hundertäugiger Riese
5 Argus

Hundertjahrfeier
11 Zentenarium

hundertjährig
8 saekular

Hundertjähriger
8 Zentenar

Hundertschaft des römischen Heeres
8 Centurie, Zenturie

Hundeschar zur Hetzjagd
5 Meute

Hundeschwanz
4 Rute

Hundezüchter
8 Kynologe

Hundezwinger
6 Kennel

Hündin
5 Faehe, Petze
8 Braeckin

Hundsaffe
5 Makak
6 Schadi

Hundsgiftgewächs
5 Vinca
8 Apocynum
9 Rauwolfia
10 Immergruen

Hundsgras
6 Quecke

Hundskopfaffe
5 Drill, Magot, Makak
6 Babuin, Bandar, Bunder, Makadu, Markat, Pavian, Rhesus, Schadi
7 Hutaffe, Wanderu
8 Bartaffe, Lapunder, Mandrill, Tschakma
9 Dschelada, Hamadryas, Hundsaffe
10 Berberaffe, Rhesusaffe
11 Baerenmakak, Javaneraffe, Mohrenmakak, Schopfmakak, Webbipavian
12 Baerenpavian, Grauarmmakak, Mantelpavian, Schopfpavian, Schweinsaffe, Sphinxpavian

Hundspetersilie
7 Gleisse
10 Schierling

Hundsstern
6 Sirius

Hüne
5 Riese

Hünenstein
6 Menhir

Hunger
7 Appetit, Esslust
9 Verlangen

Hungerkur
5 Diaet
6 Fasten
8 Diaetkur
9 Fastenkur

hungern
6 darben, fasten

Hunnenkönig
4 Atli
5 Etzel
6 Attila

Hunsrückgipfel
9 Erbeskopf

Hunsrückhöhe
8 Dollberg

Hürde
9 Hindernis

hurtig
5 flink, flott, rapid, rasch, tosto
6 rapide
7 eilends
8 behaende
9 geschwind

Husarenjacke
6 Dolman

Husarenmütze
6 Kalpak, Kolpak
7 Tschako

Hussitenführer
5 Ziska, Zizka
6 Prokop

Hustenmittel
4 Anis
6 Codein, Kodein, Salbei
8 Guajakol
10 Eukalyptus

Hutaffe
6 Bandar, Mahadu, Makadu

Hüte
4 Bibi
5 Toque
6 Glocke, Melone, Schute
7 Filzhut, Haarhut, Homburg, Stetson, Wollhut
8 Lederhut, Sombrero, Strohhut, Zylinder

9 Panamahut
10 Kalabreser, Veloursshut
11 Florentiner

hüten
7 sichern
8 bewachen
9 schuetzen

Hüter
4 Hirt
5 Hirte
6 Patron
8 Bewahrer, Waechter
9 Aufpasser, Depositar, Schuetzer, Verwahrer

der Weisheitsquelle
5 Mimir

des heiligen Grals
7 Titurel

des Nibelungenhorts
8 Alberich

Hutform
9 Dreispitz

der Bretagne
6 Breton

Hutmaterial
4 Bast, Filz
5 Stroh
8 Haarfilz
9 Sisalhanf

Hutrand
6 Krempe

Hutschlange
5 Kobra

Hutschmuck
4 Band
5 Feder, Nadel
7 Gesteck
8 Gamsbart
9 Gaemsbart

Hütte
4 Bude
5 Baude, Kobel
9 Verschlag

asiatischer Nomaden
5 Jurte

im Riesengebirge
5 Baude

Ostafrikas
5 Tembe

Hüttenarbeiter
9 Schmelzer

Hüttenerzeugnis
4 Glas

Hüttenkunde
11 Metallurgie

Hüttenkundler
9 Metallurg

Hüttenprodukt
8 Netzglas
9 Pressglas, Walzeisen

hygienische Anlage
6 Dusche
9 Brausebad

Hymne
7 Loblied, Sanctus
8 Festlied
9 Lobgesang, Weihelied

Hymnendichter
8 Hymniker

Hymnendichtung
6 Hymnik
8 Hymnodie

Hymnengesang der Afroamerikaner
7 Jubilee

Hymnenkundler
9 Hymnologe

Hymnensammlung
6 Hymnar

hymnische Komposition
3 Ode

Hymnus der lateinischen Liturgie
6 Tedeum

Hyperfläche zweiter Ordnung
7 Quadrik

hypnotischer Schlaf
6 Trance

hypnotischer Zustand
6 Trance

Hypokrit
8 Heuchler

hypothetisch
8 fraglich
11 zweifelhaft

hypothetische(r, s)

chemisches Element
8 Nebulium

Elementarteilchen
5 Quark

Grundgebilde
7 Apeiron

Landbrücke
7 Lemuria

Organersatzgerät
6 Cyborg

Teil von Atomkernbausteinen
6 Parton

Iasons Braut
6 Kreusa
ibisartiger Sumpfvogel
8 Loeffler
Ichmensch
6 Egoist
Ichsucht
8 Egoismus
11 Selbstsucht
Ideal
7 Vorbild
8 Hochziel, Leitbild
9 Leitstern
10 Wunschbild
Idee
7 Einfall, Gedanke
9 Eingebung, Intuition
11 Ueberlegung
ideenloser Nachahmer
7 Epigone
identisch
6 gleich
Idol
6 Abgott, Goetze
7 Fetisch
8 Leitbild
idyllisch
5 still, traut
8 heimelig
9 arkadisch, friedlich, laendlich
10 gemuetlich
11 beschaulich
Igel als Scherzfigur
5 Mecki
Iller-Zuflüsse
3 Ach
4 Aach
7 Rottach
8 Aiterach, Breitach
Illusion
4 Bild, Trug, Wahn
6 Schein, Utopie, Vision
7 Fiktion, Gesicht, Phantom, Theorie
8 Chimaere, Fantasie, Gaukelei, Trugbild
9 Phantasie, Schimaere
10 Einbildung, Erdichtung, Gaukelwerk, Taeuschung, Wunschbild
11 Abstraktion, Fata Morgana, Gaukelspiel, Imagination, Irrealitaet, Luftschloss, Seifenblase, Spekulation, Vorstellung, Wunschtraum
12 Hirngespinst
13 Halluzination
14 Luftspiegelung, Phantasmagorie, Unwirklichkeit
16 Einbildungskraft, Sinnestaeuschung
17 Vorstellungskraft
Illusionist
6 Magier
7 Fantast, Gaukler
8 Phantast, Traeumer, Zauberer
10 Schwaermer
12 Hexenmeister
15 Zauberkuenstler
Illustration
4 Bild
5 Cover
6 Grafik
9 Abbildung, Titelbild, Zeichnung
11 Bebilderung, Bildbeigabe
17 Veranschaulichung
illyrische Volksstämme
7 Veneter
8 Liburner, Molosser
9 Messapier
Ilm-Zuflüsse
4 Emse
5 Deube
7 Schorte
Ilmenau-Zuflüsse
3 Aue
4 Ilau, Luhe
5 Netze
6 Gerdau
8 Wipperau
iltisartiges Raubtier
4 Nerz
im Dienst Ergrauter
7 Veteran
im Dunkeln aktives Lebewesen
9 Nachttier
im endgültigen Zustand
6 bereit, fertig
im Großen
6 en gros
im Internat wohnend
6 intern
im Jahre
4 anno
im jugendlichen Alter
4 jung
im Laufe von
6 binnen
im Mittelpunkt
7 zentral
im Raum befindlich
5 innen
im Schachspiel: zugunfähig
4 patt
im Tabakrauch enthaltener Stoff
4 Teer
im Umlauf sein
9 kursieren
im Vorübergehen
9 en passant
im Zeitgeschmack
6 modern
Imbiss
5 Snack
6 Bissen, Happen
8 Picknick
16 Zwischenmahlzeit
Imbissstube
8 Snackbar
Imitation
10 Faelschung, Falsifikat, Nachahmung
11 Nachbildung, Nachformung
Imitator
7 Epigone
9 Faelscher, Nachahmer
10 Nachmacher
Immatrikulation
8 Aufnahme
9 Anmeldung
11 Inskription
13 Einschreibung
Immatrikulationsliste
8 Matrikel
immer
4 ewig
5 stets
6 endlos
7 allweil, allzeit, dauernd, fortweg, laufend
8 alleweil, allezeit, konstant, staendig
9 allerwege, andauernd, anhaltend, jederzeit, pausenlos, permanent, stetsfort
10 beharrlich
11 fortdauernd, fortgesetzt, unablaessig
12 fortwaehrend, unausgesetzt
13 unaufhoerlich
14 gleichbleibend, kontinuierlich, ununterbrochen
15 am laufenden Band
Gleiches
8 Einerlei
während
4 ewig
6 stetig
7 dauernd
8 staendig
immergrüner Strauch
4 Efeu, Ilex
5 Buchs, Myrte
6 Skimma
7 Lorbeer
8 Oleander
9 Buchsbaum
immun
6 gefeit
9 straffrei
17 widerstandsfaehig
Immunisierung
7 Impfung
impertinent
5 frech
6 dreist
10 ungehoerig
Impfpustel
5 Pocke
Impfstoffe
4 Sera
5 Seren, Serum
6 Lymphe, Vakzin
7 Mallein, Vakzine

Import
7 Einfuhr
imprägniertes Lagenholz
9 Pressholz
Improvisieren der Solisten im Konzert
6 Kadenz
Impuls
5 Schub
7 Anstoss, Antrieb, Ursache
8 Anregung, Belebung
11 Denkanstoss, Ermunterung
12 Aufmunterung
in Akten Festgehaltenes
7 Vorgang
in allen Einzelheiten
9 haarklein
in alten Zeiten
5 einst
in Bausch und Bogen
6 en bloc
in Dampf garen
8 duensten
in den Schlaf wiegen
9 einlullen
in den USA geborener Japaner
5 Nisei
in der Art der Opera buffa
9 buffonesk
in der gleichen Weise
6 ebenso
in der Höhe
4 oben
in der Mitte
7 zentral
in der Nähe von
3 bei
5 neben
in der Tiefe
5 unten
in diesem Augenblick
3 nun
5 jetzt
in diesem Jahre
5 heuer
in Ei und Bröseln wenden
8 panieren
in einem deutschen Dialekt reden
9 berlinern
in einer bestimmten Richtung gelegen
8 oestlich, suedlich, westlich
9 noerdlich
12 nordoestlich, nordwestlich, suedoestlich, suedwestlich
in ferner Zukunft
5 einst
in Fett braten
8 brutzeln
in Fett gebackene Speise
9 Frittuere
in Fett gebackenes Klößchen
8 Krokette
in Fett schwimmend zubereiten
10 frittieren
in Gläsern einkochen
9 einwecken
in höchstem Maße begabt
6 genial
in hohem Grade
4 sehr
in höherem Grade
4 mehr
in Israel geborenes Einwandererkind
5 Sabre
in Klageliedform
8 elegisch
in Konkurs gehen
9 fallieren
in körperlich bester Form
6 topfit
in Kürze
4 bald
in Obhut nehmen
9 schuetzen
11 verteidigen
in sich Verliebter
8 Narzisst
in starkem Maße
4 sehr
in Statistiken aufnehmen
8 erfassen
in vielem übereinstimmend
8 aehnlich
in Zahlung gegebener Wechsel
7 Rimesse
inakkurat
9 schlampig
Inangriffnahme
10 Initiative
Inaugenscheinnahme
8 Autopsie
Inbegriff
4 Kern
5 Ideal, Summe, Wesen
6 Ganzes, Inhalt, Muster
7 Ausbund, Komplex, Vorbild
8 Prototyp
9 Innerstes
10 Gesamtheit, Wesenskern
11 Inkarnation
13 Verkoerperung
inbegriffen
8 implizit
9 inklusive
14 eingeschlossen
Inbesitznahme
8 Annexion
9 Aneignung, Eroberung
10 Okkupation
Inbild
5 Ideal
Inbrunst
4 Glut
5 Hitze, Kraft
7 Passion
12 Begeisterung, Enthusiasmus, Leidenschaft
Inderjunge im „Dschungelbuch"
5 Mogli
indezent
7 taktlos
9 indiskret
Indianer
7 Rothaut
im alten Mexiko
6 Azteke
in Veracruz
6 Olmeke
Mittelamerikas
6 Karibe
Nordamerikas
6 Navaho, Navajo
Südamerikas
5 Indio
6 Karibe
Südkolumbiens
9 Guambiano
Indianerboot
4 Kanu
Indianerdorf
6 Pueblo
Indianerfrau
5 Squaw
Indianergebiet
8 Reservat
Indianergestalt bei Karl May
8 Winnetou
Indianergürtel
6 Wampum
Indianerhäuptling
in Südamerika
6 Kazike
Indianermischling
7 Mestize
Indianerpferd
7 Mustang
Indianerschlitten
8 Toboggan
Indianerschuh
8 Mokassin
Indianerstamm
im Gran Chaco
6 Lengua
in Arizona
4 Pima
in Brasilien
4 Kame
in Ecuador
6 Tukano
in Honduras
5 Lenca
in Kanada
7 Kutenai
in Kolumbien
4 Paez
in Mexiko
4 Mije, Mixe
5 Otomi, Yaqui
in Nicaragua
4 Rama
in Panama
6 Cholos
Nordamerikas
5 Sioux
6 Nadene

Indianertrophäe
5 Skalp
Indianervolk
in Mexiko
4 Cora
in Nordwestamerika
5 Haida
in Peru
3 Uru
in Südamerika
4 Toba
Nordamerikas
6 Mohave
Indianerzelt
4 Tipi
6 Wigwam
Indien
Affenkönig der Sage
7 Hanuman
Amtssprache
5 Hindi
Anrede an Europäer
5 Sahib
Anrede an Europäerinnen
8 Memsahib
Anrede: Herr
4 Shri
Asketen
4 Jogi, Yogi
5 Fakir, Jogin, Sadhu, Yogin
Atomphysiker
4 Saha
Baldriangewächs
5 Narde
Barsch
6 Nander
Bastfaser
4 Jute
Bauer
4 Ryut
Bauernvolk
9 Mahrathen
Baumharz
9 Schellack
Berge
3 Abu
6 Dewodi, Jhelum
8 Anaimudi, Mount Abu
9 Nanda Devi
10 Doddabetta
Bergziege
5 Goral
Bettelmönche
5 Fakir
6 Bhikku
8 Bhikschu
Bevölkerung
4 Bhil
6 Hindus
7 Tamilen
9 Mahrathen
Bezeichnung für Gott
3 Ram
Blattfisch
6 Nander
Blattschmetterling
7 Kallima
Büffelbutter
3 Ghi
Cashewnüsse
6 Kernel
Dämon
3 Ahi
Dämonengöttin
6 Holika
Dämonenkönig
6 Ravana, Rawana
Dialekt
6 Bihari
8 Maithili
Dichter
3 Raj
4 Bana
5 Amaru, Bhasa, Magha, Vyasa
6 Dandin, Surdas, Tagore
7 Bharawi, Bilhana, Tukaram, Valmiki
8 Jayadeva, Kalidasa, Narayana, Somadeva, Somadewa, Tulsidas
9 Premanand
Dichterin
6 Simung
Dichtermusiker
9 Tyagaraja
dienende Kaste
6 Shudra
Dienstmädchen
4 Ayah
Drawidasprachen
5 Tamil
6 Teluju
7 Kamares
9 Malajalam
Dynastie
6 Maurya
Echse
9 Sitaagame
Eigenname
6 Bharat
Eingeborenensoldat
5 Sepoy
Elefantentreiber
5 Mahut
6 Kornak, Mahaut
Epen
8 Ramajana
11 Mahabharata
Feuergott
4 Agni
Flächenmaß
5 Bigha
Flachs
4 Jute
Flüsse
3 Son
4 Luni
5 Betwa, Bhima, Penna, Tapti
6 Ganges, Jhelum, Kaveri, Kistna
7 Chambal, Krishna, Narmada
8 Ghaghara, Godavari, Mahanadi
11 Brahmaputra
Frachtschiffe
9 Galivaten
Frauengewand
4 Sari
Frauenjäckchen
5 Choli
Freiheitskämpfer
4 Bose
6 Gandhi
Fruchtbarkeitsgöttin
6 Hariti
Gämse
5 Goral
Gattin des Rama
4 Sita
gebildeter Hindu
4 Babu
Gebirge
7 Nilgiri, Satpura
8 Aravalli, Kardamom
Geheimbund
4 Thug
geistlicher Lehrer
4 Guru
Geldfürst
5 Nabob
Gelehrtensprache
8 Sanskrit
Gelehrtentitel
6 Pandit
Gesellschaftsschicht
5 Kaste
Gewebe
6 Cendal
Gewichte
3 Guz, Ser
4 Anna, Rati, Seer, Sihr, Tola
5 Maund
7 Chittak
Glattotter
6 Simung
Glaubensgemeinschaft
5 Sikhs
Götter
4 Agni, Deva, Dewa, Jama, Kama, Rama, Siva, Siwa, Soma, Waju, Yama
5 Brahm, Djaus, Indra, Pavan
6 Aditja, Brahma, Kumara, Kuvera, Kuwera, Maruts, Mithra, Pawana, Pulear, Schiwa, Skanda, Varuna, Waruna
7 Arjaman, Vischnu, Wischnu
8 Ganescha, Kamadewa
Götterepos
11 Mahabharata
Göttertrank
4 Soma
Göttervogel
6 Garuda

Göttinnen
4 Diti, Kali, Maja, Maya, Rati
5 Aditi, Durga, Schri
6 Hariti, Holika, Shakti, Uschas
8 Lakschmi
9 Saraswati
Grabmal in Agra
8 Taj Mahal
11 Tadsch Mahal
Grundbesitzer
8 Rajputen
11 Radschputen
Gründer der Sikhreligion
5 Nanak
Hafenstädte
6 Bombay, Cochin, Kandla, Madras
7 Kalikat
8 Kalkutta
9 Bhaunagar
Halbesel
7 Gorkhar
Handel treibende Kaste
6 Banjar
Händler
7 Vaishya
8 Vaischia
Hauptstadt
5 Delhi
8 Neu-Delhi
heilige Tiere
3 Kuh
4 Affe, Pfau
Heiliger
4 Guru
heiliges Symbol des weiblichen Geschlechts
4 Yoni
Helden der Sage
4 Rama
8 Krischna
Heldengedicht
11 Mahabharata
Herdgott
4 Agni
Herr (Anrede)
4 Shri
Herrscher
4 Nala
5 Akbar, Asoka, Babur, Poros
7 Aschoka, Humajun
8 Krischna
9 Aurangseb, Schudraka
Höllengott
4 Yama
Ingwergewächs
9 Elettaria
Inselgruppen
9 Amindiven, Andamanen, Nikobaren
10 Lakkadiven
Kampfhuhnrasse
4 Asil
Kasten
4 Bhat, Hova
5 Menon
6 Shudra
7 Parayan, Schudra
9 Kschatria
10 Kschatriya
Kastenlose
5 Paria
7 Harijan
Komödie
9 Prahasana
Kriegerkaste
9 Kschatria
10 Kschatriya
Krokodil
6 Gavial
Kultbau
5 Stupa
Küstengebiete
6 Konkan
10 Koromandel
Längenmaß
3 Guz
Lebenslehrbücher
5 Sutra
Lendenschurz
5 Dhoti
Liebesgötter
4 Kama
8 Kamadewa, Kamamara
Liebeslehrbuch
9 Kamasutra
Luftgott
3 Shu
4 Schu, Vayu, Waju
Mandeln
5 Kernel, Cashew
Marabus
6 Argala
8 Adjutant
Melodietyp
4 Raga
Messerfisch
7 Chitala
Mondgott
4 Soma
Mundart
8 Gojarati
Münzsystem
5 Tanka
Musikinstrumente
4 Wina
5 Sarod, Sitar, Tabla
7 Sarangi, Tambura
8 Mirdanga, Nagasare
Name des Ganges
5 Ganga
Nationalepos
8 Ramajana
Nationalspiel
6 Carron
Nutzholz
4 Padu
8 Jackholz
Oberhaus
10 Rajya Sabha
Ochsenfrosch
7 Kaloula
Opferhymnen
7 Rigweda
Palmwein
4 Tari
Pandit
6 Sayana
Pariakasten
4 Koli, Kori, Yeta
6 Balahi
Partei
6 Janata
Philosophen
6 Tagore
9 Aurobindo
14 Radhakrischnan
Philosophiesysteme
5 Njaja
7 Mimansa, Samkhja, Wedanta
Physiker
5 Raman
Politiker
3 Das, Rao
4 Bose
5 Desai, Nehru
6 Gandhi, Prasad, Sharma
7 Shastri
Politikerin
6 Gandhi
Priester
8 Brahmane
9 Pudschari
Religionen
5 Sikhs
7 Shaivas, Shaktas
8 Jinismus, Schaiwas, Schaktas, Wedismus
9 Arjasamai, Parsismus, Sikhismus
10 Buddhismus, Dchinismus, Hinduismus, Janinismus, Tantrismus
11 Schaktismus
12 Arjasamadsch, Brahmanismus, Dschainismus
Religionsstifter
8 Buddha
religiöse Handstellung
5 Mudra
religiöser Lehrer
4 Guru
religiöses Symbol
5 Lotos
Rosenholzbaum
9 Dalbergia
Sagengestalten
3 Ahi
4 Bali, Kans, Manu, Maya, Nala, Nalu, Puru, Rahu, Rama, Sita
5 Asura
6 Putana, Ravana, Vasuki, Writra
7 Parvati, Parwati, Puschan, Sawitri, Urmilia
8 Ganescha, Himalaya, Krischna, Waseduwa
9 Damajanti, Mucalinda, Schudraka

Sagenheld bei Rückert
3 Nal
Sänfte
8 Palankin
Schlangendämon
4 Naga
Schlangenkönige
6 Vasuki
9 Mucalinda
Schlankaffe
6 Hulman
Schleichkatze
5 Mungo
Schriften
4 Weda
5 Weden
6 Purana
7 Rigweda, Vedanga, Wedanta
8 Aranyaka, Samaweda, Samhitas
9 Brahmanas
12 Upanischaden
Schriftsteller
5 Chand
6 Tagore
7 Bharati
9 Aurobindo, Schankara
14 Radhakrischnan
Seelenübung
4 Joga, Yoga
Seher der Vorzeit
5 Rishi
Seifenbaumgewächs
6 Illipe
Sektenangehörige
5 Jaina
7 Schakta
Sektenstifter
5 Kabir
6 Madhwa
Sonnengott
5 Surja, Surya
7 Sawitar
Sprachen
4 Gond, Urdu
5 Hindi, Munda, Orija, Oriya, Tamil
6 Assami, Bihari, Lahnda, Sindhi, Telugu
7 Bengali, Kannada, Marathi, Panjabi, Punjabi
8 Gujarati, Sanskrit
9 Kaschmiri, Malajalam, Malayalam
10 Pandschabi
11 Gudscharati
13 Radschasthani
Staaten
3 Goa
5 Assam, Bihar
6 Kerala, Orissa, Punjab, Sikkim
7 Gujarat, Haryana, Manipur, Tripura
8 Nagaland
9 Karnataka, Meghalaya, Pandschab, Rajasthan, Tamil Nadu
10 Haidarabad, Westbengal
11 Maharasthra
12 Uttar Pradesh
13 Andrah Pradesh, Madhya Pradesh
15 Himachal Pradesh, Jammu and Kashmir
Staatsoberhaupt
5 Reddy
Städte
3 Goa
4 Agra, Luni, Puna, Puri
5 Ajmer, Delhi, Hubli, Indor, Kolar, Mirat, Patna, Poona, Salem, Simla, Surat
6 Ambala, Bareli, Baroda, Bhopal, Bombay, Ellora, Indore, Jaipur, Kanpur, Kolait, Madras, Madura, Maisur, Mysore, Nagpur, Rampur, Ratlam
7 Aligarh, Benares, Bikanér, Calicut, Jodhpur, Kalikat, Lakhnau, Udaipur
8 Amritsar, Balasore, Bareilly, Calcutta, Cawnpore, Kalkutta, Kolhapur, Rourkela, Sholapur, Srinagar, Varanasi
9 Ahmadabad, Allahabad, Bangalore, Dschaipur, Koimbatur, Mangaluer, Moradabad, Pandschim, Scholapur
10 Darjeeling, Haidarabad, Scharanpur, Trivandrum
11 Dschabalpur, Dschalandar, Dschamnagar, Visagapatam
12 Dardschiling
13 Schahjahanpur
14 Dschamschedpur
Stammvater der Menschen
4 Manu
Starenvogel
5 Maina
Statthalter
5 Nabob
Sturmgott
5 Rudra
Tänze
6 Kathak
8 Manipuri
Tanzspiel
6 Nataka
Teeanbauzentren
5 Assam
6 Kerala
7 Nilgiri
10 Darjeeling
Tempel
6 Pagode
Tempeldienerin
8 Dewadasi
Tempeltänzerin
8 Bajadere, Dewadasi
Titel
4 Babu, Muni, Raja, Rani
5 Begum, Nisam, Nizam, Radja
6 Pandit
7 Mahatma, Radscha
8 Maharani
9 Maharishi
11 Maharadscha
Totengott
4 Yama
Tragsessel
8 Palankin
Trommeln
5 Tabla
8 Mirdanga
Übungszentrum für geistige Konzentration
6 Ashram
Unionsterritorien
3 Diu
5 Daman, Delhi
7 Mizoram
9 Andamanen, Nikobaren
10 Chandigarh
11 Lakshadweep, Pondicherry
16 Arunachal Pradesh
16 Arunachal Pradesh
Universitätsstädte
4 Agra
5 Delhi, Patna
6 Bombay, Maisur, Nagpur
7 Lakhnau
Unterhaus
8 Lok Sabha
Verbrennungsstätte
4 Ghat
Versammlungshalle
6 Darbar
Volksführer
6 Gandhi
Währung
5 Paise, Rupie
Wallfahrtsorte
4 Puri
7 Benares, Madurai
8 Varanasi
Wandermönch
5 Sadhu
Wasserpfeife
4 Huka
Wegemaß
4 Hant
Wickelgewand
4 Sari
Wildbüffel
4 Arni
Windgott
3 Shu
4 Schu, Vayu, Waju
Witwe
4 Sati
8 Mirdanga
Zauberkünstler
5 Fakir

Zedrachgewächs
7 Nimbaum
Zerstörergott
5 Shiva
Indienkunde
9 Indologie
Indikinseln
6 Ceylon
7 Komoren
8 Sri Lanka
9 Amiranten, Andamanen, Kerguelen, Malediven, Nikobaren
10 Lakkadiven, Madagaskar, Maskarenen, Seychellen
14 Tschagosinseln
indisch-australische Seekuh
6 Dugong
Indischer Ozean
5 Indik
individueller Arbeitsbeginn
9 Gleitzeit
Individuum aus einem Ei
6 Oozoid
Indiz
7 Hinweis
9 Anzeichen
15 Verdachtsmoment
indoafrikanischer Katzenfisch
8 Glaswels
indoarische(s)
Sprache
6 Pahari
Volk im Hindukusch
5 Kafir
indoaustralische
Prachtdrossel
5 Pitta
Tierregion
8 Wallacea
Indonesien
Abbauprodukt
9 Bankazinn
Berge
3 Awu
4 Raja
5 Kelut, Murud
6 Makian, Merapi, Tebang
7 Tambora
8 Kinabalu, Krakatau
10 Papantajan
Bevölkerung
10 Indonesier
Edelmetallgewicht
4 Wang
Fahrraddroschke
5 Becak
Flüsse
4 Musi
6 Barito, Kampar
7 Mahakam
Frauengewand
6 Sarong
Fürstenhof
6 Kraton
Gämsbüffel
4 Anoa
Gewichte
4 Thel
5 Picul
Gewürz
6 Sambal
Haupthäfen
6 Padang
8 Semarang, Surabaja
14 Tandjungperiuk
Hauptstadt
7 Jakarta
8 Djakarta
Hohlmaß
3 Kan
Holzgewächs
9 Kasuarine
Inselbewohner
8 Balinese, Mentawai, Molukker
Inselgruppen
3 Aru
5 Sangi
6 Lingga
8 Molukken
11 Sundainseln
Inseln
3 Aru, Kai
4 Alor, Bali, Batu, Buru, Java, Maja, Muna, Nias, Riau, Roti, Sawu
5 Babar, Banda, Banka, Kabia, Pagai, Seram, Sumba, Timor, Wetar
6 Bangka, Borneo, Butung, Flores, Lingga, Lombok, Madura, Peleng, Sipora, Togian
7 Celebes, Enggano, Marotai, Siberut, Sumatra, Sumbawa
8 Billiton, Sulawesi, Tanimbar
9 Halmahera
10 Kalimantan
Kleinpferd
9 Batakpony
Krabbenbrot
8 Kroepock
Name von Celebes
8 Sulawesi
Orchester
7 Gamelan
Politiker
5 Hatta
7 Suharto, Sukarno
Schattenspiel
6 Wayang
Seen
4 Toba
5 Banda
7 Tobasee
Slums
6 Gubuks
Spitzhörnchen
4 Tana
Sprachen
6 Bahasa
9 Javanisch
Städte und Orte
4 Deli
5 Medan
6 Djambi, Malang, Manado, Padang
7 Bandung, Jakarta, Kendari, Makasar
8 Djakarta, Semarang, Surabaja
9 Kutaradja, Palembank, Pontianak, Samarinda, Surakarta
10 Bangkahulu, Jogjakarta
12 Bandjarmasin
Stinkdachs
6 Teledu
Tanzmaske
6 Topeng
Tempelanlage auf Java
9 Borobudur
Tonskala
7 Slendro
8 Selendro
Universitätsstädte
7 Bandung, Jakarta
8 Djakarta, Surabaja
Volksgruppen
4 Dani
5 Batak, Dajak, Dayak
7 Lampong, Malaien, Malayen, Torajas
9 Weddoiden
Vorstadt mit Garten
7 Kampong
Vulkane
5 Agung, Dempo
6 Bratan, Leuser, Merapi, Semeru, Slamat
7 Tambora
8 Kerintji, Krakatau, Rindjani
12 Rantekombola
Währung
3 Sen
6 Rupiah
Indus-Zuflüsse
4 Luni
5 Kabul, Laran
6 Gilgit
Industrieanlagen
4 Werk
5 Grube, Werft
6 Fabrik, Huette
7 Kokerei
8 Bergwerk, Brauerei, Kaliwerk, Walzwerk
9 Eisenwerk, Kraftwerk, Stahlwerk
10 Autofabrik
11 Eisenhuette, Kohlengrube
13 Automobilwerk
14 Kohlenbergwerk
16 Steinkohlengrube
Industrienorm
3 DIN

inegal
8 ungleich
9 different
11 nicht gerade, verschieden
inert
6 passiv, traege
7 inaktiv
8 untaetig
inexakt
7 ungenau
9 inakkurat
infam
6 ehrlos, gemein
11 impertinent
12 unverschaemt
Infant von Spanien
6 Felipe
Infanteristen
6 Jaeger
7 Landser
8 Schuetze
9 Fuesilier, Grenadier, Musketier
Infektionserreger
5 Virus
7 Parasit
8 Bakterie, Bazillus
Infektionskrankheiten
4 Aids, Pest, Ruhr
5 Lepra, Mumps, Polio
6 Grippe, Masern, Pocken, Seuche, Typhus
7 Aussatz, Cholera, Malaria, Roeteln, Tetanus, Tollwut, Trachom, Tripper
8 Blattern, Fusspilz, Gasbrand, Schanker, Syphilis, Wundrose
9 Influenza, Milzbrand, Scharlach
10 Diphtherie, Gelbfieber, Paratyphus, Windpocken
11 Fleckfieber, Flecktyphus, Keuchhusten, Starrkrampf, Tuberkulose, Ziegenpeter
12 Denguefieber, Genickstarre
14 Kinderlaehmung
15 Schlafkrankheit, Wundstarrkrampf
17 Lungenentzuendung
Information
7 Meldung
8 Auskunft, Einblick
9 Belehrung, Nachricht
10 Mitteilung
12 Orientierung
Informationselement
3 Bit
4 Byte
8 Gigabyte, Kilobyte, Megabyte
Informationsschrift
4 Buch
6 Plakat
7 Katalog, Zeitung
8 Prospekt
9 Merkblatt
Informationsunterlage
7 Handout
informativ
9 lehrreich
Ingenieurfachschule
9 Technikum
13 Polytechnikum
Ingenieurwissenschaft
7 Technik
Ingwergetränk
9 Gingerale
Ingwergewächs
7 Aldinia, Curcuma
8 Zingiber
Ingwergewürz
8 Kardamom
Ingwerpflanze
6 Zitwer
Inhalationsgerät
8 Aerostat
inhalieren
8 einatmen
Inhalt
4 Kern, Sinn
5 Masse, Tenor, Thema
6 Gehalt, Ladung
7 Inneres, Materie
8 Fuellung, Substanz, Wortlaut
9 Bedeutung
des Unterrichts
9 Lehrstoff
inhaltliche(r)
Übereinstimmung
9 Synonymie
Zusammenhang
7 Kontext
Inhaltsangabe
5 Index
6 Rubrum
8 Register
9 Summarium
10 Uebersicht
11 Aufstellung, Deklaration, Verzeichnis
Inhaltsentfernung
7 Leerung
inhaltslos
4 leer
Inhaltslosigkeit
5 Leere
6 Vakuum
Inhaltsverzeichnis
5 Index
8 Register
Initialen
der Bardot
2 BB
der Cardinale
2 CC
Dürers
2 AD
Einsteins
2 AE
Fontanes
2 TF
Freuds
2 SF
Picassos
2 PP
Initiator
7 Anreger, Urheber
9 Anstifter
10 Inspirator, Schirmherr
Injektionennachweis
8 Impfbuch, Impfpass
Injektionsgerät
7 Kanuele, Spritze
9 Hohlnadel
Injektionsmittel
9 Impfstoff
Injektionsnadel
7 Kanuele
Injektionsspur
8 Einstich
Inkaknotenschrift
5 Quipu
Inkakult
5 Huaca
Inkarnation der Wischnu
6 Varaha
7 Awatara
Inkubus
8 Albdruck
9 Nachtmahr
inkurabel
9 unheilbar
Inn-Zuflüsse
3 Alz
4 Ache, Aill, Alpe, Isen, Rott
5 Achen, Attel, Glonn
6 Ziller
7 Salzach
innen
5 darin, intus
6 innert, intern
8 inwendig
9 innerhalb
liegendes Stück vom Ganzen
9 Innenteil
Innenauskleidung
6 Futter
Innendurchmesser
röhrenförmiger Organe
5 Lumen
von Rohren
7 Kaliber
Innenhof
5 Patio
6 Atrium
8 Peristyl
Innenohrteil
8 Schnecke
Innenraum
9 Interieur
mit Glasdach
8 Lichthof
Innenstadt
4 City
7 Zentrum
innerbetrieblich
6 intern

innere(r, s)
Bestimmung
8 Berufung
Bewegung
6 Regung
7 Emotion
10 Anwandlung
Erregung
8 Spannung
Gefüge
8 Struktur
Gehalt
9 Eigenwert
Gewissheit
6 Glaube
Gliederung
6 Aufbau
8 Struktur
Haltung
9 Attituede
Mauerfläche
7 Laibung, Leibung
Organhülle
9 Bauchfell
Stärkung
8 Erbauung
Teil unseres Planeten
7 Erdkern
Trieb
4 Gier
5 Drang
8 Instinkt
Unruhe
9 Aufregung
Würde
4 Adel
11 Vornehmheit
innerliche Überzeugung
6 Glaube
10 Gewissheit
innewohnend
8 immanent
9 inhaerent
innig
4 lieb
5 intim
8 herzlich
innige Zuneigung
5 Liebe
Innovation
8 Neuerung
Innsbrucker Theater
3 Exl
9 Exlbuehne
Innung
5 Gilde, Zunft
6 Gewerk
11 Korporation
Insassensicherung
4 Gurt
6 Airbag
8 Luftsack
11 Kopfstuetze
12 Knautschzone
15 Sicherheitsgurt
Inschrift
7 Legende
8 Epigraph, Graffito
11 Inskription
am Kreuze Jesu
4 I.N.R.I.
in der Antike
7 Elogium
Insekten
4 Bock, Emse, Eule, Floh, Imme, Kerf, Koch, Laus, Made, Teke, Uria
5 Biene, Breme, Gelse, Larve, Motte, Nonne, Wanze, Wespe, Zecke, Zirpe
6 Ameise, Bremse, Drohne, Falter, Fliege, Grille, Hummel, Kaefer, Muecke, Schabe, Walker, Zikade
7 Admiral, Libelle, Moskito, Ohrwurm, Reblaus, Schnake, Termite
8 Heimchen, Heupferd, Hornisse, Kakerlak, Kammfloh, Kerbtier, Kopflaus, Kornbock, Totenuhr
9 Aasfliege, Aaskaefer, Anopheles, Baumwanze, Bettwanze, Blattlaus, Erdgrille, Erdhummel, Feldwespe, Gallwespe, Goldwespe, Grabwespe, Haselbock, Holzbiene, Holzwespe, Hundefloh, Lohkaefer, Maikaefer, Pelzmotte, Rollassel, Rutenbock, Saegebock, Sandwespe, Schneider
10 Bienenwolf, Blattwanze, Blattwespe, Feldgrille, Feuerwanze, Honigbiene, Junikaefer, Mistkaefer, Schildlaus, Viehbremse, Waldameise, Wasserfloh
11 Blattkaefer, Buchdrucker, Feuerfliege, , Grashuepfer, , Heuschrecke, Klopfkaefer, Kraetzmilbe, Siebenpunkt, Stechmuecke
12 Ameisenloewe, Blattwickler, Borkenkaefer, Hautfluegler, Hirschkaefer, Kleidermotte, Marienkaefer, Netzfluegler, Pillendreher, Pillenkaefer, Rinderbremse, Stubenfliege, Tsetsefliege, Wadenstecher, Wanderameise, Wasserkaefer,
13 Baerenspinner, Buchenspinner, Eintagsfliege, Fleischfliege, Gletscherfloh, Koecherfliege, Kohlweissling, Kuechenschabe, Nashornkaefer, Schmetterling, Wasserjungfer,
14 Gluehwuermchen, Johanniskaefer, Schmeissfliege,
15 Feldheuschrecke, Fichtenruessler, Gottesanbeterin, Grabheuschrecke, Kartoffelkaefer, Stabheuschrecke,
fressende Pflanzen
8 Taublatt
9 Fettkraut, Nepenthes, Sonnentau
tötendes Mittel
9 Parathion
Insekten-Bekämpfungsmittel
3 DDT
7 Kampfer
8 Leimring
11 Mottenkugel
12 Mottenpulver
14 Fliegenfaenger
Insektenfresser
4 Igel, Mull, Tana
6 Desman, Tanrek, Tupaja
7 Almiqui
8 Goldmull, Haarigel, Maulwurf
9 Hundsigel, Schermaus, Spitzmaus, Sternmull, Wychuchol, Zaglossus
10 Rattenigel
11 Borstenigel, Kapgoldmull, Ostmaulwurf, Steppenigel
12 Ruesselratte
13 Bisamruessler, Blindmaulwurf, Feldspitzmaus, Hausspitzmaus, Waldspitzmaus
14 Alpenspitzmaus
Insektenlarve
4 Made
5 Puppe, Raupe
6 Nymphe
9 Engerling
Insektenorgan
9 Saugmagen
Insektenpuppe
5 Kokon
Insektenstaat
4 Volk
Insektenwaffe
7 Stachel
Insel
3 Ile, Oie

4 Isle
6 Eiland, Hallig
7 Schaere
siehe: entsprechendes Land

inselartig
7 insular

Inselgruppe
8 Archipel
bei Neuguinea
5 Purdy
bei Neukaledonien
4 Huon
der Ägäis
8 Kykladen
9 Dodekanes
der Äußeren Hebriden
8 Berneray
der Philippinen
4 Sulu
7 Cagayan, Visayas
des Jemen
7 Sokotra
im Atlantik
6 Scilly
im Finnischen Meerbusen
6 Kotlin
im Finnischen Schärenmeer
8 Kumlinge
im Indik
6 Chagos
9 Nikobaren
im Japanischen Meer
3 Oki
im Ladogasee
6 Valamo
im Nördlichen Eismeer
8 Nordland
im nordöstlichen Sumatra
6 Lingga
im Pazifik
7 Tokelau
9 Galapagos, Keiinseln, Salomonen
im Roten Meer
6 Farsan
im Stillen Ozean
6 Tubuai
nördlich von Luzon
5 Batan
nördlich von Madagaskar
7 Agalega
nordöstlich von Singapur
6 Anabas
östlich von Timor
5 Letti
südlich von Neufundland
8 Miquelon
südwestlich von Timor
4 Sawu
von Chile
6 Chonos
von Finnland
6 Koekar
von Florida
9 Keyinseln
von Indien
9 Amindiven, Andamanen
von Indonesien
9 Aruinseln
von Jamaika
6 Caicos
von Japan
4 Goto
5 Bonin
6 Riukiu
7 Amakusa
8 Okishima
9 Okiinseln, Tsuschima
von Kroatien
9 Palagruza
von Mikronesien
9 Karolinen
von Mittelamerika
8 Antillen
von Myanmar
6 Mergui
von Neuseeland
4 Cook
von Norwegen
7 Lofoten
von Polynesien
5 Samoa
von Schottland
6 Orkney
von Spanien
8 Balearen
von Taiwan
5 Matsu
vor der Galway Bay
4 Aran
westlich von Neuguinea
3 Kei

Inselkette
bei Alaska
7 Aleuten
nördlich von Japan
7 Kurilen

Inselseebad in Wales
9 Beaumaris

Inselstaat
der Antillen
7 Jamaika
der Kleinen Antillen
8 Dominica
der USA
6 Hawaii
im Atlantik
6 Island
im Indik
7 Komoren
8 Sri Lanka
9 Malediven, Mauritius
im Mittelmeer
6 Cypern, Zypern
im Pazifik
4 Niue
5 Tonga
7 Fidschi
9 Westsamoa
in Ostasien
5 Japan
in Ozeanien
6 Tuvalu
vor Westafrika
8 Kap Verde
Westeuropas
6 Irland

Inselstadt
an der Küste Kenias
4 Lamu

Inselstadtteil von Venedig
6 Murano

Inselvolk
in Westeuropa
4 Iren

Inselwelt
9 Insulinde
der Ägäis
8 Kykladen, Sporaden
9 Dodekanes
im Pazifik
8 Ozeanien
10 Polynesien
11 Mikronesien

Inserat
7 Annonce, Anzeige
15 Zeitungsannonce, Zeitungsanzeige

insgesamt
4 ganz
5 alles, total
8 zusammen
13 summa summarum

Insichgehen
4 Reue
5 Busse
7 Einkehr

Inspiration
7 Einfall
8 Anregung
9 Eingebung, Intuition

Installateur
8 Blechner, Klempner, Spengler
9 Flaschner, Rohrleger, Schlosser
12 Blechschmied

instand setzen
8 erneuern
10 herrichten, renovieren, reparieren
12 restaurieren, restituieren
16 wiederherrichten, wiederherstellen

Instandhaltung
6 Pflege
7 Wartung

inständiges Bitten
6 Flehen
8 Gebettel

Instandsetzung
9 Reparatur
11 Renovierung
12 Restauration
13 Restaurierung

Institut
7 Anstalt
Karls des Großen
9 Hofschule

Instruktion
7 Weisung
8 Beratung
9 Anleitung, Anweisung, Belehrung
10 Ausbildung, Vorschrift

11 Einfuehrung, Richtschnur
13 Unterrichtung

Instrument
6 Geraet
7 Apparat
8 Werkzeug
11 Vorrichtung

Intellekt
3 Nus
4 Nous
5 Geist
8 Vernunft, Verstand
13 Denkvermoegen

intellektuell
7 geistig

Intellektueller
7 Egghead
8 Eierkopf, Highbrow
12 Kopfarbeiter
13 Gehirnakrobat
14 Intelligenzler
15 Geistesarbeiter
17 Bildungsphilister, Intelligenzbestie

intelligent
4 klug
6 begabt
8 gescheit
10 aufgeweckt

Intelligenz
8 Begabung, Klugheit
12 Gescheitheit
14 Aufgewecktheit

Intelligenzprüfgerät
9 Formbrett

intensive(s)
Ausbildung
8 Schulung
Bemühen
9 Bestreben
Fütterung
8 Fettmast

intensivieren
8 steigern
9 vermehren
11 verstaerken

Intention
7 Absicht, Vorsatz
8 Vorhaben

interessant
7 packend, wichtig
8 anregend, fesselnd, reizvoll, spannend
9 attraktiv, lehrreich, nuetzlich
10 ergreifend, instruktiv, kurzweilig, lesenswert, sehenswert
11 ansprechend, entzuekkend, hoerenswert, mitreissend, wissenswert
13 beachtenswert, bemerkenswert
14 erwaehnenswert, repraesentativ, spannungsreich
15 aufschlussreich
17 aussergewoehnlich

Interesse
6 Anteil
7 Neigung, Neugier
9 Teilnahme, Zuneigung
10 Mitgefuehl
11 Anteilnahme

Interessentengruppe
5 Lobby

Interessenvereinigung
7 Kartell

Interessenvertreter
8 Lobbyist

Interessenverwaltung
8 Treuhand

interessiert
9 engagiert
10 aufmerksam
14 erwartungsvoll

Interieur
9 Innenraum

internationale(r, s)
Anerkennung
8 Weltruhm
Blumenagentur
7 Fleurop
Fest der Arbeiter
8 Maifeier
Flüchtlingsorganisation
3 IRO
Frauenklub
9 Zontaclub
geltende Vorschrift
8 Seerecht
Handel
9 Weltmarkt
Klub
6 Rotary
Kreditinstitut
8 Weltbank
Notzeichen
3 SOS
Schriftstellerverband
3 Pen
Skiverband
3 FIS
Sportveranstaltung
9 Olympiade

Internatsschüler
8 Zoegling

Interpellation
7 Anfrage

Interpretation
7 Deutung
9 Auslegung
11 Explanation

interstellare(r, s)
Dunkelnebel
7 Globule
Medium
6 Plasma

Intervall
4 None, Prim, Sext, Terz
5 Quart, Quint
6 Dezime, Oktave
7 Sekunde, Septime
8 Tonstufe

Interview
9 Befragung

interviewen
8 befragen

intolerant
6 muffig
8 pingelig, spiessig
9 engherzig, kleinlich, unduldsam
10 ehrpusslig, muckerhaft
11 ehrpusselig, philistroes, provinziell
12 kraehwinklig
15 kleinstaedtisch
16 kleinbuergerlich
17 spiessbuergerlich

Intrigantengruppe
9 Kamarilla

Intrige
4 Rank
6 Kabale, Raenke
7 Arglist
12 Machenschaft

Intuition
7 Einfall
9 Eingebung
11 Inspiration

Investitionsgeld
7 Kapital

inwendig
5 innen, intus
6 intern

Ionische Inseln
5 Paxos, Zante
6 Ithaka, Ithaki, Lefkas, Leukas
7 Kythera, Kythira
9 Zakynthos

Irak
Bevölkerung
6 Iraker, Kurden
7 Tuerken
Erdölhäfen
3 Fao
Flüsse
6 Tigris
7 Euphrat
Gewicht
6 Dirham, Dirhem
Hafenstädte
3 Fao
5 Basra
Hauptstadt
6 Bagdad
7 Baghdad
Kalif
14 Harun al Raschid
König
6 Faisal
Landschaften
9 Kurdistan
10 Babylonien
12 Mesopotamien
Münze
6 Dirham, Dirhem
Ölfelder
5 Mosul
6 Kirkuk
Partei
5 Baath

Politiker
5 Kasim
6 Saddam
7 Hussein
13 Saddam Hussein
Ruinenstätten
2 Ur
4 Uruk
5 Assur
6 Nimrud, Ninive, Nippur
7 Babylon
Städte
3 Kut
5 Basra, Mosul
6 Bagdad, Daurah, Kirkuk, Nedjef, Samara
7 Baghdad, Kerbela
sumerische Stadtstaaten
2 Ur
4 Uruk
6 Nippur
7 Lagasch
Währung
3 Fil
5 Dinar
irakisch-saudiarabischer Königsname
6 Faisal, Feisal
Iran
Berge
6 Kuhran
8 Demawend
Dämon
6 Asmodi
Dichter
5 Hafis, Saadi
6 Nisami, Nizami
7 Dschami, Firdusi
8 Dschelal, Firdausi
Dynastien
6 Ilkhan
7 Pahlawi
9 Abbasiden, Arsakiden, Omaijaden, Safawiden
10 Kadscharen, Sassaniden, Seleukiden
11 Seldschuken
Erdölhäfen
6 Abadan
Erdölinsel
5 Kharg
Fee
4 Peri
Flöte
3 Nay, Nei
Flüsse
3 Kor
4 Aras, Mand
5 Karul, Tilar
6 Kercha
9 Kisil Usen
Frauenschleier
8 Tschador, Tschadyr
Frühlingsfest
6 Naurus
Fundort nahe des Kaspischen Meers
6 Marlik
Gattinnen des letzten Schahs
5 Farah
6 Soraya
9 Farah Diba
Gebet
5 Namaz
Gebirge
6 Elburs, Kuhrud, Sagros
8 Kopet Dag
10 Hindukusch
Gedichtform
5 Gasel
6 Gasele
Geistlichentitel
5 Molla, Mulla
6 Mullah
9 Ayatollah
Gewichte
3 Man
6 Rottel
8 Tscherek
Götter
3 Bab
4 Arez
5 Chiun
6 Mithra, Ormuzd, Zerwan, Zurvan
7 Ahriman, Mithras, Zervana, Zervane
Göttertrank
5 Haoma
Hafenstädte
6 Abadan
7 Buschir
11 Bender Abbas
Hauptstadt
7 Teheran
Herrscher
5 Abbas, Cyrus, Kores, Kyros
6 Darius, Xerxes
7 Chosrau
8 Kambyses
9 Alexander
10 Artaxerxes
Herrschertitel
5 Schah
12 Schah-in-Schah
Kaiser
5 Schah
9 Resaschah
Kaukasusbewohner
6 Ossete
Längenmaße
3 Sar, Zar
8 Faersakh, Tscherek
Lauten
3 Tar
5 Dutar
Münzen
4 Kran
5 Toman
Musikinstrumente
3 Nay, Nei, Tar
Neujahrsfest
6 Naurus
Politiker
8 Mossadeq
9 Mossadegh
13 Rafsandschani
Religionen
5 Schia
9 Mazdaznan, Parsismus
Religionsanhänger
6 Parsen
8 Babisten, Schiiten
10 Mazdaisten
Religionsstifter
4 Babi, Mani
5 Manes
9 Zoroaster
11 Zarathustra
Ruinenstätten
4 Susa
10 Pasargadae, Persepolis
Salzwüste
5 Kerir
Schahname
4 Resa
11 Resa Pahlawi
Schiitenführer
8 Khomeini
schiitischer Ehrentitel
9 Ajatollah
Schrift
7 Pehlewi
Seefahrer
6 Skylas
Seen
5 Niris, Urmia
Sprachen
5 Parsi
8 Persisch
9 Ossetisch
Städte und Orte
3 Bam, Kom, Lar
4 Arak, Ghom, Jesd
5 Ahvas, Babol, Mahan
6 Abadan, Dezful, Gorgan, Kaswin, Kerman, Kirman, Rescht
7 Ardebil, Buschir, Hamadan, Isfahan, Kaschan, Schiras, Taebris, Zahedan
8 Astrabad, Meschhed, Zaidabad
10 Halabdscha
11 Kermanschah
Statthalter
6 Satrap
Tempelturm
8 Zikkurat
Teppiche
3 Kum
5 Heris, Sarab
7 Afschar, Ardebil, Keschan, Maschad, Mesched, Poschti, Puschti
8 Afschari, Fareghan, Maschhad
Teppichstädte
4 Ghom
7 Hamadan, Isfahan, Taebris

Titel
4 Khan
5 Schah
12 Schah-in-Schah
Volksstämme
5 Aseri, Luren, Meder, Saken, Taten
6 Alanen, Iraner, Kurden, Perser, Sogder
7 Baktrer, Iranier, Osseten, Parther, Skythen, Sogdier
8 Armenier, Sarmaten, Skoloten
10 Belutschen
Währung
4 Rial
5 Dinar
Wallfahrtsort
3 Kom
4 Ghom
Wasserpfeife
6 Kalian, Kaliun
Wüsten
3 Lut
5 Kewir
11 Desth-i-Kevir

iranisch-indisches Gitarreninstrument
5 Sitar

irisch-keltische Bewohner Schottlands
6 Skoten

irisch-keltische Feuergöttin
6 Brigit

irisch-keltischer Feuergott
3 Lug

irisch-schottischer Tanz
4 Reel

Irland
Abgeordnetenhaus
4 Dail
Alphabet
4 Ogam
Atomforscher
6 Walton
Berge
6 Keeper, Neifin
7 Brandon, Errigal
Bevölkerung
4 Iren
Dichter
4 Shaw
5 Joyce, Moore, Synge, Yeats
6 Steele
7 Beckett, Durrell
8 Campbell, Kavanagh
9 Allingham
Dirigent
8 Stanford
Dramatiker
6 Ervine, O'Casey
7 Carroll
8 Plunkett, Robinson
Dramatikerin
7 Gregory
Eigenname
4 Eire
Erzähler
8 Carleton
Erzählerin
5 Bowen
Flughäfen
6 Dublin
7 Shannon
Flüsse
4 Erne, Suir
5 Boyne
6 Barrow
7 Shannon
Freiheitshelden
6 Pearse
8 Casement
Friedenskämpferin
8 Williams
Geheimbund
6 Fenier
7 Fenians
Geheimbündler
6 Fenier
Geisterkönig
5 Dagda
Göttermutter
4 Dana
Göttinnen
4 Badb, Dana, Danu
6 Brigit
8 Morrigan
Grundbesitzer
8 Absentee
Hafenstädte
4 Cork
6 Dublin
Hauptstadt
6 Dublin
Inseln
4 Aran
5 Arann
6 Mullet
Kaps
4 Acla
6 Chairn
keltischer Name Irlands
4 Erin
Kloster
6 Cashel
Komponist
8 Stanford
Kriegerkastenfürst
5 Umall
Kriegsheld
9 Cuchulinn
Landschaft
9 Connemara
Märtyrer
6 Totnan
Missionare
6 Gallus
7 Columba
8 Columban
Mönch
6 Gallus
Moos
9 Carrageen, Karrageen
Nationalheilige
6 Brigid
Oberst unter Wallenstein
6 Butler
Parlament
4 Dail
11 Dail Eireann
Patron
7 Patrick
Philosophen
7 Erigena
8 Berkeley, Eriugena
9 Hutcheson
Physiker
6 Walton
7 Tyndall
Politiker
5 Lynch
6 O'Brien, O'Kelly, Valera
7 Haughey, Hillery
8 Childers, Reynolds, Robinson
10 FitzGerald
Provinzen
4 Cork, Mayo
5 Cavan, Clare, Kerry, Louth, Meath, Sligo
6 Carlow, Dublin, Galway, Offaly
7 Donegal, Kildare, Leitrim, Wexford, Wicklow
8 Kilkenny, Laoighis, Limerick, Longford, Monaghan
9 Roscommon, Tipperary, Waterford, Westmeath
Sagengestalten
4 Finn, Ogma
5 Oisin, Umall
6 Fingal, Ossian
8 Sigeband
9 Cuchulinn
Sandhügel
5 Esker
Schlagballspiel
7 Hurling
Schriftsteller
5 Behan, Colum, Gwynn, Joyce
6 Clarke, Pearse, Stuart
7 Beckett, Durrell
8 Stephens
9 Goldsmith, O'Flaherty
Seen
3 Eri, Ree
4 Derg
6 Erisee
Sprachen
6 Irisch
8 Englisch, Gaelisch
Städte und Orte
4 Birr, Bray, Cork
5 Cavan, Ennis, Sligo
6 Carlow, Dublin, Galway, Tralee
7 Ballina, Carrick, Clifden, Dundalk, Kildare, Lifford, Wexford, Wicklow
8 Drogheda, Kilkenny, Limerick

9 Killarney, Tipperary, Waterford
10 Queenstown
Untergrundorganisation
3 IRA
Währung
4 Cent, Euro
Wahrzeichen
8 Shamrock
Ironiker
8 Spoetter
ironische
Dichtung
6 Satire
Wendung als Deckname
6 Ironym
irre reden
10 delirieren
11 fantasieren
12 phantasieren
irreal
10 unwirklich
Irreführung
5 Bluff
Irrfahrt
7 Odyssee
Irrgarten
9 Labyrinth
Irrgläubiger
6 Ketzer
10 Haeretiker
Irrlehre
8 Haeresie, Ketzerei
Irrtum
6 Errata, Fehler, Suende
7 Erratum
8 Hamartie, Versehen
Irtysch-Zuflüsse
2 Om
3 Omj, Tar, Tui, Uba
4 Kaba, Tara
5 Konda, Kurtu, Narim, Oscha, Tobol, Wagai
6 Abakan, Ischim, Turtas
8 Demjanka
Isar-Zuflüsse
3 Rot
4 Finz, Riss
5 Achen, Ammer, Amper, Sempt
6 Jachen
7 Arzbach, Ellbach, Loisach, Moosach, Rottach
8 Mossbach
9 Muehlbach, Pfettrach, Steinbach
10 Hirschbach, Zellerbach
Iser-Zuflüsse
6 Koster
7 Kamnitz, Mohelka
Isère-Zuflüsse
3 Arc
4 Arly, Drac, Fure
5 Doron
6 Bagnol, Bourne, Ozeins
Islam
Armensteuer
5 Zakat
Asket
6 Sufist
Bauelement
9 Kielbogen
Bekenntniseinheit
6 Tauhid
Berber in Afrika
6 Kabyle
Bestattungsmonument
8 Grabturm
Brokattuch
5 Kiswa
Dämonen
4 Jinn
5 Jinni
7 Dschinn
Dämonenberg
3 Kaf
Derwischorden
7 Senussi
Dynastien
8 Hafsiden
9 Almohaden, Tahiriden, Tuluniden
Ehrentitel
4 Gazi
5 Hafis
6 Schech
7 Scheich
Fastenmonat
7 Ramadan, Ramasan
Feste
6 Bairam, Beiram
8 Nebi Musa
Frauengemach
5 Harem
6 Zenana
Gebete
3 Asr
5 Namas, Namaz, Salat
6 Fatiha
Gebetshaus
7 Moschee
Gebetsnische
6 Mihrab
Gebetsplätze
9 Padischah
Gebetsrichtung nach Mekka
5 Kibla
6 Kiblah
Gebetsruf
4 Esan
Gebetsrufer
7 Muezzin
Geistlichentitel
5 Molla, Mulla
6 Mullah
Gelehrtenstand
6 Ulemas
Gelehrter
5 Ulema
Glaube
4 Iman
Glaubensquelle
7 Musalla
8 Namazgah
Gott
5 Allah
Götterberg
3 Kaf
Götterbild
3 Uza
Heilige
4 Wali, Weli
7 Marabut
Heiligengrab
4 Wali, Weli
heiliger Bezirk
5 Haram
heiliger Krieg
8 Dschihad
heiliger Stein
9 Handschra
heiliges Buch
5 Koran
Heiligtum
5 Kaaba
Herrschertitel
5 Kalif
6 Sultan
9 Padischah
Hölle
11 Dschehennem
Klasse der Dschinn
6 Marids
Korankapitel
4 Sure
Korankenner
5 Hafis
Koranschulen
6 Mekteh
7 Medrese
8 Medresse
Koranschüler
5 Softa
Lehrbuch
5 Sunna
mächtiger Dschinn
5 Ifrit
7 Ifritah
Mekkapilger
6 Hadsch
7 Haddsch, Hadschi
Mekkapilgermantel
5 Ihram
Mekkapilgerreise
5 Omrah
6 Hadsch
Moschee in Mekka
9 Beit Allah
Mutter der Gläubigen
6 Aischa, Ayesha
Name Jesu
3 Isa
Oberpriester
5 Mufti
Ordensältester der Derwische
3 Pir
Paradies
4 Adan
9 Dschennet
Paradiesjungfrau
4 Huri
Predigtkanzeln
5 Karsi
6 Mimbar

Prophet
5 Rasul
8 Mohammed
Rechtsgelehrte
5 Mufti, Ulema
Rechtsgutachten
5 Fetwa
Rechtsquelle
6 Fatiha
Rechtsschule
7 Medrese
8 Medresse
Sagengestalt
5 Chidr
6 Chider, Chidhr
Schicksal
6 Kismet
Schreiber
5 Malam
Sekten
5 Bahai
6 Drusen
7 Senussi
8 Alauiten, Babisten, Hodschas, Imamiten, Ismailia, Schiiten, Sufisten, Sunniten, Zaiditen
9 Derwische, Hanefiten, Hanifiten, Nusairier, Wahabiten
10 Assassinen, Ismaeliten, Ismailiten, Wahhabiten
Sonnengott
5 Hobal
Student
7 Schaban
8 Muharrem
Teufel
5 Iblis
6 Asasel
8 Scheitan
Titel
4 Imam, Kadi
5 Kalif, Mufti, Wesir
6 Sultan
7 Hadschi
Ungläubiger
5 Giaur, Kafir
Vorbeter
4 Imam
Wallfahrtsorte
5 Mekka
6 Medina
Waschung vor dem Gebet
6 Abdest
weiblicher Dämon
8 Jinniyah

Islamit
6 Moslem, Muslim
8 Muselman
12 Mohammedaner

Island
Berge
5 Askja, Hekla
10 Herdubreid
11 Bardarbunga
Bevölkerung
9 Islaender
Bildhauer
7 Jonsson
Bucht
4 Faxa
Dichter
7 Laxness
11 Gudmundsson
Dichtungen
4 Edda, Saga
Erzähler
5 Nonni
Fluss
8 Joekulsa
Gedichtform
4 Rima
Gelehrter
7 Saemund
Gürtelringkampf
5 Glima
Hauptstadt
9 Reykjavik
heiße Quelle
6 Geiser, Geysir
Komponist
5 Leifs
Name für Ski
4 Skid
normannischer Name für Island
5 Floki
Parlament
7 Althing
Parlament und Gerichtsstätte
11 Thingvellir
Philologe
8 Egilsson
Prosasammlung
4 Saga
5 Sagas
Reimgedicht
5 Rimur
Ringkampf
5 Glima
Sammler der jüngeren Edda
6 Snorri
Schriftsteller
5 Nonni
6 Kiljan, Kvaran
7 Halldor, Laxness
8 Svensson
10 Gunnarsson
Sprache
8 Islenska
Städte und Orte
3 Vik
5 Hoefn
7 Akranes, Selfoss
8 Akureyri, Keflavik
9 Grindavik, Kopavogur, Reykjavik
Strandläufer
5 Kanut
Streichzither
8 Langspil
Vulkaninsel
7 Surtsey
Währung
5 Aurar, Eyrir, Krone
Wasserfälle
8 Gullfoss
9 Dittifoss

Isolierstoffe
4 Filz, Glas, Kitt, Kork, Lack, Teer, Werg
5 Gummi
6 Amenit, Asbest, Eburin
7 Bitumen, Mikanit
8 Pertinax
9 Drahtlack, Glasfaser, Glaswolle, Teerpappe

isolierte elektrische Leitung
5 Kabel

Israel
Amtssprache
6 Irrith, Iwrith
10 Hebraeisch
Angehöriger eines Kollektivs
9 Kibbuznik
antike Bergfestung
6 Masada
Armee
6 Hagana
7 Haganah
Bauernsiedlung
7 Moschaw
Berge
5 Meron, Ramon, Saggi, Seguv, Tabor
7 Oelberg
Bevölkerung
5 Juden
7 Israeli, Semiten
8 Hebraeer, Israelis
Dichter
5 Agnon
9 Altermann
Dichterin
8 Goldberg
Dirigent
9 Barenboim
Dörfertyp
7 Moshava
Feiertag
6 Sabbat
Feste
5 Purim
6 Passah
8 Schawuót
9 Jom Kippur
15 Laubhuettenfest, Versoehnungstag
Flughäfen
3 Lod
5 Lydda
Flüsse
5 Faria
6 Jordan
Gebirge
6 Karmel
13 Karmelgebirge
Grußwort: Frieden
7 Schalom
Hafenstädte
4 Akka, Elat

5 Eilat, Elath, Haifa, Jaffa
6 Ashdod
7 Aschdod
Hauptstadt
9 Jerusalem
Jerusalem (Bauwerke)
9 Felsendom
10 Klagemauer
11 Omar-Moschee
12 Grabeskirche
Jude (im Land Geborener)
5 Sabra
Jude (nach Staatsgründung Eingewanderter)
4 Olim
Jude (vor Staatsgründung Eingewanderter)
7 Vatiqim
Kollektivsiedlung
6 Kibbuz
Komponist
3 Tal
Landschaften
6 Judaea
7 Samaria
8 Galilaea
10 Palaestina
Lobgesang
6 Hallel
Monatsnamen
6 Tammus, Tebeth
Münzeinheit
5 Agora
6 Agorot
Nationalhymne
7 Hatikwa
8 Hatikwah
Nobelpreis für Frieden
5 Peres, Rabin
Parlament
7 Knesset
8 Knesseth
Parteien
4 Rafi
5 Avoda, Likud, Mapai, Mapam
7 Aschdut, Maarach
Pianist
9 Barenboim
Politiker
5 Begin, Navon, Peres, Rabin
6 Benzwi, Gurion, Herzog, Katzir, Shamir, Shazar
7 Eschkol, Schamir, Scharon, Schasar
8 Scharett, Weizmann
9 Ben Gurion, Netanjahu
Politikerin
4 Meir
Richter
6 Gideon
Sängerin
4 Lavi
Schriftsteller
4 Asch, Guri
5 Carmi, Meged
6 Gilboa, Hillel, Kishon, Kovner, Yizhar
7 Schaham, Schamir
8 Goldberg, Grynberg
9 Altermann
Seen
8 Tiberias
9 Totes Meer
10 Genezareth
Siedler
9 Kibbuznik
Siedlerkollektiv
6 Kibbuz
Städte
4 Arad, Elat
5 Akkon, Eilat, Elath, Haifa, Holon, Jaffa
6 Ashdod, Bat Yam, Hadera, Har Zin
7 Askalon, Herzlya, Netanja, Rehovot, Tel Aviv
8 Ashqelon, Givataim, Nazareth, Nethanja, Ramat Gan, Tiberias
9 Jerusalem
Tanz
5 Horra
Untergrund-organisationen
5 Irgun
7 Haganah
Währung
5 Agora
6 Agorot, Shekel
7 Schekel
Wüsten
4 Juda
5 Negev

Israelit
4 Jude
8 Hebraeer

israelitische(r)
Gesetzgeber
5 Moses
Gott der Heerscharen
7 Zebaoth
Könige
3 Ela
4 Jehu, Joas
5 Achab, Baesa, Nadab, Pekah, Simri
6 Joahas
7 Menahem
8 Jerobeam
Religionsstifter
5 Moses
Richter
6 Simson
Stämme
3 Dan, Gad
4 Juda, Levi
5 Asser, Ruben
6 Joseph, Simeon
7 Ephraim, Leviten, Manasse, Sebulon
8 Benjamin, Isaschar, Naphtali
Stammväter
3 Ham, Sem
4 Noah
5 Jakob
6 Japhet
7 Abraham

Istanbul
6 Byzanz
14 Konstantinopel

Italien
Abenteurer
8 Casanova
10 Cagliostro
Adelsgeschlechter
4 Este
6 Borgia, Medici, Orsini, Rovere
7 Cadorna, Farnese, Gonzaga
9 Malaspina, Malatesta, Mirandola
11 Piccolomini
Adelstitel
4 Duca
5 Conte
8 Contessa, Marchesa, Marchese, Principe, Visconte
11 Principessa
Adriahafen
4 Bari
6 Ancona, Pesaro, Rimini, Triest
7 Pescara, Venedig, Venezia
8 Barletta, Brindisi, Molfetta
Afrikaforscher
6 Casati
7 Bottego
Alpenjägertruppe
6 Alpini
Anatomen
6 Varoli
7 Caldano, Galvani
8 Valsalva
9 Falloppio
Anhänger der Hohenstaufen
9 Gibelline
Anreden
6 Signor
7 Signora, Signore
9 Signorina, Signorino
antike Städte
7 Pompeji
11 Herculaneum
Archäologen
4 Boni
7 Blondus
Architekten
5 Rossi
6 Alessi, Bianco, Giotto, Juvara, Maiano, Serlio, Solari, Vasari
7 Arnolfo, Barelli, Bernini, Bibiena, Cagnola, Cantone, Carlone, Fontana, Gilardi, Juvarra, Laurana, Nosseni, Orcagna, Peruzzi, Petrini, Solario, Talenti, Tibaldi, Tribolo

8 Agostino, Baglioni, Bonascia, Bramante, Canonica, Chiaveri, Longhena, Palladio, Rainaldi, Ricchini, Rossetti, Sangallo, Scamozzi, Vittozzi
9 Benedetto, Borromini, Federighi

Artikel
1 i
2 il, la, le, lo
3 gli

Ärzte
7 Cardano, Morelli
8 Canevari, Malpighi, Morgagni
9 Ramazzini, Rivarocci

Astronomen
6 Piazzi, Secchi
7 Galilei
8 Riccioli
12 Schiaparelli

Atomphysiker
5 Fermi

Autobahn
10 Autostrada

Autokonstrukteur
7 Ferrari

Autopionier
8 Bernardi

Autorennfahrer
8 Nuvolari

Autorennstrecke
5 Monza

Bannerträger
12 Gonfaloniere

Berge und Gebirge
4 Meta, Tosa
5 Aetna, Amaro, Vesuv
6 Amiato, Cimone, Ortler, Serino, Tofana
7 Antelao, Apennin
8 Abruzzen, Adamello
9 Apenninen, Dolomiten, Gran Sasso, Marmolata, Monte Rosa
11 Rosengarten
12 Gran Paradiso

Bevölkerung
6 Sarden
7 Albaner
8 Slowenen
9 Italiener
11 Suedtiroler
12 Raetoromanen

Bildhauer
5 Busti, Danti, Greco, Manzu, Manzù, Rosso, Wildt
6 Amadeo, Bodini, Canova, Majano, Marini, Pisano, Riccio, Rodari, Romano
7 Algardi, Balzico, Cellini, Fiesole, Fontana, Lardera, Laurana, Mazzoni, Nosseni, Ouercia, Quercia, Sartori, Solario, Tribolo
8 Ammanati, Antelami, Bistolfi, Boccioni, Calandra, Cambiaso, Campagna, Consagra, Giuliani, Lombardo, Pomodoro, Serpotta, Vittoria
9 Beccafumi, Donatello, Federighi, Sansovino
10 Verrocchio
12 Michelangelo

Bildhauerfamilie
6 Robbia

Bischofsstädte
6 Aquino
7 Orvieto

Blutrache
8 Vendetta

Branntwein
6 Grappa

Buchdrucker
6 Bodoni
8 Manutius

Bühnenbildner
7 Damiani

Bühnenfigur
8 Skaramuz
9 Brighella

Bürgermeister
7 Podesta, Sindaco

Burgruine
7 Canossa

Bußprediger
10 Savonarola

Cellisten
5 Abaco
7 Janigro
8 Mainardi

Chemiker
5 Natta
8 Avogadro

Chronist
7 Villani

Dichter
4 Rosa, Zeno
5 Berni, Casti, Dante, Gozzi, Molza, Monti, Prati, Pulci, Tasso
6 Ariost, Basile, Beolco, Carrer, Giusti, Maffei, Parini, Pavese, Silone, Vasari
7 Aleardi, Alfieri, Aretino, Ariosto, Berchet, Boiardo, Brocchi, Buzzati, Capuana, Carcano, Daponte, Foscolo, Gaetano, Goldoni, Guarini, Manzoni, Martini, Montale, Moretti, Novelli, Pascoli, Pellico, Tassoni
8 Alamanni, Amaretti, Annunzio, Carducci, Giannone, Grazzini, Guerrini, Leopardi, Petrarca, Rossetti, Rucellai, Spagnoli, Tansillo
9 Achillini, Antonelli, Bartolini, Betteloni, Boccaccio, Bonarelli, Brofferio, Busenello, Calzabigi, Chiabrera, Malaparte, Passeroni, Poliziano, Quasimodo, Rapisardi, Rinuccini, Sacchetti, Sannazaro, Ungaretti, d'Annunzio
10 Pirandello

Dichterinnen
5 Negri
6 Stampa
7 Gambara

diplomatische Schrift
9 Gruenbuch

Dirigenten
3 Gui
4 Muti
5 Erede
6 Abbado, Basile, Sabata
7 Cametti, Casella, Janigro, Maderna, Serafin
8 Pradella, Sinopoli, Spontini
9 Toscanini

Dramatiker
2 Fo
3 Pea
5 Butti
6 Bracco, Fabbri, Maffei
7 Alfieri, Benelli, Giacosa, Torelli
8 Martelli, Ruzzante
9 Bonarelli, Niccodemi, Niccolini

Eisspeise
8 Spongada

Elektrotechniker
6 Giorgi

Elitetruppe
11 Bersaglieri

Entdecker
6 Caboto

Erfinder
5 Volta
7 Marconi
10 Torricelli

Erzähler
5 Gadda, Svevo
7 Cassola

Erzählerin
7 Deledda

Erzgießer
5 Leoni

Fahnenwagen
9 Carroccio

Filmkomiker
4 Toto

Filmstadt bei Rom
9 Cinecittà

Fingerspiel
4 Mora

Flöte
9 Caladrone
Fluggesellschaft
8 Alitalia
Flüsse
2 Po
4 Adda, Arno, Gela, Liri, Mera, Nera, Reno, Sele, Toce, Tose
5 Etsch, Oglio, Piave, Sesia, Tiber
6 Aniene, Isonzo, Rubico, Tanaro, Tessin
7 Busento, Rubikon
8 Volturno
Flüssigkeitsmaß
6 Barile
Forschungsreisende
7 Beccari, Belzoni
8 Albertis
9 Marco Polo
Frauennamen
3 Pia
4 Gina, Mona, Tina
5 Alida, Bella, Elena, Lucia, Maria, Norma, Paola, Viola
6 Angela, Bianca, Cosima, Editta, Elvira, Enrica, Giulia, Marina, Porzia, Renata, Teresa
7 Antonia, Claudia, Mirella, Valeria
8 Beatrice, Carlotta, Eleonora, Fiametta, Lucretia, Lucrezia, Teresina, Violetta, Vittoria
9 Francesca, Maddalena, Margarita
10 Margherita
Frauenverführer
8 Casanova
Freiheitskämpfer
7 Mazzini
9 Garibaldi
Freischarenführer
9 Garibaldi
Fremdenführer
8 Cicerone
Frühjahrsfeigen
5 Fiori
Frühscholastiker
7 Damiani
Fürstenhaus in Verona
5 Scala
Gaststätten
7 Albergo, Osteria, Osterie, Taverne
9 Trattoria, Trattorie
Gaunersprache
5 Gergo
Gebirgstruppe
6 Alpini
Gedichtformen
6 Sonett
7 Canzone
8 Capitolo, Madrigal, Rispetto
Geheimbund
5 Mafia
6 Maffia
7 Camorra, Kamorra
Geheimbündler
7 Mafioso
9 Karbonari
Geigenbauer
5 Amati, Santo
6 de Salo
7 Maggini, Ruggeri
8 Bergonzi, Gagliano, Grancino, Guarneri, Storioni
10 Stradivari
Geiger
6 Viotti
7 Corelli, Nardini, Pugnani, Tartini, Torelli, Vivaldi
8 Fiorillo, Paganini, Veracini
9 Geminiani, Locatelli
Geistliche
5 Abate, Bosco
8 Don Bosco
geistliches Lied
5 Lauda
Gelehrte
4 Zeno
8 Muratori
9 Algarotti
Gemüsesuppe
8 Minestra
10 Minestrone
Gendarm
11 Carabiniere, Karabiniere
Geograf
4 Cora
Geologe
7 Arduino
Germanist
7 Gabetti
Gesangsstil
8 Belcanto
Geschichtsphilosophen
4 Vico
5 Croce
Goldschmiede
5 Leoni
7 Cellini
9 Caradosso
Gondelführer
10 Gondoliere
Gondellied
9 Barcarole
Hafenstädte
4 Bari
5 Gaeta, Genua, Grado
6 Ancona, Neapel, Reggio, Rimini, Tarent, Triest
7 Catania, Livorno, Messina, Otranto, Palermo, Ravenna, Salerno, Syrakus, Venedig
8 Brindisi, La Spezia, Molfetta
Halbinseln
7 Apulien
9 Kalabrien
Hauptstadt
3 Rom
4 Roma
Heerführer
7 Cadorna
Hefegebäck
5 Pizza
Heilige
4 Neri
7 Cajetan
Hirtenlied
9 Villanell
Histologe
5 Golgi
Historiker
5 Azuni
8 Giannone
Hochruf
6 Evviva
Hotel
7 Albergo
Humanisten
4 Pico
5 Bembo, Molza, Valla
6 Balbus, Biondo, Poggio, Varchi
7 Aurispa, Barbaro, Landino, Pontano
8 Acontius, Aleander, Paleario, Vergerio
9 Giannotti, Sabellico, Victorius
Inselbewohner
5 Sarde
8 Sizilier
10 Sizilianer
Inseln
4 Elba
5 Capri, Ponza
6 Burano, Giglio, Ischia, Linosa, Lipari, Murano, Salina, Ustica
7 Asinara, Capraia, Caprera, Panaria, Pianosa, Procida, Tremiti, Vulcano
8 Lampione, Sizilien
9 Favignana, Giannutri, Lampedusa, Sardinien, Stromboli, Ventotene
11 Monte Cristo, Pantelleria
Interessengruppen im Mittelalter
9 Popolanen
Jägertruppe
11 Bersaglieri
Jahrmarkt
5 Fiera
Jesuit
9 Bellarmin
Jongleur
8 Rastelli
Jurist
9 Romagnosi
Kap
6 Miseno

Kardinal
7 Cajetan
9 Cajetanus
Käsesorten
5 Grana
6 Asagio, Romano
7 Casiddi, Fontina, Robiola
8 Bel Paese, Belpaese, Parmesan
10 Gorgonzola, Mozzarella, Stracchino
Kaufleute im Mittelalter
9 Lombarden
Kirchenlehrer
6 Thomas
7 Damiani
8 Pallotti
Komödienfigur
7 Scapino
Komponisten
3 Feo, Leo
4 Nono, Peri
5 Abaco, Baini, Berio, Boito, Bossi, Cesti, Cilea, Landi, Lotti, Sarti, Verdi, Vinci
6 Alfano, Arditi, Busoni, Draghi, Marini, Merulo, Nanini, Nanino, Perosi, Piatti, Pitoni, Sabata, Vecchi, Viotti, Vitali
7 Alberti, Allegri, Anfossi, Ariesti, Astorga, Bassani, Bazzini, Bellini, Bertali, Caccini, Caldara, Casella, Cavalli, Corelli, Durante, Galuppi, Landino, Maderna, Menotti, Nardini, Piccini, Porpora, Puccini, Pugnani, Rossini, Salieri, Tartini, Torelli, Toselli, Veretti, Viadana, Vivaldi, Zarlino
8 Abbatini, Albinoni, Benevoli, Bernabei, Casimiri, Cimarosa, Clementi, Fiorillo, Gabrieli, Gagliano, Gesualdo, Giordano, Jommelli, Legrenzi, Mainardi, Marcello, Marenzio, Mascagni, Massaino, Paganini, Pasquini, Petrassi, Pizzetti, Respighi, Sacchini, Sgambati, Spontini, Steffani, Veracini, Zandonai
9 Angiolini, Animuccia, Banchieri, Benvenuti, Bononcini, Carissimi, Cherubini, Donizetti, Gaffurius, Geminiani, Guglielmi, Locatelli, Malipiero, Morlacchi, Paisiello, Peragallo, Pergolesi, Scarlatti, Stradella
10 Boccherini, Monteverdi, Palestrina, Zingarelli
11 Frescobaldi, Leoncavallo
Könige
7 Humbert
8 Berengar, Emmanuel
Königin
5 Elena
Kugelspiele
6 Boccia, Tivoli
Kunstautor
7 Campori
Kunsthistoriker
7 Venturi
Kunstkritiker
5 Pisis
Künstlerfamilien
7 Carlone, Quaglio, Solario
Künstlergruppe
8 Cosmaten
9 Novecento
Kunststile
8 Seicento, Trecento
Kupferstecher
7 Raimond
8 Piranesi
9 Anderloni
Lagunenstadt
7 Venedig
Landschaften
6 Emilia, Friaul, Friuli, Latium, Marche, Marken, Molise
7 Apulien, Chianti, Piemont, Romagna, Toscana, Toskana, Umbrien, Veltlin
8 Abruzzen, Aostatal, Benevent, Campagna, Ligurien, Sizilien, Trentino, Venetien
9 Kalabrien, Kampanien, Lombardei, Sardinien
10 Basilicata, Basilikata, Monferrato
11 Mezzogiorno
13 Emilia Romagna
Liebesdichtung
9 Stornello
Lied
9 Romanesca
Likör
8 Rosoglio
Lohnkutscher
9 Vetturino
Lustspiel
8 Commedia
Lustspielfiguren
9 Pantalone, Tartaglia
Maisgericht
7 Polenta
Maler
2 Po
3 Ugo
4 Afro, Cima, Reni, Rosa, Tisi, Tosi, Vaga
5 Balla, Caffi, Carra, Cossa, Costa, Credi, Daddi, Dolci, Dossi, Gaddi, Gagli, Gnoli, Lippi, Lotto, Luini, Melzi, Memmi, Palma, Pisis, Preti, Ricci, Rosso, Sarto, Udine
6 Albani, Alunno, Batoni, Bononi, Carena, Caroto, Catena, Crespi, Ercole, Giotto, Grandi, Guardi, Longhi, Piombo, Serlio, Sodoma, Tizian, Vasari, Vedova
7 Agabiti, Amigoni, Ansaldo, Appiani, Barbari, Barocci, Bartolo, Bassano, Bellini, Bernini, Bertini, Birolli, Boldini, Bordone, Boscoli, Canella, Cariani, Caselli, Cassana, Chirico, Cimabue, Clerici, Cortono, Dalbono, Dorazio, Fattori, Ferrari, Fontana, Francia, Gozzoli, Guttuso, Maratti, Martini, Mazzoni, Minardi, Morandi, Moretto, Oggiono, Orcagna, Pannini, Peruzzi, Raffael, Ridolfi, Roberti, Savoldo, Solario, Strozzi, Tibaldi, Tiepolo, Uccello, da Vinci
8 Angelico, Annigoni, Baglione, Boccioni, Bonascia, Bonfigli, Bronzino, Calandra, Cambiaso, Campigli, Canlassi, Caporali, Carducci, Carpioni, Carracci, Casorati, Castagno, Castello, Crivelli, Giordano, Granacci, Guercino, Magnasco, Magnelli, Manfredi, Mantegna, Masaccio, Masolino, Meldolla, Michetti, Montagna, Morlotti, Perugino, Pontormo, Romanino, Rosselli, Salviati, Sassetta, Schedoni, Severini, Sogliani, Solimena, Starnina, Tempesta, Varotari, Veronese, Vincenzo, Volterra
9 Antonello, Aspertini, Attavante, Baschenis, Beccafumi, Botticini, Calderini, Canaletto, Cantatore, Carnovali, Carpaccio, Cassinari, Cavallini, Cavallino, Cavazzola, Cerquozzi, Correggio, Cremonini, Fontanesi, Francesca, Ghislandi, Giorgione,

Jacobello, Morazzone, Piazzetta, Pisanello, Pordenone, Schiavone, Segantini, Signorini, Stanzione, Veneziano
10 Botticelli, Caravaggio, Modigliani, Signorelli, Tintoretto
12 Michelangelo
15 Leonardo da Vinci

Malerfamilien
7 Bellini, Zuccari
8 Carracci, Vivarini

Malerin
8 Carriera

Mandoline
9 Calascine

Männernamen
4 Gian, Luca, Nino, Tino, Tito, Vico
5 Aldus, Beppo, Carlo, Guido, Mario, Paolo, Peppo
6 Amedeo, Angelo, Arturo, Benito, Cesare, Cosimo, Curzio, Emilio, Enrico, Ermano, Gianni, Giulio, Jacopo, Mattia, Nicola, Pietro, Sergio, Silvio
7 Antonio, Camillo, Claudio, Ermanno, Eugenio, Gasparo, Giacomo, Ignazio, Lorenzo, Niccolo, Odoardo, Omobono, Santino, Umberto
8 Agostino, Giovanni, Giuliano, Giuseppe, Marcello, Ottorino
9 Benedetto, Francesco
10 Alessandro, Bartolomeo, Bernardino, Cristoforo, Gioacchino, Sebastiano

Märchenfiguren
4 Orco
6 Befana
9 Pinocchio

Marschälle
4 Dias
8 Badoglio

Masseneinheit
3 Bes

Materialkünstler
5 Burri

Mathematiker
7 Pacioli
9 Cavalieri

Medailleur
8 Spinelli

Modeschöpfer
9 Schuberth

Münzen
4 Tari
6 Doppia, Sesino
9 Carrarese

Mystikerin
6 Angela

Nachrichtenagentur
4 ANSA

Naturforscher
7 Galilei, Galvani, Venturi

Nobelpreisträger für Chemie
5 Natta

Nobelpreisträger für Frieden
6 Moneta

Nobelpreisträger für Literatur
2 Fo
7 Deledda
8 Carducci
9 Quasimodo
10 Pirandello

Nobelpreisträger für Medizin
5 Boret, Golgi
14 Levi-Montalcini

Nobelpreisträger für Physik
5 Fermi, Segre
6 Rubbia
7 Marconi

Nudelarten
7 Lasagne, Ravioli
8 Spagetti
9 Makkaroni, Spaghetti
10 Cannelloni

Offizier
8 Capitano

Opernensemble
8 Stagione

Opernkomponisten
4 Peri
5 Boito, Verdi
7 Bellini, Puccini, Rossini
8 Cimarosa, Giordano, Mascagni
9 Donizetti
11 Leoncavallo

Orangenlikör
7 Rosolio

Ordensangehöriger
9 Theatiner

Ordensbruder
3 Fra
5 Frate
6 Frater

Ordensgründer
4 Neri
7 Camillo, Romuald
8 Benedikt
10 Franziskus
14 Franz von Assisi

Orientalisten
5 Tucci
7 Pagnini

Philosophen
4 Pico, Vera
5 Bruno, Croce
6 Ficino
7 Cardano, Gentile, Telesio
8 Capitini, Guardini
9 Abbagnano, Campanell, Romagnosi

Physiker
5 Amici, Fermi, Righi, Segre, Volta
7 Caselli, Galilei, Marconi
8 Avogadro, Ferraris
10 Torricelli

Pistolentyp
7 Beretta

Polarflieger
6 Nobile

Politiker
4 Moro
5 Amato, Ciano, Goria, Leone, Nenni, Pella, Rumor, Segni
6 Bonomi, Brosio, Cavour, Crispi, Scelba, Sforza
7 Colombo, Cossiga, Einaudi, Fanfani, Gasperi, Gronchi, Orlando, Pertini, Saragat
8 Scalfaro
9 Andreotti, Togliatti
10 Berlusconi
11 Machiavelli

Priestertitel
3 Don
5 Padre

Prinzenhofmeister
3 Ajo

Psychiater
8 Lombroso

Publizist
6 Balzan

Radrennen
4 Giro
11 Giro d'Italia

Räuber
5 Pezza
9 Rinaldini
10 Fra Diavolo

Rechtsgelehrte
3 Azo
8 Gandinus

Reformator
6 Ochino

Reformbewegung
7 Pataria

Regisseure
5 Germi, Leone, Ponti
6 De Sica
7 Fellini, Soldati
8 Gassmann, Pasolini, Strehler, Visconti
9 Antonioni

Reisende
7 Brocchi
9 Marco Polo

Reisgerichte
7 Risotto
8 Risipisi

Revolutionäre
7 Mazzini
9 Garibaldi

Rundfunkgesellschaft
3 RAI

Sänger
5 Gigli, Lanza, Volpi
6 Caruso, Schipa
7 Stefano
8 Bergonzi, Zampieri
9 Delmonaco, Distefano, Pavarotti, Stradella, Zenatello, del Monaco

Sängerinnen
5 Freni, Milva, Moffo
6 Scotto
7 Tebaldi
8 Catalani, Dalmonte
9 Simionato

Schalmei
7 Piffero

Schaumwein
8 Spumante

Schauspieler
4 Toto
6 Brazzi
7 Vallone
9 Salvatore

Schauspielerinnen
4 Duse, Muti
5 Loren
6 Masina
7 Magnani, Mangano
9 Cardinale, Pampanini
12 Lollobrigida

Schriftsteller
3 Pea, Rea
4 Arzo, Levi
5 Berto, Betti, Dessi, Gozzi, Rocca, Serra, Tozzi, Verga
6 Alvaro, Cecchi, Giraud, Grossi, Marino, Ojetti, Papini, Prisco, Repaci, Silone, Tomasi
7 Aretino, Azeglio, Baldini, Baretti, Barilli, Barrili, Borgese, Brocchi, Calvino, Cantoni, Carrera, Collodi, Durante, Flaiano, Giraldi, Goldoni, Moravia, Morelli, Panzini, Piovene, Ridolfi, Soldati, Zuccoli
8 Allodoli, Bandello, Brancati, Calandra, Casanova, Fenoglio, Fracchia, Giuliani, Landolfi, Lombardo, Masuccio, Santucci, Saponaro, Trilussa
9 Bacchelli, Fogazzaro, Guerrazzi, Magalotti, Malaparte, Marinetti, Pastonchi, Pratolini, Stuparich, Vittorini, Zavattini
10 Balestrini, Pirandello
11 Castiglione

Schriftstellerinnen
5 Serao
7 Deledda
8 Cespedes, Ginzburg, Sarfatti

Seefahrer
6 Caboto
8 Columbus, Vespucci
9 Verrazano

Staatsanleihen
6 Montes

Staatspräsidentensitz
8 Quirinal

Städte und Orte
3 Ala, Bra, Rom
4 Asti, Bari, Como, Fano, Gela, Lodi, Nola, Pisa, Riva, Roma, Susa, Todi, Vibo
5 Adria, Anzio, Aosta, Arona, Atria, Bozen, Capua, Cuneo, Forli, Gaeta, Genua, Goerz, Imola, Lecce, Locri, Lucca, Massa, Meran, Monza, Padua, Paola, Parma, Pavia, Prato, Rieti, Sarno, Siena, Sutri, Terni, Trani, Turin, Udine
6 Amalfi, Ancona, Andria, Arezzo, Ascona, Assisi, Brixen, Cesena, Faenza, Foggia, Latina, Loreta, Loreto, Mantua, Milano, Modena, Napoli, Neapel, Novara, Pesaro, Ragusa, Reggio, Rimini, Rivoli, Rovigo, Savona, Stresa, Tarent, Tivoli, Torino, Trento, Trient, Triest, Urbino, Varese, Verona
7 Belluno, Bergamo, Bologna, Brescia, Carrara, Catania, Cosenza, Cremona, Ferrara, Firenze, Florenz, Legnano, Lignano, Livorno, Magenta, Mailand, Marsala, Messina, Orvieto, Otranto, Palermo, Paterno, Perugia, Pescara, Pistoia, Portici, Rapallo, Ravenna, Salerno, Sassari, Sorrent, Spoleto, Syrakus, Taranto, Tortona, Trapani, Treviso, Venedig, Vicenza, Viterbo
8 Agrigent, Barletta, Brindisi, Frascati, Grosseto, La Spezia, Molfetta, Monopoli, Monreale, Piacenza, Pinerolo, Pozzuoli, Rovereto, Taormina, Vercelli
9 Benevento, Catanzaro, Cerignola, Gallipoli, San Severo, Viareggio
11 Alessandria, Villafranca
12 Caltanisetta
17 Lignano-Sabbiadoro

Tänze
7 Forlana, Forlane, Furlana, Furlane
9 Rigoletto, Romanesca, Siciliano
10 Saltarello, Tarantella

Tänzer
9 Angiolini

Tänzerinnen
8 Taglioni
9 Barberina, Campanini

Theologe
8 Vermigli

Tonsilben
2 Do, Fa, La, Mi, Re, Si, Ti

Trompete
6 Tromba

Verschwörer
6 Fiesco

Verwaltungsbeamter
8 Praefekt

Volksstämme
7 Gallier, Illyrer, Ligurer, Volsker
8 Etrusker, Italiker

Vulkane
5 Aetna, Vesuv
9 Stromboli

Vulkaninseln
7 Vulcano
9 Stromboli

Währung
4 Cent, Euro

Wallfahrtsort
6 Loreto

Weinflasche
6 Fiasco

Weinschänke
7 Osteria, Taverne

Weinsorten
4 Asti, Fara, Faro, Gavi, Giro
5 Zucco
6 Barolo, Epomeo
7 Barbera, Chianti, Cinzano, Marsala, Moscato, Vesuvio
8 Falerner, Frascati, Furlaner, Grumello, Malvasia, Nebbiolo, Prosecco
9 Bardolino, Veltliner
15 Lacrimae Christi

Weltgeistlicher
5 Abate

Wissenschaftler
7 Borelli

Wurstsorten
6 Salami
9 Kabanossi
10 Mortadella

Zahlwörter
3 due, sei, tre, una, uno
4 nove, otto, zero
5 cento, dieci, sette, venti
6 cinque
7 quattro

Zitronengetränk
7 Granito

Zoologe
6 Grassi

Zupfinstrument
8 Chitarra

Zwiebelspeise
9 Cipollata

italienisch für:
aber
2 ma
acht
4 otto
Alpental
3 val
Bad
5 bagno
Berg
5 monte
Bote
9 messagero
Brot
4 pane
Bürgermeister
7 podesta
drei
3 tre
eins
3 uno
Feld
5 campo
Frau
5 donna
Freund
5 amico
Früchte
6 frutti
fünf
6 cinque
Gebirgspass
5 colle
Geige
7 violino
Geldwechsel
6 cambio
Gesang
5 canto
Gott
3 dio
gut
4 bene
Harfe
4 arpa
Haus
4 casa
heilig
4 sant
5 santa, santo
Herr
7 padrone
Herrin
5 donna
hoch
4 alto
Insel
5 isola
ja
2 si
Kap
4 capo
Kasse
5 cassa
kleiner Junge
7 bambino
König
2 re
Küste
4 lido
Landspitze
4 capo
Liebe
5 amore
Mädchen
7 bambina
Nehrung
4 lido
neun
4 nove
Oper
5 opera
Palast
7 palazzo
Platz
6 piazza
Posse
5 buffa
Schwank
5 buffa
sechs
3 sei
See
4 lago
sieben
5 sette
Sonne
4 sole
Stadt
5 citta
Stimme
4 voce
5 canto
Strand
4 lido
Teufel
7 diavolo
vier
7 quattro
Wein
4 vino
zwei
3 due
„die Blauen“ (Sport)
7 azzurri
italische Völker
5 Osker
7 Volsker
8 Etrusker

Jacke
4 Rock, Wams
5 Joppe, Sakko, Weste
6 Blazer, Bolero, Janker, Kittel
7 Jackett, Spenser, Spenzer
8 Schlutte
9 Einreiher
10 Lumberjack
11 Strickweste
14 Trachtenjanker

Jagd
mit Falken
5 Beize
9 Falknerei

Jagdart
4 Hatz
5 Beize
6 Ansitz, Pirsch
7 Anstand
8 Beizjagd
9 Falknerei, Treibjagd, Vogelfang
12 Parforcejagd

jagdbare
Tiere
4 Wild
9 Grosswild
Vögel
9 Federwild

Jagdbereich
8 Wildbahn

Jagdbeute
8 Trophaee

Jagdbezirk
5 Forst, Jagen
6 Revier
8 Feldjagd, Hegering

Jagdbüchse
7 Stutzen

Jagdergebnis
5 Beute
7 Strecke

Jagdfrevel
8 Wilderei
12 Wilddieberei

Jagdfrevler
8 Wilddieb, Wilderer

Jagdgebiet
6 Revier

Jagdgewehre
6 Flinte
7 Buechse, Stutzen
8 Drilling, Tesching

Jagdgewinn
5 Beute

Jagdhelfer
7 Treiber
7 Kreiser

Jagdhochsitz
6 Kanzel

Jagdhocker
9 Sitzstock

Jagdhorn
6 Piston
8 Hifthorn

Jagdhunde
6 Barbet, Bracke, Dackel, Finder, Setter, Teckel
7 Pointer, Sauhund, Spaniel, Stoeber, Terrier
8 Sauruede
9 Fuchshund, Saubeller, Saupacker, Spuerhund
11 Huehnerhund, Stoeberhund, Vorstehhund
13 Cockerspaniel, Rauhaardackel
als Schar
5 Meute
6 Koppel

Jagdkanzel
8 Hochsitz
9 Hochstand

Jagdleopard
6 Gepard
7 Cheetah

Jagdmesser
6 Nicker
7 Knicker, Weidner
9 Weidblatt
11 Bowiemesser

Jagdmunition
5 Kugel
6 Schrot
9 Rehposten
10 Vogeldunst

Jagdrevier
6 Gehege

Jagdruf
6 Halali
7 Horrido

Jagdtiergruppe
8 Hochwild

Jagdtierpflege
8 Wildhege

Jagdverbot
9 Schonzeit

Jagdwesen
8 Weidwerk

Jäger
8 Weidmann
9 Gruenrock
aus dem „Fliegenden Holländer“
4 Erik
der französischen Armee
8 Chasseur
der griechischen Sage
5 Orion

Jägerhutschmuck
8 Gamsbart

Jägersprache: Gämsengehörn
7 Krickel

Jagst-Zuflüsse
4 Ette
7 Seckach
9 Erlenbach

jäh
6 abrupt, heftig
8 impulsiv
10 ploetzlich
abstürzende Felswand
4 Fluh

Jahrbuch
8 Almanach, Kalender
9 Annuarium

Jahrbuchautor
8 Annalist

Jahrbücher
7 Annalen

Jahresabschluss
6 Bilanz

Jahresdrittel
7 Tertial

Jahreszahlung
9 Annuitaet

Jahreszeiten
4 Lenz
6 Herbst, Sommer, Winter
9 Fruehjahr, Fruehling

Jahrgelder an den Papst
7 Annaten

Jahrhundert
8 Saekulum

Jahrmarkt
3 Dom
4 Dult, Kerb, Send
5 Kerwe, Messe, Wasen
6 Kirmes, Rummel
9 Kirchweih
11 Oktoberfest

Jahrmarktsattraktionen
7 Losbude
8 Schaukel
9 Karussell, Riesenrad
10 Achterbahn
11 Autoscooter, Geisterbahn, Ringelspiel, Schiessbude
12 Luftschaukel
15 Kettenkarussell

Jahrtausend
9 Millenium
10 Millennium

Jahrzehnt
9 Dezennium

jähzornig
6 rabiat
10 cholerisch
11 aufbrausend, ungezuegelt
12 unbeherrscht

Jamaika
Badestrand
16 Doctor's Cave Beach
Berg
9 Catherine
Bevölkerung
10 Jamaikaner
Dialekt der Bevölkerung
6 Patois
Doline der Karstlandschaft
7 Cockpit
Flüsse
5 Cobre, Minho
9 Rio Grande
Gebirge
13 Blue Mountains

Hauptstadt
8 Kingston
Politiker
5 Seaga
9 Patterson
Städte und Orte
8 Ocho Rios
10 Mandeville, Montego Bay
11 Port Antonio, Spanish Town
Währung
4 Cent
6 Dollar
Jamaika-Inselgruppe
6 Cayman
Jammer
4 Leid, Qual
5 Elend, Klage
6 Kummer, Misere
7 Lamento, Schmerz
8 Wehklage
jämmerlich
5 trist
9 klaeglich, miserabel
jammern
6 heulen, klagen, weinen
7 greinen
11 lamentieren
Jangtsekiang-Zuflüsse
5 Minho
8 Kankiang
10 Siangkiang
Januar
7 Eismond, Hartung, Jaenner
8 Hartmond
10 Schneemond
Japan
Abgeordnetenhaus
8 Schugi-in
Adelsstand
7 Samurai
Admiral
4 Togo
Ahnengedenkfest
3 Bon
Anstandsregeln
8 Buschido
Anthologie
8 Manyoshu
Aprikose
8 Mumebaum
Ära
4 Nino
Ärzte
4 Hata
6 Takata
Atomphysiker
6 Yukawa
Balkentor
5 Torii
Bantamhuhn
5 Chabo
Berge
3 Aso
4 Akan, Fuji
5 Oakan
6 Mihara, Misaka, Nantai, Ontake, Sakura
7 Abukuma
8 Kitagami
10 Jarigatake
11 Fudschijama
Bevölkerung
4 Ainu
5 Ainus
7 Japaner
Blumensteckkunst
7 Ikebana
Bogenschießkunst
5 Kyudo
Brettspiele
2 Go
3 Igo
Buddha
6 Hotoke
Buddhastatue
8 Daibutsu
buddhistischer Heiliger
5 Rakan
Dämon
3 Oni
Dichter
5 Basho
8 Hagiwara, Hitomaro
Dichterin
8 Murasaki
Dirigent
5 Ozawa
Eigenname
6 Nippon
Feldherrntitel
6 Shogun
7 Schogun
Flächenmaße
2 Se
3 Seh, Tan
5 Tsubo
Frauengewand
6 Kimono
Gedichtformen
3 Uta
5 Haiku, Hokku, Tanka
6 Haikai
Gedichtsammlung
9 Kokinschu
Gesellschafterin
6 Geisha
Gewichte
2 Ma
3 Kan
4 Kwan
5 Momme, Picul
Glücksgott
5 Hotei
Glücksgöttin
9 Benzaiten
Glückwunschruf
6 Bansai
Goldrüster
3 Sen
8 Senesche
Hafenstädte
4 Kobe, Moje
5 Akita, Osaka, Sakaj, Tokio
6 Nagoja
8 Hakodate, Jokohama, Kanasawa, Nagasaki, Schimizu
Handelsgewichte
2 Mo
3 Fun
Hauptstadt
5 Tokio, Tokyo
Herrschertitel
5 Tenno
6 Mikado
Hochadel
4 Kuge
6 Daimio
Hohlmaße
2 To
3 Sal, Sho
4 Shoo
Inseln
3 Ako, Oki
4 Sado
5 Bonin, Jesso, Osumi
6 Honshu
7 Honschu, Kiuschu
8 Hokkaido, Mikimoto, Miyajima, Schikoko, Schikoku
Kaiser
5 Meiji
7 Akihito
8 Hirohito
9 Mutsuhito
Kaisertitel
5 Tenno
Kampfflieger
8 Kamikaze
Kampfsportarten
4 Judo, Sumo
6 Aikido, Karate
8 Jiu-Jitsu
9 Taekwondo
Kimonogürtel
3 Obi
Klappfächer
3 Ogi
Kleidungsstücke
3 Obi
5 Haori
6 Hakama, Kimono
Kriegerstand
7 Samurai
Längenmaße
2 Jo, Mo, Ri
3 Bun
5 Shaku
6 Schaku
Lauteninstrument
4 Biwa
Lehnsfürst
6 Daimio, Daimyo
Makimono
9 Querrolle
Maler
4 Kano
5 Korin, Sugai
6 Koetsu, Ninsei

7 Foujita, Hokusai, Utamaro
8 Sesschuh
9 Mitsunaga
Münzen
2 Bu
3 Ban, Rin, Sen
Nahrungsgott
5 Inari
Name für Japan
5 Nihon
6 Nippon
Nationalgetränke
3 Tee
4 Sake
Nationalparks
5 Nikko
6 Hakone
Nationalreligion
12 Schintoismus
Naturgeister
4 Kami
Nobelpreisträger für Chemie
5 Fukui
Oboe
9 Hichiriki
Papierfaltkunst
7 Origami
Pariakasten
3 Eta
4 Yeta
Perlenzüchter
8 Mikimoto
Physiker
6 Yukawa
8 Tomonaga
Politiker
3 Ito
4 Miki, Sato
5 Ikeda, Kaifu, Ohira
6 Fukada, Fukuda, Kischi, Suzuki, Tanaka
7 Aschida
8 Hatojama, Katajama, Kuramari, Miyazawa, Nakasone,Yamagata, Yoschida
Puppenspiele
6 Joruri
7 Bunraku
Rangstufe beim Go
3 Dan
Rangstufe beim Judo
3 Dan
Räucherwerkdöschen
4 Kogo
Regisseure
3 Ozu
8 Kurosawa
Reichstag
5 Kokai
Reisgott
5 Inari
Reiswein
4 Sake
Religionen
3 Zen
8 Tenrikyo
10 Buddhismus
11 Shintoismus
12 Schintoismus
13 Zen-Buddhismus
Restaurant
7 Teehaus
Richtung des Buddhismus
3 Zen
Ringkampf
4 Sumo
Sänfte
4 Kago
Schnitzerei am Obi
7 Netsuke
Schriftsteller
4 Ogai
6 Soseki
8 Kawabata, Tanisaki
9 Arischima, Rionosuke
Schwertfechten
5 Kendo
Schwertstichblatt
5 Tsuba
Selbstmord
7 Seppuku
8 Harakiri
Sojabutter
4 Miso
Sojaquark
4 Tofu
Sojasoße
5 Choju
Städte
3 Mai, Ono, Ota, Tsu, Ube
4 Fuke, Gifu, Kobe, Kofu, Kure, Mito, Naha, Nara, Oita, Saga, Tari
5 Chiba, Esumi, Kioto, Kirju, Notsu, Omuta, Osaka, Otaru, Sakai, Tokio, Urawa, Usuki
6 Aomori, Hakata, Hikone, Himeji, Jawata, Kokura, Kurume, Nagoja, Namazu, Sasebo, Sendai, Tojama, Yawata
7 Fukuoka, Imabari, Kotschi, Niigata, Okajama, Okayama, Sapporo, Tottori, Tschiba
8 Hakodate, Hirosaki, Jamagata, Jokohama, Jokosuka, Kanasawa, Kawasaki, Korijama, Kumamoto, Miyasaki, Nagasaki, Tokosuka, Wakajama, Wakayama, Yokohama
9 Amagasaki, Hamamatsu, Hiroshima, Kagochima, Kanassawa, Matsujama, Matsumoto, Schizuoka, Tojohashi, Tokushima, Tschoschi
10 Hiroschima, Majebaschi
Stockfechten
5 Kendo
Tempelbau
6 Pagode
Theaterspiel
2 No
Todesflieger
8 Kamikaze
Tokio (alter Name)
3 Edo
Universitätsstädte
4 Kobe
5 Kioto, Kyoto, Tokio, Tokyo
6 Nagaja, Sendai
Unterhalterin
6 Geisha
Ureinwohner
4 Ainu
Verwaltungseinheiten
2 Do, Fu, To
3 Ken
Vulkane
3 Aso
4 Fuji
5 Asama
6 Asosan, Mihara
11 Fudschijama
Währung
3 Sen, Yen
Wallfahrtsorte
3 Ise
4 Nara
5 Kioto, Kyoto, Tenri
8 Kotohira, Miyajima
Wegemaß
2 Ri
Wintersportort
7 Sapporo
Zwergbaum
6 Bonsai

Java
Baumsegler
6 Klecho
Bürgersprache
6 Madijo
Färbeverfahren
5 Batik
Obstbaum
9 Nephelium
Schattenspiel
6 Wajang
Schattenspieler
6 Dalang
Tanz
7 Scrimpi
Tonsystem
5 Pelog, Pelok

jazzähnlich
7 jazzoid

Jazzanhänger
7 Hipster, Jazzfan

Jazzgesangsstil
8 Shouting

Jazzmusiker
3 May, Ory
4 Cole, Getz, Gray, Hunt, Kirk, Kyle, Monk, Rich, Shaw, Sims, Tate, Webb
5 Allen, Baker, Basie, Braff, Brown, Elman, Gibbs, Glenn, Hefti, Hines, Hucko, James,

Jones, Kirby, Krupa, Lewis, Nance, Norvo, Prima, Roach, Shank, Stacy, Tatum, Terry, Tyner, Young, Zurke
6 Barnet, Bauduc, Bechet, Beneke, Blakey, Bolden, Bostic, Carter, Condon, Crosby, Dorsey, Edison, Fatool, Garner, Herman, Hinton, Hodges, Jazzer, Joplin, Lawson, Miller, Morton, Murphy, Newman, Oliver, Parker, Powell, Redman, Scobey, Sutton, Taylor, Waller, Wilson
7 Anthony, Berigan, Blanton, Bradley, Buckner, Bushkin, Clayton, Freeman, Goodman, Hackett, Haggart, Hampton, Hawkins, Johnson, Matlock, Nichols, Pollack, Raeburn, Rollins, Russell, Sampson, Shavers, Spanier, Stewart, Ventura, Webster
8 Anderson, Calloway, Eldridge, Mulligan, Napoleon, Peterson, Sullivan, Tristano, Wettling, Whiteman, Williams
9 Armstrong, Doldinger, Ellington, Gillespie, Gonsalves, Lunceford, Pettiford, Singleton, Strayhorn, Teagarden, Trumbauer
10 Carmichael
11 Beiderbecke, Butterfield

Jazzorchester
4 Band
5 Combo
7 Big Band

Jazzstil
3 Bop, Hot, Rag
4 Beat, Cool
5 Bebop, Blues, Dixie, Swing
7 Hot Jazz
9 Dixieland
12 Boogie-Woogie

Jazzveranstaltung
7 Session

jeden Tag
8 taeglich

jeder
4 alle

jederzeit
5 immer, stets

jedoch
4 aber
5 indes
8 hingegen, vielmehr
10 allerdings

Jemen
Berg
12 Hadur Schuaib
Bevölkerung
9 Jemeniten
Gebirgsvorland
7 Scharki
Hauptstadt
4 Sana
5 Sanaa
Inseln
5 Perim
7 Kamaran, Sokotra
Küstenebene
7 Tihamah
Landschaften
6 Dhofar
9 Hadramaut
Schiiten
8 Zaiditen
Städte und Orte
3 Ibb
4 Aden, Taiz
5 Ahwar, Bagil, Mocha, Rauda, Sadah, Saiun, Tarim
6 Saihut, Shibam
7 Hodeida, Mukalla, Salalah
8 Zinjibar
vorislamische Kultstätten
5 Marib, Zafar
Währung
3 Fil
4 Rial
5 Dinar

Jenissei-Zuflüsse
3 Kan, Kas, Oja, Pit, Sya, Sym, Uda, Ulu, Uss
4 Agul, Erba, Kass, Krem, Luma, Mana, Syda, Tuba
5 Aksut, Kheta
6 Abakan, Angara, Beikem, Jelagu, Ulukem
7 Kureika
8 Tunguska

Jenseits
6 Himmel, Hoelle
9 Ueberwelt

jetzt
3 nun
4 itzo, itzt
6 sofort
8 momentan
14 augenblicklich

Jetztzeit
5 Heute
9 Gegenwart

jiddisch für:
Gewinn
7 Rebbach, Reibach
rein
7 koscher
Unbedeutender
7 Nebbich
Verdienst
7 Rebbach, Reibach

jiddisch sprechen
9 mauscheln

jiddische(r)
Autor
7 Mendele
Dramatiker
5 Anski
Sprachwissenschaft
9 Jiddistik

Jodbad östlich von Innsbruck
4 Hall

jodsaures Salz
5 Jodat

Jodverbindung
5 Jodat, Jodit

Jodwasserstoffsäuresalz
5 Jodid

Johannisbrotgewächs
7 Afzelia, Delonix
8 Bauhinia
9 Amherstia

Johanniter-Ordensmitglied
8 Malteser

Jokus
3 Jux, Ulk
5 Spass, Unfug
6 Scherz
7 Klamauk
11 Schabernack

Jollenkreuzer
5 Jacht, Yacht

Jongleur
9 Jokulator
12 Aequilibrist

jonglieren
11 balancieren

Jordanien
antike Römerstätte
6 Gerasa
8 Djerasch
Bevölkerung
9 Jordanier
Felsenstadt
5 Petra
Hafenstadt
5 Akaba
Hauptstadt
5 Amman
König
8 Abdullah
König (ehemalig)
6 Husain
7 Hussein
Königin (ehemalig)
3 Nur
Städte und Orte
4 Maan
5 Akaba, Irbid, Jenin, Serka
6 Hebron, Nablus
9 Bethlehem
Währung
3 Fil
5 Dinar

Journalist
8 Reporter
9 Berichter, Kolumnist, Moderator, Publizist, Redakteur, Volontaer
13 Chefredakteur, Korrespondent

14 Fernsehansager, Pressefotograf
15 Fernsehsprecher, Korrespondentin
16 Berichterstatter, Fernsehansagerin, Rundfunksprecher

Jubelfest Feiernder
7 Jubilar

jubeln
7 juchzen
8 jauchzen
10 frohlocken, jubilieren

juckende
Anschwellung(en)
7 Quaddel

jüdische(r, s)
Behörde zur Zeit Christi
8 Hoher Rat
Bewegung
9 Zionismus
Bezeichnung des Nichtjuden
3 Goi
Blasinstrument
7 Schofar
Brot
5 Matze
6 Matzen
Dezemberfest
8 Chanukka
Ehrentitel
5 Rabbi
Erntedankfest
15 Laubhuettenfest
Feste
5 Purim
6 Passah
7 Losfest, Mazzoth, Neujahr
8 Chanukka, Schawuot
9 Jobeljahr, Jom Kippur, Langer Tag
16 Versoehnungsfest
Festtagsgebet
7 Habdala
Frühlingsfest
6 Pascha, Passah
Frühlingsmonat
5 Nisan
fünf Bücher Mose
5 Thora
Fürst der bösen Geister
6 Asmodi
Gebetbücher
7 Machsor, Tefilla
Gebete
6 Mincha
7 Tefilla
8 Kaddisch, Keduscha, Kiddusch, Kolnidre
Gebetsriemen
8 Tefillin
Geheimlehre
7 Kabbala
Geistlicher
8 Rabbiner
Gesetzeslehrer
8 Rabbiner
Gesetzessammlung
6 Talmud
Gesetzgeber
5 Moses
Gotteshaus
8 Synagoge
Könige
6 Hiskia
7 Herodes, Hiskias, Hiskija, Zidkija
8 Ezechias, Rehabeam
Leuchter
6 Menora
Losfest
5 Purim
Monatsnamen
2 Ab, Aw
4 Adar, Elul, Ijar
5 Ijjar, Nisan, Sivan, Tebet, Tewet
6 Kislev, Tammus, Tammuz
7 Schebat, Schewat, Tischri
Mündigkeitsfeier
8 Barmizwa
Passahfeier
5 Seder
Passahfestessen
9 Osterlamm
Philosophen
5 Buber, Philo
6 Maimon, Philon
7 Gabirol
10 Maimonides, Rosenzweig
Prophet
8 Sacharja
Religion
9 Judaismus, Mosaismus
Religionsbuch
6 Talmud
Religionslehrer
8 Rabbiner
Ritus
6 Minhag
Ruhetag
6 Sabbat
Sagengestalt
5 Golem
Schriften
7 Judaika
Schriftgelehrte
4 Esra
5 Akiba
8 Schammai
Schriftrollen
5 Thora
6 Mesusa
Schriftsteller
4 Asch
Sekten
7 Essaeer, Essener, Karaeer
Versöhnungstag
9 Jom Kippur
Volksfeiertag
5 Purim
Wissenschaft
9 Judaistik
Würde eines Gesetzeslehrers
8 Rabbinat

Judosport
Angreifer
4 Tori
Anzug
6 Kimono
Gürtel
3 Obi
Hose
5 Zubon
Kämpfer
6 Judoka
Matte
6 Tatami
Meistergrad
3 Dan
Rangstufen
3 Kyo, Kyu
Verteidiger
3 Uke

Judosportler
6 Judoka

Jugend- und Musikmilieu
8 Popszene

Jugendform der Bandwürmer
5 Finne

Jugendfreund
8 Gespiele
Friedrichs des Großen
5 Katte
Goethes
5 Merck

jugendlich
7 juvenil

jugendliche(r)
Bandenangehöriger
6 Rocker
Gemütszustand
7 Thymose
Komponist
8 Globokar
Posaunist
8 Globokar
Schlägerbanden
4 Mods
9 Skinheads

Jugendlicher
4 Teen, Twen
6 Teenie
8 Teenager
9 Backfisch
14 Halbwuechsiger
in der Ausbildung
9 Lehrjunge

Jugendsprache:
junge Frau
4 Zahn
Lust zu etwas
4 Bock
super
4 irre
toll
4 irre

Jugendstadium bestimmter Tiere
5 Larve

Juli
5 Heuet
6 Heuert
7 Heumond
9 Quintilis
Junge
3 Boy, Bub
4 Bube
5 Gamin, Knabe
6 Bengel, Knirps
8 Lausbube
junge(r, s)
Birke
4 Maie
Damhirsch
8 Loeffler
gärender Wein
4 Most
Gebirgswild
9 Gaemskitz
Greifvogel
8 Wildfang
Haustier
9 Kaetzchen
Kuh
5 Kalbe
6 Sterke
liturgischer Sänger
9 Chorknabe
Mann
7 Bursche
9 Juengling
Mensch
4 Kind
Pfadfinder
9 Woelfling
Pferd
6 Fohlen
7 Fuellen
Pflanze
8 Setzling
9 Steckling
Seehund
6 Heuler
Stinkmorchel
7 Hexenei
Zuchttier
5 Fasel
Zweig
4 Reis
Jungen und Mädchen
5 Teens
8 Teenager
10 Backfische
11 Jugendliche
13 Halbwuechsige
14 Heranwachsende
Jünger Jesu
5 Judas, Lukas, Simon
6 Paulus, Petrus, Thomas
7 Andreas, Apostel, Jakobus
8 Johannes, Matthias, Natanael
9 Matthaeus, Nathanael, Philippus
13 Bartholomaeus
Jüngerin
Jesu
5 Tabea
9 Magdalena
Jungfrau
von Orléans
10 Jeanne d'Arc
Jungfräulichkeit
11 Virginitaet
Junggeselle
9 Hagestolz
bei Wilhelm Busch
5 Knopp
Jüngling
5 Knabe
6 Bursch, Garçon
7 Bursche
8 Teenager
der griechischen Sage
6 Adonis
8 Hyazinth
Jungpferd
5 Enter
6 Fohlen
7 Fuellen, Remonte
Jungrind
4 Kalb
5 Farre, Kalbe
6 Faerse
Jungschwein
6 Ferkel
7 Laeufer
Jungsportler
6 Junior
Jungsteinzeit
11 Neolithikum
Jüngstenrecht
7 Minorat
Jungtiere
aus einem Gelege
4 Brut
der Säuger
4 Wurf
Jungtierkrankheit
6 Laehme
Jungviehkrankheit
7 Sklerom
9 Darrsucht
Jungwald
5 Maiss
7 Dickung
Junker
8 Jungherr
Jupiter als
Befreier
5 Liber
Blitzgott
6 Fulgur
Donnerer
6 Tonans
Nahrungsspender
5 Epulo
Regengott
7 Pluvius
Siegbringer
6 Victor
Jupitermonde
2 Io
5 Elara
6 Ananke, Europa, Sinope
7 Amathea, Ganymed
8 Amalthea, Kallisto, Lysithea, Pasiphae
9 Ganymedes
Juristen
5 Notar
6 Anwalt
7 Advokat, Richter
8 Syndikus
9 Anklaeger, Justitiar, Justiziar
11 Verteidiger
12 Staatsanwalt
juristisch:
abtretbar
8 zessibel
Abweisung
9 Rejektion
Aufschub
8 Dilation
Beschenkter
7 Donatar
Beschwerdeführer
9 Reklamant
Besitzentziehung
8 Eviktion
bewegliche Habe
7 Fahrnis
böse Absicht
5 Dolus
Einspruch
8 Exceptio
Frist
8 Dilation
Gesetzwiderspruch
9 Antinomie
höhere Gewalt
8 Vis major
Mutwille
7 Luxuria
Nachgeborener
8 Postumus
neuer Gläubiger
9 Zessionar
Niederschlagung
9 Abolition
Reinigung
9 Purgation
Treugeber
9 Fiduziant
Treuhänder
8 Fiduziar
trotz besseren Wissens
8 mala fide
übertragbar
8 zessibel
Vermögen
7 Fahrnis
vertretbar
8 fungibel
Vorenthaltung
9 Retention
vorladen
9 evozieren
Vorladung
9 Evokation
Zubehör
9 Pertinenz

juristische(r, s)
Beweismittel
5 Indiz
Einrede
9 Exzeption
Handbuch
5 Kodex
8 Digesten
9 Pandekten
Vergleich
6 Rezess
Justierer
6 Eicher
Justizbehörde
7 Gericht
Jutegewebe
6 Rupfen
9 Tarpaulin
Jux
3 Ulk
5 Jokus, Scher, Spass

Kabarett
6 Brettl
16 Kleinkunstbuehne
Kabarettdarbietung
6 Sketch
Kabarettlied
4 Song
7 Chanson, Couplet
9 Quodlibet
Kabarettsänger(in)
10 Chansonier
11 Chansonette, Chansonnier
Kabel
3 Tau
4 Seil
6 Trosse
7 Leitung
9 Drahtseil, Telegramm
Kabeljau
5 Bolch
6 Dorsch
8 Laberdan
10 Stockfisch
11 Schellfisch
Kabinett
6 Gemach, Zimmer
9 Regierung
11 Nebenzimmer
13 Beratungsraum
in Monarchien
7 Kronrat
Kadaver
3 Aas
10 Tierleiche
Käfer
8 Totenuhr, Waldbock
9 Aaskaefer, Maikaefer,
10 Junikaefer, Mistkaefer, Skarabaeus,
11 Blattkaefer, Buchdrucker, Siebenpunkt
12 Borkenkaefer, Hirschkaefer, Leuchtkaefer, Marienkaefer, Pillendreher
13 Nashornkaefer
14 Gluehwuermchen, Johanniskaefer
15 Kartoffelkaefer
Käferlarven
8 Mehlwurm
9 Blitzwurm, Engerling
Kaffeeaufbereitung
8 Roestung
Kaffeebohnenausschuss
6 Triage
Kaffeegetränke
5 Mokka
6 Gloria
7 Melange
8 Espresso
9 Kapuziner, Schwarzer
Kaffeehaus
4 Café
8 Libresso
9 Cafeteria, Estaminet
10 Konditorei, Mokkastube
Kaffeehauswirtin
9 Cafetiere
Kaffeerückstand
4 Satz
Kaffeesorte
5 Mokka
6 Brasil
Kaffeeveredelungsbetrieb
9 Roesterei
Kaffeewirkstoff
7 Koffein
Kaffeezusatz
8 Zichorie
Kaffern-(Bantu-)Völker
4 Zulu
5 Pondo, Tonga, Xhosa
6 Basuto
7 Amakosa
11 Betschuanen
Kaffernspeer
7 Assagai
Käfig
5 Bauer, Koben, Stall
6 Pferch
7 Voliere
9 Verschlag
10 Vogelbauer
Kahlkopf
6 Glatze
Kahn
4 Boot
6 Gondel, Nachen
Kahnschiebestange
5 Stake
Kaiser(von)
der Mingdynastie
6 Yungio
in „Turandot“
6 Altoum
Annam
6 Bao Dai, Baodai
Äthiopien
7 Menelik
13 Haile Selassie
Brasilien
5 Pedro
Byzanz
3 Leo
China
4 Wu Ti
8 Kao Tsung, Kien-lung, Tao Kuang
Deutschland
7 Wilhelm
9 Friedrich
Frankreich
8 Napoleon
Iran
11 Resa Pahlewi, Reza Pahlawi
Japan
7 Akihito
8 Hirohito
9 Mutsuhito
Mexiko
8 Augustin, Iturbide
10 Maximilian
Österreich
4 Karl
5 Franz
9 Ferdinand
Ostrom
8 Arcadius
Russland
9 Alexander
Westrom
8 Honorius
Kaiserin
9 Monarchin
Kaiserin von
China
6 Tsuhsi
Österreich
4 Zita
Russland
9 Elisabeth, Katharina
kaiserlicher
Beamter
9 Pfalzgraf
Feldherr im Dreißigjährigen Krieg
4 Illo
Feldmarschall
8 Melander
General
6 Sporck
General im Dreißigjährigen Krieg
5 Werth
9 Aldringen
Heerführer im Dreißigjährigen Krieg
5 Tilly
Palast
5 Pfalz
Kaiserpfalz am Harz
6 Goslar
9 Werlaburg
Kaiserreich
8 Imperium
9 Monarchie
Kaisertitel
3 Zar
5 Negus, Schah, Tenno
6 Mikado
7 Emperor
8 Empereur
9 Imperator
Kakaoprodukt
10 Schokolade
Kakteenkrankheit
9 Korksucht
Kaktusarten
6 Cereus
7 Lobivia, Opuntia, Opuntie
10 Igelkaktus, Laubkaktus
11 Blattkaktus, Kugelkaktus
12 Binsenkaktus, Fackeldistel, Feigenkaktus, Greisenhaupt, Warzenkaktus
13 Fluegelkaktus, Gliederkaktus, Melonenkaktus, Saeulenkaktus, Seeigelkaktus

14 Bischofsmuetze, Korallenkaktus
15 Kastanienkaktus, Schlangenkaktus
16 Madagaskarkaktus

Kalamität
3 Not
4 Pech
6 Klemme
7 Notlage
9 Missstand
10 Uebelstand
12 Verlegenheit

Kalbsbrustdrüse
5 Bries

Kalbsfrikandeau
4 Nuss

Kalbskeule
8 Schlegel
10 Frikandeau

Kalbsleder
3 Kid
7 Boxcalf, Boxkalf
für Bucheinbände
4 Calf

Kalbsmilch
5 Bries
6 Thymus
8 Schweser
9 Brieschen

Kalbsnuss
10 Frikandeau

Kalender
8 Almanach, Jahrbuch

kalendermäßige Bestimmung
5 Datum

Kalendertage im alten Rom
4 Iden, Idus
5 Nonen
8 Kalenden

Kaliban
9 Ungeheuer

Kalifengeschlecht
9 Abbasiden, Omaijaden

Kalifenherrschaft
7 Kalifat

Kalifennamen
3 Ali
4 Omar
5 Harun, Mamun
6 Merwan, Othman
7 Abu Bakr, Ibrahim, Soliman
8 Almansor, Suleiman
14 Harun al Raschid

Kalisalz
6 Kainit

Kaliumhydroxidlösung
9 Kalilauge

Kaliumhydroxyd
4 Kali

Kaliumkarbonat
9 Pottasche

Kalkablagerung
4 Tuff

Kalkbrühe
7 Tuenche

Kalkhochfläche
5 Karst

Kalkhöhenzug im Eichsfeld
4 Duen

Kalkinsel bei Neapel
5 Capri

Kalkstein
6 Donith, Kreide, Marmor
9 Travertin

Kalktuff
9 Travertin

Kalkulation
10 Berechnung
11 Ueberschlag, Voranschlag
16 Kostenberechnung
17 Kostenvoranschlag

Kalkulierer
7 Rechner

kalorienfreie Ernährung
9 Nulldiaet

kalt
5 kuehl
6 frigid, frisch
7 eiskalt, frostig
8 stygisch
9 frostklar
10 froststarr, winterlich
geräucherter Hering
6 Kipper

kaltblütig
6 brutal
7 grausam, rigoros
9 gnadenlos
10 barbarisch
12 umbarmherzig, unmenschlich
13 erbarmungslos

Kälte
5 Frost
6 Kuehle
10 Nachtfrost
empfinden
7 frieren
9 froesteln
ohne Schnee
9 Kahlfrost
Quelle
4 Pege
Salzquelle
8 Halopege
Sülzspeise
9 Galantine
Süßspeise
8 Flammeri
Würztunke
9 Majonaese

Kälteprodukt
3 Eis

Kältesteppe
6 Tundra
in Asien
8 Sibirien

Kaltspeise
5 Salat

Kaltwasserheilverfahren
9 Kneippkur

Kalvarienberg
8 Golgatha

Kalvinist
9 Hugenotte

Kalziumsilikat
5 Augit
11 Glanzkiesel

Kalziumverbindung
4 Kalk
6 Karbid

Kambodscha
Bevölkerung
12 Kampucheaner
13 Kambodschaner
14 Kamputscheaner
Eigenname
9 Kampuchea
11 Kamputschea
Flughafen
9 Pochenton
Fluss
6 Mekong
Gebirge
8 Kardamon
16 Elefantengebirge
General
6 Lon-Nol
Hauptstadt
9 Phnom Penh
König
7 Sihanuk
Politiker
7 Sihanuk
Ruinenstadt
6 Angkor
See
8 Tonle Sap
Städte und Orte
6 Pursat
10 Battambang, Kompong Som
11 Chanthaburi
Tempel in Angkor
5 Bayon
9 Angkor Wat
Völker
3 Lao, Moi
4 Cham, Thai
5 Khmer, Phong
Währung
3 Sen
4 Riel

Kamelarten
4 Lama, Pako, Tulu
6 Alpaka, Mehari, Vicuna
7 Guanako, Vikunja
8 Dromedar
11 Trampeltier

Kamelschaf
4 Pako

Kamerad
6 Freund, Kumpan
7 Genosse, Partner
9 Gefaehrte
10 Vertrauter

Kameraeinstellung
6 Totale

Kameramann
9 Operateur

Kameraobjektiv
4 Tele
9 Fotooptik

Kamerateil
9 Ausloeser
Kamerazubehör
8 Farbfilm, Filmpack, Nahlinse, Rollfilm, UV-Filter
9 Ringblitz, Rotfilter
Kamerun
Bevölkerung
9 Kameruner
Flüsse
3 Dja, Nia
6 Sanaga
Hafenstadt
5 Duala
6 Douala
Hauptstadt
6 Jaunde
7 Yaoundé
Hochland
7 Adamaua
8 Adamaoua
Nationalparks
4 Waza
6 Benoué
Politiker
4 Achu, Biya
6 Ahidjo
Städte und Orte
4 Buea, Edea, Yoko
5 Bouea, Duala, Garua, Kribi, Kumba, Marua
6 Garoua, Koumba, Maroua, Tibati
7 Bamenda
8 Victoria
10 Nkongsamba
Völker
4 Baja, Biya, Duru, Mbum, Wute
5 Fulbe, Kirdi
6 Mandja, Odulla
8 Bamileke
Kamin
4 Esse
6 Schlot
9 Rauchfang
11 Feuerstelle, Schornstein
Kaminkehrer
5 Feger
Kamm
4 Grat, Hals
7 Ruecken
8 Scheitel
11 Bergruecken
Kammer
4 Raum
5 Gaden, Stube
6 Gelass, Gemach, Kabuse, Zimmer
7 Kabuese
8 Behoerde, Kabinett, Kemenate
10 Vertretung
des englischen Parlaments
8 Oberhaus
9 Unterhaus
Kammerdiener
5 Lakai
Kammerjungfer
4 Zofe
Kammerton
1 a
8 Diapason
9 Normalton
Kammgarngewebe
5 Perlé, Tibet
6 Croisé, Melton, Merino, Soleil
7 Cheviot, Coating, Lasting, Marengo
8 Kamelott, Whipcord
11 Charmelaine
Kammmacherwerkzeug
4 Iler
10 Schabeisen
Kammmuschel
4 Lima
Kammweg des Thüringer Walds
9 Rennsteig
Kammwerkzeug (Spinnerei)
6 Hechel
Kampagne
6 Saison
7 Feldzug
Kampf
5 Fehde, Fight, Krieg
6 Streit
7 Gefecht
8 Nahkampf, Schlacht
9 Luftkampf, Offensive
10 Wettbewerb
12 Feldschlacht
13 Konfrontation
14 Abwehrschlacht
Mann gegen Mann
8 Nahkampf
mit Flugzeugen
9 Luftkrieg
Kampfbahn
5 Arena
7 Stadion
Kampfbeil
8 Tomahawk
9 Streitaxt
Kämpfer
4 Held
5 Feind, Recke
6 Gegner, Kaempe, Soldat
7 Fighter, Krieger
8 Duellant, Haudegen, Raufbold, Streiter
10 Heisssporn, Kontrahent
11 Widersacher
12 Draufgaenger, Gegenspieler
kämpferisch
5 mutig
8 militant
9 aggressiv, streitbar
Kampfesweise
6 Taktik
9 Strategie
Kampfeswütiger
9 Berserker
Kampffahrzeug
6 Panzer
Kampffisch
5 Betta
Kampfflugzeug
3 Mig
6 Mirage
7 Phantom, Tornado
11 Starfigther
Kampfflugzeugverband
4 Pulk
Kampfgefährte
7 Genosse, Kamerad
Kampfgerät
5 Waffe
9 Hiebwaffe
Kampfgewinn
4 Sieg
Kampfgewinner
6 Sieger
Kampfkraft vermindern
9 abruesten
Kampflinie
5 Front
Kampfspiel
7 Turnier
Kampfsport
4 Judo
5 Boxen
6 Karate, Ringen
7 Fechten
8 Jiu-Jitsu
Betreibender
6 Judoka
8 Karateka
kampfunfähig
2 k.o.
6 groggy
Kampfwagen
4 Tank
6 Panzer
kampieren
6 lagern, zelten
10 biwakieren
kanaanaitische(r, s)
Götter
4 Baal
6 Baalim
10 Baal-Berith
Götterbild
6 Baalim
Göttin
5 Belit
7 Aschera
Göttinnen
5 Anath, Belit
7 Astarte
Hauptgott
6 Bealim
Königsstadt
3 Dor
5 Hazor
Riese im Alten Testament
4 Enak
Stadt
4 Silo
Kanada
Ärzte
7 Banting, Huggins, Macleod

Ballspiel
8 Lacrosse
Berge
4 Hunt
5 Logan, Otish
6 Robson
8 Columbia
10 Carruthers
Bevölkerung
8 Kanadier
Chemiker
8 Herzberg
Dichter
5 Cohen, Kirby, Pratt, Smith
7 Lampman
8 Marriott
9 Frechette
Dirigent
5 Faith
Elch
4 Elen
Elk
6 Wapiti
Flüsse
4 Seal
5 Yukon
6 Fraser, Ottawa
8 Klondike
9 Mackenzie, Saint John
12 Saskatchewan
Hafenstädte
6 Quebec
7 Halifax, Toronto
8 Montreal
9 Vancouver
Halbinsel
8 Labrador
Hauptstadt
6 Ottawa
Hauptstadt der Provinz Alberta
8 Edmonton
Hauptstadt der Provinz British Columbia
8 Victoria
Hauptstadt der Provinz Manitoba
8 Winnipeg
Hauptstadt der Provinz New Brunswick
11 Fredericton
Hauptstadt der Provinz Newfoundland
10 Saint John's
Hauptstadt der Provinz Nova Scotia
7 Halifax
Hauptstadt der Provinz Ontario
7 Toronto
Hauptstadt der Provinz Prince Edward Island
13 Charlottetown
Hauptstadt der Provinz Quebec
6 Quebec
Hauptstadt der Provinz Saskatchewan
6 Regina
Hirsch
6 Wapiti
Inseln
5 Coats
6 Mansel
7 Akpatok
8 Bathurst, Labrador, Melville
9 Anticosti
10 Baffinland, Banksinsel, Parryinsel
11 Parryinseln
13 Belcherinseln, Ellesmereland, Neuschottland, Victoriainsel
14 Somersetisland
Jazzpianist
8 Peterson
Kartoffelmaß
3 Bag
Meeresbuchten
8 Jamesbai
9 Hudsonbai
15 Sankt-Lorenz-Golf
Nachrichtensatellit
4 Anix
Nationalpark
5 Banff
Naturforscher
8 Thompson
Nobelpreisträger für Chemie
7 Altmann
Nobelpreisträger für Physik
6 Taylor
Olympiawinterspielort
7 Calgary
Physiker
8 Herzberg
Pianist
5 Gould
Politiker
7 Pearson, Trudeau
8 Mulroney
Provinzen
6 Quebec
7 Alberta, Ontario
8 Manitoba
10 Nova Scotia
12 New Brunswick, Newfoundland, Saskatchewan
13 Neuschottland
15 British Columbia, Neubraunschweig
Schriftsteller
5 Cohen, Gaspé, Hémon
6 Graham, Lozeau
7 Grignon, Leacock, Lemelin
8 Crémazie, Langerin, Nelligan
9 Fréchette, MacLennan
Schriftstellerinnen
6 Blaise, Hébert
Seen
7 Eriesee
8 Huronsee
9 Oberer See
10 Ontariosee, Rentiersee
11 Manitobasee, Michigansee, Winnipegsee
12 Athabascasee, Wollastonsee
13 Michikamausee, Mistassinisee
17 Grosser Sklavensee, Kleiner Sklavensee
Städte und Orte
3 Rae
4 Hult, Nain
5 Canol, Chimo, Kovik
6 Dawson, Ottawa, Quebec, Regina
7 Calgary, Halifax, Harbour, Sudbury, Timmins, Toronto, Windsor
8 Cochrane, Edmonton, Hamilton, Montreal, Winnipeg
9 Saint John, Vancouver
10 Chicoutimi, Saint John's
11 Fredericton
13 Charlottetown
Tierautor
5 Seton
Währung
4 Cent
6 Dollar
Wapitihirsch
3 Elk

Kanal
5 Fleet
6 Ductus, Gracht
in Bangkok
5 Klong
von Ägypten
4 Sues, Suez

Kanalinseln
4 Herm, Sark
5 Wight
6 Jersey
7 Aurigny
8 Alderney, Guernsey

Kanalschacht
5 Gully

Kanalstraße in Holland
6 Gracht

Kanalwähler
5 Tuner

Kanarienvogel
6 Kanari, Roller
7 Kanarie
12 Harzer Roller

Kanarische Inseln
5 Ferro, Palma
6 Gomera, Hierro
7 La Palma
8 Graciosa, La Gomera
9 Lanzarote, Teneriffa
11 Gran Canaria
13 Fuerteventura

Kandidat
8 Aspirant, Bewerber
9 Anwaerter, Pruefling
Kandidatenverzeichnis
9 Wahlliste
kandierte
Frucht
7 Chinois
Fruchtschale
7 Sukkade
8 Zitronat
Kaneelbaumgewächs
9 Warburgia
Känguruart
7 Wallaby
8 Filander
Kaninchenbock
7 Rammler
Kaninchenfell
5 Kanin
9 Biberette
Kaninchenpelzwerk
5 Kanin
Kaninchenrassen
3 Loh, Rex
6 Angora, Riesen, Russen, Widder
8 Hermelin, Schecken
9 Stallhase
kannenartiges Gefäß
4 Krug
5 Pinte
Kannenschnabel
6 Tuelle
8 Schneppe
Kanoniker
7 Domherr
8 Chorherr
9 Kapitular
Kante
4 Ecke, Ende, Grat, Rand, Saum
6 Besatz, Gesims, Kruste
Kantenbesatz
8 Vorstoss
Kantonsregierung
9 Staatsrat
Kanzel
7 Anstand
8 Hochsitz, Katheder
9 Lehrstuhl
11 Pilotenraum
12 Predigtstuhl
Kanzelrede
7 Predigt
Kanzlei
11 Sekretariat
Kanzler
7 Premier
10 Chancellor
Barbarossas
9 Christian
der Kaiserzeit
7 Caprivi
8 Bismarck
15 Bethmann-Hollweg
Heinrichs V.
8 Adalbert
Heinrichs VIII.
4 More
5 Morus
Ottos II.
6 Egbert
Kap
3 Ras
10 Vorgebirge
am Ägäischen Meer
4 Baba
am Kanal
5 Hague
7 Grisnez
9 Dungeness
am Ochotskischen Meer
6 Alewin
am Roten Meer
5 Banas
am Schwarzen Meer
5 Emine
an der Delaware Bay
3 May
an der Nordostküste Tunesiens
3 Bon
auf Korsika
4 Muro
bei Biserta
6 Blanco
bei Marsala
4 Bono
der Costa Brava
5 Bagur
der Insel Luzon
7 Bolinao
der Insel Rügen
6 Arkona
der Insel Southampton
3 Low
der Isuhalbinsel Honschus
3 Iro
der Riviera
4 Mele
gegenüber Dschibuti
3 Bir
gegenüber Ischia
6 Miseno
in der Normandie
7 Antifer
in Nordcarolina
4 Fear
in Nordwestspanien
5 Bares
östlich von Oran
3 Ivi
südlich von Cartagena
6 Tinoso
südöstlich von Cadiz
9 Trafalgar
südwestlich von Setubal
8 Espichel
von Akarnanien
6 Aktium
von Algerien
5 Sigli
6 Bengut, Falcon
9 Bougaroun
von Florida
5 Sable
von Gabun
5 Lopez
von Italien
8 Vaticano
von Kamtschatka
7 Lopatka
von Kanada
8 Bathurst
von Kolumbien
8 Gallinas
von Korsika
5 Corse
von Lakonien
6 Maleas
von Latium
6 Linaro
von Lettland
9 Domesnaes
von Luzon
8 Bojeador
von Marokko
4 Yubi
von Neufundland
5 Bauld
von Nordschottland
5 Wrath
von Nordwestfrankreich
6 Frehel
von Pommerellen
8 Rixhoeft
von Sardinien
5 Mannu
6 Caccia, Frasca, Pecora
von Schweden
6 Kullen
von Sizilien
5 Gallo
9 Granitola
von Somalia
5 Asair
8 Rashafun
9 Guardafui
von Spanien
7 Ortegal
von Südspanien
4 Gata
von Teneriffa
5 Anaga
von Westkreta
4 Krio
von Zypern
4 Gata
Westafrikas
6 Palmas
westlich von Lissabon
4 Roca
Kap Verde
9 Kapverden
Berg
10 Pico de Fogo
Bevölkerung
10 Kapverdier
Hauptstadt
5 Praia
Inseln
3 Sal
4 Fogo, Maio
5 Brava
8 Boa Vista, São Tiago

10 Santa Lucia, São Nicolau, São Vicente
12 Santo Antonio
Politiker
5 Veiga
7 Pereira
8 Monteiro
Städte und Orte
6 Pombas
7 Calheto, Mindelo
8 Assomada, Tarrafal
11 Porto Grande
Umgangssprache
7 Crioulo
Kapelle
4 Band
5 Combo
6 Kirche
8 Ensemble
9 Orchester
11 Kleinkirche
im Vatikan
7 Sixtina
in Florenz
5 Pazzi
Kapellmeister
8 Dirigent
10 Bandleader
Kapergut
5 Prise
Kaphase
5 Tolai
Kapholländer
4 Bure
kapieren
6 fassen
8 einsehen, erfassen
9 begreifen, verstehen
Kapital
4 Geld
6 Fundus, Gelder
9 Vermoegen
10 Grundstock
Kapitalanlage
9 Placement
11 Investition
Kapitalanleger
8 Investor
Kapitalanteil
5 Aktie
7 Einlage
Kapitalbringer
7 Anleger
Kapitalertrag
6 Zinsen
7 Rendite
Kapitalgesellschaften
2 AG, KG
3 OHG
4 GmbH
Kapitalmarkt
6 Boerse
Kapitalnutzungs-Entschädigung
4 Zins
Kapitalverbrechen
4 Mord, Raub
7 Seeraub
8 Attentat, Lustmord, Postraub, Raubmord
9 Piraterie
10 Hochverrat, Kidnapping, Kindesraub
12 Landesverrat
Kapitalverbrecher
7 Moerder
Kapitän
9 Kommodore
10 Kommandant
12 Spielfuehrer
14 Schiffsfuehrer
bei Jules Verne
4 Nemo
Kapitelherr
7 Domherr
8 Chorherr
9 Kapitular
Kapitellschmuck
8 Eierstab
Käppchen der ***katholischen Geistlichen***
7 Kalotte, Solideo
8 Pileolus
Richter
6 Barett
Verbindungsstudenten
7 Zerevis
Kappe
5 Haube
6 Kaeppi, Kapuze, Muetze
10 Kugelhaube
11 Schuhspitze
12 Narrenmuetze
Kapsel
4 Etui
6 Huelle, Huelse
8 Futteral, Gehaeuse
9 Behaelter
10 Raumschiff
kaputt
6 defekt
7 entzwei
8 laediert
9 havariert, schadhaft
10 zerbrochen
Kapuzenkragen
7 Mozetta
8 Mozzetta
Kapuzineraffen
3 Sai
4 Mono
5 Koata
6 Aluata, Aluate, Caraya, Miriki
7 Saimiri
8 Alouatta, Faunaffe, Heulaffe, Tschamek, Wollaffe
9 Barrigudo, Kapuziner, Marimonda
10 Bruellaffe
11 Klammeraffe, Spinnenaffe
12 Schieferaffe
13 Kapuzineraffe
14 Totenkoepfchen
15 Rollschwanzaffe
Karaibenboot
6 Piroge
Karakulschafpelz
9 Persianer
Karawanentier
5 Kamel
8 Dromedar
11 Trampeltier
Karawankenberg
9 Hochstuhl
Karawankengipfel
3 Sto
4 Stou
Karawankenhöhe
8 Hochobir
Karawankenpass
6 Wurzen
Karawanserei
3 Han
4 Chan
Karbolsäure
6 Phenol
7 Xylenol
Kardengewächse
6 Abbiss, Morina
7 Knautie
9 Kopfblume, Sternkopf
11 Witwenblume
Kardinalsversammlung
8 Konklave
Kardinaltugenden
5 Liebe
6 Glaube
8 Hoffnung, Weisheit
10 Tapferkeit
13 Gerechtigkeit
karg
5 knapp, wenig
6 schmal
8 aermlich, armselig, duerftig
9 spaerlich
10 bescheiden
11 kuemmerlich
Karibenfische
6 Piraya
7 Haimora, Piranha
12 Saegesalmler
Karibikinselgruppe
7 Bahamas
karibische(s)
Eingeborenenboot
6 Piroge
Musikkapelle
9 Steelband
karierte(r, s)
Gewebe
6 Pepita
8 Ecossais
Textilstoff
6 Pepita
Karikaturenzeichner
10 Cartoonist
12 Karikaturist
Karikaturisten
3 Low
4 Doré, Goya
5 Busch, Price, Weber, Zille

6 Loriot, Simmel
7 Daumier, Gavarni, Hogarth, Matejko
9 Steinberg
11 Gulbransson

karitative(r)

Anstalt
4 Heim
5 Stift
9 Hilfswerk

Warenverkauf
5 Basar, Bazar

Karl-May-Romanfiguren
5 Halef, Schut
6 Hannah
7 Hawkins, Lindsay
8 Muebarek, Winnetou
11 Old Firehand, Old Surehand
12 Kara Ben Nemsi
14 Old Shatterhand

Karneval
8 Fasching, Fasnacht
9 Fastnacht
13 Maskentreiben

Karnevalsausschuss
8 Elferrat

Karnevalsgeck
4 Narr

Karnevalsrednerpult
6 Buette

Karnevalsruf
5 Alaaf, Helau
9 Allez hopp

Karnevalstreiben
10 Maskenball
11 Kostuemball
12 Mummenschanz
13 Faschingsball
15 Rosenmontagszug

Karnevalsvorstand
8 Elferrat

Karolineninseln
3 Jap, Map, Ruk, Yab
4 Fais
5 Kusae
6 Kosrae, Ponape, Rumong

karolingische

Kaiserpfalz
6 Aachen, Tribur

Königspfalz
6 Bodoma

Silbermünze
5 Denar

Karpatenlandschaft
8 Bukowina
10 Buchenland

Karpatenteil
5 Banat, Tatra
8 Beskiden

Karpatenübergang
8 Uzokpass
9 Duklapass

Karpfenfische
4 Blei, Nase, Orfe
5 Aitel, Aland, Barbe, Laube
6 Blicke, Brasse, Doebel, Rappen, Schied, Schlei, Ukelei, Zaerte
7 Brachse, Elritze, Guester, Pfrille, Ploetze, Rotauge, Schleie
8 Blaunase, Gareisel, Goldorfe, Maifisch, Nerfling, Peitzger, Rotfeder, Russnase, Schmerle, Schupper, Schuster
9 Goldfisch, Karausche
10 Bitterling, Gruendling, Weissfisch
11 Bartgrundel
13 Moderlieschen
14 Schlammbeisser
15 Schlammpeitzger

Kartäuserkloster

bei Grenoble
10 Chartreuse

in Italien
7 Certosa

Kartei
9 Kartothek
12 Zettelkasten

Karteikartenkennzeichen
3 Tab

Karten bei Whist und Bridge
8 Honneurs

Kartenfolge
7 Sequenz

Kartengeduldspiel
8 Patience

Kartenglücksspiele
3 Jeu
4 Poch
5 Makao, Pharo, Poker
6 Brelan, Ekarté, Hasard, Pharao
7 Tempeln, Vingt-un
8 Baccarat, Bakkarat
9 Black Jack, Bluechern, Mauscheln, Vingt-et-un
10 Bouillotte
15 Siebzehn und vier

Kartenrest
5 Talon

Kartenskizze
5 Kroki

Kartenspielausdrücke
2 re
3 Ass, Pik, Rot, Sau
4 Auge, Bock, Bube, Dame, Daus, Hand, Herz, Karo, Nell, Null, Ober, Satz, Sine
5 Atout, Blatt, Bluff, Coeur, Ecker, Farbe, Geber, Grand, Gruen, Joker, Jolly, Junge, Kreuz, Pinke, Pique, Point, Runde, Stich, Talon, Treff, Unter, Volte
6 Eckern, Eichel, Herzen, Ouvert, Taille, Trumpf, Wenzel, kontra, mogeln, passen
7 Couleur, Einsatz, Kiebitz, Schelle, Sequenz, Spieler, Vorhand, mischen
8 Eckstein, Schellen, Schippen, auflegen, bedienen, bekennen
9 Grand Hand, Schneider, Schueppen
10 Hinterhand, Mittelhand, Nullouvert

Kartenspiele
3 Jeu
4 Fips, Jass, Poch, Skat, Tapp, Zego
5 Enfle, Makao, Pharo, Poker, Rommé, Tarok, Tatel, Whist
6 Boston, Brelan, Bridge, Ekarté, Gaigel, Hasard, Lomber, Pharao, Pikett, Ramsch, Rapuse, Tarock, Watten
7 Besigue, Binokel, Canasta, L'hombre, Mariage, Tatteln, Tempeln, Vingt-un, Vingtun
8 Baccarat, Bakkarat, Cribbage, Klabrias, Patience, Quartett
9 Black Jack, Bluechern, Dreiblatt, Imperiale, Mauscheln, Quodlibet, Schafkopf, Vingt-et-un
10 Bouillotte, Doppelkopf, Franzefuss, Karnoeffel
14 Schwarzer Peter
15 Sechsundsechzig, Siebzehnundvier

Kartenstock bei Glücksspielen
5 Talon

Kartenwerk
5 Atlas
6 Atlant

Kartenwissenschaft
11 Kartografie
12 Kartographie

Karthager
6 Punier

karthagische(r,)

Beamte
8 Suffeten

Feldherren
8 Bomilkar, Hamilkar, Hannibal, Himilkon
9 Hasdrubal

Geschlecht
8 Barkiden

Gottheit
6 Tanith
9 Baal-Haman

Göttin
6 Tinnit

Oberbeamter
4 Mago

Seefahrer
5 Hanno

Kartoffel
6 Batate
8 Erdapfel, Erdbirne
Kartoffelbrei
6 Pueree
Kartoffelgift
7 Solanin
Kartoffelklößchen
8 Krokette
9 Kroketten
Kartoffelmehl
7 Staerke
Kartoffelpuffer
5 Flins
6 Flinse, Plinse
11 Reibekuchen
13 Reiberdatschi
Kartoffelscheibchen
5 Chips
Kartoffelsorte
6 Bintje
9 Sieglinde
Kartoffelstäbchen
6 Fritte
12 Pommes frites
Karton
5 Pappe
9 Schachtel
kartoniertes Buch
9 Paperback
Kasachstan
Flüsse
3 Ili
4 Emba, Ural
6 Ischim, Turgai
7 Irtysch
8 Syrdarja
Gebirge
5 Altai
6 Alatau
8 Tianshan
10 Tarbagatai
Hafenstädte
5 Aktau
6 Gurjew
9 Astrachan
Hauptstadt
6 Astana
Landschaften
5 Turan
14 Kaspische Senke
15 Siebenstromland
Seen
7 Aralsee
12 Balchaschsee
Städte und Orte
4 Abai
5 Saran, Tschu
6 Aralsk, Jessil, Kentau, Rudnyi
8 Dshambul, Kustanai, Pawlodar, Temirtau
9 Ekibastus, Karaganda
10 Aktjubinsk, Zelinograd
11 Dsheskasgan, Koktschetem
Währung
5 Rubel
6 Kopeke
Wüsten
8 Kysylkum, Mujunkum
Kaschemme
8 Spelunke
Kaschmir
Berg
11 Nanga Parbat
Bergvolk
5 Hunza
Distrikte
3 Leh
5 Hunza, Punch
6 Gilgit, Ladakh, Mirpur
9 Baltistan
12 Muzzafarabad
Flüsse
5 Indus
6 Chenab, Jhelum
9 Dschihlam
Hauptstadt
8 Srinagar
Landschaft
8 Dschammu
Sprache
9 Kaschmiri
Städte und Orte
3 Leh
5 Jammu, Upshi
6 Pattan, Skardu
8 Anantnag, Baramula, Srinagar
9 Bhadarwah
Kaschmirhirsch
6 Hangul
Käseprädikat
8 halbfett, vollfett
Käsesorten
4 Brie
5 Esrom, Gouda, Quark
6 Edamer, Harzer, Zieger
7 Chester, Gervais, Mainzer, Romadur, Stilton
8 Liptauer, Parmesan, Tilsiter
9 Allgaeuer, Camembert, Greyerzer, Hartkaese, Limburger, Roquefort, Schweizer
10 Emmentaler, Gorgonzola, Hollaender, Schabziger, Weichkaese
12 Schmelzkaese
13 Kraeuterkaese
Käsespeise
6 Fondue
Käsestadt
in Belgien
7 Limburg
8 Limbourg
in Holland
4 Edam
Käsestoff
6 Casein, Kasein
Käsewasser
5 Molke
Kasperltheaterfigur
9 Handpuppe
Kasseler Kunstausstellung
9 Documenta
Kassenführer
9 Kassierer
Kassenverwalter
7 Rendant
Kassenzettel
3 Bon
5 Beleg
8 Quittung
Kassierer
9 Einnehmer
13 Geldeinzieher
kastanienbraun
5 maron
Kaste
5 Stand
6 Klasse
7 Schicht
Kastell
4 Burg, Fort
7 Festung, Schloss
9 Zitadelle
11 Befestigung
Kasten
3 Box
4 Lade
5 Kiste, Truhe
7 Schrank, Schrein
kastenloser Inder
5 Paria
7 Harijan
Kastenmöbel
5 Truhe
7 Kommode
Kastrat
6 Eunuch
kastrierte(r, s)
Bulle
5 Ochse
Ferkelmännchen
4 Bork
Hengst
7 Wallach
Schaf
6 Hammel
Kasus
5 Dativ, Essiv
7 Ablativ, Adessiv, Allativ, Genetiv, Genitiv, Inessiv, Vokativ
9 Akkusativ, Nominativ, Separativ
katalanische(r)
Dichter
4 Lull, Roig
Oboe
6 Tenora
Schriftsteller
8 Vilanova
Volkstanz
7 Sardana
Katar
Bevölkerung
7 Katarer
Hauptstadt
4 Doha
6 Ad Doha

herrschende Familie
8 Ath-Thani
Inseln
5 Halul, Huwar
Orte
6 Al Khor, Dukhan, Umm Bab
7 Umm Said
Währung
5 Riyal
6 Dirham

Katarakt
8 Schnelle
10 Wasserfall

Katastrophe
4 Ruin
5 Beben, Chaos, Krieg
6 Duerre, Lawine, Seuche, Unheil
7 Absturz, Debakel, Havarie, Umsturz
8 Desaster, Einsturz, Epidemie, Erdbeben, Hochflut, Seebeben, Unglueck, Unwetter
9 Dammbruch, Explosion, Kollision, Sturmflut, Tragoedie, Untergang, Wassernot
10 Apokalypse, Deichbruch, Grossbrand, Grossfeuer, Hochwasser, Hungersnot
11 Hagelschlag, Schiffbruch
12 Feuersbrunst, Lawinensturz, Wassermangel
13 Lawinenabgang, Weltuntergang, Zusammenbruch, Zusammenstoss
14 Vulkanausbruch
15 Flugzeugabsturz, Ueberschwemmung
16 Schiffsuntergang

Katenbesitzer
7 Kaetner

Kater
bei E.T.A. Hoffmann
4 Murr
bei Wilhelm Busch
6 Munzel
in der Tierfabel
6 Murner

Katheder
4 Pult
6 Kanzel
9 Lehrstuhl
10 Lehrerpult

Kathedrale
3 Dom
8 Muenster

katholische(r, s)
Adventsmesse
8 Engelamt
Aktion
14 Laienapostolat
Altardiener
7 Akoluth
Amtsbruder
9 Konfrater
Amtswürde
9 Domprobst
Aufsichtsgeistlicher
5 Dekan
Begräbnisfeier
8 Exequien
Beichtvater
9 Spiritual
Bettelorden
9 Kapuziner
10 Augustiner, Karmeliter
11 Dominikaner
12 Franziskaner
Bischofsversammlung
6 Konzil, Synode
Bittgebet
7 Memento
Bittumgang
8 Rogation
Bruderschaft
8 Jesuaten
Dichterin
6 Le Fort
Fasttag
9 Quatember
Feier
9 Jubeljahr
Fest
6 Duplex
11 Allerseelen
13 Allerheiligen
Frauenorden
9 Klarissen, Ursulinen
12 Klarissinnen
15 Karmeliterinnen, Salesianerinnen
Gebet
7 Angelus
8 Ave Maria
Gebetbuch
7 Brevier
Gedenkfest für die Verstorbenen
11 Allerseelen
Geistlicher
5 Vikar
6 Diakon, Kaplan
7 Bischof, Dechant, Praelat
8 Kardinal, Kleriker
9 Kommorant, Offiziant
10 Erzbischof
Geistlicher in Frankreich
4 Cure
Geistlichkeit
6 Klerus
Gerichtshof
4 Rota
Gnadenmittel
6 Ablass
8 Nachlass
10 Absolution
12 Lossprechung
Gottesdienst
5 Messe
7 Jahrtag
8 Offizium
Halljahr
9 Jubeljahr
Hauptgottesdienst
9 Messopfer
Heilige
4 Afra
5 Agnes, Lydia
6 Gerosa, Regula, Sophia, Thekla, Ursula
7 Barbara, Hiltrud, Julitta, Justina, Kordula
8 Marcella, Perpetua, Theresia, Veronika, Walpurga
9 Kunigunde, Pelletier, Walpurgis
Heiliger
4 Anno, Veit
5 Eudes, Georg, Ignaz, Menas, Sales, Silas, Vitus
6 Firmus, Gereon, Gildas, Maurus
7 Blasius, Erasmus, Zyprian
8 Antonius, Fiacrius, Nikolaus
9 Zyprianus
10 Eustachius
13 Christophorus
Hilfsgeistlicher
5 Vikar
6 Kaplan
Hilfswerk
8 Adveniat, Misereor
Historiker
6 Pastor
Informationszentrale
6 Prodeo
Jugendbund
9 Quickborn
Kirchenamt
8 Offizium
Kirchenbehörde
7 Vatikan
Kirchenlehrer
6 Gregor, Thomas
8 Augustin
9 Ambrosius
10 Augustinus, Hieronymus
Kirchenmusiker
4 Witt
5 Quack
Kirchenrechtler
4 Kaas
Kirchenvater
10 Athanasius
Kirchenvereinsleiter
7 Praeses
Kleriker
7 Akoluth, Akolyth
8 Minorist
9 Ostiarius
Kongregation
9 Paulisten
Kulturphilosoph
5 Dempf
Kurie
7 Vatikan

Kurienkardinal
3 Bea
Küster
6 Mesner
7 Messner
9 Sakristan
Laienbruder
8 Konverse
9 Alexianer
Lobgesang
6 Gloria
7 Sanctus
Messbuch
6 Missal
7 Missale
Messdiener
6 Levite
10 Ministrant
Messe
7 Hochamt
8 Totenamt
Messgesang
9 Introitus
Messgesänge
8 Proprium
Messtexte
8 Proprium
Messgebet
6 Sekret
Messgesang
8 Graduale
Messner
9 Sakristan
Missionsgeistlicher
8 Praefekt
Missionshelfer
9 Katechist
Mönchsorden
9 Antoniter
Moralsystem
8 Laxismus
Moraltheologe
9 Busenbaum
neuntägige Andacht
6 Novene
Orden
8 Jesuiten, Mauriner
9 Kapuziner, Minoriten, Piaristen, Theatiner
10 Augustiner, Karmeliter, Kartaeuser, Trappisten
11 Dominikaner
12 Benediktiner, Franziskaner, Kluniazenser
13 Zisterzienser
Philosoph
7 Haecker
Pilger
9 Romfahrer
Priester
7 Kolping
8 Altarist
Priestergehilfe
9 Subdiakon
Priesterschaft
6 Klerus
Priesterschule
7 Seminar
religiöse Vereinigung
7 Religio
Requiem
8 Totenamt
Sakrament
3 Ehe
5 Busse, Taufe
6 Oelung
7 Firmung
9 Abendmahl
11 Eucharistie
12 Letzte Oelung
13 Priesterweihe
14 Krankensalbung
Schriftsteller
7 Haecker
Schülerheim
7 Juvenat
Seelenmesse
7 Requiem
Studentenverband
9 Pax Romana
Stundengebet
3 Non
4 None, Prim, Sext, Terz
6 Laudes
7 Brevier, Komplet, Matutin
9 Chorgebet
Stundengebete
6 Vesper
Theologe
3 Eck, Ess
6 Parsch, Wittig
7 Brisson, Liguori
8 Doepfner, Keilbach, Stattler
9 Cassander, Cochlaeus
Totenmesse
9 Obsequien
Ungarn in Rumänien
8 Tschango
Vikar
9 Koadjutor
Volksgebet
8 Memorare
Wahlhelfer
9 Skrutator
Wohlfahrtspflege
7 Caritas
Würdenträger
7 Praelat
8 Dignitar, Kardinal
9 Dignitaer
Zentralverwaltung
5 Kurie

Katzenarten
4 Puma
5 Kuder, Loewe, Luchs, Manul, Melon, Mungo, Tiger
6 Angora, Fahhad, Gepard, Leopon, Musang, Ozelot, Parder, Serval, Tigron
7 Galidia, Karakal, Leopard, Linsang, Zivette
8 Fanaloka, Kaploewe, Mampalon, Rotluchs, Surikate, Tigrillo
9 Baumtiger, Bergkatze, Binturong, Falbkatze, Goldkatze, Hauskatze, Ichneumon, Kusimanse, Manxkatze, Rohrkatze, Rostkatze, Sandkatze
10 Burmakatze, Buschkatze, Frettkatze, Jaguarundi, Kartaeuser, Nachtkatze, Sundatiger, Tigerkatze, Zibetkatze
11 Bengalkatze, Berberloewe, Borneokatze, Jagdleopard, Marmorkatze, Massailoewe, Nebelparder, Pallaskatze, Pampaskatze, Perserloewe, Servalkatze, Silberloewe, Wieselkatze
12 Glueckskatze, Palmenroller, Senegalloewe, Steppenkatze, Wuestenluchs
13 Fleckenroller, Fuchsmanguste, Kurzhaartiger, Osborngenette, Wasserzivette, Zebramanguste
14 Baenderzivette, Buschichneumon, Zibetkaetzchen
15 Kartaeuserkatze, Madagaskarmungo
16 Langschwanzkatze, Mandschureitiger
17 Goldstaubmanguste

Katzenbär des Himalaja
5 Panda
Katzendarm
6 Katgut
Katzenfisch
4 Wels
8 Helmwels
Katzenjammer
5 Kater
Katzenlaut
9 Schnurren
Katzenmaki
6 Waluwy
Kauf
5 Bezug
6 Erwerb, Handel
9 Erstehung, Geschaeft
11 Anschaffung
geistlicher Ämter
7 Simonie
Käufer
5 Kunde
6 Klient

8 Abnehmer
9 Konsument
11 Verbraucher
Kaufgeschäft
6 Handel
Kaufhaus
5 Basar
9 Warenhaus
10 Supermarkt
in Moskau
3 Gum
Kaufherrengeschlecht in Augsburg
6 Fugger, Welser
Kaufinteresse
9 Nachfrage
Kaufkraft des Geldes
8 Geldwert
käuflich
4 feil
5 venal
7 korrupt
9 unredlich
11 bestechlich
käuflicher
Gegenstand
4 Ware
Verräter
7 Scherge
Kaufmann
7 Kraemer
8 Haendler
kaufmännisch:
9 merkantil
auf dem laufenden
5 á jour
Beziehung
7 Betreff
Eintragung
7 Buchung
Gehalt
5 Valor
heute
4 dato
Kapitalien anlegen
9 placieren
10 platzieren
Kladde
7 Strazze
verbleibender Wert
8 Restwert
Wert
5 Valor
kaufmännische(r, s)
Abteilung
7 Versand
8 Vertrieb
Angebot
7 Offerte
Angestellter
5 Clerk
9 Kontorist
Brauch
3 Uso
4 Usus
Leitung
9 Direktion
Lieferungsanweisung
5 Abruf
Unternehmen
8 Handlung
Verbindlichkeiten
7 Passiva
8 Passiven
Kaufmannsgehilfe
6 Kommis
Kaufsumme
5 Preis
Kaukasier
5 Aware
8 Georgier
kaukasisch-iranische Spießlaute
3 Tar
Kaukasus
Gipfel
6 Elbrus, Kasbek
Hirsch
5 Maral
Mantel
5 Burka
Sprachen
9 Georgisch, Rutulisch
Steinbock
3 Tur
Teppiche
5 Kasak, Sumak
6 Kasach
7 Derbent
8 Schirwan
Türke im achten Jahrhundert
6 Chasar
Volksstämme
5 Lasen
6 Alanen, Awaren
7 Osseten
8 Ingusche, Lesghier
9 Bassianen
12 Tscherkessen
13 Tschetschenen
Volkstanz
8 Lesginka
Wollkapuze
8 Baschlik
Kautabak
5 Priem
kautschukähnliche Masse
11 Guttapercha
Kautschukbaum
7 Kickxia
Kautschukersatz
6 Faktis
Kautschukmilch
5 Latex
Kautschukpflanze
8 Hulebaum
9 Gummibaum
Kautschukprodukt
9 Hartgummi
Kauwerkzeug
4 Zahn
6 Gebiss
Kauz
4 Eule, Type
6 Unikum
8 Original
10 Sonderling
Kavalierstaschentuch
9 Stecktuch
Kavallerie
8 Reiterei
Kavalleriesäbel
9 Schaschka
Kavallerist
4 Ulan
5 Husar
6 Reiter
8 Dragoner
10 Kuerassier
12 Reitersoldat
Kaviarlieferant
5 Stoer
6 Beluga, Hausen
7 Sterlet
8 Sterlett
Kaviarsorte
6 Beluga
8 Malossol
keck
4 kess
5 frech
6 dreist, munter
9 schneidig, ungeniert
Keckheit
7 Schneid
8 Insolenz
9 Frechheit
10 Forschheit, Munterkeit
13 Ungeniertheit
Kefir
5 Kumys
6 Kumyss
9 Milchwein
Kegel
5 Konus
beim Bowling
4 Pint
beim Curling
5 Dolly
kegelförmig
7 konisch
gegossenes Süßmittel
9 Zuckerhut
kegelförmige(s)
Gebilde im Erdölgebiet
5 Salse
Nahrungsmittel
9 Hutzucker
Kegelschnitt
5 Kreis
7 Ellipse, Parabel
8 Hyperbel
Keglergruß
7 Gut Holz
Kehl(kopf)laut
7 Glottal
8 Laryngal
Kehle
6 Gurgel
10 Luftroehre
Kehlkopf
6 Gurgel, Larynx
Kehlkopfdiphtherie
5 Krupp
Kehlkopfentzündung
10 Laryngitis

Kehlkopfkatarr
6 Skalma
Kehlkopfsonde
9 Intubator
Kehlkopfteil
8 Kehlsack
9 Stimmband
10 Adamsapfel, Kehldeckel, Stimmritze
Kehllaut
7 Glottal
8 Guttural
Kehrbild
7 Negativ
Kehre
4 Turn
5 Kurve, Volte, Wende
7 Drehung, Wendung, Windung
10 Serpentine, Turnuebung
14 Haarnadelkurve
kehren
5 fegen
Kehrgeräte
5 Besen, Feger
8 Ausfeger
9 Haarbesen, Handbesen, Handfeger, Reisbesen
Kehricht
5 Dreck, Muell, Unrat
6 Abfall, Schutt
7 Schmutz
Kehrreim
7 Refrain
Kehrschleife
10 Serpentine
Keil (Schneiderei)
7 Zwickel
Keile
4 Haue
5 Hiebe, Senge
6 Kloppe
7 Dresche, Pruegel
8 Schlaege
Keilerei
9 Pruegelei
11 Schlaegerei
keilförmige(r, s)
Einsatz
7 Zwickel
Flächenstück
7 Zwickel
Keim
2 Ei
4 Same
5 Samen, Spore, Trieb, Virus, Zelle
6 Ansatz, Pollen
7 Eizelle, Erreger, Ursache
8 Ursprung
Keimblatt
8 Ektoderm
9 Entoblast
Keimdrüse
6 Gonade
10 Germinalie
keimfrei
6 steril
9 aseptisch
Keimfreiheit
7 Asepsis
11 Sterilitaet
Keimgut
des Flachses
9 Leinsamen
im Acker
7 Einsaat
Keimling
9 Samenkorn
keimtötend
12 antiseptisch
keimtötender Wirkstoff
7 Allicin, Allizin
12 Antiseptikum
Keimträger
2 Ei
4 Same
8 Saatkorn
Keimzelle
2 Ei
5 Gamet
kein
Einziger
7 niemand
Erz enthaltend
4 taub
keiner
7 niemand
Importsteuer unterliegend
8 zollfrei
keinesfalls
3 iwo, nie
6 nimmer
7 niemals
10 keineswegs
Kelchtuch
5 Velum
9 Korporale
Kellerfenster
3 Luk
4 Luke
Kellerfeuchtigkeit
4 Muff
Kellergeschoss
10 Souterrain
Kellergewölbe
9 Kasematte
Kellermeister
6 Kuefer
Kellertier
5 Assel
Kellner
4 Ober
6 Garçon
7 Ganymed, Steward
9 Bedienung
Kellnerin
8 Garçonne
11 Serviererin
Kellnerkleidung
5 Frack
Kellnerlehrling
7 Piccolo, Pikkolo
Kelte
in Irland
5 Gaele
in Schottland
5 Gaele
Kelten
5 Bojer
6 Gaelen, Karner
7 Galater, Haeduer, Senonen
8 Eburonen, Lingonen, Sequaner
9 Helvetier, Mandubier, Taurisker, Tiguriner
Keltenbewohner
der Insel Man
4 Manx
von Wales
5 Kymre
Kelterrückstand
6 Treber
7 Trester
keltisch für: Bergspitze
3 Ben, Piz
keltisch-germanische(r)
Muttergottheiten
8 Matronen
Stamm
7 Nervier
keltische(r, s)
Armreif
7 Torques
Barde
6 Ossian
Bewohner Galliens
6 Belgen
Dichter
5 Barde
Feenkönigin
3 Mab
Geschichtsschreiber
7 Nennius
Gladiator
6 Krixos
Gott
9 Cernunnus
Halsreif
7 Torques
Hünenstein
6 Menhir
Lichtgott
4 Mogo
Mönche
7 Kuldeer
Name der Bretagne
8 Armorika
Name von England
6 Albion
Name von Irland
4 Erin
Pferdegöttin
5 Epona
Priester
6 Druide
Priesterkaste
7 Druiden
Sagengestalten
4 Erek
5 Artus
6 Isolde, Merlin, Ossian
7 Tristan
8 Parsifal, Parzifal
Saiteninstrument
7 Chrotta

Sänger
5 Barde
6 Ossian
Sprachen
5 Welsh
8 Gaelisch, Kornisch, Kymrisch
Steinsäule
6 Menhir
Trompete
6 Karnyx
Volksstämme
5 Bojer
6 Belgen, Parisi, Skoten, Volker
7 Galater, Noriker, Senonen
8 Arverner, Bretonen, Insubrer, Karnuten, Lingonen, Parisier, Rauriker, Sequaner
9 Cenomanen, Gallaeker, Helvetier, Tiguriner

Kenia
Berge
5 Kenya, Nyiru
11 Kilimanjaro
14 Kilimandscharo
Bevölkerung
8 Kenianer
Flüsse
4 Athi, Tana
6 Galana
Geheimbund
6 Mau-Mau
Grabensystem
10 Rift Valley
Hafenstadt
7 Mombasa
Hauptstadt
7 Nairobi
Naturparks
5 Tsavo
8 Aberdare, Amboseli, Marsabit
10 Massai-Mara
Nilohamiten
6 Massai
7 Samburu, Turkana
Niloten
3 Luo
Politiker
3 Moi
6 Odinga
8 Kenyatta
Ruinenstätte
4 Gedi
Seen
7 Turkana
9 Rudolfsee
10 Hannington
Städte und Orte
4 Lamu
6 Kisumi, Kitale, Nakuru
7 Malindi
8 Marsabit
14 Mombasa-Kilindi
Volksstamm
7 Giriama
Vulkan
5 Elgon
Währung
4 Cent
8 Shilling
Wüste
5 Njiri

Kenner
7 Experte, Koenner
8 Fachmann
9 Routinier
10 Kapazitaet
13 Feinschmecker
17 Sachverstaendiger

Kennkarte
4 Pass
7 Ausweis
9 Reisepass
15 Personalausweis
16 Identitaetskarte

kenntlich machen
9 markieren

Kenntnis
5 Kunde, Notiz
6 Wissen
8 Einblick
9 Erfahrung

Kennwort
5 Motto
6 Losung, Parole, Slogan
7 Chiffre
10 Leitspruch

Kennzahl
6 Nummer

Kennzeichen
3 Art, Mal
4 Norm, Note, Spur, Zahl
5 Marke, Punkt, Tafel
6 Emblem, Signal, Wappen, Ziffer
7 Merkmal, Symptom
8 Signatur
9 Charakter, Insignien, Kriterium
10 Markierung
14 Charakteristik

kennzeichnen
9 markieren
16 charakterisieren

kennzeichnend
7 typisch
16 charakteristisch

kennzeichnende(r, s)
Einzelfall
8 Beispiel
Fleck
3 Mal
Größe
9 Parameter
Merkmal
8 Grundzug

Kennzeichnung am Vogelfuß
9 Beringung

Kennzeichnungszahl
5 Index

Kennziffer
6 Nummer
8 Normativ

Kentaur
6 Chiron, Nessus

kentern
6 kippen
10 umschlagen

Kentersicherung
8 Ausleger

Keramik
7 Tonware
in Japan
4 Yaki

keramische
Angussverzierung
9 Barbotine
Einlegetechnik
7 Sanggam
Erzeugnisse
4 Krug, Vase
6 Fliese, Kachel, Schale, Teller, Ziegel
7 Fayence, Klinker, Tonware
8 Geschirr, Majolika, Steingut, Tonfigur
9 Porzellan, Schamotte, Steinzeug
10 Terrakotta, Wandfliese
11 Bodenfliese, Toepferware, Ziegelstein
15 Fussbodenfliese
Grundmasse
8 Scherben
Gussmasse
6 Engobe
Isolierstoffe
5 Calit
8 Condensa
Masse
8 Feuerton
Werkstoffe
7 Steatit
9 Pyroceram

Kerbe
5 Kimme
6 Furche
10 Einschnitt

Kerbtiere
siehe: Insekten

Kerker
4 Turm
5 Bagno
6 Cachot
7 Verlies
9 Stockhaus, Zuchthaus
10 Gefaengnis
12 Strafanstalt

Kerl
3 Typ
4 Held, Mann
6 Flegel
7 Bursche
9 Mannsbild

Kern
7 Extrakt
11 Quintessenz
einer Festung
6 Reduit
einer Sache
6 Innere

eines Wortes
9 Wortstamm
größerer Bauten
7 Megaron
von Paris
4 Cité
Kernbeißer
7 Klepper
10 Kirschfink
Kernfrüchte
5 Apfel, Birne
9 Eierbirne, Klarapfel, Mehlapfel, Mostbirne
Kerngehäuse
6 Griebs
7 Grotzen
kernig
4 urig
Kernkraftwerk
4 Pile
7 Reaktor
11 Atomreaktor
13 Atomkraftwerk
Kernkraftwerksorte in Deutschland
3 Ohu
4 Hamm, Wyhl
5 Stade
6 Biblis, Borken, Kalkar, Lingen, Vahnum
7 Grohnde, Rehling
8 Brokdorf, Kruemmel
9 Esenshamm, Karlsruhe, Pleinting
10 Wuergassen
12 Brunsbuettel
13 Gundremmingen
14 Neckarwestheim
Kernland
von Brandenburg
7 Kurmark
von Vietnam
5 Annam
kernlose(s)
Protoplasmaklümpchen
6 Zytode
Rosine
9 Sultanine
Kernobst
5 Apfel, Birne
6 Mispel, Quitte
Kernreaktor
4 Pile
6 Meiler
7 Brueter
10 Atommeiler
11 Uranbrenner
16 Schneller Brueter
Kernspaltung
7 Fission
Kernteilungsabschnitt
8 Prophase
Kernteilungsstadium
8 Anaphase
9 Metaphase
Kerntruppe
5 Elite, Garde, Kader
7 Phalanx
Kernwaffe
9 Atombombe
Kerze
aus Tierfett
9 Talglicht
hinter Glas
9 Windlicht
Kerzenmaterial
4 Talg
5 Wachs
7 Stearin
8 Paraffin
9 Unschlitt
11 Bienenwachs
Kerzenstock
8 Flambeau
Kerzenträger
10 Kandelaber
kess
4 chic, keck
5 fesch, flott, smart
6 dreist, schick
7 resolut, vorlaut
8 gerieben, zwanglos
9 schneidig, ungehemmt, ungeniert
kesselförmiger Vulkankrater
7 Caldera
Kesselpauken
7 Timpani
Kettenfahrzeuge
4 Tank
6 Panzer
7 Traktor, Trecker
9 Schlepper
12 Planierraupe
15 Raupenschlepper
Kettenpanzer
7 Bruenne
8 Harnisch, Ruestung
Kettenrad am Bagger
5 Turas
Kettentanz
6 Chaine
Kettenteil
5 Glied
Kettfaden
4 Warp
6 Chaine
Ketzer
6 Rebell
7 Renegat
9 Dissident
10 Freidenker, Haeretiker
12 Abtruenniger
Ketzerei
8 Haeresie, Irrlehre
Ketzergericht
8 Autodafé
11 Inquisition
Keuchhusten
9 Pertussis
Keule
4 Ziem
7 Pistill
8 Schinken, Schlegel
Keulenärmel
5 Gigot
Keuschheit
8 Reinheit, Unschuld
11 Virginitaet
Kfz-Nationalitätszeichen
Afghanistan
3 AFG
Ägypten
2 ET
Albanien
2 AL
Alderney
3 GBA
Algerien
2 DZ
Andorra
3 AND
Argentinien
2 RA
Äthiopien
3 ETH
Australien
3 AUS
Bahamas
2 BS
Bahrein
3 BRN
Bangladesh
2 BD
Barbados
3 BDS
Belgien
1 B
Belize
2 BH
Benin-Dahome
2 DY
Bolivien
3 BOL
Botswana
2 RB
Brasilien
2 BR
Brunei
3 BRU
Bulgarien
2 BG
Burundi
2 BU
Chile
3 RCH
China
2 TJ
Costa Rica
2 CR
Côte d'Ivoire
2 CI
Dänemark
2 DK
Diplomatisches Corps
2 CD
Dominica
2 WD
Dominikanische Republik
3 DOM
Ecuador
2 EC
El Salvador
2 ES

Elfenbeinküste
2 CI
Färöer
2 FR
Fidschi-Inseln
3 FJI
Finnland
2 SF
Frankreich
1 F
Gambia
3 WAG
Ghana
2 GH
Gibraltar
3 GBZ
Grenada
2 WG
Grenadinen
2 WV
Griechenland
2 GR
Großbritannien
2 GB
Guatemala
3 GCA
Guernsey
3 GBG
Guyana
3 GUY
Haiti
2 RH
Hongkong
2 HK
Indien
3 IND
Indonesien
2 RI
Irak
3 IRQ
Iran
2 IR
Irland
3 IRL
Island
2 IS
Israel
2 IL
Italien
1 I
Jamaika
2 JA
Japan
1 J
Jemen
3 YAR
Jersey
3 GBJ
Jordanien
3 JOR
Kambodscha
1 K
Kamerun
3 CAM
Kanada
3 CDN
Katar
1 Q
Kenia
3 EAK
Kolumbien
2 CO
Konsularisches Corps
2 CC
Korea (Süd)
3 ROK
Kuba
1 C
Kuwait
3 KWT
Laos
3 LAO
Lesotho
2 LS
Libanon
2 RL
Liberia
2 LB
Libyen
3 LAR
Liechtenstein
2 FL
Luxemburg
1 L
Madagaskar
2 RM
Malawi
2 MW
Malaysia
3 MAL
Mali
3 RMM
Malta
1 M
Man
3 GBM
Marokko
2 MA
Mauretanien
3 RIM
Mauritius
2 MS
Mexiko
3 MEX
Mikronesien
3 FSM
Monaco
2 MC
Namibia
3 SWA
Nauru
3 NAU
Neuseeland
2 NZ
Nicaragua
3 NIC
Niederlande
2 NL
Niederländische Antillen
2 NA
Niger
2 RN
Nigeria
3 WAN
Nordirland
2 GB
Norwegen
1 N
Österreich
1 A
Pakistan
3 PAK
Panama
2 PA
Papua-Neuguinea
3 PNG
Paraguay
2 PY
Peru
2 PE
Philippinen
2 RP
Polen
2 PL
Portugal
1 P
Ruanda
3 RWA
Rumänien
1 R
Rwanda
3 RWA
Saint Vincent
2 WV
Sambia
1 Z
Samoa
2 WS
San Marino
3 RSM
Sankt Lucia
2 WL
Saudi-Arabien
2 SA
Schweden
1 S
Schweiz
2 CH
Senegal
2 SN
Seychellen
2 SY
Sierra Leone
3 WAL
Simbabwe
2 ZW
Singapur
3 SGP
Somalia
2 SP
Spanien
1 E
Sri Lanka (Ceylon)
2 CL
Südafrika
2 ZA
Sudan
5 SUDAN
Surinam
3 SME
Swasiland
2 SD
Syrien
3 SYR

Taiwan
2 RC
Tansania
3 EAT
Thailand
3 THA
Togo
2 TG
Transkei
5 SOTHO
Trinidad und Tobago
2 TT
Tunesien
2 TN
Türkei
2 TR
Uganda
3 EAU
Ungarn
1 H
Uruguay
1 U
USA
3 USA
Vatikan-Stadt
3 SCV
Venezuela
2 YV
Vietnam
2 VN
Zambia
1 Z
Zentralafrikanische Republik
3 RCA
Zimbabwe
2 ZW
Zypern
2 CY

Kfz-Pionier
7 Daimler

Kfz-Signal
6 Hupton

Kfz-Standbeleuchtung
9 Parklicht

Kfz-Unterkunft
5 Motel
6 Garage, Remise
8 Parkhaus, Schuppen
10 Hochgarage, Tiefgarage
12 Parkhochhaus

Kfz-Zeichen Deutschland
Aachen
2 AC
Aalen
2 AA
Ahaus
2 AH
Aichach
3 AIC
Alb-Donau-Kreis
2 UL
Alfeld
3 ALF
Altena
2 AL
Altenburg
3 ABG
Altenkirchen
2 AK
Altentreptow
2 AT
Altötting
3 AOE
Alzenau
3 ALZ
Alzey-Worms
2 AZ
Amberg
2 AM
Amberg-Sulzbach
2 AS
Angermünde
3 ANG
Anklam
3 ANK
Annaberg
3 ANA
Ansbach
2 AN
Apolda
3 APD
Arnsberg
2 AR
Arnstadt
3 ARN
Artern
3 ART
Aschaffenburg
2 AB
Aschendorf
3 ASD
Aschersleben
3 ASL
Aue
2 AU
Auerbach
2 AE
Augsburg
1 A
Aurich
3 AUR
Backnang
2 BK
Bad Aibling
3 AIB
Bad Bergzabern
3 BZA
Bad Berleburg
3 BLB
Bad Brückenau
3 BRK
Bad Doberan
3 DBR
Bad Dürkheim
4 DUEW
Bad Ems
3 EMS
Bad Freienwalde
3 FRW
Bad Gandersheim
3 GAN
Bad Hersfeld-Rotenburg
3 HEF
Bad Homburg
2 HG
Bad Kissingen
2 KG
Bad Königshofen-Grabfeld
4 KOEN
Bad Kreuznach
2 KH
Bad Langensalza
3 LSZ
Bad Liebenwerda
3 LIB
Bad Mergentheim
3 MGH
Bad Neustadt/Saale
3 NES
Bad Oldesloe
2 OD
Bad Reichenhall
3 REI
Bad Säckingen
4 SAEK
Bad Salzungen
3 SLZ
Bad Schwalbach
3 SWA
Bad Segeberg
2 SE
Bad Tölz
4 TOEL
Baden-Baden
3 BAD
Baden-Württemberg (Regierung)
3 BWL
Balingen
2 BL
Bamberg
2 BA
Bautzen
2 BZ
Bayern (Regierung)
3 BYL
Bayreuth
2 BT
Beckum
2 BE
Beeskow
3 BSK
Beilngries
3 BEI
Belzig
3 BEL
Berchtesgaden
3 BGD
Berchtesgadener Land
3 BGL
Bergheim
2 BM
Bergisch Gladbach
2 GL
Bergstraße
2 HP
Berlin
1 B
Bernau
3 BER
Bernburg
3 BBG
Bernkastel-Kues
3 BKS

Bernkastel-Wittlich
3 WIL
Bersenbrück
3 BSB
Biberach
2 BC
Biedenkopf
3 BID
Bielefeld
2 BI
Bingen
3 BIN
Birkenfeld
3 BIR
Bischofswerda
3 BIW
Bitburg
3 BIT
Bitterfeld
3 BTF
Blankenburg
3 BRL
Böblingen
2 BB
Bocholt
3 BOH
Bochum
2 BO
Bodenseekreis
2 FN
Bogen
3 BOG
Bonn
2 BN
Borken
3 BOR
Borna
3 BNA
Bottrop
3 BOT
Brake
3 BRA
Brand-Erbisdorf
3 BED
Brandenburg
3 BRB
Brandenburg Regierung
3 BBL
Braunlage
3 BRL
Braunschweig
2 BS
Breisgau-Hochschwarzwald
2 FR
Bremen
2 HB
Bremerhaven
2 HB
Bremervörde
3 BRV
Brilon
3 BRI
Bruchsal
2 BR
Buchen
3 BCH
Büdingen
4 BUED
Bühl
2 BH
Bundesgrenzschutz
2 BG
Bundestag, Bundesrat
2 BD
Bundeswasser-verwaltung
2 BW
Bundeswehr
1 Y
Bundeswehr (NATO)
1 X
Büren
4 BUER
Burg
3 BRG
Burgdorf
2 BU
Burglengenfeld
3 BUL
Büsingen
4 BUES
Bützow
4 BUEZ
Calau
2 CA
Calw
2 CW
Castrop-Rauxel
3 CAS
Celle
2 CE
Cham
3 CHA
Chemnitz
1 C
Clausthal-Zellerfeld
3 CLZ
Cloppenburg
3 CLP
Coburg
2 CO
Cochem-Zell
3 COC
Coesfeld
3 COE
Cottbus
2 CB
Crailsheim
2 CR
Cuxhaven
3 CUX
Dachau
3 DAH
Darmstadt
2 DA
Daun
3 DAU
Deggendorf
3 DEG
Delitzsch
2 DZ
Delmenhorst
3 DEL
Demmin
2 DM
Dessau
2 DE
Detmold
2 DT
Deutsche Bahn
2 DB
Deutsche Post
2 BP
Dieburg
2 DI
Diepholz
2 DH
Diez
3 DIZ
Dillingen
3 DLG
Dillkreis
3 DIL
Dingolfing-Landau
3 DGF
Dinkelsbühl
3 DKB
Dinslaken
3 DIN
Dippoldiswalde
2 DW
Dithmarschen
3 HEI
Döbeln
2 DL
Donau-Ries
3 DON
Donaueschingen
2 DS
Donauwörth
3 DON
Donnersbergkreis
3 KIB
Dortmund
2 DO
Dresden
2 DD
Duderstadt
3 DUD
Duisburg
2 DU
Düren
2 DN
Düsseldorf
1 D
Ebermannstadt
3 EBS
Ebern
3 EBN
Ebersberg
3 EBE
Eberswalde
2 EW
Eckernförde
3 ECK
Eggenfelden
2 EG
Ehingen
3 EHI
Eichstätt
2 EI
Eichstätt (alt)
3 EIH
Eilenburg
2 EB

Einbeck
3 EIN
Eisenach
3 ESA
Eisenberg
3 EIS
Eisenhüttenstadt
2 EH
Eisleben
3 EIL
Emden
3 EMD
Emmendingen
2 EM
Emsland
2 EL
Ennepe-Ruhr-Kreis
2 EN
Enzkreis
2 PF
Erbach
3 ERB
Erding
2 ED
Erftkreis
2 BM
Erfurt
2 EF
Erkelenz
3 ERK
Erlangen
2 ER
Erlangen-Höchstadt
3 ERH
Eschenbach
3 ESB
Eschwege
3 ESW
Essen
1 E
Esslingen
2 ES
Euskirchen
2 EU
Eutin
3 EUT
Feuchtwangen
3 FEU
Finsterwalde
2 FI
Flensburg
2 FL
Flöha
4 FLOE
Forchheim
2 FO
Forst
3 FOR
Frankenberg
3 FKB
Frankenthal
2 FT
Frankfurt/Main
1 F
Frankfurt/Oder
2 FF
Freiberg
2 FG
Freiburg
2 FR
Freising
2 FS
Freital
3 FTL
Freudenstadt
3 FDS
Freyung-Grafenau
3 FRG
Friedberg
2 FB
Friedberg/Bayern
3 FDB
Friedrichshafen
2 FN
Friesland
3 FRI
Fritzlar-Homberg
2 FZ
Fulda
2 FD
Fürstenfeldbruck
3 FFB
Fürstenwalde
2 FW
Fürth
3 FUE
Füssen
4 FUES
Gadebusch
3 GDB
Gardelegen
2 GA
Garmisch-Partenkirchen
3 GAP
Geilenkirchen
2 GK
Geithain
3 GHA
Geldern
3 GEL
Gelnhausen
2 GN
Gelsenkirchen
2 GE
Gemünden
3 GEM
Genthin
3 GNT
Gera
1 G
Germersheim
3 GER
Gerolzshofen
3 GEO
Gießen
2 GI
Gifhorn
2 GF
Gladbeck
3 GLA
Glauchau
2 GC
Göppingen
2 GP
Görlitz
2 GR
Goslar
2 GS
Gotha
3 GTH
Göttingen
3 GOE
Grafenau
3 GRA
Gräfenhainichen
3 GHC
Grafschaft Bentheim
3 NOH
Gransee
3 GRS
Greifswald
3 HGW
Greiz
3 GRZ
Grevenbroich
2 GV
Grevesmühlen
3 GVM
Griesbach
3 GRI
Grimma
3 GRM
Grimmen
3 GMN
Groß-Gerau
2 GG
Großenhain
3 GRH
Guben
3 GUB
Gummersbach
2 GM
Günzburg
2 GZ
Gunzenhausen
3 GUN
Güstrow
3 GUE
Gütersloh
2 GT
Hagen
2 HA
Hagenow
3 HGN
Hainichen
2 HC
Halberstadt
3 HBS
Haldensleben
3 HDL
Halle
3 HAL
Halle/Westfalen
2 HW
Hamburg
2 HH
Hameln-Pyrmont
2 HM
Hamm
3 HAM
Hammelburg
3 HAB
Hanau
2 HU

Hannover
1 H
Hannoversch Münden
4 HMUE
Haßberge in Haßfurt
3 HAS
Havelberg
2 HV
Hechingen
3 HCH
Heide
3 HEI
Heidelberg
2 HD
Heidenheim
3 HDH
Heilbronn
2 HN
Heiligenstadt
3 HIG
Heinsberg
2 HS
Helmstedt
2 HE
Heppenheim
2 HP
Herford
2 HF
Herne
3 HER
Hersbruck
3 HEB
Herzberg
2 HZ
Herzogtum Lauenburg
2 RZ
Hessen (Regierung)
3 HEL
Hettstedt
3 HET
Hildburghausen
3 HBN
Hildesheim
2 HI
Hilpoltstein
3 HIP
Hochsauerlandkreis
3 HSK, MES
Hochschwarzwald
3 NEU
Höchstadt
4 HOES
Hochtaunuskreis
2 HG
Hof
2 HO
Hofgeismar
3 HOG
Hofheim
3 HOH
Hohenlohe-Kreis
4 KUEN
Hohenmölsen
3 HHM
Hohenstein-Ernstthal
3 HOT
Holzminden
3 HOL
Homberg
2 HR
Homburg
3 HOM
Horb
3 HOR
Höxter
2 HX
Hoyerswerda
2 HY
Hünfeld
4 HUEN
Husum
3 HUS
Illertissen
3 ILL
Ilmenau
2 IL
Ingolstadt
2 IN
Iserlohn
2 IS
Itzehoe
2 IZ
Jena
1 J
Jessen
2 JE
Jever
3 JEV
Jülich
4 JUEL
Jüterbog
2 JB
Kaiserslautern
2 KL
Kamenz
2 KM
Karlsruhe
2 KA
Karlstadt
3 KAR
Kassel
2 KS
Kaufbeuren
2 KF
Kehl
3 KEL
Kehlheim
3 KEH
Kemnath
3 KEM
Kempen-Krefeld
2 KK
Kempten
2 KE
Kiel
2 KI
Kirchheimbolanden
3 KIB
Kitzingen
2 KT
Kleve
3 KLE
Klötze
3 KLZ
Koblenz
2 KO
Köln
1 K
Königs Wusterhausen
2 KW
Konstanz
2 KN
Korbach
2 KB
Köthen
4 KOET
Kötzting
4 KOEZ
Krefeld
2 KR
Kronach
2 KC
Krumbach
3 KRU
Kulmbach
2 KU
Künzelsau
4 KUEN
Kusel
3 KUS
Kyritz
2 KY
Lahn-Dill-Kreis
3 LDK
Lahr
2 LR
Landau
2 LD
Landau/Isar
3 LAN
Landsberg/Lech
2 LL
Landshut
2 LA
Lauf/Pegnitz
3 LAU
Laufen/Salzach
2 LF
Lauterbach
3 LAT
Leer
3 LER
Leipzig
1 L
Lemgo
2 LE
Leonberg
3 LEO
Leverkusen
3 LEV
Lichtenfels
3 LIF
Limburg-Weilburg
2 LM
Lindau
2 LI
Lingen
3 LIN
Lippe
3 LIP
Lippstadt
2 LP
Löbau
4 LOEB

Lobenstein
3 LBS
Lohr
3 LOH
Lörrach
3 LOE
Lübbecke
2 LK
Lübben
2 LN
Lübeck
2 HL
Lübz
3 LBZ
Lüchow-Dannenberg
3 DAN
Luckau
2 LC
Luckenwalde
3 LUK
Lüdenscheid
2 LS
Lüdinghausen
2 LH
Ludwigsburg
2 LB
Ludwigshafen
2 LU
Ludwigslust
3 LWL
Lüneburg
2 LG
Lünen
4 LUEN
Magdeburg
2 MD
Main-Kinzig-Kreis
2 HU
Main-Spessart-Kreis
3 MSP
Main-Tauber-Kreis
3 TBB
Main-Taunus-Kreis
3 MTK
Mainburg
3 MAI
Mainz
2 MZ
Mainz-Bingen
2 MZ
Malchin
2 MC
Mallersdorf
3 MAL
Mannheim
2 MA
Marburg-Biedenkopf
2 MR
Marienberg
3 MAB
Märkischer Kreis
2 MK
Marktheidenfeld
3 MAR
Marktoberdorf
3 MOD
Marktredwitz
3 MAK
Mayen
2 MY
Mayen-Koblenz
3 MYK
Mecklenburg-Vorpommern
3 MVL
Meinigen
3 MGN
Meißen
3 MEI
Meldorf
3 MED
Melle
3 MEL
Mellrichstadt
3 MET
Melsungen
3 MEG
Memmingen
2 MM
Meppen
3 MEP
Merseburg
3 MER
Merzig-Wadern
3 MZG
Meschede
3 MES
Mettmann
2 ME
Miesbach
2 MB
Miltenberg
3 MIL
Mindelheim
2 MN
Minden-Lübbecke
2 MI
Moers
2 MO
Mönchengladbach
2 MG
Monschau
3 MON
Montabaur
2 MT
Mühldorf
3 MUE
Mühlhausen
3 MHL
Mülheim
2 MH
Mülheim/Baden
4 MUEL
Münchberg
4 MUEB
München
1 M
Münden
4 HMUE
Münster
2 MS
Münzingen
4 MUEN
Nabburg
3 NAB
Naila
3 NAI
Nauen
3 NAU
Naumburg
3 NMB
Nebra
3 NEB
Neckar-Odenwald-Kreis
3 MOS
Neu-Ulm
2 NU
Neubrandenburg
2 NB
Neuburg-Schrobenhausen
2 ND
Neuenahr-Ahrweiler
2 AR
Neuhaus
2 NH
Neumarkt/Oberpfalz
2 NM
Neumünster
3 NMS
Neunburg vorm Wald
3 NEN
Neunkirchen/Saar
2 NK
Neuruppin
2 NP
Neuss
2 NE
Neustadt am Rübenberge
4 NRUE
Neustadt-Bad Windsheim
3 NEA
Neustadt-Coburg
3 NEC
Neustadt/Waldnaab
3 NEW
Neustadt/Weinstraße
2 NW
Neustrelitz
2 NZ
Neuwied
2 NR
Niebüll
3 NIB
Niedersachsen (Regierung)
2 NL
Nienburg/Weser
2 NI
Niesky
2 NY
Norden
3 NOR
Nordfriesland
2 NF
Nordhausen
3 NDH
Nordhorn
3 NOH
Nördlingen
3 NOE
Nordrhein-Westfalen (Regierung)
3 NRW
Northeim
3 NOM
Nürnberg
1 N

Nürnberger Land
3 LAU
Nürtingen
2 NT
Oberallgäu
2 OA
Oberbergischer Kreis
2 GM
Oberhausen/Rheinland
2 OB
Obernburg
3 OBB
Oberviechtach
3 OVI
Obervogtland
3 OVL
Ochsenfurt
3 OCH
Odenwaldkreis
3 ERB
Offenbach
2 OF
Offenburg
2 OG
Öhringen
4 OEHR
Oldenburg
2 OL
Oldenburg/Holstein
3 OLD
Olpe
2 OE
Opladen
2 OP
Oranienburg
2 OR
Ortenaukreis
2 OG
Oschatz
2 OZ
Oschersleben
2 OC
Osnabrück
2 OS
Ostalbkreis
2 AA
Ostallgäu
3 OAL
Osterburg
3 OBG
Osterholz
3 OHZ
Osterode/Harz
3 OHA
Ostholstein
2 OH
Otterndorf
3 OTT
Ottweiler
3 OTW
Paderborn
2 PB
Parchim
3 PCH
Parsberg
3 PAR
Pasewalk
2 PW
Passau
2 PA
Pegnitz
3 PEG
Peine
2 PE
Perleberg
3 PER
Pfaffenhofen
3 PAF
Pfarrkirchen
3 PAN
Pforzheim
2 PF
Pinneberg
2 PI
Pirmasens
2 PS
Pirna
3 PIR
Plauen
2 PL
Plön
4 PLOE
Pößneck
2 PN
Potsdam
1 P
Prenzlau
2 PZ
Pritzwalk
2 PK
Prüm
4 PRUE
Quedlinburg
3 QLB
Querfurt
3 QFT
Rastatt
2 RA
Rathenow
2 RN
Ratzeburg
2 RZ
Ravensburg
2 RV
Recklinghausen
2 RE
Regen
3 REG
Regensburg
1 R
Rehau
3 REH
Reichenbach
2 RC
Rems-Murr-Kreis
2 WN
Remscheid
2 RS
Rendsburg-Eckernförde
2 RD
Reutlingen
2 RT
Rhein-Hunsrück-Kreis
3 SIM
Rhein-Lahn-Kreis
3 EMS
Rhein-Neckar-Kreis
2 HD
Rhein-Sieg-Kreis
2 SU
Rhein-Wupper-Kreis
2 OP
Rheingau-Taunus-Kreis
4 RUED
Rheinisch-Bergischer-Kreis
2 GL
Rheinland-Pfalz (Regierung)
3 RPL
Rheydt
2 RY
Rhön-Grabfeld
3 NES
Ribnitz-Damgarten
3 RDG
Riedenburg
3 RID
Riesa
3 RIE
Rinteln
2 RI
Röbel/Müritz
2 RM
Rochlitz
2 RL
Rockenhausen
3 ROK
Roding
3 ROD
Rosenheim
2 RO
Roßlau
3 RSL
Rostock
3 HRO
Rostock (Kreis)
3 ROS
Rotenburg/Fulda
3 ROF
Rotenburg/Hannover
3 ROH
Rotenburg/Wümme
3 ROW
Roth
2 RH
Rothenburg ob der Tauber
3 ROT
Rottal-Inn
3 PAN
Rottenburg/Laaber
3 ROL
Rottweil
2 RW
Rüdesheim
4 RUED
Rudolstadt
2 RU
Rügen
4 RUEG
Saalfeld
3 SLF
Saalkreis in Halle
2 SK
Saar-Pfalz-Kreis
3 HOM

Saarbrücken
2 SB
Saarburg
3 SAB
Saarland (Regierung)
3 SAL
Saarlouis
3 SLS
Sachsen (Regierung)
3 LSN
Sachsen-Anhalt (Regierung)
3 LSA
Salzgitter
2 SZ
Salzwedel
3 SAW
Sangerhausen
3 SGH
Sankt Goar
3 GOA
Sankt Goarshausen
3 GOH
Sankt Ingbert
3 IGB
Sankt Wendel
3 WND
Saulgau
3 SLG
Schaumburg
3 SHG
Scheinfeld
3 SEF
Schleiden
3 SLE
Schleiz
3 SCZ
Schleswig-Flensburg
2 SL
Schleswig-Holstein (Regierung)
2 SH
Schlüchtern
4 SLUE
Schmalkalden
2 SM
Schmölln
3 SLN
Schönebeck
3 SBK
Schongau
3 SOG
Schrobenhausen
3 SOB
Schwabach
2 SZ
Schwäbisch Gmünd
2 GD
Schwäbisch Hall
3 SHA
Schwabmünchen
4 SMUE
Schwalm-Eder-Kreis
2 HR
Schwandorf
3 SAD
Schwarzenberg
3 SZB
Schwarzwald-Baar-Kreis
2 VS

Schwedt
3 SDT
Schweinfurt
2 SW
Schwerin
2 SN
Sebnitz
3 SEB
Seelow
3 SEE
Selb
3 SEL
Senftenberg
3 SFB
Siegburg
2 SU
Siegen
2 SI
Sigmaringen
3 SIG
Simmern
3 SIM
Sinsheim
3 SNH
Soest
2 SO
Solingen
2 SG
Soltau
3 SOL
Soltau-Fallingbostel
3 SFA
Sömmerda
4 SOEM
Sondershausen
3 SDH
Sonneberg
3 SON
Sonthofen
2 SF
Speyer
2 SP
Spremberg
3 SPB
Springe
3 SPR
Stade
3 STD
Stadthagen
3 SHG
Stadtroda
3 SRO
Stadtsteinach
3 SAN
Staffelstein
3 STE
Starnberg
3 STA
Staßfurt
3 SFT
Steinburg
2 IZ
Steinfurt
2 ST
Stendal
3 SDL
Sternberg
3 STB

Stockach
3 STO
Stollberg
3 STL
Stormarn
2 OD
Stralsund
3 HST
Strasburg
3 SBG
Straubing
2 SR
Strausberg
3 SRB
Stuttgart
1 S
Süderdithmarschen
3 MED
Südliche Weinstraße
4 SUEW
Suhl
3 SHL
Sulzbach-Rosenberg
3 SUL
Syke
2 SY
Tauberbischofsheim
3 TBB
Templin
2 TP
Teterow
3 TET
Tettnang
2 TT
Thüringen (Regierung)
3 THL
Tirschenreuth
3 TIR
Titisee-Neustadt
3 NEU
Tönning
4 TOEN
Torgau
2 TG
Traunstein
2 TS
Trier
2 TR
Tübingen
3 TUE
Tuttlingen
3 TUT
Überlingen
3 UEB
Ueckermünde
3 UEM
Uelzen
2 UE
Uffenheim
3 UFF
Ulm
2 UL
Unna
2 UN
Unterallgäu
2 MN
Unterlahnkreis
3 DIZ

Usingen
3 USI
Vaihingen
3 VAI
Vechta
3 VEC
Verden
3 VER
Viechtach
3 VIT
Viersen
3 VIE
Villingen
2 VL
Villingen-Schwenningen
2 VS
Vilsbiburg
3 VIB
Vilshofen
3 VOF
Vogelsbergkreis
2 VB
3 LAT
Vohenstrauß
3 VOH
Völklingen
2 VK
Waiblingen
2 WN
Waldeck
2 WA
Waldeck-Frankenberg
2 KB
Waldmünchen
4 WUEM
Waldshut
2 WT
Wangen
2 WG
Wanne-Eickel
3 WAN
Wanzleben
3 WZL
Warburg
3 WAR
Waren
3 WRN
Warendorf
3 WAF
Wasserburg
2 WS
Wattenscheid
3 WAT
Wegscheid
3 WEG
Weiden
3 WEN
Weilburg
3 WEL
Weilheim-Schongau
2 WM
Weimar
2 WE
Weißenburg-Gunzenhausen
3 WUG
Weißenfels
3 WSF
Weißwasser
3 WSW
Werdau
3 WDA
Wernigerode
2 WR
Werra-Meißner-Kreis
3 ESW
Wertingen
3 WER
Wesel
3 WES
Wesermarsch
3 BRA
Wesermünde
3 WEM
Westerburg
3 WEB
Westerstede
3 WST
Westerwald
2 WW
Wetteraukreis
2 FB
Wetzlar
2 WZ
Wiedenbrück
2 WD
Wiesbaden
2 WI
Wilhelmshaven
3 WHV
Winsen/Luhe
2 WL
Wismar
3 HWI
Wismar (Kreis)
3 WIS
Witten
3 WIT
Wittenberg
2 WB
Wittgenstein
3 BLB
Wittlage
3 WTL
Wittmund
3 WTM
Wittstock
2 WK
Witzenhausen
3 WIZ
Wolfach
3 WOL
Wolfenbüttel
2 WF
Wolfhagen
3 WOH
Wolfratshausen
3 WOR
Wolfsburg
3 WOB
Wolfstein
3 WOS
Wolgast
3 WLG
Wolmirstedt
3 WMS
Worbis
3 WBS
Worms
2 WO
Wunsiedel
3 WUN
Wuppertal
1 W
Würzburg
3 WUE
Wurzen
3 WUR
Zeitz
2 ZZ
Zell
3 ZEL
Zerbst
2 ZE
Zeulenroda
2 ZR
Ziegenhain
3 ZIG
Zittau
2 ZI
Zollernalbkreis
2 BL
Zossen
2 ZS
Zschopau
2 ZP
Zweibrücken
2 ZW
Zwickau
1 Z

Kiebitzruf
6 Kiwitt

Kiefernart
4 Arve
5 Pinie, Pinus, Zirbe
6 Foehre, Forche, Spirke, Zirbel
7 Latsche
8 Zypresse
9 Legfoehre
10 Bergkiefer, Gelbkiefer, Moorfoehre, Pechkiefer
11 Sumpfkiefer
12 Aleppokiefer, Strandkiefer, Zirbelkiefer
13 Borstenkiefer, Schwarzkiefer, Traenenkiefer
15 Weymouthskiefer

Kiefernharz
9 Terpentin

Kiefernholz
4 Kien

Kiefernholzsplitter
8 Kienspan

Kiefernzapfen
9 Kienapfel

Kieferteil
8 Kinnlade
9 Kinnbacke

Kielklavier
7 Spinett
8 Virginal

Kielraum des Schiffes
5 Bilge

Kielwasser
3 Sog
4 Spur
14 Schaumstreifen
Kiepenhut
7 Kapotte
Kies
7 Geroell
Kieselsäuresalz
7 Silicat, Silikat
Kiesgrubengewässer
9 Baggersee
Kimonogürtel
3 Obi
Kind
4 Baby, Sohn
5 Junge, Knabe
6 Knirps
7 Bambina, Bambino, Kleines, Tochter
8 Maedchen, Schueler
9 Nachkomme, Nachwuchs, Saeugling
11 Sproessling, Vorschueler
einer Mehrfachgeburt
8 Vierling
einer Mehrgeburt
8 Drilling
einer Mehrlingsgeburt
8 Zwilling
eines Ehepartners
9 Stiefkind, Stiefsohn
12 Stieftochter
mit nur einem Elternteil
9 Halbwaise
Kinderarzt
9 Paediater
Kinderbuch
13 Struwwelpeter
Kindererholungsstätte
8 Landheim
Kinderfahrzeug
6 Roller
7 Dreirad, Kettcar
10 Tretroller
Kinderfrau
3 Aja
4 Amme
5 Bonne, Nurse
11 Gouvernante
Kindergarten
4 Heim, Hort
6 Krippe
12 Tagesstaette
Kindergeschrei
8 Geplaerr
Kinderheilkunde
10 Paediatrie
Kinderhüter(in)
10 Babysitter
Kinderkrankheiten
5 Krupp, Mumps, Polio
6 Masern
7 Braeune, Roeteln, Rubeola
8 Rachitis
9 Scharlach
10 Diphtherie, Skrofulose, Windpocken
11 Keuchhusten, Stickhusten, Ziegenpeter
14 Kinderlaehmung
Kinderlähmung
5 Polio
13 Poliomyelitis
Kindermundtuch
4 Latz
9 Laetzchen
Kinderpflegerin
5 Nurse
Kinderschaukelbett
5 Wiege
Kinderspeise
3 Mus
4 Brei
Kinderspiele
4 Zeck
6 Fangen, Hopsen
7 Haschen, Kriegen
9 Blindekuh, Plumpsack
10 Verstecken
11 Sackhuepfen
12 Seilspringen
Kinderspielzeuge
4 Ball, Tute
5 Puppe, Teddy
6 Rassel, Roller
7 Diabolo, Dreirad, Kreisel
8 Schaukel
9 Baukasten, Bausteine, Eisenbahn, Kaufladen, Pueppchen, Stofftier, Teddybaer
11 Puppenstube
15 Kasperletheater
Kindersprache:
Hund
6 Wauwau
Katze
5 Mietze
6 Muschi
Pferd
8 Hottehue, Hottemax
Uhr
8 Ticktack
Kindertagesstätte
4 Hort
12 Kindergarten
Kindertrompete
4 Tute
Kindervergnügen
9 Ballspiel
Kindesentführer
9 Kidnapper
Kindesentführung
10 Kidnapping
Kindeskind
5 Enkel
7 Enkelin
Kindheit
6 Jugend
kindlich
8 infantil
Kinnhaartracht
9 Spitzbart
Kino
6 Cinema
7 Kintopp
11 Filmtheater
14 Lichtspielhaus
17 Lichtspieltheater
Kinofan
7 Cineast
Kinogänger
7 Cineast, Filmfan
Kinoprogrammteil
7 Beifilm, Vorfilm
8 Vorschau
9 Hauptfilm
Kinostücke
4 Film
7 Tonfilm
8 Farbfilm, Kurzfilm
9 Revuefilm, Spielfilm, Stummfilm
Kinzig-Zuflüsse
3 Elm
6 Gutach
7 Wolfach
8 Schutter
Kippwagen
4 Lore
6 Dumper
Kirchenältester
9 Presbyter
Kirchenamt(seinkommen)
8 Pfruende
Kirchenausschluss
4 Bann
7 Anathem
8 Anathema
9 Bannfluch
15 Exkommunikation
Kirchenbauform
8 Basilika
Kirchenchorleiter
6 Kantor
Kirchendiener
6 Mesner
7 Kuester, Messner
8 Kirchner
9 Gloeckner, Sakristan
Kircheneinrichtungsteil
7 Betbank
8 Betstuhl
Kirchengalerie
6 Empore
Kirchengemeinde
6 Pfarre
7 Pfarrei
8 Ecclesia, Ekklesia, Pastorat, Sprengel
11 Pfarrbezirk
Kirchengesang
5 Psalm
6 Choral
7 Motette, Sequenz
Kirchenlehrer
8 Basilius, Kyrillos
9 Bellarmin
11 Bonaventura
Kirchenlied oder -musik
5 Credo, Hymne, Kredo, Kyrie, Messe, Missa, Psalm
6 Choral, Gloria, Tedeum

7 Loblied, Motette, Passion
9 Halleluja, Lobgesang, Oratorium
12 Kyrie eleison

Kirchenliederdichter
7 Gerhard, Neander

Kirchenmusiker
6 Kantor
8 Organist

Kirchenmusikinstrument
5 Orgel

Kirchenraum
4 Chor
6 Schiff
7 Kapelle
9 Sakristei

Kirchenschatz
7 Zimelie
8 Zimelium

Kirchensonntage
5 Oculi, Okuli
6 Exaudi, Judika, Rogate, Rorate
7 Kantate, Laetare
8 Estomihi, Jubilate, Palmarum
9 Invokavit
10 Sexagesima, Trinitatis
11 Palmsonntag, Reminiszere, Sexagesimae
13 Septuagesimae

Kirchenspaltung
6 Raskol
7 Schisma

Kirchenstrafe
4 Bann
9 Interdikt

Kirchenvater
8 Cyrillus, Justinus
9 Ambrosius, Cyprianus
10 Augustinus, Hieronymus
12 Chrysostomus

Kirchenvermögen eines Bischofs
9 Mensalgut

Kirchenversammlung
6 Konzil, Synode

Kirchhof
8 Friedhof
10 Totenacker
11 Gottesacker, Zoemeterium

kirchliche(r, s)
Bauwerk
3 Dom
6 Kirche, Tempel
7 Kapelle
8 Basilika, Muenster
10 Kathedrale

Bezeichnung des Papstes
4 Papa

Bittgesang
7 Litanei

Bittruf
7 Eleison
9 Kyrieleis

Brauch
5 Ritus
6 Ritual

Chorlied
7 Sequenz

Gebäude
9 Sakralbau

Gottesdienstordnung
8 Liturgie, Liturgik

Handlung
5 Gebet, Segen

Lobgesang
6 Tedeum

Pfründe
8 Kommende

Seelsorge
9 Hirtenamt

Sprengel
7 Ephorie

Stiftung
9 Fundation

Streitaussöhnung
6 Irenik

Umzug
10 Prozession

Weihe
11 Benediktion

Würdenträger
7 Bischof, Praelat
8 Kardinal
10 Erzbischof

Kirchweih
6 Kirmes

Kirgisendorf
3 Aul

Kirgisenhütte
5 Jurte

Kirgisien
Berge
8 Pik Lenin
9 Pik Pobedy

Flüsse
4 Alai
5 Naryn
7 Susamyr

Gebirge
8 Tianshan
9 Pamir-Alai

Hauptstadt
8 Bischkek

Seen
7 Son-kjol
8 Issyk-kul
12 Tschatyr-kjol

Städte und Orte
4 Osch
6 Frunse, Tokmak
10 Rybatschje
11 Prschewalsk

Steppenfuchs
6 Korsak

Währung
5 Rubel
6 Kopeke

Kiribati
Bevölkerung
10 Polynesier
11 Mikronesier

Hauptstadt
7 Bairiki

Inseln
5 Kuria, Makin
6 Banaba, Maiana, Tarawa
12 Linieninseln
13 Gilbertinseln, Phoenixinseln
14 Christmasinsel

Sprache
8 Kiribati
10 Gilbertese

Währung
4 Cent
6 Dollar

Kirmes
4 Dult, Kerb
5 Messe, Wasen
9 Kirchweih
11 Oktoberfest, Rummelplatz

Kirschensorten
5 Ammer
7 Maraska, Morelle
8 Amarelle, Weichsel
12 Sauerkirsche
15 Schattenmorelle

Kirschlikör
6 Cherry
10 Maraschino
12 Cherry Brandy

kirschrot
6 cerise

Kiste
5 Truhe
6 Kasten
9 Behaelter

Kistenbindemittel aus Metall
9 Bandeisen

Kitsch
4 Tand
6 Schund

Kitzbühler Alpenberg
9 Hohe Salve, Kreuzjoch

Kitzbühler Alpenpass
5 Thurn

Kitzel
4 Reiz
6 Anreiz
8 Juckreiz

kitzeln
6 jucken
8 krabbeln

Kladde
4 Heft
6 Skizze
7 Diarium
8 Tagebuch

kläffen
6 bellen

Klage
6 Jammer
7 Lamento, Querele, Seufzer
8 Gestoehn, Gewimmer
10 Beschwerde

Klagelaut
2 au
3 ach

6 Geheul
7 Seufzer
Klagelied
6 Elegie
7 Lamento
9 Jeremiade
in der griechischen Tragödie
6 Kommos
Klageliederdichter
8 Elegiker
klagen
7 jammern
11 lamentieren
klagend
8 doloroso, elegisch
Klageschrift
6 Libell
kläglich
9 miserabel
10 jammervoll, lamentabel
11 erbaermlich, jaemmerlich
Klamauk
3 Fez, Ulk
5 Krach, Laerm, Radau, Spass
6 Getobe, Scherz, Tumult, Unsinn
7 Getoese
8 Gepolter, Geschrei
9 Spektakel
Klammer
4 Clip
5 Klipp
8 Akkolade
Klammeraffe
8 Tschamek
9 Breitnase, Marimonda
Klang
3 Ton
4 Echo, Hall, Laut
6 Schall
7 Akustik
bei Blasinstrumenten
8 Naturton
Klangcharakter
6 Timbre
Klangfarbe
6 Akzent, Timber, Timbre
7 Kolorit, Tonfall
der Selbstlaute
9 Qualitaet
Klangfarberegler
9 Tonblende
Klanggestaltungslehre
8 Harmonik
Klanghemmung
9 Daempfung
Klangschönheit
8 Harmonie
klangvoll
5 sonor
10 euphonisch, harmonisch
Klangwirkung
4 Hall
5 Sound
7 Akustik
klappbarer Kindersportwagen
5 Buggy
Klapper
6 Rassel
7 Ratsche
8 Raetsche, Schnarre
Klapperinstrument
11 Kastagnette
klappern
7 klirren
9 scheppern
Klappsitz
9 Feldstuhl
im Chorgestühl
6 Sedile
Klaps
6 Schlag
klar
4 fein, hell, rein
5 genau, offen, parat
6 bereit, fertig, gewiss, lauter, limpid, sauber, sicher
7 praezis
8 deutlich, praezise
9 eindeutig, foermlich
10 ungetruebt
11 startbereit, transparent
12 durchsichtig, unzweideutig
klarer Denker
7 Logiker
Klares im Hühnerei
7 Eiweiss
Klarheit
7 Evidenz
8 Schaerfe
10 Lauterkeit, Praezision
11 Transparenz
12 Deutlichkeit
16 Durchsichtigkeit
Klasse
4 Rang
5 Kaste, Stand, Stufe
6 Gruppe, Rubrik
7 Gattung, Schicht
9 Abteilung, Kategorie
der Manteltiere
8 Ascidien
der Tausendfüßer
9 Diplopoda
der Weichtiere
8 Muscheln
eines Kristallsystems
9 Holoedrie
Klasse einer höheren Schule (früher)
5 Prima, Sexta
6 Quarta, Quinta, Tertia
7 Sekunda
9 Oberprima
10 Unterprima
11 Obersekunda, Untertertia
12 Untersekunda
Klassenarbeit
11 Extemporale
Klassenzimmermöbel
9 Schulbank
klassische(r, s)
japanisches Drama
2 No
Philologe
4 Birt
5 Snell
6 Schmid
7 Vossius
8 Jachmann
9 Dirlmeier, Dornseiff, Hoelscher
Schrifttum
9 Humaniora
Klatsch
6 Gerede
7 Rederei, Tratsch
8 Geruecht, Nachrede
10 Geschwaetz
11 Verleumdung
Klaue
3 Huf
4 Fang
5 Pfote, Tatze
6 Kralle, Pranke
7 Greifer
11 Handschrift
Klauenschote
9 Vogelfuss
10 Serradella
Klause
5 Zelle
7 Engpass
9 Eremitage
11 Einsiedelei
Klausner
6 Eremit
9 Anachoret
10 Einsiedler
Klavierbaumaterial
9 Klangholz
Klavierbearbeitung
6 Auszug
Klaviere
5 Piano
7 Celesta, Fluegel, Pianino, Pianola, Spinett
10 Fortepiano, Pianochord, Pianoforte
11 Kielfluegel, Klavizimbel
14 Konzertfluegel
Klaviersonate von Beethoven
10 Pathétique
12 Appassionata
Klavierspieler(in)
7 Pianist
9 Pianistin
Klavierstück von Bach
9 Invention
Klavierteile
5 Pedal, Saite, Taste
6 Deckel, Hammer
8 Tastatur
9 Klaviatur
Klebebild
7 Collage, Kollage
kleben
6 haften, kitten, leimen, pappen

9 kleistern
10 befestigen, festmachen
Klebestärke
7 Dextrin
Klebestreifen mit Steuerstreifen
9 Banderole
Klebeverfahren
3 Ago
klebrig
4 zaeh
6 breiig, fettig, viskos
9 schmierig
Klebstoffe
3 Ago
4 Kitt, Leim
5 Gummi, Klebe
6 Gluten, Kleber
7 Dextrin, Staerke
8 Holzleim, Kleister
9 Fischleim, Kunstharz, Schlichte, Tafelleim
10 Klebestift
11 Tapetenleim
13 Minutenkleber
14 Sekundenkleber
15 Porzellankleber, Tapetenkleister
16 Kunststoffkleber
Klecks
5 Fleck
Kleeblattwahrzeichen der Iren
8 Shamrock
Kleid
4 Robe
6 Fummel, Gewand, Tracht
7 Haenger, Komplet, Kostuem
des achtzehnten Jahrhundert
9 Roberonde
mit Jacke
8 Ensemble
um 1800
7 Chemise
und Jacke oder Mantel
7 Komplet
Kleidanhang
8 Schleppe
Kleidausschnitt
9 Dekolleté
Kleiderablage
9 Garderobe
Kleideraffe
3 Duk
8 Duckaffe
Kleideraufhänger
6 Buegel
Kleiderbesatz
5 Borte, Litze
6 Braeme, Falbel, Paspel, Spitze, Tresse, Volant
7 Ruesche
8 Posament
Kleiderbestand
9 Garderobe
Kleidereinfassung
4 Saum
6 Preise
Kleiderfasson
7 Schnitt
Kleidermacher
8 Tailleur
9 Schneider
Kleidersaum
5 Biese
6 Priese, Umnaht
10 Einfassung
Kleiderstoffe
4 Samt, Taft, Tuch
5 Satin, Seide, Serge, Tweed
6 Cloque, Jersey
7 Filafil, Flanell, Trevira
8 Astrakin, Ecossais, Marocain, Musselin
11 Blasenkrepp
Kleiderverschlüsse
4 Oese
5 Haken, Knopf
7 Guertel
8 Schnalle
15 Reissverschluss
Kleiderverwahrerin
12 Garderobiere
Kleidervorführung
9 Modeschau
Kleidung
3 Cut, Fez, Hut, Top
4 Cape, Hemd, Hose, Kilt, Mode, Pelz, Robe, Rock, Slip, Toga, Wams
5 Anzug, Bluse, Dress, Frack, Habit, Jabot, Jacke, Joppe, Kleid, Kluft, Kutte, Nicki, Pulli, Sakko, Schal, Schuh, Shirt, Stola, Talar, Tanga, Weste
6 Anorak, Bikini, Blazer, Bolero, Burnus, Fliege, Gewand, Janker, Jumper, Kaftan, Kasack, Kimono, Kittel, Mantel, Mieder, Montur, Pyjama, Sarong, Schurz, Shorts, Shorty, Tracht, Trikot, Ulster, Umhang
7 Cutaway, Dessous, Gehrock, Haenger, Jackett, Kamisol, Komplet, Korsett, Kostuem, Litewka, Negligé, Overall, Paletot, Schlips, Smoking, Soutane, Spenzer, Strumpf, Sweater, Twinset, Uniform
8 Après Ski, Badehose, Breeches, Gamasche, Garnitur, Halstuch, Hemdhose, Kniehose, Krawatte, Leibchen, Mantille, Minikini, Negligee, Netzhemd, Oberhemd, Pelerine, Polohemd, Puffhose, Pullover, Pumphose, Reifrock, Reithose, Schihemd, Schleier, Schleppe, Schuerze, Toilette, Westover
9 Badeanzug, Ballkleid, Beinkleid, Chemisett, Covercoat, Einreiher, Garderobe, Halsbinde, Hausanzug, Hausjacke, Hemdbluse, Hosenrock, Klubweste, Lederhose, Nachthemd, Pelzjacke, Regenhaut, Sporthemd, Texashemd, Ueberrock, Unterhemd, Unterhose, Unterrock, Windjacke
10 Bademantel, Bratenrock, Brautkleid, Faltenrock, Lederjacke, Lederweste, Lumberjack, Morgenrock, Nietenhose, Pelzmantel, Pluderhose, Reversible, Schlafrock, Schluepfer, Sweatshirt, Trenchcoat, Wendejacke, Zweireiher
11 Dirndlbluse, Dirndlkleid, Glockenrock, Jumperbluse, Kasackkleid, Kniestrumpf, Kofferkleid, Kombination, Ledermantel, Lodenmantel, Nachtgewand, Plisseerock, Regenmantel, Reisemantel, Schlafanzug, Sommerkleid, Sportmantel, Strickjacke, Strickkleid, Strumpfhose, Traegerrock, Ueberzieher, Wendemantel
12 Hosentraeger, Kostuemjacke, Selbstbinder, Sockenhalter
13 Buestenhalter, Knickerbocker, Matrosenanzug, Strumpfhalter, Umstandskleid
14 Manchesterhose, Wickelgamasche
Kleidung beim Aikido
8 Aikidogi
Kleidung im Mittelalter
7 Miparti
klein
6 fipsig, gering, winzig
8 miniatur, niedlich, winzigst, zierlich
9 spaerlich
10 bescheiden
12 geringfuegig
gemustertes Seidengewebe
6 Armure

Kleinarbeiten verrichten
7 werkeln
Kleinbären
5 Koala, Panda
6 Schupp
7 Kinkaju
9 Kakamizli, Nasenbaer, Waschbaer
10 Zwergpanda
Kleinbauernhaus
4 Kate
Kleinbild
8 Miniatur
Kleinbildfilmbehälter
7 Patrone
Kleinbildkamera
6 Pocket
12 Pocketkamera
Kleinbuchstabe
8 Minuskel
Kleinbürger
6 Piefke
8 Spiesser
kleinbürgerlich
8 spiessig
11 philistroes
Kleine Sundainsel
4 Bali
5 Timor
6 Flores
7 Lomblen, Sumbawa
kleine(r, s)
Abhandlung
5 Essay
Abschnitt
6 Spliss
Abteilung
5 Trupp
afrikanische Schopfantilope
6 Ducker
als null
7 negativ
Amboss
9 Sperrhorn
Anhöhe
6 Huegel
Ansiedlung
3 Ort
4 Dorf
6 Weiler
7 Flecken
12 Marktflecken
antiker Tempel
8 Aedikula
Aprikose
7 Alberge
Arbeitsbewegung
9 Handgriff
Arie
7 Ariette
9 Cabaletta
artenreiches Nagetier
4 Maus
Aufklärungsschiff
5 Aviso
Backwerk
7 Gebaeck
9 Kuechlein, Toertchen
Balkon
8 Austritt
bayerisches Biermaß
7 Quartal
Behälter
9 Kaestchen
Beiboot
5 Jolle
6 Dinghi
Beigabe
6 Schuss
Bernsteinstück
7 Knibbel
Besetzung
8 Ensemble
Betrüger
6 Mogler
Bissen
6 Happen
Blutgefäß
9 Aederchen, Kapillare
Bodenerhebung
9 Erhoehung
Bohrer
5 Fritt
brasilianisches Raubtier
9 Nasenbaer
Bratsche
8 Violetta
Braunbär
9 Alpenbaer
Brecheisen
8 Schabber
Brücke
4 Steg
Buckelrind
9 Zwergzebu
Bühnenspiel
9 Dramolett
chinesische Trommel
6 Tomtom
Chor
9 Singkreis
Dolch
7 Stilett
Einhufer
9 Zwergesel
einmastiges Segelschiff
6 Schnau
Endstück
7 Stummel
Engelsfigur
5 Putte, Putto
epileptischer Anfall
8 Petit mal
Erdgrube
4 Kule
Erkundungseinheit
8 Vortrupp
Erzlager
4 Nest
Eschlauch
9 Schalotte
fahrbare Bühne
9 Ekkyklema
Falkenvogel
4 Weih
Federmotte
9 Geistchen
Feingebäck
4 Keks
Feuererscheinung
5 Funke
Figur
8 Figurine
Fischart
4 Ilse
Fischerfahrzeug
8 Flieboot
Flagge
6 Goesch
Flossenbildung
8 Floessel
Flöte
7 Pikkolo
Flugreisegepäck
8 Bordcase
Flüssigkeitsmenge
7 Tropfen
8 Spritzer
Förderwagen
9 Floezhund
Forschungsreaktor
8 Argonaut
Frau
7 Zwergin
Fuge
7 Fugette
8 Fughetta
Gabe
7 Almosen
Gebäckteilchen
7 Kruemel
Gebäude
9 Haeuschen
Gedicht
6 Ekloge
Gefäß
8 Kuevette
Geige
5 Rebec
Geigerzähler
9 Dosimeter
Gemach
6 Kammer
Gemeindegewässer
9 Dorfteich
Geschenk
8 Praesent
9 Angebinde
Getriebeteil
8 Raedchen
Glasflasche
9 Karaffine
Glaubensgemeinschaft
5 Sekte
Guttat
8 Guetchen
Haargefäß
9 Kapillare
Habichtskraut
7 Mausohr
Haken
8 Haekchen
Halbinsel
4 Holm
Handkoffer
8 Suitcase

Händlerschiff
7 Bumboot
Haus
6 Huette
heitere Erzählung
9 Humoreske
Heringsfisch
8 Sardelle
Heuhaufen
8 Schochen
Hilfsfernrohr
6 Sucher
Hirschart
8 Zwergreh
Holzgewächs
9 Zwergbaum
Hühnerrasse
9 Zwerghuhn
Hutsche
8 Fussbank
Innenparasiten
8 Mesozoen
Insel
4 Holm
Insel der Kanaren
9 Alegranza
Jazzbesetzung
9 Smallband
Jazzensemble
5 Combo
Junge
4 Bubi
7 Steppke
8 Kerlchen
Kaffeegefäß
9 Kaennchen
Karpfenfisch
8 Stroemer
Kerl
5 Wicht
6 Knirps
7 Steppke
Kirche
7 Kapelle
Klavier
7 Pianino
Kloster eines Konvents
7 Priorat
Kneipe
6 Bistro, Butike
Kopf
9 Koepfchen
Kopfbedeckung
9 Kaeppchen
Kreuzer
5 Aviso
Kriegsschiff
8 Korvette
Krümel von Brot
7 Brosame
Küche
9 Kuechlein
Küstenboot
7 Schmack
8 Schmacke
Küstenfahrzeug
6 Biland, Galjot
7 Galeote, Galiote
Küstenschiff
4 Ewer
Ladengeschäft
6 Butike
Landschaftseinheit
9 Physiotop
Längenmaß
9 Fussbreit, Zollbreit
Lanze
9 Garrochon
literarisches Werk
9 Opusculum, Opuskulum
Loch
4 Kule
7 Bohrung
Lottogewinn
6 Dreier
Luftverkehrsanlage
9 Flugplatz
Lungenschnecke
7 Ancylus
Lustspiel
8 Burletta
Luxushund
6 Bichon
Mahlzeit
6 Imbiss
Matte
8 Vorleger
Menge
4 Dash
5 Dosis, Prise
6 Klacks
8 Hand voll
9 Haeuflein, Quentchen, Quentlein
10 Quaentchen
Modegeschäft
8 Boutique
Monem
6 Signem
Motorrad
8 Citybike
Mücke
6 Gnitte, Gnitze
Mühe
9 Handgriff
musikalisches Gebilde
5 Motiv
musikalisches Intervall
7 Schisma
Musikstück
9 Bagatelle
Nachfragegruppe
9 Oligopson
Nachtvogel
9 Zwergkauz
Nadelloch
4 Oehr
Nagel
5 Stift
Nagetier
8 Feldmaus, Hausmaus, Waldmaus
9 Weissmaus, Zwergmaus
natürlicher Wasserlauf
4 Bach
Neubildung im Zahninnern
8 Dentikel
öffentlicher Platz
9 Piazzetta
Öffnung
4 Oehr
Öffnung in der Kleidung
9 Knopfloch
Operationsmesser
8 Lanzette
Ordensgebiet
8 Kustodie
Orientteppich
6 Jastik
ostasiatische Götterfigur
6 Pagode
Pastete
7 Rissole
Peitsche
9 Reitgerte
Pelztier
6 Marder
Pfefferfresser
8 Arassari
Pfeffergurke
9 Cornichon
Pferderasse
4 Pony
Pilgerfahrt nach Mekka
5 Omrah
Pistole
8 Terzerol
Plattfisch
9 Zwergbutt
Prärieindianerstamm
3 Oto
Präsent
9 Angebinde
Quantum
5 Prise
Rassehund
8 Papillon
Raubtier
5 Iltis
6 Marder
Raum
6 Gelass, Kammer
Rechnung
4 Nota
Reif
6 Ringel
religiöse Feier
9 Betstunde
römisches Kastell
6 Burgus
Rosine
8 Korinthe
Ruderboot
8 Barkette
runder Eisenstift
4 Bolz
runder See eiszeitlicher Herkunft
4 Soll
Rüsselkäfer
6 Picudo
Schallplatte
6 Single
Schalotte
9 Eschlauch

Schiffsverband
9 Flottille
Schleuder
6 Zwille
Schmarotzerkrebs
9 Fischlaus
Schublade
8 Schuette
Schuhnagel
6 Taecks
Schwatz
7 Plausch
Schwimmvogel
9 Krickente, Kriekente, Zwerggans
Schwindler
6 Mogler
Segel am Großmast
9 Mondsegel
Segelschiff
7 Catboot
seichte Bucht
4 Anse
Sense
6 Sichte
Siedlung
9 Rancheria
Singvogel
8 Organist
Sketch
8 Blackout
Spalt
4 Riss
7 Schlitz
spanischer Pferdewagen
6 Galera
Spinnentier
9 Gallmilbe
Sportrennwagen
6 Gokart
Sportsegelboot
5 Dingi
Sportspiel
9 Brennball
Sportveranstaltung
7 Meeting
Spracheinheit
6 Signem
sprachliche Einheit
6 Plerem
Spritzer
4 Dash
Sprung
6 Hupfer
7 Huepfer
Standbild
9 Statuette
Standorgel
7 Positiv
Statue
8 Figurine
Sternbild Vulpecula
5 Fuchs
Stinkmarder
5 Iltis
Stück
8 Teilchen
Stück vom Ganzen
9 Bruchteil
Sunda-Insel
6 Soemba
Sunda-Insel Indonesiens
5 Solor, Wetar
Teegefäß
9 Kaennchen
Teich
6 Weiher
Teil einer chemischen Verbindung
7 Molekel
8 Molekuel
Teilchen
9 Koernchen
Teilchen (Hagel, Sand)
4 Korn
Teppich
7 Vorlage
8 Vorleger
Tritt
8 Fussbank
Trog
8 Kuevette
Tür
6 Pforte
Unterbrechung
9 Luftspalt
Verdeck im Schiffsvorderteil
5 Ducht
Verletzung
4 Riss
Versorgungsschiff
7 Bumboot
Verwaltungs-Einheit in Griechenland
5 Demos
Verzierung
9 Schleifer
Wandelstern
8 Asteroid
9 Planetoid
Warenballen
6 Ballot
Wasserlauf
7 Gerinne, Rinnsal
Weinstube
7 Buvette
wiederkehrender Satz
7 Rosalie
Windkraftwerk
9 Windmotor
Wirtschaftshof
7 Vorwerk
Zahnkarpfen
8 Kaplopez
Zahnrad
6 Ritzel
Zeicheneinheit
8 Semantem
Zierschrank
7 Vertiko
Zimmer
9 Stuebchen
Zubuße
8 Guetchen
Zwiebel
9 Eschlauch, Schalotte
Zwistigkeit
8 Reiberei
Kleiner Prophet
4 Amos, Joel, Jona
Kleinfledermaus
9 Klappnase
Kleingebäck
4 Keks
6 Brezel, Waffel
7 Biskuit, Cracker, Krokant
8 Kraecker
9 Croissant
Kleinhändler
6 Hoeker
7 Kraemer
10 Detaillist
Kleinhirn
10 Zerebellum
Kleinigkeit
4 Deut, Idee, Spur
5 Stipp
6 Bissen, Happen, Imbiss, Nuance
8 Fitzchen, Hand voll, Lappalie, Mundvoll, bisschen
9 Bagatelle, Haeppchen, Wenigkeit
10 Nebensache
Kleinigkeitskrämer
6 Pedant
8 Rabulist
11 Haarspalter, Kritikaster
13 Wortverdreher
klein kariertes Gewebe
6 Pepita
Kleinkind
4 Baby
9 Saeugling
Kleinkraftrad
4 Mofa
5 Moped
6 Mokick
Kleinkunstbühne
6 Brettl
7 Varieté
8 Kabarett, Varietee
11 Ueberbrettl
Kleinlebewelt
7 Edaphon
Kleinlebewesen
6 Getier
kleinlich
8 pingelig, pinselig, spiessig
9 engherzig
10 engstirnig, pedantisch
kleinlicher Mensch
6 Pedant
8 Meckerer, Noergler, Spiesser
10 Geizkragen
11 Haarspalter
13 Spiessbuerger
14 Pfennigfuchser
Kleinmalerei
8 Miniatur
Kleinod
5 Bijou, Juwel, Perle
6 Schatz
7 Schmuck

8 Brillant
9 Edelstein
Kleinschmetterlinge
5 Motte
7 Wickler
8 Zuensler
9 Kornmotte, Mehlmotte, Pelzmotte
10 Wachsmotte
12 Kleidermotte
14 Traubenwickler
Kleinsiedlung
6 Weiler
Kleinstaaten in Europa
5 Malta
6 Monaco
7 Andorra, Vatikan
9 Luxemburg, San Marino
12 Vatikanstaat, Vatikanstadt
13 Liechtenstein
kleinste(s)
Bauelement in der Rede
5 Morph
bedeutungstragende Spracheinheit
5 Monem
Energiemenge
5 Quant
grammatisch-syntaktische Einheit
5 Taxem
Lebenseinheit
6 Biogen
sprachliche Einheit
6 Phonem
Stadt von Österreich
7 Hardegg
Tonstufe
7 Halbton
unteilbare Menge
7 Quantum
Kleinstlebewesen
5 Virus
7 Mikrobe, Neiston
8 Bakterie, Bazillus
9 Antibiont, Einzeller, Mikrobion
Kleinstrennwagen
6 Go-kart
Kleintaxi
7 Minicar
Kleinwohnung
9 Apartment
11 Appartement
kleinwüchsige(r, s)
Haustier
9 Zwerghund
Mensch
8 Pygmoide
Pferd
4 Pony
Klempner
8 Blechner, Spengler
9 Flaschner, Schlosser
12 Blechschmied, Installateur
Klempnerwerkzeug
9 Loetlampe, Rohrzange
Kletterausrüstung
4 Helm, Seil
5 Haken, Stock
6 Pickel
7 Kompass
8 Eishaken, Rucksack
9 Biwaksack, Eispickel
10 Steigeisen
13 Kletterhammer
14 Karabinerhaken, Kletterguertel
15 Steinschlaghelm
Kletterbeutler
9 Fuchskusu, Hundskusu
Kletterer
8 Alpinist
11 Bergsteiger, Hochtourist
Kletterpflanzen
4 Efeu
5 Bohne, Liane, Wicke, Winde
6 Cissus, Hopfen, Klimme
7 Bryonie, Glyzine
8 Klematis, Wistaria, Zaunrebe
9 Alpenrebe, Duftwicke
10 Geissblatt
Kletterseil
9 Hangeltau
Kettersträucher
4 Hoya
8 Glyzinie, Schlinge, Waldrebe, Weinrebe
Klettertiere
4 Affe
5 Katze, Koala, Luchs
6 Leguan
8 Faultier
9 Baumkatze
10 Chamaeleon
13 Eichhoernchen
Klettervogel
6 Specht
Klient
5 Kunde
7 Mandant
12 Auftraggeber
Klingel
6 Bimmel, Glocke
7 Schelle
9 Laeutwerk
10 Gloeckchen
klingeln
7 laeuten
klingen
6 toenen
Klinik
6 Spital
8 Hospital, Lazarett
11 Krankenhaus
14 Krankenanstalt
Klinikabteilung
8 Ambulanz
Klippe
4 Fels, Riff
6 Felsen
7 Schaere
Klippfisch
8 Kabeljau
klirrendes Geräusch
8 Rasselei
Klischee
9 Abklatsch, Imitation
10 Nachahmung
Kloakentiere
9 Eierleger
11 Ameisenigel
12 Schnabeltier
klopfen
6 pochen, pulsen
7 puckern
8 schlagen
9 pulsieren
Klopfen des Motors
8 Klingeln
Klopffestigkeitsmaß
9 Oktanzahl
Klopfkäfer
8 Totenuhr
9 Totenwurm, Trotzkopf
10 Brotkaefer, Pochkaefer
Klops
5 Kloss
7 Bulette, Knoedel
10 Frikadelle
Klosett
2 WC
5 Abort
7 Abtritt, Latrine
8 Toilette
Kloß
7 Knoedel
Kloster
5 Abtei, Cella, Laura, Lawra, Stift
7 Konvent, Priorei
8 Kartause
9 Zoenobium
11 Monasterium
am Bodensee
6 Birnau
9 Reichenau
an der Donau
4 Melk
10 Weltenburg
an der Lahn
8 Arnstein
an der Weser
6 Corvey
bei Athen
6 Daphni
bei Hannover
6 Loccum
im Schwarzwald
12 Sankt Blasien
in Bulgarien
4 Rila
in der Schweiz
10 Einsiedeln
11 Sankt Gallen
in Frankreich
5 Cluny
6 Corbie, Fleury
10 Chartreuse
in Irland
6 Cashel

in Italien
6 Bobbio
12 Monte Cassino
in Marburg
5 Amana
in Niederösterreich
4 Melk
in Oberbayern
5 Ettal
7 Andechs
10 Wessobrunn
in Oberfranken
4 Banz
in Prüm
6 Regino
in Schlesien
8 Gruessau
in Serbien
7 Kalenic
in Tibet
4 Sera
orthodoxer Kirchen
7 Kellion
Klosterbereich
7 Klausur
Klosterberg in Griechenland
5 Athos
Klosterbruder
3 Fra
5 Frate, Pater
6 Frater
Klosterfrau
5 Nonne
9 Schwester
14 Laienschwester
Klostergemeinschaft
7 Konvent
Klosterinsassen
3 Abt
4 Abbé
5 Nonne, Pater, Prior
6 Moench, Novize, Oberer, Propst
7 Novizin
8 Supereor
9 Aebtissin
klösterliche(s)
Kongregation
8 Maristen
Stift
5 Abtei
Vereinigung
5 Orden
Klosterspeisesaal
7 Trapesa
8 Zoenakel
Klosterteile
5 Zelle
6 Remter
7 Klausur
10 Domitorium
11 Refektorium
Klostervorsteher
3 Abt
4 Abbé
5 Prior
6 Oberer, Propst
7 Guardin
8 Supereor
Klostervorsteherin
9 Aebtissin
Klosterzelle
6 Klause
Klub
6 Verein, Zirkel
10 Kraenzchen, Stammtisch
Klubjacke
6 Blazer
klug
5 vigil, weise
6 clever, findig, schlau
7 gewitzt
8 gescheit, vigilant
10 aufgeweckt
11 intelligent, vernuenftig, verstaendig
12 diplomatisch
Klugheit
5 Geist, Ratio
8 Begabung, Einsicht, Schlaeue, Verstand, Vigilanz, Vorsicht, Weisheit
10 Cleverness, Scharfsinn, Schlauheit
11 Gewitztheit, Intelligenz
14 Aufgewecktheit
klumpig werden
8 gerinnen
Knabbergebäck
5 Stick
10 Salzstange
knabbern
5 nagen
Knabe
3 Bub
4 Bube
5 Junge
6 Bengel, Knirps
7 Steppke
9 Juengling
13 Dreikaesehoch
mit hoher Stimmlage
9 Sopranist
mit relativ tiefer Stimme
6 Altist
Knabenchöre
10 Domspatzen
12 Thomanerchor
17 Toelzer Knabenchor
knabenhaft
6 pueril
Knall
4 Bums
5 Krach, Stoss
6 Schlag
9 Explosion
10 Detonation, Feuerstoss
Knallkörper
7 Petarde
Knallkrebschen
7 Alpheus
Knallsäuresalz
8 Fulminat
knapp
3 eng
4 kaum, kurz
5 klamm, wenig
6 gering, schmal, stramm
7 lapidar
8 duerftig
9 gedraengt, lakonisch
12 aphoristisch
Knappe des Don Quichotte
11 Sancho Pansa
knappe Zusammenfassung
7 Synopse
8 Synopsis
Knarre
6 Gewehr, Rassel
11 Schusswaffe
Knast
6 Kerker
9 Zuchthaus
10 Gefaengnis
11 Haftanstalt
12 Strafanstalt
Knauf
5 Griff, Knopf
Knauser
8 Geizhals
10 Geizkragen
knauserig
6 geizig
7 schofel
Knauserigkeit
4 Geiz
knechten
6 knuten
11 unterjochen, unterwerfen
Knechtschaft
4 Fron
9 Sklaverei
Kneifer
7 Einglas, Klemmer, Monokel, Zwicker
8 Pincenez
Kneipe
im Wilden Westen
6 Saloon
Kneipen
3 Bar, Inn, Pub
5 Beize, Lokal, Pinte
6 Beisel, Bistro, Butike
7 Gasthof, Schenke
8 Destille, Gasthaus, Schaenke, Spelunke
9 Bierstube, Kaschemme
10 Nachtlokal, Wirtschaft
Kneipenwirt
7 Butiker
Knetkur
7 Massage
Knetkur ausüben
9 massieren
Knetkurspezialist(in)
7 Masseur
8 Masseuse
9 Masseurin
Knetmasse
3 Ton
4 Teig
5 Knete
9 Plastilin
10 Plastillin
Knick
5 Falte, Hecke, Kniff

in der Buchseite
8 Eselsohr
Knickerbocker
8 Pumphose
Kniegeige
5 Cello, Gambe, Viola
11 Violoncello
Kniegelenkentzündung
7 Gonitis
Kniegelenkgicht
7 Gonagra
Kniegelenkknorpel
8 Meniskus
Kniegelenkverbindung
9 Kreuzband
Kniehosen
7 Culotte
8 Breeches
13 Knickerbocker
knielanger Anorak
5 Parka
Kniescheibe
7 Patella
Kniff
4 Dreh, List
5 Falte, Trick
7 Finesse
knifflig
7 spinoes
8 diffizil
knifflige Denkarbeit
9 Tueftelei
knitterarmes Gewebe
9 Everglace
Knobelbecherzubehör
7 Wuerfel
Knöchelgegend
6 Fessel
knöchellang
4 maxi
Knochen
bei Wirbeltieren
8 Korakoid
bildend
8 osteogen
des Hinterhauptbeins
8 Inkabein
Knochenauftreibung am Pferdefuß
5 Leist
Knochenbruch
7 Fraktur
Knochenbruchbehandlung
8 Nagelung
9 Schienung
Knochenentzündung
7 Ostitis
Knochenfische
3 Aal
4 Alet, Egli, Wels
5 Hecht, Lachs, Pogge, Stint
6 Angler, Barsch
7 Karpfen, Salmler, Sandaal, Scholle, Seehahn
8 Ansauger, Flussaal, Pfeilaal, Seepferd
9 Aalmutter, Meerpfaff, Messeraal, Sandlanze, Saugfisch, Seeteufel
10 Sternseher
11 Lungenfisch, Panzerwagen, Schellfisch, Schildbauch, Steinpicker
12 Schwertfisch, Seepferdchen
Knochenfortsatz
8 Apophyse, Ellbogen
Knochenfraß
6 Karies
Knochengerüst
6 Gebein
7 Gerippe, Skelett
Knochenhaut
7 Periost
Knocheninneres
4 Mark
Knochenleim
6 Glutin
7 Gallert
8 Gelatine
Knochenlücke am kindlichen Schädel
10 Fontanelle
Knochennaht
5 Sutur
Knochenriss
6 Fissur
Knochenschmerzen
10 Osteoalgie
Knochenverbindung
6 Gelenk
Knollengemüse
4 Bete, Taro
5 Ruebe
7 Rettich
8 Kohlrabi, Sellerie
9 Kartoffel
knopfartiger Griff
5 Knauf
Knorpel im Kniegelenk
8 Meniskus
knorpelartige Substanz
6 Kallus
Knorpelfische
3 Hai
6 Rochen
8 Haifisch
9 Kuhrochen
Knospenansatz bei der Kartoffel
4 Auge
Knotenschrift der Inkas
5 Khipu, Quipu
6 Quippu
Knöterichgewächse
5 Rheum
6 Ampfer
9 Rhabarber, Seetraube
10 Buchweizen
Knüller
3 Hit
4 Clou
7 Reisser, Treffer
8 Schlager, Thriller
9 Sensation
10 Bestseller
11 Volltreffer
Knüpfarbeit
7 Teppich
8 Makramee
Knüppel
5 Stock
6 Bengel
7 Knittel, Pruegel
knusprig
5 kross
7 rissolé
knusprig-hartes Gebäck
8 Zwieback
knuspriges Backwerk
6 Printe
Knute
7 Geissel, Nagaika
8 Peitsche
Koalition
4 Liga
5 Union
7 Allianz
8 Buendnis
10 Verbindung
11 Vereinigung
15 Zusammenschluss
Kobaltschmelze
6 Smalte
8 Schmalte
Kobold
4 Butz, Gnom, Puck
5 Butze, Geist, Troll, Wicht, Zwerg
6 Schrat
7 Kerkops
8 Erdgeist
9 Butzemann, Hausgeist, Waldgeist
13 Klabautermann
16 Heinzelmaennchen
Kochanleitung
6 Rezept
Kochdunst
6 Wrasen
kochen
6 sieden
kochfertiges Erzeugnis
8 Teigware
Kochgefäße
4 Topf
6 Kessel, Pfanne, Tiegel
7 Braeter, Samowar
8 Geschirr, Kochtopf
9 Teekessel
10 Bratpfanne, Kasserolle
Kochgeräte
7 Gasherd
9 Gaskocher, Kohleherd
Kochkunst
11 Gastronomie
Kochsalzbrunnen
9 Solquelle
Kochsalzlösung
4 Lake, Sole
Kochstelle
4 Herd

Koffein in Teeblättern
4 Tein
5 Thein
koffeinhaltiges Genussmittel
7 Guarana
Kognakglas
9 Schwenker
Kohldampf
6 Hunger
Kohlenabfall
4 Grus
Kohlenberg
5 Halde
Kohlenbergwerk
5 Zeche
Kohlenklein
4 Grus
9 Gruskohle
kohlensäurehaltiges Wasser
4 Soda
kohlensaures
Mineral
4 Spat
Natrium
4 Soda
Salz
4 Soda
8 Karbonat
Kohlenschicht
5 Floez
Kohlenwagen der Lok
6 Tender
Kohlenwasserstoffe
5 Diene, Hexan, Inden, Oktan
6 Aethan, Amylen, Azulen, Heptan, Olefin, Pentan
7 Allylen, Limonen, Olefine
8 Aethylen
9 Anthracen, Anthrazen
10 Naphthalin
Kohlenwasserstoffgemisch
6 Gatsch, Kupren
9 Erdoelgas
Kohleprodukte
4 Pech, Teer
6 Anilin
Köhlerhaufen
6 Meiler
Kohlrübe
5 Wruke
10 Steckruebe
Kohlsuppe
10 Borschtsch
kokettieren
7 flirten
Kokosnussfleisch
5 Kopra
Koks
erzeugender Betrieb
7 Kokerei
herstellen
5 koken
Koksarbeiter
5 Koker
Kokswerk
7 Kokerei
Kolbenfrucht
4 Mais
Kolbenweg beim Motor
3 Hub
Kollektion
7 Auswahl
9 Sortiment
Kollektivwirtschaft
5 Artel
6 Kibbuz
8 Kolchose, Kombinat
Koller
6 Raptus
7 Raserei
9 Lederwams, Wutanfall
Kolloid
3 Gel
Köln-Bonner Flughafen
4 Wahn
Kolonist(in)
7 Siedler
8 Neubauer
9 Ansiedler, Siedlerin
11 Ansiedlerin
Kolonne
5 Reihe, Rotte, Schar
Kolorierung
8 Faerbung, Tinktion
kolossal
8 gewaltig
10 gigantisch
Kolumbien
Berge
5 Colon, Huila
6 Cumbal, Purace, Tolima
14 Cristobal Colon
Bevölkerung
11 Kolumbianer
Dichter
4 Caro
6 Rivera
Flüsse
3 Uva
4 Tomo
5 Cauca
6 Atrato
7 Orinoko
8 Guaviare
9 Magdalena
Hafenstädte
9 Cartagena
10 Santa Marta
12 Barranquilla, Buenaventura
Halbinsel
7 Guajira
Hauptstadt
6 Bogotá
Indianer
5 Aruak
6 Muisca
7 Chibcha, Guajira
Lisztäffchen
6 Pinche
Nationalpark
10 San Agustin
Nobelpreisträger für Literatur
7 Márquez
Politiker
4 Caro
5 Ayala, Nunez
8 Betancur, Trujillo
Präsident
5 Uribe
Schriftsteller
5 Nunez
6 Isaacs
7 Marquez
Städte und Orte
4 Cali, Mitú
5 Mocoa, Neiva, Pasto, Tunja
6 Bogotá, Cúcuta, Ibague, Uribia
7 Pereira, Popayán
8 Medellin
9 Cartagena, Manizales
11 Bucaramanga
12 Barranquilla
Verwaltungsgebiete
4 Meta
5 Cauca, Chocó, Huila
6 Arauca, Boyacá, Caldas, Narino, Tolima, Vaupés
7 Bolivar, Caquetá, Guajira, Vichada
8 Amazonas, Casanare, Putumayo
9 Antioquia, Atlántico, Magdalena, San Andrés, Santander
11 Cudinamarca
13 Valle del Cauca
16 Norte de Santander
Währung
4 Peso
7 Centavo
Komet
9 Haarstern
Kometennamen
4 Wolf
5 Biela, Encke, Kopff
6 Brooks, Halley, Olbers, Tempel
8 Kohoutek, Winnecke
9 Bradfield, Haarstern
12 Schweifstern
komfortabel
6 bequem
8 angenehm, wohnlich
9 behaglich
10 gemuetlich
Komiker
5 Clown
8 Humorist, Parodist
10 Komoediant
11 Spassmacher
komisch
4 urig
6 witzig
7 burlesk, grotesk, skurril, spassig
9 naerrisch, originell, spasshaft
12 humoristisch
komische(r, s)
Bühnenstück
5 Posse

Einfall
3 Gag, Ulk
4 Witz
6 Scherz
Epos von Kortum
8 Jobsiade
Figur
4 Type
7 Pierrot
9 Pierrette
Figur in der Oper
5 Buffo
Gestalt
9 Witzfigur
Nachahmer
8 Parodist
Komitee
9 Ausschuss
Kommando
3 Ruf
4 Wort
5 Order
6 Befehl, Signal
7 Auftrag
8 Fuehrung
13 Befehlsgewalt, Fuehrungsstab, Sondereinsatz
15 Fuehrungsgruppe
Kommandoflagge
7 Stander
Kommentar
6 Glosse, Kritik
7 Deutung
9 Anmerkung, Auslegung
10 Erklaerung, Standpunkt
13 Sonderauftrag
14 Interpretation
Kommentator
9 Kolumnist
Kommiss
6 Barras
8 Militaer
Kommission in Straßburg
9 Europarat
Kommunalverband
5 Kreis
8 Kreistag
Kommune
8 Gemeinde
kommunistische(s)
Ideologie
8 Maoismus
Staatsform
9 Titoismus
Symbol
6 Hammer
Komödiant
4 Mime
5 Clown
8 Humorist, Parodist
11 Spassmacher
Komödie
3 Ulk
5 Posse
6 Sketch
7 Schwank
8 Burleske, Schnurre
9 Lustspiel
Komödienfigur
9 Kolombine, Kolumbine
Komoren
Bevölkerung
7 Komorer
Hauptstadt
6 Moroni
Inseln
5 Mwali
6 Moheli, Nzwami
7 Anjouan, Mayotte
8 Njazidja
12 Grande Comore
Städte und Orte
4 Sima
6 Moroni
7 Fomboni
9 Mutsamudu
Währung
5 Franc
7 Centime
Kompagnon
6 Sozius
7 Associé, Partner
9 Teilhaber
10 Mitinhaber
kompakt
4 fest, hart
5 dicht
6 massiv, stabil
8 kraeftig
9 gedrungen
Komparse
7 Statist
Komparsin
9 Statistin
Kompass
7 Bussole
Kompassscheibe
8 Windrose
Kompassteile
4 Korn
5 Kimme, Nadel, Pinne
Kompensation
9 Ausgleich
kompetent
6 befugt
komplett
4 ganz
5 total
7 perfekt, voellig
9 vollendet
12 vollstaendig
13 abgeschlossen
komplette(r)
Briefmarkenserie
4 Satz
Programmablauf im Computer
9 Durchlauf
Komplex
6 Gebiet, Gruppe
7 Bereich
12 Haeuserblock, Verknuepfung
Kompliz
5 Spezi
6 Helfer
7 Gehilfe, Genosse
8 Konsorte
9 Mittaeter, Mitwisser
13 Helfershelfer, Mitschuldiger, Spiessgeselle
kompliziert
5 kraus
7 komplex
9 schwierig
10 verwickelt
12 umstaendlich
Komplott
7 Intrige
Komponist
7 Musiker
9 Tonsetzer
10 Tondichter
Komponist der Oper (ohne Artikel)
Abu Hassan
5 Weber
Afrikanerin
9 Meyerbeer
Aida
5 Verdi
Alceste
5 Gluck
Alessandro Stradella
6 Flotow
Almira
7 Haendel
Apotheker
5 Haydn
Arabella
7 Strauss
Ariadne auf Naxos
7 Strauss
Aroldo
5 Verdi
Bajazzo
11 Leoncavallo
Barbier von Sevilla
7 Rossini
Bernauerin
4 Orff
Bohème
7 Puccini
Boris Godunow
10 Mussorgski
Capriccio
7 Strauss
Cardillac
9 Hindemith
Carmen
5 Bizet
Cavalleria rusticana
8 Mascagni
Cosi fan tutte
6 Mozart
Daphne
4 Peri
7 Strauss
Diebische Elster
7 Rossini
Don Carlos
5 Verdi
Don Giovanni
6 Mozart

Don Pasquale
9 Donizetti
Dreigroschenoper
5 Weill
Elektra
7 Strauss
Entführung aus dem Serail
6 Mozart
Enzio
7 Haendel
Ernani
5 Verdi
Eugen Onegin
12 Tschaikowsky
Falstaff
5 Verdi
Fidelio
9 Beethoven
Figaros Hochzeit
6 Mozart
Fliegende Holländer
6 Wagner
Fra Diavolo
5 Auber
Frau ohne Schatten
7 Strauss
Freischütz
5 Weber
Fürst Igor
7 Borodin
Gioconda
10 Ponchielli
Götterdämmerung
6 Wagner
Hänsel und Gretel
11 Humperdinck
Herzog Blaubarts Burg
6 Bartók
Hochzeit des Figaro
6 Mozart
Hoffmanns Erzählungen
9 Offenbach
Hugenotten
9 Meyerbeer
Idomeneo
6 Mozart
Iphigenie auf Tauris
5 Gluck
Italienerin in Algier
7 Rossini
Julius Caesar
7 Haendel
Kluge
4 Orff
Kuss
7 Smetana
La Bohème
7 Puccini
La Traviata
5 Verdi
Liebe zu den drei Orangen
10 Prokofieff
Liebestrank
9 Donizetti
Lohengrin
6 Wagner
Louise
11 Charpentier
Lucia di Lammermoor
9 Donizetti
Luise Miller
5 Verdi
Lulu
4 Berg
Lustigen Weiber von Windsor
7 Nicolai
Macbeth
5 Verdi
Macht des Schicksals
5 Verdi
Madame Butterfly
7 Puccini
Manon
8 Massenet
Manon Lescaut
7 Puccini
Margarethe
6 Gounod
Martha
6 Flotow
Maskenball
5 Verdi
Mathis der Maler
9 Hindemith
Meistersinger von Nürnberg
6 Wagner
Mignon
6 Thomas
Mond
4 Orff
Nabucco
5 Verdi
Nachtwandlerin
7 Bellini
Norma
7 Bellini
Oberon
5 Weber
Orpheus und Eurydike
5 Gluck
6 Krenek
Othello
5 Verdi
Parsifal
6 Wagner
Pique Dame
12 Tschaikowsky
Porgy und Bess
8 Gershwin
Postillon von Lonjumeau
4 Adam
Regimentstochter
9 Donizetti
Rheingold
6 Wagner
Rienzi
6 Wagner
Rigoletto
5 Verdi
Rinaldo
7 Haendel
Rosenkavalier
7 Strauss
Ruslan und Ludmilla
6 Glinka
Salome
7 Strauss
Schwester Angelica
7 Puccini
Siegfried
6 Wagner
Simone Boccanegra
5 Verdi
Sizilianische Vesper
5 Verdi
Tannhäuser
6 Wagner
Tiefland
6 Albert
Tosca
7 Puccini
Tristan und Isolde
6 Wagner
Troubadour
5 Verdi
Turandot
7 Puccini
Undine
8 Lortzing
Verkaufte Braut
7 Smetana
Waffenschmied
8 Lortzing
Wildschütz
8 Lortzing
Wilhelm Tell
7 Rossini
Wozzeck
4 Berg
Xerxes
7 Haendel
Zar und Zimmermann
8 Lortzing
Zauberflöte
6 Mozart
Zaubergeige
3 Egk
Zwei Witwen
7 Smetana

Komponist der Operette (ohne Artikel)

Berliner Luft
6 Lincke
Bettelstudent
10 Milloecker
Blume von Hawaii
7 Abraham
Boccaccio
5 Suppé
Clivia
6 Dostal
Csárdásfürstin
6 Kálmán
Dollarprinzessin
4 Fall
Drei Musketiere
8 Benatzky
Dreimäderlhaus
5 Berté
Eva
5 Lehár
Fledermaus
7 Strauss

Frau Luna
6 Lincke
Gasparone
10 Milloecker
Graf von Luxenburg
5 Lehár
Gräfin Mariza
6 Kálmán
Im weißen Rössl
8 Benatzky
Land des Lächelns
5 Lehár
Leichte Kavallerie
5 Suppé
Lustige Witwe
5 Lehár
Maske in Blau
7 Raymond
Nacht in Venedig
7 Strauss
Orpheus in der Unterwelt
9 Offenbach
Pariser Leben
9 Offenbach
Schöne Galathee
5 Suppé
Schöne Helena
9 Offenbach
Schwarzwaldmädel
6 Jessel
Vetter aus Dingsda
8 Kuenneke
Victoria und ihr Husar
7 Abraham
Vogelhändler
6 Zeller
Walzertraum
7 Strauss
Wiener Blut
7 Strauss
Zarewitsch
5 Lehár
Zigeunerbaron
7 Strauss

Komponist des Balletts (ohne Artikel)
Abraxas
3 Egk
Cinderella
10 Prokofieff
Coppélia
7 Delibes
Dornröschen
12 Tschaikowsky
Feuervogel
10 Strawinsky
Geschöpfe des Prometheus
9 Beethoven
Giselle
4 Adam
Nussknacker
12 Tschaikowsky
Reineke Fuchs
10 Strawinsky
Romeo und Julia
10 Prokofieff
Schwanensee
12 Tschaikowsky
Sylvia
7 Delibes

Komponist des Musicals
Anatevka
4 Bock
Annie Get Your Gun
6 Berlin
Cats
11 Lloyd Webber
Fiddler on the roof
4 Bock
Hair
9 MacDermot
Kiss Me Kate
6 Porter
Mary Poppins
7 Sherman
My Fair Lady
5 Loewe
Oklahoma
7 Rodgers
Show Boat
4 Kern
South Pacific
7 Rodgers
West Side Story
9 Bernstein

Komponist im Lateran
6 Anerio

Komponist von „Stille Nacht"
6 Gruber

Komposition
4 Opus
9 Musikwerk
für acht Instrumente
6 Oktett
für neun Instrumente
6 Nonett

komprimiertes Gasgemisch
9 Druckluft, Pressluft

kompromittieren
9 blamieren
12 blossstellen

Kondition
7 Zustand
9 Bedingung
10 Verfassung

Konditor
9 Patissier

Konditorei
4 Café
10 Confiserie, Kaffeehaus
13 Feinbaeckerei

Konditorwaren
6 Torten

Konfekt
5 Drops
6 Bonbon
7 Praline

Konfektmasse
6 Nougat

Konferenz
6 Konzil, Tagung
7 Meeting, Session, Sitzung
8 Beratung

Konfessionsloser
9 Dissident

Kongo (Demokratische Republik)
Berg
10 Margherita
Bevölkerung
4 Luba
5 Bantu, Mongo, Zande
6 Zairer
7 Bakongo
8 Mangbetu, Pygmaeen
Flüsse
5 Ituri, Kasai, Kongo, Lindi, Lulua, Luvua, Uelle, Wamba
6 Busira, Kwango, Lomami, Lukuga
7 Aruwimi, Lualaba, Maringa, Sankuru, Tshuapa
Gebiete
4 Kivu
5 Kasai, Shaba
6 Baluba
Gebirge
7 Matumba
9 Ruwenzori
Hauptstadt
8 Kinshasa
Krater
10 Nyaragongo
Nationalpark
7 Virunga
Politiker
6 Kabila, Mobuto
7 Lumumba, Mulumba
8 Kasawubu, Tschombé
Pygmäengruppe
5 Mbuti
7 Bambuti
See
9 Albertsee
Städte und Orte
4 Goma
5 Bumba
6 Bukavu, Kikwit, Likasi, Matadi
7 Kabinda, Kananga
8 Bandundu, Mbandaka
9 Kisangani
10 Lubumbashi
Vulkanberge
7 Virunga
Währung
5 Franc
7 Centime
10 Kongo-Franc

Kongo (Republik)
Bergland
7 Mayombe
Bevölkerung
4 Teke
5 Kongo
6 Bateke
7 Bakongo
8 Pygmaeen
10 Kongolesen
Flughafen
8 Maya-Maya

Flüsse
5 Sanga
6 Kouyou, Motara, Sangha, Ubangi
7 Kouilou
Hauptstadt
11 Brazzaville
Politiker
6 Youlou
7 Milongo, Ngouabi
13 Sassou-Nguesso
Sprachen
7 Kikongo, Lingala
12 Franzoesisch
Städte und Orte
3 Ewo
4 Mené
5 Elogo
6 Mayama, Mbinda, Ouesso, Owando, Sibiti
7 Dolisie, Gambona, Loubomo, Pangala
11 Pointe Noire
Tal
8 Niarital
Währung
5 Franc
7 Centime

Kongo-Oberlauf
7 Lualaba

Kongo-Quellfluss
7 Luapula

Kongo-Talsperre
4 Inga

Kongo-Zuflüsse
5 Sanga
6 Busiri, Kassai, Lomami, Lukuga, Sangha, Ubangi
7 Aruwimi, Lualaba, Luapula

Kongresspalast
7 Kapitol

König
(englisch)
4 king
(französisch)
3 roi
(italienisch)
2 re
(lateinisch)
3 rex
(spanisch)
3 rey
von Ägypten
5 Necho
von Akkad
7 Rimusch
8 Naramsin
von Alba Longa
7 Amulius, Numitor
von Argos
7 Pheidon
8 Akrisios, Diomedes
9 Leukippos
von Athen
6 Aegeus, Aigeus
von Austrasien
8 Dagobert
von Babylon
8 Belsazar
von Bithynien
7 Prusias
9 Nikomedes
von Böhmen
9 Bretislaw
von Dänemark
8 Liudiger
von Elam
6 Teuman
von Eleusis
6 Keleos
von England
9 Ethelstan
von Epirus
7 Pyrrhus
von Euböa
8 Nauplios
von Israel
4 Ahab, Omri
5 David
6 Sallum, Salomo
7 Salomon
von Ithaka
8 Odysseus
von Japan
7 Akihito
von Jerusalem
7 Balduin, Brienne
von Jordanien
5 Talal
von Juda
3 Asa
4 Ahas, Amon
5 Abiam, Achaz, David, Joram, Josia, Ozias
6 Ahasja, Asarja, Joahas, Josias, Jotham, Salomo
7 Athalja, Manasse, Salomon, Zedekia
8 Jojachin, Josaphat
9 Joschafat
von Kalydon
6 Oineus
8 Meleager
9 Meleagros
von Kastilien
6 Sancho
von Kent
9 Ethelbert, Ethelwolf
von Kolchis
6 Aietes
von Korinth
7 Polybos
8 Sisyphos
von Kreta
9 Idomeneus
von Lagasch
4 Ugme
von Lemnos
5 Thoas
von Libyen
5 Idris
von Lokris
4 Aias, Ajax
von Lydien
7 Kroesus
9 Kandaules, Sadyattes
von Lykien
7 Iobates
von Makedonien
9 Alexander, Antigonos
von Marokko
6 Hassan
von Mauretanien
7 Bocchus
von Montenegro
6 Nikita
von Mykenä
6 Atreus
9 Agamemnon
von Mysien
8 Telephos
von Navarra
6 Sancho
von Neapel
5 Murat
von Nepal
8 Birendra
von Nordjemen
6 Achmed
von Numidien
8 Adherbal, Jugurtha
9 Masinissa
von Pergamon
7 Attalos, Attalus, Eumenes
von Pisa in Elis
8 Oinomaos
von Polen
7 Jagello
von Portugal
5 Dinis
6 Miguel
von Pylos
6 Neleus, Nestor
von Sachsen
9 Liudegast
von Salamis
4 Aias, Ajax
von Samarkand
8 Abdullah
von Sardinien
5 Enzio
von Saudi-Arabien
6 Chalid, Khaled
von Sizilien
7 Manfred, Tankred
von Sparta
8 Leonidas, Menelaos, Menelaus
9 Agesilaos, Demaratos, Kleomenes, Tyndareos
von Thailand
8 Bhumibol
9 Bhumiphol
von Theben
5 Kreon
6 Kadmos
von Thessalien
5 Admet
von Tiryns
4 Abas
von Trachis
4 Keyx
von Troizen
8 Pittheus

von Troja
4 Tros
7 Priamos
von Tyros
5 Muttò
von Tyrus
5 Hiram
von Wessex
3 Ine
6 Alfred
9 Ethelwolf
von Zypern
9 Pygmalion
König-Turm-Zug ausführen
9 rochieren
König-Turm-Zug
7 Rochade
Königin
(englisch)
5 queen
(französisch)
5 reine
(italienisch)
6 regina
(lateinisch)
6 regina
(spanisch)
5 reina
der Blumen
4 Rose
der Niederlande
7 Beatrix
eines persischen Epos
3 Wis
im Schachspiel
4 Dame
von Argos
6 Anteia
von Lydien
7 Omphale
von Saba
6 Bilkis
von Schweden
6 Silvia
von Sparta
4 Leda
von Syrakus
8 Demarete
von Tonga
6 Salote
königlich
5 regal, royal
Königreich
9 Monarchie
Burgund
6 Arelat
Königsberger
Komponist
6 Albert
Philosoph
4 Kant
Königsburg in London
5 Tower
Königskerze
9 Wollblume, Wollkraut
königstreu
5 royal
Königstumbefürworter
8 Royalist
Königswahl im Mittelalter
3 Kur
Konjunktion
6 Kopula
8 Satzband
9 Bindewort
Konjunktionen
2 da, ob, so, wo
3 als, bis, ehe, und
4 aber, also, auch, dann, dass, denn, doch, oder, seit, weil, wenn, zwar
5 bevor, daher, damit, darum, somit, sonst, sowie, woher, wohin
6 darauf, ferner, mithin, obwohl, sobald
7 dennoch, deshalb, obschon, solange
8 deswegen, trotzdem, vielmehr
9 ueberdies, uebrigens
10 gleichwohl
Konjunkturrückgang
9 Rezession
konkret
4 real
5 reell
7 lebhaft
8 dinghaft, greifbar, wirklich
11 koerperlich
Konkurrent
6 Gegner, Rivale
11 Mitbewerber, Nebenbuhler
Konkurrenz
10 Rivalitaet
Konkurs
4 Gant, Ruin
6 Pleite
8 Bankrott
9 Falliment
12 Fallissement
Könner(in)
6 Kanone
7 Meister
9 Meisterin, Routinier
Konsekration
5 Weihe
7 Weihung
Konsequenz
5 Folge
7 Schluss
8 Ausdauer
9 Folgerung, Nachspiel
10 Konklusion, Zaehigkeit
14 Bestaendigkeit
Konsonant
7 Mitlaut
konstant
3 fix
4 fest, hart, stet
6 stetig
7 dauernd
9 andauernd, permanent
10 bestaendig
11 feststehend
Konstitution
6 Aufbau
7 Zustand
8 Befinden, Eigenart
9 Anordnung
10 Verfassung
11 Festsetzung
14 Beschaffenheit
konstruktive Erweiterung
6 Ausbau
Konsum
7 Verzehr
9 Verbrauch
Kontaktmann
9 Informant
Kontenabschluss
5 Saldo
6 Bilanz
Konterfei
4 Bild
6 Abbild
7 Bildnis
8 Ebenbild, Gemaelde, Portrait
Kontervorstoß
5 Break
Kontinent
7 Erdteil
kontinentaler Witterungsablauf
9 Landklima
Kontinente
5 Asien
6 Afrika, Europa
7 Amerika
8 Eurasien
9 Antarktis
10 Australien
11 Nordamerika, Suedamerika
kontinuierlich
6 stetig
8 staendig
Kontobelastung
4 Soll
Kontodifferenz
5 Saldo
Kontoseite
4 Soll
5 Haben
Kontrakt
4 Pakt
7 Vertrag
8 Abkommen
9 Abmachung
10 Konvention
12 Tarifvertrag, Vereinbarung
Kontrollbildschirm
7 Monitor
Kontrolle
5 Check, Probe
8 Aufsicht, Pruefung, Revision
10 Durchsicht, Inspektion
12 Nachpruefung, Ueberwachung
13 Ueberpruefung
Kontrolleur
7 Checker

kontrollieren
7 checken, pruefen
8 aufsehen
9 abchecken
10 durchsehen
11 inspizieren, ueberwachen
kontrollierter Durchgang
6 Sperre
Kontrollpunkt
10 Checkpoint
Kontrollturm auf Flughäfen
5 Tower
Kontur
6 Umriss
7 Skyline
9 Randlinie
16 Begrenzungslinie
Konus
5 Kegel
6 Zapfen
8 Trichter
Konvent
5 Stift
6 Tagung
7 Kloster
11 Versammlung
13 Zusammenkunft
Konvoi
9 Geleitzug
Konzentrationsausgleich
6 Osmose
konzentrierter Auszug
6 Essenz
Konzept
4 Plan
6 Skizze
7 Entwurf
Konzern
4 Ring
5 Trust
15 Zusammenschluss
Konzerthaus
5 Odeon, Odeum
8 Tonhalle
12 Philharmonie
Konzertunternehmer
10 Impresario
Konzession
6 Lizenz
8 Befugnis
9 Erlaubnis, Zulassung
11 Genehmigung
13 Zugestaendnis
Köpergewebe
6 Chalon
Kopf
4 Boss, Chef, Hirn
5 Grips, Haupt
6 Leiter, Spitze
7 Fuehrer
8 Oberteil, Schaedel, Verstand
9 Oberhaupt
beim Gamswild
5 Grind
beim Hirschwild
5 Grind
der Säule
8 Kapitell
von Gemüsepflanzen
8 Haeuptel
Kopfauswuchs bei Hühnervögeln
4 Kamm
Kopfbedeckungen
3 Fes, Hut, Ros
4 Bibi, Helm, Tuch
5 Haube, Kappe, Mitra, Tiara, Toque
6 Barett, Birett, Glocke, Kaeppi, Kalpak, Kapuze, Kolpak, Melone, Muetze, Panama, Toupet, Turban
7 Filzhut, Homburg, Kalotte, Kapotte, Kaskett, Stetson, Tschako
8 Federhut, Klapphut, Kopftuch, Peruecke, Sombrero, Strohhut, Tarbusch, Tschapka, Zylinder
9 Badekappe, Cowboyhut, Dreispitz, Kaeppchen, Kapotthut, Lederhelm, Netzhaube, Panamahut, Pilgerhut, Zweispitz
10 Kalabreser
11 Angstroehre
12 Baskenmuetze, Zipfelmuetze
Kopffüßer
5 Krake, Polyp, Sepia
6 Kalmar
7 Ammonit, Octopus, Spirula
8 Nautilus, Perlboot, Seepolyp
9 Zehnarmer
11 Schiffsboot, Tintenfisch
12 Riesenkalmar
14 Papiernautilus
Kopfjäger
auf Borneo
5 Dajak
in Assam
4 Naga
in Bengalen
4 Gado
Kopfknochen
9 Stirnbein
Kopflederzeug
4 Zaum
Kopflosigkeit
5 Panik
10 Verwirrung
13 Durcheinander
Kopfschlagader
7 Karotis
Kopfschmerz
8 Migraene
Kopfschmuck
4 Haar, Zopf
5 Feder, Haube, Inful, Krone, Mitra, Tiara
6 Bluete, Diadem, Geweih, Maehne, Spange
7 Gehoern
8 Aigrette
9 Stirnreif
Kopfschutz
4 Helm
9 Stahlhelm, Sturzhelm
Kopfskelett
8 Schaedel
Kopfstimme
7 Falsett
Kopfteile
3 Lid, Ohr
4 Auge, Bart, Kinn, Mund, Nase, Zahn
5 Backe, Braue, Lippe, Stirn, Wange
6 Gebiss, Genick, Kiefer, Nacken, Stirne, Wimper
7 Antlitz, Gesicht
8 Kinnlade, Schaedel, Schlaefe
9 Kinnbacke, Oberlippe
10 Augenbraue, Oberkiefer, Ohrmuschel
11 Unterkiefer
12 Ohrlaeppchen
Kopfweh
8 Migraene
Kopie
5 Abzug, Repro
6 Doppel
8 Duplikat
9 Abschrift
10 Ablichtung, Nachahmung
11 Durchschlag, Nachbildung
12 Reproduktion, Zweitschrift
Kopist
8 Imitator
9 Nachahmer
Koralle
7 Aktinie
10 Seeanemone
Korallentiere
7 Koralle, Seerose
8 Seefeder
9 Madrepore, Seefelder
10 Seeanemone
11 Hornkoralle, Riffkoralle
12 Lederkoralle, Steinkoralle, Sternkoralle
Korankapitel
4 Sure
Koranschule
7 Medrese
8 Medresse
Korb
5 Kiepe, Zaine
am Ballon
6 Gondel
Korbballspiel
10 Basketball
Korbblütler
4 Madi
5 Alant, Aster, Inula, Madie

6 Arnika, Dahlie, Distel, Klette, Kresse, Pippau, Saflor, Zinnie
7 Beifuss, Bertram, Endivie, Gazanie, Gerbera, Kamille, Lattich, Mutisie, Scharte, Tagetes, Telekie
8 Eberwurz, Erigeron, Goldrute, Grindela, Igelkopf, Kuhblume, Masslieb, Pestwurz, Rainkohl, Silphium, Wegwarte, Zichorie, Zweizahn
9 Alpendost, Baerenohr, Bocksbart, Edelweiss, Filzkraut, Flohkraut, Gaemswurz, Goldgarbe, Hainsalat, Komposite, Kornblume, Ligularie, Samtblume, Sonnenhut
10 Berufkraut, Greiskraut, Huflattich, Knopfkraut, Loewenzahn, Ochsenauge, Parakresse, Schafgarbe, Sonnenauge, Strohblume, Wasserdost
11 Artischocke, Bitterkraut, Eselsdistel, Ferkelkraut, Jerichorose, Kragenblume, Kratzdistel, Kugeldistel, Leberbalsam, Papierblume, Rasselblume, Ringelblume, Sommeraster, Sonnenblume, Sonnenbraut, Spitzklette, Wucherblume
12 Alpenlattich, Alpenscharte, Chrysantheme, Flockenblume, Gaensedistel, Hasenlattich, Hundskamille, Maedchenauge, Mariendistel, Milchlattich, Ramtillkraut, Traubenkraut
13 Habichtskraut, Kokardenblume, Schwarzwurzel, Sonnenfluegel
14 Studentenblume
15 Benediktenkraut, Gaensebluemchen, Katzenpfoetchen

Kordart
10 Manchester

Kordel
6 Schnur, Spagat
7 Strippe
9 Bindfaden

Korea (Nord)
Berg
9 Puksubaek
Bevölkerung
8 Koreaner
Flüsse
3 Nam
5 Imjin
9 Chongchon
Grenzfluss zu China
4 Jalu
Hafenstädte
5 Nampo
6 Wonsan
7 Hungnam
8 Chongjin
Hauptstadt
10 Pjoengjang
Nationalsport
9 Taekwondo
Politiker
3 Kim
Städte
5 Haeju, Najin, Nampo
6 Wonsan
7 Hamhung, Hungnam, Kaesong, Sinuiju, Songnim
8 Chongjin
Währung
3 Won
4 Chon
5 Cheun

Korea (Süd)
Berge
4 Jiri, Odae
Flüsse
3 Han, Kum, Nam
4 Geum
6 Bughan, Pukhan
7 Hangang, Nagdong, Naktong
Hafenstädte
5 Mokpo, Pusan, Ulsan
6 Inchon
Hauptstadt
5 Seoul
Inseln
5 Geoje, Yeosu
Kap
6 Janggi
Nationalsport
9 Taekwondo
Politiker
3 Kim
4 Hwan, Rhee
Städte
5 Busan, Jinju, Masan, Mogpo, Pusan, Puwan, Taegu, Ulsan
6 Gunsan, Inchon, Jeonju, Kunsan, Mokpho, Pohang, Suweon
7 Chongju, Daejeon, Kwangju, Taejeon
8 Chongjin, Seongnam
Tempelstadt
7 Kyongju
Währung
3 Won
4 Chon
5 Cheun

koreanische(r, s)
Frauengewand
7 Tschima
Ginseng
6 Sansam
Hauptnahrung
8 Kimtschi
Karate
9 Taekwondo

Kork
6 Pfropf
7 Stopfen
8 Pfropfen, Stoepsel

Kormoran
7 Scharbe, Seerabe

Körnerfrüchte
4 Korn, Mais, Reis
5 Emmer, Hafer, Hirse
6 Dinkel, Gerste, Roggen, Weizen
8 Getreide

körnig
9 granuloes

körniges Straßenbaumaterial
6 Splitt

Kornmahlbetrieb
6 Muehle

Körnung
11 Granulation

Körper
4 Leib
6 Korpus

Körperabsonderung
4 Harn, Urin
6 Inkret, Sekret
7 Schleim
8 Schweiss

Körperbau
6 Statur

Körperbaulehre
8 Anatomie

Körperbaulehrer
6 Anatom

Körperbautypen
8 Pykniker
9 Leptosome
10 Astheniker, Athletiker

Körperbewuchs
9 Behaarung

Körperdecke
4 Haut

Körperertüchtigung
5 Spiel, Sport
6 Turnen
9 Gymnastik
14 Leibesuebungen

Körperfleck
3 Mal
8 Feuermal
9 Muttermal
10 Leberfleck
13 Sommersprosse

Körperflüssigkeit
4 Blut
6 Lymphe, Sekret

Körperfunktion
9 Verdauung
Körpergegend
6 Flanke, Leiste, Weiche
7 Leisten
Körpergewebeforscher
9 Histologe
Körperglieder
3 Arm
4 Bein, Fuss, Hand
Körperhülle
4 Haut
6 Chitin
Körperkraft
7 Staerke
körperlich-seelische Verfassung
9 Kondition
körperliche(s)
Anspannung
6 Stress
Beanspruchung
9 Belastung
Beschaffenheit
6 Physis
Bestform
7 Fitness
Erholung
6 Schlaf
Erscheinung
6 Statur
Leiden
6 Morbus
9 Gebrechen, Gebresten, Krankheit
Masse
8 Substanz
Überbelastung
6 Stress
Körperöffnung
4 Pore
5 Porus
Körperorgane
4 Darm, Herz, Milz, Nerv
5 Blase, Galle, Leber, Lunge, Magen, Niere
6 Druese, Gehirn, Muskel, Zystis
8 Dickdarm, Kehlkopf, Mastdarm
9 Blinddarm, Duenndarm, Grosshirn, Harnblase, Kleinhirn
10 Luftroehre, Zwerchfell
11 Gallenblase
12 Gebaermutter, Wurmfortsatz
Körperpartie
7 Ruecken
Körperpflege
3 Bad
7 Hygiene
8 Kosmetik
9 Manikuere, Pedikuere
Körperpflegemittel
9 Hautcreme, Hautsalbe
Körperschaft
6 Gruppe, Innung, Verein
7 Gremium, Verband
9 Ausschuss
11 Korporation, Vereinigung
12 Gesellschaft
Körpersekret
7 Schleim
Körperteil
der Elefanten
9 Stosszahn
der Nixe
9 Fischleib
der Seelilien
5 Calyx
des Krebses
9 Kopfbrust
vieler Tiere
7 Fluegel
von Pflanzen und Tieren
9 Haftorgan
Körperteile
3 Arm, Lid, Ohr, Zeh
4 Ader, Auge, Bart, Bein, Blut, Damm, Darm, Elle, Fuss, Haar, Hals, Hand, Haut, Herz, Hirn, Iris, Kinn, Knie, Kopf, Leib, Mark, Milz, Mund, Nase, Nerv, Pore, Puls, Rist, Tuba, Vene, Wade, Zahn, Zehe
5 After, Aorta, Atlas, Backe, Bauch, Blase, Braue, Brust, Busen, Faser, Faust, Ferse, Galle, Glied, Hacke, Haupt, Kehle, Kreuz, Kropf, Leber, Lende, Linse, Lippe, Lunge, Magen, Nabel, Nagel, Niere, Organ, Pulpa, Rippe, Rumpf, Sehne, Sohle, Spann, Stirn, Wange, Zelle, Zunge, Zyste
6 Achsel, Amboss, Becken, Bizeps, Bregen, Bueste, Daumen, Druese, Fessel, Finger, Gaumen, Gebiss, Gehirn, Gehoer, Gelenk, Genick, Geruch, Gurgel, Hammer, Huefte, Kiefer, Leiste, Mandel, Muskel, Nacken, Rachen, Retina, Schoss, Steiss, Taille, Weiche, Wimper, Wirbel
7 Antlitz, Arterie, Eckzahn, Flechse, Gefuehl, Gerippe, Gesaess, Gesicht, Knochen, Knorpel, Koerper, Muschel, Oberarm, Papille, Patella, Periost, Pigment, Pupille, Ruecken, Schlund, Sehnerv, Skelett, Speiche
8 Appendix, Augapfel, Backzahn, Bronchie, Darmbein, Dickdarm, Ellbogen, Ganglion, Gekroese, Hautnerv, Hohlvene, Hornhaut, Jochbein, Kehlkopf, Keilbein, Knoechel, Mastdarm, Meniskus, Netzhaut, Pankreas, Pulsader, Querdarm, Schaedel, Schenkel, Schlaefe, Schnecke, Schulter, Siebbein, Sitzbein, Unterarm
9 Armmuskel, Augenzahn, Bauchfell, Bauchwand, Bindehaut, Blinddarm, Bronchien, Brustbein, Brustfell, Brustkorb, Duenndarm, Epidermis, Geschmack, Grosshirn, Gruebchen, Harnblase, Hueftbein, Hueftnerv, Kaumuskel, Kleinhirn, Kniekehle, Kreuzbein, Labyrinth, Lederhaut, Magenmund, Magenwand, Mittelohr, Nasenbein, Oberlippe, Pfoertner, Pfortader, Rueckgrat, Schambein, Sesambein, Stimmband, Stirnbein, Tonsillen, Unterleib, Wadenbein, Widerrist, Zaepfchen
10 Adamsapfel, Backenzahn, Bauchaorta, Eingeweide, Ellenbogen, Fersenbein, Fontanelle, Gehoergang, Gelenkband, Halsdruese, Halswirbel, Handwurzel, Harnleiter, Harnroehre, Herzbeutel, Herzkammer, Kopfnicker, Lidknorpel, Luftroehre, Lungenfell, Mittelfuss, Mittelhand, Muskulatur, Nebenniere, Oberkiefer, Ohrmuschel, Ringfinger, Rippenfell, Schienbein, Schlagader, Steissbein, Stimmritze, Stimmuskel, Unterlippe, Zehenglied, Zungenbein, Zwerchfell
11 Aortenbogen, Augenhoehle, Bauchmuskel, Blutgefaess, Brusthoehle, Brustkasten, Brustmuskel, Brustwirbel, Deltamuskel, Fingerglied, Gallenblase, Hinterhaupt, Hueftgelenk, Hueftpfanne, Ischiasnerv, Kniescheibe, Leistenband, Leistenring, Lymphdruese,

Lymphknoten,
Markscheide,
Nabelschnur,
Nasenhoehle,
Nasenspitze,
Oberarmbein,
Ringknorpel,
Rueckenmark,
Saegemuskel,
Schleimhaut,
Stirnhoehle, Trommelfell,
Unterkiefer, Zahnfleisch,
Zeigefinger
12 Gelenkkapsel,
Gesichtsvene,
Kieferhoehle,
Lendenwirbel,
Lymphgefaess,
Nasenknochen,
Oberschenkel,
Paukenhoehle,
Sattelgelenk,
Scheitelbein,
Schenkelhals,
Schilddruese,
Schneidezahn,
Speiseroehre,
Streckmuskel,
Thymusdruese,
Wirbelsaeule,
Wurmfortsatz,
Zellengewebe,
Zirbeldruese
13 Achillesferse,
Achillessehne,
Extremitaeten,
Gesaessmuskel,
Herzkranzader,
Herzvorkammer,
Kranzgefaesse,
Leistendruese,
Nierenarterie,
Schlaefenbein,
Schulterblatt,
Traenendruese,
Unterschenkel,
Weisheitszahn,
Zehenstrecker
14 Knochengenuest,
Oberarmarterie,
Regenbogenhaut,
Schliessmuskel,
Schluesselbein
15 Handbeugemuskel,
Hueftschlagader,
Schenkelarterie,
Schlaefenmuskel,
Schneidermuskel,
Speichenarterie
16 Halswirbelsaeule,
Handstreckmuskel,
Lungenschlagader,
Schienbeinmuskel,
Schlaefenarterie,
Zwoelffingerdarm

Körperverfassung
12 Konstitution

korpulent
4 dick
6 massig
7 beleibt

korrekt
5 exakt, genau
6 adrett, sauber
7 richtig
8 tadellos
10 fehlerfrei, ordentlich
11 einwandfrei
12 gewissenhaft

Korrekturabzug
5 Fahne

Korridor
4 Flur, Gang
5 Diele
7 Passage
8 Hausflur, Hausgang
9 Durchgang

korrigieren
10 revidieren, verbessern
11 berichtigen

korrodieren
9 verrosten

Korsar
5 Pirat
8 Bukanier
10 Flibustier, Freibeuter,
Seeraeuber

Korsett
6 Mieder
8 Leibchen
15 Schnuerleibchen

Korsika
Berge
5 Cinto
7 Rotondo
Bevölkerung
6 Korsen
Eigenname
5 Corse
Familie
9 Bonaparte
10 Buonaparte
Flüsse
4 Golo
7 Gravone
9 Tavignano
Freiheitskämpfer
5 Paoli
Hauptstadt
7 Ajaccio
Kaps
4 Muro
5 Corse
König der Insel
6 Neuhof
7 Neuhoff
Sänger
5 Rossi
Städte und Orte
5 Calvi, Corte
6 Bastia
7 Ajaccio, Sarlene, Vivario
9 Bonifacio, Casamozza,
Propriano

Kosakenbluse
6 Kasack

Kosakenführer
6 Ataman, Hetman,
Mazepa, Otaman
7 Mazeppa

Kosakenpeitsche
7 Nagaika

Koseform von:
Anastasia
5 Stasi
Barbara
7 Baerbel
Eduard
3 Edi
Jim
5 Jimmy
Karlheinz
5 Kalle

Kosename für
die Katze
4 Miez
5 Mieze
8 Miezchen
Goethes Mutter
3 Aja

Kosmetik
17 Schoenheitspflege

Kosmetikartikel
3 Oel
5 Puder, Rouge, Salbe,
Spray
6 Lotion, Make-up,
Parfum, Pomade
7 Haaroel, Packung,
Parfuem, Shampoo
8 Badesalz, Eyeliner,
Lipgloss, Schampon,
Schminke, Shampoon,
Tagcreme
9 Fettcreme, Kompresse,
Lippenrot, Nagellack,
Puderdose, Wangenrot,
Zahncreme, Zahnpasta,
Zahnpaste
10 Hautlotion, Nachtcreme,
Tagescreme
11 Brauenfarbe, Lippenstift,
Puderquaste
12 Schminkstift
13 Wimperntusche
14 Gesichtswasser
15 Reinigungsmilch
16 Augenbrauenstift

Kosmetikbehälter
9 Puderdose

Kosmetiker
8 Visagist

kosmetische(r)
Färbemittel
9 Nagellack
Hautschälung
7 Peeling
Operation
7 Lifting

kosmische(r)
Kleinkörper
8 Meteorit
Strahleneinheit
6 Jansky

Kosmograph
8 Ortelius
Kosmos
3 All
4 Welt
7 Weltall
9 Universum
Kost
5 Essen
6 Speise
7 Nahrung
8 Proviant
10 Ernaehrung
11 Verpflegung
kostbar
3 rar
4 edel
7 erlesen
8 prezioes, splendid, wertvoll
kostbare(r, s)
Besitz
6 Schatz
Kleiderbesatz
6 Braeme
Robbenfell
6 Lakoda
Stück
9 Wertsache
Kostbarkeiten
5 Juwel
6 Schatz
7 Juwelen, Kleinod, Schmuck
8 Raritaet
9 Pretiosen, Preziosen
10 Geschmeide
Kosten
7 Aufwand
8 Ausgaben, Auslagen
11 degustieren
8 Expensen
9 Gebuehren
9 goutieren
5 Preis
9 probieren
6 Spesen
9 versuchen
Kostenforderung
8 Rechnung
Kostenfreiheit
9 Nulltarif
kostenlos
4 frei
6 franko, gratis
7 umsonst
13 unentgeltlich
kostenlose(r, s)
Beförderung
9 Freifahrt
Eintrittsausweis
9 Freikarte
Essen
9 Freitisch
Kostenpunkt
5 Preis
Koster
6 Tester
7 Pruefer
9 Probierer
köstlich
4 fein
6 lecker
7 delikat
9 delizioes
11 schmackhaft
kostspielig
5 teuer
8 expensiv
9 luxurioes
kostspielige Lebensführung
5 Luxus
Kostümfest
9 Maskerade
10 Maskenball
Kostümstoff
6 Fresko
Kot des Wilds
6 Losung
Krabben
5 Krebs
6 Granat
7 Garnele, Grapsus
8 Krevette
9 Xanthidae
Krach
4 Zank
5 Eklat, Knall, Laerm, Radau, Rumor, Zwist
6 Rabatz, Randal, Streit, Unruhe
7 Getoese, Klamauk, Krakeel, Krawall
8 Gepolter, Stoerung
9 Explosion, Spektakel
10 Detonation
11 Kontroverse
14 Kladderadatsch
machen
7 laermen, rumoren
krachen
7 bersten, donnern, knallen, platzen
8 boellern
9 krepieren
10 detonieren
11 explodieren
Kraft
5 Agens, Force, Macht, Wucht
6 Gewalt, Potenz
7 Dynamik, Dynamis, Energie, Staerke
10 Faehigkeit
11 Intensitaet
Kraftbrühe
8 Bouillon, Consommé
9 Konsommee
Kraftdroschke
4 Taxe, Taxi
Krafteinheit
4 Pond
6 Newton, Pascal
8 Grossdyn
Kraftfahrer
6 Lenker
9 Chauffeur
Kraftfahrzeuge
3 Bus, Car, Lkw, Pkw
4 Auto, Jeep, Krad, Mofa, Taxe, Taxi
5 Coupé, Kombi, Moped, Truck
6 Brummi, Cabrio, Kabrio, Laster, Mokick
7 Lastzug, Omnibus, Traktor, Trecker
8 Kleinbus, Kraftrad, Lastauto, Motorrad, Roadster
9 Automobil, Cabriolet, Kleinauto, Lastwagen, Limousine, Rennwagen, Tieflader
10 Fernlaster, Kabriolett, Kraftwagen, Lieferauto, Sportwagen
11 Fernlastzug, Lieferwagen, Motorroller, Zugmaschine
14 Lastkraftwagen
15 Kabriolimousine, Sattelschlepper
Kraftfeldstärkemaß
9 Potential, Potenzial
Kraftfutter
6 Puelpe
8 Sojamehl
9 Oelschrot
kräftig
4 derb, satt
5 prall, stark
6 deftig, robust, stabil
7 ruestig, wuerzig
8 herzhaft, intensiv, saftvoll
9 muskuloes
kräftige(r, s)
Band
4 Gurt
Baumwollstoff
5 Pilot
englisches Reitpferd
3 Kob
Farbton
8 Sattheit
9 giftgruen
Hacke
8 Rodehaue
Stoß
5 Prall
Taftband
8 Renforce
Wollstoff
4 Wand
Kräftigung
9 Staerkung
Kräftigungsmittel
7 Tonikum
Kräftigungspräparat
8 Lecithin
kraftlos
3 fad
4 fade, flau, matt
5 schal
7 schlaff, schlapp, schwach

8 klapprig
9 klapperig
10 erschoepft
Kraftlosigkeit
8 Asthenie, Impotenz
9 Schwaeche
Kraftmaschine
5 Motor
7 Turbine, Windrad
8 Gasmotor
9 Generator, Wasserrad
10 Gasturbine, Lokomobile
12 Abgasturbine
13 Wasserturbine
Kraftspiel auf Jahrmärkten
5 Lukas
Kraftsport
8 Athletik
Kraftstoff
5 Super
6 Benzin, Benzol, Diesel, Normal
7 Gemisch, Kerosin
8 Bleifrei, Verbleit, Zuendoel
9 Dieseloel, Super plus
10 Treibstoff
11 Superbenzin
12 Normalbenzin
14 Flugzeugbenzin
Kraftstoffautomat
9 Muenztank
Kraftstoffbehälter
4 Fass, Tank
5 Tonne
8 Kanister
Kraftübertragung
12 Transmission
kraftvoll
6 markig, nervig
7 lapidar, wuchtig
10 athletisch
Kraftwagen
4 Auto
9 Automobil
Kraftwagenaufbau
10 Karosserie
Kraftwagenführer
6 Fahrer
9 Busfahrer, Chauffeur
Kraftwagengestell
7 Chassis
Kraftwerk
am Sambesi
6 Kariba
in Österreich
6 Kaprun
7 Limberg
Kraftwirkung zwischen zwei Körpern
9 Anziehung
Krage
7 Konsole
Kragenfliege
8 Schleife
Krake
7 Octopus, Oktopus
8 Oktopode, Seepolyp
11 Tintenfisch
Kralle
der Beizfalken
4 Hand
der Greifvögel
5 Griff
des Greifvogels
4 Fang
Krallenäffchen
6 Pinche, Saguin
7 Tamarin, Uistiti
8 Marikina, Marmoset
10 Witwenaffe
13 Lisztaeffchen
14 Loewenaeffchen, Mohrenaeffchen, Pinselaeffchen, Roetelaeffchen, Seidenaeffchen, Silberaeffchen
Kram
4 Tand, Zeug
5 Paste
6 Ramsch, Tinnef
7 Krempel, Plunder, Troedel
8 Altwaren, Schamott
9 Firlefanz
Krampf
7 Spasmus
10 Konvulsion
im Verdauungskanal
9 Darmkolik
Krampfader
5 Varix
Krampfaderbehandlung
9 Veroedung
krampfartig
9 spasmisch
krampferzeugend
9 spasmogen
krampfhaft
9 konvulsiv
krampfhaftes Zusammenziehen der Muskeln
3 Tic
kranichartiger Laufvogel
6 Trappe
Kranichgeier
9 Sekretaer
krank
5 malad, marod, siech
6 malade
7 leidend
8 ungesund
11 unpaesslich
Krankenauto
8 Ambulanz
Krankenbehandlung
8 Therapie
Krankenbericht
8 Bulletin
Krankenbesuch
6 Visite
Krankenfahrzeug
9 Rollstuhl
Krankenhaus
6 Hospiz, Klinik, Spital
7 Spittel
8 Hospital, Lazarett
10 Poliklinik, Sanatorium
12 Privatklinik
15 Entbindungsheim
Krankenhaus in Berlin
7 Charité
Krankenhausabteilung
7 Station
8 Ambulanz
9 Chirurgie, Prosektur
Krankenhausarzt
8 Kliniker
Krankenhauspersonal
7 Pfleger
9 Schwester
Krankenhauspraktikum
9 Famulatur
Krankenkost
5 Diaet
9 Schonkost
Krankenpflegeanstalt
9 Bethanien
Krankenpfleger
4 Sani
9 Samariter
10 Sanitaeter
11 Heilgehilfe
Krankenpflegerin
5 Nurse
9 Schwester
10 Diakonisse
12 Heilgehilfin
13 Oberschwester
16 Krankenschwester
Krankenstube
6 Revier
Krankentransportgerät
5 Trage
9 Tragbahre
Krankentransportwagen
8 Ambulanz
krankhaft
6 abnorm, morbid
7 anormal
12 pathologisch
krankhafte(r, s)
Anfälle bei Malaien
5 Latah
Armbewegung
9 Ballismus
Brandstifter
8 Pyromane
Erbanlagen
9 Belastung
Erdesser
8 Geophage
Ess-Brech-Sucht
9 Bulimie
Geschwätzigkeit
9 Logorrhoe
Gliederzucken
9 Jaktation
Hautfärbung
8 Melanose
Hautverhärtung
7 Sklerem
Kauftrieb
9 Oniomanie
Nadelfall
8 Schuette

Reaktion auf Stoffe
8 Allergie
Schenksucht
9 Doromanie
Überempfindlichkeit
8 Allergie
Verlangen
5 Manie, Sucht
Willensschwäche
6 Abulie
Krankheit
abkürzendes Mittel
9 Abortivum
bei afrikanischen Eingeborenen
6 Ainhum
des Tabaks
9 Wildfeuer
durch Allergie
9 Allergose
durch Milben
9 Acariasis
in einem Gebiet
7 Endemie
Krankheiten
2 TB
3 TBC
4 Aids, Lues, Pest, Rose, Ruhr, Star
5 Brand, Ekzem, Gicht, Krebs, Kropf, Lepra, Mumps, Polio, Tumor, Uebel
6 Angina, Asthma, Grippe, Katarr, Leiden, Masern, Pocken, Raeude, Rheuma, Seuche, Typhus
7 Anaemie, Aussatz, Basedow, Cholera, Flechte, Katarrh, Malaria, Neurose, Roeteln, Skorbut, Tetanus
8 Allergie, Beriberi, Blattern, Epidemie, Karzinom, Migraene, Neuritis, Paralyse, Pellagra, Rachitis, Siechtum, Sklerose
9 Epilepsie, Gebrechen, Gelbsucht, Geschwuer, Leukaemie, Milzbrand, Neuralgie, Scharlach, Schnupfen, Uebelkeit, Veitstanz
10 Bronchitis, Diphtherie, Gelbfieber, Geschwulst, Paratyphus, Skrofulose, Unwohlsein
11 Fleckfieber, Guertelrose, Keuchhusten, Parodontose, Tuberkulose, Ziegenpeter
12 Rheumatismus, Schlaganfall
13 Muskelschwund
14 Angina pectoris, Kinderlaehmung
15 Arteriosklerose, Schlafkrankheit, Zuckerkrankheit
Krankheitsbild
7 Syndrom
Krankheitserkennung
8 Diagnose
krankheitserregend
8 pathogen, virulent
Krankheitserreger
4 Keim
5 Viren, Virus
6 Kokkus, Vibrio
7 Mikrobe, Parasit
8 Bakterie, Bazillen, Bazillus, Trichine, Tuberkel
11 Spirochaete
Krankheitserscheinung
6 Anfall, Fieber, Husten, Niesen
7 Flecken
9 Ausschlag
krankheitsfrei
6 gesund
Krankheitsheuchler
8 Simulant
Krankheitshöhepunkt
4 Akme
Krankheitskeim
7 Erreger
Krankheitsrückgang
9 Remission
Krankheitsvorgeschichte
8 Anamnese
Krankheitszeichen
7 Symptom
Kränkung
4 Tort
5 Fluch
6 Insult
7 Affront, Injurie
8 Diffamie, Nachrede
9 Invektive
10 Schmaehung
11 Beleidigung, Verleumdung
12 Erniedrigung
13 Blossstellung
Kratersee
bei Rom
4 Nemi
7 Nemisee
der Eifel
4 Maar
Krätze
7 Skabies
Kratzeisen
7 Scharre, Schrape, Skraper
8 Scharrer
9 Schrapper
Kratzer
4 Riss
5 Riefe
8 Schramme
Kratzputz
9 Sgraffito
Kratzwerkzeug
7 Schaber
Kräuselgewebe
5 Frisé, Krepp
6 Frotté
7 Epinglé, Frottee
8 Frisella
9 Krepeline
Kraut
des Devon
9 Nacktfarn
mit Brennhaaren
6 Nessel
Kräuterkäse
6 Zieger
7 Gervais
8 Schabsel
Kräuterlikör
11 Krambambuli
Kräuterlimonade
9 Almdudler
Kräutersoße
9 Remoulade
11 Vinaigrette
Krawall
5 Krach, Laerm, Radau
6 Streit, Unruhe
7 Aufruhr, Revolte
9 Rebellion
10 Revolution
Krawatte
6 Binder, Fliege
7 Schlips
8 Plastron
10 Querbinder
12 Selbstbinder
Kreatur
4 Tier
6 Mensch
9 Geschoepf, Lebewesen
Krebstiere
5 Assel, Ligia
6 Granat, Hummer, Krabbe, Scampi
7 Daphnie, Garnele
8 Kopepode, Krevette, Languste, Seepocke
9 Meerassel, Rollassel, Seespinne
10 Flusskrebs, Mauerassel, Strandfloh, Wasserfloh, Wollkrabbe
11 Krustentier, Wasserassel, Zehnfuesser
12 Blattfuesser, Muschelkrebs, Strandkrabbe, Taschenkrebs
13 Rankenfuesser, Zehnfusskrebs
14 Wollhandkrabbe
15 Einsiedlerkrebs
Kreditanstalt
4 Bank
5 Kasse
9 Sparkasse
12 Geldinstitut
Kreditbegriff
8 Zinssatz

Kreditbrief
10 Akkreditiv
Krediteinräumung
7 Lombard
9 Beleihung
Kreditgeber
8 Kreditor
Kreditseite
5 Haben
Kreidefarbenmalerei
7 Pastell
Kreidefelsen
auf Rügen
13 Stubbenkammer
bei Dover
7 Hoofden
Kreis
4 Club, Klub, Ring
5 Runde
6 Bezirk, Cercle, Clique, Gebiet, Gruppe, Korona, Partie, Verein, Zirkel, Zyklus
7 Bereich
8 Distrikt
der Minister
8 Kabinett
Menschen
5 Runde
von Hutpilzen
9 Hexenring
von Livland
4 Walk
Kreisabschnitt
7 Segment
Kreisausschnitt
6 Sektor
Kreisform
7 Rundung
kreisförmig
4 rund
8 zirkular, zyklisch
9 zirkulaer
Kreishalbmesser
6 Radius
Kreislauf
6 Zyklus
7 Periode
11 Zirkulation
kreislaufentlastende Verbindung
5 Shunt
kreisrunder Haarausschnitt
6 Tonsur
Kremgebäck
6 Eclair
Krempel
6 Tinnef
Kreppgewebe
6 Krepon
7 Lavabel
9 Crepeline, Georgette, Krepeline
kretische(r)
Göttin
8 Diktynna
Sagenkönig
5 Minos

Kreuz
(Spielkarte)
5 Treff
6 Eichel
des Pferdes
6 Kruppe
kreuz und . . .
4 quer
Kreuzbild
8 Kruzifix
Kreuzblütler
4 Kohl, Radi, Raps, Senf, Waid
5 Draba, Rempe
6 Cakile, Crambe, Iberis, Isatis, Kresse, Neslia
7 Levkoje, Rettich, Ruebsen, Sinapis, Wendich
8 Calepina, Camelina, Goldlack, Lacksenf, Senfkohl, Taeschel, Wegrauke, Zahnwurz
9 Ackerkohl, Ackersenf, Mauersenf, Mondkraut, Mondviole, Turmkraut, Wegerauke, Windsbock
10 Blaukissen, Finkensame, Graukresse, Hundsrauke, Kruziferen, Nachtviole, Radieschen
11 Schaumkraut
13 Brunnenkresse, Steintaeschel
Kreuzigungsstätte Jesu
8 Golgatha
Kreuzinschrift
4 INRI
Kreuzstab des Papstes
6 Ferula
Kreuzträger Jesu
5 Simon
Kreuzung
(Pferde)
zwischen Eselhengst und Pferdestute
8 Maultier
zwischen Hausyak und Hausrind
6 Arghin
zwischen Löwe und Tiger
6 Tigron
zwischen Mandarine und Orange
10 Clementine
zwischen Pferdehengst und Eselin
8 Maulesel
zwischen Trampeltier und Dromedar
4 Tulu
zwischen Zebra und Esel
7 Zebroid
zwischen Zebra und Pferd
7 Zebroid
Kreuzungsergebnis
7 Hybride
Kricketkeule
3 Bat

Kriebelmücke
6 Gnitze
kriechen
8 krabbeln, krauchen
kriecherisch
5 devot
6 servil
Kriechtierbehälter
9 Terrarium
Kriechtiere
3 Boa
4 Dabb, Teju, Wurm
5 Agame, Echse, Gecko, Kobra, Mamba, Otter, Skink, Viper, Waran
6 Gavial, Kaiman, Leguan, Reptil
7 Karette, Saurier
8 Anakonda, Eidechse, Krokodil, Schlange
9 Alligator, Reptilien, Schleiche
10 Chamaeleon, Flugdrache, Mauergecko
11 Dornschwanz
12 Schildkroete
13 Brueckenechse
14 Blindschleiche
Kriechtierordnungen
6 Echsen
9 Eidechsen, Krokodile, Schlangen
13 Schildkroeten
Krieg
5 Orlog
der Christenheit
8 Kreuzzug
Kriegerin
7 Amazone
kriegerisch
11 martialisch
kriegerischer Mittelsmann
9 Intervent
Kriegerkasten
7 Samurai
10 Kschatriya
Kriegerstand im Mittelalter
6 Ritter
9 Rittertum
krieglose Zeit
7 Frieden
Kriegsablehnung
10 Pazifismus
Kriegsauszeichnungen
2 EK
5 Kreuz, Orden
6 Spange
8 Medaille
10 Ehrenkreuz
11 Ritterkreuz
12 Pour le mérite
13 Eisernes Kreuz
14 Sturmabzeichen
kriegsbereit
5 mobil
Kriegsentschädigungen
12 Reparationen

Kriegsfahrzeug
4 Tank
6 Panzer
Kriegsflotte
eines Staates
8 Seemacht
Philipps II.
6 Armada
Kriegsflugzeuge
4 Jabo
5 Stuka
6 Bomber, Jaeger
10 Aufklaerer, Fernbomber, Jagdbomber, Zerstoerer
11 Nachtjaeger
12 Abfangjaeger, Duesenjaeger
14 Bombenflugzeug, Fernaufklaerer, Flying Fortress
16 Fliegende Festung, Sturzkampfbomber
Kriegsflugzeugverband
5 Kette
6 Gruppe
7 Staffel
10 Geschwader, Luftflotte
Kriegsgebiet
5 Front
Kriegsgegner
8 Pazifist
Kriegsgöttin
7 Bellona
Kriegskunst
6 Taktik
9 Strategie
Kriegsschiffe
4 Hulk
5 Aviso, Kogge, S-Boot, U-Boot
6 Bireme, Galion, Tender, Triere
7 Galeere, Galeone, Kreuzer, Liburne, Monitor, Pentere, Trireme, U-Jaeger
8 Fregatte, Galeasse, Gallione, Korvette, Wachboot
9 Caravelle, Karavelle
10 Dreireiher, Minenleger, Quadrireme, Zerstoerer
11 Atomkreuzer, Dreiruderer, Kanonenboot, Minensucher, Schnellboot, Torpedoboot
12 Linienschiff, Minenraeumer, Unterseeboot, Wikingerboot
13 Minensuchboot, Panzerkreuzer
14 Raketenkreuzer, Schlachtschiff
15 Flugzeugtraeger, Schlachtkreuzer, Unterseekreuzer
16 Atomunterseeboot
Kriegsschiffsverband
6 Armada, Flotte
7 Einheit
8 Division
9 Flottille
10 Geschwader
14 Flottenverband
Kriegstreiber
9 Bellizist
Kriegsvorbereitungen treffen
7 ruesten
Kriemhilds Mutter
3 Ute
Krimiautoren
5 Doyle
7 Simenon, Wallace
8 Chandler
9 Camilleri, Durbridge
Krimifiguren
6 Holmes, Poirot, Watson
7 Maigret, Marlowe
kristalline(r, s)
Kalkstein
6 Marmor
Mineral
6 Apatit
Schiefer
5 Gneis
9 Serpentin
Kritik
6 Urteil, Zensur
8 Diatribe, Pruefung
9 Bewertung, Praedikat, Rezension
Kritiker
9 Rezensent
kritische Beurteilung
9 Rezension
Kroatien
Bauernparteiführer
5 Radic
Bergland
9 Slawonien
Bevölkerung
7 Kroaten
Dichter
6 Blazek
Erzähler
7 Djalski
Flüsse
3 Una
4 Drau, Save
5 Donau
Gebirge
6 Kapela
7 Velebit
Hafenstädte
4 Zara
5 Split
6 Rijeka
Halbinsel
7 Istrien
Hauptstadt
5 Agram
6 Zagreb
Inseln
3 Krk, Pag, Rab
4 Brac, Cres, Hvar
5 Ciovo, Mljet, Silba, Solta
6 Losinj
7 Korcula, Lastova
Komponist
7 Gotovac
Landeshauptmann
3 Ban
Landesteil
9 Dalmatien
Maler
9 Generalic
Schriftsteller
5 Babic
8 Kastelan
Slawist
5 Jagic
Staatsoberhaupt
7 Tudjman
Städte und Orte
5 Zadar
6 Osijek
8 Karlovac, Varazdin, Vinkovci
9 Dubrovnik
13 Slavonski Brod
Währung
4 Para
5 Dinar
kroatisch-amerikanischer Physiker
5 Tesla
kroatisch-slowenischer Dichter
4 Vraz
Krokodile
6 Gavial, Kaiman
9 Alligator
Krokusart
6 Safran
Kronleuchter
7 Luester
Kronprinz
6 Infant
7 Dauphin
9 Thronerbe
10 Zarewitsch
11 Thronfolger
Krönungsmantel
8 Pluviale
Krönungsstadt
der deutschen Kaiser
9 Frankfurt
der deutschen Könige
6 Aachen
Kropf
6 Struma
9 Blaehhals
Kröte
4 Unke
Krummholzkiefer
7 Latsche
9 Legfoehre
Krummsäbel
7 Jatagan
8 Dusaegge

Krummstab des Bischofs im Mittelalter
6 Ferula
Krümmung
5 Bogen, Knick, Kurve
7 Biegung, Windung
8 Kurvatur
10 Abweichung, Serpentine
Kruste
5 Borke, Rinde
krustenartiger Belag
6 Schorf
Krustentiere
5 Krebs
6 Hummer
7 Garnele
8 Krevette, Languste
9 Edelkrebs
10 Flusskrebs, Krebstiere
Kuba
Archipel
9 Canarreos
Beiname
11 Zuckerinsel
Berg
8 Turquino
Bevölkerung
7 Kubaner
Bucht
10 Guantanamo
Dichter
5 Casal
Fluss
5 Cauto
Fünfcentavomünze
5 Medio
Gebirge
7 Baracoa, Maestra, Organos
9 Escambray
12 Guaniguanico
Halbinsel
6 Zapata
Hauptstadt
6 Habana
7 Havanna
Insektenfresser
7 Almiqui
Insel
5 Pinos
Kaps
4 Cruz
5 Maisi
8 Lucrecia
10 San Antonio
Maler
3 Lam
Museumsdorf
5 Guamá
Nationalpark
6 Zapata
Politiker
6 Castro
7 Batista, Guevara
Städte
6 Bayamo
7 Baracoa, Holguin
8 Cardenas, Matanzas, Santiago
9 Camagueey
10 Cienfuegos, Manzanillo, Santa Clara
11 Pinar del Rio
Tanz
8 Habanera
Währung
4 Peso
7 Centavo
Kübel
5 Eimer
Kubus
7 Wuerfel
8 Hexaeder
Kücheneinrichtung
4 Herd
5 Grill
6 Becken, Boiler, Spuele
7 Ausguss
8 Anrichte, Backofen, Bratofen, Kochherd
9 Frigidaer
10 Eisschrank, Frigidaire, Muelleimer
11 Muellkuebel, Spuelbecken, Wrasenabzug
12 Besenschrank, Brotmaschine, Kuehlschrank
13 Arbeitsplatte
14 Tiefkuehltruhe
15 Geschirrschrank
Küchengeräte
4 Form, Korb, Sieb, Topf, Wolf
5 Blech, Eimer, Grill, Kanne, Kelle, Mixer, Quirl, Reibe, Satte, Tasse, Waage
6 Kessel, Pfanne, Platte, Schale, Teller, Tiegel
7 Buerste, Teesieb
8 Backform, Kochtopf, Rollholz, Schaeler, Stampfer, Teekanne, Trichter
9 Backblech, Entkerner, Entsafter, Holzbrett, Mixgeraet, Nudelholz, Reibeisen, Schuessel
10 Bratpfanne, Fettpfanne, Kasserolle, Kuchenform, Messbecher, Roemertopf, Topflappen, Untertasse
11 Grillpfanne, Holzloeffel, Kochloeffel, Nudelwalker, Nussknacker, Ruehrgeraet, Schmalztopf, Schneebesen, Waffeleisen
12 Dosenoeffner, Kaffeemuehle, Kuechenwaage, Schoepfkelle
15 Buechsenoeffner, Schnellkochtopf
Küchengewürze
4 Anis, Dill, Zimt
5 Essig, Nelke
6 Kerbel, Kresse, Muskat, Piment
7 Borrago, Majoran, Melisse, Pfeffer, Thymian, Vanille
8 Estragon, Orangeat, Zitronat
9 Basilikum, Borretsch, Liebstock
10 Muskatnuss, Petersilie, Pimpernell, Pimpinelle
11 Bohnenkraut, Gurkenkraut
12 Gewuerznelke, Muskatbluete, Pfefferkraut, Schnittlauch
Kuchenmasse
4 Teig
Küchenungeziefer
6 Schabe
8 Kakerlak
Küchenutensil
9 Backblech
Kuchenzutat
8 Eidotter, Zitronat
Kufenfahrzeug
9 Schlitten
Kugelabschnitt
7 Segment
Kugelausschnitt
6 Sektor
Kugelbakterien
5 Kokke
6 Kokken, Kokkus
kugelförmige(r, s)
Körper
4 Ball
Luftfahrzeug
6 Ballon
Kugelkappe
7 Kalotte
der Erde
9 Polarzone
Kugelspiele
6 Boccia
7 Billard
8 Roulette
Kuhantilopen
3 Gnu
4 Kama
6 Gorgon
7 Kongoni
10 Hartebeest
kühl
4 herb, kalt
5 steif
6 frigid, frisch
7 frigide, frostig
8 sachlich
9 foermlich
10 reserviert
13 unpersoenlich
14 zurueckhaltend
Kuhle
4 Loch

5 Grube, Mulde
7 Frische
Kühlschrank
9 Frigidaer
10 Frigidaire
kühn
4 keck
5 mutig
6 forsch, tapfer
7 beherzt
8 verwegen
9 wagemutig, waghalsig
10 couragiert
13 selbstbewusst
angelegtes Unternehmen
4 Coup
kühne Unternehmungslust
7 Wagemut
Küken
9 Kuechlein
Kükensortiererin
7 Sexerin
Kult
5 Opfer, Ritus
6 Brauch
8 Devotion
9 Adoration, Verehrung, Zeremonie
Kultbild
der Athene
9 Palladion, Palladium
der Ostkirche
5 Ikone
Kulthandlung
5 Gebet, Opfer
7 Predigt
kultivieren
8 veredeln
kultiviert
7 elegant, erlesen
Kultstätte
6 Tempel
9 Heiligtum
bei Jerusalem
3 Lus
6 Bethel
der Aphrodite
7 Kythera
Kultur
5 Anbau, Zucht
6 Pflege
7 Bildung
9 Zuechtung
10 Ausbildung, Entfaltung
11 Entwicklung
Kulturepochen
5 Gotik
6 Antike, Barock, Empire, Rokoko, Urzeit
7 Klassik, Moderne, Neuzeit, Romanik
8 Altertum, Romantik, Seicento
9 Fruehzeit, Steinzeit
10 Bronzezeit, Humanismus, Idealismus
11 Biedermeier, Mittelalter, Renaissance
12 Klassizismus
Kulturerscheinung
5 Kunst
12 Zivilisation
kulturlose Volksangehörige
5 Wilde
Kulturpflanzen
3 Kat, Tee
4 Koka, Kola, Mate, Reis, Soja
5 Betel, Hevea, Kakao, Tabak
6 Ananas, Banane, Batate, Dattel, Kaffee, Maniok, Orange
7 Erdnuss, Oelbaum, Zitrone
8 Getreide, Kolanuss, Oelpalme
9 Apfelsine, Baumwolle, Kakaobaum, Mandarine, Sagopalme
10 Kaffeebaum, Kokospalme, Pampelmuse, Teestrauch, Zuckerrohr
11 Dattelpalme
Kultursprache Indiens
8 Sanskrit
Kulturstätten
4 Oper
5 Odeon, Odeum
6 Buehne, Museum
7 Theater
8 Akademie
12 Konzerthalle
14 Schauspielhaus
Kümmelschnaps
4 Koem
7 Allasch, Aquavit, Kemmich
Kummer
4 Crux, Gram, Harm, Leid
5 Sorge
7 Schmerz
kümmerlich
3 arm
7 popelig
8 armselig
kümmerlich dahinleben
10 vegetieren
Kumpan
6 Kumpel
7 Genosse, Kamerad, Partner
9 Gefaehrte, Teilhaber
Kumpel
7 Kollege
9 Gefaehrte
Kunde
4 Maer, Sage
5 Lehre, Maere
6 Klient
7 Kaeufer, Mandant
9 Botschaft, Nachricht
11 Information
eines Beherbergungsbetriebs
9 Hotelgast
eines Rechtsanwalts
6 Klient
Kundenabfertigungsstelle
8 Schalter
Kundendienst
7 Service
Kundgebung
4 Demo
5 Umzug
8 Manifest
9 Aufmarsch
13 Demonstration
Kündigung der Mitgliedschaft
8 Austritt
Kundschaft eines Rechtsanwalts
8 Klientel
Kundschafter
5 Spion
7 Spaeher, Spitzel
8 Emissaer
künftig
5 in spe
9 fernerhin
Kunst
der Gesprächsführung
9 Dialektik
der Kriegsführung
6 Taktik
9 Strategie
der Selbstverteidigung
4 Judo
6 Karate
8 Jiu-Jitsu
der Truppenführung
6 Taktik
der Zwergbaumzucht
6 Bonsai
des Beweisens
8 Elenktik
des Scherenschnitts
12 Psaligraphie
des Trauerspiels
6 Tragik
liebend
7 musisch
Sonnenuhren zu bauen
6 Gnomik
Kunstausstellung
5 Salon
in Kassel
9 Documenta
Kunstdüngemittel
4 Kali
Künstelei
6 Manier
kunstempfänglich
7 musisch
Kunstepoche
8 Romantik
Kunstfälschung
5 Kopie
9 Imitation
10 Falsifikat
Kunstfasern
5 Acryl, Ardil, Arnel, Dolan, Fiber, Lycra, Nylon, Orlon, Rayon, Redon, Reyon, Rolan

6 Acetat, Antron, Dacron, Diolen, Dralon, Grilon, Perlon, Riovyl, Tergal, Tricel, Vestan, Vinyon, Vyrene
7 Acrilan, Baanlon, Cupresa, Dederon, Helanca, Leacril, Nyltest, Terylen, Trevira
8 Meraklon, Terylene
9 Courtelle, Crimplene, Synthetik, Zellwolle
10 Customagic, Kunstseide

kunstfertig
7 virtuos
8 versiert
10 routiniert

Kunstfertigkeit
7 Routine, Technik
11 Gewandtheit
12 Virtuositaet

Kunstflugfiguren
4 Turn
5 Rolle
7 Looping

Kunstförderer
6 Maezen
7 Musaget

Kunstfreund
6 Maezen
7 Aesthet, Goenner

Kunstgesang
8 Belcanto, Belkanto
in italienischer Art
8 Belcanto, Belkanto

Kunstgöttin
4 Muse

Kunstgriff
4 Coup, Dreh
5 Finte, Kniff, Trick
7 Finesse, Praktik, Schlich
8 Manoever
12 Manipulation
beim Kartenmischen
5 Volte

Kunstharze
5 Resol
6 Abalak, Ebonit
7 Araldit, Bakelit, Melamin
9 Plastopal

Kunstkautschuk
4 Buna
9 Butaprene

Künstlerentgelt
4 Gage

Künstlergruppe
8 Ensemble

künstlerisch
7 musisch
gestaltetes Material
9 Kunstglas

künstlerische(s)
Einfühlung
8 Feinsinn
Erzeugnis
8 Realisat
Werk
4 Opus

Künstlerkolonie bei Bremen
9 Worpswede

Künstlerleben
6 Boheme

Künstlername
9 Pseudonym

Künstlervereinigung
8 Werkbund

Künstlerviertel
von München
9 Schwabing
von Paris
10 Montmartre
12 Montparnasse

Künstlerwerkstatt
6 Studio
7 Atelier

Künstlerzeichen
8 Remarque, Signatur

künstliche(r, s)
Angelköder
7 Spinner
Bewässerung
9 Beregnung
Damm
4 Wall
5 Buhne, Deich
Damm zur Flussregulierung
5 Buhne
Darstellung des Nackten
3 Akt
Durchblutung
9 Perfusion
Element
7 Hahnium
Erdmond
8 Satellit
Gefüge
4 Werk
Gummi
4 Buna
Hemmnis
9 Hindernis
Hindernis
6 Verhau
Hügel im Marschland
4 Wurt
5 Warft, Wurte
Kautschuk
7 Neopren
8 Perbunan
Korund
7 Alundum
Lockvogel zur Jagd
6 Balban
Lungenbeatmer
8 Biomotor
Mensch
7 Android
8 Androide
10 Homunkulus
Verbindung
9 Neostomie
Wasserbecken
6 Bassin
Wasserlauf
5 Kanal
Wasserstraße
5 Kanal
Weltsprache
3 Ido
7 Mondial
8 Volapuek
9 Esperanto
Wohnhügel in Friesland
4 Terp
Wortbildung
7 Akronym

Kunstliebhaber
7 Amateur

Kunstlied
8 Madrigal

Kunstmalergestell
9 Staffelei

Kunstmalerwerk
7 Oelbild
10 Stillleben

Kunstreitersprung
7 Voltige

Kunstrichter
8 Kritiker
9 Rezensent

Kunstrichtungen
4 Epik, Stil, Tanz
5 Drama, Gotik, Lyrik, Musik, Prosa
6 Barock, Eat-Art, Empire, Grafik, Mosaik, Mystik, Poesie, Pop-art, Rokoko, Tragik
7 Dorisch, Graphik, Ionisch, Keramik, Klassik, Malerei, Moderne, Plastik, Regence
8 Baukunst, Dichtung, Dramatik, Kubismus, Maurisch, Popkunst, Romantik, Trecento, Verismus
9 Bildnerei, Dadaismus, Literatur, Minnesang, Object-art, Pietismus, Realismus, Tachismus
10 Futurismus, Humanismus, Jugendstil, Schauspiel, Spaetgotik
11 Architektur, Aufklaerung, Biedermeier, Bildhauerei, Cinquecento, Manierismus, Renaissance, Schnitzerei, Symbolismus
12 Klassizismus, Naturalismus, Quattrocento, Surrealismus
13 Primitivismus, Rationalismus, Sturm und Drang, Tragikomoedie
14 Vorrenaissance
15 Expressionismus, Hochrenaissance, Impressionismus, Kupferstecherei

16 Existenzialismus, Fruehrenaissance, Praeraffaelismus

Kunstsammlung
6 Museum
7 Galerie
8 Kabinett
in Amsterdam
11 Rijksmuseum
in Essen
8 Folkwang
in Florenz
5 Pitti
8 Bargello, Uffizien
in Frankfurt am Main
7 Staedel
in Madrid
5 Prado
in München
10 Pinakothek
in Paris
6 Louvre
in Sankt Petersburg
8 Ermitage
9 Eremitage
in Wien
9 Albertina

Kunstschule
8 Akademie

Kunstseide
6 Azetat
7 Cupresa

Kunstspringer
9 Voltigeur

Kunstsprung
5 Salto

Kunststil
der Napoleonzeit
6 Empire
des Mittelalters
7 Romanik
des neunzehnten Jahrhunderts
9 Neubarock, Ottocento
im 16. bis 18. Jahrhundert
6 Barock
im späten Mittelalter
5 Gotik
im zwanzigsten Jahrhundert
8 Kubismus

Kunststoffbelag für Laufbahnen
6 Tartan

Kunststoffe
3 PVC
4 Buna, Skai
5 Acryl, Plast
6 Dytron, Ebonit, Elaste, Igelit, Plaste, Tartan, Teflon, Zellit
7 Alberit, Bakelit, Eternit, Glyptal, Lupolen, Mipolam, Novotex, Oppanol, Palatal, Plastik, Resopal, Silikon
8 Astralon, Galalith, Hostalen, Perbunan, Plastics, Polythen, Styropor, Trolitul, Zellhorn
9 Alkathene, Celluloid, Duroplast, Elastomer, Ferrozell, Kunstharz, Plexiglas, Polyplast, Vulkollan, Zelluloid, Zellulose
10 Elastomere, Polystyrol
11 Phenoplaste
12 Polyaethylen

Kunsttanz
7 Ballett

Kunsttischler
7 Ebenist

Kunsttöpfer
9 Keramiker

Kunstwerke
3 Bau, Dom
4 Bild, Fumé, Oper, Opus, Werk
5 Drama, Figur, Posse, Stich
6 Fresko, Fumage, Grafik, Statue
7 Graphik, Malerei, Musical, Oelbild, Plastik
8 Aquarell, Dichtung, Gemaelde, Komoedie, Muenster, Operette, Portraet, Portrait, Skulptur
9 Musikwerk, Rauchbild, Singspiel, Tonstueck, Zeichnung
11 Holzschnitt, Komposition, Kupferstich, Musikstueck, Oelgemaelde
13 Buehnenstueck, Tragikomoedie

Kunterbuntes
5 Varia
8 Allerlei

Kupfer-Zink-Legierung
6 Tombak
7 Messing

Kupfer-Zinn-Legierung
6 Bronze

Kupferlegierung
6 Bronze
7 Messing
9 Neusilber

Kupfermünzen
3 Pul
4 Deut
7 Follaro

Kupferoxid
6 Patina
8 Edelrost

kupferplattiertes Aluminium
5 Cupal, Kupal

Kupferspat
8 Malachit

Kupferstecher
6 Aetzer

Kupferstechergeräte
7 Mattoir
8 Roulette
9 Aetznadel

Kupferstich
8 Gravuere

Kupon
3 Bon
5 Beleg
8 Quittung
9 Abschnitt, Gutschein

kuppelartige Rundung
8 Woelbung

Kuppelbau
7 Rotunde
in Jerusalem
9 Felsendom

Kuppeldach
8 Helmdach

Kur
14 Heilbehandlung

kurabel
7 heilbar, sanabel
10 reversibel

Kuranstalt
10 Sanatorium

Kürbisgefäß
9 Kalebasse

Kürbisgewächse
5 Gurke
6 Melone
9 Haargurke, Zaunruebe

Kurfürsten von
Mainz
7 Dalberg
Sachsen
5 Ernst
6 August, Johann
9 Friedrich

Kurier
4 Bote
8 Sendbote, Stafette

kurieren
6 heilen
9 behandeln

Kurort
3 Bad
6 Seebad
7 Heilbad, Moorbad
am Adour
3 Dax
am Avon
4 Bath
am Brocken
5 Elend
am Comer See
8 Bellagio
am Comosee
9 Cernobbio
am Fuß des Rigi
6 Weggis
am Fuß des Siebengebirges
6 Honnef
am Harz
5 Thale
6 Sachsa
8 Gernrode
9 Bad Sachsa, Ilsenburg
am Hohen Venn
3 Spa

am Isonzo
5 Goerz
am Kaspischen Meer
7 Busowny
am Lago Maggiore
6 Stresa
am Meer
6 Seebad
am Taunus
5 Soden
8 Bad Soden
am Traunsee
7 Gmunden
an der Adda
6 Bormio
an der Etsch
5 Meran
an der Isar
5 Toelz
an der Lahn
3 Ems
6 Bad Ems, Nassau
an der Lausitzer Neiße
6 Muskau
9 Bad Muskau
an der Nagold
6 Hirsau
an der Riviera
5 Nervi
7 San Remo
9 Portofino
an der Saale
6 Koesen
9 Bad Koesen
an der Unstrut
6 Artern
bei Bitterfeld
6 Dueben
bei Dresden
7 Rabenau
bei Gera
9 Koestritz
bei Hechingen
5 Imnau
bei Montreux
4 Caux
bei Pirna
6 Rathen
bei Sigmaringen
6 Beuron
bei Teplitz
5 Bilin
bei Weimar
5 Berka
im Allgäu
8 Pfronten
9 Hindelang, Leutkirch
im Bayerischen Wald
9 Viechtach
im Ermstal
5 Urach
im Fichtelgebirge
7 Berneck
im Harz
5 Grund
7 Altenau
8 Bad Grund
9 Braunlage
im Kanton Bern
5 Spiez
6 Gstaad
im Kanton Glarus
7 Linthal
9 Braunwald
im Kanton Graubünden
5 Arosa, Scuol
6 Maloja
7 Passugg
8 Celerina, Klosters
im Kanton Nidwalden
6 Buochs
im Kanton Sankt Gallen
5 Amden, Ragaz
8 Bad Ragaz, Wildhaus
im Kanton Schwyz
7 Brunnen
im Kanton Tessin
6 Ascona
8 Brissago
im Kanton Uri
9 Andermatt
im Kanton Waadt
6 Leysin
im Kanton Wallis
7 Montana, Saas-Fee
9 Saas-Grund
im Kanton Zürich
4 Wald
im Oberengadin
4 Zuoz
im Oberinntal
5 Ladis
im Pustertal
8 Innichen
im Salzburgischen
7 Leogang
im Salzkammergut
5 Ischl
7 Goisern
8 Bad Ischl
im Schwarzwald
7 Rothaus
im Spessart
3 Orb
6 Bad Orb
im Vogtland
6 Elster
9 Bad Elster
im Waagtal
7 Pistyan
im Waldecker Upland
6 Usseln
im Zittauer Gebirge
8 Jonsdorf
in Ägypten
6 Heluan, Helwan, Luksor
in Alberta
5 Banff
in Appenzell
6 Heiden
in Baden
6 Gutach
8 Schoenau
9 Bellingen
in Baden-Württemberg
4 Boll
5 Imnau
6 Buchau
7 Bad Boll, Forbach, Wildbad
8 Bad Imnau, Hornberg, Todtmoos
9 Bad Buchau, Herrenalb, Lenzkirch
in Bayern
5 Toelz
8 Bad Toelz
9 Heilbrunn
in Böhmen
7 Teplitz
in Bosnien
6 Ilidze
in den Glarner Alpen
5 Flims
in den Pyrenäen
8 Canfranc
in der Eifel
4 Daun
in der Steiermark
9 Altaussee
in Hessen
8 Schotten
9 Bad Koenig, Bad Vilbel, Braunfels
10 Bad Homburg
in Holstein
7 Malente
in Indien
9 Darjiling
in Judikarien
5 Tione
in Kampanien
7 Ravello
in Kärnten
4 Diex
7 Preblau
8 Althofen
9 Gloednitz
in Niederösterreich
7 Fischau
10 Bad Fischau
in Niedersachsen
6 Eilsen
8 Bad Essen, Bevensen, Harzburg
9 Bad Eilsen
in Niederschlesien
6 Kudowa
7 Reinerz
9 Bad Kudowa
in Nordrhein-Westfalen
6 Honnef
7 Ruethen
8 Blomberg, Heimbach
9 Bad Aachen, Bad Honnef, Berleburg
in Oberbayern
6 Kreuth, Ramsau
7 Grainau
8 Garmisch, Kohlgrub
11 Bad Kohlgrub
in Oberösterreich
4 Hall
7 Bad Hall
9 Gallspach

in Piemont
6 Baveno
in Polen
8 Zakopane
in Pommern
6 Polzin
9 Bad Polzin
in Rheinland-Pfalz
6 Salzig
9 Bad Salzig
in Rumänien
6 Sinaia
in Sachsen
8 Gohrisch
in Schleswig-Holstein
5 Ploen
in Tirol
4 Arco
6 Levico
7 Alpbach, Berwang, Ehrwald, Galtuer, Lermoos
in Vorarlberg
8 Gaschurn
9 Nueziders
in Westböhmen
8 Karlsbad
mit Heilquelle
6 Solbad
nördlich von Bad Orb
5 Soden
8 Bad Soden
nördlich von Suhl
7 Oberhof
nordwestlich von Naumburg
5 Bibra
8 Bad Bibra
südöstlich von Dresden
9 Gottleuba
südwestlich von Naumburg
5 Sulza
8 Bad Sulza
westlich von Hof
6 Steben
9 Bad Steben
westlich von Rostock
7 Doberan
10 Bad Doberan
zwischen Rostock und Grimmen
6 Suelze
9 Bad Suelze

Kurpfuscher
10 Medikaster, Scharlatan
11 Quacksalber

Kursabschlag
6 Deport
7 Disagio

Kursabzug
7 Disagio
8 Abschlag

Kursänderung
5 Halse

Kursanstieg
6 Hausse

Kursaufschlag
6 Report
8 Contango

Kürschnermaterial
8 Lammfell, Pelzware
9 Biberpelz, Otterfell, Zobelpelz

Kurserholung
7 Reprise

Kursfall
6 Baisse

kursieren
8 umlaufen
11 zirkulieren

Kursmaklerraum
7 Parkett

Kursnotierung
9 Quotation

Kurssturz
7 Deroute

Kurstief an der Börse
6 Baisse

Kursunterschied
5 Ekart

Kursversetzung durch Wind
7 Abtrift

Kurswert unter Nennwert
7 Disagio

Kurve
5 Bogen, Kehre, Kreis, Linie, Wende
7 Biegung, Ellipse, Parabel, Spirale
8 Hyperbel
9 Kruemmung
10 Sinuskurve
14 Schlangenlinie
in Form einer liegenden Acht
9 Hippopede
vierten Grades
9 Konchoide

Kurvenabschnitt
5 Bogen

kurvenreiche Bergstraße
10 Serpentine

Kurvenschnittlinie
7 Sekante

kurz
entschlossen
9 dezidiert
galoppieren
7 kantern
und bündig
6 innuce, konzis
7 lapidar
und treffend
9 lakonisch
zusammengefasst
10 summarisch

kurz für
Alphabet
3 Abc
an das
3 ans
an dem
2 am
Elektrizität
3 Elt
Hampshire
5 Hants
in das
3 ins
in dem
2 im
Kombiwagen
5 Kombi
Kraftrad
4 Krad
Kriminalfilm
5 Krimi
Kriminalroman
5 Krimi
Krokodilleder
5 Kroko
San Francisco
6 Frisco
Teledialog
3 Ted
Tomus
3 tom
Trans-Europ-Express
3 Tee
um das
3 ums
von dem
3 vom
zu dem
3 zum
zu der
3 zur

kurzärmeliges Trikothemd
8 Polohemd

kurzatmig (Pferd)
8 daempfig

Kurzatmigkeit
9 Tachypnoe

kurze(r, s)
Abweichung vom Kurs
9 Schlenker
Altargebet
8 Kollekte
Äußerung
9 Bemerkung
Begebenheit
7 Episode
Buchbesprechung
7 Referat
Bühnenauftritt
9 Gastrolle
Bühnenszene
7 Sketsch
Comicstrip
7 Cartoon
Damenhöschen
8 Hotpants
Darstellung
6 Abriss
Entfernung
6 Sprung
Erklärung der Heiligen Schrift
6 Katene
Fahrermantel
8 Autocoat
Galopp
6 Redopp
Gewehr
9 Karabiner

Haken
3 Jab
Herrenmantel
5 Caban
Hinsehen
5 Blick
Hose
6 Bruoch, Shorts
8 Breeches
Inhaltsangabe
6 Precis
8 Abstract
Instrumentalfantasie
5 Fancy
Jacke
9 Klubweste
Leiter
5 Tritt
Mantel
7 Swinger
Nagel
6 Zwecke
Opernarie
8 Kavatine
Papsturkunde
5 Breve
Regenschauer
4 Guss
Reklamefilm
9 Werbespot
Ruder
6 Paddel
Ruf
9 Aufschrei
Schlaf
6 Nicker
Schnauze
6 Muffel
Schnauzengegend
6 Muffel
Sinngedicht
6 Xenion
Stichwaffe
5 Dolch
7 Stilett
Strumpf
5 Socke
Unterschrift
8 Signatur
Verzierungston
9 Vorschlag
Wort
9 Einsilber
Zeit zum Verschnaufen
9 Atempause
Zeitspanne
8 Weilchen
kürzere(s)
Distanz zwischen zwei Orten
9 Luftlinie
Theaterstück
8 Einakter
Kurzform von:
Ägilius
3 Gil
Benedikt
6 Bendix
Henriette
5 Henni
Johanna
5 Jenni
Konrad
4 Kunz
kurzfristig hell aufleuchtender Stern
4 Nova
Kurzgeschichte
5 Story
7 Episode, Novelle
8 Anekdote
Kurzhalsgiraffe
5 Okapi
kurzlebiges Insekt
10 Ephemeride
13 Eintagsfliege
Kurzlehrgang
8 Schulung
kürzlich fertiggestelltes Gebäude
6 Neubau
kurzlockig
5 kraus
Kurzschrift
5 Steno
11 Stenografie
12 Stenographie
Kurzsichtigkeit
6 Myopie
Kurzstreckenlauf
6 Sprint
Kurzstreckenläufer
8 Sprinter
Kurzstreckenläuferin
10 Sprinterin
Kürzung
5 Abzug
6 Rabatt, Skonto
8 Nachlass
Kurzwaren
4 Band, Garn
5 Borte, Faden, Haken, Knopf, Litze, Nadel, Seide, Wolle, Zwirn
6 Schnur
8 Naehgarn
9 Bindfaden, Gummiband, Naehnadel, Naehseide, Stopfgarn
10 Kunstwolle, Stecknadel, Stopfwolle
11 Haekelnadel, Stricknadel, Strickwolle
16 Sicherheitsnadel
Kurzweil
3 Jux
5 Jokus, Spass, Spiel
10 Amuesement
12 Unterhaltung, Zeitvertreib
kurzweilig
6 lustig
7 spassig
8 amuesant
11 ergoetzlich, interessant
12 unterhaltend, unterhaltsam, vergnueglich
Kurzwort für eine Zollunion
7 Benelux
Kurzzeichen: Gallon
3 Gal
Kurzzeitmesser
8 Stoppuhr
Kusine
4 Base
Kuss
7 Busserl
Küstenbewohner der Nordsee
9 Ostfriese
Küstenbucht
4 Haff
Küstenebene
in Jemen
6 Tihama
in Spanien
8 Ampurdan
Küstenfahrzeuge
4 Ewer, Kuff
5 Sloop, Tjalk
6 Feluke, Kutter, Logger
8 Trabakel
9 Schaluppe
küstenfernes Meer
7 Hochsee
Küstenflachmeer
6 Schelf
Küstenfluss
bei Aberdeen
3 Dee, Don
bei Rabat
3 Gru
in Devon
3 Exe
in Finnland
6 Kymene
in Litauen
5 Dange
in Pommern
4 Deep, Rega
nördlich von Rom
5 Marta
Küstenformen
3 Bai, Kap
4 Golf, Haff, Lido, Watt
5 Bucht, Busen, Fjord, Kliff, Liman
6 Bodden, Foerde, Lagune
7 Nehrung
9 Halbinsel, Landzunge, Meerbusen, Strandsee
10 Wattenmeer
Küstenfrachtsegler
8 Galeasse
Küstengebiet
in Algerien
5 Dahra
in Indien
6 Konkan
Küstengebirge in Jemen
5 Haras
Küstenland
7 Litoral
8 Litorale, Uferzone
Küstenlandschaft
in Arabien
6 Midian

in Kleinasien
6 Ionien
in Marokko
5 Gharb
in Schweden
5 Bohus
Küstenmotorschiff
5 Kuemo
Küstenort
auf Korsika
6 Aleria
auf Rhodos
6 Lindos
in Ägypten
7 Alamein
in Albanien
6 Himare
in Algerien
4 Alma
in England
9 Easington
in Kroatien
3 Nin
in Sri Lanka
5 Kotte
Küstenpflanze
9 Salzaster
Küstenprovinz
in China
4 Hope
in Myanmar
6 Arakan
Küstenschutzwerk
9 Eiderdamm
Küstensegelschiff
6 Logger
Küstenspitze
3 Kap
Küstenstadt
auf Sardinien
4 Bosa
im Departement Somme
4 Ault
in Angola
9 Ambrizete
in Chile
4 Levu
in Ghana
4 Axim
in Granada
4 Adra
in Hainan
2 Ai
in Israel
5 Asdod
6 Batyam
in Libyen
6 Suwara
südlich von Valencia
5 Denia
Küstenvogel
5 Moewe
Küstenvorsprung in Ostpreußen
9 Pusterort
Küstenwasserfahrzeug
8 Sohlboot
Küster
6 Mesner
7 Messner
8 Kirchner
9 Gloeckner, Sakristan
Kutsche
6 Fiaker
7 Karosse
8 Droschke, Equipage, Landauer
11 Einspaenner, Pferdewagen
12 Vierspaenner, Zweispaenner
Kutteln
8 Gekroese
9 Kaldaunen
Kuwait
Bevölkerung
7 Kuwaiti, Kuweiti
8 Kuwaiter, Kuweiter
Emirpalast
3 Sif
Gebiet
10 Burganfeld
Hauptstadt
6 Kuwait, Kuweit
Insel
7 Falaika
Kopfbedeckung der Kuwaiti
7 Kefiyah
Städte
5 Jahra
6 Ahmadi
7 Achmadi, Hawalli
Währung
3 Fil
5 Dinar
6 Dirham
Wüste
10 Ad Dibdibba
Kvarnerinseln
4 Cres, Unie
6 Lussin
Kykladeninseln
3 Ios, Kea, Kos, Kra, Nio
4 Keos, Milo, Nios
5 Delos, Melos, Milos, Naxos, Paros, Syros, Tenos, Thera, Thira, Tinos
6 Anaphe, Andros, Jiaros, Sifnos
7 Amorgos, Kimolos, Kythnos, Mykonos, Serifos, Siphnos, Thermia
8 Santorin, Seriphos
kyrillisches Alphabet
6 Asbuka

Labmagen
8 Abomasus
Laborgeräte
6 Ballon, Filter, Kolben, Mensur
7 Pipette, Retorte
8 Dreifuss, Messglas
9 Exhaustor, Konverter
10 Becherglas
11 Reagenzglas
12 Messzylinder
Labsal
6 Balsam
7 Wohltat
9 Staerkung
10 Erquickung
Labyrinth
7 Irrgang
9 Irrgarten
Labyrinthfische
6 Gurami
9 Makropode
lächerlich
8 ridikuel
lächerliche(r, s)
Drum und Dran
7 Klimbim
Kleinigkeit
6 Bettel
8 Lumperei
Streich
5 Farce, Posse
Lachkrampf
7 Gelasma
Lachsfische
4 Anke, Asch, Salm
5 Lodde, Renke, Stint
6 Aesche, Huchen, Renken
7 Felchen, Forelle, Kapelan, Kapelin, Maraene
8 Blaunase, Saibling
9 Hechtling, Rheinsalm, Schnaepel
11 Bachforelle, Blaufelchen
12 Bachsaibling, Lachsforelle, Strommaraene
Lachsforelle
4 Anke
Lacküberzug
5 Lasur
Ladebühne
5 Rampe
Ladefläche eines Lkws
8 Pritsche
Lademittel für Stückgüter
7 Palette
Laden
5 Store
6 Butike, Center, Trafik
7 Magazin
9 Geschaeft
10 Supermarkt
14 Einkaufscenter
15 Einkaufszentrum
Ladenaufbau
7 Etalage
Ladenbesitzer
9 Trafikant
Ladenhüter
7 Restant
9 Restanten
Ladentisch
5 Theke
6 Tresen
Ladeöffnung
3 Luk
4 Luke
Ladung
4 Last
5 Cargo, Fuhre, Kargo
6 Buerde, Fracht, Pulver
7 Ballast
12 Aufforderung
Ladungsarbeiter
6 Stauer
7 Trimmer
Laffe
4 Fant, Geck
5 Dandy
6 Fatzke
7 Stutzer
Lage
9 Situation
Lagebeschreibung
10 Topografie
11 Topographie
Lager
4 Camp, Kamp
5 Biwak, Depot, Store
6 Vorrat
7 Magazin
8 Speicher
9 Rastplatz, Zeltplatz
12 Campingplatz
Lagerhaus
5 Depot
7 Arsenal, Magazin
8 Entrepot, Speicher
lagern
9 kampieren
Lagerraum
6 Kammer
7 Magazin
8 Schuppen
11 Vorratsraum
13 Vorratskammer
Lagerschein
7 Warrant
Lagerverwalter
8 Lagerist
Lageveränderung
8 Bewegung
Lagune
4 Haff
5 Bucht, Liman
7 Ufersee
9 Strandsee
Lagunenstadt
7 Venedig
lähmende(s)
Entsetzen
9 Schrecken
Furcht
6 Grauen
Lähmung
7 Akinese
8 Paralyse
Lahn-Zuflüsse
3 Aar, Ems, Ohm, Ulm
4 Dill, Else, Weil
5 Allna, Lumda, Solms
6 Elbach, Kerker
7 Gelbach, Ohmbach, Ulmbach, Wieseck
8 Mettbach
Lahnstadt
7 Giessen
Laich
5 Rogen
9 Fischeier
Laie
7 Amateur
9 Dilettant
11 Ungelernter
13 Nichtfachmann
Laienbruder
3 Fra
6 Frater
Laiengebetbuch
8 Horarium
laienhaft
13 dilettantisch
Laienrichter
8 Schoeffe
9 Beisitzer
12 Geschworener
Laienschwestern
7 Oblaten
Lakritzenwurzel
9 Suessholz
Lamaarten
4 Pako
6 Alpaka, Vicuna
7 Guanako, Huanako, Vikunja
Lamawolle
7 Vigogne
Lamento
5 Klage
6 Jammer
8 Gejammer, Geschrei, Wehklage
9 Gejammere
Lammfelle
7 Karakul, Krimmer
9 Persianer, Schmasche
12 Breitschwanz
Lammfellimitation
8 Lambskin
Lammleder
5 Glacé
Lammwolle
9 Lambswool
Lampe
5 Ampel
6 Funzel
7 Laterne, Leuchte, Luester
8 Leuchter, Strahler
12 Scheinwerfer, Taschenlampe
13 Punktstrahler
Lampenmaterial
8 Opalglas
Lampenruß
4 Blak

Lampion
7 Laterne
Län
in Finnland
4 Kymi
7 Mikkeli
in Schweden
6 Kalmar
7 Halland, Oerebro, Uppsala
9 Jaemtland, Kronoberg, Malmoehus, Skaraborg, Vaermland
Land
4 Erde
5 Acker, Boden, Grund, Staat
6 Gebiet, Gegend
7 Gefilde, Terrain
9 Kontinent
11 Territorium
Landarbeit
5 Eggen, Saeen
6 Ernten
8 Pfluegen
Landarbeiter
5 Heuer
6 Knecht
8 Drescher
9 Heumacher
Landarbeiterin
4 Magd
11 Dienstbotin
Landbewohner
8 Doerfler
Landedelmann
6 Junker
Landenge
2 Ed
7 Isthmos, Isthmus
Länder
jenseits der Meere
8 Uebersee
Vorderasiens
6 Nahost
Ländereien
11 Latifundien
Ländervertretung
9 Bundesrat
bis 1933
9 Reichsrat
Landeshauptmann im früheren Polen
7 Starost
Landesherr
6 Fuerst, Regent
7 Monarch
8 Potentat
9 Herrscher, Souveraen
Landesteile
3 Gau
4 Zone
5 Kreis
6 Bezirk
7 Provinz
Landfremde(r) in Südamerika
6 Gringa, Gringo
Landgut
3 Hof
4 Farm
7 Anwesen, Château
8 Estanzia, Hazienda
in Brasilien
7 Fazenda
Landhaus
5 Villa
6 Chalet
7 Château, Cottage, Datscha, Datsche
8 Bungalow
für Schüler
9 Schulheim
Landkartenwerk
5 Atlas
Landkartenzeichner
9 Kartograf
10 Kartograph
Ländler
6 Dreher
ländlich
5 rural
6 rustik
8 pastoral, rustikal
9 arkadisch, idyllisch
10 baeuerlich
ländliche(s)
Feier
7 Maifest
Gaststätte
8 Dorfkrug
Hotel
7 Gasthof
Siedlung
4 Dorf
9 Ortschaft
Landmann
5 Bauer
mit vererblichem Besitz
8 Erbbauer
Landmaß im Mittelalter
4 Hube, Hufe
Landpolizist
7 Gendarm
Landschaft
3 Aue, Gau, Tal
4 Moor, Wald, Watt
5 Ebene, Heide, Sumpf, Taiga
6 Bezirk, Gebiet, Gegend, Huegel, Steppe, Tundra, Wueste
7 Gebirge, Gefilde, Savanne
8 Flussaue, Flusstal
9 Flachland
10 Huegelland, Moorgebiet, Waldgebiet
11 Hochgebirge, Sumpfgebiet
13 Kuestengebiet, Mittelgebirge
am Comer See
7 Veltlin
am Kilimandscharo
8 Dschagga
an der Küste Indiens
7 Malabar
an der östlichen Adria
9 Dalmatien
an der Wipper
9 Windleite
auf Rügen
7 Granitz
auf Sachalin
4 Aino
auf Sardinien
9 Campidano
auf Sumatra
7 Lampong
auf Zypern
8 Messaria
bei Paris
4 Brie
im alten Griechenland
6 Lokris
im Berner Oberland
7 Kiental
im Departement Pas-de-Calais
6 Artois
im Departement Saône-et-Loire
9 Charolais
im Departement Somme
8 Santerre
im europäischen Russland
7 Pomorje
8 Pokutien
im Hennegau
8 Borinage
im Hindukusch
6 Bamian
im inneren Dekhan
6 Barhad
im Kanton Aargau
7 Freiamt
8 Fricktal
im Kanton Bern
8 Emmental
9 Gadmental, Kandertal, Simmental
im Kanton Bern/Freiburg
7 Jauntal
im Kanton Glarus
8 Kloental
im Kanton Sankt Gallen
9 Neckertal
im Kanton Tessin
8 Verzasca
im Oberelsass
7 Sundgau
im östlichen Mitteleuropa
7 Maehren
im Pandschab
8 Baridoab
im Pinzgau
9 Felbertal
im Salzburgischen
6 Lungau
im südlichen Apennin
6 Molise
Landschaftin
siehe: entsprechendes Land
Landschaft
vermessen
9 kartieren

westlich der Elbe
7 Altmark
westlich von Stuttgart
9 Strohgaeu
zwischen Elbe und Oder
7 Lausitz
zwischen Kongo und Ogowe
6 Loango
zwischen Taunus und Rhein
8 Rheingau
zwischen Theiß, Donau und Maros
5 Banat
landschaftlich:
Almhirt
4 Senn
6 Kaeser
altes Pferd
6 Kracke
Ärger
7 Knatsch
armselig
5 power
Bach
4 Aach, Ache
Baumstumpf
7 Knorren, Sturzel
8 Stuerzel
Berggipfel
5 Koppe
Bettbezug
7 Zuechen
betteln
9 schnorren, schnurren
Bettler
9 Schnurrer
Binse
5 Simse
Bodensatz
4 Hefe
Bohner
7 Blocker
Brei
4 Pamp, Papp
Brezel
7 Krengel
Bündel
6 Gebund
Dachfenster
5 Gaupe
Dachrinne
6 Kandel
dickes Stück Brot
6 Ranken
dickflüssiges Zeug
4 Pamp
dringlich
8 pressant
Dummkopf
6 Dunsel
Eierkuchen
6 Plinse
eilig
8 pressant, schussig
einfaches Bierlokal
8 Schwemme
eintauchen
6 dippen
enger Durchgang
8 Schlippe
erschöpft
7 knuelle
Faser
5 Zasel
Ferkel
8 Wutzchen
Fetzen
9 Flatschen
feucht-klebrig
9 klitschig
Flechtwerk
5 Zaine
Flur
5 Diele
8 Vorplatz
Fluss
4 Aach, Ache
frech
7 koddrig
Früchteverkäuferin
9 Obstlerin
Fußbank
7 Hitsche, Hutsche
gebratenes Rippenstück
9 Karbonade
Gemisch
7 Mengsel
Gerber
7 Lederer
Geschwätz
9 Quackelei
geschwätzige Frau
6 Raffel
gesottenes Viehfutter
5 Siede
Gestein
5 Stein, Wacke
Getreidehaufen
6 Feimen
grämlicher Mensch
9 Knasterer
groß
7 grandig
großer Fleck
8 Pflatsch
großes Stück
9 Flatschen
Hagebutte
5 Hiefe
Hagelkorn
8 Schlosse
Hahn
6 Gickel
Hanswurst
6 Pojatz
harter Auswuchs
7 Knorren
hastig
8 schussig
Hausschuh
8 Schlorre
Hieb
7 Schmitz
Holzgefäß
5 Meste
Huhn
6 Hinkel
Hündin
5 Zaupe
6 Zauche
Kalbsmilch
6 Midder
Kaldaunen
6 Flecke
Kaninchen
9 Karnickel
Kartoffel
8 Erdapfel, Erdbirne
Kehricht
6 Fegsel
Kirschbaum
8 Weichsel
Kleinigkeit
6 Stippe
9 Laepperei
Klotz
5 Trumm
Knirps
4 Butz
5 Butze
Kobold
6 Bilmes
Kopffederbüschel
7 Toeppel
Korb
5 Kober, Zaine
Kordel
7 Strippe
Kornkäfer
6 Wiebel
Krampe
6 Kettel
Kratze
7 Kraeuel
Kuss
7 Schmatz
Küsserei
9 Geschleck
Landfahrer
7 Storger
8 Stoerger
Lappen
5 Hudel
lärmen
8 rasaunen
lärmende Geschäftigkeit
6 Drasch
Laune
5 Nucke
Lederarbeiter
8 Saeckler
Leinwand
5 Blahe
Liebste
6 Miesel
loses Mundwerk
6 Raffel
Lumpen
5 Hudel
9 Flatschen
Lunge
6 Plauze
Melker
7 Milcher
Mörtel
5 Speis

müde
7 knuelle
mühsame Kleinarbeit
9 Knaupelei
Murmel
7 Klicker
neuer Wein
6 Sauser
Nörgler
7 Raunzer
8 Quackler
9 Quackeler
Obstkerngehäuse
6 Griebs
Ohrfeige
7 Schelle
Pantoffel
7 Hatsche
8 Schlarfe, Schlarpe
Petersilie
7 Peterle
Pfifferling
8 Gehlchen
Pfuscherei
8 Prudelei
Platzregen
8 Schuette
Presskopf
8 Saumagen
Pünktchen
7 Tuettel
Qualm
8 Schmauch
Quark
6 Glumse
quer
6 zwerch
Rast
6 Rueste
Ratte
4 Ratz
Rauch
8 Schmauch
Rausch
6 Tummel
Regenguss
8 Pflatsch
Riedgras
5 Simse
rissig
9 schrundig
Ritze
6 Klinse, Klinze
Rodung
8 Schwende
Rückentrage
5 Hucke
Ruhe
6 Rueste
Sahne
7 Schmant
Salzwasser
3 Sur
Sauerkohl
5 Kumst
schaben
7 raffeln
schälen
6 pellen
schimpfen
8 rasaunen
Schlag
7 Schmitz
Schleife
8 Schluppe
Schleppe
7 Schlamp
Schlinge
8 Schluppe
Schlitterbahn
8 Glitsche
Schluck
7 Schlurf
Schmalz
6 Schmer
Schmutzfleck
7 Placken
Schnalle
5 Rinke
6 Rinken
Schnuller
9 Schlotzer
Schnur
7 Strippe
Schöpfgefäß
7 Schapfe
Schrank
6 Schaff
Schrulle
5 Nucke
Schuppen
8 Schoppen
schwankendes Verhalten
9 Quackelei
Schwanz
5 Zagel
Schwätzer
8 Quackler
9 Quackeler
Schweinefett
6 Schmer
Spagat
7 Strippe
Spalte
6 Klinse, Klinze
Span
8 Spleisse
9 Spreissel
Spange
5 Rinke
6 Rinken
Speichel
6 Seiber, Seifer
Spindel
6 Spille
Splitter
8 Spleisse
9 Spreissel
Sprosse
8 Spriesse
stark
7 grandig
Stirnbeule
8 Brausche
Stoffpantoffel
8 Babusche
9 Pampusche
Stoß
5 Stutz
Streit
7 Knatsch
8 Kampelei
Stützbalken
8 Spriesse
Stütze
7 Steiper
Stützleiste an Leiterwagen
5 Lisse
Tannenzapfen
6 Kustel
Tatze
7 Tatsche
Tauchente
6 Dueker
Tollpatsch
6 Dunsel
Tölpel
6 Rammel
8 Pachulke
Tracht Prügel
8 Kalasche
Trinker
7 Soeffel, Soeffer, Sueffel
8 Sueffler
Tunke
6 Stippe
Umstandskrämer
9 Quackeler
unerzogener Bursche
8 Pachulke
Ungeschickter
6 Rammel
ungezogen
8 meschant
Unruhe
5 Rumor
unsauber schreiben
7 klieren
verschnittene Sau
5 Gelze
Vorratskammer
5 Gaden
Wagendecke
5 Blahe
wählerisch im Essen
9 schnaekig
Warze
9 Leichdorn
Wasserstrudel
5 Quall
weiches Holz
5 Spint
Weidenrindenpfeifchen
9 Schnaetel
Weinberg
7 Wingert
Weinkelter
6 Torkel
Wels
6 Waller
Werg
6 Kauder
Wertloses
9 Laepperei
Widder
5 Staer

Winzer
6 Wimmer
wirrer Haarschopf
7 Strobel
wollene Decke
5 Kotze
Wollzeug
5 Kotze
Zank
8 Kampelei
zänkische Frau
6 Raffel
zerknittert
8 krumplig
9 krumpelig
zerstreut
8 schussig
zerzaust
9 strobelig
Ziege
5 Hippe
Zitze
5 Dutte
Zwiebel
5 Bolle
Landschaftsbild
8 Szenerie
Landschaftsschutzgebiet
9 Naturpark
Landschaftstypen
2 Au
3 Aue, Tal
4 Berg, Moor, Moos, Ried
5 Bruch, Ebene, Geest, Heide
6 Kueste, Marsch, Steppe, Tundra, Wueste
7 Gebirge, Plateau, Sibljak
8 Bergland
9 Buschwald, Hochebene, Niederung, Tiefebene
10 Huegelland
11 Hochgebirge
13 Mittelgebirge
Landser
6 Soldat
Landsitz
8 Tuskulum
Landsknechtseinheit
5 Haufe
Landsknechtsspieß
4 Pike
Landsknechtswaffe
6 Spiess
10 Hellebarde
Landspitze
3 Kap
4 Riff
5 Hoeft, Zunge
6 Klippe
Landstraße
8 Chaussee
Landstreicher
4 Hobo, Lump
5 Tramp
6 Penner
7 Bettler, Strolch, Stromer
8 Vagabund
9 Schnorrer
Landstreitmacht
4 Heer
5 Armee
Landungsbrücke
4 Pier
Landungsvorhaben
6 Anflug
Landvermesser
7 Geodaet
8 Geometer
Landvogt der Tellsage
7 Gessler
Landwehr
5 Miliz
bis 1918
8 Aufgebot
Landwirt
5 Bauer
6 Farmer
7 Agronom, Oekonom
8 Agrarier, Pflanzer
Landwirtschaft
9 Oekonomie
10 Agrikultur
landwirtschaftliche(r, s)
Anbaufläche
4 Beet, Feld
5 Acker
Anwesen
3 Hof
9 Bauernhof
Arbeit
5 Eggen, Saeen
6 Ernten
8 Dreschen, Pfluegen
Betrieb
3 Gut, Hof
4 Farm
8 Plantage
Bindemittel
9 Bindegarn
Einheit
9 Agrarraum
Ertrag
5 Ernte
Erzeugnisse
10 Naturalien
Fahrzeug
7 Bulldog, Traktor, Trecker
9 Ladewagen, Schlepper
10 Erntewagen
12 Maehdrescher
Fördergerät
9 Heuaufzug
Gebäude
5 Stall, Tenne
6 Stadel
7 Scheuer, Scheune
9 Heustadel
Gefäß
9 Melkeimer
Geräte
4 Egge
5 Forke, Hacke, Harke, Pflug, Sense
6 Fraese, Rechen, Sichel, Spaten
7 Grubber
8 Grobegge, Heugabel, Saategge
9 Heupresse, Heurechen, Heuwender, Mistforke, Mistgabel
12 Maehdrescher
Großbetrieb
8 Dominium
Großbetrieb der ehemaligen DDR
3 LPG
Großbetrieb der ehemaligen UdSSR
8 Sowchose
Großbetrieb im Mittelalter
9 Rittergut
Gut
9 Bauernhof
Heizversuchsprojekt
9 Agrotherm
Kleinbetrieb in Südamerika
6 Granja
Kollektiv
8 Kolchose
Maschine
6 Binder
8 Heulader
9 Haecksler
Personal
7 Gesinde
Speicher
4 Silo
7 Scheune
Trockengestell
9 Heureiter
Vorschriften (Talmud)
6 Seraim
Zugmaschine
7 Traktor
Landwirtschaftszweig
7 Obstbau, Weinbau
8 Ackerbau, Tabakbau
9 Viehzucht
10 Agrikultur
15 Weidewirtschaft
Landzunge
4 Lido
5 Hoeft
7 Nehrung
9 Halbinsel, Peninsula
lang
anhaltender Niederschlag
9 Landregen
gestreckte Meeresbucht
3 Ria
gezogene Geländeerhebung
9 Bergkette
Langarmaffe des tropischen Asien
6 Gibbon
Länge der Begrenzungslinie
6 Umfang
lange(r, s)
Anhang
7 Schwanz
Aussprache
7 Debatte
dauernd
9 chronisch

Gegenstand
4 Stab
6 Stange
Geschwätz
7 Palaver
Hobel
7 Raubank
Kalkulation
9 Rechnerei
krank
5 siech
10 hinfaellig
Nachdenken
8 Tuefteln
oder kurze Schlusssilbe
6 Anzeps
Reihe
5 Queue
Ruder
5 Skull
schmales Gebilde
8 Streifen
Schwanz
7 Schweif
Längengleichheit
9 Isometrie
Längenkreis
8 Meridian
Längenmaße
2 My
4 Elle, Fuss, Zoll
5 Meile, Meter
6 Mikron
8 Seemeile
9 Dekameter, Dezimeter, Kilometer
10 Millimeter, Zentimeter
Längenmessgeräte
6 Lineal
8 Bandmass, Massband, Massstab
9 Metermass, Zollstock
Langfinger
4 Dieb
6 Diebin
7 Stehler
9 Stehlerin
langhalsige
Gitarre
5 Banjo
Glasflasche
6 Phiole
langjährige ZDF-Krimiserie
7 Derrick
langkörniges Nahrungsmittel
9 Patnareis
länglich
rund
4 oval
6 oblong
9 eifoermig
runde Bernsteinperle
5 Olive
längliche(r, s)
Bodeneinschnitt
6 Graben
Hohlkörper
4 Rohr
6 Roehre
Koralle
8 Olivette
Vertiefung
3 Nut
4 Fuge, Nute
5 Riefe, Rille
6 Furche
Weißbrot
6 Stuten
Langmut
6 Geduld
8 Ausdauer
9 Nachsicht
11 Duldsamkeit
Langobardenkönige
4 Klef, Tato
5 Wacho
6 Alboin, Albuin, Arduin, Audoin, Codeoc, Klaffo
7 Agilulf, Aistulf, Aripert, Ariwald, Authari, Ratchis, Rodwald, Rothari
8 Adelwald, Grimoald, Grimwald, Liutpert, Luitpert, Walthari
9 Liutprand, Luitprand, Perktarit, Raginpert
10 Desiderius
längs
7 entlang
gerippter Stoff
4 Cord
geripptes Gewebe
4 Cord, Rips
langsam
5 lento
6 adagio, traege
7 pomadig
9 larghetto, sostenuto
langsame(r, s)
Musikstück
5 Largo
6 Adagio
7 Andante
9 Andantino
Satz
5 Grave
Volkstanz
6 Dreher
8 Laendler
werdend
10 ritardando
langschwänziger Kleinbär
5 Coati
Längsleiste einer Leiter
4 Holm
Längsrichtung (Schiff)
8 Trimmung
Längsträger
der Flugzeugtragfläche
4 Holm
eines Schiffes
4 Kiel
langweilig
3 fad, oed
4 fade
6 mopsig
7 monoton, reizlos
8 ennuyant
9 eintoenig
Lanze
5 Speer
6 Spiess
10 Hellebarde
Lanzenreiter
4 Ulan
5 Husar
7 Lancier
8 Dragoner
Laos
Berg
7 Phon Bia
Bevölkerung
3 Jao, Lao, Meo
4 Miao, Thai, Yaoe
6 Laoten
Flüsse
5 Namhu
6 Mekong
Gebirge
13 Traminplateau
14 Bolovenplateau
Hauptstadt
9 Vientiane
Politiker
7 Kaysone
9 Pathet Lao, Phomvihan
10 Siphandone, Suvannavon
12 Suvanna Phuma
Sprache
3 Lao
8 Laotisch
Städte
5 Pakse
11 Savannakhet
12 Luang Prabang
Währung
2 At
3 Kip
Lappenzelt
4 Kote
5 Kohte
Lärm
5 Krach, Radau, Rumor, Trara
6 Getobe, Rabatz, Randal, Rummel, Trubel, Tumult
7 Aufruhr, Getoese, Hopphei, Klamauk, Krakeel, Krawall
8 Aufheben, Gepolter, Geschrei
9 Spektakel
lärmen
5 toben, tosen
7 poltern, rumoren
8 bruellen, schreien
9 krakeelen
10 spektakeln
11 randalieren
Lärmgeräte
6 Knarre
7 Klapper, Ratsche
8 Schnarre
Larve
4 Made

5 Maske, Mumme, Puppe, Raupe
6 Nymphe
13 Gesichtsmaske
der Nesseltiere
7 Planula
des Apfelblütenstechers
7 Kaiwurm
des Maikäfers
9 Engerling
des Neunauges
7 Querder
lässig
3 lax
5 lasch, leger
6 salopp
10 nonchalant
lässige Umgangssprache
5 Slang
Lässigkeit
11 Nonchalance
Last
4 Joch, Onus
5 Muehe, Plage
6 Buerde, Fracht, Ladung
7 Gewicht
Lastenaufzug
4 Lift
8 Elevator
9 Fahrstuhl
11 Paternoster
lastende Schwüle
9 Bruthitze
Lastendes
5 Druck
Lastenfahrzeug
9 Hubkarren
Lastenheber
4 Kran
6 Bagger
7 Derrick, Stapler
8 Bauwinde, Drehkran
9 Rollenzug, Seilwinde
12 Gabelstapler
Lastensegler
6 Glider
Laster
5 Sucht
6 Suende
7 Unsitte
8 Untugend
13 Ausschweifung
lasterhaft
7 suendig
8 schlecht, verrucht
9 verworfen
lästige(r, s)
Bitten
8 Bettelei
Erkundigen
8 Fragerei
Kalkulation
9 Rechnerei
Kleinigkeit
8 Lauserei
Liedervorträge
8 Singerei
Mensch
7 Stoerer
Lastkahn
5 Prahm
6 Schute
8 Leichter
Lastkraftwagen
5 Truck
6 Brummi, Laster
Lastschiffe
6 Schute, Tanker
8 Frachter
9 Oeltanker
11 Transporter
14 Oeltransporter
15 Containerschiff
Lasttiere
4 Esel, Lama, Muli
5 Kamel, Pferd
8 Dromedar, Maulesel, Maultier, Packesel
9 Ackergaul
11 Trampeltier
lateinamerikanische Tänze
5 Baiao, Conga, Mambo, Raspa, Rumba, Samba
7 Calypso, Carioca, Kalypso
8 Merengue
9 Bossanova, Chachacha
Lateineuropäer
6 Romane
lateineuropäische Völker
7 Romanen
lateinisch:
also
4 ergo
Arzt
7 medicus
auf Treu und Glauben
8 bona fide
Aufsatz
8 scriptum
aus
2 ex
Ausspruch
6 dictum
Bauer
8 agricola
Bekenntnis
9 confessio
Berg
4 mons
bete
3 ora
Blei
7 plumbum
Brot
5 panis
Bruder
6 frater
7 fratres
Buchseite
6 pagina
Buchstabe
6 litera
das ist
5 id est
der Größte
7 maximus
Dichter
5 poeta
Ding
3 res
Drang
7 impetus
drei
4 tres
durch
3 per
durch sich
5 per se
ebenda
6 ibidem
ebenso
4 item
eins
4 unus
einst
4 olim
Eisen
6 ferrum
Ende
5 finis
er lebe
5 vivat
Erde
5 terra
Erzählung
6 fabula
es gefällt
6 placet
es geschehe
4 fiat
Fall
5 casus
Fehler
7 erratum
Figur
6 figura
folglich
4 ergo
Frau
6 femina
Freude
7 gaudium
Freund
6 amicus
Freundin
5 amica
Frieden
3 pax
für
3 pro
Gattung
5 genus
gegen
6 contra
Geschehenes
4 acta
Gesetz
3 lex
glücklich
5 felix
Gold
5 aurum
Gott
4 deus
groß
6 magnus

Grund
5 causa
gut
4 bene
Hand
5 manus
hat gemalt
4 pinx
6 pinxit
Haus
5 domus
Herr
7 dominus
hier
3 hic
hübsch
6 bellus
Hund
5 canis
ich
3 ego
ich glaube
5 credo
ich kam
4 veni
ich sah
4 vidi
ich siegte
4 vici
ich verbiete
4 veto
im Ganzen
6 in toto
im Jahre
4 anno
im Zweifelsfalle
7 in dubio
immer
6 semper
innen
5 intus
Irrtum
5 error
7 erratum
ist
3 est
je
3 pro
jenseits
5 trans
Jungfrau
5 virgo
Kirche
8 ecclesia
kleiner
5 minor
Knecht
6 servus
Knochen
2 os
König
3 rex
Königin
6 regina
Körper
6 corpus
Kranz
6 corona
Kreuz
4 crux
Krone
6 corona
Kunst
3 ars
Land
5 terra
lasset uns beten
6 oremus
Last
4 onus
lebe wohl
4 vale
Leben
4 vita
Licht
3 lux
Liebe
4 amor
Löwe
3 leo
Luft
3 aer
Mann
4 homo
Meer
4 mare
Mensch
4 homo
Merkmal
6 signum
Mond
4 luna
Musik
6 musica
Mutter
5 mater
nach
4 post
Nacht
3 nox
Name
5 nomen
nämlich
4 enim
nein
3 non
neun
5 novem
nichts
5 nihil
niemand
4 nemo
ohne
4 sine
Ort
5 locus
Platz
5 locus
Recht
3 ius, jus
Redner
6 orator
römischer Friede
9 Pax Romana
Ruhe
5 otium
9 silentium
Sache
3 res
Salz
3 sal
Schluss
5 finis
schnell
4 cito
Schuld
5 culpa
Seele
6 animus
sei gegrüßt!
3 ave
5 salve
Seite
6 pagina
sie sollen leben
6 vivant
sieben
6 septem
Sieg
8 victoria
siehe da
4 ecce
Silber
8 argentum
Sinn
6 sensus
Sitte
3 mos
Sitten
5 mores
Sklave
6 servus
Sohn
6 filius
Sonne
3 sol
Spitze
4 apex
Sprache
6 lingua
Stadt
4 urbs
Stern
6 astrum, stella
Sterne
5 astra
Stimme
3 vox
Straße
3 via
Stunde
4 hora
Tafel
6 tabula
Tag
4 dies
tausend
5 mille
Teil
4 pars
Teufel
8 diabolus
Tochter
5 filia
Tod
4 mors

Tonkunst
6 musica
Tor
5 porta
Treue
5 fides
Tür
5 porta
über
5 super, trans
unabänderliches Schicksal
5 fatum
und
2 et
unter
3 sub
Ursache
5 causa
Vater
5 pater
Vaterland
6 patria
Vernunft
5 ratio
Verstand
5 ratio
vier
8 quattuor
Volk
7 populus
vollzählig
7 in pleno
von Amts wegen
9 ex officio
von Anfang an
5 ab ovo
von selbst
6 eo ipso
vor
4 ante
Vorzeichen
4 omen
Wärme
5 calor
was
4 quod
Wasser
4 aqua
Weg
3 via
4 iter
Wein
5 vinum
Welt
6 mundus
Werk
4 opus
Wolf
5 lupus
Würfel
4 alea
Wurzel
5 radix
Zahl
7 numerus
zehn
5 decem
Zeit
6 tempus
Zeitwort
6 verbum
zu diesem Zweck
5 ad hoc
zum Gebrauch
6 ad usum
zwei
3 duo
zwischen
5 inter

lateinische(r, s)
Bibelübersetzung
5 Itala
7 Vulgata
Dichter
7 Statius
8 Iuvencus, Sedulius
9 Commodian
Grußwort
3 ave
5 salve
Name des Odysseus
6 Ulixes
7 Ulysses
Name des Rheins
6 Rhenus
Name Thüringens
9 Thuringia
Name von Bayern
7 Bavaria
Name von Deutschland
8 Teutonia
Name von Griechenland
7 Graecia
Name von Nürnberg
5 Noris
Name von Paris
7 Lutetia
Name von Polen
7 Polonia
Name von Preußen
8 Borussia
Name von Sachsen
7 Saxonia
Name von Spanien
8 Hispania
Name von Ungarn
8 Hungaria
Vorsilbe: ehemalig
2 ex
Vorsilbe: Ei
3 ovo
Vorsilbe: Eisen
5 ferro
Vorsilbe: halb
4 semi
Vorsilbe: hinein
5 intro
Vorsilbe: jenseits
5 trans
Vorsilbe: rückwärts
5 retro
Vorsilbe: stellvertretend
4 vize
Vorsilbe: über
5 super, supra, trans
Vorsilbe: unter
3 sub
Vorsilbe: unterhalb
5 infra
Vorsilbe: viel
5 multi
Vorsilbe: voraus
4 prae
Vorsilbe: zwischen
5 inter

Lateinkenner
8 Latinist

Laterne
7 Lampion

Laternenträger
10 Kandelaber

Latex
9 Milchsaft

Lattengestell
5 Horde

Lattenkiste
6 Harass

Lattenzaun
6 Staket

Laubbäume
4 Albe, Aspe, Else, Erle, Espe, Iper, Sale, Ulme, Urle
5 Abele, Ahorn, Alber, Birke, Buche, Eiche, Eller, Esche, Linde, Weide
6 Akazie, Felber, Pappel
7 Heister, Platane, Robinie, Rotulme, Ruester
8 Abelbaum, Bergerle, Bergulme, Eiseiche, Feldulme, Grauerle, Kastanie, Korkulme, Nussbaum, Rotbuche, Salweide
9 Bergahorn, Bergweide, Blutahorn, Blutbirke, Blutbuche, Bluteiche, Buchsbaum, Eberesche, Feldahorn, Goldbuche, Gruenerle, Haarbirke, Haarweide, Hagebuche, Hainbuche, Kopfweide, Korkahorn, Korkeiche, Krimlinde, Moorbirke, Palmweide, Sandbirke, Suedbuche, Tamariske, Waldbuche, Weisserle, Weissulme, Zerreiche
10 Bruchweide, Dornakazie, Flaumeiche, Gruenlinde, Herbsterle, Hopfenbaum, Mannaesche, Massholder, Spitzahorn, Steineiche, Stieleiche, Weissbirke, Weissbuche, Zwergbirke
11 Blumenesche, Eschenahorn, Felsenahorn, Flatterulme, Hopfenbuche, Lorbeerbaum, Myallakazie, Papierbirke, Purpurweide, Schwarzerle,

Silberahorn,
Silberlinde,
Silberweide,
Sommereiche,
Trauerbuche,
Traueresche,
Trauerweide,
Weisspappel,
Wintereiche,
Winterlinde,
Zuckerahorn
12 Edelkastanie,
Faecherahorn,
Faechereiche,
Kassiaakazie,
Lorbeerweide,
Maulbeerbaum,
Rosskastanie,
Sauerkirsche,
Schirmakazie,
Schwarzbirke,
Schwarzbuche,
Schwarzesche,
Silberakazie,
Silberpappel,
Strauchbirke,
Traubeneiche,
Zitterpappel
13 Baumhaselnuss,
Floetenakazie,
Katechuakazie,
Kornelkirsche,
Schimmelweide,
Schwarzpappel,
Senegalakazie
14 Pyramidenbuche,
Scharlacheiche
15 Pyramidenpappel

Laubbaumfrucht
6 Eichel

Laube
7 Salette, Salettl
8 Pavillon, Salettel

Laubengang
7 Pergola

Laubhüttenfest
7 Sukkoth

Laubschädling
9 Maikaefer

Lauchart
5 Bolle
6 Porree
7 Zipolle, Zwiebel
9 Knoblauch, Schalotte
11 Perlzwiebel
12 Schnittlauch

Lauf
4 Gang, Kurs
6 Sprint

Laufbahn
8 Karriere

Laufbrett
4 Steg

Laufbrücke
7 Gangway

Laufbursche
3 Boy
4 Bote, Page

laufend
7 kurrent
8 staendig

Läufer
8 Sprinter

Lauferei
7 Gerenne

Lauffläche des Schuhs
5 Sohle

Laufgarten für Pferde
7 Paddock

Laufgehege des Viehs
6 Koppel

Laufjunge
3 Boy
4 Bote
6 Diener
12 Ueberbringer

Laufkäfer
8 Calosoma
9 Goldhenne
11 Goldschmied
13 Puppenraeuber
14 Feldsandkaefer,
Goldlaufkaefer

Laufleine für Pferde
5 Longe

Laufschiene
4 Kufe

Laufschuhe
6 Spikes

Laufspiel
4 Zeck
6 Fangen
7 Haschen

Laufsteg
7 Gangway

Laufvögel
3 Emu, Moa
4 Kiwi, Rhea
5 Nandu
6 Kasuar
7 Strauss

Lauge
4 Base

laugenartige chemische Verbindung
6 Alkali

Laune
4 Lust
6 Grille, Spleen
7 Kaprice, Marotte
8 Stimmung
10 Verfassung
17 Gemuetsverfassung

launenhaft
6 bizarr
8 launisch, verzerrt
10 kaprizioes

launiges Musikstück
9 Capriccio

Lausbub
5 Gamin, Range
6 Bengel

bei Wilhelm Busch
3 Max
6 Moritz

lauschen
7 horchen

Lauscher
5 Spion
7 Horcher

Läuseei
4 Niss
5 Nisse

laut
5 forte
10 fortissimo
3 Ton
4 Hall

rufen
8 bruellen, schreien

schelten
7 wettern

und heftig weinen
6 heulen

weinen
8 plaerren

weinender Junge
8 Plaerrer

Lautbildungslehre
8 Phonetik

Laute
7 Gitarre, Klampfe,
Testudo
8 Angelica
9 Zupfgeige

laute(r, s)

Anruf
5 Hallo

Ausruf
6 Schrei

Äußerung
5 Zuruf

Gefühlsausbruch
6 Schrei

Geklopfe
9 Gehaemmer

Klage
6 Jammer

kurze Äußerung
6 Ausruf

Mensch
8 Schreier

Spaß
3 Jux

Vergnügung
8 Jamboree

lauter
3 pur
4 rein
6 schier
7 integer
8 gediegen

Lauterkeit
11 Integritaet

Läuterungsort
9 Fegefeuer

Läutgeräte
7 Klingel
10 Hausglocke

Lautlehre
8 Phonetik

lautlos
5 still

Lautsprecher mit Gehäuse
3 Box

Lautsprechertyp
7 Kalotte
Lautstärkeangabe
7 Fonzahl
8 Phonzahl
Lautstärkeeinheit
7 Dezibel
Lautstärkelehre
7 Dynamik
Lautstärkemaß
3 fon
4 phon
Lautstärkemesser
9 Fonometer
10 Phonometer
Lautstärkemessung
10 Fonometrie
11 Phonometrie
Lautstärkeschwankung
9 Schwebung
Lavendelart
5 Spike
lax
5 leger
6 salopp
7 laessig
10 nonchalant
Layout
6 Aufbau, Skizze
7 Entwurf
10 Gestaltung, Gliederung
Lebehoch
5 eljen, vivat
6 banzai, evviva
Lebemann
4 Roué
7 Playboy
9 Bonvivant, Geniesser, Wuestling
Leben
4 Sein, Vita
6 Dasein
8 Existenz
Lebensabend
5 Alter
Lebensabschnitte
5 Alter
6 Jugend
8 Kindheit
9 Schulzeit
Lebensart
4 Stil, Takt
8 Manieren
Lebensbaum
5 Thuja
lebensbedrohendes Mittel
7 Toxikum
9 Giftstoff
lebensbejahender Mensch
8 Optimist
Lebensbejahung
10 Optimismus
Lebensbereich
6 Biotop, Milieu
einer Art
8 Standort
Lebensbeschreiber
7 Biograf
8 Biograph
Lebensbeschreibung
4 Vita
9 Biografie
10 Biographie
Lebensbund
3 Ehe
8 Mischehe
9 Liebesehe
Lebenserinnerungen
8 Memoiren
lebensgefährlicher Stoff
4 Gift
Lebensgefährte(in)
5 Gatte
6 Gattin, Gemahl
7 Ehefrau, Ehemann, Partner
8 Gemahlin
9 Partnerin
Lebensgemeinschaft
3 Ehe
7 Familie
8 Symbiose
9 Zoenobium
10 Biozoenose
lebensgroße Puppe für Autotests
5 Dummy
Lebenshaltung
8 Standard
Lebenshauch
4 Atem, Odem
6 Pneuma
Lebenskraft
10 Vitalitaet
lebenskräftig
5 vital
6 munter
Lebenskreis
4 Welt
6 Milieu
7 Sphaere
Lebenslauf
9 Werdegang
Lebensmittel
2 Ei
4 Brot, Fett, Mehl, Obst, Reis
5 Fisch, Kaese, Milch, Wurst
6 Butter, Furage, Zucker
7 Fleisch, Gemuese
8 Esswaren, Proviant
9 Huehnerei
10 Viktualien
Lebensmittelvergiftung
10 Botulismus
Lebensprinzip
6 Maxime
Lebensraum
der Hochsee
8 Pelagial
Wald
8 Arboreal
Lebenssaft
4 Blut
7 Elixier
lebensvoll
5 vital
Leber
5 Hepar
Leberentzündung
9 Hepatitis
Lebererkrankung
9 Gelbsucht
Lebersekret
5 Galle
Leberzellenerkrankung
8 Hepatose
Lebewesen
4 Tier
6 Mensch
7 Kreatur, Pflanze
9 Geschoepf
10 Individuum, Organismus
Lebewesenentwicklung
9 Biogenese
Lebewesenforscher
7 Biologe
Lebewohl
3 ade
4 ciao
5 adieu, valet
6 tschau
8 Abschied
lebhaft
3 vif
4 rege, wach
5 alert, mosso, quick, vital
6 frisch, munter
7 allegro, stretto
9 dynamisch
10 aufgeweckt
15 temperamentvoll
lebhafte(r, s)
Mensch
11 Sanguiniker
Musikstück
5 Rondo
7 Allegro
Treiben
7 Betrieb
Lebkuchenstadt
9 Nuernberg
Lebkuchenunterlage
6 Oblate
Lech-Zuflüsse
4 Vils
7 Wertach
lecker
7 delikat
9 koestlich
11 appetitlich
Leckerbissen
11 Delikatesse
Leckerei
9 Naschwerk
11 Suessigkeit
Leckermaul
7 Gourmet
8 Gourmand
9 Geniesser
Ledererzeuger
6 Gerber
Lederfett
6 Abfett, Degras
Lederflicken
7 Riester

Ledergurt
6 Riemen
7 Guertel
Lederhandwerker
7 Sattler
Lederhaut
6 Sklera
der Wirbeltiere
5 Kutis
8 Hypoderm
unter der Oberhaut
6 Corium
Lederhersteller
6 Gerber
9 Lohgerber
ledern
4 zaeh
Lederpeitsche
5 Knute
7 Nagaika
8 Kantschu
Lederschuh der Indianer
8 Mokassin
Ledersorten
3 Kid
5 Basil, Glacé, Nappa
6 Velour
7 Boxcalf, Chagrin, Chamois, Juchten, Korduan, Rindbox, Saffian
8 Chevreau, Krokodil, Maroquin, Volleder
9 Lackleder, Wildleder
10 Spaltleder
11 Ziegenleder
Lederstreifen
4 Gurt
6 Riemen
Lederverarbeiter
7 Sattler
8 Schuster
9 Hutmacher
11 Hutmacherin, Schuhmacher
Lederwams
6 Koller
Lederwarenstadt
9 Offenbach
Lederzeug der Zugtiere
8 Geschirr
ledig
3 bar
4 frei
5 bloss
6 allein
9 unbesetzt
10 ungebunden
13 unverheiratet
ledige Freiherrntochter
9 Baronesse
13 Freifraeulein
lediglich
3 nur
pumpen
6 lenzen
Leere
4 Oede
6 Vakuum
Redensart
6 Phrase
leere(r, s)
Gerede
6 Schmus
7 Schnack
8 Larifari
9 Schmonzes
Rand
7 Respekt
Zwischenraum
6 Luecke
Leergut
5 Kiste
6 Kasten
7 Fastage, Flasche, Fustage, Traeger
9 Behaelter, Container
Leerseite
5 Vakat
legendär
9 sagenhaft
Legendenbuch
8 Legendar
leger
3 lax
6 locker, salopp
7 laessig
11 ungezwungen
Legföhre
7 Latsche
Legierungen
5 Dural, Talmi
6 Bronze, Tombak
7 Messing, Rotguss
9 Neusilber, Platinoid, Weissgold
10 Gussbronze, Konstantan
Legionsangehöriger
8 Legionar
9 Legionaer
Legitimation
4 Pass
7 Ausweis, Urkunde
9 Kennkarte, Passporte, Reisepass
16 Identitaetskarte, Personalausweiss
Leguane
6 Anolis
8 Basilisk
9 Meerechse
10 Drusenkopf
lehensfreies Eigentum
8 Allodium
Lehmart
3 Ton
Lehnsessel
7 Bergère
8 Armstuhl, Fauteuil
Lehnsmann, Lehnsmänner
6 Vasall
8 Vasallen
12 Gefolgsleute
Lehnstuhl
9 Armsessel
Lehnswesen
11 Feudalismus
Lehramt
8 Dozentur, Lektorat
9 Professur
Lehranstalten
3 Uni
6 Lyzeum, Pennal, Schule
7 Seminar
8 Akademie, Externat, Institut, Internat
9 Gymnasium, Technikum
10 Hochschule, Realschule
11 Grundschule, Hauptschule
12 Universitaet
13 Gewerbeschule
14 Konservatorium
Lehrauftrag
8 Dozentur, Lektorat
9 Professur
Lehrbefähigung
8 Fakultas
Lehrbuch
5 Fibel
9 Leitfaden, Vademekum
10 Kompendium
der wedischen Zeit
5 Sutra
Lehre
der Dichtkunst
6 Poetik
der indischen Wedantaphilosophie
6 Dwaita
der Kyniker
8 Zynismus
des Thomas von Aquin
9 Thomismus
des Vortragstempos
6 Agogik
vom Ackerbau
9 Agronomie
vom Bau der Erde
8 Geologie
vom Beweis
9 Apodiktik
vom Bewusstsein
9 Eidologie
vom Blut
9 Serologie
vom Blutserum
9 Serologie
vom Boden
9 Pedologie
vom Denken
5 Logik
vom Denkschema
5 Topik
vom Geruchssinn
9 Osmologie
vom Gespräch
8 Dialogik
vom gesunden Leben
8 Eubiotik
vom Gleichgewicht der Körper
6 Statik
vom Körperbau der Lebewesen
8 Anatomie

vom Kunstgliederbau
9 Prothetik
vom Leben
8 Biologie
vom Licht
5 Optik
vom menschlichen Körper
11 Somatologie
vom pantomimischen Tanz
8 Orchesis
9 Orchestik
vom Satzbau
6 Syntax
vom Schall
7 Akustik
vom Schießen
9 Ballistik
vom Schönen
9 Aesthetik
vom Sein
9 Ontologie
vom Siedlungswesen
7 Ekistik
vom sinfonischen Satzbau
8 Sinfonik
vom Übersinnlichen
11 Okkultismus
vom Verhalten der Gase
9 Pneumatik
vom Verhalten der Tiere
9 Ethologie
vom Wasser
10 Hydrologie
vom Wetter
12 Meteorologie
vom Widerhall
10 Katakustik
vom Zwangsschlaf
8 Hypnotik
von ausgestorbenen Lebewesen
14 Palaeontologie
von Bakterien
13 Bakteriologie
von belebten Natur
8 Biologie
von Beseelung
9 Animismus
von Chemie an lebenden Organismen
9 Biochemie
von den Denkgesetzen
9 Nomologie
von den Geschwülsten
9 Onkologie
von den Harnorganen
8 Urologie
von den Kräften
7 Dynamik
von den Lebensgesetzen
8 Bionomie
von den Lebewesen
8 Biologie
von den Riechstoffen
9 Osmologie
von den Rinderkrankheiten
8 Buiatrie, Buiatrik
von den sprachlichen Zeichen
8 Semiotik
von den Topoi
5 Topik
von der Beseeltheit
9 Animismus
von der Bewegung
7 Kinetik
von der Energie
9 Energetik
von der Entstehung des Menschen
13 Anthropogenie
von der Erbgesundheit
7 Eugenik
von der Erzverarbeitung
11 Metallurgie
von der Lebensweise der Tiere
9 Ethologie
von der lexikalischen Einheit
9 Lexematik
von der Liebe
6 Erotik
von der Organlage
5 Topik
von der Redekunst
8 Rhetorik
von der Weltordnung
8 Logismus
von der Arzneimittel-zubereitung
9 Pharmazie
von Dichtkunst
6 Poetik
von Duftstoffen
9 Osmologie
von Geisteskrankheiten
11 Psychiatrie
von Giften
11 Toxikologie
von Gleichungen
7 Algebra
von Krankheiten
10 Pathologie
von Lebensvorgängen
11 Physiologie
von mathematischen Gleichungen
7 Algebra
von Missbildungen
11 Teratologie
von räumlichen Größen
12 Stereometrie
von Riechstoffen
9 Osmologie
von unbelebten Dingen der Natur
6 Physik
von Verbrechen
12 Kriminologie
von Versmaßen
6 Metrik
von Wappen
8 Heraldik
lehren
8 dozieren
11 instruieren, unterweisen
12 unterrichten
Lehrer
5 Tutor
6 Dozent, Lektor, Mentor, Pauker
7 Trainer
8 Anleiter, Erzieher, Magister
9 Ausbilder, Einweiser, Paedagoge, Professor
10 Instruktor, Praezeptor
der Anatomie
6 Anatom
des Achill
6 Chiron
des Aristoteles
5 Plato
6 Platon
des Herakles
7 Eurytos
des Judentums im Mittelalter
6 Raschi
des kanonischen Rechts
8 Kanonist
des Telemach
6 Mentor
im Chassidismus
6 Zaddik
und Studenten
9 Fakultaet
von Alexander dem Großen
11 Aristoteles
von Beethoven
5 Neefe
6 Schenk
von Dürer
8 Wolgemut
von Karl de Großen
6 Alkuin
von Platon
8 Sokrates
von Schumann
5 Wieck
Lehrerbildungsanstalt
7 Seminar
Lehrerpult
8 Katheder
Lehrfahrt
9 Exkursion, Streifzug
Lehrgang
4 Kurs
6 Kursus
8 Schulung
lehrhaft
10 didaktisch
lehrhafte Erzählung
5 Fabel
Lehrherr
7 Meister
9 Prinzipal
Lehrkörper
9 Kollegium
Lehrling
5 Azubi, Eleve, Stift
7 Pikkolo
9 Anfaenger, Volontaer
14 Auszubildender

Lehrmeinung
7 Theorie
Lehrmittel
8 Fachbuch
9 Schulbuch
lehrreich
10 informativ, instruktiv
11 interessant
lehrreiches Kinostück
9 Naturfilm
Lehrsatz
5 Dogma, These
7 Doktrin, Theorem
Lehrstoff für eine bestimmte Zeit
6 Pensum
Lehrstuhl
9 Professur
Lehrstunde
7 Lektion
Lehrsystem der indischen Religion
6 Tantra
Lehrverfahren
7 Methode
Leib
7 Koerper
Leibarzt
Karls IX.
7 Botallo
Karls V.
5 Vesal
8 Vesalius
Leibbinde
8 Schaerpe
Leibbürge
6 Geisel
Leibchen
6 Mieder
7 Korsett
Leibeigener
6 Sklave
Leibesertüchtigung
5 Sport
6 Turnen
9 Gymnastik
12 Bodybuilding
Leibesfrucht
5 Fetus
6 Embryo, Foetus
leibhaftig
4 real
7 konkret
8 dinghaft, wirklich
leibliche Erzieher
6 Eltern
Leibrente
7 Apanage
Leibriemen
4 Gurt
6 Koppel
7 Guertel
9 Ledergurt
Leibrock
biblischer Hoher Priester
5 Ephod
der Tataren
8 Beschmet

Leibschmerz
5 Kolik
8 Bauchweh
Leibwache
5 Garde
byzantinischer Kaiser
8 Waranger
des Papstes
10 Nobelgarde
Leibwächter
bayrischer Könige
10 Hartschier
der Zaren
9 Strelitze
im Tower
9 Beefeater
orientalischer Herrscher
8 Mameluck
Leibwäschestück
4 Slip
8 Netzhemd
9 Sporthemd, Unterhemd, Unterhose
leicht
5 flott, leger
7 einfach
8 handlich, muehelos, unschwer
10 gewichtlos
14 nicht schwierig
bearbeitbares Tischlermaterial
9 Weichholz
begreifend
8 gelehrig
berauscht
9 weinselig
10 beschwingt
berühren
8 antippen
betäubt
8 benommen
entzündbar
8 explosiv
erregbarer Mensch
8 Hitzkopf
geneigte Uferböschung
9 Gleithang
löslich
7 lyophil
reizbar
8 sensitiv
säuerlich
4 herb
übel
4 flau
11 schwindelig
verkäuflich
7 gaengig
verkäufliche Ware
8 Schlager
zu kauen
4 zart
Leichtathlet
5 Geher
6 Werfer
7 Laeufer
8 Springer

leichtathletische
Geräte
4 Stab
5 Kugel, Speer
6 Diskus, Hammer
Übungen
5 Gehen
6 Laufen, Werfen
8 Springen, Waldlauf
9 Mehrkampf, Schwimmen, Zehnkampf
10 Dreisprung, Fuenfkampf, Hochsprung, Weitsprung
11 Huerdenlauf, Kugelwerfen, Speerwerfen, Staffellauf
12 Diskuswerfen, Hammerwerfen, Kugelstossen, Marathonlauf, Steinstossen
13 Hindernislauf, Stafettenlauf
14 Stabhochsprung
Leichtbaustoff
8 Fulgurit
leichte(r, s)
Angorawollstoff
7 Camelot
Anstoßen zweier Schiffe
5 Raken
Anzugstoff
8 Cassinet
Betrug
7 Mogelei
Damenschuhe
5 Pumps
einspänniger Wagen
5 Buggy
Elementarteilchen
8 Leptonen
Galopp
6 Kanter
Holländerhühner
6 Pellen
Irreseinsphase
9 Hypomanie
Kost
8 Reisbrei
Mieder
9 Korselett
Nordostwind
4 Bise
offene Kutsche
7 Phaeton
Pferdegeschirr
6 Sielen
Pferdezaum
6 Trense
7 Halfter
russischer Reiter
5 Kosak
Schlag
5 Klaps
Schneefall
8 Geriesel
Schreibpapier
8 Florpost

Schuss
9 Schlenzer
Tischlermaterial
9 Balsaholz
türkisches Küstenfahrzeug
4 Kaik
türkisches Ruderboot
5 Kajik
Vertiefung
5 Delle
Wasserstoff
7 Protium
Wollstoff
5 Arras
zweirädriger Wagen
3 Gig
leichtere Lederarten
9 Vachetten
leichtestes Nutzholz
5 Balsa
leichtfertig
6 frivol
11 schluepfrig
leichtfertiges Mädchen
8 Grisette
Leichtmetalle
3 Alu
6 Kalium
7 Caesium, Kalzium, Natrium
8 Scandium
9 Aluminium, Beryllium, Magnesium
leichtsinnig
10 unbesonnen
11 fahrlaessig
leichtsinniger Mensch
7 Holdrio
8 Hallodri
Leid
3 Weh
4 Crux, Gram, Harm, Pein, Qual
5 Uebel
6 Kummer, Trauer
7 Schmerz
8 Truebsal, Unglueck
Leideform
6 Passiv
Leiden
7 Tormina
8 Siechtum
9 Gebrechen, Gebresten, Martyrium
11 Morbositaet
Christi
7 Passion
leidend
6 passiv
Leidender
7 Kranker
Leidenschaft
6 Pathos
7 Passion, Schwung
8 Inbrunst, Pathetik
10 Fanatismus
leidenschaftlich
6 brioso
7 furioso
8 patetico
9 affetuoso, enragiert, fanatisch
10 pathetisch
11 inbruenstig, passioniert
leidenschaftliche(r, s)
Gefühl
8 Inbrunst
Jäger
6 Nimrod
Mensch
9 Ungestuem
Musikstück
7 Furioso
Wut
4 Rage
7 Raserei
Leidenschaftlichkeit
6 Furore
12 Enthusiasmus
Leidensgang Jesu
8 Kreuzweg
Leidensgeschichte Jesu
7 Passion
Leidensstrecke
9 Dornenweg
leidlich
8 passabel
9 tolerabel
11 ertraeglich
Leidtragender
6 Dulder
Leier
4 Lyra
Leihanstalt
7 Verleih
9 Pfandhaus
Leihauto
4 Taxi
8 Droschke
9 Mietwagen
leihen
6 borgen, pumpen
Leihsumme
8 Darlehen
Leihwagen
4 Taxe, Taxi
8 Mietauto
leimartiger Eiweißkörper
8 Kollagen
Lein
6 Flachs
Leine
3 Tau
4 Seil
6 Schnur, Strick, Zuegel
7 Strippe
zum Segelschnüren
6 Geitau
Leine-Zuflüsse
3 Aue
4 Else, Ihme, Ilme
5 Auter, Garte, Nasse, Ruhme, Saale, Soese, Wende
6 Kaspau, Stette, Wiesel
7 Westaul
8 Innerste
Leinengewebe
5 Drell
6 Byssus, Inlett, Linnen
8 Grisetta, Leinwand
9 Weisszeug
Leinenhose der Fischer
8 Kotillon
Leintuch
5 Laken
9 Bettlaken
Leinwandstar
8 Filmheld
Leipziger
Arzt
8 Schreber
Buchhändler
5 Reich
Chor
8 Thomaner
leise
5 piano
sprechen
6 raunen
9 fluestern
leises
Gelache
8 Kicherei
Wehen
9 Lufthauch
leistenartiges Architekturglied
6 Gesims
Leistenbruch
6 Hernie
Leistungsbescheinigung
7 Zeugnis
Leistungsentgelt
4 Taxe
7 Gebuehr
leistungsfähig
3 fit
5 aktiv, stark, vital
6 potent
8 tuechtig
9 effizient
10 vermoegend
Leistungsfähigkeit
4 Form
6 Potenz
7 Fitness
9 Kondition, Potential, Potenzial, Vermoegen
10 Kapazitaet
12 Arbeitskraft
16 Arbeitsvermoegen
Leistungskraft
6 Potenz
7 Energie
Leistungslohn
6 Akkord
Leistungsmessgerät
9 Ergometer
Leistungsschulung
6 Uebung
Leitartikler
9 Kolumnist
Leitbild
5 Ideal
leiten
6 lenken

7 fuehren, managen
8 regieren
9 anfuehren, bugsieren, vorstehen
10 befehligen, dirigieren

leitende(r) Angestellte(r)
8 Direktor
9 Prokurist
10 Direktorin, Direktrice
11 Prokuristin
12 Vorgesetzter
14 Betriebsleiter
16 Abteilungsleiter
17 Geschaeftsfuehrer

leitender Mediziner
6 Primar
8 Chefarzt

Leiter
4 Boss, Chef
6 Leader, Lenker, Regens
7 Fuehrer, Manager
8 Direktor
9 Anfuehrer, Oberhaupt, Vorsteher

der Heilsarmee
7 General

der Kirchenmusik
6 Kantor

der Politik eines Staates
7 Kanzler, Premier

des diplomatischen Korps
5 Doyen

des Spielmannszuges
12 Tambourmajor

einer Behördenabteilung
9 Dezernent

einer Bühne
9 Intendant

einer Redaktion
13 Chefredakteur

einer Rundfunkanstalt
9 Intendant

einer Schule
6 Rektor
8 Direktor

einer Sportmannschaft
8 Kapitaen, Teamchef
11 Equipenchef

eines Bankgeschäftes
7 Bankier

eines Gesundheitsamts
8 Amtsarzt

eines Klosters
3 Abt
5 Prior

eines Orchesters
6 Leader
8 Dirigent
13 Kapellmeister

Leiterteil
4 Holm
7 Sprosse

Leitertrittstange
7 Sprosse

Leitfaden
7 Manuale
8 Handbuch, Ratgeber
9 Vademekum, Wegweiser
10 Kompendium

Leitgedanke
4 Idee
5 Motiv, Motto, Thema
6 Devise, Maxime
8 Thematik
9 Grundidee

Leitsatz
5 These

Leitseil für Pferde
5 Longe

Leitspruch
5 Motto
6 Devise

Leitung
4 Rohr
5 Kabel, Kanal, Regie
7 Vorsitz
8 Aufsicht, Fuehrung
9 Direktion
10 Praesidium
13 Befehlsgewalt

Leitungsdraht
5 Kabel, Litze

Leitungsstütze
4 Mast

Lek-Zufluss
6 Ijssel

Lektion
6 Lesung

Lena-Zuflüsse
3 Sin, Zin
4 Anga, Beri, Muna
5 Aldan, Bolma, Nijua, Talba, Tokko, Witim, Wolwo
6 Botama, Moloda, Nimana, Olekma
7 Beledui, Bergere, Kirenga, Mankara, Sjnjaja, Tschaga, Tschara, Tschuja, Tschura

Lendenschmerz
9 Lumbalgie

Lendenstück
5 Filet
9 Rumpsteak

lenken
7 steuern
8 regieren
10 dirigieren

Lenker
5 Pilot
6 Fahrer, Volant
7 Fuehrer
8 Kutscher
9 Chauffeur, Steuerrad
10 Steuermann

Lenkhebel
5 Pinne

Lenkrad
6 Steuer, Volant

Lenkriemen der Pferde
6 Zuegel

Lenkung
9 Steuerung

Lenkvorrichtung
6 Steuer

Leonardo da . . .
5 Vinci

Leopard
6 Panter, Pardel, Parder
7 Panther

Lerneinheit
4 Unit

Lesart
7 Fassung, Version
8 Variante

Lesbierin
7 Tribade

lesbische Liebe
8 Tribadie

Leseapparat für Blinde
7 Optofon
8 Optophon

Lesebuch
5 Fibel

Lesestoff
8 Lektuere
9 Literatur

Lesestörung
8 Dyslexie
9 Paralexie

Lesotho

Bevölkerung
5 Sotho
6 Basuto
8 Lesother

Fluss
6 Oranje

Hauptstadt
6 Maseru

Höhenzug
12 Drakensberge

König
10 Moshoeshoe

Orte
7 Quthing
8 Mafeting
10 Mokhotlong

Sprache
5 Sotho
7 Se Sotho

Währung
4 Loti
7 Lisente

Letter
6 Litera
9 Buchstabe

Letternmetall
8 Hartblei

lettisch-litauische

Göttin der Morgenröte
5 Ausra
6 Austra

Lettland

Berg
7 Gaising

Bevölkerung
5 Kuren, Liven, Selen
6 Letten
9 Semgaller

Dichter
6 Rainis
8 Auseklis

Dichterinnen
8 Aspazija
9 Brigadere
Dramatiker
9 Blaumanis
Eigenname
7 Latvija
Flüsse
5 Duena, Gauja
6 Windau
7 Lielupe
Getreidemaß
3 Lof
Hauptstadt
4 Riga
Landschaften
7 Kurland, Livland
10 Lettgallen
Philosoph
7 Raudive
Schriftsteller
4 Upit
6 Apsisu, Barons
7 Radecki, Raudive
See
12 Lirbahner See
Städte und Orte
4 Ogre
5 Libau, Mitau, Valka
6 Madona, Tukums, Windau, Wolmar
8 Rositten
9 Duenaburg, Goldingen
Volksstämme
5 Kuren
9 Semgaller
Währung
3 Lat
6 Santim
7 Santimu
15 Lettischer Rubel

letzte(r, s)
Abschnitt
8 Endphase
Anstrengung vor dem Ziel
8 Endspurt
Aufforderung
9 Ultimatum
Aztekenherrscher
9 Montezuma
babylonischer König
7 Mabonid
Elementarsatz
8 Atomsatz
Frau Attilas
6 Ildiko
Gattin Cäsars
9 Calpurnia
Inkaherrscher
9 Atahualpa
iranische Kaiserin
9 Farah Diba
Jahr
7 Vorjahr
Kaiser vom Iran
11 Resa Pahlewi, Reza Phalavi
Kaiser von Annam
6 Bao Dai
Kaiser von Äthiopien
13 Haile Selassie
Kaiser von China
4 Pu Yi
Kaiserin von Österreich
4 Zita
König des Reiches Israel
5 Hosea
König von Ägypten
5 Faruk
König von Albanien
4 Zogu
König von Bulgarien
6 Simeon
König von Irak
6 Faisal, Feisal
König von Italien
7 Humbert, Umberto
König von Jugoslawien
5 Peter
König von Libyen
5 Idris
König von Montenegro
6 Nikita, Nikola
König von Portugal
6 Manuel
Königin von Ägypten
8 Narriman
Königin von Bulgarien
8 Giovanna
Königin von Italien
9 Marie-José
Kronprinz von Montenegro
6 Danilo
Mohikaner bei Cooper
5 Unkas
Monatstag
6 Ultimo
Ostgotenkönig
4 Teja
5 Tejas
Rettungsmittel
8 Notanker
Ruhestätte
4 Grab
Schulklassen
9 Oberstufe
Silbe eines Wortes
6 Ultima
Staufer
8 Konradin
Sumererkönig
7 Ibbisin
Tag des Jahres
9 Silvester
Termin
8 Deadline
Toltekenherrscher
6 Huemac
Wandalenkönig
7 Gelimer
Westgotenkönig
8 Roderich
Wohnstätte Hamsuns
8 Noerholm
Zar von Russland
7 Nikolaj
8 Nikolaus

letztwillige Verfügung
9 Testament

Leuchtdichtemaß
7 Lambert

Leuchte
5 Kerze, Lampe
6 Fackel
7 Laterne
9 Koryphaee

leuchtender
Kometenkern
4 Koma
Schein
5 Glanz

Leuchtkäfer
9 Gluehwurm

Leuchtmarkierung
10 Befeuerung

Leuchtöl
9 Petroleum

Leuchtpetroleum
7 Kerosin

Leuchtstärkemaß
4 Phot

Leuchtturm
4 Faro
6 Pharus

Leugner
der Dreifaltigkeit
9 Unitarier
verbindlicher Werte
8 Nihilist

Leugnung
6 Abrede
der Existenz Gottes
9 Atheismus

Leumund
3 Ruf
7 Ansehen, Geltung
8 Renommee, guter Ruf

Levantiner
9 Orientale
13 Morgenlaender

lexikalische Wortschatzeinheit
5 Lexem

Liasebene bei Stuttgart
6 Filder

Libanon
Bevölkerung
9 Libanesen
Ebene
10 Bekáaebene
11 Bekáagraben
Flüsse
6 Litani
7 Orontes
Hauptstadt
6 Beirut
historische Stätten
6 Byblos
7 Baalbek
10 Heliopolis
Kastell
8 Beaufort
Partei
8 Phalange
Politiker
4 Solh
5 Hrawi

6 Karamé, Sarkis
7 Gemayel
Religionsgruppen
6 Drusen
9 Maroniten
Städte und Orte
3 Sur
5 Es Sur, Safad, Saida, Sidon, Tyrus, Zahlé
6 Jessin, Jounié
7 Baalbek, Tripoli
9 Bischarri
Währung
5 Pfund
7 Piaster, Piastre
Libelle
6 Agrion
7 Jungfer
9 Schneider
10 Seejungfer
14 Schlankjungfer
liberale Gesinnung
8 Freisinn
Liberia
Bevölkerung
3 Gio, Kra, Kru
4 Kran, Loma, Mano
5 Bassa, Grebo, Mande
6 Kpelle
8 Mandingo
10 Liberianer
Hauptstadt
8 Monrovia
Höhenzug
10 Nimbaberge
Nationalpark
10 Krahn-Bassa
Politiker
3 Doe
6 Sawyer, Tubman
7 Tolbert
Städte und Orte
5 Ganta
6 Harper
7 Gbarnga, Tschien
8 Buchanan
10 Greenville
Währung
4 Cent
6 Dollar
Libyen
Berg
7 Uweinat
Bevölkerung
6 Berber, Libyer, Tuareg
7 Kulughi
Bucht
5 Syrte
Geröllwüste
5 Serir
6 Sserir
Hafenstädte
5 Derna
6 Tobruk
7 Bengasi
Hauptstadt
8 Tripolis
9 Tarabulus
historische Stätten
6 Kyrene
8 Sahratha
König
5 Idris
Landschaften
6 Fessan, Fezzan
9 Cyrenaika
13 Tripolitanien
Oasen
3 Gat
5 Djalo
6 Mursuk
7 Gadames
Oasengruppe
5 Kufra
Ordensgemeinschaft
7 Senussi
Sandwüste
3 Erg
Städte und Orte
3 Hun
4 Surt
5 Derna, Nalut, Sebha
6 Al Kums, Murzuk, Tobruk
7 Bengasi, Zawiyah
8 Misratah
Stufenland
6 Nefusa
Währung
5 Dinar
6 Dirham
Lichtband
8 Spektrum
Lichtbild
4 Foto
5 Photo
8 Aufnahme
10 Fotografie
12 Photographie
Lichtbildersammlung
8 Fotothek
9 Phototheк
Lichtbildgerät
6 Kamera
12 Photoapparat, Pocketkamera
Lichtbildgeräteteil
9 Filmspule
Lichtbildner
8 Fotograf
10 Photograph
Lichtbildsammlung
9 Phototheк
Lichtbildstreifen
4 Film
Lichtbildwerfer
9 Projektor
10 Epidiaskop
Lichtblick
14 Silberstreifen
Lichtbrecher
6 Prisma
Lichtbrechung
10 Refraktion
lichte
Glut
4 Lohe
Stelle auf Gemälden
6 Rehaut
und dunkle Wesen
5 Alfar
Weite
5 Lumen
7 Kaliber
lichtempfindliche Schicht
8 Emulsion
Lichtengel
6 Cherub, Seraph
8 Seraphim
16 Paradieswaechter
Lichterfest der Juden
8 Chanukka
Lichterscheinung
bei elektrischer Entladung
5 Blitz
9 Elmsfeuer, Nordlicht
10 Polarlicht
Lichtfülle
5 Helle
lichtlos
6 dunkel, duster
7 duester, finster
lichtloser Raum
6 Kabuse
Lichtöffnung
7 Fenster
Lichtpause
5 Kopie
Lichtschein
6 Strahl
um Sonne und Mond
3 Hof
4 Halo
7 Aureole
Lichtschimmer
6 Schein
Lichtsignalgerät
7 Blinker
Lichtspielhaus
4 Kino
6 Cinema
7 Kintopp
11 Filmtheater
Lichtstärkeeinheit
7 Candela
9 Neue Kerze
Lichtstärkemesser
10 Photometer
Lichtstärkemessung
11 Photometrie
lichtstarkes Fernrohr
9 Nachtglas
Lichtstromeinheit
5 Lumen
Lichtung im Wald
6 Aushau
Lichtverstärkungsgerät
5 Laser
Lichtzeichen für Schiffe
9 Leitfeuer
Lidentzündung
9 Chalazion, Chalazium, Hagelkorn
lieb
4 nett, wert
5 teuer

9 zaertlich
10 freundlich
11 sympathisch
12 zuvorkommend
Liebe
5 Amore, Amour, Minne
7 Hingabe
8 Gefallen
9 Verehrung, Zuneigung
im Mittelalter
5 Minne
liebebedürftiger Mensch
8 Schmuser
Liebeleien
5 Flirt
7 Amouren
9 Spielerei, Taendelei
14 Techtelmechtel
liebenswürdig
4 nett
6 galant, gentil
8 charmant, hoeflich
10 bezaubernd, freundlich
12 zuvorkommend
liebenswürdiger Plauderer
8 Charmeur
Liebesapfel
6 Tomate
Liebesbezeigung
4 Kuss
8 Umarmung
Liebeserlebnis
7 Romanze
Liebesgötter
6 Eroten
9 Amoretten
in Kindergestalt
6 Eroten
Liebeskunst
6 Erotik
Liebesleben
6 Erotik
11 Sexualitaet
Liebesmahl der Urchristen
5 Agape
Liebesspiel der Vögel
4 Balz
Liebesverhältnis
7 Liaison
liebevoll
5 innig
7 kordial
8 herzlich
9 zaertlich
10 liebkosend
liebevolle Bezeichnung
8 Kosename, Kosewort
Liebhaber
3 Fan
5 Amant, Buhle, Galan
6 Freund, Schatz
7 Amateur, Seladon
8 Hobbyist, Verehrer
9 Anhaenger, Dilettant
10 Bewunderer
für bestimmte Dinge
7 Sammler
Liebhaberei
5 Hobby

7 Passion, Schwarm
12 Steckenpferd
liebkosen
8 schmusen
11 schmeicheln
lieblich
4 hold
7 anmutig
Liebling
6 Belami, Mignon, Schatz
7 Darling, Favorit
10 Guenstling
Lieblingsjünger Buddhas
6 Ananda
Liebreiz
5 Anmut
6 Charme, Grazie
Liebschaft
7 Affaere, Liaison
Liebschaften
7 Amouren
Liechtenstein
Berg
12 Sareiser Joch
Bevölkerung
15 Liechtensteiner
Hauptstadt
5 Vaduz
Orte
6 Eschen, Malbun, Mauren, Ruggel, Schaan
7 Balzers, Gamprin, Planken, Triesen
11 Triesenberg
12 Schellenberg
Währung
6 Rappen
7 Franken
Lied
4 Sang, Song
5 Melos
6 Gesang, Shanty
7 Chanson, Couplet, Melodie
9 Singweise, Spiritual
10 Gospelsong
Musikform des Mittelalters
9 Conductus
Liedabschnitt
7 Strophe
liedartig
7 lyrisch
liedartiges Musikstück
3 Air
7 Romanze
Lieder des Alten und Neuen Testaments
7 Cantica
Liederlichkeit
8 Lotterei
11 Libertinage
liedmäßiges Musikstück
6 Arioso
Liedvortrag
6 Gesang
Lieferschein
6 Faktur
Liegemöbel
4 Bett, Sofa
5 Couch, Diwan, Liege
7 Kanapee
8 Ottomane, Pritsche
10 Liegestuhl
12 Chaiselongue
Liegenschaften
10 Immobilien
Liegeschale für Kranke
8 Gipsbett
Liegesofa
5 Couch
Lift
6 Aufzug
9 Fahrstuhl
11 Paternoster
Liga
4 Pakt
5 Union
7 Allianz, Verband
8 Buendnis
9 Koalition
10 Verbindung
11 Spielklasse, Vereinigung
15 Zusammenschluss
Ligaangehöriger
6 Ligist
Liköre
5 Crème, Gilka, Lachs
6 Cassis, Cherry
7 Advokat, Allasch, Anisett, Curacao, Rosolio
8 Advocaat, Aperitif, Noisette
9 Boonekamp, Cointreau, Pruenelle
10 Anislikoer, Baerenfang, Chartreuse, Eierlikoer, Knickebein, Maraschino, Nusslikoer
11 Benedictine, Honiglikoer, Kakaolikoer, Kroatzbeere, Meschkinnis, Mokkalikoer, Nikolaschka, Stonsdorfer
12 Ananaslikoer, Benediktiner, Cherry Brandy, Enzianlikoer, Ingwerlikoer, Kaffeelikoer, Kirschlikoer
13 Apricot Brandy, Bananenlikoer, Danziger Lachs, Gewuerzlikoer, Kuemmellikoer
14 Pflaumenlikoer
Liliengewächse
4 Aloe
5 Agave, Binse, Gagea, Lilie, Paris, Tulpe, Yucca
6 Corsia, Funkie, Germer, Scilla, Smilax
7 Affodil, Spargel, Stemona, Tritoma, Tritome
8 Affodill, Einbeere, Gasteria, Gasterie, Grasbaum, Maiblume, Taglilie, Zeitlose

9 Baerlauch, Blaustern, Bogenhanf, Gilbstern, Goldstern, Graslilie, Hyazinthe, Sabadille, Schwertel, Weisswurz
10 Agapanthus, Feuerlilie, Maeusedorn, Milchstern, Puschkinie, Stechwinde, Veltheimia
11 Baerenlauch, Drachenbaum, Kaiserkrone, Meerzwiebel, Tuerkenbund
13 Herbszeitlose, Madonnenlilie, Maigloeckchen, Schattenblume, Schusterpalme
14 Salomonssiegel

lind
4 mild

Linderungsmittel
6 Balsam
8 Mitigans
9 Palliativ

Linie
6 Gerade, Strich

des dänischen Königshauses
7 Gottorp

des Fürstentums Reuß
5 Greiz

gleichen Fließtempos
8 Isotache

gleichen Luftdrucks
7 Isobare

gleichen Salzgehalts
9 Isohaline

gleichen Schneefalls
9 Isochione

gleichen Vegetationsbeginns
8 Isophane

gleichen Windes
7 Isogone

gleichen Wortgebrauchs
7 Isolexe
9 Isoglosse

gleicher Abweichung
8 Isogamme
9 Isanomale

gleicher Bewölkung
8 Isonephe

gleicher Eisbildung
8 Isokryme

gleicher Eisbildung an Gewässern
7 Isopage

gleicher Energiestrahlung
8 Isophote

gleicher Erdbebenstärke
9 Isoseiste

gleicher Erscheinungen
7 Isoerge

gleicher Höhenlage
8 Isohypse

gleicher Kraft
7 Isodyne

gleicher magnetischer Stärke
9 Isodyname

gleicher Magnetnadelneigung
8 Isokline

gleicher Niederschlagsmenge
8 Isohyete

gleicher Schichtstärke
8 Isopache

gleicher Sonnenbestrahlung
8 Isothere

gleicher Temperatur
9 Isotherme

gleicher Uhrzeit
9 Isobronte

gleicher Verdunstung
8 Isoombre

gleicher Windstärke
9 Isanemone

gleichzeitigen Auftretens
9 Isochrone

hinter der römischen Stadtmauer
8 Pomerium

in der Geometrie
5 Kreis, Kurve, Sehne
6 Gerade
7 Sekante, Spirale
8 Tangente
9 Diagonale

konstanten Volumens
8 Isochore

magnetischer Missweisung Null
5 Agone

schwedischer Sagenkönige
8 Ynglinge

zwischen Staaten
6 Grenze

Linienführung
6 Duktus, Trasse

Liniennetz
6 Raster

linke

Kontoseite
4 Soll
5 Debet

Schiffsseite
8 Backbord

Tuchseite
8 Abrechte

Linse
6 Okular
8 Objektiv

Liparische Inseln
6 Lipari, Salina, Ustica
7 Alicudi, Panaria, Vulcano
8 Filicudi
9 Stromboli

Lippe
6 Labium

betreffend
6 labial

vom Tier
5 Lefze

Lippenblütler
4 Ysop
5 Ajuga, Minze, Polei, Ziest
6 Andorn, Coleus, Salbei, Salvia
7 Guensel, Labiate, Majoran, Melisse, Monarde, Quendel, Stachys, Thymian
8 Brunelle, Gamander, Hohlzahn, Kamminze, Lavendel, Leonurus, Satureja
9 Basilikum, Bergminze, Braunelle, Buntlippe, Grundheil, Hirnkraut, Lavandula, Patschuli, Wolfsfuss, Zehrkraut
10 Floehkraut, Goldnessel, Gundermann, Taubnessel, Wolfstrapp
11 Bohnenkraut, Katzenminze, Wasserminze, Wiesenkraut
12 Pfefferkraut, Pfefferminze
13 Basilienkraut, Loewenschwanz, Schwarznessel

Lippenlaut
6 Labial
8 Bilabial

Lippfische
8 Blaukopf, Goldmaid, Meerpfau

List
5 Dolus, Finte, Kniff, Trick
6 Tuecke
7 Finesse, Tarnung
9 Schachzug
10 Hinterlist, Raffinesse

Liste
7 Tabelle
8 Register
10 Uebersicht
11 Aufstellung

(Versicherung)
9 Bordereau

amtlicher Zollsätze
9 Zolltarif

bekannter Frühdrucke
6 Zensus

beliebter Schlager
5 Chart

der Gesprächspunkte
6 Agenda

der Heiligen
5 Kanon

verbotener Bücher
5 Index

Listen beliebter Schlager
6 Charts

listig
4 klug
5 smart
6 clever, schlau
7 gewitzt

listige Klugheit
8 Schlaeue

Litauen
Adelsgeschlecht
9 Ostrogski
Bevölkerung
7 Litauer
10 Samagitier, Schamaiten
Dichter
6 Aistis, Sruoga
7 Vydunas
9 Radauskas
Eigenname
7 Lietuva
Flüsse
2 Aa
5 Neris, Venta
6 Njemen
8 Sventoji
Fürst
7 Keistut
Gebiet
10 Samagitien, Schamaiten
Großfürsten
7 Gedimin, Jagaila, Kynstud
8 Jagiello, Vytautas
Hauptstadt
5 Wilna
7 Vilnius
Königsgeschlecht
10 Jagellonen
Schriftsteller
6 Dauksa, Grusas
7 Putinas
Schriftstellerin
5 Neris
Staatsoberhaupt
11 Landsbergis
Städte und Orte
5 Kelme, Memel, Utena
6 Jonava, Kaunas, Papile, Plunge, Trakai
7 Telschi
8 Polangen, Salantai, Schaulen
9 Heydekrug, Tauroggen, Wirballen
Volkslied
5 Daina
Währung
4 Cent, Litu
5 Litas, Rubel
6 Centas, Kopeke

literarische(r, s)
Form
9 Tropismus
Hauptfigur
9 Romanheld
Jahrbuch
8 Almanach
Lesebuch
6 Reader
Nebenhandlung
7 Episode
Zeitungsteil
10 Feuilleton

literaturbewandert
7 belesen

Literaturforscher
9 Philologe

Literaturwissenschaft
10 Philologie
11 Germanistik

liturgische(r, s)
Begleitinstrument
9 Chororgel
Brustkreuz
9 Pektorale
Buch
7 Rituale
9 Lektionar
Buch der Ostkirche
8 Triodion
9 Apostolos
Buch im Mittelalter
9 Plenarium
Chorhemd
7 Rochett
Epistelbuch
9 Epistolar
Freudengesang
9 Halleluja
Gebet
6 Oratio
7 Oration
Gefäß
9 Monstranz
11 Ostensorium
Geräte
5 Altar, Kelch, Kreuz
6 Hostie, Kanzel, Missal, Patene
7 Missale
8 Reliquie, Ziborium
9 Aspergill, Monstranz, Paramente, Portatile, Tragaltar, Weihwedel
10 Tabernakel
Gesang
6 Choral
8 Communio
Gewand
7 Soutane
8 Chorrock, Dalmatik
9 Dalmatika, Tunizella
Gewänder
9 Paramente
Gürtel
8 Zingulum
Gürtelbinde
8 Zingulum
Kleidung(steile)
4 Albe
5 Amikt, Fanon, Infel, Inful, Mitra, Orale, Ornat, Stola, Tiara
6 Birett, Casula
7 Manipel, Soutane
8 Dalmatik, Humerale, Parament, Pileolus, Pluviale, Zingulum
9 Tunicella
10 Manteletta
Lesepult
4 Ambo
9 Analogion
Lesetisch
9 Adlerpult
Lobpreisung
9 Doxologie
Marienmedaillon
7 Panagia
Schultermäntelchen
7 Mozetta
Schulterschmuck
9 Rationale
Schultertuch
8 Humerale
Sprechgesang
8 Accentus
Wechselgesang
8 Antiphon
9 Antiphone

Litze
4 Band
5 Borte, Galon
6 Schnur, Tresse

livrierter Diener
5 Lakai

Lkw mit Anhänger
7 Lastzug
9 Sattelzug

Lkw-Typ
9 Tieflader
10 Dreiachser, Zweiachser

loben
7 preisen, ruehmen

Lobeserhebung
5 Eloge

Lobgedicht auf Mohammed
5 Burda

Lobgesang
5 Hymne, Lauda
6 Gloria, Hymmus, Tedeum
10 Magnifikat

Lobrede
5 Eloge
7 Elogium
8 Enkomion, Enkomium, Laudatio
12 Schmeichelei

Loch
der Gussform
7 Einguss
im Eis
4 Wune
im Flusseis
5 Wuhne
im Golffeld
4 Hole
in der Bordwand
4 Gatt
zum Einfädeln
9 Nadeloehr

lochen
11 perforieren

Löcherpilze
7 Porling
8 Trametes
9 Roehrling

löchrig
6 poroes

Lochstechgerät
4 Ahle

Lochung
11 Perforation

Lochvorstecher
4 Ahle
6 Pfriem
Lochvorteil beim Golf
6 Birdie
Lockenwickel
9 Papillote
locker
3 lax
4 lose
5 leger
7 schlaff
9 spongioes
lockere(r, s)
Erde
4 Mulm
Flugsand
9 Quicksand
Gestein
4 Tuff
10 Kalksinter
Gewand
9 Ueberwurf
Masse aus Luftbläschen
6 Schaum
Verbindung
6 Solvat
Lockgerät des Jägers
7 Blatter
Lockmittel
6 Koeder
Lockung
4 Reiz
6 Anreiz
9 Anziehung
lodernde Flamme
4 Lohe
löffelartiges Schöpfgerät
5 Kelle
Löffelbiskuit
8 Biskotte
Lofoteninseln
4 Rost
6 Hindoe, Mosken
Logenbruder
10 Freimaurer
Logis
6 Bleibe
7 Wohnung
8 Quartier
10 Unterkunft
Lohn
4 Gage, Sold
5 Heuer
6 Gehalt, Salaer
7 Entgelt, Honorar
9 Besoldung, Einkommen, Verdienst
in Naturalien
7 Deputat
Lohnkutscher
6 Fiaker
Lohnsatz
5 Tarif
Lohnübergabetermin
7 Zahltag
Löhnung
der Schiffsmannschaft
5 Heuer
der Soldaten
4 Sold
Loire-Zuflüsse
4 Ance, Aron, Cher, Loir
5 Arzon, Bebre, Borne, Erdre, Indre, Maine
6 Allier, Nièvre, Thouet, Vienne
7 Mayenne
Loisach-Zufluss
8 Partnach
Lokal im Wildweststil
6 Saloon
Lokalbesitzer
8 Gastwirt
9 Gastronom
Lokale
3 Bar, Inn, Pub
4 Café
5 Hotel, Logis, Lokal, Motel
6 Bistro, Bodega, Budike, Butike, Casino, Kasino, Kneipe, Posada
7 Albergo, Kantine, Osteria, Schenke, Taberne, Taverne
8 Destille, Dorfkrug, Eisdiele, Herberge, Milchbar, Rasthaus, Schaenke, Schwemme, Spelunke, Teestube
9 Bierstube, Kaschemme, Kretscham, Trattoria, Weinstube
10 Bierkeller, Kaffeehaus, Konditorei, Nachtlokal, Ratskeller, Restaurant, Trinkstube, Weinkeller
11 Imbisshalle, Imbissstube, Kaffeestube, Raststaette, Weinschenke, Winzerstube
12 Weinschaenke
13 Stehbierhalle
lokale(r, s)
Blutandrang
9 Wallungen
Verkehrsmittel
9 Kleinbahn
lombardische Adelsfamilie
8 Visconti
Londoner
Aktienmakler
6 Jobber
Bauwerke
5 Tower
6 Big Ben
9 Saint Paul
11 Tower-Bridge
16 Buckinghampalace, Buckinghampalast, Westminsterabtei
Galerie
4 Tate
Glockenturm
6 Big Ben
Grünanlage
8 Hydepark
Klubstraße
8 Pallmall
Mundart
7 Cockney
Museum
5 Tower
Opernhaus
12 Covent Garden
Polizei(gebäude)
12 Scotland Yard
Rathaus
9 Guildhall
Stadtteile
3 Lee
4 City, Soho
5 Acton, Brent, Cheam, Erith, Hayes, Penge
6 Barnes, Barnet, Bexley, Camden, Coombe, Ealing, Fulham, Harrow, Hendon, Heston, Ilford, Leyton, Malden, Merton, Morden, Newham, Poplar, Purley
7 Barking, Chelsea, Chiswik, Croydon, Eastham, Enfield, Feltham, Hackney, Lambeth, Mayfair, Stepney, Wembley, Westham
8 Chiswick, Crayford, Edmonton, Surbiton, Woodford
9 Battersea, Greenwich, Hampstead, Orpington, Tottenham, Whitehall, Wimbledon
10 Harlington, Kensington, Paddington
11 Whitechapel
Theater
5 Globe
Vorort
5 Brent
Wohnviertel
6 Barnes
7 Mayfair
Zeitung
5 Times
Zitadelle
5 Tower
Lorbeerbaum
6 Laurus
Lorbeergekrönter
9 Laureatus
Lorbeergewächse
8 Aguacate, Zimtbaum, Zinnamon
Los
6 Kismet
9 Schicksal
ohne Gewinn
5 Niete
Löschung
6 Storno
7 Tilgung
9 Debardage

lose
6 locker
8 instabil
9 schuetter
sitzend
4 weit
loses
Frauengewand
9 Hemdkleid
Holz flößen
7 triften
löslich
7 solubel
Loslösung
7 Abstich
10 Separation
Lossagung
9 Abwendung
Lossprechung
10 Absolution
Losung
5 Motto
6 Devise, Parole, Slogan
7 Wildkot
8 Ergebnis, Kennwort, Resultat
9 Gestueber, Stichwort
Lösungsmittel
5 Xylol
6 Aceton, Azeton, Benzin, Benzol, Dioxan, Toluol
7 Alkohol, Dekalin, Xylidin
8 Formamid, Furfurol, Solaroel
9 Terpentin
Losungswort
der Französischen Revolution
7 Egalité, Liberté
10 Fraternité
Lötmaterial
3 Lot
4 Zinn
7 Bleilot
des Goldschmieds
7 Paillen
lotrecht
8 vertikal
wachsend
9 orthotrop
Lotterieanteilschein
3 Los
Lotterietreffer
6 Gewinn
Lötwerkzeug
6 Kolben
Löwe
3 Leu
in der Tierfabel
5 Nobel
Löwenzahn
8 Kuhblume
Lübecker
Bildhauer
4 Berg
Bildschnitzer
4 Berg
Komponist
9 Buxtehude
Spezialität
8 Marzipan
Stadtteile
8 Schlutup
11 Travemuende
Wahrzeichen
10 Holstentor
Lücke
5 Leere, Ritze, Spalt
6 Omissa, Spalte
7 Bresche
8 Oeffnung
9 Desiderat, Durchlass
12 Zwischenraum
13 Ausgelassenes
in einer Befestigung
7 Bresche
zwischen den Schneidezähnen
5 Trema
zwischen Knochen oder Muskeln
8 Diastase
ludolfsche Zahl
2 Pi
Luft
(griechisch)
3 Aer
(Präfix)
4 Aero
aus einer bestimmten Richtung
8 Suedwind
der Lunge
4 Atem
im Bergwerk
6 Wetter
Luftakrobat
7 Faenger
Luftanfeuchter
9 Hygrostat
Luftansauger
9 Aspirator
Luftaufnahme
8 Flugbild
9 Vogelbild
10 Vogelschau
luftbefördertes Briefgut
8 Flugpost
Luftbewegung
3 Boe, Zug
4 Wind
5 Brise, Hauch, Orkan, Sturm
6 Taifun, Trombe, Zephir
7 Tornado, Zugwind
8 Hurrikan
9 Schubwind, Stroemung
11 Rueckenwind
Lüftchen
5 Brise
8 Fahrwind
9 Windhauch
Luftdichtewaage
9 Aerometer
Luftdruckanzeiger
7 Aneroid
Luftdruckaufzeichner
10 Variometer
Luftdruckkurve
9 Barogramm
Luftdruckmaße
3 Bar
4 Torr
7 Megabar
8 Millibar
Luftdruckmechanik
9 Pneumatik
Luftdruckmesser
9 Barometer
Luftdruckschreiber
9 Barograph
Lüfter
10 Ventilator
Luftfahrt
7 Aviatik
9 Fliegerei, Flugwesen
10 Aeronautik
Luftfahrzeuge
3 Jet
6 Ballon, Rakete, Segler
7 Cityjet, Drachen
8 Flugzeug, Zeppelin
10 Helikopter, Luftschiff
12 Fesselballon, Hubschrauber
13 Segelflugzeug
15 Heissluftballon
Luftfahrzeugpassagier
8 Fluggast
Luftfahrzeugschau
9 Aerosalon
Luftfeuchtigkeitsmesser
9 Hygroskop
10 Hygrometer
luftförmiger Stoff
3 Gas
Luftforschung
9 Aerologie
Luftgeist
5 Ariel
6 Sylphe
8 Sylphide
luftgetrockneter Lehmziegel
5 Adobe
Luftgewehrgeschoss
6 Bolzen
Lufthülle der Erde
11 Atmosphaere
Luftikus
8 Hallodri, Windhund
10 Leichtfuss
Luftklappe
6 Ventil
Luftkurort
am Harz
6 Sachsa
an der Aare
4 Thun
an der Schlei
5 Arnis
bei Köln
6 Eitorf
bei Osnabrück
5 Iburg
im Engadin
4 Sils

im Oberharz
5 Grund
in Nordrhein-Westfalen
9 Neuenrade
in Oberägypten
6 Assuan
in Vorarlberg
8 Partenen
nahe Feldberg
6 Bernau
südlich von Zittau
5 Oybin
luftleere(r)
Glasglocke
9 Rezipient
Raum
5 Leere
6 Vakuum
Luftleitblech
7 Spoiler
Luftpirat
8 Hijacker
Luftpost
7 Airmail
Luftpostleichtbrief
9 Aerogramm
Luftreifen
4 Pneu
8 Schlauch
9 Pneumatik
Luftreiniger
6 Filter
Luftreise
4 Flug
9 Ueberflug
im Dunkeln
9 Nachtflug
ohne Motor
9 Segelflug
ohne Sicht
9 Blindflug
Luftröhre
7 Trachea, Trachee
Luftröhrenast
8 Bronchie
Luftröhrenkatarr
10 Bronchitis
Luftrolle
5 Salto
Luftsack
4 Balg
13 Windbehaelter
Luftschicht
12 Troposphaere
13 Stratosphaere
Luftschiff
8 Zeppelin
Amundsens
5 Norge
Luftschifferfinder
8 Zeppelin
Luftschiffhafen der USA
9 Lakehurst
Luftschiffkabine
6 Gondel
Luftschloss
5 Traum
6 Utopie
8 Illusion, Trugbild
9 Schimaere
12 Traumgebilde
13 Halluzination
Luftschlucken (Pferd)
6 Koppen
Luftschraube
9 Propeller
Luftschutzbau
6 Bunker
Luftsicherungsbeamter
9 Fluglotse
Luftspiegelung
11 Fata Morgana
Luftsportart
9 Kunstflug
Luftsportverein
8 Aeroklub
Luftsportvorführung
9 Schauflug
Luftsprung
5 Salto
7 Gambade
8 Kapriole
Luftstärkeanzeiger
8 Windsack
Luftstrom
3 Zug
7 Windzug
Luftstromerzeuger
9 Blasebalg
Luftströmung
4 Wind
am Berg
8 Hangwind
an Küsten
8 Landwind
im Gebirge
8 Bergwind
von vorn
9 Gegenwind
Luftströmungsanlage
9 Windkanal
Lufttrübung
4 Smog
5 Dunst, Nebel
9 Hochnebel
im Winter
8 Eisnebel
Lüftung
11 Ventilation
Luftverbesserungsmittel
8 Airfresh
Luftverkehrsanlage
7 Airport
9 Flughafen
Luftverkehrsmittel
8 Flugzeug
Luftverunreinigung
8 Emission
9 Immission
Luftvorwärmer
11 Regenerator
Luftwaffeneinheiten
7 Staffel
10 Geschwader
Luftwedel
7 Faecher
Luftwirbel
3 Sog
6 Trombe
9 Turbulenz
16 Stroemungswirbel
Lügenbaron
12 Muenchhausen
Lügendetektor
9 Polygraph
Lügner(in)
8 Fabulant
9 Fabelhans
10 Fabulantin, Schwindler
12 Schwindlerin
lukrativ
7 lohnend
8 ergiebig, rentabel
9 produktiv
12 eintraeglich
14 gewinnbringend
Lumme
3 Alk
6 Teiste
Lümmel
5 Flaez, Flaps, Rowdy
6 Flegel, Ruepel
7 Lorbass
8 Hooligan
Lump
6 Gauner, Schuft
7 Halunke, Schurke
8 Ehrloser, Kanaille
Lumpen
5 Hader
7 Plunder
Lumpenpack
3 Mob
8 Gesindel
9 Gelichter
Lumpfische
7 Seehase
8 Meerhase, Seebulle
9 Knurrhahn
Lungenanhänge (Vogel)
8 Luftsack
Lungenarzt, -ärztin
9 Pulmologe
10 Pulmologin
Lungenbläschen
7 Alveole
Lungenentzündung
9 Pneumonie
Lungenkrankheit
8 Silikose
Lungentätigkeit
6 Atmung
9 Ausatmung
Lurche
3 Olm
4 Unke
5 Molch
6 Frosch, Kroete
7 Axolotl
8 Aalmolch, Amphibie, Bergunke, Erdmolch
9 Bergmolch, Erdkroete, Kammmolch, Seefrosch
10 Alpenmolch, Baumfrosch, Fadenmolch, Fischlurch, Grasfrosch, Grottenolm,

Laubfrosch, Salamander, Teichmolch
11 Feuerkroete, Froschlurch, Kiemenlurch, Kiemenmolch, Kreuzkroete, Marmormolch, Panzerlurch, Riesenmolch, Spornfrosch, Sumpffrosch, Teichfrosch, Wabenkroete, Wassermolch, Wuehlkroete
12 Beutelfrosch, Bruellfrosch, Hoehlenmolch, Leistenmolch, Ochsenfrosch, Riesenfrosch, Riesenkroete, Schwanzlurch, Springfrosch, Wasserfrosch, Zungenfrosch
13 Erdsalamander, Krallenfrosch, Leopardfrosch, Querzahnmolch, Streifenmolch, Taschenfrosch
14 Landsalamander
15 Alpensalamander, Feuersalamander, Schleichenlurch, Schleichenmolch

Lurchlarve
6 Quappe

Lust
4 Gier, Saus
5 Eifer, Laune, Spass, Trieb, Wonne
6 Begehr, Genuss, Libido
7 Geluest, Neigung
8 Begierde
9 Verlangen
11 Schlemmerei

Lustbarkeit
4 Fest

lüstern
8 faunisch

lüsterner Mensch
4 Faun

Lustgefilde
7 Elysium
8 Paradies

lustig
5 fidel
6 heiter, kurios, witzig
7 drollig, spassig
8 amuesant
9 froehlich, vergnuegt
10 scherzhaft
11 possierlich

lustige(r)
Einfall
3 Gag
Erzählung
8 Anekdote
9 Humoreske
Streich
5 Posse, Unfug
7 Klamauk
9 Bloedsinn
Unfug
3 Ulk
5 Spass

Lustschloss
bei Paris
7 Trianon
9 Malmaison
in Versailles
7 Trianon

Lustspiel
5 Posse
6 Sketch
7 Schwank
8 Burleske, Komoedie

Lustspielfiguren
7 Pierrot
9 Kolombine, Pantalone, Pierrette
10 Arlecchino

Lustwäldchen
7 Boskett

Luthers
Bibeldrucker
5 Lufft
Famulus
9 Aurifaber

Lutherstadt
8 Eisleben

Luxemburg
Ardennen
7 Oesling
Bevölkerung
11 Luxemburger
Burgruinen
7 Vianden
10 Hollenfels
Flüsse
3 Our, Syr
4 Sure
6 Sauerm
7 Alzette
Großherzog
4 Jean
Großherzogin
9 Charlotte
Hauptstadt
9 Luxemburg
Höhenzug
7 Oesling
Landschaften
7 Gutland, Oesling
Physiker
8 Lippmann
Politiker
4 Bech
6 Santer
Reiseschriftsteller
7 Jacques
Sprachen
12 Franzoesisch
14 Letzebuergisch
Städte und Orte
4 Esch
5 Beles
6 Mersch, Remich
8 Diekirch, Petingen
9 Clerveaux
10 Bettemburg, Duedlingen, Echternach
11 Ettelbrueck
12 Differdingen, Schifflingen
Währung
4 Cent, Euro

luxuriöse(s)
Kleinwohnung
9 Apartment
11 Appartement
Schiff
5 Yacht
Zubehörteile
6 Extras

Luxus
4 Pomp
6 Pracht
7 Aufwand

Luxusbad bei Neapel
4 Bail

Luxushund
9 Havaneser

Luxuswagen
8 Equipage

lydischer Sagenkönig
5 Gyges

lymphartig
8 lymphoid

Lymphorgan
4 Milz

Lyriker(in)
4 Poet
7 Dichter
9 Dichterin

lyrische(s)
Dichtung
3 Ode
Dichtungsform
5 Epode
finnisches Gedicht
4 Runo
Gedicht
3 Ode
4 Lied
5 Hymne
6 Elegie
7 Kanzone
Klavierwerk
7 Canzone
Werk im Mittelalter
4 Alba
9 Minnelied

Maar
9 Kratersee
Maas-Zuflüsse
3 Bar, Kil, Rur
4 Amer, Chee, Geer, Geul, Jaar, Merk, Neer, Roer
5 Anden, Domel, Lesse, Niers, Vaise, Vence, Wamme
6 Barnob, Chiers, Crelle, Houile, Hoyoux, Mouzon, Ourthe, Sambre, Samson, Semois, Viroin
7 Schwalm, Wiseppe
8 Hermeton, Mehaigne, Molignée, Sermonne
Mache
5 Getue
7 Theater
machen
3 tun
6 bilden
7 handeln, treiben
8 bereiten, bewirken, erzeugen, fertigen, schaffen
9 erledigen
10 ausfuehren, herstellen
11 fabrizieren, produzieren, unternehmen, vollfuehren
Machenschaften
6 Kabale, Raenke
7 Intrige, Umtrieb
8 Komplott, Umtriebe
9 Winkelzug
11 Raenkespiel
12 Manipulation
13 Machinationen, Quertreiberei
Macht
5 Druck, Kraft
6 Gewalt, Potenz, Regime
7 Groesse, Staerke
8 Einfluss, Oberhand, Regiment
9 Nachdruck, Regierung, Vermoegen, Vollmacht
10 Autoritaet, Herrschaft
Machthaber
4 Herr
6 Despot, Regent, Tyrann
8 Diktator, Gebieter, Potentat
9 Herrscher
mächtig
5 breit, gross, stark
6 massig
7 wirksam
8 gewaltig, kraeftig
9 kraftvoll, machtvoll, stattlich
10 ueberlegen
12 wirkungsvoll
13 einflussreich
mächtiger
Führer
6 Tycoon
römischer Senator
8 Prinzeps
machtlos
7 schwach
8 kraftlos, unfaehig
12 unvermoegend
Machtmissbrauch
8 Willkuer
Machtstreben
13 Imperialismus
Machwerk
8 Elaborat
10 Pfuscherei
Madagaskar
Amtssprache
8 Malagasy
Bevölkerung
4 Bara, Hova, Howa
6 Aloala, Merina
8 Betsileo, Sakalava
10 Madagassen
Eidechse
8 Taggecko
Gebiete
6 Menabe
7 Ambongo, Imerina
8 Bemaraha
Gebirge
9 Ankaratra
10 Andringita
Halbaffe
6 Bandro
8 Mausmaki
Halbmaki
8 Bokumbul
9 Bokumbuli
Hauptstadt
10 Tananarive
12 Antananarivo
Inseln
6 Nosy Bé
11 Sainte Marie
König
6 Radama
Mungo
7 Galidia
Politiker
9 Tsiranana
10 Razanamasy
Rakenvogel
5 Kurol
Rikscha
12 Pousse-Pousse
See
7 Alaotra
Seidenspinne
6 Halabe
Sprache
4 Howa
Städte
6 Fianar
7 Androka, Majunga, Toliary
9 Antsirabé, Toamasina
11 Antsiranana
Stadtfestung in Antananarivo
4 Rova
Ureinwohner
7 Vazimba
Vogel
7 Erdrake
Währung
5 Franc
7 Centime
Wieselmaki
6 Hattok
Wollmaki
6 Vareka
Mädchen
4 Dirn, Girl, Maid
6 Maedel
7 Flapper
8 Teenager
9 Backfisch
in Hirtenspielen
6 Phoebe
Mädcheninternat
9 Pensionat
Mädchenname von Goethes Mutter
6 Textor
Mädchenoberschule
6 Lyzeum
Mädchenstatue
4 Kore
Madeira-Wein
4 Boal, Bual
Magazin
5 Laden, Lager
8 Speicher
11 Zeitschrift
14 Patronenkammer
Magenausgang
7 Pylorus
9 Pfoertner
Magengeschwür
5 Ulkus
Magenkatarr
9 Gastritis
Magenkrampf
5 Kolik
Magensaftbestandteil
6 Lipase, Pepsin
Magenschleimhaut-Entzündung
9 Gastritis
Magenspiegel
10 Gastroskop
mager
5 duenn, duerr, hager
7 fettarm, schlank
8 klapprig, leptosom
9 klapperig
Magerkeit
6 Duenne, Duerre
9 Fettarmut
11 Schlankheit
Magie
6 Zauber
7 Hexerei
8 Zauberei
treiben
7 zaubern

Magier
8 Zauberer
9 Nigromant, Wahrsager
12 Hexenmeister
magische(r, s)
Gegenstand
7 Fetisch
Handlung
6 Zauber
Schutz
7 Amulett
8 Talisman
Silbe im Brahmanismus
2 Om
Zeichen
10 Pentagramm
Zeichen des Mittelalters
10 Drudenfuss
Magnesiumoxid
8 Magnesia, Talkerde
Magnesiumsilikat
4 Talk
6 Talkum
10 Meerschaum
Magnesiumsulfat
8 Kieserit
Magneteisenstein
8 Magnetit
Magnetende
3 Pol
Magnetfelderzeuger
9 Feldspule
Magnetfeldverstärker
9 Eisenkern
magnetische(r, s)
Flussdichteeinheit
5 Tesla
Material
7 Isoperm
Mineral
7 Cubanit
Momenteinheit
8 Magneton
Widerstand
9 Reluktanz
Wirkungsbereich
8 Drehfeld
magnetisierbarer Schallträger
7 Tonband
Magnetkies
9 Pyrrhotin
Magnolien
7 Kadsura, Radbaum
8 Michelia
9 Biberbaum
10 Tulpenbaum
Magyar
5 Ungar
Mähdrescher
7 Kombine
Mähgeräte
4 Mahl
5 Sense
6 Sichel
11 Rasenmaeher
Mahlprodukt
4 Mehl
5 Kleie
6 Griess
Mahlzahn
5 Molar
Mahlzeit nach dem Fasten
9 Refektion
Mahlzeiten
5 Diner, Essen, Jause, Lunch, Menue
6 Brunch, Dinner, Gelage, Imbiss, Souper, Speise, Vesper
7 Bankett, Dessert, Eintopf, Schmaus
8 Dejeuner, Picknick
9 Abendbrot, Breakfast, Festessen, Nachtmahl, Vorspeise
10 Abendessen
11 Fruehstueck, Fuenfuhrtee, Mittagessen
12 Hauptgericht
15 Sektfruehstueck
Mähne
5 Tolle
6 Schopf
mahnen
8 anhalten, erinnern, monieren
mahnender Zuruf
7 Warnung
Mahnmal
7 Denkmal
8 Monument
Mahnruf
6 Appell
7 Memento
9 Menetekel
Mähre
7 Klepper
Mähren
Schriftsteller
7 Kassner
Stadt
4 Zlin
10 Gottwaldov
Tanz
7 Hannaka
Volksstamm
8 Hannaken
Maifisch
4 Alse
Maiforelle
7 Illanke
8 Seelachs
Maifröste
10 Eisheilige
Maikäferlarve
9 Engerling
Mailänder
Adelsgeschlecht
6 Sforza
9 Trivulzio
Opernhaus
5 Scala
Main-Zuflüsse
3 Erf, Iff, Itz, Kem, Mud
4 Aalb, Erfa, Kahl, Kell, Lohr, Sinn, Unke, Wern
5 Mudau, Nidda, Rodau, Saale
6 Bieber, Elsawa, Kinzig, Rodach, Tauber, Vokach
7 Aschaff, Baunach, Erdbach, Regnitz
8 Muemling
9 Gersprenz
Mainzer Karnevalsruf
5 Helau
Mais
3 Zea
7 Kukuruz
10 Welschkorn
Maiseiweiß
4 Zein
Maisflocken
7 Popcorn
8 Puffmais
Maisschnaps
6 Pulque
10 Tschitscha
Maisspeise
7 Polenta
majestätisch
6 solenn
8 gemessen, maestoso, pastoral
9 feierlich
10 koeniglich, wuerdevoll
11 hoheitsvoll
13 gravitaetisch
majoranartige Pflanze
4 Ysop
12 Eiserigkraut
Majorität
8 Mehrheit
makaber
7 duester
10 unheimlich
12 gespenstisch, schauderhaft
Makak
7 Wanderu
8 Bartaffe
Makedonien
Adelsreiterei
8 Hetaeren
Feldherren
7 Eumenes, Kleitos
8 Krateros, Parmenio
9 Antipater, Parmenion, Perdikkas
Fluss
6 Vardar, Wardar
Gebirge
5 Korab
10 Sarplanina
Hauptstadt
6 Skopje
Könige
7 Amyntas
8 Basilios
9 Archelaos, Kassander, Perdikkas
Reiterführer
8 Philotas

Seen
8 Ohridsee
9 Prespasee
Städte und Orte
4 Stip
5 Debar, Ohrid
6 Bitola, Kocani, Prilep, Tetovo
8 Kumanovo, Strumica
Währung
5 Denar
Makel
5 Fleck, Odium
7 Schande
11 Schandfleck
13 Anruechigkeit
makellos
4 rein
6 sauber
7 integer, richtig
8 tadellos, untadlig
9 untadelig
10 fehlerfrei, unbefleckt, vollkommen
mäkeln
8 kritteln, noergeln
Makler
6 Broker, Sensal
7 Klauber, Mittler
10 Vermittler
Maklergebühr
8 Courtage, Sensalie, Sensarie
makrelenartige Fische
9 Pelamiden
Makrelenfisch
4 Thon
6 Bonito
9 Lepidopus, Thunfisch
Mal
5 Fleck, Makel, Marke, Narbe
6 Signal, Symbol
7 Zeichen
9 Hautfleck
10 Markierung
11 Kennzeichen
malaiische(r, s)
Archipel
9 Insulinde
Bezeichnung für Banane
6 Pisang
Bezeichnung für Herr
4 Tuan
Boot
4 Prau
Dolch
4 Kris
Dorf
7 Kampong
Gedichtform
6 Pantum
Gewand
6 Sarong
Hackmesser
6 Parang
Haumesser
6 Parang
Hüftgewand
6 Sarong
Orchester
7 Gamelan
8 Gamelang
Pfeilgift
8 Antiarin
Schnaps
6 Taffia
Schwert
6 Parang
Stinkfrucht(baum)
6 Durian
Volksstämme
4 Howa, Iban
5 Batak, Bukit, Dajak, Moros
6 Bisaya, Tagale
7 Javaner, Tagalen
Wildhund
5 Adjag
Malawi
Berg
6 Mlanje
Bevölkerung
5 Chewa
6 Marawe, Nyanja
7 Nkhonde
8 Malawier
Fluss
5 Shire
Hauptstadt
8 Lilongwe
Nationalparks
5 Nyika
6 Lengwe
7 Kasungu, Liwende
Politiker
5 Banda
Seen
9 Malawisee, Njassasee
Sprache
8 Chichewa
Städte
5 Mzuzu, Zomba
6 Salima
13 Blantyre-Limbe
Währung
6 Kwacha
7 Tambala
Malaysia
Berge
5 Murud
6 Gunong
8 Kinabalu
11 Gunong Tahan
Bevölkerung
6 Semang
7 Malaien
9 Malaysier
Gliedstaaten
5 Kedah, Perak, Sabah
6 Johore, Pahang, Penang, Perlis
7 Malakka, Sarawak
8 Kelantan, Selangor
9 Trengganu
13 Negri Sembilan
Hauptstadt
11 Kuala Lumpur
Hauptstadt von Johore
11 Johore Bahru
Hauptstadt von Kedah
8 Alor Star
Hauptstadt von Kelantan
9 Kota Bahru
Hauptstadt von Malakka
7 Malakka
Hauptstadt von Negri Sembilan
8 Seremban
Hauptstadt von Pahang
7 Kuantan
Hauptstadt von Penang
10 Georgetown
Hauptstadt von Perak
4 Ipoh
Hauptstadt von Perlis
6 Kangar
Hauptstadt von Sabah
12 Kota Kinabalu
Hauptstadt von Sarawak
7 Kuching
Hauptstadt von Selangor
8 Shah Alam
Hauptstadt von Trengganu
14 Kuala Trengganu
Inseln
6 Labuan, Penang
Landenge von Malakka
3 Kra
Nationalpark
11 Taman-Negara
Städte
4 Ipoh, Sibu
5 Kudat
6 Kangar, Pinang
7 Bintulu, Kuantan, Kuching, Kuibalu, Malakka, Taiping
8 Sandakan
9 Kota Bharu, Port Klang
11 Butterworth, Johore Bharu
Währung
3 Sen
7 Ringgit
Malediven
Bevölkerung
7 Divessi
9 Malediver
Flughafeninsel
6 Hulule
Hauptstadt
4 Malé
Insel
3 Gan
Parlament
6 Majlis
7 Majilis
Segelboot
5 Dhoni
Sprache
6 Divehi
Währung
5 Laari
7 Rufiyaa

Maler
6 Kubist
8 Kleckser, Pinseler
9 Buchmaler
10 Genremaler, Surrealist
11 Anstreicher, Portraetist
12 Landschafter
13 Expressionist, Impressionist
Malerarbeit
8 Pinselei
Malereibedarf
5 Farbe
Malereien
6 Fresko, Guasch
7 Gouache, Pastell
Malerfarben
5 Ocker, Siena, Umbra
6 Coelin
8 Chromrot, Zinkgelb, Zinkoxid
9 Chromgelb, Zinkweiss
Malergeräte
5 Quast
6 Pinsel, Spatel
7 Palette
8 Spachtel
9 Staffelei
malerisch
9 pittoresk
malerisches Beiwerk
8 Staffage
Malerkreis der Romantik
9 Nazarener
Malermaterial
3 Oel
4 Lack
5 Farbe
6 Firnis
9 Kopallack, Leimfarbe
Malheur
4 Pech
6 Unfall
8 Unglueck
Mali
Berg
10 Bandiagara
Bevölkerung
5 Dogon, Fulbe
6 Malier, Mauren, Tuareg
7 Bambara, Malinke, Songhai
8 Sarakole
Flüsse
4 Bani
5 Bakoy, Niger
Hauptstadt
6 Bamako
Politiker
5 Keita, Toure
6 Konare, Traoré
Städte
3 Gao, San
4 Kita, Nara
5 Kayes, Mopti, Nioro, Ségou
7 Kontila, Sikasso
8 Timbuktu
Währung
5 Franc
7 Centime
maliziös
7 boshaft
10 schikanoes
Mallorcakap
9 Formentor
Malnehmen
14 Multiplikation
Malta
Bevölkerung
8 Malteser
Hauptstadt
8 Valletta
Inseln
4 Gozo
6 Comino
Orte
5 Marsa, Mdina, Nadur, Rabat
6 Mostar, Sliema
8 Victoria
Politiker
7 Mintoff
Währung
3 Mil
4 Cent, Lira
Maltechnik
7 Impasto
malvenfarbig
5 mauve
Malvengewächse
4 Sida
5 Urena
6 Althee, Ibisch, Malope
7 Eibisch
8 Hibiskus
9 Gossypium
10 Samtpappel
11 Kaesepappel, Schoenmalve
13 Strauchpappel
Malweise mit dicker Farbe
6 Pastos
Malzzucker
7 Maltose
Mammutbaum
7 Sequoia, Sequoie
Man
Berg
8 Snaefell
Bevölkerung
4 Manx
Hauptstadt
7 Douglas
Kap
4 Ayre
managen
6 leiten
8 betreuen
10 einfaedeln, vermitteln
11 arrangieren, unternehmen, veranlassen
12 organisieren
Manager
8 Promotor
manchmal
8 zuweilen
Mandant
6 Klient
Mandarinenart
7 Satsuma
Mandat
7 Auftrag, Vertrag
9 Vollmacht
Mandelbitterstoff
6 Amarin
Mandelentzündung
6 Angina
Mandelgebäck
5 Nugat
6 Nougat
7 Krokant, Makrone
Mandelkonfekt
8 Marzipan
Mandelkrähe
4 Rake
5 Racke
8 Blaurake
9 Blauracke, Fettvogel
Manege
5 Arena
8 Reitbahn
9 Hippodrom
10 Tattersall
Mangel
3 Not
5 Armut, Macke, Manko, Minus
6 Bedarf, Defekt, Fehler, Luecke
7 Defizit, Pinuria, Verlust
8 Nachteil
9 Knappheit, Praegnanz, Schwaeche
10 Beduerfnis, Entbehrung, Fehlbetrag
12 Duerftigkeit
17 Schoenheitsfehler
an Abwechslung
9 Langweile
an Beherrschung
8 Ungeduld
an Urteilskraft
8 Dummheit
an Wohlwollen
7 Ungunst
Mängelanzeige
11 Reklamation
mangelhaft
8 defektiv
12 unvollkommen
Mangelkrankheiten
5 Oedem
7 Skorbut
8 Beri-Beri, Rachitis
9 Lecksucht
mangeln
6 missen
9 entbehren, vermissen
mangelnde(r, s)
Glaube
7 Zweifel
Vertrauen
10 Misskredit

Mangfall-Zufluss
5 Glonn
Manie
5 Sucht
7 Neigung
12 Besessenheit
Manier
3 Art
4 Stil
5 Genre, Mache, Sitte, Weise
8 Benehmen, Eigenart
Manifestation
9 Bekundung
Manikürgerät
10 Nagelfeile
Manilahanf
5 Abaka
9 Musafaser
Maniokmehl
7 Tapioka
Maniokwurzel
7 Kassawa
Manko
5 Minus
9 Fehlmenge
Mann
4 Kerl
aus fernen Ländern
4 Exot
der Erfahrung
9 Praktiker
in den Zwanzigern
4 Twen
von Lebensart
9 Gentleman
Mannbarwerden
9 Pubertaet, Pubeszenz
Männchen vieler Tiere
4 Bock
Männerhass
9 Misandrie
Männerhaus
auf den Palauinseln
3 Bai
bei den Naga
6 Morung
Männerherrschaft
11 Patriarchat
Männerhose
8 Pantalon
9 Pantalons
Männerjacke
5 Joppe
Männerkurznamen
3 Alf, Gus, Teo, Utz
4 Alex, Bert, Dolf, Fons, Fred, Gerd, Gert, Hans, Hein, Hias, Lutz, Ossi, Rolf, Rudi, Theo
5 Achim, Benno, Bernd, Fritz, Heinz, Klaus, Waldo, Willi, Willy
6 Michel, Velten
7 Bastian
Männernamen
3 Ede, Ivo, Kai, Kay, Leo, Lou, Max, Odo, Per, Teo, Udo, Ulf, Uli, Uwe
4 Adam, Alex, Arne, Arno, Axel, Bert, Bodo, Boto, Carl, Curt, Dirk, Egon, Emil, Emmo, Enno, Erek, Erik, Fred, Gerd, Gero, Gert, Golo, Hans, Hein, Hugo, Ingo, Jens, John, Jost, Jupp, Karl, Klas, Knut, Kuno, Kunz, Kurt, Lutz, Mark, Niko, Nils, Olaf, Otto, Paul, Piet, Pitt, Ralf, Rolf, Rudi, Sepp, Theo, Tilo, Toni, Veit, Wido, Wilm, Wolf
5 Achim, Adolf, Aegid, Alban, Albin, Alois, Aloys, Alwin, Anton, Armin, Artur, Asmus, Aurel, Benno, Bernd, Boris, Bruno, Claus, David, Edgar, Edwin, Egolf, Elmar, Erich, Ernst, Erwin, Eugen, Ewald, Fedor, Felix, Ferdl, Frank, Franz, Fritz, Georg, Goetz, Guido, Gustl, Hagen, Hanno, Hansi, Harri, Harry, Heino, Heinz, Horst, Ignaz, Jakob, Jobst, Jodok, Joerg, Jokel, Josef, Klaus, Konni, Lando, Malte, Odilo, Oskar, Otmar, Peter, Poldi, Ralph, Roger, Roman, Romeo, Sally, Seppe, Simon, Thilo, Urban, Waldo, Willi, Willy, Xaver
6 Adrian, Albert, Alfons, Alfred, Anatol, Anselm, Arnold, Arnulf, Arthur, August, Baldur, Beatus, Cosimo, Damian, Daniel, Detlef, Dieter, Dionys, Edmund, Eduard, Edward, Egbert, Egmont, Eilard, Eilert, Eilmar, Erhard, Fabian, Feodor, Frowin, Gerald, Germar, Gernot, Gerold, Gerolf, Gerrit, Gerwig, Gerwin, Gregor, Gustaf, Gustav, Hannes, Harald, Heiner, Helmut, Herwig, Herwin, Hiesel, Hilmar, Hubald, Hubert, Hunold, Isidor, Jochem, Jochen, Johann, Joseph, Julian, Julius, Junius, Justus, Kaspar, Kilian, Konrad, Lorenz, Lothar, Ludger, Ludolf, Ludwig, Lutwin, Magnus, Markus, Martin, Michel, Moritz, Notker, Oliver, Ortwin, Oswald, Othmar, Pinkas, Radolf, Radulf, Rainer, Rasmus, Ratbod, Reimar, Reiner, Robert, Roland, Rudolf, Rumold, Rupert, Sebald, Sigurd, Silvan, Sixtus, Sophus, Stefan, Thomas, Tobias, Ulrich, Victor, Viktor, Volker, Walram, Walter, Wenzel, Werner, Wigand, Wilmar, Witold
7 Agathon, Albhard, Amadeus, Andreas, Aribert, Balduin, Barthel, Bastian, Bertold, Bertram, Blasius, Dankmar, Dankrad, Dietger, Diether, Dietmar, Dominik, Donatus, Eberwin, Eckbert, Eckhard, Eginolf, Eibrich, Eilhard, Einhard, Eligius, Emanuel, Erasmus, Eustach, Fidelis, Florens, Florian, Formund, Friedel, Frieder, Gabriel, Gebhard, Gerbert, Gerhard, Gilbert, Gisbert, Gottlob, Gottram, Gottwin, Guenter, Gundolf, Gunther, Guntram, Hartmut, Hartold, Hartwig, Hartwin, Helmold, Helmuth, Henning, Herbald, Herbert, Hermann, Herward, Hugbald, Humbald, Humbert, Ingbert, Ingomar, Irmbert, Joachim, Juergen, Kamillo, Karsten, Kasimir, Klemens, Lambert, Landolf, Landolt, Landuin, Lantwin, Leopold, Liebwin, Luitger, Luitwin, Manfred, Mangold, Markolf, Marzell, Meinald, Meinbod, Meinolf, Meinrad, Meinulf, Michael, Nantwin, Nepomuk, Norbert, Ortlieb, Otfried, Ottokar, Ottomar, Pankraz, Philipp, Raimund, Ratbert, Rathard, Rathold, Ratmund, Reinald, Reinolf, Reinulf, Richard, Rodrigo, Romuald, Ruthard, Sergius, Severin, Steffen, Stephan, Stoffel, Tankred, Theodor, Tilmann, Vinzenz, Volkmar, Walburg, Walther, Wernher, Werther,

Wigbert, Wilhelm, Wolfram
8 Adalbert, Adelbert, Aegidius, Albrecht, Augustin, Benedikt, Benjamin, Bernhard, Bernward, Berthold, Bertrand, Biterolf, Boerries, Bogislaw, Burkhard, Dagobert, Dankward, Dietbald, Dietbert, Diethelm, Dietrich, Eberhard, Ebermund, Edelbert, Egbrecht, Eginhard, Ehregott, Eilfried, Filibert, Fridolin, Friedgar, Friedger, Giselher, Giselmar, Gottbert, Gotthard, Gotthelf, Gotthold, Gottlieb, Gottwald, Guenther, Guntbald, Guntbert, Hartmann, Heinrich, Helfgott, Helmward, Herfried, Heribert, Hildemar, Horstmar, Hubertus, Johannes, Justinus, Karlmann, Konradin, Konstanz, Kunibert, Landolin, Landrich, Lebrecht, Leonhard, Leuthold, Liebhard, Luithard, Luitpold, Manfried, Markward, Matthias, Meinhard, Melchior, Neidhard, Nikolaus, Ratfried, Reginald, Reinbald, Reinbert, Reinbold, Reinhard, Reinhold, Roderich, Ruediger, Ruprecht, Siegbert, Siegmund, Siegward, Silvanus, Thankmar, Theobald, Traugott, Valentin, Valerian, Waldemar, Weikhard, Wendelin, Wilfried, Winfried, Wladimir, Wolfgang, Wolfhard, Wunibald
9 Alexander, Archibald, Balthasar, Christian, Christoph, Degenhard, Dietfried, Dominikus, Eckbrecht, Engelbert, Ferdinand, Florentin, Friedbert, Friedhelm, Friedrich, Giselbert, Gottfried, Gundobald, Gundobert, Hildebert, Hildefons, Hilderich, Karlheinz, Kornelius, Lambrecht, Lamprecht, Leberecht, Reinfried, Sebastian, Siegfried, Sigismund, Silvester, Theophill, Willibald
10 Eustachius, Friedebert, Gottschalk, Hieronymus, Hildebrand, Konstantin, Laurentius, Pankratius, Theoderich
11 Christophel, Engelbrecht
12 Fuerchtegott
13 Bartholomaeus

Männerstimmlagen
4 Bass
5 Tenor
7 Bariton
11 Bassbariton

Manneskraft
10 Virilitaet

Manneszier
4 Bart

Mannigfaltiges
5 Varia

Mannigfaltigkeit
8 Vielfalt
9 Vielerlei

männlich
5 viril
8 maskulin

männliche(r, s)

Alpenwild
4 Gams

Biene
5 Drohn
6 Drohne

Blutsverwandter
5 Agnat

Borstentier
9 Zuchteber

Ente
5 Erpel
8 Enterich

Esel
6 Hengst

Falke
6 Terzel

Fasanenvogel
8 Pfauhahn

Fisch
7 Milcher
8 Milchner

französischer Artikel
2 le

Frau
6 Virago
8 Mannweib

Gans
6 Ganser, Ganter
10 Gaenserich

Geschlecht
8 Maskulin
10 Maskulinum

Geschwister
9 Gebrueder

Gestalt aus „Ben Hur“
5 Judah

Gestalt der Apostelgeschichte
6 Aquila

Greifvogel
6 Terzel

Haartracht
8 Igelkopf, Kinnbart

Hanf
5 Femel
6 Fimmel

Hase
7 Rammler

Hauptfigur
9 Titelheld

Hauptwort
8 Maskulin
10 Maskulinum

Haustier
5 Kater

Hetäre
7 Kinaede

Hopfen
5 Femel
6 Fimmel

Horntier
9 Schafbock

Huhn
4 Hahn
6 Gickel, Gigerl, Gockel

Hund
5 Ruede

italienischer Adelstitel
8 Marchese

italienischer Artikel
2 il

Jagdhund
9 Hatzruede

Kamel
6 Hengst

Kaninchen
7 Rammler

kastriertes Rind
5 Ochse

kastriertes Schaf
6 Hammel
7 Schoeps

Katze
5 Kater

Keimzelle
8 Spermium

Kropftaube
7 Blaeser
8 Kroepfer

Lustspielfigur
7 Pierrot

Marder
5 Ruede

Modemodell
8 Dressman

Nachkomme
5 Junge

Naturgeist
3 Elf

Opernfigur bei Gershwin
5 Porgy

Pferd
6 Hengst
7 Wallach

Reh
4 Bock
7 Rehbock

Rind
5 Bulle, Ochse, Stier

Samenzellen
7 Spermen
8 Spermien
Schaf
4 Bock
6 Hammel, Widder
7 Schoeps
Schafjunges
8 Bocklamm
Schwein
4 Eber
spanischer Artikel
2 el
Tier
9 Maennchen
Urkraft
4 Yang
Verwandter
3 Opa
5 Eidam, Enkel, Neffe, Oheim, Onkel, Vater
6 Bruder, Cousin, Vetter
7 Urenkel
10 Grossenkel, Grossvater
12 Urgrossvater
Vogel
4 Hahn
5 Erpel
6 Ganter, Roller, Tauber
9 Tauberich
10 Taeuberich
Waldvogel
8 Auerhahn, Birkhahn
9 Spielhahn
Wildkatze
5 Kuder
Wildschwein
5 Basse
6 Keiler
wirkender Mann
5 Heman, Macho
9 Supermann
Wolf
5 Ruede
Zuchtrind
5 Bulle
Zuchtschaf
6 Widder
Mannsbild
4 Kerl
Mannschaft
4 Crew, Team
6 Equipe, Gruppe
7 Brigade
8 Ensemble
9 Kollegium, Kollektiv
13 Arbeitsgruppe
Mannschaftsdienstgrad
9 Gefreiter
13 Obergefreiter
14 Stabsgefreiter
Mannschaftsführer
8 Kapitaen
Mannschaftskapitän beim Curling
4 Skip
Mannschaftsraum
5 Logis

auf Schiffen
4 Back
Mannschaftssportarten
7 Radball, Radpolo
8 Fussball, Handball, Korbball
9 Eishockey, Faustball, Prellball
Mannweib
6 Virago
7 Amazone
Manöver beim Kreuzen
5 Wende
manövrieren
8 lavieren
Mansarde
9 Dachstube
Manschetten
7 Stulpen
Mäntel
6 Raglan, Ulster
7 Haenger, Paletot
8 Havelock
9 Covercoat, Redingote
10 Dufflecoat, Trenchcoat
Mantelstoffe
5 Tweed
7 Donegal, Marengo
8 Floconne
9 Covercoat
Manuskripthalter
7 Tenakel
Manuskriptprüfer
6 Lektor
Manuskriptprüferin
8 Lektorin
Manuskriptprüfstelle
8 Lektorat
Mär
4 Sage
5 Fabel, Kunde
March-Zuflüsse
4 Tess, Zaya
5 Hanna, Miava, Thaya
6 Beczwa, Oskawa
8 Betschwa
Märchengestalten
3 Fee
4 Elfe, Gnom, Hexe
5 Riese, Troll, Zwerg
6 Gretel, Knirps, Kobold, Riesin
7 Haensel, Jorinde, Zaubrin
8 Rosenrot, Sandmann, Zauberin
9 Eisenhans
bei Andersen
2 Ib
3 Ida, Ole, Per, Tuk
5 Klaus
6 Holger
8 Rosenelf
12 Christinchen
13 Daeumelinchen
bei Grimm
4 Else, Hans
5 Holle, Trude
6 Gretel, Knoist, Korbes, Lustig, Maleen, Pfriem
7 Haensel, Jorinde
8 Joringel, Rapunzel, Rosenrot
9 Floehchen, Frau Holle, Laeuschen
10 Allwissend, Daumerling, Daumesdick, Gaensemagd, Katrinelje, Marienkind, Spielhansl
11 Allerleirau, Drosselbart, Einaeuglein
12 Aschenputtel, Dornroeschen, Dreiaeuglein, Froschkoenig, Rotkaeppchen, Zweiaeuglein
13 Baerenhaeuter
14 Schneewittchen
15 Rumpelstilzchen, Schneeweisschen
bei Hauff
4 Mimi, Muck, Munk, Said, Wilm
5 Ahuli, Hanne, Urban
6 Achmed, Amarza, Archaz, Mukrah, Munkin, Zemira
7 Benezar
8 Almansor
10 Wetterbock
11 Niesmitlust
13 Glasmaennlein, Kraeuterweiss
16 Hollaendermichel
in „1001 Nacht"
3 Rok
4 Roch, Rock
5 Duban, Zaher
6 Aladin, Djafar, Mahmud
7 Alibaba, Ibrahim, Sindbad
8 Nureddin, Tamlicha
10 Schahzeman, Scheherban
11 Zauberpferd
12 Scheherazade, Scheherezade
14 Harun Al-Raschid
märchenhaft
8 fabuloes
9 fabelhaft, wunderbar
10 mirakuloes
11 fantastisch
12 phantastisch
Märcheninsel bei Mörike
6 Orplid
Märchenland
3 Aea, Aia
5 Aiaia
7 Liliput
15 Schlaraffenland
Märchenreich
9 Fabelwelt
Märchenriese
4 Oger

Märchenspiel
6 Feerie
Marder
4 Gulo, Jerf, Pami, Ratz
5 Aonyx, Dachs, Iltis, Jaerv, Kalan
6 Wiesel
8 Carcajou, Seeotter
9 Meerotter, Stinktier, Vielfrass, Walditis
11 Fingerotter, Sonnendachs
Marderhund
4 Enok
8 Seefuchs
Maria
7 Madonna
als Mittlerin
9 Mediatrix
Himmelfahrt
9 Assumtion
mit Leichnam Christi
5 Pieta
Marianeninseln
4 Guam, Rota
5 Agana, Pagan
6 Saipan, Tinian
8 Ladronen
Mariatheresientaler
6 Talari
Mariendarstellung
7 Madonna
Mariendrama im Mittelalter
7 Mirakel
Marienfest
9 Lichtmess
Marienkäfer
9 Zweipunkt
Marinade beim Kochen
5 Beize
Marine
8 Seewesen
Pflanze
9 Braunalge
Schneckengattung
8 Abalonen
Marinedienstgrade
4 Maat
7 Matrose
8 Obermaat
9 Bootsmaat
11 Obermatrose
Marineleitung
12 Admiralitaet
Marineoffiziere
7 Admiral
8 Kapitaen
11 Vizeadmiral
13 Konteradmiral
16 Kapitaenleutnant
17 Fregattenkapitaen, Korvettenkapitaen
Marineoffiziersanwärter
9 Seekadett
marinierte Blütenknospe
5 Kaper
maritime Witterung
8 Seeklima

Maritza-Zuflüsse
4 Arda
6 Ergene
8 Tundscha
9 Topolniza
markant
7 typisch
11 ausgepraegt
Markgraf
7 Marques, Marquis
8 Marchese, Marquess
der Nibelungensage
8 Ruediger
der Ostmark
4 Gero
unter Otto dem Großen
4 Gero
von Baden
7 Hermann
von Brandenburg
8 Albrecht
von Mähren
5 Jobst
von Meißen
8 Wiprecht
Markgräfin von Meißen
3 Uta
markierter Schifffahrtsweg
9 Fahrrinne
Markierung an Messgeräten
4 Grad
5 Skala
markig
6 kernig
7 lapidar, marcato, pulpoes
märkische(r, s)
Adelsgeschlecht
5 Arnim
Dichter
5 Arnim
7 Fontane
Eulenspiegel
7 Clauert
Raubrittergeschlecht
7 Quitzow
Markomannengruppe
9 Bajuwaren
Markomannenkönig
6 Marbod
Markt
5 Messe
für kurzfristige Kredite
9 Geldmarkt
für Verlagsausgaben
9 Buchmesse
im Orient
4 Souk
5 Basar, Bazar
in Kärnten
9 Eberstein, Lavamuend
in Niederösterreich
9 Eckartsau
marktbeherrschende Organisation
5 Trust
Marktbude
5 Stand
9 Obststand

Marktforschung
8 Research
9 Befragung
Marktplatz
in der Antike
5 Agora, Forum
in Italien
6 Piazza
Marmelade
3 Jam
10 Konfituere
Marmorarten
8 Cipollin
9 Cipollino, Pavonazzo
Marodeur
9 Pluendrer
Marokko
Berge
6 Sarhro
7 Toubkal
Bevölkerung
6 Araber, Berber
7 Kabylen
10 Marokkaner
burgähnliches Dorf
6 Kasbah
Dynastien
8 Saaditen
9 Alaouiten, Almohaden, Hasaniden, Meriniden
11 Almoraviden
Eisenholzbaum
7 Argania
Flüsse
3 Gru
4 Draa
5 Sebou
Gebirge
3 Rif
5 Atlas
Hafenstädte
6 Tanger
7 Tetouan
10 Casablanca
Hauptstadt
5 Rabat
heilige Städte
5 Idris
6 Moulay
Kap
4 Ghir
König
6 Hassan
Partei
8 Istiklal, Istiqlal
Ruinenstätte
9 Volubilis
Städte
3 Fes
4 Safi
5 Oujda
6 Agadir, Knitra, Meknes, Tanger
7 Kenitra, Tetouan
10 Casablanca, Marrakesch
Sultan
6 Jussuf
Sultansschloss
6 Kasbah

Währung
6 Dirham
7 Centime
Marotte
4 Tick
5 Laune
6 Spleen
Marschall
Napoleons I.
3 Ney
5 Murat, Soult
7 Oudinot
9 Bessières
Napoleons III.
4 Niel
Vorwärts
8 Bluecher
Marschboden
4 Fenn, Klei
7 Schlick
Marschformation
5 Trupp
7 Kolonne
Marschgebiet bei Hamburg
9 Altes Land
Marschhügel
4 Warf, Wurt
5 Warft, Wurte
Marschland
am Meer
3 Kog
4 Koog
6 Helder, Polder
an der Unterelbe
9 Altes Land, Kehdingen
der Niederlande
6 Betuwe
in England
4 Fens
unterhalb Bremen
9 Stedingen
Marschlandschaft in Niedersachsen
6 Hadeln
7 Wursten
Marschpause
4 Rast
Marshallinseln
Atolle
6 Bikini
8 Eniwetok
Bevölkerung
11 Mikronesier
Hauptstadt
5 Uliga
Inselgruppen
5 Ralik, Ratak
Inseln
4 Ebon
6 Jaluit, Majuro
Orte
5 Uliga
6 Jaluit, Majuro
Währung
4 Cent
6 Dollar
Marsmonde
6 Deimos, Phobos
Marter
4 Pein, Qual
6 Folter, Tortur
Martinstag
7 Martini
Märtyrer
5 Alban, Georg, Menas, Simon
6 Damian, Gereon, Markus, Petrus
7 Blasius, Emmeran, Florian, Pankraz, Stephan
8 Heiliger, Modestus, Polykarp
9 Blutzeuge, Sebastian, Stephanus
10 Laurentius, Pankrazius
13 Bartholomaeus
auf Sizilien
6 Damian
der Thebischen Legion
7 Kassius
9 Mauritius
in Bologna
7 Vitalis
unter Diokletian
8 Viktorin
Märtyrergrab
9 Confessio
Märtyrerin
6 Agatha
7 Barbara, Goretti, Heilige
8 Blandina, Dorothea
9 Anastasia, Felicitas, Margareta
marxistischer Studentenbund
9 Spartakus
März
7 Lenzing
8 Lenzmond
Marzipanersatz
8 Persipan
Masche
7 Schlupf
8 Schlaufe, Schlinge
maschenfeste Wirkware
8 Milanese
Maschengefüge
8 Netzwerk
Maschenware
6 Gewirk
7 Gewirke
Maschenwerk
4 Netz
Maschine schreiben
6 tippen
maschinelle(s)
Aussäen
7 Drillen
Hammeranlage
8 Fallwerk
Textvervielfältigung
5 Druck
Maschinen
5 Motor, Pumpe
7 Apparat, Turbine
9 Generator
bei der Schokoladenherstellung
6 Konche
für Erdarbeiten
5 Ramme
6 Bagger
7 Skraper
9 Exkavator
für textile Abfälle
7 Reisser
für thermoplastisches Material
8 Extruder
zum Tuchaufrauen
5 Karde
zur Wurstbereitung
6 Cutter
Maschinenelement
7 Reibrad
Maschinengewehrstellung
4 Nest
Maschinenhammer
4 Baer
9 Rammklotz
Maschinenlärm
7 Rattern
8 Geratter
Maschinenmensch
7 Roboter
Maschinensatz
8 Aggregat
Maschinenteile
3 Rad
4 Keil
5 Achse, Backe, Feder, Kette, Konus, Lager, Oeler, Rolle, Rotor, Stift, Welle
6 Bolzen, Bremse, Kolben, Kurbel, Spille, Stator, Ventil, Zapfen
7 Scheibe, Spindel, Trommel
8 Exzenter, Federarm, Getriebe, Schieber, Schraube, Sternrad, Zylinder
9 Gestaenge, Spannring, Stellring
Maschinerie
8 Getriebe
9 Apparatur
Maskareneninseln
7 Réunion
9 Mauritius, Rodrigues, Rodriguez
Maske
5 Larve
8 Maskaron
Maskenanzug
7 Kostuem
Maskenfest
7 Redoute
9 Maskerade
12 Mummenschanz
Maskenkleid
7 Kostuem
Maskenmantel
6 Domino

Maskentreiben
8 Fasching, Karneval
maskieren
9 vermummen
maskiert
8 vermummt
Maskierung
10 Vermummung
11 Verkleidung
Maskokiindianer
5 Creek
8 Seminole
Maskottchen
7 Amulett
8 Talisman
maskulin
9 maennlich
Massagegerät
8 Vibrator
Masse
5 Menge, Stoff
7 Bestand, Materie
8 Haeufung, Substanz, Vielzahl
10 Quantitaet
die etwas verstopft
6 Pfropf
im Bezugssystem
8 Ruhmasse
in einem defekten Zahn
8 Fuellung
zum Einfetten
8 Schmiere
zum Wundverschluss
9 Baumwachs
Maßeinheit
der astronomischen Länge
6 Parsec
9 Lichtjahr
der Ausstrahlung
4 Eman
der Beleuchtungsstärke
3 Lux
der elektrischen Leistung
4 Watt
10 Voltampere
der elektrischen Spannung
4 Volt
der elektrischen Stromstärke
6 Ampere
der Elektrizitätsmenge
7 Coulomb
der Fluidität
3 Rhe
der Frequenz
5 Hertz
der Garnstärke
6 Denier
der Geschwindigkeit
6 Knoten
der Goldfeinheit
5 Karat
der Kapazität
5 Farad
9 Nanofarad, Picofarad, Pikofarad
10 Mikrofarad
der Kraft
3 dyn
6 Newton
der Lautstärke
3 Fon
4 Phon
7 Dezibel
der Leistung
4 Watt
8 Gigawatt, Kilowatt, Megawatt
11 Newtonmeter
der Leuchtdichte
5 Stilb
der Leuchtstärke
4 Phot
der Lichtstärke
5 Kerze
7 Candela
der Linsenstärke
8 Dioptrie
der magnetischen Feldstärke
7 Oersted
der Masse
9 Kilogramm
der radioaktiven Strahlung
5 Curie
der Schwingungsfrequenz
5 Hertz
9 Kilohertz, Megahertz
der Selbstinduktion
5 Henry
der Silberfeinheit
3 Lot
der Stoffmenge
3 Mol
der Telegrafiergeschwindigkeit
4 Baud
der Temperatur
6 Kelvin
7 Celsius
der Wärme
4 Grad
7 Kalorie
der Zeit
7 Sekunde
des Drehmoments
11 Newtonmeter
des elektrischen Widerstands
3 Ohm
des Lichtstroms
5 Lumen
des Luftdrucks
3 Bar
4 Torr
8 Millibar
des Magnetismus
5 Gauss
des radioaktiven Gehalts
4 Eman
für Arbeit
5 Joule
für Dämpfung
3 Bel
7 Dezibel
für den ebenen Winkel
3 Gon
für den Schall
3 Fon
4 Phon
7 Dezibel
für Energie
5 Joule
11 Newtonmeter
für Fettgehalt
7 Jodzahl
für Induktion
5 Henry
für Lichtstrom
5 Lumen
für Masse
9 Kilogramm
für spezifisches Mostgewicht
7 Oechsle
für Telefongebühren
8 Zeittakt
in der Akustik
3 Bel
in der Fernmeldetechnik
3 Bel
in der Musik
4 Takt
Maßeinteilung
5 Skala, Skale
Massenangst
5 Panik
Massenbeeinflussung
8 Agitprop
Massenbestrebung
8 Bewegung
Masseneinheiten
4 Kilo
5 Gramm, Pfund, Tonne
9 Dekagramm, Kilogramm, Megatonne
Massenerkrankung
6 Seuche
8 Epidemie
Massenkundgebung
4 Demo
13 Demonstration
Massenopfer
9 Hekatombe
Massenspektrometer
9 Omegatron
Massenzustrom
7 Andrang
Masseteilchen
9 Korpuskel
maßgebend
8 normativ
9 gewichtig, kompetent, prominent
11 autoritativ
maßgebender
Künstler
9 Klassiker
Zeitpunkt
8 Stichtag
maßgeblicher Umstand
6 Faktor
Maßgeblichkeit
10 Autoritaet

massig
3 mau
4 dick, fest, flau, grob, voll
5 stark
6 frugal, gering, robust, schwer
10 voluminoes
bewegt
8 moderato
langsam
7 andante
mäßigen
10 moderieren
11 temperieren
Mäßigkeit
9 Temperenz
10 Soliditaet
maßlos
5 enorm
6 ueppig
9 unbaendig, ungeheuer, unmaessig
10 unbegrenzt
12 uebertrieben
aufgebracht
7 wuetend
maßloses Verlangen
4 Gier
Maßlosigkeit
9 Voellerei
Maßnahme
3 Akt, Tat
6 Aktion
8 Handlung
zur Erhöhung des Körpergewichts
7 Mastkur
Maßordnung
im Bauwesen
7 Modulor
von Werkteilen
7 Passung
maßvoll
6 modest
Mastdarm
6 Rektum
7 Enddarm
Mastdarmspiegel
9 Rektoskop
Masthahn
6 Kapaun
Masthalteseil
8 Backstag
Masthuhn
6 Poulet
8 Poularde
mastloses Boot
4 Kahn
5 Barke
Mastspitze
3 Top
4 Topp
Mastteile
3 Rah, Top
4 Bram, Mars, Rahe, Stag, Topp
5 Royal, Wante
6 Brasse, Saling, Spiere, Stenge
7 Pardune
Mastverlängerung
6 Stenge
mateähnlicher Tee
9 Conchonga
Mategetränk
6 Bronte
Mater
7 Matrize
Material
5 Stoff
für besondere Drucke
9 Eispapier
für Druckerschwärze
4 Russ
für elastische Gewebe
6 Lastex
für Fässer
8 Reifholz
für Laborgefäße
9 Quarzglas
für Leichtbausteine
8 Gasbeton
für Maurerarbeiten
9 Bausteine
für nicht tragende Wände
9 Bauplatte
für Pelze
9 Schaffell
für Schwimmkörper
9 Flottholz
für Siebe
9 Haardraht
für Teppichböden
9 Nadelfilz
für Wicklungen
9 Lackdraht
für Zahnplomben
7 Amalgam
in der Optik
8 Mattglas
zum Beschreiben
6 Papier
zum Häkeln
9 Glanzgarn
zum Stricken
9 Glanzgarn
zum Verkleiden
9 Schalholz
Materialaufarbeitung
9 Regenerat
Materialbearbeiter
9 Schleifer
Materialverlust
6 Abrieb
Materie
5 Masse, Stoff
8 Substanz
Materieteilchen
4 Atom
7 Molekel
8 Molekuel, Partikel
9 Korpuskel
Mathematik: ein Ganzes
6 Eintel
Mathematikerfamilie in Basel
9 Bernoulli
mathematische Hilfsmittel
6 Abakus, Lineal, Zirkel
mathematische(r, s)
Funktionslehre
8 Analysis
Grenzbegriff
9 unendlich
Größe
6 Skalar, Spinor
8 Padikand
9 Konstante
Grundbegriff
8 Operator
Hilfsgröße
8 Zinszahl
Instrument
9 Integraph
Kurve
8 Radlinie, Zissoide, Zweihorn, Zykloide
Logik
8 Logistik
Lösungsverfahren
9 Operation
Symbol
6 Formel
8 Integral
Zahlen
9 Nullfolge
Matratzenstoff
5 Drell
Mätresse Ludwigs XV.
7 Dubarry
9 Pompadour
Matrosendienstgrad
8 Obermaat
Matrosengepäck
7 Seesack
Matrosenhut
7 Matelot
Matrosenlied
6 Shanty
Matrosenlöhnung
5 Heuer
matt
3 mau
4 flau
5 muede
6 kaputt, stumpf, truebe
7 schwach
8 glanzlos
Matte im japanischen Haus
6 Tatami
matter Schein
8 Schimmer
mau
8 aermlich, duerftig
11 kuemmerlich
Mauer
4 Wand
zum Schutz gegen Geräusche
9 Laermwall
Mauerabschluss
5 Zinne
Maueraufbau
5 Zinne

Mauerbewurf
7 Verputz
8 Wandputz
Mauerbrecher
5 Aries
9 Sturmbock
Mauerkrone
5 Zinne
Mauerleiste
4 Sims
Mauerlücke
7 Bresche, Scharte
Mauerpfeiler
6 Lisene
Mauerritze
4 Fuge
Mauerverkleidung
4 Putz
6 Paneel, Tapete
7 Verputz
Mauervertiefung
6 Nische
Mauerverzierung
4 Sims
5 Fries
7 Risalit
Mauervorderseite
9 Stirnwand
Mauervorsprung
5 Erker
7 Konsole
Maul
bei Schafen
6 Muffel
bei Ziegen
6 Muffel
beim Rotwild
5 Aeser
des Viehs
9 Schmecker
Maulbeergewächse
5 Feige, Ficus, Morus
6 Antjar
7 Ipobaum
8 Antiaris, Sykomore, Upasbaum
9 Dorstenia
Maulbrüter
9 Cichliden
10 Buntbarsch
Maulesel
4 Muli
5 Burak, Mulus
Maulwurf
5 Scher
maulwurffarben
5 taupe
Maulwurfsratte
8 Graumull
9 Blessmull, Erdbohrer
Maure in Spanien
7 Moriske
Maurerarbeit
7 Rauputz
Maurergeräte
3 Lot
5 Kelle
7 Senklot
8 Senkblei, Spachtel
9 Handbrett, Sparbrett, Wurfbrett
11 Wasserwaage
Maurermaterial
8 Baustein
Mauretanien
Bevölkerung
3 Ful
5 Fulbe
6 Mauren
7 Bambara
8 Tukuloer
11 Mauretanier
Hauptstadt
10 Nouakchott
Politiker
6 Daddah
8 Haidalla
Städte und Orte
4 Atar, Nema
5 Boghé, Kaedi, Kiffa, Rosso
8 Zouérate
10 Chinguetti
Währung
5 Khoum
7 Ouguiya
Mauritius
Bevölkerung
5 Inder
9 Mauritier
Hauptstadt
9 Port Louis
Inseln
7 Agalega
8 Cargados
9 Rodriguez
Politiker
8 Jugnauth, Ringadoo
Städte und Orte
7 Triolet
8 Curepipe, Rose Hill, Souillac
9 Mahebourg
10 Beau Bassin
12 Quatre Bornes
Währung
4 Cent
5 Rupie
Mauserzeit
4 Raue
mausgrau
4 falb
Maushund
7 Zorilla
9 Bandiltis
Mausoleum bei Agra
8 Taj Mahal
11 Tadsch Mahal
Mäzen
7 Goenner, Sponsor
8 Promotor
9 Foerderer, Protektor
mechanische(s)
Musikinstrumente
7 Phonala, Pianola
8 Spieluhr
9 Drehorgel, Musikwerk, Spieldose
10 Phonograph
11 Orchestrion
Meckerei
9 Genoergel, Krittelei
meckern
8 noergeln
Mecklenburg-Vorpommern
Adelsgeschlecht
6 Buelow, Moltke
Dichter
5 Groth
6 Reuter
Flüsse
4 Elde, Sude
5 Havel, Peene
6 Randow, Trebel, Uecker, Warnow
8 Recknitz, Tollense
Halbinsel
5 Darss
Hauptstadt
8 Schwerin
Ostseeinsel
6 Ruegen, Usedom
Seen
7 Mueritz
9 Plauer See
11 Tollensesee
13 Kummerower See, Schweriner See
Städte und Orte
4 Plau
5 Laage, Mirow, Waren
6 Anklam, Dargun, Dassow, Demmin, Jarmen, Wismar
7 Parchim, Rostock, Schwaan
8 Guestrow
9 Sternberg, Stralsund
10 Greifswald
11 Neustrelitz
12 Ueckermuende
14 Neubrandenburg
mecklenburgisches Geschlecht
6 Buelow, Moltke
Mederkönig
8 Astyages, Kyaxares
Medikamentenform
5 Pille, Salbe
6 Dragée
8 Tablette
9 Zaepfchen
mediterraner Buschwald
7 Macchia, Macchie
meditieren
8 gruebeln
10 nachdenken
Mediziner
4 Arzt
6 Primar
7 Kurarzt, Medikus, Notarzt
8 Chefarzt, Impfarzt, Oberarzt, Paukarzt
9 Hafenarzt, Nasenarzt, Rhinologe, Schularzt, Sportarzt

medizinisch:
abführen
8 laxieren
Abführmittel
6 Laxans
7 Purgans
8 Depurans
Abnutzung
4 Usur
Abziehmuskel
8 Abduktor
Achselhöhle
6 Axilla
Aderunterbindung
7 Ligatur
Anfall
6 Insult
angefault
7 karioes
Anziehmuskel
8 Adduktor
Appetitlosigkeit
8 Anorexie
Atemlosigkeit
5 Apnoe
aussätzig
6 lepros
7 leproes
Ausschabung
8 Abrasion
Ausschwitzung
7 Exsudat
Ausstopfung
9 Tamponade
Band an Gelenken
8 Ligament
Bauchwassersucht
7 Ascites, Aszites
betasten
9 palpieren
Beugemuskel
6 Flexor
Bewegungslähmung
9 Paralysis
Bewegungsstörung
6 Ataxie
Bewusstsein
9 Sensorium
Biegung
6 Flexur
Blasengeschwulst
5 Zyste
Blausucht
7 Cyanose, Zyanose
blutarm
9 anaemisch
Blutarmut
7 Anaemie
Blutbildung
9 Haematose
Blutpfropf
8 Thrombus
bösartig
7 maligne
Brustbein
7 Sternum
Brustdrüse
5 Mamma
Brustfell
6 Pleura
Brustkorb
6 Thorax
Brustwarze
7 Papilla
Darmverschluss
5 Ileus
das Gesicht betreffend
6 fazial
das Herz betreffend
7 kardial
das Hören betreffend
7 auditiv
den Arm betreffend
8 brachial
den Bauch betreffend
7 ventral
den Fetus betreffend
5 fetal
6 foetal
den Magen betreffend
7 gastral
9 stomachal
den Rücken betreffend
6 dorsal
die Lunge betreffend
8 pulmonal
die Nieren betreffend
5 renal
Drüse
7 Glandel
8 Glandula
Drüsenknötchen
8 Follikel
durch den Mund
4 oral
7 peroral
durch einen Virus verursacht
5 viral
Durchfall
8 Diarrhoe
9 Diarrhoee
Eckzahn
7 Caninus
Ei
6 Ovulum
Eibildung
9 Ovogenese
Eierstock
7 Ovarium
Einreibung
7 Unktion
9 Inunktion
Eisprung
9 Ovulation
eitrig
8 purulent
Eiweiß
7 Albumen
Eizelle
6 Ovulum
Enthaarung
9 Epilation
Erkrankung
9 Affektion
Ernährung
9 Nutrition
Erstgebärende
9 Primipara
Fallsucht
9 Epilepsie
Fäulnis erregend
8 septisch
Fehlbildung
9 Dysplasie
Fehlgeburt
7 Abortus
Fettgeschwulst
5 Lipom
6 Lipoma
Fettleibigkeit
8 Obesitas, Pimelose
10 Adipositas
Fieberanfall
7 Pyrexie
fieberhaft
6 febril
Finger
7 Digitus
Flaumhaar
6 Lanugo
fruchtbar
6 fekund, fertil
Fußgicht
7 Podagra
Fußwurzel
6 Tarsus
Galle
3 Fel
Gallenstein
9 Cholelith
Gaumen
7 Palatum
Gaumenzäpfchen
5 Uvula
8 Staphyle
Gedächtnisschwund
7 Amnesie
Gefäßgeflecht
6 Plexus
Gegengift
9 Antitoxin
Gehirn
8 Cerebrum, Zerebrum
Gehirnerschütterung
9 Kommotion
Gehörnerv
9 Akustikus
Gehunfähigkeit
6 Abasie
Geistesabwesenheit
7 Absence
Gelbsucht
7 Ikterus
9 Hepatitis
Gelenkentzündung
9 Arthritis
Gelenkkopf
5 Caput
Gesicht
6 Facies
gewebeartig
7 histoid
8 histioid
Gewebewassersucht
5 Oedem

Gewebstod
7 Nekrose
giftig
7 toxisch
8 venenoes
Grube
5 Fossa, Fovea
grüner Star
7 Glaukom
Gürtelrose
6 Zoster
Handgicht
8 Chiragra
Harnausscheidung
7 Diurese
Harnröhre
7 Urethra
Harnruhr
8 Diabetes, Polyurie
Harnvergiftung
7 Uraemie
Haut
5 Derma
Hautknötchen
6 Papula
heilbar
7 kurabel, sanabel
Heißhunger
7 Bulimie
9 Kynorexia, Lykorexie
Herausschneidung
8 Exzision
Herz
3 Cor
Herzbeutel
8 Perikard
Herzinnenhaut
8 Endokard
Herzmuskelkontraktion
7 Systole
Hexenschuss
7 Lumbago
Hirnanhangdrüse
9 Hypophyse
Hornhautentzündung
9 Keratitis
Kehlkopf
6 Larynx
Keimdrüsen
7 Gonaden
Keuchhusten
9 Pertussis
Kniescheibe
7 Patella
Knochenbruch
7 Fraktur
Knochenhaut
7 Periost
Knochennaht
5 Sutur
Knochenriss
6 Fissur
Knochenschmerzen
9 Ostealgie
Körpergerüst
7 Skelett
körperlich
9 somatisch
Körperschwäche
8 Asthenie
kräftigend
7 tonisch
Krampf
7 Spasmus
Krampfader
5 Varix
6 Varize
krankhafte Angst
6 Phobie
Krankheitsbild
7 Syndrom
Kropf
6 Struma
Kurzsichtigkeit
5 Myope
6 Myopie
Lebenskraft
4 Vita
Leberentzündung
9 Hepatitis
Leistenbruch
6 Hernie
Lippe
6 Labium, Labrum
Luftröhre
7 Trachea
Lunge
5 Pulmo
Lungenentzündung
9 Pneumonie
Magenkatarr
9 Gastritis
Mahlzahn
9 Postmolar
Mannweib
6 Virago
Mastdarm
6 Rektum
Missbildung
9 Dysplasie
Mitesser (Mehrzahl)
9 Komedonen
Mumps
9 Parotitis
Muskelbündel
8 Faszikel
Muskelerschlaffung
6 Atonie
8 Myatonie
Muskelkrampf
7 Krampus, Tetanie
8 Myotonie
Muskelschmerz
7 Myalgie
Muskelzittern
6 Tremor
Nachgeburt
8 Plazenta
Nahrungaufnahme
9 Ingestion
Nahrungsmittel
9 Nutriment
Nasenbluten
9 Epistaxis
Nervenbündel
8 Faszikel
Nervenentzündung
8 Neuritis
Nervengeflecht
6 Plexus
nicht ansteckend
8 virulent
Niere
3 Ren
Nierenentzündung
9 Nephritis
Oberarmknochen
7 Humerus
Oberschenkelknochen
5 Femur
oberste Hautschicht
9 Epidermis
Ohrenentzündung
6 Otitis
Ohrenschmerz
6 Otagra
7 Otalgie
8 Otodynie
Ohrenspiegel
7 Otoskop
Ohrenspiegelung
9 Otoskopie
Ohrspeicheldrüse
7 Parotis
operative Entfernung
7 Ektomie
Organschrumpfung
8 Atrophie
Organverengung
7 Stenose
Organvorfall
7 Prolaps
9 Prolapsus
Pocke
7 Variola, Variole
Pocken
8 Variolae, Variolen
Rachen
7 Pharynx
Rachenmandel
8 Tonsille
Reizmittel
9 Stimulans
Rippenfell
6 Pleura
Rippenfellentzündung
9 Pleuritis
Riss
6 Ruptur
Rückfall
6 Relaps
7 Rezidiv
Samenfäden
6 Sperma
Schlaflosigkeit
7 Asomnie, Vigilia
8 Agrypnie, Insomnie
Schlüsselbein
9 Clavicula, Klavikula
Schmerz stillend
7 sedativ
Seekrankheit
6 Nausea
sichtbar
8 apparent

Spalt
6 Hiatus
Spalte
6 Fissur
Sprechstörung
7 Aphasie
Stauung
6 Stasis
Stehunfähigkeit
7 Astasie
steif
5 rigid
Steinstaublunge
8 Silikose
Stimmwechsel
8 Mutation
Stockung
6 Stasis
Streckmuskel
8 Extensor
Streuherd
5 Fokus
Stummheit
8 Aphrasie
tastbar
8 palpabel
Tollwut
5 Lyssa
6 Rabies
Venenknoten
5 Varix
6 Varize
venenreich
6 venoes
Verbindung zwischen Knochen
7 Junktur
Verdauung
9 Digestion
Verdauung bewirkend
8 digestiv
Verengung
8 Stenosis, Striktur
Verrenkung
8 Luxation
Vorsteherdrüse
8 Prostata
Wadenbeinknochen
6 Fibula
Warze
7 Papilla, Papille
weibliche Brust
5 Mamma
Wirbelsäule
5 Spina
Wollhaar
6 Lanugo
Wundstarrkrampf
7 Tetanus
Wurmfortsatz
8 Appendix
Zahn
4 Dens
Zahnschmerz
8 Dentagra
9 Dentalgie
Ziegenpeter
9 Parotitis
Zipperlein
7 Podagra
zum Munde gehörig
4 oral
zur Augenhöhle gehörend
7 orbital
zur Haut gehörig
5 kutan
zur Luftröhre gehörend
8 tracheal
zur Wirbelsäule gehörend
9 vertebral
Zwergwuchs
8 Nanismus
Zwilling
7 Geminus
8 Gemellus
Zwölffingerdarm
8 Duodenum

medizinische Instrumente
5 Nadel, Saege, Sonde, Zange
6 Schere, Trokar
7 Spritze
8 Hoerrohr, Lanzette, Pinzette, Skalpell
10 Stethoskop

Medizinmann
5 Piaje
8 Schamane

Medizinstudent(in)
6 Famula
7 Famulus

Medusen
7 Quallen
13 Zoelenteraten

Meer
3 See
5 Ozean
7 hohe See
mit den Antillen
7 Karibik

Meerbricke
14 Meeresneunauge

Meerbusen
3 Bai
4 Golf
5 Bucht, Fjord
an der Emsmündung
7 Dollart
der Adria
8 Quarnero
von England
4 Wash
von Island
9 Hunabucht
von Neuguinea
9 Papuagolf
zwischen Frankreich und Spanien
7 Biskaya

Meerechse
6 Leguan

Meerenge
4 Belt, Gatt, Sund
8 Bosporus
11 Dardanellen
13 Meeresstrasse
bei Schottland
9 Nordkanal
der Niederlande
8 Marsdiep
im Bottnischen Meerbusen
7 Kvarken
zwischen Ägäis und Marmarameer
10 Hellespont
11 Dardanellen
zwischen Irland und Schottland
9 Nordkanal
zwischen Norwegen und Jütland
9 Skagerrak
zwischen Ostsee und Kattegat
4 Sund
zwischen Rotem Meer und Golf von Aden
11 Bab-el-Mandeb
zwischen Schweden und Jütland
8 Kattegat

Meeresalgen
4 Tang
7 Rotalge
8 Blaualge, Goldalge
9 Braunalge, Gruenalge

Meeresarm
bei England
8 Spithead
schwedisch-finnischer Küsten
6 Fjaerd

Meeresbewegung
5 Welle
7 Duenung, Seegang
8 Brandung, Grundsse, Sturzsee

Meeresbrise
7 Seewind

Meeresbucht
3 Bai
4 Golf, Haff
5 Busen, Creek, Fjord
6 Foerde
an der Küste von Mosambik
10 Delagoabai
an der nordamerikanischen Atlantikküste
12 Chesapeakbai
in Norwegen
5 Fjord
in Schottland
5 Firth

Meeresgegend
7 Tiefsee
8 Flachsee

Meeresgöttin
3 Ran
9 Amphitrie

Meeresgrundpflanze
9 Posidonia

Meeresgürtel am Südpol
9 Antarktik

Meereskrebse
6 Granat, Hummer, Krabbe

7 Garnele
8 Languste
Meereskunde
13 Ozeanographie
Meeresküste
6 Strand
7 Gestade
Meeresmuschel
6 Auster
Meerespflanzen
4 Alge, Tang
7 Seegras, Zostera
8 Rotalgen
9 Blatttang, Laminaria
Meeresraubfische
3 Hai
6 Rochen
7 Hornhai
9 Katzenhai, Kragenhai
Meeresringelwurm
9 Spierwurm
Meeressäuger
3 Wal
5 Robbe
6 Beluga, Narwal, Seekuh, Seiwal, Sirene
7 Blauwal, Edenwal, Finnwal, Grauwal, Seehund, Suedwal, Zahnwal
8 Brydewal, Cachelot, Doegling, Entenwal, Glattwal, Keporkak, Pilotwal, Spermwal, Walfisch, Weisswal, Zwergwal
9 Bartenwal, Belugawal, Buckelwal
Meeresschildkröte
7 Karette
Meeresschlamm
7 Schlick
Meeresspeisefisch
6 Hering
Meeresstraße
bei Neuguinea
6 Torres
bei Tasmanien
4 Bass
bei Wismar
9 Breitling
der Antillen
4 Mona
der Ostsee
4 Belt
der Türkei
8 Bosporus
in Nordjütland
8 Limfjord
Norwegens
8 Andfjord
Schottlands
5 Minch
von England
5 Menai
von Kanada
9 Jonessund
von Nordjütland
8 Limfjord
zur Tokiobucht
5 Uraga
zwischen Frankreich und England
5 Kanal
zwischen Iran und Arabien
5 Ormus
Meeresströmung
5 Drift, Trift
9 Golfstrom, Perustrom, Winddrift
Meeresufer
6 Kueste
7 Gestade
Meeresuntiefe
8 Sandbank
Meeresvögel
3 Alk
4 Lund, Skua
5 Lumme, Moewe
6 Teiste
7 Pinguin, Scharbe, Toelpel, Tordalk
8 Albatros, Kormoran
9 Bootsmann
10 Eistaucher, Seetaucher
11 Seeschwalbe, Tropikvogel
12 Fregattvogel
Meereswind
8 Seebrise
Meerfee
8 Melusine
Meergötter
5 Aegir
6 Neptun, Nereus, Triton
7 Glaukos, Okeanos, Phorkys
8 Poseidon
Meergottzepter
7 Trident
8 Dreizack
Meerjungfrau
4 Nixe
6 Undine
Meerkatzen
3 Duk
4 Mona
5 Diana, Kahau, Mbega, Patas
6 Budeng, Grivet, Hulman, Langur
7 Colobus, Guareza, Guereza, Hanuman, Mangabe
8 Malbruck
9 Dianaaffe, Nasenaffe
10 Blaubeutel, Seidenaffe
11 Husarenaffe, Kleideraffe, Schlankaffe, Stummelaffe
13 Mantelmangabe, Schopfmangabe
meerkatzenartiger Affe
6 Pavian
Meernymphen
7 Nereide
8 Galateia, Nereiden, Okeanide
9 Okeaniden
Meerteufel
6 Rochen
Meerzwiebel
6 Scilla, Szilla
7 Urginea
9 Blaustern
Mehlklößchen
5 Nocke
Mehlpilz
9 Katzenohr
Mehlschwitze
4 Roux
9 Einbrenne
Mehlspeisen
5 Sterz
7 Buchtel, Omelett, Strudel
8 Omelette, Spaetzle, Spaetzli, Tascherl
9 Schmarren
11 Pfannkuchen
13 Palatschinken
15 Kaiserschmarren
Mehr
4 Plus
10 Ueberfluss
mehr als nötige militärische Stärke
8 Overkill
mehr gesprochen als gesungen
8 parlando, parlante
mehrarmige Flussmündung
5 Delta
7 Aestuar
mehrbuchstabige Drucktype
8 Polytype
mehrdeutig
5 ambig
6 ambigu
7 ambigue, homonym
8 aequivok
12 doppelsinnig
Mehrdeutigkeit
9 Polysemie
10 Amphibolie
Mehrehe
9 Polygamie
mehrehig
7 polygam
Mehrertrag
7 Surplus
mehrfach
3 oft
7 haeufig
8 multipel
mehrfarbig
4 bunt
9 gemustert
Mehrgebotenes
6 Zugabe
9 Dreingabe
Mehrheit
5 Masse
9 Ueberzahl
10 Majoritaet
11 Pluralitaet

Mehrlingsgeburt
8 Drilling, Vierling, Zwilling
9 Drillinge, Vierlinge, Zwillinge
mehrmals
3 oft
7 haeufig
10 wiederholt
Mehrphasenstrom
9 Drehstrom
12 Wechselstrom
mehrsätziges Musikstück
4 Fuge
5 Suite
6 Sonate
8 Sinfonie, Sonatine
mehrseitig
12 multilateral
mehrsprachig
9 polyglott
mehrstimmig
7 polyfon
8 polyphon
mehrstimmige(s)
Musikstück
4 Fuge
5 Kanon
7 Singrad
mehrteilige(s)
Kleidungsstück
7 Compose
Unterwäsche
8 Garnitur
Mehrzahl
6 Plural
Meierei
8 Molkerei
meinen
5 sagen
6 denken, finden
8 bedeuten, erachten
Meinung
6 Glaube, Urteil
7 Annahme, Ansicht
9 Vermutung
10 Anschauung, Auffassung, Schaetzung, Standpunkt
12 Dafuerhalten, Ueberzeugung
feststellen durch eine Wahl
9 abstimmen
Meinungsaussage
9 Kommentar
Meinungsaustausch
7 Debatte
10 Diskussion
Meinungsforscher
8 Demoskop
Meinungsforschung
7 Umfrage
10 Demoskopie
Meinungsstreiter
9 Polemiker
Meinungsumfrage
10 Demoskopie
Meinungsverschiedenheit
4 Zank
5 Zwist
6 Streit
7 Dissens
9 Differenz, Divergenz
11 Kontroverse
13 Unstimmigkeit
meißelartiges Werkzeug
6 Beitel
meist abschätzig: Gedicht
4 Poem
Meister
4 Baas
6 Kenner, Leiter, Sieger
7 Koenner, Maestro
8 Fachmann, Lehrherr, Magister, Virtuose
9 Ausbilder, Prinzipal
in einer Sportart
8 Champion
meisterhaft
7 virtuos
9 bravuroes
10 bravouroes
Meisterschaft
10 Championat
12 Virtuositaet
Meistersinger
4 Folz, Zorn
5 Foltz, Moser, Ortel, Sachs
6 Behaim, Beheim, Pogner
7 Kothner, Schwarz
8 Stolzing
9 Puschmann
Meistersingerliedform
3 Bar
Meistersingerstadt
9 Nuernberg
Mekkapilger
7 Hadschi
Mekkapilgerreise
5 Omrah
6 Hadsch
Melancholie
9 Schwermut, Tristesse, Truebsinn
melanesische(r, s)
Bevölkerungsgruppe
5 Usiai
Volksstamm
8 Matankol
Zahlungsmittel
9 Federgeld
Meldegebühr
9 Startgeld
Melder von Straftaten
8 Anzeiger
Meldung
7 Anzeige, Bericht, Rapport
9 Nachricht, Reportage
10 Mitteilung
11 Information
Meliszucker
5 Farin
11 Puderzucker
Melodie
4 Lied
5 Weise
6 Cantus
9 Kantilene
Melodienfolge
6 Medley
9 Potpourri, Quodlibet
Melodietyp der Inder
4 Raga
Melonenbaum
6 Papaya, Papaye
Memel-Zufluss
5 Wilia
Memelarm
5 Gilge
Memento
6 Aufruf
7 Mahnung
memorieren
6 lernen, pauken
Menge
4 Volk, Zahl
5 Dosis, Masse, Prise
6 Anzahl, Fuelle, Haufen, Ration
7 Ausmass, Portion, Quantum
8 Vielheit
10 Quantitaet
12 Volksscharen
13 Menschenmasse
14 Voelkerscharen
mengen
7 mischen
Mengenangabe
6 Stueck
Mengenbegriff
4 Gros, Paar, Viel
5 Stieg
6 Schock
7 Dutzend
Mengenbewegung
6 Umsatz
mengenmäßig
11 quantitativ
Mengenmessgerät
7 Zaehler
9 Zaehlwerk
Mensch
6 Person
(künstlich erzeugt)
10 Homunkulus
der überall sein muss
6 Adabei
im 1. Jahr
4 Baby
9 Saeugling
mit bildhafter Erinnerungsgabe
9 Eidetiker
mit bösem Blick
9 Jettatore
mit fehlender Farbstoffbildung
6 Albino
mit Freude am Quälen
6 Sadist
mit gereiftem Wissen
6 Weiser

mit langsamer Blutgerinnung
6 Bluter
mit rötlichem Haar
7 Rotkopf
mit Schönheitssinn
7 Aesthet
vernunftbegabter
11 Homo sapiens
von großer Körperkraft
8 Herkules
von hoher Denkart
8 Idealist
Menschen
4 Volk
5 Leute
8 Personen
auf gleichem Meridian
8 Antoeken
aus fernen Ländern
6 Exoten
fressende Göttin
4 Kali
Menschenaffen
5 Pongo
6 Bonobo
7 Gorilla, Tschego
8 Waldaffe
9 Buschaffe, Orang-Utan
10 Schimpanse
11 Berggorilla
12 Anthropoiden
14 Kuestengorilla
15 Zwergschimpanse
16 Guineaschimpanse
menschenähnliche
Maschine
8 Androide
Zauberwurzel
7 Alraune
Menschenalter
10 Generation
Menschenansammlung
5 Menge
7 Auflauf
Menschenartiger
8 Hominide
Menschenfeind
10 Misanthrop
Menschenfresser
9 Kannibale
13 Anthropophage
im französischen Märchen
4 Oger
Menschenfreund
11 Philanthrop
menschenfreundlich
5 human
8 soziabel
10 humanitaer
Menschengattung
5 Rasse
Menschengewühl
9 Gedraenge
Menschenkunde
9 Ethologie
13 Anthropologie
Menschenliebe
13 Philanthropie
Menschenmenge
5 Masse
Menschenrasse Indiens
6 Indide
8 Melanide
Menschenraub
10 Kidnapping
11 Entfuehrung
Menschenschlag
5 Rasse
Menschentyp
9 Motoriker
menschenunwürdig
7 inhuman
Menschenwelt in der nordischen Sage
7 Midgard
menschlich
5 human
6 guetig, sozial
11 mitfuehlend
13 gemeinnuetzig
menschliche(s)
Ausdrucksform
7 Sprache
Ausstrahlung
4 Aura
Beziehung
7 Verkehr
Hörvermögen
7 Auditus
Nahrung
5 Essen
6 Speise
Natur
5 Wesen
Niederlassung
8 Siedlung
Rassenmerkmal
9 Hautfarbe
Tonfigur
5 Golem
Menschwerdung
11 Inkarnation
Mensuralnote
6 Brevis
Mensurnarbe
7 Schmiss
mental
6 ideell
7 geistig
9 spiritual
10 spirituell
Mentor
7 Berater
Merinoschaf
8 Mauchamp
Merkbuch
6 Agenda
8 Memorial
9 Notizbuch
merken
6 achten
7 spueren, wittern
8 behalten
10 einpraegen, wahrnehmen
Merkmal
5 Index, Indiz, Marke
6 Moment, Signum
7 Kennung, Symptom, Zeichen
8 Attribut, Eigenart, Gepraege
9 Anzeichen, Charakter, Kriterium
10 Indikation, Markierung, Pruefstein
11 Kennzeichen
12 Besonderheit
bei Straftaten
6 Gewalt
Merkmalgliederung
9 Abteilung
Merkmalüberfluss
8 Abundanz
Merkspruch
7 Sentenz
Merkwort
5 Lemma
merkwürdig
6 bizarr, kurios
7 abwegig, seltsam
9 originell, sonderbar, wundersam
10 eigenartig
11 erstaunlich
Merkwürdigkeit
8 Kuriosum
11 Kuriositaet
Merkzeichen
8 Notabene
Merowingerkönig
8 Dagobert
merowingische(r)
Königin
9 Arnegunde
Pfalzgraf
7 Palatin
Mesner
7 Kuester, Sigrist
Messausgangsstellung
7 Nullage
Messbuch des Priesters
7 Missale
Messdiener
6 Mesner
7 Messner
9 Sakristan
10 Ministrant
Messe
5 Missa
für Verstorbene
7 Requiem
11 Seelenmesse
lesender Priester
9 Zelebrant
Messer
der Altsteinzeit
7 Chopper
der Gurkhas
5 Kukri
der Südaraber
6 Jembje
des Chirurgen
8 Skalpell

Messerblatt
6 Klinge
8 Schneide
Messerfisch
5 Ziege
7 Arawama
8 Sichling
9 Gabelbart
Messerschärfgerät
9 Wetzstahl
Messerspur
7 Schnitt
Messerteil
6 Klinge
Messestädte
Buchhandel
7 Leipzig
9 Frankfurt
Industrie
5 Koeln
8 Hannover
Lederwaren
9 Offenbach
Spielwaren
9 Nuernberg
Technik
8 Hannover
Messfühler
6 Sensor
Messgebet vor der Kommunion
8 Agnus Dei
Messgeräte justieren
6 eichen
Messgesangbuch
8 Graduale
Messgewand
4 Albe
5 Kasel
Messglas
6 Mensur
Messingschlosser
8 Guertler
Messingsorte
8 Tombasil
Messkörper
8 Hohlmass
Messlatte der Geodäten
5 Jalon
Messner
7 Kuester, Sigrist
Messopfer
11 Sakrifizium
Messpunkt
am Schädel
6 Basion
in der Anthropologie
5 Inion
Messröhre für Flüssigkeiten
8 Buerette
Messstab
6 Lineal
Messtisch
6 Mensel, Mensul
Messwerkzeug
4 Lehr
5 Lehre
6 Kluppe

Messziffer für Preisänderungen
5 Index
Messzylinder
6 Mensur
9 Standglas
Metall
mit Goldüberzug
6 Doublé, Dublee
zur Betonverstärkung
8 Baustahl
Metall-Brom-Verbindungen
7 Bromide
Metall-Stickstoff-Verbindung
6 Nitrid
Metallabfall
7 Schrott
8 Gekraetz
Metallarbeit
6 Niello
Metallbarren
5 Ingot
Metallbearbeitungs-Maschine
8 Drehbank
Metallbearbeitungsbereich
9 Umformung
Metallbildnerei
8 Toreutik
Metallbildnerkunst
8 Toreutik
Metallblatt
7 Lamelle
8 Stanniol
9 Zinnfolie
Metallblock
5 Ingot
Metallbolzen
4 Niet
Metalldraht für Goldstickereien
4 Lahn
metalldurchwirkter Stoff
4 Lamé
Metalle
3 Cer, Zer
4 Blei, Gold, Niob, Thor, Uran, Zink, Zinn
5 Chrom, Eisen, Lamee,Titan
6 Barium, Erbium, Indium, Kalium, Kobalt, Kupfer, Mangan, Neodym, Nickel, Osmium, Platin, Radium, Silber, Tantal, Tellur, Wismut
7 Antimon, Gallium, Hafnium, Iridium, Kadmium, Kalzium, Lanthan, Lithium, Natrium, Niobium, Rhenium, Rhodium, Stibium, Terbium, Thorium, Thulium, Vanadin, Wolfram, Zaesium
8 Bismutum, Rubidium, Samarium, Scandium, Silizium, Thallium, Vanadium
9 Aluminium, Beryllium, Germanium, Magnesium, Molybdaen, Palladium, Plutonium, Reineisen, Ruthenium, Strontium, Zirkonium
10 Promethium
11 Quecksilber
12 Protactinium
Metallegierung
5 Dural
6 Alpaka, Bronze
7 Kruppin, Messing
8 Packfong
10 Konstantan
Metallfacharbeiter
6 Dreher, Former
7 Fraeser, Giesser, Schmied
8 Klempner, Polierer
9 Schleifer, Schlosser
10 Schweisser
Metallfaden
5 Draht
Metallfolie
8 Stanniol
Metallfraß
4 Rost
9 Korrosion
Metallgeld
6 Muenze
metallhaltige(r, s)
Abfall
7 Kraetze
Gestein
3 Erz
Metallhandwerker
9 Schlosser
Metallindustrieprodukt
9 Formstahl
metallische(r, s)
Bindemittel
3 Lot
Grundstoffe
4 Zink
6 Erbium, Zincum
7 Antimon, Gallium, Kadmium, Niobium, Rhenium
8 Illinium
9 Germanium, Zirconium, Zirkonium
Knopf als Zierde
5 Bosse
Kunstwerk
7 Stabile
metallkeramischer Werkstoff
7 Cermets
Metallmischung
9 Legierung
Metallschneider
7 Graveur, Stecher
Metallschutzfarbe
9 Zaponlack
Metallschwund beim Schmelzen
7 Abbrand
Metallspäne
7 Feilsel

Metallstange
5 Barre
6 Barren
Metallstecher
6 Toreut
8 Ziseleur
Metallstreifen
4 Band
metallurgische(r, s)
Anlage
9 Gluehofen, Roestofen
Prozess
9 Abtreiben
Spritzverfahren
9 Pressguss
Metallverarbeitungs-Betrieb
9 Giesserei
Metallverarbeitungs-Verfahren
7 Haerten
Metallverbindungsbolzen
4 Niet
Metallverzierung
6 Niello
Metallzeichnung
6 Gravur
8 Gravuere
Meteoriteneinschlag
6 Impakt
Meteoritenschutzschild
6 Bumper
meteorologische Behörde
9 Wetteramt
meteorologische Geräte
9 Aerosonde, Polymeter, Taumesser
10 Drosometer
Meteorstein
8 Aerolith, Meteorit
9 Uranolith
Meteorströme
7 Lyriden
8 Bieliden, Leoniden, Tauriden
9 Aquariden, Arietiden, Geminiden, Orioniden, Perseiden
12 Quadrantiden
Meternormmaß
7 Urmeter
Methodik
9 Lehrkunde
methodische(s)
Hilfsmittel
7 Fiktion
Hilfswissenschaft
9 Statistik
Methylalkohol
8 Methanol
9 Holzgeist
Methyläther
9 Piperonal
Methylbenzol
6 Toluol
Metier
5 Beruf
6 Sparte
7 Bereich, Gewerbe
10 Fachgebiet
12 Berufssparte
Metropole
9 Weltstadt
Metrum
8 Versmass
Metrum, Metrik
8 Taktmass
Mette
10 Fruehmesse, Nachtmesse
12 Gottesdienst
17 Fruehgottesdienst, Mitternachtsmesse, Nachtgottesdienst
Metzger
9 Fleischer
10 Schlachter
11 Schlaechter
Meute
5 Horde, Rudel, Schar
Mexiko
Agavefaser
7 Kantala
Agaveschnaps
6 Pulque
Architekten
5 Reyna
7 Candela
8 Palacios
Aztekenherrscher
9 Montezuma
balladenartiges Lied
7 Corrido
Berge
5 Alban
7 Orizaba
9 Paricutin
12 El Chinchonal, Iztaccihuatl, Popocatépetl
Bevölkerung
9 Mexikaner
Bürstenmaterial
7 Zacaton
Dichter
3 Paz
5 Nervo
Flüsse
5 Verde, Yaqui
6 Balsas, Sonora
9 Rio Grande, Rio Panuco
Frauenschal
6 Rebozo
Gebirge
11 Sierra Madre
Geiger
7 Szeryng
General
7 Almonte
Goldmünze
7 Hidalgo
Hafenstädte
7 Tampico
8 Mazatlán, Veracruz
Halbinseln
7 Yucatán
11 Kalifornien
17 Niederkalifornien
Hauptstadt
6 Mexico, Mexiko
10 Mexico City
11 Mexiko Stadt
Hauptstädte
5 La Paz, Tepic
6 Colima, Mérida, Puebla
7 Durango, Morelia
8 Campeche, Chetumal, Culiacán, Mexicali, Saltillo
9 Chihuahua, Monterrey, Querétaro, Zacatecas
10 Cuernavaca, Guanajuato, Hermosillo
11 Guadalajara
12 Villahermosa
13 Pachuca de Soto, San Luis Potosi, Toluca de Lerdo
14 Aguascalientes, Calapa Enriquez, Ciudad Victoria, Oaxaca de Juarez
15 Tuxtla Gutiérrez
21 Tlaxcala de Xicoténcatl
22 Chilpancingo de los Bravo
Hut
8 Sombrero
Indianervölker
4 Maya
5 Otomi, Yaqui
7 Azteken, Olmeken
8 Mixteken, Tarasken, Tolteken
9 Mazateken, Zapoteken
Inseln
6 Cancum, Cedros, Holbox
7 Clarion, Cleofas, Cozumel, Mujeres, Socorro, Tiburon
9 Guadelupe, Magdalena
10 Maria Madre
Kaiser
10 Maximilian
Kaktusart
6 Peyote, Peyotl
Kaps
7 Catoche
8 San Lucas
10 Corrientes
Kautschukpflanze
7 Guajule
Kletterpflanze
9 Maurandia
Komponisten
5 Ponce
6 Chavez
7 Carillo, Mendoza
Landenge
11 Tehuantepec
Liliengewächs
8 Sabadill
Maisfladen
8 Tortilla
Maler
6 Orozco, Rivera, Tamayo
Melonenbaum
6 Papaya

Musikergruppe
8 Mariachi
Nobelpreisträger für Frieden
6 Robles
Nobelpreisträger für Literatur
3 Paz
Philologe
5 Reyes
Philosoph
3 Zea
Politiker
4 Diaz
5 Lerdo
6 Calles, Juarez, Madero
7 Hurtado
8 Carranza
16 Salinas de Gortari
Revolutionäre
5 Villa
6 Zapata
Rinderhirt
7 Vaquero
Ruinenstätten
3 Ake
7 El Tajin
8 Palenque
10 Monte Alban
11 Chichen Itzá, Teotihuacán
Sänger
7 Domingo
Sängerin
9 Dominguez
Schriftsteller
5 Azuda, Munez, Reyes, Rubin, Rulfo, Yanez
6 Guzman, Romero
7 Arreola, Delgado, Fuentes
11 Castellanos
Schulterdecke
6 Poncho
Schwanzlurch
7 Axolotl
Staaten
6 Colima, Mexico, Oaxaca, Puebla, Sonora
7 Chiapas, Durango, Hidalgo, Jalisco, Morelos, Nayarit, Sinaloa, Tabasco, Yucatán
8 Campeche, Coahuila, Guerrero, Tlaxcala, Veracruz
9 Chihuahua, Michoacán, Nuevo León, Querétaro, Zacatecas
10 Guanajuato, Tamaulipas
11 Quintana Roo
13 San Luis Potosi
14 Aguascalientes, Baja California
Städte und Orte
4 Léon
5 Altar, La Paz, Tepic
6 Colima, El Paso, Jalapa, Laredo, Mérida, Oaxaca, Puebla, Toluca
7 Camargo, Durango, Morelia, Nogales, Orizaba, Reynosa, Rosario, Tampico, Tijuana, Torreon
8 Acapulco, Campeche, Culiacan, Mazatlan, Mexicali, Poza Rica, Progreso, Saltillo, Veracruz
9 Chihuahua, Monterrey
10 Guanajuato, Hermosillo, Manzanillo
11 Guadalajara, Tehuantepec
12 Villahermosa
Umschlagtuch
5 Serap
6 Serape
Vulkane
6 Colima
7 Jorulla, Orizaba
9 Paricutin
Währung
4 Peso
7 Centavo
Zwerghund
9 Chihuahua
Mieder
7 Korsett
8 Leibchen
9 Korselett
der Schwarzwaldtracht
5 Libli
Miederhöschen
5 Panty
Miederoberteil
7 Korsage
Miene
3 Air
Mienenspiel
5 Mimik
8 Ausdruck
9 Pantomime
mies
3 mau
4 flau
5 uebel
6 gemein, unwohl
7 wertlos
8 schlecht
Miesmacher
8 Noergler
9 Defaetist
Miesmacherei
11 Defaetismus
Mietauto
4 Taxe, Taxi
8 Funktaxi
9 Leihwagen
Mietautoplatz
9 Taxistand
Miete
4 Feim, Zins
5 Dieme, Feime, Pacht
6 Diemen
7 Entgelt
mieten
6 leasen
7 pachten
Mieter
8 Bewohner, Paechter
9 Einlieger
14 Wohnungsnehmer
16 Wohnungspaechter
Mietflugzeug
8 Aerotaxe, Aerotaxi, Lufttaxi
Mietgaragengebäude
8 Parkhaus
Mietkutsche
6 Fiaker
Mietsgebäudeeigentümer
8 Hauswirt
Mietverhältnis
5 Pacht
Mietverhältnis beenden
9 kuendigen
Mietwagen
4 Taxe, Taxi
8 Droschke
9 Taxameter
Mietwohnung in England
4 Flat
Migräne
9 Hemialgie
Mikrometer
6 Mikron
Mikronesien
Hauptstadt
7 Kolonio
Inselstaaten
3 Yap
4 Truk
6 Kusaie
7 Pohnpei
Mikroskopzubehör
8 Deckglas
Mikrowellengerät
5 Maser
Milben
5 Zecke
9 Gallmilbe
11 Kraetzmilbe
12 Polstermilbe
Milchabsonderung
9 Laktation
Milchbonbon
9 Karamelle
Milchdrüse bei Säugetieren
5 Euter
Milcheiweiß
6 Kasein
Milchfett
4 Rahm
5 Obers, Sahne
7 Schmant
Milchgerinnsel zur Käsebereitung
5 Bruch
Milchkaffee
7 Melange
Milchprodukte
4 Rahm

5 Kaese, Kefir, Molke, Obers, Quark, Sahne
6 Butter, Jogurt
7 Joghurt, Schmant
9 Hartkaese, Kochkaese, Rahmkaese, Sauerrahm
10 Speisefett
11 Schlagsahne
12 Trockenmilch

Milchsaft von Gewächsen
5 Latex
9 Kautschuk

Milchschorf
5 Favus, Gneis
9 Kopfgrind

Milchstraße
7 Galaxie, Galaxis
9 Iringsweg

Milchverarbeitungsbetrieb
8 Kaeserei

Milchwirtschaft
7 Meierei
8 Molkerei

Milchzucker
7 Lactose, Laktose

mild
3 lau
4 lind, zart
5 sanft
6 gelind, guetig
7 gelinde
8 behutsam, halbwarm, schonend
11 nachsichtig

Milde
5 Guete
6 Geduld
8 Sanftmut, Schonung
9 Indulgenz, Nachsicht, Sanftheit
15 Friedfertigkeit

milde(s)
Abführmittel
9 Lenitivum
Gabe
7 Almosen

mildern
7 lindern
9 maessigen
12 abschwaechen

mildtätig
9 karitativ
10 humanitaer

Mildtätigkeit
7 Karitas
14 Naechstenliebe

milesische Kolonie
5 Olbia

Militär
4 Heer
5 Armee, Miliz
6 Barras
7 Kommiss
9 Heerwesen, Wehrmacht
11 Streitkraft, Streitmacht
13 Streitkraefte

Militärakademie der USA
9 West Point

Militärarzt
9 Feldscher, Stabsarzt

Militärausweis
8 Wehrpass

Militärbehörde
7 Wehramt

Militärbündnis
4 Nato
7 Entente
14 Warschauer Pakt

Militärhospital
8 Lazarett

militärisch straff, schneidig
6 zackig

militärische(r, s)
Abendsignal
13 Zapfenstreich
Aktion
7 Feldzug
9 Vormarsch
Arzthelfer
9 Feldscher
Aufgebot älterer Jahrgänge
9 Landsturm
Ausrüstung
8 Garnitur
Befehlsbereich
9 Wehrkreis
Dienstausweis
8 Soldbuch
Dienstgrad
9 Feldwebel, Gefreiter
Dienstgrade und -ränge
4 Maat
5 Major
6 Charge, Kadett, Oberst
7 Admiral, Flieger, General, Kornett, Pionier
8 Kapitaen, Korporal, Leutnant, Obermaat, Offizier, Sergeant
9 Faehnrich, Feldwebel, Gefreiter, Grenadier, Hauptmann, Kommodore, Marschall
10 Kommandant, Sanitaeter
11 Rittmeister, Vizeadmiral
12 Fahnenjunker, Generalmajor, Grossadmiral, Oberleutnant
13 Feldmarschall, Generaloberst, Konteradmiral, Oberbootsmann, Oberfeldwebel, Obergefreiter, Unteroffizier
14 Oberstleutnant, Stabsfeldwebel, Stabsgefreiter
15 Generalleutnant
17 Fregattenkapitaen, Korvettenkapitaen
Ehrengruß
5 Salut
Einheiten
3 Zug
5 Armee, Korps
7 Brigade, Staffel
8 Batterie, Division, Eskadron, Kompanie, Regiment
9 Abteilung, Bataillon, Schwadron
10 Armeekorps, Geschwader
einschließen
8 belagern
Form des Jiu-Jitsu
5 Kempo
Führung
4 Stab
8 Kommando
11 Generalstab
13 Hauptquartier
Gebäude
7 Kaserne
Geländesicherung
9 Verminung
Geleit
7 Eskorte
Graben
5 Sappe
Gruß
5 Salut, Salve
Hinterland
6 Etappe
Informationsgespräch
8 Briefing
Kleidungsstück
9 Feldbluse, Feldjacke
Kopfbedeckungen
4 Helm
6 Kaeppi
7 Tschako
8 Tschapka
Krankenstube
6 Revier
Lehrsaalübung
9 Planspiel
Löhnung
4 Sold
Nachschubdienst
8 Logistik
Nachschubtruppe
5 Train, Tross
Rangzeichen
5 Stern
Reitertruppen
7 Husaren
8 Dragoner
10 Kavallerie
11 Kuerassiere
Rückzugssicherung
8 Nachtrab
Sicherungseinheit
9 Nachtrupp
Sicherungsgebiet
9 Minenfeld
Stammpersonal
5 Kader
Streifzug
4 Raid
Tauglichkeitsprüfung
9 Musterung
Transportmittel
8 Karrette

Truppenbewegung
9 Eilmarsch
Übungen
5 Drill
8 Manoever
10 Exerzieren
Unterkunft
9 Ubikation
Unternehmung
9 Erkundung
Verband
6 Truppe
9 Formation
Vorposten
9 Feldwache
Vorschriften
9 Wehrrecht
Wache
6 Posten
Weckruf
8 Tagwache, Tagwacht
Wecksignal
8 Reveille
Zeremonie
9 Fahneneid
Militärmusiker
7 Hoboist, Hornist, Pfeifer, Tambour
8 Trommler
9 Spielmann
12 Tambourmajor
Militärmusikstück
6 Marsch
13 Zapfenstreich
Militärpferd
7 Remonte
Miliz
9 Volksheer
in Israel
6 Hagana
Milliardstel einer Einheit
4 Nano
Million Watt
8 Megawatt
Millionenfaches einer Einheit
4 Mega
Milz
4 Lien
5 Splen
Milzbrand
7 Anthrax
Milzentzündung
9 Splenitis
Milzfarn
9 Asplenium
Milzgeschwulst
7 Splenom
mimosenartiger Baum
4 Inga
Mimosengewächse
6 Akazie, Cercis
9 Judasbaum
Minarettbalkon
8 Scherife
Minderbetrag
5 Minus
Mindergewicht (Münze)
8 Faiblage, Remedium
Minderheit
10 Minoritaet
minderjährig
8 minorenn
9 unmuendig
mindern
7 kuerzen
8 abnehmen
10 reduzieren, verringern
11 herabsetzen
12 beschraenken
Minderung
9 Reduktion
12 Herabsetzung, Verringerung
Minderverbrauch
9 Ersparnis, Ersparung
minderwertig
4 mies
6 billig
7 wertlos
8 inferior, schlecht
9 miserabel, schludrig
10 mangelhaft, schluderig
minderwertige(r, s)
Buch
9 Schmoeker
Nachahmung
9 Abklatsch
Schnaps
5 Fusel
Tabak
7 Knaster
Tabakblätter
6 Skrubs
Ware
4 Kram, Tand
6 Kitsch, Schund
7 Plunder
9 Ausschuss
Zeug
7 Gelumpe
Mindestwert
7 Minimum
Minenanteil
5 Claim
Minenbaupionier
6 Mineur
Minengut
7 Uranerz
8 Eisenerz
9 Grubenerz
Mineralfarbe
8 Gelbglas, Operment
Mineraliengemenge
7 Gestein
Mineraliengewinnung
5 Abbau
Mineraliengruppe
8 Feldspat
Mineraliensucher
9 Schuerfer
mineralische(r, s)
Ablagerung
6 Sinter
Absatz aus Quellen
6 Sinter
Ausfüllung
9 Sekretion
Beimischung
7 Gangart
Faser
6 Asbest
Fett
8 Vaseline
Mineralkörner
4 Kies, Sand
Minerallagerstätte
9 Quarzgang
mineralogisches Gerät
9 Drehtisch
Mineralöl
6 Erdoel
7 Heizoel
9 Dieseloel, Petroleum, Schweroel
Mineralschlamm
5 Fango
Mineralwasser
5 Tonic
7 Brunnen, Selters, Sprudel
9 Fachinger
10 Saeuerling
Miniator
9 Buchmaler
Miniaturschnitzerei
7 Betnuss
Minicar
9 Kleintaxi
Minister
islamischer Staaten
5 Wesir
Karls des Großen
7 Einhard
Ministerpräsident
7 Kanzler, Premier
Minnesänger
4 Aist
6 Reimar
7 Bernger, Bligger, Hadlaub, Rainmar, Reinmar
8 Steinmar
9 Frauenlob
10 Troubadour
11 Tannhaeuser
Minnesanggattung
8 Tagelied
minoische(r)
Palast
8 Phaistos
Stadt
5 Zakro
Minus
5 Damno, Manko
7 Defizit, Verlust
10 Fehlbetrag
7 weniger
minuziös
6 subtil
7 penibel, sorgsam
9 haargenau, kleinlich
10 pedantisch, supergenau
Mirakel
6 Wunder
9 Wundertat

Mirikina
8 Durukuli
9 Nachtaffe
Mischbrett
7 Palette
mischen
5 mixen
6 kneten, mengen
8 melieren, panschen
9 vermengen
14 zusammenbrauen
Mischgerät
5 Mixer
Mischgericht
5 Salat
6 Ragout
Mischkristalle
6 Ferrit
Mischlinge
5 Casco, Chino, Cholo,Cubra, Mango, Maure, Pardo, Zamba, Zambo
6 Cafuso, Fustie, Hybrid, Jambos, Kreole, Ladino, Mustio
7 Bastard, Burgher, Caboclo, Castize, Kastize, Mestize, Mulatte
8 Eurasier, Halbblut, Halfcast, Mameluco, Zambaige, Zambaigo
9 Terzerone
10 Angloinder, Quarterone, Quinterone
Mischmasch
8 Pelemele
9 Charivari, Quodlibet
12 Sammelsurium
13 Durcheinander
Mischmaschine
9 Ruehrwerk
Mischspeise
6 Ragout
9 Ragoût fin
Mischung
6 Mixtur
7 Gemenge, Gemisch, Melange
9 Gemengsel, Legierung
10 Verbindung, Vermengung
11 Konglomerat
(Bierbereitung)
6 Maisch
7 Maische
für Soßen
7 Liaison
von Arzneien
9 Oligoplex
Misere
3 Not
5 Elend
7 Dilemma, Notlage
10 Zwangslage
Misogamie
8 Ehescheu
Mispelstrauch
7 Rotdorn
missachten
9 verkennen
10 uebergehen
Missbehagen
6 Unlust
8 Verdruss
Missbildung
8 Hohlfuss
9 Klumpfuss, Klumphand
11 Abnormitaet, Deformation
missbilligen
6 ruegen, tadeln
9 verpoenen
Missbilligung
5 Ruege, Tadel
Missbrauch
6 Abusus
10 Schaendung
11 Profanation
missbräuchlich
6 abusiv
Misserfolg
4 Flop, Pech
6 Fiasko, Pleite
8 Bankrott, Reinfall, Schlappe
9 Durchfall
10 Fehlschlag
13 Zusammenbruch
14 Kladderadatsch
Missetat
5 Untat
6 Frevel, Suende
7 Malefiz
10 Verbrechen
Missetäter
7 Frevler, Suender
10 Boesewicht, Delinquent, Verbrecher
11 Uebeltaeter
Missfallen
5 Unmut
7 Abscheu
8 Verdruss
10 Widerwille
15 Unzufriedenheit
Missfallensäußerung
6 Buhruf
7 Gemurre, Pfuiruf
Missfallensruf
3 buh
missgebildet
6 anomal
7 difform
missgelaunt
5 sauer
7 grantig
9 depressiv, verstimmt
10 aergerlich
Missgeschick
4 Pech
5 Panne
6 Pleite, Unfall
7 Malheur, Unstern
8 Bankrott, Desaster, Unglueck
10 Fatalitaet, Kalamitaet
missgestaltet
6 deform
7 difform
9 entstellt, monstroes, unfoermig
Missgestaltung
6 Unform
8 Amorphie
missgestimmt
11 uebellaunig
missglückte(r)
Münzen
9 Zissalien
Rennbeginn
9 Fehlstart
Missgriff
6 Fehler, Irrtum
7 Fauxpas
8 Verstoss
Missgunst
4 Neid
11 Scheelsucht
missgünstig
5 livid
6 scheel
8 neidisch
Missgünstiger
6 Neider
16 Scheelsuechtiger
misshandeln
7 foltern, martern, quaelen
8 peinigen
13 maltraetieren
Misshandlung
6 Marter
9 Folterung, Peinigung, Quaelerei
Missionar
am Rhein
4 Goar
Burgunds
8 Columban
der Deutschen
10 Bonifatius
der Grönländer
5 Egede
der Maristen
6 Chanel
der Westgoten
7 Ulfilas, Wulfila
im 6. Jahrhundert
8 Fridolin
in Indien
6 Xavier
missionarischer Dienst
9 Apostolat
Missionspriester
8 Lazarist
Mississippi-Zuflüsse
4 Ohio
8 Arkansas, Chippewa, Missouri, Red River
9 Wisconsin
Mississippischiff
8 Showboat
Missklang
7 Geleier
8 Diafonie, Singsang

9 Diaphonie, Dissonanz, Kakofonie
10 Kakophonie
11 Disharmonie

misslich
5 uebel
7 prekaer
8 schlecht
10 unangenehm

Missmut
5 Grant
6 Aerger
7 Unwille
8 Verdruss
12 Verbitterung
15 Unzufriedenheit

Missouri-Zuflüsse
8 Cheyenne, Niobrara
9 Milk River
11 Yellowstone

missraten
9 fallieren
10 misslingen

Missstand
5 Uebel
7 Schaden
8 Auswuchs

misstönend
9 dissonant

Misstrauen
3 Arg
7 Argwohn, Skepsis
8 Verdacht

misstrauisch
9 skeptisch

Missvergnügen
8 Verdruss

Missverhältnis
7 Ametrie

missverständlich
6 unklar

Missverständnis
6 Irrtum

missverstehen
5 irren

Misswirtschaft
10 Korruption, Vergeudung

Mist
4 Dung, Kram
5 Dreck
6 Abfall
7 Duenger, Kompost

Mistgabel
5 Forke

Mistkäfer
10 Rosskaefer, Skarabaeus
12 Pillendreher

mit
3 per

mit Bäumen eingefasste Straße
5 Allee

mit bösem Vorsatz
5 dolos
9 arglistig

mit Brack gemischt
7 brackig

mit Cayennepfeffer gewürzte Tunke
5 Chili

mit dem Fuß stoßen
6 treten

mit den Augen erfassbares Gebiet
9 Blickfeld

mit den Augen Zeichen geben
8 zwinkern

mit der Hand
7 manuell

mit der Nase wahrnehmen
7 wittern

mit doppeltem Chromosomensatz
7 diploid

mit Einband
8 gebunden

mit einem akademischen Grad versehen
9 graduiert

mit einer Gruppe wegziehen
7 trecken

mit einer Metallschicht überzogen
9 metallisé

mit einer Soße behandeln
9 saucieren

mit Faden hergestellte Verbindung
4 Naht

mit Fahnen schmücken
9 beflaggen

mit festem Griff fassen
6 packen

mit Fleischsaft überziehen
9 glacieren

mit Flugzeug beförderte Briefe
8 Luftpost

mit Flüssigkeit getränkt
4 nass

mit Gewalt
8 par force

mit Glasur überziehen
9 glasieren

mit gleichartigen Zähnen
8 homodont

mit gleicher Achse
7 koaxial

mit Jod versehen
8 jodieren

mit kleinen Schritten gehen
8 trippeln

mit Kopfstimme sprechen
7 fisteln

mit leerem Magen
9 nuechtern

mit Linien versehen
9 liniieren

mit nur einem Gleis
9 einspurig

mit roher Körperkraft
8 brachial

mit Stoffkrausen versehen
8 faelbeln

mit Ufos Beschäftigter
7 Ufologe

mit Verpackung
6 brutto, sporco

mit vollem Orchester
7 ripieno

mit Vorliebe
4 gern
5 gerne
12 bereitwillig

mit Wald bedeckte Bergkuppe
5 Kofel

mit Waren versehen
9 beliefern

mit Zwang
9 gewaltsam

Mitangeklagte
9 Konsorten

Mitarbeit
5 Hilfe
7 Beitrag
8 Synergie
9 Assistenz, Teilnahme
11 Kooperation

Mitarbeiter
6 Helfer
7 Famulus, Gehilfe, Kollege
9 Assistent

des Paulus
8 Silvanus

Luthers
5 Jonas

Metternichs
5 Gentz

Mitarbeitergruppe
4 Stab, Team

Mitarbeiterin
8 Gehilfin

mitbestimmende Kraft
10 Komponente

Mitbewerber(in)
6 Rivale
7 Rivalin
10 Konkurrent
11 Nebenbuhler
12 Konkurrentin
13 Nebenbuhlerin

miteinander
8 zugleich, zusammen
9 gemeinsam

Mitentdecker

des Germanins
5 Kothe, Roehl

des Insulins
4 Best

Miterfinder

der Druckerkunst
4 Fust

der Nähmaschine
4 Howe

des Telefons
4 Bell

des Tonfilms
4 Engl, Vogt
8 Massolle

des Viertaktmotors
4 Otto

Mitesser
4 Akne
5 Finne

6 Pickel, Pustel
9 Hautfinne
Mitfahrer
6 Sozius
Mitfahrerin
5 Sozia
Mitgefühl
4 Takt
5 Guete
9 Sympathie, Teilnahme
10 Humanitaet
11 Anteilnahme
14 Barmherzigkeit, Naechstenliebe
Mitgift
3 Dos
8 Dotation
9 Aussteuer
Mitglied
der britischen Admiralität
9 Zivillord
der Flugzeugcrew
9 Navigator
der Regierung
8 Minister
des Ältestenrats
7 Senator
des englischen Oberhauses
4 Peer
des Papsthauses
9 Familiare
einer Bergbaugenossenschaft
7 Gewerke
einer englischen Vereinigung
6 Fabier
einer Frauenvereinigung
6 Begine
einer islamischen Sekte
8 Derwisch
einer Kapitalgesellschaft
9 Aktionaer
einer katholischen Bruderschaft
6 Sodale
einer Männervereinigung
6 Begard
einer Synode
8 Synodale
eines englischen Ordens
9 Oddfellow
eines Geldinstituts
7 Bankier
eines katholischen Ordens
7 Regular
eines Leipziger Kirchenchors
8 Thomaner
Mitgliedergruppe einer Partei
5 Zelle
Mitgliedsaufnahme
8 Beitritt, Eintritt
Mitgliedszahlung
7 Beitrag
Mithelfer
6 Kumpan
8 Komplice, Komplize

mithin
4 also, ergo
5 somit
8 folglich
Mitinhaber(in)
5 Sozia
6 Sozius
7 Associé, Partner
9 Kompagnon, Partnerin, Teilhaber
11 Teilhaberin
Mitkämpfer
10 Kombattant
Mitlaut
9 Konsonant
mitleidlos
4 hart
6 streng
Mitnehmer von Bereitliegendem
7 Abholer
Mitra mit herabhängenden Bändern
5 Infel, Inful
mitreißend
6 furios
9 fulminant, glaenzend
mitreißende Kraft
7 Schwung
Mitschuld
9 Tatanteil
Mitschuldiger
8 Komplize
Mitschwingen
8 Resonanz
mitschwingender Ton
8 Beiklang
Mitspieler
7 Partner
10 Teilnehmer
beim Whist
4 Aide
mitsprechender Umstand
6 Faktor
Mitstudent
11 Kommilitone
Mittagessen
5 Diner, Lunch
6 Dinner
Mittagskreis
8 Meridian
Mittagspause
9 Tischzeit
Mittagsruhe
6 Siesta
Mittagstisch für Studenten
5 Mensa
Mittäter
6 Hehler
8 Komplice, Komplize, Konsorte
9 Konsorten
13 Helfershelfer, Spiessgeselle
Mittäterschaft
8 Beihilfe, Hehlerei, Kumpanei
9 Teilnahme

Mitte
7 Zentrum
8 Zentrale
mitteilen
5 sagen
6 melden
7 kundtun
8 verraten
9 berichten, eroeffnen, schildern
10 offenbaren, referieren
11 anvertrauen, informieren, verklickern
Mitteilung
5 Brief, Kunde
6 Report
7 Aussage, Bericht, Meldung, Referat
9 Botschaft, Nachricht, Reportage
10 Erklaerung, Kommunikee, Kommuniqué
11 Bekanntgabe, Schilderung
13 Kommunikation
des Wechselausstellers
4 Avis
über Lautsprecher
9 Durchsage
Mitteilungsstelle
8 Auskunft
Mittel
4 Geld, Habe
5 Grund, Hilfe, Pille
6 Anlage, Arznei, Besitz, Medium
7 Traeger, Vehikel
8 Tablette
9 Vermoegen
10 Medikament
12 Durchschnitt
17 Durchschnittswert
bei Erkältung
9 Hustentee
der Klanganalyse
9 Resonator
für medizinische Zwecke
8 Heilerde
für Parfüm
9 Jasminoel
gegen Bandwürmer
6 Kamala
gegen Blutarmut
5 Eisen
gegen Fadenwürmer
9 Nematozid
gegen Fieber
6 Apyron, Chinin
gegen Glatteis
8 Viehsalz
9 Streusalz
gegen Husten
6 Codein, Kodein
gegen Hustenreiz
8 Narcotin
gegen Infektionen
9 Heilserum

gegen Körpergeruch
3 Deo
9 Deodorant
gegen Malaria
7 Atebrin
gegen Milben
9 Akarizide
gegen Rheuma
9 Opodeldok
gegen Schlafkrankheit
8 Germanin
gegen Straßenglätte
9 Streusand
gegen „Eisenfraß“
9 Entroster
zur Eierabtötung
6 Ovizid
zur Emailerzeugung
9 Glaspaste
zur Gerbstoffbereitung
9 Gerbrinde
zur Kieferregulierung
9 Aktivator

mittelalterlich
9 mediaeval

mittelalterliche(r, s)
Auseinandersetzung
5 Fehde
Ausrufer
6 Herold
Besitzform
5 Lehen
Edelmann
6 Ritter
Festung
4 Burg
Frauengemach
8 Kemenate
Gebot
4 Bann
Gefolgsleute
8 Vasallen
geistliches Drama
5 Ludus
Gericht
4 Feme
Geschütz
12 Feldschlange
Glockenturm
8 Belfried
Goldmacher
5 Adept
9 Alchimist
Gutsverwalter
5 Meier
Handwerkervereinigung
5 Gilde, Zunft
Heilmittel
7 Theriak
Jagdwaffe
8 Armbrust
Juristenschule
11 Glossatoren
Kaufmannsbund
5 Hansa, Hanse
Kriegerstand
6 Ritter
Kriegsschiff
7 Galeere
Notenname
2 Ut
Panzerhemd
7 Bruenne
Philosophie
10 Scholastik
Reiterkampfspiel
6 Buhurt
Ritterkampfspiel
7 Turnier
Sagenheld
7 Galahad
Sänger
10 Troubadour
12 Minnesaenger
Schandpfahl
7 Pranger
Schild
8 Tartsche
Segelschiffe
5 Kogge
7 Galeone
9 Karavelle
Sekte
10 Albigenser
Städtebund
5 Hansa, Hanse
Steuer
4 Bede
Tanzlied
5 Rondo
Waffen
5 Barte, Gleve, Lanze, Speer
8 Arkebuse, Armbrust
10 Hellebarde
11 Morgenstern
Zoll
6 Akzise

Mittelamerika
Baumhuhn
5 Hokko
Hauptstädte
6 Habana, Mexico, Nassau, Roseau
7 Havanna, Managua, San José
8 Belmopan, Castries, Kingston
9 Kingstown
10 Basseterre, Bridgetown, Oranjestad, Saint John's
11 San Salvador, Tegucigalpa
12 Port-au-Prince, Saint George's, Santo Domingo
14 Ciudad de Panama
17 Ciudad de Guatemala
Indianer
5 Aruak
6 Guetar
7 Karaibe
9 Talamanca
Mischling
6 Ladino
Staaten
4 Cuba, Kuba
5 Aruba, Haiti
6 Belize, Mexiko, Panama
7 Antigua, Bahamas, Grenada, Jamaika
8 Barbados, Dominica, Honduras
9 Costa Rica, Guatemala, Nicaragua
10 El Salvador, Saint Lucia
12 Saint Vincent
15 Saint Kitts-Nevis
22 Dominikanische Republik

Mittelasiat
7 Kirgise
9 Tadschike

mittelasiatische(r)
Fürstentitel
4 Chan, Khan
Nomade
7 Kasache
Pferderasse
9 Karabaier

mittelbar
8 indirekt

mitteldeutsch:
Beitel
7 Beissel
breiige Masse
7 Klitsch
Drehstange
6 Reitel
dünner Kaffee
5 Lorke
Fettstückchen
6 Griefe
großes Stück Brot
6 Runken
Grube
5 Kaule
Honigwabe
5 Rosse
Kannenschnabel
8 Schneppe
Kirchweih
6 Kirmes
Knebel
6 Reitel
Kopf
7 Nischel
Kröte
6 Lorche
Lagerraum
5 Banse
Loch
5 Kaule
Meißel
7 Beissel
Mischmasch
6 Maerte
Rückentragekorb
6 Koetze
Scheunenraum
5 Banse
Waschbrett
6 Rumpel

Mittelengland
8 Midlands

mittelfränkische(s)
Gebiet
6 Rangau
Hauptstadt
7 Ansbach
mittelhochdeutsche(r, s)
Dichter
7 Vintler
8 Steinach, Thomasin, Trimberg
Epiker
8 Tuerheim
Epos
6 Ortnit
7 Wigamur
Lehrgedicht
8 Winsbeke
9 Winnsbeke
Spruchdichter
8 Freidank
Mittellinie von Körpern
5 Achse
mittellos
3 arm
5 elend
10 beduerftig
Mittellosigkeit
3 Not
5 Armut, Elend
mittelmährischer Volksangehöriger
7 Hannake
mittelmäßig
8 medioker
Mittelmeerhafen
in Frankreich
4 Sète
in Spanien
9 Barcelona
Mittelmeerinselgruppen
8 Balearen, Kykladen, Pityusen, Sporaden
9 Dodekanes
Mittelmeerinseln
2 If
3 Ios, Kos, Krk
4 Elba, Foll, Gozo
5 Capri, Chios, Delos, Ibiza, Korfu, Kreta, Leros, Malta, Milos, Naxos, Samos
6 Andros, Cypern, Euboea, Ischia, Ithaka, Kandia, Lemnos, Lesbos, Rhodos, Thasos, Zypern
7 Korsika, Kythera, Minorca, Salamis
8 Mallorca, Santorin, Sizilien, Skorpios
9 Lampedusa, Sardinien, Stromboli
Mittelmeerkap
6 Serrat
südlich von Valencia
3 Nao
von Algerien
3 Fer
6 Caxine
von Spanien
5 Palos
Mittelmeerküstengebiet
7 Riviera
Mittelmeerländer östlich von Italien
7 Levante
Mittelmeerstaaten
5 Malta
6 Israel, Libyen, Syrien, Zypern
7 Italien, Libanon, Marokko, Spanien, Tuerkei
8 Aegypten, Albanien, Algerien, Kroatien, Tunesien
9 Slowenien
10 Frankreich
11 Jugoslawien
12 Griechenland
Mittelmeerwinde
7 Etesien
8 Scirocco
9 Schirokko
Mittelpunkt
3 Pol
4 Kern
7 Zentrum
8 Zentrale
9 Metropole
10 Brennpunkt, Hauptsache
11 Schwerpunkt
der Erde
4 Kern
der Treibjagd
6 Kessel
Mittelsmann
5 Agent
6 Makler, Medium
7 Mittler
8 Mediater
10 Vermittler
13 Unterhaendler
Mittelstück des Rades
4 Nabe
Mittelteil
der attischen Komödie
4 Agon
des Hochofens
4 Rast
des Marsches
4 Trio
Mittelvorhang
7 Kurtine
Mittelwert
7 Average
12 Durchschnitt
Mittelwort
8 Partizip
11 Partizipium
eines Zeitwortes
8 Partizip
mitten
7 zentral
unter
8 zwischen
mittlere
Seidenkokonfäden
4 Bava
Stufe der alpinen Trias
3 Nor
Stufe der oberen Kreide
5 Turon
Mittönen
8 Resonanz
mitunter
7 ab und an, ab und zu
8 manchmal
9 bisweilen, temporaer
Mitverfasser
7 Koautor
8 Konautor
Mitwirkung
11 Kooperation
Mixbecher
6 Shaker
Mixgeräte
6 Shaker
8 Strainer
10 Dash bottle
Mixgetränke
4 Fizz, Flip, Sour
5 Shake, Sling, Smash
6 Crusta
7 Cobbler, Egg-Nogg, Ginfizz
8 Cocktail, Highball, Sangaree
10 Fancydrink, Shortdrink
13 Knickerbocker
Möbelbaumaterial
4 Teak
8 Teakholz
Möbelbezugsstoff
8 Coteline
9 Kabelkord
Möbelglanzmittel
7 Politur
Möbelplüsch
6 Mokett
7 Mokette
Möbelstile
6 Empire
7 Régence
10 Directoire
11 Chippendale, Renaissance
Möbelstücke
4 Bank, Bett, Bord, Pult, Sofa
5 Couch, Diwan, Liege, Spind, Stuhl, Tisch, Truhe
6 Hocker, Sessel
7 Buefett, Kanapee, Kommode, Kredenz, Schemel, Schrank, Schrein, Vertiko, Vitrine
8 Anrichte, Eckcouch, Esstisch, Fussbank, Teetisch, Teewagen
9 Bettcouch, Garderobe, Lehnstuhl, Naehtisch, Sideboard

10 Blumenbank, Doppelbett, Klubsessel, Korbsessel, Nachttisch, Rauchtisch
11 Ohrensessel, Wandschrank
12 Anbauschrank, Ausziehtisch, Besenschrank, Chaiselongue, Schreibtisch
13 Beistelltisch, Fernsehsessel, Schaukelstuhl
14 Buecherschrank, Kleiderschrank, Kuechenschrank, Schirmstaender

mobil
4 agil
5 aktiv, flink, parat
6 bereit
7 wohlauf
9 beweglich

Mobiliar
8 Inventar
11 Einrichtung

möbliert
5 garni

Modalität
3 Art
5 Weise
6 Dasein, Urteil
9 Bedingung

Mode
5 Sitte
6 Brauch
7 Fashion
12 Haute Couture

der halblangen Röcke
4 Midi
8 Midi look

der überkurzen Röcke
4 Mini
8 Mini look

der überlangen Röcke
4 Maxi
8 Maxi look

Modeartikel
11 Accessoires

Modell
3 Typ
5 Model
6 Muster
7 Entwurf, Vorbild
8 Dressman
9 Mannequin

für Plastiken
8 Bozzetto

für Theaterkostüme
8 Figurine

zur Erprobung
8 Prototyp

Modelliermasse
3 Ton
4 Gips
5 Knete, Paste
9 Plastilin
10 Plastilina

Modenarr
4 Geck
5 Dandy
6 Gigerl
7 Elegant, Stutzer

Moderbestandteil des Bodens
5 Humus

Moderfleisch
3 Aas

modern
2 in
7 aktuell, en vogue, zeitnah
8 neuartig, zeitnahe
11 zeitgemaess
15 fortschrittlich, zeitgenoessisch

modern-auffallend
6 poppig

moderne(s)

Kunstobjekt
9 Cachetage

Kunstrichtung
5 Op-art
6 Eat-art, Pop-art
7 Land-art

Unterhaltungsmusik
3 Pop

Wohnsiedlung
8 Lokation

Modesalon
8 Boutique

Modeschmuck
9 Glasperle

Modeschöpfer
9 Couturier

Modeschöpfung
6 Design
8 Kreation

Modestil
4 Look

Modetänze
4 Bump, Rock, Slop
5 Twist
6 Boogie
7 Labamba, Lambada, Letkiss, Madison
9 Jitterbug
10 Locomotion
12 Boogie Woogie

Modevorführer
8 Dressman

Modevorführerin
9 Mannequin

modisch
6 schick
7 elegant, en vogue

modische(r, s)

Aufwand
7 Eleganz

Dessous
4 Body
7 Bustier
9 Petticoat

Eleganz
6 Schick

Gewebe
7 Façonné

Hosen
8 Leggings

Minibadehose
5 Tanga

Schick
6 Dezenz
7 Eleganz

Schuh
9 Ballerina

Top
7 Korsage

Modus
3 Art
4 Form
5 Weise

mogeln
7 prellen
8 tricksen
9 betruegen, schummeln, taeuschen

mögen
6 lieben, wollen
8 gefallen
9 schaetzen
13 wertschaetzen

möglich
7 denkbar, gangbar, machbar
9 potential, potenzial
10 potentiell, potenziell
11 praktikabel

möglicherweise
9 eventuell

Möglichkeit
6 Chance
7 Dynamis
8 Aussicht, Handhabe, Okkasion
11 Ansatzpunkt, Gelegenheit

Möglichkeitsform
10 Konjunktiv

mohammedanisch

siehe: muslimisch

Mohammeds

Frau
6 Aischa

Geburtsort
5 Mekka

Helfer
4 Omar

Pferd
7 Alborak

Schwiegersohn
3 Ali

Tochter
6 Fatima

Mohngewächse
7 Adlumia, Fumaria
8 Erdraute, Glaucium, Hornmohn

Möhre
7 Karotte
9 Mohrruebe

Mohrenhirse
6 Durrha, Sorgho
7 Sorghum

Mohrenkönigin
8 Belakane

Mohrenmaki
6 Akumba
Mohrrübe
6 Moehre
7 Karotte
Mokka ohne Milch
8 Schwarze
9 Schwarzer
Molche
3 Olm
5 Lurch
8 Amphibie
10 Salamander
Moldau-Zuflüsse
3 Ohe
6 Beraun, Salawa, Sazava, Wotawa
7 Maltsch, Mastnik, Wottawa
9 Luschnitz
Moldawien
Flüsse
5 Pruth
7 Dnjestr
Hauptstadt
8 Chisinau
10 Kischinjow
Städte und Orte
5 Belzy, Kagul
6 Komrat, Soroki
7 Bendery
8 Tiraspol
Stausee
9 Dubossary
Währung
5 Rubel
6 Kopeke
Molekulargewicht
3 Mol
Molekulargewichtsmesser
8 Kryoskop
Molke
7 Waddike
11 Kaesewasser
Molkereiprodukt
9 Vollmilch
Molkereizentrale
8 Milchhof
Molukkeninseln
3 Obi
4 Buru
5 Ambon, Ceram
6 Batjan, Serang, Tidore
7 Amboina, Morotai, Ternate
9 Halmahera
Moment
2 Nu
4 Zeit
5 Weile
9 Zeitpunkt
10 Augenblick
momentane Verfassung
7 Zustand
Monaco
Bevölkerung
10 Monegassen
Fürst
6 Albert
Hauptstadt
6 Monaco
Herrscherfamilie
8 Grimaldi
Sprache
9 Monegasco
Stadtbezirke
10 Monte Carlo
11 Fontvieille, La Condamine
Währung
4 Euro
Monarch
3 Zar
6 Fuerst, Kaiser, Koenig
Monarchenanrede
9 Majestaet
monarchische Staatsform
9 Kaisertum, Koenigtum
Monarchist
8 Royalist
Monatsanfang
6 Erster, Kaland
8 Kalenden
Monatsletzter
6 Ultimo
Monatsmitte
4 Iden
5 Medio
Monatsnamen
3 Jul, Mai
4 Juli, Juni
5 April, Feber, Heuet, Maerz, Maien
6 August, Heuert, Januar
7 Brachet, Eismond, Ernting, Februar, Hartung, Heumond, Hornung, Jaenner, Julmond, Lenzing, Neblung, Oktober
8 Dezember, Eismonat, Gilbhard, Gilbhart, Heumonat, Lenzmond, Nebelung, November, Weinmond, Windmond
9 Brachmond, Erntemond, Lenzmonat, Nebelmond, Ostermond, Scheiding, September, Weidemond, Weinmonat, Wonnemond
10 Brachmonat, Christmond, Erntemonat, Herbstmond, Ostermonat, Schneemond, Wandelmond, Wintermond, Wonnemonat
11 Christmonat
13 Weinlesemonat
14 Fruehlingsmond
Mönch
4 Lama
5 Frate, Pater
6 Eremit, Frater
7 Profess
8 Guardian, Klausner, Professe, Zoenobit
der Ostkirche
6 Starez
7 Mandrit
der strengeren Ordensregel
9 Observant
im 14./15. Jahrhundert
7 Schwarz
in der Probezeit
6 Novize
in Sankt Gallen
6 Notker
von Sankt Gallen
7 Ratpert
8 Ekkehard
Mönch, Gelehrter
9 Gratianus
Mönchsgewand
5 Kutte
Mönchsobergewand
7 Kukulle
Mönchsorden
8 Jesuiten, Paulaner
9 Kapuziner, Theatiner
10 Augustiner, Barfuesser, Basilianer, Johanniter, Karmeliter, Kartaeuser, Trappisten
11 Dominikaner, Karthaeuser, Trinitarier
12 Benediktiner, Franziskaner
13 Bettelmoenche, Zisterzienser
Mönchsregelbefolgung
9 Observanz
Mönchsrepublik
5 Athos
Mönchswohnung
5 Zelle
6 Klause
7 Kloster
9 Eremitage
Mönchszelle
5 Cella
Mond
7 Trabant
8 Satellit
Monde des
Jupiters
2 Io
5 Elara
6 Ananke, Europa, Sinope
7 Ganymed
8 Amalthea, Kallisto, Lysithea, Pasiphae
Mars
6 Deimos, Phobos
Neptun
6 Nereid
Neptuns
6 Triton
7 Nereide
Saturns
4 Rhea
5 Dione, Janus, Mimas, Titan
6 Phoebe, Tethys, Themis
7 Iapetus, Japetus

8 Hyperion
9 Enceladus
Uranus
5 Ariel
6 Oberon
7 Miranda, Titania, Umbriel
Mondfahrzeug
5 Rover
8 Lunochod
Mondfinsternis
7 Eklipse
Mondfinsternisliste
5 Kanon
Mondkunde
9 Lunologie
11 Selenologie
Mondphasen
7 Neumond
8 Halbmond, Vollmond
Mondsenke
4 Mare
Mondsonden
4 Luna
5 Lunik, Sojus
6 Apollo, Ranger
mondsüchtig
9 lunatisch, somnambul
Mondsüchtiger
9 Lunatiker
10 Somnambule
Mondumlauf
8 Lunation
Mongolei
Berg
8 Sochondo
Bevölkerung
7 Chalcha, Tuwiner
8 Kasachen, Mongolen
14 Burjatmongolen
Branntwein aus Stutenmilch
4 Arsa
Distrikt
5 Aimak
Dynastien
5 Yuean
7 Ilchane
Filzhütte
5 Jurte
Flüsse
4 Tola
6 Orchon
7 Kerulen, Selenga
8 Dsabchan
Gazelle
6 Dseren
Gebirge
5 Ektag
7 Changai
9 Gobi-Altai
göttlich verehrter Berg
8 Bogdo-ula
Großkhan
7 Kubilai
Gründer des Mongolenreichs
13 Dschingis-Khan
Hauptbezirk
5 Aimak
Hauptstadt
9 Ulan-Bator
Hauptstadt (früher)
4 Urga
Heerführer
4 Batu
Herrschertitel
4 Chan, Khan
Längenmaß
3 Fin
Nationaltracht
3 Del
Nomade
7 Tangute
religiöses Steinmal
3 Obo
Ruinenstadt
9 Karakorum
Schriftsprache
9 Oiratisch
Seen
7 Ubsa-nur
9 Kirgis-nur
Städte
7 Darchan
8 Eerdenet
10 Choybalsan, Suche-Bator
Statthalter
7 Perwane
Völker
5 Kitan
7 Ewenken, Hesoreh
8 Burjaten, Tungusen
9 Burjaeten
11 Turktataren
Währung
5 Mongo
6 Tugrik
Wüsten
4 Gobi
6 Schamo
Mongolenfürst
5 Berke
6 Kublai
9 Huelaegue
Mongolenherrscher
5 Timur
6 Kublai
8 Tamerlan
9 Timur-Leng
13 Dschingis-Chan, Dschingis-Khan
Mongolenhütte
5 Jurte
Mongolenvölker
3 Mon
5 Mogol, Schan
6 Hunnen
7 Tataren
8 Giljaken, Ostjaken, Tungusen
9 Burjaeten, Dsungaren, Duerbeten, Mandschus, Samojeden, Sibiriden
10 Kalmuecken
Monitum
9 Ermahnung, Paraenese
monogam
7 einehig
Monogamie
6 Einehe
Monokel
7 Einglas
Monolog
15 Selbstgespraech
Monopol
8 Vorrecht
monotheistsche indische Sekte
5 Sikhs
monoton
3 oed
4 oede
5 trist
9 eintoenig
10 langweilig
Monotonie
8 Einerlei
Monstrum
8 Scheusal
9 Ungeheuer
Montage
6 Aufbau
10 Errichtung
von Leitungen
9 Verlegung
Montagefacharbeiter
7 Monteur
Montageplatz
7 Helling
Montenegro
Berge
6 Covcen
8 Durmitor
Flüsse
3 Lim
4 Piva, Tara
Gebirge
15 Albanische Alpen
See
10 Skutarisee
Städte und Orte
3 Bar
5 Budva, Kotor
6 Niksic
7 Cetinie
9 Hercegnor
montieren
8 einbauen
Montur
8 Kleidung
14 Berufskleidung
Monument
3 Mal
7 Denkmal
Monumentsockel
7 Plinthe
Moor
auf der Insel Seeland
9 Maglemose
in Seeland
9 Trundholm
Moorbad
im Saulgau
6 Buchau

in Bayern
7 Aibling
südöstlich von Bückeburg
6 Eilsen
Moorflämmchen
8 Irrlicht, Irrwisch
Moorgebiet
9 Sumpfland
Moorgrund
4 Darg
moorig
7 sumpfig
Moorland
3 Loh
4 Fehn, Fenn, Ried, Veen, Venn
5 Bruch, Sumpf
Moorpflanzen
5 Gagel
7 Comarum
8 Blutauge, Sphagnum, Torfmoos
9 Alpenhelm, Fettkraut
10 Pinguicula
Moos
4 Geld
5 Sumpf
7 Flechte
9 Hornmilbe
Moralphilosophie
5 Ethik
moralwissenschaftliche Lehre
9 Kasuistik
Morast
6 Modder, Unflat
7 Schlamm, Schmutz
Morava-Zuflüsse
4 Ibar
5 Gruza, Pusta
6 Nisava
7 Cetinja, Toplica
Mordanschlag
8 Attentat
morden
6 killen, toeten
8 meucheln
Mörder
6 Killer
12 Totschlaeger
des Agamemnon
7 Aegisth
des Atreus
9 Aegisthus, Aigisthos
des Kotzebue
4 Sand
des Lincoln
5 Booth
des Siegfried
5 Hagen
von Kotzebue
4 Sand
von Sigurd
7 Guthorm
Mörderin des Marat
6 Corday
Mordwinenstamm
7 Mokscha
Morgenandacht
4 Hora
Morgenempfang bei Fürsten
5 Lever
Morgengebet
4 Prim
6 Laudes
Morgenkleid
7 Negligé
8 Negligee
Morgenland
6 Orient
7 Levante
Morgenländer
9 Orientale
10 Levantiner
morgenländische(s)
Herrscher
5 Mogul
6 Sultan
Kloster
5 Laura, Lawra
Morgenlied
8 Matinata
Morgenstern
5 Venus
7 Luzifer
8 Hesperos
10 Phosphoros
Morgenveranstaltung
7 Matinee
morsch
6 morbid, muerbe
8 bruechig
morsen
13 telegrafieren
14 telegraphieren
Mörserkeule
7 Molette
8 Stoessel
Mörtelbestandteil
4 Sand
mosaische Religion
8 Judentum
Mosambik
Bevölkerung
5 Bantu, Lomwe, Makwa, Shona, Tonga
6 Angune, Schona
7 Makonde
10 Mosambiker
11 Moçambiquer
Einheitspartei
7 Frelimo
Flüsse
4 Save
5 Lurio, Shire
7 Limpopo, Lugenda, Sambesi
Gebirge
6 Namuli
12 Lebomboberge
Hafenstädte
5 Beira
6 Maputo, Nacala
9 Quelimane
Hauptstadt
6 Maputo
Insel
8 Bazaruto
Kap
10 Corrientes
Nationalparks
8 Bazaruto
9 Gorongosa
Politiker
6 Machel
8 Chissano, Machungo
Städte und Orte
4 Sena, Tete
5 Beira, Pemba
6 Cuamba, Maputo, Nacala, Xai-Xai
7 Angoche, Nampula
8 Lichinga, Marromeu
9 Inhambane, Quelimane
Staudamm
11 Cabora Bassa
Währung
7 Centavo, Metical
Moschee
Gebetsnische
6 Mihrab
in Delhi
5 Jumna
Predigtkanzel
5 Korsi
6 Mimbar
Moscheekanzel
5 Korsi
6 Mimbar
Moscheeturm
8 Minarett
Moschus
5 Bisam
9 Duftstoff, Patschuli
Mosel-Zuflüsse
3 Alf, Bey, Elz, Syr
4 Ache, Cone, Eltz, Kyll, Orne, Saar, Salm, Uess, Zorn
5 Andry, Brohl, Euron, Luetz, Madon, Ruwer, Sarre, Sauer, Seile
6 Endert, Lieser, Seille
7 Meurthe, Vologne
8 Terrouin
Moskauer
Gefängnis
8 Lubjanka
Kaufhaus
3 Gum
Stadtburg
5 Kreml
Tageszeitung
6 Prawda
Zeitung
9 Iswestija
Mostrich
4 Senf
Motivwiederholung
7 Sequenz
Motor von Hand anwerfen
9 ankurbeln
Motorboot
8 Barkasse
motorisiertes Fahrrad
4 Bike

motorloses Fliegen
9 Gleitflug
Motorrad
4 Krad, Mofa
5 Moped
6 Enduro
10 Feuerstuhl
siehe auch: Auto und Motorrad
Motorradfahrerutensil
4 Helm
Motorradfußball
8 Motoball
Motorradgeländerennen
9 Moto-Cross
Motorradrennen
8 Speedway
Motorschiff
8 Autoboot
9 Gleitboot, Hydroplan, Schlepper
Motorschlepper
7 Traktor, Trecker
Motorsportfahrzeug
4 Kart
Motorsportveranstaltung
6 Rallye
10 Sternfahrt
Motorstarter
8 Anlasser
Mottenschutzmittel
7 Kampfer
10 Naphthalin
Mozartstadt
8 Salzburg
Mucke
5 Laune
6 Spleen
Mücken
5 Gelse
6 Fliege, Gnitte, Gnitze
7 Moskito, Schnake
9 Anopheles, Tipuliden
Mucker
7 Pietist
8 Heuchler
9 Froemmler
Muckertum
7 Moralin
10 Bigotterie
müde
4 matt
6 doesig, kaputt, marode
7 schlaff, schlapp
8 bettreif, ermattet
10 abgespannt, erschoepft, schlaefrig
12 abgeschlafft
14 temperamentlos
Muffe
7 Fitting
muffig
6 faulig
7 moderig
mühelos
6 bequem, leicht
7 einfach
13 unkompliziert
mühevolle Arbeit
8 Rackerei
Mühlenfachmann
7 Mueller
Mühlengewerbe
9 Muellerei
Mühlenprodukte
4 Mehl
5 Kleie
6 Griess
8 Reismehl
9 Hafermehl
Mühlstein
4 Grit
Mühsal
4 Fron, Last, Qual
5 Plage
6 Tortur
8 Sorgfalt, Strapaze
9 Plackerei
10 Beschwerde, Schinderei
11 Anstrengung
mühsam
8 diffizil
9 schwierig
11 anstrengend
an eine Stelle bringen
9 bugsieren
zusammensetzen
7 puzzeln
mühsame
Arbeit
9 Plackerei
Nachforschung
8 Sucherei
Mulde
5 Kuhle, Senke
6 Becken
8 Synkline
tiefen Luftdrucks
4 Trog
vor Gebirgswänden
3 Kar
Müll
5 Dreck, Unrat
6 Abfall
7 Schmutz
8 Kehricht
Müllabladeplatz
7 Deponie
Müllereimaschine
9 Detacheur
Mullstück
9 Kompresse
multinationaler Konzern
5 Multi
Multiplikationsergebnis
7 Produkt
multiplizieren
9 malnehmen
Mulus
8 Maulesel
Mumm
3 Mut
4 Elan
6 Bravur
7 Bravour, Schneid, Schwung
8 Tatkraft
Mümmelmann
4 Hase
Mummenschanz
9 Maskerade
Mumpitz
5 Unfug
6 Unsinn
9 Schwindel
Mumps
9 Parotitis
11 Ziegenpeter
München
Baumeister
5 Seidl
6 Klenze
Bildhauer
6 Knappe, Koelle
Festplatz
5 Wies'n
14 Theresienwiese
Flughafen
12 Erdinger Moos
17 Franz-Josef-Strauss
Gemäldegalerie
10 Pinakothek
Historienmaler
6 Echter
Humoristen
8 Valentin
10 Weiss Ferdl
Jahrmarkt
4 Dult
Maler
4 Diez
5 Figel, Leibl
6 Piloty
7 Lenbach
Malerfamilie
4 Adam
Sportanlage
14 Olympiastadion
Stadtteile
4 Laim, Riem
5 Solln
6 Allach, Aubing, Pasing
7 Moosach
8 Daglfing
9 Schwabing
11 Nymphenburg
13 Geiselgasteig
Vergnügungsviertel
9 Schwabing
Verkehrszentrum
7 Stachus
10 Karlsplatz
Volksfeste
8 Auer Dult
11 Oktoberfest
14 Fruehlingsfest
Wahrzeichen
7 Bavaria
12 Frauenkirche
mundan
8 weltlich
Mundart
5 Idiom, Slang
6 Patois
7 Dialekt

auf der Insel Man
4 Manx
einer Region
9 Regiolekt
Mundartlehre
9 Idiomatik
Mundartwörterbuch
9 Idiotikon
Mundausschlag
7 Aphthen
munden
9 schmecken
mundfaul
8 wortkarg
Mundfessel
6 Knebel
Mundfesselung
8 Kneblung
9 Knebelung
mündig
8 majorenn
mündlich
6 Verbal, verbal
10 gesprochen
11 persoenlich
überliefern
9 tradieren
mündliche(r)
Ankündigung
6 Ansage
Befehl
7 Geheiss
Doktorprüfung
9 Rigorosum
Unterhaltung
9 Gespraech
Mundschenk
des Zeus
7 Ganymed
9 Ganymedes
orientalischer Dichtungen
4 Saki
Mundschenkin der Götter
4 Hebe
Mundstück
9 Rohrblatt
am Pferdezaum
6 Gebiss
an Geräten
8 Schnabel
Mundteile
5 Lippe, Zunge
6 Gaumen, Gebiss, Kiefer, Rachen
7 Schlund
Mundtuch
9 Serviette
Mündungsarm
der Donau
5 Kilia
6 Chilia, Sulina
14 Sankt-Georgs-Arm
der Memel
4 Alge, Russ
5 Gilge
der Oder
5 Peene, Swine
8 Dievenow
der Schelde
4 Hont
der Weichsel
5 Nogat
des Nils
7 Rosette
8 Damiette
des Rheins
3 Lek
4 Oude, Waal
7 Merwede
Mündungsbucht der Flüsse Paraná und Uruguay
7 La Plata
Mündungstrichter
der Garonne
7 Gironde
der Schelde
5 Honte
Mündungstyp bei Flüssen
5 Delta
7 Aestuar
8 Trichter
10 Aestuarium
Mundvorrat
6 Furage, Ration
7 Zehrung
8 Proviant
11 Verpflegung
Mungo
8 Manguste
9 Ichneumon
Munition
7 Granate, Patrone, Torpedo
Munkelei
6 Gerede
7 Klatsch, Tratsch
8 Geruecht
14 Latrinenparole
Münster
3 Dom
6 Kirche
10 Kathedrale
munter
3 vif
4 agil, froh, rege, wach
5 alert, fidel, flink, vital
6 clever, forsch, frisch, heiter
7 lebhaft, wachsam
10 aufgeweckt
Münzanstalt
6 Praege
Münzbeschriftung
7 Legende
Münzen
8 Hartgeld
Münzen und Banknoten
4 Geld
Münzenherstellung
8 Praegung
Münzgewichtsdifferenz
8 Remedium
Münzkunde
10 Numismatik
Münzmeister
7 Praeger
Münzprägegebühr
8 Brassage
Münzprüfer
7 Wardein
9 Justierer
Münzrückseite
6 Revers
Münzverfälscher
6 Kipper
Münzvorderseite
5 Avers
9 Muenzbild
Münzwertbestimmung
9 Valvation
Mur-Zuflüsse
4 Sulm
5 Kerka, Muerz
6 Stainz
7 Kainach
mürbe
6 morbid, morsch
9 broecklig
Mürbeteigtörtchen
9 Tortelett
Murmel
6 Marbel, Marmel
7 Klicker, Knicker
8 Schusser
Murmeltier
7 Marmota
8 Marmotte
Murray-Zufluss
7 Darling
murren
6 klagen
7 grollen, knurren, mekkern, raunzen
8 granteln, noergeln
mürrisch
6 muffig
7 brummig, grantig, mufflig
11 uebellaunig
13 verdriesslich
mürrischer Mensch
6 Muffel
7 Isegrim
9 Griesgram
11 Nieselpriem
Mus
4 Brei
6 Pueree
Muschelgeld
5 Kauri
Muscheln
5 Perna
6 Auster, Teredo
8 Bohrwurm, Molluske
9 Kohlblatt, Pfahlwurm, Schaltier
11 Bohrmuschel, Herzmuschel, Kammmuschel, Miesmuschel, Nussmuschel, Perlmuschel, Schalentier
12 Flussmuschel, Malermuschel, Teichmuschel
13 Wandermuschel

14 Dreieckmuschel
15 Schiffsbohrwurm
Muschelprodukt
5 Perle
8 Perlmutt
10 Perlmutter
Muschelschale
8 Coquille
Muschelseidefäden
6 Byssus
Muse
der Astronomie
6 Urania
der Dichtkunst
8 Kalliope
der Geschichte
4 Klio
5 Kleio
der Geschichtsschreibung
4 Klio
der heiteren Dichtkunst
6 Thalia
der Komödie
6 Thalia
der Liebesdichtung
5 Erato
der Liebespoesie
5 Erato
der lyrischen Dichtung
7 Euterpe
der Musik
8 Polymnia
10 Polyhymnia
der Quelle
6 Egeria
7 Kamoene
der Schauspielkunst
6 Thalia
der Sternkunde
6 Urania
der Tanzkunst
11 Terpsichore
der Tragödie
9 Melpomene
des ernsten Gesangs
8 Polymnia
des Gesangs
7 Euterpe
8 Polymnia
10 Polyhymnia
des Lustspiels
6 Thalia
des Trauerspiels
9 Melpomene
Musenberg
7 Helikon, Parnass
Musenführer
7 Apollon, Musaget
9 Musagetes
Musenross
7 Pegasus
Musensohn
9 Kuenstler
Museum
7 Galerie
8 Kabinett, Sammlung
13 Kunstsammlung
in Amsterdam
11 Rijksmuseum
in Berlin
13 Antikenmuseum
in Essen
8 Folkwang
in Florenz
5 Pitti
8 Bargello, Uffizien
in Frankfurt
7 Staedel
17 Senckenberg-Museum
in Halle
16 Moritzburg-Museum
in Kamenz
13 Lessing-Museum
in Köln
21 Wallraf-Richartz-Museum
in London
5 Soane
11 Tate-Galerie
in Madrid
5 Prado
in München
10 Glyptothek, Pinakothek
in Paris
6 Louvre
in Sankt Petersburg
8 Ermitage
9 Eremitage
in Stockholm
7 Skansen
in Wien
9 Albertina
Museumsbeamter
6 Kustos
11 Konservator
Musical von
Berlin
15 Annie get your gun
Bernstein
13 West Side Story
Bock
8 Anatevka
16 Fiddler on the roof
Herman
10 Hello Dolly
Kern
8 Show Boat
Lloyd Webber
4 Cats
14 Phantom der Oper
Loesser
12 Guys and dolls
Loewe
10 My fair lady
MacDermot
4 Hair
Newley
12 Stop the world
Porter
10 Kiss me Kate
Rodgers
8 Carousel, Oklahoma
11 The king and I
12 South Pacific
Sherman
11 Mary Poppins
Styne
9 Funny Girl
Youmans
11 No no Nanette
Musicalfigur
9 Doolittle
Musicalkomponisten
4 Bock, Kern
5 Loewe, Styne, Weill
6 Berlin, Newley, Porter, Rogers
7 Loesser, Sherman, Youmans
8 Gershwin
9 Bernstein, MacDermot
11 Lloyd Webber
Musik
des Mittelwestens
9 Hillbilli, Hillbilly
erziehendes System
8 Tonikado
für 10 Instrumente
6 Dezett
Musik:
8 Tonkunst
abgehackt
8 staccato
abgehoben
7 portato
abnehmend
7 calando
8 scemando
9 smorzando
alle
5 tutti
andächtig
9 religioso
angenehm
5 soave
anmutig
8 giocondo, gracioso
anschwellend
9 crescendo
auch
5 ossia
aufgeregt
7 agitato
ausdrucksvoll
10 espressivo
ausgehalten
6 tenuto
Beben
7 Tremolo
bebend
7 tremolo, vibrato
beginnend bei
3 dal
beharrlich
8 ostinato
belebt
7 animato
Belieben
7 Piacere
beruhigt
7 calmato
beschleunigt
7 stretto
9 alla breve
beseelt
7 animato

betont
7 marcato
8 marcando
betrübt
5 mesto
7 dolendo, dolento
8 doloroso
beweglich
6 mobile
bewegt
5 mosso
7 agitato
Bewegung
4 Moto
breit
5 largo
breiter werdend
8 largando
9 slargando
dahinschwindend
8 mancando
Dämpfer
7 Sordine, Sordino
8 Sourdine
deutlich
7 marcato
drängend
9 pressante
Drehung
5 Volta
Dreiheit
5 Trias
ein wenig
4 poco
6 un poco
einfach
8 spianato
Einklang
7 Unisono
einschmeichelnd
5 suave
Ekstatik
4 Brio
energisch
8 energico, vigoroso
entschlossen
6 deciso
erhaben
9 grandioso
erloschen
7 estinto
ernst
5 grave, serio
7 funebre
8 funerale
erregt
7 agitato
9 concitato
ersterbend
7 morendo
9 smorzando
erzählend
9 recitando
etwas
4 poco
etwas beschleunigt
7 con moto
etwas langsam
9 larghetto
etwas lebhaft
9 vivacetto
etwas schneller
9 andantino
feierlich
7 festivo, festoso
8 maestoso
festlich
7 pomposo
Feuer
4 Brio
feurig
6 arioso, brioso, focoso
7 con brio
fließend
7 andante
flink
5 lesto
flötenartig
8 flautato
9 flautando
frei
9 svegliato
frei im Vortrag
7 sciolto
frisch
5 lesto
fröhlich
7 gaiment
fugenartig
5 fugal
fugenartig komponiert
6 fugato
Ganzton
5 Tonus
gebunden
6 legato
gedämpft
5 sordo
9 sotto voce, suffocato
gedehnt
5 largo
6 tenuto
9 sostenuto
gefällig
9 piace vole
gefühlvoll
7 pietoso
gehalten
9 sostenuto
gemächlich
6 comodo
gemäßigt
8 moderato
genug
5 assai
gesangartig
9 cantabile
gesangsmäßig
6 vocale
geschwind
5 tosto
geteilt zu spielen
6 divisi
getragen
6 tenuto
7 portato
9 sostenuto
10 portamento
gezupft
9 pizzicato
glanzvoll
7 pomposo
gleich
6 eguale
gleitend
9 glissando
großartig
9 grandioso
halb
5 mezzo
halbleise
10 mezzopiano
halbstark
10 mezzoforte
heftig
5 fiero
7 agitato
8 violento
9 impetuoso
heiter
7 allegro
8 giocondo
heldenhaft
6 eroico
hinsterbend
7 morendo
Horn
5 Corno
im Anfangstempo zu spielen
6 a tempo
immer
6 sempre
in der Oktave
6 ottava
in einer Tonart
9 unitonico
klagend
7 dolendo, dolente, lugubre
8 doloroso
9 lacrimoso, lamentoso, piangendo
kräftig
5 forte
8 vigoroso
kraftvoll
7 robusto
kühn
9 svegliato
kurz abgestoßen
8 staccato
kurz abgestoßener Vortrag
8 stakkato
lahm
5 zoppo
lang gehalten
5 lungo
langsam
5 largo, lento, tardo
6 adagio
8 tardando
9 lentement
Lauf
7 Passage
laut
5 forte

lebhaft
4 vivo
6 arioso, brioso, vivace
7 allegro, con brio
leicht
8 leggiero
9 leggiadro
leidenschaftlich
7 furioso
8 patetico
10 passionato
leise
5 piano
leiser werdend
8 perdendo
lieblich
5 dolce, soave, suave
7 amabile, amoroso
9 piace vole
liedartig
9 cantabile
lustig
7 gaiment, giocoso, scherzo
lyrisch
6 lirico
markiert
7 marcato
8 marcando
Marsch
6 Marcia
marschmäßig
8 marciale
mäßig langsam
7 andante
mäßig lebhaft
10 allegretto
mäßig schnell
10 allegretto
mehr
3 piu
mit
3 con
mit Feuer
6 brioso
mit Schwung
6 brioso
mitleidsvoll
7 pietoso
mittel
5 mezzo
munter
5 lesto
10 allegretto
nach Belieben
9 ad libitum
nachdenklich
5 serio
nachlassend
8 lentando
nicht im strengen Zeitmaß
6 rubato
nicht zu langsam
8 non lento
noch einmal
6 ancora, da capo, da kapo
Normalton a
9 Kammerton
Notenhals
5 Cauda
oder
5 ossia
ohne
5 senza
Pause über Takt
6 Soupir
plötzlich
6 subito
pointiert
8 staccato
rasch
4 vite
rasch anschließend
7 attacca
richtig
6 giusto
rückwärts zu spielen
7 riverso
ruhig
5 dolce
6 comodo, quieto
ruhiger werdend
7 calando
sanft
5 dolce, soave
6 adagio
Satz
5 Parte
scherzend
7 giocoso
scherzhaft
11 capriccioso
schleppend
5 lento, zoppo
9 stentando
schlicht
8 semplice
schmachtend
8 languido
9 languendo, languente
schmerzlich
8 doloroso
schmerzvoll
8 luttuoso
schnell
4 vite
5 tosto
6 presto, rapido, veloce
7 allegro
8 vitement
schneller werdend
11 accelerando
schwächer werdend
9 smorzando
10 diminuendo
schwer
5 grave
schwingend
7 tremolo, vibrato
Schwung
4 Brio
7 Slancio
sehr
5 assai, molto, tanto
6 troppo
sehr laut
10 fortissimo
sehr leise
10 pianissimo
sehr schnell
6 rapido
11 prestissimo
singend
8 cantando
sofort
5 tosto
6 subito
sprechend
8 parlando
ständig wiederholt
7 ostinat
8 ostinato
stark
5 forte
Stimme
5 Parte
Stimmen
6 Partes
Stimmhefte
6 Partes
stolz
5 fiero
streng im Takt
8 rigoroso
stürmisch
7 furioso
9 impetuoso
süß
5 dolce
tändelnd
7 giocoso
traurig
5 mesto
7 funebre, lugubre
8 funerale
trocken
5 secco
Trommel
5 Cassa
unbestimmt
8 indeciso
ungarisch
9 ungherese
ungestüm
6 feroce
ursprünglich
9 innocente
verhauchend
9 espirando
verliebt
7 amoroso
verlöschend
7 morendo
9 smorzando
verstärkt
7 forzato
8 forzando, sforzato
9 sforzando
viel
5 assai, molto, tanto
voll
5 pieno
vollstimmig
5 pieno
wachsend
9 crescendo

wehklagend
9 lamentoso
weinend
9 piangendo
Wendung
5 Volta
wenig
4 poco
weniger
4 meno
wie oben
7 ut supra
wieder streng im Takt
8 misurato
wiederholen
3 bis
Wiederholung
6 da capo
7 Ripresa
wild
5 fiero
6 feroce
7 furioso
Willkür
7 Piacere
wuchtig
5 grave
7 pesante
würdevoll
8 maestoso
zart
5 dolce
zärtlich
7 amabile, amoroso, vezzoso
ziemlich
5 assai
ziemlich ruhig
9 adagietto
Zittern
7 Tremolo
zögernd
5 tardo
8 lentando, ritenuto, stentato, tardando
9 ritenente
zu sehr
6 troppo
zuerst
5 primo
zurückhaltend
8 ritenuto
10 ritardando
zweite Stimme
7 secondo
musikalische(r, s)
Anhängsel
3 Tag
Ausstattungsstück
5 Revue
Begriff
7 Synkope
8 Grundton
Bühnenwerke
4 Oper
5 Revue
7 Musical
8 Operette
10 Musikdrama
Einleitung
8 Vorspiel
Textumsetzung
9 Vertonung
Thema
5 Motiv
Übungsstück
6 Etuede
Verzierung
7 Triller
9 Battement, Gruppetto
Vorspiel
7 Prélude
10 Ouvertuere, Praeludium
12 Introduktion
„Hoch" bei Festreden
5 Tusch
Musikaufführung
7 Konzert
Musikautomat
7 Jukebox
Musikbesessener
8 Melomane
Musikbesessenheit
9 Melomanie
Musikdrama
4 Oper
Musikerensemble
4 Trio
7 Sextett
8 Quartett, Quintett
Musikergerät
9 Notenpult
Musikfest
8 Festival
9 Festspiel
Musikhalle
5 Odeon, Odeum
7 Orpheum
Musikinstitut
9 Mozarteum
Musikkapellen
4 Band
5 Combo
7 Big Band
8 Jazzband
9 Orchester
10 Musikkorps
13 Spielmannszug
Musikkneipe
12 Tingeltangel
Musikrichtung
4 Jazz
Musikschule
14 Konservatorium
Musikstücke
3 Duo
4 Fuge, Tanz, Trio
5 Credo, Etude, Hymne, Kanon, Kyrie, Largo, Messe, Missa, Rondo, Suite
6 Choral, Etuede, Marcia, Marsch, Pavane, Reigen, Sonate, Tedeum
7 Ballett, Fanfare, Kantate, Menuett, Motette, Prélude, Requiem, Romanze, Scherzo, Toccata, Tokkata
8 Berceuse, Carillon, Chaconne, Fantasie, Kavatine, Laendler, Madrigal, Nokturno, Notturno, Serenade, Sinfonie, Sonatine
9 Barkarole, Capriccio, Humoreske, Impromptu, Kantabile, Kantilene, Kapriccio, Larghetto, Oratorium, Orgeltrio, Pastorale, Phantasie, Polonaise, Potpourri, Rezitativ, Rhapsodie, Sarabande, Symphonie, Variation
10 Intermezzo, Ouvertuere, Paraphrase, Praeludium, Staendchen
11 Passacaglia
12 Divertimento
Musikveranstaltung
7 Konzert
Musikwerk
4 Opus
9 Kassation, Tonstueck
Musikzeichen
4 Note
5 Kreuz
in den Psalmen
4 Sela
Muskatblüte
5 Macis, Mazis
Muskel
6 Bizeps
7 Trizeps
8 Abduktor, Adduktor, Strecker
Muskelbewegung
7 Zuckung
10 Konvulsion
Muskeleiweißstoff
6 Myosin
Muskelentzündung
8 Myositis
Muskelerschlaffung
6 Atonie
Muskelfaser
8 Fibrille
Muskelkrampf
7 Krampus
10 Katalepsie
Muskellehre
8 Myologie
Muskelschmerz
7 Myalgie
Muskelschwund
8 Atrophie
Muskeltrainer
8 Expander
Muskelzucken
3 Tic
Muskelzusammenziehung
6 Krampf
Musketier bei Dumas
6 Aramis

muskulös
10 athletisch, herkulisch
muskulöser Mann
6 Athlet
Muslim(e)
6 Moslem
7 Islamit, Moslime, Muslime
8 Muselman, Sarazene
9 Islamiten, Muselmane
10 Muselmanin
muslimische(r, s)
Bethaus
7 Moschee
Bettelmönch
8 Derwisch
Bulgare
6 Pomake
Dynastie
9 Abbasiden
Ehrentitel
7 Scheich
Einsiedler
4 Wali
7 Marabut
Eremit
4 Wali
Fastenmonat
7 Ramadan, Ramasan
Fest
6 Bairam, Beiram
Frauengemach
5 Harem
6 Zenana
Gebetsrufer
7 Muezzin
Gebetsteppich
6 Namasi
Geistlicher
5 Mulla
Gelehrtenstand
6 Ulemas
Gelehrtentitel
6 Schech, Scheik
Gelehrter
5 Molla, Ulema
Geschichtsschreiber
6 Tabari
Glaubensangehöriger
9 Assassine
Glaubensbuch
5 Koran
Gott
5 Allah
Gotteshaus
7 Moschee
Heiligengrab
7 Marabut
Heiligengrab als Wallfahrtsort
4 Wali
Heiliger
4 Wali
7 Marabut
Heiligtum
5 Kaaba
Herrschaftsgebiet
8 Sultanat
Herrscher
6 Achmed
Männernamen
3 Ali
4 Omar
5 Ahmed, Osman
7 Mustafa
Monatsname
8 Dsulkade
9 Dschemadi
Mönche
8 Studiten
Nachmittagsgebet
3 Asr
Name für Jesus
3 Isa
Ordensgründer
6 Sunusi
Paradiesmädchen
4 Huri
Predigermönch
7 Edhemit
Rechtsgelehrter
5 Mufti
Religion
9 Schiismus
Religionsbuch
5 Koran
Richter
4 Kadi
Sekten und Orden
5 Bahai
6 Drusen
7 Senussi
8 Babisten, Hodschas, Imamiten, Ismailia, Schiiten, Sufisten, Sunniten, Zaiditen
9 Derwische, Hanefiten, Hanifiten, Wahabiten
10 Assassinen, Ismaeliten, Ismailiten, Wahhabiten
Sektenangehöriger
6 Babist
8 Ismaelit
Titel
4 Kadi
5 Kalif, Molla, Mufti, Mulla, Ulema, Wesir
7 Scharif
Versroman
5 Eneit
Vorbeter
4 Imam
Wallfahrtsorte
5 Mekka
6 Medina
Wallfahrtsziel
5 Kaaba
Welt westlich von Ägypten
7 Maghreb
Westafrikaner
5 Pullo
Muße
4 Ruhe, Zeit
5 Otium
6 Ferien, Stille, Urlaub
8 Faulheit, Freizeit
9 Nichtstun
10 Rekreation
15 Beschaulichkeit
Müßiggang
8 Faulheit
9 Nichtstun
Müßiggänger
5 Stenz
7 Bummler, Flaneur, Tagdieb
9 Bummelant, Faulenzer
10 Nichtstuer, Schlaraffe
Müßiggängertum
9 Dolce vita
Muster
3 Art, Typ
4 Form, Norm, Plan
5 Dekor, Model, Probe
6 Design, Dessin, Fasson, Modell, Schema
7 Aufriss, Entwurf, Exempel, Vorbild, Vorlage
8 Analogie, Beispiel, Exemplar, Formular, Prototyp, Standard
9 Formblatt, Paradigma, Schablone
Musterformer
9 Modelleur
mustergültig
5 ideal
8 normativ
9 kanonisch, klassisch
11 einwandfrei, meisterhaft, vorbildlich
12 exemplarisch
Mustergültiges
5 Ideal
Musterung
8 Maserung, Pruefung, Struktur
10 Ornamentik
Musterurteil
9 Praejudiz
Musterzeichnung
6 Dessin
7 Entwurf
Mut
4 Mumm
6 Bravur, Traute
7 Bravour, Courage, Schneid, Wagemut
9 Kuehnheit
10 Tapferkeit
11 Beherztheit
12 Verwegenheit, Zivilcourage
17 Unerschrockenheit
mutig
5 kuehn
6 tapfer
7 beherzt, resolut
8 verwegen
9 bravuroes, furchtlos, schneidig, unverzagt
10 bravouroes, couragiert
mutlos
4 feig
5 feige

7 verzagt
10 aengstlich, resigniert
12 decouragiert
Mutlosigkeit
8 Feigheit
Mutter
4 Mama
der Andromeda
10 Cassiopeia, Kassiopeia
der Antigone
7 Iokaste
der Aphrodite
5 Dione
der Artemis
4 Leto
6 Latona
der Asteria
6 Phoibe
der Aurora
5 Theia
der Chariten
8 Eurynome
der Demeter
4 Rhea
5 Rheia
der Diana
6 Latona
der Dioskuren
4 Leda
der Elektra
13 Klytaemnestra
der Eos
5 Theia
der Forseti
5 Nanna
der Freia
5 Skadi
der Gracchen
8 Cornelia
der Haimonskinder
3 Aja
der Hebe
4 Hera, Here
der Hekate
7 Asteria
der Hel
9 Angurboda
der Helena
4 Leda
der Hera
4 Rhea
5 Rheia
der Hermione
6 Helena
der Iphigenie
13 Klytaemnestra
der Ismene
7 Iokaste
der Juno
4 Rhea
der Kassandra
6 Hekabe, Hekuba
der Kriemhild
3 Ute
der Lavinia
5 Amata
der Leto
6 Phoibe
der Maria
4 Anna
der Medea
5 Ideia
der Meleager
7 Altheia
der Musen
9 Mnemosyne
der Plejaden
7 Pleione
der Salome
8 Herodias
des Abel
3 Eva
des Achill
6 Thetis
des Adonis
6 Myrrha
des Amor
5 Venus
des Apoll
6 Latona
des Apollon
4 Leto
des Ares
4 Hera, Here
des Balder
5 Frigg, Frija
des Buddha
4 Maja
des Caligula
9 Agrippina
des Cupido
5 Venus
des Daniel
7 Abigail
des Dionysos
6 Semele
des Eros
9 Aphrodite
des Esau
7 Rebekka
des Fenriswolfs
8 Angrboda
des Gernot
3 Ute
des Giselher
3 Ute
des Gunther
3 Ute
des Hektor
6 Hekabe, Hekuba
des Herakles
7 Alkmene
des Hermes
4 Maia, Maja
des Hyperion
4 Gaea
des Iason
8 Alkimede
des Ismael
5 Hagar
des Jakob
7 Rebekka
des Jakobus
6 Salome
des Johannes
6 Salome
des Joseph
5 Rahel
6 Rachel
des Jupiter
4 Rhea
des Kain
3 Eva
des Kastor
4 Leda
des Kronos
4 Gaea
des Kupido
5 Venus
des Mars
4 Juno
des Neptun
4 Rhea
5 Rheia
des Nero
9 Agrippina
des Ödipus
7 Iokaste
8 Epikaste
des Odysseus
8 Antiklea
9 Antikleia
des Orest
13 Klytaemnestra
des Paris
6 Hekabe, Hekuba
des Parzival
10 Herzeleide
des Peer Gynt
3 Ase
4 Aase
des Pegasus
6 Medusa
des Pelias
4 Tyro
des Perseus
5 Danae
des Pollux
4 Leda
des Poseidon
4 Rhea
5 Rheia
des Pylades
8 Anaxibia
des Remus
4 Rhea
des Romulus
4 Rhea
des Salomo
8 Bathseba
des Samuel
5 Hanna
des Seth
3 Eva
des Severinus Alexander
6 Mamaea
des Siegfried
9 Sieglinde
des Somnus
3 Nox
des Sultans
6 Walide
des Telemach
8 Penelope

des Theseus
6 Aithra
des Thor
6 Frigga
des Tiberius
5 Livia
des Triton
10 Amphitrite
des Tyr
6 Frigga
des Uller
3 Sif
des Vulcanus
4 Juno
des Zethos
7 Antiope
des Zeus
4 Rhea
5 Rheia
die ein fremdes Kind stillt
4 Amme
Jesu
5 Maria
von Alexander dem Großen
7 Olympia
von Johannes dem Täufer
9 Elisabeth
von Karl V.
7 Johanna
von Napoleon I.
8 Laetitia
von Napoleon III.
8 Hortense
Mutterbiene
6 Weisel
8 Koenigin
Mutterboden
5 Humus
Mutterkuchen
8 Plazenta
Mutterschaf
5 Zibbe, Zippe
7 Schibbe
Mutterschwein
3 Sau
Muttertier
4 Alte
7 Alttier
Mutwille
8 Petulanz, Uebermut
Mütze im Mittelalter
6 Birett
Mützenabzeichen
7 Kokarde
Myanmar
Flüsse
6 Saluen
7 Irawadi
8 Chindwin
Gebirge
6 Arakan
Haumesser
3 Dah
Hauptstadt
6 Rangun
7 Rangoon
Nobelpreisträger für Frieden
3 Kyi
Städte und Orte
4 Pegu
5 Mogok, Pagan, Prome
6 Lashio
7 Bassein, Henzada
8 Mandalay
Volksstämme
3 Mon
4 Shan
5 Karen
6 Tschin
8 Katschin
Währung
4 Kyat, Pyas
Myrmidonenkönig
6 Aeakus, Aiakus
Myrtengewächse
6 Abotto
7 Eugenia, Guayave
10 Eukalyptus, Jaboticaba, Pimentbaum
11 Schoenfaden
Myrtenpflanze
9 Hundskohl
Mysterienkult auf Haiti
4 Wudu
mysteriös
6 dunkel, obskur, unklar
8 mystisch
11 raetselhaft
12 schleierhaft
13 geheimnisvoll
Mysterium
9 Geheimnis
mystische(r, s)
Figur
7 Mandala
griech. Religion
6 Orphik
orthodoxer Mönch
9 Hesychast
Schriftsteller
6 Weigel
Versenkung
6 Dhyana
Wörterdeutung
8 Gematrie
Mythensammlung
9 Sagenbuch
mythologische(r, s)
babylonischer König
5 Etana
Gestalt
8 Windgott
Götterlehre
9 Theogonie
Heros
9 Sagenheld
japanisches Wesen
6 Tennin
Naturwesen
8 Waldgott
Stammvater der Pelasger
8 Pelasgos
Tier der Endzeit
8 Behemoth
Urkaiser Chinas
3 Yue
Vogel
5 Hamsa

Naab-Quellfluss
8 Waldnaab
Naab-Zuflüsse
4 Luhe, Vils
5 Ascha
Nabelschwein
6 Pekari
nach Abzug
5 netto
nach Art von
3 à la
nach außen gewölbt
6 konvex
nach Frauenart
7 feminin
8 weiblich
nach hinten
7 zurueck
nach innen
9 einwaerts
nach innen gewölbt
6 konkav
nach jemandes Tod erfolgend
6 postum
7 posthum
nach langer Verzögerung
7 endlich
nach unten gerichteter Wind
7 Fallboe
Nachäffer englischen Wesens
9 Anglomane
nachahmen
8 kopieren
9 imitieren
10 karikieren, nachaeffen
nachahmende(s)
Mimik
9 Echomimie
Verb
8 Imitativ
Nachahmer
6 Kopist
7 Epigone
8 Imitator
9 Plagiator
11 Nachbildner
Nachahmung
5 Kopie
6 Bluete, Mimese, Simili
7 Mimesis, Parodie, Plagiat
8 Attrappe
9 Imitation
10 Faelschung, Falsifikat
Nachbar
8 Anlieger, Anrainer
in der Reihe
9 Nebenmann
Nachbarinsel Gotlands
5 Faroe
Nachbarland Babyloniens
4 Elam
Nachbarschaft
5 Naehe
6 Milieu, Umwelt
8 Umgebung
Nachbarvolk der alten Juden
8 Moabiter
Nachbesserung
8 Retusche
nachbilden
8 kopieren
14 rekonstruieren
Nachbildung
5 Kopie
6 Modell
8 Attrappe, Klischee
9 Faksimile, Imitation
10 Falsifikat
12 Reproduktion
der Erdkugel
6 Globus
nachdenken
8 gruebeln
10 Meditation
6 sinnen
9 sinnieren
10 ueberlegen
12 reflektieren
Nachdruck
6 Akzent, Aplomb
7 Emphase, Energie, Forsche, Reprint, Wagemut
8 Betonung, Neudruck
11 Intensitaet
nachdrücklich
9 ultimativ
Nachen
4 Boot, Kahn
6 Schiff
Nachfolge
10 Sukzession
Nachfolger
4 Erbe
7 Epigone, Juenger
9 Anhaenger
Aga Khans
5 Karim
nachforschen
13 recherchieren
Nachforschung
5 Suche
9 Erkundung, Recherche
10 Ermittlung
Nachfrage
8 Kauflust
9 Interesse
11 Erkundigung
13 Kaufinteresse
nachgeahmt
7 kopiert
8 imitiert
9 parodiert
nachgeahmtes Industrieprodukt
6 Imitat
nachgelassen
6 postum
7 posthum
nachher
4 dann
6 darauf, ferner
Nachkomme
Mohammeds
6 Ismael
Weißer/Mulattin
9 Terzerone
Nachkommen
4 Kind, Sohn
5 Enkel
6 Spross
7 Enkelin, Tochter, Urenkel
9 Enkelkind, Nachfahre
10 Deszendent, Kindeskind
11 Sproessling, Stammhalter
des Kalifen Ali
6 Aliden
des Peleus
7 Peliden
deutscher Wiedertäufer
7 Habaner
Nachkommenschaft
9 Blutlinie
10 Deszendenz
aus Eiern
4 Brut
von Tieren
4 Brut, Wurf
Nachkömmling
10 Deszendent
Nachlass
4 Erbe
5 Abzug
6 Erbgut, Rabatt, Skonto
8 Kuerzung
9 Erbschaft, Reduktion
12 Ermaessigung
Nachlassanteil
5 Legat
Nachlassempfänger
4 Erbe
7 Miterbe
8 Nacherbe
Nachlassgut
8 Erbmasse
nachlässig
3 lax
5 leger
6 salopp
9 schlampig, schludrig, unachtsam
10 liederlich, schluderig
12 unordentlich
arbeiten
9 schludern
Nachlässigkeit
9 Negligenz
11 Nonchalance
Nachlassurkunde
9 Erbschein
Nachmittagskleid
7 Teagown
Nachmittagsmahlzeiten
5 Jause
6 Vesper
11 Fuenfuhrtee
Nachmittagsveranstaltung
7 Tanztee
Nachname des italienischen Malers Raffael
5 Santi
nachprüfen
7 checken

10 revidieren
13 kontrollieren
Nachprüfer
7 Revisor
Nachprüfung
8 Revision
10 Durchsicht
Nachricht
4 Avis
5 Kunde
7 Meldung
8 Bescheid, Depesche
9 Botschaft, Schreiben, Telebrief, Telegramm
10 Voranzeige
11 Information
Nachrichtenbüro
7 Agentur
Nachrichtenüberbringer
4 Bote
9 Informant
Nachruf
6 Epilog
8 Grabrede, Nekrolog
10 Gedenkrede
Nachschlagewerke
7 Lexikon
8 Sachbuch
10 Diktionaer
11 Woerterbuch
13 Enzyklopaedie
15 Sachwoerterbuch
Nachschlüssel
8 Dietrich
10 Sperrhaken
12 Passepartout
Nachschrift
5 Kopie
6 Diktat
8 Apograph
12 Postskriptum
einer Hochschulvorlesung
6 Skript
Nachschubgebiet
6 Etappe
Nachschubtruppe
5 Train, Tross
Nachschubwesen
8 Logistik
10 Versorgung
Nachsicht
5 Guete, Milde
6 Geduld, Indult
7 Langmut
8 Schonung, Toleranz
9 Indulgenz, Konnivenz, Sanftheit
nachsichtig
4 mild
5 milde
6 guetig
7 duldsam, gnaedig
8 geduldig, tolerant
9 indulgent, konnivent
10 glimpflich, langmuetig, verzeihend, weitherzig
nachsinnen
10 meditieren, simulieren

Nachspeise
3 Eis
7 Dessert, Kompott, Pudding
Nachspiel
6 Epilog
Nächstenliebe
5 Agape
7 Caritas, Karitas
10 Altruismus
Nachströmung
3 Sog
Nacht
9 Schwaerze, Tageszeit
10 Dunkelheit, Finsternis
Nachtbar
9 Nightclub
Nachtbaumnatter
5 Boiga
Nachtfalter
5 Nonne
6 Glucke
7 Spanner, Ypsilon
8 Forleule, Phalaene, Saumeule
9 Gammaeule, Goldafter, Mondfleck, Mondvogel, Totenkopf
11 Zahnspinner
12 Kupferglucke
14 Fichtenspinner, Schwammspinner
Nachtfeier (Ostkirche)
9 Pannychis
Nachtgespenst
3 Alb
4 Hexe, Mahr
5 Drude
7 Inkubus
9 Nachtmahr
Nachtgewand
6 Pyjama
7 Negligé
8 Negligee
9 Nachthemd
10 Schlafrock
11 Schlafanzug
Nachtgottesdienst
5 Mette
Nachtgreifvogel
3 Uhu
8 Waldeule
9 Steinkauz
Nachthyazinthe
8 Tuberose
Nachtigallenart
8 Buelbuel, Sprosser
Nachtisch
7 Dessert, Kompott
Nachtkerzengewächse
7 Clarkia, Clarkie, Lopezia
8 Jussieua
Nachtklub mit Schau
7 Cabaret
Nachtlager
4 Bett
im Freien
5 Biwak

Nachtlagerzubehör
8 Bettzeug
Nachtlokal
3 Bar
9 Nightclub
Nachtmusik
8 Nocturne, Nokturne, Notturno
Nachtrag
10 Supplement
12 Postscriptum
nachträglich verkorktes Pflanzengewebe
5 Kutis
Nachtragsgesetz
7 Novelle
Nachtschattengewächse
5 Tabak
6 Lycium, Tomate
7 Solanum
8 Duboisia, Scopolia, Skopolie
9 Aubergine, Bocksdorn, Browallie, Erdtomate, Giftbeere, Kartoffel
10 Mandragore, Stechapfel
11 Bilsenkraut, Eierpflanze, Tollkirsche
Nachtschmetterlinge
8 Graseule
9 Ahorneule, Trugmotte
Nachtvögel
3 Uhu
4 Eule, Kauz
8 Bartkauz, Uralkauz
9 Brandeule, Kircheule, Steinkauz
11 Waldohreule
12 Schleiereule
Nachtwache des römischen Heeres
7 Vigilie
Nachtwandeln
14 Noktambulismus
Nachtwind am Genfer See
6 Morget
Nachwein
5 Lauer
9 Haustrunk
Nachweis
5 Beleg
6 Beweis, Quelle
7 Urkunde
8 Dokument
der Abwesenheit
5 Alibi
Nachweisheft
8 Fahrbuch
11 Fahrtenbuch
Nachwort
6 Epilog
Nachwuchs im Forst
8 Jungwald
Nachwuchsschauspielerin
7 Starlet
8 Starlett
Nachzügler
9 Spaetling

Nackenhaare
6 Maehne
Nackenstück der Schlachttiere
4 Kamm
nackt
5 bloss
9 unbedeckt
10 huellenlos
11 unbekleidet
Nacktgänger
6 Adamit
Nacktheit
7 Bloesse
8 Nuditaet
Nacktsamer
8 Konifere
9 Nadelholz
Nadelarbeit
7 Haekeln
8 Haekelei
9 Zierstich
10 Handarbeit
Nadelbäume
4 Arbe, Arve, Eibe, Seve
5 Forle, Larix, Pinie, Tanne, Taxus, Thuja, Tsuga, Zeder, Zirbe
6 Fichte, Foehre, Forche, Kiefer, Kussel, Sawara, Strobe, Zirbel
7 Agathis, Kuschel, Laerche, Latsche, Redwood, Rotholz, Sequoie
8 Farneibe, Hibabaum, Knieholz, Konifere, Kopfeibe, Rottanne, Sadebaum, Taxodium, Zypresse
9 Araukarie, Blautanne, Douglasie, Edeltanne, Juniperus, Krummholz, Legfoehre, Pechtanne, Sevenbaum, Steineibe, Sumpfeibe, Wacholder
10 Andentanne, Bergfoehre, Bergkiefer, Bunya-Bunya, Gelbkiefer, Lebensbaum, Mammutbaum, Pechkiefer, Sandkiefer, Scheineibe, Waldkiefer, Weisstanne
11 Balsamtanne, Dammarabaum, Goldlaerche, Kaurifichte, Kegelfichte, Ketelleeria, Kugelfichte, Prachttanne, Purpurtanne, Riesentanne, Schirmtanne, Sicheltanne, Silbertanne, Stechfichte, Sumpfkiefer, Zwergkiefer
12 Aleppokiefer, Hemlocktanne, Kranewitbaum, Schirmkiefer, Strandkiefer, Trauerfichte, Zirbelkiefer
13 Omorikafichte, Schwarzkiefer, Sprossentanne, Sumpfzypresse, Traenenkiefer
14 Nordmannstanne, Scheinzypresse, Schimmelfichte, Zwergwacholder
15 Schlangenfichte, Weymouthskiefer
16 Kandelaberfichte, Riesenlebensbaum, Riesenmammutbaum, Sandarakzypresse, Schierlingstanne
17 Kuestenmammutbaum
Nadelholzausscheidung
4 Harz
Nadelholzkrankheit
8 Resinose
9 Harzfluss
Nadelloch
4 Oehr
Nadelpalme
6 Raphia
Nadelwald
4 Tann
Nagel
5 Stift
6 Zwecke
Nagelbett
6 Matrix
Nagelpflege
9 Manikuere, Pedikuere
nagender Kummer
4 Gram, Harm
nagetierähnlicher Säuger
4 Hase
8 Feldhase
9 Alpenhase, Tolaihase
Nagetiere
4 Ratz
5 Aguti, Biber, Ratte
6 Cuandu, Gopher, Illing
7 Erdmaus, Hamster, Wuehler
8 Goldhase, Wurfmaus
9 Ackermaus, Bilchmaus, Brandmaus, Eichkater, Eichkatze, Hausratte, Trugratte, Waldratte, Wuehlmaus
12 Taschenratte
13 Greifstachler
15 Siebenschlaefer
der südamerikanischen Pampas
4 Mara
Hörnchenartige
3 Feh
5 Biber, Bobak
6 Gopher, Hackee, Schilu, Suslik, Taguan, Ziesel
7 Assapan, Marmota
8 Burunduk, Chipmunk, Marmotte
9 Flugbilch
10 Murmeltier, Perlziesel, Springhase, Zenkerella, Zieselmaus
11 Feheichhorn, Kanadabilch, Praeriehund, Taschenmaus
12 Erdhoernchen, Rothoernchen, Taschenratte
13 Baumhoernchen, Eichhoernchen, Flughoernchen, Grauhoernchen, Kaengururatte
14 Streifenziesel, Waldmurmeltier
15 Alpenmurmeltier, Backenhoernchen, Leopardenziesel, Taschenspringer
16 Borstenhoernchen, Dornschwanzbilch
17 Steppenmurmeltier
in Südamerika
4 Paka
Mäuseartige
4 Maus, Ratz
5 Ratte
8 Bandmaus, Baummaus, Buntmaus, Fettmaus, Grasmaus, Hausmaus, Tanzmaus, Waldmaus
9 Brandmaus, Hausratte, Pestratte, Weissmaus, Zwergmaus
10 Backenmaus, Berbermaus, Nasenratte, Ohrenratte, Wassermaus
11 Borkenratte, Fruchtratte, Klettermaus, Springratte, Stachelmaus, Wanderratte
12 Feldhausmaus, Halsbandmaus, Hamsterratte, Schwimmratte, Streifenmaus
16 Greifschwanzmaus
Mäuseverwandte
5 Bilch, Relle
8 Nackmull
9 Bilchmaus, Blessmull, Blindmaus, Dscherboa, Haselmaus, Huepfmaus, Kahlratte, Schlaefer
10 Birkenmaus, Eichelmaus, Schlafmaus, Springmaus
11 Bambusratte, Sandgraeber
12 Stachelbilch, Streifenmaus
13 Baumschlaefer, Feldhuepfmaus
14 Blinddarmbilch, Maulwurfsratte,

Pferdespringer, Salzkrautbilch, Schnellwuehler
15 Gartenschlaefer, Siebenschlaefer
17 Wuestenspringmaus
Stachelschweine und Verwandte
4 Cuiy, Degu, Guti, Mara, Paka
5 Aguti, Gundi, Urson
6 Cuandu, Nutria
8 Bergpaka, Goldhase, Pakarana, Tukotuko, Viscacha, Wollmaus
9 Baumratte, Hasenmaus, Igelratte, Kammratte, Rohrratte, Trugratte
10 Biberratte, Chinchilla, Hutia-Conga, Kammfinger, Pampashase
11 Felsenratte, Ferkelratte, Fingerratte, Lanzenratte
12 Baumstachler, Stachelratte
13 Borstenferkel, Greifstachler, Kubabaumratte, Wasserschwein
14 Stachelschwein
15 Meerschweinchen, Quastenstachler
Wühler, Hamster
6 Illing
7 Erdmaus, Hamster, Lemming
8 Feldmaus, Mollmaus, Rennmaus
9 Ackermaus, Reisratte, Schermaus, Wuehlmaus
10 Bisamratte, Fischratte, Nacktratte, Rattenkopf, Roetelmaus, Schneemaus, Wurzelmaus
11 Felsenratte, Goldhamster, Hoehlenmaus, Kurzohrmaus, Wasserratte, Wuestenmaus
12 Erdwuehlmaus, Grosshamster, Maehnenratte, Sandrennmaus
13 Baumwollratte, Kaninchenmaus, Waldwuehlmaus, Weissfussmaus
14 Alpelwuehlmaus, Untergrundmaus

Nagetierfamilie
9 Hoernchen

Nagetiergattung
5 Biber
6 Castor

Nahe-Zuflüsse
4 Glan, Idar, Wies
6 Simmer
8 Idarbach

Naheort
9 Oberstein

Näherin
8 Grisette
9 Stepperin

Näherungslinie
9 Asymptote

Nähfaden
4 Garn

Nähfaden (Chirurg)
6 Katgut

Nahgebiet
6 Umland
7 Umkreis
8 Umgebung, Umgegend

Nähgeräte
5 Nadel
6 Schere
9 Fingerhut

Nahkampf
7 Infight

Nähmaschinenteil
6 Spuler

Nähmaterial
4 Garn
5 Seide, Wolle, Zwirn

Nahostbewohner
8 Libanese
9 Libanesen

Nährboden
8 Substrat

Nährgetränk
8 Malzbier
9 Ammenbier

nahrhaft
8 naehrend, nutritiv
12 substantiell, substanziell

Nährmutter
4 Amme
des Zeus
9 Amaltheia

Nahrung
3 Atz
4 Kost
6 Aesung, Futter, Speise
7 Fressen
9 Nutriment
12 Lebensmittel
der Greifvögel
8 Gekroepf
für Greifvogeljunge
3 Atz
für junge Greifvögel
6 Atzung
haltbar machen
9 einkochen

Nahrungsaufnahme
9 Ingestion
des Wilds
5 Aesen

nahrungsbedürftig
7 hungrig

Nahrungsmittel
siehe: Lebensmittel

Nahrungssuche
9 Gruendeln

Nahtbesatz
6 Paspel
8 Vorstoss
9 Passepoil

Nahverkehrsflugzeug
7 Cityjet

Nahverkehrsmittel
9 Lokalbahn, Stadtbahn, Vorortzug

Nähvorgang
5 Stich

Nähzeugbehälter
8 Naehkorb

Nähzubehör
9 Kurzwaren

naives Geschwätz
9 Geplapper

Naivität
7 Einfalt
12 Simplizitaet

namenlos
6 anonym
8 unsagbar

Namenszeichen
6 Paraph, Signet, Signum
7 Paraphe
8 Signatur
9 Autogramm, Monogramm
12 Paraphierung, Unterschrift

namhaft
7 bekannt
8 beruehmt, illuster, popu-laer
9 angesehen, bedeutend
10 renommiert

Namibia
Berg
9 Brandberg
Bevölkerung
5 Ambos, Namas
6 Bantus, Herero, Tswana
7 Damaras, Ovambos
8 Kavangos
9 Bergdamas
11 Kaokolander
12 Buschmaenner, Hottentotten
Buchten
13 Walfischbucht
14 Luederitzbucht
Freiheitsbewegungen
5 Swanu, Swapo
Gebiet
13 Etoschapfanne
Hauptstadt
7 Windhuk
Mischlinge
6 Baster
Städte
5 Otavi, Outjo
6 Tsumeb
7 Gobabis
8 Rehoboth
9 Karasburg, Luederitz
10 Swakopmund
11 Otjivarongo, Walfischbai

12 Grootfontein, Keltmanshoop
Währung
4 Rand
Wildpark
7 Etoscha
Wüsten
5 Namib
8 Kalahari
Nansens Polarschiff
4 Fram
Napf
5 Satte
9 Schuessel
Napfkuchen
5 Raton
9 Gugelhupf
Naphtha
6 Erdoel
9 Petroleum
Narbe
6 Stigma
7 Schmiss, Wundmal
8 Schmarre
in Bauchmitte
5 Nabel
Narbenleder
5 Nubuk
7 Chagrin, Saffian
Narbung
8 Gaufrage
Narew-Zuflüsse
3 Bug, Orz
4 Bobr
Narkosearzt
12 Anaesthesist
Narkosemittel
5 Opiat
6 Aether, Evipan, Kokain
7 Avertin, Lachgas, Luminal, Veronal
8 Morphium, Novocain
9 Pentothal
10 Chloroform
13 Aethylchlorid
narkotisieren
9 betaeuben
Narr
3 Fex, Tor
4 Geck
5 Clown
6 Doedel
7 Bajazzo, Bloedel, Eiferer
8 Dummkopf, Gracioso, Harlekin
9 Hanswurst
11 Spassmacher
12 Eulenspiegel
13 Possenreisser
der spanischen Komödie
8 Gracioso
im „Hamlet"
6 Yorick
Narrenrednerpult
5 Buett
Narrenzeit
8 Fasching, Fasnacht, Karneval
9 Fastnacht
Narretei
5 Posse
8 Allotria, Tollheit
närrisch
4 toll
6 albern
7 damisch
8 clownesk, kindisch
9 verrueckt
11 ausgelassen
närrisch sein
8 alfanzen
närrische(r, s)
Benehmen
9 Clownerie
Einfall
8 Kapriole
Narthex
8 Paradies, Vorhalle
Narzissengewächse
5 Agave
6 Clivia
7 Tazette
9 Amaryllis, Feenlilie, Jonquille
Naschwerk
5 Nugat
6 Bonbon, Nougat
7 Konfekt, Krokant, Praline
8 Lakritze, Leckerei, Marzipan, Pralinen, Rumkugel
9 Suessware
10 Schokolade
12 Schokoriegel
Nase
des Haarwilds
8 Windfang
kraus ziehen
8 ruempfen
mancher Tiere
7 Ruessel
näselnd
5 nasal
Nasenaffe Borneos
5 Kahau
Nasenantilopen
6 Orongo
7 Tschiru
Nasenarzt
9 Rhinologe
Nasenbär
5 Coati
8 Nasuella
9 Bergcoati
Nasenentzündung
8 Rhinitis
Nasenform
9 Adlernase, Hakennase, Stupsnase
13 Kartoffelnase
16 Himmelfahrtsnase
bei Tieren
7 Ruessel
Nasenheilkunde
10 Rhinologie
Nasenkatarr
8 Rhinitis
9 Schnupfen
8 Pincenez
Nasenlaut
5 Nasal
9 Nasallaut
Nasenloch
7 Nuester
Nasenlöcher
5 Nares
8 Nuestern
Nasenschmerz
9 Rhinalgie
Nasenwucherung
5 Polyp
naseweis
4 kess
5 frech
7 altklug, vorlaut
9 vorwitzig
Nashorn
10 Rhinozeros
Nashornvogel
8 Hornrabe
nass
6 feucht
11 durchnaesst
12 Feuchtigkeit
5 humid, klamm
6 humide
8 triefend
6 Wasser
Nassauer
9 Schnorrer
11 Schmarotzer
Nässe aus der Wäsche pressen
7 wringen
nasse Erde
6 Modder, Morast
7 Schlamm
Nässeentzug
9 Trocknung
Nationalchina
6 Taiwan
(früher)
7 Formosa
Nationalflagge von
Frankreich
9 Trikolore
Großbritannien
9 Union Jack
USA
15 Stars and Stripes
Nationalfriedhof der USA
9 Arlington
Nationalgefühl
12 Patriotismus
Nationalgott der Assyrer
5 Assur
Nationalheiliger Irlands
7 Patrick
Nationalheld
der Schweiz
4 Tell
10 Winkelried
Tiroler
5 Hofer
Nationalheldin der Tschechen
7 Libussa

Nationalheros
9 Volksheld
Nationalökonom
9 Volkswirt
Nationalpark
8 Reservat
11 Reservation
17 Naturschutzgebiet
Nationalspiel
der Basken
6 Pelota
9 Chiestera
der Nordamerikaner
8 Baseball
Nationaltracht der Mongolen
3 Del
Nationalzeichen
5 Fahne
6 Flagge
Natriumchlorid
4 Salz
5 Halit
8 Kochsalz, Meersalz
9 Steinsalz
10 Speisesalz
Natriumkarbonat
4 Soda
Natriumsalz der Tetraborsäure
5 Borax
Natriumthiosulfat
9 Antichlor
Natriumverbindung
4 Oxon, Soda
6 Natron
8 Kochsalz
10 Aetznatron
11 Glaubersalz
Naturallohn
7 Deputat
Naturallohnempfänger
8 Deputant
Naturanlage
5 Trieb
8 Instinkt
Naturdünger
4 Mist
5 Guano
6 Jauche
Naturerscheinungen
3 Eis, Tau
4 Ebbe, Flut, Reif, Wind, Woge
5 Blitz, Frost, Hagel, Nebel, Regen, Sturm, Welle, Winde, Wolke
6 Donner, Lawine, Meteor, Schnee
7 Taufall
8 Abendrot, Erdbeben, Gewitter, Irrlicht, Seebeben, Unwetter
9 Elmsfeuer, Morgenrot, Nordlicht, Staubwind, Sturmflut, Sturzflut
10 Kugelblitz, Regenbogen
11 Fata Morgana
12 Niederschlag
14 Meeresleuchten, Mondfinsternis, Wetterleuchten
16 Sonnenfinsternis
Naturerzeugnisse
10 Naturalien
naturfarben
4 écru
5 beige
Naturgeist
4 Elfe
8 Lichtelf
9 Blumenfee, Fenesmann, Lichtelfe
Naturgewalten
8 Elemente
Naturglaube
12 Naturalismus
Naturgottheiten
7 Nymphen
Naturgummi
9 Kautschuk
Naturheilkunde
10 Physiatrie
Naturkatastrophen
6 Lawine
8 Erdbeben, Seebeben, Sintflut
9 Erdrutsch
10 Hochwasser
11 Wirbelsturm
14 Vulkanausbruch
15 Ueberschwemmung
Naturkraft
2 Od
6 Physis
11 Magnetismus
14 Erdmagnetismus
Naturkunde
8 Biologie
natürlich
4 echt, naiv
7 einfach, erdhaft
8 naturell, physisch, schlicht
13 ungekuenstelt
natürliche(r, s)
Alterungsprozess
9 Biorheuse
Bitumensorte
8 Albertit
Brennstoff
5 Kohle
Dünger
4 Mist
9 Stalldung
Erdabtragung
7 Erosion
Geistesanlage
8 Ingenium
Goldklümpchen
6 Nugget
Kopfschmuck
4 Haar
Mischdünger
7 Kompost
Paraffin
8 Erdwachs
Zaun
3 Hag
5 Hecke
Zeichnung auf Möbeln
9 Holzmaser
Naturpark in Niedersachsen
9 Suedheide
Naturschutzgebiet
8 Reservat
Naturschutzpark in Tansania
9 Serengeti
Naturseidenfaden
5 Grège
Naturtrieb
8 Instinkt
Naturwissenschaften
6 Chemie, Physik, Statik
7 Akustik, Botanik, Dynamik, Genetik, Kalorik, Kinetik
8 Biologie, Geologie, Mechanik, Zoologie
9 Biochemie, Biophysik, Geografie, Geophysik, Kinematik
10 Astronomie, Atomphysik, Geographie, Kernphysik, Mathematik, Stoffkunde
11 Mineralogie
12 Meteorologie
Naturwissenschaftler(in)
8 Chemiker, Physiker
10 Chemikerin, Physikerin
Naumburger Domfigur
3 Uta
Nauru
amtlicher Name
6 Naoero
Bevölkerung
9 Nauruaner
Hauptstadt
5 Yaren
Sprache
11 Nauruanisch
Währung
4 Cent
6 Dollar
Nautiker
5 Lotse
9 Navigator
nautische(s)
Geschwindigkeitsmaß
6 Knoten
Hilfsmittel
8 Seekarte
Längenmaß
8 Seemeile
Maß
5 Faden, Kabel
6 Knoten
8 Seemeile
Tiefenmaß
5 Faden
Winkelmessgerät
6 Oktant
Navigationsgerät
7 Sextant
Navigationshilfsmittel
8 Resolver

Navigator der Flugpiloten
5 Orter
neapolitanischer Bettler
9 Lazzarone
Nebel
3 Fog
4 Smog
5 Dampf, Dunst, Fahne, Rauch, Wolke
10 Unklarheit
12 Lufttruebung
an der chilenischen Küste
5 Bruma
nebelig
6 diesig
7 dunstig
Nebelmonat
8 Brumaire, November
neben dem Chauffeur Sitzender
9 Beifahrer
Nebenausgaben
6 Spesen
8 Unkosten
Nebenbestimmung
7 Klausel
Nebenbuhler
6 Rivale
10 Konkurrent
Nebenbuhlerschaft
10 Rivalitaet
Nebendarsteller
7 Statist
8 Komparse
Nebeneinander
10 Koexistenz
Nebeneinnahmen
8 Sporteln
Nebenfigur
8 Figurine
Nebenform
5 Abart
Nebenfrau
5 Kebse
8 Kebsweib
9 Konkubine
des Abraham
5 Hagar
Nebengebäude
5 Anbau, Gaden
7 Spieker
9 Seitenbau
10 Dependance
Nebenhöhlenerkrankung
8 Sinuites
Nebenklang in der Stimme
8 Unterton
Nebenlinie
3 Ast
7 Abzweig
8 Gabelung
des Hauses Plantagenet
4 York
Nebenlösung beim Schach
6 Dualis
Nebenmann
7 Nachbar
Nebenmeer
des Atlantiks
6 Ostsee
des Indiks
9 Rotes Meer
Nebenraum
7 Alkoven
10 Bettnische
der Kirche
9 Sakristei
Nebenreise
4 Trip
8 Rutscher
9 Abstecher
Nebenrolle
6 Charge
Nebensache
8 Lappalie
9 Bagatelle
Nebensächliches
8 Staffage
9 Kleinkram
Nebenstelle
7 Filiale
Nebental der Etsch
7 Sarntal
neblig
5 trueb
6 diesig
7 dunstig
9 ohne Sicht
Neckar-Zuflüsse
3 Elz, Enz
4 Aich, Erms, Fils, Murr, Prim, Rems, Sulm
5 Ammer, Echaz, Eyach, Glatt, Jagst, Ulfen, Zaber
6 Echatz, Elsenz, Kocher, Lauter
7 Koersch, Starzel
8 Leinbach, Steinach
necken
4 uzen
6 foppen
7 spotten
8 flachsen, frotzeln, haenseln, sticheln
9 aufziehen
Neckerei
2 Uz
neckischer
Geist
6 Kobold
Mensch
6 Schalk, Schelm
10 Spassvogel
Neffe
6 Nepote
Abrahams
3 Lot
des Artus
7 Mordred
des Königs Artus
5 Gawan
6 Gawein
Ermanrichs
7 Fritila
Negation
9 Ablehnung
10 Verneinung
negativ
geladenes Elementarteilchen
8 Elektron
geladenes Ion
5 Anion
Negativdruckform
5 Mater
7 Matrize
negative(s)
Elektrode
6 Katode
7 Kathode
Elementarteilchen
8 Elektron
Stimme
9 Neinsager
11 Verweigerer
negativste Phase einer Entwicklung
9 Tiefpunkt
negieren
8 ablehnen
9 verneinen
neidisch
6 scheel
12 missguenstig
neigen
6 beugen
9 tendieren
11 inklinieren
Neigung
3 Zug
4 Hang, Lust
5 Drang, Gusto, Trend, Trieb
6 Abfall, Faible, Talent
7 Passion, Tendenz
8 Schraege, Vorliebe
9 Interesse, Schwaeche, Sympathie
11 Inklination, Schraegheit
15 Gefuehlswallung
im Gelände
5 Halde
6 Abhang
zu Tieren
9 Zoophilie
zweier Geraden
6 Winkel
Neigungsfläche im Gelände
4 Hang
Neigungsgrad des Golfschlägers
4 Loft
Neigungsmesser
10 Klinograph, Klinometer
Neigungswinkel
11 Inklination
Neinsager
8 Negierer
9 Verneiner
11 Ablehnender
Nelkengewächse
5 Knaul, Miere

6 Sagina, Silene, Spelle, Spurre
7 Meirich
8 Arenaria, Kuhkraut, Vaccaria
9 Blutnelke, Cerastium, Feldspark, Gipskraut, Holosteum, Hornkraut, Leimkraut, Malachium, Mastkraut, Salzmiere, Sandkraut
10 Gypsophila, Nabelmiere, Vogelkraut, Wasserdarm

Nelkenpfeffer
6 Piment

Nennform
9 Infinitiv

Nennwert
4 Pari
8 Parikurs, Pariwert

Nennwort
5 Nomen

Nepal
Adelsfamilie
4 Rana
Berge
7 Everest, Manaslu
9 Annapurna
10 Dhaulagiri
12 Mount Everest
Bevölkerung
3 Rai
5 Limbu, Magar, Newar, Tharu
6 Bothia, Gurkha, Gurung, Sunwar, Tamang
7 Sherpas, Thakali
9 Nepalesen
Fluss
7 Tsangpo
Gebiete
5 Tarai
6 Manang
Gebirge
7 Siwalik
8 Himalaja, Himalaya
Hauptstadt
8 Katmandu
König
8 Birendra
Sprache
6 Nepali
Städte
5 Patan
7 Birganj
8 Bhatgaon
9 Bhaktapur, Nepalganj
10 Biratnagar
Tal
7 Pokhara
Währung
5 Mohur, Paisa, Rupie

Nereide
6 Thetis
7 Galatea

Nervenarzt, -ärztin
9 Neurologe
10 Neurologin, Psychiater
12 Psychiaterin

Nervenberuhigungsmittel
4 Brom
5 Asant

Nervenentzündung
8 Neuritis

Nervenerschütterung
6 Schock

Nervenfasergeschwulst
6 Neurom
8 Neurinom

Nervengeflecht
6 Plexus

Nervenkitzel
9 Sensation

Nervenknoten
8 Ganglion

Nervenleiden
7 Neurose
8 Hysterie, Psychose
9 Veitstanz
11 Neuropathie

Nervenschmerz
9 Neuralgie

nervenschwach
7 nervoes, reizbar

Nervenschwäche
7 Aneurie
11 Nervositaet
12 Neurasthenie

Nervenstärkungsmittel
8 Lezithin

Nervenzelle
6 Neuron

Nervenzentrum
4 Hirn
6 Gehirn

nervös
6 fahrig
7 gereizt, pikiert, unruhig
8 flattrig, wibbelig, zappelig
9 flatterig
getriebener Mensch
8 Hektiker

nervöses Zittern
9 Datterich

Nervosität
6 Unruhe
7 Aufruhr
8 Erregung

Nesselgewächse
5 Pilea, Ramie, Urera
8 Boemeria, Laportea
9 Boehmeria, Chinagras
10 Hanfnessel, Heimglueck
11 Brennnessel

Nesselmal
7 Quaddel

Nesselpflanzenorgan
9 Brennhaar

Nesselsucht
9 Urtikaria

Nesseltiere
6 Meduse, Qualle
7 Koralle, Seemoos

Nest
4 Heim
5 Horst, Kobel
9 Brutplatz
14 Vogelbrutplatz

Nestorpapagei
3 Kea
4 Kaka

nett
4 brav, lieb
6 adrett, gentil, proper
8 niedlich, zierlich
9 zaertlich
10 freundlich
11 appetitlich, possierlich
15 entgegenkommend

Netz
6 Gitter
8 Geflecht, Gespinst
10 Stromkreis
zum Greifvogelfang
5 Stoss
zum Uferschutz
5 Flake

netzartig
7 filiert

netzartig markierte Fläche
6 Raster

netzartige(r, s)
Gewebe
5 Lacis, Tuell
Stoff
7 Petinet

Netzbau von Gliedertieren
9 Spinnwebe

Netzflügler
10 Florfliege
14 Ameisenjungfer

netzförmig
9 retikular

Netzhaut des Auges
6 Retina

Netzhautentzündung
9 Retinitis

Netzstoff
5 Filet

neu
9 unbenutzt

neuartig
6 modern

neuäthiopische Sprache
6 Gurage, Harari

Neuauflage
7 Reprint, Reprise
9 Nachdruck

Neuerer
10 Reformator

Neuerscheinung
8 Novitaet

Neuerung
6 Reform
8 Neologie

Neuerwerb
6 Zugang

Neues
5 Novum
11 Erstmaliges

neueste Mode
10 Dernier cri

Neufassung
6 Remake

Neugeborenes
4 Baby
9 Saeugling
11 Kleinstkind
Neugestaltung
6 Reform
11 Renovierung
14 Reorganisation
Neugier
7 Vorwitz
9 Interesse, Schaulust
11 Anteilnahme
12 Wissensdrang, Wissensdurst
Neugierige(r)
6 Gaffer
8 Gafferin
neugierige(s)
Erwartung
8 Spannung
Zuschauen
8 Gafferei
Neuheit
5 Novum
8 Novitaet
9 Nachricht, Nouveauté
11 Modernitaet
neuindische(r)
Dialekt
6 Bihari
Sprache
5 Hindi
6 Assami, Lahnda, Sindhi
7 Bengali, Marathi, Panjabi
9 Kaschmiri
neukastilische Hochebene
6 Mancha
Neuland vor dem Deich
6 Groden
neulateinische(r)
Dichter
4 Owen
8 Melissus, Posthius, Secundus
9 Lotichius, Panormita
elsässischer Dichter
5 Balde
Name der Schweiz
8 Helvetia
Name von Leipzig
6 Lipsia
Name von Österreich
7 Austria
Name von Preußen
7 Prussia
neulich
9 unlaengst
Neuling
6 Novize
9 Anfaenger, Debuetant, Greenhorn, Gruenhorn
Neunauge
6 Bricke
8 Lamprete
Neuneck
7 Nonagon
neuntägige Andacht
6 Novene
Neuordner
8 Reformer
11 Verbesserer
Neuordung
6 Reform
14 Reorganisation
Neureicher
5 Protz
6 Raffke
8 Parvenue
Neuseeland
Berge
6 Egmont
8 Aspiring
9 Mount Cook
Bergsteiger
7 Hillary
Bevölkerung
5 Maori
13 Neuseelaender
Brückenechse
7 Tuatera
Cookinsel
8 Aitutaki
Ebene
15 Canterburyebene
Flachs
8 Phormium
Fluss
9 Hutt River
Gebiet
5 Otago
Hauptstadt
10 Wellington
Inseln
6 Bounty
7 Chatham
8 Campbell, Kermadec
9 Antipoden, Nordinsel, Suedinsel
12 Stewartinsel
Nationalparks
6 Egmont
9 Tongariro
Schnepfenstrauß
4 Kiwi
Seen
8 Tauposee
9 Te-Anau-See
Sprachen
5 Maori
8 Englisch
Städte
6 Napier, Oamaru, Timaru
7 Dunedin, Rotorua
8 Auckland, Blenheim, Hamilton, Hokitika, Kaikoura, Tauranga
11 New Plymouth
12 Christchurch
Vögel
3 Kea, Poe
6 Takahe
9 Wekaralle
Vulkane
7 Ruapehu
9 Ngauruhoe
11 White Island
Währung
4 Cent
6 Dollar
Neusilber
6 Alpaka
8 Argentan
neutestamentarische Anrede an Gott
4 Abba
Neuverfilmung
6 Remake
Neuweltmaus
9 Rennratte
Neuzeit
7 Moderne
neuzeitlich
6 modern
New Yorker
Bezirk
6 Queens
Börsenviertel
10 Wallstreet
Fluss
6 Hudson
Geschäftsstraße
8 Broadway
Opernhaus
3 Met
17 Metropolitan Opera
Stadtteile
5 Bronx
6 Queens
8 Brooklyn, Richmond
9 Manhattan
Verwaltungseinheit
7 Borough
Nicaragua
Bevölkerung
12 Nicaraguaner
Dichter
5 Dario
Diplomat
5 Dario
Fluggesellschaft
6 Lanica
Flüsse
4 Coco
9 Rio Grande
Hauptstadt
7 Managua
Indianer
8 Misquito
Indianersprache
7 Chibcha
Indianerstämme
7 Miskito, Nicarao
Politiker
6 Ortega, Somoza
8 Chamorro
Städte
4 Léon
6 Esteli, Masaya
7 Corinto, Granada
8 Jinotega
9 Matagalpa

10 Bluefields, Chinandega
12 Puerto Isabel
13 Puerto Cabezas
Vulkan
7 El Viejo
Währung
7 Centavo, Cordoba

nicht
abfärbend (Lippenstift)
8 kussfest
abzuschätzen
9 unwaegbar
abzustreiten
9 unleugbar
achtbar
9 wuerdelos
alltägliches Erlebnis
9 Abenteuer
amtlich
6 privat
11 inoffiziell
amtlicher Börsenmarkt
7 Kulisse
ändern
8 belassen
angebaute Flora
9 Wildwuchs
auszahlbar (Scheck)
9 ungedeckt
beachtet
9 unbemerkt
bedeckt
6 heiter
9 wolkenlos
beeinflussbar
4 stur
8 unbeirrt
bekanntes Rennpferd
9 Dark horse
Berechtigte
9 Unbefugte
betrunken
9 nuechtern
chinesische Bevölkerung in Südchina
3 Yao
christlicher Kultbau
6 Tempel
das geringste
9 keinerlei
der Mode unterworfen
7 zeitlos
durch zwei teilbar
7 ungrade
8 ungerade
ehrlich
8 unlauter
12 nicht redlich
einer Meinung
9 unstimmig
eingehaltenes Versprechen
9 Wortbruch
erforderlich
8 unnoetig
erkennbare Teilchen
9 Amikronen
ernsthaft
9 unserioes
ersetzter Schaden
9 Franchise
erwünscht
9 ungebeten
fest
8 fluessig, unstabil, wackelig
10 gasfoermig
folgsam
7 unartig
9 ungezogen
freundlich
9 ungnaedig
geachtet
8 verpoent
gebraucht
9 ungenutzt
gehorchend
9 unfolgsam
geneigt
6 abhold
9 feindlich
geniessbare Pflanze
8 Giftpilz
geplant
9 zufaellig
10 unerwartet
17 ausserplanmaessig
gerade
5 krumm
8 verbogen
gering
8 ziemlich
gern gesehen
9 unbeliebt
gerne tätig
4 faul
6 traege
gesetzliche Stromstärkeeinheit
4 Biot
gleichartig
9 inhomogen
gleichzeitig
9 asynchron
gönnen
8 beneiden
gut
5 boese
8 schlecht
gut für den Körper
8 ungesund
häufig
3 rar
6 selten
heiß
4 mild
7 lauwarm
herausgegebene Schriften
7 Inedita
hier geboren
9 ortsfremd
hoch
5 flach
7 niedrig
im Raum befindlich
6 aussen
imstande
8 unfaehig
jagdbare Raubtiere
8 Raubzeug
kirchliches Gebäude
9 Profanbau
konzentriert
9 abgelenkt, zerstreut
kostbar
7 wertlos
leitender Stoff
8 Elektret, Isolator
mehr durchsichtig
5 blind
mehr frisch
9 altbacken
mehr jung
3 alt
6 betagt
7 bejahrt
metallischer Grundstoff
3 Bor
8 Phosphor
mit
4 ohne
mohammedischer Türke
5 Rajah
nachgemacht
4 echt
nutzbare Energie
7 Abhitze
nutzbare Pflanze
7 Unkraut
nutzbares Gebiet
6 Unland
objektiv urteilend
9 ungerecht
öffentlich
6 geheim
öffentlicher Zugang
9 Privatweg
pflichtmäßig
8 wahlfrei
10 fakultativ
redlich
7 unreell
9 unehrlich
reell
8 unsolide
9 unredlich
reif
8 unzeitig
richtig
6 falsch
9 unkorrekt
schicklich
9 unpassend
schlafend
4 wach
6 munter
sehr viel
7 maessig
sicher
6 dubios
8 ungewiss
sichtbares Möbelmaterial
9 Blindholz
solistisches Vokalmusik
9 Chormusik
sorgfältig
7 laessig

sprechen
9 schweigen
13 den Mund halten
statthaft
8 verpoent
streitsüchtig
9 friedvoll
trächtiges Vieh
8 Geltvieh
treffen
9 verfehlen
trumpfende Spielkarten
9 Fehlfarbe
übereinstimmend
9 disgruent
üblich
9 ungewohnt
umzubringen
9 zaehlebig
verbaler Teil
8 Praeverb
verbleichend durch Waschen
8 farbecht
vereint
8 getrennt
verfärbend
9 waschecht
verschwenderisch
7 sparsam
9 genuegsam
11 spartanisch
verschwiegen
7 taktlos
9 indiskret
12 geschwaetzig
vertieft
5 flach
voll eingezahlte Aktie
9 Leeraktie
volljährig
8 minorenn
9 unmuendig
vom Verstand kontrolliert
9 triebhaft
vorgesehen
8 ungeahnt
vorzustellen
9 undenkbar
wahrnehmbare Farbe
8 Infrarot
weggeben
8 behalten
weiterführende Straße
9 Sackgasse
wirklich
6 irreal
9 scheinbar
13 unrealistisch
zeitgemäß
8 unmodern
9 inaktuell
zu begreifen
9 unfassbar
zu beschreiben
8 unsagbar
zu empfehlen
8 unratsam
zu verantworten
9 untragbar
zu verhindern
9 unhaltbar
12 unaufhaltsam
zu zähmen
4 wild
9 unbaendig
zugängliches Gebiet
9 Sperrzone
zugegen
3 weg
4 fort
6 absent
8 abwesend, gegangen
zusammengesetzt
7 einfach
zuständig
8 unbefugt
11 inkompetent

Nichtamateur
5 Profi

Nichtfachmann
4 Laie
7 Amateur
9 Dilettant
11 Ungelernter

nichtig
4 inan

Nichtigkeit
8 Lappalie
9 Nullitaet
11 Kleinigkeit

Nichtleiter
8 Isolator

Nichtmuslim
5 Giaur, Kafir

Nichtprofi
4 Laie
7 Amateur
9 Anfaenger

Nichts, nichts
4 Null, Zero
5 Leere
6 Vakuum
als
3 nur
anderes
3 nur
5 bloss
15 ausschliesslich
sagend
4 fade
5 banal, platt
7 farblos
10 langweilig
11 unbedeutend
12 abgedroschen

Nichtskönner
8 Pfuscher, Stuemper

Nichtsnutz
4 Lump
8 Faulpelz, Tagedieb
10 Schlawiner, Tunichtgut
11 Taugenichts

Nichtsoldat
8 Zivilist

Nichtstuer
7 Gammler
8 Faulpelz, Tagedieb
11 Eckensteher, Taugenichts

Nichtswürdiger
4 Lump
6 Schuft
7 Halunke

Nichtwissen
7 Agnosie
8 Ignoranz

Nichtwisser
8 Ignorant

nie
6 nimmer
7 keinmal, niemals

niederdeutsch: Eule
2 Ul

niederdeutsch: Hamster
6 Illing

niederdeutsch: Iltis
6 Illing

niederdeutsche(r)
Dialekt
12 Plattdeutsch
Dichter
5 Groth, Raabe, Storm
6 Reuter
Mundart
5 Platt

niedere(r, s)
Adel bei den Inkas
6 Curaca
englische Adelsstufe
6 Knight
englischer Adel
6 Gentry
Hindukaste
9 Tschandal
indische Kaste
8 Paraiyan
Klassenangehöriger
8 Sarkiker
Lebewesen
6 Amoebe
9 Einzeller
nordindische Kaste
3 Dom
Pflanzen
4 Alge, Moos
5 Bryum, Musci
6 Radula, Volvox
7 Flechte, Tagmoos
8 Birnmoos, Jochalge, Laubmoos, Lichenes, Sphagnum, Ulothrix
9 Einzeller, Ephemerum, Fadenalge, Federmoos, Gruenalge, Konjugate, Kratzmoos, Kugelalge, Lebermoos, Quellmoos, Sumpfmoos
10 Philonotis
Pöbel
5 Plebs
Tiere
9 Einzeller
Umgangssprache
6 Jargon

Volk
5 Plebs
Wasserpflanzen
4 Alge
8 Blaualge
9 Nadelalge
Niedergang
4 Ruin
7 Verfall
8 Dekadenz
niedergeschlagen
7 traurig
9 apathisch, bedrueckt, depressiv, gedrueckt
10 deprimiert
Niedergeschlagenheit
6 Cafard
7 Apathie
10 Depression
Niederholz
7 Dickung
8 Dickicht
9 Gestruepp, Unterholz
Niederkunft
6 Geburt
10 Entbindung
Niederlage
5 Echec
6 Abfuhr
7 Filiale
8 Schlappe
Niederlande
Adelsgeschlecht
7 Oranien
Adelstitel
8 Jonkheer
Admirale
5 Tromp
6 Ruyter
7 Almonde
Altphilologe
7 Lipsius
Anrede
7 Mynheer
8 Mijnheer
Architekten
3 Oud
4 Kerk
5 Dudok
6 Kampen, Keyser
7 Berlage
8 Moreelse, Opbergen, Rietveld
Astronomen
4 Oort
6 Sitter
Barockradierer
6 Hooghe
Bildhauer
5 Vries
6 Domela, Floris, Keyser, Leyden, Sluter
9 Faidherbe, Faydherbe, Quellinus
Botaniker
5 Vries
6 Hotton
Buchdrucker
7 Elzevir
Bure
4 Boer
Chemiker
4 Hoff
8 Bemmelen
Dichter
4 Cats, Poot
5 Bloem, Costa, Hooft, Kloos, Leeuw
6 Gorter, Luyken, Merode, Nyhoff, Revius, Verwey, Vondel, Willem
7 Bogaers, Boutens, Bredero, Huygens, Noornik
8 Couperus, Heinsius, Marsmans, de Coster
9 Antonides, Castelein, Coornhert, Potgieter, Scheltema
10 Timmermans
Dichterinnen
6 Swarth
7 Vasalis
9 Hadewijch
Dirigenten
6 Beinum, Kempen
8 Otterloo
Dramatiker
6 Vondel
7 Rotgans
Edelmann
9 Brederode
Eierlikör
8 Advocaat
Fischerfahrzeug
6 Dogger
Fischgewicht
5 Tobbe
Fluggesellschaft
3 KLM
Flugzeugbauer
6 Fokker
Flüsse
3 Eem, Lek
4 Maas, Roer, Waal
5 Yssel
6 Dinkel, Vechte
7 Schelde
Flüssigkeitsmaße
3 Kan, Vat
Freiheitskämpfer
5 Geuse
Fürstengeschlecht
7 Oranien
Geiger
6 Kempen
Gewicht für Fische
6 Kantje
Graphiker
6 Escher
Gulden
6 Florin
Hafenstädte
9 Amsterdam, Rotterdam
Hauptstadt
9 Amsterdam
Holzschuhe
8 Klumpjes
Hühnerrasse
6 Brakel
Humanisten
7 Erasmus, Grotius
Hygieniker
7 Eijkman
in der Landessprache
9 Nederland
Inseln
5 Texel
7 Ameland
8 Schouwen, Vlieland
11 Rottumeroog
12 Terschelling
13 Rottumerplaat
Käsesorten
5 Gouda
6 Edamer
Käsestädte
4 Edam
5 Gouda
7 Alkmaar
Kauffahrteischiff
6 Fleute
Klöppelspitzen
7 Malines
Komponisten
4 Rore
5 Isaac, Larue, Lasso, Monte
6 Brumel, Pijper
7 Badings, Desprez, Gombert, Obrecht
8 Arcadelt, Binchois, Ghiselin, Ockeghem, Wagenaar, Willaert
9 Sweelinck
Königinnen
7 Beatrix, Juliana, Juliane
8 Hortense
10 Wilhelmina
königliche Sommerresidenz
6 Hetloo
Kulturhistoriker
8 Huizinga
Kupferstecher
8 Bolswert
Küstenfahrzeug
3 Aak
4 Aake
Literaturhistoriker
5 Kalff
Maler
2 Os
3 Bol, Dou, Dyk, Mor, Oud, Tol, Vos, Wet, Wit
4 Bega, Bles, Bril, Cuyp, Dyck, Eyck, Goes, Gogh, Hals, Heda, Kalf, Laer, Maes, Moor, Neer, Veen, Veth
5 Appel, Balen, Bosch, Bouts, Cleve, David, Goyen, Hooch, Hoogh, Joest, Ketel, Metsu, Noort, Orley, Steen, Velde, Werff, Witte
6 Backer, Bramer, Domela, Dongen, Duiker, Dusart,

Flinck, Floris, Gelder, Goijen, Huysum, Mabuse, Mander, Massys, Mesdag, Meulen, Mieris, Momper, Ostade, Patini, Potter, Rubens, Savery, Scorel, Toorop, Weenix, Weyden
7 Aertsen, Baburen, Berchem, Beyeren, Bilders, Bosboom, Brouwer, Douffet, Glauber, Hobbema, Jacobzs, Lastman, Lievens, Memling, Ouwater, Patinir, Pourbus, Schotel, Seghers, Snayers, Snyders, Sustris, Teniers, Thulden, Vermeer, Victors, Vlieger, Wtewael
8 Avercamp, Breitner, Breughel, Brueghel, Calvaert, Cappelle, Doesburg, Dujardin, Flemalle, Gossaert, Hemessen, Jongkind, Jordaens, Kempener, Lairesse, Meegeren, Molenaer, Mondrian, Moreelse, Mostaert, Patinier, Pieneman, Pynacker, Rietveld, Ruisdael, Ryckaert, Spranger, Stalbemt, Terborch, Verkolje, Vermeyen, Wijnants
9 Bloemaert, Boekhorst, Cornelisz, Fabritius, Honthorst, Houbraken, Isenbrant, Kempeneer, Miereveld, Moucheron, Palamedes, Porcellis, Ravesteyn, Rembrandt, Saenredam, Schalcken, Steenwijk, Svanevelt
10 Wouwermans

Malerfamilien
3 Vos
5 Maris, Velde
7 Pourbus, Teniers
8 Breughel, Brueghel, Koekkoek, Ruisdael

Malerin
4 Boer

Männernamen
3 Jan
4 Piet

Mathematiker
6 Stevin
7 Brouwer, Waerden
8 Snellius

Münzen
4 Deut, Duit, Mite
7 Stueber, Stuever
9 Dubbeltje

Mystiker
6 Jansen
9 Ruysbroek

Name des Rheins
4 Rijn

Namensteil
3 van

Nationalökonom
9 Tinbergen

Nationalspiel
8 Korfball

Nobelpreisträger für Chemie
4 Hoff
5 Debye

Nobelpreisträger für Medizin
9 Einthoven

Nobelpreisträger für Physik
4 Meer
5 Waals
6 Zeeman
7 Lorentz, Zernike

Philosophen
7 Spinoza
8 Geulincx

Physiker
4 Meer
5 Debye, Waals
6 Stevin, Zeeman
7 Huygens, Lorentz, Zernike
8 Snellius

Physiologe
9 Einthoven

Politiker
3 Uyl
4 Beel, Cats, Witt
5 Drees, Hoorn
6 Marnix
7 Lubbers
8 Mansholt
10 Balkenende

Provinzen
6 Drente
7 Geldern, Limburg, Seeland, Utrecht
9 Friesland, Groningen
10 Overijssel
11 Nordbrabant, Nordholland, Suedholland

Provobewegung
8 Kabouter

Radierer
6 Floris

Raps
5 Awehl

Regierungssitz
7 Den Haag

Religionswissenschaftler
5 Vries

Sahnebonbon
5 Hopje

Sänger
3 Low
8 Heesters

Schachmeister
4 Euwe

Schauspieler
8 Heesters

Schauspielerfamilie
8 Devrient

Schnaps
7 Genever

Schriftsteller
3 Man
4 Eyck
5 Beets, Bloem, Borel, Claes, Claus, Eeden, Holst, Kloos, Maehl
6 Bomans, Coolen, Dekker, Gijsen, Gorter, Hartog, Lennep, Verwey
7 Deyssel, Gezelle, Hermans, Mulisch, Nijhoff, Oltmans, Willems
8 Schendel, Vestdijk
9 Houbraken, Nooteboom, Vriesland

Schriftstellerinnen
4 Boer
5 Naeff
6 Blaman

Seefahrer
6 Tasman
7 Barents
8 Schouten
9 Roggeveen

Seehelden
4 Heyn
5 Tromp
6 Ruyter

Segelfahrzeug
6 Botter

Showmaster
7 Carrell

Städte
3 Ede, Epe, Oss
4 Edam, Haag
5 Assen, Breda, Delft, Emmen, Gouda, Hoorn, Sneek, Venlo, Weert
6 Arnhem, Ermelo, Leiden, Lochem, Renkum, Rhenen, Velsen, Zwolle
7 Arnheim, Den Haag, Geldrop, Haarlem, Heerlen, Hengelo, Tilburg, Utrecht, Zaandam
8 Deventer, Enschede, Nimwegen, Rijswijk, Roermond, Schiedam, Zaanstad
9 Amsterdam, Apeldoorn, Den Helder, Dordrecht, Eindhoven, Groningen, Harlingen, Heemstede, Hilversum, Rotterdam, Zandvoort
10 Amersfoort, Leeuwarden, Middelburg, Vlissingen
11 Vlaardingen
13 Herzogenbusch

Theologen
6 Merula

7 Alfrink
9 Jansenius
Überseegebiete
4 Saba
5 Aruba
7 Bonaire, Curacao, Maarten
9 Eustatius
Völkerrechtler
5 Asser
Währung
4 Cent, Euro
westindische Insel
5 Aruba
Zahl eins
3 een
Zeichner
6 Floris
Zoologe
9 Tinbergen
Niederländisch-Guayana
7 Surinam
Niederlassung
7 Filiale, Kolonie
10 Ansiedlung
niederlegen
10 deponieren
Niederreißung
9 Abtragung
niederrheinisch: kleine graue Renette
5 Rabau
Niedersachsen
Berge
9 Bruchberg, Wuermberg
10 Achtermann
Dichter
5 Raabe
Flüsse
3 Ems
4 Elbe, Luhe, Oker, Oste
5 Aller, Hunte, Leine, Weser
Gebiete und Landschaften
6 Goerde
7 Artland
8 Wendland
9 Ammerland, Arensberg, Jeverland, Kehdingen, Oldenburg
13 Harlinger Land, Weserbergland
16 Lueneburger Heide
Gebirge
4 Harz
12 Wesergebirge
13 Wiehengebirge
Gewässer
7 Duemmer
14 Steinhuder Meer
17 Zwischenahner Meer
Hauptstadt
8 Hannover
Höhenzüge
3 Elm, Ith
4 Hils
7 Deister, Solling, Suentel
9 Huemmling
17 Fuerstenauer Berge
Inseln
5 Juist
6 Borkum
7 Baltrum, Memmert, Neuwerk
8 Langeoog
9 Norderney
10 Spiekeroog, Wangerooge
11 Luetjehoern
Meeresbuchten
7 Dollart
8 Leybucht
9 Jadebusen
Regierungsbezirke
5 Stade
6 Aurich, Goslar, Uelzen, Vechta, Verden
7 Emsland, Gifhorn, Harburg
8 Bentheim, Cuxhaven, Hannover, Nienburg, Northeim, Osterode
9 Ammerland, Friesland, Helmstedt, Lueneburg, Oldenburg, Osterholz, Rotenburg
10 Goettingen, Hildesheim, Holzminden, Osnabrueck, Schaumburg
11 Cloppenburg, Wesermarsch
12 Braunschweig, Weser-Ems-Leer
13 Hameln-Pyrmont, Wolfenbuettel
14 Lueneburg-Celle
16 Hannover-Diepholz
17 Luechow-Dannenberg
Städte
4 Elze, Leer, Syke
5 Brake, Celle, Emden, Jever, Melle, Peine, Stade, Uslar, Varel
6 Alfeld, Aurich, Bassum, Goslar, Gronau, Hameln, Lehrte, Lingen, Loehne, Meppen, Norden, Seesen, Soltau, Uelzen, Vechta, Verden, Winsen
7 Einbeck, Gifhorn, Muenden, Muender, Rinteln, Springe
8 Bentheim, Burgdorf, Cuxhaven, Diepholz, Hannover, Harzburg, Herzberg, Neustadt, Nienburg, Nordhorn, Northeim, Osterode, Wittlage, Wittmund
9 Braunlage, Buxtehude, Helmstedt, Lueneburg, Nordenham, Oldenburg, Osterholz, Rotenburg, Wolfsburg
10 Aschendorf, Bueckeburg, Dannenberg, Duderstadt, Goettingen, Hildesheim, Holzminden, Lauterberg, Osnabrueck, Otterndorf, Salzgitter, Stadthagen
11 Cloppenburg, Delmenhorst, Gandersheim, Langenhagen, Westerstede
12 Bersenbrueck, Braunschweig, Bremervoerde, Fuerstenberg, Quakenbrueck
13 Fallingbostel, Wilhelmshaven, Wolfenbuettel
Niederschlag
aus Dampf
9 Kondensat
bei Frost
9 Eisnadeln
beim Boxen
2 K.o.
8 Knockout
der Luftfeuchtigkeit
3 Tau
einer Lösung
8 Faellung
im Bindegewebe
7 Amyloid
Niederschläge
3 Fog, Tau
4 Duft, Firn, Guss, Mist, Reif
5 Bruma, Dunst, Hagel, Harst, Morok, Nebel, Regen
6 Harsch, Husche, Raueis, Schnee
7 Graupel, Nieseln, Raureif, Schauer, Schmutt
8 Eisregen, Nassauer, Raufrost, Schlosse
9 Eisnadeln, Gestoeber, Hagelkorn, Landregen, Paramitos
10 Dauerregen, Platzregen
11 Nieselregen, Spruehregen, Wolkenbruch
12 Eiskoernchen, Hagelschauer, Pulverschnee, Regenschauer
13 Frostgraupeln, Schneetreiben
14 Graupelschauer
15 Schneegestoeber
Niederschlagsaufzeichner
10 Chinograph
niederschmetternd
12 katastrophal
Niederschrift
5 Notiz
6 Diktat
9 Protokoll

10 Manuskript, Stenogramm

Niedertracht
7 Bosheit, Infamie
8 Gaunerei
10 Gemeinheit
15 Schaendlichkeit

niederträchtig
5 infam
6 gemein
7 boshaft
9 boesartig, malizioes
11 gewissenlos
12 charakterlos

Niederung
2 Au
3 Aue, Tal
5 Senke
8 Schachen

bei Magdeburg
6 Wische

östlich von Wolfsburg
9 Droemling

Niederwild
3 Reh
4 Hase
5 Dachs, Fasan, Fuchs, Iltis
6 Marder
7 Rebhuhn, Wachtel
8 Schnepfe, Wildente, Wildgans
9 Kaninchen
10 Murmeltier
12 Waldschnepfe
13 Sumpfschnepfe

niedlich
4 fein, nett
7 drollig, huebsch, reizend
8 charmant, zierlich
11 possierlich

niedrig
4 eben, tief
5 flach, humil
6 gemein
7 geduckt, ruchlos, vulgaer

im Preis
6 billig
8 guenstig
9 preiswert

niedrige(r, s)

Dammbau am Meer
7 Lahnung

Gehölz
8 Dickicht
9 Krummholz, Unterholz

Luftdruck
4 Tief

Temperatur
6 Kaelte

niedrigst
7 minimal

niemand
6 keiner

Niere
3 Ren
7 Nephros

Nierenbaum
4 Caju
6 Acajou

Nierenbeckenentzündung
8 Pyelitis

Nierenentzündung
9 Nephritis

Nierenfunktionseinheit
7 Nephron

Niesen nachahmender Ruf
7 Hatschi

Niet
6 Bolzen

Niete
4 Null
7 Fehllos
8 Versager
10 Fehlschlag

Niger

Bevölkerung
3 Ful
5 Fulbe
6 Haussa, Nigrer, Tuareg
7 Songhai
8 Dscherma, Sahelier

Flüsse
5 Niger
8 Komadugu

Gebirge
3 Air

Hauptstadt
6 Niamey

Landschaften
5 Manga
8 Damergou

Politiker
5 Diori
8 Cheiffou, Kountché

Städte und Orte
5 Arlit, Bilma
6 Agadez, Akouta, Maradi, Tahoua, Zinder
7 Teguida, Tessoua

Steppe
8 Tintumma

Währung
5 Franc
7 Centime

Wüsten
6 Kaouar, Ténéré

Niger-Talsperre
6 Kainji

Niger-Zuflüsse
4 Bani, Boni
5 Benue
7 Alibori
8 Tinkisso

Nigeria

Bevölkerung
3 Edo, Ibo, Oba, Tiv
5 Fulbe
6 Haussa, Ibibio, Kanuri, Tuareg, Yoruba
7 Tanouri

Flüsse
5 Benue, Niger
6 Sokoto
8 Komadugu

Fürst der Egba in Abeokuta
5 Alake

Gebiete
5 Benin, Bornu
6 Biafra, Sokoto

Gebirge
10 Josplateau

Hauptstadt
5 Lagos

Hochland
6 Bauchi

Jorubafürst
3 Oni

Jorubafürstensitz
3 Ife, Oyo

Nobelpreisträger für Literatur
7 Soyinka

Politiker
6 Buhari
8 Schagari
9 Babangida

Schriftsteller
6 Achobe

Städte und Orte
3 Aba, Ife, Iwo, Jos, Oyo
4 Oron
5 Abuja, Bonny, Enugu, Ogoja, Warri, Zaria
6 Ibadan, Ilesha, Ilorin, Kaduna, Owerri, Sokoto
7 Calabar, Katsina, Makurdi, Onitsha
8 Abeokuta, Ajaokuta
9 Maidaguri
12 Port Harcourt

Währung
4 Kobo
5 Naira

Nikolausbegleiter
7 Krampus

nikotinhaltiges Genussmittel
5 Tabak

Nil-Staugewässer
9 Nassersee

Nil-Zuflüsse
5 Sebat
6 Atbara
9 Blauer Nil

Nilhafen Altägyptens
8 Pelusium

Nillandschaft
6 Nubien

Nilmündungsarme
7 Rosette
8 Damiette

Nilotenstämme
3 Jur, Luo
4 Nuer
5 Dinka, Lango
8 Atscholi, Schilluk

Nilquellflüsse
5 Mwogo
6 Kagera

Nilstaudämme
4 Isna
5 Asyut
6 Assuan

Nilvolkangehöriger
5 Nilot
nimmer
3 nie
7 niemals
nimmermüde
7 rastlos
9 unentwegt
Nische
5 Apsis
6 Blende, Exedra
in Gaststätten
7 Separee
Nischenwölbung
6 Koncha, Konche
Nitrobenzol für Seifen
9 Mirbanoel
Niue
Bevölkerung
10 Polynesier
Hauptort
5 Alofi
Währung
4 Cent
6 Dollar
Niveau
4 Grad, Rang
5 Ebene, Hoehe, Level, Stand, Stufe
10 Faehigkeit, Hoehenlage, Preisskala
Nixe
6 Undine
7 Lorelei
8 Meerfrau, Meerweib, Melusine
9 Seejunger
11 Seejungfrau
Njemen-Zuflüsse
6 Wilija
8 Beresina
Noahs Schiff
5 Arche
nobel
4 edel
5 adlig
7 vornehm
9 freigebig
Nobilität
4 Adel
noch
dazu
9 ausserdem
nicht flügger Vogel
8 Nestling
nicht zugerittenes Pferd
7 Remonte
nochmals
6 erneut
8 aufs neue, wiederum
10 wiederholt
Nomadenzeltdorf
3 Aul
nomadisierende(r)
Araber
7 Beduine
Nomination
7 Nennung
9 Benennung
11 Nominierung
12 Denomination
Nomos
des Peloponnes
4 Elis
6 Achaia, Lakoni
7 Argolis
8 Arkadien, Lakonien
9 Korinthia, Messenien
in Griechenland
4 Arta
5 Pella, Seres
6 Attika, Epirus, Kawala, Kilkis, Phokis, Pieria
7 Florina, Prevesa
8 Ioannina, Kastoria, Magnisia
in Makedonien
5 Drama
6 Kosani
in Ostmakedonien
6 Serron
in Thessalien
6 Larisa
8 Karditsa
in Thrakien
6 Rodopi
nonchalant
5 leger
7 laessig
Nonnenorden
9 Ursulinen
14 Ursulinerinnen
17 Benediktinerinnen
Nonsens
6 Unsinn
7 Quatsch
9 Bloedsinn
Noor
4 Haff
noppiger Wollstoff
8 Homespun
noppiges Gewebe
7 Frottee
Nordafrikaner
5 Maure
6 Araber, Berber, Libyer
7 Beduine, Numider, Senussi
8 Aegypter, Fellache, Tunesier
10 Marokkaner, Mauretaner
11 Mauretanier
nordafrikanische(r, s)
Getreidepflanze
3 Taf
Gewand
9 Djellabah
Gewicht
5 Uckia
Mischvolk
6 Mauren
Reiterspiel
8 Fantasia
Sauergras
9 Erdmandel
Sekte
8 Ibaditen
Wüstenfuchs
5 Fenek
Nordamerikaner
6 Yankee
8 Kanadier
nordamerikanische(r, s)
Bär
6 Grisli
7 Baribal, Grizzly
Bauernhof
4 Farm
General
3 Lee
Grasebene
7 Praerie
Halbinseln
6 Alaska
7 Florida
8 Labrador
11 Kalifornien
Hirsche
3 Elk
6 Karibu, Wapiti
Indianer
4 Crow, Dene
5 Sioux
6 Apache, Dakota, Hurone, Navajo, Olmeke
7 Chinook, Irokese, Shawnee, Wyandot
8 Comanche, Delaware, Shoshone
9 Athapaske, Mescalero
10 Komantsche, Schoschone
Landwirt
6 Farmer
Präriepferd
7 Mustang
Pueblogebiet
6 Cibola
Raubtier
8 Kitfuchs
Ren
6 Karibu
Rinderhirt
6 Cowboy
7 Vaquero
Viehwirtschaft
5 Ranch
Viehzüchter
7 Rancher
Waldsümpfe
6 Swamps
Wildrind
5 Bison
Zentner
6 Cental
nordasiatischer Volksangehöriger
6 Jakute
norddeutsch:
Abgekratztes
9 Schrapsel
Abzugsgraben
6 Gruppe
Acker am Wohnhaus
7 Woehrde

Anger
5 Brink
Appetit
6 Gieper
ärmliches Haus
4 Kate
Ausguss
9 Handstein
Auswaschung der Flusssohle
4 Kolk
Bauernstube
5 Pesel
Baumstumpf
7 Stubben
behaglich
8 macklich
betrunken
3 dun
Bezirk
5 Harde
Binse
5 Rusch
Blindschleiche
4 Arre
Bonbon
6 Boltje
Brache
5 Lehde
breiige Masse
7 Schlack
Brodem
6 Wrasen
Brotherr
4 Baas
Brotkanten
5 Knast
Brunnen
4 Soot
bügeln
8 plaetten
Buhne
5 Hoeft
6 Kribbe
Butterfass
4 Karn
Dachboden
5 Lucht
Dampf
7 Schwalk
Deich
4 Kade
Deichbruch
4 Brak
Dunst
4 Dust
dürr
4 sohr
Eiche
3 Eik
Eichengestrüpp
5 Kratt
Endstück des Brotes
5 Knust
nger Durchgang
3 Gat
e
Ant

Erle
4 Else
5 Eller
Eule
3 Uhl, Ule
Fassmacher
6 Kueper
feiner Regen
7 Schmutt
Fettwulst
6 Quabbe
flaches Gewässer
4 Noor
Flaschenverschluss
7 Proppen
Flegel
5 Rekel
Gallert
6 Quabbe
Gänschen
7 Goessel
Gefäß
5 Satte
gemeiner Star
6 Sprehe
geräuschvoll regen
8 pladdern
Gerede
7 Schnack
gesund
6 kregel
Getreidehaufen
6 Diemen
Getreidespreu
4 Kaff
Ginster
9 Brambusch
Gitterstab
6 Tralje
gleichgültig
5 pimpe
Grasrain
5 Brink
Grobian
5 Rekel
großes Bett
5 Kabuz
Gruppe
7 Huempel
Haff
4 Noor
Haltegriff
5 Stert
Handhebel
5 Spake
Haufen
7 Huempel
Häusler
6 Kossat
Hausschuh
8 Schlurre
Hefe
6 Baerme
Heide
5 Lehde
Heidelbeere
9 Bickbeere
Heuhaufen
6 Diemen

hölzerne Spleißnadel
3 Fid
Hose
4 Buex, Buxe
Hütte
4 Kote
6 Kotten
Igel
8 Swinegel
Iltis
3 Ilk
Jätehacke
8 Schuffel
Junge
6 Buttje
7 Buttjer
jüngerer Ackerknecht
3 Enk
Kaltschale
6 Maerte
Kammer
7 Kabuese
Kätner
6 Kossat
Kind
6 Buttje
Kirchenempore
7 Prieche
Klaus
4 Klas
Kleider
8 Pluennen
Kleidung
9 Kledasche
kleines Kind
6 Murkel
kleines rundes Gefäß
4 Kump
Kloß
5 Kloot
Klumpen
7 Klueten
Knorren
5 Knast
6 Knubbe
Knospe
6 Knubbe
Kohlenbecken
9 Stoevchen
kopflos
7 wischig
Kopfschuppe
6 Schinn
Kornblume
6 Tremse
Kugel
5 Kloot
6 Bossel
Küstenbucht
4 Wehl
Küstenteich
4 Wehl
Ladentisch
7 Tonbank
Landzunge
5 Hoeft
leer
4 leeg

Lendenbraten
6 Muerbe
Loch
3 Gat
Locke
6 Krolle
Mädchen
5 Deern
Matrose
9 Schiemann
Meister
4 Baas
Milchrahm
5 Flott
Moor
4 Fenn
Morast
3 Mud
6 Modder
Morgendämmerung
5 Uchte
Mostrich
7 Mostert
munter
6 kregel
Napf
5 Satte
nasser Schmutz
9 Schmadder
niedrige Kiefer
6 Kussel
Ödland
5 lehde
ohne Ladung
4 leeg
Pantoffel
9 Schlurren
pfiffig
8 plietsch
Pfluggriff
5 Stert
Pfuscher
8 Boenhase
plaudern
7 kloenen
9 schnacken
Qualm
7 Schwalk
Quaste
6 Bommel
Rasenstück
6 Plagge
Rauch
6 Schmok
Reisigbündel
5 Wasen
Ringelnatter
7 Schnake
Rockzipfel
8 Schlippe
Röhricht
4 Reet
ruhig
8 macklich
Ruß
4 Sott
Schale
4 Kump
Schanktisch
7 Tonbank
Scheuerlappen
6 Feudel
Schilf
4 Reet
Schindel
6 Splitt
Schlamm
6 Modder
schlau
8 plietsch
schlotternd
7 quappig
Schmutz
6 Klater
schmutzig
7 klatrik
schmutzige Fußspur
6 Trappe
Schneeregen
7 Schlack
Schrubber
8 Leuwagen
Schrumpfung
6 Krimpe
Schüssel
5 Kumme
Schwanzende
5 Stert
Schweinefett
6 Liesen
Schweinenierenfett
5 Luent
Seilknebel
6 Vredel
Senf
7 Mostert
Sodbrennen
4 Sohr
Sperling
7 Luening
Spinnrocken
6 Wocken
Spitze
5 Hoeft, Spier
Spülwasser
5 Drank
Stall
5 Kofen
Staub
4 Dust
Stechmücke
9 Schulpuse
Strohdecke
5 Schof
Strohwisch
5 Wiepe
Sumpfgrund
3 Mud
Sumpfinsel
3 Mud
Sumpfland
4 Fehn, Fenn
Torfkohle
6 Knabbe
Torfmoor
4 Fehn
Trockenraum
5 Stove
Troddel
6 Bommel
über Unbedeutendes reden
6 kakeln
Uferdamm
4 Kade
Unannehmlichkeit
8 Malesche
Unglück
6 Wehdag
Unsinn
7 Schnack
Verlangen
6 Gieper
Verschlag
5 Butze, Kofen
Wacholder
9 Machandel
wählerisch im Essen
7 kruesch
Wasserblase
6 Bobbel
Wassergraben
6 Gruppe
Wasserstrudel
4 Neer
weich
7 quappig
weinerliches Kind
6 Quarre
welk
4 sohr
Werg
4 Hede
Winkelstück
6 Knagge
Wirsing
9 Boerskohl
Wirt
7 Krueger
wohlig
7 waehlig
zerstreut
7 wischig
Ziegelbrenner
6 Tegler
Zigeuner
5 Tater
zudringlicher Bettler
7 Pracher
zweijähriges Pferd
7 Twenter
zweijähriges Schaf
7 Twenter
Zwischengässchen
6 Twiete

norddeutsche(r)
Dichter
4 Fock, Leip
5 Groth, Storm
6 Geibel, Reuter
Landschaftstyp
5 Geest, Heide
6 Marsch
Maler
5 Runge

Nordende von Hiddensee
9 Dornbusch
Nordeuropäer
5 Daene, Finne, Lappe
7 Schwede
8 Norweger
9 Islaender
12 Skandinavier
nordeuropäische Halbinsel
12 Skandinavien
nordfriesische
Hallig
5 Oland
8 Suedfall
9 Suederoog
Inseln
4 Roem, Romo, Sylt
5 Amrum, Foehr, Hooge
8 Halligen, Pellworm
10 Nordstrand
Nordgermane
8 Normanne, Wikinger
in Schweden
5 Gaute
nordiranische
Reitervölker
5 Saken
Nordirland
Berge
6 Antrim, Mourne
7 Sperrin
Distrikte
4 Ards, Down
5 Larne, Moyle, Omagh
6 Antrim, Armagh
7 Belfast, Lisburn
8 Limavady, Strabane
9 Ballymena, Coleraine, Cookstone, Craigavon, Dungannon, Fermanagh, Northdown
10 Ballymoney
11 Castlereagh, Londonderry, Magherafelt
12 Newtownabbey
13 Carrickfergus
Flüsse
4 Bann
5 Foyle, Lagan
10 Blackwater
Halbinsel
4 Ards
Hauptstadt
7 Belfast
Insel
7 Rathlin
Seen
4 Erne
5 Neagh
Städte
5 Larne, Newry, Omagh
6 Antrim, Armagh, Bangor, Kilrea
7 Lisburn
8 Strabane
9 Ballymena, Coleraine, Portadown
11 Enniskillen, Londonderry

Nordkap
Madagaskars
5 Ambre
vom Peloponnes
6 Araxos
von Rügen
6 Arkona
von Tunesien
9 Kap Blanco
Nordkorea
Berg
9 Puksubaek
Bevölkerung
8 Koreaner
Dynastien
2 Yi
5 Koryo, Silla
Flüsse
3 Nam
5 Imjin
9 Chongchon
Grenzfluss zu China
4 Jalu
Hafenstädte
5 Nampo
6 Wonsan
7 Hungnam
8 Chongjin
Hauptstadt
10 Pjoengjang
Nationalsport
9 Taekwondo
Politiker
3 Kim
Städte
5 Haeju, Najin, Nampo
6 Wonsan
7 Hamhung, Hungnam, Kaesong, Sinuiju, Songnim
8 Chongjin
Währung
3 Won
4 Chon
5 Cheun
Nordlandtiere
3 Ren
4 Elch, Elen
7 Rentier
nördlich
5 polar
6 boreal
8 arktisch
nördlichste(r)
Hügel Roms
6 Pincio
Punkt Alaskas
6 Barrow
Punkt Amerikas
12 Kap Murchison
Punkt Asiens
12 Tscheljuskin
Punkt der Erde
7 Nordpol
Punkt Europas
7 Nordkap
Punkt Polens
9 Rixthoeft

Spitze Amerikas
7 Boothia
Stadt Europas
10 Hammerfest
Nordmeerinsel
6 Island
Nordmeerschnecke
7 Whalaat
nordostdeutsch:
Dorsch
8 Pomuchel
Kohlrübe
5 Wruke
Nordostdeutscher
6 Pommer
Nordoststurm in Nordasien
5 Buran
Nordostwind
der Sahara
9 Harmattan
des Adlergebirges
6 Polake
im Persischen Golf
6 Naschi
in Italien
5 Greco
Nordpolargebiet
6 Arktis
9 Polarland
Nordrhein-Westfalen
Berge
5 Hunau
6 Homert
8 Ebschloh
10 Fuchskaute, Langenberg
11 Kahler Asten, Michelsberg, Ziegenhelle
Flüsse
3 Ems, Rur
4 Alme, Erft, Ruhr, Sieg
5 Agger, Issel, Lippe, Niers, Rhein, Weser
6 Berkel, Moehne, Vechte, Wupper
Gebirge und Höhenzüge
4 Egge, Haar
5 Eifel, Haard, Ville
6 Homert
10 Haarstrang, Zitterwald
11 Ebbegebirge, Eggegebirge
13 Siebengebirge, Weserbergland, Wiehengebirge
14 Arnsberger Wald, Rothaargebirge
Hauptstadt
11 Duesseldorf
Landschaften
5 Senne
9 Sauerland
10 Siegerland
12 Muensterland
14 Suederbergland
Städte
4 Bonn, Hamm, Marl, Olpe, Rees, Unna, Werl
5 Ahaus, Ahlen, Essen, Hagen, Hemer, Herne,

Kamen, Kleve, Koeln, Lemgo, Moers, Neuss, Oelde, Soest, Wesel, Wiehl
6 Aachen, Altena, Beckum, Bochum, Borken, Brilon, Bruehl, Bueren, Dueren, Herten, Hilden, Honnef, Kalkar, Kempen, Loehne, Luenen, Menden, Minden, Rheine, Rheydt, Siegen, Witten
7 Bocholt, Bottrop, Detmold, Duelken, Duelmen, Erkrath, Geldern, Haltern, Herford, Hoexter, Juelich, Krefeld, Opladen, Schwelm, Viersen, Warburg
8 Arnsberg, Bergheim, Coesfeld, Dortmund, Duisburg, Emmerich, Erkelenz, Gladbeck, Iserlohn, Meschede, Mettmann, Monschau, Muenster, Ratingen, Siegburg, Solingen
9 Berleburg, Bielefeld, Dinslaken, Hattingen, Lippstadt, Luebbecke, Muehlheim, Paderborn, Remscheid, Schleiden, Warendorf, Wuppertal
10 Euskirchen, Leverkusen, Oberhausen, Sennestadt
11 Duesseldorf, Gummersbach, Tecklenburg
12 Grevenbroich, Luedenscheid, Wiedenbrueck
13 Burgsteinfurt, Castrop-Rauxel, Geilenkirchen, Gelsenkirchen, Luedinghausen
14 Recklinghausen
16 Bergisch Gladbach, Moenchengladbach

Stauseen
11 Olef-Stausee, Ruhr-Stausee, Urft-Stausee
12 Agger-Stausee, Bever-Stausee, Bigge-Stausee, Verse-Stausee
13 Ennepe-Stausee, Lister-Stausee, Moehne-Stausee

Nordschottland
10 Kaledonien

Nordseebucht
7 Dollart

Nordseesandbänke
9 Hornsriff

Nordseeteil bei Dover
7 Hoofden

Nordseewatt
8 Janssand
9 Hakensand

Nordskandinavier
5 Lappe

Nordstern
7 Polaris

Nordwestwind
auf Celebes
5 Barat
in Frankreich
7 Galerne

Nordwind
im Ägäischen Meer
6 Boreas
im Golf von Mexiko
5 Norte
6 Norder
in Amerika
7 Norther
in der Schweiz
4 Bise
in der Slowakischen Republik
7 Jinovec
in der Tschechischen Republik
7 Jinovec
in Italien
10 Tramontana
in Südfrankreich
7 Mistral

Nörgelei
8 Gemecker, Gemeckre
9 Krittelei

nörgeln
6 maulen, murren
7 jammern, meckern, sempern
8 kritteln
11 beanstanden, kritisieren

Nörgler
8 Krittler, Quengler
9 Querulant, Raesoneur
11 Kritikaster

Norm
3 DIN
5 Kanon, Regel
6 Muster
7 Ordnung, Vorlage
8 Standard
11 Richtschnur

normal
7 ueblich
8 regulaer

Normalmaß
6 Etalon
8 Standard
11 Richtschnur

Normanne
3 Rus
8 Waraeger, Wikinger

Normannenfürsten
5 Roger, Rurik
7 Tankred
8 Guiscard

Normannenherzöge
5 Roger
8 Guiscard

Norne
der Gegenwart
8 Verdandi, Werdandi
der Vergangenheit
3 Urd
4 Wurt, Wyrd
der Zukunft
5 Skuld
8 Verdandi

Norwegen
Berge
6 Gausta
9 Snoehetta
11 Glittertind
Berglandschaft
10 Dovrefjell
Bevölkerung
5 Samen
6 Finnen, Lappen
7 Kwaenen
8 Norweger
Bildhauer
8 Vigeland
Bürgerrechtsvertreter
10 Ombudsmann
Chemiker
6 Hassel
Dichter
3 Lie, Moe
4 Dass
5 Aasen, Grieg, Ibsen, Vinje
6 Aanrud, Boyson, Hamsun, Vesaas, Wessel
7 Aukrust, Foenhus, Garborg
8 Gullvaag, Kielland, Welhaven
9 Bjoernson, Markusson, Wergeland, Wildenvey
Dichterinnen
6 Undset
7 Collett
Dramatiker
5 Ibsen
7 Heiberg
9 Bjoernson
Eigenname
5 Noreg, Norge
Eiskunstläuferin
5 Henie
Feldmaß
3 Mal
Filmstar
7 Heiberg
Fjorde
3 Ran
5 Sogne
6 Namsen
9 Hardanger

Flüsse
3 Nea
4 Loug, Mals, Otra
5 Folla, Orkla
6 Glomma, Lougen
7 Orsdals

Fylker
4 Oslo
5 Troms
7 Hedmark, Oppland, Ostfold
8 Akershus, Buskerud, Finnmark, Nordland, Rogaland, Telemark, Vestfold
9 Aust-Agder, Hordaland, Vest-Agder

Fylkerhauptstädte
4 Moss, Oslo
5 Bodoe, Hamar, Skien
6 Bergen, Vadsoe
7 Arendal, Drammen, Tromsoe
9 Stavanger, Toensberg
11 Lillehammer
12 Kristiansand

Geiger
4 Bull

Hauptstadt
4 Oslo

Held
8 Frithjof

Historiker
5 Bugge

Hochfläche
5 Fjell

Hochplateau
11 Jotunheimen

Inselbewohner
6 Lofote

Inselgruppen
7 Lofoten
11 Spitzbergen

Inseln
4 Vega
5 Andoe, Hitra, Senja
6 Froeja, Smoela
8 Jan Mayen, Svalbard
11 Baereninsel

Kaps
7 Nordkap
9 Lindesnes

Komponisten
4 Bull
5 Grieg
6 Bibalo, Thrane
7 Kjerulf, Sinding
8 Nordraak, Svendsen
9 Halvorsen
10 Borgstroem

Könige
4 Erik, Knut, Olaf, Olav
5 Hakon
6 Haakon, Harald, Sigurd, Sverre

Landschaften
6 Ofoten, Opland
7 Hedmark
8 Finnmark, Rogaland, Telemark
9 Helgeland

Längenmaß
4 Alen

Literaturhistoriker
7 Paasche

Maler
4 Dahl
5 Krohg, Munch
6 Munthe
7 Fearnly, Sinding, Thaulow
8 Erichsen, Tidemand

Mathematiker
3 Lie
4 Abel

Name Dietrich von Berns
7 Thidrek

Name für Amt
5 Fylke

Name für Bergland
5 Fjell, Vidda

Name für Insel
7 Schaere

Name für Klippe
7 Schaere

Name für Meeresbucht
5 Fjord

Name für Parlament
8 Storting

Name für Provinz
5 Fylke

Name für Provinzgouverneur
9 Fylkemann

Name für Provinzparlament
10 Fylkesting

Name für Volkskammer
7 Lagting
9 Odelsting

Nobelpreisträger für Chemie
6 Hassel

Nobelpreisträger für Frieden
5 Lange
6 Nansen

Nobelpreisträger für Literatur
6 Hamsun, Undset

Nobelpreisträger für Physik
7 Giaever

Nobelpreisträger für Wirtschafts-wissenschaften
6 Frisch
8 Haavelmo

Oberhaus
7 Lagting

Parlament
8 Storting

Philosophen
4 Aall
8 Steffens

Physiker
9 Birkeland

Polarforscher
6 Nansen
8 Amundsen, Sverdrup

Politiker
3 Lie
6 Hambro, Nordli
7 Willoch
8 Quisling
10 Brundtland, Gerhardsen

Rassehunde
6 Buhund
9 Lundehund

Reisender
9 Heyerdahl

Sagengestalt
8 Peer Gynt

Sagenheld
8 Frithjof

Sängerin
8 Flagstad

Schriftsteller
3 Lie
4 Brun, Bull, Dass, Duun, Egge, Hoel, Omre, Vogt
5 Bojer, Kinck, Krohg, Vinje
6 Borgen, Bredal, Elster, Fangen, Uppdal, Wessel
7 Boyesen, Garborg, Sinding
8 Haukland, Kielland
9 Halvorsen
10 Borgstroem

Schriftstellerinnen
3 Boo
4 Ring
5 Skram
6 Hamsun, Undset
7 Joelsen, Normann

Seefahrer
4 Leif

Sprachen
6 Bokmal
7 Nynorsk, Riksmal
8 Landsmal
10 Norwegisch

Sprachforscher
5 Bugge

Städte und Orte
2 As
3 Gol, Lom, Nes, Tau
4 Alen, Alta, Amot, Elga, Moss, Oslo, Tana
5 Banak, Bodoe, Skien
6 Baerum, Bergen, Namsen, Narvik
7 Alesund, Arendal, Drammen, Tromsoe
8 Kirkenes, Levanger
9 Haugesund, Kongsberg, Stavanger, Trondheim
10 Hammerfest
12 Kristiansand, Kristiansund

Unterhaus
9 Odelsting

Volkstanz
7 Halline

Volkswirtschaftler
6 Frisch
Währung
4 Oere
5 Krone
Zither
8 Langleik
norwegisch-finnischer Grenzfluss
4 Tana, Teno
Not
5 Armut, Elend, Zores
6 Mangel, Misere
7 Dilemma
11 Bedraengnis
leiden
6 darben
leidend
3 arm
5 elend
10 beduerftig
Notbehelf
6 Ersatz
7 Reserve
Notengestell
8 Staender
Notenheft für Kantoreien
8 Chorbuch
Notenlinienzieher
7 Rastral
Notenschlüssel
6 Clavis
9 Chiavette
Notenschrift im MA
6 Neumen
Notenskala
9 Tonleiter
Notenzeichen
4 Apex
im MA
5 Neume
Nothelfer(innen)
5 Georg, Vitus
7 Barbara, Blasius, Erasmus
8 Achatius, Aegidius, Cyriacus, Cyriakus
9 Dionysius, Katharina, Margareta, Margarete, Pantaleon
10 Eustachius
13 Christophorus
notieren
8 anmerken, fixieren
9 schreiben, vormerken
12 aufschreiben
Nötigung
5 Zwang
8 Pression
10 Kompulsion
Notiz
7 Vermerk
Notizbuch
6 Agenda
8 Merkbuch
Notizpapier
6 Zettel
Notlage
10 Bredouille, Kalamitaet
Notlager
9 Strohsack
Notlösung
6 Behelf
Notlüge
6 Flause
7 Ausrede, Vorwand
9 Ausflucht
Notruf
3 CQD, SOS
6 Mayday
Notsignal
6 Mayday
Notsituation
6 Misere
8 Unglueck
Notunterkunft
4 Asyl
6 Obdach
7 Baracke
notwendig
7 obligat
12 erforderlich, integrierend
Notwendigkeit
4 Muss
11 Erfordernis
Novelle von
Binding (ohne Artikel)
9 Opfergang
Fouqué
6 Undine
Hamsun
6 Hunger
Stifter
6 Abdias
Novellenbuch
der Margarete von Navarra
10 Heptameron
des Boccaccio
10 Decamerone
Novellensammlung
9 Hexameron
November
7 Neblung
8 Nebelung, Windmond
9 Nebelmond
Novität
5 Novum
7 Neuheit
14 Neuerscheinung
Novum
7 Neuheit
8 Novitaet
nüchtern
8 sachlich
9 prosaisch
11 realistisch
Nuckel
5 Nuggi
6 Nuppel, Nutsch, Sauger
9 Schnuller
Nudeln
7 Nockerl
8 Spaetzle, Spagetti
9 Makkaroni, Spaghetti
Nuklearwaffen besitzender Staat
9 Atommacht
Nukleinsäure
6 Inosin
Nukleonik
9 Atomlehre
Null
4 Zero
Nullpunkt einstellen
8 tarieren
Numiderkönig
6 Syphax
nummerierter Gesetzesabsatz
8 Paragraf
9 Paragraph
nun
5 jetzt
nun denn
6 wohlan
nur einem Kreis zugänglich
8 exklusiv
nur Eingeweihten Bekanntes
9 Geheimnis
nur geistig vorhanden
6 ideell
nur in einer Hinsicht gültig
9 einseitig
nur in einer Richtung befahrbar
9 einspurig
Nürnberger
Baumeister
6 Beheim
Bildhauer
5 Kraft, Stoss
6 Krafft
Buchdrucker
6 Hergot
Buchhändler
4 Palm
Bühnendichter
5 Ayrer
Dichter
5 Sachs
Erfinder der Taschenuhr
7 Henlein
Erzgießer
4 Kern
7 Vischer
8 Floetner
9 Jamnitzer, Labenwolf
Geograf
6 Behaim
Holzschneider
5 Solis
Kupferstecher
5 Beham, Solis
lateinischer Name
5 Noris
Maler
5 Beham, Pencz, Solis, Stoss, Traut
6 Duerer
9 Feuerbach
Meistersinger
5 Sachs
Patrizierfamilie
6 Tucher
Philosoph
9 Feuerbach

Rennstrecke
9 Norisring
Spezialität
9 Lebkuchen
Nussarten
5 Areka
7 Walnuss
8 Paranuss
9 Betelnuss, Haselnuss, Kokosnuss
nussartige Früchte
5 Ecker
6 Eichel, Mandel
7 Erdnuss
8 Kastanie, Pistazie
9 Buchecker
10 Pimpernuss
Nüsse tragender Strauch
5 Hasel
Nusskonfekt
5 Nugat
6 Nougat
7 Krokant
Nussmuschel
6 Nucula, Yoldia
Nussstrauch
9 Bluthasel
Nut
4 Fuge
5 Kerbe, Rille, Rinne
10 Einschnitt, Vertiefung
Nutzboden
5 Acker
nutzbringende Arbeit
6 Dienst
7 Service
Nutzeffekt
7 Wirkung
Nutzen
6 Gewinn, Profit
7 Rebbach, Vorteil
8 fruchten
Nutzland
4 Feld, Wald
5 Acker, Weide
8 Feldflur
9 Gemarkung
nützlich
4 util
8 opportun
11 pragmatisch
Nützlichkeit
9 Utilitaet
Nutznießer
8 Gewinner
9 Profiteur
11 Interessent, Schmarotzer
Nutztier
der Lappen
3 Ren
7 Rentier
mit wolligem Fell
9 Landschaf
Nutztiergruppe
9 Kleinvieh
Nutzung gegen Entgelt
5 Pacht
8 Pachtung
Nutzungsentgelt
9 Pachtzins
Nutzungsgebühr
4 Zins
5 Miete
6 Lizenz
7 Royalty
Nutzungsrecht
11 Niessbrauch
Nutzvögel
9 Federvieh, Gefluegel
Nymphe
4 Nais
6 Daphne, Dryade, Egeria, Najade, Oreade
7 Galatea, Klymene, Nereide
8 Galateia, Okeanide, Russalka

Oasengruppe
in Algerien
4 Souf
8 Tidikelt
in Libyen
5 Kufra
7 Audjila
in Marokko
8 Tafilalt
in Saudi-Arabien
5 Hufuf
Oasenstädte
in Ägypten
4 Siwa
5 Siwah
6 Charga, Dachel, Dachla
7 Alamein, Faráfra
8 Baharieh
in Algerien
4 Tuat
6 Biskra, Wargla
7 Tuggurt
8 Ghardaia
in Iran
3 Lar
in Libyen
3 Gat
4 Ghat, Siwa
5 Kufra, Nalut, Siwah
6 Dachla, Mursuk
7 Gadames
in Saudi-Arabien
5 Hajil
in Sinkiang
4 Hami
7 Yarkand
in Syrien
6 Tadmor
in Tunesien
3 Dus
in Turkestan
4 Aksu, Anau
in Turkmenistan
4 Mary
Ob-Zuflüsse
2 Om, Ui
3 Ass, Ket, Sob, Tom, Tym, Wag
4 Agan, Alei, Bija, Inja
5 Jugan, Katun, Matyn, Polui, Salym, Sinja, Sosva, Susun, Tabla, Tobel, Wagai
6 Kaslim, Surgut
7 Irtysch, Tschaja, Tschani
8 Tschulym, Vagiusan
Obacht
8 Sorgfalt
9 Augenmerk, Beachtung
14 Aufmerksamkeit
Obdach
4 Asyl, Heim
5 Logis
6 Bleibe, Schutz
8 Herberge, Zuflucht
9 Heimstatt
10 Unterkunft
Obdachlosenheim
4 Asyl
Obduktion
7 Sektion
8 Autopsie
Obduktionsarzt
8 Obduzent
Ober
6 Garçon
7 Kellner, Steward
8 Bediener
9 Servierer
Oberarmmuskel
6 Bizeps
7 Trizeps
oberbayerische(r)
Erzähler
5 Bauer
Maler
6 Haider
Städte
5 Toelz
6 Dachau, Erding
7 Aibling
8 Freising, Miesbach, Muenchen, Penzberg, Weilheim
9 Landsberg, Muehldorf, Rosenheim, Starnberg
10 Ingolstadt, Traunstein, Wasserburg
11 Reichenhall
13 Berchtesgaden
Oberbefehl
8 Kommando
Oberbefehlshaber
14 Generalissimus
Oberbett
7 Zudecke
obere(r, s)
Ecke des Vorsegels
5 Heiss
Eckzähne beim Rotwild
6 Graene
Erdschicht
5 Boden
Gebäudeabschluss
4 Dach
ionischer Säulenabschluss
6 Fascie
Raumabschluss
5 Decke
Schleusentor
7 Grendel
Talboden des Rhônetals
7 Gletsch
Teil der Erdaufschüttung
9 Dammkrone
Teil des Bettes
8 Kopfende
Teil eines Bergrückens
4 Kamm
Tiefenstufe
7 Epizone
Zehntausend
8 Upper ten
10 Hautevolee
11 Highsociety
Oberer
5 Prior
7 Scheich
8 Guardian, Superior
Oberfläche unseres Planeten
8 Erdboden
Oberflächenbeschaffenheit
3 rau
4 eben
5 glatt
oberflächlich
6 seicht
7 ungenau
8 huschlig
9 fluechtig
liebenswürdig
8 aalglatt
oberfränkische Städte
3 Hof
4 Selb
5 Naila
6 Coburg
7 Bamberg, Kronach
8 Bayreuth, Kulmbach, Neustadt
9 Wunsiedel
11 Lichtenfels
obergäriges Bier
3 Alt
4 Gose
6 Weisse
7 Koelsch
9 Braunbier, Weissbier
Obergeschoss
5 Etage
8 Beletage
Obergewalt
8 Suprematie
10 Suprematie
Obergewand bei Turkvölkern
6 Chalat
oberhalb von
5 ueber
Oberhaupt
der äthiopischen Kirche
5 Abuna
der Hodschas
7 Aga Khan
der Ismailiten
7 Aga Khan
der Kosaken
6 Ataman, Hetman
der römisch-katholischen Kirche
5 Papst
der Schiiten
4 Imam
des Islam
5 Kalif
des Lamaismus
9 Dalai Lama
eines Beduinenstammes
6 Scheik
7 Scheich
Oberhaut
9 Epidermis
Oberhautgebilde
4 Haar

der Vögel
5 Feder
Oberherrschaft
10 Suprematie
Oberklasse
7 Selekta
Obermauer der Basilika
5 Gaden
oberpfälzische Städte
4 Cham
5 Floss, Kastl
7 Kemnath, Nabburg
8 Parsberg, Sulzbach
Oberschenkel des Schlachtviehs
5 Keule
Oberschenkelknochen
5 Femur
oberschlesische
Muschelkalkstufe
5 Chelm
Witzfiguren
5 Antek
7 Frantek
oberste(r, s)
Abteilung des Jura
4 Malm
Dachkante
5 First
Gaffelende
4 Piek
Hindukaste
9 Brahmanen
Lederschicht
5 Narbe
Öffnung der Hochofens
5 Gicht
Stelle des Kopfes
8 Scheitel
Teufel
9 Beelzebub
Oberstimme
6 Cantus
7 Diskant
Oberteil geschliffener Edelsteine
8 Pavillon
Obhut
6 Aegide, Pflege, Schutz
9 Bewahrung, Fuersorge, Gewahrsam
10 Sicherheit
objekt
4 Ding
5 Sache
10 Gegenstand
Objektiv, objektiv
8 dinglich
9 Fotolinse
7 gerecht
5 Makro
7 neutral
6 Okular
4 real
8 sachlich
12 tatsaechlich
4 Tele
13 vorurteilslos
10 Weitwinkel
8 wirklich
4 Zoom
9 Zoomlinse
Obliegenheit
7 Aufgabe, Pflicht
8 Funktion
Oboe
7 Rackett, Rankett
obskur
6 dunkel
7 nebulos, ominoes
8 nebuloes, verrufen
11 fragwuerdig, verdaechtig
Obst
verarbeitender Betrieb
8 Mosterei
Obstarten
5 Apfel, Beere, Birne, Feige
6 Ananas, Banane, Limone, Orange, Quitte, Traube
7 Avocado, Kirsche, Marille, Pflaume, Renette, Ribisel, Zitrone
8 Amarelle, Aprikose, Erdbeere, Himbeere, Pfirsich, Reinette, Zwetsche
9 Apfelsine, Blaubeere, Brombeere, Mandarine, Mirabelle, Moosbeere, Nektarine, Pomeranze, Reneklode, Rhabarber, Ringlotte, Zwetschge
10 Grapefruit, Pampelmuse, Tafelapfel, Weintraube
11 Heidelbeere
12 Preiselbeere, Stachelbeere
13 Johannisbeere
Obstbaukunde
9 Pomologie
Obstbaukundiger
8 Pomologe
Obstbaumtrieb
5 Lotte
Obstbrei
3 Mus
Obstdessert
7 Kompott
Obstflüssigkeit
4 Most, Saft
Obstgetränk
9 Apfelmost, Apfelsaft
Obstinneres
8 Kernhaus
Obstkern
5 Stein
Obstkernhaus
6 Butzen
Obstkunde
9 Pomologie
Obstplantagenarbeiter
9 Pfluecker
Obstpresse
6 Kelter, Torkel
obstruktiv
7 hemmend
9 repressiv
Obststückchen
7 Schnitz
Obstwein
4 Most
5 Cidre, Cider, Zider
öde
4 leer
5 trist
6 einsam
8 geistlos
9 eintoenig
Odeon
8 Tonhalle
Oder-Mündungsarme
5 Peene, Swine
8 Dievenow
Oder-Zuflüsse
4 Ihna, Lohe, Ohle, Olsa, Oppa, Ruda, Thue
5 Bober, Finow, Weide, Welse, Zinna
6 Eilang, Neisse, Ploene, Stober, Warthe
7 Bartsch, Mietzel, Pleiske
8 Katzbach, Klodnitz, Malapane
9 Weistritz
Odins
Raben
5 Hudin, Munin
Ross
8 Sleipnir
Speer
7 Gungnir
Odyssee
8 Irrfahrt
Ofengitter
4 Rost
Ofensetzer
6 Hafner
7 Haefner
Ofensetzerei
8 Hafnerei
offen
4 frei
5 frank
6 vakant
offenbar
7 evident
8 deutlich, flagrant, manifest, sichtbar
Offenbarung
10 Apokalypse
13 Manifestation
offene(r, s)
Feuerstätte
5 Kamin
Gebäudeaufbau
7 Soeller
Kulturland
4 Flur
Laubengang
7 Pergola
Sportwagen
6 Spider
8 Roadster

Wagen
6 Cabrio, Kabrio
9 Cabriolet
offenkundig
6 publik
7 evident
8 eklatant, flagrant
9 notorisch, sichtlich
öffentlich
5 offen
6 publik
9 offiziell
11 zugaenglich
öffentliche(r, s)
Abgabe
4 Maut, Zoll
6 Steuer
7 Gebuehr
Ankläger
12 Staatsanwalt
Ärgernis
5 Eklat
7 Skandal
Bekanntmachung
8 Aufgebot
Erklärung
8 Manifest
Haushalt
4 Etat
Versammlung
7 Meeting
Öffentlichkeit
5 Forum
8 Publikum
9 Publicity
11 Publizitaet
Öffentlichkeitsarbeit
2 PR
9 Publicity
15 Public relations
Offerte
6 Antrag
7 Angebot
offiziell
7 amtlich
11 autoritativ, verbindlich
Offizier
in Davids Heer
4 Uria
5 Urias, Urija
Offiziersanwärter
6 Kadett
9 Faehnrich
12 Fahnenjunker
Offiziersbursche
9 Ordonnanz
Offiziersgehilfe
8 Adjutant
Offiziersheim
6 Kasino
Offiziersordonnanz
6 Putzer
Offizierspike
7 Sponton
Offiziersränge
5 Major
6 Oberst
7 General
8 Leutnant
9 Hauptmann
12 Generalmajor, Oberleutnant
14 Oberstleutnant
15 Generalleutnant
Öffnen *des Fasses*
7 Anstich
Öffnung
auf Schiffen
3 Luk
4 Luke
eines Stollens
8 Mundloch
für einen Stecker
6 Buchse
im Bienenstock
7 Ausflug
8 Flugloch
im Haus
8 Dachluke
im Schiffsheck
5 Koker
Öffnungen
3 Luk, Tor
4 Leck, Loch, Luke, Pore, Tuer
5 Spalt
6 Hiatus, Hoehle, Luecke, Pforte, Portal, Zugang
7 Ausgang, Bohrung, Bresche, Eingang, Einlass, Fenster, Passage
8 Ausstieg, Einstieg
9 Durchgang, Durchlass, Durchlauf
oft
7 haeufig
8 vielfach
Oglio-Zuflüsse
5 Mella
6 Chiese
Ohio-Zuflüsse
6 Wabash
7 Kanawha
9 Alleghany, Tennessee
ohne
abzubiegen
9 geradeaus
Abzug
6 brutto
Anzeichen von Leben
6 leblos
Aufschub
6 sofort
8 sogleich
Ausbildung
9 ungelernt
Bedürfnis
4 satt
9 zufrieden
Begleitung
4 solo
6 allein, einsam
Besatzung
9 unbemannt
Besitzer
9 herrenlos
Bezahlung
6 gratis
7 umsonst
Durchsetzungsvermögen
9 willenlos
Erfolg
9 vergebens
festen Sitz
8 ambulant
Feuchtigkeit
7 trocken
Freude
8 unlustig
Gebiss
7 zahnlos
Gefühl
7 herzlos
9 seelenlos
Geschmack
7 stillos
Grund
7 akausal
Halt
7 nonstop
Hilfe
9 schutzlos
Hörvermögen
4 taub
Inhalt
4 leer
Kaufinteresse (Börse)
7 lustlos
Kenntnis
8 unkundig
künstlische Zusätze
9 naturrein
Kunstverständnis
8 amusisch
10 banausisch
Lärm
5 leise, ruhig, still
Luftbewegung
9 windstill
Makel
9 lupenrein
militärische Ausbildung
9 ungedient
Mitgefühl
4 kalt
Namensnennung
6 anonym
Planung
7 ziellos
Rast
7 ruhelos
Schmutz
4 rein
6 sauber
10 hygienisch
Schuhe und Strümpfe
7 barfuss
Sehvermögen
5 blind
Sprechvermögen
5 stumm
Übergang
9 stufenlos
Umstände
7 formlos

Umweg
6 direkt
Unterkunft
9 obdachlos
Unterricht
9 schulfrei
Verpackung
5 netto
Wohnsitz
9 heimatlos
zu prüfen
9 unbesehen
zu überlegen
9 unbedacht
Zweck
7 sinnlos
Ohr des
Haarwilds
8 Lauscher
Hasen
7 Loeffel
Wildschweins
6 Teller
Ohranhänger
4 Clip
5 Klipp, Klips
Ohrdrüsenkrankheit beim Pferd
6 Feifel
Ohren der Jagdhunde
8 Gehaenge
Ohrenarzt
7 Otiater, Otologe
Ohrenheilkunde
8 Otiatrie, Otologie
Ohrenmaki
6 Moholi
9 Buschbaby
13 Senegalgalago
Ohrenschmerzen
6 Otagra
7 Otalgie
Ohrfeige
7 Dachtel, Watsche
10 Backpfeife
11 Maulschelle
13 Backenstreich
Ohrgehänge mit Edelsteinen
9 Girandola
Ohrkanal
4 Tuba
6 Syrinx
Ohrspeicheldrüse
7 Parotis
Ohrspeicheldrüsen-Entzündung
5 Mumps
9 Parotitis
11 Ziegenpeter
Ohrteil
7 Muschel
Ohrtrompete
4 Tuba
Oise-Zuflüsse
3 Cam, Don, Nar, Ure
4 Foss, Lark
5 Aisne, Gland, Ouzel, Serre, Theve, Trent, Verse
6 Aronde, Avelon, Breche, Calder, Viasne
7 Ailette, Brandon, Derwent, Noirien, Nonette, Therain
8 Authonne, Sauceron
Oka-Zuflüsse
3 Pra, Upa, Zna
4 Guss, Nara, Para, Ugra
6 Moskwa, Ossetr, Pronja, Protwa, Tarasu, Tescha
7 Kljasma, Mokscha
8 Schisdra
Oker-Zuflüsse
4 Gose, Ilse
5 Ecker, Radau
6 Sieber
8 Schunter
okkultischer Begriff
4 Aura
Okkultismus
9 Xenologie
Okkupation
9 Aneignung, Besetzung
Oktavklarinette
8 Ottavino
Oktober
8 Gilbhard, Weinmond
9 Weinmonat
Okular
8 Objektiv
9 Fotolinse
Okzident
9 Abendland
Ölbaumfrucht
5 Olive
Ölbaumgewächs
6 Jasmin
7 Flieder, Syringe
8 Liguster
9 Rainweide
Ölförderanlage
9 Bohrinsel
ölig
6 fettig
Ölinsel im Persischen Golf
3 Das
Ölleitung
8 Pipeline
Ölpflanzen
4 Lein, Mohn, Nuss, Raps, Senf, Soja
5 Eruca, Kapok, Olive, Rauke, Sesam
6 Flachs, Mandel, Peanut
7 Arachis, Erdnuss, Oelbaum, Rizinus, Ruebsen
8 Oelpalme, Oelziest, Rapskohl, Rillsaat
9 Baumwolle
10 Kokospalme, Mandelbaum
11 Sonnenblume
Ölsäure
5 Olein
ölsaures Salz
5 Oleat
Ölschiff
6 Tanker
Ölweidengewächs
7 Seedorn
8 Oleaster, Sanddorn
12 Paradiesbaum
olympische Bootsklasse
7 Tempest
Olympisches Weltkomitee
3 IOC
Omaijadenkalif
5 Jesid
7 Hischam, Moawija
8 Suleiman
Oman
Gebirge
11 Omangebirge
Hauptstadt
6 Maskat
Landschaft
6 Dhofar
Städte und Orte
3 Sur
4 Ibri
5 Nizwa, Suhar
6 Maskat, Matrah
7 Salalah
Währung
4 Rial
5 Baiza
Onkel
3 Ohm
5 Oheim
bei Wilhelm Busch
5 Nolte
Oper (ohne Artikel) von
Adam
8 Toreador
17 Wenn ich Koenig waer
Alban Berg
4 Lulu
7 Wozzeck
Auber
6 Esprit
10 Fra Diavolo
16 Stumme von Portici
Beethoven
7 Fidelio
Bellini
5 Norma
14 Nachtwandlerin
Berg
4 Lulu
7 Wozzeck
Bizet
6 Carmen
8 Djamileh
13 Perlenfischer
Boieldieu
10 Weisse Dame
Borodin
10 Fuerst Igor
Britten
8 Gloriana
11 Bettleroper, Peter Grimes
13 Albert Herring
15 Raub der Lukretia
17 Sommernachtstraum

d'Albert
8 Tiefland
Delibes
5 Lakmé
Donizetti
11 Don Pasquale, Liebestrank
16 Regimentstochter
17 Lucia di Lammermoor
Dvorak
7 Rusalka
8 Russalka
Egk
5 Circe
7 Revisor
8 Columbus, Peer Gynt
11 Zaubergeige
Flotow
5 Fatme, Indra
6 Martha
Gershwin
12 Porgy and Bess
Gluck
6 Armida, Armide
7 Alceste, Orpheus
8 Antigone, Telemach
Gounod
5 Faust
10 Margarethe
Händel
4 Ezio, Nero, Poro
5 Admat, Poros, Serse, Siroe, Teseo
6 Admeto, Alcina, Almira, Daphne, Oreste, Ottone, Xerxes
7 Orlando, Rinaldo
8 Atalanta, Berenice, Deidamia, Florindo, Tamerlan
9 Ariodante, Feramonde, Radamisto, Rodelinde
12 Julius Caesar
14 Acis und Galatea
Haydn
9 Apotheker
15 Welt auf dem Monde
Hindemith
9 Cardillac
12 Neues vom Tage
14 Mathis der Maler
15 Harmonie der Welt
Humperdinck
13 Koenigskinder
16 Haensel und Gretel
Janacek
6 Jenufa
13 Katja Kabanowa
Korngold
8 Violanta, Violenta
9 tote Stadt
Leoncavallo
7 Bajazzo
Lortzing
6 Regina, Undine
9 Hans Sachs
10 Opernprobe
11 Wildschuetz
13 Waffenschmied
16 Zar und Zimmermann
Massenet
3 Cid, Eva
5 Manon, Thais
6 Sappho
Meyerbeer
7 Prophet
9 Nordstern
10 Hugenotten
11 Afrikanerin
Monteverdi
5 Orfeo
7 Orpheus
Mozart
5 Titus, Zaide
7 Don Juan
8 Idomeneo
9 Mitridate
10 Lucio Silla
11 Don Giovanni
12 Cosi fan tutte, Zauberfloete
15 Figaros Hochzeit
Mussorgsky
12 Boris Gudunow
Orff
4 Mond
5 Kluge
8 Antigone
10 Bernauerin
Puccini
5 Tosca
6 Bohème
8 Turandot
9 Rondine
12 Manon Lescaut
13 Gianni Schichi
15 Madame Butterfly
17 Schwester Angelica
Rossini
7 Graf Ory, Tancred
8 Angelina, Seelewig, Tancredi
9 Semiramis
11 Wilhelm Tell
17 Barbier von Sevilla
Smetana
4 Kuss
7 Dalibor, Libussa
10 Zwei Witwen
14 Verkaufte Braut
Strauss
6 Daphne, Salome
7 Ariadne, Elektra, Guntram
8 Arabella
9 Capriccio, Feuersnot
10 Intermezzo
11 Friedenstag
13 Liebe der Danae, Rosenkavalier
Thomas
6 Mignon
7 Raymond
Tschaikowsky
7 Mazeppa
8 Jolantha, Jolanthe, Zauberin
9 Pique Dame
11 Eugen Onegin
Verdi
4 Aida
6 Aroldo, Ernani, Korsar
7 Macbeth, Nabucco, Othello, Raeuber
8 Falstaff, Traviata
9 Don Carlos, Jerusalem, Lombarden, Rigoletto, Stiffelio
10 La Traviata, Maskenball, Troubadour
11 Luise Miller, Zwei Foscari
16 Simone Boccanegra
Wagner
4 Feen
6 Rienzi
8 Parsifal, Walkuere
9 Lohengrin, Rheingold, Siegfried
11 Tannhaeuser
12 Liebesverbot
13 Meistersinger
16 Tristan und Isolde
17 Goetterdaemmerung
Weber
6 Oberon
7 Silvana
8 Preziosa
9 Abu Hassan, Euryanthe
11 Freischuetz
12 Peter Schmoll
Weill
16 Dreigroschenoper

Operationsarzt
7 Chirurg
9 Operateur

Operationsmesser
8 Bistouri, Lanzette, Skalpell
9 Ankylotom

Operationssucht
9 Tomomanie

operative
Abtrennung eines Gliedes
10 Amputation
Heilbehandlung
9 Chirurgie

Operette (ohne Artikel)
Abraham
11 Ball im Savoy
14 Blume von Hawaii
Benatzky
13 Liebe im Schnee
15 Im weissen Roessl
16 Kleinstadtzauber
Berté
15 Dreimaederlhaus
Dostal
6 Clivia, Manina, Monika
10 Zirkusblut
12 Vielgeliebte
13 Extrablaetter
15 Doktor Eisenbart

Fall
11 fidele Bauer
13 liebe Augustin
15 Bruederlein fein, Madame Pompadour
16 Dollarprinzessin
Genée
5 Nanon
Heuberger
9 Opernball
Jessel
17 Schwarzwaldmaedel
Kálmán
12 Faschingsfee
13 Graefin Mariza
14 Herbstmanoever
15 Czárdásfuerstin, Hollandweibchen
16 Zirkusprinzessin
Kollo
8 Juxbaron, Marietta
12 Frau ohne Kuss
Künneke
8 Liselott
9 Traumland
14 Dorf ohne Glocke
16 Glueckliche Reise, Vetter aus Dingsda
Lehár
3 Eva
6 Cloclo
8 Giuditta, Paganini
9 Frasquita
10 Friederike, Zarewitsch
12 Fuerstenkind, Lustige Witwe, Rastelbinder
13 Tangokoenigin, Zigeunerliebe
16 Graf von Luxemburg, Land des Laechelns, Schoen ist die Welt
Lincke
6 Grigri
8 Casanova, Frau Luna, Frauluna
10 Lysistrata
11 Liebestraum
12 Berliner Luft
Millöcker
9 Gasparone
12 arme Jonathan
13 Bettelstudent
Nedbal
9 Polenblut
Nico Dostal
6 Clivia, Monika
Offenbach
7 Kreolin
8 Banditen
9 Périchole
12 Madame Favart, Pariser Leben
13 schoene Helena
Raymond
11 Maske in Blau
13 Lauf ins Glueck
16 Saison in Salzburg
Stolz
5 Maedi
7 Peppina
11 Tanzgraefin
12 Venus in Seide
Strauß
6 Indigo, Jabuka
7 Ninetta
10 Cagliostro, Fledermaus, Wiener Blut
11 Waldmeister
13 Zigeunerbaron
14 Nacht in Venedig
Suppé
9 Boccaccio, Fatinitza
15 schoene Galathee
16 Banditenstreiche
17 Leichte Kavallerie
Zeller
11 Obersteiger
13 Vogelhaendler

operierbar
8 operabel

Opernarie
8 Kavatine

opernartiges Musikwerk
9 Oratorium

Operngesangspartie
4 Arie
7 Arietta, Ariette
8 Kavatine

Operngesangssolo
6 Arioso
8 Kurzarie

Opernhaus in
Barcelona
5 Liceo
London
12 Covent Garden
Mailand
5 Scala
New York
3 Met
12 Metropolitan

Opernsänger
4 Prey
5 Berry, Frick, Gedda, Gigli, Hoppe, Joern, Klein, Knote, Kollo, Kraus, Lanza
6 Anders, Boehme, Caruso, Kipura, Kmennt, Kusche, Schock, Slezak, Tauber, Traxel
7 Andrade, Bertram, Corelli, Dermota, Domingo, Hofmann, Kiepura
8 Waechter
9 Pavarotti, Schlusnus, del Monaco, di Stefano
10 Schaljapin, Windgassen, Wunderlich
14 Fischer-Dieskau

Opernsängerinnen
4 Popp
5 Freni, Koeth, Melba, Moffo, Price
6 Berger, Bumbry, Callas, Ludwig
7 Bertoli, Eggerth, Nilsson, Streich, Tebaldi
8 Berganza, Janowitz, Tekanawa
9 Della Casa
10 Sutherland
11 Schwarzkopf
12 Rothenberger

Opernsologesang
4 Arie

Operntext
8 Libretto

Opferfreudigkeit
7 Hingabe

Opfergabe
5 Votiv
6 Obolus
9 Votivgabe
10 Scherflein

opfern
7 spenden
8 schenken

Opferpriester im alten Rom
5 Augur
8 Haruspex

Opferschale
6 Phiale

Opferteller (orthodoxe Kirche)
6 Diskus

Opfertisch
5 Altar

Opiumalkaloid
6 Kodein
7 Morphin
8 Morphium, Narkotin
9 Papaverin, Xanthalin

opiumhaltiges Heilmittel
5 Opiat

Opiumpflanze
4 Mohn

Opiumtinktur
8 Laudanum

Opponent
5 Feind
6 Gegner
11 Widersacher

Opportunist
9 Schaukler

Opposition
6 Fronde
9 Gegensatz
10 Widerstand
11 Gegenpartei, Widerspruch

Optik hoher Präzision
9 Feinoptik

Optiker in Wien
8 Reichert

Optimum
8 Bestfall, Bestwert

optische(r, s)
Anziehungspunkt
9 Blickfang
Geräte
4 Lupe
5 Linse
6 Brille
7 Sehrohr

8 Fernglas, Fernrohr, Periskop, Semaphor, Teleskop
9 Mikroskop, Operngias
10 Perspektiv, Stroboskop
11 Feldstecher
12 Zielfernrohr
15 Scherenfernrohr
Linsen
6 Okular
8 Objektiv
Signal am Polizeiauto
9 Blaulicht
Signalgerät
9 Lichthupe
Spielzeug
11 Kaleidoskop
Telegraf
8 Semaphor
Zeichen
9 Zugsignal
Opuntiengewächse
7 Kakteen
Opus
4 Werk
Ora
8 Suedwind
Orakelheiligtum in Böotien
6 Ptolon
Orakelpriesterin
6 Pythia
7 Sibylle
Orakelstätte
6 Delphi, Dodona
Orangenschalenspezialität
8 Arancini, Aranzini
Orangensorte
5 Navel
von Bach
15 Johannespassion, Mattaeuspassion
von Händel
4 Saul
5 Josua
6 Esther, Joseph, Salomo, Samson, Semele
7 Deborah, Jephtha, Messias, Susanna
8 Belsazar, Herakles, Theodora
13 Alexanderfest
von Haydn
10 Schoepfung
12 Jahreszeiten
von Mendelssohn-Bartholdy
5 Elias
Orchester
4 Band
5 Combo
7 Kapelle
8 Jazzband
9 Swingband
11 Bordkapelle, Tanzkapelle
13 Ballorchester, Blasorchester, Tanzorchester
14 Opernorchester, Radioorchester, Salonorchester
15 Militaerkapelle, Studioorchester, Zigeunerkapelle
16 Fernsehorchester, Streichorchester
17 Sinfonieorchester
Orchesterleiter
8 Dirigent
10 Bandleader
13 Kapellmeister
Orchesterleitung
7 Dirigat
Orchestermitglied
7 Musiker
Orchesterspiel bei Arien
9 Ritornell
Orchestersuite
von Händel
9 Feuerwerk
11 Wassermusik
Orchesterwerk
8 Sinfonie
Orchideen
4 Disa
5 Salep, Vanda
6 Dingel, Laelia, Ophrys, Orchis
7 Acineta, Aerides, Neottia, Ragwurz, Stendel, Vanille
8 Aerangis, Cattleya, Drehwurz, Herminie, Nestwurz, Oncidium, Staendel
9 Braunelle, Einknolle, Hohlzunge, Hundswurz, Netzblatt, Sumpfwurz, Weichwurz, Widerbart, Zahnlippe, Zahnzunge, Zweiblatt
10 Venusschuh
11 Frauenschuh, Knabenkraut
12 Kohlroeschen, Korallenwurz
13 Kuckucksblume, Kuckuckskraut, Waldhyazinthe
Orden
12 Pour le Mérite
13 Eisernes Kreuz
14 Hosenbandorden
Ordensangehöriger
12 Benediktiner
11 Dominikaner, Franziskaner
5 Jesuit
10 Salesianer
7 Templer
8 Trappist
Ordensband
6 Kordon
Ordensbruder
3 Fra
5 Frate, Pater
6 Frater, Moench
Ordenskaktus
8 Aasblume, Stapelie
Ordensoberer
5 Prior
8 Superior
Ordensoberhaupt
7 General
13 Generaloberer
6 Primas
Ordensschwester
5 Nonne
Ordensstifter
4 Neri
6 Loyola
7 Chantal
8 Berthold
9 Dominikus
12 Rama Krischna
Ordenstracht
5 Habit
Ordensversammlung
7 Kapitel
ordentlich
4 brav
6 adrett, solenn
7 akkurat
8 zuenftig
12 reputierlich
ordentliche(r)
Professor
10 Ordinarius
Professur
9 Lehrstuhl
10 Ordinariat
Zustand eines Schiffes
5 Trimm
Order
5 Edikt
6 Befehl
7 Auftrag
10 Bestellung, Verfuegung
Ordnung
5 Nomos, Regel
6 Aufbau, System
8 Regelung
9 Disziplin
der botanisch-zoologischen Systematik
6 Klasse
der Kriechtiere
9 Krokodile
der Säuger
9 Nagetiere
der Strudelwürmer
9 Planarien
Ordnungsbegriff
5 Reihe
Ordnungshüter
8 Polizist
Ordnungsprinzip
6 System
Ordnungssystem
6 Kartei
Ordnungszahl
8 Ordinale
Organe
im Rachen
7 Mandeln
9 Tonsillen
Organentfernung
7 Ektomie

Organerkrankung durch Überernährung
9 Fettleber
Organisator
7 Manager
organische(r)
Base
8 Chinolin
9 Piperazin
Enzyme
5 Lyase
7 Ferment
Rohstoff
5 Droge
Verbindungen
5 Amine, Enole, Furan, Indol, Keton, Orzin, Purin
6 Diamid, Diamin, Hapten, Jasmon, Ketene, Ketone, Lactam, Laktam, Sterin
7 Chinone, Cumarin, Cuprein, Ozonide, Polyene, Steroid, Xanthin
8 Diphenyl, Karbazol, Naphthol, Triolein
9 Azobenzol, Cellulose, Gerbstoff, Katechine, Pyrimidin, Zellulose
Organismenteilung
7 Fission
Organismenwelt im Erdboden
7 Edaphon
Organismus
7 Koerper, Mikrobe
9 Lebewesen
Organist
6 Kantor
Organzellschicht
8 Kortikal
Orgel
5 Regal
7 Organum, Positiv
8 Portativ
9 Harmonium, Kinoorgel, Wurlitzer
12 Hammondorgel
Orgelgehäuseteil
8 Prospekt
Orgelhilfsregister
9 Tremulant
Orgelregister
3 Jeu
6 Sordun, Zimbel
7 Fistula, Violone
8 Schalmei
9 Krummhorn, Nachthorn, Prinzipal
Orgelspieler
8 Organist
Orgelteile
5 Beber, Pedal
6 Koppel, Manual, Pfeife
8 Register, Windlade, Windwerk
9 Kanzellen
Orient
7 Levante
10 Morgenland
Orientale
5 Syrer
6 Araber, Iraner, Perser, Tuerke
7 Israeli
8 Armenier, Libanese
10 Levantiner
orientalische(r, s)
Abfallfresser
9 Pariahund
Arzt
5 Hakim
Bettelmönch
5 Fakir
8 Derwisch
Branntwein
4 Raki
Dämonenfürst
6 Asmodi
Dolmetscher
8 Dragoman
Färbemittel
5 Henna
Farbstoff
5 Henna
Frauengemach
5 Harem
6 Zenana
Frauenname
5 Fatme, Naide
6 Aischa, Fatima
7 Suleika
Fürstentum
6 Emirat
Gaukler
5 Fakir
8 Derwisch
Gebetsteppich
5 Konya, Ladik
Gedichtform
5 Gasel
6 Gasele, Ghasel
7 Ghasele
Genussmittel
3 Kat
Geschäftsviertel
4 Souk
5 Basar
Gewand
3 Aba
6 Burnus, Kaftan
8 Galabiya
Hammelfleischgericht
5 Kebab
Herberge
4 Chan
12 Karawanserei
Hose
8 Schalwar
Kaufhaus
5 Basar
7 Fondaco
Kopfbedeckung
3 Fes
6 Turban
8 Tarbusch
9 Filzkappe
Männername
3 Ali
5 Ahmed, Murad, Osman, Sadik, Selim, Yasul
6 Mahmud, Mehmed
7 Ibrahim, Mustafa, Soliman
8 Mohammed, Suleiman
Mantel
6 Burnus
Märchenvogel
4 Roch, Rock
Markt
4 Souk
5 Basar, Bazar
Polizeisoldat
6 Kawass
Reisegesellschaft
8 Karawane
Reisspeise
5 Pilau, Pilaw
Richter
4 Kadi
5 Hakim
Rohrflöte
3 Nei
Schnaps
3 Rak
4 Raki
Titel
3 Aga, Beg, Bei, Bey, Dei, Ras
4 Chan, Emir, Imam, Kadi, Khan, Wali
5 Kalif, Mogul, Mudir, Mufti, Mulla, Nabob, Nisam, Schah
6 Mullah, Pascha, Scheik, Sultan
7 Hadschi, Scheich
9 Padischah
Überrock
6 Kaftan
Völkergruppe
6 Araber
Wächter
7 Kawasse
Wasserkanne
5 Ibrik
Wasserpfeife
4 Huka
8 Nargileh
Weiser
5 Hakim
Wollstoff
3 Aba
Zauberwort
5 Sesam
Orientteppiche
3 Mir
4 Ahar, Arak, Gohm, Nain
5 Herat, Heris, Kelim, Kilim, Ladik, Mahal, Saruk, Senne
6 Afghan, Anatol, Berber, Bidjar, Kerman, Kirman, Perser, Sarugh, Smyrna
7 Bergama, Buchara, Hamedan, Isfahan, Ispahan, Isparta, Kaschan, Keschan,

Keshuan, Mesched, Schiras, Schiraz, Taebris
8 Belutsch, Karabagh, Luristan, Meschhed, Serabend, Smyrnaer
9 Chorassan, Djoshegan, Ferraghan
10 Muschkabad

Original
4 Kauz
6 Unikum
7 Vorlage
9 Urfassung, Urschrift

Originalausgabe eines Buches
9 Erstdruck

Originalfassung
6 Urtext
9 Urschrift

Orinoco-Zuflüsse
3 Aro, Pao
4 Meta, Tomo
5 Apure, Caura
6 Arauca, Caroni
7 Vichada
8 Guaviare, Ventuari

Orkneyinseln
3 Hoy
4 Eday, Fara
6 Burray, Pomona, Rousay, Sanday
7 Westray
8 Mainland, Stronsay

Ornamente
6 Feston, Krabbe
7 Rosette, Spirale
8 Akanthus, Arabeske, Eierstab, Groteske, Laubwerk, Maeander, Palmette, Rocaille, Zickzack
10 Rankenwerk, Schnoerkel

Ort
4 Dorf, Kaff, Sitz
5 Markt, Platz, Stadt
6 Stelle
7 Flecken, Staette
8 Siedlung
10 Aufenthalt

der gefallenen Helden
7 Walhall
8 Walhalla

Ort, den man erreichen will
4 Ziel

orthodoxe(r, s)

Geistlicher
4 Pope

Kirchenbuch
7 Typikon

Klosteroberer
8 Eutyches

Klostervorsteher
6 Igumen

Theologe
9 Demetrios

Orthoklas
6 Adular
7 Eisspat

örtlich
5 lokal

Örtlichkeit
10 Lokalitaet

ortsansässig
6 hiesig
8 heimisch

Ortsansicht
9 Stadtbild

Ortsbeschreibung
9 Periegese
10 Topografie
11 Topographie

Ortsbestimmungsgerät auf See
7 Sextant

ortskundiger Schiffsführer
5 Lotse

Ortsnetznummer
7 Vorwahl

Ortsteil russischer Städte
5 Kreml

Ortsveränderung
5 Reise

Ortsvorsteher

in der Türkei
7 Muchtar

in Italien
7 Podesta

Ortswechsel
5 Umzug
9 Verlegung

für immer
6 Wegzug

Ortszentrum
4 City
9 Stadtkern

Ortungsfrequenz
7 Peilton

Ortungsverfahren
5 Radar, Sonar

Osmane, Osmanin
6 Tuerke
7 Tuerkin

Ostafrikaner
6 Somali
7 Suaheli, Swahili
8 Kenianer, Somalier
9 Burundier, Tansanier

ostafrikanische(r, s)

Bantuvolk
6 Sukuma

Buckelochse
5 Sanga

Jägervolk
3 Asa

Moorantilope
4 Puku

Nomadenvolk
5 Masai
6 Massai

Sprache
9 Kisuaheli, Kiswahili

Ostalpengebirge
8 Packalpe, Raetikon

Ostasiat(in)
7 Chinese, Japaner
8 Chinesin, Koreaner
9 Japanerin
10 Koreanerin

ostasiatische(r, s)

Mietwagen
7 Rikscha

Orange
7 Kumquat

Schaffellart
5 Slink

Sprache
9 Japanisch

Volk
7 Japaner
8 Chinesen

Zierbaum
6 Ginkgo

Ostbaltenvolk
6 Letten

Ostchristen
8 Melkiten
9 Melchiten

Osterluzei
6 Asarum
9 Haselwurz

Österreich

Abtei
4 Melk

Afrikaforscher
6 Slatin

Alpenpässe
4 Lueg
5 Loibl, Thurn
6 Gerlos, Tauern
7 Arlberg, Brenner
8 Fernpass, Ploecken
9 Semmering
10 Katschberg, Tauernpass

Anthroposoph
7 Steiner

Architekten
3 Ehn
4 Beer, Loos
5 Bauer
6 Rainer, Wagner
7 Fischer, Hollein, Olbrich
8 Hoffmann

Ärzte
5 Freud
6 Barany

Benediktinerabtei
4 Melk

Berge
5 Zimba
7 Ankogel, Olperer
8 Eisenhut, Kreuzeck, Oetscher, Pfaender, Reisalpe, Stuhleck
9 Dachstein, Hochvogel
10 Fluchthorn, Frauenalpe, Hochfeiler, Hochkoenig, Wildspitze
11 Hochgolling, Zuckerhuetl
12 Duerrenstein, Hochreichart
13 Grossglockner, Ploeckenstein
14 Grossvenediger, Parseier Spitze

Bildhauer
6 Pacher

7 Pilgram
8 Zumbusch
12 Schwanthaler

Bundeskanzler
4 Figl, Raab
5 Klima
8 Dollfuss
9 Schuessel, Vranitzky
11 Schuschnigg

Bundesländer
4 Wien
5 Tirol
8 Kaernten, Salzburg
10 Burgenland, Steiermark, Vorarlberg
15 Oberoesterreich
17 Niederoesterreich

Bundespräsidenten
5 Jonas, Seitz
6 Miklas, Renner
7 Klestil, Koerner, Schaerf
8 Hainisch, Waldheim
14 Kirchschlaeger

Chemiker
4 Auer, Kuhn
5 Gintl
9 Zsigmondy

Dichter
4 Roth
5 Brock, Lenau, Rilke, Trakl
7 Nestroy, Raimund, Stifter, Waggerl
9 Weinheber
11 Anzengruber, Grillparzer
12 Hofmannsthal
14 Feuchtersleben

Dirigenten
4 Jahn
5 Boehm, Haydn
6 Krauss, Mahler, Schalk, Schuch, Walter
7 Kabasta, Karajan, Kleiber
11 Harnoncourt

Dramatiker
7 Bronnen, Nestroy, Raimund
8 Bernhard, Bruckner
11 Anzengruber, Grillparzer

Feldherren
4 Daun
6 Laudon
8 Radetzky
10 Prinz Eugen
13 Schwarzenberg

Feldmaß
4 Joch

Flüsse
3 Inn, Mur
4 Ager, Drau, Enns, Isel, Raab, Sill
5 March, Thaya, Traun
6 Ziller

Forscher
6 Harrer

Gebäck
6 Beugel

Geiger
8 Kreisler
12 Schneiderhan

Gewicht
4 Deka

Gletscher
8 Pasterze

Gruß
6 Servus

Hauptstadt
4 Wien

Kaiser
4 Karl
9 Ferdinand
11 Franz-Joseph

Kaiserin
4 Zita

Kardinal
6 Koenig

Komponisten
4 Berg, Fall, Toch
5 Einem, Genée, Haydn, Lehár, Stolz, Suppé
6 Dostal, Hummel, Kienzl, Krenek, Kálmán, Lanner, Mahler, Mozart, Pleyel, Straus, Webern, Zeller
7 Bittner, Ditters, Raymond, Schmidt, Strauss, Ziehrer
8 Benatzky, Bruckner, Kattnigg, Kreisler, Reznicek, Schubert
9 Heuberger
10 Milloecker, Schoenberg

Kunsthistoriker
5 Riegl

Kurorte
4 Hall, Zell
5 Baden, Ischl, Zuers
6 Aussee, Fuschl, Ramsau, Reutte, Velden
7 Bad Hall, Gmunden, Seefeld, Villach
8 Bad Ischl
9 Bad Aussee, Zell am See
10 Badgastein, Kitzbuehel
11 Sankt Gilgen
13 Sankt Wolfgang

Landschaften
6 Pongau, Wachau
7 Pinzgau
8 Hausruck, Montafon
9 Marchfeld, Seewinkel, Zillertal
10 Innviertel
11 Waldviertel, Weinviertel
12 Muehlviertel, Wiener Becken
13 Salzkammergut, Tullner Becken

Luftfahrtgesellschaft
3 AUA

Maler
4 Mikl
5 Bauer, Fuchs, Klimt
6 Boeckl, Hutter, Makart, Rainer, Ringel, Schuch
7 Hausner, Lehmann, Schiele
8 Attersee, Hollegha, Pongratz, Stenvert
9 Kokoschka
11 Maulpertsch, Waldmueller
13 Hundertwasser

Minnesänger
7 Dietmar

Musikhistoriker
7 Koechel

Nachrichtenagentur
3 APA

Nobelpreisträger für Chemie
5 Pregl
6 Frisch, Lorenz, Perutz
9 Zsigmondy

Nobelpreisträger für Frieden
5 Fried
7 Suttner

Nobelpreisträger für Medizin
5 Loewi
6 Barany, Frisch, Lorenz
11 Landsteiner
13 Wagner-Jauregg

Nobelpreisträger für Physik
4 Hess
5 Pauli
12 Schroedinger

Operettenkomponisten
4 Fall
5 Genée, Lehár, Stolz, Suppé
6 Dostal, Straus, Zeller
7 Raymond, Strauss, Ziehrer
8 Benatzky, Kattnigg
10 Milloecker

Pandurenoberst
6 Trenck

Philosoph
5 Riehl

Physiker
4 Hess
5 Pauli
6 Lieben, Stefan
7 Doppler
12 Schroedinger

Physikerin
7 Meitner

Polarforscher
5 Payer

Politiker
4 Beck
5 Beust
6 Taaffe
7 Kaunitz
8 Andrassy
10 Metternich

Psychologe
5 Adler, Freud

Schlösser
4 Anif
6 Laudon
9 Belvedere
11 Schoenbrunn

Schriftsteller
4 Bahr, Habe, Lind, Roth, Saar
5 Broch, Celan, Fried, Jonke, Kafka, Musil, Rilke, Rosei, Spiel, Trakl, Zweig
6 Gruber, Perutz, Polgar, Simmel, Strobl, Weigel, Werfel
7 Canetti, Doderer, Torberg, Viertel, Waggerl
8 Bachmann, Bruckner, Czibulka, Roda-Roda, Rosegger
9 Waldinger
10 Schnitzler, Wassermann
11 Schreyvogel
Schriftstellerinnen
4 Baum
7 Selinko
Seen
6 Almsee, Irrsee
7 Mattsee, Mondsee, Plansee
8 Achensee, Albersee, Attersee, Brennsee, Gosausee, Kleinsee, Offensee, Thiersee, Traunsee, Walchsee
9 Faakersee, Fuschlsee, Hintersee, Lunzersee, Trumersee, Turnersee, Wallersee, Zellersee
10 Riesachsee, Toplitzsee, Weissensee
11 Afritzersee, Langbathsee, Woerthersee, Wolfgangsee
12 Althausersee, Klopeinersee, Ossiachersee
13 Neusiedlersee, Presseggersee, Tristachersee
15 Hallstaettersee, Millstaettersee
Showkünstler
8 Juergens
9 Alexander
Städte und Orte
3 Erl, Laa
4 Enns, Graz, Hall, Linz, Melk, Ried, Wels, Wien, Ybbs
5 Bruck, Geras, Ischl, Krems, Lienz, Steyr, Tulln
6 Gmuend, Leoben
7 Bludenz, Braunau, Bregenz, Ebensee, Gmunden, Hallein, Seefeld, Spittal, Villach
8 Dornbirn, Eisenerz, Kufstein, Moedling, Radstadt, Salzburg
9 Feldkirch, Hallstatt, Innsbruck, Sankt Veit
10 Eisenstadt, Kapfenberg, Kitzbuehel, Klagenfurt, Schladming
11 Knittelfeld
12 Heiligenblut, Sankt Poelten
Tänzer
10 Kreutzberg
Tänzerin
7 Elssner
Unterwasserforscher
4 Hass
Vortragskünstler am Piano
8 Igelhoff
9 Kreissler
Währung
4 Cent, Euro
Walzerkönig
7 Strauss
Zeichner
5 Kubin
österreichisch:
Almhirt
9 Schwaiger
Behälter
5 Grand
Blutwurst
6 Blunze
boshafter Kerl
7 Bosnigl
Brauselimonade
8 Kracherl
Brötchen
6 Semmel
Brotkanten
8 Scherzel
Brotkrume
8 Schmolle
ebenso
5 detto
Felskopf
4 Nock
Fischbehälter
6 Kalter
gebackene Weißbrotschnitte
6 Pafese
Gerümpel
8 Geraffel
Gletscher
4 Kees
Grasland
5 Egart
hässlich
7 schiech
Hefe
4 Germ
Hocker
8 Stockerl
Hügel
4 Nock
Jungvieh
8 Galtvieh
Kneipe
6 Beisel
knusprig
5 resch
Küsschen
7 Busserl
Meerrettich
4 Kren
Mergel
7 Schlier
Postbeamter
7 Postler
Quark
6 Topfen
Röstschnitten
7 Pafesen
Rückentrage
5 Kraxe
Sehne
7 Flachse, Flechse
spitze Tüte
9 Stanitzel
Stoffrand
5 Endel
Straßenbenutzungs-gebühr
4 Maut
Tauwind
8 Lahnwind
Trödler
7 Tandler
Veilchen
7 Veigerl
Verkaufstisch
5 Budel
Vogelscheuche
7 Manderl
zänkische Frau
8 Bissgurn
Osteuropäer
4 Este
5 Balte, Lette, Russe
7 Litauer
8 Ukrainer
10 Weissrusse
Ostfinne
7 Wotjake
in Russland
7 Udmurte
8 Mordwine, Syrjaene
ostfinnischer Volksstamm
4 Mari
8 Karelier, Udmurten
9 Mordwinen
ostfränkische(s)
Epos
6 Ortnit
Königin
9 Brunhilde
ostfriesische(r, s)
Badeort
6 Borkum
8 Langeoog
Blödelbarde
4 Otto
Inseln
5 Amrum, Juist
6 Borkum
7 Baltrum, Memmert
8 Langeoog
9 Norderney
10 Spiekeroog, Wangerooge
Segelboot
5 Mutte

Städte
4 Leer
5 Jever, Varel
6 Aurich, Lingen, Meppen, Norden

Ostgermanen
4 Gote
5 Skire
6 Gepide, Rugier, Skiren
7 Vandale, Wandale
8 Burgunde
9 Krimgoten

ostgermanische(r)
Sprache
7 Gotisch
Volksstamm
7 Gepiden
8 Vandalen
9 Bastarner

Ostgotenkönige
4 Teja
5 Kniwa, Tejas
6 Aorich, Berich, Totila
7 Ararich, Badwila, Erarich, Ildibad, Walamer, Widemer, Witiges, Witigis
8 Geberich, Hunimund, Winithar, Witiches
9 Ermanrich, Theodahad, Theodemer
10 Athalarich, Theoderich, Thorismund
11 Amalasuntha

ostgotisches Königsgeschlecht
6 Amaler
9 Amelungen

osthamitischer
Hirtenstamm
8 Hadendoa
Volksstamm
5 Boran
6 Tulama

ostindischer
Reisbranntwein
5 Arrak
Tüpfelhirsch
4 Axis
Waldbock
6 Nilgau

Ostkette der Appalachen
9 Blue Ridge

Ostkirchenoberhaupt
10 Metropolit

ostkirchliche(r)
Bischofstitel
9 Patriarch
Geistlicher
4 Pope

Ostkordillerengipfel
9 Ausangate

ostpreußisch:
Dummkopf
7 Paslack
Groschen
8 Dittchen
Lümmel
7 Lorbass
Mädchen
7 Marjell

oströmische
Feldherren
6 Narses
7 Belisar
Hauptstadt
6 Byzanz
14 Konstantinopel
Kaiser
4 Leon, Zeno
5 Isaak, Zenon
6 Julian, Phokas, Valens
8 Arcadius, Basilios
9 Justinian
10 Konstantin, Theodosius
Kaiserin
8 Theodora
9 Pulcheria

oströmisches Reich
6 Byzanz

Ostsee-Zuflüsse
4 Kemi, Leba, Oder, Oulu, Rega
5 Duena, Lupow, Memel, Trave
6 Pregel, Stolpe, Warnow, Wipper
8 Passarge, Persante, Weichsel

Ostseebäder
4 Binz
5 Cranz, Dahme, Laase, Laboe
6 Rewahl, Zoppot
7 Mueritz
8 Groemitz, Haffkrug, Niendorf
9 Neukuhren, Schilksee
10 Timmendorf
11 Travemuende

Ostseebuchten
4 Wiek
6 Schlei

Ostseehäfen
3 Abo
4 Kiel, Riga
5 Libau, Lulea, Reval, Turku, Visby
6 Danzig, Elbing, Kalmar, Malmoe, Pillau, Wismar
7 Luebeck, Rostock, Stettin
8 Helsinki
9 Leningrad, Stockholm, Stralsund
10 Kopenhagen, Puttgarden
11 Koenigsberg

Ostseehalbinseln
4 Hela
5 Darss
7 Nehrung

Ostseeinseln
3 Oie
4 Abro, Moen, Moon, Poel
5 Alsen, Dagoe, Moeen, Oesel
6 Fuenen, Oeland, Ruegen, Samsoe, Ummanz, Usedom, Wollin
7 Fehmarn, Gotland, Laaland, Lolland, Seeland
8 Bornholm
9 Hiddensee, Langeland

Ostseemeerengen
4 Belt, Sund

Ostsibirier
6 Ewenke
7 Tunguse

Osttimor
Friedensnobelpreisträger
4 Belo
5 Horta
Hauptstadt
4 Dili
Politiker
6 Gusmao

Ötztaler
Alpenberg
9 Hohe Geige
Alpengipfel
8 Similaun
Alpenhöhe
9 Hochwilde
Alpenpass
8 Hochjoch

Ourthe-Zuflüsse
4 Amel
6 Vesdre
7 Amblève

Ouse-Mündung
6 Humber

Ouse-Quellfluss
3 Ure

Ouse-Zuflüsse
3 Nar
4 Aire
6 Wharfe

Ouvertüre
7 Auftakt
10 Einleitung
von Beethoven
6 Egmont

oval
6 eirund

Oxidationsprodukt
4 Rost

oxidieren
6 rosten

ozeanischer Inselstaat
8 Kiribati

Ozeanteil
8 Randmeer

Ozelle
9 Punktauge, Stirnauge

Paarungszeit
4 Balz
6 Brunft, Brunst
Paarzeher, -hufer
3 Kuh, Reh, Ren
4 Elch, Elen, Lama, Rind, Zebu
5 Bison, Kamel, Okapi, Schaf, Ziege
6 Gaemse, Hirsch, Seekuh, Wisent
7 Bueffel, Gazelle, Giraffe, Moschus, Mufflon, Rentier, Schwein
8 Antilope, Dromedar, Horntier, Nilpferd
9 Damhirsch, Hausschaf, Hausziege, Steinbock, Zweihufer
10 Flusspferd
11 Buckelochse, Trampeltier, Wildschwein
Paarzeherklauen
7 Schalen
Pächter im Mittelalter
6 Yeoman
9 Freisasse, Landsasse
Pachtgeld
4 Zins
5 Miete
Pachtgut in Frankreich
5 Ferme
Pachthof
3 Gut
5 Ferme
7 Domaene
Pack
3 Mob
5 Plebs
6 Bagage, Poebel
8 Abschaum, Gesindel
9 Gelichter
Packen
5 Paket
6 Ballen
7 Buendel
Packmaterial
9 Emballage, Holzwolle, Oelpapier, Wellpappe
Packung
6 Huelle
8 Umschlag
Pädagoge, Pädagogin
6 Lehrer
8 Erzieher, Lehrerin
9 Ausbilder, Lehrkraft
10 Erzieherin, Instruktor
11 Ausbilderin
12 Instruktorin
Paddelboote
4 Kanu
5 Kajak
8 Faltboot, Kanadier
Pairswürde
6 Pairie
Pakistan
Berg
11 Nanga Parbat
Bevölkerung
6 Brahni, Sindhi
7 Panjabi, Paschtu
8 Pathanen
9 Pakistani
10 Belutschen, Pakistaner, Pandschabi
Flüsse
4 Ravi, Soan
5 Indus, Karak
6 Chenab, Jhelum, Sutlej
Frauenquartier der Pathanin
5 Purda
Gebirgsketten
12 Kirthar Range
13 Sulaiman Range
Hafenstadt
7 Karachi
Hauptstadt
9 Islamabad
Landschaften
4 Sind
6 Panjab, Panyab
9 Pandschab
13 Belutschistan
Politiker
6 Bhutto, Sharif
8 Chaudhry, Zia ul-Huq, Ziaul-Haq
9 Musharaff
Sprachen
4 Urdu
6 Baruhi, Pashtu
7 Paschtu
10 Pandschabi
12 Belutschisch
Städte und Orte
4 Bela, Sibi
5 Bannu, Kalat, Kotri
6 Lahore, Multan, Quetta, Sukkur, Taxila
7 Karachi, Sialkot
8 Lyallpur, Peshawar, Sargodha
9 Faisalbad, Hyderabad, Shikarpur
10 Bahawalpur, Rawalpindi
Täler
4 Swat
6 Kaghan
Währung
5 Paisa, Rupie
Wüsten
4 Thal
5 Tharr
6 Kharan
Pakt
7 Vertrag
8 Abkommen, Buendnis, Kontrakt
9 Abmachung, Agreement
Paladin
Karls des Großen
6 Oliver, Roland
Palast
6 Palace, Palais
7 Palazzo, Schloss
bei Granada
8 Alhambra
der Frigg
8 Fensalir
in der römischen Kaiserzeit
4 Aula
in Mailand
5 Brera
Palasthund
8 Pekinese
Palästina
6 Kanaan
Nobelpreisträger für Frieden
6 Arafat
Palästinenserorganisation
3 PLO
7 Al Fatah
Palau
Hauptstadt
5 Koror
Inseln
4 Tobi
5 Merir
6 Angaur
Politiker
5 Salii
7 Etpison
Währung
4 Cent
6 Dollar
Palmblatt
5 Wedel
Palmblattfaser
8 Piassava
Palmenarten
3 Agu, Dum
5 Areka, Cocos, Sabal
6 Arenga, Howeia, Kentia, Raphia, Rotang
7 Attalea, Erythea, Euterpe, Geonoma, Palmito, Pandane, Phoenix
8 Borassus, Dumpalme, Oelpalme, Pandanus, Seekokos
9 Livistona, Rohrpalme, Sagopalme, Weinpalme
10 Kokospalme, Wachspalme, Zwergpalme
11 Dattelpalme, Zuckerpalme
12 Faecherpalme
14 Betelnusspalme
Palmenfrüchte
6 Dattel
9 Kokosnuss
Palmenmark
4 Sago
Palmwein
5 Toddy
Pampashase
4 Mara
Pampasstrauß
5 Nandu
Panama
Berg
8 Chiriqui
Bevölkerung
7 Chibcha

8 Panamaer
9 Panamenen
Flüsse
5 Gatun
7 Caimito, Chagres
Gebiete
6 Azuero, Darién
8 Veraguas
Halbinsel
6 Azuero
Hauptstadt
6 Panama
Inseln
5 Coiba
6 Taboga
10 Toboguilla
Meeresbucht
8 Limonbai
Politiker
6 Endara
7 Noriega
See
8 Catunsee
Städte und Orte
4 Pina
5 Colon, Darié, David, Gatun
6 Balboa, Cativa, Chitré, Gamboa
7 Escobal, Paraiso
10 Miraflores
15 Puerto Armuelles
Währung
6 Balboa
9 Centesimo

Panamagebiet
9 Kanalzone

Panamaholz
9 Sassafras

Panflöte
6 Syrinx
7 Fistula

Panne
6 Unfall
8 Stoerung
10 Misserfolg
12 Zwischenfall

Panorama
8 Ausblick
9 Rundblick, Rundsicht

Panterkatzen
4 Onze
5 Irbis
6 Jaguar

Pantoffel
8 Babusche
9 Pampusche

Pantoffelblumen
10 Tigerblume
11 Frauenschuh

Pantoffeltierchen
10 Infusorium

Panzer
8 Harnisch, Ruestung
um Geschütztürme
8 Barbette

Panzerabwehrkanone
3 Pak

Panzerabwehrwaffen
7 Bazooka
11 Panzerfaust

Panzerechsen
6 Gavial, Kaiman
8 Krokodil
9 Alligator

Panzerhemd
7 Bruenne, Haubert

Panzerschrank
6 Tresor

Papageien
3 Ara, Kea
4 Jaco, Jako, Kaka, Lori
5 Arara, Makao
6 Kakadu, Kakapo, Nymphe
7 Amazone, Corella, Rosella, Sittich
8 Arakanga, Ararauna
9 Agapornis
11 Buntsittich, Graupapagei, Rosenkakadu, Smaragdlori
12 Zwergpapagei
13 Wellensittich

Papageienblume
7 Amarant
10 Strelitzie

Papageienkrankheit
10 Psittakose

Papageienname
4 Lora

Papierbeutel
5 Tuete

Papierblatt
5 Bogen

Papierbrei zum Formen
9 Pappmaché
11 Pappmaschee

Papierfaltstelle
4 Falz

Papierformate
5 Folio, Oktav, Quart
6 Duodez
8 Imperial
13 Kanzleiformat

Papiergeld
4 Note
6 Schein
8 Banknote
9 Assignate

Papierlaterne
7 Lampion

Papierschnitzel
8 Konfetti

Papiersorten
5 Krepp, Pappe, Velin
6 Karton
7 Buetten, Papirin, Papyrin
9 Oelpapier, Pergament
14 Zeitungspapier

Papierstaude
7 Papyrus

Papierstreifen
als Anzünder
7 Fidibus
des Morseempfängers
4 Tape

Papierstückchen
9 Schnipsel

Papierzählmaß
4 Ries
6 Ballen
7 Neuries

Pappe
6 Karton

Pappelarten
4 Aspe, Espe
5 Abele, Alber
10 Graupappel
11 Spitzpappel, Weisspappel
12 Silberpappel, Zitterpappel
13 Schwarzpappel
15 Pyramidenpappel

Pappschachtel
6 Karton

Pappverpackung
9 Kartonage

Paprikafrüchte
5 Chili
7 Chilies
8 Chillies, Peperoni

Paprikaschoten
8 Peperoni

Papstbotschafter
7 Nuntius

Papstbotschafteramt
9 Nuntiatur

Papstkandidaten
8 Papabili

Papstkrone
5 Tiara

päpstlich
5 papal

päpstliche(r, s)
Amt
5 Papat
Behörde
4 Rota
5 Kurie
7 Datarie
10 Sekretarie
Bibliothek
8 Vatikana
Botschafter
7 Nuntius
Entscheid
9 Dekretale
11 Dekretalien
Entscheidung
9 Dekretale
Erlass
5 Breve, Bulle
Gesandter
5 Legat
Gewandteil
5 Fanon, Orale
6 Fanone
Hofbeamter
7 Kuriale
Insignie
11 Fischerring

Kopfbedeckung
5 Tiara
7 Kalotte
8 Pileolus
Leibwache
10 Nobelgarde
14 Schweizergarde
Parteiangehöriger
6 Guelfe
Regierungssitz
5 Sedes
Residenz
7 Vatikan
Richter
7 Uditore
Rundschreiben
9 Enzyklika
Schreiben
5 Breve, Bulle
9 Enzyklika
Schultertuch
6 Fanone
Urkunde
9 Bannbulle
Vergünstigung
6 Indult
Wachsoldat
9 Schweizer
Zentralbehörde
5 Kurie

Papstnamen
3 Leo
4 Paul, Pius
5 Cajus, Donus, Eugen, Felix, Konon, Lando, Linus, Soter, Urban
6 Agapet, Agatho, Albert, Calixt, Cletus, Domnus, Gregor, Johann, Julius, Kalixt, Lucius, Markus, Martin, Petrus, Sixtus, Viktor
7 Adeodat, Anaklet, Anteros, Anterus, Damasus, Hadrian, Hilarus, Hyginus, Klemens, Marinus, Pontian, Romanus, Sergius, Stephan, Theodor, Ursinus, Zosimus
8 Agapetus, Anicetus, Aniketos, Anterius, Benedikt, Calixtus, Eulalius, Eusebius, Fabianus, Formosus, Gelasius, Hippolyt, Honorius, Innozenz, Johannes, Kalixtus, Liberius, Nikolaus, Pelagius, Siricius, Valentin, Vigilius, Vitalian
9 Alexander, Coelestin, Cornelius, Deusdedit, Dionysius, Dioscurus, Euaristus, Evaristus, Hormisdas, Marcellus, Paschalis, Philippus, Pontianus, Severinus, Silverius, Silvester, Sisinnius, Symmachus, Zacharias, Zoelestin
10 Anastasius, Bonifatius, Eleutherus, Konstantin, Laurentius, Melchiades, Sabinianus, Simplicius, Theodorich, Zephyrinus
11 Eutychianus, Marcellinus, Telesphorus
13 Christophorus

Papstpalast
7 Lateran, Vatikan

Papsttumanhänger
6 Papist

Papstwahlort
8 Konklave

Papua-Neuguinea
Berge
5 Hagen
6 Giluwe
7 Wilhelm
9 Lamington
Bevölkerung
6 Papuas
10 Melanesier
Flüsse
3 Fly
4 Ramu
5 Sepik
6 Kikori, Purari
Hauptstadt
11 Port Moresby
Inseln
4 Buka, Vitu
5 Boigu, Tabar
6 Saibai, Tagula
9 Neuirland
12 Bougainville
13 Neubritannien
magisches Ritual der Papuas
5 Cargo
Städte und Orte
3 Lae, Wau
4 Daru
5 Wewak, Wrawa
6 Aitape, Bulole, Goroka, Kerema, Madang, Rabaul
8 Kandrian
10 Popondetta
Währung
4 Kina, Toea

Papyrusboot von Heyerdahl
2 Ra

Parade
9 Heerschau
12 Truppenschau

Parademädchen
9 Majorette

Paradewaffe
10 Hellebarde

Paradies
4 Eden
6 Dorado, Himmel
7 Elysium, Nirwana
8 Eldorado
9 Seligkeit

Paradiesapfel
6 Tomate

Paradiesfisch
9 Makropode

paradiesisch
8 elysisch
9 himmlisch

Paradiesjungfrau im Koran
4 Huri
4 Haura

Paraguay
Bevölkerung
8 Guaranis
10 Paraguayer
Departements
5 Chaco
6 Guairá, Itapua
7 Amambay, Caagazu, Caazapá
8 Asunción, Boqueron, Misionen, Neembuco, San Pedro
9 Canendiyú, Paraguari
10 Concepción, Cordillera
Flüsse
7 Bermejo
8 Paraguay
9 Pilcomayo
Gebiet
5 Chaco
9 Gran Chaco
Hauptstadt
8 Asunción
Indianersprache
7 Guarani
Politiker
5 Lopez
7 Francia
9 Rodriguez
10 Stroessner
Städte und Orte
5 Irala
6 Fortin
7 Caazapá, Esteros, Formosa, Igalimi
8 Caaguazu
10 Concepción
11 Encarnación
12 Hernandarias
Währung
7 Guarani
9 Centesimo

Parallelogramm
5 Raute
7 Rhombus

Paraná-Quellfluss
9 Rio Grande

Paraná-Zuflüsse
5 Tiete
6 Iguazu, Salado
7 Iguasso, Iguassu
8 Paraguay
9 Rio Salado

Parasiten
4 Egel
8 Holzbock, Kopflaus, Saugwurm
9 Bilharzie, Hautmilbe, Lachswurm, Tiermilbe

10 Hundszecke
11 Schmarotzer
parat
6 bereit, fertig, prompt
Pardelkatze
6 Ozelot
Pardon
9 Vergebung
10 Verzeihung
Parfümfläschchen
6 Flakon
Parfümöl
9 Patschuli
parieren
8 abwehren
Paris
Bauwerke
9 Notre-Dame
10 Eiffelturm
13 Arc de Triomphe
Bettler
8 Clochard
Flughafen
4 Orly
9 Le Bourget
15 Charles-de-Gaulle
Gassenjunge
5 Gamin
Kabarett
11 Moulin Rouge
Kathedrale
9 Notre-Dame
Kunstanstalt
5 Odéon
Modeschöpferin
6 Chanel
Modistin
9 Midinette
Museum
6 Louvre
Opernhaus
5 Opéra
Palast
9 Trocadéro
Polizist
4 Flic
Prachtstraße
13 Champs-Elysées
Staatsgefängnis
8 Bastille
Stadtteile
4 Cité
5 Bercy, Passy
7 Auteuil
8 Belville, Charonne, Grenelle
10 Montmartre
Tänze
6 Cancan, Chahut
Universität
8 Sorbonne
Universitätsviertel
13 Quartier Latin
Untergrundbahn
5 Métro
Wahrzeichen
10 Eiffelturm
Park in Wien
8 Augarten
Parkanlage
9 Eremitage, Kurgarten
Parkanpflanzung
7 Boskett
Parkmöglichkeit an der Autobahn
9 Rastplatz
Parkpavillon
7 Trianon
Parkuhr
10 Parkometer
Parlamentarier
11 Delegierter, Deputierter
12 Abgeordneter
14 Volksvertreter
Parlamentariergruppe
8 Fraktion
9 Koalition
10 Opposition
parlamentarische(s)
Abstimmungsverfahren
4 Wahl
9 Ballotage
12 Hammelsprung
Beratung
6 Lesung
Parlamente
4 Duma, Rada, Sejm
5 Senat
6 Kammer
7 Knesset, Landtag
8 Knesseth, Storting
9 Bundesrat, Bundestag, Reichstag, Unterhaus
11 Nationalrat, Volkskammer
15 Nationalkonvent, Volksvertretung
16 Abgeordnetenhaus
Parlamentsaussprache
7 Debatte
Parlamentsgebäude in Washington
7 Kapitol
Parlamentsvorhalle
5 Lobby
Parole
6 Devise, Losung
8 Kennwort
9 Stichwort
10 Schlagwort, Wahlspruch
Parteienvereinigung
5 Block
Parteifreund
7 Genosse
Parteigruppe
8 Fraktion
parteiisch
8 befangen
9 einseitig, subjektiv
11 tendenzioes, vorbelastet
parteilos
7 neutral
Parteilosigkeit
12 Neutralitaet
Parteiwirtschaft
7 Koterie
8 Kluengel
Partherkönig
7 Arsakes, Artaban
9 Tiridates
Partie
4 Part, Teil, Tour, Trip
5 Reise, Rolle, Runde, Spiel
7 Ausflug
Partisan
8 Guerilla
10 Guerillero
11 Franktireur
13 Freischaerler
Partner
6 Sozius
7 Genosse
9 Kompagnon, Teilhaber
beim Ball
7 Taenzer
einer Dame beim Speisen
9 Tischherr
Partnerin
beim Ball
9 Taenzerin
eines Herrn beim Speisen
9 Tischdame
von Karl Valentin
9 Karlstadt
Partnerschaft
7 Pairing
zwischen Städten
8 Jumelage
Party
4 Fete
8 Hausball
Parzen
6 Klotho
7 Atropos
8 Lachesis
Pass
7 Ausweis, Zuspiel
an der Grenze Bulgariens
5 Ginci
der Glarner Alpen
3 Foo
der Julischen Alpen
6 Predil
der Karawanken
5 Loibl
im Himalaja
7 Rohtang
im Hindukusch
6 Chawak
im Kanton Sankt Gallen
6 Ricken
im Kanton Waadt
6 Pillon
in den Allgäuer Alpen
8 Oberjoch
in den Berner Alpen
7 Bruenig, Grimsel
in den Grajischen Alpen
5 Cenis
in den Hohen Tauern
7 Hochtor
in den Karnischen Alpen
8 Ploecken
in der Steiermark
9 Praebichl

in Graubünden
6 Albula
8 Septimer
in Kärnten
8 Gailberg
9 Kreuzberg
Passage
9 Durchlass
10 Durchfahrt
Passagierflugzeug
5 Jumbo
6 Airbus
9 Caravelle
Passagierraum
6 Abteil, Gondel, Kabine
Passahbrot
5 Matze
6 Matzen
passatartige Mittelmeerwinde
7 Etesien
Passen eines Kleidungsstückes
4 Sitz
Passierschein
7 Propusk
Passion
11 Liebhaberei
12 Leidenschaft
Passionssonntag
6 Judika
7 Laetare
Passionsspielort
in Oberbayern
12 Oberammergau
in Tirol
3 Erl
Passvermerk
5 Visum
Paste
4 Krem
5 Creme, Salbe
9 Teigmasse
10 Medikament
Pastenbehälter
4 Tube
Pastetenarten
3 Pie
7 Bouchée, Pirogge, Ravioli, Rissole, Timbale
8 Grisette, Krustade
9 Vol-au-vent, Volauvent
Pastetenbäcker
9 Patissier
Pastetenbäckerei
10 Patisserie
pathetisch inszeniertes Schauspiel
9 Melodrama
Patient
6 Kurand
7 Kranker
Patriarch
der Armenischen Kirche
5 Isaak
10 Katholikos
von Alexandria
8 Cyrillus
von Konstantinopel
7 Phoitus, Photios
9 Gennadios, Nestorius
12 Chrysostomus
Patron
der Adligen
5 Georg
der Alpinisten
8 Bernhard
der Angler
6 Petrus
der Apotheker
6 Damian, Kosmas, Loyola
7 Michael
der Arbeiter
5 Josef
6 Joseph
7 Jakobus
9 Tarsicius
der Architekten
6 Thomas
der Armen
3 Ivo
5 Franz
6 Damian, Kosmas
10 Laurentius
der Artisten
5 Georg
der Ärzte
5 Lukas
6 Damian, Kosmas, Loyola
9 Pantaleon
der Autofahrer
13 Christophorus
der Bäcker
10 Laurentius
der Bauern
6 Medard
8 Leonhard, Medardus
der Bauhandwerker
7 Mathias
der Bergsteiger
8 Bernhard
der Bettler
6 Martin
7 Alexius
8 Aegidius, Martinus
der Bibliothekare
10 Laurentius
der Bierbrauer
9 Gambrinus
der Bildhauer
5 Lukas
6 Thiemo
8 Johannes
der Deutschen
7 Michael
der Dichter
5 David
6 Gregor
7 Prosper
der Ehe
8 Antonius
der Einsamen
5 Franz
8 Aegidius
der Familie
5 Josef
6 Joseph
der Fischer
6 Petrus
der Friesen
6 Ludger
der Gefangenen
8 Leonhard
der Goldschmiede
4 Eloi
7 Eligius
8 Bernhard
der Handwerker
5 Josef
6 Joseph
der Hirten
8 Wendelin
der Imker
9 Ambrosius
der Jäger
8 Hubertus
10 Eustachius
der Kinder
8 Nikolaus
der Köche
9 Paschalis
10 Laurentius
der Kranken
7 Lazarus
8 Johannes, Kamillus, Leonhard
der Künstler
5 Lukas
der Liebenden
5 Anton
der Maler
5 Lukas
der Männer
8 Bernhard
der Pilger
7 Jakobus, Raphael
der Polizisten
7 Severus
der Reisenden
5 Anton, Josef
6 Joseph, Martin
13 Christophorus
der Reiter
5 Georg
7 Michael
der Sachsen
6 Ludger
der Schiffer
6 Petrus
7 Erasmus
8 Nikolaus
13 Christophorus
der Schmiede
4 Eloi
7 Eligius
der Schneider
6 Martin
8 Martinus
der Schreiber
6 Markus
der Schreiner
6 Joseph
der Schüler
8 Nikolaus
der Schützen
9 Sebastian
der Schweiz
5 Klaus

der Soldaten
6 Adrian
der Tierärzte
7 Eligius
der Tischler
5 Josef
6 Joseph, Petrus, Rochus
7 Guntmar, Joachim
8 Matthias
der USA
7 Cabrini
der Waisen
3 Ivo
5 Josef
6 Joseph
7 Vinzenz
10 Hieronymus
der Weinberge
5 Urban
der Winzer
4 Goar
5 Urban
8 Medardus
der Zimmerleute
5 Josef
6 Joseph
der Zollbeamten
9 Matthaeus
des Weinstocks
8 Maternus
des Wetters
6 Petrus
gegen Feuersnot
7 Donatus, Florian
gegen Gewitter
7 Donatus
gegen Gicht
8 Valentin
gegen Halskrankheiten
7 Blasius
gegen Seuchen
6 Rochus
gegen Wassernot
7 Nepomuk
von Bayern
5 Benno
6 Rupert
7 Severin
8 Rupertus
von Böhmen
6 Prokop, Wenzel
7 Nepomuk
von Dijon
8 Benignus
von England
5 Georg
6 Becket
von Gent
4 Bavo
von Irland
6 Patrik
7 Patrick
9 Patricius
von Köln
7 Severin
von Mailand
9 Gervasius, Protasius
von München
5 Benno
von Neapel
9 Januarius
von Norwegen
4 Olaf
von Nürnberg
8 Sebaldus
von Österreich
7 Koloman, Severin
von Paderborn
8 Liborius
von Polen
6 Kostka
7 Kasimir
von Regensburg
8 Wolfgang
von Russland
7 Andreas
von Schweden
4 Erik
5 Erich
von Spanien
7 Jakobus
von Ungarn
7 Stephan
von Venedig
6 Markus
von Würzburg
6 Kilian
Patronenbehälter
8 Ladegurt
Patronenkammer
7 Magazin
Patronentasche
9 Kartusche
Patronin
der Architekten
7 Barbara
der Armen
4 Anna
der Artilleristen
7 Barbara
der Augenkranken
5 Lucia
der Bauern
8 Notburga
der Bergleute
7 Barbara
der Bettler
9 Elisabeth
der Dichter
8 Caecilia
der Feuerwehr
7 Barbara
der Hausfrauen
4 Anna
6 Martha, Sabina
der Jungfräulichkeit
5 Agnes
der Kirchenmusik
8 Caecilia
der Köche
7 Barbara
der Kraftfahrer
9 Franziska
der Lehrerinnen
6 Ursula
der Mägde
8 Notburga
der Musik
8 Caecilia
der Mütter
4 Anna
6 Monika
der Sänger
8 Caecilia
der Schiffer
6 Verena
der Verfolgten
9 Elisabeth
der Waisen
9 Elisabeth
der Witwen
4 Anna
6 Sophia
der Zigeuner
5 Sarah
des Elsass
6 Odilia
gegen Gewitter
7 Barbara
gegen Zahnschmerzen
9 Apollonia
von Böhmen
7 Ludmila
8 Ludmilla
von Paris
8 Genovefa, Genoveva
von Portugal
6 Isabel
von Schlesien
6 Hedwig
von Schottland
9 Margareta
Patrouille
7 Streife
10 Spaehtrupp
Paukenhöhle
8 Tympanum
Paulusbriefempfänger
7 Epheser, Galater
8 Kolosser
9 Korinther, Philipper
Pause
4 Rast
5 Kopie
7 Einkehr
8 Halbzeit
9 Intervall
13 Unterbrechung
pavianartiger Affe
6 Babuin
Pavillon
5 Kiosk
8 Festzelt
Pazifikhafen
8 Acapulco
Chiles
7 Caldera
in Mexiko
6 Altata
8 Mazatlan
Nicaraguas
7 Corinto
Pazifikinsel Chiles
8 Ambrosio
Pazifikinselbewohner
8 Samoaner

Pazifikkap in Peru
6 Parina
Pazifikteil nördlich von Australien
8 Timorsee
Pech
4 Harz, Teer
6 Dalles
7 Malheur
8 Desaster, Unglueck
10 Fehlschlag, Misserfolg
12 Missgeschick
Pechkohle
3 Jet
4 Jett
5 Gagat
Pechleuchte
6 Fackel
Pedal im Auto
8 Gashebel
10 Bremspedal
14 Kupplungspedal
Pedant
9 Buerokrat
11 Haarspalter
12 Federfuchser
pedantisch
7 penibel
8 pingelig
9 kleinlich
peilen
5 orten
Pein
4 Leid, Qual
6 Marter, Tortur
7 Schmerz
8 Drangsal
peinigen
7 quaelen
9 piesacken
peinigend
8 qualvoll
10 schmerzend
Peiniger
7 Quaeler
8 Folterer
Peinigung
6 Folter, Marter, Tortur
9 Quaelerei
peinlich
7 prekaer
10 unangenehm
berührt
8 betreten, verlegen
10 indigniert
genau
9 minuzioes
Peitsche
5 Knute
6 Ziemer
7 Fuchtel, Geissel, Nagaika
8 Kantschu, Schmicke, Schmitze, Schwippe
10 Karbatsche
12 Ochsenziemer
Pelagische Insel
6 Linosa
9 Lampedusa

pelzartiger Stoff
7 Webpelz
Pelzkragen
3 Boa
Pelztiere, -arten
3 Feh, Kid
4 Mink, Nerz, Seal
5 Biber, Bisam, Fuchs, Iltis, Kanin, Luchs, Otter, Skunk, Slink, Vlies, Zobel
6 Angora, Beisky, Fohlen, Lakoda, Marder, Murmel, Nutria, Ozelot, Pijiki, Serval, Suslik, Wiesel, Ziesel
7 Hamster, Karakul, Krimmer, Kuersch, Leopard, Mufflon, Opossum, Seebaer, Seehund, Zorilla
8 Civetcat, Eisfuchs, Fellwerk, Grauwerk, Hermelin, Maulwurf, Nerzfell, Rotfuchs, Sealskin
9 Astrachan, Blaufuchs, Bobakfell, Kaninchen, Nerzstola, Persianer, Rauchware, Rauchwerk, Sealbisam, Tigerfell, Waschbaer, Wildschur
10 Alaskaseal, Bisamratte, Chinchilla, Edelmarder, Murmeltier
11 Silberfuchs
12 Breitschwanz
Pelztierjäger
7 Trapper
Pelzverarbeiter
10 Kuerschner
Pendel
11 Perpendikel
Pendeluhr
8 Penduele
9 Regulator
Penner
8 Clochard
13 Landstreicher
Pensionär
7 Rentner
9 Privatier
Pep
4 Elan
5 Verve
7 Schwung
11 Temperament
Periode
6 Epoche, Umlauf, Zyklus
8 Zeitraum
der japanischen Geschichte
7 Edozeit
zwischen Eiszeiten
8 Warmzeit
periodisch wiederkehrender Komet
6 Brooks, Halley, Olbers, Tempel
8 Winnecke

Perlglimmer
8 Margarit
permanent
7 dauernd
8 staendig
13 unaufhoerlich
Perser
6 Iraner
Perserkönige
5 Cyrus, Kyros, Ochos
6 Darius, Xerxes
7 Dareios
Perserteppiche
3 Mir
5 Mahal, Saruk
6 Kirman, Sarugh
7 Taebris
8 Saraband, Seraband
9 Bachtiari
Persien
4 Iran
persische(r, s)
Adelsgeschlechter
7 Bujiden, Goriden
9 Samaniden
Anrede
3 Aga
Anrede an Frauen
5 Hanum
Blasinstrument
5 Zurna
Dichter
4 Sadi
5 Asadi, Attar, Feisi, Hafis
6 Nisami
7 Dschami, Firdusi
Epiker
6 Hatifi
8 Firdausi
Frauenschleier
8 Tschador
Gewicht
3 Man
6 Batman
Handelsgewicht
6 Karwar
7 Kharwar
Herrscher
5 Abbas
Klassiker
5 Saadi
Sektengründer
3 Bab
Turban
7 Dulbend
Volksromanheld
5 Hatim
Wasserpfeife
6 Kalian, Kaliun
Windhund
6 Saluki
Person
bei Hypnoseversuchen
6 Medium
unter Vormundschaft
7 Muendel
vor Gericht
5 Zeuge

Personal
4 Crew
7 Gesinde
9 Besatzung
11 Belegschaft, Mitarbeiter
12 Dienerschaft
14 Arbeiterschaft
16 Firmenmitglieder

Personen aufspüren
7 fahnden

Personenaufzug
4 Lift
9 Fahrstuhl
11 Paternoster

Personenkreis
6 Clique, Frauen, Gruppe, Zirkel
7 Maenner, Schicht
8 Publikum

persönliche(s)
Engagement
7 Einsatz
Fürwörter
2 du, er
3 dir, ich, ihm, ihn, ihr, mir, sie, wir
4 dich, euch, mich
Schutztruppe
9 Leibgarde

Persönlichkeitsbild
5 Image

Perspektive
8 Ausblick, Aussicht
9 Raumsicht

Peru
Berge
8 Coropuna, Yerupaja
9 Ausangate, Huascarán
Bevölkerung
4 Pano
5 Aruak
6 Aimara, Aymara, Tukano
7 Quechua
8 Ketschua, Peruaner
Canyon
8 Tinajani
Dichter
6 Eguren
7 Vallejo
Eroberer
7 Pizarro
Flüsse
4 Napo
7 Maranon, Pastaza, Ucayali
8 Apurimac, Huallaga, Putumajo
9 Urumbamba
Gebirge
5 Anden
Hauptstadt
4 Lima
Herrscherkaste
5 Inkas
Inkaherrscher
5 Manco
9 Atahualpa
10 Tupac Amaru
Inseln
5 Lobos
7 Chincha
Kultpyramide
5 Huaca
Landschaftsräume Anden
6 Sierra
7 Montana
Nationalspeise
5 Pollo
Politiker
5 Elias, Pardo, Prada, Terry
6 Leguia, Puente
7 Pierola
8 Alvarado, Bermúdez, Fujimori
10 Bustamante
Ruinenstadt
10 Machu Pichu
Schriftsteller
5 Palma
6 Romero
7 Alegria, Chocano
8 Arguedas, Calderon, Valcárel
Seen
5 Junin
8 Titicaca
Sprachen
6 Aimara, Aymara
7 Quechua
8 Ketschua
Städte
3 Ica
4 Lima, Puno
5 Cuzco, Piura, Tacna
6 Callao, Huaráz, Tumbes
7 Abancay, Húanuco, Iquitos
8 Arequipa, Ayacucho, Chiclayo, Huancayo, Moquegua, Trujillo
9 Cajamarca, Moyobamba
11 Chachapoyas
12 Cerro de Pasco, Huancavelica
Verwaltungsbezirke
3 Ica
4 Lima, Puno
5 Cuzco, Junin, Pasco, Piura, Tacna
6 Ancash, Callao, Loreto, Tumbes
7 Huánuco
8 Amazonas, Apurimac, Arequipa, Ayacucho, Moquegua
9 Cajamarca, San Martin
10 La Libertad, Lambayeque
12 Huancavelica
Währung
3 Sol
4 Inti
7 Centavo
Wüste
5 Nazca

Petersilie
4 Silk
5 Silge
7 Peterle
9 Peterlein

Petrarcas Angebetete
5 Laura

Petroleum
6 Erdoel
9 Leuchtoel

Pfad
3 Weg
7 Fussweg

Pfadfinder
5 Scout
7 Spaeher
8 Boy-Scout

Pfadfinderin
9 Girl-Scout

Pfadfindertreffen
8 Jamboree

Pfahl
4 Mast
6 Pflock, Steher, Stemme, Strebe
7 Pfosten, Stuetze

Pfandanrecht
8 Hypothek

Pfandanstalt
7 Leihamt
8 Leihhaus
10 Versatzamt

Pfandrecht an Grundstücken
8 Hypothek

Pfannenspeise
6 Puffer
7 Ruehrei
9 Spiegelei

Pfannkuchen
6 Plinse
7 Krapfen, Omelett
8 Berliner, Omelette
10 Eierkuchen
13 Palatschinken

pfarramtlich
8 pastoral

Pfarramtsbezirk
8 Sprengel

Pfarrbezirk
8 Parochie
10 Kirchspiel

Pfarrei
8 Pastorat, Pfarramt

Pfarrer
6 Pastor
8 Priester, Reverend

Pfefferfresser
5 Tukan

Pfeffergurke
9 Cornichon

Pfefferinseln
5 Pemba
8 Sansibar

Pfefferschoten
8 Peperoni

Pfefferstrauch
6 Kubebe

Pfeifenanzünder
7 Fidibus

Pfeifenholz
7 Bruyère
Pfeifentabak
4 Shag
Pfeifhase
4 Pika
Pfeil des Stierkämpfers
10 Banderilla
Pfeilbehälter
7 Koecher
Pfeiler
5 Pilar
7 Pfosten, Stuetze
8 Pilaster
bei Hängebrücken
5 Pylon
im altrömischen Zirkus
4 Meta
pfeilerartiger Mauerstreifen
6 Lisene
Pfeilerkopf
8 Kapitell
Pfeilgift
4 Upas
6 Curare, Kurare
Pfeilhecht
6 Pikuda
9 Barrakuda
Pfeilkraut
10 Sagittaria
Pfeilschusswaffe
5 Bogen
Pfeilwurz
7 Tapioka
Pferch
6 Gehege, Korral
Pferd
bei Karl May
3 Rih
7 Iltschi
9 Hatatitla
von Don Quichotte
9 Rosinante
von Karl May im Orient
3 Rih
von Mohammed
7 Alborak
von Odin
8 Sleipnir
von Siegfried
5 Grane
von Winnetou
7 Iltschi
zum Stehen bringen
8 parieren
Pferde
Abzeichen
5 Stern
6 Blesse
7 Laterne
8 Schnippe
9 Bluemchen
11 Stichelhaar
Bürsten
8 Striegel
11 Kardaetsche
Decken
7 Woilach
10 Schabracke
Fuhrwerke
6 Fiaker
7 Kremser, Kutsche
Fuß
3 Huf
Gangarten
4 Pace, Pass, Trab, Zelt
6 Canter, Galopp, Kanter, Redopp
7 Alluere, Passade, Passage, Renvers, Schritt, Travers
8 Entrepas, Karriere
10 Handgalopp, Seitengang
11 Arbeitstrab, Linksgalopp
12 Rechtsgalopp, Schulschritt
Gebissstange
7 Kandare
Körperteile
4 Kamm
5 Bohne, Hanke, Koete, Ruebe
6 Kruppe, Maehne
7 Nuester, Schweif
8 Kastanie
Krankheiten
4 Ramm, Rehe, Rotz, Spat
5 Druse, Galle, Leist, Mauke, Raspe
6 Durine, Feifel, Giemen, Koller, Raeude, Rehhuf, Schale, Skalma, Staupe
Laufleine
5 Longe
nach der Farbe
5 Falbe, Fuchs, Rappe
6 Blesse, Scheck
7 Brauner, Schecke
8 Isabelle, Rehfalbe, Rotfuchs, Schimmel
9 Goldfuchs, Hellfuchs, Kohlfuchs, Kohlrappe, Lehmfuchs, Mausfalbe
10 Brandfuchs, Braunfuchs, Glanzrappe, Mohrenkopf
11 Dunkelfuchs, Kupferfuchs, Rotschimmel, Semmelfalbe
12 Blauschimmel, Goldisabelle, Grauschimmel, Rappschimmel, Schwarzfuchs
13 Apfelschimmel, Eisenschimmel, Milchschimmel, Schweissfuchs
14 Mohrenschimmel, Muskatschimmel, Silberschimmel
15 Fliegenschimmel
Rassen
4 Pony
6 Araber, Berber, Bronco, Hunter, Huzule, Jucker, Perser, Senner, Tarpan
7 Belgier, Hackney, Mustang, Noriker, Suffolk
8 Ardenner, Badenser, Bosniake, Halbblut, Kaltblut, Rottaler, Togopony, Turkmene, Vollblut, Warmblut, Wildpony
9 Batakpony, Bergpferd, Boulogner, Brabanter, Cleveland, Delhipony, Duelmener, Haflinger, Karabaier, Ostfriese, Percheron, Pinzgauer, Trakehner, Wildpferd
10 Andalusier, Clydesdale, Doppelpony, Exmoorpony, Fjordpferd, Holsteiner, Islandpony, Kleinpferd, Lipizzaner, Madurapony, Panjepferd, Thueringer, Zwergpferd
11 Gotlandpony, Korsikapony, Mittelpferd, Oldenburger, Orlowtraber, Schleswiger
12 Hannoveraner, Huzulenpferd, Karpatenpony, Shetlandpony
13 Anglonormanne, Brandenburger, Campagnapferd, Limousinpferd, Mecklenburger, Nordwalespony, Suedwalespony
15 Frederiksborger
16 Przewaldskipferd
Reitbahnen
9 Hippodrom
10 Tattersall
Reitfiguren
5 Volte
6 Pesade, Piaffe
7 Lancade
8 Kruppade
9 Pirouette
Rennen
4 Heat
5 Derby
8 Handikap, Parcours
10 Jagdrennen, Trabrennen
11 Flachrennen, Springderby
12 Einzelrennen, Galopprennen, Steeplechase, Steherrennen
13 Huerdenrennen
14 Zukunftsrennen
15 Hindernisrennen
16 Ausgleichsrennen
Rennhindernisse
4 Oxer, Rick
5 Hecke, Mauer
6 Gatter, Graben, Huerde

Rennplatz in Deutschland
4 Horn, Riem
10 Baden-Baden
11 Hoppegarten
Rennplatz in England
5 Ascot, Epsom
Rennplatz in Frankreich
9 Vincennes
Rennwetten
4 Sieg
5 Platz
11 Dreierwette
12 Einlaufwette
14 Zwillingswette
Satteldecken
7 Woilach
10 Schabracke
Sattelteile
4 Bock, Horn, Sitz
5 Knopf
6 Tasche
7 Pausche, Zwiesel
Sport
4 Turf
Sportler
6 Jockei, Jockey, Reiter
Sportlerin
7 Amazone
Sprünge
7 Falkade
8 Eskapade, Kapriole, Kurbette
9 Ballotade
Wagen
6 Fiaker
7 Kremser, Kutsche
Zaum
6 Trense
7 Kandare
Zucht
7 Gestuet
Pferdeartige
7 Equiden
8 Einhufer
Pferdebadeplatz
8 Schwemme
Pferdehaltung eines Fürsten
8 Marstall
Pferdeherde in russischen Steppen
5 Tabun
Pferdekoppel
7 Paddock
Pferdekundler
9 Hippologe
Pferdekutsche
8 Droschke
Pferdelaut
7 Wiehern
Pferdeleistungsübung
9 Dauerritt
Pferdemensch
7 Kentaur, Zentaur
Pferdemücke
7 Schnake
Pferderennbahn bei Paris
9 Longchamp
Pferderennsport
4 Turf
Pferderennwette
4 Sieg
5 Platz
Pferdesportanlage
4 Turf
7 Reitweg
8 Reitbahn
9 Fuehrring, Rennplatz
Pferdesportler(in)
6 Reiter
8 Reiterin
Pferdezuchtanstalt
7 Gestuet
8 Stuterei
pfiffig
5 smart
6 schlau
8 vigilant
10 oberschlau
Pfingstrose
7 Paeonie
Pfingstvogel
5 Pirol
9 Goldamsel
Pfinzgauer Hügelland
9 Kraichgau
Pfirsichart
9 Nektarine
Pfirsichsorten
6 Carman
8 Brugnole
9 Bruegnole, Haertling
Pflanzen
aus fernen Ländern
6 Exoten
fressender Saurier
9 Sauropode
tötendes Mittel
8 Herbizid
veredeln
8 pfropfen
9 okulieren
Pflanzenableger
6 Senker
8 Senkling
Pflanzenanbau
6 Kultur
10 Agrikultur
Pflanzenausschwitzung
4 Harz
5 Wachs
Pflanzenauszug
6 Essenz
7 Aufguss, Infusum, Tinktur
Pflanzenblatt als Droge
6 Folium
Pflanzenextrakt
7 Elixier
Pflanzenfarbstoff
7 Karotin
8 Cyanidin, Luteolin
9 Anthozyan
11 Chlorophyll
Pflanzenfaser
4 Akon, Bast
5 Fiber, Sisal
Pflanzenfett
7 Rapsoel, Sojaoel
8 Kokosoel
Pflanzengattungen
4 Erle, Maba
5 Alnus, Apios, Erbse, Gagel, Kilte, Orche, Pisum, Tabak, Tulpe
6 Myrica, Oxalis, Pirola, Tulipa
8 Ebenholz, Erdbirne, Plantago, Wegerich
9 Birnkraut, Nicotiana, Sauerklee
10 Nachtviole
Pflanzenhaftorgan
7 Haptere
Pflanzenhauptspross
9 Herztrieb
Pflanzenhormon
5 Kinin
6 Zeatin
Pflanzenkeim
4 Same
Pflanzenkeimkorn
5 Spore
Pflanzenkeimlingsknospe
7 Plumula
Pflanzenkletterglied
5 Ranke
Pflanzenkostesser
10 Vegetarier
Pflanzenkrankheiten
4 Rost
5 Gicht, Kropf
6 Befall, Schorf
7 Brenner, Mehltau, Russtau
8 Chlorose, Rostpilz
9 Fusariose, Kleekrebs, Rapskrebs, Rotfaeule, Schwaerze
10 Kohlhernie
Pflanzenkunde
7 Botanik
Pflanzenkundler
9 Botaniker
Pflanzenleim
7 Staerke
Pflanzenmilch
5 Latex
9 Kautschuk
11 Guttapercha
Pflanzenmilchsaft
9 Gummiharz
Pflanzenmissbildung
9 Gallapfel, Misswuchs
Pflanzennährstoffe
4 Dung, Kali
7 Duenger
Pflanzenornament
8 Arabeske
Pflanzenreich
5 Flora
Pflanzensaft
5 Latex, Manna, Milch
Pflanzensammlung
9 Herbarium

Pflanzenschaden durch Tiere
7 Verbiss
Pflanzenschädlinge
7 Reblaus
8 Kohlmade, Wolllaus
9 Blattfloh, Blattlaus, Netzwanze
Pflanzensenker
7 Ableger
Pflanzenspross
5 Trieb
9 Langtrieb
Pflanzenstängel
4 Halm
5 Stiel
Pflanzenteile
3 Ast
4 Dorn, Halm, Kern, Laub, Same
5 Aehre, Beere, Blatt, Borke, Dolde, Faser, Kelch, Nadel, Ranke, Rinde, Rispe, Samen, Stamm, Stiel, Trieb, Wedel, Zelle, Zweig
6 Bluete, Frucht, Huelle, Knolle, Knospe, Kolben, Schote, Senker, Spross, Traube, Wipfel, Wurzel
7 Ableger, Knollen, Stachel, Zwiebel
8 Absenker, Staengel
9 Eiapparat, Kaetzchen
10 Blattstiel
12 Grasstaengel
Pflanzentrieb
6 Schoss, Spross
7 Ableger
11 Schoessling
Pflanzentyp
9 Topfblume
Pflanzenveredelung
9 Okulation
Pflanzenwelt
5 Flora
10 Vegetation
Pflanzenwuchsform
6 Staude
7 Strauch
Pflanzenzuchtanlage
8 Glashaus
Pflanzenzüchter
8 Gaertner
Pflanzgut
4 Saat
pflanzliche(r, s)
Farbstoff
7 Karotin
Gelatine
8 Agar-Agar
Gerbstoff
6 Tannin
Giftstoffe
4 Kola, Tein
5 Opium, Taxin, Thein
6 Boldin, Bruzin, Chinin, Emetin, Eserin, Harmin, Kodein, Kokain, Koniin, Kurare
7 Atropin, Koffein, Lobelin, Narcein, Narzein, Nikotin, Phasein, Piperin, Solanin, Thebain, Zytisin
8 Agarizin, Akonitin, Anabasin, Arecolin, Berberin, Hordenin, Meskalin, Morphium, Narkotin, Spartein, Veratrin, Yohimbin
9 Achillein, Capsaicin, Cinchonin, Delphinin, Ergobasin, Ergotamin, Ergotoxin, Kolchizin, Papaverin, Strychnin, Toxiferin
10 Skopolamin, Theobromin
Nahrung fressend
8 homophag
Reizbewegung
6 Nastie
Seitentrieb
7 Ableger
Sekret
9 Naturharz
Textilrohstoff
9 Baumwolle
Wirkstoff
4 Bios
6 Sorbit
9 Biosstoff, Sapotoxin
Pflanzung
4 Kamp
8 Plantage
10 Baumschule
Pflaumenmus
6 Powidl
Pflaumenschnaps
9 Slibowitz, Sliwowitz
Pflaumensorten
7 Krieche
8 Quetsche, Spilling, Zwetsche
9 Damaszene, Kriecherl, Mirabelle, Reneklode, Zwetschge
11 Eierpflaume, Reineclaude
12 Haferpflaume, Haferschlehe
Pflege
4 Hege
5 Obhut
7 Wartung
8 Umhegung
9 Betreuung, Erhaltung, Fuersorge
10 Nestwaerme
11 Lebenshilfe
14 Instandhaltung
Pflegeanstalt Bodelschwinghs
6 Bethel
Pflegeelternteil
9 Ziehvater
pflegen
6 warten
8 betreuen, umsorgen
9 bemuttern
Pfleger
5 Tutor
7 Kurator, Vormund, Waerter
8 Aufseher, Betreuer
9 Samariter
10 Fuersorger, Sanitaeter
Pflegschaft
7 Kuratel
Pflicht
5 Gebot
6 Arbeit
7 Aufgabe
12 Obliegenheit
zur medizinischen Schutzmaßnahme
9 Impfzwang
Pflichtanteil
10 Kontingent
Pflichtarbeiter
7 Froener
Pflichtübung beim Eiskunstlauf
5 Wende
6 Dreier
Pflock
5 Pfahl, Pilar
7 Pfosten
pflücken
7 klauben, sammeln
pflügen
6 ackern
Pfluggabel
3 Enk
Pflugmesser
4 Sech
5 Schar
Pflugspur
6 Furche
Pflugteil
4 Sech
5 Schar, Sterz
Pförtner
7 Portier
9 Concierge
Pförtnerraum
4 Loge
Pfosten
5 Pfahl
6 Balken, Poller, Strebe
7 Pfeiler
zum Festmachen der Schiffe
6 Poller
Pfote
5 Tatze
6 Pranke
Pfriem
4 Ahle
Pfropfen
4 Kork
6 Korken, Zapfen
8 Stoepsel
Pfründe
5 Widum
7 Benefiz
8 Pfarrgut
Pfuhl
5 Sumpf
7 Pfuetze, Tuempel

Pfuscher
6 Sudler
7 Murkser
8 Boenhase, Stuemper
9 Dilettant
Pfütze
5 Lache, Pfuhl
Phäakenkönig
8 Alkinoos
Phantasie
7 Fiktion
8 Trugbild
10 Einbildung, Traeumerei
11 Vorstellung
12 Hirngespinst
14 Erfindungsgabe
phantasiearm
9 prosaisch
phantasiearmer Mensch
9 Prosaiker
Phantasiekomposition
9 Impromptu
phantasielos
9 nuechtern
phantasieren
7 spinnen
8 traeumen
10 delirieren, fabulieren, schwaermen
Phantast
8 Traeumer
10 Romantiker, Schwaermer
phantastisch
9 traumhaft, wunderbar
10 unwirklich
11 unglaublich
phantastische Erzählung
8 Groteske
Pharaonengrab
8 Pyramide
Pharaonennamen
5 Menes
6 Cheops, Ramses
9 Thntmosis
Pharmazeut
9 Apotheker
Phase
7 Stadium
des Erdtrabanten
7 Neumond
8 Vollmond
eines sportlichen Wettbewerbs
9 Durchlauf
philatelistisches *Sammelobjekt*
5 Marke
9 Fehldruck
10 Briefmarke
15 Postwertzeichen
Philippika
8 Hassrede
9 Kampfrede, Strafrede
10 Standpauke
Philippinen
Amtssprache
8 Pilipino
Bevölkerung
5 Bicol, Iloco, Moros
6 Bontok, Ifugao
7 Bisayas, Tagalen
8 Igoroten
9 Filipinos, Ilongoten
11 Philippiner
Fluss
7 Cagayan
Halbinsel Mindanaos
9 Zamboanga
Hauptstadt
6 Manila
10 Quezon City
Inselgruppe
4 Sulu
Inseln
4 Cebu
5 Bohol, Leyte, Luzon, Panay, Samar
6 Negros
7 Masbate, Mindoro, Palawan
8 Mindanao
Politiker
5 Ramos, Roxas
6 Laurel, Marcos
Politikerin
6 Aquino
Sprachen
5 Bocol, Iloco
7 Cebuano, Tagalog
8 Pilipino
Staatssprache
7 Tagalog
Städte und Orte
4 Cebu, Mati
5 Davao, Pasay
6 Butuan, Iligan, Iloilo, Kalibo, Kiamba, Tarlac
7 Angeles, Bacolod, Dipolog
8 Batangas, Cotabato
9 Zamboanga
12 Cagayan de Oro
Urbevölkerung
4 Aeta
8 Negritos
US-amerikanische Stützpunkte
5 Clarc, Subic
Vulkane
3 Apo
5 Mayon, Pulog, Thaal
8 Urdaneta
Währung
4 Peso
7 Centavo
Philistergott
9 Beelzebub
Philosoph
6 Denker
des Byzantischen Reichs
7 Plethon
des Redestreits
9 Eristiker
im späten Mittelalter
8 Mystiker
philosophische Lehren
6 Mystik
7 Deismus, Gnostik
8 Hylismus, Monismus, Symbolik
9 Dialektik, Dualismus, Realismus, Scotismus, Sophistik, Utilismus
10 Empirismus, Humanismus, Idealismus, Metaphysik, Nihilismus, Scholastik, Stoizismus
11 Pantheismus
12 Nominalismus, Relativismus
13 Rationalismus
14 Subjektivismus
16 Existentialismus, Existenzialismus
Phlegma
8 Indolenz
9 Lethargie, Traegheit
Phönizier
6 Punier
8 Sidonier
phönizische(r, s)
Bergfeste
4 Eryx
Göttin
5 Anath
Kolonie
7 Amathus
König
6 Agenor
Name der Dido
6 Elissa
Siedlungen in Afrika
5 Hippo
Städte
5 Sidon, Tyros, Tyrus, Utica
6 Byblos
8 Karthago
Phosphorsäuresalz
8 Phosphat
Phrase
7 Floskel
9 Redensart
phrygische(r)
Gott
5 Attis
8 Sabazios
Göttin
6 Kybele
König
8 Tantalus
Königsname
7 Gordios
Königstochter
8 Tekmessa
Name der Kybele
8 Agdistis
Sagenkönig
5 Midas
Stadtbewohner
8 Kolosser
physikalische(r)
Ausstrahlung
8 Emission
Grundgröße
5 Masse

Kennwert
8 Machzahl
Krafteinheit
6 Newton
Pianisten
4 Anda, Foss
5 Arrau, Demus, Field, Gulda, Liszt
6 Gilels, Kempff, Serkin
7 Albeniz, Brendel, Cliburn, Cziffra, Richter
8 Askenase, Backhaus, Horowitz
9 Bernstein, Fleischer, Gieseking
10 Rubinstein
11 Rachmaninow
Pianistinnen
3 Ney
4 Haas
5 Kowal, Kraus, Wieck
6 Haskil
7 Carreno, Kolessa, Mildner
8 Margalit, Schumann
Pickel
4 Akne
6 Pustel
8 Mitesser
piesacken
7 foltern, martern, quaelen
8 peinigen
12 schikanieren
Pigment für Malerfarben
9 Bleiweiss
Pigmentmangel
10 Albinismus
Pik im deutschen Kartenspiel
8 Schippen
pikant
7 wuerzig
9 anreizend, prickelnd
Pilgerfahrt nach Mekka
4 Hadj
4 Hadsch
Pilgerreise
9 Wallfahrt
Pilgerväterschiff
9 Mayflower
Pilotenkabine
6 Kanzel
7 Cockpit
Pilzbelag im Mund
4 Soor
Pilzblättchen
7 Lamelle
Pilze
6 Bofist, Bovist, Fungus, Marone, Reherl
7 Kuhmaul, Kuhpilz, Lorchel, Morchel, Parasol, Porling, Rehling, Reizker
8 Egerling, Eierpilz, Erdstern, Gelbling, Hasenohr, Mehlpilz, Perlpilz, Reifpilz, Rotkappe, Tintling, Trueffel
9 Braetling, Graukappe, Gruenling, Krempling, Milchling, Roehrling, Steinpilz, Taeubling
10 Becherling, Birkenpilz, Butterpilz, Champignon, Dotterpilz, Hallimasch, Herrenpilz, Panterpilz, Ritterling, Satanspilz, Schirmling, Schirmpilz, Speisepilz, Ziegenbart
11 Eierschwamm, Fliegenpilz, Pfifferling, Schmierling, Schwindling, Stoppelpilz, Ziegenlippe
12 Habichtspilz, Schwefelkopf
13 Herbstlorchel, Kapuzinerpilz
14 Herbsttrompete
16 Maronenroehrling
tötendes Mittel
8 Fungizid
Pilzfäden
5 Myzel
8 Myzelium
pilzförmiger Gesteinskörper
6 Diapir
Pilzgift
6 Cholin
8 Amanitin
Pilzkrankheit
8 Teigmaul
der Gerste
9 Hartbrand
Pilzkreis
8 Feenring
9 Hexenring
Pilzkunde
9 Mykologie
Pilzkundler
8 Mykologe
Pilznahrung von Insekten
8 Ambrosia
Pilzoberteil
3 Hut
Pilzvergiftung
10 Myzetismus
Pimpernuss
8 Pistazie
Piniensamenkern
8 Pignolie
Pinscherrassehund
7 Rattler
Pinte
6 Kneipe, Stampe
9 Bierlokal, Kaschemme
Pionier
der Hochdruckdampfmaschine
5 Alban
der Raketentechnik
5 Nebel
der Wetterkunde
7 Assmann
des Automobilbaus
4 Benz
5 Horch
7 Daimler
Pionierfahrzeug
9 Sturmboot
Piratenwaffe
9 Enterbeil
Pistazie
9 Tunisnuss
Piste beim Skilanglauf
5 Loipe
Pistole
4 Colt
8 Browning, Terzerol
Pistolentasche
7 Halfter, Holster
pittoresk
9 malerisch
Pityuseninsel
5 Ibiza
Piva
7 Bagpipe, Musette
9 Cornemuse, Dudelsack
Plage
4 Last, Pein, Qual
5 Elend, Muehe, Uebel
6 Leiden, Tortur
11 Anstrengung
Plagegeister
6 Druden
Plakat
7 Affiche
8 Anschlag
plakatartiges Bild
6 Poster
Plakette
8 Medaille
Plan
4 Idee
5 Karte
6 Schema, Skizze
7 Absicht, Entwurf, Konzept, Projekt
8 Anschlag, Programm, Regelung, Vorhaben
9 Grundriss, Intention, Zeichnung
10 Einteilung, Uebersicht
Planbild
5 Karte
Plane
10 Persenning
planetarische Erscheinung
9 Ringnebel
Planeten
4 Erde, Mars
5 Venus
6 Merkur, Neptun, Saturn, Uranus
7 Jupiter
Planetenbegleiter
4 Mond
7 Trabant
8 Satellit
Planetenwendepunkt
6 Apside
Planetoiden
4 Amor, Eros, Juno
5 Ceres, Vesta

6 Adonis, Apollo, Hermes, Pallas
7 Ganymed, Hidalgo
8 Angelina, Virginia
10 Geographos

planieren
8 einebnen
11 flach machen

Planierraupe
9 Bulldozer

Planierung
9 Einebnung

Planke
5 Bohle, Brett

planmäßiges Vorgehen
6 Taktik
7 Methode

Planskizze
5 Kroki

planvoller Gestalter
9 Arrangeur

plastische(s)
Brustbild
6 Bueste
Figur
6 Statue
9 Standbild, Statuette

Platinmetalle
6 Osmium
7 Iridium, Rhodium
9 Palladium, Ruthenium

Platons Lehrer
8 Sokrates

platt
3 fad
4 eben, fade, plan
5 banal, flach, plump
6 seicht
7 trivial, witzlos
8 geistlos
12 abgedroschen

plattdeutscher Dichter
5 Garbe, Groth
6 Budich
9 Brinckman

Platte
6 Fliese, Kachel, Teller
9 Untersatz

plätten
7 buegeln

Plattenseeabfluss
3 Sio

Plattenspieler
9 Grammofon
10 Grammophon

Plattenspieler-Störgeräusch
3 Wow
6 Jaulen
7 Flutter, Rumpeln

Plattfische
4 Butt
5 Zunge
7 Aalbutt, Ebarmen, Flunder, Limande, Scharbe, Scholle, Tarbutt
8 Goldbutt, Graubutt, Haarbutt, Heilbutt, Hornbutt, Kliesche, Rotzunge, Seezunge
9 Steinbutt, Weserbutt
10 Zungenbutt
11 Pferdezunge

Plattform
am Haus
8 Terrasse
am Schiffsmast
4 Mars

Plättgeräte
5 Rolle
6 Mangel
11 Buegeleisen

Plattheit
10 Platituede
11 Plattituede
12 Trivialitaet

Plättwalze
5 Rolle

Platz
3 Ort
4 Feld, Rang, Raum, Sitz
5 Place
6 Piazza, Square, Stelle
7 Flaeche, Staette
8 Quartier
9 Spielfeld
im Auto
4 Fond
9 Ruecksitz
im Zuschauerraum
4 Sitz
in Berlin
4 Alex
14 Alexanderplatz
in München
7 Stachus
in Paris
8 Marsfeld

Platzbestimmung
8 Lokation

Platzdeckchen
3 Set

platzen
7 bersten, knallen
9 krepieren
10 detonieren
11 explodieren, zerspringen

Platzmiete
9 Standgeld

Plauderei
7 Plausch
9 Small talk
12 Konversation

Plauderer
7 Causeur

plaudern
10 fabulieren

Pleite
7 Blamage, Konkurs
8 Bankrott, Reinfall

Plejaden
4 Maia
6 Merope
7 Alkyone, Elektra, Kelaino, Sterope, Taygete

plötzlich
4 jaeh
6 abrupt
9 jaehlings, ruckartig
10 blitzartig, sprunghaft
11 schlagartig, unversehens
12 unvermittelt
aufkommender Gedanke
9 Eingebung
auftretend
4 akut

plötzliche(r)
heftige Luftbewegung
7 Windboe
Zornausbruch
9 Wutanfall

plump
4 derb
9 boeotisch
10 unhoeflich
11 toelpelhaft

plumpe Lüge
7 Ausrede

Plumplori
5 Pukan
6 Pukang

Plunder
4 Kram, Tand
6 Ramsch, Tinnef
7 Gelumpe, Krempel, Troedel
10 Krimskrams

Plünderer
8 Marodeur

plündernder Nachzügler
8 Marodeur

Plünderung
6 Rapuse

Plüschart
6 Velpel

Plüschgewebe
6 Mokett
8 Sealskin
9 Astrachan

Pluspunkt
9 Positivum

Po-Zuflüsse
3 Mae
4 Adda, Arda, Dora, Enza, Nura, Orco, Reno, Taco, Taro
5 Banne, Grana, Lonoa, Maira, Matra, Oglio, Parma, Sesia
6 Agogne, Bianco, Brenta, Chiese, Curone, Lambro, Lemina, Mincio, Ongina, Panaro, Tanaro, Tessin, Ticino
7 Chisola, Chisone, Metette, Rifiuto, Sangone, Scrivia, Trebbia
8 Crostola, Giandone, Staffora

Pöbel
3 Mob
4 Pack
5 Masse, Plebs
6 Bagage
7 Gesocks

8 Gesindel
9 Gelichter

pochen
7 klopfen

Pocher an der Haustür
9 Anklopfer

Pocken
8 Variolae, Variolen

Poet
5 Barde
6 Skalde
7 Dichter

Poetik
9 Verskunst

poetisch
11 dichterisch

poetisch für:

Adler
3 Aar

Atem
4 Odem

Bauer
7 Saemann

Boot
6 Nachen

Braut
7 Gespons

Bräutigam
7 Gespons

Brunnen
4 Born
5 Bronn, Brunn
7 Bronnen

Diamant
6 Demant

Dichter
9 Musensohn

Duft
4 Arom

Erde
9 Erdenrund

Fährmann
5 Ferge

Fehlerkette
6 Irrsal

Felder
7 Gefilde

Flügel
7 Fittich

Frühling
4 Lenz
9 Rosenzeit

Gatte
7 Gespons

Gattin
7 Gespons

Gefahr
7 Fahrnis
8 Faehrnis

gegen
3 gen

gelb gefärbt
4 gilb

Geliebte
5 Buhle

Geliebter
5 Buhle

Geruch
4 Ruch

Glanz
5 Glast
6 Gleiss

Hafen
4 Port

Halbdunkel
7 Daemmer

Heuchler
8 Gleisner

Himmelsblau
4 Azur

Jugend
9 Lebensmai

kleine Insel
6 Eiland

kleiner Wald
4 Hain

Krieger
6 Kaempe

Küste
7 Gestade

Leinen
6 Linnen

Löwe
3 Leu

Mädchen
4 Maid

Mensch
9 Erdenkind

Menschheit
9 Erdenvolk

Nachtigall
9 Philomela, Philomele

Nadelwald
4 Tann

Natur
9 Allmutter

Planet Erde
9 Erdenrund

Quelle
4 Born

Schimmer
6 Gleiss

Soldat
6 Kaempe

Tod
8 Heimgang

Träne
6 Zaehre

Ufer
7 Gestade

Unklarheit
6 Irrsal

Verwicklung
7 Wirrung

Viehhüter
5 Hirte

Wanderer
6 Waller

Wein
9 Rebensaft

Wohlgeruch
4 Arom

Zimmer
6 Gemach

Zweig
3 Ros
4 Reis

pointierte Kurzgeschichte
8 Anekdote

pointiertes Geschichtchen
4 Witz

Pokal
3 Cup
5 Kelch
6 Becher
7 Gobelet

Pökelflüssigkeit
4 Lake
13 Heringsbruehe

Pokerspielbegriffe
4 Paar
5 Flush
7 Triplet
8 Full Hand, Straight
9 Full House
13 Straight Flush

Pol
8 Erdachse
9 Drehpunkt
11 Mittelpunkt

polare

Eisdecke
9 Inlandeis

Erscheinung
7 Meereis
8 Eisblink
9 Nordlicht

Polarforscher
7 Wegener

Polargebiete
6 Arktis
9 Antarktis

Polargewässer
7 Eismeer

Polarlicht
6 Aurora, Aurore

Polarschiff Nansens
4 Fram

Polarstern
8 Kynosura
9 Nordstern
11 Kleiner Baer

Polartiere
5 Robbe
7 Eisbaer, Pinguin, Walross
9 Blaufuchs, Polarhund

Polder
3 Kog
4 Koog

Poldergebiet
6 Purmer
8 Beemster
9 Wieringen

Polen

Adelsgeschlechter
7 Piasten
8 Ostrorog
9 Schlachta
10 Jagellonen

Anrede: Frau
4 Pani

Anrede: Herr
3 Pan

Anrede: Herrin
4 Pani

Arzt
8 Zamenhof
Bauer
5 Panje
Beskidenbewohner
6 Gorale
Dichter
3 Lec, Pol, Rej
4 Prus
5 Asnyk, Staff, Tuwim
6 Brycht, Hlasko, Mrozek
7 Reymont, Wybicki
8 Krasicki, Rozevicz, Slowacki
9 Slonimski
10 Nowakowski
Dirigenten
7 Kletzki, Rowicki
Dramatiker
6 Fredro
9 Krasinski
11 Boguslawski
Flächenmaße
5 Wloka
6 Morgow
Flüsse
3 Bug, Ner, San
4 Nida, Obra
5 Bzura, Narew, Wasta, Wista
6 Pilica, Prosna, Warthe
8 Weichsel
Fürsten
7 Kasimir, Oginski
Gebirge
8 Beskiden, Karpaten
9 Hohe Tatra
Geiger
8 Lipinski
Geigerin
8 Bacewicz
Gemeindevorstand
7 Starost
Generäle
3 Bem
9 Pilsudski
Gewicht
3 Lut
Hauptstadt
8 Warschau, Warszawa
Herrscherhaus
7 Piasten
Höhenzug
8 Roztocze
Kardinal
5 Glemp
9 Wyszynski
Komponisten
5 Baird, Marek
6 Chopin, Elsner, Spisak
7 Gomolka, Kletzki
8 Panufnik, Zelenski
9 Fitelberg, Kamienski, Karlowicz, Leopolita, Moniuszko
10 Moszkowski, Penderecki
Könige
7 Kasimir
8 Jagiello
9 Wladislaw
10 Stanislaus
Königin
7 Jadwiga
Landrat
7 Starost
Landschaften
8 Galizien, Kujawien, Masowien
10 Pomesanien
11 Pommerellen
Maler
5 Falat, Kobro
6 Kantor, Kossak
7 Berlewi, Eibisch, Matejko, Norblin
8 Orlowski
Nationalheiliger
10 Stanislaus
Nobelpreisträger für Frieden
6 Walesa
Nobelpreisträger für Literatur
7 Reymont
11 Sienkiewicz
Parlament
4 Sejm
Philosoph
8 Ingarden
Physiker
6 Infeld
Pianist
6 Chopin
Politiker
4 Beck
5 Kania
6 Gierek, Walesa
7 Gomulka, Rapacki
8 Suchocka
9 Jablonski, Pilsudski
10 Jaruzelski
Pony
5 Konik
Prediger
6 Skarga
Provinz
12 Woiwodschaft
Provinzbeamter
6 Woiwod
7 Woiwode
Regisseure
6 Dejmek
8 Polanski
Ruderboot
7 Dubasse
Sänger
7 Kiepura
Sängerin
8 Sembrich
Schnürrock
8 Pekesche
9 Tschamara
Schriftsteller
3 Lam, Lem, Wat
4 Prus
5 Breza, Gruda, Nazyk, Pasek, Tuwim
6 Berent, Hlasko, Milosz, Mrozek, Norwid
7 Brandys, Kosmian, Potocki, Reymont, Tyrmand, Wittlin
8 Felinski, Konwicki, Kosinski, Rudnicki, Slowacki, Zapolska, Zeromski
9 Dabrowska, Jasienski, Odojewski
10 Kraszewski
11 Sienkiewicz
Schriftstellerinnen
6 Kossak
8 Zapolska
9 Dabrowska
Städte
3 Buk
4 Kolo, Kulm, Lodz
5 Konin, Kutno, Lissa, Lomza, Nisko, Plock, Posen, Radom, Thorn, Torun
6 Berent, Gnesen, Kielce, Kolmar, Konitz, Kosten, Krakau, Lodsch, Lublin, Samter, Tarnow
7 Bielitz, Gdingen, Kalisch, Rzeszow, Siedlce
8 Bromberg, Dirschau, Graudenz, Petrikau, Przemysl, Sandomir, Warschau, Zakopane
9 Auschwitz, Bialystok, Kattowitz, Sosnowiec, Tarnowitz, Tomaschow
13 Tschenstochau
Stummfilmdiva
5 Negri
Tänze
6 Oberek
7 Masurka, Mazurek, Mazurka
8 Kujawiak
9 Krakowiak
Turnverein
5 Sokol
Ulanenmütze
6 Czapka
Währung
5 Grosz, Zloty
6 Groszy
Zeichner
6 Lenica

polieren
8 glaetten
9 schleifen

Poliergerät
8 Lapidaer

Poliermittel
7 Politur
9 Bimsstein

politisch
aktive Partei
7 Faktion
Bedrängte
9 Verfolgte
lenken
8 regieren

neutral
9 parteilos
Radikale
6 Ultras
7 Chaoten
politische(r, s)
Abenteurer
9 Desperado
Aktion
8 Campagne, Kampagne
Anschlag
8 Attentat
Ansprache
8 Wahlrede
Außenseiter
13 Nonkonformist
Bewegung auf Kuba
9 Fidelismo
Bündnis
4 Pakt
Chaos
8 Anarchie
Club
9 Jakobiner
Extremist
5 Ultra
9 Radikaler
Extremisten
8 Radikale
Gemeinwesen
5 Staat
Gewalttäter
9 Terrorist
Gremium
9 Parteirat
Grundvorstellung
9 Ideologie
Gruppe
8 Fraktion
Handstreich
6 Putsch
Hetze
9 Agitation, Demagogie
Hetzer
8 Agitator
Machthaber
8 Caudillo
Mordanschlag
8 Attentat
Parlamentsgruppe
8 Fraktion
Polizei Frankreichs
6 Sûreté
Programm
8 Manifest
Schriftsteller
9 Publizist
Umsturz
10 Revolution
Veranstaltung
9 Parteitag, Staatsakt
Vereinigung
6 Partei
Volk
6 Nation
Vorherrschaft
9 Hegemonie
Werberedner
8 Agitator
Werbung
9 Agitation
10 Propaganda
Zusammenschluss
6 Partei
Politur
5 Glanz
7 Schliff
Polizei
7 Polente
Polizeibeamter
6 Schupo
7 Gendarm
10 Schutzmann
12 Wachtmeister
abwertend
3 Cop
5 Bulle, Polyp
im alten Rom
5 Aedil
in England
5 Bobby
9 Constable
10 Konstabler
in Frankreich
4 Flic
7 Gendarm
in Italien
11 Karabiniere
Polizeichef in den USA
7 Sheriff
Polizeidienststelle
6 Revier
Polizeifessel
11 Handschelle
Polizeigewahrsam
4 Haft
Polizeihelm
7 Tschako
polizeiliche Großaktion
6 Razzia
Polizeiorganisation
8 Interpol
Polizeipatrouille
7 Streife
Polizeispitzel
8 Vigilant
Polizeistunde
9 Sperrzeit
Polizeiwache
6 Revier
Pollen am Bienenbein
8 Hoeschen
Polster
6 Kissen, Pfuehl
8 Matratze
Polstermaterial
4 Akon, Werg
5 Afrik, Kapok, Watte
6 Daunen, Federn
7 Seegras
8 Gurtband, Rauhaare, Rosshaar
9 Federkern, Holzwolle
11 Schaumgummi, Schaumstoff
Polstermöbel
4 Sofa
5 Couch, Diwan
6 Sessel
7 Kanapee
8 Fauteuil
11 Chaiselonge
Polynesien
Alltägliches
3 Noa
Geheimbund
6 Dukduk
Holzfigur
4 Tiki
Inseln
4 Wake
5 Samoa, Tonga
6 Hawaii, Jarvis, Malden, Tubuai
7 Howland, Tokelau, Tuamotu
8 Manihiki, Starbuck
Kultstätte
5 Marae
Rindenstoff
4 Tapa
Steinfigur
4 Tiki
Steinplattform
3 Ahu
Polypenglied
7 Fangarm
8 Tentakel
Pomade
8 Haarfett
11 Brillantine
Pomeranze
7 Chinois
Pommern
Berge
8 Dombrowa, Klorberg
9 Barenberg, Steinberg
12 Kloensteiner
Flüsse
4 Ihna, Leba, Oder, Rega
5 Lupow, Peene
6 Grabow, Stolpe, Wipper
8 Persante
Hauptstadt
7 Stettin
Inseln
3 Oie
6 Ruegen, Usedom, Wollin
Seebäder
4 Binz, Deep, Wiek
6 Bansin, Eldena, Sellin
7 Ahlbeck, Goehren, Kolberg, Misdroy
8 Sassnitz
9 Zinnowitz
10 Bodenhagen
11 Henkenhagen, Stolpmuende, Swinemuende
Seen
7 Lebasee
8 Maduesee
9 Garder See, Kamper See
11 Buckower See, Jamunder See, Jassener See, Lantower See, Vietzker See

Städte
4 Leba
5 Gartz, Labes, Stolp
6 Anklam, Bansin, Buetow, Demmin, Eldena, Kammin, Polzin, Pyritz
7 Altdamm, Belgard, Gollnow, Grimmen, Koeslin, Kolbatz, Kolberg, Naugard, Schlawe, Stettin, Treptow, Wolgast
8 Pasewalk, Stargard
9 Lauenburg, Stralsund
10 Greifswald, Neustettin, Regenwalde
11 Freienwalde, Greifenberg, Ruegenwalde, Schivelbein, Swinemuende
13 Schneidemuehl

Pomologie
9 Obstkunde

Pomp
5 Prunk
6 Pracht
9 Gepraenge

Popmusik
4 Beat

Popmusikbegeisterter
7 Beatfan

populäres Lied
8 Schlager

Portal
3 Tor

Portemonnaie
6 Boerse
10 Geldboerse

Portier
9 Pfoertner
10 Tuerhueter, Tuersteher

Portion
4 Part, Teil
5 Dosis
6 Anteil, Stueck
8 Partikel

Portmonee
6 Boerse
10 Geldboerse

portofrei
6 franko

Portosatz
9 Frankatur

Porträt
4 Bild
7 Bildnis
9 Konterfei

Porträtfoto
9 Brustbild

Portugal

Adelsgeschlecht
8 Braganca, Braganza

Adelstitel
7 Fidalgo

Anrede: Frau
7 Senhora

Anrede: Fräulein
9 Senhorita

Anrede: Herr
6 Senhor

Architekten
6 Arruda, Boytac
9 Fernandes

Arzt
5 Moniz

Außenbesitzungen
5 Macao
6 Azoren
7 Madeira

Besitzungen
3 Diu, Goa

Bevölkerung
11 Portugiesen

Dessertweine
7 Madeira
8 Portwein

Dichter
3 Gil
4 Lobo, Melo
5 Quita, Silva
6 Camoes, Dantas, Falcao
7 Garrett, Menezes, Quental, Ribeiro, Vicente
8 Castilho, Ferreira, Pessanha
9 Bernardes, Herculano

Distrikte
4 Beja, Faro
5 Braga, Evora, Porto, Viseu
6 Aveiro, Guarda, Leiria
7 Coimbra, Setúbal
8 Braganca, Lissabon, Santarém, Vila Real
10 Portalegre
13 Castelo Branco
14 Viana do Castelo

Entdecker
3 Cao
4 Diaz, Gama
6 Cabral, Eannes, da Gama
8 Magellan
9 Goncalves, Magalhaes

Eroberer
7 Almeida

Flüsse
3 Tua
4 Sado, Tejo
5 Douro
6 Zezere
7 Mondego, Sorraia
8 Guadiana

Gebirge
7 Estrela

Geschichtsschreiber
6 Barros

Habichtsinseln
6 Azoren

Hafenstädte
5 Porto
6 Sagres
7 Setúbal
8 Lissabon

Hauptstadt
8 Lissabon

heilig
3 são

Insel
7 Madeira

Komponisten
4 Cruz
5 Graca
6 Coelho, Rebelo, Seixas
7 Almeida, Cassuto
8 Peixinho

Könige
4 Joao, Karl
5 Pedro
6 Alfons, Manuel, Sancho
7 Alfonso, Emanuel
8 Fernando, Heinrich
9 Ferdinand, Sebastian

Königsschloss
6 Bucado

Landschaften
5 Beira, Minho
7 Algarve
8 Alentejo, Ribatejo
11 Estremadura

Längenmaße
2 Pe
5 Braca

Lied
4 Fado

Maler
5 Vasco
6 Soares, Vieira
7 Alfonso, Botelho
8 Sequeira
9 Goncalves

Mathematiker
5 Nunes

Münzen
5 Dobra
7 Barbuda, Cruzado

Name für: Bergkette
5 Serra

Name für: Insel
4 Ilha

Nationalheld
7 Pereira

Nobelpreisträger
5 Moniz

Politiker
4 Pais
5 Braga, Eanes, Gomes, Lopes, Tomas
6 Soares
7 Caetano, Carmona, Salazar, Spinola

Provinz in China
5 Macao, Macau

Sänger
7 Andrade

Schriftsteller
5 Braga, Gomes, Redol, Regio
6 Bocage, Branco, Namora, Penedo
7 Brandao, Ribeiro

Seefahrer
4 Diaz, Gama
6 Cabral
9 Cortereal, Magalhaes

Städte und Orte
4 Beja, Faro, Ovar
5 Braga, Evora, Lagos, Porto, Sines
6 Almada, Aveiro, Lamego, Oporto, Orense, Sagres, Sintra
7 Amadora, Cascais, Coimbra, Covilha, Estoril, Setúbal
8 Abrantes, Barreiro
9 Albufeira
Süßwein
6 Madera
Währung
4 Cent, Euro
Wahrzeichen Lissabons
12 Turm von Belem
Wallfahrtsort
6 Fatima
Portulakgewächs
7 Lewisia, Talinum
9 Claytonie
Porzellanerde
6 Kaolin
Porzellanmanufakturen
3 Dux
4 Selb, Wien
5 Delft
6 Berlin, Sèvres
7 Hoechst, Limoges, Meissen
10 Kopenhagen
11 Frankenthal, Nymphenburg
12 Fuerstenberg
Porzellanmodelleur
8 Bustelli
Porzellanschnecke
5 Kauri
Porzellanstadt
an der Elbe
7 Meissen
in den Niederlanden
5 Delft
in Frankreich
6 Sèvres
Position
4 Lage
6 Stelle
7 Station
8 Standort, Stellung
Positionen wechseln
9 rochieren
positive(s)
Elektrode
5 Anode
7 Pluspol
Entwicklung
9 Besserung
Ergebnis einer Bemühung
6 Erfolg
Possen
5 Farce
6 Scherz, Unsinn
7 Schwank, Streich, Torheit
8 Allotria, Burleske, Drolerie, Eskapade, Komoedie, Narretei, Schnurre
9 Firlefanz
11 Schabernack
possenhaft
7 burlesk, komisch, skurril
Possenreißer
4 Bobo, Narr
5 Mimus
7 Bajazzo, Hofnarr, Mimiker
8 Hansnarr, Hanstaps, Harlekin
9 Hanswurst
postalische(r, s)
Begriff
6 Inland
Formblatt
9 Zahlkarte
Posten
auf Deck
9 Bordwache
einer Liste
8 Position
Postenaufenthaltsraum
9 Wachlokal, Wachstube
Postenkette
6 Kordon
Postgebühr
5 Porto
Postkutscher
9 Postillon
10 Postillion
Postmeister Maximilians I.
5 Taxis
Postschiff
9 Paketboot
Postschnellsendung
8 Eilbrief, Eilpaket
Postschnellzusteller
7 Eilbote
Postsendungen
5 Brief, Karte, Paket
8 Eilbrief, Luftpost, Rohrpost
9 Anweisung, Geldbrief, Kursbrief, Nachnahme, Paeckchen, Phonopost, Postkarte, Telebrief, Telegramm, Wertbrief, Wertpaket, Zahlkarte
10 Drucksache, Warenprobe
12 Einschreiben, Mischsendung, Schnellpaket, Ueberweisung, Warensendung
Postwertzeichen
5 Marke
9 Freimarke
10 Briefmarke
Postzusteller
12 Brieftraeger
Pracht
4 Pomp
5 Glanz, Prunk
7 Aufwand
9 Gepraenge
Prachteingang
6 Portal
Prachtexemplar
11 Kaventsmann
Prachtfink
5 Nonne
8 Moewchen
9 Reisvogel
Prachtgebäude
6 Palais, Palast
7 Palazzo, Schloss
8 Prunkbau
prächtig
5 famos, prima
6 feudal, superb
7 kostbar, opulent, pompoes, sueperb
8 blendend, brillant, herrlich, splendid
9 fulminant, glaenzend, prunkvoll
10 grossartig, prachtvoll
prächtige(s)
Grabmal
9 Mausoleum
Torwartaktion
6 Parade
11 Robinsonade
Prachtkutsche
7 Karosse
Prachtstraße
5 Korso
6 Avenue
7 Avenida
in Paris
13 Champs-Elysées
Prachtstube im holsteinischen Bauernhaus
5 Pesel
Präfix
siehe: Vorsilbe
Prag
Autor
6 Kaffka
7 Urzidil
Burg
9 Hradschin
in der Landessprache
5 Praha
Stadtteile
6 Karlin
9 Hradschin
10 Josefstadt
Prägeform
5 Mater
Prägestempel
6 Stanze
Prägestock
7 Matrize, Patrize, Stempel
prähistorische(r, s)
Begräbnisplätze
7 Tumulus
9 Urnenfeld
10 Hockergrab, Huegelgrab, Huenengrab
Beil
4 Kelt
Fundorte
5 Nydam

6 Buchau, La Tène
7 Hallein
8 Altamira, Aurignac
9 Cro-Magnon, Hallstatt, Trundholm
10 Heidelberg, Neandertal, Willendorf

Gegenstand
8 Artefakt

Geräte
5 Fibel
9 Faustkeil, Steinbeil

Grabbau
6 Dolmen

Heiligtum in Südengland
10 Stonehenge

Hügel in Amerika
5 Mound

Hügelgrab
5 Cairn
7 Tumulus

Indianerkultur
8 Mogollon

Menschen
8 Aurignac
9 Cro-Magnon
12 Neandertaler, Pekingmensch

Türme auf Sardinien
7 Nuragen

Werkzeug
8 Artefakt, Steinaxt
9 Faustkeil

prahlen
7 angeben, protzen
11 renommieren

prahlend
10 ostentativ

Prahler
5 Protz
7 Angeber
8 Maulheld
9 Bramarbas, Flunkerer, Grossmaul, Renommist
12 Aufschneider, Eisenfresser, Schwadroneur
15 Schaumschlaeger

Prahlerei
6 Angabe, Blague
8 Aufheben

Praktikum des Medizinstudenten
9 Famulatur

praktizierender Medizinstudent
8 Kliniker

Pralinenfüllung
5 Nugat
6 Nougat
7 Krokant

Pralinenpackung
11 Bonbonniere

Pralltriller
9 Schneller

Prämie
8 Zuschuss
9 Belohnung, Zuwendung
13 Gratifikation

für gesuchte Verbrecher
8 Kopfgeld

Prämienzuschlag
5 Malus

Pranke
5 Klaue, Pfote, Tatze

Präposition
15 Verhaeltniswort

Prärieindianer
4 Cree, Pani
5 Kiowa
6 Pawnee

Präriepferd
7 Mustang

Präriewolf
6 Cojote, Coyote, Kojote

Präsent
4 Gabe
8 Geschenk

Präsidentenpalast in Paris
6 Elysée

präzise
4 klar
5 exakt, genau
8 treffend
10 puenktlich

präzises Justieren
7 Eichung

Präzisionsabformung
8 Feinguss

Präzisionsuhr
11 Chronometer

Predigerstand
6 Kanzel

Predigtbuch
8 Postille

Predigtlehre
9 Homiletik

Predigtsammlung
8 Homiliar

Predigtschluss
4 Amen

Pregel-Mündungsarm
5 Deime

Pregel-Quellfluss
6 Inster

Pregel-Zuflüsse
4 Alle, Auer, Ilme
5 Deime, Droje, Nehne, Pissa
6 Auxine, Inster
8 Angerapp

Preisanstieg
6 Hausse
8 Teuerung

Preisaufschlag
5 Ekart

preisendes Gesangsstück
7 Loblied

preisendes Lied
9 Lobgesang

Preisgabe
6 Rapuse, Verrat
7 Aufgabe
9 Entsagung

Preisgericht
4 Jury

Preisgrenze
5 Limit

Preislied Marias
10 Magnifikat

Preisnachlass
5 Abzug
6 Rabatt, Skonto
7 Diskont
8 Eskompte
12 Ermaessigung, Verbilligung

Preisrichter
5 Juror

Preissatz für Leistungen
5 Tarif

Preisschildchen
7 Etikett
8 Etikette

Preistreiberei
6 Wucher
9 Wuchertum

Preisunterbietung
7 Dumping

Preisverzeichnis
5 Tarif

preiswert
6 billig

Presseerzeugnisse
7 Gazette, Journal, Magazin, Zeitung
11 Zeitschrift
12 Illustrierte

Pressefeldzug
8 Campagne, Kampagne

Presskohle
7 Brikett
9 Pressling

Pressrückstand
7 Bagasse

Pressstoff
4 Filz

Pressvorrichtung
7 Spanner

Prestige
7 Ansehen, Geltung
8 Renommee

Preuße
7 Borusse

Preußen

Adelsgeschlechter
5 Arnim
6 Buelow
8 Bismarck
10 Hindenburg
12 Hohenzollern

Baumeister
7 Boumann
8 Eosander

Feldmarschälle
4 Roon
6 Moltke
7 Wrangel
8 Bluecher

Freikorpsführer
6 Schill
7 Luetzow

Generäle
4 Roon
5 Boyen, Goltz, Yorck
6 Kleist, Moltke, Zieten

7 Gerlach, Wrangel, Ziethen
8 Bluecher, Seydlitz
9 Gneisenau
10 Clausewitz, Schlieffen
11 Scharnhorst
Generalfeldmarschälle
9 Gneisenau, Knesebeck
Gesetzbuch
9 Landrecht
Gräfin
8 Doenhoff
Könige
7 Wilhelm
9 Friedrich
16 Friedrich Wilhelm
Königin
5 Luise
Lanzenreiter
9 Bosniaken
Major
7 Luetzow
Münzen
13 Friedrichsdor
14 Silbergroschen
Offiziere
5 Keith
6 Schill
7 Wrangel
9 Waldersee
Politiker
4 Falk, Motz, Roon
5 Lette, Stein
6 Bucher, Bunsen, Carmer, Goertz, Miquel, Schoen, Vincke
7 Caprivi, Maassen
8 Ancillon, Bismarck, Humboldt
9 Eulenburg
10 Hardenberg
Reformator
9 Poliander
prickeln
8 kribbeln
prickelnd
6 pikant
8 reizvoll, spritzig
9 anreizend
Priester
4 Lama, Pope
5 Pater
6 Kaplan, Pastor
7 Dechant, Pfarrer
8 Kleriker
9 Presbyter
10 Seelsorger
11 Geistlicher
Priesterherrschaft
11 Hierokratie
Priesterin
bei Plato
7 Diotima
der Aphrodite
4 Hero
der Venus
4 Hero
der Vesta
8 Vestalin
in Delphi
6 Pythia
Priestermantel
8 Pluviale
9 Phelonion
Priesterweihe
10 Ordination
Primelgewächse
5 Bunge
7 Aurikel, Samolus
9 Anagallis, Felberich, Gauchheil, Kleinling, Rossspeik, Weiderich
10 Soldanelle
13 Alpenveilchen, Gilbweiderich
15 Schluesselblume
primitive(r, s)
Hütte
7 Kabache, Kabacke
Pflanzenkörper
7 Thallus
Waffe
5 Keule
Wasserfahrzeug
7 Einbaum
Zeitmessgerät
7 Sanduhr
Prinzentitel
5 Condé
9 Erzherzog
Prinzessin
aus „1001 Tag"
8 Turandot
von Monaco
8 Caroline
9 Stephanie
von Preußen
4 Kira
6 Amalia
Prinzregent Bayerns
8 Luitpold
Priorität
7 Vorrang
Pripjet-Zuflüsse
3 Lan, Zna
7 Stochod
privater Zusatzunterricht
9 Nachhilfe
Privatier
7 Rentner
10 Pensionaer
Privatkasse
9 Schatulle
Privatkrieg im MA
5 Fehde
Privatmann
9 Privatier
Privatschule
8 Internat
Privatsekretär
Ciceros
4 Tiro
Goethes
9 Eckermann
Friedrichs des Großen
4 Catt
pro
2 je
4 fuer
probat
7 erprobt
Probe
4 Test
6 Muster, Uebung
7 Versuch
8 Pruefung, Spezimen
9 Kontrolle
10 Experiment
Probeabzug
4 Fumé
7 Andruck
Probebohrung
5 Sonde
proben
5 ueben
6 testen
9 versuchen
11 degustieren
13 kontrollieren
Probierhäppchen
9 Kostprobe
Produkt
6 Output
8 Ergebnis, Fabrikat, Resultat
9 Erzeugnis
aus einer Palmenfrucht
9 Kokosfett
der ersten Schur
9 Lammwolle
des Rizinusspinners
9 Eriaseide
gleicher Faktoren
6 Potenz
Produktion
9 Erzeugung, Fertigung
10 Manufaktur
11 Fabrikation, Herstellung
Produktionsgemeinschaft
9 Kollektiv
Produktionsmittel
9 Ressource
Produktionsstätten
4 Werk
6 Fabrik
7 Betrieb
10 Manufaktur
Produzent
8 Erzeuger
9 Fabrikant
10 Hersteller
11 Unternehmer
Professor
bei Heinrich Mann
5 Unrat
der Chemie
6 Gmelin
Profil
9 Riffelung
profilierte(s)
Baumaterial
9 Formstein
Reifenlauffläche
9 Protektor

Profit
6 Ertrag, Gewinn, Nutzen
7 Vorteil
Programmausstrahlung
9 Sendezeit
Programmiersprachen
1 C
5 ALGOL, BASIC, COBOL, EXAPT
7 FORTRAN, Fortran
9 Assembler
Projektil
5 Kugel
8 Geschoss
Projektionsapparate
7 Diaskop, Episkop
9 Projektor
10 Bildwerfer, Epidiaskop
Projektionsfläche
8 Bildwand, Leinwand
prominenter Besucher
9 Ehrengast
Pronomen
8 Fuerwort
Propaganda
7 Reklame, Werbung
Propheten
3 Gad
5 Elias, Elisa, Jonas, Micha, Seher
6 Daniel, Mahner
7 Habakuk, Jeremia, Jesaias, Schauer
8 Elisaeus, Ezechiel, Hesekiel, Jeremias
9 Weissager
10 Verkuender
Prophetin
5 Hanna
7 Seherin
11 Weissagerin
prophetische
Fähigkeit
9 Sehergabe
prophezeien
9 wahrsagen, weissagen
Prophezeiung
6 Orakel
Prosadichtung
4 Saga
5 Roman, Story
7 Novelle
10 Erzaehlung
Prosaerzählung
7 Novelle
Prosawerk
5 Roman, Story
8 Ich-Roman
10 Erzaehlung
14 Kurzgeschichte
Prosperität
9 Wohlstand
9 Schuetzer
Protest
4 Veto
9 Einspruch
10 Verwahrung
12 Verweigerung
Protestanten
9 Calvinist, Hugenotte, Kalvinist
10 Lutheraner
12 Reformierter
protestantisch
10 calvinisch, lutherisch
11 evangelisch
protestantischer Geistlicher
6 Pastor
7 Pfarrer
14 Superintendent
Protestdiskussion
7 Teach-in
Protesthandlung von Häftlingen
7 Bambule
Protestkundgebung
4 Demo
13 Demonstration
Protoplasmafortsatz
7 Dendrit
Prototyp
6 Urbild
9 Inbegriff
Protz
4 Snob
7 Angeber, Prahler
9 Prahlhans
10 Gernegross
provenzalische(r)
Dichter
7 Aubanel
Gemüseeintopf
11 Ratatouille
Minnesänger
10 Troubadour
Speise
8 Garbuere
Tanz
8 Rigaudon
Troubadour
4 Pons
6 Arnaut, Rigaut
7 Aimeric, Bernart
9 Marcabrun
Proviant
6 Vorrat
11 Verpflegung
Provinzen
siehe: entsprechende Länder
Prozessgegner
9 Beklagter
Prozession
5 Umzug
9 Wallfahrt
Prozessionsfigur
8 Palmesel
Prozessteilnehmer
7 Klaeger
Prozessverteidigungsmittel
7 Einrede
prüfen
6 eichen, testen
7 mustern
8 erproben
9 probieren
10 beurteilen, revidieren
12 ausprobieren
Prüfen von Zuchttieren
6 Koeren
Überlegung
9 Erwaegung
Vergleich
9 Abwaegung
Prüfer
7 Revisor
9 Visitator
10 Examinator
11 Durchsucher, Kontrolleur
von Schlachtvieh
9 Beschauer
Prüffahrzeug der Eisenbahn
9 Messwagen
Prüfling
8 Kandidat
9 Doktorand, Examinand, Postulant
zum Diplom
9 Diplomand
Prüfsiegel
6 Testat
Prüfung
4 Test
5 Probe
6 Examen
7 Testung
8 Revision
9 Kontrolle
10 Inspektion
11 Exploration
12 Ueberwachung
am Schlachtvieh
7 Beschau
durch eine Behörde
7 Abnahme
im Griechischen
7 Graecum
im Lateinischen
7 Latinum
im Motorradsport
5 Trial
mehrerer Dinge
9 Vergleich
von Handelsgütern
9 Warentest
von Messgeräten
7 Eichung
Prüfungsarbeit
7 Klausur
Prüfungsprädikat
4 Note
Prüfungsurkunde
6 Diplom
Prügel
4 Haue
5 Hiebe, Keile, Senge
7 Dresche
8 Schlaege
Prügelgeräte
5 Stock
6 Ziemer
7 Knittel
8 Knueppel, Knuettel

prügeln
5 hauen
8 dreschen, schlagen, verhauen
Prügelstrafe
9 Bastonade
Prunk
4 Pomp
5 Luxus, Staat
6 Pracht
Prunkgebäude
9 Prachtbau
prunkhaft
7 pompoes
Prunkhimmel
9 Baldachin
Prunkkutsche
7 Karosse
prunkvoll
6 feudal
9 luxurioes
Prunkwagen
7 Karosse
Psalmengesang
9 Psalmodie
Psalmensänger
8 Psalmist
9 Laudisten
Psalmenzeichen
4 Sela
Psyche
5 Seele
psychisch
8 seelisch
Public Relations
7 Werbung
Publikumsliebling
4 Idol
7 Schwarm
Publizist
10 Journalist
14 Schriftsteller
publizistischer Streit
7 Polemik
puderförmiger Stoff
6 Pulver
Pudergrundstoff
4 Talk
6 Talkum
Puderzucker
8 Farinade
Puebloindianer
4 Hopi, Moki, Tano, Zuni
Puffmais
7 Popcorn
Pulle
6 Buddel, Buttel
7 Flasche
Pullover
5 Pulli
6 Jumper
7 Sweater, Twinset
aus samtartigem Stoff
5 Nicki
Pulqueschnaps
6 Mescal
Pulsader
7 Arterie
Pult
8 Katheder
pulverisiertes Hühnerprodukt
9 Trockenei
Puma
6 Kuguar
11 Silberloewe
Pump
4 Borg
5 Leihe
6 Kredit
pumpen
6 borgen, leihen
Pumpenhebel
9 Schwengel
Pumpenkolben
6 Piston
7 Plunger
Pumpenventil
6 Piston
Pumphose
13 Knickerbocker
Punkt
4 Tupf
5 Point, Topos
6 Stelle, Tupfen
7 Flecken
auf dem Würfel
4 Auge
der Antarktis
7 Suedpol
der Erdachse
7 Nordpol
größter Erdferne
8 Apogaeum
Punktauge der Kerbtiere
6 Ozelle
Pünktchen
7 Tuepfel
Punktezahl beim Sport
5 Score
Punktezähler
7 Markeur, Markoer
punktförmiger Scheinwerfer
9 Spotlight
Punktionsgerät
6 Trokar
9 Hohlnadel
pünktlich
5 exakt
6 prompt, strikt, zeitig
7 praezis
8 praezise
9 beizeiten
11 rechtzeitig
Punktur
8 Einstich
Puppenhülle
5 Kokon
Puppenrumpf
4 Balg
Puppenspielfigur
8 Kasperle, Kasperli, Langhals
Purzelbaum
6 Kobolz
purzeln
6 fallen
7 kullern
8 stolpern
13 ueberschlagen
Puste
4 Atem
Pustel
4 Akne
6 Pickel
8 Impetigo
pusten
6 blasen
Pusztaschänke
6 Csarda
Pute
8 Truthuhn
Puter
8 Truthahn
Putsch
8 Aufstand
9 Rebellion
Putten
6 Genien
9 Amoretten
Putzbrett
11 Kartaetsche
putzen
7 waschen
8 buersten, polieren, reinigen, saeubern
10 aufwischen
Putzgeräte, -mittel
4 Mopp
5 Besen
6 Feudel
7 Politur
9 Schrubber, Staubtuch
11 Staubsauger
putzig
11 possierlich
Putzmacherin
8 Grisette, Modistin
putzsüchtig
5 eitel
Pygmäenvölker
3 Twa
4 Aeta, Kivu
5 Twide, Wedda
6 Bafoto, Semang
7 Balumbe, Bambuti
8 Batschwa, Negritos
9 Zwergvolk
Pyrenäengipfel
4 Anie
5 Aneto
7 Canigou, Perdido
9 Maladetta
Pyrenäenhalbinsel
7 Iberien
Pyrenäenstaat
7 Andorra
Pyrenäenvolk
6 Basken
pyrotechnische Schau
9 Feuerwerk

Quacksalber
11 Kurpfuscher
Quadrangel
7 Viereck
Quadrat
6 Karree
Quadrillefigur
3 Eté
Qual
3 Not
4 Crux, Last, Leid, Pein
5 Muehe, Plage
6 Folter, Marter, Tortur
7 Muehsal, Schmerz
8 Drangsal
9 Martyrium
quälen
7 foltern, martern
8 peinigen, striezen
10 kujonieren
13 maltraetieren
quälende(s)
Empfindung
7 Schmerz
Schuldgefühl
5 Scham
Quäler
5 Kujon
8 Folterer, Peiniger, Schinder
10 Schikaneur
Quälgeist
5 Drude
Qualitätsprüfung von Waren
4 Test
Qualitätsstufe
6 Niveau
Qualle
5 Polyp
6 Meduse
8 Hohltier, Seeblase
12 Schlauchtier
Qualm
5 Dampf, Dunst, Rauch, Wolke
6 Brodem, Wrasen
Quantität
5 Masse, Menge
Quantum
5 Dosis, Menge, Prise
6 Anteil, Anzahl, Ration
Quarkkäse (schweiz.)
5 Ziger
Quartier
5 Logis
6 Bleibe
7 Viertel, Wohnung
8 Logement
10 Unterkunft
12 Stadtviertel
Quartierbeibehaltung (Tier)
9 Ortstreue
Quarzstein
5 Mocha
6 Kiesel
9 Aventurin, Chalzedon, Hornstein
Quaste
6 Pompon, Zottel
7 Puschel, Troddel
Quatsch
5 Unfug
6 Unsinn
7 Klamauk, Klimbim, Nonsens
9 Bloedsinn, Schmarren
Quecksilberverbindung
7 Amalgam, Kalomel
Quellen der Poebene
9 Fontanili
Quellgeist der nordischen Sage
5 Mimir
Quellgöttin
6 Egeria, Najade, Nymphe
7 Juturna
Quellnymphe
8 Arethusa, Kastalia
Quellnymphen
7 Najaden
Quellsee
der Saalach
6 Torsee
des Blauen Nils
7 Tanasee
quer
gestreift
7 travers
verlaufend
11 transversal
Queraxt
7 Dechsel
Querbau
der Basilika
8 Westwerk
zur Flussregulierung
8 Traverse
Querbeil
7 Dechsel
8 Deichsel
Querfäden (Weberei)
9 Einschlag, Einschuss
Querfeldeinmotorradrennen
9 Moto-Cross
Quergang (Bergsport)
8 Traverse
Querholzfahne
6 Banner
Querstrich (Druckwesen)
6 Serife
Querulant
8 Noergler, Quengler, Staenker
10 Miesepeter, Miesmacher, Staenkerer
16 Streitsuechtiger
Querversteifung
8 Traverse
Quetschung
9 Kontusion
quick
6 munter
7 lebhaft
Quinte vom Grundton aus
9 Dominante
Quintessenz
6 Pointe
9 Kernpunkt
quittieren
11 bestaetigen
Quittung
3 Bon
5 Beleg, Kupon, Rache
6 Acquit, Coupon
8 Revanche
10 Vergeltung
12 Kassenzettel
Quizveranstaltung
9 Ratespiel
10 Fragespiel

Raab-Zuflüsse
5 Pinka
6 Marcal
7 Lafnitz
Rabatt
13 Preisnachlass
Rabe
bei Wilhelm Busch
9 Huckebein
des Odin
5 Hugin, Munin
Rabenvögel
4 Rabe
5 Dohle
6 Elster, Haeher, Kraehe
7 Kraehen
8 Kolkrabe
9 Aaskraehe
10 Alpendohle, Saatkraehe
11 Nebelkraehe, Rabenkraehe
12 Eichelhaeher, Tannenhaeher
rabiater Mensch
7 Grobian
Rache
8 Quittung, Revanche
10 Vergeltung
Racheakt
8 Rankuene
Rachegöttinnen
5 Furie
6 Alekto
7 Erinnye, Megaere, Megaira
8 Erinnyen, Eumenide
9 Eumeniden, Tisiphone
rächen
6 ahnden
9 vergelten
Rachenblütler
5 Orant
7 Linaria, Nemesie
8 Wulfenie
9 Braunwurz, Fingerhut, Hanfkraut, Leinkraut
10 Ehrenpreis, Loewenmaul
12 Koenigskerze
Rachenbräune
5 Krupp
10 Diphtherie
Rachenmandel
8 Tonsille
Rachsucht
8 Rankuene
Rackenvögel
4 Hopf, Todi
5 Kurol
8 Baumhopf, Blaurake, Bunttodi, Eisvogel
9 Wiedehopf
12 Nashornvogel
13 Bienenfresser
Radarkuppel
5 Radom
Radarmessung
6 Ortung
Radau
5 Krach, Laerm
6 Rabatz, Tumult, Unruhe
7 Getoese
Radaubruder
5 Rowdy
8 Hooligan
Radaufhängevorrichtung
5 Achse
Räderabstand
9 Spurweite
Räderrand
9 Spurkranz
Räderwerk
8 Getriebe, Mechanik
11 Mechanismus
12 Transmission
Radikaler
9 Desperado, Extremist
Radio und TV: direkt, original
4 live
radioaktive(r, s)
Abfall
9 Atommuell
Elemente
4 Uran
5 Astat, Radon
6 Curium, Radium, Wismut
7 Astatin, Fermium, Thalium, Thorium
8 Actinium, Aktinium, Francium, Polonium, Thallium
9 Centurium, Neptunium, Plutonium
Markierungsstoff
6 Tracer
Niederschlag
7 Fallout
Strahlen aussenden
9 emanieren
Radioaktivitätseinheit
5 Curie
Radiogerätetyp
8 Receiver, Superhet
Radioprogrammteil
9 Schulfunk, Werbefunk
Radioquelle im Kosmos
6 Pulsar
Radiostationsgebäude
8 Funkhaus
radiotechnischer Begriff
7 Scatter
Radiowellenbereiche
2 AM, FM, KW, LW, MW
3 UHF, UKW, VHF
9 Kurzwelle, Langwelle
11 Mittelwelle
14 Ultrakurzwelle
Radiowesen
4 Funk
Radkranz
5 Felge
Radmittelstück
4 Nabe
Radonisotop
6 Thoron
Radrennbahn
8 Velodrom
Radrennfahrer
6 Steher
7 Flieger
Radsportveranstaltung
4 Giro, Tour
6 Omnium
7 Radball
9 Kriterium
10 Verfolgung
11 Giro d'Italia, Kunstfahren
12 Steherrennen, Tandemrennen, Tour de France
13 Fliegerrennen, Gruppenfahren
14 Strassenrennen
15 Sechstagerennen
Radteile
4 Nabe, Pneu
5 Felge, Kranz
6 Nippel, Reifen, Ventil
7 Speiche
8 Schlauch
radtragendes Bauteil
9 Federbein
Raffel
5 Reibe
raffen
6 horten, zerren, ziehen
8 aufheben, hamstern
9 drapieren, ergreifen, schnappen, schuerzen
raffiniert
5 smart
6 clever, schlau
7 gewieft, gewiegt
8 gerieben, gerissen
9 abgefeimt
12 durchtrieben
Raffsucht
7 Habgier
raffsüchtig
9 habgierig
Rage
3 Wut
4 Zorn
7 Raserei
Ragout
als Füllung
8 Salpikon
aus weißem Fleisch
9 Frikassee
aus Wildgeflügel
5 Salmi
Rahenende
4 Nock
Rahenhalter
4 Rack
Rahm
5 Creme, Obers, Sahne
9 Milchfett
12 Creme fraiche
Rahmen
5 Frame, Kader, Raehm
7 Chassis, Gestell, Skelett, Traeger
9 Umrandung
10 Einfassung

rahmenartige Einfassung
6 Fasche
Rahsegel
6 Jigger
Rainweide
8 Liguster
Rakete der NATO
4 Nike
7 Patriot
8 Pershing
Raketenstart
7 Take-off
Raketenstartgestell
8 Launcher
Raketensteuerungsgerät
8 Gyroskop
Raketentreibstoff
6 Diamid
8 Hydrazin, Katergol, Monergol
Ralle
7 Seriema
9 Blesshuhn, Gallinula, Sumpfhuhn, Teichhuhn
10 Blaesshuhn
15 Schlangenstorch
Rallenkranich
4 Kagu
Rammbock
9 Fallklotz
Rammkissen
6 Fender
Rammpfahl
6 Pilote
Ramsch
4 Kram
6 Schund, Tinnef
7 Plunder, Troedel
10 Krimskrams
13 Schleuderware
Rand
der Manege
5 Piste
eines Sonnenflecks
8 Penumbra
einrollen
9 rollieren
Randbeet
7 Rabatte
Randbemerkung
6 Glosse
9 Apostille
10 Marginalie
Randbesatz
5 Borte
Randeinfassung
4 Saum
Rändelrad
7 Molette
Randgebiet
9 Grenzland, Grenzmark
10 Peripherie
Randleiste
4 Sims
6 Gesims
Randmeer
7 Javasee, Nordsee
Randsaum der Quallen
5 Velum
Randsiedlung
6 Suburb
8 Vorstadt
Randstickerei
8 Langette
Randverstärkung
5 Keder
Randverzierung
5 Sicke
Rang
5 Stand, Stufe, Titel
6 Balkon, Charge, Empore, Klasse, Niveau, Wuerde
7 Ansehen, Geltung
8 Renommee, Stellung
9 Bedeutung
10 Dienstgrad
im Theater
4 Loge
7 Galerie
Rangbezeichnung
5 Titel
9 Praedikat, Titulatur
Range
4 Goer
5 Goere
8 Wildfang
ranghoher Himmelsbote
8 Erzengel
Rangordnung
10 Hierarchie
Rangverlust
12 Degradierung
rankenförmige Verzierung
8 Arabeske
Rankenfußkrebs
8 Seepocke
10 Meereichel
Rankengewächse
4 Efeu, Wein
5 Erbse, Liane
6 Hopfen
7 Kuerbis
Rankenwerk
8 Ornament
Ränkeschmied
9 Intrigant
11 Drahtzieher, Quertreiber
ränkesüchtig
9 intrigant
Ranzen
7 Raenzel
8 Rucksack
9 Felleisen, Tornister
11 Schultasche
rapid
5 rasch
6 rasant
7 schnell
8 reissend
Rappel
3 Wut
6 Raptus
rapsähnliche Ölpflanze
7 Ruebsen
8 Ruebsame
9 Ruebsamen
Rapunzel
9 Feldsalat
Rarität
10 Seltenheit
rasant
5 flink, flott, rapid
6 rapide, rasend
7 schnell
9 gestreckt, schneidig
10 temporeich
rasch
5 eilig, flink, flott, flugs, rapid
6 hurtig, presto, prompt, rapido, rasant, sofort, zuegig
7 schnell
9 geschwind
handelnd
7 spontan
8 impulsiv
Rascheln weiblicher Kleidung
8 Froufrou
rasches Davoneilen
6 Flucht
rasen
5 toben
rasendes Weib
5 Furie
7 Maenade, Megaere
Rasenspiele
4 Golf, Polo
5 Rugby
6 Hockey
7 Croquet, Kricket, Krocket
8 Baseball, Fottball, Fussball, Handball, Lacrosse
9 Faustball, Kleingolf
10 Schlagball
Rasenstück
4 Sode
Raserei
3 Wut
4 Amok, Rage
5 Lyssa
6 Furore
8 Tobsucht
Rasierwasser
8 Pre-shave
10 After-shave
Rassel
6 Maraca
7 Klapper, Ratsche
Rassenkreisangehöriger
8 Europide
Rassentrennung
9 Apartheid
rassig
9 schnittig
Rast
4 Ruhe
5 Pause
rastern
9 pattieren
rastlos
7 nervoes, ruhelos, unruhig

8 unstetig
11 unablaessig
12 unermuedlich

Rastlosigkeit
6 Unruhe
11 Nervositaet

Rat
4 Tipp, Wink
5 Hilfe, Senat
7 Abhilfe, Beamter, Gremium, Hinweis
8 Behoerde
9 Consilium, Magistrat, Vorschlag
10 Empfehlung, Fingerzeig
11 Versammlung
13 Koerperschaft

der Alten
7 Gerusia, Gerusie

der hohen Klosteroberen
9 Definitor

Rate
4 Teil
5 Quote
6 Anteil
7 Beitrag, Tilgung, Zahlung
9 Abzahlung, Anzahlung, Teilsumme
10 Teilbetrag

Ratespiel
4 Quiz

Ratgeber
5 Tutor
6 Beirat, Mentor
7 Berater
9 Leitfaden
10 Kompendium

der makedonischen Könige
8 Hetairoi

des Königs Kyros
8 Harpagos

des Telemach
6 Mentor

Karls des Großen
6 Alkuin
7 Ansegis

Rathaus

in Frankfurt am Main
6 Roemer

in London
9 Guildhall

rational
8 planvoll
10 durchdacht, methodisch
11 vernuenftig
16 vernunftsmaessig

rationell
7 sparsam
11 aufwandsarm
12 zweckmaessig
15 haushaelterisch

ratlos
7 hilflos, perplex

Ratlosigkeit
6 Aporie

Rätoromane
7 Ladiner

rätoromanische

Mundart
8 Karnisch

Sprache
9 Ladinisch, Romantsch, Romontsch, Rumantsch

Rätselarten
4 Quiz
5 Rebus
7 Aenigma, Homonym, Logical
8 Anagramm, Scharade, Suchbild
9 Kreuzwort, Logogriph, Palindrom
10 Vexierbild
11 Kryptogramm
13 Roesselsprung, Silbenraetsel, Zahlenraetsel

Rätseldiagrammfeld
9 Kaestchen

Rätselfreund
5 Rater
12 Denksportler

rätselhaft
10 mysterioes

rätselhafte(r)

germanischer Gott
4 Phol

Naturkraft
2 Od

Rätselrater
6 Loeser

Rätselspiel
4 Quiz

Ratsherr
7 Senator
8 Stadtrat

in angelsächsischen Ländern
8 Alderman

rau
4 derb, grob
5 krude
6 barsch, heiser
7 kratzig

Raubaktion
8 Beutezug

Räuber
5 Bravo
6 Bandit
7 Brigant
8 Gangster
11 Strauchdieb

des 18. Jahrhunderts
5 Hiesl

Räuberromanheld
9 Rinaldini

Raublattgewächse
6 Onosma
7 Alkanna, Lappula, Lotwurz
8 Beinwell, Igelsame
9 Borretsch, Krummhals, Steinsame, Wolfsauge
10 Wachsblume
11 Lungenkraut, Natternkopf

Raubtierfamilie
5 Hunde
6 Baeren, Katzen, Woelfe
7 Hyaenen
10 Raubfische, Raubvoegel

Raubtierfell
9 Wolfspelz

Raubtierhöhle
8 Dachsbau, Fuchsbau

Raubtierpfote
5 Klaue, Talpe, Tatze
6 Pranke

Raubvogelabrichter
7 Falkner

Rauch
5 Dunst, Qualm
6 Abgase, Brodem, Wrasen
8 Schwaden

Rauchabzug
8 Ofenrohr

Rauchbild
6 Fumage

rauchen
6 paffen

rauchende Schwefelsäure
5 Oleum

Räucherfisch
8 Buecking, Spickaal
9 Bueckling

Rauchergeräte
4 Huka
6 Ascher, Baubau, Pfeife
7 Fidibus
8 Tschibuk
9 Feuerzeug
11 Streichholz
12 Aschenbecher, Wasserpfeife
14 Pfeifenstopfer, Zigarrenspitze
15 Pfeifenreiniger, Pfeifenstaender

Räucherharz
6 Storax

Räucherhering
8 Buecking
9 Bueckling

Raucherkraut
5 Tabak
9 Shagtabak

Raucherkrautbehälter
9 Tabatiere
10 Tabaksdose

Räuchermittel
7 Kreosot
9 Weihrauch

Rauchfang
4 Esse
5 Kamin
6 Schlot

Rauchsäule über Vulkanen
8 Fumarole

Rauchwaren, Pelzwerk
3 Feh, Kid
4 Mink, Nerz, Seal
5 Biber, Bisam, Fuchs, Iltis, Kanin, Luchs, Otter,

Skunk, Slink, Vlies, Zobel
6 Beisky, Fohlen, Lakoda, Marder, Murmel, Nutria, Ozelot, Pijiki, Serval, Suslik
7 Karakul, Krimmer, Kuersch, Mufflon, Opossum, Seebaer, Seehund, Zorilla
8 Civetcat, Fellwerk, Grauwerk, Hermelin, Maulwurf, Nerzfell, Rotfuchs, Sealskin
9 Astrachan, Blaufuchs, Bobakfell, Kaninchen, Nerzstola, Persianer, Rauchware, Rauchwerk, Sealbisam, Tigerfell, Waschbaer, Wildschur
10 Alaskaseal, Bisamratte, Chinchilla, Edelmarder, Murmeltier
11 Silberfuchs
12 Breitschwanz

rauer Verputz
6 Berapp

Raufbold
5 Rowdy
6 Raufer
7 Rohling
8 Hooligan
9 Schlaeger

Raufen aus Spaß
8 Balgerei

Raufhandel
8 Keilerei
9 Gepruegel

rauflustiges Verhalten
8 Rowdytum

Raufußhuhn
8 Moorhuhn

Raufußvogel
9 Haselhuhn

Raufutter
3 Heu
8 Haecksel

rauhaariger Pinscher
9 Schnauzer

Raum
3 All
4 Saal
5 Flett, Gaden, Halle, Pesel, Salon, Stube
6 Gelass, Gemach, Kabine, Kabuse, Kammer, Zimmer
7 Kajuete, Weltall
8 Kabinett, Kemenate
9 Universum, Wohnstube
10 Lokalitaet

antiker Bauten
6 Exedra

der Uni
5 Mensa
7 Audimax
8 Hoersaal
10 Auditorium

des Eisenbahnwagens
5 Coupé
9 Zugabteil

des Kasinos
9 Spielsaal

für Leibesübungen
9 Turnhalle

für Pferdesport
9 Reithalle

für Tauwerk
8 Kabelgat

hinter der Mundhöhle
6 Rachen

hinter Türen
8 Windfang

im antiken Tempel
5 Cella

im Eisenbahnwagen
6 Abteil

in Burgen
6 Remter
8 Kemenate

in Königsschlössern
9 Thronsaal

mit Büchern
8 Bliothek

sparende Liegestatt
9 Klappbett

unter dem Dach
3 Oke
5 Boden
6 Buehne
8 Mansarde

zum Einnehmen der Mahlzeiten
9 Esszimmer

zur Speisenbereitung
6 Kueche

Raumausstatter
9 Polsterer
10 Dekorateur, Tapezierer

Raumbegrenzung
4 Wand
5 Mauer

Raumbildgerät
10 Stereoskop

Raumfähren
8 Columbia
9 Discovery
10 Challenger, Enterprise
12 Space-Shuttle

Raumfahrer
9 Astronaut, Kosmonaut

Raumfahrt
11 Astronautik

Raumfahrtprogramme
der USA
6 Apollo, Gemini
7 Mercury

Raumfahrzeug
6 Kapsel

Raumflugbasis
der USA
12 Kap Canaveral
13 Cape Canaveral

in Guayana
6 Kourou

in Russland
8 Baikonur

Raumgestalter
10 Dekorateur

Rauminhalt
7 Volumen

(Schiff)
7 Tonnage

Raumlehre
9 Geometrie

räumlich
8 extensiv

wirkender Klang
9 Stereoton

räumliche(s)
Tonwiedergabe
6 Stereo
11 Stereofonie
12 Stereophonie

Verhältnis
4 Lage

Wetterbedingung
9 Klimazone

Raummaß für Holz
4 Ster

Raumpflegerin
8 Putzfrau
9 Wartefrau

Raumschiff
ankoppeln
6 docken

der ehemaligen UdSSR
5 Sojus
6 Wostok
7 Woschod

Raumschmuck
5 Dekor
10 Dekoration

Raumsonden
australisch
6 Wresat

deutsch
5 Aeros

europäisch
7 Galileo

japanisch
3 Ume
4 Kiku

russisch, sowjetisch
4 Luna
5 Lunik, Sojus, Venus
6 Kosmos, Meteor, Molnja, Poljot, Proton, Saljut, Wostok
7 Molnija, Sputnik, Woschod

US-amerikanisch
4 Echo, Geos, Vela
5 Atlas, Samos, Tiros
6 Nimbus, Ranger, Syncom
7 Courier, Mariner, Pegasus, Telstar, Transit, Voyager
8 Explorer, Surveyor, Vanguard
10 Discoverer

Raumstation
der ehemaligen UdSSR
6 Saljut

internationale
3 IAS
der USA
6 Skylab
Raumtonverfahren
6 Stereo
Raumüberwölbung
6 Kuppel
Räumung
9 Exmission
raunen
7 wispern
raupenähnliche Seidenschnur
8 Chenille
Raupenfahrzeug
9 Bulldozer
Rausch
5 Dusel
6 Taumel
7 Ekstase, Schwips
8 Erregung
9 Schwiemel, Schwindel
11 Trunkenheit
12 Begeisterung
13 Betrunkenheit
Rauschgifte
3 LSD, Pot
4 Koks
5 Droge, Hasch, Opiat, Opium
6 Drogen, Heroin, Kokain
7 Alkohol, Delysid, Morphin
8 Laudanum, Meskalin, Morphium, Muskarin
9 Haschisch, Marihuana
10 Narkotikum
Rauschgifthändler
6 Dealer, Pusher
Rauschgiftsüchtiger
5 Fixer
6 Junkie, Kokser
9 Kokainist, Narkomane
10 Morphinist
11 Abhaengiger
Rauschgiftzigarette
5 Joint
Rauschmittel
10 Narkotikum
Rauschzustand
4 Trip
8 Delirium
Raute
7 Rhombus
14 Parallelogramm
rautenförmig
9 rhombisch
Rautengewächs
6 Agrume, Citrus, Diktam
7 Skimmie
8 Kleeulme, Korkbaum
Reagenzmittel
7 Lackmus
Reaktionsauslöser
11 Katalysator
Reaktionsdauer
8 Wirkzeit
Reaktionsstoff
7 Reagens, Reagenz
Reaktor
4 Pile
real
7 konkret
8 dinglich, effektiv, greifbar, sachlich, wirklich
12 tatsaechlich
Realität
8 Tatsache
11 Gegebenheit
12 Wirklichkeit
Realitätstreue (Kunst)
7 Verismo
Rebell
8 Empoerer, Meuterer
9 Insurgent
10 Aufruehrer
Rebellion
8 Aufstand, Meuterei
9 Empoerung
Rebensaft
4 Wein
Rebensenker
8 Biegling
Rebhuhn
7 Wachtel
8 Feldhuhn
Rebsorten
7 Gutedel
8 Riesling, Silvaner, Traminer
9 Burgunder, Lemberger, Malvasier, Rulaender, Veltliner
10 Trollinger
11 Muskateller
14 Mueller-Thurgau, Spaetburgunder
Rechen
5 Harke
des Bergmanns
6 Kraehl
Rechenarten
8 Addition, Division, Integral
10 Radizieren
11 Potenzieren, Subtraktion
12 Differential, Differenzial
14 Multiplikation
Rechenbrett
6 Abakus
Rechenergebnis
5 Fazit, Summe
7 Produkt
8 Quotient, Resultat
9 Differenz
Rechenmeister
4 Ries
5 Riese
Rechercheur
9 Ermittler
14 Privatdetektiv
Rechnen
mit Buchstaben
7 Algebra
mit Zahlen
10 Arithmetik
Rechnung
4 Nota, Note
6 Faktur
7 Faktura
ausgleichen
9 saldieren
Rechnungsbegleicher
6 Zahler
Rechnungsbehörde
5 Kasse
6 Rentei
7 Rentamt
8 Quaestur
9 Finanzhof, Kaemmerei, Rendantur
Rechnungsführer
7 Rendant
Recht
3 Jus
6 Gesetz, Lizenz
8 Anspruch, Befugnis, Privileg
9 Erlaubnis, Vollmacht
10 Konzession
11 Genehmigung
sprechende Gewalt
6 Justiz
rechte(s)
Schiffsseite
10 Steuerbord
Seite der Buchführung
5 Haben
6 Kredit
Tier im Gespann
8 Beipferd
9 Handpferd
Rechteck
4 Karo
5 Raute
7 Geviert, Quadrat, Rhombus, Viereck
8 Orthogon
9 Rektangel
14 Parallelogramm
rechteckiger Mauerstein
6 Quader
rechtlich
betrachtet
6 de jure
wirksam
7 gueltig
rechtlicher Grund
5 Causa
rechtlos
9 geaechtet, vogelfrei
Rechtlosmachung im Mittelalter
4 Acht
rechtmäßig
5 legal, loyal
7 legitim
9 juridisch
10 gesetzlich
rechtmäßige Abstammung
9 Filiation
Rechtsanspruch
5 Claim
Rechtsanwalt
7 Advokat
Rechtsbehörde
7 Gericht

Rechtsbeistand
6 Anwalt
7 Advokat
8 Syndikus
9 Justitiar, Justiziar
12 Rechtsanwalt
Rechtsbrauch
4 Usus
rechtschaffen
5 loyal
6 honett
7 honorig
8 gediegen
Rechtschreibbuch
5 Duden
Rechtschreibung
11 Orthografie
12 Orthographie
Rechtsfällesammlung
7 Pitaval
Rechtsgelehrter im Islam
5 Ulema
Rechtsgeschäft
7 Vertrag
rechtskräftig
5 valid
Rechtskundiger
6 Jurist
Rechtsmittel
6 Rekurs
8 Berufung, Revision
10 Beschwerde
Rechtsnachfolge
10 Sukzession
Rechtsorgan
7 Gericht
Rechtsprecher
7 Richter
im alten Friesland
5 Asega
Rechtsprechung
9 Judikatur
12 Jurisdiktion
Rechtssprache: Vermächtnis
5 Legat
Rechtsspruch
6 Urteil
Rechtsstreit
7 Prozess
9 Verfahren
15 Gerichtsprozess
17 Gerichtsverfahren
Rechtsverdreher
8 Rabulist
Rechtsverdrehung
10 Rabulistik
Rechtsvertreter
6 Anwalt
Rechtsweg
7 Instanz
rechtswidrig
7 illegal
9 illegitim
rechtswidrige(r)
Aneignung
4 Raub
9 Diebstahl
10 Usurpation
14 Unterschlagung
Handlung
6 Delikt
Pression
9 Noetigung
Zwang
8 Pression
9 Noetigung
Rechtswidrigkeit
8 Straftat
Rechtswissenschaft
3 Jus
4 Jura
12 Jurisprudenz
rechtwinklig
10 orthogonal
Recke
4 Held
5 Heros, Huene, Riese
6 Kaempe
7 Krieger
8 Haudegen, Kaempfer, Streiter
Redakteur
13 Schriftleiter
Redaktionsvermerk
9 Impressum
Rede
5 Rhema
6 Sermon
7 Aussage, Referat, Vortrag
8 Parabase
9 Ansprache
Redefluss
5 Suada, Suade
6 Tirade
Redekunst
8 Rhetorik
9 Dialektik
redekünstlerisch
10 rhetorisch
reden
5 sagen
8 sprechen
Redensart
6 Formel, Phrase, Slogan
7 Floskel, Proverb
10 Brimborium, Sprichwort
11 Redewendung
Rederei
6 Gerede
7 Gefasel, Klatsch, Tratsch
10 Geschwaetz
Redestreit
6 Disput
11 Wortwechsel
Redestreitgegner
8 Opponent
Redestreitkunst
7 Eristik
redeunlustig
8 mundfaul
Redewendung
6 Phrase, Slogan
7 Floskel
8 Lokution
redlich
4 fair, treu
5 loyal, reell
6 bieder, ehrbar, honett, wacker
7 achtbar, ehrlich, integer
9 ehrenwert
Redner
6 Orator, Rhetor
8 Laudator, Referent, Sprecher
10 Rhetoriker
12 Vortragender
Rednerbühne
4 Pult
6 Kanzel, Podest, Podium, Rostra
rednerisch
10 oratorisch
Rednitz-Quellfluss
5 Rezat
Rednitz-Zuflüsse
4 Zenn
5 Aisch, Brunn, Rezat
6 Aurach, Bibert
7 Biebert, Pegnitz
8 Rothbach
9 Schwabach
10 Schwarzach
Reedereiflagge
7 Stander
Referat
7 Bericht, Rapport, Vortrag
9 Gutachten
Reflektant
8 Bewerber
reflektierende Fläche
7 Spiegel
Reflektor
6 Blaker
7 Spiegel
8 Teleskop
11 Hohlspiegel
Reform
7 Umbruch
8 Neuerung, Novitaet
9 Besserung
10 Erneuerung, Neuordnung, Verfuegung
12 Umgestaltung, Verbesserung
Reformator
3 Hus
5 Bucer
6 Blarer, Calvin, Luther
7 Zwingli
8 Honterus
10 Bugenhagen
11 Melanchthon
Reformbegriff Gorbatschows
8 Glasnost
Regal
4 Bord, Fach, Rack
7 Gestell
8 Staender, Stellage
11 Wandgestell
12 Warengestell
14 Buechergestell
rege
4 agil
5 aktiv, emsig, vital
6 eifrig, munter, taetig

7 lebhaft, rastlos
10 betriebsam
Regel
4 Norm
5 Kanon
6 Gesetz
7 Komment, Ordnung, Periode, Prinzip, Satzung
8 Leitsatz, Standard
9 Disziplin
10 Richschnur, Vorschrift
12 Menstruation
13 Monatsblutung
Regelabweichung
8 Ausnahme
regelmäßig
6 normal, stetig
8 geordnet, regulaer, tesseral, zyklisch
10 rhythmisch
erscheinende Zeitschriften
9 Periodika
veränderlicher Stern
4 Mira
wiederkehrend
8 zyklisch
regelmäßige(r, s)
Abbuchung
12 Dauerauftrag
Besucher
9 Stammgast
Folge
6 Zyklus
Vieleck
6 Isogon
Wechsel
6 Turnus
Wiederkehr
8 Periodik
regeln
6 leiten, ordnen
7 richten
9 justieren
10 dirigieren, regulieren
Regelverletzung
8 Verstoss
Regelverstoß (Sport)
7 Rempeln
9 Foulspiel
regelwidrige Stellung (Fußball)
7 Abseits
Regelwidrigkeit
8 Anomalie
Regen-Zuflüsse
3 Ohe
4 Cham
8 Katzbach
Regenablauf
6 Kandel
9 Dachrinne
Regenbekleidung
4 Cape
6 Anorak, Kapuze, Umhang
7 Oelzeug, Stiefel
8 Pelerine
10 Gummischuh, Trenchcoat, Waterproof
11 Friesennerz, Regenmantel
Regenbogenhaut
4 Iris
Regenbogenhaut-Entzündung
6 Iritis
Regengöttin
7 Plejade
Regenguss
7 Schauer
9 Schuetter
10 Platzregen
Regenpfeifer
6 Giarol, Kluten
7 Kiebitz
8 Sandhuhn
Regenschirm
9 Parapluie
Regenschutz
6 Schirm
Regent
6 Fuerst
7 Kanzler, Monarch
8 Potentat
9 Herrscher
10 Landesherr, Staatschef
15 Staatsoberhaupt
Regenwasserbehälter
8 Zisterne
Regenwolke
6 Nimbus
Regenzeit
4 Baiu
6 Monsun
Regieassistentin beim Film
10 Scriptgirl
regierende(r) Fürst(in)
6 Regent
8 Regentin
Regierung
5 Junta, Senat
6 Regime
8 Kabinett, Regiment
12 Gouvernement
von Berlin
5 Senat
von Russland
5 Kreml
Regierungsbehörde
5 Senat
9 Bundesamt
11 Ministerium
Regierungschef
7 Kanzler, Premier
10 Praesident
13 Bundeskanzler
15 Premierminister
regierungsfeindliche Partei
6 Fronde
Regierungsgegner
8 Frondeur, Opponent
Regierungslosigkeit
8 Anarchie
Regierungsmitglied
8 Minister
Regierungsorgan der ehemaligen DDR
9 Staatsrat
Regierungssitz
8 Residenz
in Moskau
5 Kreml
regierungstreu
5 loyal
Regierungsvertreter
8 Resident
10 Gouverneur
Regimentsabteilung
9 Bataillon
Region
3 Gau
4 Zone
6 Bezirk, Gebiet, Gegend
8 Distrikt
10 Landschaft
regionale Telefonanlage
8 Ortsnetz
Regisseur
11 Spielleiter
Regisseure
siehe: entsprechendes Land
Register
5 Index, Liste
10 Uebersicht
11 Aufstellung, Verzeichnis
Registraturmappe
6 Ordner
Registrierung
9 Erfassung
Regler
6 Ordner
8 Rheostat
9 Regulator
10 Einsteller, Thermostat
des elektrischen Widerstands
8 Rheostat
Regnitz-Zuflüsse
5 Aisch
7 Wiesent
regsam
4 agil, rege
Regsamkeit
9 Agilitaet, Flinkheit
regulativ
7 regelnd
Reguliereinrichtung
8 Stellrad
Rehbock
6 Gabler
Rehbockgeweih
7 Gehoern
Rehjunges
4 Kalb, Kitz
Rehmännchen
4 Bock
Rehweibchen
5 Geiss, Ricke
Rehwildlaute
6 Fiepen
Reibe-Verschlusslaut-Verbindungen
9 Affrikate

Reibeisen
6 Raffel, Raspel
Reibelaut
7 Spirans, Spirant
8 Frikativ
Reibkäse
8 Parmesan
Reibkeule
7 Pistill
Reibplatte der Schnecke
6 Radula
Reibung
8 Friktion
Reich, reich
7 betucht, opulent
9 beguetert, bemittelt
10 vermoegend, wohlhabend
an Aufbaustoffen
8 nahrhaft
der Feuerriesen
10 Muspelheim
der Mitte
5 China
der Riesen
6 Utgard
der Toten
8 Niflheim
der Wiedergeburt (Buddhismus)
4 Jodo
7 Dschodo
Gottes
6 Himmel
reichen
5 geben
9 darbieten
reicher
Mann
5 Nabob
7 Kroesus
10 Millionaer
11 Milliardaer
Nichtstuer
7 Playboy
Reicher mit politischer Macht
9 Plutokrat
Reichhaltigkeit
7 Opulenz
reichlich
7 opulent
9 ausgiebig
Reichsritter
5 Geyer
6 Hutten
9 Sickingen
12 Berlichingen
Reichstagspräsident
5 Loebe
Reichtum
6 Mammon
Reif
4 Ring
Reife des Weins
5 Firne
Reifenabrieb
9 Bremsspur
Reifenbestandteil
9 Stahlkord
11 Laufflaeche
Reifenspiel
8 Hulahoop, Hulahopp
Reifenteil
6 Ventil
8 Schlauch
Reifeprüfling
8 Maturand, Maturant
10 Abiturient
Reifeprüfung
3 Abi
5 Matur
6 Abitur, Matura
7 Maturum
Reifrock
9 Krinoline
Reigenliedchen
5 Rondo
Reihe
4 Satz
5 Folge, Kette, Queue, Serie
6 Zyklus
7 Kolonne, Ordnung, Sequenz, Stufung
9 Formation
von Fragen und Antworten
7 Katalog
von Geschehnissen
7 Abfolge
wartender Menschen
8 Schlange
zusammengehöriger Dinge
4 Satz
Reihenfabrikation
9 Serienbau
Reihernest
9 Gestaende
rein
3 bar, pur
4 klar
5 netto
6 genuin, lauter, schier
8 gediegen
13 unverfaelscht
wollenes Gewebe
4 Tuch
Reinfall
4 Flop, Pech
5 Niete
6 Fiasko, Pleite
7 Blamage, Debakel
10 Misserfolg, Niederlage
11 Katastrophe
Reingewicht
5 Netto
Reinheit
7 Clarity
8 Puritaet
Reinheitsgrad für Diamanten
5 Pikee
reinigen
5 baden, fegen
6 kehren, putzen
7 spuelen, waschen, wischen
8 saeubern, scheuern
9 purgieren
12 saubermachen
Reinigungsgerät
3 Ule
4 Mopp
5 Besen, Feger, Wedel, Wisch
6 Feudel
7 Buerste, Klopfer, Schwamm, Wischer
9 Kehrbesen, Staubtuch, Wischtuch
11 Staubsauger
Reinigungsmittel
5 Seife
9 Putzwolle, Terpentin
Reinigungsprozess
7 Waesche
Reinigungsutensilien
9 Waschzeug
Reisbranntwein
5 Arrak
Reise
4 Flug, Tour, Trip
5 Fahrt
6 Safari
7 Ausflug, Passage, Tournee
10 Expedition
stromaufwärts
9 Bergfahrt
zum Gipfel
9 Bergfahrt
zum Ziel
8 Hinfahrt
Reiseausrüstung
7 Gepaeck
Reiseausweis
4 Pass
9 Kennkarte, Passeport, Reisepass
15 Personalausweis
16 Identitaetskarte
Reisebedarfsbehälter
10 Necessaire, Nessessaer
Reisebeginn
7 Abfahrt
Reisebürokaufmann
9 Expedient
Reisedauer
8 Fahrzeit
Reisedecke
5 Plaid
Reisegepäck
6 Bagage, Koffer, Ranzen, Tasche
7 Seesack
8 Rucksack
9 Tornister
Reisegesellschaft
im Orient
8 Karawane
in Afrika
6 Safari
Reisehandbuch
5 Guide
8 Baedeker
Reisen zu Fuß
7 Wandern

Reisender
7 Tourist
8 Fahrgast, Fluggast, Urlauber, Wanderer
9 Passagier, Vertreter
12 Globetrotter
13 Weltenbummler
16 Handelsvertreter
Reisesack
9 Felleisen
Reiseverpflegung
8 Proviant
Reiseweg
4 Kurs
5 Linie, Route
7 Strecke
10 Fahrtroute
Reisewesen
9 Tourismus, Touristik
Reisgerichte
5 Paddy, Pilaf, Pilaw
6 Paella
7 Risotto
8 Risi-Pisi
Reisigbündel
5 Wasen
8 Faschine, Schlenge
Reißer
3 Hit
8 Knueller, Schlager, Thriller
10 Bestseller
Reißlinie
11 Perforation
Reiswein
4 Sake
Reitbahn
5 Arena
6 Manege
7 Gelaeuf
8 Parcours
9 Hippodrom
10 Tattersall
Reitbahn-Einfassung
5 Bande
Reiten: Sprung auf der Stelle
8 Kapriole
reitender
Erkundungstrupp
7 Vortrab
Stierkämpfer
7 Pikador
Reiterabteilung
6 Beritt
8 Eskadron
9 Schwadron
Reiteraufzug
9 Kavalkade
Reiterei
10 Kavallerie
Reiterfahne
9 Standarte
Reitergeneral
von Friedrich dem Großen
6 Zieten
8 Seydlitz
von Napoleon
5 Murat
Reiterkampfspiel
im Mittelalter
5 Tjost
6 Buhurt
7 Turnier
in Nordafrika
8 Fantasia
Reitermannschaft
6 Equipe
Reitersäbel
8 Pallasch
Reiterschwadron
8 Eskadron
Reitersoldaten
4 Ulan
5 Husar
8 Dragoner
10 Kuerassier
11 Kavallerist
des Mittelalters
7 Reisige
Reiterspiel
4 Polo
Reiterspiele der Cowboys
5 Rodeo
Reiterstreifzug
4 Raid
Reitertruppe
10 Kavallerie
von Cromwell
9 Ironsides
Reitervölker des Altertums
6 Hunnen
7 Skythen
Reiterzug
9 Kavalkade
Reithose
8 Breeches
Reitjacke
7 Kollett
Reitknecht
5 Groom
Reitkunst im Zirkus
9 Equestrik
Reitkunstübung
7 Travers
Reitsitz
6 Sattel
Reittiere
4 Esel, Muli
5 Kamel, Pferd
8 Dromedar, Maulesel, Maultier
Reiz
5 Anmut
6 Appeal, Charme, Impuls
7 Antrieb, Impetus, Prickel, Stachel
8 Effektor, Erregung, Stimulus
9 Anziehung
10 Attraktion, Verlockung
Reizauslösung der Atemwege
6 Husten
Reizbewegung
6 Reflex
reizen
11 provozieren
reizend
8 charmant
Reizhandlung
8 Response
Reizkerpilz
9 Braetling
Reizklima
7 Seeluft
Reizleitungsorgan
4 Nerv
reizlos
3 fad
4 fade
5 bland
Reizmittel
9 Stimulans
Reizmittelzuführung (Sport)
6 Doping
Reizung
9 Affektion
11 Stimulation
reizvoll
5 apart
6 pikant
8 grazioes, lieblich
9 anziehend, attraktiv
11 ansprechend, entzueckend, interessant, liebreizend
Reklame
7 Werbung
9 Publicity
10 Propaganda
15 Public Relations
Reklamemittel
9 Werbefilm
Reklamerummel
8 Ballyhoo
Reklameträger
4 Film, Funk, Spot
5 Bande
6 Insert, Plakat, Presse, Schild, Slogan, Spruch, Trikot
7 Annonce, Anzeige, Inserat, Katalog, Zeitung
8 Hoerfunk, Prospekt, Rundfunk
9 Flugblatt, Werbespot
10 Handzettel, Plakatwand, Webespruch
11 Transparent, Werbeslogan, Zeitschrift
12 Werbesendung
13 Bandenwerbung, Litfassaeule, Trikotwerbung
Relation
9 Beziehung
11 Verhaeltnis
Religionen
5 Islam
6 Caodai
8 Judentum, Taoismus
9 Jainismus
10 Buddhismus, Hinduismus
11 Christentum

12 Brahmanismus, Schintoismus
13 Katholizismus
14 Konfuzianismus
15 Protestantismus

Religionsbekenntnis
10 Konfession

Religionsbücher
4 Veda
5 Bibel, Koran, Thora
6 Talmud
11 Katechismus

Religionsfrevel
8 Sakrileg

Religionsgemeinschaft
5 Orden, Sekte
6 Kirche
8 Diaspora

Religionslehrer
8 Katechet

Religionsstifter
4 Mani
5 Jesus, Manes, Moses, Nanak
6 Buddha, Laotse
7 Gautama
8 Christus, Konfutse, Mohammed
9 Konfuzius, Kungfutse, Siddharta, Zoroaster
11 Zarathustra
13 Jesus Christus

Religionsunterricht
9 Katechese

Religionswissenschaft
9 Theologie

religiöse(r, s)
Ansprache
7 Predigt
Brauch
5 Ritus
Darstellung
9 Altarbild
Druckwerk
9 Gebetbuch
Eiferer
5 Zelot
Erneuerung
11 Reformation
Führer der Schiiten
9 Ajatollah
Grundbegriff
9 Erloesung
Handlung
7 Segnung
jüdische Hausfeier
5 Seder
Lied
5 Psalm
6 Choral
Lied der Afroamerikaner
6 Gospel
Minderheit
8 Diaspora
Texte indischer Weiser
6 Purana
Übungen
5 Gebet
6 Askese, Fasten
7 Andacht
10 Meditation
Umgestaltung
11 Reformation
Vereinigung
12 Bruderschaft
Versenkung
10 Meditation

Relikt
9 Ueberrest

Rembrandts Frauen
6 Saskia
9 Hendrikje

remis
13 unentschieden

Rempeln beim Eishockey
9 Bodycheck

Rennbahn
4 Turf
5 Arena, Piste

Rennbeginn
5 Start

rennen
5 eilen
6 hasten, laufen
8 preschen

Rennerei
7 Gelaufe

Rennpferd
6 Kleber, Maiden, Renner, Steher, Traber
8 Galopper, Steepler

Rennplatz bei London
5 Ascot

Rennreiter
6 Jockei, Jockey

Rennruderboote
3 Gig
5 Einer
6 Achter, Vierer, Zweier

Rennschlitten
3 Bob
5 Rodel
8 Skeleton, Snowkart
9 Bobsleigh, Viererbob, Zweierbob

Rennschuhe
6 Spikes

Rennsegelboot
6 Soling

Rennstrecke
4 Bahn
8 Motodrom, Sandbahn
15 Autorennstrecke

Rennveranstaltung
9 Wettfahrt

Renommee
3 Ruf
4 Name
6 Nimbus
7 Ansehen, Geltung, Leumund
10 Reputation

Renommist
9 Prahlhans
12 Aufschneider

Rente
7 Pension
8 Ruhegeld
10 Altersgeld, Ruhegehalt
14 Altersruhegeld
auf Lebenszeit
8 Leibzins

Rentenkonkubinat
8 Onkelehe

Rentenschein
5 Kupon
10 Zinsschein

Rentierfleisch
8 Renkoett

Rentierschlitten
5 Ackja

Reportage
7 Bericht, Feature
14 Fernsehbericht
17 Berichterstattung

Reproduktion
5 Repro
9 Nachdruck
10 Wiedergabe
13 Fortpflanzung
17 Vervielfaeltigung

Reproduktionsart
9 Farbdruck

Reptilien
5 Echse
7 Lacerta, Lazerte, Saurier
8 Eidechse, Krokodil, Schlange
10 Chamaeleon, Kriechtier
12 Schildkroete

Republik Kongo
Bergland
7 Mayombe
Bevölkerung
4 Teke
5 Kongo
6 Bateke
7 Bakongo
8 Pygmaeen
10 Kongolesen
Flughafen
8 Maya-Maya
Flüsse
5 Sanga
6 Kouyou, Motara, Sangha, Ubangi
7 Kouilou
Hauptstadt
11 Brazzaville
Politiker
6 Youlou
7 Milongo, Ngouabi
13 Sassou-Nguesso
Sprachen
7 Kikongo, Lingala
12 Franzoesisch
Städte und Orte
3 Ewo
4 Mené
5 Elogo
6 Mayama, Mbinda, Ouesso, Owando, Sibiti
7 Dolisie, Gambona, Loubomo, Pangala
11 Pointe Noire
Tal
8 Niarital

Währung
5 Franc
7 Centime
Republik Korea
Berge
4 Jiri, Odae
Flüsse
3 Han, Kum, Nam
4 Geum
6 Bughan, Pukhan
7 Hangang, Nagdong, Naktong
Hafenstädte
5 Mokpo, Pusan, Ulsan
6 Inchon
Hauptstadt
5 Seoul
Inseln
5 Geoje, Yeosu
Kap
6 Janggi
Nationalsport
9 Taekwondo
Politiker
3 Kim
4 Hwan, Rhee
Städte
5 Busan, Jinju, Masan, Mogpo, Pusan, Puwan, Taegu, Ulsan
6 Gunsan, Inchon, Jeonju, Kunsan, Mokpho, Pohang, Suweon
7 Chongju, Daejeon, Kwangju, Taejeon
8 Chongjin, Seongnam
Tempelstadt
7 Kyongju
Währung
3 Won
4 Chon
5 Cheun
Republikaner
9 Girondist
Reschenpass
5 Resia
Reserve
6 Ersatz, Vorrat
9 Notvorrat, Ruecklage
10 Ersatzheer, Notpfennig
11 Notgroschen
12 Ersatztruppe
13 Ersatzspieler
14 Zurueckhaltung
Reserviertheit
7 Distanz
Residenz
des Dalai-Lama
6 Potala
des Kubilai
8 Hanbalig
des türkischen Sultans
9 Eski-Serai
von Bhutan
7 Punakha
Residenzstadt in den Niederlanden
7 Den Haag
resolut
6 forsch
7 beherzt
9 energisch
11 tatkraeftig
12 entschlossen
Resolution
9 Beschluss
14 Entschliessung
Resonanz
4 Echo
7 Anklang, Wirkung
9 Widerhall
12 Verstaendnis
Resonanzkörperöffnung
10 Schallloch
Respekt
7 Achtung
9 Ehrfurcht
10 Ruecksicht
11 Anerkennung, Hochachtung
12 Ehrerbietung
Rest
5 Neige
6 Relikt
8 Residuum, Rudiment
10 Rueckstand
der Essigsäure
6 Acetyl, Azetyl
Restaurants
3 Bar, Inn, Pub
4 Café
5 Hotel, Logis, Lokal, Motel
6 Bistro, Bodega, Budike, Butike, Casino, Kasino, Kneipe, Posada
7 Albergo, Kantine, Osteria, Schenke, Taberne, Taverne
8 Destille, Dorfkrug, Eisdiele, Gasthaus, Herberge, Milchbar, Rasthaus, Schaenke, Schwemme, Spelunke, Teestube
9 Bierstube, Kaschemme, Kretscham, Trattoria, Weinstube
10 Bierkeller, Kaffeehaus, Konditorei, Nachtlokal, Ratskeller, Trinkstube, Weinkeller
11 Imbisshalle, Imbissstube, Kaffeestube, Raststaette, Weinschenke, Winzerstube
12 Weinschaenke
13 Stehbierhalle
restlos
4 ganz
5 total
7 absolut, voellig
Restmagnetismus
8 Remanenz
Resultat
5 Fazit
6 Effekt, Erfolg, Ertrag
8 Ergebnis
10 Auswirkung
Retter
8 Befreier, Erloeser
Rettich
4 Radi
10 Radieschen
Rettung
7 Bergung
9 Befreiung, Erloesung
Rettungsgerät
10 Fallschirm
Rettungsschiff
5 Jolle
7 Beiboot
Rettungsschlitten
4 Akja
5 Ackja
Reuegefühl
8 Bedauern
reuige(r) Sünder(in)
7 Buesser
9 Buesserin
Revisionseinleger
8 Revident
Revolte
7 Aufruhr
8 Meuterei
9 Rebellion
Revolution
7 Umsturz
8 Aufstand
Revolver
4 Colt
Rhabarber
5 Rheum
Rhein-Zuflüsse
2 Ay
3 Ahr, Alb, Eck, Eis, Elz, Erg, Ill, Oos, Ren, Sar
4 Aach, Aare, Arge, Birs, Erft, Lahn, Maas, Main, Murg, Nahe, Ruhr, Saye, Sayn, Selz, Sieg, Siga, Sorn, Thur, Wied
5 Acher, Agger, Biber, Brohl, Glatt, Issel, Itter, Lippe, Modau, Moder, Mosel, Nette, Nolla, Pfinz, Rench, Salza, Sauer, Toess, Vecht, Wehra, Wehre, Wiese
6 Albula, Aubach, Birsig, Durach, Elzach, Ergolz, Fechte, Gutach, Kander, Kinzig, Kraich, Lauter, Neckar, Pfrimm, Queich, Tamina, Wisper, Wupper, Wutach
7 Emscher, Glenner, Plessur, Rabiusa
8 Stockach, Sulzbach
9 Landquart, Steinbach
Rheinfelsen
7 Lorelei, Loreley
rheinfränkisch: Pflaume
8 Quetsche
Rheininsel
11 Nonnenwerth

rheinisch:
Bergwerk
5 Puett
Fleischwarenhändler
7 Metzler
Flusskahn
7 Schelch
Kuss
9 Buetzchen
närrisch
4 jeck
Schieferfels
3 Lei
Schnauze
5 Zeute, Zotte
rheinische(r, s)
Dialekt
7 Koelsch
9 Koelnisch
Dichter
5 Kneip
Erzählerin
4 Keun
Grafengeschlecht
4 Salm
Komponisten
5 Knorr
9 Ostermann
Männername
4 Jupp
Mittelgebirge
5 Eifel
6 Taunus
Sänger
9 Ostermann
Rheinlachs
4 Salm
Rheinland-Pfalz
Abtei
10 Maria Laach
Autorennstrecke
12 Nuerburgring
Berge
6 Kalmit
9 Erbeskopf
10 Haardtkopf
11 Donnersberg, Ellersprung, Fuchskauten
Flüsse
3 Ahr
4 Glan, Kyll, Lahn, Nahe, Salm, Selz, Wied
5 Drohn, Mosel, Pruem, Rhein, Ruwer
6 Alsenz, Lauter, Nister, Pfrimm, Queich
7 Isenach
Gebirge, Höhenzüge
5 Eifel
8 Idarwald, Soonwald, Voreifel, Westrich
9 Hohe Eifel, Hunsrueck, Schneifel
10 Ahrgebirge, Moselberge, Westerwald
11 Schneeeifel
12 Hintertaunus, Pfaelzer Wald
Hauptstadt
5 Mainz
Naturparks
6 Nassau
9 Nordeifel, Suedeifel
12 Pfaelzer Wald
13 Saar-Hunsrueck
Seen
10 Laacher See, Pulvermaar
Städte und Orte
4 Daun, Diez, Kaub, Kirn, Konz, Zell
5 Alzey, Kusel, Mainz, Mayen, Pruem, Trier, Worms
6 Adenau, Bad Ems, Bingen, Cochem, Landau, Speyer
7 Boppard, Koblenz, Neuwied, Remagen, Simmern
8 Neuenahr, Neustadt, Saarburg
9 Ahrweiler, Andernach, Bad Salzig, Duerkheim, Edenkoben, Ingelheim, Kreuznach, Montabaur, Oberwesel, Oppenheim, Otterberg, Pirmasens, Sankt Goar
10 Baumholder, Bernkastel, Birkenfeld, Deidesheim
11 Frankenthal, Germersheim
12 Bad Duerkheim, Bingerbrueck, Ludwigshafen, Zweibruecken
13 Idar-Oberstein, Schifferstadt
14 Kaiserslautern, Traben-Trarbach
16 Sankt Goarshausen
Rheinmündungsarme
3 Lek
4 Waal
5 Vecht
7 Merwede
8 Neue Maas
Rheinnixe
7 Lorelei, Loreley
Rheintochter
8 Woglinde
9 Wellgunde
10 Flosshilde
rhetorische
Figur
7 Anapher
8 Metapher, Oxymoron
9 Metalepse, Paralipse, Syllepsis
12 Alliteration
Satzgliederung
8 Prolepse
9 Prolepsis
Wendung
9 Redefigur, Wortfigur
Rhinozeros
7 Nashorn
rhombisches Mineral
5 Cerit, Zerit
7 Brookit, Enargit, Lievrit
9 Caledonit
Rhône-Zuflüsse
3 Ain, Lez
4 Arve, Cece, Cèze, Dala, Dalo, Doux, Fier, Flon, Gard, Gere, Gier, Glan, Save, Visp
5 Berre, Binna, Canca, Dalla, Dolon, Doubs, Drome, Drôme, Furan, Garon, Isére, Lonza, Morge, Saône, Sãone, Vinxt
6 Aygues, Bancel, Borgne, Erieux, Eygues, Gardon, Ouvèze
7 Allaine, Bourbre, Durance, Galaure, Lizerne, Roubion, Salance
9 Navigenze
rhythmische Ausdrucksform
4 Tanz
Rhythmusart des Jazz
4 Jump
Richtantennenteil
9 Reflektor
Richter
4 Kadi
am päpstlichen Hof
7 Uditore
im kanonischen Recht
7 Auditor
in Israel
6 Gideon, Jephte, Samuel
7 Jephtha
Richterin im Alten Testament
6 Debora
Richterkollegium
5 Senat
richterlich
9 judiziell
richterliche(r)
Festlegung
9 Strafmass
Entscheid
7 Judikat
Richterspruch
6 Urteil
Richtgröße
8 Normativ
richtig
7 korrekt
10 zutreffend
stellen
11 berichtigen
Richtlinie
4 Norm
5 Kanon, Regel
6 Maxime
7 Prinzip, Weisung
8 Massstab
9 Anweisung, Direktive, Grundsatz, Leitfaden, Massregel, Reglement

10 Bestimmung, Verordnung

Richtmaß (Sozialhilfe)
9 Regelsatz

Richtung
4 Kurs
5 Route, Trend
6 Flucht
7 Tendenz
9 Stroemung
im Jazz
7 Hot Jazz
8 Cool Jazz
nach Mekka
5 Kibla

Richtungsanvisierung
7 Peilung

Richtungsanzeiger
5 Pfeil
6 Winker
7 Blinker

Richtungsbestimmer
6 Peiler, Weiser
7 Kompass

Richtungswinkel
6 Azimut

Riechfläschchen
6 Flakon

Riechkissen
6 Sachet

Riechstoffe
5 Amber, Ambra, Bisam, Odeur, Zibet
6 Karvon, Myrrhe, Parfum
7 Moschus, Parfuem, Zibeton
8 Lavendel, Rosenoel, Vanillin

Riedgras
5 Elyna, Segge, Simse
6 Liesch
7 Blysmus, Cladium, Cyperus
8 Grastopf, Schneide, Wollgras
9 Kopfbinse, Meerbinse, Nacktried, Sandsegge, Zypergras
10 Eriophorum

Riegenführer
9 Vorturner

Riemen
4 Gurt
5 Ruder
7 Guertel
am Pferdgeschirr
5 Siele
bei Tieren
8 Halsband

Riemenpeitsche
5 Knute
8 Kantschu
10 Karbatsche

Riemenschließe
8 Schnalle

Riemenschuh
7 Sandale

Riemenwerk
5 Siele

Riese
4 Grim, Oger, Ymir
5 Argus, Atlas, Gymir, Huene, Recke, Sinis, Talos, Thrym, Titan, Tolos
6 Fafner, Fafnir, Fasold, Gigant, Koloss, Kyklop, Thurse, Titane, Tityos, Zyklop
7 Anateus, Antaeus, Antaios, Ebenrot, Goliath, Suttung, Wickram
8 Geirroed, Giganten, Kyklopen, Polyphem, Zyklopen
9 Geryoneus

Riesenbär des Beringmeers
6 Kodiak

Riesendiamant
6 Yonker

Riesenechse
8 Krokodil
10 Diplodokus
12 Brontosaurus

Riesenelefant
6 Mammut
8 Mastodon

Riesenflughörnchen
6 Taguan

Riesengeier
6 Kondor

Riesengeschlecht
7 Thursen, Titanen

Riesengras
6 Bambus

Riesengürteltier
8 Armadill

riesenhaft
6 immens
8 gewaltig, kolossal
9 pyramidal, titanisch
10 gigantisch, uebergross, zyklopisch
11 titanenhaft

riesenhafte(r, s)
Gott
5 Titan
Volk
8 Enakiter

Riesenhirsch
4 Elch, Elen

Riesenschildkröte
8 Tortuga

Riesenschlangen
3 Boa
6 Assala, Python
8 Anakonda
13 Tigerschlange
14 Abgottschlange, Boa constrictor
15 Koenigsschlange

Riesenstandbild
6 Koloss

riesenstark
10 herkulisch

Riesentier
6 Koloss
8 Ungetuem
der Vorzeit
7 Saurier

Riesentintenfisch
5 Krake

Riesenvogel
(ausgestorben)
3 Moa
4 Dodo
6 Dronte
der Sage
3 Rok
4 Roch, Rock
5 Greif

Riesenvolk im Alten Testament
8 Enakiter

Riesenwuchs
10 Makromelie

Riesenzahl
7 Myriade

riesig
5 enorm
8 kolossal

riffbildendes Nesseltier
7 Koralle

Rifkabylenführer
9 Abd el Krim

rigoros
4 hart
6 streng

Rillen in Pneus schneiden
7 sommern

Rinde
5 Borke
6 Kruste, Schale

Rinder
3 Kuh
4 Kalb
5 Bulle, Ochse, Stier
6 Faerse, Farren, Sterke
7 Staerke

Rinderarten
3 Jak
4 Anoa, Gaur, Kudu, Zebu
5 Bison, Bongo, Gayal
6 Nilgau, Wisent
7 Banteng, Bueffel, Kerabau

Rinderbraten
9 Roastbeef

Rinderfett
4 Talg

Rindergämse
5 Takin
8 Gnuziege

Rinderhirt
6 Cowboy, Gaucho
7 Vaquero

Rinderkrankheiten
8 Rote Ruhr, Weiderot
9 Fussgrind, Holzzunge, Kopfdrehe, Kuhpocken, Maiseuche

Rinderlende
5 Filet, Steak
9 Beefstaek, Rumpsteak

Rinderrasse
8 Gelbvieh
9 Braunvieh, Fleckvieh

Rindertuberkulose
9 Perlsucht
Rinderwade
5 Hesse
Rindslendenschnitte
9 Tournedos
Rindsrippenstück
9 Entrecôte
Ring
4 Reif
5 Kette, Kreis
6 Schake
7 Kartell
10 Kampfplatz
11 Vereinigung
12 Gemeinschaft
am Segel
5 Legel
um Mond und Sonne
3 Hof
4 Halo
Ringelkrebs
5 Assel
Ringelspiel
9 Karussell
Ringelwürmer
4 Egel, Pier
8 Blutegel, Sandwurm
9 Krebsegel, Regenwurm
10 Blutsauger, Pferdeegel
11 Roehrenwurm
Ringen nach Luft
7 Atemnot
Ringer
7 Catcher
Ringergriff
5 Hebel
6 Armzug, Nelson
7 Klammer
8 Armhebel, Ausheber, Krawatte
9 Armwender, Fussstich, Ueberwurf
11 Nackenhebel
ringförmige
Atomanordnung
7 Diazine
Koralleninsel
5 Atoll
Ringrichter
7 Referee
Ringstraße
9 Boulevard
Rinne
großer Flüsse
9 Strombett
im Wattenmeer
5 Priel
rinnen
8 fliessen
Rinnstein
5 Gosse
Rinnverlust an Waren
7 Leckage
Rippenfell
6 Pleura
9 Brustfell
Rippenstücke
6 Karree
7 Beiried
8 Kotelett
9 Entrecote, Karbonade, Schnitzel
ripsartiger Textilstoff
7 Popelin
8 Popeline
Ripsgewebe
7 Cannele, Cannelé, Epinglé, Givrine, Ottoman
Risiko
6 Gefahr, Wagnis
riskant
6 gewagt
riskantes Pilotenmanöver
5 Rolle
7 Looping
9 Sturzflug
riskierte Summe
7 Einsatz
Rispengras
3 Poa
Riss
4 Fuge, Ritz
5 Ritze
6 Fissur, Spalte, Sprung
7 Szissur
10 Einschnitt
Rist
5 Spann
11 Fussruecken
Ritter
4 Erec, Erek, Huon
5 Gawan, Georg, Iwein
6 Gawain, Gawein, Hutten
7 Tristan, Walwein
8 Blaubart, Edelmann, Kavalier, Lancelot, Lanzelot, Parsifal, Parzival, Wigalois
9 Caballero, Gurnemanz, Lohengrin
Ritterbegleiter
6 Knappe
Ritterheerabteilung
5 Gleve
ritterlich
6 galant
8 hoeflich
11 chevaleresk, hilfsbereit
ritterliche(r, s)
Bewährungsprobe
9 Aventiure
Frauendienst
5 Minne
Kampfspiel
5 Tjost
6 Buhurt
7 Turnier
Mann
8 Kavalier
Ritterorden
7 Templer
8 Malteser
10 Johanniter
14 Deutscher Orden
Ritterordensangehöriger
8 Malteser
Ritterpferd
4 Ross
Ritterrüstung
6 Panzer
8 Harnisch
Ritterschlag
8 Akkolade
Rittersitz
4 Burg
Ritual
4 Kult
5 Ritus
6 Kultus
8 Liturgie
11 Zeremoniell
rituelle(s)
Kulthandlung
8 Weiheakt
Reinigung
6 Tahara
Tauchbad der Juden
5 Mikwe
Ritze
5 Spalt
6 Klunse, Spalte
Rivale
5 Feind
6 Gegner
8 Opponent
10 Konkurrent, Kontrahent
11 Nebenbuhler, Widersacher
12 Gegenspieler
Robben
7 Seebaer, Seehund, Walross
8 Blaumann, Meerkalb, Seeloewe, Stellers
9 Bandrobbe, Bartrobbe, Haarrobbe, Pelzrobbe, Rossrobbe, Seemoench, Suedrobbe
10 Kegelrobbe, Ohrenrobbe, See-Elefant, Seeleopard
11 Klappmuetze, Ringelrobbe, Sattelrobbe
12 Moenchsrobbe, Muetzenrobbe, Weddellrobbe, Zwergseebaer
13 Rossmeerrobbe
14 Elefantenrobbe, Krabbenfresser
Robbenfell
4 Seal
8 Haarseal, Sealskin
Robbenjunges
6 Heuler
Robinsons Gefährte
7 Freitag
robust
4 derb, grob
5 stark
6 baerig
8 kraeftig
17 widerstandsfaehig
Rochenarten
5 Manta

9 Meeradler
10 Saegefisch
11 Stechrochen
12 Geigenrochen, Zitterrochen
13 Stachelrochen

Rock der Schotten
4 Kilt

Rockaufschlag
5 Patte
6 Revers

Rodel
8 Skeleton, Toboggan
9 Schlitten

Rodelbahn
5 Piste

Rodung
9 Abholzung

Rodungsgerät
9 Radehacke

Rogen vom Stör
6 Kaviar

roh
4 grob, krud, wild
5 ekrue, ruede
6 brutal, brutto, massiv, rabiat
10 barbarisch, gefuehllos, ungesittet
11 bestialisch
12 kannibalisch

rohe(r, s)
Fußballspieler
6 Holzer
7 Klopper
Verhalten
9 Kruditaet

Roheisenbarren
6 Massel

Roherdöl
7 Naphtha

Rohkost
6 Muesli

Rohling
5 Rowdy
6 Barbar
7 Grobian, Rabauke
8 Unmensch

Rohmaterial
9 Werkstoff
für Kerzen
5 Wachs
7 Stearin
für Pelze
4 Fell

Rohr
der Handfeuerwaffen
4 Lauf
des Glasbläsers
6 Pfeife

Rohrdurchmesser
7 Kaliber
bei Blechblas-instrumenten
6 Mensur

Röhre optischer Geräte
5 Tubus

Röhren der Hirsche
7 Trenzen

Röhrenbeleuchtung
9 Neonlicht

Röhrennudeln
9 Makkaroni

Röhricht
4 Ried
6 Schilf

Rohrleitung
für Abwässer
4 Siel
für Erdöl
8 Pipeline
unter einem Deich
6 Dueker

Rohrleitungsverschluss
4 Hahn

Röhrlinge
6 Marone
7 Boletus, Kuhpilz
8 Rotkappe, Sandpilz
9 Hirsepilz, Steinpilz
10 Birkenpilz, Bitterpilz, Butterpilz, Herrenpilz, Satanspilz
11 Ziegenlippe
12 Kuhroehrling, Schusterpilz
13 Goldroehrling, Sandroehrling
14 Hexenroehrling
15 Gallenroehrling, Satansroehrling
16 Maronenroehrling, Pfefferroehrling
17 Hohlfussroehrling

Rohrteile
4 Trap
5 Muffe
6 Buchse, Nippel
7 Flansch

Rohrverbindung
7 Flansch

Rohrverbindungsstück
5 Muffe
6 Nippel

Rohrzucker
9 Sacharose

Rohseide
4 Ecru
5 Grège
8 Pelseide
9 Bastseide

Rohstoff
8 Material
9 Werkstoff
für Benzin
6 Erdoel
für Düngemittel
8 Ammoniak, Salpeter
für Garne
4 Hanf
für Gummi
9 Kautschuk
für Heilmittel
5 Droge
für Kerzen
5 Wachs
7 Stearin
für Klebstoff
4 Harz
für Parfüm
4 Zimt
5 Ambra, Zibet
7 Moschus
8 Lavendel
9 Rosenholz
12 Patschulioel
für Porzellan
6 Kaolin
für Schokolade
5 Kakao
für Seile
4 Hanf
für Terpentin
4 Harz
für Textilien
5 Seide, Wolle
6 Leinen
9 Baumwolle
10 Kunstfaser
zur Bierbereitung
4 Malz
6 Hopfen

Rohstoffquelle
9 Ressource

Rohstoffwiederverwendung
9 Recycling

Rohwolle des Schafs
5 Vlies

Rolands
Braut
4 Alda
Hifthorn
7 Olifant
Schwert
8 Durendal
9 Durindart
10 Durandarte

Rolladen
5 Rollo
7 Rouleau
8 Jalousie

Rollbahn auf Flugplätzen
5 Piste
8 Rollfeld
9 Landebahn, Startbahn

Rolle
5 Spule, Walze
6 Mangel, Partie
in einem Theaterstück
4 Part
zum Aufwickeln
5 Spule

Rollenverteilung (Theater)
9 Besetzung

Rollfilmerfinder
7 Eastman

Rollkörper
3 Rad
5 Walze

Rollschuhe
12 Inline skates, Rollerskates

Rollsitz für Kranke
9 Fahrstuhl, Rollstuhl

Rollvorhang
5 Rollo
7 Rouleau
Roman (ohne Artikel) von
Andersch
6 Efraim
Andres
8 Sintflut
Anet
6 Ariane
Hamsun
3 Pan
6 Hunger
8 Viktoria
12 Segen der Erde
13 Landstreicher
Hemingway
6 Fiesta
Hesse
6 Demian
9 Siddharta, Unterm Rad
11 Steppenwolf
15 Glasperlenspiel
Hoffmann
9 Kater Murr
Hölderlin
8 Hyperion
Hugo
7 Elenden
Joyce
7 Ulysses
Kafka
7 Prozess, Schloss
Kästner
6 Fabian
Kipling
3 Kim
Knittel
7 Amadeus, El Hakim, Via Mala, Viamala
Lawrence
14 Lady Chatterley
Lenz
7 Vorbild
13 Deutschstunde
London
13 Koenig Alkohol, Ruf der Wildnis
Mailer
8 Alptraum
Malaparte
4 Haut
6 Kaputt
Mann
8 Untertan
10 Goettinnen, Zauberberg
12 Buddenbrooks
13 Lotte in Weimar
14 Professor Unrat
Maupassant
6 Bel Ami
McCarthy
6 Clique
Melville
7 Redburn
8 Moby Dick
Miller
5 Sexus
Mitchell
15 Vom Winde verweht
Nabokov
4 Pnin
6 Lolita
Pasternak
14 Doktor Schiwago
Porter
12 Narrenschiff
Puzo
4 Pate
Raabe
12 Hungerpastor
Rinser
4 Nina
7 Daniela
Rosegger
4 Inri
Roth
4 Hiob
11 hundert Tage
14 Radetzkymarsch
Rousseau
5 Emile
Sade
7 Justine
Sagan
15 Lieben Sie Brahms
Scheffel
8 Ekkehard
Scott
7 Durward, Ivanhoe, Quentin
8 Waverley
10 Kenilworth
Segal
9 Love Story
Selinko
7 Désirée
Sienkiewicz
8 Quo vadis
Solschenizyn
12 Krebsstation
Spoerl
8 Maulkorb
16 Feuerzangenbowle
Steinbeck
15 Jenseits von Eden
Stevenson
11 Schatzinsel
Stifter
6 Witiko
10 Nachsommer
Sueskind
6 Parfum
Swift
15 Gullivers Reisen
Tolkien
12 Herr der Ringe
Tolstoi
12 Anna Karenina, Auferstehung
14 Kreutzersonate
15 Krieg und Frieden
Traven
11 Totenschiff
Updike
8 Ehepaare
Vaszary
3 Sie
6 Monpti
Voltaire
7 Candide
Wallace
6 Ben Hur
Wells
12 Zeitmaschine
Wiechert
7 Majorin
9 Jedermann
13 Jerominkinder
Woolf
7 Orlando
Zola
4 Nana
8 Germinal
Romanabschnitt
7 Kapitel
Romanautor
9 Romancier
Romane
9 Prosawerk
(deutscher Name)
7 Welsche
Romanfigur
6 Tarzan
bei Beecher-Stowe
3 Tom
bei Christie
6 Marple
bei Flaubert
6 Bovary
bei Fontane
6 Briest
bei Gotthelf
3 Uli
bei Guareschi
7 Camillo
bei Kästner
4 Emil
bei Mann
5 Krull
bei Scott
7 Ivanhoe
bei Simenon
7 Maigret
bei Spyri
5 Heidi
bei Verne
2 Ox
bei Zweig
7 Grischa
romanische(r, s)
Gewölbeteil
9 Bandrippe
Mundart
5 Ladin
Name des Tones g
3 Sol
Sprachgebiete
7 Romania
Volk in Südtirol
7 Ladiner
Romanschriftsteller
9 Romancier
Romanstil
9 Briefform

Römerkastell im Taunus
8 Saalburg
Rominte-Zuflüsse
5 Pissa
8 Rossbach
römisch
siehe: altrömisch
Röntgenfacharzt
9 Radiologe
Röntgenschichtverfahren
11 Tomographie
Röntgenstrahlen
9 X-Strahlen
Rosenart
8 Samtrose
rosenförmige Verzierung
7 Rosette
Rosengewächse
5 Dryas, Rubus
6 Quitte
7 Azarole, Spiraee
8 Aremonie, Gelbling
9 Brombeere, Duchesnea, Felsbeere, Feuerdorn, Sibbaldia, Weissdorn, Zierapfel
10 Silberwurz
11 Zwergmispel
Rosenkranz
8 Rosarium
Rosenlorbeer
6 Nerium
8 Oleander
Rosenpflanzung
8 Rosarium
rosenroter Beryll
8 Morganit
rosenroter japanischer Edelstein
3 Aat
Rosinen
6 Zibebe
8 Korinthe
9 Sultanine
Rossantilope
8 Blaubock
Rosshaarstoff
4 Crin
Rost zum Braten
5 Grill
Rostbraten
8 Grillade
9 Roastbeef
Rostbratküche
9 Grillroom
Röstbrot
5 Toast
rösten
6 darren
7 toasten
rostfreie Legierung
9 Edelstahl
Röstrückstand
7 Abbrand
Rostschutzmittel
7 Mennige
8 Bleioxid
Röstvorrichtung
5 Darre

Rot beim Roulett
5 Rouge
rot werden
8 erroeten
Rotalgengattung
8 Gelidium, Horntang, Kammtang, Perltang, Seefeder
9 Gabeltang, Gigartina
Rotangpalme
7 Calamus
Rotationsellipsoid
9 Sphaeroid
Rotauge
7 Ploetze
rotbraune Farbe
5 Siena
rote(r, s)
afrikanische Antilope
5 Bongo
Ball (Billard)
9 Karambole
Edelstein
5 Rubin
Farbe
7 Mennige
8 Zinnober
Farbstoffe
5 Eosin
6 Karmin, Kermes, Purpur
7 Fuchsin, Phloxin, Ponceau
8 Alizarin, Karmesin, Korallin, Purpurin
9 Karmoisin, Karthamin
11 Koschenille
Farbtöne
4 pink, rosa, rosé
5 krapp, rosig, rubin
6 karmin
7 purpurn
8 zinnober
Glassorte
9 Rubinglas
Mantel der Stierkämpfer
4 Capa
Mineralfarbstoff
6 Roetel
Nasenbär
5 Koati
Nutzholzart Indiens
4 Padu
Rübe
4 Bete
Sandstein des Devons
6 Oldred
Schminke
5 Rouge
Südwein
5 Tinto
Süßwein
7 Refosco
Turmalin
8 Rubellit
Roteisenerz
8 Haematit
9 Blutstein
Rotfisch
6 Huchen
10 Donaulachs

rotierender Körper
5 Walze
7 Kreisel
Rotkraut
8 Blaukohl
Rotkupfererz
6 Cuprit, Kuprit
rötliche(s)
Bodenart
7 Laterit
Edelholz
9 Rosenholz
Schwermetall
6 Kupfer
Rotte
5 Horde, Meute, Rudel, Schar, Trupp
6 Gruppe
7 Einheit
9 Abteilung
Rotwein
6 Claret
7 Rotspon
Rotweinbowle
7 Sangria
Rotwelsch
4 Cant
5 Argot
Roulettausdrücke
3 Jeu
4 Chip, Noir, Pair, Zero
5 Jeton, Passe, Rouge
6 Impair, Manque
8 Croupier
12 rien ne va plus
Route
3 Weg
4 Kurs
7 Flugweg, Strasse, Strecke
8 Fahrtweg, Reiseweg, Richtung
zum Ausgangspunkt
8 Rueckweg
routiniert
8 geschult, versiert
Ruanda
Berge
8 Muhavura
9 Karisimbi
Bevölkerung
3 Twa
4 Hutu
5 Tussi, Tutsi
6 Bahutu
7 Ruander, Rwander, Watussi
Flüsse
6 Kagera
7 Virunga
Hauptstadt
6 Kigali
Nationalparks
6 Kagera
7 Virunga
Politiker
7 Kagame
11 Habyarimana
13 Nsengiyaremye

Sprachen
9 Kisuaheli
11 Kinyaruanda
Städte und Orte
6 Butare
7 Gisenyi
8 Cyangugu
9 Ruhengeri
Währung
5 Franc
7 Centime
Rübensaft
5 Sirup
Rubin
6 Korund
Rubrik
4 Fach
6 Klasse, Spalte
7 Kolonne
9 Abschnitt, Abteilung
ruchlos
5 boese, infam
6 gemein
rückbezüglich
8 reflexiv
rückbezügliches Fürwort
4 sich
Rückbildung
10 Regression
12 Degeneration
Rückbuchung
6 Storno
9 Loeschung
Rückenfläche
5 Kreuz
Rückenpartie
5 Lende
Rückenstück
vom Fisch
5 Filet
vom Wild
6 Ziemer
Rückentragebehälter aus Stoff
8 Rucksack
Rückentragekorb
5 Kiepe
Rückerstattung
11 Restitution
Rückfallfieber
9 Rekurrens
rückfällig
7 rezidiv
Rückgang in der Wirtschaft
10 Depression
Rückgrat
5 Spina
Rückgratknochen
6 Wirbel
Rückgratverkrümmung
8 Skoliose
Rückgriff
7 Regress
Rückhalt
5 Hilfe
6 Schutz
Rückhandschlag
8 Backhand
Rückkehr
8 Comeback
Rückkopplung
8 Feedback
Rücklage
7 Reserve
rückläufig
9 regressiv, retrograd
Rücknahme
8 Ristorno
gegen anderes
8 Umtausch
Rückreise
9 Heimfahrt
Rucksack des Jägers
4 Aser
rückschreitend
8 rekursiv
9 regressiv
Rückseite
5 Verso
6 Revers
Rücksendung
6 Renvoi
9 Remission
Rücksicht
7 Pietaet
8 Toleranz
Rücksichtnahme
4 Takt
8 Schonung
10 Diskretion
rücksichtslos
3 roh
4 hart, wild
5 krass
6 bruesk, brutal, gemein, rabiat
7 inhuman, radikal, rigoros
9 fanatisch
12 unerbittlich
rücksichtslose(r, s)
Ausnützung
7 Raubbau
Mensch
7 Rohling
Spielen
7 Geholze
rücksichtsvoll
4 zart
6 galant
7 diskret
8 hoeflich
10 freundlich
12 zuvorkommend
Rücksitz im Wagen
4 Fond
Rückstand
4 Rest, Satz
5 Neige
6 Relikt, Verzug
7 Passiva
8 Residuum, Rudiment
bei der Spirituserzeugung
8 Schlempe
bei der Wundheilung
5 Narbe
bei der Zuckergewinnung
7 Melasse
beim Brauen
4 Trub
6 Drusen, Treber
7 Trester
beim Keltern
4 Trub
6 Drusen, Treber
7 Trester
Rückstrahler
9 Reflektor
10 Katzenauge
Rückstrahlung
9 Reflexion
Rücktritt
9 Abdankung, Demission
Rückversicherung
12 Reassekuranz
Rückwand des Chorgestühls
6 Dorsal
7 Dorsale
rückwärtig
6 hinten
Rückwärtszählung
9 Countdown
Rückwirkung
5 Folge
8 Reaktion
10 Gegendruck, Konsequenz
Rückzug
6 Abgang, Flucht
8 Retirade, Retraite, Widerruf
rüde
3 roh
4 grob
5 frech
6 barsch, bruesk
7 schroff
10 unhoeflich
Ruder
6 Paddel, Pagaie, Riemen
Ruderboote
3 Gig
4 Kaik, Kanu
5 Einer, Kajak, Skiff, Skull
6 Achter, Feluke, Gondel, Vierer
8 Kanadier
Ruderbootsteile
5 Dolle, Ruder
6 Riemen
Ruderfüßer
7 Calanus, Garnele, Pelikan, Toelpel
8 Kormoran
9 Kopepoden
Ruderkriegsschiff
7 Galeere
8 Galeasse
Ruderlager
5 Dolle
rudern
6 pullen
7 skullen
Ruderplatz im Rennboot
9 Gleitsitz
Ruderschiffe
der Antike
6 Bireme, Triere
7 Pentere, Trireme

des Mittelalters
7 Galeere
Ruderstange
5 Stake
Ruderteil
5 Blatt
Ruf
4 Ehre, Fama
5 Vogue
6 Nimbus
7 Ansehen, Geltung, Leumund
8 Bonitaet, Prestige, Renommee
10 Reputation
an die Pferde
3 Har
zur Aufmerksamkeit
7 Achtung
Rufmord
12 Diffamierung
Ruftrichter
7 Megafon
8 Megaphon
Rüge
5 Tadel
7 Monitum, Rueffel, Verweis
rügende(r) Beurteiler(in)
6 Tadler
8 Tadlerin
Ruhe
6 Stille
Ruhegeld
5 Rente
7 Pension
Ruhegeldempfänger
7 Rentner
Ruhelosigkeit
6 Unrast
11 Nervositaet
Ruhemöbel
4 Bett, Sofa
5 Couch, Diwan, Liege
7 Kanapee
8 Bettbank, Bettlade, Bettsofa, Ottomane
9 Bettcouch, Liegesofa
12 Chaiselongue
Ruhepause
4 Rast
6 Siesta
13 Unterbrechung
Ruheständler
6 Emerit
7 Rentier, Rentner
10 Pensionaer
Ruhestörung
5 Krach, Laerm, Radau, Rumor
6 Randal, Tumult
7 Getoese, Krawall
Ruhezustand des Körpers
6 Schlaf
ruhig
5 leise, still
7 gefasst
8 besonnen, gelassen
ruhige(r)
Landsitz
8 Tuskulum
Überlegung
9 Besinnung
Ruhm
4 Ehre
6 Gloria, Glorie
7 Ansehen, Geltung
14 Wertschaetzung
Ruhmesglanz
6 Nimbus
Ruhmeshalle bei Regensburg
8 Walhalla
ruhmreich
9 ehrenvoll
ruhmvoll
7 glorios
Ruhr-Zuflüsse
3 Neb
4 Baar, Else, Inde
5 Lenne, Roehr, Sorpe, Volme, Wenne, Winne
6 Hoehne, Moehne
Ruhrgroßstädter
7 Essener
rührselig
9 larmoyant
11 sentimental
Rührseligkeit
9 Larmoyanz
16 Sentimentalitaet
Ruin
6 Fiasko, Pleite
7 Debakel, Konkurs, Verderb, Verfall
8 Bankrott
9 Untergang
13 Zusammenbruch
Ruine
im Schwarzwald
8 Hochburg
in Hessen
8 Sababurg
Ruinenhügel
in Anatolien
8 Kueltepe
in der Türkei
9 Horoztepe
in Syrien
8 Mumbakat
in Troja
9 Hissarlik
Ruinenmotive (Malerei)
7 Veduten
Ruinenstätte
am Nil
4 Sais
am Tigris
5 Assur
der Maya
5 Copan, Uxmal
8 Bonampak, Uaxactun
9 Lubaantun
11 Machu Picchu
im alten Babylon
4 Uruk
5 Warka
im Irak
6 Ninive
7 Babylon, Samarra
in Ägypten
5 Elkab, Ombos
6 Abusir, Amarna
in Armenien
3 Ani
in Bolivien
10 Tiahuanaco
in England
10 Stonehenge
in Frankreich
7 Les Baux
in Griechenland
6 Mykene, Tiryns
7 Mykenae, Olympia
in Italien
7 Pompeji
11 Herculaneum, Herkulaneum
in Kambodscha
6 Angkor
in Kleinasien
3 Ani
4 Myra, Side
5 Milet, Perge, Troja
6 Didyma, Priene, Sardes
7 Ephesus, Hattusa
8 Aspendos, Pergamon, Xanthros
10 Hierapolis
13 Halikarnassos
in Mesopotamien
6 Ninive
7 Babylon
in Mexiko
5 Mitla
8 Palenque
11 Chichen-Itza
in Syrien
6 Balbek
7 Alalach, Baalbek, Palmyra
in Tunesien
8 Karthago
Rumänen
7 Wlachen
8 Moldauer
Rumänien
Adelsgeschlecht
7 Sturdza
Berge
5 Bihar, Negoi
6 Mindra
7 Bihorul, Peleaga
8 Petrosul, Retjezat
10 Moldoveanu
Bevölkerung
6 Ungarn
7 Szekler
8 Madjaren, Rumaenen
15 Banater Schwaben
Bildhauer
8 Brancusi, Brincusi
Dichter
5 Barbu, Blaga, Vinea
6 Anghel, Cosbuc

7 Arghezi, Bacovia, Vlahuta
8 Eminescu
9 Caragiale, Minulescu
10 Alecsandri
12 Alexandrescu

Dramatiker
7 Ionesco
8 Negruzzi
9 Caragiale

Flüsse
3 Alt, Olt
4 Bega
5 Mares, Mures, Pruth
6 Moldau, Sereth

Gebiete
5 Banat
6 Moldau
7 Alfoeld, Baragan, Crisana, Oltenia
8 Montenia, Walachei
9 Maramures
13 Siebenbuergen
14 Transsilvanien

Gebirge
7 Apuseni
8 Karpaten
14 Banater Gebirge

Hauptstadt
8 Bukarest
9 Bucuresti

Komponisten
4 Vlad
5 Vieru
6 Enescu, Krirac
7 Andricu
8 Miereanu
9 Boulanger
10 Mihalovici
11 Stephanescu

Könige
5 Carol
7 Michael
9 Ferdinand

Name der Moldau
7 Moldova

Name Siebenbürgens
6 Ardeal

Pianistin
6 Haskil

Politiker
4 Duca
5 Groza
7 Iliescu
8 Stolojan
9 Ceausescu

Reigentanz
4 Hora

Revolutionär
5 Horia

Sänger
4 Piso

Sängerin
8 Cebotari
9 Gheorghiu

Schriftsteller
4 Goma
5 Asaki, Barbu, Preda
6 Cosbuc, Eliade, Hasdeu
7 Creanga, Filimon, Istrati, Slavici
8 Dumitriu, Negruzzi, Petrescu, Popovici
9 Calinescu, Sadoveanu

Städte und Orte
3 Dej
4 Arad, Blaj, Brad, Cluj, Deva
5 Anina, Bacau, Borsa, Jassy, Sarat, Sibiu, Turda
6 Braila, Brasov, Galati, Galatz, Oradea, Satmar, Sinaia
7 Craiova, Pitesti, Ploesti
8 Bistritz, Braschow, Bukarest, Pitescht, Temesvar
9 Bucuresti, Constanta, Konstanza, Kronstadt, Timisoara
10 Temeschwar
11 Klausenburg
12 Grosswardein, Hermannstadt

Touristenzentrum
6 Eforie, Mamaia

Volksgruppe
8 Walachen

Zigeunerkönig
6 Dinicu

rumbaähnlicher Tanz
7 Beguine

Rumbakugeln
7 Cabagas

Rumbarasseln
7 Maracas

Rummel
6 Tamtam, Trubel, Wirbel
7 Betrieb, Treiben
9 Jahrmarkt

Rumor
8 Gepolter
9 Spektakel

Rumpf
4 Leib
5 Torso

einer Statue
5 Torso

vom Geflügel
8 Karkasse

Rumpffortsatz (Tier)
7 Schwanz

Rumpfknochen
6 Becken

Rumpfteile
4 Leib
5 Bauch, Brust
7 Ruecken
8 Oberleib

Run
6 Zulauf
7 Andrang, Ansturm
9 Bankpanik

rund führende Straße
4 Ring

Rundbalken (Schiff)
9 Backspier

Rundbau
6 Tholas
7 Rotunde
8 Pavillon

Rundbeet
7 Rondell, Rundell

Rundbild
5 Tondo
9 Medaillon

Rundblick
8 Panorama

Rundblickfernrohr
8 Periskop

Runddorf
4 Kral

Runde durch Gaststätten
8 Zechtour

runde(r, s)

Einkerbung
5 Kehle

Fangnetz
5 Haube

Körper
4 Ball
5 Kegel, Kugel, Rolle, Walze
7 Zyliner

Metallsiegel im Mittelalter
5 Bulle

Pflanzgefäß
4 Topf

Platz
7 Rondeau

Rundfunkdarbietung
9 Hoerspiel

Rundfunkempfangsgerät
5 Radio, Tuner
8 Receiver
9 Autoradio
10 Empfaenger
11 Kofferradio, Radiogeraet
14 Weltempfaenger

Rundfunksendeleiter
9 Intendant

Rundfunksender
7 Station

Rundfunksendung
8 Zeitfunk

Rundfunksprecher
7 Ansager
9 Moderator

Rundfunkstation
6 Sender

Rundfunkteilnehmer
6 Hoerer

Rundgang
5 Ronde

Rundgemälde
5 Tondo
8 Panorama

Rundgesang
5 Kanon, Rondo

rundliches Ende
5 Kuppe

Rundmäuler
8 Neunauge

Rundplatz
7 Rondell

Rundreise
7 Tournee
Rundschreiben
8 Zirkular
9 Enzyklika
Rundtänze
5 Polka
6 Reigen, Walzer
Rundtempel
9 Gloriette
Runenforscher
8 Runologe
Runkelrübenart
5 Rahne
8 Dickwurz, Rotebete
Runzel
5 Falte
runzelig
6 faltig
Rüpel
6 Flegel
7 Grobian
Rur-Zuflüsse
3 Neb
4 Inde, Kall, Urft, Worm, Wurm
Rüsche aus Spitzen
5 Jabot
Rußabdruck
4 Fumé
Russe (alter Name)
6 Reusse
Rüssel des Schwarzwilds
7 Gebrech
8 Gebreche
Rüsselantilope
5 Saiga
Rüsseltier
5 Tapir
7 Elefant
11 Dickhaeuter
rußig qualmende Flamme
4 Blak
russisch:
auf geht's
5 dawai
Ausweis
7 Propusk
los, los
5 dawai
nein
4 njet
Russland
Abenteurer
8 Rasputin
Adliger
5 Bojar
Anrede: Herr
8 Gospodin
Architekten
4 Bowe
5 Rossi
6 Starow
8 Alexejew
Arktisforscher
7 Wrangel
8 Wrangell
Ärzte
6 Karell, Pawlow
7 Waksman
9 Bogomolez
12 Metschnikoff
Atomphysiker
8 Sacharow
Ballettmeister
6 Petipa
9 Diaghilew
Bauer
7 Muschik
Berge
5 Kamen
6 Elbrus, Pobeda
8 Bjelucha, Jamentau, Mus Chaja
9 Aboringen
Bildhauer
4 Gabo
6 Sadkin, Wrubel
7 Schubin, Zadkine
8 Andrejew, Orlowski
9 Prokofjew, Trubezkoi
Biologen
8 Lyssenko
10 Mitschurin
12 Metschnikoff
Branntwein
5 Wodka
Bretterwagen
7 Kibitka, Kibitke
Bürgerrechtler
8 Sacharow
Chemiker
8 Ipatieff
9 Beilstein
10 Mendelejew
Choreograf
9 Moissejew
Clown
5 Popow
Dichter
3 Dal, Fet
4 Bely, Blok, Feth
5 Babel, Bunin, Fedin, Gogol, Gorki
6 Asejew, Delwig, Esenin, Iwanow, Krylow, Maikow
7 Assejew, Balmont, Jesenin, Maximow, Nikitin, Rylejew, Tolstoi
8 Annenski, Apuchtin, Bagrizki, Kirsanow, Puschkin, Tichonow
9 Grigorjew, Lermontow, Lomonosow, Nekrassow, Ostrowski, Tjutschew, Tschechow, Turgenjew
11 Dostojewski, Gontscharow
12 Solschenizyn
Dorfgemeinschaft
3 Mir
Dramatiker
5 Rosow
7 Arbusow, Schwarz
8 Andrejew, Kirschon
9 Ostrowski, Sumarokow
Dynastie
7 Romanow
Eichhörnchen
3 Feh
Erzähler
6 Leskow
8 Furmanow
Flugzeugbauer
3 Mil
7 Tupolew
9 Iljuschin
Flüsse
2 Ob, Om
3 Don, Ket, Oka, Pur, Tas, Tym, Uda, Ufa
4 Agan, Amga, Amur, Kama, Kuma, Lena, Luga, Maja, Seja, Tura, Ural, Wach
5 Aldan, Gonam, Kuban, Mesen, Soswa, Tobol, Wolga
6 Angara, Bureja, Choper, Dnjepr, Ischim, Kolyma, Marcha, Moskwa, Tuloma
7 Kljasma, Olenjok, Suchona, Wetluga, Wolchow
8 Jenissei
9 Indigirka, Petschora
Frauengewand
7 Sarafan
Fürst
8 Potemkin
Gebirge
4 Moma, Ural
5 Altai, Sajan, Tannu
6 Anjuis, Bureja, Kolyma
8 Byrranga, Kaukasus, Putorana, Stanowoi
Geheimpolizei
7 Ochrana
Geiger
6 Kremer
8 Oistrach
Geistlicher
4 Pope
Geograf
7 Wrangel
Gewichte
3 Pud
4 Funt
8 Solotnik
Großbauer
5 Kulak
Großfürsten
4 Iwan, Juri, Oleg
5 Boris
6 Andrej, Dmitri, Feodor, Fjodor, Kyrill, Simeon
7 Wassili
8 Wladimir
Gründer des Russischen Reichs
5 Rurik
Hafenstädte
6 Rostow
8 Murmansk, Taganrog

11 Archangelsk, Wladiwostok
15 Sankt Petersburg

Halbinseln
4 Kola
5 Gydan, Jamal, Kanin
6 Tajmyr
8 Varanger
11 Kamtschatka

Hauptstadt
6 Moskau

Heilige
4 Olga
5 Boris, Georg
7 Andreas
8 Seraphim

Heiligenbild
5 Ikone

Herrschergeschlecht
7 Romanow

Herrschertitel
3 Zar

Holzhäuser
4 Isba
7 Datscha

Inseln
4 Ajon
7 Wrangel
8 Kolgujew, Sachalin, Schantar
9 Waigatsch
12 Nowaja Semlja

Kaiser
3 Zar

Kaiserin
5 Zarin

Kampfflugzeug
3 MiG

Kaps
4 Aniw
5 Enkan, Jakan
6 Alewin, Gowena
7 Barykow, Borisow, Buorcha, Deshnew, Kronoki, Nawarin
8 Sarytsch, Skuratow
9 Aleksandr, Apscheron, Busatschi
10 Jelisaweta
11 Agrachanski
12 Tscheljuskin

Kaufherren
9 Stroganow

Kautschukpflanze
9 Koksaghys

Kaviar
8 Malossol

Komponisten
3 Cui
4 Kjui
6 Gliere, Glinka, Petrow
7 Arenski, Borodin, Medtner, Tanejew
8 Glasunow, Muradeli, Skrjabin
9 Balakirew, Prokofjew, Schaporin
10 Chrennikow, Kabalewski, Mussorgski
11 Rachmaninow
12 Tschaikowsky
14 Rimski-Korsakow

Kosmonauten
5 Sedow, Titow
6 Leonow
7 Gagarin, Jegerow, Komarow
8 Bykowski
9 Nikolajew

Kosmonautin
11 Tereschkowa

Lammfell
9 Astrachan

Landschaften
5 Taiga
6 Tundra

Längenmaße
3 Fut
7 Arschin
8 Werschok
9 Desjatine
10 Dessjatine

Maler
4 Baxt
5 Benua, Repin
6 Iwanow, Rublew, Tatlin, Wrubel
7 Argunow, Brodski, Chagall, Fedotow, Korowin, Rubljow
8 Alexejew, Archipow, Bruellow, Dionisij, Larionow, Stepanow
9 Jawiensky, Kandinsky, Poliakoff

Mittelmeerflotte
7 Eskadra

Mönch
8 Rasputin

Mondfahrzeug
8 Lunochod

Mondsonden
4 Luna
5 Lunik, Sojus

Münze
6 Kopeke

Musikinstrumente
5 Domra, Dudka, Gudok, Gusli, Kobsa
7 Bandura
9 Balalaika

Name der Georgier
9 Grusinier

Name der Memel
6 Njemen

Nationalheld
9 Alexander

Nobelpreisträger für Chemie
8 Semjonow

Nobelpreisträger für Frieden
8 Sacharow
11 Gorbatschow

Nobelpreisträger für Literatur
5 Bunin
9 Pasternak
10 Scholochow
12 Solschenizyn

Nobelpreisträger für Medizin
6 Pawlow
7 Waksman
12 Metschnikoff

Nobelpreisträger für Physik
6 Bassow
9 Prochorow
11 Tscherenkow

Patriarchen
5 Nikon, Pimen
6 Tichon, Tychon

Physiker
4 Tamm
5 Basow, Joffe, Popow
6 Bassow, Kapiza, Landau
7 Lebedew
8 Iwanenko, Sacharow, Zworykin
9 Prochorow
11 Tscherenkow

Physiologe
6 Pawlow

Pianisten
6 Gilels
7 Arenski, Richter
8 Skrjabin

Politiker
5 Putin
6 Gaidar, Jelzin, Stalin
7 Ustinow
8 Kossygin, Podgorny, Tychonow
11 Gorbatschow

politische Polizei
7 Tscheka

Produktions-Genossenschaft
7 Kolchos
8 Kolchose

Raumkapsel
7 Woschod

Raumstation
6 Saljut

Regierungssitz
5 Kreml

Regisseure
3 Ekk
6 Tairow
8 Pudowkin
9 Kalatosow

Reichstag
4 Duma

Reiter
5 Kosak

Republiken
4 Komi, Mari
8 Dagestan, Jakutien, Karelien, Tatarien
9 Abchasien, Burjatien, Mordowien, Udmurtien
10 Adscharien
11 Baschkirien
13 Tschuwaschien

Revolutionäre
6 Pestel
7 Bakunin, Trotzki

Saiteninstrumente
5 Domra
9 Balalaika
Sänger
10 Schaljapin
Satelliten
6 Kosmos, Poljot, Raguda
Schachspieler
5 Keres
6 Karpov, Karpow
8 Aljechin, Spasskij
9 Botwinnik, Bronstein
10 Petrossjan
Schlittenhunde
5 Laiki
Schriftsteller
3 Bek, Ilf, Kim
5 Babel, Barto, Belyi, Dymow, Fedin, Gorki
6 Esenin, Herzen, Iwanow, Kuprin, Kusmin, Leonow, Leskow, Saizew
7 Aldanow, Amalrik, Fadejew, Kasakow, Katajew, Kawerin, Nabokov, Olescha, Remesow, Remisow, Salykin, Simonow, Sologub, Tolstoi
8 Aschajew, Bulgakow, Cantemir, Garschin, Ginsburg, Helphand, Jessenin, Karamsin, Kusnezow, Maramsin, Marschak, Saltykon, Saltykow, Samjatin, Schmelew, Trifonow, Tynjanow, Uspenski
9 Annenskij, Ehrenburg, Korolenko, Lawrenjow, Nekrassow, Pasternak, Selwinksi, Sinjawski, Sumarokow, Tretjakow, Tschechow
10 Lomonossow
12 Solschenizyn
13 Soschtschenko
Schriftstellerinnen
5 Hoyer
6 Aliger, Panowa
7 Hippius
8 Berggolz
9 Achmatowa
Schwarzmeerhäfen
6 Rostow
7 Sotschi
11 Noworossisk
Seen
5 Elton
8 Ilmensee, Onegasee
9 Baikalsee, Chankasee, Ladogasee, Peipussee
10 Tschanysee
Sommerhaus
7 Datscha
Sonde zur Venus
6 Venera
Speisen
7 Pirogge
8 Schtschi
10 Borschtsch
Städte und Orte
3 Bui, Kem
4 Omsk, Orsk, Perm, Tula
5 Aldan, Bijsk, Bikin, Kansk, Kasan, Kirow, Kursk, Serow, Tomsk
6 Abakan, Grosny, Kaluga, Kowrow, Lipezk, Rostow, Tambow, Tjumen, Ust-Kut
7 Angarsk, Armawir, Barnaul, Bjelowo, Grosnyi, Irkutsk, Jakutsk, Magadan, Norilsk, Podolsk, Rybinsk, Saratow, Tobolsk, Tschita, Ulan-Ude, Wologda, Workuta
8 Ischewsk, Kemerowo, Kostroma, Murmansk, Nachodka, Nowgorod, Orenburg, Rubzowsk, Slatoust, Smolensk, Taganrog
9 Astrachan, Beresniki, Jaroslawl, Krasnodar, Salechard, Serpuchow, Stawropol, Ussurijsk, Wolgograd
10 Chabarowsk
11 Dserschinsk, Krasnojarsk, Nowakusnezk, Nowosibirsk, Prokopjewsk, Sowjetskaja, Sterlitamak, Tschistopol, Wladiwostok
12 Magnitogorsk, Petrosawodsk
13 Jekaterinburg, Machatschkala, Tscheremchowo
15 Nischni Nowgorod, Sankt Petersburg
Stadtverordneten-Versammlung
4 Duma
Steppensturm
5 Buran
Suppe
10 Borschtsch
Tabak
8 Machorka
Tänzer
5 Fokin, Lifar
7 Nurejew
8 Nijinski
9 Nijinskij
Tänzerinnen
7 Gsovsky, Pawlowa, Ulanowa
8 Nijinska, Waganowa
9 Kolpakowa, Maksimowa
Teemaschine
7 Samowar
Teppich
8 Dagestan
Verwaltungsgebiet
6 Oblast
Waffenrock
6 Kurtka
Währung
5 Rubel
6 Kopeke
Wegemaß
5 Werst
Weltraumfahrer
9 Kosmonaut
Wettersatellit
6 Meteor
Windhund
6 Barsoi
Zaren
4 Iwan, Paul
5 Peter
6 Alexei, Fjodor
7 Godunow, Michail
8 Nikolaus
9 Alexander
Zarenerlass
4 Ukas
Zarensohn
10 Zarewitsch
12 Zesarewitsch
Zarentochter
7 Zarewna
Zarin
6 Zariza
Zarinnen
4 Anna
9 Alexandra, Elisabeth, Katharina
Zeitung
9 Iswestija
Zigarette
9 Papirossa

Rüster
4 Ulme

rustikal
4 derb
5 plump
9 laendlich
10 baeuerlich

Rüstkammer
7 Arsenal
8 Zeughaus

Rüstung
8 Harnisch

Rüstungsteile
4 Helm
6 Hentze, Meusel, Visier
7 Bruenne, Kuerass
8 Harnisch, Kinnreif
9 Diechling, Halsberge, Schembart

Rwanda
siehe: Ruanda

Saale-Zuflüsse
3 Ilm
4 Bode, Milz, Orla, Roda, Sinn
5 Brend, Fuhne, Hasel, Lauer, Luppe, Perse, Rinne, Salza
6 Barget, Brehne, Elster, Geisel, Lamitz, Laucha, Leutra, Thulba, Wipper, Ziehte
7 Elsbach, Gleisse, Lomnitz, Loquitz, Regnitz, Selbitz, Sormitz, Unstrut
8 Hatzbach, Schondra, Schwarza

Saar-Zuflüsse
4 Albe, Bist, Grim, Leuk, Nied
5 Blies, Prims
6 Rossel
7 Sulzach

Saarland
Flüsse
4 Saar
5 Blies, Prims
Hauptstadt
12 Saarbruecken
Städte und Orte
6 Merzig
7 Homburg, Limbach
8 Sulzbach
9 Ottweiler, Saarlouis
11 Neunkirchen, Sankt Wendel, Voelklingen
12 Saarbruecken, Sankt Ingbert

Sabbatbrot
7 Barches

Sabberlätzchen
7 Trieler

Säbel
7 Sarrass
8 Pallasch

Säbelantilope
4 Oryx
10 Spiessbock

Säbelquaste
8 Portepee

Sachbearbeiter
8 Referent
an Museen
6 Kustos

Sachbereich
6 Gebiet

Sachbezogenheit
9 Pragmatik

Sache
4 Ding
5 Chose
7 Vorgang
10 Gegenstand
13 Angelegenheit

Sachgebiet
4 Fach
5 Zweig
6 Sektor
7 Branche, Referat, Ressort
8 Dezernat
9 Abteilung

Sachkenner
7 Experte
8 Fachmann

Sachkenntnis
7 Know-how

sachkundig
11 pragmatisch

Sachlage
9 Situation

sachlich
8 objektiv
9 materiell, nuechtern
11 pragmatisch

Sachlichkeit
13 Objektivitaet

Sachregister
9 Realindex

Sachsen
Adelsgeschlechter
8 Brunonen
9 Carlowitz
Evangeliendichtung
7 Heliand
Flüsse
4 Elbe
5 Mulde, Spree
7 Pleisse
8 Zschopau
14 Zwickauer Mulde
Fürsten
6 Gibeke
8 Hornboge
Hauptstadt
7 Dresden
Heiligtum
11 Irminsaeule
Herzöge
8 Widukind
9 Billunger, Wittekind
Kaiser
6 Ottone
12 Liudolfinger
Landschaften
8 Vogtland
11 Oberlausitz
13 Duebener Heide
sächsisch: belegte Brotschnitte
5 Bemme
sächsisch: Flur
7 Vorsaal
Städte und Orte
3 Aue
5 Borna, Pirna
6 Coswig, Plauen, Werdau
7 Bautzen, Doebeln, Freital, Leipzig, Meerane, Meissen, Zwickau
8 Auerbach, Chemnitz, Glauchau, Goerlitz
9 Delitzsch, Eilenburg
10 Schkeuditz, Schneeberg
11 Reichenbach
Weißbier
4 Gose

Sachsen-Anhalt
Berg
7 Brocken
Flüsse
4 Bode, Elbe
5 Helme, Saale
6 Wipper
7 Unstrut
14 Schwarze Elster
Gebirge
4 Harz
Hauptstadt
9 Magdeburg
Städte und Orte
4 Burg
5 Halle, Zeitz
6 Dessau, Wolfen
7 Koethen
8 Bernburg, Eisleben, Naumburg
9 Hettstadt, Merseburg
10 Bitterfeld, Wittenberg
11 Halberstadt, Quedlinburg, Schoenebeck, Wernigerode
12 Aschersleben, Haldensleben, Sangerhausen

sachte
5 sanft
8 behutsam

Sachverhalt
10 Tatbestand

sachverständig
9 kompetent

Sachverständigen-Gutachten
9 Expertise

Sachverständiger
7 Experte
8 Fachmann, Surveyor
9 Gutachter

Sackpfeifen
7 Bagpipe, Musette
9 Cornemuse, Dudelsack

Safe
6 Tresor
8 Wandfach
10 Wandtresor
11 Geldschrank
12 Schliessfach
13 Panzerschrank

Saft
der Leber
5 Galle
leitendes Pflanzenorgan
7 Trachee

saftig
9 sukkulent

Sage
4 Fama, Maer
5 Kunde, Mythe
6 Mythos, Mythus
7 Legende
10 Erzaehlung

Sägeabfall
8 Holzmehl

Sägefisch
6 Rochen

Sagengestalten der
siehe: Gestalten der
sagenhaft
8 fabuloes, mythisch
9 legendaer
sagenhafte(r, s)
assyrischer Königin
9 Semiramis
athenischer König
6 Kodros
äthiopische Königstochter
9 Andromeda
babylonischer König
10 Gilgamesch
glückliche Insel
5 Thule
Goldland
5 Ophir
6 Dorado
8 Eldorado
Gründer Roms
5 Remus
7 Romulus
Gründer Russlands
5 Rurik
Gründerin Karthagos
4 Dido
Gründerin Prags
7 Libussa
Inseln
5 Thule
8 Atlantis
König der Ostgoten
8 Dietrich
Könige von Rom
4 Numa
6 Tullus
7 Marcius, Tarquin
10 Tarquinius
12 Ancus Marcius
13 Numa Pompilius
15 Tullus Hostilius
Päpstin
7 Johanna
Prinzessin von China
8 Turandot
römischer Held
8 Coriolan
Seeschlange
5 Hydra
Stadt an der Ostsee
6 Vineta
Tiere
3 Rok
4 Roch, Rock
5 Greif
6 Drache
7 Einhorn, Phoenix
8 Lindwurm
tschechische Königin
7 Libussa
Sagenkönig
9 Gambrinus
von Cornwallis
5 Marke
von Elis
6 Augias
von Phrygien
5 Midas

Sagenkunde
10 Mythologie
Sagenprinz von Troja
5 Paris
Sagopalme
5 Zykas
Sahara
Bevölkerung
4 Tubu
6 Araber, Berber, Tuareg
8 Saharier
Gebirgsländer
3 Air
5 Adrar
6 Ennedi, Iforas
7 Ahaggar, Tibesti
11 Erdi-Plateau
12 Djado-Plateau
Geröllwüste
3 Reg
Kieswüste
5 Serir
Sandwüste
3 Erg
Steinwüste
7 Hammada
Winde und Stürme
5 Gibli, Samum
6 Kamsin
7 Chamsin
9 Schirokko
Saharawüste in Niger
6 Tenere
Sahne
4 Rahm
5 Flott, Obers
7 Schmant
9 Suessrahm
Sahnebonbon
9 Karamelle
sahnige Leckerei
7 Softeis
Saint Christopher
Hauptstadt
10 Basseterre
Städte
11 Charlestown
Währung
4 Cent
6 Dollar
Saint Lucia
Berge
5 Piton
10 Grand Piton, Petit Piton
Hauptstadt
8 Castries
Sprache
6 Patois
Städte
9 Soufrière
Währung
4 Cent
6 Dollar
Saint Vincent
Hauptstadt
9 Kingstown
Währung
4 Cent
6 Dollar

Saitenhalter der Geige
6 Sattel
Saiteninstrumente
3 Tar
4 Bass, Koto, Lyra, Vina
5 Banjo, Cello, Fidel, Gambe, Geige, Gusla, Harfe, Laute, Leier, Piano, Viola
6 Cymbal, Fiedel, Zimbal, Zither
7 Bandola, Cembalo, Fluegel, Gitarre, Kithara, Klampfe, Psalter, Theorbe, Violine
8 Bratsche, Phorminx
9 Balalaika, Bassgeige, Hackbrett, Kniegeige, Mandoline, Oktachord, Zupfgeige
10 Kontrabass
11 Violoncello
Sajo-Zuflüsse
6 Rimava
sakraler Ritus
7 Salbung
sakrales Gebäude
7 Bethaus
Sakramentsempfänger
8 Firmling
9 Taeufling
Sakramentszeuge
8 Taufpate
Salatkraut
6 Kresse
Salatpflanzen
4 Ruke
6 Ampfer, Kresse
7 Endivie, Lattich, Mangold
8 Barbarea, Chicorée, Eskariol, Oelrauke, Rapunzel, Zichorie
9 Feldsalat, Kopfsalat, Schikoree
10 Ackersalat
Salatwürze
5 Essig
Salben
5 Creme, Paste, Zerat
8 Liniment
salbenartige Masse
4 Krem
Salbenbehälter
4 Dose, Tube
Salbengrundlage
7 Lanolin, Vaselin
8 Vaseline
Salböl
7 Chrisam, Chrisma
salbungsvoll
10 pathetisch
Saline
8 Salzwerk, Siederei
9 Salzgrube
12 Salzbergwerk
Salinenprodukt
8 Meersalz

Salomonen
Berg
12 Makarakombou
Bevölkerung
10 Melanesier, Polynesier
11 Mikronesier
Hauptstadt
7 Honiara
Inseln
4 Mona
5 Russe
6 Nggela, Wagina
7 Gatukai, Malaita, Rendova, Rennell, Vaghena, Vangunu
8 Choiseul, Ganongga
10 Maramasike
11 Guadalcanal, Santa Isabel
12 Kolombangara
13 San Christobal
Orte
4 Gizo, Susu
5 Akudi, Munda
6 Gatere, Tasure
8 Kirakira, Luluvato, Takataka
Währung
4 Cent
6 Dollar
salopp
5 leger
7 laessig
9 schlampig
11 ungezwungen
salopp:
Alkohol trinken
9 schlucken
Auto
5 Karre
langes, dünnes Bein
6 Stelze
stummer, steifer Mensch
9 Oelgoetze
unverdientes Glück
6 Massel
verblüfft
4 baff
saloppe
Baumwollhose
9 Blue jeans
Fußbekleidung
9 Turnschuh
Hose
5 Jeans
salpetersaures Salz
6 Nitrat, Nitrit
Salz bildender Grundstoff
7 Halogen
Salz der
Blausäure
6 Zyanid
Borsäure
5 Borat
Bromsäure
6 Bromat
Chlorsäure
7 Chlorat
Chromsäure
7 Chromat
Essigsäure
6 Acetat, Azetat
Gerbsäure
6 Tannat
Harnsäure
4 Urat
5 Ureat
7 Resinat
Kieselsäure
7 Silikat
Kohlensäure
4 Kalk, Soda
8 Karbonat
Milchsäure
6 Lactat
Ölsäure
5 Oleat
Salpetersäure
6 Nitrat
Salzsäure
7 Chlorid
Schwefelsäure
6 Sulfat
Zitronensäure
6 Zitrat
Salzach-Nebental
7 Gastein
Salzach-Zuflüsse
3 Ach, Arl, Sur
4 Ache, Suhr
5 Saale
6 Lammer
7 Saalach
9 Fritzbach
Salzbildner (Mz.)
8 Halogene
Salzburger Spezialität(en)
7 Nockerl
8 Nockerln
11 Mozartkugel
12 Mozartkugeln
Salzgefäß
7 Streuer
Salzgewinnungsanlage
6 Saline
11 Gradierwerk
salziges Gebäck
6 Brezel
Salzlösung
4 Lake, Sole
6 Poekel
Salzsee
in Algerien
6 Schott
in Bolivien
5 Poopo
11 Titicacasee
in Nahost
9 Totes Meer
Salztrog für das Vieh
5 Lecke
Salzwassertier
9 Meergurke
Salzwüste
in Chile
7 Atacama
in Iran
3 Lut
5 Kawir
Sambesi-Zuflüsse
5 Kafue
6 Schire
7 Kabompo, Luangwa, Umniati
8 Shangani
9 Luanginga
Sambia
Bevölkerung
3 Ila
4 Lozi
5 Bemba, Bantu, Ngoni, Rotse, Tonga
7 Sambier
Flüsse
5 Kafue
7 Luangwa, Sambesi
8 Chambezi
Hauptstadt
6 Lusaka
Nationalparks
5 Kafue
7 Luangwa
Politiker
6 Kaunda
7 Chiluba
9 Mwanawasa
Seen
5 Mweru
9 Bangweulu
13 Karibastausee
Städte und Orte
5 Kabwe, Kitwe, Mansa, Mongu, Ndola
6 Kasama, Mumbwa
7 Chipata
8 Balovalo, Chingola, Luanshya, Mazabuka, Mpulungu, Mufulira
10 Kalululshi
11 Livingstone
Währung
5 Ngwee
6 Kwacha
Wasserfälle
14 Chisimbafaelle, Victoriafaelle
Samenfett
7 Leinoel
Samenkern der Pinie
7 Pignole
Sämerei
7 Saatgut
Sammelbecken
8 Speicher, Zisterne
9 Reservoir
Sammelbuch
5 Album
9 Fotoalbum
Sammelkasten für Stimmzettel
4 Urne
Sammellinse
9 Brennglas
Sammelordner
10 Klemmappe

Sammelorgan (Biene)
9 Koerbchen
Sammelstelle
5 Depot
für Verlorenes
9 Fundbuero
Sammlung
6 Corpus, Museum
8 Kollekte
9 Besinnung, Sortiment
10 Kollektion
13 Konzentration
altfriesischer Gesetze
9 Asegabuch
altindischer Lieder
7 Rigweda
altnordischer Dichtungen
4 Edda
berühmter Kriminalfälle
7 Pitaval
getrockneter Pflanzen
6 Herbar
9 Herbarium
mit Aussprüchen Mohammeds
6 Hadith
Samoa
Inseln
4 Rose
5 Manua, Upolu
6 Swains
7 Tutuila
Ort
8 Fagatogo
Samoa (West)
Bevölkerung
8 Samoaner
10 Euronesier, Polynesier
Hauptstadt
4 Apia
Inseln
5 Upolu
6 Manono, Savaii, Sawaii
7 Apolima
Orte
6 Samata
7 Matautu, Palauli
8 Lufilufi
9 Mulifanua
Politiker
10 Tanumafili
Sprache
10 Samoanisch
Währung
4 Sene, Tala
Samt
6 Velvet
7 Velours
8 Duvetine
10 Manchester
Samtblume
7 Tagetes
Samtimitation
8 Duvetine, Velveton
9 Affenhaut
sämtliche
4 alle
Samuels Erzieher
3 Eli
San Marino
Berg
6 Titano
Bevölkerung
12 Sanmarinesen
Festung
8 La Guaita
Hauptstadt
9 San Marino
Orte
7 Faetano
9 San Marino
10 Serravalle
13 Borgo Maggiore
Palast
7 Valloni
Politiker
5 Renzi
9 Franciosi
Sprache
8 Romagnol
11 Italienisch
Währung
4 Lira, Lire
San-Blas-Indianer
4 Cuna
San-Zuflüsse
5 Tanew
6 Wislok
Sandale
6 Opanke
Sandanhäufung
4 Wehe
vor Gletschern
6 Sander
Sandbank
im Meer
4 Riff
8 Schwelle
in der Nordsee
10 Doggerbank
sandfarben
5 beige
Sandfläche am Gebirgsfuß
8 Pediment
Sandhügel
5 Duene
Sandloch (Golf)
6 Bunker
Sandratte
8 Rennmaus
Sandsteine
6 Arkose
7 Molasse, Psammit, Quarzit
9 Grauwacke, Gruensand
Sandsteinfelsen
5 Oybin
im Teutoburger Wald
12 Externsteine
Sandsturm
5 Habub
6 Haboob
8 Scharaff
9 Karaburan
Sandwichinseln
6 Hawaii
Sandwüste
in Arabien
5 Dahna, Nefud
in Mauretanien
6 Trarza
sanft
4 lind, mild, zahm, zart
5 leise, ruhig, sacht, still, weich
7 gelinde
8 behutsam
streicheln
7 kraulen
sanfter
Glanz
7 Glimmer
Schlaf
9 Schlummer
Sanftmut
5 Milde
Sänger
8 Vokalist
komischer Rollen
5 Buffo
mit tiefer Stimme
7 Bassist
Sänger (Ausführende)
4 Bass, Skop
5 Aoede, Barde, Buffo, Tenor, Testo
6 Altist, Kantor, Skalde
7 Bariton, Bassist, Orpheus
8 Rhapsode, Vokalist
9 Bassbuffo
10 Chansonier, Troubadour
11 Bassbariton, Chansonnier, Heldentenor, Jazzsaenger
12 Minnesaenger, Opernsaenger
13 Heldenbariton, Kammersaenger, Meistersinger
14 Baenkelsaenger, Konzertsaenger
Sängerin
heiterer Partien
9 Soubrette
mit dunkler Stimme
8 Altistin
Sängerinnen (Ausführende)
8 Altistin
9 Soubrette
10 Primadonna
11 Chansonette, Sopranistin
12 Chansonnette
13 Jazzsaengerin
14 Opernsaengerin
15 Kammersaengerin
16 Konzertsaengerin, Mezzosopranistin
sanitär
10 hygienisch
14 gesundheitlich
sanitäre(r)
Anlage

8 Badehaus, Duschbad, Toilette
9 Waschraum
Gegenstand
9 Badewanne
11 Waschbecken
Sanitätskraftwagen
5 Sanka
Sanitätsoffizier
9 Armeearzt, Stabsarzt
São Tomé und Principe
Bevölkerung
6 Bantu, Forros
9 Angolares, Santomeer
Hauptstadt
7 São Tomé
Inseln
7 São Tomé
8 Principe
Ort auf Principe
12 Santo Antonio
Sprache
7 Crioulo
Währung
5 Dobra
7 Centime
Saône-Zuflüsse
5 Doubs, Ognon
6 Dheune
Sardinien
Berge
4 Albo, Rasu
5 Ferru, Linas
7 Limbara
Bevölkerung
6 Sarden
Eigenname
8 Sardegna
Flüsse
5 Tirso
10 Flumendosa
Gebirge
3 Ala
11 Gennargentu
Hauptstadt
8 Cagliari
Inseln
7 Asinara, Caprera
9 Maddalena
Kaps
6 Caccia, Comino, Frasca
11 Spartivento
Küstengebiet
8 Smeralda
Städte und Orte
4 Bosa
5 Olbia, Palau, Tirso
6 Mandas, Orosei
7 Dorgali, Teuloda, Tortoli
8 Carbonia, Iglesias, Muravera
Sarkasmus
4 Hohn
5 Spott
Sassanidenherrscher
5 Sapor
7 Chosran, Hormizd, Schapur
9 Ardaschir, Hormisdas

Satan
5 Urian
6 Belial, Samiel, Teufel
7 Luzifer
9 Beelzebub, Verderber, Versucher
11 Widersacher
Satellit
4 Mond
7 Trabant
9 Begleiter
Satellitenstadt
6 Suburb
Satteldecke
10 Schabracke
Sattelkissen
7 Panneau
Sattelteil
7 Zwiesel
Sattelunterlage
7 Woilach
Sattelwulst
7 Pausche
Sattler
6 Riemer
9 Polsterer, Taeschner
Sattlerahle
6 Pfriem
Saturnmonde
4 Rhea
5 Dione, Janus, Mimas, Titan
6 Phoebe, Themis, Thetys
7 Japetus
8 Hyperion
9 Enceladus
Satz
der Gavotte
7 Musette
für Druckfarben
9 Farbskala
zusammengehöriger Dinge
3 Set
8 Garnitur
Satzaussage
9 Praedikat
Satzbaulehre
6 Syntax
Satzbruch
9 Anakoluth
Satzgegenstand
7 Subjekt
Satzstellungslehre
5 Topik
Satzteil
4 Wort
in Klammern
10 Parenthese
Satzzeichen
5 Kolon, Komma, Punkt
7 Klammer
8 Haekchen
9 Apostroph, Beistrich, Semikolon
10 Abfuehrung, Anfuehrung
11 Bindestrich, Doppelpunkt, Strichpunkt
12 Fragezeichen
14 Ausrufezeichen, Gedankenstrich
15 Gaensefuesschen, Trennungsstrich
sauber
4 nett, rein
5 blank, fesch
6 adrett, frisch, proper
8 gepflegt, makellos
10 fleckenlos, ordentlich
11 appetitlich
Sauberkeit
7 Hygiene
8 Reinheit
säubern
6 putzen
8 reinigen
Säuberung
9 Reinigung
Saudi-Arabien
Bevölkerung
6 Araber, Saudis
11 Saudi-Araber
Dynastie
4 Saud
Gebirgsland
4 Asir
Hauptstadt
4 Riad
5 Rijad
6 Er Riad, Riyahd
7 Ar Rijad
Könige
4 Fahd, Saud
6 Chalid, Feisal
Provinzen
4 Asir
6 Alahsa
Städte und Orte
4 Abha, Taif
5 Hofuf, Hufuf, Jedda, Mekka, Qizan
6 Damman, Djidda, Haradh, Khabar, Medina, Najran, Tabouk
7 Bureida, Dhahran
8 Buraidah, Dschidda
10 Al-Mobarraz
Verwaltungseinheiten
4 Asir, Najd
6 El Hasa
7 Nadschd
8 Hedschas
10 Nachschran
Währung
5 Qirsh, Riyal
7 Hallala
Wallfahrtsorte
5 Mekka
6 Medina
Wüsten
5 Nefud
10 Rub-el-Khali
Sauer-Zuflüsse
3 Our
5 Irsen
7 Alzette
Sauerdorngewächs
10 Berberitze

Sauerkirschenart
7 Marelle, Morelle
8 Amarelle, Weichsel
15 Schattenmorelle
Sauerklee
8 Blimbing
9 Hasenbrot, Hasenkohl, Karambola
Sauermachen
9 Saeuerung
Sauerstofform
4 Ozon
sauerstoffreiche Verbindung
7 Peroxid, Peroxyd
Sauerstoffverbindung
4 Oxid, Oxyd
saugen
7 nuckeln
Säuger
einer Ordnung
8 Nagetier
mit Brutsack
7 Beutler
mit Haarkleid
8 Pelztier
Säugetierfamilie
4 Wale
5 Hasen
Säugetierforscher
9 Mammologe
Säugetierordnungen
4 Wale
5 Affen, Hasen, Nager
6 Robben
7 Beutler
8 Huftiere, Primaten, Seekuehe, Zahnarme
9 Halbaffen, Nagetiere, Paarhufer, Paarzeher, Raubtiere, Ungulaten
11 Beuteltiere, Hasenartige, Unpaarhufer, Unpaarzeher
12 Flattertiere, Fledermaeuse, Kloakentiere, Ruesseltiere
13 Pelzflatterer, Schuppentiere
14 Flossenfuesser, Klippschliefer, Roehrenzaehner
15 Insektenfresser
Sauggebläse
9 Exhaustor
Säugling
4 Baby
Säuglingsnahrung
3 Mus
4 Brei
5 Milch
Saugröhrchen
9 Trinkhalm
Saugröhre
7 Pipette
10 Stechheber
Saugströmung
3 Sog
Saugwarze
5 Zitze
Saugwirkung
3 Sog
Saugwürmer
4 Egel
8 Blutegel
9 Diplozoon, Distomeen, Fischegel, Hundeegel
10 Trematoden
Säulen
7 Obelisk, Stuetze
8 Baluster
Säulenabschluss
8 Kapitell
Säulenbogen
6 Arkade
Säulendeckplatte
6 Abakus
Säulenfigur
4 Kore
6 Atlant
9 Karyatide
Säulenform
8 Baluster
Säulenfußstück
5 Basis
Säulengang
9 Kolonnade, Triforium
Säulenhalle
8 Portikus
9 Kolonnade
im alten Griechenland
4 Stoa
Säulenheiliger
6 Stylit
Säulentempel
10 Monopteros
Säulenverbindungsbalken
7 Epistyl
9 Architrav
Säulenvorbau
8 Portikus
Saum
4 Naht, Rand
5 Biese, Borde, Kante
6 Besatz
7 Lisiere
8 Umschlag
10 Einfassung
Saumband
8 Borduere
säumig
4 faul
6 traege
säumiger Schuldner
7 Restant
Säumigkeit
11 Schlendrian
Saumpfad
6 Engweg
7 Defilee
saurer Wein
8 Kraetzer
Save-Zuflüsse
3 Una
4 Gurk, Krka, Odra, Sann, Sava, Sora
5 Bosna, Bosne, Bosut, Drina, Ilova, Kanka, Kulpa, Lonja, Mirna, Sotla, Vrbas
6 Isonzo, Pesata
7 Krapina, Ljubina, Saritza
9 Feistritz
Schabe
8 Kakerlak
schaben
6 reiben
7 kratzen
Schabernack
3 Jux, Ulk
5 Posse, Spass, Unfug
6 Possen, Scherz, Unsinn
7 Streich
8 Neckerei
Schabrackentapir
5 Maiba
Schachausdrücke
3 Zug
4 matt, patt
5 Runde, remis
6 Dualis, Gambit, Partie, gardez
7 Rochade
8 Echomatt, Echopatt, Notation, Zugzwang
9 Freibauer, Qualitaet
10 Eroeffnung, schachmatt
Schachfiguren
4 Dame, Turm
5 Bauer
6 Koenig
7 Laeufer, Roessel
8 Koenigin, Springer
Schachmeister
4 Bone, Duhm, Euwe, Reti
5 Breda, Keres, Seitz
6 Fisher, Geller, Johner, Karpow, Kovacs, Lasker, Mieses, Schmid
7 Brummer, Fischer, Smyslow, Spasski, Steiner, Uhlmann
8 Aljechin, Kasparow, Spasskij, Steinitz
9 Anderssen, Botwinnik, Marschall
10 Capablanca, Holzhausen, Petrossian, Rubinstein
Schachpartienotierung
8 Notation
Schachtel
3 Box
6 Karton
7 Schuber
8 Kassette
Schädeldach
7 Kalotte
Schädelknochen
6 Kiefer, Zygoma
8 Jochbein, Keilbein, Kinnlade, Siebbein, Sphenoid
9 Nasenbein, Riechbein, Stirnbein

10 Hirnschale, Oberkiefer
11 Unterkiefer
12 Scheitelbein
13 Schlaefenbein
Schädellücke
10 Fontanelle
Schädelnaht
5 Sutur
8 Kronnaht
Schädelstätte
8 Golgatha
13 Kalvarienberg
Schädelteil
8 Schlaefe
Schadenfreiheitsrabatt
5 Bonus
schadenfroh
7 boshaft
8 haemisch
9 gehaessig, hoehnisch, malizioes
12 hinterlistig
Schadensbeseitigung
8 Behebung
Schadenssumme
7 Deckung
schädlicher Stoff
4 Gift
7 Toxikum
Schädlings-Bekämpfungsmittel
6 Biozid, Ovizid
8 Akarizid, Fungizid, Larvizid, Pestizid
9 Nematozid
10 Insektizid
Schafe
4 Bock, Lamm
5 Staer
6 Argali, Bharal, Guinea, Hammel, Merino, Widder
7 Karakul, Mufflon, Schiras, Schoeps
8 Dickhorn, Shetland
9 Blauschaf, Haarschaf, Halbschaf, Katschgar, Kentschaf, Landschaf, Wildschaf, Wollschaf
10 Heideschaf, Leineschaf, Milchschaf, Nigerschaf, Pamirschaf, Steinschaf
11 Fettschwanz, Kupferschaf, Perserschaf
12 Bighornschaf, Breitschwanz, Fleischschaf, Heidschnucke, Kamerunschaf
Schäferlied
8 Madrigal
Schäferlieddichtung
7 Bukolik
Schäferstück
10 Bergerette
Schaffellleder
7 Dogskin
schaffen
8 arbeiten, erzeugen, kreieren
10 herstellen
11 produzieren
Schaffung
9 Gruendung
10 Errichtung
Schafhirt
8 Schaefer
Schafinseln
Hauptort
8 Tórshavn
Inseln
5 Vagar
6 Sandoy
7 Bordhoy, Eysuroy
8 Streymoy, Sudhuroy
Schaflaut
7 Gebloek
Schafleder
3 Kid
5 Basil, Nappa
7 Chamois
Schafmilchkäse
8 Liptauer
Schafscheren
5 Schur
Schafspocken
5 Ovine
Schaft
5 Stiel
Schaft der
der Binsen
4 Kalm
Vogelfeder
4 Kiel
Schafwollfett
7 Lanolin
schäkern
7 flirten
10 poussieren
Schal
8 Cachenez, Halstuch, Palatine
Schale
4 Haut
5 Pelle, Satte
6 Huelle, Huelse, Kruste, Phiale, Schulp
in der Parzifalsage
4 Gral
Schalenfrüchte
4 Nuss
6 Mandel, Marone
7 Erdnuss, Walnuss
8 Kastanie, Paranuss
11 Esskastanie
Schalentiere
5 Krebs
6 Auster, Hummer, Krabbe
7 Garnele, Muschel
8 Languste, Schnecke
Schalenwild
3 Elk, Reh
4 Elch, Elen
6 Gaemse, Hirsch
9 Rothirsch
Schalk
4 Narr
6 Schelm
Schall
3 Ton
4 Echo, Hall
5 Klang, Sound
7 Akustik
9 Widerhall
schallen
6 gellen, hallen, toenen
7 knallen, krachen
8 droehnen
Schallloch der Laute
4 Rose
7 Rosette
Schallortungsgerät
5 Sonar
Schallplatte
2 LP
6 Disque, Record, Single
Schallplattenautomat
8 Musikbox
Schallplattenetikett
5 Label
Schallplattengeräte
10 Grammophon
14 Plattenspieler
Schallplattenpreis
6 Grammy
Schallplattensammlung
9 Diskothek
Schallreflexion
4 Echo
Schallstärkemesser
9 Sonometer
Schalltechniker
9 Akustiker
Schalltrichter
7 Megafon
8 Megaphon
10 Sprachrohr
Schallumwandler
8 Mikrofon
9 Mikrophon
Schalmeienart
6 Sordun
8 Hornpipe
Schalteinrichtung
6 Relais
schalten
7 knipsen
9 reagieren
10 betaetigen
Schalter
5 Taste
6 Relais
7 Knipser
8 Druecker
schamhaft
6 keusch
11 schuechtern
schamlos
5 frech
6 frivol
7 obszoen
schamlose Gewinnerzielung
8 Wucherei
Schande
5 Makel
6 Unehre, Verruf

7 Blamage, Schimpf, Schmach, Skandal
Schandfleck
5 Makel
schändlich
5 infam
6 ehrlos, gemein
8 schnoede, verrucht
Schändlichkeit
7 Infamie
Schandmaul
9 Laesterer
Schandpfahl
3 Kak
7 Pranger
9 Halseisen
Schänke
4 Krug
5 Lokal, Pinte
6 Kneipe
7 Taverne
8 Gasthaus, Spelunke
9 Ausschank, Wirtshaus
Schankgefäße
4 Krug
5 Kanne
Schankstätte
8 Bierzelt, Festzelt
9 Bierlokal
Schanktisch
3 Bar
5 Theke
6 Buffet, Tresen
7 Buefett
8 Anrichte
Schankwirt
6 Zapfer
9 Barkeeper
Schanzpfahl
8 Palisade
Schanzwerk
7 Redoute
Schar
5 Bande, Kette, Menge, Meute, Rotte, Rudel, Trupp
6 Anzahl, Gruppe, Haufen
7 Einheit, Kolonne
9 Abteilung
Scharbockskraut
8 Feigwurz
scharf
5 krass
6 bissig
8 beissend, brennend
10 gepfeffert
auslaufend
5 spitz
gebacken
5 kross
gewürzt
6 pikant
umbiegen
6 falzen
7 knicken
scharfe(r)
Biegung
5 Kehre, Knick
10 Spitzkehre
14 Haarnadelkurve
Kante
4 Grat
Tadel
7 Verriss
Tierzeh
6 Kralle
Wildgeschmack
8 Hautgout
schärfen
6 wetzen
9 schleifen
Scharfsinn
8 Klugheit
9 Intellekt, Koepfchen
11 Intelligenz
scharfsinnig
9 geistvoll, ingenioes
10 geistreich
Scharlatan
11 Kurpfuscher, Quacksalber
Scharmützel
7 Gefecht
10 Plaenkelei
Scharrvogel
4 Huhn
Scharrvogelprodukt
9 Huehnerei
Scharte
5 Kerbe
Schattenbild
7 Schemen
10 Silhouette
Schattierung
6 Nuance
7 Toenung
9 Abtoenung
Schätzer
7 Taxator
Schatzkästchen
9 Schatulle
Schau
4 Show
5 Revue, Umzug
7 Ansicht, Festzug
10 Darbietung
11 Ausstellung, Vorfuehrung
Schaubild
7 Diorama
8 Diagramm
Schaubühne
7 Theater, Varieté
8 Varietee
Schauder
6 Grauen, Horror
7 Erbeben, Grausen
schauderhaft
7 horrend, makaber
8 horribel
10 grauenhaft, grauenvoll
11 abscheulich
schauen
5 lugen
7 blicken
Schauerfilm
8 Grusical, Schocker, Thriller
schauerlich
7 makaber
8 gruselig
Schauerroman
8 Schocker, Thriller
Schaufahrt
5 Korso
Schaufel
7 Schippe
Schaukasten
7 Vitrine
Schaukel
5 Wippe
Schaukelbettchen
5 Wiege
schaukelnde Bewegung
6 Gewoge
Schaukelreck
6 Trapez
Schaumgebäck
6 Baiser
7 Meringe
8 Meringel, Meringue
schaumige Süßspeise
5 Creme
6 Mousse
Schaumkrone
5 Blume
Schaumweine
4 Sekt
8 Mousseux, Obstsekt, Spumante
10 Champagner
Schaumweinverschnitt
5 Cuvée
Schauorchester
8 Showband
Schaupackung
8 Attrappe
Schauplatz
5 Arena, Forum, Szene
6 Buehne, Manege, Podium
7 Staette
8 Szenerie
10 Lokalitaet
Schauspiel
5 Drama
mit Musik
8 Melodram
9 Melodrama
Schauspiel von
siehe: Drama von
Schauspieldichter
10 Dramatiker
Schauspieldichtkunst
8 Dramatik
Schauspiele
5 Drama, Posse
8 Komoedie, Melodram
9 Lustspiel, Tragoedie
11 Trauerspiel
Schauspieler
4 Mime
6 Akteur
7 Mimiker
8 Tragoede
9 Pantomime
10 Darsteller, Komoediant

Schauspieleraufgabe
5 Rolle
9 Filmrolle
Schauspielergruppe
8 Ensemble
Schauspielerinnen
4 Diva, Star
7 Aktrice, Starlet
8 Starlett
Schauspielhaus
7 Theater
Schauspielkunst
5 Mimik
8 Dramatik
Schauspielmusik von
Beethoven
6 Egmont
8 Coriolan
Schauspielnebenrolle
6 Charge
Schaustellung lebender Tiere
3 Zoo
9 Menagerie
10 Tiergarten
Scheibe
8 Schnitte
beim Eishockey
4 Puck
Scheichtum am Persischen Golf
5 Katar
6 Adjman, Kuwait
7 Bahrain
8 Adschman
Scheidungsparadies in den USA
4 Reno
Scheinfrucht der Rosen
9 Hagebutte
Scheingelehrter
7 Sophist
scheinheilig
6 bigott
10 froemmelnd
Scheinheiliger
8 Heuchler
Scheinheiligkeit
4 Cant
8 Muckerei
9 Heuchelei
10 Bigotterie, Froemmelei
Scheinhieb
5 Finte
Scheinkunst
6 Kitsch
Scheinmaßnahme
8 Manoever
Scheinmedikament
7 Placebo
Schelde-Zuflüsse
3 Lys
4 Leie, Leye
5 Durme, Haine, Rupel, Selle
6 Cojeul, Dender, Scarpe, Sensée
7 Rhosnes
8 Escailon
Schelle
6 Glocke
7 Klingel
8 Eckstein, Ohrfeige, Watschen
9 Haltering, Kuhglocke
10 Backpfeife
11 Kartenfarbe
des Almviehs
9 Kuhglocke
schellen
7 laeuten
8 klingeln
Schellentrommel
8 Tamburin
Schellfische
3 Sei
4 Lang, Leng
5 Bolch, Torsk
6 Brosme, Dorsch, Merlan, Quappe, Seeaal
7 Pollack
8 Kabeljau, Kalmueck, Wittling
9 Langfisch, Meerhecht, Seequappe, Weissling
Schelm
4 Narr
5 Gauch, Filou, Wicht
6 Schalk
7 Strolch
8 Schaeker
9 Schlingel
10 Spassvogel
11 Spassmacher
Schelmenstreich
14 Eulenspiegelei
Schenke
4 Krug
5 Lokal, Pinte
6 Kneipe
7 Taverne
8 Gasthaus, Spelunke
9 Ausschank, Wirtshaus
schenken
5 geben
6 opfern, widmen
7 spenden, stiften
9 bescheren
10 dedizieren
Schenkung
4 Gabe
5 Donum, Opfer
6 Spende
8 Dotation
10 Dedikation
scheppernder Lärm
8 Gerassel
Scherflein
6 Obolus
Scherge
7 Buettel
8 Haescher
Scherz
3 Jux, Ulk
4 Witz
5 Gaudi, Jokus, Spass, Unfug
7 Gaudium, Schnake
8 Allotria, Schnurre
11 Schabernack
scherzhaft
6 witzig
7 humorig
9 scherzoso
10 scherzando
scherzhaft für:
ängstlicher Mensch
8 Bangbuex
Apotheker
12 Pillendreher
Arrest
3 Bau
Arzt
7 Medikus
Bär
4 Petz
Bücherfreund
9 Leseratte
11 Buecherwurm
Deutscher
6 Michel
dickliches Kind
6 Pummel
die Bayern
9 Bajuwaren
Dieb
10 Langfinger
Dienstmädchen
5 Donja
Einfalt
8 Tumbheit
Elefant
5 Jumbo
Esel
7 Langohr
8 Grautier
Esswaren
10 Fressalien
Fahrrad
8 Tretesel
9 Drahtesel, Stahlross
Familienjüngster
8 Benjamin
Frankreich
8 Marianne
Friseur
6 Figaro
geplatzter Reifen
9 Plattfuss
Getanze
8 Hopserei
Hase
7 Langohr
10 Schlappohr
11 Muemmelmann
Hausgehilfin
7 Mamsell
Intellektuelle
8 Eggheads
Jäger
9 Gruenrock
Katze
8 Dachhase
kleiner Junge
9 Hosenmatz
lebhafter Mensch
9 Sausewind

Lehrer
6 Pauker
Lokomotive
9 Dampfross
Maschinenschreiberin
6 Tippse
Matrose
7 Janmaat, Mariner
9 Teerjacke
Nichtseemann
9 Landratte
Nordamerikaner
3 Sam
6 Yankee
8 Uncle Sam
Norddeutscher
9 Nordlicht
oberflächlicher Mensch
8 Luftikus
Polizist
5 Bobby, Bulle, Polli, Polyp
Regenschauer
8 Nassauer
schlechte Handschrift
5 Klaue
schlechter Sänger
8 Heulboje
schnarchen
6 saegen
Schule
5 Penne
Seemann
7 Janmaat
Sohn
6 Filius
Student
9 Studiosus
US-Soldat
2 GI
USA
8 Uncle Sam
Verbeugung
9 Bueckling
Wiener Dom
7 Steffel
scherzhafte *Nachahmung*
7 Parodie
scheu
11 schuechtern
Scheuerbürste
9 Schrubber
Scheuerlappen
6 Feudel
Scheune
6 Stadel
7 Scheuer
8 Speicher
Scheunenteil
8 Heuboden
Scheusal
4 Ekel
6 Unhold
8 Monstrum
Schicht
4 Lage
5 Belag, Floez
8 Emulsion, Sediment, Ueberzug
der Atmosphäre
11 Ionosphaere
der Fruchtschale
7 Epikarp
schichten
6 lagern
7 haeufen, stapeln
10 aufstapeln
Schichtwechsel
9 Abloesung
Schichtwolke
7 Stratus
Schick
7 Eleganz
schick
7 elegant
5 fesch, flott
13 geschmackvoll
Schicklichkeit
6 Dezenz
7 Anstand, Dekorum
10 Konvenienz
Schicklichkeitsgefühl
4 Takt
Schicksal
3 Los
5 Fatum, Karma, Tyche
6 Ananke, Kismet, Zufall
7 Fuegung
8 Geschick
9 Vorsehung
10 Bestimmung
schicksalhafte(r, s)
Augenblick
11 Sternstunde
Geschehen
6 Tragik
Schicksalsglaube
10 Fatalismus
Schicksalsgläubiger
8 Fatalist
Schicksalswalten
7 Fuegung
8 Geschick
Schiebekraft
5 Schub
Schiebewände japanischer Räume
6 Fusuma
Schiebung
6 Betrug
7 Mogelei
8 Gaunerei
12 Manipulation
Schiedsrichter
6 Schiri, Umpire
7 Arbiter, Referee
11 Pfeifenmann
14 Unparteiischer
Schiedsrichtersignal
5 Pfiff
schief
5 krumm
6 scheel
7 geneigt, schraeg
abkanten
9 schraegen
schiefe(r)
Ebene
8 Schraege
Schieferart
5 Gneis
Schieferdeckergerät
7 Haubank
Schieferfelsen
3 Lei
Schieferschreibstift
7 Griffel
schiefwinklige Kante
8 Schraege
Schienbein
5 Tibia
Schiene
4 Kufe
5 Gleis
Schienenfahrzeuge
3 Lok, Zug
4 Lore, Tram
5 Wagon
6 Tender, Waggon
7 Levacar
8 Draisine, Trambahn
9 Diesellok, Eisenbahn
10 Lokomotive
12 Strassenbahn
16 Diesellokomotive
Schienenstrang
5 Gleis
7 Geleise
Schienenunterbau
8 Schotter
Schießbedarf
5 Kugel
6 Pulver, Schrot
7 Patrone
8 Munition
Schießbefehl
5 Feuer
Schießpulver
6 Kordit
Schiff
ausladen
8 lichtern, loeschen
9 leichtern
außer Dienst stellen
8 abtakeln
der Argonauten
4 Argo
der Kolumbusflotte
4 Nina
5 Pinta
10 Santa Maria
des Iason
4 Argo
des Noah
5 Arche
festmachen
9 vertaeuen
verschrotten
9 abwracken
schiffbarer Kanal in Hamburg
5 Fleet
Schiffbruch
7 Havarie
9 Strandung, Untergang

Schifferklavier
9 Akkordeon
Schifffahrtsanlage
8 Schleuse
Schifffahrtsbehörde
6 Seeamt
8 Hafenamt
Schifffahrtsgesellschaft
8 Reederei
Schifffahrtshindernisse
4 Fels, Riff
5 Nebel
6 Felsen, Klippe
7 Eisberg, Packeis, Untiefe
8 Treibeis
Schifffahrtskunde
6 Nautik
10 Navigation
Schifffahrtskundiger
8 Nautiker
Schifffahrtsstraße
5 Kanal, Track
6 Seeweg
9 Wasserweg
Schifffahrtsunternehmen
8 Reederei
Schiffs-Ausbesserungsanlage
4 Dock
Schiffs-Geschwindigkeitsmesser
3 Log
5 Logge
6 Loguhr
Schiffsankerplätze
3 Kai
5 Hafen, Reede
Schiffsanlegegebühr
9 Hafengeld
Schiffsanlegeplätze
8 Seehafen
9 Bootssteg, Tidehafen, Zeithafen
Schiffsaufenthalt im Hafen
9 Liegezeit
Schiffsauslader
9 Debardeur
Schiffsbauanlagen
4 Dock
5 Helge, Werft
7 Baudock, Helling
Schiffsbaum
9 Grossmast
Schiffsbelader
6 Stauer
Schiffsbesatzung
4 Crew
Schiffsbeschädigung
4 Leck
Schiffsbesitzer
6 Eigner, Reeder
Schiffsbewegung
8 Stampfen
Schiffseigner
6 Reeder
Schiffsfahrer
7 Seemann
Schiffsfahrt
8 Seereise
Schiffsfenster
8 Bullauge
Schiffsflaschenzüge
4 Gien
5 Block, Takel, Talje
Schiffsfrachtraum
7 Tonnage
Schiffsführer
8 Kapitaen
9 Kommodore
10 Steuermann
Schiffsgeländer
6 Reling
Schiffsgrundbalken
4 Kiel
Schiffshinterteil
4 Gatt, Heck
5 Stern
12 Achterschiff
Schiffsjournal
7 Logbuch
Schiffskatastrophe
9 Untergang
Schiffskellner
7 Steward
Schiffskobold
13 Klabautermann
Schiffskoch
6 Smutje
Schiffskommandant
8 Kapitaen
9 Kommodore
Schiffskräne
5 Davit
Schiffsküche
8 Kombuese
Schiffsladung
5 Cargo, Kargo
6 Fracht
7 Ballast, Ladegut
9 Container, Seefracht
Schiffslandeplatz
5 Hafen
Schiffsleinwand
5 Segel
10 Persenning
Schiffsmannschaft
4 Crew
8 Equipage
9 Besatzung
Schiffsoffizier
10 Steuermann
Schiffsöffnung
3 Luk
4 Luke
Schiffspersonal
7 Steward
8 Seeleute
Schiffsplanke
5 Weger
Schiffsrand
4 Bord
Schiffsraumgehalt
7 Tonnage
Schiffsreise
8 Seefahrt
Schiffsrippe
5 Spant
Schiffsruheplatz
5 Reede
9 Dockhafen
Schiffsschaden
4 Leck
7 Havarie
Schiffsschlafstelle
4 Koje
Schiffsseiten
3 Lee, Luv
8 Backbord
10 Steuerbord
Schiffssignalgerät
9 Nebelhorn
Schiffssteuerhebel
5 Pinne
Schiffsstockwerke
4 Deck
7 Verdeck
8 Backdeck, Lidodeck, Oberdeck, Peildeck
9 Bootsdeck, Hauptdeck, Unterdeck
10 Achterdeck, Sonnendeck
12 Brueckendeck
Schiffstagebuch
7 Journal, Logbuch
Schiffstagereise
5 Etmal
Schiffstaue
3 Gei
4 Reep, Stag, Want
6 Brasse, Spring, Trosse
7 Gording, Pardune
8 Fallreep
Schiffsverbände
6 Armada, Flotte, Konvoi
7 Eskader
9 Flottille, Geleitzug
10 Geschwader
Schiffsvorbau am Bug
6 Galion
Schiffsvorderteil
3 Bug
Schiffswächter
6 Lieger
Schiffswände abdichten
9 kalfatern
Schiffswinde
5 Spill
9 Gangspill
10 Ankerspill
Schiffszieher
8 Treidler
9 Treideler
schiitische(r)
Gelehrtentitel
9 Ayatollah
Heiliger
3 Ali
Sekte
10 Ismailiten
7 Hurufis
8 Hodschas
schikanieren
6 plagen
7 triezen
8 schinden

9 piesacken
10 traktieren
Schild
der Athene
5 Aegis
des Zeus
5 Aegis
Schildbürgerstadt
6 Abdera
7 Schilda
Schilddrüsenerkrankung
5 Kropf
6 Struma
7 Basedow
Schilderung friedlichen Lebens
6 Idylle
Schildknorpel des Kehlkopfs
10 Adamsapfel
Schildkrötenverband
7 Testudo
Schildlaus
11 Koschenille
Schildlausfett
3 Age
Schilf
4 Reet, Ried, Rohr
5 Binse, Carex
6 Arundo
8 Riedgras
9 Pfahlrohr, Roehricht, Teichrohr
Schilfdickicht
9 Roehricht
schillern
8 glitzern
in Regenbogenfarben
9 irisieren
schillernde(r)
Muschelschicht
8 Perlmutt
Textilstoff
9 Changeant
Schillers
Biografin
8 Wolzogen
Gattin
9 Charlotte, Lengefeld
Mutter
8 Kodweiss
Schimmer
5 Glanz
6 Nuance, Schein
schimpfen
6 keifen, zetern
Schimpfwort
für den Hund
5 Toele
6 Koeter
Schinder
7 Placker
8 Abdecker, Kafiller
Schippe
8 Schaufel
Schirmdach
9 Baldachin
Schirmgriff
7 Kruecke
Schirmherr
4 Vogt
6 Patron
9 Foerderer, Protektor
11 Beschuetzer
Schirmpilz
7 Parasol
Schlacht
5 Kampf
7 Gefecht
8 Bataille
12 Scharmuetzel
Schlachter
7 Metzger, Selcher, Wurster
9 Fleischer
10 Charcutier
11 Schlaechter
12 Fleischhauer
Schlachtordnung
7 Phalanx
Schlaf
9 Nachtruhe
durch Suggestion
7 Hypnose
schlafähnlicher Zustand
6 Trance
7 Hypnose
Schlafanzug
6 Pyjama
schlafbedürftig
5 muede
Schlaferlebnis
5 Traum
schlaff
3 lax
4 lose
5 inert, lasch, muede, weich
6 locker, torpid, traege
7 schlapp, schwach
10 abgespannt
Schlafkrankheits-Überträger
12 Tsetsefliege
Schlafmaus
5 Bilch
15 Siebenschlaefer
Schlafnetz
11 Haengematte
Schlafnische
7 Alkoven
schläfrig
5 muede
6 doesig
9 somnolent
Schlafsaal im Kloster
11 Dormitorium
Schlafstätte
4 Bett, Koje
5 Lager
Schlafwandler
10 Somnambule
Schlag
4 Coup, Hieb
5 Klaps, Stoss, Treff
6 Schock
7 Fuchtel, Pulsion, Streich
Schlagader
5 Aorta
7 Arterie
Schlagart beim *Tennis*
4 Chip, Chop
5 Slice, Twist
Schlagbaum
5 Barne, Barre
6 Sperre
7 Grendel
8 Barriere, Schranke
Schläge
4 Haue
5 Hiebe, Keile, Senge
7 Dresche, Pruegel
schlagen
5 hauen
7 klopfen
8 pruegeln
10 verklopfen
11 verpruegeln
Schlager
3 Hit
11 Gassenhauer
Schläger (Golf)
4 Iron
5 Baffy, Spoon
6 Driver, Jigger, Mashie, Niblik, Putter
7 Brassie
Schlaggeräte
4 Rute
5 Keule, Knute, Stock
6 Bengel
8 Kantschu, Klatsche, Knueppel, Peitsche, Pritsche
9 Schlaegel
10 Karbatsche
Schlaginstrumente
4 Gong
5 Pauke, Tumba
6 Becken, Claves, Glocke, Piatti, Rassel, Tamtam, Zimbal, Zimbel
7 Bumbass, Celesta, Klapper, Maracas, Marimba, Trommel
8 Carillon, Tamburin, Triangel, Tympanum, Vibrafon, Xylophon
9 Hackbrett, Handpauke, Vibraphon
10 Schlagzeug, Waschbrett
11 Kastagnette, Kesselpauke
12 Glockenspiel, Schellenbaum
Schlagspur(en) am Körper
7 Strieme
8 Striemen
Schlagstock
7 Pruegel
8 Knueppel
Schlagwaffen
5 Keule
8 Tomahawk

9 Streitaxt
11 Morgenstern
Schlagwerkzeug
6 Hammer
Schlagwort
6 Slogan
Schlagzeile
8 Headline
Schlagzeug
5 Drums
Schlagzeuger
7 Drummer
Schlamm
3 Mud
5 Dreck, Fango, Sumpf
6 Modder, Morast
7 Schlick
8 Moorerde
Schlammbank
5 Barre
Schlammboden
6 Morast
schlammig
5 limos
6 limoes
schlammiger Boden
6 Morast
Schlammpackung
5 Fango
Schlange im Dschungelbuch
3 Kaa
Schlangen
3 Boa, Efa
4 Eryx, Naja
5 Aspis, Elaps, Hydra, Kobra, Krait, Mamba, Otter, Viper
6 Assala, Bungar, Natter, Python, Taipan
7 Sandboa
8 Aeskulap, Anakonda, Erdviper, Surukuku
9 Bloedauge, Boomslang, Gartenboa, Hornviper, Puffotter, Sandviper
10 Aspisviper, Gabunviper, Kreuzotter, Netzpython, Tigerotter, Trugnatter
11 Grubenotter, Hutschlange, Kettenviper, Lanzenotter, Seeschlange, Wiesenotter
12 Buschmeister, Eierschlange, Felsenpython, Hundskopfboa, Rollschlange
13 Blindschlange, Koenigspython, Korallenotter, Regenbogenboa, Ruderschlange
14 Abgottschlange, Boa constrictor, Warzenschlange
15 Brillenschlange, Klapperschlange, Koenigsschlange
16 Korallenschlange
schlangenähnliche Echse
14 Blindschleiche
Schlangenanbeter
5 Ophit
Schlangenbeschwörer
5 Fakir
schlangenförmiger Fisch
3 Aal
8 Sumpfaal
Schlangenlinie
10 Serpentine
Schlangenmensch
13 Kontorsionist
Schlangenorgan
8 Giftzahn
schlank
4 rank
5 duenn, hager
6 grazil, schmal
7 biegsam
11 geschmeidig
und kräftig
6 sehnig
Schlankaffe
5 Wanar
6 Hulman
7 Guereza
schlapp
5 muede
7 schlaff, schwach
8 kraftlos
Schlappe
4 Pech
6 Fiasko, Schlag
7 Debakel, Verlust
8 Einbusse
10 Misserfolg, Niederlage
Schlapphut
10 Kalabreser
schlau
4 klug
5 smart
6 clever, listig, patent
7 gewieft, gewiegt, gewitzt, pfiffig
8 gerieben, gerissen, versiert, vigilant
10 raffiniert
11 verschlagen
Schlauberger
9 Pfiffikus
Schlauchpilze
6 Peziza
7 Morchel
8 Achorion, Fusarium, Hefepilz, Kernpilz, Taphrina
9 Kernkeule
Schlaufe
4 Oese
6 Masche
8 Schleife, Schlinge
Schlauheit
4 List
7 Finesse
10 Raffinesse
Schlaukopf
9 Pfiffikus
schlecht
3 arg, mau
4 flau, leeg, mies
5 boese, elend, uebel
9 miserabel, verdorben
12 minderwertig, ungeniessbar
passend
9 ungelegen
zu begehen
8 unwegsam
schlechte(r, s)
Branntwein
5 Fusel
Brauch
7 Unsitte
Charaktereigenschaft
4 Geiz, Gier, Hass, Neid
Gegenleistung
6 Undank
Gewohnheit
5 Unart
6 Laster
7 Unsitte
Kerl
4 Lump
6 Schuft
Kneipe
9 Kaschemme
Lichtquelle
6 Funsel, Funzel
Luft
4 Mief
Mensch
4 Lump
5 Filou
6 Gauner
7 Schurke
Pferd
6 Maehre
7 Klepper
Tabak
7 Knaster
schlechteste Schulnote
5 Sechs
7 Sechser
11 ungenuegend
Schlechtwetterzone
4 Tief
7 Zyklone
9 Sturmtief
Schleichhandel
9 Schmuggel
Schleichkatzen
5 Fossa, Melon, Mungo
6 Musang, Poiana
7 Genette, Linsang
8 Fanaloka, Manguste
9 Binturong, Ichneumon, Kusimanse
10 Marderbaer, Rollmarder, Scharrtier
11 Katzenfrett
12 Ginsterkatze, Palmenroller

Schleiergewebe
4 Flor, Gaze
5 Tuell, Voile
6 Batist, Etamin
7 Chiffon, Organza
9 Georgette
schleierhaft
6 unklar
7 nebulos
10 mysterioes
Schleierstoff
5 Voile
Schleierwolke
12 Zirrostratus
Schleife
8 Schlaufe, Schlinge
Schleiffläche
7 Facette
8 Fassette
Schleifmittel
7 Alundum
9 Schmirgel
Schleimfische
5 Schan
7 Seewolf
8 Katfisch
9 Kelpfisch
schlemmen
7 prassen
9 schwelgen
Schlemmer
6 Lukull
7 Prasser
8 Falstaff, Gourmand, Lukullus
schlendern
7 bummeln
8 troedeln
9 flanieren
schlendernder Gang
5 Trott
Schleppkahn
5 Prahm, Zille
6 Schute
8 Leichter
Schleppnetz
5 Zeese
Schleswig-Holstein
Badeorte
4 Damp
5 Dahme, Laboe
8 Groemitz, Haffkrug, Hohwacht, Niendorf
10 Scharbeutz, Sierksdorf
11 Kellenhusen, Travemuende
16 Sankt Peter-Ording
Berge
8 Kammberg, Pilsberg
9 Bungsberg
11 Strezerberg
Bucht
6 Foerde
Flüsse
5 Eider, Stoer, Trave
6 Schlei
9 Schwartau
Hauptstadt
4 Kiel
Inseln (und Orte)
3 Wyk
4 Burg, List, Sylt
5 Amrum, Foehr, Hooge, Nebel
6 Kampen, Keitum, Morsum, Rantum, Tinnum
7 Fehmarn, Hoernum, Nieblum, Utersum
8 Halligen, Norddorf, Pellworm, Suedfall, Wittduen
9 Helgoland
10 Nordstrand, Westerland
Kurorte
8 Oldesloe, Segeberg
9 Bramstedt
10 Geesthacht
Landkreise
5 Ploen
8 Segeberg, Stormarn
9 Pinneberg, Steinburg
11 Ostholstein
12 Dithmarschen
13 Nordfriesland
Landschaften
6 Angeln
7 Wagrien
8 Stormarn
9 Lauenburg, Schwansen
10 Eiderstedt
12 Dithmarschen
13 Nordfriesland
Nationalparks
6 Aukrug
9 Westensee
14 Huettener Berge
Seebäder
5 Dahme, Laboe
6 Buesum
7 Hoernum
8 Groemitz, Haffkrug, Hohwacht, Niendorf
10 Scharbeutz
11 Kellenhusen, Travemuende
12 Eckernfoerde
Seen
7 Langsee, Pohlsee, Postsee
8 Brahmsee
9 Behler See, Wardersee, Westensee, Wittensee
10 Ploener See
11 Selenter See
Städte
4 Kiel
5 Eutin, Heide, Husum, Marne, Ploen, Wedel
6 Moelln, Preetz
7 Itzehoe, Luebeck, Malente, Meldorf
8 Elmshorn, Niebuell, Oldesloe, Segeberg, Toenning, Uetersen
9 Flensburg, Lauenburg, Oldenburg, Pinneberg, Ratzeburg, Rendsburg, Schleswig
11 Glueckstadt, Neumuenster, Norderstedt, Wesselburen
12 Eckernfoerde
Schleuderware
6 Ramsch, Schund
7 Plunder, Schofel
9 Ausschuss
Schleuderzelle
7 Elatere
schleunig
7 schnell
Schleuse
4 Siel
Schleusenanlage
6 Hubtor
Schleusentorschwelle
7 Drempel
schlicht
6 frugal, simpel
7 einfach
Schlichtwerkzeug
5 Feile
Schlick
6 Morast
7 Schlamm
Schließe
6 Spange
7 Agraffe
8 Schnalle
Schließfach
4 Safe
6 Tresor
10 Wandtresor
Schließhölzchen am Wurstzipfel
5 Speil
Schließvorrichtung
6 Riegel, Sperre
7 Schloss
8 Schieber
Schlifformen bei Schmucksteinen
7 Facette, Markise, Rosette
8 Baguette, Fassette
schlimm
3 arg
4 boes
5 boese, elend, uebel
10 pernizioes
Schlinge
4 Oese
6 Masche
8 Schlaufe, Schleife
Schlingel
5 Range
6 Bengel, Schelm
7 Lausbub
Schlingpflanzen
4 Efeu
5 Liane, Winde
6 Hopfen
8 Dolichos
9 Helmbohne
10 Geissblatt, Osterluzei

Schlips
6 Binder
8 Krawatte, Schleife
Schlitten
3 Bob
4 Akia, Akja
5 Ackja, Pulka, Rodel
6 Troika
8 Skeleton, Snowkart, Toboggan
9 Bobsleigh
Schlittengleitschiene
4 Kufe
Schlittschuhsportart
7 Eislauf
Schlitz
5 Spalt
6 Luecke
7 Scharte
Schlitzohr
6 Gauner
Schloss
6 Castle, Palais, Palast, Serail
7 Château, Kastell
am Mälarsee
9 Gripsholm
an der Adria
7 Miramar
an der Loire
4 Usse
5 Blois
6 Chinon, Loches, Saumur
7 Amboise
8 Chambord, Cheverny, Langeais
11 Chenonceaux
an der Themse
7 Windsor
bei Aberdeen
8 Balmoral
bei Bonn
6 Bruehl
bei Dresden
8 Pillnitz
10 Moritzburg
bei Granada
8 Alhambra
bei Helsingör
8 Kronborg
bei Innsbruck
6 Ambras
bei Kassel
13 Wilhelmshoehe
bei Madrid
8 Escorial, Zarzuela
bei Paris
10 Versailles
13 Fontainebleau
bei Potsdam
6 Paretz
9 Glienicke
10 Babelsberg
bei Rastatt
8 Favorite
bei Salzburg
6 Fuschl
8 Klesheim, Mirabell
9 Hellbrunn, Klessheim
12 Leopoldskron
bei Stuttgart
8 Solitude
9 Solituede
bei Toledo
7 Alkazar
bei Triest
5 Duino
7 Miramar
im Genfer See
7 Chillon
im Odenwald
6 Erbach
12 Kranichstein
im Salzkammergut
6 Fuschl
im Taunus
8 Kronberg
in Düsseldorf
7 Benrath
in Ettal
9 Linderhof
in Istanbul
7 Topkapi
in Langensalza
7 Dryburg
in Ludwigsburg
8 Monrepos
in Mähren
7 Buchlau
in Malmö
9 Malmoehus
in Oberfranken
4 Banz
in Paris
9 Tuilerien
in Potsdam
9 Sanssouci
in Rom
7 Lateran
8 Quirinal
in Salzburg
8 Mirabell
9 Hellbrunn
mit Wehrtürmen
8 Bastille
nahe Triest
8 Miramare
südlich von Salzburg
4 Anif
Schlossbeamter
9 Kastellan
Schlossname
8 Bellevue
9 Belvedere
Schlossverwalter
4 Vogt
Schlot
4 Esse
5 Kamin
9 Rauchfang
11 Schornstein
Schlucht
5 Klamm, Kluft, Tobel
6 Canyon
7 Abgrund, Couloir, Engpass
10 Einschnitt
auf den Kanarischen Inseln
8 Barranco
schluchzen
6 heulen, weinen
Schlund
6 Rachen
Schlundkopfteil
6 Rachen
Schlüpfer
4 Slip
schlüpfrig
5 glatt
6 frivol, lasziv, pikant
7 obszoen
8 rutschig
9 schlierig
Schlupfwinkel
4 Asyl
8 Versteck
Schluss
3 Aus
4 Ende, Fine
5 Fazit, Finis, basta
6 Finale, Pointe
7 Ausgang, Punktum
8 Ergebnis
9 Folgerung
Schlüssel zu Geheimschriften
4 Code
Schlüsselblume
6 Primel
Schlüsselteil
4 Bart
Schlussergebnis
8 Endsumme, Resultat
Schlussfolgerung
5 Fazit
10 Konklusion
11 Syllogismus
Schlussstellung beim Schachspiel
4 Matt, Patt
Schlusstanz eines Festes
7 Kehraus
Schmach
6 Unehre
7 Blamage, Schande, Schimpf
9 Entehrung
10 Schaendung
11 Demuetigung
schmachten
6 gieren, sehnen
7 lechzen
8 duersten
schmachtender Liebhaber
7 Korydon, Seladon
schmächtig
4 zart
5 duenn, hager, mager
6 grazil, schmal
schmackhaft
6 lecker
7 delikat
Schmähschrift
6 Libell
8 Pamphlet, Pasquill
9 Invektive

Schmähung
4 Tort
6 Anwurf
7 Affront
8 Diffamie
9 Invektive
10 Laesterung
11 Beleidigung
12 Diffamierung
schmal
3 eng
5 duenn, duerr, hager
schmale(r)
Bergeinschnitt
6 Engtal
7 Talenge
Durchlass
4 Enge
Felsspalt
5 Kamin
Gebirgsweg
8 Saumpfad
Gewässerstelle
8 Meerenge
Halbinsel
7 Nehrung
9 Landzunge
Nahtbesatz
6 Paspel
Öffnung
5 Spalt
Spalt
5 Ritze
Stelle
7 Engpass
Straße
3 Weg
Teil einer Flasche
4 Hals
Teppich
7 Laeufer
Weg
4 Pfad
schmalste Rumpfstelle
6 Taille
schmalwüchsig
8 leptosom
Schmalzgebäck
7 Beignet, Krapfen
8 Berliner, Kraepfel, Kraeppel
Schmarotzer
6 Chique
7 Epizoon, Lamblie, Parasit
8 Entozoon, Gasttier, Nematode, Trichine
9 Fadenwurm, Hakenwurm, Leberegel, Plattwurm, Saumzecke, Schnorrer
Schmarotzerpflanzen
6 Mistel
9 Kleeseide, Rafflesia
Schmarotzerträger
9 Wirtstier
schmecken
6 kosten, munden
9 goutieren
Schmeichelei
5 Eloge
6 Schmus
7 Lobrede
9 Flatterie, Schoentun
10 Kompliment
schmeicheln
5 kosen
8 hofieren
9 schoentun
10 flattieren
Schmelzüberzug
5 Email
7 Emaille
Schmerz
3 Weh
4 Gram, Harm, Leid, Pein, Qual
6 Algema, Kummer, Wehmut
7 Kopfweh, Zahnweh
8 Migraene
bei der Geburt
4 Wehe
Schmerzempfindlichkeit
7 Algesie
Schmerzempfindungsmaß
3 Dol
Schmerzen im Wochenbett
9 Nachwehen
schmerzhaftes Gliederreißen
6 Rheuma
Schmerzlinderungsmittel
7 Sedativ
8 Anemonin
9 Sedativum
10 Narkotikum
Schmerzlosigkeit
9 Analgesie
Schmerzmitempfindung
8 Synalgie
schmerzstillendes Mittel
7 Analgen
9 Polamidon
schmerzunempfindlich
8 indolent
Schmerzunempfindlichkeit
11 Anaesthesie
schmerzvoll seufzen
8 stoehnen
Schmetterball
5 Smash
Schmetterlinge
4 Acht, Eule
5 Fuchs, Motte, Nonne
6 Apollo, Aurora, Falter, Glucke, Ritter
7 Admiral, Spanner
8 Eisvogel, Kohleule, Papillon
9 Heufalter, Kornfuchs, Samtvogel, Tagfalter, Weissling
10 Mauerfuchs, Ordensband
11 Moencheule, Nachtfalter, Sacktraeger, Segelfalter
12 Apfelwickler, Apollofalter, Fichtenmotte, Kaisermantel, Kleidermotte, Trauermantel
13 Baerenspinner, Kohlweissling, Seidenspinner, Tagpfauenauge
14 Fichtenspinner, Kiefernspinner, Zitronenfalter
15 Nachtpfauenauge
16 Schwalbenschwanz
Schmetterlingsblütler
4 Klee, Soja
5 Bohne, Erbse, Esper, Linse, Wicke
6 Lupine
7 Erdnuss, Ginster, Luzerne, Robinie
8 Glyzinie, Goldklee, Hornklee, Saubohne
9 Goldregen, Sojabohne, Suessklee, Trifolium, Weissklee, Zaunwicke
10 Esparsette, Feuerbohne
11 Kichererbse
12 Besenginster
Schmetterlingsgespinst
5 Kokon
Schmetterlingsgruppe
9 Tagfalter
Schmetterlingslarve
5 Puppe, Raupe
9 Dornraupe
Schmetterlingsraupe
8 Obstmade
Schmied
der deutschen Sage
4 Mime
7 Wieland
schmiedbares Eisen
5 Stahl
Schmiedeblock
6 Amboss
Schmiedeform
6 Gesenk
Schmiedegeräte
5 Zange
6 Amboss, Gesenk, Hammer
8 Geblaese
9 Blasebalg
Schmiedehammer
8 Possekel
Schmiedewerkzeug
8 Radzange
9 Packfeile, Senkstift, Setzeisen
schmieren
5 oelen
6 fetten
9 bestechen
Schmierheft
6 Kladde
7 Diarium
schmierig
5 oelig

6 fettig, mukoes
9 schleimig
11 schluepfrig

Schmiermittelbehälter
8 Oelkanne

Schmierstoff
9 Schweroel

Schmiervorrichtung
5 Oeler
8 Oelpumpe

Schminke
5 Rouge
6 Make-up

schmirgeln
9 schleifen

Schmortopf
7 Braeter
10 Kasserolle

schmuck
6 adrett
9 dekorativ

Schmuck, Schmuckstücke
4 Band, Clip, Putz, Reif, Ring, Zier
5 Dekor, Gemme, Juwel, Kamee, Kette, Klipp, Krone, Nadel, Orden, Perle, Stein
6 Bouton, Diadem, Spange, Zierde
7 Agraffe, Armband, Armreif, Brosche, Ehering, Flitter, Guertel, Kleinod, Kollier, Ohrring
8 Halsband, Kettchen, Ohrknopf, Ornament, Solitaer, Trauring, Uhrkette
9 Anhaenger, Charivari, Halskette, Medaillon, Stirnband, Stirnreif
10 Geschmeide
11 Perlenkette
12 Anstecknadel
14 Krawattennadel
16 Manschettenknopf

Schmuckbehälter
9 Schatulle

schmücken
6 zieren
9 drapieren, garnieren, verzieren
10 dekorieren

schmückend
9 dekorativ
10 ornamental

schmückendes
Beiwerk
6 Zierde
Kleidungszubehör
9 Putzwaren

Schmuckform
7 Rosette

Schmuckgeschäft
10 Bijouterie

Schmuckgewinde
5 Kranz
8 Girlande

Schmuckhändler
8 Juwelier
9 Bijoubier

Schmuckknopf für das Ohr
6 Bouton

Schmuckkügelchen
5 Perle

schmucklos
8 schlicht

Schmucknadel
7 Brosche

Schmuckspange
7 Agraffe

Schmucksteine
4 Jade, Onyx, Opal, Pras, Sard
5 Achat, Gemme, Lapis, Rubin, Sphen, Topas
6 Beryll, Citrin, Granat, Jaspis, Korund, Prasem, Saphir, Zirkon, Zitrin
7 Diamant, Idokras, Karneol, Koralle, Lasurit, Peridot, Smaragd, Spinell, Tuerkis
8 Amazonit, Amethyst, Brillant, Edelopal, Glasopal, Haematit, Heliodor, Hyazinth, Kaprubin, Labrador, Malachit, Obsidian, Turmalin
9 Aquamarin, Bernstein, Chalzedon, Feueropal, Fischauge, Goldtopas, Heliotrop, Karfunkel, Mondstein, Tigerauge, Vermeille
10 Blutjaspis, Feuerrubin, Katzenauge, Labradorit, Prasiolith, Rauchquarz, Rauchtopas, Rosenquarz
11 Lapislazuli, Saphirquarz, Sternsaphir,
12 Bergkristall, Koenigstopas

Schmucksteinimitation
6 Strass
8 Bleiglas

Schmuggelgut
8 Bannware
11 Konterbande

schmuggeln
7 paschen

Schmuggler
7 Pascher

Schmutz
5 Dreck, Muell, Staub, Unrat
6 Unflat
8 Kehricht

Schmutzbrei
6 Matsch

schmutzig
6 unrein
8 klaterig, unsauber

schmutziges
Geschirr
8 Aufwasch
Hintergässchen
4 Slum

Schmutzstelle(n)
5 Fleck
7 Flecken
9 Fettfleck

Schnaps-Erzeugung(sbetrieb)
9 Brennerei

Schnapsbrenner
12 Destillateur

Schnapsglas
7 Stamper
8 Stamperl

schneckenförmig
8 spiralig
9 azyklisch

Schneckenlinie
7 Spirale

Schneckenschale
4 Haus

Schneeanhäufung
4 Wehe

Schneeball
8 Viburnum

Schneebluse
6 Anorak

Schneefahrzeug
9 Schlitten

schneefrei
4 aper

Schneegebilde
6 Flocke

Schneehütte
4 Iglu

Schneeleopard
5 Irbis

Schneemensch
4 Yeti
6 Kangmi

Schneemotorroller
7 Skeeter

Schneeschmelze
9 Tauwetter

Schneeschuh
3 Ski
4 Schi

Schneestürme
5 Buran, Metel, Purga, Stiem
8 Blizzard

schneetüchtiges Fahrzeug
9 Snowmobil

Schneewehe
6 Wechte

Schneid
3 Mut
4 Elan, Mumm
6 Bravur
7 Bravour
8 Tatkraft
9 Kuehnheit

Schneider
in „Max und Moritz"
5 Boeck

Schneiderbedarf
8 Naehgarn

Schneidererzeugnis
9 Massanzug
Schneidergerät
9 Naehnadel
Schneiderkunst
12 Haute Couture
Schneidermaterial
9 Naehseide
Schneidewerkzeuge
5 Saege
6 Messer, Schere
9 Balleisen, Bandsaege
10 Kreissaege, Motorsaege
Schneidewerkzeugteil
9 Saegezahn
schneidig
4 kess
5 fesch, flott, smart
6 forsch, stramm, zackig
9 bravuroes, schmissig
10 bravouroes
Schneise
8 Durchhau, Lichtung
9 Durchhieb
schnell
3 fix
5 eilig, flink, flugs, quick, rapid, rasch
6 hurtig, presto, rapide, rasant, rasend, zuegig
7 behaend, eilends
8 behaende
9 geschwind
beförderte Fracht
6 Eilgut
fahrendes Schiff
5 Jacht, Yacht
laufen
7 spurten
8 sprinten
schnelle(r, s)
Foxtrott
9 Quickstep
10 Quickstepp
Musikstück
7 Allegro
Reitkamel
6 Mehari
Schussfolge
5 Garbe
Tanz
5 Polka
Tonfolge
4 Lauf
Schnelligkeit
4 Eile, Hast
5 Tempo
6 Rasanz
7 Karacho
15 Geschwindigkeit
Schnellkäferlarve
9 Drahtwurm
Schnellverkehrsmittel
2 EC, IC
3 ICE, TEE
4 D-Zug
Schnellverkehrsstraße
8 Autobahn
Schnellzug
7 Express
Schnepfenstrauß
4 Kiwi
Schnepfenvögel
7 Jassana, Kiebitz
8 Watvogel
9 Bekassine, Brachhuhn,
12 Regenpfeifer, Waldschnepfe
13 Strandlaeufer, Sumpfschnepfe
14 Austernfischer, Blatthuehnchen, Doppelschnepfe, Odinshuehnchen
15 Saebelschnabler
16 Krokodilwaechter
17 Flussregenpfeifer
Schnittblumen
4 Iris, Rose
5 Aster, Lilie, Nelke, Tulpe
6 Dahlie, Lupine, Mimose
7 Flieder, Freesie, Gerbera
8 Gladiole, Orchidee
9 Bartnelke, Hortensie, Margerite
11 Osterglocke, Pfingstrose
12 Chrysantheme, Schwertlilie
13 Alpenveilchen, Maigloeckchen
Schnitte
5 Bemme
6 Stulle
7 Scheibe
Schnittfläche
8 Schneide
Schnittholz
5 Bohle, Brett, Diele, Latte
6 Balken, Leiste, Platte
8 Kantholz
Schnittlinie
durch den Kreis
7 Sekante
zweier Flächen
5 Kante
Schnittmeister beim Film
6 Cutter
Schnittware
4 Rest
Schnitzer
4 Bock
6 Fehler, Lapsus
7 Fauxpas
9 Missgriff
11 Entgleisung
13 Taktlosigkeit
Schnorrer
7 Bettler, Pracher
11 Fechtbruder
Schnuller
6 Nuddel, Sauger
Schnupfen
8 Rhinitis
Schnupftabak
4 Rapé
6 Makuba
7 Spaniol
Schnupftabaksdose
9 Tabatiere
Schnur
4 Band
5 Leine, Zwirn
6 Kordel
7 Baendel
9 Bindfaden
am Fallschirm
10 Reissleine
am Fesselballon
8 Notleine
Schnürband
6 Nestel, Senkel
Schnürenjacke der Husaren
6 Dolman
Schnurhersteller
6 Seiler
Schnurherstellungsbetrieb
8 Seilerei
Schnürmieder
7 Korsett
Schnurrbart
9 Schnauzer
Schokoladengrundstoff
5 Kakao
Schokoladenstreifen
5 Rippe
Schokoladenüberzug
10 Kuvertuere
Scholastiker
9 Dionysius
scholastischer
Philosoph
6 Witelo
Schriftsteller
7 Summist
Theologe
8 Berengar
Schollenfische
4 Butt, Pole
5 Zunge
6 Kleist
7 Rotbutt
8 Goldbutt, Seezunge
9 Glattbutt
10 Hundszunge, Plattfisch
schon
6 zeitig
7 bereits
schöne(r)
Frau der griechischen Sage
6 Helena
Jüngling
6 Adonis, Apollo
7 Narziss
8 Antinous, Hyazinth
Regelmäßigkeit
8 Ebenmass
Schöngeist
7 Aesthet
9 Belesprit
Schönheit
6 Beauty, Beauté
Schönheitsgöttinnen
5 Venus
9 Aphrodite
Schönheitsmittel
10 Kosmetikum

Schönheitsoperation
11 Facelifting
Schönheitspflästerchen
6 Mouche, Musche
Schönheitspflege
8 Kosmetik
Schönheitswettbewerb
8 Misswahl
Schonkost
5 Diaet
Schonkostzubereiter
9 Diaetkoch
Schönschreiber
9 Kalligraf
10 Kalligraph
Schönschreibkunst
11 Kalligrafie
12 Kalligraphie
schonungslos
6 brutal, streng
7 radikal, rigoros
12 unbarmherzig
13 unnachsichtig
Schönwettergebiet
4 Hoch
Schöpfer
4 Gott
7 Urheber
8 Erfinder
12 Konstrukteur
der Mickymaus
6 Disney
der modernen Kochkunst
9 Escoffier
der Relativitätstheorie
8 Einstein
des Sherlock Holmes
5 Doyle
des Wiener Walzers
6 Lanner
humoriger Bildgeschichten
5 Busch
technischer Neuheiten
8 Erfinder
vieler Comicfiguren
6 Disney
schöpferisch
6 genial
7 kreativ
9 produktiv
schöpferische(r)
Gestaltung
5 Kunst
Kraft
6 Genius
Mensch
5 Genie
9 Kuenstler
Weisheit Gottes
6 Sophia
Schöpferkraft
12 Kreativitaet
Schopfibis
8 Waldrapp
Schöpflöffel
5 Kelle
Schöpfung
3 All
4 Welt
5 Natur
8 Kreation
9 Schaffung, Universum
10 Entstehung, Gestaltung
11 Erschaffung
Schöpfungsgeschichte
7 Genesis
Schornstein
4 Esse
5 Kamin
6 Schlot
9 Rauchfang
Schoßhund
4 Mops
6 Bichon
8 Malteser
Schössling
4 Lode
5 Trieb
6 Spross
Schottenkönig
6 Duncan
Schottenrock
4 Kilt
Schottenumhang
5 Plaid
Schotterebene
6 Sander
schottisch: Fjord, Binnensee
4 Loch
Schottland
Adelsgeschlechter
6 Stuart
7 Douglas
Afrikaforscher
5 Bruce
11 Livingstone
Berge
4 Hope, More
5 Attow, Nevis
7 Merrick
Biologe
7 Fleming
Blasinstrument
9 Dudelsack
Branntwein
6 Scotch, Whisky
Dichter
5 Burns, Scott
6 Dunbar, Ramsay
7 Douglas, Lindsay
8 Buchanan, Campbell
Eisspiel
7 Curling
Erfinder
4 Watt
6 Dunlop
Feldherr
7 Macbeth
Fjorde
3 Tay
5 Clyde, Forth, Lorne, Moray
6 Solway
7 Dornoch
Flüsse
3 Dee, Don, Tay
4 Earn, Spey
5 Clyde, Forth, Tweed
Forschungsreisender
6 Burnes
Gebiete
7 Uplands
8 Galloway, Lowlands
9 Highlands
Gebirge
8 Grampian
Grafschaften
4 Ross
5 Angus, Banff, Moray, Nairn, Perth
6 Argyll, Lanark
7 Berwick, Lothian, Tibling, Wigtown
8 Aberdeen, Cromarty, Dumfries, Roxburgh, Stirling
9 Dunbarton, Inverness
10 Sutherland
Hafenstädte
5 Leith, Perth
6 Dunbar, Dundee, Thurso
7 Glasgow
8 Aberdeen, Greenock
9 Edinburgh
Halbinseln
4 Skye
7 Kintyre
Hauptstadt
9 Edinburgh
Hochland
9 Highlands
Inselgruppen
4 Coll, Eigg, Mull, Skye, Uist, Yell
5 Barra, Lewis, Tiree, Tyree
6 Fetlar, Orkney, Rousay, Sanday
7 Westray, Whalsay
8 Hebriden, Mainland, Shetland
9 Ronaldsay
Inseln
4 Jura
5 Arran, Islay
8 Colonsay
Könige
5 Jakob
6 Duncan
7 Macbeth, Malcolm
Königshaus
6 Stuart
Krimiautor
5 Doyle
Mathematiker
6 Napier
Meeresteil (Orkneyinseln)
9 Scapa Flow
Mikrobiologe
7 Fleming
Musikinstrument
7 Bagpipe
9 Dudelsack
Namensvorsilbe
2 Mc
3 Mac

Nationalhelden
5 Bruce
7 Wallace
Nordschottland
10 Kaledonien
Philosophen
4 Hume, Reid
7 Beattie
Physiker
6 Wilson
7 Maxwell
8 Brewster
Pionier des Fernsehens
5 Baird
Rock
4 Kilt
Schäferhund
6 Collie
Schauspieler
7 Connery
Schloss
8 Balmoral
Schriftsteller
5 Doyle, Scott
6 Buchan, Cronin
9 Stevenson
Seen
3 Awe
4 Ness, Shin
5 Maree
6 Linnhe, Lomond
Seeungeheuer
6 Nessie
Sippe
4 Clan
Speise
6 Haggis
8 Hotchpot
Städte und Orte
3 Ayr
4 Oban
5 Banff, Elgin, Perth
6 Dundee, Hawick, Thurso
7 Falkirk, Glasgow, Paisley
8 Aberdeen, Greenock, Montrose, Stirling
9 Buckhaven, Dumbarton
10 Motherwell
11 Portpatrick
Stammesverband
4 Clan
Tänze
4 Reel
5 Fling
9 Ecossaise, Ekossaise
Urbevölkerung
6 Pikten, Skoten
volkstümliche Helden
7 Wallace
Whisky
6 Scotch

Schraffurstrich
8 Schraffe

schräg
6 kursiv, schief
7 geneigt, travers
abfallende Seitenfläche
9 Boeschung

Schräge
7 Neigung
8 Gefaelle

Schrägheitstellung
7 Neigung

Schräglage eines Schiffes
11 Schlagseite

Schrägstellung
7 Neigung

Schrägstützholz
6 Strebe

Schramme
7 Kratzer

Schrank
5 Spind
7 Schrein, Vertiko
8 Anrichte

Schrankabteil
4 Fach

Schranke
5 Barre
6 Sperre
8 Barriere
9 Hindernis, Sperrbaum
10 Schlagbaum
in alten Kirchen
7 Lettner

schraubenförmige Linie
6 Wendel

Schraubengang
7 Gewinde

Schraubenlinie
7 Spirale
8 Schnecke

Schraubensicherung
9 Federring

Schraubenspirale
7 Gewinde

schraubstockähnliches Werkzeug
6 Zwinge

Schrecken
5 Graus, Panik, Pavor
6 Furcht, Grauen, Horror, Schock
7 Grausen, Schauer
9 Entsetzen

Schreckensherrschaft
6 Terror
11 Despotismus, Terrorismus

Schreckgestalt
6 Popanz
7 Buhmann, Monster, Werwolf
8 Monstrum, Scheuche
9 Bullkater, Ungeheuer

schrecklich
7 grausig, horrend, makaber
8 terribel
9 furchtbar
10 grauenhaft

Schreibart
4 Stil
7 Diktion

Schreiben
5 Brief
7 Schrieb
8 Zirkular
9 Rundbrief
13 Schriftstueck

schreiben
8 notieren
11 aufzeichnen
15 korrespondieren

Schreiberling
8 Skribent

Schreibfläche
9 Wandtafel

Schreibflüssigkeit
5 Tinte

Schreibgerät
der Antike
7 Calamus
des Korrektors
8 Rotstift

Schreibgeräte
4 Blei, Kuli
5 Feder, Stift
6 Kreide, Roetel
7 Fueller, Griffel
8 Malstift, Rotstift
9 Blaustift, Bleistift, Farbstift, Filzstift
10 Faserstift
11 Federhalter, Fuellhalter, Kopierstift, Kreidestift, Wachskreide
12 Zeichenstift
13 Drehbleistift, Filzschreiber
14 Dauerschreiber, Faserschreiber, Kugelschreiber
16 Fuellfederhalter

Schreibkünstler
9 Kalligraf
10 Kalligraph

Schreibmaschinenteile
4 Type
5 Taste, Wagen, Walze
8 Farbband, Tastatur, Typenrad
9 Leertaste, Schlitten, Tabulator
11 Feststeller, Randsteller
12 Andruckrolle

Schreibmaschinenzubehör
8 Farbband

Schreibmaterial
4 Heft
6 Papier
9 Pergament
10 Notizblock
11 Briefpapier

Schreibschrank
9 Sekretaer

Schreibstift für Wandtafeln
6 Kreide

Schreibstifteinlage
4 Mine

Schreibstil
7 Diktion

Schreibtafel des Altertums
9 Diptychon

Schreibwarenhandlung
9 Papeterie

Schreibweise
4 Stil
6 Duktus
schreien
5 rufen
6 johlen, keifen
8 bruellen
9 kreischen
Schrein
4 Sarg
5 Truhe
7 Schrank
Schreinerwerkzeuge
5 Feile, Hobel, Saege
6 Bohrer, Raspel, Zwinge
8 Schmiege
9 Falzhobel, Gratsaege, Krauskopf, Rauchbank
10 Stichsaege
12 Schraubstock
Schreittanz
6 Reigen
9 Polonaise
Schreitvögel
4 Ibis
6 Adebar, Marabu, Reiher, Storch
7 Kranich, Sichler
8 Flamingo, Loeffler, Schnepfe, Waldibis, Waldrapp
9 Kuhreiher, Schaufler
10 Graureiher, Hausstorch, Nimmersatt, Rohrdommel
11 Fischreiher
12 Purpurreiher, Schopfreiher
13 Loeffelreiher, Schwarzstorch
15 Zwergrohrdommel
Schriftgrade (Druck)
4 Perl, Text
5 Petit
6 Borgis, Cicero, Korpus, Mignon, Missal, Tertia
7 Diamant, Garmond, Kolonel
8 Brillant, Imperial
11 Nonpareille
Schriftgröße der Schreibmaschine
4 Pica
Schriftleiter
9 Redakteur
Schriftleitung
9 Redaktion
schriftliche(r, s)
Auszug
7 Exzerpt
Festlegung, Vermerk
7 Eintrag
Gesuch
7 Eingabe
9 Bittbrief
Machwerk
8 Elaborat
Mitteilung
5 Brief
Mitteilungen
5 Brief, Karte
7 Bericht
8 Eilbrief
9 Postkarte
Petition
7 Eingabe
Schriftreihe
5 Zeile
Schriftrolle
7 Papyrus
9 Pergament
Schriftsatzprüfer
6 Lektor
9 Korrektor
Schriftsetzer
8 Typograf
9 Typograph
Schriftstelle
5 Zitat
6 Absatz, Passus
Schriftsteller
4 Poet
5 Autor
6 Texter
7 Dichter, Literat, Lyriker
8 Prosaist
9 Erzaehler, Novellist, Prosaiker, Publizist, Schreiber
11 Ghostwriter, Textdichter
13 Drehbuchautor
Schriftstellerverband
3 PEN
Schriftstücke
4 Akte
5 Brief
7 Urkunde
8 Dokument, Skriptum
9 Schreiben
10 Manuskript
Schrifttum
9 Literatur
Schriftwechsel
13 Korrespondenz
Schriftzeichen
4 Rune
5 Graph
6 Letter
9 Buchstabe
11 Hieroglyphe
schrill
4 gell, laut
5 grell
6 scharf
Schritt
3 Pas
4 Step
5 Tritt
Schrittzähler
9 Pedometer
10 Passometer
schroff
4 grob, jaeh
6 bruesk, streng
Schrotgewehr
6 Flinte
Schrott
6 Abfall
8 Alteisen
9 Altmetall
Schrulle
4 Tick
5 Laune
6 Grille, Spleen
7 Marotte
15 Verschrobenheit
schrullig
8 spleenig
11 verschroben
Schrumpfen von Textilien
9 Einlaufen
Schrumpfkopf
7 Tsantsa
Schrumpfung
8 Atrophie
10 Retraktion
11 Kontraktion
Schubfach
4 Lade
5 Truhe
7 Ressort, Schrein
Schubstange
6 Pleuel
schüchtern
5 scheu, timid
6 genant
7 zaghaft
8 befangen, verlegen
10 genierlich
schüchterner Liebhaber
7 Seladon
Schuft
4 Lump
5 Kujon
7 Halunke, Schurke
8 Kanaille
schuften
7 roboten
9 abrackern
Schuhband
6 Nestel, Senkel
Schuhform
7 Leisten, Spanner
Schuhformer
7 Leisten
Schuhmacher
8 Schuster
Schuhmacherwerkzeuge
3 Ort
4 Ahle
5 Kneif
6 Pfriem
7 Leisten
Schuhmaterial
9 Korksohle, Lackleder, Oberleder, Sohlleder
Schuhputzmittel
5 Creme
6 Wichse
Schuhspanner
7 Leisten
Schuhteile
4 Oese
5 Ferse, Kappe, Leder, Sohle, Zunge

6 Absatz, Futter, Hacken, Lasche, Nestel, Riemen, Senkel
9 Decksohle, Laufsohle, Oberleder
10 Brandsohle
13 Schnuersenkel

Schulabgänger
9 Absolvent

Schulabteilung
6 Klasse

Schularbeit
7 Aufgabe, Aufsatz

Schulausflug
9 Wandertag

Schuld
4 Soll
5 Debet
6 Frevel, Suende
7 Unrecht, Ursache, Vorsatz
8 Vergehen, Versagen

Schuldanzeichen
5 Indiz
8 Verdacht

Schuldaufnahme
4 Borg

Schuldbekenntnis
9 Confiteor

schuldbeladen
7 suendig
9 suendhaft

schuldbewusst
5 reuig

Schuldbewusstsein
4 Reue

Schulden
7 Passiva

Schuldenstab im Mittelalter
8 Kerbholz

Schuldensymbol
6 Vadium

Schuldentilgung
7 Zahlung

Schuldgefühl
4 Reue
7 Skrupel
8 Einsicht
14 Gewissensbisse

Schuldiener
6 Pedell

Schuldigkeit
3 Amt
7 Pflicht
12 Obliegenheit
13 Verpflichtung

Schuldner
7 Debitor, Restant

Schuldposten
7 Passiva

Schuldsühnung
5 Busse

Schuldsumme
4 Soll

Schuldumwandlung
8 Novation

Schuldurkunde
6 Mantel

Schuldverschreibungen
4 Bond
5 Bonds
7 Anleihe
8 Promesse
10 Obligation, Pfandbrief, Wertpapier

Schuldzeichen
8 Kainsmal

Schulen
5 Penne
6 Lyzeum, Pennal
7 Alumnat, College, Konvikt, Seminar
8 Akademie, Internat
9 Gymnasium, Pensionat, Technikum
10 High School, Hochschule, Realschule
11 Grundschule, Volksschule
12 Berufsschule, Sonderschule, Universitaet
13 Gewerbeschule, Polytechnikum

Schüler
5 Eleve
6 Alumne
7 Juenger
8 Zoegling
9 Pennaeler

außerhalb des Internats
7 Externe

des Sokrates
6 Kriton, Platon

im Mittelalter
6 Vagant
7 Scholar

Jesu
7 Apostel, Juenger

Schülerheim
7 Alumnat
8 Internat

Schülersprache:

abschreiben
7 spicken

Abschreiber
7 Spicker

Abschreibezettel
5 Spick

Lehrer
6 Pauker

logisch
4 logo

Verräter
6 Petzer

Schulfächer
5 Lesen, Musik, Sport
6 Chemie, Latein, Physik, Singen, Turnen, Werken
7 Algebra, Botanik, Deutsch, Rechnen
8 Biologie, Englisch, Erdkunde, Religion, Russisch, Zeichnen
9 Geografie, Geometrie, Grammatik, Gymnastik, Schreiben
10 Geographie, Geschichte, Griechisch, Handarbeit, Informatik, Mathematik, Naturkunde
11 Heimatkunde, Kurzschrift, Sozialkunde, Stenografie
12 Franzoesisch
14 Leibesuebungen
17 Maschineschreiben

Schulfestsaal
4 Aula

schulfreier Zeitraum
6 Ferien

Schulgefängnis
6 Karzer

Schulleiter
6 Rektor
8 Direktor

Schulleiteramt(szeit)
8 Rektorat

Schullesebuch
5 Fibel

Schulmediziner
8 Allopath

Schulmeisterstock
5 Bakel

Schulnoten
3 Gut
4 Drei, Eins, Vier, Zwei
5 Fuenf, Sechs
6 Dreier, Einser, Vierer, Zweier
7 Fuenfer, Sechser, sehr gut
10 mangelhaft
11 ausreichend, ungenuegend
12 befriedigend

Schulort in England
4 Eton

Schultaschen
5 Mappe
6 Ranzen

Schulter
6 Achsel

Schulterbinde
7 Pallium
8 Schaerpe

Schultergicht
6 Omagra

Schulterkragen des Papstes
5 Fanon
6 Fanone

Schulterstück
6 Klappe
8 Epaulett
9 Epaulette
12 Achselklappe
13 Schwalbennest

an Kleidern
5 Passe

an Uniformen
9 Epaulette
13 Schwalbennest

Schulterteil der Kleidung
5 Passe
6 Koller, Kragen

Schultertuch
5 Fichu, Schal, Stola, Velum
katholischer Priester
5 Amikt, Velum
Schulterumhang
8 Mantille
Schulung
4 Kurs
5 Lehre
7 Lektion
8 Lehrgang, Training
9 Erziehung
10 Ausbildung, Einweisung, Unterricht
11 Einfuehrung
Schulurkunde
7 Zeugnis
Schund
4 Kram, Mist
5 Dreck
6 Abfall, Kitsch, Ramsch, Tinnef
7 Plunder, Schmutz
Schuppen
5 Lager, Lokal
6 Hangar, Remise
7 Schauer, Scheune, Schober
9 Tanzlokal
Schuppenkriechtier
8 Schlange
Schuppfische
5 Aitel, Eitel
6 Doebel
Schurke
4 Lump
5 Kujon
6 Schuft
7 Halunke
8 Ehrloser, Kanaille
Schürzenjäger
13 Schwerenoeter
Schuss ins Ziel
7 Treffer
Schüssel
4 Kumm, Napf
5 Satte
6 Krumme, Schale
7 Terrine
schusskräftiger Ballspieler
6 Bomber
Schusswaffen
2 MG
4 Colt
6 Flinte, Gewehr, Kanone, Mauser, Rakete
7 Bazooka, Buechse, Moerser, Muskete, Pistole, Stutzen
8 Browning, Drilling, Haubitze, Haudegen, Revolver, Terzerol, Tesching, Vierling
9 Geschuetz, Karabiner
10 Jagdgewehr, Parabellum
11 Handgranate, Minenwerfer, Panzerfaust
12 Granatwerfer
13 Mauserpistole
15 Maschinengewehr, Trommelrevolver
16 Maschinenpistole
Schusswaffenbedarf
8 Munition
Schusswaffenteil
5 Abzug
Schustergerät
8 Dreifuss
Schustermesser
5 Kneif
Schusternagel
5 Tacks, Taeks
9 Holzstift
Schusterzwecke
5 Pinne
Schutt
9 Bauabfall
12 Bruchgestein
Schutthang
5 Halde
Schüttstroh
5 Streu
Schuttstrom im Hochgebirge
4 Mure
7 Moraene
Schutz
6 Aegide
10 Protektion
der Abgeordneten
10 Immunitaet
11 Indemnitaet
für Wunden
5 Binde
8 Pflaster
gegen Eindringlinge
9 Fussangel
gegen Sicht
7 Deckung
Schutzanstrich
6 Firnis
Schutzanzug
7 Overall
Schutzbefohlener
9 Pflegling
Schutzdamm
4 Wall
5 Deich
Schütze
der nordischen Sage
4 Egil
eines Zufallstors
9 Abstauber
schützen
8 behueten
schützende(s)
Begleitung
7 Eskorte
Schützenzug
7 Peloton
Schützer
9 Protektor
Schutzfärbung
7 Mimikry
Schutzgebiet
7 Kolonie
8 Reservat
11 Protektorat, Reservation
Schutzheiliger
6 Patron
Schutzherrschaft
6 Aegide
8 Patronat
9 Patronage
11 Protektorat
Schutzhügel vor Sturmfluten
4 Wurt
Schutzhüllen
4 Etui
6 Kuvert
8 Futteral, Umschlag
Schutzimpfung
11 Vakzination
Schutzkappe beim Nähen
9 Fingerhut
Schutzkissen an Schiffen
6 Fender
Schutzkleidung
8 Schuerze
Schützling
7 Protegé
Schutzmann
6 Schupo
8 Polizist
12 Wachtmeister
Schutzmarke
12 Warenzeichen
Schutzmaßnahme
6 Sperre, Verbot
7 Embargo, Eskorte, Impfung
8 Sperrung, Vorbeuge
9 Bewachung, Sicherung
10 Verschluss
11 Schliessung
12 Verteidigung
13 Beschlagnahme
Schutzmittel
8 Talisman
Schutzpolizei
6 Schupo
Schutzraum
6 Bunker
9 Erdbunker, Kasematte
10 Atombunker, Unterstand
Schutzrecht für Erfinder
6 Patent
Schutztracht
6 Mimese
7 Mimikry
Schutztruppe
5 Garde
9 Leibwache
Schutzverband
7 Bandage
Schutzvorrichtung an Treppen
9 Gelaender
Schutzwall
6 Spalet
9 Brustwehr
Schutzwand
6 Blende
8 Palisade

Schutzzeichen
gegen Geister
10 Drudenfuss, Pentagramm
schwäbische(r, s)
Dichter
5 Hauff
6 Uhland
7 Moerike, Wieland
8 Schiller
10 Hoelderlin
Fürstengeschlecht
7 Staufer
12 Hohenstaufen
Höhenzüge
3 Alb
Humorist
8 Reichert
Maler
6 Ratgeb
Meer
8 Bodensee
Mehlspeise
8 Pfitzauf, Spaetzle
11 Schupfnudle
12 Kaesspaetzle, Schupfnudele, Schupfnudeln
Schriftsteller
5 Hauff
6 Uhland
7 Moerike
schwach
4 flau, lahm, matt
5 debil, elend, muede, weich
6 muerbe
7 hilflos, mickrig
8 kraftlos, mickerig
9 willenlos
schwacher
Lichtschein
8 Schimmer
Mensch
9 Weichling
Schwächeanfall
7 Kollaps
8 Ohnmacht
schwanger
6 gravid
Schwank
5 Farce, Posse
7 Streich
8 Burleske, Groteske, Komoedie, Schnurre
9 Lustspiel
schwanken
6 wanken
7 taumeln
Schwankung
11 Fluktuation
Schwankung der Erdachse
8 Nutation
Schwanz
4 Rute
5 Sterz, Wedel, Zagel
7 Schweif
Schwanzende
5 Sterz
Schwanzflosse der Wale
5 Fluke
schwanzloser Berberaffe
5 Magot
schwanzloser Lurch
6 Frosch
Schwanzlurche
3 Olm
5 Molch
7 Axolotl
8 Aalmolch, Amphibie
9 Kammmolch
10 Salamander, Teichmolch
15 Feuersalamander
Schwanzwurzel des Vogels
7 Buerzel
Schwärmer
8 Idealist, Phantast
schwärmerische(r)
Geliebte von Kleist
5 Vogel
Mensch
7 Fantast
8 Idealist, Phantast
Schwarz beim Roulette
4 noir
Schwarzbrot
12 Pumpernickel
Schwarzdorn
7 Schlehe
Schwarzdrossel
5 Amsel, Merle
7 Timalie
schwarze(r, s)
Bernstein
3 Jet
Edelholz
4 Maba
8 Ebenholz
Farbton
9 Anthrazit
Johannisbeere
6 Cassis
8 Ahlbeere
Pferd
5 Rappe
Singvogel
8 Kolkrabe
Substanz im Rauch
4 Russ
Turmalin
7 Schoerl
Vogel
4 Rabe
Schwarzfersenantilope
4 Pala
6 Impala
Schwarzhändler
8 Schieber
Schwarzkittel
11 Wildschwein
Schwarzkünstler
5 Hexer
6 Magier
8 Zauberer
Schwarzmeerhäfen
4 Ordu, Poti
5 Bafra, Batum, Fasan, Gagry, Jalta, Sinop, Varna, Warna
6 Amasra, Batumi, Burgas, Eregli, Odessa, Rostow, Samsun, Sulina, Tuapse
7 Cherson, Kertsch, Sotschi, Suchumi, Trabzon
8 Achtopol, Taganrog
9 Baltschik, Constanza, Konstanza, Nikolajew, Trapezunt
10 Sewastopol
11 Noworossisk
Schwarzmeerkap
5 Bafra
Schwarzseher
9 Pessimist
Schwarzseherei
11 Pessimismus
Schwarzwaldgipfel
6 Kandel
7 Belchen
8 Feldberg
Schwarzwaldhochfläche
7 Kniebis
Schwarzwaldhöhen
5 Brend
6 Hohloh
9 Erzkasten, Hochfirst
Schwarzwaldseen
7 Feldsee, Titisee
9 Mummelsee
Schwarzwild
3 Sau
4 Eber
5 Bache
6 Keiler
7 Laeufer, Wildsau
8 Wildeber
10 Frischling
11 Wildschwein
schwatzen
7 kloenen, raffeln
8 palavern
9 parlieren, salbadern
Schwätzer
7 Causeur, Faseler
8 Fabulant, Phraseur, Radoteur, Salbader
9 Plapperer, Raesoneur
12 Schwadroneur
Schwechat-Zufluss
9 Triesting
Schweden
Adelsgeschlechter
4 Vasa, Wasa
5 Sture
7 Stenkil, Sverker
9 Folkunger, Ynglingar
10 Bernadotte
Asienforscher
5 Hedin
Astronomen
7 Celsius
9 Angstroem

Bevölkerung
6 Lappen, Samen
8 Schweden
Bildhauer
7 Nilsson
Botaniker
4 Dahl
Chemiker
5 Nobel
Dichter
7 Bergman, Rydberg
8 Almquist
10 Strindberg
Dichterin
9 Lagerloef
Eigenname
7 Sverige
Erzstadt
6 Kiruna
Flüsse
3 Dal, Ume, Vem
4 Gide, Lule, Pite
5 Goeta
7 Ljusnan
Forschungsreisender
5 Hedin
Fundort der Jungsteinzeit
6 Aloppe
Gewichte
4 Pund
7 Centner
Hafenstädte
4 Umea
5 Lulea, Ystad
6 Gaevle, Kalmar, Malmoe
7 Varberg
8 Halmstad
9 Goeteborg, Nykoebing, Stockholm, Sundsvall
10 Nynaeshamm, Trelleborg
11 Helsingborg
Halbinsel
7 Schonen
Hauptstadt
9 Stockholm
Inseln
5 Alnoe, Visby
6 Oeland
7 Gotland
Kernkraftanlage
8 Ringhals
Komponist
7 Nilsson
Könige
4 Karl, Knut, Olaf
5 Adolf, Emund, Erich, Hakon, Oskar
6 Gustav, Johann
8 Albrecht
9 Christian
Königinnen
4 Inge
6 Louise, Silvia
7 Desiree
9 Christine
Landschaften
7 Dalarna
8 Norrland
9 Bohuslaen
14 Oestergoetland
15 Vaestergoetland
Längenmaße
3 Aln, Fot, Mil
5 Stang
Männernamen
4 Eric, Sten
6 Birger, Goesta, Gunnar
Nationalparks
5 Sarek
6 Abisko
Naturforscher
5 Linné
7 Rudbeck
Nobelpreisträger für Frieden
6 Myrdal
Nobelpreisträger für Medizin
6 Wiesel
9 Samuelson
Nobelpreisträger für Physik
8 Siegbahn
Physiker
7 Celsius
9 Angstroem
Politiker
5 Bildt, Palme
6 Myrdal, Staaff
8 Branting, Carlsson, Erlander
9 Arnoldson, Brinkmann
10 Bernadotte
Popgruppe
4 Abba
Provinzen
6 Kalmar
7 Gotland, Halland, Oerebro, Uppsala
8 Blekinge
9 Aelvsborg, Jaemtland, Kronoberg, Malmoehus, Norbotten, Skaraborg, Stockholm, Vaermland
10 Gaevleborg, Kopparberg
12 Kristianstad, Vaestmanland
13 Soedermanland, Vaesterbotten
14 Oestergoetland
15 Vaesternorrland
17 Goeteborg och Bohus
Reformator
5 Petri
Regisseure
7 Bergman, Stiller
Sänger
5 Gedda
Sängerinnen
4 Lind
7 Nilsson
Schauspielerinnen
5 Garbo
6 Ekberg
7 Bergman, Leander
9 Jacobsson
Schlösser
9 Gripsholm
13 Drottningholm
Schriftsteller
8 Sjoeberg
9 Martinson
Schriftstellerinnen
8 Lindgren
9 Lagerloef
Seen
7 Storsee
9 Maelarsee, Siljansee, Vaenersee
10 Vaettersee
11 Hjaelmarsee
Skisportfest
8 Wasalauf
Städte und Orte
3 Eda, Lit, Ore
4 Amal, Ange, Lund, Mora, Sala, Umea
5 Boden, Boras, Falun, Lulea, Pitea, Visby, Ystad
6 Gaevle, Kalmar, Kiruna, Malmoe, Motala
7 Boliden, Ludvika, Oerebro, Uppsala, Varberg
8 Halmstad, Karlstad, Kramfors
9 Goeteborg, Gotenburg, Haparanda, Karlskoga, Nykoeping, Stockholm, Sundsvall, Uddevalla
10 Eskilstuna, Karlskrona, Landskrona, Linkoeping, Nynaeshamn, Oskarshamn, Soederhamn, Trelleborg
11 Norrkoeping
Tennisspieler
4 Borg
6 Edberg
Universitätsstädte
4 Lund
7 Uppsala
9 Goeteborg, Stockholm
Verwaltungseinheit
4 Laen
Währung
4 Cent, Euro
Wegemaß
3 Mil
Zither
6 Hummel

schwefelähnliches Nichtmetall
5 Selen

Schwefelsäure
5 Oleum

Schwefelverbindungen
6 Sulfat, Sulfid, Sulfit
7 Vitriol
8 Sulfamat, Sulfamid

Schweif
7 Schwanz

Schweifstern
5 Komet

Schweigegebot der Mafia
6 Omerta

Schweigen
4 Ruhe

6 Stille
9 Silentium, Stummheit

schweigsam
5 stumm
8 wortkarg
9 lakonisch
12 verschwiegen

Schweinearten
6 Pekari
7 Wildsau
8 Wildeber
11 Hausschwein, Landschwein, Wildschwein
13 Pinselschwein, Warzenschwein

Schweinekrankheit
7 Rotlauf

Schweineparasiten
5 Finne
8 Trichine

Schweinestall
5 Koben

Schweiß *absondern*
9 schwitzen
13 transpirieren

Schweißdrüsenmündung
4 Pore

Schweiz
8 Helvetia
9 Helvetien

Abstimmung
8 Handmehr

Alpenpässe
5 Furka
6 Fluela, Julier, Maloja, Pillon, Susten
7 Bernina, Grimsel, Klausen, Oberalp, Simplon
8 Flueelen, Gotthard, Spluegen, Wildhaus
13 San Bernardino, Sankt Bernhard, Sankt Gotthard

Architekt
11 Le Corbusier

Ärzte
5 Bovet
6 Bauhin, Haller

Baskenmütze
5 Beret

Berge, Gebirge
2 Ot
3 Aul, Brè, Dom, Err
4 Rigi
5 Adula, Eiger
6 Moench
7 Bernina, Pilatus, Piz Buin, Saentis
8 Jungfrau, Rotstock
9 Monte Rosa
10 Matterhorn, Piz Bernina
11 Aletschhorn,
12 Dufourspitze
14 Finsteraarhorn

Bergwiese
6 Ruetli

Botaniker
7 Naegeli

Bus
7 Autocar

Chirurg
6 Kocher

Clown
5 Grock

Dichter
3 Arx
5 Meyer
6 Frisch, Walter
8 Gotthelf
11 Duerrenmatt

Dirigenten
6 Muench
7 Fischer
8 Ansermet
9 Munzinger

Dramatiker
3 Arx, Ott
6 Frisch
11 Duerrenmatt

Flächenmaße
3 Are
7 Deziare, Hektare

Fluggesellschaft
5 Swiss

Flüsse
3 Inn
4 Aare, Birs, Emme
5 Doubs, Moesa, Reuss, Rhein, Rhone, Saane
6 Limmat, Ticino

Föhnsturm
7 Talvogt

Gebäck
8 Leckerli

Gemeindevorsteher
6 Ammann

General
6 Dufour

Geograf
4 Egli

Getränkesteuer
4 Zise

Gletscher
6 Gorner
7 Aletsch

Gletscherpilot
6 Geiger

Hämatologe
7 Naegeli

Hauptstadt
4 Bern

Hirtenlied
9 Kuhreihen

Hochtal
7 Engadin

Humanisten
7 Neander
10 Pestalozzi

Humorist
4 Emil

Kantone und Halbkantone
3 Uri, Zug
4 Bern, Genf, Jura
5 Waadt
6 Aargau, Glarus, Luzern, Tessin, Wallis
7 Thurgau, Zuerich
8 Freiburg, Obwalden
9 Appenzell, Basel-Land, Neuenburg, Nidwalden, Solothurn
10 Basel-Stadt
11 Graubuenden, Innerrhoden, Sankt Gallen, Unterwalden
12 Ausserrhoden, Schaffhausen
15 Basel-Landschaft

Kantonsbewohner
5 Urner, Zuger
6 Basler, Berner, Genfer
7 Baseler, Glarner
8 Aargauer, Buendner, Luzerner, Tessiner, Walliser, Zuercher
9 Jurassier, Obwaldner, Thurgauer, Zuericher
10 Freiburger, Nidwaldner
11 Appenzeller, Neuenburger, Sankt Galler, Solothurner
12 Graubuendner, Schaffhauser, Unterwaldner, Waadtlaender
13 Innerrhodener, Sankt Gallener
14 Ausserrhodener, Schaffhausener

Kartenspiele
4 Jass
7 Binokel

Käse
6 Sbrinz
7 Gruyère
8 Raclette, Vacherin
9 Greyerzer
10 Emmentaler, Schabziger
11 Appenzeller

Käsegericht
6 Fondue

Komponisten
5 Suter
6 Ammann, Martin
7 Naegeli, Schoeck
8 Honegger
12 Sutermeister

Kupferstecher
6 Merian

Kurorte
4 Lenk, Rigi, Sils, Thun, Zuoz
5 Arosa, Baden, Davos, Flims, Ragaz, Zinal
6 Airolo, Arolla, Ascona, Gstaad, Leysin, Lugano, Maloja, Sarnen, Wengen
7 Champex, Evolena, Locarno, Montana, Muerren, Saas-Fee, Samedan, Vitznau, Zermatt

8 Brissago, Celerina, Champéry, Disentis, Klosters
9 Andermatt, Engelberg
10 Churwalden, Interlaken, Pontresina, Silvaplana
11 Grindelwald, Lenzerheide, Rheinfelden, Sankt Moritz
Kurzwarenhandlung
8 Mercerie
Lachs
6 Albock
Maler
4 Klee
7 Stocker
8 Boecklin
Mathematiker
5 Euler
Minnesänger
7 Hadlaub
Münzen
6 Rappen
7 Centime
Nationalheld
4 Tell
10 Winkelried
Nobelpreisträger für Chemie
5 Ernst
Nobelpreisträger für Physik
6 Rohrer
Nordostwind
4 Bise
Pädagoge
10 Pestalozzi
Philanthrop
6 Dunant
Philosophen
8 Rousseau
9 Haeberlin
Physiker
5 Bloch
7 Piccard
Pianisten
7 Fischer
Pioniersoldat
7 Sappeur
Politiker
3 Ogi
4 Ador, Droz, Frey, Haab, Heer, Nobs, Zemp
5 Celio, Etter, Motta, Ruffy
6 Aubert, Escher, Felber, Forrer, Gnaegi, Hammer
7 Tschudi
8 Villiger
Psychiater
9 Rorschach
Psychologen
4 Jung
Raummaß
3 Ohm
Reformatoren
3 Jud
5 Farel, Viret
6 Calvin
7 Zwingli
Reisebus
3 Car
Ringkampf
9 Schwingen, Schwinget
Sagenheld
4 Tell
4 Winkelried
Sänger
8 Torriani
Sängerinnen
6 Mathis
9 Dellacasa
Schauspieler
5 Adorf
6 Schell
7 Regnier
9 Hubschmid
Schauspielerinnen
6 Pulver, Schell
Schloss
7 Chillon
Schriftsteller
4 Anet
5 Hesse
6 Frisch, Keller, Walser
7 Knittel
8 Daeniken, Gotthelf, Rousseau
Schriftstellerinnen
5 Spyri, Waser
6 Wenger
Schwurstätte
6 Ruetli
Seen
8 Walensee
9 Bieler See, Genfer See
11 Brienzer See, Zuercher See
14 Neuenburger See
Städte und Orte
3 Sax, Wil, Zug
4 Bern, Biel, Brig, Chur, Genf, Sion, Thun
5 Aarau, Arbon, Baden, Basel, Brugg, Nidau, Olten, Stans, Vevey
6 Ascona, Ebikon, Glarus, Koeniz, Laupen, Lugano, Luzern, Morges, Sitten
7 Herisau, Liestal, Locarno, Samedan, Yverdon, Zuerich
8 Freiburg, Lausanne, Montreux, Zofingen
9 Appenzell, Neuchâtel, Neuenburg, Rorschach, Solothurn
10 Bellinzona, Einsiedeln, Frauenfeld, Winterthur
11 Sankt Gallen, Sankt Moritz
12 Schaffhausen
Tanzmusiker
9 Osterwald
Verwaltungseinheit
6 Kanton
Volkssportart
9 Hornussen
Währung
6 Rappen
7 Centime, Franken
Wallfahrtsort
10 Einsiedeln
Weine
7 Fendant
9 Malvoisie
Wintersportorte
5 Davos
6 Gstaad
7 Zermatt
9 Andermatt
11 Sankt Moritz
Zirkusfamilie
4 Knie

schwelen
7 glimmen, gluehen, qualmen

schwelende(s)
Feindschaft
8 Spannung
Feuer
4 Glut

Schwellung
5 Beule, Delle
am Auge
9 Chalazion, Hagelkorn
an dorischen Säulen
6 Entase
des Säulenschafts
6 Entase
7 Entasis
durch Nässe
8 Quellung

Schwemmland
6 Marsch
7 Schlick

Schwenkzapfen an Drehkränen
5 Pivot

schwer
6 massig, massiv
7 wuchtig
8 diffizil, maechtig
9 muehselig, schwierig
11 kompliziert
fallende Spende
5 Opfer
formbar
7 sproede
heben
7 wuchten
zu tragende Last
6 Buerde

Schwerathleten
5 Boxer, Heber
6 Ringer
7 Catcher
12 Gewichtheber

schwerathletische Übungen
5 Boxen
6 Ringen
7 Catchen
12 Gewichtheben

Schwerbewaffneter
im alten Griechenland
6 Hoplit

im alten Rom
8 Triarier
9 Legionaer
schwere(r, s)
Bodenart
4 Klei
Dekorationsstoff
6 Lampas
Dessertwein
8 Portwein
Gefängnis
6 Kerker
7 Verlies
Geschütz
7 Moerser
KKW-Störfall
3 Gau
Kriegsflugzeug
6 Bomber
Perserteppich
6 Bidjar
religiöses Vergehen
9 Todsuende
Rennwagen
6 Bolide
Treuebruch
6 Verrat
Wasserstoff
9 Deuterium
Zuchtpferd
8 Kaltblut
Schwerenöter
8 Schaeker
schwerfällig
4 faul
5 plump, traeg
6 traege
12 phlegmatisch
schwerflüssig
4 zaeh
8 dicklich
Schwerkraft
11 Gravitation
Schwermetalle
4 Blei, Gold, Niob, Uran, Zink, Zinn
5 Chrom, Eisen, Titan
6 Kobalt, Kupfer, Mangan, Nickel, Platin, Silber, Tantal, Wismut
7 Cadmium, Kadmium, Niobium, Plumbum, Rhenium, Wolfram
9 Molybdaen
11 Quecksilber
Schwermut
9 Truebsinn
10 Depression
11 Melancholie
schwermütig
7 traurig
8 elegisch
9 depressiv
10 deprimiert
11 truebsinnig
13 melancholisch
Schwermütiger
8 Elegiker
Schwerreicher
5 Nabob
Schwerspat
5 Baryt
Schwert
des Wittich
6 Mimung
Dietrichs von Bern
9 Eckesachs
Rolands
9 Durandart
Siegfrieds
4 Gram
7 Nothung
Schwerthülle
7 Scheide
Schwertliliengewächse
4 Iris, Ixia
6 Krokus, Safran
7 Freesie
8 Gladiole, Siegwurz, Sparaxis, Tritonia, Tritonie
9 Schwertel
Schwertteile
5 Knauf
6 Klinge
8 Schneide
Schwerttypen
3 Sax
5 Sachs
8 Flamberg
Schwertwal
4 Orca
7 Raubwal
8 Butskopf
9 Killerwal
Schwerverbrecher
6 Bandit
7 Moerder, Raeuber
8 Gangster, Hijacker
9 Kidnapper, Luftpirat, Terrorist
10 Entfuehrer
11 Attentaeter
16 Kindesentfuehrer
Schwester
der Maria
6 Martha
des Kadmos
6 Europa
des Lazarus
6 Martha
von Friedrich dem Großen
6 Amalie
von Herodes I.
6 Salome
von Mozart
7 Nannerl
Schwiegersohn
5 Eidam
des Kaisers Augustus
7 Agrippa
des Laban
5 Jakob
Mohammeds
3 Ali
Schwiele
6 Kallus
Schwielenbildung
8 Hornhaut
schwierig
6 heikel, subtil
7 prekaer, spinoes
8 diffizil, knifflig, kritisch
9 kniffelig, verzwickt
10 bedenklich
11 gefaehrlich, kompliziert
13 problematisch
schwierige(s)
Denksportaufgabe
8 Kopfnuss
Fremdwort
7 Eyeword
Lage
3 Not
6 Klemme, Misere
7 Dilemma, Notlage
Schwierigkeit
5 Krise, Muehe
6 Krisis
7 Dilemma, Problem
10 Kalamitaet
11 Problematik
12 Komplikation
Schwierigkeiten
10 Sperenzien
11 Sperenzchen
geschickt überwinden
8 lavieren
Schwimmanlage
3 Bad
9 Hallenbad, Strandbad, Wellenbad
10 Schwimmbad
Schwimmbecken
4 Pool
6 Bassin
Schwimmbekleidung
8 Badehose
Schwimmbrücke
6 Ponton
schwimmende(s)
flüssiges Fett
8 Fettauge
herrenlose Sachwerte
8 Treibgut
Hotel
5 Botel
Pflanzenmasse
5 Flott
Seezeichen
4 Boje
5 Bober
Tierwelt
6 Nekton
Treibholzinsel
4 Raft
Schwimmer
7 Krauler
Schwimmkäfer
10 Drehkaefer
12 Taumelkaefer
14 Gelbrandkaefer
Schwimmstile
5 Brust, Crawl, Kraul
6 Delfin

7 Delphin, Kraulen, Ruecken
9 Butterfly
13 Schmetterling

Schwimmvögel
3 Alk
4 Ente, Gans, Lund
5 Erpel, Lumme, Moewe
6 Schwan, Teiste
7 Pelikan, Pinguin, Scharbe, Seerabe, Taucher, Toelpel
8 Albatros, Graugans, Hausente, Kormoran, Laufente, Meergans, Moorente, Saatgans, Samtente, Wildente, Wildgans, Zimtente
9 Brandente, Brandgans, Eiderente, Knaekente, Pfeifente, Ruderente, Stockente, Teichhuhn
10 Blaesshuhn, Eistaucher, Kolbenente, Nonnengans, Prachtente, Reiherente, Ringelgans, Schneegans, Singschwan
11 Hoeckerente, Horntaucher, Silbermoewe
12 Fregattvogel, Gaensesaeger, Sturmtaucher, Trottellumme
13 Hoeckerschwan, Kaiserpinguin, Riesenpinguin, Sturmschwalbe
14 Brillenpinguin

Schwindel
5 Dusel, Luege
6 Betrug, Humbug, Rausch, Taumel, Unsinn

schwindelig
8 taumelig
10 bluemerant

schwindeln
8 flunkern

Schwindler
6 Ganove, Gauner
7 Luegner
9 Betrueger

Schwindsucht
2 TB
3 TBC
5 Tabes
9 Abzehrung, Tabeszenz

Schwingblatt
7 Membran
8 Membrane

schwingende(r)
Bewegung
9 Schlenker
Körper
6 Pendel

Schwingkörper
6 Pendel

Schwinglaut
7 Vibrant

Schwingung
9 Vibration
11 Oszillation

Schwingungsdauer
7 Periode

Schwingungserzeuger
8 Vibrator
10 Oszillator

Schwingungsweite
9 Amplitude

Schwingungszahl
8 Frequenz

Schwirrvogel
7 Kolibri
11 Laubsaenger
13 Nachtschwalbe

Schwitzbad
5 Sauna

schwitzen
13 transpirieren

Schwulst
7 Bombast
11 Galimathias

Schwung
3 Pep
4 Elan
5 Drive, Verve, Wucht
6 Bravur, Pathos
7 Antrieb, Bravour, Dynamik, Portion, Schmiss
8 Bewegung, Vehemenz
10 Triebkraft, Vitalitaet
11 Temperament
12 Begeisterung, Lebendigkeit

Schwungstange der Uhr
6 Pendel

schwungvoll
5 flott, vital
8 fehement
9 dynamisch, schmissig, schneidig, schnittig
10 oratorisch

Schwur
3 Eid
8 Geluebde
9 Geloebnis

Schwurgericht
7 Assisen

Sechseck
7 Hexagon, Sexagon

sechseckig
9 hexagonal

Sechsflächner
7 Wuerfel
8 Hexaeder

sechsfüßiger Vers
9 Hexameter

Sechspolröhre
6 Hexode

sechsstufiges Intervall
5 Sexte

sechswertiger Alkohol
6 Mannit, Sorbit
8 Mannitol

sechszeilige Strophe
7 Sestine

Sedimentgesteine
3 Ton
4 Kies, Lehm, Sand
5 Loess
6 Grafit, Kreide, Mergel, Oolith, Sinter
7 Dolomit, Graphit
9 Grauwacke, Kalkstein, Kokkolith, Phytolith, Sandstein, Siltstein
11 Schieferton

Seeanemone
7 Aktinie

Seebad
am Atlantik
5 Royan
am Kanal
8 Brighton
an der Adria
6 Pineto
an der Côte d'Azur
6 Menton
an der Irischen See
3 Bre
auf Ischia
5 Forio
auf Istrien
7 Opatija
auf Rügen
4 Binz, Wiek
5 Baabe
6 Sellin
7 Goehren
8 Sassnitz
auf Sylt
6 Kampen
10 Westerland
bei Genua
7 Rapallo
bei Monaco
7 Cap d'Ail
bei Rom
9 Fiumigino
in Campania
7 Sorrent
in Flandern
6 Knokke
in Florida
5 Miami
in Forli
8 Riccione
in Kent
7 Margate
in Pommern
4 Binz, Deep, Wiek
6 Sellin
7 Kolberg
8 Sassnitz
11 Swinemuende
in Seeland
7 Domburg
in Venetien
6 Iesolo

Seebärenfell
4 Seal

Seefahrer
4 Cook

6 Tasman, Wiking
7 Selkirk
8 Magellan, Normanne, Wikinger
9 Magalhaes
Seefahrervolk
8 Phaeaken
Seegang (nach dem Sturm)
7 Duenung
Seehafen von Rotterdam
9 Europoort
Seehandelsklausel
3 cif, fob
Seehorizont
4 Kimm
Seehunde
8 Meerkalb, Meerwolf
9 Bandrobbe, Bartrobbe, Suedrobbe
Seehundfell
8 Blueback
9 Whitecoat
Seeigel (versteinert)
7 Echinit
Seejungfrauen
4 Nixe
6 Sirene
Seekrankheit
6 Nausea
8 Kinetose
Seekühe
6 Dugong, Manati, Sirene
8 Lamantin
13 Rotmeerdugong
17 Rundschwanzseekuh
Seelachs
3 Sei
7 Koehler, Pollack
Seele
5 Anima, Atman, Geist
6 Gemuet, Psyche
7 Bohrung
Seele(nbild) der Frau
5 Anima
Seele(nbild) des Mannes
6 Animus
Seelenarzt
10 Psychiater
Seelenglaube
9 Animismus
Seelenkunde
11 Psychologie
Seelenmesse
7 Requiem
Seelenschmerz
4 Leid, Pein, Qual
Seelilie
8 Krinoide
9 Haarstern
seelisch
9 psychisch
bedingt
9 psychogen
bedingtes Leiden
7 Neurose
beeinflussen
11 suggerieren
zerrissen
8 schizoid
seelische(r, s)
Ausstrahlung
4 Aura
Beeinflussung
10 Suggestion
Empfindung
6 Gemuet
Erregung
6 Affekt
7 Emotion
erschüttert
9 verstoert
Erschütterung
6 Schock, Trauma
Krankheit
7 Neurose
8 Psychose, Wahnsinn
Läuterung
9 Katharsis
Niedergeschlagenheit
10 Depression
Regung
7 Gefuehl
Schock
6 Trauma
Verfassung
5 Laune
8 Stimmung
Seelsorger
5 Kurat
6 Pastor
7 Pfarrer
8 Priester, Theologe
9 Filialist
11 Geistlicher
seelsorgerisch
8 pastoral
Seemacht
6 Flotte, Marine
Seemann
4 Maat
5 Lotse
7 Mariner, Matrose
8 Kapitaen
10 Steuermann
seemännisch:
Ablaufloch
7 Speigat
8 Speigatt
Achtung
9 Wahrschau
anheben
7 lichten
Aufseher
4 Baas
aufwinden
6 taljen
Aufwischer
5 Dweil
ausladen
8 lichtern, loeschen
9 leichtern
Bett
4 Koje
Bindung
6 Musing
Bootskran
5 Davit
Decköffnung
3 Luk
4 Luke
dem Wind abgekehrt
9 leewaerts
dicker Nebel
3 Fog
dreieckiges Segel
7 Kluever
dünnes Tau
8 Baendsel
eine Last hochziehen
6 hieven
fahrbereit
7 seeklar
Fernglas
6 Kieker
Flaggen aufziehen
6 hissen
Haltetau
4 Reep
6 Brasse
herablassen
6 fieren
hinten
7 achtern
hinteres Schiffsende
4 Heck
Horizont
4 Kimm
7 Kimmung
innere Schiffswand
6 Schott
Kerbe
4 Keep
Kettenende
4 Tamp
Kompass
7 Bussole
Küche
8 Kombuese
kündigen
9 abmustern
längere Seereise
5 Toern
Lasten aufziehen
6 hieven
leerpumpen
6 lenzen
leicht schlingern
8 duempeln
leichter Nebel
4 Mist
Leine zum Festbinden
7 Zurring
linke Schiffsseite
8 Backbord
Lohn
5 Heuer
Luftspiegelung
7 Kimmung
Luke
8 Skylight
Mannschaftsunterkunft
5 Logis
Mastspitze
3 Top
4 Topp

mit Flagge grüßen
6 dippen
neblig
6 mistig
Oberlicht
8 Skylight
Offiziersspeiseraum
5 Messe
Öse im Tauende
7 Kausche
Pfosten zum Festmachen
6 Poller
Polster für Schiffswand
6 Fender
quer
5 dwars
Raum für Leckwasser
5 Bilge
rechte Schiffsseite
10 Steuerbord
Rille
4 Keep
Ruder
6 Riemen
Ruderbank
5 Ducht
rudern
6 pollen, pullen
Rundholz
6 Spiere
Schiffsbrüstung
6 Reling
Schiffsjüngster
5 Moses
Schiffsrippe
6 Spante
Schiffsseil
4 Reep
Schiffssteuer
5 Ruder
Schiffstau
3 Gei
4 Fall, Reep
6 Trosse
Schlafstelle
4 Koje
Schleppanker
4 Warp
Seezeichen
4 Bake, Boje
Segel einrollen
6 reffen
Segelstange
3 Rah
4 Dirk, Rahe, Stag
6 Gaffel, Spiere, Spriet
9 Besanbaum, Bugspriet
Segelzeug
8 Takelage, Takelung
Sehkreis
4 Kimm
Sitzbank im Boot
5 Ducht
Tau herablassen
6 fieren
Tau zum Zusammenholen der Segel
3 Gei
6 Geitau
Tau zum Zusammenziehen der Segel
7 Gording
Tauende
4 Tamp
7 Zeising
treiben
7 driften
Treppe zum Schiff
8 Fallreep
trocken
4 lenz
vom Kurs abweichen
6 gieren
vorderes Schiffsteil
3 Bug
Wahrzeichen
9 Wahrschau
Winde
5 Spill
Windschattenseite
3 Lee
Windseite
3 Luv
zurück
4 back

seemännische(r, s)
Gerät
4 Fitt
11 Marlspieker
Gewerbe
9 Fischfang
Knoten
8 Pahlstek
Rettungsgerät
9 Hosenboje

Seemannsanzug
7 Oelzeug
Seemannsausweis
7 Seepass
Seemannsbett
4 Koje
11 Haengematte
Seemannshandschuhe
6 Wanten
Seemannshut
10 Suedwester
Seemannskleidung
7 Oelzeug, Pijacke
Seemannslied
6 Shanty
Seemannslohn
5 Heuer
Seemannsruf
4 Ahoi, ahoi
Seemannsspeise
8 Labskaus
Seemannstanz
7 Matelot
8 Matelote
Seenlandschaft in *Ostpreußen*
7 Masuren
Turkestan
6 Lopnor
Seenotzeichen
3 CQD, SOS
Seensystem Finnlands
6 Saimaa
Seeoffiziere
7 Admiral
8 Kapitaen
9 Kommodore
11 Vizeadmiral
13 Konteradmiral
16 Kapitaenleutnant
17 Korvettenkapitaen
Seerabe
7 Scharbe
8 Kormoran
Seeräuber
5 Pirat
6 Korsar
8 Bukanier
10 Flibustier, Freibeuter
12 Stoertebeker
Seeräuberei
9 Piraterie
Seeräuberemblem
9 Totenkopf
Seerosen
5 Lotos
6 Mummel
8 Nymphaea
9 Teichrose
10 Lotosblume
Seerosendahlie
8 Georgine
Seeschaden
7 Havarie
Seeschadenbetroffener
8 Havarist
Seesperre
8 Blockade
Seestreitkräfte
6 Armada, Flotte, Marine
7 Verband
9 Flottille
12 Kriegsmarine
14 Flottenverband, Schiffsverband
Seeungeheuer
5 Krake
6 Scylla, Skylla, Szylla
9 Charybdis
Seewalze
7 Trepang
Seewolf
8 Katfisch
10 Katzenwels
Seezeichen
4 Bake, Boje
5 Bober, Tonne
8 Heulboje
10 Bakentonne, Leuchtbake, Leuchtboje, Leuchtturm
11 Feuerschiff, Leuchtfeuer
Segel *verkürzen*
6 reffen
Segelausrüstung
8 Takelage, Takelung
Segelbaum
4 Mast
8 Toppmast
Segelbediener
9 Toppsgast

Segelbefestigungsring
5 Legel
Segelflugbegriffe
7 Aufwind, Thermik
Segelflugzeug
7 Gleiter
Segelhandbuch
8 Portolan, Portulan
Segeljacht
5 Sloop
Segelkommando: wendet
3 ree
Segelkriegsschiff
8 Korvette
Segelleine
5 Schot
6 Schote
Segelquerstange am Mast
4 Rahe
Segelschiffe
3 Dau, Kat
4 Bark, Hulk, Pink, Slup, Star, Yawl
5 Brigg, Dingi, Jacht, Jolle, Kogge, Pinke, Pirat, Sloop, Tjalk
6 Dinghi, Feluke, Galion, Ketsch, Kutter, Logger, Segler, Soling
7 Drachen, Galeone, Galeote, Galione, Klipper, Kreuzer, Polacke, Schoner, Tempest
8 Dschunke, Fregatte, Galeasse, Karracke, Korvette, Polacker, Starboot, Trimaran
9 Einmaster, Finndingi, Karavelle, Katamaran, Kielyacht
10 Brigantine, Dreimaster, Viermaster, Vollschiff, Zweimaster
Segelschnürtau
7 Gording
Segeltau
3 Gei
Segeltaueinfassung
4 Liek
Segeltuchstreifen
7 Zeising
Segelwind
5 Brise
8 Fahrwind
Segensspruch
10 Weihegebet
seglerartige Vögel
7 Kolibri
10 Baumsegler, Hummelelfe,
11 Alpensegler, Mauersegler
12 Glanzkolibri, Zwergkolibri
segnen
9 benedeien
Segnung
11 Benediktion
Seher
7 Kuender, Prophet
9 Wahrsager, Weissager
im Trojanischen Krieg
7 Kalchas
Seherinnen
6 Debora, Pythia, Voelva
7 Sibylle
9 Kassandra
seherisch
9 visionaer
11 prophetisch
Seherkunst
6 Mantik
Sehgerät
9 Opernglas
Sehhilfsgeräte
6 Brille
7 Klemmer, Kneifer
9 Augenglas
12 Kontaktlinse
Sehloch des Auges
7 Pupille
Sehnenentzündung
8 Desmitis
10 Tendinitis
Sehnenschmerz
8 Tenalgie
Sehnenverziehung
7 Zerrung
Sehnerv
7 Opticus, Optikus
Sehnsucht
7 Fernweh, Heimweh
9 Nostalgie, Verlangen
nach der Fremde
7 Fernweh
nach Hause
7 Heimweh
nach Vergangenem
9 Nostalgie
Sehöffnung
7 Pupille
Sehorgan
4 Auge
Sehorganprothese
8 Glasauge
Sehorganteil
6 Bulbus
8 Augapfel
sehr
betagt
5 uralt
dunkel
7 finster
dünne Schicht
4 Film
dünnes Metallblatt
8 Alufolie
fein zerteilter Stoff
6 Pulver
fest
5 ehern
6 eisern
9 steinhart
feucht
8 waessrig
9 aquatisch, waesserig
groß
5 enorm
6 riesig
7 maximal
10 gigantisch
große Menge
6 Unmass, Unzahl
7 Unmasse
großer Betrag
7 Unsumme
junger Mensch
9 Kleinkind
klein
6 winzig
7 minimal
11 zwergenhaft
knapp (Kleidung)
7 hauteng
lebhaft
7 quirlig
oft
4 xmal
6 zigmal
präzise
9 haargenau
schnell (Fluss)
8 reissend
schnell fahren
5 rasen
schneller Fahrer
5 Raser
schön
8 herrlich
9 wunderbar
verliebt
8 vernarrt
wagemutig
9 tollkuehn
warm
5 heiss
Sehrohr der Unterseeboote
8 Periskop
Sehschärfeprüfung
9 Augentest
Sehstäbchen in der Retina
7 Rhabdom
Sehstörung
9 Photopsie
durch helles Licht
8 Blendung
sehunfähig
5 blind
9 erblindet
Sehverlust
8 Amaurose
9 Blindheit
Sehweitenmesser
9 Optometer
Sehwerkzeug
4 Auge
seicht
3 fad
4 fade
5 banal, flach
6 untief
7 trivial
seichte(r)
Flussübergang
4 Furt

Meeresstelle
7 Untiefe
Streifen der Nordsee
4 Watt
Seichtheit
9 Flachheit
11 Plattituede
12 Trivialitaet
Seidelbast
6 Daphne, Ziland
7 Zeiland
Seidenabfall
7 Strazza
seidener Frackaufschlag
7 Spiegel
Seidenfadenmaß
5 Titer
Seidenfrottee
9 Bourrette
Seidenfutterstoff
9 Sarsenett
Seidengarn als Schussfaden
5 Trame
Seidengewebe
4 Cire, Flor, Gros, Taft
5 Atlas, Ekrue, Japon, Ponge, Satin, Surah, Toile, Twill
6 Barege, Batist, Brokat, Damast, Faille, Felbel, Ouvrée, Ramagé, Zindel
7 Armuere, Chiffon, Epinglé, Foulard, Luisine, Organza
8 Duchesse, Eolienne, Feinrips, Florette, Organsin, Organzin
9 Charmeuse, Georgette, Grenadine, Levantine
10 Doppeltaft
Seidenrips
8 Radzimir
9 Haitienne
Seidensamt
7 Velours
Seidenschnur
8 Chenille
Seidenzwirn
8 Organsin
Seiendes
3 Ens
Seifenbaumgewächse
3 Aki
8 Herzsame, Quillaja, Rambutan
9 Paullinia
Seifenlösung
5 Lauge
Seifenstein
7 Saponit
Seihgerät
4 Sieb
6 Filter
7 Teesieb
Seil
3 Gei, Tau
4 Reep
5 Leine
6 Geitau, Schnur, Strang, Strick
Seilbahnkabine
6 Gondel
Seilermaterial
4 Hanf
5 Sisal
9 Hartfaser, Palmfaser
Seilerwerkstatt
8 Dreherei
Seiltänzer
12 Aequilibrist
Seilwinde
6 Haspel
Seilzug
5 Winde
Sein, Dasein
5 Leben
8 Existenz
Seine-Zuflüsse
4 Aube, Epte, Eure, Oise
5 Aisne, Cally, Loing, Marne, Nauxe, Orvin, Ource, Sarce, Yonne
6 Brevon
7 Aubette, Laignes, Orvanne
seit langer Zeit
7 laengst
Seite
6 Flanke
der Buchführung
4 Soll
5 Debet, Haben
6 Credit, Kredit
des Dreiecks
7 Kathete
10 Hypotenuse
des Schiffes
8 Backbord
10 Steuerbord
Seiten
nummerieren
9 foliieren
vor Textbeginn
7 Titelei
Seitenansicht
6 Profil
Seitenbestimmung
5 links
6 rechts
Seitenbrett des Fasses
5 Daube
Seiteneinteilung des Drucksatzes
7 Umbruch
Seitengang (Reitkunst)
7 Renvers, Travers
Seitengefährt am Krad
8 Beiwagen
Seitengewehr
6 Plempe, Saebel
8 Bajonett
Seitenspross bei Kakteen
6 Kindel
Seitensprung
8 Eskapade
Seitental der Eisack
7 Groeden
Seitental der Etsch
8 Passeier
Seitenteil
des niedersächsischen Bauernhauses
8 Kuebbung
eines Gebäudes
6 Giebel
Seitentrieb der Pfanze
7 Ableger
Seitenverhältnis im Dreieck
5 Sinus
6 Sekans
7 Cosinus, Kosinus, Tangens
8 Kosekans
9 Cotangens, Kotangens
seitliche
Neigung eines Schiffs
9 Kraengung
Raumbegrenzung
4 Wand
Sekret
absonderndes Organ
6 Druese
eines Nagetiers
9 Bibergeil
Sekretär
Ciceros
4 Tiro
Goethes
9 Eckermann
Sekt
8 Mousseux, Schampus
10 Champagner, Schaumwein
Sekten
5 Sikhs
6 Drusen
7 Quaeker
8 Adamiten, Chlysten, Geissler, Imamiten, Katharer, Mormonen, Zioniten
9 Baptisten, Bogomilen, Darbysten, Nazarener, Paulisten
10 Albigenser, Ismailiten, Mennoniten, Wahhabiten
11 Adventisten, Juenger Jesu, Methodisten, Paulikianer
13 Bibelforscher, Wiedertaeufer, Zeugen Jehovas
Sektenangehöriger
9 Sektierer
Sektion
7 Ressort
9 Abteilung, Obduktion
Sektionsarzt
9 Prosektor
Sekundantengehilfe
7 Testant
selbstständig
11 unabhaengig
selbst
ausgeführte Arbeit
8 Eigenbau

leuchtend
9 fluorogen
Selbstbedienungs-Kaufhaus
10 Supermarkt
Selbstbedienungs-Restaurant
9 Cafeteria
Selbstbeherrschung
9 Disziplin
Selbstbeweihräucherung
8 Eigenlob
Selbstbewunderer
7 Narziss
Selbstbewusstsein
5 Stolz
Selbstbezeichnung der
Eskimos
5 Inuit
Zigeuner
3 Rom
4 Roma
5 Sinti
selbstbezogen
10 autistisch, egoistisch
12 egozentrisch, narzisstisch
Selbstbezogener
6 Autist
Selbstbezogenheit
8 Autismus
selbstgefällig
5 eitel
8 arrogant
10 geckenhaft, sueffisant
11 snobistisch
Selbstgespräch
7 Monolog
selbstherrlicher Mensch
8 Autokrat
Selbstladepistole
8 Browning
Selbstlaut
5 Vokal
selbstloser Mensch
8 Altruist
9 Samariter
Selbstlosigkeit
10 Altruismus
Selbstmord
6 Suizid
7 Freitod, Seppuku
8 Harakiri
Selbstständigkeit
8 Autarkie, Freiheit
9 Autonomie
15 Unabhaengigkeit
Selbstsucht
8 Egoismus
9 Eigennutz
10 Egozentrik, Eigenliebe
Selbstsüchtiger
6 Egoist
9 Ichmensch
selbsttätig
7 autogen
11 automatisch
selbsttätige(r)
Apparat
7 Automat
Organfunktion
9 Automatie
Selbsttätigkeitslehre
9 Automatik
Selbsttäuschung
8 Illusion
Selbstüberhebung
6 Hybris
Selbstverteidigungskünste
4 Judo
6 Aikido, Karate, Kung-Fu
8 Jiu-Jitsu
9 Taekwondo
Selbstzüchtigung
9 Kasteiung
Selensäuresalz
7 Selenat
selig
4 froh
6 wonnig
10 gluecklich
Seligensitz
7 Elysium
Seligkeit
5 Wonne
Seligsprechung
13 Beatifikation
Sellerie
6 Eppich
selten
3 rar
5 knapp
7 kostbar
Seltenerdmetalle
3 Cer, Zer
5 Radon, Titan
6 Cerium, Erbium, Neodym, Radium, Tantal
7 Holmium, Iridium, Lanthan, Rhodium, Terbium, Thulium, Yttrium
8 Actinium, Europium, Lutetium, Samarium, Scandium
9 Praseodym, Ytterbium
10 Dysprosium, Gadolinium
Seltenheit
8 Ausnahme, Raritaet
11 Kostbarkeit
13 Singularitaet
seltsam
6 bizarr, kauzig, kurios
7 grotesk
8 frappant
9 sonderbar, wunderbar
10 eigenartig
11 merkwuerdig, verschroben
12 absonderlich
semitische(r)
Gottheiten
3 Gad
4 Baal, Elim, Meni
5 Hadad, Istar
6 Moloch
7 Astarte
9 Aschoreth
Sprache
5 Tigre
Völker
5 Juden, Syrer
6 Araber
7 Akkader, Assyrer
8 Amoriter, Aramaeer, Hebraeer
9 Nabataeer
10 Babylonier, Israeliten, Kanaaniten, Phoenizier
Sendbote
6 Kurier
7 Apostel, Delegat
8 Emissaer
9 Missionar
11 Delegierter
Sendeanlage
7 Antenne
8 Funkmast, Funkturm
Sendefolge
8 Programm
Senderpeilsystem
6 Adcock
Sendschreiben
5 Breve
6 Missiv
7 Epistel
11 Hirtenbrief
Sendung
4 Post
7 Aufgabe, Auftrag, Mission
8 Berufung
12 Uebertragung
Senegal
Bevölkerung
5 Dyola, Fulbe, Lebou, Serer, Wolof
6 Mauren
7 Malinke, Soninke, Tukulor
8 Tukuloer
11 Senegalesen
Hauptstadt
5 Dakar
Nationalpark
10 Nikolo-Koba
Politiker
5 Diouf
7 Senghor
Sprachen
3 Ful
5 Wolof
7 Malinke
Städte
5 Dakar, Louga, Thiès
6 Banjul
7 Kaolack
Währung
5 Franc
7 Centime
Senf
7 Mostert
8 Mostrich
Senfgas
4 Lost
6 Yperit

Senge
4 Haue
5 Hiebe
6 Tracht
7 Pruegel
8 Schlaege
9 Abreibung
Senior
9 Aeltester
Seniorenunterkunft
9 Altenheim
Senkblei
3 Lot
Senke
5 Grube, Mulde
8 Talmulde
9 Niederung
10 Einschnitt, Vertiefung
im Gelände
3 Tal
im Karstgebiet
5 Polje
zwischen zwei Bergspitzen
6 Sattel
Senker
7 Ableger
11 Schoessling
Senkkasten
7 Caisson
senkrecht
8 lotrecht, vertikal
Senkrechte
7 Normale
9 Vertikale
senkrechte(r)
Achse
8 Ordinate
Grubenbau
7 Schacht
Hohlleitung
9 Steigrohr
Mauerstreifen
6 Lisene
Senkwaage
9 Volumeter
10 Araeometer
Senn
6 Alpner
7 Almhirt
Sennhütte
6 Chalet
8 Schwaige
Sensenschärfer
9 Wetzstein
Sensenschneide
6 Dengel
sentimentales Lied
8 Schnulze
separat
4 solo
7 einzeln
8 getrennt
9 gesondert
11 abgesondert
September
9 Scheiding
10 Herbstmond
Sequenz beim Pokern
7 Strasse
8 Straight
Serapistempel
8 Serapeum
9 Serapeion
Serbien
Adelsgeschlecht
9 Obrenovic, Obrenowic
Berg
11 Suva Rudistl
Dichter
4 Ilic, Popa
5 Rakic
6 Santic
Flüsse
3 Lim
4 Ibar, Save
5 Donau, Timok
6 Morava, Theiss
8 Nischava
Gebirge
6 Balkan
Hauptstadt
7 Belgrad
Landschaften
5 Banat
6 Kosovo
8 Batschka
9 Vojvodina, Wojwodina
Schriftsteller
7 Popovic
8 Pavlovic, Petrovic
Städte und Orte
3 Nis
5 Sabac, Senta
6 Sombor
7 Novi Sad, Prizren
8 Pristina
Währung
4 Para
5 Dinar
Serie
5 Folge, Kette, Reihe
7 Sequenz
Serpentine
5 Kehre
serumhaltig
6 seroes
Serviceteil
8 Teekanne
Servierbrett
7 Tablett
Serviermöbel
8 Teewagen
Sessel
6 Chaise
8 Fauteuil
9 Lehnstuhl
Session
6 Tagung
7 Sitzung
15 Sitzungsperiode
Setzerarbeit
8 Handsatz
Seuchen
4 Pest, Ruhr
6 Pocken, Typhus
7 Cholera
Severn-Zuflüsse
3 Rea, Teo, Wye, Yeo
4 Avon, Teme, Tera
Seychellen
Bevölkerung
6 Laskar
7 Kreolen
8 Malabars
10 Seycheller
Hauptstadt
8 Victoria
Inselgruppen
7 Aldabra
8 Farquhar
9 Amiranten, Cosmoledo
Inseln
4 Cerf, Mahé
6 Astove
7 La Digue, Praslin
10 Assumption, Providence, Silhouette
Währung
4 Cent
5 Rupie
Seziermesser
8 Skalpell
Sherlock Holmes' Freund
6 Watson
Shetlandinseln
4 Unst, Yell
5 Foula
6 Fetlar, Walsey
7 Bressay
8 Mainland
Siamochinese
3 Tai
Sibirien
Eichhörnchen
3 Feh
Fluss zum Obbusen
3 Tas
Frostnebel
5 Morok
Gebiet
9 Aginskoje
Gewässer
9 Baikalsee
Marder
5 Zobel
Pelztier
3 Feh
5 Zobel
Steppe
5 Taiga
6 Tundra
Turkvolk
7 Jakuten
Turkvolkgruppe
9 Chakassen
Volksstämme
7 Jakuten, Wogulen
8 Koybalen, Ostjaken, Tungusen
9 Burjaeten, Samojeden
12 Tschuktschen
Waldgebiet
5 Taiga
Sibirier
5 Tatar

6 Jakute, Tatare, Wogule
7 Ostjake, Tunguse
8 Burjaete, Jukagire, Samojede
11 Tschuktsche

sibirisch-mongolisches Grenzgebirge
5 Altai

sich
ankündigende Gefahr
9 Bedrohung
ausbreiten
10 grassieren
balgen
7 kampeln, rangeln
Bußübungen auferlegen
8 kasteien
der Kleidung entledigen
9 ausziehen
drehendes Maschinenteil
5 Rotor
fürchten
7 graulen
grob gebendender Mensch
7 Raubein
hin und her bewegen
9 schwanken
innig zugetane Personen
9 Verliebte
laut Äußernder
5 Rufer
rasch ausbreitender Bodenbrand
9 Lauffeuer
rasch verbreitende Krankheit
6 Seuche
schnell fortbewegen
6 laufen
selbst ernährende Gastpflanze
7 Epiphyt
spöttelnd äußern
8 mokieren
täuschen
5 irren
verbünden
9 koalieren
verstellen
10 simulieren
wundern
7 staunen

sicher
3 fix
4 firm
6 gefeit, gewiss
7 fraglos
stehend
9 standfest

sichere(r, s)
Auftreten
6 Aplomb
Gefühl
8 Instinkt
Platz
4 Hort
Urteil
7 Eudoxie

Sicherheit
5 Pfand
6 Schutz
7 Deckung, Kaution
10 Gewissheit
für eine Forderung
5 Pfand
Leistender
6 Buerge, Garant

Sicherheitsbehörde
7 Polizei

Sicherheitsklausel
6 Kautel

Sicherheitsluftsack
6 Airbag

Sicherstellung
6 Cautio

Sicherungsgeleit
7 Eskorte

Sicherungsstift
6 Splint

Sicherungstruppe
6 Vorhut

Sicht
8 Ausblick

Sichtbarsein (Fernsehen)
2 On

Sichtgrenze
8 Horizont

Sichtvermerk
5 Visum

Siebeneck
8 Heptagon

Siebengestirn
8 Plejaden

siebenjährig
9 septennal

Siebensachen
4 Kram, Zeug

Siebenschläfer
5 Bilch
9 Haselmaus
10 Schlafmaus

siebenstellige Zahl
7 Million

siebenstimmiges Musikstück
7 Septett

Siebkorb
9 Schlotter

siedendes Brodeln
7 Wallung

Siedler
8 Kolonist, Pflanzer

Siedlerkollektiv in Israel
6 Kibbuz

Siedlung des antiken Roms
7 Colonia

Siedlungen
3 Ort
4 Dorf
5 Stadt
6 Weiler
7 Flecken, Kolonie
9 Ortschaft

Siedlungsform
9 Angerdorf, Hufendorf, Platzdorf

Siedlungskern
4 City
8 Altstadt

Sieg
6 Gewinn, Gloria
8 Viktoria

Sieg-Zuflüsse
4 Ager, Naaf
5 Agger, Broel, Wisse
6 Nister

Siegel
6 Plombe
9 Petschaft

Siegelring des Papstes
11 Fischerring

Sieger
6 Bester, Erster
7 Matador
8 Gewinner
9 Bezwinger
11 Triumphator
12 Preistraeger

Siegerpreis
3 Cup
5 Kranz, Pokal
7 Lorbeer
8 Medaille, Plakette, Schleife, Trophaee
10 Eichenlaub
11 Eichenkranz
12 Lorbeerkranz

Siegesanwärter
7 Favorit

Siegesbeute
8 Trophaee

Siegesfreude
7 Triumph

Siegesgöttinnen
4 Nike
8 Victoria, Viktoria

Siegesort Nelsons
9 Trafalgar

Siegestor
12 Triumphbogen

Siegfrieds
Erzieher
4 Mime
Frau
9 Kriemhild
Mörder
5 Hagen
Mutter
9 Sieglinde
Pferd
5 Grane
Schwert
4 Gram
6 Notung
7 Balmung, Nothung
Vater
8 Siegmund

siehe da
5 voilá

Sierra Leone
Berg
5 Lomba
Bevölkerung
4 Soso

5 Fulbe, Limba, Mende, Sussu, Temne
7 Kreolen, Kuranko, Malinke
12 Sierraleoner
Hauptstadt
8 Freetown
Insel
7 Sherbro
Sprachen
4 Krio
5 Temne
7 Malinke
Währung
4 Cent
5 Leone
Signal
7 Fanfare, Zeichen
der Sirene
7 Heulton
vor dem Zapfenstreich
6 Locken
Signalanlage
6 Sirene
Signalgeräte
4 Horn, Hupe
5 Ampel, Fahne, Lampe
6 Flagge, Glocke, Sirene, Wimpel, Winker
7 Blinker
9 Nebelhorn, Warnlampe, Warnlicht
10 Heliograph, Leuchtboje
11 Leuchtfeuer, Martinshorn, Warndreieck, Warnleuchte
Silben bildender Laut
6 Sonant
Silbenrätsel
8 Scharade
Silbenschrift in Japan
8 Hiragana
Silber
8 Argentum
Silberakazienblüte
6 Mimose
Silbererz
7 Fahlerz
9 Miargyrit
10 Tetraedrit
Silberlegierung für Münzen
6 Billon
Silberlöwe
4 Puma
6 Jaguar, Kuguar
Silberpapier
8 Alufolie, Stanniol
9 Zinnfolie
Silberpappel
4 Albe
5 Abele
silberweißes Metall
6 Bismut, Wismut
silbrig glänzendes Ungeziefer
10 Siberfisch
14 Siberfischchen
Siliziumscheibe
5 Wafer
Siliziumverbindung
5 Silan, Silit
7 Silikat
Simbabwe
Bevölkerung
5 Bantu, Shona, Tonga
6 Schona, Zezero
7 Karanga, Manyiku, Ndebele
8 Korekore
9 Simbabwer, Zimbabwer
Hauptstadt
6 Harare
Politiker
5 Nkomo
6 Banana, Mugabe
Städte
7 Bindura, Chegutu
Währung
4 Cent
6 Dollar
Sinfonie von (ohne Artikel)
Beethoven
6 Eroica
9 Pastorale
Mozart
6 Linzer
7 Jupiter
Schubert
12 Unvollendete
Tschaikowsky
10 Pathétique
11 Pathetische
Sinfoniensatz
7 Menuett
Sinfoniker
5 Haydn
6 Brahms, Mahler, Mozart
8 Bruckner, Schubert, Schumann
9 Beethoven
sinfonische Dichtung
von Honegger
5 Rugby
von Sibelius
4 Saga
Singapur
Bevölkerung
10 Singapurer
Hauptstadt
8 Singapur
Politiker
3 Wee
4 Tong
Währung
4 Cent
6 Dollar
singbare Tonfolge
7 Melodie
Singgemeinschaft
3 Duo
4 Chor, Trio
7 Domchor, Sextett, Terzett
8 Quartett, Quintett
Singvögel
3 Beo, Poe, Sai
4 Fink, Rabe, Star
5 Ammer, Amsel, Atzel, Dohle, Fitis, Maina, Meise, Merle, Pirol, Sitta, Spatz, Weber
6 Elster, Gimpel, Haeher, Kraehe, Lerche, Zeisig
7 Astrild, Drossel, Girlitz, Kleiber, Ortolan, Rotfink, Wuerger
8 Bandfink, Bergfink, Buchfink, Buelbuel, Dompfaff, Goldfink, Kolkrabe, Schwalbe, Sperling, Spoetter, Zilpzalp
9 Aaskraehe, Atlasfink, Bartmeise, Bergdohle, Blaumeise, Blaumerle, Braunelle, Goldammer, Goldamsel, Grauammer, Gruenfink, Gruenling, Rohrammer, Rohrspatz, Stieglitz, Zaunammer
10 Alpendohle, Bachstelze, Baumpieper, Distelfink, Feldlerche, Grasmuecke, Nachtigall, Neuntoeter, Prachtfink, Rotdrossel, Rotschwanz, Saatkraehe, Schmaetzer, Schneefink, Sumpfmeise, Webervogel, Zaunkoenig
11 Alpenkraehe, Beutelmeise, Blaudrossel, Gartenammer, Haubenmeise, Heidelerche, Honigsauger, Huegelatzel, Kernbeisser, Laubsaenger, Laubwuerger, Madenhacker, Maskenweber, Mennigvogel, Nebelkraehe, Nektarinien, Nektarvogel, Nonnenmeise, Pagodenstar, Raubwuerger, Ringdrossel, Rohrsaenger, Rohrschwirl, Rotkehlchen, Schneeammer, Schwarzkopf, Schwarzstar, Siedelweber, Singdrossel, Sonnenvogel, Spechtmeise, Steinroetel, Tannenmeise, Trauermaina, Trauermeise, Waldsaenger, Wasseramsel,

Weidenammer, Weidenmeise, Weindrossel, Zuckervogel
12 Birkenzeisig, Blaukehlchen, Eichelhaeher, Harzer Roller, Haubenlerche, Leierschwanz, Mehlschwalbe, Pfingstvogel, Schwarzamsel, Spottdrossel, Tannenhaeher, Uferschwalbe
13 Braunkehlchen, Goldhaehnchen, Kanarienvogel, Kreuzschnabel, Paradiesvogel, Rauchschwalbe, Seidenschwanz
14 Alpenbraunelle, Felsenschwalbe, Schwarzdrossel
15 Heckenbraunelle, Rotschwaenzchen, Steinschmaetzer, Zwergschnaepper
16 Gartengrasmuecke, Gartenrotschwanz, Sumpfrohrsaenger, Teichrohrsaenger, Wacholderdrossel, Wiesenschmaetzer
17 Fliegenschnaepper, Schilfrohrsaenger

Sinken der Börsenkurse
6 Baisse

Sinkkasten
5 Gully

Sinn
6 Sensus

eines Tuns
5 Zweck

Sinnbild
6 Emblem, Symbol, Tropus
8 Metapher
9 Allegorie, Gleichnis
11 Wahrzeichen

Bayerns
7 Bavaria

Berlins
4 Baer
8 Berolina

der Keuschheit
7 Einhorn

der Macht
5 Krone

der Unsterblichkeit
7 Phoenix

der Weisheit
4 Eule

des Handels
10 Merkurstab

des Sieges
12 Lorbeerkranz

Deutschlands
8 Germania

Jesu
9 Osterlamm

Sinnbilder der Macht und Würde
9 Insignien

Sinnbildgehalt
8 Symbolik

sinnbildlich
10 symbolisch

sinnbildliche(s)

Abzeichen
6 Wappen

Darstellung
9 Allegorik

sinnende Betrachtung
10 Meditation

Sinnesart
5 Wesen
9 Charakter, Gesinnung
11 Mentalitaet

Sinnesorgane
3 Ohr
4 Auge, Nase, Nerv
5 Zunge
6 Gehoer

Sinnestäuschung
4 Wahn
6 Vision
8 Illusion, Trugbild
11 Fata Morgana
13 Halluzination

Sinneswahrnehmung
10 Impression

Sinneszelle
8 Rezeptor

Sinneszellen
9 Sensillen

der Retina
9 Staebchen

Sinngedicht
5 Xenie
6 Xenion
8 Epigramm

Sinnierer
8 Gruebler, Tueftler

sinnlich wahrnehmbar
8 sensuell

sinnlich-lüsterner Mensch
5 Satyr

sinnliche(r, s)

Bühnenstück
8 Erotical

Mensch
8 Erotiker

Sinnlichkeit
3 Sex
6 Erotik

sinnlos
6 absurd, albern
7 abwegig, paradox
8 toericht, unnoetig
9 unlogisch

Sinnpflanze
6 Mimose

sinnreich
9 ingenioes, zweckvoll

Sinnspruch
5 Gnome, Motto, Xenie, Zitat
6 Devise, Maxime
7 Sentenz
8 Epigramm, Leitwort
10 Aphorismus

sinnverwandtes Wort
7 Synonym

sinnvoll
10 durchdacht
12 zweckmaessig

sinnwidrig
6 absurd
7 paradox
9 unlogisch

Siouxhäuptling
7 Pontiac

Siouxindianer
4 Iowa
5 Omaha, Osage, Ponka
6 Dakota, Mandan, Ponkas, Tutelo
9 Winnebago

Siphonverschlussschraube
4 Trap

Sippe
4 Clan, Gens
7 Familie, Gattung
8 Parentel
14 Verwandtschaft

Sippenangehörige
9 Verwandte

Sippeneigentum
4 Odal

Sippschaft
6 Clique
7 Koterie
8 Kluengel
9 Mischpoke

Sitte
6 Brauch

Sittenlehre
5 Ethik, Moral
7 Havamal

Sittenlehrer
7 Ethiker

Sittenlosigkeit
7 Unmoral

Sittenprediger
8 Moralist

sittenstreng
11 puritanisch

sittenstrenger Mensch
9 Puritaner

Sittichart
8 Aratinga

sittlich
7 ethisch
9 moralisch

sittliche Begriffe
3 Ruf
4 Ehre
5 Ethik, Ethos, Gebot, Luege, Moral, Treue
6 Schuld, Suehne, Wuerde
7 Ansehen, Anstand, Geltung, Leumund, Pflicht
8 Gewissen, Wahrheit
9 Charakter
10 Humanitaet, Sauberkeit

11 Ehrlichkeit, Redlichkeit
14 Anstaendigkeit

sittliche(s)

Bewusstsein
8 Gewissen

Grundhaltung
9 Gesinnung

Tüchtigkeit
6 Tugend

Sittlichkeit
5 Ethik, Moral
10 Moralitaet

sittsam
6 dezent
8 zuechtig
10 tugendhaft
12 unbescholten

Situation
4 Lage
7 Umstand, Zustand
8 Sachlage, Stellung
11 Verhaeltnis

Sitz
5 Platz
6 Fasson, Mandat
7 Domizil
8 Residenz

der Asen
6 Asgard

der griechischen Hauptgötter
5 Olymp

der Stadtverwaltung
7 Rathaus

des italienischen Staatspräsidenten
8 Quirinal

für Reiter
6 Sattel

im Parlament
6 Mandat

im Theater
4 Loge, Rang
6 Balkon
7 Parkett

in früheren Wohnstuben
8 Ofenbank

ohne Lehne
6 Hocker
7 Schemel

Sitz- und Schlafmöbel
9 Bettcouch

sitzengebliebener Schüler
8 Repetent

Sitzmöbel
4 Bank, Sofa
5 Couch, Stuhl, Thron
6 Hocker, Sessel
7 Kanapee, Schemel
8 Dreibein, Fauteuil, Gestuehl, Taburett
9 Drehstuhl, Korbstuhl, Lehnstuhl, Rohrstuhl
10 Clubsessel, Klappstuhl, Klubsessel, Korbsessel
11 Gartenstuhl
13 Schaukelstuhl

Sitzmöbelteil
5 Lehne

Sitzpolster
6 Kissen

Sitzstreik
5 Sit-in

Sitzung
6 Seance, Tagung
7 Meeting, Session
8 Beratung
9 Konferenz
11 Besprechung

Sitzungsbericht
9 Protokoll

Sitzungsperiode
7 Session

Sitzwaschbecken
5 Bidet

Sizilien
9 Trinakria

antikes Volk
7 Sikuler

Bevölkerung
10 Sizilianer

Dichter
4 Meli

Fluss
5 Salso

Geheimbund
5 Mafia
6 Maffia

Geheimbündler
7 Mafioso
8 Maffioso

Hauptstadt
7 Palermo

Inselgruppen
5 Egadi
16 Liparische Inseln, Pelagische Inseln

Inseln
6 Ustica
7 Levanzo
9 Favagnana, Marettino
11 Pantelleria

Städte und Orte
4 Enna, Gela, Noto
5 Avola, Erice, Patti
6 Cefalu, Comiso, Licata, Ragusa, Salemi
7 Catania, Marsala, Messina, Syrakus, Trapani
8 Pozzallo, Taormina

Vulkane
5 Aetna
9 Stromboli

Wein
7 Marsala

Skaleneinteilung
4 Grad

Skandal
5 Eklat
7 Affaere

skandinavische Staaten
8 Finnland, Norwegen, Schweden
9 Daenemark

Skatausdrücke
4 Hand, Null, Solo
5 Grand, Gucki, Passe
6 Kontra, Ramsch
8 Nullhand
9 Bockrunde, Schneider
10 Nullouvert
14 Schieberramsch

Skelett
7 Gerippe

Skeptiker
8 Zweifler

Skiausrüstung
5 Stock
6 Brille, Muetze

Skilauf zu Tal
7 Abfahrt

Skilauftechnik
6 Wedeln

Skisportanlage
7 Schanze

Skisportkombination
8 Biathlon

Skispur
5 Piste

Skistrecke
5 Piste

Skiwettbewerbe
6 Slalom, Super G
7 Skiflug
8 Biathlon, Langlauf, Schiflug, Springen
10 Skifliegen, Sprunglauf
11 Kombination, Schifliegen, Skispringen
12 Abfahrtslauf, Riesenslalom
13 Spezialslalom
15 Spezialspringen

Sklave orientalischer Herrscher
8 Mameluck

Sklavenführer
9 Spartakus

Sklavenschiff
7 Galeere

Sklavin

der Sara
5 Hagar

des Agamemnon
8 Chryseis

in „Oberon“
6 Nadine

in „Turandot“
3 Liu

Skrupel
7 Skepsis, Zweifel
8 Bedenken

Skulptur
5 Figur, Kroki
6 Bueste, Glyphe, Glypte, Relief, Statue
7 Plastik, Stabile
9 Statuette

Skunk
7 Surilho
9 Stinktier

Skythenstamm
6 Alanen

Slalom
7 Torlauf

Slang
6 Jargon
Slawen
in Ostpreußen
7 Masuren
in Südosteuropa
9 Makedonen
Slawenapostel
6 Kyrill
8 Cyrillus, Kyrillos
9 Methodius
10 Konstantin
slawische(r, s)
Bezeichnung der Deutschen
5 Nemez
Frauennamen
5 Dunja
6 Milena
Fürstentitel
8 Gospodar, Hospodar
Männernamen
4 Igor, Ilja, Iwan
5 Fedor, Pjotr, Wasil
6 Feodor
7 Kasimir
8 Bogeslav
9 Ladislaus
Sprache
8 Russisch
Tanz
9 Kalamaika
Völker
5 Polen
6 Russen, Serben, Sorben, Wenden, Wilzen
7 Kroaten, Wagrier
8 Bulgaren, Heveller, Milzener, Ruthenen, Slowaken, Slowenen, Ukrainer
9 Kaschuben, Obotriten, Pomoranen, Tschechen
Volkslied
5 Dumka
Slowakien und Tschechien
Archäologe
5 Hanka
Berge
5 Litno
6 Boubin
7 Dumbier
8 Altvater, Lysá Hora
Bevölkerung
8 Hannaken, Slowaken
9 Tschechen
Dichter
5 Halek, Macha, Zeyer
6 Sladek, Wolker
Dirigenten
6 Ancerl, Talich
7 Kubelik, Neumann
Dramatiker
5 Havel
6 Kohout
8 Klicpera
Flüsse
4 Eger, Elbe, Gran, Igel, Iser, Sajó, Waag
5 Eipel, March
6 Beraun, Moldau, Theiss
Gebiete
7 Boehmen, Maehren
8 Slowakei
Gebirge
5 Fatra, Tatra
7 Sudeten
8 Beskiden, Karpaten
10 Erzgebirge
11 Boehmerwald
12 Waldkarpaten
Geiger
3 Suk
Hauptstädte
4 Prag
5 Praha
9 Pressburg
10 Bratislava
Komponisten
3 Suk
6 Dussek, Dvorák, Nedbal
7 Janácek, Kubelik, Martinu, Smetana, Stamitz
Läufer
7 Zatopek
Maler
5 Kupka, Mánes
6 Brandl, Brozik, Cermák, Hynais, Reiner
Name der Stadt Brünn
4 Brno
Name der Stadt Eger
4 Cheb
Nationalheilige
7 Libussa
Nationalheiliger
6 Wenzel
Nationalökonom
3 Sik
Nobelpreisträger für Chemie
9 Heyrovsky
Nobelpreisträger für Medizin
4 Cori
Politiker
4 Tiso
5 Benes, Hacha, Havel, Husak, Husák, Klaus
6 Adamec, Dubcek, Meciar
7 Benesch, Colotka, Masaryk, Novotny, Svoboda
8 Gottwald
9 Zapotocky
Prager Burg
9 Hradschin
Prager Kirche
8 Veitsdom
Prager Schloss
9 Belvedere
Reformator
3 Hus
Regisseur
5 Radok
Sänger
4 Gott
Schriftsteller
5 Hasek, Havel, Kafka, Kisch
6 Wolker
7 Kundera
8 Askenazy, Olbracht
Städte
4 Asch, Eger
5 Iglau, Znaim
6 Aussig, Bruenn, Kladno, Neutra, Ostrau, Pilsen
7 Budweis, Olmuetz, Teplitz
8 Karlsbad
12 Koeniggraetz
Theologen
8 Comenius, Hromadka
Verwaltungseinheiten
4 Kraj
6 Okresy
Währung
5 Haler, Krone
6 Heller, Koruna
Slowenien
Berggruppe
10 Karawanken
13 Julische Alpen
Flüsse
3 Mur
4 Drau, Gurk, Save
6 Isonzo
Hauptstadt
7 Laibach
9 Ljubljana
Städte und Orte
5 Celje, Cilli, Kranj
7 Assling, Marburg, Maribor
Währung
5 Tolar
Slums in Südamerika
7 Favelas
smart
6 clever
Snob
4 Beau, Geck
5 Protz
7 Angeber, Stutzer
Sockel
5 Basis
9 Piedestal, Postament
der Kontinente
6 Schelf
soeben
6 gerade
sofort
6 gleich, prompt
13 unverzueglich
Sohlenriffelung
6 Profil
Sohn
6 Filius
(vor schottischen Namen)
2 Mc
3 Mac
als Geschäftsteilhaber
6 Junior
arabisch
3 Ibn

der Alkmene
8 Herakles, Herkules
der Antikleia
8 Odysseus
der Aphrodite
4 Eros
7 Himeros
der Danae
7 Perseus
der Europa
5 Minos
der Frigga
3 Tyr
4 Thor
der Gaea
5 Titan
6 Gigant, Kronos
7 Japetos, Okeanos
8 Hyperion
der Hagar
6 Ismael
der Hekuba
5 Paris
6 Hektor
7 Troilos
der Hera
4 Ares
8 Hephaest
10 Hephaestos, Hephaistos
der Iokaste
7 Oedipus
der Juno
4 Mars
6 Vulkan
8 Vulcanus, Vulkanus
der Klytämnestra
5 Orest
7 Orestes
der Latona
6 Apollo
der Leda
6 Castor, Kastor, Pollux
der Leto
5 Apoll
7 Apollon
der Maia
6 Hermes
der Medea
9 Alkimenes
der Nox
6 Somnus
der Penelope
8 Telemach
10 Telemachos
der Rhea
4 Zeus
5 Hades
6 Pluton
8 Poseidon
der Sarah
5 Isaak
der Semele
8 Dionysos
der Sieglinde
9 Siegfried
der Tante
6 Vetter
der Ute
6 Gernot
7 Gunther
8 Giselher
der Venus
4 Amor
6 Aeneas, Cupido, Kupido
des Abraham
5 Isaak
6 Ismael
des Adam
4 Abel, Kain, Seth
des Agamemnon
5 Orest
7 Orestes
des Agrippina
8 Caligula
des Apoll
8 Aeskulap
des Ares
4 Eros
6 Deimos
des Atreus
8 Menelaos
9 Agamemnon
des Dädalos
6 Ikaros, Ikarus
des David
6 Salomo
7 Absalom, Salomon
des Drusus
10 Germanicus
des Etzel
7 Ortlieb
des Gad
3 Eri
des Hamilkar
8 Hannibal
des Isaak
4 Esau
5 Jakob
des Jakob
3 Dan, Gad
4 Aser, Juda, Levi
5 Asser, Josef, Ruben, Simon
6 Joseph, Simeon
7 Naftali, Sebulon
8 Benjamin, Isaschar, Naphtali
9 Naphthali
des Jason
9 Alkimenes
des Juda
3 Ger
4 Onan
des Jupiter
4 Mars
des Kreon
6 Haimon
9 Menoikeus
des Kronos
4 Zeus
5 Hades
8 Poseidon
des Loki
6 Fenrir
des Noah
3 Ham, Sem
6 Japhet
des Odin
3 Tiu, Tyr, Ziu
4 Thor, Wali
5 Widar
6 Balder, Baldur, Hermod, Hoedur, Waelse
des Odysseus
8 Telemach
9 Telegonos
10 Telemachos
des Onkels
6 Vetter
des Osiris
5 Horos, Horus
des Parzival
9 Lohengrin
des Peleus
6 Achill
8 Achilles
9 Achilleus
des Poseidon
6 Pelias, Triton
des Priamos
5 Paris
6 Hektor
7 Helenos, Troilos, Troilus
9 Polydoros
des Saturn
6 Neptun
7 Jupiter
des Siegmund
9 Siegfried
des Uranos
6 Kronos
des Zeus
4 Ares
5 Apoll, Minos
6 Castor, Hermes, Iasion, Kastor, Pollux, Zethos
7 Apollon, Epaphos, Perseus
8 Dardanos, Dionysos, Hephaest, Herakles, Sarpedon, Tantalus
10 Hephaestus, Hephaistos, Polydeukes
Goethes
6 August

Solbad
im Salzkammergut
6 Aussee
in Baden-Württemberg
9 Duerrheim
in Niedersachsen
5 Melle
in Rheinland-Pfalz
9 Duerkheim

Soldat
6 Kaempe
7 Gardist, Krieger, Landser, Veteran
8 Soeldner
9 Legionaer
11 Landsknecht
der Ersatztruppe
9 Reservist
der technischen Truppe
7 Pionier

in Ausbildung
6 Rekrut
Soldatenlöhnung
4 Sold
Soldatenmütze
6 Kaeppi
Soldatensprache:
Arrest
3 Bau
hart ausbilden
9 schleifen
marschunfähig
6 marode
Soldatenunterkunft
7 Kaserne
Söldner
9 Legionaer
im alten Athen
7 Peltast
Söldnertruppe
6 Legion
solide
4 fest
7 haltbar
8 gediegen, massvoll
10 ordentlich
solides Steingebäude
9 Massivbau
Soll
5 Debet
Söller
5 Altan
Sologesangstück
4 Arie
7 Ariette
Solotänzerin
9 Ballerina
Somalia
Bevölkerung
3 Dir
4 Sabb
5 Bantu, Darod, Digil, Issas, Somal
6 Bajuni, Hawija, Hawiya
7 Amorani
8 Somalier
Hauptstadt
9 Mogadishu
10 Mogadischu
Nationalhelden
6 Hassan
7 Al-Gurey
Nationalpark
4 Juba
5 Djuba
Politiker
5 Barre
6 Ghaleb
Sprache
6 Somali
Städte und Orte
3 Eil
5 Adala, Alula, Brava
Währung
9 Centesimo, Schilling
Somaliland
Hauptstadt
8 Hargeisa
Somililand
Politiker
6 Kahin
Sommerhäuser
6 Chalet
7 Datscha, Datsche
8 Bungalow
Sommerschuh
7 Sandale
Sommersitz
der niederländischen Herrscher
6 Het Loo
der philippinischen Regierung
6 Bagnio
des französischen Staatspräsidenten
11 Rambouillet
Sommersprossen
9 Epheliden
Sonatensatz
7 Menuett
Sonderagent ***des FBI***
4 G-Man
sonderbar
5 eigen
6 bizarr, kurios, putzig
7 komisch, paradox, seltsam, skurril
Sonderdividende
5 Bonus
Sonderfall
8 Ausnahme
Sonderform der Operette
7 Musical
Sondergattung
5 Abart
Sondergericht im Mittelalter
4 Feme
Sonderklasse
5 Elite
Sonderling
4 Kauz
6 Unikum
8 Original
Sonderrecht
8 Privileg
Sondervergütung
5 Bonus
6 Zugabe
13 Gratifikation
Sonnenbahn
8 Ekliptik
Sonnenbeobachtungsgerät
9 Helioskop
Sonnenblende
8 Jalousie
Sonnendach
7 Markise
Sonnenferne
5 Aphel
Sonnenfinsternis
7 Eklipse
Sonnengeflecht
11 Solarplexus
Sonnenhof
4 Halo
Sonnennähe
7 Perihel
Sonnenschirm
6 Pajung
7 Parasol
Sonnenschutzdach
7 Markise
Sonnenschutzmittel
7 Nussoel
Sonnenstich
8 Heliosis
Sonnentau
7 Drosera
Sonnentierchen
9 Heliozoon
Sonnenuhr
6 Gnomon
Sonntag
der Passionszeit
7 Laetare
nach Ostern
6 Exaudi, Rogate
7 Kantate
8 Jubilate
12 Miserikordia
15 Quasimodogeniti
nach Pfingsten
10 Trinitatis
vor Aschermittwoch
8 Estomihi
vor Ostern
5 Oculi, Okuli
6 Judika
7 Laetare
8 Estomihi, Palmarum
9 Invokavit
10 Sexagesima
11 Reminiszere, Sexagesimae
12 Septuagesima
13 Septuagesimae
Sorge
6 Kummer
9 Bemuehung
Sorgenbrecher
8 Troester
Sorgfalt
7 Umsicht
sorgfältig
5 eigen, exakt, genau
7 akkurat, penibel
10 gruendlich
12 gewissenhaft
Sorghumhirse
5 Durra
sorgloser Genießer
7 Phaeake
Sorte
3 Art, Typ
4 Form, Wert
6 Gruppe
7 Gattung, Spezies
von Früchten
9 Steinobst
sortieren
6 ordnen
Sortierer von Jungtieren
5 Sexer

Soßen
3 Jus
5 Beize, Tunke
6 Bruehe
7 Beiguss, Catchup, Ketchup
8 Ketschup, Marinade, Schwitze
9 Majonaese, Remoulade
10 Mayonnaise
11 Hollandaise
13 Béchamelsosse
Soßenkoch
7 Saucier
Soßenschüssel
8 Sauciere
Souvenir
8 Andenken, Geschenk
10 Erinnerung
sowjetische(r)
Marschall
8 Bulganin
Politiker
7 Gromyko, Kalinin, Mikojan, Molotow
9 Breschnew, Podgornyj
Raumkapsel
5 Lunik
Raumschiffserie
5 Sojus
sozialistische(r)
Großbetrieb
8 Kombinat
Partei Israels
5 Mapai
sozialkritischer Autor
6 Traven
sozusagen
5 quasi
14 gewissermassen
Spaghettizutat
8 Parmesan
Späher
5 Spion
7 Spitzel
10 Beobachter
12 Kundschafter
Spähtrupp
10 Patrouille
Spalt
4 Hiat, Riss
6 Hiatus, Lakune, Sprung
spaltbar
6 fissil
Spalte
5 Kluft, Ritze
6 Fissur, Luecke, Rubrik
7 Schlitz
zwischen Mauerstreifen
4 Fuge
Spaltensteller der Schreibmaschine
9 Tabulator
Spaltgeräte
3 Axt
4 Beil, Keil
Spaltpilz
7 Bazille
8 Bakterie, Bazillus
Spaltprodukt
des Eiweißabbaus
6 Peptid
von Nukleinsäuren
6 Guanin
Spaltung
des Wassers
9 Hydrolyse
von Schmucksteinen
7 Clivage
Spaltungsirresein
13 Schizophrenie
Spaltwerkzeug
4 Keil
Span
8 Splitter
unter Dachziegeln
7 Spliess
spanabhebende(s)
Maschine
6 Fraese
Werkzeug
7 Fraeser
Spangen
7 Agraffe, Brosche
Spanien
Adelsgeschlechter
4 Alba, Lara
8 Nasriden
Adelstitel
6 Grande
7 Hidalgo
Anfeuerungsruf
3 olé
Anrede: Frau
6 Señora
Anrede: Fräulein
8 Señorita
Anrede: Herr
5 Señor
Anstandsdame
5 Duena
Architekten
5 Gaudí
7 Herrera
8 Ardemans
9 Rodriguez
Artikel
2 el
3 las
Artischocken
5 Cardy
7 Kardone
Ärzte
6 Arnald, Servet
Aussprachezeichen
5 Tilde
Berge
5 Aneto
8 Mulhacén
10 Montserrat
Besitzungen in Marokko
5 Ceuta
7 Melilla
Bevölkerung
6 Basken
7 Spanier
8 Galicier
9 Kastilier, Katalanen
Bildhauer
4 Cano
5 Macho, Silve
6 de Mena
7 Forment, Vigarny
8 Gonzales
Burg
7 Alkazar
Bürgermeister
7 Alcalde, Alkalde
Cellisten
6 Casals
7 Cassadó
Clown
5 Rivel
Dichter
4 León, Ruiz, Vega
5 Cueva, Lorca
6 Aleman, Huerta, Ibanez
7 Alcazar
8 Calderon, Manrique
9 Cervantes, Hernandez
Dramatiker
4 Vega
5 Lorca, Rojas
6 Tellez
8 Calderon
9 Benavente, Delencina
Edelmann
9 Caballero
Entdecker
4 Soto
5 Colon
6 Torres
7 Pizarro
8 Kolumbus
Eroberer
6 Balboa, Cortez, Torres
7 Almagro, Mendoza, Narvaez, Pizarro, Quesada
Erzieherin
5 Duena
Feldherr
4 Alba
Flieder
5 Lilak
Flotte
6 Armada
Fluggesellschaft
6 Iberia
Flüsse
3 Ega, Sil, Sio, Ter
4 Ebro, Esla, Onar, Tajo
5 Duero, Esera, Segre
6 Aragon, Orbigo, Segura
8 Guadiana
10 Manzanares
11 Guadalaviar
12 Guadalquivir
Flüssigkeitsmaße
4 Bota, Pipa
5 Caniz, Pinta
Frauennamen
4 Ines, Inez, Lola
5 Elena
6 Carmen, Elmire, Teresa
7 Dolores
8 Isabella

Gaunersprache
8 Germania
Gebirge
8 Maladeta, Malditos
9 Pyrenaeen
12 Sierra Morena, Sierra Nevada
Gedichte
7 Cancion
8 Espinela
Geiger
5 Manen
8 Sarasate
Gemäldesammlung
5 Prado
Gendarmerie
9 Hermandad
Gitarrist
7 Segovia
Großinquisitor
7 Ximenes
Häfen in Marokko
5 Ceuta
7 Melilla
Hafenstädte
4 Adra, Vigo
5 Cadiz, Gijon
6 Bilbao, Malaga, Tarifa
7 Almeria
8 Alicante, La Coruña, Valencia
9 Algeciras, Barcelona, Cartagena, Santander
12 San Sebastian
Hauptstadt
6 Madrid
Inselbewohner
8 Kanarier
Inselgruppen und Inseln
5 Ferro, Ibiza, Palma
6 Gomera, Hierro
7 Kanaren, La Palma, Menorca
8 Balearen, La Gomera, Mallorca, Pityusen
9 Lanzarote, Teneriffa
10 Formentera
11 Cran Canaria
13 Fuerteventura
16 Kanarische Inseln
Jacke
6 Bolero
Kaps
3 Nao
4 Gata
5 Creus, Palos
9 Formentor, Trafalgar
10 Finisterre
Klöster
5 Silos, Yuste
8 Escorial
Komponisten
4 Lalo
5 Espla, Falla, Manen, Milan, Ortiz, Perez, Soler
6 Encina, Turina
7 Albeniz, Bermudo, Cabezon, Espinel, Morales, Padilla, Pedrell, de Falla
8 Granados, Guerrero, Sarasate
Könige
4 Karl, Luis
5 Jakob, Pedro, Peter
6 Alfons, Carlos, Felipe, Johann, Ludwig, Ramiro, Sancho, Urraca
7 Alfonso, Amadeus, Bermudo, Philipp
8 Fernando, Heinrich
9 Ferdinand
10 Berenguela, Juan Carlos
Königin (Kosename)
3 Ena
Königinnen
3 Ena
6 Sofia
7 Johanna, Leonore
8 Isabella
Kriegsflotte
6 Armada
Kunstlied
7 Cancion
Küsten
10 Costa brava
11 Costa blanca, Costa del Sol
15 Costa de Poniente
Landgut
5 Finca
Längenmaße
4 Tipo, Vara
6 Palmas
Literaturstil
9 Kultismus
Maler
4 Dali, Goya, Miro, Rizi
5 Bores, Caxes, Greco, Masip, Saura
6 Cerezo, Pereda, Ribera, Ruelas
7 Bermejo, Borgona, Canogar, El Greco, Madrazo, Morales, Murillo, Pacheco, Picabia, Picasso, Ribalta, Zuloaga
8 Ardemans, Castillo, Gallegos, Gonzales, Zurbaran, Zurbarán
9 Velazquez
Männernamen
4 Jago, José, Juan
5 Diego, Pablo, Ramon
6 Carlos, Manuel, Miguel
7 Alfonso, Rodrigo
Mehrzahlartikel
3 las
Merinowolle
6 Campos
Moraltheologe
4 Lugo
Münzen (alte)
4 Duro, Onza, Real
5 Medio
7 Dublone, Pistole
Musikinstrumente
7 Bandola
9 Bandurria
Name des Kolumbus
5 Colon
Name Spaniens
6 España
Name von Teneriffa
8 Tenerife
Nationalgericht
6 Paella
Nationalheld
3 Cid
Nationaltanz
6 Rodena
Nobelpreisträger für Literatur
4 Cela
7 Jimenez
9 Benavente
10 Eschegaray
Nobelpreisträger für Medizin
5 Ochoa
Ordensstifter
8 Ignatius
Parlament
6 Cortes
Philosophen
6 Ortega, Suarez
13 Ortega y Gasset
Pianisten
7 Albeniz
8 Granados
Plantage
5 Finca
Politiker
6 Franco, Zamora
7 Ximenez
8 González, Olivares
9 Fernández, Granvelle
Prinz
6 Carlos
9 Don Carlos
Prinzentitel
6 Infant
Prinzessinnentitel
8 Infantin
Pyrenäenbewohner
5 Baske
Regionen
4 León
5 Cádiz, Soria
6 Burgos, Huelva, Lérida, Madrid, Malaga, Murcia, Orense, Teruel, Toledo, Zamora
7 Almeria, Cáceres, Córdoba, Granada, Logrono, Navarra, Segovia, Sevilla, Vizcaya
8 Albacete, Asturien, Galicien, La Coruña, Valencia, Zaragoza
9 Aragonien, Barcelona, Salamanca, Santander, Tarragona

10 Andalusien, Baskenland, Ciudad Real, Katalonien, Pontevedra, Valladolid
11 Estremadura, Guadalajara
12 Altkastilien, Neukastilien

Regisseure
6 Bunuel
8 Berlanga

Reisspeise
6 Paella

Richter
7 Alkalde

Ritter
9 Caballero

Salatsuppe
8 Gazpacho

Sänger
7 Domingo
8 Carreras

Sängerinnen
8 Berganza, Lorengar, Malibran

Schänke
6 Bodega

Schauspiel
7 Comedia

Schleiertuch
8 Mantilla, Mantille

Schloss
8 Escorial

Schriftsteller
4 Alas, Cela, Hita, Ruiz
5 Gomez, Rojas
6 Baroja, Clarin, Coloma, Galdos, Jarnes, Trueba
7 Alarcon, Arrabal, Canetti, Clavigo, Gracian, Moratin, Unamuno
8 Bergamin, Marquina

Segelschiff
9 Karavelle

Singspiel
8 Zarzuela

staatliches Hotel
7 Parador

Staatspartei unter Franco
7 Falange

Städte und Orte
4 Irun, León, Lugo, Olot, Orio, Osma, Vigo
5 Alcoy, Avila, Cadiz, Eciya, Eibar, Gijon, Jerez, Liria, Lorca, Mijas, Ocana, Soria, Tossa, Ubeda, Valls
6 Bilbao, Burgos, Gerona, Huelva, Huesca, Játiva, Lerida, Madrid, Mataro, Murcia, Málaga, Oviedo, Tarifa, Teruel, Toledo, Tolosa, Tudela, Utrero, Zamora
7 Almadén, Almeria, Andujar, Badajoz, Cordoba, Granada, La Linea, Logrono, Segovia, Sevilla, Vitoria
8 Albacete, Alicante, Aranjuez, La Coruña, Pamplona, Valencia, Zaragoza
9 Algeciras, Baracaldo, Barcelona, Cartagena, Salamanca, Santander, Saragossa,Tarragona, Tomelloso
12 San Sebastian

Stierkampfteilnehmer
5 Chulo
6 Espada, Torero
7 Matador, Picador, Pikador
8 Capeador, Toreador
9 Cachetero
12 Banderillero

Tänze
5 Folia, Jaleo
6 Bolero, Gitana, Jacara
7 Ciacona, Farruca, Moresca, Muneira
8 Cachucha, Chaconne, Consuela, Fandango, Flamenco, Guaracha, Habanera, Murciana
9 Esmeralda, Espagnole, Granadina, Madrilena, Malaguena, Sarabande, Zapateado
10 Madrilenja, Seguidilla

Tänzerinnen
5 Otero
6 Pepita

Urbevölkerung
6 Iberer

Volksfest
6 Fiesta

Volksvertretung
6 Cortes

Währung
4 Cent, Euro

Wallfahrtsstätten
5 Silos
10 Montserrat

Weine
5 Jeres, Jerez, Pasto, Tinto, Xeres, Xerez
6 Malaga, Sherry
7 Jimenes, Peralta
8 Grenacho, Montilla
9 Tarragona, Xereswein
10 Manzanares, Manzanilla
11 Amontillado

Weinschänke
6 Bodega

Wirtshaus
6 Posada

Zupfinstrumente
7 Bandola
9 Bandurria

spanisch-portugiesischer Grenzfluss
4 Miño
4 Minho

spanisch:

Allee
7 avenida

Bauer
9 campesino

Berggipfel
4 pena, pico
5 cerro

breite Straße
3 rua

Bucht
5 bahia

Bühnenstück
4 auto

Burg
7 alkazar

Dieb
6 ratero

Dorfstraße
3 rua

Eroberung
9 conquista

Erzieher
3 ayo

Fels
4 pena

Fluss
3 rio

Frau
4 doña

Freund
5 amigo

Gebirgskette
6 sierra

Gebirgspass
4 paso

Gipfel
4 pico

Gott
4 dios

Hafen
6 puerto

heilig
3 san

Insel
4 isla

Junge
5 chico

Kellner
8 camarero

Kreuz
4 cruz

Land
6 tierra

Landarbeiter
9 campesino

los, auf, hurra
3 olé

Meer
3 mar

Mutter
5 madre

Palast
7 alkazar

Promenade
5 paseo

Quelle
6 fuente

Schloss
7 alkazar

schwarz
5 negro

Spitze
5 punta
Stadt mit eigener Gerichtsbarkeit
6 ciudad
Stier
4 toro
Stierkampf
7 corrida
Strand
5 playa
Spannbacken
6 Knagge
7 Knaggen
spannen
6 dehnen
spannend
8 fesselnd
10 dramatisch
spannende Handlung
6 Action
Spanner
6 Voyeur
Spannmuskel
6 Tensor
Spannung
7 Tension
8 Dramatik, Erregung
spannungsabhängiger elektrischer Widerstand
8 Varistor
Spannungsmesser
9 Voltmeter
Spannungswandler
5 Trafo
8 Umformer
13 Transformator
Spannungszustand der Organe
5 Tonus
Spargel(kraut)
9 Asparagus
spargelähnliches Gemüse
13 Schwarzwurzel
Spargelkohl
8 Brokkoli
Sparguthaben
7 Einlage
spärlich
4 karg
5 knapp, wenig
8 aermlich, duerftig
11 kuemmerlich
sparsam sein
8 knausern
spartanische(r)
Feldherr
8 Lysander
Gesetzgeber
6 Lykurg
8 Lykurgos
Könige
8 Leonidas, Menelaos
Staatssklave
5 Helot
Volksversammlung
6 Apella
Sparte
4 Fach
5 Zweig
6 Gebiet
7 Ressort
9 Abteilung
10 Fachgebiet
Spaß
2 Uz
3 Fez, Jux, Ulk
4 Witz
5 Gaudi, Jokus, Unfug
6 Freude, Scherz
7 Alberei, Gaudium
8 Neckerei, Plaesier
10 Vergnuegen
11 Schabernack
machen
5 juxen
8 scherzen
spaßig
5 ulkig
6 kurios, lustig
7 burlesk, drollig, komisch, skurril
11 possierlich
Spaßmacher
4 Narr
5 Clown
6 Kasper, Schalk, Schelm
7 Bajazzo, Komiker
8 Harlekin, Haselant, Witzbold
9 Hanswurst
13 Possenreisser
spätere Geschlechter
8 Nachwelt
Spatzenlaute
9 Tschilpen
spazieren
7 bummeln
9 flanieren
10 schlendern
11 promenieren
Spazierfahrt
7 Ausflug
Spaziergang
6 Bummel
9 Promenade
Spazierweg
9 Promenade
Spechtmeise
5 Sitta
7 Kleiber
Speckkuchen in Blätterteig
6 Quiche
Speckstein
4 Talk
6 Talkum
7 Steatit
11 Seifenstein
Speckstückchen
6 Griebe, Griefe
7 Grammel
Speer
der Afrikaner
7 Assagai
Wotans
7 Gungnir
Speichel
6 Geifer, Saliva, Spucke
Speichelferment
7 Ptyalin
Speis des Maurers
7 Moertel
Speise
4 Kost, Mahl
5 Essen
7 Gericht, Moertel, Nahrung
9 Nachtisch
der Götter
8 Ambrosia
Speisebrei im Dünndarm
6 Chymus
Speiseeis
5 Bombe, Glace
7 Cassata, Eiskrem, Softeis
8 Eisbombe, Eiscreme, Eistorte, Milcheis, Tartuffo
9 Eisbecher, Fruchteis, Gefrornes, Panaschee
10 Gefrorenes, Himbeereis, Vanilleeis
11 Spagettieis
12 Pistazieneis, Spaghettieis
13 Halbgefrornes
14 Fuerst Pueckler, Halbgefrorenes, Schokoladeneis
17 Fuerst-Pueckler-Eis
Speisefette
4 Talg
6 Butter, Schmer
7 Leinoel, Mohnoel, Nussoel, Schmalz
8 Sesamoel
9 Kokosfett, Margarine
13 Gaenseschmalz
15 Schweineschmalz
Speisefische
3 Aal
4 Butt, Leng, Orfe, Salm
5 Hecht, Lachs, Orade, Stoer
6 Dorsch, Hering, Schlei, Zander
7 Flunder, Forelle, Karpfen, Makrele, Muraene, Rotauge, Sardine, Schleie, Scholle, Sprotte
8 Anchovis, Heilbutt, Kabeljau, Lamprete, Menhaden, Neunauge, Saibling, Sardelle, Seezunge
9 Edellachs, Rotbarsch, Seebarsch, Steinbutt, Thunfisch
10 Goldbrasse
11 Bachforelle, Schellfisch
17 Regenbogenforelle
Speisekrebse
6 Granat, Hummer, Shrimp
7 Garnele, Schrimp
Speiseleitung (Funkwesen)
6 Feeder

Speisemuschel
6 Auster
speisen
5 essen
8 dinieren
Speisen verfeinern
7 wuerzen
Speisenbrett
7 Tablett
Speisenfolge
5 Menue
6 Gedeck
Speisenplatte
7 Tablett
Speisenzubereiter(in)
4 Koch
7 Koechin
Speisepilze
6 Bofist, Bovist, Marone, Reherl
7 Kuhpilz, Lorchel, Morchel, Parasol, Rehling, Reizker
8 Egerling, Eierpilz, Gelbfuss, Gelbling, Hasenohr, Lackpilz, Mehlpilz, Perlpilz, Reifpilz, Rotkappe, Saftling, Tintling, Trueffel
9 Braetling, Ellerling, Eulenauge, Graukappe, Gruenling, Klumpfuss, Krempling, Kroesling, Mousseron, Steinpilz, Suessling, Taeubling
10 Birkenpilz, Butterpilz, Champignon, Dotterpilz, Hallimasch, Hartbovist, Herrenpilz, Kaiserling, Ritterling, Schirmpilz, Schmerling, Ziegenbart
11 Maronenpilz, Pfifferling, Stoppelpilz, Ziegenlippe
12 Habichtspilz
14 Herbsttrompete
16 Maronenroehrling
Speiseplatte mit Fächern
8 Kabarett
Speiseraum
5 Mensa, Messe
6 Kasino
7 Kantine
Speisesaal
für Studenten
5 Mensa
in Burgen
6 Remter
in Klöstern
8 Zoenakel
11 Refektorium
Speisewirtschaft
5 Lokal
Speisezutaten
4 Salz
5 Essig
7 Gewuerz, Paprika, Pfeffer
12 Chlornatrium

Spektakel
5 Krach, Laerm
7 Aufruhr, Klamauk
10 Schauspiel
Spekulant
13 Gluecksritter
Spekulationsgeschäft
8 Agiotage
Spelunke
8 Destille
9 Kaschemme
Spende
4 Gabe
5 Opfer
6 Obolus
7 Almosen, Beitrag
8 Geschenk, Stiftung
9 Schenkung
10 Scherflein
Spendensammlung
8 Kollekte
Spender
8 Schenker
Sperling
5 Spatz
Sperrbezirk
9 Bannmeile
Sperre
7 Embargo, Hemmung
8 Barriere, Blockade, Schranke
9 Barrikade, Hindernis
10 Schlagbaum
im Wasser
9 Fischwehr, Fischzaun
Sperrfrist
6 Karenz
9 Wartezeit
11 Quarantaene
Sperrkette
6 Kordon
Sperrklinke
5 Raste
6 Riegel
an Schiffsdrehwerken
4 Pall
Sperrschranke
10 Schlagbaum
Sperrstoß (Fechten)
5 Arret
9 Appuntata
Sperrung
9 Isolation, Verbauung
im Buchdruck
7 Spatium
Sperrvorrichtung
9 Drehkreuz
Spesen
6 Kosten
7 Aufwand
8 Ausgaben, Auslagen, Unkosten
Spezialarzt
9 Somatiker
Spezialchemiker
8 Zymologe
Spezialgebiet
6 Sparte
7 Domaene, Ressort

Spezialkameraobjektiv
4 Zoom
Spezialmediziner
8 Facharzt
Spezialrennwagen
8 Dragster
Spezialschlitten
9 Rennrodel
Spezialvibrato
6 Lesley, Leslie
Spezialzeitung
5 Organ
9 Fachblatt
spezielle(r)
Einfriedung eines Parks
3 Aha
Fahrausweis
9 Netzkarte
Spicker
8 Abgucker
spiegeln
12 reflektieren
Spiegelsamt
5 Panne
Spiegelsystem
9 Zoelostat
Spiegelsystem für Sonnenstrahlen
9 Heliostat
Spiegelung
5 Glanz
6 Reflex
9 Reflexion
Spiel
6 Partie
in Tanzform
8 Kotillon
mit 28 Steinen
6 Domino
Spielabschnitt
8 Halbzeit
Spielart
8 Variante
des Lombers
5 Kasko
Spielautomat
7 Flipper
Spielbankangestellter
8 Croupier
Spielbeginn
7 Anstoss
beim Faustball
6 Angabe
beim Tennis
9 Aufschlag
Spielbeginnsignal
7 Anpfiff
Spielbrettplatz
4 Feld
Spieleinsatz
4 Mise, Pott
5 Poule
Spieler
6 Akteur
9 Hasardeur
10 Konkurrent, Teilnehmer
der die Karten verteilt
5 Geber

eines Saiteninstruments
9 Gitarrist, Harfenist
eines Tasteninstruments
8 Organist
eines Zupfinstruments
9 Lautenist
Spielfeldgrenze
8 Torlinie
Spielfeldteil
(Fußball)
9 Strafraum
(Tennis)
9 Halfcourt
Spielfläche
6 Buehne
Spielfolge
8 Programm
Spielführer
8 Kapitaen
Spielgeräte
4 Dart
7 Wuerfel
9 Gummiball, Wurfpfeil
Spielkarte
im Tarock
4 Skus
5 Kaval, Laton, Pagat, Skues
6 Ritter
ohne Zählwert
6 Lusche
Spielkarten
3 Ass
4 Bube, Dame, Daus, Ober
5 Bauer, Blatt, Joker, Jolly, Unter
6 Koenig, Pikass, Wenzel
7 Herzass, Karoass
8 Herzacht, Herzneun, Kreuzass
Spielkartenfarben
3 Pik, Rot
4 Herz, Karo
5 Kreuz, Treff
6 Eckern, Eichel, Herzen
7 Schelle, Schwarz
8 Eckstein, Schellen, Schilten, Schippen
Spielkontrollgerät
9 Schachuhr
Spielkugel
5 Boule
6 Marbel, Marmel, Murmel
7 Maerbel
8 Schusser
Spielleiter
9 Regisseur
beim Glücksspiel
8 Croupier
Spielleitung
5 Regie
Spielmann
7 Hornist, Pfeifer
8 Minstrel, Musikant, Trommler
im Mittelalter
6 Vagant
Spielmarke
4 Chip
5 Fiche, Jeton
Spielpause (Basketball)
7 Auszeit
Spielplan
8 Programm
10 Repertoire
Spielplatzgrenze
8 Eckfahne
Spielraum
5 Marge
8 Toleranz
Spielrunde
6 Partie
Spielsaal
6 Casino, Kasino
Spielscheibe im Eishockey
4 Puck
Spielschlusssignal
7 Abpfiff
Spielstein
5 Figur
Spieltisch der Orgel
6 Manual
Spielunterbrechung
5 Pause
7 Drittel, Wechsel
8 Halbzeit
Spielweise (Klavier)
8 Anschlag
Spielzeuge
4 Ball, Reif
5 Puppe, Teddy
6 Ballon, Murmel, Rassel, Roller
7 Drachen, Klapper, Kreisel
8 Spieluhr
9 Baukasten, Eisenbahn, Glaskugel, Gummitier, Stofftier
10 Hampelmann, Luftballon
11 Puppenstube
12 Bleisoldaten, Steckenpferd, Zinnsoldaten
13 Schaukelpferd
Spieß
3 Ger
4 Pike
5 Lanze, Speer
9 Partisane
10 Hellebarde
Spießbock
4 Oryx
14 Saebelantilope
Spießbürger
7 Banause
9 Philister
spießbürgerlich
11 philistroes
Spießbürgerstadt
7 Schilda
spießige Entrüstung
7 Moralin
Spind
7 Schrank
Spinnangelköder
7 Blinker
Spinnen(tiere)
5 Milbe, Zecke
6 Kanker
8 Holzbock, Schuster, Skorpion, Tarantel
9 Schneider
10 Arachniden, Jagdspinne
11 Kraetzmilbe, Kreuzspinne, Vogelspinne, Weberknecht, Wolfsspinne
12 Wasserspinne
Spinnenforscher
11 Arachnologe
Spinnengeflecht
4 Webe
9 Spinnwebe
Spinnereiabfall
4 Hede, Werg
6 Dechet
Spinnereimaschine
7 Batteur, Krempel, Oelwolf
8 Zupfwolf
9 Klopfwolf
Spinngerät
6 Rocken
Spinnrocken
6 Kunkel
7 Spindel
Spion
5 Agent, V-Mann
7 Horcher, Spaeher, Spitzel
Spirale in einem Zeitmesser
8 Uhrfeder
Spiralnebel
7 Galaxis
spiritistische
Mittelsperson
6 Medium
Sitzung
6 Séance
spirituell
7 geistig
spitz zulaufender Bremsklotz
4 Keil
spitzbogig
6 ogival
Spitzbube
4 Dieb
5 Filou
6 Ganove, Gauner
7 Halunke, Stehler
9 Betrueger
10 Frechdachs, Langfinger
Spitze
der Mondsichel
4 Horn
eines Truppenverbands
4 Tete
spitze(r)
Metallstift mit Kopf
5 Nagel
Pflanzenteil
4 Dorn
7 Stachel
Spitzel
5 Agent, Spion

Spitzenkönner
3 Ass
5 Crack
7 Experte
8 Champion
9 Koryphaee
Spitzenleistung
6 Rekord
Spitzenrüsche
5 Jabot
Spitzenschlager
3 Hit
6 Top hit
spitzfindiger Mensch
7 Sophist
8 Rabulist
Spitzfindigkeit
7 Finesse
9 Sophismus, Sophistik
10 Rabulistik
13 Haarspalterei
Spitzgiebel
7 Wimperg
Spitzhacke
5 Picke, Sapin
6 Pickel, Sapine, Sappel
Spitzname
der Engländer
8 John Bull
des englischen Soldaten
5 Tommy
des französischen Soldaten
5 Poilu
des Matrosen
4 Jack
des Iren
5 Paddy
von Eisenhower
3 Ike
von Louis Armstrong
7 Satchmo
Spitzpfeiler
7 Obelisk
Spitztürmchen
5 Fiale
Spleen
4 Tick
5 Laune
6 Grille
7 Einfalt, Marotte
8 Schrulle
15 Verschrobenheit
Splitter
4 Span
8 Spleisse
Sporadeninsel
5 Samos
6 Skyros, Thasos
Sporen bildende(s)
Bakterie
8 Bazillus
Moos
8 Sporogon
Pilzmasse
5 Gleba
Sporenbehälter
5 Askus
10 Sporangium
Sporenpflanzen
4 Farn, Pilz
7 Schwamm
8 Hautfarn, Waldfarn
9 Farnkraut, Gabelfarn, Sporophyt
Sport:
einen Gegenspieler decken
9 markieren
einen Treffer erzielen
9 markieren
eng
5 press
Sportanlage
7 Planche, Stadion
8 Rennbahn
9 Fechtbahn, Spielfeld
in Gaststätten
9 Kegelbahn
Sportanzug
5 Dress
6 Trikot
Sportboote
3 Gig
4 Kanu, Yawl
5 Einer, Jacht, Kajak, Skiff, Yacht
6 Achter, Vierer, Zweier
7 Tempest
8 Faltboot, Kanadier
9 Katamaran, Renneiner, Ruderboot, Segelboot, Skullboot
10 Paddelboot
Sportbootfahrer
6 Kanute
7 Skuller
Sportfahrzeuge
7 Fahrrad, Rennrad
9 Rennwagen
Sportfeldverwalter
9 Platzwart
Sportfischer
6 Angler
Sportfischerei
6 Angeln
Sportgröße
3 Ass
5 Crack
6 Kanone
8 Champion
(Mehrzahl)
4 Asse
Sportkleidung
5 Dress
8 Turnhemd, Turnhose, Turnzeug
9 Turnanzug
Sportlehrer
5 Coach
7 Trainer
8 Betreuer
Sportler
6 Athlet, Turner, Werfer
8 Kaempfer
Sportlertrikot
6 Jersey
sportlich
7 sportiv
anständig
4 fair
durchtrainiert
3 fit
gestählt
6 sehnig
7 drahtig
leistungsfähig
3 fit
sportliche(r, s)
Ausübung des Jiu-Jitsu
4 Judo
Endkampf
6 Finish
Höchstleistung
6 Rekord
Kräftemessen
9 Tauziehen
Wahlübung
4 Kuer
Sportmantel
10 Dufflecoat
Sportpreis
3 Cup
5 Pokal
Sportraum
9 Fechtsaal, Paukboden
Sportschlitten
3 Bob
5 Rodel
8 Skeleton
9 Bobsleigh
Sporttrophäen
3 Cup
5 Coppa, Coupe, Kranz, Nadel, Pokal, Preis
7 Guertel, Lorbeer, Urkunde
8 Medaille, Plakette, Schaerpe, Schleife
9 Europacup, Lorbeeren, Weltpokal
10 Ehrennadel, Ehrenpreis, Eichenlaub
11 Eichenkranz, Europapokal, Siegerkranz
12 Goldmedaille, Lorbeerblatt, Lorbeerkranz
14 Bronzemedaille, Silbermedaille
Sportübungsleiter
7 Trainer
Sportübungsweg
9 Trimmpfad
Sportveranstaltungen
4 Game, Giro
5 Derby, Match, Spiel
6 Partie, Rallye, Rennen
7 Regatta, Turnier
8 Boxkampf
9 Olympiade, Radrennen, Ringkampf, Wettkampf
10 Pokalspiel, Sternfahrt, Wettbewerb, Wettturnen

12 Laenderkampf, Laenderspiel
15 Sechstagerennen
16 Olympische Spiele
17 Weltmeisterschaft

Sportwagen
8 Roadster

Sportwettbewerb
6 Rennen
9 Dreikampf

Sportwette
4 Toto

Spott
4 Hohn
9 Sarkasmus
11 Verhoehnung

Spottbild
9 Karikatur

spöttelnd
6 mokant

spotten
7 hoehnen, witzeln
8 laestern

Spötter
7 Zyniker
8 Parodist
9 Satiriker

Spottgedicht
6 Satire
7 Parodie
8 Epigramm

spöttisch
6 mokant
7 zynisch
8 ironisch
9 satirisch
11 sarkastisch

spöttisch für:
Intellektueller
7 Egghead
8 Eierkopf
lächeln
7 grienen

spöttisch-tadelnd
9 satirisch

spöttischer Kommentar
6 Glosse

Spottschrift
6 Satire

Spottvers
8 Epigramm

Sprache
auf Madagaskar
9 Malagassi
der alten Römer
6 Latein
der Buren
9 Afrikaans
der Fulbe
3 Ful
einer Berufsgruppe
6 Jargon

Spracheigentümlichkeit
5 Idiom

Sprachforscher
8 Linguist
9 Philologe

Sprachgestalter
7 Stilist

Sprachgestörter
9 Stotterer

Sprachgruppe
der Albaner
5 Gegen
6 Tosken
in Indien
3 Kol

Sprachheilkundiger
9 Logopaede

Sprachkunstwerk
7 Gedicht

Sprachlehre(buch)
9 Grammatik

sprachlos
5 platt, stumm
7 perplex
8 erstaunt

Sprachreiniger
6 Purist

Sprachreinigung
8 Purismus

Sprachrohr
7 Megafon
8 Megaphon

Sprachschatz
9 Thesaurus

Sprachstörung
8 Stottern
9 Allolalie, Paralalie

Sprachwissenschaftler
8 Linguist

Sprachzeichen
7 Schrift

sprechbegabter asiatischer Vogel
3 Beo

sprechen
5 reden, sagen
8 plaudern
9 parlieren, vortragen
10 referieren, rezitieren
11 deklamieren, unterhalten

Sprecher
6 Diseur, Redner
7 Ansager
9 Moderator, Rezitator, Vorredner
11 Kommentator
12 Conférencier

Sprechfunkgerät
12 Walkie-talkie

Sprechgesang
8 Parlando
9 Rezitativ
mit Cembalobegleitung
5 Secco

Sprechorgane
4 Mund
5 Lippe, Zunge
12 Stimmbaender

Sprechstil
9 Redeweise

Sprechstunde
10 Ordination

sprechunfähig
5 stumm

Sprechunfähigkeit
6 Alalie

Sprechwerkzeug
4 Mund

Spree-Athen
6 Berlin

Spree-Zuflüsse
5 Dahme, Panke
7 Stinitz
9 Loecknitz

Spreizschritt
6 Spagat
9 Graetsche

Spreizschwanz
3 Rad
9 Pfauenrad

Sprengkraft
7 Brisanz

Sprengladungsteil
7 Zuender

Sprengmörser
7 Petarde

Sprengstoffe
3 TNT
5 Hexyl, Romit
6 Bellit, Lyddit, Trotyl
7 Donarit, Dynamit, Ekrasit, Hexogen, Kinetit, Melinit, Roburit
8 Fulgurit, Romperit
9 Chloratit
13 Nitrogelatine, Nitroglyzerin, Schiesspulver, Schwarzpulver
14 Trinitrotoluol

sprenkeln
8 melieren

Spreu
5 Spelz
6 Spelze

Springantilope
7 Gazelle

Springbrunnen
8 Fontaene

springender Punkt
6 Pointe

Springer
7 Roessel

Springkraut
9 Balsamine, Impatiens
13 Nolimetangere
16 Ruehrmichnichtan

Springnager
9 Huepfmaus

Springquelle
6 Geysir

Sprinterschuhe
6 Spikes

spritzend im Wasser spielen
9 planschen
10 plantschen

Spritzer beim Mixen
4 Dash

spritzige Getränke
4 Sekt
8 Perlwein, Schampus, Spumante
9 Lambrusco
10 Champagner

11 Frizzantino
12 Asti spumante
Spritztour
4 Trip
Sprossanlage
6 Knospe
Sprossengerät
6 Leiter
Sprosspilz
7 Candida
Spruchband
11 Transparent
Spruchgedicht
7 Priamel
Sprudel
4 Soda
7 Selters
10 Heilquelle
13 Mineralwasser
Sprühmittel
5 Spray
Sprühmittelbehälter
9 Spraydose
Sprühtonic
9 Haarspray
Sprühvorrichtung
5 Duese
Sprühwasser
6 Gischt
Sprung
4 Riss, Satz
5 Hecht, Rudel, Salto, Spalt
6 Fissur, Hopser
am Langpferd
9 Yamashita
beim Eiskunstlauf
4 Axel
der Hohen Schule
8 Kruppade
in den Handstand
8 Korvette
Sprünge ausführender Artist
9 Kaskadeur
Sprungschanze
6 Bakken
Spuk
9 Hexentanz
17 Gespenstertreiben
Spukgestalt
5 Geist
8 Gespenst
Spülbecken
7 Ausguss
Spule
5 Rolle, Walze
6 Huelse
Spulenring
6 Wirtel
Spulwurm
7 Askaris
Spur
5 Indiz
7 Faehrte
auf einer Diskette
5 Track
Spuren des Federwilds
7 Gelaeuf
Spürhund
6 Bracke
spurten
8 sprinten
Sri Lanka
Berge
9 Adams Peak
Bevölkerung
6 Weddas
7 Burgher, Tamilen, Weddhas
11 Singhalesen
Flughafen
12 Banderanaike
Hauptstadt
7 Colombo

Politikerin
12 Banderanaike
Sprachen
5 Tamil
7 Sinhala
13 Singhalesisch
Städte
6 Jaffna
9 Ratnapura
11 Trincomalee
Ureinwohner
5 Wedda
6 Yaksas
Währung
4 Cent
5 Rupie
Staat
4 Land
5 Prunk, Reich
6 Nation
7 Aufwand
11 Gemeinwesen
in Nahost
7 Libanon
Staat auf der Arabischen Halbinsel
5 Jemen
Staat des
Malaiischen Bundes
7 Malacca, Malakka
Staat im *Himalaja*
5 Nepal
Staat in
Amerika
6 Canada, Kanada
Hinterindien
4 Laos
Vorderasien
4 Irak, Iran
7 Tuerkei
9 Jordanien
Staaten bildende Insekten
6 Bienen
7 Ameisen
8 Termiten
Staatenbund
Eurasiens
3 GUS
Staatenbündnis
2 AG, UN
3 UNO
4 Liga, NATO, Pakt
5 SEATO, Union
7 Allianz, Entente
8 Alliance, Zweibund
11 Foederation, Voelkerbund
12 Commonwealth
14 Konfoederation
16 Nordatlantikpakt
staatlich Beauftragter
9 Kommissar
staatliche(r)
Behörde
7 Eichamt
Mietzuschuss
8 Wohngeld
Vorschrift
6 Gesetz
Zuschuss
10 Subvention
Staatsangehörigkeit
13 Nationalitaet
Staatsanwalt
9 Anklaeger
Staatsbedienstete(r)
6 Beamte
7 Beamter, Beamtin
Staatsbesitz
5 Aerar
7 Domaene
Staatsbewohner(in)
7 Buerger
9 Buergerin
Staatschef
10 Praesident
Staatsfeind
9 Anarchist
Staatsformen
6 Emirat
8 Despotie, Diktatur, Republik, Sultanat, Tyrannei, Tyrannis
9 Herzogtum, Monarchie
10 Demokratie, Faschismus, Machtstaat, Oligarchie, Theokratie, Volksstaat
11 Bundesstaat, Feudalstaat, Fuerstentum, Kaiserreich, Koenigreich, Ochlokratie, Plutokratie, Rechtsstaat
12 Absolutismus, Aristokratie, Beamtenstaat, Polizeistaat, Staendestaat
13 Einheitsstaat, Raeterepublik
14 Grossherzogtum
15 Volksdemokratie
16 Einparteienstaat, Militaerdiktatur
17 Mehrparteienstaat
Staatsführung
6 Regime
9 Regierung

Staatsführungskunst
7 Politik
Staatsgebiet
4 Land
5 Reich
11 Territorium
Staatsgefängnis
in New York
8 Sing-Sing
Staatsgemeinschaft
4 Volk
6 Nation
Staatsgewalt
9 Exekutive, Obrigkeit
Staatsgut
7 Domaene
der früheren Sowjetunion
7 Sowchos
Staatshaushalt
4 Etat
6 Budget
8 Finanzen
Staatshoheit
14 Souveraenitaet
Staatskasse
5 Aerar
6 Fiskus
Staatskutsche
7 Karosse
8 Equipage
Staatsmann
7 Kanzler
9 Politiker
Staatsoberhaupt
6 Kaiser, Koenig, Regent
7 Monarch
9 Herrscher
10 Praesident
Staatsrat im antiken Rom
5 Senat
Staatsreligion in Iran
5 Schia
Staatsschatz
5 Aerar
6 Fiskus
Staatssklave im alten Sparta
5 Helot
Staatsstreich
6 Putsch
7 Umsturz
Staatssymbol
5 Fahne
6 Emblem, Flagge, Wappen
9 Standarte
Staatsteil in fremdem Gebiet
7 Enklave, Exklave
Staatsvertreter
5 Doyen
6 Konsul
7 Attaché, Kurator
8 Diplomat, Gesandte
9 Gesandter
11 Botschafter
Staatsvolk
6 Nation
Stab
5 Stock
6 Stange
7 Stecken
8 Fuehrung, Kommando
15 Fuehrungsspitze
am Spinnrad
6 Rocken
der Auguren
6 Lituus
Stäbchenspiel
6 Mikado
stabil
4 fest, hart
6 sicher, solide
7 haltbar
9 standfest
17 widerstandsfaehig
Stabreim
12 Alliteration
Stabsoffiziere
5 Major
6 Oberst
14 Oberstleutnant
17 Fregattenkapitaen, Korvettenkapitaen
Stabtierchen
8 Bakterie
Stachel
4 Dorn
5 Sporn
6 Borste, Spitze
des Violoncellos
5 Perno
Stacheldrahtzaun
4 Fenz
Stachelflosser
4 Lump
6 Barsch
7 Makrele, Rotbart, Seehase
8 Kaulkopf, Seebarbe
9 Lippfisch, Lumpfisch, Stichling
10 Meeraesche, Plattfisch
11 Schellfisch
Stachelhäuter
7 Echinus, Seeigel, Trepang
8 Asterias, Seegurke, Seelilie, Seestern, Seewalze
9 Haarstern
10 Holothurie
14 Schlangenstern
Stacheltiere
4 Igel
9 Igelfisch
11 Panzerkrebs
14 Stachelschwein
stachliger
Korbblütler
6 Distel
9 Kuhdistel
Kugelfisch
6 Fahaka
Stadion
5 Arena
8 Eisplatz, Rennbahn
9 Hippodrom, Kampfbahn, Sportfeld
10 Sportplatz
11 Sportanlage
Stadium
5 Phase, Stufe
6 Etappe
7 Zustand
9 Abschnitt
Stadt
siehe auch: entsprechende Länder
Stadt am
Ärmelkanal
8 Newhaven
Ätna
6 Giarre
8 Randazzo
Avon
7 Bristol, Evesham, Warwick
Bakonywald
3 Mor
4 Papa
Bayerischen Wald
5 Bruck
Bodensee
5 Arbon
6 Lindau, Uttwil
7 Bregenz
8 Konstanz
9 Meersburg, Rorschach
10 Allensbach, Kressbronn, Radolfzell, Romanshorn, Wasserburg
11 Langenargen, Ueberlingen
15 Friedrichshafen
Byfjord
6 Bergen
Deutschen Eck
7 Koblenz
Dnjepr
4 Kiew
8 Nikropol, Smolensk
14 Dnjepopetrowsk
Don
4 Asow
6 Rostow
9 Woronesch
Dortmund-Ems-Kanal
6 Meppen
Ems-Jade-Kanal
6 Aurich
Eriesee
7 Buffalo
Erzgebirge
8 Freiberg, Oelsnitz
Fuß der Sudeten
6 Neisse
Ganges
5 Patna
6 Kanpur
7 Benares, Danapur
Golf von Biscaya
6 Bermeo
8 Biarritz
Golf von Iskenderun
5 Issos, Issus
Golf von Salerno
6 Amalfi

Großen Sklavensee
3 Rae
Guadania
6 Mérida
Hardanger Fjord
4 Odda
Harz
5 Salza, Thale
6 Goslar, Seesen
8 Osterode, Stolberg
9 Braunlage, Ilsenburg
11 Bad Harzburg, Halberstadt, Wernigerode
Hohen Venn
5 Eupen
Inn
4 Hall, Imst, Rott
6 Dorfen, Passau, Schwaz, Woergl
7 Braunau, Landeck, Simbach
8 Kufstein
9 Innsbruck, Muehldorf, Rosenheim
10 Schaerding, Wasserburg
Kaspischen Meer
4 Baku
6 Astara, Gurjew, Rescht
9 Astrachan
Kocher
5 Aalen
Kuban
7 Armawir
9 Krasnodar, Kropotkin
Lago Maggiore
5 Arona
8 Verbania
Lech
4 Rain
6 Reutte
7 Fuessen
8 Augsburg, Schongau
9 Landsberg
Main
4 Lohr
5 Hanau
6 Woerth
7 Eltmann
8 Hassfurt, Hochheim, Kulmbach, Raunheim, Wertheim
9 Frankfurt, Hainstadt, Hallstadt, Karlstadt, Muehlheim, Offenbach, Steinheim, Wuerzburg
10 Miltenberg, Ochsenfurt
11 Lichtenfels, Schweinfurt
12 Ruesselsheim, Seligenstadt
13 Aschaffenburg
Neckar
4 Horb, Sulz
7 Lauffen, Marbach, Wimpfen
8 Eberbach, Mannheim, Rottweil
9 Besigheim, Esslingen, Heilbronn, Oberndorf, Stuttgart, Tuebingen
10 Heidelberg, Nuertingen, Plochingen, Reutlingen, Rottenburg
11 Ludwigsburg
12 Schwenningen
Niederrhein
7 Geldern
Nil
4 Biba, Gise, Kena, Qena
5 Asjut, Giseh, Gizeh, Kairo, Kerma, Kodok, Luxor, Minje
6 Assjut, Assuan, Atbara, Erment, Luksor, Shambe
7 Chartum, Dongola, El Minja, Kareima, Khartum, Mallawi, Samalut
8 Beni Suef, Manfalut, Mongalla, Omdurman
9 Benimasar, Wadi Halfa
10 Alexandria
Nürburgring
6 Adenau
Oberrhein
8 Breisach
Odenwald
9 Wallduern
Ouse
3 Ely
4 York
8 Kempston
Paraná
6 Zarate
7 Posadas, Rosario
Regen
6 Roding
Rhein
4 Bonn, Chur, Kaub, Kehl, Linz, Porz, Rees, Trun, Weil
5 Basel, Beuel, Brohl, Domat, Flims, Ilanz, Kembs, Koeln, Lorch, Mainz, Moers, Neuss, Ragaz, Rhens, Unkel, Vaduz, Wesel, Worms
6 Bingen, Honnef, Kappel, Kempen, Rhenen, Sinzig, Speyer, Walsum, Xanten
7 Arnheim, Boppard, Homberg, Koblenz, Konstan, Krefeld, Neuwied, Remagen, Sasbach, Willich, Zurzach
8 Braubach, Breisach, Disentis, Dormagen, Duisburg, Eltville, Emmerich, Kevelaer, Loerrach, Lustenau, Mannheim, Nimwegen, Osthofen, Rheineck, Siegburg, Straelen, Waldshut
9 Andernach, Bacharach, Bad Honnef, Gernsheim, Godesberg, Iffesheim, Ingelheim, Karlsruhe, Landquart, Meerbusch, Neuenburg, Nierstein, Oberwesel, Oppenheim, Wiesbaden
10 Leverkusen, Ruedesheim, Saeckingen
11 Duesseldorf, Germersheim, Rheinfelden, Rheinhausen
12 Diessenhofen, Ludwigshafen, Schaffhausen
13 Koenigswinter
Roten Meer
5 Akaba
Schwarzen Meer
4 Poti
5 Anapa, Batum, Gagra
6 Burgas, Odessa
9 Konstanza
10 Sewastopol
Stadtrand Berlins
6 Teltow
Suezkanal
8 Ismailia
Tajo
8 Aranjuez
9 Alcantara
Taunus
8 Kelkheim
Ter
6 Gerona
Teutoburger Wald
7 Detmold
9 Bielefeld
Thüringer Wald
4 Suhl
8 Eisenach
9 Sonneberg
Ural
4 Orsk
5 Irbit
7 Gubacha
8 Karpinsk
Vesuv
6 Pompei
7 Pompeji
Wesel-Datteln-Kanal
4 Marl
Wolchow
8 Nowgorod
Zürichsee
7 Thalwil

Stadt an
der Aare
5 Aarau, Olten
9 Solothurn
der Adria
4 Bari, Fano, Pola, Pula, Zara
5 Fiume, Grado, Split, Trani, Zadar

6 Ancona, Durres, Loreto, Pesaro, Ragusa, Rijeka, Rimini, Triest
7 Durazzo, Lignano, Otranto, Pescara, Spalato, Venedig
8 Barletta, Brindisi
9 Dubrovnik

der Aller
5 Celle
6 Verden
7 Gifhorn
9 Wolfsburg

der Altmühl
7 Kelheim

der Alzette
4 Esch

der Amper
6 Dachau

der Bergstraße
8 Bensheim, Weinheim
9 Eberstadt
10 Heppenheim

der Biala
6 Tarnow, Tuchow

der Bille
7 Reinbek

der Bode
5 Egeln, Elend, Thale

der Brigach
9 Villingen

der Côte d'Azur
6 Cannes

der Dender
3 Ath

der Donau
3 Ulm, Vac
4 Baja, Dalj, Gran, Linz, Melk, Raab, Wien, Ybbs
5 Bogen, Grein, Gyoer, Krems, Tulln, Widin, Zemum
6 Apatin, Braila, Galatz, Komron, Mohacs, Neu-Ulm, Passau, Semlin
7 Belgrad, Kalafat, Neuburg, Neusatz, Novi Sad, Waitzen
8 Hainburg
9 Braislava, Dillingen, Geisingen, Guenzburg, Karlowitz, Muehlheim, Poechlarn, Pressburg, Smederevo, Straubing, Vilshofen
10 Ingolstadt, Regensburg, Riedlingen, Tuttlingen
11 Donauwoerth, Sigmaringen
14 Donaueschingen

der Drau
5 Esseg, Lienz
7 Maribor, Spittal, Villach

der Eger
4 Laun, Saaz

der Elbe
4 Aken, Usti
5 Arnau, Barby, Kolin, Pirna, Riesa, Stade, Wedel
6 Aussig, Coswig, Dessau, Melnik, Torgau
7 Dresden, Hamburg, Meissen, Rosslau, Strehla
8 Bleckede, Cuxhaven, Lobositz, Radebeul, Raudnitz, Schandau, Tetschen
9 Hitzacker, Lauenburg, Magdeburg, Neuenburg, Pardubitz
10 Geesthacht, Leitmeritz, Wittenberg
11 Glueckstadt, Koenigstein, Schoenebeck, Wittenberge
12 Koeniggraetz, Tangermuende

der Ems
4 Leer
5 Emden, Haren, Heede, Rheda
6 Greven, Lingen, Meppen, Rheine
9 Emsdetten, Warendorf

der Enz
9 Besigheim, Pforzheim, Vaihingen

der Erft
5 Neuss
6 Kaster, Liblar
8 Bergheim

der Este
9 Buxtehude

der Etsch
3 Ala
4 Avio
5 Bozen, Meran
6 Merano, Trento, Trient, Verona
8 Rovereto

der Fils
9 Ebersbach, Eislingen

der Freiberger Mulde
7 Doebeln

der Fulda
5 Bebra
6 Kassel
7 Muenden

der Garonne
8 Bordeaux, Marmande, Toulouse

der Havel
6 Berlin, Werder
7 Potsdam
8 Rathenow
11 Brandenburg, Oranienburg

der Hunte
8 Diepholz

der Iller
6 Senden
7 Kempten
11 Illertissen

der Isar
5 Toelz
6 Landau
8 Bad Toelz, Freising, Landshut, Moosburg, Muenchen
9 Plattling
10 Dingolfing
14 Wolfratshausen

der Jagst
9 Ellwangen, Krautheim, Lauchheim

der Kinzig
4 Kehl
5 Hanau

der Krems
8 Wartberg

der Krückau
8 Elmshorn

der Kulpa
9 Karlstadt

der Lahn
3 Ems
4 Diez
6 Nassau, Runkel, Wetter
7 Giessen, Limburg, Marburg, Wetzlar
8 Weilburg
13 Oberlahnstein

der Lausitzer Neiße
5 Guben

der Leine
6 Alfeld, Freden, Gronau, Rethen
7 Laatzen
8 Hannover, Neustadt, Northeim
10 Goettingen

der Leitha
5 Bruck

der Lippe
5 Werne
6 Luenen
7 Dorsten, Haltern

der Loire
5 Blois, Tours
6 Angers, Nantes, Saumur
7 Amboise, Orléans

der Luhe
6 Winsen

der Maas
5 Givet, Grave, Liège, Namur, Sedan, Venlo
6 Dinant, Gennep, Verdun
8 Beaumont, Luettich, Roermond
10 Maastricht

der Marne
5 Meaux
7 Epernay

der Maros
4 Arad, Deva

der Memel
6 Tilsit

der Mindel
6 Burgau

der Mosel
4 Metz, Toul, Zell
5 Treis, Trier

6 Cochem, Epinal, Remich
7 Koblenz
10 Bernkastel, Thionville
14 Traben-Trarbach

der Mulde
6 Dessau, Grimma, Raguhn, Wurzen
10 Bitterfeld

der Muldemündung
6 Dessau

der Mündung der Saar
4 Konz

der Mur
5 Bruck

der Murg
7 Rastatt
8 Gaggenau

der Murr
8 Backnang

der Nagold
4 Calw

der Nahe
4 Kirn
6 Bingen
9 Kreuznach
10 Birkenfeld

der Neiße
5 Glatz

der Niers
4 Goch

der Nuthe
6 Zerbst

der Oder
5 Auras, Brieg, Cosel, Gartz, Guben, Lebus, Ohlau
6 Glogau, Koeben, Oppeln, Ostrau
7 Beuthen, Breslau, Crossen, Doebern, Neusalz, Poelitz, Ratibor, Schwedt, Steinau, Stettin
8 Kuestrin, Neumarkt
9 Frankfurt
12 Fuerstenberg
17 Eisenhuettenstadt

der Oise
4 Anor

der Oka
4 Orel
5 Murom

der Oppa
9 Hultschin

der Ostsee
4 Kiel
6 Danzig, Wismar
7 Gdingen, Koeslin, Kolberg, Luebeck, Rostock, Stettin
9 Flensburg, Stralsund
10 Greifswald
11 Koenigsberg, Ruegenwalde, Swinemuende, Travemuende, Warnemuende

der Peene
6 Anklam, Demmin, Jarmen
7 Malchin, Wolgast

der Pegnitz
4 Lauf
6 Velden
9 Nuernberg

der Regnitz
7 Bamberg
8 Erlangen
9 Forchheim

der Riß
8 Biberach

der Ruhr
5 Essen
6 Dueren, Neheim, Werder, Wetter, Witten
7 Herbede, Kettwig
8 Arnsberg, Duisburg, Herdecke, Meschede, Muelheim, Schwerte
9 Hattingen, Westhofen
10 Oberhausen

der Rur
6 Dueren
7 Juelich
8 Monschau, Roermond

der Saale
3 Hof
4 Jena
5 Calbe, Halle, Kahla, Leuna
8 Alsleben, Bernburg, Naumburg, Saalfeld
9 Merseburg
11 Weissenfels
13 Schwarzenbach

der Saar
6 Merzig
8 Mettlach, Saarburg
9 Dillingen, Saarlouis
11 Voelklingen

der Salzach
6 Laufen
7 Hallein

der Save
5 Agram, Sabac, Sisak
9 Krainburg

der Schutter
4 Lahr

der Seine
5 Melun, Paris, Rouen
6 Troyes
7 Corbeil, Le Havre
12 Saint Germain
13 Fontainebleau

der Sieg
6 Siegen, Wissen
8 Betzdorf

der Spree
7 Bautzen, Beeskow, Cottbus, Luebben

der Stör
7 Itzehoe

der Thaya
3 Laa

der Theiß
6 Sighet, Szeged

der Themse
6 London, Oxford
7 Reading, Windsor
8 Richmond

der Traun
4 Wels

der Trave
7 Luebeck

der Uecker
8 Pasewalk

der Unstrut
5 Nebra
6 Artern, Laucha

der Vechte
8 Nordhorn
9 Neuenhaus

der Warnow
7 Buetzow

der Warthe
5 Konin, Morrn, Posen
8 Kuestrin
9 Landsberg

der Weichsel
5 Plock, Plozk, Thorn
6 Krakau, Leslau, Modlin
8 Bromberg, Dirschau, Graudenz, Sandomir, Warschau

der Werra
7 Muenden
8 Eschwege, Heringen
9 Meiningen

der Werre
7 Herford

der Werse
5 Ahlen

der Wertach
9 Tuerkheim

der Weser
4 Hoya
5 Brake
6 Bremen, Hameln, Minden, Vlotho
7 Hoexter, Muenden, Rinteln
8 Liebenau, Nienburg, Vegesack
9 Nordenham, Stolzenau
10 Holzminden
11 Bodenwerder, Bremerhaven

der Wesermündung
9 Nordenham

der Wolga
5 Gorki, Kasan, Wolok
6 Engels, Gorkij, Rschew
7 Kalinin, Saratow
8 Balachna, Balakowo
9 Astrachan, Wolgograd

der Wörnitz
9 Oettingen

der Wümme
9 Rotenburg

der Wupper
4 Burg
7 Opladen

der Ybbs
9 Waidhofen

der Zwickauer Mulde
3 Aue
5 Penig
8 Glauchau

Stadt am

Arno
4 Pisa
6 Empoli
7 Florenz

Kongo
6 Banana, Besoko
7 Konkolo, Nyangwe
8 Kinshasa
11 Brazzaville
12 Leopoldville

Niger
6 Bamako, Karima
8 Timbuktu

Stadt bei

Augsburg
7 Aichach
9 Friedberg, Wertingen

Bonn
8 Bornheim

Darmstadt
9 Griesheim

Dresden
7 Freital
8 Radebeul

Düsseldorf
4 Haan
5 Kleve
8 Ratingen

Eisenach
5 Ruhla, Wutha

Gera
9 Ronneburg

Hamburg
7 Harburg

Hannover
7 Garbsen, Springe

Hof
5 Rehau

Karlsruhe
8 Bruchsal
9 Ettlingen

Kassel
9 Lohfelden

Koblenz
7 Bendorf

Köln
6 Bruehl, Huerth
9 Erftstadt

Königs Wusterhausen
6 Zeesen

Leipzig
6 Taucha

Lissabon
5 Mafra
6 Almada
7 Amadora

London
5 Luton

Los Angeles
8 Glendale, Pasadena

Ludwigsburg
6 Asperg

Magdeburg
4 Born, Burg

Merseburg
5 Leuna

Nürnberg
6 Fuerth
8 Zirndorf

Plauen
5 Pausa

Potsdam
7 Beelitz

Radebeul
6 Coswig

Rom
6 Tivoli

Speyer
8 Hassloch

Stuttgart
8 Fellbach

Ulm
8 Laupheim

Venedig
8 Chioggia

Wittenberg
5 Zahna

Zürich
9 Dietlikon

Stadt im

Allgäu
4 Isny
6 Wangen
7 Fuessen, Kempten
9 Sonthofen
10 Oberstdorf

alten Babylon
5 Akkad

Baskenland
4 Irun

Bayerischen Wald
7 Freyung, Zwiesel
9 Koetzting

Bergischen Land
4 Haan
7 Lindlar, Opladen, Schwelm, Velbert
8 Solingen
9 Remscheid, Wuppertal

Breisgau
8 Breisach, Freiburg
11 Emmendingen

Burgenland
4 Rust

Emsland
6 Lingen

Erftkreis
6 Kerpen

Erzgebirge
3 Aue, Dux
8 Annaberg, Oelsnitz, Thalheim, Zschopau
9 Olbernhau, Stollberg
10 Glashuette, Marienberg, Schneeberg
12 Lichtenstein
13 Schwarzenberg

Erzgebirgischen Becken
8 Chemnitz

Fichtelgebirge
7 Arzberg
9 Wunsiedel

Fläming
9 Jueterbog

Golf von Neapel
6 Ischia

Hegau
4 Aach
6 Singen

Hennegau
3 Ath
9 Charleroi, Frameries

Hunsrück
7 Simmern

Illertal
6 Senden
10 Voehringen

Kraichgau
7 Bretten
8 Eppingen

Land Salzburg
8 Radstadt

Lausitzer Bergland
6 Loebau

Libanon
3 Sur

Lipper Bergland
5 Lemgo

Mühlviertel
9 Freistadt

Münsterland
5 Oelde
6 Beckum, Borken, Vechta, Vreden
7 Duelmen
8 Coesfeld
9 Emsdetten

Nierstal
8 Kevelaer

Odenwald
6 Erbach
8 Eberbach
10 Pfungstadt
11 Michelstadt

Pinzgau
5 Bruck
9 Zell am See

Remstal
5 Lorch
9 Weinstadt

Rheingau
8 Eltville

Rhônedelta
5 Arles

Riesengebirge
6 Liebau

Ruhrgebiet
4 Hamm, Marl, Unna, Werl
5 Essen, Hagen, Herne, Kamen
6 Bochum, Herten, Luenen, Menden, Werden, Wetter, Witten
7 Bocholt, Bottrop, Haltern, Kettwig
8 Arnsberg, Dortmund, Duisburg, Gladbeck, Herdecke, Muelheim, Schwerte
9 Hattingen
10 Oberhausen

11 Wanne Eickel
12 Wattenscheid
13 Castrop Rauxel, Gelsenkirchen
14 Recklinghausen

Saar-Nahe-Bergland
5 Kusel

Sauerland
4 Olpe
5 Adorf, Balve, Hagen, Hemer
6 Altena, Brilon, Menden
7 Kierspe, Velmede, Werdohl
8 Arnsberg, Iserlohn, Meschede, Warstein
9 Attendorn, Ennepetal
12 Luedenscheid

Schwarzwald
4 Calw, Lahr
5 Buehl
6 Achern, Hirsau, Nagold
7 Todtnau, Triberg, Wildbad, Wolfach
8 Freiburg, Gaggenau, Hornberg, Loerrach, Neustadt, Rottweil
9 Duerrheim, Oberkirch, Offenburg, Pforzheim, Villingen, Waldkirch
10 Alpirsbach, Baden Baden, Furtwangen, Schopfheim, Schramberg
11 Badenweiler, Baiersbronn
12 Freudenstadt, Sankt Blasien, Sankt Georgen, Schwenningen
14 Donaueschingen

Staat New York
5 Delhi, Utica
6 Auburn, Elmira, Ithaca
7 Yonkers
8 Syracuse

Staat Washington
7 Hanford, Seattle

Taunus
7 Idstein, Usingen
8 Bad Soden, Kronberg
9 Friedberg, Oberursel
10 Bad Homburg, Bad Nauheim

Unterelsass
7 Erstein, Hagenau
8 Haguenau

Vogtland
3 Aue
5 Adorf, Mylau
6 Gefell, Plauen
8 Auerbach, Oelsnitz
11 Klingenthal, Reichenbach

Waldviertel
6 Gmuend, Zwettl

Wienerwald
8 Hainfeld

Wolgadelta
9 Astrachan

Stadt in

Alaska
4 Nome
9 Anchorage, Fairbanks

Andalusien
6 Bailen, Huelva
7 Linares, Sevilla

Apulien
5 Lecce, Nardo
6 Andria, Ascoli, Canosa

Arizona
4 Yuma
6 Bisbee, Tucson

Arkadien
8 Mantinea, Tripolis

Attika
7 Eleusis, Lavrion
8 Iraklion

Böhmen
4 Eger, Most, Taus
5 Jicin, Lissa, Plana
9 Friedland, Marienbad

Brabant
4 Asse
5 Breda, Halle
6 Braine, Landen, Loewen
8 Waterloo, Zaventem
9 Eindhoven

Dalmatien
5 Split, Zadar
6 Ragusa, Trogir
7 Sibenik
9 Dubrovnik

der Bretagne
5 Dinan

der Champagne
5 Reims

der Charente
6 Cognac

der Côte d'Or
6 Beaune

der Cyrenaika
6 Tobruk

der Danziger Bucht
6 Putzig

der Eifel
5 Pruem
7 Bitburg

der Hallertau
9 Abensberg

der Holsteinischen Schweiz
5 Eutin

der Kapprovinz
9 Kimberley

der Lüneburger Heide
6 Soltau, Uelzen

der Oberpfalz
6 Alfeld, Amberg, Weiden
7 Vilseck
8 Auerbach, Berching, Neumarkt, Nittenau
9 Koetzting

der Provence
9 Cavaillon, Martigues

der Steiermark
8 Eisenerz, Hartberg, Koeflach, Neumarkt
9 Gleisdorf, Judenburg

der Toskana
4 Pisa
5 Massa, Prato, Siena
7 Carrara, Cascina, Cortona, Fiesole, Florenz, Livorno
8 Camaiore, Piombino

der Wetterau
8 Butzbach
9 Friedberg

Florida
5 Tampa
7 Hialeah, Orlando

Gelderland
3 Ede
8 Nimwegen, Zevenaar
9 Apeldoorn, Barneveld

Georgia
6 Athens
7 Augusta

Hawaii
4 Hilo, Oahu
8 Honolulu
11 Pearl Harbor

Illinois
5 Kairo
6 Aurora, Joliet, Moline, Peoria, Quincy, Urbana
7 Chicago, Chikago, Decatur
8 Danville, Evanston, Rockford, Streator, Waukegan
9 Champaign, Galesburg

Jaen
5 Ubeda

Jamaika
10 Montego Bay

Jämtland
5 Alsen

Kalifornien
6 Blythe, Eureka, Fresno
7 Anaheim,Oakland, San José
8 Berkeley, Lakewood, Pasadena, San Diego, Santa Ana

Kampanien
7 Pompeji
8 Ercolano, Gragnano

Kansas
6 Salina
7 Wichita
8 Atchison
9 Dodge City

Kärnten
6 Gmuend
7 Villach
8 Bleiburg, Hermagor
9 Landskron, Wolfsberg

Kent
7 Chatham
8 Dartford
9 Faversham, Rochester

Lancashire
9 Blackburn

Lancaster
6 Ashton
8 Rochdale

Limburg
7 Heerlen, Tegelen
8 Brunssum, Kerkrade
Lothringen
8 Saarburg
Mähren
7 Goeding, Olmuetz
Maryland
9 Baltimore
Massachusetts
5 Salem
9 Lexington, Worcester
Michigan
7 Bay City, Detroit, Livonia, Pontiac, Saginaw
Mississippi
9 Vicksburg
Missouri
8 Columbia
Murcia
5 Cieza, Lorca
Nebraska
5 Omaha
8 Columbus
New Jersey
6 Camden
7 Hoboken
Niederösterreich
4 Retz
Niederschlesien
6 Halbau, Haynau, Lueben, Wartha, Winzig, Zobten
7 Bunzlau, Neurode
8 Goerlitz, Liegnitz, Strehlen, Striegau
Nordböhmen
7 Gablonz
Nordfriesland
8 Niebuell
Oberägypten
5 Luxor
8 Benisuef
Oberbayern
8 Penzberg, Weilheim
9 Starnberg
Oberfranken
4 Selb
5 Naila
6 Coburg, Rodach
7 Bamberg, Selbitz
Oberschlesien
6 Lipine, Oppeln
7 Beuthen,Ratibor
8 Gleiwitz, Grottkau
9 Guttentag, Kattowitz
Ohio
8 Lakewood
9 Ashtabula, Cleveland
Oklahoma
4 Enid
5 Tulsa
Ostfriesland
5 Esens
6 Detern, Norden, Weener
8 Wittmund
Ostpreußen
5 Cranz, Eylau, Memel
6 Elbing, Goldap, Pillau, Tapiau, Tilsit, Wehlau
8 Osterode, Saalfeld
9 Gumbinnen, Guttstadt
10 Allenstein, Braunsberg
Overijssel
8 Enschede
Palästina
4 Gasa
7 Samaria
Pennsylvanien
4 Erie
9 Bethlehem, Lancaster
Ravenna
6 Faenza
Rheinhessen
5 Worms
Sibirien
4 Omsk, Seja, Tara, Tura
5 Narym, Taiga, Tomsk
7 Irkutsk, Tschita
8 Sretensk
9 Samarkand, Taschkent
11 Krasnojarsk, Nowosibirsk, Wladiwostok, Woroschilow
Sizilien
4 Gela
Solothurn
5 Olten
Südbaden
6 Achern
Südtirol
3 Ala
5 Bozen, Meran
6 Brixen
7 Bolzano, Bruneck
8 Sterzing
Sussex
8 Hastings
Tennessee
7 Memphis
9 Knoxville
Texas
4 Waco
6 Dallas, El Paso, Laredo
7 Abilene, Houston
8 Amarillo, Pasadena
9 Arlington,Texarkana
Umbrien
6 Assisi, Gubbio
7 Foligno, Orvieto, Perugia, Spoleto
Unterfranken
5 Ebern
7 Alzenau
8 Arnstein
9 Gemuenden, Kitzingen
Uttar Pradesch
4 Agra
Venetien
4 Este
Virginia
7 Norfolk, Roanoke
9 Arlington, Lynchburg
Vorarlberg
7 Bludenz
8 Dornbirn, Lustenau
9 Feldkirch
Westböhmen
6 Pilsen
Westfalen
4 Hamm
Wyoming
6 Casper
7 Laramie
Yorkshire
5 Hedon, Leeds
7 Bentley, Beverly
8 Barnsley, Bradford, Keighley, Kingston
9 Sheffield, Wakefield

Stadtadel
9 Patriziat

Stadtbehörde
9 Magistrat

Stadtbewohner
7 Buerger

Stadtburg
9 Zitadelle

Stadtburg von
Altrom
7 Kapitol
Athen
9 Akropolis
Granada
8 Alhambra
London
5 Tower
Moskau
5 Kreml
Prag
9 Hradschin
Rom
10 Engelsburg
Toledo
7 Alcazar

Städtebund im Mittelalter
5 Hansa, Hanse

Stadteingang
3 Tor

Stadtgebiet
7 Viertel
8 Ortsteil

städtisch
5 urban
8 kommunal
9 munizipal

städtische(r)
Beamter
6 Fenner
Verkehrsmittel
3 Bus
4 Obus, Tram
5 Metro, S-Bahn, U-Bahn
7 Autobus, Omnibus
8 Hochbahn
9 Stadtbahn
10 Haengebahn, Trolleybus
12 Strassenbahn
14 Untergrundbahn

Stadtkanal
5 Fleet
6 Gracht

Stadtmitte
4 City
7 Zentrum
Stadtoberhaupt
14 Buergermeister
Stadtpark
6 Anlage
Stadtrand
10 Peripherie
Stadtrat
5 Senat
9 Magistrat
Stadtsektor der ehemaligen DDR
9 Ostberlin
Stadtsilhouette
7 Skyline
Stadtstreicher
7 Bettler
8 Clochard
Stadtteil
7 Viertel
der ungarischen Hauptstadt
4 Buda
nordafrikanischer Städte
5 Kasba
Stadtverwaltung
9 Magistrat
Stadtverwaltungssitz
7 Rathaus
Staffel(lauf)
8 Stafette
Staffelung
6 Nuance
7 Stufung
9 Abstufung
Stagnation
7 Stauung
8 Stockung
10 Stillstand
Stahl-Nickel-Legierung
5 Invar
Stahlkammer
4 Safe
6 Tresor
Stahlplattenklavier
7 Celesta
Stahlross
3 Rad
4 Velo
7 Fahrrad
9 Drahtesel
Stahlseil
5 Kabel
6 Trosse
Stahlstäbchen für Treibarbeit
5 Punze
Stahlstifte im Winterreifen
6 Spikes
Stahltrosse
9 Drahtseil
Stahlwerkarbeiter
6 Walzer
Stallabteil
3 Box
Stalldung
4 Mist
Stallhase
9 Kaninchen
Stallmist
4 Dung
Stallunterlage
5 Streu
Stammbaum
6 Stemma
8 Pedigree
Stammbaumforscher
9 Genealoge
Stammeszeichen
5 Totem
Stammform der Lamas
7 Guanako
Stammhalter
4 Sohn
stämmig
6 bullig, robust
7 kompakt
9 gedrungen
10 untersetzt
Stammmutter
3 Eva
4 Ahne
der Ludolfinger
3 Oda
Stammtischpolitiker
12 Politikaster
Stammtruppe
5 Kader
Stammvater
3 Ahn
4 Adam
9 Patriarch
Stammvater der *Edomiter*
4 Esau
eines Riesengeschlechts
4 Enak
Griechen
6 Danaus
Israeliten
5 Isaak, Jakob
7 Abraham
Menschen
4 Adam, Manu
Moabiter
3 Lot
Phöniker
7 Phoenix
Semiten
3 Sem
stammverwandte Wörter
8 Paronyme
stampfendes Auftreten
9 Getrampel
Stampfer
7 Pistill
8 Stoessel
Stampfgefäß
7 Moerser
Standard
4 Mass, Norm
6 Niveau
8 Massstab
9 Richtmass
11 Richtschnur
Standbild
5 Figur
6 Statue
7 Denkmal, Plastik
8 Monument
9 Statuette
10 Bildsaeule
Ständchen
8 Serenade
Ständer
6 Stativ
7 Etagere
8 Stellage
Ständerpilz
7 Schwamm
standesamtliche Heirat
8 Zivilehe
Standesbezeichnung
5 Titel
Standesdünkel
11 Kastengeist
Standessprache
5 Idiom
standfest
6 stabil
10 bestaendig
Standfestigkeit
11 Stabilitaet
standhaft
4 fest
5 ehern
6 eisern
9 unbeugsam
17 unerschuetterlich
ständig
5 immer, stets
7 dauernd, laufend
8 konstant
9 habituell, permanent, stereotyp
tränendes Sehorgan
9 Triefauge
ständige(r, s)
Besucher
9 Stammgast
Genörgel
9 Quengelei
ständische *Kleidung*
6 Tracht
Standleuchte
9 Stehlampe
Standleuchter
10 Kandelaber
Standort
4 Lage, Sitz
5 Platz
6 Stelle
7 Station
8 Garnison, Position
Standpauke
6 Sermon
9 Strafrede
15 Gardinenpredigt
Standpunkt
7 Ansicht, Doktrin, Meinung
10 Anschauung, Auffassung
12 Ueberzeugung
Standwirbel
9 Pirouette
Stange
4 Stab

5 Barre, Latte, Stake, Stock
8 Baskuele

Stängel
4 Halm
5 Stiel
8 Grashalm

Stangengemüse
7 Spargel

Stänkerer
9 Querulant

Stanzgeräteteil
7 Stempel

Stapel
5 Stoss
6 Haufen
10 Schichtung

stapeln
7 haeufen, tuermen
9 schichten

Starenvögel
3 Beo
9 Rosenstar
11 Hirtenmaina, Huegelatzel, Madenhacker

stark
8 intensiv, kraeftig

abfallende Küste
9 Steilufer

abfallendes Gelände
9 Steilhang

abfallend
5 steil

ansteigend
5 steil

glühender Meteor
9 Feuerball

mitgenommen
10 ramponiert

schnauben
7 prusten

Starkbier
4 Bock

Stärke
5 Force, Kraft, Macht, Power

in Dahlienknollen
6 Inulin

in Maniokwurzeln
7 Tapioka

starke(r, s)

Brett
5 Bohle
6 Planke

Drahtseil
6 Trosse

Erwärmung
9 Erhitzung

Feuchtigkeit
6 Naesse

Gefühl
4 Glut

Haar
6 Borste

Handmesser
5 Kneif, Kneip

Karton
5 Pappe

Nähfaden
5 Zwirn

persönliches Interesse zeigend
9 engagiert

Schiffsflaschenzug
4 Gien

Schiffsplanke
6 Rueste

Schiffstau
6 Trosse

Schnur
4 Seil

Wind
5 Sturm

Zuversicht
9 Vertrauen

Zweig
3 Ast

Stärkemehl
4 Sago
7 Kassawa, Tapioka
9 Arrowroot
16 Palmenmarkgraupe

stärkste

Abneigung
4 Hass

Hitze
9 Weissglut

stärkster

Finger der Hand
6 Daumen

Sturm
5 Orkan

Starkton im Vers
5 Iktus

Stärkungsmittel
7 Tonikum
8 Roborans

starr
5 rigid, steif
11 unbeweglich

blicken
7 starren, stieren

Starre
9 Steifheit
10 Rigiditaet
15 Unbeweglichkeit

starrköpfig
7 trotzig
8 verbohrt

Starrköpfigkeit
5 Trotz

Starrkrampf
7 Tetanie, Tetanus

starrsinnig
4 stur
6 bockig
7 trotzig
8 obstinat
10 aufsaessig
11 dickkoepfig
13 widerspenstig

starrsinniger Mensch
9 Trotzkopf

Starrsucht
10 Katalepsie

Start
6 Abflug, Anfang, Beginn
7 Abfahrt, Abreise, Take-off
8 Absprung, Aufbruch, Ursprung

Startbahn
6 Runway

Starter am Motor
8 Anlasser

Station
11 Haltestelle

Statist
8 Figurant, Komparse

statistische(s)

Darstellung
8 Diagramm

Übersicht
7 Tabelle

Zeichen
5 Index
8 Messzahl

Stätte
3 Ort
5 Platz
6 Stelle

für Hilfsbedürftige
6 Bethel

stattlich
8 imposant, statioes
10 ansehnlich
14 repraesentabel

Statue

eines nackten Jünglings
5 Koros

vor dem Bremer Rathaus
6 Roland

Status
4 Lage
5 Stand
7 Bestand, Stadium, Zustand
8 Stellung
9 Situation

Statut
7 Satzung

Stauanlagen
4 Damm, Wehr
7 Schuetz, Stausee
8 Schleuse, Schuetze
9 Talsperre
10 Staubecken

Staubablagerung der Quartärzeit
5 Loess

Staubbesen
4 Mopp

Staublunge
8 Silikose

Staubmessgerät
9 Konimeter

Staudamm in

Ägypten
6 Assuan

den USA
9 Hoover Dam

Stauung
5 Stase
6 Stasis
8 Stockung
10 Stagnation

Stauwerk
4 Wehr
stechende(r)
Farbe im Kartenspiel
6 Trumpf
Hautflügler
5 Wespe
Schmerz
5 Stich
Spitze an Pflanzen
4 Dorn
Stechgeräte
4 Ahle, Dorn
5 Nadel, Nagel
6 Pfriem, Spitze
7 Stachel
Stechheber
7 Pipette
8 Saugrohr
10 Saugroehre
Stechimme
8 Erzwespe, Wegwespe
9 Goldwespe, Grabwespe, Sandbiene, Waldwespe, Wollbiene
Stechmücken
5 Gelse
6 Bremse, Dassel, Gnitte, Gnitze
7 Moskito, Schnake
9 Anopheles
12 Dasselfliege
Stechpalmen
4 Ilex, Mate
5 Hulst
6 Huelse
Stecken
4 Stab
5 Gerte, Stock
9 Rohrstock
Steckenpferd
5 Hobby
11 Liebhaberei
Steckrübe
5 Wruke
Steckschlüssel
8 Vierkant
Stegreifkomposition
9 Impromptu
Stegreifvortrag
13 Improvisation
Stehler
4 Dieb
7 Raeuber
10 Langfinger
11 Taschendieb
Stehltrieb
11 Kleptomanie
Stehvermögen
8 Ausdauer
Steiermärker
7 Steirer
steif
5 klamm, rigid, starr
8 hoelzern, linkisch, ungelenk
11 unbeweglich
steife(r, s)
Eiweißschaum
6 Schnee
Hut
4 Bibi
6 Bowler, Melone
8 Zylinder
Leinen
8 Drillich
Sumpfgras
5 Binse
Steifgaze
6 Etamin
Steifheit
6 Starre
9 Gravitaet
Steifleinwand
7 Bougram, Bougran
steigen
8 klettern
9 erklimmen
der Börsenkurse
6 Hausse
des Meeresspiegels
4 Flut
steigende Luft
7 Aufwind
8 Aufstrom
steigern
9 forcieren
13 intensivieren
Steigerung
6 Klimax
7 Zunahme
10 Eskalation
11 Progression
14 Intensivierung
von: gut
6 besser
Steigerungsstufe
10 Komparativ, Superlativ
Steiggerät
6 Leiter
steil
anführende Straße
6 Steige
aufsteigendes Gebirge
9 Gesprenge
Steilböschung
9 Prallhang, Prallufer
steile, enge Holztreppe
6 Stiege
steiler
Bergabfall
4 Wand
schmaler Weg
5 Steig
Steilküste
5 Kliff
Steilschuss beim Fußball
5 Bombe, Kerze
Steilwand
4 Fluh
Steinblock
4 Fels
6 Felsen
8 Findling, Monolith
Steinbock
3 Tur
Steinbrechgewächse
4 Itea
5 Ribes
7 Astilbe, Deutzie
8 Bergenia, Bergenie, Goldmilz, Heuchera
9 Herzblatt, Hortensie, Milzkraut, Parnassia
10 Escallonia
Steindruck
11 Lithografie
12 Lithographie
Steindrucker
9 Lithograf
10 Lithograph
Steinfigur bei Giseh
6 Sphinx
Steinfrüchte
6 Prunus
7 Kirsche, Pflaume
8 Aprikose, Pfirsich, Quetsche, Zwetsche
9 Mirabelle, Reneklode, Zwetschge
11 Reineclaude
Steingarten
7 Alpinum
Steingrab der Frühgeschichte
6 Dolmen
10 Huenengrab
Steingut
7 Keramik
Steingutflasche
5 Kruke
7 Plutzer
Steinkohlenprodukte
3 Gas
4 Koks, Teer
6 Anilin, Benzol
Steinkohlenverarbeitung
9 Verkokung
Steinkohlenzeit
6 Karbon
Steinlawine
9 Bergsturz
Steinmetzgerät
9 Zweispitz
steinreicher Mann
5 Nabob
7 Kroesus
10 Millionaer
11 Milliardaer
15 Multimillionaer
Steinsammlung
10 Lapidarium
Steinsarg
9 Sarkophag
Steinsäule
6 Menhir
7 Obelisk
Steinschleudermaschine
8 Bombarde
Steinschneidekunst
7 Glyptik
Steinschneider
7 Graveur
Steinwand
5 Mauer

Steinzeichner
9 Lithograf
10 Lithograph
Steinzeichnung
6 Gravur
11 Lithografie
12 Lithographie
steinzeitliche(r)
Höhle bei Holheim
5 Ofnet
Wohnstelle
4 Abri
8 Pfahlbau
Stelldichein
4 Date
5 Treff
6 Dating
9 Fensterln
10 Rendezvous
11 Verabredung
Stelle
3 Ort
5 Lokus, Platz, Stand
des Entdeckten
7 Fundort
des Verbrechens
6 Tatort
Stellgriff
5 Hebel
Stellmacher
6 Wagner
10 Wagenbauer
Stellmachergeräte
9 Radbohrer, Richtbeil, Stockbeil
Stellung
3 Amt, Job
4 Lage, Pose, Rang
5 Stand, Stufe
6 Posten
7 Haltung, Positur
8 Lokation, Position
9 Situation
der Gestirne
6 Aspekt
13 Konstellation
im Gesellschaftsleben
4 Rang
Stellungnahme
6 Urteil
7 Meinung
9 Gutachten, Kommentar
11 Beurteilung
Stellungsgesuch
9 Bewerbung
Stellungsuchender
8 Bewerber
Stellvertreter
4 Vize
8 Adjutant, Verweser
10 Ersatzmann
13 Repraesentant
eines Geistlichen
5 Vikar
Stelzvögel
4 Ibis
6 Adebar, Marabu, Reiher, Simbil, Storch
7 Kranich, Sichler
8 Flamingo, Loeffler, Schnepfe, Waldibis, Waldrapp
9 Kuhreiher, Schaufler
10 Graureiher, Hausstorch, Nimmersatt, Rohrdommel
11 Abdimstorch, Fischreiher, Maehnenibis, Nachtreiher
12 Kahnschnabel, Purpurreiher, Rallenreiher, Sattelstorch, Schopfreiher
13 Klaffschnabel, Loeffelreiher, Rosenloeffler, Schattenvogel, Schuhschnabel, Schwarzstorch
15 Zwergrohrdommel
stenografisches Kürzel
5 Sigel
Steppe in
Nordamerika
7 Praerie
Sibirien
6 Tundra
Südafrika
8 Kalahari
Südamerika
5 Pampa
6 Pampas
Ungarn
6 Puszta
Steppenfuchs
6 Korsak
7 Karagan
Steppenkatze
5 Manul
Steppennagetier
6 Ziesel
Steppenpflanze
5 Stipa
9 Federgras, Kamelgras
Steppenwolf
6 Kojote
Sterbeort
Beethovens
4 Wien
Bismarcks
13 Friedrichsruh
Bruckners
4 Wien
Casanovas
3 Dux
des Kaisers Augustus
4 Nola
Goethes
6 Weimar
Hauptmanns
9 Hiddensee
Hofers
6 Mantua
Shakespeares
9 Stratford
Wallensteins
4 Eger
Sterblichkeit
10 Letalitaet
11 Mortalitaet
steril
8 keimfrei
9 aseptisch
11 unfruchtbar
Stern im Bild
Adler
5 Atair
6 Altair
Bootes
6 Arktur
8 Arkturus
Fuhrmann
7 Capella, Kapella
Großer Hund
6 Sirius
Großer Wagen
5 Alkor
Jungfrau
5 Spica, Spika
Kleiner Bär
6 Kochab
9 Nordstern
10 Polarstern
Krone
5 Gemma
Leier
4 Wega
Orion
5 Rigel
9 Bellatrix
Perseus
6 Algol
Schwan
5 Deneb
7 Schedir
Skorpion
5 Akrab
7 Antares
Stier
9 Aldebaran
Walfisch
4 Mira
Zwillinge
6 Castor, Kastor, Pollux
Sterndeuter
9 Astrologe
Wallensteins
4 Seni
Sterndeutung
10 Astrologie
sternenähnliches Objekt im Kosmos
6 Quasar
Sternfahrt
6 Rallye
Sternforscher
8 Astronom
13 Astrophysiker
Sterngruppe im Bild
Orion
6 Trapez
Stier
8 Plejaden

Sternhaufen im Bild
Jungfrau
10 Virginiden
Löwe
8 Leoniden
Perseus
9 Perseiden
Wassermann
9 Aquariden
Zwillinge
9 Geminiden
Sternkunde
10 Astronomie
Sternschnuppe
6 Meteor
8 Meteorit
Sternschnuppenschwarm
7 Lyriden
8 Leoniden
9 Perseiden
Sternwarte
13 Observatorium
Stethoskop
8 Hoerrohr
stetig
8 konstant
14 kontinuierlich
Stetigkeit
8 Konstanz
12 Kontinuitaet
14 Beharrlichkeit
stets
4 ewig
5 immer
7 dauernd, immerzu
8 jedesmal, konstant, staendig
9 immerfort, permanent
12 fortwaehrend
14 kontinuierlich
beliebter Schlager
9 Evergreen
Steuer
5 Pinne, Ruder
6 Abgabe, Lenker, Umlage, Volant
7 Beitrag, Lenkrad
Steuerband
9 Banderole
Steuerbehörde
9 Finanzamt
Steuergerät
6 Regler
steuerlich begünstigt
9 absetzbar
steuerndes Ausgleichselement
9 Regulativ
Steuerruder
8 Leitwerk
Steuerstreifen
9 Banderole
Steuerung
7 Lenkung
Steuerungsanlage
6 Relais
im Flugzeug
9 Autopilot
Steuerungsscheibe
8 Exzenter
Steuerungsteil
8 Stoessel
Steuervorrichtung
6 Lenker
Steven eines Kriegsschiffs
7 Rammbug
stichelnde Rede
7 Sottise
stichhaltig
7 triftig
10 schluessig
14 beweiskraeftig
Stichkarte
5 Atout
6 Trumpf
Stichling
9 Dornfisch
Stichprobe
4 Test
6 Sample
7 Auswahl
9 Kontrolle
Stichwaffen
5 Degen, Dolch, Lanze
6 Rapier, Spiess
7 Florett, Schwert, Stilett
8 Bajonett
Stichwaffenbehältnis
7 Scheide
Stichwort
5 Lemma
Stichwortverzeichnis
5 Index
8 Register
Stickerei
6 Feston
7 Grelots
10 Tapisserie
Stickereiart
9 Perlstich
Stickereigrundstoff
4 Aida
Stickmaterial
8 Perlgarn
Stickrahmen
6 Tambur
8 Tamburin
Stickstoff
4 Azot
8 Nitrogen
11 Nitrogenium
Stickstoffverbindungen
4 Amid, Amin, Azid
6 Nitrat, Nitrid, Nitrit
7 Eiweiss, Lachgas
8 Imidazol, Salpeter
14 Salpetersaeure
Stiefelteil
6 Schaft
Stiefmütterchen
6 Pensee
Stiefsohn der Phädra
8 Hippolyt
Stieftochter des Herodes
6 Salome
7 Antipas
Stiefvater Rolands
7 Ganelon
Stieglitz
8 Goldfink
10 Distelfink
Stielbrille
7 Lorgnon
9 Lorgnette
Stielring bei Pilzen
7 Annulus
Stierkämpfer(in)
6 Torera, Torero
Stierkämpferdegen
5 Spada
Stierkämpfertuch
4 Capa
Stierkampfteilnehmer
5 Chulo
6 Espada, Torero
7 Matador, Picador
8 Capeador, Kapeador, Toreador
9 Cachetero, Picadores
12 Banderillero
Stift
4 Dorn
5 Abtei, Nagel, Pinne
7 Kloster, Konvikt
8 Lehrling
14 Schusterzwecke
bei Heidelberg
7 Neuburg
in der Sohle von Rennschuhen
5 Spike
in Winterreifen
5 Spike
und Abschlagplatz
3 Tee
Stifter der(s)
Christentums
5 Jesus
gnostischen Religion
4 Mani
Internationalen Motorradrennens
6 Florio
Islams
8 Mohammed
Jesuitenordens
6 Loyola
Tennispreises
5 Davis
Stifterfigur im Naumburger Dom
3 Uta
8 Dietrich, Ekkehard
Stifterin
der Ursulinen
6 Angela
des Goethearchivs
6 Sophie
des Klarissenordens
5 Klara
Stiftsherr
7 Domherr
9 Kapitular
Stiftskirche
3 Dom
5 Abtei
8 Muenster

Stiftsvorsteher(in)
3 Abt
6 Propst
9 Aebtissin
Stiftung
7 Benefiz
8 Donation
9 Fundation, Gruendung, Schenkung
10 Stipendium
11 Institution
Stiftungsverwalter
7 Kurator
Stil
4 Note
5 Genre
der Popmusik
6 Reggae
des 13. Jahrhunderts
7 Ducento, Dugento
8 Duecento
Stilepochen
5 Gotik
6 Barock, Rokoko
7 Klassik, Moderne, Romanik
8 Altertum, Kubismus, Romantik
9 Dadaismus, Nachgotik, Tachismus
10 Jugendstil
11 Biedermeier, Renaissance
12 Klassizismus, Surrealismus
13 Pointillismus
15 Expressionismus, Impressionismus
16 Konstruktivismus
still
5 leise, ruhig
6 passiv
7 lautlos
8 unbewegt
9 friedlich
10 schweigsam
12 geraeuscharm, geraeuschlos
Stille
4 Ruhe
9 Schweigen, Silentium
stille(r)
Andacht
5 Gebet
13 Kontemplation
Zorn
5 Groll
Stillehre
9 Stilistik
Stiller Ozean
7 Pazifik
Stillhalteabkommen
10 Moratorium
stilloses Kunstwerk
9 Tragelaph
Stillstand
4 Halt, Stau, Stop
5 Stopp
7 Stauung, Totlage
8 Stockung, Totpunkt
10 Stagnation
der Rechtspflege
9 Justitium
stillstehend
5 starr
8 statisch
11 stagnierend
Stilnachahmung
9 Pasticcio
Stilrichtung
der Popmusik
4 Soul
des Schlagers
8 Popmusik
Stimmabgabe
5 Votum
Stimmabgabebefugnis
9 Wahlrecht
Stimmabgaberaum
9 Wahllokal
Stimmapparat
7 Glottis
Stimmbänderentzündung
9 Chorditis
Stimmberechtigter
7 Waehler
Stimmbildungslehre
8 Phonetik
Stimmblättchen
5 Zunge
Stimme
3 Vox
5 Organ, Votum
in einem Musikwerk
4 Part
stimmend
7 korrekt, richtig
Stimmenlärm
7 Lamento
8 Geschrei
Stimmenverteilung
9 Splitting
stimmhaft
5 sonor
stimmhafter Verschlusslaut
5 Media
stimmkräftig
9 lautstark
Stimmlagen
3 Alt
4 Bass
5 Tenor
6 Sopran
7 Bariton, Diskant
11 Bassbariton, Mezzosopran
12 Koloraturalt, Tenorbariton
Stimmlagenbereich
9 Tonumfang
stimmloser Verschlusslaut
6 Tenuis
Stimmlosigkeit
7 Aphonie
Stimmorgan der Singvögel
6 Syrinx
Stimmritze
7 Glottis
Stimmritzenlaut
7 Glottar
Stimmstock
5 Seele
Stimmung
5 Ernst, Laune
8 Euphorie
10 Heiterkeit
11 Atmosphaere
13 Aufgelegtheit
stimmungsvoll
7 lyrisch
8 poetisch
10 romantisch
Stimmwechsel
8 Mutation
Stimmzettelbehälter
4 Urne
8 Wahlurne
Stimulation
7 Reizung
8 Erregung
Stinkmarder
4 Ratz
5 Iltis
6 Wiesel
Stinktiere
5 Skunk
7 Surilho, Zorilla
Stirnbandreif
6 Diadem
Stirnreif
6 Diadem
Stirnschmuck der Hirsche
6 Geweih
Stirnseite
5 Front
7 Fassade
11 Vorderfront, Vorderseite
Stock
4 Rute, Stab
5 Gerte
6 Bengel
7 Pruegel, Stecken
8 Knueppel
zum Stützen
7 Kruecke
stockend Sprechender
8 Stammler
Stockfechten
5 Kendo
Stockschläge
9 Bastonade
Stockung
5 Stase
6 Stasis
10 Stagnation
im Verkehr
9 Rueckstau
Stockwerk
5 Etage
8 Geschoss, Parterre
10 Souterrain
11 Erdgeschoss
12 Dachgeschoss, Halbparterre
Stoff
der Flechten
8 Lichenin

des Wolframs
5 Widia
in feinster Verteilung
7 Kolloid
8 Emulsion
9 Dispersum
mit Rand versehen
7 Saeumen
Stoffbär
5 Teddy
Stoffbehälter
4 Sack
6 Beutel
Stoffbesatz
6 Falbel
Stoffdach
9 Baldachin
Stoffeinsatz
7 Zwickel
Stoffkniff
5 Falte
stofflich
8 sachlich
9 materiell
12 substantiell, substanziell
Stoffrolle
6 Ballen
Stoffstück zum Abtrocknen
8 Handtuch
Stofftier
9 Teddybaer
Stoffwechselkrankheit
5 Gicht
Stoffwechselprodukt
7 Kreatin
8 Carbamid, Schlacke
9 Harnstoff
Stollen (Bergbau)
7 Galerie
stoppen
6 halten
8 anhalten
13 stehenbleiben
Stöpsel
4 Kork, Zapf
5 Spund
6 Korken, Zapfen
8 Pfropfen
Störche
6 Adebar, Jabiru
7 Sichler
8 Loeffler, Waldibis, Waldrapp
9 Kuhreiher, Schaufler
10 Graureiher, Hausstorch, Rohrdommel
11 Fischreiher, Maehnenibis, Nachtreiher
12 Kahnschnabel, Purpurreiher, Rallenreiher, Schopfreiher
13 Klaffschnabel, Loeffelreiher, Schwarzstorch
storchenähnliche Vögel
4 Ibis
6 Marabu, Reiher
7 Kranich, Pelikan
8 Flamingo
10 Nimmersatt
Storchschnabel
7 Geranie
8 Geranium
9 Jochblatt
10 Pelargonie
zum Zeichnen
10 Pantograph
störend
7 laestig
Störfische
6 Beluga, Hausen, Scherg
7 Sterlet, Waxdick
8 Sterlett
11 Sternhausen
störrisch
4 stur
8 renitent
9 staetisch, verstockt
11 dickkoepfig, starrsinnig
12 uneinsichtig
13 widerspenstig
Störrogen
6 Kaviar
Störton
9 Netzbrumm
Störung
7 Agnosie
der Schmerzempfindung
8 Paralgie
im Wirtschaftsleben
5 Krise
Stoß
4 Hieb, Puff
5 Haufe, Iktus, Knuff, Menge, Prall, Schub
6 Anzahl, Haufen, Schlag, Schubs
8 Aufprall
beim Billard
6 Doublé, Dublee
Stoßauffänger am Wagon
6 Puffer
Stoßdegen
7 Fleuret, Florett
Stoßfänger
6 Puffer
Stoßwaffen
4 Pike
5 Degen, Lanze
6 Saebel, Spiess
7 Florett, Schwert
10 Hellebarde
Stoßzeit
8 Rush-hour
11 Hochbetrieb
stotternd
sprechen
8 stammeln
Sprechender
8 Stammler
Stövchen
7 Rechaud
Strafanstalt
9 Zuchthaus
strafbar
9 kriminell
14 verbrecherisch
strafbar Handelnde(r)
6 Taeter
8 Taeterin
strafbare
Handlung
6 Delikt
8 Vergehen
9 Noetigung
10 Bestechung, Verbrechen
12 Taetlichkeit, Uebertretung
Strafbemessungseinheit
9 Tagessatz
strafen
6 ahnden
7 raechen
strafende Gerechtigkeit
7 Nemesis
Strafenforscher
9 Poenologe
Straferlass
8 Amnestie
11 Begnadigung
straff
5 drall
6 stramm
straffälliger Geistlicher
7 Demerit
straffgerollter Draht
8 Wicklung
Strafpredigt
6 Sermon
7 Epistel, Rueffel
9 Standrede
10 Standpauke
Strafrede
10 Philippika
Strafstoß
5 Elfer
7 Penalty
8 Elfmeter
Strafvollzugsanstalt
9 Zuchthaus
10 Gefaengnis
strahlenartig
6 radial
Strahlenbrecher
6 Prisma
Strahlenfacharzt
9 Radiologe
13 Roentgenologe
strahlenförmig
6 radial
Strahlenkranz
6 Glorie, Korona, Nimbus
7 Aureole
8 Gloriole
Strahlenkunde
10 Radiologie
Strahlenschutzmaterial
8 Bleiglas
Strahltriebflugzeug
3 Jet
Strahlung
4 Aura

5 Burst
9 Emanation, Radiation

Strahlungsmaß
5 Curie

Strahlungsmaßeinheit
9 Becquerel

stramm
5 drall, prall
6 straff

Strand
4 Lido, Ufer
6 Kueste
7 Gestade
von Honolulu
7 Waikiki

Strandbad bei Venedig
4 Lido

Stranddistel
9 Mannstreu

Strandhafer
8 Haargras, Helmgras, Sandhalm

Strandpflanzen
6 Cakile, Crambe
7 Queller, Salsola
8 Eiskraut, Meerkohl, Meersenf
9 Salzkraut
11 Glasschmalz

Strandsee
4 Haff, Noor
5 Etang, Liman
6 Bodden, Lagune

Strapaze
4 Qual
5 Muehe, Plage
9 Plackerei
11 Anstrengung

Straßburger Dichter
8 Montanus

Straße
3 Via, Weg
5 Allee, Gasse
6 Avenue, Radweg
7 Avenida, Fahrweg
8 Autobahn, Chaussee, Fahrbahn
9 Boulevard, Promenade, Uebergang
10 Radfahrweg, Schnellweg, Serpentine
11 Autostrasse, Landstrasse, Verkehrsweg
12 Nebenstrasse, Stoppstrasse, Verkehrsader
13 Bundesstrasse, Seitenstrasse, Staatsstrasse
14 Einbahnstrasse
16 Ueberlandstrasse
in New York
8 Broadway

Straßenbahn
4 Tram
7 Tramway
8 Trambahn
11 Elektrische

Straßenbaugeräte
5 Ramme, Walze
7 Stampfe
9 Handramme

Straßenbaumaterial
5 Beton
6 Basalt, Granit, Splitt, Steine
7 Asphalt, Bitumen, Goudron, Makadam
8 Pflaster, Schotter
9 Bordstein, Kantstein, Kopfstein, Rinnstein
13 Kleinpflaster
15 Fluesterasphalt, Klinkerpflaster

Straßenbeleuchtungs-körper
7 Laterne
10 Kandelaber

Straßenbeleuchtungs-träger
9 Lichtmast

Straßenbenutzungsgebühr
4 Maut
7 Weggeld
8 Wegegeld

Straßenbogen
5 Kehre, Kurve
7 Biegung
10 Spitzkehre
14 Haarnadelkurve

Straßendecke
6 Splitt
7 Asphalt, Makadam
8 Pflaster
17 Kopfsteinpflaster

Straßenjunge
5 Gamin

Straßenlampe
7 Laterne

Straßenpöbel
3 Mob

Straßenrandstreifen
7 Bankett
8 Bankette

Straßenräuber
6 Bandit
7 Brigant
11 Strauchdieb, Wegelagerer

Straßensperre
9 Barrikade

Straßenüberschneidung
8 Kreuzung

Straßenunterbau
8 Schotter

Straßenwindung
5 Kehre
10 Serpentine

Straßenzug
5 Trakt

Strategie
6 Taktik
7 Methode
8 Vorgehen
11 Kriegskunst

Straucharten
4 Efeu, Rose
5 Erika, Gagel, Hasel, Liane, Myrte, Porst
6 Azalee, Holder, Jasmin, Mistel, Quitte
7 Flieder, Ginster, Kamelie, Saurach, Schlehe
8 Clematis, Hagedorn, Himbeere, Holunder, Klematis, Lavendel, Liguster, Oleander, Rosmarin, Sanddorn
9 Almrausch, Blaubeere, Bocksdorn, Brombeere, Buchsbaum, Dornbusch, Forsythie, Goldregen, Sauerdorn, Tamariske, Weissdorn
10 Berberitze, Silberwurz, Stechpalme
11 Heidelbeere, Tollkirsche
12 Beerentraube, Haselstrauch, Rhododendron, Stachelbeere
13 Blasenstrauch, Johannisbeere, Kaffeestrauch, Passionsblume
14 Himbeerstrauch, Traubenkirsche
15 Brombeerstrauch

Strauchdieb
11 Wegelagerer
12 Buschklepper

straucheln
8 stolpern

Strauchfrüchte
5 Beere, Rubus
7 Ribisel
8 Himbeere
9 Brombeere, Torfbeere
11 Heidelbeere
12 Stachelbeere
13 Johannisbeere

Strauchwerk
5 Hecke
8 Gebuesch

Strauß
4 Bund
6 Bukett
8 Bueschel

Straußenvögel
3 Emu, Moa
4 Kiwi, Rhea
5 Nandu
6 Kasuar
10 Helmkasuar
12 Sudanstrauss
16 Schnepfenstrauss

Streben
7 Ehrgeiz, Tendenz
8 Ambition, Begehren, Trachten

Streber
nach Veränderungen
9 Aktionist
nach Zeitgemäßem
9 Modernist

Strebsamkeit
5 Eifer

6 Fleiss
7 Ehrgeiz
Strecke
3 Weg
4 Bahn, Kurs, Tour
5 Linie, Loipe, Piste, Route
6 Etappe
7 Distanz
8 Fahrtweg
9 Abschnitt
vor dem Sprung
6 Anlauf
strecken
6 dehnen, ziehen
10 verduennen
Streckendecke (Bergwerk)
6 Firste
Streckenende im Bergbau
3 Ort
Streckengefälle
8 Gradient
Streckenkontrollfahrzeug
8 Draisine
Streckenkontrollstelle
9 Blockwerk
Streckenverlegung
9 Umleitung
Streckmuskel
6 Tensor
8 Extensor
Streckung
7 Dehnung
Streich
3 Jux, Ulk
4 Coup, Hieb
5 Farce, Posse, Spass, Unfug
6 Possen, Scherz, Schlag
7 Klamauk
8 Eskapade
11 Schabernack
Streichgarnstoff
8 Buckskin
Streichgerät
5 Bogen
Streichinstrumente
4 Bass
5 Cello, Fidel, Gambe, Geige, Gigue, Gusla, Rebab, Viola
6 Crewth, Fiedel
7 Baryton, Chrotta, Violine
8 Armviola, Bratsche
9 Bassgeige, Brummbass, Kniegeige
10 Kontrabass
11 Violoncello
12 Viola da Gamba
Streichinstrumententeil
9 Darmsaite
Streichmusiker
6 Geiger
7 Cellist, Gambist
9 Violinist
10 Bratschist
13 Kontrabassist
Streife
10 Patrouille
Streifen
an der Uniform
5 Biese, Litze
9 Lampassen
im Glas
8 Schliere
Streifwache
5 Ronde
Streifzug
9 Exkursion
Streik
8 Ausstand
Streit
4 Zank
5 Duell, Fehde, Hader, Kampf, Knies, Krieg, Stunk, Zwist
7 Gezaenk, Haendel, Knatsch, Krakeel, Polemik, Prozess, Querele
8 Kabbelei, Konflikt, Rauferei, Reiberei
9 Unfrieden
11 Kontroverse, Zerwuerfnis
Streitaxt
der Indianer
8 Tomahawk
im Mittelalter
8 Halbarte
streitbar
8 militant
9 aggressiv
11 kriegerisch, martialisch
12 kaempferisch
streiten
6 hadern, zanken
8 kaempfen
Streitgespräch
6 Disput
7 Debatte, Polemik
10 Diskussion
Streitigkeiten
8 Querelen
Streitkunst
7 Eristik
9 Dialektik
Streitmacht
4 Heer
5 Armee
6 Flotte
8 Militaer
9 Luftwaffe
Streitobjekt
9 Erisapfel, Zankapfel
Streitschlichtung
9 Beilegung
Streitschrift
8 Diatribe, Pamphlet
streitsüchtig
9 aggressiv, zaenkisch
Streitsüchtiger
7 Zaenker
9 Querulant
streng
4 hart, herb
5 rigid
6 strikt
7 rigoros
12 unnachgiebig
13 unnachsichtig
geheim
9 top-secret
streng gläubig
8 orthodox
Strenge
6 Haerte
strenge Beweiskraft
9 Stringenz
Streupulver
4 Talk
6 Talkum
Strich
5 Linie
6 Gerade
7 Strecke
8 Streifen
Strichbild
9 Zeichnung
Striche ziehen
9 liniieren
12 schraffieren
Strichelung
8 Lineatur
9 Linierung, Schraffur
Strichpunkt
9 Semikolon
Strick
4 Seil
5 Leine
6 Schnur, Strang, Zugtau
zum Gefangenhalten
6 Fessel
Strickbeutel
9 Pompadour
Strickbluse
6 Jumper
Strickjacke
8 Pullover
10 Lumberjack
Strickmaterial
5 Wolle
8 Perlgarn, Wollgarn
Strickwaren
10 Trikotagen
Strickzeug
5 Nadel, Wolle
Striegelbürste
11 Kardaetsche
strikt
5 genau
6 streng
Strohblume
10 Immortelle
Strohbündel
5 Garbe
Strohhut
6 Panama
8 Sombrero
9 Bretagner
11 Florentiner
Strohunterlage
5 Streu
Strolch
4 Lump

7 Strizzi, Stromer
8 Vagabund
Strom
auf der Pyrenäenhalbinsel
4 Tajo, Tejo
begrenzende Spule
7 Drossel
führender Teil isolierter Leitungen
4 Ader
Stromabnehmer
9 Kollektor
Stromanschlussgerät
8 Netzteil
Stromeintrittsstelle
5 Anode
Stromer
8 Vagabund
13 Landstreicher
Stromerzeuger
6 Dynamo
7 Turbine
9 Generator
13 Lichtmaschine
Stromkabel-Anschlussstelle
9 Steckdose
Stromleitung
5 Draht, Kabel, Litze
16 Ueberlandleitung
Strommaßeinheiten
3 Ohm
4 Volt, Watt
5 Farad
6 Ampère
Strommesser
9 Rheometer
11 Amperemeter
Strommessgerät
12 Galvanometer
Stromquelle
8 Batterie
Stromschnelle
8 Katarakt
10 Wasserfall
Stromspeicher
4 Akku
7 Sammler
11 Akkumulator
Stromträger elektrischer Bahnen
9 Fahrdraht
Stromübergangsleiter
9 Elektrode
Strömung
7 Tendenz
(Reaktor)
4 Flux
des Meeres
5 Drift, Trift
Strömungsmesser
8 Staurohr
Strömungswissenschaft
9 Hydraulik
Stromzuführer
5 Anode
9 Elektrode
Strophe
4 Vers
im Meistergesang
7 Gesaetz
von drei Versen
7 Terzine
Strophenformen
6 Ottava, Stanze
7 Endecha
Strophenschlussteil
8 Abgesang
Strudel
3 Sog
4 Neer
6 Trubel, Wirbel
bildende Strömung
9 Neerstrom
Struktur
7 Gefuege
10 Gliederung
Strukturen des Zellplasmas
9 Ribosomen
strukturlos
6 amorph
9 ungeformt
Strumpfhalter
6 Straps
Strumpfoberteil
8 Beinling
Strumpfteil
9 Fuessling
Stube
4 Raum
6 Kammer, Zimmer
8 Wohnraum
10 Wohnkammer, Wohnzimmer
in der Mühle
5 Feise
Stück
4 Teil, Werk
5 Piece, Probe
6 Bissen, Happen
7 Scheibe
11 Buehnenwerk, Komposition
für Ausbesserungen
7 Flicken
Holz
5 Klotz
Land
7 Terrain
8 Gelaende
vom Ganzen
4 Teil
Stücklohn
6 Akkord
Stücklohnarbeiter
9 Akkordant
Stuckmarmor
9 Scagliola
Stückmaß
4 Gros
Stückmaß: 12 Stück
7 Dutzend
Stückzahlmaß
4 Gros
6 Mandel
7 Dutzend
Student
9 Studiosus
im Mittelalter
6 Vagant
7 Scholar
Studentenausschuss
4 AStA
Studentenblume
7 Tagetes
Studentenheim im Mittelalter
5 Bursa, Burse
Studentenmittagstisch
5 Mensa
Studentenmütze
7 Zerevis
8 Stuermer
Studentenverbindung
5 Corps, Korps
11 Korporation
Studentenversammlung
7 Konvent
Studentenverzeichnis
8 Matrikel
Studentenviertel in Paris
13 Quartier Latin
Studie
9 Vorarbeit
Studienanstalt
3 Uni
7 Seminar
8 Akademie
12 Universitaet
Studienbeihilfe
6 Bafoeg
10 Stipendium
Studiengenosse
11 Kommilitone
Studienhalbjahr
8 Semester
Studienvorlesung
6 Kolleg
studieren
6 lernen
8 forschen
10 erforschen
Studierter
10 Akademiker
Stufe
einer Ordnung
4 Rang
einer Trägerrakete
7 Booster
für Fahrpreisberechnung
4 Zone
Stufe der, des
Paläozoikums
8 Kambrium
Quartärzeit
8 Alluvium
Tertiärs
8 Pliozaen
stufenartige Erhöhung
6 Podest
7 Estrade
8 Terrasse
Stufenaufgang
6 Treppe
10 Freitreppe
12 Wendeltreppe
stufenförmiger Wasserfall
7 Kaskade

Stufengestell
7 Etagere
stufenweise
8 graduell
Stuhl
6 Chaise, Hocker
Stuhlplatte
4 Sitz
Stuhlteile
4 Sitz, Steg
5 Lehne
7 Sprosse
stumm
10 schweigend, schweigsam
Stummfilmdiva
5 Andra
6 Morena
Stummfilmgag
9 Slapstick
Stummfilmheld
7 Novarro
9 Valentino
Stummheit
8 Mutitaet
Stummlaut
4 Muta
Stümper
7 Hudeler
8 Pfuscher
Stümperarbeit
6 Pfusch
9 Flickwerk
stümperhaft
arbeiten
8 pfuschen
Arbeitender
8 Pfuscher
Stumpf
6 Strunk
stumpfsinnig
6 stupid, torpid
7 stupide
Stundengebetbuch
7 Brevier
8 Horarium
Stundengebete des Breviers
3 Non
4 Hora, Hore, None, Prim, Sext, Terz
5 Horen, Mette
6 Laudes, Vesper
7 Brevier, Komplet, Matutin
Stundung
6 Indult
8 Aufschub
10 Moratorium
12 Prolongation
16 Zahlungsaufschub
sturer Gesichtsausdruck
9 Pokerface
Sturmbock
5 Aries
6 Widder
Sturmdämon
7 Harpyie
Stürme
5 Buran, Metel, Orkan, Purga, Samum
6 Barber, Norder, Taifun, Zyklon
7 Burster, Pampero, Tornado
8 Blizzard, Hurrikan
stürmisch
7 furioso
9 turbulent
Sturmramme
4 Bock
Sturmschaden im Forst
9 Windbruch
Sturmvögel
8 Albatros, Kaptaube
10 Eistaucher, Seetaucher
12 Zwergtaucher
13 Eissturmvogel, Haubentaucher
Sturmwind im Raum New York
6 Barber
Sturz
4 Fall
stürzende
Schneemasse
6 Lawine
Sturzwelle
7 Brecher
Stuss
6 Gerede, Unsinn
7 Nonsens, Quatsch
8 Larifari
9 Bloedsinn
10 Geschwaetz
Stutenmilch
5 Kumys
6 Kumyss
Stützbalken
6 Strebe
7 Traeger
Stütze
4 Halt
5 Hilfe
6 Saeule, Steife, Strebe
7 Pfeiler, Spreize
am Motorrad
9 Fussraste
am Tisch
4 Bein
stutzen
8 kupieren
Stutzer
4 Beau, Geck, Gent, Snob
5 Dandy
6 Gigerl
7 Angeber, Elegant
8 Modenarr
10 Gernegross
11 Moechtegern
Stützfaden im Webstuhl
5 Helfe
Stützgerüst
4 Bock
Stützgewebe
7 Knorpel
Stützholz
9 Vorsteven
im Bergwerk
7 Stempel
im Schacht
6 Frosch
Stützkerbe
5 Raste
Stützpfeiler
7 Pfosten
Stützsäule
8 Baluster
Stutzuhr
8 Penduele
9 Pendeluhr
Stützverband
7 Bandage
8 Armbinde
Stützvorrichtung im Schuh
7 Einlage
Substantiv
8 Dingwort
9 Hauptwort
Substanz
der Elefantenstoßzähne
9 Elfenbein
der Hornschwämme
7 Spongin
für Kernreaktionen
6 Target
im Gleichgewichtsorgan
6 Cupula
in Körnchenform
8 Granulat
Substitution
9 Austausch
subtrahieren
8 abziehen
Subtraktionsergebnis
9 Differenz
Subvention
8 Beihilfe
Subversion
7 Umsturz
10 Revolution
Suchgerät
5 Sonde
Sucht
4 Gier
5 Manie
9 Verlangen
10 Hoerigkeit
12 Besessenheit
nach schnödem Mammon
8 Geldgier
Südafrika
Antilopen
6 Passan
10 Spiessbock
Bevölkerung
4 Bure, Pedi, Zulu
5 Buren, Sotho, Swasi, Tonga, Venda, Xhosa
6 Damara, Tsonga, Tswana
7 Ndebele
8 Africans
9 Nordsotho, Suedsotho
11 Afrikaander
12 Buschmaenner, Hottentotten

Chirurg
7 Barnard
Chromerzrevier
8 Bushveld
Flüsse
4 Vaal
6 Oranje, Tugela
7 Caledon, Limpopo, Sambesi
8 Okawango
Gebirge
12 Drakensberge
Gerichtshofsitz
12 Bloemfontein
Hafenstädte
6 Durban
8 Kapstadt
13 Port Elizabeth
Hauptstadt
8 Pretoria
Hoheitsgebiete
11 Marioninsel
13 Walfischbucht
16 Prinz-Eduard-Insel
Kaps
8 Nadelkap
Kolonisten
5 Buren
Münze bis 1902
4 Pond
Nobelpreisträger für Frieden
4 Tutu
Nobelpreisträgerin für Literatur
8 Gordimer
Nobelpreisträger für Medizin
7 Theiler
Politiker
5 Botha, Smuts
6 Flores, Rhodes
7 De Klerk, Hertzog, Krueger, Mandela, Viljoen, Vorster
Rassentrennung
9 Apartheid
Regierungssitz
8 Pretoria
Schriftsteller
5 Miles, Paton
6 Cloete, Plomer
8 Abrahams, Campbell
Sprachen
4 Zulu
5 Sotho, Swasi, Venda, Xhosa
6 Tsonga, Tswana
7 Ndebele
8 Englisch, Nord-Sotho, Sued-Sotho
9 Afrikaans, North-Sotho, South-Sotho
Städte
6 Durban, Soweto
8 East Rand, Kapstadt, Pretoria, West Rand
9 Kimberley
12 Johannesburg,
13 Port Elizabeth
Territorien (früher)
9 Homelands
Währung
4 Cent, Rand
Wüste
8 Kalahari

Südamerika

Ballspiel
7 Indiaca
Berge
6 Sajama
8 Cotopaxi
9 Aconcagua, Tupungato
10 Chimborazo
11 Chimborasso
Besitzer eines Landguts
10 Haziendero
Beutelratte
6 Casaca
Bewohner
6 Kreole
7 Chilene
8 Peruaner
9 Surinamer, Uruguayer
10 Bolivianer, Paraguayer
11 Argentinier, Brasilianer, Kolumbianer, Venezolaner
12 Ecuadorianer
Echsen
6 Ameive, Anolis, Leguan
Edelholz
10 Palisander
Farmen
8 Estanzia, Hacienda, Hazienda
Faultiere
2 Ai
4 Unau
Fische
7 Copeina, Piranha
8 Dornwels, Kielwels
9 Zitteraal
Flächenmaß
4 Area
Freiheitskämpfer
5 Sucre
7 Bolivar
9 San Martin
Gebirge
5 Anden
11 Kordilleren
Geier
5 Urubu
6 Kondor
Getränke
4 Mate
6 Chicha
7 Matetee
Goldhasen
4 Guti, Paka
5 Aguti
Grassteppen
5 Llano, Pampa
6 Llanos
Gutsbesitzer
8 Ranchero
Halbwildpferd
6 Bronco
Haumesser
7 Machete
Huftier
5 Tapir
Indianer
5 Indio
Indianerhäuptling
6 Kazike
Indianerstämme
3 Ona
4 Inka, Pano, Tupi
5 Aruak, Guato
6 Kreole
7 Chibcha, Goajiro, Guarani, Guatuso, Ipurina, Jivaros, Kariben
8 Chavante, Ketschua, Tapirape
Inselgruppen
9 Feuerland
14 Falklandinseln
Kamele
4 Lama
6 Alpaka, Vicuna, Vikuna
7 Guanako, Vikunja
Kap
5 Hoorn
Krokodile
6 Kaiman
Mantel
6 Poncho
Mischling
5 Casco
Münze
9 Centesimo
Nager
4 Guti, Mara, Paka
5 Aguti
6 Acuchi
9 Hasenmaus
10 Chinchilla
Nationalheld
7 Bolivar
Papagei
3 Ara
5 Arara
Pfefferfresser
5 Tukan
Pfeilgift
6 Kurare
Rackenvögel
4 Hutu
6 Motmot
Rassengruppe
9 Amazonide
Raubtiere
7 Jaguar, Maikong
9 Andenbaer, Andenwolf, Bergkatze
11 Maehnenwolf
Säuger
8 Faultier
Schlangen
3 Boa
8 Anakonda
9 Ringelboa
14 Abgottschlange

Schulterdecke
6 Poncho
Schwirrvogel
7 Kolibri
Specht
9 Bunttukan
Sprachfamilie
7 Guarani
Staaten
4 Peru
5 Chile
6 Guyana
7 Ecuador, Surinam, Uruguay
8 Bolivien, Paraguay
9 Brasilien, Kolumbien, Venezuela
11 Argentinien
17 Trinidad und Tobago
Strauch
4 Coca
Straußenvögel
4 Rhea
5 Nandu
Ströme
7 La Plata, Orinoko
8 Amazonas, Rio Negro
Tagelöhner
4 Peon
Tänze
5 Limbo, Mambo, Raspa, Rumba, Tango
8 Machiche
9 Bossanova
Tee
4 Mate
Urwaldgebiet
9 Amazonien
Viehhirten
4 Peon
6 Gaucho
Vögel
5 Kazik, Tukan
6 Kassik
9 Andengans
14 Pfefferfresser
Vulkane
5 Huila, Misti
6 Tolima
8 Cotopaxi
10 Chimborazo
11 Chimborasso
Währung
4 Peso
Wurfgerät
4 Bola

Sudan
alter Name
5 Kusch
6 Napata
Berge
5 Marra
6 Agorro, Gurgei, Harasa
7 Kinyeti
Bevölkerung
4 Nuer, Orku
5 Bornu, Dinka, Fulbe
6 Haussa, Lokuta, Nubier
7 Niloten, Sudaner
8 Djuhaina, Schilluk
9 Sudanesen
11 Nilohamiten
Flüsse
3 Jur, Nil
5 Sobat
6 Atbara
9 Blauer Nil
10 Weisser Nil
Gebiete
6 Darfur, Gezira, Nubien
Hafenstadt
9 Port Sudan
Hauptstadt
7 Khartum
8 Khartoum
Städte und Orte
6 Atbara, Karima
8 Omdurman
9 Port Sudan
Währung
5 Pfund
7 Piaster

Sudanidenvölker
3 Edo, Ewe, For, Fur, Ibo, Kru, Tiv, Vai
4 Agni, Efik, Folo, Kama, Lobi, Madi, Mali, Nuba, Peul, Soso
5 Benue, Gouro, Habbe, Hausa, Mande, Melle, Mossi, Sanga, Sussu, Temne, Tombe, Tomom, Wolof, Zande
6 Asande, Bamana, Grussi, Haussa, Joruba, Nubier, Senufo, Yoruba
7 Ashanti, Bambara, Dagomba, Gurunsi, Nafarha, Senufer, Songhai, Soninke, Tukulor
8 Aschanti, Mandingo, Mangbetu, Monbuttu, Nankanse, Niamniam

südarabisches Volk in der Dichtung
4 Asra

Südbelgien
9 Wallonien

südburmesisches Mongolenvolk
3 Mon

Süddeutscher
5 Bayer
6 Franke
7 Badener, Schwabe
8 Badenser
14 Wuerttemberger

Südeuropäer
6 Kanare, Romane
7 Grieche, Spanier
8 Malteser
9 Italiener, Monegasse
10 Portugiese
12 Suedfranzose

südeuropäischer Baum
9 Korkeiche

südfranzösische(r, s)
Adelsgeschlecht
6 Albret
Fallwind
7 Mistral
Seewind
5 Marin

Südfrüchte
4 Musa
5 Feige, Mango, Olive
6 Ananas, Banane, Dattel, Limone, Mandel, Melone, Orange, Papaya, Pisang
7 Avocado, Satsuma, Zitrone
8 Korinthe
9 Apfelsine, Mandarine, Pomeranze
10 Adamsfeige, Bergamotte, Clementine, Grapefruit, Klementine, Pampelmuse
12 Johannisbrot
13 Paradiesfeige

südgermanische(r, s)
Gott
3 Fro
Sagenschwert
6 Miming

Südgruppe der Araber
9 Jemeniten

Süditaliener
9 Kalabrier
10 Sizilianer

Südkorea
Berge
4 Jiri, Odae
Flüsse
3 Han, Kum, Nam
4 Geum
6 Bughan, Pukhan
7 Hangang, Nagdong, Naktong
Hafenstädte
5 Mokpo, Pusan, Ulsan
Hauptstadt
5 Seoul
Nationalsport
9 Taekwondo
Politiker
4 Hwan, Rhee
Städte
5 Mogpo, Pusan, Taegu
6 Kunsan, Mokpho
Währung
3 Won
4 Chon
5 Cheun

südländische Nadelbäume
5 Pinie, Zeder
8 Zypresse

südlich heiß
8 tropisch

südlichste(r, s)
Kap Asiens
4 Buru
Kap Norwegens
9 Lindesnes

Peloponneshalbinsel
5 Maina
Punkt Amerikas
8 Kap Hoorn
Sporadeninsel
6 Ikaria
Stadt der Erde
7 Ushuaia
Stadt Europas
6 Tarifa
Teil von Palästina
4 Juda
Südostasiaten
3 Lao, Moi, Tai
4 Naga, Thai
5 Khmer, Laote
6 Malaie
7 Birmane, Siamese
10 Vietnamese
11 Thailaender
13 Kambodschaner
südostasiatische(r)
Halbinsel
7 Malakka
Landenge
3 Kra
Rassengruppe
7 Weddide
Star
3 Beo
11 Huegelatzel
Südostasienpakt
5 Seato
Südosteuropäer
5 Serbe
6 Kroate
7 Albaner, Bulgare, Grieche, Hellene, Rumaene, Slowene
9 Jugoslawe
10 Makedonier, Mazedonier
Südostflügel des Rheinischen Schiefergebirges
6 Taunus
Südpolargebiet
9 Antarktis
Südpolarstern
8 Octantis
Südseebevölkerung
7 Kanaken
Südseeinseln
3 Ata
4 Fiji, Guam, Wake
5 Nauru, Samoa, Timor, Tonga
6 Midway, Tahiti, Tuvalu
7 Fidschi, Howland, Vanuatu
8 Aitutaki, Eniwetok, Kiribati, Marianen
9 Karolinen, Neuguinea, Salomonen, Westsamoa
10 Indonesien, Melanesien, Polynesien
11 Mikronesien
14 Papua-Neuguinea
Südseeinselwelt
8 Ozeanien
Südseeinsulaner
5 Maori, Papua
6 Kanake
10 Melanesier, Polynesier
11 Mikronesier
Südslawen
5 Serbe
6 Kroate
7 Bulgare, Slowene
9 Jugoslawe, Slowenier
südslawische(r, s)
Muslim
8 Bosniake
Name für Wien
3 Bec
Saiteninstrument
5 Gusla
Südspitze
Afrikas
7 Agulhas
8 Nadelkap
Amerikas
9 Feuerland
Südamerikas
8 Kap Hoorn
9 Feuerland
Südstaatengeneral
3 Lee
Südtiroler
Bergsteiger
7 Messner
Dolomitenberg
8 Seekofel
Pferderasse
9 Haflinger
Südweine
5 Jerez, Samos, Tinto, Xeres
6 Malaga, Sherry
7 Madeira, Marsala
8 Portwein
9 Malvasier, Tarragona
11 Muskateller
Südwestafrikaner
9 Angolaner
Südwestdeutscher
7 Badener
8 Badenser, Pfaelzer
südwestdeutsches Land
5 Baden
Südwestwind
6 Zephir, Zephyr
in Argentinien
7 Pampero
Südamerikas
8 Temporal
Südwind
am Gardasee
3 Ora
in Italien
5 Ostro
Suezkanalbauer
7 Lesseps
Sühne
5 Busse
Sühneopfer
7 Lustrum
Suitensatz
7 Paduana
9 Allemande
Sultanat
am Arabischen Meer
4 Oman
im Tschad
8 Baguirmi
in Arabien
6 Balhaf
in Borneo
6 Brunei
in Hadramaut
5 Kaati
6 Kaaiti
7 Kathiri
in Kamerun
5 Tikar
Sultanresidenz
6 Serail
Sultanserlass
5 Irade
Sultansnamen
5 Ahmed, Harun, Murad, Osman, Selim
6 Achmed, Mehmed
7 Bajazet, Bajezid, Mustafa, Saladin, Soliman
8 Mohammed, Suleiman
10 Abdul Hamid
Sultanspalast
6 Serail
Sultansschloss in Marokko
5 Kasba
Sülze
5 Aspik
Sumatranashorn
5 Badak
sumerische(r)
Erdgöttin, Erdmutter
2 Ki
Göttinnen
6 Adagea, Ninsum
Himmelsgott
2 An
3 Anu
Liebesgöttin
6 Inanna
Mondgottheit
5 Nanna
Muttergöttin
4 Mami
6 Inanna
Sonnengott
3 Utu
9 Schamasch
Stadtstaat
5 Eridu
6 Nippur
Sumpf
4 Fenn, Luch, Moor, Moos, Ried, Vehn, Venn
5 Bruch, Pfuhl
6 Morast
7 Schlamm

8 Hochmoor, Moorland, Tiefmoor
9 Flachmoor
10 Niedermoor

Sumpfbiber
6 Nutria

Sumpffieber
7 Malaria, Tropika

Sumpfgas
6 Methan

Sumpfgrund
3 Mud

Sumpfhuhn
5 Ralle

sumpfig
5 limos
6 limoes
7 bruchig

sumpfiger Teich
7 Tuempel

Sumpfluchs
9 Rohrkatze

Sumpfluft
6 Methan
9 Grubengas

Sumpfotter
4 Nerz

Sumpfpflanzen
5 Binse, Calla, Kalla, Porst, Simse
6 Schilf
7 Papyrus
8 Caldesia, Kleefarn, Marsilea
9 Weiderich

Sumpfrosenart
8 Seekanne

Sumpfschnepfe
9 Bekassine

Sumpfvögel
4 Grus, Ibis
5 Ralle
7 Kiebitz, Kranich
8 Flamingo
9 Bekassine
13 Sumpfschnepfe

Sumpfwiese
5 Bruch

Sums
5 Trara
6 Tamtam
8 Aufheben
9 Aufhebens, Umstaende

Sundainseln
4 Alor, Bali, Java
5 Banka, Sumba, Timor
6 Borneo, Flores, Lombok
7 Celebes, Sumatra, Sumbawa
8 Sulawesi
10 Kalimantan

Sundaochse
4 Gaur
7 Banteng
8 Balirind
9 Stirnrind

Sünde
6 Frevel
8 Missetat

Sündenbekenntnis
7 Beichte

Sündenläuterungsort
8 Fegfeuer
9 Fegefeuer

Sündennachlass
6 Ablass

Sündenvergebung
10 Absolution

Superlativ ohne Vergleich
6 Elativ

Suppenbeigabe
7 Einlage

Suppeneinlage
8 Croutons
9 Eierstich, Gruenkern

Suppenkelle
9 Schoepfer

Suppenschildkröte
8 Chelonia

Suppenschüssel
7 Terrine

Surinam

Berg
7 Juliana

Bevölkerung
5 Aruak, Djuka
6 Kwinti
7 Kariben, Kreolen
8 Morronen
10 Saramaccer

Hauptstadt
10 Paramaribo

Kleinstädte und Orte
7 Batavia, Paranam

Sprache
8 Taki-Taki
9 Surinaams

Währung
4 Cent
6 Gulden

süß
7 zuckrig

Süß-Salzwasser-Gemisch
5 Brack
11 Brackwasser

süße(r, s)

Backwerk
5 Torte
6 Kuchen
9 Zimtstern

griechischer Wein
5 Samos

Leben
9 Dolce vita

Nahrungsmittel
6 Zucker

Nichtstun
14 Dolcefarniente

Schnaps
6 Likoer

Süßgras
4 Alfa
8 Dactylis, Schmiele
9 Halfagras, Schwingel

Süßigkeit aus Honig und Mohn
5 Naute

Süßigkeiten Liebender
7 Nascher

Süßkartoffel
6 Batate

Süßspeisen
4 Krem
5 Creme
7 Auflauf, Custard, Dessert, Kompott, Nockerl, Pudding
8 Flammeri, Pêlemêle
11 Plumpudding
13 Goetterspeise
17 Salzburger Nockerl

Süßstoff
6 Dulzin, Suosan
9 Saccharin

Süßwaren
5 Drops, Lolli, Nugat
6 Bonbon, Dragee, Nougat, Toffee
7 Fondant, Konfekt, Krokant, Praline
8 Lakritze, Lutscher, Marzipan
9 Karamelle
10 Schokolade

Süßwarenhersteller
9 Konfiseur

Süßwasserfische
3 Aal
4 Alet, Anke, Blei, Nase, Salm, Wels
5 Aitel, Aland, Barbe, Hecht, Lachs, Renke, Stint, Stoer
6 Barsch, Brasse, Doebel, Groppe, Pricke, Quappe, Schlei, Waller, Zander
7 Brachse, Elritze, Forelle, Karpfen, Ploetze, Rotauge, Schleie
8 Aalraupe, Flussaal, Neunauge, Nilhecht, Saibling, Truesche
9 Flusswels, Goldfisch, Karausche, Stichling
10 Bitterling, Weissfisch
11 Bachforelle
14 Spiegelkarpfen

Süßwasserkugelfisch
5 Fahak

Süßwasserpolyp
5 Hydra

Süßweine
5 Samos
6 Malaga, Sherry
7 Madeira, Marsala, Tokaier, Tokajer
8 Jenerodi, Portwein
9 Malvasier, Tarragona

Swasiland

Bevölkerung
4 Zulu
5 Bantu, Nguni, Swasi

Hauptstadt
7 Mbabane

Währung
4 Cent
9 Lilangeni
10 Emalangeni

Sweater
8 Pullover
9 Parallelo
Symbol
6 Emblem
der Eheschließung
9 Traualtar
der Eitelkeit
4 Pfau
der Feldherrnwürde
13 Marschallstab
der Hoffnung
5 Anker
der Kaiserwürde
5 Krone
der Königswürde
6 Zepter
der Kraft
5 Loewe, Stier
der Kühnheit
5 Adler
der Liebe
4 Herz
der Macht
5 Adler, Krone, Loewe
6 Zepter
der Übergenauigkeit
9 Goldwaage
der Unschuld
4 Lamm
des Christentums
5 Kreuz
des Evangelisten Johannes
5 Adler
des Evangelisten Lukas
5 Stier
des Evangelisten Markus
5 Loewe
des Evangelisten Matthäus
5 Engel
des Friedens
5 Taube
8 Oelzweig
9 Palmwedel, Palmzweig
des Glücks
9 Fuellhorn, Kleeblatt
des Islams
8 Halbmond
des Überflusses
9 Fuellhorn
für Parapsychisches
3 Psi
Symbole der Macht und Würde
9 Insignien
Symbolfarbe (der, des)
Alltags
4 Grau
Bösen
7 Schwarz
Faulheit
4 Blau
Gedeihens
5 Gruen
Gefahr
3 Rot
Hoffnung
5 Gruen
Leidenschaft
3 Rot
Liebe
3 Rot
Neids
4 Gelb
Optimismus
4 Rosa
Sehnsucht
4 Blau
Trauer
7 Schwarz
Treue
4 Blau
Trostlosigkeit
4 Grau
Unglücks
7 Schwarz
Unschuld
5 Weiss
Verbotenen
7 Schwarz
Symmetrieachse
9 Kiellinie
Sympathie
9 Zuneigung
Symptom
7 Merkmal
8 Attribut
9 Anzeichen
11 Erscheinung, Kennzeichen
Synagogendiener
8 Schammes
Synagogenraum
6 Genisa, Geniza
Synagogenvorbeter
6 Chasan
synchrone
Abstimmung
6 Timing
Aufnahme von Bild und Ton
8 Playback
Synchrongeneratorteil
8 Induktor
Syntax
9 Satzlehre
Synthetikfaser für Schutzkleidung
5 Dolan
synthetische(r, s)
Gewebe
6 Perlon
Kautschuk
4 Buna
6 Dupren
Süßstoff
8 Zyklamat
Syrien
Bevölkerung
5 Syrer
6 Araber, Kurden
8 Armenier
12 Tscherkessen
Flüsse
7 Euphrat, Orontes
Gebirge
6 Hermon
11 Antilibanon
Hafenstädte
6 Tartus
12 Al Ladhakijja
Hauptstadt
8 Damaskus
Partei
5 Baath
Religionsanhänger, Sekten
6 Drusen, Yazidi
8 Alauiten, Alawiten, Christen, Schiiten, Sunniten
10 Ismailiten, Schafiiten
Ruinenstätten
7 Palmyra, Urganit
Städte und Orte
6 Aleppo, Tartus
Währung
5 Pfund
7 Piaster
Wüstenwind
7 Scharqi
Syrienkulturforscher
8 Syrologe
systemlos Fußball spielen
6 bolzen
systemloses Fußballspiel
8 Bolzerei
Szene
8 Auftritt
10 Schauplatz
Szenenfolge
6 Szenar
8 Szenario
9 Szenarium
Szenenspiel im alten Griechenland
5 Mimus
Szenerie
10 Dekoration, Landschaft
11 Buehnenbild
15 Landschaftsbild

Tabak kauen
7 priemen
Tabakanbaugebiet auf Sumatra
4 Deli
Tabakfreund
7 Raucher
Tabakgift
7 Nicotin, Nikotin
Tabakpflanzenteil
9 Sandblatt
Tabaksdose
9 Tabatiere
Tabaksorten
4 Shag
6 Brasil, Kruell, Scraps
7 Sumatra
8 Machorka, Virginia
Tabakspfeife
5 Piepe
Tabakwaren
5 Priem
7 Stumpen, Zigarre
8 Kautabak
9 Zigarette, Zigarillo
11 Feinschnitt, Grobschnitt
12 Pfeifentabak, Schnupftabak
Tabelle
5 Liste
10 Uebersicht
11 Aufstellung
Tabernakel
8 Ziborium
Tablette
5 Pille
6 Arznei, Dragee
8 Pastille
9 Komprette
10 Medikament
Tadel
5 Ruege
6 Kritik
7 Anpfiff, Rueffel, Schelte, Verweis, Vorwurf
tadeln
6 ruegen
Tadler
8 Kritiker
Tadschikistan
Flüsse
7 Wachsch
8 Amu-Darja, Pjandsch
Gebirge
4 Alai
5 Pamir
Hauptstadt
9 Duschanbe
Währung
5 Rubel
6 Kopeke
Tafel
6 Tabula
zum Festheften von Merkzetteln
8 Pinnwand
Tafelapfel
9 Cox' Orange
Tafelgeschirrsatz
7 Service
Tafelland
7 Plateau
Täfelung
6 Paneel
taftbindiger Kleiderstoff
5 Chaly
Taftstoffart
8 Florence
Tag
der Heiligen
9 Namenstag
der inneren Einkehr
6 Bettag
der Woche
6 Montag
7 Freitag, Samstag, Sonntag
8 Dienstag, Mittwoch
9 Sonnabend
10 Donnerstag
im römischen Kalender
4 Iden, Idus
5 Nonen
8 Calendae, Kalenden
mit fünfundzwanzig Grad Celsius und mehr
9 Sommertag
unter null Grad
8 Frosttag
vor Aschermittwoch
9 Fastnacht
vor Christi Himmelfahrt
6 Bittag
vor katholischen Festen
7 Vigilie
Tageblatt
7 Zeitung
Tagebuch
6 Kladde, Manual
7 Diarium, Journal, Logbuch
8 Memorial
Tagedieb
10 Nichtstuer
Tagegelder der Abgeordneten
7 Diaeten
Tagelöhner
4 Kuli, Peon
8 Haeusler
Tagesheim für Kleinstkinder
6 Krippe
Tagesmahlzeit
9 Abendbrot
10 Abendessen
11 Fruehstueck, Mittagessen
Tagesverzeichnis
8 Kalender
11 Kalendarium
Tageszeiten
5 Abend, Nacht
6 Mittag, Morgen
9 Vormittag
10 Nachmittag
Tageszeitung
7 Gazette, Journal
Tagfalter
5 Fuchs
6 Adonis, Apollo, Aurora
7 Admiral
9 Blaeuling, Weissling
10 Ochsenauge
11 Augenfalter
12 Apfelwickler, Apollofalter, Distelfalter, Ritterfalter, Trauermantel
13 Kohlweissling, Tagpfauenauge
14 Schillerfalter, Zitronenfalter
Taggreifvögel
4 Weih
5 Adler, Falke, Geier, Milan, Weihe
6 Kondor
7 Bussard, Habicht, Sperber
8 Aasgeier, Seeadler
9 Kornweihe
10 Fischadler, Steinadler
12 Koenigsadler
Tagundnachtgleiche
12 Aequinoktium
Tagung
7 Meeting, Session, Sitzung
8 Beratung, Kongress
9 Konferenz
Tagungsniederschrift
9 Protokoll
Taiwan
Berge
6 Yu-shan
8 Morrison
Bevölkerung
8 Taiwaner
10 Taiwanesen
Fluss
7 Tanshui
Hauptstadt
6 Taipeh
Politiker
16 Tschiang Kaischek
Städte
6 Tainan
8 Fengshan
Währung
4 Cent
6 Dollar
Takelung
7 Riggung
Takt
7 Anstand
taktlos
9 indiskret
Taktlosigkeit
7 Fauxpas
12 Indiskretion
taktmäßig
10 rhythmisch
taktmäßige Gliederung
8 Rhythmus
Taktmesser
8 Metronom
11 Chronometer
Taktschlag
7 Battuta, Battute

Taktschlagwerk
8 Metronom
Taktstock des Dirigenten
4 Stab
taktvoll
7 diskret
taktvoller Mann
8 Kavalier
9 Gentleman
Taktzeitmaß
6 Metrum
Talar
4 Robe
5 Ornat
7 Soutane
Talbrücke
7 Viadukt
Talent
6 Anlage
7 Neigung
8 Begabung, Ingenium
10 Faehigkeit
11 Intelligenz
talentiert
6 begabt
9 befaehigt
talentierter Mensch
8 Begabter
talentlos
8 unbegabt
Talgrund
6 Kessel
Talisman
7 Amulett
8 Maskotte
11 Maskottchen
der Skifahrer
5 Uller
Talkessel
5 Mulde, Senke
Talmudschüler
6 Bacher
Talsperre
8 Stauwehr, Stauwerk
Talsperrenanlage
7 Stausee
Talwind
am Comer See
5 Breva
in den Anden
5 Junte
Tand
4 Kram
7 Flitter, Plunder
9 Firlefanz
tändeln
7 flirten
9 schaekern
10 poussieren
Tändler
8 Schaeker
Tanker
9 Oelschiff
Tannenbaumschmuck
5 Kerze, Kugel, Stern
7 Lametta
10 Engelshaar
Tannenzapfen
9 Kienapfel
Tansania
Berge und Vulkane
11 Kilimanjaro
14 Kilimandscharo
Bevölkerung
5 Bantu, Tussi
6 Massai, Sukuma
Gebirge
8 Usambara
Hauptstadt
6 Dodoma
Inseln
5 Kilwa, Mafia, Pemba
8 Sansibar
Krater
10 Ngorongoro
Nationalparks
9 Serengeti, Tarangire
Politiker
7 Nyerere, Warioba
Regionen
4 Mara
5 Lindi, Mbeya, Pwani, Rukwa, Tanga
6 Arusha, Dodoma, Iringa, Kagera, Kigoma, Mtwara, Mwanza, Ruvuma, Tabora
7 Singida
9 Shinyanga
10 Daressalam
Seen
6 Liassa, Njassa
11 Victoriasee
Sprache
7 Suaheli, Swaheli, Swahili
9 Kisuaheli
Städte und Orte
5 Moshi, Tanga, Utete
6 Arusha, Bukoba, Iringa
10 Chake Chake
Währung
4 Cent
9 Schilling
Tantalerz
8 Tantalit
Tantalusnachkomme
9 Tantalide
Tante
5 Muhme
Tanz
auf Bali
5 Djauk
auf Hawaii
4 Hula
8 Hula-Hula
Tanzdrehung
9 Pirouette
Tänze
3 Fox, Rag
4 Jive, Reel, Rock, Step
5 Bebop, Blues, Choro, Conga, Gigue, Limbo, Mambo, Polka, Raspa, Rumba, Samba, Swing, Tango, Twist, Volta
6 Baiaio, Bolero, Boogie, Boston, Cancan, Galopp, Pavane, Reigen, Shimmy, Walzer
7 Bourree, Calypso, Canarie, Canaris, Carioca, Csardas, Gavotte, La Bamba, Lambada, Letkiss, Madison, Malambo, Mazurka, Menuett, Musette, Onestep, Paduana, Ragtime, Slowfox, Twostep
8 Anglaise, Cakewalk, Chaconne, Cotillon, Courante, Fandango, Foxtrott, Habanera, Hiawatha, Kotillon, Laendler, Onestepp, Rundtanz, Schieber, Twostepp
9 Allemande, Bossanova, Cha-Cha-Cha, Ecossaise, Firlefanz, Francaise, Jitterbug, Krakowiak, Pasodoble, Polonaese, Polonaise, Quadrille, Quickstep, Rock 'n' Roll, Sarabande, Schleifer
10 Charleston, Kasatschok, Kontertanz, Kreuzpolka, Locomotion, Quickstepp, Saltarello, Seguidilla, Tarantella, Tirolienne
11 Blackbottom, Lambeth Walk, Passacaglia, Rock and Roll, Square Dance, Varsovienne
12 Boogie Woogie, English Waltz, Rheinlaender, Wiener Walzer
13 Schuhplattler
16 Englischer Walzer
Tänzer
7 Choreut
Tänzerinnen
6 Geisha, Montez
8 Bajadere, Mata-Hari
9 Ballerina, Stepperin
11 Balletteuse
14 Primaballerina
tänzerische(r)
Darbietung
9 Schautanz
Einzelvortrag
8 Solotanz
Tanzfest
4 Ball
9 Ballabend
Tanzgebäude
8 Ballhaus
Tanzgruppe
7 Ballett
Tanzkabarett in Paris
14 Folies Bergères
Tanzkapelle
4 Band
7 Bigband
Tanzkunst
9 Choreutik

Tanzlokale
5 Diele, Disco, Disko
7 Dancing
8 Ballhaus
9 Discothek, Diskothek
10 Dance floor
Tanzmusik
5 Swing
Tanzpose
9 Arabesque
Tanzröckchen
4 Tutu
Tanzschritt
3 Pas
4 Step
6 Chassé, Croisé
Tanzspiel
8 Kotillon
9 Gabentanz
Tanzveranstaltung daheim
8 Hausball
Tapetenart
8 Raufaser
Tapetenleim
8 Kleister
tapfer
4 brav
5 mutig
7 beherzt
9 bravuroes, schneidig, wagemutig
10 bravouroes, couragiert
tapfere(r)
Handlung
9 Heldentat
Mann
4 Held
5 Heros
Tapferkeit
3 Mut
4 Mumm
6 Bravur
7 Bravour, Courage, Schneid
9 Heldentum, Heroismus
Tapferkeitsbeweis
8 Mutprobe
Tarnung
7 Mimikry
10 Camouflage
Tarockspielkarte
5 Skues
Tasche
5 Mappe
an liturgischen Gewändern
5 Bursa
Taschenbesatz
5 Patte
Taschenbuch
9 Vademekum
10 Pocketbook
Taschenfutterstoff
9 Pocketing
Taschenmacher
8 Taschner
9 Taeschner
Taschenpistole
8 Terzerol
Tastatur
9 Klaviatur
tastbar
6 taktil
8 palpabel
Tastempfindung
7 Gefuehl
Tastenbrett
8 Tastatur
9 Klaviatur
Tasteninstrumente
5 Orgel, Piano
7 Cembalo, Fluegel, Klavier, Pianino, Pianola, Spinett
9 Akkordeon, Harmonium
10 Klavichord, Pianoforte
11 Klavizimbel
12 Clavicembalo
Tastenreihe
6 Manual
9 Klaviatur
Tastglied bei Kerbtieren
5 Palpe
Tastorgan
bei Fischen
9 Bartfaden
bei Tieren
5 Palpe
7 Fangarm, Fuehler
8 Tentakel
Tastsinnlehre
6 Haptik
Tat
3 Akt
4 Werk
6 Aktion
7 Vorgang
8 Ereignis, Handlung
9 Geschehen
Tatablauf
7 Hergang, Prozess
Tatarenmütze
6 Kalpak, Kolpak
tatarische(r)
Fellmütze
6 Kolpak
Fürstentitel
5 Mursa
Tatbestand
6 Faktum
7 Umstand
Tatendrang
4 Elan
7 Schwung
10 Initiative
tätig
4 agil, rege
5 aktiv
7 wirksam
8 lebendig
sein
7 agieren, handeln
8 arbeiten
Tätigkeit
6 Aktion, Arbeit, Praxis
10 Aktivitaet
Tätigkeitsbereiche
6 Sparte
7 Ressort, Sektion
9 Abteilung
Tätigkeitsdrang
5 Trieb
Tätigkeitswort
4 Verb
6 Verbum
8 Zeitwort
Tatkraft
7 Energie, Schneid
tatkräftig
7 resolut
9 energisch, schneidig
Tatmerkmal
5 Indiz
Tatsachen
4 Fakt
5 Fakta
6 Fakten, Faktum
8 Wahrheit
9 Politikum, Realitaet
12 Wirklichkeit
Tatsachenmensch
7 Realist
Tatsachensinn
9 Realismus
tatsächlich
4 real, wahr
7 de facto
8 effektiv, existent, faktisch, objektiv, realiter, wirklich
9 praktisch
Tatze
5 Klaue, Pfote
6 Pranke
Tau
3 Gei
4 Reep, Reif, Seil
5 Bulin, Kabel, Leine
6 Geitau, Strick
zum Segelspannen
5 Schot
zum Segelstellen
6 Brasse, Schote
zum Zusammenholen der Segel
3 Gei
6 Geitau
zum Zusammenschnüren der Segel
7 Gording
taube Schicht im Bergwerk
6 Abraum
Tauben
4 Dodo
5 Goura
6 Dronte
7 Columba
8 Flughuhn
9 Feldtaube, Hohltaube, Krontaube, Lachtaube, Wildtaube, Zahntaube
10 Brieftaube
11 Felsentaube, Fruchttaube, Ringeltaube, Schopftaube, Steppenhuhn,

Turteltaube, Wandertaube
12 Faechertaube, Maehnentaube, Tuerkentaube
13 Sandflugtaube

Taubenmännchen
7 Taeuber
9 Tauberich
10 Taeuberich

Taubheit
8 Kophosis, Surditas

Tauchboote
5 U-Boot
12 Unterseeboot

Taucher
8 Aquanaut, Ozeanaut

Tauchervögel
3 Alk
4 Lund
5 Gavia, Lumme
6 Teiste
7 Tordalk
8 Bergente, Hornlund, Moorente
9 Polarente, Riesenalk
10 Seetaucher
11 Gryllteiste, Ringellumme
12 Trottellumme, Zwergtaucher
13 Haubentaucher, Lappentaucher, Prachttaucher
14 Krabbentaucher
16 Papageientaucher

Tauchkammer
9 Mesoskaph

Taueinfassung des Segels
4 Leik, Liek

Tauen des Schnees
8 Schmelze

Tauende
4 Dirk, Tamp
6 Tampen

Tauerngipfel
9 Venediger

Taufbecken
12 Baptisterium

Taufkapelle
12 Baptisterium

Taufzeuge
4 Pate
8 Gevatter

Taugenichts
8 Faulpelz, Tagedieb
10 Nichtsnutz, Tunichtgut

tauglich
3 fit
8 geeignet
12 qualifiziert

Tauglichkeitsprüfung
4 Test

Taumel
7 Ekstase
9 Schwindel

taumeln
6 wanken
7 torkeln
9 schwanken

Tausch
6 Change
7 Wechsel
8 Exchange

täuschen
7 bluffen
9 duepieren
11 irrefuehren, ueberlisten

Täuschung
4 Dreh, List, Trug
5 Bluff, Finte, Kniff, Mache, Trick
6 Betrug, Irrtum
7 Arglist
8 Delusion, Gaunerei
9 Blendwerk, Schwindel
10 Hinterlist
11 Machination, Verstellung
12 Manipulation
13 Mystifikation

tausend
Billionen
9 Billiarde
Milliarden
7 Billion
Millionen
9 Milliarde

Tausendfüßer
5 Assel
9 Bandassel, Myriapode, Myriopode
10 Kugelassel
11 Skolopender, Tausendfuss
13 Steinkriecher

tausendjährig
8 millenar

Tausendschön
7 Amarant
9 Margarite
12 Massliebchen
15 Gaensebluemchen

Tausendstel
8 Promille

Taustück einer Trosse
7 Kardeel

Tauwerk
aus Kabelgarn
8 Platting
eines Schiffes
8 Takelage

Tauwindung
4 Turn
5 Toern

Taxus
4 Eibe

Techniker
9 Ingenieur

technische(s)
Gerät
7 Apparat
8 Maschine
Geräteeinheit
4 Unit
Krafteinheit
4 Pond
Lehranstalt
9 Bauschule, Technikum
13 Polytechnikum
Vorrichtung
7 Apparat

Techtelmechtel
5 Flirt
8 Liebelei

Teegefäß
5 Kanne

Teegewächs
8 Gordonia

Teehausdame
6 Geisha

Teemaschine
7 Samowar

Teenager
9 Backfisch

teerartige Masse
7 Bitumen, Erdpech

teeren
6 pichen
9 kalfatern
12 asphaltieren

Teerfarbstoffe
6 Anilin
7 Indulin
8 Induline

Teerprodukte
4 Pech
6 Anilin
7 Akridin, Bitumen

Teerrückstand
4 Pech

Teesorten
4 Mate
5 Congo, Pekoe, Yerba
6 Oolong
7 Couchon, Souchon
8 Fannings, Souchong

Teestaub
4 Dust

Teewirkstoff
4 Tein
5 Thein
7 Koffein

Teich
6 Weiher
7 Tuempel

Teichhühner
5 Ralle
13 Wachtelkoenig

Teichpflanzen
7 Seerose
8 Nymphaea

Teichrohr
4 Ried
6 Schilf

Teig bearbeiten
6 kneten

teigig-zähe Masse
5 Pasta, Paste

Teigwaren
5 Nudel
7 Lasagne, Ravioli
8 Spaetzle, Spagetti
9 Bandnudel, Hoernchen, Hohlnudel, Makkaroni, Spaghetti
10 Cannelloni
11 Suppennudel

Teil
4 Part
7 Portion
11 Bruchstueck
der Alpen
5 Adula
6 Tauern
8 Raetikon
9 Dolomiten, Karwendel, Meeralpen
10 Karawanken
der Angel
8 Strecker
9 Schwimmer
der Anschrift
7 Wohnort
der Ardennen
9 Hohes Venn
der Aussteuer
9 Bettbezug
der Ballonhülle
9 Reissbahn
der bäuerlichen Tracht
8 Kniehose
der Blume
5 Blatt, Stiel
6 Bluete, Wurzel
7 Zwiebel
8 Staengel
der Blüte
5 Kelch, Narbe
7 Stempel
11 Staubbeutel
12 Fruchtknoten, Staubgefaess
der Briefmarke
8 Zaehnung
der Burg
8 Wachturm
9 Hauptturm, Wachtturm
der Dampfmaschine
6 Kolben, Regler, Ventil
8 Exzenter, Schieber, Zylinder
10 Schwungrad
der Dinarischen Alpen
5 Karst
der Dipolantenne
8 Direktor
9 Reflektor
der Drehbank
7 Support
8 Revolver
der Druckpresse
6 Reiber
der Elbmarschen
9 Altes Land
der elektrischen Anlage
8 Schalter
der elektrischen Anlage im Kfz
8 Zuendung
der elektrischen Schaltung
9 Siebkreis
der Elektronenröhre
6 Gitter
9 Heizfaden
der Erdneuzeit
8 Tertiaer
der Erdoberfläche
8 Festland
der Fingerkuppe
5 Nagel
9 Nagelbett, Nagelfalz, Nagelwall
der Flurgarderobe
9 Hutablage
der Handfeuerwaffen
7 Schloss
der Hygiene
3 Bad
der Insel Sylt
8 Listland
der Kabbala
5 Sohar
der Kalbskeule
10 Frikandeau
der Kältemaschine
8 Absorber
der Kamera
6 Sucher
der Karpaten
5 Tatra
8 Beskiden, Vihorlat
9 Hohe Tatra
der katholischen Messe
5 Kredo
8 Graduale, Wandlung
10 Praefation
11 Offertorium
der Kette
5 Glied
der Kinderhose
9 Hosenlatz
der Kirche
4 Turm
5 Altar, Apsis, Orgel
6 Empore, Kanzel
8 Chorturm
9 Altarchor, Kirchturm, Sakristei
der Kircheneinrichtung
7 Betpult
9 Taufstein
der Kletterpflanze
5 Ranke
der Kneippkur
8 Giessbad
der Körperhülle
9 Lederhaut
der Leiter
4 Holm
7 Sprosse
der Mathematik
7 Algebra
9 Geometrie
10 Arithmetik
12 Stereometrie
13 Trigonometrie
der Orgel
4 Balg
5 Beber, Pedal, Taste
6 Bordun, Clavis, Manual, Pfeife
8 Geblaese, Prospekt, Register, Windlade, Windwerk
9 Brustwerk, Hauptwerk, Kegellade, Manubrium, Prinzipal, Schweller, Tremulant, Windkanal
10 Regierwerk, Spieltisch
11 Pfeifenwerk
12 Lippenstimme, Zungenstimme
der Ostalpen
6 Tauern
der Personalabteilung
9 Lohnbuero
der Personalien
6 Zuname
7 Vorname
8 Nachname, Taufname
der Physik
5 Optik
7 Akustik, Dynamik, Kalorik
8 Mechanik
11 Magnetismus, Waermelehre
13 Elektrizitaet
der Presse
8 Stoessel
der Rennbahn
5 Kurve
6 Gerade
der Retina
8 Sehzelle
der römischen Kohorte
7 Manipel
der Rüstung
4 Helm
6 Visier
7 Bruenne, Schiene
der Saiteninstrumente
4 Bund
der Säule
8 Kapitell
der Schiffstakelung
4 Bram
der Schmiedewerkstatt
4 Esse
6 Amboss
9 Rauchfang
10 Loeschtrog
der Schreibmaschine
5 Taste
8 Tastatur
der Schwäbischen Alb
5 Hardt
7 Baar-Alb, Heuberg, Raue Alb
der Spitzendrehbank
6 Pinole
der Stereoanlage
5 Boxen, Tuner
8 CD-Player, Endstufe, Receiver
9 CD-Spieler
11 Verstaerker
12 Lautsprecher
14 Endverstaerker, Plattenspieler, Vorverstaerker
15 Lautsprecherbox

der Straße
8 Bankette, Fahrbahn, Fahrdamm
11 Mittellinie, Seitenlinie
der Streitkräfte
9 Luftwaffe
der Stunde
6 Minute
der Sudeten
8 Altvater
11 Isergebirge
12 Eulengebirge
13 Glatzer Kessel, Riesengebirge
der Summe
5 Glied
der Takelage
7 Vortopp
8 Skysegel
9 Bramsegel, Focksegel, Marssegel, Toppsegel
der Talsperre
5 Mauer
7 Stausee
8 Staudamm
9 Staumauer
der Tennisanlage
4 Netz
der Tür
5 Angel, Haspe, Spion, Sturz
6 Klinke, Rahmen
7 Klopfer, Schloss
8 Druecker, Fuellung, Schwelle
der Uhr
5 Anker, Feder, Krone, Unruh
6 Aufzug, Pendel, Zeiger
7 Hemmung
8 Gangwerk, Gehaeuse, Steigrad, Zugfeder
9 Federhaus, Uhrzeiger
10 Schlagwerk
11 Perpendikel, Zifferblatt
der Uniform
5 Biese, Litze
6 Emblem, Kordel
7 Kokarde
9 Abzeichen, Epaulette
10 Fangschnur
12 Achselstueck
13 Schwalbennest
14 Schulterstueck
der Visiereinrichtung
4 Korn
5 Kimme
10 Fadenkreuz
der Vogelfeder
5 Fahne
der Wasserwaage
7 Libelle
der Woche
6 Montag
7 Freitag, Samstag, Sonntag, Werktag
8 Dienstag, Mittwoch
9 Sonnabend
10 Donnerstag
der Woge
9 Wellental
der Wohnung
3 Bad
der Zigarette
6 Filter
der Zigarre
7 Umblatt
der Zündanlage
9 Verteiler
des Angelzeugs
4 Rute
5 Haken
6 Fliege, Koeder, Pilker, Schnur, Wirtel
7 Blinker, Spinner
des Auges
3 Lid
4 Iris
5 Linse
6 Retina, Wimper
7 Pupille
8 Augenlid, Glashaut, Hornhaut, Netzhaut
9 Bindehaut
12 Sehstaebchen
14 Regenbogenhaut
des australischen Mittelmeers
8 Bandasee
des Bahnkörpers
7 Bettung
des Baums
3 Ast
4 Laub
5 Blatt, Krone, Rinde, Stamm, Zweig
6 Wipfel, Wurzel
7 Knorren
des Beines
4 Fuss, Knie, Wade
8 Schenkel
9 Kniekehle
10 Schienbein
12 Oberschenkel
13 Unterschenkel
des Beinkleids
9 Hosenbund
des Bettzeugs
5 Bezug, Laken
6 Kissen
7 Plumeau
8 Betttuch, Deckbett
9 Bettdecke, Federkeil, Unterbett
des BGB
8 Eherecht
des Blutfarbstoffs
8 Haematin
des Blutserums
9 Properdin
des Bodensees
7 Obersee
8 Untersee
9 Gnadensee
des Briefumschlags
7 Fenster
des Bruches
6 Nenner, Teiler
7 Zaehler
8 Dividend
des Bühnenstücks
3 Akt
5 Szene
6 Aufzug
des Commonwealth
8 Dominion
des Daches
4 Walm
5 First, Haube, Raehm, Rinne
6 Kandel, Pfette, Sparre, Strebe, Traufe
des ersten Gebisses
9 Milchzahn
des Fahrrades
6 Lenker
des Fernrohrs
5 Tubus
6 Okular
des Floßes
7 Gestoer
des Flugzeugs
5 Duese, Rumpf
8 Leitwerk, Tragwerk
9 Armaturen, Propeller
11 Fahrgestell, Tragflaeche
12 Flugzeugteil
des Fußballtors
4 Netz
5 Latte
7 Pfosten
9 Querlatte
des Fußes
3 Zeh
4 Rist, Zehe
5 Enkel, Ferse, Hacke, Sohle, Spann
6 Ballen, Hacken
8 Knoechel
des Ganzen
5 Glied
6 Stueck
des Gaumens
9 Zaepfchen
des Gebisses
9 Augenzahn, Milchzahn, Molarzahn
10 Backenzahn
12 Schneidezahn
13 Weisheitszahn
des Gedichts
4 Vers
7 Strophe
des Gesichts
4 Auge, Bart, Kinn, Mund, Nase
5 Backe, Braue, Stirn, Wange
6 Wimper
9 Gruebchen, Nasenloch
10 Augenbraue
12 Nasenfluegel
des Grammophons
10 Schalldose
des Gräserblütenstands
6 Spelze

des Hauses
4 Dach, Raum, Tuer
5 Boden
6 Giebel, Keller, Treppe, Zimmer
7 Fenster, Wohnung
8 Haustuer, Mansarde, Speicher
9 Dachboden, Dachfirst, Fundament
11 Schornstein, Treppenhaus

des Helms
6 Visier

des Hubschraubers
5 Rotor

des Hunsrücks
7 Irrwald
8 Idarwald, Soonwald

des Hutes
6 Krempe
9 Hutschnur

des Jacketts
6 Revers

des Jahrs
5 Monat

des Karwendelgebirges
9 Nordkette

des Kiefers
8 Zahnbett

des Kimonos
3 Obi

des Klaviers
5 Pedal, Saite, Taste
8 Tastatur

des Klosters
5 Zelle
6 Remter
7 Klausur
11 Dormitorium, Refektorium

des Kniegelenks
8 Meniskus

des Knoblauchs
4 Zehe

des Küchenherdes
8 Backofen

des Kugelschreibers
4 Mine

des Kühlschranks
8 Absorber

des Lastenhebers
9 Kranwinde

des Lautsprechers
7 Membran
12 Schwingspule

des Mittelmeers
5 Adria
7 Aegaeis

des Monats
5 Woche

des Motors
6 Kolben, Pleuel, Ventil
8 Oelwanne
11 Kurbelwelle

des Mundes
4 Zahn
5 Lippe, Zunge
6 Gaumen, Gebiss, Kiefer, Rachen, Zaehne
7 Schlund
9 Oberlippe
10 Oberkiefer
11 Unterkiefer

des Nordpolarmeers
7 Karasee
9 Laptewsee

des Ohrs
4 Tuba
6 Amboss, Hammer
7 Muschel, Otolith
8 Innenohr, Sacculus, Schnecke, Trompete
9 Bogengang, Labyrinth, Mittelohr
10 Gehoergang
11 Steigbuegel, Trommelfell
12 Paukenhoehle

des Pazifiks
7 Balisee, Suedsee, Sulusee

des Pfefferminzöls
7 Menthol

des Pfeilbogens
5 Sehne

des Pferdegeschirrs
4 Kumt, Zaum
5 Siele
6 Kummet, Sattel, Sielen, Strang, Trense
7 Halfter, Kandare
11 Steigbuegel

des Pferdestalls
3 Box

des Pfluges
4 Sech
5 Schar, Sterz

des Plattenspielers
5 Nadel
6 Saphir, Tonarm
7 Diamant, Tonkopf
13 Plattenteller

des Radios
5 Skala
9 Tonblende
12 Lautsprecher
17 Lautstaerkeregler

des Rads
5 Achse, Felge
6 Reifen
7 Speiche
11 Aufhaengung

des Raubtiergebisses
9 Reisszahn

des Rheinischen Schiefergebirges
4 Haar, Venn
5 Eifel
6 Taunus, Upland
9 Hunsrueck
10 Westerwald
13 Siebengebirge

des Rinderverdauungs-organs
8 Labmagen

des Römischen Reiches
7 Westrom

des Rumpfes
4 Leib
5 Bauch, Brust
7 Ruecken

des Saiteninstruments
4 Hals

des Sattels
4 Horn
6 Kramme
7 Peusche, Zwiesel

des Satzes
4 Wort
6 Objekt
7 Subjekt
8 Konjunkt
9 Praedikat

des Scheinwerfers
9 Reflektor

des Schießstands
9 Kugelfang

des Schiffes
3 Bug, Log, Raa, Rah, Top
4 Back, Bord, Deck, Fock, Gatt, Heck, Kiel, Koje, Kuhl, Luke, Mars, Mast, Rack, Rahe, Reep, Reff, Topp
5 Anker, Bilge, Dolle, Logis, Messe, Ruder, Segel, Wante
6 Brasse, Bunker, Gaffel, Kabine, Ketsch, Poller, Reling, Riemen, Schott, Spante, Spriet, Steuer, Steven, Trosse
7 Ballast, Bussole, Kabelar, Kajuete, Kluever, Logbuch, Schanze, Spiegel, Verdeck
8 Backbord, Bullauge, Fockmast, Kombuese, Laderaum, Oberdeck, Periskop, Schraube, Takelage, Takelung
9 Besanmast, Bugspriet, Gangspill, Hellegatt, Kabelgatt, Unterdeck
10 Achterdeck, Speisesaal
11 Kraehennest, Radaranalge, Radarschirm, Schornstein
12 Hintersteven, Radarantenne, Rettungsboot, Zwischendeck
13 Maschinenraum
15 Kommandobruecke, Schiffsschraube

des Schuhs
5 Leder, Sohle, Zunge
6 Absatz, Hacken, Lasche, Senkel
7 Einlage
8 Schnalle
10 Brandsohle
13 Schnuersenkel

des Segelboots
7 Schwert
des Senders
6 Studio
7 Antenne
9 Modulator, Senderaum
11 Senderoehre
des Skeletts
7 Knochen
des Spinnrads
7 Spindel
des Sportboots
8 Rollsitz
des Stereorundfunkgeräts
7 Decoder
des Tages
6 Stunde
des Talmuds
6 Gemara
7 Haggada, Halacha, Mischna
des Telefons
5 Gabel, Taste
6 Hoerer, Schnur
8 Anschlag, Mikrofon
10 Waehltaste
11 Hoermuschel
12 Lautsprecher, Waehlscheibe
13 Sprechmuschel
des Tennisspiels
4 Satz
des Tertiärs
9 Oligozaen
des Teutoburger Walds
6 Osning
des Thermostats
8 Bimetall
des Tonbandgeräts
7 Tonkopf
des Turbomotors
5 Lader
des Unterschenkels
4 Wade
9 Wadenbein
10 Schienbein
des Verdauungsapparats
4 Darm
5 Magen
8 Dickdarm
9 Duenndarm
16 Zwoelffingerdarm
des Visiers
4 Korn
des Wagens
3 Rad
4 Bock
5 Achse, Runge
6 Bremse
7 Chassis
8 Deichsel
10 Karosserie, Kotfluegel
11 Stossstange
des Weserberglands
3 Ith
4 Egge, Hils
6 Vogler
7 Deister, Solling, Suentel
8 Bramwald
9 Osterwald
13 Reinhardswald, Wiehengebirge
15 Teutoburger Wald
des Wiederkäuermagens
6 Pansen
des Zahns
5 Pulpa
8 Zahnhals, Zahnmark
des Zellkerns
9 Chromosom
des Zimmers
4 Tuer
eines deutschen Bundeslands
6 Anhalt
8 Holstein
9 Rheinland, Schleswig, Westfalen
früherer Gewehre
9 Ladestock
Großbritanniens
5 Wales
7 England
10 Nordirland, Schottland
optischer Instrumente
6 Okular
8 Objektiv
vom Ganzen
6 Achtel
7 Drittel, Haelfte, Neuntel, Siebtel, Viertel, Zehntel
8 Fuenftel, Sechstel

Teilbetrag
4 Rate

Teilchenbeschleuniger
8 Betatron
9 Kosmotron, Zyklotron
11 Synchrotron

teilen
10 dividieren

teilende
Mauer
9 Trennwand
Zahl
7 Divisor
8 Aliquote

Teiler bei der Bruchrechnung
6 Nenner
7 Divisor

Teilhaber
6 Sozius
7 Associé, Partner
9 Kompagnon
14 Gesellschafter

Teilnahme
7 Beileid, Mitleid
9 Interesse
10 Mitgefuehl
13 Partizipation

Teilnahmebescheinigung
6 Testat

teilnahmslos
6 passiv
9 apathisch
11 indifferent, lethargisch
12 stumpfsinnig
13 gleichgueltig
14 uninteressiert

Teilnahmslosigkeit
6 Cafard
7 Apathie
9 Lethargie
10 Stumpfsinn
12 Desinteresse
17 Gleichgueltigkeit

Teilnehmer
6 Hoerer
7 Partner
8 Kandidat
9 Zuschauer
11 Demonstrant, Interessent
an einem Streitgespräch
9 Disputant
an einer Debatte
9 Diskutant

Teilstrecke bei Rundfahrten
6 Etappe

Teilstück
9 Abschnitt

Teilton eines Vokals
7 Formant

Teilung
8 Division, Trennung

Teilungszeichen
5 Divis

Teilverantwortung für eine Tat
9 Mitschuld

teilweise
7 partial
8 partiell
10 partikular
11 partikulaer

Teilzahlung
4 Rate

Telefonat
5 Anruf
8 Rueckruf
13 Ferngespraech

Telefonbenützer
7 Anrufer

telefonische Verbindung
5 Anruf
9 Gespraech

Telefonkennzahl
9 Rufnummer

Telefonnummer bei Gefahr
6 Notruf

Telefonvermittlung
8 Zentrale

Telefonvermittlungsstelle
7 Fernamt

Telegrafier-Geschwindigkeitsmaß
4 Baud

telegrafieren
6 kabeln
7 drahten
12 depeschieren

Telegramm
5 Kabel
8 Depesche
10 Funkspruch
14 Drahtnachricht

Telegrammschlüssel
4 Code, Kode

Telekopie
3 Fax

Television
9 Fernsehen
Tellergestell
8 Wandbord
Tempel
auf der Akropolis
9 Parthenon
der Athene
9 Parthenon
der Hekate
9 Hekateion
der Hera
7 Heraeon, Heraion
Ostasien
6 Pagode
Tempelberg in Jerusalem
4 Zion
Tempeldiener im Alten Testament
5 Levit
Tempelfest der Juden
8 Chanukka
Tempelhügel in Jerusalem
4 Sion
Tempelinnenraum
5 Cella
Tempelruinenstätte in Angkor
3 Vat
Tempelstadt
auf Sri Lanka
5 Kandy
in Kambodscha
6 Angkor
Tempeltänzerin
8 Bajadere, Dewadasi
Temperamentstypen
10 Choleriker
11 Sanguiniker
12 Phlegmatiker
13 Melancholiker
Temperatur unter null Grad
5 Frost
Temperaturbezeichnung
3 lau
4 kalt, mild, warm
5 heiss, kuehl
7 frostig
Temperaturmesser
11 Thermometer
Temperaturregler
10 Thermostat
Temperatursturz
9 Kaltfront
Temperaturumkehr an einer Sperrschicht
9 Inversion
Tempo
4 Takt
8 Zeitmass
15 Geschwindigkeit
eines Rennens
4 Pace
Tempobeschleunigung
5 Spurt
8 Endspurt
Tendenz
3 Zug
4 Hang
5 Trend
7 Neigung, Streben
8 Stimmung
9 Stroemung
tennisähnlicher Sport
6 Squash
9 Badminton, Federball
Tennisbegriffe
3 Ass, Let, Lob
5 Match
6 Doppel, Einzel, Return
7 Service, Vorhand
8 Dropshot, Einstand, Flugball
9 Aufschlag, Crossball, Matchball, Rueckhand, Spielball
10 Netzroller
12 Aufschlaeger
13 Schmetterball
14 Rueckschlaeger
Tenniseinzelspiel
6 Single
Tennisplatz
5 Court
Tennissatz
3 Set
Tennisschläger
6 Racket, Rakett
Tennisspiel
zu viert
6 Doppel
zu zweit
6 Einzel
Tennisspielstätte
9 Grasplatz, Hartplatz, Sandplatz
10 Rasenplatz
11 Tennishalle
Tenniswanderpreis
8 Davis Cup
Teppiche
3 Mir
5 Abade, Herat, Kasak, Kelim, Ladik, Melas, Yomud
6 Afghan, Berber, Kirman, Perser, Smyrna, Sultan
7 Buchara, Derbent, Flokati, Hamadan, Isfahan, Kaschan, Keschan, Mottled, Taebris, Yueruek
8 Belutsch, Schirwan, Turkbaff
9 Bachtiari, Samarkand
14 Orientteppiche
Termin
5 Datum, Frist
9 Zeitpunkt
11 Verabredung
Terminverlegung
9 Vertagung
Terpenalkohol
5 Nerol
Terpentin
7 Harzoel
Terrain
5 Areal
6 Gebiet
8 Gelaende
Tertiärschicht
7 Molasse
Tessiner
Pass
6 Ceneri
Weinschänke
6 Grotto
Test
5 Probe
7 Versuch
8 Pruefung
10 Experiment, Stichprobe
Testperson
7 Proband
9 Examinand, Pruefling
Teufel
5 Satan, Urian
6 Belial, Daemon, Deiwel, Samiel, Valand, Voland
7 Luzifer, Satanas
8 Mephisto, Scheitan
9 Beelzebub, Versucher
10 Antichrist, Pferdefuss
13 Gottseibeiuns, Hoellenfuerst
der deutschen Sage
6 Samiel
der Faustsage
8 Mephisto
14 Mephistopheles
der Mohammedaner
5 Iblis
im Neuen Testament
6 Beliar
Teufelsaustreibung
10 Exorzismus
Teufelsbeere
10 Belladonna
Teufelsdreck
5 Asant
Teufelsrochen
5 Manta
Teufelssitz
6 Hoelle
teuflisch
8 infernal
9 hoellisch, satanisch
10 daemonisch, diabolisch
12 infernalisch
teuflische(r, s)
Geist
6 Daemon, Unhold
Verhalten
8 Diabolie, Diabolik
Text
8 Wortlaut
Textabschnitt
6 Passus
7 Kapitel
Textbuch
8 Libretto
Texterfassungsgerät
8 Terminal
Textilarbeiter
6 Wirker
Textilbetrieb
7 Weberei
8 Wirkerei

9 Zwirnerei
10 Strickerei
textile(r)
Einlage für Autoreifen
4 Cord
Futterstoff
5 Fancy
8 Jaconett, Jakonett
9 Glanzgaze, Glanztaft, Jaconnett
Rohstoff
5 Faser
Wirkware
6 Trikot
Textilerzeugnis
6 Gewebe
Textilfacharbeiter
7 Faerber, Spinner
8 Stricker
Textilgewebe
8 Kammgarn
9 Dekostoff, Kammwolle
Textilgrundstoffe
5 Faser, Seide, Wolle
9 Baumwolle
10 Kunstfaser, Kunstseide
Textilmaschine
8 Webstuhl
Textilstoffe
5 Moiré
6 Felbel, Malimo
7 Lasting
8 Haircord, Halbtaft, Jacquard, Kordsamt, Pelzsamt, Tarlatan, Wolltuch
9 Mooskrepp, Trikoline, Wollsatin
textilverarbeitender Betrieb
9 Faerberei
Textilware
6 Gewebe
7 Gewirke
Textlücke
6 Lakuna, Lakune
Textstelle
6 Passus
Textteil
7 Passage
Thailand
Bevölkerung
4 Shan, Thai
8 Siamesen
11 Thailaender
Flüsse
5 Menam
6 Nam Mun
Hauptstadt
7 Bangkok
Kanal
5 Klong
Könige
4 Rama
8 Bhumibol, Bhumipol
Königin
7 Sirikit
Königstempel in Bangkok
3 Wat
Landenge
3 Kra
Münzen
3 Bat
5 Fuang, Stang, Tikal
Sprachen
4 Thai
10 Siamesisch
Städte
7 Lampang, Pattaya
thailändisch für Fluss
6 Maenam
Währung
4 Baht
5 Stang
6 Satang
Theater-, Operngestalten aus:
Aida
4 Aida
7 Amneris, Radames, Ramphis
8 Amonasro
Arabella
5 Djura, Welko
6 Matteo, Zdenka
7 Waldner
8 Adelaide, Mandryka
11 Fiakermilli
Bajazzo
5 Beppo, Canio, Nedda, Tonio
6 Silvio
Barbier von Sevilla
6 Figaro, Rosina, Rosine
7 Bartolo, Basilio
8 Almaviva, Ambrosio, Fiorillo
10 Marzelline
Bettelstudent
3 Eva, Jan
5 Laura
7 Bohumil
9 Palmatica
10 Bronislawa
Carmen
4 José
6 Carmen, Zuniga
7 Micaela, Moralès
8 Dancairo, Mercedès
9 Escamillo, Frasquita, Remendado
Cavalleria rusticana
4 Lola
5 Alfio, Lucia
7 Turridu
8 Santuzza
Cosi fan tutte
7 Alfonso, Despina
8 Ferrando
9 Dorabella, Guglielmo
Der eingebildete Kranke
5 Argan
7 Belinde
Der Geizige
5 Elise
6 Valere
8 Harpagon
Der Widerspenstigen Zähmung
6 Bianca, Gremio, Schlau
8 Baptista, Lucentio
9 Hortensio, Katharina, Petruchio, Vincentio
Der zerbrochene Krug
3 Eve
4 Adam, Rull
5 Licht
6 Marthe, Walter
Des Teufels General
6 Harras
9 Korrianke
Don Carlos
4 Posa
5 Eboli, Feria, Lerma
7 Philipp
Don Giovanni
6 Komtur
7 Masetto, Zerlina
9 Donna Anna, Leporello
Don Pasquale
6 Norina
7 Ernesto
9 Malatesta
Dreigroschenoper
3 Ede
4 Lucy
5 Brown, Filch, Jenny, Jimmy, Molly, Polly
6 Kackie
7 Kimball, Peachum
12 Mackie Messer
Elektra
5 Orest
7 Aegisth
12 Chrysothemis
Entführung aus dem Serail
5 Osmin, Selim
8 Belmonte, Pedrillo
9 Blondchen, Konstanze
Falstaff
4 Ford
5 Alice, Cajus
6 Fenton, Pistol
7 Meg Page
8 Aennchen, Bardolph
Faust
5 Faust
6 Frosch, Marthe, Siebel, Wagner
7 Brander
8 Gretchen, Mephisto, Valentin
9 Margarete
Fidelio
5 Rocco
7 Leonore
9 Florestan
10 Marzelline
Figaros Hochzeit
6 Figaro
7 Bartolo, Basilio, Susanne
8 Almaviva
9 Cherubino
10 Marcellina
Fledermaus
5 Adele, Frank

6 Alfred, Frosch
8 Orlowsky
9 Rosalinde
10 Eisenstein

Fliegender Holländer
4 Erik, Mary
5 Senta
6 Daland

Freischütz
3 Max
4 Kuno
6 Agathe, Kaspar, Kilian, Samiel
8 Aennchen

Götterdämmerung
5 Hagen
7 Gunther, Gutrune
8 Alberich
9 Siegfried, Waltraute
11 Bruennhilde

Götz von Berlichingen
4 Link
5 Georg, Lerse
7 Metzler
8 Adelheid
10 Weislingen

Hamlet
6 Hamlet
7 Gertrud, Horatio, Laertes, Ophelia
8 Claudius
10 Fortinbras

Hauptmann von Köpenick
5 Voigt
8 Hoprecht

Hoffmanns Erzählungen
5 Franz
6 Lutter, Stella
7 Andreas, Antonia, Crespel, Hermann, Lindorf, Mirakel, Niklaus, Olmypia
8 Hoffmann
9 Coppelius, Giulietta, Nathanael, Schlemihl
10 Cochenille, Dapertutto, Spalanzani
13 Pitichinaccio

Im Weißen Rössl
5 Erich
7 Josepha, Leopold, Ottilie
9 Klaerchen, Sigismund

Kabale und Liebe
4 Kalb, Wurm
5 Luise
6 Miller, Sophie, Walter
9 Ferdinand

Kaufmann von Venedig
5 Gobbo, Tubal
6 Porzio
7 Antonio, Jessica, Lorenzo, Nerissa, Shylock, Solanio

Kiss Me Kate
4 Bill, Fred, Paul
5 Harry, Lilli, Ralph
6 Hattie
7 Ann Lane

König Lear
4 Kent
5 Edgar, Regan
6 Edmund, Oswald
7 Gloster, Goneril
8 Cordelia, Cornwall

La Bohème
4 Mimi
6 Collin, Marcel, Rudolf
7 Bernard, Musette
8 Alcindor
9 Parpignol, Schaunard

La Traviata
5 Flora, Georg
6 Alfred, Annina, Gaston
8 Violetta

Land des Lächelns
2 Mi
4 Fu Li, Lisa, Lore
6 Gustav
7 Tschang
8 Sou Chong

Lohengrin
4 Elsa
6 Ortrud
8 Heinrich
9 Telramund

Lustige Weiber von Windsor
3 Nym
5 Fluth
6 Fenton, Pistol, Schaal
8 Falstaff

Macbeth
6 Banquo, Duncan
7 Fleance, Macduff, Malcolm

Madame Butterfly
4 Goro, Kate
6 Cho-San, Nakodo, Suzuki
9 Linkerton

Margarethe
5 Faust
6 Marthe, Siebel
7 Brander
8 Mephisto, Valentin

Maria Stuart
5 Cecil, Hanna
6 Dudley, Melvil, Paulet, Talbot
8 Mortimer
9 Elisabeth

Meistersinger
3 Eva
4 Zorn
5 David, Foltz, Moser, Ortel, Sachs
6 Evchen, Pogner
7 Kothner, Schwarz
8 Stolzing
9 Magdalena
10 Beckmesser, Eisslinger, Nachtigall
11 Vogelgesang

Minna von Barnhelm
4 Just
5 Minna
6 Werner
7 Riccaut
8 Tellheim
9 Franziska

My fair Lady
5 Eliza
7 Higgins
9 Doolittle, Pickering

Nathan der Weise
4 Daja
5 Recha
6 Nathan, Sittah
7 Saladin

Oberon
4 Puck
5 Droll, Harun, Hueon, Rozia
6 Fatime
7 Titania
8 Almansor

Othello
4 Jago
6 Bianca, Cassio, Emilia
7 Montano, Othello, Rodrigo
8 Lodovico
9 Brabantio, Desdemona

Parsifal
6 Kundry
7 Titurel
8 Amfortas, Klingsor, Parsifal
9 Gurnemanz

Peer Gynt
4 Aase
5 Helga
6 Anitra, Ingrid
7 Solveig

Porgy and Bess
3 Jim
4 Bess, Lily
5 Annie, Clara, Crown, Maria, Mingo, Porgy
6 Serena
7 Frazier, Robbins
12 Sporting Life

Pygmalion
5 Eliza
7 Higgins
9 Doolittle, Pickering

Rheingold
4 Erda, Froh, Loge, Mime
5 Freia, Wotan
6 Fafner, Fasolt, Fricka
8 Alberich, Woglinde
9 Wellgunde
10 Flosshilde

Rigoletto
5 Borsa, Gilda
7 Marullo
8 Giovanna
9 Maddalena, Rigoletto
11 Sparafucile

Romeo und Julia
6 Marcus, Tybalt
7 Capulet, Lorenzo
8 Benvolio, Gregorio, Montague
9 Balthasar

Rosenkavalier
4 Ochs

6 Annina, Duenne, Sophie
7 Faninal
8 Octavian
9 Valzacchi
Salome
6 Salome
7 Herodes
8 Herodias
9 Jochanaan, Narraboth
Siegfried
4 Erda, Mime
6 Fafner
8 Alberich, Wanderer
9 Siegfried
11 Bruennhilde
Sommernachtstraum
4 Puck
5 Egeus, Flaut
6 Helena, Hermia, Oberon, Squenz, Zettel
7 Schnock, Theseus, Titania
8 Lysander
9 Demetrius, Hippolyta
Tannhäuser
5 Venus
7 Hermann, Reinmar, Walther, Wolfram
8 Biterolf, Heinrich
9 Elisabeth
Tausendundeinenacht
5 Ifrit, Leila, Massu, Ormuz
6 Aladin
7 Ali Baba, Sindbad
8 Suleiman
12 Scheherezade
Tiefland
4 Nuri, Pepa
5 Nando, Pedro
6 Martha
7 Tommaso
8 Moruccio
10 Sebastiano
Tosca
5 Mario, Tosca
6 Cesare, Floria
7 Scarpia
8 Spoletta
9 Sciaronne
11 Cavaradossi
Tristan und Isolde
5 Marke, Melot
6 Isolde
7 Tristan
8 Kurwenal
9 Brangaene
Troubadour
4 Inez, Luna, Ruiz
7 Azuzena, Leonore, Manrico
8 Ferrando
Turandot
3 Liu
4 Pang, Ping, Pong
5 Kalaf, Timur
6 Altoum
8 Turandot
Viel Lärm um Nichts
4 Hero
7 Antonio, Claudio, Don Juan, Leonato
8 Benedikt, Don Pedro
Vogelhändler
4 Adam, Weps
5 Marie
8 Adelaide
10 Stanislaus
Walküre
5 Wotan
6 Fricka
7 Hunding
8 Gerhilde, Helmwige, Ortlinde, Siegmund, Siegrune
9 Grimgerde, Sieglinde, Waltraude
10 Rossweisse
11 Bruennhilde
12 Schwertleite
Wallenstein
3 Max
4 Illo, Seni
6 Gordon, Terzky, Thekla
7 Isolani, Wrangel
11 Piccolomini
West Side Story
3 Doc
4 Riff, Tony
5 Anita, Chino, Maria
6 Krupke
8 Bernardo
Wilhelm Tell
4 Kunz
5 Berta, Kuoni, Ruodi, Werni
6 Arnold, Hedwig, Rudolf, Walter
7 Gertrud, Gessler
8 Melchtal
9 Hildegard
10 Attinghaus, Baumgarten
11 Stauffacher
Zar und Zimmermann
5 Marie, Peter
6 Lefort
7 Syndham
Zauberflöte
6 Pamina, Tamino
8 Papagena, Papageno, Sarastro
Zigeunerbaron
5 Saffi
6 Arsena, Kálmán, Sandor
Theateraufzug
3 Akt
Theaterleiter
9 Intendant, Prinzipal
Theaterplätze
4 Loge, Rang
7 Galerie, Parkett
8 Parterre
9 Ehrenloge, Sperrsitz
Theaterspielplan
10 Repertoire
Theaterspielzeit
6 Saison
Theaterunternehmer
10 Impresario
Theatervorhalle
5 Foyer
10 Wandelgang
thebanische(r)
Königinnen
5 Niobe
7 Nephele
Königssohn
7 Oedipus
Thema
11 Leitgedanke
12 Grundgedanke, Hauptgedanke
Themaänderung
9 Variation
thematische Tonfolge
9 Leitmotiv
theologische Studienanstalt
6 Kolleg
Theorie des Sozialismus
9 Marxismus
Thermometergrade
7 Celsius, Réaumur
10 Fahrenheit
Thors Hammer
9 Mjoellnir
Thronerbe
9 Kronprinz
Thronfolge
10 Sukzession
Thronfolger
6 Infant
7 Dauphin
8 Erbprinz, Kronerbe
9 Kronprinz
10 Zarewitsch
Thronhimmel
9 Baldachin
Thronräuber
9 Usurpator
Thunfische
6 Bonito, Germon
7 Makrele
14 Koenigsmakrele
Thüringen
Adelsgeschlecht
8 Gleichen
Berge
11 Kyffhaeuser
Flüsse
3 Ilm
5 Felde, Helbe, Helme, Saale, Werra
6 Ulster
7 Unstrut
Gebirge
3 Ohm
10 Ohmgebirge
Hauptstadt
6 Erfurt
Landschaften
7 Hainich
9 Hainleite
14 Thueringer Wald
Musikerfamilie
4 Bach
Saale-Zuflüsse
3 Ilm
4 Roda

Städte und Orte
4 Gera, Jena, Suhl
5 Gotha, Greiz
6 Apolda, Weimar
7 Ilmenau
8 Arnstadt, Eisenach, Saalfeld
9 Altenburg, Meiningen, Soemmerda, Sonneberg
10 Rudolstadt
11 Muehlhausen
12 Bad Salzungen

Thymusdrüse des Kalbs
5 Bries
9 Brieschen, Broeschen

Tiber-Zuflüsse
4 Anio, Nera
5 Allia

Tibet
Bevölkerung
7 Tibeter
8 Tanguten
9 Tibetaner
Gazelle
3 Goa
Gebirge
6 Dangla, Kunlun
8 Himalaya
9 Karakorum
13 Transhimalaja
Halbesel
5 Kiang
Hauptstadt
5 Lhasa
Kloster
6 Potala
Kultgerät
12 Gebetsmuehle
Lastträger
6 Sherpa
Mönch
4 Lama
mystische Silben im Lamaismus
2 Om
3 Hum
4 Mani
5 Padme
Religion
9 Lamaismus
religiöses Oberhaupt
9 Dalai-Lama
Sitz des Dalai-Lama
6 Potala
Städte
5 Lhasa
Tragtier
3 Jak, Yak
Wasserpfeife
4 Huka
5 Hukah

Tick
6 Fimmel, Spleen
7 Marotte
8 Schrulle

Ticket
7 Billett
9 Fahrkarte

tief
(liegend)
7 profund
10 gruendlich
eingeschnittene Senke
9 Talkessel
liegendes Land
5 Ebene, Senke
9 Niederung

Tiefdruckgebiet
7 Zyklone

tiefe
Bewusstlosigkeit
4 Koma
Öffnung
7 Abgrund, Schlund

Tiefengesteine
5 Dunit, Norit
6 Diorit, Foyait, Gabbro, Granit, Syenit
7 Essexit
8 Fergusit, Larvikit, Mangerit, Plutonit
9 Intrusiva, Peridotit, Pyroxenit

Tiefenmaß der Schifffahrt
5 Faden

Tiefenmessgerät
7 Behmlot, Echolot

Tiefenmessung
6 Lotung

tiefer
Halsausschnitt
9 Dekolleté
Hohlklang
9 Dumpfheit

Tieferlegung
7 Senkung

tiefes Engtal
5 Cañon, Klamm, Kluft
8 Schlucht

Tiefgangsmarke am Schiff
6 Ahming

tiefgründig
7 profund

Tiefkühlanlage
7 Froster

Tiefland
in Oberitalien
7 Poebene
in Turkestan
5 Turan

Tiefseeforschung
12 Bathygraphie

Tiefseelot
10 Bathometer

Tiefseemakrele
8 Goldkopf

Tiegel
6 Kessel
7 Kapelle

Tier
7 Kreatur
als Blindenbegleiter
8 Leithund
des Hirten
9 Huetehund
eines Gespanns
8 Zugpferd
13 Schlittenhund
für Sportzwecke
9 Rennpferd
zur Paarung
9 Zuchttier

Tierabrichter
8 Dompteur, Dresseur

Tierabrichtung
7 Dressur
8 Zaehmung

Tieransammlung
5 Herde, Horde, Meute, Rudel
7 Kolonie, Schwarm

Tierart
7 Spezies

Tierarzt
10 Veterinaer

Tierbändiger(in)
8 Dompteur
9 Dompteuse

Tierbehausungen
3 Bau
4 Nest
5 Bauer, Stall
6 Gehege, Hoehle, Kaefig, Roehre
7 Voliere, Zwinger
8 Aquarium, Vivarium
9 Terrarium
11 Hundehuette
12 Taubenschlag

Tierbuch
10 Bestiarium
undmaus

Tierfalle
9 Fanggrube

Tierfanggeräte
4 Netz
5 Angel, Falle, Grube, Reuse
7 Kescher
8 Fallnetz, Fangnetz
9 Fallgrube
11 Tellereisen

Tierfell
4 Pelz

Tierfett
4 Talg, Tran

Tierforscher
7 Zoologe

Tierfreigehege
8 Wildpark

Tierfuß
3 Huf
5 Klaue, Pfote, Tatze
6 Pranke

Tierfutter
3 Heu
4 Gras, Klee
7 Fressen, Melasse

Tierfüttergefäß
4 Napf

Tiergarten
3 Zoo

Tiergeografie
9 Arktogaea
11 Geozoologie
Tiergeschichte von Salten
5 Bambi
Tiergruppe im begrenzten Gebiet
9 Endemiten
Tierhaut
4 Balg, Fell, Pelz
9 Tierkleid
Tierhöhle
3 Bau
Tierhüter
8 Viehhirt
Tierinfektionskrankheit
4 Rotz
tierisch
10 animalisch
tierische(r, s)
Drüse
9 Duftorgan
Geruchssinn
9 Witterung
Kopfschmuck
4 Horn, Kamm
5 Haube
6 Geweih, Maehne
7 Gehoern
Milchorgan
5 Euter
9 Saugwarze
Nachkommenschaft
4 Brut, Wurf
Plankton
5 Krill
Riechstoff
5 Amber, Ambra
Tierkadaver
3 Aas
Tierkäfig
7 Zwinger
Tierkenner
7 Faunist, Zoologe
Tierkrankheiten
4 Pips, Rotz, Spat
5 Darre, Sucht
6 Koppen, Raeude, Staupe
7 Rotlauf, Tollwut
9 Milzbrand
10 Rinderpest, Tularaemie
12 Schweinepest
Tierkreis
8 Zodiakus
Tierkreiszeichen
5 Krebs, Loewe, Stier, Waage
6 Fische, Widder
8 Jungfrau, Schuetze, Skorpion
9 Steinbock, Zwillinge
10 Wassermann
Tierleiche
3 Aas
7 Kadaver
Tierlippe
5 Lefze
Tierlockmittel
6 Koeder

tiermedizinisches Instrument
9 Ferroskop
Tiermund
4 Fang, Maul
5 Aeser
6 Rachen
8 Schnauze
Tiernahrung
6 Futter
Tierordnung
9 Raubtiere
10 Karnivoren
Tierpark
3 Zoo
in Hamburg
10 Stellingen
in München
10 Hellabrunn
in Stuttgart
8 Wilhelma
Tierparkgründer
9 Hagenbeck
Tierpfote
5 Tatze
Tierprodukte
2 Ei
5 Honig, Leder, Milch, Seide, Wolle
6 Meltau
7 Fleisch
8 Honigtau
Tierschau
9 Menagerie
Tierseuche
9 Hasenpest
10 Tularaemie
Tierverband
7 Kolonie
Tierverehrung
9 Zoolatrie
Tierversteinerung
7 Zoolith
Tierwaffen
4 Horn
5 Hauer, Klaue, Tatze
6 Gebiss, Geweih, Kralle, Pranke, Zaehne
7 Stachel
9 Stosszahn
Tierwelt
5 Fauna
8 Notogaea
9 Notogaeis
tigerähnlich
7 tigroid
Tigerpferd
5 Zebra
Tigerschlange
6 Python
tilgen
8 loeschen
Tilgung
9 Loeschung
10 Streichung
11 Stornierung
12 Amortisation
einer Schuld
9 Abtragung
sprachlicher Satzelemente
8 Deletion
Tilgungszeichen
8 Deleatur
Tinnef
4 Kram
7 Plunder, Troedel
10 Krimskrams
Tintenfische
4 Pulp
5 Krake, Polyp, Sepia, Sepie
6 Kalmar
8 Argonaut, Nautilus, Oktopode, Perlboot
11 Kopffuesser
Tintenfischei
9 Seetraube
Tintenfischschale
6 Schulp
Tintenfischsekret
5 Sepia
Tipp
4 Wink
7 Hinweis
9 Andeutung
10 Erwaehnung, Fingerzeig, Vorhersage
Tippelbruder
5 Tramp
8 Vagabund
Tiroler
Barockmaler
6 Brandl
Bildhauer
7 Strudel
Bildhauerfamilie
5 Pendl
Freiheitsheld
5 Hofer
Freiheitskämpfer
4 Mayr
9 Haspinger
Gebirgstal
6 Stubai
9 Pustertal
Hauptstadt
9 Innsbruck
Landschaft
9 Stubaital
Maler
6 Pacher
7 Knoller
9 Defregger
10 Egger-Lienz
Ort am Inn
5 Stams
7 Jenbach
Ort am Lech
6 Reutte
Passionsspielort
3 Erl
Pfarrhaus
6 Wittum
Schnitzer
6 Pacher
Weinorte
6 Terlan, Tramin
7 Kaltern

Zwergkönig
6 Laurin
tirolerisch:
Altschnee
6 Firner
Eisgipfel
6 Ferner
Gletscher
6 Ferner, Firner
Zwischenmahlzeit
7 Marende
tischartiges Möbel
4 Pult
Tischdecke
5 Tapet
Tischgedeck für eine Person
6 Kuvert
Tischgeschirr
7 Service
Tischler
7 Ebenist
9 Schreiner
Tischlermaterial
8 Hartholz, Palmholz
9 Faserholz, Kreuzholz, Nussbeize, Sperrholz
Tischlerwerkzeuge
5 Feile, Hobel, Saege, Zange
6 Beitel, Bohrer, Hammer, Raspel, Winkel
8 Werkbank
9 Aufreiber, Bandsaege, Hobelbank, Hohleisen
Tischtennis
8 Pingpong
Tischtennisbegriff
7 Topspin
Tischzeug für eine Person
6 Gedeck
Titaneisen
7 Ilmenit
Titanenabkömmlinge
9 Titaniden
Titanentochter
7 Titania
Titel
3 Rat
8 Headline
9 Exzellenz, Fuerstabt, Praedikat
11 Magnifizenz, Schlagzeile, Titulierung
12 Ueberschrift
amerikanischer Zeitschriften
6 Review
asiatischer Fürsten
4 Chan, Khan
bei den Benediktinern
6 Erzabt
der amerikanischen Vollzugsbeamten
7 Sheriff
der englischen Geistlichen
4 Dean
8 Reverend
der Kaiserin von Russland
5 Zarin
der Kardinäle
7 Eminenz
9 Exzellenz
der Ordensobersten
5 Prior
der Patriarchen
4 Abba
der römischen Kaiser
8 Princeps
9 Imperator
der Samurai
7 Shizoku
des Kaisers von Äthiopien
5 Negus
des Kaisers von Iran
5 Schah
des Kaisers von Japan
5 Tenno
6 Mikado
des Kaisers von Russland
3 Zar
des Königs von Ägypten
6 Pharao
des Oberhaupts der Tibeter
9 Dalai-Lama
des Oberhaupts von Genua
4 Doge
des Oberhaupts von Venedig
4 Doge
des Papstes
9 Sanctitas
des Rektors einer Hochschule
11 Magnifizenz
des spanischen Hochadels
6 Grande
englischer Zeitschriften
6 Review
französischer Weltgeistlicher
4 Abbé
für islamische Gelehrte
4 Imam
im MA
9 Rheingraf
im technischen Dienst
6 Baurat
indianischer Ortsvorsteher
6 Kazike
indischer Fürsten
4 Raja
5 Nisan
7 Radscha
8 Maharaja
11 Maharadscha
indischer Fürstinnen
5 Begum
8 Maharani
islamischer Herrscher
6 Sultan
9 Padischah
islamischer Minister
5 Wesir
italienischer Ordensträger
9 Cavaliere
italienischer Weltgeistlicher
6 Abbate
jüdischer Gesetzeslehrer
5 Rabbi
katholischer Geistlicher
8 Kardinal
katholischer Weltgeistlicher
4 Abbé
nicht regierender Fürsten
5 Prinz
römischer Kaiser
5 Divus
spanischer Prinzen
6 Infant
türkischer Beamten
3 Aga
6 Pascha
von Erzbischöfen
6 Primas
Titelbild
5 Cover
Titelbildchen
8 Vignette
Titelbildschönheit
9 Covergirl
11 Glamourgirl
Titelseitenmädchen
9 Covergirl
toben
5 rasen
6 wueten
Tochter
der Demeter
10 Persephone
der Dione
9 Aphrodite
der Gäa
4 Rhea
5 Rheia
6 Phoebe, Phoibe, Tethys, Themis
der Hekuba
9 Kassandra
der Helena
8 Hermione
der Hera
4 Hebe
10 Eileithyia
der Herodias
6 Salome
der Iokaste
8 Antigone
der Klytämnestra
7 Elektra
9 Iphigenie
der Latona
5 Diana
der Leda
6 Helena
der Leto
7 Artemis
der Rhea
4 Hera, Here, Juno
5 Ceres, Vesta
6 Hestia
7 Demeter
der Theia
3 Eos
6 Aurora, Selene
der Themis
4 Dike

6 Eirene
7 Astraia
der Ute
9 Kriemhild
des Agamemnon
7 Elektra
9 Iphigenie
des Alkinoos
8 Nausikaa
des Atlas
5 Dione
6 Hyaden
7 Celaeno, Kalypso, Taygete
9 Hesperide
des Faun
4 Maja
des Helios
5 Circe, Kirke
8 Heliaden
des Jupiter
5 Diana, Irene, Venus
7 Minerva
8 Iuventus
10 Proserpina
des Kadmos
6 Semele
des Kaisers Augustus
5 Julia
des Kepheus
9 Andromeda
des Königs Lear
5 Regan
7 Goneril
8 Cordelia
des Kronos
4 Hera, Here
6 Hestia
7 Demeter
des Laban
3 Lea
5 Rahel
6 Rachel
des letzten Zaren
9 Anastasia
des Menelaos
8 Hermione
des Minos
7 Ariadne
des Mohammed
5 Fatme
6 Fatima
des Nereus
6 Thetis
7 Galatea, Nereide
des Ödipus
6 Ismene
8 Antigone
des Papstes Alex VI.
8 Lucrezia
des Priamos
6 Kreusa
8 Polyxena
9 Kassandra
des Rigoletto
5 Gilda
des Saturn
4 Juno
5 Ceres, Vesta
des Tantalus
5 Niobe
des Uranos
4 Rhea
5 Rheia, Theia
6 Phoebe, Phoibe, Tethys, Themis
des Zeus
3 Ate
4 Dike, Hebe
5 Herse, Musen
6 Athene, Eirene, Helena, Pandia
7 Artemis
9 Aphrodite
10 Eileithyia, Persephone
Karls des Großen
4 Emma
6 Bertha
Labans im Alten Testament
6 Rachel
Mohammeds
6 Fatima
Papst Alexanders VI.
8 Lucrezia
von Liszt
6 Cosima
Tochtergeschwulst
9 Metastase
Tod
6 Exitus
7 Ableben
Todesanzeige
5 Parte
Todesdämoninnen
5 Keren
Todesgötter
5 Hades, Orkus, Pluto
6 Anubis, Erebus, Pluton
8 Thanatos
Todesgöttinen
3 Hel
6 Hather, Hathor
Todesstrafe im MA
7 Raedern
tödlich
5 letal
Togo
Berg
4 Agou
Bevölkerung
3 Ewé, Ful
5 Fulbe, Gurma, Kabré
9 Togolesen
Hauptstadt
4 Lomé
Städte und Orte
8 Atakpamé, Atitogan
Währung
5 Franc
7 Centime
Toleranz
7 Duldung
11 Duldsamkeit
Tollkirsche
10 Belladonna
12 Teufelsbeere
tollkühn
4 keck
8 verwegen
9 vermessen, waghalsig
Tollwut
5 Lyssa
6 Rabies
Tölpel
6 Lackel
7 Paslack, Stiesel
10 Tollpatsch
Tomate
10 Paradeiser
13 Paradiesapfel
Tomatentunke
7 Catchup, Ketchup
8 Ketschup
Ton
4 Laut
5 Klang
6 Schall
7 Piepser
9 Geraeusch
Tonabstand
9 Intervall
tonartlos
6 atonal
tonartverschieden
9 polytonal
Tonaufnahmegerät
8 Recorder
Tonaufzeichnung
8 Aufnahme
Tonband
4 Tape
Tonbandarchiv
8 Fonothek
9 Phonothek
Tonbandgeräte
8 Diktafon, Recorder
9 Diktaphon
10 Magnetofon
11 Magnetophon
12 Taperecorder
Tonbandsammlung
8 Fonothek
9 Phonothek
Tonbezeichnungen
2 as, do, es, fa, la, mi, re, si, so, ti
3 ais, ces, cis, des, dis, eis, fis, ges, gis, his, sol
Tondichter
9 Komponist
Tondichtung
11 Komposition
tönern
5 irden
tönernes Blasinstrument
7 Okarina
Tonerzeuger bei Musikinstrumenten
5 Saite
Tonflasche
5 Gurde, Kruke
Tonfolge
7 Melodie, Passage
im Gregorianischen Choral
7 Jubilus
9 Jubilatio

Tonfolgelehre
7 Melodik
Tonga
Bevölkerung
7 Tongaer
8 Tonganer
10 Polynesier
Hauptinsel
9 Tongatapu
Hauptstadt
9 Nukualofa
König
5 Tupou
Königin
6 Salote
Währung
6 Paanga, Seniti
Tongebung
10 Intonation
Tongeschirr
7 Keramik
9 Irdenware
Tongeschlechter
3 Dur
4 Moll
Tonglimmerschiefer
7 Phyllit
Tonhalle
5 Odeon, Odeum
7 Orpheum
11 Konzertsaal
tonhaltig
6 lettig
Tonhebung
5 Iktus
Tonhöhenbereich
9 Stimmlage
Tonhöhenschreiber
9 Melograph
Tonika
7 Primton
8 Grundton
Tonkunst
5 Musik
Tonkünstler
7 Musiker, Musikus
8 Musikant
Tonkunstpflege im Heim
9 Hausmusik
Tonlehre
6 Phonik
tonlos
5 stumm
tonloses Wort
6 Atonon
Tonmeisterplatz
9 Regiepult
Tonne
4 Fass
6 Barrel
tonreicher Marschboden
4 Klei
Tonschicht
6 Letten
im Sandstein
8 Tongalle
in Erzgängen
6 Besteg
Tonschöpfung
11 Komposition
Tonsilben
2 do, fa, la, mi, re, si, so, ti
3 sol
Tonstück
5 Piece
für acht Stimmen
6 Oktett
für drei Stimmen
4 Trio
7 Terzett
für fünf Stimmen
8 Quintett
für sechs Stimmen
7 Sextett
für sieben Stimmen
7 Septett
für vier Stimmen
8 Quartett
für zwei Stimmen
3 Duo
5 Duett
Tonstufen
4 None, Prim, Sext, Terz
5 Prime, Quart, Quint, Sexte
6 Dezime, Oktave, Quarte, Quinte
7 Sekunde, Septime
Tönung
7 Kolorit
Tonverzierung
9 Koloratur
Tonwaren
7 Fayence, Keramik
8 Fayencen, Majolika
9 Porzellan, Steinzeug
10 Terrakotta
Tonwert
6 Valeur
Tonzeichen
4 Note
Topf
4 Pott
Töpfer
6 Hafner
7 Haefner
9 Keramiker
Töpferkunst
7 Keramik
Töpfermaterial
3 Ton
Töpferton
4 Silt
7 Schluff
Töpferwerkstatt
7 Poterie
Topfverschluss
6 Deckel
Tor
4 Narr, Tuer
6 Pforte, Portal
7 Eingang
8 Einfahrt
beim Fußball
4 Goal
Torfahrt im Kanusport
6 Slalom
torfartige Schicht
4 Dark
Torfmoorstrauch
5 Porst
8 Rosmarin
Torfstück
4 Sode
Torheit
5 Unfug
6 Eselei, Unsinn
7 Alberei, Duselei
8 Dummheit, Kinderei, Narretei, Wahnwitz
9 Firlefanz
10 Albernheit
13 Unachtsamkeit
Torhüter
6 Keeper
töricht
4 dumm, naiv
6 absurd, unklug
7 abstrus
8 kindisch, unsinnig
9 laeppisch
12 absonderlich
törichte(r, s)
Einfall
6 Flause
Gerede
6 Unsinn
7 Nonsens
Gutgläubigkeit
9 Naivitaet
Lustigkeit
7 Alberei
Mensch
3 Tor
4 Narr
Torlauf
6 Slalom
Tornister
6 Ranzen
8 Rucksack
der Handwerksburschen
7 Raenzel
Tort
9 Kraenkung
11 Beleidigung
Törtchen
9 Tortelett
10 Tortelette
Torten
9 Nusstorte, Obsttorte
10 Mokkatorte, Sahnetorte
11 Sachertorte
12 Erdbeertorte, Himbeertorte
Tortur
4 Qual
5 Plage
6 Folter, Marter
töten
6 killen
8 ermorden
9 umbringen
Totenbeschwörer
9 Nekromant
Totenbeschwörung
6 Nekyia

11 Nekromantie
Totenfährmann
6 Charon
Totenführer
6 Hermes
Totenfurcht
11 Nekrophobie
Totengedächtnisfeier
4 Ecce
Totengedenkmal
8 Kenotaph
Totengedenkplatte
9 Grabstein
Totengedenkworte
8 Grabrede
Totengeister
5 Manen
7 Lemuren
Totengeleit
7 Kondukt
Totengöttin
3 Hel
7 Tarpeja
Totenklage im alten Rom
6 Naenie
Totenkopfäffchen
7 Akalima, Saimiri
Totenkult
8 Manismus
Totenmesse
7 Requiem
9 Seelenamt
Totenreich
3 Hel
5 Hades, Orkus
6 Erebos, Erebus, Hoelle
8 Niflheim
9 Unterwelt
Totenschrein
4 Sarg
9 Sarkophag
Totenseelen bei den Römern
5 Manen
Totenstadt
9 Nekropole
10 Nekropolis
11 Graeberfeld
Totenstätte
9 Katakombe
11 Zoemeterium
toter Menschenkörper
6 Leiche
totes Rennen
8 Dead heat
Totstellreflex
7 Akinese
Tour
4 Trip
5 Fahrt, Reise
6 Partie
7 Ausflug, Strecke
9 Exkursion, Wanderung
Tourenzahl
8 Drehzahl
Tourist zu Fuß
8 Wanderer
touristisches Angebot
9 Weltreise
toxisch
6 giftig
Trab auf der Stelle
6 Piaffe
Trabant
4 Mond
8 Satellit
9 Begleiter
Trabrennbahn
5 Track
Trabrennwagen
5 Sulky
Tracht
5 Habit
7 Kostuem
Trachtenjacke
6 Janker
7 Kamisol
Trächtigkeitsdauer
8 Tragzeit
9 Tragezeit
Tragbalken
7 Epistyl
9 Architrav
10 Epystilion
tragbar
13 transportabel
tragbare(s)
Fernsehgerät
8 Portable
Orgel
5 Regal
Zimmerorgel
8 Portativ
träge
4 faul
5 inert
7 langsam, pomadig, saeumig
8 indolent
10 verspaetet
träge(r, s)
Mensch
9 Bummelant
Verhalten
8 Lahmheit
Tragebehälter
4 Korb, Netz
5 Eimer, Kiepe, Mappe
6 Beutel, Ranzen, Tasche
7 Flasche
8 Kanister
9 Tornister
10 Aktenmappe
11 Aktentasche
Tragebrett
7 Tablett
tragende(r)
Bauteil
7 Traeger
Hängebrückenpfeiler
6 Pylone
Kfz-Unterbau
6 Rahmen
Träger
der Blütennarbe
7 Griffel
der Erbanlagen
3 Gen
4 Gene
9 Chromosom
der Segel
8 Mastbaum
des Erbguts
2 Id
Tragfähigkeit
8 Nutzlast
Tragfläche
7 Fluegel
Traggefäße
5 Hotte
6 Laegel
9 Weinkiepe
Traggestell
5 Bahre
Trägheit
6 Torpor, Unlust
7 Phlegma
8 Faulheit, Indolenz
9 Beharrung, Laschheit, Lethargie
14 Dickfelligkeit
16 Schwunglosigkeit
Tragkörbe
5 Butte, Hotte, Hutte, Kiepe
Traglufthalle
5 Radom
Tragödie
8 Unglueck
10 Schauspiel
11 Trauerspiel
von Corneille
3 Cid
5 Cinna
von Euripides
5 Medea
von Hebbel
6 Judith
von Shakespeare
8 Coriolan
von Voltaire
5 Irene, Zaire
6 Alzire
Tragpfosten
6 Saeule, Stemme
7 Pfeiler, Stuetze
Tragstühle
4 Kago
7 Saenfte
8 Palankin
11 Portechaise
Tragtiere
3 Jak, Yak
4 Esel, Gaul, Lama, Muli
5 Kamel, Pferd
7 Elefant
8 Dromedar, Lastesel, Lasttier, Maultier
9 Lastpferd
Tragweite
7 Ausmass
10 Auswirkung
Trainer
5 Coach
trainieren
5 ueben
7 coachen

8 betreuen
Trainingsanlage
9 Simulator
Tramping
9 Autostopp
11 Hitchhiking
Träne
6 Zaehre
Tränengas
7 Lewisit
8 Akrolein
9 Bretonite
Trank des Vergessens
5 Lethe
Transformator
9 Umspanner
Transit
9 Durchfuhr
Transparent
10 Spruchband
Transparentbild
3 Dia
10 Diapositiv
Transparentfotos
4 Dias
Transportabteilung
10 Expedition
Transportarbeiter
6 Packer
Transportauto
9 Lastwagen
Transportbehälter
4 Fass, Sack
5 Colli, Kanne, Kiste
6 Harras
7 Hobbock
8 Kanister
9 Container
Transportfahrzeug
8 Lastauto
Transportfirma
9 Spedition
Transportflugzeug der NATO
8 Noratlas, Transall
Transportgut
6 Ladung
Transportkosten
8 Rollgeld
Transportmittel
3 Bus, Lkw, Rad
4 Bahn, Obus, Tram
5 Karre, U-Bahn, Wagen
6 Karren, Schiff
7 Lastzug, Omnibus, Vehikel
8 Fahrzeug, Flugzeug, Lastauto, Seilbahn
9 Eisenbahn, Gueterzug
11 Lieferwagen
Transportunternehmer
9 Spediteur
Transurane
6 Curium
7 Dubnium, Fermium
8 Nobelium
9 Americium, Berkelium, Neptunium, Plutonium
10 Lawrencium
11 Californium, Einsteinium, Mendelevium
Trauben auspressen
7 keltern
Traubenernte
4 Lese
6 Wimmet
8 Weinlese
Traubenkirsche
4 Else
5 Padus
8 Ahlbeere
9 Faulbeere
Traubenpresse
6 Kelter, Torkel
Traubensaft
4 Most, Wein
Traubensorten
5 Gamay
6 Aramon, Merlot
7 Elbling, Formint, Gutedel, Lagrein
8 Cabernet, Riesling, Silvaner, Traminer
9 Burgunder, Rulaender
10 Trollinger
11 Muskateller
15 Gewuerztraminer
Traubenwickler
9 Weinmotte
Traubenzucker
7 Glucose, Glukose, Glykose
8 Dextrose
Trauer
7 Schmerz
8 Truebnis, Truebsal
Trauerband
4 Flor
Trauergedichte
6 Elegie
8 Tristien
Trauergerüst
8 Katafalk
Trauergesang
7 Threnos
9 Threnodie
Trauerspieldichter
8 Tragiker, Tragoede
Trauerspiele
9 Tragoedie
von Collin
8 Coriolan
von Goethe
6 Stella
7 Clavigo
von Grillparzer
6 Sappho
Trauerzug
7 Kondukt
Traufleiste antiker Tempel
4 Sima
Traumbild
6 Vision
8 Illusion, Trugbild
10 Einbildung
11 Luftschloss
Träumer
7 Fantast, Utopist
8 Phantast
10 Schwaermer
träumerisches Musikstück
7 Reverie
Traumgott
7 Oneiros
8 Morpheus
9 Phantasus
traumhaft
7 surreal
9 visionaer
traurig
5 trist
6 truebe, unfroh
7 desolat
8 betruebt, doloroso, elegisch, freudlos
9 bedrueckt, depressiv, gedrueckt
10 truebselig
11 miesepetrig, truebsinnig
12 schwermuetig, ungluecklich
13 melancholisch
14 hypochondrisch
15 todungluecklich
17 kreuzungluecklich
Traurigkeit
8 Truebsal
9 Schwermut, Tristesse, Truebsinn
Trauung
6 Heirat
8 Hochzeit
14 Eheschliessung
Treber
7 Trester
Trecker
7 Traktor
9 Schlepper
Treckgefährt
9 Planwagen
Treff
5 Kreuz
6 Eichel
Treffen
7 Meeting
9 Begegnung
11 Versammlung
13 Zusammenkunft
katholischer Geistlicher
9 Konveniat
treffend
5 exakt, genau
7 praezis, triftig
8 praezise
9 praegnant
treffende(r)
Ausdrucksweise
7 Lakonik
Ausspruch
6 Bonmot
Treffer
bei Ballsportarten
3 Tor
beim Basketball
4 Korb
trefflich
5 famos

Treffstelle
9 Einschlag
treiben
8 draengen, druecken
9 schiessen, schlenzen
Treiben des Viehs von den Almen
7 Abtrieb
treibende(r, s)
Kraft
5 Agens
Rhythmus
5 Drive
Schifffahrtshindernis
7 Eisberg
8 Drifteis, Treibeis
Treibgas
5 Butan
6 Propan
Treibmittel
beim Backen
4 Hefe
6 Natron
9 Sauerteig
10 Backpulver
14 Hirschhornsalz
Treibnetz
5 Fleet
Treibsand an Küsten
8 Mahlsand
Treibschlag
beim Golf
5 Drive
beim Tennis
5 Drive
Treibstoffbehälter
4 Tank
8 Kanister
Treibstoffe
5 Butan, Sprit
6 Benzin, Benzol, Diesel, Propan
9 Dieseloel
Treibstoffkomponente
8 Oxidator
Treibstoffzusatz
6 Benzol
Treidelweg
8 Leinpfad
trennen
6 teilen
8 scheiden
9 isolieren, losloesen
10 separieren
Trennen von Werkstoffen
9 Schneiden
Trenngeräte
9 Schleuder
10 Zentrifuge
14 Trennschleifer
Trennkommando beim Boxen
5 Break
Trennlinie
6 Grenze
11 Perforation
Trennpunkte über Vokalen
5 Trema
Trennung
7 Teilung
8 Abschied, Spaltung
9 Scheidung
durch Trema
8 Diaerese
9 Diaeresis
Trennungslinie
6 Grenze
der Frisur
8 Scheitel
Trennungsstrich
5 Divis
Treppe
6 Stiege
7 Aufgang
Treppenabsatz
6 Podest
Treppengeländerteil
8 Handlauf
Treppenhalle
9 Vestibuel
Treppenteil
5 Stufe
6 Podest
9 Setzstufe
10 Trittstufe
Tresen
5 Theke
10 Ladentisch
11 Schanktisch
Tresse
5 Biese, Borte, Galon, Litze
6 Galone
9 Goldlitze
Trester
6 Treber
Tresterbranntwein
4 Marc
6 Grappa
Tresterweine
5 Lauer, Leier
8 Nachwein
Tretanlasser
11 Kickstarter
Treten des Balls
6 Schuss
Trethebel
5 Pedal
Trethebel im Kfz
8 Gaspedal
Tretvorrichtung
5 Pedal
9 Fusshebel
treu
7 ergeben, redlich
11 anhaenglich
ergeben
5 loyal
Treubruch
6 Verrat
7 Felonie
Treue
10 Loyalitaet
Treuebrecher
9 Verraeter
Treuegelöbnis
9 Diensteid
treuer
Gefolgsmann
7 Paladin
Hund der Erigone
5 Maira
Treueschwur der Soldaten
9 Fahneneid
Treuhänder
7 Kurator, Trustee
treuherzig
4 naiv
treulos
6 perfid
7 perfide
12 hinterlistig
Treulosigkeit
7 Athesie, Untreue
Triasformation
6 Keuper
Triasstufen
3 Nor
4 Raet, Roet
6 Keuper
13 Buntsandstein
Tribünenabschnitt
5 Block
Tribut
6 Abgabe, Steuer, Umlage
7 Beitrag
trichterförmige
Erdvertiefung
5 Uvala
Flussmündung
7 Aestuar
Vertiefung
5 Pinge
Trick
4 Dreh, List
5 Finte, Kniff
7 Finesse
10 Kunstgriff
Trickfilmfigur
9 Mickymaus
Trickfilmzeichner
8 Animator
Trieb
5 Drang, Drive, Druck
6 Impuls, Libido, Spross
7 Antrieb
9 Keimkraft
11 Schoessling
Triebwerkausfall
8 Flame-out
triftig
9 plausibel
Trilogie des Äschylus
7 Orestie
Trimm-dich-Läufer
6 Jogger
Trimmsportarten
6 Joggen, Laufen, Radeln
8 Waldlauf
9 Radfahren, Schwimmen
Trinidad und Tobago
Hauptstadt
11 Port of Spain
Städte
5 Arima

11 San Fernando, Scarborough
Währung
4 Cent
6 Dollar
Trinkbedürfnis
5 Durst
trinkbedürftig
7 durstig
Trinken in der Runde
7 Umtrunk
Trinker
7 Pietsch, Saeufer
9 Sueffling
11 Alkoholiker
Trinkgefäße
4 Glas, Krug
5 Kelch, Molle, Pokal, Tasse, Tulpe
6 Becher, Humpen, Laegel, Roemer, Schale, Seidel
7 Eisglas, Stiefel
8 Bierglas, Bierkrug, Schoppen, Sektglas, Teetasse, Weinglas, Weinkrug, Zinnkrug
9 Kelchglas
10 Likoerglas
Trinkgelage
8 Sauferei, Zecherei
9 Bacchanal
10 Besaeufnis
Trinkgeld
10 Bakschisch
Trinkglasform
7 Stiefel
Trinkgruß der Studenten
7 Fiduzit
Trinklied der Studenten
6 Kantus
Trinkmenge
7 Schluck
Trinkröhrchen
9 Strohhalm
Trinkrunde
7 Kommers
Trinkspruch
4 Skal, Skol
5 Prost, Toast
6 Prosit
Trinkstuben
3 Bar
5 Lokal
6 Bistro, Kneipe
8 Gasthaus
10 Restaurant, Wirtschaft
Trip
5 Reise
7 Ausflug
Triptiksheft
6 Carnet
trist
3 fad, oed
4 oede
7 desolat, traurig
8 elegisch, trostlos
9 depressiv
10 langweilig
Tritt
6 Stapfe, Tapfen
8 Fussspur
mit dem Fuß
4 Kick
triumphaler Erfolg
9 Siegeszug
Triumphbogen
8 Ehrentor
9 Siegestor
trocken
4 arid
5 duerr, mager, secco
6 darren
7 saftlos
9 prosaisch
Trockenbecken im Tschad
6 Bodele
Trockenfutter
3 Heu
Trockengestell
5 Horde
6 Heinze, Reiter, Wiemen
9 Heureuter
für Gemüse
5 Horde
für Obst
5 Horde
Trockengras
3 Heu
7 Wildheu
10 Viehfutter
Trockenheit
6 Duerre
9 Ariditaet
der Schleimhäute
6 Xerose
liebende Pflanze
8 Xerophyt
Trockenheitsgrad von Champagner
4 brut
Trockenmalerei
7 Pastell
Trockenraum der Erde
6 Wueste
Trockensteppe in Südafrika
5 Karru
8 Kalahari
Trockenstoffe
9 Sikkative
Trockenvorrichtung
5 Darre
6 Doerre
Troddel
6 Pinsel, Pompon, Quaste
8 Schleife
Trödel
4 Kram, Tand
6 Ramsch, Tinnef
7 Krempel, Plunder
8 Altwaren
9 Firlefanz
Trödler
7 Bummler
12 Schlafmuetze
16 Altwarenhaendler
trogartiges Gefäß
5 Mulde
Troja
5 Ilion, Ilios, Ilium
Trojanerkönig
7 Priamos, Priamus, Teukros
8 Dardanos, Laomedon
trojanischer
Held
5 Paris
6 Achill, Aeneas, Hektor, Nestor
7 Antenor, Priamos, Priamus
8 Achilles
Priester
7 Laokoon
Prinz
7 Troilos
Späher
5 Dolon
Trojas Burg
8 Pergamon
Trommel
4 Drum
5 Bongo, Cassa, Conga, Pauke
6 Tamtam, Timbal, Tomtom
7 Pandero, Timpano
8 Tamburin
Trommelfeuer
8 Kanonade
trommelförmiges Fischnetz
5 Bunge
Trommelstock
9 Schlaegel
Trommler
7 Tambour
Trompetenschnecke
9 Tritonium
11 Tritonshorn
Trompetensignal
7 Fanfare
Tropenbäume
3 Aki
5 Palme
6 Akazie, Elaeis, Raphia, Sapote
8 Oelpalme
9 Bastpalme, Nipapalme, Tamarinde, Weinpalme
13 Affenbrotbaum
Tropenfieber
7 Malaria, Tropika
Tropenhut
8 Sombrero
Tropenkrankheiten
5 Lepra, Sprue
7 Aussatz, Malaria, Trachom, Tropika
10 Gelbfieber
15 Schlafkrankheit
Tropenuniformstoff
5 Khaki
Tropenvögel
9 Papageien
Tropenwind
6 Monsun, Passat
Tropfstein
9 Stalagmit, Stalaktit

Tropfsteinhöhle
6 Grotte
Trophäe des Indianers
5 Skalp
tropische(r, s)
Affe
9 Breitnase
Anpflanzung
8 Plantage
Baumfrüchte
8 Kolanuss
9 Goldapfel
Baumharz
5 Kopal
Blütenstrauch
8 Gardenia, Gardenie
Echsen
5 Gecko, Skink, Waran
6 Leguan
8 Basilisk
10 Chamaeleon
Fliegenart
6 Tsetse
Früchte
4 Kaki, Kiwi, Lulo
5 Feige, Guave, Kakao, Mango
6 Ananas, Annona, Annone, Banane, Dattel, Limone, Orange, Papaya
7 Avocado, Avocato, Erdnuss, Guajave, Jambuse, Kumquat, Litschi, Zitrone
8 Maracuja, Rambutan
9 Apfelsine, Carambola, Cherimoya, Kokosnuss, Mandarine, Rahmapfel, Tangerine, Zimtapfel
10 Clementine, Grapefruit, Klementine, Mangostane, Pampelmuse, Rosenapfel
13 Macadamianuss
Gewürze
4 Zimt
5 Curry
6 Muskat
7 Pfeffer, Vanille
Grassteppe
7 Savanne
Harz
5 Elemi
8 Sandarak
Hochseevogel
8 Phaethon
Holzarten
4 Teak
5 Azobé, Balsa, Limba
6 Fustik, Sapeli
8 Bongossi, Ebenholz, Korkholz, Mahagoni
9 Gabunholz, Zebraholz
10 Palisander
Insekten
7 Moskito, Termite
9 Lehmwespe
12 Tsetsefliege
Klettereidechse
5 Gecko
Kletternagetier
8 Bandmaus
Kletterpflanze
5 Liane
Knollenpflanzen
4 Taro
6 Batate, Maniok
10 Topinambur
Küstenbaum
8 Mangrove
Landschaftstypen
5 Busch, Pampa
6 Steppe, Urwald, Wueste
7 Savanne
9 Dschungel, Regenwald
Laubbäume
6 Akazie
9 Swietenia
Leguanart
8 Basilisk
Meeresbewohner
9 Mondfisch
Meeresschnecke
5 Oliva
Netzgurke
5 Luffa
Niederschlagsperiode
9 Regenzeit
Nutzpflanzen
3 Tee
4 Coca, Cola, Reis, Soja, Taro
5 Agave, Areca, Areka, Hirse, Kakao, Palme, Sesam, Sisal, Tabak
6 Ananas, Bambus, Batate, Kaffee, Limone, Maniok, Orange, Papaya
7 Erdnuss, Oelbaum, Rizinus, Tapioka
9 Tamarinde
10 Topinambur, Zuckerrohr
11 Dattelpalme
Orchideen
7 Vanille
8 Calanthe
Pflanzen
5 Agave, Canna, Cycas, Melia, Palme, Vigna, Zykas
6 Bambus, Bombax, Kaktus, Sapote
7 Clethra, Opuntie, Zedrach
8 Baumfarn, Baumlieb, Hornmoos, Lecythis, Orchidee, Palmfarn, Thebroma, Wollbaum
9 Kakaobaum, Langbohne, Laubheide, Rutenfarn, Sterkulie, Stinkbaum, Tamarinde
10 Blumenrohr
12 Philodendron
13 Affenbrotbaum
Regenwald
6 Selvas
Riesengras
6 Bambus
Säugetiere
8 Halbaffe
9 Hundsaffe
Schlingpflanze
5 Liane
Schmetterling
8 Dickkopf
Schwammgurke
5 Luffa
Schwirrvogel
7 Kolibri
Seidenspinner
7 Nephila
Stechimme
9 Sandwespe
Stechmücke
7 Moskito
Sumpfwald
9 Dschungel
Süßkartoffel
6 Batate
Tapioka
6 Maniok
Vegetationstyp
9 Regenwald
Vogel
7 Papagei
Windengewächs
6 Jalape
Wurzelknolle
3 Yam
4 Taro
6 Maniok
Zedrachgewächs
7 Zedrela
Zierpflanze
8 Bromelie
Zimtapfel
6 Annona, Annone
Tross
5 Train
6 Bagage
Trosse
3 Tau
5 Kabel
aus Metall
9 Drahtseil, Stahlseil
Trossenraum
9 Kabelgatt
trostlos
3 oed
4 oede
5 trist
7 desolat, traurig
Trottel
4 Depp
Trotz
8 Renitenz
9 Eigensinn, Starrsinn
15 Dickkoepfigkeit
trotzdem
7 dennoch
Troubadourlied
7 Virelai
8 Estampie
9 Sirventes

trübe
6 diesig, neblig
7 dunstig
8 trostlos
Trubel
5 Laerm, Trara
6 Rummel, Tamtam, Tumult, Unruhe
8 Wirrwarr
9 Gedraenge
11 Hochbetrieb
Trübsal
3 Not
4 Leid
5 Elend
6 Kummer, Trauer
7 Schmerz
10 Depression
11 Melancholie
13 Seelenschmerz
trübselig, trübsinning
5 elend, trist
7 desolat, traurig
8 betruebt, doloroso, elegisch, freudlos
9 bedrueckt, depressiv
10 bekuemmert, deprimiert
12 schwermuetig, ungluecklich
13 melancholisch
15 todungluecklich
17 kreuzungluecklich
Trugbilder
6 Vision
11 Fata Morgana
12 Hirngespinst
Trugschluss
6 Irrtum
Trumpfkarte
5 Atout, Joker
7 Manille
im Tarock
4 Skus
Trumpfneun
4 Nell
Trunkenbold
7 Saeufer, Trinker
11 Alkoholiker
Trunksucht
12 Alkoholismus
Trunksüchtiger
7 Saeufer
11 Alkoholiker, Trunkenbold
Truppen zusammenziehen
9 massieren
Truppenabteilungen
3 Zug
4 Heer
5 Armee, Korps
6 Gruppe
7 Brigade
8 Division, Eskadron, Kompanie, Regiment
9 Abteilung, Bataillon, Schwadron
10 Armeekorps
11 Kampfgruppe
12 Heeresgruppe
Truppenbefehlshaber
9 Brigadier
Truppenfahne
6 Banner
9 Standarte
Truppengattungen
4 Heer
6 Marine
9 Luftwaffe
10 Artillerie, Infanterie
12 Panzertruppe
Truppenlager
5 Biwak
Truppenrastort
9 Heerlager
Truppenschau
6 Parade
Truppenspitze
4 Tete
Truppenstandort
8 Garnison
Truppenteil
9 Faehnlein
Truppenübung
8 Manoever
Truppenunterkunft
7 Kaserne
Truppenversammlung zum Dienst
6 Appell
Truthahn
5 Puter
Truthenne
4 Pute
5 Trute
Tschad
Bevölkerung
4 Mbum, Mubi, Sara, Tama, Tubu
Gebirge
7 Tibesti
Hauptstadt
8 N'Djamena
See
9 Tschadsee
Senke
6 Bodelé
Währung
5 Franc
7 Centime
Tschechien und Slowakien siehe Slowakien und Tschechien
Tscherkessenstamm
5 Adyge
6 Adighe
Tsetsefliege
8 Glossina
Tuaregstamm
7 Ahaggar
Tubeninhalt
5 Pasta, Paste
Tuch
am Schiffsmast
5 Segel
aus Wollstreichgarn
6 Castor
tuchartiges Gewebe
4 Drap
Tuchstock beim Stierkampf
6 Muleta
Tuchstreifen
4 Band
tüchtig
4 brav
6 patent, tapfer, wacker
7 solvent, virtuos
8 fleissig
10 arbeitssam, ordentlich
11 tatkraeftig
tüchtiger Arbeiter
8 Schaffer
Tüchtigkeit
5 Arete, Eifer
6 Fleiss, Format, Virtus
8 Leistung
10 Faehigkeit, Fertigkeit
14 Schaffenskraft
Tücke
4 List
6 Malice
7 Arglist, Bosheit
17 Hinterhaeltigkeit
tückisch
5 infam
6 listig, perfid
13 hinterhaeltig
Tuff
5 Trass
6 Sinter
8 Kalktuff
9 Bimsstein, Duckstein, Travertin
Tüftler
8 Gruebler
tugendhaft
4 edel
6 ehrbar, keusch
7 sittsam
8 zuechtig
Tüll
7 Petinet
Tulpenbaum
8 Magnolie
Tümmler
6 Delfin
7 Delphin, Zahnwal
11 Schweinswal
12 Flaschennase
Tümmlertaube
6 Werfer
Tümpel
5 Suhle
Tumult
5 Laerm
6 Trubel, Unruhe
7 Aufruhr
Tunesien
Berg
6 Chambi
Bevölkerung
8 Tunesier
Flughäfen
6 Skanes
7 Melitta
10 Le Carthage
Hafenstädte
4 Sfax

6 Sousse
7 Bizerta
Hauptstadt
5 Tunis
heilige Stadt
7 Kairuan
8 Kairouan
Insel
6 Djerba
karthagische Ruinenstätten
8 Karthago
Politiker
8 Bourgiba
Städte und Orte
4 Beja, Sfax, Susa
5 Gabes, Gafsa
6 El Djem, Sousse
7 Biserta, Bizerta, Kairuan, Matmata
8 Hammamet, Kairouan, Monastir
Währung
5 Dinar
8 Millimes
Tungusenstamm
7 Ewenken
Tunisnuss
8 Pistazie
Tunke
5 Sauce, Sosse
Tupfen
5 Fleck, Punkt
8 Sprenkel
am Pfauenschwanz
4 Auge
Türangel
7 Fitsche
9 Scharnier
Türdrücker
6 Klinke
Türeinfassung
5 Zarge
Türenteile
5 Blatt, Haspe, Spion
6 Klinke
7 Klopfer, Laibung, Schloss
8 Druecker, Schwelle
Türhaken
5 Haspe
Türhüter
7 Portier
9 Concierge, Pfoertner, Schweizer
Türke
6 Osmane
Türkei
Amtsgebäude
5 Konak
Anrede: Herr
3 Bei
6 Efendi
asiatische Türkei
9 Anatolien
Beamte
5 Hakim, Hekim, Mudir
6 Pascha
7 Muschir
Berge
6 Aladag, Ararat
Bevölkerung
6 Kurden
7 Tuerken
Dolche
9 Kandschar
10 Khandschar
Ehrenwache
6 Kawass
7 Kawasse
Flüsse
4 Aras
5 Gediz, Murat, Simav
6 Ergene
7 Sakaria, Sakarya
Frauenschleier
8 Jaschmak
Fußsoldat
10 Janitschar
Gebirge
6 Taurus
8 Istranca, Kaukasus
Gewässer zwischen Bosporus und Dardanellen
11 Marmarameer
Gewichte
3 Oka
6 Kantar
Golf
10 Iskenderun
Grenzfluss in Armenien
4 Aras
Gründer des Türkischen Reichs
5 Osman
Hafenbucht von Istanbul
12 Goldenes Horn
Hafenstädte
5 Izmir
7 Antalya
8 Istanbul
10 Iskenderun
Halbinsel
9 Gallipoli
Hauptstadt
6 Ankara
Heerführer
5 Kemal
Herberge
3 Han
Inseln
6 Imbros
7 Tenedos
Istanbul (früherer Name)
14 Konstantinopel
Kaps
6 Anamur, Koraka
Kopfbedeckung
3 Fes
Krummsäbel
7 Jatagan
Landschaften
6 Karien, Lydien, Lykien
8 Phrygien
Leibgardist
10 Janitschar
Leibrock
6 Dolman
Männergemach im Haus
8 Selamlik
Meerengen
8 Bosporus
10 Hellespont
11 Dardanellen
Minister
5 Wekil
Moscheen von Instanbul
11 Hagia Sophia
13 Achmed-Moschee
15 Suleiman-Moschee
Name für Adrianopel
6 Edirne
Name für Smyrna
5 Ismir, Izmir
Nationalspeise
5 Dolma
6 Dolmas
Ortsvorsteher
7 Muchtar
Osmanenherrscher
5 Ahmed, Murad, Orhan, Osman, Selim
6 Mahmud, Mehmed
7 Bajezid, Ibrahim, Mustafa
8 Suleiman
9 Suelejman
Peitsche
8 Kantschu
10 Karbatsche
Politiker
5 Bayar, Evren, Kemal, Oezal, Sunay
6 Ecevit
7 Demirel
13 Kemal Atatuerk
Polizist
6 Kawass
7 Kawasse
Regenmantel
5 Gaban
Regierungsbezirk
9 Sandschak
Reiter im Heer
5 Spahi
Ruinenstätten
5 Iznik, Milet, Troja
7 Ephesus, Hattusa, Miletos
8 Pergamon
Säbel
7 Jatagan
Schnaps
4 Raki
Soldatenrock
6 Gaitan
Speise
5 Dolma
Staatshaushaltsurkunde
6 Defter
Städte und Orte
4 Ordu, Rize
5 Adana, Bursa, Izmir, Sinop
6 Anamur, Ankara, Edirne, Seyhan, Smyrna, Tarsus
7 Antalya, Erzurum, Kayseri
8 Istanbul

10 Adrianopel, Iskenderun
Stadtteile von Istanbul
4 Pera
6 Galata
7 Skutari
9 Ueskuedar
Sultane
5 Hamid, Murad
6 Mahmud, Mehmed
7 Mustafa
8 Mohammed
9 Sueleiman
Tabakspfeife
8 Tschibuk
Titel
3 Aga, Beg, Bei, Bek, Bey, Pir
4 Agha, Baba, Emin, Gazi, Wali
5 Enver, Ghasa, Ghasi, Ghazi
6 Pascha, Sultan
Trachtenrock
6 Dolman
Währung
4 Lira
5 Kurus
Wasserpfeife
8 Nargileh
turkestanischer *Sandsturm*
9 Karaburan
Teppich
9 Samarkand
türkisch
9 osmanisch
Türkisvogel
3 Sai
Türklinke
8 Druecker
turkmenischer Teppich
7 Beschir, Buchara
Turkmenistan
Flüsse
6 Murgab
8 Amudarja
Hauptstadt
10 Aschchabad
Währung
5 Rubel
6 Kopeke
Wüste
7 Karakum
Turkotatar
9 Baschkire
Turkvolk Sibiriens
7 Sojoten
Turkvolkangehöriger
5 Tatar
6 Kumane, Uigure, Usbeke
7 Altaier, Oiraten, Usbeken
8 Balkaren, Chakasse
9 Karagasse
Turkvölker
6 Awaren, Sarten
7 Jakuten, Kasaken, Kumyken, Nogaier, Tataren, Tuerken, Uiguren, Usbeken
8 Kirgisen, Tepteren
9 Teptaeren, Turkmenen
10 Baschkiren, Karagassen
11 Krimtataren, Tarantschen
12 Altaitataren, Karakalpaken, Karatschaier, Kasantataren, Toboltataren, Tschuwaschen
13 Abakantataren, Barabatataren, Meschtscheren
15 Aserbaidschaner
Turm der Moschee
8 Minarett
Türmchen
5 Fiale
Türmer in Goethes „Faust“
7 Lynkeus
Turmspitze
4 Apex
Turmtor des ägyptischen Tempels
5 Pylon
Turmvorbau ägyptischer Tempel
5 Pylon
6 Pylone
Turnerabteilung
5 Riege
Turnergruß
7 Gut Heil
Turnerhandhaltung
9 Ristgriff
Turngeräte
4 Ball, Bock, Reck, Seil
5 Keule, Pferd, Ringe
6 Barren, Hantel, Kasten, Leiter, Reifen, Trapez
8 Hochreck, Rhoenrad, Rundlauf
9 Langpferd, Trampolin
10 Springseil
11 Kletterseil, Medizinball
12 Sprossenwand
Turnierreiterin
7 Amazone
Turnkünstler
7 Akrobat
Turnkünstlerin
9 Akrobatin
Turnübungen
4 Kuer
5 Beuge, Fahne, Felge, Hocke, Kehre, Kerze, Kippe, Salto, Wende
6 Flanke, Schere, Spagat, Sprung, Stuetz
7 Bruecke, Hangeln, Spreize
8 Armbeuge, Klettern, Klimmzug, Langhang
9 Graetsche, Handstand, Kniebeuge, Kopfstand, Liegehang
10 Aufschwung, Bauchwelle, Bodenrolle
11 Nackenstand, Ueberschlag
12 Hueftschwung
Turnvater
4 Jahn
Türverschluss
6 Riegel
7 Schloss
8 Baskuele
Türvorhang
8 Portiere
Türvorleger
5 Matte
9 Fussmatte
14 Fussabstreifer
Türzapfen
5 Angel
6 Kloben
Tuvalu
Bevölkerung
8 Tuvaluer
10 Tuvaluaner
Hauptstadt
8 Funafuti
Währung
4 Cent
6 Dollar
Tuwort
4 Verb
TV-Gesprächsleiter
9 Moderator
TV-Teilnehmer
7 Zuseher
9 Fernseher, Zuschauer
16 Fernsehzuschauer
TV-Trickverfahren
7 Blue box
Type
6 Letter
Typenlehre
9 Typologie
Typus
6 Urbild
9 Grundform, Urgestalt
Tyrann
6 Despot
8 Diktator, Pittakos
9 Zwingherr
15 Gewaltherrscher
von Athen
7 Hippias
8 Hipparch
11 Pisistratus
von Korinth
8 Kypselos
9 Periander
von Milet
9 Histiaios
von Samos
10 Polykrates
von Sparta
5 Nabis
von Syrakus
4 Dion
5 Gelon
6 Hieron
9 Dionysios
Tyrannei
6 Terror
8 Despotie, Diktatur
16 Gewaltherrschaft

U-Bahn in Moskau
5 Metro
U-Bahn in Paris
5 Metro
U-Boot-Sehrohr
8 Periskop
übel
3 arg
4 flau, mies
5 boese
6 gemein, mulmig, unwohl
7 garstig, schlimm
8 ekelhaft, schlecht
9 boesartig, haesslich
11 abscheulich
13 unausstehlich
15 verhaengnisvoll
beleumundet
8 verrufen
gesinnt
7 illoyal
Übelkeit
4 Ekel
6 Emesis, Nausea
7 Malaese, Malaise, Vomitio, Vomitus
8 Flauheit
9 Brechreiz
10 Unwohlsein
12 Seekrankheit
13 Flugkrankheit
übellaunig
4 leid
5 boese
6 erbost, muffig, rabiat, zornig
7 brummig, empoert, fuchtig, fuensch, gereizt, gnatzig, grantig, grimmig, haessig, wuetend
8 erzuernt, mauserig, unwillig, unwirsch
9 erbittert, graemlich, ingrimmig, missmutig, muerrisch, vergnatzt
10 aergerlich, entruestet, indigniert, massleidig, misslaunig, ungehalten, veraergert, verdrossen, vergraetzt
11 aufgebracht, baerbeissig, missgelaunt
12 griesgraemig, missgestimmt, wutentbrannt
13 missvergnuegt, verdriesslich, wutschaeumend, wutschnaubend
14 sauertoepfisch
16 fuchsteufelswild
Übelstand
6 Leiden, Misere
10 Kalamitaet
11 Schwulitaet
13 Schwierigkeit
üben
6 lernen, ochsen, pauken, proben
8 bueffeln, erlernen
9 studieren
10 exerzieren, memorieren, trainieren
12 einstudieren
15 durchexerzieren
über
eine Tat Informierter
9 Mitwisser
Geld verfügend
6 liquid
7 liquide
8 fluessig
Über-Ich
8 Superego
Überanstrengung
6 Stress
8 Strapaze
10 Muedigkeit
12 Erschoepfung, Ueberlastung
14 Ueberarbeitung
überarbeiten
7 aendern
10 redigieren
11 korrigieren
Überbeanspruchung
6 Stress
Überbein
8 Ganglion
beim Pferd
7 Rehbein
Überbleibsel
4 Rest
6 Relikt
8 Rudiment
Überbringer
4 Bote
6 Herold, Kurier, Melder
7 Buettel, Eilbote
8 Ausgeher, Besorger, Sendbote
9 Lieferant, Zusteller
10 Auslaeufer, Austraeger, Botenjunge, Vertraeger
11 Laufbursche
12 Gerichtsbote
überdachte
Ladenstraße
7 Passage
Spazieranlage
8 Hypodrom
Übereinkunft
6 Abrede
7 Vertrag
8 Abkommen, Einigung, Kontrakt
9 Abmachung, Absprache, Agreement
10 Kompromiss, Konvention
11 Arrangement
übereinstimmen
11 akkordieren, harmonieren, kongruieren
12 konvergieren
14 sympathisieren
übereinstimmend
5 einig
6 analog, gleich
7 homogen, homolog, konform
9 einhellig, einmuetig, identisch, kongruent
10 konvergent
11 gleichartig, solidarisch
13 gleichlautend
Übereinstimmung
6 Akkord
7 Idschma, Konsens
8 Einklang, Harmonie
9 Einigkeit, Eintracht
10 Gleichtakt, Identitaet, Konkordanz, Konvergenz
13 Einhelligkeit, Einmuetigkeit
überempfindlich
9 wehleidig
10 allergisch, zimperlich
11 mimosenhaft
13 hypersensibel
Überempfindlichkeit
6 Atopie
8 Allergie
10 Hyperergie, Idiokrasie
13 Idiosynkrasie
Überfahrt
7 Passage
Überfall
4 Raid
7 Angriff, Raubzug
8 Anschlag, Attentat, Invasion
10 Aggression, Okkupation
11 Handstreich
Überfluss
6 Fuelle
7 Opulenz
8 Reichtum
9 Redundanz
10 Ueppigkeit
Überflutung
10 Hochwasser
15 Ueberschwemmung
Überführung
7 Bruecke, Viadukt
8 Transfer
9 Transport
Überfülle
8 Plethora
Übergabe
11 Ablieferung, Anlieferung
12 Kapitulation
13 Aushaendigung
Übergangsstelle bei Flüssen
4 Furt
übergenau
9 kleinlich
10 pedantisch
Übergewand zum festlichen Kleid
6 Tunika
überglücklich
5 selig
11 glueckselig
13 hochbeglueckt
übergroß
6 riesig
8 kolossal
10 gigantisch, riesenhaft, zyklopisch

übergroßes Angebot
8 Schwemme
Überhandnehmen
9 Ausartung
10 Ausweitung
überhängende Schneemasse
6 Wechte
überheblich
7 protzig
8 arrogant, blasiert
9 anmassend, vermessen
10 hochmuetig, hochnaesig, hoffaertig, praepotent
11 aufgeblasen, duenkelhaft, eingebildet, snobistisch
12 herablassend
15 selbstgefaellig, wichtigtuerisch
16 selbstueberzogen
überhöhter Preis
4 Nepp
6 Wucher
15 Geldschneiderei
17 Beutelschneiderei
überholt
3 out
5 passé
6 passee, vorbei
überirdisch
9 goettlich, himmlisch, spiritual
10 aetherisch
12 metaphysisch, supranatural, transzendent
überirdisches Wesen
4 Gott
5 Numen
7 Goettin
8 Gottheit
überladen
6 ueppig
7 pompoes, protzig
11 bombastisch
überladener Stil
8 Schwulst
Überlagerung
11 Interferenz
Überlassung
7 Hergabe, Hingabe, Weggabe
9 Abtretung, Preisgabe
Überläufer
9 Deserteur
17 Fahnenfluechtiger
überlegen
6 denken
8 erwaegen
10 nachdenken
13 beratschlagen
Überlegenheit
10 Praevalenz
13 Superioritaet, Vorherrschaft
überlegt
8 besonnen, gemessen
Überlegung
7 Denkakt, Gedanke
9 Reflexion

überliefert
8 tradiert
Überlieferung
4 Maer, Sage
5 Sitte
6 Brauch
7 Legende
8 Historie
9 Tradition
10 Tradierung
übermäßig
5 enorm
7 horrend
8 gewaltig
9 ungeheuer
Übermut
6 Hybris
7 Duenkel
9 Anmassung
15 Ausgelassenheit
übermütiger Junge
7 Lausbub
9 Schlingel
übernatürlicher Vorgang
6 Wunder
7 Mirakel
Überordnung
8 Supremat
10 Suprematie
Überprüfung
9 Kontrolle, Warentest
10 Inspektion
überragend
6 genial
8 grandios
überraschend
8 frappant
10 ploetzlich, unerwartet
überrascht
7 perplex
überreichen
13 praesentieren
überreichlich
6 ueppig
Überreichung
13 Praesentation
14 Praesentierung
Überschrift
5 Lemma, Titel
8 Headline
11 Schlagzeile
Überschuh
8 Galosche
Überschuss
4 Mehr, Plus
6 Ertrag, Gewinn
7 Surplus
Überseebesitzung
7 Kolonie
überseeisches Gebiet
7 Kolonie
übersetzen
11 dolmetschen
Übersetzer
8 Dragoman
11 Dolmetscher, Translateur
Übersetzschiff
5 Prahm
6 Faehre

Übersetzung
11 Translation
Übersetzungsprogramm
8 Compiler
9 Assembler
Übersetzungsstufe des Getriebes
4 Gang
Übersicht
5 Liste
6 Schema
7 Tabelle
8 Diagramm, Resuemee
9 Schaubild
11 Aufstellung
übersinnlich
6 okkult
9 spiritual
übersinnliche Fähigkeit
9 Hellsehen
übersorgfältiger Mensch
6 Pedant
überspannt
8 spleenig
9 exaltiert
10 hysterisch, verstiegen
11 extravagant, exzentrisch, verschroben
überspannte Liebhaberei
6 Fimmel
überteuerte Gaststätte
9 Nepplokal
übertragbar
8 zessibel
Überträgerin
der Malaria
9 Anopheles
der Schlafkrankheit
12 Tsetsefliege
Übertragung
7 Sendung, Zession
11 Livesendung
14 Fernsehsendung
15 Rundfunksendung
Übertragungsvermerk
4 Giro
11 Indossament
Übertreter göttlichen Gebots
7 Suender
Übertretung eines göttlichen Gebots
6 Suende
9 outrieren
übertriebene(r)
Ehrgeiz
9 Streberei
Langsamkeit
8 Bummelei
Sparsamkeit
4 Geiz
Verbeugung
9 Kratzfuss
Übertritt
in einen anderen Staat
8 Ausreise
zum anderen Glauben
10 Konversion
Übervorteilung
4 Nepp

überwachen
13 kontrollieren
14 beaufsichtigen
Überwacher
8 Aufseher, Aufsicht
11 Kontrolleur
beim Meistersang
6 Merker
Überwachung
8 Aufsicht
9 Kontrolle
10 Inspektion
überwältigend
8 grandios, imposant
Überwurf
6 Umhang
8 Pelerine
der Berber
4 Haik
Überzeugung
6 Glaube
7 Glauben, Meinung
10 Gewissheit
Überzieher
6 Kondom
7 Paletot, Pariser, Praeser
11 Verhueterli
12 Praeservativ
überzuckerte
Frucht
6 Dragee
Früchte
8 Kanditen
Überzug
10 Kuvertuere
am Mauerwerk
4 Putz
6 Bewurf
üble(r, s)
Geruch
4 Mief
7 Gestank
Nachrede
11 Verleumdung
Ruf
9 Diskredit
Tauschgeschäft
9 Kuhhandel
üblich
6 normal, usuell
7 typisch
8 regulaer
11 gewoehnlich
13 gebraeuchlich, konventionell
übrigens
7 apropos
8 notabene
Übung
8 Training
9 Praktikum
10 Exerzitien
der Hohen Schule
6 Levade, Piaffe
7 Lançade, Passade
8 Kruppade
Übungsfechtdegen
6 Rapier
Übungsgerät
8 Sandsack
9 Simulator
12 Punchingball
Übungskampf
8 Sparring
Übungskurs
7 Seminar
8 Tutorium
Übungsleiter
7 Trainer
Übungsstück
6 Etuede
10 Exerzitium
Ufer
6 Kueste, Strand
7 Gestade
11 Steilkueste
Uferbefestigungen
3 Kai
4 Damm, Kaje, Mole, Pier
5 Deich
8 Bollwerk, Faschine, Korbwerk
9 Kajedeich
Ufermauer
3 Kai
Uferpflanzen
5 Binse
6 Schilf
Uferschutz
5 Buhne, Deich
Uferstraße
3 Kai
der Riviera
8 Corniche
Uferstreifen
6 Strand
Uferzone
7 Litoral
Uganda
Bevölkerung
7 Baganda, Buganda, Ugander
Flughafen
7 Entebbe
Flüsse
3 Nil
4 Aswa, Kafu
Hauptstadt
7 Kampala
Nationalpark
9 Ruwenzori
Politiker
4 Amin
5 Obote
Seen
9 Albertsee, Eduardsee
11 Victoriasee
Währung
4 Cent
9 Schilling
Uhren
6 Pendel, Seiger, Wecker
7 Pendule, Wanduhr
8 Penduele, Standuhr
9 Regulator
10 Armbanduhr, Taschenuhr, Zeitmesser
11 Chronometer
14 Zeitmessgeraet
Uhrenmechanismus
4 Werk
Uhrpendel
11 Perpendikel
Uhrzeitgebiet
8 Zeitzone
Ukraine
Bergbauer
6 Huzule
Bevölkerung
7 Huzulen
8 Ruthenen, Ukrainer
Dichter
13 Schewtschenko
Flüsse
3 Bug
6 Dnjepr
7 Dnjestr
Geiger
8 Oistrach
Hafenstädte
6 Odessa
8 Mariupol
9 Nikolajew
10 Sewastopol
Halbinsel
4 Krim
Hauptstadt
4 Kiew
Landschaften
8 Bukowina, Galizien
Mandoline
7 Bandura
Städte
4 Kiew, Lwow, Sumy
6 Donezk, Odessa
7 Charkow, Cherson, Kertsch, Lemberg
9 Kriwoi Rog
10 Sewastopol, Simferopol
15 Dnjepropetrowsk
Universitätsstädte
4 Kiew
7 Charkow
UKW-Antenne
5 Dipol
Ulanenmütze
8 Tschapka
Ulanenrock
6 Ulanka
Ulk
3 Fez, Jux
5 Gaudi, Jokus, Spass
6 Scherz, Unsinn
7 Klamauk
8 Allotria
Ulkerei
9 Gescherze
ulkig
7 drollig, komisch, spassig
Ulme
7 Ruester
um Almosen bitten
7 betteln
um zwölf Uhr
7 mittags

Umbesetzung
10 Revirement
Umdrehung
8 Rotation
9 Reversion
umfassend
6 gesamt, global
7 komplex
8 komplett
9 kollektiv, universal
10 universell
Umformer
13 Transformator
umgänglich
6 jovial
8 soziabel
10 konziliant
Umgangsformen
7 Anstand
8 Allueren, Benehmen, Betragen, Etikette, Manieren
Umgangssprache
5 Idiom, Slang
6 Jargon
7 Dialekt, Mundart
umgangssprachlich:
abgelegene Ortschaft
4 Kaff
alberner Kerl
6 Kasper
albernes Gerede
9 Schmonzes
Alkohol trinken
7 kneipen, picheln
Alkoholtrinker
9 Schlucker
13 Schluckspecht
Alte
4 Olle
alte Schuhe
6 Treter
altes Pferd
5 Zosse
amerikanischer Verkehrspolizist
3 Cop
Angeber
5 Protz
Angst
6 Bammel
arbeiten
6 ackern
8 malochen
Arbeitsscheuer
8 Faulpelz, Faultier
Ärger
4 Zoff
5 Zores
ärmlicher Betrieb
8 Klitsche
armselig
7 popelig
Armut
6 Dalles
Atem
5 Puste
Atemzug
9 Schnaufer
auf Wiedersehen
7 cheerio, tschues
8 tschuess
Aufhebens
4 Sums
Aufregung
7 Theater
ausgezeichnet
6 bombig
ausreißen
7 tuermen
Bankier
6 Banker
7 Baenker
baufälliges Haus
9 Bruchbude
begreifen
8 kapieren
beladener Mensch
8 Packesel
beleben
9 ankurbeln
belügen
9 verkohlen
Benzin
5 Sprit, Stoff
besonders origineller Mensch
6 Urvieh
Besserwisser
9 Gerneklug
13 Neunmalkluger
bestechen
9 schmieren
betrunken
4 blau, voll
bezahlen
7 blechen
bittere Erfahrungen
8 Lehrgeld
blank putzen
7 wienern
blicken
6 gucken
7 glotzen
Blödsinn
8 Bockmist
boshafter Mensch
8 Giftzahn
9 Giftnudel
Branntwein
5 Sprit
breiter Mensch
7 Brocken
brummiger Mensch
6 Muffel
Bücherfreund
9 Leseratte
Champagner
8 Schampus
Chef
4 Boss
derb
6 deftig
dickes Buch
8 Schinken
dumm
4 doof
dummes Gerede
6 Blabla, Tinnef
dummes Zeug
4 Mist
6 Tinnef
Dummheiten
6 Zicken
dumpfer Schlag
4 Bums
dünner Kaffee
9 Muckefuck
durchaus
7 partout
durchsuchen
6 filzen
dürftig
3 mau
Ehefrau
4 Alte, Weib
eilen
5 pesen
eine Ohrfeige geben
9 schallern
einwandfrei
8 tipptopp
eitel
5 affig
eitler Mensch
6 Fatzke
englischer Polizist
5 Bobby
entzwei
6 kaputt
7 kapores
essen
7 mampfen
etwas zustande bringen
9 deichseln
Fall
8 Plumpser
Fehler
9 Schnitzer
fehlerhaftes Produkt
5 Murks
Fehlschuss
9 Fahrkarte
Feigling
5 Memme
9 Hasenfuss, Hasenherz
Flasche
5 Pulle
6 Buddel
fliehen
7 tuermen
Flugzeug
7 Flieger
foppen
4 uzen
französischer Polizist
4 Flic
Frauenheld
8 Casanova
frech
6 pampig
Freund
6 Macker
Füße
7 Quanten

Gaststätte
6 Kneipe
Geck
5 Laffe
6 Fatzke, Pinkel
Gefängnis
5 Knast
8 Kittchen
Gefängnisinsasse
6 Knacki, Knasti
11 Knastbruder
geheimes Getue
10 Mauschelei
Geiz
9 Knickerei
Geld
4 Kies, Moos
5 Knete, Kohle
6 Piepen, Zaster
7 Kroeten, Moneten
8 Penunzen
gemächlich fahren
7 gondeln
gemein
7 schofel
8 schoflig
9 schofelig
Gerede
4 Sums
gerissener Mensch
5 Fuchs
Gerümpel
6 Bettel
geschickter Mensch
9 Praktikus
Geschwätz
8 Babbelei
geschwätzige Frau
8 Tratsche
11 Klatschbase
gewaltig
9 pyramidal
Gewehr
5 Wumme
6 Knarre
14 Schiesspruegel
geziert
9 etepetete
10 zimperlich
gleichgültig
7 schnurz, wurstig
8 schnuppe
gleiten
9 glitschen
10 schlittern
Greisin
4 Alte
grobe Nase
6 Zinken
grober Mensch
7 Raubauz
großartig
4 toll
5 super
6 klasse
7 pfundig
Haarknoten
4 Dutt
haarloser Mensch
5 Kojak
9 Glatzkopf
Hand
7 Patsche
hänseln
4 uzen
hart arbeiten
8 schuften
Hausschuh
6 Latsch
7 Latsche
9 Schlappen
heftig liebkosen
9 knutschen
heimlicher Groll
3 Pik
4 Pick
herrlich
4 geil, toll
5 super
herumalbern
7 kaspern
heruntergekommen
8 gammelig
hervorragend
6 klasse
Hunger
9 Kohldampf
Hut
6 Deckel
Junge
5 Pimpf, Spund, Stift
6 Knilch
9 Hosenmatz
13 Dreikaesehoch
kaltschnäuzig
4 cool
Kerl
3 Typ
6 Macker
9 Mannsbild
Kino
7 Kintopp
Kleid
6 Fummel
klein
6 fipsig
kleine Arbeiten machen
7 bosseln
kleine Lüge
9 Flunkerei, Geflunker
kleiner Betrieb
8 Klitsche, Quetsche
kleiner, dicklicher Mensch
6 Moppel
kleines Kind
4 Wurm
Kleinigkeit
8 Fitzchen
Kneipe
6 Budike
Kneipenwirt
6 Beizer
Kneiptour
5 Sause
komische Figur
4 Type
Kompaniefeldwebel
6 Spiess
Kram
6 Bettel
krankhaftes Zittern
9 Tatterich
Kugelschreiber
4 Kuli
langer Kerl
8 Lulatsch
langweilig
3 fad
langweilige Frau
8 Transuse
Lapsus
9 Schnitzer
lärmendes Durcheinander
6 Rummel
lästiger Zuschauer
7 Kiebitz
lästiges Gerede
9 Quasselei
lästiges Kind
5 Blage
Lausbub
8 Striezel
lebhaft
3 vif
Leckermaul
9 Schlecker
Lehrling
5 Stift
Leibwächter
7 Gorilla
leicht krank
5 marod
leicht zu kränkender Mensch
6 Mimose
leichter Betrug
5 Schmu
leichtfertiger Mensch
8 Windhund
Lüge
9 Flunkerei, Geflunker
Lügner
9 Flunkerer
Lümmel
5 Flaez
Malzkaffee
9 Muckefuck
Matrose
9 Blaujacke
medizinisch versorgen
9 verarzten
Mensch mit närrischen Ideen
7 Spinner
Militär
6 Barras
minderwertig
7 popelig
mit vollen Backen kauen
7 mampfen
Mundharmonika
9 Maulhobel
Murmelspieler
9 Schussler

mürrisch
7 brummig, gnatzig
mürrischer Mensch
9 Brummbaer, Knurrhahn
Mut
6 Traute
nachlässig arbeiten
8 wursteln
Nase
6 Kolben, Zinken
7 Riecher
11 Riechkolben
nein
2 ne
3 nee
nicht anrüchig
7 astrein
nicht vertrauenswürdig
4 link
niedergeschlagen
4 down
Niederlande
7 Holland
Ohrfeige
7 Dachtel, Schelle
8 Watschen
origineller Mensch
7 Urviech
patzig
6 pampig
Pfändungssiegel
7 Kuckuck
Pferdemist
9 Rossapfel
pfiffiger Verstand
9 Koepfchen
Plastilin
5 Knete
plumper Mensch
7 Trampel
Polizei
7 Polente
Pommes frites
7 Fritten
prima
6 baerig
primitiver Film
8 Klamotte
Prügel
5 Keile, Senge
6 Kloppe
9 Abreibung
quälen
7 triezen
9 piesacken
rasantes Tempo
7 Karacho
rauchen
6 paffen
7 qualmen
Redegabe
8 Mundwerk
reibungslos ablaufen
9 schnurren
reiches Mädchen
9 Goldfisch
rennen
5 pesen
reparieren
7 flicken
robust
6 baerig
roher Kerl
5 Flaez
rohes Fußballspiel
7 Gehacke
8 Holzerei, Treterei
Rüge
7 Anpfiff, Zigarre
schauen
6 gucken
Schiff
4 Pott
Schläge
5 Keile, Senge
6 Kloppe
schlaksiger Kerl
8 Lulatsch
schlau
7 gewieft
schlauer Mensch
5 Fuchs
schlecht funktionierende Firma
9 Saftladen
schlechter Klavierspieler
9 Klimperer
schlechter Schnaps
5 Fusel
schlechter Tabak
7 Knaster
schlechtes Gemälde
8 Schinken
schlechtes Getränk
7 Gesoeff
schlechtes Klavierspiel
9 Klimperei
Schlendrian
9 Wurstelei
Schlupfwinkel
9 Mauseloch
Schmutz
5 Dreck
Schnaps
5 Fusel, Sprit
schnell!
5 dalli
schnelles Auto
7 Flitzer
Schnorrer
8 Nassauer
Schnuller
6 Nuckel
schreien
7 groelen
schuften
8 malochen
Schwätzerin
9 Waschweib
14 Quasselstrippe
schwere Arbeit
8 Ochserei
Schwerlastzug
6 Brummi
Schwindler
9 Flunkerer
sehr sauber
7 geleckt
sehr schnell
6 rasant
sich davonmachen
7 trollen
sich entfernen
9 verduften
Signalhorn
4 Tute
Spaß
3 Fez
5 Gaudi
spät zu Bett Gehender
9 Nachteule
starker Durst
5 Brand
starker Esser
9 Vielfrass
starrsinniger Mensch
8 Querkopf
steif
7 staksig
steifer Hut
4 Bibi
Stil eines Schriftstellers
8 Schreibe
Streit
4 Putz, Zoff
5 Knies
Streiterei
8 Hickhack
Streitsüchtiger
9 Kampfhahn
Sturz
8 Plumpser
Tadel
7 Anpfiff
tadellos
8 tipptopp
Tanzvergnügen
6 Schwof
Taschenflasche
9 Flachmann
Telefonleitung
7 Strippe
Teufel
6 Deibel, Deiwel, Deixel, Deubel
Tick
5 Macke
törichte Einfälle
7 Flausen
törichter Mensch
9 Dummerjan
törichtes Gerede
5 Stuss
träge
7 pomadig
Treibstoff
5 Sprit
Trinker
7 Pichler
8 Picheler
Trunksucht
4 Suff
tüchtiger Mann
9 Mordskerl

üble Luft
4 Mief
übler Bursche
6 Patron
Umstände
9 Kokolores
unangenehm
9 vertrackt
unangenehmer Mensch
6 Knilch
unbedeutendes Kaff
7 Kuhdorf, Kuhkaff
10 Posemuckel
Unbekanntes
7 Dingsda
9 Dingsbums
Unfrieden
4 Zoff
5 Stunk
Ungeordnetes
4 Wust
ungeschickter Mensch
4 Taps
unnötige Umstände
8 Heckmeck
unnütze Worte
5 Buhei
unordentliche Arbeit
5 Murks
unordentlicher Mensch
9 Liederjan
unreifer Jüngling
9 Milchbart
Unsinn
4 Mist
5 Stuss
7 Mumpitz
8 Larifari
US-Amerikaner
3 Ami, Sam
US-Polizist
3 Cop
verdrießlich verzogener Mund
7 Flunsch
Vergnügen
3 Fez
5 Gaudi
verhaften
7 kaschen
Verkaufsschlager
6 Renner
verkommener Mensch
7 Subjekt
verraten
9 verpetzen
verrückt
8 plemplem
9 meschugge
Versager
7 Flasche
Verstand
4 Hirn
5 Grips
Verwandtschaft
9 Mischpoke
verwickelt
9 vertrackt
Vogel
8 Piepmatz
vortäuschen
9 markieren
Vortäuschung
5 Mache
vorübergehend arbeiten
6 jobben
Weichling
5 Memme
weinen
7 flennen, greinen
weinerliches Kind
8 Heulsuse
Weinverfälscher
8 Panscher
Wertloses
6 Gammel
8 Schamott
9 Schmarren
Wirtshaus
6 Kneipe
wohlhabend
7 betucht
Zank
5 Knies
5 Stunk
zänkische Frau
9 Xanthippe
Zechgelage
8 Pichelei
zerstreut
9 schusslig
zerstreuter Mensch
8 Schussel
zu Fuß gehen
7 tippeln
Zusammenkunft
5 Treff
zwei
3 zwo

Umgebogenes
4 Falz
Umgebung
5 Naehe
6 Milieu, Umwelt
7 Gefolge, Sphaere, Umkreis
8 Ambiente, Umgegend
9 Entourage, Nahgebiet
13 Nachbarschaft
umgehend
5 eilig, rasch
6 prompt, sofort
9 schleunig
11 postwendend
Umgehungsprothese
6 Bypass
umgekehrt
6 invers
8 entgegen, kontraer
9 diametral
umgeknickte Buchseite
8 Eselsohr
Umgestalter
8 Reformer
13 Reorganisator
Umgestaltung
6 Reform
8 Neuerung
9 Aenderung
10 Neuordnung
11 Reformation
12 Metamorphose
umgezähmt
4 wild
Umhänge
3 Boa
4 Cape
5 Kotze, Palla, Stola
6 Poncho, Tartan
8 Pelerine
umherbummeln
9 flanieren
10 schlendern
11 promenieren
umherschlendern
9 flanieren
Umhüllung
6 Huelse
9 Emballage
10 Verpackung
Umkehr
5 Wende
7 Wendung
umkehrbar
10 reversibel
Umkehrung
9 Gegenteil, Inversion, Reversion, Umdrehung
10 Konversion
der üblichen Wortstellung
9 Inversion
Umklammerung beim Boxen
6 Clinch
Umkleideraum
4 Kaue
6 Kabine
9 Garderobe
Umkreis
5 Naehe
7 Bereich
8 Distrikt, Umgebung
10 Peripherie
Umkreisung
9 Umrundung
Umlage
7 Beitrag
Umlauf
6 Turnus, Zyklus
8 Rotation
9 Umdrehung
10 Wiederkehr
11 Zirkulation
eines Gestirns
7 Periode
Umlaufaufzug
11 Paternoster
Umlaufbahn
der Erdtrabanten
9 Mondorbit
eines Satelliten
5 Orbit
umlaufen
8 rotieren
9 kursieren, rollieren
11 zirkulieren

Umlaufzeit der Erde um die Sonne
4 Jahr
Umlaut
9 Diphthong
Umrandung
5 Bande
8 Borduere
Umriss
6 Kontur, Profil
10 Silhouette
Umrisszeichengerät
8 Diagraph
Umsatzüberschuss
9 Rohgewinn
Umschlag
6 Huelle, Kuvert, Revers, Wickel
7 Couvert
9 Kompresse
umschlagen
7 kentern
Umschließung
9 Okklusion
Umsicht
6 Obacht
7 Bedacht
8 Sorgfalt, Vorsorge
11 Ueberlegung
umsichtig
7 sorgsam
8 besonnen
9 ueberlegt
12 diplomatisch
umsonst
4 frei
6 gratis
9 kostenlos, vergebens
10 vergeblich
13 unentgeltlich
umsorgende Person
8 Betreuer
Umspanner
5 Trafo
13 Transformator
umständlich
9 langatmig
Umstandskrämer
6 Pedant
Umstandswörter
2 da
3 nie, nun, oft
4 bald, dann, dort, eher, ganz, hier, mehr, noch, quer, sehr, viel, zwar
5 einst, frueh, heute, immer, nicht, schon, spaet, stets, wenig, zuvor
6 Adverb, abends, bisher, damals, danach, ehedem, fortan, jemals, nachts, nimmer, oefter, selten, soeben, vordem, vorher, vorhin
7 bereits, endlich, mittags, morgens, nachher, seitdem
8 erstmals, manchmal
10 jetzt lange
Umstellvorrichtung bei Gleisen
6 Weiche
Umsturz
6 Putsch
7 Aufruhr, Revolte
8 Aufstand, Komplott
10 Revolution, Subversion
13 Staatsstreich
Umstürzler
6 Rebell
9 Anarchist
13 Revolutionaer
umstürzlerisch
9 subversiv
Umtausch
7 Wechsel
8 Exchange
Umtriebe
13 Machinationen
Umwandlung
10 Konversion
12 Metamorphose
14 Transformation
umwechseln
8 tauschen
Umwechslung
6 Tausch
8 Umtausch
9 Austausch, Eintausch
Umwelt
6 Milieu
7 Sphaere
11 Lebenskreis
Umweltbelastungen
4 Smog
5 Abgas, Laerm, Muell
6 Abfall
7 Abbrand
8 Abwasser
9 Fluglaerm, Hausmuell
10 Schadstoff, Sperrmuell
12 Chemieabfall
Umweltlehre
9 Oekologie
Umweltverschmutzung
9 Pollution
umzäuntes Gebiet für Tiere
6 Gehege
Umzug
4 Demo
9 Aufmarsch
10 Prozession
13 Demonstration
15 Wohnungswechsel
Umzug mit Pechleuchten
9 Fackelzug
UN
Generalsekretäre
3 Lie
5 Annan
6 U Thant
8 Waldheim
12 Boutros-Ghali
13 Hammarskjoeld, Perez de Cuella
Sitz
7 New York
Streitmacht
9 Blauhelme
Weltkinderhilfswerk
6 UNICEF
Zoll- und Handelsabkommen
4 GATT
unabänderliches Schicksal
5 Fatum
unabhängig
4 frei
6 autark
7 absolut, autonom
9 souveraen
11 emanzipiert
12 selbstaendig
14 selbststaendig
Unabhängigkeit
8 Autarkie, Freiheit
9 Autonomie
14 Souveraenitaet
unablässig
5 immer, stets
7 dauernd, immerzu
8 staendig
12 fortwaehrend
unangebautes Feld
6 Brache
unangebracht
10 deplaciert, inopportun
11 deplatziert
unangenehm
5 fatal
6 genant, leidig, widrig
7 prekaer
8 misslich, peinlich
9 unliebsam
12 unerfreulich
unangenehme(r, s)
Gefühl
9 Unbehagen
Lage
6 Klemme
7 Dilemma
Vorfall
7 Affaere, Skandal
Unannehmlichkeit
8 Malesche
9 Schererei
unanständig
7 obszoen
8 schamlos
9 schmutzig, unflaetig
10 anstoessig
unanständige(r)
Redensart
4 Zote
Witz
4 Zote
Unanständigkeit
4 Zote
8 Ferkelei
unantastbar
4 tabu
5 immun

6 gefeit, sicher
10 geschuetzt, sakrosankt
Unantastbarkeit
10 Immunitaet
unartiges Kind
4 Balg, Goer
5 Goere, Range
8 Wildfang
10 Frechdachs
unaufdringlich
6 dezent
9 gedaempft
14 zurueckhaltend
unauffällig
7 diskret, einfach
unauffällige Eleganz
6 Dezenz
unaufhörlich
5 immer
6 endlos, wieder
7 dauernd, immerzu
14 kontinuierlich
unaufschiebbar
6 urgent
Unband
5 Range
8 Wildfang
unbarmherzig
4 hart
6 streng
Unbarmherzigkeit
6 Roheit
9 Impietaet
11 Brutalitaet, Grausamkeit
unbearbeitet
3 roh
8 naturell
unbearbeitetes
Lammfell
7 Treibel
Metallstück
7 Rohling
unbebaut
5 brach, wuest
unbebaute(r, s)
Ackerstreifen
4 Rain
Land
6 Brache
7 Dreesch, Driesch
unbedeckt
5 bloss, nackt, offen
unbedeutende(r)
Kleinigkeit
8 Lappalie
9 Bagatelle
Mensch
6 Nobody
7 Niemand
Person
9 Randfigur
unbefangen
4 naiv
Unbefangenheit
9 Naivitaet
unbefestigter Rand der Straße
8 Bankette
unbefugt
13 eigenmaechtig
jagen
7 wildern
unbegrenzt
4 ewig
6 endlos
7 zeitlos
9 unendlich
Unbehagen
4 Aura, Gêne
7 Malaese, Malaise, Missmut
unbeherrscht
9 zuegellos
10 cholerisch
11 aufbrausend
unbeherrschter
Mensch
9 Wueterich
Wutanfall
8 Jaehzorn
unbeholfen
5 plump
6 tapsig
7 hilflos
9 weltfremd
unbekanntes
Flugobjekt
3 Ufo
Gebiet
7 Neuland
unbekleidet
5 nackt
11 unverhuellt
unbekleidetes Kind
8 Nackedei
unbekümmert
7 sorglos
10 nonchalant
unbelehrbar
4 stur
8 obstinat
11 eigensinnig
Unbelehrbarkeit
8 Sturheit
unbenutzt
3 neu
unberührbar
4 tabu
Unberührbare
5 Paria
unberührt
6 intakt, keusch, virgil
13 jungfraeulich
unberührtes
Gebiet
7 Einoede, Wildnis
Mädchen
5 Virgo
7 Jungfer
8 Jungfrau
Naturgebiet
6 Urwald
unbeschädigt
4 ganz, heil
6 intakt
unbescheiden
8 immodest
unbescheidenes Ansinnen
8 Zumutung
unbescholten
7 integer, sittsam
Unbescholtenheit
11 Integritaet
unbeschwert
4 froh
5 fidel
6 heiter, leicht, lustig
7 sorglos
9 vergnuegt
unbeständig
5 labil
6 unstet
8 instabil, launisch
9 wechselnd
10 inkonstant
unbestellt
5 brach
8 unbebaut
9 ungenutzt
unbestimmbar
11 indefinibel
unbestimmt
3 vag
4 vage
5 offen
6 dubios, obskur, unklar
7 inexakt, infinit, nebulos
8 fraglich, nebuloes, ungewiss
9 indefinit
11 indifferent, zweifelhaft
unbestimmte(r, s)
Artikel
3 ein
4 eine
5 einer, eines
Fürwort
3 man
11 Indefinitum
männlicher französischer Artikel
2 un
weiblicher französischer Artikel
3 une
Zahlwörter
4 kein, viel
5 alles, beide, etwas, manch, wenig
6 nichts
7 niemand
unbeugsam
6 eisern
12 unnachgiebig
unbeweglich
4 stur
5 starr, steif
6 leblos, stabil
7 immobil
9 unbeugsam
Unbeweglichkeit
6 Starre
9 Starrheit, Traegheit
unbewiesene Meinung
8 Putation
unbewohnte Gegend
7 Einoede
9 Wuestenei

unbiegsam
5 steif
Unbiegsamkeit
9 Steifheit
Unbill
4 Tort
5 Uebel
7 Schimpf, Unrecht
8 Schikane
Unbrauchbares
5 Muell
6 Abfall
unbürgerliche Künstlerwelt
6 Boheme
und
4 plus
und so weiter
8 et cetera
undestilliertes Naturprodukt
6 Rohoel
undeutlich reden
8 brabbeln, nuscheln
undeutliche Schrift
9 Gekritzel
undicht
4 leck
undichte Stelle
4 Leck
unduldsam
10 intolerant
Unduldsamkeit
10 Intoleranz
undurchdacht
7 planlos
undurchlässiges Gewebe
7 Oelhaut, Oeltuch
undurchsichtig
4 opak
5 trueb
6 obskur, truebe
uneben
3 rau
6 wellig
7 rumplig
8 holperig
Unebenheiten beseitigen
8 glaetten
unechter
Schmuck
5 Talmi
6 Strass
Schmuckstein
6 Simili
Unehrlichkeit
10 Falschheit, Hinterlist
uneigennützig
9 selbstlos
uneigennütziger Mensch
8 Altruist, Idealist
Uneigennützigkeit
10 Altruismus
uneingeschränkt
5 total
7 absolut
Uneinigkeit
9 Zwiespalt
10 Diskordanz, Diskrepanz, Zwietracht
11 Disharmonie
uneinsichtig
4 stur
unempfänglich
5 immun
6 gefeit, steril
9 aseptisch
10 refraktaer
unempfindlich
6 robust, torpid
8 indolent
10 refraktaer
Unempfindlichkeit
7 Anergie, Apathie
9 Anenergie
unendlich
4 ewig
6 endlos, immens
7 raumlos, zeitlos
8 weltweit
10 grenzenlos
unendliche Dauer
8 Ewigkeit
unentgeltlich
6 franko, gratis
7 umsonst
9 kostenlos
10 kostenfrei
unentschieden
5 remis
unentschlossen
8 zaudernd, zoegernd
10 schwankend
Unentschlossenheit
8 Gezauder, Zauderei
9 Anenergie, Wankelmut
unerbittlich
4 hart
6 streng
7 radikal, rigoros
9 gnadenlos
10 drakonisch
14 ruecksichtslos
unerfahren
4 naiv
9 unbedarft
unerforschtes Gebiet
7 Neuland
unerfüllbar
8 utopisch
unerheblich
10 irrelevant
Unerheblichkeit
10 Irrelevanz
unerhört
9 empoerend
10 skandaloes
11 hanebuechen
unerkannt
9 inkognito
unerlässlich
6 noetig
7 obligat
9 notwendig
12 erforderlich
unerlaubt
8 verboten
unerlaubte(r)
Anregung
6 Doping
Weitschuss
5 Icing
unermesslich
5 enorm
6 immens
unerreichbarer Aufschlag
3 Ass
unerschrocken
9 furchtlos
Unerschrockenheit
3 Mut
7 Courage
9 Kuehnheit
10 Tapferkeit
11 Beherztheit
unerschütterlich
7 stoisch
Unerschütterlichkeit
8 Ataraxie, Bierruhe
10 Stoizismus
unerwarteter Reichtum
9 Goldregen
Unfähigkeit
8 Impotenz
11 Unvermoegen
unfaires Verhalten
4 Foul
9 Foulspiel
Unfall
7 Havarie, Schaden
11 Karambolage
unfein
7 vulgaer
8 ordinaer
unfeiner Mensch
8 Plebejer
unfertige Geweihenden
6 Kolben
unförmig
5 plump
6 klobig
9 monstroes
Unfreier
6 Sklave
8 Hoeriger
unfreier Mensch
6 Sklave
11 Leibeigener
unfreundlich
3 rau
4 grob
6 barsch
7 lieblos
8 unwirsch
12 inkonziliant
Unfriede
4 Zank
5 Hader, Krieg, Zwist
6 Streit
10 Zwietracht
unfruchtbar
6 steril
8 infertil
unfruchtbares
Land
4 Oede
6 Wueste
7 Oedland
9 Wuestenei

weibliches Tier
6 Zwicke
Unfruchtbarkeit
11 Sterilitaet
Unfruchtbarmachung
13 Sterilisation
Unfug
2 Uz
3 Fez, Jux, Ulk
5 Posse, Spass
6 Rabatz
8 Allotria
11 Schabernack
Ungar
6 Madjar, Magyar
Ungarn
Adelsgeschlechter
7 Arpaden, Bathory, Karolyi, Rakoczi
9 Batthyany, Esterházy
Arzt
10 Semmelweis
Bevölkerung
6 Ungarn
8 Madjaren, Magyaren, Paloczen
Dichter
5 Arany, Ronay, Szabó
7 Balassi, Petoefi
Dirigenten
6 Dorati
7 Fricsay
8 Dohnányi
Dramatiker
5 Illes
6 Molnar
Flüsse
4 Raab, Sajó, Zala
5 Donau
6 Theiss
Flüssigkeitsmaß
6 Seidel
Fürstenname
9 Ladislaus
Fußsoldaten
6 Honved, Pandur
Gebirge
8 Karpaten
Geiger
7 Szigeti
Gerichtsdiener
7 Heiduck
Grassteppe
6 Puszta
Großfürsten
7 Arpaden
Gulaschspeise
9 Poerkoelt
Hauptstadt
8 Budapest
Heiliger
7 Stephan
Herrscher
6 Albert, Johann, Joseph, Ludwig, Rudolf, Wenzel
7 Andreas, Koloman, Leopold, Salomon, Stephan
9 Ferdinand, Ladislaus
10 Maximilian
Herrscherinnen
5 Maria
13 Maria Theresia
Herzog
5 Arpad
Hirtenhunde
4 Puli, Pumi
6 Kuvasz, Kuwasz
8 Komondor
Hochruf
5 Eljen
Höhenzug
10 Bakonywald
Komponisten
5 Liszt
6 Bartók, Kodály, Kálmán
7 Abraham
8 Dohnányi
Könige
4 Bela
7 Andreas, Bethlen
Münze
6 Filler
Name der Donau
4 Duna
Name der Theiß
5 Tisza
Name des Plattensees
7 Balaton
Name von Fünfkirchen
4 Pecs
Name von Wien
4 Becs
Nationalgericht
6 Gulyas
7 Gulasch
9 Poerkoelt
Nationalheld
7 Kossuth
Nationaltanz
7 Csardas
Operettenkomponisten
5 Berté
6 Kálmán
7 Abraham
Pferdehirt
6 Csikos
Pianisten
4 Anda
5 Liszt
6 Foldes
7 Cziffra
8 Dohnányi
Politiker
4 Nagy
5 Grosz, Kádár
6 Rákosi
Regisseur
5 Szabo
Schauspielerin
4 Nagy
Schriftsteller
5 Szabó, Veres
6 Molnar, Zilahy
7 Kossuth, Petoefi, Vaszary
Schriftstellerin
5 Szabo
Seen
7 Balaton
10 Plattensee
Städte und Orte
3 Acs, Jak, Rum, Vác
4 Baja, Eger, Gran, Raab, Tata
5 Erlau, Fejér, Tokay
6 Sopron, Szeged
8 Debrecen
12 Fuenfkirchen
16 Stuhlweissenburg
Tänze
7 Csárdás, Czárdás
9 Kalamaika
Verwaltungsbeamter
6 Gespan
Verwaltungseinheit
6 Megyék
7 Komitat
Währung
6 Filler, Forint, Pengoe
Weidesteppe
6 Puszta
Weine
7 Erlauer, Tokaier, Tokajer
Weinorte
5 Erlau, Tokaj, Tokay
Würdenträger
3 Ban
Zigeunervorgeiger
6 Primas
ungebändigte Kraft
8 Vehemenz, Wildheit
ungebetener Zuschauer
7 Kiebitz
8 Zaungast
ungeborene Leibesfrucht
6 Embryo
ungebraucht
3 neu
6 frisch
ungebrochene Kraft
8 Urgewalt
ungebunden
4 frei
ungebundene(s)
Dichtung
5 Prosa
Künstlertum
6 Boheme
Ungebundenheit
8 Freiheit
ungefähr
4 etwa, fast, rund
5 circa, cirka, zirka
6 global, nahezu
8 halbwegs
13 einigermassen
16 schaetzungsweise
8 naturell
ungehalten
6 zornig
9 erbittert
Ungeheuer
5 Biest

6 Bestie, Drache, Medusa, Meduse, Python, Skylla, Sphinx, Typhon, Unhold, Untier
7 Monster
8 Lindwurm, Minotaur, Monstrum, Ungetuem
9 Leviathan
10 Minotaurus, Tatzelwurm

ungehobelt
3 rau, roh
4 derb, grob, krud
5 plump, ruede
10 plebejisch

ungehobelter
Mensch
5 Rabau
6 Flegel, Ruepel
7 Grobian, Rabauke, Raubein

Ungehörigkeit
11 Impertinenz
12 Immoralitaet

Ungehorsam
15 Insubordination

ungeklärt
5 offen
6 dubios
8 fraglich, strittig
10 kontrovers
11 raetselhaft
12 schleierhaft

ungekocht
3 roh

ungekochte Nahrung
7 Rohkost

ungekünstelt
4 naiv
10 natuerlich

ungelogen
4 wahr

ungelöste Aufgabe
7 Problem, Raetsel

Ungemach
4 Leid
5 Uebel
8 Verdruss
10 Widrigkeit
12 Missgeschick

ungemustert
3 uni
9 einfarbig

ungenannt
6 anonym
8 namenlos

Ungenannter
8 Anonymus

ungenau
3 vag
4 vage
7 inexakt
9 inakkurat, inkorrekt
10 unpraezise

ungeniert
8 zwanglos

ungenießbar werden
9 verderben

ungenutzte(s)
Gebiet
6 Brache
7 Oedland
Kapazität
8 Leerlauf

ungeordnet
4 wirr
6 diffus
9 chaotisch
13 durcheinander

ungerade
6 impair

ungeschälter Reis
5 Paddy

ungeschickt
5 plump
8 linkisch
10 einfaeltig, unbeholfen
11 toelpelhaft

ungeschickter *Mensch*
6 Toffel
7 Toelpel
10 Tollpatsch

ungeschliffene(r)
Edelsteine
4 Brut
Kerl
6 Flegel

ungesetzlich
7 illegal, illoyal
8 verboten
9 illegitim
10 irregulaer
12 gesetzwidrig, rechtswidrig
14 unrechtmaessig, widerrechtlich

Ungesetzlichkeit
12 Illegalitaet

ungesittetes Volk
5 Plebs
6 Poebel

ungesund
9 krankhaft

ungeteilt
4 ganz, heil

ungetrübt
4 klar, rein
6 lauter

Ungetüm
6 Gigant, Koloss
7 Monster

ungewiss
3 vag
4 vage
5 offen
6 dunkel
8 fraglich, strittig
10 unbestimmt
11 zweifelhaft

ungewöhnlich
6 abnorm, anomal
10 eigenartig
11 merkwuerdig
13 extraordinaer

ungezähmt
4 wild
12 ungebaendigt

Ungeziefer
4 Floh, Laus
5 Milbe, Motte, Wanze
6 Fliege, Muecke, Schabe
7 Parasit, Reblaus, Schwabe
8 Filzlaus, Heimchen, Kakerlak, Kopflaus, Pestfloh, Wandlaus
9 Bettwanze, Hausmilbe, Kakerlake
10 Blutsauger, Schaedling, Zuckergast
11 Schmarotzer
12 Stubenfliege
13 Kuechenschabe
15 Silberfischchen

Ungeziefervertilger
12 Kammerjaeger

ungezogen
4 keck
5 frech
6 dreist, pampig
10 flegelhaft

ungezogenes Kind
4 Goer
5 Goere, Range

Ungezogenheit
5 Unart
8 Flegelei

ungezügelte Wut
8 Tobsucht

ungezwungen
5 leger
6 salopp
7 formlos, laessig
8 zwanglos
10 burschikos, nonchalant

ungezwungener Künstler
8 Bohemien

ungiftig
8 atoxisch

Ungläubiger
3 Goi
5 Giaur, Heide, Kafir
7 Atheist

unglaublich
9 legendaer, sagenhaft, unfassbar
10 skandaloes
11 erstaunlich

ungleich
6 inegal
9 different
11 verschieden

Unglück
6 Jammer, Misere, Unfall
7 Malheur, Notlage
9 Tragoedie, Verderben
10 Kalamitaet
11 Schlamassel, Verhaengnis

Unglücksfall
11 Katastrophe

Unglücksgedenkbild
7 Marterl

Unglücksnachricht
14 Hiobsbotschaft

Unglücksprophezeiung
8 Unkenruf
Unglücksrabe
9 Pechvogel, Schlemihl
ungültig
7 nichtig
Ungültigkeit
9 Nullitaet
Ungültigkeitserklärung
9 Aufhebung, Kassation
ungünstiger Umstand
9 Negativum
unhandlich
7 sperrig
unhandliches Frachtstück
8 Sperrgut
Unheil
5 Uebel
9 Verderben
verkünden
5 unken
unheilbar
9 inkurabel
unheildrohendes Zeichen
9 Menetekel
unheilig
6 profan
8 weltlich
Unheilstifterin
7 Pandora
Unheilsverkünderin
9 Kassandra
unheimliche Macht
8 Daemonie
unhöflich
5 ruede
6 barsch, bruesk
7 schroff
8 stofflig
9 stoffelig, toelpisch
gegenüber Frauen
8 ungalant
unhöflicher Mensch
7 Stoffel
uni
9 einfarbig
Uniform
5 Kluft
6 Montur
11 Dienstanzug
Uniformfarbe
8 Feldgrau
uniformierte(r)
Diener
5 Lakai
finnische Sanitäterin
5 Lotta
Uniformrock
6 Ulanka
7 Litewka
Uniformstoff
5 Khaki
8 Drillich
Uniformteile
5 Biese, Litze
6 Emblem, Kordel
7 Kokarde
9 Epaulette
10 Fangschnur
12 Achselstueck
13 Schwalbennest
14 Schulterstueck
Unikum
4 Kauz
8 Original
10 Sonderling
Union
4 Bund, Liga
7 Allianz, Verband
8 Buendnis
11 Foederation, Vereinigung
Universität
9 Alma mater
in Freiburg
9 Albertina
von Paris
8 Sorbonne
von Tokio
5 Todai
Universitäts-Professorenamt
10 Ordinariat
Universitätsbesucher
7 Student
Universitätsdiener
6 Pedell
Universitätshausmeister
9 Kastellan
Universitätskasse
8 Quaestur
Universitätskurator
7 Kanzler
Universitätsprofessor
10 Ordinarius
Universitätsveranstaltung
9 Vorlesung
Universum
3 All
4 Welt
6 Kosmos
7 Weltall
unklar
3 vag
4 vage
5 trueb
6 dubios, obskur, truebe
7 abstrus, inexakt, milchig, nebulos, ungenau
8 nebuloes
9 nebelhaft, verworren
13 geheimnisvoll
unklug
4 dumm
8 geistlos, toericht
10 einfaeltig, langweilig
unkompliziert
6 simpel
7 einfach
8 primitiv
Unkosten
6 Spesen
8 Ausgaben, Auslagen
9 Gebuehren
Unkraut entfernen
6 jaeten
Unkraut-Bekämpfungsmittel
8 Herbizid
Unkrautpflanzen
4 Rade
5 Baier, Beier, Lolch, Melde, Miere, Segge, Simse, Winde
6 Distel, Quecke, Trespe, Twalch
7 Giersch, Kuhdill, Verbena
8 Erdrauch, Erdraute, Hederich, Kornrade, Saumelde
9 Bluthirse, Duerrwurz, Eisenbart, Flughafer, Gauchheil, Hasenklee, Mannagras, Trifolium, Zaunwinde
10 Loewenzahn
11 Ochsenzunge
unkultiviert
10 barbarisch, flegelhaft
unkultivierter
Mensch
6 Barbar, Flegel, Prolet, Ruepel
Unkundiger
4 Laie
7 Fremder
9 Dilettant
unlautere(s)
Geschäfte abschließen
7 kungeln
Geschäftemachen
8 Kungelei
unleserlich schreiben
8 kritzeln
unleserliche Schrift
8 Gekrakel, Krakelei
9 Kritzelei
unliebsame Unterbrechung
8 Stoerung
unlogisch
6 absurd
7 abwegig, paradox
11 widersinnig
12 inkonsequent
unlösbar
4 fest
5 starr
unlöslich
4 fest
9 insolubel
unmäßig
7 masslos
Unmenge
7 Myriade
Unmensch
6 Bestie
unmenschlich
3 roh
6 brutal
7 grausam, inhuman
9 satanisch, teuflisch
11 bestialisch
Unmenschlichkeit
8 Teufelei
10 Intoleranz
12 Bestialitaet, Inhumanitaet
unmittelbar
6 direkt, sofort
7 spontan

8 immediat
10 geradewegs
unmodern
3 out
9 zeitfremd
unmoralisch
9 sittenlos
Unmut
6 Aerger
8 Verdruss
unnachgiebig
4 stur
6 streng
10 konsequent
12 uneinsichtig
Unnachgiebigkeit
6 Haerte
unnachsichtig
4 hart
6 streng
7 rigoros
Unnachsichtigkeit
7 Strenge
unnötig längere Strecke
5 Umweg
unnütz
13 ueberfluessig
unnützes Beiwerk
4 Kram, Tand
unordentlich
8 lodderig, zerzaust
9 inakkurat, schlampig
10 derangiert
unordentliche(r)
Frau
6 Vettel
8 Schlampe
Mensch
7 Schlamp
8 Liedrian
9 Schlamper
Unordnung
4 Wust
5 Chaos
10 Tohuwabohu
Unpaarhufer, -zeher
4 Esel
5 Mulus, Pferd, Tapir, Zebra
7 Nashorn
8 Maulesel, Maultier, Wildesel
10 Rhinozeros
unparteiisch
7 neutral
8 objektiv
Unparteiischer
14 Schiedsrichter
Unparteilichkeit
12 Neutralitaet
unpassend
10 deplaciert
11 deplatziert
unpässlich
6 malade
12 indisponiert
Unpässlichkeit
13 Indisposition
Unrast
11 Nervositaet
13 Ruhelosigkeit
Unrat
5 Dreck, Muell
6 Abfall
unrechter Augenblick
6 Unzeit
unrechtmäßig
7 illegal
unredlich
7 unreell
unreif
4 naiv
7 immatur
8 infantil, kindisch, kindlich
unrettbarer Wüstling
4 Asot
unrichtig
6 falsch
9 inkorrekt
10 fehlerhaft
Unrichtigkeit
6 Fehler, Lapsus
Unruhe
5 Krach, Rumor, Sorge
6 Rabatz, Trubel, Tumult
7 Krawall, Theater
8 Agitatio, Wirrwarr
9 Turbulenz
10 Erregtheit
11 Nervositaet
Unruhestifter
7 Laermer, Stoerer
8 Agitator
9 Krakeeler
unruhig
6 fahrig, unstet
7 nervoes, rastlos
8 zappelig
unruhiges
Kind
7 Zappler
8 Zappeler
Meer
8 Kreuzsee
unsachgemäß
9 laienhaft
unsachlicher Kritiker
9 Polemiker
unsauber
7 dreckig
9 schmutzig
unsaubere(s)
Geschäft
6 Betrug
9 Schiebung
Redensart
4 Zote
unschicklich
7 taktlos
8 indezent
Unschicklichkeit
8 Indezenz
Unschlitt
4 Talg
6 Inselt
unschön
9 haesslich
unselbstständig
9 abhaengig, subaltern
unser Planet
4 Erde
7 Erdball
unseriöser Kundenwerber
9 Schlepper
unsicher
5 labil
9 irritiert
10 aengstlich, schwankend
machen
10 irritieren
Unsicherheitsfaktor
6 Risiko
Unsinn
5 Stuss
6 Alogie, Humbug
7 Mumpitz, Nonsens, Quatsch, Schnack, Torheit
8 Kinderei, Larifari
9 Firlefanz
17 Vernunftlosigkeit
reden
6 faseln
unsinnig
6 absurd
7 abstrus
unsinnige(s)
Geschwätz
8 Gewaesch
Geschwindigkeit
7 Raserei
unsittliche Handlung
7 Unzucht
Unsittlichkeit
11 Amoralitaet
unsportlich
6 unfair
Unsterbliches
5 Seele
unstet
5 labil
6 fahrig
7 rastlos, unruhig
Unstimmigkeit
9 Differenz, Dissonanz
10 Diskrepanz
11 Disharmonie
unstofflich
11 immateriell
unsympathisch
4 fies
10 abstossend
untadeliger Mensch
9 Ehrenmann, Gentleman
Untat
6 Frevel
10 Verbrechen
untätig
4 faul
5 inert
6 passiv, traege
7 inaktiv, leidend, muessig, schlaff
unter
Alkoholeinwirkung sprechen
6 lallen

anderem Namen
9 inkognito
Umständen
9 eventuell
Unter im Kartenspiel
6 Wenzel
Unterabteilung im Schrank
4 Fach
Unterarmknochen
4 Elle
7 Speiche
Unterbau
5 Basis
6 Sockel
9 Fundament, Grundlage, Krepidoma, Postament, Stereobat
des Luftreifens
8 Karkasse
eines Gebäudes
9 Fundament
unterdrücken
6 knuten
7 knebeln
8 knechten
12 schikanieren
13 tyrannisieren
unterdrückter Laut
5 Mucks
7 Muckser
Unterdrückung
4 Joch
9 Knechtung
10 Repression
untere
Dachkante
6 Traufe
Juraschicht
4 Lias
Triasstufe
13 Buntsandstein
Zahl im Bruch
6 Nenner
unterer
Gesichtsteil
4 Kinn
Raumabschluss
9 Fussboden
Türabschluss
8 Schwelle
unterentwickelt
8 primitiv
Unterführungen
6 Dueker, Tunnel
7 Subways
Untergang
4 Ende, Fall, Ruin
7 Verfall
8 Bankrott
9 Scheitern, Verderben
untergäriges Brauprodukt
9 Lagerbier
Untergattung
8 Spielart
untergeordnet
8 inferior
9 subaltern
Untergeschoss
6 Keller
10 Souterrain
Untergestell
6 Sockel
7 Lafette
Untergrundbahn in London
4 Tube
unterhaltend
8 amuesant
11 interessant
unterhaltender Zeitvertreib
5 Spiel
Unterhalter
11 Entertainer
unterhaltsam
8 gesellig
unterhaltsame Beschäftigung
5 Spiel
Unterhaltszahlungen
8 Alimente
Unterhaltung
5 Spiel
7 Diskurs, Schwatz
8 Kurzweil, Plaesier
9 Gespraech, Plauderei
10 Amuesement, Diskussion, Kolloquium
11 Belustigung
12 Konversation
Unterhaltungsliteratur
12 Belletristik
Unterhaltungssendung
8 Talkshow
Unterhaltungsspiel
4 Dame, Quiz, Skat
5 Halma, Romme
6 Domino, Puzzle, Schach
7 Knobeln
8 Patience, Quartett, Wuerfeln
9 Mauscheln
Unterhose
4 Slip
10 Schluepfer
unterirdische(r, s)
Bauwerk in Hamburg
9 Elbtunnel
Begräbnisstätte
9 Katakombe
Gang
6 Tunnel
7 Stollen
Gefängnis
7 Verlies
Grabanlage
6 Krypta
Grabstätte
9 Katakombe
Haltestelle
8 U-Bahnhof
Kultraum
9 Hypogaeum
Pflanzenorgan
6 Wurzel
Pflanzenspross
7 Zwiebel
Verkehrsweg
6 Tunnel
Weg
4 Gang
7 Stollen
Unterjacke
7 Kamisol
Unterkunft
4 Asyl
5 Hotel, Lager, Logis, Motel
6 Bleibe, Hospiz, Huette, Obdach
7 Gasthof, Konvikt, Pension
8 Herberge, Quartier, Wohnheim, Zuflucht
asiatischer Nomaden
8 Filzzelt
auf Baustellen
9 Bauhuette
für Karawanen
12 Karawanserei
für Kraftfahrer
5 Motel
für Soldaten
7 Kaserne
für Vierbeiner
8 Tierasyl
im Gebirge
5 Baude
6 Huette
9 Almhuette
Unterlage
4 Akte
5 Basis, Beleg, Matte
8 Dokument, Substrat
9 Fundament, Grundlage
Unterlassung
8 Omission
11 Versaeumnis
Unterleib
5 Bauch
7 Abdomen
Unternehmen
6 Fabrik
7 Betrieb
8 Institut
9 Geschaeft
10 Expedition
11 Institution
13 Etablissement
Unternehmensleiter(in)
7 Manager
9 Managerin
Unternehmer
4 Chef
7 Manager
8 Kaufmann, Verleger
9 Fabrikant, Produzent
10 Hersteller, Impresario
13 Wirtschaftler
14 Selbstaendiger
17 Geschaeftsinhaber
Unternehmung
6 Aktion
8 Beginnen, Vorhaben
9 Operation
Unternehmungsgeist
4 Elan
5 Eifer

7 Energie, Schwung, Wagemut
8 Fantasie
9 Phantasie
10 Aktivitaet, Initiative, Tatendrang

Unteroffizier
4 Maat
8 Korporal, Sergeant
9 Feldwebel
12 Wachtmeister

Unterordnung
8 Gehorsam, Hypotaxe
9 Disziplin
13 Subordination

Unterredung
7 Audienz, Debatte
9 Gespraech, Interview
10 Diskussion, Kolloquium

unterrichten
6 lehren
8 dozieren
11 informieren, instruieren, orientieren

Unterrichtsanstalt
6 Schule
8 Institut, Internat
9 Gymnasium
10 Hochschule
11 Grundschule, Hauptschule
12 Berufsschule, Universitaet
13 Polytechnikum

Unterrichtslehre
8 Didaktik, Methodik

Unterrichtsmittel
8 Lehrbuch
9 Lernhilfe

Unterrichtsperiode
9 Schuljahr

Unterrichtsstunde
7 Lektion

Unterrichtsteilnehmer
8 Schueler
9 Kollegiat, Schulkind

Unterrichtsübersicht
8 Lehrplan

Unterrichtsweise
7 Methode

Unterrock
5 Jupon
9 Petticoat

untersagen
9 verbieten

Untersagung
6 Verbot

unterscheiden
14 differenzieren

Unterscheidung
15 Differenzierung

Unterscheidungsmerkmal
9 Kriterium

Unterschenkelknochen
9 Wadenbein
10 Schienbein

Unterschied
9 Differenz, Divergenz
15 Verschiedenheit

Unterschlagung
12 Defraudation

Unterschlupf
4 Asyl
6 Obdach
8 Zuflucht

Unterschrift
6 Signet, Signum
7 Paraphe
8 Signatur
9 Autogramm, Namenszug
10 Signierung

Unterseefahrzeug
9 Tauchboot

unterseeisch
8 submarin

untersetzt
6 bullig
8 pyknisch, staemmig
9 gedrungen

Unterstand
6 Bunker
9 Kasematte

Unterstellräume
3 Box
5 Stall
6 Garage, Hangar, Huette, Kammer, Keller, Remise
8 Schuppen, Speicher

Unterstützung
5 Hilfe
7 Sukkurs
8 Beihilfe, Beistand
9 Assistenz, Nachhilfe, Rueckhalt, Subsidien
10 Foerderung, Protektion, Subvention
14 Rueckendeckung

Untersuchender
11 Rechercheur

Untersuchung
4 Test
7 Analyse, Enquete
8 Erhebung
9 Expertise, Recherche
10 Visitation
11 Exploration

Untersuchungsergebnis
6 Befund
8 Diagnose

untertänig
5 devot
7 ergeben

Unterteil
4 Fuss
6 Sockel

Unterwäsche
2 BH
4 Hemd, Slip
5 Jupon
6 Mieder
7 Dessous, Korsett
8 Hoeschen, Leibchen, Netzhemd
9 Trikotage, Unterhemd, Unterhose, Unterrock
10 Schluepfer
13 Buestenhalter

Unterwäschestoff
8 Feinripp

Unterwasserfahrzeug
5 U-Boot

Unterwasserfelsen
4 Riff
6 Klippe

Unterwasserforscher
8 Aquanaut
9 Hydronaut

Unterwassergeschoss
7 Torpedo

Unterwasserleitung
8 Seekabel

Unterwassersportler
8 Aquanaut, Ozeanaut

unterweisen
11 instruieren

Unterweisung
5 Lehre
11 Instruktion

Unterwelt
3 Hel
5 Hades, Orkus
6 Erebus, Hoelle
7 Inferno
8 Jenseits, Niflheim, Tartaros, Tartarus
10 Totenreich
16 Verbrecherkreise

Unterweltsflüsse
4 Styx
5 Lethe
7 Acheron, Cocytus

Unterwerfung
12 Kapitulation

unterwürfig
5 devot
6 servil
7 submiss
12 kriecherisch

unterwürfiger Mensch
8 Kriecher

Unterwürfigkeit
5 Demut
11 Servilitaet

unterzeichnen
9 signieren
11 paraphieren

Untiefen
5 Barre
8 Sandbank

im Neuenberger See
6 Latene

in der Nordsee
9 Amrumbank

nördlich von Cuxhaven
9 Vogelsand

vor Wesermünde
9 Roter Sand

Untier
6 Bestie

Untreue
6 Verrat
7 Felonie
8 Ehebruch

Untugenden
4 Geiz, Neid
5 Unart

6 Laster
7 Unsitte, Untreue
Unübertreffbares
12 Nonplusultra
unumgänglich
13 obligatorisch
unumschränkt
9 souveraen
ununterbrochen
6 zuegig
9 pausenlos, permanent
unveränderlich
6 stabil
8 konstant
9 stereotyp
10 invariabel
unveränderliche Größe
9 Konstante
unverändertes Bestehen
5 Dauer
unverarbeitetes Material
8 Rohstoff
unverblümt
5 offen
6 direkt
unverbrennbare Faser
6 Asbest
unverdiente(s)
Glück
5 Dusel
Milde
5 Gnade
unverdünnt
3 pur
4 rein
unverfälscht
3 pur
4 echt, rein, wahr
6 genuin
8 naturell
unverheiratet
5 ledig
unverheiratete Gräfin
7 Komtess
8 Komtesse
Unverheirateter
7 Lediger
11 Junggeselle
unverkaufte Druckerzeugnisse
11 Remittenden
unverkennbar
7 typisch
9 eindeutig
unverletzt
4 ganz, heil
6 gesund, intakt
unvermeidlich
7 obligat
unvermischt
3 pur
4 rein
6 lauter
8 gediegen
unvermittelt
4 jaeh
6 abrupt
10 ploetzlich
auftretend
4 akut
Unvermögen
8 Impotenz
9 Schwaeche
12 Unfaehigkeit
unvermögend
8 impotent
unverrückbar fest
4 hart
6 eisern
unverschämt
5 frech
6 pampig, patzig
7 koddrig
8 insolent
11 impertinent
12 aufdringlich
Unverschämtheit
7 Infamie
8 Insolenz
11 Impertinenz
unverschlossen
5 offen
unversehrt
4 ganz, heil
6 gesund, intakt
10 unberuehrt
unverzüglich
6 direkt, gleich, prompt, sofort
7 stracks
8 fristlos, umgehend
14 augenblicklich
Unvollendetes
5 Torso
8 Fragment
Unvollkommenes
10 Stueckwerk
unvoreingenommen
8 objektiv
Unwahrheit
5 Luege
8 Notluege
9 Schwindel
10 Taeuschung
unweit
3 nah
10 benachbart
Unwetter
5 Orkan, Sturm
7 Schauer, Tornado
8 Gewitter, Hurrikan
11 Hagelschlag, Wolkenbruch
13 Gewittersturm
unwichtig
9 belanglos
10 irrelevant
Unwillen
4 Zorn
6 Aerger
8 Verdruss
11 Indignation
unwillig
7 grantig
10 indigniert
unwillkommener Gast
5 Urian
unwillkürlich
10 instinktiv, mechanisch
11 automatisch
unwirklich
6 ideell, irreal
8 abstrakt, utopisch
9 imaginaer
10 spirituell
11 fantastisch, illusorisch
12 phantastisch
unwirtlich
3 rau
unwissend
4 dumm
8 ignorant
10 ahnungslos
Unwissender
8 Dummkopf, Ignorant
Unwissenheit
8 Dummheit, Ignoranz
unwohl
6 malade, mulmig
10 bluemerant
durch Schiffsbewegung
8 seekrank
Unwohlsein
9 Uebelkeit
Unzahl
7 Myriade
unzeitgemäßes Verhalten
13 Anachronismus
unzüchtig
6 lasziv
7 obszoen
8 schamlos, unkeusch
9 sittenlos
11 schluepfrig, unmoralisch
13 pornografisch
14 pornographisch
unzulänglich
10 mangelhaft
12 insuffizient
unzulänglicher Ersatz
9 Notbehelf
unzulässig
8 verboten
Unzuständigkeit
11 Inkompetenz
unzuverlässig
12 wankelmuetig
unzuverlässiges Pferd
6 Mucker, Rabbit
unzweideutig
7 praezis
8 praezise
unzweifelhaft
6 sicher
9 eindeutig
11 feststehend
üppig
7 opulent
8 rundlich
9 luxurioes, reichlich
10 lukullisch
Üppigkeit
7 Opulenz
Urahnen
9 Vorvaeter

uralter Mann
10 Methusalem
Uranbrenner
4 Pile
6 Meiler
7 Reaktor
10 Atommeiler
11 Kernreaktor
Uranusmonde
5 Ariel
6 Oberon
7 Miranda, Titania, Umbriel
Uraufführung
8 Premiere
urbar machen
5 roden
Urbarmachung
6 Rodung
9 Abholzung
Urbaum
9 Weltesche, Yggdrasil
Urbevölkerung
Amerikas
6 Indios
8 Indianer
Australiens
10 Aborigines
der Kanarischen Inseln
8 Guanchen
der Südsee
7 Kanaken
Deutschlands
6 Kelten
8 Germanen
Frankreichs
7 Gallier
Irlands
6 Kelten
Italiens
6 Italer
8 Etrusker, Italiker
Japans
4 Ainu
Mexikos
7 Azteken
Neuguineas
5 Papua
Neuseelands
5 Maori
Schottlands
6 Pikten, Skoten
Spaniens
6 Basken, Iberer
Urbild
3 Typ
7 Urtypus
8 Archetyp, Original, Prototyp
9 Grundform
Urfassung
8 Original
Urform
7 Urtypus
8 Archetyp
Urgeschichte
7 Vorzeit
12 Praehistorie
10 daemonisch
8 Substanz

Urheber
5 Autor
8 Erfinder, Inventor
9 Anstifter, Anzettler, Initiator, Schoepfer, Verfasser
10 Erschaffer
14 Schriftsteller
Urkantone der Schweiz
3 Uri
6 Schwyz
11 Unterwalden, Waldstaette
Urkontinente
2 Mu
8 Gondwana, Laurasia
9 Australia, Paleuropa
Urkrebs
8 Trilobit
Urkunden
4 Akte
5 Brief, Bulle
6 Charta, Charte, Diplom, Patent
7 Charter, Zeugnis
8 Dokument
13 Schriftstueck
für Weidmänner
8 Jagdpass
mit Metallsiegel im Mittelalter
5 Bulle
Urkundensammlung
6 Archiv
Urkundsbeglaubiger
5 Notar
Urlaub
5 Musse
6 Ferien
7 Dispens
8 Freizeit
11 Werksferien
Urlauber
7 Tourist
Urlaubsstätte
9 Ferienort
Ursache
5 Grund, Motiv, Zweck
6 Anlass, Faktor, Quelle
10 Triebfeder
einer Empfindung
4 Reiz
ursächlich
6 kausal
11 begruendend
Ursächlichkeit
11 Kausalitaet
Urschrift
8 Original
Ursprung
10 Abstammung, Provenienz, Schoepfung
Ursprünglichkeit
8 Echtheit
9 Urzustand
13 Originalitaet
Urteil
5 Votum
6 Kritik, Spruch
7 Ansicht, Judikat, Meinung, Sentenz, Verdikt, Wertung
9 Entscheid, Gutachten, Rezension
10 Auffassung
13 Einschaetzung, Richterspruch
Urteilsaufhebung
9 Kassation
Urteilssprecher
4 Kadi
7 Richter
Urteilsspruch
7 Verdikt
Urteilsüberprüfung
8 Revision
Urtext
8 Original
Urtierchen
6 Amoebe
9 Einzeller, Protozoen, Protozoon
12 Uhrglaeschen
13 Sandhaeuschen
14 Sonnentierchen
15 Glockentierchen
17 Pantoffeltierchen
urtümlich
4 urig
7 komisch, ureigen
8 primitiv
9 originaer
Uruguay
Bevölkerung
9 Uruguayer
Dramatiker
7 Sánchez
Flüsse
8 Rio Negro
12 Rio de la Plata
Guerilla
8 Tupamaro
Hauptstadt
10 Montevideo
Währung
4 Peso
9 Centésimo
Urvater
der Bibel
4 Adam
der Menschheit
6 Henoch
im Alten Testament
4 Noah
Urwaldgebiet Sibiriens
5 Taiga
Urwelttiere
6 Mammut
7 Saurier
8 Mastodon
11 Dinosaurier
14 Ichthyosaurier
urwüchsig-humorvoll
4 urig
urzeitlich
6 fossil

urzeitliches
Meer
6 Tethys
Reptil
7 Saurier
US-Amerikaner
3 Ami
USA
Abfall der Südstaaten
9 Sezession
abhängige Gebiete
4 Guam
5 Samoa
8 Marianen
9 Karolinen
10 Puerto Rico
14 Jungferninseln, Marshallinseln
15 Panamakanalzone
Architekten
7 Johnson, Venturi
8 Sullivan
Astronauten
5 Glenn, Irwin, Scott
6 Aldrin, Conrad, Lovell
7 Schirra
9 Armstrong
Astronomen
4 Hale
6 Hubble, Russel
Atom-U-Boot
8 Nautilus
Außenministerium
15 State Department
Ballspiele
8 Baseball, Football, Lacrosse, Pushball
10 Basketball
Banknote
9 Greenback
Baptistenprediger
6 Graham
Berge
7 Palomar, Rainier, Whitney
9 MacKinley
berittener Polizist
6 Ranger
Bevölkerung
8 Chicanos, Indianer
10 Amerikaner
11 Exilkubaner
13 Puertorikaner
Bezirkspolizeichef
7 Sheriff
Boxer
5 Lewis, Tyson
7 Foreman, Frazier
9 Holyfield
11 Muhammad Ali
Bundeskriminalpolizei
3 FBI
Dichter
3 Hay, Poe
5 Barth, Eliot, Wolfe
6 Miller, Updike
7 Whitman
Dirigenten
7 Ormandy
9 Bernstein
Dollar
4 Buck
9 Greenback
Dramatiker
5 Wolfe
6 Miller, Osborn, O'Neill, Wilder
8 Faulkner, Kingsley
Erfinder
4 Bell, Ford
5 Morse
6 Edison, Fulton, Wright
8 Franklin
Fernverkehrsstraße
7 Highway
8 Toll road
Filmpreis
5 Oscar
Filmzentrum
9 Hollywood
Finanzmänner
8 Carnegie
10 Vanderbilt
11 Rockefeller
Flagge
13 Sternenbanner
Flieger
4 Byrd
9 Lindbergh
Flugzeugpionier
6 Wright
Flüsse
4 Gila, Ohio
5 Miami, Yukon
6 Hudson, Kansas
7 Potomac
8 Arkansas, Colorado, Missouri, Red River
9 Rio Grande, Tennessee
11 Hudson River, Kansas River, Mississippi, Yellowstone
Gebirge
7 Big Horn, Rockies
10 Appalachen
11 Alaskakette, Alleghenies, Kordilleren
12 Sierra Nevada
13 Felsengebirge
14 Rocky Mountains
Gebirgstäler
5 Bryce
6 Canyon
11 Grand Canyon
Geheimbund
10 Ku-Klux-Klan
Geheimdienst
3 CIA
Geiger
5 Stern
7 Menuhin
Generäle
3 Lee
4 Clay
5 Grant
6 Powell
10 Eisenhower
11 Schwarzkopf
Goldmünze
5 Eagle
Goldschatzdepot
4 Knox
8 Fort Knox
Halbinsel
7 Florida
Hauptstadt
10 Washington
Hohlmaße
4 Pint
6 Barrel, Bushel, Gallon
Inselstaat
6 Hawaii
Kaps
3 Cod
5 Sable
7 Lookout
8 Flattery, Hatteras
9 Canaveral, Mendocino
10 Conception
Kfz-Nationalitätszeichen
3 USA
Komponisten
5 Sousa
6 Barber, Berlin, Porter
7 Copland, Menotti, Rodgers
8 Gershwin
9 Bernstein, Carpenter
Landstreicher
4 Hobo
5 Tramp
Längenmaße
4 Foot, Inch, Line, Mile, Yard
5 Chain
Malerin
12 Grandma Moses
Marine
4 Navy
Maßeinheiten
3 Ton
4 Dram
5 Ounce, Pound
6 Cental
7 Quarter
Militärakademie
9 Westpoint
Mondfähre
5 Eagle
Münzen
4 Cent, Dime
5 Eagle
7 Quarter
Nationalflagge
15 Stars and Stripes
Nationalfriedhof
9 Arlington
Nationalparks
5 Banff, Teton
7 Glacier, Sequoia
8 Yosemite
11 Yellowstone
Nobelpreisträger für Frieden
9 Kissinger, Roosevelt

Nobelpreisträger für Literatur
4 Buck
6 Lewies, O'Neill, Singer
8 Faulkner
9 Hemingway, Steinbeck
Ozeanflieger
9 Lindbergh
Parlament
8 Kongress
Parlamentssitz
7 Kapitol
Parteien
10 Demokraten
12 Republikaner
Pelztierjäger
7 Trapper
Polarforscher
4 Byrd
5 Peary
Präsidenten
4 Bush, Ford, Polk, Taft
5 Adams, Grant, Hayes, Nixon, Tyler
6 Arthur, Carter, Hoover, Monroe, Pierce, Reagan, Taylor, Truman, Wilson
7 Clinton, Harding, Jackson, Johnson, Lincoln, Madison
8 Buchanan, Coolidge, Fillmore, Garfield, Harrison, Van Buren
9 Cleveland, Jefferson, MacKinley, Roosevelt
10 Eisenhower, Washington
Ragtime-Pianist
6 Joplin
Raketen-Versuchsgelände
12 Kap Canaveral
Raumfahrtbehörde
4 NASA
Raumfahrtprogramme
6 Apollo, Gemini
7 Mercury
Raumflugbasis
12 Kap Canaveral
13 Cape Canaveral
Raumstation
6 Skylab
Regisseure
4 Ford, King, Ritt, Wood
5 Capra, Hawks, Kazan, Lucas, Vidor
6 Disney, Huston, Koster, Kramer, Litvak, Welles, Whyler, Wilder
7 Coppola, Costner, Fleming, Siodmak
8 Dieterle, Griffith, Hathaway
9 Hitchcock, Preminger, Spielberg
Reiterspiel der Cowboys
5 Rodeo
Revolver
4 Colt
Rinderhirten
6 Cowboy
7 Vaquero
Sänger
6 Crosby
7 Sinatra
9 Belafonte
Schallplattenpreis
6 Grammy
Schauspieler
4 Boyd, Dean, Ford, Hope, Kaye, Ladd, Peck, Pitt
5 Allen, Arlen, Berry, Clift, Davis, Flynn, Fonda, Gable, Grant, Kelly, Lloyd, March, Mason, Quinn, Tracy, Wayne
6 Bogart, Brando, Cooper, Cotten, Crosby, Curtis, Ferrer, Heston, Holden, Hopper, Hudson, Keaton, Laurel, Marvin, Mature, Menjou, Murphy, Murray, Newman, Welles, Willis
7 Astaire, Bronson, Brynner, Chaplin, Connery, Douglas, Granger, Hoffman, Perkins, Redford, Russell, Sinatra, Skelton, Stewart, Widmark
8 Chandler, Eastwood
9 Barrymore, Fairbanks, Lancaster, Valentino
Schauspielerinnen
4 Hawn
5 Davis, Gabor, Kelly, Lange, Moore
7 Roberts
8 Basinger, Pfeiffer
Scheidungsparadies
4 Reno
Schneesturm
8 Blizzard
Schriftsteller
3 Bok, Poe, Wou
4 Bird, Grey, Tate
5 O'Hara, Twain, Wolfe
6 Capote, Cooper, Irving, London, Mailer, Miller, Wilder
7 Erskine, Wallace
8 Faulkner, Melville, Williams
9 Bromfield, Hawthorne, Hemingway, Steinbeck
Schriftstellerinnen
3 Lee
4 Buck, West
8 Caldwell, Mitchell
12 Beecher-Stowe
Seen
7 Eriesee
8 Huronsee, Saltlake
9 Oberer See
10 Ontariosee
11 Michigansee, Pyramidlake
Soldat
2 GI
Soldatensender
3 AFN
Staaten
4 Iowa, Ohio, Utah
5 Idaho, Maine, Texas
6 Alaska, Hawaii, Kansas, Nevada, Oregon
7 Alabama, Arizona, Florida, Georgia, Indiana, Montana, New York, Vermont, Wyoming
8 Arkansas, Colorado, Delaware, Illinois, Kentucky, Maryland, Michigan, Missouri, Nebraska, Oklahoma, Virginia
9 Louisiana, Minnesota, New Jersey, New Mexiko, Tennessee, Wisconsin
10 California, Washington
11 Connecticut, Kalifornien, Mississippi, North Dakota, Rhode Island, South Dakota
12 New Hampshire, Pennsylvania, West Virginia
13 Massachusetts, North Carolina, Pennsylvanien, South Carolina
Städte
4 Erie, Gary, Reno, Yuma
5 Miami, Omaha, Salem, Tampa, Tulsa, Utica
6 Albany, Boston, Camden, Dallas, Denver, Duluth, El Paso, Fresno, Juneau, Mobile, Tucson
7 Atlanta, Buffalo, Chicago, Detroit, Hoboken, Houston, Jackson, Key West, Lincoln, Madison, Memphis, New York, Norfolk, Oakland, Phoenix, Santa Fé, Seattle, Spokane, Wichita, Yonkers
8 Amarillo, Berkeley, Columbia, Columbus, Las Vegas, New Haven, Oklahoma, Pasadena, Portland, Richmond, San Diego, Savannah, Syracuse
9 Baltimore, Cleveland, Des Moines, Galveston, Knoxville, Lexington, Milwaukee, Nashville, Princeton, Rochester, Worcester
10 Bridgeport, Charleston, Cincinnati, Harrisburg, Jersey City, Kansas City, Los Angeles, Louisville,

New Orleans, Pittsburgh, Providence, Sacramento, Saint Louis, San Antonio
11 Chattanooga, Minneapolis, Springfield, Tallahassee
12 Indianapolis, Jacksonville, Oklahoma City, Philadelphia, Salt Lake City, San Francisco

Stahlkönig
8 Carnegie

Stützpunkte
4 Apra
5 Thule
6 Dundas
10 Guantanamo

Sumpfwildnis
10 Everglades

Tänze
3 Jig
11 Square dance

Tänzerin
6 Duncan

Terrororganisation
10 Ku-Klux-Klan

Trickfilmzeichner
6 Disney

Universitätsgelände
6 Campus

Universitätsstädte
5 Omaha, Tulsa
6 Dallas, Denver, Ithaca, Tacoma, Toledo
7 Lincoln, Memphis, New York, San José, Seattle, Spokane, Wichita
8 New Haven, Richmond, Syracuse
9 Des Moines, Fort Worth, Knoxville, Lexington, Milwaukee, Nashville, Princeton, Worcester
10 Cincinnati, Little Rock, Los Angeles, Louisville, Pittsburgh, Providence, San Antonio, Washington
11 Minneapolis
12 Philadelphia, Salt Lake City, San Francisco

Vergnügungsstadt
8 Las Vegas

Verkaufsladen
9 Drugstore

Verteidigungs-Ministerium
8 Pentagon

Viehhirt
6 Cowboy
7 Vaquero

Viehwirtschaft
5 Ranch

Viehzüchter
7 Rancher

Vollzugsbeamter
7 Sheriff

Währung
4 Cent
6 Dollar

Wasserfälle
7 Niagara

Weltraumbehörde
4 NASA

Wildnispolizist
6 Ranger

Wildpferd
7 Mustang

Wildrind
5 Bison

Wurfseil der Cowboys
5 Lasso, Riata

Wüsten
6 Mohave, Nevada
13 Llano Estacado

Zeichner
5 Grosz

Zeitungskönig
6 Hearst

Zirkusunternehmen
6 Barnum

Zuchthaus
8 Sing-Sing

Usbekistan

Flüsse
10 Serawschan

Hauptstadt
9 Taschkent

See
7 Aralsee

Städte und Orte
7 Karakul
9 Samarkand, Urgentsch

Währung
5 Rubel
6 Kopeke

Utensil

im jüdischen Gottesdienst
7 Bettuch

zum Kuchenbacken
4 Form

Utensilien
7 Geraete

Vagabund
5 Tramp
7 Stromer
8 Clochard
12 Tippelbruder
13 Landstreicher
14 Stadtstreicher
vage
6 unklar
8 ungewiss
10 unbestimmt
vakant
4 frei
5 offen
9 unbesetzt
Vakuum
5 Leere
6 Nichts
Vanuatu
Bevölkerung
10 Melanesier, Polynesier
Hauptstadt
4 Vila
Währung
4 Vatu
Variante
5 Abart
6 Lesart
8 Spielart
10 Abweichung
Varietät
5 Abart
8 Buntheit, Spielart
14 Vielfarbigkeit
Varieteekünstler
6 Artist
7 Akrobat
8 Zauberer
variierend
9 wechselnd
Vater
8 Erzeuger
der Antigone
7 Oedipus
der Artemis
4 Zeus
der Athene
4 Zeus
der Demeter
6 Kronos
der Diana
7 Jupiter
der Dike
4 Zeus
der Eirene
4 Zeus
der Elektra
9 Agamemnon
der Fatima
8 Mohammed
der Galatea
6 Nereus
der Geschichtsschreibung
7 Herodot
der Hebe
4 Zeus
der Helena
4 Zeus
der Iphigenie
9 Agamemnon
der Ismene
7 Oedipus
der Juno
6 Saturn
8 Saturnus
der Kassandra
7 Priamos, Priamus
der Lea
5 Laban
der Menschheit
4 Adam, Manu
der Niobe
8 Tantalos, Tantalus
der Penelope
7 Ikarios
der Rahel
5 Laban
der Zyklopen
6 Uranos
des Abel
4 Adam
des Absalom
5 David
des Achill
6 Peleus
des Apoll
4 Zeus
des Ares
4 Zeus
des Bacchus
4 Zeus
des Benjamin
5 Jakob
des Castor
4 Zeus
des David
4 Isai
5 Jesse
des deutschen Rundfunks
6 Bredow
des Esau
5 Isaak
des Fernsehens
6 Nipkow
des Hagen
7 Aldrian
des Ham
3 Noe
4 Noah
des Hektor
7 Priamos, Priamus
des Herakles
4 Zeus
des Herkules
7 Jupiter
des Ikarus
8 Daedalus, Daidalos
des Isaak
7 Abraham
des Ismael
7 Abraham
des Jakob
5 Isaak
des Jupiter
6 Saturn
8 Saturnus
des Kain
4 Adam
des Kastor
4 Zeus
des Lohengrin
8 Parsifal, Parzival
des Mars
7 Jupiter
des Methusalem
6 Henoch
des Noah
6 Lamech
des Orest
9 Agamemnon
des Paris
7 Priamos, Priamus
des Perseus
4 Zeus
des Pollux
4 Zeus
des Poseidon
6 Kronos
des Salomo
5 David
des Saturn
6 Uranos
des Seth
4 Adam
des Telemach
8 Odysseus
des Theaters
7 Thespis
des Theseus
6 Aigeus
des Thor
4 Odin
5 Wotan
des Zeus
6 Kronos
eines Riesengeschlechts
4 Enak
Johannes des Täufers
9 Zacharias
Vaterherrschaft
11 Patriarchat
Vaterlandsfreund
7 Patriot
Vaterlandsliebe
12 Patriotismus
Vaterunser
11 Paternoster
Vatikan
5 Kurie
Vatikanstadt
päpstlicher Hügel
8 Vaticano
Sehenswürdigkeiten
9 Petersdom
10 Pinakothek
11 Petersplatz
12 Peterskirche
Sommersitz des Papstes
14 Castel Gandolfo
Spende der Gläubigen
13 Peterspfennig
Staatsoberhaupt
5 Papst
Wache
14 Schweizergarde

Vegetationsformen
4 Moor
5 Heide
6 Steppe, Urwald
7 Savanne
vehement
6 heftig
9 turbulent, ungestuem
Veilchen
5 Viola, Viole
veilchenfarbig
7 violett
Venedig
Adelsgeschlechter
7 Dandolo, Grimani
9 Contarini
Bauwerke
8 San Marco
11 Dogenpalast
Brücke
6 Rialto
Forschungsreisender
4 Polo
9 Marco Polo
Goldmünze
7 Zechine
Gondelführer
10 Gondoliere
Gondellied
9 Barcarole, Barkarole
Industrieviertel
6 Mestre
8 Marghera
Inselstadtteil
6 Murano
Kanal
11 Canal Grande
Laguneninsel
8 Torcello
Maler
6 Piombo, Tizian
7 Bellini, Tiepolo
9 Carpaccio, Giorgione
10 Tintoretto
Staatsoberhaupt
4 Doge
Wasserfahrzeug
6 Gondel
Venezuela
Bevölkerung
7 Kariben
11 Venezolaner
Flüsse
7 Guanara, Guanipa, Orinoco, Paragua
Hauptstadt
7 Caracas
Inseln
9 Margarita
Städte
8 Valencia
9 Maracaibo
12 San Cristobal
Währung
7 Bolivar, Centimo
Ventilation
8 Lueftung
11 Entlueftung
Ventilator
7 Luefter
Verabredung
4 Date
6 Dating, Termin
7 Meeting, Treffen
9 Abmachung, Absprache
10 Rendezvous
12 Stelldichein
Verabreichung
11 Applikation
von Getränken
9 Ausschank
verachten
9 verpoenen
verächtlich
7 zynisch
14 despektierlich
veraltet
3 out
7 obsolet
8 unmodern
10 altmodisch, antiquiert
veraltet:
Amtsschreiber
8 Kanzlist
Araber
8 Sarazene
Aufruhr
6 Emeute
Aufstand
6 Emeute
Augenarzt
7 Okulist
Ausnahme
9 Exzeption
Bäcker
7 Pfister
Bahnsteig
6 Perron
bescheiden
6 modest
Bienenzucht
9 Zeidlerei
Bosheit
6 Malice
Branntweinschänke
8 Destille
brennend
3 loh
Briefumschlag
9 Enveloppe
Cousine
4 Base
Dienstbote
8 Domestik
9 Domestike
Druckerei
7 Offizin
Dummheit
7 Sottise
Enkel
6 Nepote
Epos
6 Epopoe
Erfindung
9 Invention
ermattet
6 marode
Ermüdung
7 Fatigue
Fahrrad
9 Veloziped
Flieger
8 Aeronaut
Flugzeug
8 Aeroplan
Freigeist
8 Libertin
fremdländisch
6 welsch
Freundin
5 Donja
Geliebte
8 Poussage
9 Favoritin
Gemeindevorsteher
7 Schulze
Gerichtsschreiber
6 Aktuar
Gesandtschaft
9 Ambassade
gewaltsam
7 violent
Grenzstein
5 Terme
Häscher
7 Buettel
Heerfahne
6 Panier
heftig
7 violent
heiter
5 seren
herzlich
7 kordial
Höfling
8 Kurtisan
Imker
7 Zeidler
Intrigen
6 Kabale
Jaguar
4 Onze, Unze
Kämpfer
7 Weigand
Kampfstätte
8 Walplatz
Kaufmannsbüro
6 Kontor
Kirchenamt
6 Pfarre
Kirchenversammlung
4 Send
kleine Feder
6 Fieder
kleiner Mörser zum Schießen
7 Boeller
Kneifer
8 Pincenez
Konversation machen
9 parlieren
Kreidestift
6 Krayon
Krieg
5 Orlog

Laffe
4 Fant
leichtfertiges Mädchen
8 Grisette
Lenkrad
6 Volant
Leuchtturm
6 Pharus
Liebhaber
8 Pousseur
Lösegeld
7 Ranzion
Luftfahrer
8 Aeronaut
Mäher
9 Schnitter
Maskenball
7 Redoute
Molkerei
7 Meierei
Neugier
8 Fuerwitz
Nützlichkeit
9 Utilitaet
Oberst
6 Obrist
Onkel
5 Oheim
peinlich
6 genant
Petroleum
8 Steinoel
Pfeil
5 Flitz
Plauderer
7 Causeur
Prahlerei
7 Bravade
Putzzimmer der Dame
7 Boudoir
Ränke
6 Kabale
Ranzen
9 Felleisen
Rechtsnachfolger
9 Sukzessor
Reifeprüfung
7 Maturum
9 Abiturium
Reisender
8 Voyageur
Reitjacke
7 Kollett
Rekrut
9 Kantonist
Rentner
9 Privatier
Rückzug
8 Retirade, Retraite
Ruhegeldempfänger
7 Rentier
Rundschreiben
8 Zirkular
Schenker
7 Donator
Scherge
7 Buettel
schlechter Tabak
7 Knaster
schmachtender Liebhaber
7 Seladon
Schmeichelei
9 Flatterie
Schnapsbrennerei
8 Destille
Schwiegersohn
5 Eidam
Skorbut
9 Scharbock
Sofa
7 Kanapee
Sonnenschirm
7 Parasol
spanische Wand
8 Paravent
Sprichwort
7 Proverb
Stifter
7 Donator
Straßenräuber
7 Brigant
Suppe
6 Potage
Tabaksdose
9 Tabatiere
Tante
5 Muhme
Taufpate
8 Gevatter
Teenager
9 Backfisch
Tischdecke
5 Tapet
Titelträger
7 Titular
tollkühner Mensch
8 Wagehals
Truppenarzt
9 Feldscher
Truppenspitze
4 Tete
überirdisch
9 holdselig
umherziehender Händler
6 Pedlar
Unordnung
8 Desordre
Unterhändler
9 Negoziant
Unterjacke
7 Kamisol
Urkunde
6 Brevet
Veilchen
9 Veigelein
Verführung
9 Seduktion
Verletzung
7 Blessur
Vetter
6 Nepote
Violoncello
7 Bassett
Visierhelm
7 Kaskett
vormals
7 weiland
Vorteil
8 Avantage
Wähler
6 Votant
Wehgeschrei
5 Zeter
wenn auch
7 obschon
Wertpapier
6 Valeur
Widerstand
5 Trutz
Wiedervereinigung
7 Reunion
Witwer
7 Witmann
Zahnarzt
7 Dentist
Zauberer
8 Hexerich
Zöllner
7 Mautner

veraltete(r, s)
Beleuchtungskörper
8 Gaslampe
bezügliches Fürwort
7 woneben
deutsches Längenmaß
8 Feldfuss
Fahrzeugtyp
9 Dampfauto
Kraftfahrzeug-Betriebsstoff
7 Holzgas
Schiffstyp
9 Dampfboot
Temperaturgradeinheit
7 Reaumur
Zugmaschine
8 Dampflok

veränderlich
7 metabol, mutabel
8 flexibel, variabel
9 wandelbar
11 wechselhaft

veränderliche(s)
Größe
8 Variable
Individuum
6 Mutant

verändern
7 wandeln
8 ummodeln, wechseln
9 abwandeln, variieren

Veranlagung
8 Naturell
9 Charakter
11 Temperament

Veranlasser
9 Betreiber, Initiator

Veranlassung
5 Grund, Motiv
7 Ursache
10 Beweggrund, Motivation

Veranschaulichung
4 Demo

Veranstalter
7 Manager
8 Promotor

Veranstaltungen
5 Match
6 Soiree
7 Konzert, Matinee
8 Festival
12 Laenderspiel
Veranstaltungsbesucher
9 Zuschauer
Veranstaltungsplatz
9 Festwiese
Veranstaltungsraum
8 Festsaal
Veranstaltungsstätte im Freien
9 Festplatz
verärgert
10 indigniert
Verband
4 Liga
5 Union
6 Verein
7 Bandage
9 Formation
11 Foederation
12 Organisation
für Arbeitsstudien
4 Refa
kleiner Kriegsschiffe
9 Flottille
von Flugzeugen oder Kriegsschiffen
6 Flotte
10 Geschwader
von Tieren
5 Herde
Verbandhärtemittel
8 Zinkleim
Verbandmaterial
5 Binde, Watte
7 Bandage
8 Pflaster
9 Kompresse, Mullbinde
10 Leukoplast
Verbandsstoffe
4 Gaze, Mull
5 Watte
verbannen
7 aechten
10 ausstossen
11 deportieren
Verbannungsort
4 Exil
Verbannungsorte Napoleons
4 Elba
11 Sankt Helena
verbergen
10 kaschieren
Verbesserer
8 Reformer
9 Erneuerer
verbessern
7 aendern
8 erneuern
11 berichtigen, korrigieren, kultivieren, reformieren
12 ameliorieren
verbessernder chemischer Zusatz
7 Additiv
Verbesserung
12 Amelioration
im Dienst
8 Aufstieg
Verbesserungsstreber
9 Reformist
Verbeugung
5 Kotau
6 Diener
8 Reverenz
9 Bueckling, Kratzfuss
verbieten
10 untersagen
verbinden
7 koppeln
11 bandagieren
Verbinder von Maschinenteilen
5 Welle
6 Bolzen
verbindlich
7 obligat
9 definitiv
verbindliche
Kostenforderung
9 Festpreis
Zusicherung
9 Ehrenwort
Verbindlichkeit
6 Obligo
Verbindlichkeiten
7 Passiva
Verbindung
im Mittelalter
9 Bauhuette
politischer Maßnahmen
7 Junktim
von zwei Raumfahrzeugen
9 Koppelung
zweier Töne
7 Ligatur
Verbindungsansatz
7 Flansch
Verbindungsbalken
7 Epistyl
Verbindungslinie
4 Naht
6 Polare
9 Diagonale
Verbindungslinie von Orten gleiche(n, r)
Luftdrucks
7 Isobare
Temperatur
9 Isotherme
Windes
7 Isogone
verbindungsloser Student
4 Fink
Verbindungsmann
5 V-Mann
7 Mittler
9 Informant
Verbindungsstelle
4 Fuge, Naht
6 Furche
7 Kontakt
Verbindungsstifte
4 Niet
5 Nagel
6 Bolzen
Verbindungsstücke
5 Muffe
6 Bolzen, Lasche
7 Fitting, Flansch, Klammer
Verbindungsstudent
5 Fuchs
6 Bursch
7 Bursche
verbissen
4 stur, zaeh
8 verbohrt
9 fanatisch
11 hartnaeckig
verbissene Wut
5 Grimm
verblüffend
8 frappant
12 sensationell
verblüfft
6 ratlos
7 perplex
12 konsterniert
verblüht
4 welk
verborgen
6 geheim, latent, obskur, okkult
9 versteckt
10 mysterioes
13 geheimnisvoll
verborgener Verfassername
9 Kryptonym
Verborgenheit
6 Latenz
Verbot
4 Tabu
8 Sperrung
9 Interdikt
10 Inhibition
11 Prohibition, Untersagung
verboten
4 tabu
9 unerlaubt
verbotene(r, s)
Aufputschen
5 Dopen
Bezirk (Islam)
5 Haram
Verbrauch
6 Absatz, Konsum
7 Aufwand, Verzehr
9 Abnutzung
11 Verschleiss
Verbraucher
7 Kaeufer
9 Konsument
Verbrauchsmesser
9 Wasseruhr
Verbrauchszucker
5 Melis
Verbrechen
4 Mord, Raub
5 Untat
6 Betrug, Delikt

8 Bankraub, Einbruch, Fememord, Giftmord, Raubmord, Straftat
9 Diebstahl, Totschlag
11 Geiselnahme
14 Vergewaltigung

Verbrecher
4 Dieb
6 Bandit, Ganove, Gauner, Taeter
7 Moerder, Raeuber
8 Gangster, Hijacker, Wucherer
9 Erpresser, Faelscher, Herostrat, Kidnapper, Racketeer
10 Delinquent
11 Wegelagerer
12 Brandstifter, Geiselnehmer

Verbrecherbande
4 Gang

verbrecherisch
9 kriminell

verbrecherische Handlung
9 Freveltat

Verbrecherkreise
9 Unterwelt

Verbrecherorganisation
4 Gang
5 Bande

Verbreitung
10 Kolportage

Verbreitung von Hass
5 Hetze

Verbrennungsanlage
8 Feuerung

Verbrennungs-erscheinungen
5 Feuer, Rauch
6 Flamme

Verbrennungsrückstände
4 Russ
5 Abgas, Asche
8 Schlacke

Verbrüderung
14 Fraternisation

Verbündete
9 Alliierte

Verdacht
7 Argwohn
9 Vermutung
10 Misstrauen

abwenden
9 entlasten

verdächtig
6 obskur
7 ominoes, suspekt
11 fragwuerdig

Verdachtsgrund
5 Indiz

Verdampfung
11 Evaporation

Verdauung
9 Digestion

Verdauungsenzym
7 Maltase

Verdauungsferment
3 Lab
6 Pepsin

Verdauungsflüssigkeit
8 Speichel
9 Magensaft

Verdauungsorgane
4 Darm
5 Magen
8 Dickdarm, Kaumagen
9 Duenndarm, Grimmdarm

Verdauungsstörung
9 Dyspepsie

Verderben
4 Ruin
9 Untergang

verdichten
12 komprimieren

Verdichter
9 Kondensor
10 Kompressor
11 Kondensator

Verdichtung
11 Kompression
12 Kondensation

Verdickung
5 Wulst

(Pflanze)
9 Sukkulenz

(Vogelschnabel)
9 Wachshaut

Verdienst
4 Gage, Lohn, Ruhm, Sold
5 Heuer, Marge
6 Erloes, Erwerb, Gehalt, Gewinn, Salaer
7 Bezuege, Entgelt, Honorar, Meriten, Rebbach
8 Leistung
9 Einkommen

Verdienstauszeichnung
5 Orden

verdrehen
7 drillen
9 tordieren

Verdrehung
7 Torsion
8 Drillung

verdrießlich
5 moros
7 knurrig
9 graemlich
10 aergerlich
11 baerbeissig

Verdrießlichkeit
7 Missmut

Verdrillung
7 Torsion

Verdruss
6 Aerger
9 Aergernis, Unbehagen
12 Missstimmung

Verdunstung
10 Gradierung
11 Evaporation

Verdunstungsniederschlag
9 Kondensat

verdüstertes Gemüt
9 Bitternis

veredelte(s)

Eisen
5 Stahl

Pelzwerk
9 Rauchware

Produkt
8 Raffinat

Veredelungsanlage
10 Raffinerie

verehren
6 achten, lieben
7 anbeten

Verehrer
3 Fan
9 Liebhaber
10 Bewunderer

des Schönen
7 Aesthet

Verehrung
4 Kult
5 Liebe
6 Kultus, Tribut
7 Achtung, Ovation, Respekt
8 Anbetung
9 Adoration, Huldigung, Sympathie, Zuneigung
11 Bewunderung, Hochachtung

Verehrungsdienst
4 Kult

Verein
4 Club, Klub
12 Zweckverband

für eine Liebhaberei
7 Fanklub

für Leibesübungen
9 Sportclub, Sportklub

Vereinbarung
6 Abrede
7 Vertrag
8 Abkommen
9 Abmachung, Abschluss, Absprache, Agreement
10 Konvention
13 Uebereinkunft

Vereinheitlichung
7 Normung
16 Standardisierung

vereinigen
7 liieren, unieren

Vereinigte Arabische Emirate

Hauptstadt
8 Abu Dhabi

Städte
5 Dubai

Währung
3 Fil
6 Dirham

Vereinigte Staaten von Amerika

siehe: USA

Vereinigungen
4 Bund, Club, Klub, Liga
5 Gilde, Junta, Trust, Union, Zunft
6 Fusion, Innung, Partei, Verein, Zirkel

7 Allianz, Komplex, Verband
8 Buendnis, Syndikat
9 Koalition
10 Konsortium
11 Assoziation, Foederation, Integration, Kombination
12 Gemeinschaft, Gesellschaft, Organisation

Vereinsausweis
9 Klubkarte

Vereinsblatt
5 Organ

Vereinsführung
8 Vorstand

Vereinsgenosse
8 Mitglied

Vereinslokal
8 Klubhaus

Vereinsregel
6 Statut
7 Satzung

Vereinswechsel
8 Transfer

vereister Schnee
6 Harsch

Vereitelung
9 Hinderung

verengtes Rohrstück
5 Duese

Verengung der Blutgefäße
7 Stenose
8 Stenosis

Vererbungslehre
7 Eugenik, Genetik

Vererbungslehrer
9 Genetiker

Verfahren
7 Methode, Praktik, Prozess, Technik

Verfahrensabschnitt
7 Instanz

Verfahrensordnung
9 Procedere, Prozedere

Verfall
4 Ruin
8 Dekadenz
9 Dekrement
10 Korruption
12 Degeneration

verfallen
8 ablaufen, dekadent
12 verwahrlosen

verfallenes Bauwerk
5 Ruine

Verfärbung (medizinisch)
7 Zyanose
9 Phaeoderm

Verfasser
5 Autor
7 Biograf, Dichter, Urheber
8 Biograph, Chronist, Essayist
9 Novellist, Romancier
10 Dramatiker, Librettist
11 Lexikograph

einer Schmähschrift
9 Libellist

einer Zuschrift
9 Einsender

von Spottschriften
8 Parodist
9 Satiriker

von Werbeslogans
6 Texter

Verfassung
4 Form
6 Charta, Charte
7 Satzung, Zustand
9 Kondition
11 Grundgesetz
12 Konstitution

Verfehlung
6 Delikt, Frevel, Irrung, Suende
7 Fauxpas
8 Verstoss
9 Fehltritt, Verirrung
11 Entgleisung
13 Versuendigung

verfeinerte Lebensweise
6 Kultur

Verflüssigung
8 Schmelze

Verfolgungswahn
8 Paranoia

verformbar
6 duktil
7 dehnbar

verfügbar
10 disponibel

verfügende Person
6 Eigner
7 Inhaber
8 Besitzer
11 Eigentuemer

Verfügungen
5 Edikt, Order
6 Dekret, Erlass
9 Anordnung, Direktive

Verfügungsberechtigter
6 Halter
9 Disponent

Verführer
7 Don Juan
8 Casanova
9 Anstifter, Verleiter
10 Ladykiller

Vergabe
9 Erteilung, Zuweisung

vergangen
5 passé
6 passee, vorbei
8 vorueber

Vergangenheit eines Menschen
8 Vorleben

Vergangenheitsformen
7 Perfekt
9 Imperfekt
11 Praeteritum
15 Plusquamperfekt

vergeblich
7 nutzlos, umsonst

Vergebung
5 Gnade
6 Pardon
10 Absolution, Verzeihung

Vergehen
6 Delikt, Frevel, Suende
7 Fauxpas
8 Frevelei, Uebeltat, Verstoss
9 Fehltritt, Schandtat
10 Verbrechen, Verfehlung

vergeistigt
10 aetherisch

Vergeltung Übender
7 Raecher

Vergeltungsdrang
9 Rachsucht

Vergeltungsvorhaben
9 Racheplan

Vergiftung
8 Toxikose
10 Entoxismus

Vergleich
6 Rezess
10 Kompromiss
11 Arrangement, Komparation

vergleichbar
10 komparabel

vergleichbarer Fall
9 Parallele

vergleiche
6 confer

vergleichende Übersicht
7 Synopse
8 Synopsis

vergleichsweise
7 relativ

Vergnügen
3 Fez, Ulk
4 Lust
5 Gaudi, Spass
6 Freude
7 Gaudium
8 Plaesier
10 Amuesement
12 Unterhaltung

bei Musik
4 Tanz

vergnüglich
5 ulkig
6 lustig
7 spassig
8 amuesant
12 plaesierlich

vergnügt
4 froh
5 fidel
6 heiter
7 erfreut

Vergnügung nach dem Wintersport
8 Apres-Ski

Vergnügungspark in *Kopenhagen*
6 Tivoli

Wien
6 Prater

Vergnügungsstätten
4 Kino
6 Kasino, Zirkus
7 Orpheum, Tanzbar, Theater, Varieté
8 Varietee
9 Nightclub
11 Rummelplatz
Vergnügungsviertel von
Hamburg
10 Sankt Pauli
München
9 Schwabing
Paris
7 Pigalle
10 Montmartre
vergoldetes Silber
7 Vermeil
Vergoldung
6 Doublé, Dublee
Vergrößerungsgeräte
4 Lupe
9 Mikroskop
Vergrößerungsglas
4 Lupe
5 Linse
Vergünstigung
6 Indult, Rabatt, Skonto
7 Vorgabe, Vorteil
8 Nachlass, Privileg
Vergütung
(Verlagswesen)
7 Royalty
für Warenabfall
5 Fusti
Vergütungen
4 Gage, Lohn, Sold
5 Bonus, Heuer
6 Gehalt, Salaer
7 Apanage, Honorar, Praemie
8 Tagegeld, Tantieme
9 Abfindung, Ausgleich, Bezahlung, Provision
10 Erstattung
12 Bonifikation
13 Gratifikation
verhaften
9 sistieren
10 arretieren, festnehmen
verhaftet
8 dingfest
Verhaftung
9 Festnahme
10 Sistierung
11 Arretierung
12 Inhaftierung
Verhalten
7 Gebaren
8 Benehmen, Betragen, Fairness
verhaltener Zorn
5 Grimm, Groll
7 Ingrimm
Verhaltensforschung
9 Ethologie
Verhaltensregel
6 Maxime
9 Direktive
11 Instruktion
Verhältnis
7 Liaison
8 Liebelei, Relation, Sachlage
9 Beziehung, Situation
10 Proportion
zwischen zwei Zahlen
5 Bruch
verhältnismäßig
7 relativ
12 proportional
Verhältniswort
12 Praeposition
Verhältniswörter
2 ab, an, in, um, zu
3 auf, aus, bei, bis, mit, von, vor
4 fuer, nach, ohne, samt, seit
5 durch, gegen, neben, nebst, statt, trotz, ueber, unter, wegen, wider
6 ausser, binnen, hinter, laengs, sonder, unweit, wieder
7 naechst, zufolge, zuliebe, zuwider
8 inmitten, jenseits, waehrend, zwischen
9 diesseits, innerhalb, zunaechst
10 ausserhalb, gegenueber
Verhältniszahl
11 Koeffizient
Verhandlung
6 Disput, Termin
7 Debatte, Diskurs, Palaver, Prozess
9 Gespraech, Konferenz
10 Aussprache
11 Eroerterung, Unterredung
Verhängnis
10 Fatalitaet
11 Katastrophe
verhängnisvoll
5 fatal
7 schlimm, unselig
12 katastrophal
verhärmt
8 gramvoll
verheerend
12 katastrophal
Verheiratete
7 Ehepaar
8 Eheleute
Verheiratetsein
8 Ehestand
Verherrlichung
13 Glorifikation
verhindernd
10 prohibitiv
Verhör
9 Befragung
10 Ermittlung, Vernehmung
Verhornung der Haut
8 Keratose
verhüllendes Tuch
8 Schleier
Verhüttungsmaterial
7 Schrott
9 Altmetall, Eisenkoks
Verhütungsmittel
5 Pille
6 Kondom, Pessar
7 Spirale
12 Praeservativ
13 Antibabypille
Verjüngungsmittel
7 Elixier
Verkalkung
8 Sklerose
Verkauf
6 Absatz, Handel
7 Ausgabe
8 Vertrieb
10 Verteilung
13 Veraeusserung
Verkäufer
alter Bücher
8 Antiquar
auf Märkten
8 Haendler
verkäuflich
4 feil
9 absetzbar
Verkaufsapparat
7 Automat
Verkaufsbude
5 Stand
Verkaufserlös
8 Einnahme
Verkaufshäuschen
5 Kiosk
Verkaufsplatz für Trödel
9 Flohmarkt
Verkaufsschau
5 Messe
Verkaufsschlager
10 Bestseller
Verkaufsstand
9 Marktbude
Verkaufsstätten
5 Laden, Markt
6 Boerse
9 Drugstore, Geschaeft, Warenhaus
10 Supermarkt
Verkaufstisch
5 Theke
6 Tresen
Verkaufsveranstaltung
9 Fachmesse
Verkehrsflugzeug
3 Jet
5 Jumbo
7 Clipper
Verkehrshindernisse
4 Stau
5 Nebel
7 Glaette, Stauung
8 Glatteis
9 Baustelle, Umleitung
verkehrsreich
6 belebt
10 bevoelkert

Verkehrssignalanlage
5 Ampel
Verkehrsstockung
4 Stau
Verkehrsstrecke
5 Linie
Verkehrsteilnehmer
6 Radler
9 Radfahrer
10 Autofahrer, Kradfahrer
11 Fussgaenger, Kraftfahrer, Mopedfahrer
14 Motorradfahrer
Verkehrswege
4 Bahn, Damm
7 Strasse
8 Autobahn, Chaussee, Fahrbahn
11 Landstrasse
13 Bundesstrasse
14 Schnellstrasse
Verkehrszeittafel
8 Fahrplan
verkehrt
6 falsch
verklären
12 idealisieren
verklärter Schmerz
6 Trauer, Wehmut
Verkleidung
5 Maske
7 Kostuem
9 Maskerade
12 Mummenschanz
verkleinernd
9 deminutiv, diminutiv
Verkleinerung
5 Abzug
8 Kuerzung
9 Reduktion, Schwinden
10 Diminution
Verkleinerungsform
9 Diminutiv
11 Diminutivum
verkommen
8 dekadent
9 verfallen
11 verwahrlost
Verkörperung
9 Inbegriff
11 Inkarnation
16 Personifizierung
des indischen Gottes Wischnu
4 Rama
Verkrümmung
der Wirbelsäule
7 Kyphose
8 Skoliose
von Gliedmaßen
6 O-Beine, X-Beine
verkümmert
11 rudimentaer
verkündigen
8 predigen
12 proklamieren
Verkündiger
6 Herold
7 Prophet
Verkündigung
12 Proklamation
verkürzen
7 stutzen
verkürzte Unterschrift(en)
6 Signum
verkürzter Begriff
8 Kurzwort
Verladeauffahrt
5 Rampe
Verladefahrzeug
8 Hublader, Radlader
Verladegerät
4 Kran
Verlagsabteilung
8 Lektorat
Verlagsangestellte
6 Lektor
8 Reporter
9 Graphiker, Korrektor, Redakteur
10 Hersteller
11 Uebersetzer, Werbeleiter
13 Chefredakteur
15 Vertriebsleiter
Verlagserzeugnisse
4 Buch
7 Magazin, Zeitung
11 Taschenbuch, Zeitschrift
Verlagskatalog
8 Almanach
Verlagsvermerk in Druckwerken
9 Impressum
Verlagszeichen
6 Signet
Verlangen
4 Gier
6 Begehr
8 Begehren, Begierde
9 Forderung
Verlängerung
12 Prolongation
des Mastes
6 Stenge
Verlängerungsstreifen bei Wechseln
7 Allonge
verlassen
3 oed
4 oede
6 allein, einsam
8 isoliert
verlassene Gegend
4 Oede
7 Einoede
9 Wuestenei
verlässlich
4 treu
7 ergeben, erprobt
8 reliabel
Verlässlichkeit
5 Treue
Verlauf
8 Fortgang
Verlautbarung
8 Bulletin, Kundgabe
9 Nachricht
10 Kommunikee, Kommuniqué
verlegen
8 betreten
9 kleinlaut, schamhaft
Verlegenheit
6 Aporie, Klemme
7 Dilemma
10 Bredouille, Zwangslage
11 Schwulitaet, Zwickmuehle
Verleger
6 Editor
verleihen
9 ausborgen, verborgen
Verleihung
der Doktorwürde
9 Promotion
niederer Pfründe
9 Kollation
Verleihungsurkunde
6 Brevet
Verleitung
zu einer Straftat
10 Anstiftung
zum Amtsdelikt
9 Konnivenz
verletzen
8 kraenken, pikieren
9 laedieren
Verletzung
am lebenden Körper
5 Wunde
durch ein Tier
9 Bisswunde
eines Schwurs
8 Eidbruch
mit Bluterguss
8 Prellung
Verletzungen
4 Biss, Riss
5 Bruch, Stich, Wunde
6 Fissur, Trauma
7 Blessur, Fraktur, Laesion
verleugnen
12 desavouieren
verleumden
11 diffamieren
Verleumdung
7 Rufmord
8 Diffamie, Nachrede
9 Diskredit
11 Diffamation
verliebt
9 verknallt
Verlies
6 Kerker
Verlobter
10 Braeutigam
verlockend
9 attraktiv
13 begehrenswert
verloren
3 weg
5 perdu
6 futsch
8 abhanden
Verlorenes aufspüren
6 suchen

Verlosung
7 Tombola
8 Lotterie
Verlust
5 Damno, Manko, Minus
6 Mangel, Rapuse
7 Ausfall, Defizit, Schaden, Schwund
8 Einbusse, Nachteil
an Geld und Gut
9 Verarmung
bringend
10 defizitaer
der Bremswirkung
6 Fading
der Erinnerung
7 Amnesie
Verlustausgleich
6 Ersatz
Verlustgefahr
6 Risiko
Vermächtnis
4 Erbe
5 Legat
8 Nachlass
9 Testament
Vermächtnisnehmer
7 Legatar
Vermählung
6 Heirat
7 Mariage, Trauung
8 Hochzeit
vermehrtes Wachstum
9 Wucherung
Vermehrung
7 Zuwachs
vermeintlich
7 putativ
Vermengung unlöslicher Stoffe
8 Emulsion
10 Dispersion
Vermerk
5 Notiz
6 Glosse
7 Eintrag
8 Notabene
9 Bemerkung
vermerken
8 notieren
Vermessenheit
6 Hybris
Vermessungsingenieur
7 Geodaet
8 Geometer, Topograf
9 Topograph
Vermessungskunde
9 Geodaesie
Vermieter
8 Hauswirt
Verminderung
9 Reduktion
10 Degression
Vermittler
5 Agent
6 Broker, Makler, Sensal
8 Mediator
Vermittlung
9 Mediation
12 Intervention
Vermittlungsbüro
7 Agentur
Vermittlungsgebühr
9 Provision
vermodern
6 faulen
vermodert
8 verfault
vermoderte Pflanzenreste
4 Torf
Vermögen
3 Gut
4 Geld, Habe
6 Aktiva, Besitz, Potenz, Schatz
7 Kapital, Koennen
8 Eigentum, Finanzen
10 Faehigkeit
der Eheleute
9 Gesamtgut
vermögend
5 reich
6 liquid, potent
10 wohlhabend
Vermögenseinbuße
5 Damno
6 Damnum
Vermögensstamm
7 Kapital
Vermögenswerte
6 Aktiva
Vermögenszuwachs
8 Zugewinn
Vermummte (bayerisches Volksgericht)
7 Haberer
vermuten
5 ahnen
7 erraten, waehnen
11 spekulieren
Vermutung
6 Ahnung, Animus
7 Annahme
11 Kombination
vernehmbar essen
9 schmatzen
vernehmlich
7 hoerbar
Vernehmung
7 Verhoer
verneinen
7 leugnen
8 negieren
10 bestreiten
verneinende(r)
deutsche Vorsilbe
2 un
Mensch
8 Nihilist
Wörter
3 nie
4 nein
5 nicht
6 nichts, nimmer
7 niemals, niemand
Verneinung
8 Negation
9 Ablehnung, Negierung
aller Werte
10 Nihilismus
vernichtende Kritik
7 Verriss
Vernunft
5 Geist, Logos, Ratio
6 Raeson, Raison
8 Einsicht, Verstand
9 Intellekt
12 Besonnenheit
vernunftgemäß
7 logisch
8 rational
vernünftig
4 klug
8 rational, sinnvoll
9 rationell
10 einsichtig
vernunftwidrig
7 paradox
8 alogisch
10 irrational
veröffentlichen
7 edieren
11 herausgeben, publizieren
Veröffentlichung
7 Ausgabe, Edition
11 Publikation
Verordnungen
4 Ukas
5 Edikt, Irade, Order
6 Dekret, Erlass, Rezept
9 Regulativ
10 Bestimmung
verpacktes Frachtstück
6 Ballen
Verpackung
6 Huelle
9 Emballage
Verpackungsbehälter, -material
4 Dose, Fass, Korb, Sack, Tube
5 Folie, Kiste, Pappe, Tuete
6 Beutel, Karton, Kasten, Papier
7 Flasche
8 Alufolie
9 Container, Schachtel
10 Packpapier
Verpackungsgewicht
4 Tara
Verpackungsmittel
8 Umkarton
Verpflanzung
15 Transplantation
Verpflegung
4 Kost
5 Diaet, Essen
6 Furage
7 Nahrung
8 Proviant
10 Ernaehrung
Verpflegungsbeitrag
8 Zehrgeld
Verpflegungsunteroffizier
6 Furier
7 Fourier

verpflichtend
7 obligat
13 obligatorisch
Verpflichtung
10 Engagement
zur Abstimmung
9 Wahlzwang
Verpflichtungsschein
6 Revers
10 Obligation
Verputzmaterial
4 Gips
5 Speis, Stuck
7 Moertel
Verrat
7 Felonie
Verräter Jesu
5 Judas
8 Iskariot
Verrenkung
8 Luxation
10 Kontorsion
Verringerung
7 Abnahme, Schwund
9 Reduktion
verrückt
4 irre, toll
8 bekloppt, plemplem
9 idiotisch, meschugge, naerrisch
15 geistesgestoert
verrückte(r)
Angewohnheit
6 Spleen
Gedanke
8 Wahnidee
Verrücktheit
5 Manie
6 Rappel, Unsinn
7 Irrsinn
8 Narretei, Tollheit
verrufen
9 anruechig
verrufenes Lokal
8 Spelunke
9 Kaschemme
Verrufserklärung
7 Boykott
8 Aechtung
Versager
4 Null
5 Niete
12 Blindgaenger, Schwaechling
Versailler Schlösser
7 Trianon
Versammlungen
6 Konzil, Synode, Tagung
7 Gremium, Kapitel, Konvent, Meeting, Palaver
8 Kongress
9 Konsilium
Versammlungsleiter
10 Praesident
Versammlungsraum
4 Aula, Saal
5 Halle
6 Remter
Versand
9 Spedition
Versandabteilung
8 Packerei
9 Spedition
10 Expedition
Versandgefäß
7 Hobbock
Versandgut
9 Paketpost
Versandleiter
9 Expedient
Versandstelle
8 Packraum
Versandware
9 Frachtgut
Versatzamt
8 Leihhaus
Versäumnis
8 Omission
12 Unterlassung
Verschicker einer Ware
9 Versender
verschiebbarer Messstabzusatz
6 Nonius
verschieden
6 anders, divers
8 ungleich
9 different, divergent, heterogen, inhomogen
15 unterschiedlich
verschiedener Meinung
6 uneins
7 uneinig
11 zerstritten
Verschlag
4 Butz, Kaue
5 Butze, Koben, Stall
6 Kanter
Verschlagenheit
4 List
6 Tuecke
7 Arglist
10 Hinterlist
Verschlechterung des Wechselkurses
9 Abwertung
Verschleiß
9 Abnutzung
Verschluss
6 Deckel, Klappe, Plombe, Riegel, Siegel, Sperre, Ventil
7 Drossel, Klausur, Schloss
8 Schnalle
9 Okklusion
verschlüsseln
8 kodieren
11 chiffrieren
Verschlüsselung
8 Encoding
9 Kodierung
Verschlusslaut
4 Muta
5 Media
6 Fortis, Klusil
8 Explosiv, Okklusiv
Verschlussstreifen
9 Banderole
Verschlussstück an Kleidern
5 Knopf
Verschlussteil
4 Oese
Verschmelzung
6 Fusion
9 Diffusion, Legierung
11 Vereinigung
12 Assimilation
Verschnitt verschiedener Weine
5 Cuvee
verschnittene(r, s)
Hengst
7 Wallach
Masthuhn
8 Poularde
Schafbock
6 Hammel
Stier
5 Ochse
Verschnittener
6 Eunuch
7 Kastrat
verschnörkelt
6 barock
7 arabesk
verschollene Personen
9 Vermisste
verschönerndes Beiwerk
4 Zier
7 Zierrat
verschroben
6 bizarr
7 skurril
11 exzentrisch
Verschrobenheit
4 Tick
6 Spleen
verschwenderische Lebensweise
9 Prasserei
Verschwendung
5 Luxus
verschwiegen
5 leise, still
7 diskret
14 zurueckhaltend
Verschwiegenheit
10 Diskretion
Verschwinden eines Gestirns
9 Bedeckung
verschwommen
6 diffus, unklar
8 unscharf
verschwommene Wiedergabe
7 Schmitz
Verschwörer
10 Konspirant
gegen Cäsar
6 Brutus
7 Cassius
gegen Nero
4 Piso
Verschwörung
8 Komplott
12 Konspiration

verschwunden
3 weg
Versdichtkunst
6 Poesie
Versdichtung
4 Epos
Versehen
6 Fehler, Irrtum, Lapsus
7 Erratum, Fauxpas
9 Schnitzer
versenden
9 spedieren
10 expedieren
Verseschmied
4 Poet
6 Reimer
8 Reimbold, Versifex
9 Poetaster
Versfüße
5 Iambe, Jambe
6 Iambus, Jambus
7 Epitrit
8 Anapaest, Daktylus, Dijambus, Spondeus
9 Dibrachys, Dichoreus, Hexameter, Trochaeus
Versgruppen
9 Distichon
10 Tristichon
12 Tetrastichon
Versicherter
9 Assekurat
Versicherung
10 Assekuranz
Versicherungsbeitrag
7 Praemie
Versicherungsschein
6 Police
Verslehre
6 Metrik
Verslehrebegriff
7 Endreim
8 Paarreim, Vollreim
9 Kurzzeile
Versmaß
6 Metrum
8 Rhythmus
Versmaßlehre
6 Metrik
versonnener Mensch
7 Fantast
8 Gruebler, Phantast, Traeumer
Versorgung
auf Lebenszeit
9 Leibrente
eines Bergwerks mit Frischluft
11 Bewetterung
Versorgungsgebiet hinter der Front
6 Etappe
verspotten
7 hoehnen
8 haenseln
10 parodieren
11 ironisieren
Verspottung
4 Hohn
7 Parodie
8 Delusion, Gehoehne
9 Haenselei
10 Persiflage
Versprechen
6 Zusage
10 Promission
Verstand
5 Geist, Grips, Ratio
8 Vernunft
9 Intellekt
verstandesgemäß
13 intellektuell
Verständigungsmittel
7 Schrift, Sprache
11 Handzeichen
verständlich
9 plausibel
verstärken
9 forcieren, gradieren
13 intensivieren
verstärkendes Element in Kunststoffen
6 Insert
Verstärkerröhre
6 Triode
Versteck
13 Schlupfwinkel
versteckt
6 latent, mental
9 ungesehen, verborgen
verstehen
8 einsehen, erfassen, kapieren
9 begreifen
Versteigerer
11 Auktionator
Versteigerung
7 Auktion
versteinert
6 fossil
versteinerte(r, s)
Harz
9 Bernstein
Seeigel
7 Echinit
Versteinerungen
6 Fossil
7 Ammonit, Echinit
8 Belemnit
9 Petrefakt
10 Ammonshorn, Donnerkeil
verstellbarer
Schraubenschlüssel
8 Franzose
Widerstand
7 Trimmer
verstimmt
7 pikiert
9 beleidigt, depressiv, gekraenkt
Verstopfung der Blutgefäße
7 Embolie
9 Thrombose
Verstoß
4 Foul
6 Delikt, Fehler, Lapsus, Suende
7 Fauxpas
8 Vergehen
11 Rechtsbruch
Versuch
10 Experiment
versuchen
6 testen
9 probieren
Versuchsraum
5 Labor
12 Laboratorium
Versuchung
6 Anreiz
7 Lockruf, Lockung
10 Anfechtung
versunkene(r, s)
Hallighafen
8 Rungholt
Land
8 Atlantis
Stadt
8 Atlantis
Versunkenheit
10 Meditation
vertauschbar
10 permutabel
verteidigend
8 defensiv
Verteidiger
6 Anwalt
8 Defensor
12 Fuersprecher, Rechtsanwalt
Verteidigung
4 Wehr
6 Abwehr
8 Apologie
9 Defensive, Gegenwehr
Verteidigungsanlagen
4 Fort, Wall
7 Bastion, Festung, Schanze
verteidigungsbereit
8 wehrhaft
verteidigungsunfähig
7 wehrlos
Verteilung
12 Distribution
Vertiefung
für ein Gewässer
8 Flusstal
in der Bauchmitte
5 Nabel
parallel zum Gebirge
9 Laengstal
Vertiefungen
3 Nut
4 Nute
5 Delle, Fossa, Kerbe, Mulde, Riefe, Rille, Rinne
6 Furche, Graben
vertikal
9 senkrecht
Vertikale
10 Senkrechte
vertonen
11 komponieren

vertontes Gedicht
4 Lied
Vertrag
4 Pakt
8 Abkommen, Kontrakt
10 Konvention
für beendet erklären
9 kuendigen
zwischen Staat und Kirche
9 Konkordat
Vertragsabschnitte
6 Passus
7 Klausel
8 Paragraf
9 Paragraph
Vertragsklausel
9 Bedingung, Kondition
Vertrauen
5 Fiduz
6 Glaube
7 Verlass
10 Zuversicht
12 Ueberzeugung
Vertrauensbruch
6 Verrat
7 Untreue
12 Indiskretion
Vertrauensmann
6 Obmann
7 Trustee
Vertrauensmissbrauch
7 Untreue
vertraulich
5 intim
6 intern
vertraut
5 intim
6 geheim, intern, privat
7 diskret, gewohnt, kordial, volubel
8 privatim
9 familiaer, gelaeufig
Vertrauter
5 Spezi
6 Freund
7 Intimus
11 Busenfreund
Vertreter
der Anklage
12 Staatsanwalt
der Beatgeneration
7 Beatnik
des Angeklagten
11 Verteidiger
des Bischofs
8 Offizial
des Existenzialismus
6 Marcel, Sartre
7 Jaspers
9 Heidegger
des Expressionismus (Literatur)
4 Heym
5 Sorge
6 Kaiser, Stramm
des Expressionismus (Malerei)
5 Hofer, Nolde
6 Heckel
8 Beckmann, Kirchner
9 Kokoschka
15 Schmidt-Rottluff
des Expressionismus (Plastik)
7 Barlach
9 Lehmbruck
des Fakultätsleiters
8 Prodekan
des Humanismus
6 Hutten
7 Erasmus
8 Reuchlin
11 Melanchthon
des Königs im Mittelalter
8 Burggraf, Burgvogt
des Kubismus
4 Gris
5 Léger
6 Braque
7 Gleizes, Picasso
9 Feininger
des Schulleiters
9 Konrektor
des Surrealismis (Malerei)
4 Dali
5 Ernst
des Symbolismus (Literatur)
5 Rilke
6 Dehmel, George
7 Rimbaud
8 Mallarmé, Verlaine
10 Baudelaire
des Symbolismus (Malerei)
4 Klee
5 Kubin
7 Gauguin
eines Kunststils
6 Kubist
eines Staates
6 Konsul
8 Diplomat
9 Gesandter
11 Botschafter
von Minderjährigen
7 Vormund
Vertretung
7 Agentur
8 Aushilfe
11 Ersatzkraft
13 Niederlassung
Vertrieb
5 Debit
6 Absatz
Vertriebsplanung
9 Marketing
vertrocknet
4 welk
5 duerr
verulken
4 uzen
6 foppen, necken
8 frotzeln
10 parodieren
Verulkung
2 Uz
8 Fopperei
Verunreinigung
5 Fleck
Verunstalter von Wänden
9 Schmierer
Verurteilung
7 Verdikt
vervielfachen
14 multiplizieren
Vervielfachung
14 Multiplikation
vervielfältigen
6 pausen
7 drucken
8 kopieren
Vervielfältigungen
5 Abzug, Druck, Kopie, Pause
6 Doppel
8 Duplikat
9 Abschrift
10 Ablichtung
11 Durchschlag
12 Hektographie, Reproduktion
14 Multiplikation
Vervielfältigungsgerät
7 Drucker
8 Kopierer
Vervielfältigungszahl
6 Faktor
Vervollkommnung
10 Perfektion
verwahrlost
8 dekadent
9 verkommen
Verwalter
7 Bottler, Kurator
8 Verweser
9 Bottelier, Inspektor, Sequester
13 Administrator
einer Stiftung
7 Kurator
Verwaltung
3 Amt
8 Behoerde
9 Direktion, Magistrat
10 Management
12 Gouvernement
14 Administration
Verwaltungsbeamter
7 Landrat
im Mittelalter
8 Landvogt
Verwaltungsbehörde
7 Passamt
11 Ministerium
Verwaltungsbereich
6 Bezirk
Verwaltungsbezirke
5 Kreis
7 Provinz
8 Distrikt
9 Landkreis
Verwaltungsgebäude
7 Rathaus
Verwaltungsorgan
8 Kreisrat, Stadtrat
Verwandlung
12 Metamorphose

Verwandte
3 Ahn, Ohm, Oma, Opa
4 Base, Mage, Mama, Papa, Sohn
5 Agnat, Enkel, Gatte, Neffe, Oheim, Onkel, Tante, Urahn, Vater
6 Bruder, Cousin, Kusine, Mutter, Nepote, Nichte, Urahne, Vetter
7 Abkomme, Ahnfrau, Ahnherr, Cousine, Enkelin, Tochter, Urenkel
8 Vetterin
9 Aszendent, Schwester, Urenkelin
10 Grossneffe, Grossonkel, Grosstante, Grossvater
11 Grossmutter, Grossnichte
12 Urgrossvater
13 Urgrossmutter
verwegen
4 keck
9 tollkuehn
11 uebermuetig
verweichlicht
11 effeminiert
Verweichlichung
9 Zaertelei
Verweis
5 Ruege, Tadel
7 Lektion, Rueffel
9 Ermahnung
Verweisung von der Univeristät
10 Relegation
Verwendung
7 Nutzung
8 Gebrauch
9 Benutzung
Verwesendes
3 Aas
5 Luder, Moder
7 Kadaver
verwirklichen
8 umsetzen
10 ausfuehren
11 realisieren
Verwirklichung
11 Realisation
12 Realisierung
verwirrt
4 baff
6 konfus
7 perplex
8 betreten, duepiert
10 derangiert, paranoisch
Verwirrung
9 Konfusion, Turbation
11 Derangement
Verwitterung
9 Korrosion
verwöhnt
8 verzogen
verworren
4 wirr
6 bizarr, konfus, unklar
7 abstrus, nebulos
8 nebuloes
11 kompliziert
verworrenes Gerede
11 Galimathias
Verworrenheit
9 Konfusion
Verwunderung
9 Erstaunen
Verwundung
7 Blessur
durch ein Tier
4 Biss
Verwünschung
5 Fluch
verwüsten
9 ruinieren
10 zerstoeren
verzagt
6 mutlos
10 aengstlich
12 decouragiert
Verzagtheit
8 Kleinmut
verzärtelt
9 weichlich
verzaubert
7 gebannt, verhext
Verzeichnis
5 Index, Liste
6 Kartei, Kladde
7 Bordero, Katalog, Rotulus, Tabelle
8 Inventar, Konspekt, Matrikel, Register
10 Uebersicht
11 Aufstellung, Kalendarium
Verzeihung
5 Gnade
6 Pardon
verzerrtes Gesicht
6 Fratze
8 Grimasse
verzieren
9 garnieren
10 dekorieren
verzierte
Buchdeckelseite
8 Dubluere
Satteldecke
10 Schabracke
Verziertechnik des Goldschmieds
6 Niello
Verzierung
5 Dekor, Fries
6 Manier, Zierde
7 Rosette, Schmuck, Zierrat
8 Arabeske, Dubluere, Filigran, Garnitur, Ornament, Vignette
9 Kartusche
10 Dekoration, Schnoerkel
an Kleidern
6 Besatz
auf Bucheinbänden
6 Filete
Verzögerung
6 Retard
8 Aufschub
11 Obstruktion, Retardation
Verzückung
7 Ekstase
12 Begeisterung
verzweifelt
8 desperat
10 deprimiert
Verzweiflung
11 Desperation
Vesperbild
5 Pieta
Vespermahlzeit
5 Jause
Vestibül
5 Foyer, Halle
6 Lounge
8 Vorhalle
Veterinär
8 Tierarzt
Veto
6 Rekurs
7 Protest
8 Demarche
9 Einspruch
Vetter
6 Cousin
Vetternwirtschaft
6 Clique
8 Kluengel
10 Nepotismus, Protektion
vibrieren
5 beben
7 zittern
9 schwingen
11 tremolieren, tremulieren
Viehbehausung
5 Stall
Viehfutter
3 Heu
4 Gras, Klee
6 Rueben, Silage, Treber
7 Melasse
8 Schlempe
Viehhirten in Amerika
4 Peon
6 Cowboy, Gaucho
7 Vaquero
Viehhüter
4 Hirt
5 Hirte
8 Schaefer
Viehseuchen
6 Nagana
7 Tollwut
10 Rinderpest
12 Schweinepest
Viehtränke
4 Trog
Viehtreiben
in Amerika
5 Rodeo
von der Alm
7 Abtrift
zu Tal
7 Abtrieb

Viehunterkunft
5 Stall
8 Stallung
Viehweide
6 Koppel
Viehwirtschaften in Amerika
5 Ranch
8 Estanzia
viel Lärm um nichts
5 Trara
6 Tamtam
viel Platz bietend
9 geraeumig
viel Zeit einnehmend
4 lang
viele
Eier bringendes Huhn
5 Leger
Male
7 zigfach
Vieleck
7 Polygon
vieleckig
9 polygonal
Vielehe
9 Polygamie
Vielesser
8 Gourmand
vielfachen Ursprungs
7 polygen
Vielfalt
5 Menge
6 Fuelle
vielfältig
8 multipel
vielfarbig
4 bunt
9 polychrom
Vielfarbigkeit
8 Buntheit
9 Varietaet
Vielflächner
8 Polyeder
vielleicht
9 eventuell
10 vermutlich
15 moeglicherweise, voraussichtlich
Vielseitigkeitsprüfung im Reitsport
8 Military
vielsprachig
9 polyglott
vielstimmig
7 polyfon
8 polyphon
Vielweiberei
9 Polygamie, Polygynie
vierbeiniger
Hüter
8 Wachhund
Jagdgehilfe
9 Spuerhund
Viereck
4 Karo
5 Raute
6 Karree, Trapez
7 Quadrat, Rhombus
8 Rechteck, Rhomboid, Tetragon
9 Trapezoid
10 Quadrangel
14 Parallelogramm
ohne parallele Seiten
9 Trapezoid
viereckige(r, s)
Kirchenraum
7 Vierung
Körper
5 Kubus
6 Quader
7 Wuerfel
Vierflächner
9 Tetraeder
Viergespann
8 Quadriga
Vierkanalwiedergabe
11 Quadrofonie
12 Quadrophonie
Vierkantholz
6 Balken
Vierpolröhre
7 Tetrode
vierrädrige Kutsche
8 Kalesche
viersitziger Wagen
8 Landauer
vierstimmiges Musikstück
8 Quartett
vierte(r, s)
Buch Mosis
6 Numeri
Sohn Davids
6 Adonia
Viertelbogengröße
6 Quarto
Vierteljahr
7 Quartal
Viertelkreis
8 Quadrant
Vietnam
Bevölkerung
4 Thai, Viet
5 Khmer, Muong
11 Vietnamesen
Flüsse
6 Mekong, Songka
Gebiete
5 Annam
7 Tonking
Hauptstadt
5 Hanoi
Politiker
9 Ho Chi Minh
Städte
3 Hue
6 Da Nang
14 Ho-Chi-Minh-Stadt
Währung
2 Xu
3 Hao
4 Chao, Dong
violett
4 lila
6 zyklam
12 veilchenblau
Violine
5 Geige
6 Fiedel
Violinist
6 Geiger
Vipernarten
8 Erdviper
9 Hornviper, Puffotter, Sandviper
10 Aspisviper, Gabunviper, Kreuzotter
11 Kettenviper
12 Kroetenotter, Nashornviper
Visierteile
4 Korn
5 Kimme
9 Helmsturz
10 Fadenkreuz
12 Zielfernrohr
Vision
7 Phantom
8 Trugbild
9 Schimaere, Traumbild, Wachtraum
11 Erscheinung
visionär
9 seherisch
11 prophetisch
Vitaminmangelkrankheiten
7 Skorbut
8 Beriberi, Pellagra, Rachitis
9 Blutarmut
Vogel der ägyptischen Sage
7 Phoenix
Vogelbau
4 Nest
5 Horst
Vogelbauer
6 Kaefig
Vogelbeerbaum
6 Quicke
9 Eberesche
Vogeldünger
5 Guano
Vogelfänger
7 Finkler
Vogelfanggeräte
5 Dohne
6 Tirass
8 Decknetz, Leimrute
Vogelhaus
7 Voliere
im Zoo
8 Aviarium
Vogeljagd mit abgerichteten Greifvögeln
5 Beize
8 Beizjagd
Vogelkäfig
5 Bauer
Vogelkleid
6 Federn
Vogelkraut
5 Miere
8 Wegerich
10 Knoeterich

Vogelkunde
12 Ornithologie
Vogelkundler
11 Ornithologe
Vogelmännchen
4 Hahn
Vogelnest mit Eiern
6 Gelege
Vogelpaarungszeit
4 Balz
Vogelscheuche
6 Popanz
Vogelweibchen
4 Huhn
5 Henne
Vogelwelt eines Gebiets
5 Ornis
8 Avifauna
Vogelzug
9 Migration
Vogteiverwalter
5 Drost
8 Landvogt
Vokabular
10 Wortschatz
Vokal
9 Klanglaut
10 Selbstlaut
Vokalveränderung
6 Umlaut
Volk
an der Ostsee
6 Balten
auf Neuguinea
9 Bergpapua
der Arktis
6 Eskimo
der Italiker
7 Sabiner
8 Samniten, Samniter
der Sudaniden
8 Aschanti
im Alten Testament
8 Moabiter
9 Philister
im Altertum
8 Edomiter
im Libanon
6 Drusen
im Nahen Osten
8 Israelis
im Sudan
3 Ful
in Asien
9 Kaukasier
in Babylonien
7 Gutaeer, Sumerer
in Burundi
5 Tussi
in China
3 Tih
4 Meau, Miao, Miau
5 Hakka
in Deutschland
6 Bayern, Hessen
7 Badener
8 Schwaben
10 Ostfriesen
11 Nordfriesen
12 Rheinlaender
14 Wuerttemberger
in Europa
4 Iren
5 Esten
6 Daenen, Finnen, Letten, Russen, Ungarn
7 Albaner, Belgier, Bosnier, Kroaten, Spanier, Tuerken
8 Bulgaren, Deutsche, Griechen, Norweger, Rumaenen, Schotten, Schweden
9 Franzosen, Islaender, Italiener, Schweizer, Tschechen
10 Englaender
11 Portugiesen
13 Niederlaender, Oesterreicher
in Großbritannien
8 Schotten
in Hinterindien
3 Mon
in Kambodscha
5 Khmer
in Nepal
7 Gurkhas
in Nigeria
3 Ibo
9 Biafraner
in Ruanda
5 Hutus, Tussi, Tutsi
6 Batwas
in Russland
8 Sibirier
in Syrien
6 Drusen
Völkerkampf
5 Krieg
9 Atomkrieg
Völkerkunde
10 Ethnologie
Völkerkundler
9 Ethnologe
Volksabstimmung
4 Wahl
9 Plebiszit
10 Referendum
Volksälteste in Sparta
8 Geronten
Volksaufhetzung
9 Demagogie
Volksaufwiegler
8 Demagoge
Volksentscheid
5 Votum
9 Plebiszit
10 Referendum
Volksfest
in Hamburg
3 Dom
in München
11 Oktoberfest
Volksfeste
4 Dult, Kerb
5 Kilbe, Kirwe, Messe
6 Kirmes, Kirmse, Kirtag, Rummel
8 Fasching, Karneval
9 Jahrmarkt, Kirchweih
13 Schuetzenfest
Volksgetränk
4 Bier
Volksheer
5 Miliz
Volksherrschaft
10 Demokratie
Volkslied im Vogtland
5 Runda
Volksmusik
8 Folklore
Volkspark
in Berlin
8 Rehberge
in Wien
6 Prater
Volksrepublik
in Afrika
5 Kongo
in Asien
5 China
Volkstänze
3 Jig
4 Hora, Hula, Kolo, Piva
5 Folia, Kosak
6 Bolero, Jacara, Oberek, Redowa, Trepak
7 Beguine, Bourrée, Csárdás, Forlana, Furiant, Halline, Langaus, Mazurka, Musette, Redowak, Sirtaki
8 Fandango, Flamenco, Guaracha, Hornpipe, Hula-Hula, Lesginka, Merengue, Plattler
9 Bandltanz, Krakowiak, Siciliana, Webertanz, Wischtanz
10 Bergamasca, Kasatschok, Redowaszka, Tarantella, Tirolienne
12 Fandanguillo, Floessertanz, Siebensprung
13 Siebenschritt
volkstümlich
8 populaer
volkstümliche(r, s)
japanisches Theater
6 Kabuki
Lied
7 Popsong, Poptune
8 Folksong
Name von Guevara
3 Che
Weihnachtslied
5 Carol
Volksverführer
8 Demagoge
Volksverführung
9 Demagogie

Volksversammlung
5 Thing
Volksvertretungen verschiedener Länder
4 Dail, Duma, Rada, Sejm
5 Junta, Senat
6 Cortes, Seimas, Sowjet
7 Althing, Knesset, Lagting, Riksdag
8 Knesseth, Laghting, Storting
9 Bundestag, Folketing, Parlament, Reichstag, Unterhaus
11 Volkskammer
Volkswirt
7 Oekonom
Volkszählung
6 Zensus
voll
8 gefuellt
9 betrunken
Vollblutpferd
6 Araber
vollbrachte Handlung
3 Tat
vollbringen
3 tun
6 machen
8 schaffen
vollendet
7 perfekt, virtuos
vollendete Entwicklung
5 Reife
voller
Hass
6 hostil
9 feindlich
kleiner Unebenheiten
3 rau
völlig
5 total
6 gesamt
7 absolut
8 komplett, vollends
9 gaenzlich
übereinstimmend
6 gleich
zufrieden
9 wunschlos
völlige(r, s)
Gleichheit
10 Identitaet
Irrsinn
8 Wahnwitz
Klarheit
7 Evidenz
volljährig
7 muendig
8 majorenn
vollkommen
5 ideal
7 perfekt
8 makellos, tadellos
vollkommene
Erscheinung
8 Idealtyp
Vorstellung
9 Idealbild
Vollkommenheit
5 Ideal
10 Perfektion
Vollkommenheitsstreben
10 Idealismus
vollständig
4 ganz, heil
5 total
7 perfekt
8 integral, komplett
10 unversehrt
vollstrecken
10 ausfuehren
11 exekutieren
Vollstrecker
8 Exekutor
10 Ausfuehrer
der Todesstrafe
6 Henker
13 Scharfrichter
Vollstreckung
7 Vollzug
9 Exekution
volltönend
5 sonor
Volltreffer beim Kegeln
6 Neuner
Vollversammlung
6 Plenum
vollzogene Handlung
3 Tat
vom
Besitzer bewohntes Haus
9 Eigenheim
Mittelpunkt entfernt
9 dezentral
Nachlass ausschließen
8 enterben
von
Almosen Lebender
7 Bettler
edler Art
6 rassig
einer Form Umschlossenes
6 Inhalt
einer Idee Besessener
8 Monomane
Flächen begrenzter Körper
8 Kristall
Flächen begrenzter Raum
7 Koerper
Freude erfüllt
4 froh
genannter Zeit an
4 seit
geringem Gewicht
6 leicht
geringer Breite
3 eng
6 schmal
geringer Dicke
5 duenn
geringer Größe
5 klein
geringer Länge
4 kurz
geringer Wassertiefe
6 seicht
geringer Zeitdauer
4 kurz
großem Gewicht
6 schwer
Rechts wegen
6 de jure
vorn
7 frontal
zweijähriger Dauer
7 biennal
vor
allem
8 speziell
9 besonders
allem anderen
4 erst
9 zunaechst
aller Augen
11 oeffentlich
Gericht bringen
9 verklagen
Jahren erstelltes Gebäude
6 Altbau
kurzem
7 juengst, neulich
9 kuerzlich
Sonne geschützt
8 schattig
Vorabdruck
8 Preprint
vorankommen
8 gedeihen
9 florieren
12 prosperieren
vorantreiben
9 ankurbeln, forcieren
12 mobilisieren
Voranwartschaft auf Erwerb
6 Option
Voranzeige
4 Avis
Voranzeige zu einem Film
7 Trailer
Vorarbeit zu einem Werk
6 Skizze, Studie
Vorarbeiter
4 Capo
6 Polier
7 Meister
10 Baufuehrer
Vorausbestellung von Büchern
12 Subskription
Voraussage
8 Prognose
12 Prophezeiung
vorausschauend
11 prophetisch
vorausschauende Erkenntnis
9 Weitblick, Weitsicht
Voraussetzung
9 Bedingung, Praemisse
voraussichtlicher Sieger
7 Favorit
Vorauszahlung
9 Vorschuss
Vorbau
5 Altan, Erker
6 Balkon, Galion, Loggia
7 Risalit, Soeller, Veranda

Vorbedeutung
4 Omen
9 Anzeichen, Auspizium
12 Prognostikon
Vorbedingung
9 Praemisse
Vorbehalt
6 Kautel
vorbei
5 passé
6 passee, voraus
Vorbeimarsch
6 Parade
7 Defilee
12 Truppenschau
vorbeimarschieren
10 defilieren, paradieren
Vorbemerkung
7 Vorwort
9 Praeambel
10 Einleitung
Vorbereitung
12 Praeparation
vorbestellen
11 reservieren
Vorbestimmung
5 Fatum
Vorbeter in der Moschee
4 Imam
vorbeugend
10 prohibitiv
14 prophylaktisch
Vorbeugung
10 Prophylaxe
11 Praevention
Vorbild
3 Typ
4 Idol
5 Ideal
6 Modell, Muster, Urform
8 Beispiel, Hochziel, Prototyp
9 Leitstern, Paradigma
vorbildlich
5 ideal
7 typisch
8 klassich
12 exemplarisch
14 programmatisch
Vorbindetuch
4 Latz
Vorblätter am Maiskolben
8 Lieschen
Vorbote
7 Symptom
9 Anzeichen
11 Ankuendiger
Vorbühne
5 Rampe
10 Proszenium
vorchristliche(s)
Hauptstadt
7 Babylon
Reich
4 Ebla
vordem
5 einst
7 frueher

Vorderansicht
4 Face
5 Avers, Front
7 Fassade
10 Stirnseite
Vorderasiaten
5 Kurde, Syrer
6 Araber, Iraker, Iraner, Osmane, Perser, Syrier, Tuerke
7 Afghane, Israeli, Jemenit
8 Armenier, Libanese
9 Jordanier
14 Palaestinenser
Vorderasien
6 Nahost
7 Levante
Flüsse
6 Jordan, Tigris
7 Euphrat
Gebirgsland
9 Kurdistan
Hauptstädte
4 Baku, Riad
5 Amman, Kabul
6 Ankara, Bagdad, Beirut, Er Riad, Tiflis
7 Jerewan, Nikosia, Teheran
8 Damaskus
9 Jerusalem
Hochland
9 Kurdistan
Staaten
4 Irak, Iran, Oman
5 Jemen
6 Cypern, Israel, Syrien, Zypern
7 Libanon, Persien, Tuerkei
8 Armenien, Georgien
9 Jordanien
11 Afghanistan
12 Saudi-Arabien
13 Aserbaidschan
vordere(r)
Backenzahn
9 Praemolar
Position
6 Spitze
Teil des Flugzeugs
6 Kanzel
vorderindische(r, s)
Affe
6 Bunder, Rhesus
Hochland
6 Dekhan, Dekkan
Volk
7 Tamilen
Vorderrücken des Schlachtviehs
4 Kamm
Vordersatz
8 Protasis
9 Praemisse
Vorderseite
5 Avers, Front
7 Fassade
vorderste Linie
5 Front

Vorderteil des Schiffes
3 Bug
Vordruck
8 Formular
9 Formblatt
voreilig
9 unbedacht
voreingenommen
9 subjektiv
Vorentscheid
9 Praejudiz
vorerst
9 zunaechst
Vorfahr Parzivals
7 Titurel
Vorfahren
3 Ahn
4 Ahne
5 Urahn
6 Urahne
7 Ururahn
8 Ureltern
9 Aszendent
10 Altvordern, Grossvater
11 Grosseltern, Grossmutter
Vorfeld von Festungen
5 Rayon
vorfühlen
9 sondieren
Vorführdame
9 Mannequin
Vorführer im Kino
9 Operateur
Vorführungen
4 Show
5 Schau
10 Experiment
13 Demonstration
Vorführweg der Mannequins
8 Laufsteg
Vorgabe
4 Odds
8 Handikap
Vorgang beim Skatspiel
6 Reizen
Vorgänge
7 Prozess
8 Ereignis, Prozedur
9 Geschehen
11 Begebenheit
Vorgebirge
3 Kap, Ras
4 Cape
vorgefasste Meinung
9 Praejudiz, Vorurteil
vorgefertigtes Fabrikat
8 Halbzeug
Vorgefühl
6 Ahnung, Animus
9 Vermutung, Vorahnung
Vorgehen
6 Taktik
7 Methode
Vorgeiger einer Zigeunerkapelle
6 Primas
vorgemerkter Bewerber
9 Anwaerter

Vorgeschichte
12 Praehistorie
einer Krankheit
8 Anamnese
vorgeschichtliche(r, s)
Begräbnisplätze
7 Tumulus
9 Urnenfeld
10 Hockergrab, Huegelgrab, Huenengrab
Beil
4 Kelt
Fundorte
6 Buchau, La Tène
7 Hallein
8 Altamira, Aurignac
9 Cro-Magnon, Hallstatt, Trundholm
10 Heidelberg, Neandertal, Willendorf
Gegenstand
8 Artefakt
Geräte
5 Fibel
9 Faustkeil, Steinbeil
Grabbau
6 Dolmen
Heiligtum in Südengland
10 Stonehenge
Hügelgrab
5 Cairn
7 Tumulus
Kultdenkmal
6 Dolmen
Menschen
8 Aurignac
9 Cro-Magnon
12 Neandertaler, Peking-Mensch
Werkzeug
8 Artefakt, Steinaxt
vorgeschobene Person
9 Strohmann
Vorgesetzter
4 Boss, Chef
6 Leiter, Patron
7 Fuehrer, Meister
8 Direktor, Offizier, Superior
9 Prinzipal, Vorsteher
10 Dienstherr, Praesident
11 Ressortchef
16 Abteilungsleiter
Vorhaben
4 Plan
7 Absicht, Projekt
8 Mutwille
9 Intention
Vorhallen
5 Foyer, Lobby
6 Atrium, Entree, Lounge
7 Narthex, Pronaos
9 Vestibuel
10 Propylaeen
Vorhaltung
5 Ruege, Tadel
7 Mahnung, Vorwurf

vorhanden
8 anwesend, effektiv, existent, wirklich
12 gegenwaertig
Vorhandensein
8 Existenz
9 Vorkommen
Vorhandschlag
8 Forehand
Vorhänge
5 Store
7 Gardine
8 Portiere
Vorhemd
9 Chemisett
10 Chemisette
vorher
4 eher, erst
5 zuvor
7 frueher
Vorherbestimmung
3 Los
5 Fatum
6 Kismet
9 Schicksal
15 Praedestination
Vorherrschaft
5 Macht
6 Primat
8 Dominanz
9 Hegemonie
vorherrschend
8 dominant
12 ueberwiegend
Vorhersage
4 Tipp
6 Orakel
8 Prognose
9 Prophetie
10 Weissagung
11 Offenbarung
12 Prophezeiung
Vorhölle
6 Limbus
Vorhut
10 Avantgarde
vorjähriger Schnee
4 Firn
Vorkämpfer
7 Pionier
11 Bahnbrecher, Protagonist, Wegbereiter
12 Avantgardist
Vorkommnis
5 Kasus
7 Affaere, Episode
8 Ereignis
Vorlage
6 Dessin, Layout, Modell, Muster, Schema
8 Original
Vorland des Teutoburger Waldes
5 Senne
Vorläufer
der israelischen Armee
6 Hagana
des Fahrrads
8 Draisine
vorläufig
11 einstweilen
12 provisorisch
14 behelfsmaessig
vorläufige(r, s)
Ernennung
11 Designation
Regelung
7 Interim
Zustand
11 Provisorium
vorlaut
4 keck
6 dreist
7 altklug
8 naseweis
9 ungezogen
10 fuerwitzig
11 schnodderig, zudringlich
vorlautes Kind
8 Naseweis
vorlegen
13 praesentieren
Vorleger
5 Matte
9 Fussmatte
Vorlesungsraum
8 Hoersaal
Vorliebe
4 Hang
6 Faible, Tendre
7 Neigung, Passion
8 Gefallen
9 Geschmack, Schwaeche, Sympathie
Vormachtstellung
9 Hegemonie
vormals
5 einst
6 ehedem
7 frueher
8 ehemalig
Vormerkbuch
6 Agenda
8 Memorial
14 Terminkalender
vormerken
8 notieren
11 reservieren
Vormilch
9 Kolostrum
Vormittagsveranstaltung
7 Matinee
Vormund
5 Tutor
7 Kurator
8 Erzieher
Vormundschaft
5 Tutel
7 Kuratel
vornehm
4 edel
5 nobel
6 feudal, galant
7 elegant

8 erlaucht, exklusiv, illuster, ladylike
9 damenhaft, glanzvoll, hilfreich
10 hochherzig, prachtvoll
11 chevaleresk, fashionable
12 distinguiert
13 gentlemanlike
14 aristokratisch, herrschaftlich

vornehme(r, s)
Benehmen
8 Noblesse
Bürger
9 Patrizier
Denken
8 Noblesse
Gesellschaft
8 Highlife, Upper ten
10 Hautevolee
11 Highsociety
Herr
8 Seigneur
13 Grandseigneur
Liebhaber
5 Galan

Vornehmheit
7 Eleganz
8 Noblesse

Vornehmtuer
4 Snob

Vornehmtuerei
9 Snobismus

Vorosterzeit
8 Karwoche

Vorplatz
4 Flur
5 Altan, Diele
7 Soeller
8 Korridor, Vorhalle

Vorrang
10 Praeferenz, Praevalenz, Prioritaet

vorrangig
7 primaer

Vorrat
5 Store
6 Supply
7 Bestand, Reserve
8 Proviant
9 Ruecklage
10 Repertoire

Vorräte anhäufen
8 hamstern

vorrätig
4 loco
9 vorhanden

Vorratshaus im Mittelalter
8 Schranne

Vorratshäuser
4 Silo
5 Lager
6 Stadel
7 Magazin, Scheune
8 Entrepot, Speicher
9 Lagerhaus

Vorratsraum
4 Gatt, Last
5 Gadem, Gaden, Lager
7 Magazin
8 Mardelle
9 Hellegatt

Vorratsverwalter
8 Lagerist

Vorrecht
8 Privileg
des Erstgeborenen
7 Majorat
des Letztgeborenen
7 Minorat

Vorrede
6 Prolog
9 Praeambel
10 Einleitung

Vorreiter (Parforcejagd)
6 Pikoer
7 Piqueur

Vorrichtung
am Reitstiefel
5 Sporn
am Ski
7 Bindung
zum Segelverkürzen
4 Reff
zur Lastenbewegung
5 Hebel

vorrücken
10 avancieren

Vorsager
9 Souffleur

Vorsatz
4 Plan
5 Dolus
7 Absicht
8 Vorhaben

vorsätzliche Zerstörung
8 Sabotage

Vorschlag
3 Rat
4 Plan, Tipp
6 Antrag
7 Angebot, Offerte
8 Ansinnen
10 Anerbieten, Empfehlung

Vorschlussrunde
10 Semifinale

vorschnell
9 uebereilt, verfrueht

Vorschrift
5 Edikt, Gebot, Kanon, Order, Regel, Ritus
6 Befehl, Dekret, Erlass, Formel, Gesetz, Rezept, Statut
7 Satzung
9 Anordnung, Anweisung, Reglement, Regulativ
10 Verfuegung, Verordnung
11 Instruktion, Richtschnur

Vorschriften
für den Flugverkehr
9 Luftrecht
für eine Abstimmung
9 Wahlrecht
zum Weidwerk
9 Jagdrecht

vorschriftsmäßig
6 normal
8 regulaer

Vorschriftswidrigkeit
13 Inkorrektheit

Vorsegel
4 Fock
7 Kluever

Vorsehung
3 Los
5 Fatum
6 Kismet
7 Fuegung
9 Schicksal
10 Bestimmung

Vorsicht
6 Obacht
7 Bedacht, Skepsis
12 Behutsamkeit

vorsichtig
3 zag
5 sacht
7 bedacht
8 behutsam
9 skeptisch

Vorsichtsmaßregel
6 Kautel

Vorsilbe
5 Affix
7 Praefix

Vorsilbe (griechisch):
allein
4 mono
außen
4 ekto
bei
4 para
eigen
4 auto, idio
eng
5 steno
falsch
5 pseud
6 pseudo
fein
5 mikro
fern
3 apo
4 tele
Feuer
4 pyro
fremd
4 allo, xeno
6 hetero
Freund
4 phil
fünf
4 pent
5 penta
gegen
4 anti
Gemüt
5 psych
6 psycho
gesamt
3 pan
5 panto
Gestalt
6 morpho

Gift
4 toxi
gleich
3 iso
4 homo
Gott
4 theo
groß
4 mega
5 makro
halb
4 hemi
Herz
5 kardi
6 kardio
Hitze
6 thermo
Höhen . . .
5 hypso
Holz
4 xylo
hundert
5 hekto
innen
4 endo
klein
5 mikro
Knochen
5 osteo
Krankheit
5 patho
Leben
3 bio
Leber
5 hepat
6 hepato
Leiden
5 patho
lieb
5 philo
Luft
4 aero
Magen
5 kardi
mitten
4 meso
Nase
4 rhin
5 rhino
neben
4 para
Nerven
4 neur
5 neuro
neu
3 neo
Niere
5 nephr
6 nephro
Ohr
3 oto
Pferd
5 hippo
Pflanzen
5 phyto
Schall
4 fono
5 phono
Schlaf
5 hypno
schlecht
3 dys
4 kako
schmal
5 lepto
sechs
4 hexa
Seele
5 psych
6 psycho
selbst
3 aut
4 auto, idio
Stein
5 litho, petro
Stern
5 astro
tausend
4 kilo
Ton
4 fono
5 phono
über
5 hyper
unter
4 hypo
vier
5 tetra
Vorstellung
4 ideo
Wärme
6 thermo
Wasser
3 hyd
5 hydro
Weltraum
5 astro, kosmo
Wind
5 anemo
Wurzel
5 rhizo
zehn
4 deka
zwei
2 di

Vorsilbe (lateinisch):
Bad
6 Balneo
bei, an, zu
2 ad
diesseits
3 cis
doppelt
2 bi
drei
3 tri
ehemalig
2 ex
Ei
3 ovo
ein, hinein
2 in
Eisen
5 ferro
gesamt
6 plenar
halb
4 semi
hinein
5 intro
Milch
5 lacto, lakto
rückwärts
5 retro
stellvertretend
4 vize
über
5 super, supra, trans
unter
3 sub
unterhalb
5 infra
viel
5 multi
voll
6 plenar
voran
4 prae
weg
2 ex
weg, ab
2 de
zurück
2 re
zwei
2 bi
zwischen
5 inter

vorsintflutlich
9 archaisch

Vorsitz
10 Praesidium

Vorsitzender
6 Obmann, Senior
7 Praeses
8 Chairman, Praeside
10 Praesident
einer Fakultät
5 Dekan

Vorspeise
5 Suppe
6 Entree
8 Ramequin
11 Hors d'oeuvre

Vorspiegelung
5 Bluff
6 Humbug, Vision
8 Wahnbild
9 Blendwerk, Perlusion
10 Simulation
14 Phantasmagorie

Vorspiel
6 Entree, Prolog
7 Intrade, Priamel
9 Ouverture, Praeambel
10 Einleitung, Praeludium
12 Introduktion

Vorspinnmaschine
5 Flyer
6 Fleier

vorspringender Gebäudeteil
4 Sims
7 Risalit

Vorstadt
6 Suburb

8 Faubourg
9 Suburbium
im Mittelalter
9 Suburbium
Vorstand
10 Praesidium
11 Direktorium
Vorstecknadel
7 Brosche
Vorsteher
einer Dorfgemeinde
7 Schulze
11 Schultheiss
einer Fakultät
5 Dekan
eines Kirchenchors
6 Kantor
eines Klosters
3 Abt
5 Prior
8 Superior
eines Theaters
9 Intendant
vorstellbar
10 imaginabel
Vorstellung
4 Idee
7 Benefiz
9 Gastspiel
13 Praesentation
Vorstellungskraft
8 Fantasie
9 Phantasie
Vorstellungsverknüpfung
11 Assoziation
Vorstellungsvermögen
11 Imagination
Vortag hoher katholischer Feste
5 Vigil
Vortänzer
7 Gogo-Boy
Vortänzerin
8 Gogo-Girl
vortäuschen
9 fingieren, markieren
10 simulieren
Vortäuschung
5 Mache
7 Theater
10 Simulation
eines Gefühls
9 Heuchelei
vorteilhaft
8 opportun
10 profitabel
Vorteilstreben
8 Ichsucht
9 Eigennutz
13 Opportunismus
Vortrag
4 Rede
5 Saldo
6 Lesung
7 Referat
9 Ansprache
10 Darbietung, Rezitation
11 Deklamation
vor Gericht
9 Plaedoyer
Vortragender
6 Dozent, Lehrer, Lektor, Redner, Solist
8 Referent, Sprecher
9 Rezitator
Vortragskünstler
6 Diseur
7 Komiker, Saenger
8 Humorist, Sprecher, Vokalist
9 Rezitator
10 Deklamator
Vortragskünstlerin
7 Diseuse
11 Rezitatorin
Vortragsreihe
4 Kurs
6 Kolleg, Kursus
vortrefflich
6 probat, superb
7 sueperb
9 exzellent
Vortriebskraft
5 Schub
Vortriebsverlust des Propellers
4 Slip
vorüber
6 vorbei
9 vergangen
vorübergehend
9 temporaer
10 episodisch, zeitweilig
vorübergehende(r)
Mangel
7 Engpass
Vereinigung von Unternehmen
10 Konsortium
Vorurteil
9 Praejudiz
12 Befangenheit
vorurteilslos
7 liberal
8 objektiv
Vorurteilslosigkeit
13 Objektivitaet
Vorvergangenheit
15 Plusquamperfekt
Vorwand
5 Finte
7 Ausrede
8 Praetext
9 Ausflucht
vorwärts
5 allez
6 avanti, weiter
und rückwärts lesbares Wort
9 Palindrom
Vorwärtsbewegung
8 Vortrieb
vorweg
4 erst
6 zuerst
9 zunaechst
Vorwegnahme
12 Antizipation
Vorweihnachtszeit
6 Advent
vorweltlich
6 fossil
vorwitzig
5 frech
6 dreist
9 neugierig
Vorwort
6 Prolog
10 Einleitung
Vorwurf
5 Ruege, Tadel
7 Rueffel, Schelte
Vorzeichen
4 Omen
vorzeigen
13 praesentieren
Vorzeigen eines Wechsels
5 Vista
vorzeitig
9 praematur, verfrueht
vorzeitige
Beanspruchung
8 Vorgriff
Beendigung
7 Abbruch
Vorzeitmensch im Gletscher
5 Oetzi
Vorzug
10 Praeferenz
vorzüglich
4 edel
5 famos, prima
6 superb
7 erlesen, kapital, sueperb
8 exquisit
9 exzellent
10 primissima
11 erstklassig
13 ausgezeichnet
Votiv
9 Opfergabe
Votivgeschenk
8 Weihgabe
Votivmesse im Advent
6 Rorate
Voyeur
7 Spanner
vulgär
8 ordinaer
10 anstoessig
Vulkan
auf den Philippinen
3 Apo
4 Taal
auf der Ross-Insel
6 Erebus
auf Hawaii
7 Kilauea
8 Maunakea, Maunaloa
auf Island
5 Askja, Hekla
7 Blafell
auf Martinique
4 Pele
5 Pelee
auf Sizilien
5 Aetna

bei Neapel
5 Vesuv
7 Vesuvio
im Nordmeer
8 Jan Mayen
in Afrika
4 Fako, Kibo, Meru
5 Elgon, Kenio
in Amerika
5 Fuego, Huila, Maipo, Misti, Pelée
8 Antisana, Cotopaxi
10 Chimborazo
12 Popocatépetl
in Asien
3 Apo, Aso, Dag
6 Ararat, Asosan, Ercias
8 Krakatau
11 Fudschijama
in Australien und Ozeanien
7 Kilauea
8 Mauna Loa
in den Kordilleren
5 Maipo
in der Antarktis
6 Big Ben, Erebus, Terror
in der Sundastraße
8 Krakatau
in Europa
5 Aetna, Hekla, Vesuv
8 Santorin
9 Stromboli
in Guatemala
5 Fuego
in Peru
5 Misti
Vulkanausbruch
8 Eruption
Vulkanerguss
4 Lava
Vulkangesteine
4 Bims, Lava, Tuff
5 Trass
6 Basalt, Diabas, Diorit, Gabbro, Syenit
7 Andesit, Liparit, Porphyr, Trachyt
8 Obsidian
9 Bimsstein, Phonolith
vulkanische(r, s)
Auswürflinge
7 Lapilli
Auswurfmaterial
8 Glastuff
Gasaushauchung
8 Fumarole
Gasausströmung
8 Soffione
9 Solfatara, Solfatare
Gasquelle
7 Mofette
Gestein
4 Bims
7 Andesit
9 Tuffstein
Gesteinskörper
9 Harpolith
Gesteinsschmelzfluss
4 Lava
Inselgruppe
5 Palau
Lavabröckchen
7 Lapilli, Rapilli
vulkanisierter Kautschuk
5 Gummi
Vulkansee
4 Maar
Vulkantätigkeit
8 Ausbruch, Eruption
Vulkantrichter
6 Krater
7 Caldera

waagerecht
10 horizontal
Waagerechte
11 Horizontale
waagerechte(r)
Dachstuhlteil
5 Raehm
Grubenbau
7 Stollen
Waagrechte im Achsenkreuz
8 Abszisse
Wabenkröte
4 Pipa
Wacholder
8 Kranewit
9 Kranewitt, Machandel
11 Kramtsbeere
13 Krammersbeere
Wacholderbranntweine
3 Gin
7 Genever
9 Machandel, Wacholder
11 Kranewitter, Steinhaeger
wachsartige Substanz
8 Paraffin
Wachsbewegung der Pflanze
8 Nutation
Wachsbildnerin
7 Tussaud
wachsende Brutalität
9 Verrohung
Wachslicht
5 Kerze
Wachssalbe
5 Zerat
Wachstumsdrüse
6 Thymus
Wachszellenbau der Bienen
4 Wabe
9 Honigwabe
Wächter
4 Hirt
5 Argus, Hirte, Wache
6 Cherub, Hueter, Kawass, Posten
7 Heimdal, Waerter
8 Alberich, Aufseher, Bewacher, Heimdall, Wachmann, Zerberus
9 Aufpasser
11 Beschuetzer
Wadenbein
6 Fibula
Wadenbekleidung
8 Gamasche
wadenlange Kleidung
8 Midimode
Waffenbestand verringern
9 abruesten
Waffengang
5 Kampf, Krieg
Waffengattungen
4 Heer
6 Marine
8 Pioniere, Reiterei
9 Luftwaffe
10 Artillerie, Infanterie, Kavallerie
12 Panzertruppe
13 Gebirgstruppe
15 Luftlandetruppe
16 Fallschirmjaeger
Waffenladung
7 Patrone
8 Munition
Waffenlager
7 Arsenal
Waffenrock
6 Dolman, Ulanka
7 Litewka, Uniform
Wagemut
9 Kuehnheit
10 Tapferkeit
wagemutig
5 kuehn
6 tapfer
7 beherzt
10 couragiert
Wagen
3 Bus, Cab, Car, Gig
4 Auto
5 Coach, Karre, Kupee
6 Chaise, Karren, Troika
7 Berline, Dogcart, Karosse, Kremser, Kutsche, Rikscha, Vehikel
8 Gefaehrt, Karriole, Landauer
9 Automobil, Limousine, Rennwagen, Rollwagen
11 Postkutsche
14 Lastkraftwagen
Wagenabteil
5 Coupé
Wagenaufbau
10 Karosserie
Wagenbespannung
5 Plane
Wagendach
7 Hardtop, Verdeck
Wagendecke
5 Plaid, Plane
Wageneinstellraum
6 Garage, Remise
7 Carport
Wagenfahrgestell
7 Chassis
Wagenführer
5 Pilot
6 Fahrer, Lenker
8 Kutscher
9 Chauffeur
Wagenkolonne
3 Zug
4 Pulk
5 Treck
6 Konvoi
8 Schlange
Wagenladung
5 Fuder, Fuhre
Wagenrücksitz
4 Fond
Wagenschaufahrt
5 Korso
Wagenteile
3 Rad
4 Bock
5 Achse, Runge
7 Chassis
8 Deichsel
9 Hinterrad
10 Karosserie, Kutschbock
11 Fahrgestell
waghalsiger Unternehmer
9 Spekulant
Wagnerhaus in Bayreuth
9 Wahnfried
Wagnis
6 Hasard, Risiko
8 Mutprobe
9 Abenteuer
12 Gluecksspiel
Wagons
verbinden
7 kuppeln
9 anhaengen
verschieben
9 rangieren
wählen
6 kueren
Wählerauftrag
6 Mandat
Wählervotum
8 Jastimme
10 Neinstimme
Wahlfeldzug
8 Campagne, Kampagne
wahlfrei
10 fakultativ
Wahlgang
10 Abstimmung
Wahlmann in den USA
7 Elector
Wahlspruch
5 Motto
6 Devise, Losung, Maxime
Wahlübung
4 Kuer
wahlweise
10 alternativ, fakultativ
Wahlzettelbehälter
4 Urne
Wahnvorstellung
13 Halluzination
Wahnwitz
7 Irrsinn
wahnwitzig
9 irrsinnig
wahr machen
11 realisieren
während eines großen Zeitraums
5 lange
Wahrheit
9 Realitaet
Wahrheitsverdreher
7 Luegner
10 Schwindler
wahrnehmen
8 bemerken
11 perzipieren
Wahrnehmungsorgane
3 Ohr
4 Auge, Nase, Nerv, Sinn
Wahrsagekunst
6 Mantik

9 Handlesen
11 Chiromantie
Wahrsager
5 Augur, Seher
7 Prophet
8 Haruspex, Mantiker, Telepath
9 Astrologe, Chirologe, Chiromant, Handleser, Hellseher
11 Kartenleger, Sterndeuter
13 Spoekenkieker
Wahrsagerin
6 Pythia
7 Sibylle
wahrsagerisch
12 sibyllinisch
Wahrsagung
9 Geomantie, Geomantik, Onomantie
11 Hieromantie, Nekromantie
12 Bibliomantie, Rhabdomantie
13 Arithmomantie
wahrscheinlich
8 probabel
10 praesumtiv
Wahrspruch
6 Urteil
7 Verdikt
Währungsabwertung
11 Devalvation
Währungsgeld
6 Valuta
Währungsverfall
9 Abwertung
11 Devalvation
Wahrzeichen
6 Emblem, Symbol, Wappen
von Athen
9 Akropolis
von Bamberg
6 Reiter
von Berlin
8 Funkturm
12 Siegessaeule
16 Brandenburger Tor
von Bern
15 Zeitglockenturm
von Bremen
6 Roland
von Brüssel
7 Atomium
von Frankfurt
6 Roemer
von Hamburg
6 Michel
von Kopenhagen
12 Meerjungfrau
von London
5 Tower
6 Big Ben
von Lübeck
10 Holstentor
von Moskau
5 Kreml
von München
12 Frauenkirche
von New York
15 Freiheitsstatue
von Paris
10 Eiffelturm
von Rio de Janeiro
9 Zuckerhut
von Trier
10 Porta Nigra
von Wien
7 Steffel
9 Riesenrad
Walacheilandschaft
7 Baragan
Wald
3 Hag
4 Hain, Tann
5 Forst
9 Regenwald
an tropischen Küsten
8 Mangrove
in Berlin
9 Wuhlheide
Waldantilope
9 Buschbock
Waldarbeiter
9 Holzhauer
Waldbäume
10 Laubbaeume
11 Nadelbaeume
Waldbezirke
3 Hag
5 Jagen
6 Revier
Waldbienenzüchter
7 Beutner
Waldblöße
8 Durchhau, Lichtung
Waldböcke
4 Kudu
5 Bongo, Eland, Nyala
6 Nilgau
8 Blaubull
9 Sitatunga
Wäldchen
4 Hain
Waldfrüchte
4 Pilz
5 Beere
8 Erdbeere, Himbeere
9 Blaubeere, Brombeere
11 Heidelbeere
Waldgebiete
am Amazonas
6 Selvas
bei Jülich
6 Buerge
in Sibirien
5 Taiga
Waldgebirge
in Thessalien
6 Pelion
in Ungarn
6 Bakony
Waldgeister
5 Satyr
6 Salige, Schrat
7 Satyros, Schratt
9 Moosleute, Schraetel
Waldgötter
3 Pan
4 Faun
5 Satyr
6 Faunus
8 Silvanus
Waldgrundstück
3 Hag
Waldhegegebiet
8 Schonung
Waldhüter
5 Heger
8 Foerster
Waldlichtung
8 Schneise
waldlose Ebene
5 Heide
Waldmeisterduftstoff
7 Kumarin
Waldpflanzen
4 Farn, Moos, Pilz
8 Aronstab, Wurmfarn
9 Adlerfarn
10 Dryopteris
Waldrand
7 Lisiere
Waldreben
5 Liele, Niele
6 Nielen
8 Clematis, Klematis
Waldschädlinge
5 Nonne, Raupe
9 Gallwespe, Holzwespe, Maikaefer
10 Gallmuecke, Schildlaus
11 Kieferneule
12 Borkenkaefer, Rindenkaefer, Weidenbohrer
13 Birkenspanner, Ruesselkaefer
14 Fichtenwickler, Kiefernspanner, Kiefernspinner, Kiefernwickler
17 Kiefernblattwespe, Kiefernschwaermer
Waldschlucht
5 Tobel
Waldstauden
6 Diktam, Diptam, Pirola
8 Eschwurz
9 Birnkraut
Waldtiere
3 Reh
4 Hase, Igel
5 Dachs, Fuchs
6 Hirsch, Marder, Wiesel
9 Kaninchen
11 Wildschwein
13 Eichhoernchen
Waldwiese am Vierwaldstätter See
6 Ruetli
Wale
4 Inia, Orca
6 Beluga, Delfin, Killer, Narwal, Seiwal

7 Blauwal, Delphin, Edelwal, Finnwal, Grauwal, Mordwal, Nordwal, Pottwal, Raubwal
8 Brydewal, Butzkopf, Cachelot, Doegling, Entenwal, Glattwal, Grindwal, Pilotwal, Tuemmler, Weisswal, Zwergwal
9 Bartenwal, Buckelwal, Layardwal, Nordkaper, Seedelfin, Suedkaper
10 Biskayawal, Braunfisch, Einhornwal, Furchenwal, Schwarzwal, Schwertwal, Seedelphin
11 Flussdelfin, Gruendelwal, Neutuemmler, Schnabelwal, Schweinswal
12 Flaschennase, Flussdelphin, Gangesdelfin, Groenlandwal, Rissosdelfin, Zwergpottwal
13 Gangesdelphin, Rissosdelphin, Zwergglattwal

Wales
Berg
7 Snowdon
Bevölkerung
7 Waliser
Flüsse
6 Severn
Hauptstadt
7 Cardiff
Insel
8 Anglesey
Sprache
5 Welsh
8 Englisch
9 Walisisch
Stadt
7 Swansea

Walfanggerät
7 Harpune

Walküren
6 Sigrun
8 Gerhilde, Helmwige, Ortlinde, Siegrune
9 Grimgerde, Waltraute
10 Rossweisse
12 Schwertleite

Walkürenross
5 Grane

Wallensteins
Astrologe
4 Seni
Beiname
9 Friedland
Sterbeort
4 Eger

Wallfahrer
6 Pilger
7 Hadschi, Pilgrim

Wallfahrergruppe
9 Pilgerzug

Wallfahrt nach Mekka
7 Haddsch

Wallfahrtsort
am Niederrhein
8 Kevelaer
bei München
9 Maria-Eich
der Mohammedaner
5 Mekka
6 Medina
im Kanton Schwyz
10 Einsiedeln
in Ancona
6 Loreto
in Bayern
4 Wies
7 Andechs
10 Altoetting
in den Vogesen
8 Ronchamp
in der Steiermark
9 Mariazell
in Frankreich
7 Lourdes
in Italien
6 Loreto
in Japan
3 Ise
in Kärnten
4 Gurk
in Oberbayern
7 Andechs
in Oberschlesien
8 Annaberg
in Polen
13 Tschenstochau
in Portugal
6 Fatima
in Tirol
5 Absam

Walliser
Alpenpass
6 Ferret
7 Simplon
Käsespeise
8 Raclette

Walliswein
7 Fendant

Walprodukte
4 Tran
5 Ambra, Barte, Zetin
6 Walrat
8 Cetaceum
9 Fischbein

Walspeck
7 Blubber

Walze
5 Rolle
8 Zylinder

Walzenechse
5 Skink

Wälzer
7 Foliant

Walzmetall
5 Blech

Wälzstelle des Schwarzwilds
5 Suhle

Walzwerkerzeugnis
9 Bandstahl, Stabeisen, Stabstahl

Wams
5 Joppe
7 Kamisol, Kollett

Wandalenkönige
7 Gelimer, Wisumer
8 Hunerich
9 Geiserich, Godegisel, Godigisel, Gunderich

Wandbekleidungen
6 Fliese, Kachel, Paneel, Tapete
10 Profilholz

Wandbretter
4 Bord
5 Butze, Regal
7 Konsole

Wandel
5 Wende
7 Wechsel
9 Aenderung, Umbildung
12 Modifikation, Veraenderung

wandelbar
8 variabel
9 proteisch
13 veraenderlich

Wandelform
5 Abart
8 Unterart
9 Varietaet
10 Subspezies

Wandelgang
4 Flur
5 Foyer
7 Couloir, Pergola
9 Kreuzgang

Wandelstern
6 Planet

Wanderbischof
9 Pirminius

Wanderbühne
8 Schmiere
13 Thespiskarren

Wanderer
6 Pilger
7 Tourist
11 Ausfluegler

Wanderfahrt
5 Walze

Wanderfilarie
6 Loaloa
9 Augenwurm

Wanderhändler
9 Hausierer

Wanderhirt
6 Nomade

Wanderung
4 Tour, Trip
5 Fahrt
6 Exkurs, Marsch
7 Ausflug
8 Vogelzug
9 Exkursion, Streifzug

Wandervölker
6 Tuareg

7 Nomaden
8 Beduinen, Zigeuner
Wandfliesen
8 Azulejos
Wandgestelle
5 Regal
7 Etagere, Konsole
Wandmalerei
6 Freske, Fresko
9 Muralismo, Sgraffito
Wandpapier
6 Tapete
Wandplatte
6 Fliese, Kachel
Wandschirm
8 Paravent
Wandtäfelung
6 Paneel
Wandteppiche
5 Kelim
6 Arazzo
7 Gobelin, Verdure
8 Verduere
10 Tapisserie
Wandvertiefung
6 Nische
Wandverzierung
5 Fries
Wandvorsprung
4 Sims
5 Erker
7 Konsole, Risalit
Wange
5 Backe
Wangenknochen
6 Zygoma
8 Jochbein
Wanne
5 Zuber
6 Becken, Buette
7 Bottich
Wannenvorleger
9 Badematte
Wapitihirsch
3 Elk
Wappenblume
5 Lilie
Wappenbuch
8 Armorial
Wappenkunde
8 Heraldik
Wappenkundiger
10 Heraldiker
Wappenschild
6 Blason
Wappenseite
6 Revers
Wappenteil
8 Helmzier
Wappentiere
4 Baer
5 Adler, Loewe
6 Drache
7 Einhorn, Harpyie
11 Doppeladler
15 Jungfrauenadler
Wappenvogel
3 Aar
7 Quetzal

Waräger
3 Rus
8 Wikinger
9 Normannen
Warägerfürsten
4 Oleg
5 Rurik
Ware zustellen
9 anliefern
Warenabnehmer
5 Kunde
7 Kaeufer
Warenabsatz
9 Placement
Warenangebot
9 Sortiment
Warenausfuhr
6 Export
Warenausfuhrhändler
9 Exporteur
Warenausfuhrverbot
7 Embargo
Warenausstellung
5 Messe
Warenauswahl
9 Sortiment
10 Kollektion
Warenballen
5 Kollo
Wareneinfuhr
6 Import
Wareneinfuhrhändler
9 Importeur
Warengroßbehälter
9 Container
Warenhaus
8 Kaufhaus
10 Supermarkt
Warenhausabteilung
5 Rayon
Warenhülle
7 Packung
10 Verpackung
Warenlager
4 Silo
5 Depot, Stock
6 Vorrat
7 Magazin
8 Schuppen, Speicher
Warenmarkt
5 Messe
Warenposten
6 Partie
Warenprobe
6 Muster
Warenschau
5 Messe
11 Ausstellung
Warenschild
7 Etikett
Warensendung
9 Lieferung
10 Zustellung
Warenumhüllung
9 Emballage
Warenverschickung
7 Versand
Warenverzeichnis
7 Katalog

Warenzeichen
5 Marke
9 Trademark
11 Schutzmarke
Warenzusammenstellung
9 Sortiment
Warmbäder in Rom
7 Thermen
warme(r)
Aufwind
7 Thermik
Fallwind
5 Foehn
9 Foehnwind
Frühlingstage
9 Vorsommer
Getränke
3 Tee
4 Grog
5 Kakao
6 Kaffee, Punsch
9 Gluehwein
10 Schokolade
Mittelmeerwind
9 Schirokko
Quelle
6 Therme
Wärmeanlage
7 Heizung
Wärmeeinheiten
4 Grad
7 Kalorie
Wärmegrad
10 Temperatur
Wärmelehre
7 Kalorik, Thermik
wärmeloser Zustand
6 Kaelte
Wärmemesser
11 Thermograph, Thermometer
wärmende Auflage
9 Bettdecke
wärmende(s)
Kleidungsstück
6 Mantel
Kleidungsstücke
9 Unterzeug
Schlafzubehör
9 Wolldecke
Wärmeplatte
7 Rechaud
Wärmeregler
10 Thermostat
Wärmespender
4 Ofen
5 Feuer, Kamin, Sonne
9 Heizdecke, Heizsonne
10 Heizkissen
11 Heizkoerper
Wärmestrahler
8 Radiator
Warmhaltegefäß
14 Thermosflasche
Warmhaltegeräte
7 Rechaud
8 Stovchen
9 Stoevchen
10 Thermophor

Warmhaltekerze
8 Teelicht
Warmluftballon
12 Montgolfiere
Warmluftströmung
7 Thermik
Warmwasserbereiter
6 Boiler
Warngeräte
4 Horn, Hupe
6 Glocke, Sirene, Typhon
7 Blinker, Klingel
8 Heulboje
9 Nebelhorn
Wartburgstadt
8 Eisenach
Warthe-Zuflüsse
3 Lis, Ner
4 Obra, Zama
Wäsche
glätten
7 buegeln
8 plaetten
weißen
8 bleichen
10 entfaerben
Wäschehalter
7 Klammer
Wäscherei
8 Lingerie
Wäschereiarbeiterin
9 Bueglerin, Manglerin
10 Waescherin
Wäscherolle
6 Mangel
Wäscheschnur
5 Leine
Wäschestoffe
4 Mako
5 Linon, Nylon, Zefir
6 Batist, Byssus, Damast, Dowlas, Dralon, Kattun, Kreton, Leinen, Linnen, Molton, Perkal, Perlon, Zephir
7 Finette, Flanell, Zanella
8 Barchent, Cretonne, Irisette, Kretonne, Popeline
Waschfässer
4 Kufe
5 Balge, Balje, Wanne, Zober, Zuber
6 Buette
Waschlösung
5 Lauge
Waschmittel
4 Soda
5 Borax, Seife
8 Perborat
9 Kernseife, Teerseife
12 Schmierseife, Seifenpulver
Waschmittelgrundstoffe
7 Mersole
Waschräume
3 Bad
4 Kaue
6 Dusche
8 Toilette
10 Badezimmer
Wasser
abstoßend
10 waterproof
auspumpen
6 lenzen
in gasförmigem Zustand
5 Dampf
Wasserablaufloch
3 Gat
4 Gatt
Wasserbecken
6 Bassin, Spuele
7 Bassena
Wasserbehandlung
9 Kneippkur
13 Hydrotherapie
Wasserbüffel
4 Arni
7 Kerabau
Wasserdämmanlage
4 Damm, Siel
8 Schleuse
Wasserdampf
5 Dunst, Nebel, Wolke
wasserdicht
10 hermetisch, waterproof
wasserdichte(r)
Anstrich
7 Goudron
Querwand im Schiff
6 Schott
Seemannshut
10 Suedwester
Stoff
5 Loden
9 Segeltuch
10 Persenning
Wasserdruckanlage
8 Pumpwerk
Wasserfahrzeuge
4 Boot, Kahn, Kanu
5 Floss, Kajak, Zille
6 Kutter, Sampan, Schiff
7 Dampfer, Einbaum, Elbkahn, Schiffe
8 Tretboot, Wohnboot
9 Flusskahn, Motorboot, Motorkanu, Ruderboot, Segelboot
10 Paddelboot
12 Schlauchboot
Wasserfall
7 Kaskade
bei Schaffhausen
9 Rheinfall
in Argentinien
7 Iguassu
in Nordamerika
7 Niagara
8 Yosemite
11 Yellowstone
Wasserfarbenbild
6 Guasch
8 Aquarell
Wasserfarbenmalerei
6 Guasch
7 Gouache
Wasserflugzeuge
9 Hydroplan
Wasserförderanlage
7 Brunnen
Wassergefäße
4 Fass, Glas, Krug, Tank
5 Eimer, Kanne, Tasse, Tonne
6 Becher
7 Flasche
8 Kanister
Wassergeister
3 Nix
4 Neck, Nixe
5 Ariel, Noock
6 Nickel, Nymphe, Undine
8 Melusine
Wasserglas
7 Silikat
Wasserheilkundiger
9 Hydropath
Wasserhose
6 Trombe
Wasserhügel
4 Woge
5 Welle
Wasserhühner
5 Ralle
6 Blesse, Lietze
7 Belchen
10 Blaesshuhn
wässerige Lösung von Alkalien
5 Lauge
Wasserjungfer
7 Libelle
Wasserkäfer
8 Gelbrand
10 Drehkaefer
12 Taumelkaefer
14 Gelbrandkaefer
Wasserklette
8 Hornnuss
Wasserkur machen
8 kneippen
Wasserlache
7 Pfuetze
Wasserlage eines Schiffs
5 Trimm
Wasserläufe
4 Bach
5 Balge, Balje, Creek, Fleet, Fluss, Kanal, Priel, Rinne, Strom
6 Graben, Gracht
7 Fiumara, Fiumare, Rinnsal, Wettern
8 Torrente, Wildbach
Wasserleitung
9 Aquaedukt
Wasserleitungsschaden
9 Rohrbruch
wasserloses Flussbett
4 Wadi
Wassermelone
6 Arbuse
8 Zitrulle
Wasserpfeife
4 Huka

5 Hukka
6 Kalian, Kaliun
8 Nargileh, Tschibuk
Wasserpflanzen
4 Alge, Tang
5 Lotos, Salde
6 Elodea, Mummel
7 Cabomba, Rotalge, Seerose, Taennel
8 Haarnixe, Hornfarn, Ludwigia, Nixblume, Riedgras, Seesimse
9 Egelkraut, Hornblatt, Jochalgen, Teichrose
10 Blasentang, Froschbiss, Konjugaten, Laichkraut, Wassernuss, Wasserpest, Wasserrose
11 Tannenwedel
12 Sumpfpflanze
14 Wasserschlauch
Wasserpfütze
5 Lache
wasserreiche Ebene
3 Aue
Wasserreservoir
7 Stausee
8 Zisterne
9 Talsperre
10 Staubecken
Wasserrose
5 Lotos
Wasserschlange
5 Hydra
Wasserschloss in Erftstadt
7 Gymnich
Wasserschöpfwerke
6 Goepel, Sakije
Wassersportarten
6 Rudern, Segeln
7 Paddeln, Surfing, Tauchen
9 Schwimmen, Wasserski
10 Wasserball
Wassersportler
6 Kanute, Segler, Surfer
7 Paddler, Ruderer, Taucher
8 Aquanaut
9 Schwimmer
10 Windsurfer
12 Wasserballer
Wasserstandsmesser
5 Pegel
Wasserstelle
4 Oase
7 Brunnen, Traenke
Wasserstoffe
7 Tritium
8 Hydrogen
11 Hydrogenium
Wasserstoffkern
6 Proton
Wasserstoffverbindung
4 Amin
5 Amino
6 Hydrat, Hydrid
Wasserstraße
5 Fluss, Kanal, Strom
8 Meerenge, Seekanal
in Holland
6 Gracht
in Thailand
5 Klong
Wasserstrudel
3 Sog
4 Neer
Wassersucht
5 Oedem
Wassertiefenmesser
3 Lot
Wasservögel
4 Ente, Gans
5 Alken, Lumme, Moewe, Ralle
6 Schwan
7 Pelikan, Pinguin
8 Albatros, Kormoran
9 Blessgans, Blesshuhn, Teichhuhn
10 Blaesshuhn, Seeflieger
11 Sturmvoegel
Wasserwatvogel
8 Flamingo
Wasserwirbel
4 Neer
7 Strudel
Wasserwissenschaftler
9 Hydrologe
Wasserzapfstelle
4 Zapf
7 Hydrant
Wattebausch
6 Tampon, Tupfer
Watvögel
5 Knutt, Triel
6 Limose
7 Kiebitz, Mornell
8 Dickfuss, Schnepfe
9 Bekassine
10 Brachvogel
12 Regenpfeifer
13 Sumpfschnepfe
Webereierzeugnisse
4 Tuch
5 Loden, Stoff
6 Leinen
9 Textilien
Weberkamm
4 Iler, Riet
Webervögel
5 Spatz
7 Astrild
8 Reisfink, Sperling
9 Widahfink
10 Prachtfink
Webstuhlteile
4 Riet
8 Kettbaum
9 Webeblatt
Webwaren
9 Textilien
Wechselaussteller
8 Trassant
Wechselbezogener
7 Trassat
9 Akzeptant
Wechselbürgschaft
4 Aval
Wechselempfänger
9 Bezogener
Wechselfieber
7 Malaria
Wechselgebet
7 Litanei
Wechselgesang
5 Kanon
Wechselgetriebe
9 Schaltung
wechselhaft
5 labil
8 variabel
10 schwankend
13 veraenderlich
Wechseljahre
12 Klimakterium
Wechselkursbildung
8 Floating
wechselnde
Gemütsstimmung
5 Laune
Meeresbewegung
4 Tide
Wechselnehmer
8 Honorant
9 Remittent
Wechselrahmen
12 Passepartout
Wechselschuldzahler
9 Akzeptant
wechselseitig
6 mutual
7 mutuell
8 korrelat, reziprok
Wechselstromwiderstand
8 Impedanz
Wechseltierchen
6 Amoebe
Wechselüberschreiber
9 Indossant
Wechselübertragung
11 Indossament
Wechselübertragungs-Vermerk
7 Indosso
Weg
4 Bahn, Lauf, Pfad
5 Gasse, Route, Steig, Stieg
7 Strasse, Strecke
8 Fusspfad
des Pferdes
9 Hufschlag
des Schiffchens
6 Schuss
eines Flusses
4 Lauf
eines Geschosses
8 Flugbahn
eines Rennens
7 Strecke
eines Satelliten im All
4 Bahn

Wegbereiter
7 Pionier
9 Initiator
11 Protagonist, Vorkaempfer
12 Avantgardist
Wegbiegung
5 Kehre
Wegelagerer
6 Bandit, Skiron
7 Raeuber
10 Raubritter
11 Strauchdieb
Weggang von der Bühne
7 Abtritt
Weggefährte
6 Kumpel
7 Genosse, Kamerad, Trabant
9 Begleiter
Weggehen der Truppe
5 Abzug
wegjagen
8 schassen
Weglänge eines Kolbens
3 Hub
Wegnahme
6 Entzug
Wegzehrung
8 Proviant
Weh
4 Gram, Leid
6 Kummer
7 Schmerz
Wehgeschrei
5 Zeter
7 Gezeter
Wehklage
7 Lamento
8 Gejammer
9 Jeremiade
Wehmut
9 Nostalgie
11 Melancholie
weibliche(r, s)
Adelstitel
7 Graefin
8 Herzogin, Marchesa, Marquise
Borstentier
3 Sau
Brust
5 Busen
Bühnenfach
4 Alte
5 Naive
6 Heldin
7 Heroine
Esel
5 Stute
Filmnachwuchs
7 Starlet
Fisch
6 Rogner
7 Rogener
französischer Artikel
2 la
Fuchs
5 Faehe
8 Fuechsin
Hauptwort
9 Femininum
Haustiere
3 Kuh, Sau
4 Huhn, Pute
5 Geiss, Henne, Katze, Stute, Ziege
6 Eselin, Faerse
7 Huendin
Hirschtier
7 Elchkuh
Kamel
5 Stute
Leinwandstar
8 Filmdiva
Märchenwesen
3 Fee
4 Elfe, Hexe
6 Riesin
Nachkomme
8 Maedchen
9 Urenkelin
Naturgottheit
6 Nymphe
Opernfigur bei Gershwin
4 Bess
Pferd
5 Stute
Raubtier
7 Woelfin
Reh
5 Geiss, Ricke
Rind
3 Kuh
Rotwild
9 Hirschkuh
Schaf
5 Zibbe
Schlossgespenst
7 Ahnfrau
Schwein
3 Sau
5 Bache
Stelzvogel
9 Stoerchin
Ungeheuer
5 Gorgo
6 Meduse
8 Gorgonen
Waldvogel
8 Auerhuhn, Birkhuhn
Ziege
5 Zicke
weich
4 moll
5 dolce, sanft
6 mollig, morbid
9 ueberreif
weiche(r, s)
Fußbekleidung
9 Filzschuh
Gewebe
4 Samt
7 Dueffel
Leder
7 Velours
Schwermetall
4 Blei
Unterlage
7 Polster
Wollgewebe
7 Flausch
Weichkaramelle
6 Toffee
Weichkäsesorten
4 Brie
5 Quark
7 Romadur, Stilton
9 Camembert, Limburger, Roquefort
10 Gorgonzola
11 Butterkaese
12 Huettenkaese, Schmelzkaese
Weichling
15 Muttersoehnchen
Weichsel-Mündungsarm
5 Nogat
Weichsel-Zuflüsse
3 Bug, Leg, San
7 Drewenz, Dunajec
Weichtiere
5 Krake
7 Muschel
8 Molluske, Schnecke
11 Tintenfisch
Weichtierklassen
8 Muscheln
9 Schnecken
10 Gastropoda
11 Kopffuesser
Weide
3 Alm, Alp
4 Alpe
5 Matte, Trift, Wiese
Weidenlaubsänger
8 Zilpzalp
Weidesteppen Südamerikas
6 Pampas
Weidestück
6 Koppel
Weidewiese
5 Trift
Weidezaun
4 Fenz
Weidmann
6 Jaeger
weidmännisch:
Aas als Köder
5 Luder
Afterfleck
7 Spiegel
Augen
7 Lichter
Bein
4 Lauf
Blut
8 Schweiss
Brunst
8 Ranzzeit
Dachsschwanz
4 Zain
7 Buerzel, Puerzel
Eckzahn
5 Haken, Hauer
6 Grandl
7 Grandel

Falkenjagd
5 Beize
fett
5 feist
fressen
5 aesen
frisch gefallener Schnee
4 Neue
Füchsin
4 Fehe
5 Faehe
6 Faehin
Fuchsschwanz
5 Fahne, Lunte
6 Stange
9 Standarte
Fuß des Federwilds
8 Staender
Geweihteile
4 Bast, Ende, Rose
5 Krone
6 Furche, Stange
7 Sprosse
10 Rosenstock
Häsin
8 Setzhase
Hauer des Ebers
6 Gewaff
Haut am Geweih
4 Bast
Hetzjagd
4 Hatz
Hirschkuh
7 Rottier
Iltis
4 Ratz
Jagdbeute
7 Strecke
Jagdhund
7 Stoeber
Jagdkanzel
8 Hochsitz
9 Hochstand
Jagdmesser
6 Nicker
13 Hirschfaenger
junges Wildschwein
10 Frischling
Köder
5 Luder
6 Anbiss
männliche Wildkatze
5 Kuder
männlicher Hase
7 Rammler
Maul
4 Fang
5 Aeser
6 Geaese
Neuschnee
4 Neue
Ohr des Haarwilds
5 Loser, Luser
8 Lauscher
Ohr des Schwarzwilds
6 Teller
Rüssel des Schwarzwilds
7 Gebrech
8 Gebraech
Salzstelle
5 Lecke
Schulter des Wilds
5 Blatt
Schwanz des Dachses
4 Zain
7 Buerzel, Puerzel
Schwanz des Fuchses
4 Rute
5 Fahne, Lunte
6 Stange
9 Standarte
Schwanz des Hasen
5 Blume
Schwanz des Rotwilds
5 Wedel
Schwanz des Wildscheins
7 Buerzel, Puerzel
9 Federlein
10 Schmoerkel
Sprossen am Hirschgeweih
5 Enden
Spur als Abdruck
5 Tritt
Spur des Federwilds
7 Gelaeuf
weibliches Wildschein
5 Bache
7 Wildsau
Wildschweinzähne
5 Haken, Hauer
6 Gewaff
7 Haderer
Zitzen
8 Gesaeuge
Zunge
6 Lecker

weidmännische(r, s)
Kopfbedeckung
9 Jaegerhut
Trophäe
9 Jagdbeute
Zuruf: schieße hoch
4 tiro

Weidwerk
4 Jagd
8 Beizjagd, Hochjagd, Jaegerei, Reitjagd
9 Jagdwesen

Weigerung
5 Refus

Weihe
5 Segen, Taufe
7 Segnung
9 Raubvogel
10 Ordination
11 Benediktion
12 Konsekration

Weihegabe
6 Exvoto
9 Votivbild

Weihelieder
3 Ode
5 Hymne
6 Hymnos, Hymnus

Weiher
5 Teich
7 Tuempel

Weihgabe
9 Opferlamm

Weihnachtsgebäck
6 Printe, Stolle
7 Stollen
9 Lebkuchen
10 Plaetzchen
11 Spekulatius
13 Pfefferkuchen

Weihnachtslied
5 Carol

Weihnachtsmann
8 Nikolaus

Weihnachtsnacht
8 Julnacht

Weihnachtsvorzeit
6 Advent

Weihwasserkessel
3 Ama

Weihwasserwedel
8 Sprengel
9 Aspergill

Wein
aus überreifen Trauben
7 Auslese
des letzten Jahrgangs
8 Heuriger
von blassroter Farbe
4 Rosé

Weinbauanlage
7 Rebberg

Weinbauer
6 Winzer

Weinbaufachmann
8 Oenologe

Weinbaukunde
9 Oenologie

Weinbaukundiger
8 Oenologe

Weinbeeren
6 Rosine, Traube, Zibebe
8 Korinthe
9 Sultanine

Weinberg
7 Wingert

Weinbergarbeiter
6 Hacker

Weinbergschädlinge
7 Mehltau, Reblaus
10 Rebstecher
13 Ruesselkaefer
14 Traubenwickler

Weinbrand
6 Cognac, Kognak

Weinduft
6 Bukett

weinen
6 heulen
7 flennen, greinen

Weinernte
4 Lese

Weingeist
5 Sprit
7 Alkohol
8 Aethanol, Spiritus
enthaltend
9 spirituos

Weingewächse
6 Cissus, Klimme

Weinglas
6 Roemer
Weingott
7 Bacchus
Weingütebezeichnung
9 Spaetlese
Weinhandlung
8 Kellerei
Weinhefe
6 Drusen
Weinherstellungsbetrieb
8 Kelterei
Weinkunde
9 Oenologie
Weinmaß
5 Fuder
Weinmischgetränke
5 Bowle
7 Schorle
Weinmond
7 Oktober
8 Gilbhard
Weinorte
am Mittelrhein
4 Kaub
5 Steeg, Unkel
7 Boppard
8 Braubach
9 Bacharach, Oberwesel, Sankt Goar
an der Ahr
9 Ahrweiler, Mayschoss
an der Hardt
9 Duerkheim, Edenkoben
an der Mosel
3 Alf
4 Neef, Zell
5 Kroev
6 Cochem, Uerzig
10 Bernkastel
11 Kluesserath, Trittenheim
14 Traben-Trarbach
im Nahegebiet
9 Kreuznach
im Rheingau
8 Eltville, Vollrads
10 Geisenheim, Ruedesheim
14 Assmannshausen
in Baden-Württemberg
7 Durbach, Lauffen
8 Endingen, Ihringen
in der Pfalz
9 Duerkheim, Edenkoben
10 Deidesheim, Gruenstadt, Wachenheim
in Frankreich
6 Beaune
7 Chablis, Mareuil
8 Bordeaux
9 Meursault, Perpignan
in Mainfranken
8 Hochheim
9 Karlstadt, Kitzingen, Wuerzburg
12 Randersacker
in Österreich
4 Rust
5 Krems, Oggau
8 Grinzing, Nussdorf
15 Gumpoldskirchen
in Portugal
3 Dao
in Rheinhessen
5 Worms
6 Bingen
7 Alsheim
9 Bodenheim, Ingelheim, Nierstein, Oppenheim
in Südtirol
5 Meran
6 Terlan, Tramin
7 Kaltern
in Ungarn
5 Erlau, Tokaj
Weinpflanze
8 Rebstock, Wildrebe
Weinpresse
6 Kelter, Torkel
Weinprüfer
6 Koster
Weinqualitätsausdrücke
4 dick, edel, firn, herb
5 artig, blank, duenn, weich
6 blumig, duftig, feurig, kernig, nervig, rassig
7 elegant, trocken, wuerzig
8 fruchtig, lieblich, spritzig
9 ausgebaut
10 aromatisch, koerperarm
11 bukettreich
Weinreife
5 Firne
Weinschänken
6 Bodega
7 Taverne
Weinschaumcreme
7 Sabayon
8 Zabaione
10 Zabaglione
Weinstadt in Italien
4 Asti
Weinstockschädling
7 Reblaus
Weintraubensorten
7 Elbling
8 Riesling, Silvaner, Traminer
9 Rulaender, Veltliner
11 Muskateller
Weisheitsgöttinnen
6 Athena, Athene
7 Minerva
weissagen
7 orakeln
Weissagender
5 Seher
7 Kuender, Prophet
9 Hieromant
Weissagerinnen
6 Pythia
7 Sibylle
Weissagung
6 Orakel
9 Prophetie
12 Prophezeiung
Weissagungsstätte
6 Orakel
Weißbrot rösten
7 toasten
Weißbrotbrei
6 Panade
Weißbrotschnitte
5 Toast
6 Bofese, Pafese, Povese
7 Crouton
8 Sandwich
weiße(r, s)
Blutkörperchen
8 Leukozyt, Phagozyt
9 Monozyten
10 Leukozyten
11 Lymphozyten
liturgisches Gewand
4 Albe
Pferd
8 Schimmel
Stirnfleck bei Tieren
6 Blesse
Weiße-Elster-Zuflüsse
4 Auma, Eula
5 Weida
7 Pleisse
Weißfische
4 Albe, Alet, Alse, Nase
5 Aitel, Aland, Hasel, Jesen
6 Blicke, Doebel, Ukelei
7 Elritze, Guester, Ploetze, Rotauge
8 Alburnus, Dickkopf, Hegeling, Rotfeder, Stroemer
9 Maiblecke, Schneider
10 Bitterling, Schiedling
13 Moderlieschen
Weißhandgibbon
3 Lar
Weißkäse
5 Quark
6 Topfen
Weißkraut
6 Kappes
8 Kopfkohl
weißliches Fenstermaterial
9 Milchglas
Weißling
6 Albino, Merlan
Weißlingslarve
9 Kohlraupe
Weißpappel
5 Abele
Weißrussland
Flüsse
5 Duena
6 Dnjepr, Njemen
7 Pripjet
8 Beresina
Hauptstadt
5 Minsk
Städte und Orte
5 Brest, Gomel, Pinsk
Währung
5 Rubel
6 Kopeke

Weißwal
6 Beluga
Weisung
5 Gebot, Order
6 Befehl
7 Auftrag, Geheiss
9 Anordnung, Direktive
11 Instruktion
Weisungseinhaltung
9 Befolgung
weit
abgelegen
4 fern
nach unten reichend
4 tief
oben
4 hoch
unten liegend
4 tief
weg gelegene Gegend
5 Ferne
weiter
Ausblick
9 Fernsicht
Herrenmantel
6 Ulster
Weiterbestehen
7 Bestand
9 Fortdauer
Weiterentwicklung
8 Fortgang
11 Progression
Weizenarten
5 Emmer, Spelt, Spelz
6 Dinkel
7 Einkorn
8 Zweikorn
9 Ammelkorn
Weizenbrötchen
4 Brot
5 Wecke
6 Wecken
8 Schrippe
10 Rundstueck
Welfenpartei
7 Guelfen
welk
5 duerr
7 hutzlig
9 verblueht
11 vertrocknet
Welle
4 Mode, Woge
6 Stange
10 Schwingung
Wellenbrecher
4 Damm, Mole
5 Buhne
Wellenreiten
7 Surfing
Wellenreiter
6 Surfer
Wellenschaum
6 Gischt
Wellenschlag am Ufer
8 Brandung
Welschkorn
4 Mais
7 Kukuruz

Welt
3 All
4 Erde
5 Natur
6 Globus, Kosmos, Mundus
8 Erdkugel
9 Universum
11 Makrokosmos, Mikrokosmos
Weltall
6 Kosmos
9 Universum
Weltalter
4 Aeon
Weltanschauungen
9 Ideologie, Realismus
10 Fatalismus, Idealismus, Nihilismus, Pazifismus
11 Kommunismus
Weltbürger
10 Kosmopolit
Weltenbummler
12 Globetrotter
Weltenlenker
8 Christus, Herrgott
Weltenschöpfer
4 Gott
Weltesche
6 Urbaum
9 Yggdrasil
10 Yggdrasill
weltfremder Theoretiker
8 Ideologe
Weltfrieden als Idee
10 Pazifismus
Weltfußballbund
4 FIFA
Weltgegend
7 Fernost
8 Ostasien
9 Suedasien
Weltgeist
3 Nus
Weltgeistlicher
4 Abbé
5 Papas
6 Abbate
Welthilfssprachen
3 Ido
9 Esperanto, Universal
Weltkugel
6 Globus
weltlich
6 mundan, profan
Weltmacht
3 USA
Weltmachtstreben
13 Imperialismus
Weltmeere
5 Indik, Ozean
7 Pazifik
8 Atlantik
Weltorganisation
3 UNO
Weltraum
3 All
6 Kosmos
9 Universum

Weltraumfahrer
9 Astronaut, Kosmonaut
Weltraumfahrt
11 Astronautik, Kosmonautik
Weltreich
6 Empire
8 Imperium
Weltreligionen
5 Islam
8 Judentum
9 Judaismus
10 Buddhismus
11 Christentum
Weltsportveranstaltung
9 Olympiade
Weltsprache
8 Englisch
Weltumsegler
4 Cook
8 Magellan
9 Magalhaes
weltumspannend
6 global
9 universal
13 international
Weltvernunft
5 Logos
weltweit
7 mondial
weltweite(s)
Seuche
8 Pandemie
Temperaturtief
8 Kaltzeit
Wemfall
5 Dativ
Wende
5 Kehre, Kurve, Sorbe
6 Umkehr, Wandel
7 Drehung, Wechsel
8 Wandlung
9 Umkehrung, Umschwung
Wendekommando
3 Ree
Wendel
7 Spirale
8 Schnecke
wenden
6 drehen, kehren
8 umkehren
Wendepunkt
5 Krise
6 Krisis
9 Peripetie
wendig
4 agil
5 alert
6 regsam
8 flexibel, versatil
9 beweglich, geschickt
Wendung
beim Fechten
5 Volte
zurück
6 Umkehr
Wenfall
9 Akkusativ

wenig
6 gering
essen
6 fasten
weniger
5 minus
10 abzueglich
Werbeanschlag
6 Plakat
7 Aushang
11 Transparent
Werbefachmann
6 Texter
9 Media-Mann
12 Propagandist
Werbekurzfilm
4 Spot
Werbemittel
6 Insert, Plakat
7 Annonce, Anzeige, Inserat, Mailing
8 Prospekt
Werberummel
8 Ballyhoo
Werbeschlagwort
6 Slogan
Werbeschrift
8 Prospekt
9 Flugblatt
17 Propagandaschrift
Werbeträger
4 Film
5 Media
6 Medium
7 Zeitung
8 Rundfunk
9 Fernsehen
10 Verpackung
11 Zeitschrift
13 Litfassaeule
Werbung
7 Reklame
9 Agitation, Publicity
10 Propaganda
15 Public Relations
Werdegang
7 Verlauf
8 Karriere, Laufbahn
Werfall
9 Nominativ
Werftanlagen
5 Helge
6 Helgen
7 Helling
11 Hellingkran, Trockendock
Werftarbeiter
6 Nieter, Takler
7 Takeler
11 Schauermann
Werk
3 Tat
4 Opus
6 Arbeit, Fabrik
7 Betrieb, Produkt
8 Handlung, Kreation
10 Schoepfung
11 Unternehmen
Werksspeiseraum
7 Kantine
Werkstatt des Künstlers
6 Studio
7 Atelier
Werkstoffe
4 Gips, Glas, Harz, Holz
5 Blech, Eisen, Pappe, Stahl, Stein
6 Metall, Papier
7 Plastik
8 Galalith, Material, Spanholz, Xylolith
9 Kunstharz, Kunstholz, Kunsthorn, Steinholz
Werktätiger
8 Arbeiter
Werktisch des Tischlers
9 Hobelbank
Werkzeuge
3 Axt, Lot
4 Ahle, Anke, Beil, Dorn, Haue, Iler, Keil, Riet
5 Feile, Gabel, Hacke, Hobel, Karst, Kelle, Saege, Walze, Zange
6 Amboss, Beitel, Bohrer, Hammer, Haspel, Kluppe, Messer, Pfriem, Pinsel, Raspel, Schabe, Schere, Spatel, Stanze, Zirkel, Zwinge
7 Beissel, Koerner, Kratzer, Leisten, Meissel, Queraxt, Schaber, Schippe, Spindel, Stichel
8 Faeustel, Schaufel, Spachtel, Stampfer, Stoessel
9 Bandsaege, Geissfuss, Grobfeile, Handsaege, Hobelbank, Holzfeile, Laubsaege, Lochzange, Reissahle, Rundzange, Schlaegel
10 Loetkolben, Stecheisen, Stemmeisen
11 Brechstange, Kartaetsche
12 Fuchsschwanz, Schraubstock, Stahlbuerste
13 Gewindebohrer, Glasschneider, Schraubzwinge
15 Schraubenzieher, Vorschlaghammer
16 Gewindeschneider
Werkzeuggriff
4 Heft
5 Stiel
Werkzeugmaschinen
6 Fraese, Presse, Stanze
8 Bohrwerk, Drehbank
12 Bohrmaschine
Wermutbranntwein
7 Absinth
Wermutpflanze
7 Absinth
werten
9 zensieren
10 beurteilen
Wertermittler
7 Taxator
9 Schaetzer
Wertermittlung
8 Taxation
Wertfestsetzungsbehörde
6 Taxamt
Wertigkeit
6 Valenz
wertlose(r, s)
Buch
9 Scharteke
Energieanteil
7 Anergie
Überbleibsel
6 Abraum
Wertloses
4 Kram, Null, Tand
5 Quack, Talmi
6 Kitsch, Nichts, Ramsch, Schund, Tinnef
7 Flitter, Plunder, Troedel
8 Schamott
9 Geruempel
10 Krimskrams
13 Ausschussware, Unbedeutendes
Wertpapierausgabe
8 Emission
Wertpapierausgeber
8 Emittent
Wertpapierbeleihung
7 Lombard
Wertpapierbesitzer
9 Aktionaer
Wertpapiere
5 Aktie, Kupon, Talon
6 Akzept, Scheck, Tratte
8 Effekten, Sparbuch
10 Obligation, Pfandbrief
11 Orderscheck, Pfandschein, Rentenbrief
12 Inhaberaktie, Schuldschein
13 Staatsanleihe
14 Bausparvertrag, Praemienschein
15 Hypothekenbrief, Schatzanweisung
Wertpapierinhaber
9 Aktionaer
Wertpapiermarkt
6 Boerse
Wertpapierverzinsung
7 Rendite
Wertsachenbehälter
8 Kassette
Wertsachenfach
4 Safe
6 Tresor
10 Wandtresor
11 Geldschrank, Stahlkammer
13 Panzerschrank
Wertsachenverwahrer
9 Depositar

wertschätzen
9 wuerdigen
Wertschätzer
8 Taxierer
Wertschätzung
4 Ehre, Taxe
7 Achtung
Werturteil
6 Kritik
9 Bewertung, Gutachten
11 Beurteilung
12 Begutachtung
wertvoll
5 teuer
7 kostbar
8 prezioes
wertvolle
Buchausgabe
9 Luxusband
Fundsache
6 Schatz
Pelze
3 Feh
4 Nerz
5 Fuchs, Zobel
9 Biberfell, Persianer
10 Chinchilla
Wesensart
7 Merkmal
8 Naturell
9 Charakter
10 Gemuetsart
11 Temperament, Veranlagung
wesentlich
7 primaer
8 relevant
10 essentiell, essenziell, integriert
12 substantiell, substanziell
14 hauptsaechlich
Wesentliches einer Sache
4 Kern
Weser-Quellflüsse
5 Fulda, Werra
Weser-Zuflüsse
3 Arn, Aue, Ils
5 Hamel, Hunte, Lenne
6 Geeste, Niemen
Wesfall
7 Genitiv
Westafrikaner
6 Nigrer
7 Gabuner, Guineer
8 Liberier
9 Kameruner
Weste
5 Gilet
Westeuropäer
3 Ire
5 Brite, Flame
7 Belgier, Schotte, Wallone
8 Franzose
10 Englaender, Hollaender
11 Luxemburger
13 Niederlaender
Westfranzose
7 Bretone
Westfriesische Inseln
5 Texel
7 Ameland
8 Amerland, Vlieland
12 Terschelling
Westgermanen
5 Suebe, Sueve, Swebe
6 Chatte, Chauke, Franke, Friese, Sachse
8 Alemanne
9 Istwaeone
Westgotenbischof
7 Ulfilas
Westgotenkönige
7 Alarich
8 Roderich, Sigerich
9 Witterich
10 Theoderich
Westindische Inseln
4 Cuba, Kuba, Saba
5 Aruba, Haiti
6 Tobago
7 Anegada, Antigua, Barbuda, Curacao, Grenada, Jamaika, Tortuga
8 Anguilla, Barbados, Dominica, Orchilla, Sombrero, Trinidad
9 Los Roques, Margarita
10 Blanquilla, Guadeloupe, Martinique, Puerto Rico, Santa Lucia
11 Grande Terre
westindische
Gesangsform
7 Calypso
Indianerstämme
8 Karaiben
Inselgruppen
7 Bahamas
8 Antillen
12 Virgin-Inseln
Inselrepublik
4 Kuba
Zitrone
6 Limone
7 Limetta
westliche(r, s)
Ostseemeerenge
8 Kattegat, Oeresund
Teil der arabischen Welt
7 Maghreb
Verteidigungspakt
4 NATO
Westmongole
8 Kalmueck
9 Kalmuecke
Westslawen
5 Sorbe, Wende
6 Sorben, Wenden
7 Kassube, Obotrit, Slowake
8 Kaschube
westslawische(r, s)
Sprache
8 Polnisch, Sorbisch, Wendisch
Volk
8 Slowaken
Westspitze Afrikas
8 Kap Verde
Westwind
6 Zephir
7 Ponente
Wettannahmestelle
9 Wettbuero
Wettbetrag
7 Einsatz
Wettbewerb
10 Konkurrenz
wetteifern
12 konkurrieren
wetten
5 wagen
6 setzen, tippen
9 riskieren
wetterfester Stoff
5 Loden
Wetterglas
9 Barometer
Wetterkunde
12 Meteorologie
Wetterschutz
4 Coat
5 Kotze
6 Anorak
7 Vordach
8 Oeljacke, Pelerine
9 Regendach, Regenhaut, Windjacke
10 Trenchcoat
11 Friesennerz, Regenmantel, Regenschirm
Wetterschutzdecke
5 Plane
Wetterschutzhülle
5 Radom
Wetterwarte
13 Observatorium
Wettkampfbeginn
5 Start
Wettkämpfer
6 Athlet
7 Agonist, Spieler
8 Sportler
10 Konkurrent
Wettkampfkleidung beim Judo
6 Judogi
wettkampfmäßig
6 agonal
Wettkampfstätte
5 Arena
7 Stadion
9 Kampfbahn
Wettkampfteilnehmer
7 Starter
Wettlauf
6 Rennen
Wettlaufstreckenende
9 Ziellinie
Wettquote
4 Odds
Wettspiel
5 Kampf, Match

Wettvorhersage
4 Tipp
wichtig
8 relevant, wertvoll
9 bedeutsam, erheblich
10 essenziell, wesentlich
11 signifikant
12 substanziell
14 bedeutungsvoll
Wichtigkeit
6 Belang
8 Relevanz
9 Bedeutung
Wichtigtuer
5 Protz
6 Poseur
7 Angeber, Blender, Prahler
8 Maulheld
9 Grossmaul, Prahlhans
12 Aufschneider
Wickel
5 Rolle, Spule
6 Huelle, Knaeul
7 Buendel, Packung
Wickelgewand der Inderin
4 Sari
Wickeltuch für Babys
6 Windel
wider
3 gen
5 gegen
6 kontra
7 dagegen
8 entgegen
Widerhall
4 Echo
5 Klang
6 Schall
7 Anklang, Wirkung
8 Aufnahme, Resonanz
widerlicher Mensch
4 Ekel
widernatürlich
6 abnorm
7 pervers
widerrechtlich
7 illegal
8 unbefugt, verboten
9 illegitim
10 irregulaer
12 gesetzwidrig, rechtswidrig
widerrechtliche
Besitzergreifung
10 Usurpation
Veröffentlichung
9 Raubdruck
Widerruf
7 Dementi
15 Richtigstellung
Widersacher
5 Feind
6 Gegner
8 Antipode
9 Widerpart
10 Antagonist
Gottes
5 Satan
6 Teufel
Widerschein
6 Reflex
9 Reflexion
10 Spiegelung
widersetzlich
8 renitent
10 rebellisch
Widersinn
8 Narretei
widersinnig
6 absurd
7 paradox
9 unlogisch
12 unbegruendet
widersinnige Behauptung
9 Paradoxon
Widersinnigkeit
9 Paradoxie
widerspenstig
4 stur
6 bockig
7 trotzig
8 obstinat, renitent
10 refraktaer
Widerspenstigkeit
8 Renitenz
11 Obstination
widerspiegeln
12 reflektieren
widersprechen
10 opponieren
Widerspruch
6 Rekurs
7 Einrede, Protest
9 Gegenrede, Gegensatz, Repugnanz
10 Opposition
13 Kontradiktion
Widerstand
6 Abwehr, Putsch, Streik
7 Aufruhr
8 Meuterei, Rheostat, Sabotage
9 Empoerung, Gegenwehr, Rebellion
10 Auflehnung
widerstandsfähig
4 hart, zaeh
6 gefeit, muerbe, robust, stabil
9 resistent
Widerstandsfähigkeit
9 Resistenz
Widerstandskämpfer
8 Partisan
widerwärtig
4 fies
6 odioes
7 zuwider
Widerwille
4 Ekel
6 Degout
7 Abscheu
8 Aversion
9 Abneigung
10 Antipathie
11 Animositaet
widmen
10 dedizieren
Widmung
9 Zueignung
10 Dedikation
widrig
8 kontraer
wie eine Ente gehen
9 watscheln
wie tot
6 leblos
wie von Sinnen
3 irr
6 rasend
wieder
6 erneut
Wiederauffrischung
12 Regeneration
Wiederaufführung
7 Reprise
Wiederauftreten
8 Comeback
Wiedereinfuhr
8 Reimport
wiedergebender Künstler
9 Interpret
Wiedergutmachung
9 Abfindung, Ersetzung
10 Verguetung
13 Schadenersatz
14 Entschaedigung
wiederherstellbar
9 reparabel
Wiederherstellung
9 Reparatur
10 Reparation
11 Restitution
12 Restauration
der Gesundheit
8 Genesung
14 Rekonvaleszenz
des guten Rufes
12 Ehrenrettung
14 Rehabilitation
15 Rehabilitierung
wiederholen
10 repetieren
14 rekapitulieren
wiederholt
6 erneut, oefter
8 nochmals
9 mehrmalig
wiederholtes Proben
6 Uebung
8 Training
Wiederholung
6 Dakapo, Zyklus
7 Reprise
10 Repetition
Wiederkäuer
3 Gnu, Reh, Ren, Yak
4 Anoa, Elch, Elen, Lama, Rind, Zebu
5 Bison, Kamel, Okapi, Schaf, Ziege
6 Gaemse, Hirsch, Seekuh, Wisent

7 Bueffel, Gazelle, Giraffe, Moschus, Mufflon, Rentier
8 Antilope, Dromedar, Horntier, Hornvieh, Nilpferd, Zeburind
9 Damhirsch, Steinbock
10 Flusspferd, Rotbueffel
11 Trampeltier
12 Gaemsbueffel
14 Kaffernbueffel

Wiederkäuerhuf
5 Klaue

wiederverflüssigter Dampf
9 Destillat

Wiegenfest
10 Geburtstag

Wiegenlied
7 Lullaby
8 Berceuse

Wiener

Ärzte
5 Freud
8 Billroth

Ausflugsorte
8 Grinzing, Nussdorf

Auwaldgebiet
5 Lobau

Bauwerke
7 Hofburg
8 Ballhaus, Ringturm
9 Belvedere
11 Burgtheater, Schoenbrunn, Stephansdom

Bezirke
5 Lainz
6 Aspern, Neubau, Wieden
7 Hernals, Liesing, Penzing, Rennweg
8 Doebling, Grinzing, Hietzing, Meidling, Nussdorf, Waehring
9 Favoriten, Fuenfhaus, Mariahilf, Ottakring, Schwechat, Simmering
10 Alsergrund, Donaustadt, Josefstadt
11 Brigittenau, Margarethen
12 Leopoldstadt

Chirurg
8 Billroth

Dichter
5 Seidl
12 Hofmannsthal

Dramatiker
7 Nestroy, Raimund
11 Anzengruber

Flughafen
6 Aspern
9 Schwechat

Fußballclub
5 Rapid

Geiger
8 Kreisler

Hotelier
6 Sacher

Kunstsammlung
9 Albertina

Lohnkutsche(r)
6 Fiaker

Lokal
5 Beisl
6 Beisel

Lustspieldichter
7 Nestroy

Maler
5 Klimt
6 Makart
9 Danhausen, Kokoschka

Pianisten
5 Gulda
7 Brendel

Possenfigur
7 Staberl
8 Staberle

Psychiater
5 Freud

Rennplatz
9 Freudenau

Residenz
7 Hofburg

Schauspielhaus
11 Burgtheater

Schlösser
9 Belvedere
11 Schoenbrunn

Schriftsteller
4 Bahr
10 Schnitzler

Volkspark
6 Prater

Wahrzeichen
7 Steffel
9 Riesenrad
11 Stephansdom

Walzerkomponisten
6 Lanner
7 Strauss

Witzfigur
5 Poldi
9 Graf Poldi

Zitherspieler
5 Karas

Wiesenkräuter
7 Giersch
8 Brunelle
9 Geissfuss

Wiesenmergel
3 Alm
9 Seekreide

Wiesenpflanzen
4 Gras, Klee
5 Lotus, Sinau
6 Akelei, Ampfer
7 Aruncus, Betonie, Luzerne, Strenze
8 Flohgras, Hornklee, Perlgras, Ranunkel
9 Bocksbart, Geissbart, Leberklee, Pechnelke, Riechgras
10 Tragopogon
11 Heilpflanze
12 Frauenmantel
13 Futterpflanze, Spitzwegerich

Wiesenstück in der Marsch
4 Fenn

Wikinger
3 Rus
8 Normanne, Waraeger

wild
4 toll
6 furios, heftig
9 turbulent, ungestuem
11 orgiastisch

grünende Ebene
5 Heide

lebende Rinderart
7 Bueffel

mit Hufen
9 Schalwild

Wildabschussperiode
8 Jagdzeit

Wildbach
8 Torrente

Wildbienenzucht
9 Beutnerei

Wildbienenzüchter
7 Beutner

Wildbret
7 Wilpert

wilde Kriegsschar
5 Bande, Horde, Meute

wilde(r, s)

Gelage
5 Orgie

Kind
6 Unband
8 Wildfang

Krieger
9 Berserker

Wildeber
6 Keiler

Wildgeflügel
5 Fasan
7 Rebhuhn, Wachtel
8 Schnepfe, Wildente
9 Bekassine, Federwild
13 Sumpfschnepfe

Wildgeflügelragout
5 Salmi

Wildgeschmack
8 Hautgout

Wildhunde
4 Enok, Wolf
5 Adjak, Dingo, Fenek, Fuchs, Guara, Jengi
6 Buansa, Coyote, Fennek, Kojote, Kolsun, Korsak, Normik
7 Maikong, Rotwolf, Schakal
8 Warragal
10 Marderhund
11 Maehnenwolf

Wildkatze
5 Kuder

Wildleder
7 Chamois

Wildlederimitation
5 Nubuk

Wildnis
7 Einoede

Wildpferde
5 Zebra
6 Quagga, Tarpan
7 Mustang
Wildpflege
4 Hege
Wildpfleger
5 Heger
Wildragout
5 Civet
12 Hasenpfeffer
Wildrinder
2 Ur
3 Jak, Yak
4 Anoa, Arni, Gaur
5 Bison
6 Wisent
7 Banteng, Bueffel
8 Auerochs
9 Auerochse, Waldbison
14 Kaffernbueffel
Wildrudelführer
8 Leittier
Wildschafe
5 Arkal
6 Argali, Muffel
7 Mufflon
Wildwestfilm
7 Western
Wildziegen
3 Tur
4 Tahr, Thar
6 Bezoar
7 Markhor
Wilhelm-Busch-Figuren
3 Bax, Max
5 Boeck, Bolte, Fipps, Fritz, Jette, Knopp, Nolte
6 Helene, Moritz, Plisch
7 Julchen, Laempel, Lenchen
8 Klecksel
9 Huckebein, Mickefett
Willensstärke
7 Energie
8 Tatkraft
willkommen
6 genehm, gentil
8 angenehm
10 erwuenscht
Willkürgewalt
6 Terror
Willkürherrschaft
8 Despotie, Diktatur, Tyrannei, Tyrannis
11 Despotismus
12 Absolutismus
16 Gewaltherrschaft
Willkürherrscher
6 Despot, Tyrann
8 Diktator
willkürlich
7 wahllos
Wimpernbürste
7 Mascara
Wimperntusche
7 Mascara
Wind
4 Luft
der Tropen und Subtropen
6 Passat
der tropischen Ozeangebiete
6 Zyklon
des Indik
6 Monsun
im Mittelmeer
7 Etesien, Ponente
im Rhônetal
7 Mistral
in Afrika
5 Gibli, Sahel, Samum
6 Ghibli, Kamsin
7 Chamsin, Dschani, Levanto, Viracao
in Alaska
4 Taku
in Amerika
7 Chinook, Tornado
8 Blizzard, Hurrikan
in Asien
5 Buran
6 Monsun, Taifun
7 Afghane, Bohorok, Gending, Schemal
8 Koembang, Nortadas, Scharaff
9 Elephanta
in Europa
3 Ora
4 Bise, Bora, Jauk
5 Autan, Breva, Foehn, Garbe, Greco, Joran, Marin, Ostro, Rebat
6 Austru, Borino, Bornan, Meltem, Nemere, Solano, Sopero, Sureot, Tivano
7 Criador, Crivetz, Emwatis, Galerne, Karajol, Leveche, Maestro, Mistral, Paesano, Schlern
8 Aurassos, Boraccio, Levanter, Libeccio, Marinada, Solaures, Suchowei, Vaudaire
9 Dramundan
10 Tramontana
in Spanien
7 Leveche
talaufwärts
7 Talwind
Windau-Zufluss
4 Abau
Windbewegung
5 Hauch
7 Luftzug, Zugluft
Windbluse
6 Anorak
Windbruch im Wald
5 Rahne
Winde
5 Spill
6 Haspel
7 Spindel
Windei
4 Mole
8 Mondkalb
Windengewächse
7 Ipomoea
9 Zaunwinde
Windengewächsgattung
9 Exogonium
Windenschwärmer
6 Windig
Winderzeuger
8 Geblaese
10 Ventilator
Windgeist
7 Harpyie
Windgeschwindigkeits-Messgerät
9 Anemoskop
10 Anemometer
Windgötter
6 Aeolus, Boreas, Zephyr
8 Zephyros
Windhalm
6 Meddel
Windharfe
10 Aeolsharfe
Windhose
6 Trombe
Windhunde
5 Sluki
6 Barsoi, Saluki, Slughi
7 Afghane, Whippet
9 Greyhound, Windspiel
windig
5 zugig
Windklappe
6 Ventil
Windkunde
10 Anemologie
Windlade
10 Ventilabro
Windladekanal
8 Kanzelle
Windleitung
5 Kanal
Windmonat
7 Ventose
8 November
Windmond
8 Nebelung, November
9 Nebelmond
Windmühlenteil
9 Saumlatte
Windrichtungen
3 Ost
4 Nord, Sued, West
7 Nordost, Suedost
8 Nordwest, Suedwest
11 Nordnordost, Suedsuedost
12 Nordnordwest, Suedsuedwest
Windrichtungsbestimmer
9 Windfahne
Windrichtungsscheibe
8 Windrose
Windröschen
7 Anemone
Windschattenseite
3 Lee

windschief
5 krumm
8 verzogen
Windschirm
8 Paravent
Windseite
3 Luv
Windspiel
6 Mobile
Windstille
5 Kalme
6 Flaute
Windstoß
3 Boe
Windung
5 Kehre, Kurve
6 Wendel, Wirbel
7 Drehung, Spirale
8 Schlange, Schnecke
10 Schnoerkel, Serpentine
der Züge in Feuerwaffen
5 Drall
einer Raumkurve
7 Torsion
Windzone über der Erde
9 Jetstream
Windzug
9 Luftstrom
Wink
3 Rat
4 Tipp
7 Hinweis, Merkmal, Symptom, Zeichen
10 Empfehlung, Fingerzeig
Winkel
3 Oke
4 Ecke
8 Polhoehe, Rentrant
9 Parallaxe
Winkelabstand
8 Quincunx, Quinkunx
Winkeleinheit
7 Radiant
Winkelfunktionen
5 Sinus
6 Sekans
7 Cosinus, Kosinus, Tangens
8 Cosekans, Kosekans
9 Cotangens, Kotangens
winkelgetreu
8 isogonal
Winkelhöhe
9 Elevation
Winkelmaße
3 Gon
4 Grad
6 Minute
7 Neugrad, Sekunde
Winkelmaßeinheit
4 Grad
Winkelmesser
10 Goniometer
12 Transporteur
Winkelmessgeräte
6 Oktant
7 Bussole, Sextant
8 Schmiege
9 Theodolit
Winkelriss
9 Dreiangel
Winkelteile
4 Grad
6 Minute
7 Sekunde
Winkelzüge
4 Dreh, List
5 Finte, Kniff, Trick
7 Finesse
13 Machinationen
winklig
7 angular
Winterapfel
6 Boskop
Winterapfelsorte
7 Baumann
Winteraster
12 Chrysantheme
Winterei von Süßwassertieren
8 Latenzei
Winterendivie
7 Skariol
8 Eskariol
Winterfest
3 Jul
Winterhauptstadt von Bhutan
6 Punaka
Winterkrabben
3 Uca
Winterkresse
11 Barbenkraut
Winterkurort am Gardasee
4 Riva, Salo
winterlich
8 hibernal
winterlicher Wind im Departement Drôme
7 Pontias
Wintermajoran
4 Dost
Wintermonate
5 Maerz
6 Januar
7 Februar
8 Dezember
Winterreifen
6 Spikes
Winterrindengewächs
6 Drimys
Wintersonnenwende
3 Jul
Wintersportanlagen
4 Lift, Rink
5 Loipe, Piste
7 Abfahrt, Bobbahn, Eisbahn, Skilift
9 Rodelbahn
10 Eisstadion, Sessellift, Skischanze
11 Schlepplift
12 Kunsteisbahn
13 Sprungschanze
Wintersportarten
6 Rodeln, Slalom
7 Bosseln, Curling, Eislauf, Eistanz, Skilauf, Torlauf
8 Biathlon, Bobsport
9 Bobfahren, Eishockey, Eissegeln, Skilaufen
10 Skijoering
11 Skilanglauf, Skispringen
12 Abfahrtslauf, Eiskunstlauf, Eisschiessen
14 Eisschnelllauf
17 Eisstockschiessen
Wintersportbekleidung
8 Après-Ski
Wintersportgeräte
3 Bob, Ski
4 Puck, Schi
5 Rodel, Stein
6 Skibob
8 Eisstock, Skeleton
9 Bobsleigh, Schlitten, Sprungski
12 Curlingstein
Wintersportlehrgang
7 Skikurs
8 Schikurs
9 Skischule
Wintersportplatz
am Arlberg
5 Zuers
10 Sankt Anton
am Brenner
8 Steinach
am Tegernsee
7 Wiessee
bei Oslo
12 Holmenkollen
im Allgäu
4 Isny
9 Sonthofen
10 Nesselwang, Oberstdorf
im Erzgebirge
14 Oberwiesenthal
im Harz
8 Schierke
9 Braunlage
10 Hahnenklee
11 Andreasberg
im Pinzgau
4 Zell
im Salzkammergut
6 Aussee
im Sauerland
12 Meinerzhagen
im Schwarzwald
8 Neustadt
12 Freudenstadt
im Thüringer Wald
7 Oberhof
8 Steinach
in Colorado
5 Aspen
in den Hohen Tauern
10 Badgastein
in der Rhön
8 Gersfeld
in der Schweiz
4 Zuoz
5 Arosa, Davos, Flims
7 Parsenn, Samedan
9 Andermatt

10 Pontresina
11 Sankt Moritz
in der Steiermark
9 Mariazell
10 Schladming
in Frankreich
3 Dax
8 Chamonix, Grenoble
in Japan
7 Sapporo
in Niederschlesien
12 Schreiberhau
in Oberbayern
6 Inzell, Kreuth
8 Garmisch
9 Tegernsee
10 Ruhpolding, Schliersee
12 Oberammergau
in Tirol
5 Lienz
7 Lermoos, Seefeld
10 Kitzbuehel
11 Sankt Johann
Wintersportzubehör
9 Schiwachs
Winterstiefel
9 Moonboots
Winzer
5 Hauer
9 Weinbauer, Weinhauer, Weinzierl
Winzeranlage
7 Wingert
8 Weinberg
Winzerbetrieb
7 Weingut
Winzergefäß
8 Weinfass
Winzergeräte
6 Kelter, Torkel
9 Mostwaage, Rebmesser, Weinheber
Winzerpflanze
4 Rebe
9 Weinstock
Winzerveranstaltung
8 Weinfest
9 Weinprobe
winzig
5 klein
7 minimal
8 knirpsig
11 zwergenhaft
winzige(r, s)
Halbleiterplättchen
4 Chip
Krankheitserreger
6 Viroid
Kristall
9 Mikrolith
Märchenfigur
9 Daeumling
winzigster Aufbauteil
8 Atomkern
Wipfel
9 Baumkrone
Wippe
8 Schaukel
Wipper-Zuflüsse
4 Eine
6 Grabow
Wirbel
5 Sturm
6 Trubel, Tumult
7 Betrieb, Knochen, Spirale, Strudel
9 Turbulenz
11 Hochbetrieb
13 Durcheinander
auf dem Kopf
8 Scheitel
wirbellose
Tiere
9 Mollusken
10 Weichtiere
wirbelnd
9 turbulent
wirbelnde Wasserbewegung
8 Eversion
Wirbelsäule
5 Spina
9 Rueckgrat
Wirbelsäulenverkrümmung
7 Lordose
Wirbelsäulenvorstufe
6 Chorda, Chorde
Wirbelstürme
6 Trombe, Zyklon
7 Tornado
8 Sandhose, Windhose
in Asien
6 Taifun
Wirbeltiere
5 Fisch, Lurch
6 Reptil
7 Saeuger
8 Amphibie
9 Singvogel
11 Vertebraten
Wirbeltierklassen
4 Aves
6 Fische, Lurche, Voegel
9 Amphibien, Reptilien
11 Kriechtiere, Saeugetiere
wirken
7 agieren
9 fungieren, reagieren
13 funktionieren
wirklich
4 echt, real, wahr
5 reell
7 aktuell, konkret
8 effektiv, existent, realiter, wahrhaft
9 veritabel, vorhanden
12 tatsaechlich
Wirklichkeit
8 Tatsache, Wahrheit
9 Realismus, Realitaet
11 Richtigkeit
Wirklichkeitsdarstellung
9 Realistik
wirklichkeitsfern
8 utopisch
Wirklichkeitsform
9 Indikativ
wirklichkeitsfremd
6 irreal
10 unwirklich
wirklichkeitsgetreu
11 realistisch
Wirklichkeitsmensch
7 Realist
Wirklichkeitssinn
9 Realismus
wirksam
5 aktiv
6 aktual, taetig
8 effektiv
9 drastisch
10 effektvoll
11 funktionell, imponierend
Wirksamkeit
9 Effizienz
12 Wirkungsgrad
Wirkstoffe
4 Tein
5 Enzym
6 Hormon, Inosit, Sekret, Termon, Zitrin
7 Ferment, Khellin, Koffein, Nikotin, Vitamin
8 Termitin
9 Arecaidin
12 Antibiotikum
13 Spurenelement
Wirkung
5 Fazit
6 Effekt, Erfolg
8 Eindruck, Ergebnis, Reaktion, Resonanz, Resultat
10 Impression
Wirkungsbereich
7 Sphaere
13 Aktionsradius
Wirkungsfähigkeit
9 Potential, Potenzial
Wirkungsgrad
10 Nutzeffekt
Wirkungskraft
7 Dynamik, Energie
Wirkungskreis
7 Sphaere
8 Ingerenz
wirkungslos
10 ineffektiv
wirkungsvoll
8 effektiv
10 effektvoll
14 repraesentabel
Wirkware
6 Jersey, Trikot
9 Charmeuse, Trikotage
Wirkwaren
9 Textilien
wirr
6 konfus
9 chaotisch, verworren
wirr reden
6 faseln
Wirrwarr
5 Chaos
6 Gewirr, Rapuse, Trubel, Unruhe

8 Menkenke
9 Charivari, Unordnung
10 Kunterbunt, Tohuwabohu
12 Kuddelmuddel
13 Durcheinander
Wirte
6 Schenk
7 Padrone
8 Gastwirt, Hausherr, Hotelier, Traiteur
9 Gastgeber, Gastronom
12 Restaurateur
Wirtschafterin
7 Mamsell
wirtschaftlich
8 lukrativ, rentabel
9 effizient
11 oekonomisch
12 eintraeglich
14 gewinnbringend
15 leistungsfaehig
gestellt
8 situiert
nutzbares Hoheitsrecht
6 Regale
unabhängig
6 autark
verwertbares Tier
8 Nutztier
wirtschaftliche(r, s)
Gewinninteresse
7 Kommerz
Ruin
7 Kollaps
Unabhängigkeit
8 Autarkie
Verwalter
8 Cellerar
Wirtschaftlichkeit
9 Oekonomie
Wirtschaftsaufschwung
4 Boom
6 Hausse
12 Prosperitaet
Wirtschaftsformen
6 Handel
7 Gewerbe
8 Handwerk
9 Industrie
14 Landwirtschaft
15 Forstwirtschaft
Wirtschaftskunde
9 Oekonomie
Wirtschaftslehre
9 Oekonomik
Wirtschaftslenkung
10 Dirigismus
Wirtschaftsprüfer
7 Revisor
Wirtschaftsrückgang
9 Rezession
Wirtschaftsunternehmen
5 Firma
7 Betrieb
Wirtschaftswald
5 Forst
Wirtschaftswaldbeamter
8 Foerster
9 Forstmann
Wirtschaftswaldbehörde
8 Forstamt
Wirtschaftswissenschaft
9 Oekonomie
Wirtschaftszweige
6 Handel
7 Bergbau, Branche, Gewerbe, Tiefbau
8 Bauwesen
9 Fischfang, Industrie, Seehandel, Wasserbau
Wirtshaus
in England
3 Inn, Pub
in Frankreich
4 Café
6 Bistro
7 Auberge
in Italien
7 Albergo, Osteria, Taverne
9 Trattoria
10 Ristorante
Wirtshausgast
6 Zecher
Wirtshausraum
9 Gaststube
Wirtshausrechnung
5 Zeche
Wissbegierde
9 Interesse, Lerneifer
Wissenschaft
des Iranischen
9 Iranistik
vom Altertum
12 Archaeologie
vom Bau der Körperteile
8 Anatomie
vom Denken
5 Logik
11 Philosophie
vom Indischen
9 Indologie
vom Judentum
9 Judaistik
vom Leben
8 Biologie
vom Schönen
9 Aesthetik
vom seelischen Leben
11 Psychologie
vom Slawischen
9 Slawistik
vom Syrischen
9 Syrologie
vom Volkstum
10 Ethnologie
von den Pflanzen
7 Botanik
von den Steinen
11 Mineralogie
von den Sternen
10 Astronomie
von den Tieren
8 Zoologie
von der Erde
8 Geologie, Geonomie
von der Sprache
10 Philologie
von Gott
9 Theologie
Wissenschaftler
7 Biologe, Geograf, Geologe, Zoologe
8 Astronom, Chemiker, Forscher, Geograph, Physiker, Rheologe
9 Botaniker, Ethnologe, Gelehrter, Limnologe, Mediziner, Paedagoge, Professor, Soziologe
10 Mineraloge
11 Archaeologe, Ornithologe
12 Mathematiker
14 Voelkerkundler
wissenschaftliche(r, s)
Abhandlung
5 Essay
12 Dissertation
Arbeit
9 Forschung
Behauptung
5 These
8 Lehrsatz
Betrachtungsweise
7 Theorie
Entdecker
8 Forscher
Erörterung
5 Kalam
Fach
9 Disziplin
Forschung
7 Studium
Koranauslegung
6 Tefsir
Streit
7 Polemik
Streitfrage
8 Quaestio
9 Quaestion
Unterhaltung
10 Kolloquium
Untersuchung
7 Analyse
Versuch
4 Test
10 Experiment
Vortrag
6 Kolleg
Zeitungsbeitrag
8 Miszelle
Wissenschaftsgruppe
9 Fakultaet
Wissenschaftszweig
9 Disziplin
Wissensdurst
7 Neugier, Vorwitz
9 Interesse, Neugierde, Schaulust
wissensdurstig
9 neugierig, vorwitzig
12 interessiert
Wissensgebiet
4 Fach
7 Domaene
11 Berufszweig

Wissensmangel
9 Unbildung
Wissensschatz
9 Thesaurus
Wissensstoff der griechischen Sprache
7 Graecum
wissenswert
11 interessant
Wissenszweig
6 Sparte
Witterung
5 Klima
Witwe
5 Witib
Witwe bei Busch
5 Bolte
Witwenblume
7 Knautia
Witz
2 Uz
3 Gag, Jux, Ulk
5 Gaudi, Humor, Spass
6 Scherz
7 Kalauer
11 Schabernack
Witzbold
8 Pasquino
Witzfigur
4 Erna
5 Poldi
9 Graf Poldi, Klein Erna
witzig
5 ulkig
6 launig
7 humorig, spassig
witzig-geistreiches Bühnenstück
8 Blueette
witzige(r, s)
Einfall
3 Gag
Einfälle
8 Konzetti
Filmszene
3 Gag
Wortspiel
7 Quibble
Witzreden
8 Fazetien
9 Schwaenke
Wjatpferd
7 Kazanka
Wochenbett
8 Kindbett
10 Puerperium
Wochenende
7 Weekend
Wochentage
6 Montag
7 Freitag, Samstag, Sonntag
8 Dienstag, Mittwoch
9 Sonnabend
10 Donnerstag
Woge
5 Welle
7 Brecher
Wohl
4 Heil
5 Segen
6 Glueck, Nutzen
7 Vorteil
8 Gedeihen
9 Besserung
10 Gesundheit
wohl bekannt
8 vertraut
Wohlbefinden
6 Aponic
7 Behagen
13 Zufriedenheit
wohlbeleibt
9 korpulent
Wohlbeleibtheit
10 Embonpoint
wohlerwogen
8 weislich
wohlerzogen
5 artig
10 manierlich
Wohlfahrtspflege
9 Fuersorge
11 Sozialhilfe
Wohlfahrtsstätte
7 Anstalt
Wohlgefallen
5 Gusto
7 Behagen
9 Sympathie
Wohlgefühl
8 Euphorie
Wohlgenährtheit
9 Eutrophie
Wohlgenährtsein
9 Feistheit
Wohlgeruch
4 Arom, Duft
5 Aroma, Odeur
6 Bukett, Euodie
Wohlgeschmack
5 Aroma
10 Wohlgeruch
wohlgesinnt
4 hold
7 geneigt
Wohlgesinnter
6 Freund
12 Verbuendeter
wohlhabender Bürger
9 Bourgeois
Wohlhabenheit
8 Reichtum
Wohlklang
7 Melodie
8 Euphonie, Harmonie
9 Konsonanz
wohlklingend
9 melodioes, melodisch
Wohllaut
8 Euphonie
wohlriechend
10 aromatisch
wohlriechende(s)
Pflanzen
5 Narde
6 Reseda
8 Lavendel
Pflanzenextrakt
9 Nardenoel
wohlschmeckend
6 lecker, pikant
7 delikat
9 koestlich
11 appetitlich
Wohlstand
8 Gedeihen
12 Prosperitaet
Wohltäter
6 Maezen
7 Goenner, Stifter
9 Foerderer, Samariter
wohltätig
9 karitativ
10 humanitaer
Wohltätigkeits-Organisation
7 Caritas
Wohltätigkeitsverkauf
5 Basar
Wohltätigkeitsvorstellung
7 Benefiz
wohltönend
9 melodisch
10 harmonisch
wohltuend
8 angenehm
10 erfreulich
Wohlverleih
6 Arnika
Wohlwollen
4 Huld
5 Gnade, Guete, Gunst, Milde
9 Affektion, Sympathie
11 Gewogenheit, Jovialitaet
wohlwollend
6 jovial
7 zugetan
wohlwollend zugetan
7 geneigt
Wohnanlage von Indianern
6 Pueblo
Wohnbezirk Londons
9 Redbridge
Wohnboot in China
6 Sampan
wohnen
6 hausen
8 logieren
Wohnflächen der Steinzeit
7 Crannog
Wohngebäude
4 Haus
5 Villa
8 Bungalow, Hochhaus, Wohnhaus
9 Mietshaus, Wohnblock
10 Reihenhaus
13 Apartmenthaus
15 Einfamilienhaus
16 Zweifamilienhaus
der Kindheit
9 Vaterhaus
Wohngebiet
einer Tierart
7 Habitat

in Bremen
8 Neuevahr
Wohngeld
5 Miete
Wohngemeinde
3 Ort
4 Dorf
5 Stadt
Wohngemeinschaft
7 Kommune
wohnhaft
9 ansaessig
Wohnhaus in Apulien
6 Trullo
Wohnheim für Theologiestudenten
7 Konvikt
Wohnhügel
auf den Halligen
4 Warf, Wurt
5 Warft, Wurte
in Thessalien
6 Magula
wohnlich
10 gemuetlich
11 komfortabel
Wohnort Abrahams
5 Mamre
6 Mambre
Wohnpartei im Mietshaus
5 Parte
Wohnplatz
6 Huette, Rancho
7 Habitat
9 Heimstatt
Wohnräume
5 Diele, Halle, Salon, Stube
6 Gemach, Kabine, Kammer, Zimmer
7 Boudoir, Kajuete
8 Kabinett
9 Esszimmer
11 Spielzimmer
12 Herrenzimmer, Kinderzimmer, Schlafzimmer, Speisezimmer, Wintergarten
Wohnschiff
8 Hausboot
Wohnsitz
7 Domizil
Forsetis
7 Glitnir
Odins
9 Gladsheim
Wohnstätte
7 Habitat
Wohnturm
der Jungsteinzeit
6 Nurage
7 Nuraghe
Wohntürme
8 Turmburg
Wohnung
4 Heim
5 Logis
6 Bleibe, Daheim
7 Domizil, Zuhause
8 Losament, Quartier
des Kirchenchorleiters
8 Kantorei
des Organisten
8 Kantorei
eines Fakultätsvorstehers
7 Dekanat
8 Dechanei
und Kost
7 Pension
Wohnungsangabe
7 Adresse
9 Anschrift
Wohnungseigentümer
8 Hausherr
Wohnungseinrichtung
8 Mobiliar
Wohnungsflur
5 Diele
8 Korridor
Wohnungsinventar
7 Hausrat
8 Mobiliar
Wohnungsnehmer
6 Mieter
Wohnungsteil
7 Essecke
Wohnungswechsel
5 Umzug
6 Wegzug
7 Fortzug
Wohnviertelteil
8 Graetzel
Wohnvorort von Genf
4 Onex
Wohnwagen
7 Caravan
Wohnwagenanhänger
7 Trailer
Wohnwagenbesitzer
9 Caravaner
Wohnzins
5 Miete
Wölbung
4 Rund
5 Wulst
7 Biegung, Palatum, Rundung
8 Bauchung
Wölfe Odins
4 Geri
5 Freki
Wölfin
5 Faehe
9 Gieremund
Wolframerz
9 Wolframit
Wolframsäuresalz
9 Wolframat
Wolfsbohne
6 Lupine
Wolfsjunges
5 Welpe
Wolfsmilchgattung
6 Croton
Wolfsmilchgewächse
4 Hura
5 Hevea
6 Croton, Maniok, Sapium
7 Manihot, Rizinus
8 Acalypha, Jatropha, Mallotus, Tungbaum
9 Aleuritis, Antidesma, Euphorbia, Euphorbie, Hippomane
11 Bingelkraut
13 Kautschukbaum, Wunderstrauch
Wolfsrachen
4 Fang
Wolfsspinne
8 Tarantel
Wolga-Mündungsarm
5 Busan
Wolga-Zuflüsse
3 Oka, Sok, Usa
4 Kama
6 Samara
Wolgaschiffer
6 Burlak
Wolgastadt
5 Wolsk
6 Engels
Wolken betreffend
8 nephisch
Wolkenansammlung
7 Gewoelk
Wolkenhöhenmesser
10 Ceilometer
Wolkenkratzerlinie
7 Skyline
Wolkenkuckucksheim
6 Utopie
11 Luftschloss
wolkenlose Himmelsweite
6 Aether
Wolkenspiegel
9 Nephoskop
Wolkentypen
6 Nimbus, Zirrus
7 Kumulus, Stratus
10 Federwolke, Quellwolke, Regenwolke
11 Altokumulus, Altostratus, Haufenwolke, Nimbuswolke
12 Kumulonimbus, Lenticularis, Nimbostratus, Schichtwolke, Zirrokumulus, Zirrostratus
13 Gewitterwolke
Wollabnahme
5 Schur
Wollbaumgewächs
9 Kapokbaum
Wolldecken
5 Plaid
6 Tartan
Wollelieferanten
4 Lama, Pako
5 Kamel, Schaf, Ziege
6 Alpaka, Merino
7 Guanako, Vikunja
11 Angoraziege
15 Angorakaninchen

wollene(r)
Anzugsstoff
5 Foule
Kleiderstoff
5 Foule
Knüpfteppich
6 Berber
Pferdedecke
7 Woilach
Wollfett
7 Lanolin
Wollgewebe
4 Lama, Tuch
5 Drapé, Flaus, Loden, Rasch, Tibet, Tweed
6 Angora, Kastor, Merino, Mohair, Molton, Serail
7 Cheviot, Chevron, Flausch, Kalmank, Krimmer, Marengo
8 Homespun, Kammgarn, Kaschmir, Musselin, Papillon, Zibeline
9 Covercoat, Glencheck, Kamelhaar
11 Streichgarn
12 Espagnolette
Wollhaar Neugeborener
6 Lanugo
Wollhaarflaum des Embryos
6 Lanugo
Wollkraut
9 Verbaskum
12 Koenigskerze
Wollkugel
7 Knaeuel
Wollmaki
5 Avahi
9 Fotsifaka
Wollmaterial
4 Filz
Wollrose des Schwarzwaldhutes
5 Bolle
Wollsatin
7 Lasting
Wollschafrasse
6 Merino
Wollseidenstoff
9 Veloutine
Wollsorten
6 Alpaka, Angora, Merino, Mohaer, Mohair
7 Chilana
Wollspinnereimaschine
9 Reisswolf
Wollstoffmantel
9 Covercoat
Wolltuch
6 Serail
Wollust
7 Ekstase
Wölzer Tauernberg
9 Greimberg
Wonne
4 Lust
7 Ekstase, Wollust
9 Seligkeit
Wonnemonat
3 Mai
wonnig
12 paradiesisch
Workshop
4 Kurs
7 Seminar
10 Ferienkurs
Wort
5 Logos
7 Vokabel
der Kindersprache
8 Lallwort
der Zustimmung
6 jawohl
mit übertragener Bedeutung
8 Metapher
mit unbetonter Endsilbe
9 Barytonon
verschiedener Bedeutung
9 Homogramm, Homograph
zwischen Zahl und Bezeichnung
9 Numerativ
Wortanhängsel
5 Affix
Wortbedeutungslehre
8 Semantik
12 Semantologie
Wortbestandteil
6 Etymon
9 Grundwort
Wortbruch
6 Verrat
7 Felonie, Meineid, Untreue
13 Treulosigkeit, Unredlichkeit
wortbrüchig
6 untreu
13 verraeterisch
Wortbrüchiger
9 Verraeter
Wortemacher
9 Verbalist
Wörterableitungslehre
9 Paronymik
Wörteraussprachelehre
9 Orthoepie, Orthoepik
Wörterbücher
7 Lexikon
9 Thesaurus
10 Diktionaer
13 Enzyklopaedie
15 Nachschlagewerk
Wörterbuchverfasser
11 Lexikograph
Worterguss
6 Tirade
Wörterkundler
9 Etymologe
Wörterübereinstimmung
9 Homonymie
Wörterverzeichnis
7 Glossar
9 Thesaurus, Vokabular
11 Nomenklatur
Wörterwiederholung
8 Epiphora
Wortfigur
6 Zeugma
Wortforschung
10 Etymologie
Wortführer
5 Doyen
6 Obmann
8 Sprecher
9 Aeltester, Vorsteher
12 Fuersprecher
16 Vertrauensperson
des diplomatischen Korps
5 Doyen
Wortgefecht
6 Disput
9 Rededuell
11 Kontroverse
wortgetreu
9 woertlich
Wortgleichklang
4 Reim
Wortgruppenwiederholung
9 Epizeuxis
wortkarg
9 einsilbig, lakonisch
wortkarger Mensch
9 Schweiger
Wortklasse
8 Numerale, Zahlwort
Wortklauberei
9 Sophistik
Wortkürzel
5 Sigel
Wortkürzungszeichen
5 Sigel, Sigle
Wortlaut
4 Text
5 Tenor
15 festgelegte Rede
wörtlich
6 verbal
10 verbaliter
anführen
8 zitieren
angeführte Stelle
5 Zitat
9 Ausspruch
wörtliche Wiedergabe
5 Zitat
Wortneubildung
9 Ableitung
Wortprägung
8 Ausdruck
9 Redensart
Wortschatz
5 Lexik
9 Thesaurus, Vokabular
Wortschwall
4 Wust
5 Suada, Suade
6 Tirade
7 Bombast
8 Schwulst
9 Redefluss
Wortspiel
7 Quibble

9 Calembour
10 Calembourg
Wortstreiter
9 Eristiker
Wortstreiterei
7 Eristik
Wortteile
5 Silbe
6 Endung, Suffix
7 Praefix
8 Endsilbe, Vorsilbe
9 Buchstabe, Nachsilbe
wortverbundene Bedeutung
7 Begriff
Wortverdopplung
9 Iteration
Wortverdreher
7 Kasuist, Sophist
8 Rabulist
11 Dialektiker, Haarspalter
Wortvertauschung
8 Enallage
Wortwechsel
6 Dialog, Disput
9 Gespraech, Rededuell
11 Disputation, Kontroverse
12 Unterhaltung
Wortweiser
8 Register
Wortwiederholung
7 Anapher, Epipher
9 Epizeuxis
Wortwitz
7 Kalauer
Wortzusammensetzung
10 Kompositum
Wrasen
5 Dampf, Dunst
Wringstock
6 Bleuel
Wucher
10 Ausbeutung
Wucherer
9 Ausbeuter, Erpresser
wuchernd
4 wild
Wucherungen
5 Polyp
8 Auswuchs, Zirrhose
bei bestimmten Pflanzen
9 Gallapfel
Wuchs
4 Form
5 Figur
6 Statur
7 Gestalt
8 Wachstum
10 Vegetation
Wuchsstoff
5 Auxin
Wucht
5 Druck, Kraft
6 Gewalt
7 Energie, Gewicht, Schwere, Staerke
8 Vehemenz
10 Heftigkeit
wuchtig
6 massig, massiv
7 lapidar, pesante
8 kolossal
9 gedrungen, kraftvoll
10 athletisch
Wühlechse
5 Skink
Wulst
5 Beule
am Kapitell
7 Echinus
an dorischen Säulen
7 Echinus
Wundabsonderung
5 Eiter
Wunddesinfektionsmittel
3 Jod
8 Jodoform
9 Perhydrol
Wunde
6 Trauma
7 Blessur
Wunder
7 Mirakel
wirkende Schale
4 Gral
wunderbar
5 prima
8 herrlich
9 fabelhaft, praechtig
10 grossartig, mirakuloes, prachtvoll
11 fantastisch
12 maerchenhaft, phantastisch
wunderlich
6 bizarr, kurios
7 grotesk, komisch
9 plateresk
11 verschroben
wunderliche(r)
Eigenart
4 Tick
6 Faible, Grille, Spleen
7 Marotte
8 Schrulle
Einfall
6 Grille
8 Schrulle
Wundheilcreme
5 Salbe
Wundklammer
7 Agraffe
Wundkruste
6 Schorf
Wundmal
5 Narbe
6 Stigma
7 Schmiss
Wundschutz
7 Verband
8 Pflaster
Wundstarrkrampf
7 Tetanus
Wundverband
5 Binde
7 Bandage
8 Pflaster
Wunsch
5 Bitte
6 Begehr
7 Geluest
8 Anliegen, Anspruch, Begehren, Begierde, Belieben, Hoffnung, Postulat
9 Forderung, Sehnsucht, Verlangen
nach Verzeihung
7 Abbitte
Wunscherfüllung
9 Erhoerung
10 Gewaehrung
wunschlos glücklich
5 selig
Wunschtrauminsel
6 Orplid
Würdenträger des türkischen Sultans
5 Wesir
würdevoll
9 feierlich
13 gravitaetisch
Würdezeichen
6 Bonnet
9 Amtskette, Doktorhut
Wurf
des Raubwilds
6 Geheck
mit gleicher Augenzahl
5 Pasch
Würfel
5 Kuben, Kubus
6 Knobel
8 Hexaeder
14 Sechsflaechner
würfelförmig
7 kubisch
würfeln
7 knobeln, paschen
Wurfgerät
8 Katapult
Wurfholz
8 Bumerang
Wurfkugel in Südamerika
4 Bola
Wurfmaschine
6 Bleide
8 Katapult
9 Schleuder
Wurfscheiben
6 Diskus
7 Frisbee
Wurfschlinge
5 Lasso
Wurfwaffen
3 Ger
5 Dolch, Lanze, Speer
6 Spiess
7 Assagai, Harpune
8 Bumerang, Tomahawk
9 Schleuder, Streitaxt
10 Banderilla
Wurmfisch
5 Inger
Wurmfortsatz des Blinddarms
8 Appendix
wurmstichig
5 madig

wurmtötendes Mittel
8 Vermizid
Würstchen
6 Wiener
8 Wienerle
11 Frankfurter, Nuernberger
Wursthaut
5 Pelle
Wurstsorten
6 Lyoner, Salami, Wiener
7 Knacker, Servela, Serwela
8 Saumagen, Teewurst
9 Blutwurst, Bockwurst, Bratwurst, Jagdwurst, Kabanossi, Mettwurst, Presskopf, Presssack
10 Dauerwurst, Knackwurst, Landjaeger, Leberwurst, Mortadella, Weisswurst
11 Frankfurter, Zungenwurst
12 Schlackwurst
13 Zervelatwurst
Wurstvergiftung
10 Botulismus
Wurzelgemüse
4 Bete
5 Lauch, Ruebe
6 Knolle, Moehre, Porree
7 Karotte, Rettich
8 Mairuebe, Pastinak, Sellerie
9 Mohrruebe
11 Meerrettich
13 Schwarzwurzel
Wurzelholz
7 Bruyère
Wurzelmännchen
7 Alraune
Wurzelstock
6 Rhizom
würzig
4 rass
5 raess
6 pikant
7 delikat
10 balsamisch
riechende Heilpflanze
6 Arnika
würzige(r, s)
Paste
7 Chutney
Tomatensoße
7 Catchup, Ketchup
8 Ketschup
weinhaltiges Getränk
6 Wermut
Würzmittel
9 Obstessig, Weinessig
Würzpflanzen
4 Dill, Dost, Kren, Mohn
5 Asant, Lauch, Maggi, Minze
6 Borago, Dragon, Dragun, Eppich, Kerbel, Meiran, Porree, Salbei
7 Beifuss, Fenchel, Majoran, Melisse, Quendel, Thymian
8 Estragon, Origanum, Portulak, Rosmarin
9 Basilikum, Borretsch, Graslauch, Knoblauch, Koriander
10 Petersilie, Wanzendill, Wurstkraut
11 Bohnenkraut, Gurkenkraut, Meerrettich
12 Liebstoeckel, Schnittlauch
Würzsaucen
5 Chili
7 Catchup, Ketchup
8 Ketschup, Marinade
9 Majonaese, Remoulade
10 Mayonnaise
Wüsten
3 Kum, Lut
4 Gila, Gobi, Thar
5 Kewir, Namib, Nefud, Negeb, Negev, Tharr
6 Bolson, Nevada, Sahara, Schamo
7 Atacama, Karakum
8 Ergchech, Kalahari, Kysylkum, Mujunkum, Registan
Wüstenbewohner
6 Araber
7 Beduine
Wüstenei
4 Oede
7 Einoede
Wüstenflusstal
4 Wadi
Wüstenfuchs
5 Fenek
6 Fennek
wüstenhaft
4 arid
Wüsteninsel
4 Oase
Wüstenkönig
5 Loewe
Wüstenluchs
7 Karakal
Wüstenrastort
4 Oase
Wüstensandsturm
5 Samum
Wüstenschiff
5 Kamel
Wüstenwind in Libyen
5 Gibli
wüstes Gelage
5 Orgie
Wüstling
4 Asot, Roué
5 Rowdy
Wut
4 Rage, Zorn
5 Furor
7 Ingrimm, Raserei
8 Erregung
9 Empoerung
Wutausbruch
6 Koller, Rappel, Raptus
7 Raserei
wüten
5 rasen, toben
10 grassieren
wütend
5 boese
6 erregt, furios, rabiat, rasend, zornig
9 enragiert
10 jaehzornig
11 aufgebracht
wütendes Weib
5 Furie
7 Megaere

x-förmig (Hinterfüße)
9 kuhhessig
Xantogensäuresalz
7 Xanthat
Xenion
8 Epigramm
Xenon
7 Edelgas
xerotisch
7 trocken
x-mal
3 oft
7 haeufig
10 wiederholt
Xenie
10 Sinnspruch
11 Sinngedicht
Xylan
9 Holzgummi
xylophonähnliches Instrument
7 Marimba
8 Vibrafon
9 Vibraphon
10 Marimbafon
11 Marimbaphon
Xylose
10 Holzzucker
Xyrisgewächs
8 Abolboda

Yamsgewächs
8 Borderea
Yamsgewächsgattung
5 Tamus
Yak
10 Grunzochse
Yankee
3 Ami
10 Amerikaner
14 Nordamerikaner
Yeti
12 Schneemensch
Yggdrasil
9 Weltesche
Ymir
9 Reifriese
Yoldia
11 Nussmuschel

zackige Naht in Kalksteinen
5 Sutur
zaghaft
3 zag
5 timid
10 aengstlich
11 schuechtern
Zaghaftigkeit
10 Timiditaet
zäh
4 fest
6 eisern
7 grimmig, ixothym
9 verbissen
10 beharrlich, konsistent, unbeirrbar
11 hartnaeckig
zähe(s)
Hartholz
9 Persimmon
Haut
8 Schwarte
zähflüssig
6 viszid
zähflüssiges Erdöl
8 Bergteer
Zähflüssigkeitsmesser
12 Viskosimeter
Zahl
abzuziehende
10 Subtrahend
des Lotteriescheins
9 Losnummer
Ganzes aus vier Einheiten
9 Quaternio
hinzuzuzählende
7 Summand
über dem Bruchstrich
7 Zaehler
8 Dividend
unter dem Bruchstrich
6 Nenner
von der abgezogen wird
7 Minuend
Zahlen beim Roulette
0-18
6 Manque
19-36
5 Passe
gerade
4 pair
ungerade
6 impair
Zahlenaufgabe
8 Rechnung
Zahlender
8 Assignat
Zahlenergebnisse
5 Summe
6 Potenz, Wurzel
7 Produkt
8 Quotient
Zahlenglücksspiele
5 Bingo, Lotto
8 Lotterie
Zahlengröße
dreigliedrige
6 Trinom
eingliedrige
5 Monom
7 Mononom
viergliedrige
9 Quadrinom
zweigliedrige
5 Binom
Zahlenlehre
10 Arithmetik
Zahlenlehrer
12 Arithmetiker, Mathematiker
zahlenmäßig
9 numerisch
Zahlenrätsel
12 Arithmogriph
Zahlenreihe
7 Kolonne
Zahlentafel
7 Tabelle
Zahlenwahrsagerei
13 Arithmomantie
Zahlenwerte
5 Daten
Zähler
8 Dividend
und Nenner
8 Quotient
Zählmaß für Fische
4 Wall
Zählmaße
4 Gros, Ries
6 Ballen, Mandel, Schock, Stiege, Stueck
7 Dutzend
Zahlmeister
16 Rechnungsfuehrer
Zahlstelle
5 Kasse
8 Quaestur, Schalter
10 Abendkasse
12 Theaterkasse
14 Kassenschalter
16 Vorverkaufskasse
Zahltag
6 Ultimo
Zähluhr
9 Taxameter
Zahlung
8 Dinggeld, Transfer
11 Begleichung
12 Ueberweisung
14 Transferierung
an Mütter
9 Stillgeld
für einen Verstoß
8 Bussgeld
für Lebensführung
7 Apanage
Zahlungsabzug
6 Dekort, Rabatt, Skonto
13 Preisnachlass
Zahlungsanweisung
6 Scheck
9 Barscheck, Zahlkarte
11 Erlagschein
13 Postanweisung
17 Einzahlungsschein
Zahlungsaufforderung
7 Mahnung
8 Rechnung
Zahlungsaufschub
8 Aufschub, Stundung
10 Moratorium
12 Prolongation
13 Verlaengerung
Zahlungsbefehl
12 Mahnbescheid
Zahlungsbescheinigung
5 Beleg
8 Quittung
Zahlungseinstellung
6 Pleite
7 Konkurs
8 Bankrott
zahlungsfähig
6 liquid
7 liquide, solvent
8 fluessig
Zahlungsfähigkeit
6 Kredit
7 Solvenz
8 Bonitaet
11 Liquiditaet
Zahlungsfrist
4 Ziel
Zahlungsmittel
4 Geld, Note
6 Devise, Muenze, Scheck, Valuta
7 Bargeld, Devisen, Notgeld, Wechsel
8 Banknote, Hartgeld
Zahlungsort eines Wechsels
7 Domizil
Zahlungspflichtiger
7 Debitor
9 Schuldner
zahlungsunfähig
5 blank
6 fallit, pleite
8 bankrott, illiquid, machulle
9 insolvent
10 abgebrannt
16 abgewirtschaftet
Zahlungsunfähiger
9 Konkursit
11 Bankrotteur
Zahlungsunfähigkeit
4 Ruin
6 Pleite
7 Konkurs
8 Bankrott
9 Insolvenz, Nonvalenz
13 Illiquiditaet
Zahlungsurkunde
6 Scheck
7 Wechsel
8 Barbeleg, Quittung
9 Barscheck
12 Ueberweisung
Zahlungsverpflichtungen
6 Schuld
8 Schulden
9 Grundlast
12 Schuldschein

Zahlungsweise
3 bar
5 unbar
Zahlwort
8 Numerale
Zahlzeichen
6 Nummer, Ziffer
zahm
5 artig, fromm, kirre
8 gezaehmt
9 lammfromm
10 gebaendigt, zutraulich
12 domestiziert
zahnarme Säugetiere
9 Edentaten, Erdferkel, Faultiere
12 Guerteltiere
13 Ameisenbaeren
Zahnarzt
7 Dentist
Zahnärztin
9 Dentistin
Zahnbein
6 Dentin
Zahnbestandteil
5 Krone
6 Dentin
7 Schmelz
8 Zahnbein
10 Wurzelhaut, Zahnhoehle
11 Zahnschmelz
Zahnbürstenbaum
9 Salvadora, Salzbusch
Zahndesinfektionsmittel
9 Nelkenoel
Zähne hörbar reiben
9 knirschen
Zahnersatz
5 Krone
6 Gebiss
7 Bruecke
8 Prothese
9 Goldkrone, Stiftzahn, Zahnkrone
11 Jacketkrone
14 Porzellankrone
Zahnfach
7 Alveole
Zahnfäule
6 Karies
Zahnfleischentzündung
6 Ulitis
Zahnfleischschwund
11 Paradentose, Parodontose
Zahnfleischwucherung
8 Makrulie
Zahnfüllung
6 Plombe
12 Goldfuellung
15 Amalgamfuellung
17 Porzellanfuellung
Zahnhartgewebe
6 Zement
Zahnheilkunde
10 Dentologie
Zahnkarpfen
5 Guppy, Killi, Platy
7 Helleri
8 Bachling, Gambusia
9 Hechtling
10 Blackmolly
Zahnkranz mit Sperre
7 Ratsche
Zahnlaut
6 Dental
8 Dentalis
Zahnlilie
8 Roetling
Zahnmark
5 Pulpa
Zahnmarkentzündung
8 Pulpitis
zahnmedizinisches Gerät
5 Sonde, Zange
6 Bohrer, Spatel
8 Absauger, Finierer
9 Exkavator, Kofferdam
11 Mundleuchte, Mundspiegel, Spaltbohrer, Wurzelheber
12 Thermokauter
14 Abdruckloeffel, Knochenmeissel
15 Injektionsnadel, Matrizenspanner
16 Carborundscheibe, Diamantschleifer, Extraktionszange, Kavitaetenbohrer, Schmirgelscheibe
17 Injektionsspritze
Zahnprothesenmaterial
7 Paladon
Zahnrad
6 Ritzel
Zahnradtyp
9 Stufenrad
Zahnschicht
7 Schmelz
Zahnschmelz bildende Zelle
9 Ganoblast
Zahnschmerz
9 Dentalgie
10 Odontalgie
Zahnveränderung
7 Einbiss
Zahnwal
6 Delfin
7 Delphin, Pottwal
9 Kaschelot, Pottfisch
Zahnwurzel
5 Radix
Zahnwurzelgeschwür
7 Parulis
Zähre
6 Traene
Zambia
siehe: Sambia
Zander
6 Schill
7 Fogasch, Fogosch
11 Hechtbarsch
Zangen
5 Doppe
6 Zwicke
8 Radzange
9 Falzzange, Glaszange, Lochzange, Reifzange, Rohrzange, Rundzange, Zahnzange
10 Beisszange, Blockzange, Greifzange, Kneifzange
13 Schmiedezange
15 Seitenschneider
zangenartiges Gerät
7 Klammer
8 Pinzette
Zangenteil
8 Schenkel
Zank
5 Hader, Krach, Zwist
6 Streit
7 Gekeife, Krakeel, Querele
9 Gestreite, Unfrieden
zanken
6 hadern, keifen, zetern
7 belfern
8 krakelen, streiten
Zankerei
8 Kabbelei
zänkisch
6 kiebig
9 aggressiv, provokant, streitbar
10 provokativ
14 angriffslustig, herausfordernd, streitsuechtig, unvertraeglich
15 haendelsuechtig
zänkische(r, s)
Mensch
6 Hadrer
7 Haderer
8 Streiter
Weib
9 Xanthippe
Zäpfchen
13 Suppositorium
Zapfen
5 Konus
6 Duebel
8 Stoepsel
am Cembalo
5 Docke
am Hufeisen
7 Stollen
am Sportschuh
7 Stollen
der Koniferen
5 Conus
der Nadelhölzer
9 Strobilus
Zapfenstreich
6 Tattoo
8 Retraite
Zapfenträger
9 Koniferen

Zapfentropfstein
9 Stalaktit
Zapfer
4 Wirt
6 Kuefer
10 Schankwirt
Zapfstelle
7 Hydrant
Zapfstellenbediener
8 Tankwart
Zar
der Bulgaren
6 Simeon
von Russland
4 Iwan, Paul
5 Boris, Peter
6 Feodor
7 Nikolaj
8 Nikolaus
9 Alexander
Zarathustra
9 Zoroaster
Zarenerlass
4 Ukas
Zarengemahlin
5 Zarin
Zarenherrschaft
8 Zarismus
Zarenname
4 Iwan, Paul
5 Boris, Peter
6 Alexej, Feodor, Simeon, Teodor
7 Godunow, Michael, Nikolaj, Stephan
8 Nikolaus, Wassilij
9 Alexander, Ferdinand
Zarentochter
7 Zarewna
Zarin
4 Anna
6 Zariza
9 Elisabeth, Katharina
zaristische Geheimpolizei
7 Ochrana
zart
4 fein, mild
5 dolce, sanft
6 dezent, fragil, grazil, morbid, subtil
7 delikat
9 liebevoll
10 aetherisch, asthenisch, empfindsam
11 mimosenhaft
zarte(r, s)
Bartwuchs
5 Flaum
Leinengewebe
6 Batist
Wesen
6 Sylphe
Zartgefühl
4 Takt
6 Dezenz
11 Feingefuehl
16 Ruecksichtsnahme
Zartheit
5 Feine, Milde
6 Grazie
8 Feinheit
11 Vornehmheit
12 Zierlichkeit
zärtlich
5 innig
7 amabile
8 herzlich
9 liebevoll, liebkosen
zärtliches Beisammensein
4 Date
9 Teteatete
10 Rendezvous
Zärtlichkeit
4 Kuss
5 Liebe
10 Liebkosung
Zäsur
8 Inzision
10 Einschnitt
Zauber
5 Magie
6 Charme, Voudou
7 Glamour, Hexerei
14 Phantasmagorie
Zauberer
5 Griot, Hexer, Magus
6 Kobold, Magier, Merlin
7 Bilwiss, Magiker
8 Hreidmar, Klingsor, Schamane
9 Klingsohr, Klinschor, Virgilius
10 Eskamoteur
12 Hexenmeister
14 Taschenspieler
16 Schwarzkuenstler
Zauberfisch
4 Laff
11 Drachenkopf
Zauberformeln
5 Sesam
7 Abraxas
10 Hokuspokus, Simsalabim
11 Abrakadabra
zauberhaft
7 magisch, reizend
8 charmant
11 entzueckend
zauberhafte Gewalt
4 Bann
Zauberin
4 Hexe
5 Circe, Drude, Kirke
6 Armida
8 boese Fee
zauberisch schön
8 feenhaft
Zauberkraft bei den
Irokesen
6 Orenda
Polynesiern
4 Mana
zauberkundiges Waldweib
6 Zussel
Zauberkunst
5 Magie
7 Hexerei
9 Hexenwerk
11 Geheimkunst, Teufelswerk
13 Schwarze Kunst
Zauberkünstler
6 Magier
8 Zauberer
10 Eskamoteur
11 Illusionist
14 Taschenspieler
16 Schwarzkuenstler
Zauberkunststück
10 Eskamotage
Zaubermittel
3 Hut
4 Stab
6 Alraun
7 Alraune, Elixier
8 Talisman
10 Drudenfuss, Pentagramm, Zauberstab, Zauberwort
11 Zaubertrank, Zaubertrunk
12 Zauberformel, Zauberspruch, Zauberwurzel
14 Stein der Weisen, magische Formel
17 Johannishaendchen
Zauberpriester
8 Schamane
Zauberschutzmittel
6 Alraun
7 Alraune, Amulett, Elixier, Fetisch
8 Talisman
11 Maskottchen
Zauberspruch
5 Sesam
6 Mantra
7 Abraxas
10 Hokuspokus, Simsalabim
11 Abrakadabra
15 Sesam oeffne dich
Zaubertrank
7 Elixier
Zauberwesen
6 Alraun
7 Alraune
Zauberwort
5 Sesam
7 Abrasax, Abraxas
10 Hokuspokus, Simsalabim
11 Abrakadabra
Zauberwurzel
6 Alraun
7 Alraune
Zauderer
9 Kunktator
10 Zoegernder
16 Unentschlossener
zaudern
5 zagen
7 zoegern

8 abwarten, drucksen
9 schwanken
Zaumzeug
6 Pelham, Trense, Zuegel
7 Halfter, Kandare
10 Riemenzeug
Zaun
4 Fenz
5 Etter, Hecke
6 Gatter, Gitter, Staket
8 Palisade
11 Einfriedung
Zaungast
7 Kiebitz
13 Schaulustiger
Zaunholz
5 Latte, Pfahl
6 Staket
7 Stakete
Zebra
6 Quagga
9 Bergzebra, Wildpferd
10 Tigerpferd
12 Steppenzebra
Zebraholz
7 Zebrano, Zingana
Zebrano
9 Zebraholz
Zeche
4 Mine
5 Grube
7 Verzehr
8 Bergwerk
14 Speiserechnung
Zechengebäude
7 Huthaus
Zecherei
5 Orgie
6 Gelage
11 Trinkgelage
Zechgesang
5 Runda
Zecken
8 Holzbock
10 Blutsauger, Hundezecke, Lausfliege
Zeckenfieber
9 Tickfever
Zedernholz
7 Zedrela
Zedrachgewächse
4 Tuna
5 Melia
6 Carapa
7 Cedrela
8 Crabbaum
9 Lansibaum, Surenbaum
15 Paternosterbaum
Zedrat
7 Sukkade
8 Zitronat
Zehe
7 Digitus
Zehn Gebote
7 Dekalog
zehnarmiger Tintenfisch
6 Kalmar
Zehneck
7 Dekagon
Zehnereinteilung
6 Dekade
Zehnflächner
8 Dekaeder
Zehnfußkrebse
6 Krabbe
7 Garnele
8 Dekapode
12 Kokosraeuber
15 Einsiedlerkrebs
Zehnkampfübungen
10 Hochsprung, Weitsprung
11 Huerdenlauf, Speerwerfen
12 Diskuswerfen, Kugelstossen
14 Stabhochsprung
Zehnpfennigstück
6 Zehner
7 Zehnerl
8 Groschen
Zehntausendschaft
7 Myriade
zehnteilig
7 dezimal
9 dekadisch
Zehntel einer Maßeinheit
4 Dezi
Zehntelwert
5 Dezil
zehnter Ton
6 Dezime
Zehnzahl
6 Dekade
Zehrkraut
7 Betonie
9 Heilziest
Zehrung
4 Kost
7 Nahrung
Zeichen
3 Mal
4 Merk, Tipp, Wink
5 Fanal, Marke, Pfeil
6 Emblem, Signal, Signum, Stigma, Symbol
7 Hinweis, Kennung, Merkmal
11 Signalement
12 Anhaltspunkt
am Laufbahnende
8 Zielband
bestimmter Bedeutung
6 Signal
der Ehrerbietung
8 Fussfall
der Herrscherwürde
5 Krone
der Neumen
7 Salicum
der Schätzung
6 Ehrung
der Trauer
8 Florband
der Verehrung
8 Fusskuss, Handkuss
der Verkehrsampel
8 Rotlicht
9 Gelblicht
10 Gruenlicht
des Christentums
5 Kreuz
des Erzbischofs
7 Pallium
gegen Zauberei
10 Drudenfuss, Pentagramm
göttlichen Zorns
9 Prodigium
in den Psalmen
4 Sela
schlechter Tat
9 Schandmal
von Macht und Würde
8 Insignie
von Nervosität
9 Lidtremor
vor Bahnübergängen
4 Bake
Zeichenerklärung
7 Legende
Zeichengeräte
5 Feder, Kohle, Stift
6 Lineal, Zirkel
7 Wischer
8 Diagraph
9 Bleistift, Buntstift, Farbstift, Perigraph, Schablone, Ziehfeder
10 Pantograph, Reissbrett
12 Winkelmesser
14 Storchschnabel
Zeichenkünstler
9 Graphiker
Zeichenmaschine
7 Plotter
Zeichensetzung
13 Interpunktion
Zeichensprache
8 Symbolik
13 Gestikulation
Zeichentinte
6 Tusche
Zeichner
Berliner
5 Zille
deutscher
4 Breu, Kley
5 Busch, Girod, Grosz, Heine, Weber, Zille
6 Boehle, Rethel
englischer
3 Low
7 Flaxman, Hogarth
9 Beardsley
französischer
4 Dore
5 Effel
6 Callot
7 Gavarni
niederländischer
6 Floris
österreichischer
5 Kubin
polnischer
6 Lenica
schweizerischer
4 Klee

5 Amman
6 Ammann
8 Toepffer
US-amerikanischer
5 Grosz
7 Thurber
zeichnerische Darstellung
7 Ansicht, Schnitt
8 Raumbild
10 Draufsicht
11 Teilschnitt, Vollschnitt
13 Seitenansicht, Vorderansicht
Zeichnung
6 Dessin
8 Diagramm
auf Metall
6 Gravur
8 Graffito
auf Stein
6 Gravur
8 Graffito
im Holz
5 Maser
8 Maserung
Zeidler
5 Imker
zeigen
6 dartun, weisen
9 vorweisen
10 ausstellen, vorfuehren
13 demonstrieren, praesentieren
Zeile mit Einzug
6 Alinea
Zeilendurchschuss
8 Reglette
Zeileneinrückung
6 Absatz
Zeilenhalter der Buchdrucker
6 Schiff
Zeilenmessgerät
9 Typometer
Zeisig
8 Leinfink
Zeising
7 Tauende
Zeit
6 Tempus
bis zur Abholzung
7 Umtrieb
der Ausbildung
5 Lehre
7 Studium
der Dunkelheit
5 Nacht
der Eiablage
9 Laichzeit
der Kirchenväter
9 Patristik
der Mauserung
7 Rauzeit
der Mayas
7 Tzolkin
des Stillens
9 Laktation
des Tonabfallens
5 Decay
erhöhter Tätigkeit
6 Saison
nach der Hochzeit
13 Flitterwochen
nach einem Ereignis
9 Folgezeit
ohne Arbeit
8 Freizeit
ohne Krieg
6 Friede
ohne Nahrung
7 Fasttag
vergeuden
8 plempern
von fünf Jahren
7 Lustrum
vor einem Ereignis
8 Vorabend
vor uns
7 Zukunft
vor Weihnachten
6 Advent
zum Anhalten
8 Bremsweg
zur Vorbereitung
9 Ruestzeit
zwischen Ebbe und Flut
4 Stau
Zeitabschnitte
3 Tag
4 Aeon, Jahr
5 Monat, Toern, Woche
6 Dekade, Epoche, Minute, Stunde
7 Lustrum, Pentade, Periode, Sekunde
8 Biennium, Halbjahr, Mondjahr, Saekulum, Semester
9 Dezennium, Lichtjahr, Triennium, Trimester, Weltalter
10 Millennium
11 Jahrhundert, Jahrtausend
Zeitabstand
9 Intervall
10 Zeitspanne
Zeitalter
4 Aeon, Aera
6 Epoche
7 Periode
8 Saekulum
Zeitangabe
5 Datum
7 Uhrzeit
9 Tageszeit
Zeitbegriff
5 heute
6 abends, morgen, nachts
7 gestern, mittags, morgens
9 tagsueber
10 vorgestern, vormittags
11 nachmittags, uebermorgen
13 vorvorgestern
Zeiteinheiten
3 Tag
4 Jahr
5 Monat, Woche
6 Minute, Stunde
7 Sekunde
9 Jahrzehnt
11 Jahrhundert, Jahrtausend
Zeitfolge
11 Chronologie
Zeitform
6 Aorist, Tempus
7 Futurum, Perfekt, Tempora, Zukunft
8 Praesens
9 Gegenwart, Imperfekt
13 Vergangenheit
zeitfremd
9 inaktuell
15 anachronistisch
zeitgemäß
2 in
3 top
6 heutig, modern
7 aktuell, modisch, zeitnah
8 up to date
Zeitgenosse
9 Mitmensch
Zeitgenossen
7 Mitwelt
Zeitgeschmack
4 Mode
zeitgleich
8 synchron
Zeitkontrollgerät
8 Stechuhr
10 Stempeluhr
zeitlich
8 temporal
9 temporaer
abstimmen
5 timen
unbegrenzt
4 ewig
5 immer
7 allzeit, dauernd
8 allezeit
9 immerfort, permanent
13 immerwaehrend
zeitliche(r)
Abstimmung
6 Timing
Begrenzung ausdrückend
9 perfektiv
Geschäftsabschnitt
9 Vorsaison
10 Nachsaison
11 Hauptsaison, Nebensaison
zeitlos
4 ewig
5 immer
7 dauernd
8 bleibend
Zeitmaße
4 Takt
5 Kalpa, Tempo
6 Minute

8 Atomzeit, Rhythmus
9 Chronaxie

Zeitmaßlehre
8 Rhythmik

Zeitmessbegriff
6 Erdtag
7 Mondtag
9 Sonnentag

Zeitmesser
3 Uhr
7 Eieruhr, Turmuhr, Wanduhr
8 Ankeruhr, Penduele, Quarzuhr, Tischuhr
9 Normaluhr, Pendeluhr, Regulator, Sonnenuhr
11 Chronometer

zeitnah
2 in
4 akut
6 modern
7 aktuell, modisch
8 up to date

Zeitnahme
7 Stoppen

Zeitnehmer
7 Stopper
12 Kampfrichter

Zeitnot
4 Eile, Hast
6 Hektik
14 Ueberstuerzung

Zeitpunkt
4 Aera, Jahr
5 Datum, Dauer, Frist
6 Epoche, Moment, Spanne, Termin
7 Periode
9 Abschnitt

Zeitraum
3 Tag
4 Jahr
5 Frist, Monat, Woche
6 Biduum, Dekade, Minute, Spanne, Stunde
7 Sekunde
8 Biennium, Bimester, Halbjahr
9 Dezennium, Jahrzehnt, Nachfrist
11 Jahrhundert, Jahrtausend

Zeitrechnung
4 Aera
6 Epoche
11 Chronologie

Zeitschätzfähigkeit
8 Zeitsinn

Zeitschriften
5 Blatt, Organ, Revue
7 Gazette, Journal, Magazin
8 Anzeiger
9 Fachorgan
10 Periodikum
12 Druckschrift, Illustrierte

Zeitsignal
6 Glasen

Zeitspanne
5 Frist, Weile
9 Intervall
11 Zeitabstand

Zeitungen
5 Blatt, Organ
7 Gazette, Journal
8 Anzeiger
9 Fachorgan, Tageblatt, Weltblatt, Witzblatt
10 Abendblatt, Blaettchen, Extrablatt, Kaeseblatt, Lokalblatt
11 Morgenblatt, Parteiblatt, Wochenblatt
12 Abendzeitung, Extraausgabe, Kirchenblatt, Lokalzeitung, Nachtausgabe, Provinzblatt, Tageszeitung
13 Groschenblatt, Morgenzeitung, Revolverblatt, Wochenzeitung
14 Boulevardblatt
15 Propagandablatt
16 Intelligenzblatt

Zeitungsanzeigen
6 Insert
7 Annonce, Inserat

Zeitungsartikel
5 Essay
7 Beitrag, Bericht
9 Reportage
10 Feuilleton
11 Leitartikel
12 Sportbericht

Zeitungsaufsatz
5 Essay
7 Artikel, Bericht
9 Reportage
11 Leitartikel

Zeitungslüge
4 Ente
13 Falschmeldung

Zeitungsmitarbeiter
5 Autor
6 Lektor, Setzer
7 Metteur
8 Fotograf, Reporter
9 Korrektor, Publizist, Redakteur, Stenograf, Umbrecher, Volontaer
10 Journalist, Photograph, Stenograph
11 Sekretaerin, Volontaerin
12 Bildreporter, Fotoreporter
13 Chef vom Dienst, Chefredakteur, Korrespondent, Photoreporter
14 Anzeigenleiter
16 Berichterstatter, Schlussredakteur

Zeitungsnamen
4 Bote, Echo
6 Kurier, Merkur
8 Anzeiger
9 Rundschau, Tageblatt
10 Abendblatt, Allgemeine, Tagesblatt
11 Wochenblatt
12 Abendzeitung, Tageszeitung

Zeitungsschriftstellerei
11 Publizistik
12 Journalismus

Zeitungsspalte
6 Rubrik
7 Kolumne

Zeitungsteil
7 Beilage
8 Beiblatt

Zeitungsverkäufer in Frankreich
7 Camelot
8 Kamelott

Zeitungsvertrieb
9 Postdebit

Zeitungswesen
6 Presse
11 Publizistik

Zeitverschwendung
8 Bummelei
9 Troedelei
11 Pomadigkeit
15 Gemaechlichkeit

Zeitvertreib
5 Hobby, Spiel
8 Kurzweil
10 Vergnuegen
11 Liebhaberei, Zerstreuung
12 Steckenpferd, Unterhaltung

Zeitvertreib für Kinder
6 Fangen
7 Haschen, Huepfen
9 Ballspiel, Fangspiel, Laufspiel
12 Seilspringen

Zeitvertrödler
7 Brodler
9 Bummelant

zeitweilig
7 ab und zu
8 passager
9 bisweilen, temporaer, zeitweise
14 voruebergehend

ausgetrockneter Flusslauf
5 Creek

zeitweilige Aufhebung
10 Suspension

zeitweise(s)

Bauverbot
8 Baustopp

überlassenes Stück
8 Leihgabe

Zeitwert der Noten
6 Mensur
Zeitwort
4 Verb
6 Verbum
8 Effektiv
15 Taetigkeitswort
Zeitwortform
5 Aktiv, Futur
6 Irreal
7 Futurum, Perfekt, Tatform, Zukunft
8 Praesens
9 Gegenwart, Imperfekt
11 Praeteritum
13 Vergangenheit
15 Plusquamperfekt
zeitwörtlich
6 verbal
Zeitzeichen im Hafen
8 Zeitball
zellbildend
7 zytogen
Zellbläschen mit Enzymen
9 Lysosomen
Zellen schädigender Stoff
8 Keimgift
Zellenfarbstoff
9 Zytochrom
zellenförmig
8 zellular
Zellengewebe
7 Epithel
Zellenlehre
9 Zytologie
Zellenwissenschaftler
8 Zytologe
Zellfaden der Pilze
5 Hyphe
Zellfarbstoff
9 Zytochrom
Zellgewebsentzündung
9 Phlegmone
Zellgewebsfaser
8 Fibrille
Zellgift
9 Zytotoxin
Zellkern
7 Nukleus
9 Zytoblast
Zellkernbestandteil
9 Chromatin
Zellkerndegeneration
7 Pyknose
Zellkernteilung
7 Amitose
Zellmembran der Eizelle
7 Oolemma
Zellmund
8 Zytostom
9 Zytostoma
Zellplasma
11 Protoplasma
Zellplasmabildung
8 Organell, Organoid
9 Organelle
Zellplasmabläschen
7 Vakuole
Zellplasmaeinheit
6 Plasom
7 Biophor
Zellschicht
8 Endothel
der Haut
7 Epithel
der Pflanzen
10 Endodermis
Zellstoff
9 Cellulose, Zellulose
Zellsubstanz
6 Plasma
Zellteilung
7 Amitose
Zellteilungsmitte
8 Zentriol
9 Zentrosom
Zellteilungsvorgang
6 Meiose
Zellulose
7 Lignose
9 Zellstoff
Zelluloseverbindung
7 Viskose
Zellwand der Sporen
5 Exine
Zellwollgewebe
7 Kambrik
10 Makogewebe
Zellwucherung
5 Krebs, Tumor
6 Sarkom
10 Geschwulst
Zelt
4 Tipi
5 Jurte
6 Wigwam
7 Kibitka
8 Bierzelt, Hauszelt
11 Campingzelt
Zeltdorf der Nomaden
3 Aul
Zeltender im Lager
6 Camper
Zeltlager
4 Camp
Zeltleben
7 Camping
Zeltpflock
6 Hering
Zelttuch
5 Plane
Zelttyp
9 Kegelzelt
Zementeinspritzung
9 Injektion
Zementmosaik
8 Terrazzo
zensieren
7 benoten, pruefen
10 beurteilen
11 examinieren
Zensor
7 Pruefer
Zensur
4 Note
7 Zeugnis
8 Benotung, Pruefung
9 Bewertung, Praedikat
11 Beurteilung
Zentralafrika
Berge
11 Kayagangiri, Mongos Berge
Bevölkerung
4 Baja
5 Banda, Bantu, Ngala
6 Mandja
7 Mandija
8 Pygmaeen
Flüsse
5 Kotto, Ouham
6 Loboye, Schari, Ubangi
Gebirgsmassiv
6 Bakoré
Hauptstadt
6 Bangui
Kaiser
7 Bokassa
Nationalpark
11 Saint-Floris
Politiker
5 Dacko
8 Kolingba
Pygmäenvolk
7 Babinga
Städte und Orte
3 Obo
4 Bria, Nola
5 Bouar, Ndelé, Sibut
7 Bakouma, Bambari
9 Bangassou, Berbérâti, Bossangoa
Währung
5 Franc
7 Centime
Zentralalpengruppe
9 Silvretta
zentrale Predigtaussage
6 Skopus
Zentralgestirn
5 Sonne
8 Fixstern
Zentralspeicher eines Großcomputers
9 Datenbank
Zentrifugalkraft
10 Fliehkraft
Zentrum
4 City, Herz, Kern
5 Mitte
9 Innerstes, Kernpunkt
10 Innenstadt, Wesenskern
11 Mittelpunkt
der Schießscheibe
7 Spiegel
des japanischen Buddhismus
5 Kioto
des russischen Kunstlebens
9 Abramzeno
einer Atomexplosion
9 Feuerball
eines Hurrikans
4 Auge

Zepterdiamant der russischen Zaren
5 Orlow
zerbrechlich
4 zart
6 fragil, morsch
10 splitterig
Zerbrechlichkeit
8 Zartheit
11 Fragilitaet
zerbrochen
3 hin
6 defekt, kaputt
8 diffrakt
zerbröckeltes Gestein
4 Grus
zerdrückte Traubenmasse
7 Maische
zerebral
9 kakuminal
Zerfall
4 Ruin
10 Aufloesung, Niedergang, Zersetzung
11 Destruktion
13 Zusammenbruch
der weißen Blutkörperchen
9 Leukolyse
körniger Gesteine
9 Abgrusung, Absandung
von chemischen Verbindungen
5 Abbau
zerfallenes Bauwerk
5 Ruine
Zerfallserscheinung
4 Rost
5 Moder
Zerfallsprodukt des Urans
6 Ionium, Radium
Zerfaserungsmaschine
9 Reisswolf
zergliedern
8 zerlegen
9 aufrollen, entwirren, erklaeren
11 analysieren
12 zerpfluecken
13 spezifizieren
Zergliederung
7 Analyse
12 Untersuchung
14 Spezifizierung
Zergliederungskunst
8 Analytik
Zerhacker einer Strahlung
7 Chopper
zerkleinertes Gestein
4 Grus
6 Splitt
Zerkleinerungsmaschinen
4 Wolf
6 Muehle
7 Brecher
Zerknall
9 Explosion
10 Detonation
zerknallen
7 bersten, platzen
10 detonieren, zerplatzen
11 explodieren, zerspringen
Zerknirschtheit
4 Reue
zerknittern
8 knuellen
zerlegen
8 sezieren
11 tranchieren
Zerlegung
7 Analyse, Teilung
8 Spaltung
9 Demontage, Partition
10 Dispersion
zermalmend
7 brisant
Zermalmung
11 Trituration
zernagen
11 korrodieren
zernagend
8 korrosiv
Zeroplastik
9 Wachsbild
zerplatzen
7 bersten
Zerrbild
6 Fratze
7 Cartoon
8 Grimasse
9 Karikatur, Spottbild
11 Entstellung
Zerreißprobe
9 Crashtest
Zerreißung
6 Rhexis, Ruptur
9 Lazeratur
zerren
6 rupfen, ziehen, ziepen, zupfen
7 reissen
zerrissen
6 defekt, kaputt
8 schizoid
12 zwiespaeltig
zerrissene Gesteinsschicht
9 Boudinage
zerschlissenes Stück
6 Fetzen
zersetzen
6 loesen
7 spalten
9 aufloesen
11 untergraben
12 unterhoehlen
14 demoralisieren
zersetzend
10 destruktiv
Zersetzung
5 Moder
7 Verfall, Zerfall
8 Faeulnis
9 Korrosion, Verwesung
11 Destruktion, Zerstoerung
durch Hitze
8 Pyrolyse
Zersetzungsschicht auf Eisen
4 Rost
Zerspanungsmechaniker
6 Dreher
7 Fraeser
Zerstäuber
8 Spreader
9 Atomiseur
Zerstäuberflüssigkeit
5 Spray
zerstäubtes Gestein
4 Malm
zerstören
8 sprengen
9 ausrotten, erodieren, ruinieren, verheeren
10 demolieren, vernichten, verwuesten, zerbrechen, zerteppern
11 destruieren, zerschlagen
12 kaputtmachen, zertruemmern
13 zerschmeissen, zerschmettern
15 zugrunde richten
zerstörend
8 korrosiv
9 subversiv
10 destruktiv
Zerstörer
6 Teufel
9 Verderber
zerstörerische Verleumdung
7 Rufmord
zerstörtes Schiff
5 Wrack
Zerstörung
9 Korrosion
10 Verheerung, Zersetzung
11 Destruktion, Vernichtung
14 Zertruemmerung
durch Explosion
9 Sprengung
Zerstörungswut
11 Vandalismus, Wandalismus
zerstörungswütig
10 vandalisch, wandalisch
zerstoßen
8 pilieren
zerstreut
6 diffus, fahrig
7 dispers
8 abwesend
9 abgelenkt, zerfahren
10 sporadisch
12 unaufmerksam, verschwommen
14 unkonzentriert
15 geistesabwesend
Zerstreuung
9 Ablenkung, Diffusion
10 Dispersion
11 Belustigung
12 Unterhaltung, Zeitvertreib
von Lichtstrahlen
9 Diffusion
10 Dispersion
zerstritten
8 entzweit, verzankt

9 verkracht
10 verfeindet
11 spinnefeind
zerteilte Münze
9 Haelbling
zertrümmern
10 demolieren
11 atomisieren
Zerwürfnis
4 Zank
5 Hader, Zwist
6 Disput, Streit
10 Entzweiung, Zwietracht
zerzaust
8 stroblig, struppig
9 strubblig
10 derangiert
Zettelkästen
6 Kartei
9 Kartothek
Zeug
5 Stoff
8 Schamott
9 Textilien
Zeugdruckerei
9 Reservage
Zeughaus
7 Arsenal
11 Ruestkammer
Zeugnis
6 Attest, Diplom, Testat, Zensur
8 Dokument
9 Bewertung
10 Zertifikat
11 Beurkundung
12 Beglaubigung, Bestaetigung
13 Bescheinigung
Zeugnisnoten
3 gut
4 drei, eins, vier, zwei
5 fuenf, sechs
7 sehr gut
9 genuegend
10 mangelhaft
11 ausreichend, ungenuegend
12 befriedigend
zeugungsunfähig
6 steril
8 impotent
Zeusgeliebte
2 Io
4 Leda, Leto, Maia, Maja
5 Danae, Dione
6 Europa, Semele
7 Alkmene
Zeusgemahlin
4 Hera
5 Dione
Zeusheiligtum
6 Dodona
Zeustöchter
4 Dike, Hebe, Muse
6 Athene, Eirene, Helena
7 Artemis
8 Kalliope
9 Aphrodite
10 Persephone
Zibetbaum
5 Durio
9 Stinknuss
11 Stinkfrucht
Zibethyäne
7 Erdwolf
8 Proteles
Zibetkätzchen
5 Rasse
Ziborium
5 Kelch
9 Altardach
10 Tabernakel
12 Hostienkelch
14 Hostiengefaess
Zichorienart
8 Chicorée
9 Schikoree
Ziege (Nährmutter des Zeus)
8 Amalthea
Ziegeleiprodukt
6 Quader, Ziegel
7 Klinker
9 Backstein, Formstein
10 Dachplatte, Dachziegel
Ziegelsorte
7 Klinker
9 Backstein
Ziegen
4 Thar
5 Capra, Geiss, Hippe, Serau, Takim, Zibbe, Zicke, Zippe
6 Gaemse, Zickel
7 Markhor
8 Zicklein
9 Geisslein, Torfziege, Wildziege
10 Zwergziege
11 Angoraziege, Bezoarziege
13 Kaschmirziege
14 Schraubenziege
Ziegenantilope
5 Goral
Ziegenbalg für Wein
7 Burdjuk
Ziegenbartpilz
6 Glucke
Ziegenjunges
4 Kitz, Lamm
8 Zicklein
Ziegenleder
3 Kid
5 Glacé, Nappa
7 Chamois, Saffian
8 Chevreau, Maroquin
Ziegenpeter
5 Mumps
9 Parotitis
Ziegenwolle
6 Mohaer, Mohair
Ziehgriff
3 Zug
Ziehharmonika
9 Akkordeon, Bandoneon
10 Konzertina
15 Schifferklavier
Ziehmutter
4 Amme
12 Pflegemutter
Ziehschleifen
5 Honen
Ziehung
9 Auslosung, Verlosung
11 Ausspielung
Ziel
4 Kurs
5 Frist, Telos
6 Objekt
7 Absicht
8 Endpunkt
9 Finalsatz, Intention
13 Zahlungsfrist
14 Bestimmungsort
beim Fußball, Handball, Hockey
3 Tor
beim Golfspiel
4 Loch
beim Schießen
7 Scheibe
beim Sportschießen
9 Wurftaube
Zielbahnhof
8 Terminal
zielbewusst
10 konsequent, unbeirrbar
12 entschlossen
Handelnder
8 Aktivist
Zielbewusstheit
10 Konsequenz
14 Unbeirrbarkeit
16 Entschlossenheit
Zieleinrichtung
6 Visier
zielen
8 visieren
10 anvisieren
zielend
9 transitiv
Zielgerät
7 Diopter
Ziellosigkeit
6 Atelie
9 Hin und her
Zielobjekt
3 Tor
4 Loch
7 Scheibe
8 Tontaube
Zielpunkt
8 Schwarze
Zielpunkt eines Gestirns
6 Apikal
Zielsetzung
8 Richtung
Zielstreben
7 Absicht, Tendenz
zielstrebig
7 resolut
8 ergeizig, fleissig, unbeirrt

9 energisch, zupackend
10 konsequent
11 tatkraeftig, zielbewusst
12 entschlossen, willensstark

Zielstrebigkeit
10 Konsequenz
14 Beharrlichkeit
16 Entschlossenheit

zielsuchendes Geschoss
9 Lenkbombe

Zielverfolgen
8 Tracking

Zielvorrichtung
4 Korn
5 Kimme
6 Visier
10 Fadenkreuz

Zierarbeit
11 Applikation

aus feinem Draht
8 Filigran

Zierband
8 Maeander

Zierbaum
7 Katalpe, Robinie
8 Magnolie
9 Feldahorn
10 Lebensbaum, Massholder

Zierbildchen
8 Vignette

zierend
10 ornamental

zierendes Flechtband
9 Lacetband

Ziererei
5 Getue, Mache
6 Gehabe, Gewese
9 Pruederie
11 Affektation
14 Manieriertheit, Zimperlichkeit

Zierfiguren
6 Nippes

Zierfischbehälter
8 Aquarium

Zierfische fürs Aquarium
5 Barbe, Betta, Danio, Guppy, Molly, Platy
6 Gurami, Skalar
7 Helleri, Rasbora, Salmler
8 Goldorfe, Roterrio
9 Goldfisch, Makropode
10 Buntbarsch, Fadenfisch, Kampffisch
11 Maulbrueter, Neonsalmler
13 Korallenfisch, Teleskopfisch
14 Keilfleckbarbe, Schwerttraeger
15 Schleierschwanz

Ziergefäß
4 Vase

Ziergehölz
8 Bartnuss
9 Korbweide

Ziergürtel der spanischen Tracht
4 Faja

Zierknopf
5 Bosse
7 Netsuke

Zierkürbis
9 Cucurbita

Zierleiste an griechischen Bauten
4 Kyma
8 Kymation

zierlich
4 fein, zart
6 grazil
7 anmutig

zierliches Mädchen
9 Pueppchen

Ziermotiv
8 Palmette

Ziernote im gregorianischen Gesang
5 Plica

Zierornament
10 Flamboyant

Zierpflanzen
4 Efeu, Iris, Rose
5 Aster, Buchs, Canna, Kalla, Kanna, Lilie, Malve, Myrte, Nelke, Palme, Phlox, Porst, Tulpe, Winde, Yucca, Yukka
6 Aralie, Aukuba, Azalea, Azalee, Azalie, Cissus, Clivia, Coleus, Dahlie, Daphne, Diptam, Funkie, Jasmin, Krokus, Lupine, Mispel, Primel, Reseda, Salvie, Szilla, Zinnie
7 Amarant, Ardisie, Aurikel, Begonie, Eibisch, Flieder, Freesie, Fuchsie, Geranie, Ginster, Kamelie, Lantana, Levkoje, Lobelie, Lorbeer, Mahonie, Monarde, Opuntie, Paeonie, Pandane, Petunie, Rizinus, Tagetes, Teerose, Verbene
8 Akanthus, Bandgras, Bandmais, Bignonie, Caladium, Camellia, Eisenhut, Evonymus, Gardenia, Gardenie, Georgine, Geranium, Gladiole, Gloxinie, Goldlack, Goldrute, Grastopf, Herlitze, Hibiskus, Kornrade, Liguster, Magnolie, Masslieb, Mondsame, Monstera, Narzisse, Nestfarn, Oleander, Orchidee, Portulak, Ranunkel, Rosmarin, Siegwurz, Tuberose, Veilchen, Zartried, Zyklamen
9 Amaryllis, Asparagus, Balsamine, Bartnelke, Cineraria, Commelina, Dickblatt, Eberraute, Feenlilie, Felsnelke, Fetthenne, Forsythie, Gauchheil, Geissbart, Gelbdolde, Goldregen, Gummibaum, Haarblume, Hainblume, Heliotrop, Hortensie, Hyazinthe, Klebnelke, Korydalis, Kreuzrebe, Mannstreu, Paulownia, Pechnelke, Samtblatt, Sauerdorn, Schwertel, Wollziest, Zinerarie
10 Belladonna, Berberitze, Buntnessel, Ehrenpreis, Feuerlilie, Geissblatt, Hahnenkamm, Immergruen, Kellerhals, Loewenmaul, Montbretia, Nachtkerze, Nachtviole, Pelargonie, Pimpernuss, Sanseveria, Wachsblume, Winterling
11 Gedenkemein, Kaiserkrone, Kalzeolarie, Klatschmohn, Maennertreu, Pferdeminze, Pfingstrose, Rittersporn, Schiefblatt, Schoenlilie, Selaginella, Sonnenwende, Zimmerlinde, Zimmertanne
12 Chrysantheme, Fensterblatt, Gauklerblume, Glockenblume, Koenigskerze, Lerchensporn, Philodendron, Rhododendron, Tradeskantie
13 Alpenveilchen, Maigloeckchen

Zierplatte am Fries
7 Diglyph

Zierrat
4 Putz
5 Dekor
6 Zierde

7 Ausputz, Flitter, Rosette, Schmuck
8 Ornament
10 Verzierung
14 Ausschmueckung

Zierringe am dorischen Kapitellwulst
5 Anuli

Zierschrank
7 Vertiko

Zierspargel
9 Asparagus

Ziersträucher
5 Buchs, Hasel, Myrte
6 Aukuba, Azalee, Azalie, Cissus, Jasmin
7 Ardisie, Eibisch, Flieder, Ginster, Glyzine, Kamelie, Lorbeer, Telekia, Telekie
8 Blutnuss, Clematis, Gardenie, Hibiskus, Klematis, Liguster, Oelweide, Oleander, Sanddorn, Wistaria
9 Alpenrose, Aubrietie, Feuerdorn, Forsythie, Goldregen, Goldwinde, Hamamelis, Heliotrop, Hortensie, Kronwicke, Sauerdorn, Weissdorn
10 Blaukissen
12 Philodendron, Rhododendron

Ziervogel
4 Pfau
13 Paradiesvogel

Zierwiese
5 Rasen

Ziffer
4 Zahl
5 Digit
6 Nummer

hinter dem Komma
8 Mantisse

in der dritten Potenz
9 Kubikzahl

rechts vom Komma
8 Dezimale

ziffernmäßig
7 digital

Zigarettendose
9 Tabatiere

Zigarettenrest
5 Kippe
7 Stummel

Zigarre aus dem Ausland
7 Importe

Zigarren
7 Stumpen
9 Giftnudel, Zigarillo

Zigarreneinlage
5 Puppe
6 Wickel

Zigarrenrest
7 Stummel

Zigarrensorten
6 Brasil
7 Havanna, Importe, Stumpen, Sumatra
8 Virginia
9 Fehlfarbe, Zigarillo

Zigarrenteile
7 Einlage, Umblatt
9 Deckblatt
10 Bauchbinde

Zigeuner

Gruppen
3 Ben, Rom
4 Kale, Phen, Roma
5 Cinte, Sinte, Sinti

Namen
5 Gipsy, Tater
6 Gitano
7 Tattare
8 Bohèmien

Patronin
5 Sarah

Sprache
6 Romani

Tänze
4 Polo
6 Gitana
8 Flamenco

Tanzlied
10 Zingaresca

Totengeist
4 Mulo

Zigeunerhuhn
6 Hoazin
7 Hoatzin

Zigeunersprache
6 Romani

Zikadenart
9 Singzirpe

Ziller-Zufluss
6 Gerlos

Zimbabwe

Berg
9 Inyangani

Bergketten
9 Great Dyke
12 Intangaberge

Bevölkerung
5 Bantu, Shona, Tonga
6 Schona, Zezero
7 Karanga, Manyiku, Ndebele
8 Korekore
9 Simbabwer, Zimbabwer

Fluss
4 Sabi

Gebiete
10 Matabeland
11 Mashonaland

Hauptstadt
6 Harare
9 Salisbury

Nationalpark
6 Wankie

Politiker
5 Nkomo
6 Banana, Mugabe

See
9 Karibasee

Städte
5 Gwelo, Gweru
6 Hwange, Kadoma, Kwekwe, Mutare, Norton, Que Que, Umtali, Wankie
7 Bindura, Chegutu
8 Bulawayo, Masvingo, Redcliff, Shurugwi
11 Chitungwiza

Währung
4 Cent
6 Dollar

Zimmer
3 Bad
4 Bude
5 Salon, Stube
6 Gelass, Gemach, Kammer, Kueche
8 Kabinett, Wohnraum
9 Esszimmer, Hobbyraum
10 Badezimmer, Schlafraum, Wohnzimmer
11 Arbeitsraum
12 Gaestezimmer, Jugendzimmer, Kinderzimmer, Schlafzimmer

der Dame
7 Boudoir

Zimmerdecke
7 Plafond

Zimmereinrichtung
6 Moebel
8 Mobiliar
10 Meublement
11 Moeblierung

Zimmerflucht *(Vatikan)*
7 Stanzen

Zimmergruppe im Hotel
5 Suite
11 Appartement

Zimmermannswerkzeuge
3 Axt
5 Hobel
6 Hammer
7 Bundaxt
8 Stichaxt
9 Breitbeil, Bundsaege, Handsaege, Klopfholz, Lochsaege, Zollstock, Zugmesser
10 Nagelklaue, Saegeblatt, Stemmeisen
11 Eisenwinkel
12 Fuchsschwanz
13 Anreisswinkel, Schraubzwinge, Stangenbohrer, Stellschmiege
14 Gehrungswinkel
16 Gehrungsschmiege
17 Zimmermannshammer

Zimmertanne
9 Araukarie

zimperlich
6 pruede

7 sittsam, sproede
8 pimpelig
9 etepetete, wehleidig
11 empfindlich, verzaertelt
16 ueberempfindlich

Zimperlichkeit
8 Ziererei
9 Pruederie
15 Empfindlichkeit

Zimt
6 Kaneel
8 Zinnamom

Zimtapfel
6 Annona, Annone
9 Chirimoya

Zimtbär
7 Baribal

Zimtbaum
6 Cassia, Kassia, Kassie
8 Zinnamom, Zinnamon

Zimtbaumrinde
6 Cassia

Zingana
9 Zebraholz

Zink mit Kupfer
6 Bronze

Zinkblende
9 Sphalerit

Zinkerz
6 Galmei

Zinkspat
6 Galmei
7 Kalamin

Zinn
7 Stannun

Zinn-Antimon-Kupfer-Legierung
6 Pewter

Zinn-Blei-Legierung
9 Schnellot

Zinnerz
10 Kassiterit

Zinnfolie
8 Stanniol

Zinnhafen von Thailand
6 Phuket

Zinnkies
7 Stannin

Zinnober
9 Vermillon
17 Quecksilbersulfid

Zinnsäuresalz
7 Stannat

Zinnsteinkraut
6 Graupe

Zinnzerfall
8 Zinnpest

Zins
5 Miete, Pacht
6 Abgabe, Ertrag, Steuer, Tribut
10 Verguetung
13 Kapitalertrag

Zins bringend
8 rentabel

Zinsabzug
7 Diskont

Zinsertrag
7 Rendite

Zinsgutschein
5 Skrip

zinsloser Kreditteil
8 Bardepot

zinspflichtig
5 dotal

Zinsschein
5 Kupon, Talon
6 Coupon

Zinsscheine
7 Valuten

zinstragende Geldsumme
7 Kapital

Zinsvergütung
7 Diskont

Zipfel der
Hudsonbai
8 Jamesbay
Husarenmütze
6 Kalpak, Kolpak

Zipperlein
5 Gicht
7 Podagra
9 Fussgicht

Zirbeldrüse
8 Epiphyse

Zirbelkiefer
4 Arbe, Arve, Zirm, Zirn

Zirkelteil
8 Schenkel

Zirkusbauteil
8 Zeltmast

Zirkusclown
6 August

Zirkuskunst
8 Artistik

Zirkuskünstler(in)
5 Clown, Fakir
6 Artist
7 Akrobat, Mimiker
8 Artistin, Dompteur, Imitator, Jongleur, Zauberer
9 Akrobatin, Jongleuse, Kaskadeur, Pantomime
11 Bauchredner, Illusionist, Kunstfahrer, Kunstreiter, Seiltaenzer
12 Bodenakrobat, Feuerfresser, Messerwerfer, dummer August
13 Seilkuenstler, Tierbaendiger
14 Degenschlucker, Feuerschlucker, Hochseilartist
15 Hochseilakrobat, Schlangenmensch, Trapezkuenstler
16 Schwertschlucker
17 Ballancekuenstler

Zirkuskuppel
9 Chapiteau

Zirkusmanege
5 Arena

Zirkusnummer
7 Seilakt
9 Trapezakt

Zirkusreitkunst
9 Equestrik

Zirkusrund
6 Manege

Zirkusschauplatz
6 Manege

Zirkuszelt
9 Chapiteau

Zirpe
6 Zikade

zirpendes Insekt
6 Grille, Zikade

Zischlaut
8 Sibilant

Ziseleur
7 Stecher
12 Stahlstecher
13 Kupferstecher

Zisterne
4 Serk
16 Auffangbehaelter

Zisterzienserabtei
7 Citeaux
8 Himmerod
bei Eberswalde
6 Chorin
in Tirol
5 Stams

Zitat
7 Allegat
9 Ausspruch

Zitatensammlung
3 Ana
9 Analekten

Zithervirtuose
5 Knabl

Zitronat
6 Zedrat

Zitronatzitrone
5 Etrog

Zitronen
5 Lumie
6 Limone
7 Limetta, Limette

Zitronenfruchtschale
7 Sukkade
8 Zitronat

Zitronenkraut
7 Melisse

zitronensaures Salz
6 Zitrat

Zitronensäuresalz
6 Zitrat

Zitronenstrauch
6 Lippia
7 Aloysia

Zitrusbaum
9 Limonelle

Zitrusfrüchte
5 Etrog, Lumie, Navel
6 Agrumi, Limone, Orange, Pomelo
7 Agrumen, Limetta, Limette, Satsuma, Tangelo, Zitrone
8 Chironja
9 Apfelsine, Mandarine, Pomeranze, Tangerine

10 Bergamotte, Clementine, Grapefruit, Klementine, Pampelmuse, Suedfrucht
11 Navelorange
12 Bitterorange

Zitrusfrüchtesaft
6 Squash

Zitruspflanze
5 Lumie

Zittergras
5 Segge
8 Waldhaar

Zitterlaut
7 Vibrant

zittern
6 zucken
7 bibbern, erbeben
9 vibrieren
11 tremulieren
5 Trema
6 Tremor
9 Tatterich

zitternder Glanz
7 Flimmer

Zitterpappel
4 Espe

Zitterrochen
7 Torpedo

zittrig
7 taperig, tattrig
8 tatterig, tuttelig
10 hinfaellig

zivil
6 privat
7 maessig
8 gesittet
10 angemessen
11 buergerlich, umgaenglich
16 ausserdienstlich
17 nichtmilitaerisch

Zivilprozess
9 Verfahren
15 Urkundenprozess
17 Gerichtsverfahren

zögern
5 zagen
7 saeumen, zaudern
8 drucksen
9 schwanken
10 retardiern
11 haesitieren

zögernd
8 tentativ
10 ritardando
14 unentschlossen

zögernder Mensch
7 Saeumer
8 Zauderer
9 Zaudrerin

Zöglinge
5 Eleve
6 Alumne, Kadett
8 Schueler
9 Pflegling

Zölibat
12 Ehelosigkeit

Zoll
4 Inch, Maut
6 Abgabe, Akzise, Douane, Tribut
8 Wegegeld
11 Grenzabgabe, Grenzsteuer
14 Brueckensteuer

Zollamt
6 Douane

Zollausschlussgebiet am Wasser
9 Freihafen

Zollbescheinigung
8 Bollette
9 Passavant

zollfertig machen
9 klarieren
11 deklarieren

zollfreie(r, s)

Gebiet
9 Freihafen

Stapelplatz
8 Entrepot

Zöllner in Jericho
8 Zachaeus

Zollniederlage
8 Entrepot

Zollpassierschein
6 Carnet

Zollrückvergütung
8 Drawback

Zollschranke
9 Grenzbaum

Zollstock
8 Massstab

Zollvergehen
9 Schmuggel

Zollzuschlag
7 Surtaxe

Zone
4 Raum
6 Gebiet, Region
7 Bereich, Terrain
9 Erdstrich
10 Landstrich
11 Territorium
15 Gebietsstreifen
16 Besatzungsgebiet

am Rand der Sahara
5 Sahel

Zooanlagen
6 Gehege, Kaefig
7 Voliere, Zwinger
8 Aquarium, Tierpark
9 Terrarium
10 Freigehege, Tiergarten

Zoologe eines Gebiets
7 Faunist

Zoologie
9 Tierkunde

Zorn
3 Wut
4 Rage
5 Groll, Zores
6 Aerger, Rochus
7 Ingrimm, Unwille
8 Harnisch
9 Aergernis, Empoerung
11 Entruestung

Zornausbruch
6 Koller, Rappel, Raptus
9 Wutanfall
15 Tobsuchtsanfall

zornig
5 sauer
6 rabiat
7 empoert, fuchtig, grantig, grimmig, wuetend
8 unwillig
9 enragiert
10 aergerlich, entruestet, veraergert

zorniges Geschrei
9 Wutgeheul

Zornnatter
7 Coluber

zottiger Waldgeist
6 Schrat
7 Schratt
9 Schraetel

zu Anerkennung verhelfen
9 lancieren

zu biegender Stanzteil
8 Blankett

zu Boden stürzen
6 fallen

zu den Blutgefäßen gehend
8 vaskular

zu den Herzkranzgefäßen gehörend
7 koronar

zu der Zeit
8 waehrend

zu ebener Erde
8 parterre

zu einem früheren Zeitpunkt
4 eher

zu einem Winkel gehörend
7 angular

zu einem Ziel führende Sache
6 Mittel

zu einer bestimmten Rasse gehörend
6 negrid

zu erfüllendes Vermächtnis
9 Praelegat

zu ermittelnde Person
9 unbekannt

zu ertasten
8 fuehlbar, palpabel

zu essen geben
8 fuettern

zu gleichen Teilen
8 halbpart

zu große Hast
9 Uebereile

zu Hause
6 daheim

zu Herzen gehend
8 ruehrend

zu hoher Wert
9 Ueberwert

zu Jazzmusik tanzen
6 hotten

zu keiner Zeit
3 nie
7 niemals
zu Koks machen
8 verkoken
zu Lehranstalten gehörender Platz
8 Schulhof
zu loben
9 ruehmlich
11 praedikabel
zu Mittag essen
7 lunchen
zu neuem Erleben drängend
9 faustisch
zu schnell
8 voreilig
zu sehen
7 visibel
8 sichtbar
zu spülendes Geschirr
7 Abwasch
zu Unrecht Verfolgter
8 Underdog
zu unrechter Zeit
6 unpass
zu verstehen
7 fassbar
zu vorgerückter Stunde
5 spaet
zu welcher Zeit
4 wann
Zubehör
5 Annex, Extra, Zutat
6 Extras
7 Armatur, Beiwerk, Utensil
8 Requisit
10 Accessoire, Anhaengsel, Utensilien
zubereitete(s)
Arznei
9 Praeparat
Gänsebrust
9 Spickgans
Huhn
9 Backhendl
Hühnerprodukt
6 Setzei
Zubon
8 Judohose
Zubringer
4 Bote
8 Conveyer
9 Lieferant
10 Botenjunge
11 Botendienst, Foerderband
15 Zwischentraeger
Zubringergraben
6 Rigole
Zucht
5 Anbau, Moral, Mores, Sitte
6 Kultur, Raeson
7 Anstand, Ordnung
8 Benehmen, Gehorsam
9 Disziplin, Zuechtung
11 Sittsamkeit
12 Sittlichkeit
Zuchtauswahl
7 Koerung
Züchter von Zierfischen
8 Aquarist
Zuchtfisch
8 Setzling
Zuchtform der Haustaube
7 Carrier
Zuchtgeflügel
8 Haushuhn
Zuchthaus
8 Kriminal
züchtig
4 rein
6 keusch
7 integer, sittsam
8 sittlich
9 schamhaft
10 anstaendig, sittenhaft, tugendhaft
11 unverdorben
12 jugfraeulich
züchtigen
5 hauen
8 dreschen, pruegeln, schlagen, verhauen
9 verkeilen, versohlen
10 verklopfen, verkloppen, vertobaken, vertrimmen
11 verdreschen, verpruegeln
12 verkamisolen
13 durchpruegeln
Züchtigung
4 Haue
5 Hiebe, Senge
6 Kloppe, Schlag, Wichse
7 Pruegel, Schelle
8 Ohrfeige, Schlaege
10 Backpfeife
11 Maulschelle
Züchtigungsgerät
4 Rute
5 Katze, Knute, Stock
6 Riemen
7 Geissel, Nagaika
8 Peitsche
9 Rohrstock
Zuchtlosigkeit
6 Amoral
14 Demoralisation
zuchtreifer Stier
5 Farre
6 Farren
Zuchtrind
5 Bulle, Stier
Zuchtstammbuch
8 Herdbuch
Zuchttierverzeichnis
9 Herdebuch
zuchtuntaugliche Tiere
8 Ausmerze, Merzvieh
Zuchtwahl
9 Selektion
zuckend brennen
8 flackern
Zucker
in Orangenschalen
7 Mannose
in Pilzen
9 Trehalose
mit einer CO-Gruppe
6 Ketose
mit zwei Sauerstoffatomen
5 Biose
spaltendes Ferment
7 Oligase
Zuckerarten
5 Melis
6 Aldose, Fukose, Kandis
7 Glucose, Glukose, Laktose, Melasse
8 Dextrose, Fructose, Fruktose, Karamell
9 Galaktose, Laevulose, Raffinade, Rohzucker, Zuckerhut
10 Rohrzucker
11 Puderzucker, Staubzucker
12 Fruchtzucker, Gelierzucker, Invertzucker, Kandiszucker, Ruebenzucker
13 Traubenzucker, Vanillezucker, Wuerfelzucker
15 Zuckerraffinade
Zuckerbäcker
8 Konditor
9 Patissier
Zuckergast
15 Silberfischchen
Zuckergehalt
9 Glykaemie
Zuckerguss
6 Glasur
Zuckerinsel
4 Kuba
Zuckerkand
6 Kandis
Zuckerkörner
11 Nonpareille
Zuckerkranker
10 Diabetiker
Zuckerkrankheit
8 Diabetes, Harnruhr
Zuckerlösung
5 Sirup
Zuckermais
9 Suesskorn
Zuckermasse
7 Couleur, Fondant
Zuckermehl
5 Farin
Zuckerrand
6 Crusta
zuckerreicher Pflanzensaft
5 Manna
Zuckerrohr
9 Saccharum
Zuckerrohrschnaps
3 Rum

4 Cana
5 Arrak
Zuckersaft
5 Sirup
Zuckersorten
5 Melis
9 Hutzucker
10 Rohrzucker
11 Puderzucker
12 Ruebenzucker
13 Plattenzucker, Wuerfelzucker
Zuckerverbindung
6 Aldose
8 Sacharat
9 Saccharat
Zuckerwerk
5 Drops
6 Bonbon, Toffee
7 Fondant, Konfekt, Praline
9 Karamelle
10 Zuckerzeug
11 Sahnebonbon, Suessigkeit
12 Fruchtbonbon
Zuckerzeug
10 Suesswaren
Zuckung
3 Tic, Tik
4 Tick
10 Konvulsion
Zudecke
8 Oberbett
Zudecktuch für Abendmahlsgeräte
5 Velum
zudringlich
4 keck
5 frech
6 dreist
7 laestig
9 indiskret, penetrant
10 unhoeflich
12 aufdringlich
14 ruecksichtslos
16 plump-vertraulich
Zueignung
7 Widmung
10 Dedikation
Zuerkennung
12 Adjudikation
Zufall
5 Tyche
zufällig
6 kasual
11 akzidentell
12 akzidentiell
Zufallspaarung
8 Panmixie
Zufallstor
9 Abstauber
Zufluchtsort
4 Asyl, Hort
6 Obdach, Schutz
7 Schluff
8 Herberge, Refugium, Versteck
9 Freistadt
10 Unterkunft
11 Schlupfloch
12 Unterschlupf
13 Schlupfwinkel
zufrieden sein
9 begnuegen
zufriedengestellt
9 saturiert
Zufriedenheit
7 Behagen, Eukolie
12 Wohlbefinden
zufügen
5 antun
7 schaden
8 addieren
9 ergaenzen, vermehren
10 beimischen
12 vergroessern
Zuführungsrohr
9 Zuleitung
Zug
4 Bahn, Wind
5 Schar, Treck
6 Gruppe
7 Kolonne, Neigung
8 Durchzug, Eigenart
9 Eisenbahn
10 Prozession
12 Luftbewegung
13 Protestmarsch
bei Heizkesseln
9 Unterwind
der Zeit
5 Trend
7 Tendenz
Zugabe
7 Praemie
8 Korollar
13 Gratifikation
Zugabteil
5 Coupé, Kupee
Zugang
3 Tor, Weg
4 Tuer
5 Neuer
6 Pforte, Portal
7 Einlass, Strasse, Zufahrt, Zutritt
8 Auffahrt, Eintritt
9 Akzession, Anschluss
17 Familienanschluss
Zugankunft
8 Einfahrt
zugeführte Produktionsmittel
5 Input
zugegen
2 da
4 hier
5 dabei
8 anwesend, praesent
seiende Leute
9 Anwesende
Zugehörigkeit zur russischen Beamtenklasse
6 Tschin
zugeknöpft
8 wortkarg
9 abweisend
10 reserviert
12 verschlossen
13 unzugaenglich
Zugelemente
4 Seil
5 Kette, Track
zügellos
4 wild
8 dissolut, libertin
9 triebhaft
11 hemmungslos, orgiastisch
12 ungebaendigt
13 ausschweifend
14 unkontrolliert
zügellose(r, s)
Gelage
5 Orgie
Horde
5 Korak
6 Korach
Leidenschaft
9 Wetteufel
Schwärmer
7 Orgiast
Zügellosigkeit
8 Athesmie
11 Libertinage
15 Triebhaftigkeit
16 Unbeherrschtheit
Zügelung des Übermuts
8 Daempfer
zugeordnete Unterdeterminante
8 Adjunkte
zugespitzt
9 pointiert
12 aphoristisch
zugespitzte(r)
Hammerseite
5 Finne
Holzstamm
5 Pfahl
Zugeständnis
10 Kompromiss, Konzession
zugestehen
11 konzedieren
zugetan
7 geneigt, gewogen
zugeteilte Menge
6 Ration
7 Portion
zugeworfener Gruß
8 Kusshand
zugfester Metallstrang
9 Seildraht
Zuggardine
7 Vitrage
Zuggestell
4 Joch
Zuggestell beim Tiergespann
4 Joch
Zuggewicht
7 Zuglast
zugig
6 luftig, windig
zugkräftig
7 wirksam

9 anfeuernd, anreizend, anziehend, attraktiv, effizient
11 reisserisch
12 werbewirksam, wirkungsvoll

zugleich
8 simultan
11 miteinander
12 gleichzeitig

Zugmaschinen
3 Lok
4 E-Lok
5 Ellok
7 Bulldog, Traktor, Trecker
8 Dampflok
9 Bulldozer, Diesellok, Schlepper
10 Lokomotive, Triebwagen
14 Motorschlepper
15 Dampflokomotive, Raupenschlepper, Sattelschlepper
16 Diesellokomotive

Zugriff
4 Biss, Raub
7 Schnapp
9 Diebstahl
10 Okkupation

mit den Zähnen
4 Biss

zugrunde gerichtet
6 kaputt
7 desolat
8 ruiniert
9 zerstoert
12 abgehalftert
16 abgewirtschaftet, heruntergekommen

Zugsicherungseinrichtung
6 Indusi

Zugstück
3 Hit
4 Clou
7 Treffer
8 Thriller
9 Zugnummer
10 Attraktion

Zugtau
7 Treidel
10 Schlepptau

Zugtiere
3 Emu, Jak, Ren, Yak
4 Esel, Hund, Pony, Rind, Zebu
5 Kamel, Mulus, Ochse, Pferd, Stier, Ziege
7 Bueffel, Gespann, Rentier
8 Dromedar, Maulesel, Maultier
10 Ackerpferd

anschirren
9 anspannen

Zugtiergeschirr
6 Kummet

Zugvögel
4 Fink, Star
5 Ammer, Fitis, Pirol
6 Lerche, Reiher, Storch
7 Drossel, Kiebitz, Kranich, Kuckuck, Wuerger
8 Kolkrabe, Schnepfe, Schwalbe, Spoetter, Sprosser, Wildente, Wildgans
9 Wiedehopf
10 Bachstelze, Baumpieper, Feldlerche, Fischadler, Grasmuecke, Nachtigall, Neuntoeter, Rotschwanz
11 Mauersegler
12 Haubenlerche
15 Rotschwaenzchen
16 Gartengrasmuecke, Gartenrotschwanz

Zuhause
4 Heim
5 Villa
6 Bleibe, Heimat
7 Wohnort, Wohnung
8 Bungalow, Wohnheim
9 Apartment, Eigenheim, Heimatort, Penthouse
10 Heimatland, Reihenhaus, Unterkunft
11 Appartement, Heimatstadt
15 Einfamilienhaus
16 Eigentumswohnung, Mehrfamilienhaus, Zweifamilienhaus
17 Dreizimmerwohnung, Fuenzimmerwohnung, Vierzimmerwohnung, Zweizimmerwohnung

Zuhörer
4 Gast
8 Publikum
9 Hospitant
10 Auditorium

Zuhörerbühne
8 Tribuene

Zuhörerschaft
8 Publikum
10 Auditorium

Zuhörerstuhl
9 Sitzplatz

zukommende Achtung
6 Wuerde

zukommendes Stück
6 Anteil

Zukost
7 Beilage

Zukunft
5 Futur
7 Futurum

zukünftig
5 in spe

Zukunftsaussicht
11 Perspektive

Zukunftsdeutung
6 Mantik
9 Prophetie

Zukunftsform
5 Futur
7 Futurum

Zukunftsraum
6 Utopie

Zukunftsroman
14 Science-fiction

Zukunftswarner
5 Rufer

Zulage
7 Beigabe
12 Aufbesserung
13 Gratifikation, Sonderzahlung

zulässig
7 erlaubt
9 genehmigt, gestattet, statthaft

zulässige Abweichung
8 Toleranz

Zulassung
6 Lizenz
9 Admission, Erlaubnis
10 Konzession

Zulassungsbeschränkung
14 Numerus clausus

Zulauf
3 Run
5 Sturm
6 Geriss
7 Andrang, Ansturm, Zustrom
8 Frequenz

Zuluherrscher
7 Tschaka

zum Anfang zurückkehrende Ereignisse
9 Kreislauf

zum Beißen neigend
6 bissig

zum Besten halten
4 uzen
8 frotzeln, haenseln, verulken
9 aufziehen, veralbern
10 anpflaumen, ausspotten, hochnehmen, veraeppeln, verspotten
11 austricksen
12 vergackeiern

zum Brustbein gehörend
7 sternal

zum Eid Verpflichteter
5 Delat

zum Eiszeitalter gehörend
8 diluviat

zum Erbsitz gehörig
8 allodial

zum Fällen markierter Baum
8 Lachbaum

zum Fluss gehörend
7 fluvial

zum Haus gehörender Platz
3 Hof
9 Hinterhof

zum Herrscher machen
7 kroenen

zum Kinostück verarbeiten
9 verfilmen

zum Kirchspiel gehörend
9 parochial
zum Kreuzbein gehörend
6 sakral
zum Lidknorpel gehörend
6 tarsal
zum Meer gehörig
5 marin
zum Museum gehörig
6 museal
zum Nennwert
6 al pari
7 nominal
zum päpstlichen Hof gehörend
6 kurial
zum Pflücken geeignet
4 reif
zum Rind gehörig
5 bovin
zum Schein
8 pro forma
zum Spektrum gehörend
8 spektral
zum Teil aufhebend
9 derogativ
zum Weltmeer gehörend
9 ozeanisch
zum zweiten Halswirbel gehörend
5 axial
zunächst
4 erst
5 vorab, zuvor
6 zuerst
7 vorerst
10 vorderhand, vorlaeufig
Zunahme
5 Wuchs
8 Wachstum
9 Ansteigen, Anwachsen, Erhoehung
10 Steigerung, Vermehrung
11 Progression
Zunder
7 Schwamm
Zündmittel
5 Lunte
6 Zunder
8 Stoppine
9 Detonator
12 Feuerschwamm
Zündwilligkeitsmaß
9 Cetanzahl
zunehmend
9 crescendo
10 progressiv
Zuneigung
4 Gout, Huld
5 Gunst, Liebe
6 Faible, Philia
8 Liebelei
9 Affektion, Interesse, Sympathie
10 Mitgefuehl, Wohlwollen
11 Geneigtheit, Gewogenheit
12 Leidenschaft, Verliebtheit, Wohlgefallen
Zuneigung zum Tier
9 Tierliebe
Zunft
5 Gilde
6 Innung, Metier
7 Verband
11 Fachverband, Vereinigung
13 Berufsverband
17 Berufsvereinigung
Zunfttagung
9 Dinzeltag
Zunge
6 Glossa
am Schuh
6 Lasche
vom Damwild
6 Graser
vom Rotwild
6 Graser
Zungenlaut
6 Dorsal
7 Lingual
9 Kakuminal
zungenlose Frösche
7 Aglossa
Zungenregister der Orgel
5 Regal
Zungenspitzenlaut
8 Alveolar
Zungenstimme
7 Bomhard, Bomhart, Clairon, Clarino
8 Rohrwerk
Zuordnung
12 Koordination
Zuordnungseinheit
6 Tagmen
Zupfinstrumente
2 Ud
3 Kin, Tar
4 Bina, Koto, Lyra, Pipa, Vina
5 Banjo, Crwth, Domra, Harfe, Humle, Kanun, Kobza, Laute, Leier, Rotta, Rotte, Telyn, Zanza
6 Hommel, Hummel, Kinner, Tambur, Tanbur, Zister, Zither
7 Bandola, Bandula, Bandura, Chrotta, Gitarre, Guarana, Kithara, Klampfe, Mandola, Mandora, Psalter, Samisen, Tambura, Tanbura, Testudo, Theorbe, Ukulele
8 Bandasca, Barbiton, Chitarra, Langleik, Phorminx, Shamisen
9 Arpanetta, Balalaika, Bandurria, Basslaute, Drehleier, Guaranita, Mandoline, Zupfgeige
10 Basszither, Chitarrone, Pedalharfe, Scheitholz, Tamburizza
11 Bauernleier, Brettzither, Organistrum
12 Bambuszither
13 Hawaiigitarre, Streichzither
Zupflinnen
9 Schleisse
Zupfplättchen
8 Plektron, Plektrum
zur australischen Rasse gehörend
9 australid
zur dritten Potenz erheben
8 kubieren
zur Erledigung anstehend
7 faellig
zur europäischen Rasse gehörend
7 europid
zur Familie gehörend
8 verwandt
zur Fußwurzel gehörend
6 tarsal
zur Heilkunst gehörend
8 iatrisch
zur Korpulenz neigend
8 dicklich
zur Leistengegend gehörend
8 inguinal
zur Medizin gehörend
9 medizinal
zur Seite stehend
7 helfend
9 hilfreich
zurechtweisen
9 abkanzeln
Zurechtweisung
5 Ruege, Tadel
7 Lektion, Verweis
Zürgelbaum
7 Zelkova
zurichten
11 adjustieren
Zurichter von Geweben
9 Appreteur
Zurichtplatz für Baustoffe
6 Bauhof
zürnen
7 grollen
zurück
6 retour
zurückbehaltene Akte
6 Retent
Zurückbleiben einer Wirkung
9 Hysterese
zurückbleibend
8 remanent, residual, restlich
zurückbringen
11 apportieren
zurückführen
10 reduzieren
Zurückführung
9 Reduktion

zurückgeblieben
11 rudimentaer
zurückgehend
8 rekursiv
9 regressiv
zurückgehende Verpackung
7 Fustage, Leergut
zurückgelegte Strecke
7 Distanz
zurückgesandte Ware
7 Retoure
zurückgeschlagener Ball
6 Return
zurückhaltend
5 kuehl, scheu
6 dezent
7 diskret
8 gemessen, taktvoll
10 aengstlich, anstaendig, bescheiden, enthaltsam, reserviert
14 unaufdringlich
Zurückhaltung
4 Takt
5 Scheu
6 Dezenz
7 Anstand, Distanz, Reserve
8 Zueglung
9 Retention, Zuegelung
11 Passivitaet
14 Bescheidenheit
15 Schuechternheit
16 Verschwiegenheit
zurücklegen
6 fahren, horten, reisen, sparen
8 aufheben, hamstern
9 aufsparen, einlagern
10 eruebrigen
11 aufbewahren, reservieren
Zurücknahme
7 Dementi
8 Widerruf
zurückschlagen
7 kontern, raechen
8 abwehren, erwidern, parieren
9 vergelten
10 heimzahlen
zurücksenden
11 remittieren
Zurücksetzung
9 Kraenkung
12 Nichtachtung
15 Benachteiligung, Diskriminierung
zurückstrahlen
12 reflektieren
zurücktretend
8 rezessiv
zurückweisen
8 abwehren
Zurückweisung
6 Repuls
9 Rejektion, Repulsion
Zurückziehung
10 Retraktion

Zuruf an Zugtiere: links
5 huest
Zuruf an Zugtiere: rechts
4 hott
Zuruf an Zugtiere: zurück
3 huf
Zuruf beim Trinken
2 Ex
4 Skal
5 Prost
6 Prosit, cheers
11 à votre santé
Zurufe
4 heda
5 hallo
Zusage
2 ja
8 Bejahung, Geluebde
9 Geloebnis
10 Zustimmung
11 Versprechen, Zusicherung
12 Bestaetigung
zusagend
6 genehm
7 passend
8 passabel
9 annehmbar
11 sympathisch
zusammen
5 alles
6 gesamt
7 addiert, mitsamt, vereint
8 pauschal
9 gemeinsam, inklusive, vereinigt
11 beieinander, geschlossen, miteinander
15 undifferenziert
Zusammenarbeit
6 Boerte
8 Teamwork
11 Kooperation
13 Kollaboration
Zusammenbacken
9 Sinterung
Zusammenballung
6 Dichte
10 Anhaeufung
11 Konglomerat
13 Agglomeration, Konzentration
Zusammenbau
7 Montage
zusammenbauen
9 montieren
Zusammenbruch
4 Ruin
6 Fiasko, Pleite
7 Debakel, Kollaps, Konkurs, Verfall, Zerfall
8 Bankrott, Desaster, Einsturz
9 Untergang
10 Niedergang, Niederlage
11 Katastrophe, Vernichtung
14 Kladderadatsch

Zusammendrängung
8 Pressung
Zusammendrehen von Seidenfäden
6 Filage
zusammendrücken
12 komprimieren
Zusammendrückung
11 Kompression
Zusammenfall
7 Kollaps
zusammenfallend
10 koinzident
zusammenfassend
8 pauschal
zusammenfassende Darstellung
5 Summa
Zusammenfassung
5 Fazit
6 Abriss, Digest, Zyklus
7 Extrakt, Komplex
8 Resuemee, Syllabus, Synopsis
9 Abschluss
10 Buendelung, Einordnung
12 Subsumierung
13 Inhaltsangabe
14 Rekapitulation
dreier Dinge
6 Tripel
Zusammenfügung
8 Synthese, Tektonik
Zusammengebrautes
7 Gebraeu
zusammengedrängt
3 eng
5 dicht
8 kompress
zusammengefasst
10 summarisch
zusammengehörige Erbanlage
5 Allel
zusammengehörige Notengruppe
5 Figur
Zusammengehöriges
7 Besteck
8 Garnitur
Zusammengehörigkeits-Gefühl
12 Solidaritaet
zusammengesetzt
7 komplex
Zusammengetragenes
8 Sammlung
9 Sammelgut
11 Kompilation
zusammengezogenes Wort
9 Syntheton
Zusammenhalt
7 Bindung, Einheit, Kontakt
8 Harmonie
9 Einigkeit, Kohaerenz, Kohaesion
10 Festigkeit, Verbindung
12 Solidaritaet

13 Einmuetigkeit, Verbundenheit
zusammenhaltend
7 adhesiv
8 kohaesiv
Zusammenhang
5 Nexus
6 Konnex, System
7 Kontext
8 Relation
9 Kohaerenz, Kontinuum
10 Konsistenz, Verbindung, Verkettung
11 Korrelation, Mechanismus
12 Verknuepfung
zusammenhanglos
6 abrupt
11 unverbunden
17 diskontinuierlich
Zusammenklang
6 Akkord
8 Einklang, Harmonie, Wohllaut
9 Einigkeit, Konsonanz
zusammenklappbares
Nachtlager
8 Feldbett
Wasserfahrzeug
8 Faltboot
Zusammenkunft
4 Date
5 Treff
6 Konzil, Synode, Tagung
7 Konvent, Meeting, Palaver, Sitzung, Treffen
8 Beratung, Entrevue, Jamboree, Kongress
9 Begegnung, Symposion, Symposium
10 Rendezvous
11 Verabredung, Versammlung
12 Stelldichein
Zusammenleben
8 Symbiose, Synoezie
ohne Trauschein
8 Wilde Ehe
Zusammenlegung
11 Vereinigung
15 Flurbereinigung, Zusammenschluss
Zusammenprall
9 Kollision
11 Karambolage
zusammenraffen
9 anhaeufen, scheffeln
Zusammenrottung
7 Aufruhr
9 Rebellion
Zusammenschaltung
8 Netzwerk
Zusammenschau
10 Ueberblick
Zusammenschluss
4 Bund, Club, Klub, Liga, Pool
5 Gilde, Trust, Union, Zunft
6 Fusion, Innung, Partei, Verein
7 Kartell, Konzern, Verband, Verbund
8 Buendnis, Syndikat
9 Koalition
11 Assoziation, Integration, Vereinigung
12 Zweckverband
zusammensetzen
8 aufbauen
9 montieren
13 zusammenbauen
17 zusammenmontieren
Zusammensetzspiel
6 Puzzle
Zusammensetzung
7 Montage
10 Kompositum
11 Komposition
12 Konstruktion
Zusammenstauchung
7 Faltung
Zusammenstellung
5 Liste
6 System
7 Fuegung, Katalog, Ordnung, Tabelle
8 Register
9 Sortiment
10 Kollektion
11 Gruppierung, Kombination
Zusammenstoß
7 Havarie
8 Konflikt
9 Kollision, Renkontre
11 Karambolage, Kontroverse
Zusammentreffen
9 Begegnung
10 Koinzidenz
13 Konstellation
16 Uebereinstimmung
zweier Vokale
4 Hiat
6 Hiatus
Zusammenwachsen von Mineralien
8 Aggregat
Zusammenwirken
8 Synergie
11 Kooperation, kooperieren
zusammenwirkend
10 konzertant
zusammenzählen
8 addieren
9 summieren
Zusammenzählung
8 Addition
10 Summierung
zusammenziehen
8 verengen
12 kontrahieren
13 konzentrieren
Zusammenziehung
5 Krase
6 Krasis
8 Synizese
9 Straffung, Striktion
10 Retraktion
11 Kontraktion, Verdichtung
13 Konzentration
Zusatz
6 Zugabe
7 Additiv, Beigabe, Beilage
8 Addendum, Additive, Aufdruck, Einschub, Elemioel, Kodizill, Nachtrag
9 Anfuegung
10 Ergaenzung
12 Postskriptum
Zusatzbestimmung
7 Klausel
Zusatzgang
9 Overdrive
Zusatzgerät
7 Adapter
zusätzlich
4 plus
5 extra
zu zahlender Betrag
8 Aufpreis, Zuschlag
zusätzliche(r)
Elektrode
6 Dynode
Fracht
7 Beipack
Steuer
7 Surtaxe
12 Sonderabgabe, Sondersteuer
Verdienst
6 Zubrot
Zusatzmittel
9 Harzseife
Zusatzschrift
9 Apokryphe
Zusatzsignal bei Stereosendungen
8 Pilotton
Zusatzstoff für Baustoffe
9 Hydraulit
Zusatzvergütung
7 Praemie
9 Belohnung
13 Gratifikation, Sonderpraemie, Sonderzahlung
Zuschauer
7 Kiebitz
8 Renngast, Zaungast
9 Spektator
Zuschauerbefragung
8 Teletest
Zuschauerempore
8 Tribuene
Zuschauermenge
8 Publikum
Zuschauerplatz
6 Balkon
8 Tribuene
Zuschauerraum
5 Cavea
7 Parkett

Zuschauerschaft
8 Publikum
Zuschauerstandort
9 Stehplatz
Zuschlagstoffe
4 Kies, Sand
5 Beton
6 Splitt
Zuschnitt
6 Fasson
Zuschrift
5 Brief
Zuschuss
7 Appoint
8 Beihilfe
10 Subvention
zusetzen
11 attackieren
zusichern
11 garantieren
Zusicherung
11 Versprechen
Zuspeise
7 Beikost
Zuspitzung
5 Krise
zusprechen
8 troesten
10 addizieren
Zuspruch
3 Rat
5 Trost
7 Andrang, Anklang, Beifall
8 Gefallen
9 Troestung
Spendender
8 Troester
Zustand
4 Lage
6 Status
7 Stadium
9 Kondition, Situation
10 Verfassung
12 Konstitution
14 Beschaffenheit
der Atemnot
9 Orthopnoe
der Lufthülle
6 Wetter
der Verzückung
7 Ekstase
des Blühens
4 Flor
heftiger Gefühlswallung
8 Erregung
nach einem Rausch
5 Kater
zwischen Kälte und Hitze
6 Waerme
zuständig
6 befugt
9 kompetent
zuständige Behörde
7 Instanz
Zuständigkeit
3 Fug
7 Instanz, Ressort
8 Befugnis
9 Kompetenz

Zustandsänderung
8 Wandlung
Zustandsform des Verbums
6 Medium
zustehender Nachlass
7 Erbteil
Zusteller
4 Bote
7 Eilbote
8 Postbote
9 Lieferant, Paketbote
12 Brieftraeger, Ueberbringer
Zustimmender
7 Jasager
Zustimmung
2 Ja
6 Jawort, Plazet, Zusage
7 Annahme, Konsens
8 Bejahung
9 Erlaubnis
11 Affirmation, Genehmigung
12 Ratifikation
Zustrom
7 Andrang
Zutat
7 Beigabe, Beilage, Beiwerk
10 Fourniture, Ingrediens, Ingredienz
zuteilen
8 anweisen, bemessen, vergeben, zuwenden
10 bewilligen
11 rationieren
12 portionieren
15 kontingentieren
Zuteilung
5 Dosis
6 Ration
7 Portion
9 Anweisung, Dosierung
10 Kontingent
Zuträger
10 Denunziant, Kolporteur
Zuträglichkeit
10 Konvenienz
zutraulich
4 zahm
5 kirre
7 fuegsam
12 anschmiegsam
zutreffend
4 wahr
7 positiv, richtig
8 stimmend
Zutritt
6 Entree, Zugang
7 Eingang, Einlass
Zutrunk
5 Prost
6 Prosit
zuverlässig
4 treu
5 reell, solid
6 solide
7 ergeben, erprobt
8 gediegen
9 verbuergt
10 aufrichtig
11 authentisch
12 glaubwuerdig
Zuverlässigkeit
7 Verlass
10 Reellitaet, Soliditaet
14 Authentizitaet
Zuversicht
8 Hoffnung, Zutrauen
9 Lebensmut, Vertrauen
10 Optimismus
zuversichtlich
7 getrost
12 optimistisch
14 vertrauensvoll
zuvor
4 erst
5 vorab
8 im Voraus
9 zunaechst
zuvorkommend
6 kulant
8 hoeflich
10 freundlich
11 hilfsbereit
15 entgegenkommend
Zuvorkommenheit
6 Kulanz
10 Galanterie
12 Hoeflichkeit
14 Ritterlichkeit
Zuwachs
6 Gewinn
7 Mehrung
8 Mehrwert, Wachstum
9 Nachwuchs
10 Vermehrung
14 Vergroesserung
eines Erbteils
10 Akkreszenz
Zuwanderer
9 Umsiedler
zuweilen
7 ab und zu
8 manchmal, mitunter
9 bisweilen, fallweise
12 gelegentlich
Zuweisung
9 Bemessung
Zuwendung
4 Gabe
6 Spende
7 Almosen
8 Dotation, Geschenk, Stiftung
9 Schenkung
10 Nestwaerme
12 Uebereignung, Uebertragung
13 Gratifikation
Zuwiderhandlung
8 Vergehen, Verstoss
10 Verfehlung, Verletzung
11 Missachtung
12 Uebertretung
14 Nichtbeachtung

15 Nichteinhaltung, Ueberschreitung
17 Ausserachtlassung

zuzüglich
4 plus
11 ungerechnet
12 hinzukommend

Zuzugsmitteilung
9 Anmeldung

Zwang
4 Gene, Muss
5 Druck
6 Ananke, Befehl, Diktat, Gewalt, Phobie, Terror
7 Ahndung, Drohung, Hemmung, Weisung
8 Beengung, Pression, Revanche, Willkuer
9 Androhung, Einengung, Forderung, Noetigung, Verlangen
10 Abrechnung, Anankasmus, Bestrafung, Dirigismus, Erpressung, Kompulsion
11 Druckmittel
12 Gebundenheit
14 Brachialgewalt

zwanglos
4 frei
5 large, leger
6 salopp
7 formlos, geloest, laessig
9 degagiert, familiaer, informell, ungehemmt, ungeniert
10 burschikos, natuerlich, nonchalant, unbefangen, ungebunden
11 nachlaessig, ungezwungen
13 hemdsaermelig, unverbindlich, unzeremoniell

zwangloses
Gespräch
7 Plausch, Schwatz
8 Causerie
9 Geplauder, Plauderei, Smalltalk
10 Plauscherl
12 Schwaetzchen

Hausfest
4 Fete
5 Party, Sause
11 Bottleparty, Budenzauber, Kellerparty

Zwanglosigkeit
8 Freiheit
10 Degagement, Saloppheit
11 Geloestheit, Laessigkeit, Nonchalance
13 Ungehemmtheit, Ungeniertheit
14 Natuerlichkeit, Unbefangenheit
15 Burschikositaet, Ungezwungenheit
17 Hemdsaermeligkeit

Zwangsabgabe
4 Zoll
6 Steuer, Tribut
8 Zuschlag
11 Ausfuhrzoll, Einfuhrzoll
12 Kontribution, Sondersteuer, Zusatzsteuer

Zwangsansiedlung in der ehemaligen UdSSR
6 Ssylka

Zwangsanwendung
5 Druck
6 Gewalt, Terror
7 Drohung
8 Pression
9 Noetigung
14 Druckausuebung

Zwangsarbeit
4 Fron
5 Robot
8 Froenung
10 Fronarbeit, Frondienst

Zwangsherr
8 Fronvogt

Zwangsherrschaft
6 Terror
8 Despotie, Diktatur, Tyrannei, Tyrannis
9 Sklaverei
11 Versklavung
16 Gewaltherrschaft

Zwangslage
3 Not
4 Crux, Enge
5 Krise, Uebel
6 Gefahr, Klemme, Misere
7 Dilemma, Malaese, Malaise, Notlage, Patsche
8 Notstand
9 Zwiespalt
10 Bredouille, Kalamitaet
11 Bedraengnis, Schlamassel, Schlamastik, Zwickmuehle
12 Verlegenheit
13 Schwierigkeit

zwangsläufig
9 gezwungen, notwendig
11 automatisch
12 notgedrungen, unfreiwillig
13 obligatorisch
17 gezwungenermassen

Zwangsmaßnahmen
4 Bann
5 Druck
6 Strafe, Verbot
7 Boykott, Embargo
8 Aechtung, Blockade, Pression, Sanktion, Sperrung
9 Fesselung, Knebelung, Noetigung, Ultimatum
10 Gegenstoss, Sanktionen
11 Druckmittel, Repressalie, Untersagung, Warensperre
12 Exportverbot, Importverbot, Repressalien
13 Ausfuhrverbot, Einfuhrverbot, Handelssperre
14 Gegenmassnahme
15 Gewaltandrohung

Zwangsmittel bei Bullen
9 Nasenring

Zwangsräumung
9 Exmission

Zwangsschlaf
7 Hypnose, Narkose
10 Betaeubung
11 Anaesthesie

Zwangsverschickung
11 Deportation

Zwangsversteigerung
4 Gant
10 Vergantung

Zwangsverwalter
9 Sequester

Zwangsvollstreckung
9 Exekution, Pfaendung
11 Eintreibung
13 Beschlagnahme
15 Beschlagnahmung

Zwangsvorstellung
5 Manie
6 Phobie
8 fixe Idee
9 Monomanie, Obsession
10 Anankasmus
12 Kleptophobie
13 Zwangsneurose

Zwanzigflächner
9 Ikosaeder

Zweck
4 Sinn, Ziel
5 Motiv
7 Absicht, Nahziel
8 Fernziel
9 Bedeutung, Intention
11 Zielsetzung

zweckbestimmt
5 final
11 intentional

zweckbestimmtes Verhalten
6 Taktik

zweckdienlich
8 geeignet, opportun
9 ingenioes, nuetzlich, praktisch, sinnreich
12 qualifiziert, sachdienlich

zweckgemäß
8 opportun

zweckmäßig
7 gegeben
8 geeignet, handlich, opportun, sinnvoll, tauglich
9 annehmbar, nuetzlich, praktisch, rationell
10 angemessen
11 praktikabel, vernuenftig
12 sachdienlich

13 zweckdienlich
17 zweckentsprechend
zweckmäßige Einstellung
9 Anpassung
Zweckverband
4 Bund, Club, Klub
5 Gilde, Zunft
6 Innung, Verein
11 Vereinigung
15 Zusammenschluss
zwei
gleiche Dinge
4 Paar
Menschen
4 Paar
miteinander Vermählte
7 Ehepaar
Stücke
4 Paar
8 Paerchen
übereinander gepresste Schmucksteine
8 Dublette
verbundene Verse
8 Reimpaar
Zwei-Mann-Einheitsjolle
5 Pirat
Zwei-Mann-Kielboot
4 Star
Zwei-Mann-Rennjolle
6 Korsar
Zweibandenball
6 Triple
Zweiblatt
7 Listera
8 Orchidee
zweideutig
5 zotig
6 lasziv, pikant, unklar
7 obszoen
8 aequivok, ambiguos
10 anstoessig
11 schluepfrig
zweideutiger Witz
4 Zote
Zweideutigkeit
4 Zote
10 Amphibolie, Pikanterie
11 Ambiguitaet, Laszivitaet
12 Obszoenitaet
14 Anstoessigkeit
15 Schluepfrigkeit
zweidimensionales Gebilde
7 Flaeche
zweidrähtig
7 bifilar
Zweierspiel beim Golf
6 Single
Zweiersystem
6 Dyadik
zweifach
7 doppelt
8 zwiefach
zweifädig
7 bifilar
Zweifarbigkeit
9 Bichromie
Zweifel
4 Aber, Wenn
7 Skepsis, Skrupel
8 Bedenken, Unglaube
9 Unglauben
10 Misstrauen
14 Gewissensbisse
ausdrückend
9 dubitativ
zweifelhaft
6 dubios, obskur
7 dubioes
8 fraglich, ungewiss, unsicher
9 anruechig
11 verdaechtig
13 problematisch
zweifelhafte Forderungen
7 Dubiosa
zweifelsfrei
6 sicher
Zweifelsucht
12 Skeptizismus
Zweifingerfaultier
2 Ai
4 Unau
zweiflächiges Vieleck
6 Dieder
Zweifler
9 Skeptiker, Zetetiker
Zweiflügler
8 Dipteren
zweiflügelges Fenster
8 Biforium
Zweifüßer
6 Bipede
Zweig
3 Art, Ast
4 Rute, Zain
5 Gerte, Linie
6 Geaest, Sparte, Spross
7 Astwerk, Branche
8 Astgabel
10 Nebenlinie
11 Seitenlinie
der Fischerei
7 Aalfang, Walfang
9 Lachsfang
11 Heringsfang
12 Makrelenfang, Seefischerei
13 Netzfischerei, Thunfischfang
14 Angelfischerei, Flussfischerei
15 Binnenfischerei, Meeresfischerei, Reusenfischerei
16 Fliegenfischerei, Flottenfischerei, Hochseefischerei, Kuestenfischerei
der Landwirtschaft
7 Feldbau, Imkerei, Landbau, Obstbau, Weinbau
8 Ackerbau
9 Gartenbau, Maisanbau, Tierzucht, Viehzucht
11 Getreidebau
13 Getreideanbau
14 Viehwirtschaft
15 Milchwirtschaft, Stallwirtschaft, Weidewirtschaft
17 Sonnenblumenanbau
der leichten Muse
3 Rap
4 Beat, Soul
6 Reggae
7 Musical
8 Operette, Popmusik
9 Beatmusik, Soulmusik, Tanzmusik
10 Platzmusik, Salonmusik
11 Underground
13 Schlagermusik
14 Operettenmusik
15 Kaffeehausmusik, Promenadenmusik
16 Undergroundmusik
der Mathematik
7 Algebra
8 Addition, Division, Dreisatz, Statisik
9 Geometrie, Malnehmen, Raumlehre
10 Arithmetik, Einmaleins, Regeldetri
11 Subtraktion, Zahlenlehre, Zinsrechnen
12 Bruchrechnen, Kombinatorik, Stereometrie, Wurzelziehen, Zinsrechnung
13 Bruchrechnung, Trigonometrie
14 Multiplikation, Prozentrechnen, Vektorrechnung
15 Dreisatzrechnen, Prozentrechnung
16 Dreisatzrechnung, Integralrechnung
17 Buchstabenrechnen, Zinseszinsrechnen
der Naturwissenschaft
6 Chemie, Physik
7 Botanik, Medizin
8 Biologie, Erdkunde, Geologie, Zoologie
9 Geografie, Heilkunde
10 Astronomie, Geographie, Petrologie
11 Teratologie, Wetterkunde
12 Meteorologie, Petrographie
15 Oekotrophologie
der Volkswirtschaft
6 Handel
7 Bergbau, Gewerbe
8 Bauwesen, Handwerk
9 Fischerei, Industrie, Oekonomie, Seehandel

10 Agrikultur
13 Almwirtschaft, Bauwirtschaft
14 Landwirtschaft, Viehwirtschaft
15 Agrarwirtschaft, Forstwirtschaft, Schwerindustrie, Weidewirtschaft
16 Wasserwirtschaft
des Bauwesens
6 Erdbau
7 Hochbau, Tiefbau
8 Kanalbau
11 Strassenbau
Zweigbetrieb der Gießerei
8 Formerei
zweigeschlechtlich
9 bisexuell
zweigeschlechtliches Wesen
7 Zwitter
Zweigespann
4 Biga
zweigestaltig
7 dimorph
zweigeteilter Backtrog
5 Beute
Zweiglein
3 Ros
4 Reis
zweigliedrig
9 binomisch
zweigliedrige(r)
Finger
6 Daumen
Zahlengröße
5 Binom
Zweigstelle
6 Ablage
7 Agentie, Agentur, Filiale, Sektion
9 Expositur
10 Niederlage, Vertretung
11 Nebenstelle
12 Aussenstelle
13 Niederlassung, Repraesentanz
16 Geschaeftsstelle
17 Generalvertretung
Zweigstellenleiter
9 Filialist
Zweigverein
7 Sektion
zweihändig
9 bimanuell
zweihändiges Schwert
8 Flamberg
zweihäusig
9 dioezisch
Zweiheit
4 Dual, Dyas
9 Dualismus, Dualitaet
zweijährig
5 bienn
zweijähriger Eber
6 Bacher
zweijährliche Veranstaltung
8 Biennale
Zweikampf
5 Duell, Tjost
6 Mensur
Zweikampfsportarten
4 Judo, Sumo
5 Boxen
6 Aikido, Karate, Ringen
7 Fechten
8 Jiu-Jitsu
9 Taekwondo
14 Freistilringen
Zweikampfsportler
5 Boxer
6 Judoka, Ringer
7 Fechter
8 Karateka
10 Sumoringer
14 Freistilringer
Zweikampfzeuge
9 Sekundant
zweikanalig
8 binaural
zweikeimblättrig
7 dikotyl
zweikeimblättrige Pflanze
8 Dikotyle
Zweilinsenlupe
6 Duplet
7 Duplett
zweimaliges Lesen der Messe
8 Bination
zweimastiges Segelschiff
3 Dau
5 Brigg
6 Ketsch
8 Trabakel
10 Brigantine
Zweipersonendrama
8 Duodrama
zweipolig
7 bipolar
Zweipolröhre
5 Diode
Zweiräder
3 Rad
4 Bike, Krad, Mofa, Velo
5 Moped
6 Mokick, Roller, Tandem
7 Fahrrad, Rennrad
8 Damenrad, Draisine, Klapprad, Kraftrad, Maschine, Motorrad, Sportrad
9 Drahtesel, Herrenrad, Kinderrad, Motorbike, Stahlross, Tourenrad, Veloziped
10 Feuerstuhl, Hollandrad
11 Motorroller
12 Damenfahrrad, Mountainbike, Sportfahrrad
13 Herrenfahrrad, Kinderfahrrad, Kleinkraftrad
14 Leichtkraftrad
zweirädrige(r, s)
Gefährt
9 Sackkarre
Jagdwagen
7 Dogcart
Korbwagen
7 Tonneau
Kutsche
6 Hansom
Wagen
5 Sulky
7 Rikscha, Tilbury
Zweiruderer
6 Bireme
Zweisamkeit
3 Ehe
4 Date
9 Tête-à-tête
10 Rendezvous
13 Beisammensein
zweischalige Wand
9 Hohlmauer
zweiseitig
9 bilateral
zweisitziger
Einspänner
8 Brougham
Pkw
5 Coupé, Kupee
zweispaltig
5 bifid
zweisprachig
9 bilingual
zweisprachige Inschrift
8 Bilingue
zweistellige Zahl
3 Elf
4 Zehn
6 Zwoelf
7 Achtzig, Neunzig, Sechzig, Siebzig, Vierzig, Zwanzig
8 Achtzehn, Dreissig, Dreizehn, Fuenfzig, Neunzehn, Sechzehn, Siebzehn, Vierzehn
9 Fuenfzehn
zweistimmiges
Gesangsstück
5 Duett
Musikstück
3 Duo
Stück
7 Bizinie
8 Bicinium
zweite Ausfertigung
5 Kopie
6 Doppel, Duplum
8 Dublette, Duplikat
9 Abschrift
11 Durchschlag
12 Zweitschrift
zweite Gemahlin des Schahs
6 Soraya
zweite(r, s)
Ausfertigung
5 Kopie
6 Doppel, Duplum
8 Dublette, Duplikat
9 Abschrift
11 Durchschlag
12 Zweitschrift

Gemahlin des Schahs
6 Soraya
Heu
5 Grumt
7 Grummet
Ich
2 Ka
Sohn Adams
4 Abel
zweiteilige Taktgruppe
7 Dipodie
zweiteiliger Damenbadeanzug
6 Bikini
zweiteiliges Kleid
7 Komplet
zweitgrößte Insel der Erde
9 Neuguinea
zweitrangig
9 sekundaer
Zweitschrift
5 Kopie
6 Doppel
8 Duplikat
zweiwertige(r, s)
Alkohol
6 Glykol, Terpin
Atomgruppe
6 Methen
8 Methylen
Eisensalz
9 Ferrosalz
Element
5 Eisen
6 Oxygen
7 Calzium, Kalzium
8 Schwefel
9 Beryllium, Magnesium
10 Sauerstoff
Phenol
8 Resorcin
Zweiwertigkeit
10 Ambivalenz
Zweizahl
4 Dual
6 Dualis
Zweizeiler
9 Distichon
Zwerchfellentzündung
9 Phrenitis
Zwerchfellnerv
9 Phrenikus
zwergähnliche Wesen
5 Alben
Zwergantilope
5 Baira
8 Steenbok
Zwergbeutelratte
7 Marmosa
Zwerge
4 Butz, Gnom, Puck
5 Eigel, Galar, Mimir, Troll, Wicht
6 Fjalar, Knirps, Kobold
7 Nispuck, Stilzel, Wichtel
8 Alberich, Erdgeist
9 Butzemann, Daeumling, Fenesmann, Fenixmann, Goggolori, Hausgeist
10 Erdbiberli, Erdwichtel
11 Butzemummel, Heinzelmann, Liliputaner, Putzemummel, Wichtelmann
12 Erdmaennchen
13 Graumaennchen, Klabautermann
15 Hutzelmaennchen, Rumpelstilzchen
16 Heinzelmaennchen, Wichtelmaennchen
Zwergenkönig
6 Laurin
8 Alberich
Zwergenland
7 Liliput
Zwergfalke
6 Merlin
Zwergflughörnchen
7 Assapan
zwerghafter ägyptischer Gott
3 Bes
Zwerghirsch
4 Pudu
Zwergholunder
6 Attich
Zwerghuhn
5 Chabu
6 Bantam
Zwergkiefer
7 Latsche
9 Legfoehre
Zwerglinse
7 Wolffia
Zwergmeerkatze
8 Talapoin
Zwergmoschustier
7 Meminna
9 Kantschil
Zwergpalme
7 Palmito
Zwergpfeffer
9 Peperomia
Zwergpferd
4 Pony
Zwergpinscher
8 Harlekin
Zwergrassenangehöriger
7 Pygmaee
Zwergschimpanse
6 Bonobo
Zwergspaniel
8 Blenheim
Zwergstaaten in Europa
5 Malta
6 Monaco
7 Andorra, Vatikan
9 San Marino
12 Vatikanstadt
13 Liechtenstein
Zwergterrier
9 Brabancon
Zwergvölker
3 Efe
4 Aeta, Akoa
5 Batwa
6 Obongo, Semang
8 Bagielli, Pygmaeen
Zwergwuchs
8 Nanismus
Zwetschge
7 Pflaume
Zwetschgenmus
6 Powidl
7 Powidel
Zwickel
5 Gehre
zwicken
7 kneifen
Zwicker
7 Klemmer, Kneifer
8 Pincenez
Zwiebel
7 Zipolle
Zwiebelblatt
8 Schlotte
zwiebelförmiges Organ
6 Bulbus
Zwiebelgericht
9 Cipollata
Zwiebelgewächse
4 Iris
5 Bolle, Lauch, Lilie, Tulpe
6 Porree
7 Zipolle
8 Gladiole, Narzisse
9 Amaryllis, Gelbstern, Knoblauch, Schalotte
10 Montbretia
11 Perlzwiebel
12 Schnittlauch, Schwertlilie
14 Herbstzeitlose
Zwiebelglas
7 Angster
Zwiebelmarmor
8 Cipollin
9 Cipollino
zwiefach
7 doppelt
8 zweifach
Zwiegesang
5 Duett
Zwiegespräch
6 Dialog
11 Wechselrede
Zwielaut
9 Diphthong
10 Doppellaut
Zwiespalt
8 Konflikt
11 Uneinigkeit, Widerstreit
zwiespältig
7 uneinig
Zwiespältigkeit
9 Dualismus
10 Diskrepanz
Zwietracht
4 Zank
5 Fehde, Hader, Krieg, Zwist
6 Streit
7 Krakeel
8 Konflikt, Unfriede
9 Differenz, Gegensatz
10 Diskrepanz

11 Animositaet, Disharmonie, Feindschaft, Uneinigkeit

Zwietrachtsgöttin
9 Discordia

Zwillingsbruder
des Castor
6 Pollux
des Esau
5 Jakob
des Romulus
5 Remus
9 Dioskuren

Zwinge
7 Ortband

zwingend
9 imperativ, stringent

zwingende Mächte
8 Gewalten

Zwinger
6 Kaefig, Kennel
7 Parcham
9 Barbakane

Zwingherr
6 Tyrann

Zwinkern
8 Blinzeln
9 Niktation

Zwirnspitze
10 Mignonette

zwischen polarer und gemäßigter Klimazone
8 subpolar

Zwischenaktmusik
8 Entreakt
10 Intermezzo

Zwischenbemerkung
7 Einwurf

Zwischenfall
7 Episode
9 Aergernis
10 Intermezzo

Zwischenfeld in der Baukunst
6 Metope

Zwischenfrage
9 Querfrage

Zwischenfrucht
9 Untersaat

Zwischenfutter
9 Watteline

Zwischengericht
9 Entremets

Zwischengeschoss
8 Entresol, Mezzanin

Zwischenhandlung
7 Episode

Zwischenherrschaft
11 Interregnum

Zwischenhirnteil
9 Sehhuegel

Zwischenlandung
8 Stopover

Zwischenlösung
7 Interim

Zwischenmahlzeiten
5 Jause, Zimis
6 Imbiss, Vesper

Zwischenraum
5 Spalt
6 Luecke, Spalte, Spanne
7 Abstand, Spatium
9 Intervall

Zwischenregierung
11 Interregnum

Zwischenspiel
7 Episode, Sainete
8 Entreakt
9 Andamento
10 Intermezzo
11 Interludium

zwischenstaatlich
13 international

Zwischenstromland
8 Murinsel

Zwischenzeitregelung
7 Interim

Zwischenzustand
7 Interim

Zwist
4 Zank, Zoff
5 Hader, Knies, Krach, Krieg, Stunk
6 Disput, Streit
7 Gezaenk, Gezanke, Haendel, Knatsch, Krawall, Polemik
8 Konflikt, Reiberei, Spannung, Unfriede, Zankerei
9 Differenz
10 Entzweiung, Streiterei, Wortstreit, Zwietracht
11 Handgemenge, Kontroverse, Wortgefecht, Wortwechsel, Zerwuerfnis
12 Saalschlacht, Streitigkeit, Taetlichkeit
13 Zusammenstoss
17 Handgreiflichkeit, Unzutraeglichkeit

zwitschern
8 schilpen
9 tschilpen

Zwitter
8 Agdistis
12 Hermaphrodit

zwitterhaft
6 hybrid
8 androgyn

Zwittertum
9 Zwienatur

zwölf Dutzend
4 Gros

Zwölffingerdarm
8 Duodenum

Zwölfflächner
10 Dodekaeder

zwölfmonatige Ausbildungsphase
8 Lehrjahr
9 Schuljahr
11 Studienjahr

Zyanose
9 Blausucht

Zykladeninseln
3 Ios, Kea, Nio
4 Milo, Nios
5 Delos, Melos, Milos, Naxos, Paros, Syros, Tenos, Thera, Thira, Tinos
6 Anaphe, Andros, Jiaros, Sifnos
7 Amorgos, Kimolos, Kythnos, Mykonos, Serifos, Siphnos, Thermia
8 Santorin, Seriphos

zyklische Kurve
9 Trochoide

Zykloide
8 Radlinie

Zyklop
5 Riese
8 Polyphem
16 einaeugiger Riese

Zyklus
5 Folge, Kreis, Reihe, Serie
6 Kursus, Umlauf
9 Kreislauf
10 Wiederkehr
11 Reihenfolge
13 Vortragsreihe

zylinderförmiger Körper
4 Rohr
5 Rolle, Walze
6 Roehre

Zylinderhut
13 Chapeau claque

Zylindervolumen eines Motors
7 Hubraum

zylindrische Flasche
8 Stammion

Zyma
9 Gaerstoff

Zypern
antike Stätten
6 Kition, Paphos
Berge
7 Olympos
9 Kyparisso
Bevölkerung
6 Zyprer
7 Tuerken
8 Griechen
9 Zyprioten
Ebene
8 Mesaoria
Gebirge
7 Kyrenia, Troodos
Halbinsel
9 Karpassos
Hauptstadt
7 Nicosia, Nikosia
8 Lefkosia, Levkosia
Höhenzug
5 Phano
Kaps
4 Gata
5 Greko
7 Arnafti
10 Kormakitis
Nationalheiliger
8 Barnabas

Politiker
7 Denktas
8 Kiprianu, Makarios
9 Kyprianou, Vassiliou
Städte und Orte
5 Kandu, Polis
6 Paphos
7 Kyrenia, Larnaka, Salamis
8 Episkopi, Limassol, Psilatos
9 Famagusta, Perivolia
Währung
3 Mil
4 Cent, Lira
5 Pfund

Zyperngras
7 Cyperus

Zypressengewächse
5 Thuja
8 Fitzroya, Sadebaum
9 Sevenbaum, Wacholder
10 Lebensbaum

Zypressenkraut
9 Santolina

Zyste
5 Blase
6 Ranula
9 Geschwuer

Zytostom
8 Zellmund

Zytotoxin
8 Zellgift